日本の参考図書

第4版
2002

編集●日本図書館協会 日本の参考図書編集委員会

社団法人 日本図書館協会

Guide to Japanese Reference Books
4th edition, 2002

compiled by the Japanese Reference Books Editorial Committee
of
Japan Library Association, Tokyo.
©2002 Japan Library Association.
Printed in Japan.

日本の参考図書

1962年5月1日	初版発行	国際文化会館
1965年9月1日	改訂版発行	日本図書館協会
1972年9月15日	補遺版発行	日本図書館協会
1980年1月30日	解説総覧発行	日本図書館協会
2002年9月1日	第4版発行	日本図書館協会

日本の参考図書 / 日本図書館協会日本の参考図書編集委員会編. ‒
第4版. ‒ 東京：日本図書館協会, 2002.9. ‒ 14, 1081p ; 31cm. ‒
ISBN4-8204-0213-7

t1. ニホン ノ サンコウトショ　a1. ニホン トショカン キョウカイ
s1. 参考図書－書誌　①028

『日本の参考図書』(第4版) 刊行に寄せて

　『日本の参考図書』(第4版)をお届けいたします。これは、「ものを調べるための本、つまり『引く本』を調べるための本」です。この「調べる」ことが、ものを考える上で大きな働きを持つことはいうまでもありません。そこで本書は、公共図書館、大学図書館、専門図書館、学校図書館で欠くことのできない本だと思います。

　もうずいぶん前のことになりますが、アメリカでレファレンス・サービスの専門家として著名であったルイス・ショアーズ博士は、青年時代に "The half of knowledge is knowing where to find it." という言葉に出会いました。「知識の半分は、それがどこにあるかを知ることだ」とでもいいましょうか。ショアーズ青年は「その知識の半分を、なぜ高等学校や大学で教えないのだろうか？」と疑問を持ちました。そして、その一生を通じて、「知識がどこにあるか」の研究と教育とに力を注ぎました。「知りたいことがどこにあるかを見つける力」を、四番目のR（＝Reference）と呼び、読み、書き、そろばん（the Three R's）の次に加えるべき人間の知的能力だとしたのも、このショアーズ博士でした。

　今日ではさまざまな情報や知識が情報機器を通して簡単に得られるようになりました。それでも、腰を据えて深く調べて行くためには、それがどんな出版物の中にあるのか、その本の特徴は何か、そこに書かれていることは当面の問題の解決に役立つのかどうかを判断し、選択する力と、四番目のRを育てることが必要です。そのためには、まず主要な参考図書（引く本）について、信頼できる解説書が不可欠になります。

　そこで、図書館界の衆知を集めてできたのがこの本です。ここには7033タイトルを収めました。世の中が進むのにつれて、参考図書の点数も増え、内容も精細になり、編集上さまざまな困難が生じます。その努力の一端は、『日本の参考図書』編集委員長による「はじめに」に述べられていますので、どうぞご覧下さい。また、委員会は、新しい状況のもとでの編集・出版の計画も検討を進めています。

　非常な苦難を乗り越えて本書をまとめて下さった皆さんと、新版の刊行をお待ちくださった皆さんに心から御礼を申します。また、この本をはじめてお使いになる方がたの、「知識全体の半分の世界」の探検に期待いたします。

2002年6月

社団法人　日本図書館協会
理事長　竹　内　悊

はじめに

　国内で刊行された参考図書を選択・解説した注解書誌『日本の参考図書』が初めて出版されたのは1962年でありました。その後、『日本の参考図書　改訂版』（1965年刊）、『日本の参考図書　解説総覧』（1980年刊、以下『解説総覧』という）が刊行され、本書は『日本の参考図書』としては第4版に当たります。『解説総覧』刊行後、さらなる改訂版あるいは新版作成の動きがありましたが、刊行準備の気運が昂まり編集委員会が発足したのは1995年秋のことでありました。

　当時も現在も参考図書の類は次々と出版され、時代は電子出版、インターネット活用へと傾いて参りました。そのような背景のもとに、印刷メディアの『日本の参考図書』を出版することの意義や、何を選び、どのような解説が適切か、迷い悩みながら、検討と作業を重ねました。

　本書の作成に当たっては新刊の参考図書の選定・解説を行うとともに、『解説総覧』の中から、再録するもの、解説を書き直すものなど少なからずあり、その意味では累積新版の性格をも持つことになりました。一方、現在にあっても有用な参考図書を『解説総覧』から再録できなかった場合も多々あり、『解説総覧』との併用を望むものです。

　この間、国立国会図書館には格別な便宜とご協力をいただくことができました。また、東京都立中央図書館はじめ多くの図書館でのご協力、専門分野の方々からの豊富な助言、図書館界の様々な方から励ましの言葉をいただきました。そして直接的には300余名の執筆者、編集協力者による支持・支援のもとに刊行できましたことを深く感謝申し上げます。

　本書が図書館サービスのよりどころの一つとして、広く利用されることを念願するものであります。

2002年4月

　　　　　　　　　　　　　　　　　　日本の参考図書編集委員会
　　　　　　　　　　　　　　　　　　委員長　堀込　靜香

(敬称略)

編集委員 (五十音順)

○池田祥子（芸術）
　石黒敦子
　市古みどり（医学）
○入矢玲子（歴史、財政、社会、教育、民俗、軍事）
○神谷淑子（動植物、産業、農業）
○小出いずみ（哲学・宗教）
○斎藤文男（言語・文学）
　佐々木良
○高橋昇（社会科学一般、政治、法律）
　高宮秀夫
○千代由利（自然科学、技術）
○林貞夫（経済、商業、運輸・通信）
○平吹佳世子（医学）
◎堀込靜香（総記）
　山田奨（経済、商業、運輸・通信）
　山本順一（社会科学一般、政治、法律、伝記、地理）
　　　◎印は委員長、○印は現委員、（ ）は担当分野

編集協力者 (五十音順)

　石井博幸（財政）
　石川光二（風俗・民俗）
　上田奈緒美
　近藤菜穂子（世界史・西洋史）
　中西　裕（日本史）
　馬場萬夫（伝記）
　樋口眞規子（音楽）
　山家路子（地理）
　吉田栄子（統計）
　若杉隆志（社会）

解説執筆者

(氏名は執筆当時)

会田伸生	青木明子	浅野幸枝	朝比奈邦明	朝日奈万里子	東ひとみ	阿部憲二
綾部輝幸	安斎栄子	飯澤文夫	飯沼三和子	五十嵐奈緒子	五十嵐由美子	池田祥子
伊佐坂則彦	石井敏子	石井博幸	石井保志	石川光二	石川久子	石橋雅子
石原幸子	市川啓子	市古みどり	伊藤敦子	伊藤章子	伊藤千晶	伊藤光郎
今井義訓	今津秀樹	入矢玲子	岩田勝	岩見美穂	上野陽子	上原順子
植村達男	浮塚利夫	梅田順一	梅林千香子	浴靖子	榎本裕希子	江森隆子
大江長二郎	大串純子	大串夏身	大島さち子	大竹晴日虎	太田澄子	太田美加
大塚利恵子	岡野純子	岡本清美	岡良枝	奥村和子	奥村敏明	小倉久代
小黒庸光	長田薫	小澤ゆかり	押田いく子	乙骨雪子	小幡浩二	加賀谷尚子
笠井真一郎	笠学	梶田マリ	梶原美奈子	片倉奈保子	勝又美佐子	加藤里絵
加藤竜治	角家永	金山智子	金子寛	神谷淑子	川崎靖子	河野明美
川村由紀子	北沢秀夫	氣谷誠	氣谷陽子	草野鏡子	隈本守	久米妙子
栗村公子	黒須宏志	小出いずみ	国分一也	小林直子	古峰実香	小山響子
古山悟由	小山理奈	是松祥子	近藤菜穂子	斉藤明美	斎藤久実子	斎藤誠一

斎藤文男	坂元亨	桜井幸子	迫田けい子	笹川立子	佐藤敦子	佐藤善治
佐藤苑生	佐藤千巻	佐藤まさ子	佐藤美知男	品田聡子	篠塚富士男	柴田正子
柴田由紀子	島林智香子	下山義信	白石英理子	新海きよみ	進士華子	鈴木加奈子
鈴木久美子	鈴木紫乃	鈴木清一	鈴木直子	鈴木正紀	鈴木礼子	春原幸忠
住広昭子	関川都代	関好男	瀬島健二郎	世羅芳昭	高木茂行	高木理久夫
高崎昇	高梨章	高野史子	高野光代	高橋昇	高橋憲二	高橋美香
高畑圭子	高山由貴子	瀧田雪江	田口智子	竹内龍夫	武次信良	武田信子
竹之内禎	舘眞知子	立松由美子	田中園枝	田中ヒロ	田中史子	田中真理子
田邊則明	谷口豊	種市正晴	田村行輝	千速敏男	千代由利	辻井喜美代
土屋玲	堤美智子	坪島雅子	露木純子	寺野康宣	寺村いく子	常世田良
戸田光昭	鳥羽和子	富田荘治	豊田守泰	豊田恭子	長澤良三	中島彰子
永嶋千夏子	中島めぐみ	中西裕	長野昭	中原しげる	長峰恵美子	中村恵美
中村茂彦	中村正也	中村節子	中元誠	中山康子	夏見守雄	奈良伸一郎
成田拓也	南部好江	新居弥生	二階健次	仁上園子	西岡紀子	西尾祥子
西阪多恵子	西田美代子	野田美代子	野村千里	萩原千賀子	長谷川豊祐	長谷川和美
長谷川久美	長谷川孝彦	長谷川博子	長谷川由美子	馬場萬夫	林貞夫	林俊一
林聖子	林利久	林伸子	林美樹	林ゆかり	樋口恵子	樋口眞規子
平尾民子	平田泰子	平吹佳世子	廣崎宗二	廣田とし子	樋渡えみ子	府川修次
福井裕子	福田博同	藤井康子	藤村恵子	舟山秀幸	古澤尋三	古川肇
堀合儀子	堀井祐子	堀込靜香	母良田功	本多信喜	本多光明	牧野多完子
増川美香	増田元	松澤勝幸	松下鈞	松下美子	松村千秋	松本和子
眞中孝行	三浦基	水谷長志	三谷宏子	蓑田明子	宮地幹夫	宮出一郎
宮紀子	宮前正義	三輪雄四郎	武藤安男	村井のり子	村瀬千春	室橋真
望月道浩	諸井佐喜子	梁瀬三千代	矢部京子	屋部操	山口直比古	山崎了司
山下光雄	山辺美津香	山本順一	山家路子	遊座圭子	吉井由希子	吉田昭子
吉田昭	吉田敦子	吉田栄子	吉田博	吉田道彦	若杉隆志	和田隆子
渡邊朝子	渡辺さち子	渡辺由紀	和田信裕	和田仁美		

音楽図書館協議会
国立国会図書館専門資料部

事務局　我妻滋夫、巌礼吉、長野くみ子、鶴田真也

『日本の参考図書　解説総覧』　編集委員（●印　委員長）

●長澤雅男　深井人詩　東田全義　笠間昭　薬袋秀樹　田中功　山口義一　佐々木敏雄　佐藤和貴

執筆者

阿津坂林太郎	北島武彦	田中靖明	糸賀雅児	木村寿子	常磐繁	今津秀樹
桐谷征一	戸田慎一	岩男双美香	阪田蓉子	長澤雅男	内田三千江	桜井英賢
中山恵司	大串夏身	佐々木敏雄	根本彰	大越鉄雄	佐々木良	バントック京子
小川光男	佐藤和貴	東田全義	奥村和広	椎谷素久	東山陽光	小関昌男
宍戸寛	深井人詩	柿沼達郎	篠崎セウコ	藤野幸雄	笹間昭	鈴木伸介
堀込靜香	勝又美佐子	鈴木靖	三浦逸雄	加藤朱美	高梨武臣	薬袋秀樹
神谷満紀子	高野彰	源昌久	川村由紀子	高野俚喜雄	山口義一	菊池裕子
武井恵子	山田奨	北川真美子	田中功	山家篤夫		

凡例

1．編集方針

① 基本的な編集方針は前版『日本の参考図書 解説総覧』（1980年）（以下『解説総覧』）を踏襲した。

② 収録の範囲を明治以降、1996年12月までに国内で刊行された参考図書とした。ただし、刊行年が古く現在入手が困難なものでも類書がなく利用価値の高いものは収録した。また、1997年以降刊行でも収録したものもある。収録点数は7,033点である。

③ 採録に際しては、各分野の基礎的なものであること、図書館のレファレンス・コレクションづくりに役立つこと、レファレンス質問の回答に資すること、また研究者の文献利用のための手引きであることなどを念頭においた。

館種を問わず広く利用できるガイドとして、各部門の特殊性を考え、やや通俗的なものから専門的なものまでを含めた。ただし、特殊専門的すぎるものや、単一の地域に限定される主題のものは極力除いた。また、実用的性格が極めて強いものについては、その主題が採録に値するものであり、かつ類書が少ない場合のみ採録の対象とした。

④ 採録は独立刊行された単行本を中心とするが、全集や叢書などの特定の巻や雑誌の特別号なども、参考図書としての内容をもつものであれば対象とした。ただし、一冊のうち、一部分のみが参考図書として利用できるものは、内容的にすぐれていても採録の対象とはしなかった。

2．配列

① 全体を、日本十進分類法（新訂9版）に準じて、総記、哲学、歴史、社会科学、自然科学、技術、産業、芸術、言語、文学の10部門に大別し、さらに、原則として同法の第3次区分表に準拠して区分、細分したが、必要に応じ再編・統合を施した。

② 主題を表す大、中見出しのもとでは、必要に応じて適宜小見出しを設け、さらに同一主題の見出し語のもとでは、書誌、蔵書目録、索引、抄録、辞典、用語集、事典、便覧、年表、図鑑、年鑑、名簿・名鑑、統計、データ集などの形式ごとにまとめて配列した。ただし、資料が少ない場合には、これらの形式見出しを適宜合併または、省略した。各見出し語のもとでは、原則として各書名の五十音順に配列した。

③ 書名の読みはJAPAN/MARCの読みに準拠した。

④ 欧文書名は日本語書名の後に、アルファベット順に配列した。

3．書誌的事項

書誌的事項の記入はJAPAN/MARCに準拠し、概ねそのまま採用した。表示項目は『解説総覧』に準じたが、内容注記、ISBN、定価などもできる限り付記した。

4．解説

① 図書の内容を客観的に判断できるよう、主題、時代、地域などの範囲、本文の配列や構成、各項目の記載内容、参考文献や付録、索引の有無および種類、書誌的来歴、電子メディア版の有無、その他の特記事項を記した。

② 解説に際しては最新版にもとづくことを原則としたが、年鑑、年報等の場合、最新版の参照等が困難な場合は、その拠って解説した版を明記した。

③ 解説はその価値・内容が変わらないものについては、『解説総覧』から再録したものもある。

5．文献番号

検索の便を図るために、採録した資料の順に4桁の一連文献番号（0001から7033）を付与し、解説末尾に記載した。

6．索引

巻末に事項索引と書名索引を付した。

① 事項索引

主題を表す事項名を五十音順に配列し、文献番号を示した。連続する場合は先頭の文献番号のみを示した。

② 書名索引

各記入見出しの本書名のほか、副書名、英文書名、原書名、解説中の書名および冠称などを除いた書名も対象とし、文献番号を示した。英文書名、原書名、解説中の書名はイタリックで示した。

③ 両索引ともに表音式による五十音順配列を原則とし、欧文書名、キリル文字の書名は末尾に掲載した。配列の詳細は、『日本目録規則1987年版改訂版』に準拠した。

目次

『日本の参考図書』(第4版)
刊行に寄せて …………… iii
はじめに …………… v
凡　例 …………… viii

総記

- 情報科学 …………… 3
- 図書館・図書館学 …………… 5
  - 図書館・図書館学　5
  - 目録法・分類法　8
  - 学校図書館・読書　9
- 図書・書誌学 …………… 10
  - 書誌学　10
  - 著作権　10
  - 出版　11
  - 書誌　11
- 稀書目録 …………… 17
- 特種目録 …………… 18
  - 文庫目録　18
  - 全集目録　18
  - 政府出版物目録　18
  - 翻訳図書目録　19
  - 随筆索引　19
  - 叢書索引　20
  - 論文集索引　20
  - 逐次刊行物　21
  - 非図書資料　30
- 選定図書目録・参考図書目録 … 30
  - 参考図書目録　30
  - 選定図書目録　32
  - 児童書・青少年図書　33
- 蔵書目録・総合目録 …………… 34
  - 総合目録　34
  - 国立図書館　35
  - 公共図書館　37
  - 専門図書館・研究機関　37
- 百科事典 …………… 38
  - 百科事典　38
  - 百科事典(1巻もの)　40
  - 類書　42
  - 事物起源　43
  - 名数　43
- 年鑑 …………… 44
- 団体・学協会 …………… 45
  - 団体　45
  - 博物館　46
- ジャーナリズム・新聞 ……… 46
  - 新聞　46
  - 新聞記事索引　48

哲学

- 哲学・思想 …………… 51
  - 認識論、神秘主義　54
  - 論理学　54
  - マルクス主義哲学　54
- 東洋思想 …………… 55
  - 日本思想　55
  - 中国思想・中国哲学　57
- 西洋哲学 …………… 60
  - ヘーゲル　60
  - 現象学・実存主義　60
- 心理学 …………… 61
  - 感覚・知覚　62
  - 性格、パーソナリティ　63
  - 発達心理学　63
  - 睡眠、夢　63
  - 催眠術　64
  - 臨床心理学、精神分析　64
  - 心理療法、カウンセリング　65
  - 超心理学、心霊研究　65
  - 相法、易占　67
  - 占星術、夢占い　67
  - 応用心理学　68
- 倫理学、道徳 …………… 68
  - 社会倫理　68
  - 二宮尊徳　69
  - 人生訓、教訓　69
  - 金言、格言、箴言　69
- 宗教 …………… 70
  - 宗教学、宗教思想　71
  - 宗教社会学　72
  - シンボル、象徴　72
  - 日本の宗教　72
  - 世界の宗教　74
  - 神話、神話学　75
  - 比較宗教　77
  - 道教　77
  - イスラム教　78
  - その他の小宗教、新興宗教　78
- 神道 …………… 79
  - 神祇・神道史　81
  - 神典　82
  - 神社、神職　83
  - 神社と国家、国家神道　84
  - 神社誌、神社縁起　84
  - 祭祀　85
- 仏教 …………… 85
  - 仏教学、仏教哲学・思想　92
  - 仏教史　93
  - 釈迦、仏弟子、名僧伝　94
  - 経典　96
  - 法話・説話　102
  - 寺院、僧職　102
  - 伽藍、仏塔、梵鐘　103
  - 寺誌、縁起、古寺名利　103
  - 仏会　104
  - 布教、伝道　108
  - 各宗　108
  - 律宗　109
  - 論宗　109
  - 華厳宗　109
  - 天台宗　110
  - 真言宗(密教)　110
  - 浄土宗　113
  - 真宗(浄土真宗)　115
  - 禅宗　116
  - 曹洞宗　119
  - 日蓮宗　120
- キリスト教 …………… 122
  - 教義、キリスト教学　124
  - 天使、悪魔、聖者　125
  - キリスト教史、迫害史　125
  - 日本キリスト教史　126
  - 聖書　128
  - 旧約聖書　132
  - 新約聖書　133
  - 信仰録、説教集　134
  - 典礼、祭式、礼拝　135
  - 布教、伝道、教育、社会事業　135
  - ローマカトリック教、カトリック教会　135
  - プロテスタント、新教　136
- ユダヤ教 …………… 136

歴史

歴史学 …… 139
考古学 …… 139
世界史 …… 140
日本史 …… 143
有職故実　152
古文書・花押　153
対外関係　154
考古学　155
古代史　157
中世　160
近世　162
明治維新　166
近代・現代　167
地方史　174
東洋史 …… 177
朝鮮　179
中国　180
その他のアジア諸国　183
西洋史 …… 184
ヨーロッパ　186
アフリカ史 …… 189
アメリカ史 …… 189
伝記 …… 190
人物文献　190
典拠録　192
人名の読み書き　193
人名事典　195
物故者　206
系譜・家史　207
皇室　209
王室　210
紋章　210
旗　211
姓氏　211
地理、地誌、紀行 …… 213
地理学　213
世界　215
日本　221
アジア　236
ヨーロッパ　245
アフリカ　247
南北アメリカ　247
オセアニア　249

社会科学

社会科学一般 …… 253
政治・経済・社会・文化事情　254
社会思想　258
政治 …… 260
政治・政治学　260
政治史　262
議会　263
政党・政治結社　264
国家と個人・宗教・民族　265
行政　266
地方自治　270
外交・国際問題　274
法律 …… 278
法律一般　278
法令　281
判例　284
法制史　285
憲法　287
行政法　288
民法　289
商事法　291
刑事法　291
司法　292
国際法　294
外国法　298
経済・経営者団体・産業経済 …… 302
経済一般　302
経済統計・データ　304
経済団体　307
経済研究方法　307
経済学、経済思想、国民経済 …… 308
経済学　308
経済統計学、経済指標　309
経済学史、経済思想、経済学説　310
国民経済、国民所得　310
経済事情、経済史　311
経済政策、国際経済一般　315
人口、移民　317
土地、資源　319
企業・経営一般　320
会社年鑑、企業ランキング、
会社職員録　321
経営学、経営者　325
企業　326
経営管理、ビジネス　332
経営計画、人事、システム監査　333
財務、経営分析　336
会計学、簿記、税務会計　337
貨幣、物価、景気　339
金融一般　341
証券、公社債　344
金融事情、銀行、信託　347
保険　350
財政 …… 352
財政一般　352
財政史　353
予算決算　353
租税　354
公債、国債　356
専売　356
地方財政　356
統計 …… 357
統計ガイド－中央官庁　357
統計ガイド－その他の機関　358
世界の統計　359
日本の統計－中央官庁　360
日本の統計－その他の機関　361
社会 …… 362
社会学　362
同和問題　366
社会保障　366
生活・消費者問題　368
労働経済・労働問題　371
家族　378
社会病理　382
社会福祉　382
災害・戦災　386
教育 …… 387
教育学・教育一般　387
教育社会学　393
教育心理学　393
教育史・教育事情　395
教育政策・教育制度　397
教育行政・法令　398
学校経営　399
教育課程・学習指導　402
幼児教育　408
海外教育　409
大学　409
障害児教育　411
社会教育　414
風俗習慣、民俗学、民族学 …… 415
民俗学　415
風俗史　418
服飾史　420
髪型・化粧史　421
飲食史　421
民具　422
生業　423
子どもの生活　423
性生活　424

年中行事・祭礼　424
民俗芸能　425
民間信仰　425
伝説・民話　426
ことわざ　428
民謡・わらべうた　428
民族学・文化人類学　429
国防、軍事……………430

自然科学

自然科学一般………………435
科学史　441
科学技術政策、科学技術行政　442
数学……………………443
数学史　445
数理統計学　445
計算法　446
物理学…………………446
流体力学　448
光学　449
電磁気学・超電導　450
物性物理学　451
原子物理学　452
化学……………………452
物理化学　455
実験化学・化学実験法　456
分析化学・化学分析　456
無機化学　458
有機化学　458
天文学、宇宙科学……………459
恒星　461
暦学　461
地球科学、地学………………463
気象学　464
海洋学　467
地震学、火山　468
地形学、地質学　469
古生物学、化石、恐竜　470
岩石学、鉱物学　472
生物科学、一般生物学………473
博物学　474
生物地理、生物誌　474
細胞学　475
生化学、分子生物学　476
微生物学、ウィルス　477
遺伝学、遺伝子工学、
　バイオテクノロジー　478

生態学　480
植物学…………………481
高山植物　485
植物誌　485
藻類　487
菌類　487
シダ植物　488
種子植物一般　488
裸子植物　488
被子植物　489
動物学…………………489
原生動物・さんご　491
貝類　492
甲殻類　492
蛛形類　493
昆虫類　493
魚類　496
両生類・爬虫類　498
鳥類　498
哺乳類　499
医学……………………500
医学一般　500
基礎医学　509
臨床医学　513
衛生学・公衆衛生・予防学　523
食品・栄養　524
歯科学　525
薬学　527
看護学　535

技術

技術・工学・工業……………541
工業基礎学　547
技術史、工学史　555
技術情報、研究開発　555
研究所、実験施設　556
特許、発明、工業所有権　557
工業規格　561
生産管理、管理工学　563
品質保証　565
建設工学、土木工学…………566
土質工学、地質工学　569
コンクリート工学　570
測量　571
土木設計・施工法　571
道路工学、交通工学　572
橋梁工学　573
鉄道工学　574

河川工学　574
衛生工学、都市工学、都市計画　576
公害、環境工学、環境問題　578
水質汚濁、海洋汚染　582
騒音、振動　582
防災科学、防災工学　582
建築学…………………583
日本の建築　586
歴史的建造物　587
アジアの建築　588
建築構造、建築材料　588
建築施工　590
各種建築　592
住宅建築　592
建築設備、設備工学、空気調節　592
建築意匠・室内装飾・インテリア　594
機械工学、機械工業…………595
機械力学・材料・設計　597
機械工作、工作機械　599
熱機関、熱工学　600
流体機械、流体工学　602
精密機械、光学機器　604
運輸工学、車輌、運搬機械　605
自動車工学、自動車工業　606
航空宇宙工学　608
原子力工学……………610
電気工学、電気工業、電気事業…612
電気回路・計測・材料　615
電気機器　617
送電・変電・配電、電気設備　617
電灯、照明、電熱　618
通信工学、電気通信　619
情報工学、コンピュータ　625
自動制御工学　629
電子工学、エレクトロニクス　630
海洋工学、船舶工学…………636
航海、航海学　638
兵器、軍事工学………………639
金属工学、鉱山工学…………640
鉱山工学、鉱業　640
金属工学、冶金　642
鉄鋼　642
非鉄金属　643
金属加工　644
溶接、接合　647
表面処理、防食、防錆　648
石油、石油工業、石油化学工業　650
化学工業………………651
化学工学、化学機器　654
工業用水・廃水　655

セラミックス、窯業、セメント　656
化学物質、化学薬品　658
燃焼、燃料、爆発物　662
油脂・洗剤、化粧品、香料　664
塗料、塗装　667
染料、染色加工　668
高分子化学、高分子化学工業　669
ゴム　670
合成樹脂、プラスチックス　671
接着剤　674
製造工業　675
事務機器、生活用品　675
木工業、木製品、家具　675
製紙工業　676
繊維工業、アパレル工業　677
食品加工、食品工業　679
家政学、生活科学　684
家政学一般　684
服飾、美容　685
食品、料理　686
家庭医学　689

産業

産業　693
農林水産業　693
農業　702
農業経済　702
肥料学　704
土壌学　705
農業工学　706
作物栽培　706
各種の作物　710
園芸　712
果樹園芸　713
野菜園芸　713
花卉園芸　714
造園　716
蚕糸業　716
畜産業　717
家畜飼料　718
家畜・畜産動物各論　719
畜産物　720
獣医学　721
林業　722
樹木　723
林産物・木材　725
水産業　725
水産増殖　727

商業　728
商業、流通業一般　728
商業事情　729
商業経営、商店　729
セールス　729
卸売業、問屋　730
小売業　730
サービス産業　733
広告・PR　734
マーケティング　736
物流、商品流通　739
貿易　740
貿易行政、貿易事情　741
関税、貿易実務　743
貿易品　744
貿易統計　744
運輸・交通　746
交通、運搬業一般　746
交通政策　747
交通事情、交通史　747
海運、船舶輸送　748
陸運　749
鉄道運輸　750
航空運輸　751
観光事業　751
通信事業　754
郵政事業　755
電気通信事業　756
放送事業、テレビ・ラジオ放送　757

芸術

芸術・美術　761
芸術理論・美学　767
芸術史・美術史　767
美術品目録　770
美術館・企画展　771
美術研究・美術教育　772
芸術政策　772
彫刻　775
仏像　775
絵画　776
日本画　777
東洋画　780
洋画　782
絵画材料・技法　782
漫画　783
図案・文様　784
書、書道　785

書体　787
書道史・書家　791
材料及び技法　791
版画　792
印章・篆刻・印譜　793
写真　794
印刷　796
工芸　798
工芸一般　798
伝統工芸　799
陶磁工芸　799
漆工芸　800
染織　801
紙工芸　802
金工芸　802
デザイン、装飾美術　804
人形、玩具　808
音楽　809
作品　815
レコード・CD目録　817
音楽史　817
音楽家　818
楽器　819
器楽合奏　821
軽音楽　821
宗教音楽　822
オペラ　823
声楽　824
邦楽　827
舞踊、バレエ　830
日本舞踊　830
バレエ　831
フラメンコ　831
演劇　832
演劇史　836
能楽　837
狂言　838
歌舞伎　839
新劇　842
ミュージカル　842
児童演劇　842
人形劇　842
人形浄瑠璃　843
映画　843
大衆演芸　847
体育・スポーツ　849
スポーツ医学　856
スポーツ史　857
オリンピック　857
体操・遊戯　857

陸上競技　858
球技　858
冬季競技　859
水上競技　859
戸外レクリエーション　860
釣り　861
相撲　861
レスリング　862
ボクシング　862
競馬　862
モータースポーツ　863
武道　863
柔道、空手　864
剣道　864
弓道　864
馬術　865
射撃　865

諸芸・娯楽 …………… 865
レクリエーション　865
茶道　865
花道　868
囲碁　869
将棋　870

言語

言語 …………………… 873
書誌　873
辞典・事典　873
日本語 ………………… 874
書誌　874
国語学　875
音声・音韻・文字　876
語源　877
国語辞典　877
漢和辞典　878
故事成語・慣用句辞典　880
類語辞典　882
古語辞典　882
外来語辞典　884
新語辞典　885
略語　885
難読語　885
隠語　885
語彙　886
文法　886
用例・表現　887
方言　888
中国語 ………………… 889

書誌　889
音韻、文字　889
辞典・事典　890
故事成語　891
語彙　892
文法・語法　892
方言　893
アジアの諸言語 ……… 893
朝鮮語・韓国語　893
アイヌ語　894
ビルマ語　895
タイ語　895
ベトナム語　895
カンボジア語　895
インドネシア語　896
フィリピン語　896
ハワイ語　896
アルタイ語　896
満州語　897
モンゴル語　897
トルコ語　897
ウイグル語　897
ウズベク語　897
アラビア語　897
シンハラ語　898
サンスクリット　898
ペルシア語　898
英語 …………………… 898
年表　898
年鑑　898
語源　899
辞典・事典　899
故事熟語・慣用語辞典　902
類語辞典　903
時事英語辞典　903
俗語辞典　903
語彙　903
文法・語法　904
文章・文体　905
会話・表現　905
オーストラリア英語　906
ヨーロッパ系の諸言語 … 906
ドイツ語　906
オランダ語　907
デンマーク語　907
スウェーデン語　907
フランス語　907
スペイン語　909
ポルトガル語　909
イタリア語　910

ルーマニア語　910
ロシア語　910
ブルガリア語　910
チェコ語　911
ギリシア語　911
ラテン語　911
その他の諸語 ………… 911
アルバニア語　911
フィンランド語　911
エジプト語　912
スワヒリ語　912
ハウサ語　912
イヌイト語　912
キリワ語　912
ナワ語　913
マヤ語　913
エスペラント語　913

文学

文学一般・世界文学 …… 917
書誌　917
索引　917
目録　918
辞典・事典　918
人名事典　920
児童文学研究 ………… 920
書誌　920
索引　920
辞典・事典　921
年表　921
英米児童文学　922
日本文学 ……………… 922
日本文学一般　922
詩歌　931
戯曲　940
小説・物語　941
随筆　944
ルポルタージュ　944
落首　944
漢文学、漢詩文　944
作家研究　945
中国文学 ……………… 949
中国文学一般　949
詩歌、韻文、詩文　950
小説、物語　951
英米文学 ……………… 951
英米文学一般　951
文学史　954

目次

詩歌　955
戯曲　956
小説・物語　956
作家研究　956

ドイツ文学 ……………………… 957
書誌・索引　957

フランス文学 …………………… 957
書誌・索引　957
辞典・事典　958
作家研究　958

ロシア文学 ……………………… 959
ギリシア文学 …………………… 959

書名索引 …………………………… 961
事項索引 …………………………… 1057

総記

情報科学

【辞典・事典】

岩波情報科学辞典 長尾真〔ほか〕編 岩波書店 1990.5 1172p 23cm 4-00-080074-4 7000円
情報科学の全体像を示し、術語・用語の内容を明確にする辞典。用語の木、本文、付録、索引で構成。本文は情報科学を「基礎」「ハードウェア」「ソフトウェア」「知識システム」「情報と社会」の5分野に分け、各分野の学問体系の基礎となる4500語を収載。「用語の木」は木構造による概念構成図で、その用語の体系の中での位置を示す。和文・欧文索引があり、ともに項目語と重要語の語基のKWIC配列。　*0001*

学術用語集 文部省ほか編 日本学術振興会ほか 1954-1997 28冊 19cm
文部省が各分野の学会・団体などの協力を得て学術用語の統一と平明化を目的として制定を続けている用語集。各編とも和英と英和の対訳語彙集の形式を採っており、定義、解説などはない。なお、編によっては、英語以外の欧語も加えている。既刊分は次のとおり。

　遺伝学編　日本遺伝学会　丸善　1993　649p ☞*3429*
　海洋学編　日本学術振興会　丸善（発売）　1981　186p ☞*3341*
　化学編　増訂2版　日本化学会　南江堂（発売）　1986　685p ☞*3215*
　機械工学編　増訂版　日本機械学会　丸善（発売）　1955　11,564p ☞*4384*
　気象学編　日本気象学会　日本学術振興会　丸善（発売）　1987　259p ☞*3317*
　キリスト教学編　日本学術振興会　丸善（発売）　1991　248p ☞*0771*
　計測工学編　計測自動制御学会　1997　622p ☞*3980*
　原子力工学編　日本原子力学会　コロナ社（発売）　1978　282p ☞*4516*
　建築学編　日本建築学会　丸善（発売）　1990　647p ☞*4279*
　航空工学編　日本航空宇宙学会　産業図書（発売）　1973　235p ☞*4503*
　採鉱冶金学編　日本鉱業会　1954　263p ☞*4767*
　歯学編　日本歯科医師会　口腔保健協会（発売）　1992　1005p ☞*3829*
　植物学編　増訂版　日本植物学会　丸善　1990　684p ☞*3452*
　心理学編　日本心理学会　日本学術振興会　1986　411p ☞*0356*
　数学編　第33刷　大日本図書　1991　146p ☞*3138*
　船舶工学編　造船協会　コロナ社（発売）　1955　12,530p ☞*4734*
　地学編　日本学術振興会　1984　429p ☞*3305*
　地震学編　日本学術振興会　丸善（発売）　1974　22,182p ☞*3348*
　地理学編　日本学術振興会　丸善（発売）　1984　429p ☞*1433*
　電気工学編　増訂2版　電気学会　コロナ社（発売）　1991　675p ☞*4537*
　天文学編　増訂版　日本学術振興会　丸善（発売）　1994　331p ☞*3273*
　動物学編　増訂版　日本動物学会　丸善　1988　128p ☞*3518*
　図書情報学編　日本図書館学会　丸善（発売）　1997　165p ☞*0021*
　土木工学編　増訂版　土木学会　1991　931p ☞*4133*
　農学編　日本造園学会　日本学術振興会　丸善（発売）　1986　962p ☞*5202*
　物理学編　日本物理学会　培風館　1954　670p ☞*3161*
　分光学編　日本学術振興会　丸善（発売）　1974　165p ☞*3180*
　論理学編　文部省学術奨励審議会　大日本図書　1965　72p ☞*0300*　*0002*

コンピュータソフトウェア事典 広瀬健〔ほか〕編 丸善 1990.4 1265p 22cm 4-621-03448-0 28840円
ソフトウェア全般について、網羅的に解説した専門事典である。項目は、体系順に配列され、基礎理論、アルゴリズム集、ソフトウェア工学、オペレーティングシステム、プログラミング言語、コンパイラ、インプリメンテーション、ハードウェアアーキテクチャ、コンピュータネットワーク、人工知能、社会・暗号・セキュリティ、応用の12の大項目とそこに含まれる中項目からなる。中項目は、さらに小項目を設けて解説してあり、辞典的使い方も可能である。解説は、詳細で専門家向きである。巻末に和文（五十音順）と欧文（アルファベット順）の索引がある。　*0003*

情報処理ハンドブック 新版 情報処理学会編 オーム社 1995.11 2000p 27cm 4-274-07832-9 45000円
情報処理について知識と情報を網羅したハンドブック。半導体、並列処理、マルチメディア、コンピュータネットワーク、ヒューマンインタフェースなどの17編に分け、各編とも概説から各論までを体系的に記述。各章末に参考文献を付す。第17編「規格と資料」には各規格の一覧や概要、関連法規、年表などが収録されている。巻末に事項（和英）の索引あり。『電子計算機ハンドブック』（1966年刊）に始まり『情報処理ハンドブック』と改称（1972年刊）、『新版情報処理ハンドブック』として1980年と1989年に刊行されたものを引継ぐ。 0004

人工知能大辞典 Stuart C.Shapiro〔ほか編〕 大須賀節雄監訳 丸善 1991.8 1316p 27cm 『Encyclopedia of artificial intelligence』の翻訳 4-621-03584-3 46350円
人工知能および関連分野の知識を集大成した辞典。「アクタ理論」「エキスパートシステム」「音声認識」など約200の小項目をたて、五十音順に配列。各項目とも第一線の研究者による書き下ろしの数頁の概説と参考文献（欧文）からなる。人工知能について情報を得たい研究者はもとより、一般読者も利用できる。巻末に小項目をまとめて解説。和文、欧文の事項索引、欧文の人名索引を付す。 0005

数理情報科学事典 大矢雅則〔ほか〕編 朝倉書店 1995.11 1164p 22cm 4-254-12089-3 29870円
コンピュータをはじめ、数学、物理学、生命科学、工学、社会科学および哲学分野にわたる情報科学の基礎にかかわる事柄を体系的に解説。中項目制により、各項目に関する基本概念を数理科学的に解説。トピックスにもふれる。配列は各項目の五十音順。単に用語の意味を知るだけでなく、各分野の相関関係が総合チャートで示される。項目間の相関、包含も分野別チャートで理解しやすい。解説の後に見出し語への参照と参考文献を付す。巻末に和文、欧文索引がある。 0006

データベース標準用語事典 穂鷹良介〔ほか〕著 オーム社 1991.10 29,211,18p 22cm 4-274-07682-2 3200円
データベースに関連した用語のハンディな用語事典。用語の意味を明確に定義するだけでなく、類似の概念同士の相互の関係を明らかにすることをめざし、同義語、参照項目への案内が丁寧にされている。データベースの歴史、データモデル、データベース管理、データシステム開発、データベース関連規格の5分野に分け、各分野の中は、体系順。解説は平易で初心者にも容易に使用できる。日本語、英語索引あり。 0007

認知科学ハンドブック 石崎俊〔ほか〕編 共立出版 1992.3 764p 27cm 4-320-02577-6 23690円
認知科学の主要な分野から、それぞれ2-5のトピックをとりあげ、現状を総合的に記述。分野は相互作用、思考、意識、感情、記憶、知識、言語、読み書き、談話、視覚、遂行、学習の12。解説にあたっては、公刊論文の再収載および書きおろしを併用する。各章末に欧文・和文の引用文献があり、巻末にアルファベット順の用語索引および人名索引（原綴）を付す。 0008

マルチメディア事典 21世紀に向けて社会・情報革命のバイブル マルチメディア事典編集委員会編 産業調査会 1995.12 867p 27cm 4-88282-527-9 29900円
マルチメディアの総合事典。定義・概念、情報サービス、通信サービス、放送サービス、プラットホーム、ネットワークなどのフィールドに分け、市場、産業、技術、法律・制度、産業社会環境、政策・戦略などの観点をクロスさせて体系的に解説。今日と将来的課題について日本を中心にしつつ、国際的な視野に立つグローバルなエンサイクロペディアとなっている。巻末に事項索引がある。姉妹書として、2000項目を超す最新用語を盛り込んだ『マルチメディアを読むキーワード辞典』（産調出版、1996）がある。 0009

【年鑑等】

情報化白書 1987- 日本情報処理開発協会編 日本情報処理開発協会 1987- 年刊 26cm
情報化の現状を個人、産業、行政、国際化の分野について多数の編集委員と執筆者によって解説されている。構成は、総論、Ⅰ 情報化編、Ⅱ 情報産業編、Ⅲ 環境・基盤整備編、Ⅳ 国際編からなる。巻末のデータ編では各分野の情報化、情報関連市場、海外の情報産業市場などについて図表を中心にまとめている。巻末には欧語のアルファベット順事項索引、日本語の五十音順事項索引を付す。『コンピュータ白書』（1965-1986年刊）の改題。解題は1997年版による。 0010

情報サービス企業台帳 情報処理サービス企業等台帳総覧 1992- 通商産業省機械情報産業局情報処理振興課編 通産資料調査会 1992- 年刊 21cm 「企業情報編」「SI企業/SO企業編」に分冊刊行
「情報処理サービス企業等台帳に関する規則」〔1972年11月17日通商産業省告示第595号〕に基づき、情報処理サービス企業、ソフトウェア企業、データベースサービス企業から提出された申告書をまとめた台帳で、企業と事業の概要を掲載する。企業情報編は、所管通商産業局別で、1996年10月1日現在の企業概要、事業の特色や売上構成などの事業概要、要員の構成などを記載。巻末に企業名の五十音順索引を付す。SI企業

/SO企業編は、システムサービス企業342社の会社名・住所、経理的基礎、技術的能力を記載したSI企業編と、システムオペレーション企業47社の会社名・住所・代表者名を記載したSO企業編とからなり、配列はそれぞれ企業名の五十音順。巻末に資料1、2として、安全対策認定事業所と情報サービス関連団体の名簿を付す。解題は1997年版による。　　　　　0011

情報サービス産業白書 1986-　情報サービス産業協会編　コンピュータ・エージ社　1986-　年刊　26cm　監修：通商産業省機械情報産業局
情報サービス産業全般について、現状と課題を、各種統計類を用いて明らかにした白書。独自のアンケート調査によるわが国の業界の動向分析や、国内外の市場動向も記載。巻末に情報サービス産業協会の前年度の事業内容を掲載。1998年版のテーマは「エンドユーザ主役の時代にむけて」。　　　　　0012

世界コンピュータ年鑑　1979-1983年版　日本情報処理開発協会編　コンピュータ・エージ社　1979-1983　26cm
コンピュータ産業と情報技術に関する年鑑。「総論」「調和ある情報化社会へ向けて」「世界情報事典」の3部構成。「総論」では概況、「調和ある情報化社会へ向けて」では、各分野における新しい動きが述べられ、「世界情報事典」は統計、名簿などの資料となっている。解題は1983年版による。　　　　　0013

世界CD-ROM総覧 vol.1（1988）-　ペンローグ編　日外アソシエーツ　1988-　不定期刊　26cm
CD-ROMソフト（国内8279、海外3328タイトル）の国内唯一の総合ガイド。ソフトの情報内容、利用法などに基づいて、一般、ビジネス、科学技術、人文科学の4分野に大別し、さらにエデュティメント、音楽、会話/語学など各分野の中を58項目に分類。各分類項目の中は国内・海外タイトルの混合で、五十音順配列。各タイトルのもとに発行元、データの収録期間・頻度、価格、分類基準が記載してある。巻末に全タイトル、分野別、プラットフォーム別、企業別の索引がある。解題はvol.10（1998）による。　　　　　0014

データベース台帳総覧　昭和57年度-　データベース振興センター　1983-　年刊　26-30cm　別冊：索引
DB（データベース）の利用促進を目的に作成され、4993件のDBを収録した。台帳（本文）編と索引編からなる。台帳編は、大きく一般、自然科学・技術、社会科学・人文科学、ビジネス、その他の分野に、その各々をさらに細分類して配列している。巻末には、代行検索企業、代理店、ゲートウェイを収録。記載内容は、DB名以下、プロデューサ名、国名、特徴・特色、キーワード、データのタイプなどそのDBを知るのに必要と思われる事項を最大限収録した。索引編は、分野別、DB名、企業別から引ける。配列は、いずれも五十音順、ローマ字表記のものはアルファベット順。巻末にはサービスシステム別・収録企業リスト、集計データを収録。解題は1996年版による。　　　　　0015

図書館・図書館学

◆図書館・図書館学

【書誌】

国立国会図書館所蔵図書館関係洋図書目録　国立国会図書館図書館協力部編　国立国会図書館　1991.7　374p　26cm　4-87582-214-6
国立国会図書館が1876年創立以来収集してきた、図書館に関する欧文文献の所蔵目録。帝国図書館時代から1986年8月までに整理した約6100点を収録。採録には単行書のほかにこれに準ずる逐次刊行物（年2回より刊行頻度の低いもの）を含む。記載内容は図書の基本記入および請求記号で、注記以下は省略。配列は基本記入の標目（著者名、なければ書名）のアルファベット順。収録図書は東京書籍館創立の1876年以来のものであるので記述や標目に不統一・精粗がある。索引はない。　　　　　0016

国立国会図書館目録・書誌の使い方　宇津純，中村規子著　国立国会図書館図書館協力部図書館研究所編　国立国会図書館　1992.5　130p　26cm　（研修教材シリーズ　no.9）　発売：紀伊国屋書店　4-87582-316-9　3810円
国立国会図書館の蔵書目録類を検索するための解説書。3部からなり、第1部は帝国図書館、国立図書館当時からの同館作製の冊子体目録、書誌類、カード目録や機械可読目録などの一覧を示す。第2部は蔵書目録類の検索マニュアル的な解説で、同館作成以外の類

書も示す。第3部は具体例による検索の方法を示す。主として冊子体の目録、書誌を対象とする。巻末に書名の五十音順索引あり。　0017

図書館学文献目録　編纂：日本私立大学協会図書館学文献目録編纂委員会　日本私立大学協会　新樹社（発売）　1971　257p 27cm 2500円
1969年12月末までに日本語（一部、中国語、韓国語を含む）で刊行の図書館学に関する図書と1945年以降1969年12月末までに発表の大学図書館と専門図書館を中心とした論文記事の目録。配列は日本十進分類法第7版「010 図書館」の分類綱目を中心に区分、必要に応じてさらに細区分してある。収録数は4300タイトル。巻末に著者索引と書名（論題名）索引がある。本書を継ぐものとして『図書館情報学研究文献要覧 1970-1981、1982-1990』☞0020 がある。　0018

図書館建築関係文献目録 1965-1980　宮崎万寿，久保美和子編　日本図書館協会　1981.12　124p 21cm 1000円
第1部が1965-1980年までの間に発行された図書館建築に関連する、単行本と図書館関係逐次刊行物中の論文・記事、第2部が国内建築関係雑誌などに掲載された内外図書館建築に関する文献目録。1094点を採録。通常の論文・記事のほかに個々の図書館建築・建設についての紹介記事や海外事情についても収載。著者と設計者名の索引を付す。　0019

図書館情報学研究文献要覧 1970-1981，1982-1990　日外アソシエーツ　1983-1993　2冊 27cm（20世紀文献要覧大系 12, 20）　発売：紀伊国屋書店　22000円, 29800円
図書館情報学、図書館業務関係の図書と雑誌論文を収録した書誌。1970-1981年版は1万4500点、1982-1990年版は1万6500点を収録。配列は日本十進分類法新訂8版の「010 図書館」部門に準拠して、必要に応じて細区分している。論題や書名が内容を表すのに不十分な場合に"注"や"内容"を記す。事項索引は分類項目名、キーワード、論題中の人名・団体機関名から検索できる。著者索引と採録対象雑誌名一覧がある。1969年までを収録している『図書館学文献目録』☞0018 をひきついでいる。　0020

【辞典・事典】

学術用語集　図書館情報学編　文部省，日本図書館学会〔編〕　丸善　1997.3　165p 19cm　4-621-04305-6　2330円
1958年に刊行された「図書館学編」を改訂した用語集。旧版3700語のうち約860語を残し、新たに約1240語を追加して約2100語を収録。第1部和英対照、第2部英和対照で、いずれもアルファベット順の配列。和英の部では用語の読み（ローマ字表記）、用語、用語に対する外国語、主として関連する専門部門を示す記号を記す。英和の部も同様の記述内容である。専門は8部門とし詳しくは凡例で示している。関係資料を付す。　0021

最新図書館学事典　草野正名編著　学芸図書　1984.5　44,243p 22cm　4-7616-0094-2　4500円
図書館学、情報処理関係、書誌学関係の基本的な用語3728語を収録し、平易な説明を付した専門事典。外国語も含め用語の五十音順に配列し、用語の読み方および対応する英語は、文部省著『学術用語集　図書館学編』（1985年刊）に拠る。巻頭に、A. 図書館学関係、B. 図書（書誌）学関係に大別した体系索引がある。付録として巻末に、「図書館関係法規抄・基準等」を付す。　0022

図書館学・書誌学辞典　植村長三郎編著　有隣堂印刷出版部　1967　726p 22cm 3800円
図書館学および書誌学を中心に、その周辺の出版、印刷、製紙、製本、図書の売買・入手の経路などの用語を包含し、国語学、国文学、国史、文献学、古文書学、考証学、ドキュメンテーションなども含んだ辞典。用語は五十音順配列。見出し項目の日本語に対応する英・仏・独・露の4か国語を併記。解説には必要に応じて図版を加えている。英和・仏和・独和・露和の各対訳索引が付され、その用語の対訳日本語が即座に得られるよう併記されている。同編者の『図書・図書館事典』（文徳社、1951）の新版にあたる。　0023

図書館用語集　改訂版　日本図書館協会用語委員会編　日本図書館協会　1996.8　364p 19cm　4-8204-9606-9　2575円
図書館界に十分定着したとみなされた図書館学関係の用語778項目を解説する。必要に応じ、書誌学、出版印刷関係、ドキュメンテーション、情報関係などの用語も収録。一つの項目の中で用語の定義だけでなく、用語を整理し系を明確にして、関連用語の解説をまとめて行った。参照用語2000語。用語の五十音順に配列し、英語を併記。付録として本の種類、各部の名称などの図版を付す。本文前に、見出し語、参照語から引ける五十音順の和文索引、巻末にアルファベット順の欧文索引あり。1988年刊初版の改訂版。　0024

ALA図書館情報学辞典　Heartsill Young 編　丸山昭二郎〔ほか〕監訳　丸善　1988.9　328p 22cm　『The ALA glossary of library and information science』の翻訳　4-621-03291-7　4300円
アメリカの図書館および類似の情報提供機関の機能と

活動に関する用語と、関連諸分野（印刷・出版、コンピュータ科学、教育工学など）の用語を解説した辞典。約4000語を収録。用語を五十音順に配列し、英語を併記する。解説は簡潔にまとめられている。本文前に欧文の参考文献があり、巻末にアルファベット順の欧文索引を付す。原書は1983年に刊行された。　　　　0025

【名簿・名鑑】

全国特殊コレクション要覧 改訂版 国立国会図書館参考書誌部編 国立国会図書館 1977.1 217,46p 21cm
全国の特殊コレクションを所蔵している図書館、調査研究機関、個人を網羅した専門事典。669機関の2291コレクションを都道府県別に機関名の和文アルファベット順に配列。各コレクションの主題や特徴、所蔵冊数、収集・旧蔵者とその略歴、利用上の制限の有無、冊子体目録の有無、収集の継続状況などを記載。巻末にコレクション名、旧蔵者名などで引ける固有名詞索引、コレクションの主題で引ける特殊主題索引を付す。1957年刊の初版の全面改訂。　　　　0026

全国図書館案内 上，下，補遺 改訂新版 書誌研究懇話会編 三一書房 1990－1992 3冊 20cm 付・地方史主要文献一覧(1945－1989年) 各5150円
唯一資料、個人コレクションを所蔵する全国の国公立・私立大学図書館、各種資料機関を収録した名簿。北から順に、県立図書館を筆頭とし、五十音順に配列し、住所、電話番号、交通機関、開館時間、休館日、コレクションの概要を記載する。各都道府県の最後に、県内公共図書館一覧、巻末に地方史主要文献一覧（1945－1989年）を付す。1986年刊の増補新版の改訂新版。　　　　0027

図書館関係専門家事典 日外アソシエーツ編集 日外アソシエーツ 1984.4 296p 27cm （専門家人物事典シリーズ） 発売：紀伊国屋書店 4-8169-0337-2 16000円
1984年現在活躍中の図書館関係者、図書館学の教育者・研究者、図書館に関心のある評論家など559名を採録した人物事典。配列は人名の五十音順。それぞれの人物につき、職業、専攻、略歴、連絡先と著作リスト（1970年から1982年までに日本で刊行・発表した図書館に関する文献を、図書、図書の一部、記事・論文、書誌などに分けて収録）を記載。本文前に参考文献を付す。　　　　0028

専門情報機関総覧 1969－ 専門図書館協議会調査統計委員会編 専門図書館協議会 1969－ 3年毎刊 27cm 発売：丸善
日本国内の専門情報機関を五十音順に配列し、その所在地、電話・FAX番号、Eメールアドレス、ホームページURL、公開情況、利用条件、料金、サービス内容、機関概要、開室時間、蔵書と特色などの情報を、アンケート調査の結果に基づいて記したディレクトリー。1997年版には2189機関を収録。巻末に、関係団体一覧、統計資料、アンケートに使用した調査票の見本を付載。索引は、主題分野別、重点収集資料別、機関種別、地域別、欧文機関名索引を巻頭に付す。1956年刊の『調査機関図書館総覧』を、1969年に現在の書名に改題し、以後3年ごとに改訂している。　　　　0029

【便覧】

図書館情報学ハンドブック 図書館情報学ハンドブック編集委員会編 丸善 1988.3 1332p 22cm 4-621-03232-1 22000円
図書館および情報関連機関の組織・機能・運営などの実態を体系的に解説するとともに、図書館学と情報学における概念・方法論を解説。本編と資料編からなり、本編は「総論」「図書館情報学」「図書館」「メディア」「資料組織化」「二次資料の作成」「情報検索システム」「利用サービス」「経営管理システム」「施設・設備」、資料編は「法規・基準」「海外の関係機関・団体」「組織図」「規格・標準」「書式」「分類表・件名標目表・シソーラス」「参考文献」「用語」。巻末に五十音順の和文索引、アルファベット順の欧文索引を付す。1999年3月に改訂版刊行。　　　　0030

図書館ハンドブック 第5版 日本図書館協会図書館ハンドブック編集委員会編 日本図書館協会 1990.4 619p 22cm 4-8204-9002-8 5500円
図書館の理論と実務に関する全領域を網羅的に収録した便覧。体系的な解説。「総論」「図書館サービス」「図書館資料」「資料の組織化」「図書館員」「図書館の組織と運営」「図書館協力とネットワーク」「施設」の8部構成。巻末の資料編は「参考文献」「図書館関係法規・基準」「図書館関係団体」「年表」。事項名、人名、図書館名、機関・団体名、資料名を対象とした五十音順和文索引とアルファベット順欧文索引を付す。1977年刊の第4版の全面改訂版。初版は1952年（昭和27）刊である。旧版とくらべて「図書館協力とネットワーク」の章が独立し、データベースやニューメディアに詳しい。　　　　0031

図書館法規基準総覧 〔正〕，増補追録篇 日本図書館協会編 日本図書館協会 1992－1995 2冊 21－22cm 〔正〕の編集責任：武田英治　〔正〕付(57p)：追録 増補追録篇の編集責任：武田英治　山本順一 15000円,1600円
図書館に関する法規総覧であると同時に、図書館に関

する基準、宣言、要綱、要項などの総覧。『図書館関係法規基準集』(1983年刊)の後を受けて、拡大発展させて編集。図書館の館種別に関係法令などを掲載。採録基準は幅広く公民館、児童館なども視野に入れ、法律・政令・省令・訓令・告示・通達・行政実例など広義の法規とその解釈・運用・通知を対象として、また図書館の基準、宣言、要項、申し合わせ、各種審議会答申なども入れる。増補追録篇は初版発行以後に新しく定められた法規と2年間の改正をまとめた。

0032

【年鑑・統計】

図書館年鑑 1982- 日本図書館協会図書館年鑑編集委員会編 日本図書館協会 1982- 年刊 27cm
前年1月から12月までの日本の図書館にかかわる事象の記録と関連資料などを収録した年鑑。3編からなり、「図書館概況」では図書館界の記録や動向を記載、「図書館統計・資料」では統計や図書館関係法規、関係団体の要望・決議などとともに図書館関係の図書目録、雑誌目次、IFLA発表論文を掲載、「図書館名簿」では国会・公共・大学・点字図書館や主要専門図書館、図書館関係団体、外部関連機関の所在地、電話番号、機関誌を記載、さらに図書館学開講大学、図書館関係国会議員などの名簿を収録している。巻末に名簿の専門図書館、団体・機関名の五十音順索引と、主に概況部分を索引語の対象とした事項索引を付す。解題は1997年版による。

0033

日本の図書館 1953- 日本図書館協会編 日本図書館協会 1954- 年刊 26-31cm
日本図書館協会図書館調査委員会が毎年行う調査結果を基に、日本の図書館3910館を収録。統計編と名簿編からなり、統計編は、国立国会図書館、公共図書館、大学図書館に大分し、図書館名、延床面積、職員、蔵書冊数、受入図書冊数、予算、決算などを記載する。名簿編は、公共図書館一覧（都道府県順）、大学図書館一覧（館種別）に分け、図書館名、所在地、館長名、休館日、電話、FAX番号などを記載する。巻末に図書館設置市区町村名索引、大学・短期大学図書館名索引がある。1995年からフロッピーディスク版も作製されている。前身として『日本の公共図書館』（昭和27年）がある。解題は1996年版による。

0034

◆目録法・分類法

基本件名標目表 BSH 第4版 日本図書館協会件名標目委員会編 日本図書館協会 1999.7 2冊(別冊とも) 27cm 別冊(236p)：分類体系順標目表・階層構造標目表 4-8204-9912-2 全6700円
日本における標準件名標目表。図書を対象とした件名目録作成のための基準として選択された件名標目と、標目相互間に必要な連結参照を設定して、一定の方式で配列した表である。初版1956年刊、第3版1983年刊。標目数7838、参照語2858、基本標目248、など計10957項目を収録。件名付与の作業と分類作業は関連深いので、件名標目に対応するNDCの8版および9版の分類記号を示している。音順標目表、分類記号順標目表と、この版ではじめて作成された階層構造標目表から構成される。コンピュータ目録にも対応できることが考慮され、機械可読版の提供も行われる。

0035

日本十進分類法NDC 新訂9版 もり・きよし原編 日本図書館協会分類委員会 日本図書館協会 1995.8 2冊 22cm セット：本表編，一般補助表・相関索引編 4-8204-9510-0 5826円
日本における標準的な図書分類法。分類記号に十進数字を用いている。デューイの十進分類法を参考に1928年に考案、発表し、1929年に初版が刊行された。図書の分類配架のため、また書誌上での分類のために利用できる。日本の図書館でもっとも広く採用されている。分類体系は、類・綱・目・細目の階層構造を採る。形式区分、地理区分など6種類の補助記号を持ち、細分が可能である。項目名辞と関連語句の五十音順相関索引がある。新訂8版(1978年刊)の機械可読版(NDC・MRDF8、1989年刊)がある。他に全分野を対象とした『国立国会図書館分類表　改訂版』(1987年刊)がある。また国際的な分類法として『国際十進分類法：UDC　日本語中間版　第3版』(1994年刊)がある。

0036

国立国会図書館件名標目表 第5版 国立国会図書館図書部編 国立国会図書館 1991.12 2冊(別冊とも) 27cm 発売：日本図書館協会　別冊(209p)：分類体系順 4-87582-286-3 全18000円
国立国会図書館が付与している件名標目の一覧。本編の件名標目表と別冊の分類体系順からなる。件名標目1万7133件、参照形5391件、計2万2524件を収録。和漢書については1949年から、洋書については1964年から1991年8月末までの間に付与したもの。普通件名のすべてと固有件名の一部を収録している。細目は時代細目、特殊細目を収録。配列は訓令式ローマ字のアルファベット順。本編の記載事項は件名標目（または参照形）、区分指示、分類記号、参照指示、注記、典拠レコード番号である。第1版は1964年刊。

0037

日本目録規則 1987年版 改訂版 日本図書館協会目録委員会編 日本図書館協会 1994.4 369p 27cm 4-

8204-9400-7　3500円
「新版予備版」発表（1977年）以来変化してきた社会情勢もふまえ、書誌データのオンライン入力も視野に入れた、書誌情報作成の基本ツールとして本版を制定。記述ユニット方式をとることでMARCフォーマットに基づく機械可読形に変換できる。また、目録（書誌）情報の共有化のために、各図書館の規模に応じた3種の記述の精粗を設けている。こうしたことを目的として書誌的記録の構造および様式を書誌階層構造的に把握するための条項を設けている。また、記述の部で準備中であった「静止画像」「三次元工芸品、実物」「非刊行物」については構成を見直して規定を設けている。　0038

◆学校図書館・読書

学校図書館実務・資料図解大事典　全国教育図書株式会社編　全国教育図書　1967　326p 31cm　監修者：裏田武夫，渡辺茂男，松尾弥太郎　3800円
学校図書館の実務家向けに作成された図解事典。口絵写真、本文、参考資料、索引で構成。目次は総合目次と内容詳細目次の2本立。本文は、図書館と学校図書館、学校図書館の管理と運営、学校図書館の設計と設備・用品など7つの大項目に分けられ、さらに22の中項目、140の小項目へと展開されている。解説には図表が多く用いられ、具体的でわかりやすい。参考資料には法規、学校図書館読書指導関係文献など14項目を収録。巻末に五十音順の事項索引あり。　0039

学校図書館事典　深川恒喜，井沢純，室伏武編　第一法規出版　1966　467p 27cm　2000円
幼稚園、小・中学校、高等学校における図書館の理論や実際を網羅した専門事典。学校図書館の理論・歴史・資料・資料の組織化・奉仕・指導などを17の大項目に分類、体系的かつ詳細に解説している。各章末に「着眼点」「レファレンス・コーナー」「参考文献」を付す。付録として、「主要参考文献解題」「用語集」「関係規定集」「資料（児童文学賞、関係団体など）」「児童文学年表」がある。巻末に五十音順の人名、事項索引を付す。　0040

現代学校図書館事典　深川恒喜〔ほか〕編著　ぎょうせい　1982.10　823p 27cm　7800円
学校教育における学校図書館の在り方を中心に、その理論と実務について具体例を多く取り上げ、体系的に解説した事典。Ⅰ基礎理論、Ⅱ利用の指導と読書指導、Ⅲ経営、Ⅳ資料類型別実務の4部からなり、とくにⅡを重点的に扱う。各章の冒頭にはキーワードをゴシックで表示した概説、各章末には主要な事項に対して、一問一答形式で読者の質問に答えた質疑欄がある。Ⅴとして学校図書館法、学習指導要領、学校図書館基準、学校図書館の現状に関する調査などの関係資料を記載。巻末に簡単な和文事項索引を付す。　0041

現代読書指導事典　阪本一郎等編　第一法規出版　1967　558p 27cm　2600円
読書指導のすべての場面における理論と実践に関し、26章に分けて論述した便覧。各章末に「関係項目の参照」「学習の手びき」「質問箱」「参考文献」を付す。序章－4章までは総括的理論、5章－8章は実践方法の基礎、9章－20章は学校、社会、家庭の各教育場面に即した考え方、方法を解説、実践の手引書である。21章－25章は各章の論述をふまえた、あるべき方向についての総括となっている。巻末付録として、標準読み物リスト、児童図書年表、読書・読書指導用語集など。索引は主要人名、事項、書名を五十音順に配列。　0042

子どもの本と読書の事典　日本子どもの本研究会編　岩崎書店　1983.4　822p 27cm　23000円
子どもの本について読書教育、読書運動、作品など基本的な知識を広範囲に得られる事典である。実践、作品、人物の三部構成。第1部の「子どもの本の理論と実践」は子どもの本、児童文学、読書運動、図書館などについての用語辞典で項目名の五十音順に配列されている。第2部「子どもの本の作品案内」は解題目録で、1977年までに刊行された作品のうち評価の定まったものについてグレード別に紹介されている。第3部「子どもの本の人物紹介」は作者、画家、評論家など子どもの本に関係する人物の事典。記述は原則的に本人が行っているのがユニーク。巻末に名簿、法規、年表、参考文献を付す。　0043

図書・書誌学

◆書誌学

書物関係雑誌細目集覧 1，2 書誌研究懇話会編 日本古書通信社 1974 2冊 22cm 3000円，4500円
書物に関する雑誌の総目次を集成したもの。第1冊は「奇書珍籍」「書物往来」「東京新誌」など9点。第2冊は「東壁」「書物展望」「書窓」など47誌を収録。創刊年順に配列。創刊号表紙の写真、創廃刊年月、刊行総冊数、編集人発行所の変遷、刊行趣旨や所蔵機関などの解説を記し、そのもとに巻号順の記事タイトルと執筆者を列記する。各巻末に五十音順執筆者索引がある。 0044

書物誌展望 斎藤昌三著 八木書店 1955 252p 19cm
1887年頃から1945年までに発行された約130点の書物関係雑誌の解題書。著者は書痴とも言われた書物研究家。自らも図書研究誌と定義される書物雑誌を編集発行。書物雑誌がもっとも盛観を見たのは、震災後の大正末期から昭和初期にかけてであった。収録内容は、出版書目、図書館関係雑誌、出版社のPR誌、古書肆の販売目録兼用の研究誌、書評・読書雑誌、書誌学研究誌などが含まれ多彩である。付編に「愛書趣味」「書物の趣味」「書物展望」「日本古書通信」「書窓」所収の書物関係記事の目次がある。 0045

日本書誌学用語辞典 川瀬一馬著 雄松堂書店 1982.10 333p 22cm 3000円
主に和古書を対象とした日本の書誌学関係の用語約2300項目（書名・文庫名などを含む）を解説した用語集。五十音順の配列。例示や比較など解説は詳細である。原本から直接採った数多くの参考図版を使用。口絵にカラー6点、本文中に一色刷259点を掲載。目次中に図版目次がある。巻末に著者の日本書誌学関係著作目録と所収標目語彙目次を付す。目次は索引の役を果たし、項目中に付記してある語彙も（ ）を施して標目に加えてあるため、検索に便利である。 0046

古本用語事典 久源太郎著 有精堂出版 1989.12 338p 19cm 4-640-31006-4 2900円
古本および関連する語を解説したコンパクトな用語集。4部からなり、「古本業界・市・展覧会」「古本屋用語」「出版業（版元）・文庫（コレクション）」「書物－その形式」と構成している。その中は五十音順に配列。巻頭に参考図書・雑誌がある。付録として「全国専門古本屋125点」を付す。巻末に章ごとの五十音順の細目次があり、索引として利用できる。記述は簡潔でわかりやすい。 0047

◆著作権

著作権事典 改訂版 著作権資料協会編 出版ニュース社 1985.10 574p 20cm 4-7852-0020-0 5700円
著作権関係用語や著作権制度にかかわる分野の関係事項を網羅的に解説した専門事典。配列は五十音順。見出し語の解説のほか、略語（ローマ字）、英語を主とした外国語表記などを記す。付録として、巻末に「著作権関係法令」「著作権関係条約」「日本近代著作権年表」「著作権関係参考文献」「著作権関係団体」がある。巻頭に掲載項目を列挙し、五十音順の索引として利用できる。旧版（1978年刊）に、コンピュータ・プログラムの保護、ニューメディア、データベース関係の項目を盛り込んだ全面的な増補改訂版。1999年には新版（著作権情報センター編）が刊行。 0048

著作権法ハンドブック 最新版〔1971〕－ 文化庁〔編〕著作権資料協会 1971－ 隔年刊 21cm
1991年現在の著作権法および著作権制度についてわかりやすく解説した便覧。4部からなり、第1部「著作権制度のあらまし」、第2部「著作権に関する一問一答」、第3部「資料及び解説」、第4部「著作権関係法令」に構成。第3部末に著作権法参考文献がある。巻末に用語索引、条約・法律索引、判例索引、条文索引を付す。1969年刊の『著作権の話』からはじまり、1971年より『著作権法ハンドブック』として発行。著作権に関する正しい理解と著作権制度にのっとった著作物の適正な利用の促進をめざして作成したものである。解題は1991年版による。 0049

◆出版

近世書林板元総覧 井上隆明著 武蔵村山 青裳堂書店 1981.1 780p 図版16枚 22cm （日本書誌学大系 14） 22000円
江戸時代の書籍業者の名簿。収録数約6000。対象は書物、草雙紙だけでなく一枚摺や浮世絵版画の版元にも及ぶ。本文は屋号の五十音順配列で、堂号、本姓（または雅号）、所在、初刊出版書名、最終出版書名、各出版物の編著者名と板行年、適宜参考書目や所蔵館その他のコメントを記載。巻頭に図版「板元印（商標）一覧」あり。解説文中に参考書目含む。『慶長以来書賈集覧 増訂』☞0071、『徳川時代出版者出版物集覧』☞0077 に記載のある屋号に〇印付。巻末に「堂号・本姓・雅号一覧」「通称索引」あり。　0050

出版関係文献要覧 明治18年－昭和19年 上巻 弥吉光長〔ほか〕編集 日外アソシエーツ 1981.5 312p 27cm （20世紀文献要覧大系 13） 論文編 発売：紀伊国屋書店 4-8169-0058-6 17300円
出版に関係する雑誌48点について、1886年－1944年までに掲載された論文、記事についての索引。出版、印刷、書誌学、読書および図書館一般に関する記事6172件を採録。配列は独自な十進分類による。巻末に論題、著者索引がある。上巻のみ刊行。　0051

出版事典 出版事典編集委員会編 出版ニュース社 1971 660p 22cm 6500円
出版一般から、出版物、出版業、図書館、書誌、印刷、インキ、紙、製本、編集などの関連分野にわたり、用語や事項、人名項目を五十音順にとりあげて解説した事典。巻末には付録として、活字の大きさ、組見本、書体、印刷校正記号、五十音順当用漢字表などのほかに、著作権法や国立国会図書館法などの関係法規を収録している。　0052

出版文化人名辞典 日本図書センター 1988.2 4冊 22cm 複製 全58000円
出版関係者や執筆者の名簿類を編集して復刻したもの。第1巻『現代出版文化人総覧昭和18年版』（協同出版社、1943）、第2巻『現代出版文化人総覧昭和23年版』『同補修版』（日本出版協同、1947－1948）、第3巻『現代出版業大鑑』（現代出版業大鑑刊行会、1935）のうち第3篇名鑑と名鑑の目次（人名索引）、第4巻『全国書籍商総覧』（後藤金寿編、新聞之新聞社、1935）の名鑑篇、名鑑篇索引、名鑑篇追加録、追悼録。内容は各書名どおりだが、1巻には出版関係者一覧4種と執筆家一覧、2巻には執筆家一覧と文化人遺芳録を収録。構成は各巻異なり、おのおの何らかの索引を持つ。　0053

日本出版百年史年表 日本書籍出版協会編 日本書籍出版協会 1968 1128p 27cm 15000円
1868年（明治元）から1967年（昭和42）までを対象とし、1851年（嘉永4）から1867年（慶応3）をその前史とする出版界と出版事業の年表。3欄からなり、「出版関係欄」は出版界の動静、出版関係法令、政府施策などを、「出版物欄」は創刊新聞・雑誌、発行主要単行本、刊行開始全集・双書などを、「参考欄」は時流の概観として、政治、文化、社会一般の諸事項を記載している。参考資料として「本屋仲間再興後の3都出版取締およびその手続」、出版関係法規、出版統計、組合員名簿（書物問屋など）、参考文献を付す。巻末に出版関係社・団体名索引、新聞・雑誌名索引がある。　0054

日本の出版社 1970年版－ 出版年鑑編集部編 出版ニュース社 1969－ 隔年刊 19cm 全国出版社名簿付・全国共通図書券加盟店，その他関連名簿
表示年版の前年の調査により、日本の出版社と関連団体を五十音順に収録した名簿。出版社、教科書発行所、取次会社、関連団体、広告代理店、主要新聞社、全国共通図書券加盟店に分かれている。出版社については、住所、電話番号、創立年月、組織、資本金、従業員数、部門などを記載。出版専業以外でも出版活動を行っている官庁、団体、学校なども、つとめて収録し、網羅的な内容となっている。解題は1994年版による。　0055

◆書誌

◆◆書誌の書誌

主題書誌索引 81/91 深井人詩編 日外アソシエーツ 1994.7 686p 27cm 発売：紀伊国屋書店 4-8169-1252-5 29000円
『主題書誌索引』（1966－1980年を対象）に続く1981－1991年に発表された主題書誌6428項目、2万6156件を件名の五十音順に配列した書誌の書誌。『書誌年鑑』☞0057 1982－1988年版の「主題書誌」「地域書誌」と1989－1992年版の「件名編」「地名編」の累積索引版。特定の主題や地域に関する文献目録の記述を、主題を表わす件名と地名の見出し項目のもとに集め、五十音順に配列。同一件名中は発行年月順。独立した図

書の書誌ばかりでなく、雑誌、図書中の一部掲載の書誌も収録。巻頭に五十音順の件名の目次がある。『人物書誌索引』☞1259（ －1977年、1978－1991年）は姉妹編。『日本書誌の書誌』☞0059 の主題編を引き継ぐ。
0056

書誌年鑑 1982－　朝倉治彦，深井人詩共編　日外アソシエーツ　1982－　年刊　22cm　発売：紀伊国屋書店　1986－：深井人詩編

主として人文・社会科学分野の書誌類を収録した書誌。図書または図書の一部、雑誌に収載された書誌類を、主題書誌、人物書誌、地域書誌、雑誌の総目次・総索引に大別し、書誌関係文献を付載している。1989年版からは、件名編、地名編、人名編、誌名編、書誌論編に構成が変わった。配列は五十音順。書誌論は抄録を書誌の理論・作成法・書評などから選択採録。1996年版は1995年発行の書誌8369点と書誌論63点を収録。巻末に書誌論編収載の著作の執筆者とほかの4編収載の書誌類の個人編者の索引がある。
0057

東京都立中央図書館蔵書誌目録 1975，追録版　東京都立中央図書館　1975－1982　2冊　26cm

東京都立中央図書館所蔵の書誌の書誌で、1975年版には、1974年までに発行された和書・中国書・洋書の単行書誌と定期刊行の書誌2992点を、追録版には前版の続きから1980年までの発行分、特別文庫室所蔵分、東京都立日比谷図書館児童資料室所蔵で1980年までに発行された児童図書関係の書誌の、計3388点を収録する。各書誌の記載は、記述、解題、請求記号の3部からなり、解題部分を1主題、2配列、3収録期間、4収録点数、5解題の有無、6索引の有無、7他書誌との関連や付録、被伝者・旧蔵者の職業・専攻・生没年などを記したその他特記事項の7項目に分ける。配列は原則として日本十進分類法6版により、同一分類中は和書・中国書・洋書の順。巻末に人名、団体名、書名の索引を付し、1975年版には別に雑誌総目次類の索引もある。
0058

日本書誌の書誌 総載編，主題編，人物編　天野敬太郎編　巖南堂書店　1973－1984　4冊　22cm　「主題編Ⅱ」「人物編」の出版者：日外アソシエーツ　発売：紀伊国屋書店　15000－26000円

1970年までに発表された各種の書誌を網羅した「書誌の書誌」。1933年に間宮商店から刊行された『本邦書誌ノ書誌』の累積増補版。現在4巻まで刊行。〔第1巻〕総載編は一般書誌を収録。2部構成で明治維新前（1277－1867年）の部に215点、維新後（1868－1965年）の部に6335点を収録。配列は発行年順。〔第2巻〕主題編Ⅰは日本十進分類法の0－2門の主題を収録。分類順配列中は発行年順。1868－1965年発行のもの8560点。〔第3巻〕主題編Ⅱは7－9門で第2巻と同配列。1868－1970年発行のもの4908点。〔第4巻〕人物編Ⅰは7－9門の人物に関する書誌で、1868年－1970年発行の5450点を収録。第1部は日本人、第2部は中国人・西洋人でおのおの読みの五十音順、原綴のアルファベット順に配列。1996年現在、ほかの巻は刊行されず、『書誌年鑑』☞0057『主題書誌索引』☞0056『人物書誌索引』☞1259 に引継ぐ。
0059

◆◆ 全国書誌

出版年鑑 1951年版－　出版ニュース社編　出版ニュース社　1951－　年刊　19cm

表示年版の前年の12月31日までに刊行された新刊書籍、雑誌、年間史、関係事項、諸統計、関係名簿、法規などを収録。資料、書籍目録・雑誌目録、索引の3分冊。書籍目録には著訳編者、書名、判型・頁・定価、発行所・発行月、NDC・ISBNを記載。書籍6万462点を収録し、日本十進分類法順に配列。雑誌目録には誌名、刊別、判型、定価、発行所、創刊年を記載。2種の目録は販売書誌としての役を果たす。索引は書名、著訳編者名、雑誌・学術雑誌・官庁刊行雑誌名の3種がある。1995年版よりISBNを記載。解題は1997年版による。
0060

全日本出版物総目録 昭和23－51年版　国立国会図書館収書部編　国立国会図書館　1951－1978　32冊　26－27cm　編者：－昭和31年度版　国立国会図書館受入整理部　出版者：－昭和31年度版　国立国会図書館管理部

国内で刊行され、国立国会図書館に納本された出版物を収録した全国書誌。「図書の部」と「逐次刊行物の部」に大別し、官公庁編さん発行のものと一般発行のものに分けて収録。官公庁出版物は各官公庁の組織順。民間発行の図書は日本十進分類法によって配列。逐次刊行物の部は一般雑誌と新聞に分け五十音順配列。図書書名索引と逐次刊行物誌名一覧を付す。昭和51年版の巻末には1975年刊行の補遺編（1948－1969年）および各年版の補遺の部に収録もれとなったものをまとめてある。1977年版以降は『日本全国書誌』☞0064 に引き継がれて刊行。
0061

日本件名図書目録 56/69－　日外アソシエーツ編　日外アソシエーツ　1994－　27cm　発売：紀伊国屋書店　4-8169-0349-6

日本で刊行された商業出版物、官庁出版物、私家版などの全ての図書を、主題をあらわす件名から検索できる目録。累積版には1956－1969年、1970－1976年、1977－1984年があり、1985年からは年刊版が継続刊行

中。累積版は1977-84年のみ21分野の部編に分けて構成される。ほかは全分野を通した単純な件名の五十音順配列。年刊版は、人名・地名・団体名編と一般件名編で構成される。わが国で唯一の網羅的な件名図書目録。姉妹編に1927年以降を対象とした『日本著者名総目録』☞0066がある。　　　　　　　　　　　0062

日本全国書誌　国立国会図書館図書部編　国立国会図書館　1988.1-　週刊　26cm
日本国内で刊行される出版物を中心とした著作物のうち、国立国会図書館が収集したものを収録する新刊書誌。海外での日本語出版物も収録する。『納本週報』(1955.6-1980.12)を継承した『日本全国書誌　週刊版』(1981.1-1987.12)を改題したもの。図書・非図書資料の部は週刊、新たな逐次刊行物を収録した逐次刊行物の部は月刊で発行される。また、四半期ごとに、書名・著者名索引を別冊として発行する（1997年4月からは各冊に索引が付けられる）。図書・非図書資料の部は、官公庁納入と民間納入の部に分かれ、官公庁の部は官公庁の組織順、民間の部は日本十進分類法9版分類順に配列し、号末に児童図書、学習参考図書、試験問題集、点字・大活字本、国内刊行欧文図書などを収録する。記述は、日本目録規則新版予備版であるが、日本目録規則1987年改訂版に移行を予定する。磁気テープ版も刊行されており、図書のみを収めたCD-ROMが、J-BISCとして隔月更新で刊行される。また、オンラインも利用対象機関を限って提供されている。　　　　　　　　　　　　　　　　0063

日本全国書誌　昭和52年版　国立国会図書館収集整理部編　国立国会図書館　1982.5　3冊　26cm「官公庁出版」「民間出版」「索引」に分冊刊行　4-87582-010-0
『全日本出版物総目録』☞0061を改題し、この年度版のみが刊行された、唯一の年刊版の日本全国書誌。1977年中に、国立国会図書館が受入れた和図書を収録する。官公庁の部は組織順、民間の部は日本十進分類法6版による一般図書と、国立国会図書館の分類表による児童書、試験関係図書とに分かれる。書誌情報は、日本目録規則新版予備版準拠の目録記述によっている。書名、著者名の五十音順索引を別冊で刊行する。『納本週報』の年間累積版にあたる。　　　0064

日本全国書誌書名・著者名索引　1983-1997年版　日本図書館協会　1984-1998　30cm　監修：国立国会図書館　製作：広済堂
国立国会図書館が作成した『日本全国書誌』☞0063の年間索引。本篇に当るのは書名索引で、ID番号、書名、著者名、出版者・出版年月、ISBN、日本十進分類法、国立国会図書館請求記号、JP番号など基本的書誌事項を記載。著者名索引は副篇として、著者名から書名索引へアプローチできる。いずれも配列は五十音順。書名索引の部は簡略の日本全国書誌の年刊版として利用できる。『JAPAN MARC書名・著者名索引1982年版』として創刊され、1983年版から現書名になった。解題は1995年版による。1997年版で終刊。　　　　　　　　　　　　　　　　0065

日本著者名総目録　1927～1944-　日外アソシエーツ編　日外アソシエーツ　1991-　27cm　発売：紀伊國屋書店　4-8169-0361-5
日本で刊行された商業出版物、官庁出版物、私家版などのうち著者表示のある全図書を、著者名と書名から検索できる目録。累積版には1927-1944年、1945-1947年、1948-1976年、1977-1986年があり、1987-1988年版からは2年ごとに継続刊行中。個人著者名、団体著者名の2つの部編で構成され、著者名見出しは五十音順配列。各版とも書名索引をもち昭和期以降の網羅的な著者名・書名図書目録として利用できる。翻訳図書は『翻訳図書目録』☞0106が別に発行されているため、原著者名を除いて編・訳者名のみを収録。姉妹編に1956年以降を対象とした『日本件名図書目録』☞0062がある。　　　　　　　　　　　0066

Book Page　本の年鑑　1988-　ブックページ刊行会　1988-　年刊　27cm
表示年版の前年1-12月までに出版の新刊書4万9300冊の販売書誌。実用書、絵本、サイエンス・テクノロジー、文学・小説など17のジャンルに大別し、約1000項目の見出し語のもとに、各々書名の五十音順。ただし、小説は作家名の五十音順。各記入は書名のもとに、著者、出版者、内容解説、出版年月、頁数、大きさ、価格、ISBNを付す。目次や帯などに書かれた簡潔な内容紹介を付して、書誌事項だけにとどまらない情報を得られるのが特徴。巻頭に事項、巻末に書名索引と著者索引がある。トーハン、日販、紀伊國屋、日外アソシエーツ4社共同製作のデータベース「BOOK」のデータを編集したもの。解題は1998年版による。　　　　　　　　　　　　　　　　0067

Year's books　全点案内　年版新刊案内　1981-　図書館流通センター編　図書館流通センター　1982-　年刊　30cm　1981-1988〔年版〕の編者：日本図書館協会
『週刊新刊全点案内』1996年12月までに掲載された新刊書誌情報5万1645点を収録。一般書、児童書・絵本に分かれ、日本十進分類法の分類順配列。JLANO、書名、著訳編者名、発行所名、大きさ、頁数、NDC、件名、対象、ISBNを記載。書名、著者名、外国人原綴、件名索引あり。解題は1996年版による。　　　0068

◆◆ 出版記録

日本書目大成 第1-4巻 長沢規矩也，阿部隆一編 汲古書院 1979 4冊 27cm それぞれの作品の複製 出版：古典研究会 7000円
寛平年間（889-898年）に編纂されたと思われる『日本国見在書目録』にはじまり、大正期編纂の『官板書目』までを収録。わが国最古の国書の伝存目録として知られる『本朝書籍目録』のほか、江戸時代中期以降の『禁書目録』、軍書、通俗書の目録や医書目録もある。
0069

日本書籍分類総目録 第1-40巻，別巻 日本図書センター 1985-1988 43冊 27cm 監修：朝倉治彦
明治初年から1945年までの各種の図書目録・図書月報を復刻して43冊に分載。明治、大正、昭和の各別冊に解題と編著訳者索引あり。著者、書名、形態、装幀、頁数、定価、送料、発行所名、内容説明などを記載。1917年（大正6）から各冊ごとに短い内容説明があるのが特徴。各編に底本一覧あり。図書月報の広告を付す。
0070

慶長以来書賈集覧 書籍商名鑑 増訂版 坂本宗子増訂 井上和雄編 大阪 高尾書店 1970 106,9,111p 22cm 限定版 初版：彙文堂書店（京都）大正5年刊
副題に「書籍商名鑑」とあるように、江戸時代における全国、主として三都（江戸・京都・大阪）の書肆4162軒（旧版1140軒、増補2613軒、改訂409軒）の名簿で、姓名、別号、存在年代、所在地、さらに必要に応じて略伝、逸話や出版書を記したもの。屋号の五十音順に配列。巻末に別号ないし姓の五十音順索引を付す。著録に際しては、旧版は版本の刊記に、増訂版は図書館蔵書とその目録によっている。
0071

江戸時代書林出版書籍目録集成 第1-3，索引 慶応義塾大学附属研究所斯道文庫編 井上書房 1962-1964 4冊 30cm （慶応義塾大学斯道文庫書誌叢刊 1）
江戸時代の書目のうち、書林（出版書肆）が共同あるいは単独で寛文から享和年間（1660-1803年ころ）にかけて編纂・出版した出版総合目録15点を写真複製したもの。印刷術の普及による出版物の増加は、出版書肆側、購読者側双方の必要性から出版・販売目録の刊行をうながした。それぞれの目録の収録範囲は、官・藩版や私家版を除く出版物を網羅し、多くは主題による分類順とし、まれに書名の「いろは順」配列が見られる。各項目の記載内容は、書名と巻冊数・丁数のみを列記するものが主であるが、編著者名、価格を併記するものもある。第1巻に出版書目の沿革、各巻に詳細な解題を付す。第4巻は出版書目の書名索引である。
0072

享保以後江戸出版書目 新訂版 朝倉治彦，大和博幸編 京都 臨川書店 1993.12 612p 22cm 4-653-02594-0 16000円
東京国立博物館が所蔵する享保12年（1727）3月から文化12年（1815）3月にかけての江戸書物問屋組合の開板販売許可の公的記録簿である「割印帳」の翻刻。原本は写本で、袋綴11冊。第11冊目は「江戸絵図株帳」である。割印は新板書の開板願の草稿の吟味を経て彫板にかかり、草稿本、奥書、序跋の板がそろって、改めて行司仲間に提出したものに対して行われた。記載内容は、割印年月日、行事名を記して、奥書の板行年月を右肩に書した書名、作者名、冊数、板元売出の書肆を記す体裁。収録資料の種類は多種多様であるが、大衆的な洒落本・黄表紙・合巻などの地本類は除かれている。巻末に書名・作者名・板元名の五十音順索引を付す。未刊国文資料刊行会1962年刊の新訂版。江戸の出版事情を知る根本資料として、価値は高い。
0073

享保以後大阪出版書籍目録 大阪図書出版業組合編 大阪 清文堂出版 1964 1冊 22cm 大阪図書出版業組合刊（昭和11年）の覆刻版 限定版
現在大阪府立中之島図書館に保管されている、享保9年（1724）2月から明治6年（1873）12月にかけての大阪本屋仲間の開板販売許可の公的記録簿「開板御願書控」34冊の翻刻。享保9年には大阪本屋仲間とその行司制度が公認され、組合組織が成立して行司に新刊書の審査権が付与された。記載内容は書名、冊数、作者名、板元名、出願年月日などを記す。収録資料は絵本や草双紙などの地本類は除かれる。巻頭に詳細な「大阪書籍商仲間沿革略」を、巻末に書名・著作者名の五十音順索引と、絶板書目を付す。
0074

享保以後板元別書籍目録 坂本宗子編 大阪 清文堂出版 1982.4 394p 22cm 8500円
先行する『享保以後江戸出版書目』☞0073（江戸書物問屋組合の開板記録）と『享保以後大阪出版書籍目録』☞0074（大阪本屋仲間の開板記録）を合わせて、板元別に出版書を配列した書目。はしがきに「この両書の資料を合わせることによって、近世の出版事情、とりわけ、大阪・江戸間における板元の諸関係と文化の伝播・交流の状況が究明できる」とある。各板元については営業期間、営業地、姓氏などを記載し、その屋号の五十音順に配列。同一板元の出版書は年号で区切り、各書は書名・冊数・出版形態・相板・書誌の順で記載する。巻末に板元別出版状況一覧を付す。
0075

近世京都出版資料 宗政五十緒，若林正治編 日本古書
　通信社 1965　242p 図版 22cm 限定版 2300円
京都書林仲間上組の記録のうち、文化3年（1806）から天保6年（1835）にかけての『板行御赦免書目』（京都大学附属図書館蔵）と、続く天保13年（1842）から嘉永6年（1853）にかけての『御趣意中板行御赦免書目』、および京都書林仲間が明和8年（1771）に刊行した『禁書目録』の翻刻。この2つの板行御赦免書目は、書林仲間の書肆が奉行所に願出して開板許可になった書物の書名を、翌年3月に目録にして奉行所に提出した、書名目録の控えである。儒書・和書・医書・仏書・物語並歌書俳書・岬紙の部立てになっていて、当時の出版書の分類が知れる。記載内容は書名、刊未刊の別、作者名、冊数のみ。巻末に書名・書賈名の五十音順索引を付す。　　　　　　　　　0076

徳川時代出版者出版物集覧 〔正〕，続編 矢島玄亮著 仙
　台 徳川時代出版者出版物集覧刊行会　万葉堂書店
　（発売）1976　2冊 27cm 7100円，4800円
徳川時代の出版物を出版者別にまとめた総目録。古典目録や著名な文庫目録のうち、正編は38、続編は18文庫を採録・再編した。正編は出版者3200名、出版物1万7000点を収録。出版者に所在地を付して五十音順に配列し、書名、著編者、出版年、出典を記載。全書肆の別号を標出し、相互に参照できる。巻末に五十音順の著者索引、出版物索引を付す。当時の出版の様相・実態を知ることができる。　　　　　　　　0077

明治初期三都新刻書目 朝倉治彦，佐久間信子編 日本古
　書通信社 1971　418p 22cm 2900円
出版条例制定後の1874年（明治7）に板行された、東京の『戊辰以来新刻書目便覧』（太田勘右衛門編）、京都の『御維新以来京都新刻書目便覧』（村上勘兵衛編）、および大阪の『戊辰以来新刻書目一覧』（松田正助編）の3書目の複製。1868年（明治元）より1874年（明治7）にわたって刊行された出版物を収録するが、この7年間は書林株仲間、問屋組合が崩壊へとむかい、出版制度の大きな変革期にあたる。各書いずれも部類立てで配列。記載内容は書名、著者名、価格、冊数などを記し、併せて書肆の名簿を載せる。巻末に書名・著者名の五十音順索引と詳細な解題を付す。　0078

明治前期書目集成 第1-14分冊，補巻之1-4 明治文
　献資料刊行会編 明治文献 1971-1975　20冊 30-
　31cm 監修：木村毅 4800-7500円
1872年（明治4）頃から1900年（明治32）頃までに刊行された新聞を含む代表的な各種の書目類をまとめて複製。収録の書目類は『内務省図書局出版書目月報』（明治11-20年）、『図書局書目』（明治16年）、『図書課書目』（明治19年）、文部省と教部省の『准刻書目』（明治4-7年）、内務省図書課の『版権書目』（明治16-32年）、日本最初の書評誌『出版月評』（明治20-24年）および東京書籍出版営業者組合の『書籍総目録』（明治26年版）など。複製なので編成、目次、索引などは原本のままで統一していない。　　　0079

明治書籍総目録 東京書籍商組合編 ゆまに書房 1985.9
　8冊 22cm 複製 全168000円
東京市（当時）内で営業する出版業者の組合で1893年（明治26）に創立された東京書籍出版営業者組合（1902年（明治35）に東京書籍商組合と改称）の組合員出版物の総目録。1893年、1898年、1906年、1911年（明治26、31、39、44）と不定期に発行された。原本は各年1冊、巻頭のいろは別索引、本文の発行所別目録、巻末の類別索引の構成だったが、復刻に際し総目録・総索引に分冊された。総目録は発行所別目録であり、出版社名のいろは順に配列、その中は分類順。目録の記載項目は書名、著者名、定価、冊数など。巻末に出版法、版権法など関係法規を付載。総索引には、いろは別索引、類別索引があり、前者は書名のいろは順、後者は分類順に検索可能。分類は独特な方式で当初は第1門医学以下20門だったが、1911年（明治44）版は第1門神書及宗教以下8門に変更された。全集などは各冊ごとに索引されている。原版の書名は『東京書籍出版営業者組合書籍総目録』のち『東京書籍商組合員図書総目録』と改題。　　0080

大正書籍総目録 東京書籍商組合編 ゆまに書房 1986.1
　4冊 22cm 複製 全110000円
1918年（大正7）と1923年（大正12）に刊行した『図書総目録』を総目録と総索引の2冊に分冊した、『大正書籍総目録』全4冊の復刊。大正7年の総目録には、発行所別目録と著作者別目録があり、それぞれ索引あり。書名、著訳者、冊数、定価、送料、発行所を記載。1万9804件を収録。付録として著作権出版物に関する法令あり。総索引には、五十音順書名・欧文・五十音順件名・五十音順類別索引。大正12年の総目録には発行所別図書目録と索引。2万2505件を収録。総索引は類別索引。書名、類別、著者別は複数の記述があれば、それぞれ重複して載せる。『明治書籍総目録』☞0080の続刊。著者別図書目録を新たに加えている。　0081

昭和書籍総目録 東京書籍商組合編 ゆまに書房 1986.4
　6冊 22cm 複製 全150000円
1929年、1933年、1940年に刊行した同組合員『図書総目録』を再編集し復刊したもの。昭和4年の総目録には、発行所別目録と著作者別目録があり、それぞれ索引あり。書名、著訳者、冊数、定価、送料、発行所を記載。1万6560件を収録。総索引には、類別目録、五十音順書名・五十音順件名・類別索引。昭和8年の総

目録は発行所別目録と索引。2万5225件を収録。総索引は五十音順書名・類別。昭和15年の総目録は、類別索引と目録掲載店名。総索引は著者別目録と索引。五十音順別、類別、著者別は複数の記述があれば、重複して載る。『大正書籍総目録』☞0081 の続刊。 *0082*

東京書籍商組合図書総目録 東京書籍商組合編　東京書籍商組合　1940　1562p 23cm
戦前の国内一般図書についての最も包括的な出版目録。1893年（明治26）第1版を発行し、1940年（昭和15）まで9版を重ねた。収録数は第1版9867点、第2版1万844点、第3版1万8844点と増加を続け、第9版には3万8000点を数えた。構成は書名順、発行所別、類別、著作者別などで、版により異なる。書名も変遷しており、1、2版は『東京書籍出版営業者組合書籍総目録』、3-8版は『東京書籍商組合員図書総目録』、9版が標記の書名である。復刻は『明治書籍総目録』☞0080『大正書籍総目録』☞0081『昭和書籍総目録』☞0082として全18冊発行。第1版のみは『明治前期書目集成　補巻之4　上下』☞0079 にも収載。収録年代が続くものとして『現代図書総合目録　昭和19年版』（協同出版社編集部、日本出版配給、1944）が1938-1942年の出版物を収録している。 *0083*

出版年鑑 昭和5-23年版　東京堂編　文泉堂出版　1977-1978　16冊 20cm 東京堂昭和5-23年刊の複製
1930年（昭和5）版から1948年（昭和23）版までの『出版年鑑』『書籍年鑑』『日本出版年鑑』の複製版。出版界一年史、出版諸統計、図書目録、雑誌総目録、発行所住所録、出版関係組合規約、法規・書式で構成する。図書目録は、著者、書名、形態・装幀、頁数、定価、送料、発行所、発行月を記載。1930年、1931年（昭和5、6）版には内容大意がある。雑誌目録は、誌名、月刊回数、形態、定価、発行所を記載。付録として出版・編集要覧あり。1951年からは出版ニュース社の『出版年鑑』☞0060 が継続刊行されている。 *0084*

◆◆ 全国販売書誌

日本書籍総目録 '77/78-　日本書籍出版協会編　日本書籍出版協会　1977-　年刊 27cm
表示年版前年の12月31日までに国内で発行され、その年6月現在在庫し、入手可能と思われる図書を網羅的に掲載した全国的販売書誌。書名編と著者索引編。書名編は書名、副題、シリーズ名、著者名、発行年、判型、頁数、付属品、価格、読者対象、発行所、発売所、ISBNを記載。配列は書名・著者索引編ともに五十音順、アルファベット表記のものはアルファベット順。

発行所一覧、シリーズ索引と出版統計あり。シリーズ索引と著者索引には参照あり。シリーズ索引はシリーズから書名編へ、著者索引は多様なよみかたのある姓をその読みへ導く。1997年版は52万6369点収録。 *0085*

◆◆ 解題書誌

漢籍解題 桂五十郎著　名著刊行会　1970　1冊 22cm 明治書院明治38年刊の複製　8000円
中国の古代から清代までに著された古典、いわゆる漢書・漢籍約1500部の解題書。著者桂湖村（本名五十郎）は漢学者・漢詩人。経・史・子・集・政法・地理・金石・目録・小学（言語）・修辞・類書・雑書・叢書の13門に分け、さらに54の小欄に細分し、それぞれ書名を時代順に配列する。各門ごとに小序として門名の意義沿革を述べ、各書について題名・作者・体裁・大意・伝来・評論・注解参考などを詳細に解説する。巻末に字画・仮名・異名の書名索引と、作者索引を付す。収録範囲が経学に偏っているため、文学などは『中国学芸大事典』☞1194 と併用すると効果的。 *0086*

近代日本名著解題 岡野他家夫著　有明書房　1981　391, 36p 図版48枚 22cm 有明書房1962年刊の複製
明治維新以降に刊行され、ベストセラーになった書籍やその時々で話題になった書物や雑誌などを、年代を追って採り上げ、文化的、社会的な考察を加えたもの。対象は人文・社会科学系が主体だが、自然科学系も含まれている。明治期が中心であるが、昭和30年代まで含まれる。本文は事典形式ではなく、図書、雑誌それぞれをさらに3つに分けて、歴史物語風に叙述されている。書名はゴシックで表示。巻末に人名、書名、雑誌名の索引があり、五十音順。巻頭にある書影写真は、48頁と充実している。 *0087*

國書解題 増訂改版　佐村八郎著　京都　臨川書店　1968　2冊 22cm 六合館大正15年刊の複製　附：叢書目録（浜野知三郎編）6800円
上古から江戸時代末の慶応3年（1867）までに日本人が著した著作約2万5000部の解題書。網羅的な国書の解題書としては唯一のもの。編者は明治時代の国文学者・書誌学者。収録範囲は仏書と漢学を除き多岐にわたるが、江戸時代の小説や草双紙なども省かれる。写本の底本は帝国図書館、内閣文庫、東京帝大図書館などの蔵本による。各書については序跋を引用し、目次をかかげ、その内容を簡潔に解説し、さらに著者の略伝を付す。著者・分類・書名の索引がある。巻末の「叢書目録」は叢書、全集などの目次を収録した。初版1900年（明治33）、再版1904年（同37）を経て、増

訂改版された。　　　　　　　　　　　　　　　　0088

朝鮮図書解題　朝鮮総督府編　名著刊行会　1969　708p　図版24枚　22cm　朝鮮総督府（京城）大正8年刊の複製　限定版　6000円
朝鮮総督府が前代から継承した図書館奎章閣所蔵の古書籍のうち、朝鮮人の著作約3000部を学者に依頼して解題したもの。刊写の区別なく経・史・子・集の四部に大別、さらに類に細分する。書名、巻冊数、編著者、刊写の別、図書番号を記し、内容、伝来、編著者略伝などを簡単に解説する。巻頭に総目次、書名の五十音順索引と編著者姓別表、巻末に写真版の書影を付す。収録が総督府所蔵のものに限定されるため網羅的でなく、史・集部に偏りがある。前間恭作編の『古鮮冊譜』（東洋文庫、1944-1957）がその不足を補う。　　0089

◆◆地域資料目録

あなたは、この本を知っていますか！　地方・小出版流通センター取扱図書目録　第1集-　地方・小出版流通センター　1976-　年刊　19-21cm
表示年版の前年1月から12月までに「地方・小出版流通センター」および「書肆アクセス」に入荷した図書と雑誌の販売書誌。目録作成時点で在庫の確認はしていないので、品切れの可能性もある。第1集は1976年刊、1983〔年版〕は1983年刊、1985〔年版〕は1985年刊となり、NO.4（1986）1987年刊からは年刊。ほかに1976-1994年の累積した「総図書目録」がある。1996年版では524社3656点数を収録。配列は出版社名別書名目録、雑誌一覧、書名索引の順で、地方・小出版流通センター扱いと書肆アクセスを別々に編成。巻頭に五十音順出版社索引と地域別出版社索引、巻頭に出版社名簿を付す。　　　　　　　　　　0090

稀書目録

国立国会図書館所蔵貴重書解題　第1巻-〔続刊中〕　国立国会図書館参考書誌部編　国立国会図書館　1969-　21cm
国立国会図書館所蔵の和漢古書の中から同館貴重書指定基準により、貴重書に指定された資料の解題書誌。各巻ごとに、収録資料中代表的なものは図版を収録し、書誌事項と解題を記載。古文書と古写本の部は翻刻を付したものもある。必要と思われる巻には、人名索引、作品名索引などを付す。　　　　　　　　　　0091

大東急記念文庫貴重書解題　第1-3巻　大東急記念文庫　1956-1981　3冊　26cm
大東急記念文庫で所蔵する貴重書の解題書誌。第1巻は漢籍の定義と和漢書の別や、貴重書の範囲と鑑別などの総説に続き、漢籍の部として、その中を古写本、宋元版、旧刊本、古活字版に4分類し、それぞれの分類の前に論説をおく。第2巻は仏書を古写経と古版経に大別して解題し、前に仏経古書残存の理由、版式の変遷などの論説をおく。第3巻は図書の部として総記、神祇、文学などの22項目に分類。3巻とも巻頭に図版10数頁が、第2巻と第3巻には巻末に書名索引がある。　　　　　　　　　　　　　　　　0092

天理図書館稀書目録　和漢書之部〔第1〕-第3，洋書之部〔第1〕-第4　天理図書館編　丹波市町（奈良県）天理図書館　1940-1989　7冊　26cm　（天理図書館叢書　第12,13,15,16,22,25,41輯）
天理図書館所蔵の貴重特殊本で典籍の形態を存するものの目録。和漢書之部は〔第1輯〕650、第2輯922、第3輯3200部を収録。各書には成立様式、人的関係、装釘体裁、蔵書印記、奥書・識語・見返しなど詳細な書誌事項と解題がある。配列は日本十進分類法に準じた分類順。書影・書名人名索引を付す。洋書之部は第1輯691、第2輯288、第3輯1009、第4輯655部を収録。インキュナブラを含む記述は標目部（著者名、書名、刊年）のほかにタイトルページを忠実に転写したデータが付き、さらに注記が詳しい。分類順とし、著者・書名・発行地・発行所索引と、発行・印刷年索引を付す。　　　　　　　　　　　　　　　　0093

図書寮典籍解題　宮内府図書寮編　国立書院　1948-1960　5冊　26-27cm　各冊の編者、出版地・者はそれぞれ異なる
図書寮は宮内庁書陵部の前身で、皇室歴代のお手もと本、二五家、堂上公家、紅葉山文庫、その他の献上本などの歴史的な古典籍コレクションを蔵する日本有数の文庫である。本書はその図書寮所蔵の上代より近世にいたる貴重古典籍の解題書。各篇とも数部門に部類分けし、まずその史的展開の概要をのべ、次に本文、注釈などの項目を設け、さらに細分して、個々の作品の一般的解説をし、最後に掲出書の具体的な解題をする。記載内容は寸法・装丁・表紙・料紙・書写の形状・年次などを書誌学的に記述し、奥書・成立・本文

系統・伝来・筆者などの考証に及ぶ。巻末に掲出本書名目録と書名事項・官位人名の五十音順索引または書名索引のみを付す。収録資料、解題ともに一級の書誌である。
0094

特種目録

◆文庫目録

総合文庫目録 1956年版－　総合文庫目録刊行会編輯部編　総合文庫目録刊行会　1956－　年刊　21cm
文庫本を総合的に収録した目録。表示年版の前年8月下旬までの発行および発行予定の文庫を収録。1997年版の収録出版社は63社138文庫。書名を五十音に分け、その中を日本文学、外国文学、および思想・歴史・社会・科学・その他の三つに区分している。巻頭に五十音順の著者別作品名一覧がつく。記述は、書名、著訳者、文庫、色別帯番号、本体価格、ISBNからなる。
0095

便利な文庫の総目録 1969－　〔久喜〕文庫の会　1968－　年刊　21cm
文庫本を対象とする販売書誌。1996年版は63社の文庫・シリーズ133文庫と新書判文庫2文庫の計135文庫で、1996年2月までに発行、在庫のあるものを収録。配列は岩波・角川・新潮などの15文庫についてはまとめて「著作者別索引」を、そのほかの文庫については「文庫別索引」として各文庫ごとに別組みされている。記載項目は書名、著訳者名、ISBN、定価。「著作者別索引」編のものにはその他に、文庫名、（文庫の）整理番号、注、解説者名などを記した備考欄がある。中学・高校の国語教科書に出ている作品を収録した文庫本名がわかる「出典表」と、巻末に「書名作品名索引」「著作者名索引」を付す。「書名作品名索引」では文庫の表題作品名のほか、表題になっていないほかの収録作品名からも検索できるのが特徴。
0096

◆全集目録

国立国会図書館所蔵全集月報・付録類目録　国立国会図書館専門資料部編　国立国会図書館　1996.12　182p　26cm　発売：紀伊国屋書店　4-87582-484-X　5900円
同館が所蔵する全集、叢書、シリーズなどに添付された月報、付録類の目録。原則として、1994年1月現在完結した2523タイトルを収録する。日本十進分類法新訂8版により分類配列し、書誌事項、請求記号、標目指示（書名の読み）、日本十進分類法による分類記号、日本全国書誌番号を記載する。巻末に、五十音順の全集などの書名索引がある。
0097

全集総合目録　〔1962〕－　出版年鑑編集部編　出版ニュース社　1962－　不定期刊　19cm
表示年版の前年の10月までの調査による。現在、流通している全集、講座、シリーズ、叢書、著作集、作品集、選集などあらゆる分野の個人の著作物から特殊な研究の集成まで幅広く収録。各巻の内容も表示。日本十進分類法により配列。書名、巻数、著訳編者、判型、定価、発行所、発行年を明記、その下に各巻の内容を付す。品切、絶版、未刊が判明したものは、書名の内容の最後に（未刊含）（欠番含）を表示。巻末に五十音順の発行所名簿、書名索引。解題は1993年版による。
0098

全集叢書総覧　新訂版　書誌研究懇話会編　八木書店　1983　634p　22cm　5800円
1868年（明治元）から1981年（昭和56）末までに発行された全集、叢書およびこれに類するもの約2万2240件を網羅的に収録。全集、叢書名の五十音順に配列し、書誌事項を記載するが、内容細目はない。巻末に「特殊全集叢書内容一覧」（五十音順）があり、『古事類苑』『古典文庫』『国書刊行会叢書』『大日本史料』『日本古典全集』など17の叢書には内容細目がある。本版は1975年刊の全訂版を新訂したものにあたる。
0099

◆政府出版物目録

官庁刊行図書目録　日本図書センター　1981.4　12冊　27cm　内閣印刷局昭和3-8年刊の複製　付（別冊）：正誤ノ部　全148000円
各官庁が当該月に刊行した図書の総目録。官庁別と分類別に分け、官庁別ノ部には図書名、主管部局課名、

刊行種別、内容索引番号（分類別への参照）、定価、送料、販売所を記載し、分類別ノ部には図書名、刊行官庁名、発行年月日、内容主要事項、創刊や沿革も記載した。
0100

官庁資料要覧 1975－1991年版 政府資料等普及調査会・資料センター編 政府資料等普及調査会 1975－1991　26cm
政府機関や政府関係機関、および地方自治体などの官公庁出版物の中から、政府資料等普及調査会資料センターが受入れた資料の抄録付きの書誌。掲載資料は同センターで閲覧可能。配列は国家行政組織法の組織順でその中は同センターの分類順に並べる。資料の書誌的事項のほかに、短い抄録を収録する。付録として発行先一覧を掲載するほか、分類順書名索引がある。
0101

国の刊行物 解説目録 昭和45年度－昭和48年度 国立国会図書館連絡部編 国立国会図書館 1975　730p 21cm
国の各機関、公共企業体および特殊法人等政府関係機関が、1970年（昭和45）4月から1974年3月までに編集・監修・刊行した出版物6450点を収録した目録。「立法・行政・司法機関」「公共企業体」「政府関係機関」の3部に大別し、それぞれ行政管理庁の定める国の機構順に配列、書誌事項と、簡単な解説を記載した。付録として巻末に書名索引（和文アルファベット順）と立法・行政・司法の刊行物を取り扱っている出版社・団体名一覧（和文アルファベット順）がある1971年初版の改訂版。
0102

政府刊行物等総合目録 1980年版－　全国官報販売協同組合編 全国官報販売協同組合 1979－　年刊 21cm
表示年版の前々年10月から前年9月末までの1年間に各省庁・政府機関で編集・監修された政府刊行物のほか、関連する実務書を収録した一種の販売書誌。省庁・専門分野別の見出しのもとに白書、審議会報告、統計などの項目で配列されている。記載事項は年版、書名、判型、定価、編著者、発行者、発行年。不定期刊行物、雑誌一覧もあるのが特徴。巻末に入手先がすぐわかる「政府刊行物販売所一覧」と書名索引を付す。解題は1997年版による。
0103

日本白書総覧 大慈弥俊二著 丸善プラネット 1997.7　371p 22cm 4-944024-43-6　11000円
日本で初の白書が創刊された1947年から1996年までに刊行された、白書および白書の関連図書について、刊行データを丁寧に記述した国内白書の総覧。収録数は約1900点7000冊で、国内白書の刊行状況を網羅する。和文編と欧文編に分け、それぞれ書名の五十音順とアルファベット順に配列し、書誌事項と、編者・発行者・書名に関する変遷事項や年刊以外の刊行形態などの付加情報を記載。巻末には分野別の索引を付す。
0104

◆翻訳図書目録

全集・合集収載翻訳図書目録 45/75，76/92 日外アソシエーツ 1995－1996　6冊 22cm 発売：紀伊国屋書店　34000－48000円
全集・アンソロジー・合集に収載されている翻訳出版物または翻訳文献約7万7000点のリスト。1945年から1992年3月までに国内で刊行された2点以上の著作を含むものを対象としている。1総記・人文・社会、2科学・技術・産業、3芸術・言語・文学の3分冊からなる。ただし、無著者・著者不詳の著作と児童書は含まれない。原著者名のアルファベット順に配列。原著者名の原綴が判明しなかったものはカナ・漢字表記の五十音順配列となっている。同一著者の各著作は収録図書の刊行年順。書名索引があるが、内容細目名（作品名）からは検索できない。原著者名カナ表記索引を付す。
0105

翻訳図書目録 1945－76，1977－84，1984－88，1988－92，1992－96 日外アソシエーツ編 日外アソシエーツ 1984－1997　16冊 22cm 発売：紀伊国屋書店
1945年から1996年3月までに国内で刊行された翻訳図書を収録した書誌。それぞれ1総記・人文・社会、2科学・技術・産業、3芸術・言語・文学の3分冊からなる。原著者名のアルファベット順に配列。それぞれ原著者のカタカナ表記による索引、訳者名索引、原書名索引を付す。なお1992－96期の4分冊目は「総索引」である。なお、1945－76期では児童書は含まれず、原書名索引はない。
0106

◆随筆索引

中国随筆索引 京都大学東洋史研究会編 京都 思文閣 1972　1018p 22cm 2版（初版：昭和29年刊）8000円
唐代から民国初年までの間に著された随筆体の小説・考訂・故事・異聞などの雑記類約160点について、その題目の中の主要語を五十音順に配列して、記事索引としたもの。体裁は『日本随筆索引』☞*0108* にならっている。画引きの検字表を付す。収録範囲は網羅的

ではないが、利用価値は高い。姉妹編に『中国随筆雑著索引』（東洋史研究会、1960）がある。
0107

日本随筆索引 〔正〕，続　太田為三郎編　岩波書店　1963　2冊　22cm
江戸時代の主要な随筆を選び、その中に出てくる事項を標目とし、五十音順に配列して、出所を示した索引。2巻に分かれ、正編は214種・付録48種を、続編は178種・付録4種を対象としている。江戸時代の社会・風俗・習慣など文化一般を研究するための資料検索に役立つ。1925年（大正14）－1932年（昭和7）に刊行されたものの再刊。1901年（明治34）に刊行されたものの増訂版が正編にあたる。
0108

◆叢書索引

新校群書類従索引　塙保己一編纂　川俣馨一増訂再編　名著普及会　1984.5　2冊　22cm　複製　全22000円
『新校群書類従』第23、24巻で、全巻に対する索引であったものを、再編し復刻した叢書の索引。1には歌集部の総目録、書名索引と和歌索引、散文中の和歌索引を収録。2には群書類従全巻の巻ごとの総目録と書名索引、部ごとの語句索引を収録。見出し項目に対して巻・頁を記載して群書類従に導く。和歌索引は収録歌集の初句による索引。同じ初句の場合は第2句を示す。散文中の和歌を検索できるのは有効である。収録書を対象とした人名、書名、事項名を中心とした語句索引も他に類がなく、利用価値が高い。初版は1936－1937年。
0109

人文社会全集講座内容綜覧　人文，社会編　日外アソシエーツ編　日外アソシエーツ　1995　2冊　22cm　発売：紀伊国屋書店　48000－49000円
1945年から1994年までに日本国内で刊行された、人文・社会系各分野の全集・講座・選集・大系等の、終期を予定した継続出版物で、各巻が複数の著者と論文から構成されているものの内容細目。人文編は333種2467冊、社会編は443種2741冊を収録する。配列は、両編とも内容別に10区分し、その中は書名の五十音順、さらに巻次の順としている。巻末に、論文の著者索引を付す。
0110

全集・叢書細目総覧　第1巻古典編，古典編索引，古典編続　国立国会図書館専門資料部編　紀伊国屋書店　1989　3冊　27cm　11330－37286円
第1巻古典編は明治以降、1970年末までに発行された全集・叢書のうち、幕末までに日本人の手になったものの細目を収録。同館所蔵の1200種を対象とし文庫本、ドキュメント類を主体とする資（史）料集、講座、論文集、多冊本は除いている。全集・叢書名の五十音順に配列し、著編者、出版者、出版地、出版年、冊数、装丁、国立国会図書館の請求記号、各巻の内容細目、注記事項を記載。別冊の「古典編索引」は第1巻古典編収録の全集・叢書の内容細目（作品名）を読みの五十音順に配列した索引で、巻末に難読索引がある。「古典編 続」は1971年から1985年発行までを収録範囲としたもので、巻末に索引を付す。合せて約2000種の全集・叢書を収録。
0111

全集・叢書総目録 45／90　第1－6巻　日外アソシエーツ編　日外アソシエーツ　1992.9　6冊　22cm　発売：紀伊国屋書店　全268000円
1945年から1990年までに日本国内で刊行された各種のシリーズ物を4万6000点、約34万冊を収録した図書目録。児童書や受験用参考書・問題集および刊行継続中の文庫、新書は収録しない。おおむね日本十進分類法の100区分に準拠して主題により分類し、その中を刊行年の古い順に配列する。叢書名のもとに全体編著者、出版者、叢書刊行年、大きさを記し、細目として叢書番号、書名、副書名、巻次、著者表示、刊行年、版表示を記載。6巻の叢書名索引は、五十音・アルファベットの字順に配列。全集などの網羅的収集や書誌事項の確認に利用できる。
0112

日本叢書索引　新版　広瀬敏編　名著刊行会　1969　761,96p　22cm　初版は昭和14年東京武蔵野書院刊　6000円
記紀から明治初年頃までの古典を数種以上収録した全集・叢書類のうち、1956年までに出版された約870点について、それぞれの古典がどの全集・叢書に収録されているかを検索できる索引。編者は国文学者。本書は初版を増訂した1957年風間書房刊の複製であるが、初版にあって増訂版で削除された写本叢書の内容目次を巻末に付す。構成は叢書目録、叢書略解題、書名の五十音順索引、難字画引、叢書索引など。ほかに前後して編纂された類書もあるが、内容の豊富な本書が利用しやすい。国立国会図書館編の『全集・叢書細目総覧　古典編』☞0111と併用するとよい。
0113

◆論文集索引

論文集内容細目総覧　1－3　日外アソシエーツ編　日外アソシエーツ　1993－1994　6冊（別冊とも）22cm　発売：紀伊国屋書店　別冊：索引　全68000円,全88000

円,全95000円

1945年から1992年までに日本国内で刊行された各種の学術論文集を網羅し、その内容細目を収載した書誌。6冊からなり、記念論文（論文集2324種、収載論文5万4587点）、一般論文（論文集2145種、収載論文4万9286点）、シンポジウム講演集（論文集1451種、収載論文3万4826点）に大別。各論文集を日本十進分類法に準じて100区分し、その中を書名の五十音順、ローマ字ではじまるものはアルファベット順に配列。書名以下書誌事項のほか、内容細目として論文番号、論文タイトル、論文執筆者を記載。別冊の索引には論文集書名索引と論文執筆者索引があり、それぞれ五十音順、アルファベットの字順に配列する。論文のタイトル索引はない。　　　　　　　　　　　　0114

◆逐次刊行物

◆◆目録

雑誌新聞総かたろぐ　1979年版－　メディア・リサーチ・センター編　メディア・リサーチ・センター　1978－　年刊　26cm

日本で刊行されている逐次刊行物（新聞・雑誌・年鑑）2万1362タイトルを収録。雑誌、輸入雑誌、新聞・通信に大別し、雑誌は総合、教育・学芸、政治、経済・商業などの6部門に分類。タイトル、創刊年月、刊行頻度、用語、判型、頁数、定価、発行社概要、内容解説、読者層、広告料、メディアへの対応状況など22項目を記載。巻頭に分類コード索引、分野順索引、巻末に発行所索引、紙誌名索引あり。巻末に創刊リスト、改題リスト、休刊リストを付す。解題は1997年版による。　　　　　　　　　　　　　　　　　0115

雑誌年鑑　昭和14－17年版　協同出版社雑誌年鑑編纂部編　協同出版社　1939－1942　4冊　19cm　昭和14－16年版の編者：日本読書新聞社雑誌年鑑編集部　昭和14－16年版の出版者：日本読書新聞社

雑誌に関する総合的年鑑。各年の雑誌業界の概況、出版状況、関係団体、関係法規、統計などを収載。国内発行雑誌と年鑑の目録が主。年により、主要外国雑誌、外地（植民地）の雑誌も含む。配列は地域別で、地域内は主題別。記載項目は詳細。休廃刊や改題、特集号一覧などもあり。索引は巻末に雑誌名、発行所、広告掲載社の3種を付す。17年版は協同出版社編刊、1942年8月刊で、内容は1941年12月基準。1988年に復刻版刊行（大空社）。　　　　　　　　　0116

誌名変遷マップ　学術雑誌総合目録和文編，欧文編　学術情報センター編　紀伊国屋書店　1987－1991　3冊　30×32cm

学術雑誌総合目録データベースに対応した、個別の誌名の変遷を図式化した資料。和文編は1985年版の同名データベースに、欧文編は1988年版に、それぞれ対応している。各巻の構成は、本編であるマップ編と索引編とに分かれ、欧文編は2分冊になっている。マップ編では誌名の変遷を図示しており、索引編は、欧文編ではキーワードから引けるKWIC索引と雑誌名などをアルファベット順に配列した誌名変遷索引、和文編では雑誌番号索引と雑誌名など五十音順索引を収録。巻頭には誌名変遷マップの研究と開発に関する解説をおく。　　　　　　　　　　　　　　　0117

昭和書籍雑誌新聞発禁年表　上，中，下　増補版　小田切秀雄，福岡井吉編　明治文献資料刊行会　1981　3冊　22cm

1926年から1944年までに発禁（発売禁止、削除、差押などの処分一切）になった内外の新聞、雑誌、単行本を網羅的に収録した目録。各年月ごとに、単行本、新聞・雑誌、外国出版物の3部門に分け、処分日付順に配列。書誌事項、処分月日、処分類別（安寧禁止、風俗禁止）、処分理由を記載。下巻に1938－1943年までの補遺を収める。1965－1967年初版の増補版。　　0118

世界の新聞雑誌ガイド　改訂版　日本貿易振興会編集　日本貿易振興会　1982.3　207p　26cm　発売：官報販売所　4-8224-0142-1　5000円

世界の経済・産業を主体として新聞・雑誌（一般誌・経済誌・経営誌・業界誌）の約680種を収録する解題目録。索引編と解題編の2部構成。解題編は資料名のアルファベット順で配列され、資料番号、資料名、刊行頻度、発行所、発行国、資料の解題を記載、類似・関連資料がある場合は、解題の後に星印を付す。索引編は主題別索引・国別索引で、アルファベット順。　　　　　　　　　　　　　　　　　　0119

占領軍検閲雑誌目録・解題　メリーランド大学蔵　昭和20年－昭和24年　奥泉栄三郎編　雄松堂書店　1982.11　531p　27cm　メリーランド大学カレッヂパーク校マッケルデン図書館東亜図書部ゴードン・W.プランゲ文庫解題　第1輯　マイクロフィルム版　18000円

メリーランド大学カレッヂパーク校マッケルデン図書館には膨大な日本語文献が保存されているが、その中核は日本占領期の出版物を収蔵したゴードン・W.プランゲ文庫である。その内連合国軍最高司令部・民間検閲支隊によって検閲措置を受けた雑誌・新聞などの資料はすでにマイクロフィルム化されたが、本書はその目録である。第2部占領軍検閲雑誌基本目録に検閲

を受けた雑誌などすべて3481種9546冊の書誌データを記載。和雑誌、洋雑誌混配のアルファベット順配列であり、雑誌名のほかに発行地、発行者、巻号・発行年月日と詳細な注がついている。その号が事前検閲または事後検閲のいずれを受けたかを明示する記号を付す。収録雑誌の発行年月は検閲が実施されていた時期と同じく、昭和20年から24年まで。第3部各誌別検閲雑誌冊数・コマ数早見表に、雑誌ごとのリール番号、冊数・コマ数を表示、フィルム検索に利用可能。

0120

タウン誌全国カタログ コミュニティ・マガジン研究会編 毎日新聞社 1981.11 206p 19cm 870円
北海道から九州・沖縄にわたる、日本全国のタウン誌179誌のガイド。配列は、北から南へ向けての地域順で、同一都市に数誌ある場合は、誌名の五十音順。記載されている書誌的事項は、原則的に1981年4月を基準としており、ほかに各雑誌の概要・解説と表紙の写真が収録されている。各地域の最初の頁に各誌の発行都市を示す地図を、巻末には誌名の五十音順による索引を付す。

0121

日本雑誌総覧 1988 出版年鑑編集部編 出版ニュース社 1987.12 864p 22cm 4-7852-0033-2 6200円
1987年現在、日本で刊行されている雑誌2万2878点を収録した目録。一般誌、学術誌、官公庁誌、団体・協会誌、同人誌、PR誌・社内報の6部門に分ける。一般誌、学術誌、団体・協会誌は日本十進分類法により配列。官公庁誌は官庁機構図に則り誌名の五十音順、同人誌は小説・文学一般、短歌、俳句、川柳、詩、その他に大別、PR誌・社内報は産業業種別にわけ、それぞれ五十音順に配列。記載内容は誌名、発行所、判別、判型、定価、創刊年、国立国会図書館の請求記号。巻末に五十音順の発行所名簿、雑誌名索引を付す。1963年刊の初版の第8改訂版で本書以後は改訂されていない。同人誌の部分は、類書がないため、現在でも有効。

0122

日本年鑑類総覧 1968年度 清和堂書店編集部編 清和堂書店 政府刊行物サービス・センター(発売) 1968 162p 26cm 『日本年鑑類総目録 1964年版』の改訂増補版 2000円
年1回、またはそれ以上の間隔であっても同一書名で発行されるもの、ないし、年鑑・年報という言葉を書名中に使用するもので、1967年中に刊行されたものを収録する。収録点数は2592点。民間出版、官公庁出版、都道府県の部に分かれ、民間出版は日本十進分類法7版の主題順、官公庁と都道府県は行政組織順に配列する。官公庁が編集しても民間業者発行は民間の部に含める。発行所ごとに、住所と電話番号も記載する。巻末に書名索引あり。

0123

✤✤所蔵目録

学術雑誌総合目録 1994年版 欧文篇 学術情報センター編 紀伊国屋書店 1995.3 8冊 31cm 4-314-10114-8 全76000円
国内664の大学・短大・高専・試験研究機関の図書館が所蔵する欧文の逐次刊行物、11万5340タイトル、105万2065件のデータを収録する総合目録。1994年11月1日現在のデータに基づいている。雑誌のほかに、年鑑・年報類も含む。ローマ文字により表記される雑誌を収める本編と、ギリシア文字編、キリル文字編の3部構成である。冊子体で刊行されている総合目録としては国内最大規模のものの一つ。刊行のサイクルは5-6年間隔であり、版を新しくするたびに参加機関と収録点数が増加している。CD-ROM版（1996）とオンラインデータベースがある。

0124

学術雑誌総合目録 1996年版 和文編 文部省学術情報センター〔編〕 文部省学術情報センター 1997.3 8冊 31cm 発売：丸善
国内780の大学・短大・高専・試験研究機関の図書館が所蔵する、和文の逐次刊行物の総合目録。1995年11月現在で所蔵する8万3503タイトル、177万4286件のデータを収録する。ただし、学術情報センターのオンライン利用館については、1996年12月8日までに登録したデータまで収録する。収録対象は欧文編と同じく雑誌のほかに年鑑類も含む。誌名の五十音順に配列し、この後にアルファベット、数字ではじまる誌名が続いている。CD-ROM版（1996）とオンラインデータベースがある。

0125

国立国会図書館所蔵国内逐次刊行物目録 平成7年末現在 国立国会図書館収集部編 国立国会図書館 1996.5 2冊 31cm 発売：紀伊国屋書店 4-87582-440-8 全37400円
国立国会図書館が受入れ、整理済の国内刊行の逐次刊行物（新聞、雑誌、年鑑・年報類）を収録する所蔵目録。従来、『国立国会図書館所蔵和雑誌目録』と題して刊行していたが、逐次刊行物の範囲を拡大したことにより、1987年から、年鑑類を加え、この題名に変更した。2年ごとに改訂して刊行する。その間は、半年ごとに累積方式の追録を刊行する。1995年末現在では、和文9万7060タイトル、欧文3188タイトルを収録する。タイトルの五十音順、欧文はアルファベット順の配列のもとに、編者・出版地、出版者などの書誌情報や、国立国会図書館の請求記号などの所蔵情報などを収める。

0126

全国公共図書館逐次刊行物総合目録 第1-6巻 国立国会
　図書館 1963-1968 6冊 26cm
全国の公共図書館が所蔵・永年保存と報告した和文逐次刊行物の総合目録。第1巻近畿編、第2巻東海北陸編、第3巻関東編は1961年末現在、第4巻中国・四国編は1963年末、第5巻北日本編は1962年末、第6巻九州編は1964年末調査による。各巻とも6部門に区分、1官報・公報・法令の類、2新聞、3雑誌・研究報告、4年刊・統計書の類、5名簿類、6目録類に構成し、誌（紙）名の五十音順に配列。書誌事項、注記、所蔵館名、所蔵巻号（年紀）を記載。各巻頭にその地域の逐次刊行物所蔵図書館案内を付す。　　0127

全国複製新聞所蔵一覧 平成5年7月1日現在 国立国会
　図書館逐次刊行物部編 国立国会図書館 1994.11
　469p 27cm 発売：紀伊国屋書店 4-87582-409-2
　8550円
全国1163機関と国立国会図書館の所蔵するマイクロ新聞と縮刷版・復刻版の所蔵目録。マイクロ版7233タイトル、縮刷版853タイトルを収録。本編は日本・中国・朝鮮・欧文新聞に分かれ、欧文以外は日本語読みの五十音順配列。記載事項は、紙名、版表示、出版地、出版者、注記、機関別所蔵年月日、欠号表示があり、注記によって収録紙名の変遷を辿る。巻末に所蔵機関一覧を付し、都道府県別、同一県内は五十音順配列。住所、電話番号、資料の公開・非公開、複写サービスの可否、レファレンスの可否について記載。見出し語への参照を多数含む。　　0128

中国語・朝鮮語雑誌新聞目録 国立国会図書館所蔵 平成
　3年末現在 国立国会図書館専門資料部編 国立国会
　図書館 1993.6 174p 26cm 4-87582-354-1
国立国会図書館における中国語・朝鮮語で書かれた雑誌および新聞の所蔵目録。1977年以後隔年で刊行された『国立国会図書館所蔵中国語・朝鮮語雑誌目録』と、『国立国会図書館所蔵新聞目録　昭和44年11月1日現在』『同昭和55年12月末現在』に付載されていた中国語・朝鮮語の新聞目録を合併したもの。『平成3年末現在』の収録誌・紙数は、中国語雑誌2775タイトル、同新聞228タイトル、朝鮮語雑誌1363タイトル、同新聞61タイトルとなっている。　　0129

東京大学社会情報研究所附属情報メディア研究資料セン
　ター所蔵新聞目録 平成4年6月現在 東京大学社会情
　報研究所附属情報メディア研究資料センター編 東
　京大学社会情報研究所 1992.6 77p 26cm 背の書
　名：『新聞目録』
1992年現在、当センターが所蔵する新聞資料の目録。総合目録は国内、海外に大別し、国内は都道府県別、海外は紙名のアルファベット順に配列し、現紙名、紙名の変遷、形態の別、所蔵年月、欠号などを記載。また、マイクロフィルム、縮刷版、復刻版別の目録も収録。それぞれ改題前紙名、所蔵年月を記載する。巻末に種別一覧があり、国内の部は都道府県別とし、その中を機関紙・業界紙、大学新聞、旧植民地新聞、特殊コレクション、英字新聞、索引がある。海外は国別リストとし、索引がある。　　0130

東京都立中央図書館逐次刊行物目録 新聞・雑誌 1997
　年11月末現在 東京都立中央図書館編 東京都立中央
　図書館 1998 2冊 27cm「本編」「索引編」に分冊刊行
東京都立中央図書館所蔵の逐次刊行物のうち、1997年11月末までに収集し整理を終えた新聞・雑誌の目録。新聞579タイトル、雑誌1万162タイトルを収録する。東京室・特別文庫室資料を除き、一般的資料が中心である。本編は新聞と雑誌に大別。その中を日本語・朝鮮語・中国語・欧米語資料の言語別とし、標題の数字・アルファベット・五十音の字順に配列している。紙誌名のもとに、書誌事項、誌名変遷、総目次、総索引情報、所蔵事項、欠号情報などを記載。索引編は、主題分類索引、編者・出版者名索引、地名索引。3年に2回程度、増補改訂新版を発行。　　0131

東京都立中央図書館逐次刊行物目録 年鑑・年報 1995
　年10月末現在 東京都立中央図書館編 東京都立中央
　図書館 1996.3 2冊 30cm
和文年鑑と欧文年鑑に大別し、和文年鑑・年報類4733タイトル、欧文年鑑・年報類1014タイトルを収録する。東京室・特別文庫室資料を除き、一般資料が中心である。標題の数字・アルファベット・五十音の字順に配列している。書誌事項のほか、各冊所蔵事項、請求記号などを記載。3年に1回程度、増補改訂新版を発行している。　　0132

東京都立中央図書館・日比谷図書館新聞・雑誌目録 1983
　東京都立中央図書館編 東京都立中央図書館 1984.3
　736p 26cm
おおむね1983年8月31日現在、東京都立中央図書館・日比谷図書館が所蔵している新聞・雑誌の目録。5部からなり、中央図書館所蔵新聞目録（日本語新聞601タイトル、外国語35タイトル）、同雑誌目録（日本語雑誌・紀要類7345タイトル、外国語985タイトル）、日比谷図書館児童資料室所蔵新聞・雑誌目録（新聞3タイトル、日本語雑誌318タイトル、外国語雑誌21タイトル）、日比谷図書館新聞雑誌室所蔵新聞目録（184タイトル）、同雑誌目録（1111タイトル）で構成。それぞれ日本語と外国語資料に大別。誌（紙）名の五十音順、アルファベット順に配列。書誌事項、所蔵範囲、欠号、注記、所蔵室などを記載。中央図書館には東京室、特別文庫室、視力障害者奉仕担当の所蔵を含むた

め、東京関係資料、中国語雑誌などの同館の特殊コレクションの検索もできる。　0133

東天紅　明治新聞雑誌文庫所蔵目録　東京帝国大学法学部明治新聞雑誌文庫編　明治文献　1974　1冊　27cm　瀬木博信編纂発行　正・続・第3編昭和5-16年刊を合本複製したもの　18000円
1926年に開設した東京帝国大学法学部所属明治新聞雑誌文庫（現東京大学法学部附属近代日本法政史料センター）の増加目録。昭和5、10、16年刊行の3冊本を1冊本にして複刻。3編とも奇数頁に誌紙名の五十音順配列で、出版地、発行所、発行回数、内容を示す分野、簡略な所蔵号数を示す。偶数頁に表紙の写真をのせる。新聞雑誌の別冊付録、新聞雑誌関係図書、新聞雑誌創刊年表、文庫の初代事務主任の宮武外骨関係図書総目録を付す。改訂版として利用できる『明治新聞雑誌文庫所蔵新聞目録』☞0136 と『同雑誌目録』では、所蔵の欠号状況が詳細に示され、本書の内容を示す分野の記述とあわせて補完的に使用できる。2代目主任の西田長寿による解題10頁を添える。　0134

南アジア関係逐次刊行物総合目録　1995年現在　国立国会図書館専門資料部編　国立国会図書館　1996.7　119p　30cm　国立国会図書館・アジア経済研究所・(財)東洋文庫・東京大学東洋文化研究所・東京外国語大学所蔵　発売：紀伊国屋書店　4-87582-454-8　3660円
1995年8月現在、6機関が所蔵する南アジア地域およびヒマラヤ・チベットで刊行された逐次刊行物、または関連する人文・社会科学分野の逐次刊行物の総合目録。欧文編、和文編、諸言語編の3編に分け、欧文編はアルファベット順、和文編は五十音順、諸言語編はアルファベット表記の言語別に配列し、書誌事項と所蔵記録を記載する。巻末に、欧文編と諸言語編対象のアルファベット順新聞索引がある。本書は、初の南アジア地域の逐次刊行物総合目録である。類書として、アジア経済研究所から『中国語雑誌・新聞総合目録』(1986年刊)、『朝鮮語雑誌・新聞総合目録』(1987年刊)『東南アジア諸語逐次刊行物総合目録』(1993年刊) が刊行されている。　0135

明治新聞雑誌文庫所蔵新聞目録　昭和52年4月現在　東京大学法学部明治新聞雑誌文庫編　東京大学出版会　1977.10　182p　27cm　3000円
東京大学法学部明治新聞雑誌文庫が、1977年4月現在で所蔵する1856タイトルの新聞の目録。新聞原紙のほかに、複製版、マイクロ版を収録対象とする。紙名の五十音順、外国語新聞はアルファベット順に配列する。欠号については、現物確認により再調査し、明確にした。また、紙名の改題、発行所変更も表示する。巻末

索引として、都道府県と国別の索引を付す。　0136

◆◆論文記事索引

大宅壮一文庫雑誌記事索引総目録　大宅壮一文庫　1985-1997　28冊　27cm　企画・編集：凸版印刷　発売：紀伊国屋書店
評論家として活躍した大宅壮一氏が残した雑誌を中心に創立された大宅壮一文庫の雑誌記事索引。学術雑誌とは異なる、週刊誌や総合誌から多くの記事を収録。人名編には著名な人物を採録し、日本人・外国人さらに架空人名を合わせてフルネームの五十音順、その中は発行日順に配列。記事タイトル（執筆・発言者）・頁/雑誌名/発行年月日に分けて記載したレイアウトはやや見難い。1988-95年版以降は判型がA4判と大型化、1頁4段組に追い込みの記載方式になり見やすくなった。件名編は大項目以下内容項目に至る独特の大宅式分類法により配列。全件名を五十音順に収録した別冊の件名総索引や各巻目次の項目一覧により検索可能。収録データは合計で雑誌48万冊、225万件と膨大である。1992年より1996年分のCD-ROM版がある。　0137

学会年報・研究報告論文総覧　第1-5巻, 別巻〔続刊中〕　日外アソシエーツ編　日外アソシエーツ　1995-　27cm　発売：紀伊国屋書店
人文・社会科学分野の、大学を除く学術団体が、年1-2回の頻度で刊行する雑誌を対象とする総目次・総索引。1945-1990年までの間の、日本国内で刊行された雑誌を収録対象とするが、『雑誌記事索引』☞0139 と『全国短期大学記事論文索引』☞0146 の収録対象は除外する。各分野別の巻構成のもとに、主題ごとに分類し、その中を誌名の五十音順に配列する。誌名のほかに、編著者、出版地、出版者などの書誌的記述があり、内容細目として、論文名、執筆者、頁を記録する。巻末に、執筆者と論文名、学術団体名索引があり、総索引の刊行を予定している。　0138

雑誌記事索引　人文・社会編　累積索引版　1948年-1989年　日外アソシエーツ　1975-1996　101冊　27cm　監修：国立国会図書館参考書誌部　編集：日外アソシエーツ　発売：紀伊国屋書店　4-8169-0008-X
国立国会図書館発行の『雑誌記事索引　人文・社会編』の累積版。累積期間は5年ないし10年であり、1948年から1989年まで、7回に分けて刊行。A政治・行政編-U：学術・文化編の11編に分かれ、各編は独自の分類順、さらにキーワードにより細分して配列。「雑誌記事索引」の配列方法は初期には件名の五十音順など異なっていたが、累積版収録に際してすべて現行の

方法に統一された。また小説や戯曲などの作品は累積版では除外された。記載項目は、論題、文献番号、著者名、誌名、巻号、刊年月、頁の順。ただし、1964年までは発行年月の表示のないデータが多い。別に総合索引著者名編・件名編があり、全巻の著者名や分類項目が示されていて、検索の手掛かりになる。収録対象誌数には変動があり、ほぼ2000誌前後。1948年－1989年の42年間で本編90冊、総合索引11冊が刊行され、収録記事の累計は約233万件に達する。オンラインデータベースとCD-ROM版がある。　　　　　　　　　　0139

明治・大正・昭和前期雑誌記事索引集成　社会科学編　1－70巻，別巻〔総目次〕，別巻〔執筆者索引〕1－7，人文科学編　1－50巻，別巻〔総目次〕，別巻〔執筆者索引〕　1－7　石山洋〔ほか〕編　皓星社　1994－1998　136冊　23－27cm

明治期から昭和前期（ほぼ昭和20年前後）までに刊行・発表された、雑誌記事索引を集め、復刻したもの。出典となったのは、単行書誌、雑誌に連載された索引、雑誌に掲載された書誌で、現在では原典を見ることが困難なものを多く含む。国立国会図書館編纂の『雑誌記事索引』☞0139が昭和23年（1948）以降の雑誌記事索引を扱っているのに対し、これはそれ以前の記事索引に当たる。別巻総目次は原索引のリストに当たり、執筆者索引は表記の字画から検索できる。別巻に付されている編年表は分野別に、どのような索引がいつ頃の記事を対象に作成されたかを知ることができるユニークな書誌年表となっている。　　　　　　0140

雑誌索引　戦前雑誌記事索引　下戸前繁松編輯　大空社　1994.2　4冊　27cm　複製　4-87236-875-4　各63000円

下戸前繁松氏が編纂し、1922－1941年（大正11－昭和16）に刊行された雑誌記事の索引。件名、著者名合わせて歴史的かなづかいの五十音順に配列し、同一見出しの中は記事名の五十音順。件名見出しの場合は、記事名、著者名、雑誌名・巻号、刊行年月を記し、著者見出しには記事名または書名、掲載雑誌名などを記載。大半は雑誌記事だが、単行書のデータも加わる。人文・社会科学が中心だが、自然科学分野の記事も収録。記事の収録年代は大正中期から昭和初期が大部分だが、明治期も含まれている。第1巻は1922年（大正11）に創刊されたが、完結年は未確認。その改訂増補版が1932年（昭和7）から刊行、ただし1941年（昭和16）項目「すき」の途中で中止、そこまでの採録記事数は2万3000余件。第2巻は1928－1932年（昭和3－7）に刊行、採録記事数は1万4000余件。　　　　0141

〔**雑誌文献目録シリーズ**〕　日外アソシエーツ編　日外アソシエーツ　1977－1989　190冊　27cm

1948－1984年の間の『雑誌記事索引　累積索引版』☞0139をもとに主題ごとに再編集した雑誌論文索引。それぞれ7年間あるいは10、17、27年間にわたって累積している。『雑誌記事索引』☞0139が発表年代によってまとめたのに対して主題別に累積したのが特徴だが、収録論文の多寡により主題範囲が変動する。なお、最新データと遡及データ（1999年現在1974年まで遡及）ともにCD-ROM版、オンラインデータベースとして提供されている。

学術・学術体制に関する10年間の雑誌文献目録　昭和50年－昭和59年

文化行政・出版・ジャーナリズムに関する10年間の雑誌文献目録　昭和50年－昭和59年

文化行政・法制・図書館に関する27年間の雑誌文献目録　昭和23年－昭和49年

図書・雑誌・ジャーナリズムに関する27年間の雑誌文献目録　昭和23年－昭和49年　☞0265

哲学・思想に関する17年間の雑誌文献目録　昭和23年－昭和39年　2冊

哲学・思想に関する10年間の雑誌文献目録　昭和40年－昭和49年、昭和50年－昭和59年　3冊　☞0279

心理学・社会心理学に関する27年間の雑誌文献目録　昭和23年－昭和49年

心理学・社会心理学に関する10年間の雑誌文献目録　昭和50年－昭和59年　☞0352

宗教に関する7年間の雑誌文献目録　昭和23年－昭和29年

宗教に関する10年間の雑誌文献目録　昭和30－昭和39年、昭和40年－昭和49年、昭和50年－昭和59年　4冊　☞0424

世界史・西洋史に関する37年間の雑誌文献目録　昭和23年－昭和59年　☞0870

歴史学・考古学に関する27年間の雑誌文献目録　昭和23年－昭和49年

歴史学・考古学に関する10年間の雑誌文献目録　昭和50年－昭和59年　☞0862

日本史に関する27年間の雑誌文献目録　昭和23年－昭和49年　3冊

日本史に関する10年間の雑誌文献目録　昭和50年－昭和59年　2冊　☞0906

アジア・アフリカ史に関する37年間の雑誌文献目録　昭和23年－昭和59年　☞1166

地理・人文地理学に関する27年間の雑誌文献目録　昭和23年－昭和49年　☞1430

地理・人文地理学・紀行に関する10年間の雑誌文献目録　昭和50年－昭和59年

政治・社会問題に関する17年間の雑誌文献目録　昭和23年－昭和39年　2冊

政治・社会問題に関する10年間の雑誌文献目録　昭

総記／特種目録

政治・政治問題に関する10年間の雑誌文献目録　昭和50年－昭和59年　2冊
政治学に関する17年間の雑誌文献目録　昭和23年－昭和39年　2冊
政治学に関する10年間の雑誌文献目録　昭和40年－昭和49年、昭和50年－昭和59年　2冊 ☞ *1732*
選挙・議会・政党に関する10年間の雑誌文献目録　昭和50年－昭和59年
選挙・議会に関する27年間の雑誌文献目録　昭和23年－昭和49年
行政・行政法に関する27年間の雑誌文献目録　昭和23年－昭和49年　2冊 ☞ *1775*
行政法に関する10年間の雑誌文献目録　昭和50年－昭和59年 ☞ *1945*
行政・地方自治・警察に関する10年間の雑誌文献目録　昭和50年－昭和59年 ☞ *1776*
地方自治・地方行政に関する27年間の雑誌文献目録　昭和23年－昭和49年 ☞ *1807*
国際関係に関する17年間の雑誌文献目録　昭和23年－昭和39年
国際関係に関する10年間の雑誌文献目録　昭和40年－昭和49年、昭和50年－昭和59年　2冊 ☞ *1838*
法律学・法制史に関する27年間の雑誌文献目録　昭和23年－昭和49年
法律学・法制史に関する10年間の雑誌文献目録　昭和50年－昭和59年 ☞ *1877*
憲法に関する27年間の雑誌文献目録　昭和23年－昭和49年
憲法に関する10年間の雑誌文献目録　昭和50年－昭和59年 ☞ *1936*
民事法に関する27年間の雑誌文献目録　昭和23年－昭和49年
民事法に関する10年間の雑誌文献目録　昭和50年－昭和59年 ☞ *1949*
商事法に関する27年間の雑誌文献目録　昭和23年－昭和49年
商事法に関する10年間の雑誌文献目録　昭和50年－昭和59年 ☞ *1962*
司法・裁判・刑法に関する27年間の雑誌文献目録　昭和23年－昭和49年
司法・裁判・刑法に関する10年間の雑誌文献目録　昭和50年－昭和59年 ☞ *1978*
刑事訴訟法・民事訴訟法に関する27年間の雑誌文献目録　昭和23年－昭和49年
刑事訴訟法・民事訴訟法に関する10年間の雑誌文献目録　昭和50年－昭和59年 ☞ *1979*
国際法に関する27年間の雑誌文献目録　昭和23年－昭和49年
国際法に関する10年間の雑誌文献目録　昭和50年－昭和59年 ☞ *1990*
経済学に関する17年間の雑誌文献目録　昭和23年－昭和39年
経済学に関する10年間の雑誌文献目録　昭和40年－昭和49年、昭和50年－昭和59年　2冊 ☞ *2093*
経済史に関する27年間の雑誌文献目録　昭和23年－昭和49年
経済史に関する10年間の雑誌文献目録　昭和50年－昭和59年 ☞ *2115*
経済問題に関する27年間の雑誌文献目録　昭和23年－昭和49年　2冊
経済問題に関する10年間の雑誌文献目録　昭和50年－昭和59年　2冊 ☞ *2055*
経済学史・統計学・人口に関する10年間の雑誌文献目録　昭和50年－昭和59年 ☞ *2108*
経済産業法・社会法に関する27年間の雑誌文献目録　昭和23年－昭和49年
経済産業法に関する10年間の雑誌文献目録　昭和50年－昭和59年 ☞ *2148*
国際経済・貿易・国際収支に関する17年間の雑誌文献目録　昭和23年－昭和39年　2冊
国際経済・貿易・国際収支に関する10年間の雑誌文献目録　昭和40年－昭和49年、昭和50年－昭和59年　3冊 ☞ *2149*
人口問題・統計・住宅に関する27年間の雑誌文献目録　昭和23年－昭和49年 ☞ *2167*
企業・経営に関する27年間の雑誌文献目録　昭和23年－昭和49年　3冊
企業・経営に関する10年間の雑誌文献目録　昭和50年－昭和59年　3冊 ☞ *2181*
公企業・建設・鉱業に関する27年間の雑誌文献目録　昭和23年－昭和49年 ☞ *2267*
会計・会計学に関する27年間の雑誌文献目録　昭和23年－昭和49年　2冊
会計・会計学に関する10年間の雑誌文献目録　昭和50年－昭和59年 ☞ *2313*
通貨・金融・証券・保険に関する17年間の雑誌文献目録　昭和23年－昭和39年　2冊
通貨・金融・証券・保険に関する10年間の雑誌文献目録　昭和40年－昭和49年、昭和50年－昭和59年　2冊 ☞ *2347*
財政・租税に関する10年間の雑誌文献目録　昭和50年－昭和59年
財政・経済政策に関する27年間の雑誌文献目録　昭和23年－昭和49年　3冊
社会問題・青少年問題に関する10年間の雑誌文献目録　昭和50年－昭和59年 ☞ *2504*
社会論・文化論に関する27年間の雑誌文献目録　昭和23年－昭和49年
社会論・文化論に関する10年間の雑誌文献目録　昭

和50年－昭和59年 ☞2505

社会学・社会思想に関する27年間の雑誌文献目録　昭和23年－昭和49年

社会学・社会思想に関する10年間の雑誌文献目録　昭和50年－昭和59年 ☞2502

社会保障に関する27年間の雑誌文献目録　昭和23年－昭和49年　2冊

社会保障に関する10年間の雑誌文献目録　昭和50年－昭和59年 ☞2539

労使関係・労務管理に関する27年間の雑誌文献目録　昭和23年－昭和49年 ☞2582

労働法に関する27年間の雑誌文献目録　昭和23年－昭和49年

労働問題に関する27年間の雑誌文献目録　昭和23年－昭和49年

労働問題に関する10年間の雑誌文献目録　昭和50年－昭和59年 ☞2588

労働政策・雇用・労働力に関する27年間の雑誌文献目録　昭和23年－昭和49年

労働政策・雇用・労使関係に関する10年間の雑誌文献目録　昭和50年－昭和59年 ☞2587

社会法・労働法・環境保全法に関する10年間の雑誌文献目録　昭和50年－昭和59年 ☞2503

賃金問題に関する27年間の雑誌文献目録　昭和23年－昭和49年

労働運動・労働組合に関する10年間の雑誌文献目録　昭和50年－昭和59年 ☞2583

労働運動に関する27年間の雑誌文献目録　昭和23年－昭和49年　2冊

労働災害・労働条件・賃金に関する10年間の雑誌文献目録　昭和50年－昭和59年 ☞2585

労働災害・労働科学・労働条件に関する27年間の雑誌文献目録　昭和23年－昭和49年

児童・青少年問題に関する27年間の雑誌文献目録　昭和23年－昭和49年

婦人・家庭・生活に関する27年間の雑誌文献目録　昭和23年－昭和49年

婦人・生活・住宅に関する10年間の雑誌文献目録　昭和50－昭和59年 ☞2567

学校教育に関する7年間の雑誌文献目録　昭和23年－昭和29年

学校教育に関する10年間の雑誌文献目録　昭和30年－昭和39年、昭和40年－昭和49年　2冊

教育学・教育問題に関する17年間の雑誌文献目録　昭和23年－昭和39年

教育学・教育問題に関する10年間の雑誌文献目録　昭和40年－昭和49年

教育学・教育心理学に関する10年間の雑誌文献目録　昭和50年－昭和59年 ☞2717

教育問題に関する10年間の雑誌文献目録　昭和50年－昭和59年 ☞2722

教育政策・行政・教育法に関する10年間の雑誌文献目録　昭和50年－昭和59年 ☞2794

学校教育・学校運営・教職員に関する10年間の雑誌文献目録　昭和50年－昭和59年 ☞2813

教育課程・教育方法に関する10年間の雑誌文献目録　昭和50年－昭和59年　2冊 ☞2831

大学教育・大学問題に関する10年間の雑誌文献目録　昭和50年－昭和59年 ☞2887

社会教育・障害者教育・家庭教育に関する10年間の雑誌文献目録　昭和50年－昭和59年 ☞2904

文化人類学・民俗学に関する10年間の雑誌文献目録　昭和50年－昭和59年 ☞3048

国防・軍事に関する27年間の雑誌文献目録　昭和23年－昭和49年

国防・軍事に関する10年間の雑誌文献目録　昭和50年－昭和59年 ☞3055

医療・環境・災害に関する27年間の雑誌文献目録　昭和23年－昭和49年　2冊

医療・環境・災害に関する10年間の雑誌文献目録　昭和50年－昭和59年

工業・製造業に関する27年間の雑誌文献目録　昭和23年－昭和49年　2冊

工業・製造業・建設業に関する10年間の雑誌文献目録　昭和50年－昭和59年

建築に関する10年間の雑誌文献目録　昭和50年－昭和59年

地域開発・都市計画に関する27年間の雑誌文献目録　昭和23年－昭和49年　2冊

地域開発・都市計画に関する10年間の雑誌文献目録　昭和50年－昭和59年

産業論・鉱業・エネルギー問題に関する27年間の雑誌文献目録　昭和23年－昭和49年

産業論・鉱業・エネルギー産業に関する10年間の雑誌文献目録　昭和50年－昭和59年

農林・水産に関する27年間の雑誌文献目録　昭和23年－昭和49年　3冊

農林・水産に関する10年間の雑誌文献目録　昭和50年－昭和59年　3冊 ☞5199

商業・流通・サービス業に関する27年間の雑誌文献目録　昭和23年－昭和49年 ☞5453

運輸・通信・商業・流通に関する10年間の雑誌文献目録　昭和50年－昭和59年　2冊

運輸・通信に関する27年間の雑誌文献目録　昭和23年－昭和49年　2冊

芸術・美術に関する17年間の雑誌文献目録　昭和23年－昭和39年　2冊

芸術・美術に関する27年間の雑誌文献目録　昭和23年－昭和49年　2冊

芸術・美術に関する10年間の雑誌文献目録　昭和40

年－昭和49年、昭和50年－昭和59年　3冊
☞5682

音楽・演劇・芸能に関する17年間の雑誌文献目録　昭和23年－昭和39年　3冊

音楽・演劇・芸能に関する10年間の雑誌文献目録　昭和40年－昭和49年、昭和50年－昭和59年　4冊
☞6013

体育・スポーツに関する27年間の雑誌文献目録　昭和23年－昭和49年

体育・スポーツに関する10年間の雑誌文献目録　昭和50年－昭和59年　☞6287

外国語・外国語教育に関する27年間の雑誌文献目録　昭和23年－昭和49年

外国語・外国語教育に関する10年間の雑誌文献目録　昭和50年－昭和59年　☞6435

国語・言語学に関する27年間の雑誌文献目録　昭和23年－昭和49年

国語・国語教育・言語学に関する10年間の雑誌文献目録　昭和50年－昭和59年　☞6445

ロシア・東欧・北欧・ラテン・東洋文学に関する37年間の雑誌文献目録　昭和23年－昭和59年

日本文学に関する17年間の雑誌文献目録　昭和23年－昭和39年　3冊

日本文学に関する10年間の雑誌文献目録　昭和50年－昭和59年　5冊　☞6760

文学・日本文学（一般・総論）に関する10年間の雑誌文献目録　昭和50年－昭和59年　☞6765

英米文学に関する17年間の雑誌文献目録　昭和23年－昭和39年　☞6985
0142

週刊誌記事索引 1981－1987 企業・団体編，人物編，ニュース・事件編　日外アソシエーツ編　日外アソシエーツ　1988　4冊　27cm　（記事索引シリーズ）　発売：紀伊国屋書店　4-8169-0362-3

日本の代表的な週刊誌12誌から、1981年から1987年6月発行のものに掲載された記事の索引。記事は企業・団体編、人物編、ニュース・事件編に分冊され、それぞれ項目名の五十音順に配列。記載は記事タイトル、要旨、書誌的事項からなる。ニュース・事件編には事件犯罪索引がある。
0143

私立大学・短期大学紀要類論文題目索引 1967－1976　東京都私立短期大学協会図書館研究委員会〔編〕　東京都私立短期大学協会　1968－1977　10冊　25－26cm

私立大学・短期大学発行で、東京都私立短期大学協会と私学研修福祉会図書室が受贈した紀要類の記事索引。「1974」までは当該年（1－12月）発行分、「1975」以降は当該年度内に受入れたものを対象とし、市販誌、医学、薬学、歯学、文芸作品を除いて収録。構成は日本十進分類法7版主綱表による。同一分類中は論文執筆者名のアルファベット順。巻末に紀要類集録誌名・略記名一覧、執筆者名索引を付す。『大学・短期大学紀要類論文題目索引　1966』を改題し引継ぐ。「1976」（1977年刊）までで休刊。解題は「1976」による。
0144

新聞雑誌記事カタログ 1981/1982　日外アソシエーツ編集　日外アソシエーツ　1983.9　5冊　22cm　発売：紀伊国屋書店　4-8169-0278-3　27000－32000円

1981年1月1日－1982年12月31日までの主要な新聞（朝日、毎日、日刊工業、読書人など13誌）、雑誌（朝日ジャーナルなど42誌）計55紙誌に掲載の主な記事約14万8000件を採録。紙誌名ごとに、発行年月日順に配列した記事索引。第4巻は人名、企業・団体名索引。第5巻は事項索引で一般事項、事件名などから検索できる。いずれも五十音順配列。
0145

全国短期大学紀要論文索引 1985－　図書館科学会編　日本図書センター　1989－　年刊　27cm

国立、公立、および私立短期大学から刊行された紀要類の研究論文を収録し、主題分類した論文索引。「人文科学編」「社会科学編」「語学・文学編」「自然科学編」「家政学編」で構成。各論文は日本十進分類法に準拠して分類配列（文学・家政学は独自分類）。巻頭に紀要収載誌名、略記名一覧、巻末に執筆者名索引を付す。「1950－1979」と「1980－1984」の5年間累積索引を引き継ぐ。国立国会図書館『雑誌記事索引』☞0139 には短大の紀要は収録されていないのでその欠落を補っている。解題は1991年版による。
0146

総合誌記事索引 1987－1994　日外アソシエーツ編　日外アソシエーツ　1995－1996　3冊　27cm　（記事索引シリーズ）　発売：紀伊国屋書店　4-8169-0364-X　21800－29800円

1987年7月号から1994年12月号までの日本の代表的な総合誌20誌に掲載された記事を収録。各巻の主題から引くことができる記事索引である。全3巻で人物編、企業・団体編、ニュース・事件編からなる。人物編は、見出し数1万4400件、掲載記事延べ3万3500件。企業・団体編は、見出し数4200件、掲載記事延べ1万3600件。ニュース・事件編は、見出し数2500件、掲載記事延べ3万2000件。人物編は五十音順、他の編は五十音順と、ローマ字表記のものはアルファベット順に配列。巻頭に索引がある。1981－1987年版をひきつぐ。
0147

ビジネス誌記事索引 1981－1987　日外アソシエーツ編　日外アソシエーツ　1988　3冊　27cm　（記事索引シリーズ）　発売：紀伊国屋書店　4-8169-0363-1　16000－25000円

『雑誌記事索引』☞*0139* が収録対象としない『エコノミスト』など14誌のビジネス誌（1981－87年）の記事索引。人物編（6800名の記事1万7000件）、ニュース・事件編（2000件名の記事3万4000件）、企業・団体編（7000団体の記事2万6000件）の3つの部編で構成。人名、件名、企業・団体名の五十音順配列。以後、雑誌『ビジネス誌インデックス』を2号発行し、それ以降はオンラインで提供。　　　　　　　　　*0148*

明治前期学術雑誌論文記事総覧 改訂　渡辺正雄編　ゆまに書房　1990.6　510,6,99p　27cm　初版：佑学社1971年刊　4-89668-270-X　15450円
1887年（明治20）末までの学術雑誌57誌を対象として、日本人と来日外国人が寄稿した論文と、日本関係の論文の索引で、1万4500件を収録する。『明治前期学術雑誌論文記事集成』（論文の復刻版）の別巻で、これへの索引も兼ねる。配列は、独自の主題分類順であり、題名、著者名、雑誌名、巻号などを記載する。索引として著者名の五十音順索引がある。　　　　*0149*

◆◆ 書評索引

書評年報 1970年－　習志野　書評年報刊行会　1971－　年刊　25cm
書評紙2紙、全国紙4紙、週刊・旬刊誌6誌、月刊誌66誌、隔月刊誌14誌、合計92紙誌に載った、評者明記の書評の索引。ただし、新聞の書評は無署名でも収録。1970年版は人文・社会編を全1冊で刊行し、1971年版から人文・社会・自然編と文学・芸術・児童編の2分冊となる。1996年版では合わせて6240件の書評を収録する。配列は書評された図書の日本十進分類法順。図書名、その図書の著者名と評者名の索引を付す。付録に書評掲載新聞・雑誌名と書評数がある。　　　　　　*0150*

◆◆ 社説索引

新聞社説索引集 朝日・読売・毎日・日経　1980年版－　東京大学新聞研究所編　東京大学新聞研究所　1982－　年刊　30cm
朝日、読売、毎日、サンケイおよび日本経済新聞全国紙5紙の各年の1月1日付から12月31日付までに掲載された全社説記事の索引。分野別、人名別、団体名別、重要事項の4部より構成。社会問題や事件のインデックスとして、あるいは論調分析の第一次資料としても活用できる。　　　　　　　　　　　　　　　　　*0151*

◆◆ 目次内容一覧

近代雑誌目次文庫 国語・国文学編,外国語・外国文学編〔続刊中〕　ゆまに書房　1989－　27cm
日本国内で、明治以降昭和末年までに刊行された、国語・国文学および外国語・外国文学関係和雑誌の総目次の集成。学術雑誌を中心に収録し、文芸誌・同人誌は除外する。配列は、雑誌名の五十音順であり、その中を巻号順とし、各誌の中は目次の記載順に並べる。各項目は、論文名、著者名、論文の始めの頁数を記載。総目次集の本体とは別に、主題、著者索引の刊行を予定する。　　　　　　　　　　　　　　*0152*

戦後雑誌目次総覧 政治・経済・社会　上，下，追補　東京大学社会科学研究所戦後改革研究会編　東京大学出版会　1976－〔1979〕　3冊　22－23cm　9500－10000円
1945年（昭和20）8月から1952年（昭和27）12月の間に国内で発行された政治・法律・経済・社会・思想など社会科学関係雑誌、総合雑誌102誌の目次の一覧。大学紀要、純学会誌類、純文芸雑誌は収録しない。配列は発行年次別。同一年次の中は雑誌名の五十音順、同一雑誌内は発行月順。雑誌単位の通覧はできない。下巻末尾に「収録雑誌・発行所一覧」「執筆者索引」を付す。1969年（昭和44）から4年間にわたって行われた共同研究「戦後改革」の研究者の便宜に供するための資料を公刊したものである。　　　　　*0153*

明治雑誌目次総覧 ゆまに書房　1985.10　5冊　22cm　（書誌書目シリーズ 21）　監修：岡野他家夫　各9800円
明治年間に創刊された、哲学・宗教・歴史・文学関係の70の雑誌の総目次の集成。創刊号から終刊までを対象とするが、明治以降も刊行の雑誌は、明治末までに限る。例会通知や受贈書目などの事務的な記事は省略する。配列は、誌名の五十音順である。過去に作成された総目次を利用可能な場合は、再利用している。記載は記事名と著者であるが、雑誌によっては頁数も含んでいる。　　　　　　　　　　　　　　　　　*0154*

◆◆ 総目次・総索引一覧

国立国会図書館所蔵国内逐次刊行物総目次・総索引一覧　平成7年1月末現在　国立国会図書館逐次刊行物部編　国立国会図書館　1995.4　280p　30cm　発売：紀伊国屋書店　4-87582-420-3　6110円
膨大な量の逐次刊行物を検索する方法の一つとして、総目次・総索引を利用する方法がある。この目的のために作成されたのが本書で、国立国会図書館が1995年1月末現在で所蔵する5158タイトル、7016件の総目

次・総索引を収録する。一部、図書に収録のものも含む。日本語標題は五十音順、欧文はアルファベット順に配列し、総目次などの収録範囲と総目次か総索引かの種別、当該資料名、国立国会図書館での所在場所と請求記号などを記載する。もとは『国立国会図書館所蔵国内逐次刊行物目録』☞0126 の巻末付録であったものを、1991年（1990年1月末現在）から独立して刊行を始めたもので、本書はその改訂版である。　0155

東京都立中央図書館逐次刊行物総目次・総索引一覧　新聞・雑誌　1994年6月末現在　東京都立中央図書館編　東京都立中央図書館　1994.11　729p　30cm
同館所蔵の新聞・雑誌について、総目次・総索引の所載、誌名巻号、書名などをまとめたもの。1994年6月末現在4785タイトルについての情報を収録。閲覧者の便をはかる内部資料だったため、逐次刊行物課で独自作成した目次コピー集や、手書特集一覧なども含む。『文芸年鑑』☞6782 や『近代雑誌目次文庫』☞0152 などへの収載状況も知ることができる。配列は、新聞と日本語雑誌、朝鮮語雑誌、中国語雑誌、欧文雑誌に分け、標題読みの字順。誌名の変遷情報も注記されている。　0156

日本雑誌総目次要覧　〔正〕,1984－1993　深井人詩〔ほか〕編　日外アソシエーツ　1985－1995　2冊　22cm　発売：紀伊国屋書店　22000－24000円
日本で明治以降に発表された雑誌の総目次で、一括して雑誌に掲載される、あるいは図書に収録されているものの所在の案内。2年以上の期間にわたるものを対象とし、12月号や1月号に掲載される1年分の目次の類は採録しない。1983年以前の巻は4415種7323点を、1984－1993年の巻は3687種4740点を収録。両巻とも雑誌名の五十音順に配列し、雑誌名と発行所、何号から何号の総目次か、収録図書名または掲載雑誌名と書誌事項、掲載頁数を記載。1983年以前の巻は一部新聞の総目次を含む。　0157

◆非図書資料

国立民族学博物館映像音響資料目録　国立民族学博物館情報管理施設編　吹田　国立民族学博物館情報管理施設　1982.3　567p　26cm　収録期間：昭和49年6月－昭和56年3月31日
民族学関連の映像・音響資料1万3283件のレコード、音声テープ、16mmフィルム、ビデオテープを収録。資料名、規格・時間および点数、発行関連事項、製作者を記録する。配列は資料種別ごとに、地域別とし

（主に国名のアルファベット順）さらに五十音順またはアルファベット順である。　0158

点字図書・録音図書全国総合目録　no.1（1981－1）－　国立国会図書館参考書誌部視覚障害者図書館サービス協力室編　国立国会図書館　1982－　半年刊　26cm
全国の公立図書館、点字図書館と国立国会図書館が、新たに製作した点字図書、録音図書と、製作に着手した情報を収録する総合目録。墨字版と点字版を年2回刊行する。1996年上半期には、8225点を収録。一般図書と児童図書に大別し、この中を点字図書と録音図書に細分する。巻末に書名索引と著者索引を付す。5年分を累積した索引を『点字図書・録音図書全国総合目録索引』として刊行し、「1991－1995」には6万2474点を収める。1995年9月からCD-ROM版が創刊された。情報量の多い特徴を生かし、累積版の形をとっており、1996年12月更新版では15万7140点を収録する。CD-ROM版も年2回の刊行。　0159

録音図書全国総合目録　1958－1980　紀伊国屋書店　1984.5　341,56,12p　27cm　監修：国立国会図書館参考書誌部視覚障害者図書館サービス協力室　編集：こだま社　4-87582-019-4　17000円
わが国の点字図書館・公共図書館・私立図書館128館と国立国会図書館が、1958年から1980年12月末までに収集した録音図書約2万3700タイトルを収録した総合目録。書名の五十音順に配列し、書誌事項、所蔵館略号を記載する。巻末に著者索引があり、厚生省委託日本点字図書館製作「声の図書」などを一括して付す。1981年以降は、『点字図書・録音図書全国総合目録』☞0159 に収録されている。　0160

選定図書目録・参考図書目録

◆参考図書目録

辞書解題辞典　惣郷正明，朝倉治彦編　東京堂出版

1977.3　538p　図　22cm　7500円

江戸幕末以降1974年までに日本で刊行されたあらゆる分野の辞典類を網羅的に収録し、解説を付したもの。ただし、一部の学習参考書用の辞書類は省略されており、項目数はおよそ4400。配列は書名の五十音順。アルファベットで始まる書名はカナ読みにし混配、冠称の出版社名、改訂・増補・最新・実用の文字は省いた形で配列。記述は書名、読み、編者、書誌的事項を記した後に、100－300字程度の解題を付す。改訂版、復刻版、縮刷版が存在する場合は、同一項目内の最後で触れている。翻訳書の場合の原書名も最後に記載されている。なお、本書は編者の惣郷氏の個人的コレクションが基になっている。　　　　　　　　　　　　　　　　　　0161

辞書・事典全情報 45/89　日外アソシエーツ編　日外アソシエーツ　1990.11　881p　22cm　発売：紀伊国屋書店　4-8169-1009-3　19800円

1945年から1989年までに国内で出版された辞書・事典を可能な限り収録したもの。収録対象は言語辞典、百科事典、字典、専門事典、人名事典、用語集。構成は総記、哲学など日本十進分類法の1次区分のもとに2次区分におおむね準拠した見出し（図書館、心理学など）を設定。ただし児童書と人名事典はそれとは別個に編集。各見出しの先頭に「最近の図書」として1978年から1989年までに刊行された図書、その次に1945年から1977年刊行の図書をそれぞれ書名の五十音順で配列。記載内容は書誌事項と『日本の参考図書　解説総覧』☞*0167*『最近の参考図書　1981－1982』掲載番号。巻末に書名索引、事項索引を付す。　　　　　　　　　0162

辞典・事典総合目録 1996　出版年鑑編集部編　出版ニュース社　1995.10　750p　19cm　4-7852-0067-7　4500円

1994年現在入手可能な辞典、事典、書誌、便覧、ハンドブック、年鑑・年報（1995年6月刊行まで）など1万4686点を収録した目録。一般書、児童書、学習参考書、年鑑・年報に区分し、それぞれおおむね日本十進分類法により配列した。書名、著訳編者名、判型、頁数、定価、発行所、発行年を記載。巻末の書名索引は五十音順、欧文で始まる書名はアルファベット順に配列。発行所名簿を付す。1961年に初版が発行され、以後は2－5年おきに改訂している。　　　　　　　　　　0163

辞典の辞典　佃実夫，稲村徹元編　文和書房　1975　260,67p　20cm　1500円

1975年6月末までに発行の日本の辞典・事典の中からの360タイトルとその類書837タイトルの解説つき書誌。引く辞典であると同時に読物として通読できる。誰もがさがしやすいような「こどもの辞典」「百科事典」「雑学の事典」「ことばの辞典」など15項目に区分、各項の中は書名の五十音順。解説文中の類書、紹介図書はゴシック体で著し、それらを含めた書名索引を巻末にもつ。「用語辞典一覧」「分野別六法総リスト」「白書のすべて」「主要年鑑目録」「図鑑・図録と地図帳」など本文中で扱えなかったものは巻末に一覧表として付す。　　　　　　　　　　　　　　　　　　　0164

日本研究のための参考図書　改訂版　国際文化会館図書室編　国際文化会館図書室　1997　xiv,447p　26cm　並列タイトル：『A guide to reference books for Japanese studies』　4-9900022-3-7　3000円

日本研究のための参考図書を対象とする選択的な解題書誌。英文参考図書500点、日本語参考図書1700点を収録。外国人研究者・学生を利用対象として作成されているので、本文は英文。日本語資料の書誌事項については、日本語表記を付す。1989年刊の初版の大幅な改訂版。人文社会科学分野を中心とするが、科学技術分野の基本的な参考図書をも収載。全体を英語文献、日本語文献、電子情報源（CD-ROM、オンライン・データベース、インターネット）、専門図書館の4部に分け、それぞれ主題別に配列。巻末にアルファベット順の書名・著編者名索引を付す。　　　0165

日本辞書辞典　沖森卓也〔ほか〕編　おうふう　1996.5　477p　27cm　4-273-02890-5　19000円

日本で作られた辞書を中心に、日本語や日本人とかかわりをもった辞書の主要なものについて解説。配列は五十音順。2部からなり、書名・事項解説篇は辞書についての概括を記し、諸本、内容、複製、翻刻、参考文献を適宜小見出しを設け解説。資料篇は国内刊行の各種辞書・事典の総覧、日本および外国の主要な辞書の成立、刊行、書写などを記した辞書年表と英語辞書年表さらに辞書史上重要なものの写真複製を載せ解説。巻末に、事項、人名、書名索引がある。歴史的な記述や現在の状況に加えて辞書にかかわる事項や用語まで解説したものはほかにない。　　　　　　　　　　0166

日本の参考図書　解説総覧　日本図書館協会日本の参考図書編集委員会編集　日本図書館協会　1980.1　907p　27cm　10000円

明治以降1977年末までに国内で出版された参考図書5736点に解説を付した書誌。各種の図書館で広く利用でき、1冊全体が参考図書である資料を選択収録。全体を総記、人文科学、社会科学、科学・技術、生物科学の5部門に大別し、さらに主題分野ごとに細分。解説は主題、時代、地域などの範囲、その目的、配列の様式、検索の手段、付録その他の特記事項を記述している。付録は郷土資料目録一覧、個人書誌一覧など12種。巻末に書名索引と事項索引あり。初版は『日本の参考図書』（国際文化会館、1962）で、その後『日本

の参考図書　改訂版』(日本図書館協会、1965)『同追補リスト』(1966年刊)『同　補遺版』(1972年刊)と続く。以上を全面改訂したものが本書である。本書を引き継ぎ『最近の参考図書1981-1982』(1985年刊)が刊行されている。
0167

年刊参考図書解説目録 1990-　日外アソシエーツ編集部編　日外アソシエーツ　1994-　年刊　22cm　発売：紀伊国屋書店
年版表示年に日本国内で発売された書誌、事典、名簿、便覧、年鑑、統計などの参考図書を約2000点収録し解説を加えた目録。一般書と児童書に大別後、おおむね日本十進分類法により分類、約300の主題に細区分する。同一主題のもとでは書誌、年表、事典などの参考図書の形式別に小見出しを立てる。同一主題・同一形式のもとでは書名の五十音順に配列する。書誌事項のほか、内容要旨や目次抜粋を記載。巻末に書名索引、著編者索引、事項索引があり、五十音順とアルファベットの字順に配列。解題は1996年版による。
0168

年鑑・白書全情報 45/89　日外アソシエーツ編　日外アソシエーツ　1991.3　963p　22cm　発売：紀伊国屋書店　4-8169-1018-2　18800円
1945年から1989年までに日本で刊行された年鑑、白書、年報、各種調査報告書類など約1万6000点を収録した総目録。日本十進分類法に準拠した194のジャンルを設定し、その中を年鑑・白書・年報・その他に分けた。各見出しのもとに書名の五十音順に配列し、書誌事項のほか一部のものには内容ないし目次を記載。巻末に五十音順の書名索引・事項索引がある。
0169

便覧図鑑年表全情報 45/89　日外アソシエーツ編　日外アソシエーツ　1991.1　1321p　22cm　発売：紀伊国屋書店　4-8169-1012-3　24800円
1945年-1989年までに日本で刊行された便覧・ハンドブック、図鑑、ガイド、マニュアル、地図、年表類約2万1000点を収録した総目録。日本十進分類法に準拠した231のジャンルを設定し、その中を便覧、図鑑、地図、年表に分けた。各見出しのもとに書名の五十音順に配列し、書誌事項のほか一部のものには内容ないし目次を記載。巻末に五十音順の書名索引、事項索引がある。
0170

邦語文献を対象とする参考調査便覧　片山喜八郎編　川崎書誌研究の会　1988.3　150,907p　26cm
キーワード(主題語)を項目として、その主題に関する二次資料など(1解題・学史・研究史・利用の手引き、2文献目録、3巻末・章末参考文献、4年表・年譜、5年鑑・統計・白書、6人名事典・人名録・名簿、7辞典・事典、8索引・要覧・一覧、9雑誌一覧・総

目次・総索引、10写真・図版・地図)を示すガイドブック。キーワードは日本十進分類法に準拠して配列。キーワードのもとに、種別、タイトル、収載図書・誌名、頁などを記載。巻頭に約1万4600件のキーワードを五十音順に配列した主題語索引がある。
0171

名簿情報源 日本のダイレクトリー　1980-　日本能率協会総合研究所マーケティング・データ・バンク　1980-　26cm　(ビジネス情報源シリーズ)
企業の営業活動に有用と思われる会員名簿・企業リスト・団体リストなどを収録した出版物を紹介したリストの事典。2部より構成され、1部は会社録、人名録、業種別リスト、2部はリスト提供会社、名簿ライブラリーなどのリスト関係業者名簿。1部は書誌事項やその名簿の特徴を、2部は企業概要やサービス内容を記載。分野別以外に出所別・書名別・キーワード索引がある。3-4年ごとに改訂。解題は1996年版による。
0172

名簿・名鑑全情報 45/89　日外アソシエーツ編　日外アソシエーツ　1991.2　377p　22cm　発売：紀伊国屋書店　4-8169-1016-6　12000円
1945年-1989年に日本で刊行された名簿、名鑑、人名事典など約6200点を収録した書誌。一般的な人名録、会社録を巻頭に配し、その他を産業、政治・経済、社会、教育、学術・研究、文化に6区分した。また、外国人、および海外の機関、団体に関するものは世界・海外として、別に項目を立てた。この9項目のもとに合計114の小見出しを立て、その中を書名の五十音順に配列。書誌事項のほか、分類番号、内容、目次などを記載した。巻末に五十音順の書名索引、事項索引がある。
0173

◆選定図書目録

世界名著大事典　第1-17巻　オリジナル新版　平凡社　1987-1989　17冊　27cm　4-582-11001-0　全144000円,13400円
世界のあらゆる分野の古典的な文献から約1万1000を収録。1巻-12巻は書名・作品名の五十音順(外国語文献は邦訳題名)、13巻は辞典・双書、14巻-15巻は著者編の解説。16巻は索引。17巻は補遺。項目ごとに著作の成立事情、版の異同、内容、評価、影響など比較的詳しい解説を記載。重要な項目については参考文献を列挙し、内容を理解するために必要があれば参照を付す。翻訳がある作品については書誌事項が付載、翻訳書誌としても使える。索引は書名索引、書名難訓

索引、著者索引、部門別項目表、欧文索引がある。著者編には約6800名の記載した全書物、収載できなかった重要論文・作品などをまとめ、略歴を加え、著作家事典を兼ねる。付録として世界の絵本、日本の絵本、近代日本出版年表がある。第1－16巻は1960－62年刊行のものと同一。　　　　　　　　　　　　0174

選定図書総目録 1950年度－　日本図書館協会　1951－　年刊　21cm
市販の一般書から同協会図書選定委員会が選定した図書を収録した目録。個人・公共・学校図書館などの図書選択収集の指針となることをめざしたもの。書誌事項ほか、全点に内容解説がある。一般図書・児童書に大別し、日本十進分類法によって配列。書名、著者名、出版者、冊（頁）数、大きさ、価格、解説、分類番号、件名、利用対象を記載。巻末に五十音順の著者索引・書名索引・件名索引を付す。『選定図書速報』の年間累積版。解題は1995年版による。　　　　　0175

◆児童書・青少年図書

大阪府立国際児童文学館財産目録　大阪国際児童文学館編　吹田　大阪国際児童文学館　1986－1993　7冊　30cm
　書名は奥付・背による　標題紙の書名：財産目録
わが国初の児童文学の専門機関である同館所蔵資料の目録。1993年までに7篇刊行。とくに図書之部1では英独仏ほか22の言語で書かれた図書6857冊を言語別に収録したもの（著者索引付）で、類書がない。ほかに『南部新一文庫目録児童図書の部』（1993年刊）がある。また、所蔵図書の書誌に出版情報の書誌も加えた『財団法人大阪国際児童文学館蔵書・情報目録』増補改訂版（1988年刊）がある。　　　　　　　　　0176

学校図書館基本図書目録　1952年版－　全国学校図書館協議会基本図書目録編集委員会編　全国学校図書館協議会　1952－　年刊　21－22cm
各年度ごとに前年度までの出版物から学校図書館が備えるべき図書を選定し、その中で入手可能なものを収録した目録。基本図書目録の部と資料の部からなる。基本図書目録は、小学校、中学校、高等学校の3部門にわけ、それぞれ日本十進分類法で配列し、書誌事項と解説を記載。小学校の部は低学年向き図書と、中・高程度に分ける。さらに全国学校図書館協議会発行図書リストも収録。資料の部は、全国学校図書館協議会図書選定基準、学校図書館数量基準など5点と掲載出版社一覧からなる。巻末に五十音順の書名索引、著者索引がある。　　　　　　　　　　　　0177

国立国会図書館所蔵児童図書目録　国立国会図書館整理部編　国立国会図書館　1971－1996　7冊　26cm
国立国会図書館が所蔵する明治以降に出版された児童図書、絵本、漫画の蔵書目録。明治－1968年、1969－1975年、1976－1981年、1982－1986年、1987－1991年、1992－1996年とおおよそ5年ごとに継続刊行中。明治－1968年（上下2冊）は分類順に配列し、書名と著者索引を付す。それ以後の版は全体を一般、文学、絵本、漫画に分け、それぞれの中を書名の五十音順に配列。著者、訳者、挿し絵画家などを一括した著者索引と、外国人名カナ・アルファベット対照表を巻末に付す。1987－1991年版より欧文児童図書も収録される。
　　　　　　　　　　　　　　　　　　　　0178

東京都立日比谷図書館児童図書目録　1991年10月15日現在　東京都立日比谷図書館編　東京都立日比谷図書館　1992　11冊　27cm
東京都立日比谷図書館が所蔵する児童図書のうち、1991年10月までに受入れ整理した児童図書（和書）6万2435冊（主に明治以降のもの）を収録。研究書、絵本、漫画、一般児童書に大別し、同館児童書独自分類ないし日本十進分類法（6版）に準じた体系順配列。本編の記述には図書に収録された作品すべての内容細目が記されている。書名、著者索引は内容細目からも検索できる。索引であるが書誌事項も付記されており、それぞれ独立した書名目録、著者名目録としても使用できる。本書をもとにしたCD-ROM版（『METLICS-KIDS on CD-ROM』）がある。　　　　0179

日本の児童図書賞　解題付受賞作品総覧　1947年－1981年，1982年－1986年，1987年－1991年　東京子ども図書館編　東京子ども図書館　1982－1993　3冊　22cm
1987年から1991年12月までに発表された日本の児童図書賞とその周辺の賞、合わせて82賞、および外国の賞5賞についての情報を収録。配列は「1987－1991年」は賞名の五十音順。記載事項は賞名、賞の趣旨、主催者、連絡先、対象、選考委員、受賞作品、および受賞者名。受賞作品が単行本になっているものについては書誌事項を、単行本が市販されているものについて簡単な解題を付す。付録として、「受賞年別リスト」「外国の賞」、巻末に作品名、人名、欧文索引がある。年刊版は1982年以降、継続刊行されている。　　0180

本を選ぶほん　カラー版目録 '97－　児童図書十社の会　1997－　年刊　26cm　小学校・中学校・公共図書館図書選定資料
ポプラ社、理論社などで構成する児童図書十社の会の刊行物の内、現在でも入手可能な全集などを紹介し、選定のための資料としたもの。「教科別」と「読みもの」に大別し、前者は国語、算数・数学、理科など15

項目に、後者は絵本、ノンフィクションなど8項目に分けて収録。シリーズや全集物に限定し、単行書は除外されているが、点数は年々増加し、'97年版ではおよそ570点。各頁に2点をカラー図版で示し、書誌的データ、簡単な内容紹介、各巻の書名・著者名を付す。巻末にシリーズ五十音順索引、日本十進分類法索引がある。'75年版の創刊以来毎年刊行されているが、書名変遷があり、'95年までが『本・ほん：小学校・中学校・公共図書館：図書選定資料：カラー版目録』、'96年のみ『本・ほん：図書館のためのカラーカタログ：教科別編集』となり、'97年は標記タイトル。また、判型は'93年までがB5判縦組み、'94年以降はA4判横組みとなった。解題は'97年版による。　0181

よい絵本 全国学校図書館協議会選定 第1回− 全国学校図書館協議会絵本委員会編 全国学校図書館協議会 1977− 隔年刊 26cm
1977年に第1回よい絵本100点を選んでから第16回まで毎年増加・削除をして改訂している絵本の目録（第17回から隔年刊に改訂）。第19回1997年版は、1994年9月から1996年8月までに刊行された絵本1385点の中から16点を追加、2点を削除し、総数216点。構成は絵本を4種類に分けて（日本の絵本、日本の絵本（昔話）、外国の絵本、知識の絵本）、対象別に図書を分類、配列は書名の五十音順。学校図書館向けだが乳児・幼児対象も含まれている。記載項目は書誌事項、あらすじ、解説および表紙。巻末に書名索引を付す。　0182

蔵書目録・総合目録

◆総合目録

国書総目録 第1巻−〔第9巻〕補訂版 岩波書店 1989−1991 9冊 27cm 21630−23690円
国初から1867年（慶応3）までに日本人が著編撰訳した和漢書50万点を収録した総合目録。書名の五十音順に配列し、書名ヨミ、巻冊数、角書、別称、内容の分野、著編者、成立、写本・版本の所蔵館名、活字本の有無、複製本などを記載。第8巻の叢書目録は叢書名の五十音順に配列し、巻冊数、細目を記載。補遺は項目、写本・版本の所在、活字版・複製版の追加をまとめたもので、新しい項目のみに読みを付し、区別できるようになっている。第9巻の著者別索引は、五十音順配列し、別称、書名、成立、巻頁段を記載。複数の著作がある場合もすべて記載しているので、著者別の著述一覧としても利用できる。1963−1976年初版の増補改訂版。続編として『古典籍総合目録』☞0184がある。　0183

古典籍総合目録 国書総目録続編 第1−3巻 国文学研究資料館編 岩波書店 1990 3冊 27cm 各20600円
国初から1868年（慶応4（明治元））までに日本人が著編、撰訳した書籍9万1000点を収録した総合目録。『国書総目録』☞0183に採録されたもの以後に刊行された全国の図書館・文庫の所蔵目録収載書目のうち、1988年度分までを収める。書名の五十音順に配列し、書名、よみ、巻冊数、角書、別書名、分類、著編者、成立、叢書注記、写本の所在、版本の刊年、版本の所在、備考を記載。活字本・複製本は記載しない。五十音順の書名索引は本編の項目名（書名）以外の書名からも検索できる。著者索引は著者別の著述一覧としても利用できる。巻頭に写本・版本の所蔵図書館・文庫一覧がある。第3巻巻末には叢書細目一覧があり、本編への参照もできる。　0184

Union catalog of foreign books ; acquired by 53 libraries in Japan（新収洋書総合目録） 第1巻1−4冊，1959−1983, 1984/1987 国立国会図書館編 国立国会図書館 1958−1990 56冊 26−31cm 第1巻−1975：国立国会図書館整理部編集、1976−1977：国立国会図書館収集整理部編集、1978−1983：国立国会図書館編、1984/1987：国立国会図書館監修 日外アソシエーツ編集　第1巻1冊：春秋社発行、1984/1987：紀伊国屋書店発行
53図書館（大学15、公共3、国立国会図書館および支部図書館）を対象とした総合目録。1954年から1987年までに収集した洋図書（1940年以降発行のもので、逐次刊行物などをのぞく）を収録した。著者名のもとにアルファベット順に配列。この年代の総合目録は類書がなく重要なツールであるが、オンラインデータベースとしてWebcatが形成され、順次遡及入力されているので冊子体目録は打ち切られた。なお『新収洋書総合目録 1950−1970 追補（総合目録未収録累積版）』（国立国会図書館図書部監修、日外アソシエーツ編、紀伊国屋書店、1986−1988、15冊）があり、併用できる。　0185

◆国立図書館

国立国会図書館蔵書目録 昭和23年〜43年－平成3年〜平成7年 国立国会図書館図書部編 国立国会図書館 1983－1997 104冊 31cm
国立国会図書館が所蔵する和図書の機械編さんによる蔵書目録。昭和23－43年（16分冊）、昭和44－51年（15分冊）、昭和52－60年（29分冊）、昭和61年－平成2年（20分冊）、平成3－7年（24分冊）がある。『日本全国書誌（週刊）』☞0063に収載された和図書を、およそ5年ごとに累積版として継続刊行中。各累積版はほぼ9つの分野別に構成され、五十音順の書名索引と著者索引がある。昭和元－24年3月（13分冊）も1997年に刊行開始。大正期についても遡及入力の計画が進んでいる。J-BISC、JAPAN-MARCとして、CD-ROMとオンラインでも提供。　　　　　　　　　0186

国立国会図書館蔵書目録 明治期 第1－6編，書名索引，著者名索引 国立国会図書館図書部編 国立国会図書館 1994－1995 8冊 31cm 発売：紀伊国屋書店 4-87582-392-4　29000－48000円
国立国会図書館が所蔵する図書のうち、明治期に刊行された図書、および外国で発行された日本人、日本機関による図書11万3328点を収録する蔵書目録。第1編「総記・哲学・宗教」など6編と書名索引、著者索引の全8巻。欧文図書も含め日本十進分類法の分類記号順に配列され、同一分類内は書名の五十音順、次にアルファベット順。国立国会図書館の全蔵書目録の明治期として、機械編さんにより刊行され、CD-ROMでも提供されている。1971－1976年に刊行された『国立国会図書館所蔵明治期刊行図書目録』（5編＋書名索引）に約3500件を追加し、新たに作成した再刊に当る。　　　　　　　　　　　　　　　　　　0187

国立国会図書館所蔵主題別図書目録 昭和23－43年 1－24 日外アソシエーツ 1985－1986 24冊 27cm 発売：紀伊国屋書店 4-8169-0351-8　4000－26000円
1960－77年に発行された『国立国会図書館蔵書目録』昭和23－33年（4冊＋書名索引）、昭和34－43年（9冊＋書名索引）を23冊に再編成した目録。第24巻は総合著者索引。日本十進分類法新訂6版により分類順に配列し、同一分類のもとは昭和23－33年と昭和34－44年に2分し、その中は標目の訓令式アルファベット順に配列。これらの目録は目録カードをもとに編さんされているが、機械編さんの『国立国会図書館蔵書目録』☞0186昭和23－43年が、1994年に発行されている。　　　　　0188

国立国会図書館蔵書目録 洋書編 昭和23年－昭和61年8月 第1－9巻，著者名索引 国立国会図書館図書部編 紀伊国屋書店 1990－1993 10冊 31cm 英文書名：『National Diet Library foreign books catalog』 4-314-10037-0　32000－97000円
国立国会図書館が所蔵する昭和23－61年8月までに整理された、機械編さん以前の洋書（中国語・朝鮮語以外のアジア諸言語による資料を含む）を収録した蔵書目録。書架カード目録を用いて編さんされている、DDC分類の部（昭23－43年3月、3分冊）、NDLC分類の部（昭43年4月－61年8月、6分冊）の分類順で構成される。著者索引を加えた10分冊。書名索引はない。この時期の国立国会図書館の洋書の蔵書目録には、『国立国会図書館蔵書目録（洋書篇）昭和23－33年』、『洋書速報』（月刊）、『新収洋書総合目録』（年刊）があったが、この目録はそれらを包括する。61年9月以降には『国立国会図書館所蔵洋図書目録』☞0190がある。　　　　　　　　　　　　　　　　　　0189

国立国会図書館所蔵洋図書目録 昭和61年9月－平成2年12月，平成3年－平成7年 国立国会図書館 国立国会図書館 1991－1996 13冊
国立国会図書館が所蔵する洋図書（西洋諸言語による図書、アジア諸言語資料は含まない）の機械編さんによる蔵書目録。ただし、楽譜・静画像資料、法令・議会資料以外のマイクロ資料・逐次刊行物などを除く。昭和61年9月－平成2年は7分冊、7万4189件、平成3－7年は6分冊、6万9523件を収録。平成3年から年刊の追録版を増加目録として刊行し、5年ごとに累積版を刊行する。各累積版は大きな分野別に構成され、アルファベット順の書名索引と著者索引がある。本書以前として、『国立国会図書館蔵書目録 洋書編 昭和23年－昭和61年8月』☞0189、また1986年9月以降については、NORENに収録され、オンラインでの検索が可能である。　　　　　　　　　　0190

帝国図書館和漢図書書名目録 〔第1〕－第7編 帝国図書館編 帝国図書館 1899－1966 13冊 26cm
1893年（明治26）までの蔵書を対象とする第1編を基礎に1949年までの蔵書を全7編13冊に収めた目録。配列は歴史的かなづかいによる書名の五十音順。記載事項は書名などの簡単な書誌事項、国立国会図書館の請求記号（函號記号）。1936から1949年3月までの増加分を収録した第6編と第7編は国立国会図書館より刊行。第1編－第4編（明治期－大正期）の訂補縮刷版の複製が汲古書院から刊行されている。　　　0191

帝国図書館和漢図書分類目録 帝国図書館編 帝国図書館 1900－1928 8冊 26cm 第3門－第8門：増訂〔版〕
帝国図書館（現国立国会図書館）の1899年末現在に所

蔵する和漢書の目録。1、2門「宗教・哲学・教育之部」、3門「文学、語学之部」、4門「歴史伝記之部」「地誌及紀行之部」（2冊）、5門「国家、法律、経済、財政、社会及統計学之部」、6門「数学、理学及医学之部」、7門「工学、兵事、美術、諸芸及産業之部」、8門「事彙、叢書、随筆、雑書、雑誌、新聞紙之部」と刊行。分類ごとに細分された中は、書名の五十音順に配列する。書名など書誌事項のほか、同館の請求記号を記載。　　　　　　　　　　　　　　　0192

新編帝国図書館和古書目録　東京堂出版編集部編　東京堂出版　1985.10　3冊　27cm　発売：紀伊国屋書店　全85000円
国立国会図書館の前身である帝国図書館所蔵の和古書を、『帝国図書館和漢図書書名目録』☞0191などの既成の目録16種から抽出した書名目録。収録範囲は原則として、江戸時代以前の写本、版本とするが、写本は明治以後の新写本も含める。年代不明本も多い。また地図、法帖、冊子体の一枚刷のものも含めるが、和刻の漢籍は除いている。配列は書名の五十音順、同一書名内は、同内容のものを集め、全体を時代順とする。記載内容は、書名のもとに巻数、編著者名、出版事項、冊数、注記などを簡略に記す。叢書類は細目を掲げる。下巻巻末に著者名の五十音順索引を付す。　0193

国立国会図書館漢籍目録　国立国会図書館図書部編　国立国会図書館　1987－1995　2冊　27cm
国立国会図書館が旧帝国図書館より引き継いだ漢籍2万3943部の分類目録。純粋な漢籍のほか、朝鮮本、安南本、頭注・訓点などを施した和刻本を含め、さらに民国以後刊行の中国書も収録。四庫分類で部類立てし、その後に叢書部を置きおのおの細分する。また民国以後の刊行書は新学部とし、日本十進分類法に基づいて分類する。同類同属内の配列は、著者の年代順による。各書の記載内容は、書名・巻数、編著者名、出版事項、冊数、形状、装丁、叢書名、注記などを記すが、新学部は日本目録規則新版予備版に基づいて記述する。別冊の書名と著者名の画引き索引を付す。　　0194

国立国会図書館支部上野図書館和漢書書名目録・分類目録　古書之部　国立国会図書館支部上野図書館編　国立国会図書館管理部　1952－1966　3冊　26cm　分類目録・補遺の発行者：国立国会図書館支部上野図書館
旧帝国図書館所蔵の和漢書の古書のうち、上野図書館に残存したものの目録。書名目録は3280部、それをひきつぐ分類目録は2250部、補遺は147部合わせて5677部を収録。その範囲は、刊本は明治初年までのもの、写本は明治以後の新写本も含む。漢籍は線装本のみ、洋装活版本は含まない。ほかに朝鮮本、複製本を収録する。各書の記載内容は、書名目録は縦組で、書名のもとに編著者名、出版事項、大きさ、丁数、冊数など、注記に奥書、旧蔵などを記す。五十音順著者索引を付す。分類目録は横組で、著者主記入のカード形式、記入は書名目録にほぼ同じ。著者索引と書名索引を付す。なお現在、このコレクションは本館の国立国会図書館に移管され、目録も『新編帝国図書館和古書目録』☞0193に抽出統合されている。　　　0195

大英図書館所蔵和漢書総目録　川瀬一馬，岡崎久司共編　講談社　1996.5　505p　31cm　4-06-206869-9　68000円
1984年までに現「大英図書館東洋ならびに印度政庁コレクション、日本語資料コレクション」に所蔵されていた和漢書約3800点を収載した総合分類目録。大東急記念文庫の目録に準拠し、全体を国書、仏書、漢籍に分けて細かい部門を設けた。そのもとに書名をおおむね成立年代順に並べ、刊・写年次、別書名など書誌事項と函架番号を記す。凡例の次に図版（一部カラー）あり。巻末に書名索引、年代順索引、所蔵者別索引、写本索引を付す。　　　　　　　　　　0196

大英博物館所蔵和書目録　〔正〕，補遺篇　ロバート・K.ダグラス編　科学書院　1986　2冊　31cm『Catalogue of Japanese printed books and manuscripts in the library of the British Museum』（1898－1904年刊）の複製　発売：霞ケ関出版　限定版 30000円,7500円
同館（現英国図書館）が所蔵する日本語図書および写本などの目録。配列は著者名アルファベット順。記載項目は著者名（日本語表記と、アルファベットによる翻字）、書名（日本語表記と、英文での訳書名）、頁など書誌事項。補遺篇は1899年－1903年までの追加目録。　　　　　　　　　　　　　　　　　0197

大英博物館所蔵漢籍目録　ロバート・K.ダグラス編　科学書院　〔1987〕　2冊　31cm　『Catalogue of Chinese printed books, manuscripts and drawings in the library of the British Museum』（1877年刊）および『Supplementary catalogue of Chinese books and manuscripts in the British Museum』（1903年刊）の複製　発売：霞ケ関出版　付（別冊 19p 21cm）：解題　坂出祥伸著　30000円,20000円
1877年当時、大英博物館が所蔵していた中国書の刊本、稿本、写本など2万巻を収録した目録。著者名のアルファベット順に配列し、中国書名、中国ヨミ（アルファベット表記）、英文タイトル、巻数、刊年を記載。本文は英語。巻末に新収の書名目録、稿本の目録を付す。付録として別冊で大英博物館所蔵漢籍目録解題がある。巻末にアルファベット順の書名索引があり、著者名が指示されている。1903年には新たに収蔵された3500種を収録した補遺篇を発行。　　0198

◆公共図書館

大阪府立図書館蔵書目録 和漢書 第1-16巻 大阪 大阪府立図書館 1971-1972 16冊 27cm 昭和42年3月31日現在

大阪府立図書館が、明治36年から昭和42年3月末までに受入れた和漢書13万6654点を16冊に収録した蔵書目録。松下、市河、斎藤、石崎の各文庫、韓本、学習参考書、新聞、雑誌、特許公報類は除く。大阪府立図書館図書分類表により分冊、分類し、原則として書名の五十音順に配列し、書誌事項、索引番号、請求記号を記載する。第14-16巻に補遺および書名索引がある。洋書之部3冊もある。以後、『大阪府立図書館増加図書目録』(昭和42-47年度、1969-1974、6冊)、『大阪府立中之島図書館増加図書目録』(昭和48-平成元年度、1975-1991、17)および『大阪府立夕陽丘図書館増加図書目録』(昭和51-平成元年度、1978-1991、14冊)さらに『大阪府立中之島・夕陽丘図書館増加図書目録』累積版(平成2-6年度、1996、4冊)に接続する。昭和42年度以降の累積書名索引が別に刊行されている。
0199

大阪府立中之島図書館・大阪府立夕陽丘図書館増加図書書名累積索引 昭和57-平成元年度 和漢(一般)書の部 大阪府立中之島図書館,大阪府立夕陽丘図書館編 大阪 大阪府立中之島図書館 1992.3 5冊 30cm 共同刊行:大阪府立夕陽丘図書館

実質的に西日本地区における公立図書館の相互協力センターの役割を果たしている大阪府立中之島図書館と夕陽丘図書館(新館の建設に伴い、現在は大阪府立図書館に統合)が、1982年度から1989年度までの間に受入れた、約27万3000冊の累積総索引。配列は、書名の五十音順であり、所蔵館名、増加図書目録の収録年、所蔵館の請求記号を記載する。詳しい書誌情報は毎年刊行されている『大阪府立中之島・夕陽丘図書館増加図書目録』で確認できる。ほかに『大阪府立中之島図書館増加図書書名累積索引 昭和42-53年度』『大阪府立夕陽丘図書館増加図書書名累積索引 昭和57-平成2年度 和漢(児童)書の部』がある。
0200

東京都立中央図書館蔵書目録 東京都立中央図書館編 東京都立中央図書館 1973-1995 43冊 27cm

1966年から1992年に出版された成人用和図書の蔵書目録。東京都の行政郷土資料は除く。1975年分までは、蔵書の出版年を数年単位で区切り、1979年分以降は年内に受け入れ整理した蔵書を数年分ずつまとめて収録している。日本十進分類法新訂6版による部門別の構成で、刊行区切りごとに書名索引と著者索引を付す。全巻を通した索引はない。前身は『東京都立日比谷図書館蔵書目録』(1868-1965年分、5冊)。1976-1978年分は『東京都立中央図書館増加図書目録』として1年単位で刊行。1993年受け入れ分以降は冊子体目録はなく、CD-ROM版(『METLICS on CD-ROM』)のみとなった。
0201

東京都立中央図書館蔵朝鮮語図書目録 東京都立中央図書館編 東京都立中央図書館 1997.3 268,81,156p 27cm

同館が、1985年から1992年3月までに収集した朝鮮語図書5237冊を収録した蔵書目録。分類番号順に配列し、書誌事項と、請求記号、索引番号を記載する。索引は巻末に、ハングルのカカナ順の著者索引(ハングル表記6文字まで)と書名索引(ハングル表記8文字まで)がある。『東京都立中央図書館蔵朝鮮語図書目録』(1986年刊)の続編である。
0202

東京都立中央図書館中国語図書目録 総記・哲学・歴史 1972-1990,社会科学・自然科学・工学・産業 1972-1993 東京都立中央図書館編 東京都立中央図書館 1994-1996 2冊 27cm

同館が所蔵する中国語図書のうち、特別文庫室、東京室の資料を除く蔵書目録。「総記・哲学・歴史」編は、1972年から1990年に収集した5343冊、「社会科学・自然科学・工学・産業」編は、1972年から1993年に収集した7492冊を収録している。分類番号順に配列し、書誌事項と請求記号、索引番号を記載する。巻末に、拼音ローマ字のアルファベット順の著者索引と書名索引がある。
0203

◆専門図書館・研究機関

三康文化研究所付属三康図書館蔵書目録 三康文化研究所 1969-1994 11冊 26cm 非売

三康図書館の前身である大橋図書館旧蔵本を中心とし、分野によっては、それ以後、同館が収集した図書も含む。地理・地誌編、児童書編、哲学・宗教編、文学書編、語学書編、芸術書編、歴史書編、伝記書編、欧文書編、国書編、漢籍編が刊行。各巻中は主として日本十進分類法新訂7版による分類順配列だが、分野によっては特殊な分類も使用。書誌事項と同館の請求記号を記載する。巻末に五十音順の著者索引と書名索引(欧文書編はアルファベット順)を付す。語学書編以降の巻は書名五十音順配列で、記載事項は同館の請求記号のみ。索引はない。
0204

静嘉堂文庫漢籍分類目録 〔正〕，続　静嘉堂文庫編　静嘉堂文庫　1930－1951　2冊　26cm
1930年静嘉堂文庫発行の〔正〕と1951年国立国会図書館支部静嘉堂文庫発行の「続」とからなる。1928年12月末日現在静嘉堂文庫所蔵の漢籍のうち、医書・仏書を除いたものを収録。〔正〕は本文1251頁、巻末に書名索引244頁と静嘉堂文庫略史7頁を付す。「続」は68頁で索引なし。四庫全書総目の分類に基づいた配列。〔正〕は陸存斎旧蔵の陸氏本と諸家（中村敬守、山田以文、田中頼庸ら13人）の旧蔵書を含み、それらには旧蔵者略称を付す。ここで除かれた医書、仏書は『静嘉堂文庫国書分類目録』（1929年刊）に収載されている。
0205

尊経閣文庫漢籍分類目録　三宅少太郎編　尊経閣文庫　1934－1935　2冊（索引共）27cm
尊経閣文庫は加賀前田藩の代々の藩主が収集した善本コレクションで、本書は同文庫が所蔵する漢籍約3700部の分類目録。明代の刊本が中心であるが、宋元版、清版、和刻本や朝鮮版も含む。編者は元広島高等師範学校の教授。四庫分類で部類立てするが、通常の類門の後に「合編合刻類収載諸種」として、叢書・全集収録の細目を列挙する。各書の記載内容は、書名、巻冊数、編著者名、版の特定などを記載する簡単なもので、目録の記述としては不完全なところがある。別冊の五十音順書名索引を付す。
0206

東洋文庫漢籍叢書分類目録　増補版　東洋文庫　1965　795,49p　26cm　非売
東洋文庫は、三菱合資会社社長・岩崎久弥が1921年（大正10）に創設した日本で初めての東洋学の研究所兼図書館。「モリソン文庫」を初めとしてアジア関係のコレクションを多数収蔵する。本書は同文庫が所蔵する宋代から民国にいたる漢籍叢書1100部の分類目録で、各叢書の内容細目を記載する。経部・史部・子部・集部・叢書部・朝鮮本の6部に分類し、叢書部はさらに氏族・自著・地方・雑叢に分け、雑叢はこれを宋元明・清・民国・満州・雑に細分する。同部類内の配列は編著者の年代順。各叢書の記載内容は、叢書名、編著者名、出版事項、冊数などを記す。巻末に叢書索引を付すが、叢書に含まれた書名索引が未刊である。
0207

内閣文庫漢籍分類目録　改訂　内閣文庫　1971　1冊　27cm
内閣文庫が所蔵する質・量ともに世界屈指の漢籍コレクションの分類目録。純粋の漢籍は清代まで、和刻本は江戸時代までを収録。日本人の書いた漢文や漢籍の注釈は除くが、訓点本、頭注本などは含む。四庫分類で部類立てし、さらに細分、同類同属内の配列は編著者の時代順。各書の記載内容は、書名のもとに、右側にその異名、テキストおよび巻数など、左側に編著者名および出版事項を略記し、下段に旧蔵文庫名を示す。特記すべきは、刊・印・補修の別を明確にしていること。巻末に書名の五十音順索引と検字表を付す。
0208

内閣文庫国書分類目録　上，下，索引　改訂　国立公文書館内閣文庫　1974－1976　3冊　26cm
内閣文庫は江戸幕府や明治政府が収集した、紅葉山文庫、昌平坂学問所本を基幹に、和学講談所、医学館、毛利高標など歴史的来歴をもつ38の旧蔵書を収蔵する日本最大の文庫である。その文庫所蔵の古代から昭和にかけての国書のうち和装本のすべて約3万5000部を収録する分類目録。総記、神祇、仏教、言語、文学、音楽・演劇、歴史、地理、政治・法制、経済、教育、理学、医学、産業、芸術、諸芸、武学・武術、準漢籍の18門に部類分けし、さらに細分。巻頭の目次は分類表を兼ねる。分類綱目内の配列は、著作年代順。各書の記載内容は、書名のもとに、右側にその異名、校本・底本などテキストの別、巻数および内容の年次など、左側に著者名および書写・出版事項を略記。別冊で書名と編著者名の五十音順索引を付す。書名索引には叢書や全集の内容細目も含まれる。
0209

百科事典

◆百科事典

グランド現代百科事典　1－21，〔22〕，〔23〕　学研　1970－1979　23冊　31cm　3600－8000円
約25万項目を収録解説した小項目主義の一般百科事典。中学生、一般家庭・社会人を対象とし、それまで採録されなかった一般用語のほか、各種専門用語・国語項目も収録している。本文は5段組で、解説は略解の次に詳解があり、必要があれば参考解説・参考文献をあげる「段階式解説」である。21巻の総索引は五十音順の事項索引で、見出しにならなかった解説文中の

語を含む。日本地図ほか各種地図と、地図索引がある。図版を多く含む。参照を付す。　　　　　　　　　*0210*

Grand Universe講談社大百科事典　1－28巻,補遺1－2
　　講談社　1977－1982　30冊
一般的な百科事典のように小項目主義をとる一般項目と、868の大項目に詳細な解説を施した特別項目とからなる百科事典。カラーの図版や写真を多用し、解説文中の見出し語には印を付す。1巻はテーマ別索引であるガイドブック、2巻から27巻は五十音順に項目を配列した本巻、28巻は項目としてとらないものからも検索できる五十音順索引と、分野別索引とを収録した総索引。別冊で、年表が収められた補遺1と、本巻を補う新しい情報を集めた補遺2がある。　　*0211*

原色現代新百科事典　原色現代新百科事典編集部編　学習研究社　1967－1968　10冊　27cm
現代人の知的生活に必要なあらゆる分野から、約3万8000項目を収録した百科事典。小項目主義を採用し、現代かなづかいの五十音順に配列した。比較的平易な表現で各項目を解説しており、カラー図版も豊富に採録している。若年層向き。9巻には分野別索引のほか歴史年表が付く。『現代新百科事典』（1965－1966年刊）の改訂版。　　　　　　　　　　　　　　　　　*0212*

国民百科事典　1－17〔新版〕　平凡社　1976－1979　17冊　28cm
家庭向けの標準的な中型百科事典。初版は1961－1962年。収録項目数は約3万6000項目で、約1万8000点の図や写真も掲載されている。横書き3段組で、配列は五十音順。各分野から主要なテーマを選び、特集形式で解説した「百科の目」の頁を設けている。1巻から14巻が本編で、15巻は世界と日本の地図、16巻は索引、17巻は生活編と資料編からなる百科便覧で構成される。　　　　　　　　　　　　　　　　　　　　　　*0213*

Japonica時事百科　大日本百科事典編　1971－1987　小学館　1971－1987　27cm　別書名：ジャポニカ時事百科
時代に対処するための的確な情報が得られるよう、前年1年間の出来事を中心にまとめた時事問題の百科事典年鑑。事項編（五十音順）、各国編（五十音順）、県勢編（コード順）、人物編（五十音順）、ジャンル百科便覧からなる。事項編は、1000項目におよぶ時事用語と時の人をあわせて収録し、簡潔に解説。索引は巻末に約2800項目の事項索引があり、広く活用できる。巻頭に世界要図・時刻帯・暮らしの歳時記を付す。解題は1986年版による。　　　　　　　　　　　　　　　*0214*

世界原色百科事典　第1－6　小学館編　小学館　1969－1970　6冊　27cm　1500－2200円

「ダイヤモンド百科」の別称をもつ百科事典。大中小項目を併用した多項目主義。約8万項目の五十音順配列で、カラー図版、写真が豊富。6巻目が索引（学習索引、家庭索引、総索引）。日本初のカラー百科『世界原色百科事典』全8冊（1965－1967）を再編成したもの。　　　　　　　　　　　　　　　　　　　　　　*0215*

世界大百科事典　1－〔35〕〔1988年版〕　平凡社　1988　35冊　27－29cm　4-582-02200-6
『大百科事典』（1984－1985年刊、全16巻）を改訂した大中小約9万項目の五十音順百科事典。第31巻の索引は、約40万項目についての和文・欧文・図版索引に大別。別枠の〈コラム〉による解説を付し、〈用語解説〉に細分化された事項や専門用語をまとめる。別巻として、日本地図、世界地図、百科便覧、百科年鑑がある。百科年鑑は本体の補遺として毎年発行。1955－1960年初版全32巻の最新版にあたる定評のある百科事典。『CD-ROM版世界大百科事典』は全文検索も可能。　　　　　　　　　　　　　　　　　　　　　　　　*0216*

大日本百科事典　小学館　1980　28冊　28－37cm
小項目主義を採用し、人名、地名、作品名など約10万項目を収録する日本を代表する百科事典。通称「ジャポニカ」。縦4段組みで、現代かなづかいの五十音順に配列し、カラー図版を豊富に採録している。多面的な解説とともに、項目末に、参考図書、関連施設、問合せ先のガイドマークを付け、さらに詳しく知りたい人に便宜をはかっている。別巻として索引小百科（約32万項目）、美術名宝事典、地図帳がある。　　*0217*

日本社会事彙　第3版　経済雑誌社編　国書刊行会　1975.4　4冊　27cm　付(108p 26cm)：日本社会事彙索引　編者：田口卯吉（追補・増訂：川上広樹等）　経済雑誌社明治41年刊の複製　全60000円
明治時代政治家・実業家として活躍し、先に『泰西政事類典』『大日本人名辞書』☞1303 を刊行した田口卯吉（1855－1905）が作った百科事典。日本の古来の事物、制度、風俗などを取り上げ、項目数は1万5000余件。歴史的かなづかいの五十音順に配列。事物の起源や沿革を歴史的に記述し、出典や図版を付け、記述量は数行から長いのは数頁に及ぶ。日本人による近代的百科事典の嚆矢とされる。1890－1891年（明治23－24年）初版刊行、1901－1902年（明治34－35年）に第2版改訂版。田口の没後の1907－1908年（明治40－41年）に第3版改訂版が刊行されたが、これは川上広樹ほかが編集に当たり、初版より大幅に増補された。　*0218*

日本大百科全書　1－25,補巻　小学館　1984－1994　26冊　29cm　各7800円
日本の歴史・風土・芸術・思想などのあらゆる伝統的

教養に関する項目をのせた百科事典。1巻-24巻は項目の五十音順。25巻は索引。本文は4段組を基本とし、人間の生活・文化の形成に深くかかわりをもつ大項目については3段組にし、目次を付す。項目内容に応じて用語、術語、作品解説、人物紹介などの囲み記事欄を設ける。写真、図表、地図などを多数収録。各巻に別刷り図版あり。必要に応じて項目の末尾に参考図書、参考文献があり、また関連項目、参照項目を付す。補巻が1994年に刊行されている。
0219

日本百科大辞典 名著普及会 1988.11 4冊 37cm 三省堂書店(明治41年-大正元年刊)、日本百科大辞典完成会(大正5-8年刊)の複製 4-89551-358-0 全182000円

『日本百科大辞典』全10巻の復刻版。原本4頁を1頁に収め、全4巻に仕立てる。判型は縮率73%。1巻-3巻は項目の五十音順、3巻に補遺、4巻は図版・索引を収録。索引は原本のままなので、原本・復刻版巻構成対照表が必要となる。図版のモノクロは関連項目の付近に配し、カラーは必要があるもののみ復元している。内容・表記は一切訂正していない。わが国初の本格的百科辞典。明治期の事物については、当時の高水準の解説と図版がある。参照を付す。4巻の巻末に編纂の由来および変遷を付す。
0220

日本百科大事典 第1-13巻,別巻,別冊 昭和出版研究所編 小学館 1962-1966 20冊 27cm

身近にあって、暮らしの支柱となるような家庭百科事典。小項目制をもとにし、特別なものを、大・中項目式に扱う、折衷方式を採用した。約5万項目を、現代かなづかいの五十音順に配列する。別刷・図版・地図などを豊富に収録し、具体的かつ立体的に理解を深める工夫をしている。別巻「増補・索引」に、総索引と部門別索引（家庭生活関係）があり、別冊に、「世界の美術 古典編・近代編」「日本の美術」「日本案内分県地図」「原色植物図鑑」「原色昆虫図鑑」の6冊がある。
0221

万有百科大事典 1-21,別巻1-3 小学館 1972-1976 24冊 30-38cm 3200-4300円

文学、美術、政治・社会、生活、医学などの分野別の20巻からなる分科式百科事典。第21巻は索引。日本、世界、人体大地図の別巻3冊がある。通称「ジャンル・ジャポニカ」。これに対して五十音順の小項目百科『大日本百科事典』☞0217 通称「ジャポニカ」がある。事項によって1、2点の参考文献があげられている。
0222

ブリタニカ国際大百科事典 第3版 フランク・B.ギブニー編 ティビーエス・ブリタニカ 1996.12 21冊 28-38cm 付属資料(CD-ROM1枚 8cm ホルダー入)：電子ブック小項目版 ガイドブック付

大項目事典19冊(4150項目)、8cm CD-ROMの電子ブック小項目版(15万項目)、総索引1冊(30万項目)、国際地図1冊からなる五十音順百科事典。各巻末に参考文献を一括して掲載する。電子ブック小項目版では、すべての項目の記述のなかの重要語をキーワードとして検索でき、項目の末尾には大項目事典への参照がある。『Encyclopaedia Britanica』、そのフランス版のほか、国際版用の原稿から構成される。日本語版の初版(1972-1975)30冊から十数次の部分改訂を経て、第3版は全面改訂された。20年以上にわたってアップデートされている代表的な百科事典である。年刊補遺版として『ブリタニカ国際年鑑』☞0252 を刊行。
0223

平凡社大百科事典 1-16 平凡社 1984-1985 16冊 27cm 奥付の書名：大百科事典

約9万項目からなる標準的な百科事典。かな見出し語による項目の五十音順配列。本文総数約2万頁で、1頁当たり数項目が平均だが、中小項目と3-4頁にわたる大項目もある。その場合は項目内に目次が付いている。約1万点の図版を用い、高度な内容でも理解しやすく解説。全項目執筆者名記載。第16巻が索引で、約40万項目。和文索引と欧文索引からなる。別冊として「世界地図」「日本地図」がありまた『平凡社百科年鑑』(1986-1988、3冊)『平凡社百科便覧 統計・資料』(1986)あり。さらに『平凡社百科便覧 統計・資料 改訂版』(1993)により、追補されている。
0224

◆百科事典(1巻もの)

学研新世紀百科辞典 第2版 新世紀辞典編集部編集 学習研究社 1983.3 2240p 図版67枚 22cm 付(別冊63p)：最新技術用語360 4-05-100325-6 7500円

百科事典と国語辞典を兼ねるコンパクトな辞典。一般用語、専門用語を広範囲にわたり収録。さらに人名、地名などの固有名詞も多数収録している。配列は見出し語の五十音順。図版は約1万点掲載。巻頭に多色口絵索引、主要図版項目・主要別組項目索引を付す。『新世紀大辞典』(1968)を1978年に増補改訂し、書名変更したものの第2版。増補した項目は巻末にまとめ、本文下欄に検索見出しを掲げてある。利用対象は中・高生から専門家まで。
0225

角川世界名事典ラルース 角川書店 1980.6 1790p 27cm 監修：今西錦司, 河盛好蔵 22000円

フランスの『Petite encyclopédie Larousse』(1976年刊)の翻訳。全世界的視野から現代知識を包括的に提供するという方針に基づいて編集された百科事典。原著にくらべ日本人利用者向けに言葉を補い、日本に関する事項には解説文や年表を増補している。大項目主義により「地球の発見」「生命と医学」など14章に構成。多数のカラー写真や図表を用いて、相互に関連する学問を総合的に解説している。巻末に用語解説集と五十音順の索引を付す。　　　　　　　　　　　0226

記号の事典 江川清〔ほか〕編 三省堂 1985.12 291p 27cm 4-385-13260-7 8500円
コミュニケーションの手段として使われている言語以外の記号・符号・標識などを外国の事例を含めて幅広く収集した専門事典。9章からなり、「身体でつくられる記号」「音声・文字の代替記号」「数量を表わす記号」「科学・技術の記号」「分類・識別のための記号」「所属・階級を表わす記号」「作動・動作の指示記号」「空間・時間を示す記号」「図像と象徴」で構成。記号の意味内容・使い方、その分野での記号の歴史、組立ての方法などについてわかりやすく解説する。図版やカコミ項目も豊富に記載。巻末に文字記号索引、図記号索引、手指記号索引を付す。1996年に改訂を含む「セレクト版第3版」を発行している。　　　0227

ギネスブック 世界記録事典 1997 イアン・カステロ・コルテス,マイケル・フェルドマン編 大出健訳 騎虎書房 1996.10 510p 19cm 『The Guinness book of records』の翻訳 1480円
宇宙におけるありとあらゆる事象の世界一の記録を集大成した事典。各記録を宇宙と地球、動物の世界、人間、業績、科学技術、交通と旅、アート、レジャー、ビジネス、社会、スポーツの11分野に大別し、どのような記録かを簡潔に記載。一部図版もある。巻末に公式ルール集(抜粋)、ギネスブック記録申請書(見本)、ギネス日本関係の記録が付されている。五十音順の事項索引が巻末にあり、キーワードで記録が探せる。イギリスで1996年に刊行された原書の翻訳をもとに日本向けに加工したもの。原書の初版は1955年で、日本語版ギネスブックとして発行されたのは1979年からである。　　　　　　　　　　　　　　　　　0228

最新文化賞事典 日外アソシエーツ編 日外アソシエーツ 1996.1 838p 22cm 『文化賞事典』(1989年刊)の増補改訂版　発売:紀伊国屋書店 4-8169-1349-1 15800円
文化・学術、マスコミ、教育、福祉にかかわる国内の主要な賞302賞の概要および受賞者名を収録。収録範囲は1995年10月現在まで。収録対象は主催者が国内の団体か受賞対象が日本人のみの海外の賞で、かつ個人が受賞対象のもの(団体向けは対象としない)。本文は賞名の五十音順配列。記載項目は賞の由来・趣旨、主催者、選考委員、選考方法、選考基準、締切・発表、賞金、連絡先と歴代受賞者名。巻末に主催者別賞名索引、受賞者名索引がある。　　　　　　　　0229

大事典desk 講談社 1983.5 1823p 27cm 監修:梅棹忠夫他 4-06-200220-5 12000円
大百科に匹敵する5万項目をコンパクトな1巻本にまとめたオールカラー百科。現代用語3000項目を含み、約7300点のカラー図版を収録。時代を捉えるキーワード101を巻頭特集とし、国語辞典としても機能する事典部分と、日本・世界の地誌情報の地図と歴史年表を巻末にもつ3部構成。視覚版として『大図典view』☞0231がある。　　　　　　　　　　　　　　0230

大図典view illustrated encyclopedia 講談社 1985.7 1668p 27cm 監修:梅棹忠夫ほか 4-06-200753-3 12000円
25分野500テーマ項目に3万2000点の図版を付したコンパクトな1巻本のビジュアル百科。日本や世界の未来像をさぐる21世紀大図鑑を巻頭に、五十音順図典を中心にすえ、巻末に3万5000項目の総合大索引を配した3部構成。それぞれのテーマ項目は見開き単位に構成され、各見開きの右側に見出し項目の五十音順とテーマ分野の2種類の〈爪〉をつけて、分野の爪を目安に頁を繰る気軽な使い方もできる。　　　　0231

データパル 最新情報・用語事典 1988- 小学館 1988- 年刊 21cm
国際情勢、情報通信など各ジャンルごとに厳選された時事用語を五十音順に配列し解説した用語編と、各種要覧、統計からなる資料編が主体。ほかに近年各界で話題になった人物100人の略歴などを記した「人物ファイル」、アルファベットの略称から正式名を探せる「欧文略語880」、約300のインターネット・アドレスを載せた「Web編」がある。巻頭に総索引、図表索引を付す。解題は1997-1998年版による。　　　　0232

マイペディア 新訂 平凡社 1994.10 1653p 29cm 4-582-00504-7 9500円
1990年刊の改訂・追補版。新たに約800項目を新設、計5万6000項目を一巻に収録、簡潔な説明を付す。配列は五十音順。巻末に現代社会基本資料、人権に関する世界史基本資料として、教育基本法、世界人権宣言などの全文があるほかに日本史基本資料、人口統計、国立公園・国定公園一覧、暦なども付す。巻頭にカラー版の世界地図と日本地図、世界各国の国旗一覧がある。これに「最新日本現勢」(35p、28cm)を付した新装新訂版は1995年に刊行。　　　　　　　0233

丸善エンサイクロペディア大百科 丸善エンサイクロペディア大百科編集委員会編訳 丸善 1995.2 2605p 31cm 4-621-03970-9 31930円
イギリスのOriole Publishing社から1989年に刊行された『The new joy of knowledge encyclopedia』の翻訳をもとに1990年以降のことがら、日本・アジア・アフリカ関連事項を追加しまとめた百科事典。941の項目を文章と多数のカラー図版で解説する、テーマ別事典であるイラストペディアと、人類の歴史を社会、宗教、文学、美術・建築、音楽、科学技術の6分野から概観した総合年表であるクロノペディア、言葉・事項を五十音順に配列して解説したワードペディアで構成。ワードペディアは項目末尾に白三角印でイラストペディアの頁を示しており、索引としても利用できる。 0234

◆類書

嬉遊笑覧 喜多村信節〔著〕 吉川弘文館 1996 4冊 20cm 日本随筆大成別巻の複製版 各2884円
江戸時代あるいは江戸の風俗および庶民生活に関して、和漢古今の文献を博捜して考証・解説した分類体の百科事典。著者は江戸後期の市井の国学者。文政13年（1830）序。12巻、或問付録1巻。居処・容儀・服飾・器用・書画・詩歌・武事・雑伎・宴会・歌舞・音曲・翫弄・行遊・祭祀・仏会・慶賀・忌諱・方術・娼妓・言語・飲食・火燭・商賈・乞士・化子・禽虫・漁猟・草木など28類4280項目に類別。索引はなく、検索は細目による。山東京伝の『骨董集』、柳亭種彦の『用捨箱』と同様古書を引証・論究した随筆漫録の類ではあるが、資料としては貴重。『我自刊我書』1882年（明治15）、『存採叢書』1903年（明治36）、『日本芸林叢書』1927年（昭和2）、『日本随筆大成』1929年（昭和4）などに翻刻。 0235

群書索引 第1-3冊 物集高見，物集高量共著 名著普及会 1976 3冊 22cm 大正5年刊の複製
物集高見が編纂した類書。人文科学から自然科学の百科にわたる項目を歴史的かなづかいの五十音順に配列し、関連する記事が載っている書籍名を列挙したもの。別称、異称がある項目は重複して立項。個々の件名の下には書籍名とその巻数や丁数が記されているが、引用は一切なく、それは本書と対をなす『広文庫』☞0237に掲載されている。対象にした書籍の大半は著者の蔵書で約1万点、項目数は細目を含めて5万余件と言われる。校正などに物集高量が当たっている。 0236

広文庫 第1-20冊 物集高見，物集高量共著 名著普及会 1976-1977 20冊 22cm 大正5年刊の複製
物集高見が30年を費やし独力で編纂した一大事典。項目を歴史的かなづかいの五十音順に配列し、古今の書物から関係する記事を抄出したもの。すべて引用文で埋められており、編者の注記はない。国書が主だが、漢籍や仏書からの引用も散見。項目は人文科学から自然科学まで百科を網羅している。対をなす『群書索引』☞0236と比べると項目はほぼ一致するが、引用書は概して少ない。まれに『群書索引』に見えない書からの引用文が載る。項目の総数は5万件と言われる。少数だが図が挿入されている。全20冊合わせて2万1800頁と膨大である。最初1916-1918年（大正5-7）に刊行、1925-1926年（大正14-15）に再版、さらに1935-1937年（昭和10-12）に縮刷版、1976-1977年（昭和51-52）に復刻版が出た。 0237

古事類苑 第1-51 神宮司庁編 吉川弘文館 1967-1971 51冊 25cm 復刻版
古代から近世に至るわが国の制度、文物、社会、産業全般の事項について、関連文献を記載した百科事典。天部、神祇部、遊戯部など30部門・1000巻に分かれ、刊本50冊の大著。部門内は篇に分かれ、各篇は最初に概説を載せ、ついで名称、制度、沿革などの条に分ける。条名は欄外見出しとして掲出。各条の最初に節用集などの字書の語義を載せ、ついで関連文献を大略年代順に並べる。文献は書名・巻数を記載し、改行して本文を引用。典拠の文献はすべて明治以前の古典籍・古文書などである。所々に編者の注記が付く。項目の選定やその軽重には時代的な制約を受けており、現在の価値判断とは異なる面がある。1879年（明治12）に建議され、編纂主体は文部省、東京学士会院、皇典講究所、神宮司庁と推移し、全巻の刊行は1896-1914年（明治29-大正3）。別に総目録・索引合わせて1冊があり、前者は巻次順、後者は五十音順に配列。古事類苑編纂事歴、古事類苑編纂条例を付載。 0238

和漢三才図会 1-18 寺島良安〔著〕 島田勇雄〔ほか〕訳注 平凡社 1985-1991 18冊 18cm （東洋文庫）2300-3296円
明の王圻の『三才図会』にならい、和漢の学説に依拠し編纂された日本で初めての図入り百科事典。著者は大阪の医師。正徳2年（1712）自序同5年跋。105巻81冊。天人地の3部に分け、さらに天部は天文・天象・暦占など、人部は人倫・親族・官位など、地部は中国諸地方・日本諸国・五果類・穀類・造醸など総計96類に細分。項目は約8800。各項目ごとに図を入れ、漢名・和名・異名を記し、『本草綱目』『大和本草』などの諸説を引き、自説も加えて解説。原文は漢文、本書はその訳注。第18巻末に総目次、事項総索引を付す。

翻刻に中外出版社版1901、1902年（明治34、35）、縮刷翻刻に吉川弘文館版1906年（明治39）、訳書に『日本庶民生活史料集成』版1902年（明治35）などがある。
0239

◆事物起源

事物起源辞典 衣食住編 朝倉治彦等編 東京堂出版 1970 430p 19cm 1200円
衣食住に関する事物の起源発生を知る事典。項目は、衣食住にかかわらず五十音順に配列。記述は起原のほか、現状に至るまでの変化を文献、遺物に基づいて記述し、参考文献もあげる。巻頭に衣食住別の項目一覧、巻末に服飾、飲食、住居別の参考文献一覧を付す。
0240

世界最初事典 シェルブック パトリック・ロバートソン著 大出健訳 講談社 1982.12 548,10p 19cm 『The Shell book of firsts』の翻訳 4-06-200134-9 1980円
現代社会の生活をつくりあげるのに貢献した数々の「最初」（ルーツ）の歴史年表を作る意図で作成された事典。百科事典などで簡単に調べがつく発明発見よりも、美人コンテスト、テレビ料理番組などの比較的ポピュラーなことがらを積極的に収録している。構成は生活、交通、趣味などテーマ別の章立ての中に順不同の項目名とその解説。巻末に年表、項目名索引。
0241

世界ビギニング・データブック デニス・サンダーズ著 岡山徹訳 文化出版局 1985.8 269p 19cm 『The First of everything』の翻訳 4-579-30237-0 1600円
一般読者向けに、世界の事物起源をコンパクトに収録した事典。1日常生活、2科学と人間、3愛と性、4天と地、5スポーツ、6芸能、7出版、8社会の8章に分け、体系的に解説している。伝記体の記述で読みやすいが、索引はない。
0242

舶来事物起原事典 富田仁著 名著普及会 1987.12 450p 27cm 4-89551-312-2 16000円
海外から伝来し日本の生活の中に見られるようになった事物について、由来・沿革・エピソードを述べた事典。伝来の時期は16世紀から現代まで。配列は項目名の五十音順で、「食べるもの」「身につけるもの」などに分けた分野別目次がある。巻頭には写真、図版、巻末に参考文献あり。人名、施設、事項、典籍の索引がある。
0243

明治事物起源 上・下巻 増補改訂 石井研堂著 春陽堂書店 1996.1 2冊 22cm 発売：国書刊行会 春陽堂昭和19年刊の複製 4-394-90148-0
維新後の新事物についての、由来、沿革を解説した事典。構成は人事、法制、国際、美術、音楽など21部。各部内に、ほぼ五十音順の配列で約3000の事項を掲げ、解説と文献、随所に原文引用を付す。情報源は新聞、図書、雑誌、法令、実物など多岐にわたる。巻末に索引あり。巻頭に図版目次と西田長寿の解題、本文上巻目次前に石井研堂年譜、研堂著作目あり。原本は、初版（橋南堂、1908）、増訂（春陽堂、1926）を経て『増補改訂明治事物起原　上下』（春陽堂、1944）となる。本書は1944年版の編集復刻で、底本の錦絵、さし絵を原則としておおむね省略した。本書の復刻を1993年に、底本そのものの復刻を1996年におのおの同一出版社より刊行。さらに同一底本の復刻を「ちくま学芸文庫」（筑摩書房、1997）として刊行（全8冊、図版省略なし。増訂版のみの図版も掲載）。
0244

◆名数

数の話題事典 上野富美夫編 東京堂出版 1995.4 364p 22cm 4-490-10380-8 2500円
数の性質や活用例などを解説したコンパクトな事典。3部からなり、「数の話題と活用編」では180までの整数とそれ以上の特徴のある整数を中心として特色や使われ方を解説、「数の用語編」では数や図形に関する用語を解説、「数のア・ラ・カルト編」では記念日や数のつく名字や市町村名などを収録している。巻末に参考文献と、五十音順の和文事項索引を付す。記述は平易でわかりやすい。1994年までの資料により作成。
0245

中国名数辞典 川越泰博編 国書刊行会 1980.9 161,31p 27cm 6000円
中国の政治・社会・経済・歴史・地理・宗教・思想・文学・音韻・言語・金石・書画・音楽などあらゆる分野における、人名・書名・地名・事項などに関する名数3034項目について、2から1000までを数字順に、その中は五十音順に配列して、簡単な要約記述を付した辞典。巻末には数字から引ける総索引を収載している。
0246

名数事典 数字のついた名称ものしり 村石斗志夫著 大泉書店 1976 238p 18cm 650円
名数と、数字に関する史実、故事、諺、行事、天候、

地名、ゲームの用語、時事用語などを約1400語収録し、それぞれを1から数字順に、同じ数字の中では五十音順に配列して、簡単な解説をつけた事典。巻末には、付録として、単位ものしり、誕生石、花ごよみ、結婚記念日、供養などの数字に因んだことがらを収載する。　　　　　　　　　　　　　　　　　　　　*0247*

名数数詞辞典　森睦彦編　東京堂出版　1980.6　518p　19cm　4500円
和漢洋の名数や諺など、数に因んだことばを約5000語収録し、零から無限までを数字順に、同じ数字の中は五十音順に配列して、読み方と、簡明な解説を付した辞典。主に、人文・社会関係のことばを取り上げ、中国種・仏教関係の名数は、一般的なもの、古典読解上必要と思われる範囲のものにとどめてある。　*0248*

年鑑

朝日年鑑　1925年版－　朝日新聞社編　大阪　朝日新聞社　1924－　年刊　19－27cm
表示年版前年の12月31日までに起きた内外のできごとを収録。政治、経済、社会、科学、文化、スポーツ、都道府県、国際の8分野に分け、概説、トピックス、回顧の3部構成。巻頭に年表と特集を付し、続いて記事索引と統計索引がある。各種統計、資料約500表が巻末にある。関連事項への参照あり。別巻は1994年版を最後に「キーパースン」を中断したが、1997年版から日本人名録として復活、各種団体名簿と隔年刊行の予定。解題は1997年版による。　　*0249*

時事年鑑　1947－1994　時事通信社　1947－1993　47冊　27cm
日本および世界の情勢を記録した年鑑。表示年版の2年前の8月から翌7月までに起きたできごと、関連資料、統計などを中心に編集。構成は、重要日誌、日本の政治、経済など分野別情勢、都道府県の現勢、国際情勢、各国現況、名簿、資料、統計。事項・人名索引と広告索引あり。1994年版（1993刊）までで休刊。前身は『時事年鑑』大正7・8年版（1915刊）－『同盟時事年鑑』昭和19年版（1943刊）で日本図書センターより10冊復刻されている（1988－1989刊）。解題は1994年版による。　　　　　　　　　　　　　　　　　　*0250*

世界年鑑　1950年版－　共同通信社編　共同通信社　1949－　年刊　26cm
前年1年間に起きた世界の出来事を中心に編集した総合年鑑。国際情勢、各国の理解に役立つ記録、統計データを収録。特集と7部の構成からなる。特集は世界の重要トピックを解説。第1部は国連機関、国際機構・会議の構成と活動のまとめ。第2部は各国の現勢を政治、外交、軍事、経済、社会、文化各分野の動きとデータから記載。第3部は各国の元首・閣僚の一覧。第4部は世界の動きに関する最新情報。第5部は声明・宣言、条約など。第6部は統計資料。第7部は世界人名録。解題は1997年版による。　*0251*

ブリタニカ国際年鑑　1975－　ティビーエス・ブリタニカ　1975－　年刊　28cm
前年の世界のおもな出来事と世界現勢を、特別寄稿、特別レポート、一般項目、世界の国々の4部構成により記載。『ブリタニカ国際大百科事典』☞*0223*をアップデートする年鑑。各項目末に参考文献を付し、『ブリタニカ国際大百科事典』への参照もある。解題は1997年版による。　　　　　　　　　　　　　　　　　　*0252*

毎日年鑑　大正9年－1981　毎日新聞社編　毎日新聞社　1919－1981　26cm
表示年版の前年の内外のニュースと関連した資料を、豊富なニュース写真、図版、統計とともに収録した総合時事年鑑。1920年に創刊された伝統のある年鑑であるが、1981年に終刊。各賞・スポーツの全記録を多数収録。1977年版までは別冊の「人名録」があったが、1978年版は「内外選挙データ」、1981年版は「最新時事用語1743」と、特定テーマの別冊となった。　*0253*

読売年鑑　昭和25年版－　読売新聞社　1949－　年刊　27cm
表示年版の前年の日本や世界に関するニュースや情報、資料について、重要日誌、政治、経済、社会、文化、科学、スポーツ、都道府県、国際、こよみの各分野ごとにまとめた年鑑。1946年に『読売政治年鑑』として創刊、昭和25年版から『読売年鑑』に改題、1997年版で51冊目になる。昭和54年版までは、表示年版の前々年9月から前年8月を収録。1997年版は、年鑑本体、人名録、データファイル（統計・資料/団体名簿）の3分冊に、付録「最新世界地図」（1枚）をもつ。人名録には3万2000人を分別別に収録。団体名簿には官公庁、各種団体、大学、短大、研究所、学会、マスコミを収録。　　　　　　　　　　　　　　　　*0254*

団体・学協会

◆団体

全国各種団体名鑑 1966年版－　東京都各種団体連合会　1966－　隔年刊　27cm

日本全国の各界・各分野にわたる公益法人および公益事業を行う任意法人など、各種団体を対象に、直接あるいは通信などの手段によって調査・編集した団体名鑑。1965年刊行の『主要各種団体名鑑　1965年版』の改訂新版として、1966年に刊行されたのが最初で、以降ほぼ隔年に刊行。国際、行政・司法、産業・経済Ⅰ－Ⅲ、社会・厚生、教育・文化などに11分類し、同種の団体をまとめるように配列し、各団体の概要や刊行物、予算、会員数、役員名などを記載。1978年版からは上下2分冊、1993年版は上中下の3分冊で、各年版とも各冊の巻末に団体名索引を付す。1995年版からは、本編上中下巻と別冊索引の4分冊となっている。
0255

全国学術研究団体総覧 昭和63年－　日本学術協力財団編　大蔵省印刷局　1988－　年刊　22cm　監修：日本学術会議事務局

日本全国の学術研究団体を約1500団体収録した名簿。前年9月に日本学術会議事務局が実施した調査結果に基づいて作成。日本学術会議に登録した団体および広報協力団体として指定された団体が中心である。独自の専門区分により7部に分け、分類順に配列。名称には英文を併記。所在地、代表者、創設経緯・沿革、目的、刊行物などを記載。巻末に五十音順の学術研究団体名索引を付す。『全国学協会総覧』の改題。解題は平成8年版による。
0256

全国研究機関総覧 昭和49年版　日本学術会議編　大蔵省印刷局　1974　1112p　21cm　4600円

全国の主な研究機関2320か所の活動概況を収録した名鑑である。配列は設立母体別に、国公立、法人その他、国公私立大学、民間の各研究機関の順。各研究機関の記載内容は、所在地、機関長、主な研究業績、現行研究題目、図書施設、機関誌などについて簡潔に書かれている。巻末索引は、和文名（五十音順）と欧文名（アルファベット順）に分けられている。それぞれ機関名順、機関の分野別順、機関誌名順から引ける。各研究機関の研究内容に関する情報交換や科学技術水準の向上を図る目的で1956年（昭和31）より不定期で刊行されたが、昭和49年版を最後に発行されていない。
0257

大学研究所要覧 1985年版－　日本学術振興会編　日本学術振興会　1986－　隔年刊　26－27cm

日本の大学共同利用機関、国立大学の付置研究所・研究センター・学部付属研究施設、文部省の所轄研究所、文化庁の研究所、公・私立大学の付属研究所などの情報を収録した要覧。国立大学編、公立大学編、私立大学編などに分け、その中はおよそ北から地域順に配列。研究所などの概要のほかに研究目的・課題と、その担当者名がわかる。巻末には、研究者名索引を付す。1970年以来、学術月報の増刊号として隔年ごとに刊行された『研究所要覧』をひきついで、1985年版から単行書の刊行となった。
0258

日本団体名鑑 昭和54年版(第4版)　国政通信社　1979.7　1150p　27cm　26000円

各分野の公益法人、公共法人、特殊法人などを網羅した名鑑。主管の省庁別に分類。設立、事業の目的・内容、出版物、年予算、役員氏名・現住所、事務局長、職員数、関連機関などを記載している。ほかに、地方自治体主管の団体、任意団体、関係機関（農協、商工会議所、信用組合、大学、文化施設、国会議員など）を収録。巻頭に五十音順の団体名索引（関係機関は含まず）を付す。
0259

年刊企業・団体情報事典 1981－1984　日外アソシエーツ　1981－1984　10冊　26cm　発売：紀伊国屋書店

内外の企業・団体に関する、1年間の雑誌・新聞の記事索引。1981年版では新聞を対象とせず、雑誌（商業誌、業界誌、専門誌など）約1000誌と図書を対象とし、1982年版以降は日本の新聞13紙、週刊誌15誌、雑誌（商業誌、業界誌、専門誌）約1000誌に掲載された記事を対象とする。1982年版からは、政治・社会・教育編、経済・産業（第1・2次産業）編、経済・産業（第3次産業）編に3分冊される。巻頭には企業名・団体名索引を、巻末には採録対象紙誌名一覧を付す。
0260

◆博物館

人物記念館事典 日外アソシエーツ編集部編 日外アソシエーツ 1996.1 561p 22cm 発売：紀伊国屋書店 4-8169-1345-9 9800円
日本全国の人物記念館（個人記念館、個人美術館、資料館、歴史館、文学館）について、事業概要などを紹介する事典。データは1995年9月末現在。アンケート調査をもとに300館を収録する。地域ブロック別、県名順の配列。記載内容は、所在地、交通、開館時間、沿革・概要など13項目。巻末に館名五十音順、人名五十音順の索引を付す。
0261

日本の博物館総覧 1970年 日本博物館協会 1970 315p 26cm 900円
1970年（昭和45年）3月1日付で調査した、日本の博物館1092館について、名称や所在地、設備、利用などを詳細に記し、一覧できるようにしたガイド。北から地域順に配列した全国博物館園施設名一覧、総合博物館、歴史博物館など館種別の設備・機能概要、入館園料金ならびに休館日開館時間など一覧、職員数一覧、昭和41年度以降開館閉館一覧、統計で構成される。
0262

博物館・情報検索事典 丹青総合研究所企画・編集 丹青社 1986.8 544p 26cm 23000円
国内・海外の博物館と博物館関連団体の名簿、博物館関連資料のリストに加え、博物館の定義と分類や、展示用語集を収録した事典。8章で構成しており、第1章は国内の4057館を都道府県別に掲載した名簿で、章末に1986年4月－1987年3月の開館予定館を付載。第2章は海外主要館84か国893館の正式館名・館種・邦訳館名・住所などを国別に記載した名簿。第3章は企画・建築・展示などに関する会社・団体の、第4章は関連機関・団体の名簿。第5章は1970－1986年3月までに国内・海外で発行された関連文献のリスト。各章の最初には活用の手引きをおく。都道府県別の館名索引を巻末に付す。
0263

ジャーナリズム・新聞

◆新聞

新聞人名辞典 日本図書センター 1988.2 3冊 22cm 複製 全42000円
1921年から1930年までの新聞関係者の人名鑑など5種類を複製して、3冊にまとめたもの。第2巻所収の「名鑑」は『日本新聞年鑑』☞0272 の各年版の名鑑の部分を集成したもの。本編、索引とも、いろは順が主流で、一部異なるが、雅号、経歴、住所、生年月日、著書などを記載する。
0264

図書・雑誌・ジャーナリズムに関する27年間の雑誌文献目録 昭和23年－昭和49年 日外アソシエーツ「雑誌文献目録」編集部編 日外アソシエーツ 1982.9 331p 27cm 発売：紀伊国屋書店 4-8169-0176-0 9800円
1948－1974年までの27年間に発表された、図書・雑誌・ジャーナリズムに関する雑誌文献約1万4000件を収録した書誌。「図書・雑誌」と「ジャーナリズム」からなり、見出し語（件名）を用いて細分化している。分類の中は1970－1974年、1965－1969年、1955－1964年、1948－1954年のグループごとに、著者名の五十音順に配列し、書誌事項を記載する。巻末に主題索引および人名索引がある。
0265

ピュリツァー賞 受賞者総覧 生いたち・栄光のプロフィール 1992年版 佐々木謙一編著 東村山 教育社 1992.7 1006p 18cm （Newton database） 付録・ピュリツァー賞「ジャーナリズム部門」「文学部門」「音楽部門」－全受賞一覧, ピュリツァー賞以外の主なジャーナリズム賞 発売：教育社出版サービス（東京）4-315-51268-0 1800円
第1回（1917年）から第76回（1992年）までの受賞者を年代順、部門別に収録。各回ごとに「前年の主な出来事」として約1頁の記述と当年度の簡単な年表（世界編と日本編）があるので、その回の時代背景が理解

しやすい。また巻末に受賞者人名索引と「新聞」「通信社」索引がある。　　　　　　　　　　0266

マスコミ文献集大成　マスコミ一般・新聞・放送・出版・広告文献解題目録　総合ジャーナリズム研究所編　東京社　1974　486,39p　22cm　5900円
1873年（明治6）から1972年末までに、わが国で発行されたマスコミ一般・新聞・放送・出版・広告・PRに関する文献、マスコミ関係各社・諸機関の社史3010点を収録。戦後編、戦前編、各社史からなり、大項目、中項目に分類（同一分類内は発行年代順）し、書誌事項と解題を付す。索引は巻末に書名索引と編著訳者索引がある。活用の手引きとして、分類項目目次と検索の手引きを、文献の現物に当るための資料として、マスコミ文献主要図書館、各種文庫・コレクション所在一覧を収載する。『季刊総合ジャーナリズム研究』（第46-66号）の連載を基に改訂増補。　　0267

◆◆目録・年鑑

新聞総覧　明治43-昭和18年版　日本電報通信社〔編〕　大空社　1991-1995　33冊　22cm　監修：北根豊　日本電報通信社刊の複製
東京、大阪および各地方の主要新聞をはじめ海外邦字新聞にまで及び、幅広くわが国の新聞界の現勢を克明に記録した総覧。新聞社を都道府県別にあげ、各社の沿革、現況、幹部、発行回数、紙面体裁などを記載、合わせて新聞研究、新聞関係機関、新聞広告統計を加えた構成の年鑑。巻頭に全国主要新聞社名索引がある。　　　　　　　　　　　　　　　　0268

全国新聞ガイド　1973年版-　日本新聞協会広告委員会編　日本新聞協会　1973-　年刊　26cm
表示年版の前年の12月1日現在で日本新聞協会に加盟している全会員新聞社が発行する日刊紙の便覧。全国紙、ブロック紙、地方紙、スポーツ紙、英字紙、専門紙に6区分し、各区分内を協会会員社名簿順に配列。社名、創立、役員、発刊部数、購読料などおよび媒体特性と事業を媒体データとして掲載。地方紙は県ごとの、市町村数、人口、世帯数、1人当たり県民所得、新聞頒布数などの県別データとして掲載。新聞題字は実際の紙面のもの。巻末に広告倫理綱領、広告掲載基準、新聞関係諸法規、広告料金早見表などがある。解題は1997年版による。　　　　　　　　0269

専門新聞要覧　昭和58年版-　日本専門新聞協会編　日本専門新聞協会　1982-　年刊　21-30cm
政治・経済・教育・文化などの各専門分野の日本専門新聞協会に加盟している新聞社121社の沿革・概要。新聞紙名、社名、所在地、電話番号、代表者、創刊のほか、社歴、編集要領、資本金、読者層、広告料などを記載。加盟社名の五十音順。加盟社会社名別索引、加盟社専門分野・題号別一覧が巻頭にあり。一覧は関連業種別の五十音順。『日本専門新聞協会要覧』の改題。1997年版から大きさ30cmに変更。解題は1997年版による。　　　　　　　　　　　　　　　0270

日本新聞雑誌便覧　第1版-　日本新聞雑誌調査会　1962-　年刊　26cm
新聞、雑誌の発行社名簿であり、発行している紙誌も記載されている。全国紙、ブロック紙、地方著名日刊紙、著名雑誌のほか、東京都内を中心に一般新聞・雑誌、業界紙の発行社を含む。平成9年版（1997）は2249社を収録。新聞・雑誌関係団体別と部門別に大別し、前者に記載したものは、後者には名称のみを出す。記載内容は、社名、郵便番号、前年との違い、本社または本部所在地、電話番号、FAX番号、特色、創業または創刊年、資本金、社長の氏名、社員・職員数、発行紙・誌名、発行部数、購読料などである。巻末に、社名、新聞・雑誌名、氏名の索引あり。解題は平成9年版、第36版による。　　　　　　　　　0271

日本新聞年鑑　第1-19巻　日本図書センター　1985-1986　19冊　22cm　9000-10000円
日本最初の新聞専門年鑑を編集し、復刻したもの。1921年（大正10）から1940年頃の新聞業界や中央、地方有力紙の編集、販売、広告、印刷などの情報を全般的、体系的に編集した。構成は総観、現勢、一覧。3-9巻には名鑑（3巻のみ一部写真入り）も含む。底本は第1-2巻『日本記者年鑑』（新聞及新聞記者社、1921-1922）、第3-19巻が標記の書名（新聞研究所、1924-1940）。新聞研究所の閉鎖により昭和16年版で終刊。同時代の『新聞総覧』☞0268『広告年鑑』『広告主名鑑』『新聞販売総覧』『有力新聞現勢並広告史年鑑』『出版年鑑』☞0084などとの併用が有効。　　　　　　　　　　　　　　　　0272

日本新聞年鑑　昭和22年版-　日本新聞協会編　日本新聞協会　1947-　年刊　19-27cm
日本の新聞および新聞社、関係団体などに関する状況を記録した年鑑。放送各社の現況も含む。概況編、現況編、資料編、新聞人名録で構成。概況編では、国内新聞、外国新聞の概況を記す。現況編は、新聞各社と放送各社の会社概要で、歴代代表者、社史、社是、編集綱領、組織、資本構成、発行部数、役員、幹部などを記載。資料編は新聞文化賞、協会賞、広告賞、全国新聞要覧（日本新聞協会の非会員紙）、日刊紙の発行部数と普及度など。新聞人名録は、新聞、通信各社の部長以上、放送各社の局長以上を収録。解題は1996-

1997年版による。　　　　　　　　　　　0273

日本マスコミ総覧　1993年－1994年版　文化通信社編　文化通信社　1993.12　776p　26cm　4-938347-00-8　18000円
日本の新聞社、放送局、広告会社など2635社を収録した名鑑。各団体を1全国紙・ブロック紙・県紙・スポーツ紙・機関紙・通信紙、2地方紙・ローカル紙、3専門紙、4放送局・衛星放送局・CATV、5広告会社・折込会社、6出版社・取次会社、7名鑑（マスコミ関連会社・団体）のジャンルに分け地域別に編集し（6,7は五十音順配列）、会社概要と簡単な事業概要を記載。巻末に五十音順の社名索引を付す。1966年（昭和41）初版以後、数回改訂されている。　0274

◆新聞記事索引

朝日新聞記事総覧　朝日新聞社　日本図書センター　1985-1991　55冊 31cm
朝日新聞縮刷版（1919年7月分より毎月刊行）巻頭部分の月毎の記事索引を集成したもの。縮刷版未刊時期については1912年（大正元）分以降を「大正前期編」として作成（日本図書センター刊新聞複刻版への索引）。それにより大正・昭和の全年代（1912-1989年）をカバーするものとなった。構成は、縮刷版の刊行形態を反映しており、1945年分のみが半年単位、それ以外は月ごとの単位である。内容は主題別大項目で、中・小項目に細分される。記事の執筆者名人名索引（大正前期編のみ巻末に付す）があり有効。　0275

毎日ニュース事典　1973-1980年版　毎日新聞社　1973-1980　8冊 29cm　7900-22000円
毎日新聞1年間の朝・夕刊最終版の全紙面を対象とした、ニュース・記事の総索引、抄録集。記事の所在も明示している。1973年版（1972年の新聞記事）から刊行を開始し、1980年版（1979年の新聞記事）を最後に凍結。配列は見出し語の五十音順で、1974年版からはローマ字のみの見出し語をワ行の後におく。抄録の配列は日付順。付録として、1974年版からは巻末にその年に成立した条約と法律の一覧を1975年版からは重大ニュースの写真と概要を巻末または巻頭に収録。索引は、1975年版から五十音順の索引目次を巻頭に、さらに1978年版からは五十音順の人名索引を巻末に付す。この後に引き続いては『読売ニュース総覧　ニュース記事の索引と抄録』が昭和55年版－平成6年版（読売新聞社編・刊、1981-1944刊）（1987年度より副書名変更：1年間の新聞記事インデックス）がある。　0276

哲学

哲学・思想

【書誌】

科学基礎論文献目録 科学基礎論学会編 南窓社 1977 240p 22cm
1945－1975年の間に日本で刊行された、科学基礎論に関する文献目録。科学哲学や科学史、科学の方法論に関する文献を収録。人文・社会科学も対象とする。全3部からなり、①『基礎科学』など9誌の雑誌論文2031件、②編著書中の論文28件、③単行本774件、合計2833件を収録。各部とも、第1次配列は年代順で、①の第2次配列は誌名順。②③は著者名五十音順である。巻末に人名索引と6主題の内容分類索引、付録として『Annals of the Japan Association for Philosophy of Science』の1956－1975年の総目次と同誌掲載の「The development of the philosophy of science in Japan」を付す。 0277

科学哲学文献目録 part 1 瀬在良男，古田智久編 瀬在良男 1994.4 284p 26cm 共同刊行：古田智久
1968年（明治元）から1945年までに日本で刊行された科学哲学に関する文献目録。論理実証主義、記号論理学、数学の哲学など10の主題に事典類を加えた11項目について合計3792件の文献を収録。10の主題の中は、雑誌論文、編著書中の論文、単行本に分け、翻訳、欧文、和文の順に記載。その中は刊行年月順である。巻末に調査した雑誌一覧、参考文献、著者索引（五十音順）を付す。多少採録基準が甘いが、序文の科学哲学の定義や目録内容の説明はていねいである。Part 2 (1945－1988年)の刊行も予定されている。 0278

哲学・思想に関する10年間の雑誌文献目録 昭和50年－昭和59年 日外アソシエーツ編 日外アソシエーツ 1987 2冊 27cm 発売：紀伊國屋書店 8300，11000円
『雑誌記事索引（人文・社会編）累積索引版』☞*0139*の第Ⅲ－Ⅳ期、第Ⅰ－Ⅱ期、第5～6期をもとに『哲学・思想に関する○○年間の雑誌文献目録』として3回に分けて計5分冊で刊行。①昭和23年－39年（17年間）は、Ⅰ一般、日本、Ⅱ東洋、西洋、倫理学・道徳、②昭和40年－49年（10年間）は、1冊本、③昭和50年－59年（10年間）は、Ⅰ一般・日本・倫理学、Ⅱ東洋・西洋とそれぞれ編成が異なる。収録数は、総計約4万8000件である。文献内容は主題別の大項目のもとに、キーワード（件名）を見出し語として、関連の文献を著者名、論題（③は論題、著者名の順）、雑誌名、巻号、発行年月次、頁の順に記載してある。巻末に事項索引と収録誌名一覧（③を除く）を付す。 0279

哲学の名著 久野収編 毎日新聞社 1959 329p 19cm（毎日ライブラリー）
西洋哲学の主要な流れを原典の内容紹介を中心に述べたもので、古代哲学、中世哲学、近世哲学、現代哲学の4部から構成される。各時代の哲学の概説と、代表的な哲学者の紹介、および代表的著作について、和訳名、原書名、成立年を記し、その内容を署名入りで詳細に解題している。巻末に「哲学用語の解説」と、和文の人名索引と事項索引（五十音順配列）を付す。 0280

哲学名著解題 春秋社編集部編 春秋社 1955 397p 22cm
西洋哲学史に登場する著名な哲学者104人の業績と主要な著書289冊の内容について解題した事典。カタカナ表記の哲学者名に原綴と生没年、略歴、著書のリストを付し、五十音順に配列。主要著作については、章を改めて和訳名、原書名、成立年、および署名入りの解題を掲載。内容はかなり専門的で、アリストテレスの『形而上学』のように数頁に及ぶものもあり、初学者から専門家まで使用できる。巻頭に、五十音順配列の哲学者名の下に解題書の目次があり、索引の用をなしている。 0281

【辞典・事典・用語集】

岩波哲学小辞典 粟田賢三，古在由重編 岩波書店 1979.11 321p 19cm 1400円
哲学の専門用語や主要人名について簡潔に解説した辞典。定評ある『岩波小辞典哲学』（1958年刊）を改訂・改題したもの。西洋哲学が中心だが、改訂に際し、日本、中国、インド、イスラム哲学などの分野を拡充した。項目の配列は五十音順で、外国語を併記。説明は数行から十数行で著書や参考文献を付す。巻末に和文（五十音順）の人名索引、事項索引と、欧文の人名索引、事項索引、ロシア語索引、および付録として「記号論理学への手引き」と「古代哲学、スコラ哲学参考地図」を付す。なお、岩波書店からは新たに『岩波哲学・思想事典』（1998年、1929p）が出版された。社会・科学・宗教思想や芸術・文学理論など隣接分野の成果を十分に考慮し、日本、西洋、東洋、イスラム

圏の思考を支えてきた主導的な概念や人物、著作などを現代的観点から再評価したもので、今後はこれが基本的な哲学事典となるだろう。
0282

簡易東西哲学思想辞典 原富男著 三信図書 1983.3 477p 19cm 4-87921-030-7 2200円
東洋および西洋の哲学、思想、宗教などの用語を平易に解説した学生向きの辞典。見出し語はひらがな（外国語はカタカナ）で漢字形と欧文を併記し、五十音順に配列。収録項目は周辺分野を含め広く選んであるが、とくに中国や日本の思想の説明がていねいである。巻末に五十音順の総合索引を付す。『新編世界哲学小辞典』（国民図書刊行会、1951）の全面改訂版。
0283

現代哲学事典 山崎正一，市川浩編 講談社 1970 719p 18cm （講談社現代新書） 590円
現代哲学の基本的な事項455項目を解説した読む事典である。項目の配列は五十音順で、外国語を併記。解説は現代的視点から、東西の比較哲学的観点に立って行っている。執筆者の署名入りで参考文献を付す。愛、神、自我、時間などの13項目の根本概念については、西洋思想と東洋思想の考え方を、別項目で解説している。本文中の相互参照や、巻末の事項索引、人名索引（ともに五十音順配列）、主題別索引により、引く事典としても有効である。付録に比較哲学年表、論理記号一覧を付す。
0284

コンサイス20世紀思想事典 第2版 木田元〔ほか〕編 三省堂 1997.10 1045p 18cm 4-385-15370-1 4300円
1890-1997年までの100余年間に、科学、芸術、宗教、哲学、社会、風俗などさまざまな分野で生じた20世紀の思想に関する事典。解説は署名入りでキーワードの五十音順に配列。62の大項目は見開き2頁で解説。巻頭に「20世紀の歴史と風土」という概説と、図版中心の「機械文化の変遷」の記事がある。巻末付録に、①人名解説（428名の20世紀の人物について、原綴、生没年、著書などを記載）、②20世紀主要思想書（1880-1997年まで年代順配列）、③索引（和文と欧文の総合索引）を付し、現代思想用語辞典としても活用できる。初版は1989年刊。
0285

世界思想教養辞典 東京堂出版 1965 2冊 19cm
思想、哲学、宗教などに関する幅広い分野の人名、著作を解説した事典。「西洋編」と「日本・東洋編」の2分冊からなる。両編の構成は多少異なるが、それぞれ思想の概説の部分と、人名や書名の解題部分から構成される。概説は通史として読むこともできる。五十音順に構成された人名・書名の解説は署名入りで参考文献付き。巻頭に目次として詳細な分類項目表が、また巻末に人名、書名、事項の五十音順索引を付す。て

いねいな思想案内であり、とくに日本・東洋編は類書が少ない。
0286

哲学字彙訳語総索引 飛田良文編 笠間書院 1979.10 239p 22cm （笠間索引叢刊 72） 本文は東京大学三学部明治14年刊の複製 6000円
『哲学字彙』は、フレミング（William Fleming）著『The vocabulary of philosophy, mental, moral, and metaphisical, with quotations and references; for the use of students』（1856年刊）を基に、1881年（明治14）に井上哲次郎らが翻訳した英和哲学辞典である。明治初期の西洋哲学の訳語の確立に貢献し、国語史の資料としても第一級のものである。本書は『哲学字彙』の訳語を検索するための索引であり、前半には『哲学字彙』の写真版を付す。索引は、ひらがな（外来語はカタカナ）の見出し語、訳語（漢字）、原語、頁の順に記載し、配列は五十音順。巻末に原書と訳書の内容や版の変遷についての詳細な解説がある。
0287

哲学・思想コーパス事典 近・現代を支えるパラダイムはこうしてできあがった。知を使いこなしていくための最重要用語100項目。アルシーヴ社編 日本実業出版社 1987.1 285p 19cm 4-534-01204-7 1300円
近・現代のパラダイムの由来を把握することを課題として、哲学・思想史上の基本的事項を若者向きに解説した事典。西洋古代、中世、近世、現代、東洋の5ブロックに分け、合計99項目を収録。各項目は、イデア、情念、知覚などのキーワードを手がかりに、代表的な哲学者や学派の考えをわかりやすく説明し、参考文献を付す。巻頭に全項目の目次があり、巻末に簡単な年表がある。
0288

哲学事典 改訂新版 平凡社 1971 1697p 22cm 4800円
哲学全般の人名、著作、事項などを解説する日本を代表する総合事典で、初版は1954年。改訂に際し、1950年以降の哲学および関連諸科学の発展の成果を精査し、全般的に加筆修正し、参考文献を増補した。とくに現代記号論理学、科学哲学、科学史、仏教、インド哲学、チベット哲学などに関する項目は重点的に見直している。項目の配列は五十音順で、外国語を併記。解説は詳細で、哲学者の主著、参考文献を付す。巻末に和文と欧文の総合索引、「現代論理学への手引き」、5種の哲学史地図がある。現在では多少内容が古い部分もある。
0289

哲学中辞典 小林一郎，近藤功編集 仙台 尚学社 1983.9 668p 19cm 監修：小田清治 4-87976-000-5 4300円
哲学用語を初心者にも分かりやすく解説した辞典。自然科学、社会科学、心理学、人類学などの関連用語も含む。項目の配列は五十音順で、外国語を併記。説明

文には参考文献を付す。巻末に、書名を含む事項索引と人名索引（ともに五十音順配列）がある。ていねいな解説と適切な参考文献の紹介が特徴である。　*0290*

哲学用語辞典　村治能就編　東京堂出版　1974　471p 19cm 3500円
哲学の用語の内容を、原典で使用された歴史的精神史的な意味の変遷に留意して解説した辞典。約450語を収録。項目の配列は五十音順で、外国語を併記。解説は署名入りで詳細である。巻末付録に「原典名一覧表」がある。これは流派、哲学者別リストで、とくに近世以後は書名を著作刊行年順に配列したもので、一種の哲学年表として使用できる。　*0291*

哲学・論理用語辞典　新版　思想の科学研究会編　三一書房　1995.4　452p 19cm　4-380-95215-0　3090円
アカデミズムの外にいる研究者や実務家によって、主婦や高校生などの一般生活者に向けて書かれた、ユニークな哲学論理学辞典。1959年初版。1975年増補改訂版をさらに改訂したものだが、項目の60％は前編者、前著者の大渕和夫、鶴見俊輔のものを一部変更を含め採録。配列は五十音順で、外国語を併記。解説はイニシャルによる署名入りで、非常にわかりやすく、難解な論理学用語も一般人にも理解できる。巻末に旧版の前書きや「哲学への手びき」を含む資料編と、人名、書名、事項を含む五十音順の総合索引を付す。　*0292*

【便覧】

哲学がわかる事典　読みこなし使いこなし自由自在　鷲田小弥太著　日本実業出版社　1992.11　332,9p 19cm　4-534-01952-1　1600円
哲学のさまざまなテーマを、3部20章240項目に分けて読み物風に解説した事典で、日常生活のさまざまな問題と哲学の関係を考える哲学入門ともいえる。第1部の題は「哲学の歴史を学んでみよう」、第2部は「哲学で普遍的なテーマを考えてみよう」、第3部は「哲学でフツーの人間生活を考えてみよう」である。解説はやさしいが、プラトンやカントなど基本的な哲学者の解説はていねいである。巻末に人名や事項を含む五十音順の総合索引を付す。　*0293*

哲学基本事典　哲学入門　里見軍之，飛田就一編　富士書店　1992.4　265p 20cm 2300円
西洋哲学の全体像を簡潔に理解できるよう工夫されたコンパクトな事典。3編からなり、第1編は西洋哲学史概説で、古代から中世、近代、現代と時代順、学派ごとに哲学の流れを概説。第2編は著名哲学者一覧で、187名の哲学者を五十音順に配列し、原綴、生没年、主要業績、主要著書を記載。第3編は哲学基本用語で、五十音順配列の687語の用語を解説したもの。いずれも初心者にも分かりやすく書かれている。索引はない。　*0294*

哲学研究入門　下村寅太郎，淡野安太郎編　小石川書房　1949　555,43,44p 表 22cm
非常に専門的な哲学研究案内書。哲学史篇、体系篇からなり、哲学史篇は、西洋の古代から現代までの哲学と東洋哲学を、体系篇は、形而上学、倫理学、宗教哲学などジャンル別に分けて解説したもの。各項目は、原書、翻訳書、研究書の内容分析と紹介を中心に、概説、問題の所在、研究の現況を、文献に即して専門学者が署名入りで詳細に解説している。刊行は古いが、水準はきわめて高い。巻末に古代から1949年までの年表、学派別系統図、事項索引（五十音順）、人名索引（アルファベット順）を付す。　*0295*

立体哲学　渡辺義雄編　朝日出版社　1973　567p 22cm 1800円
哲学を、歴史的、体系的な全体の流れと、個々の学説を有機的に関連づけて解説するという多面的な意図をもった概説書。本文は「哲学のあゆみ」と「著作解説」からなる。「哲学のあゆみ」は古代、中世、近代、現代哲学、および日本の近代哲学の5部に分かれ、哲学の概説と、個々の哲学者の生涯と学説について説明している。「著作解説」は、哲学史上の主要著作88編（日本哲学12編含む）について、内容を詳細に解題したもの。巻末に年表、詳細な用語解説、参考文献・翻訳文献、欧文と和文の人名索引と著作索引、和文の事項索引を付し、学習・研究に有効に活用できる。　*0296*

【年表】

新哲学年表　増補　高山岩男，和田寛伸著　南窓社　1996.3　164p 22cm　4-8165-0186-X　2884円
紀元前7世紀から1995年までの西洋哲学の年表。左頁に西暦年、哲学者伝、著作・学派（1033年から著作のみ）を、右頁に世界文化史、思潮註解を見開きで記載。哲学者伝はカタカナ表記の人名に生没年と簡単な説明を付す。著作は古代・中世初期までは、原書名を付し、それ以降は和訳名のみ。思潮註解はわかりやすい。巻末に欧文の人名索引を付す。初版は1984年刊、その原型は『哲学年表』（高山岩男著、弘文堂、1951）である。　*0297*

哲学年表　速水敬二編　岩波書店　1950　5刷 311,58p 表 19cm
総合的な哲学年表。左頁に西暦、哲学者伝、哲学書、右頁に西洋文化史、東洋文化史（543年から日本文化史）、皇紀を見開きで記載。哲学者伝は、カタカナ表

記の人名に原綴を付し、生没年と2-3行の略伝を記載。哲学書は和訳名と原書名を併記。巻末に折り込み13枚の学派系統別哲学者在世年表と徳川時代思想家芸術家一覧表、および一般索引（五十音順の総合索引）と哲学者索引（アルファベット順）を付す。西洋哲学については、非常に詳細で現在でも使用に耐える。

0298

◆認識論、神秘主義

世界神秘学事典 荒俣宏編　平河出版社　1981.11　574p　26cm　3300円

神秘学に関する総合事典。霊的世界、精神世界の研究についての世界地図的な案内をめざしたもの。オブジェ編、西洋古代編、東洋編、日本編など全9部計324項目を収録。関連小項目を併せて詳細に解説している。ユニークなテーマを扱った図版入りの読む事典であるが、巻末に詳細な参考文献、および和文五十音順配列の人名、書名、事項索引を付し、引く事典としても活用できる。

0299

◆論理学

学術用語集 論理学編　文部省学術奨励審議会学術用語分科審議会編　大日本図書　1965　72p　19cm

論理学で使用される学術用語を、重複や不統一を避け、平易で正確な言葉に整理することを目的とした用語集。用語内容の説明はない。第1部和英の部と第2部英和の部に分かれる。第1部は、左から用語のローマ字読み、用語（日本語）、対応する英語（一部ほかの外国語含む）の順に記載し、約640語を収録。第2部は英語、日本語、ローマ字読みの順で、約800語を収録。付録として因明の部49語を付す。伝統的な論理学用語は網羅されているが、最新用語については、現在では不足している。

0300

◆マルクス主義哲学

哲学辞典 第4版　森宏一編　青木書店　1985.9　628p　20cm　4-250-73000-X　4500円

マルクス主義に基づき、古代から現代までの西洋および東洋哲学の人名や事項について解説した辞典。項目の配列は五十音順で、外国語を併記。見出し語が人名の場合には生没年と主著を付す。解説内容は特定の思想的立場から一貫し、かなり専門的で詳細である。巻末に和文と欧文（ロシア語を独立）の人名索引と事項索引を付す。初版は1971年で増補部分は本文末にまとめてある。なお1995年に第4版と同じ内容の新装版が出版された。

0301

哲学辞典 ソ同盟科学院哲学研究所編　ソヴェト研究者協会訳　岩崎書店　1956　573p　27cm　底本はエム・ローゼンターリ，ペ・ユージン監修「哲学小辞典」の増補改訂4版(1954年刊)　野中昌夫他6名翻訳担当

マルクス・レーニン主義に基づいて編纂された辞典で、哲学を中心に、自然科学、社会科学など広範囲な分野を取り扱い、対象地域もアジア・アフリカにまで及んでいる。項目の配列は五十音順で、外国語を併記。解説は詳細だが、当時のソ連の国家公認の唯物弁証法的世界観に貫かれている。巻末に原書のロシア語の目次と、日本語の総合索引（人名、書名、事項を含み五十音順配列）を付す。

0302

マルクス主義哲学辞典 人民出版社版　渡辺幸博，神崎勇夫共訳　東方書店　1976.9　304p　20cm　監修：松村一人　1600円

1970年に中国の人民出版社から刊行された『哲学名詞解釈』の翻訳版。マルクス、エンゲルス、レーニン、スターリンおよび毛沢東の哲学著作を学ぶための参考書として編集された専門的な事典。哲学の一般問題、唯物論と観念論、弁証法と形而上学、史的唯物論と史的観念論の4項目に体系的に大別し、計123の用語と概念を詳細に解説する。巻末に五十音順の事項索引がある。

0303

東洋思想

◆日本思想

日本の思想家名言事典 伊藤友信〔ほか〕編 雄山閣出版 1983.12 550p 22cm 4-639-00299-8 5800円
古代から現代に至るわが国の思想家150名の名言を抄録し、解説を加えたもの。思想家の五十音順に配列し、1人につき3-7点を掲出し、それぞれの原文、現代語訳（大意）、人物の生涯と思想、主要著作、参考図書、名言に関連する類語・反語を収録する。目次には人物ごとに名言の冒頭を掲げ、国家、人生、文化など内容をテーマ別に分類した分類項目名を付す。巻末に日本思想史年表と、各名言から抽出した名言語句索引がある。　0304

◆◆近世以前

江戸文人辞典 国学者・漢学者・洋学者 石山洋〔ほか〕編 東京堂出版 1996.9 419p 22cm 監修：朝倉治彦 4-490-10427-8 9785円
江戸時代に主として江戸を舞台に活躍した国学者、漢学者、蘭学者の伝記、業績を解説した人名辞典である。文人であっても戯作者、歌人、俳人、書家などは除かれている。解説本文の記述順序は見出し語に続いて生没年、名・字・号・通称、国学・漢学・蘭学の別、略歴、特記事項（特色・特徴）、江戸での活躍（住居、墓、交遊など）、著書、参考文献となっている。　0305

日本思想史文献解題 新版 大倉精神文化研究所編 角川書店 1992.6 605p 27cm 4-04-811007-1 18000円
上古から1868年（慶応4）までの日本思想史文献を収録した解題書誌。文献名の五十音順に配列。解説は書誌事項のほかに、別称、略称、内容、版本・写本の場合は所蔵者、評価と後世への影響、参考文献・所収書（原則として3件以内）を記す。巻末に著者単位で文献を列記した著者名一覧、ならびに書名索引と人名索引がある。1965年に刊行された旧版を大幅に改訂・増補したもの。　0306

◆◆国学・和学

国学者伝記集成 大川茂雄，南茂樹共編 名著刊行会 1967.9 3冊（続編とも）22cm 各8000円
1934-35年国本出版社刊の複製版。続編の編者は日本文学資料研究会。正編では慶長年間から1903年（明治36）までに死没した国学者690名を、続編では正編で除外された国学者以外でも国学関係の著書がある人を含め1934年までの物故者を、没年順に収録。記述は、学統・経歴・逸話・著書など11項目に分け、引用資料も示す。正編第1巻巻頭に学統表、続編巻末に、正編収録事項の補正、両編にわたる簡略な年表と人名総索引、名号総索引を付す。なお、1972、1978年に名著刊行会、1979年に日本図書センター刊行の複刻がある。　0307

和学者総覧 国学院大学日本文化研究所編 汲古書院 1990.3 809,282p 22cm 20000円
近世から近代にかけての和学者、すなわち神道、国文、地理、律令、格式、有職、考証、国語、国文、和歌などの分野で活躍した人物1万1367名を網羅した名鑑。大川茂雄・南茂樹編『国学者伝記集成』（大日本図書、1904）から森繁夫編『名家伝記資料集成』（思文閣、1984）までの業績をもとに集成したもの。電話帳方式で配列し、姓名、別称、生国・住国、没年、享年、学統と、備考として血縁、身分、職業、参考文献を記す。体裁は長澤孝三編『漢文学者総覧』☞0311 に倣っている。巻末に、本文の各学統欄に記入しきれなかった師名を一括表示した学統補遺、主要参考文献一覧、見出しの姓名の頭字の読みによる姓名欄頭字検索一覧ならびに名称索引がある。　0308

◆◆漢学・儒学

漢学者伝記及著述集覧 小川貫道著 名著刊行会 1970 781p 図版 22cm 監修者：小柳司気太　関書院　昭和10年刊の複製 6000円
近世から昭和初年までの漢学者および漢学に関係のある人物を収録した人名辞典。人名の五十音順に配列し、名、別称、生地、生没年、墓所、学統、居住地、著書を簡潔に記す。巻頭の凡例に底本および参考図書を列記する。巻末に名索引、号索引、書名索引ならびに、儒林名数と漢学者子孫近況がある。　0309

漢学者伝記索引 矢島玄亮編著 仙台 東北大学附属図書館 1970 451p 25cm （東北大学附属図書館参考資料 第78） 謄写版

日本の漢学者の伝記の総合索引。1935年刊の『漢学者伝記及著述集覧』☞0309 を主要なテキストとして、その他『日本人名辞典』、『日本儒教概説』など24の伝記資料を加え、儒者、詩人および近代の漢文学者3979人を収録。各項目は、1人1行で、姓名、字、通称、号、没年、年齢、出典の順に記載し、姓名の五十音順に配列。巻末に号欄索引を付す。　　　　0310

漢文学者総覧 長沢孝三編 汲古書院 1979.12 338,127p 19cm 監修：長沢規矩也 4800円

漢文学者・漢学者の姓・名・通称・字・号などが、簡便に一覧できる名簿。江戸時代を中心として、明治以降1979年までの物故者をも収録。見出し標目は、姓－号をとり、配列は姓の第一字の音の五十音順。記載内容は名称のほかに、生地・没年・享年・師名・親子関係・仕官藩名・開墾地・活動分野・修姓などを含む。巻末に索引があり、名・号・通称・字・私諡などから検索できる。　　　　0311

近世漢学者伝記著作大事典 第3版 関儀一郎, 関義直共編 川崎 関義直 1971.4 29,33,573,100,44p 27cm 付・系譜年表　発売：琳琅閣書店, 井上書店(東京) 9500円

1941年に東洋図書刊行会から刊行された『近世漢学者著述大成』に、雅号索引と近世漢学年表を増補改題して1943年に井田書店から刊行したものの再版。江戸時代初期から1927年（昭和12）までに没したわが国の漢学者を中心に、国学者、書家、画家、兵家、医家、卜筮家など漢学を兼修する者合わせて2900名を網羅し、略伝と著述（総計約2万点）を記した名鑑。人名の五十音順に配列。巻頭に人名索引と雅号索引、巻末に学派別の系統図である漢学者学統譜と近世漢学年表がある。1981年刊行の第4版あり。　　　　0312

儒海 儒者名鑑 杉村顕道編 仙台 大久保書院 1975.2 213p 19cm 折り込表7枚　限定版 3200円

近世を中心に1912年（大正元）までに没したわが国の儒学者約3000名を網羅した名鑑。原則として号の五十音順に配列。姓、別称、出自、学統、生没年月日、主要著書を簡潔に記す。口絵に著名な儒者20名の遺墨を掲載する。巻末に学派別の系統図がある。　　　　0313

日本漢学年表 斯文会編 大修館書店 1977.7 512,22p 23cm 9200円

1922年（大正11）斯文会刊の『日本儒学年表』を改題し大幅に増補改訂したもの。古代から1970年に至るわが国における漢学の発展過程を網羅し、関係事項と書誌ならびに関連する一般社会事項を年代順に記述する。巻頭に出典略称表を掲げ、各項目にこれを明記する。巻末に、日本年号索引、平安－室町期博士家略系図、江戸時代漢学者人名索引がある。　　　　0314

◆◆近代

近代日本思想史 第4巻 近代日本思想史研究会編 青木書店 1957 138,59p 19cm

この巻は明治維新から終戦に至るまでの、わが国の思想史の流れをコンパクトにまとめた「近代日本思想史年表」。思想史上に重要な意味を持つ著書・論文、文化史的事件、社会的事件の3項目に分類。巻頭に幕末期の重要著作一覧表、巻末に本文編3巻の事項索引と人名索引、ならびに参考文献がある。　　　　0315

近代日本思想史の基礎知識 維新前夜から敗戦まで 編集：橋川文三, 鹿野政直, 平岡敏夫 有斐閣 1971 491,19p 22cm 1200円

明治維新から終戦に至るまでの、わが国の思想史にかかわる諸事項を、明治、大正、昭和の通史的構成のもとに、テーマに細分化して詳細な解説を加えた事典。思想史的テーマ152項目、著作92項目、歴史的事件74項目を収録。各時代の末尾に参考文献を付す。巻末に1867年（慶応3）－1945年（昭和20）を範囲とする日本近代思想史年表と、事項索引、主要人物・著作索引がある。　　　　0316

日本近代思想大系 別巻 加藤周一〔ほか〕編 岩波書店 1992.4 300,147p 22cm 近代史料解説・総目次・索引 岩波書店編集部編 4-00-230024-2 5900円

開国から国会開設に至る日本近代国家形成期の政治・経済・社会・芸術などにおける思想を史料によって明らかにしようとしたシリーズの別巻。第1部では本編に収録された個別史料が属する21の史料群について、どのような内容と性格を有するのかを参考文献も交えながら詳細に解説。本編の理解の手助けとなるのみならず、明治期の諸分野の文献案内としても利用できる。第2部の総目次では各巻の目次、著者、成立年月、底本、注記を記載。第3部は五十音順の人名索引、著者別史料索引である。　　　　0317

近代日本哲学思想家辞典 伊藤友信〔ほか〕編集 東京書籍 1982.9 776p 23cm 監修：中村元, 武田清子 9800円

1868年以降1981年7月までに没した、社会的・文化的指導性をもったと評価されるわが国の哲学および思想家約1000名を集大成した本格的な人名辞典。人名の五十音順に配列。収録人物の重要度により大、中、小項

目に分け、大、中項目者は生涯、思想、著書、参考文献の4区分に分けて詳細に記述する。巻末に、近代日本哲学思想年表、明治以降にわが国で訳された西洋の主要な哲学思想文献を採録した翻訳文献リスト、大学名変遷表、参考文献、五十音順の人物索引と事項索引がある。　0318

明治前期思想史文献　三橋猛雄著　明治堂書店　1976　1056,72p 22cm
古書肆明治堂書店主の三橋猛雄氏が所蔵する明治前期に刊行されたわが国の思想史関係の単行書を収録した解題書誌。刊行年月日順に配列し、一般的な書誌事項のほかに、目次、凡例あるいは序跋、本文抄録、刊行事情、当時および後年への影響などの関連事項を詳細に記す。法律書は西村捨也編『明治時代法律書解題』（酒井書店、1968）に参照指示。巻頭に分類目次、巻末に書名索引、人名索引、西洋人名索引、出版発売書肆索引、参考書目がある。なお、本コレクションは現在東京経済大学図書館に「三橋文庫」として収蔵されている。　0319

◆中国思想・中国哲学

【書誌】

秦漢思想研究文献目録　坂出祥伸編　吹田　関西大学出版広報部　1978.4　8,137p 26cm 4800円
秦漢時代の思想に関して日本と中国で発表された研究論文および単行書の目録。収録範囲は、日本が1895年（明治28）から1976年まで、中国が1905年（光緒31）から1976年（中華民国65）まで。構成は3部からなり、1部は人物・著作別項目、2部は主題別項目、3部は単行書で、項目内は出版年順に配列している。再録されたものは備考にその書誌事項を記載している。巻末に収録雑誌一覧、著者索引などを付す。　0320

中国思想・宗教・文化関係論文目録 1976　中国思想宗教史研究会編　国書刊行会　1976　xxii,639p 22cm 6500円
明治初年から1973年までに雑誌・論文集に掲載された、中国の歴代の思想・宗教・文化に関する邦文の研究業績1万6283件の分類目録。1章は総論、2-4章は経学などの中国思想、5-10章は仏教などの宗教および民間信仰・習俗、11章は学界消息となっている。巻頭に収録雑誌・論文集一覧を、巻末に著者索引を付す。　0321

【辞典】

中国思想辞典　日原利国編　研文出版　1984.4　452p 22cm 6800円
日本で初めての中国思想辞典である。古代から現代にいたる中国思想関係全般を解説したもので1430項目を収録している。収録項目は中国思想全領域のほか、仏教、文学、歴史学、書誌学、書道史など隣接諸学問に及ぶ。執筆者は、293人。巻頭の目次は五十音順索引としても利用可能。各項目末尾に参考文献を付す。　0322

中国名訓辞典　心の糧・生きる指針　四書五経・孝経より　田島諸介著　梧桐書院　1992.11　479p 18cm 4-340-02422-8　1200円
四書・五経および孝経から選択した名訓、すなわち論しとなる言葉に訳文と解説を加えたもので、現代の若者やビジネスマンに、中国古典の思想に親しんでもらうことを意図している。論語、大学、中庸、孟子、易経、詩経、書経、春秋、礼記、孝経の順に、主要な教えを選択。漢文の書き下し文を見出しとして、訳文を付し、分かりやすく解説している。巻末に見出し文の五十音順索引と孔子関連史年表を付す。　0323

◆◆経書

五経索引　増補版　森本角蔵編　京都　臨川書店　1991.4　4冊 22cm 4-653-02195-3　全54590円
目黒書店（1935-1944）刊の増補複製。五経に用いられている字句の網羅的な索引。底本には新注の流布本を用いている。索引3巻と本文篇からなり、複製に際して索引3巻の巻末に四角号碼索引を付加した。索引は、字句を五十音順に配列して出処、使用度数、用例とその出典の章節番号・字数などを示す。ほかに、五十音順・部首順の文字出処一覧表を付す。　0324

◆◆礼類

儀礼索引　野間文史編　福岡　中国書店　1988.6　680p 27cm 4-924779-07-5　15000円
『儀礼』（ぎらい）の経文を検索するための索引。底本として嘉慶20年刊の阮刻十三経注疏本を使用。各項目は、見出し文字（熟語を含む）、2種の2桁数字、○印で表示した該当文字を含む文からなり、2種の数字は、それぞれ該当文字の阮刻本での巻数と葉数を示す。見出し文字の配列は画数順による。巻頭に筆画検字表を付す。（索引の記載例：「一」の項 15-03 公又行○爵）　0325

周礼索引 野間文史編 福岡 中国書店 1989.9 28,740p 27cm 15000円
1815年（嘉慶20）刊の阮刻十三経注疏本を底本とした、『周礼』初めての逐字索引。『周礼引得』や『十三経索引』より詳細な検索を可能とした。阮刻本での位置を巻数・葉数で示し、前後一文程度を引用。配列は画数順。巻頭に筆画検字、四角号碼検字を付す。類書として『周礼逐次索引』（香港中文大学中国文化研究所、商務印書館、1993）がある。　0326

礼学関係文献目録 斎木哲郎編 東方書店 1985.10 166p 21cm 4-497-85149-4 4000円
1905年（明治38）以降、日本人・中国人が書いた礼学全般に関する図書・雑誌論文の分類目録。1-5章は三礼（周礼、儀礼、礼記）について、6-9章は礼学・礼説や古代宗教など、10章は補遺となっている。各章の中の配列は、1-5章は総説、原典の各編・章の順。6章以降は総説の後に各テーマごとに分類。　0327

◆◆春秋

綜合春秋左氏傳索引 大東文化学院志道会研究部編 汲古書院 1981.5 899p 19cm 監修：安井小太郎, 諸橋轍次 大東文化協会昭和10年刊の複製 7000円
春秋左氏傳の索引。全巻を語句、人名、地名、引経、官名、器物、動植物、飲食物、衣服、天文災異、君子曰、仲尼曰、凡例などの13に分けて、読みはじめの字画によって配列し、語句や文字の出処を明記している。ただし、「凡例之部」だけは年代順配列である。　0328

日本左伝研究著述年表並分類目録 上野賢知著 無窮会東洋文化研究所 1957.12 3,116,15p 20cm （無窮会東洋文化研究所紀要 第1輯）
日本における春秋左氏伝に関する研究史の年表および分類目録。年表は702年（大宝2）から1957年（昭和32）までで、春秋左氏伝の注釈書の出版などの事項を記載している。目録は春秋経及総義、左伝、公穀胡及諸伝の3章からなり、左伝、公穀胡及諸伝の章はさらに主題で分類。付録として左伝杜解評釈「否蔵」に就いて、左氏会箋引用書目がある。巻末に人名索引、書名索引を付す。　0329

◆◆四書

四書索引 森本角蔵編 京都 臨川書店 1971 2冊 22cm 目黒書店（発売） 昭和12年刊（3版）の複製 15000円
四書に用いられている字句の網羅的な索引。底本には朱子本を用いている。複製に際して本文編と索引編の2冊に分け、索引編巻末に四角号碼索引を付す。索引編は字句を五十音順に配列し、出処、使用度数、用例とその出典の章節番号・字数などを示す。ほかに、五十音順と部首順の文字出処一覧、文字の使用度数一覧表を付す。　0330

◆◆論語・孔子・孟子

孔子伝邦文文献目録 欠端実編 柏 モラロジー研究所研究部 1987.3 107,2p 25cm （研究ノート no.157）
1890年（明治23）から1984年（昭和59）までに出版された孔子の生涯に関する日本語文献82点を収録する。書誌事項のほか、各文献の目次も収載。配列は出版年月順。図書、雑誌、全集所収論文を収録する。巻末に五十音順の著者索引、書名索引を付す。　0331

孔子・孟子に関する文献目録 瀬尾邦雄編 白帝社 1992.4 247p 22cm 4-89174-170-8 7800円
1868年（明治元）より1992年（平成4）までに著された孔子と孟子に関する日本人および日本で出版された外国人の雑誌論文を収録。論文は発表年次、論文名、著者名、巻号、頁数の順で記載されていて、雑誌論文がのちに単行本などに収録された場合にはその旨記されている。記載文献の配列は論文の発表年月順。巻末に著者索引を付す。　0332

修訂論語年譜 林泰輔編 国書刊行会 1976 2冊（付録共） 22cm 大正5年刊の複製(修訂復刊) 全12000円
紀元202年から1915年までの論語にかかわるあらゆる事柄を年表形式にまとめたもの。日本、中国、朝鮮、ベトナム、西洋について、史実、伝述(論語について解釈や評論した著作)、鈔写、刊刻の4項目に分けて記述。別冊付録に43種の論語の写真図版と、28の題跋、五十音順の書名索引・人名索引、篇別に配列された論語引用語句索引がある。　0333

論語と孔子の事典 江連隆著 大修館書店 1996.9 486p 22cm 折り込図1枚 4-469-03208-5 5356円
『論語』と孔子についてわかりやすく記述した概説書。Ⅰ部は孔子で、その生涯・系譜・時代・孔子を祀る施設などについて概説し、Ⅱ部は『論語』、そのキーワード・名句・登場人物などを概説し、『論語』全篇（原文）を収録。巻末に文献案内、孔子略年譜、孔子系図、章句索引、事項索引を付す。その他に川柳や漢字の解説などのコラムを随所に挿む。　0334

◆◆ 老荘・法家

商君書索引 鈴木一郎編 風間書房 1989.6 xx,511p
 22cm 4-7599-0735-1 23690円
『二十二子全書』（厳萬里校訂、浙江書局、1876年（光緒2））所収の「商君書」を底本とした一字索引。配列は部首別画数順。見出しの字を含む引用句と編名、巻数、葉数、表裏、行数を記載。巻頭に部首索引、部首別単字索引、人名索引を付す。巻末に底本全文の影印を掲載している。 0335

荘子郭象注索引 北原峰樹編 北九州 北九州書店 1990.2
 xiii,589p 26cm 付：続古逸叢書本原文
郭象注の『荘子』の詳細な語彙索引。『続古逸叢書本』（1922）を底本とし、巻末に底本の影印を収録。索引・人名索引・その他索引（地名、国名、書名など）の3部からなる。見出し字の下に、例文、出現箇所の巻数、底本の頁数・行数を示し、次に見出し字を含む熟語とその例文、出現箇所を示す。配列は画数順で、『大漢和辞典』による。巻頭に総画と拼音の検字表を付す。本文と索引が一体となっているので調べやすい。道家思想の研究者向き。 0336

日本・中国『管子』関係論文文献総目索引 谷中信一編
 早稲田大学出版部 1989.10 v,235p 21cm 4-657-
 89024-7 2781円
1989年（平成元）までに日本・中国で書かれた管子に関する図書・雑誌論文703件を収録した分類目録。構成は版本、序跋類、解題など6節からなる。書誌事項のほか、目次や内容を示すキーワードを記載し、備考に若干の解説をつけている。巻末に部首分類による著者索引がある。 0337

老子想爾注索引 麦谷邦夫編 京都 朋友書店 1985.2
 4,14,182p 26cm 3000円
『老子道教想爾』（老子道徳経の注釈書の残巻）の索引。敦煌文書スタイン第6825号の『老子道教想爾』に若干の補訂を加え、河上公本の章立てに従って分章したものを底本としている。漢字の音読み五十音順に配列し、該当文字を含む句、本文の頁数、行数を示す。巻頭に老子想爾注本文を掲げる。巻末に画数索引、五十音索引、拼音索引を付す。 0338

◆◆ 中世・近代思想

淮南子索引 鈴木隆一編 京都 京都大学人文科学研究所
 1975 545p 31cm
『淮南子』（漢の高祖の孫淮南王劉安の撰）の本文を検索するための索引。縦書きの手書き原稿を写植したもの。底本として清の荘逵吉の校刊による浙江書局二十二子本を使用。『淮南子』正文と高誘の注（訓詁）を対象に、人名、地名、天文、政治などさまざまな分野の主要文字を標出し見出しとしている。見出し文字の下に、その字を含む実例、該当の巻数、篇名、丁数、丁の左右を記載。配列は画数順であり、巻頭に検字表を付す。 0339

朱子語類『口語語彙』索引 塩見邦彦編 京都 中文出版
 社 1988.5 8,7,240,2p 27cm 中文併記 3000円
朱子学の大成者、朱熹が多数の門人と交わした座談の筆記集『朱子語類』の語彙索引。主として口語語彙を採集して、中国語発音順に配列、その出現箇所を示す。底本は『朱子語類』（中文出版社、1970）。版本の異体字は、ほとんどそのまま収めてある。巻頭に各語彙の冒頭字の総画索引あり。 0340

朱子文集固有名詞索引 東京大学朱子研究会編 東豊書店
 1980.10 4,999p 27cm 監修：山井湧 15000円
底本は『四部叢刊』初編所収の『晦庵先生朱文公文集』（100巻続集11巻別集）。書名、人名、地名などの固有名詞のほか、官名や書名の省略形も採録対象としている。配列は総画数順で、語句を含む部分の引用と巻数、葉数、表裏を記載。巻頭に総画検字表、五十音検字表、四角号碼検字表を付す。 0341

白虎通索引 附・本文 伊東倫厚〔ほか〕編 東豊書店
 1979.4 264,2p 27cm （「中国哲学」資料専刊 第3号）
 叢書の編者：北海道中国哲学会 6000円
『白虎通』（後漢の班固の撰）の本文を検索するための索引。底本として、『叢書集成』初編所収の蘆文弨校『白虎通』（附佚文）を使用。本文編、索引編に2分し、索引編は助字などを除いた単字または連語を採録し、配列は筆画順。筆画が同じ場合は部首順による。各項目は、見出し文字、その文字（○印で表示）を使用している句、その句の本文編での所在頁、篇、章を3種の2桁数字で示す。巻頭に部首、筆画、拼音の3種の検字表を付す。（索引の記載例：「人」の項 ○者天之貴物也 27 10 09） 0342

法言索引 志村治，福田忍編 東豊書店 1992.6 188p
 27cm （「中国哲学」資料専刊 第7号） 叢書の編者：
 北海道中国哲学会 7500円
『法言』（漢の揚雄の撰で『揚子法言』ともいう）の本文を検索するための索引。底本として『新編諸子集成 第一輯』（中華書局刊）所収の『法言義疏』を使用。各項目は、見出し文字、その文字を使用している句、その句の底本での所在篇次と頁を、2種の数字で示す。配列は『大漢和辞典』の順序による。巻頭に部首、四

角号碼、拼音の3種の検字表を付す。(索引の記載例:「下」の項 允治天〇 4-117)
0343

列女伝索引 附本文 宮本勝，三橋正信編 東豊書店 1982.8 53,88,311p 27cm (「中国哲学」資料専刊第5号) 叢書の編者：北海道中国哲学会 9000円
歴代のすぐれた女性の事蹟を集めた前漢・劉向撰『列女伝』の一字索引。四部備用本『列女伝』7巻続1巻を底本とする。筆画順による配列。本文と、巻頭に部首・筆画・拼音検字表を付す。
0344

西洋哲学

【辞典・事典】

西洋思想史辞典 松浪信三郎編 東京堂出版 1973 9,351p 図 19cm
古代ギリシア哲学から現代思想に至る西洋哲学全般の歴史的事項および思想家81項目について詳細に解説した辞典。項目は五十音順に配列されているが、巻頭の系統的配列による分類項目一覧表に従って読めば西洋思想史を通観することができる。巻末に参考文献一覧、ギリシア哲学参考地図、人名索引を付す。
0345

西洋思想大事典 1-4，別巻 フィリップ・P.ウィーナー編 荒川幾男ほか日本語版編集 平凡社 1990 5冊 27cm 『Dictionary of the history of ideas』の翻訳 4-582-10010-4
原書はScribner's社刊 (1968-1974)。大項目主義の解説で、西洋思想・文化の歴史研究を主軸に、脱領域的・通文化的な観念の多面的な相互関連を記述。第1巻巻頭に、自然科学、人文科学など7つに分けた分析的項目一覧を示すが、全体は五十音順に配列。長文の解説で、項目により、その中を歴史、分野など必要に応じ章に分ける。各項目文末に、関連項目への指示、参考文献、邦文文献データ、追補文献を付す。別巻の索引は詳細で、事項と人名が五十音順に混配。
0346

哲学名著解題 隈元忠敬，西川亮編 協同出版 1986.4 5,217,8p 19cm 4-319-20010-1 2800円
古代ギリシアから現代に至る西洋哲学の名著100点を選定し解題したもの。哲学の初学者が原典の予備知識を得られることを目的として編纂された。古代哲学、中世哲学、近世哲学、近代哲学の4章のもとに、哲学者の生涯の解説とその著作の解題をほぼ年代順に配列。解題は出来るだけ原典の内容の展開に沿って客観的に概要を紹介するよう配慮されている。巻末に人名および事項の索引あり。
0347

◆ヘーゲル

ヘーゲル事典 加藤尚武〔ほか〕編 弘文堂 1992.2 731p 22cm 4-335-15030-X 12000円
ヘーゲルのテクストの中の術語、人名、地名などを厳密な資料に基づいて、平明簡潔に記述し五十音順に配列した事典。常に動いているヘーゲル研究の最新、最善の中間報告。項目末尾に、関連項目への見出し語の指示および、参考文献の編著者名と刊行年のみを付す。参考文献の詳細は巻末に一括して示す。各項目の記述の中のヘーゲルのテクストからの典拠、引用箇所は、〔 〕で表示。巻末に、ヘーゲル執筆年代表、ヘーゲル詳細年譜、日本語で読めるヘーゲル研究一覧、明治期ヘーゲル言及年譜など、索引に和文索引、欧文索引、人名索引を付す。
0348

◆現象学・実存主義

現象学事典 木田元〔ほか〕編 弘文堂 1994.3 749p 22cm 4-335-15033-4 13000円
現象学の基本概念とテクスト、現象学運動にかかわった人物について、約1000項目を収録解説したもの。フッサールの現象学を中心に前史、影響関係を含めて現象学を見る。事項、人名、著作者の三部に分け、見出し語の五十音順に配列。事項項目では、記述のテクストからの典拠、引用箇所を示し、文末には関連項目への指示、参考文献を付す。巻末に、フッサール文庫と草稿群、現象学関係主要著作一覧、哲学および現象学研究年報内容、和文事項索引、欧文事項索引、人名索引、著作者索引を付す。
0349

ニーチェ事典 大石紀一郎〔ほか〕編 弘文堂 1995.2 778p 22cm 4-335-15034-2 13000円
ニーチェに関する専門術語、関連人名、関連用語など約570項目を、事典のスタイルにとらわれない、主観

的な面を取り入れて解説。五十音順に配列し各項目に対応する原語を併記。解説文の記述の典拠、引用箇所を示し、文中の見出し語には星印を付す。文末には、参考文献および参照すべき関連項目を指示。付録にニーチェ年譜、さまざまなニーチェ全集について、文献案内をのせる。巻末には、和文事項索引、欧文事項索引、人名索引がある。　　　　　　　　　　*0350*

心理学

【書誌】

心理学関係研究誌文献目録　1945年－1983年　小山田隆明，後藤忠彦編　日本教育新聞社出版局　1985.8　725p 26cm　監修：日本教育情報学会　4-930821-48-7　8000円

1945年から1983年の間に発行された日本の主要な心理学研究雑誌16誌から6312論文を収録した文献目録。23領域に分類、1 原理、2 数理、3 生理、4 知能…23 展望となっている。1971年以降の論文については、文献の種類（原著か展望動向か）、被験者のタイプ（幼児、児童、青年など）などを含んだ1133個の索引語リストと文献番号から検索できる。岐阜大学教育学部附属カリキュラムセンターの「心理学関係データベース」に追加・訂正を加えた文献目録である。
　　　　　　　　　　　　　　　　　　　　　　0351

心理学・社会心理学に関する10年間の雑誌文献目録　昭和50年－昭和59年　日外アソシエーツ編　日外アソシエーツ　1987　288p 27cm　発売：紀伊国屋書店　11000円

『雑誌記事索引(人文・社会編)累積索引版』☞*0139* を基に①昭和23年－49年（27年間）は、その第1－第4期から、②昭和50年－59年（10年間）は第5－第6期から、心理学・社会心理学の分野について再編成したもの。収録数はそれぞれ、1万2000件と9334件。各文献は主題別に大項目を設け、そのもとにキーワード方式による見出し語（件名）で細区分し、著者名・論題・掲載雑誌・巻号（②は論題、著者名の順）を表示する。両巻の編集上の継続性を有する事項索引を巻末に付すが、ともに著者索引はない。　　　　　　*0352*

心理学の本全情報　1945/1992　日外アソシエーツ　1993.5　1186p 22cm　4-8169-1174-X　39000円

参考調査のための情報源として、1945年から1992年の間に国内で刊行された心理学、精神医学関連の図書を網羅的に集めた総目録。約1万7000件を収録。最近の図書には、書誌事項に加え一部内容・目次を付す。構成は心理全般、各論・基礎、発達・教育心理学、異常心理学ほか全体を9分野に区分し、分野内におのおのの主題を中見出しにたて、同一主題では書名の五十音順、欧文書名のアルファベット順に配列する。巻末に書名索引を付す。　　　　　　　　　　　　　　　*0353*

邦文心理学文献目録稿　単行本　国立国会図書館支部上野図書館　1953　144p 21cm　編集担当は石川春江，宇賀正一

明治初期から1952年3月までの心理学分野の著作目録。上野図書館所蔵書を中心に全国の出版物目録から抽出した2850点を収録。文献内容を74に主題区分し、著者の五十音順に書名・出版者・出版年を記載する。巻末に著者索引を置く。移管により収録文献のほとんどは、現在永田町の本館で所蔵し、『国立国会図書館所蔵明治期刊行図書目録』や『帝国図書館和漢図書書名目録』☞*0191* などで検索できる。　　　　*0354*

【辞典・事典・用語集】

岩波心理学小辞典　宮城音弥編　岩波書店　1979.11　345p 19cm　1400円

心理に関する言葉を中心に、統計用語、物理学など心理学概論にでてくるほかの領域の関連用語も平易に解説した小辞典。1966年刊行の『岩波小辞典心理学』の内容を発展充実させたもの。巻末に生理、解剖学的用語、機能の異常についての用語、主として米国の文献に現れる略語、統計などの公式、欧米人名を付す。巻末に和文と欧文の索引あり。　　　　　　*0355*

学術用語集　心理学編　文部省，日本心理学会〔編〕　日本学術振興会　1986.3　411p 19cm　発売：丸善　4-8181-8602-3　1900円

心理学の基礎分野に重点をおいて、学術用語の整理、統一を図って、公的に6447語を制定した用語集。和英の部、英和の部の2部からなり、学術用語の定義に代えて、定義づけられた外国語を対応させる。和英の部は、日本語見出しをローマ字表記して、アルファベット順に配列。日本心理学会の用語選定委員会で選定した原案を、学術審議会学術用語分科会の審査を経て文部大臣に答申されたものを受けて刊行する。　　*0356*

こころの問題事典 上杉喬〔ほか〕編 平凡社 1984.4 390,10p 19cm 監修：藤永保 2400円
日常生活の中で起きる、こころの問題を7つのテーマに分けて収録した、気軽に読むことを意図した事典。7つのテーマは、誕生から老年まで、家族・家庭の問題、入学から卒業まで、入社から定年まで、社会・文化の諸問題、病めるこころ、心理テストからなり、この中をさらに項目をたて解説する。事典として使う場合には、配列が独自なので目次の項目、あるいは巻末の五十音順の索引で検索する。
0357

実例心理学事典 新訂版 フランク・J.ブルノー著 安田一郎訳 青土社 1996.5 289p 20cm 『Dictionary of key words in psychology』の翻訳 4-7917-5428-X 2200円
読者の心理学の語彙を拡大させることを目的に、心理学の基本用語を解説する。各用語は定義、実例、関連事項の形式で説明し、実例をあげて解説したことが特徴。配列は見出し語の五十音順。巻末に文献一覧、項目別・人名・事項索引、英和用語対照表、英語索引を付す。1989年刊の新訂版。
0358

心理学辞典 多項目 金子隆芳〔ほか〕編著 教育出版 1991.9 iv,412p 20cm 4-316-38570-4 3800円
心理学に関する基本用語から特殊な用語までを集めて簡潔に説明した辞典。事項編（約5200項目）と人名編（約400項目）からなり、欧文を併記した見出し語は五十音順配列。同義語その他の関連語を矢印で指示し、説明文中の項目語には参照記号＊が付いている。巻末に、和文を併記した欧文事項索引・人名索引がある。
0359

心理学辞典 京都 ミネルヴァ書房 1971 467p 図 19cm 監修：園原太郎，柿崎祐一，本吉良治 1600円
初学者から一般研究者を対象とした、心理学的用語の辞典。現代心理学の諸領域から基本的な項目を選択、生理学用語も多く採る。構成は、五十音順の項目見出しに欧語が併記された本文、国内・外の心理学者および生理学と隣接分野の学者に関する人名解説、欧文索引からなる。巻末に人間の脳神経のカラー図版あり。
0360

心理学事典 新版 平凡社 1981.11 980p 27cm 4-582-10602-1 12000円
心理学の新分野の開拓、旧分野における新しい展開などの進展をふまえ、1957年刊行の心理学事典を全面改稿したもの。収録語数8000語、見出し項目674からなり、中項目の記述を中心に、大項目と小項目で補完し、網羅性を目ざす。五十音順に配列、必要に応じて対応する英語を主とした欧文見出し語を併記。文中の見出し語は太字で表示。関連項目を文末に記す。巻末に和文索引、欧文索引、外国人名索引を付す。
0361

心理学小辞典 石原岩太郎〔ほか〕編 協同出版 1978.9 297p 19cm 監修：北村晴郎 1500円
基礎的、理論的用語を重点的に収録し、曖昧な、あるいは多義的な用語には、明確な規定と解説を与えた小辞典。事項の部、人名の部からなる。事項の部の見出し語は1234項目で五十音順に配列。項目の解説は短いが、文末にほかの関連項目を指示したものあり。人名の部は、古今東西の心理学者280名の解説。巻末に心理学略史、内外心理学辞典一覧、領域別項目分類表、和文、欧文の事項索引を付す。
0362

誠信心理学辞典 外林大作〔ほか〕編 誠信書房 1981.9 680p 19cm 4-414-30506-3 3800円
従来の心理学に加え関連する諸領域を含む心理学用語をコンパクトに解説した事典。全体は、3篇からなり、項目篇、人名篇、索引（外国語索引、人名索引）で構成。人名篇には写真を付したものが多い。見出し語には欧文が付記され、参照見出し（をみよ参照）があり、解説末にをみよ参照があるところもある。1971年の旧版に新しい領域からの項目を加え、必要に応じて項目の書き改めを行った。
0363

人間理解のための心理学辞典 ピーター・ストラットン, ニッキー・ヘイズ著 依田明，福田幸男訳 ブレーン出版 1996.1 361p 22cm 『A student's dictionary of psychology　2nd ed.』の翻訳 4-89242-753-5 4900円
心理学全般の用語を解説した辞典。原題の「学生のための」という言葉が示すとおり、特に初学者に使いやすいよう配慮され、関連事項理解の手引きのために参照多数。原書初版（1988年刊）より増えた1600余りの項目は、略語など英語表記のものをアルファベット順に、その後和文見出し語を五十音順に配列。見出し語には欧文併記。項目によっては主観的な評価が加えられ、随所にヨーロッパとアメリカの視点の違いも見られる。項目として形容詞や接頭語が取り上げられているのも特徴。欧文図書・雑誌の参考文献と、人名と事項の各欧文索引を巻末に付す。
0364

◆感覚・知覚

新編感覚・知覚心理学ハンドブック 大山正〔ほか〕編 誠信書房 1994.1 1741p 23cm 4-414-30503-9 51500円

近年の情報科学、認知科学の興隆に支えられた新しい感覚、知覚研究をふまえ、隣接科学や、実践的部門をも含んだ体系的事典。「総論」「視覚」「聴覚」「皮膚感覚・自己受容感覚」「前庭機能（平衡感覚）」「嗅覚」「味覚」「時間知覚」の8章で構成される。図、表も多く使い長文の解説で文中に関連する他の見出しへの指示あり。章末には図書および雑誌の詳細な参考文献を掲げる。巻末に人名索引、和文事項索引、欧文事項索引がある。1969年に刊行したものの新編で内容はすべて新たに書き下した。 　　　　　0365

◆性格、パーソナリティ

性格心理学ハンドブック 金子書房 1983.3 408p 22cm 監修：長島貞夫 4-7608-2530-4 3600円
大学教科書に相応する体系的入門書・手引書。「現代の性格心理学」「性格の理論」「性格の形成」「性格の社会心理」「性格異常と不適応」「性格の改善と指導」「性格の測定と評価」「性格の教育」の8部構成で180項目を解説し、各項目末に参考文献を付す。通読性を意図した配列だが、巻末に38頁にわたる人名索引・外国語索引・事項索引を付し縦覧性も有する。　　0366

ロールシャッハ本邦文献抄録集 東京都精神医学総合研究所臨床心理研究室編 東京都精神医学総合研究所臨床心理研究室 〔1977〕-1982 4冊 26cm
ロールシャッハ検査が関与する国内論文の抄録集。各集の主題および収録範囲は、第1集精神分裂病篇、1950-1976年、101件；第2集神経症・心身症篇、1950-1977年、113件；第3集小児・思春期篇、1950-1979年、111件；第4集非行・犯罪・嗜癖篇、1950-1980年、115件。抄録は1論文1頁で構成され、著者、標題、誌名、巻号と所在箇所および1000字程度の要約を掲載。配列は発表年代順で、同一年代は著者名のアルファベット順。各巻末に人名と事項の索引を置く。　　　　　　　　　　　　0367

◆発達心理学

発達心理学辞典 岩田純一〔ほか〕編 京都 ミネルヴァ書房 1995.1 868p 20cm 監修：岡本夏木ほか 4-623-02470-9 6500円
発達心理学における伝統的な問題や最近の研究を網羅し、関連領域ならびに社会的実践に結びついた保育・教育・療育・臨床・福祉など理論と実践を含む辞典。全体は4部からなり、巻頭に「発達心理学と隣接科学のかかわり」と題する解説、主要部分である項目、続いて人名編と検査編で構成。五十音順配列の1621項目に及ぶ見出しには欧文を付し、重要性により長短をつけて記名解説。和文索引、欧文索引、人名索引あり。　　　　　　　　　　　　　　　　　　　　　　0368

発達心理学用語辞典 山内光哉〔ほか〕編 京都 北大路書房 1991.9 421p 19cm 監修：山本多喜司 4-7628-0154-2 3700円
発達心理学の基本用語から、最新の用語および関係ある隣接科学の用語を平易に解説したハンディな専門用語辞典。項目数は952で五十音順配列。解説中重要な用語は太字で表示、文末には参照用語を示す。付録に児童憲章、発達検査一覧、主な研究者紹介、発達心理学関係主要雑誌などをのせる。　　　　　0369

◆睡眠、夢

最新夢辞典 トニー・クリスプ著 相馬寿明訳 どうぶつ社 1993.4 325p 19cm 『Dream dictionary』の翻訳 4-88622-272-2 2000円
夢の意味を解き明かし、自分の夢を理解するための本。著者はイギリスのドリームセラピスト。配列は、夢の内容に関する事項の五十音順。大きなカテゴリーを表す項目の中は、さらに小さなカテゴリーを表すことばに分けてある。項目数は、約1000項目。これらが、夢としてどういう意味を持つかを解説し、多くの項目に「夢実例」を付す。巻末に五十音順事項索引あり。訳者あとがきにもあるように、夢に関する研究の最新の成果が盛り込まれているので、安直な「夢占い」や「夢の手引書」よりは、質の高いものになっている。　0370

「夢」を知るための109冊 東山紘久〔ほか〕編 大阪 創元社 1992.12 258p 19cm 4-422-11151-5 1500円
日本で出版された夢に関する単行本と雑誌を紹介するブックガイド。収録範囲は、1992年3月末までに出版されたものをできるだけ網羅するよう努めて編集されている。配列は、夢の生理学、心理療法と夢、夢と文学などのテーマ別（全11テーマ）。1冊につき1300字程度で解説している。　　　　　　　　　　0371

夢事典 ハンス・クルト編 池田芳一〔ほか〕訳 名古屋 自由都市社 1978.12 393p 22cm 2900円
スイスの夢学の研究家クルト（Hanns Kurth）の『Lexikon der Traumsymbole』の翻訳。3部からな

り第1部：夢と夢の象徴言語、第2部：夢の解釈、で夢研究の総論を記述。第3部を事典とし、夢の中での体験、行動などを項目化し何を象徴するかを示す。解釈は著者の40年にわたる臨床的経験と、夢に関する文献研究に基づく。説明は箇条書きで簡潔。配列は五十音順。　　　　　　　　　　　　　　　　　0372

夢事典　現在・過去・未来を占う夢分析　トム・チェトウィンド著　土田光義訳　白揚社　1981.12　243p　20cm　『A dictionary for dreamers』の翻訳　4-8269-0014-7　1800円
夢で生ずる事象について項目化し、ユング派心理学の立場で解釈を記載した事典。訳者の意向で原著より項目を二割割愛し、約200項目を掲載。項目の配列は原著通りアルファベット順だが、邦訳を見出しとする。解釈の系統的把握のために設けた大項目と小項目との指示は、邦訳相互のためたどりにくい。邦語索引はなく巻頭にアルファベット順事項索引がある。　0373

◆催眠術

催眠技法の事典　加藤隆吉，高木重朗編　東京堂出版　1993.9　144p　22cm　4-490-10348-4　3200円
基礎編、技法編、用語・人名解説の3部で構成され、基礎編では催眠の定義やメカニズムを明らかにしている。技法編では豊富な写真図解を用いて催眠術の実際の技法について解説をしている。用語・人名解説は五十音順に配列され、分量も多い。これから催眠科学を学ぼうとする人や催眠の臨床応用を考えている人のための参考書。　　　　　　　　　　　　　　　0374

◆臨床心理学、精神分析

心理臨床大事典　氏原寛〔ほか〕共編　培風館　1992.11　1362p　27cm　4-563-05582-4　29000円
臨床心理学について体系的に詳細に解説した専門事典。「総論」「基礎論」「心理療法」「心理アセスメント」「精神医学」「精神分析」「人間・文化・諸外国の事情」の7部および付録で構成。大項目82、中項目118、小項目343の解説文中、重要な用語は太字で示し、定義・解説を付し索引に採録、索引を用いる事で用語辞典の機能を合わせ持つ。付録として主な78名の心理臨床家、関連協会・学会・団体一覧、各種研究施設、相談窓口一覧などがある。項目末尾に参考文献をあげる。　　　　　　　　　　　　　　　　　0375

精神分析学辞典　増補　大槻憲二編著　育文社　1972　501p　図　19cm　1600円
精神分析学術語解説だけでなく、心理学、精神医学などの用語も採用し、分析学的な解説をした専門事典。1961年初版刊行後、『精神分析』誌上に分載した追加項目を後綴する。旧・増補部分ともに小項目主義の五十音順。簡潔な解説の文中、ほかへの見出し語には星印を付す。旧版の部分の巻末にフロイド伝を中心にした精神分析学年表および、欧文の人名・件名索引を、増補部分巻末に、邦辞通巻索引を付す。　0376

精神分析学辞典　チャールズ・ライクロフト著　山口泰司訳　河出書房新社　1992.5　254p　20cm　『A critical dictionary of psychoanalysis』の翻訳　4-309-23027-X　2200円
原書は1968年刊。本文の配列は五十音順で、巻末には日・英・独・仏語の用語対照表と参考文献を付す。精神分析学の一般の専門用語に明確な定義を与えるだけにとどまらず、個々の用語が精神分析学のさまざまな流れの中で用いられる際の用法の違いも明らかにしている。見出し語には英文を併記。　　　　0377

精神分析事典　ラルース版　R.シェママ編　小出浩之〔ほか〕訳　弘文堂　1995.3　464p　20cm　『Dictionnaire de la psychanalyse』の翻訳　4-335-65089-2　6800円
精神分析に関する用語について、まず、フランス語、英語、ドイツ語訳を示し、次に定義をゴシック体で簡潔にまとめ、その後に詳細な解説を述べている。この構成は『精神分析用語辞典』☞0379と類似している。収録数は約240項目、40の固有名。配列は見出し語の五十音順である。巻末に、日・仏・英・独用語集あり。これは、見出し語のうち、固有名を除いたものの各国語訳を、対照表にまとめたものである。事項索引、人名索引あり。なお、本書の原著は、ラルース社から1992年に刊行された『Le Grand dictionnaire de la psychologie』（心理学大辞典）のうちの精神分析に関する項目に、追加修正を加えたものである。　　0378

精神分析用語辞典　J.ラプランシュ，J.-B.ポンタリス著　村上仁監訳　新井清〔等〕翻訳　みすず書房　1977.5　569p　22cm　『Vocabulaire de la psychanalyse』第5版の翻訳　8000円
約300項目におよぶ精神分析用語を解説した辞典。配列は日本語見出し語の五十音順。各項目では、まずフランス語、ドイツ語、英語、スペイン語、イタリア語、ポルトガル語の同義語を示す。次にゴシックでその見出し語の定義を簡潔に記し、その後に詳細な注解を述べるという形式になっており、最後にフロイト

(Sigmund Freud)の著作を中心とした参考文献を付す。なお、解説文中の見出し語はゴシック表示、また、別の項目で説明されている術語には星印を付す。巻末にフロイト著作年表があり、初出原本、フランス語、英語、日本語の対照表となっている。索引も、日本語、フランス語、ドイツ語、英語の4種あり。　　0379

臨床心理用語事典　小川捷之編集　至文堂　1981.5　2冊　23cm　『現代のエスプリ』別冊　各1790円
臨床心理にかかわる用語を1 用語・人名篇、2 診断・症状・治療篇に分冊し、2冊合わせて631項目収録する。項目は分冊ごとの五十音順で、それぞれに相当する欧文が添えられる。1項目1頁を基本に重要語は2頁とし、読み物を念頭にした平易な解説を採る。各項目の最後に、分冊横断を伴う参照項目の指示と、参考文献一覧の掲載番号を付す。参考文献一覧は両分冊の巻末に同一のものが42頁にわたり著者アルファベット順で番号付けして掲載されている。索引はない。
0380

◆心理療法、カウンセリング

【書誌】

カウンセラーのための104冊　氏原寛〔ほか〕編　大阪　創元社　1987.2　241p 19cm　4-422-11082-9　1200円
学生向けのカウンセリング入門文献解題書。解題の執筆は大学院生やカウンセリング経験者など100余人が担当し、1文献につき見開き2頁で平易な文章で紹介する。収録文献は、「カウンセリングと心理療法」「精神医学と精神分析」「隣接領域」「近接領域」の4章に区分され、各章ごとに標題の五十音順に掲載する。より重要な必読書は星印で示す。索引はなく、104冊を一覧できる目次で代用。　　0381

カウンセリング〈心理療法〉文献小事典　駒米勝利編著　全日本カウンセリング協議会出版部　1985.7　282p　21cm　発売：大阪心理出版(大阪)　2900円
カウンセリングとサイコセラピィ（心理療法）に関する単行本約3400冊を収録した文献目録。収録範囲は、わが国で1983年12月現在刊行されていたものが主。配列は、まず、事典類と双書物を最初に配列し、その次に、諸理論、諸領域を21分野に区分して配列する構成となっている。各項目の中の配列は書名の五十音順である。巻末に、書名索引と著訳者索引を付す。　　0382

心理臨床家のための119冊　氏原寛〔ほか〕編　大阪　創元社　1992.4　308p 19cm　4-422-11146-9　1600円
『カウンセラーのための104冊』☞0381の続編。前著にあげた104冊を読み終え、さらに専門的に実践に携ろうとする、臨床心理士を目ざす人たちのためのブックガイド。日本で出版された単行本を収録対象とする。配列は、フロイト派、自我論、行動療法、登校拒否などのテーマ別（全25テーマ）。1冊につき1300字程度で解説している。なお、雑誌と事例集については、巻末でそれぞれ1項目設けて、まとめて紹介している。
0383

【辞典・便覧】

カウンセリング辞典　国分康孝編　誠信書房　1990.6　722p 20cm　4-414-30265-X　3900円
カウンセリング活動をしている人のために、専門教育をうけていなくても、カウンセリングの基本概念をつかめるよう意図された専門辞典。臨床面だけでなく、リサーチ、教授法に関する概念および医療、社会福祉、教育などの関連分野を含み、収録した項目は人間関係学に関連した22の領域にわたる。全体は、領域別項目一覧、項目、人名、参考資料、索引の5部から構成される。解説は比較的短い。参考資料として、略語一覧、主要な心理検査一覧、相談所一覧、関連学会一覧を付す。カウンセリングへの社会的ニーズを反映し、最近の類書には『カウンセリング事典』（小林司編、新曜社、1993）、『カウンセリング辞典』（氏原寛他編、ミネルヴァ書房、1999）、『カウンセリング辞典』（フェルサム他著、ブレーン出版、2000）などがある。
0384

こころの相談室ガイドブック　〔1995〕　「こころの相談室ガイドブック」編集委員会編　日本文化科学社　1995.4　171p 21cm　4-8210-7118-5　1300円
日本全国の民間（私立）心理相談機関、51機関を掲載したガイドブック。配列は、北海道、東北、関東などの地域順。各機関の業務内容、実施療法、料金システムなどを紹介。代表者の顔写真と地図を付す。巻頭に、相談室選びの注意とポイントなどあり。巻末に、カウンセラー徹底利用法、関連図書一覧、機関名の五十音順索引あり。関連図書一覧は、心理療法、カウンセリングなどの単行書を分野別に掲載したものである。
0385

◆超心理学、心霊研究

悪魔の事典　フレッド・ゲティングズ著　大滝啓裕訳　青

土社 1992.6 462,50p 20cm 『Dictionary of demons』の翻訳 4-7917-5185-X 3200円
悪魔（デーモン）が夥しく登場する著名な西欧文学を中心にデーモンの名前を採集し、これを核として関連する人物・書名・地名・専門用語を加え解説した事典。原書の全訳。序文で悪魔学を紹介する。項目は五十音順で、それぞれに欧文見出しを付し、解説で生じた関連語はゴシックで示し参照機能を加える。巻末に和文と欧文の索引を付す。同著者による『オカルトの事典』☞0387 にも類似項目があり、併用も一考。
0386

オカルトの事典 フレッド・ゲティングズ著 松田幸雄訳 青土社 1993.3 522,46p 20cm 『Encyclopedia of the occult』の翻訳 4-7917-5237-6 3200円
オカルトの領域で頻繁に使用される用語を2000語採集し事典となる。題材には、西洋占星術・錬金術・悪魔学・神智学・インド思想・カバラ思想が骨格となる。項目の解説中に生じた関連語はゴシックで示し参照指示とする。巻末に五十音順事項索引がある。同著者による『悪魔の事典』☞0386 にも類似項目が見られ、併用も一考。
0387

新・心霊科学事典 人類の本史のために 田中千代松編 潮文社 1984.7 451p 20cm 4-8063-1129-4 1900円
現象編と人物・組織編の2部構成。現象編は、90余りの世界の心霊現象について、その訳語と解説を記したもの。24頁分の心霊写真を付す。人物・組織編は、110余りの世界の霊能者、研究者、研究機関について、その原綴と生没年（人物の場合）、解説を記したもの。64名分の肖像写真あり。両編とも配列は日本語見出し語の五十音順。解説文中の見出し語は星印を付す。ナンダー・フォーダー（Nandor Fodor）編著『En-cyclopaedia of psychic science』を主たる資料とした項目が多数ある。
0388

神秘オカルト小事典 バーナード・W.マーチン著 C+Fコミュニケーションズ，たま出版編集部訳 たま出版 1983.10 234p 21cm 副書名：精神世界探究のためのガイドブック 『The dictionary of the occult』の翻訳 4-88481-098-8 1800円
オカルト、超自然、超常などと分類されている諸項目について、簡略でしかも意義のある知識を提供できる便利な形式にまとめることと、それらの諸領域相互の関連性を明らかにすることを目標に著された事典。収録数は380項目余り、配列は見出し語の五十音順である。見出し語にはその英訳を付す。解説文中の見出し語はゴシック表示。
0389

心霊研究辞典 春川栖仙編 東京堂出版 1990.9 366p 20cm 4-490-10278-X 2900円
心霊研究に関連する事項や人名を幅広く収録して解説を加えている。項目の配列は五十音順となっている。巻頭に分類項目表が付されていて、心霊現象、霊魂の名前、事例、精神医学、スピリチュアリズム、神秘主義、オカルト、占い、書名など12項目に分類されていて人名・事項索引的な利用も可能である。巻末には主要参考文献が付されている。
0390

図説世界霊界伝承事典 ピーター・ヘイニング著 阿部秀典訳 柏書房 1995.12 15,305,29p 20cm 『A dictionary of ghosts』の翻訳 4-7601-1221-9 3200円
世界各地の幽霊や怪異現象をめぐる民間伝承を収集、編集した事典。伝承、文学作品、小説家など367項目を、訳語の五十音順に並べ解説。各項目の図版や参考文献は、訳者が新たに加えたものもあり、多数収載。巻末に、五十音順の人名・事項索引と文献目録、文学作品原題、映画作品一覧（いずれも本文で触れたもの）を付す。
0391

超自然・超心理学の本全情報 1986-1995 日外アソシエーツ編 日外アソシエーツ 1996.10 491p 22cm （全情報シリーズ） 発売：紀伊国屋書店 4-8169-1389-0 19570円
1986年から1995年までの10年間に日本国内で刊行された図書の中から超自然・超心理学に関するもの7000点を収集し、「占い」「心霊現象」「精神世界」「超古代文明」「超心理学」「伝説」「伝承」「謎・不思議」「魔術」「呪術」「UFO・宇宙」などの項目に分類した図書目録である。各図書の書誌事項のほか簡単な内容説明が付されているものもある。各項目の中の図書の配列は五十音順である。巻末に著者索引と事項索引を付す。
0392

魔女と魔術の事典 ローズマリ・エレン・グィリー著 荒木正純，松田英監訳 原書房 1996.10 517,29p 22cm 『The encyclopedia of witches and witchcraft』の翻訳 4-562-02858-0 4800円
本書は1989年に出版された原書の抄訳である。原書が網羅している項目のうちから魔女迫害、そのもとにあった信仰、主要な裁判と魔女狩り、妖術と悪魔憑きの訴訟事件、さらに民間魔術、呪術、占い、祭儀魔術、オカルト主義、シャーマニズムなどを収録している。各項目には原語が付され、巻末には索引と欧文の参考文献目録がある。
0393

◆相法、易占

運勢大事典 増補版 矢島俯仰編 国書刊行会 1996.9
　1017p 22cm 4-336-03875-9　9800円
多岐にわたる運命学の分野から、11分野を選択し、「四柱推命」「易占」「地相・家相」「印相・姓名」「人相」「手相」「気学」「墓相」「占星学」の9項目に構成し、各界の指導的立場にある諸師が、体系的に解説した事典。各項目の記載内容は詳細で、おのおの単行本に匹敵する分量である。索引は付されていない。1981年刊の初版の増補版。　　　　　　　　　　0394

十二支の話題事典 加藤迪男編 東京堂出版 1996.11
　301p 20cm 4-490-10446-4　2060円
十二支に関する話題を集めた事典。十二支の各支を見出し項目とし、見出し項目にちなむ地名、人名、動植物、用語、故事・ことわざ、昔話、落語、狂言、俳句、和歌、古川柳、祭、郷土玩具などについて紹介。各項目末に、現代から明治に至る逆引き年表を付し、各十二支の年の主な出来事、世相、流行が一覧できるよう工夫されている。索引はないが、十二支にちなむ話題や事物を探す上で役に立つ事典である。　　　0395

世界占術大事典 日本占術協会編著 実業之日本社
　1991.7　995p 22cm 4-408-39364-9　25000円
日本および世界各国で一般に行われている占いを分類し、各分野の専門家がそれぞれについて体系的に解説した事典。「西洋占星術」「人相」「易」などの18項目を、3部に分けた構成となっている。各項目の記載事項は、項目により精粗に差があるが、全体的に見れば詳細で、ひととおりの知識が得られるようになっている。巻頭で占いの歴史を概観。巻末に、索引、執筆者一覧、日本占術協会役員および会員名簿を付す。索引は事項索引だが、18項目ごとに分かれた配列となっている。　　　　　　　　　　　　　　　　　　0396

平成・万年暦 明治30年より平成55年迄の暦　明治、大正、昭和、平成 福田有典著 武部重信, 寺岡高世編纂 〔大阪〕 天象学会 1991.6　1冊(頁付なし) 27cm
発売：中尾書店
1897年（明治30）から2043年（平成55）までの、毎日の旧暦対照表、干支、九星、七曜、六曜（大安、友引など）、節入日などを一覧にしたもの。誤字などを修正した第3版（1993年刊）あり。ほかに、携帯版（1992年刊）とポケット版（1993年刊）もある。　0397

万年暦 京都 京都書院 1965　3版 312p 22cm （阿部泰山全集 第1巻）　1000円
1877年（明治10）から2000年（本書の表記では昭和75）までの、各月1日の七曜、九星、干支と、新暦旧暦対照表を一覧にしたもの。1915年刊の『万年暦鑑』を、本全集刊行を契機に、収録範囲を2000年まで延ばしたものであるが、本書自体も1954年の初版以来、何回か版を重ね、1986年には改訂版が出ている。なお本書は、部分的にほかの暦表と齟齬があることが判明しており、利用に際しては注意が必要である。　　　　　0398

命理・遁甲万年暦 寛政12年〈一八〇〇年〉－平成32年〈二〇二〇年〉 武田考玄編著 秀央社 1991.11　331p 26cm 13500円
1800-2020年までの干支暦・太陽暦・太陰太陽暦（旧暦）の対照表を、1912年（大正元）を境に前編と後編に分けて収録。使用頻度の高い後編には、さらに、日干支、九星、七曜、遁甲日盤の局数と時盤の三元なども記載。命理学、奇門遁甲学ともに活用できる。巻末に付記として、暦に関する事項の解説と、六十干支表、中国・日本年号対照表などの各種の表を付す。　0399

◆占星術、夢占い

図説・占星術事典 ウド・ベッカー〔編〕 池田信雄〔ほか〕訳 同学社 1986.3　289p 27cm 監修：種村季弘 『Lexikon der Astrologie』の翻訳 12000円
アラビア辺りからヨーロッパにかけての西方占星術を中心として、約1200の関係用語を解説。見出し語にはドイツ語を併記。占星術の概念を紹介し、歴史的文化的側面を示すように配慮している。巻末には付録としてユリウス暦からグレゴリオ暦への移行、夏時間・地方時の導入など10項目と参考文献およびドイツ語の索引が付されている。　　　　　　　　　　0400

ドリーム・ブック「夢」のシンボル辞典 ベティ・ベサーズ著 坂内慶子訳 中央アート出版社 1992.12
　285p 19cm 『The dream book』(Novato,Calif : Inner Light Foundation,1988)の翻訳 4-88639-638-0　1650円
一般読者向けの夢解釈の入門書であるが、第2部「夢のシンボル辞典」が全体の6割を占め、夢の中に現れた事象の意味を探す辞典としても利用できる。夢のシンボルとして約1000語を収録。翻訳書であり、日本固有の事物は収録されていない。辞典部分は、見出し語の五十音順配列。索引はない。　　　　　　0401

夢の事典 ラッセル・グラント著 豊田菜穂子訳 飛鳥新社 1992.11　414p 19cm 『Dream dictionary』の翻

訳 4-87031-123-2　1500円
夢の中に出現する事物、人、行動、場面などに関する言葉約2000語を収録し、その解釈を示した事典。翻訳書であり、日本固有の事物は含まれていない。著者はイギリスの占星術師。見出し語の五十音順配列。巻末に主題別の索引を付す。一般読者向き。　0402

夢の事典　新版　田中佐和著　東京新聞出版局　1980.1　332p 19cm　初版：サンケイ新聞社出版局　昭和44年刊　880円
どういう夢を見ると、どんなことが起こるかを占うための事典。著者は、霊感占いを業としている。天に関する夢、スポーツに関する夢、動物に関する夢など54項目に分け、たとえば「天に五色の雲、たなびくとみれば」といった具体例を約1000例挙げ、どんな前兆かを解説している。巻末に、財産に恵まれる夢、望みごとのかなう夢など11項目について、「吉凶を占う代表的な夢」を、約120例挙げている。　0403

◆応用心理学

心理技術事典　伊藤祐時, 松村康平, 大村政男編　朝倉書店　1977.1　306p 22cm　執筆者：浅井正昭等　3800円
総論(心理技術体系序説、心理学研究における基礎的諸問題)と各論で構成された体系的解説事典。中心をなす各論では、教育、看護、医療、厚生、矯正、福祉、産業、経済、政治などの諸領域において利用されている心理技術136種類を、技法の用いられる場面の種類によって8章50数節に分類し、署名入りで平易に解説する。解説項目の大部分に参考文献を付す。巻末にアルファベット順事項索引がある。　0404

倫理学、道徳

【辞典・事典】

新倫理学事典　金子武蔵編　弘文堂　1970　488,64p 22cm
2800円
1957年(昭和32)刊の『倫理学事典』の増補改訂版。事典より通読性を考慮した参考書・教科書。体系的に第1部：西洋倫理思想史、第2部：東洋倫理思想史、第3部：倫理学体系、第4部：道徳教育と大別し、そのもとに合わせて160の小項目を設けて解説する。巻末に参考文献、和文と欧文の事項索引、人名索引がある。　0405

新倫理辞典　大島康正編　創文社　1961　472p 19cm
古代から現代までの世界の倫理思想、代表的思想家、今日の倫理道徳問題などの事項や用語を解説した事典。各項目には原綴を付記し、主要参考文献とともに参照項目も明示されている。巻末には詳細な人名索引と和文の事項索引に加えて、欧文の事項索引が付されている。　0406

倫理思想辞典　星野勉〔ほか〕編　山川出版社　1997.4　312p 20cm　4-634-09030-9　2700円
倫理学の現在の水準にあわせ、一般知識人・学生も読者として想定して編集されたコンパクトな辞典。西洋の倫理思想を中心にすえ、東洋・日本の倫理思想にも言及する。用語編と人名編の2部構成。用語編は主たる部分をしめ、基本用語から最新用語にいたる広範な分野を網羅し、記名解説は平易。日本語見出しのあとに原語を付記し、項末に参考文献あり。項目の相互参照もある。人名編は約80項目を採録し、解説は短い。巻頭に倫理思想史、および方法論に関する概論を収録し、巻末に人名索引あり。　0407

◆社会倫理

帝国ニッポン標語集　戦時国策スローガン・全記録　森川方達編著　現代書館　1989.8　278p 20cm　2060円
1921年（大正10）から1943年（昭和18）までの国威発揚、国策振興のための標語を集め、国民精神作興に関するもの、国力振興に関するもの、経済力強化に関するものなど9項目に分類し、さらに各項目を細分している。小項目の中で各標語を年代順に並べている。底本は『国策標語年鑑』(情報局第五部編、1941)などである。巻末には主要スローガン・出典便覧が付されている。　0408

◆二宮尊徳

小田原市立図書館報徳集書解説目録 昭和63年1月31日現在 小田原市立図書館編 小田原 小田原市立図書館 1988.3 154p 26cm （小田原市立図書館目録シリーズ 11） 二宮尊徳生誕200年祭記念出版 非売品
小田原市立図書館所蔵の特別集書である二宮尊徳および報徳思想関係図書、「報徳集書」の書誌解題。収録期間は1988年1月31日現在、収録数は563タイトル、618点。全体は、独自の分類を構成、中は理論・思想、伝記、参考書、論文・講演集、逐次刊行書、報徳社・報徳講その他報徳団体、報徳仕法、叢書・全集、児童図書と展開する。文献のほぼすべてに解題解説を記す。巻末に書名索引、著者索引、人物解説、二宮尊徳略年表を付す。　　　　　　　　　　　　　　　　0409

二宮尊徳研究文献目録 二宮尊徳百二十年祭記念事業会編 龍渓書舎 1978.9 92p 27cm
1873年（明治6）から1977年（昭和52）までに出版された二宮尊徳ならびに報徳思想関係の図書（原則として雑誌は除かれているが重要なものは図書扱いとして採録）約900点を採録したもので、洋図書も含まれている。各項目には著者、書名など一般的な書誌事項のほかに、その資料の所蔵機関も表示されている。巻末に書名索引と著者索引を付す。　　　　　0410

◆人生訓、教訓

教訓例話辞典 有原末吉編 東京堂出版 1968 712p 19cm 1300円
ここに例話というのは両親や教師あるいは一般社会の指導者が、家庭や学校や職場などでの訓示等に用いるための話のことで、本書には古今東西の教訓的な実話、物語、寓話を600話集めて、それぞれの項目の末に、その話の出所、由来、話の重点、話す際の注意事項などを解説している。全体をⅠ個人編、Ⅱ家庭編、Ⅲ社会編、Ⅳ国家・国際編に分け、それぞれを徳目別に細分している。　　　　　　　　　　　　　　　　0411

◆金言、格言、箴言

心に響く名言辞典 国書刊行会編 国書刊行会 1992.6 606,68p 22cm 4-336-03379-X 6800円
尨大な仏典、典籍、人物、諺などより抽出した、心に響く5555の名言を、内容にとらわれることなく、アトランダムに配列したもの。各名言の脚注に典拠を明示し、出典たる書名・人名には、簡単な説明を付す。巻末に典拠索引と語句索引あり。典拠索引は、書名、人名、諺の3部に分け、おのおのを五十音順に配列したもの。語句索引は、名句の主要語彙を抽出して、五十音順に配列したものである。　　　　　　0412

故事熟語大辞典 池田四郎次郎著 東京宝文館 1913.10 1冊 22cm
中国の故事熟語を集成し、日本式に読んで最初にくる字音・字訓の五十音順に配列した辞書。各見出し語には意味と出典用例を掲げ、必要に応じて倒語・反語・使用・翻案・論評など13項目を用意し、説明に加える。5万件収録。巻頭に読みによる索引と挿図索引、巻末に字画索引を置く。増補改訂を経て1913年（大正2）本編1750頁で完結をみた本書は、戦後も多くの復刻版を重ねるが、当版が基をなす。なお最近の復刻版には日本図書センター（1981）、東出版（1995）などがある。　　　　　　　　　　　　　　　　0413

世界の名文句引用事典 自由国民社 1977.12 380p 21cm 監修：扇谷正造〔ほか〕 1500円
古今東西の名文句4000余りを、結婚・離婚、健康と病気、職業生活などに分類し、その発言者の名前、国名、職業とともに並べたもの。スピーチや文章に名文句を引用したい時に重宝する。巻頭に、スピーチ・手紙文の名言引用実例集あり。なお本書は、前身である『生きている世界名文句』（1966）から、分離独立したものである。　　　　　　　　　　　　　　0414

世界名言事典 新版 梶山健編 明治書院 1988.7 532p 19cm 4-625-40057-0 2800円
古今東西のあらゆる知性人の名言、箴言を集めた名言集。『聖書』やその他の聖典を含むが、ことわざは対象外。約1400人の名言8000句を選び出し、人間にまつわる事項を11の大項目に分け、さらに主題項目に細分化して名言を採録、読む事典を主眼として編集。一方主題を細分した細項目を五十音順に配列した目次および人名索引、書名索引により引く事典も兼ねる。引用句には文末に出典を記す。1966年に刊行した初版を改訂、増補したもの。　　　　　　　　　　0415

増修故事成語大辞典 簡野道明著 明治書院 1981.3 1851,134p 23cm 大正5年刊の複製 9800円
中国の古典にあらわれた故事成語を天文、歳事、地輿、職官、政治、礼制、音楽、人倫、文学、学術、武功、兵器、人品、人事、閨閣、交際、技芸、釈道、霊異、

飲食、宝貨、衣服、器用、宮室より花木竹石、禽獣虫魚等に至るまで網羅し、その意義、出典、用例を示した辞書。初版は1907年に発行され、1921年に拾遺として巻末に約5000項目を追加した増修版が発行され、同時に縮刷版も発刊された。配列は五十音順。字画索引あり。
 0416

中国古典名言事典 諸橋轍次著 講談社 1972 1020p 図 22cm 5800円
中国古典の中の名言約4800を収録した用語集、事典。3部からなり、第1部は四書五経以下明治期の一般知識人が読んだと思われる30種、第2部は史記、漢書等学者必読の10種、第3部は経、史、子、集にわたる雑書約140種。3部を通して名言の書き下し文、原文、解説文の順に記述。必要と思われる項目には、その次に参照を掲げる。第1、2部には古典の解題を付している。巻頭に、十の主題に分類した件名索引要目、巻末に件名索引、人名索引、語句索引、本文より約500名を選択した人名略解がある。
 0417

東西名言辞典 有原末吉編 東京堂出版 1969 423p 19cm 880円
古今東西の名言のうち、普遍的にして有意義な名言中の名言と考えられる約1700語を選び、これに簡単な解釈を加えたもの。配列は名言の出典順で人名（一部書名）を五十音順に配列。巻頭に人名、書名項目表と名言項目表（初句による索引）を付して引きやすいようにしている。
 0418

日本名言辞典 桑田忠親編 東京堂出版 1969 422p 19cm 880円
古文書学・国史学の研究者である編者が、古代から昭和初期まで、人物では聖徳太子から田山花袋まで、160余名の著名人の著述の中から名言・警句などを選択し、収録した辞典。名言は独自に「国家・社会」から「死」まで26に主題区分して掲載し、それぞれに解説・要点・出典・作者を付す。巻末に作者ごとに名言の頭部を記入した作者五十音順索引あり。
 0419

名言名句活用新辞典 すぐに役立つ 現代言語研究会著 アストロ教育システムあすとろ出版部 1993.11 431p 18cm 4-7555-0813-4 1500円
名言名句をスピーチなどに利用したい人向けの辞典。収録語句数は約800。独自のジャンル分けによるテーマ別の配列であり、利用したい場面に合わせた名言名句を探すことが出来る。スピーチ例も収録。巻末に見出し語句の五十音順索引がある。
 0420

名言・名句新辞典 知恵のキーワード 旺文社編 旺文社 1990.6 335p 18cm 監修：樋口清之 4-01-077816-4 1400円
文章表現やあいさつ・スピーチに役立つ古今東西の名言・名句1500項目を体系的に収録したコンパクトな辞典。古典ばかりでなく、現存の著名人による名言名句を幅広く収録。解説は語句の読み、意味と同時に時代的・社会的背景などについても記載。工夫された目次、語句の五十音順索引、人名索引、活用ケース別索引などがあり、用途に応じた検索が容易である。
 0421

ラルース世界ことわざ名言辞典 増補版 Maurice Maloux〔編〕島津智編訳 角川書店 1982.3 513p 20cm 監修：田辺貞之助『Dictionnaire des proverbes, sentences et maximes』の翻訳 4-040-20500-6 1900円
世界のことわざ、名言、箴言を集めたもの。配列は、主題の五十音順。各主題の中は、国別に配列する。出典のあるものは、各句のあとに、作者、書名、刊行年を示す。巻末に主題索引があるが、本文自体の配列と同じであるため、目次的性格を持つ索引となっている。初版は1980年刊。増補版では、初版で割愛された日本・中国のことわざを補ってある。なお本書は、『スピーチ引用名言辞書』（PHP研究所、1996）と改題し、文庫化された。文庫版の方は、日本・中国のことわざは、割愛されている。
 0422

宗教

【書誌】

宗教哲学名著解説 守屋貫教著 三笠書房 1940.12 323p 21cm
プラトンから19世紀までの西洋の哲学、宗教の重要著作24部の内容を詳しく解題している。解題の前に著者の短い解説、紹介がある。巻末に宗教哲学文献目録を付す。
 0423

宗教に関する10年間の雑誌文献目録 昭和50－昭和59年 日外アソシエーツ編 日外アソシエーツ 1987 2冊 27cm 発売：紀伊国屋書店 9900,11000円
『雑誌記事索引（人文・社会編）累積索引版』☞0139をもとに、宗教に関する文献目録として再編集したも

の。①1948-54年、②1955-64年、③1965-1974年、④1975-84年の間に発表された雑誌論文約4万9644件を3回5分冊に分けて刊行。宗教一般、仏教、キリスト教、その他の宗教の大項目を設け、その下をキーワード方式による見出し語を用いて細分している。記事の配列は著者名の五十音順、論題から記入されたものは、著者名の後に論題の五十音順である。巻末に事項索引、収録誌一覧（1975-84にはなし）を付す。著者索引はない。　0424

宗教の本全情報 86/95 日外アソシエーツ編 日外アソシエーツ 1995.12　7,1104p 22cm 発売：紀伊国屋書店 4-8169-1348-3　34000円
1986年から1995年8月までに国内で刊行された宗教に関する図書目録。約1万6000点を収録。全体を、宗教一般、神道、仏教、キリスト教、ユダヤ教、イスラム教、その他の宗教・新興宗教に7区分し、さらにその中を教団名や宗派、テーマ別に分けて、書名の五十音順に配列。項目は出版事項、対照事項のほか内容解説または目次を掲載。巻末に著者索引と事項索引を付す。　0425

蔵書目録　宗教 大倉精神文化研究所附属図書館〔編〕 横浜 大倉精神文化研究所 1991.3　513p 27cm
大倉精神文化研究所附属図書館で所蔵する宗教に関する約1万6000冊の蔵書目録。日本十進分類法新訂8版によって分類する。同一分類内は和漢書の後に洋書を配列する。巻末に書名索引、著者索引を付す。『大倉山文化科学図書館図書目録　宗教』（国立国会図書館、1955）の新編。　0426

【辞典・事典】

宗教辞典 増補版 梅田義彦編著 堀書店 1966　438p 22cm 初版は宗教辞典編纂会編 2500円
神道、仏教、キリスト教、その他の宗教、宗教学などに関する用語の辞典。配列は見出し語の五十音順。付録に、神道、仏教、キリスト教の流派系統一覧あり。旧版は1951年刊。増補部分は追編として、新興宗教について解説するとともに、現代の教派・宗派・教団一覧および分派系統表、宗教統計、宗教関係年表を収める。　0427

瞑想と精神世界事典　古代の叡智から諸宗教と哲学・ニューサイエンスまで 瞑想情報センター編 自由国民社 1988.7　255p 19cm 4-426-76201-4　1300円
瞑想、精神世界についての情報をコンパクトにまとめたもの。これから瞑想を始めようとする人へのガイドブックともなっている。情勢編、用語編、人名編、行法編、団体編の5章で構成。情勢編では、世界の瞑想の情勢を、ヨーガ、仏教など12に分類して紹介。用語編では、56語を10の語群に分けて解説。人名編では、19世紀以降に活躍し、世界的に見て、今日の瞑想や精神世界に特に大きな影響を及ぼしている聖者、学者27人を紹介。13人は顔写真付き。行法編では、数ある「瞑想」と呼ばれている行法の中から、その代表的なものの一部を、14に分けて紹介。団体編では、関連諸団体を31分野に分けて紹介している。　0428

【便覧】

宗教ハンドブック 万波教，河和田唯賢編 東出版 1968　360p 19cm 1200円
宗教ないし宗教団体に関する一般的、基礎的理解を得るための平易な参考書として、当時の文部省宗務課の課員が編集したハンドブック。宗教理解への手がかり、世界の宗教、日本の宗教、教派・宗派・教団一覧、主要社寺・教会一覧、宗教関係教育機関、宗教統計の7章で構成されている。巻末の付録には、宗教史年表、主要参考文献などを掲載。　0429

◆宗教学、宗教思想

宗教学辞典 東京大学出版会 1973　813p 23cm 監修：小口偉一，堀一郎 4500円
宗教学という学問の基本的性格上、価値判断を含む用語は除き、個々の宗教に関する記述よりも諸宗教に共通にみられる事項を、従来の学説史を辿り、比較、検討することに主眼を置いている。項目には、ひらがな読み、必要なものには外国語を付して五十音順に配列。各項に「定義」「概念」などの欄を設けて用語の確立をし、項末には和、洋の参考文献を載せている。巻頭には、分類目次を、巻末には和文、欧文おのおのの事項索引、人名索引を付している。　0430

宗教学ハンドブック 水野弘元，柴田道賢監修 世界書院 1969　268p 20cm 700円
駒沢大学で宗教学を担当する教員が中心となって、同大学で宗教学を履習する学生を対象として編集されたハンドブック。したがって、仏教、とくに禅に多くの紙面をさいてはいるが、内容的には、他宗教も含めた全般的なものである。「宗教と人間」「宗教と社会」「宗教と文化」「宗教と政治・経済」「宗教研究の諸相」「宗教現象の諸相」の6章構成ではあるが、前5章は概説で、本書の大半部分は第6章が占める。各宗教、各テーマの中に、体系的に小項目を設け、その小項目ごとに解説するという形式をとる。巻末に、主要参考

書一覧、人名索引、事項索引を付す。　0431

◆宗教社会学

マックス・ウェーバー宗教社会学関係文献目録　栗原淑江，野村一夫編　文化書房博文社　1989.10　197p　22cm　4-8301-0536-4　4400円
ウェーバー（Max Weber）の宗教社会学に関係する著作の原典・翻訳・研究書・研究論文の文献目録。ウェーバーと同時代から1984年までの文献を対象とする。第1部はウェーバーの著作および翻訳、第2部は日本語による研究文献、関係文献（邦訳も含む）、第3部は外国文献、第4部は目録作成にあたり参考にした参考文献一覧。第2、3部は、A. 研究論文集・研究書とB. 論文に大別し、Bはさらにテーマにより細分。巻末に人名索引を付す。『創価大学比較文化研究』2巻と3巻に発表したものの合本版。　0432

◆シンボル、象徴

元型と象徴の事典　アーキタイプ・シンボル研究文庫，ベヴァリー・ムーン編　橋本槇矩〔ほか〕訳　青土社　1995.10　793,21p 23cm　『An encyclopedia of archetypal symbolism』の翻訳　4-7917-5400-X　9000円
世界各国の宗教・神話にかかわる120の図像を、神話的テーマに従って15に分類し、解説している。各図像はカラー写真1頁で示し、その文化的背景とアーキタイプ的解釈（ほかの文化にみられる類似のシンボルとの関係や、シンボルの心理学的解釈）、専門用語のグロッサリーを記載。巻末に欧文参考文献と五十音順事項索引を付す。　0433

世界シンボル辞典　J.C.クーパー著　岩崎宗治，鈴木繁夫訳　三省堂　1992.10　351p 22cm　『An illustrated encyclopaedia of traditional symbols』の翻訳　4-385-10755-6　4800円
ある事物、概念などが世界各地域、諸宗教などで何を象徴するかを解説した辞典。英語名のアルファベット順に配列、多くの図版を掲載する。各項目はシンボルの一般的意味、次いで文化的地理的伝統による多様な意味を列挙する。巻末に用語集、参考文献、和文と欧文の事項索引を付す。　0434

◆日本の宗教

【書誌】

日本宗教史研究文献目録　1　大浜徹也〔ほか〕編　岩田書院　1995.12　iii,516p 22cm　4-900697-41-9　11330円
日本の宗教史に関して、1971年から1986年まで（一部1987年まで）に発表された文献約1万件を収録した書目。『日本宗教史研究入門』☞0442 所収の「研究論著目録」（1945－1970年の文献を収録）のあとを受けて編集。総記・通史、古代、中世、近世、近現代、民俗の6分類のもとに著者の五十音順に配列。1987年以降の文献については、編集作業を継続中。　0435

【辞典・事典】

日本宗教辞典　日本宗教辞典編纂所編　東京創元社　1956　694p 19cm
日本の宗教に関する約4000の項目を解説した辞典。項目は宗派名、結社名、学説名、教義名、霊名、人名、経名、書名、地名、物名、事蹟、術語、信条、礼奠、行事、慣例、建物名、雑語、その他を網羅し、五十音順に配列する。　0436

日本宗教事典　小野泰博〔ほか〕編　弘文堂　1985.2　949,47p 図版28枚 27cm　4-335-16007-0　18000円
現代日本人のなかに生き続けている宗教的感性と心情、および宗教現象に視点をすえて日本の諸宗教を解説した概説書。体系的に理解できるように考慮した構成は、第1部日本宗教文化の源流、第2部神道、第3部仏教、第4部道教・陰陽道、第5部修験道、第6部儒教、第7部キリスト教、第8部民俗宗教、第9部新宗教からなり、そのなかは項目分担記述で、各項目ごとに参考文献を付す。巻末に日本宗教史年表、索引を付す。　0437

日本宗教事典　村上重良〔著〕　講談社　1988.7　450,22p 15cm　（講談社学術文庫）　4-06-158837-0　980円
『日本宗教事典』（講談社、1978）の文庫版。日本の主要な宗教、宗教史上の重要な事件と運動、代表的な信仰および宗教観念を80項目に整理し、解説する。各項目をほぼ年代順に、日本の宗教（総論）、古代（原始を含む）、中世、近世、近代（現代を含む）の順に分類して配列する。巻末に参考文献、日本宗教史年表、事項索引、人名索引を付す。日本宗教の読む事典であるとともに、日本宗教史の通史であり、宗教論でもある。　0438

日本宗教ポケット辞典 小野泰博〔ほか〕編 弘文堂 1986.3 294p 19cm 4-335-16010-0 2800円
現代日本における宗教の実相を知る上で必要な項目を選び解説した辞典。難しい教義や教典を除く宗教用語を収録する。日本宗教の特質、各宗教の日本とのかかわりなどを簡単に論述した「総説篇」、五十音順配列の「用語篇」、神社・寺院建築・仏像の様式や主要年中行事一覧、日本宗教史略年表を含む「付録」からなる。
0439

【便覧】

興味をもったあなたのための宗教オールガイド 青山央著 みずき出版 1992.10 297p 19cm 4-943810-77-2 1400円
日本におけるおのおのの宗教について、歴史と教えを中心に、コンパクトに解説したもの。神道系、仏教系など、6章に分かれているが、諸教、新々宗教の記述も、全体の半分近くを占めている。巻末に、教団住所録があり、連絡先を知ることができる。
0440

宗教年鑑 昭和29年版- 文化庁編 文化庁 1955- 19cm
昭和25年版『宗教年報』、昭和26年版『宗教要覧』、昭和27-28年版『宗教便覧』、昭和29年版よりこの書名。昭和30年版は出版されていない。昭和42年版までの編者、出版者は文部省。現在は、文化庁刊とぎょうせい刊の2種がある。内容は、第1部日本の宗教の概要、第2部宗教統計等、第3部宗教団体一覧からなり、巻末に、資料と索引を付す。第1部は、神道系、仏教系、キリスト教系、諸教に分けて、今日までの流れについて年代を追って平易に紹介。第2部は、前年度末における各宗教の教師・信者数などの統計を掲載。第3部は、文部大臣所轄、都道府県知事所轄、その他の包括宗教団体一覧および一部の単立宗教法人の名簿を掲載。資料は、都道府県における宗教法人事務主管部局一覧などを掲載。索引は、宗教団体の五十音順索引である。解題は平成8年版による。
0441

日本宗教史研究入門 戦後の成果と課題 笠原一男編 評論社 1971 222,104p 19cm (日本人の行動と思想 別巻 1) 1000円
戦後25年の間に活発な研究活動をつづけ、大きな成果をあげた研究者を選び、研究者自身がその論著の内容を紹介した報告をもとに編集したもの。宗教史概説、古代、中世、近代、現代の5章からなり、概説を除いて各章は、時代や宗教によって分けられ、研究者名のもとに、研究内容、方法の紹介と著作の解説がなされている。巻末に五十音順の研究者名の論著目録がある。
0442

日本「宗教」総覧 1993 新人物往来社 1993.4 480p 21cm (歴史読本特別増刊) 1500円
日本の宗教団体を神道、仏教、キリスト教、諸教、連合体に分類し、各団体・宗派の開祖、沿革、教義などについて解説したもの。主題に関連した論考、読物も併載。巻末には、詳細・戦後宗教年表および新宗教を知るための参考文献100と事項索引を付す。雑誌『歴史読本』の特別増刊・事典シリーズとして刊行。1991年に発行された初版の改訂版である。以後数年おきに継続して改訂されている。最新版は1996年に『別冊歴史読本』第27号として刊行。
0443

日本宗教大鑑 ブディスト社 1973 1134p(図共) 27cm 監修：海老沢有道，小野祖教，中村元 編集委員：安斎伸等 12000円
日本における宗教の全貌を1冊に収めたもの。「歴史篇」「教団篇」「用語篇」「行事篇」「事業篇」「団体篇」「法制篇」「統計篇」「人名篇」からなる。「歴史篇」は、日本と世界の宗教の歴史を、各宗教ごとに概説する。「教団篇」は、各宗教宗派の教団の名簿。「用語篇」は、各宗教別の用語辞典で、末尾に用語索引を付す。「行事篇」は、全国著名社寺の名簿（行事の項目を含む）、祭礼一覧などで、末尾に社寺名索引を付す。「事業篇」は、学校、幼稚園、保育園の一覧、社会事業施設、博物館、宝物館の名簿など。「団体篇」は、ユースホステル、出版社など、各宗教関係団体の名簿。「法制編」は、宗教関係の法令を掲載。「統計篇」は、各宗教別信者数などの諸統計。「人名篇」は宗教関係者を人名の五十音順に配列し、所属宗教社寺などを掲載した人名辞典である。巻頭に、宗教関係ポスター、切手などのカラーグラビアあり。
0444

【年表】

日本宗教史年表 笠原一男編 評論社 1974 273,27p 19cm (日本人の行動と思想 別巻 2) 1500円
従来の年表が仏教中心であったのに対し、他の諸宗教の記事、なかでも近代100年における新宗教に関する記事を多くとりあげている。西暦57年から1971年までの記事を暦年ごとに西暦、元号、干支、天皇、各種補任、宗教関係、政治・文化・社会の欄に分けて簡潔に収録している。付録として、日本年号表、陰陽暦対照表、日本仏教宗派一覧表、日本宗教教団教師信者数表、宗派別宗教団体教師信者数表がある。
0445

◆世界の宗教

【辞典・事典】

エリアーデ世界宗教事典 ミルチャ・エリアーデ，ヨアン・P.クリアーノ著 奥山倫明訳 せりか書房 1994.12 492p 20cm 『Dictionnaire des religions』の翻訳 4-7967-0186-9 4944円
エリアーデ（Mircea Eliade）の構想をクリアーノ（Ioan P. Culianu）が引き継いで完成させた事典の翻訳。Ⅰ部は世界の宗教を33に大別し、そのなかを「中項目」に分けて解説する。訳者は原著の配列（アルファベット順）を地理的歴史的関連性を考慮して変更している。Ⅱ部は五十音順の「語句解説」。巻頭に序論、巻末に参考地図、細目次、文献一覧、索引を付す。読む事典であるとともに各宗教の概説書でもある。
0446

図説世界の宗教大事典 ぎょうせい 1991.1 413p 37cm 総監修：荒木美智雄，田丸徳善 『Le grand atlas des religions』の翻訳 4-324-02425-1 55000円
フランスのEncyclopædia Universalis社発行の1988年の初版を原典として編集。世界中の宗教についての研究成果を多数の写真や図版を用いて解説した概説書。章だてがユニークで、「現代世界の宗教」「宗教現象の認識」「世界の宗教」「神・神々・神的なもの」「経典と伝承」「組織・規則・権力」「実践」「宗教経験」の8章からなる。巻末には参考文献、用語解説も兼ねた索引、原著者一覧、日本語監訳者一覧を付す。
0447

世界宗教辞典 世界宗教辞典編纂所編 創元社 1953 689p 19cm
世界の諸宗教、民間俗信、古代宗教、宗教学、宗教哲学用語など、約2000項目を解説した辞典。特に日本の古今の宗教についての項目が多い。巻末に世界宗教史年表を付す。
0448

世界宗教事典 ジョン・R.ヒネルズ編 佐藤正英監訳 青土社 1991.2 738p 20cm 『The Penguin dictionary of religions』の翻訳 4-7917-5101-1 4900円
キリスト教などの大宗教から世界各地の民族的諸宗教まで、さまざまな宗教の用語を解説する。1150の見出し語（原書のアルファベット表記と分類番号を付す）を五十音順に配列。巻頭に分類別項目一覧。巻末に関連地図、欧文文献一覧、和文文献一覧、索引を付す。分類項目一覧を用いると、各宗教の概説書となるように配慮されている。
0449

世界宗教事典 カラー版 リチャード・ケネディ原著 山我哲雄編訳 教文館 1991.2 323p 27cm 監修：田丸徳善 『The dictionary of beliefs』の翻訳 4-7642-4007-6 7500円
多くの情報を可能な限り公平で客観的な視点から伝えることを目的とした、専門的でなく、一般の読者向きの手びきとなる宗教事典。本書では原書（1984）に、東洋関係の項目を中心に補筆・修正がなされている。多くの図版を掲げ、付録として、世界宗教カレンダー、世界宗教史年表、参考文献（編訳者が新たに作成）など6点を収録。巻末に英文項目索引を付す。原著者はジャーナリスト。
0450

世界宗教事典 村上重良著 講談社 1987.12 352,15p 20cm 4-06-202346-6 2000円
世界の主要な宗教・教派・宗派、教典、宗教史上の重要な事件と運動、主要な宗教観念と信仰などを約60項目に整理し、解説する。各項目を、世界の宗教（総論）、原始宗教、古代宗教、仏教・ヒンズー教・儒教・道教、キリスト教・ユダヤ教、イスラム教、現代の宗教の順に分類して配列する。巻末に資料・主要40か国の宗教統計、参考文献、年表、事項索引、人名索引を付す。世界の宗教に関する「大項目式」の読む事典であるとともに、世界の主要な宗教の通史でもある。
0451

世界宗教・神秘思想百科 ジャック・ブロス著 小潟昭夫訳 JICC出版局 1993.3 366p 19cm 『Les maîtres spirituels』の翻訳 4-7966-0569-X 1980円
古代から現代までの精神の指導者について、その生涯、著作、教えなどを解説したものだが、見出し語は、人名に限らず、グループや宗派、それに、苦行と禁欲主義、修道生活といった事項も含む。160余りの項目を、宗教・思想ごとに12テーマに分け、歴史的に配列する構成となっている。巻末に、五十音順事項索引あり。なお、本書の原著はアルファベット順に人物名・項目名を配列したものであるが、翻訳では、読み物としての性格を持たせるため、上記のような構成をとっている。
0452

世界宗教大事典 平凡社 1991.2 2191p 27cm 監修：山折哲雄 折り込図1枚 4-582-13002-X 23000円
世界各地の宗教および宗教現象のなりたちなど、宗教にかかわるあらゆる情報を網羅した事典。既成の宗教や教義をとりあげるだけでなく、神話、民間信仰、習俗、儀礼といわれる分野も広く宗教現象としてとらえて編集。同社『平凡社大百科事典』☞0225の宗教関係の項目をベースとしている。構成は見出し語の五十音順で、7000項目を収載。巻末に1万9000語の事項索引、本文の前に概説「現代社会と宗教」がある。
0453

【便覧】

世界「宗教」総覧 井門富二夫ほか著 新人物往来社 1994.4 483p 22cm 4-404-02096-1 3800円
世界の歴史および現代に多大な影響力をもつ諸宗教の歴史と現状を概観する。世界の宗教をキリスト教、イスラーム教、インド宗教、仏教、その他の諸教の各篇に分け、思想は信仰・思想篇にまとめる。各項目は創始者とその思想、成立過程と歴史、特筆すべき事項、現状、参考文献が各宗教・教派ごとに記述される。世界宗教年表、世界宗教関連用語事典、世界宗教主要参考文献が資料篇にあり、巻末には索引を付す。その他、巻頭総論や特別寄稿、多数のエッセイを収録する。『歴史読本 事典シリーズ 第20号 世界「宗教」総覧』(1993年刊)の愛蔵保存版。 *0454*

世界の宗教と経典 総解説 〔1994〕改訂版 自由国民社 1994.12 351p 21cm (総解説シリーズ) 4-426-62009-0 2200円
失なわれた古代の宗教から、各民族の宗教、世界の秘密宗教、日本の民間信仰、現代日本の新宗教と新・新宗教に至るまで、世界の各宗教の歴史、教義、経典などを、体系的に解説したもの。巻末に、五十音順人名索引あり。初版は、1982年刊行で、その後、1－3年ごとに改訂版が発行されている。 *0455*

◆ 神話、神話学

◆◆ 日本の神話

日本神話事典 大林太良, 吉田敦彦監修 青木周平〔ほか〕編 大和書房 1997.6 408,65p 22cm 4-479-84043-5 5800円
日本の神話およびその内容に関して解説した事典。『古事記』『日本書紀』『風土記』『万葉集』『古語拾遺』『先代旧事本紀』『祝詞』『日本霊異記』から78の神話・説話を選び、その物語、それを構成する話型・モチーフ、事項、登場する神名・人名を348項目取り上げて見出しの五十音順に配列する。解説は記名入りで適宜ふりがなを付し、平易で、参考文献、相互参照あり。本書後半に日本神話の、構造、系統、世界観、比較研究、アイヌと沖縄神話に関する概説論文を収録。巻末に総索引、話型・モチーフ索引、事項索引、神名・人名索引、参考文献索引あり。 *0456*

日本「神話・伝説」総覧 宮田登ほか著 新人物往来社 1993.4 483p 22cm 愛蔵保存版 4-404-02011-2 3800円
日本にあって特に重要と思われる神話や伝説から百余りを選び、主に歴史的視点から解説した事典。巻頭に研究法などのエッセイを配し、入門書の役割も果たす。事典篇は体系的に「神話篇」「英雄伝説篇」など5部に分かれる。各項目は写真、図版も含み、あらすじ、分析・解釈、参考文献などを記す。資料篇として人物事典、用語事典、参考文献、特別企画と題して都道府県別伝説地一覧を付す。巻末に五十音順事項索引あり。 *0457*

◆◆ 世界の神話

神話・伝承事典 失われた女神たちの復権 バーバラ・ウォーカー著 山下主一郎〔ほか〕共訳 大修館書店 1988.7 897p 23cm『The woman's encyclopedia of myths and secrets』の翻訳 4-469-01220-3 8500円
西欧を中心に世界の神話、伝承を女性との関連でとらえて解説した事典。配列は項目名のアルファベット順。各項目には引用した文献の出典を略記し、巻末の参考文献一覧に完全な形で表示する。訳語索引を付し、訳語から参照できる。原書は1983年刊。 *0458*

世界神話辞典 アーサー・コッテル著 左近司祥子〔ほか〕訳 柏書房 1993.9 413p 22cm 『A dictionary of world mythology new ed.』の翻訳 4-7601-0922-6 5800円
世界の神話について解説した辞典。世界の神話を西アジア、南アジア・中央アジア、東アジア、ヨーロッパ、アメリカ、アフリカ、オセアニアの7つの地域に分け、各地域のなかは項目を五十音順に配列する。巻末に訳者あとがき、参考文献、索引を付す。 *0459*

世界の神話 主題別事典 マイケル・ジョーダン著 松浦俊輔他訳 青土社 1996.1 386,8p 20cm『Myths of the world』の翻訳 4-7917-5427-1 3200円
ギリシャ神話からあまり馴染みのないシベリア部族の神話まで、包括的ではあるが、相当大まかに収集している。全体をアニミズムの神話、創世神話、誕生の神話など17のテーマに分けて、各神話にその背景の文化、解題を付している。採録されている神話は抄録となっている。巻末には付録として、本書が扱う主な宗教と文化の年代、地域・文化別神話一覧と索引が付されている。 *0460*

世界の神話伝説 総解説 改訂新版 自由国民社 1996.4 293p 21cm (総解説シリーズ) 4-426-60709-4 2200円

世界各地の神話・伝説を地域別に解説したもの。ギリシア、オリエント、南北アメリカなど、13地域と2項目に分け、おのおのの地域の神話・伝説の特徴、成立の事情、時代背景、個々の神話・伝説の内容、登場する神々などについて、体系的に解説してある。数年に一度の頻度で改訂版が発行される。　　　　　　0461

◆◆ インドの神話

インド神話伝説辞典　菅沼晃編　東京堂出版　1985.3　454p 20cm 3900円

インドの神話、伝説の中にあらわれる神名、女神名、人名、動植物、精霊的存在、地名、山川名などを項目だてて解説する辞典。項目にたてられたものにはサンスクリット語の原語をあげて説明する。インド、ネパール出版の文献から引用された、インドの神々の姿の図版が、言葉では容易に説明できないその姿を見せてくれる。巻末に付録としてインドの主要な古典、ヒンドゥー教の主要な宗派、寺院、祭礼、インド宗教・文化史年表、インド神話伝説地図があり、神話、伝説だけでなくヒンドゥー教、インド文化一般を理解するための手引きとなる。巻末に事項索引あり。　　　0462

◆◆ ギリシア・ローマの神話

ギリシア・ローマ神話事典　マイケル・グラント，ジョン・ヘイゼル共著　西田実〔ほか〕共訳　大修館書店　1988.7　683p 23cm 『Gods and mortals in classical mythology』の翻訳　4-469-01221-1　6800円

ギリシア神話とローマ神話をはっきり区別して、ギリシア、ローマ神話中の神名、人名、地名を、豊富な図版とともに解説する事典。約400点という多数の図版が、図像学的な理解を深める手助けとなる。巻末に地図などの付録と、索引（神名・人名、地名、事項、英語）を付す。原書は1973年刊。　　　　　0463

ギリシア・ローマ神話図詳事典　天地創造からローマ建国まで　水之江有一編著　北星堂書店　1994.10　331p 19cm　4-590-00959-5　4500円

ギリシア、ローマ神話の神名、人名、事項を天地創造からローマ建国までの年代順に記述する。150項目を収録。各項目に図版、系図、原語（英語、ギリシア語、ラテン語）の原綴を載せ、詳しく解説する。巻末に和文および欧文の索引あり。　　　　　　　　0464

ギリシア・ローマ神話辞典　高津春繁著　岩波書店　1960　380p 19cm

欧米の文学・美術の理解に必要なギリシア・ローマ神話にあらわれる神々・英雄名、伝説に出てくる地名のほか、作品名や少数の祭礼名などを簡潔に解説した辞典。見出し語はギリシア名またはラテン名をかなで表記し、ギリシア字綴・ラテン形・英・独・仏語形などを付記してある。配列は五十音順で、巻末に「ギリシア神話主要系譜」と索引を付す。　　　　0465

図説ギリシア・ローマ神話文化事典　ルネ・マルタン監修　松村一男訳　原書房　1997.8　302p 22cm 『Dictionnaire culturel de la mythologie greco-romaine』の翻訳　4-562-02963-3　3800円

ヨーロッパの文化および生活全般に深く浸透している古代ギリシア・ローマ神話の手引書。神話内容の紹介にとどまらず、おのおのの神話や登場人物たちのもつ意義などを解説。後世の文化への影響についても、各項目ごとに言語、文学、美術、音楽、演劇、映画の項を設けて詳述している。配列は見出し語の五十音順。巻末に付録として、索引、欧文項目一覧のほか、関連の文化項目中に収録の作家、画家、作曲家、映画監督などから検索可能な索引を付す。　　　　0466

◆◆ エジプトの神話

エジプト神話シンボル事典　マンフレート・ルルカー著　山下主一郎訳　大修館書店　1996.6　173p 23cm 『Lexikon der Götter und Symbole der alten Ägypter』の翻訳　4-469-01248-3　3193円

エジプトの古代神話に現れるシンボルを集めて、多くの図版を用いて解説を加えている。項目はまず英語で表示され、次に邦訳語が置かれているのでアルファベット順に配列されている。巻頭に「エジプト・シンボリズムの世界・序論」と「エジプトの文化史と宗教」の二論文を置き、巻末には古代エジプト地図と古代エジプト史年表、参考文献および訳語索引が付されている。原書は1974年刊。　　　　　　0467

図説エジプトの神々事典　ステファヌ・ロッシーニ，リュト・シュマン＝アンテルム著　矢島文夫，吉田春美訳　河出書房新社　1997.1　246p 23cm 『Néter, dieux d'Égypte』の翻訳　4-309-22303-6　2678円

原書（1992）の翻訳で、79の古代エジプトの神々を64の独立項目に収める。神名にはヒエログリフを翻字したアルファベットが付されている。フランス語のアルファベット順に配列。各項目の解説は外観、信仰、同族関係、役割、神話に分けて、イラストが大量に採用されている。外観では、その形態、アトリビュート、エンブレム、色彩など、同族関係には陪神、親族神、また役割では神名の語源などを記している。巻末には神聖動物誌、用語集、ノモス（諸国誌）の3種

類の辞典と信仰中心地、神々と精霊の2種類の索引を付す。　0468

◆比較宗教

◆◆宗教政策・行政・法令

文部大臣所轄教団一覧 上,下　文化庁　1974-1975　2冊　21cm
文部大臣所轄宗教法人の、1972年12月31日現在の教勢を示す名簿。上巻には神道、諸教、下巻には仏教、キリスト教の各法人を収録。一宗教法人について事務所所在地、代表役員、沿革、教義、本尊、祭神、教典、関係団体、教団数、教師数、信者数の現況、設立登記年月日など15項目の簡単な記述がある。巻頭に「教団名索引」（五十音順配列）がある。現在のところ改訂版はないが、『宗教年鑑』☞0441が代用できる。　0469

◆道教

道教事典　野口鉄郎〔ほか〕編　平河出版社　1994.3　804p 22cm 4-89203-235-2　10300円
道教の教理、経典、思想、文学、儀礼、人物、歴史など、道教にかかわるすべての事項について、既刊の中国宗教、思想、道教の各種辞典類、研究書から1135項目を抽出し、五十音順に配列した事典。日本、韓国、ベトナムなど、中国以外の地域の事項も収録。巻末に中国道教の現状についての概説、道蔵番号対照表、索引などを付す。　0470

「道教」の大事典　道教の世界を読む　坂出祥伸責任編集　新人物往来社　1994.7　473p 22cm 愛蔵保存版　4-404-02121-6　3800円
道教の概要がわかり、道教文化をなるべく多面的に理解できるように配慮された、事典的側面も兼ねた概説書。「道教とは何か」「方術」「医薬と神仙術」「儀礼と経典」など7章に大別し、それぞれをさらに小項目に分けて詳細に解説している。巻末に、道教の神々、主要教典などに関する小事典、参考文献一覧および五十音順の語彙索引を付す。　0471

◆◆経典、道蔵

真誥索引　麦谷邦夫編　京都　京都大学人文科学研究所　1991.3　LXXV,906,195p 31cm
道教研究の基本的資料であり、梁の陶弘景の編纂にかかる『眞誥』20巻の一字索引。底本は明の正統道蔵所収本。見出し語は漢字の総画数順に配列し、語句の出現する巻数、葉数、行数を引くことができる。巻頭には総画、部首、五十音、拼音の各検字表を配し、巻末に原文の影印を収める。なお、原文の各巻末に簡単な校勘記を付す。　0472

仙道語・技法辞典　畑中善一著　福江　仙道研究会　1992.10　426p 22cm 4-924800-35-X　5310円
仙道用語やその修行に必要な技法を解説した辞典。項目の五十音順配列。項目の多くに、修行団体機関誌『漸門』『仙道』への参照がある。巻頭に五十音順索引がある。なお仙道とは、「仙道は六千年前大陸に発生したものであるが、その目的は不老（肉体）不死（霊体）の真人となるための行法」とある。　0473

太上洞淵神呪経語彙索引　山田利明, 遊佐昇共編　松雲堂書店　1984.3　1冊 27cm 松雲堂創業85年出版　12000円
『正統道蔵　始字・制字号』の第170-173冊に収められている「太上洞淵神呪経」の20巻の索引。底本は台北新文豊出版公司刊の縮印本。配列は見出し語の親字の五十音順。巻末に上海、涵芬楼影印本による影印を付す。　0474

道教典籍目録・索引　六朝唐宋の古文献所引　大淵忍爾, 石井昌子編　国書刊行会　1988.2　710p 22cm 18000円
六朝から唐・宋に至る期間に成立した道教の資料に引用されている道教教典の目録。『抱朴子内篇』など45点が選択収録されており、巻頭に各文献の簡単な紹介を記す。目録部、採録道典品目表、索引部からなる。巻末の経名索引は漢字単位の五十音順配列で、冒頭字の総画・部首索引も付す。一般的な経名索引としても利用できる。　0475

敦煌道経　目録編　大淵忍爾著　福武書店　1978.3　411p 30cm 16000円
6-8世紀に抄写され、敦煌に運ばれた道教教典（道蔵）の抄本496点の目録。便宜的な分類法により体系的に構成され、書誌事項のほかに解題、校勘記を記して各抄本の校合に便宜をはかっている。巻末に引用経典表、別字表などを付しており、抄本の所蔵機関の整理番号から引く索引がある。別冊として、抄本の影印を収録した『敦煌道教　図録編』（1979年刊）がある。　0476

◆イスラム教

現代イスラム小事典 片倉もとこ〔ほか〕編著 エッソ石油広報部 1987.12 221p 15cm （エナジー小事典 第10号）
生きている「現代的イスラム」に焦点をしぼり、平易で実用的な読み物を意図した事典。したがって、歴史的・宗教的解説よりも、生活文化に重点を置いたものになっている。五十音順の項目は270余りで図・写真も付す。参考文献は本編後にまとめたほか、各項目末にもあり。巻末にはイスラム史小年表、イスラム暦（ヒジュラ暦）と西暦の対照表、回教圏の地図などを付す。　　　　　　　　　　　　　　　　　0477

◆その他の小宗教、新興宗教

【書誌】

The new religions of Japan; a bibliography of western-language materials / by H. Byron Earhart 上智大学 1970 xi,96p 27cm （Monumenta Nipponica monograph）
日本の新宗教に関する欧文文献の書誌。明治期から1969年までに刊行された欧文（主に英語・仏語・独語）の図書、雑誌記事、学位論文、パンフレットなどを収録対象とする。構成は2部に分かれ、第1部は新宗教全般に関する資料を著者名のアルファベット順に収録。第2部は50の新宗教団体について個々の団体刊行の資料およびその団体について書かれた資料を団体名のアルファベット順に収録。簡単な解題を付す。巻末に著者索引、事項索引、周辺領域についての文献案内がある。なおすでに第2版が1983年にミシガン大学日本研究センターから同書名で刊行されている。第2版は明治期から1981年までを収録範囲とし、初版の収録タイトル810点に新たに600点を加えている。　0478

【辞典・事典】

新宗教辞典 松野純孝編 東京堂出版 1984.9 489p 19cm 3500円
新興宗教約2000ないし3000のうち約200を採択し、住所、成立、教義、用語、組織、機関紙、教勢などを解説する。五十音順配列、項目ごとに参考文献を付す。また巻末に参考文献、新宗教教団一覧、用語索引を付す。　　　　　　　　　　　　　　　　　0479

新宗教事典 井上順孝〔ほか〕編 弘文堂 1990.3 xviii,1147p 図版32枚 27cm 4-335-16018-6 24720円
幕末維新期以降成立の新宗教を幅広く対象とし、教団単位ではなく、各テーマ別に概説を収めた事典。現在の研究成果に基づき解説したテーマ篇は、「発生と展開」「教祖」「教団」「教えと思想」「実践」「施設」「新宗教と社会」「新宗教と異文化」の8部構成。資料篇は、団体一覧、創始者・リーダー一覧、宗教関係法令集、参考文献、年表、団体略称一覧からなる。巻末に事項、団体、人物の各五十音順索引を付す。資料篇のみを改訂増補した『新宗教教団・人物事典』☞0481 は1996年刊。　　　　　　　　　　　　　0480

【便覧】

新宗教教団・人物事典 井上順孝〔ほか〕編 弘文堂 1996.1 xxxiv,804p 22cm 4-335-16028-3 5150円
『新宗教事典』☞0480 の資料篇を改訂増補したもの。教団と人物についての記述が中心で、収録団体数は旧版より約一割増し。本文篇（テーマ篇）と切り離された不便を補うため、新宗教主要関係図・教団系統図を新たに掲載。一方、欧文の研究文献と宗教関係法令集は割愛され、年表は旧版収載分については、記載事項を簡略化してある。ともに五十音順配列の団体篇は概要を、創始者・リーダー篇は肖像写真入りで略歴を記す。巻頭に団体名・人名の五十音順索引あり。　0481

新宗教ガイドブック 増補改訂版 新宗教研究会著 ベストブック 1995.2 251p 19cm （そこが知りたい best select） 4-8314-9232-9 1400円
日本の新宗教教団（新興宗教、新興教団）案内。信者数、話題性、特異性、布教活動の4つの基準で選定した99教団を収録。一教団の記載内容は創始者、代表者、信者数、崇拝対象、沿革、特色、教典、入信方法、有名信者名など十数項目。配列は初版時の信者数の多寡による。巻末に参考文献、索引がある。1987年初版（70教団）、1990年改訂新版（80教団）。　　　　　　　　　　　　　　　　　0482

新宗教研究・調査ハンドブック 井上順孝〔ほか〕共著 雄山閣出版 1981.2 307p 19cm 4-639-00030-8 2200円
幕末以後に成立した日本の新宗教（新興宗教、新宗教運動、新興教団）の研究案内。1980年春までの研究文献（外国語文献も含む）を体系的に解説。3部構成で、第1部は研究を展望する新宗教論概観と基礎文献概要（教団史、教典、ルポ、小説）、第2部は新宗教の発生、思想、運動と組織など6章に分けた領域別研究史、第3部は調査法の解説と基礎資料（法令、教団分立図、用語など）。巻末に、掲載頁数を付記し文献索引を兼ねた「文献目録」（著者名のアルファベット順配列）。　0483

神道

【書誌】

国学院大学図書館収蔵神道書籍解説目録 第1-3輯 国学院大学図書館 1960-1984 3冊 21cm
国学院大学図書館収蔵の主に明治以前の神道書籍を解説した目録。『神道書籍目録』☞0486 に収録されていないものも含む。第1輯は黒川文庫（国学者黒川春村・真頼・真道の三代にわたる集書のうちの神祇之部に分類されたもの）408部704冊、第2輯は大学の前身である皇典講究所旧蔵の和装本と京都吉田家の家老職鈴鹿連胤の旧蔵書、第3輯は賀茂別雷神社の旧社家座田家旧蔵の記録文書類709部と同社神主家鳥居大路家の旧蔵書および随時購入収蔵した賀茂下上両社関係の記録類。著者略伝には手がかりとなる事項をできうる限り注記している。各巻末にアルファベット順の書名索引と著者索引がある。
0484

神宮文庫所蔵垂加神道橘家神道関係書目録 吉崎久編 伊勢 皇学館大学神道研究所 1981.3 275p 21cm（神道書目叢刊1） 監修：谷省吾 非売品
神宮文庫の所蔵する垂加神道および橘家神道に関係のある文献331点の目録。ただし明治以後の活字本は省かれている。「日本書紀」「中臣祓」「古語拾遺」「五部書」「祓詞」「三種神宝」「神籬磐境」「秘伝」「祭式」「行事」「神宮」「国史・地誌」「論説」「文集」「随筆」「伝記・同資料」に分かれている。活字本のあるものは収録叢書名、単行本の場合は発行所・刊年を付す。付録に「橘家祈禱伝授目録」などがある。巻末に五十音順の書名・人名索引がある。
0485

神道書籍目録 加藤玄智編 京都 臨川書店 1974.8 2冊 26cm 同文館から昭和18年に刊行（初版：昭和13年刊）されたものと、その後姉妹編として明治神宮社務所から昭和28年に刊行された『明治・大正・昭和神道書籍目録』をおのおの上・下巻として複製したもの 全20000円
上古から1940年までの神道関係書を幅広く収録している。前者は、上古から1868年（慶応4）までの神道書を上古・中古・近古・近世に区分し、上古から近古まではそれぞれの内で書名のアルファベット順に配列し、近世は学派別に分けその内を書名のアルファベット順に配列。後者は1868年（明治元）から1940年（昭和15）までを収録。内容を神祇制度、祭祀、神社対宗教問題など10部門に大別し、さらに細別し、各分類ごとに独自の配列をしている。書誌事項に加え、収載叢書名・所蔵事項・簡単な解題を付したものもある。各巻末に前者は五十音順の書名索引とアルファベット順の人名一覧、後者はアルファベット順の書名索引と五十音順の著者索引がある。
0486

神道文献 鎌田純一著 神社新報社 1993.12 342p 21cm 2500円
神社本庁の神職養成課程の教科書として編纂されたもので古事記・日本書紀以下の神道古典の概要を記しており、神道文献の書誌としても利用できる。序説は「神道文献研究の目的」「神道文献書目」「神道文献集成書」「神道百科解説書」、本論第1篇神道古典篇は「神道古典論」「神道古典」「皇室祭祀関係文献篇」「神宮関係文献篇」「神社記・神社縁起関係文献篇」「総括的神社関係文献篇」、第2篇神道神学書篇は「中世前期諸流神道書」「中世後期諸流神道書」「近世諸流神道書」「明治大教宣布神道書」に分かれている。各文献には読みや収載叢書名の注記もある。巻末に五十音順の書名索引がある。
0487

神道文献概説 岡田米夫著 神社本庁 1951.8 222,8p 21cm
神道文献として上古から現代に至るまでの、手引きとなるものを解説したもの。配列は体系順で総説として「神道文献研究の意義」「神道の総括的文献」「神社の総括的文献」「神道史の総括的文献」、各説として「神道古典編」「神道神学文献」「皇室祭祀の文献」「神宮研究の文献」「神社縁起の文献」「神社祭祀の文献」「神教歌の文献」「霊験利生記の文献」に分かれている。掲載された各文献には収載叢書名なども掲げられている。巻末に五十音順の書名索引がある。戦後の普通神職養成機関における教科書として編纂されたもので、刊行時期は古いが、『神道文献』☞0487 に解説されていない文献も含む。
0488

神道分類総目録 佐伯有義編 名著普及会 1988.4 1冊 22cm 校閲：井上哲次郎 春陽堂書店昭和12年刊の複製 4-89551-319-X 18000円
1911年（明治44）までの神道およびその周辺分野に関する文献を「総記」「神典及古典」「国体」「神社」「祭祀」「神道」「神祇制度」「神祇職官」「伝記」「文学」「武士道」「心学及淘宮」「検索」の13部門に分類し、その内を細分して配列している。書誌事項のほかに収

載叢書名、所蔵者の記載もある。索引は主なものの書名のみを掲げ、件名をゴシック体で加えた五十音順索引。巻末に「難解書目解題」とその索引および、「A selected bibliography of Shinto in foreign languages」がある。
0489

神道論文総目録〔正〕，続　国学院大学日本文化研究所編　第一書房　1987-1989　2冊　22cm　9500円，15450円
明治神宮社務所1963年刊の復刻とその続編。前者は、明治初年から1962年3月末までに国内で発行された雑誌約370種から和文で書かれた神道関係の論文記事を採録した分類目録で、「分類篇」「人名篇」からなる。「分類篇」は、「英文神道要語集」（Basic terms of sinto）の分類項目表を基礎とし、小見出しの内は、論文の発表年代順に配列されている。「人名篇」は、人名見出しの五十音順により論文の配列は発表年月日順である。付篇は収録雑誌目録と五十音順の主要事項索引である。後者は、1962年1月から1986年12月までのものを対象としている。編集方針は前者に準拠しているが、研究動向の変化を斟酌し分類基準を改め、収録対象雑誌の種類も拡大されている。また新たに各論文に最高3つのキーワードを採用し、五十音順のキーワード索引を収録雑誌一覧とともに付篇に収録。『神道書籍目録』☞0486 と併用すれば明治初年以後の神道関係の著書・論文のほとんどを知ることができる。
0490

東京帝国大学神道研究室旧蔵書目録および解説　島薗進，磯前順一編　東京堂出版　1996.6　524p　27cm　20000円
東京帝国大学文学部に存在した神道研究室（神道講座）旧蔵の和漢書の書誌目録およびその解説。近世の神道関係書を中心に収録。解説と目録に分かれ、解説編は「東京帝国大学神道研究室」「書籍解題」「正親町家旧蔵書」からなる。「正親町家旧蔵書」中に「外部機関正親町家旧蔵書目」が収録されている。目録編は「東京帝国大学神道研究室旧蔵和漢書目録」「正親町家蔵書目録」「神道研究室旧蔵全書目」で、このうち旧蔵和漢書目録は古典、両部神道など19項目に分かれ、正親町家蔵書目録は垂加神道など3項目に分かれている。書誌項目以外に活字・複製本の注記もある。全書目は受入年月日順に書名・冊数などを記載。付録に姉崎正治収集キリシタン関係書を収録。巻末に旧蔵和漢書目録、正親町家蔵書目録の五十音順の書名索引と著者索引がある。
0491

御巫家図書目録　伊勢　神宮文庫　1996.3　475p　21cm（神宮文庫叢書6）
神宮文庫所蔵の御巫清直関係図書に御巫清白・滝本茂献納の御巫家退蔵蔵文庫旧蔵図書および文書類を統合した分類目録。和装本と洋装本に分け、神宮文庫図書分類要綱に従って11部門に分類されている。資料保存形態を重視したため、各部門内の配列に不統一の場合がある。伊勢神宮関係資料を多数含む。巻末に御巫清尚氏献納資料目録（未整理）を付す。
0492

吉田文庫神道書目録　天理図書館編　天理　天理大学出版部　1965.10　349,48p　27cm（天理図書館叢書　第28輯）　吉田神社社家中旧蔵　天理図書館所蔵
京都の吉田神社旧社家中に累代伝承した国史・神道関係文献類のうち一括移譲された文献の分類目録。『天理図書館稀書目録』☞0093 などに収録されている旧吉田家蔵本類は含まれていない。「総記」「国史」「皇室」「神社」「祭祀」「神祇制度」「伝記・文書」「神道教理」「文学」「漢籍・仏典・雑」「物件目録」に分かれている。巻末に五十音順（書名・著者名・筆者名）索引がある。
0493

A bibliography of Shinto in western languages from the oldest times till 1952. / by Genchi Kato, Karl Reitz, Wilhelm Schiffer　明治神宮社務所　1953　58,7p　26cm
1952年までに刊行された欧文によって書かれた神道関係の図書・論文1138点と補遺80点を収録する。著者名のアルファベット順に配列されている。小見出しの内は、図書・論文の発行年月日順。巻末にアルファベット順の事項索引がある。
0494

【辞典・事典・便覧】

神道辞典　安津素彦，梅田義彦監修　大阪　堀書店　1968.8　666,60p　図版　23cm　4000円
神社神道から教派神道、新興教派、民間習俗・信仰にいたるまでの幅広い事項を挿図を多く用いて解説した辞典。「神社篇」「人名篇」「書名篇」「一般項目篇」に分かれ、各部篇の項目は五十音順に配列されている。項目数は約2400。付録に流派・教派一覧、神宮（元）官国幣社一覧、神道関係主要国宝・重要文化財目録、統計・神道史年表、巻末に五十音順（人名・神社名・書名・事項）索引がある。
0495

神道事典　国学院大学日本文化研究所編　弘文堂　1994.7　830p　図版16枚　27cm　4-335-16023-2　20000円
神道について9部の大項目に分け全体像を把握できるように構成した事典。「総論」「神」「制度・機関・行政」「神社」「まつり」「信仰形態」「基本観念と教学」「教派・教団と人物」「神道文献」に分かれる。各項目は中項目に分かれ、その中に個々の小項目が説明されている。小項目は原則として五十音順に配列されている。記述は平易簡明にまとめられ、視覚的理解が得ら

れるよう多くの図版も掲載されている。付録に「神社一覧」「神名一覧」「文献一覧」「年表」がある。各項目には「さらに知りたい人のために」のコーナーを設け関連研究文献の案内がされている。コラム欄もあり、通読性も併せ持つ。巻頭に五十音順の索引目次がある。 0496

神道小事典 遠藤幹編 大安町(三重県) 神道館 1989.10 228p 19cm
神道に関する事項をわかりやすく解説し、戦後神道の変革に関連した事項も広範囲に収録したコンパクトな辞書。他項目への参照も多数あり、挿図も多い。神社神道に関する事項が多く、民俗学的な視点からの事項は少ない。付録として「神職の服装」「大祓詞」「神々の系図」「神道年表」「難語集」がある。 0497

神道大辞典 下中弥三郎編 京都 臨川書店 1986.4 1474p 22cm 監修：宮地直一, 佐伯有義 平凡社昭和12-15年刊の複製 縮刷版 4-653-01347-0 14000円
神名、神社、祭祀、祭器具、行事、神道学説、神道書籍、神道用語、神社建築用語、著名神官・神職、神道学者（物故者）、その他神道に関する語彙を網羅的に解説した辞典。図版・写真も豊富であり、官国幣社以上は特に建築の小項目を設け、社殿建築事項について詳しく解説され、社殿配置図も付加されている。総合的な神道辞典として現在でも十分活用できる。巻頭に写真図版の目次がある。原本は1937-1940年に平凡社から3冊本として刊行された。 0498

神道要語集 国学院大学日本文化研究所編 神道文化会 1974 5冊 22cm 祭祀編1-3 宗教編1-2 非売品
神道に関する個々の事項・用語について、総括・教学・神名・神社・祭祀の5部門に分けて解説したもの。祭祀篇は「総論」「依代」「祭祀具」「祓」「供物」「祝詞・寿詞」「装束」「祭儀・祭礼」「神態」「祭祀習俗」「祀職」「祭祀集団」に関する約120項目を収録。宗教篇は、祭祀以外の部門について「英文神道要語集」(Basic terms of Sinto)の英訳分類項目表の大項目を利用し、約120項目を収録している。 0499

日本「神道」総覧 新人物往来社 1995.7 427p 21cm （別冊歴史読本） 1800円
神道を総合的に理解するために編集された『歴史読本事典シリーズ第24号』。巻頭総論「日本人と神道」をはじめとし、図説「神道の世界1-5」「神道博物館ガイド」などに分かれ、図版・写真を中心に多角的に解説している。巻頭に吉田流神葬祭の模様を描いた絵巻が収録されている。付録として「全国主要神社154」「社格一覧」「主要神名一覧」「主要参考文献」がある。エッセイや特別読物などもあり、通読性のある神道辞典となっている。『日本「神社」総覧』☞0521 と併せれば、神道・神社についての理解が深まる。 0500

◆神祇・神道史

【索引】

六國史神祇索引 神宮皇学館〔編〕〔宇治山田〕 神宮皇学館 1933.3 539p 23cm 非売品
六国史の中から神祇関係事項を含む原文を抄録し、その神祇関係事項の五十音順に配列した索引。六国史の底本は『国史大系六国史』（菊判、経済雑誌社、1913-1916）。抄録文には年月日、原典書名、底本および「旧国史大系本六国史」（四六判、1897）の掲載頁を記載する。 0501

【辞典・事典】

国体神祇辞典 小倉鏗爾著 錦正社 1940.10 1656p 図版 22cm
国体、皇道、神道、神祇、日本精神などの語彙について平易簡明に解説した辞典。時代を反映した所説があるものの、重要語彙の解説には多くの学説・所説を列挙している。また府県郷社以上の神社はすべて挙げられており、祭神の解説にもなっている。巻頭に五十音順の事項索引がある。 0502

諸神・神名祭神辞典 矢部善三著 千葉琢穂編著 展望社 1991.3 580p 20cm 素人社書店昭和6年刊と展望社昭和58年刊の合刻複製 5850円
八百万の神名・祭神名を解説した素人社書屋1931年刊の『諸祭神名辞典』を第1部とし、著名神社の祭神を解説した展望社1983年刊の『神社祭神辞典』を第2部として合刻復刻したもの。第1部は「記紀神話の神」「自然造成の神」「国土造成の神」「幽事を治めます神」「清浄禊祓の神」「現身愛護の神」「順徳開運の神」「倫常恩頼の神」「家庭守護の神」「農耕殖産の神」「獵漁の神」「水運の神」「諸業み祖の神」「土工建築の神」「学芸み祖の神」「禁厭呪詛み祖の神」「諸祭祓除の神」「補遺」に分け解説し、第2部は神社名の五十音順に配列し、祭神を解説している。 0503

神名の語源辞典 志賀剛著 京都 思文閣出版 1989.12 242p 19cm 4-7842-0577-2 3605円
式内社の祭神名の語源を地形、地名、音韻から解説した辞典。神社名の五十音順に配列されているが地理的歴史的に並べたところがあり、一部順不同になってい

る。神名の読みで『国史大系』などの読みを訂正したものもある。同氏著の『式内社の研究』（全10巻）が基礎となっており、同書の索引的意味合いも持つ。
0504

大日本神名辞書 新訂増補　梅田義彦編著　大阪　堀書店　1972.12　336,30,70p 22cm　原編者：椙杜吉次　限定版 7000円

椙杜吉次編、1912年刊の新訂増補版。旧版の誤脱を訂正し、本文を新かなづかいに改め、漏れた神祇を増補したもの。記紀以下の古典に現れる天神・地祇、一般の伝承に見える祭神、功臣・功労者たる祭神など約2800を五十音順に配列し解説している。各項目には出典も記されている。増補分は約300。付録に神代系図などのほか、「神宮・元国幣社一覧」「神徳一覧」を増補している。
0505

日本神祇由来事典　川口謙二編著　柏書房　1993.10　510,48p 27cm　付（1枚　袋入）：記紀神話の神々・系図一覧　4-7601-1002-X　18000円

神話の神々と民俗の神様の由来について解説した総合辞典。「第1編日本神祇の系譜」「第2編記紀神話の神々」「第3編民俗の神様・神社」に分れている。第1編は「日本における神祇の系譜、神々・神社にまつわる基本的事項」を概説し、第2編は「記紀神話に登場する神々を五十音順に収録しその神の系譜・神話および神名の由来」を記載、第3編は「民俗の神様を中心にして、これに関する神社などを五十音順に収録」している。神名は『古事記』記載の神名を見出し項目の最上部としている。別冊付録に1枚の大系図として表した「記紀神話の神々・系図一覧」。巻末に五十音順の神名・神社総索引、別冊付録の神名の五十音順・番号順索引がある。
0506

日本神名辞典　神社新報社　1994.7　397,56p 27cm　4-915265-66-8　非売品

記紀その他の古典に掲げられた神々、全国著名神社の祭神、歴代天皇、義民神社の祭神などを収録し、出典を明示して解説を加えている。配列は神名の表音表記の五十音順。『古事記』記載以外の呼称や俗称は「を見よ項目」として記載されている。祭神の読み方は表音に基づくものと、「神社新報社使用の歴史仮名遣い」に基づくものを記載している。巻末に神名の五十音順索引がある。
0507

日本の神々　神社と聖地　第1-13巻　谷川健一編　白水社　1984-1987　14冊（別冊共）20cm 3300-5200円

「延喜式」神名帳などに載る古社の神々を中心に各地の代表的な民俗神も取り上げて、民俗学・歴史学・考古学などと関連付けて検討を加えている。全12巻を九州-北海道に分けて収録し、第13巻を南西諸島の聖地信仰に当てている。各巻の内は旧国名単位にその中を地域別に配列している。神道の原初的形態を知るとともに、神社辞典としても利用できる。各巻末に五十音順の神社名・聖地名索引があり、別冊として五十音順の神社名総索引がある。
0508

【便覧】

神祇に関する制度・作法事典　改正版　神祇学会編　光文堂　1943　2版　674p 22cm

神祇修斎に関する事項を網羅し、平易簡明に解説した事典。「神国の意義」「神宮及び神社」「祭祀制度」「神社及び祭祀」「神饌幣帛とその供進」「公費供進」「幣帛供進使」「幣帛供進使の服制」「神社祭式と幣帛供進使及び随員の行事作法」「祝詞」「忌服と除服」「氏神と氏子」「私祭（特殊祭儀）」「主たる祭神の事歴」「神社の建築」「教派神道の大要」「神宮及官国弊社一覧」からなり、巻末に主要事項の五十音順索引がある。戦前の神祇制度を知る上で参考となる。また作法に関する事項は現在でも十分利用する事ができる。
0509

【年表】

神祇史年表　増補版　兵庫県神社庁編　明文社　1967-1968　3冊 22cm　初版：兵庫県神職会昭和16-19年刊　1700-2000円

上・中巻（旧下巻）は兵庫県神職会、1941-1944年刊の復刻。神武天皇から1942年（昭和17）までの神祇史に関する年表。国史重要事項・神祇史事項の欄を設けている。神祇史事項にはすべて出典を示し、明治以後はその年に刊行された神道関係書籍の書名・著編者も記されている。巻頭に年号の画引索引・書名略符索引がある。下巻は復刻時に兵庫県神社庁が新たに編纂したもの。内外重要事項・神祇史事項の欄を設け、1943年から1967年までの年表を収めている。巻末に旧下巻にあった付録とともに戦後神道関係法令などを収めている。
0510

◆神典

神典索引　再版　大倉精神文化研究所編　横浜　大倉精神文化研究所　1937.10　396p 23cm　昭和11年同研究所編「神典」の索引

『神典』（1936年）の神名・人名・地名・物名・件名など約2万2000語の索引。五十音順に配列し、所収文献名も付す。神名・神社名はすべて採録されているが、

ほかのものは取捨が加わっている。歌詞はすべて採録され、第2句までを掲出しほかのものと区別している。『神典』所収の文献は、古事記、日本書紀、古語拾遺、宣命（続日本紀抄）、中臣寿詞、令義解（抄）、律（抄）、延喜式（抄）、新撰姓氏録、風土記、万葉集（抄）。

0511

◆神社、神職

【辞典・事典】

神社辞典 白井永二，土岐昌訓編 東京堂出版 1979.12　360,31p 22cm 4500円

約2000社の神社を中心に類社・分祀までを含めて解説した辞典。神社の正式名称により五十音順に配列し、所在地（町名・大字まで）・沿革・旧社格・祭神名（神社の明細帳による）・文化財・例祭日を記載。同系統の神社・分祀などは根本社のもとに概説されている。巻末に概括神社一覧（本辞典で一括して解説された神社）。府県別一覧（本辞典で何らかの記述のある神社を各県別に配列したもの）がある。

0512

全国神社仏閣ご利益小事典 社寺の功徳をたずねて 現代神仏研究会編 大阪 燃焼社 1993.6　422p 21cm 4-88978-052-1　5200円

諸神仏のご利益を分類し、諸社寺のご利益と由来について解説した辞典。「前章」「各宗派の現世利益観」「神道と民間信仰の神々」「仏教系による現世利益信仰」「現世利益の社寺」に分かれる。現世利益について概説し、ご利益を願い事や職業別などに分けて当該寺社を記載している。巻末に五十音順の事項索引がある。

0513

【名簿・名鑑】

神社・寺院名よみかた辞典 日外アソシエーツ編 日外アソシエーツ 1989.9　729,21p 22cm 発売：紀伊国屋書店 4-8169-0904-4　19570円

「通称・別称・旧称などを含む全国のさまざまな神社・寺院の名称の中から、一般に難読と思われるもの、誤読の恐れのあるもの、比較的著名なものなど約2万4000を選び、それぞれの読みがな、所在地、祭神・本尊、教団・宗派などを示した」神社・寺院名の読み方の辞典。「神社の部」「寺院の部」に分かれている。配列は表記に使用されている第1字目の漢字の総画数・部首順。巻末に五十音順の見出し漢字音訓読み索引がある。

0514

神社名鑑 神社本庁調査部編 神社本庁 1962.4　956p(図版共) 図版 27cm

1961年現在で調査した約6000の神社について、旧社格、所在地、祭神、例祭、神紋、本殿構造・坪数、境内の坪数、摂・末社、宝物、宮司、権宮司、禰宜名、氏子総代、氏子数、崇敬者数、特殊神事・芸能、由緒沿革などを都道府県別に収録。各巻頭に五十音順の神社名索引がある。

0515

神道人名辞典 平成3年改訂版 神社新報社 1991.10　629,46p 27cm 4-915265-56-0　10000円

1986年刊の改訂版。記紀の時代から1991年までの神道関係の人物約4200名の辞典。2篇からなり、第1篇は1945年までの神道家、神道学者、宗教家・政治家で神道に関係ある人物、教派神道の著名者などを収め、第2篇は1945年から1991年までの神社本庁創立以来の神社界に影響力のあった人物、現在神社界で活躍している人物を収めている。改訂に際して約500項目に改訂を加え、約200項目を増補している。巻末に五十音順の索引がある。

0516

全国主要神職名簿 平成7年 神社新報企画・葦津事務所編 神社新報社 1995.11　401p 18cm 付・別表神社等職員名簿 3500円

1992年版の改訂版。1995年9月末現在での名簿。「全国主要神職名簿」「別表神社・神社庁職員録」に分かれている。前者は神職を都道府県別・等級別に配列し、奉務社・職名・氏名・住所・生年月日・最終学歴を記載。後者は、神宮司庁・神社本庁、各神社庁、別表神社を都道府県別に配列し、神職・職員の職名・等級・氏名・住所・生年月日・最終学歴を記載。付録に靖国神社、伏見稲荷大社、東照宮の職員名簿がある。

0517

全国神社大要覧 リッチマインド出版事業部 1989.8　538p 27cm 監修・構成：大竹伸宜　編集・製作：横溝正道ほか 13500円

神社への理解を深めるために、全国の主要神社217社を都道府県別に配列している。それぞれ祭神、由緒、社殿、祭典、神徳、摂・末社、宝物などを記載。約100社については本殿（または拝殿）の写真も掲載されている。付録に本文中に掲載できなかった2968社の神社名、祭神、所在地を記載した「全国神社一覧表」と神社ミニ知識、用語辞典などの解説がある。巻末に本文掲載神社の五十音順索引を付す。

0518

全国神社名鑑 全国神社名鑑刊行会史学センター編纂 全国神社名鑑刊行会史学センター 1977.7　2冊 31cm 全58200円

全国の神社を「著名神社名鑑」「全国神社名鑑」に分

けて収録している。前者は旧郷社以上と文化財所蔵の神社など約6400社について、その所属教団、所在地、祭神、神紋、建物・境内の坪数、摂・末社、社宝、氏子数、例祭日・神事と芸能、由緒、宮司、氏子代表などを掲載し、後者は各都道府県宗教法人名簿登載の約8万3800社について、所属教団名、神社名、所在地を記載している。上・下巻に分れ、上巻は神宮を巻頭に置き、北海道・東北・関東・中部地方、下巻は近畿・中国・四国・九州地方を収録する。配列は県別に神社名の五十音順。「著名神社名鑑」末に五十音順の神社名索引がある。付録に「神社用語一覧」など神社神道理解に必要な事項が略説されている。『神社名鑑』☞0515の改訂版とも言える。編纂から日時が経っているが現在最も詳細な神社名鑑である。　0519

【便覧】

神社実務提要　改訂版　市川豊平著　神社新報社　1988.8　283p 22cm
神社本庁の包括下にある神社を対象とし、その事務運営上のために必要な法令と実務について解説した手引書。「概説」「宗教法人法」「神社実務」「神社制度」に分かれている。「宗教法人法」は各条文の後に用語解説、法規解説がある。「神社実務」は神社の設立、管理、規則の変更、合併、解散などの法律行為について書類書式とともに詳細に述べられている。巻頭に参考法令索引、書類書式索引がある。付録に神社本庁庁規・憲章、神社規則（準則）がある。　0520

日本「神社」総覧　上山春平他著　新人物往来社　1992.10　517p 22cm 愛蔵保存版　4-404-01957-2　3800円
神社について総合的に理解するために編集された『歴史読本　事典シリーズ第9号』(1991)の愛蔵保存版。「総説・神社の歴史」「事典特集日本の神社100」「特別講座」「資料編」「全国有名神社一覧」に分かれる。事典特集に収録された神社については、鎮座地・祭神・社格・由緒・建造物・神事・宝物・参考図書および史料を記載し、写真も収録されている。「資料編」には用語事典、人物事典、参考文献、年表、式内社所在一覧、主要神名一覧、諸国一の宮・総社一覧を収録。エッセイもあり、通読性のある神社辞典となっている。『日本「神道」総覧』☞0500と併せれば、神社・神道についての理解が深まる。1996年には最新版がシリーズ第28号として出ている。　0521

◆神社と国家、国家神道

神社祭祀関係法令規程類纂　長谷晴男編　国書刊行会　1986.4　393p 22cm 8000円
1868年から1985年までに公布された、神社関係法令規程類の原文127件、改定時の新旧条文対照表、制定、改定要項を収録したもの。付録に「神官神職服制表」「神職祭祀服制表」「神社祭式付図」がある。神社祭式研修資料として編纂されたものだが、神社祭式の歴史的流れや内容について知ることができる。　0522

◆神社誌、神社縁起

式内社調査報告　第1-24巻，別巻　式内社研究会編纂　伊勢　皇学館大学出版部　1976-1995　25冊 22cm
全国2861社の式内社の社名、由緒、所在、祭神、祭祀、社殿、境内地、宝物・遺文について調査した報告書。各社の写真、現在地・論社地・旧社地の地図が各巻頭に付されている。全25巻で、第1-5は京・畿内、第6-11は東海道、第12-14は東山道、第15-17は北陸道、第18-21は山陰道、第22巻は山陽道、第23巻は南海道、第24巻は西海道に分かれ、さらに国別に配列されている。第25巻は別巻で本文篇総目次、式内社索引、五十音順の神社名・神名・祭祀名・寺院名・仏名・人名・氏名（ウジメイ）総索引がある。また年紀編年索引、執筆者索引を収録している。式内社の歴史を知る上での基礎的な資料である。　0523

神社古図集　〔正〕，続編　京都　臨川書店　1989-1990　2冊 31cm　〔正〕編：日本電報通信社出版部昭和17年刊の複製（監修：宮地直一、編集：福山敏男他）、続編：（監修：福山敏男、編集：難波田徹，岩鼻通明）　4-653-01819-7　22000円, 20600円
1942年刊の復刻版とその続編。前者は慶長年間以前に制作されたものと、慶長以前の状態の判るもの104点を収録し、解説を加えている。「神社古図概説」（宮地直一）があり、図版は神宮を巻頭に置き、延喜式神名帳の記載順に掲載。巻末に国別の「神社古図一覧」がある。後者は続編とし江戸初期頃までの古図102点を収録し解説している。総合的解説として「神社古図の世界」（難波田徹）、「社寺参詣曼荼羅の諸相」（岩鼻通明）がある。　0524

✦祭祀

祝詞辞典 菟田俊彦著 明文社 1963.3 590p 22cm 御巫清勇監修
祝詞作文上の典拠となる諸種の用語類を集めて解説したもの。文飾語篇（文節となる用語を枕詞から撰び五十音順に配列）、類用語篇（詞藻的用語となるものを語義上から同類語を集成し、雑祭祝詞の用語例を加え五十音順に配列）、本文編（古典的祝詞の集成）、語釈篇（祝詞式の用語。主な雑祭祝詞用語と慣用的な祝詞の語釈）、雑祭神名篇（雑祭・事物の神名の訓法と典拠）、雑纂篇（祝詞奏上に必要な諸訓例。作文に関係する諸事項の集成）に分かれている。
0525

祭り文献総目録 石田武久編 名著出版 1978.4 22cm （日本祭祀研究集成 第1巻） 祭りの起源と展開 倉林正次編
『日本祭祀研究集成』第1巻の付録として刊行されたもの。明治年間から1977年3月までの祭り関係の著書・論文・資料報告を収録している。関連論著もできるだけ収録されているが、家の祭り（年中行事）関係は省略されている。一般文献と県別文献に分かれている。
0526

仏教

【書誌】

韓国仏書解題辞典 東国大学校仏教文化研究所編 国書刊行会 1982.8 444p 22cm 8000円
韓国撰述の仏教文献で三国時代から朝鮮（李朝）時代（1896年）までのものを広範囲な資料から存逸を含め網羅的に採録し体系的に分類する。2部編成で、撰述部は三国・新羅、高麗、朝鮮の各時代と正音撰述および訳解の4章に分け、著者別に全著述・詩文などを記載する。文献は、著者見出しのもとに、人物の略説、書目（題名・巻数・存逸）の箇条標記、典拠・内容・現存本（古刊本・現代版）および所蔵3項目について概要解題を記載する。資料部は伝記・寺誌・その他雑部に分け、書目（書名・巻冊・刊写および存逸の別）を箇条書きし、解題は必要な一部のみ。解題には文末に参考文献を注記する。巻末に主要参考文献を載録。索引は巻末の人名・書名、巻頭目次に時代・著者別索引の要素を加味し、別に撰述部現存本は註疏部、宗義部、文集類、史伝部、目録部、礼懺部の6部17分類した部類索引を付す。『韓国仏教撰述文献総覧』（1976年刊）の翻訳版。
0527

日本仏教典籍大事典 金岡秀友〔ほか〕編 雄山閣出版 1986.11 551,164p 27cm 4-639-00608-X 28000円
仏教伝来以来明治維新前までに成立・撰述された日本仏教典籍を解説する。2編構成で、概説編は日本仏教を、南都六宗・天台宗・真言宗・浄土宗・浄土宗西山三派・時宗・浄土真宗・臨済宗（黄檗宗を含む）・曹洞宗・日蓮宗および通仏教（典籍分類・宗派索引に別立）に分類し、宗派ごとに、適宜の小見出しを立て、典籍理解の補助となる教義・経典・歴史を略説し、かつ明治以降の主要出版物にも言及する。本文編は、典籍名を漢字・ひらがな読み順に標示し、五十音順配列する。解説は、典籍名に続き分類・巻数・編著者名（生没年）・成立年を記し、内容・注釈本・刊写本・奥書など書誌学的特色を述べ、原本所蔵者を載せ、所載・参考を小見出しのもとに記載し、項末に参照を付す。巻末索引に、宗派別見出し項目・書名・人名・事項の4種を載録する。
0528

仏教学関係雑誌文献総覧 国書刊行会編 国書刊行会 1983.5 806,104p 27cm 28800円
仏教学関係雑誌の巻号別内容目録。収録誌は、仏教学研究専門誌、仏教系大学の紀要・会報、仏教一般総合誌、歴史学・哲学の研究誌など、明治初年から1981年末までに刊行された288誌。見出し雑誌名は発行者、発行所、刊行期間を順に付記し、五十音順に配列する。文献は、見出し雑誌名に続き、逐号順に号数・刊行年月を小見出しに論題、著者名を記載する。文献採録は、学術研究論文を中心に、仏教の一般的論説、新刊紹介・書評、インド学関係記事（特に宗教・思想関連）を広く対象とする。巻頭の収録雑誌一覧と巻末の著者索引はともに五十音順配列。
0529

仏教学関係雑誌論文分類目録 1-4 京都 竜谷大学出版部；百華苑；仏教学関係雑誌論文分類目録編集委員会 1931-1986 6冊（別冊とも）22cm 共同刊行：永田文昌堂
仏教関係大学、国公私立大学、学術研究機関が発行する機関誌や各種記念論文集に掲載の雑誌論文を編録す。2巻2冊で、分類目録編は7編（総論、経論、インド・チベット・その周辺、中国・朝鮮、日本仏教、

仏教文化、現代仏教)に分類し、各編はさらに章節に細目分類する。論題記載は、通し番号・論文名・所収雑誌名・巻号数・発行年月・著者の順で、所収雑誌名以下は1段下げで1行記載し、発行年月順に掲載する。索引編(事項および著者名)はそれぞれ五十音順を基本に配列し、ローマ字は最後に一括しアルファベット順に配列。凡例に、略号表と収録誌一覧を所載。過去4次にわたり発行され、各版は配列方法や分類項目など編集に学問研究の進歩変遷を反映した若干の異同はあるが、原則的に先例を踏襲する。各年次版の収録範囲は、(1)第1次自明治初期至昭和5年(1931年刊、1973年7月復刻)、(2)第2次昭和6年-30年(1961年9月刊、1973年6月復刻)、(3)第3次昭和31年-44年(1972年5月刊)、第3次昭和31年-44年国公立編(1974年10月刊、(3)との合冊版が増補版としてあり)、(4)第4次昭和45年-58年(1986年1月刊)。なお、第1次版の類似目録に『仏教論文総目録』(潮書房、1931。改訂増補は大観堂、1935。明治初年-昭和5年3月までの1万4223編を収録。論文番号付き。巻末に五十音順分類索引。主要11大学図書館などの所在を記載)があり、併用できる。 0530

仏教学論集総覧 国書刊行会 1983.4 434,93p 22cm 監修:斎藤昭俊 12000円
仏教学およびインド学、宗教学、民俗学など関連分野の記念論文集、テーマ別論集、講座、叢書など、複数執筆者からなる、1980年末までに出版された日本語刊行物約600種の内容目録。見出し文献は論集名に編者、発行者、発行年を付記し、五十音順に配列し、一連の文献番号を付す。各論集の記載内容は、論文名、著者名、初出頁を順記する。巻頭に五十音順目次、巻末に件名・著者名の五十音順索引(欧文は末尾に列記)を載録する。 0531

仏教関係雑誌所在目録 昭和50年3月末現在 私立大学仏教図書館協会編 〔京都〕私立大学仏教図書館協会 1978.3 276p 27cm
私立大学仏教図書館協会に加盟する図書館および研究機関が1975年3月末現在で所蔵する仏教関係雑誌の所在目録。「和文の部」と「欧文の部」の2部構成で、和文部はさらに「和文」「欧文誌名」(欧文やローマ字表記のタイトルのもの)「中国語」「朝鮮語」に区分する。見出し語は標題(誌名)をゴシック表記して、発行地・編者(発行所)・注記(改題など)を順記し、和文部は五十音順、欧文部はアルファベット順に配列する。所蔵内容は見出し誌名のもと、所蔵機関(略称)・請求記号を順記して小見出しとし、所蔵巻号・年記・欠巻号を段落記載する。適宜に参照を付す。巻頭に所蔵機関略称表を掲載。 0532

仏書解説大辞典 小野玄妙編纂 大東出版社 1975-1988 15冊 27cm 4-500-00288-X 7000-28000円
日本語・漢語の仏教典籍約9万余部を解題し所在を明示した仏教典籍最大の根本辞典。全14巻は解説編(本編11、増補2)と著者索引で構成。解説編は見出し語を書名で標示し、首字の五十音順・部首順・画数順に配列し、①書名読み、略名・異名を併記②巻数③存欠④著訳者・生存年代⑤著作・訳出年代⑥内容解説⑦末書(注釈書・参考書類)⑧写刊年代⑨現所蔵者⑩発行所の10項目を記載。書名読みは日本音・支那音・梵語音・西蔵語音・巴利語音を記し、日本音はローマ字で一字一字をハイフンで繋ぎ表示。③存欠では存を各種大蔵経・全書類の所載巻号を略符で記載。⑥内容解説は署名入りで、各種大蔵経・全書類の所収経典を名義・大綱・分科・判釈・伝通の範囲で詳記する。古逸書類は⑦末書(注釈書・参考書類)に重点的掲載。初版は1933年(昭和8)-1936年(昭和11)。増補巻は昭和7年11月1日-40年末日までに日本刊行仏教書約7300余を本編に準じ解説。別巻に『仏教経典総論』(小野玄妙著)。 0533

明治仏教史編纂所蔵目録 明治仏教史編纂所 1972 216p 図 21cm 500円
慶応義塾大学斯道文庫が所蔵する旧明治仏教史編纂所(千代田区神田寺に旧居)蔵書の目録。2部構成で、新聞雑誌の部は明治年間創刊の仏教関係、大正・昭和年間発刊の仏教関係、その他に大別し、誌名の五十音順に配列し、発行所・編集者・発行地・頻度・創刊・改題・備考などの項目を記載する。和漢図書の部は2輯に分かれ、第1輯は仏教関係で、経・論釈、宗義、仏教史、伝記、寺誌、雑、語彙・目録に分類し収録。第2輯は、仏教関係以外を、宗教・哲学、伝記、歴史、地誌などに分類し収録。両輯とも、書名、編著者、出版年、出版者、頁数などを順に記載し、五十音順に配列する。巻末に和漢図書の書名索引を付す。旧版を増補し、あわせて「図書の部」を追補した改訂版。 0534

Bibliography on Buddhism / ed. by the Commemoration Committee for Prof. Shinsho Hanayama's sixty-first birthday. 北星堂 1961 869p 27cm 奥付の書名:『英文仏教文献目録』
欧米諸言語、特に英語、ドイツ語、フランス語、イタリア語、オランダ語、ロシア語、ポーランド語、チェコ語などで書かれた仏教学関係の図書・論文の目録で、1950年位までの1万5073編を収録し著者別に編録する。見出し語は著者の原語標示で、アルファベット順に配列し、同著者の著作は出版年順に箇条配列する。文献記載は、単行書は書名、頁数、出版地、出版社、出版年を、論文は論題、所収雑誌、巻号、頁数、出版

年を記述し、詳細な改訂注記を掲載する。文献末に通番で文献番号を記載。参照見出しを掲出し、文献末に参照も付す。巻頭に掲載誌や書誌記述の略号一覧、巻末に件名索引を載録。　　　　　　　　　　　0535

【辞典・事典】

岩波仏教辞典　中村元〔ほか〕編　岩波書店　1989.12　978p 20cm　4-00-080072-8　5800円
仏教を中心に、文学・歴史・美術などの諸領域から、用語・固有名詞（仏典・経典・人名・寺名・地名など）・仏教関連語や総合項目（中世文学と仏教など）を立項し、五十音順に解説した辞典。漢語項目は漢字表記にひらがな読みを付し、異なる表記や読みと対語（順縁・逆縁など）の解説・参照、解説文中の主要項目への注符など、検索に配慮。岩波版の『日本古典文学大系』『日本思想大系』を主に用例を新撰し出典付きで引用。巻頭に出典要覧、巻末付録に図解・サンスクリット語の手引き・梵字悉曇字母表（付・十三仏の種子と真言）・仏教史略年表・地図、和文とサンスクリット語などの索引。　　　　　　　　　　0536

コンサイス仏教辞典　大東出版社　1980.9　1148p 18cm　監修：宇井伯寿　背の書名：『仏教辞典』　第2刷（第1刷：昭和13年）3800円
専門的な仏教大辞典と大衆的な仏教辞典との中間を指向し、大辞典に勝る語数と簡潔明瞭な説明解釈と実用性を意図した1頁左右2段組の携帯に便利な辞書。解説は、同一語で語義の異なる場合は①②などの符号で区分し、種類の異なる場合には別出。仏尊名・地名・人名・諡号などには仏・国・城・禅師などの属称を付記し判別の便を採る。原語は用例があるものに限る。見出し語はカタカナ（漢字付き）で表示し、漢字一字を一音とみなし、五十音順に配列。読み方・漢字表記は慣習的一般的なものを採用し、ほかは解説中に「また…」と注記し、あるいは適宜に（…別出）と参照する。総目次・総索引を付す。　　　　　　0537

新・仏教辞典　増補版　石田瑞麿等著　誠信書房　1980　576,48,22p 地図 19cm 中村元監修
仏教の諸分野から解説項目3700、参照項目3500を厳選したコンパクトな1頁左右2段組の辞典。仏教項目以外に、インドの宗教・思想・仏教復興運動・文学、欧米の仏教学者に及ぶ広範囲な内容も盛る。中高の教科書に出てくる用語や人生と現代生活に関係深い項目にも配慮している。見出し語は現代かなづかいのひらがな（〔漢字〕付き）で表示し五十音順に配列。参照は本文中に配列した参照項目のほかに、文中・文末に→で適宜に参照する。付録に日本仏教宗派一覧、索引（漢字・欧字）、仏教略年表、16種の仏教地図。　　　0538

図説仏教語大辞典　中村元編著　東京書籍　1988.2　760p 27cm　4-487-73155-0　22000円
仏教思想史の視点で普通名詞中心に語句と関連図版を収録したインド文化百科事典。インドの仏教・ヒンズー教・ジャイナ教などのインド文明史に重点を置き、日本・東アジアはインド源流や仏教密接事項に限定。南アジアは諸宗教や風俗習慣の関係事項も広く収録。見出し語は漢字・ひらがな順におおむね標示し、五十音順に配列。解説は、『仏教語大辞典』☞0540（1975）の掲載表示（頁・段）・語義・原語表示・解説・図示や図解、の順に詳説。文末に参照を付し、項末に参考・引用文献、専門的研究の指針的な言及と参考文献を、各種符号で区分紹介。図版は代表例を掲載し、その他は所収文献・所在博物館を注記。解説文中に原語がローマ字表記で示され、巻末の原語索引との併用でサンスクリット・パーリ語の図説辞典としても活用できる。凡例末に参考文献一覧（和洋）。　　0539

仏教語大辞典　中村元著　東京書籍　1981.5　1冊 22cm 縮刷版 18000円
仏典読解に必要な仏教語などの普通名詞・仏教漢文構文法語彙を中心に、最初期の漢訳仏教文献を含む重要仏典や日本古典籍からアジア各国諸地域の霊場、民間信仰での日常語まで、原典主義・現地主義で採録。見出し語は漢字・ひらがな順におおむね標示し、電話帳方式五十音順に配列。解説は平易な現代語で多面的に説明し、梵巴などの原語を併示し、複数語釈は区分して示し、適宜に参照を付し、特殊な用例（原語・語釈付き）を載せ、さらに解釈例（日本先学の古来の解釈）・表現例（宗教家・教育家の使用例）・解説（最重要語の仏教思想的変遷・厳密な概念規定、比較思想・世界思想史的な意義）を叙述。出典注記は詳細にわたる。別巻は出典略号一覧・画数および五十音索引・チベット語およびパーリ語サンスクリット語等索引を載録。索引併用で梵・巴語辞典としても有用。初版は1975年刊で3冊。　　　　　　　0540

仏教辞典　第5版　大東出版社　1970.7　6,1148p 19cm　監修：宇井伯寿　中型版 20000円
仏教に関する多数の項目を簡潔に説明した辞典。旧字体を使用し、やや文語調。術語およびインドの固有名詞にはサンスクリット語などを付記。電話帳配列のため、巻頭に冒頭字の読みの五十音順索引あり。経典名、書名には『大正新脩大蔵経』『大日本仏教全書』『仏書解説大辞典』☞0533 の巻数と頁が付してある。1938年刊の初版がコンサイス型、1989年にはこの中型版の机上版である愛蔵版が刊行されている。　　　　　　　0541

仏教大辞彙　第1-7巻　2版　竜谷大学編　富山房　1972-1974　7冊 図 地図 27cm 初版：大正3-11年刊　各

8800円

インド・支那・日本三国にわたる仏教各宗の教義・制度・仏・菩薩・諸天・諸鬼神・器具・伎楽・動植物・宗派・寺院・霊場などの仏教関係語彙や大蔵経所収の主要な経論釈・その他の著名典籍など仏教研究に必要な事項を網羅的に収載する。全7冊（本編6巻索引編1巻）。見出し語はカタカナ・漢字の順に標示し、五十音順に配列する。解説は、複数語釈を弁別列記し、漢字には適宜のひらがなルビ、音訳・義訳語には梵・巴・蔵語のローマ字表記を付記し、挿図を多数付載する。典拠引証は取意略抄や原文（あるいは読み下し文）により出典を付す。詳細長文の説明には標目を立て分段記述する。時代・各宗各派による語義の相異・変遷の経路を詳説する。文末に項目参照を付す。索引巻には、かな索引、漢字索引（画数引き）、梵語索引（ローマ字アルファベット順。ひらがなルビ付き漢訳語を併記）の3種を載録する。
0542

仏教大事典 小学館 1988.7 1111,30p 27cm 監修：古田紹欽ほか 編集：日本アート・センター 4-09-508101-5 18000円

仏教術語・人名・書名・寺院・宗派名など1万1500項目の仏教百科事典。日本を中心にアジア・西洋も視野に入れ、儀礼・行事や美術、近世・近現代を重視した項目選定。五十音順配列を「大項目一覧」表と「ジャンル別主要項目ガイド」で検索を補強する。特に後者は収載項目のうち比較的長文解説の大項目と中項目約800を、「国別（日本以外）」「人名」「仏教学・宗教学」など10ジャンルの中で分類してあり、項目検索に便利。67個の大項目は仏教の最重要術語の意味、時代別の日本仏教史、主要宗派の概要、各国の仏教史の特色などの一項目での総括的理解を意図する。参考文献、執筆者名を掲載。巻末に「現代日本の仏教宗派」「悉曇字母表」「仏教史年表」「五十音順項目索引」。
0543

仏教大辞典 織田得能著 名著普及会 1981.8 1874,240p 27cm 大正6年刊の複製 普及版 16000円

五十音順の配列。太字拡大の見出し語はカタカナ読みに続き漢字を表示。語の説明は語の種類別（名数・術語など28種）・語義、仏典・国文学・謡曲などから豊富な用例の引用（出典付き）からなる。さらに本項より一段下げて付項を列挙し、体語の専門的・法数的・文学的用例を掲載。仏教用語の宗派による相異など複数の読みを列挙し、漢字画引索引・発音索引で仏教語の読法の検索に配慮する。梵字索引（梵語と巴語）は梵字と対応する漢字表記を掲げ、音写語検索の便宜をはかる。織田得能の個人編纂辞書で、1917年初版発行し現今に至る各種仏教辞典に多大の影響を与えた仏教辞書の代表的名著。
0544

仏教用語事典 須藤隆仙著 新人物往来社 1993.4 424p 22cm 4-404-01994-7 13000円

仏教用語を中心に仏像、経典、書名、人名、寺名など約5000語を収録する辞典。見出し語の五十音順配列。高校生にも理解できることを目標に平易に解説している。
0545

明解仏教事典 2版 永畑恭典編 本の友社 1988.1 452,21p 27cm 18540円

仏教が日本に伝来しその後の歴史的過程の中で、宗派・教団の成立がさまざまな形で仏教を歪曲化・矮小化・弱体化し、思想的信仰的影響力の喪失を招来し現代に至っているという認識のもとに、仏教本来の姿を体系的に分類章立てした234項目により解説する。項目の配列は①日常生活でよく使われる仏教語②仏教の基本的要語③寺院で見聞する仏教語④仏教行事と儀礼⑤インド・中国の仏教史⑥日本の仏教史⑦日本著名寺院要覧の7章に分け、各章ごとに中扉を立てる。解説は詳細で、漢字には適宜にルビをふり、イラストも載せ、項目に応じ1-8頁を割り当て、参考文献、関連事項への参照、解説末尾に関連用語解説を載せる。巻頭に目次・関連用語解説目次・五十音順項目索引、巻末に五十音順総索引あり。
0546

望月仏教大辞典 第1-10巻 増訂版 望月信亨著 塚本善隆増訂 京都 世界聖典刊行協会 1954-1963 10冊 26cm

インド以来の仏教伝播の史実、各種信仰対象、高僧事蹟、寺院塔堂、行事風俗などの事項を、日本仏教重視で網羅的に収録し総合的に詳説した大項目主義辞典。見出し語は五十音順に配列し、カタカナ・漢字を順示。解説は語彙分類、複数語義の弁別、梵語など原語のローマ字併記、典拠引用と注記、図版、文末の豊富な参考文献、文中語彙の参照注符や項末参照（別項・図版）などの学術的利便性を備え、遡源と変遷発展の解明を基本軸に、所定の序に記述。たとえば、術語などは異名別称等・字義・引用・原意・種類等・転義の、地名・寺名類は所在地・異称・沿革・現状等の、経典などは所収大蔵経の略注・巻数・訳著者・異称・内容・著作由来・流布沿革・注釈書の順。各巻頭に別刷図版。索引巻は仏教分布地図と約5万語載録の五十音順和漢語索引（付。冠字索引総目次・冠字発音画引）、梵・巴語索引。仏教研究用大辞典の嚆矢で武揚堂刊（1909-1916）の3巻ものの後、増補・補遺・改訂と版を累加。
0547

例文仏教語大辞典 石田瑞麿著 小学館 1997.3 1147p 22cm 4-09-508111-2 5800円

日本の仏教語の大辞典。上代から近世までの仏教書、文学・歴史などの幅広い分野の文献から、仏教用語・

仏教関連語を約3万項目を精選（人名・地名・書名・寺名などの固有名詞を除く。サンスクリット原語のものは例外）し解説する。見出しは五十音順配列で、和語・漢字はひらがな、外国語はカタカナで表記し、漢字表記を添付。解説はおおむね、注記・語釈・参照・補説・出典・用例の基本順に簡潔に記述。複数語釈は記号で区分し、基本順に解説。語釈の冒頭に、読み・語源を注記。例文も、割注、別表記の異本、底本の誤字・脱字、文意の補足説明を各種区分符号で注記。同一見出し語を語頭に持つ慣用句の類はその見出し語の小見出しとして解説。巻末に主要出典一覧あり。
0548

【辞典・事典－初級・平易・日常】

暮らしに生きる仏教語辞典 山下民城編 国書刊行会 1993.5 465p 19cm 4-336-03485-0 4800円
仏教に由来することばを五十音順に配列した辞典。巻頭に梵語を音写した日本語、日常語になった仏教語、ことわざ・俗語、事物の名称など8項目に分けた項目別索引がある。『くらしの中の仏教語』（山下民城著、冬樹社、1978）に「仏教に由来する地名・人名考」を追補し書き改めたもの。
0549

暮らしのなかの仏教語小辞典 宮坂宥勝著 筑摩書房 1995.8 462,18p 15cm （ちくま学芸文庫）『仏教語入門』(1987年刊)の改題 4-480-08224-7 1300円
日常よく使われる仏教用語437語を収録し、一般読者向けに、語源・語義・歴史的変遷・日本の古典文学における用例などを解説した小辞典。配列は見出し項目の五十音順。巻末に見出し項目および本文中の主要な仏教語の五十音順索引がある。収録語彙数は少ないが、仏教用語としての語義と同時に、日常生活における用法が把握でき、解説が平易で理解しやすい点に特色がある。
0550

仏教日常辞典 増谷文雄,金岡秀友著 太陽出版 1994.12 596,103p 20cm 折り込み1枚 4-88469-111-3 4500円
『新撰仏教辞典』（増谷文雄著、同文館、1942）の増補改訂版。新たに600語を加えた約4100語を平易な現代語に改めて、五十音順に収録。付録として項目数を増補した「仏教常識」(300項目)「仏教から出た日常語」(300項目)、原本にはない「仏像図解」を付す。ほかに「仏教史簡表」も追補。巻末の索引は、本文、付録の解説文中の用語約6500語を五十音順に配列したもの。
0551

仏教日用小辞典 由木義文著 大蔵出版 1989.7 215p 19cm 4-8043-0011-2 1751円
初学者向きの仏教用語辞典。専門術語のほか、仏教史、人名、地名、寺院名、法会、行事、文献、仏像、美術、器物、道具、および仏教関連思想・哲学など広範囲の用語約4000語を収録。ひらがなの見出し語のもとに漢字形を付して五十音順に配列している。項目の説明は20－200語程度で平易であり、仏教の専門家が難解な仏教用語を誰にでもわかるように説明する際にも有効である。
0552

わかりやすい仏教用語辞典 大法輪編集部編 大法輪閣 1983.3 238p 19cm （大法輪選書 9） 4-8046-5009-1 980円
仏教の術語を平易に解説した用語辞典。2篇からなる。第1篇は、418項目を五十音順に配列した基礎用語篇。第2篇は、仏・菩薩とは何か、仏のおしえなどの4主題に分けて、それぞれの関連用語をやや詳しく解説している重要語篇で、配列は主題別の見出し語の五十音順。第1篇には、第2篇への索引を兼ねた参照がある。雑誌『大法輪』に掲載したものに加筆再編集。
0553

【辞典・事典－古典・国語】

国語のなかの仏教語辞典 森章司著 東京堂出版 1991.9 361p 20cm 4-490-10301-8 2800円
国語と仏教語との関係は、そのまま国語になったもの、意味がまったく転化したもの、同一表記で無関係の3種類に分かれるが、この3ケースの語彙を採録し解説。見出し語は漢字・ひらがなの順に表示し、五十音順に配列。解説は3項に分け、国語・仏教の項では語義や読みを説く。参考では、国語と仏教語との関係、仏教思想に占める位置・背景、日常生活との仏教文化的関係など、古典の用例（出典付き）をひき、仏教項の解説文中の仏教語にも敷衍しつつ解説。参照や注釈の補記も豊富。巻末索引で国語・仏教語双方の読みで全体の仏教語句が検索できる。ハンディな辞典。
0554

古典にみる仏教語解説辞典 倉部豊逸編著 国書刊行会 1994.9 361,21p 22cm 4-336-03641-1 9800円
国文学古典作品に頻出する、仏教一般の理解に必須の仏教語（梵語・漢訳語）を岩波版『日本古典文学大系』(1957-1969)を底本に抽出・採録する。見出し語は漢字・ひらがなの順におおむね表示し、五十音順に配列。見出し語の、梵語（音写）には＊印、梵漢兼挙語には△印を頭部に付す。説明は、用例・解説・類語句および出典の構成を採る。解説文中で○印付記の類語句は底本以外の使用例で、ゴシック表記の類語句は出典とともに末尾に一括する。仏教語解説や類語句・用例と相まって仏教一般の理解と国文学研究への接点を意図した国文学研究用の辞典。巻末に索引。
0555

日本仏教語辞典 岩本裕著 平凡社 1988.5 856p 27cm 4-582-13001-1 20000円
岩波版『日本古典文学大系』(1957－1969)所収の古典を中心に仏教語彙を採録し五十音順に配列し詳説する。解説は、日本における意義と変遷を古典からの用例に即して述べ、補説としてさらに由来と原義を漢訳仏典の実例やインド古典に遡及して叙述する。参考文献を文末に掲示。引用文に送りがな・言葉の補記・語注を施し、補説や引用文の仏教語に語釈を加え、読む辞典としての要素も併せ持つ。引用文献・被所収文献は凡例に掲載。巻首に総目次、巻末に漢字索引、サンスクリット・パーリ語・プラークリット語索引を付す。個人編纂辞書で「はしがき－本書の成立まで」は、文献評価に有益な示唆に富む。　0556

【辞典・事典－日英】

日英仏教語辞典 3版増補 稲垣久雄著 京都 永田文昌堂 1988.4 534p 20cm 背・表紙の書名：『A dictionary of Japanese Buddhist terms』 7500円
岩波版『日本古典文学大系』(1957－1969)所収の『平家物語』『方丈記』『竹取物語』『太平記』『徒然草』『大和物語』を底本に、日本古典の欧米研究者にも役立つ用語・人物・儀礼・典籍・宗派・教義などの仏教語を採録し英文解説する。見出し語はローマ字読み・漢字（かな漢字混交）を順示し、アルファベット順に配列。解説は簡潔で、典拠略注・『大正新脩大蔵経』所収巻・経典番号の参照注記、類義語・同義語の適宜掲出、文中術語に漢字・梵語・英訳・日本語読みの適宜併記と相互補記、相互参照など、利用に配慮する。巻末に日本語読み検索の漢字画引語句索引・中国読み漢字索引、日本語・中国語・梵巴語の語句索引を付す。本編末の補遺編は、岩波大系本の『日本霊異記』『風姿花伝』ほか世阿弥の能楽書、小学館版『日本古典文学全集』所集『謡曲』類、『竜谷大学翻訳叢書』所集の浄土仏典類を底本に約450項目を追録する。初版は1984年。　0557

日英仏教辞典 増補普及版 大東出版社 1991.11 456p 22cm 4-500-00581-1 9500円
宇井伯寿監修『仏教辞典』☞0541所収の2万4700余項目から約5200項目を摘出し、その説明文を英語に翻訳した辞典。見出し語は、日本読みローマ字・旧漢字の順を基本表示とし、さらに梵語・中国・パーリ語・チベット語の順にローマ字表記で適宜に表示する。人名見出しには、生没の西暦年を付記。解説文では、日本語以外の原語には日本語のローマ字表記および英訳語や中国語のローマ字などを補記し、英訳語には原語・日本語訳を適宜に挿入する。巻末索引は、漢字見出し語の五十音順と画引索引、梵語・パーリ語・中国語などのローマ字索引。　0558

【辞典・事典－成句・名言・ことわざ】

暮しに生かす仏教成語辞典 寺内大吉, 栗田順一編 東京堂出版 1990.9 166p 20cm 4-490-10276-3 1200円
日本語に入った、本来の原意が転用・誤用されがちな、四字構成の仏教成語を123句収録する。見出し語は、漢字・ひらがなの順に表示し、五十音順に配列する。解説は、仏教本来の意味を、身近なたとえを引き、読み物風に分かりやすく述べる。巻頭に、ふりがな付き目次がある。　0559

仏教いわく・因縁故事来歴辞典 大久保慈泉著 国書刊行会 1992.4 718p 19cm 奥付の書名：仏教いわくいんねん故事来歴辞典 3000円
日本文化、特に古川柳や諺を通して、庶民の生活の中に、浸透している仏教の言葉を、一般向きにイラストを適宜に交え解説した一般読者向け小辞典。漢字表記の見出し語には読みを付し、五十音順に配列。巻頭に仏教語の五十音順目次、巻末に故事・成語・ことわざの五十音順索引を付す。　0560

仏教故事名言辞典 コンパクト版 須藤隆仙著 新人物往来社 1995.4 514p 20cm 4-404-02193-2 4000円
日常語に入った仏教語、仏教由来の成語・諺・名言類を2000余項採録し解説する。五十音順配列の見出し語は漢字・漢字かな混じりでおおむね標示し、漢字にはルビをふる。解説は項目に応じ詳略にわたるが、典拠を新かなづかいで引証し、出典を付し、文中の漢字・仏教語には適宜にルビをふり、語釈や参照を補注する。巻末別載の解説（人名編と書名編）および巻頭目次は五十音順配列。　0561

仏教ことわざ辞典 勝崎裕彦著 渓水社 1992.6 284p 22cm 愛蔵版 発売：北辰堂 4-89287-199-0 8000円
仏教に由来する諺・故事・慣用句・俗信・格言などを108句収録し、仏教用語の解説を加味し、平易に説明。見出し項目は慣用音によるルビを付し、五十音順に配列。説明文には、仏教由来の諺・教義用語、一般の諺・故事・慣用句・熟語・俗言・民間伝承など、『故事俗信ことわざ大辞典』（小学館、1982）を基準に、2500の類句・関連句を掲示。英語の諺（訳文付き）も、東西文化の比較を視野に、多数紹介。巻頭に五十音順目次。巻末に和洋の参考文献一覧、五十音順索引あり。　0562

仏教ことわざ事典 須藤隆仙著 新人物往来社 1995.12 359p 20cm 4-404-02308-1 3800円
仏典に由来することわざや名句約600言を平易に解説

した辞典。「人生教訓」「無常・因果」など内容によって8編に分類し、それぞれ五十音順に配列。掲出句はほぼ原文どおりとし、出典・由来、意味、文学作品への引用例などを記す。巻末に「出典解説」を付す。　*0563*

仏教名言辞典　奈良康明編著　東京書籍　1989.10　919p
　22cm　4-487-73157-7　9800円
江戸時代（日本は明治期）までに成立したインド・中国・日本の約330編の仏典から約900の名言・名句を選び体系的に10編に分類し解説。最初の8編「人間の実態」「自己の確立」「他と生きる」「人生の理」「人間関係」「教育・学問」「仏教と社会」「言葉と芸術・自然と人間」には日常の社会生活に関係深い名言、最後の2編「信仰に生きる」「仏教の世界観」には仏教や各宗派の教義・実践に関する名言をまとめる。各編は適宜の章に分け、内容の類似した名言を並べ、見出し文（名言）、解釈、出典、原文・語釈、解説の項目順で平易に説明。適宜に挿入された解説付き図版、巻末の出典解説・関連年表、仏教語辞事典としての活用を考慮した索引など、利用の便が工夫され、仏教入門書・各宗派の手引き書としても有用。　*0564*

【辞典・事典－特殊辞典】

印度仏教固有名詞辞典　原始期篇　赤沼智善編　京都　法蔵
　館　1967　888,20p　表　22cm　9500円
漢訳・パーリ（巴利）語の五部四阿含、諸律典および大正大蔵経の本縁部中心に論部やその他の大乗経典、インド古典文学から人・神仏・地名・寺院・動物などの固有名詞を広く収録する。底本は、巴利語経典にはセイロン版を主に一部シャム王室版、P.T.S版などを使用する。見出し語はローマ字表示で、巴利語典籍は巴利語、梵語・漢訳典籍は梵語とし、それぞれ対応の梵・巴語と音写・漢訳を注記する。解説は、語の分類を示し、出典・経句の引用・参考経典・参照注記を載せ、出典別に区分し簡潔に叙述する。凡例に語彙分類表・所引経典略符、付録に収録語彙種別統計、釈尊家系など44個の付表、音引漢訳索引・画引冠字検音、補遺訂正表を付す。　*0565*

逆引仏教語辞典　逆引仏教語辞典編纂委員会編著　柏書
　房　1995.2　296,247,28p　27cm　4-7601-1105-0
　18540円
日本仏教各宗派の根本所依経典・常用経典・事辞典類などをもとに、固有名詞以外の仏教語約4万5000語を採録した新字・新かなづかいの辞典。3部構成で、第1部「逆引仏教語辞典」は、ひらがな見出しを逆順（末尾からの五十音順）配列し、各項目を読み・漢字の順に表示。語末が共通の重要語約900をおのおのの当該個所に一覧表示する。第2部「仏教用字用語辞典」は収録語を正順の五十音順に配列し、読み・漢字・サンスクリットなどの順に表示。第3部の「索引」は第2部への参照で、部首別漢字索引（読み付き）とサンスクリット語等索引。同一語末の同類語や複合語検索に有用だが、語義辞典との併用で仏教語の複合的な検索が可能となる。　*0566*

現代仏教情報大事典　現代仏教情報研究会編著　名著普及
　会　1985.9　645p　27cm　4-89551-212-6　23000円
仏教界の関係者が必要とする実務的情報を収載した体系的事典。寺院、仏教関係の組織、行事・儀礼、仏教常識、寺院経営、布教、仏教関係業界、人物に関する情報の8章に分け、各章をさらに中小項目に分けて、名所寺院、霊場一覧、仏教関係の教育研究機関、各国の仏教センター、年中行事、冠婚葬祭、仏教の基本知識や用語・ことわざ、寺院の税務対策・法律問題、テレホン相談や参禅会などの道場、葬儀・墓地・墓石・仏具等、門前町や精進料理などの観光情報も記述。各章末に「より詳しく知るには」を掲載。付録に、仏教関係賞一覧。巻末に、事項および人名索引。　*0567*

仏教語読み方辞典　有賀要延編著　国書刊行会　1989.4
　1153p　27cm　28000円
仏教語の読み音を中心に解説する。読み音や語義の解説が必要な術語・雑語などを中心に約1万語を収録。見出し語は、漢字・ひらがな読み（複数読みは併記）の順に表示し、冠字の五十音順（同音は画数順）に配列する。読み方の説明は、語句の構成漢字の本来の読み（呉・漢・唐音など）やその訛音・慣用音などを歴史的かなづかいでカタカナ表記し、現代かなづかいを適宜補記し、読み方の由来・変遷を説明する。語義の解説は、複数意味を区分し、出典・参照を付し簡潔に記述する。索引は冠字総索引（巻末）と冠字小索引（五十音の各音の冒頭。冠字配列の順を示す）。巻頭の例言で、呉音・漢音・唐音・古音・慣用音・四声・反切・連声などについて予備的知識を概略する。付録に、和称、省画・略称の部。主要出典一覧。　*0568*

仏教植物辞典　和久博隆編著　国書刊行会　1979.10　153p
　27cm　4800円
代表的な仏教辞典（宇井伯寿監修『仏教辞典』☞*0541*　織田得能『仏教大辞典』☞*0544*『望月仏教大辞典』☞*0547*）が所載する植物関係語彙を整理総合し五十音順に配列し、132種を解説した辞典。解説項目・参照項目ともに見出し項目とし、漢訳語・音写語を立て、梵語・別訳語・訳語と続く。解説項目は、解説文を上記辞典より引用し、学名・科名・和名・分布・形状・梵語・本種関係語と見られるもの・方言を順次に説明する。巻末に、総索引として漢名、和名、学名、梵語の索引を付す。　*0569*

仏教文化事典 菅沼晃，田丸徳善編 佼成出版社 1989.10 981,281p 図版48枚 27cm 監修：金岡秀友，柳川啓一 4-333-01355-0

仏教と諸文化との関係、すなわち仏教の教理・思想・歴史を始め、儀礼・習俗・民間伝承・宗教的行事などの信仰実態から美術・文学・芸能、政治・経済に至る広い分野の個別研究を体系的総合的に編纂し、大項目主義の14章125項目からなる詳細な読む事典。構造的に分類された索引形式（3段階からなり第1段は五十音順の配列、第2、第3はそれぞれ上位段の補助的な関連項目、各段の項目は別項目で第1段の索引語となる）の採用により、索引が系統的に再構成された事典内容を示し、見出し語句の検索で求める情報を迅速的確に把握できる事典本来の引く機能も工夫されている。全項目に参考文献を付す。巻末に年表。 0570

【便覧】

日本の仏教を知る事典 奈良康明編著 東京書籍 1994.10 429p 20cm 4-487-73241-7 3200円

日本仏教に関する基本的知識を仏教文化史的視点・視座から体系的に解説した事典。「仏教の歴史」「宗派と諸信仰」「仏教経典とその思想」「仏教の思想と実践」「仏教の儀礼」「仏教と社会・文化」の6章に分け、各章それぞれ体系的な項目立てのもとに解説し、入門的な概論書としても通読できる。付録に「仏教に由来する慣用句」「日本の仏教略年表」「参考文献」がある。索引は、事項索引・書籍典籍索引・人名索引があり、引く事典としても有益である。 0571

日本「仏教」総覧 新人物往来社 1995.10 451p 21cm （別冊歴史読本） 1800円

日本の歴史・文化との関係を視点に「日本人の仏教とは何か」をテーマに多面的に解説。全7編は以下のとおり。総論編「仏教と日本文化」、歴史編「日本仏教の歴史」（古代・中世・近世・近代・現代の時代別解説）、用語編「日本仏教のキーワード10」（山中他界観、浄土思想、檀家制度、祖先崇拝、念仏、廃仏毀釈、無常観、神仏習合、末法思想、現世利益）、信仰編「仏教信仰の世界」、僧侶編「日本の名僧100人」（10人は詳説、ほかは「名僧事典」に一括）、宗門編「日本の仏教宗派」（奈良仏教、真言、禅、天台、浄土、日蓮の各系列を解説。ほかは「日本仏教宗派一覧」に一括）、寺院編「日本の名刹300」（87寺を詳説、ほかは「日本名刹一覧」に一括、「全国主要霊場一覧」収録）、資料編（「日本仏教用語辞典」「日本仏教参考文献」）およびエッセイ特集（11編）。主に記名解説で、寺院建築・仏像・絵画・絵巻・庭園の写真を多数収録。 0572

仏教365日大事典 仏教365日大事典編纂委員会編 渓水社 1995.2 790,4p 27cm 発売：北辰堂 4-89287-099-4 29890円

1年365日の日々の行事・出来事を紀伝体風に編集した年表。項目は、年中行事（宗教行事）・仏教の歴史（宗教の歴史）・社会の出来事・誕生日（命日）の分類別に主な記事を収録し、項目により年代順に配列する。各月はまず「今月の言葉」を掲載し、項目別にその月の主要記事を一覧掲載した後、日々ごとに項目分類のもとに記事を配列する。巻末に参考文献一覧と「今月の言葉」の出典一覧を掲載。 0573

◆仏教学、仏教哲学・思想

総合仏教大辞典 総合仏教大辞典編集委員会編 京都 法蔵館 1987.11 3冊（別冊とも）27cm 別冊(181,264p)：索引・叢書目録 4-8318-7060-9 全53000円

仏教の総合的理解に不可欠な仏教学・仏教史学の事項を小項目主義で詳説。教養・思想辞典として定評の旧版『仏教学辞典』（1955）に仏教史辞典の内容を追補し修訂。見出し語は、五十音順に配列し、ひらがな・漢字、カタカナ・欧文の順に表示する。別称は解説で言及し、普通名詞と固有名詞の場合を除く同語異義語は同一項目で①②と区分解説。解説の区切り・細分・列挙は符号で分記。難読漢字にふりがな。参照は見出し語や文中・文末に適宜に示し、図版も付す。文献項目は解説文末に所収叢書と頁を、原本・自筆本・真蹟本・写本や刊本・複製本は〔原本〕などの種別注記のもとに所蔵先や刊行年次などを記す。参考文献・史料は解説文末尾に掲載。総合索引（冠字－音読・訓読付－・和文・欧文）と主要叢書目録を別冊に載録。 0574

仏教・インド思想辞典 高崎直道〔ほか〕編 春秋社 1987.4 546p 23cm 監修：早島鏡正 4-393-10102-2 9300円

仏教やインド哲学の基本的思想に関する用語のみを大項目主義で解説した辞典。見出し語は「本見出し」「かな見出し」「原語見出し」（サンスクリット語を基本にパーリ語、チベット語、ヒンディー語などを表示）の順におおむね標示し、五十音順に配列する。解説は記名入りで、見出し項目の大小により適宜に中項目、小項目に分けて記述し、関連・参照項目も文中や項末に豊富に注示し、文末の参考文献欄には著書、訳書、論文を和文・欧文の順で年代順に掲載する。巻頭の「分類目次」はインド思想と仏教思想の2編からなり、項目の相互関連や思想体系上の位置を示し、項目主義

に欠ける体系性を補強する。巻末の五十音順内容索引では、項目外の人名・地名・書名などや中小項目の術語が参照できる。　　　　　　　　　　　　　0575

仏教学辞典　新版　多屋頼俊〔ほか〕編著　京都　法蔵館
　1995.4　470,143p 20cm　4-8318-7009-9　5600円
仏教の思想・教義を中心とした術語を収録する。見出し項目は、五十音順に配列し、ひらがな・漢字・関連副項目の順に表示する。解説は別称を挙げ、説明内容を、区分や区切、細分・列挙の記号で分け、分かりやすくしている。出典・原典引用・語彙の読みと注釈・参照を適宜に注記している。梵語・パーリ語・チベット語などの名辞にはカタカナとローマ字、あるいは梵字も併記。参考文献は文末に掲載。巻末の総索引（冠字画引および和文・欧文の索引）は、全重要語彙（含・見出し）が対象で、凡例を付す。旧版に比し読みやすく、大項目に歴史学的説明が加筆された、コンパクトな仏教学辞典。1955年初版。　　　0576

仏教古文書字典　川澄勲編　山喜房仏書林　1982.1　592p
　22cm　7000円
仏教の伝来以来、祖師・高僧・学僧などの写本仏教典籍から、編者が専門研究の中で随時に蒐集した草行書体や異体の文字を中心に編纂した用字字典。全3部構成で、第1部「日蓮聖人用字集」は立正安国会発行および神保師編輯20巻本の『註法華経』から模写収集したもの。第2部「仏教古文書用字集」は天台関係の写本類を中心に、日蓮・東大寺宗性・既刊和字書類からの文字を加え、異体文字を含め、集録編集したもので、鎌倉・南北朝の天台仏教文書の解読に有用。第3部は「異体文字集」で、各部とも楷書体を見出し語とし、画数順に配列。各部末に画引索引を付す。　　0577

仏教思想辞典　武邑尚邦著　教育新潮社　1982.4　518,53p
　19cm　4500円
1964年から雑誌『宗教』に連載していたものをまとめたもの。主に、日常われわれが使っている仏教用語について平易に記し、全体を通して仏教思想が理解できるように配慮されている。巻末に五十音順索引、サンスクリット語・パーリ語等索引がある。　　　0578

仏教民俗辞典　仏教民俗学会編著　新人物往来社　1986.8
　406p 22cm　4-404-01357-4　8000円
仏教民俗に関する項目、仏教民俗関係の仏教語など仏教民俗の大要を集約する約1800項目を採録。小項目主義で仏教民俗学の歩みを反映した辞典を指向する。解説は、適宜に図版を付し、固有名詞・引用文は原名原文であるが、原則当用漢字により、難解な漢字にはルビも付け、地名は現在地名で表記する。仏教民俗学会30周年記念出版物。五十音順目次で関連項目に参照あり。後記に参考文献を一覧する。コンパクト版（1993）あり。　　　　　　　　　　　　　　　0579

◆仏教史

中国仏教史辞典　鎌田茂雄編　東京堂出版　1981.9　450p
　19cm　4500円
中国仏教に関する思想・事件・用語・寺院・書名・地名・人名などの項目を広く採録する。地域的には中国全土とチベット・西域・朝鮮半島などを、時代的には仏教伝来期（西暦紀元前後）から現代（1981年）までを、選定範囲とする。見出し項目は、漢字・ひらがな（細字割注）の順に表示し、五十音順に配列する。解説はルビ・参照を適宜に付し、儒教・道教や中国文化史・社会史との関連を重視し、総合的に説明する。仏典の解説には『大正新脩大蔵経』所収巻を掲示。巻末の五十音順索引は解説文所出の人名中心で、同名異人は道号・別名・諡号・宗派などを区別して注記する。
　　　　　　　　　　　　　　　　　　　　　0580

日本仏教史辞典　大野達之助編　東京堂出版　1979.9
　544p 19cm　3800円
日本仏教史上の代表的な人名・書名・寺院名・宗派名および件名・用語をコンパクトに解説する。見出し語は漢字・ひらがなの順に標記し、五十音順に配列。解説では専門的用語には補注やルビを付し、寺院項目には現在の所属宗派と府県郡名を記す。巻末索引は見出し項目（ゴシック表記）や解説文中の主要な人名・書名・寺院名・宗派名・件名・用語を広く採録し、人名索引語は諡号から諱への参照、道号・字や別名・称呼・諡号を諱に付記し、寺院・書名などの別名・略称も付記するなど検索の便を図る。仏教史専門の嚆矢的な辞典で初学者の講義・学習・研究に有用な必携書。なお、最近4700項目余を収載する『日本仏教史辞典』（今泉淑夫編、吉川弘文館、1999）が出版された。　　0581

【年表】

中国仏道年譜　修訂増補　矢嶋玄亮著　国書刊行会　1974
　402,〔5〕,24p 22cm　『支那仏道年譜』（昭和12年刊）を修訂・増補し改題したもの　3800円
漢代から清代までの中国仏教・儒教の原典原文主義による編年体の年表で、中国仏教と関係深い印度・日本・朝鮮の事項も併載する。年表は二欄形式で、上欄には支那王朝名・帝王名の標記に、日本天皇年紀、皇紀、西暦を併記し、本文重要記事内容を漢文で参照見出し注記する。本文欄には、上欄の支那王朝名・帝王

名標示の真下に帝王年年紀・干支を見出し記載し、月日順に原典から史録を書下し文で記載し、項末に典拠を略称注記する。巻末に首字五十音引主要人名索引を載録。旧版の誤字脱字を訂正し、若干の事項を「(本文の)頁及行・増補(項目内容)」の形式で追録(本文・索引)した訂正増補版。　　　　　　　　0582

仏教史年表　京都　法蔵館　1979.1　420p　20cm　監修：山崎宏，笠原一男　3500円
アジア全域に展開してきた仏教の盛衰・事蹟を、地域的相関関係や諸宗教・社会の諸分野との関連において、歴史的時間の経過の中で対照的に跡付けできる、西暦(干支付記)基準の年表。西暦200年以前は「インド・中国」を一括して一頁単位で、以後は見開き2頁を単位に構成。西暦522年以降は、左頁に「日本」、右頁に「中国・朝鮮・その他」を配し、左右両頁の年代は同列。記事に記号を冠し月日の情報内容を区分するなど、記載に各種注記を付す。付録に五胡十六国年表、日本・アジア年号表、帝王歴代一覧、人名索引、干支表があり、ハンディな便覧的年表。　　　0583

仏教大年表　増訂5版　望月信亨著　望月博士還暦記念会　1966　450,90,86p　26cm
釈迦の生誕から1954年に至る2492年間の仏教関係の事実、すなわち仏典の著述・翻訳・刊行、座主・長者・別当・検校・諸大寺住持の任補、寺院の建立・再建、西域・支那など古代諸国間の交渉などを網羅的に編録した皇紀基準の年表。3欄構成で、上欄に日本、中欄に支那、下欄にインドおよび各国を配し、各欄とも年次標目－日本は天皇・皇紀干支・年号、支那は帝王・年号、インドおよび各国は仏紀・西紀－の項欄を設ける。史実は皇紀年次により分載・配列し、年月・季節の明不明区分符号・月(季節)・事項・典拠を順記する。典拠は文献略称・巻数を記し、参考の典拠度合を括弧の別で示す。付録に、東洋諸国帝王歴代・仏教諸宗派系譜・日本各宗派大寺門跡住持歴代および索引(引用書目略符；人名；年号：日本および支那ほか)を載録。『望月仏教大辞典』☞0547の別巻で、事項ごとの典拠明示方式は爾後の各宗年表などの編集母型として踏襲される。初版は1909年。　　　　0584

仏教年表　新人物往来社　1994.3　649p　22cm　監修：斎藤昭俊　4-404-02090-2　28000円
仏教の歴史を日本を中核にまとめた年表で、第1部「インド中国　日本」と第2部「朝鮮　チベット」で構成。見開き1頁を単位とし、上下2段に分け各段に西暦年代を記し、事蹟を述べる。第1部ではまずインド(上段)と中国(下段)を、522年以降は日本(上段)とインド・中国(下段)を対置する。詳細な事蹟と歴史の跡付けを歴史的事実の確認度合に応じて表示(「各説あり」「…が正しい」など)し、また出典を記す。日本の項は各宗派に及び、朝鮮・チベットの年表を付すのは本年表の特色である。巻末に主要出典略称一覧(日本は約1000点以上で五十音順)を付す。
　　　　　　　　0585

◆釈迦、仏弟子、名僧伝

インド仏教人名辞典　三枝充悳編　三枝充悳〔ほか〕執筆　京都　法蔵館　1987.3　274,52p　22cm　4-8318-7006-4　6000円
赤沼智善編著『印度仏教固有名詞辞典』☞0565掲載の主要人名を中心に改編増補する。改編は、その全資料明示の一つ一つ記事に凝縮した記述内容を平易な現代語による総括的文章に書き改め典拠資料を省略したこと。増補は、部派仏教で既知の人名の大部分および中期以降のパーリ仏教、仏典漢訳に寄与した漢民族以外の訳経僧、チベット資料のみに知見する学僧の網羅的追補を含め、知られる限りの大乗仏教諸論師を追加し、典拠資料を明示し解説したこと。見出し語は、かな表記に漢字・ローマ字表記を下付し、五十音順に配列。巻末に和漢字とローマ字の人名・書名索引を付す。　　　　　　　　0586

釈迦伝文献目録　竹内啓二編　柏　モラロジー研究所研究部　1986.3　175,4p　25cm　(研究ノートno.155)　背の書名：『釈迦文献目録』
1876年(明治9)から1985年(昭和60)までに出版された釈迦の生涯に関する日本語文献123点を収録する。書誌事項のほか、各文献の目次も収録。配列は出版年順。巻末に五十音順の著者索引、書名索引を付す。書名索引は副題からも検索できる。　　　0587

中国高僧伝索引　第1-7巻　京都　平楽寺書店　1972-1978　7冊　22cm　4500-15000円
『大正新脩大蔵経』第50巻(史伝部)所収の高僧伝を底本とした人名索引。第1巻は『梁高僧伝』、第2-4巻は『唐高僧伝』(上中下)、第5-6巻は『宋高僧伝』(上・中)、第7巻は『宋高僧伝』(下)と『大明高僧伝』の索引をそれぞれ所載する。各索引は僧名・人名・地名・寺名・書名・件名の6編でおおむね構成する。見出し語は漢字を標示し、五十音順音方式・漢字画数順の段階的配列基準による。内容は、所在巻数、見出し語を含む引用文、底本の頁・段数の順に表示する。参照を適宜に付す。各編索引の冒頭に画引き検字表を付す。欄外に頁所載の首字一覧をカタカナ見出しで掲載する。利用に際しては『国訳一切経和漢撰述部』

所収『高僧伝』の併用を推奨する。　　　　　　　0588

東洋仏教人名事典　斎藤昭俊，李載昌編　新人物往来社　1989.2　425p 22cm　4-404-01591-7　8800円
インド（約110名）、中国（約400名）、チベット（約150名）、モンゴル（24名）、朝鮮（約300名）の代表的仏教者を各国編別に解説。見出し項目はかな表記で漢字・ローマ字の表記を付し、五十音順に配列。解説は、冒頭に生没年を西暦で示し、出自・事蹟・著作などの活動を述べ、末尾に参考文献を掲載。インド編は赤沼智善『印度仏教固有名詞辞典』☞0565、その増補版たる三枝充悳『インド仏教人名辞典』☞0586 をさらに利用しやすく出典・参考文献を明示し、読解しやすくなっている。中国編は清以降も含み、チベット・モンゴル・朝鮮の各編は日本語による仏教人名辞典の先駆けである。　　　　　　　　　　　　　　　0589

◆◆日本

五十音引僧綱補任僧歴綜覧　推古32年－元暦2年　平林盛得，小池一行編　笠間書院　1976　333p 22cm　（笠間索引叢刊）　6000円
僧綱補任（寺院・僧尼の専門監督職である僧綱の叙任・昇任などの暦年記録）を僧名ごとに再編成した総覧。底本は興福寺本僧綱補任で、類書の僧綱補任抄出などにより適宜に増補し、624年（推古天皇32）から1185年（元暦2）の僧名を収録する。見出し語は僧名、異表記・法号・贈号、（初出年－没年の西暦表示）の順に表示し、参照項目を含め、僧名の五十音順に配列する。僧歴表示は、和歴のもとに、僧綱（僧正・僧都・律師・法院・法眼・法橋）、興福寺維摩会の講師、堅者、天台講師の叙任・昇進を中心に、威儀師・従儀師・阿闍梨・諸社寺別当・座主・賜封戸・贈号・法会勤務などの僧歴関係事項は出典略称を注記し、一字下げに記述する。底本（活字本）の誤植と訂正を記号表示し、巻末に解題を付す。凡例に諸本と略称一覧を掲載。　　　　　　　　　　　　　　　　　　　0590

日本怪僧奇僧事典　祖田浩一著　東京堂出版　1996.9　325p 18cm　（奇人・奇才人物伝）　新装版　4-490-10443-X　1133円
歴史上、その行動や歴史的事件への政治的関与などで、怪僧奇僧として知られる45人の僧を収録する。見出し僧名は、怪・奇の特色を簡明に記した標識風一文を冒頭に掲載し、漢字・ひらがな・生没年の順に1行見出しで表示し、五十音順に配列する。解説は、その行動・思想・実績などをエピソードをまじえやさしく読物風に記し、文末に参考文献を付す。　　　0591

日本仏家人名辞書　増訂3版　鷲尾順敬編　東京美術　1966　364,1319,181p 22cm　23000円
仏教伝来以降の日本諸宗の法師・尼法師・仏工・絵仏工および仏教と密接な関係を有する人物など、約6000人の伝記を収載する。見出し語は、法諱のカタカナ読み・漢字・生没年（和暦表示）の順におおむね表示し、複数の呼称は参照項目とし、五十音順に配列する。解説は、確実な資料から伝記を引用採録し、適宜に高僧肖像画を載せ、書籍目録を参考に著作を転載し、文末に引用出典書目を掲載した後、異説と編纂者の考証を付記する。巻末に勅号勅諡・異称略名・禅僧別号室名・名数・宗派分類・人名首字字画および分類の各索引を付す。冒頭には、日本仏教沿革略・歴代天皇皇后皇子受戒表・日本仏家年表・日本仏教各宗系統図・奈良平安朝時代仏家位階官職表・諸宗門跡歴代・諸大名歴代並諸職次第の付録を付す。初版は1903年、復刻版（東出版、1996）もあり。復刻版には「正誤表」を別添す。　　　　　　　　　　　　　　　　　0592

日本仏教人名辞典　日本仏教人名辞典編纂委員会編　京都　法蔵館　1992.1　887,117p 26cm　法蔵館140年(丁字屋370年)創業記念出版　4-8318-7007-2　25000円
古代から現代（1991年）まで、高僧・学僧を始め政治・思想家・文学・芸能・美術の各分野から日本仏教に関係深い人物を広範囲に採録し、かつ既往の高僧伝・仏教辞典に所収人物を総集・網羅し7100人（物故者）を収録する類書中最大の辞典。見出し項目はひらがな・漢字の順に表記し五十音順に配列。僧名は法諱、禅僧は四字連（道号＋法諱）、有名な通称、明治以降は姓名を見出し語とする。解説順序は人物紹介・時代と宗派などの人物規定・生没年・別称（法諱ほか8種）・生地および出身地・師匠・最終学歴・事蹟・著書名/作品名・史資料・参考書・掲載書の有無の12項目につき記述。索引は見出し項目・解説文中の別称・異称を採録し、五十音順に配列。冠字索引（カタカナ・ひらがな読み付き）も付す。　　　　0593

日本仏教人名辞典　斎藤昭俊，成瀬良徳編著　新人物往来社　1986.5　494p 22cm　4-404-01351-5　8500円
古代から現代（物故者）までの日本仏教者約千数百人を採録し、生没年・宗名・寺名・事蹟・業績・参考文献などを統一的順序で適度の詳細さで解説した手頃な日本仏家人名辞書。明治以前は名のみ、以後は氏名を見出し語とし、ふりがなを付し、五十音順に配列。解説文の用語には、各宗の通用語（結制、勧学、阿闍梨など）を、地名は在世時のものを、年号は解説文頭の生没年は西暦、文中では和暦を使用。五十音順目次・日本仏教関係年譜を付す。コンパクト版（1993）あり。　　　　　　　　　　　　　　　　　0594

日本名僧辞典 中尾堯，今井雅晴編 東京堂出版 1976 224p 19cm 1800円
古代から近世までの60人の名僧を五十音順に配列した日本仏教人物辞典。見出し項目は、通称を漢字表記し、ひらがなの読みを付す。解説は、生没年（西暦表示）、諡・号など、時代と宗派を記した後、その実伝（史実に基づく伝記）・思想（構築した信仰世界とその位置づけ）・伝説（後世の人が付与した超越者としてのイメージ）を順次、簡潔に叙述する。巻頭に項目一覧。巻末に参考文献、日本名僧略年表、五十音順事項索引を付す。
0595

仏教人物辞典 大法輪編集部編 大法輪閣 1982.12 234p 19cm （大法輪選書8） 4-8046-5008-3 980円
ハンディな仏教人名小辞典で、第1篇「仏教人物辞典」（釈尊から近代日本の仏教者まで）と第2篇「お経に出てくる人物辞典」で構成。「仏教人物辞典」篇は第2篇の索引を兼用し、見出し語には本見出し、参照見出し、索引見出しを漢字・カタカナで標示し、五十音順に配列する。見出し語の漢字・音訳漢語・カタカナにはひらがなルビ、原語のカタカナ表記、ひらがなルビ付き音訳漢語をそれぞれ適宜に補記する。解説は記名入りで、生没年の西暦表示に続き代表的な著述・業績・略歴などの事績を紹介し、漢字にはひらがなルビを多く付す。第2篇は、「十大弟子」「比丘」「女性」「在家」「王・妃」「仙人・外道」に分け代表的な人物を、出典を注記しながら説話風に記名解説する。両篇とも上下2段組みで上欄外に写真・図版を掲載。『大法輪』誌の特集号（1973年10月と1976年7月）を加筆再編した辞典。
0596

◆経典

【目録・索引】

昭和法宝総目録 第1-3巻 大正新脩大蔵経刊行会 1979 3冊 27cm 『大正新脩大蔵経』別巻 昭和4年刊の再刊 各18000円
大蔵経・一切経・三蔵・仏教全書など各種仏典叢書の目録77種を収録し、その所収する仏典一覧を巻数順・五十音順・画数順などおのおのの叢書の配列体系により記載する。全3巻に適宜分載し各巻巻頭に収載目次を付す。目録は、書名・巻数・国名・編者者の順に記載し、通番順に配列する。各目録内容は、経典名・巻数・国名・編者者・初出頁を記載する。所収目録の中には、各種版経を校勘・注記しあるいは出版事歴・内容などを解説した解題書誌的目録も含む。たとえば、『大蔵摺本考』『大蔵一覧集』『閲蔵知津』あるいは『大正新脩大蔵経勘同目録』などである。
0597

大日本仏教全書 第100巻 目録・索引・新旧対照表 鈴木学術財団編 鈴木学術財団 講談社（発売） 1973 212p 27cm 10000円
新編『大日本仏教全書』（1970-1973、全100巻）の本編（全96巻）に収録する全経典918部の目録・索引および新旧対照表を収録する。目録は2編で、略目録には通巻、部門分類、収録書目典籍番号、収録巻数、頁数編成、刊行年月を表載する。総目録は巻数順の巻別内容目次で、旧版目次などを併記。索引は3編で、書名索引、五十音順の著者索引、書名索引総画引（検字索引）。巻末付録に智証大師全集分類目録・合併典籍一覧など5種を収録する。
0598

奈良朝典籍所載仏書解説索引 木本好信編 国書刊行会 1989.1 516p 22cm （国書索引叢刊 3） 13000円
『正倉院文書』（大日本古文書所収、全25巻）、『寧楽遺文』（全3巻）、『続日本紀』に所出の経律論疏名を検出する索引。見出し項目は、底本掲載名のまま掲出し、ひらがな読みを付し、五十音順に配列する。主項目には巻数・訳編述者名などを付し、異名、略名などを『仏書解説大辞典』☞0533 を参考に底本以外のものも掲出し、経名などの誤脱字は正字で掲出し、同一・類似の経律論疏との相互関係を→印で参照する。解説は、『大正新脩大蔵経』『仏書解説大辞典』の所在を略符表示し、巻数、訳出・編述者名、成立・訳出年、概要を順記し、簡略説明を付す。
0599

日本古写経現存目録 田中塊堂編 京都 思文閣 1973 413p 22cm 7500円
飛鳥時代から江戸末期までに書写された年記のある古写経800種の現存目録。見出し語は経典名を標示し、所在寺社名や発願者名を冠称に付す。配列は飛鳥・奈良朝、平安朝（前期・後期）、鎌倉、室町、江戸に時代区分し、書写年順に配列し、無年記の有名写経は各時代末にまとめる。解題は経典名・巻数（断簡）を標記し、所蔵者・紙質・大きさ・形態・巻数・字面・印譜・奥跋などの書誌学的特質を記載。各時代前に元号（西暦）・改元年月日を記した年号一覧を付す。巻頭解説に「古写経所用印譜」、巻末に「天平書写開元釈教録（料紙の需要数量記載）」「法隆寺大治一切経」を収録。
0600

日本写経綜鑒 田中塊堂著 京都 思文閣 1974 635,51p 図 22cm 三明社昭和28年刊の複製 8500円
仏教伝来から江戸時代までの筆写経を中心に関連の埋経類（銅版経・瓦経・石経）などを含め広く古写経を渉猟収録した書誌学的研究書。全体を3編に大別し、

総説編では時代思想と写経の種々相など写真・図版を掲げて概説。解説編は上代、奈良朝、平安朝の前期と後期、鎌倉、室町、徳川の7時代に区分して収載し、解説は、おおむね、経典概要・奥書・書写年次・願主（筆者）・所蔵者などについて図版をまじえ、参考文献を引用し記述。現存古写経年表は、昭和戦前期までの現存で、解説編索引を兼ね、西紀・皇紀・年号・年・月日・経名・願主または筆者・適用および旧蔵・現所蔵者・索引の10欄編成で、書写年次により記載。

0601

日本仏教全集叢書資料総覧 小山田和夫〔ほか〕編 本の友社 1986.12 3冊 27cm 全165000円
明治時代以降に出版の全集・叢書類が所収する仏典類を網羅的に編録した総合的な目録及びその索引。全3冊で、総目次編（2分冊）は全集（叢書）名を五十音順に配列し、全集（叢書）名に全巻数・刊行年・編者名・発行年を記した見出し標目のもとに、巻数見出しで収録仏典類を巻順に記載する。各巻頭に五十音順目次を掲載する。総索引編は全集・叢書に所収する仏典類の書名索引で、漢和辞典方式の部首・画数順に配列し、ひらがな・カタカナ・漢数字は最初に列挙する。見出し語は書名を標示し、全集（叢書）名・巻号・冒頭頁数の順に所収箇所を指示する。前後表紙裏に部首索引を付す。

0602

仏教叢書（七種）総索引 仏教資料研究会編 名著普及会 1984.12 383p 31cm 4-89551-142-1
明治以降刊行の通仏教的な7種類の叢書（『大日本校訂大蔵経』『大日本続蔵経』『大日本仏教全書』『日本大蔵経』『国文東方仏教叢書』『大正新脩大蔵経』『高麗大蔵経』）の内容を一度に検索できる総合的な目録及び索引。3部構成で、書名索引は書名・著者名・叢書略称・巻数の順に記載し、五十音順に配列する。著者索引は編者・訳者・校訂者（一部分）を含み、ヘボン式アルファベット順に配列する。目録は収録叢書を五十音順に配列し、個々の叢書ごとに内容細目を列記する。凡例に底本叢書の略称・書誌事項を掲載。

0603

【解題、ガイド、解説】

経典ガイドブック 宮元啓一著 春秋社 1990.2 247p 20cm 4-393-13238-6 1550円
一般読者向けの仏教経典案内。インドの経典が中心。2編からなり、インド編は原始経典、大乗経典、小乗・大乗論典の小見出しを立て、全43項目を収録。中国・日本編は18項目を収録。項末に入手しやすい現代語訳を中心とする参考文献、巻末に経典名索引がある。

0604

大日本仏教全書 第97-99巻 解題 1-3 鈴木学術財団編 鈴木学術財団 講談社（発売） 1973 3冊 27cm 各10000円
『大日本仏教全書』は、江戸時代までに著されたわが国の仏教書を広く網羅した叢書で、わが国仏教の教理・行事・寺院史・僧伝などの研究に必要な基礎資料のほとんどを収めたもの。この解題は旧版『大日本仏教全書』（1912-1922、全161巻）を再編改装した新版の本編全96巻に収録する全経典918部を経典番号順に解題し、3巻に分載する。署名入り解題は、見出し語に書名番号・原文記載書名・ローマ字読みを順に標示し、所収部名・巻次・通巻番号を続記した後、以下の13項目を順に詳記する。巻数、異名、作者、成立年代、底本・諸本、解題本文（典籍の書名・作者・成立・内容・評価などを典拠引用を交え記述）、出版・訳注・研究（おのおのの該当書の書誌事項を記載）、訂正、注記、異読。旧版月報『仏書刊行会月報』『仏書研究』所載の解題（第100巻所収）を参考に記述している。

0605

仏教経典の世界・総解説 仏教経典「八万四千の法門」のエッセンス集 〔1993〕改訂版 自由国民社 1993.12 6,271p 21cm 4-426-62206-9 2200円
原始仏教・大乗仏教・密教などの有名経典の基礎知識から、日本の代表的な宗派別名著名品の内容までを解説する。各項目に経名の由来、成立と伝播、構成内容などを小項目にわけて詳しく解説する。巻頭に仏教経典の世界・関係史年表、巻末に仏教経典、参考文献を付す。1985年に初版以来数年ごとに改訂版あり。

0606

仏像仏典解説事典 昭和新纂国訳大蔵経解説部 昭和新纂国訳大蔵経編輯部編 名著普及会 1984.8 1冊 20cm 複製 12000円
『昭和新纂国訳大蔵経』（本編46冊、解説編2冊）に所集・所出の仏像・仏典を体系的に解説した事典で、仏像編と仏典編からなる。仏像解説編は序説（6節）仏部（13節）菩薩部（28節）明王像（13節）天像（34節）変相部（5節）曼荼羅（21節）の7章に分け、各章はさらに節・項に細分し説明する。序説で仏像の種別、形相・姿勢・丈量、印相、持物、衣服・装身具、光背・台座につきそれぞれの種類・名称などを総論的に解説し、第2章以降はおのおのの尊像を類別ごとに因縁・名称・寺院所蔵仏および序説で解説した各項につき図版などを掲出し個別具体的に敷衍する。巻頭目次末に図版の目次を載録。仏典解説編は経典部・律典部・論典部・支那聖典部・日本宗典部の5部に経典を分類し、各部ごとに経典名の首字五十音順に配列する。解説は上欄に各大蔵経所載注記をはじめ本編欄の記載見出し（たとえば異訳・編纂開版・内容目次・内容梗

概・末註など）を所掲し、本編欄には経典名・巻数・国名・著訳者名を見出し標示し前掲の諸項目について叙述する。巻末に五十音順仏画索引あり。原版の解説部2分冊（仏典編・仏像編）を復刻に際して合冊したもの。　　　　　　　　　　　　　　　0607

仏典解題事典　水野弘元〔等〕責任編集　春秋社　1977.9　452,46p　23cm　新・仏典解題事典第2版　3500円
仏教学およびインド学の代表的文献407部を精選し歴史的・体系的に配列し解題する。全7章編成は、序章で仏教発展を概略し、第Ⅰ章からⅤ章はおのおの一切経（3種類）インド仏教（124部）チベット仏教（19部）中国仏教（101部）日本仏教（113部）の章名でアジア諸国の仏典を、第Ⅵ章インドの聖典（50部）で仏教と関係深いインド典籍を、解説する。記名解題は内容を概説し、見出し語の和漢仏典にはひらがな読みを割注し、大蔵経等所収巻数・頁数、文末に参考文献（注釈・翻訳・研究書など）を付す。補編の初学者への指針「仏教書への手引き」（中村元著）は、信仰書と研究書に分け重要な参考文献を列挙説明する。巻末索引に和文（五十音順）とローマ字（アルファベット順）あり。増補は旧版解題の末尾に一括し、目次・索引は改編する。　　　　　　　　　　　　0608

❖❖ 大蔵経

漢文大蔵経典籍品題名索引　竜谷大学仏教文化研究所編　京都　竜谷大学仏教文化研究所　1993.12　592p　30cm　（竜谷大学仏教文化研究叢書4）　非売品
『大正新脩大蔵経』『大日本続蔵経』『宋蔵遺珍』が所収する印度撰述部経典の品題名を三蔵経別に編録した索引と目録。索引は品名・経名を仏教慣用読みによる首字の五十音順・画数順・『大字典』の部首順、次いで第二字以下を同様基準で、配列。記載内容は通番・品名・品No.・経名・巻No.・〔輯・編・套・冊・丁〕〔集・函・巻・帳・丁〕・経No.・頁数・備考（異本・校異）｜新編冊頁備考異本｜（〔　〕は『大日本続蔵経』、〔　〕は『宋蔵遺珍』、｜　｜は両蔵、の項目名；目録編も同じ）を順記。目録は〔輯・編・套・冊・丁〕〔集・函・巻・帳・丁〕経No.・巻No.・経名・品No.：品名｜新編冊頁｜・巻・頁数・備考（異本・校異）を記載し、経典番号順に配列。巻頭の検字索引は2種で、画数検字表は総画数順・諸橋『大漢和辞典』の部首順、音次検字表は首字五十音順の配列で、異音・新字体は→で参照。敦煌・吐魯番出土漢文仏典写本の同定作業が索引を編集する契機となったもの。　　　　　0609

大蔵経関係研究文献目録　野沢佳美編　立正大学東洋史研究室　1993.10　67p　26cm　（立正大学東洋史研究資料5）　1200円
宋代以降に中国と周辺諸国で開版の大蔵経・訳経類・房山石経、および近代以降に日本・中国・台湾で編纂・影印刊行の各種大蔵経などに関する、日中台韓で発行の論文・図書など1993年9月までに確認分を採録。総論・房山石経および宋元、契丹、金、西、西夏、明、清、西蔵・蒙古・満州、高麗、日本諸寺一切経、宗存・天海・黄檗、近代中日蔵経の各版に分類し、刊行年代順、日本人・外国人、論文・図書の段階順に配列し、一連の文献番号を付す。文献には編著者・論題（書名）・掲載誌（出版社）・巻号・刊行年を記載する。著者索引は画引き（中台韓）と五十音引き（日本）がある。　　　　　　　　　　　　　　0610

大蔵経索引　要文抄録　第1-3巻　川上孤山著　京都　大蔵経索引刊行会　1927　3冊　表8枚　27cm
仏典所出の主要な語・語句を見出し語にそれらを含む要文を抄録引用で掲出し、所載箇所を指示する。見出し語は漢字にカタカナルビをふり、黒印●を冠し、五十音順に配列。百科的類別語を右上に、教義的分類を下記する。要文は漢文を抄録引用し、活字の大小で説明的語句・翻訳語を本文と区別し、歴史的人物には・印を付し、所出経典（略号表示）巻数（丁数）を表示する。所出経典は黄檗版大蔵経を底本とするも経論略名表に各種大蔵経の所集秩を一覧形式にまとめ表示する。各巻巻頭に五十音項目目次を収録。第3巻末に、数部、索引（蔵内梵語漢訳・六学僧伝三朝対照・仏教名目事類分科）分類目次表（教義的および科学的）語彙画引羅馬字梵語対照目次などと「漢訳大蔵経伝来史」「九種範疇図解」を収録。　　　　　　　　　　　　0611

❖❖ 日本大蔵経

大日本校訂大蔵経目録　京都　蔵経書院　1905　2冊　27cm
日本校訂大蔵経（36秩）の総目録で1秩2分冊（和装本）に構成する。第1分冊は所集套順の分冊別内容目録で、経・律・論・撰述の分類・部類見出し－大乗経（般若・宝積・大集・華厳・涅槃・五大部外重訳経・単訳経の各部）、小乗経（阿含・単訳経・宋元入蔵諸大小乗経および余の各部）、大乗律、小乗律、大乗論、小乗論、宋元入蔵諸論、西土聖賢撰集、此土著述－の順に各套各冊の所集経典名などの内容を順載する。記載形式は上欄2行に高麗蔵経・明版蔵経（北蔵）の千字文分冊函号を掲載し、本欄に部類名・分冊・経名・（所収）巻数・著訳者を記載する。第2分冊には大蔵経索引目録と大蔵経部類目録を収録する。索引目録は経典名（付・巻数、異名・別行経名などの注釈）を冠字五十音順に配列し、所集套・（所集）冊数を掲出する。部類目録は印度撰述部（大乗経－華厳・方

等・般若・法華・涅槃、小乗経、大乗律、小乗律、大乗論、小乗論、秘密経軌、雑著の8部）と支那撰述部（釈経、釈律、釈論、華厳・天台・真言・律・浄土・禅の各宗著述部、礼懺、史伝、雑著、音義、方数、目録の15部）の部類順に経典を索引目録と同様形式で記載し配列する。　　　　　　　　　　　　0612

日本大蔵経 第100巻　目録・索引 増補改訂 鈴木学術財団編 鈴木学術財団 1978.5　300p 27cm 発売：講談社（東京）　付：序，編纂趣旨ほか（大正9－10年刊の複製）13500円
『日本大蔵経　増補改訂』（第1－96巻）所収典籍760部の目録と索引。総目録は、見出し語に通巻・章疏名・巻次を標示し、第1行に書目番号・書名・巻数・著編者名・頁を、第2行に旧版巻次・章疏名・巻次・頁、解題巻次・通巻・頁、解題旧版上下・通巻・頁、『会報』巻次、日本大蔵経既刊文庫番号、用語（和・漢・和漢）、他叢書所収記録を、順記する。索引は3種で、書名索引は見出し典籍書名の他に、序・内題・尾題・奥付・注記等および解題全3巻に所載の異名を五十音順に配列し、書目番号を底数に所収巻・頁と解題の巻・頁を指数で所在表示。書名索引総画引は検字索引。著編者索引は典籍成立関係者をすべて五十音順に配列。付録に旧版関係資料（会報・底本一覧表等）と「修験道章疏」総合解題（第92－96巻の所収161典籍を14分類21項目に再編し歴史的体系的に俯瞰・概説）。巻頭略目録に各巻の通巻・部門分類・収録巻数・頁編成・刊行年月を表載する。　　0613

日本大蔵経 第97－99巻　解題 1－3 増補改訂 鈴木学術財団編 鈴木学術財団 1977－1978　3冊 27cm 初版：大正3－10年刊　発売：講談社（東京）各13500円
『日本大蔵経　増補改訂』（第1－96巻）が経蔵・律蔵・論蔵・宗典の4部28章疏に編録する日本撰述の仏典760編を解題した全3巻の目録で、第97－99巻を構成する。解題1は華厳部から掌珍智度宗論の13章疏（188編）を、解題2は唯識論から天台宗顕教の9章疏（243編）を、解題3は天台宗密教から修験道の6章疏（329編）を、それぞれ所収順に解説する。見出し語は、書名を原文所掲の形で標示、書目番号を付し、所収章疏名を付記。次いで書名の読みをローマ字で表記し、巻数・作者（生没年を西暦表示）・異名を立項し記載する。解題は記名入りで、典籍の定義・作者・成立年代・底本・諸本・内容・評価など、典拠を引用し、概説する。文末に出版・訳注・研究（以上書誌事項あり）・訂正・注記・異読に関する記録を掲載する。「修験道章疏」（第92－96巻）は書目別解題のほかに「総合解題」を第100巻「総目録・索引」に付載する。
　　　　　　　　　　　　　　　　0614

日本大蔵経仏書解題 大村西崖，中野義照著 蔵経書院 1922.5　2冊 22cm
『日本大蔵経』所収の日本撰述仏典を経・律・論・宗典の4部分類順に解題する。上下2巻構成で、上巻には経蔵部（華厳、方等、理趣経釈、般若、法華、密教の章疏に分類）138篇と律部（大乗、小乗の各律疏）23篇の、下巻には論蔵部（大乗起信論、真言密教論、諸大乗論、三論、掌珍智度宗論、唯識論、金七十論、勝宗十句義論、六離合釈の章疏に分類）57篇と宗典部（三論宗、法相宗、戒律宗、華厳宗、天台宗顕教、天台宗密教、真言宗事相、曹洞宗、修験道の章疏に分類）523篇の、仏典解題を収録する。解題は、見出し語に経典名・巻数・著者を一行標示し、著者の伝記、経典の梗概、目次の羅列、奥書・写本・刊本・所蔵などの書誌的記述、思想的影響関係など、経典の軽重に応じて典拠を引用し解説する。序に直接間接にその所説を用いた専門家を掲げる。両巻巻頭に部類順内容目次、下巻巻末に冠字五十音引き人名索引を載録。　　　0615

◆◆大日本続蔵経

新纂大日本続蔵経 第89巻　目録部 国書刊行会 1989.8　419,131p 27cm 監修：西義雄，玉城康四郎 11845円
『新纂大日本続蔵経』（88巻）は旧版に欠巻典籍の補充、新出資料の収録、補遺の移動、経典番号の付番、序跋・刊記・識語・科注・付録・合集書への枝番、編集部注の明示、体裁変更（洋装・三段組）の諸特色を付加し、10門63分類を踏襲し、インド撰述（4門9部207編）、中国撰述（6門54部1467編）、合計1671編を収録する。総目録（第89巻）は、巻数・撰述部・部門名を見出し標示のもとに、各巻所収経典を経典番号順に載録する。経典の記載は、経典番号・経典名・巻数・国名・著訳者名・頁を順記し、下欄に旧版・台湾版『卍続蔵経』『大正新脩大蔵経』の所在を参照掲出する。なお、経典名には序跋・科注などに枝番を付し併載する。巻頭に概表、巻末に旧版「総目録」を付載する。　　　　　　　　　　　　　　　0616

新纂大日本続蔵経 第90巻　索引部 国書刊行会 1989.8　1冊 27cm 監修：西義雄，玉城康四郎 11845円
『新纂大日本続蔵経』（88巻）の所収経典を典籍名と著者名から検索する索引。2編で構成し、典籍名索引はカタカナ見出しで頭字を一覧標示し、頭字五十音順に配列する。経典の記載は、典籍名（枝番資料も含む）・ひらがな読み・巻数・撰号（国名・著訳者名）を順記し、所在を新纂巻数・経典番号で掲出する。内尾題・略称世称・又云（旧版目録記載署名）などの異名・付録資料・他典籍や叢書類など所収や『仏書解説大辞典』からの抽録異名の掲出は、所在巻数におのお

の記号を冠注し区別する。著者索引は、ひらがな五十音の行見出しで、著者・編者・訳者を頭字五十音順に配列する。索引語は、人名・ひらがな読み・国名・僧位など・典籍番号・参照を順記する。「会入本」・叢書で別典籍に所収の経典については典籍番号のイタリック体表示で区分する。両索引とも検字用に頭字総画引索引を付す。　　　　　　　　　　　　　　0617

大日本続蔵経 総目録 前田慧雲編 中野達慧増訂 蔵経書院 1967 182p 27cm 大正元年京都蔵経書院刊本の複刻版

大日本続蔵経は日本校訂大蔵経（36秩）の続編で、印度撰述210経典と支那撰述1546経典、合計1756経典を和装本で150套（各套数分冊収納）に収録する。配列は2部6門の分類順、即ち印度撰述部は、経律論および密教儀軌部の4門に、支那撰述部は大小乗釈経、釈律釈論、諸宗雑著、礼懺および史伝の6門、に分け順次収蔵する。総目録は本編収載順の内容目次目録で、4編で構成。巻上之上は印度撰述部と支那撰述釈経部の、以下は支那撰述を巻上之下に釈律部・釈論部、巻下之上に諸宗著述部、巻下之下に礼懺部・史伝部の、各目録を載録する。目録記述は経典名・巻数・国名・著編訳者の順に記載し、各套各分冊順に配列する。重刻本は原本の4編4冊を1冊に合刻する。　　　0618

◆◆大正新脩大蔵経

大正新脩大蔵経目録 改訂新版 高楠順次郎著 大正新修大蔵経刊行会 1991 283,171,6p 20cm 発売：大蔵出版

『大正新脩大蔵経』（本蔵85巻）所収経典の巻別目録で、経典名の五十音引目録索引を併載する。見出し語は巻次・部門名を標示し、巻順に配列する。各巻所収の経典は、経典番号・経典名・巻数・勘同経典番号の参照注記・国名・漢訳者名・頁数を順記し、経典番号順に配列する。各経典には、『大日本校訂縮刻大蔵経』『日本校訂大蔵経』『大日本続蔵経』『大日本仏教全書』『南伝大蔵経』『国訳一切経』所載の部帙・巻数などを略号併示する。目録索引は首字五十音順配列で、五十音のカタカナ・ローマ字見出しのもとに首字を一覧標示し、その首字順に経典を五十音順配列する。索引内容は、経典名・巻数・著訳者・経典番号を順記し、巻数・頁数で所在表示する。巻頭の「大正新脩大蔵経一覧」は部門・内容部数・巻数・紙数などを表載する。巻末に目録索引の検字表「総画引索引」を付す。なお、『大正新脩大蔵経』の2920の典籍を平易に解説したものに、鎌田茂雄他編『大蔵経全解説大事典』（雄山閣出版、1998）がある。　　　　　　　　　　　　　0619

大正新脩大蔵経索引 第1-45巻 大蔵経学術用語研究会編 大蔵経学術用語研究会 1962-1990 50冊 27cm 発行所：大正新脩大蔵経刊行会

『大正新脩大蔵経』（本蔵85巻）の所集経典を底本とする要語索引で、仏教用語や人文・自然にわたる学術用語を広く採録する。全45巻で、阿含部から古逸部・擬似部までの31部を適宜の巻数に分冊する。各部索引とも音次索引（本文）、分類項目別索引、検字索引（画引および四角号碼）で構成し、収録典籍解題、分類項目一覧を収録する。音次索引は、見出し語に底本所出の漢字を原本のまま標示し、仏教慣用による首字の五十音・画数・部首の順、次いで第二字以下を同じ順序で配列し、例外などは参照・相互参照の項目を立て、同一首字を一箇所にまとめる。索引内容は、見出し語・分類（項目／細目）・語義補注・所在（大正蔵経の巻数・経典番号・経巻数・頁数・段位を順記）を順示し、多出・頻出（初出頁掲示）や見出し語解説の所出を注付記号で明示する。分類項目別索引は、全索引語を教説・動物・社会・音楽など50項目に分類配列した、音次索引に対する補助索引である。　　0620

◆◆日本以外の大蔵経

影印・北京版西蔵大蔵経総目録・索引 京都 臨川書店 1985.9 916,222p 27cm 背の書名：西蔵大蔵経総目録・索引 監修：大谷大学 西蔵大蔵経研究会昭和36年刊の複製 4-653-01243-1 22000円

大谷大学所蔵『北京版西蔵大蔵経』の総目録で、影印版（本巻151、続巻13計164巻）の第165-168巻（全4巻）をなす。各巻内容は第1巻は「甘殊爾目録」、第2巻は「丹殊爾目録」、第3巻は「丹殊爾目録及び続編（西蔵撰述部）目録」、第4巻は「索引｛題名・著者名・訳者名（校訂者名）・続編題名｝」（おのおのさらに言語別編成）で構成する。目録は影印版各巻目次を集録し巻数順に編載し、甘殊爾部分は『西蔵大蔵甘殊爾勘同目録』（大谷大学、1930）に、丹殊爾部分は刊行予定の勘同目録を補正し、依拠する。各経論は、番号・題名（西蔵語・梵語・漢訳／和訳）・著者、訳者、校訂者・頁数（原版頁数も併記）・内容細目・注記その他（原本訂正・他版との異同を脚注）、の順に記載。凡例に略符および参考文献、巻頭に内容目次を掲載する。　　　　　　　　　　　　　0621

高麗大蔵経 総目録・索引・解題 日本語版 李瑄根編 京都 同朋舎 1978.11 1188p 27cm 日本語版監修：日韓文化情報センター 28000円

『高麗大蔵経』（影印版 全47巻）の巻別総目録、総経典1514部の解題、および各種索引で構成する。総目録は、巻・〔収録原本巻数〕を見出し標示に、所収経典

を記載し、巻数順に配列する。目録内容は、経典番号・経典名・巻数・原本函数（千字文）・国名・訳者名・頁数を順記し、続いて巻内容を目次記載する。解題は、見出し語に経典番号・『大正新脩大蔵経』経典番号・経典名・巻数・影印本巻数を一括標示し、①梵語・西蔵語・巴利語の経名・異名略名②著者・訳者・漢訳・年代③教理内容中心の解題④異訳本⑤他蔵経所収⑥註疏の6項目を概述する。巻末索引5種は韓国語の五十音（カ、ナ、ダ、マ、バ、サ）順で、経名は経典番号と影印版の巻数・頁で、異経名・略経名・内容・訳著者名（漢字見出しで梵名・訳名と略伝を併載）は経典番号で、所在を掲示する。巻頭に「高麗大蔵経、その歴史と意義」を掲載する。　　　　0622

西蔵撰述仏典目録 東北大学蔵版　金倉円照〔ほか〕編纂　仙台　東北大学印度学研究会　1953.5　531,16,3p　27cm　書名は背による　標題紙等の書名：『A catalogue of the Tohoku University collection of Tibetan works on Buddhism』
東北大学収蔵の西蔵撰述仏教書関係で、西蔵大蔵経に編入されていない蔵外仏典の目録である。収載文献は全229帙（tomes）、2083部（Nos.）で、2種24章に分類する。第1種は西蔵印行叢書で第1-18章に収め、内17章までは各章1個人全集を収載し、各人の歴史や伝統を考慮した章順配列し、第18章には一定の課題中心の伝統的叢書をまとめて収載する。第2種は単行書・叢書の一部分で第19-24章に収め、各文献の主題・性格・取扱上の習慣などを勘案し適宜に章分けする。文献番号の部（No.）は姉妹編デルゲ版『西蔵大蔵経総目録』の最終番号を継承し追番する。各文献の紙数・紙幅・頁行数を文献番号右肩に（叢書類は章名末）記載する。文献内容は、西蔵文字標題・ローマ字表記原題・和訳標題・英文略説を①から④の項目番号のもとに記載する。巻末に索引を付す。　0623

西蔵大蔵経総目録 東北帝国大学法文学部編　名著出版　1970　701,124p　27cm　東北帝国大学昭和9年刊の複製　15000円
東北大学図書館所蔵『デルゲ版西蔵大蔵経』24部317帙の内容目録である。2編に分け、甘殊爾編は第1：律部から第6〔丁〕：陀羅尼集までの6部を、丹殊爾編には第7：礼賛部から第24：目録部まで18部を、収載する。経典には帙番号（西蔵字母と通番）と帙内文献番号No.および葉数・表裏・行数を記載して所載位置を表示し、部順・帙通番順に配列する。目録は西蔵語書名・ローマ字原語表示・翻訳書名・梵語書名・漢訳書名・著者・翻訳者・翻訳校訂者の順に①から⑦の項目番号のもとに記載する。巻頭に部編目次、巻末索引に、書名（西蔵語・梵語・支那語・Bru-sha語・漢訳）、著者名と西蔵蔵大正蔵番号・大正蔵西蔵蔵番号（番号対照索引）を載録する。　　　　0624

南伝大蔵経総索引 増補改訂　水野弘元著　ピタカ　1977　2冊　27cm
南伝パーリ語一切経の国訳、『南伝大蔵経』65巻70冊の内容項目索引と巻別目次集成である。2部構成で、第1部の日本語項目索引は固有名詞（地名・人名・寺院名・書名・経典名など）および普通名詞（仏教術語・数目・動植物・事件など）を見出し語に掲出し、五十音順に配列。各項目はパーリ語ローマ字表記・別訳語・説明語・所収巻・頁を順記し、複数意味は①②で区分し記載する。巻末に画引漢字索引を載録。第2部のパーリ語項目索引は第1部の裏返しで、パーリ原語をアルファベット順に配列した第1部の補助索引をなす。訳語には第1部の南伝訳語をすべて掲出し、不十分ながらもパーリ語辞書を兼ねる。巻末の南伝大蔵経総目次とパーリ原典総目次は、経名・章節名・巻・頁数をおのおのの体系で表示するため、パーリ原典総目次に経典ごとに、また頁上欄に、南伝の巻数を付示し、相互参照を計る。増補改訂版で旧版（日本学術振興会、1959-1961）に比し両目次併載で相互対照が容易。縮刷版（東方出版、1986）あり。　0625

◆◆個々の経典

観音経事典 観音経事典編纂委員会編　柏書房　1995.11　435,8p 図版20枚　27cm　4-7601-1109-3　15450円
観音経を、春日版『妙法連華経』を底本に、詳細に解説した体系的事典。4部構成で、第1部「観音経」は、読誦用および頭注・訓読を付けた鳩摩羅什訳とその現代語訳のテキストを掲載。第2部「観音経事典」は、観音経・観音経信仰の項目をテキスト中心に選定し五十音順に解説した辞典。解説文は、漢字にルビを付し、引用出典を注記し、参考文献や関連・参照項目を付す。第3部「観音経と観音信仰」は、諸宗派との関係、中国・日本での展開など10本の署名入り論考で構成。第4部「付録」は、観音図解・百観音霊場一覧・国宝重要文化財一覧・主要参考文献・索引を掲載。　0626

法華三部経章句索引 真読，訓読　兜木正亨編　佼成出版社　1977-1978　2冊　27cm　各10000円
法華三部経（『法華経』『無量義経』『観普賢菩薩行法経』）の真訓両読での章句索引で、補助索引として首字・名詞（訓読のみ）・固有名詞・名数索引・検字の各索引、対校表および引用底本の『大正新脩大蔵経』所収本・平楽寺本『真読法華経並開結』・岩波文庫版（上中下3冊1976年版）の頁対照表、各品所載頁表（訓読のみ）を併載する。真読・訓読の2編を各1冊に構成。首字索引は章句・名詞・固有名詞の首字を五

十音順に配列した各索引の検字表で、複数読みは各読みを掲載し別音を付記する。章句索引は、「真読」編は見出し語に漢字章句・ひらがな読みを五十音順に標示し、章句読みは日蓮宗の久成院日相本『妙法華経並開結』に依拠し新かなづかいで表記する。所在は底本3種の頁数を表示する。「訓読」編は訓読での音次索引で国語辞典の配列に準じ五十音順に配列し、平楽寺本『真読法華経並開結』を底本に所在頁を掲出する。検字索引は字画索引および四角号碼索引（真読のみ）で音次索引の検字表をなす。対校表（真読のみ）は三部経個別に底本と対校本の用字の相違（俗字・通行字・同字・異体字・偽作字・書き換え字・音写文字などは別表に掲示）、文字・章句の有無の対照、字順の不同を掲出する。　　　　　　　　　　　　0627

◆法話・説話

日本霊異記研究文献目録　龍谷大学二葉研究室編　京都　永田文昌堂　1981.3　91p　22cm　監修：二葉憲香　1400円
『日本霊異記』に関する研究文献（図書・雑誌論文）を1980年12月末現在で、先行の関係文献目録から、669編を採録編集する。文献は通番を付し、著者名・論文名・収録（雑誌）文献名・巻数・号数・発表年月の順に記載し、発表年代順・著者名五十音順を基本に配列する。巻末に首字五十音順著者索引、凡例に典拠参考文献目録一覧を載録。　　　　　　　0628

仏教比喩例話辞典　森章司編　東京堂出版　1987.6　643p　22cm　4-490-10227-5　9500円
仏教の教えをやさしく説く。直喩・隠喩・諷喩などのさまざまな比喩・例話を、『大正新脩大蔵経』所収の漢訳仏典から収集し解説。見出し語は、仏教の思想・概念を表す用語・比喩関連語句を主に選び、慣用読みで五十音順に配列。解説は、「語彙」「比喩」の項別に叙述。語彙解説は、語義の簡潔な説明、サンスクリット原語やパーリ語の表示、解説範囲の明示、異訳語・同意語・反対語への参照を記す。比喩解説は、思想・概念を喩説する比喩・例話の用例と説明。原文引用は、忠実な読み下し文を基本に、省略・語順変更・補完などの編集で簡略化し、比喩語に傍点を付し、出典を注記。難漢語にふりがなを付す。凡例に出典一覧、巻頭に項目一覧表、巻末に12分野（天文気象・喩名など）別の五十音順（電話帳方式）索引。　　　　　　0629

仏教法話大事典　仏教法話大事典刊行会編　名著出版　1983.3　818p　27cm　24000円

あらゆるテーマの法話を各種教化資料から網羅的に収集し、大中小の項目分類別に編成した体系的事典。全編を、法話の歴史、教義法話・経典講話、年中行事法話、葬祭法話、祈祷法話、特殊行事法話、人生法話の7編に分け、章・節に細分し、解説と例話を掲載する。法話の歴史・作法、教義、祖師忌では、宗派別にまとめる。各編には適宜、総論・手引き・例話・展開の仕方を、さらにコラム・資料・短編法話も随所に配し、法話・掲示伝道などに独自の工夫ができるよう、利用の便宜を計る。全法話に著者・所載文献を付す。巻頭に収録事項細目一覧、付録「話術二章」を付す。　　　0630

仏教例話大百科　仏教例話大百科編集委員会編　名著出版　1987.7　653p　27cm　監修：松原泰道　4-626-01296-5　24000円
あらゆる機会を機縁とした仏教伝道に役立つ、古今の例話約450話を集録・分類し、応用しやすいように編纂した体系的事典。全4編は「釈尊とその教え」「古今の善知識に学ぶ」「歴史上の人物に学ぶ」「現代の世相から」で構成し、各編を中小の項目に分け、例話をそれぞれに分類する。巻末索引に、収録内容細目・テーマ別索引（五十音順配列のテーマ語別に、各例話を掲載順に配列）・人名索引（五十音順配列の人名別に、各例話のタイトルと要旨を簡潔に記す）を付す。本文上欄に、例話のテーマ（参照付き）・概要・注釈を記し、余白に書き入れを期す実用的百科。　　　　　0631

◆寺院、僧職

市町村区分による全国寺院大鑑　上，下，別巻　全国寺院大鑑編纂委員会編　京都　法蔵館　1991.10　3冊　27cm　背の書名：『市町村区分全国寺院大鑑』
日本の仏教系寺院を各都道府県宗教法人名簿・各宗派寺院名簿に基づき直接取材し、200余の宗派から約8万か寺の最新情報（1990年現在）を集成編纂した寺院名鑑。全3巻構成で、上巻には北海道・東北・関東・甲信越・東海の、下巻には北陸・近畿・山陰・四国・九州沖縄の、各地方を都道府県別に編成収録し、市・郡・町・村の単位で宗派別に寺院を配列する。宗派の配列順序は『宗教年鑑』（文化庁編、平成2年版）の「宗教団体一覧」に原則的に準拠する。寺院記載内容は寺院名、宗派名、郵便番号・所在地、電話番号、代表者の5項目表形式に構成する。都道府県別の市郡町村目次を各編に付す。別巻に関連資料（仏教関係諸団体一覧など）と冠字五十音順索引と補助索引（冠字配列・冠字画引）を載録する。　　　0632

全国寺院名鑑 改訂版 全日本仏教会寺院名鑑刊行会編 全国寺院名鑑刊行会 1975.2 4冊 31cm
日本全国の仏教寺院約7万8000か寺を収載し、その中で著名寺院約1万4500か寺を解説。全4巻は、北海道・東北、関東篇、中部篇、近畿篇、中国・四国・九州・沖縄・海外篇の地方別に巻編成し、名簿と名鑑を載録。名鑑篇は各宗派の総本山・大本山・本山・別格・門跡・著名札所・その他文化財所蔵寺院・宗教活動に熱心な仏教団体（近世—現代）を網羅し、行政区画別の宗派別に配列。解説は寺院名・宗派名・所在地・本尊・特殊行事・事業・建物・寺宝（指定文化財など）・由緒沿革・写真・住職など法人役員名を太字略称のもとに掲載。都道府県別の地図付き市郡目次を各個掲出。名鑑篇末に索引・年代一覧表を付載。名簿篇は各都道府県宗教法人名簿により、行政区画別に包括団体名（宗派）・法人名（寺院名）・住所を記載。初頁に市郡別・宗派別統計表。第1巻巻頭に「宗派概観」、別冊付録に「市町村合併等に伴う新市町村名改正表」を載録。旧版1巻を4分冊に改訂改編。その後の改訂版はない。　　　　　　　　　　　　　　0633

大日本寺院総覧 堀由蔵編 名著刊行会 1974 2冊 22cm 監修：大内青巒、井上円了、前田慧雲 明治出版社大正5年刊の複製 限定版 全25000円
1913年末現在で現存する各宗の全寺院7万1000余と境外仏堂200余を採録し、当時の行政区画（朝鮮・台湾などを含む）順に従い、見出し寺院（カタカナ・漢字の順に標示）の五十音順に配列する。縁起などの解説は寺伝に従い、宗派・等級・山号・所在地・別名・俗称・寺格・開創次第・年月・開基・開山・沿革・中興・再興・本尊・堂宇・境内・景勝・境外仏堂・歴代住職の行実・寺宝・法系・現住の順におおむね記載し、主要寺院の写真を付載する。目次前に「各宗派略字並等級表」を、巻末付録に「朝鮮寺刹令・寺刹令施行法」など18種の史料的資料・付表などを、跋文に「寺院通史」（鷲尾尊敬著）を掲載。　　　　0634

日本寺院名鑑 日本寺院名鑑刊行会編纂 名著普及会 1982.9 2冊 27cm 全65000円
各都道府県作成の宗教法人名簿に基づき、全国の仏教寺院約7万8000の名称、宗派名、所在地、代表者を記載した名簿。都道府県別の配列で、上巻に北海道から和歌山県まで、下巻に鳥取県から沖縄県までを収録。各都道府県を市および郡（東京都は区、市および郡）に分け、市・郡内は宗派別に、さらに同一宗派内は寺院名の五十音順に配列。上巻巻頭に（仏教系）宗教法人一覧、下巻巻末に全国宗派別統計表、宗教法人法、寺院名索引（配列は寺院名の頭字の呉音の五十音順）を収める。　　　　　　　　　　　　　0635

日本社寺大観 名著刊行会 1970 2冊 27cm 編者：日出新聞社 日出新聞社昭和8年刊の複製 各10000円
全国の社寺約6000か所の1933年1月末日現在の記録。2編2冊で、寺院編は各宗本山・門跡・由緒寺院・別格寺・国宝所蔵寺院など約4000寺を、当時の行政区画で、関東、東北、中部、北陸、近畿、中国、四国、九州、北海道、樺太、朝鮮、台湾、関東州、満州国、海外の地方別に府県別・市町村順・五十音順の段階で配列し解説。見出し語は寺号（ルビ付き）・別称俗称・所在地を順に標記し、①宗派②沿革③堂宇宝物・境内の状況面積④法会の順に解説。沿革は、写真・略図を載せ、寺伝・寺誌を根本資料に明治初期神仏分離までを詳説。神社編は官幣社・国幣社・別格官幣社・府社・県社・国宝所蔵および由緒神社など約2000社を収録。配列・解説は寺院編に準じ、項目は①社格②祭神③沿革④社殿宝物・境内面積⑤祭礼日・特有祭礼⑥氏子⑦摂末社・境内神社の7項。両編とも巻頭「総説」で歴史を概説し、巻末付録に各種資料と索引（音訓と頭字画引）を収録。1989年の複製版もあり。　0636

◆伽藍、仏塔、梵鐘

石仏偈頌辞典 加藤政久編著 国書刊行会 1990–1996 3冊 22cm 3200–4300円
板碑・石仏などに刻印された偈文（韻文）・経文（散文）、あるいは梵鐘などの銘文などを、古代から現代まで、文献資料や石仏などの遺物資料を広く渉猟調査し、508種（正）364種（続編）148種（続々）を採録し、おのおの通し番号を付し、五十音順に配列する。解説は、見出し偈文、読み下し文・注記、次いで被引用書別に、引用句・出典を含む解説文を掲載し、誤植・改作などの著者の見解を説き、また参考偈文なども紹介する。続々編には、正・続編収録分の解説を増補改訂したものも含む。凡例に参考文献一覧、巻頭に五十音順目次、巻末に五十音順索引（本文・本文初句・解説文中の句）を付す。　　　　0637

◆寺誌、縁起、古寺名刹

鎌倉廃寺事典 貫達人, 川副武胤著 横浜 有隣堂 1980.12 273,9p 22cm 付(地図1枚)：鎌倉廃寺地図 3800円
過去に鎌倉に存在した寺院・塔頭・諸堂宇など、現在の鎌倉市域内を中心に収集し、解説する。『鎌倉国宝

館論集』4-6（1960-1962年刊）に掲載したものに一部加筆・増補し、さらに『鎌倉市史社寺編』（1959年刊）からも一部要約採録し、五十音順に配列し、関連の遺物・風景などの写真を追加掲載し、編成し直したものである。原著の序文も加筆訂正し採録する。地域別所在地・口絵・挿図一覧を巻末に付す。所在地一覧は、1980年10月現在の町名で表示し、本文記載の地名で検索できる索引でもある。 0638

古寺名刹大辞典 金岡秀友編 東京堂出版 1981.9 511p 22cm 4800円
日本全国の仏教寺院（新宗教や廃寺は除外）の中から古寺・名刹約1050余か寺を選択・収録する。見出し寺院名は漢字・ひらがなの順に標示し、五十音順に配列。解説は、由緒・歴史、先行の仏教辞典に記載の少ない口碑・伝説の類を中心に、図版を載せ、漢字ルビ・補注を適宜に補い記述する。記載は①所在地②山号・院号など③異称④宗派・寺格・札所番号⑤略史（創建、転宗・転派などの変遷、現況などの縁起一般）⑥有名伝説、古典中の記述など⑦名所・見所⑧宝物・御詠歌の基本順に、項目の大小により適宜に詳略する。巻頭に地域別（都道府県別）（目次）目録、巻末に参考文献・五十音順索引（寺院名および人名）を付す。旧版『古寺名刹辞典』（1970年刊）を、新規寺院の追加・記述の修正・所在地の補正などを中心に、改訂再編する。1992年刊の新装普及版あり。 0639

日本「寺院」総覧 新人物往来社 1992.7 487p 21cm（歴史読本特別増刊） 1500円
日本歴史と密接不可分な関係にある寺院を多面的・総合的に解説し、概説編、事典特集、入門編「寺院の基礎知識」（三橋正者）、資料編で構成。概説編は巻頭特別総論「歴史にみる寺院の役割」（笠原一男著）を含め18編の署名記事を掲載。事典編は、各宗本山を中心に代表的寺院122か寺を東日本・京都・西日本の地方地域別に編録する。解説は本堂の写真を載せ、見出し寺院を漢字名（ルビつき）・住所・電話の順に1行標示し、①開祖（開山・開基）②現代表者③宗派・寺格④沿革⑤本尊⑥儀式・行事⑦規模・塔頭⑧宝物⑨参考図書・史料の小見出し項目を立て順次に記述。各地域編に「諸寺院」項を立て一括説明する。資料編には寺院年表・古代廃寺一覧・参考文献・総索引などを収録。エッセイ特集「私と寺院」（8編）を掲載。 0640

日本名刹大事典 圭室文雄編 雄山閣出版 1992.8 941,48p 27cm 4-639-01115-6 35000円
古代から現代までの日本の代表的名刹約5000か寺を採録。見出し寺院名は、漢字・読みの順に標示し、五十音順に配列。解説はおおむね、所在地、交通機関、宗派、山号、院号、本尊、開山、開基、寺史、江戸時代-明治初期の本末帳や明細帳に見る石高・本寺・末寺、古文書、近世文書の数量、寺宝、特色や行事、刊行の寺史・史料集・所蔵目録、参考文献、公開施設の順に記述。先行類書の弊（例えば開基伝承や寺院作成の由緒書・縁起・寺史・地誌の無批判採録）を排し、正確な古文書・近世文書の裏付けによる社会的時代的位置付け重視の記名入り解説。巻末に、宗派別県別の収録項目寺院索引あり。 0641

◆仏会

◆◆儀式・仏事、戒名

戒名・法名・神号・洗礼名大事典 鎌倉新書 1981.2 935p 27cm 30000円
戒名・法名・神号・洗礼名の発生から今日に至る変遷の歴史を眺め、世界主要宗教の「宗教名」の比較論を行い、「宗教名」の今日的意義を追求した体系的事典。全11章の構成で、総論で「戒名と位牌の意義」を述べ、第2章の「戒名・法名の歴史」で日本の人名の歴史から説き起こし、第3章の「仏教と戒名・法名」で各宗各派について解説した後、神道と神号、諸教の霊号、キリスト教の洗礼名、イスラム教の洗礼名、菩提寺と戒名・法名、戒名・法名の実例と解説、位牌の歴史と種類（歴史上の著名人物を掲載。巻末に人名索引）、戒名・法名の文字選（実用的）、と章立てて記名で解説する。 0642

葬儀大事典 鎌倉新書 1980.4 697p 27cm 監修：藤井正雄 20000円
死者に対する葬儀・追善供養の儀礼（葬儀式）は、民族の霊魂観・他界観を含む死生観が具体的に凝縮化された行為様式で、その解明は人間の生きざま・死にざまの宗教的意味、文化的・社会的意味の解明になるとの観点で、今日の日本で営まれている仏教・神道・キリスト教の葬儀式を、各宗派・教団責任者および専門学者の執筆者名入りで解説し総合的に集大成する。全9章からなり、第1から6章では各宗派・教団の葬儀式の由来と意味を説き、さらに先祖供養の意味・精神に言及する。第7・8章は「一般葬儀・社葬・団体葬・合同葬」。第9章「葬儀式・装具関連用語と解説（索引・参考文献つき）」は用語辞典である。なお神道については『神葬祭総合大事典』（雄山閣、2000）が詳しい。 0643

仏教行事儀礼書式大事典 藤井正雄編 雄山閣 1983.8

515p 27cm 4-639-00265-3 28000円
仏教寺院伝承の儀礼・行事を、自行化他二門から分類し、化他門の回向・祈願儀礼、化他双方に属する中間儀礼を、重点的に解説した体系的事典。前4章の、葬儀・法事・寺院行事に関する書式の各章節では、テーマごとに天台・真言・浄土・時宗・浄土真宗・曹洞・臨済・黄檗・日蓮の宗派別に挿図と実例を多く用いて解説。第5・6章の墓碑・墓誌・法具・仏具に関する書式では、宗派を超えて統一的に記述（石村喜英著）。巻頭に宗派別目次を別立。巻末付録：過去帳の形式、宗内の願書・届出書の書式、ほか。『仏教葬祭大事典』☞0647『墓地墓石大事典』（1981年刊）、『日本仏教基礎講座』（1978-1980年刊）の姉妹事典。　0644

仏教儀礼辞典　藤井正雄編　東京堂出版　1977.7　373p 19cm 2800円
仏教儀礼の象徴的行為の意味合い、その由来・次第、仏教を受容した庶民の生活・習俗について解説。2部に分け、本編は、項目を五十音順に配列し解説する。第2部の式次第資料編は、各種儀礼ごとに主要宗派（天台宗・真言宗・禅宗・浄土宗・真宗・時宗・日蓮宗）を比較対照的に見やすく解説する。解説内容は、1　葬儀礼次第、戒名・塔婆などの習俗の意味、2　結婚式・帰依式・授戒会・在家勤行式など仏教人の日常生活に関係ある儀礼、3　寺院での通仏教的年中行事の仏忌（灌仏会・成道会・涅槃会など）や祖師忌（覚ばん忌・御忌・報恩講など）あるいは、有名寺院の年中行事などに及ぶ。付録に、年中行事・参考文献・忌日早見表を掲載。　0645

仏教慶弔文例事典　吉田哲雄編　国書刊行会　1996.3　500p 27cm 4-336-03816-3 15000円
法要式で仏・菩薩・参列衆に申し述べられることばの文例を、表白・宣疏・諷誦・祝文・弔辞・雑事（序文・教諭・記銘・その他・詩に分類）の6章に分け、必要によりさらに慶事・弔事・結婚式などに分節し、体系的に配列した事典。『宣疏表白祝文弔辞引導諷誦序賛記銘文類大全』（藤井赫念編、西谷寺、1929）を底本に各種文例集より抜粋し編集。転載分を除き原文の漢文は訓読ルビ付きに、表記は新字体・現代かなづかいを原則とし、用語の読みは慣用による。巻末に参考文献を付す。　0646

仏教葬祭大事典　藤井正雄〔ほか〕共著　雄山閣　1980.8　510,23p 27cm 22000円
形式化・形骸化と批判される仏教葬祭のあり様を、そこに至る歴史的経過や民間伝承・習俗を含めて総合的に分析し、「葬祭は死と儀式の総合文化」との見地で、仏葬の本源的な意味・あり方を、儀式の一つ一つに仏教の原点を求めながら、注を付し解説した体系的事典。

全体は、「葬儀の手続きと準備」「社葬と団体葬」「死者儀礼の意味」「葬式」「法事」「宗派の概要と各宗の葬送奇麗儀礼」「経典」「本尊」「先祖供養」「伝統的慣習」「墓地」「死の準備」「新しい葬儀の仕方」などの各編と付録編の「他宗の葬儀」「葬儀における説教のあり方」「弔辞・挨拶・おくやみ文」「質疑応答30項」の4章で構成。巻末に葬祭関係史参考図・日本における葬祭の歴史年表・参考資料・総索引。　0647

仏事儀式全書　起源・由来・伝説・儀礼　昭和仏典振興会編著　大阪　文進堂　1972　400p 図 22cm 2800円
仏閣の参詣や家庭での仏事に必要な、日常的な仏教の項目について、その起源・由来・伝説・儀礼を編述する。全9章の体系的事典で、「前章」「仏教発達のあらまし」「おもな仏教の宗祖と教義のあらまし」「仏教儀礼と仏事の起源と由来」「発掘された将軍と和宮の霊と葬送の話」「東京・浅草寺の縁起と観音秘仏の伝説」「花山亭と西国霊場・西国八十八札所」「臨終から忌明までの仏事」「墓と墓地」の各章でさらに中項目を立て解説する。巻末付録に、仏教用語・諸宗用具・将軍表・歴代天皇一覧・日本年号一覧・五十音順索引。　0648

仏事大鑑　宇野弘願編著　国書刊行会　1978.10　304p 27cm 12000円
編著者が自坊に開設の仏事相談室で対機説法を実践した布教弘通の経験と成果を基に、仏事百般の事柄を体系的にまとめた事典。「はじめに」で、仏教の教え・日本の仏教宗派・仏事の心、について叙述。第1部は、葬送儀礼・法要の心・主な年中行事、第2部は法要の心得・お墓の建て方・仏壇と本尊について・仏具について、と実生活と関係深い仏事の実際的な事柄を解説。第3部は、人生仏事・法話例・各派本山について・忌日早見表・仏事年表・各宗経典集・仏典名句選（246種。脚注に出典・略説）を掲載。巻末に参考文献あり。　0649

法名戒名揮毫宝典　藤井正雄，飯島太千雄編　岸本磯一書　東京堂出版　1991.8　1057p 27cm 4-490-10295-X　28000円
法名・戒名を選定するための熟語の用例を、毛筆の写経体を用いて書き表した字典。4部構成。解説部で戒名の仏教的意味と選定のルールを詳述。本書の大半を占める二字熟語字典の部では、2000字の見出し漢字に経典類から選んだ約3万5000の熟語を収録し、見出し漢字の五十音順に配列。四字戒名字典の部は男女、季節で3項目に分け、各項目の中は、熟語頭字の五十音順に配列。寺院書式手本の部では位牌、塔婆をはじめ、寺院の諸行事に必要な用例を収録。　0650

法名・戒名大字典 釈慶厳編 国書刊行会 1975 832p 図 27cm 28800円
法名・戒名は故人の人生の軌跡・業績・性格・風貌などをほうふつさせ、遺族・親族の宗教心を惹起し、授与者・被授与者ともに宗教的安心を覚えるものである必要がある。この条件にかなう語彙を先師達の実例を中心に、主要経典（法華経・観無量寿経・十巻章）から収集編纂した法名戒名語彙集の決定版である。全4部で、第1部「法名・戒名のつけ方」では法名・戒名の付け方の手引き・一般法則・選択の要点などを概説する。第2部「法名・戒名字選Ⅰ」は新活字を中心に語彙を五十音順に配列し、下欄に解説を付す。第3部「法名・戒名字選Ⅱ」は旧活字を中心に、集められた語彙を並記し、下欄に「歴代著名人法名例」を収載する。第4部「付録」には日本仏教史年表・年号一覧表・忌日表・法教名目選を載録。普及版（1984年刊）あり。
0651

◆◆仏具

仏教法具図鑑 平成新編 有賀要延編著 国書刊行会 1993.9 453,8p 27cm 4-336-03511-3 20000円
仏具に関する諸用具を、舎利具・経巻具・荘厳具・供養具・梵音具・僧具・密教法具・数珠・法衣・先祖供養具・修験道法具の11部門に分類し、図版入りで分類体系順に解説した包括的図鑑。見出し法具は漢字・ひらがなの順に表示し、任意に配列する。解説は経論儀軌・諸記録・辞典類などから典拠を引用し、図版（模写図・平面図・側面図・断面図など）を掲示し、その意味・用途・形相・色・寸法などを詳説する。付録に、諸宗数珠一覧・諸宗衣鉢一覧・古典に見る仏具名を付す。巻末に出典一覧・参考仏具既刊書および五十音順索引（漢字。読みを併記）を付す。
0652

仏具辞典 清水乞編 東京堂出版 1978.9 173p 19cm 2200円
仏教者がその信仰生活の中で用いる仏具を、由来・歴史・意味・用法などを、仏教儀礼との関係を中心に、経典を引用し図版を交えながら、宗派間の差異は無視し通仏教的に解説した辞典。見出し項目は、漢字表記で読みを付し五十音順に配列する。仏具項目は織田得能『仏教大辞典』☞0544 より選定し、出典および一部の参考図は『望月仏教大辞典』☞0547 により、参考図の大部分は『大乗比丘十八物図』により、密教術語の解説は『密教辞典』☞0689 による。巻頭に「概説－仏具と儀礼－」、巻末付録に直接に引用・参照した小解題付き参考文献一覧と大壇供配列図を付す。
0653

仏具大辞典 鎌倉新書 1982.9 835p 31cm 監修：岡崎譲治 30000円
仏具の形式変遷の歴史を研究する美術工芸的視野と仏具本来の伝統的意義用法重視の宗教的立場を統合し、仏具の本来的意味を広義に体系的にとらえ、宗派所依の儀軌経典と実際の形式の変遷、使用法と宗派による特色などを総合的に記述した仏教諸用具事典の嚆矢となる体系的事典。全体を、第1章：仏具の種類と変遷、第2章：宗派別仏具の荘厳法と特色、第3章：技法解説、第4章：行事・文様・紋章、の4章に分け、それぞれ3から12の節を、さらに項・目を立て、詳細に叙述し、下欄に図版などの注釈を付す。序で研究文献史を略述し、巻末に参考文献、五十音順索引・図版索引を付す。
0654

◆◆声明

声明辞典 京都 法蔵館 1984.11 289p 21cm 『声明大系』特別付録 監修：横道万里雄，片岡義道
日本声明関係の基本的な語彙を①法会・法要②声明曲・曲種③作法・所作④配役⑤人名⑥流派⑦楽理⑧資料・文献⑨荘厳・道場⑩法衣・装束⑪法具⑫楽器の12分野から分類種別つきで収録する。見出し語はひらがな・漢字の順に標記し、五十音順に配列する。解説は分類、宗派名・系統名を示し、漢字に適宜ルビあり、典拠引証には出典を付す。人名項目（1981年末現在の物故者）は生没年を付記し、著作などを記載。説明文の相互参照あり。文末に執筆者名を掲載。巻頭総説に「寺院の典礼音楽」「日本の仏教音楽」「法要の形式と内容」「声明の楽譜と実唱」の記名論説4編を収録。巻末付録「声明詞章出典一覧」は曲名・所用宗派・出典（経典名および所収大蔵経）・備考の4項目を表記載。
0655

仏教音楽辞典 天納伝中〔ほか〕編著 京都 法蔵館 1995.5 508,60p 26cm 付属資料(録音ディスク1枚 12cm ホルダー入):仏教音楽の世界 外箱入 4-8318-6210-X 25000円
仏教音楽の各分野にかかわる人名・曲名・曲集から資料・団体まで、幅広い分野の事項を解説した事典。伝統儀式音楽編、現代仏教音楽編の2編からなり、それぞれ五十音順に配列。各項目には便宜的な分類名と解説文を示している。巻末付録として「声明詞章出典一覧」「声明関係論著・解説・目録一覧」「仏教音楽レコード・CD関係一覧」、すべての見出し項目と解説文中の主要な事項名、人名などを検索できる「総索引」を付す。
0656

❖❖仏教美術

仏教を彩る女神図典 西上青曜著 大阪 朱鷺書房 1995.8
288p 20cm 4-88602-168-9 2884円
仏教経典にみる女神について、他宗教の女神が仏教に包摂され、仏教信仰の対象となる経緯などに言及しつつ、各女神信仰の意味・性格、仏教の女性観やその変遷に触れた読みやすい体系的な図典。仏教と女神、飛天、吉祥天、弁財天、訶梨帝母（鬼子母神）、荼吉尼天、般若仏母、優しさの美しい文化、の8章に分けて解説。巻末に参考文献を付す。　　　　　0657

❖❖仏像、菩薩、曼荼羅

新纂仏像図鑑 編纂：国訳秘密儀軌編纂局 第一書房 1972 2冊 27cm 監修：権田雷斧 仏教珍籍刊行会 昭和5年刊の複製 8500円
古来相伝の仏像を、名称・相容・誓願・功徳・印相・真言などについて、図説した体系的図典。4巻構成で、天之巻には天等篇（13種244尊）と明王篇（3種26尊）の、地之巻には菩薩編（8種164尊）・観音編（3種74尊）・如来編（32尊）の、人之巻には印度・支那・日本の祖師先徳225人の、図像を載録。配列は、天・地巻は『国訳秘密儀軌』の、人巻は国別（日本は宗派別）の順により、図像には一連番号を付す。解説は、漢字にルビを多くふり、古典籍・儀軌から典拠を引き、総論的（尊種別）・個別的説明を叙述。祖師先徳像の解説は、高僧伝（三国・東国・和漢・日本）と神僧伝などの伝記を主に掲載。補遺別巻には、九品弥陀・十二光仏・十三仏・六大黒などの名称を持つ仏像、仏教関係の神像・雑像・釈迦絵詞伝・仏像の持物・仏具・印契・仏教大意などを図示解説。付録に梗概三国仏教史・仏教術語解説篇・五十音索引。　　　　　0658

天部の仏像事典 錦織亮介著 東京美術 1983.11 288p 19cm （東京美術選書 35） 折り込図1枚 4-8087-0142-1 1700円
仏教礼拝像（如来・菩薩・明王・天）のうち、多種多様な形態をもつ天部の諸尊を収録し、種類ごとに各尊像を解説した体系的事典。まず「天」について、その構成・形像・現世利益の神に分けて叙述。次いで天部各尊を梵釈・八部衆・神将形・女天・十二天・その他・天文神・両界曼陀羅外院諸天の8種に分類し解説する。解説は、起源・形像・信仰の項目を立て、主要な語句にルビを付し簡単な説明を補足しながら叙述。形像は、典拠経典を示し写真・図版で具体例を示し、やや詳述する。巻頭にルビ付き目次、巻末に参考文献（単行書・雑誌論文）・十界の構成・索引。　　　　　0659

仏像図典 増補版 佐和隆研編 吉川弘文館 1990.12 321p 22cm 4-642-07203-9 2900円
仏像を、如来・観音・菩薩・明王・天・星宿・本地垂迹・羅漢および高僧の8部に分類し、日本現存の主要仏像を項目とし解説。総論・各論・付録・五十音順索引からなる体系的図典。総論では、仏教美術の概念、仏像の歴史・特質などを参考的に概説。各論での個別的仏像解説は、線描図像や彫刻・絵画（像容を明示する作例）の写真を掲載し、仏像典拠の経典・儀軌を引用・言及しながら叙述。各項の線描図像は恵什の『図像抄』十巻の全図を収載したもの。付録は、尊像別国宝・重要文化財目録、両界曼荼羅図尊名、仏像便覧（仏像の諸形式・持物印相など・図示あり）、尊像種字。　　　　　0660

仏像見わけ方事典 はじめて出会う仏さま 改訂版 芦田正次郎著 北辰堂 1991.2 446p 19cm 4-89287-169-9 3200円
日本の仏像名を識別するための、基礎的知識と視点をわかりやすく解説した事典。3部構成。第1部は、仏教成立史や、仏の分類法などについての簡単な解説。第2部は見出し項目の仏像や仏画を、見所、像容、信仰、実例などの小見出しをたてて解説し、必要に応じて写真や図を掲げる。約150項目を収録。配列は第1部で紹介している「一組の神仏」「悟りの仏」「慈悲の仏」などの分類法による。第3部には「仏像用語小辞典」、仏像のファッションや持ち物などで引ける分類索引の「仏像早見表」を収録。巻末に「仏像関係参考文献」、仏像の見分け方を主目的にした索引がある。初版1989年。　　　　　0661

曼荼羅図典 染川英輔図版 小峰弥彦〔ほか〕解説 大法輪閣 1993.2 422p 27cm 折り込図2枚 4-8046-1102-9 18000円
慈雲山観蔵院（東京・練馬）の彩色両部曼荼羅の描写図「染川英輔筆・白描下図」1800余の尊像を図解した図典。下図は根本経典の『大日経』『金剛頂経』『大日経疏』の記述をもとに「御室版曼荼羅」を参照し、『秘蔵記』『石山七集』『諸尊便覧』などの関係諸経典を検討し制作する。全3部構成で、冒頭で曼荼羅の語義・種類、現図曼荼羅・両部曼荼羅を総体的に概説し、次いで胎蔵曼荼羅「中台八葉、遍知、蓮華部、金剛手、持明、釈迦、文殊、地蔵、除蓋障、虚空蔵、蘇悉地、最外（東方、南方、西方、北方）の各院」と金剛界曼荼羅の両部篇に分けて、おのおのの尊像を図示する。解説は各院・各会の総説に続き、各尊像をひらがなルビ付き漢字・カタカナ読み付き梵語の順に見出し標示し、①密号②種字③三角④尊形⑤印相⑥真言⑦解説（文中・項末に参照あり）の項目別に記述する。巻末に印相・真言・尊名の各索引、凡例末に参考文献一覧

曼荼羅の鑑賞基礎知識 頼富本宏著 至文堂 1991.10
261p 26cm 4-7843-0105-4 3500円
わが国の伝統的な美術的曼荼羅を鑑賞し理解するために必要な基本的知識を、(1) 概念と思想 (2) 成立と流伝 (3) 構造と意味 (4) 浄土・垂迹の二曼荼羅、の4部門に分け、それぞれ中小の項目に細分し、図版を用いて解説。巻末に、中村幸真著「曼荼羅を描いて十余年－巧みな曼荼羅の装飾文様－」を掲載。ほかに、曼荼羅関係参考文献目録・索引・図版目録を付す。
0663

◆◆巡礼

江戸・東京札所事典 塚田芳雄著 下町タイムス社 1989.7 215p 18cm 1300円
江戸・東京を中心として武蔵、下総、相模などを含む、江戸時代から昭和にわたる札所一覧。三十三所、八十八所、その他（六阿弥陀、七福神など）の3部に分けて紹介。各札所ごとに、文献に見える開設の縁起や歴史などの簡単な解説がある。
0664

古寺巡礼辞典 中尾堯編 東京堂出版 1973 343p 図 19cm 1500円
日本全国各地にある主要な巡礼地100余を選び、その行路と札所（霊場）を解説する。見出し項目は巡礼行路名を漢字（一部、漢字かな混交）で標示し、五十音順に配列し、各行路の中は巡路に従い札所番号付きで寺院名を配列する。解説はまず巡礼行路を概説し、各札所寺院には通称・別名、山号・宗派を併記し、①住所、②本尊、③御詠歌、④縁起などの順で繁簡適宜にイラスト・写真を掲載し記述する。巻頭に都道府県別全国巡礼地案内を掲載する。
0665

巡礼・参拝用語辞典 白木利幸著 大阪 朱鷺書房 1994.3
277p 20cm 4-88602-165-4 2575円
日本の巡礼と寺院参拝に関する用語を、巡礼と参拝の2部に分けて解説する。巡礼部は、巡礼における事象・行為・人物など222項目を、参拝部は、寺院の堂塔、その他の寺院参拝に関した事象、縁起や案内パンフレットの記述用語など183項目を収録する。見出し語は、漢字・ひらがな読みの順に表記し、五十音順に配列。本文は、はじめに「巡礼の歴史」を概略。項目解説は、主要な漢字語句にひらがなルビを付し、写真や出典を記載し叙述する。巻頭に五十音順目次。巻末付録に37の「主な巡礼コース」を掲載し、札所の所在地・宗派・札所本尊などを順記する。人名索引を付載。
0666

◆布教、伝道

掲示文書伝道大事典 国書刊行会編 国書刊行会 1987.3
757,68p 22cm 普及版 9800円
寺院・僧侶の布教手段である掲示・文書伝道の理論と実践について総体的に解説した体系的事典。全体は5部構成で、第1部は「仏教伝道の歴史と、掲示文書伝道の意義」（釈慶厳著）。第2部の「掲示・文書伝道名句選」では、掲示・文書伝道に役立つ古今の名句を仏典・典籍・人物・諺などから抽出し、脚注に典拠・略説を、巻末（第5部）に典拠〈書名・人名・諺〉索引と語句索引を付す。第3部の「掲示・文書伝道実例選」は、各宗寺院における実践例などを掲載。第4部は付録（日本仏教史略年表・年号一覧表）。初版1976年。
0667

布教新辞典 加藤咄堂，足立栗園，大住舜共撰 国書刊行会 1975 822,25p 27cm 明治43年刊の複製 12000円
仏教の布教伝道に必要な話題の材料や知識を得るための事典。巻頭の布教法、仏教伝道史の概説のあとに本編のイロハ順の事典が続く。目次項目や見出し項目のもとには、「解説」「伝記」「逸話」など記述内容を明示して記載。巻末に五十音順索引。森江書店刊の復刻。
0668

布教名言大辞典 実用解説 布教名言大辞典刊行会編 名著出版 1984.4 411p 27cm
講演・挨拶・説教・掲示伝道・文書伝道など、布教・教化のヒントになるあらゆる種類の故事・金言・名句約5000点を収録・解説する。収録対象は、古代から現代までの世界の名著・古典（仏典・宗祖高僧のことば・先哲の遺訓・文学）や無名の人の句まで、幅広く収集する。見出し語は400余の分類項目で、五十音順に配列し、各項目のもとに、名言を五十音順に配列する。項目はおおむね、漢字の熟語表記で、関連項目・参照項目を→で指示する。名言には、作者・出典を注記し解説する。五十音順目次（巻頭）、主要参考文献一覧、主要人名解説（日本編・外国編）あり。
0669

◆各宗

日本の仏教全宗派 大法輪編集部編 大法輪閣 1994.4
477p 16cm 付・仏教界人名録 4-8046-1111-8
2400円

文化庁編『宗教年鑑』☞0441（平成4年版）掲載の仏教系団体を全部採録し、天台系・真言系・浄土系・禅系・日蓮系・奈良仏教系その他に分けて解説する。各宗宗派の説明は、住所・電話番号、宗派の概要、参加できる仏教の会、主な古寺名刹、系列大学について紹介する。雑誌『大法輪』の掲載記事に加筆し各宗務庁などの点検を経たもの。仏教界人名録、関係団体名簿、全宗派の寺院・信者数一覧、宗派索引がある実用的でハンディな事典。　　　　　　　　　　　　　　0670

日本仏教宗派事典　斎藤昭俊, 成瀬良徳編著　新人物往来社　1988.5　486,5p　22cm　4-404-01505-4　8800円
現在における日本仏教宗派の概況を1冊にまとめ、歴史、教義、現況、寺院、関係人物などを調べる利便さを目的とした事典。文化庁編『宗教年鑑』☞0441所収の仏教宗派を網羅し、奈良仏教系・天台系・真言系・浄土系・禅系・仏教系諸宗派の6編に分ける。各編は、全体の略説（付　宗派系統図）後に各宗派について、「立宗と歩み」「教え」「関係人物」「参考文献」の順に解説する。「教え」の項では、所依経典の掲示と教義を解説し、寺院名（主要寺院と住所）と現況を表示する。『日本仏教人名辞典』☞0594と相補的併用により、日本仏教の成立諸条件（人物・寺院・教えが中心）と日本仏教の理解を意図した事典である。巻末に人名索引を付す。1993年刊のコンパクト版あり。
　　　　　　　　　　　　　　　　　　　　0671

仏教宗派辞典　金岡秀友編　東京堂出版　1974　346p　19cm　1800円
インド仏教圏・チベット仏教圏・シナ仏教圏・日本仏教圏・南方仏教圏における、現在および歴史上の、宗派の由来・教義・現状などを解説した1頁上下2段組のコンパクトな辞典。①かつて存在した宗派は現在の諸宗派の源流となる根本的な大宗派（例、真言宗・浄土宗など）の教義と歴史を主に解説し、②現在ある宗派は本山所在地・歴史・教義・所依の経典・教勢など、その宗派に対する具体的知識の説明が中心。見出し項目は漢字（ひらがな付き）で表示し五十音順に配列。文中に引用注記、参照あり。冒頭に「仏教宗派史概説」（金岡著）、巻末に「諸宗派系譜」「年表」「人名索引」を付す。　　　　　　　　　　　　0672

◆律宗

律宗文献目録　徳田明本著　京都　百華苑　1974.8　216,39p　22cm　2500円
四分律宗のうち、南山宗の典籍および関係雑誌論文を中心に収録した分類目録。2編からなり、「律宗文献目録」は中国の漢訳律典・諸律蔵、唐代三宗の律疏より明清の註疏まで、日本伝来から明治に至る日中の律宗人師の著作を網羅的に収録する。目録は題号・調巻・判式・文体・編著者・序跋・奥書、現在本の刊写、年代、相伝書等・所在現蔵者、公刊叢書名、内容解題注記・『仏書解説大辞典』☞0533所載・『昭和現存天台書籍総合目録』☞0677所載の10項について①から⑩の番号を付し記述する。配列は分類のもとに成立順による。巻末に五十音順書名索引を付す。「戒律関係雑誌等論文目録」編は前編と同様の分類のもとに、論題・著者・所集誌・出版年の順に記載する。　　0673

◆論宗

行基事典　井上薫編　国書刊行会　1997.7　2冊（別冊とも）　22cm　肖像あり　4-336-03967-4　全18000円
奈良時代の僧、行基に関する事典。構成は、総論：行基の生涯、Ⅰ：政治社会・集団、Ⅱ：教学・伝道、Ⅲ：地理・社会事業、Ⅳ：史（資）料、Ⅴ：行基信仰からなり、行基の活動が解説されている。付編には、用語解説、参考文献一覧、関連略年表がある。索引として、五十音順の人名、寺社名、史料名・その他がある。また、別冊として、都道府県別の全国に残る行基伝承を伝える寺院の一覧（約1400件）を作成し、各寺院の開基年、現在の宗派、伝承などについて記述。
　　　　　　　　　　　　　　　　　　　　0674

◆華厳宗

東大寺辞典　平岡定海著　東京堂出版　1980.8　562p　22cm　折り込地図1枚　5800円
金光明四天護国の寺、四聖建立の大寺、八宗兼学の道場、恒説華厳院と別称される東大寺の辞典。人名・地名・寺名・塔頭・建物・行事・教学・制度・書名・表・美術工芸・お水取などに関する事項を解説。見出し項目は、漢字・ひらがな読み・分類の順に標示し、五十音順配列。資料・原稿提供者を末尾に明示。一部の重要項目は参照方式とせず記述を重複させ詳細に説明。巻末付録に、華厳宗系譜、寺領荘園一覧表、宗性上人著述目録、年中行事一覧表、東大寺年表、文献目録、項目一覧表（索引）など23種。1995年刊の新装版あり。同著者の『東大寺の歴史』（至文堂、1961）『東大寺』（学生社、1973）の併用が便利。　　0675

✥天台宗

【書誌】

叡山文庫文書絵図目録 延暦寺編 京都 臨川書店 1994.5 816,246,18p 27cm 4-653-02520-7 37000円
比叡山延暦寺の叡山文庫・滋賀院門跡・国宝殿に保管する文書・絵図の簡易書名目録で、止観院（文書・絵図）、正覚院、双厳院、理性院、無動寺・明徳院・法曼院（以上東塔）、生源寺、金台院（以上西塔）、別当代、華厳院（以上横川）、泰門庵、滋賀院、延暦寺（明治以後）、岡本蔵・今井蔵、国宝殿（書跡）の15種目録（文書・文書抄出）を順に合綴編纂し索引を付す。織田信長の延暦寺焼打（1571）再興後の史料で、1600年（慶長5）以後の成立文書を中心に、約3万2000点を収録する。「目録」標目のもと、文書は記号・番号、書目、冊数、記録者/成立年月を順記し、成立年月順に配列。記号・番号は請求記号で内容分類を示す。目録巻頭に内容分類目次。漢字画数引索引は書名・書名の一部・記録者を検索語とし頻出注記を付す。索引漢字ガイドを掲載。
0676

昭和現存天台書籍綜合目録 上巻，下巻，増補・索引 増補版 渋谷亮泰編 京都 法蔵館 1978 3冊 27cm 各16000円
天台大師から日本現代まで約1400年間の天台宗関係書籍を網羅的に収載し、弘布・伝来などの史料を含む書誌的来歴なども抄記した分類目録。配列は顕教・円戒・念仏・密教・音知悉曇・法要故実・神道・修験道・史伝・記録・法則、表白、諷誦、願文類・雑の12部をおのおの適宜に細分した類綱目からなる体系的な目録分類表に従い、見出し項目を漢字・ローマ字の順に標記し参照を付記し、次いで小見出しを書名・ローマ字の順に標示する。目録記載は題号・調巻・版式・表記文字・編著者・奥書等・刊写等・現蔵者・参考を①から⑩の区分符号のもとに詳述し、成立年代順に配列。異書名同一書は一所にまとめイ・ロ・ハ番号で弁別記載する。凡例末に参考目録・全集・所蔵者の一覧を掲載。巻末に冠字画引表と索引（書名・人名・山寺院房号）を収録。
0677

【辞典・事典】

天台学辞典 河村孝照著 国書刊行会 1990.5 344p 20cm 4-336-03015-4 4500円
天台学の関係語彙を五十音順に配列し、学問的構造に則しつつ、難易語にはふりがなを付けて解説。見出し項目は漢字表記でカタカナ読みを付す。巻頭に総目（見出し語表）を付し、見出し語に続き見出し語解説文中の重要語を掲載する。『天台四教儀講和』（境野黄洋著）『四教儀集註』（仏教体系）『天台四教儀講義』（赤松法宣著）に基礎を置き編述した初学者の入門書辞典。
0678

【年表】

日本天台宗年表 渋谷慈鎧編 第一書房 1973 408,64p 23cm 昭和12年刊の原本の誤りを訂正し複製したもの 4500円
称徳天皇神護景雲元年（767年）の伝教大師生誕から1936年に至る1170年間の天台宗関係事項を、『仏教大年表』（望月信亨編）の摘録をもとに、叡山文庫など比叡山各院所蔵の典籍・記録・文書などから収録増補した年表。上欄に歴代・皇紀干支・年号・宗紀の4項目を記載し、事項本文を本宗・寺門盛門（寺門派・真盛門派）の2欄に分け、下欄に西紀（西暦）を設けた7項目形式の構成をとる。史実は年紀の中、月日順に記事・典拠を記載する。巻末付録に、天台座主・長吏・管長補任・各門跡・諸大寺住持の歴代表、五十音順の引用書目略符・人名索引および画引年号索引を収録。
0679

✥✥最澄

最澄辞典 田村晃祐編 東京堂出版 1979.7 315p 19cm 2200円
最澄および最澄と天台宗・法相宗・律宗・論争相手の護命や徳一との関係事項など、多角的な最澄理解に資する項目を、最澄自身の言葉や経典からの引用句などの格言類を含め、撰録する。見出し項目は、漢字表記に読みを付し、五十音順に配列する。解説は、最澄との関係に留意しながら、成立・内容など適宜見出しを立てて叙述し、また引用原文・典拠を文中に注記する。巻頭に「最澄の生涯」、巻末付録に「参考文献」「最澄年表」「最澄法系図」「最澄関係地図」「索引」を付す。
0680

✥真言宗（密教）

【書誌】

サンスクリット密教文献目録 ネパール国立古文書館所蔵 森口光俊著 山喜房仏書林 1989.6 158p 31cm 奥付の書名：『A catalogue of the Buddhist tantric manuscripts in the National Archives of Nepal and Kesar Library』　背の書名：『A catalogue of the Buddhist tantric manuscripts in Nepal』　10300円

ネパールがドイツの協力で1970年から遂行する古文献保存計画でマイクロフィルム撮影された資料のうち、国立古文書館（NA）収蔵の密教文献（Buddhist Tantra）を写本目録基礎資料として編集したもの。密教写本（616種）は見出し語、原語書名・著者をローマ字表記で標示し、サンスクリットアルファベット順に配列。目録記載は、所蔵記号・料紙の種類や数など、漢訳・チベット訳、『大正新脩大蔵経』・チベット大蔵経の「東北目録」「大谷目録」・「南条本」「松長本」「堀内本」『（コータン）語秘密経典の研究』（田久保周誉著）などの所載・対照注記など。巻末にサンスクリットアルファベット順著者リストを載録する。巻頭にネパール文献の現状紹介と参考文献一覧を掲載。NA写本マイクロフィルムの一部は「森口コレクション」として大谷大学図書館に寄託予定。　0681

真言密教霊雲寺派関係文献解題　三好竜肝編著　国書刊行会　1976　566,29p 図 22cm 8000円

真言宗霊雲寺派宝林山霊雲寺および宝林学派に関する著作、論文など1880項目を収録。見出し項目書題名に冊数、著者、刊年、発行者および収載誌、別題、所蔵者を記載。書題名の五十音順配列。付録として、本書の底本『霊雲叢書解題』（行武善胤著、丙午出版社、1916、582部を収録）から「宝林作家僧宝伝」「霊雲寺安流聖教目録」などを転載。巻末には、1976年刊の資料を含む9項目の追録と五十音順の人名索引がある。
0682

智山学匠著書目録　智山学会編　智山学会　1935　134,21p 23cm

智積院（智山）中興第一世玄宥能化（1605年没）から第四十七世教如能化（1928年没）に至る歴代能化を中心に真言宗智山派の学匠85人の著者別目録。著書には、撰述・末註・分科・口決・聞書などを含める。見出し著者名は諱を標示し生没年（皇紀）・歴代などを付記する。目録内容は、書名・刊写の別・巻数/完欠の別・所在を記載し、備考には適宜の書誌的注記などを付す。巻末に五十音順書名索引を載録する。　0683

密教関係雑誌論文目録　夏目祐伸著　京都　文政堂　1975　199p 22cm　収録期間：明治以降昭和40年12月迄

明治以降1965年12月までに発表された真言密教を中心に関係雑誌論文延べ数で約5000点を収録した分類目録。配列は、転籍、史伝、寺誌、教義、曼陀羅、陀羅尼・種子・印・真言、事相、修験道、立川流、両部神道、台密、ラマ教、語学、文学、芸術、補遺その他に16分類し各項さらに細目し、同種のものをまとめ、また必要な重出をし、おおむね年代順に掲載する。
0684

密教関係文献目録　種智院大学密教学会編　京都　同朋舎出版　1986.10　485p 23cm　4-8104-0525-7　10000円

真言密教を中心としたアジア各地の密教に関する、明治以降出版の日本語文献を収集し体系分類別に編集した目録で、英文・ハングル文の雑誌論文を一部含む。論文は、密教研究誌・密教関係論説の収録誌・記念論文集などから採録する。文献は書名（論題名）・発行所（掲載誌および巻号）・発行年月・編著者（著者）の順に記載し、通し番号順に配列。凡例に記念論文集などの主要採録誌を掲載。巻頭に総記（密教総論）・アジア諸地域の密教・日本の密教・密教の諸相（密教各論）、の主項目と中・小の細分項目で構成する分類目次、巻末に五十音順著者索引を付す。
0685

密教書籍目録　岡田契昌，高久憲阿，藤村賢隆共編　新義真言宗豊山派宗務所　1929　2,5,2,203,42p 19cm

1927年（昭和2）12月現在、大正大学図書館で所蔵する書籍のうち、密教および真言宗に関係するものを網羅した目録。豊山大学図書館より移管されたものを多数含む。同館の分類番号順に配列しており、書誌事項を示す。書名はなるべく原本のままの文字を使用。全集などに関してはその細目も記す。巻末に五十音順の書名索引を付す。
0686

【辞典・事典】

真言事典　八田幸雄著　平河出版社　1985.6　421,135p 27cm　4-89203-091-0　20000円

密教あるいは密教経軌の原典研究に必要不可欠な真言を解説し秘密事相の象徴的世界を説き明かした事典。2部編成で、第1部の「真言事典の部」は主として『大日経』『金剛頂経』の類本、供養法、護摩法、灌頂法、理趣法など、日本密教にかかわる真言文を大正蔵経より採録し、モニエルの梵語辞典『A Sanskrit-English dictionary』（Monier-Williams）に依拠したサンスクリット語順に、帰命句などを省略配列し、出典・研究・解説を詳述する。第2部は「索引の部」で、「経軌・諸次第対照表」「曼荼羅の構造」「蔵経・真言番号・事典番号対照表」「経軌・諸次第・真言番号対照表」「慣用音索引」、梵蔵漢の「真言名索引」、『普通真言蔵』と『真言事典』両者からの対照表、「漢訳音写真言」「漢訳音写真言総画索引」の9種を載録する。経軌・次第に所出の真言、曼荼羅諸尊の真言文を検出し、大正蔵経の当該頁数を対照する「蔵経・真言番号・事典番号対照表」は活用の用途が広く特に研究に便利。
0687

真言宗小事典　まずこの一冊　福田亮成編　京都　法蔵館
　1987.8　229,9p　19cm　4-8318-7061-7　1545円
　真言宗の教義的に重要な言葉・経典・書物、歴史的に重要な人物・事件・寺名、現代の法会・行事・法具および基本的な仏教一般語を、総計506語収録し解説する。見出し語は漢字・読みの順に標示し、五十音順に配列。解説は現代かなづかいでの典拠引用、重要語句に補記・補注を適宜に施し、項末に参照を付す。仏教一般語は真言宗の解釈を重視した解説。巻頭で真言宗の「教え」と「歴史」を概説し、便覧編に真言宗の基本、胎蔵・金剛両界曼荼羅の構成、勤行経典、高野山略図、四国八十八か所、系譜・年表などを付載した小百科事典的な性格を持つ。巻末に五十音順索引を載録。
　　　　　　　　　　　　　　　　　　　　　　　0688

密教辞典　佐和隆研編　京都　法蔵館　1975　730,176p
　23cm　9500円
　漢字文化圏の密教研究、インド後期密教、チベット・蒙古のラマ教を含め欧米の密教研究の範囲から、教義・雑語600項、行事一般350項、図像600項、歴史・流派150項、制度・物名300項、人名750項、寺名・地名350項、書名400項、参照項目5500項を採録し図版を交えて解説した辞典。見出し語はカナ表記に続き漢字を付し、五十音順に配列。付録に、真言宗各派・宗勢一覧、悉曇字母・種子・切継一覧、両部曼荼羅（現図）尊名一覧、密教経軌一覧、叢書目録（付・書名索引）、密教系譜、略字・略号表（索引とも）、索引（欧字・漢字）を付す。
　　　　　　　　　　　　　　　　　　　　　　　0689

密教小辞典　宮坂宥勝〔ほか〕編　春秋社　1987.3　291p
　22cm　（講座密教 5）　4-393-17215-9　4000円
　密教理解に必要な実修・実践面（事相）を含む基本的用語、関連項目（祈祷・弘法伝説・山岳信仰・巡礼など）を収録する。見出し項目は、漢字・ひらがなの順に表示し、五十音順に配列する。解説は記名入りで、伝統的な解釈・理解に最新の研究成果を加味し、尊像中心に図版を掲載し、記述する。原典の引用には、出典を明示し『大正新脩大蔵経』の巻数・経典番号を注記する。文末に参考文献を、末尾に項目の参照あり。巻末付録に、略年表（インド・中国編と日本編）。入門書も兼ねるコンパクトな小辞典。
　　　　　　　　　　　　　　　　　　　　　　　0690

密教大辞典　第1-6巻　改訂増補版　密教辞典編纂会編　密教大辞典再刊委員会（種智院大学密教学会内）増訂　京都　法蔵館　1968-1970　6冊　27cm　4000-6000円
　東密相伝の真言密教を中心に天台宗相伝の台密および修験道に関する語彙を網羅的に収集し精密詳細に解説した本巻5冊別巻1冊からなる全6巻編成の辞典。見出し語はカタカナ表記・漢字・原語の順におおむね標示し、五十音順に配列する。解説は典拠の原文引用、音訳・義訳に原語の欧字注記、挿図、参照などを適宜に所載する。経軌・書籍項目には解説末に所収叢書名、項目末括弧内には参考文献を掲載。別巻には図版（116点）、密教法流系譜、密教印図集・索引、密教関係主要論文目録、仏菩薩等形像索引、略字略名表、各種索引（冠字・梵字・梵語・内容）、密教経典漢訳年表、密教年表を収載。増補改訂に際し、本文の誤字・誤植などを訂正し、さらに追加補足と正誤表を別表にまとめ、付録を追加し別巻に一括掲載。1931年版の再版。縮刷版（1983年）あり。
　　　　　　　　　　　　　　　　　　　　　　　0691

密教仏像図典　インドと日本のほとけたち　頼富本宏, 下泉全暁著　京都　人文書院　1994.11　308p　22cm　4-409-41058-X　4944円
　インドから日本にいたる密教の諸仏を、仏・如来、マンダラ、菩薩、守護神、護法尊、財宝尊、女尊、ヒンドゥー尊、集合尊に分類し、各尊の現存する仏像の写真、諸尊の典拠となる経論による簡潔な解説、種子・真言、マンダラの図像と諸尊の形相の特徴を示すリスト、参考文献を見開きに掲載し、その全体像が一目で把握できるハンディな図典。「総説」でインド仏教の歴史、仏教尊格と密教尊格の展開、サーダナー（観想法）の基本形式について概述し、印相・持物一覧を付す。図像編冒頭に和文の主要参考文献を掲載。
　　　　　　　　　　　　　　　　　　　　　　　0692

密教名句辞典　有賀要延編著　国書刊行会　1994.8　697p
　27cm　4-336-03628-4　25000円
　空海・最澄・円仁・円珍など、東密台密諸流の密教家の対句を中心とした名句1000章句を採録し、訓訳・通釈した辞典。見出しの各章句は原漢文（訓訳文つき）で通し番号を付し、訓訳文初音の五十音順に配列する。訓訳文は現代かな表記で、漢字にはルビを付す。説明は、通釈・解説に続き、必要により語義の解釈を加え典拠を明示し、経軌論疏・漢籍からは訓訳文で引用。巻頭に出典一覧・五十音順目次、巻末に章句索引（1640余種）、首字・句頭辞語一覧を付す。
　　　　　　　　　　　　　　　　　　　　　　　0693

【年表】

真言宗年表　守山聖真著　豊山派弘法大師一千百年御遠忌事務局　1931　758,62p　26cm
　弘法大師生誕の774年（宝亀5）から1931年2月までの1158年間の、真言宗の史的事実（僧位・僧官・法務・権法務・別当・権別当・長吏・長者・座主・検校・執行・住職などの任免、灌頂・受法・生寂の年月日、後七日修法などの宮中修法、諸寺・権門の大法・準大法、地震火災などによる寺院焼損壊など）を日本限定で編録する。上欄に皇紀・天皇・年号・干支・定後忌前の年次見出し、中欄に重要事項、下欄に支那年代・西紀の参照年次を配した8項目編成の年表。配列

は皇紀により、重要事項欄に月日・史実・典拠を単位に改行記載する。巻頭に時代順年号一覧、巻末に世代表（各派歴代等38種）、各種索引。1973年の復刻版（国書刊行会）あり。
0694

✦✦ 空海

空海関係図書目録 香川県立図書館編　高松　香川県立図書館　1994.3　136p 26cm
香川県立図書館で1994年2月末までに受け入れた郷土資料のうち、空海（弘法大師）関係資料として位置づけた図書と、雑誌の抜刷約1500タイトルを収録した目録。「空海総論」「伝記」「著作」など13種類の件名を与え、各件名中を書名の五十音順に配列した。書誌事項のみの記載で、解題、索引はなし。
0695

空海辞典 金岡秀友編　東京堂出版　1979.2　266p 19cm　2200円
空海の理解に不可欠な思想・著作・教団・人名・地名・故事などを項目とし、空海との関係を中心に、仏教学一般の立場から解説する。見出し項目は、主に漢字表記で読みを付し、五十音順に配列。解説は、書名項目（原則として慣用名）については、おおむね「成立」「内容」「文献」「注釈」などの見出しのもとに叙述する。解説文中、難解な漢字にはルビを付し、原文引用は、和文はそのまま、漢文は読み下し文に必要により取意訳を注す。サンスクリット原語も付記。巻頭に「空海の生涯－その思想形成まで－」、巻末付録に参考文献・空海年表・真言密教系譜図・空海関係地図・索引あり。
0696

✦✦ 修験道、山伏

修験道辞典 宮家準編　東京堂出版　1986.8　517p 22cm　4-490-10216-X　6800円
修験道に関する項目を、歴史・山名・地名・社寺・人名・組織・思想・儀礼・祭り・芸能・文学・経軌・美術工芸・遺跡遺物などの区分に分け、全体として取り上げ解説した修験道文化辞典。3部構成で、「概説」は修験道の概要と項目設定の基準とした各種目の解説。「辞典」は見出し項目の五十音順に配列し、読み・種目名・解説の順に叙述し、適宜参照項目を掲載。巻頭に分類項目表。「付録」は、文献・資料目録、霊山一覧・分布図、祭り・芸能一覧、系譜一覧、教団系統図、年表など14点を付す。各項目に執筆者名を記す。
0697

✦ 浄土宗

【書誌】

仏教大学図書館所蔵和漢書中浄土宗学関係書籍目録稿〔正〕，続　仏教大学仏教文化研究所編　京都　仏教大学仏教文化研究所　1980－1988　2冊 26cm
仏教大学図書館に所蔵する浄土宗学関係古典籍（江戸期までに開版の版本・写本など）の現存目録（1980年3月末現在）で、余乗類・外典類も併載する。配列は仏教大学の和漢図書分類目録法と『大正大学図書館蔵浄土宗宗乗関係和漢図書分類目録』（1928年刊）に依拠し、未分類・未整理（目録編集当時）の別置資料も特設書架として分類掲載する。なお、三経一論・五分九巻・二集の未疏類は、特に立項せず、1字下げ段落で続載する。目録内容は、書名（内題）、巻数刷数、著者名（編者・校訂者も記載）、刊年、刊行者、その他（蔵版・旧蔵など特記事項）、請求記号を記載する。凡例に個人文庫一覧・略称、巻末に冠字五十音順書名索引を付す。
0698

【辞典・事典】

浄土宗戒名大字典 大本山増上寺布教師会編　国書刊行会　1992.10　320,33p 27cm　4-336-03425-7　18500円
浄土宗檀信徒（僧侶を除く）が授与されている戒名の、3章からなる体系的字典。第1章：名作戒名例は寺院寄稿の実例で、略歴などを付記。第2章：戒名・道号・誉号・院号文字例は、『浄土三部経』を中心に、一部寺院の古過去帳も参考として、選字しルビを付す。第3章：解説は、七仏通誡偈、浄土宗の受戒、戒名の種類と形、戒名の選び方、戒名の読み方（福西賢兆著）を5節に叙述し、前書きと後書きを付す。付録はちょっと面白い戒名の話。参考典籍として歴代天皇家受戒表と職人受戒表・刻訓点清澄三部経凡例・浄土三経字音正訛考。巻末に参考書籍一覧・二字戒名索引。
0699

浄土宗大辞典 1－4　浄土宗大辞典編纂委員会編　浄土宗大辞典刊行会　1974－1982　4冊 27cm　浄土宗開宗800年記念出版　発売：山喜房仏書林　10000－18000円
浄土教、特に浄土宗関係の教理・人名・書名・寺名・地名、さらに百科事典的な一般項目から①浄土教関連のもの②浄土教に関連させるべきもの③今後の課題として言及すべきものを、また通仏教の基本的な教理要語で法然著作に所出するものを、項目選定し収録する。見出し語は、ひらがな・漢字の順に表示し、五十音順

哲学・宗教――仏教

に配列する。解説は、①一般的な説明、②原語・音写語・別名・異称などの列記、③学術的内容の詳解（仏教一般から浄土教への収斂）、の段階記述をおおむね基本とする。解説には『浄土宗全書』所収本をおおむね底本とし、典拠・用例の引用と注記、図版・写真などの掲載、文末に参考文献、末尾に参照を付す。全4巻の専門事典で、第4巻（別巻）は略年表・年中行事・文化財一覧・参考文献・辞典索引・梵巴語索引・歴史地図。
0700

浄土宗仏家人名事典 近代篇 大橋俊雄著 東洋文化出版 1981.11 2,191,11p 19cm 5200円
明治以降、浄土宗教団の形成と発展に著しい業績を残した僧尼の伝記を収集、編集したもの。調査依頼に返答のあった257名を五十音順に収載。号、字、略歴、著書などを紹介し、典拠資料があれば示している。肖像写真付き。巻末の人名索引は五十音順（本文収録順）で、頁数と生没年を示す。
0701

浄土宗名句辞典 藤村義彰著 国書刊行会 1995.5 550,5p 20cm 付, 一遍・源信 4-336-03741-8 6800円
法然とその門弟（聖光、良忠、源智）、一遍、源信の教義集・法話集などから引用した章句集。法然の『選択本願念仏集』の164句、『一遍上人語録』の70句、源信の『往生要集』の69句など約四百数十句を収録。引用章句は、人名ごとに出典の記載順に配列し、訳、注、解説がある。巻末に法蔵菩薩、阿弥陀仏、極楽浄土などから検索できる内容別章句索引がある。
0702

新浄土宗辞典 改訂版 仏教大学仏教文化研究所編 隆文館 1978.12 943p 19cm 監修：恵谷隆戒 8000円
『浄土宗辞典』（仏教専門学校編、大東出版社、1943）の改訂増補版。浄土宗に限らず、浄土教一般、さらに仏教全般にわたり、浄土宗に関係ある語彙を網羅、初学者入門の手引き書を目指した。見出し語は術語、経典、人名、成句など多項目にわたり、表音式五十音順配列、口語体で平易に解説している。人名については1972年（昭和47）までの物故者、書名は同年刊までのそれぞれ著名なもののみ収載。付録に浄土宗略系譜、浄土宗諸本山住持次第を収め、巻末に術語、書名、人名、寺院の各五十音順索引を付す。
0703

【年表】

浄土宗大年表 藤本了泰著 玉山成元編 山喜房仏書林 1994.3 917,55p 27cm 昭和16年刊の修訂 25750円
宗祖法然上人生誕の1133年（長承2）から1940年（昭和15）10月に至る808年間の歴史的事項（出典つき）を、皇紀・天皇・法皇上皇・年号干支・重要事項・一般浄土教・一般仏教並政治事項・支那年代・西暦の9欄体裁で、編年体記述の年表。重要事項欄に、浄土宗・同西山派の各列祖・先徳の行暦・事業・著述・謄写・刊行などを始め、寺院の創立・由緒、朝廷幕府などの関係、教団の法政・経済など内外の重要事項を掲載。一般浄土教欄に、真宗・時宗・融通念仏宗などの史的事項、阿弥陀仏などの浄土教関係の仏菩薩像や堂塔の建立、法会などを掲載。一般仏教・政治事項欄には参考的記事を掲載。巻末付録に年号および人名の五十音順索引。増補大年表（1940.11-1990）は、別組で西暦・年号・主要事項（出典つき）・参考事項の4欄体裁での編年体年表。
0704

◆◆法然

法然辞典 藤井正雄他編 東京堂出版 1997.8 330p 22cm 4-490-10456-1 4500円
法然上人にかかわる、術語・仏教用語、人名、地名・寺院名、書・経典などを採録。項目の配列は五十音順。各項目には出所、出典、参考文献を明記。本文に先立ち、法然上人の事跡を概観できるよう、「法然の生涯とその思想」を掲載。
0705

◆◆一遍

一遍辞典 今井雅晴編 東京堂出版 1989.9 332p 20cm 一遍の肖像あり 4-490-10265-8 3600円
時宗の開祖一遍を総合的に理解するために、「一遍とその時代」を概説した後、伝説・思想・教団・歴史的背景などの分野から二百数十項目を選定し、時代（歴史）背景に留意し解説する。見出し語は五十音順の配列だが、巻頭には人名・寺社名・思想・法語・書籍・儀礼・組織・美術工芸・歴史の9分類に分け、各分類項目の中を見出し項目の五十音順に配列する分類項目表を掲載。巻末に、一遍関係略年表と索引を付す。
0706

◆◆時衆

時衆年表 望月華山編 角川書店 1970 210p 22cm 2800円
1231年（寛喜3）から1970年（昭和45）までの時宗の編年体の年表。西暦・年号干支・天皇・将軍・藤沢（独住）および遊行・事項・往古過去帳・藤沢過去帳の8欄で構成、事項欄には出典も記載する。凡例末尾に史料目録を兼ねた出典略号表を掲載。巻末索引には、人名・寺院名・書目・信仰などの西暦年を検索する五

十音順の重要語句索引と、年号元年の西暦年を検索する関係年号索引を載録する。付表に、「遊行藤沢歴代一覧表」(注釈付き)、「藤沢遊行　位役職名表」。巻末の「時衆年表上梓について」の中で重要史料『日鑑』に見る宗史を記述する。　　　　　　　　　　0707

◆真宗（浄土真宗）

【辞典・事典】

浄土真宗名句辞典　藤村義彰著　国書刊行会　1995.2
　581,4p 20cm 4-336-03696-9　6800円
親鸞・覚如・存覚・蓮如の著作・法語から、浄土真宗の思想の流れを跡付けられるように、すぐれた章句・名句を選定収載する。見出し語は、原典章句を選び、親鸞の教行信証・和讃・歎異抄・小篇集、覚如・存覚・蓮如の著作順に、原典記載順に通番を付し、配列する。解説は、小篇集を除く親鸞の著作には概説をし、原典章句・訳・注・解説の順に、必要なルビをふり叙述する。巻末に内容別章句索引を付す。　　0708

真宗辞典　西村七兵衛著　京都　法蔵館　1935　796,42p
　17cm　監修：河野法雲，雲山龍珠
真宗の用語・固有名詞などをできるだけ広範囲に収録した1頁3段組みのコンパクトな辞典。見出し語はカタカナ（現代かなづかい）・漢字（旧字体）の順に標示し、五十音順に配列する。解説は旧かなづかい・旧漢字をつかい簡潔に記述するが、三経・七祖・宗祖・列祖などの語句については典拠や用例も掲載し、漢字にも適宜にルビを付す。参照あり。巻末に所掲項目の画引索引と補助索引として項目読みの五十音順（目次）索引を付す。新装版（1994）あり。　　0709

真宗小事典　まずこの一冊　瓜生津隆真，細川行信編　京都　法蔵館　1987.12　243,11p 19cm 4-8318-7063-3
　1500円
真宗の基本的な用語488語を平易に解説した事典。真宗の教義、歴史の簡単な解説に続いて、本編の五十音順配列の事典。巻末に真宗の基本、仏壇と仏具、毎日のおつとめ、僧侶の服装などを収録する便覧がある。
　　　　　　　　　　0710

真宗新辞典　真宗新辞典編纂会編　京都　法蔵館　1983.9
　689p 26cm 18000円
浄土真宗の教義・人名・書名・寺名など、真宗各派にわたる事項や民衆社会の習俗・制度など、真宗史関連事項を項目選定し収録する。見出し語は、ひらがな・漢字の順に表示し、五十音順に配列。解説は、典拠・用例を明示し、文末に参照項目を付す。人名は1955年（昭和30）までの物故者を載録する。凡例末尾に主要引用文献略号表、巻末付録に略年表・地図・年中行事一覧・十派宗主歴代一覧表・各派歴代花押・叢書全集内容目録・親鸞字典・冠頭画引表・索引を付す。　0711

真宗僧名辞典　井上哲雄編纂　京都　百華苑　1977.4　1冊
　18cm　龍谷大学出版部大正15年刊の複製　1200円
真宗各派の僧の異名（別名）索引。学匠の部、宗主とその門弟の部の2部からなる。主名、異名の五十音順配列。各部とも主名の項には生没年、属派、学階、属寺の記載がある。諡、字、号などの別名を引くと、主名への参照がある。巻末に学匠、宗主などの簡単な系譜、真宗年表が付く。　　　　　　　　　　0712

真宗大辞典　巻1-3　改訂版　岡村周薩編纂　鹿野苑　1963
　3冊 22cm　昭和11年初版
親鸞、ならびに親鸞をさかのぼってその思想的背景をなすもの、および浄土真宗関係の語彙・語句・人名・寺院・書籍などの事項を収録する。見出し語は五十音順で、解説は適宜に詳略を量り記述する。参照あり。仏教一般語と共通の真宗用語（真如・因果・法性など）はすべて略説する。第3巻末に画引き索引、別冊に総項目五十音順索引を付す。　　　　　　　　　　0713

真宗用語英訳グロッサリー　和語篇　稲垣久雄〔ほか〕編
　京都　竜谷大学仏教文化研究所　1995.3　130p 22cm
　（竜谷大学仏教文化研究叢書 5）　非売品
各種の英訳真宗経典から用語を採録・編集した和英語辞書。見出し用語は、ローマ字表記・漢字の順に表示し、アルファベット順に配列する。英訳語は基本的にアルファベット順に配列し、訳語に続き出典訳書符号を注記する。凡例末に英訳用語の出典文献一覧（書誌および略号表）を付す。英文書名『A Glossary of Shin Buddhist Terms』。　　　　　　0714

【年表】

真宗年表　大谷大学編　京都　法蔵館　1973　231,19p
　23cm 3800円
親鸞生誕の1173年（承安3）から1875年（明治8）までの西暦・和暦・干支・事項・一般事項・天皇・宗主の7欄構成の年表。事項欄には、出典略表示あり。本願寺第七世存如（長禄元年、1475没）まで年次の明らかな事実はすべて載録し、以後は主要事項に限定する。一般事項は、真宗史関連や真宗史理解の参考記事を掲載する。宗主欄は、東・西本願寺と専修寺の三派に限定し収載する。凡例末に出典略語表、巻末付録に本山略系譜・歴代宗主花押・十派本山等一覧・二十四輩名位・諸寺系譜・他の七種を付し、西暦検索の五十

音順事項索引と年号索引を付す。　　　　　　　　0715

❖❖ 親鸞

親鸞聖人書誌　宮崎円遵著　真宗典籍刊行会　1943　243p 19cm

親鸞著作類を書誌学的に考究した体系的な論述書。緒論と本論に分け、緒論で真宗書誌学の概念を述べ、1943年までに刊行の参考文献（図書・論文など）に言及し研究史を回顧展望する。本論は6章に分け、第1章「総論」で親鸞の生涯と関連づけて撰述写伝を考察し、真跡・写本・版本・目録などを全体的に論述。次いで、著作類を撰述、消息、加点、延書、輯録、写伝に分類し、おのおのを第2-4章に章立てし論述する。たとえば、第2章「撰述」は「教行信證」「浄土文類聚鈔」「愚禿鈔」などの7著作を各節に分け、内容・撰述年時・自筆真筆・写本版本・流伝などを項目に文献を引用注記し論述。第6章は「結論」。巻末に「新出の親鸞聖人真跡『観経』『小経』註」を追載。　　　0716

親鸞辞典　菊村紀彦編　東京堂出版　1978.1　248p 19cm　2200円

真宗の立場で、現代の仏教学・歴史学などの視点から鎌倉時代を中心とした親鸞関係の項目を撰録・解説した辞典。見出し項目は、漢字表記に読みを付し、五十音順に配列するが、親鸞著作の宗派による読みの相違は、解説項目としては一つの読み方で代表しほかは参照項目とする。解説文中の引用は、読み下し文を原則とし、『真宗聖典』（金子大栄編、法蔵館）と『真宗聖教全書　宗祖部』（大八木興文堂）による。巻頭に「親鸞の生涯」、巻末付録に参考文献・親鸞年表・親鸞系図および五十音順索引を付す。　　　　　　　0717

❖ 禅宗

【書誌】

新纂禅籍目録　駒沢大学図書館　1962　612,62p 27cm　禅籍目録(昭和3年刊)の改訂増補版

禅宗関係の典籍・図書など（和漢・欧文）を網羅的に収録する。2編に分け、第1編には徳川末期までの所出禅籍を、第2編は明治以降1961年末までの禅学書を10分類（宗義、史伝、清規、禅話、寺院など）別に収載。書名のカタカナ五十音・漢字画数の順を基本に配列。異版・注釈書の多い禅籍は本文と注釈書に分け、地域別（支那・朝鮮、日本）・成立年代順に配列し、かつ異版や異種の注釈書を区分。目録は、①題号②巻冊③著編者④刊写年時・刊筆者⑤所蔵者⑥出拠⑦注記などを数字区分で適宜に記載。参照書名も掲出。巻末に五十音順索引（著編者名と第2編書名）と洋書目録。追補編（1964）あり。凡例末に所蔵者名・出拠並叢書略名、旧版からの除外典籍を掲載。　　　　0718

【辞典・事典・便覧】

黄檗文化人名辞典　大槻幹郎〔ほか〕編著　京都　思文閣出版　1988.12　580,141p 23cm　4-7842-0538-1　15000円

黄檗僧（中国・日本）を主に、関係他宗派の僧・檀越外護者・関係文化人を、各種資料に広範にあたって収録し、詳細に解説。見出し人名は、漢字表記で読み・生没年の西暦表示を付し、五十音順に配列。解説はおおむね、本文、著書・伝記・参考文献の項順に記す。本文記述は、黄檗僧は、道号・法諱に始まり、ほかは文頭に宗派名、何藩主、唐通事などの階級・職業などを表示。事蹟説明は、黄檗宗特有の語句・略称を用いて記述。黄檗法系譜は、伝記編未収録の黄檗僧の嗣法系統・活躍時期、教団運営・宗制を知る資料。索引（道号・法諱・諱字・別号・檀越帰依者の5種）は、伝記・法系譜所収の全人物索引。黄檗文化総合辞典を成す。　　　　　　　　　　　　　　　　0719

新釈禅林用語辞典　平仄付　飯田利行著　柏美術出版　1994.5　516p 23cm　4-906443-52-4　10300円

中国・日本の禅林用語1万800余語を新撰し掲載、一言から七言までの禅林用語を収録し、各言数の用語は読み下しの五十音順に配列。各用語には、すべて平仄、読み下しを付す。本編の前に解説編を設け、禅林用語の理解の仕方と詩作の解説を施す。禅林用語の理解に資するため、主要虚字連語一覧、主要文字新旧対照表など6点を収録する。巻末索引に、本書収録の禅林用語を、読み下しの総五十音索引として収録。　　0720

禅学辞典　神保如天,安藤文英共著　正法眼蔵註解全書刊行会　1958　1558p 19cm

禅宗関係の用語から、禅史・禅戒・公案・語録・清規則・禅籍・伝記・寺院・地名などの語類、禅書に直接関係する一般的仏教用語・故事成語など、約2万語を収録する。見出し語は、カタカナ（漢字）で表示し、公・人・戒・寺・地・書の語類記号を付し、五十音順に配列する。同一語の宗派読みの異動は参照か解説で適宜に触れる。解説は、複数語釈の区分、典拠・引用の明示注記、禅宗独自読みの割注など、利用の便を計り叙述する。解説に先立ち、凡例中に引用典籍一覧、巻頭に字画索引・三国伝燈列祖略系譜・各派略系譜などを付す。　　　　　　　　　　　　　　　　0721

禅学大辞典 駒沢大学内禅学大辞典編纂所編 大修館書店 1978.6 3冊 27cm 4-469-09108-1
禅門用語（現行の禅林用語・禅籍に記された言葉、清規・行持の用語・方式・用具、公案・成句、禅林方語・隠語など）を中心に、禅関係の人名・地名・書名・寺院名などを収録する。見出し語は、ひらがな・実際の表記形（おおむね漢字）の順に表示し五十音順に配列する。解説は、禅門の用法・意味を第一に説明し、原語のローマ字・音訳語・意訳語を付記し、難読字にルビをふり、同義語・反意語・参照語を多く掲げ、出典・引用文を掲載し、詳述する。第1巻凡例末に出典略称一覧を掲載する。第3巻（別巻）は図録（禅宗伽藍図ほか）、付録（史跡地図・法系譜・年表ほか）、索引（付録索引－地図・本山世代表・法系譜別、本文索引－梵語巴利語・地名寺名・人名・語彙別）を載録する。新版（1985年、1冊本）あり。　0722

禅語辞典 古賀英彦編著 京都 思文閣出版 1991.7 545p 22cm 監修：入矢義高 4-7842-0656-6 9785円
禅語は①禅文献（特に語録）の頻用語で禅特有趣旨の内包語句、②禅宗史に定着・記憶された禅僧・道人の独自の信仰告白・心境表白の句、③禅的趣意を負荷する外典の成句、④口語・俗語からの転用語に分類されるが、これら1－16文字構成の漢語句を収録し簡潔に解説。見出し語は漢字・ひらがな読み・読下し文を順示し、五十音・画数・部首・字数の順次を基本サイクルに配列する。解説は辞典などの明白な誤読・誤解を正し、出典文例の内容に照応した語釈を原則に、引く辞典に読む辞典的要素を加味する。巻頭に漢字五十音順・画引の索引、巻末に訓読書下し文索引（四字以上の語句）。二句成句は上下両句で検索可。凡例末に引証出典一覧。『定本禅林句集索引』☞0734 の併用を推奨。　0723

禅宗辞典 〔山田孝道原著〕深見要言著 日本仏書刊行会 1965 191,1146p 19cm 大正4年刊の複製
禅宗に関する故事・熟語・俗語・儀式・高僧・寺院・書籍・地名など、および一般仏教語1万余語を採録する。見出し語はカタカナ・漢字表記の順に表示し、五十音順に配列。地名・人名・寺名・書名の種別を示し、人名には生没年を西暦で表示。解説は、参照注記を文中・文末に適宜に付し、出典を明示して典拠をひらがな交じり文で引用し、梵字には音写語とローマ字表記を併記し、図版も示して簡明に叙述する。巻頭に、禅宗系譜（各派）・禅宗各派本山住持歴代・字画索引・字音仮名遣、巻末に僧堂鉢位十二板首之図、を掲載する。別に五十音順索引とイロハ順索引を付す。1974年国書刊行会の復刻もあり。　0724

禅録慣用語俗語要典 柴野恭堂著 京都 思文閣出版 1980.8 iii,224p 19cm 3800円
『禅関策進』『臨済録』など禅宗の資料（禅録）16点を典拠として、禅学研究に一般的に必要な用語、慣用句を、地方の俗語も含めて解説。まず各資料の解題を示し、そこに収載されている用語が並ぶ。見出し語は漢文で返点付き。読みと意味を記すが、出現箇所は明示されていない。説明文はやや文語調。巻末に五十音順語彙索引あり。　0725

祖堂集索引 上，中，下冊 柳田聖山編 京都 京都大学人文科学研究所 1980－1984 3冊 27cm
禅宗の史書『祖堂集』（952年（南唐保大10年）成立）全20巻の詳細な用語索引。20万項目を索引。底本には、花園大学図書館所蔵海印寺蔵版本を用い、下冊に底本の全文を収録。索引は見出し語の下に、その語を含む用例、底本の巻数、頁数、行数を示す。配列は『康熙字典』の部首順による。下冊に五十音順の発音索引、「祖堂集解題」、「祖堂集目次」を付す。『祖堂集』の索引としては、ほかに『祖堂集索引』（禅文化研究所編刊、1994）がある。　0726

中国禅宗人名索引 鈴木哲雄編 名古屋 其弘堂書店 1975 488p 22cm
中国禅宗の僧名を記載する経典・所載個所を検出・特定するための、『大正新脩大蔵経』『大日本続蔵経』所収の高僧伝・禅語録・伝灯録など禅籍を底本とした人名索引。見出し語は具名と諱・諱の末尾語（おおむね参照見出し）、の3通りを原則として表記し、五十音・画数の順に配列する。具名には嗣法師僧名・生卒年、あるいは僧位・官職位・号・字などを補記する。所載個所は底本の頁（丁）・段・欄外注を指示し、伝記・機縁語記載の禅籍には所載個所右肩に符号注記する。巻頭に検字表（五十音・部首・中国語音）、付録に「景徳伝灯録人名索引」を載録する。　0727

【年表】

禅宗編年史 〔正〕，続 白石芳留編 八幡浜 観音堂 1937－1943 2冊 27cm 続の出版者：酒井本店
西域中国禅宗の発祥・五家七家の隆盛・道儒思想との関係・日本への東漸・宋学との共鳴・文化助援・著述刊行、僧史行歴、制度文物、風俗習慣、一般歴史との関係などの史実を文献史料などから詳細に引用し、図版・挿画を交え編録した約千年にわたる禅宗の編年史料事典。2冊構成で、本編は仁徳天皇第67年の達磨生誕から後醍醐天皇延元4年までの4739項の、続編は後村上天皇興国元年から後小松天皇元中4年までの5700余項の、史実を収録。配列は皇紀・年号・年・干支・中国帝王歴代を一行標示し、改行して月日・事績・典拠の順に記載。史料引用は原文主義で、考証・注記・補足・補注・異説を略符の下に添記。巻末索引（正

編：年号－日本・中国及び内容；続編：人名内容）、巻頭に帝王歴代一覧（日本・中国）、本文末に付録（暦－インド・唐、禅祖遺蹟地等）、日本禅林人名道号法諱室号別称表〔続編〕、補遺（禅門祖統資料対照表・後記）などを付す。複製版（大阪：東方界、1976）あり。　　　　　　　　　　　　　　　　　　0728

日本禅宗年表　森大狂纂輯　京都　臨川書店　1974　408p 26cm　竜吟社昭和9年刊の複製　8000円

禅師などの日本禅宗史につながる人物を中心に、関係深い支那朝鮮の宗師などを網羅し、400余種の典籍から関係史録を引用編纂した1141年から1933年までの人物史的年表。見出し年紀欄は中欄に幹支皇紀・日本年号（天皇）・支那年号・西暦の4種を、上欄に禅宗史上の人物名を配し、下欄の禅宗事跡欄は1頁を左右に分かちおのおの1年分収録の構成を採る。事跡欄の記載は、○印の下におおむね月・事跡の順に漢文で簡潔に記載し、人物の生誕・寂滅の記事には項末に月日を補記する。上欄人物欄には没年順に従い人物名を見出し語に標示し、字・諡・国籍・事歴・寂滅年次・寿令など、典拠を簡潔に引用記載し、項末に所依典籍を注記。凡例末に引用書目一覧を、巻頭に頭字五十音順の人名索引「日本禅宗年表索引」を収録。　　　0729

【和英辞典】

日英禅語辞典　横井雄峯著　山喜房仏書林　1991　856, 156p 22cm　奥付の書名：『The zen buddhist dictionary』　9800円

『禅宗辞典』（深見要言編著、中山書房、1965）、『禅学大辞典』☞0722『道元禅師用語辞典』（横井有也編、Weatherhill、1976）を基に、1万語を選択し収録する。見出し語は、ローマ字に漢字を付記し、アルファベット順に配列する。英文解説は、簡潔明瞭で用例（出典明示）も引用する。日本人名は、姓名の順で大文字表記し、普通名詞の仏教人名・経典名・サンスクリット普通名詞・参照日本語はイタリックで表示する。ローマ字は、ヘボン式を基準にウェード式を併用する。巻末索引に、漢字（画数順）・梵語および中国語（アルファベット順）を付す。　　　　　0730

和英禅語グロッサリー　稲垣久雄著　京都　永田文昌堂　1991.3　529p 20cm　竜谷大学助成出版　書名は奥付による　標題紙等の書名：『A glossary of Zen terms』　折り込み図3枚　3800円

約5500語を収録。見出しはローマ字アルファベット順配列。相当する漢語または日本文を示し、英訳を記す。各項目末尾に、出典の禅籍などを略号で示す。付録として、「無門関」「碧厳録」などの各巻表題とその英訳名、祖師人名の日本語よみ（ローマ字）、中国音表記の対照リストなどがある。　　　　　　0731

◆◆ 禅林名句

現代禅林香語宝鑑　飯田利行著　柏美術出版　1992.11　380p 27cm　発売：柏書房　4-7601-0826-2　18000円

香語（拈香法語の略）とは、仏教の法要儀式で導師（焼香師）が香を指先で拈み炊きながら唱える美しく修辞された四六文交じりの韻文の申し言葉であるが、本書では仏事法要の香語・葬儀の引導法語・慶讃銘など、導師が拈香唱誦する文言をすべて香語とし、その作成例・用字用語を収録する。作例・解説編と用語編の2部構成で、歳時記に準じて分別収録する。作例・解説編は、用語編の詩語で実作し、漢文・読み下し・解説の順に記述する。用語編は、全用語に読音・平仄を付け、語義を付した音義辞典である。付録に、主要文字及字音仮名遣新旧対照表、常用韻字表、広韻・平水韻目対照表、両韻表。巻末に字数別索引（五十音順、読みと平仄付き）。　　　　　　　　　　0732

禅林名句辞典　飯田利行編著　国書刊行会　1975　684p 図　19cm　4500円

良寛・道元・投子・趙州・洞山・白楽天・漱石など、禅匠や文人の語録・詩文・消息などから曹洞系の名句を主に抜粋し、言別・韻別に分類し、読解と出典を付した名句辞典。配列は言と句に分け、言は三言－十二言に分類し、句は中国語の四声音韻別に分け、各声の中はさらに「広韻韻目表」に準じて分類する。各言句は、見出し語に漢字語句・読み下しの順に標示し、読みの五十音順に配列する。読解は原義と転義を、漢字・仏教語句にはルビや補足説明を適宜に注記しながら、簡潔に解説する。文末の出典は編者の琴線に触れた一書のみを掲載する。巻頭に出典書目一覧、巻末に五十音順の名句索引を付す。　　　　0733

定本禅林句集索引　禅文化研究所編　京都　禅文化研究所　1991.6　299,424,13p 23cm　付（1枚）4-88182-084-2　20000円

禅語を各種の禅語録から採録し出典・類語などを注記解説した東陽英朝編・己十子註『増補頭書　禅林句集』（貞享5年刊　2巻）の復刻版（矢野平兵衛刊、1886）を定本にした禅語検索のための句集索引。本編の『禅林句集』、冠字五十音順の「索引本文」「索引本文」見出し語を検索する「部首別検字表」、および「部首索引」で構成する。折り込み付録に「定本禅林句集索引の使用方法」があり、判読できる任意の語句から禅語句全体と出典・類語が容易に検索できる、具体的な使用例と用途を説明し、かつ定本の本文・頭書・注記などの見方を図示する。　　　　　　0734

◆曹洞宗

【書誌】

曹洞宗関係文献目録 曹洞宗宗学研究所編 曹洞宗宗務庁 1990.1 x,677p 22cm 8000円

明治以降、1985年度（昭和60年度）までに刊行された、曹洞宗に関係する単行本、研究論文、雑誌・新聞記事、叢書所収の月報類8399点（重複あり）を収載した書誌。「永平道元」「瑩山紹瑾」など体系的に12に分類し、さらに小項目に分けている。各項目の中は出版年次順に、次に電話帳形式でタイトルにより配列。巻末に五十音順の著者索引を付す。書名索引はない。 0735

曹洞宗全書 解題・索引 曹洞宗全書刊行会 1978.9 27,3,737,246p 27cm 編纂：曹洞宗全書刊行会

『曹洞宗全書』（曹洞宗全書刊行会編、1929～1978）正、続および別巻合計33巻の典籍を対象とする解題・索引。全33巻の略目録、総目録、口絵総目録、解題、付録、索引からなり、付録として資料の底本の撰述年表や、撰述者の系図などを配している。解題は書誌事項のほか、撰者の伝記や異本の書誌など10項目にわたり、刊行当時の研究状況をうかがえる。巻末の五十音順索引は、書名、撰者名、人名、寺名がある。総画数検字表もあり。 0736

【人名事典】

曹洞宗人名辞典 国書刊行会編 国書刊行会 1977.12 12,376p 27cm 監修：稲村坦元 16000円

開祖道元以来現代までの曹洞宗の代表的禅僧で、物故者約1400名の事績と年次を明らかにし、編年体で略伝を記す。見出し語は、法諱、字、号、勅号、勅謚、自称、他称などをとり、配列は電話帳形式。巻末の五十音順索引を使っていずれからも検索できる。原則として法諱に略伝を付す。付録には系譜、大師・国師・禅師号一覧、別号異称一覧、和暦・西暦対照表、出典・参考資料一覧がある。 0737

【年表】

曹洞宗全書 年表〔正〕，続 曹洞宗全書刊行会 1973 2冊 27cm 編纂・校訂：曹洞宗全書刊行会 『曹洞宗大年表』（大久保道舟編 昭和10年刊）の複製

禅宗の祖、菩提達磨が中国に西来した梁の武帝普通7年（西暦526）から昭和10年（西暦1935）までの中国および日本曹洞宗各列祖の行歴・事業・著述・謄写・刊行から寺院の創立・由緒・朝廷幕府との関係・その他宗門の対社会的重要事項を編年的に著録する。上欄（皇紀・天皇・年号・干支・逆年）・本欄・下欄（支那年代・西暦）の8項目構成の年表で、本欄には月日標示のもとに史実・引用典拠の順に異説も併せて詳細に記載する。巻末に五十音順索引（人名・年号）と各種資料を収録する。続編は上欄（西暦・年号干支・月日）・本欄の4項目構成で、1935年（昭和10）から1972年までの主要事項・典拠を記載し、巻末に五十音順人名索引を付す。正編は『曹洞宗大年表』（1935）の複製で、続編の刊行に併せて、誤字・誤記などを訂正復刻。 0738

◆◆道元

正法眼蔵随聞記語彙総索引 田島毓堂，近藤洋子編 京都 法蔵館 1981.8 2冊(別冊とも) 27cm 別冊：本文篇2 全32000円

本文篇、索引篇の2篇からなる。本文篇は、本文篇1「長円寺蔵正法眼蔵随聞記」（1）の影印に巻次話次を示す数字を付記したもの、本文篇2『道元禅師全集』下巻（筑摩書房、1970）所収「正法眼蔵随聞記」の転載（2）の2種を収録。なお長円寺蔵本（1）は、（2）と後述の（3）の底本である。索引篇は、『日本古典文学大系』第81巻所収「正法眼蔵随聞記」（3）と（2）を底本とする語彙総索引である。見出し語は歴史的かなづかい（ただし漢字音は表音式かなづかい）で、配列はその五十音順による。索引語の例文は（3）の用例を引用している。巻末に「日本古典文学大系所収正法眼蔵随聞記本文考勘記」「綴字逆配列による正法眼蔵随聞記語彙」を付載する。別冊は本文篇2に（2）を転載の際（2）の頁数が脱落したため、頁数を入れたものを別冊としたもの。 0739

正法眼蔵要語索引 加藤宗厚編 理想社 1962-1963 2冊 19cm 4-89551-294-0

『正法眼蔵』中の人名・地名および語句を検索し所出個所を特定し索引語を含む本文を掲出した、衛藤即応校註の岩波文庫版が底本の索引。索引語は名詞・動詞・形容詞をおおむねすべて採録し、祖録など引用語句は音訓両読の掲出もある。索引語はひらがな・漢字の順に標示し、豊富な参照を付し、五十音配列。所出箇所は所収巻次・巻名略語・文庫巻数・頁・行の順に示し、次いで〈索引語〉を含む本文を18文字限定で引用する。下巻末に本山版縮刷との対照表、難訓字画索引を収録。眼蔵研究者や主題・語句の検索利用に限定の索引である。修訂版（名著普及会、1987）あり。 0740

正法眼蔵用語辞典 中村宗一著 誠信書房 1975 609p 22cm 5800円

『正法眼蔵』の難解な語彙・章句・仏・菩薩・祖師・人名・地名を、大久保道舟編『道元禅師全集』本を底本に、選定収録する。主要事項、祖師・人名、地名の3編に分け解説する。見出し語は、おおむね漢字で加藤宗厚編『正法眼蔵索引』準拠のひらがな読みを付し、五十音順に配列。解説は、経典の引用、簡単な説明の補記、白文項目のよみ、引用や強調などをおのおの略符号で区分し、難読語にルビを付け、参考項目を掲げ叙述する。末尾に解釈の参考注解、関連章句の参照あり。巻末に略年譜、略地図（中国・日本）、引用及び参考文献、索引（事項・人名・地名）を付す。　　0741

道元辞典 菅沼晃編 東京堂出版 1977.11 271p 図 肖像 19cm 2200円
道元の生涯・思想・著作・教団、および『正法眼蔵』引用の人名・地名・故事などを、道元との関係を中心に解説し、「正法眼蔵辞典」としても兼用できる辞典。見出し項目は、漢字表記で読みを付し五十音順に配列するが、意味・内容の異なる同一語は別項目。解説は、仏教学一般の立場で叙述し、原文の引用は和文はそのまま、漢文は読み下し（意訳付もあり）。書名項目の解説は、必要により「成立」「内容」「文献」「注釈」の見出しを付す。『正法眼蔵』は総括的解説のほかに各巻を別項目とする。巻頭に「道元の生涯」、巻末付録に参考文献・道元年表・中国禅宗史関係地図および人名索引。　　0742

道元小事典 東隆真著 春秋社 1982.2 271,12p 22cm 道元の肖像あり 折り込地図2枚 2500円
道元および現代（1975年）までの道元関係事項を、歴史的な展開を基軸に、総合的・体系的に記述編成した事典。「道元の生涯」編は、入宋前、在宋中、帰国後（京都・山城在住時代、越前・禅師峰、吉峰寺、越前・大仏寺、永平寺、京都西洞院覚念邸）の3期に大別し、年代順に道元の行動・史蹟（祖蹟）・著作のすべてを列挙略説し、伝説・略年譜を付した編年体の伝記。末尾に波多野氏略系譜・道元の俗系譜・法系図・道元祖蹟地図を掲載。門下門流主要人物略伝（1975年までの物故者250名の日本曹洞宗僧伝）、主要参考文献（解題付き）、道元讃仰略年譜、曹洞宗寺院案内、主要事項索引を付す。　　0743

◆日蓮宗

【書誌】

日蓮宗宗学章疏目録 改訂版 立正大学日蓮教学研究所編 大阪 東方出版 1979.1 441p 22cm 6000円
六老僧・中老僧以下の日蓮宗上代の諸先師、門流・門派・門家の各門祖・派祖以来の先師先哲の著作目録で、1916年（大正5）までの物故者を収録する。著作は、著述・口決・相承・血脈・諫暁書・申状・書状などを含む。著者の諱を標目に、字・号・歴代等・没年月日（享年）を割注する。配列は八祖を別に掲載し、ほかは著者入滅年月・著作年月・著者・書名の各五十音順とその有無による段階的優先基準におおむね依拠する。入滅年代不詳と著者未詳は別項配列。目録は、書名・巻数・著作年月・刊行年月・正写本所在を記載し、書名に現存の別を示し、著作年月の順に配列し、消息類を末尾にまとめる。巻首別録は編纂刊行の各種日蓮遺文全集の目録。付録に「宗論所対書目」「宗論立敵図記」を掲載。巻末に書名・著者の五十音順索引を付す。　　0744

【辞典・事典】

日蓮宗事典 日蓮宗事典刊行委員会編 日蓮宗宗務院 1981.10 1375p 図版12枚 30cm 日蓮聖人第七百遠忌記念 折り込図1枚 日蓮の肖像あり 非売品
日蓮宗の全貌を、教学・歴史・組織機構・布教社教・修法・法式・文学・書画建築の8部門に集大成し、部門別項目五十音順解説の百科事典。見出し項目は各部門の方針で、たとえば教学は聖人滅後の教学用語・著述中心に、歴史は人名辞典的要素を指向し、組織機構は明治維新以後の管長制・宗門制度・教育研究機関などの変遷が中心などで、約6000項目を採録。解説は典拠を引用し、適宜に小見出しを付し、参照を付し、遺文・日蓮宗著作・仏典には『昭和定本日蓮聖人遺文』『大正新脩大蔵経』『日蓮宗宗学全書』『日蓮宗全書』の所載を略称注記し、詳述する。項末に参考文献、大項目には文責を記す。巻末に付録（歴代管長・宗務総長一覧、諸門流系図、祖山・霊蹟・由緒寺院歴代譜、各派本山歴代譜、檀林歴代譜、宗章と描き方）および五十音順内容索引（全収載項目を含む）を収録。　　0745

日蓮宗小事典 まずこの一冊 小松邦彰,冠賢一編 京都 法蔵館 1987.8 270p 19cm 4-8318-7065-X 1545円
日蓮宗の教義的に重要な言葉・経典・書物、歴史的に重要な人物・事件・寺名、現代の法会・行事・法具、基本的な仏教一般語など、総計474語を収録し解説。見出し語は五十音順に配列。解説には現代かなづかいでの典拠引用、人名などの漢字に適宜のルビ、重要語句への補記・補注を含み、項末に参照を掲載。仏教一般語の解説は日蓮宗の解釈を重視。巻頭で日蓮宗の「教え」（小松邦彰著）と「歴史」（冠賢一著）を概説。便覧編には勤行経典、日蓮の足跡と諸寺、文化財、系譜、年表、宗教団体などを載録。巻末に五十音順索引。

日蓮宗の小百科的事典。　　　　　　　　　　　0746

法華辞典　現代語訳　日宗十万人団結報恩会編　山喜房仏
　　書林　1986.10　1088p　19cm　第8刷(第1刷：昭和2
　　年)　4800円
『法華経』『無量義経』『観普賢経』『日蓮聖人御遺文全
集』『御義口傳』『日向記』などに使用の専門語・普通
語・人名・地名・故事・比喩などを全部註解し、併せ
て一般仏教の重要術語も略解する。見出し語は五十音
順に配列する。解説は音写語・音訳語には梵字や原語
ローマ字表記を示し、漢字には適宜ルビを付し、複数
語釈は区分し、参照を付し、一般求道者向けに簡潔平
明を旨に記述するが、専門用語には教学上の体系にも
簡略敷衍する。　　　　　　　　　　　　　　　0747

【人名事典】

明治・大正・昭和日蓮門下仏家人名辞典　日蓮門下仏家人
　　名辞典編集委員会編　国書刊行会　1978.6　633p
　　27cm　監修：河村孝照　28000円
明治以降から1978（昭和53）年1月1日現在までにお
いて日蓮仏教顕揚に寄与ある日蓮門下各派2400人の生
涯・事歴を集成。見出し人名は漢字・ひらがな・宗派
の順に表示し、電話帳方式の五十音順に配列。解説は、
生没年月日・生国・俗姓・字・号・師僧名・得度年・
得度寺院名・寺院住職歴・寺門役職歴・その他社会役
職歴・著作類など。五十音別冠字目次、巻末に五十音
順の門流別索引（漢字に読み付き）と総索引（漢字表
記のみ）を収録する。　　　　　　　　　　　0748

【名簿・名鑑】

日蓮宗寺院大鑑　池上本門寺編　大本山池上本門寺
　　1981.1　1433p　27cm　宗祖第七百遠忌記念出版
全国の日蓮宗寺院・教会約5000箇寺を網羅し由緒・沿
革・現状などを解説する。見出し寺院名は漢字標示に
ルビを付し、東京都を先頭に関東・中部・東海・北
陸・近畿・中国・四国・九州・東北・北海道の地方順
県別管区順に配列し、末尾に門下連合諸寺を掲載する。
解説は、見出し寺院名に続き山号、異称、所在地、電
話、住職名、旧本寺名、旧寺格、本尊勧請様式、祖像、
仏像、寺宝、沿革を記載する。沿革は、創立年代・開
山・開基・開基檀越・法縁・変遷・有名主要住職の異
動・主要な墓碑名等・事業活動・付近の名所・道順を
出典引用を示して記述する。最後に歴代を院日号・入
滅年月日（和暦）・西暦・行年を記載。巻末に冠字五
十音順の索引（寺号・山号）、特別歴代欄（祖山・霊
蹟・由緒寺院および諸檀林など）を収録する。　0749

【年表】

日蓮宗年表　日蓮宗史料編纂会編　立正大学日蓮宗史料
　　編纂会　1941.4　8,290,90p　19cm
日蓮誕生の1222年（貞応元）から1940年（昭和15）ま
での日蓮門下教壇各派の事蹟を中心に仏教界一般の事
項も併せて詳録する。上欄に年記（天皇・皇紀干支・
年号・武家・祖寿の各欄）、本欄に本文事項、下欄に
西暦で構成。事項記載は、月日・事蹟・典拠の順を基
本とする。巻末に五十音順の引用書目略符索引（書
名・巻数・著者；所収叢書などを記載）、付録に諸大
本山歴世譜・年号索引を収録する。体系的に史料を収
集した詳細で携帯便利な年表だが、活字が小型で項目
密集の年などは検索判読に多少の不便を感じる。
　　　　　　　　　　　　　　　　　　　　　0750

近代日蓮宗年表　近代日蓮宗年表編集委員会，日蓮宗現
　　代宗教研究所編　京都　同朋舎出版　1981.10　801p
　　27cm　監修：日蓮宗・日蓮聖人第七百遠忌報恩奉行
　　会　4-8104-0241-X　15000円
1222年から1981年までを年表4編で構成する。「日蓮
聖人略年表」は1222年（貞応元）から1282年（弘安5）
までの日蓮の生涯・足跡を、元号・西暦・年齢・事
項・出典の順に網羅的に記載。「日蓮聖人滅後・近世
略年表」は1283年（弘安6）より1867年（慶応3）ま
での主要事項を収載。「日蓮宗近代年表」は1868年
（明治元）から1981年（昭和56）までの布教・教育・
研究・文芸・行政・事業・社会活動の重要事項を詳載
し、欄外見出し（元号・所収月・生誕および祖滅の紀
年）・日蓮宗欄（月日・事項・出典の順に記載）・下
欄（諸宗教・社会の関連事項を左右に併載）の構成。
「近代日蓮宗年譜」は「日蓮宗近代年表」所載記事の
歴史的意味合いを略年史的に記述。各年表とも典拠の
語句・表現を踏襲する。付録に典拠文献一覧、近代日
蓮宗関係主要文献（編年）目録、五十音順索引を収
録。　　　　　　　　　　　　　　　　　　　0751

◆◆日蓮

日蓮辞典　宮崎英修編　東京堂出版　1978.7　32,341p
　　19cm　日蓮の肖像あり　4-490-10109-0　2200円
日蓮の宗教・思想、生涯、弟子・信徒の動向を中心に、
日蓮に至る歴史的・思想史的事象および日蓮以降の教
壇史・教学史上の重要・適切な語彙を収録し解説す
る。見出し語は五十音順に配列。解説は、遺文・仏典
などから典拠を引用・注記し、複数語義は弁別し、漢
字や用語にはルビや補足説明を適宜に付加し、叙述す
る。文末に項目参照あり。巻頭に「日蓮の生涯」、巻
末に参考文献・日蓮年表・日蓮宗諸門流系譜図・日蓮

足跡図、巻末末尾に五十音順の内容項目索引を収録する。
0752

日蓮聖人遺文索引 日蓮宗聖人金言全集 里見日本文化学研究所編 京都 里見研究所出版部 1932.9 8,505p 19cm 監修：里見岸雄

日蓮遺文の術語・人名・事跡・法門など一切の重要な語彙・語句を五十音順に検索し、遺文400余編中の使用個所を特定するための総索引。遺文の字句は原則『類纂高祖遺文録』（師子王文庫版）を底本とし、語句などの出典個所は前掲書と『縮刷日蓮聖人御遺文』（霊艮閣版）を底本に両書の頁数を記載する。索引語には遺文の語句に補記し、長文は断章取義で成文化し、あるいは造語掲出もあり、内容索引の効用を高めている。国語学や風俗史の関係語句などを極力掲出するなど、語句の種類を多く採録するが、出所は一対一箇所を原則とする。日蓮聖人金言全集としても読める。
0753

日蓮聖人遺文辞典 歴史篇 立正大学日蓮教学研究所編纂 身延町（山梨県） 久遠寺 1985.5 2冊（別冊とも）27cm 別冊(133p 26cm)：索引 非売品

日蓮遺文中に記載の諸尊名・人名・書名・地名・神祇・故事・成語などの語彙を、『昭和定本日蓮聖人遺文』（全4巻、身延山久遠寺刊）を底本に採録し解説する。見出し語はひらがな（現代かなづかい）・原語彙の順におおむね表記し、五十音順に配列する。解説は人名項目には生没年を、遺文項目には遺文名・遺文番号を冒頭に記し説明する。複数語義や語義の意味を弁別記述し、写真を載せ、典拠の引用は漢文・和漢混交文は読み下し文で、原語彙・原文は原型引用し出典を略称注記し、遺文には適宜に底本の遺文頁と真蹟存在の有無を注記し、参考文献を文末に掲載し、参照を付し、大項目には文責を記す。凡例末に書名略称一覧、巻末に参考文献・日蓮聖人略年譜を載録する。別冊に五十音順項目索引を収録。
0754

日蓮聖人大事典 石川教張, 河村孝照編 国書刊行会 1983 826p 26cm

日蓮の生涯・人格・信仰・教説・抱負・識見などを示す代表的な68の項目を選定・解説し、その信仰と行動の軌跡を探求し、全体的人物像を描出した体系的な人物事典。項目はすべて「日蓮聖人と…」の関係形式の標題で、配列は日蓮聖人の「生涯」（第1項）から「葬送」（第38項）までは時系列的に配置し、以後は「南都六宗」から「涅槃経」まで、「天台大師・妙楽大師」から「法然」まで、「道善房」と「良観房忍性」「東条景信」から「国主武将列伝」まで、「中国の歴史説話」から「故事説話」まで、「御真蹟」と「画像・木像」「六老僧」から「退転者」まで、「祭る行事」と

「文学作品」（付・「戯曲・日蓮聖人記関係書一覧」「日蓮聖人伝記書一覧」）と項目相関的に順次配置し、最後に「日蓮聖人年譜」を置く。解説は研究者の記名論説で、項目内容の紹介・解説を中心に研究的に論述する。普及版（1988）あり。
0755

日蓮聖人・日蓮教団史研究雑誌論集目録 明治元年～昭和60年 高橋謙祐編 日蓮宗宗務院 1986.3 124p 21cm 非売品

日蓮の伝記・教学・教団などに関する論文・報告などを中心とした文献目録。1868（明治元）年から1985（昭和60）年に刊行の専門および仏教・歴史・民俗などの関連分野の研究誌・論文集・講座・叢書、大学紀要や会報などから広く収録し編集する。文献は執筆者・論題・雑誌巻号（論集名）・刊行年月の順に記載。構成は宗学、教学・思想、遺文研究、聖人伝、歴史（中世、近世、近代・現代）、教学史（中世、近世）などの12区分編成で、内容分類を加味し、刊行順に配列する。
0756

本化聖典大辞林 上, 中, 下 師子王文庫編集部著 師子王文庫 1960 7版 3冊 27cm 田中智学監修, 山川智応, 長滝智大編 大正9年初版

日蓮著作（遺文）の用語・語句1万6000余項を採録し16分類した語類を示し解説した日蓮遺文辞典。見出し語は五十音順に配列。解説は冒頭に出典の代表的遺文を明示し、漢字にはおおむね歴史的かなづかいでルビを付し、音写音訳語にはローマ字表記を併記し、複数語釈は弁別し、古来の遺文注釈書や仏典を博引傍証し、解説文・引用文中の語句には適宜補記し、参照を多載し、項末に仏典などの参考文献を付記し、項目により簡潔・詳細適宜に叙述する。挿画写真700余点を収載。第1巻巻頭に五十音順総目次を掲載する。
0757

キリスト教

【書誌】

関東学院大学図書館神学館分室所蔵図書目録 1-4 横浜 関東学院大学図書館 1977-1979 4冊 26cm

関東学院大学図書館神学館分室が所蔵しているキリスト教学関係の図書の所蔵目録。全体は4冊からなり、Ⅰ.聖書学・旧約学、Ⅱ.新約学、Ⅲ.キリスト教史学、Ⅳ.組織神学で、1977年ないしは1978年2月までに整理済みのものが収録。独自の分類順で分類の下は、著者名のアルファベット順に洋書和書混配。所蔵は洋書が主。索引はない。　0758

キリスト教関係逐次刊行物目録 1991 南山大学図書館〔ほか〕編 日本カトリック大学連盟図書館協議会 1992.3　177,14p 26cm
日本カトリック大学連盟に所属する12大学の図書館・研究所および純心女子短期大学図書館に収録するキリスト教関係の逐次刊行物の総合目録である。和281誌、洋1340誌、総計1621誌を収録。誌名のアルファベット順で配列しており、異誌名からも検索できるようになっている。所蔵機関、所蔵巻号、所蔵年月次を付記しており、巻末には団体名（責任表示）別の索引がある。所蔵機関・サービス窓口名称および所在地一覧があるので有用である。　0759

キリスト教図書目録 増補改訂版 北陸学院短期大学ヘッセル記念図書館編 金沢 北陸学院短期大学ヘッセル記念図書館 1997.3　17,48,261p 26cm 1996年8月末日現在
同図書館所蔵の三吉文庫（同学院前学長番匠鐵雄氏の恩師である故三吉務牧師が収集し、番匠氏に寄贈した資料約300点）をもとに、同大学が収集した聖書、讃美歌などを含むキリスト教関係の和洋図書約5000点の目録で、1984年刊行の目録を増補改訂したもの。構成は、「三吉文庫キリスト教関係図書リスト」「聖書コレクション」「讃美歌コレクション」「キリスト教図書、和・洋」からなり、分類別の中を書名のアルファベット順に配列。巻末に和洋別立てでアルファベット順の書名索引と人名索引を付す。　0760

前田護郎文庫目録 立教大学図書館編 立教大学図書館 1995.3　2冊 30cm （新座保存書庫蔵書目録 第7集）非売品
同館所蔵の前田護郎氏（東京大学名誉教授）旧蔵の目録。聖書学、言語学、西洋古典学を主とする、洋書4641冊を収録。戦中戦後に欧州で出版され、日本では入手が困難だった研究書や、『ヒエロニムス全集』（1693年刊）、『アウグスティヌス全集』（1836年刊）などの貴重な古書を含む。分類目録と書名・著者名目録の2巻本。索引はない。　0761

【辞典・事典】

キリスト教を知る事典 外村民彦著 教文館 1996.2　374p 19cm 4-7642-4020-3　2060円
マスコミに登場する可能な限りのキリスト教用語を選び、その本来の意味を平易に解説した事典。各項目の配列は見出し語の五十音順である。図版が随所にある。巻頭に五十音順索引がある。　0762

キリスト教大事典 改訂新版 日本基督教協議会文書事業部キリスト教大事典編集委員会編 教文館 1968　1冊 27cm 9500円
主としてプロテスタントの立場にたつが、教派的偏向を避け、キリスト教全般、特に組織・聖書・歴史・実践の各神学部門を中心に解説した事典。東方正教会、カトリック教会関係の項目も必要に応じ収録する。約1万項目を五十音順に配列し、見出し語には、英語をはじめとして、独語、ギリシャ語、ヘブライ語などを添える。巻末に原綴による人名・事項索引がある。解説中に聖書への参照を多数含み、項目により参考文献を付す。付録として、ローマ教皇・皇帝表、キリスト教史年表、聖書写本や礼拝用具などの図版、聖書地図などがある。初版は1963年。　0763

キリスト教用語辞典 小林珍雄編 東京堂 1954　464p 19cm
2部からなり、第1部はキリスト教、ユダヤ教関係の用語を原語のアルファベット順に配列し、言語名、訳語、簡単な説明を付した。別項として、イスラム教（回教）の宗教用語を同様の形式で掲載しているのが特徴。第2部は、第1部のキリスト教用語の中から、神学、教理、祭式、行事、教会法など内容説明を要する重要語を挿し絵を用いて解説。配列は邦訳語による五十音順。巻末に、教会組織一覧表、教会史年表、歴代教皇表、教会博士表、保護の聖人表、聖人の表号表、聖職者敬称表、修道会等略称表、洗礼名（霊名）表、日華対照公教用語、キリシタン用語がある。　0764

現代キリスト教用語辞典 仏英独日対照 倉田清, 波木居純一著 大修館書店 1985.5　288p 20cm 4-469-01210-6　2500円
現代キリスト教用語を、カトリックとプロテスタントの立場から取り扱う辞典。フランス語を見出しとして英語とドイツ語を対照し、さらに訳語を記す。場合によって簡略な説明も付す。巻末には、日本語、アラビア語、アラム語、イタリア語など10か国語による索引と聖書目次や歴代のローマ教皇名、教会暦などさまざまな一覧を収録。神学や宗教学を専門とする研究者というよりは、一般に欧米の哲学・文学・史学・社会学などの研究者向けである。　0765

新キリスト教辞典 宇田進〔ほか〕編 いのちのことば社出版部 1991.9　1259,20p 図版20枚 24cm 4-264-

01258-9　14000円

キリスト教の神学と、クリスチャン生活において必要と考えられる内容を中心に、キリスト教一般をも含む1226項目について、福音派の立場から解説する専門事典。特にアジアおよび日本関係の内容の充実を図る。五十音順に配列し聖書の記述を随時引用しながら詳しく解説。必要に応じ各項目末に参考文献を付す。巻頭にカラー図版40頁、巻末に五十音順の事項索引がある。
0766

新・キリスト教辞典　比屋根安定編　誠信書房　1965　526p 図版 19cm　別書名：『The new dictionary of Christianity』

キリスト教に関する諸事項、人物など約2140項目を五十音順に配列した辞典。編集方針が、「日本人による、日本人のための、日本人の"キリスト教辞典"」なので、特に日本のキリスト教と日本人に関する項目を多く収載している。信者でなくても、キリスト教に触れた著作を残した人物も収録。付録として、信条・聖書・賛美歌の解題と抜粋、年表、統計、諸団体、教育機関がある。巻末に、代表的人物の肖像写真を掲載。
0767

世界キリスト教百科事典　David B.Barrett著　教文館　1986.10　1033p 31cm　『World Christian encyclopedia』の翻訳　42000円

世界中のキリスト教を中心とした諸宗教の統計を幅広く収録し、各国の宗教事情を克明に解説した事典。223か国における宗教・キリスト教概観として、一般データ、諸宗教人口、キリスト教以外の宗教、キリスト教、キリスト教団教派について統計を挙げ解説する。巻頭には世界的概観、世界統計表とキリスト教史年表を収録。巻末には用語辞典、用語英和一覧、キリスト教団体名称略語一覧と参考文献を付す。原書はOxford Univ. Press、1982年刊。
0768

【人名事典】

キリスト教人名辞典　日本基督教団出版局　1986.2　2094p 27cm　43000円

旧約聖書人名や古代人名から現在活躍中の人々に至るまでキリスト教に肯定的・否定的に関係した人物約1万6000人を収録した人名辞典。西欧に偏ることなく、日本、アジア、アフリカ、ラテン・アメリカ、東欧諸国など広く世界の人名を掲載。さらに文学上の架空人物名、天使名、神名も若干含む。ほかの辞典類にも記載されている項目は簡潔にまとめ、新たに収録した人名に重点を置いて解説。五十音順に配列し、原綴、生没年のほか、著作を多数記載している。巻末に、欧字索引、画数で引く漢字索引、ローマ教皇名一覧などがある。
0769

【便覧】

キリスト教ハンドブック　遠藤周作編　三省堂　1993.7　238p 21cm　『キリスト教の事典』(1984年刊)の改題　4-385-15818-5　1500円

キリスト教の概論と用語を平易な文章で解説したハンドブック。2部からなり、第1部では、キリスト教、聖書、教会、信仰について解説、第2部では、キリスト教関係の用語を五十音順に写真を添えてコンパクトに解説する。巻末に事項索引がある。通読性のあるキリスト教入門書としても利用できる。
0770

◆教義、キリスト教学

学術用語集　キリスト教学編　文部省編　日本学術振興会　丸善(発売)　1972　248p 19cm　960円

聖書神学・歴史神学・組織神学・実践神学・宗教神学・キリスト教文化史・キリスト教社会学の各領域で一般的に用いる学術用語を学術用語審査基準により採録。プロテスタント教における用語を主とし、カトリック教その他で表記の異なるものは必要に応じて注記する。3部からなり、和英の部（五十音順配列）、英和の部（アルファベット順配列）は各用語の読みを示すローマ字と、対応する外国語（または日本語）を記す。第3部は聖書における固有名詞などの教会別の現行用語の対照表と日本の主要なキリスト教関係の教会・団体の一覧からなる。1981年に第2版を出版。
0771

キリスト教神学辞典　M.ハルバーソン編　野呂芳男訳　日本基督教団出版部　1960　382p 19cm　『A handbook of Christian theology』の翻訳

キリスト教の神学用語、プロテスタント思想を解説したもので、三位一体、受肉、聖霊など101項目を扱っている。項目名には原語を併記。それぞれに、執筆者名が原綴で明記され、末尾には参考文献が付してある。配列は訳語の五十音順。原書は原語のアルファベット順。各項目とも記載が詳細で、辞典というよりは概説書に近い。巻末に、執筆者紹介があり、執筆当時の肩書と代表的な著作を知ることができる。原書はアメリカのMeridian Books刊、1958年。
0772

キリスト教神学事典　A.リチャードソン，J.ボウデン編　佐柳文男訳　教文館　1995.2　628p 27cm　監修：古屋安雄　『A new dictionary of Christian theology』の

翻訳 4-7642-4017-3　13905円

1980年代に大きく変化した思潮に照らして、キリスト教神学の用語や神学的諸問題を解説した事典。神学の持つ幅広い領域から豊富に立てられた720の項目は、歴史上の出来事や人物に対してよりも、歴史を背景とする神学的思索・思惟に焦点を置く編集方針による。プロテスタントが中心であるが、ローマ・カトリック教会や正教会からの執筆者による項目もある。項目の配列は、表音見出し、欧文見出し併記の五十音順で、解説は詳細。巻末に日本語（カタカナ）と欧語（原綴）の人名索引および欧語から日本語への用語索引がある。原書はSCM刊、1983年。　　　　　　　0773

キリスト教組織神学事典　増補版　東京神学大学神学会編　教文館 1983.7　463p 19cm 3500円

組織神学（教義学）の用語解説のほか、現代神学の諸問題や現代神学者の略伝およびその思想など約100項目を大項目主義で取り上げた現代神学総覧ともいえる事典である。日本を含む各国の組織神学の動向も収載。また、巻末には組織神学邦語主要文献目録（1868-1982）、人名と事項索引がある。主としてプロテスタントの日本人神学者が執筆を担当しているが、ローマ・カトリック教会や正教会からの執筆者による項目も含まれている。1972年刊初版の増補版。　　　0774

神学事典　エヴェレット・F.ハリソン，ジョフリ・W.ブロムリ，カール・F.H.ヘンリー編　神学辞典翻訳編集委員会訳　聖書図書刊行会　いのちのことば社（発売）1972 471p 22cm 背の書名：『ベイカー神学事典』4-7912-0000-4　3800円

福音主義の立場に立ち、あらゆる神学的問題について聖書的な真理体系に基づき解説した事典。アメリカのBaker Book House社から刊行された『Baker's dictionary of theology』（1960年刊）を福音的各教派の代表者が翻訳。原書の重要でない小項目は省略し、現代的重要性のある472項目を取り上げている。見出しは表音見出し、本見出し、欧文見出しとし、五十音順配列。参考文献を掲げている項目もある。原書の執筆者および参考文献は巻頭に、巻末には本書に掲載されている項目についてのみの和文・欧文索引がある。
　　　　　　　　　　　　　　　　　　　　　0775

◆天使、悪魔、聖者

悪魔学大全　ロッセル・ホープ・ロビンズ著　松田和也訳　青土社 1997.2　651,4p 23cm 『The encyclopedia of witchcraft & demonology』の翻訳 4-7917-5521-9　4800円

原書は1959年初版で、本書は1981年のBonanza books版をテキストに用いた全訳。1450-1750年ころのヨーロッパにおける、キリスト教の異端としての「魔女」「魔女術」に関する事典。用語のほかに、人名や魔女裁判の個別の事例、事件なども項目に立て、日本語の五十音順に配列する。巻末に五十音順の索引がある。
　　　　　　　　　　　　　　　　　　　　　0776

天使の事典　バビロニアから現代まで　ジョン・ロナー著　鏡リュウジ，宇佐和通訳　柏書房 1994.12　283,16p 20cm 『Know your angels』の翻訳 4-7601-1133-6　2800円

バビロニアから現代までの世界中の天使伝承を収集した事典である。各項目の記載は、平易な読み物形式でまとめられている。各標題は、ゴシック活字で見やすく、随所に図版が施されて、聖書からの引用も記されている。天使についての伝説と民間伝承がどんなことを語っているかを知ることができる。原書（Mamre Press, 1993）の全訳。巻末に五十音順の索引がある。
　　　　　　　　　　　　　　　　　　　　　0777

◆キリスト教史、迫害史

アジアにおけるキリスト教比較年表　1792(寛政4)-1945(昭和20)　国際基督教大学アジア文化研究所編　創文社 1983.3　xx,181p 27cm 5000円

日本のプロテスタントの活動に重点をおき、それをほかのアジア諸国（韓国（朝鮮）、中国、インドネシア・フィリピン、インド）におけるキリスト教の展開と比較・対照する年表。対象は1792年（寛政4）-1945年。英語版が『Comparative chronology of Protestantism in Asia』として1984年に刊行されている。　0778

イエス伝邦文文献目録　明治・大正篇，昭和篇　竹内啓二編　柏　モラロジー研究所研究部 1988-1989　2冊 25cm（研究ノート no.162,166）

明治・大正・昭和（1986年まで）に日本で出版された邦文によるイエス・キリストの生涯に関する文献目録。イエスの事蹟・生涯を取り扱った文献を基準として明治・大正篇は179点、昭和篇は239点を出版年月順に収録。書誌事項、目次、序文の要約もしくは抜粋、著者・訳者の略歴を記載。巻末に人名・書名索引がある。
　　　　　　　　　　　　　　　　　　　　　0779

ルターと宗教改革事典　日本ルーテル神学大学ルター研究所編　教文館 1995.10　334p 22cm 4-7642-4018-1

4635円

ルターとルター神学を中心に宗教改革の歴史的脈絡をそれぞれの角度から事典風に解説。項目数は109で五十音順配列。巻頭に総論として「ルターと宗教改革」が、巻末に索引がある。項目本文末には参考文献を挙げている。
0780

◆日本キリスト教史

【書誌】

日本基督教史関係和漢書目録 1590-1890 基督教史学会編 文晃堂書店 1954 129p 図版 22cm 海老沢有道監修

キリスト教伝来以降、1890年（明治23）までの300年間にわたるキリスト教関係の和漢書（漢籍は日本に伝来して影響を与えたもの）約1700点の文献所在目録。公教書、正教書、新教書、関係史籍に分類して、それぞれを書名の五十音順に配列し、所蔵館名を付記している。凡例中に示された、参考にした主要文献目録、書誌類は、キリスト教研究の参考文献としても有用な資料である。
0781

日本キリスト教史年表 日本キリスト教歴史大事典編集委員会編 教文館 1988.4 91p 26cm 4-7642-7901-0 1000円

大航海時代から1982年までの日本におけるキリスト教史の流れをあらわした年表。時代により、カトリック、正教会、プロテスタントと欄を分け、世界および日本の一般史、世界のキリスト教史の重要事項も適宜採りあげている。『日本キリスト教歴史大事典』☞0787 の付録として編纂。
0782

日本キリスト教文献目録 明治期 第2（1859-1912） 国際基督教大学アジア文化研究委員会編 国際基督教大学 1965 21,429,62p 27cm 発売：創文社

日本において1858年から1912年までの明治期に著訳されたキリスト教関係和漢図書（主としてプロテスタント関係）を収録した目録。書誌事項に加え所蔵文庫名を記載。キリスト教書、対外活動、関係書、逐次刊行物に大別して分類し、書名のアルファベット順に配列する。巻末に書名索引、著訳者名索引を付す。1543年から1858年までを収録した『Christianity in Japan』☞0786 に接続するもの。
0783

明治期キリスト教文献目録 翻訳文学その他特別資料 青山学院資料センター 1992.3 199p 26cm

同センター所蔵の特別コレクション目録。内容は、明治時代（江戸、大正時代も若干あり）に日本で刊行されたキリスト教に関する資料が中心。中国刊行のキリスト教図書も多少含む。独自分類に従って配列。ほかに、青山学院史資料、明治期英語英文学資料を収録している。巻末に書名索引を付す。
0784

A bibliography of Christianity in Japan : Protestantism in English sources, 1859-1959 / compiled by Fujio Ikado and James R. McGovern. Tokyo : Tokyo Committee on Asian Cultural Studies, International Christian University, 1966. xvi,125p ; 27cm 発売：創文社

1859年から1959年までの100年間の日本のプロテスタントに関する英文資料を収録した目録。図書およびパンフレット、雑誌記事および研究論文、学位論文の3部からなり、著編者名のアルファベット順に配列。中心をなす図書およびパンフレット編の891件には短いコメントを付す。本文は英語。巻末にタイトル、著編者名、主題各索引あり。『Christianity in Japan』☞0786 および『日本キリスト教文献目録 明治期』☞0783 の姉妹編にあたる。
0785

Christianity in Japan : A bibliography of Japanese and Chinese sources, Part 1 (1543-1858) / 〔Compiled by〕 Arimichi Ebisawa. Tokyo : Committee on Asian Cultural Studies, International Christian University, 1960. xxvii,171p ; 27cm 発売：創文社

1543-1858年の間に刊行された和漢のキリスト教関係図書および稿本・写本を年代順に収録した目録。書誌事項に加え所蔵者・所蔵機関を記載。本文は英語。著者名・書名はローマ字表記に日本語を併記し、書名には英訳を付す。巻末に書名、著訳編者名、主題の各索引あり。『日本キリスト教文献目録 明治期』☞0783 は本書の第2部にあたる。
0786

【辞典・事典】

日本キリスト教歴史大事典 日本キリスト教歴史大事典編集委員会編 教文館 1988.2 1734p 27cm 4-7642-4005-X 45000円

日本におけるカトリック、正教、プロテスタントなど各教会・教派、修道会、各個教会、教育機関、団体および人名、文献、事件など日本キリスト教史の全領域を網羅した百科全書的な事典。関連する海外教会関係事項および西洋・東洋キリスト教史、日本宗教史などの隣接諸分野との関係事項を収録。日本の政治、経済、思想、文化などの領域と日本のキリスト教とが関係した項目や、主要なキリスト教用語や各教派の特殊な用

語も採録。配列は五十音順。項目は署名記事で、詳細にわたる。参考文献、参照あり。巻末にキリシタン主要洋語略解、日本キリスト教史年表、人名索引がある。
0787

来日メソジスト宣教師事典 1873-1993年 ジャン・W.クランメル編 教文館 1996.2 342p 27cm 英文.書名：『A biographical dictionary of methodist missionaries to Japan : 1873-1993』英文併記 4-7642-4019-X 8500円
1873年から1993年までに来日奉仕したすべてのメソジスト派関係の宣教師およびこれに準ずる人々1000人以上を網羅した人名事典。配列はアルファベット順でカナ表記を併記する。各項目は2部に分け、第1部は誕生と死亡、高等教育、按手礼、結婚、所属教派、派遣機関、任務などの基礎的伝記的情報を提供。第2部は来日以前および離日後の経歴、顕著な貢献、著作、叙勲・表彰および名誉称号、家族の説明的記事を記し参考文献を挙げる。本文は英語だが説明的記事には日本語訳を付す。巻末にはポートレートを収録。
0788

【便覧】

キリスト教年鑑 1948年版- キリスト新聞社編 キリスト新聞社 1948- 19cm
日本キリスト教界の諸活動の年間記録と、教会の統計に関する教勢一覧、教会・団体・学園などの名簿を記載した年鑑。別冊に人名録、地区別教会所在地一覧あり。1968年版までは隔年刊。1978年版まで『基督教年鑑』として刊行していた。なお、これ以前の時期のキリスト教の年鑑としては、日本基督教会同盟編（その後編者変遷あり）の『基督教年鑑』（大正5年版-昭和16年版）があり、この復刻版が日本図書センターから1994年に出ている。解題は1997年版による。
0789

日本「キリスト教」総覧 新人物往来社 1996.1 449p 21cm （別冊歴史読本） 1800円
日本のキリスト教の歴史・諸相や来日宣教師・日本「キリスト者」人名事典など日本のキリスト教について総括的に記述したもの。資料として「日本キリスト教」教団一覧、キリシタン関係博物館案内、キリスト教関係文庫・図書館案内、日本キリスト教史年表、日本キリスト教史関係文献一覧あり。
0790

◆◆キリシタン

【書誌】

キリシタン史文献解題 研究入門者のために 海老沢有道, 助野健太郎共著 横浜 キリスト教史学会 1955 50p 18cm （切支丹研究シリーズ2）
キリシタン史を研究する入門者のために主要文献を解説したもの。欧文と邦文の主要な単行書を、資料、史書、伝記、論文集などに分けて紹介し、簡単な解題をつけた。翻訳書も収録している。巻末に参考資料がある。50頁の小冊子のため、文献の量と解説に限界があり、さらに省略せざるを得なかった分野もある。
0791

切支丹典籍叢考 海老沢有道著 拓文堂 1943 261p 図版 23cm
ポルトガル系耶蘇会士の手による、わが国最初の活字印刷キリシタン版を中心に、新旧のキリシタン典籍の典拠、編纂、成立過程およびその文化史的・宗教史的意義について述べている。全体を10項目に分け、各項目ごとに今までに発表された文献を記載している。特に「キリシタン史研究の主要文献」の項では、この方面の有益な参考文献が多数紹介されている。巻末に、書名、人名索引がある。本文は旧かなづかい。
0792

上智大学吉利支丹文庫 新訂第3版 Johannes Laures編 京都 臨川書店 1985.11 536p 27cm （Monumenta nipponica monographs no.5） 1957年刊の複製 4-653-01274-1 20000円
イエズス会士ユハネス・ラウレス（Johannes Laures）師によって蒐集、設立された上智大学キリシタン文庫の目録の復刊。内容は日本イエズス会刊行書、マニラやメキシコで出版されたもの、漢籍のキリシタン要理などの書誌であり、後半は日本の初期布教に関して1552-1957年までに出版された欧文の著作物などに関する書誌要覧となっている。また、幕末・明治期の復活キリシタン時代の教理書も広く網羅している。文献は刊行年代順に掲載され、国内での所在が明記されている。本書は1940年の初版本に570種を加えた1428種の文献を収録した改訂増補版。巻末に著者名および事項索引、付録として1550-1864年に刊行された極東主に日本の古地図目録がある。同書は初期日欧交渉史およびキリシタン研究のための最も基本的な文献の一つであり、キリシタン史・キリシタン語学および日本学研究を志す初学者には格好な入門・案内書となるものである。
0793

✣ 聖書

【書誌・便覧】

聖書の世界 総解説 〔1994〕改訂版 自由国民社 1994.12 312p 21cm （総解説シリーズ） 4-426-62110-0 2200円
聖書の全体構造から各部分の主な内容・さまざまな名文句までを平易かつ詳細に多方面から解説している。その項目は、日本人と聖書、聖書と考古学、新約旧約の世界、聖書と芸術（美術・音楽）、聖書と諸宗教との関係、聖書論争史、翻訳された聖書から新約旧約聖書ダイジェスト、外典偽典ダイジェスト、聖書の中の名句・人名まで420項に及ぶ。聖書の内容を端的に要約しつつ、それが長い歴史と広い地域に及ぼした影響についても言及し「聖書の世界」を理解するに適した書物である。聖書関連略年表、図版あり。1984年刊以来数年ごとに改訂版あり。　　　　　　　　*0794*

聖書ハンドブック 改訂新版 ヘンリー H. ハーレイ著 聖書図書刊行会編集部訳 聖書図書刊行会 1981.4 811p 図 19cm 『Halley's Bible handbook』の翻訳 1965年までにアメリカで24回の改訂増補を重ねた原書を翻訳したもの。日本でも1953年の初版以降2回改訂されている。聖書の考古学的研究を背景にして、旧新約聖書の構成に従い、聖書全般を平易に解説。図版72点、地図71点を含む。巻頭には、「聖書の概要」「考古学上の諸発見」など、巻末には、「重要聖句一覧」「教会史」、日本人の著者による「日本の教会の歴史」などの聖書関連事項と、事項索引を付す。小型ながら情報量をたくさん盛り込んだ便覧である。　　　*0795*

聖書目録 京都 京都外国語大学付属図書館 1982.5 38, 135p 26cm 別書名：『Bibliotheca biblica ; a catalogue of Bibles in the university library』非売品
聖書を中心とした祈祷書や聖書物語などの同館所蔵のコレクションの目録。「42行聖書」の原葉、「欽定訳聖書」、「マシュー聖書」などの有名聖書が含まれている。収録390点のうち特に珍しいコレクション13点には写真と詳しい解説がある。内容は言語別・年代順目録と著名聖書原葉目録となっており、年代順、編者・訳者、書名、出版地、出版社・印刷者の索引がある。　*0796*

日本聖書協会聖書図書館日本語聖書蔵書目録 1990年末現在 日本聖書協会聖書図書館編 日本聖書協会 1994.4 115p 21cm
1990年末現在日本聖書協会聖書図書館に所蔵する聖書のうち1837-1989年に出版された日本語訳（琉球語を含む）およびアイヌ語訳聖書1005点の蔵書目録である。刊行年順に配列し請求番号を付記している。巻末に聖書各書別索引と翻訳者・編者等索引がある。現存する日本語聖書の最も古い資料や世界に十数冊しかない稀覯本も所蔵文献として含まれている。　　　　　*0797*

明治乃聖書 鶴見大学図書館編 横浜 鶴見大学図書館 1991.11 48p 21cm （特定テーマ別蔵書目録集成 1） 4-924874-00-0
同館所蔵の明治期刊行の邦訳聖書、聖書釈義、教理書など154点182冊を収録した目録。新・旧約の分冊と合冊の聖書を、聖書会社各版に至るまで収集しているのが特徴。配列は日本十進分類法分類順。巻末に五十音順の書名索引を付す。巻頭に所蔵資料の写真を9頁にわたって掲載。　　　　　　　　　　　　　　　　*0798*

山梨英和短期大学門脇文庫目録 甲府 山梨英和短期大学 1990.3 74p 21cm
同大学所蔵の、日本語訳聖書の収集研究で著名な門脇清氏旧蔵の「日本語訳聖書」の目録。1987年末現在の和書564冊、洋書27冊、和雑誌掲載論文12タイトルを収録。現在入手しがたい聖書、聖書本文が執筆者独自の訳を持つ注解書、子供のための聖書など珍しい聖書を含む。日本十進分類法分類順に配列。巻末に、書名・著者名索引がある。寄贈時の1979年刊行の『門脇文庫目録』を拡充したもの。　　　　　　*0799*

【辞書・事典】

旧約新約聖書大事典 旧約新約聖書大事典編集委員会編 教文館 1989.6 1454p 27cm 付(地図3枚　袋入) 4-7642-4006-8　46350円
『Biblisch-historisches Handwörterbuch』（Vandenhoeck & Ruprecht, 1963-1979、全4巻）を底本としつつ、近年の研究成果による、修正、加筆、改稿をした大型の聖書歴史事典。単なる日本語訳ではなく、改訂増補の日本語版。解説は、長く詳細である。見出し語は、『聖書　口語訳』（日本聖書協会、1955）からの訳語を用い、「見よ参照」により一般概念からの検索も可能。各項目の末尾には欧文邦文の文献を付す。巻末に、聖書歴史年表、関連事項索引、人名索引、地名索引、ドイツ語→日本語用語索引などの付録がある。付図は、「パレスチナ聖書歴史地図（2枚）」「東地中海とパウロ伝道旅行地図（1枚）」。　　　　*0800*

新共同訳聖書辞典 キリスト新聞社 1995.11 653,69p 27cm 監修：木田献一ほか 4-87395-268-9　15000円
聖書を読むための用語辞典。『聖書　新共同訳』（日本聖書協会、1987）の記述に基づく。聖書中の表現、人

名、地名、祭儀、社会、動植物、天文など聖書に記されている主要な項目を収録。聖書中の出現箇所を示し、語の意味を解説。約1000点の図版・地図を掲載し、項目理解の一助としている。見出し項目の五十音順配列。巻末に口絵写真、聖書翻訳の歴史、固有名詞異同一覧の付録と索引を付す。『新共同訳聖書辞典』（キリスト新聞社、1997）は、この辞典の項目を絞り込んだ小型版であり、図版は少ない。 *0801*

新聖書辞典 泉田昭〔ほか〕編 いのちのことば社 1985.9 1424,109p 図版32枚 24cm 4-264-00706-2 18000円
旧新約聖書中に記載されているすべての項目を始め、直接記載されていないが聖書理解に役立つ、あるいは神学・教理・思想に関する項目、よく使われる教会用語などを収録・解説。項目数は5780。五十音順配列で原語見出し（ラテン文字表記）を併記。聖書本文は『聖書 新改訳2版』（日本聖書刊行会）を使用。巻末に福音書記事の対照表、聖書の暦、聖書の時刻に関する表、聖書の度量衡・貨幣、聖書の歴史年表がある。事項索引あり。 *0802*

新聖書大辞典 キリスト新聞社 1984印刷 xii,1570,246p(図共) 27cm 35000円
外典・偽典各書を含む旧新約聖書各巻の解説を始め、聖書中に記載されている項目、あるいは直接記載されていないが聖書学および神学・教理・思想に関して重要な概念をなす項目を網羅的に収録・詳説。大小項目を五十音順に配列し、表音・漢字見出しに英文・原語（ヘブル語・アラム語またはギリシア語）見出し・原語の意味を併記。旧・新約とも『聖書 口語訳』（日本聖書協会）の本文を使用。巻末には日本における聖書研究史、五書資料分類表、福音書対観表、聖書歴史年表、聖書の暦・度量衡・貨幣の付録と邦文・欧文・ミシュナ引照・聖書引照の各索引がある。 *0803*

聖書思想事典 編集委員長：X.レオン－デュフール 翻訳：小平卓保，河井田研朗 三省堂 1973 34,967p 22cm 編集委員：J.ギエ等 翻訳監修：Z.イェール 『Vocabulaire de théologie biblique』の翻訳 5000円
聖書の思想上重要な語を選びその教義的・霊的意味を、思想的発展を軸に解説。聖書本文の分析・羅列を行った語学・語句辞典ではなく、聖書の中心思想の理解に資するための事典。項目数は331で五十音順配列。巻頭に序論として「聖書の思想」「聖書成立の概要」が、巻末に聖書思想一覧、事項索引、聖書引用索引、ヘブライ語・アラム語索引、ギリシア語索引がある。聖書の基礎的知識を利用の前提としている。 *0804*

聖書辞典 新教出版社編 新教出版社 1968 vi,562p 図版 18cm 1200円
日本聖書協会発行の『聖書 口語訳』中から項目を選定、必要に応じて聖書以外からも選定し解説を施したコンパクトな辞典。五十音順配列で、固有名詞の見出しには英語形（アメリカ改訂標準訳聖書の表記）を併記。巻末に年代表、四福音書対観表、度量衡、通貨、月と時刻がある。 *0805*

聖書辞典 常葉隆興等編 いのちのことば社 1961 17,825,29,41p 地図 22cm 5400円
現行口語訳、文語訳（元訳、改訳）、永井訳の旧新約聖書から固有名詞、普通名詞を始め聖書用語を選定、さらに、聖書中に直接記載されていないが関連のある諸語を収録・解説。動物・植物・鉱物はそれぞれ巻末に別録。項目数は約4500。五十音順配列で、固有名詞の見出しには原語の読み方の音訳を併記。巻末にヘブルびとの暦、時刻表、聖書時代の度量衡と貨幣、歴史年表、人名表、事項索引（和文・五十音順）がある。 *0806*

聖書事典 相浦忠雄等編 日本基督教団出版部 1961 1032p(図版地図共) 19cm
聖書を全体的に理解するために2部構成とし、始めに総説編を設け、聖書概要、聖書思想、背景歴史、外典と偽典、聖書考古学などを説明している。次に項目編として、聖書中の事項、用語約4000項目を五十音順に配列し解説した。巻末に約250点の図版があるのが特徴。付録として、年代表、五書資料対観表、共観福音書対観表、換算表、地図を含む。この事典は、同出版部既刊の一般向きの注解書である『旧約聖書略解』（山谷省吾ほか編、1955）と『新約聖書略解』（手塚儀一郎ほか編、1958）とで3部作をなすので、利用に際しては、両書との併用を勧める。 *0807*

聖書小事典 小嶋潤著 社会思想社 1981.12 314p 15cm （現代教養文庫 1056） 520円
聖書に関する項目を160選び、五十音順に配列し解説を加えた小事典。わかりやすく楽しく読めて、聖書の一通りの知識が得られることを目的としている。項目末尾の↑↓の記号により関連する項目にたどれる。巻末に、人名・地名を含む事項索引がある。文庫本なので項目数は少ないが、聖書に親しむには、ハンディで利用しやすい。 *0808*

聖書象徴事典 マンフレート・ルルカー著 池田紘一訳 京都 人文書院 1988.9 536p 20cm 『Wörterbuch biblischer Bilder und Symbole 2.Aufl.』の翻訳 4-409-42008-9 4800円
聖書象徴を巡る多様な内容がまとめられている事典。見出し語による各項目は4つの段落に分けられてい

る。第1段落は古代オリエントと古代ギリシア・ローマを中心とする聖書を取り巻く諸現象、第2段落は旧約聖書の形象、象徴にまつわる諸観念、第3段落は新約聖書の形象、象徴にまつわる諸観念、第4段落は教父たちの著書、教会の典礼、美術への影響について言及している。原書は第2版、1978年刊。索引は、神名、神獣名、人名索引、象徴的意義索引、ドイツ語項目索引、フランス語項目索引、英語項目索引、日本語項目索引、聖書引用索引がある。　　　　　　　　0809

聖書大事典　カラー版 Geoffrey Wigoder〔著〕荒井章三〔ほか〕編　新教出版社　1991.6　xvi,1101p 31cm　奥付の書名:『カラー版聖書大事典』『Illustrated dictionary & concordance of the Bible』の翻訳　4-400-11000-1　41000円
主要な宗教的概念、一般的事項を始め旧新約聖書中に記載されているあらゆる人名・地名について、豊富な図版を用いて解説する聖書百科事典。五十音順配列で、見出しおよび固有名詞表記は『聖書　口語訳』(日本聖書協会、1955改訂)に、見出し語の英語表記はニュー・キング・ジェームズ聖書(1979初版)に拠る。見出し項目に関する聖書中の引用箇所を欄外に記載。巻末に新共同訳聖書・口語訳聖書固有名詞対照表、欧語索引がある。英文原著(1986)を底本にドイツ語・ヘブル語各版を参照し、修正・補筆を加えている。
0810

聖書文化辞典　ダニエル・フイユー〔ほか〕著　榊原晃三監訳　本の友社　1996.5　343p 23cm　日本語版監修:高柳俊一　『Dictionnaire culturel de la Bible』の翻訳　4-89439-025-6　7000円
この辞典はフランス語のポケット型聖書辞典の日本語版で、多くの場合、ドイツ語圏の聖書学が大多数を占める中、本書はフランス語圏の聖書学となっている。聖書についての事項が簡潔、かつ要領よくわかりやすく書かれており、一般人が聖書の知識を容易に得ることができるようになっている。範囲は創世記、歴史書、預言書、聖書の主な文章中に描かれている事件、主要な登場人物、聖書の中で繰り返し現れる概念、聖書学の用語などに及んでいる。巻頭に聖書引用索引、巻末には年表、用語索引、文学索引、美術索引、音楽索引、映画索引がある。　　　　　　　　　　　0811

聖書理解和英小辞典　志村武編著　南雲堂　1981.10　255p 19cm　背の書名:『The pocket dictionary of the Bible』　1500円
聖書に関連した語句、人名、地名を日本語見出しの五十音順に配列し英語を併記した比較的平易でコンパクトな小辞典。英語の読みはカタカナでも示してある。説明文中に欧文聖書からの引用あり。背表紙裏にイスラエル聖書地図、巻末に英語形の索引が付いている。図版あり。　　　　　　　　　　　　　0812

【語句辞典・コンコーダンス】

コンコルダンス　聖書語句索引　新教出版社　1957　524p 18cm　馬場嘉市監修
文語訳の『舊新約聖書　改訂』(日本聖書協会)を本文とした聖書語句索引。1955年に同協会が刊行した『聖書　口語訳』も参照し、口語で変化した語を付記したり、口語文語対照索引を設け、それぞれの聖書に兼用して使えるような工夫がなされている。語句編、固有名詞編、口語・文語対照索引の3部構成。　0813

コンコルダンス　口語訳聖書　聖書語句索引　新教出版社編集部編纂　新教出版社　1978.12　480p 18cm　1800円
『聖書　口語訳』(日本聖書協会、1955)を本文とした聖書語句索引。文語訳『舊新約聖書』(日本聖書協会)による『コンコルダンス』☞0813 の姉妹編である。語句編、固有名詞編の2部構成。収録項目は約4800。項目数に限界があるが、コンパクトなのが特徴。　　0814

新改訳聖書ハンディー・コンコルダンス　日本聖書刊行会〔編〕　日本聖書刊行会　1987.4　179p 19cm　発売:いのちのことば社　4-264-00458-6　800円
旧約・新約聖書の語句索引。『新改訳聖書』(日本聖書刊行会、1978)をテキストとして使用。見出し語の配列は五十音順。項目数2911、聖句数2万84箇所を収録。この版の聖書を利用する際のツールとなる資料である。　　　　　　　　　　　　　　　　0815

新共同訳　聖書コンコルダンス　キリスト新聞社編　キリスト新聞社　1997.5　91,1301p 27cm　監修:木田献一,和田幹男　4-87395-291-3
聖書中の主要な語句を探すための用語索引。カトリックとプロテスタント共通の聖書として刊行された『聖書　新共同訳』(日本聖書協会、1997)を底本とする。『新聖書大辞典』☞0803 中の聖書用語5000項目にさらに重要と思われる項目を追加し、約1万2000項目を収録。索引は「一般用語」と「地名・人名」に大別され、「一般用語」は見出し語の下に、その語を含む語句とその出典箇所を示し、「地名・人名」では出典箇所のみを示す。巻頭に関連項目への参照が豊富な「一般項目一覧」および「口語訳・新共同訳訳語対照一覧」を付す。　　　　　　　　　　　　0816

新共同訳聖書コンコルダンス　聖書語句索引　新教出版社　1997.5　462p 18cm　監修:秋山憲兄　4-400-10602-0　2500円

日本聖書協会発行の『聖書 新共同訳』（1997年現在）に現れる語句のうち重要なものについて関連語句と引照個所を収録したハンディーなコンコーダンス。3部からなり、第1部は語句項目約3000とその関連語句約2万8000を、第2部は若干の固有名詞を五十音順に収録する。第3部は新共同訳聖書に採用されている小見出しの一覧で、人名・地名・事項の索引を兼ねる。
0817

新聖書語句辞典 いのちのことば社 1988.9 1142,27p 24cm 4-264-00928-6 12000円
『聖書 新改訳』第2版（日本聖書刊行会、1970）を本文としたコンコーダンス（聖書語句索引）。1万28項目を五十音順に配列。聖句採録は12万5340箇所。利用しやすい中型語句辞典である。『聖書 口語訳』（日本聖書協会、1955）の利用者にも使えるように、巻末に「口語訳・新改訳対照索引」を掲載。ほかに「原語掲載項目索引」（ヘブル語、ギリシャ語）を付す。
0818

聖書語句大辞典 13版 日本基督教協議会文書事業部コンコーダンス委員会編 教文館 1988 8,1520,70,54p 27cm 32000円
戦後日本のプロテスタントで使用されてきた『聖書 口語訳』（日本聖書協会出版の1955年版口語新約聖書と1958年版口語旧約聖書）を底本とし同一に訳出された各語句、約20万句を収録したコンコーダンス。見出し語は五十音順。邦語の見出し語のもとに原語（ヘブル語・アラム語・ギリシャ語など）を記す。聖書の語句の所在箇所とその前後の文脈を一行内で引用する。巻末に、旧約の部（ヘブル語・アラム語）と新約の部（ギリシャ語）に分かれた原語索引があり、各単語を音写記号に基づいてアルファベット順に配列。それぞれの訳語を記す。初版は1959年刊。
0819

◆◆歴史、聖書考古学

新聖書地図 ジョン・ロジャーソン著 小野寺幸也訳 朝倉書店 1988.11 237p 31cm （図説世界文化地理大百科） 監修：三笠宮崇仁 『The new atlas of the Bible』の翻訳 4-254-16598-6 22000円
聖書とその文書、聖書と歴史、聖書と地理の3部に分け、それぞれに関連する地図などをあげて解説したもの。巻末に図版リスト、参考文献、地名索引、索引を収録している。『聖書歴史地図 マクミラン』☞0826 などを代表とする類書が聖書の歴史的側面の検証に主眼を置いているのに対し、本書は聖書の中のさまざまな物語における地理的背景の解説に主眼を置いている。主要な地図の欄外には各地名の聖書からの引用を

まとめて索引化している。聖書からの引用は『聖書 新共同訳』による。
0820

聖書考古学大事典 M.アヴィ・ヨナ〔ほか〕編 小川英雄〔ほか〕訳 講談社 1984.7 1133p 図版16枚 28cm 日本語版監修：左近義慈 編集：エルサレム宗教文化研究所 付（1枚）：聖書の考古遺跡地図 『Encyclopedia of archaeological excavations in the holyland』の翻訳 4-06-200415-1 39800円
聖書の対象となるヨルダン川を挟むパレスチナ地方の国々の主要な遺跡を網羅した発掘調査結果の報告を事典化したもの。構成は五十音順で196項目からなり、遺跡の同定の経過、位置、歴史的根拠、発掘調査の歴史、遺跡の発掘結果、参考文献表、写真、図版、地図などからなる。聖書やヘブライ人の歴史について多く言及しているが、それらと直接関係のないパレスチナの歴史にかかわる考古学知識も含まれているため、年代的には旧石器時代からアラブ・十字軍時代までを対象にしている。巻末に人名、地名、事項、聖書引用索引を収録する。原書は1975-1978年刊。
0821

聖書年表・聖書地図 和田幹男著 女子パウロ会 1989.5 69p 26cm 4-7896-0314-8 2100円
聖書の歴史的・地理的背景を示し、重要事項に簡潔な解説を付したハンディな年表と地図。構成は年表部分と地図および解説部分の2部に分かれる。解説には年表・地図への参照が頁数で示してある。文中の人名・地名は『聖書 新共同訳』に拠り、それの解説書としても利用できる。
0822

聖書の世界 聖書の地理と歴史にまつわる物語 ジョナサン・N.タブ著 リリーフ・システムズ訳 京都 同朋舎出版 1992.7 63p 29cm （ビジュアル博物館 第30巻） 監修：大英博物館 4-8104-1089-7 3500円
聖書の背景となる歴史や地理について、発掘された刀剣や彫像などの文物のカラー写真を豊富に使用して表した図鑑。構成は、主に旧約聖書の背景となる先史時代からキリスト誕生以前までの歴史を対象とし、体系順に配列。各項目の見出し語に関連する文物の写真と解説を主体とする。巻末に五十音順事項索引あり。
0823

聖書の歴史地図 カラー ライオン出版社編 伊藤淑美，いのちのことば社出版部訳 いのちのことば社 1991.9 64p 26cm 『Atlas of Bible history』の翻訳 4-264-01257-0 1500円
2部構成で、前半は創世記から紀元1世紀までの旧約新約聖書の世界を、カラーによる地図と写真で解説している。後半は解説を付した地名の五十音順索引。図版はすべてカラー、解説も平易なので一般読者向けで

ある。原書はイギリスのライオン社から1989年に刊行。 0824

聖書歴史地図　新教／タイムズ　ジェイムズ・B.プリチャード編　新教出版社　1993.9　271p 37cm　監修：荒井章三ほか　『The Times atlas of the Bible』の翻訳　4-400-11001-X　27000円
年代別に134点のカラー立体地図を掲載し、関連図版と詳細な解説を加え、聖書の歴史的背景を表したもの。巻末に典拠資料の一覧、人名・地名索引を付す。地名索引には日本語、英語、ヘブル語、アラビア語が併記されている。聖書の引用については『聖書　新共同訳』に拠る。基本的には『聖書歴史地図　マクミラン』☞0826 の資料・素材を踏襲した上で考古学、古代オリエント学、聖書学などの最新の学問的成果をも取り上げている。原書は1987年刊。 0825

聖書歴史地図　マクミラン　Y.アハロニ，M.アヴィ＝ヨナ著　池田裕訳　原書房　1988.9　198p 30cm　『The Macmillan Bible atlas. rev. ed.』の翻訳　4-562-01950-6　15000円
聖書が伝える歴史とその背景を264点の地図と解説で表現したもの。先史時代から紀元2世紀にわたる、パレスチナを中心とした古代オリエント地域および地中海世界を対象とする。年表、地名索引、人名索引を巻末に収録する。主要な出来事の地理的関連を確定する手法として豊富な地図を用いたことは高く評価されており、以後の類書に多大な影響を与えた。聖書の引用は『聖書　新共同訳』に拠る。原書は、イスラエルのCarta社からヘブライ語で1964年に刊行された『Atlas Carta le-Toledot ha-Miqra』と1966年に刊行された『Atlas Carta le-Toledot Bayit Sheniha-Mishna ve-ha-Talmud』を、イギリスのMacmillan社が1968年に2巻を合わせ新たに編集し英語で刊行したものの改訂版（1977）である。 0826

◆◆動植物

聖書植物図鑑　カラー版　大槻虎男著　教文館　1992.1　126p 27cm　写真：善養寺康之，大槻虎男　4-7642-4011-4　5500円
聖書に登場する植物について解説した植物図鑑である。それぞれの植物のカラー写真と聖書に即した形での解説が施されており、実際に日本に生息していない種のもの、またそれらを知らないと聖書にかかれた文意を解しにくい事柄に対して平易に解説されている。体系順に配列。索引は五十音順、アルファベットによる「植物名および関連事項名」、人名索引、引用聖句索引がある。随所にカラー写真図版がある。 0827

聖書動物事典　カラー版　ピーター・フランス文　平松良夫訳　エリック＆デイヴィッド・ホスキング写真　教文館　1992.10　140p 27cm　『An encyclopedia of Bible animals』の翻訳　4-7642-4012-2　5665円
聖書の中に登場する動物を聖書の章節引用を含めて解説したもの。網羅的にまとめられており、哺乳類から鳥類、爬虫類、昆虫までの広い範囲の生物を含む。索引は、和文索引、欧文索引、引用聖句索引がある。随所にカラー写真図版がある。原書はロンドンのCroom Helmの出版、1986年刊。 0828

聖書の植物　H & A.モルデンケ著　奥本裕昭編訳　八坂書房　1981.10　189p 23cm　（植物と文化双書）『Plants of the Bible』の翻訳　2400円
聖書に出てくる植物のうち、原著（1952年刊）が扱う230種から同定が確実なもの、ほぼ確実なもの、なじみの深いもの81項目を採録した聖書植物事典。日本名か英語名または学名の五十音順配列で、解説に加え引用句、図版、学名を付す。巻末に聖書植物研究小史として研究文献を歴史的に簡潔に紹介している。新装版（1991年刊）あり。 0829

聖書の動物事典　ピーター・ミルワード著　中山理訳　大修館書店　1992.5　370p 20cm　『Beasts in the Bible』の翻訳　4-469-24325-6　2575円
聖書に登場するさまざまな動物たちを解説した辞典である。全2部構成となっており、第1部「聖書の動物入門」では重要と思われる動物をエッセイ形式で論じており、第2部「聖書の動物事典」では100種類の動物をアルファベット順に、聖書中の典拠および訳注を交え説明している。図版も随所に見られる。巻末には動物名索引が和名と英名それぞれある。 0830

◆旧約聖書

旧約聖書語句事典　新共同訳　Computer concordance　近藤司朗編　教文館　1992.4　1765p 27cm　監修：Z.イエール　4-7642-4009-2　30000円
日本聖書協会1991年刊行の『聖書　新共同訳』による旧約部分のコンコーダンス。五十音順に配列した見出しのもとに、聖書における語句の所在箇所とその前後の文脈を一行で記す。巻頭に、新共同訳・口語訳聖書章節対照表および項目一覧、巻末には固有名詞異同一覧を付す。コンピュータを使用した編集により聖書全文を網羅。1991年出版の『新約聖書語句事典　新共同訳』☞0842 および1996年出版の『旧約聖書続編語句事典　新共同訳』☞0835 の姉妹版。 0831

旧約聖書神学事典　東京神学大学神学会編　教文館　1983.3　474p 19cm 3800円
旧約聖書神学に限らず広く旧約学についてわかりやすく解説した事典。イスラエル史などの関連分野を含め、終末論など旧約神学主要概念の解説から各国の学風まで約80項目を取り上げている。特に現代旧約学に重点をおき、プロテスタントの立場から編集しているが、第二バチカン公会議後のカトリックの動向についても解説している。項目の配列は五十音順。各項目末に参考文献を収載。巻末には、日本語による旧約文献表、旧約聖書の注解書の一覧表とその解説、分類目次がある。　*0832*

旧約聖書人名事典　ジョアン・コメイ著　関谷定夫監訳　東洋書林　1996.4　567p 24cm　発売：原書房　『Who's who in the Old Testament』の翻訳　4-88721-089-2　19500円
旧約聖書に登場するすべての人物について解説した事典。聖書の物語とその歴史的背景については主要人物の項で十分に扱っているが、学説上の諸問題にはあえて触れず一般読者向きに記述している。「旧約聖書」と「旧約聖書続編」の2部構成でそれぞれ五十音順に配列している。年代は「新エルサレム聖書」、聖書の引用は『聖書　新共同訳』を採用している。人名の意味は由来が判明している場合のみ記載。巻末に新共同訳、口語訳、新改訳による「人名その他表記対照表」を付す。　*0833*

旧約聖書ヘブル語大辞典　改訂2版　名尾耕作著　日本ルーテル教団　1984.12　15,1486p 27cm　付・アラム語辞典　制作発売：聖文舎　38000円
ヘブライ語（ヘブル語）の旧約聖書を判読するための辞典。キッテル編「ヘブライ語旧約聖書」（3-7版）中に使われているすべての語形を文法を中心に説明。各項目はヘブライ語アルファベット順配列で、語義とともに、その基本形や変化形、引照箇所などを記す。巻末にアラム語辞典（高橋虔著）を付す。日本最初のヘブライ語辞典（初版1982年）の改訂版。　*0834*

新共同訳旧約聖書続編語句事典　Computer concordance　近藤司朗編　教文館　1996.1　585p 27cm　監修：Z.イエール　4-7642-4010-6　15000円
「旧約聖書続編」の本文をコンピュータに入力し、項目ごとに聖書の引用箇所をまとめるという、コンピュータ編集によるコンコーダンス。五十音順に配列された約8000語の見出し項目ごとにその語句が含まれる旧約聖書の書名、章節、本文の引用が列記されている。また、見出し項目の右端には採録されている語句の総数が記されている。巻頭に五十音順の項目索引がある。『旧約聖書語句事典　新共同訳』☞*0831* の旧約聖書続編版。　*0835*

◆新約聖書

【書誌】

日本における新約文献　日本新約学会〔編〕　日本新約学会　1961　2冊 25cm　謄写版
日本における明治初年から1960年までの新約聖書関係文献の目録。第1部には明治初年から1944年までの1141件を、第2部には1945年から1960年までの357件の図書を刊行年代順に収録する。第2部には1945年から1960年までの研究論文目録も併せて収録。　*0836*

【辞典・事典】

キッテル新約聖書神学辞典　教文館　1960-1977　5冊 19cm　『Theologisches Wörterbuch zum Neuen Testament』の翻訳
新約聖書に現れるギリシア語から5つに大別したテーマに関連した語を選び、語学的・歴史的・神学的な面から体系的に解説した辞典。王・王国、義、罪、愛、創造の5巻からなり、それぞれ概念や用法などについて詳しく記述している。各巻巻末に参考文献、聖書・外典引照箇所索引、原著者略歴を付す。　*0837*

ギリシア語新約聖書釈義事典　1-3　Horst Balz, Gerhard Schneider〔編〕　教文館　1993-1995　3冊 27cm　監修：荒井献, H.J.マルクス　『Exegetisches Wörterbuch zum Neuen Testament』の翻訳　各43260円
ギリシア語の新約聖書中の語句を読み解くための辞典。用語の意味だけに留まらず、宗教史的、伝承史的意味の変遷、新約諸文書における意味上の差異、その神学的理由、研究史、研究文献の紹介などにも及び、各用語にかかわる現代新約聖書学の成果が一瞥できる。ギリシア語アルファベット順配列。3巻で6600語を収録。巻末に日本語索引を付したり（3巻末は全巻分の総索引）、ギリシア語にはローマ字音写を付し、ヘブライ語はローマ字表記するなど、専門家以外にも使用できるよう配慮されている。　*0838*

新約ギリシヤ語逆引辞典　増補・改訂　稲場満〔ほか〕編　山本書店　1982.3　357p 20cm　監修：岩隈直　4-8414-0031-1　5700円
ギリシヤ語新約聖書中の変化形の語句から原形を引くための辞書。各項には、その原形が見出し語として出ている『新約ギリシャ語辞典』☞*0840* の頁数を示し、

併用して意味を調べる便が図られている。初版（1977年）に未収録の全語彙を補遺として収録した増補・改訂版。　0839

新約ギリシャ語辞典　増補・改訂　岩隈直著　山本書店　1982.3　630p 19cm 6400円
ギリシア語の新約聖書を読むための辞書。ネストレ校訂のギリシア語新約聖書第25版（1963年）の本文中の語彙と脚注の異読語彙全部、その他併せて5791語を収録。語句の意味とともに文法的説明を多くしたのが特色。語源や古典ギリシア語の意味も付す。付録に新約聖書のギリシア語の解説と語形変化表がある。初版（1971年）に60余頁の補遺と追加訂正を加えた増補・改訂版。　0840

新約聖書ギリシア語辞典　玉川直重著　キリスト新聞社　1978.5　483p 22cm 8700円
ギリシア語の新約聖書を読むための辞書。ネストレ校訂のギリシア語新約聖書第25版（1963年）の本文中の語彙全部と脚注の異読語彙の重要なものを併せて5681語収録。全語彙の意味を英語訳でも記し、理解しやすくなっている。聖書引照箇所を多く付しているのも特色。ギリシア語句辞典としても利用でき、一般読者向け。巻末に語形変化表、動詞変化語形一覧などを付す。　0841

新約聖書語句事典　新共同訳　Computer concordance　近藤司朗編　教文館　1991.10　596p 27cm　監修：Z. イエール　4-7642-4008-4　12000円
日本聖書協会1991年刊行の『聖書　新共同訳』による新約部分のコンコーダンス。五十音順に配列した見出しのもとに、聖書における語句の所在箇所とその前後の文脈を一行で記す。巻頭に項目一覧、巻末に固有名詞異同一覧を付す。コンピュータを使用した編集により聖書全文を網羅。『旧約聖書語句事典　新共同訳』☞0831 および『新共同訳旧約聖書続編語句事典』☞0835 の姉妹版。　0842

新約聖書小辞典　山谷省吾著　東海林勤補訂　新教出版社　1989.12　205p 18cm　『新約聖書辞典』（清水弘文堂書房1968年刊）の補訂　4-400-10601-2　1000円
新約聖書の語句・人名・地名などを中心にまとめられた比較的平易でコンパクトな小辞典。旧約聖書関係の事項もある程度とりあげられている。補訂にあたり、前版の表現、形、内容は保たれているが、その後の新約聖書学の進歩もとりいれ補訂されている。五十音順配列の見出しに併記された外国語はギリシャ語に統一され、ラテン表記法で記されている。巻末には付録として関係地図、度量衡、通貨換算表、新共同訳聖書との語句対照表。図版あり。　0843

新約聖書神学事典　東京神学大学新約聖書神学事典編集委員会編　教文館　1991.8　665p 19cm　4-7642-4103-X　5500円
新約神学にかかわる聖書の言葉、概念、人物、新約諸文書、同時代の第一次資料、方法論、研究者などについてプロテスタントの立場から簡潔に解説している中型事典である。手頃なうえ、水準の高い内容によって、研究者から一般読者まで幅広く利用できる。五十音順配列で約300項目を収録。項目によっては文末に参考文献がある。巻末には、邦語イエス伝ならびにパウロ伝文献表としてほぼ1000点の単行書名を収録。　0844

新約聖書人名事典　ロナルド・ブラウンリッグ著　別宮貞徳監訳　東洋書林　1995.12　424p 24cm　発売：原書房　『Who's who in the New Testament』の翻訳　4-88721-088-4　18500円
新約聖書に出てくるすべての人物を対象とした事典。一般読者向けで平易に解説。重要な人物については、簡略な紹介と注釈なしの略伝、その情報源や出所まで記している。人名の由来については、判明しているもののみについて記述。五十音順に配列され、聖書中の記載箇所は各項目の最後に示す。翻訳において聖書の引用は『聖書　新共同訳』を採用している。巻末に「各国語人名対照表」と新共同訳、口語訳、新改訳による「人名その他表記対照表」を付す。原著はJ.M.Dent刊、1993年。　0845

◆信仰録、説教集

キリスト教例話事典　第1-5巻　藤井康男編著　教会新報社　1981-1982　5冊 22cm 各2300円
キリスト教の礼拝で、牧師が説教をする際に用いる例話を項目の五十音順に配列した事典。全5巻の構成で項目数は多い。項目によっては、さらに番号を振り主題を分けて多数の例話をあげている。たとえば「愛」の項目は、17主題に分けられ、95の例話を収録する。それぞれの例話には内容を表す小見出しがつく。各項目ごとにふさわしい名言も掲載。各巻の巻末には、項目名の索引を付す。第5巻に、単語別に聖句を引用するための「聖句索引」がある。聖職者のみならずクリスチャンすべてが日常生活に利用できるように作られている。　0846

◆典礼、祭式、礼拝

キリスト教礼拝辞典 岸本羊一，北村宗次編 日本基督教団出版局 1977.2 472p 図 19cm 3400円
賛美歌、クリスマス、サクラメントなど礼拝に関する具体的な事柄から、修道生活と典礼のような神学的な問題までを含む76項目を取り上げ解説している。その内容には、カトリック教会、東方正教会を始めとして、キリシタンやプロテスタント各派の礼拝の形式やその意味も含まれる。記載内容は詳細で、辞典というよりは概説書に近い。各項目の末尾には、数点の参考文献をあげ、執筆者を明記している。巻末に、五十音順の人名および事項索引があるほか、礼拝全般に関する主要参考文献リストとして、邦文欧文の21点が紹介されている。　0847

◆布教、伝道、教育、社会事業

キリスト教教育辞典 高崎毅，山内一郎，今橋朗編 日本基督教団出版局 1969 503p 19cm 1500円
信仰教育およびキリスト教による学問、芸術、道徳教育などに関する114の事項を選び解説を加え、五十音順に配列した辞典。各項目は必要に応じ小見出しを立て、さらに詳細な説明をしているものもある。辞典というよりも概説書に近い。項目の末尾には、邦文欧文の参考文献を付し、執筆者名の記入あり。　0848

◆ローマカトリック教、カトリック教会

【書誌】

日本カトリック関係資料総合目録 1985 純心女子短期大学早坂記念図書館カトリック文庫編 長崎 純心女子短期大学 1985.3 187p 26cm
日本のカトリック関係（キリシタンを除く）の著作、邦訳書、プロテスタントの出版物のうちカトリックに関連がある資料約4500タイトルと、雑誌、新聞を収録した目録。収録期間は、明治以降1962年（第二バチカン公会議開催年）までに刊行されたもの。書名の五十音順に配列し、巻末に著者、分類などの索引がある。純心女子短期大学図書館カトリック文庫の蔵書を基礎に他機関、新刊案内、出版目録からも収集して1977年に刊行した『日本カトリック関係図書・新聞・雑誌目録（稿）』を増補し網羅性を図った総合目録。部分的に所蔵館を付す。　0849

【辞典・事典】

カトリック大辞典 第1-5 上智大学，独逸ヘルデル書肆共編 富山房 1940-1960 5冊 図版 地図 26cm
カトリックの神学・哲学・倫理・教会・典礼などのカトリック文化全般にわたる事項を詳細に解説した大事典。五十音順配列の見出し語には原語を併記。関係諸項目の相互参照を多く含み、各項目末には参考文献を挙げる。第5巻に補遺および欧文人名、和漢人名、事項、回教・大赦書・法令等の各索引がある。ドイツのヘルデル書肆との共編で、大部分は先進キリスト教諸国の標準的大辞典に拠ったもの。　0850

キリスト教百科事典 第9版 小林珍雄編 ヘルデル代理店・エンデルレ書店 1960 1914欄,86p 図版 20cm
キリシタン関係の用語・事項・人名と日本で現在活躍中の修道会に重点を置き、また典礼・祭式・祭具などについても項目により詳細に解説した事典。『キリスト教用語辞典』☞0764 の内容を拡大し再編集したもの。『カトリック大辞典』☞0850 の簡略版として手軽に利用できる。巻末に、欧文の単語から日本語見出しを参照する事項索引がある。ヘルデル書店発行の『Lexicon des katholischen Lebens』から多数の挿画を転載している。　0851

キリスト教用語独和小辞典 川口洋編著 同学社 1996.4 347p 19cm 4-8102-0060-4 4980円
カトリック用語に重点を置いたキリスト教用語のコンパクトな独和辞典。本文配列はアルファベット順。日−独、英−独対照索引あり。巻頭に参考文献、付録にカトリック祭具・祭服の図あり。　0852

現代カトリック事典 ジョン・A.ハードン編著 浜寛五郎訳 エンデルレ書店 1982.12 854p 22cm 監修：A.ジンマーマン 『Modern Catholic dictionary』の翻訳 12600円
カトリック教会関係、特にローマ・カトリック関係の用語に焦点を絞った用語事典。五十音順に配列された約5000語の見出し語の内容はカトリックの信仰、礼拝、道徳、歴史、教会法、霊生にわたっている。解説文には聖書の語句の引用または参照箇所が示されている。また、多くの見出し語に短い語源説明を加えている。付録に神の民の信仰宣言、歴代教皇表、ローマ典礼とビザンチン典礼の教会暦および聖人の祝日表、日本にある修道会の名称表がある。巻末に欧文による見出し

語索引を付している。本書はカトリック教会を正しく理解するために役立つ一冊である。原書はDoubleday社、1980年刊。本書の縮小版として『カトリック小事典』(1986)が見出し語2000語を選択収録している。

0853

新カトリック大事典 第1－4巻〔続刊中〕 上智学院新カトリック大事典編纂委員会編　研究社　1996－　27cm

旧・新約聖書学、神学、教会学を始め哲学、宗教学、社会学などあらゆる分野からカトリックに関する事項を網羅的に収録・詳説。項目数は1万5000。五十音順配列で外国語名のものには原綴を併記。聖書の引用は『聖書　新共同訳』(日本聖書協会、1990)による。項目本文末には参考文献あり。全4冊で第4巻の後半に索引が予定されている。2000年に刊行完了予定。

0854

聖者の事典 エリザベス・ハラム編　鏡リュウジ，宇佐和通訳　柏書房　1996.12　276,23p 20cm　『Saints』の翻訳 4-7601-1384-3　2884円

バレンタイン、聖母マリア、ミラのニコラウス（サンタクロース）を始めとするキリスト教史上の代表的な聖者約150人を、その守護分野に応じて10の主題に分類し、「人生における場面」「女性」「子供」など全10章で構成。各聖者について、略歴と聖者にちなむ祝日、表象などを挙げて解説する。白黒図版多数を用いた一般向けの読みもの事典。巻末に参考文献一覧、主な人名および事項索引、守護分野索引などを付す。

0855

✦✦教義、信仰、教理問答

カトリック新教会法典 羅和対訳　日本カトリック司教協議会教会行政法制委員会訳　有斐閣　1992.2　31,1058,26p 22cm　『Codex iuris canonici』の翻訳 4-641-00257-6　10300円

カトリック教会を律する教会法のうち、ラテン典礼に属する教会のみを対象として1983年に改正・公布された教会法典のラテン語原文と日本語訳を併載した法令集。全体を総則、神の民、教会の教える任務、教会の聖化する任務、教会財産、教会における制裁、訴訟の7集に分け、さらに巻、編、部、章、節と分類して1752の条文を収録する。巻頭に使徒憲章とラテン語版序文の日本語訳、巻末に索引と日本における教会法施行細則がある。

0856

✦プロテスタント、新教

キリスト教倫理辞典 後藤敏夫，大木英夫著　日本基督教団出版局　1967　382p 19cm

戦後、プロテスタントのクリスチャンたちが個別に形成してきたキリスト教の倫理をまとめ、指導書として、また研究の助けとなるように編集した辞典。ことに社会問題とのかかわりを取り上げ、学生キリスト教運動、教育基本法、天皇制、道徳教育、労働組合など項目の種類は多岐にわたる。項目数は105で、配列は五十音順。解説は詳細で、辞典というよりは概説書に近い。項目の末尾には、邦文欧文の参考文献がある。項目ごとに執筆者を明記し、責任を明らかにした。『キリスト教神学辞典』☞0772の姉妹編。

0857

日本基督教団年鑑〔第1巻(1943)〕－　日本基督教団出版局　1943－　21cm

日本のプロテスタント最大の合同教会である日本キリスト教団の教会、宣教師などの実態を伝えるものとして編集。教団の記録、教会・伝道所・教師・宣教師・教育主事・教団関係学校・団体・幼稚園・保育所などの名簿、教区別統計からなる。巻末に教会名索引がある。1943年に創刊され、以後1944年から1947年は中断し、1948年に復刊。1951、1972、1978は刊行されていない。解題は1997年版による。

0858

ユダヤ教

ユダヤ教小辞典 吉見崇一著　リトン　1997.1　220p 19cm　4-947668-25-3　2575円

ユダヤ教関係の文学・伝統・習俗に関する用語と人物についてのコンパクトな辞典。約700項目を収録し、五十音順に配列する。巻末にユダヤ暦と祝祭日一覧などの表を付す。旧約聖書の関連事項については最小限の扱いにとどめられているので、聖書辞典、キリスト教辞典を参照する必要がある。

0859

歴史

歴史学

【書誌】

日本における歴史学の発達と現状 〔1〕-7 国際歴史学会議日本国内委員会編 東京大学出版会 1959-1989 9冊 21cm 6・7巻は山川出版社刊
1930年ごろから1987年までの日本の歴史学の発達と現状を、主要な図書や論文を紹介しつつ展望した報告書。5年ごとの国際歴史学会議に提出するため編纂される。7巻からなり、構成はおおむね、日本史、東洋史、西洋史、国際関係史の順。それぞれ地域ごと、時代ごとの章および節に分かれる。参考文献は節ごとに多数紹介されている。各巻末に、逐次刊行物一覧、研究者名索引、翻訳書原著者名索引、機関索引を付す。関連書として『日本歴史学界の回顧と展望』☞0861 がある。　0860

日本歴史学界の回顧と展望　1-25 史学会編 山川出版社 1987-1988 25冊 22cm
日本歴史学界の研究動向を地域・時代別に分類し、研究文献を紹介しながら年度ごとに総観するもの。各分冊巻末に人名・研究機関名索引を付すが、全巻をカバーする総索引はない。毎年『史学雑誌』5月号掲載の前年度の歴史学界の回顧と展望特集を1949年度（59編5号1950.5）から1985年度（95編5号1986.5）まで分類再編成したうえで復刻したもの。1986年度以降は『史学雑誌』を参照。　0861

歴史学・考古学に関する10年間の雑誌文献目録　昭和50年-昭和59年 日外アソシエーツ編 日外アソシエーツ 1987.3 202p 27cm 発売：紀伊国屋書店 4-8169-0360-7　6100円
『雑誌記事索引（人文・社会編）累積索引版』☞0139 第5-6期をもとに歴史学・考古学に関する文献目録として再編成したもの。1975年-1984年までに国内で発表された雑誌文献6394件を収録する。構成は主題別の大項目の下に、キーワード方式による見出し語で細分している。巻末に五十音順の事項索引を付す。1974年以前については『歴史学・考古学に関する27年間の雑誌文献目録　昭和23年-49年』に収録。　0862

考古学

【書誌・事典・便覧】

考古学調査研究ハンドブックス　第1-3巻 岩崎卓也〔ほか〕編 雄山閣出版 1993 3冊 22cm 新装版　1 発掘・調査法　2 整理・保存法　3 研究法 4-639-00402-8 各3000円
考古学の調査と研究について体系的に解説したもの。3巻からなる。1巻では、調査の準備や発掘方法などについて、2巻では、記録や遺物の整理、遺跡・遺構の保存などについて、3巻では、研究の目的や方法論などについて記述。遺跡、遺物、地図などの図版が豊富。2巻末に主要研究機関一覧が、3巻末には解題つきの参考文献、事項、遺跡、人名の各索引がある。初版は1984-1985年刊。　0863

考古図書目録　1-3 肥留間博編 クオリ 1983-1989 3冊 26cm 3500-3700円
発掘調査報告書、地方史を主とし、行政資料も収録した目録。市販の図書は収録されていない。配列は北海道から沖縄県までの都道府県ごとで、末尾に博物館図録と、新たに納本を開始した逐次刊行物が掲載されている。『日本全国書誌　週刊版』☞0063 から、考古学関係の文献を採録した『考古文献小録』（クオリ、季刊）を3年分ずつ合冊したもの。　0864

世界考古学事典 平凡社 1979.2 2冊 27cm 全15000円
日本を含む東アジアを中心とする世界全域を対象に、遺跡名、文化名をはじめ、遺物名、考古学関係用語などの約6000項目からなる解説事典。項目の配列は、五十音順。人類学・民族学など関連諸科学の成果も取り入れている。上下巻の2冊からなり、上巻は事典本体、下巻は概説、地図、文献、索引。上巻各項末の文献は著者、刊年のみを示し、下巻の文献で論文名、書名などを参照する。下巻の各地域の概説は原則として考古学史、時代別概説、研究の現状、参考文献の4部分からなる。巻末に難読索引、欧和対照表を付す。　0865

【地図】

朝日＝タイムズ世界考古学地図　人類の起源から産業革命まで　クリス・スカー編　朝日新聞社　1991.10　319p　37cm　『Past worlds : The Times atlas of archaeology』(1988)の翻訳　4-02-258471-8　19000円
世界の人類史を地図や図版を中心としてまとめ、解説したもの。考古学：過去を理解する、人類の起源、農耕革命、最初の都市と国家、旧大陸の帝国、新大陸、近代世界に向っての7章構成で、年代を追っていく形になっている。各章では地域・年代ごとの項目を設定し解説・図解している。巻頭に地域別年表を、巻末に写真出典、用語解説、参考文献一覧、アルファベット順と漢字・かなの事項索引を付す。　　　　0866

図説・世界古代遺跡地図　ジャケッタ・ホークス編　桜井清彦監訳　原書房　1984.12　273p　29cm　『Atlas of ancient archaeology』の翻訳　4-562-01527-6　15000円
172の遺跡の地図集。アフリカ、イギリス諸島、イベリア、地中海中部地域、メソアメリカなど18の地域に分け地図、図版、復元図、洞窟の壁画などを図示して解説している。ヨーロッパ、南アジア、エジプトなどに較べインド、東アジアの記述は弱い。原書にあった日本の3か所は記述に不備な点が多いため割愛された。巻末に世界古代遺跡編年表、用語解説、五十音順索引を付す。　　　　0867

世界考古学地図　デーヴィッド・ホワイトハウス，ルース・ホワイトハウス著　蔵持不三也訳　原書房　1984.6　297p　27cm　『Archaelogical atlas of the world』の翻訳　4-562-01470-9　12000円
5000か所以上の考古学遺跡を107枚の地図に収録。旧大陸の旧石器時代、アフリカ、西アジア、地中海低地地方、ヨーロッパとソ連西部、アジア南東部・オーストラリア・太平洋沿岸地域、アメリカ大陸の7章に分け、さらに地域・時代別に分類する。項目ごとに解説し、参考文献を紹介。巻末に和文参考文献一覧、和文遺跡名索引、欧文遺跡名索引を付す。索引は掲載頁のほか地図に引かれたグリッド（格子線）から正確な位置が検索できる。特定の遺跡の図を調べるには姉妹編の『図説・世界古代遺跡地図』☞0867が便利。　0868

世界史

【書誌・文献案内】

近代戦争史図書目録　45/95　日外アソシエーツ編　日外アソシエーツ　1996.7　398p　22cm　発売：紀伊国屋書店　4-8169-1378-5　18025円
18世紀末以降に発生した戦争・紛争・革命などに関する図書のうち、1945年から1995年までに日本国内で刊行された、太平洋戦争関連図書を除く5600点を収録。戦争史全般、世界大戦、地域などの別に分類したうえ、主題別の見出しを立て、その中を書名の五十音順に配列。巻末に、著者名・事項名の各索引と、近代戦争史年表を付す。太平洋戦争関連は『太平洋戦争図書目録45/94』☞1136を参照のこと。　　　0869

世界史・西洋史に関する37年間の雑誌文献目録　昭和23年-昭和59年　日外アソシエーツ編　日外アソシエーツ　1988.9　342p　27cm　発売：紀伊国屋書店　4-8169-0360-7　12900円
『雑誌記事索引(人文・社会編)累積索引版』☞0139第1-6期をもとに世界史、ヨーロッパ史、アメリカ・オセアニア史に関する文献目録として再編成したもの。1948年から1984年までに国内で発表された雑誌文献約1万1000件を収録する。構成は主題別の大項目の下に、キーワード方式による見出し語で細分している。巻末に五十音順の事項索引を付す。　　　　0870

世界の戦争・革命・反乱　総解説〔1994〕改訂版　自由国民社　1994.11　358p　21cm　（総解説シリーズ）　4-426-64209-4　2200円
古代から20世紀末の現代までの戦争、革命、反乱の史実を解説した事典。西欧中心ではなく、イスラム世界や西アジアも含む108項目の戦争、革命、反乱をとりあげる。全体を6項目の地域年代別に分け、さらに見出し項目の戦いに細分類している。巻末に早わかり年表と人名索引がある。初版は1984年刊。世界情勢の変化にともない、版を重ねるごとに最終章に項目を追加・更新し、巻頭特集も変更している。　　0871

世界歴史の基礎知識 1-2 西嶋定生〔ほか〕編集 有斐閣 1977 2冊 22cm （有斐閣ブックス） 4-641-08428-9 全2500円
古代から現代におよぶ世界史の基本的テーマ214項目を地域に即して配列、20世紀の国際関係の諸事項も加えて解説したもの。地域は、ヨーロッパ、東アジア、南アジア、内陸アジア、西アジア、アフリカ、アメリカ大陸。各項目は、見開き2頁で、主な参考文献を付す。巻末に事項、人名、書名などの五十音順索引がある。　　　　　　　　　　　　　　　　　　　　　　0872

歴史の名著 歴史科学協議会編 校倉書房 1970-1971 2冊 18cm 監修者：山口啓二, 黒田俊雄 全1700円
歴史学関係の著作について、内容紹介、著者の経歴、ほかの著作との関係の解説、学説に対する評価を行ったもの。日本人篇と外国人篇の2冊からなる。収録された著作点数は、日本人篇25点、外国人篇20点と少ないが、記述は詳細である。何点かは『歴史評論』（歴史科学協議会、月刊）に「歴史の名著シリーズ」として掲載されたもの。マルクス主義史観の著作が中心になっている。　　　　　　　　　　　　　　　　　　0873

【辞典・事典・便覧】

世界史事典 新版 山崎宏, 兼岩正夫編 評論社 1995.3 606p 22cm 付(14p 21cm)：補遺 4-566-04951-5 4900円
世界史、東洋・西洋史、現代用語の各種辞典・事典類より約9500項目精選した史実を小項目で平易に解説した事典。項目の配列は五十音順で原語を併記。索引はなく欧文からの検索はできない。1991年改訂新版の各項目について1994年までの内容の変動を訂正加筆し、最新125項目を別冊補遺として追加している。　　0874

世界歴史事典 第1-25巻 平凡社世界歴史事典編集部編 平凡社 1951-1955 25冊 26cm
西洋史、東洋史、日本史を包括する事典。配列は見出し語の五十音順。各項目はカタカナの見出し語の次に漢字または欧文の言語表記がある。項目の末尾に参考文献を付す。重要項目は1項目で20頁を超え、さらに章節に分けて詳細に解説してある。本文は旧漢字。第21巻は総索引、画引索引、欧文索引、地図・系図・図表索引からなる。第22巻は「史料篇−日本」、第23巻は「史料篇−東洋」、第24-25巻は「史料篇−西洋」で、それぞれ『日本史料集成』☞0959、『東洋史料集成』☞1180、『西洋史料集成』☞1232として個別にも刊行されている。1956年に全10巻の学生版が出版された。　　　　　　　　　　　　　　　　　　　　　　　0875

世界歴史大事典 第1-22巻 芳賀登〔ほか〕編 教育出版センター 1991-1992 22冊 31cm 標題紙の書名：『Encyclopedia of world history』 監修：梅棹忠夫, 江上波夫 新装版 全176000円
日本および西・南アジア、東南アジア、ラテンアメリカ、オセアニア、アフリカの民族文化にも力点をおいた歴史事典。記述は特別大項目、大項目、中項目、小項目の併用により、約1万3700項目を含む。五十音順に配列。内容は、哲学、心理、教育、社会に関する事項や文化保存機関の紹介、現代社会のスポーツ、娯楽など、現代の生活文化全体を取り入れるよう配慮している。図版約3000点を『Historia universal』（サルバート社）より掲載。第21巻は五十音順の総索引、第22巻は8種の類別索引と補遺になっている。初版は1985年刊。なお、1995年にスタンダード版（全21巻、モノクロ縮刷版）が刊行された。　　　　　　　0876

戦争・事変 全戦争・クーデター・事変総覧 古代ギリシャ戦争からハイテク戦争 改訂新版 戦争・事変編集委員会編 東村山 教育社 1993.4 1077p 18cm （Newton database） 発売：教育社出版サービス(東京) 4-315-51313-X 2200円
過去3300年間の世界中の戦争・事変を758項目、簡潔に解説したコンパクトな事典。「日本編」「外国編」からなり、時代順に配列している。主要なものは大項目、それ以外は普通項目とする。大項目の記述は、概要、原因・背景、経過・内容、結果、事件の影響、エピソード、語句解説または人物解説と詳細。普通項目は経過・内容のみだが、末尾に関連項目指示がある。巻末には日本編と外国編を分けて編成した年表と事項索引、参考・引用文献がある。　　　　　　　　　0877

第二次世界大戦事典 エリザベス・アン・ホイール〔ほか〕著 石川好美〔ほか〕訳 朝日ソノラマ 1991.12 701p 図版16枚 22cm 『A dictionary of the Second World War』の翻訳 4-257-03308-8 6500円
1939年9月1日のドイツのポーランド侵攻から1945年8月15日の日本降伏までの期間の作戦、事件、人物、政治、兵器などを解説した読む事典。配列は五十音順。航空機、艦船、戦車については項目末尾に型式、エンジン、武装など詳細なデータを付す。原書の、配列、表記、呼称、日付などは日本に即したものに変更している。付録に主要な戦域と戦線の年表があり、巻末に人物、艦船・航空機、一般の3種類に分けた五十音順索引がある。　　　　　　　　　　　　　　　　　　　0878

第2次大戦事典 1-2 ピーター・ヤング編 原書房 1984-1985 2冊 27cm 『The world almanac book of World War II』の翻訳 各15000円
第二次大戦を中心に1919年6月ベルサイユ条約調印から1950年6月朝鮮戦争の開始までを詳細に解説する。

全2巻からなり、第1巻は主要な出来事の年表と日々の戦局の概況を地域別の小見出しに分けた日誌。第2巻は主要兵器の解説と戦争中に重大な役割を演じた約350人を取りあげ、略歴と大戦とのかかわりを解説。第1巻末に事項索引と1巻の人名索引、第2巻末に兵器別索引と全巻にわたる人名索引がある。　　0879

歴史学事典　第1巻－〔続刊中〕　尾形勇〔ほか〕編　弘文堂　1994－　22cm
歴史学の方法論の見地から注目される概念について、学説史、解釈史、現在の動向、今後の方向などを詳細に解説した専門事典。主題ごとに分冊され、各巻の配列は見出し語の五十音順。各事項は見出し語の原語表記（原則として英語・仏語・独語）、解説、関連事項への案内、関連文献、執筆者の記載からなる。各巻末に、参考文献（欧文、日本語、中国語、ハングル）を記した文献表、和文事項、外国語事項、和文人名、外国語人名、執筆者の各索引を付す。歴史的事実を記載する歴史事典ではなく、学の方法にかかわる初の歴史学事典といえる。全15巻に別巻を加えて刊行予定。2001年3月現在で8冊刊行されている。　　0880

【地図】

朝日＝タイムズ世界歴史地図　朝日新聞社　1979.10　360p　37cm　総監修：G.バラクラフ　日本語版編集参与：成瀬治ほか　13000円
各国の個々の事件よりも、諸大陸にわたる大きな動きに重点をおいた地図とその概説。伝統的な西欧中心主義を排し、地球上のあらゆる時代・地域における全民族の成果を公平に取り上げる立場をとる。記述の下限は1975年。本文は「初期人類の世界」など7セクションに分かれ、それぞれがさらに細分されている。地図中の重要な地名表記は英語の慣習的な綴りを原則とするが、時代別の地名表記は、たとえば古代世界ではラテン語、ギリシア語、サンスクリット語ほかを用いるなど、古典語も使用している。巻頭に年表・世界史の地理的背景があり、巻末には参考文献・資料のほか、五十音順の用語解説、欧文アルファベット順でカタカナ表記を併記した索引がある。1984年に、内容をかなり省略して地図図版を大幅に改定したコンパクト版が刊行された。　　0881

三省堂世界歴史地図　ピエール・ヴィダル＝ナケ編　樺山紘一監訳　三省堂　1995.8　375p　31cm　『Histoire de l'humanité. 3e éd.』の翻訳　4-385-15807-X　9800円
人類の誕生から現代までの世界史の流れを、地図、絵、写真などの豊富な図版を交えて解説したもの。1つのテーマを見開き2頁に収め、それぞれ年表を付す。現代史に関するテーマが多い。序に「地図製作術の歴史」が、巻末に五十音順の事項索引がある。　　0882

【年表】

クロニック世界全史　樺山紘一〔ほか〕編　講談社　1994.11　1303p　29cm　4-06-206891-5　17000円
人類の歴史を、宇宙の誕生から1993年までグローバルな視点で記述。出来事を編年的に年表、記事、ビジュアル資料で構成するクロニック方式で編纂している。3800点余の写真、イラスト、地図、グラフと240点の歴史地図を収録。巻末に「国別に見る世界全史－世界194の国・地域の歴史」、西暦と和暦の対照表、主要地域の王朝興亡図、主要王家の系図、主要国の統治者一覧を収めた「図表で見る世界全史」、人名・事項別索引、テーマ別索引がある。姉妹編に『20世紀全記録』（1991年刊）、『日本全史』（1996年刊）がある。　　0883

情報の歴史　象形文字から人工知能まで　増補　NTT出版　1996.3　449p　26cm　（Books in form special）　監修：松岡正剛　構成：編集工学研究所　4-87188-443-0　5500円
「人間はどのように情報を記録してきたか」という視点で、紀元前6000年から1995年までを扱った世界史年表。見開き2頁を縦5ブロックに分割し、その年代ごとの大まかなテーマ分類により事項を記す。色わけした見出しを多用している。索引はない。　　0884

世界史人物生没年表　日外アソシエーツ編集部編　日外アソシエーツ　1996.12　620p　22cm　発売：紀伊国屋書店　4-8169-1397-1　7828円
BC1962年からAD1945年までの4000年間に生きた歴史上の人物約7000人を、生年・没年ごとに配列した年表。同時代を生きた人物群像を一覧できる。本文は見開き構成で、左頁に誕生者を、右頁に死亡者を掲載。同じ年の中は月日順に配列し、各人名に簡単な説明を付す。太陽暦と旧暦とのズレは、便宜上、東洋と西洋の暦の表示を同じ値として配列。死亡者の享年は、西洋人が満年齢、日本人・中国人・韓国人は数え年になっている。巻末に、死亡時の年齢順に収録人物を一覧できる享年索引と、五十音順の人名索引がある。　　0885

世界史大年表　青山吉信〔ほか〕編　山川出版社　1992.8　29,698,66p　27cm　4-634-62100-2　18000円
人類の発生から1991年末までの世界史全般の事項を、政治を中心に経済、社会、文化史も含めて収録したもの。日本史に関しては世界史の視点から必要な最小限の項目のみ。事項の記載欄は地域別だが、年代によって異なり、紀元前は「ヨーロッパ（・アメリカ）」「オリエント」「アジア」。西暦1－1919年は「ヨーロッパ・アメリカ」「アジア・アフリカ」「日本」。1920

年－1991年は「世界」「日本」。巻末に歴代王朝図、主要国王朝系図・統治者表、西洋人名・地名対照表、参考文献を付す。　　　　　　　　　　　　　　0886

世界史年表 歴史学研究会編 岩波書店 1994.3 456p 20cm 4-00-002980-0 3000円
先史時代から1992年末までを対象に、世界の全地域を見開き2頁に収める年表。時代ごとに3-5の地域欄を設定、1851年以降はこれに国際関係欄を加える。収録項目数は約2万3000。特に記載事項の多い年のある地域に関しては、年表末尾に特別頁を設定している。巻末に、世界の暦、主要年表リスト、五十音順索引を付す。1995年に机上版が刊行された。　　　　0887

世界史年表 第4版 日比野丈夫編 河出書房新社 1997.7 661p 19cm 4-309-22311-7 2400円
人類の誕生から現代までの事項を総合年表と特殊年表にまとめたもの。総合年表は地域別に並記され、特殊年表はベトナム戦争、産業革命、キリスト教史など28種の重要な事件別、テーマ別になっている。収録事項は1996年までだが、1973年以降については補遺として巻末に収める。巻末に、主要各国元首表、人名対照表、地名対照表を付す。初版は『世界の歴史』（河出書房、1972）の別巻に収録の年表を増補改訂して1973年に刊行された。特殊年表はテーマごとに通読性があり、読み物としても利用できる。　　　　　　　　　　　0888

20世紀年表 毎日新聞社 1997.9 1199p 31cm（シリーズ・20世紀の記憶 別巻）英文書名：『The chronicle of 20th century』 4-620-60550-6 9500円
1900年から1996年までをカバーしたビジュアルな世界史年表。各年の見出しのもとにニュース・出来事を日付順に記載、次にTV、映画、音楽、文芸、科学技術、スポーツ、冥友録などのジャンル別の年表を掲載。編集には約5000枚の写真を用い、巻末に約5万項目におよぶ索引を付す。1997年から1999年までは、同社の『新たな戦争』（2001年刊）巻末に収録されている。　　　　　　　　　　　　　　　　　　　　0889

日本史

【文献案内】

韓国における日本研究 国際交流基金編 国際交流基金 1989.3 232p 26cm（Directory series 19）非売品
国際交流基金が1987年から1988年にかけて韓国中央大学校地域研究所に委託して実施した、韓国での日本研究の現状についての報告書。概要紹介のうえ、日本関係研究機関の一覧、研究者名簿（カナダ順配列）を掲載。前者は、設立時期、代表者、所在地、設立目的、事業内容、刊行物などを、後者は氏名（漢字、カタカナ、ローマ字）、性別、生年月日、現住所、所属・現職、専攻分野、日本語能力、出版物などを記載。巻末に五十音順の研究者索引がある。　　　　　　　0890

ソ連における日本研究 国際交流基金編 国際交流基金 1990.5 135p 26cm（Directory series 23）非売品
ソ連における日本研究動向の紹介（加固寛子執筆）と42の研究機関リストと日本研究者リストを掲載。研究機関リストは機関名のロシア語、英語、日本語形のもとに所在地、機関の種別、日本研究の実施されている部・課、刊行物、日本語文献の蔵書数、所属先の日本研究者とその肩書きを、日本研究者リストはロシア語、翻字、カタカナの人名のもとに所属先と住所、生年月日、出生地、性別、出身大学、機関名、専門分野、現職・学位、書名、論文名をそれぞれ英文で記す。『ソ連・東欧における日本研究』（1984年刊）のソ連の部分を改訂したもの。　　　　　　　　0891

中国人の日本研究史 武安隆, 熊達雲著 六興出版 1989.8 359,10p 21cm（東アジアのなかの日本歴史 12）4-8453-8102-8 3090円
漢魏から今日まで、9章に分け、文献によって中国人の日本研究の歴史を追った著作。辛亥革命から以前を武安隆、以後を熊達雲氏が執筆。各章末には参考文献と詳細な注を施す。付篇1「中国人の日本研究における主要著書一覧」は、ほぼ掲載順に著者、書名、叢書名、出版者、出版年を記し、収録数は274点。付篇2「中国人の日本研究における主要論文一覧」は、哲学、

歴史、経済、文化教育、文学の5分野に分けて、それぞれ論文名、著者名、掲載誌、巻号。収録数332点。巻末に、主要人名、主要事項の五十音順の索引および出典・図版提供者一覧を付す。　　　　　　　　0892

中国における日本研究　国際交流基金編　国際交流基金　1987.5　318p 26cm　（Directory series 13）非売品
中国における日本研究機関とその研究概況を国際交流基金と中国社会科学院日本研究所が共同で実施した調査にもとづいてとりまとめた報告書の邦訳。調査は1984年に行われたものなのでデータはやや古い。63の研究・教育機関の一覧、研究者リストからなる。研究・教育機関は、名称（漢字、英語）、所在地、設立年度、事業内容、責任者、研究人員、刊行物、主な研究業績、現在の研究課題などを記載。研究者リストは、5分野別に姓名の中国語読みのローマ字表記によるアルファベット順に配列。氏名（漢字、ローマ字）、性別、生年月日、所属・現職、最終学歴、専門分野、主要著作・翻訳を記載。巻末に研究者索引を付す。
　　　　　　　　　　　　　　　　　　0893

中南米における日本研究　国際交流基金編　国際交流基金　1986.3　76,12,112p 26cm　（Directory series 9）
1984年の時点での中南米諸国の日本研究の状況調査報告。ラテンアメリカ協会の協力で1984年から1985年にかけて実施したアンケート調査と直接調査をとりまとめたもの。ブラジルについては『ブラジルにおける日本研究』（1987年刊）に委ねている。付録として「国別研究機関一覧」「国別研究者リスト」を収める。前者は日本語・原語形の名称のもとに、住所、種別、日本研究の組織形態、定期刊行物、所蔵図書冊数、所属研究者の氏名、肩書、日本関係の授業、将来計画を、後者は105名の研究者をとりあげて、氏名（カタカナ、原綴）、現住所、生年月日、専攻分野、現在の研究テーマ、現職、日本語能力、日本における修業、研究歴、出版物を記載する。それぞれ国別に五十音順配列。
　　　　　　　　　　　　　　　　　　0894

日本史学入門　大久保利謙，海老沢有道編　広文社　1965　393p 22cm
日本史の研究者や学生に必要な基礎的知識、事項、参考文献などを簡潔に集成したハンドブック。『国史の研究　総説』（黒板勝美著　初版1908、更訂版1931）の後継書を意図している。総説編、各説編、史料編からなる網羅主義をとり、概要、問題点、研究・調査法などを述べる。目次の詳細な小見出しを索引の代わりとし、付編として一般的参考文献を掲げるが、基本史料、文献は解説中にも頻出する。　　　　　0895

ヨーロッパにおける日本研究　国際交流基金編　国際交流基金　1987.5　148p 26cm　（Directory series 12）非売品
ヨーロッパでの日本研究に関する国際交流基金の調査結果をまとめた『Japanese studies in Europe』（1985年刊）から主要国日本研究の概要部分を訳したもの。収めるのはイタリア、オーストリア、オランダ、デンマーク、ドイツ連邦共和国、ノルウェー、フィンランド、フランス、ベルギー。執筆は各国の研究者である。　　　　　　　　　　　　　　　　　0896

【書誌・索引】

近世・近代史料目録総覧　国文学研究資料館史料館編　三省堂　1992.5　453p 27cm　4-385-35416-2　9000円
史料館が1991年10月現在で所蔵している近世・近代史料目録、郷土資料目録、行政資料目録など、約4700タイトル8700冊を収録した目録の目録。単行本のほかに地方史誌類や雑誌に収載されたものも含む。全体の構成は発行所（または編集機関）の所在都道府県別になっており、同一都道府県内は発行所の五十音順に配列する。記載事項は書名、編者、出版事項、形態、内容注記、請求記号など。巻末に書名五十音順索引と関係地索引を付す。『史料館所蔵目録一覧』（1980年刊）の増補改訂版にあたる。　　　　　　　　0897

国史大系書目解題　上巻　坂本太郎，黒板昌夫編　吉川弘文館　1971　688p 23cm　3800円
『新訂増補国史大系』所収の資料を対象とした解題書誌。各資料について、その書名、成立事情、伝来、著者・撰者、諸本、内容・構成、特色、研究史、参考文献などを16名の執筆者が署名入りで詳細に解説する。57編すべてを上・下巻に収録刊行予定だったが、上巻（27編収録）が刊行されたのみで下巻は未刊。27編の配列は『国史大系』の収録順。索引はない。　0898

国史文献解説　〔正〕，続　遠藤元男，下村冨士男編　朝倉書店　1957-1965　2冊 22cm
古代から近代までの史籍、文書、記録などの中から、主として歴史的意義の高い刊本を選んで解説した解題書誌。正編は第1部個々の文献、第2部叢書・全集、第3部国史研究にかかわる外国文献からなり、第1・2部は書名の五十音順、第3部は東洋（朝鮮、中国）、西洋（時代順）に分類配列する。記載内容は編著者、成立年代、略称別名、内容、異本、評価、所収叢書名にわたり、全集叢書類には内容細目を列挙する。続編の第1・2部は正編の補遺（近代史中心）にあたり、ほかに第3部地方史関係文献目録、第4部新聞・雑誌解説を収録。正続編とも巻末に各部の主要書目索引がある。　　　　　　　　　　　　　　　　0899

史籍解題辞典 上，下巻 竹内理三，滝沢武雄編 東京堂出版 1985-1986 2冊 22cm 6200円,5800円
日本史研究の史料となる史籍で、明治以降刊本のあるものを主に採録。配列は書名の五十音順。叢書所収の史籍や、地方史誌の資料編など所収の史料も含め、上巻は約1600タイトル、下巻は約1900タイトルを収録。解説項目は、編著者名、成立年、内容、刊本名〔公刊書名〕・叢書名および発行所名、異称、備考からなる。索引はない。両巻巻末に、代表的な叢書計238タイトルの細目を載せた「叢書一覧」を付す。1995年に新装版が刊行された。　　　　　　　　　　　　0900

事典外国人の見た日本 富田仁編 日外アソシエーツ 1992.8 593p 22cm 発売：紀伊国屋書店 4-8169-1141-3 9800円
3部構成。「総説」は外国人による日本および日本人理解の歴史的変遷を概観したもの。「第1部：事典外国人の見た日本」は、1960年までに発表された外国人の旅行記、日本人論などで邦訳のある図書322点の解題。地域別国別に分け原著の発表年順に配列。「第2部：概説日本研究の歴史と現状」は、海外における日本研究の歴史と現状を、地域別国別に分け解説。巻末の索引は邦訳書名索引、原書名索引、著者索引。　　　　　　　　　　　　0901

史料館収蔵史料総覧 国文学研究資料館史料館編 名著出版 1996.3 386p 27cm 4-626-01537-9 9800円
史料館が所蔵する近世・近代史料について、文書群ごとに解説した目録。1952年（昭和27）以来継続刊行されている『史料館所蔵史料目録』☞0903 が各文書群の内容を一点一点記載したミクロ・レベルの目録なのに対して、本書は文書群全体の性格や内容を解説したマクロ・レベルの目録であり、両者の併用によってより組織的に検索することができる。第1部所蔵・寄託史料、第2部マイクロ収集史料の2部構成で、それぞれ412件、118件の文書群を都道府県別に北から南へ配列。文書群名のもとに、出所、歴史、伝来、数量、形態、年代、構造と内容、関連史料などを10名の執筆者が署名入りで解説。巻末に3種類の文書群索引（出所の現地名索引、出所の名称索引、出所の旧地名索引）がある。　　　　　　　　　　　　0902

史料館所蔵史料目録 第1集－〔続刊中〕 史料館 1952- 65冊 26cm
1947年以来史料館が全国各地で収集し、保存、公開している近世および明治期の庶民史料の目録。各冊に1-3件程度の文書群を収録し、文書1点ずつを内容によって適宜分類のうえ配列。巻末には収録文書群に関する詳細な解説がある。1997年3月に第65集が発行されており今後も継続刊行の予定。『史料館収蔵史料総覧』☞0902 との併用が望ましい。　　0903

史料綜覧 巻1-17 東京大学史料編纂所編纂 東京大学出版会 1981-1982 17冊 22cm 大正12-昭和38年刊の複製 5000-7000円
『大日本史料』の稿本から年月日順に日ごとに事件を記した部分だけを抄出し、その事件に関する『大日本史料』に収録された史料名を注記したもの。年次が一貫しているので、平安時代中期から江戸時代初頭の間の正確・詳細な日本史年表になる。なお、『大日本史料』は稿本に補訂を加えて刊行されているため、違いを生じることがあるので注意が必要。現在、巻十七（1639年、寛永16）までの部分が刊行されている。また、平安時代部分を対象とした総合索引『索引史料綜覧 平安時代』☞1002 が刊行されている。　　0904

世界のみた日本 国立国会図書館所蔵日本関係翻訳図書目録 国立国会図書館専門資料部編 国立国会図書館 1989.11 296p 26cm 発売：紀伊国屋書店 4-87582-231-6
外国人の著した日本関係の図書目録。採録数は2600点。翻訳書を中心に一部日本語によるものも含む。採録対象は戦後から1989年6月末までに国立国会図書館が収集・整理した図書で、教科書、辞書は除く。日本十進分類法に準拠した事項別分類で事項の下は書名の五十音順。内容が複数分野にわたるものは重出した。巻末に書名、著者名、原書名の各索引を付す。　　0905

総合国史文献解題 栗田元次著 日本図書センター 1982.5 3冊 22cm 各8000円
明治以降1934年（昭和9）までの和漢文単行本・叢書など日本歴史の研究書の主なものを類別して解説。郷土史、朝鮮史は含まないが、宗教史、文化史などまで幅広く収録する。上巻は総論（国史研究と文献の解説、国史理論および国史研究法、補助学、国史教育）、通史、古代史、上代史、中世史を、中巻に近世史、現代史、雑載（辞書目録、譜表、論文集雑誌）を、下巻に史料および補正（増補）を収載する。下巻巻末に書名索引、著者索引。1935-1936年刊（同文書院）の複製。　　　　　　　　　　　　0906

綜合国史論文要目 大塚史学会高師部会編著 日本図書センター 1982.5 627,2,2p 22cm 10000円
1868年（明治元）から1938年4月までの雑誌と論文集に収録された論文を主題分類した書誌。考古学、民俗学、言語などの関係分野にもわたる。配列は著者の五十音順で、記述は著者、論題、掲載誌名、巻号、発表年。巻頭に創刊年順の採録誌名あり。索引はない。刀江書院1939年刊の複製版。　　　　　　　　　　　　0907

東寺百合文書目録 第1-5 京都府立総合資料館編〔京都〕京都府立総合資料館 1976-1979 5冊 22cm 発売：吉川弘文館（東京）

京都の東寺（教王護国寺）に伝来し、現在は京都府立総合資料館所蔵の東寺百合文書約2万点を函別に編年体で編纂したもの。法会仏事、荘園経営など東寺の運営全般にかかわる史料を百の桐箱に収めた東寺百合文書の目録である。文書は原文書のかたちによって整理し、1点ごとの記載事項は文書番号、文書作成年月日、文書名、料紙の紙質・形状・寸法、注記である。編年は年次の明らかなもの、年次未詳で月日の明らかなもの、月日も不明のものの順に配列する。典籍の記載事項は番号、名称、装幀、寸法、紙数、奥書（書写に関する奥書に限定）である。　　　　　　　　　　　*0908*

東大寺文書目録 第1-6巻 奈良国立文化財研究所編 京都 同朋舎 1979-1983 6冊 22cm

東大寺伝来の、奈良から江戸に至る大量の文書のうち未成巻文書、宝庫文書、薬師院文書（第三部を除く）の目録を収める。奈良国立文化財研究所が文化庁の依頼で9年かけて完成した東大寺文書の調査報告書でもある。各項の記載は、番号、文書名、欠損、日付、寸法、紙数、時代、形状、端裏書・端書、本文首部、本文末尾、差出、充所、表書、切封帯、封墨引、特記事項、脚注（主に荘園名）。第6巻は編年目録で、成巻文書（『大日本古文書』として刊行済み）と、その他の重要文化財指定の東大寺文書を編年順に収める。年月日、文書名・本目録文書番号、巻数、頁数からなる。巻末に成巻文書目録、重要文化財指定品目録を付す。索引はない。　　　　　　　　　　　　　　　　*0909*

日本関係欧文図書目録 国立国会図書館所蔵 昭和51-61年 国立国会図書館専門資料部編 紀伊國屋書店 1992.10 331p 27cm 英文書名：『Catalog of materials on Japan in western languages in the National Diet Library』

国立国会図書館が1976年1月から1986年8月に収集した欧文資料約4700点を収録した目録。主題的には全分野にわたり、日本関係欧文図書の書誌として活用できる。『国立国会図書館分類表　改訂版　1987』により分類し、各主題のもとに標目のアルファベット順に配列する。書誌事項のほかに国立国会図書館の請求記号を付す。以前にも時期を区切って三度刊行されている。　　　　　　　　　　　　　　　　　　　　　*0910*

日本関係海外史料目録 1-〔続刊中〕東京大学史料編纂所 1963- 15冊 v.1-5 オランダ国所在文書 v.6-8 イギリス国所在文書 v.9-10 アメリカ合衆国所在文書 v.11 スイス国所在文書、ドイツ民主主義共和国所在文書、ドイツ連邦共和国所在文書、スウェーデン国所在文書 v.13 フランス国所在文書 v.14 オーストラリア国所在文書、インド国所在文書、インドネシア国所在文書、補遺イギリス国所在文書、フランス国所在文書 v.15 イギリス国所在文書、アメリカ合衆国所在文書、オーストリア共和国所在文書、デンマーク国所在文書

史料編纂所所蔵の海外諸機関にある日本および東アジア諸国関係未刊史料マイクロフィルムの明細目録。1945-1969年受入の分を第14巻までに収録し、それ以降受入分を第15巻以降に新収編として収める。それぞれ原文書の所在別（国別の中をさらに所蔵者別に編成）に分け、所蔵者別の中は個々の所蔵者の分類を尊重しながら適宜改編を加えて配列する。収録する史料の記述は、書名（文書名）、著者名（作成責任者、差出人名）または宛名、成立地および日付、原文書およびフィルムの対照事項、原本の番号、注記、内容の記述の順。　　　　　　　　　　　　　　　　　　　　*0911*

日本研究文献解題 邦訳 佐治芳雄編 宗高書房 1980.5 135p 22cm 1500円

外国人の手になる日本研究書、日本関係図書の中から邦訳のあるもの約300点を集めて解説した解題書誌。南蛮渡来から明治維新まで、明治以後から大正・昭和までの2部構成。それぞれ著者の国別、原書の出版年順に配列。巻頭に参考図書、巻末に邦訳書名索引あり。『日本近現代史文献解題』☞*1094*の続編にあたる。　　　　　　　　　　　　　　　　　　　　*0912*

日本史関係雑誌文献総覧 国書刊行会編 国書刊行会 1984.4 2冊 27cm 全38800円

1868年（明治元）から1976年末までに刊行された日本史関係雑誌272誌の各巻号別文献目録。ただし、地方史関係誌は除く。学術研究論文を主に採録するが、巻頭言・彙報・対談などは省かれている。配列は誌名の五十音順で、発行者、発行所、刊行期間を記した後、逐号の内容目録（号数、刊行年月、論題、著者名）を記載。巻頭に五十音順の収録雑誌一覧、巻末に著者索引を置く。　　　　　　　　　　　　　　　　　　　　*0913*

日本史研究書総覧 遠藤元男編 名著出版 1975 402,48p 22cm 5000円

明治から1972年末までに刊行された、戦後史関係を除く日本史研究書の書誌。叢書、概説・通史、時代史、思想・宗教、教育・学問、科学・技術、社会・経済、政治・外交、文化・生活・女性、美術、文学、芸能の10部門に類別し、その中を時代区分する。各時代は解題を付した重要項目と、解題のない項目に分けられ、刊行年順に配列。各項目署名入り。美術部門には研究書以外の資料も収録し、考古学関係の研究書は文化部門の原始時代として分類する。巻末に書名索引・著者

索引を付す。　　　　　　　　　　　　　　　　0914

日本史籍年表　小泉安次郎編　名著刊行会　1970　383, 265p　27cm　弘文館　明治36-37年刊の複製　8000円
888年（仁和4）から1867年（慶応3）までを対象に、歴史史料の中から信頼のおける日記や記録類を集めて、その記載内容の年代順に一年分ずつ並べた年表形式の書誌。調査の対象となる年代から利用可能な史料名を検索できる。1602年（慶長7）までを対象とする前編では、伴信友（1773-1846年）の『史籍年表』に基づき1127部の史籍を記録、紀伝体および編纂書に区分して配列。後編にはそれ以降の記録、編纂書1394部を収める。凡例にあたる「例言」が後編巻頭にあり、ほかに各編巻頭に画引き書名索引を付す。初版は前編（上巻、1904年刊）、後編（下巻、1903年刊）の2分冊だったが合冊復刻されている。表記は旧漢字旧かなづかい。　　　　　　　　　　　　　　　　　　0915

日本史通史図書目録　日外アソシエーツ編　日外アソシエーツ　1994.5　612p　22cm　（歴史図書総目録1）　発売：紀伊国屋書店　4-8169-1173-1　33000円
1945年から1990年までの46年間に日本国内で刊行された図書1万2310点を収録。日本史一般のみでなく、法政史、外交史、経済史、産業・技術史、社会史、民俗史、宗教史、思想史、学問・教育史、文化史、美術史、建築史、言語史、文学史、芸能史、地方史も収録。中・小見出しを立てテーマを細分化する。各記述は刊行年月順。巻末に五十音順配列の書名索引・著者索引と本文の見出しに含まれるテーマをキーワードにした事項索引を付す。1999年に『日本史図書目録 91/97 近代・通史』が刊行された。　　　　　0916

日本史に関する10年間の雑誌文献目録　昭和50年-昭和59年　日外アソシエーツ編　日外アソシエーツ　1987.3　2冊　27cm　発売：紀伊国屋書店　4-8169-0360-7　5000円，5400円
『雑誌記事索引（人文・社会編）累積索引版』⇨0139 第5-6期をもとに日本史に関する文献目録として再編成したもの。2分冊からなり、1975年-1984年までに国内で発表された雑誌文献約4万3000件を収録する。構成は古代、中世、近世、現代の時代区分の下に、キーワード方式による見出し語で細分している。各巻末に五十音順の事項索引を付す。1974年以前については『日本史に関する27年間の雑誌文献目録　昭和23年-49年』に収録。　　　　　　　　　　　　　　　0917

日本史文献年鑑　1975-1984　地方史研究協議会編集　柏書房　1974-1984　10冊　22cm
日本の歴史一般および地方史の研究成果を収載した年鑑。1975年版は文献目録編（歴史一般、地方史誌、時代・分野別）と資料編、1976年版は文献目録編（歴史一般、都道府県別）と地方史研究動向、1977年以降1981年版までは研究動向編（分野史、地方史）と文献目録編の構成。1982年版以降は文献目録編のみ。また1983年版以降考古・民俗分野を削除した。1979年版では1万2000点の文献を収載。文献目録編は1973年から1982年刊行のものが採録対象。各年版巻末に編著者索引、1982年版以降には調査対象雑誌・紀要一覧がある。1984年版をもって休刊。　　　　　　　　　0918

日本歴史「古記録」総覧　上，下巻　新人物往来社　1989-1990　2冊　21cm　（別冊歴史読本）　上巻　古代・中世篇　下巻　近世篇　各1500円
日本史研究の根本史料の1つである古記録を全2冊にまとめた解題兼読みもの。各古記録は記主、記録期間、現存状況、所蔵者、刊本、内容についての解題と原文の一部分とその解説を掲載している。古代・中世篇は平安時代（28点）、鎌倉・南北期時代（29点）、室町・戦国時代（43点）からなり、巻末に古記録関係用語事典、古記録に関する参考文献あり。近世篇は江戸時代前期（31点）、中期（18点）、後期（28点）、幕末（27点）を収録。巻末に主要古記録保存機関、古記録一覧を付す。両篇とも随所に解説論文と図説古記録の世界を掲載し、各巻末に記名索引、古記録年表を付す。
　　　　　　　　　　　　　　　　　　　　　0919

Books on Japan in English；joint holding list of ICU Library and IHJ Library / compiled by International Christian University Library and International House of Japan Library. Mitaka : International Christian University Library, 1984.5.　683p. ; 27cm. 1983年9月〔現在〕
国際基督教大学図書館（ICU）および国際文化会館図書室（IHJ）が所蔵する日本関係英文図書の所蔵目録。人文・社会科学分野について、英語で書かれた日本に関する図書、日本の図書で英語に訳されたもののうち、ICUが1953年から1983年9月、IHJが1955年から1983年9月までに受け入れた図書、約6000点を収録している。日本十進分類法にもとづく主題分野ごとに、主記入（主に著者）のアルファベット順配列。ICUが1962年と1971年に、IHJが1967年にそれぞれ出版した目録の改訂版にあたる。　　　　　　　　　0920

Catalogue of books in English on Japan, 1945-1981. Tokyo : Japan Foundation, 1986. viii, 726p. ; 30cm. Includes indexes
日本を主題とした英語で書かれた図書約9000点を収録した総合目録。範囲は人文・社会科学、芸術分野に限定。収録対象は①1983年6月までの国立国会図書館所蔵分、および同10月現在の同館官庁資料室所蔵分、②

1983年12月までの国際交流基金図書館所蔵分、③1979年までのBibliography of Asian studiesのJapanの項目に採録されている図書で、National union catalogにも共通して採録されている図書のうち1945－1981年刊行分。英米目録規則第2版にのっとって書誌事項を記す。日本十進分類法順に主題を配列し、主題の下は著者のアルファベット順。書名索引あり。　　　　　0921

An introductory bibliography for Japanese studies. v.1－ 〔続刊中〕〔Tokyo〕: University of Tokyo Press, 1974－ 24cm.
1970年以降日本語で発表された人文・社会科学系分野の日本研究の動向を、主要な文献をあげながら英文で紹介する。執筆者は第一線の研究者であり、信頼できる。各巻をSocial sciencesとHumanitiesの2分冊で構成する。前者は法律、政治、国際関係、経済、経営、社会学、地理学、文化人類学、教育、後者は考古学、歴史学、宗教、哲学、日本語、文学、美術史、芸能の分野を扱っている。それぞれの項目の最後には本文でとりあげた文献の日本語による書誌を掲げる。　0922

【年表（年号・元号を含む）】

元号事典 改訂新版 川口謙二，池田政弘著 東京美術 1989.2　290p　19cm　（東京美術選書 16）　4-8087-0342-4　1200円
大化以後の元号につき解説した事典。記載事項は、年代、読み方、天皇名、改元理由、改元年月日、出典、勘申者、その時代の様相。『元秘抄』、『本朝通鑑』、河出書房版『日本歴史大辞典』をもとに編纂したもの。南北朝時代は上段に南朝、下段に北朝を配す。元号に関する著書・雑誌論文の文献目録、歴史年表、年号索引・天皇索引を付す。　　　　　　　　0923

日本史年表 第4版 日本歴史大辞典編集委員会編 河出書房新社 1997.7　392,115p　19cm　4-309-22310-9　2200円
西暦57年から1996年（平成8）までを対象としたコンパクトな年表。構成は、西暦、年号・干支、天皇、政治・経済・社会、文化からなる。また時代・時期により、諸欄（摂政、将軍、老中、内閣総理大臣など）を設ける。1872年以前は太陰暦を用いる。巻末に付録として、考古学年表、21点の付表、地方制度沿革一覧がある。1962年第1版から版を重ね、前版は1990年改訂新版にあたる。　　　　　　　0924

日本史年表 増補版 歴史学研究会編 岩波書店 1993.11　400p　20cm　4-00-001702-0　2300円
先史時代より1992年（平成4）までをコンパクトに収録した年表。構成は西暦、和暦、干支、政治・経済、社会・文化、世界からなる。ほかに時代により天皇、関白、摂政、将軍、執権、管領、大臣、内閣などの項目を設けている。巻末に付録として、中国・朝鮮諸王朝年号索引、古代中国年号・王朝・皇帝対照表、記紀の天皇の名および没年干支表、中世私年号一覧、江戸幕府大老・老中一覧、五畿七道図を掲載。さらに五十音順索引、年号索引を付す。1984年刊行の増補版。机上版（1995年刊）もある。　　　　0925

日本史分類年表 東京書籍 1984.6　685p　27cm　監修：桑田忠親 14500円
これまで年表で表現されにくかった日本史上の主要テーマを45項目に分類し、年表の形式にまとめたもの。各テーマ年表ごとの分担執筆。年表ごとの企図により収録年は一定でない。各年表末に参考文献を付す。年代表記は西暦だが、原則として太陽暦採用（1872年）までは陰暦である。巻頭に写真図版、各年表の特色および注意点を、巻末に年号対照表をそれぞれ付す。索引はない。　　　　　　　　　　0926

日本文化総合年表 市古貞次〔ほか〕編 岩波書店 1990.3　596p　27cm　4-00-001675-X　8800円
紀元前から1988年までの日本文化について、政治・社会、学術、宗教、美術・芸能、文学、人事、国外の項目別に一覧・対照できる年表。各事項には主要典拠を付す。巻末に索引があり、年表中重要と思われるものを五十音順で配列している（政治・社会、国外の欄は対象外）。付録として、難音訓一覧と年号索引（一覧表）がある。　　　　　　　　　　　　0927

日本歴史年表史 奥野彦六著 雄山閣 1972.8　13,567p 図 22cm 5000円
古代から現代まで、日本で作成された日本史年表159点（系図・年代記などを含む）の歴史を解説する。刊行年順に配列し、解題を加える。翻刻・複製されている場合は、その書名も紹介する。なお、序論として歴史年表史概説がある。巻末に刊行年順配列の日本歴史年表書目（対象年は645－1968年）を掲載する。折り込みの天皇称号一覧、五十音順の人名・書名索引あり。　　　　　　　　　　　　　　　　　0928

年号読方考証稿 山田孝雄著 宝文館出版 1970　174,6p　22cm　1000円
大化から大正までの元号を年代順に配列し、古文書の中に見られる読み方を列挙した資料。元号を見出しとして、在位天皇名、皇紀・西暦、改元月日を付し、読み方とその出典を示す。巻末に画引元号索引がある。1950年発行の初版の複製版で、旧漢字旧かなづかい。　0929

年表日本歴史　1－6　井上光貞〔ほか〕編集　筑摩書房
　　1980－1993　6冊　27cm　1原始～飛鳥・奈良　2平
　　安　3鎌倉・室町・戦国　4安土桃山・江戸前期
　　5江戸後期　6明治・大正・昭和
日本列島誕生から1988年（昭和63）までを収録した年
表。地域別に記載されており、説明を要するものは下
部に注を付す。年表本文には出典を付す。各巻とも巻
頭にカラー図版、総説、巻末に出典一覧、系図などの
資料、索引を置く。
　　　　　　　　　　　　　　　　　　　　0930

未来年表　今年はナンの何周年？　PHP研究所編　PHP研
　　究所　1992.5　207p　19cm　4-569-53433-3　1400円
歴史上に影響を与えたとおもわれる出来事や人物の業
績・生没などから何周年目にあたるかを年表形式で配
列し、エピソードを加えて紹介。収録年は1992－2009
年まで。巻末に「未来カレンダー　1992－2009」を付
す。
　　　　　　　　　　　　　　　　　　　　0931

【辞典・事典】

角川日本史辞典　新版　朝尾直弘〔ほか〕編　角川書店
　　1996.11　1468p　図版16枚　19cm　標題紙、背、奥付
　　の書名『角川新版日本史辞典』　4-04-032000-X
　　3400円
原始・古代から1990年（平成2）までの日本史のあら
ゆる事象について1万6000項目を選択し、簡潔に解説
したコンパクトな事典。巻末に付録として61の一覧表、
13の図版、2つの年表を収録し、巻頭にはカラー写真
と9の地図を収める。各項目の随所で出典を紹介する。
前身の第2版（1974年刊）に比し、国際関係を重視し
ており、編集委員に世界史担当者を加え、地域史・社
会史および考古学発掘成果の進展に対応して大幅に見
直しを行っている。
　　　　　　　　　　　　　　　　　　　　0932

国史大辞典　第1－15巻　国史大辞典編集委員会編　吉川
　　弘文館　1979－1997　17冊　27cm
最も大規模な日本史辞典。内容は日本史のほか、隣接
分野（考古・人類・民族・民俗・国語・国文学など）
にもおよぶ。五十音順配列で、多くの項目に参考文献
を付す。第15巻は索引巻で3分冊をなし、上は14巻ま
での補遺（五十音順、160頁、付：図版目録）と史料
索引、地名索引、中は人名索引、下は事項索引からな
る。上中下とも巻末に頭字索引を付す。
　　　　　　　　　　　　　　　　　　　　0933

新編日本史辞典　京大日本史辞典編纂会編　東京創元社
　　1990.6　1457p　22cm　付図　4-488-00302-8　12000円
日本史学全般にわたる必須事項約4800項目をコンパク
トに解説する。収録範囲は1989年（平成元）4月まで
で、人名は死没者に限る。参考文献は各項目により適
宜紹介するにとどまる。巻末付録に260頁に及ぶ諸表、

図版および五十音順総索引がある。前身は『日本史辞
典』（1956年刊）。以後1960年刊まで改訂増補を重ねて
いた。この新編で項目数・頁数とも一倍半となってい
る。
　　　　　　　　　　　　　　　　　　　　0934

日本史研究事典　児玉幸多〔ほか〕編　集英社　1993.3
　　398p　22cm　日本の歴史　集英社版　別巻　4-08-195101-
　　2　2400円
新たに日本史研究を始める人のための入門書。3部構
成で、第1部は「歴史へのアプローチ」、第2部では
各時代の基礎資料の紹介、第3部では歴史理解のため
の基礎知識として暦法・時刻法・方角、度量衡、官職
制度、収取制度、貨幣制度を解説する。各巻に地図
（旧国名と県）、図版目録、年号索引（和暦→西暦）を
付す。また別冊付録として1991年6月－1992年末まで
の「最新の発掘と発見」がある。
　　　　　　　　　　　　　　　　　　　　0935

日本史総合辞典　林陸朗〔ほか〕編　東京書籍　1991.11
　　1035p　27cm　4-487-73175-5　18000円
日本史の重要なテーマを中項目として取り上げ、その
もとに関連する小項目を見開き頁を中心に総合して解
説する。構成は、421の中項目を古代、中世、近世、
近現代に大別し、時代順に配列。巻末に人名を含む項
目索引を付す。
　　　　　　　　　　　　　　　　　　　　0936

日本史大事典　第1－7巻　平凡社　1992－1994　7冊　30cm
収録項目は約2万5000。1－6巻で五十音順に項目を
たて解説する。各項末に、必要に応じて参考文献を紹
介。人名項目の場合は全集や代表著書を、書名項目の
場合は史資料名を掲げるが、その他全般は「参考文献」
として別に掲げる。第7巻は索引巻であり、五十音順
索引および欧文索引からなる。また、紀年対照表、官
職唐名・異称一覧、主要叢書一覧を収める。　0937

日本社会経済史用語辞典　遠藤元男編　朝倉書店　1972.10
　　579,17p　22cm　4800円
古代から近代にいたる社会経済史的に意義ある用語と
関連分野の用語1452を五十音順に配列して解説。固有
名詞は収録していない。一つの用語で幾つかの意味が
ある場合や、時代によって意味、内容が変化していっ
た場合には、用語例（引用文献）をあげて説明する。
巻頭に時代別項目一覧（全項目対象、五十音順）、巻
末に用語の頭文字で検索する用語索引（全項および文
中の重要項目対象、五十音順）を付す。
　　　　　　　　　　　　　　　　　　　　0938

日本史用語大事典　武光誠〔ほか〕編　新人物往来社
　　1995.8　1270p　22cm　4-404-02245-X　28000円
使いやすさを第一とした日本史の用語事典。小項目主
義を採用し、約1万5000項目を収録。項目の五十音順
の配列で、1項目の解説文を100字以内にまとめ簡潔

に記す。巻末に日本史略年表を付す。　　　　　*0939*

日本史用語大辞典　日本史用語大辞典編集委員会編集　柏書房　1978.12　2冊　27cm　各25000円
先史時代から明治中期までの範囲の中で、日本史、とくに地方史研究入門上必要な語を集めた用語・用字辞典。収録語のうち、先史・原始時代関係語は基礎的なものに限定している。第1巻用語編は、五十音順の一般用語と国名、藩名、府県名、役職名からなる。第2巻は参考資料編と検索編からなる。検索編は画引と音順の索引からなり、いずれも用語編の見出し語と文中の主要な語彙および参考資料編中の近世諸国物産一覧をその対象としている。　　　　　*0940*

日本人の生活文化事典　南博，社会心理研究所編　勁草書房　1983.5　461,22,2p　20cm　3800円
明治維新から現在までの日本人の生活文化を総合的に知るための読む事典。9つの大項目（衣、食、住、家庭、教育、労働、消費、余暇、交際）のもとに、まず序説（概論）を置き、次いで中項目、小項目を立項する。生活文化の変遷、歴史的背景、社会的影響、社会心理的な意味、日本文化の特殊性などについて解説する。図版あり。巻末に参考文献、五十音順索引を置く。　　　　　*0941*

日本歴史大辞典　第1-10巻，別巻　新版　日本歴史大辞典編集委員会編　河出書房新社　1985-1986　12冊　23cm　普及版
包括的な日本史辞典。1956-1960年刊行より増補改訂を重ね、本版は、1978年刊の新装増補改訂版の誤字・誤植の訂正、図版の変更を行い、さらに現代に即応しうるよう加筆訂正したもの。五十音順配列で、第10巻は補遺索引にあたる。補遺は前身の増補改訂版、新装増補改訂版、および本書に対して、おのおのⅠ-Ⅲと別だてにしており、検索の際注意を要する。索引は人名、地名・遺跡、書誌名、一般項目からなる。11、12巻は別巻で、別巻1が日本歴史年表、別巻2が日本歴史地図である。　　　　　*0942*

部落史用語辞典　小林茂〔ほか〕編　柏書房　1985.8　368p　23cm　4-7601-0284-1　3800円
古代、中世、近世および近代初頭（明治5年「解放令」まで）の賤民史・部落研究上必要な用語について解説。広範な分野を収録するが、人名、地名、件名など固有のものはできるだけ省いてある。見出し語は360だが解説文中の関連用語はすべて索引から検索できる。用語解説では出典を掲げて時代および地域的背景を記述し、項目ごとに参考文献を付す。巻末に「部落史関係略年表」、五十音順索引を置く。　　　　　*0943*

和英・日本紹介事典　小島節子，ジーン・クレイン編著　ジャパン・タイムズ　1987.6　402p　19cm　4-7890-0353-1　3200円
過去から現在に至るまでの日本文化にかかわる日本語の語句を英語で説明した事典。収録語は約1350で、ヘボン式ローマ字表記のアルファベット順配列。必要に応じて相互参照を付し、文中の単語や句の説明を〔注〕として付す。前身の『和英・日本文化辞典』（ジャパンタイムズ、1979）は分野別で読み物としての性格が強かったが、今版で改訂増補を行い、「引く事典」となっている。　　　　　*0944*

Dictionnaire historique du Japon. Tokyo / Kinokuniya, 1963-1995. 20v ; 26cm. (Publications de la Maison Franco-Japonaise)
日本史上の人物・事項などをフランス語で解説した日本史事典。坂本太郎監修『日本史小辞典』（山川出版社、1957）を基本に、それ以外の諸事典を参考として編集している。見出しはローマ字形で、そのあとに日本語形を付記する。和文・欧文の参考文献を各項目末に記載しているのが貴重である。付録、索引などはない。　　　　　*0945*

【便覧・史料集】

海外日本研究機関要覧　〔1994〕　福岡　福岡ユネスコ協会　1994　294p　26cm　英文書名：『Overseas Japanese studies institutions』　本文は英語ほか　7500円
日本を研究する海外の機関の名鑑。40か国309の研究機関を掲載。配列は国名のアルファベット順。所在地、設立年、目的、組織、代表者、研究者数、分野、特別計画、刊行物、日本関係書籍保有数、研究者リストを記載。中国・韓国以外は英文表記。1989年度版の改訂版。　　　　　*0946*

総合国史研究要覧　歴史図書社　1970　1385p　22cm　監修者：豊田武　6800円
日本史の便覧。『読史総覧』☞ *0948* の項目を厳選し、訂正、増補、編成替えを行い、縮刷版としたもの。また公家重職一覧、国府一覧、近世地方主要用語、国分寺一覧など新項目も盛り込んでいる。項目は56。別冊付録として読史小年表がある。索引はない。　　　　　*0947*

読史総覧　人物往来社　1966　1864p　27cm　監修者：小葉田淳等　13000円
日本史の便覧。『読史備要』☞ *0949* の類書だが、その刊行後30年を経て、新しい研究要請に答えるため、一覧表や系図を中心に、守護一覧、日中交渉史年表など30あまりの項目を新たに加え、総項目数は71を数える。巻末に系図人名索引、日本年号索引を付す。また別冊

付録として干支・方位・時刻対照板、五街道一覧図（付、関所一覧表）がある。
0948

読史備要 東京大学史料編纂所編　講談社　1966　2154p　19cm
日本史の便覧。年表、歴朝・武家・官職制・国郡沿革・神社仏寺・年中行事・金銀米銭相場・花押印章などの一覧、皇室をはじめ諸氏・神道・仏教・儒学・国学・芸道・武術などの系図、公卿索引・寛政重修諸家譜索引をはじめとした11の索引を収める。付録に干支早見盤、方位及時刻対照表を添える。なお、第1版は1933年に刊行、以降、新訂（1935年）、増訂（1942年）と版を重ねている。本書は1942年刊行の復刻版。
0949

日本史歳時記三六六日 小学館　1990.12　815p　22cm　4-09-626071-1　3800円
1年を通じ、当該日に起こった出来事などをまとめた便覧兼読み物。配列は日付順。各日項は、当該日にゆかりの深い人物の肖像と言葉、行事、出来事（年表形式、簡略記述、1件は詳細記述）、物故者、記念日からなる。主要都市の毎日の平均的天気、月平均気温などのほか、あいさつ文例、季語、名句を付す。巻末で日本における暦の変遷を簡潔に解説。索引は事項（約2000）と人名（約1000）からなる。
0950

日本史資料総覧 東京書籍　1986.5　510p　27cm　監修：村上直, 高橋正彦　4-487-73171-2　11000円
日本史の便覧。『読史備要』☞0949などの類書。政治関係、産業・経済関係、社会・風俗関係、人物・文化関係資料に大別し、諸書、歴史地図、図版、写真を豊富に収載。索引はない。
0951

日本史跡事典 1-3　日本史蹟研究会編著　秋田書店　1976-1977　3冊　19cm　監修：和歌森太郎　1：東国編　2：東海近畿編　3：西国編　各2900円
文化財保護委員会指定の史跡および特別史跡を解説する。記載項目は、所在地、交通機関・最寄り駅、国指定年月日、解説。解説には執筆者名がなく、記述は一般的である。巻末に指定史蹟一覧がある。
0952

日本史総覧 1-6, 補巻〔1〕-3　今井尭〔ほか〕編集　新人物往来社　1983-1986　9冊　27cm　監修：児玉幸多ほか　各9800円
考古時代から近現代までの歴史的事象に関する諸表、諸一覧、諸系図を収載する。天皇一覧、史籍年表、先土器時代主要遺跡一覧、中世米価一覧、江戸幕府諸職表、各藩変遷表、大名系図、歌舞伎俳優系図、諸寺長官等一覧、神祇伯・八省卿等長官一覧、校訂明治官員録など大項目は211項目収載。小項目は1000以上に

およぶ。第2巻に国司一覧索引、補巻3に歴代内閣閣僚索引がある。『読史備要』☞0949『読史総覧』☞0948などの集大成を意図し、新人物往来社30周年記念事業として刊行。コンパクト版（2冊、1987-1989）および机上版（1冊、1988）も出ている。
0953

日本の組織図事典 新人物往来社編　新人物往来社　1988.6　432p　22cm　4-404-01507-0　7500円
古代から近代にいたる各時代の政体、集団、軍団など46の組織を解説する。参考文献の紹介や索引はない。『歴史読本』臨時増刊「特集人物中心日本の組織図」（1976年3月増刊号）を増補改訂した新版にあたる。
0954

歴史資料保存機関総覧 増補改訂版　地方史研究協議会編　山川出版社　1990.10　2冊　19cm　4-634-61510-X　各4500円
文書館、史料館、図書館、民俗資料館、博物館、美術館など、史・資料の保存機関と、そこに所蔵され、かつ公開利用されている史・資料の内容を掲載。収録機関数は5820。東日本、西日本に分冊刊行。都道府県別に、地域の概観を述べたうえで、機関名の五十音順配列。各機関は名称、所在地、交通機関、電話などのほかに収蔵資料の内容、刊行物、利用法、休日などを記す。機関名からの索引はない。旧版（1980年刊）の増補改訂。
0955

Directory of Japan specialists and Japanese studies institutions in the United States and Canada. Tokyo : Japan Foundation, 1995. 3v. 27 cm.（Japanese studies series, 24）0-924304-25-1
米国・カナダ在住の日本専門家（日本在住者も含む）、および米国・カナダ所在の日本研究機関の名簿。日本研究者同士の相互の連絡に資することを目的として、1858名の専門家、313の機関、841名の博士学位取得候補者を収録する。Vol. 1は専門家の名簿で、氏名、現職、常用言語、研究対象、専門、専門地域、学歴、経歴、主要著作、住所、電話・FAX、e-mailアドレスなどを記載。Vol. 2は機関名簿で、日本研究プロジェクトを持つ機関、日本研究スタッフを擁する機関の機関名、スタッフ、コース、住所、日本研究のための図書館情報などを収載。Vol. 3は各種の索引を収める。1989年刊行の改訂版で、大幅に増補している。日本語で書かれた類書に『米国における日本研究』（国際交流基金、1989）がある。
0956

日本史資料 青木孝寿〔ほか〕編　東京法令出版　1973　2冊　27cm　監修：家永三郎　『社会科資料集成―日本史編』(加除式)を改訂増補したもの　3000-4000円

歴史教育者を主対象とした日本史の資料集。構成は時代別。歴史授業に役立つ史資料を選択する。それぞれ史資料、出典、註、解説を加える。各巻末に史料・資料索引、図表索引がある。　　　　　　　　0957

日本史史料　〔続刊中〕　歴史学研究会編　岩波書店　1997－　22cm
高校・大学一般教育の基本的教材となることを主目標とし、一般読者の日本史認識にも役立つように編集した史料集。各時代の特質を明らかにする基本史料を精選し、注目すべき新史料も極力採用するという編集方針により、時代的には1996年までを収録する。採録史料には読点を打ち、必要に応じ読み下しをつけ、難読、難解語、人名、地名などには適宜注をつける。史料には出典を示し、各史料ごとに解説を付す。1998年4月現在「中世」「近代」「現代」のみ刊行。　　0958

日本史料集成　平凡社編集部編　平凡社　1990.8　32,601,49p　26cm　4-5824-1104-5
日本史全分野にわたる史料集。全体を古代、中世、近世、近代の4篇に分け、各篇を史料解説と史料に二分する。「史料解説」は主要な史書・史料についての簡潔な解説と、それらに関する研究文献を紹介。「史料」の部では、古文書類には句読点・返り点を付し、それ以外の漢文体の文献は書き下し文に改め、註解と解説を適宜付す。各篇とも必要に応じて、地図、年表、統計を加える。巻末に史料・文献索引と事項索引がある。『世界歴史事典』の別巻「史料篇・日本」として刊行され、1956年に独立刊行したものの新装版。　　　0959

【図鑑・地図帳】

資料・日本歴史図録　笹間良彦編著　柏書房　1992.11　348p　27cm　4-7601-0850-5　5800円
日本史全般における7の大項目（生活と年中行事、殿舎と住宅、服装、武装と武具、生産と産業、乗物と旅行風俗、信仰と生活）からなる図版集。おのおの中項目、小項目がある。文献、絵巻物、版本など収録図版の出典を付す。巻末に約3600項目の五十音順項目索引がある。　　　　　　　　　　　　　　0960

大日本読史地図　吉田東伍著　蘆田伊人修補　冨山房　1980.6　27p　図版141枚　27cm　4-572-00094-8　32000円
古代から昭和（戦前）までの歴史地図（82葉）を1冊にまとめた地図帳。各時代の全国図から部分図、戦陣図など、内容は多岐にわたる。巻末に各図の簡潔な解説を付す。索引はない。1935年刊の復刻版。　　0961

地図でたどる日本史　佐藤和彦〔ほか〕編　東京堂出版　1995.12　226p　22cm　4-490-20263-6　2500円
歴史地図集であるが、網羅的なものを意図せず、対外関係、国内政治、交易・流通、伝承・信仰の4つのテーマにつき地図をかかげ、そこから読み取れる歴史像やその歴史的意義を解説する。各テーマについての項目をとりあげ、時代順に構成しているので読みやすいが、検索の利便性はない。各章末には参考文献をあげる。索引はない。　　　　　　　　0962

日本歴史地図　原始・古代編　上，下，別巻　竹内理三〔ほか〕編　柏書房　1982－1983　3冊　31cm　60000円
日本の原始・古代関連の歴史地図を収める。上・下巻は先土器（旧石器）時代、縄文時代、弥生時代、古墳時代/古代の4章からなる。これらはさらに個別のテーマごとに構成し、地図、解説、参考文献の順に掲載する。巻末に「参考資料編」があり、上巻は先土器時代から古墳時代までの図版を中心に、下巻は国造一覧など一覧表中心としている。別巻『考古遺跡遺物地名表』は主として上巻から遺跡2万4000件を収録している。上下巻末に首字画引索引と五十音順の（おもな）地名・事項索引がある。　　　　　0963

◆有職故実

故実叢書　第39　索引　新訂増補　故実叢書編集部編　明治図書出版　1957　497,43p　22cm
公家・武家の有職故実にかかわる図書を集成した『故実叢書』（1952年から1957年までに刊行された新訂増補版）の総索引。諸書の事項のうち単語、熟語、句および文を、主として巻首の目次から選択して五十音順に並べる。巻末に難訓のみの字画索引を付す。　　0964

有職故実　国語・国文資料図集　鈴木敬三編著　全教図　〔1983〕　3冊　52cm　発売：冬至書房新社　各12000円
日本歴史上の装束を中心に、見開きB2版のカラー写真・図版で紹介する。第1巻は男装（8項目）および乗物（4項目）、第2巻は女装（8項目）および調度（4項目）、第3巻は武装（8項目）および殿舎（4項目）からなる。装束・武具・調度などの名称紹介がほとんどで、研究用だけでなく学校教材としても有用である。各巻末に簡潔な解説を付す。索引はない。　　　　　　　　　　　　　　0965

有職故実辞典　改訂3版　関根正直，加藤貞次郎著　稀書刊行会　1976.11　864,73p　20cm　1940年改訂初版の複製
公家・武家の有職故実に関連する事物についての辞

書。見出し、解説ともに歴史かなづかいを用いている。解説は簡潔ながら勘所を押さえているので、一応の知識を得るのには便利である。1917年に初版、1940年に改訂版。本書は改訂3版と銘打っているが、前版と内容的には相違がない。　　　　　　　　　　0966

有職故実図鑑　河鰭実英編　東京堂出版　1971　336p　図　22cm　4-490-10060-4　3500円
有職故実研究の一助となる写真資料集。内容は服飾、舞楽、甲冑、馬具、殿舎・調度・輿車・尊像・仏具の5編からなり、各編頭に概説を付す。巻末には写真1008葉の簡潔な説明を一括掲載する。写真、説明とも通し番号を付す。付録は重色目表(カラー版巻頭口絵)、世紀単位の服装変遷表、五十音順の写真索引からなる。初版（1941年刊）、再版（1949年刊）を受けた新訂版的役割を担う。　　　　　　　　　　　　　0967

有職故実図典　服装と故実　鈴木敬三著　吉川弘文館　1995.7　196,19p　図版14枚　22cm　4-642-07467-8　2884円
朝廷および武家の儀式・典礼を研究の対象とする有職故実の中、装束（公服）に関する用語を、図を添えて平易に解説したもの。構成は男装、女装、武装の3部に各概説を記し、そのもとに中項目、小項目を立てる。藤原時代を中心とし、鎌倉・室町までを範囲とするが、挿図には近世の遺品も含む。『服装と故実　有職故実図解』（1950年刊）の改題改訂版。国文・国史の研究以外に、一般の服飾史の参考となる。巻末の五十音順索引による項目数は1328件、図録81図を付し、難読語彙、固有名詞にふりがなを付す。　　　　　0968

有職故実大辞典　鈴木敬三編　吉川弘文館　1996.1　718,130p　図版30枚　27cm　4-642-01330-X　18540円
『国史大辞典』☞0933から有職故実の項を抽出し再録したもの。項目によっては加筆または改稿がなされ、さらに必要と思われる項目が加えられている。配列はかな見出しの五十音順で、解説のあとに必要に応じて参考文献の記載がある。巻末には、頭字五十音順項目索引を付す。この他、各項には必要に応じて絵画や写真を入れてある。　　　　　　　　　0969

◆古文書・花押

花押かがみ　1-4　東京大学史料編纂所編　吉川弘文館　1964-1985　4冊　27cm　2800-3000円
845年（承和12）から1333年（元弘3）までの各時代にわたる主要人物の花押集。花押は原寸大の図版で掲載し、その依拠する文書、典籍、巻第および採訪地名を掲げ、その人物の称号、本名、法名、出家、死没年月日、年齢、略伝を付す。第1巻は平安時代、第2-4巻は鎌倉時代。死没年月日順に配列し、2994人分を収録。第1巻、第4巻の巻末に人名索引がある。　　　　　　　　　　　　　　　　　　　　0970

近世古文書解読字典　増訂　若尾俊平〔ほか〕編　柏書房　1972.10　24,387p　19cm　監修：林英夫　2000円
独学で近世古文書が読解できるようになることを目的として編集した事典。『写真文書集』『くずし字典』をもとに『古文書時代鑑』☞0974などから抽出した頻出用例や語句を加えたもの。史料編、用例編、文字・熟語編、参考資料編に分かれる。史料編、用例編は古文書のふでくせに慣れるためのもの。文字・熟語編は古文書から1700字を選び、そのくずし字を部首順配列で収録。巻末に部首索引、音訓索引を付す。　　0971

古文書古記録難訓用例大辞典　柏書房　1989.11　298,92p　27cm　監修：林陸朗　4-7601-0504-2　13390円
日本の古代から近代初期までの古文書・古記録の中で難読と思われる文字、語句、慣用句約4000項目の読み方、意味を解説し例文を付す。読み方が現在と異なる語句、古文書・古記録に頻出する歴史上特有な語句、文書解読に必須のもの、副詞、形容詞などを重視して収録。用例文には出典を明記する。配列は見出し項目の一文字目の部首順。巻末索引は項目の音訓による五十音順で、2文字以上の項目には、文字ごとに通用する音で検索できる。古文書古記録頻出異体字一覧を付す。　　　　　　　　　　　　　　　　　　0972

古文書字叢　根岸茂夫〔ほか〕編　柏書房　1990.2　480,99p　27cm　監修：林英夫　4-7601-0551-4　15450円
古文書特有の書体や用法などが理解できるように、各字について、その字を含む単語・文章を原史料から採録。字を部首順に配列。巻末の参考用例編は古文書の題名と文末、異体字一覧などの9項目にわたる。99頁からなる近世古文書用語音訓索引を付す。なお、『新編古文書解読字典』（1993年刊）はこの普及版である。　　　　　　　　　　　　　　　　　0973

古文書時代鑑　上，下　東京大学史料編纂所編　東京大学出版会　1977.11　2冊　24×33cm　複製　新装版　付（別冊　154p　31cm）：解説本　全20000円
古代から幕末までの各時代を代表する筆蹟426点を古文書・記録・書簡などから選んで収録。記録・文書などの研究の参考資料として有用である。ほぼ時代順での収録だが、下巻は上巻の補遺の役割を担っているため、上下それぞれの時代順である。解説編では、本編収録筆蹟1点ごとの原寸、所蔵先を記し翻刻を行い原

文読解と書誌研究の一助としている。原本は1925－1927年刊。原本の正編2冊を上巻に、続編2冊を下巻に、解説本4冊を合冊して1冊に収めた。　0974

古文書大字典　浅井潤子，藤本篤編著　柏書房　1987.1
　379,111p　27cm　4-7601-0328-7　13500円
くずし字を解読するための字典。江戸時代の常用字と常用語を全国の古文書から用例を撰択し収録する。4部構成で、用語編は近世文書に頻出の文字・語彙を部首順に収録。史料・用例編は、古文書学習の参考として典型的な近世文書21点を収録し解説する。参考資料編は、総合的理解を深めるために、近世史参考図録、近世文書頻出異体字、かな字母一覧、難読・特殊用字用語、古文書頻出数詞、近世の貨幣、度量衡と面積、暦と時刻表、参考文献を載録する。巻末の索引は、用語編に掲載する語彙を各漢字から検索できる。なお1988年刊『古文書判読字典』はこの机上版である。　0975

古文書入門ハンドブック　飯倉晴武著　吉川弘文館
　1993.12　293,4p　19cm　4-642-07409-0　2500円
大学における「古文書学」の講義内容をもとに、文書の形状・形態、種類、伝来、扱い方、読み方、研究・利用法、分類と様式などについて、実例をあげながらコンパクトに解説した概説書。巻末に連字体、慣用句、特殊用語、忌詞、古文書集一覧、写真版古文書集を含む付録資料および五十音順索引を付す。　0976

古文書文例大字典　岩沢愿彦〔ほか〕編　柏書房　1980.11
　758p　27cm　12000円
古代末期から近世初頭までの古文書を解読するための手引書・学習書の字典。五十音順配列。見出し語に次いで、その語を含む文例を書影により掲出し、釈文、読み下し文を付す。2編構成。文例編は中書部分、公文書および書状の書出・書止部分からなり、約4000点の文例を収載。検索編は1万3000余語の五十音順索引および慣用句索引（中書部分のみ）からなる。　0977

古文書用字用語大辞典　荒居英次〔ほか〕編　柏書房
　1980.8　661,69p　27cm　15000円
古代から明治期中頃までの古文書にみられる用語と古文書学関係用語を中心にし、書誌学、金石学、民俗学関係用語のほか、仏教・神道・キリスト教、北海道・沖縄関係用語5500を収録。分野は政治・経済・産業・流通・生活・文化など広範囲にわたる。現代かなづかいの五十音順配列。用語解説にはつとめて用例と出典を明示した本文編。古文書の様式と分類、古文書影譜や関係図表、刊行古文書集一覧などを含む参考資料編。五十音索引・難読画引索引・図版目録からなる索引編の3部で構成している。1983年刊の『古文書用語辞典』は本書の縮刷普及版。　0978

日本の古文書　上，下　相田二郎著　岩波書店　1949-1954
　2冊　22cm
わが国の古文書を、その実体に即して説明した解説書。古文書の伝来、古文書の形様（以上上巻）、古文書の部類（下巻）、の3編からなる。下巻では文書の実例862点を収録し、独立した古文書類纂であると同時に上巻の参考資料ともなっており、通し番号によって容易に対比できるよう工夫している。各巻末に古文書学用語の索引、下巻末に文書の年月日順索引である「編年文書目録」がある。表記は旧漢字旧かなづかい。　0979

用例かな大字典　中田易直〔ほか〕編　柏書房　1977.9
　621p　27cm　12000円
かな解読字書。字母のもとに、ひらがなと連綿体による用例とをほぼ時代順に配列しており、歴史的変化の概観ができる。全体を2区分し、国文資料編、歴史資料編とする。前者では古筆切・消息・日記・古写本類・近世の版本から採字し、後者では大名・農村・都市関係の文書・記録から採字している。字母は五十音順で、現行の字母を冒頭に置き、以下ほぼ使用頻度の高い順に配列する。古写本類を独学で解読できるようにという目的で刊行したもの。『かな解読字典』の新訂版であり、旧版が初心者向けだったのに比べて、より高度な専門的字典をめざしている。　0980

落款花押大辞典　京都　淡交社　1982.12　2冊　27cm　監修：小田栄一，古賀健蔵　4-473-00817-7　全15000円
茶道関係の人物を中心とした計1527名の署名、落款、花押、印章について体系的に編集した辞典。1982年6月までの茶道各流派の家元、懐紙や墨跡の筆者、茶道具類の作家などの人名を五十音順で配列。資料数4660点を収録。原則として1人1項目で、複数代、同一家譜は大項目。記載内容は生没年、職種、出自、称号、師事、門下、事績、備考。上下2巻からなり、下巻巻末に総画索引、五十音順の字音索引、称号総索引を付す。　0981

◆対外関係

日中・日朝関係研究文献目録　増補改訂版　石井正敏，川越泰博編　国書刊行会　1996.8　367,52p　27cm　4-336-03773-6　25000円
明治初年から1991年までに日本語で発表された、日本と中国、日本と朝鮮との関係史の研究文献を著者名の

五十音順に編集したもの。範囲は古代から19世紀中葉（アヘン戦争、幕末）まで。魏志倭人伝、邪馬台国に関するものは『邪馬台国研究総覧』（三品彰英）、『研究史邪馬台国』（佐伯有清）にゆずり、収録していない。旧版（1976年刊）との大きな違いは、収録対象期間を増やしつつ訂正を加え、巻末に事項の索引を付したことである。　　　　　　　　　　　　　　　　　0982

日本アジア関係史研究文献目録　単行書篇　片倉穣編　多賀出版　1996.2　381p 22cm 奥付の書名（誤植）：日本アジア関係史研究文献目縁 4-8115-3991-5　9579円
日本人のアジア観あるいは日本とアジアに関する邦語の著書を採録。収録範囲は1868年（明治元）から1992年（平成4）に刊行されたもので、太平洋戦争およびそれ以前においては、当時日本統治下にあった朝鮮、台湾、旧満州で刊行された邦語の著書を採録する。構成は戦前編と戦後編に大別され、それぞれ一般の部、前近代の部、近現代の部からなる。各部は著者名の五十音順配列。　　　　　　　　　　　　　　　　　0983

◆考古学

【書誌】

縄文期貝塚関係文献目録　杉山博久編　刀水書房　1996.7　226p 27cm 4-88708-187-1　10300円
縄文期の貝塚および貝塚産遺物に関する書誌。1879年（明治12）のモースによる大森貝塚発見報告から1994年（平成6）12月に至る雑誌論文・報告書類5250編を網羅的に収録し、刊行年月順に配列している。記載項目は、執筆者名、報・論文名、収載誌名、巻号、刊行年月。記述は簡略で、図書の出版者名は記さない。巻末に執筆者名の五十音順索引を付す。　　0984

日本考古学文献総覧　斎藤忠著　学生社　1997.6　725p 27cm 4-311-75023-4　32000円
江戸時代以降刊行の考古学関連文献（単行本、雑誌、報告書など430点）を収録。時代別、項目別に分類し、近現代編、近世、文献便覧の3部で構成する。随所に写真を挿入。江戸時代の難解な文献13点には写真掲載部分の現代語訳もつける。索引は第1・2部を対象に文献索引、著者索引を付す。全体を通して収録範囲が項目ごとに異なるので注意が必要である。　　0985

日本古鐘銘拓本目録　熊谷幸次郎先生手拓　早稲田大学会津博士紀念東洋美術陳列室編　早稲田大学会津博士紀念東洋美術陳列室　1994.3　61,9p 26cm 熊谷幸次郎の肖像あり
歴史学者熊谷幸次郎が1957年から1977年5月までに採録した、古鐘銘338種1316点、鰐口4種5点、碑銘6種12点の拓本を時代順に配列した目録。古代・中世史研究のための金石文の史料化を大きな目的とする。巻末に県別鐘銘一覧を付す。拓本の現所蔵は早稲田大学会津八一記念博物館。　　　　　　　　　　　　　0986

琉球考古学文献総目録・解題　友寄英一郎編　東出版寧楽社　1977.3　258p 27cm 5800円
1975年以前に刊行された沖縄考古学文献の書誌。範囲はトカラ列島以南から先島地方（宮古、八重島）まで。単行本、雑誌論文、報告書、新聞などから収録した1459文献を年代順に配列。索引部分は、約45の分類項目を年代順に配列した分類別索引と、アルファベット順書名別索引、著者別索引の3種からなる。文献解題は119項目を年月順に配列し、あわせて発掘調査の記録、埋蔵文化財包蔵地所在地名一覧を収録。巻末に琉球列島埋蔵文化財包蔵地図を付す。　　0987

【年表】

日本考古学史年表　斎藤忠著　学生社　1993.12　776p 27cm 4-311-75022-6　32000円
日本における、1988年までの考古学上の発掘・発見、考古学に関する文献、人物、学界、施設などの事項を年表形式にまとめ、解説・写真などを付したもの。巻末に各事項別索引がある。先に刊行された『日本考古学用語辞典』☞0995 と1997年6月刊行の『日本考古学文献総覧』☞0985 の三部作のうちの第2作目にあたる。　　　　　　　　　　　　　　　　　0988

【辞典・事典・便覧】

縄文時代研究事典　戸沢充則編　東京堂出版　1994.9　635p 27cm 4-490-10377-8　15000円
縄文時代に関する幅広い情報を体系的にまとめ豊富な図版を載せて解説している。構成は用語編、土器型式編、遺跡編の3部からなる。用語編には1930年代生まれまでの研究者も収録対象としている。収録項目数は2213。解説文中に他項目への参照指示が詳細に付されている。配列は各編ごとに五十音順。土器型式編では一部が編年順。索引はないが、目次の分類項目が詳細で索引の役目を果たしている。　　0989

図説西日本古墳総覧　大塚初重編　新人物往来社　1991.5　514p 27cm 4-404-01819-3　19000円
大阪府以西の歴史的に重要と思われる古墳232件を選び県別に配列し解説した事典。収録した約8000点の図版、写真は原則として明治大学考古学博物館所蔵の報

告書による。各古墳ごとに解説文、5万分の1の地勢図、位置図、墳丘図、内部施設、出土資料、典拠文献を記載。各県ごとに「古墳研究の現状と課題」を掲載する。巻末に参考文献一覧あり。　　　　　0990

図録・石器入門事典　柏書房　1991　2冊　22cm　3500円,2600円

日本の石器について豊富な図版を添えて、コンパクトに解説した入門書。「先土器」編は石器の発掘、分類、つくりかた、はたらきなど13項目につき、実際の使い方などを図入りで説明する。最終章では東アジアとの関連をも解説。「縄文」編は特徴、形態と分類、製作の技術、最新の研究動向、変遷など全10項目。それぞれ巻末に出典・参考文献一覧を付す。『図録石器の基礎知識　1-3』(1980-1981年刊)の改訂版。　0991

全国古墳編年集成　石野博信編　雄山閣出版　1995.11　187p　26cm　4-639-01326-4　4944円

全国の主要古墳を旧国別に年表化したもの。規模・立地・墳形・埴輪・埋葬施設などの各古墳の解説、各古墳の形を図案化して、成立年代の個所に収録し、一目で古墳の形と成立年代がわかるようになっている。参考文献を国別概説の末尾に付す。『季刊考古学』第10号「古墳の編年」を補訂したもの。　　0992

銅鐸関係資料集成　田中巽著　東海大学出版会　1986.3　996p　22cm　4-486-00923-1　22000円

780年成立の「西大寺資財流記帳」から1980年発表の文献(図書、雑誌論文など)まで1857件を収録する専門書誌。資料解説(主に明治中期以前の資料103件)、年次順、著者名順、出土地別名称順の4章からなる。　　　　　　　　　　　　　　　　　　0993

日本考古学史辞典　斎藤忠著　東京堂出版　1984.9　741p　22cm　9800円

日本考古学ならびに隣接諸科学から学史的に必要な事項2925項目を選び解説した事典。収録項目数は文献932、人物283、用語525、発掘・発見史706、機関・施設249、学会131、など。五十音順配列。人物は1984年(昭和59)までの物故者、その他は、刊行、発見、調査、創立の年限をほぼ1975年(昭和50)とする。資料編は文献・記録類と写真・図版類に区分し目次がある。　　　　　　　　　　　　　　　　　　0994

日本考古学用語辞典　斎藤忠著　学生社　1992.5　568p　27cm　4-311-75019-6　28000円

考古学本来の用語のほか服飾・調度・日用品などの関連用語も含め約4500語を採録。配列は五十音順。一般的な解説、起源と沿革の典拠、参考文献の3点から記述する。巻末に典拠とした文献について「引用古文献解題」、写真図版による「遺跡・遺物名称(名所)一覧」、考古学一般、機能・用途別・材料別などの「テーマ別索引」、五十音順配列の「項目索引」がある。項目索引では用語中主要なものに英訳を付す。　0995

日本古代遺跡事典　大塚初重〔ほか〕編　吉川弘文館　1995.3　820p　23cm　4-642-07721-9　9960円

日本各地の遺跡の中から旧石器・縄文から古代にいたる考古学史上重要なもの、発見当時話題になったものなどを中心に約3200を選んで都道府県別に収録。記載内容は遺跡の読み、性格、所在地、立地状況、発掘調査の概要、出土遺物、出土遺物の保管・展示場所などで、参考文献を付す。巻末索引は収載遺跡の五十音順。　　　　　　　　　　　　　　　　　　0996

日本古墳大辞典　大塚初重〔ほか〕編　東京堂出版　1989.9　639p　27cm　4-490-10260-7　15500円

古墳研究上重要な2800基を選び、五十音順に配列した辞典で『古墳辞典』(1982年刊)を加筆・補訂かつ改題したもの。挿入図版は1400余点。解説は古墳の読み方、所在地名、調査年次と調査者名、古墳の形態と大きさ、外部施設と内部施設、副葬品の種類と数量、特徴的な事項と年代観、史跡指定の有無、出土遺物の保管者、主要文献事項にわたる。巻末に県別古墳索引がある。　　　　　　　　　　　　　　　　　　0997

日本古墳文化資料綜覧　斎藤忠編　京都　臨川書店　1982-1988　3冊　27cm　12000-14000円

古墳関係文献の書誌・便覧。〔正〕編は1951年(昭和26)までに発表された単行本、各都道府県報告書、各種雑誌論文などから採録する。3部構成をとり、第1部「文献目録」では文献を一般、各種遺跡、各種遺物、その他、追加文献目録に分けて掲げる。最後に「収載書名一覧表」および著者索引を付す。第2部「主要遺跡地名表」は陵墓関係の古墳を『陵墓要覧』にゆだね、それ以外の主要な遺跡を収録。第3部「主要遺物件名表」は主要遺物を分類して収める。なお、〔正〕編は1952-1956年に吉川弘文館が孔版で刊行したものを地名のみ新しくして刊行。続編は〔正〕編と同じ3部構成で刊行予定。現在「文献篇」「遺跡篇」のみ刊行。「文献篇」は〔正〕編以降1980年までに発表された文献9822件を収録。巻末に著者索引を付す。「遺跡篇」は巻末に新追加目録(1980-1988)245件を収録する。　　　　　　　　　　　　　　　　0998

日本土器事典　大川清〔ほか〕編　雄山閣出版　1996.12　10,1100p　27cm　4-639-01406-6　25750円

10世紀までの時代の日本全国出土の土器類について解説している。収録の範囲は、縄文土器、弥生土器、土師器、須恵器その他。構成は縄文、弥生などの時代順、

各時代の中を10地域に分割、年代の古い土器型式順に配列。冒頭に概説をかかげ、地域の特性と編年の動向を示す。記載項目は、標式遺跡と型式名の由来、形式の内容と特徴、製作・施文技術の特徴、分布、型式を代表する遺跡名。付録として、器型、文様、土製品関連の用語解説あり。型式名五十音順索引の項目数は1334。遺跡名索引は2605。参考文献は解説中に掲げる。巻末に著者のよみの五十音順文献一覧を付す。　0999

日本の遺跡出土木製品総覧　島地謙, 伊東隆夫編　雄山閣出版　1988.5　296p 27cm　4-639-00721-3　7800円
「文献からみた古材の樹種同定研究史」ほか全5章からなる本文および付篇で構成する出土木製品に関する総覧。中心は付篇1「製品群別データ一覧表」と2「古材樹種同定に関する文献」で、データ一覧表の製品名を文献番号に対応させている。データ一覧表は多種多様な製品を建築材、埋葬具、容器、炭化材、仏像など26群に分類し製品名、件数、時代、遺跡名、時代、所在地、文献番号の項目のもとに142頁にわたって掲載。付篇4「その他の参考文献」。付篇5「出土頻度の高い樹種96種の材の顕微鏡写真および特徴の記載」の288例の写真は有用。巻末に五十音順索引あり。　1000

日本横穴地名表　古墳文化基礎資料　斎藤忠, 杉山博久編　吉川弘文館　1983.5　430p 27cm　18000円
日本国内に分布する横穴（墓）の所在地名表。1982年3月までに確認したもので、収録範囲は35都府県、3810件。明治期の小宮山楓軒に始まる、横穴群調査の集成。都府県の下を市町村順に配列。旧所在地名は現地名とする。記載項目は、府県別番号、墓群名、墓数、所在地、出土遺物、関係文献（備考を含む）。　1001

◆古代史

【書誌・索引】

索引史料綜覧　平安時代　加納重文編　大阪　和泉書院　1984.8　207p 22cm　（索引叢書8）　4-87088-117-9　5000円
東京大学史料編纂所編『史料綜覧』の平安時代（巻1-3）に関する総合索引。人名、地名、社寺・御堂、件名の4索引からなる。配列は人名が音順、地名は事項別、社寺・御堂は地方別、件名は項目別となっている。『大日本史料』の孫索引といえる。　1002

正倉院文書索引　官司・官職・地名・寺社編　直木孝次郎編　平凡社　1981.4　228p 22cm　4800円
正倉院文書を中心に法隆寺や唐招提寺などに収蔵の奈良時代文書を収載する『大日本古文書（編年文書）』（25巻）の索引。項目はⅠ官司・官職部とⅡ地名・寺社部に大別。Ⅰには官司・官職および位階・勲等・僧官・僧位を、Ⅱには国・郡・郷・里・村・庄・薗・関・駅・津・橋その他道路・山川など交通施設・自然地勢にかかわるもの、神社・寺院・宮号などを収める。巻末に正倉院文書研究文献目録がある。　1003

日本古代・中世史図書目録　日外アソシエーツ編　日外アソシエーツ　1993.9　873p 22cm　（歴史図書総目録 2）　発売：紀伊国屋書店　4-8169-1171-5　32000円
1945年から1990年までに日本国内で刊行された図書の中から、日本の古代・中世に関する1万8114点を網羅的に収載。ただし、各地の遺跡・古墳の発掘調査報告書、考古学文献、思想家・芸術家・文学者以外の伝記・評伝、思想・文学作品、歴史小説、児童書、受験参考書の類は除く。全体を18分野に分け、中・小の見出しを立てテーマを細分化する。巻末に五十音順配列の著者索引・書名索引と本文の見出しからテーマをキーワードにした事項索引を付す。　1004

扶桑略記人名総索引　古代中世仏教政治社会思想史資料　塩沢直子〔ほか〕編　横浜　政治経済史学会　1986.10　176p 22cm　監修：彦由一太　限定版 5000円
底本は新訂増補国史大系本。2076名を収録。人名は初字を音読みした五十音順に配列し、各人物の項は一連番号、人名（氏称および仮名音訓称など）を見出しとして底本の頁数、行数、年月日〔所見記事〕の順に記載する。巻末には訓読みによる氏姓別索引がある。初めての人名索引。　1005

平安朝漢文日記索引　典籍文書名篇　大島幸雄編　国書刊行会　1992.11　362p 22cm　（国書索引叢刊 5）　4-336-03410-9　12000円
現在刊行されている平安時代に記録された個人の漢文体日記（91種）の文中に引用された典籍・文書など約3100の索引。僧侶・神官を除いた天皇・貴族・官人らの筆録で起筆時期の下限が承久の変以前の日記を対象とする。配列は記録された資料の五十音順で年紀を伴う場合は年月日順となる。記載内容は掲載記録名、所引年月日、分冊数、掲載頁数。巻頭に底本出典一覧表、主要著作異名対照表、巻末に主要著作初出略年譜、著編者関係略系図がある。　1006

【辞典・事典・年表】

日本古代史研究事典　阿部猛〔ほか〕編　東京堂出版

1995.9　338p　22cm　4-490-10396-4　4800円
日本古代史の全分野から135のテーマを選んで研究史の整理、主要文献、論文の紹介を行い、今後の研究課題を提示する。とくに史学専攻の学生の入門手引書となるよう近年の研究動向に留意した主要論点を網羅する。全体は飛鳥時代以前、奈良時代、平安時代、通時代、宗教文化関係、史料編の6部構成。各部内の配列はおおよそ時代順。各部の末尾に基本参考文献、巻末に史料文献一覧、史料所蔵機関一覧がある。　　1007

日本古代史事典　遠藤元男編　朝倉書店　1974　845p　23cm　10000円
12世紀の鎌倉幕府草創期までの古代史を基礎的に理解するための事典。第1部研究とその方法、第2部研究動向と問題点、第3部事項解説からなる。第1・2部では、研究を志す人に視角と方法論、問題意識を提示する。その大半を占める第3部が歴史事典で、件名・人名・書名・寺社名・地名・名数に大別し、それぞれ五十音順配列。ほとんどの項目に、基本史料・参考文献を付す。巻末の索引は全事項約5400語からなる。年表のほかに付録として、19の図表がある。　　1008

日本古代史事典　大和書房　1993.2　346,26p　22cm　監修：江上波夫ほか　4-479-84023-0　4200円
旧石器時代から平安朝前期までの主要な歴史事項304項目について幅広く解説した事典。旧石器・縄文時代、弥生時代、古墳時代、飛鳥時代、白鳳時代、奈良・平安前期の6期に分け各時代で五十音順に配列。現代までの研究成果を踏まえて平易に解説する。巻末五十音順索引は詳細。　　1009

日本古代氏族事典　佐伯有清編　雄山閣出版　1994.11　494,64p　21cm　4-639-01250-0　5800円
9世紀末頃までの文献に登場する氏族を網羅的に取り上げ、これまでの研究成果を踏まえ、かつ近年の研究動向も視野に入れてまとめた事典。約1200の氏族を現代かなづかいによる五十音順で配列。各氏族の出自、姓の変遷、祖先伝承、本拠地、職掌、改姓氏の経緯、おもな氏人の動向分布地域、同系氏族、氏族に関する遺跡などを記述。項目ごとに参考文献を付す。巻末に人名索引がある。　　1010

日本古代氏族人名辞典　吉川弘文館　1990.11　696,55p　23cm　監修：坂本太郎, 平野邦雄　4-642-02243-0　8800円
大化前代から887年（仁和3）までの間の古代史を調べる上で必須の氏族名、人名約2800項目を採録。配列は五十音順で各項にひらがなで読みを付す。記載内容は氏族は祖先名・成立事情・政治的地位の変動・分布範囲など。人名は生没年・続柄・履歴・遺品・関連遺跡にも言及。適宜項目末に参考文献を掲げる。巻末に氏族名・人名の五十音順索引および主要難読一覧表を字画数順で付す。　　1011

日本古代史年表　上　笹山晴生編　東京堂出版　1993.9　203p　23cm　4-490-20224-5　3500円
六国史およびその他の諸史料から887年（仁和3）までの重要な記事を年ごとに採録し、それぞれの末尾に出典を記載した年表。記事は国内事情と国際関係に分け収載。主として文献史料に基づき収載に当っては人々の眼に触れにくい紀年銘をもつ金石文、木簡などの出土文字史料や正倉院文書中の文書などを取り上げている。巻頭の凡例に別表として「史料略号一覧」が掲載されているが、上巻に索引はない。888年（仁和4）以後1185年（文治元）までの下巻は未刊。　　1012

平安時代史事典　古代学協会・古代学研究所編　角川書店　1994.4　3冊（資料・索引編とも）27cm　監修：角田文衞　4-04-031700-9　全52000円
平安時代のあらゆる領域にわたって約2万1000項目を解説した事典。年代範囲は平安時代と密接な関わりのある重要事項に限り8世紀の中頃から13世紀の中頃までの幅をもたせてある。本編2冊と資料・索引編の3分冊からなり五十音順配列。各項目文中に典拠資料を豊富にあげる。文末の参考文献欄は史料、研究、著作、写本、刊本などに分かれる。資料・索引編は『類聚雑要抄』6巻（東京国立博物館蔵）のほか絵画資料、平安図録、平安要覧など詳細な資料を掲載。文化財、史跡の一覧表もある。索引は漢字の画数順配列。　　1013

平安人名辞典　長保二年　槙野広造編　高科書店　1993.2　678p　27cm　18000円
1000年（長保2）当時在世と思われる人物を網羅的に収録。構成は皇族、一般男子、姓不明者、僧侶、女性の5部に分け、各部五十音順に配列。各人物の生没・享年、出自、略歴に加えて典拠の資料名を略称で付している。収録件数は約8000で、一般男子と姓不明者については巻末に索引があり約5800件を数える。付録には「延喜式裏文書」に記載の人名一覧がある。　　1014

邪馬台国研究事典　1-7〔続刊中〕　三木太郎著　新人物往来社　1988-　3冊　27cm　監修：渡辺三男　9800-14000円
『魏志』倭人伝の史料系統を明らかにすること、同伝の用語理解を正すこと、研究史の整理を果たすことの3点を意図した事典。1文献史料、3、4文献目録のみ既刊。1の「文献史料」は『魏志』倭人伝、邪馬台国行程路一覧などの研究成果をまとめたもの。3の「文献目録1　編年篇」は1986年までに発表された関連の研究書および研究論文を編年順配列しており、朝

鮮史、中国史を含む史学分野のほか民俗、神話、考古、言語、経済などの分野にもおよぶ。風俗、習慣を理解するため現今の民俗伝承も一部採録。巻末に五十音順の書名索引あり。4の「文献目録2　人名篇」は編年篇の資料を執筆者順に編成替えしたもの。巻末に五十音順の著者一覧あり。なお2鏡・金石文、5-7研究史の4巻は末巻。 *1015*

◆◆古事記

古事記研究文献目録　古事記学会編　国書刊行会　1986-1992　2冊 27cm 15000円,18000円
「雑誌論文篇」「単行書篇」の2分冊。明治初年から1984年（昭和59）12月末までに国内で刊行された文献を対象とする。「雑誌論文篇」には講座・叢書・記念論文集に掲載された論文も含み、1万816件を収録。総記、書誌、研究史、序文、上巻、中巻、下巻、日本書紀、関連文献、その他に分類し、論文名の配列はおおむね刊行年月順で巻末に執筆者索引と氏族関係索引がある。「単行書篇」にはテキスト、注釈書類、研究書、講座、論文集、索引、辞典類など3600点を収録。総記、古事記、日本書紀、関連文献、その他、索引、辞典類、論文集、講座に分類し刊行年月順に配列する。巻末に五十音順の執筆者索引と書名索引がある。 *1016*

古事記総索引　高木市之助，富山民蔵編　平凡社　1974-1977　3冊 22cm 新装版 全9500円
第1冊は本文編で、本索引のために『校定古事記』（1911年刊）を底本として諸版の異同を注した校本。第2冊は索引編で、語彙・漢字・音仮名の3索引。第3冊は補遺版で、漢字語彙と仮名語彙の2索引。本文編と索引編は1958年刊の『古事記大成』の第7、8巻を一部修正したもの。 *1017*

◆◆六国史

続日本紀総索引　星野聡，村尾義和編　高科書店　1992.2　2冊 27cm 付（別冊　12,10,12p）：検字表　全40000円
底本は新訂増補国史大系本。漢字の一文字から『続日本紀』の該当頁を検索できる索引。漢字は部首順に配列し、上下2巻のほかに別冊の検字表を付す。用例の総数は約31万個。検字表は部首索引、総画索引、字音索引からなる。 *1018*

日本書紀総索引　漢字語彙篇　第1-4巻　中村啓信編　角川書店　1964-1968　4冊 27cm
『日本書紀』（寛文9年版）を底本とし、これに新訂増補国史大系本を併用する。漢字、語彙のすべてを網羅し、どの部分どの文字からでも検索可能。配列は部首別で各巻頭に所載の部首引検字表を付す。付録として第4巻巻末に増補六国史、日本古典全書本、日本古典文学大系本からも検索できるように「現行諸本対照表」を付す。ほかに「異体字表」「校異索引」「字音索引」を掲載。 *1019*

六国史索引　第1-4　六国史索引編集部編　吉川弘文館　1963-1969　4冊 23cm
新訂増補国史大系本を底本とする六国史の事項索引。第1冊『日本書紀』第2冊『続日本紀』第3冊『日本後紀』『続日本後紀』『日本文徳天皇実録』第4冊『日本三代実録』の4分冊で、各冊とも内容は人名、官職名、件名、地名、神名・社寺陵墓名の5部門に分類。各部門の語句は表音式かなづかいによって五十音順に配列する。 *1020*

類聚国史索引　上村悦子編　笠間書院　1982.3　579p 22cm 文部省研究成果刊行助成図書 19000円
底本は新訂増補国史大系本。重要語句について人名、官職名、件名、地名、社寺陵墓名、歌句（付詩題）の各索引からなる。現代かなづかいによる五十音順配列。人名索引には人名字音索引、歌句索引には歌句字音索引、詩題索引、踏歌各句索引を含んでいる。巻末に10件の参考文献を掲載する。 *1021*

◆◆荘園

荘園志料　清水正健編　角川書店　1965　3冊（付録共）22cm 付録：荘園索引（竹内理三編）　限定版 25000円
古文書、旧記録に基づき、野史、雑書をも参照して国ごとに荘園名を掲げ、その起源、沿革を記している。荘園に関する手引き書として価値が高い。国の配列は「延喜民部式」により近国、中国、遠国にわけ、上巻に近国、下巻に中・遠国を収めている。3千数百か所を収録。なお、付録「荘園索引」は、本書に収録した荘園名の国別および五十音順索引である。原本は1933年刊。 *1022*

荘園分布図　上下巻　竹内理三編　吉川弘文館　1975-1976　2冊 22cm 各3800円
清水正健『荘園志料』☞1022 に基づき、全国約3000の荘園を旧国別に地図上に記す。収録図版数は約400枚。上下巻よりなり、各巻とも前半に荘園分布図を収録し、後半に解説を付す。各荘園とも記号によって時代区分を行い、主要な荘園には本所、領家名を付記。総2色刷で、現代の地形、地名との対比ができる。各巻末に国別五十音順索引、下巻末に総索引を付す。 *1023*

日本荘園絵図集成 上，下　西岡虎之助編　東京堂出版　1976-1977　2冊 31cm 12000-13000円
編者の収集した古代・中世の開墾田図、実検図、郷村図、灌漑図などの土地関係絵図を中心に、現存する荘園関係の絵図を写真版で収録する。上巻には室町時代まで、下巻には戦国時代以降のもの、および編者収集後に発見されたものなどを収める。関係絵図総数は224点。上下巻とも図録編と解説編よりなり、配列は絵図の成立年代順。解説は巻末に一括し、1点ごとに絵図名、原寸、成立時代、所蔵ないし出典、材質、彩色の有無、成立事情、現地比定などを記し、さらに参考文献をあげる。各巻に年代順目次、国別目次を、下巻末には国別総目次を付す。　1024

日本荘園大辞典　阿部猛，佐藤和彦編　東京堂出版　1997.9　6,950p 23cm　4-490-10452-9　18000円
日本の古代・中世に存在した荘園を、戦前の荘園辞典の代表ともいえる『荘園志料』☞1022 および各種地名辞典を参考にして、陸奥から薩摩・壱岐まで、網羅的に6150項目を選び解説を加えた辞典。旧国名を五畿七道の順に配し、各国の荘園名を五十音順に配列。記載内容は所属郡・国、現在の比定地、起源（史料の初見）、荘園領主、規模および関連する歴史事項。参考文献は解説中と、巻末に主要参考文献目録。全国総合五十音順の荘園名索引を付す。『荘園史用語辞典』（阿部猛編、吉川弘文館、1997）の併用がより理解を助ける。　1025

◆中世

【書誌・索引】

吾妻鏡人名索引　御家人制研究会編　吉川弘文館　1992　7,565p 23cm　5刷 4800円
『吾妻鏡』の人名索引。人名索引（除女子名）、通称・異称索引及び法名索引、女子名索引の3部よりなる。底本は国書刊行会本（吉川本）を基本とする。第1刷は1971年刊。　1026

吾妻鏡地名索引　国学院大学日本史研究会編　村田書店　1977.4　175,44p 22cm　監修：藤井貞文　4300円
底本は新訂増補国史大系本。外国名、日本名、地方名、五畿七道諸国名、各国地名・寺社名の5部よりなる。配列は訓読みによる五十音順。付録に、御所、幕府、御家人宅を収載。巻末に御家人宅を除く全項目の訓読みによる五十音順索引。類書に『吾妻鏡総索引』（及川大渓、日本学術振興会、1975）がある。　1027

鎌倉遺文無年号文書目録　瀬野精一郎編　東京堂出版　1993.9　458p 22cm　4-490-30240-1　12000円
『鎌倉遺文』全42巻に収録されている無年号文書約9000通について、文書名、所蔵者名、文書番号、巻数、頁数を記した目録。構成は月日順。月日不明のものは所蔵者別に一括して、文書番号順に配列。月日欠文書用の漢字音引き目次、画引目次あり。　1028

玉葉索引　藤原兼実の研究　多賀宗隼編著　吉川弘文館　1974　583p 図 23cm　原著者：藤原兼実　6300円
1164-1200年に至る朝廷の儀式、行事、諸制度、政情を詳記している九条（藤原）兼実の日記『玉葉』の読解事典。索引および解説の2部からなる。索引の部は、人名（俗・僧）・神社・仏寺・典籍の総索引、解説の部は、日記の筆者兼実の研究となっている。人名は名頭字の音読み五十音順、人名以外は通称読み五十音順の配列。付録として、玉葉関係史料、系図、日記対照年表、人物年齢対照年表、参考文献、人物称号表がある。底本は1906年刊の国書刊行会本。　1029

玉葉事項索引　大饗亮編　風間書房　1991.2　692p 22cm　付・国郡庄地名索引　4-7599-0785-8　32960円
用語と地名に限定した『玉葉』の索引。五十音順配列で、各項目には年月日、刊行本の巻数、頁数を列挙した。難読事項名にはふりがなを付す。巻末には玉葉略年表がある。底本は1906年刊国書刊行会本。　1030

明月記人名索引　新訂　今川文雄著　河出書房新社　1985.3　221p 22cm　4-309-60727-6　5400円
底本は国書刊行会本。4000余の人名は訓読の五十音順配列。ただし、僧侶については音読五十音順。各項目とも本文での記載年月日を列挙してある。初版は初音書房より1972年刊。　1031

【年表】

南北朝編年史　由良哲次著　吉川弘文館　1964　2冊 23cm
南北朝時代の史実を多数の史料から採録して編集した詳細な年表。南北朝に関連した事項を広く採録しているため、収録期間は1219年（承久元）から1960年（昭和35）におよぶ。収録項目約3万6000。各項目とも、南北朝天皇、年号年数、西紀年数を付記し、出典を明記する。下巻末に、南北朝編年史後論がある。　1032

【辞典・事典】

鎌倉武家事典　出雲隆編　青蛙房　1972　641p 20cm　3200円
鎌倉幕府興亡の歴史を10期に分け、編年体に編んだ読み物事典。1180年（治承4）から1333年（元弘3）までの154年間を対象。各年ごとに宮方・武家方の体制

年表、事項事件年表、重要事項解説あり。付録として、桓武平氏、清和源氏、北条氏の系図、鎌倉幕府の将軍表、執権表、諸職表がある。巻末に五十音順配列の事項索引、人名索引。　　　　　　　　　　　　*1033*

鎌倉・室町人名事典　安田元久編　新人物往来社　1985.11
　670p 23cm　4-404-01302-7　9800円
政治・経済から文学・芸能まで全般にわたり、年代的には保元・平治の乱から応仁の乱に至る時代（1156-1467年）に活躍した人物3500名を採録する。五十音順に配列、同音異字は頭字からの画数順、同音同字の異人については出生年順で配列する。1990年刊のコンパクト版もある。　　　　　　　　　　　　　　　　　*1034*

考証戦国武家事典　稲垣史生著　新人物往来社　1992.9
　511p 22cm　4-404-01938-6　7800円
足利幕府より徳川幕府成立直前までの広義の戦国時代における武士の制度、風俗、慣習などを解説する。平時の武士、合戦時の武士、天下平定に至る武士、の順序に従って体系づけ、項目を配分。図版を多く含み、巻末に戦国合戦年表ほか4表、および約2100項目の五十音順索引を付す。同著者の『時代考証事典』☞*1069*（正編1971、続編1985）と同趣向で、『戦国武家事典』（稲垣史生、青蛙房、1973）と、ほぼ同内容である。
　　　　　　　　　　　　　　　　　　　　　　　　1035

図説中世城郭事典　第1-3巻　村田修三編　新人物往来社　1987　3冊 27cm　第1巻 北海道・東北・関東　第2巻 中部・近畿1　第3巻 近畿2・中国・四国・九州　各9800円
日本全国の中世城郭約700を選び、解説する。城郭には館、塁、陣などを含む。県別に配列し、所在地、別称、創築年代、主要年代、遺構の年代、廃城年代、城主、形成、遺構、城域、高さ、史跡指定、関連文献を記載する。各城郭ごとに原則として2万5千分の1地形図を付す。索引はない。　　　　　　　　　　　　*1036*

戦国史事典　戦国史事典編集委員会編著　秋田書店
　1980.10　784p 19cm　監修：桑田忠親　5800円
戦国、安土・桃山、江戸初期にかけての、戦国史全般を総括的に取り扱ったハンドブック。項目は、政治、外交、経済、文化、女性史など多岐にわたり、1467年（応仁元）から1639年（寛永16）までを対象とする。合戦、城郭、皇室と公家、室町幕府、都市、宗教と思想など17章よりなり、各章に図表などがある。巻末には、五十音順の人名索引と事項索引を付す。　*1037*

戦国人名事典　阿部猛，西村圭子編　新人物往来社
　1987.3　854p 23cm　4-404-01412-0　9800円
応仁の乱（1467）より豊臣氏の滅亡（1615）までの約150年間に歴史に名をとどめた人物約8000名を対象とした人名辞典。五十音順配列。戦国大名・家臣団にとどまらず、女性・外国人も含む広い分野・階層より収録。各項目とも、人名の読み、漢字表記、生没年、解説を付す。同一人物の別名からの参照が豊富。姉妹編に『鎌倉・室町人名事典』☞*1034* がある。1990年にコンパクト版が刊行された。　　　　　　　　　*1038*

戦国大名家臣団事典　山本大，小和田哲男編　新人物往来社　1981.8　2冊 22cm　各6800円
有力な、かつ家臣との関係で特色ある戦国大名を、東国編に葛西氏ら15氏、西国編に斎藤氏ら18氏を選び、収載。それぞれの大名ごとの、家臣団の概説と、個々の主要家臣の人名事典よりなる。ふれられることの少ない戦国大名の家臣について、古文書・古記録に依拠して記述。各巻末に五十音順の人名索引を付す。収録総人名は3885名。　　　　　　　　　　　　　　　　*1039*

戦国大名系譜人名事典　山本大，小和田哲男編　新人物往来社　1985-1986　2冊 22cm　各7500円
対象は戦国時代の大名家。南部氏ら43家を東国編、佐々木氏ら55家を西国編として収載。それぞれの家ごとの、系譜と事歴、系図、当主および主要人名事典からなる。古文書、古記録に基づき、戦国大名諸家の発展過程を明らかにする意図。各巻末に五十音順の人名索引を付す。なお『戦国大名家臣団事典』☞*1039* との併用が望ましい。　　　　　　　　　　　　　*1040*

戦国武士事典　武家戦陣作法集成　笹間良彦著　雄山閣　1969.7　560,13p 22cm　3500円
「戦場における武士の心得と戦略の基本条件」について古書より引用し、体系的に説明した事典。図版176種と豊富。内容は大項目として、軍法、出陣、戦場、褒賞、諸道具の歴史からなり、さらに中項目および小項目で構成する。巻末に事項索引を付す。　　*1041*

中世史用語事典　佐藤和彦編　新人物往来社　1991.9
　427p 20cm　4-404-01839-8　5800円
日本中世史の研究と教育において基本となる事項に、近年研究の進んだ女性史、地方史、民衆史にかかわる項目を加えた約2300項目を解説したもの。項目の五十音順に配列。巻末に中世史略年表ほか、主要荘園など17種の一覧・図を収載。　　　　　　　　　*1042*

日本戦国史漢和辞典　村石利夫編著　村田書店　1987.10
　694,24p 22cm　5200円
戦国時代から江戸期にかけての史料中から、実際に使われた単語、熟語約5万種を採録した漢和辞典。画数順配列。2749字の親字のもとに名乗、官名、姓氏、人名、歴史地名、戦史地名、城名、熟語などの項目にそ

って解説。特に熟語は器材、故実、諺言など豊富に収録・解説する。語彙は『日本戦史』全13巻（村田書店、1977〔明治26年刊の複製〕）のほか、『甲陽軍鑑』『信長公記』『太閤記』など11の史料から採録。巻頭に親字一覧、巻末に図録、音訓索引を付す。　　1043

日本戦国史国語辞典　村石利夫編著　村田書店　1991.3
422,119p　22cm　4500円
戦国・安土桃山・江戸前期時代の文献・史料を調べるための国語辞典。五十音順配列。ほとんどの見出し語に、『太閤記』『信長公記』『甲陽軍鑑』などからの文例を示す。付録として、新旧地名対照表、歴史地名小辞典、史料常用句一覧、主要戦国期合戦一覧、史料頻用異体字を付す。　　1044

日本中世史研究事典　佐藤和彦〔ほか〕編　東京堂出版　1995.6　291p　22cm　4-490-10389-1　4500円
1980年代以降の中世史研究の成果を整理するとともに、今後の課題および研究の指針を示すために必要と考えたテーマに絞って立項。中項目主義。中世史学の研究動向、中世史学の分析傾向、モノが語る中世史、特論の4章からなる。各項目には、研究の成果としての文献解説と参考文献を掲載。付録として日本中世史関係展示図録リストを収載。　　1045

武家戦陣資料事典　笹間良彦著　第一書房　1992.3　651p　27cm　4-8042-0026-6　38000円
武家の戦（いくさ）について、その動機、準備から戦陣編成や態勢、戦後処理に至るまでを体系的に解説した軍事百科事典。4篇からなり、たとえば第1篇は、兵は国の大事、出陣、軍編成、武装、甲冑武装の心得などの項目がある。さらに小項目を設け、史料や図版（283枚）を用いて、事項や名称について述べる。巻末に索引がある。　　1046

【便覧】

図説戦国合戦総覧　新人物往来社編　新人物往来社　1977.9　206p　22cm　1800円
応仁の乱から関ヶ原合戦までの主要な合戦約60を年代順に配列。それぞれの合戦について、各軍の布陣、采配を描いた合戦図、合戦場跡の写真、関連人物の肖像など豊富な図版を収載し、解説を付す。約120点の参考文献を紹介。ほかに戦国合戦年表（1464－1615年）がある。　　1047

中世史ハンドブック　永原慶二〔ほか〕編　近藤出版社　1973　497p　22cm　3200円
日本の中世史研究の基礎知識を提供するハンドブック。中世史研究の現状、史料・史籍一覧、基礎用語、諸表の4部からなる。中世史研究テーマの問題点や研究動向の解説、研究用語53項目の解説、大正以降の主要研究文献一覧により、研究の現状を紹介。　　1048

◆近世

【書誌・索引】

近世庶民史料所在目録　近世庶民史料調査委員会編　京都　臨川書店　1981.12　3冊　22cm　日本学術振興会昭和27－30年刊の複製　4-653-00735-7　全25000円
江戸時代から明治時代までの全国各地の民間所有の庶民史料を調査して府県別にまとめた目録。おもに村方の各種記録類が収められてあり、縁起・学校関係書類・古器物などにも及んでいる。一々の資料について所蔵者の住所氏名・旧地名・資料の数量・年代・内容を記している。巻末に史料の所在地索引がある。　　1049

対外交渉史文献目録　近世篇　京都外国語大学付属図書館編　雄松堂書店　1977.9　448p　27cm　15000円
1868年（明治元）より1975年の間に国内外で刊行された、近世日欧交渉史およびキリシタン関係・洋学関係文献の書誌。対象範囲は戦国時代から明治初年まで。松田毅一編『日欧交渉史文献目録』（1965年刊）をもとに『同　補遺』（『清泉女子大学紀要』16－20号）と新規分を加え増補改訂したもの。収録数は約1万5000点。記載項目は著訳者名、書名または論文名、収録叢書名または掲載誌名。著訳者名の配列はアルファベット順。巻末に「引用・参考・掲載・文献目録並びに略号」があり、巻末には主要106項目の五十音順索引を付す。近世篇のみ刊行。　　1050

通信全覧総目録・解説　田中正弘著　通信全覧編集委員会編　雄松堂出版　1989.10　615p　22cm　4-8419-0097-7　10300円
幕府外国方において編纂された最初の外交文書である『通信全覧』と、外務省文書司編纂の『続通信全覧』の総目録。原本にして20万頁の検索を容易にした。1859年（安政6）から1867年（明治元）の細目を記載。配列は正続の各編を年代順に、さらに編年之部、類輯之部、類輯提要之部の順に記載する。記載内容は件名（収録内容）、収録年代、通信巻数、頁数。巻末に、未編集『芸学門　伝習』目録、『続通信全覧』引用書目、『旧記類纂』書類目録、徳川幕府外国関係事務官吏一覧を載せ、解説として田中正弘著『正続　通信全覧』の概要と編纂の沿革を収載。　　1051

徳川実紀索引 徳川実紀研究会編 吉川弘文館 1973-1977 3冊 23cm 全13800円
幕府の正史であり、江戸時代史研究に不可欠な史料である『徳川実紀』『続徳川実紀』(新訂増補国史大系本)の人名および事項索引。構成は「人名篇上下巻」、「事項篇上下巻」(未刊)、「幕末篇」。「幕末篇」は、『続実紀』の第3-5編に記載の人名と事項の索引。配列はそれぞれ五十音順。　　　　　　　　　　1052

内閣文庫未刊史料細目 上, 下 国立公文書館内閣文庫〔編〕国立公文書館内閣文庫 1977-1978 2冊 27cm
内閣文庫収蔵の貴重な近世史料の内、上巻には文書集、地図集、編年史料、記録集、法令集、年表、雑編に類する未刊史料21種を収載。下巻には系図集、伝記集、典例儀式史料、随筆、明治初期史料の25種の計46種を収録。それぞれに成立事情、内容、諸本などについての解題を加え、細目は冊次、巻次、題名、巻数、著者名、年代の順に記載。　　　　　　　　　　1053

日本近世史図書目録 日外アソシエーツ編 日外アソシエーツ 1993.6 691p 22cm (歴史図書総目録 3) 発売:紀伊国屋書店 4-8169-1170-7 29000円
1945年(昭和20)から1990年(平成2)までに日本国内で刊行された、江戸時代に関する図書1万3640点を収録。思想家、芸術家、文学者以外の伝記・評伝、思想・文学作品の原本の復刻本(注釈書は採録)、歴史小説、児童書、受験参考書を除く。全体を外交史、経済史など18項目に分け、さらに細分化した項目を立てる。同一見出し中は出版年月順、同年月は書名の五十音順に配列。記載項目は、書名・著者・出版・形態に関する項目、定価、日本十進分類法、文献番号。巻末に五十音順の著者索引、書名索引、事項索引を付す。　　　　　　　　　　1054

百姓一揆研究文献総目録 保坂智編 三一書房 1997.11 471,41p 22cm 4-380-97303-4 8000円
百姓一揆・村方騒動・国訴のほか、山論、水論などの共同体間闘争に関する雑誌論文・著作を収録した書誌。学術論文以外に、新聞記事、戯曲、マンガなども収める。構成は戦前編(1878-1945年中1881、1889、1904、1907年を欠く)戦後編(1946-1996年)に分かれる。記載項目は著者名、論文および著作名、収載書誌および発行主体、出版社、再録書誌、複数一揆関係著作の重要部分の章節。巻末に五十音順の著者索引を付す。　　　　　　　　　　1055

【年表】

近世事件史年表 明田鉄男著 雄山閣出版 1993.1 396p 21cm 4-639-01095-8 5800円
1589年(天正17)から1867年(慶応3)の間に起きた犯罪、事故、天災人災などの事項を年代順に配列。採録対象は、編年体の記録、裁判記録、随筆類、明治以降の研究書。3部構成で、本文の「事件史年表」と、時代の流れが把握できる「解説編」、事件別年表一覧、地域別事件年表からなる「資料編」からなり、読む年表をめざしている。巻頭に187点の引用文献を掲げる。項目中に典拠が示され、巻末に五十音順人名索引を付す。　　　　　　　　　　1056

近世生活史年表 遠藤元男著 雄山閣出版 1995.2 348,63p 図版16枚 21cm 新装版 4-639-00799-X 5974円
1590年(天正18)から1867年(慶応3)までの278年間の生活史に関する事項を、『徳川実紀』正続をもとに抜き出し、まとめた年表。原則として1年を1頁に収める。冒頭に政治・社会の一般的な情勢を解説。記載項目は世相、生活、宗教・教育、芸能・娯楽、産業・経済、交通、必要に応じて流行、項目の下に月別に記事を記す。出典は省略し序文中に引用文献を一括して掲載。挿図、補注多し。全体的に江戸中心の記述となっている。巻末に詳細なジャンル別索引を付す。1982年刊行の新装版。　　　　　　　　　　1057

百姓一揆総合年表 青木虹二著 三一書房 1971 682,35p 23cm 7000円
1590年(天正18)から1877年(明治10)までの288年間に起きた百姓一揆、都市騒擾、村方騒動、国訴を集成した年表。記載項目は年月日、国名、郡名、地域、原因、要求、形態、出典。出典欄には参考史料名、典拠の頁数も記載。収録数は7563件。付録に「中世農民一揆年表」、増補として追加件名を加え、巻末には五十音順の件名索引、史料名索引を付す。前著『百姓一揆の年次的研究』(新生社、1966)から派生したもの。全体の展望を得ることはできるが、個々の内容の検討は『編年百姓一揆史料集成』(1978-1988年刊)に続き、その要綱部分にあたる。　　　　　　　　　　1058

【辞典・事典】

赤穂義士事典 大石神社蔵 増訂版 赤穂義士顕彰会編 佐佐木杜太郎改訂増補 新人物往来社 1983.4 807p 22cm 大石神社蔵版 9800円
赤穂義士全般に関する事項別事典。1972年赤穂義士刊行会刊の複製に増補を加え、現時点での決定版を目指す。構成は、「元禄義挙の梗概」、「赤穂義士実録」、関係人物略伝、著作、古記録・その他、書簡、詩歌・俳諧、神社・仏閣・遺跡、演劇、補遺・新資料の順。人名・著書・古記録などは五十音順(外国語著書のみ発行年代順)に配列。年譜・演劇は年代順。難読語彙に

はふりがなを付す。 　　　　　　　　　　　1059

江戸時代役職事典　改訂新版　川口謙二〔ほか〕著　東京美術　1992.7　198p　19cm　（東京美術選書27）　4-8087-0018-2　1300円
江戸幕府の代表的な役職とその関連項目を、簡略に記載した便覧。1981年刊行の改訂増補版。「役職編」「制度編」「ひとと役職」に分かれ、「ひとと役職」では、著名な人物と事歴を記す。各編項目の五十音順配列。全項目数104。巻末付録に、「江戸幕府役職要覧」がある。索引はなく、目次の項目名にひらがなを添え、索引的役割を果たす。　　　　　　　　　　　1060

江戸時代用語考証事典　池田正一郎著　新人物往来社　1984.7　519p　22cm　6500円
江戸時代から明治初年までの庶民生活、特に農民に密着した諸制度や法制に関する語彙集。当時の民間文書、法令、史書、随筆などから採録。解説中には可能な限り語源、引用例、出典をあげ、難読語彙にはルビをふる。配列は五十音順で約8000語を収録。巻末に「幕府官職図」「方位・時刻図」「二十四気七十二気候之図」「二十四番花信風図」「異称」「大地震年表」「新吉原焼失年譜」を収載。　　　　　　　　　　　1061

江戸諸藩要覧　井上隆明編　東洋書院　1982.6　449p　20cm　3400円
天正から明治2年までの各藩を地方別に分け、旧国名を五十音順に配列。記載項目は、藩主の氏・官職、領地、石高、家紋、詰席/近代の爵位、系譜、江戸及び京への里程、江戸屋敷、京都屋敷、大坂蔵屋敷、菩提寺・墓、姻戚関係、藩校・藩儒、コメントの諸項。類書と異なり、編者の専攻による近世文学に関する記述が多い。旅行・文学散歩など幅広い利用が可能。巻末に「江戸幕府重職一覧」「藩校一覧」「家名索引」「藩名索引」を収載。　　　　　　　　　　　1062

江戸幕藩大名家事典　上, 中, 下巻　小川恭一編著　原書房　1992　3冊　23cm　16000-18000円
江戸時代の大名屋敷の詳細、武家故実としての幕府制度・大名家格に関する事項21項目を記載した便覧。『諸向地面取調書』（安政2成立か）を土台に、「武鑑」「江戸藩邸沿革」で補い、319家を収録。配列は慶応3年末の県別在所五十音順。北海道－新潟県、富山県－鹿児島県、解説の全3巻よりなる。当主名、所在地別、居所別五十音順の索引を付す。　　　　　　1063

江戸万物事典　絵で知る江戸時代　高橋幹夫著　芙蓉書房出版　1994.11　293p　27cm　4-8295-0138-3　5800円
『頭書増補訓蒙図彙大成』（中村惕斎編、下河辺拾水画、寛政元）を底本に編集した語彙集。章立ては再編集し

ているが、項目名と図版はすべて採録。江戸時代の背景と人々の知恵を理解するとともに、現代にも役立つ知識を収録している。図を中心に、上段に項目の解説の現代語訳と、下段に補注を付す。項目数1750余。巻末索引は項目名に現代語の慣用語を補ってある。 1064

江戸編年事典　稲垣史生編　青蛙房　1966　679p　20cm　2000円
江戸時代の時代考証のテキストとして編纂された事典。容姿・服飾、飲食・住居、財政・経済から地誌・景観などを編年体で記す。江戸時代を7期に分け、それぞれに本期概要と各年記事を記す。巻末に「実用江戸風俗帖」と事項の五十音順索引を付す。同種の事典中の古典的存在。『江戸生活事典』☞2960の姉妹篇。 1065

近世史用語事典　村上直編　新人物往来社　1993.1　413p　20cm　4-404-01979-3　5800円
日本近世史における、政治、経済、文化、思想、社会制度などに関する基本的用語事典。天正から明治初年頃までの史実や流れの簡便な理解に役立つ。1項目100字程度で簡単に解説し、収録数約3000。配列は五十音順。巻末に「近世史略年表」「郡代・代官所別構成表」「江戸幕府職制表」などを収載。 1066

三百藩家臣人名事典　第1-7巻　家臣人名事典編纂委員会編　新人物往来社　1987-1989　7冊　22cm　全75000円
1600年（慶長5）から1871年（明治4）までの272年間に存在したすべての藩において、家臣として史料的に確かな事績を残した人物を収載した事典。収録人数約6100余。全国を8地方に分け、国別の下に藩別。各藩内の配列は五十音順。記載項目は、藩名、所在地、歴代藩主/家臣名、生没年、事歴、享年など。各巻末に五十音順人名索引を付す。 1067

三百藩藩主人名事典　第1-4巻　藩主人名事典編纂委員会編　新人物往来社　1986-1987　4冊　22cm　各9800円
1600年（慶長5）から1871年（明治4）まで272年間、全国557藩に在藩した藩主4292名を代順に収載。移封、廃絶を含む。全藩主の事歴解説のあとに、生年月日、父、母、幼名、雅号、正室、子、側室、相続年月日、官位、薨卒年月日・享年、葬地・墓、参考文献の13項目の詳細な注を記載。歴代藩主を網羅収録したはじめての本格的人名事典。『三百藩家臣人名事典』☞1067とあわせ活用するのが便利。各巻末に五十音順の藩主名索引を付す。 1068

時代考証事典　〔正〕,続　稲垣史生著　新人物往来社　1971-1985　2冊　22cm　4-404-00304-8　全8600円

著作やドラマ製作の実際に役立つ資料としての性格と読物としての性格を備えた事典。江戸時代の制度・風俗・習慣などに関する項目を大きく27に分類して解説する。巻末の付録は正編に幕府機構職制表、幕府代官表、諸藩要目表、江戸城の平面図2枚。続編には武家の格式と行列作法、関東八州路程便覧を付す。各編に五十音順事項索引あり。類書の『考証江戸事典』（南条範夫著、人物往来社、1964）より対象が広範囲。
1069

新選組大事典 新人物往来社編 新人物往来社 1994.6 281p 22cm 4-404-01208-9 8800円
新撰組に関連した人名、地名、事件などを収録した事典。1000余件を五十音順に配列。記載内容は人名に関しては生没年、入隊・離隊、事歴など、事件に関しては概要などを簡潔に記す。巻末の参考文献一覧は173点を収載。『新撰組事典』（1973年刊）の増補改題。
1070

図録・都市生活史事典 原田伴彦〔ほか〕編 柏書房 1991.1 261p 26cm 新装版 普及版 4-7601-0624-3 2800円
江戸時代から明治初年にかけての、三都（江戸、大坂、京都）および地方の都市的地域（城下町・港町など）の構造と生活実態を、図版を中心に解説したもの。項目解説、図版解説がある。図版は当時の版本から採録し、出典を明示。索引はない。1981年刊行の新装普及版。
1071

日本近世史研究事典 村上直〔ほか〕編 東京堂出版 1989.6 264p 22cm 4-490-10256-9 3800円
1980年代末までに蓄積された研究成果を解説したもの。国家論、身分論、村落論、都市論、民衆運動論、思想・文化論、地域史研究、史料学・方法論の8つのテーマに分け総説を記載。さらに90の項目に分けて研究史、主要文献、論文の紹介、新たな研究課題の提起をする。巻末に事項索引がある。
1072

藩史事典 藩史研究会編 秋田書店 1976 542p 19cm 監修：藤井貞文, 林陸朗 3500円
1590年（天正18）から1871年（明治4）まで282年間に存在した545藩を網羅し、地方別に分け、国ごとに配列し解説した事典。各藩の創立、転封、改易、再封、分与、新知、役職、石高、相続、政策、一揆、騒動、藩校、学問などを簡潔に記述する。藩政史研究のためには一般にも研究者にも簡便な手引き書である。巻末に五十音順の家名索引と藩名索引を付す。
1073

藩史総覧 新人物往来社 1977.12 473p 22cm 監修：児玉幸多, 北島正元 3800円
1603年（慶長8）から1871年（明治4）までの269年間に存在した藩の総覧。全国を8地方に分け、国ごとに507藩を収録。記載内容は藩の創立、転封、石高、相続、騒動など。凡例末に「藩政史研究基本文献」があり、巻末に「廃絶（減封）大名一覧」「藩別領地高・家臣数一覧」「維新期諸藩変動一覧」を収載し、五十音順の藩名索引、人名索引を付す。
1074

藩史大事典 第1-8巻 木村礎〔ほか〕編 雄山閣出版 1988-1990 8冊 27cm 4-639-00728-0 全111420円
1598年（慶長3）から1871年（明治4）の274年間に存在したすべての藩について解説した事典。藩史研究に必要な項目を網羅して集大成を試みたもの。収載項目は類書に比して多く、藩名、概観、居城、家紋、藩主の系図、藩主一覧、藩史略年表、家老と業績、藩の職制、領内支配の職制と系統、支配区分、村役人の名称、領外の支配機構、交通路、番所、在町・津出場・米蔵、詰間、江戸屋敷、蔵屋敷、専売制、藩札、藩校、武術、参勤交代、基本史料・基本文献の25種。収録藩数は586。配列は全国6地方を国別に分け、北から南、東から西の順。藩の名称は原則として城地・城名で示す。第8巻は史料・文献総覧・索引。
1075

【便覧】

江戸幕府旧蔵蘭書総合目録 日蘭学会編 日蘭学会 1980.11 224,3p 27cm （日蘭学会学術叢書 2） 監修：緒方富雄
江戸幕府の諸機関で所蔵したオランダ書（英仏書若干を含む）の目録。国立国会図書館など7機関に収蔵されている書籍を内容に応じて、日本十進分類法で10類に分類。類目中の配列は、著者名のアルファベット順。収録数約1150点。
1076

江戸幕府役職集成 改訂増補版 笹間良彦著 雄山閣出版 1974 473,24p 22cm 3500円
江戸時代の幕臣、主として旗本、御家人の生活と職制について分かりやすく解説した便覧。将軍、老中、若年寄の三つの管轄に分け、各支配系統を細述している。項目数171。記述内容は各職種の変遷と大要。役職の創設、廃止、法令公布を中心とした年表がある。付録は「江戸時代貨幣一覧表」「米価換算表」「官位制と服装」「時刻と方位表」「御扶持方渡之覚」。巻末に項目の五十音順索引を付す。初版（1965年刊）、増補版（1970年刊）、に続く再増補版。増補部分は本文と別立てで追加してある。
1077

旧高旧領取調帳 木村礎校訂 近藤出版社 1969-1979 6冊 19cm （日本史料選書） 監修：竹内理三〔等〕
底本は芦田伊人が大正12年9月の関東大震災以前に書写したもの(明治大学図書館所蔵) 全26000円

1877年（明治10）頃内務省所管で編集した村名簿。村ごとに旧村名、旧領名、明治元年取調旧高（幕末の村高）、旧県名（廃藩置県直後の県名）を記し、これを旧国郡単位にまとめる。原本は内務省にあったが関東大震災で焼失、筆写本でのみ伝わる。一部の国（出羽、越中、能登、加賀、出雲、石見、隠岐）については残存していない。幕末の時点での地誌がわかる点で貴重。本書を原データとして作成したデータベースに国立歴史民俗博物館『れきはくデータベース』の「旧高旧領取調帳データベース」がある。複製版（東京堂出版、1995）あり。　　　　　　　　　　　　1078

近世史ハンドブック 児玉幸多〔ほか〕編 近藤出版社　1972　390,14p 22cm 2800円
日本近世史研究の入門書。織豊時代から幕末までの構成は、政治、外交・貿易、経済、都市と農村、産業、交通、社会、文化の8分野からなり、さらに系統的に細分化した300項目に分かれる。解説および、多くの関係資料、研究論文の紹介を行っている。単なる案内書でなく、この時期の研究動向を知る上で利用価値が大きい。巻末に五十音順の事項索引を付す。　1079

復元江戸生活図鑑 笹間良彦著 柏書房　1995.3　271p　27cm 4-7601-1137-9　4800円
江戸時代における武士と庶民の生活を、文献、絵図、絵巻物、版本、遺跡などの現存する多種多様な史料をもとに時代考証し、復元した図録。図を中心に名称と解説を加える。「武家と庶民の服装と結髪」「武家社会と生活」「庶民社会と生活」に分かれる。項目数183。項目の解説末に参考文献を付す。巻末の事項索引は五十音順。関連書に『資料・日本歴史図録』☞0960 があり、あわせて活用するとよい。　1080

◆明治維新

【書誌・索引】

維新史研究資料索引 日本歴史地理学会編 日本歴史地理学会　1919　220p 22cm 歴史地理　臨時増刊
1844年（弘化元）から1871年（明治4）までの28年間に関する雑誌記事を集めた記事索引。配列は件名（人名件名を含む）の五十音順で、著者名から件名への参照がある。1876年から1914年に発行された30誌から記事を採録、維新直後の研究動向を知る手がかりとして貴重。1996年に複製版を刊行（ゆまに書房、書誌書目シリーズ41『和漢名著解題選』第6巻に収録）。表記は旧漢字旧かなづかい。　1081

維新史料綱要 第1-10巻 維新史料編纂会編 東京大学出版会　1983-1984　10冊 22cm
原本は1937-1943年刊、維新史料編纂会の編集。幕末・維新期の史料を多数収録した『大日本維新史料』（刊本19冊、1938-1943年刊）およびその稿本（4180冊）から明治維新に関する綱文を抜き出し、年月日順に配列し、引用出典を注記する。1846年（弘化3）から1871年（明治4）までの詳細な年表として利用できる。なお、稿本はマイクロ版が1995年に刊行。　1082

史談会速記録 総索引 吉田常吉編 原書房　1976　208p　4-562-00569-6　3605円
史談会は宮内省の下命により幕末・維新期の政治・戦記・人物関係について古老の実歴談を記録することを目的に構成された。この史談会の機関誌『史談会速記録』（1892-1938）の総索引が本書。事物索引、人物索引、談話者索引の3部構成で、おのおの五十音順配列。ただし第395輯（1932年刊）まで復刻したのを機に1-395輯分として作成したものである。第411輯（1938年刊）までの目次は『幕末明治研究雑誌目次集覧』☞1097、『日本史関係雑誌文献総覧　上』☞0913で見ることができる。　1083

資料御雇外国人 ユネスコ東アジア文化研究センター編 小学館　1975　524p 肖像 23cm 8000円
幕末から明治初期にかけて政府・民間の各機関や個人に雇われた来日西洋人（いわゆるお雇い外国人）に関する資料集。2部構成で、研究編にあたる第1部では当時の状況や研究史を概観し、政府・大学・地方関係の文書類について詳しく解説する。第2部「お雇い外国人名鑑」は、カタカナ表記五十音順配列の人名見出しのもとに原綴、生没年、国籍、雇主・雇用期間などを記述した文字どおりの名鑑であると同時に、典拠資料に対する人名索引・抄録の役割をも果たしている。巻頭口絵に50余人の肖像を、巻末に参考文献の一覧を付す。　1084

地方沿革略譜 内務省図書局編 象山社　1978.9　294p　27cm 限定版 6500円
1867年（慶応3）10月以降、廃藩置県・府県統合を経て、現在の体制がほぼ完成する1881年（明治14）5月までの地方行政組織の変遷を、各府県ごとに精細に系譜で表した資料。当時の府県および開拓使の組織の設置・置県（置府）年月日や長官名・管轄などが記載され、区郡別の面積、人口、地租金などの表を付す。本書は内務省図書局1882年刊を原本とした復刻版で、新たに巻頭に目次を加え各府県の検索の便を図っている。　1085

幕末維新三百藩総覧 神谷次郎，祖田浩一著 新人物往来

社 1977.7 411p 20cm 2800円
幕末明治維新期の各藩の状況を解説した歴史事典。300の藩を北から南の順に配列して領地、石高、席次、家紋、最後の藩主を記し、戊辰戦争に対する各藩の政治的、戦略的動きをまとめている。巻末に1853年（嘉永6）から1871年（明治4）までの年表がある。索引はない。なお、1995年に出版されたコンパクト版も内容的には同一のものである。 *1086*

明治維新史研究講座 第6巻，別巻 歴史学研究会編 平凡社 1959-1969 2冊 22cm 第6巻 明治維新史料・文献目録，明治維新史研究講座総索引 別巻 座談会「最近十年間における明治維新史研究の動向と問題点」 増補：明治維新史史料・文献目録
史料・文献は、主に天保期から明治憲法発布までの期間を対象に、1958年までに刊行されたものを収録。概説、政治史、経済史、国際関係史、思想史など10分野のもとに小見出しをたてて刊年順に配列。簡単な説明を付すとともに『明治維新史研究講座』中の所在を表示している。総索引は『講座』本編に対する人名索引と事項索引で、史料・文献目録に対する索引はない。別巻には、1959-1968年に刊行された史料・文献目録を収録する。 *1087*

【辞典・事典・便覧】

幕末明治風俗逸話事典 紀田順一郎著 東京堂出版 1993.5 629p 19cm 4-490-10338-7 2900円
幕末から明治初期にかけての世相を表す事件・逸話を集めた雑学エピソード事典。幕末維新編、明治開化編の2部構成で年代順に配列する。巻末に主要参考文献として出典資料名の一覧を付す。人名、書名、事項を含む五十音順の索引がある。1985年に河出書房新社から刊行された『幕末風俗故事物語』『明治風俗故事物語』の補訂合併版にあたる。 *1088*

明治維新人名辞典 日本歴史学会編 吉川弘文館 1981.9 1096,8p 23cm 11000円
幕末から明治初期（1853-1871年）に活躍した各界の人物4295名を収録する人名辞典。外国人も含む。姓名を見出し語として五十音順に配列し、生没年月日、別称、出生地、身分・出身・職種、家系、禄高、爵位、法号・諡号、墓所、著書、参考文献などの基本事項に続いて略伝を記載する。巻末に別名索引がある。 *1089*

◆近代・現代

【書誌・文献案内・便覧】

関東大震災に関する資料所在目録 昭和58年11月現在 東京都公立図書館郷土資料研究会昭和58年度東京都公立図書館職員研究大会第1部会編 東京都公立図書館郷土資料研究会 1984.2 37p 26cm
図書、報告書、記録、雑誌特集号など約130タイトルの図書資料の部と、写真帖、画集、地図など約50タイトルを含む図書以外の資料の部よりなる。「関東大震災に関する地域資料の取扱いについてのアンケート調査」（昭和58年10月実施）のうちの「震災資料一覧」（同年11月末日現在回収）をもとに作成。 *1090*

近代日本研究入門 増補版 中村隆英，伊藤隆編 東京大学出版会 1983.7 412p 19cm 2200円
近代日本を歴史的に研究しようとする人の手引きとなるよう編集されたハンドブック。3部構成で、第1部「時代」では明治維新から占領期に至る期間を6つの時代にわけて政治過程を記述。第2部「構造」では、対外関係、司法権の独立など6主題について問題の所在を明らかにするとともに研究の手がかりを記述。第3部「研究の手引」では研究文献のさがし方などを具体的な資料名・資料館名をあげて解説する。初版は1977年刊行。増補にあたっては、部分的な補訂および巻末に補注を追記する形をとっている。 *1091*

自由民権運動研究文献目録 自由民権百年全国集会実行委員会編 三省堂 1984.11 348p 22cm 4-385-34905-3 3600円
1890年（明治23）から1984年（昭和59）までに発表された自由民権運動に関する単行本、雑誌論文、新聞記事など約7700点を収録する書誌。県史、市町村史中の章や節も採録対象としている。地租改正関係は原則として割愛。都道府県編、全国編の2部構成で、各都道府県別および日付順に配列。巻末に五十音順人名索引と、一部文献のみを収録した主題別の索引がある。なお、本書の補遺として『自由民権運動研究最新文献目録 '84-'87』（自由民権運動資料研究会編刊、1987）がある。 *1092*

秩父事件文献総覧 埼玉県編 〔浦和〕 埼玉県 1987.3 351,29p 22cm 『新編埼玉県史』別冊 折り込図1枚
1986年10月までに刊行された、秩父事件に関する史料、研究文献1005点を収録した解題書誌。史料、図書、研究誌、雑誌論文、書評、新聞報道・特集記事、文芸・

絵画の7項目からなり、それぞれ刊年順に配列。巻頭口絵に原史料の写真を、巻末に秩父事件関係記念碑所在一覧と著者索引を付す。　　　　　　　　*1093*

日本近現代史文献解題　佐治芳雄編　宗高書房　1979.4
　363p 22cm 3500円
日本近現代史研究の基本文献約1050点の解題書誌。全体を参考図書、通史、政治、外交、経済、社会、教育、思想、科学、文化、伝記、地方各史など18項目に分け、刊年順配列を原則とする。解題の最後に内容目次を表示しているのが特徴。巻末の「書名索引」は本文と同配列で実質的には目次。　　　　　　　　*1094*

日本近現代史料解説　佐治芳雄編　宗高書房　1983.6
　331p 22cm 3500円
日本近現代史の基本史料・特殊史料（分野別史料）の解題書誌。前史としての近世史料および参考図書を含め約1300点を収める。基本史料は、叢書、日記、回顧録・手記、伝記など16の項目別、特殊史料は政治・法制、外交、軍事、経済、社会、文化、生活・風俗の7項目別にして、刊年順配列を原則とする。『日本近現代史文献解題』☞*1094* の姉妹編にあたり、解説や索引の構成は同書にならっている。　　　　　　　　*1095*

日本近代史図書目録　日外アソシエーツ編　日外アソシエーツ　1994.3　1031p 22cm（歴史図書総目録4）　発売：紀伊国屋書店　4-8169-1172-3　42000円
1945年（昭和20）から1990年（平成2）の間に日本国内で刊行された、近代日本に関する図書2万1028点を収録。全体を時代別通史および政治、外交、経済・経営、産業、社会、宗教、思想、教育、科学、美術、文学、地方など22分野に分け、中小の見出しをたてて配列。巻末に著者、書名、事項の各索引がある。　　*1096*

幕末明治研究雑誌目次集覧　柳生四郎，朝倉治彦編　日本古書通信社　1968　265p 22cm 2000円
幕末・明治研究に重要な18誌の細目一覧。1誌ごとに表紙写真を掲げ、簡単な解説を付す。細目は本文章題から採り、配列はほぼ創刊順。入手困難な多くの資料を、一目で検索できる利点がある。採録誌は『維新史料』『開国史料』『江戸会雑誌』『史談会速記録』『温知会講演速記録』『維新史料編纂会講演速記録』『名家談叢』『同方会報告』『旧幕府』『武士時代』『江戸』『新旧時代』『明治文化研究』『開化』（改題、同系統の4誌を除く）。『日本古書通信』誌上に掲載された13誌を基に加筆したもの。　　　　　　　　*1097*

【年表】

維新後大年表　改訂増補版　妻木忠太著　村田書店　1978.6
　1冊 23cm 12000円
明治維新前後の歴史的事項を詳細に記録した年表。大政奉還の1867年（慶応3）10月14日から1925年（大正14）4月までを収録する本編（目録）と、維新前史を扱った「幕末事歴便覧」の2部からなり、巻頭には皇室略系と詔勅、付録に諸藩石高及知藩事名表、改置府県略表などを付す。巻末索引は法令、位官、政党及び政論、発明、来朝外人などの項目に分かれ、約1万8000項目におよぶ。初版の発行は1914年。本書は1925年発行の増補3版の複製版にあたる。表記は旧漢字旧かなづかい。　　　　　　　　*1098*

近代日本総合年表　第3版　岩波書店編集部編　岩波書店　1991.2　736p 27cm 4-00-002725-5　8700円
1853年（嘉永6）から1989年（平成元）までを対象とする日本近現代史年表。政治、経済・産業・技術、社会、学術・教育・思想、芸術、国外の6項目に分類し、各記事の末尾に「典拠文献」（4300点余りを収録）番号または典拠の略号を付して、その出典を明示している。巻末の五十音順索引も充実している。初版の発行は1968年。なお、『日本文化総合年表』☞*0927* との合併版CD-ROM『岩波電子日本総合年表』と、昭和史部分（1926－1989年）だけを抜き出した音声データ、グラフィック対応の『電子ブック　データベース昭和史』が出版されている。　　　　　　　　*1099*

現代風俗史年表　昭和20年(1945)→昭和60年(1985)　世相風俗観察会編　河出書房新社　1986.9　380,36p 22cm　4-309-24089-5　2900円
終戦（1945年）から1985年に至る国内の風俗・社会の世相史事典。スポーツ、漫画、テレビ、歌謡曲、流行語、ベストセラーなど世相・風俗全般にわたる小項目に、簡要な説明を付す。政治、経済関係記事は最下段に掲げる。年代順配列だが、各年の中の項目の並びは順不同。巻末に事項索引を付す。　　　　　*1100*

自由民権年表　明治17年(1884)を中心に　正木敬二編　名古屋　正木磐　1984.11　142p 26cm 1600円
明治期の自由民権運動を中心に、民衆の政治的動向を克明に記した年表。大塩平八郎の乱（1837年）から1911年（明治44）までの、民衆による反乱・騒動について、東海、伊那地域および関東を中心にその発生状況を詳細に収録。特に1884年（明治17）－1887年（明治20）については事件ごとに区分して欄を設け記述している。また同期の世界の政治的動向なども記述がある。　　　　　　　　*1101*

昭和期人物年表 1-〔続刊中〕 日外アソシエーツ編 日外アソシエーツ 1987- 3冊 22cm （人物年表シリーズ） 発売：紀伊国屋書店 4-8169-0359-3
作家、政治家、研究者、実業家など各界約2100人の生い立ち、活動状況などを編年体で示す。『大正期人物年表』☞1103 の続編。各年月の順に人物名を五十音順に配し、各人物名のもとに記事を掲げる。記事の出典は明記していない。各巻末には「収録人物一覧」を付す。別巻に収録人物各人との関連を示した『人物交流索引』を予定しているが、現在のところ 3（昭和6-昭和7）までの刊行にとどまる。　　　　1102

大正期人物年表 日外アソシエーツ編 日外アソシエーツ 1987-1988 7冊 22cm （人物年表シリーズ） 発売：紀伊国屋書店 4-8169-0359-3
各界の人物約1630名の生い立ち、活動状況などを編年体で示した新しい形式の年表。月を最小単位とし、同一月内には五十音順配列の人名見出しのもとに数え年齢、一般記事、著作物関係記事を列記。別巻『人物交流索引』は、各記事中の人名、団体名から収録人物各人との関連を示した索引。別冊『収録人物・参考資料一覧』は全収録人名を五十音順に配列し、職業、本名・別称、生没年月日および参考資料（典拠資料）を示している。　　　　1103

大正農民騒擾史料・年表 第1-3巻 青木虹二編 巖南堂書店 1977 3冊 21cm 全60000円
大正年間に起きた小作争議、水論、山論、村政紛争、公害反対闘争、市民運動、米騒動などの新聞記事を編年体に構成する。ただし、農民組合運動や労働争議などの組織運動はとりあげない。はじめに綱文と史料を掲げ、巻末に目次を兼ねた年表を載せる。記事の最初の見出しは新聞の大見出しをそのままとる。年表の記載項目は、年月日、県名、郡名、地域、内容、出典、本文頁。なお、米騒動については、『米騒動の研究』（井上清・渡部徹編、有斐閣、1959-62、全5巻）掲載の新聞記事による「米騒動日誌」を載せているが、記事そのものについては重複を避けているので、同書をあわせて見る必要がある。2-3巻には「府県別小作争議年表」を付す。第3巻に索引あり。　　　　1104

年表昭和の事件・事故史 小林修著 大阪 東方出版 1989.9 344p 21cm 4-88591-220-2 2400円
昭和時代の交通事故、災害、犯罪などについての年表。全体を航空事故、山岳遭難、犯罪関係、自然事故など15に分類し、その中を日本新聞協会の『新聞切抜・写真分類表』（昭和48年版）を参考にした全112に分けて関連記事を掲げる。記事の選択基準は、事故については死傷者数、被害戸数、焼失面積などを目安とし、犯罪関係は社会的な影響などによる。資料編として日本の10大ニュース、昭和の世相・流行語、各大戦の戦没者数、全国各市の空襲被災状況などを付す。索引はない。　　　　1105

明治農民騒擾の年次的研究 青木虹二著 新生社 1967 460p 22cm （日本史学研究双書） 2500円
1868年（明治元）から1911年（明治44）に起きた百姓一揆、都市騒擾、農民騒擾、小作争議のほかに水論・山論などの村同士の争いで騒擾にまで発展したものを扱う。概論と明治農民騒擾年表の2部からなる。年表には農民騒擾2470件、都市騒擾201件の計2671件、参考として1912年（大正元）の77件を収録する。年表記載項目は、年月日、国名、郡名、所管、地域、原因・要求、形態、典拠、区分、現地域名。典拠は1868年から1877年頃までを除いて主に東京大学法学部明治新聞雑誌文庫（当時）所蔵の新聞類による。旧藩制の地名索引、県別の現地名索引、五十音順書名索引がある。　　　　1106

【辞典・事典】

最新昭和史事典 毎日新聞社編 毎日新聞社 1986.4 926p 図版14枚 22cm 7500円
1985年までの昭和史全般にわたる概括的な事典。政治、経済、社会、文化、スポーツ、娯楽、国際関係などについての事項2461項目、人物2394項目を五十音順に配列している。新聞記者がジャーナリストの目でとらえた記録を残す趣旨であり、各項目の記述は簡潔、概略を知るのに便利。巻末には旧・新憲法をはじめとする各種文書、歴代主要職一覧、文化勲章等受章者、ベストセラー一覧、各種統計などを収録。『昭和史事典』（1980年刊、別冊一億人の昭和史22）の改訂版。　　　　1107

昭和・平成家庭史年表 1926-1995 下川耿史編 河出書房新社 1997.12 651p 22cm 4900円
家庭生活に関する事項を中心とした、1926年（昭和元）から1995年（平成7）12月までの年表。項目を4分し、衣・食・住、家計・健康・教育、文化・レジャー、社会・交通・一般とし、それぞれに関連する事項を掲げる。『昭和家庭史年表』（1990年刊）の増補改訂版である。姉妹編に『明治・大正家庭史年表 1868-1925』がある。　　　　1108

昭和史の事典 佐々木隆爾編 東京堂出版 1995.6 477p 20cm 4-490-10387-5 3200円
昭和史を通読できるように編集した政治、経済、社会重視の事典。収録項目は約1000。全体を5期に分け、その中をさらに政治、経済、社会（3期以降は世界を追加）に細分して、関連項目を適宜配列している。各期を1人の担当者が記述し、歴史観が一貫するよう工

夫している。解説文中の見出し語には参照指示があるが、項目が五十音順配列ではないので、索引に戻らないと参照項目が探せない。　　　　　　　　*1109*

戦後史大事典 増補縮刷版　佐々木毅〔ほか〕編　三省堂　1995.6　1176p 22cm 4-385-15432-5　5800円
1945年から1994年までの政治、経済、科学技術、生活、文化、トレンドなど多岐にわたる分野を総合的に扱う事典。項目数は約3000で、解説も比較的詳しい。解説のあとには適宜参考文献を掲げる。巻末には事項索引、人名索引のほか、戦後史文献解題、戦後史年表、主要政党系統図など15の諸表を収める。1991年に出た元版を増補縮刷したものだが、1991年から1994年までを対象とする補遺は巻末に別に収録。　　　　　*1110*

日本近現代史辞典　日本近現代史辞典編集委員会編　東洋経済新報社 1978.4　1089p 27cm 13000円
江戸時代（嘉永・安政期）から1975年までの事項約3850項目を解説する。構成は五十音順。大部分に参考文献を掲載する。付録に55編の一覧表、構成図などを付す。巻末に項目および本文中の重要事項、人名、書名などの語句を採録した索引がある。『日本近代史辞典』（東洋経済新報社、1958）を大幅追補した新版。　　　　　　　　　　　　　　　　　　*1111*

明治世相編年辞典　朝倉治彦，稲村徹元編　東京堂出版　1995.6　694p 19cm 新装版 4-490-10384-0　3800円
明治年間（1868-1912年）における国内の社会風俗、世相を表す事象約4000項目を日付順に配列した事典。各年の年頭頁に内外情勢一般の略年表、年末頁に諸統計、主要出版物、新聞雑誌の一覧を掲載する。巻末には主要法令一覧、忌辰一覧、参考書目一覧などからなる付録と五十音順総索引がある。初版の発行は1965年。　　　　　　　　　　　　　　　　　　　　*1112*

Concise dictionary of modern Japanese history. / compiled by Janet E. Hunter. Tokyo / Kodansha International, c1984. 347p.；23cm. 4-7700-1194-6　3500円
日本近代史上の主要な人物・事件・団体を英語で解説した事典。対象は1853年から1980年。日本語が読めない読者向きに、ハンディな情報を提供することを目的としている。解説が比較的詳しく、各項目末に欧文で書かれた参考文献を必ず掲げている点、日本語に不慣れな利用者に便利である。付録に歴代内閣一覧、近現代日本史関係日本語用語集（ローマ字表記）、漢字画数順のJapanese-English Indexを置く。　　*1113*

【編年史・史料】

朝日新聞100年の重要紙面 1879-1979　朝日新聞社編　朝日新聞社 1979.4　327p 29cm 奥付の書名：『朝日新聞百年の重要紙面』　1400円
1879年（明治12）1月25日の創刊号から1979年（昭和54）1月25日の100周年記念号に至る朝日新聞の中から、時代の象徴となる重要事項を収録した302面を選択して縮小掲載した資料。配列は日付順。目次中の事項名にはごく簡単な解説を付すが、本体は一頁に一面の複製紙面のみで構成する。巻末付録として索引を兼ねた「明治・大正・昭和史年表」と「朝日新聞略史」（年表）がある。　　　　　　　　　　　　*1114*

外国新聞に見る日本　国際ニュース事典　第1-4巻　国際ニュース事典出版委員会，毎日コミュニケーションズ編　毎日コミュニケーションズ 1989-1993　10冊 31cm　監修：内川芳美，宮地正人　「本編」「原文編」に分冊刊行　全336000円
幕末から現代までの日本に関する記事を、欧米・アジアの新聞29紙より抽出し、編年体で掲載した事典。各巻は翻訳文を収載した本編と、原文編からなる。記事内容の五十音順索引、人名・地名・船名・法人名・新聞書籍名の五十音順索引、新聞名のアルファベット順索引の3種の索引を付す。外国側の記録で、既存史料の空隙を埋めることができる。　　　　　*1115*

昭和ニュース事典　第1-8巻，総索引　昭和ニュース事典編纂委員会，毎日コミュニケーションズ編集製作　毎日コミュニケーションズ 1990-1994　9冊 29cm　監修：内川芳美，松尾尊兊　17500-35000円
1926年（昭和元）から1945年（昭和20）までの主要な新聞記事を収録したニュース事典。『大正ニュース事典』☞*1124* の続巻。各巻の年次ごとにテーマの五十音順、その中は日付順に配列。記事は原則として全文を掲載するが、一部に省略もある。旧字・旧かなは新字・新かなに書き改める。各巻にテーマの五十音順索引および分類別索引、項目別の年次索引がある。別巻の「総索引」は各巻ごとの索引を統合整理している。　　　　　　　　　　　　　　　　　　　　*1116*

史料日本近現代史　1-3巻　中村尚美〔ほか〕編　三省堂　1985.4　3冊 22cm 3200-3500円
幕末・明治期から1980年代までを対象とする日本近現代史研究のための史料集。政治、社会運動を中心に約600点の史料の本文（テキスト）を、時代の流れにそったテーマ別に配列し解説と参考文献を付している。各巻末にはそれぞれの出典一覧あり。全3巻を通しての史料執筆者索引、事項索引あり。また、各巻に分割掲載された「日本近現代史史料書目録」は、1960年

（昭和35）から1980年（昭和55）に刊行された史料書の解題書誌として有用。　　　　　　　　　1117

史料明治百年　朝日新聞社編　朝日新聞社　1966　738p(図版共) 27cm 1800円

1853年（嘉永6）から1965年（昭和40）までの113年間のわが国の歩みを年表と史料によって示した資料集。総合年表および外交、国防・軍事、教育など8種類の特殊年表（主題別年表）からなる「年表」編と年代順配列の「史料」編からなり、図表（30項目）、統計（表74項目、グラフ24項目）、人名録（463名）も収録。巻末に五十音順配列の総合索引がある。　　1118

新聞集成昭和史の証言　第1-27巻　本邦書籍　1983-1992　27冊　27cm　編纂委員：入江徳郎ほか　15000-25750円

昭和の日々の動きを全国300余の新聞から抜粋し、編年形式に編纂。政治、外交、軍事、司法、産業、経済、社会、文化、スポーツなどあらゆる分野を扱う。当初20巻編成、1945年までの予定だったが、その後27巻編成に改め1952年までを追加収録した。地方紙や大学新聞からも記事を採録している点が貴重。同一ニュースについては選択収録。記事によっては一部を省略する。見出しは原則として原文から採録するが、続行記事の場合には件名を付記する。各巻には項目別の目次（21巻以降は月日別の目次も）があるが、索引はない。20巻には19巻までの全索引があり、事件・項目を五十音順に配列する。　　　　　　　　　　　1119

新聞集成昭和編年史　〔続刊中〕　明治大正昭和新聞研究会　1955-　27cm

昭和期の主要な新聞記事を採録し、編集復刻した資料。あらゆる分野から収集し、特に社会面を重視する。重要度の高いものから選択し、全文掲載を原則とするが、省略しているものもある。また予報記事を避けて決定記事をとる。中央紙のほかに地方紙からも採用し、「昭和18年版Ⅱ」からは海外邦人紙の記事も掲載する。原紙を復刻したものなので不鮮明なものもあるが、資料としては貴重である。記事の題名は原見出しを生かしつつ省略もある。冒頭に目次、巻によって事項索引を付す。　　　　　　　　　　　　　　　1120

新聞集成大正編年史　大正元-15年度版　明治大正昭和新聞研究会編　明治大正昭和新聞研究会　1966-1987　44冊　27cm　9500-25000円

1912年（大正元）7月から1926年（大正15）までの新聞から重要な記事をあらゆる分野にわたって採録した資料。第1回配本分にあたる大正2年度版だけは常用漢字旧かなづかいで再編集されているが、ほかの巻はすべて新聞紙面をそのまま複製したもので印刷状態が悪く判読できない部分もある。各巻巻頭の目次に記事見出しの一覧が掲載されているのみで索引はない。　　　　　　　　　　　　　　　　　1121

新聞集成明治編年史　中山泰昌編　本邦書籍　1982.11　15冊　19cm　監修：中山八郎　3200-4250円

1862年（文久2）から1912年（明治45）までの200種以上の新聞から、資料的に重要な記事をあらゆる分野にわたって採録した明治史研究上の貴重な資料。各巻主要項目の編年目次と採録資料の分類総目次（各項の中は年月日順）がある。第15巻は約13万項目を収めた五十音順総索引である。初版は財政経済学会から1934-1936年に発行されており、複製版においても旧漢字旧かなづかいのままである。　　1122

新聞集録大正史　大正出版　1978.6　15冊　27cm　全220000円

大正年間の新聞270紙から採録した記事を日付順に配列したニュース事典。政治、外交、経済などの主要記事に加えて、社会風俗や世相を示す記事、投書、広告を収録しているのが特徴。各巻は1年（第1巻のみ2年）分の記事で構成され、巻頭には分類目次、巻末には主な広告を掲載する。第15巻は皇室、政治、軍事など14の事項分類に人名五十音別分類を加えた15項目からなる総索引。原紙面の複製ではないが、表記は旧漢字旧かなづかいのまま。　　　　　　　　　1123

大正ニュース事典　第1-〔8〕巻　大正ニュース事典編纂委員会，毎日コミュニケーションズ出版事業部編　毎日コミュニケーションズ　1986-1989　8冊　29cm　監修：内川芳美，松島栄一　各30000円

1912年（大正元）7月から1926年（大正15）までの新聞約80紙から主要記事を選択し、各巻に2年（第1巻のみ3年）分ずつを収録したニュース事典。『明治ニュース事典』☞1131 の続編にあたり、各巻の内容がテーマ別五十音順配列である点など、ほぼ同様の形式で編集されている。別冊総索引には、事項別、見出し、年次別、分類別、解説、写真、広告などの各索引を収録する。（総項目数7万184件）　　　　　1124

日米文化交渉史　第1-6巻　開国百年記念文化事業会編　原書房　1980　6冊　20cm　東洋文庫蔵(洋々社昭和29-31年刊)の複製　新装版　2700-2900円

明治・大正・昭和初期の日米交渉史を、総説・外交編、通商・産業編、宗教・教育編、学芸・風俗編、移住編に分けて詳説した通史。第6巻は五十音順の事項索引および図版索引。各巻末には、以下の関連年表がある。日本外交史年表（1845-1922年）、日米文化交渉史（通商・産業編）年表（1837-1926年）、日本宗教交渉史年表（1716-1926年）、日米教育交渉史年表（1868-1926年）、日米学芸風俗交流史年表（1298-1925年）、

日米移住史年表（1258－1934年）。 1125

日本戦後史資料 塩田庄兵衛〔ほか〕編 新日本出版社 1995.11 840,18p 22cm 4-406-02392-5 7800円
戦後日本に関する基本資料を選択収録した資料集。1994年までの法令、条約、政党綱領、声明、宣言、判決などを収める。戦前日本の天皇制・軍国主義についての資料もあわせて収録。全体を7章に分けて、各章の冒頭に1頁の簡単な解説がある。各資料ごとの解説はない。巻末に資料索引を付す。『戦後史資料集』（1984年刊）を大幅に改訂し、資料を追加した新版。 1126

明治史要 太政官修史館編 東京大学出版会 1966 2冊 22cm 東京大学史料編纂所蔵版 昭和8年刊の複刻版 2500円
1867年（慶応3）10月4日の大政奉還から1882年（明治15）12月までの皇室、政界、官界、社会の諸事項を、史料の綱文を掲げる年表形式で列挙した編年史。記事の大方は官撰資料を典拠にしているが、藩記・家譜なども参考にしている。1874年（明治7）まではこれらの典拠資料を本文の各条文末に付す。1933年（昭和8）東京帝国大学史料編纂所修補により上巻に本文明治11年まで、下巻に明治12年以降と付録概表・付録表を収め、重版出版した。本版は1933年版の復刻版であるが、本文編、付表編の2冊に再編されている。 1127

明治初期歴史文献資料集 第1-3集 編集：寺岡寿一 寺岡書洞 1976-1980 9冊 26cm
明治維新直後の中央政府および地方制度の変化の様子を跡づける目的で編集された複製版史料集。第1集官員録職員録、第2集地方史沿革誌、第3集在留外人人名録の3編9冊からなり、第1集には1868年（慶應4）5月発行の太政官日誌第21号から、内閣官報局の職員録が発行される直前の1886年（明治19）7月版までをほぼ1年1冊の割で収録する。第2集には『地方沿革略譜』（1882年刊）、『校訂明治史料顕要職務補任録』（1902年刊）と、編者自身による「府・藩・県制度の解説」を収録。幕府時代の三百藩が藩籍奉還、廃藩置県を経て併合整理される過程が示されている。第3集は、外国人により横浜で刊行された英文ディレクトリ3種、和文ディレクトリ（『紳士録』明22）の4種類の人名録を収録する別冊が特に利用価値が高い。 1128

明治大正昭和三代詔勅集 近代史料研究会編 北望社 1969 655p 20cm 2300円
1868年（明治元）から1968年（昭和43）までの詔書、勅語から、代表的な940編を収録し、日付順に配列する。典拠資料としては『太政官日誌』『官報』『法規分類大全』などの政府刊行物に加えて新聞をも用い、略号により出典を示す。巻末付録として詳細な年表がある。索引はない。 1129

明治・大正・昭和大事件史 新聞記録集成 石田文四郎編 錦正社 1964 2077p 22cm
1868年（慶応4・明治元）から1945年（昭和20）までの新聞から主要記事約1000件を選択して日付順に配列したニュース事典。巻末に五十音順総索引。表記は常用漢字旧かなづかいを用いている。なお、新聞調査会（1966）刊の同本がある。 1130

明治ニュース事典 第1-〔9〕巻 明治ニュース事典編纂委員会，毎日コミュニケーションズ出版部編集 毎日コミュニケーションズ 1983-1986 9冊 29cm 監修：内川芳美，松島栄一 4-89563-105-2
1868年（慶応4・明治元）から1912年（明治45）7月までの新聞約240紙から主要記事を選択し、常用漢字現代かなづかいで再編集したニュース事典。年代順で各巻5年（第1巻のみ10年）分の記事を収録し、各巻の中は事項、人名・団体名、事件名などを見出し語とするテーマ別五十音順配列となっている。同一テーマの中は日付順に並べる。各巻頭には五十音順一般索引（目次）、分類別索引、年次別歴史索引がある。また別冊総索引中の事項別索引、見出し索引、年次別索引、分類別索引によって多角的な検索が可能。総索引にはほかに写真、新聞記事（影印紙面）、広告、資料編の各種索引を収める（総項目数12万4524件）。各巻巻頭の写真・解説、巻末の資料（法令、史料、データ）も充実している。 1131

明治宝鑑 松本徳太郎編 原書房 1970 2068p 22cm（明治百年史叢書） 15000円
1892年5月を期として日本の国情の現勢が把握できるよう編纂された百科便覧。政事、宮内、内事、外交、理財、農工商、交通、学事、社寺衛生、軍事、法律、警部の12の部に大別し、さらに数十の中項目に分け、小項目は年表、事歴、名簿、統計表、摘要、沿革、地誌などの具体的記事としてまとめられている。約12万項目を収録。明治中期（1890年代）の日本および世界各国事情百般を簡便に検索することができる。原本は1892年刊。 1132

❖❖太平洋戦争

『朝日新聞』（東京版）にみる「大東亜共栄圏」：記事索引 1941－45 アジア経済研究所 1983.3 305p 26cm 調査研究部 no.57-1
アジアに関する記事の索引。アジア、フィリピン、イ

ンドネシア、マレー、仏領インドシナ、タイ、ビルマ、インド、太平洋に地域を分類、各地域の中は記事の年月日順に配列し、夕刊記事には（夕）の記号を付す。各記事の記述は掲載日付、記事名、縮刷版の頁数。記事名は原則として各新聞記事の見出し語、一部は縮刷版の索引語句を採録している。記事名索引はなく、そこからの検索はできない。　　　　　　　　　　*1133*

シリーズ大東亜戦争下の記録　福島鋳郎，大久保久雄共編　日外アソシエーツ　1981－1982　5冊　27cm　発売：紀伊国屋書店　全143000円
1937年（昭和12）から1944年（昭和19）までに日本で発表された、日中戦争、第二次大戦、太平洋戦争に関する雑誌記事を集成した書誌。収録対象誌は約2000種、収録文献数は約8万3000件。シリーズはⅠ『大東亜戦争書誌』（3冊）、Ⅱ『戦時下の言論』（2冊）、Ⅲ『戦時下の出版』の3部からなる。Ⅰは、主題による大分類のもとを戦争名に分け、標題の先頭1文字の五十音順、先頭から7文字のJISコード順、発行年月日順に配列する。主題は文学にまで及んで網羅的であり利用価値が高い。ⅡはⅠに収録された文献のうち団体著者を除いた約2万人の個人著者別に記事を配列し、Ⅰの執筆者名索引を兼ねる。Ⅲは、未刊。『東京堂月報』（のち『読書人』と改題）の1937年9月号から1944年4月号にかけて掲載された戦争記事索引を累積し、1944年4月から12月までに刊行された約130種の雑誌から追加採録した。1995年5冊を3冊にまとめた改装版が刊行された。　　　　　　　　　　　*1134*

太平洋戦史文献解題　井門寛編　新人物往来社　1971　330p　22cm　4500円
主として軍人、軍属、報道関係者などの体験に基づく記録を収録した書誌。1941年末から1970年末までに刊行された単行本、1945年8月から1970年末までに発表された雑誌記事をハワイ地域・米国本土、マレー・シンガポール地域、ビルマ地域など、主として戦闘地域によって分類収録した。付録として、終戦時における陸軍主要部隊編成一覧、連合艦隊主要艦艇要覧、太平洋戦争関係年表がある。巻末に編著者索引を付す。なお戦中のものとしては『大東亜資料総覧』（天野敬太郎、大雅堂、1944）がある。　　　　　　　*1135*

太平洋戦争図書目録　45/94　日外アソシエーツ編　日外アソシエーツ　1995.7　808p　22cm　発売：紀伊国屋書店　4-8169-1313-0　39800円
1945年から1994年までに国内で刊行された太平洋戦争（実際は満州事変勃発からの十五年戦争）に関する図書1万4200点を収録した網羅的な書誌。戦記・従軍記、軍事史、兵器の技術書、軍人の伝記、庶民の体験記、戦争文学、戦友会名簿などまでを含む。項目順配列で、各見出しのもとは書名の五十音順配列。図書の記述は書誌事項、図書刊行年現在の版による日本十進分類法、内容におよぶ。巻末には著者索引、事項索引を付す。
1136

日本空襲の全容　米軍資料　マリアナ基地B29部隊　アメリカ陸軍航空隊B29部隊〔著〕　小山仁示訳　大阪　東方出版　1995.4　265p　23cm　『Summary of XXI bomcom missions』『Resume 20th air force missions』の翻訳　4-88591-434-5　5150円
米軍側資料による1944年10月から1945年8月に及ぶ日本本土空襲の記録。記載事項は、作戦任務番号、日付、コード名、第一目標、参加部隊、出撃爆撃機数、第一目標爆撃機数、第一目標上空時間、攻撃高度、目標上空の天候、損失機数、爆撃成果、日本側の対空砲火、日本機の迎撃、平均爆弾搭載量、平均燃料残量など。信頼度が高い米軍の記録だが、原爆関係の記録は含まれない。巻末に「地名・施設名索引」を付す。　*1137*

日本都市戦災地図　第一復員省資料課編　原書房　1983.7　322p　38cm　国立国会図書館蔵の複製　付(地図11枚袋入)　4-562-01395-8　45000円
太平洋戦争末期の1944年（昭和19）から1945年における米軍による空襲の被害状況を示した地図。戦後、第一復員省が引揚者への案内用に各都道府県・市町村に依頼して作成したものを復刻・集成したもの。被害の地理的範囲は明示しているが、地図の大きさ、被害状況の記載の精粗は自治体によってさまざまである。巻末に、戦災都市の指定を受けた（受けなかった）都市の罹災状況、戦災により消失した国宝・重要文化財を収める。　　　　　　　　　　　　　　　　*1138*

◆◆占領期

G.H.Q.東京占領地図　福島鋳郎著　雄松堂出版　1987.3　129,107p　図版16p　27cm　付(地図3枚)：G.H.Q.東京占領地図　4-8419-0033-0　7500円
終戦後の1948年に進駐軍が作成した『City Map Central Tokyo』の復刻版。ほかに1946年撮影の「都心を中心とした東京空中写真」「昭和18年4月現在東京地図」を付す。接収状況や地名番地の変改の実態をうかがえる。別冊には詳細な解説のほかに「連合軍占領部隊駐留一覧」「占領史関係主題別主要文献目録」（1945年8月15日から1971年12月までの刊行物を主題ごとの五十音順に配列した書誌）、「主要接収建物一覧」を収録。さらに『第一生命館の履歴書』（矢部一郎著、矢野恒太記念会、1979）および『帝国ホテル』（犬丸一郎著、毎日新聞社、1968）の一部分を収めて有用である。　　　　　　　　　　　　　　　　　　　　*1139*

日本占領研究事典 共同研究 思想の科学研究会編 現代史出版会 1978.9 239,20 22cm （日本占領軍その光と影 下巻 別巻） 発売：徳間書店
第二次大戦後の連合国軍による日本本土と沖縄占領期に関する事典。占領行政を中心に、政治、経済、社会、文化、風俗、流行などにおける主要事項、用語、略記号、関係人物をとりあげる。各項目の記述は比較的詳しく、極力エピソードを盛り込み、読んで面白い事典をめざす。本土編、沖縄編の2編からなる。各編の中を五十音順に配列するが、アルファベットの略号については各編末に収録している。 *1140*

日本占領文献目録 日本学術振興会編 日本学術振興会 1972 349p 27cm 4500円
占領軍（主として中央の総司令部）による占領行政にかかわる文献・資料の書誌。1971年6月までに発表された図書、雑誌論文、公文書など日本側資料約2500点を収録する。一般、統治機構・政治、経済、労働・社会、教育、マス・コミ、宗教に分け、各部門の中は著者もしくは表題の五十音順に配列。書誌項目のほかに国立国会図書館や外務省外交史料館など18館の所蔵を明記し、資料価値の高いもの、表題では内容のわかりにくいものには解題を付す。付録として巻末に、定期刊行物リスト、経済安定本部文書、農林省文書、人事院文書（国家公務員法関係）などを収め、別冊に関係者リストを付す。 *1141*

◆地方史

近世地方史研究入門 地方史研究協議会編 岩波書店 1955 316,18p 18cm （岩波全書 207）
村の民政史料である地方文書（ジカタモンジョ）の解説と評価を中心に、近世庶民史料の研究法と演習の実例を示している。「総論」は研究目的・現状・問題点・史料の収集を述べ、「史料の利用法」は各種の地方文書を写真版で掲げて下に読み方を示し解説を加えている。村絵図・検地帳・村明細帳・宗門改帳・五人組帳など60例、ほかに遺址・遺物16例があげてある。「研究の手引」は史料活用の演習的実例である。付録に書籍解題・年表など、巻末に索引がある。『地方史研究必携』☞1163 と併用すれば便利である。 *1142*

地方史研究の現状 日本歴史学会編 吉川弘文館 1969 3冊 23cm 900-1100円
雑誌『日本歴史』の188号（1964年1月）から240号（1968年5月）にわたって都府県別に連載された地方史研究の現状報告に、その後の研究成果を加筆、訂正したもの。各県ごとの分担執筆のため共通項目に基づいての解説とはなっておらず、各県により、その視点、構成、方法が独自のものとなっている。索引はない。 *1143*

地方史の研究と編集 有坂隆道，藤本篤共著 京都 ミネルヴァ書房 1968 304p 22cm 1300円
地方史研究をする上で重要な事柄を2部構成で紹介した手引書。第1部地方史の研究について、第2部地方史誌編集の諸問題からなる。第1部には地方史研究の意義、史料の所在と収集、史料の整理・分類、近世文書の読み方、第2部には地方史誌編集の主体者・動機・目的・事務局機構・規模・経費といった内容を盛る。第2部については類書が少ない。付録に118頁におよぶ全国地方史誌目録がある。収録範囲は明治から1966年（昭和41）末である。索引はない。 *1144*

【書誌】

関東近世史研究文献目録 1-3 関東近世史研究会編 名著出版 1988.10 3冊 22cm 各3200円
関東1都6県と山梨県および伊豆の、近世から明治初期の歴史に関する著書・論文の書誌。3巻からなる。1は1889年（明治22）まで、2、3は1871年（明治4）までを扱った文献が収録対象。配列は都・県別の中を発表順とし、その中を著者五十音順配列する。1は『関東近世史研究論文目録』（柏書房、1973）に単行本目録を増補し改題復刊したもので、「関東近世史の研究を回顧して」を、2には「関東近世史研究会20年間の活動記録」を、また2、3には「市町村史一覧」を付す。巻末に執筆者索引あり。 *1145*

郷土資料目録総覧 日本図書館協会郷土の資料委員会編 日本図書館協会 1965 52p 21cm
京都、和歌山を除く全国44都道府県の図書館、教育委員会などの機関で刊行された郷土資料目録の一覧。各県の郷土の資料委員の報告に基づき編集した、所蔵・所在・文献目録。1965年2月15日現在の443種644冊を収録。記載事項は、編者、書名、発行地、発行所、発行年、形態、版式、価格、残部の有無。必要なものには解説を付す。記述は『日本目録規則1952年版』によるカード形式。県内は標目の五十音順、同一標目内は書名の五十音順または回次の順。収録数は少ないが、類書に収載のない写本などをも含む。 *1146*

全国市町村史刊行総覧 名著出版編集部編 名著出版 1989.2 275p 27cm 4-626-01332-5 9800円
1945年から1988年3月末までに刊行または準備中の自治体編纂・発行の市町村史約6300を全国地方公共団体コード順に配列収録。旧版・新版がある場合は、新版

を採録。分野史、時代史、副読本、報告書は採録対象外。記述は、書名、巻数・冊数、刊行年次、編集者または発行者、巻名・内容、刊行年月、判型、頁数、定価、問い合わせ先。巻末に五十音順の自治体名索引がある。
1147

全国地方史誌関係図書目録 国会図書館納本非流通図書〔1〕- クオリ編 クオリ 1990- 年刊 26cm
『日本全国書誌』☞0063 から地方史誌およびそれに関連する図書、雑誌を選び、都道府県別市（区）町村順に配列した目録。副題が示す通り、収録対象は原則として書店を通じての購入が困難な国や地方自治体、学校、団体、個人が発行する資料に限られる。記載事項は書名、編著者、発行所、発行年月、JP番号、国会図書館請求記号で、必要に応じて当該地名と発行地を補記。索引はない。
1148

全国地方史誌文献案内 歴史・民俗・考古 1989-1991 上，下 岡田陽一著 三一書房 1993-1994 2冊 20cm 5150円，5665円
1989-1991年に発行された日本地方史誌の図書（歴史・民俗・考古）および自治体発行の報告書など、非流通地方文献を中心に主要なものを収録、解題したもの。各県ごとに書名の五十音順。上巻は北海道、東北、関東および新潟、山梨、長野県、下巻は富山以下九州沖縄県までを収録。巻末に書名索引および全国地方史誌（非流通）文献目録あり。『同1992』（2冊 1995）は1992年刊行分を収録する。
1149

地方史文献総合目録 阿津坂林太郎編 巌南堂書店 1972-1982 3冊 27cm 5000-7500円
1868年（明治元）から1970年（昭和45）までに地方自治体や教育会などの機関および個人により刊行、手写された1万2111タイトルの地方史誌書を集大成した目録。県郡市町村史誌をはじめ、国藩史誌、史蹟名勝誌、年表など広範囲に収録。戦前編（上巻）、戦後編（下巻）、索引（書名の五十音順配列）の3冊からなる。本編は地方、都道府県名のもとに総記、県誌、市史、町村史の順に記載、所蔵館名も付す。所蔵館名不明の場合は引用文献名を記載。巻末に典拠文献目録一覧、参考文献目録、所蔵図書館一覧あり。なお、上巻のみ改訂版（1982年刊、初版1970年刊）であるが、目立つ異同はない。
1150

東京都立中央図書館蔵地方史誌関係図書目録 東京都立中央図書館編 東京都立中央図書館 1983-1985 2冊 26cm
東京都立中央図書館が1982年3月末現在所蔵する地方史関係和図書、約1万100タイトルを地域別に編集した目録。東京を除く地方、道府県を大項目として立て、考古・民俗、法制・経済史など広範囲に収載。総記には、研究入門・案内、団体・機関名簿などを収める。巻末に市区郡町村・島名索引、旧国・府県名対照表、荘園名、藩名索引あり。別冊『書名索引編』では、本編収録の全資料と内容細目に記載した文献名、および文献名中の地域名からの検索が可能。東京に関しては『同館蔵東京関係図書目録』（1981年刊）がある。
1151

日本地方史誌目録・索引 高橋梵仙編 大東文化大学東洋研究所 1969 571,126p 22cm （大東文化大学東洋研究所襍刊 2） 非売
明治以降、原則として1947年8月までに発行された地方史誌および要覧、年表、民俗図誌、藩史など約3800点を収録する書誌。全体の配列は地域別で、総説、関東、奥羽、中部、近畿、中国、四国、九州（沖縄を含む）、北海道（樺太を含む）の中を国府県郡市町村に細分する。各県にわたるものは重出し、地方叢書などは内容細目を列挙。記載事項は書名、巻数、編著者名、発行年月に限られている。巻末に書名索引がある。旧漢字を使用。
1152

日本地方史誌目録総覧 国立国会図書館参考書誌部編 国立国会図書館 1971 162p 21cm
明治以降1970年末までに刊行された主として国立国会図書館所蔵の単行本を中心とした地方史誌目録。一部には関係書目からの採録もあり、雑誌掲載の書誌も収録するが、展覧会、著作、文化財に関する各目録は除外。国会図書館所蔵分には書誌記述のほかに請求記号を付記する。全国編と地方編に分かれ、各巻末に五十音順の書名索引がある。
1153

【年表】

江戸東京年表 大浜徹也，吉原健一郎編著 小学館 1993.3 287p 22cm 4-09-387066-7 2000円
徳川家康入府（1590）から1992年までの社会の動きに焦点をあてた年表。1589年以前については主要事項の概観のみを収める。扱う地域は原則的に現在の東京都の範囲。二色刷で、重要事項は赤字で記す。年表は、「事件と生活」「文化」に2区分して記載する。頁下段には用語解説を入れ、年表の途中数か所に特集コラムが、巻末には「時刻と方位」など参考となる付録や索引あり。
1154

総合地方史大年表 岡山泰四，金井円編 人物往来社 1967.2 1922p 23cm 監修：児玉幸多
原始時代から明治（廃藩置県）までの旧国名別年表。各国共通事項は太字で示し、原則として各項に主な出典を付す。付録に地名・人名・事項名総索引、国郡沿

革一覧、藩府県沿革一覧、正保・元禄・天保・明治村高比較表（元表：東京大学史料編纂所所蔵）、国別地誌解説目録、県別地誌目録（1868－1965年8月が対象）、国郡地図（江戸後期と1965年を対照させたもの）がある。各地方史家による分担執筆。　　　　　　　　1155

増訂武江年表 第1－2 斎藤月岑著 金子光晴校訂 平凡社 1968 2冊 18cm （東洋文庫 116,118） 400－550円
徳川家康の入府（1590）から1873年（明治6）の約280年間に江戸市内外に生じたできごとを編年体で簡略に述べた年表。主として江戸の地誌、風俗の変遷、巷談、異聞など市井のことがらに詳しく、一部に地方の模様も挿入する。全2巻よりなり、2巻の巻末に斎藤月岑略伝、索引を付す。漢文を読み下し、難字にルビを振るなど、月岑の原著に比して読みやすくしている。また、底本とした国書刊行会叢書本『増訂武江年表』（朝倉無声編、1912）を喜多村信節手録『武江年表補正略』および「江戸叢書」所収の『武江年表』（1917年刊）と対照・校訂し増補しており、脱漏・誤記はほぼ解消しているとされる。　　　　　　1156

東京百年史 別巻 東京都総務局総務部，東京都公文書館百年史編集係編 東京都総務局総務部 1979.1 957p 27cm
1968年の東京百年を記念して刊行された『東京百年史』（1972－1983 全6巻）の索引・図版目次を「東京百年史年表」（p2－837収載）と合わせて1冊としたもの。「東京百年史年表」は1590年の徳川家康入府より1968年（昭和43）末までを対象とする。年表は政治・行政、産業・経済、社会、教育・文化の4欄に分けて記載。詳細なものだが、年表の索引はない。　　　1157

【辞典・事典】

江戸学事典 西山松之助〔ほか〕編 弘文堂 1984.3 850,40p 図版60枚 27cm 4-335-25013-4 20000円
徳川家康の入府から徳川幕府滅亡までの278年間の江戸についての専門事典。江戸学総説、山の手と下町など17の主題を306項目に細分し、地誌、政治、経済、社会、風俗など全般を扱う。参考文献を項目ごとに掲げる。巻末に人名索引・事項索引を付す。付録に江戸町名一覧、幕府御用達商人・職人一覧、江戸買物独案内、江戸町人人口表、江戸著名人録、江戸年表など利用価値の高いものを多数収めている。なお、1994年刊の縮刷版は付録を省略している。　　　　1158

鎌倉事典 白井永二編 東京堂出版 1992.5 366p 21cm 新装普及版 4-490-10303-4 2800円
鎌倉の地名・行事、鎌倉に関連のある物故者人名、鎌倉を舞台にした事件名などに関する事典。収録人名は鎌倉を舞台に活動した宗教家や鎌倉彫刻の芸術家などに及ぶ。小項目主義をとり、五十音順配列したコンパクトな事典だが、各項目末に参考文献をあげる方針をとっており便利。巻末に鎌倉文化財一覧を付す。初版は1976年刊。　　　　　　　　　　　　1159

郷土史辞典 新版 大塚史学会編 朝倉書店 1969.2 24,647p 23cm 2900円
日本近世・近代史を中心とした郷土史研究のための辞典。配列は五十音順。収録項目は1571。各項目ごとに参考文献を付す。巻頭には本書独自分類の分類項目表を、巻末には文献目録、日本年号一覧、五十音順索引を付す。旧版（1955年刊）に比して近代地方史分野を拡充し、各項末の参考文献を見直すなど大幅に修正を加えている。　　　　　　　　　　　　　　1160

京都事典 村井康彦編 東京堂出版 1979.3 495p 22cm 5500円
古代から現代に至る、京都に関する総合事典を意図したというが、全体としては歴史的事項に重点がおかれている。叙述は京都に関係のある事柄や京都とのかかわりに焦点を絞る。配列は見出し語の五十音順で、巻末付録として42種の地図・図表・年表および索引（人名・一般事項）を収録。1993年に新装版がソフトカバーで刊行。　　　　　　　　　　　　　1161

地方史事典 地方史研究協議会編 弘文堂 1997.4 866p 27cm 4-335-25056-8 22000円
地方の立場に立った、戦後の新しい地方史研究の成果と展望を集成した事典。一項目が個別研究テーマに相当する規模、内容を持つ中項目主義。古代から現代までを範囲とし、北海道から沖縄および列島とその周辺を11の地域に分ける。項目は各地方において重要視されている事項665を選び、五十音順に配列。解説は概要、経過、研究の成果、展望と、多岐、広範囲にわたる。各解説末に関連項目、用語解説、参考文献を付記。巻末に付録として、全国都道府県立歴史資料保存利用機関一覧、近代鉄道地図など18種の資料。事項、地名、人名の各五十音順索引を付す。　　　　　1162

【便覧】

地方史研究必携 新版 地方史研究協議会編 岩波書店 1985.5 504p 22cm 4-00-001346-7 4800円
地方史の実地調査研究のための携帯用便覧。入門書としても有用。本文、付篇を通じて図版や地図のほか、地方史の各面における一般的素材や資料を必要な限度の詳しさに集約し、一覧しやすい形におさめている。序章「地方史研究の意義と方法」および第6章「地方史研究の展開」以外は時代順にまとめ、各章頭に研究

課題部分を付す。巻末に土器編年表、仏像・石造塔婆調査など12項目を収める付篇、参考文献、基礎史料集一覧を付す。表裏の各見開き部分に年号表および年号索引がある。1952年刊行の新版。　　　　　　　1163

琉球歴史便覧　那覇　月刊沖縄社　1987.12　139p 22cm
　監修：宮里朝光 1000円
琉球王制時代についてのコンパクトな便覧。身分と位階、王府の機構と役職、地方役場と職制、神女の組織、時刻と方位、歴代国王と尚円王統系譜、琉球王統略記、年代対照早見表の8項目からなる。それぞれの用語については短い説明を付し、関連図表を収めている。「歴史初心者の利便を考えて編集した」とあるように、分量も少ないものだが、ほかに類書が少ないので、有用である。　　　　　　　　　　　　　　　　1164

東洋史

【文献案内・書誌】

アジア・アフリカ関係図書目録　上, 下　日外アソシエーツ編　日外アソシエーツ　1995　2冊　22cm　(地域別図書目録 3-4)　発売：紀伊国屋書店　全44000円
1945年から1993年までに日本国内で刊行されたアジア、アフリカおよびオセアニアの国・地域と、極地、海洋（三大洋）に関する図書2万202点の目録。言語・文学の分野は研究書・学術書を収録し、小説や児童書・受験参考書の類は原則として省く。構成は地域別・国別に見出しをたて、必要に応じて中見出し・小見出しを設ける。同一見出しの中は出版年月の新しい順。巻頭に地名索引を、巻末に著者索引、書名索引を付す。　　　　　　　　　　　　　　　　1165

アジア・アフリカ史に関する37年間の雑誌文献目録　昭和23年－昭和59年　日外アソシエーツ編　日外アソシエーツ　1988.7　346p 27cm　発売：紀伊国屋書店　4-8169-0360-7　12000円
『雑誌記事索引(人文・社会編)累積索引版』☞0139 第1-6期をもとにアジア史、アフリカ史に関する文献目録として再編成したもの。1948年から1984年までに国内で発表された雑誌文献約1万件を収録する。構成はアジア・アフリカ史、中国史、朝鮮史、古代オリエントの4部に分け、その中をキーワード方式による見出し語で細分している。巻末に五十音順の事項索引を付す。　　　　　　　　　　　　　　　　1166

アジア歴史研究入門　第1-5巻，別巻　島田虔次〔ほか〕編集　京都　同朋舎出版　1983-1987　6冊 22cm　5800-8800円
東洋史の研究者を志す人を対象に、膨大な文献を紹介・解説した研究案内。国内外の単行書、雑誌論文を収録する。本文は、「中国1」「中国2・朝鮮」「中国3」「内陸アジア・西アジア」「南アジア・東南アジア・世界史とアジア」の5巻からなり、それぞれ時代別・地域別に項目を立て、研究史の概要を述べたあと資料の解説がなされている。別巻として第1-5巻の総目次・総索引を付す。総索引は和文、欧文、ロシア文それぞれの書名索引、人名索引からなり、延べ5万項目に及ぶ。　　　　　　　　　　　　　　　　1167

新編東洋学論集内容総覧　川越泰博，荷見守義編　風響社　1997.1　520,67p 22cm 4-938718-03-0　12360円
日本で刊行された東洋学関係論集702点の内容細目を通覧する目録。1868年（明治元）から1995年までのもので、一部1996年のものや中文・欧文のものも含む。各論集は書名の五十音順に配列し、通し番号を付す。編者名・発行所・発行年月に続いて所載論文名・執筆者名・初出頁を列記。巻末の和文索引・欧文索引は論文執筆者名から所載論集の通し番号を検索する。254点を収めた初版（国書刊行会編・刊、1979）に比べ、収録論集数は大幅に増加した。　　　　　　　1168

東西交渉史研究文献目録　〔長沢和俊〕〔1980〕207p 26cm
東西交渉史に関する基本資料と明治以降1955年までに刊行された和文の研究成果の合わせて8771件を分類・収録した目録。トルキスタン、西アジア、チベット、北アジア、朝鮮、東南アジア、敦煌学という地域別の7章からなり、各章に基本史料と研究成果を配列。基本史料は成立年代順の配列で、研究成果は『東洋学文献類目』☞1171 に準じて分類されている。索引はない。　　　　　　　　　　　　　　　　1169

東洋学著作目録類総覧　川越泰博編　沖積舎　1980.6　109p 21cm 2000円
日本の東洋学諸分野の研究者410余名の著作目録、著作年表がいつ、どこで、どのように発表されたかを一覧する目録。明治以降1980年1月までを収録。配列は見出し人名の五十音順。専門分野と生没年、著作目録とその掲載誌、巻号、発行年または掲載書、発行所、

発行年を記載。編者の著書『中国典籍研究』(国書刊行会、1978)所収の目録を増補したもの。　　　*1170*

東洋学文献類目　1963年度－　京都　京都大学人文科学研究所附属東洋学文献センター　1966－　26cm
東洋学研究に関する内外の雑誌・論集所載の論文と単行本を採録し(雑誌・論集は人文科学研究所所蔵のものに限る)、分類・配列した文献目録。5年ごとに補遺版が出る。各巻は2部からなり、和文、中文、朝鮮文と欧文とに分かれる。巻頭に収録雑誌論集一覧、巻末に著者索引を付す。ほかの主題別書誌の元データや分類の基礎となったりしている基本的な参考図書。『東洋史研究文献類目　1934－1960年度』『東洋学研究文献類目　1961－1962年度』を引き継ぐ。1981年以降は同研究所のデータベース『CHINA 3』で検索できる。解題は1995年度版による。　　　*1171*

東洋史図書目録　日外アソシエーツ編　日外アソシエーツ　1994.12　630p 22cm　(歴史図書総目録 5)　発売：紀伊国屋書店 4-8169-1269-X　36000円
1945年から1990年までに、国内で刊行された日本以外のアジア諸国の歴史に関する図書1万2537点を収録。全体を東洋史、アジア史、東アジア史、東洋と日本、朝鮮史、中国史、東南アジア史、南アジア史、インド史、西アジア史、中央アジア史の11の地域・分野に分け、そのもとに中小の見出しをたてて配列。巻末に五十音順の著者索引、書名索引、事項索引を付す。
　　　1172

日本における中央アジア関係研究文献目録　1879年－1987年3月　ユネスコ東アジア文化研究センター編　ユネスコ東アジア文化研究センター　1988－1989　2冊　26cm　英文書名：『Bibliography of Central Asian studies in Japan 1879－March 1987』
明治期以降の日本における中央アジア研究の業績を最もよく網羅した目録。本体と索引・正誤の2冊からなる。目録本体は、日本で発表された図書、論文、翻訳、書評など約1万5000件を著訳編者名の五十音順に配列し、それぞれに欧文タイトルを付記する。索引篇は主索引5種、対応索引4種、著訳者名漢字首字索引からなる。主索引は研究文献のタイトルに現れた術語類3100余の項目を五十音順(人名はアルファベット順)に配列。対応索引は主索引の性格を補いつつ主索引の項目番号を検索する。　　　*1173*

【辞典・事典】

アジア歴史事典　1－10, 別巻1, 2 平凡社編　平凡社　1985.1　12冊 27cm 4-582-10800-8
アジア全域とアフリカにわたるアジア史の総合事典。解説は詳細で図版や地図を多数収める。配列は五十音順で各項目末に参考文献を記す。第9巻に補遺、アジア紀年表、アジア年号表など7種の付表がある。第10巻は総索引。別巻として『アジア歴史地図』☞*1178*と『東洋史料集成』☞*1180*がある。1959－1961年刊の新装復刊である。　　　*1174*

シルクロード事典　前嶋信次, 加藤九祚共編　芙蓉書房出版　1993.12　600p 20cm 新装版　折り込図1枚 4-8295-0088-3　7000円
中央アジアおよびシルクロードの東西文化交流の歴史、地理、人物などに関する大項目主義の事典。中央アジアの地誌(地名127項目)、西域探検の人物誌(人名59項目)の2部からなる。いずれも五十音順配列のもとに詳しく解説し必要に応じて参考文献も添えている。巻末に、邦人の内陸アジア探検・調査・研究の概説、シルクロード旅行者のための紀行文、前5世紀－15世紀の東西交渉史の図表、歴代王朝重要略系図、折込み地図のほか、3800項目余の索引がある。　　　*1175*

新シルクロード百科　長沢和俊著　雄山閣出版　1994.7　420p 20cm 4-639-01233-0　3800円
シルクロードを文献上の研究に加え行動的・体験的にとらえるように参考となる素材・データを集めた事典で、入門書ともなるもの。付録としてシルクロード小辞典、シルクロード文献目録、シルクロード年表がある。『シルクロードハンドブック』(1982年刊)の増補改訂版。　　　*1176*

新編東洋史辞典　京大東洋史辞典編纂会編　東京創元社　1980.3　1138p 22cm 7500円
アジア全域にわたる項目を含むアジア史を学ぶ上で実用に便利な中辞典。収録年代は1978年を限度とし、約6000項目を五十音順に配列。歴史ばかりでなく地理学、民族学、民俗学、考古学、美術史などに関する項目も多く取り入れられている。付録として巻末にアジア各国統治表、アジア諸国年号表、中国歴代官職表など8章がある。なお本書の旧版として、1961年初版本と1967年の初版改訂・増補本がある。　　　*1177*

【年表・地図・史料集】

アジア歴史地図　松田寿男, 森鹿三編　平凡社　1985.1　144,4,148p 27cm 4-582-10800-8
アジア、アフリカ地域の体系的歴史地図。総図と地域図からなり、地域図はアジア大陸を中国、朝鮮、北アジア、中央アジア、西アジア、インド、東南アジアの7地域に分ける。それぞれ時代ごとの詳細な地図により歴史事象を多面的にとらえている。1961年までのデータだが、補図に1965年のアフリカ・アジア総図を収

める。巻頭に参考文献を付し、巻末に漢字索引（首字の五十音順で同音の中は画順）とカナ索引をおく。元本は1966年刊。『アジア歴史事典』別巻として新装復刊された。
1178

東方年表 33刷 藤島達朗，野上俊静編 京都 平楽寺書店 1998.3 157p 13cm 4-8313-1030-1 1100円
携帯に便利な東アジア年表。縦13cm×横9.4cm×厚さ8mmのポケット版サイズ。33刷では紀元前660年から1998年までを対象期間とし、西暦、干支と中国、朝鮮、日本の帝王、年号などを対照して載せる。巻末に帝王歴代一覧、年号索引、干支表を付す。1996年に大字版が刊行された。初刷は1955年刊。
1179

東洋史料集成 平凡社編 平凡社 1985.1 556p 27cm 4-582-10800-8
東洋史の研究史を概観し、史籍、史料を紹介、解説した研究案内。一般書、考古学、朝鮮、中国、東南アジア、インド、中央アジア、西アジアの8編からなる。それぞれ地域別、時代別に項目を立て、研究の概況を述べたあと、概説書、報告、研究、史料をあげて解説し、史料例として邦訳抄録を掲げる。巻末に漢籍索引と人名索引を付す。『世界歴史事典』別集「史料集・東洋」を1956年に単行したものの新装復刊で、『アジア歴史事典』の別巻となっている。
1180

◆朝鮮

【書誌・文献案内】

新朝鮮史入門 朝鮮史研究会編 竜渓書舎 1981.6 474p 20cm 監修：旗田巍 3800円
朝鮮史研究を志す人のための入門書。朝鮮史研究会の20年にわたる研究活動を総括するもの。2編からなり、第1編 前近代、第2編 近現代。各章とも戦後の研究成果に重点をおいて研究史を整理、研究史上の問題点や今後の研究課題を明らかにしている。各章末に参考文献（論文・単行書）を付すほか、巻末に「朝鮮史を研究するための文献・施設案内」をおく。戦前の研究成果については旧版『朝鮮史入門』（太平出版社、1966）を参照。
1181

戦後日本における朝鮮史文献目録 1945－1991 朝鮮史研究会編 緑蔭書房 1994.8 486p 27cm 4-89774-011-8 26780円
第二次世界大戦後に刊行・発表された朝鮮史研究に関する単行書約3000件、論文約1万件の目録。史料類を含む関連文献も必要に応じて収録。単行本編と論文編からなる。単行本編は通史、目録・工具類、前近代、近代、現代、在日朝鮮人史、一般（美術・文学など）、論文集、史料の9部門に、論文編はほぼ同様の10部門に分けて書誌事項を記す。巻末に編著者索引をおく。第二次大戦終了までを採録範囲とする『朝鮮研究文献目録』☞*1184*との併用により、近代日本における朝鮮史研究の軌跡を一望できる。
1182

朝鮮研究文献誌 明治・大正編 桜井義之著 龍渓書舎 1979.10 637p 22cm 9500円
明治・大正期の朝鮮研究の成果1094点と地図93舗を収録した目録。日本十進分類法で分類され、別に明治期刊行朝鮮地図を付す。書誌事項に原著者の略伝、文筆活動などを付記し、書の成立については編著者の言を引き、目次を章まで列記するなど記載は詳しい。代表的な所蔵場所を記載し、タイトル・表紙78図、地図11葉の図版も挿入。巻末に五十音順の書名索引・編著者索引がある。『明治年間朝鮮研究文献誌』（書物同好会、1941）と「大正年間朝鮮関係文献解題」（『朝鮮行政』1940－1941年掲載）の両編に増補を施して刊行したもの。
1183

朝鮮研究文献目録 1868－1945 末松保和編 汲古書院 1980.2 2冊 22cm （東洋学文献センター叢刊影印版 5,6） 6000円,9000円
明治以降、1945年までの日本語による朝鮮関係文献を収録した目録。編者がカード採録した『日本語による朝鮮研究文献目録稿本（1868－1945）単行書篇、論文・記事篇』を主体に国立国会図書館や友邦協会の関係目録を参考にして編纂。2編に分かれ、単行書篇は、巻末にアルファベット順著者索引を付すが、発行者表示がなく所蔵機関も不明。論文・記事篇は約2万2000点を収載。これには索引はないが採録主要雑誌等一覧表があり、14－15か所の所蔵機関を記している。配列は単行書篇が日本十進分類法準拠、論文・記事篇は日本十進分類法に準拠しつつもいくぶん独自の変更を加えた分類である。元本は『東洋学文献センター叢刊第7－9、12、15－17輯』（1970－1972年刊）として7分冊で刊行された。
1184

朝鮮現代史の手引 梶村秀樹編 勁草書房 1981.2 307p 19cm 1900円
南北朝鮮の近現代史を研究するための手引書。主として日本における1960年代までの研究成果を収録している。近代と現代の2部からなり、文献解題、目録、書誌、年表などの資料を紹介する。日本朝鮮研究所の小冊子『朝鮮近代史の手引』（1966年刊）と同研究所機関誌『朝鮮研究』60－86号（1967－1969年刊）に連載された「朝鮮現代史の手引」を底本に手を入れたも

の。　　　　　　　　　　　　　　　　　　　　　　1185

【年表】

朝鮮半島近現代史年表・主要文書　市川正明編　原書房
　1996.5　278,139p 22cm　4-562-02777-0　15450円
朝鮮半島の現状を時系列的に総合的に理解するための手引書。1876年の日鮮修好条規締結から1995年までの朝鮮半島における主な事項を、年表と主要文書の二つに分けて掲載する。1945年以降は韓国・北朝鮮の2段構成となり、それぞれ関係項目を記載して共通項目は段中央に収める。主要文書は条約、議定書、演説、声明など基本的な参考資料69編を年代順に配列し、出典を付す。　　　　　　　　　　　　　　　　　　1186

東史年表　魚允迪著　国書刊行会　1971.1　2,3,7,30,426p
　22cm　3000円
朝鮮の諸王朝の対照年表。歴代韻編、歴代一覧表、東史年表本編からなる。歴代韻編は各王朝の特徴を七言詩で述べたもの。歴代一覧表は君主を即位順に配列、帝王号、諱、在位年数、后妃、陵墓などを示す。年表本編は紀元前2333年（檀君元）から1910年までを収録。檀紀の年号、干支に、各王朝の年号とその年の摘要が続く。王朝が並立した時代はそれぞれ段が分かれ、下3段には中国、日本、西暦の年号を併記。原則として10年に1頁、1年に1行をあてている。本文は漢文。初版は1915年刊。　　　　　　　　　　　　　　1187

◆中国

【書誌・文献案内】

史記研究書目解題　稲本　増補　池田英雄校訂　池田四郎次郎著　明徳出版社　1978.10　286p 20cm　2100円
中国、朝鮮、日本で刊行された『史記』に関する書籍601点に解題を加えたもの。全集、単行本、家集本に限り、雑誌、紀要類は含まない。諸本、総説、校訂注釈などの16部門に分類し、一連番号、書誌事項、所蔵機関名と解題を記す。解題はすべて著者が現物にあたってのもの。末尾に所収書籍48種の図版を付す。巻末の書名索引は五十音順で一連番号を検索する。『史記』研究書130余点に短い解題を加えて10部門に分類した池田四郎次郎の遺稿に、子息の英雄が80余点に解題を追記、460余点を新たに加えて校訂増補のうえ刊行したもの。　　　　　　　　　　　　　　　　　　　　　　1188

中国研究文献案内　市古宙三，J.K.フェアバンク著　東京大学出版会　1974　199,25p 19cm　1200円
中国研究の基本的文献約1700点のリスト。フェアバンクの著作『The United States and China』(Harvard Univ. Pr., 1971) 末尾の「Suggested Reading」を本文から切り離して翻訳し、中国人、日本人の研究文献を適宜挿入したもの。一般参考図書、中国の伝統文明、中国の文化と社会、近代中国、人民共和国、中国とアメリカの関係の6章からなる。文献の解説は短いが、主題が関連づけられるような短文を付すなど工夫されている。付録「東洋史学の開拓者たち」では日本の先駆的東洋史学者15人の主要著作を列記。巻末にアルファベット順著者索引を付す。　　　　　　　1189

中国史研究入門　増補改訂版　山根幸夫編　山川出版社
　1991-1995　2冊 19cm　各3500円
大学で東洋史、特に中国史を学ぶ人を主な対象とした研究案内。上下2巻からなり、上巻は総説と先秦時代から宋・元時代までを、下巻は明代から現代までを扱う。各王朝を概説書、研究史、史籍解説の3項目に分け、研究動向を概観しつつ文献や資料を紹介する。収録文献は図書、論文を含み、和文、中文を中心に欧文も一部含む。収録期間は、本文は1982年までだが、上巻は1991年まで、下巻は1994年までに発表された最小限の必要文献を各巻末に増補している。下巻末の付録では中国学の図書館・研究所、専門雑誌、中国書の専門書店を紹介。各巻末に史籍索引を付す。　　　1190

中国正史研究文献目録　国書刊行会編　国書刊行会
　1977.9　165,13p 22cm　3000円
中国正史に関する研究を集めた総合的目録。1868年（明治元）、1912年（民国元）から1977年初頭までに和文、中文、朝鮮文で発表された単行書、雑誌論文1523件を収める。収録範囲は正史総論に始まり、史記、漢書から明史までの二十五史に明史稿・清史稿・清史を加えた全二十八史。巻末に五十音順の筆者索引を付す。　　　　　　　　　　　　　　　　　　　　　　1191

中国農民起義文献目録　山根幸夫著　東京女子大学東洋史研究室　1976.5　138p 発売：汲古書院　1300円
古代から近代までの中国農民起義、農民戦争に関する中国および日本の研究文献を収録。ただし太平天国に関するものは除く。『東洋学文献類目』☞1171 の1973年度までを中心に抽出した雑誌論文1417件、単行書112件を収録。論文の部、単行書の部、補遺（論文）の部よりなる。それぞれ通史以下ほぼ年代順の配列だが、『水滸』問題、秘密結社、少数民族などの項目もある。巻末に五十音順の日本人（欧米人含む）・中国人著者索引、ウェード式によるアルファベット順の中国人著者姓氏索引をおく。　　　　　　　　　　1192

中国歴代皇帝文献目録　国書刊行会編　国書刊行会　1979.9　145,62p 22cm 4500円

中国歴代諸王朝の皇帝、始祖などに関する単行本、雑誌論文などから、1868年(明治元)、1912年(民国元)から1978年までに和文、中文、朝鮮文で発表されたもの1478件を収めた目録。配列は王朝の時代順で、各王朝のもとは即位代数順。巻末に筆者別（個人に限定）目録を付す。　　　　　　　　　　　　　　　*1193*

【辞典・事典・年表】

中国学芸大事典　近藤春雄著　大修館書店　1978.10　1000p 27cm 17000円

中国の文学、思想をはじめ、音韻、言語、文字、金石、書画、歴史、地理、音楽など諸般の学術に関する人名、書名、事項、および日本漢学関係の項目約1万5000を解説した事典。各項目末には参考文献を付す。巻末に付録として中国学芸年表、中国主要叢書内容一覧、中国年号索引、日本年号索引を置くほか総画索引がある。　　　　　　　　　　　　　　　　　　　*1194*

中国災害史年表　佐藤武敏編　国書刊行会　1993.2　422,15p 27cm 4-336-03472-9　15000円

秦初から清末まで、中国の正史に記録された災害を年表の形に整理したもの。5段組で、西暦、王朝と皇帝名、年月日もしくは季節、災害と対策、出典を記す。年月日は史料の記載に従いほとんどが干支で表される。災害の種類は水旱災、地震、風災、雷災、雹災、蟲災、山崩れ、疫病、飢饉など。災害の記録にその対策を付した点が有益。出典は主として正史で、部分的にほかの史料で補う。巻末の中国災害史研究文献目録は、日本と中国の単行本・論文を災害の種類で6つに分類、それぞれ年代順に配列。索引はない。　*1195*

中国史籍解題辞典　神田信夫，山根幸夫編　燎原書店　1989.9　357,21p 27cm 4-89748-081-7　12000円

中国史研究に、必要とされる史籍の解題辞典。収録範囲は、先秦時代から清末に至り一部中華民国期のものを含む。索引による書名数は、1756タイトルにおよぶ。書名の五十音順配列で、内容は、巻数、撰（著）者、刊年、撰者の略歴、解題の順に記載。さらに版本や利用に適した刊本、参考文献所在の稀なものについては所蔵館を示す。巻末に拼音で引ける書名索引を付す。　　　　　　　　　　　　　　　　　　　*1196*

◆◆**中世・近世**

漢代研究文献目録　邦文篇　早苗良雄編　京都　朋友書店　1979.8　19,177p 26cm 3000円

漢代の中国と周辺諸国に関する日本人の研究業績を収録、分類した目録。1868年から1975年までに発表された論文1776件、単行本443件を収める。論文と単行本に分け、それぞれ『東洋学文献類目』☞*1171* の分類を基本に、法制、政治、経済の3分野に文献を集中させ、ほかの文献を分散配列している。各項目内は発表順に配列。巻頭に収録雑誌一覧、巻末に著者索引（いずれも五十音順）を付す。　　　　　　　　　　*1197*

三国志研究要覧　中林史朗，渡辺義浩著　新人物往来社　1996.4　203p 26cm 4-404-02359-6　3500円

中国の三国時代（220-280年）を研究するうえで幅広く活用できる研究要覧。研究入門篇、文献目録篇の2部からなる。研究入門篇では、文献探索法や学説史を紹介。文献目録篇は、三国時代に関する和文・中文の図書・論文約5000件を7分野に分類して収録。巻末に著者索引を付す。　　　　　　　　　　　　　*1198*

吐魯番・敦煌出土漢文文書研究文献目録　東洋文庫唐代史（敦煌文献）研究委員会編　東洋文庫　1991.3　496p 26cm 非売品

吐魯番出土の漢文文書を扱った研究成果のうち歴史、地理など社会経済関係分野に限定して収録した目録。1989年までに刊行された中文、和文の単行本、論文など2881点を収め、和文は敦煌など内陸アジア出土の文書に関するものも含む。3部からなり、第1部は主要参考史料284点の目録。第2部が目録本編で、中文篇1657点、和文篇1224点を、いずれも著者名の五十音順に配列。書誌事項に引用文書番号と文書名を付す。第3部は文書索引で、所蔵研究機関など38か所ごとに文書番号から第2部の研究文献の通し番号を検索する。　　　　　　　　　　　　　　　　　　　*1199*

元代史研究文献目録　山根幸夫，大嶋立子編　浦和　山根幸夫　東京　汲古書院(発売)　1971　213p 25cm 1600円

元代における中国とその周辺地域に関する日本人と中国人の研究成果を分類、収録した目録。日本人のものは明治以降、中国人のものは1900年以降、それぞれ1970年までの論文2027件、単行本201件を一般史、日元関係、伝記、歴史地理など16項目に分類して収める。巻末に日本人、中国人、欧米人の五十音順著者索引をおく。日本人と中国人についてはアルファベット順著者索引を付し、五十音順索引の所在頁を示す。1971年以降の研究成果については『元代史研究文献目録 1971-1988』（野沢佳美編、立正大学東洋史研究室、1991）参照。　　　　　　　　　　　　　　　*1200*

宋代研究文献提要　宋史提要編纂協力委員会編　東洋文庫　1961　842p 21cm

五代、宋代の中国と周辺諸国に関する1868年から1957年までの日本人の研究業績をあげ、内容を簡潔に要約、紹介している。論文の部と単行本の部からなり、それぞれ一般史、歴史地理、社会史、経済史など16項目に分類。収録論著は『宋代研究文献目録』第1冊(1957年刊)、補篇(1959年刊)に載せたものに若干の追加分を加える。「提要」には「目録」および補篇の番号を付す。巻末に五十音順著者索引がある。　　　1201

宋代史年表　北宋，南宋　宋史提要編纂協力委員会編　東洋文庫　1967-1974　2冊　27cm
中国・宋代の事項を集めた年表。北宋、南宋の2冊からなり、北宋は960-1127年、南宋は1127-1279年の事項を収める。原則として1年に1頁をあて、各頁は、宋の皇帝・年号・干支・西暦年月日、遼・高麗・西夏の国王もしくは皇帝・年号、日本の天皇・年号、政治的・経済的・社会的事項、文化的事項、典拠など事項の注の6段で構成されている。各巻末に重要事項を豊富に盛り込んでその拠所を明示した宋代天文災異年表を付す。　　　1202

新編明代史研究文献目録　山根幸夫編　東洋文庫明代史研究室　1993.11　313p　26cm　英文書名：『A classified bibliography of Ming stuies in Japan with Korean's Ming studies』　4500円
明代における中国と周辺諸国に関する、19世紀以降1992年までに日本で刊行された論文、単行本を分類、収録した目録。論文3879件、単行本390件を収録。歴史、日明関係、歴史地理、社会、経済など主題別に分類して書誌事項を記載する。姓の首字を五十音順に配列した著者索引があり、巻末にハングル文献を日本語に訳出した「韓国明代史文献目録」を付す。　　　1203

❖❖近代・現代

【文献案内・ガイドブック・書誌】

近代中国研究案内　小島晋治，並木頼寿編　岩波書店　1993.6　364p　22cm　4-00-002737-9　4600円
アヘン戦争以後、1949年中華人民共和国成立前後までの近代中国についての研究入門書。「研究動向」「図書紹介」「資料紹介」「統計・年表」の4部で構成。「研究動向」は日本、中国、アメリカにおける中国研究を、「図書紹介」は主として日本で出版された、翻訳書を含む図書を、「資料紹介」は分野別に関係資料の原典の中から、主要部分を抽出・翻訳して紹介。「年表」は1793年-1949年12月7日までを収録。　　　1204

近代中国研究入門　坂野正高，田中正俊，衛藤瀋吉編　東京大学出版会　1974　442p　19cm　1600円
アヘン戦争前後から現在に至る中国近・現代史研究の入門書。研究のための、文学と文章、社会経済史、政治外交史、法律、現代経済など8章からなる。第1章では、入門書、文献目録、蔵書目録、辞典などの10項目にわけて総計310余点の工具類（レファレンス・ツール）を紹介。「文学と文章」以下の各編では、その分野の研究方法の解説、基本文献の解題を行う。さらに執筆者による座談会の記録が収録されている。　　　1205

現代中国研究案内　野村浩一〔ほか〕編　岩波書店　1990.8　449p　22cm　岩波講座現代中国　別巻2　4-00-010428-4　4200円
中華人民共和国の建国から文化大革命の終結、改革開放政策の時期に至るまでの現代中国研究のガイドブック。「研究動向」「図書紹介」「資料紹介」「統計・年表」の4部で構成。「研究動向」は日本とアメリカの中国研究を、「図書紹介」は1949年以降の出版物を、「資料紹介」は分野別に基本資料を収録。「年表」は1949年-1990年7月までを収録。　　　1206

中国研究ハンドブック　岡部達味，安藤正士編　岩波書店　1996.7　468p　22cm　原典中国現代史　別巻　4-00-003809-5　6500円
中華人民共和国成立以後の中国現代史の研究案内書。文献案内、統計、党組織・国家機構・人事表、年表の4部構成。「文献案内」は主に日本語と中国語の文献を、参考図書、政治、経済など9つの主題に分け紹介。「統計」では人口、国際経済関係など10の分野に分けて、省別比較、国際比較を交えた統計図表を掲載する。「年表」は1943-1995年を収録。　　　1207

近代中国関係文献目録 1945-1978　近代中国関係文献目録刊行委員会編　中央公論美術出版　1980.2　640p　27cm　23000円
アヘン戦争以降の近代中国に関する文献の目録。1945年8月から1978年3月までに和文で発表された論文と図書2万1040件を収録する。個人著者の部と機関・団体の部からなり、それぞれ五十音順に配列。各著者のもとに論文、図書に分けて発表年順に配列する。巻末に五十音順の事項索引と総画数順の著者名首字索引を付す。著者数約3200人。　　　1208

近代中国・日中関係図書目録　増補版　市古宙三編　汲古書院　1980.8　102p　21cm　1200円
アヘン戦争、太平天国から人民中国誕生までの近代中国と日中関係に関する和文図書の目録。主として東洋文庫の蔵書により、1945-1978年までに刊行された1226点と増補250点を収める。概説、事件史、部門史、

中国人伝記、日中関係、日本人伝記、西洋人見聞録、入門書・文献目録等の8部門に分類配列。書誌事項に短い解説を加えたものもある。初版は1979年刊。
1209

新編辛亥革命文献目録 山根幸夫編 東京女子大学東洋史研究室 1983.11 255,50p 26cm 発売：燎原書店 3500円
辛亥革命に関する研究文献6192件を収録した目録。1972年刊の旧版に比べ、1981-1982年に中国で革命70周年を記念して出版された文献が多数加えられている。辛亥革命、孫文と革命群像の2部からなり、それぞれ単行本（和文、中文）と論文に分け、主題別に分類。旧版になかった著者索引（日本人、中国人、欧米人、機関・団体の五十音順と中国人のアルファベット順）を巻末に付す。
1210

【辞典・事典・年表】

中国近現代論争年表 上, 下 竹内実編 京都 同朋舎出版 1992.11 2冊 22cm（京都大学人文科学研究所研究報告） 4-8104-1066-8 全32000円
近現代の中国での思想、学術、文芸の諸分野にわたる論争や批判運動を年表の形にまとめたもの。上下2巻からなり、上巻は1895-1948年、下巻は1949-1989年分を収録。各論争には見出しを立て、生起した月別に発表順に配列。論争の内容はそれに参加した論文の要約（筆者名、論文題目、掲載誌紙名、巻号、出版または掲載紙の月日、要約、説明）によって示す。参考欄にその論争と同年月に起こった主要な事項も記載している。
1211

中国文化大革命事典 陳東林, 苗棣, 李丹慧著 加々美光行監修 德澄雅彦監訳 西紀昭他訳 福岡 中国書店 1997.1 1125p 22cm 4-924779-32-6 25750円
文化大革命に関する1800項目を6章に分けて解説する。内容は、「人物」「組織・機構・制度」「会議」「用語」「事件」「文書・講話・宣伝」からなる。「人物」「組織・機構・制度」「用語」の章は、五十音順に配列した見出し語に、中国語簡体字および拼音を併記して解説。その他の「会議」などは発生年順に配列。巻末に目録、参考資料などのほか、日本語、中国語の事項索引がある。中国人研究者たちの編纂によるが、日本語訳本が先立って刊行された。
1212

◆その他のアジア諸国

チベット研究文献目録 貞兼綾子編 武蔵野 亜細亜大学アジア研究所 1982-1997 2冊 26cm 2巻の出版社は高科書店 全18500円
チベットおよびその周辺に関する図書、雑誌論文を収録した書誌。1877年から1995年に出版された約1万2000件を収める。2巻よりなり、1巻は和文、中文に分け、その中を総説、歴史、地理、経済・社会、政治・法制、宗教など11項目に分類している。2巻は、11項目に分類し、その中を和文、中文、欧文の順に配列する。各巻末にそれぞれの巻の著者索引を付す。2巻の初版は1993年刊だが、1993-1995年発表分を増補した改訂版となっている。
1213

東南アジア邦文資料目録 1946-1983 アジア資料懇話会東南アジア目録作成委員会編 横浜 アジア資料懇話会 1985.8 396p 27cm（アジア書誌シリーズ 1）発売：紀伊国屋書店 20000円
戦後に刊行された東南アジアに関する和文図書5952点を収める。東南アジア全般をフィリピン、インドネシア、マレーシア・シンガポール、ブルネイ、ベトナム、ラオス、カンボジア、タイ、ビルマの9地域に分け、その中を主題によって分類し著者名のアルファベット順に配列。巻末にアルファベット順の著者索引を付して文献番号に導く。国立国会図書館、アジア経済研究所、国際協力事業団などの所蔵目録を基礎にしている。
1214

インド学大事典 第1-3巻 L.ルヌー, J.フィリオザ〔著〕山本智教訳 金花舎 1979-1981 3冊 22cm（叢書/仏教文化の世界）『L'Inde classique : manuel des études indiennes』の翻訳 6000-8000円
インド文化の古代発祥期から中世までの地理、言語、歴史、宗教、哲学、文学、科学などの全領域にわたって2494項目をあげて詳述した百科全書的総説書。原著1-2巻を3巻に分けて訳出したもの。第1巻はヴェーダ編、第2巻はバラモン編、第3巻は仏教・ジャイナ教。非アーリアン系の言語、文学、学者などまで記載されている。第1、2巻末の訳者注には参考文献があげられているが『インド文献史』（ヴィンテルニッツ著、日本印度学会、1964-1978）の参考文献と重複するものは除かれているので参照が必要。第3巻末に原語索引、邦語索引あり。
1215

パキスタン入門 文献案内 日本・パキスタン協会 1994.4 279p 26cm
パキスタン全般についての文献案内。総論、社会科学、

歴史、思想・宗教、言語・文学、芸術、社会、紀行・山岳、自然科学の9章に分け、各章ごとに解題と和文・欧文文献リストを記載。日本・パキスタン協会報『パーキスターン』の81号から122号（1984－1992年刊）に連載された「パーキスターン文献案内」を増補改訂したもの。　　　　　　　　　　　　　　　　　　　　　　　　　　　　1216

ヒマラヤ文献目録 新版　薬師義美編　白水社　1994.11　1320p 27cm　4-560-03023-5　58000円
ヒマラヤ、チベット、中央アジアに関する図書9398点の解題書誌。収録点数は第2版（1984年刊）の約2倍。2部からなり、第1部は文献目録に続いて欧文図書を著者名のアルファベット順に配列。第2部は和文図書を日本人の著作と和訳書に分け、著者名の五十音順に配列する。和文図書には英文を併記。いずれも書誌事項に概要か短い解説を付す。索引には含まれないがロシア語図書83点も掲載。巻末の索引は邦訳書著者別一覧、邦文図書名一覧、欧文図書名一覧、総合索引（書名などに含まれる語句から検索が可能）からなる。欧文図書977点、和文図書140点を追加した全169頁の追加訂正版が1995年刊行された。　　　　　　　　　　　　1217

ネパール研究ガイド 解説と文献目録　日本ネパール協会編　日外アソシエーツ　1984.11　468p 22cm　監修：川喜田二郎　執筆：川喜田二郎ほか　発売：紀伊国屋書店　折り込図1枚　4-8169-0422-0　9800円
解説、文献目録および年表よりなる。解説は、ネパールの自然、歴史、社会、文化、教育および登山などについて記す。文献目録は、1892年から1983年に発表されたネパールに関する和欧の単行書、単行書の一部、雑誌論文記事で編者が実見した3939点を収録。末尾に著者索引を付す。年表は、ネパール国内および日本・ネパール関係史を対照したもの。　　　　　　　　　　　　　1218

イスラーム辞典　黒田寿郎編　東京堂出版　1983.3　388p 19cm　付（折り込図1枚）：ウマイヤ朝・アッバース朝・アンダルス・ウマイヤ朝系図　3800円
イスラームを総合的に理解できるよう編まれた中項目事典。イスラームとは何かという総説の後、宗教・神学、信仰・宗教儀礼、クルアーン・ハディース、預言者、宗派、法学、神秘主義、教育、歴史、人名の10項目に分けて事項236、人名66を体系的に解説する。巻末に全11頁のイスラーム関係年表、折り込の王朝系図1枚、約500項目の索引を付す。　　　　　　　　1219

イスラム事典　平凡社　1982.4　495p 19cm　監修：日本イスラム協会　2400円
イスラムについて宗教だけでなく政治、社会関係、文明、生活の体系などを総合的に解説した事典。総説（36頁）、五十音順事典、付表、索引の4部で構成される。事典は825項目、付表は地図、年表、暦、王朝系図、度量衡表、参考文献を収録。索引には事典に採録されなかった3000項目を採録している。　　　　1220

日本における中東・イスラーム研究文献目録 1868年－1988年　東洋文庫附置ユネスコ東アジア文化研究センター編　東洋文庫附置ユネスコ東アジア文化研究センター　1992　2冊 26cm　英文書名：『Bibliography of Islamic and Middle Eastern studies in Japan』英文併記
1868年－1988年までに日本で発表されたアフガニスタン以西、スーダン・モロッコまでの地域のイスラム以降の時期を対象とする図書・論文など約1万5000点を収録。本編と索引の2冊からなる。本編は人文、社会、自然科学の諸分野に関する資料を、総記、宗教・思想、法など14の大項目、さらに53の小項目に分類し、著者名の五十音順に配列。索引は著者名のアルファベット順。日本人の著作は海外で刊行されたものも含む。
1221

東アラブ近現代史研究 文献解題「東アラブにおける社会変容の諸側面」研究会編　アジア経済研究所　1989.1　134p 30cm（文献解題 33）　4-258-14033-3
エジプト、スーダン、シリア、レバノン、パレスチナ、ヨルダン、イラク、オマーンを対象とし、アラビア語750点、欧米語548点の単行書を収録。主に政治、経済、社会を扱う。　　　　　　　　　　　　　　　　1222

西洋史

【書誌・文献案内】

西洋近現代史研究入門　望田幸男〔ほか〕編　名古屋　名古屋大学出版会　1993.12　430p 19cm　4-8158-0212-2　2884円
西洋近現代史に関する大学における卒業論文執筆を念頭に編まれた研究入門書。10章からなり、第1章から第8章は、国別・地域別の研究の諸問題。第9章は、家族・女性史研究の諸問題。第10章は、民衆の生活・文化史研究の諸問題。各章に、研究の視点や問題の発

見、テーマの設定などが書かれている。巻末には、章ごとにまとめられた和文・欧文の図書・雑誌論文の参考文献が付され、文献収集にも利用できる。　*1223*

西洋史研究入門　新版　井上幸治，林健太郎編　東京大学出版会　1966　567p　19cm
古代から近代まで西洋史全般の研究成果や課題を取りあげ、関係文献を数多く紹介した研究入門書。古代・中世を全般的に扱った後に、近世・近代を各国別に叙述し、最後に国際関係の章を置く。掲載文献の大部分は欧文原書。索引はない。　*1224*

西洋史図書目録　日外アソシエーツ編　日外アソシエーツ　1995.5　12,1014p　22cm　（歴史図書総目録6）　発売：紀伊国屋書店　4-8169-1295-9　39800円
1945年から1990年までに日本国内で刊行された西洋史に関する図書１万8547点を収録したもの。西洋史と関連のあるアフリカ史や南北アメリカ史、オセアニア史に関する図書も収めるが、歴史小説などは対象外。構成は、全体を18の地域・分野に分け、その中をテーマ別に細分化し、配列は、同一見出しの中は出版年月順になっている。記述項目は書名、編著者、出版社、出版年月、頁数または冊数、大きさ、叢書名、定価など。巻末に五十音の著者・書名・事項索引がある。　*1225*

ヨーロッパ関係図書目録　日外アソシエーツ編　日外アソシエーツ　1995.4　888p　22cm　（地域別図書目録2）　発売：紀伊国屋書店　4-8169-1293-2　25000円
1945年から1993年までに日本国内で刊行されたヨーロッパの国や地域に関する図書２万547点の目録。旧ソ連も含むため中央アジアや極東にもまたがる。言語・文学の分野は研究書・学術書を収録し、小説や児童書・受験参考書の類は原則として省いた。構成は地域別・国別に見出しをたて、必要に応じて中見出し・小見出しを設ける。同一見出しの中は、出版年月の新しい順。巻頭に地名索引を、巻末に著者索引、書名索引を付す。1994年から1998年までの刊行図書を収録した『アメリカ・ヨーロッパ関係図書目録　94/98』が刊行されている。　*1226*

【辞典・事典】

新編西洋史辞典　改訂増補　京大西洋史辞典編纂会編　東京創元社　1993.5　1180p　図版10枚　22cm　4-488-00306-0　10000円
古代から現代までの西洋史全般に関する約5200項目について簡潔に解説した事典。1983年刊の旧版に旧ソ連、東欧の現代史に重点を置いて追補。増補の約200項目

は巻末に収める。配列は五十音順で、見出し語には原語、年代を併記。追補にも項目がある場合は参照指示がある。巻末に人名・地名対照表、各国元首表、主要国首相表、主要家系図、年表、歴史地図などの付録と詳細な索引がある。　*1227*

西洋騎士道事典　グラント・オーデン著　ポーリン・ベインズ挿画　堀越孝一訳・監修　原書房　1991.3　377p　24cm　訳：関哲行ほか　『A dictionary of chivalry. 3rd ed.』の翻訳　4-562-02186-1　8000円
中世ヨーロッパにおける紋章、武具、伝承、人物など騎士と騎士の生活・思想に関する事項を豊富なイラストを添えて紹介する。配列は英文見出し語のアルファベット順。見出し語と本文中に印のあるものは、項目文末に訳者の注記がある。平易な文体で読み物としても楽しめる。本文前に日本語の五十音順の見出し項目一覧、巻末に紋章解説図解、和名総合索引がある。　*1228*

地中海事典　地中海学会編　三省堂　1996.5　215,20p　21cm　4-385-15897-5　1800円
古代から現代までの地中海世界を対象に、歴史、地理、哲学、政治から生活、文化、風俗まで450項目を五十音順に配列し、写真や図版を多用して平易に解説したミニ百科事典。巻末に、地中海年表、五十音順人名および事項索引を付す。『地中海小事典』（伊東俊太郎〔ほか〕編著、エッソ石油広報部、1968）に全面的に増補改訂を行ったもの。　*1229*

ヨーロッパ中世社会史事典　アグネ・ジェラール〔著〕池田健二訳　藤原書店　1991.3　367p　22cm　『La société médiévale』の翻訳　4-938661-22-5　6200円
ヨーロッパ中世を理解する上で欠かせない基本的な単語や概念154項目を解説。項目の配列は日本語訳の五十音順。項目ごとに欧文の参考文献と、参照項目を記している。巻末に、五十音順の人名・事項索引、王朝系図、歴代ローマ教皇一覧（1000-1500年）を付す。　*1230*

ルネサンス百科事典　T.バーギン，J.スピーク編　別宮貞徳訳　原書房　1995.11　650p　図版16枚　22cm　『The encyclopedia of the Renaissance』の翻訳　4-562-02711-8　15450円
ルネサンス期の美術、建築、音楽、文学、科学、哲学、神学、主要人物、事物、事件などを網羅的に解説する。ルネサンス期の範囲、人物選定の基準については記載がない。配列は見出し語の五十音順で英文併記。解説文中で星印を付した単語には参照指示がある。巻頭に多数のカラー図版があり、巻末に原典資料・参考資料リスト、ルネサンス年表、アルファベット順の欧文項

【地図・史料集】

西洋史料集成 平凡社 1985.6 1166p 27cm 25000円
西洋の古代から現代までの重要史料を抄訳した史料集と文献解題からなる。史料集は、時代別・主題別に分けて収め、ごく簡単な解説を付す。文献解題は、理論・通史についで時代別・主題別に欧米学界の標準的な解説書、叢書、ハンドブック、事典、研究文献、定期刊行物などを個別に解説。文献は原題名であげ、近代は国別に解説している。巻末に、史料集に載せた史料の項目表と、史料総説と文献解題で扱った図書のアルファベット順の索引がある。本文は旧漢字。『世界歴史事典』☞0875 の第24、25巻「史料編－西洋」を合冊単行した1956年刊の新装復刊。 1232

ヨーロッパ歴史地図 M.アーモンド〔ほか〕編 樺山紘一監訳 原書房 1995.12 236p 31cm （タイムズアトラス）『Atlas of European history』の翻訳 4-562-02713-4 18540円
約3000年間のヨーロッパの歴史から重要と思われる時代を選び、豊富な地図を交えて解説したもの。当時の国々の境界を地図上で示すことに重点が置かれ、民族や国家、帝国の進展が明確に理解できる。各頁の見出しは年号になっており、地図がどの時代のものかが一目でわかる。巻末に、参考文献、英語を併記した五十音順の事項索引がある。 1233

◆ヨーロッパ

ギリシア・ローマ歴史地図 リチャード・J.A.タルバート編 野中夏実, 小田謙爾訳 原書房 1996.6 238p 27cm 『Atlas of classical history』の翻訳 4-562-02781-9 12360円
古代ギリシア・ローマ史を134の年代順のテーマに分け、地図を豊富に交えて解説したもの。固有名詞の表記は、原則としてカナはギリシア式、欧文はラテン式。巻末に、ローマ皇帝在位年代表、文献略語一覧、文献案内、欧文を併記した五十音順の地名索引がある。 1234

西洋古代史研究入門 伊藤貞夫, 本村凌二編 東京大学出版会 1997.3 iii,315p 22cm 4-13-022016-0 3914円
古代ギリシア史・ローマ史研究のための入門書。1部・ギリシア史、2部・ローマ史の2部からなり、7章ずつに分かれている。各章は4-12項目で、研究動向や研究に必要な基礎的知識などを、文献（単行書、論文）を紹介しながら解説。項目末に執筆者名を付す。巻末の文献目録は、最初に古代一般として、研究文献、辞典類、史料、研究動向、研究雑誌の順に掲載され、次に、本文中で紹介された文献の書誌事項が記載されている。巻末には五十音順の事項索引がある。 1235

◆◆イギリス

イギリス史研究入門 青山吉信〔等〕編 山川出版社 1973 9,485p 19cm 2500円
中世以後のイギリスをほぼ世紀ごとに分け、基本的な研究文献の解説を中心にして研究動向の概観を示す。付録としてイギリス史主要研究者解説、特殊用語解説、内外の基本文献・外国雑誌目録、歴史統計、研究者索引、イングランド州地図を付す。 1236

イギリス歴史地図 改訂版 マルカム・フォーカス, ジョン・ギリンガム責任編集 中村英勝〔ほか〕訳 東京書籍 1990.5 230p 30cm 『Historical atlas of Britain rev. ed.』の翻訳 4-487-76019-4 9800円
イギリス史上の事象を個別的に、地図・図表・図版を使って解説した歴史地図書。第1部で政治史を、第2部で社会経済史を扱い、それぞれを年代順、テーマ別に構成している。イギリス中心の見方、図版であり、イギリス人の歴史観がうかがえる。巻末に、世界史年表、五十音順索引を付す。 1237

ディスターヴェーク英米制度・習慣事典 日本語版 第2版 中島文雄編 秀文インターナショナル 1988.2 6,579p 19cm 副書名：英米政治・法律・教育・宗教・経済・社会事業・習慣を解説し、英語の背景を理解するために 原編：I.Friebel, H.Händel 訳：明石紀雄ほか 『Britain-USA now：a survey in key words』原著第4版の翻訳 4-87963-373-9 2700円
英米両国の制度・習慣を事典風に解説したもの。全体を政治・社会、法律、経済・社会事業、教育、宗教の5部に分け、各部の中で英語の見出し語をアルファベット順に配列、さらに英米を区別して記述。歴史的記述も含み、英米の国情が把握できる。巻末に五十音順の索引を付す。 1238

◆◆ドイツ

ドイツ現代史総合文献目録 林健太郎編 東京大学出版会 1966.3 141,14p 25cm 昭和38年度文部省科学研究費, 昭和40年度文部省研究成果刊行費による

1871年から1945年のドイツ史に関する欧文文献目録。1870年代から1955年頃までに発表された図書、雑誌論文、学位論文、約4500件を収録する。配列は著者名のアルファベット順。東京大学の12の図書館・図書室所蔵の文献には、所在を略語で示す。巻末に分野別、事項別、研究対象人名別の索引がある。本書は、編者を研究代表とする総合研究「ドイツにおける全体主義の成立過程」の基礎作業として作成されたもので、4種の基本的文献目録に掲載の関係文献を整理・編集した。本書で割愛された邦語文献は、『史論』(東京女子大学、年刊)23集(1971年刊)掲載の「ドイツ近現代史関係文献目録」が補っている。　　　　　1239

ドイツ史研究入門　西川正雄編　東京大学出版会　1984.1　536p 22cm 4-13-021045-9　4800円
12世紀から20世紀までのドイツ史研究案内書。重点を19、20世紀に置き、プロイセン＝ドイツのみならずオーストリアおよび地方史にも言及している。第1-2部全体史、第3部個別主題、第4部文献目録の4部からなる。本文中の重要な参考文献と史料には参照番号が付され、文献目録をあたることができる。文献目録は、1981年までの欧文文献を中心とし、参考文献、史料、理論、通史・個別研究および時代別に分け、内外の3200点を収録する。巻末に和文・欧文別の著者索引と欧文のみの題目索引がある。　　　　　1240

ナチス第三帝国事典　ジェームズ・テーラー,ウォーレン・ショー著　吉田八岑監訳　三交社　1993.6　368p 22cm 『A dictionary of the Third Reich』の翻訳　4-87919-114-0　7800円
ナチズムを台頭させたワイマール共和国時代からナチズムの終焉までの期間の主要な人物、出来事、および同時代の政治、経済、軍事、教育、芸術などを多岐にわたり見出し項目に立て、平易に記述する読む事典。配列は訳語ないしは原音のカタカナ表記の五十音順。巻末に、第三帝国年表、ヒトラーの戦争、第三帝国語録、五十音順の人名索引、事項索引を付す。　1241

ヒトラーを読む3000冊　阿部良男編著　刀水書房　1995.2　452p 22cm 4-88708-177-4　4841円
ヒトラーおよびナチズムに関連する日本語文献を約3000冊収録。1993年までに刊行された図書が中心だが、雑誌特集号、雑誌論文、ビデオ、CD、カセットテープなども少数収める。数点の例外をのぞき、すべて著者個人の所有文献である。全体を19章に分類し、さらにその中でテーマ別に刊行年順に配列。記載事項は、書名、著者名、出版社などの書誌事項と、簡単な内容紹介。巻末に、各章関連参考文献、五十音順書名および著者索引を付す。　　　　　1242

◆◆フランス

フランス革命事典　1-2　フランソワ・フュレ,モナ・オズーフ〔著〕　河野健二〔ほか〕監訳　みすず書房　1995　2冊 22cm 『Dictionnaire critique de la Révolution française』の翻訳　全36050円
フランス革命に関する105項目についての事典というより論文集。構成は、事件、人物、制度、思想、歴史家の5章からなり、各章は見出し語の五十音順。事項についての記載は詳細にわたる。図版として、フランス革命関係の絵画を多数付す。各項目末に、ほかの項目への参照と参考文献がある。巻末には、フランス全図、革命期のパリ市街図、共和暦＝西暦対照表、図版一覧、執筆者一覧、人名索引、事項索引を付す。
　　　　　1243

◆◆スペイン

スペイン・中南米関係文献目録　坂東省次著　広島　渓水社　1997.2　xxv,323p 27cm 4-87440-436-7　8544円
1868年から1996年までに、主に日本人によって発表されたスペインと中南米に関する文献7305点の目録。著書、翻訳、研究論文、エッセー、書評などを収録。外国人による文献も含まれているが、日本国内で発表されたものと翻訳書に限定。スペインに関しては総合的に収載しているが、中南米に関しては、大航海時代・植民地時代、文学、語学関係にとどまる。構成は11の大分野、274の小分野に分かれ、分野の中は著編者などの五十音順に配列。冒頭に、引用・参考・掲載・文献目録・略号がある。索引はない。『スペイン研究日本語文献目録　1880-1992年』(1993年刊)を増補したもの。　　　　　1244

◆◆イタリア

イタリア学文献目録　京都大学イタリア文学研究室,日本イタリア京都会館編　日本オリベッティ　1977.7　3,199p 26cm
わが国で刊行されたイタリア関係の人文・社会科学系の翻訳書と邦文研究書・雑誌記事を編纂したもの。戦後1946年から1975年末までの文献が主体だが、1945年までの戦前のものも含む。語学、文学、歴史、社会科学、芸術などに分類し、各項目を戦前と戦後に区分。戦前は発行年順に、戦後は原典邦訳と研究書・論文に分けて、著者名五十音順(翻訳書は原著者名アルファベット順)とした。『文科系文献目録23　イタリア学篇』(日本学術会議、1975-1976)をもとに増補改訂

した。なお、最近の文献を調べるものとして『イタリア関係図書目録』(イタリア文化会館、1978- 年刊)がある。　　　　　　　　　　　　　　　　　*1245*

イタリア近現代史洋書総合目録　イタリア近現代史研究会編　日外アソシエーツ　1991.1　1150p 27cm 4-8169-1014-X　32800円
日本国内の学術機関74か所で所蔵するイタリア史およびその関連分野の総合目録。イタリア語をはじめ、英語、独語、仏語、露語、スペイン語などの諸言語による文献約1万7000点を収録。翻訳も含み、対象とする時代は17世紀以降。構成は、一般的著作、史料、リファレンス、補遺、定期刊行物の5部からなる。配列は例外もあるが、著者あるいは編者の姓のアルファベット順。巻末に、人名、地名、事項名、著者名の索引がある。『イタリア近現代史文献目録』(イタリア文化会館、1980)の増補版。　　　*1246*

大正－昭和25年期における日伊交流　文献目録　日伊協会編　イタリア書房　1991.2　295p 26cm 4-900143-03-0　4200円
1912年から1950年までに日本で出版されたイタリア関係の図書、雑誌記事などを収録した文献目録。国立国会図書館所蔵のものを中心に、全分野にわたる主題範囲の約6000件を収録している。構成は日本十進分類法に準拠。国立国会図書館以外の機関所蔵のものには機関名を付す。巻頭に事項索引を、巻末に主要参照文献、著・編・訳者名索引、採録誌・紙名一覧を付す。『幕末・明治期における日伊交流』(日伊協会、1984)に収録の「目録編」の続編。関連書として、戦後の文献中心の『文科系文献目録　イタリア学篇』(日本学術会議、1975-1976)、『イタリア学文献目録』☞*1245*がある。最近の文献を調べるものとして『イタリア関係図書目録』(イタリア文化会館、1978- 年刊)がある。　　　　　　　　　　　　　　　　　*1247*

◆◆ソ連・ロシア・東欧・北欧

スウェーデン関係日本語文献目録　森山高根編著　柏　森山高根　1990.12　173p 26cm　製作：青磁書房(東京)
スウェーデンに関して日本語で書かれた文献の目録。翻訳を含む。自然科学分野に属するものは除く。収録期間は、単行本が明治から1988年まで、論文記事が1947年から1988年まで。構成は単行本と論文記事に分け、さらに主題別の見出しがある。見出しの中は、著(訳)者名のアルファベット順。単行本のうち児童書は別にまとめた。索引はない。　　　*1248*

ソビエト史研究入門　菊地昌典編　東京大学出版会　1976　388p 地図 19cm 4-13-023016-6　1900円
ロシア・ソビエト史研究の基礎的知識、体系的研究の手続き、ソ連・欧米・日本での研究動向をまとめた研究入門書。必要最低限の文献も提示し、解題を付す。2部構成で、第Ⅰ部は日本人のロシア・ソ連観、レファレンスブック・基本資料からなる総論で国立国会図書館、東大を中心とした所蔵場所を示す。第Ⅱ部は10月革命、スターリンの独裁体制など8章よりなる各論で、各章末に文献解題がある。巻末に新旧都市名対照表とソ連邦全図を付す。索引はない。　　　*1249*

ロシア・ソ連・東欧史関係文献目録　1986年－　ロシア史研究会，東欧史研究会編　ロシア史研究会　1987- 年刊　25cm　『ロシア史研究』別冊　共同刊行：東欧史研究会(千葉)
国内で刊行されたロシア・ソ連・東欧の歴史に関する研究文献を収録した分類目録。構成は、書誌、資料紹介、単行本、翻訳書、論文、翻訳論文、欧文論文、書評などで、それぞれ著者名の五十音順になっている。『ロシア史研究』(ロシア史研究会　不定期刊)に1971年以来掲載してきた「ロシア・ソ連史研究文献」と『東欧関係邦語文献目録』(東欧史研究会編、津田塾大学国際関係研究所、1981)、および『東欧史研究』(東欧史研究会　年刊)5号(1982年)掲載の「1981年度の東欧関係邦語文献目録」に続くもの。解題は1995年版による。　　　　　　　　　　　　　　　　　*1250*

ロシア歴史地図　紀元前800年－1993年　マーチン・ギルバート著　木村汎監訳　菅野敏子訳　東洋書林　1997.5　243p 26cm〔東京〕　原書房(発売)　『Atlas of Russian history』の翻訳　4-88721-178-3　15000円
古代からソビエト連邦崩壊までのロシア史を、161枚の歴史地図で表したもの。4部からなり、第1部は古代－近代初期のロシア、第2部は帝政ロシア、第3部はソビエト連邦、第4部はソ連邦の終焉。各部にはさまざまなテーマの地図が年代順に掲載されている。それぞれに歴史的叙述や統計的数字があるので、百科事典、年鑑、統計集としても利用できる。巻末には、参考文献と、五十音順の事項索引がある。　　　*1251*

アフリカ史

◆◆エジプト

大英博物館古代エジプト百科事典 イアン・ショー，ポール・ニコルソン著　内田杉彦訳　原書房　1997.5　vii,667p　図版〔8〕p　22cm　古代エジプト年表：p.599-607　『The British Museum dictionary of ancient Egypt』の翻訳　4-562-02922-6　9500円

古代エジプトに関する事物を網羅した事典。見出し語の五十音順に配列され、各項目に見出し語の英語表記がある。古代エジプトの人名表記は、できるかぎり本来のエジプト語の音訳に一致した表記を採用。古代遺跡に関する見出しは、もっとも広く使われている名称を使用し、別称がある場合は本文と索引に記す。巻頭および本文に420枚の図版、70枚の地図・平面図がある。各項目末に参考文献が発行年順に付され、巻末に、古代エジプト年表、本書で言及したエジプト学者のリスト、テーベ西岸の墳墓の被葬者リスト、図版説明略語表、参考文献略語表、五十音順の索引を付す。

1252

アメリカ史

◆◆カナダ

カナダ関係邦語文献目録　1977-1988　日本カナダ学会　1988.9　150p　21cm

カナダに関して日本語で書かれた文献の目録。単行書、雑誌論文、エッセイ・新聞記事を除く各種記事類を収載。収録期間は1977以前も多数含む。政治・法律、経済、日加関係、日系移民など16の主題に分け主題のもとは著者名の五十音順に配列。巻末に事項索引、著者索引を付す。『カナダ関係邦語文献目録』（カナダ大使館、1979）『カナダ関係邦語文献目録Ⅱ　1979-1982』（日本カナダ学会、1983）を基に1983以降の文献を加えたもの。1989年には補遺版（15頁）が刊行された。

1253

◆◆アメリカ

アメリカ関係図書目録　日外アソシエーツ編　日外アソシエーツ　1995.2　657p　22cm　（地域別図書目録　1）　発売：紀伊国屋書店　4-8169-1281-9　18200円

1945年から1993年までに日本国内で刊行された南北アメリカ大陸およびその周辺の島々の国や地域に関する図書1万4618点の目録。言語・文学の分野は研究書・学術書を収録し、小説や児童書・受験参考書の類は原則として省く。構成は地域別・国別に見出しをたて、必要に応じて中見出し・小見出しを設けた。同一見出しの中は、出版年月の新しい順。巻頭に地名索引を、巻末に著者索引、書名索引を付す。1994年から1998年までの刊行図書を収録した『アメリカ・ヨーロッパ関係図書目録　94/98』が刊行されている。

1254

アメリカ研究入門　第2版　本間長世，有賀貞編　東京大学出版会　1980.5　352p　19cm　1800円

日本人の手による日本人のアメリカ研究のためのガイドブック。歴史、政治、社会、文学など17章に分け、各章は、解説と文献解題からなる。巻末付録に1980年までのアメリカ史年表、大統領・副大統領一覧表、最高裁判所主席判事一覧表などがある。斎藤真、嘉治元郎編の1969年刊初版で取り上げられなかった言語、音楽、大衆文化、都市、科学技術、女性などの分野を追加した全面改訂版。

1255

アメリカ研究邦語文献目録　〔1〕-4　東京大学出版会　1973-1987　4冊　21cm

日本におけるアメリカ研究の中でも、歴史、政治、経済、文学を対象とする図書、雑誌論文を収録した文献目録。1945年から1985年までに発表された翻訳を含む日本語の文献を各学問分野内でさらに主題で細分している。各巻によって分類、項目見出しに若干変更があるが、項目見出し内は図書、雑誌論文混配で著者五十音順。ただし第1巻は文学を含まず、配列はすべて著者アルファベット順。なお、第4巻は歴史のみを対象

としている。各巻末に執筆者索引を付す。　　1256

アメリカ史研究入門 第3版　清水知久，高橋章，富田虎男著　山川出版社　1988　vi,408p 19cm
1600年以降のアメリカを大きく5つに時代区分し、さらにその中でいくつかのテーマを立てて解説し、内外の研究文献を多数紹介したもの。1980年刊の増補版。巻末に、アメリカ史基本文献、定期刊行物、基本史料と統計、五十音順研究者索引を付す。また増補分として1980年以降に発表された日本語文献と解説が追加されている。初版は1974年刊。　　1257

伝記

◆人物文献

◆◆書誌

近代日本経済人伝記資料目録　東京大学経済学部付属日本産業経済研究施設伝記資料目録編集委員会編　東京大学出版会　1980.3　253p 27cm　7800円
1964年、1971年刊行の正続『社史実業家伝記目録』の増補改訂版。1979年9月現在、東大経済学部所蔵の伝記・社史・業界史のなかから経済関係で重要な人物の伝記を人名の五十音順にリストしたもの。政財界・農産業功労者を含むが、社会運動家・経済学者・教育者・ジャーナリストは除いている。約7500の人名には、号・生没年・関係事業名と書誌的事項のほか、同経済学部図書請求記号を記す。生没年不明者もかなりあり、書誌的事項は頁数の記載がないなど、簡略である。　　1258

人物書誌索引　〔66/77〕，78/91　深井人詩編　日外アソシエーツ　1979-1994　2冊 27cm　発売：紀伊国屋書店　78/91の共編者：渡辺美好　4-8169-1238-X　12000円,28000円

1966年から1991年までの国内出版物の図書、雑誌に発表された個人の参考文献、著作目録、年譜、略歴などの資料を、被伝者名の見出しのもとに収載した伝記資料の目録。構成は資料収録期間が、1966年から1977年までの〔66/77年版〕と、1978年から1991年までの78/91年版との2分冊からなる。〔66/77年版〕には、約4200名分の個人資料約8000点を収録。配列は、日本人、東洋人、西洋人をカナ読みにして五十音順に混配している。78/91年版は〔66/77年版〕の続編。1万4525名分の個人資料2万8363点を収録。配列は日本人、東洋人、西洋人別の五十音順。人名には読み、生没年、専門領域のほか、外国人には原綴と国籍も付記。それぞれ巻頭に五十音順の人名目次、巻末にアルファベット順の西洋人名原綴索引がある。　　1259

人物文献索引　人文編，経済・社会編，法律・政治編　国立国会図書館参考書誌部　1967-1972　3冊 26cm
「人文編」「経済・社会編」「法律・政治編」の3冊からなる。国立国会図書館所蔵の邦文資料から、日本人・外国人に関する伝記・著書目録・年譜などの文献を採録した索引。図書が主体だが雑誌、紀要なども含まれる。被伝者のアルファベット順配列のもとに文献名と国立国会図書館の請求記号を付記。収録範囲がそれぞれ異なり、「人文編」は1945年から1964年の刊行物を対象、日本人の部（約3800名）、欧米人の部（約1500名）。「経済・社会編」は明治元年（1868）以降1968年まで、日本人の部（約1700名）、外国人の部（約700名）。「法律・政治編」は明治元年（1868）以降1971年まで、日本人の部（約1870名）、外国人の部（約700名）。巻末にそれぞれ欧米人名一覧、外国人名一覧、被伝者名索引を付す。　　1260

人物文献目録　1987/1988-　1　森睦彦編　日外アソシエーツ　1991-　隔年刊 27cm　発売：紀伊国屋書店　4-8169-0348-8
1980年版から1986年版までの書名は『年刊人物文献目録』で、1981年版から「日本人編」「外国人編」の2分冊になる。国内刊行の図書や雑誌から、内外の人物関係資料（伝記、日記、回想、紀行、人物論、年譜、著作リスト、書誌）を2年間ごとに、日本人、外国人に分けて収録した伝記資料の目録。配列は五十音順で、人名見出しのもとに、その関係資料を収載。10名程度までの叢伝は採録対象にして含めてある。各冊の巻頭に五十音順の人名目次を付け、さらに外国人編の巻末にはアルファベット順の人名原綴索引が添えてある。93/94年版の収録件数は、日本人編約3万9000件（見出し語約1万7500人）、外国人編約2万2000件（見出し語約8150人）。　　1261

伝記・評伝全情報　45/89, 90/94　西洋編　日外アソシエ

ーツ編 日外アソシエーツ 1991-1995 2冊 22cm 発売：紀伊国屋書店 全48640円

1945年から1994年までの間に日本国内で出版された西洋人の伝記、評伝、自伝、回想録、日記、書簡などを網羅的に収録した伝記目録で、45/89年版と90/94年版の2分冊からなる。五十音順に配列した被伝者の見出しには原綴、生没年をつけ、そのもとに書名、著者、出版事項、内容などを記載してある。各巻の巻頭に五十音順による人名目次と巻末にアルファベット順の被伝者名の原綴索引がある。収録数は45/89年版が約4000人、文献約1万2000点、90/94年版は約9千人、文献約1万5000点。なお日本人および東洋人については、姉妹編の「日本・東洋編」に収録されている。

1262

伝記・評伝全情報 45/89, 90/94 日本・東洋編 日外アソシエーツ編 日外アソシエーツ 1991-1995 3冊 22cm 発売：紀伊国屋書店 全85740円

1945年から1989年の間と、1990年から1994年の間とに日本国内で刊行された日本人および漢字圏の東洋人の自伝、回想録、追想録、日記、書簡などを網羅的に収録した伝記目録で、45/89年版と90/94年版とからなる。五十音順に配列した被伝者の見出しには名前の読みと生年・没年とをつけ、そのもとに書名、著者、出版事項、内容などを記載してある。人名見出しについては、一般的に最も知られたものを採り、必要に応じて参照を付してある。また巻頭に各巻の人名目次がある。収録数は45/89年版が約1万8000人、4万4000点、90/94年版は約9000人、1万5000点。

1263

日本人物文献目録 法政大学文学部史学研究室編 平凡社 1974 1199p 27cm 18000円

1868年から1966年までに刊行された日本人の伝記に関する文献を収録。3万人余の被伝者を五十音順に配列して項目とし書誌・図書・雑誌の順に文献を類別。網羅的に収集した伝記資料目録だが、人名項目にその読みや生没年や専門などの記載はない。その人の著作は記載していない。1冊で多人数の関係文献が一覧でき一般利用者が人物文献を探す場合に有用。

1264

日本人名情報索引 改訂増補版 馬場萬夫編著 国立国会図書館図書館協力部図書館研究所編 国立国会図書館 1990.3 176p 26cm （研修教材シリーズ no.7）
4-87582-236-7

国立国会図書館の蔵書から、1868年から1989年12月末までに受入整理された人名辞典、人名録類、それらを補完する周辺資料約2000点を選び編集した解説付き人名資料の目録で、人名、伝記資料の情報を求める際の基本的ツールである。構成は、一般人名資料、主題人名資料、地域人名資料に分かれ、各資料の記載は書名、書誌的事項、収録期間、人名の概数、典拠文献、参考資料、類書、図書の一部分の参照個所などを解説してある。巻末に五十音順の書名索引を付す。1985年の初版を補正し、新たに主題人名関係の資料を増補して刊行。

1265

名家伝記資料集成 森繁夫編 中野荘次補訂 京都 思文閣出版 1984.2 5冊 22cm 全120000円

森繁夫（1882-1950年）の遺稿『国学人名大辞書』を整理・補訂して筆写したものの影印版。人物関係記事を含む資料名を人物ごとに列挙した、いわば人物文献目録にあたる。鎌倉末期から1946年春没までの人物を対象に、国学者を中心として漢学者、文人、芸術家、政治家、志士などを採録。使用資料は明治以降の刊行資料を主とするが、範囲は広く古今にわたる。約5万名を収録。総索引は氏名索引、別姓一覧、屋号一覧からなる。

1266

宋人伝記索引 宋史提要編纂協力委員会編 東洋文庫 1968 274,8,7p 27cm

宋人および遼・金朝支配下の漢人約8000人の伝記索引で、宋代の文集・総集・金石文、宋・元代の方志および類書に収められているものを対象としている。一般士、僧侶、道士に大別し、そのもとでは姓名の筆画順に配列し、姓名、籍貫、生没年、曽祖父・祖父・父の名、題名、出典の対照葉数の順で統一記載している。巻頭に採録書名、巻末には五十音順首字索引、ウェード式首字索引を付す。

1267

日本現存明代地方志伝記索引稿 山根幸夫主編 小川尚, 松山康子協編 東洋文庫明代史研究室 1964 718p 25×36cm

日本に現存する明代の地方志299種を対象とする明人の伝記索引で、被伝者の中国音（ウェード式）による姓名、漢字による姓名、科挙、本貫、出典を明記し、配列は姓名の中国音順。巻頭に「日本現存明代地方志目録」として典拠地志299種を列挙し、その主な所蔵機関を示す。

1268

◆◆索引

人物レファレンス事典 -4 日外アソシエーツ編集 日外アソシエーツ 1983 7冊 22cm 発売：紀伊国屋書店
4-8169-0207-4 26000-32000円

既刊の人名辞書・事典など37種113冊に収載された日本人約13万人を収録した総合索引。各人物に簡単な説明を付すとともに、記載のある辞書・事典名と記述の量を略号を用いて表示。人物の活躍期によって、I古代・中世編、II近世編、III現代編（3分冊）の3編5

冊と、Ⅰ－Ⅲの総合索引であるⅣ．日本人名典拠録（2分冊）とに区分。Ⅰ－Ⅲの配列は姓名の五十音順。人物の説明中には人名読みと生没年の記載の相違点を注記してある。各編巻頭に姓の漢字画引き表がある。Ⅳは、Ⅰ－Ⅲ収録の人名を、その第1字の部首別に分類配列し、第2文字以降の画数順に配列。独立した「人名典拠録」としての利用をも意図して、人名表記、読み、生没年、職業、掲載編名などを記載。巻頭に音訓読み人名ガイド、部首索引、部首総画数人名ガイドがある。『大日本人名辞書』☞1303 など見出し語に新かなづかいを用いていない辞書類は収録対象外のため、Ⅰ、Ⅱの利用に注意を要する。古代－近世については1996年に『新訂増補人物レファレンス事典　古代・中世・近世編』☞1270 が刊行された。　　　1269

人物レファレンス事典　古代・中世・近世編　新訂増補　日外アソシエーツ編集部編　日外アソシエーツ　1996.9　2冊　22cm　発売：紀伊国屋書店　4-8169-1381-5　全82400円

『人物レファレンス事典』Ⅰ古代・中世編、Ⅱ近世編（ともに1983年刊）を統合して、増補したもの。50種、174冊の人名事典類から日本人約6万人分を収録。
　　　1270

東洋人物レファレンス事典　日外アソシエーツ編集　日外アソシエーツ　1984.7　2冊（別冊とも）22cm　発売：紀伊国屋書店　別冊(228p)：索引　4-8169-0401-8　39000円

既刊の人名辞書・事典、百科事典など計32種124冊に収録された東洋人約6100名を収録した総合索引。各人物に簡単な説明を付すとともに、記載のある辞書・事典と記述の量などを略号で表示している。中国、朝鮮、東南アジアのほか、中国周辺の諸民族を収録するが、モンゴル、インド、中近東は『西洋人物レファレンス事典』☞1272 に譲り割愛。本編と索引の2分冊からなる。本編は、人名の日本語表記を見出し語とし、姓名通しての五十音順配列。記載事項は出生国、職業、事績、主著のほか、記載のある事典のそれぞれの略号、巻数、記述の量、肖像の有無、人名表記と読みなどからなる。索引は、各事典の参照を含め、日本語表記を五十音順に配列した人名読み総索引、すべての原綴・現地音をアルファベット順に配列したアルファベット索引、すべての漢字表記を総画数順に配列した漢字総画索引からなる。　　　1271

西洋人物レファレンス事典　1-4　日外アソシエーツ編集　日外アソシエーツ　1983-1984　10冊　22cm　発売：紀伊国屋書店　4-8169-0298-8　24000-27000円

『岩波西洋人名辞典　増補版』☞1332 など既刊の人名辞書・事典や百科事典類38種126冊に収載された西洋人約15万人を収録した総合索引。各人物に簡単な説明を付すとともに、記載のある辞書・事典と記述の量を略号を用いて表示している。ヨーロッパ、アメリカのほか、ロシア、中近東、アフリカ、インド、モンゴルを収録。人物の活躍期によって、Ⅰ古代・中世編、Ⅱ近世編、Ⅲ現代編の3編7冊と、Ⅰ－Ⅲの総索引であるⅣ．西洋人名典拠録に区分。Ⅰ－Ⅲの配列は姓の日本語表記（カタカナ）を見出し語として五十音順で、原綴を併記。各編末に人名の原綴索引を付す。ⅣはⅠ－Ⅲ収録人名の原綴をアルファベット順に配列した上・中巻と、見出し以外の表記を含めて日本語読みの五十音順に配列した下巻からなる。各人名について、掲載編名と事典の略号を指示するとともに、独立した「人名典拠録」としての利用をも意図して、読み、生没年、国名、職業を付記している。　　　1272

◆典拠録

国立国会図書館韓国・朝鮮著者名典拠録　国立国会図書館専門資料部編　紀伊国屋書店　1994.2　54p　27cm　4-314-10104-0　17000円

同館が1993年6月までに収集・整理した朝鮮語図書の著者4922人を収録。ハングル表記でカタカナ順に配列し、大部分に漢字名を併記している。巻末にローマ字表記によるアルファベット順の索引を付す。漢字表記の著者は日本語の音読み、ハングル表記の著者はマッキューン・ライシャワー方式の翻字によっている。
　　　1273

国立国会図書館著者名典拠録　明治以降日本人名　第2版　国立国会図書館図書部編　国立国会図書館　1991.9　6冊（漢字索引とも）27cm　発売：紀伊国屋書店　全58000円

国立国会図書館が1948年6月開館以来、1991年3月末までに目録記入の標目として採用した明治以降の日本人著者名（編者、訳者などを含む）および日本語で著作活動している中国・朝鮮人21万1637名を収録し、典拠を示してその人名の読み方を記した名簿。本篇は、人名を五十音順に配列し、人名カナ表記、漢字表記、同名異人などの識別のための付記事項、生没年、職業・専攻などを簡略に記載。さらに必要に応じて書名、注記、典拠資料名を摘記してある。第6冊目の漢字索引には、本篇に収録した人名の姓2万860件の読みを漢字の画数順から検索できるようにしてある。初版（1979年刊）と同追録（1981年、1985年刊）とを合わせて改訂増補したもの。　　　1274

西洋人名・著者名典拠録 日外アソシエーツ編 日外アソシエーツ 1990.8 2冊（索引とも）27cm 発売：紀伊国屋書店 4-8169-1001-8 全58000円

古代から現代におよぶ西洋の主要人物と、1977年以降1990年4月までに日本語に翻訳された図書の原著者約8万3000名を収録した名簿で、人名の原綴表記、カタカナ表記を確かめるのに有用である。2篇2冊からなる。本篇は、人名をアルファベット順に配列し、原綴表記、カタカナ表記、生没年、国籍、職業など、別名とそのカタカナ表記、著書と出版事項、調査年を簡略に記載してある。索引篇は、本篇に収めた人名をカタカナ表記から検索できるように五十音順に配列してある。
1275

TRC人名典拠録 日本人・東洋人名篇，西洋人名篇 図書館流通センター編 図書館流通センター 1991.11 3冊 27cm

1990年末までにTRC（図書館流通センター）のMARCにデータ入力された著者名、被伝者名を収めた名簿で、人名の読み方、原綴表記、カナ表記を確認するのに有用なツールとなる。「日本人・東洋人名篇」（上、下）と、「西洋人名篇」の2篇からなる。「日本人・東洋人名篇」には、日本・中国・朝鮮などの漢字文化圏の人名13万2218名を収録。配列は人名の五十音順で、カタカナ、人名、生没年、著書などを簡略に記載。下巻末に「姓の読み方画数順一覧」がある。「西洋人名篇」は、ヨーロッパ・アメリカ諸国などの非漢字文化圏の人名3万6430名を収録。配列は人名（ローマ字による原綴）のアルファベット順で、原綴、カタカナ読み、著書などを簡略に記載してある。巻末にカナ表記索引がある。『TRC MARC人名典拠録』（1986年刊）の改題改訂増補版で、旧版に比べて収録件数が約10万件増加している。
1276

日本著者名・人名典拠録 日外アソシエーツ 1989.9 4冊 27cm 発売：紀伊国屋書店 4-8169-0902-8 全78000円

1969年から1988年の間に刊行された図書の日本人著者、編者、訳者と、明治以降に活躍した著名人約30万8000名を収録した名簿で、人名の読みを調べるのに有用である。本文編3冊と索引編1冊の4分冊からなる。本文編は、人名を五十音順に配列し、人名、読み、ローマ字表記、著者記号、生没年、職業・肩書、別名・本名、著書と出版事項、調査年月を簡略に記載してある。索引編は、本文編に収録した人物の姓および名の読みが、漢字の画数から検索できる画数順索引「姓」「名」の2種と、その先頭漢字が音訓読みで引ける「音訓読みガイド」からなる。
1277

◆人名の読み書き

◆◆世界

漢日欧対照世界人名辞典 竹之内安巳著 鹿児島 鹿児島短期大学付属南日本文化研究所 1976 267p 25cm（南日本文化研究所研究叢書 2）

日本、中国など東洋人名を除く、古今の実在、非実在の人名約7500を収載。漢訳人名の第一字をウェード式ローマ字発音のアルファベット順に配列し、それぞれウェード式表記、カナ表記、原綴、国名、経歴、生没年などを記している。巻末に漢字の総画索引がある。
1278

世界人名・地名表記辞典 英・独・仏・伊・西・日語対照 石川敏男編 南雲堂 1983.6 282p 22cm 校閲：ジェラルディン・ポーハンほか 3000円

外国語の固有名詞の英・独・仏・伊・西・日語の対照表で、人名編と地名編の2編から構成。項目の配列は各編とも英語表記のアルファベット順で、各項目には英・独・仏・伊・西・日語での表記および英語の発音記号、人名・地名の簡単な解説が掲載されている。巻頭に独・仏・伊・西各国語の発音の手引き、巻末に参考文献を付す。
1279

◆◆日本

最新著者名よみかた辞典 上，下 土肥耕三編 日外アソシエーツ 1985.3 2冊 27cm 発売：紀伊国屋書店 4-8169-0444-1 全33000円

漢字表記の著者名（日本人、韓国・朝鮮人、中国人）の総計9万1900件の読み方を、カタカナ（現代かなづかい）、ローマ字（ヘボン式）の両方で示した辞典。採録は、ほぼ最近の3年間の『日本書籍総目録』☞0085『出版年鑑』☞0060 などの書目類によった、とある。配列は部首画数順・読みの五十音順。データとして、もりきよし編『日本著者記号表』（改訂版）による著者記号、ならびに著者の主題・分野を略記。
1280

同姓異読み人名辞典 日外アソシエーツ編 日外アソシエーツ 1988.10 57,810p 22cm 発売：紀伊国屋書店 4-8169-0817-X 9800円

明治以降の各界の人物約3万2000人を同表記異読みの約2000の姓別に採録。配列は総画数順。各人に生年（または没年）、職業・肩書、専攻分野、調査年月を記

載。巻頭には姓見出し一覧（総画数順）、姓の異読み一覧（五十音順）を付す。　1281

名乗辞典　荒木良造編　東京堂　1959　306p　19cm
訓で読ませる日本人名の読みかたを漢字ごとに実例をあげて示した辞典。前・後・余編からなり、前編が漢字を音読みの五十音順に並べ、名としての読みかた・実例・典拠を示した主部である。後編は前編に現れる名としての読みかた（訓）を五十音順に並べ、それに用いられる漢字を列記したもの。余編は国字・熟語・洋名・官職位階名を用いた名の読みかたの表。付録の難訓姓氏辞典は姓を画数順に並べて読みかただけを示したものである。これによって読みかたの見当をつけることはできるが、特定の個人名の読みかたを確定することはできない。巻頭に画引索引をおく。　1282

名前の読み方辞典　東京堂出版編集部編　東京堂出版　1990.9　235p　20cm　1800円
昭和年代（特に昭和20年代以降）に活躍した日本人に限定して、その名前に使用されている2200字を立項し、9500とおりの読み方を採録している辞典。見出し語は常用漢字表の字体に統一した漢字を音訓併記で示し、音読みの五十音順に配列している。同音異字の場合は画数順。見出し語の中は音訓の読み方の用例を五十音順に挙げ、下に職業を記してある。巻末に「音訓索引」と「部首索引」がある。　1283

日本姓名よみふり辞典　姓の部，名の部　日外アソシエーツ編　日外アソシエーツ　1990.10　2冊　21cm　発売：紀伊国屋書店　各9950円
日本人の姓名が表記と読み方の両方から検索できる辞典。姓の部と名の部の2分冊からなる。各冊は本文である「表記編」「表音編」と先頭第一文字（親字）の索引にあたる「音訓よみガイド」「総画順ガイド」から構成。収録範囲は、姓の部では古代から現代までの姓の表記4万2000件とその読み5万6000件、名の部では古代から現代までの人物の名の表記7万2000件とその読み9万件を収載している。項目の配列は、「表記編」は親字の字音の五十音順、「表音編」は姓（姓の部）・名（名の部）の読みの五十音順、「音訓よみガイド」は「表記編」の親字の字音の五十音順、「総画順ガイド」は「表音編」の親字の総画数順になっている。　1284

歴史人名よみかた辞典　日外アソシエーツ編　日外アソシエーツ　1989.12　1221p　22cm　発売：紀伊国屋書店　4-8169-0912-5　12800円
古代から幕末期までの人物の姓氏・名前の読み方の辞典。神名、架空名、日本国内で活動した漢字表記の外国人を含む約4万人を27種の人名辞典（事典）を典拠

として収録。人名のよみのほか、ローマ字表記、生没年、別名、身分・職業を記載している。配列は先頭一文字目（親字）の音の五十音順で、巻頭に音訓よみガイド、総画数ガイドがある。巻末には五十音順人名索引を付す。　1285

◆◆東洋

韓国姓名字典　名前を正しく読むために　金容権編　三修社　1988.6　207p　22cm　4-384-00056-1　5300円
韓国・朝鮮人の姓をできるだけ原音に近い音で読むことを目的に編纂されたもの。279の姓、3300の人名を採録。姓は日本語の音読による五十音順配列。巻末に筆画順の漢字一覧と参考文献が付されている。　1286

韓国・朝鮮人名仮名表記字典　相互理解の第一歩、隣国の人の本名を正確に呼ぶために　改訂版　人名仮名表記字典編集委員会編　大阪　ブレーンセンター　1984.10　152p　21cm　監修：金東勲　初版：1975年　1800円
韓国人、朝鮮人の姓、人名に使われる漢字をえらび、日本の音読の五十音順に配列し、ハングル、発音記号、カナ表記などを示す。巻末に総画索引を付す。　1287

人名仮名表記字典　第2版　人名仮名表記字典編集委員会編　大阪　朝鮮資料研究所　1976.1　140p　21cm　背・表紙の書名：『本名を正しくよぶための人名仮名表記字典』　監修：金東勲　1500円
朝鮮人の姓に使われる文字801字、人名に使用される文字1263字、これにいくつかの文字を加え、日本の音読みの五十音順に配列し、ハングル、万国音標文字、カタカナの3種の表音文字によってその発音を示したもの。巻頭および巻末に「音節表」「発音記号一覧表」「五十音図」「暦年対照表」「訓民正音」「ハングルの説明」が付載されるほか、巻末には参考文献も掲載。索引は、巻末に総画索引がある。初版は1975年で、初版からの補遺分は本文末にまとめて掲載されている。　1288

◆◆西洋

漢訳漢名西洋人名字典　仙田正雄，高橋重臣，堀内稔編　天理　天理大学出版部　1964　100p　26cm
文献に現れる漢字書きの西洋人名に、若干の現代人名も選択して加えた人名辞典。それぞれ漢名の次に原綴・生没年・国籍・専門または職業を記してある。巻末に漢名の字画による索引と原名の索引がある。　1289

西洋人名よみかた辞典 1-3 増補改訂 日外アソシエーツ編 日外アソシエーツ 1992.10 3冊 22cm 発売：紀伊国屋書店 4-8169-0368-2 各15000円
1984年刊本の増補改訂版。前版のデータ更新と、最新人物約2万人を追加し、西洋人約8万人についての原綴と読み（カナ表記）、簡単な説明を付した人名辞典。「Ⅰ 政治・経済・社会・科学技術」「Ⅱ 哲学・宗教・文芸」「Ⅲ 芸術・芸能・スポーツ」の3分冊からなり、本文は原綴見出し人名のアルファベット順配列。記載事項は人名原綴、人名読み、生没年月日、説明など。異なる読みも見出し語としたカタカナ表記の五十音順索引がある。　　　　　　　　　　　*1290*

◆人名事典

朝日日本歴史人物事典 朝日新聞社編 朝日新聞社 1994.11 2462p 22cm 4-02-340052-1 22000円
古代から大正時代までの日本の歴史に登場する人物はもとより、神話・伝承・民話や文学・芸能作品中の人物、日本で活躍した外国人をも含む1万1300人について、歴史の転換期における再評価を試みた人名事典。項目の配列は姓の五十音順で、各項目には執筆者名明記のもとに、生没年月日、小伝、代表的著作、参考文献・伝記類などが記載される。巻末には「天文学の時代－大正・昭和期略年表」「基本参考文献」の付表2点と、人名索引、人名漢字画引き索引、欧文人名索引、事項索引がある。本書は、昭和期以降の人物を収録した『現代日本朝日人物事典』☞*1294* の姉妹編にあたる。　　　　　　　　　　　　　　　　　　　*1291*

近世人名辞典 名号引き 1-3 漆山又四郎編 武蔵村山 青裳堂書店 1984-1987 3冊 22cm （日本書誌学大系 36(1)-(3)　各16000円
漆山天童（1873-1948年　漢学者、国文学者、書誌学者）の採録カードの翻刻。採録範囲は江戸時代を中心に明治、大正に及ぶ。とくに画家関係の人名に詳しいのが特色。記載事項は分野、別号、師門、出生地、居住地、没年、享年など。約4万人を収録。名・号・字・通称・諡号などから検索できる。配列は五十音順で、3分冊よりなる。　　　　　　　　　　　*1292*

近世人名録集成 第1-5巻 森銑三，中島理寿編 勉誠社 1976-1978 5冊 22cm 6000-15000円
江戸時代後期に刊行された文芸家を中心とした人名録64種を写真版に収めて4巻に分載し、索引1巻を添えたもの。第1、2巻は地域別人名録、第3、4巻は分野別人名録を収める。第5巻は人名総索引で、構成は、五十音順の仮名部と部首順の漢字部からなる。内容は、原本の標目として採った人名をはじめ、注解中の名・字・号・通称の別称および氏・姓・修姓・屋号などの別姓を収録した詳細な特色ある索引となっている。影印版4巻の索引であるとともに、広く近世期の文芸家を中心とした別称索引として有用である。　*1293*

「現代日本」朝日人物事典 朝日新聞社編 朝日新聞社 1990.12 1802,501p 22cm 4-02-340051-3 10000円
昭和時代以降に1日でも生存していた日本人および日本で活躍した外国人約1万900人を1990年10月現在のデータで収録。項目の配列は姓の五十音順で、各項目には見出し人名、生没年月日、業績、経歴、業績の評価、人柄、著書などが署名記事により記載。巻末には、人名索引、漢字画引き索引、事項索引があり、また付録として「歴代内閣閣僚一覧」「日本学士院会員一覧」「日本芸術院会員一覧」ほか9つの付表が掲載されてある。『朝日現代人物事典』（1977年刊）の改題、増補改訂版に相当し、『朝日日本歴史人物事典』☞*1291* とは姉妹関係にある。　　　　　　　　　　*1294*

現代日本人名録 1998 日外アソシエーツ編 日外アソシエーツ 1998.1 4冊 27cm 東京　紀伊国屋書店（発売）4-8169-1468-4 全69000円
現代日本で活躍している各界の人物を幅広く収録。日本にかかわりのある在日外国人を含め10万1623名を収録。1997年10月24日現在の生存者を中心に人物の選定を行っている。項目の配列は姓の五十音順で、各項目の記載事項は、職業・勤務先肩書、専攻分野、国籍、生年月日、出生（出身）地、本名・旧姓（名）・別名・屋号、学歴・学位、資格、受賞名、経歴、所属団体名、趣味、家族、勤務先住所・勤務先・電話番号、自宅住所または連絡先・（電話番号）、海外在住、e-mailアドレス・ホームページURL、調査年月。全4巻本で、各巻頭には当該巻の収録人名一覧がある。本書は1987年に刊行された同書の1990年版、1994年版に継ぐ第4版にあたる。　　　　　　　　　　　*1295*

国際人事典 幕末・維新 エス・ケイ・ケイ編 毎日コミュニケーションズ 1991.6 232,718,114p 31cm 監修：宮地正人 4-89563-160-5 31500円
幕末・維新期（1853年〔嘉永6〕-1882年〔明治15〕）に日本の国際化にかかわった日本人についての記事を日本および外国の新聞から集めた人物関係記事索引。本編は個人（1207名）と団体（81団体）に関する約2600件の記事を収録、資料編は本編に収録された人物のうち636名の経歴を簡潔に記載した人名事典。配列は両編とも五十音順。巻頭に「明治維新と国際人の成立」（宮地正人著）、索引目次（人名別・分類別・年次別）、資料編冒頭に人物データ目次、巻末に、形態別

海外渡航者リストと本編の記事中に登場する約4000名の人名を含む事項総索引がある。　　　　　　　　1296

コンサイス日本人名事典　改訂新版　三省堂編修所編　三省堂　1994.2　1424,61p　22cm　監修：上田正昭ほか　机上版　4-385-15805-3　6300円
古代－近・現代までの日本史上に登場する人物（一部現存人物も含む）、架空・伝承・作中人物、および日本にかかわりの深い外国人約1万4000人を、近・現代人物に重点をおいて収録した事典。項目は姓の五十音順。各項目には生没年、系譜、出生地、本名・通称などの名前に関する情報や、学歴、墓所のほか、適宜著書や参考文献を掲載。巻末付録には、古代における官制の変遷が理解できる「7世紀後半の官職表」のほか「中世姓氏要覧（付略系図）」「近代の外国人」がある。索引は、巻末に画引き漢字索引を収載。本書は『コンサイス人名辞典　日本編』（1976年刊）の改題増補改訂版である『コンサイス日本人名事典』（1990年刊）の新版、机上版で、1990年刊の誤植を訂正し、新たに判明した没年を加えている。　　　　　　　1297

事実文編　第1-5　五弓久文編　ゆまに書房　1978.3　5冊　22cm　国書刊行会明治43-44年刊の複製　各4500円
諸家の文集・雑著の中から人物の伝記に関する部分を抄出し、各人の出生年月日順に配したもの。文亀から明治に至るまでの日本人約1900余名を収める。第5巻末に五十音順の索引がある。なお著者自筆本の複製版（6巻本　関西大学出版・広報部刊　1979-1981）の刊行もある。　　　　　　　　　　　　1298

事典近代日本の先駆者　富田仁編　日外アソシエーツ　1995.6　637,39p　22cm　発売：紀伊国屋書店　4-8169-1301-7　9800円
ペリー来航の1853年（嘉永6）前後から1912年（明治末年）に至る文明開化期に、日本人として何か新しいことを行った人物約1100人を収録。パイオニア、発明者、創立者といったこれらの先駆者たちの事績を時代状況、エピソードも交えて解説。配列は人名の五十音順。記載内容は経歴事項、先駆的事績、参考文献で構成。巻頭に10のジャンル別（政治・外交・軍事、産業技術、経済・社会制度など）人名目次。巻末には事項索引がある。　　　　　　　　　　　　　　1299

人事興信録　第1版-　人事興信所編　人事興信所　1903-　隔年刊　27cm
政治家、民間会社の役職員、大学教授、宗教家、芸術家など各界の首脳または中堅として活躍している日本人および在日外国人の要人を採録した人名録。配列は氏名の五十音順。役職、本籍地、家族、経歴、著書、研究、趣味、宗教、親戚、住所、電話などを記してい

る。皇室・皇族は別に掲げている。各巻頭に索引を付記、下巻の巻末には「哀悼録」（五十音順）が添えてある。第39版（1997年刊）には約11万名を収録。わが国の代表的な人名録。　　　　　　　　　　　　1300

新潮日本人名辞典　新潮社辞典編集部編　新潮社　1991.3　2086p　22cm　4-10-730210-5　10000円
日本の古代から現代までの歴史上の人物や神話・伝承・作中の人物、来日外国人、日本とかかわりの深い外国人など、あわせて1万8000人を収録した辞典。項目の配列は姓の五十音順で、各人名項目には生没年月日、職業、出生地、学歴、業績などが簡潔に記載されてある。巻末には「架空伝承人名索引」「欧文人名索引」「難読人名索引」（1字目の漢字画数順）があるほか、「天皇一覧」「将軍一覧」「主要系図」「年号・西暦対照表・歴代内閣一覧」「文化勲章・文化功労者一覧」「学校名新旧対照表」「日本史年表」など充実した付録がある。　　　　　　　　　　　　　　　　1301

大人名事典　平凡社編　平凡社　1953-1955　10冊　26cm
古代から現代までの日本人を主体とした規模の大きい標準的な人名事典。とくに歴史上の人物の略伝を知るのに有用である。1-6巻に故人約5万名、7-8巻に外国人1万2000名、9巻に現存人物（刊行時）8000名を収め、それぞれ略伝・事績・著書などを事実に即して客観的に述べ、史的価値や影響関係などにふれることは定説のないかぎり避けている。項末に典拠文献を示す。第10巻は索引で、姓・名・雅号など、どれからでも検索できる日本人名の画引と外国人名の欧文索引からなり、ほかに補遺・天皇系図・人物名数一覧（三筆・六歌仙の類）を収めている。　　　　1302

大日本人名辞書　大日本人名辞書刊行会著　講談社　1974　5冊　27cm　全49000円
古代から大正期までの著名な人物約3万5000名を五十音順に配列して解説した人名辞典で、各項末に出典を明示している。第5巻には、対照表「和漢洋年表」、220種を収めた「系譜」、見出し語のほか一般通用の異名・異称を収録した五十音順の「大日本人名辞書索引」、五十音順配列の美術工芸伝である「刀剣鍛冶叢伝」「鋳物師叢伝」が収められている。1937年（昭和12）刊の増訂11版の復刻。初版は1886年（明治19）に田口卯吉によってつくられたもの。ほかに復刻・縮刷版として講談社学術文庫版が1980年に刊行されている。　　　　　　　　　　　　　　　　　　1303

同名異人事典　日外アソシエーツ編　日外アソシエーツ　1988.8　72,878p　22cm　発売：紀伊国屋書店　4-8169-0806-4　27500円
明治から現在までの各分野の知名人、文化人、執筆者

などの同姓同名の人物約2万5000人を収録。特に現存者を優先して採録。同一表記で読みが同一のものと異なるものの両方を併記している。配列は姓名の五十音順。記載事項は人名読み、生没年、職業、専攻分野、別名・筆名、著書などがある。巻頭に収録人名一覧（配列は電話帳方式）を付す。　　　　　　　1304

名前から引く人名辞典　日外アソシエーツ編　日外アソシエーツ　1988.4　1104p 22cm　発売：紀伊国屋書店　4-8169-0767-X　18000円
日本の歴史上の人物（含む説話上の人物）を中心に、作家、画家、芸能人などの一部現存者を加えた人名を、姓によらず名を五十音順に配列して見出しとした伝記辞典。名前には諱（名乗り）、通称（呼名）および俳号・雅号などの別名を含め約5万名の人物を採録。各見出しのもとに、その見出しと同一の名（表記、読みとも）をもつ人物を集め、それぞれの姓、その読み、生没年、職業・肩書などを簡略に記載してある。
1305

日本古代人名辞典　第1-7巻　竹内理三, 山田英雄, 平野邦雄編　吉川弘文館　1958-1977　7冊 22cm 1000-2800円
あらゆる古代文献の中から781年（天応元）までの人名を、身分の上下や階級にこだわらず網羅的に収め、その伝に関する事項を細大もらさずあげた辞典。記事にはいちいち出典を明示してある。約2万2000名を収録。配列は氏の第1字目の読みによる五十音順。人名見出しには読みの記載がないが、第7巻の巻末に「頭字総索引」「頭字音索引」が添えられてある。　1306

日本史人名辞典　栗嶋狭衣編　歴史図書社　1975　648,227,70p 19cm　監修：井上頼圀, 小杉榲邨　9400円
上古より1904年（明治37）1月までに物故した人名を姓でなく名によって配列し、解説を付した辞典。配列はいろは順。巻末に別名索引、字音索引、字画索引、名数索引と年代表とがある。なお、「仮作人名辞彙之部」があり、架空の人物を別掲している。1904年刊行の『日本人名辞典』の復刻。　1307

日本紳士録　第1版-　交詢社出版局編　ぎょうせい　27cm　監修：交詢社
実業界、政界、官界、教育界、芸術界など各分野の代表的人物を五十音順に収め、現職、続柄、出身地、生年月日、学歴、趣味、住所、電話などを記載している。日本居住の欧米人などは各項目の最終に配列している。巻頭に「難読・音違い複数読み　姓氏検索の手引」を付記。第74版（平成8年）には約12万1000名を収録。わが国の代表的な人名録。　1308

日本人名辞典　芳賀矢一編　京都　思文閣　1969　95,83,1174p 19cm　4500円
姓によらず名を見出しとした人名辞典。異名・異称を広く集め、名乗り・通称・雅号・芸名の類も必要に応じて掲げてある。配列は五十音順。記述は極めて簡潔であるが、『大人名事典』☞1302 にものせていないような人物も検索できる。巻頭に名の字画索引と姓氏の五十音順索引とがある。1914年（大正3）大倉書店の復刻版。　1309

日本人名大事典　第1-6巻, 現代　平凡社　1979.7　7冊 27cm
本編6冊は、初版『新撰大人名辞典』（1937-1941年刊）の復刻版の体裁をとっているが、若干の増補改訂を行い版を組み直しているので、全体に増頁となっている。本編6冊よりなる第2版『大人名事典』☞1302 と異なる。もっとも、各項目の記述の大部分は、初版および第2版をほぼ踏襲しており、本版で新しく挿入された項目も旧字体、旧かなづかいに統一されている。収録人名は、日本古代から1938年8月末日までの物故者約5万人。見出し配列は、表音式カタカナ書き姓名の五十音順。初版では生没年表記は皇紀であったが、第2版にならって西暦で記す。補巻「現代」編1冊は、新しく執筆されたもので、1938年9月から1978年8月末日までの物故者（約6000人）を収録。見出し語は、現代読みひらがな書き姓名の五十音順配列。記述も当用漢字・新かなづかいを使用。第2版にあった外国編と索引編がなくなっている。号、別名などからも引けた部首画索引がなくなったのは不便である。　1310

日本歴史人名辞典　日置昌一著　名著刊行会　1973　991p 23cm 8000円
神代から1938年（昭和13）9月までの物故者約5400名を五十音順に配列し解説した人名辞典。解説の末尾にはその人の著作物をあげている。天皇・公卿・英雄傑人から学者・文人・力士・芸人まで、著名な人物を幅広く採録している。巻頭には時代順に列挙した参考文献と五十音順の人名索引とがある。1938年改造社刊の復刻。ほかに復刻・縮刷版として講談社学術文庫版が1990年に刊行されている。　1311

幕末維新人名事典　学芸書林　1978.4　820p 20cm　監修：奈良本辰也　4500円
幕末維新期に活躍した主要人物（藩士、志士、郷士、幕臣、藩主、重臣、公卿、学者、医者など）約1800名を収録。人名の五十音順に配列し、表記、生没年、出身、経歴を詳しく記載。巻頭に収録人名総覧（五十音順）、巻末に変名索引、事項索引（事件・組織・機構名など）のほか、付録として年表（1830-1877年）、藩主一覧、藩校一覧がある。類書として『幕末維新人

名事典』(新人物往来社、1994) がある。　　1312

❖❖ 世界

岩波＝ケンブリッジ世界人名辞典 デイヴィド・クリスタル編　岩波書店　1997.11　viii,1459p　22cm　日本語版編集主幹：金子雄司，富山太佳夫　4-00-080088-4　14000円
古今東西の政治家からスポーツ選手、実業界の人物まで、1万5000人を収録。配列は姓の五十音順で、各項目にはミドル・ネームを含めた全名の読み、原綴、別名、国名、生没年、教育歴、職歴、業績などを記載。巻末に「各国元首・政治指導者」「宗教指導者」「ノーベル賞受賞者」の付録と、英文アルファベット順の人名索引がある。本書は『The Cambridge biographical encyclopedia』(Cambridge University Press) の日本語版で、原書から日本人を除き中国関係人物を増補している。　　1313

現代外国人名録 1996新訂　日外アソシエーツ編　日外アソシエーツ　1996.4　1686p　27cm　発売：紀伊国屋書店　4-8169-1364-5　45000円
現在活躍中の外国人で、新聞・雑誌・図書などを通じて日本人に馴染みの深い外国人（一部物故者を含む）を対象とした世界人名辞典。前版（1992年刊）より経歴などのデータに変化のある人物約7500人に、新たに1万2500人を加えて構成している。見出し配列は姓の五十音順で、記載事項は、職業、国籍、生没年月日、専攻分野、学歴、業績、経歴、趣味、家族、調査年月日など。巻頭に五十音順の人名目次、巻末に人名原綴索引がある。　　1314

現代人物事典 朝日新聞社編　朝日新聞社　1977.3　1767p　22cm　9800円
1945年以降の時代に活躍した内外の主要人物の職業、経歴、人物、業績などを解説した事典。日本人約4000人、外国人約3000人を収録。日本人名は漢字で表示して読みを付記し、外国人名はカナで表示して原綴を付記し、五十音順に混配している。解説はすべて署名入りで、各界の識者によって従来の辞典よりもかなり詳しく個性的に書かれている。巻末には、解説・付録中の人名を含め、約1万5000人を収録した人名索引、戦後日本史の主要事項から関連人物名を検索できる事項索引、ローマ字原綴による人名索引、姓の漢字画引索引があり、付録として「内閣総理大臣・各省庁大臣・長官」など3件を掲載している。　　1315

現代人名情報事典 平凡社　1987.8　1159p　27cm　4-582-12302-3　15000円

収録人数は約2万5000人（日本人約1万9000、外国人約6000）。日本および外国で現在活躍中の人物を中心に、1945年以降に物故した人物を加えて、五十音順に配列。生没年月日、経歴、事績、作品、記録、受賞歴などの人物情報を記載。索引はない。　　1316

コンサイス外国人名事典 三省堂編修所編　三省堂　1985.12　1082,171p　19cm　監修：相田重夫ほか　4-385-15324-8　3500円
古代－近・現代までの外国人、神話、小説の主人公などの架空人物約1万7000人を、近・現代に重点をおいて収録した事典。欧米以外の地域の人名の充実にも留意してある。項目の配列は姓の五十音順で、各項目には原綴、別名、通称、生没年、学歴、業績のほか、必要に応じて著書や作品・参考文献などを記載。巻末には、付録として「民衆運動・民族解放闘争関係年表」「人名表記対照表」があり、索引はラテン文字索引とキリル文字索引、漢字索引の3種がある。本書は『コンサイス人名辞典　外国編』(1976年刊) の改題改訂版で、旧版から約1000人を増補しているほか、旧版収録人物についても必要に応じて改訂増補がなされている。　　1317

新版世界人名辞典 日本編，東洋編，西洋編　増補版　東京堂出版　1990－1994　3冊　19cm　3200－4500円
日本編、東洋編、西洋編の3編に分かれ、それぞれ姓の五十音順配列で国や生没年月日、小伝、主要著書などを簡潔に解説。収録範囲は、日本編は日本とかかわりの深い外国人を含む約5900人、東洋編は東西交渉史上の西洋人名、日本人名を含む約5100人、西洋編は西洋に関連する中近東、アフリカ、インド、ラテン・アメリカなどの人名を含む約7650人。本書は同書新版（3編、1971－1973年刊、初版は2編で1952年刊）の増補版で、各編ともに増補分は巻末にまとめて掲載されている。付録は、日本編には「天皇表」「院政表」「摂政・関白表」「将軍表」「内閣表」、東洋編には「主要国王朝・元首表」、西洋編には「主要国元首在位表」がある。索引は、西洋編にのみ原綴索引がある。　　1318

世界伝記大事典 世界編，日本・朝鮮・中国編　ほるぷ出版　1978－1981　19冊　29－30cm　表紙の書名：『Encyclopedia of world biography』　編集代表：桑原武夫
アメリカのマグローヒル版の『Encyclopedia of world biography』全12巻を、日本側において国際性、代表性、歴史的重要度などによる比重を考慮したうえで、増補改訂した世界伝記事典。約5500項目を収録。全体の構成は4306項目を収めた「世界編」（全12巻、総索引）と1195項目を収めた「日本・朝鮮・中国編」

（全5巻、索引）の2編に区分されている。おのおの配列は五十音順で、古代から現代までの各分野の代表的人物を採録している。各人名項目には、冒頭に生没年・活動分野・業績、歴史的評価を要約した概略説明をおき、つぎにその人物の歴史的意義、時代背景、周辺人物との関係などについて解説しているほか、各項中に大きなスペースをとって肖像写真あるいは主要著作・遺墨などを挿入し、項末に参考書を掲載している。総索引は2編に収録されている五十音順人名索引、漢字人名字画順一覧、外国人名アルファベット順一覧、収録図版一覧などから構成されている。　　　1319

◆◆ 東洋

シルクロード往来人物辞典　東大寺教学部編　京都　同朋舎出版　1989.4　314p　19cm　4-8104-0758-6　2600円
古来シルクロードを往来した歴史上の人物2121名を4項目に分けて収録。「インド・中央アジア等西方より中国へ渡来した者」「中国（朝鮮を含む）よりインド等西方へ往来した者」「インド・中国・朝鮮等より日本に渡来した者」「日本より朝鮮・中国あるいはさらに西方へ往帰した者」に分類し、各項目の配列は活躍した年代順。巻末に関係地図、表、索引などが付されている。　　　1320

◆◆ 朝鮮

北朝鮮(朝鮮民主主義人民共和国)人名辞典　1997年版　世界政経調査会編　世界政経調査会　1996.12　341p　25cm
北朝鮮の政治・経済・軍事・外交など党・国家主要機関に従事した人物を中心に約1000名を選び、現職場、経歴、活動状況を略解した辞典。記述は1996年8月現在までを基準。人名はハングル表記を基準におき、カタカナ、ローマ字、漢字を付加。配列はハングル表記順。巻頭に人名索引（漢字の日本語音読配列）。巻末に「故金日成主席葬儀国家葬儀委員会委員名簿」「故・呉振宇・人民武力部長葬儀国家葬儀委員会委員名簿」「組織名一覧・国家機関」「主要死亡者名簿（1993年4月-1996年11月）」の参考資料がついている。　　　1321

現代韓国人名録　日外アソシエーツ編　日外アソシエーツ　1993.12　332p　22cm　発売：紀伊国屋書店　4-8169-1206-1　8800円
現在活躍中の韓国・北朝鮮の政治家、企業人、学者、タレント、歌手、スポーツマンなど3658人（在日、在米を含む）を収録。漢字表記の見出し語に韓国語音をカタカナで付記し、五十音順に配列している。巻頭に収録人名一覧、巻末に日本語名索引と漢字音読み索引を付す。　　　1322

朝鮮人物事典　木村誠〔ほか〕編　大和書房　1995.5　399p　22cm　4-479-84035-4　5800円
韓国・朝鮮人および朝鮮と関係の深い外国人など627人について解説した事典。政治家、官僚、学者だけでなく伝説、物語、文学の主人公、芸能人もとりあげている。本文は「古朝鮮から三国時代」「高麗」「在日朝鮮人の活動」などの13のテーマ別に編成され、各項の中はそのテーマを語る上でのランク順の配列。巻末に年表と索引（日本語読み五十音順配列）がある。　　　1323

朝鮮人名辞書　朝鮮総督府中枢院編　京都　臨川書店　1972　2冊(索引共)　22cm　18000円
古代から1930年代までの朝鮮歴史の発展にかかわった故人約1万3000名を収録した人名辞典。配列は姓名漢字の字画順で、各項の解説末に出典名を明示してある。巻首に引用図書表を付記。巻末には、僧侶を別立てで収めた「釋部」と、本文原稿完成後の物故者を収めた「補遺」のほか、付録として「字号諡索引」（字画順）、「国朝榜目」（李朝歴代の文科及第者1万5000名の名簿）、「官庁別号表」、「内鮮歴代対照年表」とがある。別冊は、本文の人名項目についての「音（日本音、五十音順の表音）別索引」である。1937年刊（京城　旧朝鮮総督府中枢院）の同書、および1939年に続刊した索引を複製。1977年、第一書房からも複製本が刊行されている。　　　1324

◆◆ 中国

英漢対照中国人名辞典　竹之内安巳著　鹿児島　鹿児島短期大学南日本文化研究所　1975.3　168p　26cm　（南日本文化研究所研究叢書 1）　協力者：長沢和俊, 増田勝機
約5000名の古代から現代までの中国人姓名をウェード式ローマ字表記によるアルファベット順に配列し、その漢字表記、身分・職業、生没年を示す。　　　1325

近代中国人名辞典　山田辰雄編　霞山会　1995.9　1270p　22cm　35000円
1800年から1949年中華人民共和国成立までに、政界を中心に各界で活躍した人物約1100人を収録した辞典。生没年、別名、社会的活動、参考文献などを記載する。配列は人名の拼音アルファベット順。巻頭に日本語読みからの索引、難解・簡字体の画引索引、巻末に中国近代史年表を付す。　　　1326

現代中国人物別称総覧 藤田正典編 汲古書院 1986.3 635p 22cm 14000円

1912年以後に死没した人物、現存している人物の別称を収録したもの。主要人物7000人、別称は2万3000件に及ぶ。それぞれに生没年、出典が示されている。漢字の音読による五十音順配列。画数順の人物、別称索引、ローマ字別称索引を付す。　　　　　　　1327

現代中国人名辞典 1995年版 現代中国人名辞典編集部編 霞山会 1995.7　68,1243,54p 22cm 付（1枚）35000円

現代中国における各層各界の指導的人物を網羅した人名辞典。1991年版に続くものだが、死亡者は削除。収録は5800名。配列は日本音の五十音順で、「大陸関係」と「台湾その他」は別立て。解説は1994年12月末現在。日本音五十音順索引、難解・簡体字の画引索引、ウェード式表記によるアルファベット順索引がある。付録として中国共産党組織表、両国の政府組織表、全国政協委員名簿、死亡者リストなどがある。初版は1958年（霞関会編、江南堂刊）、以後数年おきに改訂。　　1328

支那人名辞書 難波常雄, 早川純三郎, 鈴木行三編 支那人名辞書発行所 1926　4版 3冊 図版 23cm

上古から1903年（清、光緒29年）3・4月ごろまでの中国人約2万4000名を解説した中国人名事典。配列は頭字の音順。下巻末に字画索引、字号（男子が成年後本名のほかにもつ別名）索引と並称（管鮑・李社の類）・名数の表がある。この方面の辞典としては最初のもの。初版は啓文社1904年発行。初版本を改題複製したものに『中国人名辞書』（東出版、1996）がある。　　　　　　　　　　　　　　　　　　1329

中国史人名辞典 外山軍治, 日比野丈夫編 新人物往来社 1984.5　421p 20cm 2800円

古代から現代までの中国史上の人物1010人（外国人を若干含む）を収録した人名事典。『東洋の歴史　13　人名事典』（1967年刊）の改訂版。今回、現代中国人10名を追加（本文末に追補として掲載）し、巻末の年表も1983年までに更新。配列は人名日本語読みの五十音順。生没年、字、号、原綴（外国人の場合）、略歴などをエピソード、人物評論を交えて解説。巻末に中国史年表あり。索引はない。　　　　　1330

中国人名事典 古代から現代まで 日外アソシエーツ編 日外アソシエーツ 1993.2　727p 22cm 発売：紀伊国屋書店 4-8169-1164-2　7800円

古代から現在活躍中の人物まで、中国人9405名について簡潔に解説した人名事典。中国大陸・台湾・香港・マカオの人々および在日の華僑や留学生までを収録の対象としている。配列は人名の日本式音読みによる五十音順。現地読みで広く知られている場合は、現地読みで配列。職業・肩書・本名・出生地・学歴・経歴などを記載し、日本式音読みをひらがな、現地読みをカタカナで示している。巻頭に五十音順の収録人名一覧がある。　　　　　　　　　　　　　　　1331

◆◆西洋

岩波西洋人名辞典 増補版 岩波書店編集部編 岩波書店 1981.12　1962,282p 23cm 13000円

古代の歴史的人物から現存人物、神話・聖書・伝説上の人物、著名な文学作品に描かれた人物など、人類の文化に何らかの寄与をした西洋人について解説。旧版（1956年刊）の2万3000人に、旧版以来の25年間に登場した2300余名を巻末に補筆している。項目の配列は姓の五十音順で、原綴、生没年月日、国籍、職業、略伝、主要著書などを記載。巻末には原綴索引および本名のほかに漢字名をもっている人物の漢字索引があり、また付録として「人名対照表」「地名対照表」「各国元首表」「ノーベル賞受賞者」を掲載している。　　　　　　　　　　　　　　　　　　1332

知日家人名辞典 有信堂高文社 1984.12 240p 20cm 監修：新堀通也 2300円

知日家を「日本（日本社会、日本文化、日本人など）について正確な専門知識をもち、日本をより積極的に理解しようとし、その活動を通して社会的影響力を行使する外国人」と定義し、約1000名を収録した辞典。見出しは姓をとり、カタカナ表記の五十音順配列。記載事項は原綴、国籍、活動分野、生没年、経歴、所属機関、著書など。巻末に原綴索引がある。　　1333

20世紀西洋人名事典 日外アソシエーツ編集部編 日外アソシエーツ 1995.2　2冊 27cm 発売：紀伊国屋書店 4-8169-1271-1 全48000円

20世紀に活躍した、漢字圏以外の西洋人と、これらの地域で業績を残した日本人・東洋人約2万人を収録。人名目次、本文、原綴索引から構成。本文は姓の五十音順の配列で、各人名項目には、人名原綴、生没年月日、国籍、職業、肩書、出身地、本名、別名、学歴、経歴が記載されてある。　　　　　　　　　　1334

来日西洋人名事典 増補改訂 武内博編著 日外アソシエーツ 1995.1　700p 19cm 普及版　発売：紀伊国屋書店 4-8169-1277-0　4800円

1983年刊の増補改訂版。戦国時代から大正時代に来日したお雇い外国人、宣教師、外交官などの西洋人1303名（今回加えたのは170名、ほかは加筆訂正）を収録した人名事典。文献裏付けのある人物のみを収録。配

列は人名カナ表記の五十音順。記載事項は原綴、生没年、国籍、活動分野、略伝、参考文献からなる。巻頭に主要参考資料一覧、収録人名一覧。巻末に付録として来日年表、全国墓碑・祈念碑所在一覧のほか、活動分野別索引、人名原綴索引がある。　　　　*1335*

◆◆ アメリカ

アメリカ人名事典　ファーストネームの由来と歴史　G.R.スチュアート著　木村康男訳　北星堂書店　1983.9　300p 22cm　『American given names』の翻訳　3500円
このアメリカ人名とは、アメリカ人の持つファーストネーム、クリスチャンネーム（洗礼名）、パーソナルネーム（個人名）を指し、これらを語源から解説した事典。「名前の推移と概観」（p3-44）、「辞書の部」（p45-294）からなる。　　　　　　　　　　　　　*1336*

◆◆ その他外国

古代ギリシア人名事典　ダイアナ・バウダー編　豊田和二〔ほか〕訳　原書房　1994.11　xxxvii,456p 22cm　その他の訳者：新井桂子，長谷川岳男，今井正浩　4-562-02605-7　12360円
古代ギリシアの歴史上重要な人物を、非ギリシア人をも含めて解説した事典。配列は人名の五十音順で、各項目には可能な限り当該人物に関する胸像・肖像、関係地図、図版、参考文献などを掲載している。巻頭に「ギリシア小史」「ギリシア史年表」、巻末に「項目のない人名一覧」「用語解説」「欧文文献一覧」の補足的項目があり、巻末には付録として全般の理解に必要な地図と系図もある。姉妹篇として『古代ローマ人名事典』☞*1338* がある。原書は『Who was in the Greek world』（Phaidon Press、1982）。　　　　　　*1337*

古代ローマ人名事典　ダイアナ・バウダー編　小田謙爾〔ほか〕訳　原書房　1994.7　xxi,436p 22cm　その他の訳者：兼利琢也，荻原英二，長谷川岳男　4-562-02605-7　12360円
古代ローマの人物について一般読者向けに解説した、日本ではじめての簡便な歴史人名事典。配列は人名の五十音順で、各項目には可能な限り当該人物に関する胸像・肖像、関係地図、図版、参考文献などを掲載している。巻頭に「ローマ史概略」「ローマ史年表」、巻末に「項目のない人名一覧」「用語解説」「文献一覧」の補足的項目があり、巻末には付録として全般の理解に必要な地図と系図もある。姉妹編として『古代ギリシア人名事典』☞*1337* がある。原書は『Who was who in the Roman world』（Phaidon Press、1980）。　　　　　　　　　　　　　　　　*1338*

ロシア・ソビエト姓名辞典　第2版　鳴海完造編　ナウカ　1980.3　315p 21cm　3800円
ロシア語の母音は、アクセントの有無で発音が変わるので、普通の単語はもちろんのこと、特に固有名詞の場合は、アクセントの位置がわからなくては、正しくは読めない。本辞典は、ロシア人名（姓・名・父称）約4万3000に、記号（´）を付して、アクセントのある音節の母音を示したものである。付録として、「ロシア人の名前」と「解説（ロシア・ソビエトの姓について、姓名の表記について）」を巻末に付す。なお、本辞典で第2版というのは、第2刷の意味。　　*1339*

ロシア地域(旧ソ連)人名辞典　日本国際問題研究所編　日本国際問題研究所　1992.3　414p 31cm　4-8193-0011-3　25000円
ロシア地域（旧ソ連の諸国）の各分野の第一線で活躍する重要人物約3800人のプロフィールを伝える人名事典。政治、行政、軍、治安に加えて、経済、産業、貿易関係者を重視し、学術、芸術上の注目すべき人物も収録。1991年10月末時点の情報に基づき作成。配列は人名の五十音順。記載事項はカタカナ人名、原綴（ロシア文字表記）、生年月日、民族、現職名、学歴、学位、職歴など。巻末に「独立国家共同体加盟諸国および共和国グルジア国家元首および閣僚名簿」（1992年3月3日現在）と露文人名索引とがある。　　*1340*

◆◆ 海外渡航

海を越えた日本人名事典　富田仁編　日外アソシエーツ　1985.12　804p 22cm　発売：紀伊国屋書店　4-8169-0532-4　15000円
16世紀から1896年に欧米へ海外渡航した日本人1700名を収録した人名事典。人名編と団体編とに分かれる。人名編は五十音順配列で、生没年、職業・活動内容、渡航国名・目的、墓地などの略伝と文献名を記載。団体編は渡航年順の配列で、人員、期間、訪問国、目的、概要、文献などを記載。巻頭に主要参考資料一覧と収録人名一覧。巻末に付録として年別渡航者名一覧、国別渡航者名一覧がある。　　　　　　　　　　*1341*

幕末明治海外渡航者総覧　第1-3巻　手塚晃，国立教育会館編　柏書房　1992.3　3冊 27cm　付(4p)：未収録氏名一覧　全51500円
1861-1912年に留学または視察のため海外渡航した人物、約4200名の五十音順による総覧。国立公文書館蔵『公文録』『太政類典』、外務省外交史料館所蔵『航海

人明細書』などの基本史料、および各種人名事典などより採録し入力作成の「海外渡航者データベース」を使用して処理。各人の記載項目は、姓名から著書、出典/参考文献まで23項。第3巻は渡航時所属機関別、渡航先別、渡航時期別、渡航目的別、渡航形態別、留学先等、出身地別の各索引からなる。　　　　1342

◆◆名称

近代人物号筆名辞典　近代人物研究会編　柏書房　1979.10　331p　19cm　2200円
幕末以後の政治・経済・文化関係の人物中、著作のある人について、号・筆名・別名・本名などを調べるための事典。見出し語は、一般によく知られている姓名を五十音順に配列し、説明として、①号・筆名・別名・通称など、②本名・字・諱・旧姓・旧名などを記載する。別名などからの総画数順による逆引き索引を付す。ほかに幕末維新人物変名一覧、付録として、近世文化人生没年表、人名漢字一覧、近代俳人・歌人系統図なども付す。　　　　1343

号・別名辞典　古代－近世，近代・現代　日外アソシエーツ編　日外アソシエーツ　1990－1994　2冊　22cm　発売：紀伊国屋書店　15000円，12800円
日本人および日本国内で活躍した外国人の号や別名を収録した辞典。全体は「古代－近世」「近代・現代」の2篇から構成されている。配列は号・名の頭字の五十音順で、同音のばあいは画数順。見出し語は漢字、ひらがな、カタカナの順に配す。各見出し語のもとに、人名の読み、生没年、身分、職業、出生地・出身地を簡潔に記載している。各巻頭には「音訓よみガイド」「総画順ガイド」、巻末に「姓名から引く号・別名一覧」がある。「古代－近世」篇は約6100人の別名や号約1万7000件を収録。「近代・現代」篇は約7000人、約1万3400件を収録いる。　　　　1344

先賢名家別号別称辞典　脇水謙也編　石崎書店　1960　278p　図版　19cm
書画骨董の鑑識用に作られた雅号索引。古今の書家・画人の雅号を音順に並べ、下に本名を記してある。専門家でなくても関係の深い公卿・僧侶・文人・茶人・工人・俳人・歌人・芸能人・政治家・軍人なども収めている。巻末に頭字の音訓索引がある。　　　　1345

◆◆著述

現代翻訳者事典　日外アソシエーツ編　日外アソシエーツ　1985.11　597,18p　22cm　発売：紀伊国屋書店　4-8169-0529-4　13200円
1977年から1984年までに多数の外国図書を邦訳した翻訳者約1700人について略歴と訳書を紹介した人名事典。配列は人名の五十音順。略歴事項には職業、専攻・研究分野、最近の興味あるテーマ、邦訳可能言語、学歴、所属団体、住所など。訳書には1977-1984年6月の主要訳書（および著書）の書誌事項を簡略記入。巻末には邦訳可能言語別翻訳家名一覧がある。　　　　1346

国書人名辞典　第1－3巻〔続刊中〕　市古貞次〔ほか〕編纂　岩波書店　1993－　3冊　27cm　4-00-080082-5　各25750円
『国書総目録』☞0183に収録した文献の著編者のうち、伝記の判明する約3万人について解説した辞典。配列は人名の五十音順で、記載事項は、人名の読みがな、生没年月日、号、別名、家系、経歴、著作物、参考文献など。巻頭に参考文献一覧がある。　　　　1347

新現代日本執筆者大事典　紀田順一郎他編　日外アソシエーツ　1992－1993　5冊　22cm　発売：紀伊国屋書店　4-8169-1161-8
1983年から1992年までの10年間に、自然科学を除くさまざまの分野で活字、出版物を通して社会に影響を与えた執筆者約1万2000名を選んで、五十音順に配列し解説した人名事典。各人名項目には略歴事項（職業・専攻・活動分野・勤務先・現住所など）、著作事項（図書・雑誌論文・創作・エッセー・ルポルタージュ）、人物研究（人物論・小伝・人物紹介）を記載している。巻頭に人名目次を付記。第5巻の索引は詳細で、略歴事項、著作事項中の記事・記述を典拠として、人名、企業団体名および事項（一般件名・事件名・書名）の各件名を選び出して、関係する執筆者、掲載巻号、頁数を示した「人名索引」「企業・団体名索引」「事項索引」などからなる。なお、1978年刊『現代日本執筆者大事典』（収録範囲：1965-1976年）、1984年刊『現代日本執筆者大事典77/82』（収録範囲：1977-1982年）に続く第3期に相当し、旧版の編集方針を踏襲している。　　　　1348

著作権者名簿　1960－　著作権情報センター編　著作権情報センター　1960－　隔年刊　13×19cm
日本音楽著作権協会、日本文芸家協会、日本文芸著作権保護同盟、日本脚本家連盟、日本シナリオ作家協会、日本演劇協会、日本映画監督協会、美術著作権連合、日本写真家協会（一部会員）の各団体に所属する著作者、著作権者を主体とした名簿。1997-1998年版には1万6000人収録。創刊は1960年、編・刊の主体は当初著作権資料研究協会であったが、1962年刊から著作権資料協会に名称がかわり、1993年刊からはさらに著作権情報センターに名称変更。　　　　1349

著作権台帳 第1版（昭和26年版）- 著作権協議会編集局 1951- 22cm 編集・監修：日本著作権協議会 別冊：索引・資料

著作権所有者の住所・著作経歴・権利関係を明らかにするための人名録。本冊と別冊の2分冊。本冊は著作者個人台帳で、第1部著作者名簿（生存中の著作者）、第2部物故著作者名簿、第3部没後50年経過著作者名簿からなる。配列は著作者を専門分野別に分類し、その中は氏名の五十音順。人名項目には没年月日、本名・別名、物故者の権利継承者名、生存中の場合は自宅の住所、電話、学歴、所属団体、勤務先、主著作物などを記載。第24版には4万6243名収録。別冊は索引と資料の2篇の構成。索引篇は姓を五十音順に電話帳式配列した人名索引と総画索引。資料篇は日本著作権協議会会員名簿、主な著作権関係団体一覧、著作権使用者一覧、主な団体・学会一覧などを掲載。著作権所有者を網羅していない。別書名は『文化人名録』。第1版（昭和26年版）は1951年刊行。第22版までの出版者は日本著作権協議会。第22版から横組み、通し頁に改訂。
1350

伝記・評伝執筆者事典 日外アソシエーツ 1995.1 45,701p 22cm 監修：森睦彦 発売：紀伊国屋書店 4-8169-1278-9 18000円

伝記・評伝・人物論などの執筆者約2000人の人物データを、歴史上の人物から現存人物をも含む日本人被伝者約1500人の名前のもとに掲載した事典。収載されている執筆者は、1980-1992年までに発行、発表された図書と雑誌あわせて30万点から、物故者を除いた現在活躍中の人物を選定の対象としている。配列は、被伝者名の五十音順の項目の中に、執筆者が五十音順で配列。各執筆者項目には、職業、勤務先・肩書、専攻分野、興味テーマ、国籍、生年月日、出生（出身）地、本名、旧姓（名）、別名、学歴、学位、受賞名、経歴、所属団体名、趣味、家族、勤務先住所、電話番号、自宅住所および連絡先、電話番号、海外在住、調査年月が記されている。
1351

◆◆マスコミ

現代評論家人名事典 日外アソシエーツ編 日外アソシエーツ 1995.10 577p 22cm 発売：紀伊国屋書店 4-8169-1328-9 13800円

『評論家人名事典』（1990年刊）の改訂版で、1995年8月末現在評論活動を行ったことのある現存者2924名を収録。うち917名が今回はじめての収録で、残り2007名はデータを更新。本文は政治・法律、国際関係、教育などの22の専門分野より構成され、各分野の中は人名の五十音順配列。専門分野、肩書・職業、生年月日などの略歴のほか、連絡先・最近の著書も掲載。巻頭に専門分野別人名目次、巻末に五十音順の人名索引がある。
1352

現代マスコミ人物事典 1989年版「表現の自由」研究会編著 21世紀書院 1989.2 747p 21cm 2800円

1986年度版の改訂増補、新装版にあたる。1988年9月末現在、新聞・雑誌・テレビなどで活躍中の2900余名を解説した事典。新たな試みとして、女性565名を採録した「第Ⅰ部：特集輝く女性たちの横顔」を今回加えている。「第Ⅱ部：マスコミの主役たち」「第Ⅲ部：マスメディアに踊る人びと」「第Ⅳ部：日本の知を左右する文化人」「第Ⅴ部：知的生産者たちの潮流」の5部構成で、その中を16-40事項に細分。各項内は人名の五十音順配列。巻頭に五十音順の人名索引、巻末に最近物故者事典（1979.1-1988.9）、現代マスコミ人物名鑑がある。
1353

◆◆贈位

贈位諸賢伝 増補版 田尻佐編 近藤出版社 1975 2冊 22cm 全9500円

明治元年から1944年（昭和19）までの特旨贈位者2371名の略伝で、1928年以後の増補分203名は一括して下巻末に収載してある。伝記事項の典拠は示されていない。配列は旧かなづかいによる五十音順で、姓氏の頭字の画数が少ないものから。贈位者名の現代かなづかいによる五十音順目次と特旨贈位年表が付されてある。初版は国友社より1927年刊行。
1354

◆◆公家

■「系譜・家史」の公家の項もみよ

公卿辞典 改訂増補 坂本武雄編 坂本清和補訂 国書刊行会 1974.1 107,183,97p 図 22cm 4000円

官職・事績の確実な中世以降の公卿・朝臣約2000名を家柄別に収載し、それぞれ世系、官位、事績、没年を記している。本文の前に家名、二字名、称号・法号・雅号・別名などの索引がある。旧版（七丈書院、1944）に「年表」「公卿諸家系図」「公卿官位官職一覧表」などの付録を加えてある。
1355

公卿人名大事典 野島寿三郎編 日外アソシエーツ 1994.7 1034p 22cm 発売：紀伊国屋書店 4-8169-1244-4 18800円

公卿およびこれに準ずる非参議の男子を解説した人名事典。収録期間は武内宿禰の大和朝から公卿制度が廃止される明治初期までの約1200年間。収録した家系は

260家、公卿は3732人。配列は家系別五十音順、各家系内の配列は人物の生年順。各家系は、家系図のほか簡単な概要を記載。また、取り上げた人物に関しては略伝も記述してある。巻末には公卿関連事項を記した簡略な年表がある。
1356

幕末公家集成 大賀妙子校訂・編集 新人物往来社 1993.2 621p 22cm 監修：小玉正任 4-404-01981-5 20000円
国立公文書館内閣文庫所蔵『親王摂家以下家領由緒帳』（全37冊）の全文を活字化し注記事項を加えて編纂した、幕末期の公家の親族調書ともいえる史料。1865年作成のものを主に一部1863年（文久3）と1867年（慶応3）分を含め宮家6家、摂家5家、堂上家135家のほか、門跡42、比丘尼御所21、禁裏御所などの女中衆、地下役人を収録する。各家ごとの当時の当主を中心に、領主、石高、官位、年齢、由緒と呼ばれる親族関係を記載し、初出に限り人名の読みを付す。巻頭に見出し項目一覧はあるが索引はない。
1357

◆◆武家

江戸幕臣人名事典 第1-4巻 熊井保，大賀妙子編 新人物往来社 1989-1990 4冊 22cm 監修：小西四郎 各12000円
文化期から慶応期までの幕臣約8000人の人事記録。配列は姓名の五十音順で、生没年、家紋・旗さし物、石高・足高・役料等、本国、生国、屋敷地等、養祖父・養父・実祖父・実父、本人の履歴を収録。国立公文書館所蔵『江戸城多聞櫓文書』のうち、明細短冊および由緒書の原文に若干手を加えたものを、そのまま掲載している。全4巻本で、第1巻にはあ－お、第2巻にはか－そ、第3巻にはた－へ、第4巻にはほ～わのほか姓名不明短冊、補訂、ふりがなつき明細短冊を収録。索引は、各巻末に掲載人名の頭文字の索引があるほか、第4巻の巻末に全4巻人名索引がある。
1358

江戸幕府旗本人名事典 第1-4巻，別巻 小川恭一編著 原書房 1989-1990 5冊 27cm 監修：石井良助 各19500円
全体の構成は、第1-3巻までは寛政11年末（1799）の旗本全員の人名録と第4巻の別資料による文化元年（1804）から慶応2年（1886）までの500石以上の旗本人名録、および別巻とからなる。第1-3巻は国立国会図書館蔵『寛政呈書万石以下御目見以上国字分名集』を底本とし、当主名を五十音順に配列。当主名、禄高、知行地、本国、本姓、番役筋、勤仕、昇進、家紋、年令、役職、嫡子役職、菩提寺、屋敷などを一覧にしたもの。寛政以降の変化については文政10年（1827）頃を『幕士録』、天保9年（1838）頃を『旗本姓名高寄』から補記している。第4巻は、『懐中道しるべ』（文化元年稿）、『国字分名集』（文政10年稿）、『昇栄武録』（天保12年刊、安政3年刊、慶応2年刊）、『旗本いろは分』（安政6年改）所収の500名以上の旗本人名録。配列は各家の五十音順。名、禄高、父、役職、屋敷などを表形式にしたもの。別巻は、旗本についての「解説」、幕職の序列を示した「大概順」、および全4巻の人名「総索引」からなる。
1359

御家人分限帳 鈴木寿校訂 近藤出版社 1984.7 35,517,77p 20cm （日本史料選書 23） 監修：竹内理三ほか 7600円
国立公文書館内閣文庫所蔵『御家人分限帳』（写本、全17冊）の翻刻版。徳川幕府中期（正徳期）のほぼ全職員2万2891名を役職別に網羅収載し、関係記事（とくに知行関係）を詳細に付載した総合的分限帳とある。巻頭に解説、巻末に役職名索引および人名索引を付す。
1360

大武鑑 上，中，下巻 改訂増補 橋本博編 名著刊行会 1965 3冊 27cm 昭和10年刊の複製 限定版
『改訂大武鑑』（大武鑑刊行会、1940）の複製。鎌倉幕府より明治政府に至る（江戸以前は江戸期の編さん）各種の武鑑・官員録を年代順に集大成してある。武鑑は江戸時代の諸大名や旗本の出自・格式・職務などを一覧式に記した書物で、たいていは氏名・本国・居城・石高・官位・家系・相続・内室・参勤交代の時日・献上拝領の品目・家紋・旗指物・重臣などを記載してある。この形態を整えた版本は1647年（正保4）に出た『正保武鑑』が最初とされているが、江戸中期以降武鑑は毎年改訂出版することを慣例としたので、江戸時代の諸大名や旗本の変遷を知るのに有用。下巻末に人名・家名・役職名などから引ける五十音順索引がある。
1361

内閣文庫蔵諸侯年表 新田完三編 東京堂出版 1984.6 939p 22cm 監修：児玉幸多 15000円
内閣文庫所蔵の内務省地理局編『諸侯年表』（1883年成立、稿本全30冊）を謄写し、再編成したもの。『諸侯年表』そのものは、『寛政重修諸家譜』をもとに、その後は大名諸家より材料を徴して補うなどし、明治4年（1871）までの大名家の家譜を大名家ごとに年代順に記し、領地や石高の変遷をたどったもの。巻末に徳川諸侯索引を付す。
1362

◆◆女性

現代日本女性人名録 日外アソシエーツ編 日外アソシエ

ーツ 1996.5 1386p 27cm 発売：紀伊国屋書店 4-8169-1367-X 28000円

在日外国人を含む1996年3月現在の生存者を対象に、現代日本の各分野で活躍する女性1万6200名を収録した人名録。本文は政治・行政・法曹、経済・産業、社会・教育などの10の専門分野より構成され、各分野の中は人名の五十音順配列。記載事項は職業・肩書、専攻分野、生年月日、本名・別名、経歴、連絡先など。巻末に人名索引を付す。　　　　　　　　　　1363

大日本女性人名辞書 増補 高群逸枝著 新人物往来社 1980.3 690,5,10p 22cm 著者の肖像あり 7500円

厚生閣1942年刊（1936年初版の増補第3版）の複製。歴史文献上の架空・実在の著名な日本人女性約2000人の略伝を述べたわが国最初の女性人名事典。記述はすべて定説または通説に従い、根拠ある異説を付記し、出典を示してある。配列は五十音順。巻頭に職業・特技などにより分けた分類索引がある。付録に歴朝帝母后妃・女院一覧、斎宮・斎院表、字画索引を付す。　　　　　　　　　　1364

日本女性人名辞典 日本図書センター 1993.6 1274p 27cm 監修：芳賀登ほか 4-8205-7128-1 26780円

古代から1993年3月末までの間に故人となった日本人女性約7000名について解説した事典。配列は五十音順。記載事項は生没年、活躍した時代、出生地、父母、別名等、事績、著書などのほか、典拠となった文献名を掲載している。巻末には、単行書・雑誌論文を含む参考文献一覧および別名・旧姓名・院号などからも引ける約1万4000項目の人名索引がある。　　　1365

日本の女性 日外アソシエーツ編 日外アソシエーツ 1995.9 437p 21cm （読書案内・伝記編） 発売：紀伊国屋書店 4-8169-1326-2 5000円

古代から現代までの代表的な日本女性822人について、1945-1995年5月までに図書として刊行された伝記・評伝3302点を集めて被伝者のもとに収載した図書目録。見出しは被伝者の名前の五十音順で、図書は出版年の新しいものから配列。各項目には生没年、職業、書誌事項が記載され、書誌事項には適宜注記や内容、目次も付される。巻頭に見出し人名の目次があるほか、巻末には収録図書の著者索引がある。　　　1366

◆◆ 肖像

国史肖像集成 第1-6輯 森末義彰，谷信一編 目黒書店 1940-1943 6冊 42cm 監修者：竜粛 帙入 各巻解説付

初等・中等学校の教科書に取扱われた日本史上の人物についての、白黒図版による肖像集成。発売当初は全10冊で314人の収録を予定していたが、皇室編上・下、将軍編、武家編上・中、僧侶編の6冊、185人分を刊行したところで中絶した。各巻に別冊の解説が付いており、肖像の所在地や大きさ、肖像画の製作技能、肖像人物の伝記などが記されている。　1367

肖像選集 日本歴史学会編 吉川弘文館 1962 335p(図版160p 解説共) 22cm

聖徳太子から西郷隆盛まで、歴史上重要な人物160名の肖像を年代順に配列し、肖像と人物の解説を付す。図版は白黒。　　　　　　　　　　　　1368

日本肖像畫圖録 奈良帝室博物館〔編〕 京都 便利堂出版部 1938.12 2冊 39cm 帙入

図録と解説編の2分冊。奈良の寺院を中心に、奈良帝室博物館および個人の所蔵する、古代・中世の天皇・高僧・公家・将軍・武士・歌人などの肖像画111点を白黒図版で収め、解説を付す。　　　　　　　1369

日本女性肖像大事典 日本図書センター 1995.11 198p 31cm 監修：永原和子 4-8205-7275-X 16480円

『日本女性人名辞典』☞1365の姉妹編として編纂されたもの。古代から現代まで、主として日本で活躍した各分野の女性約800人の肖像画・肖像写真を収録。一人約100字の解説文を付している。配列は五十音順で、一般的呼び名を見出し語として立て、別称・号筆名などは本文中に記載。索引からも引けるようにしている。巻末に「年表で見る女性の働き」「女性人名の移り変わり」「女性史用語集」「女たちの言葉・女たちの歌」「女性の服装の移り変わり」「働く女性の原型」の5種の資料と、索引がある。　　　　　　　　　1370

日本名家肖像事典 第1-17巻，別冊，別巻 ゆまに書房 1988-1990 19冊 27cm 複製

本文17冊は、『大日本名家肖像集』（第1巻）（経済雑誌社、1907）をはじめとする17種の肖像集の複製で、古代から近代までの広範な分野の人物約1200名を収載。略伝つきのものもある。別冊（人名索引）は本文収載の人名に、国立国会図書館所蔵『肖像索引』（帝国図書館編刊、1939、手書きカーボンによる複製）収載のデータも組み入れ、アルファベット順に配列したもの。別冊巻頭の「書名一覧」中の参考書目も『肖像索引』巻頭の収録書名の転載。別巻には、総目次と人名索引を収録し、巻頭に収録書名一覧を付す。　1371

◆◆ 逸話

江戸市井人物事典 北村一夫著 新人物往来社 1974

320p 20cm 1800円

江戸・東京の地にかかわりのある明治期までの人物を、あらゆる分野・階層から選んで紹介したもので、特に「庶民」に力点をおき、伝記を示すのでなく逸話を読み物風に紹介している。配列は氏名の五十音順で、約560名収録。巻末に人名索引を付記。続編として『江戸東京市井人物事典』(1976年刊)があり、書名が変わったが収録対象に変更はなく、形式も同一で、約600名収録してある。　　　　　　　　　　　　　　*1372*

人物逸話辞典　上・下巻　再版　新装版　森銑三編　東京堂出版　1987.5　2冊　19cm

江戸人物逸話辞典というべきもので文禄・慶長年間から1880年(明治13)-1881年(明治14)頃までの人物約1400人の逸話を採録している。各項目は五十音順に配列された人物の見出しのもとに、よみがな、略歴を掲げ、本文は平易な口語文に書き改められている。それぞれに出典を注記。引き続き大正時代までにかけて活躍した各階級・職業の人物の逸事・遺聞を集めて、下掲の二つの辞典がつくられている。『明治人物逸話辞典』(森銑三、東京堂出版、1965、2冊)『大正人物逸話辞典』(森銑三、東京堂出版、1966、438p)前者は1867年(慶応3)までに出生の明治期の人物(900余名)に限り、後者は大体1868年(明治元)から1887年(明治20)頃までに出生した人物(400名)を主とし、大正初めから1965年(昭和40)までに没した人々を対象としている。両者ともに生年順の人名索引を巻末に付す。　　　　　　　　　　　　　　　　*1373*

日本逸話大事典　第1-8巻　白井喬二,高柳光寿編　人物往来社　1967　8冊　22cm　各1500円

上代から近代に至るまでの人物(主として日本人)に関する3700余の逸話を集大成し、原文に近い形でかかげている。見出し項目にはできるだけ人名を立て、五十音順に配列。最終巻末に人名索引、内容項目別(＝分類)索引と主要文献解題を付す。1978年に東方出版より復刻版刊行。　　　　　　　　　　　　　*1374*

◆物故者

現代物故者事典　1980-1982,1988-1990,1991-1993,1994-1996　日外アソシエーツ編　日外アソシエーツ　1983-1997　3年毎4冊　22cm　発売：紀伊国屋書店　3800-19055円

全体は4分冊からなる。各期間内に故人となり、主要新聞などに報じられた人物をあらゆる分野にわたって収録した人名事典。記載事項は人名の読み、職業・活動分野、本名・別名、死亡年月日、死因、享年、略歴、業績、記事の出典など。日本人編、外国人編からなり、それぞれ記事中の表示ないし最もよく知られている名の五十音順に配列。「1980-1982」版には日本人7568名、外国人744名を収録している。　　　　*1375*

昭和物故人名録　昭和元年-54年　日外アソシエーツ編集　日外アソシエーツ　1983.7　747p　22cm　発売：紀伊国屋書店　4-8169-0263-5　18000円

昭和元年(1926年12月25日)から昭和54年(1979)末までに故人となった日本人約2万2000人を収録した人名辞典。記載事項は人名の読み、生没年月日、享年、職業、活動分野、本名・別名、出生地・出身地からなる。人名辞典・事典・書誌類29種、年鑑5種から有名人のみでなく、各分野にわたって広く採録。見出し人名は、本名、別名、通称のうち最も多く使われているものを用い、五十音順に配列。巻末に「没年月日人名録」(約200頁)があり、没年月日順に人名を配列し、享年、職業、活動分野を記載。『大正過去帳』☞*1377*に接続するもので、本書以降は『現代物故者事典』☞*1375*に引継がれる。　　　　　　*1376*

大正過去帳　物故人名辞典　稲村徹元,井門寛,丸山信共編　東京美術　1973　1冊　22cm　4800円

大正年間に故人となった約4000名を収録し、『明治過去帳』☞*1378*と同形式にまとめた人名録。巻末に「大正年間録」として政治・法制、経済・産業・労働、社会・文化の3欄からなる年表がある。ほかに大正没齢生年早見表がある。　　　　　　　　　*1377*

明治過去帳　物故人名辞典　新訂版　大植四郎編　東京美術　1971　167,1264p　22cm　原著私家版：昭和10年2月25日刊　15000円

新聞、官報などのほか、実際に墓地を歩いて故人の没年月日を採集し、その日付順に人名を配列・解説した故人名事典。範囲は1868年から1912年7月30日までの明治年間に故人となった2万1306名に及ぶ。『国民過去帳』として1935年に刊行された私家版に、五十音順索引(巻頭)を加え、再版したもの。明治没令生年早見表を付す。　　　　　　　　　　　　*1378*

名人忌辰録　関根只誠編　ゆまに書房　1977.11　224,20p　22cm　訂正：関根正直　大正12年刊の複製　2900円

初版は1894年。江戸時代以来の学者、文人、工芸・技術の達人らの没年、墓所などを中心にした記事による人名録。配列はいろは順。名人忌辰録、俳優忌辰録、情死録、刑死録よりなる。　　　　　　　　　　*1379*

◆系譜・家史

群書系図部集 第1-7 塙保己一編纂 太田藤四郎補 続群書類従完成会 1985.4 7冊 19cm 普及版 各2000円
『群書類従』（正・続）中の系譜部掲載諸氏系図を一括したもので、正篇第5輯系譜部、続篇第5-7輯系図部の天皇および諸氏の系図約400点を収録。本普及版は、初版（1973年刊）の並装版となっている。 *1380*

系図纂要 第1-15冊，別巻1-3 名著出版 1973-1977 18冊 22cm 監修：宝月圭吾，岩沢愿彦 限定版 5500-10000円
飯田忠彦の編集で1857年（安政4）に完成したとされている同書の写真複製版である。底本は内閣文庫所蔵の写本103冊。神皇、藤原氏、菅原氏、紀氏、巨勢氏、平氏など個々に独立した各姓氏の1857年までの系図を収集、編成したもの。ほかの資料からは得られない良質の記事が散見でき、さらに公家の系図においては当主の系譜のみでなく子女をもあげているため、『尊卑分脈』をつぐものとして利用できる。別巻3冊には、補遺として東京大学史料編纂所所蔵の写本1冊、『文武世系纂要』の一部を復刻するほか、索引として姓氏索引、名諱索引、称号索引、さらに没年一覧（年代順）を収録。なお、この影印版の翻刻版も名著出版から刊行されている。 *1381*

系図綜覧 第1-2巻 国書刊行会編 ピタカ 1977.12 2冊 23cm 大正4年刊の複製 全15000円
『諸家系図纂』と東京大学史料編纂掛収集の諸系図により、帝系図と諸家系図150余種を収めている。『諸家系図纂』は徳川光圀の命によって丸山可澄の編集した系図集である。系図中の個々人には、称号・生卒年月・事績・略伝（繁簡不同）などを注してある。 *1382*

系図文献資料総覧 増補改訂 丸山浩一編 緑蔭書房 1992.5 916p 22cm 4-89774-001-0 20600円
系譜、姓氏、苗字に関する史料、および文献など諸資料の総覧。初版（1979年刊）を増補改訂したもの。構成は、第1部基本史料、第2部参考文献、第3部関連文献、第4部系図文献目録、第5部単行本・雑誌記事、そして今回新しく第6部基本史料（追録）、第7部参考文献（追録）、第8部諸家別姓氏・家史・系譜、の3部を加えている。以上のうち、第1-3部、第6-7部については、解説が付されている。巻末には「主要姓氏索引」「書目索引」「主要収載雑誌一覧」を付す。 *1383*

諸家傳 正宗敦夫編纂・校訂 自治日報社 1968 2冊 19cm 全3500円
『地下家傳』☞1386 と対をなす。古代より幕末までの藤氏をはじめとする堂上諸家の系譜を家格の順に収めたもので、いわば『公卿補任』を家別、人別にしたものであるが、早世などの事情で『公卿補任』に掲出されない人も含む詳細な系譜の一覧となっている。本版は九条家旧蔵本を底本とし正親町家本で校合増補（第1巻のみ九条家本欠巻により正親町家本を底本とし、帝国図書館本と比校）した日本古典全集第6期本（1939-1940年刊、4冊）のオフセット影印版で、巻末に新たに家名、二字名、系図名の各索引を付している。なお、『諸家傳』には本書のほかに、現代思潮社1978年刊の『覆刻日本古典全集』所収の3巻本もある。 *1384*

日本系譜総覧 日置昌一著 名著刊行会 1973 984p 23cm 8000円
改造社、1936年刊の複製。古代からの皇室、朝鮮歴代王朝、諸家、諸道諸芸の系図を収録。諸家の系図は時代別に分類され、諸道諸芸の系図は仏教・国学・武芸・俳優など25部門に分類されている。巻末には読史に必要な歴代天皇、公家・武家職制、仏教宗派一覧など詳細な資料を付す。索引はない。なお1990年に講談社学術文庫本が刊行されている。 *1385*

◆◆公家

■「人名事典」の公家の項も見よ

地下家傳 三上景文著 正宗敦夫編・校訂 自治日報社 1968 3冊 19cm 7000円
古代から嘉永5年（1852）までの地下（四位以下）の廷臣を家ごとに家系に従って並べ、生没年・官職の任免などを年月日順に列記してあり、諸地下家の家系・職掌・各人の略伝を知るに有用である。幕末に地下家のひとり三上（秦氏）景文の編集したものであるが、原本のままでは利用しにくいので、『日本古典全集』に収めるとき第5巻末に総目録（112頁）と、別冊の画引索引を新補した。本書は『日本古典全集』第6期本（日本古典全集刊行会、1937-1938、6冊）の合本複製版。上・中巻に本文を収め、下巻に付録・目録・索引を含めた。索引（画引）の巻頭に五十音検字表が新たに付されている。なお、『地下家傳』には本書のほかに、現代思潮社1978年刊の『覆刻日本古典全集』所収の6巻本がある。 *1386*

諸家知譜拙記 増補 土橋定代編 速水房常等増補 続群書類従完成会 1966 361p 22cm 天保版の複刻 2300円
土橋定代が『諸家伝』より堂上諸家の系譜を抄出し、

歴史―伝記

貞享3年（1686）に編集刊行したもので、本版はその増補改訂の最終版である天保改正本の影印復刻版。復刻に際しては家のおこり、別称、俗称、旧家・新家の別などを頭注に示し、また『諸家知譜拙記追加絶家伝』（内閣文庫本）の影印復刻を加えている。巻末に両編に見える家名および人名の2索引を付す。なお、本書を改題、増補したものに『公卿諸家系図　諸家知譜拙記』（続群書類従完成会、1988）が刊行されている。
1387

新撰関家伝　第1-〔続刊中〕　荒川玲子〔ほか〕編　続群書類従完成会　1995.12　266p　22cm　4-7971-0254-3　9270円
摂政または関白となった藤原氏および五摂関家各氏の百歴を家ごとに掲出し、おのおの典拠を示したもの。摂関成立以前の藤原鎌足から、戦国・桃山時代までを収録。なお、第2冊として、江戸時代全般を収録刊行の予定。
1388

堂上家系譜大成　太田亮著　創元社　1941.8　296p　19cm
おもに『尊卑分脈』『公卿補任』『諸家知譜拙記』に基づき、堂上家（昇殿を許された身分の家）のすべて、すなわち藤氏・摂家・清華家・大臣家・羽林家・南家流・名家・半家・平家・旧家・新家に属する各家の古代から明治2年（1869）までの系譜を簡潔に要約して収録。また六位蔵人・典薬寮・両局・出納の諸家も職掌の重い名族なので地下の家（昇殿を許されない家）ではあるが収めている。巻頭の「堂上家一覧並目次」には家の家格・新旧・江戸時代の知行高・家職・住所・菩提所・地位・出身の次第などを記してあり、系図中の個人の系譜・官位・卒年の記載とともに堂上家研究に有用である。
1389

❖❖武家

寛永諸家系図伝　第1-15，索引1-2　斎木一馬〔ほか〕校訂　続群書類従完成会　1980-1997　17冊　22cm　4800-6000円
徳川家光の命により、1641年（寛永18）から1643年（寛永20）にかけて幕府が編纂した大名、旗本諸家1400余家の系譜集の翻刻版。和文体、漢文体の2種あるが、本書は内閣文庫蔵の和文体の原本（全186巻）が底本。内容は清和源氏、平氏、藤原氏、諸氏の4部からなり、医者、同朋、茶道を巻末に付す。底本において漢字に施されたふりがな、およびかなに付された濁音などもそのまま翻刻されている。索引は2分冊。家名、諱、称呼、官職による呼称、国名による呼称、女子名姻戚、家紋の各索引からなる。江戸幕府が編纂した最初の大名・旗本諸家の総合的系譜で、諸氏の嫡流、庶流の別を明確にするとともに、江戸幕府と各武家との関係が明らかにされている。なお、真名本（日光東照宮蔵）の影印版『日光叢書　寛永諸家系図伝』（日光東照宮社務所編刊、1989-1991、全6冊、索引）も公刊されている。
1390

断家譜　第1-3　田畑喜右ヱ門撰　斎木一馬，岩沢愿彦校訂　続群書類従完成会　1968-1969　3冊　22cm　各3000円
慶長から文化までの約200年間に廃絶した幕臣約880家の系図をまとめたもの。廃絶した家の苗字をいろは仮名によって区分し、その中を秩禄順に配列。本書は、内閣文庫所蔵の昌平坂学問所本（全30巻）を底本として編集し、『寛政重修諸家譜』との異同を注記するほか、第3巻の巻末に姓（家名）の部、諱の部、称呼の部の3部よりなる索引を付す。
1391

徳川諸家系譜　第1-4　斎木一馬〔ほか〕校訂　続群書類従完成会　1970-1984　4冊　22cm
徳川氏本支流の系譜を収録したもので、第1巻には『徳川幕府家譜』『柳営婦女伝系』、第2巻には『幕府祚胤伝』および御三家の家譜、第3巻には御三卿および松平諸家の家譜、第4巻には越前松平家の本支流の系譜などを収める。本書では、体裁の統一、字句の訂正、新字体の採用、諸本の異同指示を行うほか、各系譜に欠けている部分をほかの資料によって補完する。適宜、人名・身分・生没年などを傍註している。また第4巻の巻末には、検索のための「徳川諸家系図一覧」と、姓・諱・称呼の3部よりなる五十音順の索引とがある。
1392

❖❖豪族

古代豪族系図集覧　近藤敏喬編　東京堂出版　1993.9　437,16p　23cm　4-490-20225-3　7500円
皇統譜と古代中央豪族、古代地方豪族、主要社家の系図を収録。各系譜に典拠とした系図を記載。巻末に五十音順の索引を付す。
1393

❖❖財界

財界家系譜大観　第8版　現代名士家系譜刊行会　1988.11　832p　31cm　執筆：大星義明ほか　発売：常盤書院　53000円
日本の政・財界で活躍する約860家系の人物の写真・経歴・功績・家族の紹介と本人を中心とした姻威の5代にわたる系図を収めたもので、1987年1月-1988年9月調査のデータを掲載。配列は姓の五十音順。索引

は、巻頭の目次下段に五十音順の社名別索引がある。
初版は1971年刊行。　　　　　　　　　　　　　1394

◆◆中国

中国宗譜の研究　上・下巻　多賀秋五郎著　日本学術振興会　1981-1982　2冊　27cm　13900-22600円
中国宗譜に関する研究書で、内容はおおむね専門的な叙述よりなるが、下巻所収の「現存宗譜目録」と索引が参考調査に有用。本目録は「日本公機関現存宗譜目録」「米国公機関現存宗譜目録」「中国公機関現存宗譜目録」よりなり、「日本公機関現存宗譜目録」は、『宗譜の研究（資料篇）』（東洋文庫、1960）所収の同目録の増補集成、「米国公機関現存宗譜目録」は、1976年調査時点における1945年以前の編集・刊行の米国公機関（私立大学を含む）に現存する宗譜目録、「中国公機関現存宗譜目録」は、1940年以前に編集・刊行された中国・香港の公機関現存の宗譜目録となっている。いずれの目録も、掲載順序は各氏族の字画順。巻末に五十音順の本文索引と字画順の姓氏別、字画別譜名索引を付す。　　　　　　　　　　　　　　　　　1395

ユタ系図協会中国族譜目録　Ted A.Telford〔ほか〕編　近藤出版社　1988.9　340p　27cm　『Chinese genealogies at the Genealogical Society of Utah』の翻訳　4-7725-0418-4　30000円
『美国家譜学会中国族譜目録』（成文出版社（台北）、1983）をもとに、解説を加えたもの。同協会がマイクロフィルムで収集した2811タイトルを収録。書誌は、姓の画数順にその分布地域と先祖に従って配列されており、巻末に地域別姓氏索引と画数別族譜名索引を付す。　　　　　　　　　　　　　　　　　　　　1396

◆皇室

皇室関係用語集　改訂2版　毎日放送用語連絡会議編　吹田　毎日放送　1978.12　141p　26cm　非売品
関係用語を独自の主題分類に従い配列し、簡単な解説を付す。また必要に応じて現在使用されない用語を付記したり、アナウンスのための用例を示す。巻末に「皇室関係の法令」「皇室関係小史」（1901年4月-1978年8月）と、おもな参考文献、および索引を付す。初版は1973年で、1975年にも改訂されている。　　1397

皇室事典　藤樫準二著　明玄書房　1976　284p　22cm　3800円
皇位、冠婚、儀式などのほか、皇室法規、皇室用語、御所ことばなど皇室に関する事項を解説した事典。戦後の皇室に重点が置かれているが、戦前との比較にも留意して項目の選定や解説が行われている。　1398

皇室事典　増補版　井原頼明著　冨山房　1979.5　513,3,43p　19cm　折り込図2枚　4500円
1942年刊本の複製。旧皇室典範その他の皇室法規により宮中の儀式典礼を典範の条章にしたがって解説。皇室関係諸式の系譜と詔勅類も収めてある。巻末に「追補」「索引画引」「音訓引索引」とがある。　　　　　1399

皇室辞典　村上重良編　東京堂出版　1993.5　310p　21cm　新装版　4-490-10343-3　2900円
1980年刊本の新装版。天皇および天皇制に関して、歴史・政治・宗教・文化の各領域にわたる約5000項目を「客観的実証的に解説」した事典。概説（天皇の歴史）、事項（解説）、付録よりなる。とくに近・現代を詳述。付録には歴代天皇一覧など7種を掲載。巻末には人名索引（神名を含む）、事項索引がある。　　　　　1400

皇室の百科事典　歴史百科編集部編　新人物往来社　1988.6　478p　27cm　4-404-01521-6　9800円
皇室の歴史、儀式・行事から昭和天皇の周辺部分までを6章にわけて解説。第7章は「歴代・今上天皇年表」、第8章「文献・用語にみる天皇と皇室」には「天皇・皇族の著述一覧」「皇室関係参考文献」などを収載。巻末には資料（「皇室関係法規」「近代詔勅集」）と、人名、事項の各索引を付す。　　　　　　　　　1401

平成の皇室事典　毎日新聞社　1995.11　191p　21cm　監修：清水一郎, 畠山和久　4-620-60479-8　2800円
皇室行事などのカラー写真、本文、資料編から構成。本文は4章に分かれ、第1章「皇室の制度と宮内庁」、第2章「皇居、宮殿、御用邸など」、第3章「皇室の儀式・行事と特別儀式」、第4章「天皇・皇族の公務と日常」を掲載。資料編には「天皇および内廷の皇族」「皇室典範」「皇室年譜」「天皇家系図」「天皇・皇室のかかわる主な儀式・行事」「主な年間恒例行事」を収める。巻末に事項索引と、主な参考文献を付す。　　　　　　　　　　　　　　　　　　　　1402

陵墓要覧　平成5年改訂　宮内庁書陵部　1993.3　223p　19cm　付（図1枚　袋入り）　付（45p）：付録
宮内庁書陵部職員の事務用として作成され、同部所管の陵墓を神代および歴代天皇順に配列して陵名、所在地、形状、御父・御母などを記したもの。これに「監区・部及び部外一覧表」「地方別陵墓表」を加え、巻末に諡号・追号、御名、陵名、墓名、塔碑銘を掲記した、音引、画引の2種の索引を付す。また別に、付録

として「髪歯爪塔塚・皇族分骨塔一覧表」「陵墓参考地一覧表」「陵墓飛地一覧表」「陵墓統計表」「式年表」（平成5-35年）を掲載した小冊子（45頁）と、「陵位置図」の図版（1枚）が付く。初版は1915年で、1934、1956、1974年にも改訂されている。　　　　1403

◆王室

世界皇帝人名辞典　三浦一郎編　東京堂出版　1977.9　376p　19cm　2800円
日本を除く世界各国の皇帝、または王と呼ばれた古今の人物約1140名を選び、解説した事典。皇帝名を慣用的な読みの五十音順に配列し、原綴、年代の表記とともに解説を付す。ただし、中国、朝鮮、東南アジアの帝王の人名は漢字読みとする。巻末に王朝系図のほか、アルファベット順および五十音順の人名索引がある。
1404

世界帝王系図集　増補版　下津清太郎編　近藤出版社　1987.10　456p 27cm 23000円
1982年刊の増補版。中国、朝鮮、北ユーラシア、ヴェトナム、東南アジア、インド、古代オリエント、イスラム諸王朝、ローマ・ビザンティン、ゲルマン諸族、フランス、ベネルックスなどの20項目別系図集。これまで世界史辞典、個々の歴史概説書などの付録などにみられる程度で、外国でも世界中を網羅した類書はなかったものである。巻末に王朝名、家名、帝王名などよりひける五十音順索引を付す。　　　　1405

世界歴代王朝王名総覧　再版　ジョン・E.モービー著　堀田郷弘訳　東洋書林　1994.4　366p 23cm　発売：原書房　『Dynasties of the world』の翻訳　4-88721-039-6　15450円
古代オリエントから新世界まで世界各地の古今の王朝について、王名、統治期間、血縁関係などを記載した総覧。地理的区分に時代的区分を加味した大区分のもとに年代順を考慮して配列してある。人名、地名の表記は原本の英語表記によらず、できるだけ原地主義を採用するが、人名の原綴は並記していない。王名表内の小見出し（王朝名、家名など）以上の事項を採録した和文、英文の両索引を付す。　　　　1406

◆紋章

家紋大図鑑　丹羽基二著　秋田書店　1971　678p（図共）22cm　監修：樋口清之　3500円
総説・日本の家紋（48頁）に概観を述べ、以下は紋名の五十音順（葵、柏、菊水のごとく）に、解説と紋図（1頁につき20図）とを対照できるように収録。ただし、個々の紋の名称から検索すること（例えば細菱に片喰→酢奨草〈かたばみ〉のごとくに）はできない。巻末に「その他の紋章」として、神、寺、芸能（歌舞伎俳優）、都市、大学校章などの代表的なものを収める。またあとがきに詳しい研究のための参考資料約30点をあげている。　　　　1407

家紋・旗本八万騎　高橋賢一著　秋田書店　1976　317p　20cm　1200円
主要な旗本681家を五十音順に配列し、家紋図を掲載し、簡単な解説を付す。　　　　1408

事典シンボルと公式制度　日本篇　国民文化協会編　国際図書　1968.9　348p 図版12枚 27cm　監修者：木下一雄等　3800円
国のシンボルといわれる国号、国旗、国章、国花をはじめとして、祝日、栄典、国家儀礼の制定といった国事に関するいわゆる公式制度をとりあげて、それぞれの沿革と現状についての考察と解説を行い、また都道府県および主要都市について、シンボルである紋章、旗、花、鳥、樹木などに関しても豊富な図版・写真版入りで説明を加えている。　　　　1409

新訂寛政重修諸家譜家紋　千鹿野茂編　続群書類従完成会　1992.2　1冊 22cm 12360円
『寛政重修諸家譜』掲載の家紋2190種と、同家譜にない分を『断家譜』☞1391　から採取した30種の計2220種を収めた家紋集。『寛政重修諸家譜』掲出順に家紋番号を付し、巻数、頁数、家名を表示。巻末に家紋の解説、家紋索引、寛政重修諸家譜出自大綱系図、姓氏（家名）索引がある。　　　　1410

西洋紋章大図鑑　ヴァルター・レオンハード著　須本由喜子訳　美術出版社　1979.1　368p 29cm 12800円
西洋紋章の百科事典ともいうべきもの。冒頭約80頁に、紋章学について多数の図版を挿入しながら、その概念・歴史・分類などについて解説。図鑑本文では、紋章の歴史的変遷・構成要素・図柄による分類などに編成して、多数の紋章を掲げて歴史的・美術的解説をほどこす。収録範囲は、現代の紋章学にまで及んでいるが、ドイツのものが主で、わずかに最後の節でドイツ

以外の国々の紋章の特色について述べている。巻末に約450タイトルのドイツ語を主にした欧語参考文献の分類目録がある。索引はない。原書は『Das grosse Buch der Wappenkunst』(Verlag Georg D.W.Callway、1976)また類書に『西洋の紋章』(ウイリアム・メッツィヒ著、中村敬治訳、美術出版社、1971)がある。
1411

日本家紋総鑑 千鹿野茂著 角川書店 1993.3 1357p 27cm 4-04-031500-6 42000円
各地の墓石などから採集した拓本の家紋約1万8000点と、作画および紋帳から採録の家紋約2000点、計約2万点を収録。基本となる親紋を343種に分類し、葵紋から地楡紋までの家紋名の五十音順で配列。各親紋の項に紋の成り立ち、形状種類、歴史上の文献に現れた使用家、現在の使用姓氏や分布を記す。巻末に「諸家略系図」と家紋名の五十音順の索引を付す。
1412

日本紋章学 沼田頼輔著 人物往来社 1968 1385p 図版 23cm 8000円
各種の戦記類・系譜類・武鑑類にのっている紋章の研究調査にもとづいて、紋章の一切の事項を多数の図版を挿入して解説した家紋研究書。構成は総説と各論からなり、総説は紋章一般の定義、起源、変遷、用途などを14章に分けて概説。各論は各紋章を系統的に天文門および地文門、植物門、動物門など8門に整理し、それぞれ名称・意義・形状種類・姓氏関係・所用姓氏などを説明している。巻末に挿画目録、名字・紋章の五十音順索引を付す。1926年(大正15)明治書院刊行の旧著の文章を現代文、現代かなづかいに改めた改訂版。
1413

◆旗

国旗総覧 日本ユネスコ協会連盟国旗出版物刊行委員会編 森重出版 1965 図版143枚 31cm
上記委員会が1962年にユネスコ加盟119か国から収集した、国旗の由来や正式規格などについての文書を中心に編集した国旗総覧で、日本政府の承認国および国際連合・国際赤十字・国際オリンピック委員会の加盟国の国旗と、上記国際機関の旗の計143種の旗を収載。各国の国旗は、便宜上たてよこの比率2対3に統一して掲げられており、それぞれに若干の解説をほどこす。付録は、巻末に国旗の掲揚法についての解説がある。初版は1964年、日本ユネスコ協会連盟刊本で、本書は初版の加筆修正版。ほかに1965年、ブルースタジオ刊本もある。なお、類書に『世界の国旗・国歌総覧』☞1416 があり、同書の解説文中には、各国旗のたてよこの正式比率に関する記述がある。
1414

世界の国旗 ビジュアル 国際理解教育大系編集委員会編 教育出版センター 1994.4 206p 26cm 4-7632-4050-1 2500円
世界各国の国旗および面積・人口・首都、主要言語・住民・宗教、独立年月、国連加盟年月、国民総生産(GNP)・一人あたりのGNP、通貨単位・為替レート、貿易額(日本からの輸出・輸入)を掲載したもの。国名と国旗の由来についても記載がある。
1415

世界の国旗・国歌総覧 藤沢優編著 岩崎書店 1976.5 504p 31cm 付:日本都道府県別県旗県歌総集 国歌監修:門馬直美 付(〔3〕p 26cm):世界の国旗・国歌総覧追補 英文併記 28000円
国旗編は、国連と153か国について正式比率の国旗をカラー写真で掲載し、国章・国土面積・人口・国花・国鳥・主要言語・通貨などを示す。また国名・国旗の由来を簡単に解説。国歌編は、103か国の国歌の楽譜を掲載、歌詞は付されていない。
1416

都市の旗と紋章 中川ケミカル 1987.10 112p 30cm(シリーズ・人間とシンボル 2)
収録されている旗と紋章は、1987年2月-8月の調査に基づく、わが国都道府県および全市の計722点と、海外31か国の主要な州・都市のもの。シンボルマークの制定時期や由来、県花などのその他のシンボルなどが適宜付記されている。巻末に「姉妹・友好都市」一覧と、参考文献・図版出典を付載する。
1417

旗指物 増補版 高橋賢一著 新人物往来社 1996.1 348p 22cm 4-404-02324-3 8500円
初版は1965年刊。本版では巻末に「解説」を加えている。室町から戦国時代にかけてその最盛期を迎えた諸武将の旗指物、馬印など戦場での標幟であった旗やのぼりの類を集成し、解説したもの。主体をなす「人別旗指物事典」には五十音順配列の人物の見出しのもとにそれぞれの旗印を主として図入りで解説しており、後半に「旗指物覚書」と「類別旗指物事典」すなわち用語解説辞典がある。図は主として、江戸初期の版による『諸将旗旌図』『御馬印』などからとったもの。
1418

◆姓氏

新編姓氏家系辞書 3版 太田亮著 丹羽基二編 秋田書店

1979.6 1357p 23cm 12000円

『姓氏家系大辞典』の1968年刊本（人物往来社）を全文口語訳（引用文は除く）に直し、2500項目に補注を施し、新たに1400項目を追加したもの。
1419

姓氏家系大辞典 太田亮著 角川書店 1963 3冊 23cm 上田万年，三上参次監修　初版は姓氏家系大辞典刊行会　昭和9-11年刊

古来の典籍・文書・記録類によって明治以前の日本の姓氏・苗字を網羅的に集め、起源・分布・本支の関係などを解説した辞典。姓氏を五十音順に並べ、なるべく推論を避け、典拠を重んじて記録に見えていることを紹介している。支流・別流の多い姓は、総説についで個別に小見出しを設けて解説している。家紋のあるものは図も収める。第1巻の巻頭に「神代御系図」「皇室御系図」がある、姓氏家系調査に欠かせない基礎資料。
1420

姓氏明鑑 姓氏研究会編 文献出版 1977.3 1冊 22cm
姓氏研究会大正元年刊の複製　限定版 16000円

復刻にあたり、誤字・欠字の訂正を行う。姓氏を出生により皇別、神別、蕃別および未定の4部に分け、各部とも頭字の五十音順に配列し、祖先の出自を略解する。ほかに日本の姓氏の概説、著名姓氏の系統の解説、年表による姓氏派生状況を付す。姓氏の画引索引がある。
1421

難読稀姓辞典 新版 高信幸男編 日本加除出版 1995.6
42,435,27,50p 22cm 4-8178-1134-X

日本人の苗字で難読なものや稀少なもの2万9056種、その読み方3万9637種を収録。配列は最初の字の総画数順。本体の前編として珍しい苗字の紹介とエピソード、巻末に漢字の画索引表と部首索引表を付す。本書は1993年刊の同書の新版で、1990年4月の戸籍法施行規則改正法とそれに伴って出された諸通達の主旨に沿って全面的見直しをするとともに、新たに判明した難読稀姓1323種およびその読み1800種を追加し、正字・俗字・誤字の別を明確にするなど大幅に内容を充実させたものである。
1422

日本姓氏事典 コンパクト版 丹羽基二著 新人物往来社 1991.12 324p 20cm 奥付の書名：日本姓氏事典コンパクト版 4-404-01792-8 3800円

2部からなり、第1部には（1）十大姓のルーツ、（2）代表姓氏100、（3）ベスト3600氏、第2部には「難読地名と関連姓氏」を掲載している。
1423

日本姓氏大辞典 表音編，表記編，解説編 丹羽基二，日本ユニパック株式会社著 角川書店 1985.3 3冊 23cm

現存する日本人の姓氏（苗字）約13万余を収録して読みを示した辞典。表音編、表記編、解説編の3分冊からなる。表音編は、姓の読み（カナ表記）を見出し語として五十音順に配列し、漢字表記、姓氏分類（姓氏の由来を33の型に分類し略号で表したもの）を記載。表記編は、漢字表記を見出し語として画数順－部首順に配列し、読み（カナ表記）と姓氏分類を記載。巻頭に漢字総画索引がある。解説編は、苗字の歴史と意義、ルーツ編（日本の10大姓、日本の代表姓氏100、よく知られている姓氏2700余、代表家紋100など）、論説編、資料編の4部からなる。日本ユニパック『日本の苗字』（日本経済新聞社、1978）にその後著者が収集したものを追加し、姓氏分類を付し、解説編を追加したもの。
1424

朝鮮の姓 朝鮮総督府編 第一書房 1977.8 424p 図 27cm 限定版 8500円

1930年に実施された国勢調査の資料を利用してまとめられた朝鮮の姓に関する統計資料。原本は1934年、朝鮮総督府刊で、朝鮮の姓の歴史などの概説。郡ごとに姓の度数分布を示す「姓別表」、各里に居住する同姓同本貫の世帯数を示す「同族集団状況」から構成される。なお、本復刻には1975年、国書刊行会刊行のものもある。
1425

中国姓氏事典 日中民族科学研究所編 国書刊行会 1978.5 299p 20cm 3000円

中国において古代から姓氏として存在したものを、可能な限り収録して解説したもの。掲載項目数982。漢字の日本音読みの五十音順に配列し、中国音を付記する。解説は起源と変遷を簡潔に記しているが典拠は示されない。付録として「姓氏起源分類一覧」「複姓一覧表」「主な出典集録」「中国姓氏系統図」を付す。
1426

地理、地誌、紀行

◆地理学

【書誌】

地理学関係文献目録総覧 自然・人文・社会 1880 - 1982 奥野隆史編 原書房 1985.4 377p 22cm 4-562-01573-X 9000円
1880年（明治13）から1982年（昭和57）までに、わが国で刊行された地理学および周辺分野に関する和欧の文献目録・抄録集、和文雑誌総索引・総目次を収録した書誌の書誌。人文・社会・自然科学の広範な分野にわたり、単行本のみならず単行本の一部、雑誌掲載資料も収録。第1部文献目録・抄録集集覧（主題を29項目に分類）、第2部雑誌総索引・総目次集覧（誌名の五十音順配列）からなる。記載事項は簡略で、出版事項まで。巻頭に主要典拠書誌一覧、巻末に著編者索引あり。本書の追録版は『筑波大学人文地理学研究』（筑波大学人文地理学研究室）10、12、15、19（1986、1988、1991、1995年刊）の各号に所収。 1427

地理学研究のための文献と解題 石田竜次郎編著 古今書院 1969 364p 22cm 1600円
1945年から1968年までに日本で刊行された地理学および関連分野約700冊の文献目録。うち362冊については解題付。一部に古典や翻訳書を含む。構成は、総論、自然地理、人文地理、経済地理、社会地理からなる。巻末に書名索引、著者索引あり。 1428

地理学文献目録 第1-9集 人文地理学会文献目録編集委員会編 古今書院 1953-1993 9冊 27cm
国内で刊行された地理学および関連分野の文献を詳細に収録した文献目録。戦後の文献を約5年ごとに編集し、これまで9冊を刊行。収録範囲は単行本、雑誌論文、および単行本所載の論文と幅広い。索引はない。第3集までは柳原書店（京都）刊。第4-8集は大明堂刊。第9集は収録点数約6000点で、フロッピー版を別売。各収録範囲は第1集は1945年8月-1951年末、第2集は1952-1956年、第3集は1957-1961年、第4集は1962-1966年、第5集は1967-1971年、第6集は1972-1976年、第7集は1977-1981年、第8集は1982-1986年、第9集は1987-1991年。 1429

地理・人文地理学に関する27年間の雑誌文献目録 昭和23年-昭和49年 日外アソシエーツ「雑誌文献目録」編集部編 日外アソシエーツ 1982.12 267p 27cm 発売：紀伊国屋書店 4-8169-0200-7 7800円
1948-1974年の27年間に発表された地理・人文地理学に関する雑誌文献約1万1000件を収録した記事索引。本書は『雑誌記事索引（人文・社会編）累積索引版』☞0139 第1期-第4期をもとにこの分野の文献を再編成したもの。文献の配列は主題を細分化した体系順。各見出しの中は、27年間を4区分して収録期間別に記載されている。巻末に事項索引あり。 1430

地理・人文地理学・紀行に関する10年間の雑誌文献目録 昭和50年-昭和59年 日外アソシエーツ編 日外アソシエーツ 1987.3 228p 27cm 発売：紀伊国屋書店 4-8169-0360-7 6600円
1975-1984年に発表された地理、人文地理学、紀行に関する雑誌文献6544件を収録した記事索引。本書は『雑誌記事索引（人文・社会編）累積索引版』☞0139 の第5期・第6期をもとにこの分野の文献を再編成したもの。文献の配列は「地理・人文地理学」と「紀行」を、キーワードに細分した見出しのもとに、収録期間別（1975-1979年分、1980-1984年分）に収める。記載内容は、論題、著者名、雑誌名、巻号、発行年月、頁の順。巻末に事項索引あり。 1431

【所蔵目録】

立正大学図書館田中啓爾文庫目録 第1-3巻 立正大学図書館編 立正大学図書館 1983-1986 3冊 26cm 背の書名：『田中啓爾文庫目録』 非売品
立正大学図書館が寄贈をうけた地理学者の故田中啓爾氏旧蔵の地理学関係資料の目録。3分冊に分かれ、第1巻は和書の部で5800冊、第2巻は洋書の部で2800冊、第3巻は地図の部で6220点の資料を収録する。雑誌については、本文庫から切り離しているので含まない。和書の部は、和装本と洋装本に大別し、その中は独自の分類を付与して配列する。戦災を免れたとあり、戦時中の東亜地域の地誌に貴重なものがあるという。洋書の部は独自の分類順に配列され、巻末にアルファベット順の著者索引と書名索引の2種がある。地図の部は和地図と洋地図に大別し、それぞれの中を地図帳と一枚物地図に分ける。索引は、著者索引と図名索引が

和地図、洋地図ごとにある。　　　　　　　　　1432

【用語集】

学術用語集　地理学編　文部省〔編〕　日本学術振興会　1981.3　120p 18cm　発売：丸善　1530円
学術用語の整理・統一を目的として文部省が編集する用語集のうち、地理学に関するもの。約2000語を収録。3部からなる。第1部は和英の部、第2部は英和の部で、配列はそれぞれローマ字表記のアルファベット順（字順）、用語に対応する外国語（主に英語）のアルファベット順（語順）である。第3部に、ケッペンの気候分類における略号とその名称、「度」「率」「係数」「比」に関する用語選定に際しての一般方針、ローマ字による学術用語の書き表し方を収める。個々の用語の定義や解説はない。　　　　　　　　　1433

地理用語集　A・B併用　山川出版社　1996.6　316p 20cm　監修：前島郁雄ほか　4-634-05440-X　780円
高校の「地理」の教科書に出てくる地理用語と地名をコンパクトに解説した事典。1995年度発行の「地理A」（7冊）と「地理B」（9冊）に記載された用語・地名、計4800項目を、体系的に配列。用語は、解説文のある本項目、従属項目と、解説文のない羅列項目の3種類に区分されている。いずれにも頻度数（何冊の教科書にとりあげられたか）が記され、学習参考書の色合いが強いが、巻末に五十音順の索引があり、ハンディな地理学小辞典として使える。旧版（1984年現在で13冊の教科書から採録したもの）あり。　　　　　1434

地理用語の基礎知識　金崎肇著　古今書院　1983.7　310p 20cm　付・野外調査のための資料　4-7722-1193-4　2800円
自然地理学関係の項目を多く収録した小辞典。原則として、地名、人名などの固有名詞は採録していないが、高校の「地理」や「現代社会」の教科書に出てくる術語はほとんどすべてを収録している。配列は五十音順。術語、用語の表記は『学術用語集　地理学編』☞ 1433 に従っている。解説は短いが読み物風なので親しみやすい。　　　　　　　　　　　　　　1435

【辞典】

最新地理学辞典　新訂版　藤岡謙二郎編　大明堂　1979.10　622p 22cm　6400円
地理学研究に必要な基本的用語を、小項目に細分し解説した辞典。かな見出し語の五十音順に配列し、漢字、外国語を併記。地図、図表を多用。各項目の解説末尾に項目参照を、解説文中の見出し語に星印を付す。巻末に、欧文事項索引と、世界の独立国一覧、都市人口、姉妹都市一覧などの付録がある。1971年刊の増補改訂版。　　　　　　　　　　　　　　1436

最新地理小辞典　改訂版　芦刈孝編　二宮書店　1991.1　360p 19cm　980円
地理の学習に用いる用語・地名・人名・産物名などを、小項目に分けてコンパクトに解説した辞典。地理以外の関連する諸分野からも用語を広く収録している。配列は五十音順。解説文中の見出し語には星印を付す。地形や産物名など、解説だけでは理解困難なものについては図版を掲載。巻頭に外国語の略語索引、巻末には大小の主題に分けた重要項目一覧がある。1983年刊の改訂版。　　　　　　　　　　　1437

人文地理学辞典　山本正三ほか編　朝倉書店　1997.10　525p 27cm
伝統的人文地理学の中から、特に計量・文化・社会・歴史の各地理学の重要項目約1940を均衡よく選択し、最近の研究成果と学説の動向を考慮しつつ解説した専門辞典。項目名は、ゴシック体で五十音順（外国語は、発音のままカタカナ表記）に配列されている。各項目末には、相互参照と参考文献が添えられている。参考文献は、代表的文献で入手しやすいものを選んでいる。巻末に和文（五十音順）と欧文（アルファベット順）の索引が付されている。また、人文地理学関係主要雑誌と人文地理学関係主要統計調査一覧が、付属資料として掲載されている。　　　　　　　　　1438

地理学辞典　改訂版　日本地誌研究所編　二宮書店　1989.4　803p 22cm　4-8176-0088-8　9800円
地理学の用語・学者・関係機関・雑誌・統計書および著名な地理書などについて解説した辞典。増補版（1981年刊）に、人文地理分野の約300項目を追加し、自然地理分野の一部を割愛して、計約2700項目を収録。各項目は五十音順に配列し、外国語を併記。項目ごとに参考文献、執筆者名を付す。巻末には、和文・欧文索引と、付録として「日本の主要地理学関係学会」「地理学専攻学生を受け入れる大学院課程のある大学」一覧がある。　　　　　　　　　　　　1439

【便覧】

新地名表記の手引　教科書研究センター編著　ぎょうせい　1994.4　310p 22cm　4-324-04058-3　2800円
小・中学校および高校で使用される教科書、地図帳によく現れる山、海洋などの自然地名、ならびに都市、村落など文化地名を含む現代の地名表記の標準を示したもの。地名の表記に関する方針、一般外国、中国、朝鮮・北朝鮮、南樺太・千島の地名、日本の自然地名について原則と細則を示す。「付表」は、地名の書き

方の例、国の名称とその書き方、日本の主要自然地名の書き方、中国語拼音とかな書きの対照表、地名の書き方新旧対照表からなる。巻末に地名表記に関する参考資料一覧と重要資料（一部抜粋）を付す。1978年刊『地名表記の手引』の新版。

1440

地域調査ハンドブック 地理研究の基礎作業 第2版 藤岡謙二郎編 京都 ナカニシヤ出版 1980.3 144p 27cm 960円
地理学研究に必要な読図や統計処理などの室内作業、野外での地域調査の方法などを具体的事例に即して解説したハンドブック。地形図に関する基礎的知識。自然地図・人文地図、古地図などの作製と利用、空中写真の判読と利用など8章に分けて説明する。すでに地理学一般を学習し、さらに専門的知識を得たい人向けの内容である。索引はない。1971年刊の初版の挿図や地形図、参考文献を刷新したもの。

1441

◆世界

【書誌】

紀行・案内記全情報 45/91 海外編，日本編 日外アソシエーツ編 日外アソシエーツ 1992－1993 2冊 22cm 発売：紀伊国屋書店 26000円,38000円
1945年から1991年までに国内で刊行された旅行ガイド、紀行文、案内・旅行記、滞在生活記録などの和図書を収録した書誌。海外編と日本編の2分冊。海外編は約1万6000点を収録。全体を11地域に区分し、それぞれ国、地域、都市に分類。日本編は約2万点を収録。全体を旅行一般と10の地方に区分し、地方の中はそれぞれ都道府県、地域、都市に分類。両編とも、さらに小見出しを立て、その中を書名の五十音順に配列する。各図書の書誌事項（日本十進分類法分類記号を含む）のほかに目次、内容要旨を掲載。巻末に五十音順書名索引を付す。1997年刊行の『紀行・案内記全情報92/96』は、1992年から1996年までに刊行された国内外関係1万4805点を1冊に収めたもの。日本編、海外編からなり、構成、記載項目は『45/91』各編に準拠。ただし、書名索引がなくなり、事項索引となった。

1442

山岳関係図書目録 和書 1975－1987 野口恒雄〔ほか〕編 日本山書の会 1991.9 354p 22cm（山書研究 36）
1975年から1987年の間に刊行された山岳および登山に関する和書の文献目録。登山から派生した関連領域の分野のものやフィクションも含め、広い視点から採録した3400点を収める。部会報の類は別冊や記念号を除いて収録していない。配列は書名の読みのヘボン式アルファベット順。一連の文献番号の下に書誌的事項を記載する。訳者・編者を含めた著者索引が付く。山名や事項名などの件名で引ける索引はない。本書は「近代日本山書総目録 1868－1990」という山岳図書のデータベース構築作業の第1期の産物として刊行されたもの。

1443

日本人漂流記文献目録 服部純一編 京都 同志社大学図書館 1984.3 76p 26cm
幕末までに書かれた日本人の漂流記と漂流記に関する研究文献目録。2部からなり、第1部は岩波書店の『国書総目録』☞0183 に収録されている日本人の漂流記を抜き出し、それに漂流者の著作などを追加補足した漂流記文献目録。1150点を書名の五十音順に配列する。第2部は漂流記について書かれた研究文献や漂流記を素材とした小説などを含む関係文献目録で、図書・雑誌・新聞からのもの。275点を出版年月日順に配列する。同志社大学図書館の所蔵の有無の記載が付く。索引はない。

1444

【事典】

国際情報大事典 PASPO 学習研究社 1992.7 1199p 31cm 付(地図1枚) 4-05-106027-6 12000円
世界の188の国家と23の地域について、多数の図版を用いて解説した事典。世界を12のエリアに分け、その中は国家、地域の隣接順に配列。巻頭に五十音順国名・地域名一覧がある。最新の政治経済情報、歴史の概略、主要都市、美術・文学・民族文化などの紹介、国民性・宗教・教育などの生活情報、史跡・名所・ショッピングなどの観光情報、日本との関係などを記載。巻末に、約1万項目をひろった、国名、地名、人名、作品名などを五十音順に配列した総合索引とアルファベット略字索引がある。

1445

世界文化情報事典 カルチャーグラム102 第2版 G.P.スケーブランド，S.M.シムズ編 古田暁編訳 大修館書店 1995.3 745p 20cm 『Culturgram』の翻訳 4-469-01233-5 6695円
一般市民の立場で相互理解を深めるため、各国の文化事情を異文化コミュニケーション学、文化人類学などの観点からまとめたもの。日本を含めた102の国と地域について、挨拶、食事、作法、ものの見方、宗教、言語、レクリエーションなどを記し、その背景として歴史、政治、経済、教育、交通などを略述する。原著は、アメリカのブリガムヤング大学ケネディ国際研究センターの編纂で、1988年初版刊行。配列は国・地域の日本語読みの五十音順。巻頭に地域別地図・国名一

覧と主な原著の参考資料を収録する。この第2版は1995年版原著に従って、統計数字や主な政治的変動について改訂を加えたもの。　　　　　　　　　1446

ミリオーネ全世界事典　学習研究社　1981.2　14冊　31cm　背・表紙の書名：『Il milione』　翻訳監修：奥野拓哉　全148000円
各国の事情を総説、国家、国土、人口、都市、経済、歴史、文学、美術、演劇、映画、音楽、科学、風俗と習慣、（その国の）旅の順で取り上げ解説した百科事典である。第1-5巻がヨーロッパの国々、第6-9巻がアジアの国々、第10-11巻がアフリカの国々、第12-14巻がアメリカ・オセアニアの国々と南極からなる。各巻とも写真や図版が多く、読みやすい。『Il Milione, Enciclopedia di tutti Paesi del Mondo』(Agostini社、1975-1979年刊)を底本として編集・製作し、翻訳文に加筆補訂し、内容を補充している。統計資料は、主に国連発表のデータと各国政府発表のデータを使用しつつも、アップデートされている。各巻末には、主要都市や観光地の地図と五十音順の各巻索引を掲載。全巻の索引はない。　　　1447

【要覧・便覧】

最新世界各国要覧　8訂版　東京書籍編集部編　東京書籍　1995.5　447p　26cm　4-487-75071-7　3200円
日本を含む世界189か国と台湾、香港、パレスチナなど10地域（1995年4月時点）の最新データと情報を解説した要覧。アジア、オセアニア、ヨーロッパ、CIS諸国、北アメリカ、南アメリカ、アフリカの7つの地域に分け、日本を先頭に原則として北から南、東から西へ隣接国を順に配列。各国ごとに地理・風土、なりたち、政治・経済、社会と文化、日本との関係についての解説と一覧表でまとめている。巻頭に国名の五十音順索引と主要参考文献、巻末に資料編として、世界全体の現況、世界なんでもベスト10、時差比較表などがある。1982年初版以降数年おきに改訂版が出ている。　　　　　　　　　　　　　　　　　1448

最新世界現勢　1979-　平凡社　1979-　19cm
国際情勢の1年間の動きと最近の動向を国・地域別、国際機関別にコンパクトにまとめたもの。アジア、アフリカ、ヨーロッパ、アメリカ、オセアニアの順にそれぞれ国・地域名の五十音順に配列。正式名称、面積、人口、政治・経済、教育、現勢、最近の特記事項などを記す。巻頭にこの一年間の世界の動き、戦後世界史年表、巻末に国際連合、アフリカ統一機構、OECD、OPEC、北大西洋条約機構、サミット、東南アジア諸国連合、非同盟諸国会議、ヨーロッパ連合の解説および事項の五十音順索引がある。1988年より毎年改訂出版される。解題は1997年版による。　　　1449

世界観光データバンク　第4版　辻原康夫編著　トラベルジャーナル　1997.4　572p　21cm　4-89559-394-0　2800円
歴史・生活・祭りなどの文化的側面からの観光資源を中心に収録した国別観光文化事典。各国別データ編が主体の構成で、50の国・地域を6つの地域に分け、五十音順に配列し、地図に続けて自然景観、リゾート地、史跡、歴史的建造物、祭り、伝統工芸品、伝統料理、地酒、文化施設、文学・映画の舞台、出身著名人の11のテーマについて解説。収録項目総数2089点。巻末に、世界遺産の登録リスト一覧、世界百名山、観光情報問い合わせ機関などの資料編と、収録項目の五十音順索引がある。　　　　　　　　　　　　　1450

世界とその国々　国土地理協会編集局編　国土地理協会　1960-　2冊（加除式）　22cm
世界および各国について基礎的な情報をコンパクトにまとめた便覧。加除式資料で2分冊。当初は中学校社会科の地理的分野の資料集として発刊したが、現在は学校では教えない国も含め、一般読者向けである。構成は7編からなり、第1と3-6編が世界全体の概観、第2編が主体で「世界の国々」。アジア、ヨーロッパ、アフリカ、アングロアメリカ、ラテンアメリカ、オセアニアの地域に分け、そのなかを各国ごとに、位置と歴史、自然、産業・経済、政治・外交・文化、主要都市を記載。追録によるさしかえは、年4回行なわれ、4年で世界を一巡するペース。国情や政情が大きく変化した場合はそのつどさしかえる。また第2巻の最後の部分にある、元首名等の基本的事項を短くまとめた「世界各国の概観」は年1回の改訂が加わる。索引は、第2巻の巻末にあり、本文中の重要語句（地名・人名）をひろう。　　　　　　　　　　　　　　　1451

世界の国ハンドブック　三省堂　1993.6　303p　21cm　監修：森本哲郎　4-385-15800-2　1500円
1993年現在の世界の独立国および主要な非独立地域の状況をコンパクトにまとめた便覧。アジア、アフリカ、ヨーロッパ、CIS諸国等、アメリカ、オセアニアの6つの地域に大区分し、その中を国名の五十音順に配列。記載事項は、国名（日本語、英語）、政体、元首、面積、人口、首都、主要都市、独立、国連加盟、国歌名、住民、言語、宗教、通貨単位、為替レート、GNP、国際電話番号、在日公館、在外公館、交流団体、自然、国名の由来、略史、現況、著名人など基本的諸事項を収める。巻頭に国名・地域名索引がある。　　1452

【名鑑】

世界探検家事典 1-2 ダニエル・B.ベイカー編 藤野幸雄編・訳 日外アソシエーツ 1997.1 2冊 22cm 発売：紀伊国屋書店 『Explorers and discoverers of the world』の翻訳 各9800円
世界の探検家と発見者について、生い立ちや探検内容を簡潔に解説したもの。2巻からなり、第1巻は古代から18世紀、第2巻は19・20世紀を対象とし、それぞれ人名の五十音順に配列し、欧文原綴を併記。人物ごとに生没年、1、2行程度の人物紹介、和文・欧文の参考文献を付す。巻末に欧文人名索引と、関連人物を引くための和文事項索引がある。　1453

◆◆地名

【辞典・事典－昭和初期】

世界地名大辞典 上，中，下巻，索引 小林房太郎著 日本図書センター 1996.5 4冊 27cm 南光社昭和7-10年刊の複製 4-8205-2978-1
『リッピンコット世界地名辞典』を中心に、各種の百科事典などを参照して編纂された、近代日本最初の外国地名辞典。五十音順に配列し、外国語綴を併記。各地名の発音は現地の発音に従い、外国語も英語だけでなく、現地の語を主として採用。写真・地図など図版も多数収録している。索引は和文、欧文両方から引ける。1932－1935年に刊行されたものの複製版で、人口の記述もあり、当時の状況を調べるのに役立つ。　1454

【辞典・事典－現代】

コンサイス外国山名辞典 三省堂編修所編 三省堂 1984.8 613,53p 18cm 監修：吉沢一郎　執筆：安藤昌宜ほか 4-385-15405-8 3600円
日本を除く世界の主要な山・山脈・山地・峠約8000について、コンパクトに解説した辞典。カナ見出し語の五十音順に配列し、欧文原綴を併記。山の所在地、標高、山に関する地形・動植物などの自然的記述、登山史、伝承などの人文的記述や山名の由来・意味を記載。各項目末に緯度・経度を付記。巻末に、アルファベット順ラテン文字山名索引と、画数順漢字山名索引がある。『コンサイス日本山名辞典』☞1517（1978年刊）の姉妹編。　1455

コンサイス外国地名事典 三省堂編修所編 三省堂 1985.12 1199,137p 19cm 『コンサイス地名辞典 外国編』（昭和52年刊）の改題改訂版　監修：谷岡武雄 4-385-15334-5 3800円
日本をのぞく土地および地点の名称を解説した辞典。海域・海底地形、主要な運河・ダム・鉱山なども含む。項目数約2万1000件。見出し語は五十音順に配列し原綴（または漢字）併記。地名の位置・性格、別称、交通手段、面積・人口、自然、産業、歴史、文化、エピソード、成り立ち、由来などを記す。解説文中に見出し語の地名が出た場合はしるし、見出し語でない場合は原綴のラテン語を付記。ほとんどの解説文末に緯度・経度を示す。巻末に付録として国名一覧、大使館一覧があるほか、ラテン文字索引、漢字索引がある。　1456

世界地名辞典 西洋編 新版 小林望，徳久球雄編 東京堂出版 1980.5 640p 19cm 4200円
ヨーロッパ、南・北アメリカ、アフリカ、オセアニア、旧ソヴィエト連邦、極地方のいずれかに属する国、都市、村、自然地域などについて解説した辞典。約4000の項目は1955年刊行の旧版をベースに、高校の教科書、地図、各種年鑑に現れている地名を中心に収録。自然地域名称は、山・海・湖・河川などが主で、建築物は原則として項目に入っていない。配列は五十音順で、項目に対する外国語の表記は主として英語。旧ソヴィエト連邦に限りロシア文字で記している。巻末にアルファベット順（旧ソヴィエト連邦についてはロシア文字順）の索引がある。　1457

世界地名辞典 東洋編 新版 河部利夫編 東京堂出版 1980.11 502,22p 19cm 4800円
日本をのぞくアジア全域の国、都市から村落までの人間居住地域、および自然地域などについて解説した地名辞典。小・中・高校の教科書、地図に掲出されている地名をベースにし、各種年鑑・旅行案内などからも採録し、旧版を参考に3000余を収録。現在の地名を主としているが、歴史上重要なものは含む。五十音順に配列し、位置、地勢、歴史、現況などを記載。図版はすくない。巻末に、アルファベット順索引、漢字画引索引および漢字簡化表あり。1958年の旧版『世界地名辞典 日本・東洋編』より日本を別編とし、東洋編として独立させたもの。　1458

世界地名大事典 1-8 渡辺光〔等〕編集 朝倉書店 1973-1974 8冊 23cm 各4000円
日本をのぞく世界の地名について総合的な情報をまとめて解説した事典。どこにあり、どんな地域性のところで、地域・国内・世界においてどのような地位を占め、どのように他地域とつながりを持っているかを重視して記載。ヨーロッパ・ソ連（1-3巻）アメリカ・オセアニア（4-5巻）アジア・アフリカ（6-8巻）の3部からなる。地名総項目数約1万6000件を

収録し、各部ごとに五十音順に配列。見出し語はカタカナ書きと原綴で示す。各部の最終巻末に日本語およびラテン文字綴りの索引を付し、必要な地域の分冊利用が可能。初版以来内容に変更なく現在に至る。
1459

世界の地名ハンドブック 辻原康夫著 三省堂 1995.11 411p 21cm 4-385-41028-3 2300円
近年のマスメディアに多く登場する世界の地名2800件について基礎情報を要約した便覧。地名の日本語の読みの五十音順に配列。中国、韓国の地名は原則として日本語読みを採用。項目の日本語表記に続いて原綴を記す。属する国、位置、人口、特記事項、現況、語源などを解説。巻頭に主要参考文献の記載あり。巻末に本文記述から約2600の関連項目を抽出し、五十音順に配列した関連キーワード・総索引があり、人名、企業名、国際機関、国際的イベント、映画・文学の舞台などの事項から地名を引くことができる。
1460

【辞典－数カ国語対照】

5カ国語世界地名・人名表記辞典 英独仏伊西語対照 石川敏男編 ジャパンタイムズ 1992.7 340p 19cm 4-7890-0644-1 2500円
同一の地名・人名で英、独、仏、伊、西の5か国語で表記が異なるもの約2000項目を収録した辞典。日本で刊行されている多くの辞書に掲載されている地名・人名を参考に、5か国語のうち一つでも異形の表記があった場合、項目に採用。地名編、人名編の構成で、それぞれ五十音順の配列。地名・人名の短い解説のあとに英、独、仏、伊、西の順で綴りを記載。巻末に地名編、人名編すべての項目を英文アルファベット順に配列し、日本語見出しを付した各国語から引ける索引、および5か国語のそれぞれの参考文献の記載あり。
1461

世界地名人名辞典 中日欧対照 竹之内安巳著 国書刊行会 1978.9 447,267p 22cm 8500円
中国語で表記された世界の地名・人名（日本および中国を除く）を解読するための辞典。「地名之部」「人名之部」からなり、「地名之部」は世界の地名約2万件を収録。配列は漢訳地名の首字の発音によるアルファベット順。漢訳地名は中国現行の新体字で記す。部末に首字の発音表あり。「人名之部」は古代から現代にいたる外国の人名約7500を収録。配列は漢訳名の親字の発音のアルファベット順。漢訳人名は新体字で記す。部末に親字による総画索引あり。1976年刊『漢日欧対照世界人名辞典』☞*1278* と1977年刊『漢日欧対照世界地名辞典』の2冊を影印合本したもの。
1462

中・日・欧対照世界地名辞典 前田清茂, 三好成美編 天理 天理大学出版部 1967.3 176p 27cm 監修者：鳥居久靖 3300円
中国で統一して使用されている中国訳による外国地名約7000件に日本語名および原綴を併記し、その所属する国と経緯度で位置を表示した辞典。中国、朝鮮、日本の漢字文化圏を除く、全世界の主要な地名を収録する。本文の地名の配列は、漢字の頭字音節の拼音式（拼音字母）の順。索引は4種あり。カナ索引は日本語名から、欧字索引は原綴からそれぞれ本文の地名収録頁にたどりつける。頭字漢字音索引と頭字総画索引もあり、中国語を履修していない者でも容易に検索できる。また、巻頭に「ウェード式・拼音式表音対照表」もつく。
1463

◆◆◆語源・由来

【辞典・事典】

自然地理用語からみた世界の地理名称 上, 下巻 椙村大彬著 古今書院 1985-1986 2冊 22cm 各8500円
地球表面上の形相を表現した山、川、湖などの自然地理用語やこれらの用語を含んだ地理名称を世界の諸民族語から抽出して、考証した研究書。民族的・地域的関係を推論していく上で貴重な資料となる語群の抽出に努めたとある。上巻は川、湖沼、海域・海岸・島・半島・本土・大陸・洲 下巻は山、平地、荒れ地・砂漠・湿地・泉・井戸、位置に関する語を収める。索引は2種。世界の民族語による地理用語索引はアルファベット順。固有名詞からひける地理名称索引は、日本語表記で五十音順になっており、その語源について本文で説明したもののみを採録する。引き続いて『世界の市町村名称』（古今書院、1992）が出ている。 *1464*

世界地名語源辞典 新版 蟻川明男著 古今書院 1993.12 486p 20cm 4-7722-1735-5 3500円
外国地名の語源を探り、地名の歴史的・地理的背景を知ることを目的とした辞典。2部からなり、Ⅰ部は教育、マスコミ界で頻出する地名を中心に約2500を収録。世界180余の国名、大陸、海洋、島、河川、山、都市名などを網羅。Ⅱ部は中国、朝鮮の地名の充実をはかり、遺跡などの古地名、少数民族の住む地域、太平洋上の小島などを含み約2100の地名を収録。配列はⅠ、Ⅱ部ともそれぞれ五十音順。巻末に参考文献およびⅠ、Ⅱ部共通の漢字地名一覧あり。1990年刊の『コンパクト世界地名語源辞典』に加筆訂正したⅠ部にあらたにⅡ部を加えた新版である。
1465

世界地名の語源 牧英夫編著 自由国民社 1980.12 283p 19cm 1400円

外国の地名について、その地名の持っている意味や由来を解説したもの。中学・高校の地理、歴史教科書に用いられる地名のうち、語源の明らかなもの、日本と関係の深い地名で語源の明らかなものを収録。日本および漢字圏の地名は省く。アジア、アフリカ、ヨーロッパ、北アメリカ、中南アメリカ、オセアニアに分け、その中を国名と地方名、都市名、自然地名に3分し、五十音順に配列。何語の何という単語を語源とするか、その意味は何か、土地の歴史、命名者の名前、命名に至った事情などを解説。巻末に五十音順の総索引がある。
1466

世界の地名・その由来 アジア編 和泉光雄編著 〔横浜〕〔和泉光雄〕 1997.1 392p 22cm 製作：講談社出版サービスセンター(東京) 4-87601-392-6
中学・高校生用の地図帳に記載されているアジア（日本を除く）の国名や地名、および歴史上有名な地名の語源や命名の由来を読み物風にまとめたもの。アジアを①アジア ②独立国家共同体－旧ソ連（ウラル山脈以東のアジア地域） ③中華人民共和国 ④韓国・北朝鮮とモンゴル に区分し、その中は原則として西から東、または北から南の国順に配列。配列が複雑なので巻末の五十音順の地名索引で検索するのが早道。各項目の末尾には参考にした文献とその頁数が記され諸説ある場合もていねいに紹介する。
1467

◆◆ 地図

【書誌】

世界地図情報事典 R.B.パリー，C.R.パーキンズ編著 正井泰夫監訳 原書房 1990.12 521p 31cm 『World mapping today』の翻訳 4-562-02145-4 25750円
南極、北極を含む世界各国の1980年代後期の地図作成状況をまとめた事典。218の国・地域を収める。世界を7のエリアに区分し、その中は英語国名のアルファベット順に配列。記載内容は、まず主な地図作成機関をとりあげ、その方針や製作物、現状を歴史を含めながら解説する。続けて主な参考書・出版社カタログ・索引、関係機関の住所、原書編集時点での最新地図のカタログ、主な地図シリーズを示した図形索引が載る。世界各国の地図の刊行状況や販売状況を知る手がかりとなる。巻末に五十音順地名索引とアルファベット順出版社索引が付く。
1468

地図関係文献目録 明治・大正・昭和 長谷川和泉著 地図協会 主婦の友出版サービスセンター(制作) 1971.7 277p 22cm 1000円
1872年（明治5）以降、1968年（昭和43）末までに刊行された、地図関係の単行書と雑誌論文などを収録した文献書誌。地図史、古地図、陸地測量、地形図、地質図、海図、各種地図、地名、辞典・便覧・目録類に9区分し、その中を細目に分ける。文献の配列は刊行年順。書名・論文名、著者名、発行所・雑誌名、巻号、刊行年を記載。巻末に「採録雑誌一覧」（416種、アルファベット順）がある。地図関係者・研究者にとって、地図研究の業績を一覧できる書誌である。
1469

【所蔵目録】

外国地図目録 朝日新聞社寄贈 大阪市立中央図書館編 大阪 大阪市立中央図書館 1983.3 57p 26cm
大阪市立中央図書館が朝日新聞大阪本社から寄贈をうけた明治から戦前の一枚物の外国地図約1500枚の目録。海軍航空図、国内・外国地図索引図も含む。配列は、世界、アジア（蒙古を含む）、中国、満州、台湾、朝鮮、太平洋方面、中近東、ヨーロッパ、イギリス、フランス、ドイツ、ロシア、南樺太、アメリカの15の区域順。各区域の中は北から南、東から西の順。配架番号、図番、図名（縮尺を含む）、測図年、製版年、発行年、発行所、備考の記載がある。
1470

国際協力事業団所蔵国別収集地図目録 索引簿，索引図 国際協力事業団総務部 1987 2冊 21×30cm
国際協力事業団図書資料室が所蔵する外国の一枚物の地図約1万5000シートの目録で、索引簿と索引図の2冊からなる。所蔵の地図は地形図、都市図、地質図、気候図、海図などの一般図と原図が主要なものである。「索引簿」は図書資料室地域区分表に基づき、地域別、国別順とし、そのなかは事業団地図分類表により分類順に配列する。記載事項は通常の書誌的事項に加えて、経度・緯度、マイクロの有無、「索引図」の頁ほかが載る。「索引図」は簡略地図上に当該地図の位置・範囲を示したもので、地図名、縮尺、枚数、シリーズ名、分類番号を併記する。
1471

国立国会図書館所蔵地図目録 外国地図の部 1－13 国立国会図書館専門資料部編 国立国会図書館 1982－1997 13冊 26cm 発売：紀伊国屋店
国立国会図書館が所蔵している外国の一枚ものの地図目録全13巻。各国の政府機関発行の組図が中心。地域別・縮尺別で、その中は図番順。記載事項は図番、図名、測量年、修正年、発行年、備考、請求記号など。各組ごとに索引図が付され、図番あるいは図名を記載。第13（平成8年12月末現在）を最後に刊行が終了。
1．世界 アジア 中華人民共和国 モンゴリア シベリア 北樺太 2．太平洋 ミクロネシア メラネシア ポリネシア インドネシア フィリピン 仏印 ベトナム タイ マラヤ シンガポール ビルマ

3．オーストラリア　インド　パキスタン　ネパール　スリランカ　中近東諸国　アフリカ諸国　4．中央ヨーロッパ　東欧諸国　中欧諸国　南欧諸国　5．ベネルックス諸国　西ドイツ　6．北欧4ヶ国　アイスランド　東ドイツ　東プロイセン　7．アイルランド　イギリス　ポルトガル　スペイン　フランス　8．中国本土　9．中米諸国　カリブ海諸国　バミューダ島　10．南米諸国　11．南米諸国　北米諸国　12．アフリカ諸国〔3巻の追補〕　13．アジア・アフリカ・ヨーロッパ・オセアニア諸国の追録　　　*1472*

発展途上地域地図目録　アジア経済研究所所蔵　第1-4巻　アジア経済研究所編纂　アジア経済研究所　1990-1997　4冊　30cm
アジア経済研究所が1959年から1996年にかけて収集した発展途上国を中心とした約5万枚の地図に関する目録。各巻の収録地域は以下のとおり。1．アジア地域編（1990年刊）　2．アフリカ地域編（1991年刊）　3．ラテンアメリカ地域編（1994年刊）　4．オセアニア、北アメリカ、ヨーロッパ地域編/補遺編「アジア地域」「アフリカ地域、ラテンアメリカ地域」（1997年刊）　　　*1473*

【地図帳】

グランド新世界大地図　1997　全教出版　1996.10　167p　図版109枚　43cm　発売：人文社　付（1枚）：地図の図式・国名略語表・索引国名略語一覧表　34000円
世界地図帳。アジアの諸地域に多くの図幅をあて、地名表記については現地読みの表記を採用し、現地音に近いカタカナを併記することが編集方針。（ロシア文字、ギリシャ文字、アラビア文字などを使用する国々についてはローマ字に置き換えている）62面の地図とその裏面に重要な都市の市街図を収録。巻頭に欧文アルファベット順の市街図目次と国名目次がある。巻末の索引は7万の地名を検索できるもので、欧文地名索引と漢字地名索引からなるが、後者は中国、台湾、朝鮮、日本、沖縄に分かれている。また主要和文地名索引もあるが網羅的ではないので注意が必要。本書は1964年初版刊の『新世界地図』を母体としており、途中『グランド世界大地図』という書名を経て現在に至っている。　　　*1474*

ゴールドアトラス　日本・世界地図　平凡社　1996.7　125p　29cm　監修：梅棹忠夫ほか　4-582-40716-1　5000円
日本編と世界編の2部で構成。日本編は地域図、分県図からなり、それぞれ縮尺を統一して掲載されている。地形表現は陰影法。世界編は各地域に応じた縮尺としている。地形表現は段彩法。巻末に便覧を付す。索引は日本地名、世界地名、中国・朝鮮地名からなり、それぞれ日本語読みの五十音順。　　　*1475*

情報世界地図　1997　国際地学協会編　国際地学協会　1997.1　144p　26cm　（Map magazine）　執筆：高野孟　4-7718-3958-1　2060円
現代世界を一つの切り口で分析した記事の頁と、激動する世界の情勢を地図上に書き込んだ地図の頁からなる世界地図帳。記事の頁は雑誌『インサイダー』編集長の高野孟が担当し、地図部分は国際地学協会が担当。1992年1月から1996年3月末までの、各国の主要な出来事、紛争・内戦、難民・少数民族、経済圏、核・原子力発電所、軍事基地などの情勢を地図上に書き込んである。巻末に各国要覧と地名索引がつく。世界情勢について地図上で位置、範囲が確認でき理解を助ける。初版は1993年刊。　　　*1476*

世界全地図　ライブアトラス　講談社　1992.11　403p　39cm　監修：梅棹忠夫，前島郁雄　付（フレネルレンズ1枚　袋入）4-06-205688-7　17000円
地図はイギリス・タイムズ社『The Times concise atlas of the world』の日本語版で、各国図、主要都市図からなる。収録地名は約13万。世界大パノラマ、現代の地球、地球博物誌、新世界探訪、世界の独立国情報を豊富なイラストとともに編集している。索引は地名約12万を現地音表記による五十音順と、漢字を使用している国の地名については漢字の画数順。全項目に欧文表記が付されている。　　　*1477*

世界大地図館　テクノアトラス　小学館　1996.11　383p　38cm　4-09-526062-9　14800円
各地域ごとに、すがた、各国図、首都図、基本図、特集図からなる。すがたは衛星写真をもとにした地球のイラスト。各国図は国の大きさと形の比較ができ、国旗の由来を含む国の基本データを付す。首都図は独立国の首都を五十音順に掲載する。基本図は都市の名称と位置、地形、交通などの情報で構成している。地図で見る世界、世界を知るキーワード、地球データ、行政区分を付す。地名索引は現地音表記による五十音順、アルファベット順、中国・朝鮮地名は漢字第1字目の読みを便宜的に1音に統一した五十音順と、現地音表記による五十音順からなる。　　　*1478*

世界大地図帳　4訂版　平凡社　1996.10　xv,367　43cm　監修：梅棹忠夫ほか　21359円
世界の行政区分と各国図、主要都市図からなる。地名は約4万、すべてに欧文表記を付す。各国図の地形表現は段彩法を採用。海底については、各国専門機関が協力して完成した『大洋水深総図』（GEBCO）の1000万分の1図をもとに地形を表現している。世界各国現勢、主要観光地名、主要国の行政区分、世界遺産を付

す。地名索引は現地音表記による五十音順とアルファベット順、中国・朝鮮地名は、漢字第1字目の読みを便宜的に1音に統一した五十音順と欧文表記のアルファベット順。初版は1984年刊。　　　　　　　　*1479*

ニュートンワールドアトラス 改訂版　東村山　教育社　1992.1　252p　43cm　総監修：竹内均, 西川治　4-315-51249-4　16800円

3部からなり、「宇宙から見た世界」は15地点の地球観測衛星ランドサットの画像を解説、「地図で見た世界」は平凡社と平凡社地図出版製作の各国図、主要都市図を配し、各地域、各国現勢を記述、「資料で見た世界」は世界を理解するための資料を豊富なイラストとともに紹介。索引は五十音順とアルファベット順、中国・朝鮮の地名は、漢字第1字目の読みを便宜的に1音に統一した五十音順と欧文表記のアルファベット順。初版は1989年刊。　　　　　　　　*1480*

ブリタニカ国際地図 第6版　ティビーエス・ブリタニカ国際教育開発, エンサイクロペディア・ブリタニカ日本支社(発売)　1995.7　xvi,312,255,45p　39cm　日本語版監修者：木内信蔵等　日本語版編集製作：TBSブリタニカ, 帝国書院, 東京カートグラフィック　日, 英, 独, 仏文併記

地図はランドマクナリー社製作。「国際性」と「地図で比較できること」を強調している。国際性については、説明文の多くは日本語のほかに英語、ドイツ語、フランス語で記し、地名は現地語で表記している。地図の比較については、一般地域、主要地域、主要都市ごとに縮尺を統一しているほか、地図ごとに用いた投影法と地図上の1cmが何kmかを記している。世界各国のすがた、世界各国についての資料を付す。索引は地名約16万の現地音表記のアルファベット順のほか、主要地名の五十音順。巻末に帝国書院製作の日本地図。索引は五十音順。初版は1971年刊。　　　　　　　*1481*

◆日本

【書誌】

柿沢篤太郎山岳図書コレクション目録 平塚市中央図書館編　〔平塚〕　平塚市中央図書館　1995.3　87p　29cm

横浜山岳会会員で元平塚市長の故柿沢篤太郎氏が収集し、後に平塚中央図書館に寄贈された山岳図書の目録。日本の近代登山の黎明期から戦前までの日本アルプスを中心とした登山に関する図書・雑誌、および19世紀後半から1930年代までの洋書、1355冊を収録。和書、洋書に分け、和書は原則として著編者名の五十音順、洋書は各国語別に書名のアルファベット順に配列。対照事項（頁数、大きさ）の記載はない。巻末の「主な著作者」は日本人のみで、簡単な事蹟の紹介をのせる。索引はない。　　　　　　　　*1482*

家蔵日本地誌目録 高木利太編　名著出版　1975　2冊　23cm　復刻版

著者（新聞記者　1872-1933年）が収集した近世以降昭和初期までに刊行または筆写された日本および樺太の地誌紀行類3079点に簡単な解題を付した書目。原本のみでなく、複製、翻刻本、全集や叢書の該当巻も収録してあるので、範囲は上代からの地誌類が含まれる。昭和初期までの刊行状況を把握できる書目でもある。構成は総記から五畿七道に分け、その中は国（旧国名）別で、類書順に体系化し、末尾に五十音順書名索引がある。原本の正編は1927年、続編は1930年に私家版で刊行された非売品である。世に高木文庫といわれ、『国書総目録』☞*0183* にも載るが、戦後散佚した。大半が天理図書館に、一部が国立国会図書館に帰している。　　　　　　　　*1483*

【事典－英文】

英文日本大百科事典：Kodansha Encyclopedia of Japan　1-9, 補遺　講談社　1983-1986　10冊　29cm　監修：エドウィン・O.ライシャワー, 都留重人〔等〕　4-06-144540-5

日本に関する英文の百科事典として最も大規模なもの。約9800項目を本文8巻、索引1巻に収める。大中小項目を併用し、「History of Japan」など基本項目は、数十頁にわたる。見出し語は、原則的に英語であるが、「ukiyoe」のように日本語で検索されそうなものはローマ字表記の日本語を使用。配列は、字順のアルファベット順。記述は、内外の日本学者など約1200人による。項目末尾に欧文和文の参考文献がある。約1000点の図版を収載。索引は、項目名のアルファベット順で、固有名詞および重要語には日本語を併記。巻末にアルファベット順年号一覧を付す。補遺版が1986年に刊行された。　　　　　　　　*1484*

Japan：an illustrated encyclopedia. 1st ed. Tokyo：Kodansha, c1993. xxxvi, 1924p ill. (some col.) col. maps；29cm.『カラーペディア　英文日本大事典』（奥付）　4-06-205938-X

日本の先史時代から現代までの社会と文化を、世界に紹介するためにカラー図版を豊富に使って編纂された英文による百科事典。1983年刊の『Kodansha Encyclopedia of Japan』☞*1484* の成果をうけ継ぐ。見出し語は英語のアルファベット順に配列し、日本語を併記す

歴史――地理、地誌、紀行

る。4000件を超えるカラー図版を各頁に盛り込み、生き生きとした紙面構成。巻末の"Bilingual index of entry titles"は、主体は英文アルファベット順で日本語併記され、日本語アルファベットから英文アルファベットへの参照がつき大変便利。付録として地図、年表を付す。　　　　　　　　　　　　　　　　*1485*

【便覧】

NHKふるさとデータブック 1-10 NHK情報ネットワーク編著　日本放送出版協会　1992　10冊　26cm　4000-7000円
全国の市町村のふるさと情報を総合的にまとめて紹介した便覧。全10巻からなり、1巻：北海道から地方別に南へ、10巻：九州2・沖縄まで。各巻の構成は、都道府県別に分けた中を、市町村を単位に各2頁をあてる。収録事項は、市の概要、名のいわれ、特色ある事業、観光資源、イベント、伝統行事、四季の風物、文学作品など50項目。データは、NHKが各市町村から提供された資料（要覧・物産観光資料などを含む）を基礎とし、聞き取り・独自資料を加えて製作したもの。人口などの数字は平成2年。参考文献を各3冊程度載せる。索引はない。旅行・観光案内・現況紹介などに便利。　　　　　　　　　　　　　　　　　　*1486*

市町村別日本国勢総覧　日本図書センター　1985.12　8冊　27cm　帝国公民教育協会昭和9年刊の複製　9000-15000円
1934年（昭和9）当時の「内地及び植民地並に満州国の地誌及び統計」（底本の例言）。内地は北から南へ道府県別に、外地は朝鮮、台湾、樺太、関東州、南洋、満州国に分けて配列し、地誌的な統計（人口・土地・財政・産業など）と、沿革・地勢・名勝・人物・交通などを文語体で記述する。各県ごとに、官衙、学校、企業の一覧および集配・警察・登記・税務所轄一覧を掲載し、さらにその県ゆかりの歌謡集を付す。底本の巻頭記事であった「皇室」（日本の皇室と朝鮮の王公族の名簿、歴代天皇、皇室典範など）を、付録として最終巻末に掲載する。もと3巻の底本を8分冊にして復刻したもの。　　　　　　　　　　　　　　　*1487*

全国観光データバンク　第2版　トラベルジャーナル編　トラベルジャーナル　1991.3　509p　21cm　4-89559-221-9　2500円
県別の観光百科事典。内容データは1990年12月末現在のもの。Part 1「都道府県別データ百科」は、自然景観、温泉、史跡、祭り・イベント、郷土芸能・民謡、レジャー施設、文学の舞台、人国記などの13項目について、3050点の観光素材を収録。Part 2「観光もの知り専科」は、「日本100名山」「名水100選」「さくら名所100選」などの100選もの10項目、さらに「星降る里ベスト10」「日本名数地名一覧」などの10項目について記載する。巻末に、テーマ別の事項索引（五十音順）がある。1989年初版の項目に、見直し・追加などを図った改訂版。旅の雑学的知識が豊富である。　　　*1488*

全国都道府県市区町村別面積調　昭和40年-　建設省国土地理院編　谷田部町（茨城県）建設省国土地理院　1966-　26-30cm　付（図1枚）
測量法第12条の規定に基づき、各年10月1日時点の都道府県別および市区町村別面積を統計的にまとめた年鑑。面積調査の概要、都道府県別面積、市区町村別面積の3部よりなる。各年とその前年の面積（km²）および増減面積を表示し、摘要欄に増減事由を記す。昭和62年までは国土地理院発行昭和30年10月1日現在『5万分1地形図』を、昭和63年以降は同昭和63年10月1日現在『2万5千分1地形図』を基準に算出した面積値を基礎とし、それ以降の面積異動を加減した数値である。巻末に「湖沼面積」「島面積」「都道府県別市区町村数一覧表」がある。付図は、昭和62年までは「市区町村界素図」、昭和63年以降は「市区町村界位置図」。解題は「平成8年」による。　　　　　　　　*1489*

Japan: The New official guide Japan. Tokyo: Travel Bureau, 1991.3.　968,120p：col. maps；21cm.『ザ・ニューオフィシャルガイド・ジャパン』編集兼発行人内藤錦樹（奥付）4-533-01681-2
英文による日本旅行案内書。2部に分かれ、Ⅰ部は"General information"で日本全体で共通する事項（宿、交通、芸能、歴史、言語、宗教など）の概説。Ⅱ部は"Travel information"で日本の観光スポットの紹介。北から南へ8つの地域に大分けし、そのなかは県別に配列。都市名の項目では、巻末掲載の地図番号、市外局番、人口数に続けて説明がある。索引は地名・事項名を収録した英文アルファベット順。巻末に"Maps and plans"がある。　　　　　　　　　*1490*

Shimadas　島の情報ガイド　1993-　「Shimadas」編集委員会　日本離島センター　1993-　30cm
住民のいる島について、島の簡略図と面積・世帯数・市町村指標などの統計から人物紹介・島おこし事業まで、さまざまな情報を記載した年鑑。創刊は1993年で、収載する島数は新しい年版のものほど多く、1995年は456島。島は北から南へ県別に配列し、諸島・群島はまとめて列記する。島の自然や行事・各種施設などの写真を配し、観光のポイントだけでなく島の暮しや島づくりにも役立つ情報を収載する。各島の最後に参考文献を掲載し、巻末に五十音順の市町村名索引と島名索引があり、付録として「北方領土の島々」「主要無人島」の一覧表がある。解題は1995年版による。　　*1491*

Tabidas JTBの旅行情報源最新版〔1990〕-1994 日本交通公社出版事業局 1989-1993 5冊 26cm
観光旅行に関する情報全般について、刊行年の翌年(年版表示)の予定を含めて、最新のデータを盛りこんだ年鑑。年版表示があるのは1991年からで、1994年まで毎年刊行しそれ以降は休刊中。JTBの旅行情報4万件を収録。見る・自然・遊ぶ・食べる・買う・湯浴む・宿泊情報・雑学百科の8項目を立て、その中をさらに博物館・ホール・城・山・湖・テーマパーク・キャンプ場・郷土料理・銘菓・温泉などの78ジャンルに細分する。各種の観光施設や名勝、名物などの簡単な説明付きデータを中心とする。巻頭に、祭りや行事を各月ごとにまとめた歳時記とトレンド情報を載せ、その年の特色を出す。巻末に「イエローページ」として、市町村の観光窓口・交通機関・マスコミなどの観光問合せ電話帳がある。本文中に説明のある観光物件1万5393件の五十音順の索引がある。解題は1994年版による。
1492

◆◆ 歴史地理

内務省地理局編纂善本叢書 明治前期地誌資料 1-36 内務省地理局編纂物刊行会編 ゆまに書房 1985-1987 36冊 22cm 明治8-25年刊の複製
内務省地理局が、1874年(明治7)の地理寮設置以降、1891年(明治24)に事業を帝国大学に移管して廃止されるまでに編纂した、多様な資料の復刻叢書。地理局は府県国郡町村の廃置分合、土地調査を初めとする多方面の事業を主管したため、その編纂物は、法令、報告、統計、歴史、地誌、地図、気象観測などに渡り、中でも地誌の編纂物は重要である。本叢書は、『大日本国誌』(『皇国地誌』『郡誌』などの資料群をもとにまとめられた稿本の総称)で散逸消失を免れた資料を中心に、その他の有益な編纂物を集成したものである。明治10年代の全国の郡区町村の状況を知り得る、近代史研究の資料。参考図書に該当するものは次のとおり。8巻『地誌目録』：約2400点の地誌を、総国以下畿内・東海道・東山道・北陸道などに11区分して収載する。24巻『郡区町村一覧』：明治11年の布告により編成された府県郡区町村名を、府県別に配列した一覧表。府県下の郡区町村の数と、その読みを付す。25・26巻『地名索引』：明治16年前後の全国の郡区町村を収録した索引。地名の頭字の画数順に配列し、その読みと所在する国郡名を記載する。27・28巻『地方行政区画便覧』：第1表-第5表からなる。中心は1-3表で、府県庁・郡区役所・戸長役場の所在地とその所轄町村数・戸数・人口・有税地反別の一覧。29巻『郡名異同一覧』：古代の六国史・古事記・万葉集などの古書にある地名表記および延喜式に定められた表記が、中世・近世の書を経て明治の郡区編成の際の地名になるまでの変遷を一覧表にしたもの。29巻『和名類聚抄地名索引』：『和名抄』に記されている地名を頭字の画数順に配列し、その国郡を記したもの。
1493

日本歴史地理ハンドブック 増訂版 藤岡謙二郎編 大明堂 1972.9 359p 22cm
日本歴史地理学研究に有用な一覧、諸表、地図を収めた便覧。資料編292頁、地図編34頁からなる。両編ともに先史時代、原始時代、古代、中世、近世、近代、産業、交通の8分野に区分し、さらにそれぞれ20余の項目に分類。付録に「明治前期の主要都市」の戸数・人口の比較表、地方史誌一覧、年号表を付す。初版は1966年刊。姉妹編として、藤岡謙二郎『地形図に歴史を読む 続日本歴史地理ハンドブック』(1969-1973年刊)5冊がある。
1494

日本歴史地理用語辞典 藤岡謙二郎〔ほか〕編 柏書房 1981.8 595p 22cm 9800円
日本歴史地理学に関するわが国最初の辞典で、学際的領域であるこの分野の研究に必要な用語について解説している。先史時代から現代まで、地形・気象などの自然的基礎に関する用語から、政治・経済・人口・産業・教育・文化など広汎な分野にわたって幅広く収録。約2000項目を五十音順に配列して、漢字、英文表記を併掲。項目末に、参考文献、関連参照項目、執筆者名を付す。巻末に、解説文中の事項も含めた五十音順事項索引がある。
1495

◆◆ 地名研究

【書誌】

地名関係文献解題事典 鏡味明克〔ほか〕編著 京都 同朋舎出版 1981.2 465,64p 22cm 4-8104-0211-8 14500円
1869年から1979年末(雑誌論文については1978年末まで)にいたる日本における地名関係の論文、文献を採録したもの。江戸時代およびそれ以前の著作でも明治以後に刊行、復刻されたもの、および外国人による日本地名に関する文献、日本人による外国地名についての文献、外国地名文献のうち日本語に翻訳刊行されたものも含む。採択基準は「地名を主たる対象として論じたもの」と限定している。各年ごとに書籍と雑誌論文に分け、題名の五十音順に配列し、著者名、発行者名、頁数、(雑誌の場合は誌名、巻・号数)内容の客観的紹介を記す。巻末に著者名、書名・論文名の五十音順索引がある。
1496

【辞典】

地名用語語源辞典 楠原佑介，溝手理太郎編　東京堂出版　1983.9　661p　19cm　4800円

日本の地名用語の語源を国語学的手法で究明した辞典。収録項目は、地形用語（地名語彙、方言語彙、専門用語）と個別地名（大字以上の集落名、行政区画名、地域区分名称、自然地名）の約8000項目で、五十音順に配列。記載事項は、見出し（ひらがな）の下に用字（漢字）、語源の解釈（諸説とその論者、出典）、方言用例。必要に応じて〔解説〕を付し編著者の判断・評定を示す。索引はない。現存地名を日本語で解くことを目的とし、全語彙を洗い直し、語源・起源となるものを選別、先行諸説の比較検証を行う。収録項目の過半を、地形用語・方言が占める。個別地名の語源調査より、一般的な地名の成り立ちを知るのに適す。
1497

日本地名基礎辞典 池田末則編著　日本文芸社　1980.6　338p　19cm　1300円

地名研究のハンドブック。3部からなり、第1部：地名研究の実際と方法、第2部：全国主要地名の研究、第3部：古代説話地名小事典。第1部は、地名とは何かなど8章に分け研究法を説く地名研究の入門編。第2部は県別に分け、主要市町村名（行政順）の由来を説明する。第3部は、『古事記』『日本書紀』『風土記』の説話地名を集録し、古典地名（五十音順）の起源を示す。付録の地名語小事典は、地名用語（五十音順）の説明。巻末に、以上の地名を本文配列順に並べた索引がある（第1部は旧街道の地名・峠・国名）。著者の知見を、各地名2行程度にまとめたもの。
1498

◆◆地名

【索引】

新日本地名索引 1-3巻，別巻　金井弘夫編　鎌倉アボック社出版局　1993-1994　4冊　27cm　1/2.5万地形図地名・38万余件完全収録　発売：丸善（東京）　全155000円，92000円

1-3巻は国土地理院発行2万5千分の1地形図（1970-80年代）に現れる地名38万4959件について、別巻は旧陸軍参謀本部陸地測量部発行5万分1地形図（1920年代中心の陸測図）に現れた地名のうち、1-3巻に記録されていない地名8万2805件について、その位置を示した索引。所載地形図名・所属市町村及び県名・経緯度を記載する。1巻は地名の読みの五十音順。2-3巻は漢字の画数順で、地名を構成する漢字すべてからの検索が可能。字画索引と音訓索引がある。別巻は全国篇と都道府県篇からなり、配列は全国篇が地名の読みの五十音順と漢字の画数順、都道府県篇は県別で、地名の読みの五十音順。付録に、「地名関係順位表」として、全4巻より抽出した地名件数の順位や地名残存率順位などの表があり、巻末に字画索引と音順索引がある。20万分1地勢図から地名を採録した『全国地名索引』（全国地名索引刊行会、1976-1978、7冊）とその追補訂正版の『日本地名索引』（アボック社、1981、2冊）の目的を継承し、さらに多数の地名と、現在の地図から失われてしまった地名をも検索可能にする索引を目指したもの。地名の「正しい読み」への絞り込みはせず、あえて「誤った読み」も残している点に留意が必要である。1997年現在、全4冊の内容を収めたFDがアボック社より頒布されており、CD-ROM版も計画中である。
1499

地名索引 内務省地理局編　名著出版　1973.12　1冊　23cm　明治18年刊の複製　限定版　8000円

1883年（明治16）前後の全国の郡区および町村（現在の大字）名を収録し、その所在国郡を示した索引。収録町村数は7万1000余。配列は郡区町村名の頭字を見出しとし、その画数順。見出し字の中は、郡・区・町・村・雑に区分し、地名とその読みおよび所在国郡名を記す。巻末の「附表」は国別の郡区町村数の一覧。巻頭に地名の頭字の画数索引がある。原本は和装本2冊。復刻ではA5変形判に縮刷し、原本の誤記訂正や印刷不良の欠字補訂をしているとある。なお補訂復刻版としては、『明治地理叢刊　第3』（雄松堂書店、1967）として2冊本が先に刊行されている。また、『内務省地理局編纂善本叢書』にも第25、26巻として収録されている。明治期の地誌・歴史関係の一次資料である。
1500

日本歴史地名総索引 日本地名学研究所編　名著出版　1980.12　3冊　27cm　『全国地名総索引』（ペン書き稿本）の改題合本複製　全49000円

第1、2巻は、1942-1947年の全国の大字（おおあざ）名を五十音順に配列したもの。地名項目のもとに、その読みがなと県・旧国・市郡・町村名を記載する。第3巻はその画引索引で、画数順に地名を配列し、その読みと旧国名を付す。原本は7冊で、古代語の化石としての地名を、広範囲にわたって収集し分類した、地名研究の基礎的資料である。
1501

【辞典・事典】

角川日本地名大辞典 1-47，別巻1-2　「角川日本地名大辞典」編纂委員会編　角川書店　1978-1990　51冊　23cm

竹内理三博士を代表者に、都道府県別47巻49冊（北海

道、京都府は上・下2巻）に編集された本格的地名地誌大辞典。地名の豊富さを特色とする。総説・地名編・地誌編・資料編の4部構成。総説は県全体の歴史と現状および地名の特色の概説。地名編は歴史的行政地名、自然地名、人文地名、その他の地名を広範に採録し、五十音順。地誌編では、現行の各自治体ごとに現況、立地、沿革、史跡・文化財・文化施設、現行行政地名などの諸事項別。解説は史資料に即し、典拠も可能な限り呈示されている。資料編は小字一覧、行政沿革表、参考地図、参考図書目録など各種一覧で構成。別巻2巻として、『日本地名資料集成』『日本地名総覧』（総索引）があり、本編への効果的利用への手引書となっている。　　　　　　　　　　　　　　　1502

コンサイス日本地名事典　第3版　三省堂編修所編　三省堂　1989.12　1292,43p　18cm　監修：谷岡武雄，山口恵一郎　4-385-15328-0　3950円
全国の地名を見出しとした地誌の事典として、便利な小型事典。収録地名は、行政区画名（都道府県、郡・支庁、市区町村を網羅）、歴史地名（旧国、郡、町村）、自然地名（山・峠、河川…）のほか道路など約2万500項目。配列は五十音順。各項目は、前・後2段で構成。前段で位置・性格・面積・人口などのデータ類、別の読み・綴り方、交通手段を示し、後段で地名のなりたち、歴史と現状を解説。さらに、文末で「5万分1地形図」等の地図を案内。巻末に、難読地名7600の索引がある。記号を多用し略記して、限られたスペースに多くの情報を載せる工夫をしている。　　1503

日本地図地名事典　三省堂編修所編　三省堂　1991.9　1278p　22cm　4-385-15437-6　5200円
地図と地名事典を1冊に編集し、両者を有機的に結びつけた事典。前半は日本地図編、後半は日本地名事典からなる。地図編は日本全国、県単位の地図、主要都市図、地域図を収める。地名編は『コンサイス日本地名事典　第3版』☞1503 の内容を採用し、行政地名・自然地名・地名に準じる名称約2万を収録。地名編の各項目に地図編の頁、経線間のアルファベット、緯線間の数字を示し、さらに末尾に5万分1地形図名、20万分1地勢図名を記載する。　　　　　　1504

日本地名辞典　市町村編　山口恵一郎編　東京堂出版　1980.10　642p　19cm　4200円
市町村名等の行政地名を地理的に解説した小型実用辞典。収録地名は、都道府県、地方公共団体の市町村、政令指定都市の区、旧国名を網羅する約4000項目。配列は五十音順。記載事項は、位置、面積、人口（1978年現在）、歴史、名所、旧跡、産業、観光、民俗、年中行事など、地域の特長を簡潔に記す。巻末に、合併・編入などにより消滅した地名を収録した旧市町村名索引（五十音順）がある。姉妹編に、同著者による『日本自然地名辞典』☞1520 がある。　　1505

日本地名大事典　第1-7巻　渡辺光等編　朝倉書店　1967-1968　7冊　23cm　各2000円
全国の地名1万3000を見出しとし、総合的な地誌情報をまとめた事典。全7巻からなり、構成は、第1巻九州、第2巻中国・四国、第3巻近畿、第4巻中部、第5巻関東、第6巻東北、第7巻北海道の地方単位。各巻の地名の配列は五十音順。行政地域類、自然、集落、交通経済、観光、歴史の各地名を収録。記載内容は、歴史・民俗・社会・観光・地形・地質・気候など多方面。小項目主義を自称しているが、十分な情報量である。各巻末に、巻別地名索引がある。索引と参照地名項目がよくできており、独立項目内の小地名、旧地名が引ける。全巻総合索引がないので、地域不明の郡村などは、他資料で調べる必要がある。第7巻には日本全体にわたる地名（日本海溝など）と、全巻付表（市区町村別人口・面積表など）を加えている。面積・人口は1965年10月1日現在。　　　　　　1506

【辞典・事典－歴史】

国史地名辞典　藤岡継平編　村田書店　〔1976〕　977p　22cm　明治40年刊『日本歴史地理辞典』の改題複製　12000円
古代から日清・日露戦争を経た明治末までの日本歴史に関係する約6000件の地名を収録した地名辞典。明治期刊行のため、戦前の領土であった台湾、樺太を始め、朝鮮・中国方面を含む日本国内外を範囲としている。著者（-1939年）は文部省に勤務した歴史教育者で、簡便な手引書として本書を刊行した。史実中心の読物的面白さも持つが、典拠資料の裏付けが弱いので、時として『大日本地名辞書』☞1508 との併用が望ましい。巻頭に五十音順索引と国別（旧国名）索引がある。付録として巻末に「天正十年平氏全盛図」を付す。　　　　　　1507

大日本地名辞書　第1-8巻　増補版　吉田東伍著　富山房　1969-1971　8冊　27cm　各16000円
明治末に刊行された歴史的民俗学的地名大事典で、地名辞書というよりは日本大地誌と呼べるものである。『角川日本地名大辞典』☞1502『日本歴史地名大系』☞1511 が刊行された今、明治期刊行の歴史的記録、変遷資料という観点での利用に有効である。全8巻の内、第1巻は汎論（地名総説、政治沿革篇、国号篇）、国郡目次、五十音順かな索引、漢字索引で構成される。第2巻以降が地域順。第8巻は元来続編として刊行されたもので、戦前の領土であった千島、樺太、台湾が含まれている。巻末に千島と樺太の地図4面が付く。

歴史――地理、地誌、紀行

この巻の索引は第1巻の巻末に別建てで収録され、台湾分には地方音（南部福建語）かな索引も加えてある。初版は1900－1909年刊。本書は1940年の再版に、稿本『大日本地名辞書余材』を各関連項目の末尾に加えた増補改訂版。
1508

日本歴史地名辞典 藤岡謙二郎編 東京堂出版 1981.4
540p 19cm 3800円
古代から近世までの日本歴史地理学上重要な地名約1500項目を中心に選び、歴史地理学の専門家65名の分担執筆による手頃な辞典。歴史的に重要なもの以外の自然地名、遺跡名は原則として除外。五十音順配列だが、一部歴史的かなづかいが使用されている。解説は明治時代までを対象としているが、人口50万人以上の都市については現代への変貌の状況もつけ加えている。付録として巻末に、「古代日本における国府と官道（平安時代）」「近世の新田分布図」「廃藩置県による新府県と輻輳地」の地図3枚がある。
1509

日本歴史地名事典 吉田茂樹著 新人物往来社 1993.10
458p 22cm 4-404-02038-4 13000円
遺跡地名、自然地名、寺社名や古典文学に多出する地名なども配慮した上で、日本歴史全分野から精選した3100項目の歴史地名を200字前後で解説した辞典。平均化された解説で、最初のとっかかりとしてコンパクトなものである。著者が地名研究家であることから、地名の初見資料の記載とその変化について的確な記述を特徴とする。配列は五十音順。
1510

日本歴史地名大系 第1－50巻〔続刊中〕平凡社 1979－
39冊 27cm
土地に根ざした歴史を明確にするために、行政地名、人文地名、自然地名、歴史的建造物や遺構なども採録した各県別歴史地名辞典。項目の配列は時代順で地域ごとになされ、歴史的全体像が次第に明らかになる構成を持つ。解説は史資料に基づくのは勿論だが、文学的要素や民間伝承などをも引用紹介している。巻末に文献解題、行政区画総覧、石高一覧、難読地名一覧などがあり、五十音順索引を付す。特別付録として、参謀本部陸軍部測量局編「輯製二十万分の一図」（明治20年前半刊）の各県別復刻版別刷がある。刊行は都道府県別47巻に、京都市の分1巻および総索引、分類索引の3巻を含め全50巻の予定だが、1997年11月現在、北海道、東京、静岡、兵庫、徳島、福岡、長崎、宮崎、鹿児島、沖縄の巻と49巻総索引、50巻分類索引が未刊である。
1511

和名類聚抄郡郷里駅名考証 池辺弥著 吉川弘文館 1981.2
938p 23cm 10000円
平安時代の分類体漢和対照辞書『和名類聚抄』20巻本所収郡郷里駅名の考証と巻末にその頭字、第2字の音読五十音順索引がある。この20巻本は成立時期に諸説があるため、著者は年代の明確な木簡や各遺文史料などを援用して、『古代郷名集成（701－1200年）』を作成し、比較検討するという方法を取っている。その結果、9世紀頃の郡郷を網羅的に記録した比類ない史料として位置付け、考証を加えたものである。底本は東急本、高山寺本で、適宜諸本も参照している。初版は1966年、1970年には増訂版のでた『和名類聚抄郷名考證』の全面改訂版。
1512

風土記の研究並びに漢字索引 植垣節也著 風間書房 1972.5 64,987p 22cm 15600円
逸文を除く風土記の全漢字語彙総索引。漢字の使用個所と使用例を検出するためのもので、底本は秋本吉郎校注『風土記』（日本古典文学大系第2巻）だが、校合使用の諸本の漢字も収録している。構成は康熙字典の部首別による漢字索引と五十音順音仮名索引とからなり、中は国別（常陸国、出雲国、播磨国、豊後国、肥前国）で、次に郡別に列挙している。巻頭に風土記概説と風土記関係論文目録（1950－1970年発表分、年順）、巻末に全用字の字音索引が付く。本索引は略符号を多く使用しているので、利用の際凡例に特に注意を要する。1961－1965年刊謄写版印本（私家版）の改訂版。
1513

【辞典・事典－明治・昭和初期】

実用帝国地名辞典 大西林五郎著 文献出版 1979.9
774,326,149p 22cm 明治34年吉川半七ほか刊の複製 25000円
明治30年代の地名を見出しとし、簡明に歴史地理的説明を加えた地誌辞典。3部からなり、本体の地名辞典に、付録と索引をつける。収録地名は、行政地名（郡市町村）、自然地名（山川湖沼）、雑地名（古蹟・社寺）約1万5000項目。本体の地名辞典の配列は五十音順。記載内容は、見出仮名（発音のママ独自のかなづかい）、所在（国・郡・大字）、官公署（役所・警察ほか）、説明（位置、歴史）など。付録は、各種区表、民族戸口、生業及物産、貿易諸表、銀行諸会社、地誌目録ほか17の表・名簿を収め、辞典部分を総合して通覧できる便覧となっている。索引は、漢字の画数順で引く。原本は1901年刊で、当時の官吏、教師、研究者向けの便覧を兼ねた実用地名辞典を、80年後、地理歴史研究者の要望に応え復刻したもの。
1514

帝国地名辞典 太田為三郎編 名著出版 1974 1冊 23cm
三省堂書店明治45年刊の合冊複製縮刷版 限定版 23000円
明治時代の地理的現況を記した、実用的な地誌辞典。

収録地名は、行政地名：府県国郡市町村・大字（全）・小字（由緒あるもの）、自然地名：山・川・原など、名所・旧蹟・駅路など、数万項目。台湾・樺太・朝鮮を含む。配列は、発音どおりのかなによる五十音順。府県国郡は大項目で詳細な地誌的記述。小地名は小項目で簡便に記すが、地勢・人口など、当時の状況を説明できる数値をあげる（統計は1908年（明治41）現在）。主要な参考文献（江戸－明治）を随所に付す。索引は、難読索引（画数順）と内容索引（五十音順）がある。原本は3分冊。明治期の地名辞典で、歴史地理の『大日本地名辞書』（吉田東伍）に対し、現在地理の『帝国地名辞典』として評価が高い。
1515

日本地名大辞典 第1－6巻 日本図書センター 1996.1 6冊 27cm 日本書房昭和12－13年刊の複製 4-8205-2970-6
1935年（昭和10）代初期の日本領土（台湾、朝鮮、関東州、南方諸島を含む）の地名を見出しとし、当時の全日本地誌の編纂を目指して、詳細な地誌・歴史的解説を付した辞典。府県市町村・国郡の行政地名すべてと、主な古地名および自然地名（山川湖沼など）を項目とし、五十音順に配列する。固有名詞の語幹的部分が共通のものは、同じ項目のもとに並べる。記述内容は地勢（位置・地質・地形・気候など）、面積、人口、産業、交通、沿革、名勝旧跡、寺社などに渡り、特に府県および市の項目は詳細である。1－3巻の巻頭に付録として「市町村名の読方及び面積人口表」（1巻）「台湾地名の読方及び人口表」（2巻）「朝鮮・樺太・関東州・南洋群島地名の読方及び人口表」（3巻）がある。
1516

◆◆◆ 自然地形

【辞典・事典】

コンサイス日本山名辞典 修訂版 徳久球雄，三省堂編修所編 三省堂 1979.3 558,〔10〕,51p 18cm 2200円
『20万分1地勢図』（国土地理院刊）に記載されている山名と峠名のすべてのほか、各地にゆかりのある山名・峠名を加えて約1万3000を収録する。配列は、かな見出しと漢字見出しの併記で五十音順。解説は、山・峠の所在地、鉄道駅からの方位と距離、標高を基本に、地質・動植物などの自然的記述と、宗教・伝承・観光などの人文的記述である。巻末に「5万分の1地形図」一覧図と漢字索引（画数順）を付す。本書は1978年初版の山名呼称などを修訂した版で、『コンサイス地名辞典　日本編』の一部を使用している。
1517

自然地名集 20万分1地勢図基準 日本地図センター 1991.3 716p 26cm （国土地理院技術資料 E・1－No.195）折り込図1枚
『20万分1地勢図』（国土地理院刊）に表記されている自然地名のすべてについて、地勢図上での表示位置・表示形と読み方・地名の種類を表形式でまとめたもの。1990年2月28日時点の約2万件を収録する。配列は、20万分1地勢図単位に整理し、北東端より順次東から西への順。同単位区画内では、地名が位置する5万分1地形図区画の番号順。記載内容は、所在地形図・地名・読み方・3次メッシュコード・備考欄に地名の種別（山・河川・湖沼などの7種）。巻頭に「地名所在地勢図の索引」「第1次メッシュコード索引」、巻末に収録地名の五十音順索引がある。『標準地名集』（1973年初版、1981年増補改定版）を継承するもの。FD版は冊子の記載に県コード・追加県コードを加え、地名の種別コードは12種。FDの圧縮された記録を展開するソフトが添付されている。
1518

島嶼大事典 日外アソシエーツ編 日外アソシエーツ 1991.12 78,903p 22cm 発売：紀伊国屋書店 4-8169-1113-8 19800円
日本領土内の4950の島と123の諸島・群島について、地理的事項を中心に歴史・自然・観光などの広範な情報を収載した事典。配列は島名の五十音順。記載内容は県・市町村名、所属諸島名、別名、位置・地質・形状、面積・外周・標高、気候、人口、動植物、産品、祭・行事、交通機関、宿泊施設、問合せ先、地形図名、参考文献など。巻頭に「難読島名一覧」、巻末に都道府県別・海域別・諸島別・国立国定公園別の各「島名一覧」がある。
1519

日本自然地名辞典 山口恵一郎編 東京堂出版 1983.6 742p 19cm 5800円
山・川・島・峠、山地・平野・半島などの自然地名を平易に解説した辞典。収録地名は、著名なもの約4000項目を選択。配列は五十音順。記載内容は、所在地・高さ・広さ・長さ・生成の過程などを地理学的見地から記述。さらに、歴史的記述と現在の社会的状況にも言及。巻末に付録として、地形用語解説と各種一覧表（国立公園等、おもな島・高山・河川・湖沼）がある。索引はない。同著者による『日本地名辞典　市町村編』☞*1505*の姉妹編。
1520

日本の島事典 菅田正昭編著 三交社 1995.6 495p 27cm 監修：日本離島センター 4-87919-554-5 25750円
日本国内4900余の離島に関する主要な統計と、その歴史・文化・自然・経済・生活・観光など豊富な情報を収載し、総覧概括したもの。対象とした島嶼は『日本島嶼一覧　改訂版』（日本離島センター、1983）によ

る。内容は関係団体などの資料・データの集大成。第1部「主な日本の島々」では、北海道・日本海、太平洋、瀬戸内海、九州、薩南・沖縄に5区分し、その中は島ごとに、管轄自治体・各種統計（面積／人口／学校・病院数／宿泊・観光客数／高齢者と若者の比率など）・交通・天然記念物・文化財・自然景観・産業・観光情報などを記載する。第2部「県別日本の島々」は、北方領土・北海道以下沖縄までの都道府県順の島の名簿で、所在地（市町村名）・面積などを記す。1部・2部の随所に地図を配す。巻末に島名索引（五十音順）がある。　　　　　　　　　　　　　1521

✦✦✦ 読み方

【辞典・事典】

河川名よみかた辞典　日外アソシエーツ編　日外アソシエーツ　1991.3　496,64p　22cm　発売：紀伊国屋書店　4-8169-1023-9　9900円
漢字で表記される日本の河川名2万6000の読みがなを明示した辞典。配列は河川名表記の最初の漢字の総画数順（その中は部首順）で、各河川の名称（別称・通称・古称）と1級・2級・準用・普通の別、および都道府県と水系を示す。データは、河川調書・河川台帳・河川一覧表などの都道府県作成の資料、および流域の市町村への照会に基づく。巻末に河川名の音読索引（音読みがない場合は訓読みで代用）がある。河川名に関心を持つ人やアナウンス・朗読・点訳に携わる人に有用。　　　　　　　　　　1522

現代日本地名よみかた大辞典　日外アソシエーツ編　日外アソシエーツ　1985.5　7冊　22cm　発売：紀伊国屋書店　4-8169-0457-3　8000-15000円
現行行政地名31万件の読み方と所在地を示した辞典。郡名、市名、町村名、指定都市の区名、大字・通称名、字・丁目名などを収録。本文編（1-6巻）と索引編（7巻）からなる。本文編の配列は、漢字の画数・部首順。索引編の配列は、先頭2文字の音読み（五十音順）、漢字の画数・部首を調べずに、掲載個所が一連番号でわかる。各巻巻頭に全体の目次（第一字目の漢字）がある。各項目の記載内容は、読み（ひらがな表記）と、所在（都道府県以下その地名までをカタカナ表記）。『JIS都道府県・市区町村コードによる全国町・字ファイル』（国土地理協会）を典拠としている。全7巻を使いやすい1冊に再編成したものに『地名よみかた辞典』（日外アソシエーツ、1989）がある。難読地名、読み誤りやすい地名、読みの種類が多い地名、約5万件を精選。さらに、自然地名や交通・産業地名など6000件を追加収録する。行政区画名は1989年1月1日現在のもの。　　　　　　　　1523

市町村大字読方名彙・日本地図帖地名索引　小川琢治編　東洋書林　1981.9　2冊　22cm　大正12年刊の複製　新装版　発売：原書房　付（別冊　139p）：市町村新旧地名対照表　楠原佑介編　4-562-01144-0　全16000円
本書は、索引付きで、地図帖という名称を初めて冠して編纂刊行された『日本地図帖』（成象堂、1924）の別冊地名索引およびその副産物としてなった「名彙」を2冊セットで複製したもので、現在では、1920年（大正9）当時の日本地名の読み方の標準を示した地名事典といえる。『市町村大字読方名彙』は2編からなり、第1編は市部町名彙で、市部の町名を網羅。第2編は町村大字名彙で、町村の大字名を収録。第1回国勢調査時点での市町村名を基礎とし、1922年（大正11）12月までの変遷を加え、収録地名は10数万を超す。配列は、府県別、市別に分けたうえで、行政区画順。巻頭に、両編共通の索引（府県市名の五十音順）がある。各編の冒頭に目次があり、1は市名、2は府県名で掲載頁を示す。記載内容は、おのおのの区画名のもとに町名、大字名を載せ、読みを旧かなで示す。郵便局、警察署、役場の所在も記号で示す。朝鮮、満州、台湾、樺太、南洋も含む。別冊付録として、1980年（昭和55）現在のものとの比較対照表が付く。『日本地図帖地名索引』は五十音順の配列である。大字以下の詳細な地名は採録せず、「名彙」との併用をすすめている。　　　　　　　　　　　　　　1524

全国地名読みがな辞典　第5版　大阪　清光社　1995.1　1冊　27cm　発売：大阪人文社ほか　4-87160-115-3　8500円
日本全国の市区町村の町・丁・字名や通称名を総て収録し、読みがなをふった便覧。官公署の所在・管轄等を記号で簡略記載する。本文は都道府県別で、配列は自治省コード番号順に、北海道から沖縄県の順。そのなかは県庁所在都市を先頭に、市制施行順、続けて郡および町村の50音順。巻頭に、市・区・郡（支庁）・町・村名の5本立てで索引があり、それぞれ、県、県・市、県・郡を案内している。初版は1977年刊行。『日本分県地図地名総覧』（年刊）の「地名総覧」の部分を1冊にコンパクトにまとめたもので数年毎に新版が刊行されている。　　　　　　1525

難読地名辞典　山口恵一郎，楠原佑介編　東京堂出版　1978.9　15,450p　19cm　2800円
難読地名の読みと所在地を調べる辞典。一般と異なる読みをするもの、読み間違いをしやすい地名を採録。対象とする地名は、郡・区・支庁・市町村・大字などの行政地名のほかに、俗称地名・集落名・自然地名・道路名も含み、約1万8000項目を収める。文末に略符号を付し、これらの地名の種別を示す。配列は画数順

(『新修漢和大辞典』小柳司気太編に依拠)。記載内容は、読みと所在地のみ。巻頭に、見出語画数索引(先頭1字)がある。　　　　　　　　　　　　　*1526*

問題地名集 改訂版　新聞用語懇談会編　日本新聞協会　1983.3　55p 18cm 250円
全国の地名で、複数の呼称や表記があるものについて、その異同を比較解説したもの。配列は北海道・東北以下九州までの8地域に分け、その中は都道府県別に地名の五十音順。異同状況の解説(「旭川」の呼称の場合、「アサヒカワ」は市当局の使用、「アサヒガワ」は函館本線駅名など)は、地元の新聞社・放送局の調査・報告による。報道活動の際の参考としてまとめたもので、初版は1969年刊。　　　　　　　　*1527*

❖❖❖ 語源

【辞典・事典】

古代地名語源辞典　楠原佑介〔ほか〕編著　東京堂出版　1981.9　40,344,41p 19cm 3800円
日本古代の国郡郷名の語源を解釈した辞典。収録地名は、『和名類聚抄』国郡郷部記載の地名を主とし、古代文献(『延喜式』、六国史、『風土記』など)から郡郷名に準ずる地名を採録。配列は、歴史的かなづかいによる五十音順。記載内容は、見出し(ひらがな)のもとに、解説を前・後2段で構成。前段で、用字例(漢字)、所在地、現在の遺称地・比定地など。後段で語源について述べる。巻頭に新かな・現代読み索引、巻末に国郡郷名索引がある。地名の語源研究に関する江戸期以来の諸先学の成果を総合、比較検証している。各説の著作・論文の書名は、『地名関係文献解題事典』☞*1496*を参照すること。　　　　　　　　　*1528*

市町村名語源辞典　溝手理太郎編　東京堂出版　1992.7　283p 22cm 4-490-10314-X　2900円
現行行政地名の由来と語源を調査・解説した辞典。収録項目は、1992年4月1日現在の都道府県・市町村・北海道の支庁・郡・特別区・政令指定都市の区を網羅。配列は五十音順。記載内容は、見出し(ひらがな)漢字、所在の次に、解説を4つに区別して述べる。記録(初めて記録に見える年代)、成立(町名・村名となった年)、由来(何をもとに名称を定めたか)、語源(その地名がどんな意味をもつか)の順。解説は、『大日本地名辞書』☞*1508*『角川日本地名大辞典』☞*1502*などに拠っている。索引はない。現行の固有地名の成立・由来に関して簡略に知ることができる。　　　　*1529*

地名語源辞典　〔正〕,続　山中襄太著　校倉書房　1968-1979　2冊 22cm 2500円,5000円
地名の語源・来歴・用字・読み方について解説した辞典。収録項目は、語源学的に価値高く、興味ある地名、および地名用語を選択。正は約4000、続は約3000項目を収録。正は序論・一般の部・北海道の部、続は、一般の部・外国地名の部・外国地名用語の部からなる。地名は五十音順配列。記載内容は所在位置を示し、語源・由来について先行研究を紹介し、著者の考察を述べる。くわしく各種の語源説を集めている点に特色がある。正の巻頭に参考文献、巻末にアイヌ語地名対訳表の付録がある。索引はない。続の関連項目で正へ案内している。正続はおのおの選択採録なので、両方を引いてみることが必要である。　　　　　　　*1530*

地名の語源　鏡味完二, 鏡味明克著　角川書店　1977.10　390p 19cm (角川小辞典 13)　1300円
日本の地名語源研究の入門書。解説部分と辞典部分からなる。巻頭の解説部分は、地名の調べ方を5項目に分けて述べる。辞典部分は「地名の語源」と「地名の読み方」よりなる。「地名の語源」は、『日本の地名』(鏡味完二著、角川書店、1964)のなかの「地名小辞典」を再構成したもので、配列は地名型(地名の要素)の五十音順。記載内容は意味、地名例、類語・転語、分布、各説。「地名の読み方」は、地名漢和辞典に相当し、見出しの漢字のもとに、大字名、歴史的地名、寺社校名などの地名例と所在を示す。索引はない。地名型の語源を解説したもので、固有地名の調査には適さない。　　　　　　　　　　　　　　　*1531*

東北六県アイヌ語地名辞典　西鶴定嘉著　国書刊行会　1995.6　357,22p 22cm 4-336-03744-2　7000円
東北6県に残るアイヌ語地名約1500項目の語源・由来を解説した辞典。青森、岩手、宮城、秋田、山形、福島の県別6部からなる。配列は、各県の最初に県庁所在の市、次に市部・郡部を五十音順に並べ、さらに各市・郡内の地名を五十音順に載せる。記載内容は、見出し地名(漢字)、ヨミ(現在の呼称)、所在(町・村)、次に旧呼称(アイヌ語)・汎称の語源・由来を解釈する。地名のアイヌ語音をローマ字で表記し、音韻の転訛などによる変化を示す。巻末に全収録地名の五十音順索引がある。随所に先学の諸説や史料を引用、また著者の地質学的考慮を加えているのが特長。　　*1532*

都道府県名と国名の起源　吉崎正松著　古今書院　1972.11　169p 図 19cm 900円
都道府県名と旧国名の起源について、原典史料と諸家の説を紹介したもの。3部からなり、巻頭の2章、一わが国の地名の研究、二わが国の地方行政区画名の起源が序論。三各説で1都道府県名(県庁所在地を含む)、2国名に分けて、地名の語義・起源を解説する。配列は各県別で、東京から南へ、最後に東北・北海道の順

(国名も同様)。記載内容は、名義・語源・由来について諸説をひき、著者の見解を述べる。原典の漢文などは、平易な現代文になっている。参考文献は巻末に記載（10頁）。索引はない。通読性のある中項目の事典。　　　　　　　　　　　　　　　　　　1533

日本山岳ルーツ大辞典　村石利夫編著　竹書房　1997.12
　1142p　27cm　監修：池田末則　文献：p1140-1141
　19000円
日本全国の山岳（峠を含む）の名の由来を解説した辞典。既存の各種の山に関する辞典にもとづき、山にかかわる民話や歴史などに現れる山岳を加えて、1万2000項目を収録。配列は、富士山を別立てで冒頭に置き、あとは都道府県別（北から南へ）、その中は山名の五十音順で配列。山名の読み（山、峠などを除いた固有名の部分のみ）、所在市町村、標高、ルーツを記載。ルーツの部分には典拠資料の紹介はなく、巻末にまとめて参考文献が示されている。巻末に山名の五十音順の総索引がある。　　　　　　　　　1534

日本地名事典　コンパクト版　吉田茂樹著　新人物往来社
　1991.4　488p　19cm　4-404-01809-6　3800円
地名の語源を国語学的に解釈し、地名の成立時期を史料で示し、その地理的分布を重視して解説した事典。収録地名は、上代地名、旧国郡郷名、主要市町村名、分布上・歴史上特色のある地名、難解・奇異な地名など約5500項目を選択。配列は五十音順。記載内容は、語源、名義の解釈、史料に見える年代、成立時期とその史料名、地理的分布。解説の立場は、地名の語源は日本の古語で解く、名義不詳地名の大半は音韻変化したものと考える。したがってアイヌ語に由来する北海道地名は除外。索引はない。同著者の『日本地名語源事典』（新人物往来社、1981）の改題・新装版。　1535

日本地名ルーツ辞典　歴史と文化を探る　創拓社　1992.3
　1078p　18cm　監修：池田末則, 丹羽基二　4-87138-140-4　2800円
日本の主要地名を歴史・地理的に解説したハンディな辞典。地名は、歴史地名（旧国名・旧街道名）、県・市町村名、自然地名（山・川・湖・平野）など2400を収録。配列は都道府県別で、その中の郡市町村は北から南、東から西へ掲載。記載内容は、語源と由来、文献の初出、歴史・地理的変遷。重要地名の発生年代・転訛過程・用字改変にも検討を加える。巻末に五十音順の索引がある。執筆者（約50名）により、見解・記述方法に若干違いが出ている。中学・高校の教科書に出てくる重要地名も収録するので、授業にも活用できる。　　　　　　　　　　　　　　　　　　1536

◆◆ 文化財・史跡

県別史跡・文化財一覧　藤本篤編　山川出版社　1974.12
　338p　19cm　（県史シリーズ　別巻）　監修：児玉幸多
　付：文化財公開施設・年中行事　1000円
全国の主要な史跡・文化財、文化財公開施設、年中行事について、その所在地、国宝・重要文化財・特別名勝等の種別、特徴を記載する。配列は同社刊「県史シリーズ」の巻号順による都道府県別で、内容は1974年5月末現在のもの。各事項に、同シリーズの各「県史」の関係頁への参照指示がある。　　　　　　　1537

史跡名勝天然記念物指定目録〔昭和63年12月31日現在〕
　文化庁編　第一法規出版　1989.3　369p　22cm　付（1枚）：追録　平成元年4月1日現在　4-474-06157-8
　4841円
文化財保護法（1950年）による特別史跡名勝天然記念物、史跡名勝天然記念物を昭和63年12月31日現在で収録したもの。指定目録と指定解除目録からなり、都道府県別で、その中は指定年月順。名称、種別（史跡・名勝・天然記念物等の区別）、所在地、指定年月日、指定理由、管理者又は管理団体、管理団体指定年月を記載する。巻末に、参考資料として、「都道府県別指定件数表」等4種類の件数表と「指定基準」があり、分類別索引および五十音順索引を付す。「昭和54年10月31日現在」（1980年刊）「昭和59年4月1日現在」（1984年刊）を継承する。　　　　　　1538

全国史跡総覧　東日本編, 西日本編　観光資源保護財団（日本ナショナル・トラスト）編　柏書房　1978　2冊
　27cm　各12500円
全国の主要な史跡の解説便覧。『観光資源総合調査報告書　史跡編』（同財団編、1975、非売）を基に、増補の上2分冊にして刊行したもの。東日本編は、北海道、東北、関東、中部の順に23都道県の史跡約650、西日本編は、近畿、中国、四国、九州、沖縄の順に24府県の史跡約1050を収める。解説の内容は、所在地・交通事情・付近の環境・保存状態・史跡の内容・歴史上の価値・意義など。各項目末に参考文献を付す。都道府県の第1頁に収録史跡の所在地を示す地図があり、その末尾に、本文に未収録の重要な史跡の名称と所在地の一覧がある。東日本編の巻末には、付録として国指定の「名勝一覧」「天然記念物一覧」があり、各巻末に、史跡名称の五十音順索引がある。　1539

日本史跡事典　1-3　日本史蹟研究会編著　秋田書店
　1976-1977　3冊　19cm　監修：和歌森太郎　各2900円
文化財保護委員会指定の史跡および特別史跡の解説便覧。県別に収録し、見出しのもとに、所在地・交通機

関と最寄駅・国指定年月日を記し、歴史を中心とした詳細な解説を付す。各巻頭に代表的史跡の概説付写真と、その巻に収めた地域の史跡全体の特徴や歴史的・地理的位置付けなどの概説がある。各巻末に「県指定史跡一覧」（所在地・指定年月・概要）がある。　*1540*

◆◆地図

【書誌】

西洋人の描いた日本地図 ジパングからシーボルトまで　ドイツ東洋文化研究協会編　ドイツ東洋文化研究協会〔1993〕221p　30cm　会期・会場：1993年5月29日－7月4日　サントリー美術館（東京）ほか

16世紀初頭からシーボルト（19世紀中頃）までの西洋人が描いた日本の地図の歴史をたどる展覧会の図録。ドイツ東洋文化研究協会が中心となって行ったもの。構成は、前半が論文部、後半が図版とその解説の部分からなる。図版は印刷地図を中心として120点を年代順に配列する。解説では冒頭に各図の書誌的事項を英文併記でのせ、古地図の書誌ともなっている。索引はない。　*1541*

日本主要地図集成 明治から現代まで　日本国際地図学会編　朝倉書店　1995.5　257p　31cm　付(5枚)　18540円

明治以降の日本で出版された主要な地図の目録。「主要地図集成」「主要地図目録」「主要地図記号一覧その他」の3部からなる。「集成」は主として国の機関が作成した地図のうち、広域をカバーし入手や閲覧が可能な地図を163点選択して図例を示しながら解説する。「目録」は、国の機関（機関別）、地方公共団体（収録数は少ない）、民間団体の発行した地図について、図名・シリーズ名、縮尺、寸法、色数など10項目を表形式にまとめたもの。この中には地図帳、地球儀、触地図、電子地図も含む。「地図記号一覧その他」は地図の利用、閲覧にあたって便利な情報をとりまとめたもの。付録として、「輯製二十万分一図」ほか5点の複製地図がある。　*1542*

日本地図史　秋岡武次郎著　河出書房　1955.10　217p　地図38枚　26cm　700円

日本図作成の黎明期から近代に至るまでの現存する日本図を系統的に分類し、その発達や推移を解明したもの。行基式日本図の変遷ならびに近代地図に至る推移に重点を置くとともに、日本における最初の地図印刷、伊能忠敬やシーボルトなどの江戸期の日本図について考察を加える。明治初年までの諸日本図について、各図の題名、作成または刊行年月、著者名、地図の様式（木版・銅版等の別、形態）、出版地および版元名、所蔵者が記載され、書誌としても使える。多数の図版を収録し、目でも確認できる地図史である。　*1543*

明治以降本邦地図目録　日本国際地図学会編　日本国際地図学会　1969　181p　26cm（日本国際地図学会刊行物第1号）　1000円

明治以降1968年までに日本で刊行された各種の地図の目録。日本地理学会が1958年に国立国会図書館地図室の協力を得て作成した『明治以降本邦刊行地図目録稿』を基に日本国際地図学会が補訂を加えたもので3部からなる。第1部は一般刊行地図で、日本、日本各地、世界、世界各地に分けてそれぞれの中は刊行年順に配列する。第2部は地形図類・海図類を収めるが、地形図類は各種地形図の初刷情報を中心に、海図類はその変遷を窺えるものを収録する。第3部は明治以前刊行地図として、海外および日本で出版された日本に関するものを収録する。　*1544*

【所蔵目録】

国立国会図書館所蔵地図目録　国立国会図書館参考書誌部編　国立国会図書館　1967-1973　6冊　26cm

国立国会図書館所蔵の北海道・樺太南部から九州までの一枚ものの地図目録。地方別6巻よりなる。明治期から現在までの政府機関発行の組図を収録。地域別・縮尺別に分類し、各項目ごとに地形図と地質図に区分。図番、図名、測量年、修正年、発行年、備考、請求記号を記載。索引図あり。1．北海道・樺太南部・千島列島の部　昭和41年3月末現在　2．東北地方の部　昭和42年3月末現在　3．関東地方の部　昭和44年3月末現在　4．中部地方の部　昭和45年3月末現在　5．近畿・中国地方の部　昭和46年3月末現在　6．四国・九州地方の部　昭和47年3月現在　*1545*

5万分1地形図作成・所蔵目録　国土地理院地図部作成　日本地図センター　1997.4　418p　31cm　（国土地理院技術資料　E・1－No.245）　複製文献：p12-13　地形図作成史年表：p14　3143円

国土全域の基本図として、1890年（明治23）から1996年4月1日までに発行された5万分1地形図の網羅的な書誌。国土地理院の所蔵目録を兼ねる。現在の発行図1291面を、まず、100万分1国際図基準の記号・番号順、その中を20万分1地勢図内の番号順に配列。記載内容は、20万分1所属図名、番号、図名、図歴、色数、発行日、図式、備考。図名欄では廃図となった図名等の変遷がわかる。備考欄には特記事項のほかに、国土地理院に所蔵のないもの等を示す印がつく。巻末に追補として、1996年5月1日から1997年4月1日刊行分一覧がある。広く関係機関・地図研究家の協力を得て作成された。　*1546*

歴史──地理、地誌、紀行

【索引・便覧】

図名索引 平成9年版 国土地理院 〔1997〕 144,43,13p 30cm　2.5万分1地形図・5万分1地形図・20万分1地勢図・1万分1地形図
国土地理院刊行の地形図と地勢図が図名から検索できる。本体は20万分1地勢図ごとに北から南、東から西へとならべ、各頁ごとに5万分1、2万5千分1の地形図名（ルビつき）を記す。1万分1地形図は、首都圏から地方都市へと配列する一方、中部地区・中国地区など地区別にまとめてある。図名索引は「2.5万分1」と「5万分1」の2種で、いずれも図名の五十音順なので読みがわからなければ引けない。初版は昭和45年12月末現在（1971年刊）。刊行時現在の図名が載り、備考欄に変更等が簡略記載される。1万分1地形図分の掲載は平成9年版から開始。　　　1547

図名便覧 全国都道府県市区町村別国土地理院刊行一般図 昭和54年版 地図協会 〔1978〕 81,296,60p 30cm 監修：建設省国土地理院　付(図1枚)：地図一覧図　2800円
都道府県名と市区町村名から、それに該当する国土地理院発行の地形図と地勢図を検索するための索引。本体は、Ⅰ都道府県別、Ⅱ特別区・指定都市別、Ⅲ市町村別の3部に分かれる。それぞれ20万分1地勢図、5万分1地形図、2万5千分1の地形図の関係する図葉名を記している。配列は、都道府県の見出しのもとに市区町村のJISコード順。巻末に市区町村別索引があり、関係図葉数が付記してある。昭和54年版から改訂されていないので、現行の市区町村名および図葉名と異なる部分が出てきている。　　　1548

【地図帳】

日本国勢地図 新版 建設省国土地理院編 日本地図センター 1990.11　218p 60cm 4-314-10058-3
国勢の現状を地図と解説とによって集大成した地図帳。自然、気候、人口など14項目にわたり235の主題図を含む。各項目は必要に応じ細分。統計データはおおむね1985－1988年のものが多い。解説は、原則として3頁分の主題図に対して1頁とし、解説文・使用資料一覧・副図（小図・グラフなど）を掲載。地図帳全体に対する索引はない。『日本国勢地図帳』（1977年刊）の改訂。別に英語版も刊行。またCD-ROM版（1997年刊）がある。統計数値が可能な限りアップデートされているほか、各種の加工表示が可能になっている。　　　1549

日本大地図帳 3訂版 平凡社 1994.11　237p 43cm 監修：梅棹忠夫ほか 4-582-43402-9　22000円
全体は、ランドサット画像、分県図、地域図、市街図の4部からなる。ランドサット画像は全国を6図に分割して収録。分県図は50万分の1で全国を30図に分ける。地域図は、大都市周辺や主要観光地を15万分の1（北海道は25万分の1）で17図収録。市街図は、全都道府県庁所在地を2万5千分の1で収める。分県図と市街図は、それぞれ縮尺が統一されているので、地域相互の比較が容易である。巻末に地名索引、市町村一覧、難読地名一覧がある。初版は1985年刊、新装改訂は1990年刊。　　　1550

日本離島地図帳 日本地図センター編 全国離島振興協議会 1982.12　84,〔4〕p 43cm
本土周辺に位置する有人島（常住島）425島を中心にそれに関連・付属している主な無人島約200を含め計625島と、北方領土、竹島、尖閣諸島の地図を掲載する。『5万分1地形図』（国土地理院、昭和57年10月1日現在）を主とするが、他の縮尺もある。北から南、東から西の順に都道府県ごとに配列する。巻末に「島名索引」（五十音順）があり、すべての有人島に『標準地名集』（国土地理院編）『日本島嶼一覧』（日本離島センター編）に基づく読み方を付す。対本土距離と位置の確認、離島の面積規模と地形等の比較、集落形態や公共機関・土地利用状況の分布など、離島振興の参考資料やその他目的に応じて活用できる。　1551

日本列島大地図館 テクノアトラス 新訂版 小学館 1996.6　375p 38cm 4-09-526063-7　13800円
各地方ごとに地方図、分県図、各県のすがた、市街図からなる。地方図はランドサット衛星画像をもとに描いたイラスト。分県図は地名などの基本情報を記載。各県のすがたは国土地理院の数値地図をもとに作成した立体地形図で地形が容易に把握できる。基本データのほかに、県章、県鳥、県花、県木のイラスト、年齢別人口構成、気温と降水量のグラフ、ふるさとお国自慢、自然公園など、各県を比較できるように構成している。県章の由来も記載。市街図は各県庁所在地を収録。地図で見る日本列島、列島データを付す。地名索引は五十音順。巻末に市町村表、難読地名集がある。初版は1990年刊。1995年の統計数値を改訂したもの。　1552

日本列島地図帖 地球観測衛星ランドサット 日本放送出版協会 1984.7　64p 45cm 監修：坂田俊文，中野尊正　コンピュータ画像処理：東海大学情報技術センター 4-14-008366-2　9500円
日本列島を18の地域に分けて、同一地域・同一縮尺のランドサット画像と地図を、見開きで対比できるようにした日本地図帳。縮尺は80万分の1に統一。日本列島を4図に分けた500万分の1画像も含む。巻末に全

国市町村索引がある。ほかに「対談/ランドサット画像と地図」「画像・図版解説」を収める。　　　　　1553

ニュートンアトラス日本列島　改訂版　東村山　教育社　1993.1　242p 43cm　書名は背による　標題紙等の書名：『Newtonアトラス日本列島』　4-315-51303-2　16800円
全体は、「宇宙から見た日本」「地図で見た日本」「資料で見た日本」の3部からなる。「宇宙から見た日本」では、全国を13に分けたランドサット画像を掲載。「地図で見た日本」は、分県図、都市図、都市周辺図、観光地図からなり、各都道府県の基本データや気候データなどを付す。「資料で見た日本」は、日本列島の生い立ち、国土の土地利用、自然と観光など23のテーマに分け、イラストも多用しながら国土の姿を表現する。巻末に地名索引がある。初版は1988年刊。　　1554

【地図帳－英文】

アトラスジャパン　英語・日本語版　再版（2刷）　帝国書院編集部編　帝国書院　1990.3　55p 34cm　英文書名：『Atlas Japan in English & Japanese』　4-8071-2705-5　1500円
英文併記のあるコンパクトにまとめられた日本の国勢地図帳。地方図、資料図の2部からなる。資料図では、地殻、気候、植生、産業、方言、観光など全般にわたる主題をとりあげて、簡単な統計が続く。すべての日本語に対応する英語が併記されており、ローマ字によるアルファベット順の地名索引がついて、便利である。　　　　　　　　　　　　　　　　1555

日本二カ国語アトラス　講談社インターナショナル　1991　128p 22cm　英文併記　4-7700-1536-4　2150円
すべての地名を英文併記とした日本地図帳。地域図、都市図、観光図、交通図、主題図からなり、計68図を収録。地名は、駅名、行政地名、道路名、観光名所、公共施設名を主に収める。主題図は、活火山・国立公園・探鳥地など12のテーマに分ける。巻末の地名索引は英文アルファベット順で、漢字も付す。　　1556

❖❖❖ 地形図

【複製】

日本列島二万五千分の一地図集成　1－5　科学書院　1991－1995　5冊　47×64cm　発売：霞ケ関出版　国土地理院刊の複製　別冊：総合索引　各206000円
戦前に刊行された全国主要都市・平野部周辺の2万5千分の1地図の複製。1896図を収録。配列は北から南へと並べ、全国を5巻に分ける。修正版も含め、刊行されたものをほぼ網羅している。総合索引は、都道府県別索引図・収録図幅図版情報一覧・図幅名索引からなる。本体に目次等はないので、利用の際には総合索引の参照が常に必要である。　　　　1557

明治大正日本五万分の一地図集成　1－4　陸地測量部〔作製〕　古地図研究会　1983.2　4冊　47×63cm　発売：学生社　複製　付図1枚
陸軍参謀本部陸地測量部が1892年（明治25）から1924年（大正13）にかけて測図、発行した5万分1地形図の複製。4分冊で約1300枚を収録し、当時作成されたもののほぼすべてを網羅。配列は北から南へ、ほぼ20万分1地勢図の並びにしたがう。各巻の冒頭に、その巻の目次と索引図があるだけで、全体の索引図は付録として付けられた1枚物にとどまる。図名は刊行当時のもので、廃名になったものもあり、20万分1地勢図の図番号が有益。　　　　　　　　　　　　1558

❖❖❖ 分県図

新日本分県地図　全国地名総覧　昭和45年度新版－　国際地学協会　1969－　38cm　『大日本分県地図併地名総覧』の改題
各県ごとに地図、地名総覧、公共機関一覧をまとめた地図帳。地図は、分県図、市街図、観光道路図を含む。地名総覧は、行政地名にすべて読みを付すほか、官公署の管轄区域を記号で示す。公共機関一覧は、官公署、教育・文化、金融機関などの住所録である。別冊に、「都道府県・市区町村別人口、面積、人口密度」を収める。索引は、全国市町村名索引と自然地名索引の2種が巻末にある。解題は平成10年度新版による。　　　　　　　　　　　　　　　　　　　　　　　1559

大日本分県地図併地名総覧　昭和27年度版－昭和48年度新版　国際分県地図　1952－1972　22冊　38cm
各県とも一般地図・観光道路地図、警察・税務署の管轄を付記した地名総覧、官公庁・公共施設・金融機関などの所在を示した公共機関一覧からなる。市郡町村のレベルに分類された地名索引、旧国鉄の駅名索引、都道府県市町村要覧（役所所在地・面積・人口など）などを付す。　　　　　　　　　　　　　　　1560

日本分県地図地名総覧　昭和33年版－　人文社編集部編　人文社　1957－　38cm
各県ごとに地図、地名総覧、公共機関一覧をまとめた地図帳。地図は、分県図、市街図、自動車路線営業キロ程図を含む。地名総覧は、行政地名の読みのほか、官公署の管轄区域を記号で示す。公共機関一覧は、官公署、文化・教育機関などの住所録。各地方の扉頁の「2.5万、5万、20万分1地形図・地勢図索引図」と、

分県図に引かれた5万分の1地形図図郭メッシュにより、地形図への索引としても利用できる。巻頭に市区町村名索引、巻末に「全国人口と世帯数、市区町村別人口・世帯数・面積一覧」などがある。解題は平成10年版による。　　　　　　　　　　　　　1561

❖❖❖ 都市図

京阪神市街地図集　昭和36年度版－　大阪人文社編集部編　大阪　大阪人文社出版センター　1961－　38cm　併地名総覧
京阪神の主要市町村の一枚もの市街図を折図で収めた地図帳。大阪府は44自治体を33図で、兵庫県は21自治体を20図で、京都府は11自治体を11図で収録。縮尺は各図によりまちまちだが、2万分の1から3万分の1のものが多い。各市町村ごとに地名総覧を付す。その内容は、町名・所轄警察署・郵便番号・最寄駅・地図索引からなり、町名の五十音順に配列する。解題は平成4年版による。　　　　　　　　　　　　1562

首都圏広域市街地図集　1：20000　〔昭和53年度版〕－　人文社編集部編　人文社　1978－　42cm
東京都を中心とする関東6県を、43図の折図で収めた地図帳。収録範囲は、おおむね前橋・宇都宮－千葉・木更津－三浦半島－箱根の範囲。縮尺は2万分の1で、一部に2万5千分の1のものがある。巻頭に市町村名索引と広域市街地図索引図がある。また、各図には公共施設と観光地・文化施設の一覧があり、地図への索引も付す。解題は1997年版による。　　　　　1563

東京都地図地名総覧　東京都全区市官庁管轄区・標準地価公示価格図　昭和32年版－　人文社　1960－　38-42cm
東京都の区・市・島部の一枚もの折図を収めた地図帳。23区は1区1枚で8千分の1から1万3千分の1までの縮尺。市部は27市を16枚に収め、7千分の1から3万分の1までの縮尺。主要交差点、官公署や学校などの主要建造物、ガソリンスタンドなどに及ぶ詳細な記載がある。島部は2枚で6-7万分の1の縮尺図。町村部は含まれていない。巻頭に五十音順の東京都全地名索引があり、巻末に、東京都公共機関一覧と地価公示標準地価格一覧がある。初版は昭和29年度版で、当時の書名は『東京都区別地図大鑑』。1961年版から現在の書名に改題。解題は1998年版による。なお、『新東京都地図要覧』（国際地学協会および人文社刊）とは、区部の地図部分が異なる（縮尺が異なる、裏面に白地図があるなど）が、ほかの部分が基本的に同じ。同要覧は平成6年度新版まで刊行されている。　1564

日本都市地図全集　1993年版　都道府県庁所在都市編　人文社編集部編集　人文社　1993.7　1冊　42cm　折り込

図49枚　4-7959-2104-0　34000円
都道府県庁所在都市と川崎市、北九州市の一枚もの市街図を、49図の折図で収めた地図帳。浦和市に与野市、静岡市に清水市を含む。縮尺は都市によってまちまちだが、2万分の1-3万分の1のものが多い。巻頭に総索引図がある。また、欄外に町名索引を持つ市街図もある。『日本都市地図要覧』の改題。　　　　1565

【複製】

昭和前期日本都市地図集成　地図資料編纂会編　柏書房　1987.3　123枚　46×63cm　別冊：解題　4-7601-0333-3　97000円
昭和前期に作成された、全国82都市の大縮尺都市地図の複製。原図の作成年代は主として1927（昭和2）－1940年（同15）、縮尺は6千分の1-2万分の1。都市の配列は、『日本都市年鑑』（1941年刊）による。収録図についての情報は目次に記載。別冊として解題がある。　　　　　　　　　　　　　　　　　　1566

日本近代都市変遷地図集成　〔第1期〕　地図資料編纂会編　柏書房　1987.10　156枚　46×63cm　大阪・京都・神戸・奈良　発売：紀伊国屋書店　箱入　別冊：解題　4-7601-0343-0　110000円
1872年（明治5）頃から1938年（昭和13）頃までの大阪・京都・神戸・奈良の大縮尺都市地図の複製。縮尺は5千分の1前後と1万分の1前後の2系列がある。「大阪市中地区町名改正絵図」（明治5年刊）など35図を収録。各都市ごとに分けて、その中は年代順に配列。巻頭に収録図一覧がある。別冊として解題「大阪・京都・神戸・奈良の都市地図について」を付す。　1567

明治・大正日本都市地図集成　地図資料編纂会編　柏書房　1986.10　123枚　46×63cm　別冊：解題　4-7601-0323-6　95000円
明治・大正期に近代測量の手法によって作成された、全国73都市域の大縮尺都市地図の複製。原図の作成年代は1881年（明治14）－1926年（大正15）、縮尺は3千分の1-1万5千分の1。都市の配列は、『改正新旧対照市町村一覧』（1913年刊）による。収録図についての情報は目次に記載。別冊には解題のほかに、主要都市の迅速2万分の1地形図を図版として収録している。　　　　　　　　　　　　　　　　　　　　1568

❖❖ 地域別

【書誌】

北海道関係地図・図類目録　北方地域図および日本図等

も含む　北海道大学附属図書館所蔵　北海道大学附属図書館編　札幌　北海道大学附属図書館　1981.3　359p　26cm

北海道大学附属図書館北方資料室所蔵の北海道および北方地域を中心とする地図、図類等の目録。日本地図、万国地図のほか、開拓使時代の建築図面なども含む。地図は地域によって分類し、そのなかは刊行年順に配列し、詳しい書誌的事項を載せる。非常によく揃っている各時期の地形図集は末尾にまとめて掲載する。巻末に、図名索引（和文と欧文）と著編者索引がある。
1569

江戸図総目録　岩田豊樹著　武蔵村山　青裳堂書店　1980.4　322p　22cm　（日本書誌学大系 11）　監修：室賀信夫　10000円

江戸古版図の総合目録。古地図収集家である著者の豊富なコレクションを中心に、ひろく各地の図書館等に収蔵される図を調査した結果を集大成。写図は主要図、版図に関係の深い図に限って収録。判じ絵、名所案内図、火消図などの江戸の雑図を含む。原則として、図の発行順に記載されているが、長禄図・寛永図などは発行年ではなく、おのおのの内容とする年代に入れている。記載内容は、図名、刊記、寸法、彩色、所蔵者・機関（国立国会図書館、東洋文庫、三井文庫など8機関）、請求記号。別立てで沽券図目録も収める。巻末に版元別の索引および「江戸絵図株帳（影印）」を付す。
1570

江戸図の歴史　飯田竜一，俵元昭著　築地書館　1988.3　2冊（別冊とも）26cm　別冊(159p)：江戸図総覧　19500円

本書は、主要図による江戸図の発達変遷を概観し、江戸図群の全体的な把握を試みた初めての概説書。刊記年別の所在目録の作成作業により、江戸図伝存の状況を明らかにし、別冊の『江戸図総覧』がなる。これは、版図を中心にした編年体の総目録で、原則として、「江戸市街の全体の図化を本旨としたもの」を対象とし、寺社境内図、屋敷図などの特殊図、部分図は含まない。近代測量によらない明治期刊行図も収める。記載項目は、刊記年、図名、編者等、刊行者、寸法形式、所蔵者（慶応義塾大学付属図書館、大東急文庫ほか10機関）・請求記号、注記。『古板江戸図集成』（中央公論美術出版、1959-1960）や『東京市史稿　市街篇』（東京市編刊）などの複製刊行の記載あり。巻末に「刊行者別索引」と折込み図の「江戸図の系譜」を付す。
1571

京都図総目録　大塚隆著　武蔵村山　青裳堂書店　1981.9　1冊　22cm　（日本書誌学大系 18）　9000円

近世から明治末までの京都の町絵図類491点を収録した地図書目。一般図としての町絵図は刊写別のうえ、刊行分は江戸期202点と明治期167点と別建てにされている。筆写分は手書きの洛中図19点を収録。ほかに主題図として、内裏公家町図39点、大火焼場図64点を収め、全5本建てで構成。年代順の配列で、おのおのの図に書誌的解説と所見を付す。ものにより参考図版がある。所在個所として掲載文献と所蔵先を明示するが、後者は著者実見の個人蔵と機関に限定される。『国書総目録』☞ *0183* の補完書目。付録として、京都に関する図書展覧会目録、京都社寺境内図展観目録などの資料を付ける。
1572

大阪関係地図目録　大阪市立中央図書館奉仕課編　大阪　大阪市立中央図書館　1988.3　59p　26cm

大阪市立中央図書館が1988年2月末までに収集した一般図、地形図を中心とする大阪府・市域の地図（一枚ものおよび冊子体）約1810点（うち地形図587点）を収録。江戸期の古地図を含む市政・郷土部資料、朝日新聞大阪本社寄贈国内地図（大阪関係のみ）、および地形図の3部からなる。索引はない。なお、朝日新聞社寄贈国内地図コレクションの全容は、同館刊の『朝日新聞社寄贈国内地図目録』（1976年刊）に収載ずみ。
1573

【辞典・事典】

江戸東京学事典　小木新造〔ほか〕編　三省堂　1988.2　1222,39p　図版24枚　27cm　折り込図3枚　4-385-15384-1　12000円

江戸、東京に関する1096項目について、多数の図版を用いて、体系的に解説した事典。都市空間、首都江戸東京、江戸東京の日常、都市文化、災害と病い、江戸東京の地誌の6部からなり、さらに46の中項目に分類。各項目に参考文献と執筆者名を付す。付録には、江戸東京読書案内、江戸東京年表などの一覧を含む。巻頭に、解説項目の五十音順目次、巻末に解説文中の事項と人名の各索引がある。
1574

京都大事典　佐和隆研ほか編集　京都　淡交社　1984.11　1083,91p　27cm　4-473-00885-1　12000円

古代から現代までの京都市とその周辺地域に関して、人物、宗教、歴史、地理、政治、経済などの分野から約7200項目をたて解説した事典。配列は、漢字見出し語の五十音順で、読みがなを併記。写真、イラストなど約1300点の図版を収める。巻末に地勢概要、市長等の名簿、主要年中行事、国宝一覧、京都略年表などの付録と五十音順の事項索引を収める。姉妹編として1994年に刊行された『京都大事典　府域編』は、京都市を除く、京都府全域を対象とし、約3700項目を収録。
1575

大和地名大辞典 日本地名学研究所編 名著普及会 1984.3 1467p 27cm 「正編」(大和地名研究所昭和27年刊)「続編」(日本地名学研究所昭和34年刊)の補訂合本複製 30000円

奈良県の市町村大字小字別10数万公称地名と読み方を集大成した正編と、そこに収録された大字・小字名の五十音順総索引の続編を補訂合本した複製本。1940年代という特定の時期に大字・小字という歴史の動きを端的に伝える小地名を採録した記録資料である。奈良市を先頭に県を3分割し、おのおのの冒頭に地図を配し、難読地名一覧などを付す。巻末附篇に本書を編集した日本地名学研究所(大和地名研究所)沿革の記事などがある。　　　　　　　　　　　　　1576

◆◆◆ 地図

江戸城下変遷絵図集 1-20巻, 別巻1, 2 原書房 1985-1988 22冊 27cm 監修:朝倉治彦 8000-15000円

原本の幕府普請奉行編『御府内往還其外沿革図書』(15部15冊)は江戸の府内を細分し、延宝年間から文久年間(1673-1861年)の約200年間に生じた町並みの変化や武家屋敷の変遷をその都度、絵図上に記したものの集成。本書は、この原本を複製し、現在の各地域の様子を記した解説、関連図版を加え、全20巻に編集し直したもの。20巻に、総目次と索引(地名・人名)が付く。別巻の『江戸城下武家屋敷名鑑』(2分冊)は、本文から採録した人名、地域名、年代の各データの索引。別巻の下巻に、武士を中心とした人名調査資料の文献案内が付く。　　　　　　　1577

◆ アジア

【便覧・要覧】

「アジア」ハンドブック 外務省編 学生社 1986.9 296p 18cm 出版企画:世界の動き社 1000円

インド、パキスタン、スリランカから中国、韓国、フィリピンに至るアジア各国について、対アジア外交(特に対日外交)の基軸、政治・軍事、経済、文化関係などの資料をコンパクトに収録した便覧。巻末に各国首脳リスト、首脳の往来、年表、在外公館リスト、各国地域別地図がある。参考文献、索引はない。　　　　　　　　　　　　　　　　　1578

アジア要覧 外務省アジア局 1990- 21cm 『アジア諸国要覧』の改題

アジアの23か国についてデータを中心にまとめた要覧。国名の配列は、北東アジア、東南アジア、南西アジアの各地域に分け、その中は隣接順。各国の記載内容は、5項目がたてられ、地理的位置や面積などの概観、政治、経済、文化・社会、わが国との関係の順。政治の項目では政体、議会、選挙制度、政党、司法、軍事・兵役など基本的情報を提示。付録として、最近5年間の各国首脳の日本への往来やアジア関係国際機構と加盟国および地域一覧表などを付す。初版は1975年刊。1990年以降現在の書名に改題。ほぼ年1回刊。解題は平成6年版による。　　　　　　　　　1579

最新アジア・オセアニア各国要覧 東京書籍 1995.9 286p 26cm 監修:外務省アジア局ほか 4-487-75072-5 3200円

アジアとオセアニアの56の国・地域について、概説とともに各種データを表形式でまとめた要覧。配列は、アジアは北から南、東から西、オセアニアは南から北、西から東の隣接順。巻頭に、国名索引がある。記載内容は、簡略地図、概説(歴史、政治機構、経済、社会と文化、日本との関係など3頁分)、見開き・表形式のデータ中心の情報からなり、一国につき、6頁分をあてる。刊行時点で入手可能の最新データを使用している。　　　　　　　　　　　　　　　　1580

◆◆ 地図

Grand atlas 東南アジア・南太平洋 東陽出版 1975.5 85p 42cm 38000円

東南アジアおよび南太平洋地域に関する詳細な地図96図を収めた多色刷の地図帳。東南アジア編と南太平洋編および市街図からなる。各編はそれぞれの主題地図に続いて国別に全図、地域図、主要都市周辺図を収め、国ごとに政治・概史・民族などを概説している。市街図はラングーン、クアラルンプールなど主要な25都市を収録。巻末索引は国別に分類してアルファベット順に配列し、カナ表記を付す。採取地点総数は約4万5000個。本書は「Grand atlasシリーズ」の第2輯として刊行された。　　　　　　　　　　　1581

◆◆ 朝鮮

【辞典・事典】

朝鮮を知る事典 平凡社 1986.3 533p 22cm 監修:伊藤亜人ほか 4-582-12603-0 3600円

朝鮮に関する日本で初めての総合的事典。主体となる項目編は五十音順に1200余の事項を解説。巻末の地

域・国名では朝鮮および現在の南北両国家を概観し、朝鮮史略年表、文献案内を付す。索引は五十音順で、独立項目のほか本文および図・表中からも索引項目が選ばれている。　　　　　　　　　　　　　　　　1582

【要覧】

韓国・北朝鮮要覧　1984年版　世界政経調査会編　世界政経調査会　〔1985〕　526p　25cm
概説、韓国（大韓民国）、北朝鮮（朝鮮民主主義人民共和国）、南北関係の4編からなる。韓国、北朝鮮の各編は、略史、政治、経済、社会・文化などに分けて1984年現在の情勢を記載する。南北関係編は、対話略史（1981-83年）、対話日誌（1984年-）などを収録する。前に1982年版が刊行されている。　　　　1583

朝鮮要覧　新版　現代朝鮮研究会編　時事通信社　1978.8　358p　18cm　1400円
南北朝鮮の歴史、社会、自然地理、政治、経済、文化伝統などについて、最新の資料、データに基づいて解説したコンパクトな便覧。総説、大韓民国、朝鮮民主主義人民共和国の3章からなり、補章として「在日朝鮮人」を収める。各章末に関連統計を付す。巻末に資料として憲法、法令の類を収録。索引はない。初版は1973年。　　　　　　　　　　　　　　　　　1584

❖❖❖ 地名

【辞典・便覧】

韓国・朝鮮地名便覧　1992年版　日本加除出版株式会社出版部編　日本加除出版　1992.5　316,118,59p　21cm　付・1945年現在の朝鮮地名一覧／韓国行政区域の変遷　4-8178-1015-7　3750円
1992年現在の韓国および朝鮮民主主義人民共和国の地名便覧。韓国と北朝鮮に分けて、地名を行政区域ごとに特別市、直轄市、道別に分けて区、郡、邑、面、里までを記載する。巻末付録として、1945年8月15日現在の朝鮮地名一覧、韓国行政区域の変遷を収録する。北朝鮮では現在ハングルのみを使用しているが、本書は漢字が併記されており便利である。　　　　　　1585

現代北朝鮮地名辞典　国際関係共同研究所編著　国書刊行会　1982.8　223p　22cm　3800円
『労働新聞』など朝鮮民主主義人民共和国の原資料をもとに、国際関係共同研究所（JRCIR）が1982年2月現在の同国行政区域上の地名約4730件を集成した地名辞典。行政区域別に配列され、各地名の漢字表記のもとにカナ、ハングル、アルファベット表記およびJRCIRの地名コードが付く。巻末に、地名のアルファベット順索引、道・直轄市の略図と地図、および特定の地名に関するJRCIRの見解を付す。　　　　　　1586

最新朝鮮民主主義人民共和国地名辞典　申大興編　雄山閣出版　1994.5　388p　21cm　4-639-01230-6　3980円
1994年4月現在の、朝鮮民主主義人民共和国の行政区域にあたる道（直轄市）と市（区域）・郡および邑・洞・里・労働者区の全地名約5000件を道別、市・郡別に収録した地名辞典。道別、市・郡別にその沿革を簡単に記す。各地名については、漢字・ハングル・カタカナ・アルファベットで表記。付録として巻末に「1945年8月解放直後の朝鮮北部行政区域」を付す。巻末に、アルファベット順地名索引がある。　　　1587

大韓民国地名便覧　1994年版　日本加除出版出版部編　日本加除出版　1994.4　526p　21cm　監修：大韓民国内務部地方企画課　4-8178-1116-1　3900円
大韓民国の地名を、特別市、直轄市、道別に分けて、市、区、郡（邑・面）の行政区域の変遷と市、区、郡、邑、面別の地名（1994年3月1日現在）を掲載。行政区域の変遷は1945年8月15日を標準にし、1994年3月1日現在の内容まで記載している。表記はハングル、漢字、ハングルの読みのカタカナ表記の順になっている。　　　　　　　　　　　　　　　　　　　　　1588

朝鮮全道府郡面里洞名称一覧　新旧対照　越智唯七編纂　草風館　1994.9　1冊　27cm　中央市場大正6年刊の複製　4-88323-072-4　21630円
旧韓国以来の旧行政区域名と、その後の朝鮮総督府による府・郡・面・里・洞の整理統合後の行政区域名とを一覧表形式に新旧対照させた網羅的地名便覧。1913年12月29日朝鮮総督府令第111号による「道ノ位置管轄区域及府郡ノ名称位置管轄区域」を基礎とし、それに続く面・里・洞レベルの異動を道令告示等により加味し、1917年4月10日現在で編集したもの。配列は行政区域順。巻末に「朝鮮全道ニ関スル沿革其他」を付す。索引はない。原本は旧京城府の中央市場刊。複製に当たり「現代韓国地方行政区域一覧（1990年）」（北朝鮮を含む）および解説を付す。　　　　　1589

❖❖❖ 地図

【書誌】

韓国・北朝鮮地図解題事典　崔書勉編　国書刊行会　1984.10　183,20p　27cm　折り込図2枚　6800円
東京韓国研究院が収集した、1945年以前発行を含む朝鮮半島および関連地域の地図の目録。一般図、主題図、地図帳および海図・航空図に大別し、さらに細区分している。図郭位置を必要とする地図には、同研究院が

独自に定めた図番、図名、作者、体裁、発行、備考を記載。付録として白頭山と間島の地図リストを記す。巻末に、アルファベット順地名索引と「韓国地形図索引図」（5万分の1および2万5千分の1）がある。
1590

国立国会図書館所蔵朝鮮関係地図資料目録 国立国会図書館専門資料部編　国立国会図書館　1993.10　212p　26cm　4-87582-358-4
1992年12月末までに国立国会図書館が収集した、李朝時代、日本統治時代から現代までの、朝鮮半島の全部または一部を表現した、一枚図および地図帳などの地図資料約3900点を収録した所蔵目録。「一般刊行地図」「海図」「地形図」の3部で構成され、各地図項目についてタイトル・責任表示・出版事項・対照事項・請求記号を記載する。巻末にタイトル索引を付す。同図書館の朝鮮関係地図資料については、1966年3月に『国立国会図書館所蔵地図目録　台湾・朝鮮半島の部』が刊行されている。
1591

【地図帳】

最新韓国基本地図　黄載璣〔ほか〕著　帝国書院　1989.5　99p　31cm　4-8071-2604-0　3920円
教学社（韓国）の地図原版に基づき作成された朝鮮半島地域に関するカラー多色印刷の地図帳。主題地図、基本地図、地域拡大地図、主要都市地図に分けて収録。主題地図の一部、基本地図を除いては大韓民国の地図のみである。図中の地名は漢字表記にカタカナの読みを付す。巻末付録に行政区域変遷概要、統計資料がある。巻末地名索引は、地名の朝鮮語読みカタカナ表記の五十音順配列。
1592

【複製】

一万分一朝鮮地形図集成　朝鮮総督府作製　柏書房　1985-1986　2冊（別冊とも）46×62cm　複製　別冊（47p 26cm）：解題　日本統治機関作製にかかる朝鮮半島地形図の概要　清水靖夫著　4-7601-0293-0　110000円
陸地測量部が1944年10月までに発行した朝鮮半島の1万分1地形図63地域のうち、原図集約のできた54地域の地図を複製して収録した地形図集。同一地域でも異なる版はすべて収録している。配列は北から南への整理番号順。原図は1-5色刷りだが、複製にあたり2色刷となっている。巻末に特殊地形図2万5千分の1地図4葉と「仁川府内図」を付す。別冊付録として解題があり、その巻末に参考文献を付す。索引は、本編、別冊ともにない。
1593

朝鮮半島五万分の一地図集成　陸地測量部〔作製〕　学生社　1981.9　1冊　47×63cm　複製
陸軍参謀本部陸地測量部が大正の初期から昭和の初めにかけて印刷・発行した、朝鮮半島5万分の1地図を複製、合本した集成地図帳。配列は半島南部から北部への地域順。地図中の地名は、漢字表記にその朝鮮語読みのカタカナ表記を付す。巻頭に「區域一覧圖」と図幅名一覧があるが、本文に頁付がないため検索が困難。索引もない。
1594

◆◆中国

【書誌】

中国地方志総合目録　日本主要図書館・研究所所蔵　国立国会図書館参考書誌部アジア・アフリカ課編　国立国会図書館参考書誌部　1969　350p　26cm
国立国会図書館、東洋文庫、静嘉堂文庫、内閣文庫、宮内庁図書寮、尊経閣文庫、蓬左文庫、天理図書館、大阪府立図書館、京都大学人文科学研究所、東京大学東洋文化研究所、愛知大学図書館、東北大学図書館、九州大学図書館の14機関で所蔵している中国地方誌の所在目録。1950年から1964年にかけて17冊刊行された『国立国会図書館蔵中国地方志綜録稿』の増訂版にあたるが、各機関の蔵書目録などから中国の地方誌を拾い、国内の総合目録とした。配列は省別で、1949年当時、東北3省は1932年当時の行政区画順である。江蘇省から始まる順番は、朱子嘉編『中国地方志綜録』（商務印書館、1937）の配列順による。巻末に漢字の五十音順の書名通検を付す。
1595

明治以降日本人の中国旅行記　解題　東洋文庫近代中国研究委員会編　東洋文庫　1980.3　263,85p　22cm　付（図6枚）非売品
東洋文庫近代中国研究室が所蔵する、明治以降の日本人による中国旅行記417点に解題を付したもの。配列は対象となる旅行の年代順。戦前の部に1874年（明治7）-1945年（昭和20）のもの170点。戦後の部に1952年（昭和27）-1979年（昭和54）のもの247点を収録している。記載内容は書名・著者名・出版事項・請求記号・解題。解題には著者の人物像・旅行目的・日程・場所・内容が詳細に記述されている。著者の五十音順索引あり。巻末に、鉄道院が1919年（大正8）に発行した『朝鮮満洲支那案内』の抄が翻刻されている。再録されているのは、天津・北京・漢口・南京・上海・広東の6都市で、当時の各都市の一枚物の地図も付録として付されている。
1596

❖❖❖ 地名

【索引】

中国歴史地名辞典 第1-5巻 中国地名研究会編 科学書院 1995.3 5冊 30cm 発売：霞ケ関出版 各20600円
中国の地名約3万4000強のウエード式ローマ字表記順一覧表。内容は、第1巻から第3巻が地名のウエード式ローマ字表記順で、漢字表記、属する省、拼音ローマ字表記、レッシング式表記、仏式表記を調べられる一覧。第4巻が拼音ローマ字表記、レッシング式表記、仏式表記のそれぞれからウエード式表記順一覧の番号にたどりつけるための索引。第5巻が欧文表記総合索引と漢字部首画数順索引より構成されている。参照した文献として、塩英哲編訳『精選中国地名辞典』☞1605、竹之内安巳著『英中対照中国地名人名辞典』、劉君任著『中國地名辭典』が上げられている。　　1597

読史方輿紀要索引中国歴代地名要覧 4版 青山定雄編 省心書房 1974 721,45p 27cm 9800円
中国清代の地理書『讀史方輿紀要』の地名索引。初版は『讀史方輿紀要索引支那歴代地名要覧』として、1933年に刊行。その後1939年、1965年に改訂版が出る。『讀史方輿紀要』は1879年に出され、古代から明末までの都市、山川、寺観などの地名を網羅している。これに1939年頃までの地名を加え、位置、紀要の巻号、行政区画を記している。文章は旧かなづかいで、字順に配列されている。付録として「讀史方輿紀要解説」や「讀史方輿紀要版本補闕」などがつき、書誌的事項の確認に有用である。巻頭に五十音順の字音索引、巻末に画数順の字画索引がついている。　　1598

【辞典―歴史】

中国歴史地名大辞典 1-6，難読頁補充表 劉鈞仁原著 塩英哲編著 凌雲書房 1980-1981 7冊 21-27cm 監修：森鹿三，劉俊南 全144000円
中国近代の代表的地名辞典。著者の前作『中國地名大辭典』（1930年刊）の増補版（附滿洲國）を底本として、その欠落部分と台湾分を補い、新たに編集された。本書発行の翌年、底本の不鮮明な部分を補うため、謄写版の「難読頁補充表」が発行された。本文は漢文であるが、主な地名については、頭注で随所に日本語で新中国以後の産業や位置関係、気候などを追加している。配列は部首順。漢字地名の後に拼音ローマ字および原音のローマ字も記し、記述のあとには出典を付している。各巻の見返しに部首索引があり、第6巻目に全巻の日本語ヨミ五十音順検字表と拼音ローマ字順の総索引がついている。　　1599

【辞典―昭和初期】

中国地名辞典 英中・日中対照 外務省情報部編 原書房 1985.7 665p 22cm 復刻版監修：加藤祐三 『支那地名集成』（日本外事協会昭和15年刊）の改題複製 4-562-01584-5 8000円
本書は1936年初版の『支那地名集成』を1937年の「日支事変」により改称された地名などを別立てで増補した版の改題複製版である。当時の植民地であった中国東北部や台湾の地名は掲載されていない。構成は第1編が英中対照として、ウエード式ローマ字のアルファベット順に、その漢字表記と位置関係が1地名1行で併記され、収録数は1万5000地名である。音としては現地音および北京音、別称も記されている。第2編の日中対照は日本語カナ読みに漢字を付し、第1編の頁数を記した索引となっている。　　1600

中国地名辞典 増補 星斌夫著 国書刊行会 1986.12 1冊 22cm 9800円
1941年に冨山房が発行した『支那地名辞典』を国書刊行会が1979年に改題複製発行したものが本書の初版である。しかし初版では日本の植民地であった現中国東北部の地名を含んでいなかったため、この部分を別立てで巻末に増補した版が本書である。内容的には歴史的叙述を中心に、1940年前後の各地の状況を詳述し、当時の主な都市の市街地図も掲載されている。漢字にルビを付し、カナ読み五十音順に配列され、ウエード式ローマ字が付されているが、増補の項には拼音ローマ字も付されている。王朝の年号には西暦が入り、当時の産業や人口なども記述して、一つの時代の地名辞典として有用である。初版の部分と増補の部分のそれぞれうしろに総索引を付す。　　1601

満洲地名大辞典 山崎惣与著 国書刊行会 1977.6 1冊 27cm 昭和12年刊の複製 18000円
現在の中国東北部である旧満州の1937年当時の国勢を詳述した地名辞典。町、鉱山、鉄道、港湾、山河、湖沼など約5000項目の地名を収録。当時の東北三省（奉天省、吉林省、黒龍江省）および内蒙古の熱河省を、満洲国の新行政制度による14省の区画に分けている。配列は原則として地名の五十音順だが、同一漢字は一か所に集めている。記載内容としては、その土地の概要、別称、戸口など基本的な記述のほか、鉱山資源や労働者の賃金まで記述している。索引は、欧文索引、漢字索引のほか、漢字の頭字の五十音順索引も付す。原本は日本書房刊の『滿洲國地名大辭典』で、著者の山崎惣与は、この本の収録範囲を除いた地域を対象とした『支那地名集成』の主編者でもある。　　1602

【辞典－現代】

現代中国地名辞典 和泉新編 学習研究社 1981.11 672p 19cm 付(地図1枚)：中華人民共和国地図 5400円
現代中国の主な行政地名、自然地名、鉄道、名勝旧跡などを収録した地名辞典。配列は五十音順。見出し語は地名のかな読みに漢字と拼音ローマ字を付している。拼音のカナ読みから日本語読みの参照もついている。コンパクト版ではあるが、説明は歴史的事項および特産、工業、農林、人口、緯度・経度など詳細にわたる。各省の人口は1980年刊の『中国百科年鑑』によっている。付録も、現代行政区画表・大清一統志・清史稿などとの新旧地名対照表などを収め充実している。巻末に漢字画数順の索引を付す。 *1603*

最新中国地名事典 日外アソシエーツ 1994.5 599p 22cm 監修：張治国 発売：紀伊国屋書店 4-8169-1231-2 7800円
現代中国の主な行政地名、自然地名、鉄道、ダム、名勝旧跡などを5489項目収録したコンパクトな辞典。配列は五十音順。見出し語は地名の漢字にルビを振り、拼音のカナ読み、拼音ローマ字を付している。内蒙古や新疆などのように現地音が優先される地域の地名については、日本語の漢字読みから現地音への参照もついている。説明には1990年代の面積や人口も記され、来日している中国人も編集に加わり、中国の今を伝えるものになっている。巻末に拼音ローマ字索引を付す。 *1604*

精選中国地名辞典 塩英哲編訳 凌雲出版 1983.3 964p 22cm 4-947526-11-4 18500円
中国近代地名辞典の名著劉鈞仁著『中国歴史地名大辞典』を底本とし、『辞海』1979年版によって新地名について補充した中国の網羅的な地名辞典。配列はひらがなの五十音順で、見出し語に、漢字・拼音ローマ字・拼音のカナ読みが付されている。説明は歴史的なことから現代まで詳細に記述され、引用古典の出典も明示されている。付録も年代一覧や現代中国行政区画、主な引用書の解説、主な用語の解説などがあり、充実している。巻末に漢字の画引索引を付す。 *1605*

中国名勝旧跡事典 第1－5巻 中国国家文物事業管理局編 鈴木博訳 村松伸解説 ぺりかん社 1986－1989 5冊 20cm 2600－3760円
『中国名勝詞典』(上海辞書出版社)の全訳版。中国語版1巻本を5巻に分冊している。第1、2は1981年の初版、第3巻以後は1986年刊の第2版から訳出。政府指定全国重点文物保護単位、風景名勝区、歴史文化名城を中心に第2版で4781か所を収録し、第5巻目には全5巻の総項目索引を付している。第1巻の華北から第5巻の西北・西南編まで、直轄市、省、自治区別に各地域の名勝を解説。解説文は、詩歌などを中心にした伝統的な案内表現とともに、文物としての客観的な表現や、建築などについての専門的な記述もあり読みごたえがある。図版や精密な絵も豊富である。 *1606*

✦✦✦ 地図

【書誌】

中国本土地図目録 増補版 布目潮渢, 松田孝一編 東方書店 1987.3 344p 27cm 初版：大阪大学アジア史研究会1976年刊 4-497-87178-9 9800円
20世紀前半に、中華民国や日本が作成した中国大陸の地図(20万分の1－2万分の1の大縮尺)の日本における所在目録。初版として東京大学総合研究資料館所蔵のものが作られ、1982年には国立国会図書館と東洋文庫所蔵の目録が作られた。この増補版では、さらにお茶の水女子大学など5機関も加えて計8機関の所在目録とし、採録数は9185種となった、配列は小縮尺から大縮尺、北から南、東から西、実測図から縮製図とし、中は62項目に分けている。記述項目は、表題、図番、図名、年次、図域、備考、所蔵機関などである。巻末に索引図が付されている。 *1607*

【地図帳】

地図で知る中国・東アジア 中華人民共和国＋モンゴル＋朝鮮民主主義人民共和国＋大韓民国 平凡社 1994.2 237p 22cm (平凡社エリアアトラス) 監修：正井泰夫, 中村和郎 4-582-44302-8 5800円
『世界大地図帳』☞1479 を基にまとめられた中国と東アジアの地域をカバーするハンディな地図帳。収録する国は中国、台湾、マカオ、モンゴル、北朝鮮、韓国。各国図、各国の地域図、主要都市の市街図のほかに、史跡・名勝位置図や各国ごとの解説が載る。地名索引は、漢字音の読みを中心として五十音順に配列したものと、現地音読みのカタカナ表記を五十音順に配列したものがある。 *1608*

中国国勢地図 中国地図出版社編 帝国書院訳 帝国書院 1987.4 135p 27cm 4-8071-2202-9 3800円
現代中国の国勢地図。中国の地図出版社編集の地図の原版にもとづいて作成された。行政区図、人口図、民族図などの主題図や省別地図および主な都市の市街地図を収録する。地図の漢字地名には全部拼音カナ読みのルビがついている。付録として各種統計があり、巻末に拼音カナ読みの地名索引を付す。 *1609*

中国大地図 総振仮名付・主題図・分省図・地方別図・市街図・資料・地名索引　人文社　京文閣(発行者)　1973　284p 43cm 監修：田中啓爾　25000円
現代中国の地図。副書名のとおり、各種地図付き。配列は中国の行政区画順。政府直轄市と省都の市街図あり。中国の地名を正確に把握するために簡体文字を採用し、すべての地名に拼音カナ読みのルビを付す。索引は1地名を日本漢字、中国簡体字、拼音ローマ字、発音、図番号の順に記載し、日本漢字の音引きの五十音順で配列する。資料として各種統計や日中対照歴史年表なども掲載する。　　　　　　　　　　*1610*

中国大陸省別地図 解説付　責任編集・製作：越村衞一〔等〕外交時報社　1971　95p 40cm 創刊75年記念出版　15000円
現代中国の分省地図。縮尺は200万分の1から660万分の1までまちまちで、1省1頁大である。地図の配列は北から南へ、地方別、省別にまとめている。はじめに中国大陸の総観を記し、各地方、各省を概説した後に地図を載せ、地勢（平地、山地、高山地）の表示は親地図の上に薄い紙に印刷しオーバーレイにより示している。最後に少数民族図、交通図および政府組織図を載せ、索引は省別に漢字（簡体文字）の画数順に並べている。　　　　　　　　　　　　　　*1611*

【複製】

近代中国都市地図集成　地図資料編纂会編　柏書房　1986.5　106枚 46×63cm 4-7601-0311-2　95000円
1910年から1940年にかけて作成された、大縮尺の中国主要35都市の市街地図の複製本。原図は、陸軍参謀本部陸地測量部作成図や日本の民間（新聞社、書店など）作成図および中国で作成されたもの。付録として、近代中国都市年表（1839-1941年）と陸地測量部中国関連年表を付す。　　　　　　　　　　　　*1612*

中国大陸五万分の一地図集成　1-〔続刊中〕，索引図　科学書院　1986-　30-47×63cm 発売：霞ケ関出版
陸軍参謀本部陸地測量部が、1926（大正15）-1945年（昭和20）にかけて作成した中国大陸の5万分の1の地図の複製本。第1、2巻は国立国会図書館所蔵地図、第3巻はそれに加えて東洋文庫所蔵地図を含む。第4、5巻は米国議会図書館およびウィスコンシン大学ミルウォーキー校ゴルダ・メイアー図書館アメリカ地理学協会文庫所蔵の地図をも入れている。第6巻には、東京大学地理学教室と京都大学人文科学研究所所蔵の地図も載せており、内外の残存地図を集めて現在も続刊中である。作成当時の原寸大の地図で、1巻に500枚前後の地図を収め、非常に大きく重量もあるものとなっている。索引図は、第1-5巻所収の地図および、『旧満州五万分の一の地図集成』全2巻の総合索引となっている。第1部は各地図集成の省別索引図、第2部は収録図幅一覧、第3部は索引篇である。索引篇は図幅名索引と図幅名欧文表記総索引に分かれている。図幅名索引は、漢字部首画数順、漢字拼音表記順、ウエード式表記順、フランス式表記順、レッシング式表記順の索引よりなる。　　　　　　*1613*

中国大陸二万五千分の一地図集成　1-4，索引図　科学書院　1989-1993　5冊 30-47×63cm 発売：霞ケ関出版　各206000円
陸軍参謀本部陸地測量部が、戦前に測量・製版した中国大陸の2万5千分の1の地図の複製本。各巻ごとに420枚前後の地図を収録。地図の原本は、国立国会図書館、東洋文庫、米国議会図書館、およびウィスコンシン大学ミルウォーキー校ゴルダ・メイアー図書館アメリカ地理学協会文庫所蔵のものである。索引図の構成は、第1部が省別・特別市および地区別索引図、第2部が収録図幅一覧である。巻末に図幅名のウエード式表記索引および漢語拼音表記索引がある。　　*1614*

中国分省地図　一九一八年～一九四四年　凌雲書房　1981.2　93p 37cm 編集：凌雲書房編集部　非売品
敗戦時まで上海にあった、日本の東亜同文書院大学が、学生を中国各地に派遣し、実地踏査させた結果作られた、中国各省の150万分の1の地図の複製版。原図は、東亜同文会編で、ア）1918-1921年刊『支那省別全誌』18巻、および1941-1945年に刊行されたその改訂版、イ）『新修支那省別全誌』9巻におのおの付けられた地図である。元来、ア）から13省分、イ）から7省分の計20省分しか作成されていないが、残る5つの地域、すなわち満州・台湾分は1940年代の、西蔵・青海分は1965年の、内蒙古分は1979年の地図より補充し、1940年代の道路図や鉄道図を加えて参考図として載せている。付録として1945年の鉄路と道路地図および、1972年の行政区画を付している。　　　　　*1615*

旧満州五万分の一地図集成　陸地測量部〔作製〕科学書院　1985.9　3冊（別冊とも）　21-47×63cm 複製
旧満州地域の5万分の1の地図の複製本。第1巻には北方主体の、第2巻には南方主体の5万分の1地形図計754枚が収録されている。原本は、陸軍参謀本部陸地測量部と、関東軍測量隊が1932（昭和7）-1935年（昭和10）年にかけて測量・製版した地図、正式刊行に先立つ略図、および、満州軍軍政部治安部も加わって、1935年から作成販売した新5万分の1地形図61枚であり、国立国会図書館および個人所蔵のものである。別冊付録として、佐藤侊著「旧満州地図作成事業の概観」および漢字画引の地名索引が付いている。なお、本書の本格的な索引は『中国大陸五万分の一地図集成

索引図』☞1613に含まれている。　　　　　　1616

満洲分省地図　地名総覧　国際地学協会編　国書刊行会
　　1980.12　160p　図版22枚　37cm　折り込地図22枚
　　9800円
1942年（昭和17）に満州建国10周年を記念して発行された『満洲帝国分省地圖並地名總攬』の改題複製本。現在の中国東北部の地図が、1940年代に日本人が呼んでいた地名で記入されている。地図の縮尺はまちまちで、1省2頁分の大きさで折り込まれている。各省別に地図のあとに便覧（官公署・学校・会社）、地名索引（頭字画引）が続く。ほかに巻頭に「全国市街名一覧」（省別）、「全国並ニ関東州駅名索引」「華北鉄道駅名一覧」がある。　　　　　　　　　　　　1617

台湾五万分の一地図集成　陸地測量部〔作製〕　学生社
　　1982.1　112枚　47×63cm　複製
陸軍参謀本部陸地測量部が、1895（明治28）－1930年（昭和5）にかけて測量・製版した、台湾の5万分の1の地図の複製本。収録地図は112枚。巻頭に区域一覧図がある。　　　　　　　　　　　　　　　　1618

◆◆東南アジア

【辞典・事典】

事典東南アジア　風土・生態・環境　京都大学東南アジア研究センター編　弘文堂　1997.3　617p　図版10枚　27cm　4-335-05008-9　20600円
東南アジアの社会風土を体系的に解説した事典。地形・気候・土壌などを扱った「生態」、衣・食・住などを扱った「生活環境」、信仰・交易などを扱った「風土を編むもの」、そして「風土とその変貌」と「開発に揺れる風土」の5つの章立てのもとに、キーとなる項目を体系的に配列。各項目は見開き2頁の分量で書かれており、項末に、関連する項目の案内、参考文献を付す。巻頭に総目次と項目の50音順目次、巻末には事項索引、地名索引、人名索引、欧文索引があり、読みたい項目を探しやすくする配慮がされている。
　　　　　　　　　　　　　　　　　　　　1619

東南アジアを知る事典　ベトナム＋カンボジア＋ラオス＋タイ＋ビルマ＋マレーシア＋ブルネイ＋シンガポール＋インドネシア＋フィリピン　平凡社　1986.7　509p　22cm　監修：石井米雄ほか　4-582-12604-9　4800円
ベトナム、インドネシア、フィリピンなど東南アジア10か国の自然・文化・生活様式・歴史などを総合的に理解できるように編まれた地域事典。項目編と地域・国名編の2部構成をとり、項目編は五十音順配列で約900項目を収める。人名、地名にはアルファベット表記を付し、ベトナムなどのそれには漢字表記も加えている。巻末付録に、統計、王朝交代表/略年表、文献案内などがある。五十音順索引を巻末に付す。　1620

【要覧】

東南アジア要覧　1969－　東南アジア調査会編　東南アジア調査会　1969－　25cm
ベトナム、ラオス、カンボジアからインド、アフガニスタンに至る東南アジア18か国の事情を客観的に記述した便覧。東から西へ、地理的順序に各国を配列している。各国については、それぞれ基本的事項（略史、政体、経済など21項目）、前年における内外の動き、および前年1年間の年誌を記載する。各国部分の冒頭には地図がある。巻末にASEANについて、各国と同様の項目を記述している。索引はない。解題は1992年版による。　　　　　　　　　　　　　　　1621

◆◆◆地図

地図で知る東南・南アジア　平凡社　1994.9　237p　22cm　（平凡社エリアアトラス）　監修：高橋彰　4-582-44303-6　6200円
『世界大地図帳』☞1479を基にまとめられた東南アジアと南アジアの地域をカバーするハンディな地図帳。収録する国は、フィリピン、マレーシア、シンガポール、ブルネイ、インドネシア、ベトナム、ラオス、カンボジア、タイ、ミャンマー、バングラデシュ、ブータン、ネパール、インド、スリランカ、モルディブ、パキスタン。各国図や主要都市の市街図のほかに、各種の主題地図や各国ごとの解説が載る。地名索引は和文索引と欧文索引の2種がある。　　　　　　1622

◆◆タイ

タイの事典　石井米雄，吉川利治編　京都　同朋舎出版　1993.3　498p　22cm　（東南アジアを知るシリーズ）　監修：石井米雄　4-8104-0853-1　8500円
タイの風土と人物と歴史に重点をおいた百科事典。項目編に先がけてタイを総合的に概説したガイドラインがある。本体の項目編は、五十音順に配列し、地名・人名などのタイ語についてはローマ字の簡略表記を併記する。見出し重要語句、関連語、見よ項目の案内がつく。資料編として、国歌、行政機構、各種統計、歴史年表、主要文献目録などを収録し、タイ語の固有名詞についてタイ語カタカナ表記項目名とタイ文字対照表を載せる。巻末の索引は、五十音順。　　　1623

◆◆ ミャンマー

ミャンマー情報事典 アジアネットワーク編 ゑゐ文社 1997.2 222p 19cm 発売：星雲社
ミャンマーに関する重要キーワードとキー事項をまとめた事典。五十音順に配列されており、目次により一般事項、歴史、人物、観光・地理、宗教、民族、政治、文化・芸能、経済、食関係に関する各項目をさがし出せる。資料編として、ミャンマー関係・便利ディレクトリーがあり、日本国内の交流・NGO団体、旅行社などを収録する。　　　1624

◆◆ マレーシア

マレーシア百科・200項目 シンガポール・ブルネイ 大槻重之著 大阪 関西電力燃料部 1992.11 214p 21cm 非売品
マレーシアのあらゆる事象を200項目にまとめ1項目1頁の解説を加えたもの。シンガポールとブルネイ・ダルサラームを含む。項目は7の大分類に分かれ、歴史、地誌、社会、政治、経済、生活、文化の順。おのおのの中をさらに中分類してまとめ、数項目を併読すると理解しやすいよう留意している。巻末に五十音順の索引がある。　　　1625

◆◆ インドネシア

インドネシアの事典 土屋健治〔ほか〕編 京都 同朋舎出版 1991.6 600p 22cm （東南アジアを知るシリーズ） 監修：石井米雄 4-8104-0851-5 8500円
東南アジアの島嶼国であるインドネシアについて全般的な事項について解説する事典。構成は、ガイドライン、項目編、資料編、索引からなる。地理、言語・民族、歴史など11の大項目について解説するガイドラインを設けて全体的な理解を得られるようにしている。本体の項目編は日本語表音の五十音順配列で、見よ項目や関連語への案内もある。歴史に関する項目に大きなウエイトを置いた内容である。資料編は国歌、諸統計、行政機構、年表、参考文献、地図などをコンパクトに収録する。索引は、見出し項目、見よ項目、索引語からなり、五十音順配列である。　　　1626

インドネシア百科〔正〕，続 大槻重之著 大阪 関西電力燃料部 1992-1994 2冊 21cm 非売品
インドネシアのあらゆる事象を300項目にまとめ1項目1頁の解説を加えたもの。項目は、9の大分類に分かれ風土、歴史、地誌、社会、政治、経済、宗教、生活、文化の順。おのおのの中をさらに中分類してまとめ、数項目を併読すると理解が進むように体系化している。巻末索引は五十音順。1994年に刊行された続編は、200項目を補完。前者の形式を踏襲して、項目の通し番号も301から開始する。この索引で前者も併せて検索できる。また付録として、東南アジア専科を掲載し、東南アジア全体を概説する。なお、バリ島については『バリ島百科』（1993年刊）がある。　　　1627

◆◆ フィリピン

フィリピンの事典 鈴木静夫，早瀬晋三編 京都 同朋舎出版 1992.4 467p 22cm （東南アジアを知るシリーズ） 監修：石井米雄 4-8104-0852-3 8500円
フィリピンに関する基本的かつ総合的な事項を解説した事典。構成は、地理、歴史など全体像を概観したガイドライン、項目編、資料編からなる。本編である項目編は、日本語の五十音順に配列し、英文を併記。同義語や重要語句への参照がつく。資料編には、国歌、元首一覧、各種統計、略年表などをコンパクトに収録する。巻末に日本語五十音順の索引がある。　　　1628

◆◆ 南アジア

南アジアを知る事典 インド＋スリランカ＋ネパール＋パキスタン＋バングラデシュ＋ブータン＋モルディヴ 平凡社 1992.10 933p 22cm 監修：辛島昇ほか 付（8p）：テーマ別の項目ガイド 4-582-12619-7 7800円
南アジアに関する総合的事典。項目編と地域編からなる。項目編は、五十音順に1650事項を解説。『平凡社大百科事典』☞0224 掲載の関連項目を土台に新規項目約700を加えて改訂増補してある。地域編は南アジアおよび同地域を構成する7か国（インド、スリランカ、ネパール、パキスタン、バングラデシュ、ブータン、モルディヴ）を概観する。巻末に各国資料、年表、文献案内、索引を付す。　　　1629

◆◆ ヒマラヤ

ヒマラヤ名峰事典 薬師義美，雁部貞夫編 藤田弘基写真 平凡社 1996.11 648p 27cm 4-582-13301-0 10300円
ヒマラヤ山系の山々の地理的概要や探検・登山の歴史をまとめた事典。6000m以上の高さの山座500余を収録する。構成はヒマラヤ山系を12の山域に分け、各山域中の山群ごとに山名項目を東から西の順に配列す

る。写真330点が山容をわかりやすく伝える。索引は、地名索引と人名索引の2種がある。　　　　　　*1630*

◆◆◆地名

【索引】

ヒマラヤ地名索引　第5版　金井弘夫著　日本ネパール協会　1988.4　103p　26cm　1000円
既製の各種地図から採集したヒマラヤ地域の地名1万3376件をアルファベット順に配列し、その位置を経緯度で示した索引。東はブータンから西はカシミールまでを対象地域とする。同じ地名に異なった綴りがある場合はそれぞれを採録する。河川、山脈、道路など長大な地物の地名についてはそれぞれの識別記号を付与。経緯度の表記方法は採録した地図の縮尺に応じて、2種類を採用している。　　　　　　　　　*1631*

◆◆◆地図

世界山岳地図集成　学習研究社　1977-1978　2冊　37cm　19000円,21000円
各編ともほぼ同じ構成。まずその地域全体を概観し、各山群の地図、各山群、各山ごとの自然、探険、登山記の記述が続く。地図は現地の地図および各種登山隊の調査資料をもとに描かれたもので、地形がわかるように陰影法を採用している。地名などのほかに主要山頂と標高、その他の測点と標高、尾根線と水線を明示。各章末に参考文献を付す。ヒマラヤ編には、「ヒマラヤ・トレッキングのためのコースガイド」を記載している。なお各編とも探険・登山史年表を付す。巻末の地図地名索引は五十音順。　　　　　　*1632*

◆◆中東・アラブ

【要覧】

中東要覧　中東研究会編　時事通信社　1978.2　2冊　18cm　各1400円
中東地域全体と各国についてコンパクトに解説した要覧。イラン以西のアジア諸国と北アフリカ諸国の20か国を収録。上下巻の2分冊。上巻の冒頭に総説をおき、各国を東から西へ隣接順にとりあげる。記載内容は、現代史概説、政治、軍事、外交、産業・経済、文化の順。関係統計を収載。中東地域の理解のための入門書。　　　　　　　　　　　　　　　　*1633*

年刊全アラブ要覧　1976-1982～1983年版　中外調査会「全アラブ要覧」編集室編　中外調査会　1976-1983　7冊　27cm　協力：アラブ各国駐日大使館　折り込図1枚
アラブ世界とその国々を概観する要覧。3部からなる。序編ではアラブ世界の政情とアラブ世界をめぐる国際動静に焦点をあてて分析する。本編である各国編は国名のアルファベット順に配列され、アラブ連盟がその最後に並ぶ。記載内容は地図・主要都市・地名、自然、略史、人口、住民、政治、経済・産業ほかの10項目。資料編では日本とアラブ各国間の条約・協定・交換公文・共同声明など、OAPEC（アラブ石油輸出国機構）の概要、石油関係統計のほかに日本・アラブ友好団体一覧などの名簿まで、豊富に収録する。索引はない。第7輯にあたる1982-1983年版で終刊。　　　*1634*

◆◆極東

最新ソ連極東総覧　島村史郎〔ほか〕責任編集　エンタプライズ　1987.9　489,13p　27cm　執筆：島村史郎ほか　製作：グラフィックセンター　折り込図1枚　付（1枚）18000円
旧ソビエト連邦時代にまとめられた極東地域についてのはじめての総合的で体系的な解説書。当時、極東地域はソ連の18経済地域のうちの1つで、アムール州、ハバロフスク地方、沿海地方、サハリン州、マガダン州、カムチャッカ州、ヤクート自治共和国からなる。6章で構成されており、総論、行政・経済・社会生活の部門別動向、地誌、中ソ関係、日ソ関係、軍事の各章のもとに記述されるが、本文中の小見出しまで目次に記載があるので便利。各種統計も豊富に収録する。巻末の五十音順索引は、本文の主要な事項や人名、地名を検索できる。情勢の変化した部分はあるが今でも極東について基本的で総合的な情報源である。　*1635*

◆◆◆地図

【複製】

樺太5万分の1地図　陸地測量部〔作製〕　国書刊行会　1983.12　129枚　47×63cm　複製　35000円
陸軍参謀本部陸地測量部が、1928（昭和3）-1941年（昭和16）にかけて測量・製版した、旧日本領樺太の5万分の1の地図の複製本で、129枚を収録している。一部地域については、明治時代に測量作成したものを充当している。地図の原本は、国立国会図書館所蔵のものである。　　　　　　　　　　　　　　*1636*

◆ヨーロッパ

【要覧】

最新ヨーロッパ各国要覧 東京書籍 1993.10 278p 26cm 監修：外務省欧亜局 4-487-79016-6 2600円
激動するヨーロッパ52か国と欧州共同体について、解説と資料（データ）で概観し、併せて日本との関係についても記述したもの。52か国の中には、旧ソ連のうちヨーロッパの範囲には入らないカザフスタンなどの諸国とキプロスを含む。配列は、西から東、北から南の順で、巻頭に国名の索引がある。各国とも地図、国旗に始まり地理、歴史、政治、外交、軍事、経済、日本との関係を概説し、最後に見開き2頁を使って、各種データをコンパクトにまとめている。データは1990-1992年現在。 *1637*

◆◆地図

地図で知るヨーロッパ 平凡社 1996.6 353p 22cm （平凡社エリアアトラス） 監修：高橋伸夫 4-582-44304-4 8000円
『世界大地図帳』☞*1479* を基に編集されたヨーロッパ地域だけを対象とした小型の地図帳。地図は、北から南、西から東の各国順に、国の全体地図、主要部、首都の市街図を収録し、国の概要と都市の解説が添えられている。各国図のあとにヨーロッパ全体の歴史地図、言語地図、民族・宗教地図などが載る。地名索引は、1冊の半分を占める分量があり、和文索引（和文表記の五十音順）と欧文索引（欧文表記のアルファベット順）からなる。いずれも、国名と本文地図上の位置がわかる。 *1638*

◆◆イギリス

【辞典】

英国を知る辞典 Adrian Room〔著〕 渡辺時夫監訳 研究社出版 1988.8 549p 20cm 『Dictionary of Britain』の翻訳 4-327-46111-3 3600円
英国人の生活や制度・慣習について、教育、金融・財政、歴史、労働、飲食物などあらゆる分野の事項を取りあげ解説した辞典。見出し語（英語）のアルファベット順に配列され、発音記号、日本語訳のあとに簡単な解説がつく。原書はイギリスのOxford University Press社から1986年に刊行されたもので、通常の英和辞典や和英辞典では扱っていない事項をよく収録している。巻末の、広範なクロス・レファレンスとテーマ別のWord List（英和対照表）も英国人の日常生活を有機的、立体的に理解するのに役立つ。 *1639*

◆◆◆地名

【辞典―歴史】

イギリス歴史地名辞典 歴史地名篇，古地名検索篇 A.D.ミルズ著 中林瑞松〔ほか〕訳 東洋書林 1996 2冊 24cm 発売：原書房 『A dictionary of English place-names』の翻訳 25750円,20600円
イギリス本土（島部を含む）の地名約1万2000件について、その意味や起源を解説した辞典。政府陸地測量部やドライブ協会発行の地図に記載のある周知の地名（州、地域、河川、海岸線にある地形および市町村名など）を網羅する。地名のアルファベット順に配列され、カナによる日本語表記、所属する州名、古文献に出てくる初期の綴りとその年代に続けて、その地名の原義を記載する。原書は1991年にイギリスで出版されたもの。巻末に和名索引がある。また、地名によく現れる用語の解説もつく。なお、同時に刊行された「古地名検索篇」は本編である「歴史地名篇」の各項目の解説文中に出てくる、古文献に記された地名の綴りを見出し項目としてアルファベット順に配列したもの。その地名の綴りの記された文献の年代、所属する州名の記載があり、現代の綴りへ導く。 *1640*

◆◆ドイツ

【要覧】

ドイツハンドブック 早川東三〔ほか〕編 三省堂 1984.6 720p 19cm 4-385-34248-2 3200円
ドイツの全般について体系的に解説したハンドブック。構成は、地理、言語、歴史から生活、観光までの12項目からなる。1984年の時点でまとめられたもので、第2次世界大戦後は、「ドイツ連邦共和国」（西ドイツ）と「ドイツ民主共和国」（東ドイツ）の両方を対象とする。付録としてドイツ史年表、王朝系図、東西ドイツの憲法がつく。索引は、和文の五十音順。 *1641*

◆◆フランス

事典現代のフランス 増補版 新倉俊一〔ほか〕編 大修館書店 1997.7 750,258p 22cm 4-469-05175-6 10000円

現代フランスの政治・経済・文化・社会を理解するうえで必須の重要項目を体系的に配列し解説した事典。本文では「1．領土」に始まり「41．国際関係」まで各分野にわたる必要最小限の知識・情報を具体的な資料を添えて提示する。付録として「人および市民の権利の宣言」全文、第5共和国憲法典の条文、歴代元首・内閣首班、王家系譜などを収録。索引は日本語索引とフランス語索引の2種が付き便利である。なお、この増補版は、1985年刊の改訂新版の内容をそのまま掲載した部分と、今回増補した部分の2本立てで成立しており、おのおのが先述した構成をとっているため、索引も2度びきする必要がある。また、おのおのの索引部分の後に、最新情報追補の頁があるがキュムレイトされていないので見落さないよう気を付けたい。
1642

読む事典フランス 菅野昭正〔ほか〕編 三省堂 1990.9 703p 22cm 執筆：荒川幾男ほか 4-385-34271-7 4500円
フランスに関する重要な事項について体系的に解説した百科事典。3部からなり、第1部は地理・歴史、第2部は政治・経済・社会など、第3部は文化全般を取りあげる。図版を多く収録。巻末に、人名、地名、書名、作品名および事項名を五十音順に配列した索引がある。
1643

◆◆スペイン・ポルトガル

スペイン・ポルトガルを知る事典 平凡社 1992.5 472p 22cm 監修：池上岑夫ほか 4-582-12618-9 4800円
イベリア地域の歴史、社会、風俗などに関する人名、地名、事項約900項目を五十音順配列で解説する。本体にあたる「項目編」のほか、両国の歴史や現状、日本との関係を概観した「国名編」、イベリア史略年表、文献案内からなる「資料編」の3部構成。巻末に、五十音順索引を付す。『平凡社大百科事典』*0224* のスペイン、ポルトガルに関する項目を土台にしながら、あらたに200余項目を追加し、大幅な増補改訂を行った。
1644

スペインを読む事典 中丸明著 JICC出版局 1992.1 386p 21cm 4-7966-0254-2 2200円
スペイン文化を理解するためのキーワードをAからZまでの項目に分けて読み物風に解説した事典。配列はスペイン語のアルファベット順で、各項目の記述に半頁から1頁を充て、必要に応じて別項目への案内や入門書の文献紹介がつく。巻末の索引は、項目の日本語訳を五十音順に配列したもので、収録項目を把握するために事前にざっと目を通すと良い。
1645

◆◆東ヨーロッパ

東欧を知る事典 平凡社 1993.12 843p 22cm 監修：伊東孝之ほか 4-582-12620-0 7800円
東欧世界について総合的に事項を選び出して解説した事典。ヨーロッパの旧社会主義圏の14の諸国を直接の対象としているが、周辺のオーストリアやギリシアについても関係する側面に限って取りあげる。構成は、項目編、地域・国名編、資料編、索引からなる。本体の項目編は、五十音順に配列され、見出し語の欧文が付く。参照すべき項目や、を見よ項目も示される。地域・国名編では、東欧全体を概観した後、各国ごとに歴史から政治・経済の変革の様相、芸術・文化を記述する。資料編として、主要統計、年表、日本で刊行された文献案内が続く。巻末に五十音順の索引がある。
1646

【名簿】

スラブ・東欧研究者名簿 第5版 松田潤編 〔札幌〕 北海道大学スラブ研究センター 1997.2 208p 21cm
日本における旧ソ連・東欧地域に関する研究者の名簿。1362名を50音順に配列し、氏名、ふりがな、生年、自宅住所、所属住所、専門分野を記載する。版を重ねて、この第5版では、電子メールのアドレスやURLを記載項目に加えた。初版は1972年刊の『わが国におけるソ連・東欧研究の動向』で、1977年に改題して、改訂版『ソ連・東欧研究者名簿』となる。1994年の第4版刊行時に現在の書名に改題した。
1647

◆◆ロシア・ソ連

ロシア・ソ連を知る事典 平凡社 1989.8 804p 22cm 監修：川端香男里ほか 4-582-12613-8 5974円
ペレストロイカ進行中の時点で編纂された、ロシア・ソ連に関する総合的な事典。ヨーロッパから極東に至る広大な自然と国土を擁し、世界第一の多民族国家であったソ連について、各民族の生活様式や文化状況、その政治・経済・社会の枠組みを照らし出すよう意図した。また、日露、日ソ関係を重視したとある。本編である項目編は、五十音順配列。本編に続いて、「ソビエト連邦概観」として、自然・住民・歴史、日露・日ソ関係、日ソ貿易などを記述する。1989年7月までの年表、日本語の単行書を中心に作成された文献案内が付く。巻末に、五十音順の索引がある。
1648

◆◆アイスランド

◆◆◆地名

アイスランド地名小辞典 浅井辰郎，森田貞雄著 浅井辰郎 1980.3 85p 22cm 発売：帝国書院 2500円
独特の発音のため誤って発音しやすいアイスランドの地名の正しい読み方を紹介するために編まれた地名辞典。1972年にアイスランド観光協会が刊行した75万分の1地図の全地名とアイスランド全気象観測点の計2373地点を収録。地名の配列はアイスランド語のアルファベット順で、原綴、カナ表記、原綴の直訳、西経・北緯度、地名のついている対象地の機能を記載する。付録としてカナ表記大判地図（60万分の1の縮尺）がつく。　　　　　　　　　　　　　　　1649

◆◆ブルガリア

【要覧】

ブルガリア要覧〔正〕，続 日本ブルガリア経済委員会編 日本ブルガリア経済委員会 1974－1978 2冊 18cm
ブルガリアの国の概要とその経済事情についてまとめられた要覧。2部構成をとり、白色の頁は記述篇で3章からなり、1章は「ブルガリア人民共和国とは」、2章は「経済制度と経済発展」、3章は「外国貿易」。裏表紙から始まるグリーンの頁は便覧篇で、憲法や各種協定の日本語訳や統計を収録する。〔正編〕はブルガリアの第六次五か年計画の年度途中に編まれたもの。1978年刊の続編は第七次五か年計画に入ったところで編集され、同じく2部構成をとるが、経済、貿易、農工業に重点を置いた記述となっている。　　1650

◆アフリカ

アフリカを知る事典 平凡社 1989.2 527p 22cm 監修：伊谷純一郎ほか 4-582-12611-1 5500円
アフリカに関する基礎的な知識を得る事典。動植物から生活と文化、歴史、現代の政治経済、日本との関係など約530項目を五十音順配列で解説。サハラ以南のブラック・アフリカを中心とし、北アフリカ諸国に関しては国名項目にとどめている。地域編としてアフリカ全体について概観し、資料編として各国便覧、アフリカ略年表、文献案内を収める。巻末に事項索引がある。なお、第3刷（1990年刊）では、世界情勢の変化に対応し国名項目を中心に追加・訂正がある。　1651

【要覧】

アフリカ便覧 サハラ以南の国々〔平成5年版〕 外務省中近東アフリカ局アフリカ第一課・アフリカ第二課 1993.9 132p 26cm
サハラ以南のアフリカ（エジプト、リビア、アルジェリア、モロッコ、スーダン、チュニジアを除いた地域）の国々の基本的な知識・情報をコンパクトにまとめた便覧。3部からなり、第1部はアフリカ概観、第2部は国別概観、第3部はわが国とアフリカの関係概要で、各種統計や在外公館の調査・報告に基づく内容。本編である第2部国別概観は、国名の五十音順に配列され、各国とも見開き2頁を使って、地理・人口、気候、政治、経済、わが国との関係など16項目を一覧表形式で記載する。索引はない。初版は、1972年。昭和55年版から副書名として「サハラ以南の国々」が付く。
　　　　　　　　　　　　　　　　　　1652

◆南北アメリカ

◆◆アメリカ

【辞典・事典】

アメリカ・ウェスタン辞典 大島良行編著 研究社出版 1981.8 353p 18cm 背の書名：『The Kenkyusha dictionary of the American old West』 2300円
19世紀後半のアメリカ「西部」を知るため、歴史的な事件、人物、地名、事項や民話の主人公、当時の用語などから項目を集めて解説した英和辞典。「西部」をミシシッピ川以西の地域ととらえている。アルファベット順に配列され解説中のアスタリスクの印のある語をたどって読み進むとより理解が得られる。巻頭に「西部」に関する概説と略年表、巻末に開拓者や原住民の治療法の例、開拓時代の料理の例、「西部」の動物や民謡、有名西部劇映画一覧がある。　　1653

アメリカを知る事典 平凡社 1986.8 625p 22cm 監修：斎藤眞ほか 4-582-12605-7 4000円
現代のアメリカ合衆国を総合的に理解するために、歴史的背景の解明を重視しながら、政治・経済・文化・生活様式から約1500項目を採録して解説した事典。見出し語は五十音順に配列し、英文を併記する。巻末に

歴史――地理、地誌、紀行

日本語訳の独立宣言、歴代大統領などの一覧、主要作家・作品年表を付す。索引は和文索引と欧文索引の2種がある。　　　　　　　　　　　　　　　　*1654*

アメリカ州別文化事典　清水克祐著　名著普及会　1986.9
　992p 27cm　4-89551-213-4　19000円
アメリカ合衆国の文化を知るために、50州とワシントンD.C.の51地域について、その土地柄、人柄、慣習・事物など広範囲の項目を収録し解説した事典。構成は、冒頭に「合衆国」を据え、そのあとを共通性のある8つの地方でまとめ、そのなかは州名のアルファベット順に配列する。地名や人名のニックネーム、事物の名の起こりとなった人名を含む語をよくひろったとあり、文学のなかのアメリカ風景なども紹介される。また図版も豊富であり、政府機構図、宗教団体の一覧表、在日米国諸機関、日米姉妹都市など便利なリストが付く。再版時に、「日米文化交渉史　1803-1970」が巻末に追加された。　　　　　　　　　　*1655*

アメリカ地名語源辞典　木村正史編著　東京堂出版
　1994.7　298p 20cm　4-490-10367-0　2900円
アメリカ合衆国の50の州と385の主要都市について、その名の由来や語源とともに歴史的背景を解説した辞典。配列は州名の五十音順。その中の構成は州名の由来と原義、州の歴史的概観やニックネーム、モットーを記述した前半部と、主要都市名の語源を中心に歴史的、文化的背景を扱った後半部よりなる。巻末に五十音順の地名索引がある。　　　　　　　　　　　　　*1656*

アメリカハンディ辞典　大下尚一〔ほか〕編　有斐閣
　1989.11　258p 19cm　4-641-00256-8　1500円
アメリカ合衆国の文化と社会を知るための基本的項目を簡潔に解説した、日本語で引ける辞典。宗教、大衆文化、教育・文化施設、スポーツ、地理、民族集団などのほか、外交、政治の領域も重視。日本語訳表記の項目の五十音順配列で、英語を併記する。長くても300字、半数以上が100字の解説文だが、指示項目や関連項目の案内がていねい。巻末に各項目の英語の原語をひろった索引がある。学生向き。　　　　　　*1657*

スーパートリビア事典　アメリカ大衆文化を知るための雑学情報百科　フレッド・L.ワース著　渡辺洋一，リチャード・B.マート監訳　研究社出版　1988.3　1025p 19cm　『The complete unabridged super trivia encyclopedia』の翻訳　4-327-46108-3　3800円
アメリカ大衆文化を知るための事典。「トリビア」とはささいなことの意。小説、漫画、映画、テレビ、ラジオの登場人物から伝説や歴史上の人物、広告の内容まで幅広く項目をひろう。原書は1977年刊。翻訳にあたっては、原書の項目を削らず、日本人読者にわかる

ように補足説明を加えている。必要に応じて原綴を併記したり、映画、テレビ、小説などの説明には未公開、未放送、未翻訳などの情報を調査して盛り込むなど手を入れている。見出し語は英語で日本語訳表記の併記がある。数字、略号、語句の順のアルファベット順。英語索引がつく。　　　　　　　　　　　　　　　*1658*

【要覧】

アラスカ総覧　1989　アラスカ会編　アラスカ会　1989.9
　238,48p 図版14枚 26cm　アラスカ会創立25周年記念
アラスカに関する総合的なデータブック。概観にひき続いて、12部の項目（地理・自然、気候・環境、歴史、民族と伝承文化、政治、財政、経済、産業の現状、社会、文化と教育、科学技術、観光）に分けて解説する。付録として、アラスカ史年表、政治・経済・文化・観光関係の名簿や統計がある。また、アラスカ関連出版物の紹介が詳しい。索引はない。1984年刊の初版をほとんど書き直し、53葉の写真が添えられたもの。　　　　　　　　　　　　　　　　　　　　　*1659*

◆◆ ラテン・アメリカ

【辞典・事典】

ラテン・アメリカを知る事典　平凡社　1987.7　543p 22cm
　監修：大貫良夫ほか　4-582-12609-X　5500円
ラテン・アメリカに関する事柄を総合的に解説した事典。自然、文化、人々の生活、歴史、政治、経済、社会などと30余の国名をふくめた1100項目を五十音順に配列して解説している項目編が主体の構成。後半にラテン・アメリカ全体について概説した地域編がある。巻末に日本語文献を中心とした詳しいテーマ別文献案内、および項目を五十音順に配列した索引がある。別刷りに各項目をテーマ別にならべた項目ガイドがある。『世界大百科事典』☞*0218*の項目体系と枠組みをもとに作成されている。　　　　　　　　　*1660*

ラテン・アメリカ事典　1961年版-　ラテン・アメリカ協会　1961-　22cm
ラテン・アメリカ諸国および地域の諸般の分野にわたる情報・資料を集めた事典。総論編、各国編、資料編からなり、総論編はラテン・アメリカ地域全体の概要を記し、各国編は総論編の内容を33の独立国とそのほかの13の地域別に掘り下げて解説、資料編は各専門機関、対日関係資料、国境紛争、歴史年表、各国編追補などを記す。総論編の解説文中に参考文献あり。各国編は国名の英文アルファベット順配列。約130万人にのぼる日系人、移住者の住む地域でもあり、日本との

交流についての記述も充実している。外務省欧米局が刊行した同名の1955年度版のあとを継ぐ資料として1961年版が刊行され、以降数年ごとに改訂出版されている。解題は1996年版による。
1661

◆オセアニア

【辞典・事典】

オセアニアを知る事典 平凡社 1990.8 360p 22cm 監修：石川栄吉ほか 付（1枚）：テーマ別の項目ガイド 4-582-12617-0 4800円

オセアニアの自然、人々の生活と文化、歴史、政治・経済、民族・言語、文学、日本との関係などの基礎的な知識を総合的に解説した事典。項目数800、図版約100点。各項目を五十音順に配列した項目編を主体として構成。巻末には、各国の基本データを一覧表にした各国便覧、歴史略年表、文献案内からなる資料編、および五十音順索引がある。同社出版の『世界大百科事典』☞0218のオセアニアに関する成果をベースとし、項目選定、追加している。
1662

太平洋諸島百科事典 太平洋学会編 原書房 1989.6 688p 図版18枚 25cm 4-562-02036-9 22000円

太平洋諸島に関する項目を五十音順に配列した百科事典。地理的範囲はポリネシア、メラネシア、ミクロネシアおよび小笠原諸島である。ニュージーランドについては、マオリに関連する主要事項のみ採録。巻頭に太平洋地域の地図と国および領域の旗をカラー図で表示。本文中に項目に関するカラー写真が数枚あり。参考文献のあるものは、各項目の解説文末に記す。巻末にマゼランが初横断した1521年以降の太平洋諸島年表と、五十音順の人名・地名・そのほかの事項索引、英文アルファベット順索引がある。なお、同年8月の第2刷時に数項目を追加して校正もれを正し、年表を補った。
1663

【要覧】

オセアニア総覧 拓殖大学創立80周年記念出版 越村衛一著 拓殖大学海外事情研究所編 拓殖大学海外事情研究所 1980.6 431p 27cm 発売：紀伊国屋書店 折り込図5枚 8800円

オセアニア全域にわたる実態の解明に主眼をおいた総覧。3章からなり、1章はミクロネシア、ポリネシア、メラネシアの水域に広がる国と地域について、2章はパプア・ニューギニア、ニュージーランド、オーストラリアの3国について、それぞれ現況、略史、産業、付属諸島の様子などを統計、図表、地図をまじえながら解説。3章は2章で紹介している3国の折り込み地図の地図索引とヨーロッパ人来航（1511年）以降の年表で構成。巻末に参考文献あり。本書はヨーロッパ人によるいわゆる"発見"後の内容が主になっている。
1664

社会科学

社会科学一般

【書誌・蔵書目録】

法政・経済・社会論文総覧 〔正〕，追篇　天野敬太郎編　刀江書院　1927-1928　2冊　19cm
法律・政治・経済・社会に関する専門雑誌の論文を収録した記事索引。正篇・追篇の2冊からなり、正篇は約100誌の創刊から1926年6月までを、追篇は新たに数十誌を追加しその創刊号からの論文と1926年7月から1927年末までの追加分と、記念論文集、講座類を補足している。配列は件名の五十音順。両篇の巻末に外国人名索引、追篇に両篇の日本人名の五十音順執筆者索引がある。『経済法律文献目録』☞1666 とともに、明治、大正、昭和初期の文献調査のための重要資料の1つである。　1665

経済法律文献目録　第1，2輯　神戸商業大学商業研究所編　大阪　大阪宝文館　1927-1931　2冊　23cm　第1輯には神戸高等商業学校商業研究所編とあり
1916年から1930年の間に国内で刊行された、社会科学に関する図書、雑誌論文、パンフレット、統計書を収録した書誌。2冊からなり、第1輯は1925年までを、第2輯は1926年以降に発表された文献を収録。配列は独自の分類で、その中は一般から特殊および年代順である。第1輯と第2輯では分類が異なる。また第1輯には新聞記事が収録されているが、第2輯にはない。各巻末には、人名を含む事項索引が、巻頭には「引用雑誌年号一覧」がある。大正、昭和期の文献を収録した定評のある書誌である。　1666

社会科学論文総覧　日本図書センター　1984.7　6冊　22cm　『法政・経済・社会論文総覧』の改題　第1-2巻の編者：天野敬太郎　第3-6巻の編者：神戸大学経済経営学会国民経済雑誌編集委員会　複製　全156000円
『法政・経済・社会論文総覧』☞1665 の複製に加え、1928年から1947年までに、『国民経済雑誌』に掲載された文献目録（最近の経済学界）の複製を収録した社会科学分野の雑誌記事索引。1928年以降のものは、図書、報告書を含んでいる。6巻からなり、1-2巻が前者の複製、3-6巻は後者の複製を年代順に収録している。そのため1-2巻と3巻以降の構成が異なっているので注意が必要。3巻以降は年代ごとの主題配列になっており巻頭に主題別目次を付す。2巻末に前者複製分の索引に加え、3巻以降の著者（団体、外国人名を含む）索引がある。国会図書館の雑誌記事索引以前の社会科学分野の雑誌記事索引として使うことができる。　1667

社会科学文献解説　大阪市立大学経済研究所編　文生書院　1984.2　5冊　22cm　（経済学文献集目　第4輯）　複製　全70000円
戦後1945年から1952年6月までの間に国内で刊行され、大阪市立大学経済研究所に収蔵された経済を中心とする社会科学関係の書誌10巻の複製。各巻は2部構成で、1部は解説、2部が文献目録になっている。解説は執筆担当者が戦後混乱期の資料入手の困難を補うよう自由に文献の解題を行っている。文献目録の配列は独自分類で、各項目の中は著者名の五十音順。索引はない。1955年度分は『経済学文献解題1955』として刊行され、現在は『経済学文献季報』により継承されている。文献目録は1955年7月から1993年5月まで『経済評論』（日本評論新社）巻末に「経済学文献月報」として連載され、1993年6月からは『季刊経済研究』（大阪市立大学経済研究会）に「経済学文献四季報」として連載されている。　1668

社会科学系研究者著作目録の索引　経済・経営・法学編　1965年-1978年3月　京都　竜谷大学社会科学研究所　1978.3　54p　26cm
1965年から1978年3月現在までに、国内で刊行された雑誌・図書に掲載された経済、経営、法学関係の研究者の著作目録を収録した索引。配列は研究者のアルファベット順。1965年以前のものについては、『本邦著述家著作目録索引稿』を参照すると良い。　1669

社会科学関係書誌の書誌　国立国会図書館所蔵　国立国会図書館一般参考課国連官庁資料室　1981　132p　26cm
国立国会図書館が1970年から1983年の間に受入れた、外国で刊行された社会科学関係の文献目録（一部、国内刊行の欧文目録を含む）を収録した書誌。主題別に配列し、その中は主記入のアルファベット順。索引はない。　1670

マックス・ウェーバー文献目録　馬場明男，斎藤正二，佐久間淳編　エルガ　1966　149p　22cm　1200円
マックス・ウェーバー（Max Weber）の著作と欧文、邦文の研究文献を年代順に配列した書誌。邦文文献は

1906年（明治39）から1964年までを収録する。巻末に欧文・邦文の著者索引を付す。類書の『日本マックス・ヴェーバー書誌』☞1672 第2版（天野敬太郎編、新泉社、1972）は1968年までの文献を分類体系順に配列しており、補完して利用することができる。　　1671

日本マックス・ヴェーバー書誌 Max Weber 1864-1920
　第2版　天野敬太郎編　新泉社　1972　162p 21cm
1970年までにわが国で発表されたマックス・ウェーバーの著作の翻刻と邦訳および関係文献1736点を収録した書誌。総記、方法論、社会学、法学、政治学、経済学に分類配列。1968年12月末までを本編に1969年1月から1970年12月末まで発表の文献を追補に掲載。収録文献はひろく事典類の項目や書評新聞の掲載記事にまでおよぶ。論文集などは内容分出がなされている。主要な文献にはその内容目次を転載。巻末に原書名索引、筆者索引があり、明治大正期の文献には年月順索引を付す。初版は『マックス・ヴェーバーの思想像』（安藤英治ほか編、新泉社、1969）の別冊付録として刊行。
　　　　　　　　　　　　　　　　　　　　　　1672

東京大学社会科学研究所所蔵マイクロ資料目録(稿) 露文篇　東京大学社会科学研究所図書室マイクロ班編　東京大学社会科学研究所　1984　87p 30cm
東京大学社会科学研究所図書室が1983年12月31日現在所蔵するマイクロ資料（マイクロフィルム・マイクロフィッシュ）のうち露文資料だけを収録した目録。目録カードをコピーして作成したもので、本体は書名の露文アルファベット順に配列している。巻末に著者索引あり。　　　　　　　　　　　　　　　　　1673

【辞典・事典・便覧】

社会科学大辞典　社会思想社編　改造社　1930　1326p 27cm
戦前の社会運動、社会思想、社会問題に関連する事項を中心に、131名の専門家が執筆解説した事典。配列は項目の五十音順で、各項目末に参考文献、執筆者名を付す。巻頭に総目次、巻末には詳細な和文、欧文索引がある。当時刊行された中で最大の歴史的意義のある事典。　　　　　　　　　　　　　　　　　　1674

社会科学大事典　第1-20　社会科学大事典編集委員会編　鹿島研究所出版会　1968-1971　20冊 27cm 各3500円
社会科学および関連する事項については、人文・自然科学の領域も収録した大事典。特に日本とアジアの歴史と現状に関する項目に重点がおかれている。項目は大項目、中項目を含む五十音順配列。第20巻は和文事項、欧文事項、和文人名、欧文人名索引からなる。参考文献はない。　　　　　　　　　　　　　　　1675

社会科学小辞典　古賀英三郎，山中隆次編集　春秋社　1980.4　423p 20cm　監修：高島善哉　2500円
『社会科学基本用語辞典』（春秋社、1962）を全面改訂し、2000項目を収録したコンパクトな辞典。配列は項目の五十音順。巻末に「社会科学および社会思想史年表」と和文事項、和文人名索引を付す。　　1676

新編社会科学辞典　社会科学辞典編集委員会編　新日本出版社　1989.2　509p 20cm　4-406-01700-3　2800円
1967年刊行の増補改訂版。約2000項目を収録し五十音順に配列したコンパクトな専門辞典。巻末に英文略称を含む事項索引がある。　　　　　　　　1677

社会科学総合辞典　社会科学辞典編集委員会編　新日本出版社　1992.7　810p 27cm　付(15p 22cm)：外国の主な共産党・労働者党，戦線　付(地図1枚・図1枚ホルダー入)：世界全図　4-406-02095-0　10000円
社会科学を学習研究するために基本的な用語、概念、事項、事象約3000項目を選択し、総合的に関連させて解説している事典。配列は項目の五十音順で、解説中の語・句が、辞典に項目であることを＊印を付与して示す。巻末に五十音順の事項索引、人名索引を付す。
　　　　　　　　　　　　　　　　　　　　　　1678

中国政経用語辞典　愛知大学国際問題研究所編　大修館書店　1990.9　604p 22cm　4-469-01231-9　5800円
現代中国の政治、法律、経済を中心に約3200項目の用語を解説した辞典。最新の状況を把握できるよう1990年5月までの事件を収録している。内容的には政治と法律に重点がおかれ、経済の技術用語は収録していない。配列は中国語の拼音の音順。巻末に字画索引と日中索引（五十音順）がある。　　　　1679

日本の助成型財団要覧　1985年版　公益法人協会　1985.6　484p 26cm
助成・表彰・奨学事業を主目的とした財団法人、社会福祉法人、公益信託の全体像を把握するために1984年に実施された調査報告書。解説編と名簿編からなる。名簿編には約270団体の1983年時点の事業実践が記されている。巻末に「事業分野別索引」「事業形態別索引」がある。　　　　　　　　　　　　　　　1680

◆政治・経済・社会・文化事情

【書誌】

世界の日本人観・総解説　改訂新版　筑紫哲也編・著　自

由国民社 1990.9 351p 21cm 4-426-65003-8 1800円
世界各国の日本観・日本人観に関する著作116編を収録した解題書誌。「世界の日本人観はこう変わってきた」「日本と日本人はこうみられている」「日本の国家と政治はこうみられている」「日本の経済はこうみられている」の4章からなる。著作ごとに大要と解題を付す。『世界の日本人観・日本学総解説』(1979年刊)の改題にあたる。　　　　　　　　　　　1681

朝鮮人の日本人観・総解説 誰でも知りたい 自由国民社 1986.2 245p 21cm 監修：琴秉洞, 高柳俊男 4-426-50023-0 1700円
朝鮮人による日本語の著作の中から、70点の日本観・日本人観論を選び、概要と解題をまとめたもの。朝鮮併合後の植民地時代、解放後（戦後）、足利期から朝鮮併合までの3部に分かれる。　　　　　　1682

発展途上地域日本語文献目録 1980－1993 アジア経済研究所編 アジア経済研究所 1981－1995 14冊 26cm
アジア、アフリカ、ラテンアメリカ、オセアニアの地域、国の社会、政治、経済、法律について日本語で書かれた図書、雑誌記事を収録。資料の配列は、地域別、国別、主題別で、アジア経済研究所所蔵の資料については請求記号が付されている。1980年－1982年版以外は巻末に著者索引がある。1996年以降のデータはインターネット上で無料で公開されている。　1683

ラテンアメリカ地域日本語文献目録 1975－1985年 吉田ルミ子編 アジア経済研究所 1986.10 160p 26cm
1975年から1985年までにわが国において日本語で発表されたラテンアメリカの経済、政治、社会、法律などに関する図書、雑誌論文など4430点を収録した書誌。地域別・国別に配列し、その中は著者名のアルファベット順配列。索引はない。　　　　　　1684

【年表・年鑑】

総合アメリカ年表 文化・政治・経済 亀井俊介, 平野孝編 南雲堂 1971 245p 図 20cm 付録(別冊)：アメリカ文化地図 850円
米国文化に関する解説、研究を収録した『講座アメリカの文化』全6冊の別巻で、986年から1970年までを収録している年表。「文化」「政治・経済」および簡略な「世界」の3欄構成。文化欄には出版物、新聞雑誌の創廃刊や、著名文化人の死亡などを含んでいる。索引はない。　　　　　　　　　　　　　1685

アジア動向年報 1970年版－ アジア経済研究所 1970－ 年刊 22－27cm
ロシア極東地域と中央アジアを含むアジア諸国について、政治・経済・対外関係などの動向をまとめた年鑑。主要な動きをまとめた「主要トピックス」と「各国・地域の動向」からなる。国ごとの解説には地図・基礎データ・重要日誌・機構図・統計を含む。1982年版から1987年版までは『アジア・中東動向年報』の書名で刊行されている。また、1995年版より判型を小型化している。解題は1996年版による。　　　1686

【事典・便覧】

日本の戦後まるごとデータ博物館 Since 1945 戦後データ編纂プロジェクト編 日本文芸社 1995.8 229p 21cm 監修：日下公人 4-537-02474-7 1300円
日本と日本人に関する政治・経済・社会・生活など各分野の戦後50年間の推移をまとめたデータ集。表とグラフでビジュアルにまとめている。各項目ごとに50年間の推移を概観したコメントを付す。　　1687

全アジア情報ファイル 経済・文化交流のための総合事典 30カ国・地域を縦横無尽！ 大薗友和著 かんき出版 1996.2 510p 19cm 4-7612-5551-X 2500円
アジアを理解するためのキーワード100語、重要人物200人、ビッグプロジェクト50件、巨大30財閥の企業系列、各国基礎データと現代史、文化事情、関係機関、関連資料100点について8章に分けて解説・紹介。巻末に総索引として、アルファベットの略語の索引と五十音順の事項索引あり。　　　　　　　　1688

◆◆韓国・中国・台湾

韓国大鑑「韓国大鑑」編さん委員会編著 日韓交流文化促進連盟 1984.10 653p 31cm 日韓国交正常化20周年記念 38000円
日韓交流文化促進連盟刊行の日本語の韓国紹介書。「歴史」「課題」「現勢」「法規」の4篇と会社録、人名録、主要機関要覧、参考文献を収めた付録からなる。
　　　　　　　　　　　　　　　　　　　1689

韓国生活事典 海外での暮らし方が一目でわかる 1987－1988年度 白馬出版 1987.5 287p 21cm 4-8266-0152-2 1600円
韓国で生活する日本人のためのガイドブック。生活に必要な情報を入国手続、お金、交通、住宅、通信、日常生活、行事、交際、教育、食生活などに分けて簡略に解説している。写真、図表を多数含むわかりやすいレイアウトである。　　　　　　　　　　　1690

中華人民共和国・全資料「中華人民共和国・全資料」編

纂委員会編纂　日中親善促進協会　1986.4　549p　31cm　35000円

中華人民共和国の紹介書。「国土」「政治」「経済」「歴史」「文化」「人物」「観光」「資料」の全8篇からなる。国土篇は、各省区別地図を、資料篇は、統計、主要機関名簿、法令、年表、参考文献を含む。
1691

中国百科　小島晋治〔ほか〕編　大修館書店　1986.9　340p　19cm　執筆：阿辺淳ほか　4-469-23041-3　2400円

中国を理解するためのハンドブック。国土と自然、歴史、国家、地方、経済、生活、文化、旅行と留学の8章に分け、コンパクトに解説。図版を多く含む。付録として、文献案内、ことわざ、なぞなぞなど。『中国年鑑』1985年版の別冊として編纂・刊行されたものを単行本として出版。
1692

China market data book　電通「中国市場研究」プロジェクトチーム編集・制作　電通　1988.5　2冊　29cm　4-88553-807-6　全20000円

中国の一般市民の生活実態を衣・食・住・レジャーなど多方面から把握するためにマーケティング調査を実施。結果を『中国市場調査データ集』と『中国人民都市生活図鑑』の2分冊にまとめている。「データ集」は調査結果を集計したもの。「図鑑」は「データ集」をもとに分析し、図、グラフ、写真、イラストにコメントを加え、ビジュアルに編集している。
1693

中国情報源　1993/94年版-　三菱総合研究所編　町田蒼蒼社　1994-　隔年刊　21cm

中国に関する情報収集のノウハウをまとめたハンドブック。1996年に1995-96年版が刊行されている。参考図書、定期刊行物、新聞などのベーシックな情報源を紹介するとともに、日中関係機関、中国研究者、中国の機関・企業などのディレクトリも掲載している。解題は1995-96年版による。
1694

中国情報ハンドブック　1987年版-　三菱総合研究所中国研究室編　蒼蒼社　1987-　年刊　21cm

中国に関する政治・経済の概要および基本統計をコンパクトにまとめたハンドブック。1989年の2版以来毎年刊行されている。動向を概説した序および経済・政治・対外協力などの基礎データをまとめた6部から構成。解題は1996年版による。
1695

日本と中国「どこが違うか」事典　言葉からさぐるありのままの中国　フィールドワーク　金山宣夫著　日本実業出版社　1989.8　326p　19cm　4-534-01505-4　1550円

410項目のことばを選んで、五十音順に配列し、それにあたる漢語を示し、日本と中国での使われ方、意味の違いを説明したもの。巻頭に分野別による見出し語索引がある。
1696

台湾　R.O.C.建国70周年記念　パシフィック・ニュース・サービス編集　大蔵経営研究所　1982.4　684p　27cm　監修：李嘉　企画：日本教育資材協会　25000円

中華民国の概況をまとめたもの。70年間の年表、歴史、地勢、資源、政治、軍事、経済、社会体制などの概況、主要機関・要人名簿、観光のしおり、資料集、統計を収める。巻頭に70周年記念論文3篇を付す。
1697

もっと知りたい台湾　戴國煇編　弘文堂　1986.5　330p　20cm　4-335-51020-9　2000円

台湾を総合的に紹介する概説書。言語と歴史、社会と文化、自然、産業、宗教、文学、芸術、政治、経済、国際関係など16章に分けて説明。
1698

✦✦ その他のアジア諸国

体験的アジア・ハンドブック　NCCキリスト教アジア資料センター編　日本YMCA同盟出版部　1985.9　252p　19cm　監修：隅谷三喜男　1200円

アジアにかかわる青少年団体会員、学生、青年を対象として事前の学習の材料や事後の整理のために素材を提供しうるように編集されたもの。各国別、問題別、実践篇の3部よりなる。各国別ではフィリピン、インドネシア、シンガポール、マレーシア、タイを取り扱う。アジアに関する100冊の本を巻末に掲載。
1699

インドシナ情報事典　(四ケ国)総合版　アジア・ネットワーク編著　ゑゐ文社　1995.1　432p　19cm　(情報事典シリーズ)　発売：星雲社　4-7952-0923-5　1750円

ラオス、カンボジア、ベトナム、ミャンマーの4章に分けて、各国の一般情報、首都その他の都市情報、主要なキーワード、関係団体などを紹介する。
1700

ベトナム情報事典　増補2版　アジア・ネットワーク編　ゑゐ文社　1995.3　271p　19cm　発売：星雲社　4-7952-0924-3　1500円

ベトナム事情について、一般情報、食べる、キーワード（重要情報）、ベトナム北部/中部/南部など9章に分けて解説した一般読者向けハンドブックである。巻末にはベトナム基本単語、ダイレクトリ、主要参考図書などを付す。
1701

シンガポール生活事典　〔1992〕新装改訂　河村正信著　白馬出版　1992.12　239p　21cm　(Hakuba super handbooks)　4-8266-0306-1　1850円

シンガポールで生活する日本人のためのガイドブック。「渡航手続」「住宅」「交通」「お金の管理」「電話・郵便」「健康管理」「教育」「食生活」など15章に分け、生活に必要な情報を簡略に解説している。1986年に初版刊行。1988、1990年に改版。
1702

もっと知りたいインド　1-2　佐藤宏〔ほか〕編　弘文堂　1989.4　2冊 20cm　各2680円
政治、経済、産業、社会、文化、文学、宗教などインド社会を多様な角度から解説したもの。2冊計10章からなり、35人により分担執筆。各巻末に文献案内、事項索引がある。
1703

新・中東ハンドブック　板垣雄三編　講談社　1992.4　627p　19cm　監修：永井道雄　4-06-205676-3　4600円
中東の政治・経済・社会・文化に関する基本情報を集約したハンディな案内書。研究手引としても役立つように編纂され、巻末には中東研究の文献目録、ディレクトリー、統計、都市図、項目索引などがある。『中東ハンドブック』（初版、1978）を改訂したもの。
1704

◆◆欧米・アフリカ・オセアニア

イギリス生活事典　改訂新版　加藤節雄著　白馬出版　1989.10　246p 21cm　(Hakuba super handbooks 8)　4-8266-0202-2　1650円
イギリスで生活するために必要な知識を平易に解説したガイドブック。出発前の準備、生活の準備、住まいを選ぶ、日常生活、電話と郵便、クルマを利用する、子供の教育、医療と健康など10章からなる。巻末にはロンドンにある日本関係機関のリストや主要略語集がある。写真、図表を多く収載し見やすいレイアウトである。
1705

西ドイツ生活事典　ヴァウアー葉子著　白馬出版　1989.11　333p 21cm　(Hakuba super handbooks 6)　4-8266-0204-9　1650円
ドイツで生活するために必要な知識を、国の概要、準備、住まい、毎日の生活、教育、交通機関、健康、お金の管理、マスコミ、レジャー・スポーツなどに分け、平易に解説したガイドブック。巻末に関係機関のリストあり。統一前の西ドイツを対象にまとめている。レイアウトが見やすく工夫されている。
1706

フランス生活事典　新装改訂　寺田恕子，草場安子著　白馬出版　1990.3　319p 21cm　(Hakuba super handbooks 7)　4-8266-0209-X　1650円
フランスで生活するために必要な知識を平易に解説したガイドブック。「渡航準備」「住居」「車」「買い物」「お金の管理」「食生活」「健康管理」など12章からなる。
1707

スウェーデンハンドブック　スウェーデン社会研究所編　早稲田大学出版部　1987.3　319,7p 19cm　4-657-87308-3　2300円
スウェーデンの実情を論文スタイルで紹介したハンドブック。各専門分野の研究者が執筆している。「国土」「政治」「経済」「社会」「文化」など全分野を17章にまとめている。
1708

エジプト　その国土と市場　改訂版　岩永博，野口勝明共著　科学新聞社出版局　1988.4　589p 19cm　(海外市場調査シリーズ 6)　3800円
エジプトの体系的解説書。「国土と住民」「歴史」「政治組織と内外政策」「社会、文化」「経済の概況」「日本とエジプトの関係」に「1952年革命以後の経済発展」が加わり、全7章からなる。1977年刊の全面改訂版。
1709

アメリカ生活事典　〔1992〕新装改訂　遠山紘司著　白馬出版　1992.12　335p 21cm　(Hakuba super handbooks)　4-8266-0305-3　1850円
米国へ留学、赴任、移住する日本人のために必要な渡航手続き、日常生活、教育制度、医療制度などについてコンパクトに解説した便覧。1989年版の料金などを改訂したもの。
1710

最新アメリカ合衆国要覧　50州と日本　東京書籍　1992.9　281p 26cm　監修：外務省北米局　4-487-79011-5　2600円
米国50州、主要26都市、5海外領土について「地理・気候風土」「成り立ちと文化」「政治・経済」「日本との関係」についてコンパクトな解説と統計で紹介している便覧。配列は地域別で目次中に五十音順の「50州索引」「主な都市索引」を付す。日米関係のデータを収録している点に特徴がある。
1711

中南米諸国便覧　〔1977年版〕-　外務省アメリカ局中南米第一課，中南米第二課編　ラテン・アメリカ協会　1978-　年刊 26cm
中南米全体と各国について、地勢、政治、経済、社会、文化、外交などの最新の状況を概観したもの。第1部「中南米概観」、第2部「各国概観」、第3部「我が国と中南米との関係概観」からなる。第1部と第3部では、統計資料や地図などが豊富に掲載され、第2部では、国別に見開き2頁で現況が要領よくまとめられている。第3部に、中南米関係主要団体や、日本の在中南米公館や在日中南米大使館の一覧などの情報を掲

載。解題は1997年版による。　*1712*

オセアニア現代事典　高橋康昌〔ほか〕編　新国民社　1987.1　263p 19cm　4-915157-61-X　1900円
現代オセアニアの社会・政治・国際問題に焦点をあて、「歴史」「文化と社会」「政治と経済」「国際関係と組織」「政治家」「国家」の6項目について解説した事典。巻末に事項索引、「オセアニア近現代史年表」がある。　*1713*

◆社会思想

【書誌・蔵書目録】

日本社会運動史研究史論　〔正〕，続　小山弘健著　新泉社　1976-1979　2冊 22cm　4200円，5500円
日本の労働運動、社会運動の史的研究に関する邦文図書、論文を分野別、系統的に整理して解説したもの。〔正〕編は、明治以降1956年までで、一般的通史的研究、個別分野の研究および補助文献の3部構成。続は1957年から1976年の運動史研究で、主題別に細分して解説し、それぞれに文献リストを付す。続では特集号を除いて雑誌論文は省いた。索引はない。続の巻末に日本社会運動史に関する欧米文献解説を掲げる。　*1714*

社会運動・思想関係資料案内　小森恵著　三一書房　1986.5　355p 23cm　3800円
大正から戦前にかけて社会運動・思想問題に関する官省庁別刊行物の細目を紹介し解題を付した書誌。2部構成で第1部が、司法省、内務省、文部省、裁判所、その他の省別の解題つき書誌に、第2部は補足として、治安維持法以前の治安関係法の流れなど、背景となる資料や用語の解説になっている。各資料の所在は明らかにされていないが、2部の8章で参考となる図書館、史料館名があげられている。索引はない。　*1715*

日本社会主義文献解説　明治維新から太平洋戦争まで　渡部義通，塩田庄兵衛共編　日本図書センター　1997.4　339,31p 図版 22cm　（社会科学書誌書目集成 21）
1868年から1945年の間の社会主義文献の解題書。5期に分け、各期の冒頭にその期間の概観がある。明治期についての収録文献数は『日本社会主義文献』☞*1717*（大原社会問題研究所編、同人社書店、1929）ほど多くない。巻末に、日本社会主義文献略年表、人名索引、文献索引がある。1932年に『日本資本主義発達史講座』（岩波書店）の1分冊として刊行されたものを継承し発展させた、1958年大月書店刊の復刻。　*1716*

日本社会主義文献　世界大戦(大正三年)に至る　第1輯　大原社会問題研究所〔編〕　日本図書センター　1997.4　4,2,13,255,9p 22cm　（社会科学書誌書目集成 22巻）
監修：図書館科学会　4-8205-4185-4　9000円
1882年（明治15）から1914年（大正3）までのわが国の社会主義文献を年代順に収録したもの。社会主義を無政府主義などを含めた広い意味でとらえ、また著者の思想傾向・発刊の事情などからみて社会主義とかかわる文献も含む。上編は単行本、下編は定期刊行物。巻末に著訳者索引と新聞雑誌索引を付す。第1集しか刊行されなかったが、明治期の社会思想史研究に欠かせない。1929年同人社書店刊の復刻。　*1717*

協調会文庫目録　和書の部　法政大学図書館編　法政大学図書館　1977.11　554p 26cm
1919年に設立され1926年に終わった労使協調のための機関「協調会」の収集した資料からなる「協調会文庫」のうち、和書1万4565タイトル、和雑誌424タイトルを収録した所蔵目録。大正中期から昭和前期の、社会・労働問題を中心とする社会科学全般の専門書からなる。図書の部は日本十進分類法新訂7版によっており、雑誌は誌名のアルファベット順。索引はない。なお協調会文庫は現在、法政大学大原社会問題研究所に保管されている。　*1718*

【辞典・事典】

社会思想事典　田村秀夫〔ほか〕編集　八王子　中央大学出版部　1982.10　502,27p 19cm　3500円
17世紀市民革命以降の思想や理論について、相互関連性や継承関係に着目し、総体的にとらえることを目的に編集された事典。ユートピア思想から近代日本の社会思想までを21章にわたって解説。配列は年代を加味した独自の大項目順。各章末に詳細な参考文献と本文中に＊印を付与して示す事項、人名の解説を付す。巻末に和文の事項索引、人名索引がある。　*1719*

共産主義事典　体系　民主主義研究会編　東京法令出版　1969　1197p 22cm　3000円
1840年代から1960年代の共産主義者とその主要著作、関係団体、綱領・宣言・決議などの文書、各国共産党の機関誌・紙から重要な言説や語句を選択し、体系的に編集した事典。できるだけ客観的に共産主義者の見解を引用する方法をとる。古典的諸命題と現代的諸問題の2部を中小項目に細分し、引用文による解説の形式をとり、その典拠を示している。巻末に事項索引を付す。　*1720*

現代共産主義事典 現代思想研究会編 国書刊行会 1977.7 318,24p 20cm 2800円

革新政党とその支持勢力の間で日常的に多用される用語を中心に、主な政治事件、思想・哲学上の重要語などを収めたもの。狭義の共産主義だけに限定されず、一種の時事用語事典に近い。解説は平易で一般向け。配列は五十音順。巻末に1945年から1976年までの戦後共産主義運動対照年表、索引を付す。「現代思想研究会」は、毎日新聞記者の同好研究グループ。　　1721

現代マルクス＝レーニン主義事典 上, 下, 別巻 岡崎次郎〔ほか〕編集 社会思想社 1980－1982 3冊 27cm 4000－18000円

マルクス＝レーニン主義の理論と実践の両面にわたって、体系的かつ包括的に説明することを意図して作成された事典。大項目主義を主軸として、中小項目も大項目と並立させ五十音順に配列。別巻は「年表・索引」で、和文、欧文、ロシア語の各事項、人名、文献索引と、「略記号表」と1789年から1951年までの関係する「マルクス＝レーニン主義略年表」からなる。　　1722

朝鮮社会運動史事典 文国柱〔訳〕編著 社会評論社 1981.5 632p 20cm 監修：高峻石 4800円

朝鮮の社会運動の歴史について著者のマルクス・レーニン主義史観をもって事実を収録し解説した事典。『社会科学大辞典』（李錫台編、1948）の中から、朝鮮関係事項のみを抜きだして訳し、説明が不十分なものに関しては「追補」として書き加え、さらに1980年までの史実を収録している。民族解放運動、共産主義運動、在日本朝鮮人運動など11項目について体系的に解説。巻末に朝鮮近・現代史年表、人名索引、事項索引を付す。　　1723

【年表】

社会・労働運動大年表 新版 法政大学大原社会問題研究所編 労働旬報社 1995.6 2冊(別冊とも) 27cm 4-8451-0394-X 全35000円

旧版以降の1986年から1994年を加え、1858年から137年間の事項と解説を本巻1冊にまとめ、別巻に索引と出典一覧を付した年表。年表の形式は旧版と変わらないが内容的に旧版を大幅に改訂、増補し、索引も新たに作り直して解説索引と年表索引を1つにまとめて、さらに利用しやすくなっている。なお1995年以降の年表は同研究所編の『日本労働年鑑』に継続収録されている。　　1724

内外社会運動史年譜〔正〕, 続編 中外調査会編 新世紀社 1965－1966 2冊 27cm 限定版 6800円,3700円

共産主義運動の年譜。日本共産党、国内重要事件、ソ連共産党、中国共産党、各国共産党、国際共産主義運動、国際重要事件の7項目に分かれた正、続2冊からなる。収録年代は、正編がマルクス生誕の1818年から1962年まで、続編が1963年から1964年まで。続編に正続全巻の人名索引、国名索引、事項索引を付す。　　1725

【名簿・名鑑】

コミンテルン人名事典 B.ラジッチ, M.M.ドラチコヴィチ著 勝部元, 飛田勘弐訳 至誠堂 1980.7 454p 23cm 『Biographical dictionary of the Comintern』の翻訳 9800円

コミンテルンの指導者、参加者など約700名を収録した人名辞典。本編の「個人別伝記」のほかに、巻頭に「略記便覧」「ABC順人名リスト」、巻末に「ペンネームリスト」「コミンテルン関連年表」を付す。　　1726

近代日本社会運動史人物大事典 近代日本社会運動史人物大事典編集委員会編 日外アソシエーツ 1997.1 5冊 22cm 4-816-91402-1

明治維新以降1945年まで、近・現代日本の社会運動史上の人物約1万5000名を項目として4巻に編集し、人名索引1巻を加えた全5巻の人名事典。記述中の人物を併せると約2万2000名、別名を含めて索引による検索可能な総数は6万名にのぼる。人物ごとにできる限り参考文献が付されているが、それ以外に巻頭に参考文献一覧がある。配列は見出し人名の五十音順である。　　1727

70年代にのぞむ左翼団体 極東事情研究会編 極東出版社 1970 900p 22cm 5000円

1968年初から1969年末における左翼団体の活動、動向を紹介したもの。共闘組織、連絡会議のような協議体組織まで含むが、既成政党、労働組合は除く。配列は団体名の五十音順。巻末に急進派集団活動年表、簡潔な説明つきの「文化人・活動家名簿」がある。索引はないが、目次が団体名一覧となっている。『左翼団体事典　1968年版』（社会運動調査会編、1968）を引き継ぐもの。　　1728

右翼・活動と団体 高木正幸著 土曜美術社 1989.6 267p 20cm 付・1700団体名簿 4-88625-189-7 3090円

明治以降の右翼の歴史や活動、組織について公安資料を含めて解説した本文と、「右翼関係事件年表」からなる。年表は1889年から1989年5月までを収録し、簡単な解説を付す。巻末には約1700団体を五十音順に収録した「右翼、右翼系団体一覧」がある。　　1729

右翼民族派・総覧 平成3年 猪野健治編著 二十一世紀

書院 1990.11　755p 22cm 折り込図1枚 35000円
右翼・民族運動の過去から現在までの実態を明らかにした一種の便覧。6部からなる。1部から3部は解説編といえ、現状と展望、実態を明らかにする。4部以降はいわば資料編で、主要事件解説、人物事典、団体名鑑。巻末に年表、現代人物名鑑を付す。初版は『右翼事典』（双葉社、1970）で、『右翼・民族派事典』（国書刊行会、1976）と改訂され、本書に至る。なお、より簡便な類書として『右翼事典』（堀幸雄著、三嶺書房、1991）がある。 *1730*

政治

◆政治・政治学

【書誌・索引】

近代日本政治関係人物文献目録　国立国会図書館所蔵　国立国会図書館参考書誌部編　国立国会図書館 1985.12　532p 26cm 4-87582-107-7
明治以降政治の分野で活躍した日本人3377名の伝記・人物論など約1万3000点を収録。対象人物は天皇、閣僚、国会議員、政党の指導者、外交官、行政官、都道府県会議員、自治体の長、軍人、政論家など。配列は被伝者の五十音順。各人に関する文献の記載内容は書名、著編者名、発行地、発行所、刊年、頁数、肖像、叢書名、国立国会図書館請求記号など。なお、被伝者名には生没年を付し、著名な号を有する人物には号名を、難読と思われる姓名には読みを付記。 *1731*

政治学に関する10年間の雑誌文献目録　昭和50年－昭和59年　日外アソシエーツ編　日外アソシエーツ 1987.4　289p 27cm　発売：紀伊国屋書店　4-8169-0360-7　10700円
『雑誌記事索引（人文・社会編）累積索引版』☞*0139*をもとに、テーマ別の文献目録として再編成したもの。1975－1984年の10年間に発表された政治学、政治思想、政治史に関する雑誌文献7496件を収録。構成は各テーマを表す大項目を設け、その下を見出し語で細分化。見出しの下の各文献の配列は、論題の五十音順。巻末に五十音順の事項索引を付す。約9500件を収録する『政治学に関する17年間の雑誌文献目録：昭和23年－昭和39年』および約1万2000件を収録する『政治学に関する10年間の雑誌文献目録　昭和40年－49年』に続くもの。それらの見出しの下の配列は、著者名のあるものは著者の五十音順で、その後に著者名のないものを論題の五十音順に配列。巻末に事項索引および収録雑誌名一覧を付す。いずれも著者索引はない。1985年以降はCD-ROM化されている。 *1732*

政治・政治問題に関する10年間の雑誌文献目録　昭和50年－昭和59年　日外アソシエーツ編　日外アソシエーツ 1987.4　2冊 27cm　発売：紀伊国屋書店　4-8169-0360-7　10300円,10500円
『雑誌記事索引（人文・社会編）累積索引版』☞*0139*をもとに、テーマ別の文献目録として再編成したものの一部で、1975－1984年の10年間に発表された政治一般・日本の政治に関する雑誌文献8936件を収録。構成は各テーマを表わす大項目を設け、その下を見出し語で細分化。見出しの下の各文献の配列は論題の五十音順。巻末に五十音順の事項索引を付す。約9800件を収録する『政治・社会問題に関する17年間の雑誌文献目録　昭和23年－昭和39年』および約8000件を収録する『政治・社会問題に関する10年間の雑誌文献目録　昭和40年－昭和49年』に続くもの。それらの見出しの下の配列は、著者名のあるものは著者名の五十音順で、その後に著者名のないものを論題の五十音順に配列。巻末に五十音順の事項索引および収録誌名一覧を付す。いずれも著者索引はない。1985年以降はCD-ROM化されている。 *1733*

【辞典・事典】

政治学事典　平凡社政治学事典編集部編　平凡社 1954　2刷 1416,80p 22cm
政治学に関するわが国最初の本格的事典。単なる用語や制度の解説にとどまらず、刊行当時の新しい政治学上の諸理念と国際的観点にたつ問題意識がよく出ており、一巻の政治学概論としても役立つ。五十音順で、小項目・大項目を併用。解説文中の見出し語には星印を付す。必要に応じて項末に参考文献、主著を記載。巻末に和文および英文の索引あり。 *1734*

岩波小辞典政治　第3版　辻清明編　岩波書店 1975　272p 18cm
内外の政治、外交、行政の現実と理論を対象として、人名項目は立てず、約800の大項目を選びだし、五十

音順に配列。学生、市民を対象として、平易に解説を加えている。国際関係については、姉妹書『岩波小辞典国際問題』に譲り、日本とかかわりのある項目に限定している。巻末に人名を含む五十音順和文索引がある。1955年に初版刊行後、1963年に増訂第2版が出され、この第3版は全面改訂を行った。　　　　　1735

現代政治学小辞典　阿部斉，内田満編　有斐閣　1978.8　333p 20cm　（有斐閣双書）　1200円
政治学における新しい用語・概念の整理・明確化を目標に編集されたもの。収録語数約2300。政治思想家についても250人を紹介し、主著を示す。五十音順の単純配列の小辞典ながら、平凡社の『政治学事典』☞1734 以降の政治学の変化をある程度補うものといえる。用語の選定にあたっては、現代政治学上の専門用語や政治学の一般的基礎用語以外に、社会学、心理学などの周辺分野の用語も採用。ただし、政治史、政治思想史については現代政治・現代政治学に関連性の強いものに限定。付録として主要国の中央政治機構・政党勢力の動向・議会構成などの図表や略語一覧がある。巻末に外国語索引あり。　　　　　　　　1736

現代政治学事典　新訂版　大学教育社編　ブレーン出版　1998.2　1223p 27cm　英文タイトル：『Encyclopedia of politics』　4-89242-856-6　32000円
現代における政治学原論、政治史、政治思想史、行政学、国際政治、法学、社会学、経済学の各分野より項目を選択し平易に解説。『政治学事典』☞1734 が刊行されて以来の大部な政治学の事典。原則として小項目主義。見出し語は五十音順、必要に応じて原語を付記。項末に参考文献。人名項目には主著を記す。巻末に略語一覧と事項索引（日本語・外国語）、人名索引（日本語・外国語）がある。　　　　　　　　　1737

【名簿・名鑑】

政治ハンドブック　昭和46年9月版－　宮川隆義編　政治広報センター　1971－　不定期刊 18-19cm
現職の衆・参議院議員の名鑑を中心としたハンドブック。写真入りで略歴、秘書名、住所を記載。ほかに、大臣などの一覧表、委員会名簿、政党役員名簿、選挙得票数など。選挙または内閣改造による変動ごとに改訂して刊行。ほかに類似の名鑑として『国会便覧』（日本政経新聞社）、『国会議員要覧』（国政情報センター出版部）がある。解題は平成8年3月版による。
　　　　　　　　　　　　　　　　　　　　1738

日本国・国会全議員名鑑　日本国・国会全議員名鑑編纂委員会編纂　日本国体研究院　1986.7　3冊 31cm　監修：白鳥令　執筆：小山博也ほか　全153000円
歴代内閣総理大臣および閣僚ならびに国会議員の略歴、顔写真を掲載。上・中巻は明治から1979年1月現在までを、議長、閣僚、貴族院議員、参議院議員（前・元）、衆議院議員（前・元）、参議院議員（現職）、衆議院議員（現職）の7項目に分類して五十音順に収録、下巻はそれ以後1985年末までを収録している。中巻および下巻末に五十音順の人名索引あり。また、内閣制度創立以来の日本政治史を各内閣ごとに解説し、日本政治史年表および歴代閣僚一覧表を付す。　1739

韓国政治エリート研究資料　職位と略歴　服部民夫，鐸木昌之編　東京大学東洋文化研究所附属東洋学文献センター　1987.3　276p 21cm　（東洋学文献センター叢刊　第52輯）
1948年の大韓民国成立から1985年3月までの政府の主要閣僚などの歴任表とその略歴を記載。韓国政治理解の基礎的なデータといえる。もとになる中心的な資料は『韓国人名辞典』（『聯合年鑑』1985年版付録。韓国の聯合通信社発行）。目次および索引はない。　1740

朝鮮民主主義人民共和国組織別人名簿 1988年版－　ラヂオプレス編　ラヂオプレス　1988－　年刊 26cm　英文書名：『North Korea directory』英文併記
放送や新聞などの公式報道の伝えた記事をもとに、組織・要人名を収集、集大成したもの。党、国家機関、軍のほか、諸団体、学術機関などについても収録。巻末に五十音順、英文アルファベット順による人名索引あり。解題は1997年版による。　　　　1741

中国最高指導者who's who　〔1986年版〕－　三菱総合研究所編　町田　蒼蒼社　1986－　不定期刊 21cm
中国最高指導者の人事ファイルを中心に、中国の党・国家人事の情報を収録。人事ファイルは漢音表記の日本語読みの五十音順。現職・略歴・写真などのほかに、豊富な人物評が付してある。類書の『中国情報人物事典』☞1744 との違いはこの人物評。ほかに、党・政府・軍の組織図なども記載。目次の後に拼音索引あり。　　　　　　　　　　　　　　　　　1742

中国組織別人名簿　1979年版－　ラヂオプレス調査部編　ラヂオプレス　1978－　年刊 22cm　背の書名：『China directory』英文併記
『中華人民共和国組織別要人名簿』を改題したもの。中国共産党および国家機関、軍、諸団体、学術機関、地方機構などの要人について、組織名、人名、就任年月日を記載。英語併記で、英語の人名は拼音を用いる。巻末に五十音順の漢字人名索引とアルファベット順の拼音の人名索引を付す。解題は1997年版による。
　　　　　　　　　　　　　　　　　　　　1743

中国情報人物事典 第2版 三菱総合研究所国際動向分析センター編 町田 蒼蒼社 1994.10 652p 21cm 4-915441-79-2 5800円

1994年8月現在の中国共産党および立法・行政・軍事部門の要人1128名の人事データを写真を付して収録したもの。人名の日本語読みは漢音表記を原則とし、配列はその五十音順。見出しの人名には日本語読みのほかに拼音を付記。記載の内容は現職、出身、学歴、略歴など。巻末に付録として建国以来の党・政・軍の指導者一覧および公務員の賃金体系がある。索引は拼音索引と主要役職別索引の2種。　　　　　1744

【資料集】

歴代内閣総理大臣演説集 内閣制度百年史編纂委員会編 大蔵省印刷局 1985.12 1192p 27cm 10000円

内閣総理大臣が帝国議会または国会において行った施政方針演説、所信表明演説その他の重要な演説を収録したもの。議会開設前の伊藤、黒田総理については、地方長官会議における訓示を掲載。1887年（明治20）の伊藤総理から1985年（昭和60）の中曽根総理（第103回国会）までを年代順に配列してある。帝国議会における演説は議事速記録から、国会については会議録からそのまま収録。ほかに、佐藤、鈴木（善幸）、中曽根総理の国際連合総会における演説も掲載。付録として内閣総理大臣・国務大臣の帝国議会・国会における演説の一覧表が巻末にあり。　　　　　1745

◆政治史

世界政治ハンドブック 飯坂良明〔ほか〕編 有斐閣 1982.4 401p 20cm（有斐閣選書R）4-641-02229-1 2500円

アメリカ、イギリス、ドイツ、フランスなど、政治システムを異にする世界の主要19か国について、国別に第2次大戦後の政治動向、政党、選挙、利益団体、議会、元首、行政、裁判所、国防などを概観したハンドブック。比較政治の資料としても役立つ。項目ごとの記載で、長文の項目にはゴシックで小項目を立てて簡潔にしている。外国の固有名詞や特殊な言い回しなどには原語を付記して示し、また組織図、表などを用いて見やすくしている。各章末には参考文献あり。　　　　　1746

現代日本政治史年表・解説 戦後日本政治史研究会編 京都 法律文化社 1988.4 271p 20cm 4-589-01367-3 2000円

1945年－1987年までの期間を対象としたハンディな解説つき日本政治史年表。左頁に年表を記し、右頁にその中から重要事項を選んで解説を施す。解説のある事項は年表中でゴシックで示し、解説番号を付す。解説には資料、日付、数字データを入れるよう配慮。巻末に五十音順の解説項目索引あり。　　　　　1747

事典昭和戦後期の日本 占領と改革 百瀬孝著 吉川弘文館 1995.7 405,13p 23cm 4-642-03658-X 5820円

『事典昭和戦前期の日本』（1990年刊）の後編。戦後改革期の昭和史を解説したもの。沖縄アメリカ軍上陸の1945年3月からサンフランシスコ条約発効の1952年4月までを主として対象期間とし、あとは必要に応じて延長。戦後日本の再出発、統治機構、法制、行政、政党、社会保障制度、国防、教育制度の8章で構成。各章をさらに体系的に細分化し項目を立てて解説する。項末に出典を含む詳細な注釈を付す。巻末に五十音順の事項索引あり。　　　　　1748

政治法律ロシア語辞典 稲子恒夫著 ナウカ 1992.2 548p 22cm 4-88846-027-2 14420円

社会、政治、法律を中心にした社会科学の専門用語辞典。約4万語を収録。1980年代なかばからのペレストロイカの中で出現した新しい用語を多数採録。革命前の用語で現在使用されていないものについては重要な語のみとする。配列はアルファベット順。巻末に略語の一覧および付録として称号、階級、呼称などを付す。　　　　　1749

世界諸国の制度・組織・人事 1840-1987 秦郁彦編 東京大学出版会 1988.12 720p 27cm 4-13-036051-5 30000円

1840年頃－1987年末までの世界主要各国および国際機構を対象とし、政治・外交・軍事などの重要職務に在任した者の氏名と在任期間を歴任リストの形で記載し、あわせて制度、組織の変遷を重点とする解説および注を付したもの。収録対象は128か国、24国際機関で、特にアジア・太平洋地域に重点を置く。国、時期によって対象職務に幅があり、ミニ国家については元首のみ記載。全体を4つの地域、国際機構および日本に6区分し、その中は国名のアルファベット順に配列。人名は原綴で、元首、首相などのみ日本語訳を付記。職務名は日本語訳で、英訳名を記載し、必要に応じて原職名を併記。巻末に日本人を除く主要人名索引あり。『日本陸海軍の制度・組織・人事』☞3072『戦前期日本官僚制の制度・組織・人事』☞1800 と3部作をなすもので、本書における日本の部は後者を継承する戦後編となっている。　　　　　1750

◆議会

【文献案内】

イギリス政府・議会文書の調べ方 竹島武郎著 丸善書籍雑誌事業部・ニューメディア部 1989.10 173p 21cm
主に19-20世紀のイギリス議会・政府文書を中心に解説。IUP版やチャドウィック・ヒーリー版など、マイクロ資料版を含む主要な5つの資料集を個々にとりあげ、その収録内容と文書検索方法について述べる。巻末に図版目次と欧文・和文の索引、参考文献一覧を付す。また付録として略語表などがある。　1751

【書誌・索引】

選挙・議会・政党に関する10年間の雑誌文献目録 昭和50年-昭和59年 日外アソシエーツ編 日外アソシエーツ 1987.4　252p 27cm　発売：紀伊国屋書店 4-8169-0360-7　8900円
『雑誌記事索引（人文・社会編）累積索引版』☞0139をもとに、テーマ別の文献目録として再編成したものの一部で、1975-1984年の10年間に発表された政党、選挙、議会に関する雑誌文献7694件を収録。構成は各テーマを表す大項目を設け、その下を見出し語で細分化。見出しの下の各文献の配列は論題の五十音順。巻末に五十音順の事項索引を付す。約7100件を収録した『選挙・議会に関する27年間の雑誌文献目録 昭和23年-昭和49年』に続くもの。その見出しの下の配列は、著者名のあるものは著者名の五十音順で、その後に著者名のないものを論題の五十音順に配列し、巻末に事項索引および収録誌名一覧を付す。いずれも著者索引はない。1985年以降はCD-ROM化されている。　1752

国会会議録総索引 第101回(特別)国会- 国立国会図書館調査及び立法考査局庶務課編 国立国会図書館 1985- 年刊 26-27cm 「発言者索引」「事項索引」に分冊刊行 4-87582-243-X
衆参両議院の第101回以降の本会議および各委員会の会議録の内容を、発言者、発言事項によって検索できるようにした索引。2分冊で刊行。「発言者索引」は人名の五十音順および官公庁職務順で、会議録の所在箇所、発言事項名を記載。「事項索引」は発言事項名の五十音順で、会議録の所在箇所、発言者名を記載。第39-100回の書名は『会議録総索引』。第38回以前は『衆議院会議録総索引』☞1754（複製版）がある。また第58回からはオンラインのデータベースを作成している。解題は第136・137・138・139回国会による。
　1753

衆議院会議録総索引 紀伊国屋書店 1985　7冊(別冊とも) 27cm　監修：林修三　編集：日本図書センター 全150000円
第1回（1947年）から第38回（1961年）までの『衆議院会議録索引』を複製したもの。第1巻は本会議録索引で、第2-5巻は委員会議録索引。本会議録索引は目次とそれぞれの主題別の項目からなる。委員会議録索引は委員会議録目次、付議案件索引（五十音順）、発言者索引（五十音順）の3部からなる。別冊として委員会別索引・人名索引と会議録所蔵一覧の2冊。第39回からは『会議録総索引』（第101回からは『国会会議録総索引』☞1753）が刊行されている。　1754

【辞典・事典・便覧】

国会事典 用語による国会法解説 第3版 浅野一郎編著 有斐閣 1997.4　320,7p 21cm 4-641-12833-2　3500円
国会に関する126項目の用語を、国会法に沿った章立てのもとに編成し、解説を加える。解説はやさしくコンパクト。1988年刊の初版、1990年刊の新版を大幅に改訂。付録として国会法、衆議院規則、参議院規則本文および参考文献一覧など。巻末に、五十音順の事項索引を付す。　1755

国会会議録用語集〔平成5年3月増補版〕 衆議院記録部 1993.3　616p 27cm 共同刊行：参議院記録部
国会の本会議、委員会で発言された言葉のうち調査を要したものを集め、五十音順に配列し、簡潔な解説を加えたもの。一般語2万6101語、外国語略語3452語を収録。外国語の略語はアルファベット順。法令略称については、別冊『法令等略称集』☞1902 として刊行。会議録の読解・研究のほか、時事用語、略語辞典としても利用できるが、出典の記載はない。1951年以来の各用語集を総合した1985年2月増補版に、その後の各年度資料集および1989年補訂版を統合し、刊行。索引なし。なお、本用語集を基に、法令集略称を含め補訂、新規用語を累積した追録『国会会議録用語資料集』（衆議院記録部用語委員会、1942- ）が年刊で刊行されている。　1756

朝日選挙大観 第36回衆議院総選挙(昭和55年6月)・第12回参議院通常選挙(昭和55年6月)- 朝日新聞選挙本部編 朝日新聞社 1980- 不定期刊 23-31cm
衆議院総選挙、参議院通常選挙について、選挙の概要を記述し、当選者一覧（写真・経歴）、選挙の記録などを収録。1980年第36回衆議院総選挙・第12回参議院通常選挙以降出版。昭和58年版は第10回統一地方選挙も収録。平成9年版は衆議院新選挙制度区割り図と一覧、また、巻末に「全記録戦後の衆参両院選挙結果」

を付す。第二次世界大戦中に『翼賛選挙大観』として、また戦後刊行の『選挙大観』を継承するもの。解題は第41回衆議院総選挙（平成8年10月）・第17回参議院通常選挙（平成7年7月）による。　1757

西欧の議会　民主主義の源流を探る　読売新聞調査研究本部編　読売新聞社　1989.7　459p 22cm　4-643-89038-X　4100円
西欧の議会についての解説と、日本を含めた各国議会の比較をした資料。4部構成で、第1部はイギリス、フランス、西ドイツ、イタリア、スウェーデン、アメリカの6か国の議会について国ごとに解説。第2部では議会政治の実態を比較する。第3部は日本の議会制度と西欧のそれとを対比して解説。第4部は統計と資料で、世界各国の議会分類、東欧の議会の解説、第1部でとりあげた6か国についての議会のしくみや選挙制度などを収録する。文章は平易。　1758

【名簿・名鑑】

衆議院要覧　明治30年11月編－　衆議院事務局　1897－　不定期刊　16cm
現職衆議院議員の名鑑。議員名の五十音順に配列（議長、副議長は巻頭）。肖像写真とともに、選挙区、所属政党名、生年月日、学歴、職歴、党歴、当選回数を記載。選挙区別氏名、会派別氏名の一覧あり。選挙ごとに改訂刊行。解題は平成9年2月編乙による。　1759

参議院要覧　昭和20年版－　参議院事務局　1945－　不定期刊　16cm
現職参議院議員の名鑑。議員名の五十音順に配列（議長、副議長は巻頭）。肖像写真とともに、選挙区、所属政党名、生年月日、学歴、職歴、党歴、当選回数、住所、電話番号を記載。議員選挙別一覧、議員会派別一覧、第1回通常選挙からの選出議員・議員異動の一覧あり。選挙ごとに改訂刊行。解題は平成7年版による。　1760

衆議院名鑑　第1回(1890年)－第34回(1976年)総選挙　日本国政調査会編　国政出版室　1977.6　306,309,149p　30cm　19800円
第1-34回の総選挙の基礎データを収録したもの。全3章からなる。第1章索引編は、第1-34回総選挙の立候補者全員を五十音順に掲載。職業、選挙区、党派所属、立候補回数、当落が一目でわかるようになっている。第2章総選挙編は、各総選挙ごとの全国各選挙区における立候補者得票数、当落、党派などを収録。第3章選挙公約編は、第34回総選挙の当選者511名の公約を全文掲載。そのほか、巻頭に、全総選挙の解説、選挙制度・選挙法改正推移表、歴代内閣組閣構成表などがある。　1761

参議院名鑑　1890年から現在・貴族院含む　日本国政調査会編　国政出版室　1978.10　331,400p 31cm　19800円
第1回貴族院選挙（1890年）から第11回通常選挙（1977年7月）までの全立候補者名を収録した名鑑。各府県別「貴族院多額納税者議員互選人名簿」、全貴族院議員名簿（五十音順）、参議院全立候補者索引（五十音順）、通常選挙各回基礎資料などを掲載。そのほか、貴族院・参議院選挙の概要や第11回通常選挙の党派および議員の公約についても収録。　1762

【資料集】

婦人参政関係資料集　市川房枝記念会婦人問題調査出版部　1986.11　129p 26cm　婦人参政40周年記念　2000円
女性の政治参加の状況をまとめたもの。国内関係と国際関係に分ける。国内関係では、国会議員および地方議会議員について、選挙権・被選挙権の行使の状況（有権者数、投票率、立候補者数、当選者数、氏名）を記載。公職への参加状況も記す。国際関係では各国婦人参政権獲得状況および各国婦人の公職参加状況などを記載。また、婦人の地位向上に関する国際連合の活動と国内の活動、日本における明治以降の婦人参政のあゆみを概説。　1763

◆政党・政治結社

近代日本政党機関誌記事総覧　広瀬順晧〔ほか〕編　柏書房　1988.10　2冊 27cm　4-7601-0447-X　全30000円
明治から昭和初期に至るまでの政党機関誌を収録した『近代日本政党党報集成』（全150巻）の総索引。対象資料は、自由党党報、立憲改進党党報、進歩党党報、憲政党党報、憲政本党党報、憲政、憲政公論、政友、民政の9誌。第1巻記事分類総目次編は、1891年（明治24）から1941年（昭和16）までの全記事を各年次ごとに集約・編集。第2巻検索編は第1巻の全記事を人物、関係地域、テーマごとに集約。　1764

政治団体名鑑　1978－　武市照彦編　国政出版室　1978－　年刊 31cm　『政治資金全書』別冊
政治団体における政治資金の流れを、献金した側を主体にしてまとめたもの。特徴は各政治団体の主催者を割り出している点。自治省管轄政治団体については主催者別索引（五十音順）および収入内訳（団体名の五十音順）、政党・政治資金団体・政治団体への献金の

実態を収録。また都道府県管轄政治団体についても、都道府県別の政治団体の一覧、都道府県政党・政治団体への献金の実態を記載してある。姉妹編に、献金を受けた政治団体を主体にした『政治資金全書』がある。解題は1995年版による。　　　　　　　　　1765

政治団体名簿　昭和58年版－　自治省選挙部編　大蔵省印刷局　1983－　年刊　26cm
自治大臣に届出のあった政治団体の一覧。政党、政党の支部、政治資金団体、その他の団体に4つに区分し、五十音順に掲載。記載内容は、名称、代表者の氏名、会計責任者の氏名、主たる事務所の所在地、設立届の届出年月日および資金管理団体の指定の有無。ほかに、資金管理団体一覧があり、これは指定者の五十音順。巻末に政治団体担当行政機関一覧など。解題は平成8年版による。　　　　　　　　　　　　　1766

中国共産党最新資料集　上,下巻　太田勝洪〔ほか〕編　勁草書房　1985－1986　2冊　22cm　7500円,10000円
1978年12月の中国共産党第11期第3回中央委員会総会から、1984年10月の第12期3中全会までの中国共産党史上の重要文献を収録。1982年中共中央文献研究室が党内資料として発行した『三中全会以来』を底本とし、未収録の1982年秋以降の重要文献を追加して編纂、翻訳したもの。収録資料106件、参考資料5件。下巻の巻末に解説と中国共産党最高指導部人事変遷表、年表、五十音順の人名索引を付す。　　　　　　　1767

◆国家と個人・宗教・民族

世界人権ハンドブック　チャールズ・フマーナ編著　竹沢千恵子訳　明石書店　1994.6　556p　21cm　『World human rights guide　3rd ed.』の翻訳　4-7503-0595-2　6180円
世界人権宣言と国際人権規約を基盤に世界104か国の人権指数を割り出したハンドブック。国名（日本語読み）の五十音順に配列。各国ごとに40の評価項目をチェックリストにまとめ、4段階で評価し、簡単なコメントを付す。また人口、平均寿命、幼児死亡率、国際人権条約の批准状況、政治体制、国民総生産なども記載。巻末に資料として「世界人権宣言」「市民的及び政治的権利に関する国際規約（抜粋）」を付す。1983年刊の初版、1986年刊の第2版につづく1992年刊の第3版の翻訳。　　　　　　　　　　　　　1768

世界のテロ・ゲリラ　その組織と活動全資料　高木正幸著　土曜美術社　1989.5　424p　20cm　4-88625-187-0　3090円
主に世界のテロ・ゲリラ組織を地域別に一覧し解説した部分と、テロ・ゲリラ主要事件年表からなる。一覧に収録した組織数は900であるが、解説を付したものはうち140でほかは名称のみ。また、年表収録の事件に関係した組織には、解説の末尾に※印を付す。年表は1969－1989年に起きた535件の事件について、爆破、誘拐などの事件の種類、年月日、簡単な事実説明を記述する。巻末に、五十音順の日本語訳組織名、アルファベット順の略称、および数字から始まる組織名の3種類の索引がある。　　　　　　　　1769

戦後革命運動事典　戦後革命運動事典編集委員会編　新泉社　1985.3　409p　20cm　3200円
1945年8月15日から1985年ごろまでの労働運動、政治運動、社会運動、農民運動、学生運動などについて思想、組織、事件、人物をとりあげて解説。見出し項目は約1500で、五十音順に配列。巻末に、「基礎文献資料」（10種の宣言・決議・綱領など）「戦後革命運動史関係年表」「社共・新左翼・全学連の系譜」、五十音順のジャンル別項目索引（運動・事件、組織・機関紙、思想・用語・言葉、人物）を付す。『現代革命運動事典』（流動出版、1981）を改題し、改訂新版として出版したもの。　　　　　　　　　　　　　1770

世界差別問題事典　民族・人種・エスニスィティの解明　E.エリス・キャッシュモア編　日野謙一〔ほか〕訳　明石書店　1988.2　320p　20cm　監訳：今野敏彦　『Dictionary of race and ethnic relations』の翻訳　5000円
人種とエスニック関係の研究にかかわる用語および人名を項目とし、解説をしたもの。特に差別という観点から記述する。見出し語は英語版と同じ語および配列で、日本語の訳語を付す。解説は1項目おおむね2頁程度。項目の末尾には参考文献と関連参考項目を示す。巻末に和文・欧文の事項索引と人名索引がある。　　　　　　　　　　　　　　　　　　1771

世界民族問題事典　松原正毅〔ほか〕編　平凡社　1995.9　1348p　27cm　監修：梅棹忠夫　折り込図1枚　4-582-13201-4　23000円
全世界の民族問題の歴史や現状を解説したもの。項目の五十音順に配列。項目は、地域全体を概観する項目、国単位の展望をおこなう項目、地域に即した個別項目、地域を横断するテーマ項目で構成。本文中の関連項目は記号で指示、文末に参照項目を示す。また、主要な項目には項末に参考文献を記載。巻末に和文索引、欧文索引、地域別項目ガイドを付す。　　　　　1772

民族世界地図　浅井信雄著　新潮社　1993.4　173p　20cm

4-10-391901-9　1000円
世界のあちこちの民族や民族同士の争いなど、民族に関するさまざまな側面を論議したもの。約30のテーマ項目について地図入りのデータコラムを付して記述。『Foresight』（新潮社発行）に1990年3月から1992年8月に連載したものに加筆して刊行。　　　　　　1773

在日朝鮮人史年表　姜徹編著　雄山閣　1983.4　692p　22cm　4-639-00244-0　8800円
1881年（明治14）から1982年（昭和57）までの在日朝鮮人に関する年表。「在日朝鮮人」「南北半部情勢」「世界情勢」の3欄に分けて、日付までを記載する。付録には共和国南日外務相声明書、在日同胞の推移、在日同胞団体・出版現勢一覧表など15点の資料を収録する。歴史的な事件などが見やすく記載されており、使いやすい。　　　　　　　　　　　　1774

◆行政

【書誌・索引】

行政・行政法に関する27年間の雑誌文献目録　昭和23年－昭和49年　日外アソシエーツ「雑誌文献目録」編集部編　日外アソシエーツ　1982.11　2冊　27cm　発売：紀伊国屋書店　4-8169-0190-6　7900円,6800円
『雑誌記事索引（人文・社会編）累積索引版』☞0139をもとに、テーマ別の文献目録として再編成したものの一部で、1948－1974年の27年間に発表された行政・行政法に関する雑誌文献1万1000件を収録。構成は、各テーマを表す大項目を設け、その下を見出し語で細分化。見出しの下の各文献の配列は、著者名のあるものは著者の五十音順で、その後に著者名のないものを論題の五十音順に配列。巻末に五十音順の事項索引を付す。著者索引はない。1975年以降は『行政・地方自治・警察に関する10年間の雑誌文献目録　昭和50年－59年』☞1776および『行政法に関する10年間の雑誌文献目録　昭和50年－59年』☞1945に収録。1985年以降はCD-ROM化されている。　　　　　　　　　1775

行政・地方自治・警察に関する10年間の雑誌文献目録　昭和50年－昭和59年　日外アソシエーツ編　日外アソシエーツ　1987.6　368p　27cm　発売：紀伊国屋書店　4-8169-0360-7　13500円
『雑誌記事索引（人文・社会編）累積索引版』☞0139をもとに、テーマ別の文献目録として再編成したものの一部で、1975－1984年の10年間に発表された行政、地方自治・地方行政、治安・警察・消防に関する雑誌文献1万1510件を収録。構成は各テーマを表す大項目を設け、その下を見出し語で細分化。見出しの下の各文献の配列は論題の五十音順。巻末に五十音順の事項索引を付す。『行政・行政法に関する27年間の雑誌文献目録　昭和23年－昭和49年』☞1775および『地方自治・地方行政に関する27年間の雑誌文献目録　昭和23年－昭和49年』☞1807に続くもの。それらの見出しの下の配列は、著者名のあるものは著者の五十音順で、その後に著者名のないものを論題の五十音順に配列で巻末に事項索引および収録誌名一覧を付す。いずれも著者索引はない。1985年以降はCD-ROM化されている。　　　　　　　　　　　　　　　　1776

官報目次総覧　第1－24巻　文化図書　1984－1990　24冊　27cm　監修：林修三　複製
官報掲載の法令の表題を月ごとに体系的にまとめた目録部分のみを複製したもの。1883年（明治16）7月創刊から1987年（昭和62）12月発行分までを収録。第10、17、23、24巻に項目別索引。そのうち第24巻は法令以外の項目についても索引を作成して収録。また1988年（昭和63）以降は掲載項目すべてを体系的に収録した『官報総索引』（年刊）がある。　　　　　1777

政府定期刊行物目次総覧　第1－10分冊　文化図書　1987－1993　10冊　27cm　28000－28840円
政府定期刊行物約40誌の目次部分を複製して集成したもの。対象期間は創刊号から1985年（昭和60）12月まで。刊行物ごとの配列で、その中は巻号順。総目次のあるものはそれを複製。　　　　　　　　　　　1778

官員録・職員録目録　明治元年－昭和22年　国立国会図書館所蔵　国立国会図書館参考書誌部編　国立国会図書館　1985.7　203p　26cm　4-87582-095-X
国立国会図書館所蔵の官庁の職員録のうち、太政官制度時代から内務省解体までの時期のものを収録した目録。収録数は約2500冊で、中央・地方官庁（総合）、中央官庁（省庁別）、地方官庁（都道府県別）の3つに分けて編成。記載項目は書名、著編者、出版地、出版者、改正（調査）年月日、刊年、頁、大きさ、注記、請求記号など。巻末に付録として、職官表・官等表等、補任録等、中央・地方議会議員名簿、明治新政府以前の官職を含む名簿などがある。アルファベット順の書名索引を付す。　　　　　　　　　　　　1779

外国公務員制度文献目録　改訂版　人事院管理局法制課〔1988〕165p　26cm　（調査研究参考資料　第170号）
英米独仏を中心に、人事院の保管する欧文および邦文の公務員制度に関係する法令・文献・定期刊行物などを収録した目録。配列は、原文・邦文別、国別、資料の種類別に、さらに原文文献および邦文資料は、それ

らの中を分野別に分け、刊行順に。索引はない。初版は1980年刊。　　　　　　　　　　　　　　　　　　　*1780*

【辞典・事典】

行政百科大辞典　1-6　ぎょうせい　1975-1977　6冊　27cm　付(別冊　40p)：昭和52年度税法改正点早わかりガイド　35000円
行政各省庁所管の法令、通達、答申、白書などのなかから選定された行政実務上の基本用語、関連用語を集大成したもの。約3500項目を五十音順に配列し、中項目で解説。用語は広範囲な社会事象に及んでいるが執筆を各省庁の担当者が行っており、行政上の位置づけが主体となっている。利用対象は公務員、議員、研究者、一般利用者。内容は1971年（昭和46）10月1日現在。典拠法規を明示。参考文献はない。第5巻末に、項目の補遺と、付録として行政機構図があるほか、全巻に対する五十音順索引（約1万項目）および省庁別に検索ができる省庁別索引がある。また、第6巻は追補版で、1977年（昭和52）1月までの分と、全6巻の総索引を含む。　　　　　　　　　　　　　　　*1781*

霞ケ関データ・ハンドブック　和英対訳　IPMSグループ著　ジャパンタイムズ　1994.12　302p　19cm　4-7890-0763-4　2000円
第1部は、現在の日本の行政機関のしくみ、体質、現状を理解するのに役立つ125項目について解説。第2部は、「行政をよりよく知る和英用語集」「行政機関からひける行政事項」「行政事項からひける行政機関」よりなる。巻末に、政府および政府関係機関などの主要英文広報資料と、政府機関および政府機関等連絡先を収録。索引なし。　　　　　　　　　　　　　*1782*

日本の内閣　国政問題調査会編　国政問題調査会　1994.10　836p　27cm　38000円
1945年（昭和20）第43代東久邇宮内閣以後第81代村山富市内閣まで歴代の閣僚の発足当時記念写真と総理大臣の肖像写真を巻頭に掲載している。次に閣僚別の入閣歴、歴代の閣僚一覧表を収録。本文は各内閣当時の政治情勢を簡潔に記している。各省庁の大臣が一目で分かる資料、データを示す意図を持って構成されている。巻末に参考文献、政党の系統図、1941-1993年の年表を付す。　　　　　　　　　　　　　　　　*1783*

消防用語事典　新訂　消防庁編　全国加除法令出版　1982.5　503p　22cm　3800円
消防関係の法令に使用される用語を基本に関連用語や学術用語を含む約920項目を収録し解説。配列は項目の五十音順で、解説には関連法令を掲げ、また、関連する用語についての参照もある。巻末に「消防年代表」（年表）と五十音順の索引を付す。1972年刊の改訂版。　　　　　　　　　　　　　　　　　　　*1784*

和英消防実務辞典　消防英語研究会編著　全国加除法令出版　1986.1　407p　16cm　監修：東京消防庁　4-421-00258-5　1500円
「用語編」と「実用編」からなる消防実務辞典。「用語編」は、五十音順に配列された5000の消防関係用語を収録。「実用編」は、消防関係者向けの英会話ハンドブック。『和英消防用語集』（1978年刊）を改訂したもの。　　　　　　　　　　　　　　　　　　　　　　*1785*

消防設備用語辞典　消防設備法令研究会編　第一法規出版　1982.7　391p　22cm　2800円
消防法令に用いられている消防用設備に関する用語、約800を図版や写真を多く用いて解説。配列は見出し語の五十音順。解説の内容は実務的で刊行時の関連法令を幅広く収録。　　　　　　　　　　　　　*1786*

【便覧・年鑑】

行政機関等ガイドブック　昭和63年版-　総務庁編　大蔵省印刷局　1988-　不定期刊　26cm
都道府県別に国の行政機関や裁判所、特殊法人、地方公共団体などの組織名、所在地、組織の概要などを記載。3-4年ごとの刊行で、昭和56、60、63年版は、北海道、東北、関東、中部、近畿、中国、四国、九州、沖縄の地方別。現在は県別で47冊からなる。昭和63年版は、現書名の後に副題として旧書名を付す。解題は平成6年版による。　　　　　　　　　　　　*1787*

行政機関組織図　昭和32年版-　人事院管理局職階課〔1957〕-　年刊　26-30cm
わが国の各中央省庁およびその外局などの行政機関の組織および職の構成、定員数並びにこれらを定める法令などを収録したもの。原則として組織図は府、省ごとに組織全般の概略を示す総括図とその詳細図とからなる。また内部組織は、政令・省令・規則などにより規定されている課（これに準ずるものを含む）の段階までを掲げ、それ以下は特別のもののみとする（ただし、防衛庁と国会、裁判所の組織は主要なもののみ）。索引はない。解題は平成9年版による。　　　　*1788*

行政機構図　昭和30年版-　総務庁行政管理局〔1956〕-　年刊　18×26-25×35cm
原則として1997年7月1日現在における内閣の機関、総理府および各省の機構について、法令の規定に基づく組織体および職の編成を図解したもの。内部部局については、官房局、部、課またはこれに準ずる組織体およびこれらと並んで事務を分掌しまたは総括整理す

るなどの職を掲げ、いわゆる第一次、第二次の地方支分部局については、その総称および数のほか、組織体および職を掲げる。付属機関などについても可能な限りその組織体および職を掲げるが、国会、裁判所および会計検査院の機構、特殊法人一覧、所掌事務一覧、および常勤職員の分類は、巻末に付録として掲載。解題は平成9年版による。
1789

審議会総覧 昭和48年版- 総務庁編 大蔵省印刷局 1973- 不定期刊 19-22cm
各省庁に設置されている審議会、調査会、審査会などについて概要をとりまとめたもの。記載項目は、主管省庁および庶務担当部局課、根拠法令、設置年月日、所掌事務、部会等、委員の定数・任期、委員の氏名、諮問・答申事項など。省庁の機構順に配列し、巻末に審議会名の五十音順索引を付す。平成8年版では217審議会を収録。
1790

内閣制度百年史 上，下巻，追録 内閣制度百年史編纂委員会編 大蔵省印刷局 1985-1995 3冊 27cm 全30000円,4000円
1885年（明治18）の内閣制度創始以来100年間の内閣制度の移り変わりと、歴代内閣の歩みを記述したもので、上巻の記述編・年表と下巻の資料編、追録からなる。上巻は3部からなり、第1部は内閣制度百年の歩み、第2部は歴代内閣の歩み、第3部は個別諸制度の変遷を記述し、巻末に年表を付す。下巻は第1部内閣制度および関連諸制度関係資料、第2部歴代内閣別主要資料、第3部歴代内閣人事等資料、第4部国会関係資料、第5部内閣および総理府並びに各省庁機構一覧からなる。なお、下巻追録は下巻（1985年12月発行）刊行後10年間における主要な資料を下巻の項目にしたがい収録。
1791

内閣百年の歩み 2版 内閣制度百年史編纂委員会編纂 大巧 1991.4 209p 30cm 6000円
1885年（明治18）から1985年（昭和60）に至る100年間の内閣の歩みを、写真と年表を中心に概観するもの。第1部は、内閣の役割と運営について簡潔に記述し、概略を把握できる。第2部内閣百年の歩みは、第1代から第72代首相の肖像写真および歴代内閣を写真・年表でまとめる。また資料として、内閣総理大臣に関するデータなどを図表で示す。巻末に総理大臣一覧や国務大臣構成一覧などを付す。索引はない。
1792

内閣法制局百年史 内閣法制局百年史編集委員会編 大蔵省印刷局 1985.12 576p 22cm 8000円
1885年（明治18）12月の内閣制度発足に伴い設置された内閣法制局の創設100年を記念して刊行されたもの。同局の沿革および戦後の法律・政令などの審査状況に重点をおいた事務概況を詳述。ほかに設置法関係資料、参考書誌、職員一覧表、年表などの資料を付す。巻頭に歴代内閣法制局長官の肖像写真などを収録。1974年刊行の『内閣法制局史』を全面的に見直し、改訂を図ったもの。姉妹編として『内閣法制局の回想 創設百年記念』がある。
1793

法務年鑑 昭和24年版- 法務省大臣官房司法法制調査部司法法制課 1950- 年刊 21cm 非売品
法務省（内部部局・審議会・施設等機関・地方支分部局・外局）の年間業務運営状況を概観する目的で編纂された年鑑。巻末に法務省の定員・予算・主要人事その他関係資料を付す。前身は『司法一覧』（明治27年版-昭和22年版）および『法務一覧』（昭和23年版のみ）。昭和24年版より現在の名称で刊行されている。戦前は統計表の掲載を主としていた。解題は平成8年版による。
1794

厚生省五十年史 厚生省五十年史編集委員会編 厚生問題研究会 1988.5 2冊 27cm 製作・発売：中央法規出版 「記述篇」「資料篇」に分冊刊行
「記述編」は、1938年（昭和13）の厚生省創設までの前史と、それ以降の戦時下、戦後復興期、高度経済成長期、高齢化時代に区分して厚生行政について詳述。巻頭に各時代の写真および歴代厚生大臣の顔写真など、巻末に参考文献一覧と五十音順の事項索引を付す。「資料編」は、組織の変遷、歴代幹部一覧、機関の活動状況、法令・法案関係、審議会の活動状況、統計資料、総合年表からなる。記述編は約2000頁、資料編も約1500頁におよぶ大部な資料。
1795

農林水産省百年史 別巻 「農林水産省百年史」編纂委員会編「農林水産省百年史」刊行会 1981.3 923p 図版16枚 22cm 資料編 製作：農林統計協会 9600円
『農林水産省百年史』（上、中、下巻 1979-1981刊）の別巻。資料編として機構、幹部職員、関係法律、予算などの変遷、推移および行政史年表、主要統計などをかなり詳細に収録。さらに、特色のある資料として「明治期農商務省刊行文献目録」を採録し、付録として内務省関係部局出版目録を付す。また口絵には公印の変遷や114代までの歴代大臣の顔写真などがある。巻末に百年史本文についての五十音順の事項索引を付す。
1796

科学技術庁30年のあゆみ 科学技術庁30年のあゆみ編集小委員会企画・編集 創造 1986.3 158p 30cm
1956年（昭和31）5月の設立から1986年（昭和61）までの同庁の記録を4部構成でまとめたもの。第1部「写真で見る30年」、第2部「主要施策でつづる30年」、第3部「先人の語る30年」。第4部「図表で読む30年」で

は、組織の変遷、年表などの資料を図式化して収録。巻頭に歴代長官の肖像写真を付す。索引はない。　*1797*

主要国行政機構ハンドブック　アメリカ+イギリス+フランス+ドイツ+中国+日本　改訂版　ジャパンタイムズ編　ジャパンタイムズ　1993.10　452p　22cm　監修：総務庁行政管理局　『主要国米英仏独中ソ日行政機構ハンドブック』(1980年刊)の改訂版　付・EC・国際機関　4-7890-0702-2　7500円
書名に示された主要諸国政府の機関およびその内部組織、ポストについて、それぞれの位置づけとともにその原語名とそれに対応する日本語訳を併記したハンドブック。国際連合、経済協力開発機構、欧州共同体委員会などの主要国際機関についても同様のものを付録として巻末に収録。索引はないが詳細な目次あり。
　1798

【名簿・名鑑】

明治初期官員録・職員録集成　第1-4巻　朝倉治彦編　柏書房　1981-1982　4冊　27cm　複製
1868年（慶応4）5月から1870年（明治3）11月までの官員録、職員録を集成・影印したもので、明治期研究の基礎資料。年代順の構成で、記載事項は官職名と氏名。各巻頭に簡単な解題を付す。第1巻には官員録以外に系統資料として「公武有司集覧」「京都御役鑑」「東京官員録」「都仁志喜」「列藩一覧」「御国分武鑑」を収録。索引などはない。　*1799*

戦前期日本官僚制の制度・組織・人事　戦前期官僚制研究会編　秦郁彦著　東京大学出版会　1981.11　769p　27cm　付（1枚）：追補　18000円
明治維新に始まる戦前期の日本官僚制における人事を中心とした制度・組織の基礎資料。4部からなる。第1部主要官僚の履歴は、明治維新から日本占領期までに活動した主要官僚1373人の略歴を収録。第2部主要官職の任免変遷は、明治新政府の成立期から1947年（昭和22）3月20日に至る主要官職の長の任免について氏名、日付を年代順に表示。第3部高等試験合格者一覧は、試補一覧、外交科試験合格者、行政科試験合格者から構成される。第4部制度・組織の解説は、制度および組織の変遷を概説したもの。主要官僚のうち武官については、日本近代史料研究会編『日本陸海軍の制度・組織・人事』☞*3072* に1222人を収録している。戦後については、『世界諸国の制度・組織・人事 1840-1987』☞*1750* の「日本の部」に本書を継続する形で収録している。　*1800*

職員録　明治19年版-　大蔵省印刷局編　大蔵省印刷局　1886-　年刊　22cm
わが国官公庁職員の公式名簿であり、官公庁の組織を知るための基礎資料。上下2巻にわかれ、上巻は中央官庁、公共企業体等、下巻は都道府県の機関について、係長以上を収録。機関名に所在地と電話番号を付記。巻頭に機構図、所掌事務要覧、定員表がある。昭和41年版から上巻を対象に、昭和53年版からは上下巻を対象に五十音順の人名索引がついたが、主要職員に限られている。なお、明治元年から同20年までは、民間刊行の『官員録』があり、明治19年から現在の上、下巻に相当する『職員録　甲、乙』として発行され現行のものに続いている。ただし、昭和19年-23年は『各庁職員抄録』として年1冊発行された。なお、大蔵省、文部省その他の官庁で個別の職員録も編集刊行されている。解題は平成10年版による。　*1801*

歴代内閣総覧　総理略歴・閣僚名簿・年表・足跡　リッチマインド出版事業部　1991.11　407p　27cm　7560円
1885年（明治18）伊藤博文内閣から1991年（平成3）宮沢喜一内閣に至る79内閣の顔触れと総理の略歴、任期中の出来事の年表を掲げ、その時代を概観できるようにしたもの。年表は「政治・経済」「社会・文化」「国際」のテーマに分けている。巻末付録に「各政党の系統図」がある。　*1802*

紅・緑・藍綬褒章名鑑　賞勲局百年資料集　自明治15年至昭和29年　総理府賞勲局編　大蔵省印刷局　1980.5　906p　22cm　10000円
褒章創設当初から1955年（昭和30）の褒章条例改正までの間の紅綬、緑綬および藍綬の各褒章受章者3300余名の業績を収録した名鑑。各褒章ごとの構成で、配列は都道府県別に授章年次の順。また外国人についても収録。記載項目は住所、氏名、生年月日、受章年月日、業績など。巻末に授与件数の統計表と受章者名の五十音順索引を付す。関連資料として『紺綬褒章名鑑』☞*1804* がある。　*1803*

紺綬褒章名鑑　賞勲局百年資料集　総理府賞勲局編　大蔵省印刷局　1986-1988　3冊　22cm　10000-12000円
総理府賞勲局および国立公文書館保管の「紺綬褒章薄冊」「第1号襃状薄冊」をもとに紺綬褒章の受章者、団体を3分冊で収録した名鑑。1冊目は1919-1941年（大正8-昭和16）の受章者5045名、2冊目は1942-1947年（昭和17-22）の受章者4399名、3冊目は団体編で1921-1947年（大正10-昭和22）の受章団体、遺族追賞4758件を収録。配列は授与番号順。記載事項は住所、氏名（団体名）、生年月日、授与年月日、授与番号、事績の内容。それぞれの巻末に授与件数の統計と五十音順の電話帳式の氏名（団体名）索引を付す。関連資料として『紅・緑・藍綬褒章名鑑』☞*1803* がある。　*1804*

中華人民共和国・朝鮮民主主義人民共和国職官歴任表　秦郁彦編　東京大学東洋文化研究所附属東洋学文献センター　1987.3　101p 21cm　（東洋学文献センター叢刊　第51輯）

中華人民共和国（中国）の部と朝鮮民主主義人民共和国（北朝鮮）の部で構成。中国の部は、政治機構についての解説、参考文献、職官歴任表からなる。職官歴任表は共産党および国家機構などの組織別の官職ごとに在任期間順に記載。共産党は1921年の誕生から、国家機構については1949年の建国から1987年初めまでを収録。記載内容は官職名、漢字表記人名、拼音表記人名、在任期間のみ。また北朝鮮の部は、解説と職官歴任表からなり、建国から1986年末までを収録。記載項目は官職名、漢字表記人名、アルファベット表記人名、ハングル表記人名、在任期間。付属資料として朝鮮労働党の政治委員会委員名を収録。　*1805*

【統計】

明治前期警視庁・大阪府・京都府警察統計　第1-2期　柏書房　1985-1986　8冊 38cm　解題：大日方純夫　全130000円

1874-1886年（明治7-19）を対象とした第1期、および第2期では1887-1890年（明治20-23）の東京、大阪、京都の警察統計を複製して収録。内容は「警視庁事務年表」「大阪府警察統計表」「京都府警察統計表」の3種類。各期第1巻の巻頭に解題、警察史年表（1887-1890年）を付す。　*1806*

◆地方自治

【書誌】

地方自治・地方行政に関する27年間の雑誌文献目録　昭和23年-昭和49年　日外アソシエーツ「雑誌文献目録」編集部編　日外アソシエーツ　1982.6　200p 27cm　発売：紀伊国屋書店　4-8169-0141-8　6300円

『雑誌記事索引（人文・社会編）累積索引版』☞0139をもとに、テーマ別の文献目録として再編成したものの一部で、1948-1974年の27年間に発表された地方自治・地方行政に関する雑誌文献約8300件を収録したもの。構成は各テーマを表す大項目を設け、その下を見出し語で細分化。見出しの下の各文献の配列は著者名の五十音順。記載内容は著者名、論題、雑誌名、巻号、発行年月次、頁の順。巻末に五十音順の事項索引を付す。1975年（昭和50）以降は『行政・地方自治・警察に関する10年間の雑誌文献目録　昭和50年-昭和59年』☞*1776*に収録。　*1807*

東京に関する文献目録　雑誌文献編　東京市政調査会市政専門図書館編　東京市政調査会　1992.3　276p 27cm　4500円

市政専門図書館の「市名目録」を基礎に江戸、東京市、東京都に関する雑誌論文、記事を収録したもの。大正末年から1990年（平成2）12月発行までの雑誌掲載分が対象で、追加篇で1991年（平成3）前半発行分を補充。分類篇、追加篇、索引篇からなる。分類篇は江戸、東京市、東京都に大分類し、さらに東京市、東京都については独自の分類で細分類する。細分類項目のなかは文献の発行年月順の配列で、記載項目は文献名、雑誌名、巻号、刊行年月、筆者名。欧文文献は分類篇と追加篇の最後に一括。索引篇は文献のタイトルの五十音順（欧文はアルファベット順）。『東京に関する文献目録　図書編』（1964年刊）の続編に当たる。　*1808*

住民運動に関する文献目録　東京都立中央図書館編集　日本図書館協会　1980.6　258p 26cm　1200円

都立中央図書館が所蔵する住民運動に関する文献・資料約5800点を収録した目録。図書は明治以降1979年1月までの刊行のものを、雑誌論文は1970年1月から1978年12月までのものを対象とする。テーマ別の構成で、その中は書名あるいは論題の五十音順。巻末に都道府県別、件名、著者名の各索引と、収録雑誌一覧を付す。1974年刊行の『住民運動に関する主な文献目録稿』およびその追録に加除を施したもの。　*1809*

【辞典・事典】

地方自治百科大事典　石原信雄〔ほか〕編　ぎょうせい　1987.11　5冊 27cm　4-324-00986-4　全30000円

地方自治関係の用語、および地方自治に関連する広範な事象をとりあげ解説した事典。また、全国3300余の地方公共団体（都道府県・市町村・特別区）についても項目としてとりあげ、その歴史的成り立ち、主要産業、名所旧跡を中心に紹介。縦書きで、配列は項目の五十音順。項末に参照項目の指示あり。写真や図版を多く含む。索引、参考文献はない。地方行政に携わる公務員向けに編集されたものであるが、地方自治に関する総合百科事典として幅広く利用できる。　*1810*

自治用語小辞典　学陽書房編集部編　学陽書房　1967　352p 18cm　監修者：有倉遼吉　690円

地方自治に関連の深い約700の実務的用語を、簡潔に記述した辞典。配列は五十音順で、必要に応じて法的根拠を明示する。類似項目、同義語は、そのいずれか一方において解説。見出し語として表示されない本文中の語は、その左肩に＊印を付す。1955年以来、版を

重ねた『地方自治用語辞典』を全面改訂したもの。
1811

地方自治辞典 新版 良書普及会 1986.7 666,48p 22cm
監修：丸山高満 4-656-81701-5 4500円
地方自治の専門用語と、法律学、経済学、社会学、政治学などの関連分野から選択された用語あわせて4200語を収録する辞典。単なる用語の説明に終わることなく、その沿革、学説、判例、実態なども加えて解説する。配列は五十音順で、中項目・小項目の併用。解説文中の見出し語は星印で表示し、また項末に参照項目を示す。付録として法令用語解説がある。巻末に五十音順の用語索引と欧文略語索引を付す。1967年刊（久世公堯監修）の新版。
1812

自治用語辞典 3訂版 自治大学校編 ぎょうせい 1988.10
824,27p 22cm 4-324-01322-5 3000円
地方自治法を中心とする地方自治関係の現行法令（1988年4月1日現在）に使用されている基礎的用語に、実務用語・常識用語を加えてやや詳しく解説した辞典。収録用語数は約2000語。配列は五十音順。主要な用語には行政実例・判例などの要旨を記載。また重要な異説についても要旨・出典を記載。必要に応じて項末に関連の見出し語を付す。旧版（1967年初版、1978年全訂版）の収録用語に全面的な再検討を加えるとともに、新たに約250語を追加。巻末に用語の五十音順索引あり。
1813

地方自治の現代用語 新版 阿部齊，大久保皓生，寄本勝美編著 学陽書房 1996.9 440p 21cm 4-313-16015-9 2427円
現代の地方自治を理解するのに必要な基本的用語875語を選び、解説を加えた用語辞典。基本的な法律・制度にかかわる用語を網羅し、新しい用語や周辺領域の用語も収録。全項目を8つのカテゴリーに分け、その中で五十音順に配列。また重要な項目には長文の解説を付し、読む事典、入門書としても用いることができる。項末に関連語を示し、巻末には五十音順の用語索引を付す。1988年刊の初版、1994年刊の全訂版に追加、見直しを加えたもの。
1814

自治体政策事典 自治体政策研究グループ編集 ぎょうせい 1982.10 529,19p 22cm 3300円
世界経済の動向、エネルギー問題、高齢化と福祉など、現代の地方行政をとりまく諸問題および政策に関する事項を平易に解説した事典。構成は8部43章の体系的な配列で、各章の最初に2頁の概説がある。各事項に関係する法律は示されるが、根拠となる資料は明示されない。巻末に、英文表記を含む項目を五十音順に並べた索引を付す。参考文献はない。
1815

自治体行政法事典 兼子仁，関哲夫編著 北樹出版 1987.6 322p 22cm 発売：学文社 4200円
自治体行政法の体系にそうような目次で編成されたコンパクトな事典。「地方自治の本旨」「自治体」「住民とその権利」「自治体の機関と職員」「自治体行政の諸手段」「地方公共団体の財政」の6章からなる。構成は、各章の中を大項目に分け、まず総説で概説したのち主要な内訳事項を選んで解説する。また解説項目中の重要語句をゴシックで表示し、それらの行政法用語を巻末索引として五十音順に配列してあるので、索引を用いることによって辞典としても活用できる。目次も詳細。必要に応じて項末に参考文献を記載。
1816

地方議会用語辞典 最新改訂版 中島正郎，石山一男編著
ぎょうせい 1991.7 656p 22cm 4-324-02589-4 4800円
地方議会関係の基礎的な用語および議会に関連する実務用語あわせて598語について解説した用語辞典。配列は五十音順で、各項目には解説、運用例、注意点、行政実例、判例、国会先例、関連語を記載。関係法令などは1991年（平成3）4月1日現在より、実例、判例、先例などは最新まで収録。また議事運営などの実際例も収録し、実務的にも利用できる。巻末に五十音順の索引を付し、見出し語以外からも検索できるように配慮。1976年刊の初版、1985年刊の改訂版に、その後の行政実例や関係法令改正に伴う内容改訂を行い、あわせて新項目の追加と索引の充実をはかったもの。
1817

日英米地方自治用語辞典 木寺久〔ほか〕著 ぎょうせい 1993.8 468p 19cm 4-324-03844-9 3500円
地方自治関係の基本用語の実用的和英辞典。配列は主要見出し語の五十音順。主要見出し語の後に1字下げて関連の見出し語を表示。また米語と英語で明確な違いがある場合には両方の訳語を記載。必要に応じて例・用例・相互参照・注などを付す。巻末に付録として組織、官職名などの訳語を体系的に表記。
1818

仏和・和仏自治用語辞典 自治体国際化協会 1994.7 97,37p 21cm
地方自治についての仏和・和仏の用語集。「仏和編」は財団法人自治体国際化協会パリ事務所がこれまでに調査・執筆した『フランスの地方行財政のあらまし』『変容する世界都市連合の活動』および9冊の『CLAIR REPORT』に掲載されたフランスの地方自治用語を収録。必要に応じてその解説、および上記刊行物中の初出頁を付す。「和仏編」は、同協会発行の『海外活動ハンドブック』を改訂する際にその一部として執筆したもの。
1819

【便覧・年鑑・統計】

地方自治年鑑 1978-　自治研修協会地方自治研究資料センター編　第一法規出版　1978-　年刊　27cm
地方行財政ならびに全国地方自治体の動向を記録した年鑑。本編と特集編からなる。本編は、2部からなり、第1部記録編は、年間重要日誌、首長選挙結果、地方自治の年間動向とその解説、自治体の記録のほか、地方6団体の動きからなる。自治体の記録は、都道府県と政令指定都市について記録し、第1部の中心を占める。第2部資料・統計編は、関係法律、通知・通達、調査会などの答申、重要統計（地方公務員、地方財政、地方税など）、都道府県勢一覧、自治省関係名簿からなる。巻末に本文の事項索引がある。特集編は、その年の重要テーマに関する記事、解説、資料を収録する。解題は平成8年版による。　　　　　　　　　　*1820*

日本都市年鑑　第1回（昭和6年版）-　全国市長会編　第一法規出版　1931-　年刊　23-27cm
全国の「市」（東京都は特別23区を一つの市とみなす）についての各種の統計を集積してわが国の都市に関する諸事象を明らかにするもの。「概説」「市域・人口」「市政」「財政」「都市計画・住宅土地」「生活衛生・保健医療」「社会福祉」「教育・文化」「公営企業」「交通・通信」「災害・事故」「経済・産業」の12章からなる。創刊当時は東京市政調査会の手になり、昭和30年版から現在の全国市長会の調査・編集となる。第1-16回については復刻版も刊行されている（文生書院、1976）。解題は平成8年度版による。　　　　　　*1821*

全国市町村要覧　昭和38年版-　自治省行政局振興課編　第一法規出版　1963-　年刊　26cm
全国の市区町村別に人口、世帯数、面積、人口密度、産業別就業人口、国勢調査人口および増減の状況、役所役場の位置、市区町村長・議会議長名、合併・境界変更の状況などを収録。構成は各都道府県別で、その中の見出しの市区町村名にはふりがなを付す。巻末に電話帳式五十音順の市区郡町村名索引がある。全国市区町村の概要を知るための手軽で信頼がおける資料。解題は平成8年度版による。　　　　　　　　　*1822*

地方自治便覧　1963-　文書事務管理研究会編　地方財務協会　〔1963〕-　年刊　18-30cm
地方公共団体に関する各種統計資料をまとめたもの。構成は、地方公共団体、地方公務員、選挙、地方財政、地方税、地域振興、消防などである。各都道府県ごとや、項目ごとに、それぞれ統計数値を表で示す。必要に応じて、統計数値の推移も示す。ほかの統計をもとにしたものには、出典を明示。巻末に、国の統計をまとめて収録する。　　　　　　　　　　　　　　　*1823*

公共施設状況調　昭和41年版-　地方財政調査研究会編　地方財務協会　〔1963〕-　年刊　26-30cm
地方公共団体の公共施設の現況を明らかにしたもので、概況および資料の2部からなる。資料は主に統計で、都道府県別主要公共施設の状況（都道府県分と市町村分の主要施設合算数値を都道府県別に表したもの）、都道府県分（都道府県分を都道府県別に表したもの）、市町村分の3つに区分。また、資料の手引を付して留意事項を記載。昭和37-40年版のタイトルは『資産および施設の状況調』、昭和57年版以前は自治省財政局指導課編。解題は平成8年版による。　*1824*

明治大正日本国勢沿革資料総覧　〔第1期〕-第2期　柏書房　1983-1986　9冊　31cm　監修：大久保利謙　複製　第1期75000円,第2期80000円
明治・大正期の地方行政体制および郡市町村についての複製資料集。特に町村データおよび地名を豊富に収録した資料を中心に採録。時期は1871年（明治4）にはじまる廃藩置県以降の重要な時期、および1911年（明治44）の市制・町村制の全面改正前後が主である。第1期では22点を収録、第2期はそれを補完する形で54点を収録する。複製にあたっては拡大、縮小をしたものもある。　　　　　　　　　　　　　　　*1825*

都市宣言に関する調査結果　昭和60年12月31日現在　全国市議会議長会　1986.4　96p　26cm　（調査資料61-2）
1985年12月31日現在における569市、1571件の都市宣言を、宣言の名称、制定年月日（議決年月日）、宣言に関連した1985年度中の主な関連事業とその予算についてまとめたもの。配列は北海道から順に沖縄県へ。巻頭に、都市宣言を地区別にみた制定状況、制定件数別市数、年代別制定状況、目標別分類からみた簡単な解説を付す。索引はない。　　　　　　　　*1826*

情報公開ハンドブック　東京都条例を中心に　新版　第二東京弁護士会編著　花伝社　1994.9　285p　21cm　発売：共栄書房　4-7634-0270-6　2800円
本書は「解説篇」と「資料篇」からなる。解説篇では、1984年（昭和59）10月1日公布され翌年4月1日から施行された「東京都公文書の開示等に関する条例」の逐条解説を、趣旨、解説、問題点の3項目に分けて記述。資料篇では、全国の情報公開条例制定状況の一覧表や、全国都道府県の情報公開条例の主要部分を収録。姉妹篇に『情報公開条例の研究』（1994年刊）がある。旧版は1988年刊。　　　　　　　　　　　　*1827*

市町村名変遷辞典　補訂版　地名情報資料室編　楠原佑介責任編集　東京堂出版　1993.9　864,86p　23cm　4-490-10356-5　16000円
1889年（明治22）4月1日の市制町村制施行以降に地

方自治体として存在した市区町村（および大都市の行政区）の名称すべてを項目対象として、その変遷経過を記載した辞典。配列は五十音順。内容は読み方、漢字表記、所属する都道府県・郡名、変遷経過などをコンパクトに記載。巻末に県別画数索引があり、読み方が不明の場合にも検索ができる。初版は1990年。
1828

幕末以降市町村名変遷系統図総覧 1-2,別巻 太田孝編著 東洋書林 1995-1996 3冊 23cm 監修：西川治 発売：原書房 28840-39140円
現在に至る市町村の成り立ちの推移を、幕末期までさかのぼって系統図であらわしたもの。北海道から沖縄県までの各都道府県別の構成。それぞれ最初に見出しとなる現在の市町村名と頁の一覧表があり、その順で系統図を記載する。系統図では合併・再編成、市町村名の変遷をたどるとともに、記載市町村名にフリガナを付けて読めるように配慮している。別巻の『幕末以降全国市町村名検索辞典』は、収録されたすべての地名を読みの五十音順に配列した地名索引。『全国市町村変遷一覧』（上下2巻、1991年刊）と『全国市町村変遷一覧　別冊』（1994年刊）を合体し再編成したもの。
1829

全国市町村名変遷総覧 全訂 日本加除出版株式会社出版部編 日本加除出版 1991.8 1268,112p 22cm 創立五十周年記念出版　監修：自治省行政局振興課 4-8178-1099-8 11500円
全国3267（東京23区および北方領土6村を含む）の市区町村（1991年6月1日現在）名について、1888年（明治21）公布の「市制町村制」施行時からの変遷を県別にまとめたもの。各都道府県ごとに、3項目（1「市制町村制」施行時における郡・市（区）町村名一覧、2「市制町村制」施行後の郡・市町村変更一覧、3新旧市町村対照表）に分けて編集。資料編として、「市町村数の推移」「都道府県名の変遷」などを巻末に付す。
1830

世界の大都市 1997 世界大都市サミット会議事務局 1997.3 352p 26cm 並列タイトル：『Major cities of the world』　「1994」までの出版者：世界大都市交流委員会事務局
世界の28の大都市について、都市の概要、人口、経済と産業、地方行政、財務、社会福祉、交通機関、エネルギーと環境、市民生活、国際関係の10項にわたり解説したもの。巻末に、国と地方との関係、行政組織図、統計が付録としてある。収録情報は主として「1997年における世界の大都市に関する質問表」に対する回答による。なお、英語版『Major cities of the world』も刊行されている。
1831

【 **名簿・名鑑** 】

日本の歴代知事 第1-3巻 歴代知事編纂会編 歴代知事編纂会 1980-1982 5冊 27cm 18000-36000円
歴代知事の経歴と治績を中心に編纂された知事大観。地域別の構成で、全3巻5冊よりなる。第1巻は、北海道、東北、関東地方および新潟県、第2巻は北陸、中部、近畿地方、第3巻は中国、四国、九州、沖縄地方を収録。内容は、各都道府県ごとにまず行政機構および県議会の機構、県史年表などを記載。その後に歴代の知事の顔写真、任期、任期中の副知事および県議会議長名、知事の経歴、詳細な治績について記載する。それ以外に、日本の地方自治史、歴代知事についての解説を各巻頭に同文で収録。索引はないが、詳細な目次あり。
1832

日本の歴代市長 市制施行百年の歩み 第1-3巻 歴代知事編纂会編集 歴代知事編纂会 1983-1985 3冊 27cm 23000-28000円
歴代市長の経歴と治績を集大成したもの。構成は地域別で、第1巻は北海道、東北、関東、第2巻は北陸、中部、近畿、第3巻は中国、四国、九州、沖縄地方を収録。内容はまず各市の市庁舎の写真および住所、市制施行日、沿革、位置、人口を簡単に述べたのち、歴代の市長について記載する。市長については、顔写真、任期、任期中の市議会議長名、経歴および治績で、1人当たり半頁の記載である。索引はないが、各巻の目次に県名、市名、歴代市長名を記す。
1833

日本の歴代町村長 町村制施行100年の歩み 第1巻 歴代知事編纂会編 歴代知事編纂会 1989.3 1368p 27cm 28000円
現在の行政機構である各町村を対象として、1889年（明治22）4月の町村制施行に伴う官選町村長から1988年（昭和63）5月1日現在の公選町村長までの歴代町村長の経歴、治績を集大成したもの。47都道府県を3つのブロックに大別し、第1巻は14県821町村、第2巻は16県832町村、第3巻は17県938町村の計2591町村を収録予定。姉妹編に『日本の歴代知事』☞*1832*、『日本の歴代市長』☞*1833*がある。
1834

全国都道府県議会議員名鑑 昭和50年4月- 全国都道府県議会議長会 1975- 不定期刊 25-30cm
構成は、都道府県別で、氏名の五十音順に配列。記載事項は、氏名、性別、所属政党、職業、生年月日、住所、電話、当選回数、正副議長経験などである。巻末に参考として「全国都道府県議会所在地および電話番号一覧」を付す。4年ごとの統一地方選挙後に刊行。
1835

地方議会議員大事典 全国都道府県議会議長会事務局内
　地方議会議員大事典編纂委員会編著　第一法規出版
　1980.8　19,760,6p 27cm　9500円
　地方議会議員および地方議会関係者を主な対象者として、地方議会の役割と運営状況を体系的にまとめ、かつ事例ごとに詳述する事典。地方議会の歴史、地方自治制度、地方財政制度および諸外国の地方制度についての概要をまとめ、議会関係の法令資料も収録する。巻末には、参考文献、五十音順の事項索引を付す。
1836

東京都議会歴代議員略歴集録 昭和18年-平成5年　東京都議会議会局管理部総務課編　東京都議会議会局
　1993.12　364p 26cm
　1943年（昭和18）から1993年（平成5）に至る歴代都議会議員664名の主な経歴を収録した名簿。1990年（平成2）に刊行したものに、履歴の変更などを追加整理し、第14期議員の経歴を追加したもの。氏名の五十音順に配列し、会派、住所、職業、公職歴を記載する。巻末に「歴代東京都議会議長一覧」「選挙区別・期別議員一覧」「都議会各会派の変遷」など12の付録がある。
1837

◆外交・国際問題

【文献案内・書誌・索引】

国際関係に関する10年間の雑誌文献目録 昭和50年-昭和59年　日外アソシエーツ編　日外アソシエーツ
　1987.6　306p 27cm　発売：紀伊国屋書店　4-8169-0360-7　11200円
　『雑誌記事索引（人文・社会編）累積索引版』☞0139をもとに、テーマ別の文献目録として再編成したものの一部で、1978-1984年の10年間に発表された国際関係に関する雑誌文献8861件を収録。構成は各テーマを表す大項目を設け、その下を見出し語で細分化。見出しの下の各文献の配列は論題の五十音順。巻末に五十音順の事項索引を付す。約1万5000件を収録する『国際関係に関する17年間の雑誌文献目録　昭和23年-39年』および、約1万1000件を収録する『国際関係に関する10年間の雑誌文献目録　昭和40年-49年』に続くもの。それらの見出しの下の配列は、著者名のあるものは著者の五十音順で、その後に著者名のないものを論題の五十音順に配列で、巻末に事項索引および収録誌名一覧を付す。いずれも著者索引はない。1985年以降はCD-ROM化されている。
1838

外交史料館所蔵外務省記録総目録 戦前期　第1-2巻，別巻　外務省外交史料館編著　原書房　1992-1993　3冊　27cm　12000-18000円
　外務省外交史料館が所蔵・公開している戦前期外務省記録の目録。全3冊で、明治大正篇、昭和戦前篇、索引・参考資料篇からなる。目録は体系的分類目録で、外務省記録の分類にしたがって「門」「類」「項」（昭和期の記録は以下に「目」がある）と細分し、その中の1件ごとの記録を示す「号」の番号順に配列。記載内容は件名、冊数など。目次で項、目の段階までの分類の一覧ができる。別巻の索引は五十音順の記録ファイル索引および分類項目索引からなり、記録ファイル索引は事件、条約、会議などの名称から検索可。別巻にはまた、消失外務省記録の一覧と、参考資料として外務省記録分類表、主要宛字一覧などを所収。
1839

「外務省編日本外交文書」総索引 明治期　1-10，大正期　1-7　日本図書センター　1992-1993　17冊 22cm
　外務省編纂刊行の『日本外交文書』明治期全88冊（1936-1963年刊）および大正期全57冊（1964-1987年刊）の目次と索引を複製して集成したもの。底本は外務省外交史料館所蔵のものを使用。配列は通常巻の巻次どおりで、追補などは最終巻に収録。索引は巻（冊）ごとの日附索引。ただし明治期第1-2巻については目次が日附索引の形をとり、別に事項別索引がある。
1840

近代日中関係史研究入門 増補　山根幸夫〔ほか〕編　研文出版　1996.4　519p 20cm　4-87636-102-9　4200円
　明治維新前後から現在に至るまでの日中関係史を対象とし、文献を中心に解説した学生向けの研究入門書。総説で概説書や参考図書類を紹介し、以下時代別に10章に分けて構成。各章では本文で研究書、論文などを紹介し、章末で史料解説を行っている。収録文献は日本文、中国文が中心。付録として年表および中国書専門店の紹介あり。1992年初版の増補版で、巻末に50頁にわたって各章ごとの補足をまとめて掲載。補足の対象は原則として1995年3月までのもの。
1841

近代日中関係史文献目録 山根幸夫編　東京女子大学東洋史研究室　1979.3　191p 26cm
　明治維新から太平洋戦争に至るまでの時期の日中関係の文献目録。対象は1978年までに発表された日本文、中国文の文献。単行本の部と論文の部とに分けて構成し、さらにその中を主題ごとに分類して収録。収録数は単行本が697件、論文が2470件。記載内容は通し番号、著者、書名（論文名）、出版者（収録雑誌名）、出版年。手書き原稿をそのまま印刷したもので、索引はない。
1842

近代日中関係史研究論文目録 1946年－1989年 塚瀬進編 竜渓書舎 1990.8 253,22p 21cm 監修：市古宙三 4-8447-8330-0 4500円

1946年から1989年の間に、日本で発表された近代日中関係史に関する研究論文と著書の著者別目録。近代日中関係史の期間は、1868年の明治維新から1945年の第二次大戦終結までを指す。配列は、個人著者と団体著者に大別し、それぞれ五十音順。また、各著者においては論文、著書の順で、それぞれ発表年代順。巻末に五十音順索引を付す。　　　　　　　　　　　　　1843

日米関係基礎文献目録 東京大学アメリカ研究資料センター 1986.12 61p 26cm 編集：中見眞理

日米関係についての主要な基礎文献を収録した書誌。1986年7月末までに出版された日本語および英語の単行本を収録。構成は全体を参考図書・一般・歴史・政治・法律・経済・文化の7項目に、さらに各項目の中を小項目に分ける。日本語訳、英語訳のあるものは、両方とも掲載。訳本の複数ある場合は、入手しやすいもの一点に限定する。巻末に、著者名・翻訳者名の索引を付す。小項目に分かれているので利用しやすいが、参照や書名索引がないので、関連する項目を見ることが必要。　　　　　　　　　　　　　　　　1844

安保闘争文献目録 国立国会図書館編 湖北社 1979.3 241p 21cm 2200円

1960年から1970年にかけて起こった安保闘争運動を中心とした社会運動、民衆運動に関する資料を収録した文献目録。採録対象は単行本および雑誌論文で、採録期間は原則として1960年7月から1970年12月末日まで。構成は、件名を立て、その中を編著者のアルファベット順に配列。記載の内容は、単行本については編著者名、書名、出版地、出版者、刊行年、頁数、また雑誌論文については著者名、論題、雑誌名、巻号、年月、頁など。巻末に五十音順の人名索引がある。先立つ資料として『「安保闘争」関係文献・資料目録 1960年5月－6月』(1960年刊) がある。　　　1845

現代中国外交研究文献目録 1949－1980 喜田昭治郎〔編〕 竜渓書舎 1982.5 252p 21cm 3500円

1949年から1980年にかけて邦文で公刊された現代中国の対外活動・国際関係についての単行本および論文を収録した文献目録。対象となる論文は学術論文のほかいわゆる「時評論」をも含む。また、関係資料集や邦訳資料も若干収録。収録件数はあわせて約5000件で、単行本はそのうち1割。配列は単行本の部と論文の部との2部構成で、さらにその中を主題別に分類して収録している。記載項目は、通し番号、著者名、書名（論文名）、出版者（掲載誌名・巻号）、出版年。巻末に五十音順の著者索引を付す。　　　　1846

【辞典・事典】

最新国際関係情報事典 杉山徹宗編 鷹書房 1984.9 325p 20cm 4-8034-0255-8 2500円

刊行当時の世界各国の情勢と国際関係用語の解説からなるハンディな事典。各国現勢の章では各国別の政治（外交）、経済、軍事の概略をまとめ、カントリーリスク度、首都、人口、GNPまたはGDP（いずれも1983年度）、住民、言語、宗教なども記載。また国際関係用語の章では国際政治、国際経済、軍事・防衛、科学・技術、社会・文化の5分野で厳選した約380語について解説。巻末に全体の五十音順索引を付す。
　　　　　　　　　　　　　　　　　　　　1847

国際政治経済辞典 川田侃，大畠英樹編 東京書籍 1993.3 734p 20cm 4-487-73231-X 5800円

第一次世界大戦後の国際関係、とりわけ国際政治経済の全体像を歴史的・体系的に理解するために必要な項目1723（人名項目256を含む）を執筆者224名が署名入りで解説した辞典。配列は五十音順。本文中の事項・人名のうち見出し語としているものには＊印を付し、項末は参照項目を示す。基本的な項目には参考文献を記載。巻末には略語一覧と五十音順の事項索引および主要人名索引あり。　　　　　　　　　　　　1848

日本外交史辞典 新版 外務省外交史料館日本外交史辞典編纂委員会編 山川出版社 1992.5 1103,224p 22cm 初版の出版者：大蔵省印刷局 4-634-62200-9 15000円

1853年のペリー来航から1990年までの日本外交史を対象にした辞典。主要事件、対外紛争、戦争、条約、協定、国際会議、対外政策、人物、組織、団体、地域（地名）、外交用語などを項目とし、署名入りで解説。組織、団体、外務省関係者については太平洋戦争終結以前を主とする。五十音順の配列で、大項目、中項目、小項目の混成方式を採用。項末に参考文献を付記。付録として「歴代内閣変遷表」「外務省主要官職歴任一覧」「主要在外公館長一覧」などがある。巻末に五十音順索引を付す。1979年大蔵省印刷局刊の旧版に約250項目を追加し、付録などを一新したもの。　　1849

海外交流史事典 富田仁編 日外アソシエーツ 1989.1 565,126p 22cm 発売：紀伊国屋書店 4-8169-0827-7 12800円

およそ80か国について日本との交流の歴史を解説したもの。配列は相手国の五十音順。各国ごとの記述であるが、一部の国々については周辺の国々と一括する。主として19世紀以前に力点を置くが、交流の浅い国々については20世紀を中心に叙述。巻末に付録の「安政五ケ国条約」「大使・公使一覧」と、主要参考文献を

付す。索引は五十音順の人名索引と事項索引がある。
1850

平和事典 新訂 広島平和文化センター編 勁草書房
1991.6 604p 22cm 4-326-00002-3 9270円
平和問題を理解するために必要な知識を歴史的、体系的に解説した事典。平和研究、平和思想、平和運動など平和の諸側面のほか、原発問題、国際紛争、軍事問題、核兵器なども取り上げる。全20章からなり、各章では最初に概論で総合的な叙述を行った後、詳細に分類し小項目を設けて解説。解説文中の重要語や見出し語には印を付し、項末に必要に応じて関連する見出し語を付記。参考文献としては、第1章5節に「平和研究文献目録」があるほか、本文中に関係資料の解題を含む項目や、末尾に参考文献を付記した項目がある。巻末に、広島、長崎両市における原爆・平和関係の歴史事項を収録した「広島・長崎史年表」および五十音順の事項索引・人名索引がある。1985年刊の初版を若干改訂したもの。
1851

国連要語事典 日本国際連合協会編 日本国際連合協会 1993.12 121,121p 19cm 英文併載 1200円
国連に関する基本的な用語の解説および資料を収録したハンディな事典。要語編は五十音順の配列で、項目の見出し語には英文を併記。解説文中にある見出語には＊印を付して示し、項末には参照項目を付記。また資料編には「国際連合憲章」（対訳）「世界人権宣言」（英文および訳文）などを収録。
1852

【便覧・年鑑】

国際政治ハンドブック 解説と資料 増補改訂版 細谷千博，丸山直起編 有信堂高文社 1991.10 282p 21cm 4-8420-5518-9 3090円
1940年代以降の国際政治に関する資料（条約、協定、声明、演説、書簡など）を体系的に収録し、資料の相互関連性が明らかになるように解説を付す。資料には出典を明記。翻訳のない資料は執筆者が訳出。巻末に五十音順の事項索引と人名索引がある。1984年刊の初版に新しいデータ、資料を補って改訂したもの。
1853

国際年報 第1巻（1945-57年）-第23巻（1983-84年）
日本国際問題研究所 1985-1990 23冊 22cm
各年の国際情勢を、地域別、国別あるいは問題別に解説・分析し、国際社会の基本潮流を理解できるようにしたもの。「世界」「日本」「アジア」「中近東・アフリカ」「ソ連・東欧」「西欧」「米州」の7編からなる。また、各巻の当該時期についての詳細な年誌も掲載。第1-6巻には条約などの資料を、第11-15巻には英文文献目録も収録。引用文献は脚注で示し、巻末に五十音順の人名索引（第1-12巻については事項索引も）を付す。
1854

外交青書 わが外交の近況 〔第1号〕（昭和32年版）-
外務省編 大蔵省印刷局 1957- 年刊 21cm
前年1年間の国際情勢の推移および日本が行ってきた外交活動の概要をとりまとめたもの。本文、資料、各国の基礎データ・内政外交事情などからなる。年によっては2分冊で刊行。資料には総理および外務大臣の演説、日本が関与した主要なコミュニケなどや条約および国際約束などを収録。また、統計やグラフ、国際主要事項、外務省機構図などもある。巻末に五十音順の索引を付す。解題は第40号による。第30号（昭和61年版）までの書名は『わが外交の近況』。
1855

日本外交史ハンドブック 解説と資料 増田弘，木村昌人編著 有信堂高文社 1995.1 250p 21cm 4-8420-5525-1 2781円
幕末から今日にいたる日本外交の流れを50項目に整理し、項目ごとに事実に基づく平易な解説と基本的な関連資料を収録したもの。資料には末尾に出典を明記。巻末には日本外交史主要年表、首相・外相対応表、参考文献一覧などの付録と、五十音順の事項索引、人名索引を付す。
1856

日本外交ハンドブック 重要資料・解説・年表 永野信利編著 サイマル出版会 1981.3 465p 19cm 3800円
戦後の日本外交の歩み、わが国と世界各国との関係を紹介し、外交諸案件についての解説と資料を1冊にまとめたもの。地域またはテーマ別に12章に分け、それぞれ年表、日本との関係、解説、資料の順に構成。年表中に解説、資料で取り上げた項目の記載がある場合にはその番号を付す。収録した解説は184項目、資料は70項目。索引はないが、総目次に解説、資料の全項目を収録しているので、体系的検索が可能。巻末に簡単な参考文献リストがある。
1857

ヒロシマ事典 和英 改訂版 平和のためのヒロシマ通訳者グループ編 広島 平和のためのヒロシマ通訳者グループ 1995.7 356p 21cm 英文書名：『Hiroshima handbook』 4-9900371-0-3 1900円
被爆地ヒロシマを海外へ紹介するための単語集や関連施設案内などを収録した和英併記のハンドブック。用語集は単語を一般単語、医学用語、核に関する用語、軍隊に関する用語に分類して五十音順に配列し、その英訳を付す。施設案内などには広島市内の案内地図を掲げ、和文英文対照の解説をつけている。9章に「英語で読める原爆文献案内」があり、183冊が紹介されている。巻末に日本語と英語の索引あり。
1858

【名簿・名鑑・地図】

日本の姉妹自治体一覧 1995-　自治体国際化協会編　自治体国際化協会　1995-　不定期刊　30cm
日本の自治体と姉妹都市の提携関係にある外国の自治体を一覧できる資料。構成は提携の概説、姉妹自治体都市一覧（提携年月日順、都道府県別、相手国別・地域別）、複数提携自治体一覧（都道府県別、市区町村別、複数自治体による合同提携）、複数提携海外自治体一覧からなる。国際親善都市連盟が1989年から刊行してきた『日本の国際姉妹都市一覧』を継承するもの。英語版は『Local government international affiliation directory』。
1859

世界の平和博物館　西田勝・平和研究室編　日本図書センター　1995.10　289p　22cm　4-8205-9390-0　3914円
国内および海外の平和資料館・博物館を紹介したもの。執筆者が訪問した際の批評と、アンケートに基づく個々の館の概要からなる。写真も多く掲載。ほかに、1993年10月に行われたシンポジウム「平和資料館・博物館のあり方」の記録と、英国の反核団体「平和のための建築家」が編集・発行した『Places for Peace』（1989年刊）の抄訳「平和の空間」を収録。巻末に簡単な参考文献と執筆者紹介を付す。
1860

平和博物館・戦争資料館ガイドブック　歴史教育者協議会編　青木書店　1995.4　210p　21cm　4-250-95019-0　2266円
全国の平和博物館・戦争資料館をはじめ、一般的な博物館・資料館の中で戦争と平和の問題をある程度まとまった形で展示している施設を紹介したハンドブック。都道府県別に、各施設の所在地、概要、展示物の解説、利用方法などを記載。海外の施設もいくつか紹介する。写真も豊富に掲載。巻末に付論として解説2題を付す。
1861

世界のしくみ全系列地図　一国の論理と世界のシステム　二期出版　1993.11　237p　21cm　監修：布施勉　4-89050-232-7　1800円
国際機関と国際機構をほぼ網羅的にとりあげ、活動の概要を図表を多くとりいれながら、簡潔に解説したもの。第1章では、世界の気候や、主要言語分布、各国の一人あたりのGNP比較など、世界のさまざまな状況を図表（地図）で示す。第2・3章では国連・国連以外の国際機関、第4章では2か国間ネットワークとして条約や協定、第5章では各テーマ別の国際機関、第6章では非政府機関（NGO）をとりあげる。第7章では、国際公務員になるための各種のデータや方法を示す。巻末に和文・英文の索引がある。
1862

世界紛争地図　新訂　アンドリュー・ボイド著　辻野功,藤本篤訳　大阪　創元社　1993.7　248p　21cm　『An atlas of world affairs. 9 th ed.』の翻訳　4-422-30009-1　1600円
主として地域ごとの紛争の歴史を、豊富な地図を用いて解説したもの。64地域と9つの主題を章としてとりあげる。1990年までが対象。原著の執筆時期の関係で記述されなかったその後の旧ソ連、旧ユーゴスラビア、旧チェコスロバキアについては、訳者補遺として巻末に収録。ほかの章への参照は、解説文中に章の番号を補記して示す。巻末に本文中の固有名詞、地名、国名を網羅した五十音順の索引を付す。原著第9版（1991年刊）の翻訳。邦訳では1989年の新版（第2版）につづく第3版。
1863

【年表・資料集】

日本外交主要文書・年表　第1-4巻　鹿島平和研究所編　原書房　1983-1995　4冊　24cm　（明治百年史叢書）　13000-23690円
外務省文書課編『日本外交年表並主要文書1840-1945』（日本国際連合協会、1955）の続編にあたり、1941-1992年をカバーする。年表収録事項および文書は日本に限らず、諸外国や国連関係も含む。各巻はそれぞれ年表編と文書編とからなる。年表編は地域区分して外交関係の事項を記載。文書編は日付順で年ごとに文書番号を付し、原則として全文を原文のまま収録し末尾に出典を明記。また、年表中、文書編で採録されている項目にはその文書番号を付して示す。総目次に文書目次あり。
1864

日ソ基本文書・資料集 1855-1988年　茂田宏, 末沢昌二編著　世界の動き社　1988.11　473p　22cm　4-88112-032-8　2500円
日露通好条約からゴルバチョフ書記長のクラスノヤルスク演説まで、130年間の日ソ関係の重要な条約、協定、宣言、声明、発言、日誌などをコンパクトに集約したもの。文書はすべて邦訳。第1-8章は大きく時代を区切って時系列に各種の文書を配列。第9章は実務関係の文書、第10章はソ連共産党大会における日本関係の言及について、第11章は国連総会における日本のソ連関係発言という構成である。各章のはじめに短文の解説がある。また巻末に第12章として日ソ関係史年表を付す。
1865

戦後日米関係年表　高坂正尭〔ほか〕編著　PHP研究所　1995.7　325p　20cm　4-569-54736-2　2500円
1945年8月15日-1994年12月31日までの50年間にわたる、主として日米関係に関する事項を年表として記載したもの。全体を6期に区分し、それぞれ最初に簡単

な解説をした後、詳細な年表を掲載。巻末に日米主要閣僚対照表、主要参考文献などの資料および五十音順の人名索引、事項索引を付す。『詳細・戦後日米関係年表1945-1983』(1985年刊)を改訂追加したもの。
1866

朝鮮近代外交史年表 H.N.アレン著 桜井義之訳 国書刊行会 1987.6 150,15p 20cm 2000円
本年表は著者の主著『Korea：fact and fancy』(1904年刊)付載の「Chronological index」を翻訳したもの。収録年代は紀元前から1904年3月までだが、外交官だった著者の在韓期間である1884年9月以降の時期については最も詳細を極める。年表の年代表示は西暦以外に日本の年号、朝鮮の年号を並記。また事項については簡単な見出し語を付す。本書は淡路書房新社1961年刊のものに新たに人名、地名、船艦名、条約などの4つの索引を巻末に付して刊行したもの。
1867

ソ連外交年表 上 尾上正男著 京都 晃洋書房 1981.5 259p 22cm 1917-1956年 2400円
1917年からのソビエト・ロシアの外交年表。内容は詳細で、重要事項には若干の解説を付し、またソ連以外の国の外交事情や日本の国内事情も重要なものは採録。索引はない。1957年以降の分は未刊。
1868

軍縮条約・資料集 藤田久一編 有信堂高文社 1988.3 416,6,7p 20cm 付(8p)：追録 2900円
主として軍縮と軍備管理に関する条約や関連資料をあつめ、体系的に編集したもの。最初に基本的国際文書を、次いで兵器関係の文書を兵器体系の分類にしたがって配列。また、安全保障、戦争・人道法関係の文書や国内法令・措置、非政府関係文書なども選択的に収録。文書はすべて日本語文。文末に必要に応じて出典を示す。索引はないが、目次に文書名をすべて記載してあるので、体系的検索が可能。巻末には英文目次を付す。なお、追録として1987年の「INF全廃条約」を収める。
1869

法律

◆法律一般

【文献案内】

法学文献の調べ方 板寺一太郎著 東京大学出版会 1978.8 465p 22cm 3800円
書誌の利用を中心とした法律文献の検索方法を解説したガイドブック。書誌の必要性から始まり、単行本・雑誌・記念論文集・学位論文の和洋の書誌を紹介。分野も法律学を中心に政治学、行政学、政府出版物、歴史学、漢籍と広く、対象とする国も英・米・独・仏・日本・ソ連その他の国々を取扱う。さらに法令・判例の調べ方、海外発行文献の複写の入手方法について実例をあげ解説。利用対象を研究者としているため、外国法に比重がかかり過ぎ、分野により内容の精粗、記述の重複や冗漫さが目立ち利用しにくいという欠陥はあるが、わが国における法律学文献の初めての体系的な手引書。
1870

法律図書館ユーザーズマニュアル 第2版 法律図書館連絡会ユーザーズマニュアル作製委員会編 大阪 法律図書館連絡会ユーザーズマニュアル作製委員会 1995.7- 1冊(加除式) 28cm 発売：丸善(東京) 5000円
わが国で出版された法律関係資料の解説と調べ方とそれを管理、運用する法律図書館の有効的利用方法についてのガイドブック。判例、法令、政府刊行物、議会資料、白書、統計、会報、新聞、データーベースなどの特質と使い方についてわかりやすく解説。専門図書館としての法律図書館の役割、上手な利用方法についても言及。学部学生、専門課程時のガイダンス用テキスト、法律図書館員のレファレンスツールとして利用できる。刊行形態は加除式。共同執筆のため内容に精粗があり全体のまとまりに欠けるが、『法学文献の調べ方』☞1870 とともに日本のリーガルリサーチの体系的な手引書。
1871

法学ガイダンス　1982-1985　中川淳〔ほか〕編　六法出版社　1982-1985　4冊　26cm
　法学を初めて学ぶ大学生を対象にした、法学全般のガイダンス。各法の解説、学習方法、法学を学ぶ人々の進路、法学の文献案内などを収録。　　　　　　　　*1872*

【書誌】

法学文献総目録　法律時報編集部編　日本評論社　1979-1980　3冊　27cm　4000-14000円
　1916年-1944年の間に公刊された法学に関する著書、論文の主要なものを収めた書誌。第1巻は公刊された書誌類を参考に、第2巻と第3巻は『法律時報』巻末の「文献月報」を年月順に集めて作成された。第1巻は巻頭（目次）に分類表があり、大分類から小分類へ、その中を標題順に配列している。著書には※を付した。第2巻と第3巻は年月順の中を、単行書の部、定期刊行物の部にわけ、その中を中分類順、標題順に配列している。ともに索引はない。頁数の都合で、第2巻、第3巻からは「財政・経済」「社会」「判例評釈の部」が割愛されている。　　　　　　　　　　　　*1873*

戦後法学文献総目録　1-13　法律時報編集部編　日本評論社　1954-1996　27cm　5500-24720円
　1945年8月より公刊された法学文献のうち、著書・論文の主要なものを収めた書誌。大分類・中分類・小分類し、①著書（※印）、②論文の順序ごとに、書名・論文の標題（同じ書名・標題のものは執筆者名）の五十音順に配列した。巻頭（目次）に分類表、巻末に雑誌名略語表がある。索引はない。本書により『法学文献総目録』☞*1873*とあわせ、大正初期以降の法学文献をほぼ網羅する。　　　　　　　　　　　*1874*

法律関係雑誌記事索引　第1号（昭和20/26）-　法務図書館　1952-　年刊　26-30cm
　法律関係の雑誌記事索引として欠かすことのできないもの。「事項索引」と「執筆者索引」との2編からなる。「事項索引」は、理論的な分類に従い18の大項目を設け、その下を細分化する。各項目の中は、論題の五十音順に配列。「執筆者索引」は、執筆者名および論題の五十音順に配列。巻末に収録定期刊行物および記念論文集一覧を付す。第1号には、1945-1951年のものを収録。その後は2年ごとに刊行されていたが、第22号（1990年）からは年刊。　　　　　　*1875*

最高裁判所図書館邦文法律雑誌記事索引　第1号（年報・1957）-　最高裁判所図書館〔編〕　最高裁判所図書館　1958-　年刊　26cm
　最高裁判所図書館が1957年1月から受け入れた邦文雑誌の邦文法律記事を採録したもの。法律関係の論文、書評、判例評釈などが含まれ、資格試験問題、法令・判例そのものは除外されている。3編からなり、第1編は「法律雑誌記事分類索引」、第2編は「判例評釈記事法条索引」、第3編は「執筆者索引、採録誌一覧」である。第2編末に裁判年月日索引が付いている。法曹会から市販されているものは、同内容であるが、第3編が収録されていない。1951年6月以降『最高裁判所図書館図書月報』に併載され、その後『定期発行物速報』『最高裁判所図書館邦文法律雑誌記事索引』（半月刊）に引き継がれた速報性のある索引を、検索の便をはかるために年報としたもの。　　　　　　　*1876*

法律学・法制史に関する10年間の雑誌文献目録　昭和50年-昭和59年　日外アソシエーツ編　日外アソシエーツ　1987.4　243p　27cm　発売：紀伊国屋書店　4-8169-0360-7　9000円
　『雑誌記事索引（人文・社会編）累積索引版』☞*0139*をもとに、テーマ別の文献目録として再編成したものの一部で、1975年-1984年の10年間に発表された法律学・法政史に関する雑誌文献3956件を収録。構成は、各テーマを表す大項目を設け、その下を見出し語で細分化。見出しの下の各文献の配列は、論題の五十音順。巻末に五十音順の事項索引を付す。約1万件を収録する『法律学・法政史に関する27年間の雑誌文献目録　昭和23年-49年』に続くもの。その見出しの下の配列は、著者名のあるものは著者の五十音順で、その後に著者名のないものを論題の五十音順に配列。巻末に事項索引および収録誌名一覧を付す。いずれも著者索引はない。1985年以降はCD-ROM化されている。　*1877*

法律判例文献情報　法律判例文献情報研究会編集　第一法規出版　1981-　月刊　26cm　英文書名：『Current legal information』
　毎月新たに刊行される図書、研究紀要、雑誌論文、新聞掲載署名論文の中から法律に関する記事を集めた文献編と、判例編の2部からなる索引誌。判例編には毎号、法条索引、事項索引、判例・判例研究年月日索引があり、文献編には年間索引号に事項索引と著者索引がある。判例編には判例研究（文献編内）への参照がある。CD-ROM版は1982年分からデータが蓄積され年1回の更新であるが、15万語以上のキーワードと検索支援機能で、検索を簡便にしている。　*1878*

邦文法律関係記念論文集総合目録　法律図書館連絡会編　国立国会図書館　1988.3　245p　26cm　4-87582-195-6
　法律図書館連絡会加盟館が所蔵する図書の形態で刊行された法律関係の邦文記念論文集の総合目録。1984年12月末までに刊行されたものが対象。政治、行政、外交関係の記念論文集のうち主要なものも採録した。また、判例研究、コンメンタール、記念著作集、遺稿集、

雑誌の特別号などで図書に類するものも採録した。構成は個人の部、団体の部（団体）、団体の部（制度・法律・雑誌）からなり、被記念者、被記念団体などを見出し語として五十音順に配列。執筆者索引を付す。
1879

邦文法律雑誌総合目録 法律図書館連絡会編 国立国会図書館 1978 54p 26cm
法律図書館連絡会加盟館（東京地区の主要な法律図書館）が所蔵する、邦文法律雑誌の総合目録。1977年12月末時点で約450タイトルを収録。大学の法学部、法学会、法律関係出版社などで刊行した法律雑誌を網羅的に収録し、法律の周辺分野の雑誌でも毎号法律論文が掲載されているものは収録。誌名の変遷や総目次・総索引を詳細に記載。
1880

新収外国雑誌・高額図書リスト 1994年版 法律図書館連絡会「新収リスト」編集委員会編 法律図書館連絡会「新収リスト」編集委員会 1994.11 82,79p 26cm 1000円
法律図書館連絡会加盟館が新規に収集した法学・政治学分野の外国雑誌と高額図書のリスト。1988年収集分から累積。外国雑誌の部には、欧文のほか、キリル文字と中国文字のリストもある。高額図書の部は、おおむね20万円以上の逐次刊行物（外国雑誌を除く）、セットもの、および単行書のリストであるが、議会資料・政治関係資料は20万円以下でも収録している。いずれも所蔵館名が付き、高額図書の部には洋書・和漢書別に索引も付いてレファレンスの便を計っている。1989年から年刊であったが、現在は発行を中断している。
1881

【辞典・事典】

国民法律百科大辞典 伊藤正己〔ほか〕編集 ぎょうせい 1984 8冊 27cm 全48000円
主要な法律用語約4000項目を7巻に収録する大型法律辞典。日常生活に関連の深い分野の法律に重点をおく。解説は学問的水準を保ちつつ、わかりやすく、実務的で、表・書式を多く掲載するとともに具体的事例を問答体で説明したコラムを挿入。第8巻は索引・資料編で、索引編は、約2万語を収録した総索引、判例索引、書式索引。資料編は社会生活に必要な書式・記入例、訴訟費用などの資料からなる。
1882

現代家庭法律大事典 加藤一郎〔ほか〕編 第一法規出版 1980.4 736,54p 27cm 執筆：阿部浩二ほか 4500円
家庭をめぐる法律問題について、問題別、実例別に配列し解説した事典。1965年刊の『家庭法律大事典』の改訂版で、実例670件を収録。目次、事項別索引、実例目次から検索できる。巻末には届出形式書式、費用の一覧を付す。
1883

暮しのための法律 1973－ 加藤一郎，遠藤浩編 第一法規出版 1973－ 年刊 21cm
一般の読者を対象とした法律解説書。日常生活の中で処理される事項について、周到かつ平易に説明し、各事項の下段に法律用語の解説を加えている。巻末に五十音順の事項索引を付す。解題は1988年版による。
1884

法律用語の基礎知識 最新版 自由国民社 1987－ 21cm 実用版
基本的な法律用語を選び、「夫婦親子」「死亡・相続」といったケース別に分類、配列し、関連用語も解説した事典。巻頭に、日常生活に必要な基本法律用語、時事法律用語の解説、巻末に各種の紛争の場合の相談先、費用を掲げ、1－14章でケース別の用語解説と紛争の解決法を掲げた。解説は簡明で、図版を多用し理解を助けている。欄外に用語の一口解説を載せて、読む事典ともなっている。解題は1996年版による。
1885

図解による法律用語辞典 〔1994〕最新版 自由国民社 1994.4 1167p 21cm 4-426-40109-7 2300円
「法律入門編」「憲法編」など14編にわたり、社会生活に必要な法律用語を解説した辞典。図表を用いて平易な文章で解説し、項目名には読みがなをふる。見開き2頁の欄外に法律メモの2行記入があり、解説文末に該当法律の条文を示す。初版は、1983年の『現代用語の基礎知識』☞*6521* 法律篇。短期間ごとに改訂を重ね、1998年に全訂版を刊行。
1886

現代法辞典 遠藤浩〔ほか〕編 ぎょうせい 1982.5 1013,58p 22cm 4500円
社会人、特に公務員のために実務への直結を重視し、六法に関する法律用語はもとより、現代社会に生起する法律問題を理解するためのキーワードを解説した小項目主義の辞典。見出し項目数は約5200。矢印で見出し語への参照を示し、読みの五十音順に配列している。内容は、定義、対応法令、歴史的経緯、執筆者名などで、簡潔な中にも充実した内容。巻末に、約1万の解説文中の用語と見出し語からなる五十音順索引があり、関連ある項目を結びつけている。索引ではみよ項目以外の見出し項目の掲載頁を太字で示す。
1887

新法律学辞典 第3版 竹内昭夫〔ほか〕編 有斐閣 1989.10 1489,104p 22cm 4-641-00009-3 8000円
1987年4月1日現在の現行六法に加え、社会法、産業法、経済法などの分野における用語、学派、学者名、法諺を解説する。法律学分野の教科書に適し、法令百

科全書としても使用できる。小項目1万2448の五十音順配列で、解説中の西洋人名、外国書は原綴を付す。巻末に五十音順事項索引、欧文人名索引がある。
1888

新法学辞典 杉村敏正〔ほか〕編 日本評論社 1991.2 1131,49p 22cm 『法学辞典』(末川博編1978年刊)の改題 4-535-57928-8 8240円
法、法制度、法学および隣接諸領域、基礎理論の用語や概念について、歴史的経緯や対応する条文に則して解説した小項目主義の辞典。見出し語は五十音順配列で、外国語を併記し、解説文中の見出し語に星印を付した。解説は学生・一般社会人を対象とした。巻末には見出し語に併記された外国語の索引を載せ、辞書として使うことができる。1937年に『新法学辞典』として刊行、1951年に『法学辞典』として復刊後、改訂を重ねてきたものの改訂・改題版。
1889

有斐閣法律用語辞典 内閣法制局法令用語研究会編 有斐閣 1993.12 1392,140p 20cm 編集協力：林大 4-641-00010-7 6180円
1992年4月21日までの新聞・テレビで使われる用語から講学上・実務上必要な法令用語、法律事件、人名などを解説した辞典。収録数1万3000余項目。項目はかな見出しの五十音順配列。解説は正確・簡明・平易を旨とし、1項目200字前後でまとめられている。巻末に「漢字音訓一覧」と「関連語・類義語一覧」があり、項目名の末尾を見出しとした逆上り方式を採用。関連語、類義語の相互参照の役割をはたす。一般人、公務員、学生および実務家向き。
1890

法学用語小辞典 新版 河本一郎〔ほか〕編 有斐閣 1993.2 332p 20cm （有斐閣小辞典シリーズ） 4-641-00213-4 2060円
初めて法律を学習する学生などを対象に、法学、法律の基本的な用語約1660語を解説したハンディな用語辞典。見出し語の五十音順配列で、項目間の相互参照があるが、索引はない。初版は1983年。
1891

岩波小辞典法律 第3版 戒能通孝編 岩波書店 1969 238p 18cm 350円
法律・法律用語を選択収録し、持ち歩ける大きさで、一般読者向けに解説し、現行法の概観を簡明に記した辞典。見出し語は小項目主義で、必要な範囲でラテン語、英語、ドイツ語、フランス語を併記し、解説文中の見出し語には星印を付している。初版は1960年。
1892

法律学小辞典 新版 金子宏〔ほか〕編 有斐閣 1994.11 1179,80p 20cm 4-641-00011-5 4326円

法学を専攻する大学生、公務員やビジネスマンにも役立つ法学学習百科辞典。129名の執筆者による解説。法令が項目である場合、条文の引用などの場合は法令略語条文番号などで表示がある。解説文中の外国語、外国人には原綴が記入されている。巻末に「基本法令用語」と事項、欧文略語一覧、収録図表一覧、外国人名索引、判例年月日索引を含む総合索引を付す。
1893

法律類語難語辞典 林大，山田卓生編 有斐閣 1984.3 235,15p 19cm 4-641-00007-7 1300円
一般法令、憲法、行政法、民法、刑法、民事訴訟法、刑事訴訟法、労働法に使用される難語や類語の用法を実例に基づき文脈中で理解できるように解説した辞典。類語の部と難語の部からなり、おのおの類語1500語、難語900語を収録。類語は五十音順、難語は最初の文字の総画数順配列。巻末に五十音順事項索引と漢字の総画索引を付す。改訂された新版を1998年に刊行。
1894

労働運動市民運動法律事典 法律事典編集委員会編 大月書店 1979.6 1182,36p 23cm 12000円
戦後日本の大衆運動に関係した法律問題について5篇にわたり解説した事典。各運動分野に即して、法令、制度の解説と批判、活用方法、重要な事件、立法運動の経験を体系的に編纂。巻末に単行書を中心とした参考文献一覧と事項索引、憲法条項索引を付す。「調べる事典」であるだけでなく、全体として民主的社会運動と法についての「読む事典」でもある。
1895

◆法令

【辞典・事典】

法令解釈事典 遠藤浩〔ほか〕編 ぎょうせい 1986.3 2冊 22cm 4-324-00215-0 全13000円
主な法分野で現在問題となっている主要テーマを選定し、争点、判例の流れ、判例と学説の対立などを解説した辞典。憲法、行政法、租税法、労働法・社会保障法、刑法、刑事訴訟法、民法、商法、民事訴訟法の9分野から920項目を選び、各項目について①問題の所在、②判例の態度、③学説の対応、④結び（課題、展望）、⑤執筆者名を記し、参考文献を掲げている。索引はない。巻末に法令解釈の基礎知識を掲載。
1896

法令用語辞典 第7次改訂版 高辻正己〔ほか〕共編 学陽書房 1997.5 749p 22cm 4-313-11007-0 6311円

憲法をはじめ現行法令について検討し、常に用いられる基礎的用語、難解語、およびその異同につき注意を要する用語などを中心に選択して解説した辞典。法令や規則の立案・審議およびその解釈・適用の仕事に携わっている人向けの辞典で、収録数は、参照方式のものを含めて2453語である。行政関係、財務関係の法令用語を網羅している。見出し語は五十音順配列で、用語の意義、類語との異同、用例、対応法令、執筆者名を記載。巻末に和文の事項索引がある。初版は1950年。

1897

法令類似用語辞典 まぎらわしい用語の読み方・使い方 新訂版 小島和夫著 ぎょうせい 1982.10 409,11p 19cm 1600円
類似した法令用語がどのように区別して使われるのかを正しく理解するための辞典。基本的な用語を選び、意味の異同・使い方をやさしく読みもの風に解説。学生、一般人向け。原則として1982年4月1日現在の用語を使用。見出し項目とした類似語は126組、巻末の五十音順索引には454語を収める。初版（1975年刊）より類似語は26組、索引も26語増加。

1898

必携法令難語辞典 浅野一郎編著 三省堂 1989.7 293p 20cm 4-385-15294-2 1600円
主要な法令・講学上必要な用語のうち、読みにくいもの、意味の分かりにくいもの、日常の用法と異なる用語など1000件を選び解説した辞典。説明は当該用語の読み方・意味・条文における用例、使用している法律と条項、新しい言い換え方、同義語・類似語・反対語・関連語などで構成。法文の用字、用語、文体を読みやすく親しみやすいよう工夫。巻頭には「五十音順の収録語句＋法律難語読み方一覧」が、巻末には主要法律の条項による検索が可能な「法文索引」と「総画索引」が付く。なお全面的な改版で、1300件について解説する『最新法令難語辞典』を1999年に刊行。

1899

法制執務事典 浅野一郎編 ぎょうせい 1978.7 400,6p 22cm 2200円
法令の起案にあたって必要な理論と技術を項目別に分けて解説したハンドブック。法令の起案にあたっては、法のことばによる表現が正確、簡潔、明白で国民に理解されることに留意する必要がある。それを手助けするものとして参議院法制局関係者が執筆、編集したもの。3編からなり、第1編「法令の作成」は130項目を五十音順に配列し規定例をあげて立法技術を説明。第2編「法令の用語」は五十音順に配列した24組の類似用語の異同を法文例をあげ解説。第3編「参考資料」は送りがなの付け方、当用漢字音訓表など。巻頭には通常の目次、項目を体系化した内容別目次、巻末には五十音順事項索引を付す。

1900

法令用字用語必携 改訂 ぎょうせい 1995.12 360p 19cm 監修：内閣法制局 12版 1240円
昭和56年内閣告示による常用漢字表の実施にともない、この告示のほか、関連する告示、訓令、申合せを1冊にまとめて収録する。また同告示の本表を常用漢字音訓索引として再編成し、法令起案関係者などの実務利用の便宜を図るもの。『新・法令用字用語必携』（1973年刊）を1981年に改訂したものが初版。収録告示などの内容は、初版当時と同じ。

1901

法令等略称集 〔1993〕 衆議院記録部 1993.3 62p 26cm 共同刊行：参議院記録部
明治から第123回国会までの法令などの略称集。法律のほか、法令および条約、協定の略称もできる限り収録。配列は略称名の五十音順で、おのおのの中は、外国語略語（アルファベット順）、一般語（五十音順）の順。ただし、外国語略語でも単語読みするものは、両方に配列。各略語には正式名称と法令番号を付す。

1902

増補和英法律語辞典 伊藤重治郎編 大学書房 1972 896,346p 22cm 背の書名：『A Japanese-English dictionary of legal terms with supplement』 6500円
重要法令の中から選び出した法令用語、法令名、および重要官庁名の英訳、その活用事例をしるした和英辞典。本編と補遺編からなる。本編の収録数は1万5000。ローマ字表記した日本語見出しのアルファベット順配列で、漢字と英語を併記した。多様な表現、言い回しに配慮し、出典法令を明記。初版は1951年に『和英法律語辞典』、1953年に増補して『増補和英法律語辞典』となったものの再版。

1903

【索引】

官令沿革表 大蔵省記録局〔編〕 東京大学出版会 1979.12 1冊 22cm （続日本史籍協会叢書） 叢書の編者：日本史籍協会 5000円
明治維新以降の1867年（慶応3）12月から1884年（明治17）12月までの官、院、省、使、庁の公布・令達の要旨を収録し、本文の検索を可能にするもの。各庁日誌、布告全書、憲法類編、職官表、明治史要、本省記録から採録。部門の中を科目ごとに分け、その中の項目の配列は編年体。1879（明治12）から1885（同18）に刊行された6冊の複製合本。

1904

法令全書総目録 昭和26年－ 大蔵省印刷局編 大蔵省印刷局 〔1952〕－ 年刊 27cm

『法令全書』は『官報』で公布された法令、条約、規則などを類別し編集したもので、1867年（慶応3）から1884年（明治17）までは遡及編集され全18巻と「イロハ順事項別索引」（2冊）として刊行。1885年以降は月刊で大蔵省印刷局から刊行。本書はその年間総目録で『法令全書』に掲載した1年間の法令の件名を収録し、種類別に分類したものと五十音別索引とで構成。『官報』の掲載日、号数、頁数を付してあり、『官報』の主要目録としても使用できる。1926年（昭和元）から1945年（同20）までは林修三監修の『法令全書総目録　昭和戦前編』（全20巻）が日本図書センターから刊行されている。解題は平成8年版による。　*1905*

日本法令索引　現行法令編　1951年版-　国立国会図書館調査及び立法考査局編　国立国会図書館　1951-　年刊　21-27cm　発売：紀伊国屋書店（昭和58-59年版-）

わが国の有効法令（憲法、法律、勅令、政令、府令、省令、規則、条約）の総索引。国立国会図書館法第8条に基づき編纂されたもので、法令を主題から検索できることを目的としており、「事項別索引」を中心に「廃止失効法令一覧」「年別索引」「五十音順索引」から構成。「事項別索引」は分類配列で法令制定以来の改正経過、法令番号、回次などを記載。当初は『法令索引』として1945-1949年を収めたものが刊行され、1951年以降現在の書名で3年ごとに刊行。追録で補っていたが、1960年版から年刊となり、追録は廃止された。解題は平成8年版による。　*1906*

日本法令索引　旧法令編　第1-3巻　国立国会図書館調査及び立法考査局　1983-1985　3冊　27cm

1896年2月26日（公文式施行）から1981年9月1日（『日本法令索引』昭和56年版編纂時）までに廃止、または失効した法令のうち、憲法、法律、勅令、政令、省令および若干の太政官布告などを対象とした総索引。分類体系順の「事項別索引」と法令名の五十音順の「五十音別索引」の2部で構成。「事項別索引」には法令の制定公布および改廃の経過、法令番号を記載。「五十音別索引」は「事項別索引」検索のための補助索引で、法令名、公布年月日、法令番号および「事項別索引」における掲載頁を記載。本索引と現行法令を対象とした現在継続刊行中の『日本法令索引　現行法令編』☞*1906* の利用によって公文式施行以降の法令の検索が可能となる。　*1907*

【法令集】

現行日本法規　法務大臣官房司法法制調査部編　帝国地方行政学会　1949-　109冊　22cm　加除式

法務省設置法に基づき、法務大臣官房司法法制調査部がが国の事業として編纂したもので、現在効力を有する全法令（憲法、条約、法令、規則、告示、訓令、公示、太政官布告等）を体系的に分類編集した総合法令集。1867（慶応3）年以来の全法令について、法令ごとの制定、改正、廃止に関する基礎調査を行い、条文内容の正確さを期すと同時に各条文ごとに各回の改廃状況を明示。当初、18編44巻60冊であったが1973年新しい法体系の発展に合せて全面的に編成替し、50編97巻と「法令名五十音順索引と年別索引」（3巻）「旧法令改廃経過」（1巻）「参照条文索引」（2巻）計103冊として刊行。1976年「主要旧法令」（5巻）、1978年「現行法定刑一覧」（1巻）が追補。同様の加除式の総合法令集に『現行法規総覧』がある。　*1908*

六法全書　昭和23年版-　塩野宏〔ほか〕編　有斐閣　1948-　年刊　22cm

1947年有斐閣創業70周年記念事業の一つとして、我妻栄・宮沢俊義集のもとに出版された大六法全書。編集の基本方針は、アップトゥデート、重要法令の収録数の多さ、法文の正確さ、利用の便利さの4点。収録数939件。1980年より2分冊方式採用。Ⅰは「公法編」Ⅱは「民事法編」。法令全体を公法、民事法、刑事法、社会法、産業法、条約の6部門に大別。その中を24編に分類。さらにグループに細分。参照条文、付属および関係法令が付く。法令名索引、総目次、部門別目次および細目次、憲法および主要法律には事項索引が付く。付録に全国裁判所管轄区域表と各種手数料等一覧表が付く。解題は平成9年版による。　*1909*

小六法　昭和24年版-　平井宜雄〔ほか〕編　有斐閣　1949-　年刊　22cm

有斐閣『六法全書』の携帯版として刊行。法曹実務家や研究者に必要な基本法令を完全に収録。参照条文つきの中型六法。編集の基本方針は、1収録法令の選択、主要法令は全て収録、2法文の正確さ、3検索の便を図る、の3点。収録法令348件。法令は公法、「民事法」「刑事法」「社会法」「産業法」「条約」の6部門に分類。法令の重要度の表示、改正経過の記述がある。法令名索引、総目次、部門別目次および細目次、巻末に総合事項索引を付す。付録に全国裁判所管轄区域表、各種手数料等一覧表、登録免許税額表。解題は平成9年版による。　*1910*

岩波コンパクト六法　昭和56(1981)年版-　芦部信喜〔ほか〕編　岩波書店　1980-　年刊　19cm

大学の法学教育・学習に最小限必要な法令を厳選した小型六法。携帯に便利で使いやすい。収録法令166件。内14法令は参照条文つき。法令は「憲法」「行政」「民法」「商法」「民訴」「刑法」「刑訴」「社会」「経済」「国際」の10部門に分類。難読語にはふりがなを付し、

重要法令の文字を大きくするなどの工夫をする。また法学の教育、研究、学習の便宜を考慮して外国の憲法と比較対照できる比較憲法条文、旧法令や改正刑法草案、抜粋法令、各種の様式・記載例などの資料を収録。巻末に総合事項索引、巻頭に法令索引を付す。『岩波判例基本六法』☞1922 と併用すれば効果的。解題は平成10年版による。　　　　　　　　　　　　　　1911

分冊六法全書 昭和54年版－　新日本法規出版 1978－　年刊 21－22cm　監修：法務大臣官房司法法制調査部職員
多くの法令を収録し参照条文の他基本判例も登載、法領域ごとに分冊した大六法全書。携帯に便利で経済的。登載法令は公法、国際法、民事法、刑事法、社会法、経済法の6編に分類。各編は必要に応じて各章に細分。これを「公法編1」「公法編2・国際法編」「民事法編」「刑事法編」「社会法編」「経済法編」の6分冊とした。基本判例は、『新判例体系』を基礎として抜粋、分類整理し各編の末尾に登載。参照条文のほか、付属法令・関係法令を付す。各巻の冒頭に総目次、各編におのおのの目次、巻末に法令名索引と各法律の事項索引を付す。付録に各種手数料等一覧表が付く。解題は平成9年版による。　　　　　　　　　　　　　1912

主要旧法令　法務大臣官房司法法制調査部編　ぎょうせい 1976－　5冊 22cm 加除式
廃止または全面改正された法令、効力を喪失した旧法令の中から実務上または研究上重要で利用頻度の高いものを厳選して収録したもの。収録法令約450件。配列は「公法」「民事法」「刑事法」「経済法」「社会法及び条約」の5編に大別。その中は章に細分。全体を体系的、合理的に整理。改正経過は制定・公布から効力の喪失に至るまで諸態様を詳細に記述。各条文ごとにその沿革を示し、法令の変遷が一目でわかるよう編集されている。巻頭に法令名の五十音順索引と総目次を付す。本書は『現行日本法規』☞1908 の付録の一部であり、加除式のため、廃止・失効する法令の補充が可能である。　　　　　　　　　　　　　　　　　1913

旧法令集　我妻栄等編　有斐閣 1968　749p 19cm 2400円
現在効力を持たないが実務上・講学上参照を必要とする旧法および法制研究上必要な資料を収録したもの。廃止または失効となった法令、ポツダム命令、改正要綱など120件を収録。配列は「公法」「民事法」「刑事法」「社会・経済法」「占領法制」「改正要綱」の6部門に大別。実務上の必要性に重点を置いた59件を収録した1957年刊の初版の全面改訂版。効力の有無の区別、廃止、失効、施行停止などの表示あり。特に改正経過の著しい農地調整法、自作農創設特別措置法、独占禁止法に関する改正条文の対照式表示がある。巻頭に法

令名索引、総目次および細目次が付く。　　1914

戦時・軍事法令集　現代法制資料編纂会編　国書刊行会 1984.3　381p 23cm 7000円
1942年時点を中心とし、軍事関係法、戦時特別法、経済統制法、社会・厚生法の諸分野から主要な法令を、さらに、条約・詔勅などから、昭和10年代の動向にかかわるものを収録する。収録数はおよそ130。収録形態は、全文、抄録、要旨のいずれかである。付録として、「終戦後廃止された主なる法令」「年表・日本の近代化と法制の整備」がある。漢字の旧字は新字にあらためられている。　　　　　　　　　　　　　1915

戦後占領下法令集　現代法制資料編纂会編　国書刊行会 1984.6　961p 23cm 9500円
日本降伏の時点から、平和条約の発効直後までに施行されていた法律・政令の中から主要なものを選び、六法全書の形式にまとめたもの。「憲法・一般法令編」「行・財政法編」「民事法編」「刑事法編」「社会・経済法編」「条約編」の6編に分けて解説。巻末に付録として、日本占領政策資料を収載。　　　　　　1916

◆判例

【判例索引・判例評釈索引】

判例体系　第一法規出版 1954－　（加除式）22cm
明治23年以降の各裁判所の判例要旨を、網羅的に条文ごとに検索できるもの。判例の出典も収載。巻末には、裁判年月日索引があり、事件番号、登載判例集の巻・頁を示す。基本法については一部を除き、1973年（昭和48）までを第一期とし、現在は第二期を刊行中。これらの裁判例の中で、厳選された重要なものは『基本判例』に収録。判例を検索することができる同様の資料に、『新判例体系』『判例総覧』がある。これらの膨大な資料は、検索を容易にするために、一部を除きCD-ROMでも提供されている。　　　　　1917

判例評釈インデックス　昭和47－51年，昭和52－56年　法律時報編集部編　日本評論社 1985　2冊 27cm　各3800円
1972年－1981年の間に言い渡された判例に関する評釈類を審級別・言渡年月日順に配列した索引誌。同一日付のものは民事、刑事の順、評釈が複数ある場合は評釈者名の五十音順。記載内容は裁判所名、事件名、事件番号、掲載誌名・号数、評釈掲載誌名・号数、評釈者名である。巻末に雑誌名・判例集名の略語表はある

が、索引はない。　　　　　　　　　　　　　　1918

【辞典・事典・判例六法】

模範六法　昭和46年版－　判例六法編修委員会編　三省堂　1970－　年刊　20－22cm
実務や学習、日常生活の中で生じる法律問題の解決に役立つ法令を厳選し体系的に配列、重要な法令には参照条文、判例要旨を掲載した判例つき中型六法。収録法令414件。法令は憲法、行政、民法、商法、民訴、刑法、刑訴、社会、経済、国際の10編に分類。主な法令には改正経過と改正経過一覧表を掲載。判例は大審院および最高裁の判例を中心に選択。要旨と判決裁判所、判決年月日を記す。総合事項索引、法令索引、判例年月日索引のほか、付録に税法と社会保障の概要、民事訴訟等手数料一覧を付す。CD-ROM版には主要な条約、法令、規則、判例を収録。解題は1997年版による。1947－1969年に出版された『模範六法全書』を改題し、継承するもの。　　　　　　　　　1919

判例辞典　増補　中川淳〔ほか〕編　六法出版社　1986.3　1311,23,20p 22cm 4-89770-148-1　5500円
全法律領域における主要判例について、事件の概要、判旨、判例の意義と問題点を解説した判例辞典。事件名の五十音順排列。収録数は1983年刊の初版に62件を追加した約640件。当該事案の事実関係、必要に応じて原審の判断と上告理由、判決の結論、判例の社会的法律的意義、判例法上の位置づけ、学説とのかかわり、理論上の問題点などを中心に解説。事件名つきの「年月日索引」と公法、刑事法、民事法、社会経済法、国際関係法の5つのジャンルに分けた「事項索引」が付く。法律専門家のみならず社会科学・人文科学の研究資料としても役立つ。　　　　　　　　　　　1920

判例六法　平成2年版－　星野英一〔ほか〕編　有斐閣　1989－　年刊　22cm
従来の六法と異なり、主要な法令に加えて学習・実務に必要な判例を体系的に分類・整理し、簡潔で的確な要旨を記載した判例つき六法。一部の法令には若干の通達・約款を付け、カタカナの条文をひらがなに改めるなどの工夫がある。収録法令82件（内参照条文付22件、判例付28件）掲載判例9850件。法令は『六法全書』☞1909 と同じ6部門に分類。判例は最高裁の判例を中心に公刊された判例集、法律雑誌から厳選、的確に要約し記載。判例の相互関係を示すクロスレファレンスを付す。法令名索引、総合事項索引、事件名索引、判例年月日索引のほかに、司法統計関係の資料も付す。『小六法』と同規模の法令情報を加えたCD版では多様な検索が可能。解題は平成9年版による。　　1921

岩波判例基本六法　平成4(1992)年版－　芦部信喜〔ほか〕編　岩波書店　1991－　年刊　19cm
研究・学習に必要な判例を精選し、各条文ごとに的確な判例要旨を記載したハンディーで使いやすい小型判例六法。参照条文付き。法令は憲法、行政、民法、商法、民訴、刑法、刑訴、社会、経済、国際の10部門に分類。条文見出し、難読語にはふりがなを付す。判例は大審院、最高裁の重要判例を中心に厳選。事件の性質の簡単な説明、同一事件の下級審と最高裁判決の関係、最高裁判決の変遷の状況、補足意見・少数意見の要旨なども記載。判例に関する一般的ガイダンスのほか、各法分野ごとにも簡単なガイダンスを付す。総合事項索引と判決年月日順に配列した判例索引がある。解題は平成9年版による。平成3(1991)年版までの書名『岩波判例コンパクト』を改題し継承するもの。
　　　　　　　　　　　　　　　　　　　　1922

◆法制史

【書誌・索引】

法制史文献目録　1－2　法制史学会編　創文社　1962－1983　2冊　22－27cm 5000円,10000円
1945年（昭和20）から1979年までに刊行された法制史に関する単行本、学術雑誌、論文集所載の論文および書評の目録。法制史一般、日本法制史、東洋法制史、ローマ法・西洋の地域ごとに大別し、各時代・事項ごとに分かれる。巻末に西洋語文献、人名索引（2巻のみ）を付す。1966年分以降は、法制史学会が発行している年報『法制史研究』に掲載されている、法制史学会作成の各年目録をもとにしたもの。1980から1989年までに刊行された文献を収録した続編が1997年に刊行された。　　　　　　　　　　　　　　　　　1923

日本法制史書目解題　池辺義象著　日本図書センター　1982.5　815p 22cm 大鐙閣大正7年刊の複製　12000円
明治維新までの日本法制史研究に必要な資料の解題書目。3編からなり、上編の主要法令書目は十七箇条憲法・大宝律令・御成敗式目など明治以前の重要な法令や参考となる注釈書の解説。中編の一般参考書目は一般研究者に必要な書目、辞典、普通書、材料書、雑誌を紹介。下編の部分参考書目では神祇、皇室、典例、外交、軍事、学事などに関する資料を簡単に記載。
　　　　　　　　　　　　　　　　　　　　1924

公文類聚目録　第1－　国立公文書館　1985－　年刊

27cm 複製

公文類聚は、内閣制度のもと、法律、勅令、閣令および閣議決定など、政府の重要な政策決定に関する原議文書を収録したもの。この目録は公文類聚の巻頭目次のみを転写した『公文類聚索引』を底本とし、複製をしたものである。国立公文書館所蔵の当該資料を検索する便宜のために作成され、原本の閲覧請求番号、マイクロフィルムの閲覧請求番号およびコマ番号を記す。収録対象は1886年（明治19）から。　　　　1925

【辞典・事典】

日本古代官職辞典　阿部猛編　高科書店　1995.2　525,54p　22cm　折り込表1枚　9500円

日本の古代（主として奈良・平安時代）の官職について、網羅的にとりあげて略説したもの。令制に拠る職員構成もしくは創置時の構成を掲げ、その後の変遷を叙述し解説。各項の末尾に主要参考文献を付す。巻末には、官職・機関・組織名、国名・都城名、寺・社名、人名からなる索引を収載。　　　　1926

江戸時代奉行職事典　川口謙二〔ほか〕著　東京美術　1983.8　195p　19cm　（東京美術選書 33）　折り込表1枚　4-8087-0139-1　1200円

江戸時代の奉行職について、その成立経緯、役務、地位、禄高、役料、定員、部下数などを記載した事典。「江戸時代の奉行職」と「幕末に新設された奉行職」に分かれ、配列は奉行職名の五十音順。巻末に江戸幕府の職制概要、奉行ランク表を付す。『江戸時代役職事典』☞1060 の補遺的資料。　　　　1927

図説・江戸町奉行所事典　笹間良彦著　柏書房　1991.1　294p　22cm　4-7601-0605-7　3800円

江戸時代の主に町奉行所に関する事典。5部からなり、1は裁判の機構、2は江戸町奉行、3は牢屋奉行、4は拷問、5は刑罰の構成。江戸町奉行についてはその歴史、職責、管轄領域、地位、御役料、組織、裁判などを豊富な図版とともに解説。巻末に図版目録と事項索引を付す。1980年刊行の『図説江戸の司法・警察事典』の縮刷新装版。　　　　1928

百官履歴　1-2　日本史籍協会編　北泉社　1997.1　2冊　22cm　複製　4-938424-71-1　各8000円

明治初年に政府の官職についた人々の官歴などを集成した史料。1867年12月9日新政府成立以来、1882、3年ごろまでの間に政府の官職についた重要人物の出身地、身分を記し、官職の任免、叙位、叙勲などの経歴を年代順に記載。収録人物は皇族8名、三職（太政大臣、左右大臣、参議）29名、百官421名の計458名。修史局が各自の履歴書を提出させ、それに基づいて編修したもの。両巻の巻頭に五十音順の人名索引を付記。第2巻末の解題では、高官の履歴書作成後の官職、授爵、没年などを示している。明治初年の主要官吏や人事異動を知るうえで有用である。日本史籍協会1927－1928年刊の複製。　　　　1929

【年表】

日本法史年表　熊谷開作〔ほか〕編　日本評論社　1981.3　369p　20cm　2900円

古代から近・現代（1945年）までに取材した法の年表。古代から近世までは、「法制」「法思想・法現象」「政治・経済・社会」の3つの欄、近代以降は、「法」「法学・判決」「政治・経済・社会」の3つの欄に分けて記述する。重要事項には脚注を加えている。古代、中世の法に関する事項は出典が記され、近世は原則として挙げていない。近代以降の法令は、法令の形式とその後の改正、廃止、失効の年を記し、判決には出典を記す。『法・法学年表（日本）』（恒藤恭監修、日本評論新社、1954）を補訂したもの。　　　　1930

近代日本法律司法年表　赤石寿美〔ほか〕編集　第一法規出版　1982.10　550p　27cm　監修：石井良助　18000円

1867年11月9日（大政奉還）から1981年に至る法の年表。6欄に分かれ、「憲法・統治機構」「行政関係」「民事」「刑事」「労働・社会・経済」「国際関係」の各部門が一覧できる。収録項目は4万件余り。採録されているのは、法令の制定改廃、政治的社会的に重要な事件の司法的処理、講学上の重要判例、重要な改正要綱、審議会の答申、法案および司法制度に関する事項である。法令には法令番号を付し、判例には判示事項と要旨、典拠を記す。その他の事項にも出典を記している。重要な法令、重大な事件は太字であらわす。典拠文献・参考文献一覧を付す。　　　　1931

日本刑罰史年表　重松一義著　雄山閣出版　1972　318p　22cm　2000円

古代（記紀神法時代）より1972年までの刑罰史年表。刑罰史上および一般の重要事項は太字で表示。重要な点には詳説を加える。年表に引用された事項には多く、出典を記す。年表のほかに、「日本の刑罰思想と行刑制度」として30頁ほどの総説、さらに、古代より中世まで、江戸時代、明治期、大正期、昭和期の刑罰について概説があり理解を助ける。「刑罰用語小事典」「同系統類語別索引」を付す。　　　　1932

日本社会福祉法制史年表　桑原洋子編著　京都　永田文昌堂　1988.8　600p　22cm　執筆：宮城洋一郎ほか　7000円

慈善救済が法典に現れた676年を起点に、1945年までの社会福祉に関する法令を対象として、年表に編んだ

もの。古い法令については、必要に応じて書き下し文を付し、注を設けている。個々の事項に記されている典拠は、頁も記す。近代以降の法令は法令番号を付記。年表の下段は国外の社会福祉法制を収録する。起点は567年、収録範囲は、イギリス、フランス、ドイツ、アメリカ、ロシア、イタリア、韓国、中国の諸国である。国内と同様、出典を記す。巻末に典拠史料、参考文献の一覧がある。『社会福祉法制史年表』（桑原洋子、仏教大学通信教育部、1980）の昭和戦前までを改訂・補充したもの。 *1933*

【資料集】

江戸幕府代官史料 県令集覧 村上直，荒川秀俊編 吉川弘文館 1975 451,5p 22cm 7000円
江戸時代後期、1839（天保10）年から1866（慶応2）年における幕府直轄領の民政を担当した郡代、代官および諸役人の構成を明らかにする史料。『県令集覧』を典拠とする。編者の一人による論説「江戸幕府直轄領と代官」を収め、また付録として各年代の郡代、代官所一覧、構成表、配置図を収める。人名索引を付す。 *1934*

明治職官沿革表 合本1-6，別冊付録 内閣記録局編 原書房 1978-1979 7冊 22cm （明治百年史叢書） 5000-6000円
「職官部」と「官庁部」に分かれる。「職官部」は太政官、内閣、議院、省庁、府県の各種官職の設置改廃、職務内容、俸給の増減の記録を編年体に構成。省庁別の編年体索引を付す。「官庁部」は省庁別の部局の設置改廃年表を収めるほか、陸・海軍武官と外交官の俸給表、府県の沿革を示す系統図、各年の各官職の官等表などを収載。別冊付録に含まれているのは、歴年官等表、冠位沿革一覧表、俸給表、職官定員表であり、一覧の便宜を図っている。収録期間は1867年（慶応3）から1893年（明治26）。1886年（明治19）から1894年（明治27）刊の複製。 *1935*

◆憲法

【書誌】

憲法に関する10年間の雑誌文献目録 昭和50年-昭和59年 日外アソシエーツ編 日外アソシエーツ 1987.4 294p 27cm 発売：紀伊国屋書店 4-8169-0360-7 11000円
『雑誌記事索引（人文・社会編）累積索引版』☞ *0139*

をもとに、テーマ別の参考文献として再編成したものの一部で、1975-1984年の10年間に発表された憲法に関する雑誌文献8365件を収録。構成は、各テーマを表す大項目を設け、その下を見出し語で細分化。見出しの下の各文献の配列は、論題の五十音順。巻末に五十音順の事項索引を付す。約9600件を収録する『憲法に関する27年間の雑誌文献目録　昭和23年-49年』に続くもの。その見出しの下の配列は、著者名のあるものは著者の五十音順で、その後に著者名のないものを論題の五十音順に配列。巻末に五十音順の事項索引および収録誌名一覧を付す。いずれも著者索引はない。1985年以降はCD-ROM化されている。 *1936*

憲法関係判例評釈文献目録 法務省司法法制調査部編 法曹会 1979.3 88,730,39p 22cm 3600円
日本国憲法に関する裁判例を評釈した文献の網羅的な書誌。1947年（昭和22）5月3日より1977年（昭和52）12月31日までの間に刊行されたものを対象とする。憲法の条文の順に裁判例を挙げ、見出し、要旨、判決事項、典拠、および評釈文献を記す。見出しは目次にも記してある。構成は、民事事件と刑事事件に分かれ、さらに判決を下した裁判所の種類を区分している。裁判年月日索引を付す。 *1937*

【事典・年表】

憲法小辞典 増補版 伊藤正己〔ほか〕編 有斐閣 1978.3 367p 19cm （有斐閣双書） 1300円
憲法を中心に関連する法学諸分野の用語および法的諸制度、重要な政治的事件、裁判例など、日本国憲法の理解に役立つ事項を解説した辞典。見出し語は必要なものに原語を付し、引用された判例には掲載誌を記す。また辞典に採られた判例については、判決年月日順の索引を設けている。 *1938*

日本憲法年表 各国対照　近代国家化の軌跡 伊藤満著 新有堂 1980.1 318p 22cm 3500円
大日本帝国憲法、日本国憲法に関係する事柄を日本と外国とに大別してまとめた年表。日本については、憲法に固有の事象に限定せず、憲法関係法令・判例、さらに政治・社会・行政・教育・外交・軍事などについても採録。外国については、主要各国家法規はもとより、日本に関係のあった政治・外交上の事件のほかに、各時代において日本人の注目をひいた事柄についても採録。1945年から1996年までの歩みを年表と解説とで明らかにする『日本国憲法史年表』（杉原泰雄ほか編、勁草書房）が1998年に刊行された。 *1939*

【資料集】

原典日本憲法資料集 松本昌悦編 創成社 1988.4 854p 22cm 7400円
明治憲法と日本国憲法に関する、歴史的文書および法令文書329をまとめた資料集。主として法令全書に依拠しており、全文のほか、抄録として取り上げているものもある。章立ては、「憲法の制定と運用に関するもの」「基本的人権に関するもの」「軍事及び国防に関するもの」「議会制に関するもの」「行政府及び裁判所に関するもの」「天皇及び天皇制に関するもの」「現行憲法及びその公布・施行等に関するもの」となっている。大学での教材として使われることを考慮し、資料中の旧漢字は新漢字に改めている。 *1940*

解説世界憲法集 第3版 樋口陽一，吉田善明編 三省堂 1994.3 355p 19cm 執筆：元山健ほか 4-385-31306-7 2200円
世界10か国の憲法（1994年1月1日現在）の条文を翻訳したもの。採録した国は、イギリス、アメリカ、カナダ、スイス、イタリア、ドイツ、フランス、中国、韓国、ロシア連邦の諸国。全文収録のものと抄録のものとがある。理解を助けるために訳文中に訳者の注記がある。また、おのおのにつき解説を付し、その歴史と特色を記述。なお、必要に応じて、歴史的意義のある過去の条文もあわせて収録する。 *1941*

世界憲法集 第4版 宮沢俊義編 岩波書店 1983.8 446p 15cm（岩波文庫）500円
アメリカ、ベルギー、イタリア、西ドイツ、フランス、ソ連、ポーランド、中国、日本の9か国の成文憲法集。成文憲法概説のほか、各国憲法に解説や注などを付す。1982年12月4日の中国憲法改正にともない、1980年刊の第3版を改訂したもの。 *1942*

世界諸国の憲法集 木下太郎編 暁印書館 1978－1985 2冊 22cm 各1800円
世界16か国の憲法の和訳に日本国憲法を加えた資料集。各憲法につき数頁ずつ、成立の経緯や特色を略述。第1巻に収録した国は、東独、ソ連、中国、ポーランド、アメリカ、イタリア、イギリス、西独、フランス、日本である。第2巻に収録した国は、スペイン、韓国、中国、デンマーク、ベルギー、オランダ、ノルウェー、フィンランド、アメリカ、日本。 *1943*

世界の憲法集 阿部照哉，畑博行編 有信堂高文社 1991.3 347p 20cm 4-8420-1025-8 3090円
世界15か国の特色ある憲法典を訳出し、それぞれに簡略な解説を付したもの。収録する国はアメリカ、イタリア、インド、オーストラリア、カナダ、スウェーデン、スペイン、ソ連、中国、デンマーク、東西ドイツ、フィリピン、フランス、ベルギー。インドを除いて全条文の訳である。解説では、制定史、変遷、特徴などに触れている。その後上記の国のうち、ソ連はロシア連邦に、ドイツが統一された国際情勢の変化に対応し、さらにオーストリア、韓国、ブラジル、ポーランドを加えた18か国を収録する第2版を1998年に刊行。 *1944*

◆行政法

行政法に関する10年間の雑誌文献目録 昭和50年－昭和59年 日外アソシエーツ編 日外アソシエーツ 1987.4 242p 27cm 発売：紀伊国屋書店 4-8169-0360-7 9000円
『雑誌記事索引（人文・社会編）累積索引版』☞0139 をもとに、テーマ別の文献目録として再編成したものの一部で、1975－1984年（昭和50－59年）の10年間に発表された行政法に関する雑誌文献6526件を収録。構成は、各テーマを表す大項目を設け、その下を見出し語で細分化。見出しの下の各文献の配列は、論題の五十音順。巻末に五十音順の事項索引を付す。著者索引はない。『行政・行政法に関する27年間の雑誌文献目録 昭和23年－49年』☞*1775* に続くもの。1985年以降はCD-ROM化されている。 *1945*

最高裁判所行政事件判例評釈索引 最高裁判所事務総局編 法曹会 1981.9 911,25p 22cm 自昭和40年度至昭和53年度 3500円
最高裁判所の行政事件の裁判例を評釈した文献の書誌。学問上の、または法令上の分類のもとに、裁判例の見出しと要旨、判決事項、典拠、および評釈文献を記す。さらに、原審と第一審の判決事項、典拠も付記している。裁判年月日索引を付す。 *1946*

行政法辞典 杉村章三郎，山内一夫編 ぎょうせい 1975 616,31p 22cm 3000円
現代行政法の全領域にわたって、学問上、法令上基本となる項目1873を選び、解説をした辞典。単なる用語の定義にとどまらず、具体的な内容、課題にまで触れる。1974年（昭和49）9月20日現在の内容。巻末に事項索引を付す。 *1947*

一目でわかる日本の許認可制度のすべて 巨大・緻密な規則のアミの実態と緩和のゆくえ 依田薫著 日本実業出版社 1993.9 173p 21cm 4-534-02059-7 1500円
政治、経済、社会にかかわる日本のさまざまな規制を、

数字や図表を豊富に用いて解説したもの。77の具体例を取り上げる。章立ては、「物流・流通」「金融」「ニュービジネス」「建設・製造」「検査・検定」「情報通信」「エネルギー」など。　　　　　　　　　　　1948

◆民法

【書誌・索引】

民事法に関する10年間の雑誌文献目録　昭和50年－昭和59年　日外アソシエーツ編　日外アソシエーツ　1988.1　303p　27cm　発売：紀伊国屋書店　4-8169-0360-7　11200円

『雑誌記事索引（人文・社会編）累積索引版』☞0139をもとに、テーマ別の文献目録として再編成したものの一部で、1975－1984年の10年間に発表された民事法に関する雑誌文献4066件を収録。構成は、各テーマを表す大項目を設け、その下を見出し語で細分化。見出しの下の各文献の配列は、論題の五十音順。巻末に五十音順の事項索引を付す。約1万3000件を収録する『民事法に関する27年間の雑誌文献目録　昭和23年－49年』に続くもの。その見出しの下の配列は、著者名のあるものは著者の五十音順で、その後に著者名のないものを論題の五十音順に配列。巻末に五十音順の事項索引および収録誌名一覧を付す。いずれも著者索引はない。1985年以降はCD-ROM化されている。　1949

民事判例索引集　民事判例研究会編　新日本法規出版　1985－　10冊(加除式)22cm　全81000円

裁判所法施行後に言い渡しのあった民事裁判例のうち、各級の民事判例集と主要雑誌に登載された判示事項を収録した索引。なお行政事件、労働事件、無体財産権事件および家事審判事件に関する民事裁判例は含まない。各編は、条文順、裁判年月日順、審級順に編集され、評釈・解説のある裁判例については、その登載文献名、巻号数、頁数を付記。　　　　　　1950

民事裁判例索引　昭和46年度－　法曹会　1974－　年刊　21cm　監修：最高裁判所事務総局民事局

判例集・専門誌などに収録された最高裁判所、下級裁判所の民事判決文（原則として行政・労働・知的財産権・家事審判事件を除く）の判示事項を関係法令別に分類整理し、収録文献名を示すとともに、評釈・解説のあるものについては、執筆者名、収録文献名を付す。判例索引であるとともに評釈文献索引を兼ねたもの。『下級裁判所民事裁判例集索引』（最高裁判所事務総局）の改題、改編。これ以前は、1947－1957年については『裁判所法施行後における民事裁判例総索引』上、中、下（最高裁判所事務総局、1959）『裁判所法施行後における民事裁判例評釈索引』（同、1963）があり、1958－1970年については『民事裁判例総索引』民法編（上、下）、商法編・民事訴訟編、諸法編（上、下）（同、法曹会、1973－1976）があり、この後を引き継ぐ。累積版として『民事裁判例総索引』民事訴訟法編1971－1994年（同、1996）が刊行された。民事判決文の中で、除外する事件の表示は年によって異なる。解題は平成5年版による。　　　　　　　　　1951

最高裁判所判例解説索引　民事篇　昭和29年－昭和55年　法曹会編　法曹会　1986.6　671p　22cm　4500円

『最高裁判所判例解説民事編』（法曹会編・刊　1961－）に1954年度（昭和29）から1980年度（昭和55）までに登載された判例解説の索引。解説の執筆されなかったものも含むので、『最高裁判所判例集民事編』（最高裁判所判例調査会編・刊、1948－）に登載された全判例の索引としても利用できる。判示事項索引と裁判年月日索引の2部よりなる。判示事項索引は、憲法、民法、商法、民事訴訟法、諸法令に分かれ、各法令の中は、条文順に並ぶ。判示事項が多数の法条に関係する場合は、重複して各条文に記載。　　　　　　1952

日本民事判例要旨総覧　1－3　長谷部茂吉〔等〕編　テイハン　1969－1978　5冊　22cm　8000－21000円

1945年から1975年まで裁判例の要旨を分類配列したもの。内容を理解するための資料と裁判例の原文を参照するための文献検索の便宜をはかるために編集された判例索引。1は3巻本で、上巻は民事実体法など、中巻は民事手続法など、下巻は無体財産法等のように法分野別にまとめ、各法令の条文ごとに関連判例の要旨を収録する。下巻の巻頭には3巻を通じての法令別索引があるが判例への索引はない。未発表の裁判例を1513件収録しているのが特徴。2と3は同一内容を各一冊にまとめて収録。　　　　　　1953

家族(法)文献目録　わが国における諸外国の家族(法)研究（1975－88年）東京大学社会科学研究所編　東京大学社会科学研究所　1989.3　47p　26cm　（東京大学社会科学研究所文献資料目録　第8冊）　非売品

諸外国の家族法に関する図書、雑誌論文を収録した書誌。わが国で1975年から1985年11月頃までに発表された文献を対象とする。構成は、主要な国については国別、それ以外は地域別にまとめられている。このほかに「教会法」「ローマ法」「多国間比較・比較一般に関わるもの」などの項目がある。『法律時報』（日本評論社）の巻末の「文献目録」、『家族法判例・文献集成（正・続）』☞1955 などを参照し、適宜補充したもの。　　　　　　　　　　　　　　1954

家族法判例・文献集成 戦後家族法学の歩み 太田武男編 有斐閣 1975 751p 22cm 12000円

『家族法判例集成』（京都大学人文科学研究所、1964-1969）と『家族法文献集成』（同上、1969）をもとに、1948年から1975年までの27年間に発表された家族法に関する判例と文献を収録した目録。「判例編」は親族法、相続法、戸籍・家事審判法関係の3部、「文献編」は単行本、一般文献の2部、「附編」の先例・決議集成は戸籍先例、法曹会決議の2部で構成されている。付録として「雑誌刊行年月日一覧」、巻末には判例、先例、法曹会決議の索引を付す。家族法という特定主題の目録として定評あり。1982年には本書の続編が同様の編集で刊行され、1975年から1981年までの資料を収録。
1955

【事典・名鑑】

体系民法事典 第3版増補 中川善之助〔ほか〕編 青林書院新社 1984.5 923,41p 22cm 4-417-00534-6 9800円

民法および不動産登記法、借地・借家法、区分所有権法の各法について、ほぼ法体系に準じて解説した中項目の事典。解説文中には、学説の動向・参照条文・判例をも示し、各項目ごとに執筆者名を記す。体系順の詳細な目次と巻末の事項索引で検索できる。1962年『民法事典』として出発し、1966年『体系民法事典』となってから、5回の改訂を経る。1976年の新版より、旧版にあった「資料」「文献」などの付属資料、各編末の参考文献などが削除された。この1984年の第3版増補は、旧版に新たに「区分所有権法」の1編を加えている。
1956

登記用語事典 増補改訂第2版 津島一雄編 六法出版社 1984.5 〔6〕,29,356p 19cm 4-89770-132-5 2500円

不動産登記法、商業登記法を中心とした登記制度の難解な専門用語を、初心者にも分かるように小項目で簡潔、平易に解説したもの。二つの法律双方で用いられる用語の説明は、それぞれを区別するための工夫がなされている。関連事項・同義語・類似語の相互参照や引用の出典・法条項の参照も豊富。配列は五十音順で、巻頭に五十音順の事項索引がある。
1957

体系・戸籍用語事典 法令・親族・戸籍実務・相続・旧法 新版 高妻新著 日本加除出版 1992.3 1冊 22cm 監修：田代有嗣 4-8178-1013-0 7800円

戸籍に関するさまざまな事項（そのもととなる法令と用語、実務を主眼とした戸籍事務、各種届出など）を解説した事典。特に関連の深い親族・相続については、それぞれに章をたて詳細に説明。古くは戦前の旧法戸籍、外地戸籍までさかのぼり、現代の国際化時代をふまえ、国際私法上の渉外事件関係も解説する。参照条文・判例、参考文献も記載。付録として、旧法から現在に至るまでの各種書式の実例、巻末には事項索引がある。参考資料として、法令の今日に至るまでの立法・改正経過に関する資料を掲載。初版は1980年。
1958

全国公益法人名鑑 平成5年版－ 公益法人協会 1993－ 年刊 21cm 監修：内閣総理大臣官房管理室

全国の広汎な分野で公益活動を行っている公益法人（社団法人、財団法人）を網羅した名鑑。各法人の所在地、代表者名、設立年月日・目的、監督官庁など基本的な事項を掲載。内閣総理大臣官房管理室の監修のもとに、1993年に創刊以来毎年版を重ね、1996年版（第4版）の収録数は2万6000にのぼった。本文は、法人所在の都道府県別、さらに設立目的の大項目別（生活、教育・学術・文化、政治・行政、産業の4項目）に区分し、法人名の五十音順に配列。巻末に法人名の五十音順索引がある。解題は平成8年版による。
1959

【法令集、書式】

判例民事六法全書 昭和52年版－ 第一法規出版株式会社編集部編 第一法規出版 1976－ 年刊 22cm

日常生活に密着した規範である民事法の解釈のために、条文に、判例要旨を付した民事法法令集。民事法を「民法編」「商法編」「民事訴訟編」の3部門に分類し、体系的に編成収録。主要な法律には参照条文を、判例のある法令にはその要旨を、不動産登記法・商業登記法には通達・回答の要旨を、各関係条文の後に付す。法律に付属する施行令・施行規則などは、当該法律の条文中に溶け込ませ、階層的な理解を図る。色刷やゴシック表示を取りいれ、総目次のほかに五十音順の法令名索引があり、使いやすい。巻末には付録として、「各種手数料一覧」がある。解題は平成8年版による。
1960

新版契約全書 精選版 上・中・下巻 大野文雄, 矢野正則著 青林書院新社 1983 3冊 22cm 8900～9600円

現代社会において現実に締結されている様々な「契約」について、具体的な書式を文例をあげて示し、広く利用できるように簡潔で実務的な解説を付したもの。既刊の『新版契約全書』（大野文雄、矢野正則著、青林書院新社、1972）全10巻11分冊の中より、使用頻度が高く、現代書式として重要とおもわれるものを、精選し全3巻にまとめている。解説文中には、注として参考文献もあげる。
1961

◆商事法

【書誌】

商事法に関する10年間の雑誌文献目録 昭和50年－昭和59年 日外アソシエーツ編 日外アソシエーツ 1987.4 231p 27cm 発売：紀伊国屋書店 4-8169-0360-7 8800円
『雑誌記事索引（人文・社会編）累積索引版』☞0139 をもとに、テーマ別の文献目録として再編成したものの一部で、1975-1984年の10年間に発表された商事法に関する雑誌文献6094件を収録。構成は、各テーマを表す大項目を設け、その下を見出し語で細分化。見出しの下の各文献の配列は、論題の五十音順。巻末に五十音順の事項索引を付す。約9600件を収録する『商事法に関する27年間の雑誌文献目録　昭和23年-49年』に続くもの。その見出しの下の配列は、著者名のあるものは著者の五十音順で、その後に著者名のないものを論題の五十音順に配列。巻末に五十音順の事項索引および収録誌名一覧を付す。いずれも著者索引はない。1985年以降はCD-ROM化されている。　　1962

文献商法学 上巻，下巻，続第1巻 服部栄三編 商事法務研究会 1977-1996 3冊 27cm
上・下巻は雑誌『商事法務』92-713号（1958-1975年刊）までの「商事法関係文献紹介」欄に連載した著書・論文の紹介を体系的に分類・整理して収録したもの。文献解題は基本的に要旨と客観的要約とからなる。連載前の文献を補足するものとして「昭和20年代商法学界の動向」「昭和20年代商事法文献目録」（著者名五十音順配列）を付録に、巻末に編著者索引・事項索引を付す。上巻には会社法関係、下巻には商法総則、商行為、証券取引、保険法、海商法、手形・小切手法、経済法に関する文献を収録。続第1巻は、1975-1980年に連載された『文献商法学月報』を4編に分類して収録し、体系的に配列。1998年に、続第2巻から第4巻までを刊行。　　1963

【辞典・事典】

体系商法事典 鴻常夫，北沢正啓編 青林書院新社 1974 810,56p 22cm 7500円
経済法、工業所有権法を含めた広義の商法全般を9編に大別し、中項目により体系的に解説した事典。詳密な目次と巻末に五十音順の詳細な事項索引を付す。1974年改正商法に対応して解説。　　1964

商法小辞典 増補改訂版 八木弘編著 中央経済社 1979.1 430p 18cm 1600円
商法に関する語句を簡潔に解説した小辞典。語句の五十音順配列。巻頭に体系目次、巻末に事項索引を付す。増補改訂版は1974、1975年の商法改正に対応したもの。　　1965

法律英語の事典 英和・和英・会社 長谷川俊明著 東京布井出版 1985.9 253p 19cm 4-8109-1051-2 1600円
会社法・取引法に関する英和・和英用語事典。第Ⅰ部「会社の英語」では定款の英訳を通して、会社の法律英語を解説。第Ⅱ部英和術語、第Ⅲ部和英用語は、金融、証券その他法律周辺の用語も含む。『法律英語のカギ』の続編で読む事典でもある。　　1966

株式会社の法律実務 第7版 中倉貞重，日本公認会計士協会東京会共著 ダイヤモンド社 1992.9 1239p 27cm 4-478-12012-9 36000円
株式会社に関する法律実務を書式・様式を掲げ解説したもの。1990年の商法改正に対応した版。総目次、細目次、書式・様式目次を付す。初版は1950年。　　1967

手形法・小切手法小辞典 増補版 河本一郎，田邊光政編著 中央経済社 1989 362p 18cm 4-502-70020-7 2100円
手形法・小切手法を中心に、増補版では金融法も加えて用語解説し、ハンディにまとめた辞典。用語の五十音順に配列。巻頭に体系目次、巻末に五十音順の事項索引を付す。　　1968

◆刑事法

【書誌・索引】

特別刑法文献目録 法務大臣官房司法法制調査部編 法曹会 1980.12 337p 21cm 2000円
刑法典以外で罰則を定めている法令（特別刑法）のうち、1979年（昭和54）12月末現在、現行法である主要な法令に関する718件の文献を収めた目録。特別刑法総論と特別刑法各論からなり、前者は特別刑法全般に関するもの、後者は固有の刑罰法令に関するものを収録し、おのおの五十音順に配列。以前刊行された『特別刑法文献目録』（1973年刊）と『特別刑法文献目録追録』（1976年刊）を含めた総集編である。　　1969

刑事裁判例総索引 最高裁判所事務総局編 法曹会 1979- 不定期刊 22cm
刑事裁判例のうち、判例集、雑誌などに登載されたも

のについての判示事項を条文により検索する総索引。刑法編、刑事訴訟法編、憲法編、諸法編の4編がある。収録範囲は各編とも1947年10月からである。分類は法令別にで、同一法令の判示事項の配列は、言渡年月日順。同一年月日のものについては、審級別順とし、登載文献名・巻号・頁を掲載。当該裁判例に評釈・解説などがあるときは、★印を付し、執筆者名と登載文献名を示す。本編に、裁判年月日の索引は無かったが、追補以降には索引が付与された。　　　　1970

【事典・図鑑】

刑法事典　青柳文雄〔ほか〕編　立花書房　1981.10
　317,21p　19cm　4-8037-2315-X　1900円
1907年（明治40）に制定された刑法典の難解な事項を、わかりやすい言葉で解説している。解説には、意味と学説のほか関連判例・関連法令を含むものもある。刑法の基礎的な知識を身につけるための事典。2編からなり、第1編は「刑法総論」、第2編は「刑法各論」。さらに、第1編は「刑法一般」「犯罪論」「刑罰論」の3章に、第2編は「国家的法益に対する罪」「社会的法益に対する罪」「個人的法益に関する罪」の3章にわかれる。巻末に五十音順の事項索引を付す。　1971

犯罪学辞典　犯罪学研究会編　成文堂　1982.12　644p
　19cm　4800円
犯罪学に関連する心理学、刑事法、法医学、警察、矯正関係などの各分野から、重要事項・用語を選択し、解説した辞典。3783項目を五十音順に収録している。別建てに人名項目があり、巻末には全項目の事項索引と人名索引を五十音順に付す。日本で初めての本格的犯罪学辞典。解説文は、客観的、簡明である。　1972

事件・犯罪大事典　明治・大正・昭和　事件・犯罪研究会編　東京法経学院出版　1986.8　751p　22cm　制作：かるちあ　4-8089-4001-9　13500円
国内を中心にして、明治時代から昭和後期に至るまでの間に起った大きな事件・犯罪について、関連する法律用語を含めて約2000項目からなる事典。事件・犯罪名は、定着した呼称以外は地域名を冠して五十音順に配列し、参照も豊富。各項目は事実経過を中心としているが、裁判となったものは、起訴日、判決内容などに触れるほか、参考文献を示すものもある。70以上のジャンル別索引、五十音順の人名索引を付す。　1973

図鑑日本の監獄史　重松一義著　雄山閣出版　1985.4
　514,8p　27cm　4-639-00473-7　20000円
明治維新以来百有余年、牢から監獄、刑務所へと発展していく姿を写真や図版を史的に配列、立体化、映像化し、文章解説を加えたもの。後半の付録部分では、囚衣・囚人用雑具・囚人労働などの変遷を多くの図版を付して示す。付録の後には、図版一覧を図版番号順に掲載する。　　　　1974

【統計・法令】

犯罪　犯罪統計書　昭和39年－　警察庁編　警察庁
　1965－　年刊　26cm
犯罪統計規則に基づき、全国の都道府県警察本部が報告した資料より作成した統計。毎年の犯罪概況と各犯罪ごとの件数や人員を、年次別、府県別などにわけた統計データを収録。副書名は、犯罪統計書。書名の前に統計の内容年が入る。犯罪概況以下は、「刑法犯」「特別法犯」「交通犯罪」「少年犯罪」「暴力団犯罪」「公務員犯罪」「外国人犯罪」「その他」の項目からなる。各項目はさらに細分化されているため、その年のかなり詳細な数値を知ることができる。解題は平成8年版による。　　　　1975

矯正統計年報　第63(昭和36年)－　法務大臣官房司法法制調査部調査統計課　1962－　年刊　26cm　非売品
2分冊からなり、Ⅰは全国の刑務所（少年刑務所を含む）拘置所および婦人補導院の被収容者に関する統計資料。Ⅱは全国の少年鑑別所および少年院の被収容者に関する統計資料を収録。第1回は『司法省監獄局統計年報』にはじまり、その後『監獄統計年報』、1921年以後『行刑統計年報』、1961年に『少年矯正統計年報』と合併して現書名となった。第82回（1980年）に2分冊となった。付録には、「罪名分類表」「受刑者の収容・処遇分類扱一覧表」などがある。解題は平成8年版による。　　　　1976

保護統計年報　第1(昭和35年)－　法務大臣官房司法法制調査部調査統計課〔編〕　法務省　1962－　年刊　26cm
中央更正保護審査会、地方更正保護委員会および保護観察所で取り扱った犯罪者・非行少年の更正保護に関する統計資料を収録。概説のほか、Ⅰ地方更正保護委員会、Ⅱ保護観察所、Ⅲ恩赦の3章に分けて基礎的統計を掲載。付録として「保護統計罪名・非行名分類表」などがある。解題は平成8年版による。　　　　1977

◆**司法**

【書誌】

司法・裁判・刑法に関する10年間の雑誌文献目録　昭和50年－昭和59年　日外アソシエーツ編　日外アソシエ

ーツ　1987.4　379p　27cm　発売：紀伊国屋書店　4-8169-0360-7　14000円
『雑誌記事索引（人文・社会編）累積索引版』☞0139をもとに、テーマ別の文献目録として再編成したものの一部で、1975年－1984年の10年間に発表された司法・裁判・刑法に関する雑誌文献1万1220件を収録。構成は、各テーマを表す大項目を設け、その下を見出し語で細分化。見出しの下の各文献の配列は、論題の五十音順。巻末に五十音順の事項索引を付す。約1万6000件を収録する『司法・裁判・刑法に関する27年間の雑誌文献目録　昭和23年－49年』に続くもの。その見出しの下の配列は、著者名のあるものは著者の五十音順で、その後に著者名のないものを論題の五十音順に配列。巻末に五十音順の事項索引および収録誌名一覧を付す。いずれも著者索引はない。1985年以降はCD-ROM化されている。　　　　　　　　　　　1978

刑事訴訟法・民事訴訟法に関する10年間の雑誌文献目録　昭和50年－昭和59年　日外アソシエーツ編　日外アソシエーツ　1988.1　219p　27cm　発売：紀伊国屋書店　4-8169-0360-7　8300円
『雑誌記事索引（人文・社会編）累積索引版』☞0139をもとに、テーマ別の文献目録として再編成したものの一部で、1975－1984年の10年間に発表された刑事訴訟法・民事訴訟法に関する雑誌文献5696件を収録。構成は、各テーマを表す大項目を設け、その下を見出し語で細分化。見出しの下の各文献の配列は、論題の五十音順。巻末に五十音順の事項索引を付す。約1万400件を収録する『刑事訴訟法・民事訴訟法に関する27年間の雑誌文献目録　昭和23年－49年』に続くもの。その見出しの下の配列は、著者名のあるものは著者の五十音順で、その後に著者名のないものを論題の五十音順に配列。巻末に五十音順の事項索引および収録誌名一覧を付す。いずれも著者索引はない。1985年以降はCD-ROM化されている。　　　　　　　　　　　1979

【事典・便覧】

裁判キーワード　小島武司編　有斐閣　1993.10　260p　19cm　（有斐閣双書）　4-641-05858-X　1700円
民事訴訟法、刑事訴訟法を中心に、裁判所法、弁護士法、検察庁法、民事調停法などから裁判と裁判外紛争処理に関連する100の基本用語を平易に解説したもの。巻末に、各項目の理解を深めるための参考文献と事項索引を付す。　　　　　　　　　　　　　　1980

法廷用語解説　有斐閣　1995.2　176,4p　19cm　監修：裁判所書記官研修所　4-641-02715-3　1854円
テキストや法律用語事典で理解しにくいキーワードについて実態や事例、イラストを交え分かりやすく解説したもの。全体を民事、刑事、民事刑事共通の3部に分け、裁判手続の流れにそって述べる。『法学教室』103－150号に連載されたもので、法学部の学生を対象としている。巻末に資料として書面例、索引を付す。　　　　　　　　　　　　　　1981

裁判所百年史　最高裁判所事務総局編　最高裁判所事務総局　1990.11　559p　27cm
1890年（明治23）の裁判所構成法施行後の100年間の裁判所の史的変遷を把握するための資料。2部からなり、第1部は6期に時代区分し、明治以降の裁判所制度、裁判手続、重要判例を解説。第2部は年表、関係法令、裁判所組織図、統計からなる。また、1部には前史として1889年（明治22）までの裁判所制度などにも触れる。　　　　　　　　　　　　　　1982

【名簿・名鑑】

全裁判官経歴総覧　改訂新版　日本民主法律家協会司法制度委員会編　公人社　1990.12　477p　31cm　12000円
1948年から1990年の期間に任官したすべての裁判官について3部構成により多角的に把握できるものである。第1部全裁判官期別異動一覧は、裁判官の全異動経歴を研修終了の期ごとに掲載している。終了後、検事・弁護士を経た者は各期へ加え、司法研修所を修了せずに任官した場合は、第1部の最後にまとめて掲載している。第2部全裁判官五十音順名簿は、全裁判官の関与した裁判、著作、訟務検事として国を代理して担当した事件などを収録。最高裁判所裁判官については、第3部資料編にあたる必要がある。同編には、裁判官に関する資料が統計資料を含めて豊富である。1987年刊行の改訂版である。1998年に第3版が刊行されている。　　　　　　　　　　　　　　1983

最高裁全裁判官　人と判決　野村二郎著　三省堂　1986.9　308p　22cm　4-385-32040-3　3200円
最高裁判所に1947年から1973年までの間任命された判事94名を任命順に紹介。任命経過、業績、判断傾向、人格や趣味などを掲載している。巻末には主要判例、最高裁裁判官一覧、国民審査結果一覧、人名・事項索引を付す。　　　　　　　　　　　　　　1984

全国弁護士大観　平成7年版　法律新聞社　1995.4　不定期刊　1198p　27cm　55000円
全国各弁護士会に登録されている全弁護士について氏名、写真、連絡先、経歴などを弁護士会ごとにまとめたもの。歴代弁護士会会長、司法関係機関情報などのほか、巻末には五十音順の人名索引あり。　　　　1985

【統計】

明治以降裁判統計要覧 最高裁判所事務総局 1969 185p 26cm

1875年に司法省が公刊した『民事・刑事綜計集』から現在の『司法統計年報』☞1987 までの裁判統計資料を用いて時系列表にまとめた統計。1875年（明治8）から1967年（昭和42）を収録している。「民事事件」「家事事件」「刑事事件」「少年事件」に分けた上、事件の種類ごとに掲載。付録として行政訴訟事件件数、少年の終局分別既済人数が巻末にある。また、冒頭の「明治8年以降の裁判制度の沿革」では新憲法下にいたるまでの裁判制度の経緯を記述。　*1986*

司法統計年報 昭和27年－ 最高裁判所事務総局 1953－ 年刊 26cm

全国すべての裁判所の裁判統計報告を各種分類項目に従い集録した基本統計書。「民事・行政編」「刑事編」「家事編」「少年編」の4分冊。各編は、全国的統計と裁判所ごとの統計、各事件の累年比較の諸表を収録する「総覧表」と既済事件について、事件の種類ごとに審級裁判所別に、手続や実体の内容を示した統計を収録する「細別表」からなる。解題は平成8年版による。　*1987*

民事・訟務・人権統計年報 第86(昭和47年)－ 法務大臣官房司法法制調査部調査統計課 1973－ 年刊 26－29cm

登記・訟務および人権擁護関係の司法統計を収録した基本的統計書。1980年版から2分冊となり、1に登記、訟務、人権、2には戸籍、供託、法律扶助、登記免許税、登記手数料を収録。1887年（明治20）刊の『登記統計年報』の継続誌。以来74回まで『登記統計年報』(56－63回は『登記統計要旨』)、75－85回は『登記・訟務・人権統計年報』と変遷を経て現在の誌名となった。解題は第110による。　*1988*

検察統計年報 第77(昭和26年)－ 法務大臣官房司法法制調査部調査統計課 1953－ 年刊 26cm

全国の検察庁で取り扱った刑事事件についての統計。被疑事件、被疑者、公訴の取消しや失効、検察官、裁判、刑の執行などに関する基礎的な統計を13章にわたって掲載。付録には、参考としてこの年報における罪名の区分に用いた「罪名分類一覧表」がある。1875年、『刑事綜計表』として創刊。その後『刑事統計年報』『刑事統計要旨』などを経て、第77から現在の書名となった。解題は第120による。　*1989*

✦国際法

【書誌・索引】

国際法に関する10年間の雑誌文献目録 昭和50年－昭和59年 日外アソシエーツ編 日外アソシエーツ 1987.4 159p 27cm 発売：紀伊国屋書店 4-8169-0360-7 6000円

『雑誌記事索引（人文・社会編）累積索引版』☞0139 をもとに、テーマ別の文献目録として再編成したものの一部で、1975－1984年の10年間に発表された国際法に関する雑誌文献4066件を収録。構成は、各テーマを表す大項目を設け、その下を見出し語で細分化。見出しの下の各文献の配列は、論題の五十音順。巻末に五十音順の事項索引を付す。約7400件を収録する『国際法に関する27年間の雑誌文献目録 昭和23年－49年』に続くもの。その見出しの下の配列は、著者名のあるものは著者の五十音順で、その後に著者名のないものを論題の五十音順に配列。巻末に五十音順の事項索引および収録誌名一覧を付す。いずれも著者索引はない。1985年以降はCD-ROM化されている。　*1990*

国際連合刊行資料利用の手引き 改訂増補版 石川光二著 日本ドクメンテーション協会 1980.7 104p 26cm（NIPDOKシリーズ 21R） 2500円

国際連合およびその専門機関の資料を利用しようとする人のために、資料の紹介およびその利用・入手方法を説明した案内書。第1章では、前身である国際連盟と、国際連合の組織や刊行資料を比較、対照した表にして説明。第2章では国際連合、第3章以下ユネスコ、FAO、ILO、WHO、経済分野の専門機関、ICAO、IAFAなどの専門機関にそれぞれ1章をあて、組織、資料とその検索手段を解説、利用機関を紹介する。付録として「国連資料のマイクロ資料一覧」がつく。索引は和英対照の主題標目一覧、英文の主題索引、和文・英文の書名索引がある。　*1991*

国際連盟・国際連合刊行資料目録 国立国会図書館所蔵 第1－4巻 国立国会図書館参考書誌部編 国立国会図書館 1971－1978 4冊 26cm

国際連盟・国際連合の刊行物をわが国において最も多く所蔵する国立国会図書館の所蔵目録。4巻本で、1973年から巻を追って随時刊行された。第1巻は国際連盟・国際連合、第2巻は国際労働機関など3専門機関、第3巻は国際民間航空機関など10専門機関、第4巻は図書・雑誌など関連する文献の索引で、各機関刊行物の邦訳資料も収録している。収録対象は1919年から1976年までの刊行物で、第1巻から第3巻までは

「組織と資料」と題して各機関の概説をし、難解な資料の読み方も例示。第2巻と第3巻は機関ごとに公式資料、一般資料、雑誌、シリーズ・リストなどの章からなる。第4巻は文献を邦文と欧文に分け、主題ごとに図書、小冊子および雑誌論文の順で配列。全巻とも巻末に主題別、あるいは件名などの詳細な索引を付す。

1992

極東国際軍事裁判記録　目録及び索引　朝日新聞調査研究室編　朝日新聞調査研究室　1953　314p 26cm

朝日新聞社が独自に集めた極東国際軍事裁判の記録に対して作成された目録および索引。裁判の経過に従って資料を順次配列し、独自の番号を付して整理したもの。「準備段階」から「検察側立証段階」「弁護側立証段階」などを経て、最終的な判決に至るまでを8段階に分け、記録の目録を日付順、証拠の提出順に配列している。未提出、不採用の証拠も取り上げ、内容は広範囲で、優れた目録索引となっている。巻末の事項索引から、本文の項目を探し、略字や番号を解読することによって膨大な和英速記録にアクセスできる。速記録にないものも記録のあるものには索引を付す。利用する前に、巻頭の凡例を読み、「略字解」の表など理解する必要がある。

1993

【辞典・事典・便覧】

国際関係法辞典　国際法学会編　三省堂　1995.8　810,47p 22cm　4-385-15750-2　10000円

『国際法辞典』（国際法学会、鹿島出版会、1975）をもとに、伝統的な国際法、国際私法に限定せず、国際取引法、EU法（欧州連合法）、国際経済法、国際取引法、国際政治・外交史（法的な関連性の強い項目に限定）を含め、全部で7分野を対象にした辞典。編集は国際法学会で、執筆者も広く学界に求めており、国際法に関しては定評がある。五十音順に配列された項目は1513を数える。内容は機構、組織、条約、判例、人名など、国際法にかかわる多分野にわたる。条約、判例などについてより詳しく調べるには、各種条約集や、『国際法判例集』（皆川洸編著、有信堂、1975）にあたるのが良い。1994年1月1日現在の編集で、巻末に事項索引と欧文略語表を付す。

1994

国際機関総覧　1986年版-　外務省総合外交政策局編　日本国際問題研究所　1986-　5年毎刊　22cm

国際機関の概要についての総覧。収録された機関・委員会は222あり、最新のもの。「国際連合」「国連関連政府間機関」「国際機関」の3部で構成され、組織や機能で分類・配列されている。項目の内容は沿革から目的、加盟、組織、財政および活動、他機関・わが国との関係へと続く。付録には「国際機関の職員」（募集・採用）「わが国にある国際機関事務所」「国連寄託図書館」などが掲載され、本文の所在地、連絡方法などともあわせて実用的なアクセスにも配慮あり。『国際協力・交流　NGO・団体名鑑』（日本外交協会、1996）と併用すると良い。解題は1996年版による。

1995

主要国際機関の概要　第11版　外務省国際連合局専門機関課　1981.3　949p 21cm　非売品

国連を中心に主要な国際機関88機関について解説したハンドブック。3部構成で1部は国連および専門機関、2部は諸国際機関、3部は非政府機関。各機関の所在地、沿革、加盟国、目的、任務、組織、財政、事業活動、ほかの国際機構や日本との関係などを詳細に記載。付表として略語表、国連・専門機関等加盟国・加盟領一覧表、国連機構図など全8表を巻末に付す。初版は1952年。

1996

国際連合の基礎知識　改訂増補新版　国際連合広報局著　国際連合広報センター監訳　世界の動き社　1994.3　345p 22cm　『Basic facts about the United Nations』の翻訳　4-88112-800-0　1700円

国際連合の成立、組織、機構、目的などを概観した基本的な入門書。1955年版より数年ごとに発行されてきた。機能について「国際の平和と安全」「経済・社会開発」「人権と人道的援助」「植民地の独立」「国際性」「国連の関連政府間機関」の章があり、国連の表向きの姿勢がうかがわれる。巻末に付録として「国連憲章」ほか9の資料が付されているが、全体の索引はない。

1997

東京裁判ハンドブック　東京裁判ハンドブック編集委員会編　青木書店　1989.8　293p 22cm　4-250-89013-9　3090円

東京裁判、BC級戦争犯罪裁判の全体像から160のキーワードを切り取り、各項目ごとに概説し、問題点を指摘した意欲的な解説書。資料に基づく事実や経過の記述に力点をおく。本文は「東京裁判」「BC級戦争犯罪裁判」「戦争責任」「ドイツ・イタリア戦争犯罪人追求に関する主要項目」の4部で構成され、5部は表・図版、6部は資料。巻末に「主要参考文献目録」「東京裁判関係年表」を付す。団体・機関名の索引あり。裁判記録や判決が裁判所書記局によって公刊されなかった東京裁判や記録はもとより判決の結果すら日本政府によって公表されていないとされるBC級戦争犯罪裁判の学習・研究のための入門書。

1998

【条約集】

条約便覧　二国間条約　外務省条約局　1958　656p 27cm

1854-1957年間に締結されたものを収録
1854年（安政元）から1957年（昭和32）までの103年間に締結された日本を当事国とする二国間条約の目録。協定、議定書、取極、交換公文および覚書など国際間の合意を盛った文書のすべてを対象にし、現行のみならず、失効、不成立、未発行のものも含まれるので、条約の歴史的な研究、旧条約の調査に必須の資料。内容は項目ごとにテキストの所在、所要の国内的措置、効力の発生消滅および関係条約との関連を記載している。第1部は年代順、第2部は事項別、第3部は相手国別に構成。政治、経済などに分かれた事項別や、アルファベット順に配列された相手国別は中心となる年代順の部の索引。多数国間条約については『条約便覧　多数国間条約』（外務省条約局）を参照。
1999

条約集　昭和39年－　外務省条約局〔編〕　大蔵省印刷局　1965－　年刊　22cm
1964年（昭和39）から毎年多数国間と二国間の2冊に分けて刊行されている条約集。その年に発効したすべての条約の全文を掲載している。多数国間条約は日本についての発効順、二国間条約は相手国の国名のアルファベット順に配列しており、条約は日本文、英文を上下に構成し（例外もあり）、各条文に見出しを付す。索引はない。全条約・全文を掲載している点で網羅性ではほかに類がなく、国際法の研究には欠かせないが、3年程遅れて刊行されるので、速報性はない。解題は平成6年版による。
2000

国際条約集　1981年版－　山本草二〔ほか〕編　有斐閣　1981－　年刊　19cm
コンパクトな条約集としては最も古く（1950年）から刊行されており、長年利用されてきた定評のある条約集。1981年からは毎年刊行されており、六法全書の条約版といえる。1988年からは巻末に追録版を設けている。構成は「国際組織」「国家」「個人」など体系的な12の章のもと、必要に応じて節に分け、162の主要な文書を収録している。各項目において関連する重要文書などは「参考」としてそのすぐ後に掲載しているのが特徴。巻末に「条約の当事国表」「国際連合通常予算分担率」「主要国際機構・関連用語略称一覧」の資料あり。五十音順の条約名索引、収録順の欧文条約名索引を付す。解題は1997年版による。
2001

ベーシック条約集　田畑茂二郎，高林秀雄編集代表　東信堂　1997.3　772p　19cm　4-88713-251-4　1650円
国際法を学習する際、必要不可欠と思われる条約、宣言、決議などを選択し、編集した最新の条約集。『基本条約・資料集』（東信堂、1976年初版）を基礎に、全般的な見直しがなされ、それを機に書名も変更した。新しく「国家」「環境」などの章が設けられ、80の文書が加わり、全体として186の文書を収録している。内容は1997年3月1日現在で、「包括的核実験禁止条約」など最新のものも収録されており速報性はある。特徴は各章の扉に付された「本章の構成」で、収録された条約の相互の関連を位置づけた解説をしている。17章にあたる国際法関係資料の中の「国際法年表」などは独自に作成されたもの。表紙の表と裏に条約索引がある。
2002

主要条約集　平成3年版　外務省条約局　1991.6　1951p　22cm　英文併記
国際条約の内、基本的に重要と思われるものを選択し、その日本文と英文を上下に構成し（例外もあり）掲載した条約集。収録数は82と少ないが、外務省条約局の編集による最新版であり、必備のもの。平成3年版は昭和60年版に「ワシントン条約」「児童の権利条約」など7項目を加えた。第1部は日本を当事国とする二国間条約、第2部は重要な多数国間条約、第3部は参考、すなわち日本国憲法や世界人権宣言など条約以外のものも含む重要な文書で構成される。各部の内容は第1部が「平和・国交および政治」「安全保障」など、第2部が「国際連合」「国際紛争処理」「外交および領事関係」など事項別に掲載されている。各条文ごとに見出しを付す。関連する文書を参考として掲載。索引はない。
2003

多数国間条約集　上，下巻　外務省条約局　1962-1966　2冊　18cm
主要な多数国間条約を収録したポケット版条約集。1959年初版、1961年改訂版に続き刊行される。上巻は政治関係（政治、国際紛争処理、安全保障など）、下巻は非政治関係（経済、交通、法律など）をまとめ、日本文と、英文または仏文の条文を上下に掲載している。巻末に付録として「現行多数国間条約事項別一覧」（掲載されていない条約も含む）を付す。二国間の条約は『二国間条約集（改訂版）』（外務省条約局、1962）を参照のこと。
2004

解説条約集　第7版　小田滋〔ほか〕編　三省堂　1997.2　782p　19cm　4-385-31450-0　2884円
国際条約・規約・協定などの中から重要と思われる140の文書を収録し、それらのすべてに成立経過・概要・現状の問題点などの解説を加えた学習用の条約集。「組織」「個人」「条約」「外交」などの10の章に分かれており、特徴は国際経済に重点をおいた収録。内容は1996年12月1日現在入手可能なもので、記載は全録のものもあるが、大半は抄録である。重要な用語48項目については関連条約中で解説をしている。巻末には「国連機構図」など11点の資料を掲載。表紙・裏表紙の見返しに条約索引および用語解説索引を付す。
2005

国際人権条約・宣言集 第2版 田畑茂二郎〔ほか〕編 東信堂 1994.6 457p 22cm 4-88713-195-X 3500円
国際条約・宣言のなかで、人権問題に項目をしぼって編集された条約集。1990年刊の旧版に「ウィーン宣言及び行動計画」など25項目を加え121項目を擁する。「国連憲章」「ヨーロッパ人権条約」をはじめとして、人種差別・女子差別の撤廃、児童・労働者・障害者の権利保護、先住民の権利や難民の保護、さらには拷問・人身売買・強制労働などを廃止する条約など、現代が抱えている問題についての条約が19の部に構成され、掲載されている。資料編では「条約の締結国一覧」や「文書採択年代順一覧表」が掲載され、人種問題の推移や各国の人権感覚がうかがえる。表紙・裏表紙の見返しに条約名索引あり。　　　　　　　　　　*2006*

【資料集】

現代国際政治の基本文書 鹿島平和研究所編 原書房 1987.6 1047p 24cm （明治百年史叢書） 英文書名：『Contemporary international relations-basic documents』 英文併記 4-562-01877-1 18000円
主に戦後より1985年までの主要な条約・宣言・議定書・演説などを集め、原文のまま収録した文書集。大半は英文（原文が英文以外のものは英訳文）と日本文（正文以外は参考として掲載、省略もあり）を収録し、全文、要旨、または抄の形態で掲載している。「第二次世界大戦中の基本的戦後構想」「戦後日本の国交回復および領土問題」「非同盟・植民地解放問題」「軍備管理」の章以外は、「アジア・太平洋」「西ヨーロッパ」など地域別の章立てで、そのなかは年代順に配列されている。文書は137と多くはないが、戦後の主要な文書を原文で読む場合に適している。巻末に参考文献があるが、索引はない。　　　　　　　　　　　　*2007*

解説宇宙法資料集 栗林忠男〔ほか〕編 慶応通信 1995.5 418p 19cm 4-7664-0606-0 4200円
宇宙法関連の資料（宇宙条約などの基本的な条約、直接放送衛星・リモートセンシング・原子力衛星・宇宙残骸物などに関する個別条約・決議など、国際機構・国際協力についての文書や協定、日本をはじめ数か国の宇宙法関係の国内法制など）を収録した資料集。構成は「解説」で成立の経緯を述べ、「概要」「主要な問題点」で論点を整理し、最後に条約などの本文を掲載。解説文中には適宜原資料への参照、参考文献なども挿入されている。それぞれの資料を理解する上に役立つコンパクトでありながら、内容の濃い資料集である。
　　　　　　　　　　　　　　　　　　　　　　　　　　　2008

日本占領重要文書 日本図書センター 1989.7 6冊 22cm 『日本占領及び管理重要文書集』（外務省1949年－1951年刊）の複製 4-8205-5258-9 全66950円
外務省特別資料部が蒐集・編集した文書を復刻したもの。第1巻基本篇、第2巻政治・軍事・文化篇、第3巻経済篇1、第4巻経済篇2、第5巻特殊財産篇、第6巻外国人篇の全6巻。第1巻のみ和訳を併記。占領の開始から1951年初頭までの、政治・軍事・文化・経済などに関する広範囲にわたる占領関係の重要文書の原文を、事項別・日付順に収録。総司令部から日本政府宛てに発せられた覚書のほか、最高司令官の声明、書簡、アメリカ政府の公式文書も収録。　　*2009*

資料公職追放 『公職追放に関する覚書該当者名簿』復刻 総理庁官房監査課〔編〕 明石書店 1988.11 2冊 27cm 監修：長浜功 全40000円
1946年－1948年にかけて行われた占領軍による「公職追放」の該当者名簿の復刻版。原本に資料・解説を加えて2巻本に編集したもの。第1巻は軍関係で陸軍将校、海軍将校、憲兵の3章からなり、それぞれ階級ごとに分類、第2巻は一般該当者で、どちらも氏名のアルファベット順に配列されており、全体の該当者は20万名以上に及ぶ。全員の氏名・肩書き・地方名を記載している。巻末に「公職追放事務の経過」「審査委員名簿」「公職追放関係法令集」などを付す。　*2010*

【統計】

出入国管理統計年報 第1（昭和36年版）－ 法務大臣官房司法法制調査部編 大蔵省印刷局 1961－ 年刊 26-30cm
わが国の出入国者に関する統計資料。1961年（昭和36）から刊行。まず「概説」で全体像を解説。次に続く統計資料は2部に分かれ、「Ⅰ正規出入国関係」は、港別、外国人・日本人に関する統計。「Ⅱその他」では、特別上陸・退去強制・地方の入国管理局の統計。付録として、都道府県・国籍別外国人登録人員、港別入港外航船舶・航空機数がある。なお法務省入国管理局から、『出入国管理とその実態』（1959、1964、1971年）『出入国管理：その現況と課題』（1975、1986、1992年）が不定期に、入管協会から『出入国管理統計概要』（1989年－　）が刊行されている。解題は平成9年版による。　　　　　　　　　　　　　　　　　　　　　*2011*

在留外国人統計 昭和34年版－ 法務省入国管理局編 大蔵省印刷局 1966－ 年刊 26cm
外国人登録法に基づいて法務省が作成する統計。統計表は10表に分かれ、国籍、都道府県、職業、在留資格、年齢、性別などの数値を明らかにする。観光客のような90日未満の短期在留者、生後60日未満の子供、外交・公用旅券の所持者、日米地位協定などに該当する者は対象外である。昭和34年－49年までは5年ごと、

昭和60年から隔年、平成7年以降は年刊。　　　　2012

◆外国法

【文献案内】

外国法の調べ方　法令集・判例集を中心に　田中英夫〔等〕著　東京大学出版会　1974　374p　22cm　外国法文献センター創立10周年記念　2800円
法令集、判例集を中心に、外国法の資料およびその使い方、引用方法を解説。英米法、フランス法、ドイツ法、ソビエト法、中国法の5分野を取り上げる。各法の歴史や制度についての概説もある。執筆者はいずれもそれぞれの法分野の研究者であり、資料の重要度、ないし利用価値についても言及してあるのが特徴。資料の図版や、司法機構図を用いて理解を助けている。付録に、外国法略語集、複写による海外文献の入手方法などがある。　　　　　　　　　　　　　　　2013

入門アメリカ法の調べ方　モーリス・L.コーエン，ケント・C.オルソン著　山本信男訳　成文堂　1994.6　364p　22cm　『Legal research in a nutshell. 5 th ed.』の翻訳　4-7923-3113-7　4841円
アメリカ合衆国で法律文献検索の教材として書かれたものの翻訳である。内容は、判例集、法令集、立法史、行政法のほか、第2次資料として、法律百科辞典、教科書、リステイトメント、雑誌論文などを取り上げている。また、国際法やイギリス法、大陸法の検索についても解説がある。資料などの図版を80余り取り入れており、資料とその使い方を理解する助けとなっている。オンラインデータベース、CD-ROMを用いた検索にも配慮している。付録として、合衆国州法検索のための解説書一覧などがある。事項索引および書名索引を付す。原書第2版は、同一訳者により『アメリカ法の調べ方』と題して1976年に刊行されている。
　　　　　　　　　　　　　　　　　　　　2014

【書誌・索引】

宋元官箴総合索引　赤城隆治，佐竹靖彦編　汲古書院　1987.10　163p　26cm　2800円
『作邑自箴』など宋元時代の官箴（地方州県の官吏が政治を行うに際しての注意事項を記したもの）12種について、主要語彙を摘録し、五十音順に配列。総画検字表と拼音検字表を付し、検字の便宜を図る。　　2015

明史刑法志索引　野口鉄郎編　国書刊行会　1981.3　184p　27cm　4500円
『明史』巻九十三志第六十九刑法一、同巻九十四志第七十刑法二、同巻九十五志第七十一刑法三の3巻に含まれる語彙の索引。「朝代・王代・年代索引」「人名索引」「地名索引」「職官名索引」「刑法関係用語句索引」の5部よりなる。底本は商務印書館出版縮印百衲本二十四史『明史』。　　　　　　　　　　　　　　2016

ASEAN欧文法律文献目録　作本直行〔ほか〕編　アジア経済研究所　1985.3　24,540p　25cm　（経済協力シリーズ）
ASEAN諸国に関する法律および、隣接分野の欧文文献書誌。アジア経済研究所が1960年より1985年1月現在までに収集してきたもので、単行書、雑誌論文のほか、紀要・論文集からの分出も対象とする。法令集、議事録も含まれるが、法令の掲載・翻訳資料は除く。文献はまず地域・国別、主題別に分け、さらに単行書、分出論文、雑誌論文の順に著者名のアルファベット順に配列。単行書にはアジア経済研究所の請求番号も記載。巻末に著者索引を付す。追補版（1987年刊）もあり。　　　　　　　　　　　　　　　　　　　2017

発展途上国法令資料目録　アジア・ラテンアメリカ　1993年　経済協力調査室編　アジア経済研究所　1993.3　291p　26cm　（経済協力シリーズ　特14）　4-258-10014-5
アジア経済研究所が収集した発展途上国およびアジア・ラテンアメリカ地域に関する和文・欧文の法令資料、法律文献の目録。地域、国別に区分し、44の主題により分類。各分類の中は、法令、法律文献の順に配列し、請求記号も記載する。　　　　　　　　2018

英米法研究文献目録　田中英夫，堀部政男編　東京大学出版会　1977.3　670p　22cm　『英米法（邦語）文献目録』（1966年刊）の全訂版　6800円
英米法に関する著書および論文の網羅的な書誌。書評、紹介などを含む。1867年より1975年までの間に日本で公にされた文献を対象としている。英米法の研究に適するよう、学問上の分類を施して収録。事項索引および人名索引を付す。1976年から1995年までの文献を採録した第2巻を1998年に刊行。1996年以降の文献は、日米法学会の機関誌『アメリカ法』に毎年追録の形で掲載。　　　　　　　　　　　　　　　　　　2019

ラテンアメリカ法律雑誌記事目録　欧文編　矢谷通朗〔ほか〕編　アジア経済研究所　1987.3　283p　25cm　（経済協力シリーズ）
ラテン・アメリカ諸国に関する欧文の雑誌文献の書誌。議事録は収録するが、単なる法令の掲載・翻訳や図書文献は含まない。『A bibliography on foreign

and comparative law』(コロンビア大学、1955-1980)『アメリカ比較法雑誌』(1961-1967)『外国雑誌記事索引』(アジア経済研究所、1961-1967)『資料月報』(アジア経済研究所、1960-1985)を典拠とする。文献はまず地域・国別、主題別に分け、著者名のアルファベット順に配列。巻末に著者索引を付す。　　2020

外国刑事法文献集成 1-3　宮沢浩一〔ほか〕編　成文堂　1976-1986　3冊 22cm　4500-25000円
ドイツとスイスの主要な刑事法雑誌3誌の掲載論文を収録した書誌。1『ゲリヒツザール』(『Der Gerichtssaal』)は、全116巻の著者別論文一覧と論文執筆者に関する資料をまとめたもの。2『スイス刑法雑誌』(『Schweizerische Zeitschrift für Strafrecht』)は、第97巻までの著者別論文一覧と事項別論文一覧。3『ドイツ全刑法学雑誌』(『Zeitschrift für die gesamte Strafrechtswissenschaft』)は、第96巻までの巻号別論文一覧、著者別論文一覧、事項別論文一覧からなる。　　2021

【辞典・事典】

法律文献の引用法 アメリカ法を中心に　藤本直子，真木秀子共訳　三浦書店　1984.1　304p 22cm　監修：山本信男　『A Uniform system of citation. 13.ed.』の翻訳　2500円
アメリカの判例、法令、議会資料、図書、雑誌などの統一した引用形式の手引書。3部で構成。1部は引用および字体についての一般的なきまりや法律の論文を書く場合の引用形式、字体を定めたもの。2部は判例、法令、雑誌などのオーソリティを引用する場合の技術的きまりとオーソリティを種類別に分類し、おのおのの特質を述べ、ゴシック体で多くの例を表示しわかりやすく記述。3部はアメリカの連邦と各州および各主要国の判例集、法令集が略号とともに掲載されており、参考資料として役立つ。法律を学ぶ学生にとっての必携書。　　2022

中国法制大辞典　東川徳治著　燎原　1979.6　1130,20p 22cm　『増訂支那法制大辞典』(東川徳治昭和8年刊)の複製
中国の法制上の用語を五十音順に挙げて解説をしたもの。幅広い出典から用例の紹介をしている。旧かなづかいのため、復刻にあたり検字表が付された。　　2023

中国歴代職官辞典　日中民族科学研究所編　国書刊行会　1980.6　439p 20cm　5800円
中国歴代の官制と官名を五十音順に配列して解説したもの。関連する官名への参照を記す。出典は巻末に示され、付録として中国歴代朝官制の概説、歴朝宰相官名表がある。　　2024

法律ラテン語辞典　柴田光蔵著　日本評論社　1985.6　379p 22cm　4-535-57554-1　6500円
ローマ法の研究者による、わが国初の本格的法律ラテン語辞典。ローマ法、西洋法制史、英米法、教会法、法思想史、西洋史などの領域のラテン語熟語を見出し語とし、文法に詳しくない利用者でも検索できる。付録にラテン語法格言集がある。　　2025

ローマ法ラテン語用語辞典 補訂　柴田光蔵著　京都　玄文社　1984.6　196p 22cm　2300円
ローマ法のラテン語訳語辞典。収録語数は約5000語で、用例はない。付録として法格言の文法的分析および語尾逆引表がある。『法学ラテン語綱要』『法律ラテン語辞典』☞2025『法律ラテン語格言辞典』☞2047『ローマ私法概説』を併用することにより、さらに理解を深めることが可能。　　2026

英米法辞典　田中英夫〔ほか〕編　東京大学出版会　1991.5　1025p 23cm　4-13-031139-5　15450円
『英米法辞典』(高柳・末延編、有斐閣、1952)のあとを継ぐ、この分野の一般的な辞典である。項目数は約1万3000。英米法系に属する国々のうち、イギリスとアメリカに重点をおく。両国のいずれかでしか用いられない語句、18世紀ぐらいまでしか用いられなかった語句はその旨記されている。見出し語のうち、重要な言葉、法律家の間で特殊な読み方のされている言葉は読みを示す。また、別の項目を参照した方がよいものや、説明文にあらわれる語句のうち独立項目として扱っているものは、その指示がある。付録として英米法圏各国の司法、行政を理解するための各種図表を載せている。巻末に和英法律用語索引を付す。　　2027

Basic英米法辞典　田中英夫〔ほか〕編　東京大学出版会　1993.9　311p 23cm　4-13-032082-3　2884円
『英米法辞典』☞2027 より基本的な用語約2700を選んで編集したもの。親辞典より解説を簡略にした項目もある。「和英法律用語索引」のほか、「英米法の調べ方」「裁判所構成図」などの英米法の理解を助ける付録が豊富。　　2028

英米法律用語活用集　鈴木肇編著　国際商事法研究所　1980.2　175p 26cm　発売：商事法務研究会　4000円
英米法律用語の用例集。見出し語はおよそ150。英語の例文に対し和訳を付しており、用例は豊富である。『海外商事法務』(海外商事法務調査会)および、『国際商事法務』(国際商事法研究所)に連載したものを加筆訂正してまとめたもの。　　2029

英米商事法辞典 鴻常夫，北沢正啓編 商事法務研究会 1986.3 940p 22cm 4-7857-0348-2 25000円
英米両国の商事法に関する唯一の専門辞典。研究者、国際取引に携わる実務家・企業の法務スタッフなどを対象に6500余項目にわたり解説したもの。会社法、商取引法などを中心に証券取引法、経済法、契約法、国際私法、税法などの用語まで広範囲に収録し、国際化社会における取引活動の手引書となるように編集されている。英文見出し語のアルファベット順に配列し、訳語を併記。巻末に項目の訳語から原語を検索できるように和英商事法用語集を付す。最近の商事法と関係諸制度の発展に伴う新項目を解説した新版は1998年4月刊行。
2030

ドイツ法律用語辞典 改訂増補版 山田晟著 大学書林 1993.3 901p 22cm 独文書名：『Deutsch-Japanisches Rechtswörterbuch』 4-475-00126-9 30900円
戦後始めて刊行されたドイツ法律用語とドイツ法の辞典。古代法より現行法に至る重要な専門用語にかなり詳しい解説を付し、法令や法学文献から抜粋した例文と訳文をも掲載しドイツ法の説明の補足としている。本書は分担執筆によらず、一貫してドイツ法研究の第一人者である著者によって書かれたもの。ドイツ法概史、国制史、ローマ法、ドイツ普通法の法概念など法制史に属する用語を多数含み、その方面の案内書としても有用。巻末に法令索引、判例集・法令集・法律辞書、立法手続、裁判所、年表などが付され、ドイツ法研究の貴重な手引となっている。初版は1981年刊。
2031

法律基本用語辞典 吉田諒吉編 同学社 1985.10 469p 18cm（同学社基本用語辞典シリーズ）背・表紙の書名：『Rechtswissenschaft・Elementarer Wortschatz』 2500円
ドイツ法に関係する基本重要単語と成句の辞典。学生、院生、実務家向け。収録数は、単語約5300、成句355。ドイツ語見出しのアルファベット順配列で、各項目にはかな発音、品詞（名詞の場合は性、2格、複数形も）、日本語訳、英訳を記載。重要単語には＊、最重要単語には＊＊を見出し語に付した。大きく意味のわかれる語は①②…で区別。英語編と日本語編の事項索引を巻末に付す。付録として略語集、ラテン語法律用語、年表がある。
2032

ドイツ政治経済法制辞典 田沢五郎著 郁文堂 1990.11 402p 22cm 4-261-07179-7 6000円
ドイツの政治、経済、法制の専門用語の語義に焦点を当てた辞典。一般の独和辞典で足りる見出し語、語義、文法事項は原則として省く。見出し語はドイツ連邦共和国基本法、西独連邦統計庁の主要統計資料、欧州経済共同体設立条約、単一欧州議定書などに拠るほか、記述は1990年春までの情報に基づく。用語の歴史的背景の解説は豊富で、参照すべき見出し語への指示もある。経済用語には英訳を添える。和独主要事項索引、主要略語表、ドイツ政治経済法制史年表を付す。
2033

独和法律用語辞典 ベルンド・ゲッツェ著 成文堂 1993.7 330p 22cm 4-7923-9037-0 7000円
ドイツの法律用語の用例を集めた辞典。用語の解説はない。ドイツ人の利用者の便宜のため、日本語の部分にはローマ字表記を併記してある。ドイツ法ならびに国際組織、国際条約などの略語一覧を付す。
2034

フランス法律用語辞典 Termes juridiques研究会訳 三省堂 1996.4 351p 22cm 『Lexique de termes juridiques. 9 e éd.』の翻訳 4-385-15752-9 5000円
フランスで法学教育のため初学者用に編まれた辞典を訳したもの。法学入門に必要な常用語として、見出し語訳4000語を解説している。それぞれの語がどの法分野のものであるか、目印がついており、また、関連する見出し語への指示がある。略語一覧のほか、見出し語の訳の中から、訳者が重要と考える語の五十音順索引を巻末に付す。
2035

仏和法律辞書 柳川勝二著 判例タイムズ社 1975.7 419p 19cm 著者の肖像あり 4000円
仏和対訳法律辞書。著者は今から約80年前、第一高等学校仏法科学生のために、『佛和法律新辞書』を編纂。後に白水社の『模範佛和大辞典』の法律部門を執筆編集。1939年に死去するまで本書のために訂正増補してきた原稿をもとに、子息の柳川真佐夫が若干補正して刊行したもの。フランス古法、なかでも兵法などの用語は多いが、新語に欠ける。訳語はカタカナ表記のため使用しにくいという欠陥はあるが、1996年に『フランス法律用語辞典』☞2035 が翻訳出版されるまでの間、わが国唯一のフランス法律辞書として、フランス法研究者、学生に利用されてきた。
2036

アメリカ法事典 予備版 堀田牧太郎編著 成文堂 1989.4 203p 19cm 付：参考資料 4-7923-3071-8 2200円
アメリカ合衆国の連邦法に関する情報を提供するための事典。第1部は、合衆国法典、各州、主要な都市・商業会議所に関すること、人権に関する判例、主要な制定法の概説、主要な法律学校の情報を収める。第2部の資料編は、連邦憲法、カリフォルニア州民法（1985年現在）、ニューヨーク州刑法（1987年現在の抄録）の原文を収録。
2037

アメリカ商事法辞典 福田守利著 ジャパンタイムズ 1995.4 497p 19cm 4-7890-0774-X

アメリカの法律辞典およびビジネス法のテキストから、アメリカ商事法に関連する用語2400余を見出し語として収録し解説したもの。付録に『統一商法典』第2編「売買」の全訳、アメリカ契約法ケース、「アメリカ合衆国憲法」の全訳などを載せ、巻末に和英商事法用語索引を付す。 *2038*

現代アメリカ犯罪学事典 藤本哲也編 勁草書房 1991.8 422,34p 22cm 4-326-40142-7 6180円

アメリカ犯罪学上の基本的な専門用語を、アメリカの研究書、百科事典、犯罪学辞典などから選び出し解説した事典。項目は、刑事司法制度の流れに従った体系的配列で、参考文献が豊富である。巻末に事項索引と人名索引を付す。日本比較法研究所の機関紙『比較法雑誌』に1983年から連載されてきた「アメリカ犯罪学の基礎研究」をまとめたもの。なお連載は現在も継続している。 *2039*

【法令集】

現行韓国六法 ぎょうせい 1988- 1冊(加除式) 22cm 監修：法務大臣官房司法法制調査部職員 13000円

1987年10月に公布された新憲法を含む大韓民国の現行法令のうち、公法、民事法、刑事法、経済法、税法の各分野における主要法令の正文を翻訳し収録したもの。1979年刊行の『韓国主要法令集』、1982年刊行の『韓国六法』に続くもので収録法令87件と旧憲法。形態も加除式としたので法改正に伴い追録を刊行し、最新の内容を保持することが可能。配列は5編に大別し、その中は2-3の分野に細分。原典の漢字をそのまま使用。韓国語固有の熟語は邦語訳。諺文はひらがな訳。年号の呼称「檀紀」は西暦で表示。韓国関係の法律実務および調査研究の資料として役立つ。 *2040*

朝鮮民主主義人民共和国主要法令集 鄭慶謨，崔達坤編 張君三訳 日本加除出版 1993.5 1431p 27cm 日本加除出版創立50周年記念出版 4-8178-1104-8 25000円

1945年臨時政権時代から最近に至るまでの朝鮮民主主義人民共和国の主要な法令を体系的に収録した総合法令集『北韓法令集』全5巻（ソウル、大陸研究所、1990）を底本とし、その後新しく入手した法律、政令を加え翻訳、編集したもの。法令、決定、布告、指示、綱領など約550件を収録。配列は憲法、裁判所、行政、治安など体系的に11編に大別。その中は4-5の分野に細分。巻頭に目次と「北朝鮮法の体系と法源」の解説が付く。わが国で刊行された唯一の北朝鮮法令集であり、法学界、法曹界の貴重な研究資料。 *2041*

現行中華人民共和国六法 中国綜合研究所・編集委員会編 ぎょうせい 1988- 5冊(加除式) 22cm 監修：法務大臣官房司法法制調査部職員

中華人民共和国の法律・法規集の日本語版で、対外経済関係法を中心に公法、刑事法、民事法、経済法、労働法、税法などの各分野の主要な法令の正文を翻訳、収録した加除式出版物。当初は2分冊だったが、1995年に4分冊、1997年に5分冊になった。収録数は約770件で、1-16編を日本の法令集の編別の例に倣って配列。用語に関して適宜〔編注〕を付した。細目次と巻末の法令名五十音順索引と公布年月日順索引が検索を助ける。付録の『日中合弁企業契約書と定款の書き方・作り方』で合弁の進め方のノウハウをケース別に解説している。 *2042*

中国基本法令集 中国研究所編著 日本評論社 1988.8 587p 27cm 4-535-57732-3 18540円

1987年12月31日現在の中華人民共和国の国の基本的な法令を翻訳し、解説を加えた法令集。原文は『中華人民共和国法規彙編』などによる。法令編と解説編からなり、法令編は、収録数は160で、付録として中国共産党規約などを掲載。巻末の中華人民共和国主要立法年表に収録した法令名をゴシック体で示し、法令索引を兼ねた。基本的な法規に◎、参考法規には○を目次に付した。解説編の構成は法令編に倣い、詳細な解説に図版と参考文献で理解を助けている。 *2043*

【名簿・名鑑】

ドイツ法学者事典 G.クラインハイヤー，J.シュレーダー編 小林孝輔監訳 学陽書房 1983.8 391p 22cm 『Deutsche Juristen aus fünf Jahrhunderten』の翻訳 4-313-31004-5 4600円

500年間のドイツ法学者195人の伝記的記事と略伝によりドイツ法学史を紹介する。各項目の最後に主著および文献を付している。ドイツ語原綴から日本語訳語と収録頁を示す人名索引と事項索引が巻末にある。本文中に登場する法学者で収録されている者には＊印を付す。人名のカタカナ表記は『岩波西洋人名辞典』☞*1332* による。記事の末尾に執筆者名、訳者名を記入。 *2044*

現代ドイツ公法学人名辞典 日笠完治編著 信山社出版 1991.1 605p 23cm 発売：大学図書 4-88261-070-1 38000円

現代西欧のドイツ語圏で活躍している公法学ないし国法学研究者の人名辞典。1980年6月に行ったアンケート調査の回答をもとに作成。151名の簡単な経歴と主要業績を掲載し、巻末にドイツ国法学協会会員一覧を付す。 *2045*

西ドイツ刑法学　学者編　宮沢浩一編　成文堂　1978.9
　738p 22cm （比較刑法研究資料）　9500円
　20世紀ドイツにおける主要な刑法学者190人余りの日本語による紹介と著書、論文をまとめたもの。序説にドイツへ刑法研究のために留学する際の留学案内、巻末にドイツ刑法学者の系譜、移動状況などを付す。20世紀ドイツ刑法学界の人名辞典的にも利用できるもの。　*2046*

【格言・法諺】

法律ラテン語格言辞典　柴田光蔵著　京都　玄文社　1985.6
　316p 21cm　4-87609-115-3　3800円
　ラテン語で表現された法格言、およそ3500件に日本語訳と出典を付してアルファベット順に配列した辞典。巻末にラテン語以外の「各国の法格言及び法にかんすることわざ」（日本語訳）がある。本書は個別の法格言しかあげられておらず、相互に関連し合う法格言については言及されていない。索引がなく、日本語訳も直訳的で名訳、適訳、慣用訳は含まれていないという欠陥がある。一般の人には難解。　*2047*

イギリスの法律格言　武市春男著　国元書房　1968　316p
　22cm　2000円
　イギリスの法律関係の格言2000余を多くの文献より収集・整理し、日本語訳、原文および出典を示したもの。ドイツ、フランス、アメリカ、ローマ法の格言も含む。巻末付録にイギリスの法律格言に関する文献解題あり。　*2048*

英米法諺　守屋善輝編〔訳〕　日本比較法研究所　鳳舎
　（発売）1973　762p 19cm　（日本比較法研究所翻訳叢書 10）　3000円
　英米の法諺およそ2200を法分野別に収録する。「法と法源」「憲法」「刑事法」「人事法」「財産法」「契約法」「不法行為法」の7部門。原語と典拠、日本語訳を載せ、ラテン語のものはさらに英訳併記し、必要に応じて註や参照も付す。法諺索引と事項索引を巻末に付す。　*2049*

ドイツの法律格言　アドルフ・ローベ著　武市春男訳注
　国元書房　1970　242p 22cm　独文併記　1700円
　500余りを収めるドイツの法律格言集の訳書で「身分法」「親族法」「後見法」「相続法」「法律行為」「物権法」「総則」の7編からなる。原語、典拠、日本語訳のほかに訳注を多く入れる。事項索引を付し、日本語のキーワードから探せる。　*2050*

経済・経営者団体・産業経済

◆経済一般

【書誌】

経済産業誌記事索引 80/84 Joint累積版　1-9，総合索引　経済文献研究会編　日外アソシエーツ　1985　16冊　27cm　経済　発売：紀伊国屋書店　4-8169-0353-4　301000円
　経済・産業関係の雑誌記事索引誌『Joint　月刊雑誌記事索引』（日外アソシエーツ）の、第2巻（1980年）から第6巻（1984年）までの5年間の記事を累積し、9シリーズ（14分冊）に分けて新たに再編成したもの。『Joint　月刊雑誌記事索引』累積版としては年刊累積版が刊行されていたが、長期間の遡及文献調査を容易にするため本シリーズが刊行された。構成は、本編として①経済、②通貨・金融、③財政、④産業、⑤個別産業（3分冊）、⑥企業・経営（3分冊）、⑦労働、⑧科学技術、⑨社会・法律（2分冊）、および別冊として総合索引（著者名編と人名・企業団体名編の2分冊）がある。本編各巻にも著者索引と採録対象誌名一覧を付す。　*2051*

年刊雑誌記事索引　Joint累積版 1981-1984年版　経済文献研究会編集　日外アソシエーツ　1981-1984　12冊　27cm
　経済・産業関係の雑誌記事索引誌『Joint　月刊雑誌記事索引』の年刊累積版。「経済・金融」「産業・技術動向」「経営・労働」の3分冊に分かれる。各巻は、体系分類順の見出しの下に記事標題および書誌データを掲載、相関索引と巻末に採録対象誌名一覧を付す。『年刊雑誌記事索引』は1981年より1984年まで毎年刊行された。また1985年には、5年間の累積版（9シリーズ）が刊行されている。解題は1984年版による。　*2052*

経済文献解題 1979-1981年版　経済文献解題編集委員会編　ダイヤモンド社　1979-1981年刊　26cm

版年の前年にわが国で発行した経済関係図書の文献目録で、一般図書・政府刊行物・資料図書に大別し収録。一般図書は主題分類し書誌事項を記載。さらに編集委員会の選定したものには解題を付す。政府刊行物は白書類、統計調査などに分け官庁別に収録。資料図書は年鑑、図書目録、辞典・事典、その他に分けて五十音順に配列。巻末に書名索引、編著訳者索引と解題を付さない一般図書の件名索引あり。解題は1979年版による。　*2053*

経済関係二次資料利用の手引き　国立国会図書館総務部企画教養課編　国立国会図書館　1982.3　55p　26cm（研修教材シリーズ no.1）

社会科学一般、経済、経営に関する二次資料を収録。和書と洋書に区分して、分野別に、案内書、書誌、目録、索引、抄録などに分けて、文献検索のツールとなるように構成。同館の職員の業務研修（1980年3月）のテキストをまとめたもの。　*2054*

経済問題に関する10年間の雑誌文献目録　昭和50年-昭和59年　日外アソシエーツ編　日外アソシエーツ　1987.11　2冊　27cm　発売：紀伊國屋書店　4-8169-0360-7　11500円,6800円

1975年から1984年に発表された経済問題に関する雑誌記事論文をテーマ別に収録した文献目録。各テーマを表す大項目を設け、その下をキーワード方式による見出し語で細分化して、論題・著者名・雑誌名・巻号・発行年月次・頁を記載。巻末に事項索引を付す。『雑誌記事索引（人文・社会編）累積索引版』☞0139 をもとに使いやすく再編成したもの。『経済問題に関する27年間の雑誌文献目録　昭和23年-昭和49年』に続く。1985年以降はCD-ROM化されている。　*2055*

【辞典・事典（外国語）】

経済産業用語和英辞典　東洋経済新報社『英文会社四季報』編集部編　東洋経済新報社　1995.4　722p　22cm　4-492-98051-2　8000円

『会社四季報』を翻訳する際に使用した語をまとめた和英辞典で、ローマ字表記による見出し語1万3000語と関連する用語を収め収録総数は約6万5000語。巻末に日本の官公庁・特殊法人の英文リスト、略語一覧などを付す。　*2056*

日英中経済・貿易用語大辞典　中村正編　東方書店　1993.10　958p　22cm　4-497-93399-7　20000円

見出し語を日本語として、該当する英語と中国語を掲載した辞書で、約2万8000語を収録。付録として、各国通貨一覧、中央銀行一覧、計量単位名称対照表などが、日本語、英語、中国語と3か国語で併記されている。索引はこの辞書に収録した語で、英語はアルファベット順、中国語は先頭文字の総画数順。　*2057*

最新英和経済ビジネス用語辞典　長谷川啓之編　春秋社　1997.6　1762p　19cm　英文書名：『New English-Japanese dictionary of economic and business terms』　4-393-60006-1　6900円

経済および関連諸分野の用語約5万2400語を収録した英和辞典。ビジネス実務に使われるテクニカル・ターム（専門語）や関連語・派生語を網羅。重要語には簡潔な解説が付く。巻末に、2900語にのぼる略語篇がある。　*2058*

【辞典・事典】

経済用語辞典　第3版　金森久雄編　東洋経済新報社　1991.7　347p　20cm　4-492-01047-5　2300円

『経済白書』および一般の経済雑誌・新聞を読むのに必要・十分な用語1300語を広い分野にわたって収録。日常の経済用語を知ることができる。要所に図表を配しわかりやすく解説。配列は五十音順で、巻末には五十音順の事項索引（2900語）がある。主要経済指標（日本・世界）の時系列表の付録あり。　*2059*

有斐閣経済辞典　新版　金森久雄〔ほか〕編　有斐閣　1986.9　872p　20cm　4-641-00203-7　2800円

現代の経済社会を理解するために、経済の全分野および情報科学・コンピュータ、農林水産、環境問題など広範囲にわたる関連領域の専門用語を解説した総合的な経済用語辞典。1万5000項目を収録し、五十音順に配列し1項目を100字程度で簡潔に記述。見出し語のほとんどに英語を併記し参照が多い。1971年刊の初版を全面改訂したもの。巻末に欧文略語800項目の解説と欧文索引がある。1998年に約2万項目を収録した第3版も刊行された。　*2060*

経済用語の基礎知識　最新版　改訂版　自由国民社　1993.6　286p　21cm　4-426-22502-7　1800円

新聞、ニュースにとりあげられる経済用語を簡潔に解説した用語集。基本用語、財政、国際政治、金融、株式、経営、労働の各分野に大別。それぞれの分野で用いられる語句に、新聞記事レベルの解説を付す。巻末に事項索引があるが、索引の語句と見出し語とは必ずしも一致しないため、特定の語義を調べるにはほかの辞典類と併用することが望ましい。『現代用語の基礎知識』☞6521 を典拠としており、収録語句には時代性が感じられる。一般常識を得るためにハンディに利用できる。　*2061*

経済新語辞典 1998年版 日本経済新聞社編 日本経済新聞社 1997.9 549p 19cm 4-532-21507-2 1900円
新聞の経済記事を読む際に必要な経済用語を、新語を中心に収録したハンディな辞書。1948年創刊で毎年新語を加えて改訂し、1998年版は約4000語をわかりやすく解説。見出し語には英語を付記して五十音順に配列し、欧文略語は巻末に一括。巻頭に最新重要語の解説がある。 *2062*

英和和英経済用語辞典 長谷川啓之編 富士書房 1980.6 1098,208,46p 19cm 書名は奥付・背による　標題紙等の書名：『The dictionary of economic terms English-Japanese』 3900円
会計学、貿易、簿記などの関連分野の用語を収録。見出し語はアルファベット順で、複合語については最初の単語の見出し語に載録。約4万5000語を収録。1971年刊行の『英和経済用語辞典』を全面的に改訂したもの。索引はない。 *2063*

経済英語英和活用辞典　橋本光憲編　日本経済新聞社 1991.6 867p 20cm 表紙の書名：『A dictionary of English usage for business and finance』 4-532-14038-2 5500円
見出しとした単語は約5300で、各単語の解説の中に関連する熟語、成句、用例など約2万3000語を収録。経済財政分野の英語文書あるいは論文を書くための辞書としての機能を持つ。索引はない。 *2064*

経済英語和英活用辞典　寺沢浩二編　日本経済新聞社 1985.1 758p 20cm 4-532-08553-5 4500円
経済英語の作文に便利な辞書。見出し語はローマ字で表記し、日本語を補記し、次に英語の訳語を収録。複合語については見出し語のあとに記載、配列はアルファベット順。採録した用例は英米系の銀行や国際金融機関が発行している雑誌や新聞の実例からとった。 *2065*

新経済用語和英辞典　新訂版　オリエンタル・エコノミスト編集部編　東洋経済新報社 1985.1 501,86p 20cm 背・表紙の書名：『New Japanese-English dictionary of economic terms』 4-492-01010-6 4200円
『経済用語和英辞典』の書名で1949年に刊行、その後、数回にわたり改訂版を刊行した、金融、財政、貿易、商品名などの実用的な経済の用語を多く掲載した和英辞典。見出し語はヨミをローマ字で表記し、次に漢字またはカタカナ、該当する英語を掲載。見出し語には基本的なものを選び、関連語も見出し語のもとに連記。 *2066*

【辞典・事典（外国語）】

アラビア語商業経済用語集　日本語・英語・カナ表記つき　杉沢理著　南雲堂フェニックス 1992.4 160p 19cm 発売：南雲堂 4-523-81530-5 2600円
見出し語は日本語で、該当する用語の英語、次にアラビア語、その下にカタカナによる発音を収録。配列は見出し語の五十音順で、約1300の語句を収録。巻頭にアラビア語の月、数、季節などの基本的な語の一覧あり。 *2067*

【逐次刊行物】

日本経済雑誌の源流　杉原四郎編　有斐閣 1990.5 424p 22cm 4-641-06555-1 8580円
明治初期から昭和戦前期までに刊行されたわが国の学術経済雑誌と一般経済雑誌を、その時代の背景に照らしつつ解説した資料的ガイドブック。巻末の雑誌索引は、収録の772の誌名が五十音順に配列してある。 *2068*

◆経済統計・データ

【書誌】

統計資料マイクロ・フィルム目録　第1-4巻　一橋大学経済研究所日本経済統計文献センター編　国立　一橋大学経済研究所日本経済統計文献センター 1977-1987 4冊 26cm （統計資料シリーズ）　日本経済統計文献センター所蔵分
一橋大学経済研究所日本経済統計文献センターが、マイクロフィルムとして所蔵する明治以降の刊行・未刊行統計調査資料類の所蔵目録。10の大項目の中を細区分、配列は主要官庁別、地方官庁（北海道から沖縄まで）別とし、書名、対象年次、刊行年月、頁、および原本所蔵機関名、フィルムの請求番号を記載。 *2069*

【年鑑】

通産統計ハンドブック　1985年版－　通商産業大臣官房調査統計部編　社団法人通産統計協会 1985- 年刊 21cm 付表：通商産業省統計・調査関係定期刊行物一覧　付表2：通商産業省統計・調査関係定期刊行物問い合わせ先　付表3：通商産業省統計・調査関係定期刊行物（磁気テープ含む）頒布機関問い合わせ先
通商産業省所管産業に関する、主要経済指標、鉱工業

指数、鉱工業動態統計・関連統計、工業統計、商業統計・商業動態統計、第3次産業活動指数・特定サービス産業実態統計、エネルギー、企業統計、公益事業、建設、企業、中小企業、工業技術・特許、貿易、国民経済計算・産業連関表、金融・物価、人口・雇用の各部門および付表で構成。その時々の経済動向や産業の構造とグローバル化のすすむ企業活動を包括的に把握できる。1954年に『通商統計要覧』として創刊、1955年から1984年は『通商産業統計要覧』。解題は1997年版による。
2070

長期経済統計 推計と分析 1-14 大川一司〔ほか〕編 東洋経済新報社 1965-1988 14冊 27cm
近代経済学の基本概念に基づいた国民経済計算の体系に即して、明治、大正、昭和の100年にわたる日本の経済統計を収集・整理・加工し、国民所得およびその構成要素と関連事項の長期系列の推計をまとめた。各巻は分析・推計・資料の3部からなるが、重点は推計と資料におかれ、分析は推計結果の語る事実の整理に留めている。
2071

経済統計年報 昭和42年-平成9年 日本銀行統計局 1968-1998 年刊 341,8p 26cm
金融統計を主体に、主要経済指標、金融・財政、物価、国際収支・貿易、国民経済計算、経済見通し、生産、人口、労働など約160表を各種経済統計から編集。目次や標題など日本語表記には英文が併記されている。詳細な注も統計データの理解に役立つ。主要掲載事項の最新版以降の月次計数などについては、日本銀行調査統計局刊行の『経済統計月報』を参照できる。1919-67年の書名は『本邦経済統計』。平成9年版で終刊、1997年以後はCD-ROMなど電子媒体で提供。解題は平成8年版による。
2072

経済統計年鑑 昭和27年版- 東洋経済新報社 1952- 年刊 26cm 『週刊東洋経済』臨時増刊
経済の主要13分野、内外800の指標を収録した統計年鑑。国内主要経済統計（国民経済計算、人口・労働、鉱工業、建設・住宅、商業・サービス、貿易、物価、国民生活、企業、金融、財政、その他）および世界経済（主要国統計、国際比較統計）を収める。主要な分野には、暦年、年度、四半期、月別のデータを掲載。さらに、国内59の調査機関の97年度日本経済の見通し、設備投資計画調査、中長期経済見通し、国際機関の世界経済見通しも収録。巻末に五十音順の項目索引を付す。解題は1997年版による。
2073

経済要覧 1954年版- 経済企画庁調査局編 大蔵省印刷局 1954- 年刊 17cm
わが国経済の実態把握のために、主要な経済統計を総合的に編集したコンパクトタイプの便覧。長期トレンド、主要経済指標、国土・資源・人口、国民経済計算、国民生活、労働、物価、産業、財政・金融、国際収支・貿易、国際比較及び国際経済、経済見通し・計画の12項目約270表からなり、統計データは時系列比較ができるよう可能な限り1955年から掲載。巻末の付録に主要経済年誌、新国民生活指標（PLI）試算結果一覧表、官公庁等主要資料案内などを収録。解題は1997年版による。
2074

統計要覧 1957年版- 日本開発銀行調査部 1957- 年刊 16cm 非売品
主要経済指標、経済見通しと経済計画、経済一般統計、社会開発統計、地域統計、産業統計を収録する。統計には年ベースのものと、年度ベースのものがあり注意が必要。コンパクトではあるが各種統計や日本の経済計画一覧などが含まれており便利。解題は1997年版による。
2075

経済データ 1988- 日本経済新聞社編 日本経済新聞社 1988- 不定期刊 153p 18cm （日経文庫） 4-532-10723-7 750円
経済の動向をつかみ、先行きを予想するために必要な、基本的な経済統計データをまとめたハンディな便覧。各項目の冒頭に現状分析の記載がある。解題は1996による。
2076

◆◆ 日本経済統計

日本経済を中心とする国際比較統計 昭和39年4月- 日本銀行国際局編 日本銀行国際局 1964- 年刊 26-30cm
世界各国および国際機関の統計資料から主要な経済指標を集めて加工し、国際比較に便利なように編集したもの。1997年9月刊行のものでは9章に分類配列。巻頭に主要国の主要経済指標の図表、巻末に主要資料のリストがある。解題は1997年版による。
2077

◆◆ 地域経済統計

地域経済総覧 1971- 東洋経済新報社 1971- 年刊 26cm 『週刊東洋経済』臨時増刊
全国3400市区町村別の経済・社会の最新データを約40項目にして、毎年刊行する統計集。巻頭は毎年2-3の特集記事、前半は670市のエリアマーケティング用、中間は都道府県別、後半は2563町村の経済・社会データを数表にまとめ、一覧性をもたせている。巻末には収集、利用したデータの資料源などの解説を付す。都

道府県別の経済統計の類書の多い中で、市区町村別レベルまでまとめた点で、調査・研究の基礎データを提供。巻末の資料源は参考図書一覧の機能を有す。解題は1998年版による。
2078

都道府県別経済統計 昭和31－平成8年版 日本銀行調査統計局編 ときわ総合サービス 1956－1996年刊 30cm
主要な経済関係統計を都道府県別に集録。金融、財政、産業、労働、消費・家計・生活、県民経済計算・面積・人口の6項目を52表の統計と、これらをまとめた主要経済指標が巻頭にある。巻末に統計出典の資料一覧を付す。都道府県ごとの経済統計の比較に便利。英文が併記され、詳細な注がついた表もあり利用しやすい。平成8年版で廃刊。解題は平成8年版による。
2079

◆◆ 世界経済統計

外国経済統計年報 1950－1995 日本銀行国際局編 ときわ総合サービス 1950－1995年刊 26cm
世界各国および国際機関の統計資料から主要経済統計を編集した統計集。世界の概要、国別経済統計、経済協力統計の3部で構成。国別経済統計は主要60か国を掲載。経済協力統計はIMF、IBRD、IDA、ADB、OECDの統計を収録。1924－1941年の『外国経済統計』が1946年版から復刊し、1950年版から改題、1995年版で終刊となった。日本銀行からは、その後インターネットで公開。『外国経済統計』は別途復刻されている（全5巻、クレス出版、1994）。解題は1995年版による。
2080

世界経済データ・ベース 世界経済情報サービス 1992－ 年刊 26cm
財団法人世界経済情報サービス（WEIS）が提供している世界経済に関するデータベースをもとにして、世界59か国の国民総生産などの主要な経済統計約67種を収録。1996年版では、おおむね1980年から1995年の統計を掲載。実数については、統計により自国通貨建とUSドル建がある。解題は1996年版による。
2081

世界経済統計 '95<1973－1993年>－ 世界銀行編 鳥居泰彦監訳 東洋書林 1996－ 年刊 25cm 発売：原書房 『World tables』の翻訳
世界銀行が融資国に対して審査を行うために収集した各国のデータと融資国以外の先進国などのデータを同じ形式にして表した統計。項目別では、1973年から1993年までの22種の統計を地域別・国別に収録。国別は、国名のアルファベット順にドルベースの統計を収録して1996年に創刊。原本は年1回刊行されている。解題は1995年版による。以降『世界経済・社会統計』と改題。
2082

データ世界経済 奥村茂次〔ほか〕編 東京大学出版会 1990.9 205p 26cm 4-13-042036-4 2472円
1970－1980年代末までの世界経済の構造と動向を把握するために必要不可欠なデータを収集したもの。①国際経済、②主要高度工業国、③発展途上国、④ソ連・東欧・中国の4部に分ける。基本的データのほかに、①には国外直接投資・多国籍企業・労働力移動、③には食糧問題・累積債務・第三世界の協力関係、④では経済効率・所得分配・経済の安定性などを付しているのが特徴。世界の国一覧（1990年3月現在）、世界政治経済年表（1970－1989年）を付す。『近代国際経済要覧』（東大出版、1981）が16世紀から現代までをカバーしており、その姉妹編となるもの。
2083

The World 世界各国経済情報ファイル 1990年版－ 世界経済情報サービス編 世界経済情報サービス 1990－ 年刊 21cm 監修：日本貿易振興会
世界各国の経済統計を各地域別、国別にコンパクトにまとめて収録。1997年版は1997年3月中に入手した情報を採録。金額の単位はUSドルで表示。巻末に採録の参考とした文献一覧あり。1990年の副題は「世界100カ国経済情報ファイル」、1991年版からは現在の副題。解題は1997年版による。
2084

◆◆ 各国経済統計

中国経済・産業データハンドブック 1993年版－ 劉杏根〔ほか〕編 横浜 アジア産業研究所 1994－ 年刊 26cm
中国経済、産業の主要データを網羅した統計年鑑。1993年中国経済の総括、1994年中国経済の主要目標と見込み、1993年の国民経済の動き、産業活動に分け、統計と比較的長い概況解説を収める。ほかに中華人民共和国政府機構、各種経済団体リスト、主要50都市基本状況を併録。中国国家統計局作成の資料を原典として編集刊行。解題は1994年版による。
2085

旧満州経済統計資料 『偽満時期東北経済統計』1931－1945年 東北財経委員会調査統計処編 柏書房 1991.1 586,31p 27cm 解題：木庭俊 複製 折り込図1枚 4-7601-0683-9 28000円
中国東北部（旧満州国）の1931－1945年の網羅的な経済統計。中国共産党指導下の東北人民政府東北委員会調査処が1949年に刊行した『東北経済参考資料集（2）』を複製し、これに解題を付したもの。旧満鉄調査部、

満州国政府、満州中央銀行などの調査に依拠して編集された鉱工業・農林業、塩業・交通通信などの産業別統計、財政・金融、物価・労働力などの包括的データを網羅している。日中経済史の空白をうめるものとして有効。原資料309点は国内図書館の所在を記載。

2086

◆経済団体

商工経済団体名簿 '96年1月改訂版 東京商工会議所PRセンター編 東京商工会議所 1996.3 397p 26cm 英文書名：『Economic and industrial organizations』4000円

各産業の協同組合・連合会を中心に、品質検査団体、都道府県物産斡旋所、海外日本人商工会議所、在日外国商工会議所などを収録し、各団体の名称、電話番号、Fax、所在地、事業内容及業種を和・英両文で併記（除く事業内容及業種）。付録に、大使館、国際関連団体、全国商工会議所、諸官公庁を掲載。巻末に五十音順の商品索引と、団体名索引を付す。1993年改訂版から東京商工会議所刊『日本商工経済団体名簿』『商工団体名簿』を合併し当該書名となる。 *2087*

本邦経済団体史総合目録 〔正〕，続 中村博男編 竜ケ崎 中村博男 1978-1979 2冊 22cm 発売：日本図書館協会 2000円

全国の主要な国・公・私立大学、公共図書館、民間研究機関などが所蔵する、1868年（明治元）から1973年までに日本（旧外地を含む）で刊行された経済団体史の総合目録。〔正〕、続2巻からなり〔正編〕には取引所、市場、商工会議所、産業組合、農業協同組合史495点、続編には〔正編〕所収分を除く経営者団体・協会などの1251点を収録する。〔正編〕巻末に「産業・経済関係年表」を付す。『本邦会社史総合目録』（中村博男編、1977）と併用すべきもの。 *2088*

産業・経済関係団体英文名一覧 機械振興協会経済研究所資料室 1994 86p 26cm（KSKライブラリーシリーズ no.19）

日本の産業・経済関係団体の名称の英文名を列記するとともに、英文名からも検索可能な名簿。日本語名は五十音順、英文名はアルファベット順に配列。日本語の略称、英文の略称からも検索できる。 *2089*

◆◆商工会議所

海外商工会議所名簿 1986-1987 東京商工会議所 1986.2 171,18p 26cm

世界各国の商工会議所を地域別・国別に収録した名簿。住所、P.O.Box（郵便私書箱）、電話、会員数、引合通報サービスの有無を記載。巻末に付録として日本商工会議所海外駐在員事務所、在外日本公館、在日外国商業会議所、在日外国貿易促進機関などのリストを掲載。機関名はすべて英文名称を併記。当該年で刊行を中止しており、最新データは、東京商工会議所の音声、ファクシミリ情報サービスにより、海外の主要な会議所に限定して提供している。 *2090*

全国商工会議所名簿 〔1949年版？〕- 日本商工会議所 年刊 26cm

全国各地約500の商工会議所の名簿。各商工会議所ごとに、所在地、会頭・副会頭名、専務理事・事務局長名、会員数を記載している。ほかに、日本商工会議所役員名簿、在外日本人商工会議所名簿などを収録し、巻末には五十音順の索引を付す。解題は1996年版による。 *2091*

◆経済研究方法

【利用法】

経済・産業情報利用の手引き 〔正〕，続 その1，2 日本ドクメンテーション協会編 日本ドクメンテーション協会 1977-1978 3冊 26cm（NIPDOKシリーズ）

経済・産業に関する情報を有効に収集、利用する際のガイドブック。構成は、経済・産業情報の現状や性格を概観し、各分野別の関連機関、情報の収集や具体的なレファレンスブックの解説などとなっている。〔正〕巻には、政府刊行物、経済・産業関係研究機関出版物、貿易関係機関の出版物、金融関係の出版物、流通経済情報、エネルギー経済関係情報、教育文献情報を、続1の巻には、医薬品、食品産業、繊維産業、電気通信・エレクトロニクス、自動車、造船業、鉄鋼を、続2の巻には、農林・水産、鉱業、建設・住宅産業、海洋開発、産業廃棄物、広告・マスコミ情報、消費生活情報を紹介。 *2092*

経済学、経済思想、国民経済

◆経済学

【書誌】

経済学に関する10年間の雑誌文献目録 昭和50年－昭和59年　日外アソシエーツ編　日外アソシエーツ　1987.11　321p 27cm　発売：紀伊国屋書店　4-8169-0360-7　12000円
1975－1984年に発表された経済学に関する雑誌論文をテーマ別に収録した文献目録。各テーマを表す大項目を設け、その下をキーワード方式による見出し語で細分化して、論題・著者名・雑誌名・巻号・発行年月次・頁を記載。巻末に事項索引を付す。国立国会図書館発行『雑誌記事索引（人文・社会編）累積索引版』☞0139 をもとに使いやすく再編成したもの。『経済学に関する17年間の雑誌文献目録　昭和23年－昭和39年』、『経済学に関する10年間の雑誌文献目録　昭和40年－昭和49年』に続く。1985年以降はCD-ROM化されている。　*2093*

経済学文献年報 昭和12－19年　文生書院　1984.6　7冊（別冊とも）22cm　（経済学文献集目　第3輯）　複製　全80000円
大阪商科大学より刊行された『社会経済文献年報』の複製。1937－1944年にわたる国内外の経済および経済関連文献の図書および雑誌論文を収録。もともと『経済学文献大鑑』の補完的機能をもつように企画・刊行された。全7冊のうち最終巻（別冊）は戦時経済文献篇となっている。構成は分類項目の中を著者名のアルファベット順に配列。戦前の経済関係文献を検索するためには『法政・経済・社会論文総覧』☞1665『経済法律文献目録』☞1666 と併用されるべき書誌。　*2094*

【辞典・事典】

大月経済学辞典 経済学辞典編集委員会編　大月書店　1979.4　1097p 22cm　5800円
科学的社会主義の立場に立ちつつ、近代経済学の成果を最大限にとりいれた意図と立場を明確にして編纂された経済学辞典。中項目主義を採用し五十音順に配列。巻末の分野別総索引は18の専門領域（社会科学、経済理論、学説史、企業経営、労働問題、社会主義など）に分類し、総論・各論・細目・各項目名を列記し、各項目の学問体系上の位置づけを表示。各項目末に参考文献、執筆者名を付記。　*2095*

岩波経済学小辞典 第3版　都留重人編　岩波書店　1994.3　366p 19cm　4-00-080086-8　2100円
一般読者向けの平易で簡潔な経済学用語辞典。経済学全般にわたる用語、事項、人名を五十音順に配列。簡潔な説明を付したコンパクトな辞典。巻末には和文、欧文の五十音順の索引を付し、欧文には原綴を並記。また各項目の末尾には、ほかの見出し語への参照および参考文献がある。ハンディだが、特定語句の語義のみならず、関連語句、文献へと発展的に検索することが可能。巻末に経済学史略年表、ノーベル経済学賞受賞者一覧がある。　*2096*

経済学辞典 第3版　大阪市立大学経済研究所編　岩波書店　1992.3　1500p 22cm　4-00-080076-0　8500円
経済学および周辺領域に関する1588件の項目を収録。第2版（1979年刊）の刊行から13年を経たことによる経済学の理論・分析用具の再検討・陶冶という時代の要請を踏まえた改訂版。項目の8割強に改訂が加えられた。各項目は五十音順に配列され和・欧文の参考文献を付す。項目の解説ごとに執筆者の氏名を記載。巻末に、和・欧文の人名索引、事項索引があり、和文については五十音順に、欧文についてはアルファベット順に配列。初版は1965年。　*2097*

経済学大辞典 1-3　第2版　熊谷尚夫〔ほか〕編　東洋経済新報社　1980　3冊 27cm　各15000円
わが国の経済学辞典では最大級。現代経済学の当面する諸テーマと、それを解明する理論、手法を総合的に解説する。19の大項目分類にしたがって体系化し、原則として中項目別に説明がなされている。各項目の末尾に和・欧の参考文献がある。第3巻の末には和文・欧文の事項索引、人名索引がある。　*2098*

経済学基本用語辞典 金森久雄編　日本経済新聞社　1980.6　190p 18cm　（日経文庫 292）　4-532-01292-9　550円
一般経済用語のうち理論的な用語を中心に900語を選

び簡潔にまとめた用語辞典。一項目5-10行の解説が付されたコンパクトな文庫版。語句は五十音順に配列。外来語には原綴を併記。巻頭に事項索引がある。新聞、雑誌、一般経済書に出てくる用語を中心に選択され、手近に利用できる。　　　　　　　　　　　　　2099

体系経済学辞典 第6版 高橋泰蔵, 増田四郎編集 東洋経済新報社　1984.11　1314p 22cm　4-492-01004-1　8200円
経済学と隣接諸科学との諸概念、学説を体系的、網羅的に解説した専門事典。西洋中世の学説から現代の経済事象までカバー。社会経済思想、社会学基礎概念、社会経済の発展、社会問題、経済学説など17部門に分けて詳述。各部門内の項目は関係の深い概念・用語を隣接させ、体系的理解をめざす。各項目末に参考文献（雑誌、欧文資料を含む）。巻末付録として調査機関・調査資料、国際経済機関、経済学文献年表を付す。事項索引、欧文事項索引、人名索引あり。1975年の改訂新版の改訂版。　　　　　　　　　　　2100

経済学用語辞典 新版 佐藤武男, 館野敏編 学文社　1987.1　277p 20cm　執筆：一河秀洋ほか　4-7620-0241-0　2000円
大学の経済学や経済原論の講義に出てくる用語や理論をほとんど網羅し、簡潔に解説。近代経済学を中心としている。用語を五十音順に配列し、多くは英語を併記。関連項目、参照項目を示し、末尾に分類番号（1．経済思想史、2．経済学説史、3-A．経済理論（近代経済学）などの独自な10項目による）を付す。和文と欧文の索引あり。　　　　　　　　　　2101

マクロ・ミクロ経済学辞典 Textを理解するための 佐藤順一〔ほか〕編 富士書房　1995.9　469p 18cm 2500円
大学の授業程度のマクロ経済学・ミクロ経済学の基本的な専門用語を解説した辞典。大学のテキストなどで使用頻度の高いものを選択し、図版を多用してわかりやすさを工夫している。参照すべき関連項目も指示している。　　　　　　　　　　　　　　　　　　2102

◆経済統計学、経済指標

経済分析のためのデータ解説 改訂3版 日本経済新聞社, 日本経済データ開発センター編 日本経済新聞社　1983.6　603,8p 22cm　4-532-07178-X　9000円
経済を14分野とし、それぞれの分野から経済分析に必要な統計91種類を選んで、1ねらいと意味、2身元証明、3調査内容（対象と範囲、分類体系、作成方法、用語と定義、沿革）、4見方・使い方、5利用上の注意、6関連統計について解説。部門別・統計系列名別一覧表の付録、統計名・事項・統計用語を五十音順に配列した索引がある。　　　　　　　　　2103

経済指標の見方・使い方 日本銀行経済統計研究会編 東洋経済新報社　1993.10　342p 19cm　4-492-39174-6　2200円
経済分析に広く用いられる統計指標について、作成期間、周期、公表時期、掲載刊行物、調査対象、（時にカバレッジ）を記し、概要と利用上の留意点を述べたもの。12の章に分類し解説を付した体系的な配列。五十音順索引がある。付録に14項目の用語解説がある。　　　　　　　　　　　　　　　　　　2104

経済指標のかんどころ 昭和36年版- 富山県統計課編集 富山 富山県統計協会　1961-　隔年刊 21cm
経済動態、経済運営、産業構造、金融、財政、国際経済、国際金融、流通・情報通信、資源・エネルギー、人口・労働、消費・生活、国民経済計算、経済関連指標、統計の15章と資料編からなる。各章に索引項目があり、1項目は〈いみ〉〈たとえば（統計）〉〈かんどころ〉で構成。〈たとえば〉には、項目に該当する統計データを掲載。1項目について解説文と統計を見開きで収録し理解しやすい。最近の日本経済全般の動向や状況把握に役立つ。解題は1996年版による。　2105

◆◆外国経済指標

海外経済指標の読み方 新版 日本銀行国際統計研究会著 東洋経済新報社　1993.12　285p 19cm　4-492-47056-5　2000円
海外の主要な経済指標（統計）の解題書誌でありまた便覧でもある。対象は米、加、独、仏、英、伊、露、韓、台湾、香港、シンガポール、中国、国連、国際通貨基金、経済協力開発機構、欧州共同体、国際決済銀行、国際労働機関の公表資料。国または機関別に各種経済指標の発表機関、掲載刊行物、発表周期、統計の特徴と利用上の注意などを詳細に記述。付録は主要国の主要経済指標の概要、主要指標掲載原資料（刊行書）一覧、欧米主要国の政府刊行物などの入手先、国際機関発行の主要刊行物などの入手先。コンパクトだが情報豊富で記述は懇切。1986年初版。　　　2106

◆◆産業連関表

産業連関表 昭和26年- 総務庁〔ほか〕共同編集 全国統計協会連合会総務庁　1955-　5年毎刊 31cm
わが国の経済構造、連関を表すもっとも基本的なデー

タ。昭和26年表が創刊で、昭和30年表から5年ごとに刊行。総務庁、経済企画庁、大蔵省、文部省、厚生省、農林水産省、通商産業省、運輸省、郵政省、労働省、建設省が共同作成している。計数編1・2と総合解説編からなる。このほかにも下記のように各省庁、団体から、それぞれの視点で多数刊行されている。解題は1990年表による。

 接続産業関連表　総務庁ほか編　5年毎刊
 Input-output table for Japan　総務庁編
 産業連関表（延長表）　通商産業省編　年刊
 地域間産業連関表　通商産業省編　5年毎刊
 SNA産業連関表　平成2年基準改訂　経済企画庁
 日独国際産業連関表　通商産業省編
 日英国際産業連関表　通商産業省編
 日佛国際産業連関表　通商産業省編
 日米国際産業連関表　通商産業省編
 International input-output Thailand-Japan　アジア経済研究所編
 International input-output Indonesia-Japan　アジア経済研究所編
 International input-output Korea-Japan　アジア経済研究所編
 International input-output Philippines-Japan　アジア経済研究所編
 Asia input-output　アジア経済研究所編
 運輸部門を中心とした平成2年産業連関表　運輸省編

など。　　　　　　　　　　　　　　　　　　　2107

◆経済学史、経済思想、経済学説

◆◆経済学史

経済学史・統計学・人口に関する10年間の雑誌文献目録　昭和50年－昭和59年　日外アソシエーツ編　日外アソシエーツ　1987.11　202p 27cm　発売：紀伊国屋書店　4-8169-0360-7　7400円
1975－1984年に発表された雑誌論文4499件を収録した文献目録。文献は主題別のもとにキーワード方式による見出し語で細分。記載項目は著者名、論題名などの書誌的事項からなる。巻末に和文の事項索引（五十音順）を付す。国立国会図書館監修『雑誌記事索引（人文・社会編）累積版』☞0139 をもとにして、主題ごとに再編刊行されている雑誌文献目録シリーズのひとつ。　　　　　　　　　　　　　　　　　　　　　　2108

◆◆経済思想

経済思想の事典　住谷一彦，伊東光晴編　有斐閣　1975　435p 19cm　（有斐閣選書）　1300円
18世紀末から約200年の間に現れた経済思想をそれぞれ比較し解説した参考図書。第Ⅰ部「経済思想から見た世界史像」は6期の年代に分けて、各年代を鳥瞰した記述からなり、第Ⅱ部「事典」も7期の年代に分け、その中をさらに項目に分けて解説。各項目ごとに執筆者名と参考文献あり。　　　　　　　　　　　2109

◆◆経済学説

本邦アダム・スミス文献　目録および解題　増訂版　アダム・スミスの会編　東京大学出版会　1979.2　379,11p 22cm 4200円
1955年に刊行された『本邦アダム・スミス文献』（弘文堂）の増訂版。明治以降から1976年までに発表された文献を年代順に配列し、その中を図書、雑誌論文、論文集・辞典、文献目録・学会記事・その他に分割、さらにその中を発表月順に配列。各文献には詳細な書誌データが、また主要文献には長文の解題（署名入り）が付されている。　　　　　　　　　　　　　　　2110

◆国民経済、国民所得

国民経済計算の体系　1993年改訂　欧州共同体委員会〔ほか〕編　経済企画庁経済研究所国民所得部　1995.3　3冊(別冊とも) 30cm　別冊(148p)：索引　付(1枚)
『System of National Accounts 1993』の翻訳
国連を中心とした経済関係の国際機関で改訂された「国民経済計算の体系」を解説。今後国連加盟国でこの改訂版を国際標準として使用していくことが勧告されている。上巻・下巻は体系の概要と項目ごとの詳細な解説、別冊は索引で、和文（五十音順）と英文（アルファベット順）の事項索引となっている。なお、この体系を実施する検討が行われている。　　　　2111

国民経済計算報告　長期遡及主要系列　平成2年基準　経済企画庁編　大蔵省印刷局　1996.2　49,610p 30cm 昭和30年－平成6年 5300円
経済の構造循環を体系的に把握した総合経済指標。1995年10月に、1985年基準の算出から1990年基準算出へと改訂された。フロー編、ストック編、長期遡及生産系列編の3部からなる。索引なし。1955－1969年ま

での期間は1965, 1980, 1985年基準で公表してきた。なお1996年には1991年までの遡及と1995年の計数を公表し、1997年に刊行。 2112

◆◆県民経済

県民経済計算年報 昭和59年版- 経済企画庁経済研究所編 大蔵省印刷局 1984- 年刊 30cm
各都道府県が新しい国民経済計算体系（SNA）に準拠した「県民経済計算標準方式」に基づいて推計したもの。SNAの考え方やその構造を県レベルに適用して、経済力を測ることが目的。1975年度から3年度前までのSNAベースの計算の比較分析が可能。1975年度からの累年統計を収録。政令指定都市の市民経済計算も掲載。前身は1963年、1968年、1974年刊行の『県民所得統計』と1976年刊行の『県民・市町村民所得統計　昭和51年版』で、1977年から1983年の書名は『県民所得統計年報』となり、1984年に現書名に改題し、1996年版からはB5版からA4版に変更。解題は1997年版による。 2113

県民経済計算報告 長期遡及推計 昭和30年-昭和49年 経済企画庁 1991.2 712p 26cm
県民経済計算に関する諸計数を、1955年から1974年分をまとめたもの。県民経済計算の遡及推計、総括表、明細表からなる。巻末に「県民経済計算の遡及推計方法」あり。1988年版の県民経済計算標準方式によって計算されているもので、地域経済研究に役立つ資料。 2114

◆経済事情、経済史

【書誌】

経済史に関する10年間の雑誌文献目録 昭和50年-昭和59年 日外アソシエーツ編 日外アソシエーツ 1987.11 220p 27cm 発売：紀伊国屋書店 4-8169-0360-7 8300円
1975-1984年に発表された経済史に関する雑誌論文をテーマ別に収録した文献目録。各テーマを表す大項目を設け、その下をキーワード方式による見出し語で細分化して、論題・著者名・雑誌名・巻号・発行年月次・頁を記載。巻末に事項索引を付す。『雑誌記事索引（人文・社会編）累積索引版』☞0139 をもとに使いやすく再編成したもの。『経済史に関する27年間の雑誌文献目録　昭和23年-昭和49年』に続く。1985年以降はCD-ROM化されている。 2115

経済史文献解題 昭和34年版- 日本経済史研究所経済史文献編集委員会編 大阪 清文堂出版 1960- 年刊 19cm 4-7924-0240-9
版年の前年中に公にされた日本・東洋・西洋の経済史関係図書および論文を、総覧、日本歴史、日本経済史、東洋経済史、西洋経済史の5部に大別、さらに主題分類して収録した書誌。書誌事項に加え目次内容または短い解説も記載。前年版に洩れたものも採録。巻末に誌名一覧、書名索引、論文執筆者・訳者索引を付す。1933年10月に雑誌『経済誌研究』特輯号として『経済誌年鑑』を発行。1945年終戦後の中断を除いて以来毎年刊行。『経済史年鑑』第1-3冊（1955-1956）、『経済史文献』昭和32年版-33年版（1957-1958）の改題。1996年版以降の出版者は思文閣出版。解題は1995（平成7）年版による。 2116

【年表】

現代経済史年表 矢部洋三〔ほか〕編 日本経済評論社 1991.10 369p 19cm 4-8188-0469-X 3090円
明治維新（1868年）から1954年を前史とし、1955-1989年に重点をおいた日本経済史年表。時代区分を前史、Ⅰ期：高度成長時代（1955-1973年）、Ⅱ期：構造調整期（1974-1979年）、Ⅲ期：1980年代とし、各期の特徴をまとめている。1955年以後の年表は1年に8頁をあて見開き左頁に年表（重要な2-3項目をゴシックで表示）、右頁に重要項目についての解説を配し、各年最終頁に経済統計をつけている。コンパクトな日本史概説としても利用できる。 2117

◆◆日本経済事情

日本経済史 第一-第九文献 本庄栄治郎〔ほか〕編〔大阪〕 大阪経済大学日本経済史研究所 1955-1995 9冊 22cm
日本経済に関する最も包括的な文献目録。社会科学全般および歴史関係も含め、図書、雑誌論文を幅広く収録。各文献には内容目次または要約、解題を付す。書名索引を付す。第六文献までは巻末に地方史誌文献一覧、採録誌名一覧が付され、第九文献には論文執筆者、訳者索引がある。第一から第三文献は総覧、資料、論著、欧文論著に大別し、さらに主題分類、第四文献からは『経済史文献解題』☞2116 の日本史、日本経済史の部分を基礎に増訂、再編集した。総覧、日本歴史、日本経済史、欧文文献（第七まで）に大別し、さらに主題分類している。 2118

日本経済キーワード 1988年版- 小島祥一編 経済調査会 1988- 年刊 21cm
現代の日本経済の重要テーマを解説した事典また年鑑としても役立つ。用語の定義よりも新しい経済事象を表すキーワードの解説を主眼。1996年版は『経済白書平成7年版』に基づく。日本経済、国際経済、産業、物価、労働・生活、財政・金融の6章に分け、102のキーワードをそれぞれ見開き2頁で解説。すべての項目に図表またはグラフを、巻末に和文索引を付す。付録として執筆者一覧。解題は1996年版による。 2119

年表で見る日本経済の足どり 昭和31年度-平成5年度 新版 尾原栄夫編 財経詳報社 1994.6 431p 28cm 4-88177-877-3 5200円
1956年4月から1993年12月までの日本経済を概観できる資料。第Ⅰ部総論として概説、図版を使用した解説を収録。第Ⅱ部が年表形式で、海外情勢・国内情勢、経済動向、財政金融政策、政府の見解、財界の見解、学者・評論家の見解に項目を区分して、3か月分を見開き2頁におさめる。 2120

近代日本経済史要覧 第2版 安藤良雄編 東京大学出版会 1979.2 233p 26cm 1600円
幕末から現代に至る120年の日本経済史に関連する史料をコンパクトに編集した学生・研究者のための要覧。8期にわけ、主要な長期統計、基本的法規類の抜粋、典拠を表示している。160頁にわたる時代別史料がこの本の主要部分で第2版には552点の史料を収めている。ほかに年表、歴代内閣、財閥企業系統図、政党系統図を収める。 2121

日本経済統計資料総合目録 財政・金融・経営・商業・貿易・運輸編 経済資料協議会編 京都 同朋舎出版 1980.2 2冊 26cm「書誌編」「所蔵編」に分冊刊行 全22000円
1909年（明治42）-1947年（昭和22）までに刊行された、財政・金融・保険、経営、商業、貿易、運輸・通信に関する年刊の統計資料を採録。書誌編は5分野に区分し、編者のアルファベット順、その中は書名のアルファベット順に配列し、各資料に一連番号を付す。巻末に分類索引とアルファベット順の書名索引あり。所蔵編は資料の各年度ごとの所蔵機関（経済資料協議会会員機関（主として大学））を採録。 2122

明治前期日本経済統計解題書誌 富国強兵篇 上，下，補遺 細谷新治著 国立 一橋大学経済研究所日本経済統計文献センター 1974-1980 5冊 26cm（統計資料シリーズ）
明治初年より明治17年までに刊行された統計資料の詳細な解題と所蔵状況を示す。統計調査・統計書の全容の解明をも意図する。上巻（3分冊）は総括統計書、各省の統計年報、内務省を主とする人口統計書、地誌、警察統計、下巻は物産関係と諸軍事統計書、補遺には司法関係の統計書を収録。各巻に参考文献目録、統計資料、書誌的事項（原本、覆刻本、翻刻本、草稿）、所蔵機関（国立公文書館、内閣文庫、総理府統計局図書館、国立国会図書館、一橋大学附属図書館、一橋大学経済研究所日本経済統計文献センター）名、巻末に統計、資料、機関名、人名の索引を付す。 2123

日本経済事典 貝塚啓明〔ほか〕編集 日本経済新聞社 1996.6 387p 22cm 11000円
日本経済の歴史、現状、展望に関する知識を、経済学・経営学の理論を踏まえて体系的に解説した専門事典。第1編日本経済のマクロ的構造、第2編市場・企業・政府、第3編国民生活と家計の3編、17章・88節および索引から構成され、大中小項目によって記述。執筆には一流の研究者、エコノミストが当っている。章末に参考文献あり。巻末に事項索引、人名索引、図表索引を付す。1981年版を全面改訂した。 2124

国民の経済白書 昭和36-1991年度 平和経済計画会議・経済白書委員会編 日本評論社 1961-1991 年刊 21cm
地域政策を主題に被政策者の立場から変革期にある日本経済の問題提起を図った白書。従来の輸出主導型から内需拡大型への転換と地域政策、地域構造とその課題、地域における個別課題と政策、先進国における地域政策の動向、分権型地域づくりへの課題を、図表、統計をもとに解説。当該年の経済問題を対政府サイドから分析。雑誌『経済評論』の増刊号として毎年12月にシリーズで刊行していたが、1992年以降本誌とともに休刊。解題は1985年度による。 2125

地域経済要覧 1966-1996年版 経済企画協会編 大蔵省印刷局 1966-1996 年刊 18-26cm 監修：経済企画庁調査局景気統計調査課
都道府県別の各種統計データを収める。2編で構成。都道府県別統計は国土・資源、県民経済計算、財政、産業、労働、生活などの統計を収録し、ブロック別統計は県民経済計算、金融、公共工事、住宅着工、物価などを収録。都道府県別統計が9割を占め、地域経済の実態把握や比較が可能。1993年版までは、経済企画庁編集。1994年版から1996年版までは経済企画庁監修、社団法人経済企画協会編集になったが1996年版で廃刊。解題は1996年版による。 2126

❖❖ 外国経済事情

■地誌、国際法、経済統計、金融、貿易をも見よ。

海外情報源ハンドブック ジャパンタイムズ編 ジャパンタイムズ 1988.7 398p 19cm 監修：河島正光 4-7890-0404-X 2800円
海外主要国の基本的な経済情報源を検索する手がかりとなるハンドブック。基本的な情報、新聞・雑誌、企業ダイレクトリー、統計、情報源としての団体・専門機関について収録。新聞・雑誌には国別、業界別の解説があり、書誌も付記。統計では主要な海外統計15の特徴が一覧可能。巻末には収録資料名および団体名の索引が付され、欧文のものには原綴を付す。新聞・雑誌の解題として利用するほか、団体・専門機関の名簿としての利用も可能。初版は1981年刊。　2127

❖❖❖ アジアの経済

アジア太平洋統計年鑑 1973- 国際連合編 日本エスカップ協会訳 日本エスカップ協会 1975- 年刊 29cm
国連アジア太平洋社会経済委員会編集の『Statistical Yearbook for Asia and the Pacific』の日本語版。アジア太平洋地域（ESCAP）の経済社会に関する諸統計を収録。説明文は英文併記で、統計は英文。1968年創刊以来『エカフェ統計年鑑』として刊行し、ECAFEがESCAPに改称したため、1973年版から現書名。1992年版までは原書房から市販、1993年版からは日本エスカップ協会会員へのみの配布資料となった。解題は1992年版による。　2128

アジア太平洋経済社会年報 1975-1992年版 国際連合編 日本エスカップ協会訳 原書房 1977-1994 年刊 21cm 『United Nations Economic and social survey of Asia and the Pacific』の翻訳
アジア・太平洋地域における経済の動向を経済政策中心に概観したもの。内容は一定していないが、経済社会開発上の重要課題、最近の経済社会状況（地域全体、各国別）、開発政策および国連による開発戦略などの主題について、統計を含んで解説。1974年版までは『アジア経済年報』。1992年版で終刊。解題は1992年版による。　2129

最新アジア経済・金融用語事典 東京銀行アジア・オセアニアグループ編 日本経済新聞社 1994.11 405p 19cm 4-532-14329-2 2000円
はじめにアジア全般の共通用語を収録し、次にアセアンを中心とした各国別に、経済・金融関係でよく目にする用語を集めた「用語」（五十音順、アルファベット順）を収録。主要な12か国については政治組織図、金融機関図、主要企業グループなどを併記。巻末に「アジアの主要データ」として各国統計、言語、宗教人口、租税条約などがある。索引はアルファベット順の英文索引と五十音順の日本語の事項索引あり。　2130

アジア経済 1995- 経済企画庁調査局編 経済企画庁 1995- 年刊 26cm
アジア・大洋州の経済の動向を概観。表示年の前年について記述。巻末に参考資料として、「アジアの為替相場制度」（1997年6月現在）と「アジア・大洋州の出来事」（1995年1月-1997年5月）を付す。ほかに参考統計として、GDPその他22種の統計と出所一覧あり。解題は1997年版による。　2131

アジアNIES総覧 渡辺利夫〔ほか〕責任編集 エンタプライズ 1989.6 582p 27cm 発売：学伸社エンタプライズ事業部(浦和) 20600円
アジアNIESの総合的体系的研究書、専門的便覧。NIESの経済発展を概観したのち、1960年以後の韓国、台湾、香港、シンガポールの4地域（国）の政治、経済発展の概要、産業構造、財政と金融、ビジネス環境、生活と文化、対日関係など8項目に分けて研究者が解説。巻末に50頁にわたる地域別略年表、行政機構、統計、生活カレンダーを付す。　2132

環日本海経済交流に関する文献目録 第1輯- 富山 富山大学日本海経済研究所 1992- 年刊 26cm
日本、旧ソ連、中国、韓国などの日本海沿岸地域の経済に関する、邦文の図書・雑誌論文を収録。ただし、韓国については外国語（主に英文）の文献も収録。収録数は約3180件。構成は地域別、国別で、その中を文献の刊行年順に配列。解題は第1輯（1992年）による。　2133

環日本海交流事典 1995-1996 北東アジア研究会編 創知社 1995.8 493p 27cm 監修：金森久雄ほか 4-915510-82-4 15000円
環日本海地域（ロシアの極東地方、中国東北部、韓国、北朝鮮、日本を含む北東アジア一帯）における経済交流に関する事典。構成は、総論、各国編、国内編、資料編からなる。各国編ではロシア、中国、韓国、北朝鮮、モンゴルなどの対外経済交流について詳細な解説がある。国内編では、各地方自治体の経済交流を中心とした取りくみを紹介。巻末には各国別に区分した用語索引と関係文献を付す。このほか、関連機関の連絡先などを収録。　2134

❖❖❖ 韓国の経済

韓国経済統計要覧 1972- 韓国産業経済研究所

1972- 不定期刊 27cm
韓国の主要な経済指標を、韓国政府、韓国銀行の各種統計資料をもとに再編集したもの。国土・人口、通貨・金融、證券、財政、産業、国際収支・貿易・外国為替、物価、家計・雇用・賃金、国民所得、資金循環に分け、146項目の統計データを収録。日本語、英語併記。解題は1994年版による。　　　　　　　　2135

✦✦✦ 中国の経済

中国・台湾経済関係雑誌記事目録 アジア経済研究所編纂 アジア経済研究所 1988.3 199p 27cm 4-258-16028-8
中国の『経済研究』1955第1期（創刊号）-1987第12期と、台湾の『台湾銀行季刊』第24巻第1期（1973年3月）-第38巻第4期（1987年12月）に掲載された記事の索引。配列は発行年月順とし、論文名、著者名などの書誌的事項を掲げる。使用文字は『経済研究』については簡体字、『台湾銀行季刊』については、日本語の常用漢字を用いている。巻末に雑誌別の著者索引（日本語読みの五十音順）を付す。　　　2136

中国経営・経済関係文献目録 中国経営会計研究資料叢書編集委員会編 三好町（愛知県）愛知大学経営会計研究所 1990.3 806p 22cm （中国経営会計研究資料叢書 第2集） 12360円
現代中国（1949年中華人民共和国成立以後）の経営・経済に関する日本語で書かれた論文・著書の網羅的な文献目録。論文編と著書編に分け、論文は1986年までに刊行された機関紙・雑誌から1万3000タイトル、著書は1988年までに刊行された約2700タイトルを収録。論文は主題を46項目に大別し、1-13の小項目に分類。整理番号、論文名、著者名、掲載誌名、巻号、出版年月、頁を記し刊行年月順に配列。著書は30項目に分類し刊行年月順に配列。索引はない。参考図書の項に基本的なものが収録されている。　　　　　　　　2137

中国経済改革関係文献目録 1979-1989 アジア経済研究所編纂 アジア経済研究所 1992.3 316p 26cm 4-258-16031-8
中国経済の改革期における主要経済雑誌16誌に発表された研究論文を収録。第1部は論文目録で著者名の五十音順と字画順に配列する。記載内容は、論文名、掲載誌名、巻号、刊行年月、頁付の順に記載。第2部は中国の主要経済学者の略歴を掲げる。　　　2138

中国経済関係雑誌記事総目録 1-5 佐伯有一〔ほか〕編集 東京大学東洋文化研究所附属東洋学文献センター 1983-1989 5冊 26cm （東洋学文献センター叢刊 別輯 8, 11-12, 14, 16）

中華民国期以降に中国の政府行政機関や民間経済団体が発行した経済関係定期刊行物の収録記事を採録した目録。1に『中外経済周刊』『経済半月刊』『工商半月刊』、2に『国際貿易導報』、3に『中行月刊』、4・5に『銀行週報』を収録。所蔵機関一覧と内容分類総目次に関する説明を含む解題を付す。　　　2139

中国経済関係主要記事・論文索引 1966-1971年 アジア経済研究所 1973.3 248p 25cm
1966-1971年にかけての『人民日報』『紅旗』『北京週報』『人民中国』『中国通信』5誌と一部『アジア通信』から中国経済に関する主要論文、報道記事の標題を日本語に訳して収録した索引。6項目の分類に区分され、その中は発行年月順に配列。記載内容は、記事の標題、執筆単位（個人名もしくは掲載誌名）、誌名、刊行月日。　　　　　　　　　　　　　　　　2140

経済・貿易の動向と見通し 世界経済情報サービス（ワイス）編 世界経済情報サービス（ワイス） 1969- 隔年刊 26cm （ARCレポート）
1969年に設立の海外経済情報サービス（WEIS=World Economic Infomation Services〔ワイス〕）の専門機関が、下記の各国について2年に1回刊行している。会員のみに配布する制度をとっている。内容は経済動向編と基礎資料編に分かれ、前者は政治、経済、貿易の動向。後者は一般事情、経済政策・制度、市場環境、産業よりなる。各国経済・貿易動向の総覧として利用できる。ARCレポートの刊行国名はアジア（韓国、中国、台湾地域、香港、タイ、マレーシア、シンガポール、インドネシア、フィリピン、インド、パキスタン、スリランカ、バングラデシュ、ベトナム、ミャンマー、北朝鮮）、中東・北アフリカ（イラン、イラク、トルコ、サウジアラビア、アラブ首長国連邦、エジプト、アルジェリア、イスラエル）、アフリカ（ナイジェリア、カメルーン、ケニア、南アフリカ）、ヨーロッパ（スウェーデン、デンマーク、英国、アイルランド、ベルギー、オランダ、フランス、ドイツ、スイス、スペイン、イタリア、オーストリア、ギリシャ、ポルトガル、ロシア（CIS）、ポーランド、ハンガリー、ルーマニア、ブルガリア、チェコ）、北米・オセアニア（米国、カナダ、オーストラリア、ニュージーランド）、中南米（メキシコ、コロンビア、ベネズエラ、ペルー、チリ、ブラジル、アルゼンチン）。解題は1998年版による。　　　　　　　　　　2141

「満洲」関係経済文献目録 山本有造〔ほか編〕〔京都〕京都大学人文科学研究所 1992.3 183,21p 26cm
旧満州国（1931-1945年）関係機関の刊行物で、一橋大学と京大人文科学研究所が所蔵する経済文献目録。収録した文献の刊行機関は満州国の中央・地方官庁、

日本政府、満鉄、在満各種団体・諸企業、広報・文化団体など広範囲に及び、刊行機関別に書名の五十音順に配列。アジア研究所編『旧植民地関係機関刊行総合目録』の「満州国・関東州編」（1975年刊）および「満鉄編」（1979年刊）に未収の1200タイトルを収録している。なお1990年刊の『満州関係経済統計文献目録（未定稿）』は一橋大学所蔵分のみを収録。各項目は電算機入力用のタグをつけて記載されている。　2142

❖❖❖ ベトナムの経済

ベトナム　日本貿易振興会編　日本貿易振興会　1970-1990　隔年刊　19cm　（ジェトロ貿易市場シリーズ 303）　発売：官報取扱所
ベトナムとの取引や相互理解に不可欠な基本事項を、ジェトロ海外事務所網を動員して収集した情報をもとに編集。一般事情、政治、経済、農業、林業・水産業、工業、エネルギー・交通・運輸、財政・金融、貿易為替管理制度、貿易、外資導入、経済援助、文化・社会、現地機関等、情報源・参考資料からなり、解説文と関連統計と地図を掲載。1961年にスタートした『ジェトロ貿易市場シリーズ』として各国別（アラブ首長国連邦、アルゼンチン、アルジェリア、アイルランド、バングラデシュ、米国、ベネズエラ、ベルギー、ブラジル、ブルガリア、チェコ、チリ、中国、デンマーク、ドイツ、英国、エジプト、フィリピン、フランス、ギリシャ、香港、ハンガリー、インド、インドネシア、イラク、イラン、イスラエル、イタリア、カメルーン、カナダ、韓国、ケニア、北朝鮮、コロンビア、コートジボアール、マレーシア、メキシコ、南アフリカ、ミャンマー、ナイジェリア、ニュージーランド、オランダ、オーストラリア、オーストリア、パキスタン、ペルー、ポーランド、ポルトガル、ロシア連邦、ルーマニア、サウジアラビア、シンガポール、スイス、スペイン、スリランカ、スウェーデン、タイ、台湾、トルコ、ユーゴスラビア、ザイール）に刊行され、一国についての概要理解に便利なツールであったが、1992年にこのシリーズは終了。新しくは『ビジネスガイドベトナム』がジェトロから発行されているので最新情報はこちらが便利。解題は1990年版による。　2143

❖❖❖ 極東の経済

ロシア極東経済総覧　ロシア科学アカデミー極東支部経済研究所編　東洋経済新報社　1994.7　474p　27cm　日本語版監修：望月喜市，永山貞則　4-492-03010-7　12000円
ロシア極東地域の経済・産業活動の全般にわたる概説と1980年-1992年までの経済関係の基本統計を収録。構成は第1部資源と人口、第2部経済発展、第3部経済改革と経済調整機構、第4部統計編からなる。巻末に付属資料として、本文中の表一覧、関係諸機関一覧、五十音順の事項索引を付す。　2144

❖❖❖ ロシアの経済

ソ連・東欧—その新しい素顔　ビジネスガイド　小川和男編著　日本貿易振興会　1991.4　305p　19cm　4-8224-0525-7　2800円
共産主義から市場経済へ移行しているソ連・東欧の、国民生活を紹介したガイドブック。第1章概観編はソ連の経済情勢、第2章特別編はドイツ統一について、第3章はソ連、ポーランド、チェコスロバキア、ハンガリー、ブルガリア、ルーマニア、アルバニア各国の状況を紹介。『ソ連・東欧海外ビジネスガイド』の改題。同会刊行の各国ビジネスガイドシリーズの一つ。　2145

旧ソ連・東欧資料目録　日本貿易振興会　1993.3　121p　26cm
1985年1月-1992年10月までに同会の資料室が収集した旧ソ連・東欧の経済・社会・政治関係を中心とした和洋、約900点の資料を収録。構成は、国別に区分し、その中を単行書・参考書、統計、ディレクトリー、新聞・雑誌に分け、さらにその中を分野別にして、書名のアルファベット順に配列。巻末に書名目録（洋書はアルファベット順、和書は五十音順）と同資料室の「単行書・参考図書主題コード一覧」を付す。　2146

◆経済政策、国際経済一般

【書誌】

開発経済学　文献と解題　渡辺利夫，堀侑編　アジア経済研究所　1983.3　198p　18cm　（アジアを見る眼 64）　4-258-05064-4　800円
1970年以降に刊行された経済開発問題に関する主要文献を、工業化、農業・農村問題、アーバン・インフォーマル・セクター、基本的ニーズ開発戦略、新国際経済秩序の5つの視点からとらえた書誌。主要文献については、詳細な解題を付す。各章末に和・欧文の文献目録（アジア経済研究所所蔵のものには請求番号）を掲載。初学者向けの解題書であるが、激変する発展途上国の研究にあっては、今日的視野からすると再編成が望まれるところもある。　2147

◆◆経済法

経済産業法に関する10年間の雑誌文献目録　昭和50年－昭和59年　日外アソシエーツ編　日外アソシエーツ　1987.12　272p　27cm　発売：紀伊国屋書店　4-8169-0360-7　10000円

国立国会図書館監修『雑誌記事索引（人文・社会編）累積索引版』☞0139 の中から、1975－1984年までに発表された経済産業法に関する雑誌論文を取り出し再編成したもの。構成は主題別の大項目に分け、必要に応じて見出し語をつけて細分。著者名のあるものはその五十音順、ないものは論題の五十音順に配列。主題が重複する分野は、関連項目に重出して掲載。巻末には五十音順の事項索引あり。『経済産業法・社会法に関する27年間の雑誌文献目録　昭和23年－昭和49年』に続くもの。1985年以降はCD-ROM化されている。

2148

◆◆国際経済

国際経済・貿易・国際投資に関する10年間の雑誌文献目録　昭和50年－昭和59年　日外アソシエーツ編　日外アソシエーツ　1987.8　2冊　27cm　発売：紀伊国屋書店　4-8169-0360-7　各11000円

国立国会図書館監修『雑誌記事索引（人文・社会編）累積版』☞0139 をもとにテーマ別に再編成したシリーズのひとつ。国際経済に関する雑誌記事の1975－1984年分をまとめてある。収録記事数約1万7000件。構成は主題別の大項目の中をキーワード方式により細分。記載事項は著者名、論題、誌名、巻号、頁。巻末に収録誌名一覧と事項索引あり。『国際経済，貿易・国際収支に関する17年間の雑誌文献目録　昭和23年－昭和39年』、『国際経済，貿易・国際収支に関する10年間の雑誌文献目録　昭和40年－昭和49年』に続くもの。1985年以降はCD-ROM化されている。

2149

日米経済ハンドブック　1996年　経済団体連合会編　ジャパンタイムズ　1996.11　176p　26cm　英文書名：『Japan-U.S. economic handbook』　英文併記　4-7890-0855-X　2000円

日米の経済関係を、とくに各産業分野の関係に重点を置いて、その実態を明らかにするため、日米の各界の現状比較や産業協力の状況などについて、客観的資料を基に多数の図版を用い、日英対訳で解説。構成は、マクロ編と産業編に分け、マクロ編では基本統計を基に両国間のマクロ経済関係について解説。産業編では食品工業、自動車、エレクトロニクスなど、各産業分野別に両国の現状を比較し、産業協力の状況を図表を用いてわかりやすく解説。

2150

◆◆国際経済会議

サミット関連資料集　1975－　外務省経済局編　世界の動き社　1975－　年刊　21cm　英文併記

第1回（1975年）から第21回（1995年）までの主要国首脳会議関係資料を収録。会議の解説、宣言集、政治声明集に分ける。宣言、声明の英文と日本語（仮訳）を収録。巻頭に「過去20回の主要国首脳会議一覧表」「主要国首脳会議の参加首脳」を付す。解題は1996年版による。

2151

◆◆経済統合、EC

国立国会図書館所蔵欧州共同体刊行資料目録　国立国会図書館専門資料部編　国立国会図書館　1989.1　459p　26cm　4-87582-209-X

国立国会図書館所蔵のEC（欧州共同体）刊行物の主題別目録。1954年から1986年のEC刊行物（図書、逐次刊行物、小冊子、テクニカルレポート）5806、およびECに関する国内刊行図書440、計6246タイトルを収録。主題、著者名の索引を付す。国立国会図書館はEC刊行物の寄託図書館であり、EC刊行物を遡及調査する情報源として有効。

2152

「EC1992年」ハンドブック　岸上慎太郎，田中友義編著　ジャパンタイムズ　1989.6　227p　21cm　4-7890-0467-8　1650円

欧州共同体（EC）の1992年問題すなわちEC域内市場統合完成についての基本的な事項を、体系的に解説したハンドブック。1章でECの歴史、2章で日本企業との関係、3章で世界経済への影響、4章から6章で作業の進捗状況、7章で完成の姿を解説。後半の資料編で、「1985年域内市場白書」「ローマ条約重要条文」「単一欧州議定書」「EC委員会委員一覧」の日本語版を収録。

2153

◆◆経済協力、NGO

国際協力事業団年報　1975－　国際協力出版会　1975－　年刊　26cm　監修：国際協力事業団

同事業団の業務から日本の国際協力の動向を概観できる資料。1989年版から本編と資料編の2冊となる。資料編には、国別の事業概要として、各国別分野別の事業の概要、供与年、金額などが収録されている。1974年版までは『技術協力年報』、以後本題名に改題。解

題は1996年版による。　　　　　　　　　　　2154

開発援助情報源ダイレクトリー 国際開発高等教育機構事業部編 国際開発高等教育機構 1993.3 22, 195, 165p 30cm
開発援助に関連する165点の和洋の資料を情報源として収録。国別・分野別索引により、調査したい事項が、どの資料に掲載されているかを検索できる。資料の内容の要約も付す。　　　　　　　　　　　2155

経済協力用語辞典 海外経済協力基金開発援助研究会編 東洋経済新報社 1993.7 247p 20cm 4-492-01050-5 2400円
政府開発援助（ODA）を中心に、経済協力や途上国の経済開発の分野で使われている用語や関係会議・宣言などを実務に即して解説した辞典。見出し項目には代表的英訳を付す。海外経済協力基金、国際協力事業団、大蔵省国際局の担当者が執筆。巻末付録に、欧文略語表・経済協力関係官庁・機関・団体のリスト、経済協力実施手続きなどを掲載。　　　　　　2156

海外経済協力便覧 1968年版 – 海外経済協力基金・開発援助研究所編 海外経済協力基金 1968 – 年刊 21cm
発展途上国の経済動向や開発動向、先進国や国際機関の援助動向、経済協力関連諸統計を収録した便覧。日本および世界の経済協力実績、日本および世界の経済協力関係機関の概要、主要開発指標、その他の経済協力関連情報の4編からなる。1997年版はニーズが高まりつつある東欧・コーカサス地域関連情報を主要開発指標の中に盛り込んだ。1968年創刊の海外経済協力基金による出版は非売品。市販は1971年から、国際開発ジャーナル社で出版。解題は1997年版による。　2157

経済協力ハンドブック 1980 – アジア経済研究所 1980 – 年刊 16cm （経済協力シリーズ）
発展途上国の経済発展を支援する先進諸国の経済協力をより効率的、効果的に実施するために必要な最小限の事項と統計データをコンパクトに収録。わが国の発展途上国への経済協力、先進諸国の経済協力の国際比較、国際収支・債務累積、主要発展途上国・日米の経済社会指標、主要発展途上国の援助、直接投資受入れ、貿易相手先で構成される統計篇、資料篇、用語篇、略語篇、経済協力の概要を掲載。1993-1997年度は隔年刊。解題は1995年度版による。　　　　2158

海外経済協力関係団体のしおり 1990 – 通商産業省 1990 – 年刊 15×21cm 経済協力推進協議会関係団体及びその他経済協力関係団体
発展途上国の経済・社会開発に対する協力の意義と使命を周知・普及し、国際協力の推進に寄与することを目的として設立された経済協力推進協議会およびその構成33団体の概要を紹介した便覧。各団体の住所・基金・予算・事業内容・組織・役員名などをコンパクトに記す。後半に76の後援団体のディレクトリーを収録。団体名の五十音順に配列。解題は1996年版による。
　　　　　　　　　　　　　　　　　　2159

国別経済技術協力事業実績 昭和29年 – 平成3年度 国際協力事業団 1993.3 4冊 21×30cm
旧海外技術協力事業団（現国際協力事業団）が実施した政府ベースによる経済技術協力事業の実績を、1954年から1992年3月末までの期間について、地域別、国別にまとめたもの。　　　　　　　　　　　2160

NGOダイレクトリー 1988年版 – NGO活動推進センター編 NGO活動推進センター 1988 – 隔年刊 26cm 副書名：国際協力に携わる日本の市民組織要覧（1990年版までは：国際開発協力に携わる民間公益団体）
国際協力に携わる日本の市民組織、約370団体の組織の活動、概要、所在地、連絡先などを紹介。第1部にはアンケートによる調査を実施して、それに基づき収録した団体。第2部には、そのアンケートに回答がなかった団体を収録。巻末に団体名の五十音順の索引を付す。解題は1996年版による。　　　　　2161

NGO・団体名鑑 国際協力・交流 1996年版 日本外交協会 1996.3 1414p 21cm 監修：外務省大臣官房 5826円
国際協力・国際交流に携わる民間団体（NGO）について、都道府県および政令指定都市により提出されたリストを基にアンケート調査をして編集した3182団体の名簿。本文は都道府県別に団体名の50音順に配列。各団体の記載項目は、組織の概要、目的、活動内容、主な実績、刊行物など。本文の前に50音順索引、巻末に活動分野別索引がある。資料編として官公庁、関連団体の連絡先一覧、NGO支援制度の概要、海外の主要NGOのリストを収録。1991年初版の改訂版。　2162

◆人口、移民

◆◆人口

【辞典・事典】

人口事典 用語解説・統計資料 人口問題協議会編 東洋

経済新報社　1986.10　302p　20cm　4-492-01037-8　3000円
人口問題を理解するうえで最小限必要な基本的用語の解説と統計資料をコンパクトに収録した専門事典。基本用語約180語は五十音順に配列（英文併記）してやや詳細に解説。統計資料として使用頻度の高い日本と世界の人口各種統計125表を収録。巻頭に人口問題と2つの特別の人口用語（「静止人口と人口静止」「合計特殊出生率」）についての簡潔な解説、巻末に和文五十音順・英文アルファベット順の索引を付す。用語解説文中の見出し語はゴシック表示。1975年家族計画国際協力財団刊行の初版を全面改訂したもの。　2163

人口学用語辞典　国際人口学会編　日本人口学会人口学用語辞典翻訳委員会訳　厚生統計協会　1994.5　226p　22cm　『Multilingual demographic dictionary 2nd ed.』1982の翻訳　4-87511-078-2　3090円
人口学に関する用語を、「基礎概念」「人口情報の収集と処理」「人口の分布と構造」など9章、933節に分けて網羅的・体系的に解説した事典。解説文中の専門用語はゴシック体で表示し、さらに英語を記載。この専門用語は記載されている段落の番号に引用番号を組み合せた形の参照番号を付して所在を示している。巻末にアルファベット順の英和索引と基本用語の五十音順の和英索引があり、本文の検索に有効。　2164

◆◆人口統計

世界人口長期推計　1994/95-　世界銀行編　東洋書林　1996-　隔年刊　26cm　共同刊行：原書房　『World population projections』の翻訳
世界の地域別、国別に1990年から2150年までの人口推計数を収録。男女別で年令を5歳きざみに記載。なお、『国際連合世界人口予測　1950-2050』（国際連合経済社会情報・政策分析局人口部編、原書房、1996）と比較して利用するとよい。解題は1994/95年版による。　2165

◆◆人口問題

人口関係文献集　厚生省人口問題研究所編　厚生省人口問題研究所　1988-1990 年刊　26cm
内容はⅠ収書図書資料、論文の書誌とⅡ索引からなり、Ⅰは図書資料和文839点、欧文357点、欧文の論文・一般記事1235点、合計2431点を収録。索引は巻末に人名、書名、事項名を和文と欧文に分けている。1990年版は逐次刊行物および収載論文を収録していない。ほかに同所から『研究資料』第240号（1986年1月刊）に

「人口に関する蔵書目録（和文）」がある。そのほか『記録・日本の人口』（毎日新聞社人口問題調査会、1990）などの類書もある。解題は1990年版による。　2166

人口問題・統計・住宅に関する27年間の雑誌文献目録　昭和23年-昭和49年　日外アソシエーツ「雑誌文献目録」編集部編　日外アソシエーツ　1984.2　209p　27cm　発売：紀伊国屋書店　4-8169-0311-9　7400円
標題の関連雑誌文献（1948-1974年分）約8700件を収録。文献は主題別の大項目の中をキーワード方式による見出し語を用いて細分。記載項目は著者名、論題名などの書誌的事項からなる。巻末に和文の事項索引（五十音順）を付す。国立国会図書館監修『雑誌記事索引（人文・社会編）累積版』☞0139 をもとにして、主題ごとに再編成し刊行されている雑誌文献目録シリーズのひとつ。　2167

日本の将来推計人口　厚生省人口問題研究所編　厚生統計協会　1955-　5年毎刊　26cm
日本全国の将来人口推計は戦前から行われたが、戦後では1955年、1957年、1960年、1964年、1969年、1975年、1976年、1981年、1986年、1992年、1997年の計11回公式に推計している。政府の社会保障計画や各種経済社会計画の基礎資料や都道府県別の人口推計、労働力人口や進学・就学人口の推計、世帯数の推計、寝たきり老人などの福祉施策対象人口の推計に利用。『研究資料』として非売品で発行しているほか、1986年からは厚生統計協会で市販。発行所は国立社会保障・人口問題研究所に改称されている。解題は『研究資料第291号』1997年版による。　2168

◆◆移民

国立国会図書館特別資料室所蔵移民関係資料目録　国立国会図書館専門資料部編　国立国会図書館専門資料部　1997.12　177p　26cm　4-87582-498-X
国立国会図書館特別資料室所蔵の移民関係資料の目録。同館が収集した海外移民関係の図書、逐次刊行物、文書、マイクロ資料、録音テープなどの、和洋の海外移民関係資料の所蔵目録。約2500点を収録。資料種類ごとに日本語は書名・タイトルの五十音順、外国語はアルファベット順配列。巻末に著者索引（和書五十音順、外国書アルファベット順）がある。　2169

海外における邦人および日系人団体一覧表　〔昭和62年4月1日現在〕-　外務大臣官房領事移住部　1987-　年刊　26cm　『海外における日本人および日系人団体一覧表』（1980）の改題

日系人の親睦と福利厚生の増進と2国間の友好親善のために活動している団体および経済関係団体約700を収録。配列は地域別の中を国名の五十音順。各団体について代表者氏名、連絡先、会員の資格、会員数、機関紙、施設と専従職員、目的などを記載。解題は平成7年版による。
2170

移民研究基本図書リスト 東京大学教養学部アメリカ研究資料センター 1991.3 39p 26cm 編集：新川健三郎
東京大学アメリカ研究資料センターの所蔵文献を基に編集した目録。構成は、移民に関する一般的研究、政策、理論に続いて移民の出身地、人種系統による体系順編成。配列は各章別に著者のアルファベット順。主としてが日本語と英語の図書。巻末に著者のアルファベット順索引を付す。
2171

日本の移民研究 動向と目録 移民研究会編 日外アソシエーツ 1994.9 255p 22cm 発売：紀伊国屋書店 4-8169-1208-8 9800円
学際的広がりのある移民研究を、移民の動向と目録を合わせてまとめた便覧。1，2部に分かれ、第1部は研究史を整理したものでⅠ出移民、Ⅱ日本人、Ⅲ国際関係の中の移民。第2部は筆者五十音順の文献目録、事項索引よりなる。明治以降1992年までが対象。目録は千数百点を収録し、解題している。フィクション、ノンフィクションのリストもある。
2172

海外移住統計 昭和27-41年度版-昭和27-平成5年度版 国際協力事業団 1967-1994 年刊 26cm （業務資料）
国際協力事業団が扱った移住者および移住相談に関する統計を累積して収録。構成はⅠ移住者統計、Ⅱ海外開発青年統計、Ⅲ移住相談統計、Ⅳ参考資料統計からなり、参考資料統計に歴史統計を収録。海外移住者数の出身県別、国別形態、学歴、職業については年度別に図表で記載。1967年より毎年刊行し、昭和27-平成5年度版で終刊。解題は昭和27-平成5年度版による。
2173

◆◆植民地政策

旧外地関係資料目録 第1，2集 拓殖大学図書館編 拓殖大学図書館 1984-1995 2冊 26cm （拓殖大学図書館蔵書目録 第13，14輯）
旧外地である満州、朝鮮、台湾に関する所蔵目録。第1集の構成は、満鉄篇、台湾総督府篇、満州国・関東庁篇、朝鮮総督府篇などの機関別。各篇の内容は、叢書、年報、雑誌、図書その他を収録し、書名のアルファベット順に配列。第2集は第1集で収録できなかった満鉄、満州国政府、朝鮮総督府関係の資料と樺太庁、南洋庁旧外地商工会議所関係資料、国内刊行旧外地問題資料など約5000タイトルを収録。第2集巻末に第1、2集にまたがるアルファベット順の書名総索引を付す。1999年に追録版（37頁）を刊行。
2174

華人・華僑関係文献目録 福崎久一編 アジア経済研究所 1996.3 410p 26cm 4-258-17038-0
中国の改革・開放以来、海外に居を構えた中国系の人々に関する図書、雑誌論文で、欧文資料を含む、1995年までに刊行された約1万400点を収録。構成は、戦後邦文華人・華僑関係文献目録、戦前邦文華僑関係文献目録、ローマ字文華人・華僑関係文献目録、華文華人・華僑関係文献目録で、日本、欧、中国文に分け収録。その中を中国人がどこに居住しているかで配列。さらに文献数が多い場合は主題別とし、著者名の五十音順に掲載。図書には著者、書名、書誌的事項、論文には著者、論文名、収録誌名、巻号、出版年月日、頁を収載。索引は、邦文文献著者索引、ローマ字文献著者索引、（ともにアルファベット順）、華文文献著者索引（先頭文字の総画数順）。
2175

◆土地、資源

民法、税務会計、金融事情、租税、生活・消費者問題、家政学、農業経済、サービス業、不動産業をも見よ。

◆◆土地、地価

国土利用計画(全国計画) 第3次 国土庁 1996.2 18p 30cm 共同刊行：環境庁 非売品
国土利用計画法第5条の規定に基づき、全国の区域について定める国土の利用に関する基本的事項についての計画。都道府県計画と市町村計画とともに同法第4条の国土利用計画を構成し、国土の利用に関しては国の計画の基本となり、都道府県計画および土地利用基本計画の基本ともなる。この計画は都道府県計画を集成し、今後の国土の利用をめぐる経済社会の変化を踏まえ、約10年に一度見直され、国土庁計画調整局が担当、発表する。三大都市圏、地方圏別の利用区分ごとの規模目標が付されている。
2176

土地問題事典 土地問題研究会，日本不動産研究所編 東洋経済新報社 1989.8 446p 22cm 4-492-01041-6 5500円
土地問題について、法律、経済、都市計画、住宅問題、都市農地、税制などのアプローチからの解説と用語解

説、年譜・答申の要旨・統計一覧などの豊富な資料を収録した専門事典。3部よりなり、第1部は16の基本的論点、第2部は約300語の基本的用語、第3部は基礎資料。巻末に索引があり、基本用語で解説している語はゴシックで示す。特に第3部は、戦後の土地問題・土地政策の年表として、また関連審議会答申の二次資料として、また官民の関連統計の解題としても利用できる。　　　　　　　　　　　　　　　　*2177*

地価ハンドブック　ぎょうせい　1993－　年刊　15cm　監修：国土庁土地局地価調査課　4-324-05011-2
日本の地価の動向を、関係法令、都道府県地価調査、土地取引などの状況、地価関連指標、土地に関する税制などの角度から統計を多く用いて解説する。平成8年度版では、1995、1996年の都道府県地価調査の代表標準地一覧を収録。解題は平成8年度版による。
　　　　　　　　　　　　　　　　　　　　　2178

首都圏地価分布図総覧　東急不動産編著　住宅新報社　1989.11　161,15,5p　55cm　4-7892-1557-1　58000円
『首都圏地価分布図；説明書』（東急不動産、1962年より年刊）の第1回から1989年分までをまとめたもの。20万分の1の地図に、住宅地の地価を8－11の価格帯に分け、色分けして示す。特定の土地の価格は得られないが、概要と推移を知るには、カラーで一望できる。第2章には1963年から1984年に6回作られた等時間帯図があり、通勤圏を知るのに便利。首都圏と近畿圏に分けて「地価分布図と解説」として継続刊行。　*2179*

✦✦資源

世界の資源と環境　1990/91－　世界資源研究所編　中央法規出版　1990－　隔年刊　30cm　1992/93までの出版者：ダイヤモンド社　『World resources』の翻訳
国際的な環境政策の研究所が、国連の支援の下に、世界152か国の地球環境と開発に関する科学的データを収集、客観的に分析し、体系的に詳しく解説したレポートの日本語全訳版。4部からなり、第Ⅰ部は人間と環境に関する問題、第Ⅱ部は地域特集（中国とインドの環境と自然資源問題）、第Ⅲ部は食料と農業、エネルギー、森林、水、大気と気象などを問題別に詳述。第Ⅳ部で幅広い分野の統計データを収録。各章末に多数の参考文献と注解あり。巻末には和文事項索引を付す。解題は1994/95による。　　　　　*2180*

✦企業・経営一般

【書誌】

企業・経営に関する10年間の雑誌文献目録　昭和50年－昭和59年　日外アソシエーツ編　日外アソシエーツ　1987.11　3冊　27cm　発売：紀伊国屋書店　4-8169-0732-7　8900－13200円
『雑誌記事索引（人文・社会編）累積版』☞*0139* 第5－6期をもとに企業・経営に関する文献目録として再編成したもの。1975－1984年に発表された雑誌文献を3分冊で刊行。Ⅰは企業・経営総論・マーケティング8600件、Ⅱは公企業・企業集中・中小企業6800件、Ⅲは経営管理・労務管理1万900件を収録。構成は主題別の大項目の下に、キーワード方式による見出し語で細分している。巻末に五十音順の事項索引を付す。1974年以前については『企業・経営に関する27年間の雑誌文献目録　昭和23年－昭和49年』に、1985年以降はCD-ROM化されている。また1981－1995年については『JOINT-A』（日外アソシエーツ、月刊）にも収録。　　　　　　　　　　　　　　　　*2181*

企業別記事索引　1981年1月－1984年3月－　慶応義塾大学大学院経営管理研究科図書館編　横浜　慶応義塾大学大学院経営管理研究科図書館　1986－　不定期刊　26cm
慶応大学所蔵の和雑誌から利用の高い企業情報を収録した索引誌。アルファベット順の企業名から検索できる。記載内容は企業名、誌名、記載頁、出版事項。1970年代から1980年12月分までを収録した『企業別雑誌記事索引』（1981年刊）の改題で、既刊分の収録年代はそれぞれ、
1986年刊行の第2分冊（1981年1月－1984年3月）、
1988年刊行の第3分冊（1984年4月－1987年3月）、
1991年刊行の第4分冊（1987年4月－1990年3月）、
1993年刊行の第5分冊（1990年4月－1993年3月）。
解題は1993年版による。　　　　　　　　*2182*

中国経営関係文献目録　中国経営会計研究資料叢書編集委員会編　名古屋　愛知大学経営会計研究所　1984.3　479p　22cm　（中国経営会計研究資料叢書　第1集）　12000円
おおむね1949年から1982年までに中華人民共和国において刊行された経営・会計とそれに関連する工業、科学技術、農業科学技術、法令についての中国語の文献目録。構成は、第Ⅰ部　主要な研究機関の図書館の総合目録、第Ⅱ部　主要な経営管理文献について原文（簡体字）で目次内容を示し、第Ⅲ部　主として第Ⅱ

部で取り上げた主要文献から重要度の高い文献について日本語の解説をつける。付録は、1主要雑誌所蔵状況　2中国訳外国経営管理関係文献目録。巻末の書名索引は漢語拼音のアルファベット順である。所蔵機関名一覧、典拠資料一覧を付す。　　　　　　　*2183*

【辞典・事典】

経営用語辞典　21版　日本経済新聞社編　日本経済新聞社　1992.7　206p 18cm　（日経文庫）　750円
次々に現れる新しい経営用語を、一般ビジネスマン向けにわかりやすく解説。企業の入社試験対策にも利用される。コンパクトな新書サイズ。配列は五十音順で見出し語への参照がある。　　　　　　　　　　*2184*

経営キーワード事典　経営学から、マーケティング、人事労務、流通、広告、情報、会計まで。　最新版　筒井信行著　自由国民社　1995.4　271p 21cm　4-426-22801-8　1800円
経営学とマーケティング関連の基本知識である「キーワード」「新傾向用語」を中心に労務、流通、広告用語も収録。用語の解説は、定義を記し、要点を個条書きにまとめている。配列は体系順で巻末に五十音順の事項索引を付す。　　　　　　　　　　　　　*2185*

新経営英和辞典　野田信夫編　ダイヤモンド社　1985.4　451p 19cm　3800円
アメリカの経営管理関係の文献から経営管理に関連する用語を収集し、それぞれに相当する訳語またはそれに相当する日本での用語が示されている。日本語訳だけでは意味が確定しないものについては簡単な説明が付されている。収録数は約2万3000語。1963年刊行の『経営英和辞典』の新版。1990年に第4版刊行。　*2186*

【辞典・事典(外国語)】

英和和英経営経理辞典　新訂　企業経営協会編　中央経済社　1979.9　338p 19cm　1900円
経理と経営全般に関する用語を収録し、語数は和英4000語、略語和英700語、英和1万5000語である。巻末の付録はⅠ略語、Ⅱ主要海外定期刊行物一覧、Ⅲ主要海外経営・会計関係団体名一覧である。旧版の『英和経営経理辞典』に「補遺英和編」と「和英編」を加えたもので、初版は1965年。　　　　　　　*2187*

英和経営経理辞典　森脇彬編　中央経済社　1991.4　240p 19cm　4-502-30926-5　2200円
企業会計、財務管理、税務、証券、金融、保険などの経営財務の全般にわたる用語、約1万1000を収録。巻末に五十音順の和文事項索引あり。　　　　　　*2188*

◆会社年鑑、企業ランキング、会社職員録

◆◆会社年鑑

【名簿・名鑑】

ダイヤモンド会社要覧　全上場会社版　昭和25-1991年版　ダイヤモンド社編　ダイヤモンド社　1949-1991　隔年刊　22cm
『ポケット会社要覧』の書名で昭和9年版（1934）から18年版（1943）まで刊行され、1949年から改題した日本の会社一覧。創刊後半世紀の歴史を重ねる。冊子形態での刊行は1991年版までで、1998年版から、全上場会社、店頭登録・非上場会社を合せたCD-ROM版となった。　　　　　　　　　　　　　　　*2189*

ダイヤモンド会社要覧　非上場会社版　1965-1995年版　ダイヤモンド社編　ダイヤモンド社　1965-1995年刊　22cm
非上場（原則として資本金5000万円以上）の有力会社と店頭登録会社を収録。ただし外資系および通信・新聞・出版・広告などの会社は、資本金の規模にかかわらず主要企業を掲載。業種別に分類し、中を会社名の五十音順に配列。記載項目は貸借対照表の概数、役員、大株主、業績、仕入先、販売先、会社概況など。巻頭に五十音順の会社名索引、外資系会社索引、店頭登録会社索引、業種別会社索引を記載。巻末に都道府県別・業種別社数一覧を付す。収録会社数は6373社。1996年版からCD-ROM版『ダイヤモンド会社要覧　店頭登録・非上場会社版』、1997年版は『ダイヤモンド会社要覧　全店頭登録・非上場会社版』、1998年版は『ダイヤモンド会社要覧　全上場会社・全店頭登録・非上場会社版』となった。解題は1995年版による。　　　　　　　　　　　　　　　*2190*

会社年鑑　上場会社版　1949年版-　日本経済新聞社　1949-　年刊　27cm
全国8か所の証券取引所に上場している会社、および東京証券取引所外国部に上場している外国会社をふくめて2400社を収録。上・下2巻。主要な記載事項は本社、支社・工場、役員、従業員、事業、貸借対照表、損益計算書、財務比率、最近の業績（10年分）、営業状況など。それぞれ業種別、上場コード順に配列。業種別の会社コード順配列の会社名索引を付す。巻末に主要な経営指標の企業ランキングが掲載されている。日経NEEDSでオンライン検索が可能。日経『会社総鑑　未上場会社版』☞*2192*は姉妹編。解題は1997年

版による。　　　　　　　　　　　　　　　　2191

**会社総鑑　未上場会社版　1960年版－　日本経済新聞社
　　1960－　年刊　27cm**
資本金が3000万円以上で売上高が5億以上の未上場会社（店頭登録会社を含む）の中から日本経済新聞社が同社のNEEDS－COMPANY（総合企業データバンク）をもとに選んだ有力企業1万9000社の会社録で上・下2巻。主要な記載事項は正式会社名、本社、資本金、売上構成、貸借対照表・損益計算書、財務指標、最近の業績、大株主、関係会社など。日本産業分類によって配列。巻頭に五十音順の会社名索引のほかに、都道府県別索引がある。日経NEEDSでオンライン検索が可能。日経『会社年鑑　上場会社版』☞2191は姉妹編。解題は1997年版による。　　　　　　　　2192

サンケイデータブック　会社編（東／西）　'96－　サンケイ新聞データシステム　1996－　年刊　26cm
収録数約4万社の会社録。会社は地域別に分類。北海道、東北、関東、東京は東巻に、東海・北陸、近畿、大阪、中・四国、九州・沖縄は西巻に収録。学校および団体は東・西にわけて巻末に収録。記載内容は本社、資本金、設立、事業、取引銀行、役員、従業員など、索引は五十音順で巻頭にある。1958年創刊の会社録として知られていた『サンケイ（産経）会社年鑑』が1996年版から改題。解題は1997年版による。　　　　2193

帝国データバンク会社年鑑　第75版(1995)－　帝国データバンク　1994－　年刊　30-31cm　『帝国銀行会社年鑑』の改題　「東日本」「西日本」「索引」に分冊刊行
大正2年（1913）以来刊行と改題を重ねる会社年鑑。わが国の主要な銀行および民間企業16万社の会社録。主要な記載項目は、商号、所在地、事業内容、設立、資本金、役員、従業員、年商、損益計算書、貸借対照表。東西両編とも金融機関を先にし、そのあとに各県別に五十音順で民間企業を記載。索引編は五十音順索引と、業種別索引がある。（株）帝国データバンクのデータベースCOSUMOSでオンライン検索が可能。解題は1997年版（第77版）による。　　　　　　　2194

**東商信用録　昭和42年版－　東京商工リサーチ　1967－
　　年刊　31cm**
関東版上・下巻のほかに北海道版、東北版、中部版、近畿版、中国版、四国版、九州版の7分冊からなる。株式上場企業および関東版の場合は年間売上高2億円以上、中部、近畿版の場合は1億円以上の未上場企業22万8000社を収録。主要な記載項目は商号、所在地、資本金、従業員、役員、営業種目、仕入先・販売先などのほか、格付（資産内容、収益力）、概評を記載しているのが特徴。都道府県別に金融、上場・店頭銘柄、未上場企業の順で、五十音順に掲載。解題は平成8年版による。　　　　　　　　　　　　　　　　　2195

**日本会社録　第1版－　交詢社出版局編　ぎょうせい
　　1960－　隔年刊　31cm**
日本の主要企業の基本的データを簡略に紹介する名鑑。対象は全国の優良企業（1994年11月現在の銀行、信用金庫、信用組合、労働金庫などの金融機関と資本金1000万円以上で活発に活動中の企業）。全体を金融機関と他業種に分け五十音順に記載。記述されているデータは会社の設立、沿革、目的、上場、資本金、発行済株数、資本の移動、配当、役員、大株主、年間売上高、主要取引先、銀行、支店、業績、関連会社など。巻末に官庁、大学、団体の要覧あり。記載内容は会社に準ずる。解題は第20版（1995年）による。　　　　2196

**国勢総覧　第1版－　国勢協会〔編〕　国際連合通信社
　　1948－　年刊　27cm**
政治、文化・団体、産業経済の3編から構成され、それぞれの機関の主要人事情報が中心となっている。政治編は、国会、中央官庁、裁判所、特殊法人、地方公共団体を、文化・団体編は、教育機関（大学、国立高専）、各種団体を、産業経済編は、企業を業種別に分類して収録している。1冊で網羅的に掲載された資料。巻頭に団体・企業名の五十音順索引を付す。1978年から1982年までは年2回刊。解題は1995年版による。　　　　　　　　　　　　　　　　　　　　　2197

有価証券報告書提出会社名簿　昭和50年版－　大蔵省証券局企業財務課編　大蔵省印刷局　1975－　年刊　24cm
大蔵省に有価証券報告書の提出義務のある会社約3000社の登載名簿。とくに非上場会社が多い。記載項目は1）五十音順会社索引（国内会社・外国会社）、2）有価証券報告書提出会社分類・番号表、3）有価証券報告書提出会社（国内会社）、4）外国会社など（外国会社、外国投信、外国政府など）。解題は平成8年版による。　　　　　　　　　　　　　　　　　　　　2198

**事業所名鑑　総務庁統計局編集　総務庁統計局　1988.12
　　2冊（別冊とも）　30cm　別冊614p：事業所名鑑索引**
総理府の事業所統計調査の結果をもとにして編集された名鑑。従業員数30人以上のもの約24万5000を産業中区分順、地域順に配列、母集団の事業所数を示す産業別、従業者規模別などの統計表を記載。配列は産業中分類の下に都道府県、市区町村基本調査区、事業所番号順。各事業所の記載事項は事業所番号、名称、所在地、経営規模などの10項目を記載。巻末に1、市区町村名称変更等一覧、2、昭和61年事業所統計調査に用いた産業分類と日本産業標準分類との相違点を付す。
　　　　　　　　　　　　　　　　　　　　　　2199

会社取引相関図 東証1部上場500社 1990 ディスクロージャー研究会編 みずき出版 1990.6 507p 26cm （企業ディスクロージャーシリーズ 2） 発売：星雲社 4-7952-5622-5 16000円

東証1部500社（金融・保険を除く）の企業間取引を相関図として1社1頁にまとめる。系列情報として①子会社・関連会社の社名、所在都市名、事業内容、所有割合、役員派遣数、②特許、技術、製造などの契約関係をもつ会社名と提携内容、③仕入先・販売先名を、資本情報として①大株主上位20社の所有株式数、持株比率、融資額、②当該企業の他社に対する所有株式数、株式の簿価、長期投資・一時保有の別を収録する。
2200

企業の実力 経営指標・投資指標全上場企業比較・ランキング 1-3 Dispatch編集部編 フットワーク出版 1991.9 3冊 26cm 各2800円

全上場会社の有価証券報告書（1991年4月時点）のデータをコンピュータ処理して作成した経営指標とランキングの便覧。会社ごとに貸借対照表、損益計算書の数値と構成比を記し、経営指標、投資指標については全上場企業比較ランキングと格付を記載。過去の格付、株価、出来高推移、業績推移をグラフ化。業種別に構成された3巻の各巻末には総目次を付す。
2201

産業いちばん鑑 ビジネス＆テクノロジーナンバーワンデータ集 日刊工業新聞社編 日刊工業新聞社 1995.2 304,19p 21cm （B&Tブックス） 4-526-03664-1 1900円

特徴があり秀れた技術と製品および会社を16の分野に分けて写真と図表を挿入して紹介する。技術が製品にどのように結実するかという点に重点を置いて解説。巻末の索引は五十音順の掲載企業、大学、団体一覧がある。巻末に掲載項目一覧を付す。
2202

◆◆在外会社年鑑

【名簿・名鑑】

アジア・オセアニア日本企業便覧 1990- 日本経済新聞社編 日本経済新聞社 1990- 年刊 22×11cm 英文書名：『Directory of Japanese corporations in Asia and Oceania』 英文併記

アジア・オセアニア地域に商用で出かけるビジネスマンを対象に、現地の日本企業の支店・支社の住所と電話番号を一覧にしたハンディな便覧。日本経済新聞社の独自調査をもとに、日本企業1321社の16か国7461事業所を地域別に収録する。各国の気温、時差、在留邦人数、大使館や商工会議所の連絡先を併載。索引は日本の親企業英文表記名による。索引からは各社当該地域におく拠点数の把握も可能。解題は1997年版による。
2203

1990-91 Directory： Japanese-Affiliated Companies in ASEAN Countries. Tokyo： Japan External Trade Organization, c1990. 357 p. : col. maps； 26 cm. 『アセアン日系企業ダイレクトリー』 4-8224-0489-7

日本貿易振興会（ジェトロ）が事務所を置くアセアン5か国にある日系企業3191社の会社録。インドネシア、マレーシア、フィリピン、シンガポール、タイ在の日系企業を各国ごとに地区別に分けてアルファベット順に収録する。会社名、親会社、所在地 電話/ファックス/テレックス番号、責任者名、設立年、業種、取扱品目またはサービスを記載。取扱品目またはサービス別、業種別、会社名順の索引を付す。本文は英語。これを引き継いで1994-1995と1998-1999年版として『Directory of Japanese-Affiliated Companies in Asia（アジア日系企業ダイレクトリー）』を刊行。
2204

在華日本企業総覧 1987年版- 台湾研究所編 台湾研究所 1987- 年刊 27cm

台湾に進出、投資している日本企業の名簿。在華日本投資企業一覧を中心に、改名企業、撤退企業リスト、投資企業の在日所在地、在華日本企業一覧（支店、出張所を含む）のほか統計、投資企業の運営分析、台湾投資の手引きなどからなる。投資企業は社名、所在地、連絡先、資本金、出資比率、主要生産品、売上高、役員名などを簡略に記述。解題は1995年版による。
2205

ヨーロッパ日本企業便覧 1987- 日本経済新聞社編 日本経済新聞社 1987- 年刊 22×11cm 英文書名：『Directory of Japanese corporations in Europe』 英文併記

ヨーロッパに出かけるビジネスマンを対象に、現地の日本企業の支店・支社の住所と電話番号を一覧にしたハンディな便覧。日本経済新聞社の独自調査をもとに、日本企業963社の26か国3500事業所を地域別に収録。各国の気温、時差、在留邦人数、大使館や商工会議所の連絡先を併載。索引は日本の親企業英文名のみ。各社が欧州におく拠点数もそこで一覧できる。解題は1996年版による。
2206

米国・カナダ・メキシコ日本企業便覧 1987- 日本経済新聞社編 日本経済新聞社 1987- 年刊 22×11cm 英文書名：『Directory of Japanese corporations in the U.S., Canada and Mexico』 英文併記

北米に出かけるビジネスマンを対象に、現地の日本企

業の支店・支社の住所と電話番号を一覧にしたハンディな便覧。日本経済新聞社の独自調査をもとに、日本企業1254社の米国・カナダ・メキシコ3か国3822事業所を地域別に収録する。各地区の時差、在留邦人数、領事館や商工会議所の連絡先を併載。索引は日本の親企業英文名による。索引からは各社が北米におく拠点数も把握が可能。解題は1996年版による。　　2207

◆◆ 企業ランキング

【名簿・名鑑】

週刊ダイヤモンド日本の会社ベスト8万1626社　法人申告所得ランキング 1997　ダイヤモンド社編　ダイヤモンド社　1991-　年刊　30cm　全50000円
1996年1月から12月までに決算があった会社で年間所得4000万円以上の会社の所得順位を掲載。上位5000社については前年順位、伸び率を付す。47都道府県別に所得ランキング上位100社を掲載。巻末に全社の五十音順の会社名索引を付す。1970年の初版以来27版。『日本の会社ベスト10,000社最新決定版』（1979年刊）のように誌名が変遷している。『週刊ダイヤモンド』の別冊。1989年版のみは1-5の5分冊。1998年版は8万5375社となり、特別付録としてCD-ROMを付す。解題は1997年7月号による。　　2208

法人所得番付日本の会社82,000　1996-　東洋経済新報社　1996-　年刊　26cm　『週刊東洋経済』臨時増刊
年間の法人所得額4000万円以上の会社8万4400社を業種別に、所得ランキング順に整理している会社録。主要な記載項目は設立年月日、資本金、売上高、所得額、業種、従業員数、代表者、所在地。法人所得総合ランキングベスト1000社、都道府県別ランキングベスト150社も記載。索引は五十音順社名索引。付録に法人申告所得ベスト50の推移（1985-96年）、全国法人数などの状況社名・呼称変更（予定）会社一覧がある。旧『法人所得10000社ランキング』などを改訂し改題したもの。『週刊東洋経済』の別冊として1975年創刊の同名も刊行されているが、順位、社名、法人申告所得額、増減率のランキング表のみ。1998年版で休刊中である。解題は1996年版による。　　2209

◆◆ 会社職員録

【名簿・名鑑】

ダイヤモンド会社職員録　全上場会社版　第1回-　ダイヤモンド社　1935-　年刊　22cm

全国の上場会社2300社について、役員、管理職約20万名を収録した人事録で、上中下の3分冊。会社データは社名、本社、資本金、従業員、株式コード、上場市場、事業、事業所を記載。個人データは役員、職員を職制順に配列し、役職、氏名、生年、出身地、出身校、入社年、住所、電話番号、趣味からなる。巻頭に会社五十音順索引と業種別会社索引がある。1997年版からCD-ROMが上巻巻末に添付、氏名に依る検索も可能になった。解題は1997年版による。　　2210

ダイヤモンド会社職員録　非上場会社版　1965年版-　ダイヤモンド社　1965-　年刊　22cm
「全上場会社版」の姉妹編。掲載会社は店頭登録会社と非上場会社で、原則として資本金5000万円以上の有力企業5200社の人事録。会社データは社名、本社、資本金、従業員数、事業所。個人データは役職、氏名、生年、出身地、出身校、入社年、住所など。業種分類は83業種の独自分類を採用。上下の2分冊。CD-ROM採用は「全上場会社版」より1年早く1996年版から上巻巻末に添付されている。1998年版より『ダイヤモンド会社職員録　店頭登録・非上場会社版』に改題。解題は1997年版による。　　2211

日経会社人名録　1992年版-　日本経済新聞社　1991-　年刊　27cm　「上場会社」（2分冊）と「店頭・未上場会社」に分冊刊行
日本経済新聞社がオンラインサービスで提供している「日経WHO'S WHO」を冊子体に編集したもの。全国有力企業約4000社の役員・部長職から課長クラスまで約27万人の人事情報を収録。1991年版までの『日経会社人名ファイル』の改題。解題は1997年版による。　　2212

中小企業経営者大事典　7万人の経営者情報+ダイヤル企業情報アクセスコード付き　みずき出版　1992.3　2冊　26cm　監修：東京商工リサーチ　4-943810-09-8　全26000円
最近3年間で売上上位7万社の非上場企業の経営者7万人の名簿である。配列は代表者の五十音順。代表者氏名、会社名、住所、従業員数、設立年、売上高、自宅住所、学歴、出身県、趣味などを記載。各巻末に氏名の漢字索引を付す。　　2213

◆◆ 会社関係団体

【名簿・名鑑】

経営士名簿　1993-　日本経営士会　1993-　隔年刊　30cm　含経営士補

経営コンサルタントの全国団体である日本経営士会の会員（含経営士補）約3600名を収録。構成は海外を含む11の地域別支部の中を氏名の五十音順に配列し、生年月日、法定資格、事務所の名称、所在地、電話番号などを記載。巻頭に「日本経営士会の歩み」「経営士倫理規定」を記載。巻末に五十音順の氏名索引を付す。1999年版より『会員名簿』に改題。解題は1995年版による。　　　　　　　　　　　　　　　　　　2214

◆経営学、経営者

◆◆経営学

【辞典・事典】

最新経営学用語辞典　小椋康宏〔ほか〕編　学文社　1994.3　344p　20cm　監修：藤芳誠一　執筆：相京溥士ほか　4-7620-0519-3　2500円
現代の経営問題、経営学を代表する項目を厳選し、簡潔に解説した小辞典である。見出しは事項の五十音順。文末に関連項目、参照項目を列記。巻末に五十音順の和文索引、アルファベット順の欧文索引を付す。1981年刊の『経営学用語辞典』を全面的に改訂したもの。
2215

経営学大辞典　神戸大学経営学研究室編　中央経済社　1988.7　1086p　22cm　4-481-30246-1　18000円
経営について欧米の研究分野と社会主義諸国の概念と理論を実務的側面と学問的側面から明らかにできるように編集した辞典。配列は五十音順で大部分の語に英独仏露のいずれかの語の訳語を付す。巻末に項目一覧と欧文（英独仏露）のアルファベット順索引を付す。
2216

新・経営行動科学辞典　日・英・独・仏・中語標記　小林末男責任編集　創成社　1996.3　720p　22cm　監修：高宮晋　『経営行動科学辞典』（1987年刊）の増補改訂版　4-7944-2024-2　6800円
行動科学は生物学的側面と社会科学的側面との広い範囲の内容を有している。それらを経営学的視点で多角的に体系化した辞典である。配列は事項の五十音順で、項目表記も英語、独語、仏語に中国語を加えている。巻末に五十音順の事項索引、人名索引、中文条目索引、英語と独語の事項索引を付す。
2217

経営学辞典　占部都美編著　中央経済社　1980.8　687p　20cm　2500円
本書は近代管理論の立場から編集し、経営理論としてのシステム論、社会・技術システム論などの理解に必要な諸概念をくまなく取り入れている。用語辞典と同じような簡潔さと便利さを備えながら諸概念や諸理論を要領よく理解できるように編集。配列は五十音順で巻末には和文、欧文の索引を付す。
2218

現代経営学辞典　岡本康雄編著　同文館出版　1986.9　505p　20cm　4-495-33711-4　3000円
経営学の課題、学説などの専門分野を体系的に15章で構成し、各事項について概念の歴史的説明、定義と解説を付す。経営学を学習する者および実務家にとって便利なものとなっている。参考文献は各章末に和文、欧文の図書を記す。索引は巻末に五十音順の和文索引、アルファベット順の欧文索引を付す。1996年に改訂増補版を刊行。
2219

◆◆経営者、企業文化

団体・学協会、商法、経営管理、社会学、芸術・美術をも見よ。

メセナ白書　1991-　企業メセナ協議会編　ダイヤモンド社　1991-　年刊　21cm
メセナとは、企業の社会貢献、文化芸術への貢献、支援、擁護活動である。1990年からメセナ活動調査を毎年実施。年間活動記録を中心に、巻頭は活動調査の概要、前半は時系列の傾向、後半は該当年に応じたテーマ中心に記述。日本型メセナを模索し、国・地方自治体・民間が互いに補完し合う文化芸術活動、民間が支援貢献する実態を要約。文化芸術施設、メセナ大賞、データもまとめ、巻末に年表を付す。解題は1996年版による。
2220

東洋経済役員四季報　上場会社版　1984年版-　東洋経済新報社　1983-　年刊　18cm　奥付の書名：役員四季報
株式上場全企業、生命・損害保険、政府系銀行、主要経済団体など2300機関の役員4万3000名の人事録。記載項目は企業概要、役員関連データ、担当窓口、役職名、生年月日、出身校、卒業年次、住所、電話番号など。巻頭に会社名索引と人名索引がある。付録として最新役員データ・ランキングを掲載。姉妹編として『東洋経済役員四季報　店頭・未上場会社版』（採録会社数2400、役員数3万3000）（1991年創刊）がある。解題は1995年版による。
2221

役員の定年・慶弔金・保険・交際費・退任後の処遇　1995年8月現在　政経研究所　1995.10　349p　25cm　22500円
1995年8月現在の上場、未上場企業のアンケート調査

に基づく。構成は、統計と概要、業種別・規模別の実態、からなる。実態は業種別に従業員規模別区分、資本金別区分、株式上場別区分により表でまとめている。巻頭に業種別各種索引を記載。定年制調査は2153社、その他の項目調査は190社が対象。不定期に刊行。
2222

役員の報酬・賞与・年収 59年度版- 政経研究所 1984- 年刊 25cm
業種別、規模別の企業の常勤・非常勤の役員の報酬などの調査で、上場・未上場企業、約2000社にアンケートや直接取材して、回答を得た247社（1部上場47社、2部上場8社、地方上場2社、店頭登録17社、未上場173社）についてまとめたもの。調査は1997年1月現在。解題は1997年度版による。
2223

◆◆経営史、経営事情

日本の会社100年史 東洋経済新報社編 東洋経済新報社 1975 2冊(別巻共) 31cm 別巻写真編書名：21世紀をめざす日本の企業 全80000円
『会社銀行八十年史』（東洋経済新報社、1955）の続編にあたり、日本の主要企業1320社の創業から昭和40年代までの歴史を解説。本文を3編に分け、第1編では業種別に、業界史および個別企業史を戦後の経済成長期に重点を置くとともに、創業以来の継承関係を追跡しながら解説。第2編に会社沿革系図（300社）、第3編に名寄せ社史所在目録（1466社の社史約3000冊の各所蔵機関を付記）を掲載。巻末に統計資料、1，2，3編の各索引がある。個別企業史はもとより、産業史の調査・研究には不可欠の手引き書。
2224

日本経営史年表 野田信夫著 ダイヤモンド社 1981.4 301p 20cm 3000円
1868年（明治元）から1967年（昭和42）の100年間をカバーする日本経営史年表。表は「経営・産業の主な出来事」と「時代の背景」の2欄に分け、技術進歩や労使関係の動向も簡単に列記。重要企業については、主な事項を時系列的に追跡しうるよう、項目の末尾に参照すべき年月日を矢印で指示している。
2225

主要企業の系譜図 矢倉伸太郎，生島芳郎編 雄松堂出版 1986.7 844p 31cm 4-8419-0023-3 24000円
神戸大学経済経営研究所経営分析文献センターが1981年から5年間にわたり刊行した『本邦主要企業系譜図集』全6巻を改題増補して1冊にまとめたもの。採録企業数は第5集編集時の1984年現在、東京証券取引所第一部上場の全会社および一部の非上場会社を含めて1089社。なお、第6集は未掲載、追加、補正版として刊行。各社の系譜図は、その創業・創立以来の系譜を組織変更、商号変更、合併、分離などの継承関係を重点に図示。解説資料として社史、年史を併記して企業資料の総合利用がはかれるように工夫。巻末に社名索引（五十音順）を付す。
2226

◆企業

◆◆企業形態、新規事業、中小企業

◆◆◆中小企業

中小企業関係文献索引 保有情報ガイドブック 昭和54年度 中小企業振興事業団中小企業情報センター〔1980〕856p 26cm
1979年9月現在で中小企業情報センターの保有する日本語文献（一般図書、参考図書、都道府県刊行物、新聞）の目録。構成は、Ⅰ一般図書件名目録、Ⅱ参考図書書名目録、Ⅲ都道府県別・機関別逐次刊行物目録、Ⅳ新聞目録からなり、それぞれ五十音順の配列となっている。中小企業についてはパンフレット類まで採録の対象とした。
2227

中小企業の法律・施策用語小辞典 平成5年版- 中小企業診断協会編集 同友館(発売) 1993- 年刊 18cm 監修：中小企業庁
中小企業関連の法律・施策の基礎用語約500語を、中小企業施策の体系、経営基盤の強化、構造改革の支援、小規模企業対策、その他の施策の5編に分け収録。当該年度の施策を中心にまとめられているため、古い版と新しい版を対照して法律・施策の変遷をみることも可能。巻末に五十音順の項目索引を付す。1979年初版で平成5年版より年刊となる。解題は平成9年版による。
2228

データでみる小企業20年の歩み 国民金融公庫調査部編 中小企業リサーチセンター 1987.3 287p 26cm 1966-1985 4-88640-352-2 5000円
従業者数50人以下の小企業を中心に1967年以来、毎年実施してきた「中小企業経営状況調査」をまとめ、解説したもの。前半の解説は時代背景、概説、各期の特徴について記す。統計は1966年度から1985年度までの法人企業、個人企業の業種別の財務指標を表示し、中小企業の経営の足跡をたどることができる。
2229

中小企業施策総覧 本編，資料編 平成5年度版- 中小企業庁編 中小企業総合機構 1993- 年刊 30cm

中小企業の経営基盤を強化する中小企業庁の諸施策の手引書。1 施策の概要、2 経営基盤の強化、3 構造改革の支援、4 小規模企業対策からなる「本編」と、別冊の「資料編」名簿で構成。1964年に創刊され1992年までは『中小企業施策のあらまし』。解題は1998年版による。
2230

中小企業の経営指標 昭和29年度版- 中小企業庁編 中小企業診断協会 1954- 年刊 21cm 発売：同友館
本書の大半は業種別計数表で、建設、製造、卸売、小売、運輸・通信・不動産、サービス業の6業種を詳細データで表示。中小企業の実態を計数的に把握し、経営合理化のための客観的判断基準を示す。時系列データとしては『中小企業の経営指標 5か年版』（平成4-8年度調査）がある。解題は平成9年度調査による。
2231

企業と助成 中小企業便覧 1965-1993年版 通産資料調査会 1965-1995 3年毎刊 27cm 監修：通商産業省中小企業庁
中小企業に関連する行政、税、法規、金融などを体系的に解説した便覧。構成は本文の13編と付属資料からなる。付属資料は、1．1993年度中小企業対策の重点、2．各都道府県の中小企業向け融資・補助金制度一覧からなる。1997年『中小企業支援育成便覧』に改題された。解題は1993年版による。
2232

アメリカ中小企業白書 1982年版- U.S.Small Business Administration〔編〕 中小企業事業団訳編 同友館 1983- 年刊 21cm
1995年のアメリカ合衆国大統領の『中小企業教書』と同国中小企業庁（SBA）の『中小企業と競争に関する年次報告』の翻訳と関連事項を解説する。巻末に1995年のアメリカ中小企業白書解説、1995年のアメリカ中小企業白書用語集を収録。解説は豊富な図、統計を取り入れて平易に記述され、1980年代から1994年にかけての中小企業の経営動向、経営環境が容易に把握できる。解題は1995年版による。
2233

◆◆ 会社、倒産

社名・マーク事典 上場1152社 府中(東京都) ビヨンド 1995.11 349p 26cm 4-938879-01-8 3800円
日本の上場企業の社名や社のシンボルマークの由来や意味を解説。取材し、回答を得られた1152社で、1995年3月31日の情報を収録。配列は社名の五十音順で、社名、英文社名、社名の変遷、社名の意味・由来、マークとその意味・由来を掲載。また「参考」として本文中で紹介できなかった上場企業のうち、社名変遷、現社名の意味などについてのみ確認ができた609社を社名の五十音順に巻末に収録。索引は業種別に分け、五十音順に配列。
2234

企業倒産調査年報 昭和57年度- 中小企業事業団中小企業情報センター編 中小企業事業団中小企業情報センター 1982- 年刊
1996年度の企業倒産の特徴、動向を整理し、代表的な倒産の事例と1988年度から1996年度までの9年間の年度別データを掲載。小口倒産（負債総額1000万円未満）については全国主要都市215市、負債総額1000万円以上については全国の調査に基づく。構成は1．平成8年度の経済金融動向、2．平成8年度の企業倒産の特徴と背景、3．大口、小口の倒産動向、資料編からなる。1979年4月以来「企業倒産調査月報」を月刊で、1982年度からは本年報を発行。解題は平成8年度版による。
2235

◆◆ 株主総会、役員

営業報告書目録 東京大学経済学部所蔵 改訂版 東京大学経済学部図書館編 東京大学経済学部 1990.3 9,374,84p 30cm （和書主題別目録） 非売品
東大経済学部が所蔵する日本企業およそ8000社、1万2000冊の営業報告書の目録。1970年刊の『営業報告書目録 戦前之部』に、日本工業倶楽部が明治期から収集したコレクション（1985年に同学部が寄贈をうけたもの）を加え増補改訂したもの。『営業報告書目録集成』（神戸大学経済経営研究所編、1974）の内容を大幅に補うものとなっている。第一次大戦の前後に開業し短期間で消滅した企業、戦時統制関係の企業の報告書のほか、1950年代の増資・社債の目論見書などの貴重な資料を多数収録。業種分類、会社名、所蔵決算期数・年次、定款の有無を記載。なおオンライン検索も可能である。
2236

◆◆ 外国会社、外資

外国企業および企業者・経営者史総合目録 日本経営史学会創立10周年記念事業委員会編 雄松堂書店 1979.3 582p 27cm 14000円
全国主要16大学に所蔵されている外国企業に関する社史、経営者伝記類の総合目録である。本目録は次の3部からなり、収録総数は6388である。第Ⅰ部書誌編は（1）企業者・経営者編、（2）企業編 配列は地域別国別である。第Ⅱ部分類索引編は地域別に会社、業種別索引からなり、配列はアルファベット順である。第Ⅲ部解説編は地域別に主な特徴を解説。巻末に企業売

上高順位表（1975年）、欧米の企業者伝記について解説を付す。　　　　　　　　　　　　　　　　2237

外資系企業総覧　1986年版－　東洋経済新報社，ダンアンドブラッドストリートジャパン㈱共同編集　東洋経済新報社　1985－　年刊　26cm　『週刊東洋経済』臨時増刊
日本にある外資系企業の名鑑。資本金5000万円以上で外資の比率が49％以上の企業を収録。株式公開企業や主要企業については外資比率20％以上も含む。アンケート形式による調査で3336社を掲載。主要データは業種別の社名五十音順。巻末に在日、外国主要機関一覧を掲載。解題は1997年版による。　　　　　2238

外国会社年鑑　1978年版－　日本経済新聞社　1978－　年刊　27cm
海外41か国の有力会社約3800社の本社住所、役員、株主構成などの基礎データから事業内容、業績、財務状況、経営情報など、企業活動全般について紹介した会社名鑑。親会社・子会社も含めると約1万社におよぶ。巻頭に社名と掲載会社に関連の深い項目を収録した統合索引（アルファベット順）、日本語読み社名索引（五十音順）がある。『外国会社ハンドブック』（1972年創刊　年2回刊）の改題。1979、1980年は刊行されなかった。解題は1997年版による。　　　2239

日経在日外資系企業ファイル　1989年版－　日本経済新聞社　1988－　年刊　27cm
主要外国企業の在日法人、合弁会社、在日支社・支店、駐在員事務所、総代理店など3612社を収録。収録項目は社名、所在地をはじめ特色、沿革、業績、売上構成、大株主、取扱ブランドなど。巻頭に五十音順索引、業種別五十音順索引、英文社名索引、出資会社の国籍別索引、ブランド名索引がある。解題は1997年版による。　　　　　　　　　　　　　　　　　　2240

アジアの100社　朝日新聞経済部著　朝日新聞社　1990.7　369p　19cm　4-02-256125-4　1500円
日本を除くアジアの九か国・地域から主要100社を選び、それぞれ写真を挿入しながら3頁にわたって特徴を紹介。1989年2月から12月にかけて『朝日新聞』（大阪本社発行）の紙上に連載された「アジアの企業」がもとになっている。　　　　　　　　　　2241

東洋会社年鑑　1969年版－　東洋経済日報社　1969－　年刊　27cm
韓国の上場企業737社と有力企業約4500社の会社概要である。第1部上場企業編、第2部店頭登録法人編、第3部一般企業編、第4部韓国資料編、第5部韓国人名編、第6部日本資料編より構成。第1－3部には業種別社名索引あり。第4部には、関連統計、関係団体リストを、第5部には、在日・駐日の関係団体リストを収録。韓国の最新会社情報を知るために有効な資料。巻頭に五十音順の会社名総合索引を付す。解題は1997年版による。　　　　　　　　　　　　2242

世界企業ダイレクトリー　アジア編　1991/92年版－　日本経済新聞社　1990－　隔年刊　27cm
韓国、台湾、中国（香港）、シンガポール、タイ、フィリピン、インドネシア、マレーシアのアジア8か国有力企業5500社の概要が一覧できる会社録。主要記載項目は正式社名、本社、設立年月、業種、資本金、役員、損益計算書、貸借対照表、従業員、大株主、売上構成、関連会社など。各国別に日系企業をまとめて掲載。総合、業種別、地域別の索引がある。解題は1996/97年版による。　　　　　　　　　　2243

世界企業ダイレクトリー　欧州編　1992/93年版－　日本経済新聞社　1992－　3年毎刊　27cm
英国企業情報会社エクステル・ファイナンシャル社の『エクステルカード』をベースに日本経済新聞社が編集。英国を中心に、フランス、ドイツ、スイスなど欧州18か国の有力企業4600社の概要が一覧できる会社録。主要記載項目は正式社名、所在地、役員、事業内容、グループ企業、損益計算書、貸借対照表、1株当りデータなど。総合索引のほか日本語読み社名索引がある。解題は1995/96年版による。　　　2244

世界企業ダイレクトリー　北米編　1987/88年版－　日本経済新聞社　1987－　隔年刊　27cm
米国企業情報会社スタンダード・アンド・プアーズ（S&P）社の『プアーズ・レジスター』の日本語版として日本経済新聞社が編集。米国、カナダの有力企業4万社の概要が一覧できる会社録。主要記載項目は正式社名、設立年、系列企業、本社所在地、役員、年商、従業員、事業内容、主要製品、上場市場など。業種別、地域別索引のほか日本語読み索引がある。解題は1997/98年版による。　　　　　　　　　　　　2245

◆◆ 社史、団体史

企業・経済団体関係図書目録　45/93　日外アソシエーツ編　日外アソシエーツ　1995.4　630p　22cm　発売：紀伊国屋書店　4-8169-1292-4　24000円
経済・産業・労働関係の企業・団体に関する図書を網羅的に集めた図書目録。1945年から1993年までに日本国内で刊行された企業・団体史・ドキュメンタリー・名簿など関連図書を広範に含み5600団体、1万2500タイトルを収録。団体の性格により6部に分類し、経済

団体、商工会議所、個々の企業、労働組合など、団体名の五十音順に配列。　　　　　　　　　　　2246

会社史総合目録 増補・改訂版 日本経営史研究所編 日本経営史研究所 1996.10 818p 27cm 発売：丸善 4-931192-09-2 51500円
大学、企業の情報センター、調査室など50機関が所蔵する会社史8828点、経済団体史1367点を収録。配列は日本標準産業分類に準拠した業務分類の中を会社（団体）名の五十音順とし、各項目は会社（団体）名と書誌的事項、所蔵機関名からなる。編集にあたっては1994年に完成したCD-ROM版を基礎として再編した。巻頭に五十音順の会社名索引と経済団体名索引あり。なお、年表、統計、系列図などを付した3000社について約3000頁で記述した『日本会社史総覧』（東洋経済新報社、1995）と併用すると、立体的に概観できる。
　　　　　　　　　　　　　　　　　　　　2247

社史についての文献一覧 解題付 第4版 近江哲史編 ユニ・カレッジ出版部 1991.4 376p 26cm 付(11p)：追録 13000円
1954年から1989年までに大学・公共図書館・研究機関などが刊行した社史目録および1965年から1990年までに書籍・雑誌・新聞など所載の社史文献1101点を網羅的に収録し、適宜解説したもの。2部からなり、「第一部社史目録一覧」は目録（外国社史目録を含む）の刊行年月順に配列。編集主体者名・目録名・刊行年月・収録点数・収録期間・注釈などを記載。「第二部社史文献一覧」は文献の発表年月順配列の著述者名・タイトル・所載媒体名・刊行年月のほか大半に内容の要約・解題を付す。巻頭に過去の「年史セミナー」、「優秀会社史賞」を実証的に記述。社史文献一覧の別刷追録（46点収録）あり。巻末に序文の書名・人名、第1部の編集主体者、第2部の項目・書名・人名・媒体の各索引を付す。1989年刊の第3版を改訂、社史目録の一覧を付加したもの。初版は1981年。　　2248

所蔵社誌・団体誌（経営者伝記）目録 昭和54年9月1日現在－ 大阪 日本証券経済研究所大阪研究所証券図書館〔1979〕－ 年刊 26cm
日本証券経済研究所大阪研究所が所蔵する社史・団体史・経営者伝記の目録。毎年累積版を刊行。国内で出版されたもの以外に欧文の海外会社史、経営者伝記も収録。1996年版には国内会社・団体史3300点、海外会社史210点、伝記380点（うち海外のもの30点）を記載。社史は業種別分類し機関名のアルファベット順に、伝記は被伝者のアルファベット順に配列。解題は1996年版による。　　　　　　　　　　　　　　　　　2249

社史・伝記目録 1996年1月末現在 機械振興協会経済研究所情報資料部 1995 81p 26cm （KSKライブラリーシリーズ）
機械振興協会所蔵の社史・伝記目録。随時累積版を刊行している。1978年版にはディレクトリー390点を収録している。構成は社史と伝記に大別し、それぞれを日本と海外（国別）に分け、社史は業種別、伝記は被伝者の音順に配列。1995年版には日本の社史695、海外社史150、日本の経営者伝記67、海外の伝記63を収録。　　　　　　　　　　　　　　　　　　2250

日本社史総合目録 1982 横浜 横浜国立大学経営学部研究資料室 1982.3 115p 26cm 昭和57年1月末現在 非売品
横浜国立大学資料室と附属図書館が1982年1月現在所蔵する社史・企業者伝記で、国内で出版されたもの2216点を収録した目録。社史は業種別に分類し、全国証券取引所の銘柄コード順に配列。企業者伝記は関連する会社名のもとに集め、社史と企業者伝記が一覧できる。索引は会社名の五十音順。なお被伝者の索引はない。　　　　　　　　　　　　　　　　　　2251

立命館大学所蔵社史・団体史目録 日本編 1985年3月31日現在 立命館大学経営学部社史目録編纂委員会編 京都 立命館大学経営学部 1985.3 153p 26cm 付・経営者伝記
立命館大学が1985年3月現在、所蔵する日本の会社史（1415点）、業界団体史（455点）、経営者伝記（323点）の目録。会社史・団体史は業種別分類、経営者伝記は被伝者の五十音順に配列。外国編は1986年9月現在で、経営者伝記、参考文献付きを137頁で刊行。　　2252

社史・団体史目録 昭和56年6月末現在 吹田 関西大学経済・政治研究所 1982.3 194p 26cm
関西大学経済・政治研究所が1981年6月現在、所蔵する社史、各種団体史約4300タイトルの目録。社史（約1800）、宗教団体史（53）、学校史（489）、中央・地方官庁史（268）のほかに、地方史（764）などを広範に収録。社史は業種分類して配列。1968年刊の改訂版。
　　　　　　　　　　　　　　　　　　　　2253

所蔵社史目録 平成6年3月現在 神戸大学経済経営研究所経営分析文献センター編 神戸 神戸大学経済経営研究所経営分析文献センター 1994.10 178p 26cm （文献センターシリーズ no.28）
神戸大学経済経営研究所が1994年3月現在所蔵する日本の会社史、約3000点の目録。戦時の統制会社、旧植民地企業・事業所・部門史など貴重な社史を含めて業種別に分類。団体史は含まない。　　　　　　2254

甲南大学所蔵社史・経済団体史目録 昭和54年8月30日

現在 甲南大学経営学部編 神戸 甲南大学経営学部 1980.2 88p 26cm 付(7p)：甲南大学所蔵社史・経済団体史目録追録

甲南大学が1979年8月現在、所蔵する会社史、経済団体史1602点と、その後1980年2月までに追加収集した173点の目録。『日本標準産業分類』（行政管理庁、1976）を基礎とした業種別分類による配列。 *2255*

◆◆企業グループ・系列

企業系列総覧 1972年版－ 東洋経済新報社 1972－ 年刊 26cm 『週刊東洋経済』臨時増刊

全上場企業2200社を対象とした企業系列の統計と分析レポートを記載している年鑑。統計編には融資系列、株式系列、役員系列、取引系列の4指標から系列動向をみている会社別データ編、金融機関別融資額第一位企業編、金融機関・商社・主要企業の株式所有一覧がある。分析レポートとしては6大企業集団（三井系、住友系、三菱系、芙蓉系、三和系、第一勧銀系）の最新動向、独立系企業集団の最新動向のほかに、企業系列関連のホットなテーマを特別レポートとして取上げている。解題は1995年版による。 *2256*

日本の企業グループ 上場企業の子会社・関連会社編 1984年版－ 東洋経済新報社 1984－ 年刊 26cm 『連結・関係会社総覧』の改題 『週刊東洋経済』臨時増刊

上場・店頭・未上場2548社の国内グループ、3万2537社の最新データ、会社名、所在地、電話番号、代表者名、事業内容、売上高など13項目を記載。巻末に連結決算ランキングを載せる。上場企業編は証券コード順、未上場企業編は五十音順。巻頭に親会社索引（五十音順）、巻末に関係会社索引（五十音順）を付す。解題は1998年版による。 *2257*

年報"系列の研究" 第1部上場企業編（1960年版－ ）1960－ , 第2部上場企業編（1963年版－ ）1963－ , 店頭会社・製造業編（1996年版－ ）1998－ , 非上場・第3次産業編（1972年版－1995年版）1972－1996, 店頭会社・第3次産業編（1996年版－ ）1998－ 経済調査協会 1960－ 年刊 30cm

東京証券取引所第1・2部上場、非上場企業の中で金融・証券を除く各社の有価証券報告書をもとに、系列の状況を明らかにする資料。東証コード順に各個別企業の主要資本指標、大株主10社、借入金状況、社外投資（株式所有および出資）状況を掲載するほか、各社を系列に分類した上で情報を再編集。対象全社総計における6大系列企業の資本占拠率、売上高占拠率、従業員占拠率、また株式持ち合い比率や借入充足率を算出。系列主要企業が各社に派遣している役員名とその役職、また系列別業種配置一覧表なども掲載。解題は1995年版による。 *2258*

日本の企業集団 産業動向調査会編 産業動向調査会 1986－ 隔年刊 30cm

主要企業グループの系統図と名簿を7冊に収録。内容は1 三菱グループ 2 三井グループ 3 住友グループ 4 芙蓉グループ 5 第一勧銀グループ 6 三和グループ 7 別巻 新日鉄 名鉄 トヨタ 東急 西武 近鉄 大和 野村 興銀のグループを収録。関係企業の記載は原則として持株比率20%以上、20%以下に分けて五十音順に配列。孫会社は最後に一括して掲載し、親会社の「備考」欄に記載頁を注記。各巻末に五十音順会社索引を付す。本シリーズは1986－1987年7冊が創刊、1989年以後隔年刊行。解題は1995年版による。 *2259*

企業系列10000社 非上場版 1-3 みずき出版 1992.3 3冊 26cm 付・ダイヤル企業情報アクセスコード 監修：東京商工リサーチ 各24000円

非上場会社の大株主、役員系列、大口出資先、主要仕入・販売先、取引銀行を開示し、その系列関係会社を特定するディレクトリ。東京商工リサーチのもつ非上場企業20万社のデータベースをクロス検索し、何らかの系列関係が明らかになった会社を抽出、その中から売上上位1万社について業種別に3冊に分けて掲載。役員の出身や、個人名義となっている株主の肩書きを明示することで、その企業のバックにいる親会社やスポンサーが判別できる。見出し語のコード番号で東京商工リサーチのダイヤル企業情報サービスにアクセスできる。 *2260*

◆◆多国籍企業

多国籍企業に関する文献目録 前田昇三編 京都 同朋舎出版 1987.2 22,176p 22cm 4-8104-0553-2 4500円

経済学、商学、経営学分野における多国籍企業に関する図書、論文を収録。日本文献は1960－1985年間を対象とし、欧米文献は1978－1985年間を対象とする。配列は著者、編者のアルファベット順。巻頭に収録誌名一覧、巻末に事項索引と翻訳者、共著者、被伝記者索引を付す。 *2261*

英和多国籍企業辞典 アンケ・ホーグフェルト著 中央経済社 1989.5 382p 20cm 監訳：江夏健一，中島潤 『Multinational enterprise』の翻訳 4-502-30100-0 2800円

多国籍企業の経営管理、組織構造、会計に関する辞典。

従来の多国籍企業に関する用語に環境的視点などの新しい用語を取り入れている。補録としてⅠ参考文献（英文の図書雑誌）、Ⅱ多国籍企業参考文献集リスト（英文図書に日本語解題を付す）、Ⅲ英文の国際機関名と日本語訳。本文はアルファベット順、索引は体系別分類の中を項目のアルファベット順のものと五十音順による和文の事項索引がある。　　　　　　　　2262

◆◆子会社

連結子会社総覧　第11集(1993年)－　経済調査協会　1993－　年刊　30cm
東京証券取引所第1部上場企業（金融・証券を除く）の中で連結情報を提出する848社および非提出企業60社の連結子会社、関連会社情報を掲載。各社の連結および単独の資本、資産、借入金、売上、経常利益などの情報と、連結子会社・関連会社各社の所在地、資本金、業務内容、持株比率、親会社との関係を一覧表示。『子会社・関連会社総覧　系列の研究』（1982－1992）の改題。解題は1995年版による。　　　　　　2263

◆◆公正取引、独占禁止

公正取引委員会審決集総合索引　1－31巻　公正取引委員会　〔1986〕　749p　21cm　昭和22年12月から昭和60年3月まで
公正取引委員会の審決、決定および課徴金納付命令、ならびに独占禁止法関係の裁判所の判決および決定を収録した索引。審決、決定については年度、事件番号、件名、主文の要旨（判決内容）、適用法条、審決集番号・頁などを記載。巻末付表に年度別の適用法条別審決件数推移を付す。　　　　　　　　　　　2264

◆◆協同組合、生協

協同組合間提携及び産地直結に関する文献の目録　1945－1982年　〔町田〕　協同組合図書資料センター　1983.3　149p　26cm　（協同組合図書資料センター文献集 2）
主として全国農協中央会資料室協同組合図書資料センター所蔵文献で、1945－1947年の間は「日本協同組合新聞」などより引用する。配列は刊行年次、月別で記載事項は図書については整理番号、記号、著編者、文献名、刊行者名、頁、刊行年月日、定価である。逐次刊行物は番号、記号、文献名、著編者名、逐次刊行物名、巻号である。それぞれ番号の次にアルファベット記号で主題表示されている。　　　　　　2265

協同組合事典　新版　協同組合事典編集委員会編　家の光協会　1986.6　1213p　27cm　4-259-52099-7　25000円
協同組合の全貌を理論、歴史、政策の各面から体系的に説明した総合事典。項目編成上読む事典の構成をとり、本文の不足は注記で補われている。付録は（1）協同組合関係人物略伝（外国人と日本人）（2）協同組合全国機関、関係団体（日本と外国）（3）協同組合基礎統計（4）内外協同組合年表（1760－1983）。索引は五十音順の事項索引、人名索引を記載。旧版（1966年刊）の大幅な改訂。　　　　　　　　2266

◆◆公企業、公団

公企業・建設・鉱業に関する27年間の雑誌文献目録　昭和23年－昭和49年　日外アソシエーツ「雑誌文献目録」編集部編　日外アソシエーツ　1983.12　256p　27cm　発売：紀伊国屋書店　4-8169-0303-8　7900円
雑誌文献約1万700件を収録。構成は体系的に文献目録、事業別、建設業、鉱業からなり、それぞれ主題別の大項目を設け、その下をキーワード方式による見出し語（件名）を用いて細分類を行っている。著者名の五十音順の配列の下に論題、所載雑誌名、出版事項を記載。巻末に五十音順の事項索引を付す。『雑誌記事索引（人文・社会編）累積索引版』☞0139の第Ⅰ期－第Ⅳ期をもとに再編成したもの。なお内容的に継承するものとして『産業論・鉱業・エネルギー産業に関する10年間の雑誌文献目録　昭和50年－59年』（1987年刊）、『工業・製造業・建設業に関する10年間の雑誌文献目録　昭和50年－59年』（1987年刊）が刊行されている。1985年以降はCD-ROM化されている。　　2267

地方公営企業年鑑　第1集(昭和28年度)－　自治省編　〔自治省〕　1955－　年刊　26cm
全国各地の地方公営企業の決算概況および関連統計を収録。記載項目は施設・業務の概況、損益計算書、貸借対照表、費用構成表、経営分析、職員、給与など。個別企業ごとの詳細個表データがある。創刊時は1冊であったが、現在は「総括、水道、工業用水、交通、電気、ガス編」「下水道、市場、有料道路、駐車場整備編」「病院編」の3分冊編成。各巻末に業種別の地方公営企業の一覧表がある。解題は平成7年度版による。　　　　　　　　　　　　　　2268

特殊法人総覧　昭和44年版－　行政管理研究センター編　行政管理研究センター　1970－　年刊　19－22cm　監修：総務庁行政管理局
わが国の特殊法人88機関の名鑑。特殊法人を公団、事業団、公庫、金庫・特殊銀行、営団、特殊会社、その他に大別し、機関別にその所在地、根拠法、主管省、

設置年月日、事業の目的、事業概要、財務の概要、事業計画の概要、組織の概要などをとりまとめている。参考として、民間法人化された元特殊法人7機関についての概要や用語解説、各省庁所管別特殊法人一覧などがある。解題は平成9年版による。　*2269*

最新地方公社総覧　昭和30年版－　地域政策研究会編　ぎょうせい　1955－　不定期刊　21cm
地方公共団体の出資割合が25％以上の法人を地方公社とし、7580公社について組織、出資の状況を各都道府県に照会して作成。構成は、第1編　地方公社の概要、第2編　地方公社の調査結果集計表、第3編　地方公社一覧からなる。地方公社一覧では、法人名、主要業務、出資金額、職員数、住所などを記載。1976年に新版を出版、以後不定期に改訂、出版されている。解題は1996年版による。　*2270*

✦✦ 公益事業、財団

通商産業省関係公益法人便覧　団体名簿　1982年版－　通商産業省産業政策局総務課編　通商産業調査会　1981－　年刊　21cm　発売：官報販売所
通商産業省が所管する公益法人の名簿。経済・産業分野の情報収集・提供、調査研究、技術開発、国際貢献、地域産業の活性化など広範な分野において、多種多様な事業活動を行っている公益法人の活動を紹介している。本文は通商産業省の部局別に、公益法人の設立年月日、目的、事業の概要、役職員の概要などを記載。巻末に、関係法令・規則、主務官庁窓口一覧を掲載。解題は1996年版による。　*2271*

日本の企業財団　1992　公益法人協会編　公益法人協会　1992.6　224p　21cm　4-906173-14-4　2300円
アンケートに回答した403の日本の企業財団について、名称、英文名、所在地、設立年月日、主務官庁、母体企業の業種、出捐者、代表者、事業費、事業内容などを記載。配列は、企業財団名の五十音順。索引は母体企業業種別、助成分野別、事業類型別の3種。アンケートの集計結果を基に、企業財団の現状を分析。初版は1988年刊。　*2272*

✦ 経営管理、ビジネス

【書誌】

経営管理研究実務文献要覧　1988－1990　日外アソシエーツ編　日外アソシエーツ　1995.5　471p　27cm　（20世紀文献要覧大系　26)　監修：塙博　発売：紀伊国屋書店　4-8169-1303-3　38000円
経営学・経営管理・マネジメント関連の研究書、実務書、雑誌記事を広範囲に網羅的に収録。収録数は研究・実務書、雑誌論文合わせて1万6700件。構成は参考図書の案内、文献目録からなり、巻末に事項索引、著者索引、収録誌名一覧を付す。配列はテーマで分類し、見出し語のもとに文献を図書、雑誌に区分し、各項目内の文献は著者名の五十音順。初版は産業能率短期大学図書館の「雑誌記事索引」「図書目録」をもとに「1968－1977年」について刊行。その後「1978－1984年」「1985－1987年」を刊行している。　*2273*

ビジネス情報大事典　企画・調査・マーケティング・R&Dスタッフをサポートするためのビジネス情報源　日本能率協会総合研究所マーケティング・データ・バンク編　日本ビジネスレポート　1993.11　622,21p　26cm　49440円
ビジネス分野における情報収集にあたり、入手したい情報への手がかりを見つけるのに役立つ便覧。全体を4ブロック、56テーマに内容分類し、リサーチ・情報収集、マーケティング、研究開発、技術・生産、最新課題対策の分野から検索することが可能。巻末にはキーワードおよび連絡先機関名の五十音順索引を付す。産業界での最新課題対策など時流に即した編集を心がけており、連絡先機関に対しては逐次アンケート調査で内容の刷新を図っている。オンライン検索も可能。1986年初版は『ビジネス情報源』、1991年版は『ビジネス情報源　改訂版』、また1998年には『ビジネス情報源 '98－'99』と改題されている。　*2274*

データ of data　ビジネスデータ活用事典　日本能率協会総合研究所マーケティング・データ・バンク編　日本能率協会マネジメントセンター　1992.5　277p　19cm　4-8207-0890-2　2000円
ビジネスデータにとって重要な官庁統計を中心に100点の資料を選択し、その活用方法を解説。巻末に約350項目の五十音順の事項索引を付す。1998年に姉妹編として基本データ検索事典『データ＆DATA』を刊行。　*2275*

【辞典・事典】

現代ビジネス用語　即戦力　1996　朝日出版社　1996.1　1343p　26cm　4-255-95031-8　3900円
経済、経営、流通、広告などの専門用語からビジネス用語までを収録した用語辞典。収録語数は約8000語、日常使われている略語・カタカナ語も収録。ザ・キーワード特集として、価格破壊、団塊の世代、カタログ販売などの解説や、特別企画として人事労務、手形・

小切手の法律用語と基礎知識なども掲載。付録の「ビジネス-QUICK」は知りたい事項の早見表である。
2276

新ビジネス英語大辞典 英和・和英 改訂版 グローバル・マネジメントグループ編 PMC出版 1987.11 2128p 22cm 背の書名：『Advanced business English dictionary；English-Japanese,Japanese-English』 16480円
ビジネス関連用語約5万語を収録した辞典で、新語、略語、外来語に加えて連結語も中見出しとして採用している。『現代ビジネス英語大辞典』（1974年刊）『新ビジネス英語大辞典　英和・和英』（1977年刊）の全面改訂版。英和と和英の2編からなり、主な用語には複数の訳語や熟語を示し、和英編では多数の例文も収録している。巻末に東京証券取引所第一部上場会社の業種別英文リストの付録がある。
2277

経営実務大百科 ダイヤモンド社編 ダイヤモンド社 1980.3 4冊(別巻とも)27cm 全55000円
実務家450人によって執筆され、実務の流れの中から選ばれた4000項目をキーワードとする事典。用語辞典としても、実務の実情を理解するのにも利用できる。五十音順の中項目を解説し、キーワードは太字とする。解説の末尾に図書の参考文献を付す。別巻に五十音順の項目総索引、図表索引、分野別項目索引およびアルファベット順の欧文索引を収録。
2278

経営管理学事典 増訂版 藤芳誠一編著 泉文堂 1989.4 357p 20cm 4-7930-2210-3 3000円
経営学の中心をなす「経営管理」について古典的理論から最新の理論までを整理し、4章に分け、それぞれ節において体系的に解説。索引から用語、概念を検索して辞典としても活用できる。各章末に参考文献を付す。巻末に五十音順の事項と人名の索引、執筆者一覧を付す。
2279

新ビジネス18万語大辞典 インタープレス版 英和編，和英編 増補改訂版 アイピーシー 1992.9 2冊 27cm 4-87198-226-2 各12360円
約60万件の用語、成句、文章のデータベースから抽出して、コンピュータによる自動処理により編集。内容は商業ビジネス用語のほかに、企業活動一般に頻出する科学技術、情報処理に関する用語も豊富に加える。配列は「英和編」がアルファベット順、「和英編」が五十音順。各項それぞれに使用範囲を示す典拠を記す。各巻末には1985年の初版に約1万2000語の増補を収録。巻頭に典拠一覧、参考文献を付す。
2280

ポ和(英仏独日5か国語)ビジネス語辞典 商工業，金融，経済，法律，貿易，会計およびコレポン等に必要な用語を網羅 Iris Strohschoen著 中川和彦，中川美佐子監訳 大和 たまいらぼ 1991.9 493p 21cm 付・英仏独索引 4-88636-056-4 5800円
『Dicionário de têrmos comerciais (en 4 línguas)』(Editora Globo)に日本語訳を付し、5か国語対応のビジネス辞典としたもの。見出し語はポルトガル語で6053語を収録。配列はアルファベット順。英、仏、独、日本語の順に同意語を記載。商業通信文（コレポン）を豊富に収録。巻末の索引は、英、仏、独語それぞれのアルファベット順である。
2281

【名簿・名鑑】

日本のブレーンマップ 専門家事典 '96-'97年版 日本能率協会総合研究所編 日本ビジネスレポート 1996.2 1856p 21cm 50400円
収録された専門家が今どんな情報を提供できるか、どんなテーマでコンサルテーション・講演・執筆できるかに関して具体的内容を収録。1人1頁単位に掲載され、代表的テーマを4つまで記載紹介。主要論文、著作活動さらには、その専門家がどの領域を対象に活動しているか、業界・業種・商品（サービス）などにわたり、具体的活動範囲を掲載。収録専門家数は1731人。1979年初版、1982年改訂版。
2282

最新ビジネスタレント事典 講師・専門家・学者・実務家・ジャーナリスト 日本能率協会編 日本能率協会 1987.12 783p 21cm 4-8207-0459-1 2700円
企業が講演・セミナー・研修会などに依頼できる社会・経済・経営・人事・研究開発・マーケティングなど分野別の講師、専門家、学者、実務家、ジャーナリストの名簿。記載事項は、氏名、専門分野、生年月日、最終学歴、職歴、所属団体・学会、研究テーマ、主な著作・講演など。専門分野と氏名の両方から検索可。1985年に刊行された『講師・専門家情報ガイド』の改題。1998年に新版（『講師・講演専門家1100人データブック』）を発行。
2283

◆経営計画、人事、システム監査

◆◆企業研究開発

国際企業通信ハンドブック 国際電信電話株式会社，日本電気株式会社共編 工業調査会 1991.12 369p 22cm 監修：松行康夫 4-7693-5051-1 3980円

国際企業通信システムの構築に必要とされるハードウェア、ソフトウェアについての技術、および各地域ごとの法制度や環境などを7章に分け、図表をまじえて解説。第8章の資料編では、海外主要国の機器認定規格状況、海外主要16か国電気通信サービス一覧、海外主要33か国電気通信事情を収録。実務家と専門家向き。
2284

企業内生活研究所総覧 1996年版 シード・プランニング 1995.12 117p 30cm 4-914995-88-3 98000円
企業の消費者志向の活発化にともなって設立された企業内生活研究所の実態調査に基づく概要と実例を収録。構成は、1の総括編では企業内生活研究所の概要、2の個票編では1995年7月－11月調査の25の研究所について記載。調査項目は、1設立の理由と目的、2設立から現在までの経緯、3現状の組織と体制、4現在の主な活動、5実績と評価、6現状の課題と今後の方向性について、である。写真とイラスト多数掲載。初版は1990年版。
2285

◆◆ 人事、事務管理、経営組織

会社人事組織図 東証1部上場600社 1990-1993 ディスクロージャー研究会編 みずき出版 1990-1993年刊 26cm （企業ディスクロージャーシリーズ 1） 発売：星雲社
独自のアンケート調査（1989年12月実施）および有価証券報告書（1989年12月－1990年3月に公表のもの）をもとに東京証券取引所上場の主要600社について組織・機構と人事情報を視覚的に見やすく編集・収録したもの。会社は業種別・証券コード順に配列し、社名、コード番号、郵便番号、本社所在地、電話番号、部または課単位までの組織図、原則として部長以上の氏名などを明示。一部の会社は課長名一覧表、業務分掌表、職階表、人事異動期日などの付属表を掲載。会社名鑑などと併用すればより効果的。1989年刊『会社組織図要覧　'89』の改称・改訂。1993年で終刊。解題は1990年版による。
2286

ダイヤモンド全上場会社組織図要覧 1995年版－ ダイヤモンド社編 ダイヤモンド社 1994－ 年刊 26cm
全上場会社2180社の会社組織図を収集整理した組織図集。上下2巻構成。記載内容は会社欄として本社住所、資本金、従業員数、決算期、上場市場、事業など。組織図欄には、事業所、支社・支店・サービスセンターなどの所在地・連絡先を掲載。掲載順は業種分類（33分類）の株式コード順。巻頭に五十音索引を付す。『ダイヤモンド上場会社組織図要覧』（1993－1994年版）の改題。解題は1995年版による。
2287

◆◆◆ 社則、業務規定

会社規定全書 日本実業出版社編 日本実業出版社 1990.7 526p 22cm 4-534-01608-5 4500円
各種企業の規定の実例とモデル例を集成したもの。一般には公開されていない役員の規則、規定と経理規定を収録しているのが特色。構成は第1編経営基本規定編、第2編経営組織規定編、第3編業務運営規定編、第4編関係規定編からなる。解説と索引はない。
2288

ダイヤモンド会社業務規定集 新訂版 田中要人編著 ダイヤモンド社 1990.12 939p 22cm 4-478-42030-0 20000円
主として中小企業の実務用に編集した便覧。構成は、会社業務規定の作り方用い方、基礎編、業務規定編からなり、巻頭に細目次を付す。大項目には簡単な解説と作り方、用い方を記す。1981年初版。
2289

模範実例会社規程総覧 労基法・商法改正版 第4版 岡主正編 経営書院 1994.10 716p 26cm 書名は奥付・背による 標題紙の書名：『会社規程総覧』 4-87913-504-6 9200円
実在の企業の諸規則、諸規程、諸協定類の実例を収録。それぞれ条文の整ったものが選ばれ業種や規模が付記されている。配列は体系的に分野別の13章からなり、巻末に労働協約・協定の実例を付す。解説はそれぞれ短いコメントがある。中小企業経営者、総務・人事・労務担当者、労働組合役員の利用に便利。初版は1973年（産業労働調査所刊）。
2290

社内規程百科 最新実例 改正労基法版 第6版 産業労働調査所編 経営書院 1994.7 614p 26cm 4-87913-496-1 7300円
実在の会社の規程、協約および行政官庁などのモデル規程を参考にして編集部が一般化した規程と協約を収録。分野別に13章から成り、それぞれに平易な解説を付す。初版は1975年で1992年の5版からは中小企業の経営者に便利なように編集がなされている。
2291

◆◆ 人事管理

出張・海外勤務ハンドブック '98－ 産労総合研究所編 経営書院 1998－ 隔年刊 26cm
出張、赴任、海外勤務の実態と情報、出張の税務などを編者独自の調査で解説し、関連資料も収録。とくに出張管理の法的留意点、海外勤務者の賃金決定・管理・実務ポイント、出張の税務については詳述。解題は'98年版による。
2292

人材開発プログラム情報源 '98年版 産労総合研究所編 産労総合研究所 1997.10 394p 30cm「企業と人材」別冊増刊号 4-87913-645-X 900円
厳しい環境下で経営課題に対応するための社員教育・研修プログラム集。内容は階層別研修、目的別研修、通信教育のプログラム、診断・テスト、研修用ビデオ、教育・研修団体、巻末に名講師への道と、都道府県別職業能力開発協会と主管課のリストを付す。 *2293*

パート・アルバイト全集 就業規則・人事管理の実務と通達、判例 産業労働調査所編 産業労働調査所 1985.8 437p 26cm（人事労務叢書）4-87913-122-9 7500円
パート・アルバイトの雇用、人事管理について実務的側面に重点をおき豊富な事例を取り入れて解説した便覧。5章からなり、第1章の実務相談では112の設問形式によってパート全般を解説。第2章はパートタイマーの就業規則の作り方と運用の仕方についてモデル規定をもとに解説。第3章はパートタイマーの労働条件について、第4章は雇用管理事例について解説。第5章はパートタイマーに関する労働省通達、パートタイマー・準社員などに関する労働判例一覧を収録。
2294

✦✦✦ 賃金管理

人事・賃金制度新設計マニュアル 第2部 職能要件書編 大崎鋭侍著 アーバンプロデュース出版部 1997.7 300p 30cm
伝統的人事制度の年功序列がゆるぎ、個人の能力評価、能力開発が注目されている。本書では代表的な職種・等級ごとに必要な能力のレベルを詳述。「第1部 マニュアル編」につづき、「第2部」は人事・賃金制度の変革用のマニュアルとして刊行。30職種におよぶバインダー方式。目次、索引はないが、職種の分類は実務に即している。別途第2部のみを『職業別・等級別職能要件書』としても刊行。 *2295*

実務賃金便覧 1996年版－ 日本人事労務研究所編 日本人事労務研究所 1996－ 年刊 26cm『賃上げ・賃金管理・労使交渉のための実務賃金統計便覧』の改題
賃金を決定するための参考資料で、賃金実務編、賃金交渉解説編、賃金労働統計編、自社賃金診断付表からなる。解題は1998年版による。 *2296*

国内海外出張赴任滞在便覧 1984－1994 産業労働調査所編 産業労働調査所 1984－1994 隔年刊 26cm
産業労働調査所独自の調査結果を中心に関連資料を加えて編成する。構成は、国内出張編、転勤・赴任編、海外出張編、海外勤務編、規定編、付属資料編からなる。それぞれは調査実例と平易な解説からなる。内外へ出張転勤の勤務条件の実態を知り、規定化するのに便利な便覧。1976年に『全調査・出張旅費』を創刊、その後改題を重ね、1998年より『出張・海外勤務ハンドブック』☞2292 に改題、編者も産労総合研究所に改編、発行所も経営書院となる。解題は1994年版による。 *2297*

海外駐在員の給与のきめ方実例集 政経研究所 1990.5 318p 25cm 16500円
海外駐在員の給与と規定についての実例を中心とした便覧。構成はⅠ部事例編は海外駐在員の給与のきめ方14社の事例、Ⅱ部規定編は8社の海外駐在員規定、Ⅲ部資料編は海外赴任マニュアル・セキュリティ対策からなる。解説は図表を入れて平易。1995年版から『海外駐在員の賃金・賞与』に改題。 *2298*

✦✦ 企業内教育

教育研修情報ガイド 1984年版－ 日本能率協会編 日本能率協会 1984－ 年刊 26cm 『教育研修情報ガイドブック』の改題
セミナー、通信教育、専門学校など、教育・研修情報の名鑑。6項目からなり、1の教育機関ガイドには、セミナー・通信教育実施機関の概要。2のセミナー・コースおよび3の通信教育講座には、経営、総務、営業など、分野別セミナーの概要紹介を掲載。その他、オフィスオートメーション教育ガイド、視聴覚機器ガイド、視聴覚教材ガイド、全国研修会場ガイド、各種専門学校一覧を収録。解題は1995年版による。 *2299*

✦✦ 事務管理、総務

会社行事運営事典 改訂版 経営技術研究会編 ぎょうせい 1992.7 1335p 27cm 4-324-03048-0 12000円
会社行事の便覧。企業などのさまざまな行事1451について、基本的ポイント、背景となる知識と運営手順、必要な税務・法律上のポイントをまとめ、あいさつの文例なども収録。巻末付録として世界休日一覧がある。 *2300*

ファシリティマネジメント・ガイドブック FM推進連絡協議会編 日刊工業新聞社 1994.12 398p 26cm 監修：通商産業省生活産業局日用品課，建設省住宅局建築指導課 4-526-03625-0 4100円
経営管理の一手法であるファシリティマネジメントの解説書。経営者、施設管理者、実務者などを対象とする。また資格試験制度発足を想定し、そのための参考

書となることも目的としている。巻末の付録として、用語集、FM関連団体の一覧。索引は五十音順の事項索引を付す。　*2301*

◆◆システム監査

システム監査用語辞典　ビジネス・ブレイン太田昭和編　中央経済社　1988.7　338p　20cm　4-481-25636-2　2600円
システムの信頼性、安全性、効率性を高めるために行われるシステム監査について、内容を簡易に説明するとともに用語を解説。構成は監査全般、システム開発、運用管理、内部統制、システム監査技法、信頼性、効率性、セキュリティー、データ通信、データ・ベース、コンピュータの基礎知識に区分して収録。巻末に、付録として「システム監査基準」「電子計算機システム安全対策基準」「情報システム安全対策指針」、用語索引として、五十音順の邦文の索引、アルファベット順の英文の索引を付す。　*2302*

◆財務、経営分析

◆◆財務管理

会社財務カルテ　1990年版-　東洋経済新報社編　東洋経済新報社　1990-　年刊　30cm　（DATA BANKシリーズ）　刊東洋経済　臨時増刊
全上場企業2150社の財務データを各社別に通覧できる。巻頭に社名索引、続いて1996年の業種別概観。メインは会社別財務カルテとなっている。2178頁におよぶデータは詳細。解題は1998年版による。　*2303*

財務用語辞典　3訂　大野敏男責任編集　経済法令研究会　1992.3　564p　20cm　（銀行実務用語シリーズ）　4-7668-1224-7　3600円
金融機関における融資判断を中心とした業務に不可欠な財務に関する用語を解説。まず各用語の意義を簡明に述べ、次いで実際的な説明を加え、根拠法令または参考法令、関連用語を示している。巻頭に五十音順の用語索引を付す。　*2304*

◆◆経営分析、経営診断

わが国企業の経営分析　昭和33年度上期-　通商産業省産業政策局　1958-　年刊　26cm
経済および企業経営の一般動向、業種・企業別動向を把握するために通産省が作成。原則として資本金10億円以上の、各業種を代表する企業（平成7年度は1631社）の有価証券報告書を集計分析し、経営・財務諸比率を企業別統計編と業種別統計編に分けて掲載。『最近の企業経営分析　昭和25年上期』として創刊され、昭和33年度上期から現書名になり、昭和44年度上期から企業別統計編と業種別統計編に分離して刊行。昭和49年の商法改正にともなって、昭和50年度から従来の年2回刊を年刊に変更。さらに昭和59年度から企業別統計編は、製造業上・下巻と非製造業に分冊された。解題は平成7年度版による。　*2305*

世界の企業の経営分析　国際経営比較　〔昭和40年版〕-　通商産業省産業政策局編　大蔵省印刷局　1965-　年刊　27cm
国際的にみた日本企業の経営力を調査検討し、産業政策の立案や企業経営のあり方を探る参考に資するために、主要18か国、対象業種17業種、企業数1018社の経営動向の分析、財務データを収録。構成は、調査要領、分析結果のポイント、分析結果、統計表、対象企業一覧表。1991-1995年の統計を収録。1988年から1991年分は休刊。解題は1997年版による。　*2306*

現代経営診断事典　日本経営診断学会編　同友館　1994.11　831p　22cm　4-496-02170-6　12000円
経営診断の論理と手法を体系的に解説した事典。経営診断のフレームワーク、経営環境、戦略経営、人的資源管理システムなど14章からなり、各章末に診断の際のチェックリストが列挙されている。経営診断の研究者、コンサルタント、ビジネスマンを対象。巻末に日本語（五十音順）の索引とアルファベット順の欧文略語索引を付す。　*2307*

総合経営力指標　定性要因の定量的評価の試み　昭和58年度版-　通商産業省産業政策局企業行動課編　大蔵省印刷局　1983-　隔年刊　18cm　製造業編,小売業編に分冊刊行
企業が成長・発展していくための経営力を指標として示した、従来の財務指標による分析では考慮がされなかった企業におけるトップマネジメント、組織構造、研究および技術開発、マーケティングなどの要因を取り上げて行う企業の評価方法について解説。『新しい経営力指標』（1976-1982年）の改題。解題は平成8年度版による。　*2308*

経営指標ハンドブック　1973-1990年版　日本開発銀行編　日本開発銀行　1974-1990　年刊　26cm
本邦主要上場企業の大半を網羅し産業別に細分して、

個別決算データ、連結決算データに分けて集計し、重要な経営指標を数多く収録した長期経営統計。中心をなすのは個別決算データで約1500社を140ほどに産業分類し、約160項目の重要な経営指標を10年間の長期統計にして収録。連結決算データを併録。1957年『主要産業経営指標便覧』の題名で創刊。1991年版以降は『産業別財務データハンドブック』に改題。解題は1990年版による。　　　　　　　　　　　　　　2309

日経経営指標　店頭・未上場会社版　1995－　日本経済新聞社編　日本経済新聞社　1994－　年刊　27cm
日本経済新聞社の総合企業データバンク（NEEDS-COMPANY）の財務データにより作成した企業の指標で、約4800社を比較できるように業種別に収録。収録指標は111項目で、巻頭に会社名の五十音順の索引と巻末に掲載会社の本社所在地、電話番号一覧を付す。なお『日経経営指標　全国上場会社版』☞ *2311* も1973年から刊行。解題は1998年版による。　2310

日経経営指標　全国上場会社版　1995年春－　日本経済新聞社編　日本経済新聞社　1995－　半年刊　26cm
経営分析の財務データ集。NEEDS-COMPANY（データバンクシステム）データを加工編集し年2回刊行したもの。各社を比較一覧できるのが特長。2231社を1頁5社ずつ掲載。内容は1業種別指標編で本書のメイン、2加重平均、単純平均比較編、3ランキング編よりなり、銀行、保険、証券、外国部は除外。巻末に製造業の損益分岐点比率推移、3期分の保証債務額の付録を付す。同編者の『日経経営指標　店頭・未上場会社版』☞ *2310* と併用すれば日本の主要企業の財務データを通覧できる。『全国上場会社日経経営指標』の改題。解題は1998年春による。　　　　2311

◆会計学、簿記、税務会計

◆◆財務会計、会計学

英和会計経理用語辞典　新井清光編　中央経済社　1994.2　581p　22cm　4-502-13036-2　17000円
財務会計、管理会計、監査、財務分析、原価計算などのほか、会計経理の周辺分野の用語を収録。見出し語はアメリカ、イギリスの会計基準審議会や会計士の協会などの刊行物に用いられる用語の中から約1万3500語を収録。見出し語はアルファベット順に配列し、訳語と簡易な解説、それに同意語・関連語も記述。巻末に、和英用語一覧（約3000語）を付し、日本語の用語から英語の用語が調べられる索引がある。　2312

会計・会計学に関する10年間の雑誌文献目録　昭和50年－昭和59年　日外アソシエーツ編　日外アソシエーツ　1987.12　368p　27cm　発売：紀伊国屋書店　4-8169-0742-4　13600円
1975年から1984年分に採録された会計・会計学に関する雑誌論文、約1万500件を収録。構成は、主題別に区分し、その中を必要に応じて小項目を立て、主題に応じ論文を重出して掲載。各項目の記事の配列は、著者の五十音順とし、論題のみのものは論題の五十音順とした。事項索引は五十音順に配列され、各主題について関連分野などの調査に役立つ。国立国会図書館が編集・刊行している『雑誌記事索引（人文・社会編）累積索引版』☞ *0139* を再編集した。『会計・会計学に関する27年間の雑誌文献目録　昭和23年－昭和49年』に続くもの。1985年以降はCD-ROM化されている。　　　　　　　　　　　　　　　　　　　　　　　　2313

会計学文献目録　明治・大正・昭和前期　染谷恭次郎編　中央経済社　1981.9　262p　22cm　4-481-10227-6　4500円
1873年（明治6）から1945年（昭和20）までに、大学および高等専門学校の機関誌、経済雑誌などに発表された論文を収録。構成は分野を26に区分し、その中を必要に応じて項目を立て、各項目の中は発行年月順に論文を掲載。　　　　　　　　　　　　2314

会計学大辞典　第4版　森田哲弥〔ほか〕編　中央経済社　1996.9　1308p　22cm　4-502-13826-6　18000円
会計および会計学の全領域ならびに若干の隣接領域を解説した大辞典。前版は、1982年刊。全面的に改訂し、560項目を付加。約3950項目を収録。本文は、小項目が五十音順に配列され、体系順項目一覧、項目索引を付す。　　　　　　　　　　　　　　　　　　2315

新会計用語辞典　改訂版　滝川祐治編　同文館出版　1983.3　146p　19cm　4-495-14592-4　1000円
会計に関する基本用語を簡潔に解説した初学者用の辞典。配列は五十音順で、見出し語には必要に応じて英語を併記してある。巻頭に総目次として和文事項索引がある。1979年初版。　　　　　　　　　　　2316

会計学辞典　第3版　森田哲弥，宮本匡章編著　中央経済社　1996.9　496p　20cm　4-502-14430-4　3200円
会計諸法規の改正や新しい動きの大きい会計学の用語を刷新したもの。構成は項目の五十音順で、巻頭に「体系順項目一覧」を付し、巻末には和文の五十音順事項索引と英語を中心とする欧語索引を付す。学生向けのハンディな辞典。初版は1983年。第2版（1990年

刊）に、項目の解説内容の修正と必要な項目を追加して刊行。
2317

最新会計学用語辞典 井上良二〔ほか〕著　税務経理協会　1997.3　316p 19cm　4-419-02707-X　2678円
従来の高尚な理論中心の本格的会計学辞典よりも、初学者、中級者、大学学部生、資格試験の受験者向けに編集された辞典。巻末に和文の事項索引を付す。
2318

会計学辞典 第5版　神戸大学会計学研究室編　同文舘出版　1997.6　54,1494p 22cm　4-495-11629-0　23800円
類書中最大の本格的な会計学辞典で、会計学領域ならびに関連事項を網羅。配列は五十音順で、税務会計編だけが法令の改廃に対処するために、最後に別立てで収録されている。見出し語には相当外国語を付記し、巻頭に体系目次、巻末に和文事項、英文事項、人名の3種類の詳細な索引がある。ほかに和欧の参考文献一覧を付す。
2319

基本会計税務用語辞典 小早川増雄編著　白桃書房　1995.4　273p 19cm　監修：嶌村剛雄　4-561-45097-1　2600円
会計用語と税務用語、約1200項目を収録。構成は見出し項目の五十音順で、とくに会計用語には原則として英語、ドイツ語を付す。関連語については参照あり。巻末に五十音順の事項索引。各項目に執筆者名の記載がある。
2320

英和和英法律・会計・税務用語辞典 アイ・エス・エス編　Wave出版　1995.1　618p 18cm　4-900528-46-3　8800円
法律・会計・税務各分野の新しい専門用語に重点をおいて編集。巻末に英文財務諸表の読み方・作り方・主要法令名・法律用語略語集を付す。索引はない。
2321

英和会計用語辞典 浜田弘作〔ほか〕編　多賀出版　1995.1　264p 19cm　付・和英逆引き索引　4-8115-3671-1　2575円
学生、実務家、一般社会人を対象とし、約9000項目を収録。複合語も項目とし該当する訳語を記述。主要な語約900を取り出した和英索引（五十音順）がある。巻末に付録として、表などの実例を収録。
2322

会計税務便覧 日本公認会計士協会東京会編　霞出版社　1979-　年刊 19cm　発売：清文社
会計、税務、監査などの実務者用のハンドブックで、会計・税務にかかわる法令・通達・監査上の取扱いを要約して収録。平成8年版は1996年5月1日現在で採録。解題は平成8年版による。
2323

会計全書 昭和26年版-　中央経済社 1951-　年刊 23cm
企業会計制度に関する諸法令、諸基準の最新（1995年6月1日現在）内容を網羅。構成は5部からなり、会計諸則、証券取引法規、経営法規、税務法規、会計職業。見返しの法令名の索引は五十音順、収録順。各編頭に収録法令の詳細目次がある。会計士、企業経営者など会計実務に関係する者一般を対象とする。平成7年度版には付録として阪神・淡路大震災関連税制を添付。昭和26-28年版は『ポケット会計全書』。平成10年版より「会計法規編」「税務法規編」の2分冊となる。解題は平成7年版による。
2324

海外会計実務ハンドブック 改訂版　トーマツ編　同文舘出版　1990.12　558p 22cm　4-495-13542-2　8500円
諸外国の会計実務を国別に解説したもので、1989年の法令などを基礎として記述。総論「海外会計実務の動向」、各論「海外会計実務の実際」アメリカ、カナダ、メキシコ、ブラジル、イギリス、ドイツ、フランス、オランダ、オーストラリア、香港、シンガポール、中華人民共和国を収録。
2325

◆◆簿記

基本簿記用語辞典 増補版　中沢弘光〔ほか〕著　同文舘出版　1997.3　214p 19cm　監修：新井益太郎　4-495-15512-1　1854円
簿記・会計用語を簡潔に、日本商工会議所簿記検定2級と、全国経理学校協会簿記検定1級までを受験する人々のために編集された辞典。簿記・会計の基本語1017項目（商業簿記425、工業簿記300、会計292項目）を採録。巻末に付録として追補分を8頁にわたって付している。1991年初版の増補版。ほかに『新簿記用語辞典』（滝川祐治編、神納金之助ほか著、同文舘出版、1982）などの類書がある。
2326

◆◆税務会計

税務便利事典 税務研究会編　税務研究会出版局 1983-　22cm　4-7931-0571-8
法人税、所得税、印紙税、資産税、消費税、地方税など、さまざまな税法について、日常発生する事項をもとに理解できるようにとりまとめた手引書。「株主総会費用」「中元・歳暮費用」「リース取引」など、税務当局の見解が示されていないものをも取り上げ、生きた事例集として編集。巻頭に五十音順の日常用語をもととした事項索引を、巻末にその税目別索引を付す。

解題は平成6年改訂版による。　　　　　　　　2327

国際税務ガイドブック　3訂版　小沢進著　財経詳報社
　1995.10　206p 21cm　4-88177-144-2　1900円
二つ以上の国の税金にかかわる国際課税制度について、基本的な各国共通のルールを概観し、解説を加える。巻末資料として、主要国の租税制度要覧（アメリカ、イギリス、中国、香港、シンガポール、タイ）と、事項索引（五十音順）を付す。ほかに銀行からの観点で刊行された『国際税務ハンドブック　3訂版』（東海銀行編、1988）などもある。　　　　　　2328

税務・会計用語辞典　和英用語対照　7訂版　橋本孝伸編　財経詳報社　1994.3　516p 19cm　4-88177-133-7　3300円
税務、会計、財政、商法の分野の用語約2300を平易に解説した実務家、学生向きのコンパクトな辞典。6訂版以降の税制改正や経済社会の変化を踏まえる。外国の税務用語も広く収録する。各項目は見出し語、英訳語、解説、参照条文からなる。巻末に和英索引と英和索引。付録として大蔵省主税局および国税庁の組織の英文名称、欧米主要国（米、英、独、仏）の租税制度と税務行政組織の概要。初版1978年。　　　2329

税務重要計算ハンドブック　日本税理士会連合会編　中央経済社　1980-　年刊 18cm　4-481-86202-5
税理士の実務の参考となるように、税法の計算について基本的かつ重要な計算事例をもれなく選び解説したもの。「法人税編」「所得税編」「資産税編」「消費税編」「地方税編」の5部から構成。各計算事例は、要件、計算式、設例と解答、計算上の留意点、参考および関連用語からなる。解題は平成6年度版による。　2330

不動産税務百科　3訂版　桜井四郎〔ほか〕編　ぎょうせい　1992.12　1264p 22cm　4-324-03405-2　9800円
土地、建物税制全般を523項目にわたりQ＆A方式で体系的に解説した問答集。判例も加えた。相続税、贈与税、買換え交換、収用交換、賃貸借の税務、鑑定などに大別。巻末に判例、裁決の年月日別索引も付す。
　　　　　　　　　　　　　　　　　　　　　2331

◆貨幣、物価、景気

◆◆貨幣、通貨

◆◆◆日本の通貨

図説日本貨幣史　日本学術協会編著　展望社　1991.4　309p 22cm　『日本貨幣史』（日本貨幣資料保存会昭和41年刊）の複製　6695円
日本の貨幣の変遷を発行年代に分けて写真に収め、各個に詳細な説明・解説を加えて集大成した写真史。徳川時代の貨幣・藩札・明治以降の貨幣・臨時補助貨幣・日本銀行券の年表も収録して貨幣の歴史を明解に記述。　　　　　　　　　　　　　　　　2332

日本貨幣年表　日本銀行金融研究所　1994.6　122p 27cm　4-930909-38-4　1800円
600年（推古8）から1993年（平成5）に至るわが国の貨幣史に関する事項を年表の形式でとりまとめたもの。年代順に構成され、西暦、和暦、干支、事項の記載からなる。紙幣に関する記述も含み、全体の8割を明治時代以降で占める。五十音順による貨幣名称および重要事項の索引を付す。『貨幣年表』（1981年刊）の改訂、増補版。　　　　　　　　　　　　2333

古銭語事典　改訂増補　大鎌淳正著　国書刊行会　1997.1　327p 27cm　4-336-03907-0　9800円
初心者に難解な古銭分類名称をわかりやすく解説した事典。国内のものを中心に、世界各地の古銭語関係の用語を収録。原則として五十音順の配列。貨幣名称は正文のままの正漢字、図版は大型のものを除き実物大。付表として、中国貨幣難読文字の読み方、中国紙幣の難読銀行名、銭荘（中国の旧式の商業金融機関）名の読み方を付す。『古銭語事典』（日本貨幣協同組合、1978）の改訂増補版。「古銭語事典拾遺」として『泰星マンスリー』に連載した分（1985-1988年）を追加。　　　　　　　　　　　　　　　　　2334

日本紙幣在外銀行軍票図鑑　太田保著　万国コインクラブ　1976.7　299p(おもに図) 22cm　背・表紙の書名：最新紙幣在外銀行軍票図鑑　10000円
旧外地の特殊銀行および旧満州国・中国など日本の占領下・影響下にあった地域の銀行が発行した銀行券（10行329種）と、明治以降の日本軍軍票、太平洋戦争以降の極東地域における米軍軍票（軍票計8件139種）を収録した図鑑。在外銀行編と軍票編に分かれ、それぞれ発行銀行別、戦争別・流通地域別に掲載し、おの

おの簡単な解説付き。本来はコイン収集家を対象としているため、各紙幣の相場（刊行当時）を掲載。
2335

日本貨幣図鑑 郡司勇夫編 東洋経済新報社 1981.10 331p 26×26cm 18000円
日本最初の貨幣といわれた和同開珎から1969年に発行された日本銀行券までの貨幣819種、紙幣451種の図版を収録した図鑑。このなかには、藩札などの私札、為替会社や旧外地の特殊銀行（特銀）などが発行した紙幣、旧日本軍の軍票なども含む。前半の図版部と後半の解説部に分かれ、おおむね年代順に配列（小額政府紙幣、軍票、為替会社・旧特銀の銀行券は別建てで収録）。『図録日本の貨幣』（日本銀行調査局編、東洋経済新報社、1972－1976、11冊）の編者のひとりが、同書のコンパクト版を企図して編纂。巻末に、付表「日本通貨一覧」と貨幣の名称から引ける索引を収録。
2336

◆◆◆ 世界の通貨

世界貨幣大事典 平木啓一編著 ジェミニ 1974 571p(図共) 27cm 15000円
外国のコインに関する専門用語事典。収録項目は研究・収集に必要な用語、主要国の貨幣制度、貨幣単位、銘文、人名など3000。見出し語はすべて原綴で、日本語ヨミ、解説を付す。解説は詳細、図版写真が豊富なので図鑑の役割もある。巻頭に欧文参考文献表。和文の五十音順索引（人名・事項）あり。
2337

新しい世界の通貨 主要国通貨図鑑／全世界の通貨・国勢総覧 雄鶏社 1978.11 158p 21cm おもに図 980円
世界各国の通貨のコンパクトな図鑑。各国ごとに国情と国旗をごく簡略に記し、通貨の肖像、図案、通貨単位にふれる。写真紹介があるのは53か国のみで主要国はカラー写真によるもの。ただし紙幣写真は31か国に限られる。付録として通貨ミニ事典を付す。 *2338*

◆◆ 物価

◆◆◆ 日本の物価

値段の明治・大正・昭和風俗史 〔正〕，続，続続，完結 週刊朝日編 朝日新聞社 1981－1984 4冊 18×19cm 1800－2000円
明治・大正・昭和三代にわたる218種の品物やサービスの値段、公共料金などの変遷を年代順に「値段のうつりかわり」として年表にし、各テーマにまつわる随想をつけたもの。生きた物価資料として読み物的価値もある。1979年10月から1983年12月までの『週刊朝日』の連載を4冊にまとめ収録。各巻頭に目次をおくが索引はない。最終巻・巻末に「正」「続」「続続」編のその後の値段の動き（1983年10月現在）を一覧表にして付す。またその後のデータをまとめた『新値段の明治・大正・昭和風俗史』も刊行。
2339

値段史年表 明治・大正・昭和 週刊朝日編 朝日新聞社 1988.6 218p 14×20cm 4-02-255868-7 1600円
もろもろの品物およびサービスの値段の変遷を品目別に時系列で明治時代からたどった年表。『値段の明治・大正・昭和風俗史』☞2339 収録の218品目の値段表だけを五十音順にまとめ、最新のデータを補ったもの。品目ごとに年代と値段を記載し、短い注と資料提供者名を付す。巻頭に五十音順の目次あり。
2340

◆◆◆ 物価指数・物価統計

物価指数年報 昭和45年－ 日本銀行調査統計局編 日本銀行調査統計局 1971－ 年刊 30cm 英文書名：『Price indexes annual』
1990年基準による指数を収録。構成は、卸売物価指数の解説、指数の推移、総括表を収録し、次に国内卸売物価指数、輸出物価指数、輸入物価指数、総合卸売物価指数、総合卸売物価戦前基準指数を収録、その他、企業向サービス価格指数、製造業部門別投入・産出物価指数を採録。1997年以降の月次計数などについては同行発行の『物価指数月報』に接続している。和文・英文が並記されており、日本の卸売物価指数の基本統計書。以前1956－1964年は『卸売物価指数年報』、1965－67年は『物価年報』、1968年は『卸売物価・工業製品生産者物価指数年報』、1969年は『卸売物価・工業製品生産者物価・製造業部門別物価指数年報』が刊行されこれを引継ぐ。解題は平成8年版による。
2341

小売物価統計調査10年報 全国68都市 昭和56－平成2年 総理府統計局編 総理府統計局 1995.3 26,648p 26cm
小売物価統計調査の調査品目の、年平均価格を1981年から1990年まで収録。小売物価統計調査は、商品の小売物価、サービスの料金および家賃を全国的規模で小売店舗、サービス事業所および世帯などから毎月調査している。1950年に調査を開始し、順次刊行された報告書により、10年ないし20年間の推移を知ることができる。『小売物価統計調査年報』、この調査を基にした『平成2年基準 消費者物価指数接続指数総覧』がある。
2342

明治以降卸売物価指数統計 日本銀行調査統計局〔編〕

日本銀行 1987.10 209,1475p 27cm 100周年記念資料 英文書名：『Hundred-year statistics of wholesale price indexes in Japan』 英文併記 4-930909-02-3

1887年（明治20）から1986年（昭和61）までの卸売物価指数を、累次にわたり改定された基準指数のもとに年代順に収録した長期統計。「卸売物価指数統計100年の歩み」と統計資料編からなり、統計資料編は各基準指数改定時の分類体系により配列。『卸売物価指数 明治20年－昭和37年』（1964年刊）および以降の年報から転載。 2343

◆◆ 景気変動、インフレ

景気を読む統計指標 改訂版 通商産業大臣官房調査統計部統計解析課統計指標研究会編 大蔵省印刷局 1996.10 249p 21cm 4-17-181151-1 2100円

通商産業省が作成している統計を中心として、景気の動向にかかわる統計指標、38種をとり上げて解説。生産動向、消費など11の分野に分けて、それぞれの指標の、1統計・指標の概要、2見方・使い方、3用語の定義・意味を収録。 2344

経済変動指標総覧 1000の指標からみた日本の経済 東洋経済新報社編 東洋経済新報社 1983.9 1068p 31cm 80000円

1955年から1983年までの日本経済の変動の推移を示す指標を、国民経済・産業・企業・国民生活などの統計から選択収録したもの。諸指標は財政、金融、設備投資、労働・賃金、物価などの12項目に分類配列。各指標は①月次データ、②対前年同月比（または対前月比）、③月次データの四半期統計（または四半期データ）、④対前年同月比（または対前期比）の4表あるいは2表からなる。時系列の推移を知るのに便利。巻頭に「景気変動からみた戦後日本経済」（内野達郎）、巻末に「解説」（各指標の発表機関、掲載資料、目的、沿革、作成方法）、「戦後の経済変動年誌」がある。巻頭に詳細な目次があるが、索引はない。 2345

経済変動観測資料年報 昭和42年版－平成5年版 経済企画庁調査局編 大蔵省印刷局 1967-1993 年刊 26-30cm

経済動向に関する基礎的統計資料の提供を目的として、経済分析に必要な主要経済指標217系列を長期時系列で収録。『日本経済指標（季刊）』掲載のデータがほぼ含まれており、併用するとよい。原数値系列データは、一部を除き統計作成機関により公表されたもので、原則として過去20年間分。原数値のほか、暫定季節指数、季節調整値、四半期別数値などの項目も必要に応じて掲載。1冊で一覧できるので便利。解題は平成5年版による。これ以後休刊。 2346

◆ 金融一般

【書誌】

通貨・金融・証券・保険に関する10年間の雑誌文献目録 昭和50年－昭和59年 日外アソシエーツ編 日外アソシエーツ 1987.11 362p 27cm 発売：紀伊国屋書店 4-8169-0360-7 13300円

通貨・金融・証券・保険に関する雑誌論文約1万700件をテーマ別に収録した文献目録。各テーマを表す大項目を設け、その下をキーワード方式による見出し語で細分化して、論題・著者名・雑誌名・巻号・発行年月次・頁を記載。巻末に事項索引を付す。『雑誌記事索引（人文・社会編）累積索引版』☞0139 をもとに使いやすく再編成したもの。『通貨・金融・証券・保険に関する17年間の雑誌文献目録 昭和23年－昭和39年』、『通貨・金融・証券・保険に関する10年間の雑誌文献目録 昭和40年－昭和49年』に続く。1985年以降はCD-ROM化されている。 2347

日本金融機関史文献目録 改訂増補版 拝司静夫，牧村四郎編 全国地方銀行協会 1984.3 324p 27cm 非売品

明治以降、1945年の第2次世界大戦終戦時までの間に存在していた日本の金融機関（旧外地、旧満州国、中国において設立された機関を含む）および地方金融史を取り扱っている図書と雑誌論文で、1981年末までに刊行されたものについて、その編・著者名、タイトル、出版者・掲載誌名、発行年月を列挙した文献目録。第Ⅰ部金融機関別と第Ⅱ部地域別に分かれ、さらに金融機関別は業態別、地域別は都道府県別に分かれ、それぞれ発行年月順に配列。索引はない。1967年初版。 2348

【辞典・事典】

金融証券用語辞典 4訂 武田昌輔〔ほか〕責任編集 銀行研修社 1993.4 724p 19cm 4-7657-3683-0 3300円

銀行などの金融機関の実務で必要な証券業務、国内金融、国際金融に関する用語4052項目を選び、平易・具体的に解説。対象分野は、証券、株式、債券、投資信託、公社債受託引受、証券代理業務、国際証券、金融経済、金融政策・銀行行政、金融商品、金利、金融税制、国際金融経済、資本取引、外国為替など。見出し語は五十音順に配列。難読語には読みがな、外国語に

は原綴を付す。また経済一般、法律、証券実務、金融実務、税金の分類記号を付す。巻末に適債基準・格付基準などの一覧表および項目索引、欧文索引を付す。初版は1983年。
2349

金融・経済用語辞典 3訂 津田和夫〔ほか〕責任編集 経済法令研究会 1994.4 511p 19cm（銀行実務用語シリーズ） 監修：吉野昌甫 4-7668-1286-7 3600円
金融の基礎用語、新しい金融用語、コンピュータや情報関係で金融に関する用語、相場商品に関する用語などを幅広く対象とし、約1200語を選んでわかりやすくコンパクトに解説。見出し語にはすべてふりがなを付し、五十音順に配列。巻頭に五十音順の用語索引およびアルファベット順の欧文索引を付す。初版は1990年。
2350

金融辞典 館竜一郎〔ほか〕編 東洋経済新報社 1994.3 849p 22cm 4-492-01052-1 8500円
金融の理論、現状、歴史などについて体系的に整理し、項目を14の大分類のもとに中分類、小分類に分け、小分類のつぎに来る基本項目単位に説明した専門事典。項目は分類順に配列し、本文中に相互参照を含む。1868年から1992年までをおもな範囲とする金融年表と、和文索引、欧文索引を巻末に付す。基本的な参考文献を付し、金融・金融理論の概略を得ることもできる。
2351

金融用語辞典 第3版 鈴木淑夫編 東洋経済新報社 1991.6 241p 20cm 4-492-01044-0 2000円
1980年代後半の金融自由化・国際化、金融イノベーションといった流れと、これらにともなう新しい金融業務、リスク管理、金融理論、金融政策に関する1400項目について解説した辞典。和文、欧文、それぞれの索引があるほか、ほとんどの項目に関連語への参照がある。1981年刊の第2版を改訂したもの。初版は1973年。
2352

金融実務辞典 〔1995〕新版 香川保一〔ほか〕編 金融財政事情研究会 1995.11 1788p 22cm 製作発売：きんざい 4-322-20914-9 10000円
経済・法律用語を中心に金融に関するすべての分野から理論用語、事象用語、機構、機関名など1万9000項目収録。五十音順に1項目200字前後で説明。法律用語には引用条文の番号を付す。「見よ」「をも見よ」の参照も充実。索引は五十音順のほか、欧文で始まる項目はアルファベット順からも引ける。1986年初版。
2353

英和金融用語辞典 橋本光憲, 信達郎編 ジャパンタイムズ 1995.4 582,118p 19cm 4-7890-0771-5 4500円
金融用語を中心に関連・周辺分野1万5000語をカバーした金融英和辞典。金融用語を中心に解説し、他分野の説明は簡略。訳語の充実と用語解説を随所に収め、用語の単複の区別を明示し、英文作成の際応用できるようにしている。さらに、和英金融基本用語集、資料の部を収録。外国為替取引やアニュアルレポートの見方を説明し、国際金融の参考書としても使用できる。
2354

英和和英金融・証券・保険用語辞典 アイ・エス・エス編 Wave出版 1995.4 669p 18cm 4-900528-51-X 8800円
銀行・信託・証券・保険の分野の専門用語について、英語（日本語）と対応する日本語訳（英訳）を、アルファベット順に配列した用語集。巻末に、略語集、官公庁・金融機関などの英文表記一覧および付録として「ニューヨーク証券取引所・新規上場申請ガイド」と「ロンドン証券取引所・外国企業上場のための指針」（いずれも抄録）を収録。
2355

英和/和英金融・証券用語辞典 森脇彬編 同文館出版 1995.9 325p 18cm 4-495-43241-9 3000円
銀行・証券の専門用語について、英文とその日本語訳、和文とその英訳をそれぞれ対照させ、音順・アルファベット順に配列した用語集。英和編約4300語、和英編約4200語を収録。英和編は、外国人向けに、日本語訳をローマ字でも表記。
2356

和英・金融用語辞典 花田実編 ジャパンタイムズ 1985.7 633p 19cm 4-7890-0279-9 4800円
金融関係の語句、必要な経済用語句を併せて収録する。見出し語はローマ字綴りによるアルファベット順で、日本語表記、英訳語句に加え、基礎的な語には米英の政府・中央銀行、国際金融機関その他の報告文からの引用を豊富に含む用例を付す。巻末に付録として財政・金融関係法律名、現行金融組織など8分野の関連語句を日英対訳で収録。『和英・経済用語辞典』（1976年刊）の補完改版。
2357

和英金融用語辞典 ファンダメンタル1200 改訂版 安田信託銀行人事教育部・投資研究部編 経済法令研究会 1994.10 222p 18cm 表紙の書名：『Japanese-English dictionary business and banking terms』 4-7668-2009-6 1800円
日本の金融用語を主軸に、これに関連する財政・税制などの用語をローマ字表記し、その英訳と、訳語だけでは意味の取りにくい用語には、その意味合いや言葉の背景などを英文で平易に解説した辞典・用語集。同義語、反義語、関連語も簡便な解説付きで併記。全用語の索引が巻末にある。日本企業で働く外国人、日本

経済を勉強する外国人向け。初版は1990年刊。　*2358*

【名簿・名鑑】

日本金融名鑑　1960年版－　日本金融通信社　1960－
　年刊　27cm
日本にある金融関連会社の名簿。上巻は都市銀行、地方銀行、中巻は信用金庫、信用組合、下巻は証券、生保、損保、消費者金融の各社を収める。在日外国会社も含まれる。各業界は金融コード番号順配列。金融コード番号、本店所在地、電話、概況、役員、本部機構、支店などを記載。解題は1996年版による。　*2359*

【年鑑】

金融機関の投融資　1968年版－　経済調査協会　1968－
　年刊　30cm
有価証券報告書の期末報告（1993年版では1990年度中決算）に基づき、各金融機関における融資先を分析した統計便覧。系列別企業の借入金、各系列に対する貸付、主要融資先明細表、大株主明細、持株・株主・貸付金明細表を各機関ごとにまとめる。各編の変遷は以下のとおり。
〔第1〕都市銀行・長期信用銀行編
　1963－1967年版：『主要金融機関別投融資分析』
　1968年－：現編名
〔第2〕信託銀行・保険会社編
　1963－1967年版：『主要金融機関別投融資分析』
　1968年版：信託銀行・生命保険・損害保険編
　1969－1971年版：信託・生保・損保編
　1972年版－：現編名
〔第3〕地方銀行編
　1963－1967年版：『都市銀行融資系列と地方銀行の
　　関係』
　1968年版－：現編名
〔第4〕第二地方銀行・信用金庫編
　1965－1967年版：『都市銀行融資系列と相互銀行の
　　関係』
　1968年版：相互銀行・信用金庫編
　1969－1971年版：相銀・信金編
　1972－1988年版：相互銀行・信用金庫編
　1989年版－：現編名
解題は1993年版による。　*2360*

金融情報システム白書　昭和62年版－　金融情報システムセンター編　財経詳報社　1986－　年刊　21cm
金融機関などの金融情報システムの最新状況の紹介および対応すべき課題、将来展望について解説。第1編、2編で金融情報システムの動向、安全対策や個人データ保護などの課題を示す。本書では総論として決済サービスの在り方と金融機関の課題を取り上げ、その変遷や欧米との決済サービスを比較し今後の課題について検討。資料編として金融情報システム関連の統計、通達、年表を付す。解題は平成8年版による。　*2361*

銀行局金融年報　1回（昭和27年版）－44回（平成7年版）
　大蔵省銀行局金融年報編集委員会編　金融財政事情
　研究会　1952－1995　年刊　27cm
過去1年間の金融政策、金融行政に関する記録を解説した報告書。記載事項は第1編特記事項（問題点・重要事項の解説）、第2編金融政策、金融行政など（内外の金融情勢・金融問題、日銀、預金保険機構、普通銀行、中小企業金融機関、政府関係金融機関、各種保険会社などについて現況と動向の解説）、第3編資料、第4編統計、第5編全国金融機関財務諸表を収録。本編の別冊付録として毎年『銀行局現行通達集』を発行。平成8年版から『金融年報』と改題。解題は平成7年版による。　*2362*

日経金融年報　日本経済新聞社編　日本公社債研究所
　1978－　半年刊　17cm
日銀・政府系金融機関、都市銀行、地方銀行、信用金庫、信用組合、農協系金融機関、住宅金融、証券会社、生命保険、共済組合など、郵便局を除く金融機関について、その個別の会社の経営内容を表示したもの。記載事項は設立、本・支店、店舗、特色、資本金、役員、従業員、大株主および業績などからなる。巻末資料として、金融機関現況図、業態別主要勘定・収益、ランキング、金融経済指標、主要金利、金融小史、官庁・団体名簿などを付す。解題は1995夏季号による。
　2363

【年表】

日本金融年表　明治元年－平成4年　日本銀行金融研究
　所　1993.9　520p　26cm　（金融資　第6号）
1868年（明治元）から1992年（平成4）までの国内外の金融関連事項を、日本銀行、金融一般、政治・経済等、海外に4区分して年代順に配列した年表。ほかに、首相、大蔵大臣、日本銀行総裁名を記載。1987年（昭和62）までを収録した旧版（1988年刊）にその後毎年作成した追補版を加えた増補・改訂版で、新たに主要事項別年表（1980年以降）を収録し、索引を設けた。
　2364

◆証券、公社債

◆◆証券市場

【書誌】

証券関係文献目録 昭和59年－　日本証券経済研究所証券図書館編　日本証券経済研究所　1985－　年刊　26cm　（証券資料）
証券関係の和雑誌490種および単行書、記念論文集を対象とした文献目録。収録項目は雑誌論文・記事は論文・記事名、執筆者名、誌名、巻号、発行年月日、掲載頁順。図書は、書名、著者名、発行所名、発行年、頁数の順。また論文集の論文は、論文名、書名、執筆者名、発行所名、発行年、掲載頁の順になっている。本書は証券制度研究会編の『証券関係主要雑誌記事索引』第1巻（昭和20－41年）第2巻（昭和42－54年）、『証券関係主要雑誌論文記事索引』（昭和55－58年）を改題。1989年、1990年は『証券関係文献目録・証券年表』となり、さらに1991年に『証券年表』を分離して現書名となった。解題は1995年版による。　　2365

日本証券関係文献目録　大和証券調査部資料室編　大和証券調査部資料室　1978.11　359p　27cm
明治以降1978年までに日本語で刊行された証券関係文献を収録したもの。収録対象は図書、年刊書、不定期刊行パンフレット、既廃刊定期刊行物。分類目録、著者名目録、書名目録の3部よりなり、収録した文献には所蔵機関を表示。著者名目録と書名目録はそれぞれの五十音順に配列、分類目録は国内と海外の証券市場に大分類し、国内の部は主題のもとに細分類、海外の部は一括して、刊行年次順に配列し、同一年次内は著者名の五十音順。　　2366

【便覧】

知っておきたい証券統計　新版　東京証券取引所調査部編　東京証券取引所　1997.7　281p　21cm　発売：八朔社　4-938571-65-X　1300円
証券市場に関する各種の統計とその背景となっている制度を、図、表、計算式を盛り込み、わかりやすく体系的に解説した便覧。5部からなり、第1部　流通市場統計、第2部　発行市場統計、第3部　市場参加者関係統計、第4部　上場会社関係統計、第5部　証券会社関係統計について各統計の意味、算出方法、見方、使い方、利用上の留意点、発表要領などを詳しく解説。最近の証券情報を含む。巻末に五十音順の事項索引あり。初版は1989年。　　2367

証券ハンドブック　第3版　新日本証券調査センター編　東洋経済新報社　1989.1　597p　22cm　4-492-71046-9　5300円
証券、証券市場について幅広く体系的に解説した便覧。9部からなり、証券市場、株式、公社債、証券投資信託、外国証券・対外対内証券取引、証券関連業務、企業内容開示制度、証券関連制度、証券会社の各部を小項目に分け、図、表、計算式を盛り込んで詳しく解説。旧版より証券税制を削除、証券年表（1945－1988年）を追加。巻末の五十音順の事項索引は、解説中随所に該当する法令および条、項、号を明記している。　　2368

【辞典・事典】

証券用語辞典　第4版　資本市場研究会編　東洋経済新報社　1995.4　330p　20cm　監修：蝋山昌一　4-492-01054-8　2400円
証券市場や証券業に関する情報や文献を理解するための基礎的な用語を、初学者から中級者向けに解説したもの。見出し項目および項目中の重要語句を太字で表し索引に収録するとともに、多くの項目に英語による表記を付けている。巻末に五十音順の和文索引とアルファベット順の欧文索引を付す。初版は1972年。　　2369

現代証券事典　新版　日本証券経済研究所編　日本経済新聞社　1992.7　1038p　22cm　4-532-14121-4　11650円
証券に関する事項を幅広く収集し、体系的に解説した事典。4編からなり、第1編　証券市場の構造と機能、第2編　証券市場分析と投資理論、第3編　証券市場の国際化、第4編　証券法制について図、表、計算式を盛り込んで詳しく解説。海外証券関係統計の解説を付す。解説中の重要な用語はゴシック表示し（欧文には＊印を付す）、各節末に参考文献を明記。巻頭に詳細な目次、巻末に和文・欧文の索引あり。初版は1981年刊。　　2370

基本証券分析用語辞典　第2版　津村英文〔ほか〕著　日本証券アナリスト協会編　白桃書房　1996.11　357p　19cm　4-561-74113-5　2500円
証券分析の理論・技法を中心に、関連の深い経済・会計用語を表、図、計算式を盛り込んで簡潔に解説した用語集。初版は1987年に『証券アナリスト・ジャーナル』（日本証券アナリスト協会、月刊）に「証券投資分析用語解説」として連載された記事をもとに、より一般的な証券投資実務用語を追加して発行。以後近年の金融市場の変化をふまえ内容を大幅改訂、現代ポー

トフォリオ理論（MPT）関連用語を充実させ、経済学用語を書き直して、改訂版（1990年刊）増補版（1993年刊）を刊行している。五十音順に配列、一部、英文を併記。各解説文中の見出し語を表示。巻末に和文、欧文の索引あり。
2371

証券実務用語辞典 新版 金融財政事情研究会編 金融財政事情研究会 1989.7 386p 18cm 発売：きんざい 4-322-20932-7 2500円
株式、公社債、海外証券、証券投資信託、先物取引など、日常の証券業務に不可欠な基本用語1300余語を選び解説したもの。証券の予備知識をもたなくても理解できるように、1用語の要点を200字前後でコンパクトにまとめ、平易・簡潔に解説。見出し語にはすべてふりがなを付し、五十音順に配列。巻頭に五十音順の総索引、巻末に分類別索引を付す。初版は1982年刊。
2372

証券実務事典 株式編 金融財政事情研究会 1991.8 1316p 22cm 監修：関要 発売：きんざい 4-322-20761-8 15000円
株式実務に関する事項をその基礎から応用に至るまで、1260項目を集約した専門事典。19章からなり、証券関係の基礎概念、実務用語から証券取引の実態、内外市場動向、市場分析手法まで図、表、計算式を盛り込んでわかりやすく、体系的に解説。設問項目に対し結論、解説の形式をとり、各解説末に関連法規などを明示。目次の設問の見出し（要約）からも知りたい項目を探せるが、巻末の五十音順の事項索引から、より細かい項目について調べることが可能。『株式実務事典』（1986年刊）を全面加筆、再編集したもの。 2373

【年鑑】

図説日本の証券市場 昭和44年版－ 財経詳報社 1969－ 隔年刊 19cm
日本の証券市場の現状について平易に説明した入門書。証券市場の歩み、株式市場、公社債市場、証券会社、証券税制・行政など各編で構成され、各編内の項目ごとに見開き頁で統計や表を入れて説明。英文版『Securities market in Japan』☞2375 が翌年刊行される。解題は平成7年版による。
2374

Securities market in Japan 1973－. Tokyo ; Japan Securities Research Institute, 1973－. 隔年刊 ; 23cm
『図説日本の証券市場』☞2374 の英語版。海外の事情を除き、ほぼ対訳に近い。日本証券市場の概説、歴史にはじまり株式市場、公社債市場、証券先物・オプション取引、証券取引所・店頭市場、証券会社、投資信託、証券投資顧問業務について解説。また証券業務に関連した企業の情報開示、証券金融、市場の国際化、税制、行政、監視委員会についても説明。巻末に文中語句のキーワード索引が付され、証券市場を概観の上、用語の解説書としても利用可。前年刊行の日本語版を翌年英語版として発刊している。解題は1996年版による。
2375

大蔵省証券局年報 第1回(昭和38年版)－第33回（平成7年版） 大蔵省証券局年報編集委員会編 金融財政事情研究会 1963－1995 年刊 26cm
証券行政・証券市場の動向に関する1年間の記録を解説した報告書。記載事項は第1編特記事項（発行市場、流通市場、国際会議など）、第2編証券市場の諸問題（証券市場、証券投資信託、証券会社、証券取引所、審議会、関係機関、企業内容開示制度、公認会計士、国際資本市場など）、第3編統計、第4編財務諸表（証券会社、投資信託委託会社など）、巻末に証券関係年表を収録。本編の別冊付録として毎年『証券局現行通達集』を発行。平成8年版から『証券年報』と改題された。解題は平成7年版による。
2376

証券統計年報 昭和59年－ 東京証券取引所調査部 1985－ 年刊 26cm 『東証統計年報』(1957－1984)の改題
わが国証券市場全般の動向を把握するために必要な有価証券の流通統計および金融・経済統計を再編集した統計年鑑。統計は、流通市場、発行市場、上場会社、証券会社、投資家、参考統計に分類・整理して掲載。本編の別冊付録として毎年「会社別統計・相場表（東証）」を発行。解題は平成7年版による。
2377

【年表】

証券年表 日本証券経済研究所 1991－ 年刊 26cm （証券資料）
東京を中心とした、証券に関する事項を幅広く、網羅的に収録した年表で、この版には1995年1月から12月末日までを掲載。構成は証券、金融、一般の3つの欄に区分して記載したが、区分できない重要な記事は欄を重複してのせている。索引はないが巻末には、新規上場、上場廃止会社一覧および商号変更一覧あり。1989年に『日本証券史資料』別巻2「証券年表（明治・大正・昭和）」として刊行され、1989、90年は『証券関係文献目録・証券年表』、さらに1991年に分離して単独刊行となった。解題は1995年版による。
2378

◆◆ 債券、公社債

証券実務事典 債券・投資信託編 金融財政事情研究会 1991.8 729p 22cm 監修：関要 発売：きんざい 4-322-20771-5 9000円
債券、投資信託および株式の実務に関する事項を、その基礎から応用に至るまで解説した専門事典。740項目を収録。第1部 国内債券実務、第2部 海外債券実務、第3部 証券投資信託。図、表、計算式を盛り込んでわかりやすく、体系的に解説。設問項目に対し結論、解説の形式をとり、各解説末に関連法規などを明示。目次の設問の見出し（要約）からも知りたい項目を探せる。巻末の五十音の事項索引から、より細かい項目について調べることが可能。1984-1986年刊『証券取引百科』の全面加筆、再編集したもの。 *2379*

公社債年鑑 昭和32年版-1998年度版 公社債引受協会 1957-1998 年刊 26cm
過去1年間の公社債の流通市場および発行市場の動向分析と過去15年間の公社債年度統計。記載事項は流通市場については、債券市況、公社債売買高、債券先物・オプション取引市場、流通市場制度の整備・改善など。発行市場については公社債、民間債、非住居者国内債、金融債、本邦企業外債、発行市場制度の整備・改善など。公社債統計では発行市場関連、流通市場関連、公社債発行銘柄一覧などがある。1998年度版は日本証券業協会から刊行され、これをもって廃刊。解題は平成7年版による。 *2380*

◆◆ 株式、株価

アナリストガイド 1970年版- 大和総研編 大和証券 1970- 年刊 31cm
東京証券取引所第一部上場会社（保険、証券、銀行を除く）の株式投資ガイド。構成は①業種別分析、②銘柄別分析の2編からなり、各編とも最近5年間の投資、経営指標と財務データを数表の形で収録、1業種または1会社につき1頁。各種投資指標、財務指標ランキングも掲載。財務データは連結決算ではなく単体のみの分析。機関投資家、個人投資家、研究機関、大学で利用可能。英語併記なので、海外投資家にも適す。巻末に英語、日本語の会社名索引を付す。解題は1997年版による。 *2381*

株価総覧 昭和43年版- 東洋経済新報社 1968- 年刊 26cm 『週刊東洋経済』臨時増刊
全上場会社、店頭登録会社および主な外国会社2800社の長期の株価データ集。収録データは銘柄ごとに最近の3年間については、月別の始値、最高値、最低値、終値。48年間の年間株価については最高値、最低値の推移。さらに10年間の株価を月単位でグラフ化した月足などがある。大正13年-昭和17年までは『株界20年』、昭和18年は『株式相場総覧』、昭和27-37年は『株価20年』、昭和38-42年は『株価10年』と書名が変遷。電子メディア版として10年間分の株価を収録しているCD-ROMとして「CD-株価」を別途販売。解題は平成7年版による。 *2382*

株式足取45年鑑 東証第1部市場 1994年春版- 日証出版社 1994- 半年刊 26cm 東京証券取引所・創業45周年記念号
東証第1部市場全1233社の沿革、特色、概況、株価グラフなどを記載。主要業種別に分類し、配列はその中での証券コード順。巻頭に索引（五十音順）を付す。1959年に『株式足取十年鑑』として創刊。『同20年鑑』『同25年鑑』『同30年鑑』を経て1994年より現タイトルに改題。ほかに『株式足取20年鑑 第二市場』『非上場株式足取10年鑑』もある。解題は1994年春版による。 *2383*

◆◆ 証券取引所

東証要覧 昭和47年- 東京証券取引所調査部 1972- 年刊 21-26cm
東京証券取引所の発表する証券市場に関する統計などと、わかりやすい解説を掲載している便覧。記載項目は証券市場の動き、株式流通市場、公社債流通市場、先物・オプション市場、売買・決済制度、上場会社、投資家動向、短期金融市場、信用取引、証券会社、証券税制、発行市場、東証外国株式市場など多岐にわたる。解題は1995年版による。 *2384*

◆◆ 証券業

全国証券人事要覧 株式経済新聞社 〔1970?〕-1995 年刊 19cm
証券会社および関連企業と証券関連団体など約400機関の役員と幹部職員の人事録。証券会社は地区協会別に五十音順。関連企業は投資信託委託会社、調査・研究機関、投資顧問会社の順でそれぞれ五十音順の配列になっている。関連団体は大蔵省証券局・財務局、各証券取引所、日本証券業協会などが掲載されている。収録している会社データは所在地、設立、主な株主、取引銀行など。役・職員については、役職名、生年月日、出身地、出身校、入社年、住所、など。役員については顔写真が付いている。1995年で終刊。それ以降

は『証券人名録』（日本証券新聞社事業部、年刊）がある。解題は平成7年度版による。
2385

◆金融事情、銀行、信託

◆◆銀行、為替

◆◆◆金融史

日本金融史資料 明治大正編，昭和編，昭和続編 日本銀行金融研究所編 大蔵省印刷局 1955-1988 90冊 27cm
明治・大正期から昭和戦前期までに日本銀行が作成した地方金融および地場産業に関する資料のうち、特に価値が高いと認められるものを選別し収録した資料集。各巻巻頭に詳細な解題と目次を付す。明治大正編の第1-2巻は会社全書、第3巻は銀行全書、第4巻は大蔵省旧蔵資料、第5巻は明治時代の金融関係論著、第6巻は明治時代の銀行関係雑誌、第7巻は大蔵省銀行局年報抄録、第8-11巻は日本銀行の半季報告・営業報告、第12巻は東京銀行集会所・東京手形交換所資料、第13巻は元老院会議筆記、第14-15巻は帝国議会議事速記録、第16-17巻は紙幣整理・幣制改革資料、第18巻は金融制度調査会議事速記録、第19-21巻は金融情勢調査 上、中、下、第22巻は金融情勢特別調査、第23-24巻は産業金融等金融事情調査、第25巻は金融機関（銀行を除く）に関する調査、第26巻は目次総覧を収録。昭和編は昭和2-20年末を収録。第1-4巻は大蔵省銀行局年報、第5巻は日本銀行の各種報告書、第6巻は東京手形交換所・東京銀行集会所資料、第7-9巻は日本銀行調査月報、第10-12巻は全国金融統制会報、第13-19巻は帝国議会議事速記録中金融資料、第20-23は金輸出解禁・再禁止関係資料、第24-26巻は金融恐慌史資料、第27-34巻は戦時金融関係資料、第35巻は金融史談、資料総覧、統計索引をおのおの収録。昭和続編は全29巻。戦後10年間の金融と経済について第1-18巻は日本銀行関係資料、第19-20巻は大蔵省資料、第21巻は演説・談話・金融史談、第22-23巻は帝国議会・国会議事録、金融資料、第24-25巻はESCAP関係資料、付録は地方金融史資料として、第1巻は北海道・東北・関東、第2巻は甲信越・東海、第3巻は北陸・近畿、第4巻は中国・四国・九州・各地方共通に大別し、地方ごとに金融経済事情一般、銀行動揺・合同、産業事情に区分して収録。
2386

◆◆◆金融法令

金融法務辞典 増補7訂 石井真司〔ほか〕責任編集 銀行研修社 1993.7 882p 19cm 4-7657-3685-7 3689円
銀行の日常実務で使用される用語、取引用語を法律的観点から平易に説明。小項目主義でできるだけ多くの用語をコンパクトに収録。五十音順に配列した用語の分野を見出しに続いて明示し、異なった意味で用いられる同じ用語をすぐわかるように記す。
2387

法務用語辞典 3訂 松本崇，松本貞夫責任編集 経済法令研究会 1995.6 700p 20cm （銀行実務用語シリーズ） 4-7668-0313-2 3600円
金融機関の日常業務に関連して使用される法務および実務上の用語を収録し解説したもの。各用語は、まず簡明にその意義を述べ、次いで実際的な説明を加え、最後に参照条文を記す。小項目主義で五十音順に構成され、巻頭に五十音順の用語索引を付す。初版は1986年。
2388

ドイツ金融法辞典 後藤紀一，Matthias Voth著 信山社出版 1993.3 489p 22cm 9800円
ドイツの銀行取引にかかわる法律専門用語を、コンパクトながらも、わかりやすく解説した独和辞典。対応する英語がある場合には、それを日本語訳に併記。巻末に「ドイツ各種銀行取引約款」の和訳と、ローマ字表記の日本語からの索引を収録。
2389

◆◆◆銀行経営、銀行業務

銀行用語辞典 図師三郎著 日本実業出版社 1985.7 331p 19cm 4-534-01043-5 1600円
金融用語（約1300語）を「明暗分ける金融機関」「効果弱まる金融政策」「自由化進む金利と金融市場」「波瀾含みの金融国際化」「熾烈化する銀証・銀郵戦争」「変化の手がかり示す金融統計」などの11章99項目に分類し、体系的に解説した辞典。各項目内も音順ではなく、体系的に配列。各章末には、コラム「事件に見る近代銀行史」があり、それぞれの章に関連した記事を2件ずつ掲載。巻末に索引がある。
2390

精選銀行取引手続書式大事典 第1-3巻 4訂版 鈴木正和〔ほか〕責任編集 銀行研修社 1995 3冊 27cm 4-7657-3749-7 13000-17500円
銀行窓口における取引事象のうち法令や制度などとの関連で取扱いに注意を要するもの2600ケースを収録。預金、内国為替、手形交換、貸付・担保、管理回収の10編からなり、各項目は要旨、解説、手続き、書式例の4点からなる。巻末に各種規程書式モデルなど資料を付す。初版は1980年。
2391

相談業務ハンドブック 1969－　個人編　銀行研修社編　銀行研修社 1969－　年刊 19cm

相続・贈与、不動産売買、新築・増改築、資産運用、節税商品の相談など、個人預金者が銀行員に対して相談するさまざまな事例を選んで、その質問に対する答えを解説したもの。相続・贈与、不動産、日常生活の3編から構成され、各相談事例は、見出し、質問、要旨、解説および参照からなる。解題は1994年版による。
2392

✦✦✦ 銀行員

全国銀行職員録 紳士録篇，役席者篇　銀通〔1956〕－　年刊 27cm

全国の都市銀行、地方銀行、第二地方銀行などに在籍する役席者の職員録。「紳士篇」と「役席者篇」の二冊からなり、二巻セットで販売。前者は、前年度版役席者篇に基づき発行年6月の株主総会直後の人事を極力掲載。銀行ごとに本店所在地を元に北から南へ配列。項目は氏名、肩書、生年月日、出身地、学歴、職歴。日本銀行、特殊銀行、銀行系証券なども掲載。後者は発行年の10月の人事異動を極力掲載しその基準は前者と同じ。付録として信託子会社・都銀系証券子会社役員および在外国日本銀行支店一覧表あり。解題は1995年版による。
2393

✦✦✦ 銀行貸付

店周650業種融資渉外ガイド　銀行研修社 1995.10　1358p 30cm　監修：鈴木喬ほか　4-7657-3763-2　18000円

金融機関営業店周辺に多い業種654業種を選び、各業種ごとに業界動向、業態研究、経営指標など業界調査をまとめる。融資・渉外担当者の融資判断の参考となる簡潔な信用調査。業種は通商産業省の工業統計表、商業統計表の細分類に基づいて配列。巻末には代理貸および業界団体一覧リストを付す。『店周600業種のガイド　得意先係のための』の改題。すでに十数回の改訂を重ねている。
2394

✦✦✦ 信用調査

業種別貸出審査事典　第1－7巻，利用ガイド　第7次新版　金融財政事情研究会編　金融財政事情研究会 1992.3　8冊 27cm　製作・発売：きんざい　4-322-20015-X

金融機関における融資時の信用調査の参考になるよう798業種の特色、業界動向、審査のポイントをまとめる。業種別に最新データを使用して分析を行い、業界展望がつく。また製品の種類、商品・サービスの特性、品質、製造工程などの業務知識も盛り込み、信用調査に必要な経営の見方、返済能力など審査のポイントを簡単にまとめている。索引は別冊で業種の五十音順で配列。
2395

✦✦✦ 手形交換

決済統計年報　平成7年版－　東京銀行協会 1996－　年刊 30cm

手形交換、内国為替、CDオンライン提携取引状況など、銀行協会が運営する決済システムを中心に、わが国の決済関連統計をまとめた年報。このほか、個人信用情報センター運用状況、SWIFTシステム利用状況などを収録。『手形交換統計年報』（昭和36－平成6年版）の改題。解題は平成8年版による。
2396

✦✦✦ 消費者金融

消費者金融白書　平成5年度版－　消費者金融白書委員会編　大阪　日本消費者金融協会 1993－　年刊 26cm

消費金融専業界の現状と展望をアンケート調査により分析し、白書としてとりまとめたもの。消費者金融業界の動向を、貸付残高、債権管理、顧客特性、経営課題認識などについて企業規模別に調査した経営実態把握調査と、消費者金融利用者のプロフィールと消費者金融に対する利用者評価調査からなる。解題は平成8年度版による。
2397

日本の消費者信用統計　1981年版－　日本クレジット産業協会編　日本クレジット産業協会 1981－　年刊 27cm　『消費者信用統計』の改題　監修：通商産業省産業政策局取引信用室

割賦方式などによる信用販売や消費者金融、住宅ローンなど、わが国における消費者信用産業の実態を、さまざまな角度から統計的にとりまとめたもの。消費者信用の推移、平成6年度消費者信用実態調査、消費者信用統計、諸外国の関係統計・資料の4部で構成。解題は1995年版による。
2398

✦✦✦ 郵便貯金

郵政行政統計年報　為替貯金編　昭和63－平成6年度　郵政省貯金局業務課編　郵政省 1988－1994 年刊 30cm

郵政省所管の為替貯金の事業に関する統計を収録。構成は、概況、統計図表、統計表に区分。付録に参考資料として、金融機関店舗数、各種経済指標などの一覧を付す。昭和26－62年度は『郵政統計年報』。平成6年度で廃刊、インターネットで提供へ。解題は平成6年度版による。
2399

◆◆◆ 金貸業

貸金業白書 昭和61年版- 全国貸金業協会連合会企画調査委員会編 全国貸金業協会連合会 1986- 年刊 26cm
消費者向け金融業、事業者向け金融業、手形割引業、日賦金融業、クレジットカード業、信販業など、貸金業界の実態を、アンケート調査をもとに分析しとりまとめたもの。第1章貸金業市場の現状と展望、第2章貸金業者の経営実態分析から構成。各業態は企業概要、貸出上限金利、貸出実績、貸出見通し、新規顧客推移、現状の経営課題、今後の計画などからなる。解題は平成6年版による。　　　　　　　　　　　　　*2400*

◆◆◆ 信託

本邦信託文献総目録 戦前の部，戦後の部 麻島昭一編 信託協会 1974-1979 2冊 27cm
「戦前の部」は明治以降1945年の終戦時までに刊行された、信託関係の文献（調査報告、年史、雑誌論文などを含む）5700点、「戦後の部」は1945-1975年分7557点を収録した所在目録。時系列、事項別、会社別、執筆者別に、それぞれ書誌事項を伴って記載。　　*2401*

信託用語集 銀行研修社 1993.3 259p 19cm 監修：松本崇 4-7657-3682-2 2100円
信託業務に関する基本的用語、524語を、五十音順に配列し、詳細な解説を付す。巻末に五十音順の事項索引を付す。　　　　　　　　　　　　　　　　　*2402*

証券投資信託年報 昭和31年版- 証券投資信託協会 1956- 年刊 27cm
投資信託市場に関する年間状況を「概観編」「資料編」「統計編」から記す。「概観編」で年間の重要事項や動向などを述べる。「資料編」は、関係する法令、通達、主要な申し合わせ事項をまとめ、また該当年の主要日誌も付す。「統計編」は全国証券投資信託、委託会社別、関連統計に内容を分け、関係する統計類をまとめる。巻末に証券投資信託協会会員・準会員の一覧を付す。解題は平成6年版による。　　　　　　　*2403*

◆◆ 国際金融

◆◆◆ 国際金融

国際金融用語辞典 徳田博美〔ほか〕責任編集 銀行研修社 1988.6 605p 19cm 3500円
国際金融や国際証券取引などに実務上必要な用語3230項目を収録し、できる限り平易・具体的に解説した用語集。テクニカル・ターム、アップ・トゥー・デートな用語、金融・証券業界固有の隠語も多く収録。巻末に付録として主要先物市場、主要債権先物商品、外債の適債基準を付す。1993年に新訂、1995年に2訂版を刊行。　　　　　　　　　　　　　　　　　*2404*

国際金融年報 平成8年版- 国際金融年報編集委員会編 金融財政事情研究会 1997- 年刊 27cm
国際金融情勢、為替政策などの動向を記録。第1編本論、第2編資料、第3編統計、第4編通達からなる。別表、別図の目次あり。『大蔵省国際金融局年報』の改題。解題は平成8年版による。　　　　　　　*2405*

◆◆ 海外投資

◆◆◆ 外資導入

海外進出企業総覧 会社別編，国別編 1973年版- 東洋経済新報社 1973- 年刊 26cm 『週刊東洋経済』臨時増刊
海外に現地法人を持つ日本企業あるいは海外に支店・駐在員事務所を持つ日本企業の名鑑。会社別編、国別編の2冊で構成。日本側出資企業名の五十音順社名索引で検索。業種別目次により業種別にまとめて進出状況をみることもできる。現地法人を持つ企業は3900社を収録。巻頭に調査結果データに基づいた各種の集計あり。「会社別編」は一時分離して、1988-1990年版は『業種別海外進出企業』、1991/92年版、1992年版は『会社別海外進出企業』として刊行されていた。解題は1997年版による。　　　　　　　　　　　　　*2406*

海外投資実務ハンドブック 主要14カ国の会社法・税制と会計 第3版 アーンストアンドヤンググループ編 中央経済社 1991.3 795p 22cm 4-502-11124-4 8200円
海外投資、企業進出に必要な知識を詳細に解説した便覧。対象は米、カナダ、英、独、仏、ベルギー、オランダ、スイス、中国、香港、シンガポール、マレーシア、タイ、オーストラリアの14か国。総論で海外投資の基礎知識を、各論では国別に国情、経済概況、企業環境、企業関係法規、税制、会計・監査制度を解説。図表、各種書式あり。参考文献、索引なし。1986年初版、1988年改訂版を経て刊行。　　　　　　　　*2407*

海外投資ガイドブック アジア・オセアニア編 中央監査法人国際本部編 中央経済社 1993.10 570p 23cm 4-502-32354-3 8500円
アジア・オセアニア10か国の投資環境、会計、監査、税務、会社法務などの諸制度について紹介した便覧。

対象は1992年3月から10月時点の中国、韓国、台湾、香港、タイ、フィリピン、マレーシア、シンガポール、インドネシア、オーストラリア。国別に国の概要、外資導入政策、会社法、企業進出手順、租税制度、為替管理、出入国管理制度、投資関連諸機関など、海外投資参考文献を記述。文献表は日本で入手可のものと現地で入手可のものを分けていて親切。『海外税制ガイドブック』☞2443 の姉妹編として刊行。ほかに「北米・ヨーロッパ編」（1993年刊）「メキシコ編」（1997年刊）あり。　　　　　　　　　　　　　2408

アジア企業進出ガイド　太田昭和監査法人編　日本経済新聞社　1994.3　501p 22cm　4-532-13059-X　6500円
NIES、ASEAN諸国を中心に、アジア地域10か国の経済事情、投資環境、税制などを体系的に解説。収録国は、韓国、中国、台湾、香港、フィリピン、ベトナム、タイ、マレーシア、シンガポール、インドネシア。基本的に、各国とも投資環境、企業進出の形態と手続、租税制度、財務報告と会計監査の4部構成をとる。財務諸表の例も掲載。各国の章末に関係諸機関の連絡先を付す。監査法人が編集しているため財務・会計部分は特に詳しい。全体的に無駄なくまとまっていて国ごとの参照もしやすい。　　　　　　　　　　　2409

対日投資ハンドブック　1995　TMI総合法律事務所〔ほか〕編著　日本貿易振興会　1995.9　635p 26cm　英文書名：『Setting up enterprises in Japan』　英文併記　4-8224-0710-1　7000円
外国企業の対日投資促進を目的とし、投資にかかわる諸手続き、税法制度などの情報を体系的にまとめた、外国人投資家向けの詳細なガイドブック。英文併記で、随所に図表や様式を用いて必要手続きを詳細に解説。資料編には、主な法務局、公証人役場のリスト、英文で利用できる主な統計のリストなどを掲載。巻頭に様式索引あり。1992年新版の改訂版。　　　　　　　2410

我が国企業の海外事業活動　第1回調査(昭和46年版)－　通商産業省産業政策局編　大蔵省印刷局　1971－　年刊　26cm
通商産業政策を円滑かつ適切に進めていくうえで、わが国企業の海外事業活動の的確な把握が重要との観点から、海外に現地法人を有する日本企業を対象に調査し、進出撤退状況、ネットワーク化する海外事業活動、海外事業活動が与える影響、活動円滑化に向けての課題の分析と集計結果などを収録。統計報告調整法承認を受けて通商産業省が1970年度から毎年調査している。さらに1981年度からは3年に一度同調査を詳細にした「海外事業活動基本調査」を実施し、『海外投資統計総覧』として刊行。その際には『我が国企業の海外事業活動』は出版されない。解題は第25回（1996）

による。　　　　　　　　　　　　　　　2411

◆◆ 外国為替

外為年鑑　1959年版－　外国為替情報社　1959－　年刊　26cm　8641円
表示年版の年の通貨情勢、為替・金融・貿易動向、国際地域・各国の動向と為替・貿易に関する統計をまとめる。前半は通貨情勢の概観と毎月の東京市場状況および各国の状況について簡単に記す。後半の統計は日銀金利・主要金利、国際収支、貿易統計、東京市場円相場、主要国為替相場、内外金利などからなる。解題は1995年版による。　　　　　　　　　　　　2412

◆◆ 世界銀行

世界銀行年次報告　1974－　世界銀行〔編〕　世界銀行東京事務所〔訳〕　世界銀行東京事務所　1974－　年刊　26cm　『World Bank : report』の翻訳
世界銀行を形成する国際復興開発銀行（IBRD）と国際開発協会（IDA）の理事会が作成したもので、1995年版は、1994年7月1日－1995年6月30日までの世界銀行の活動状況を収録。本文は6章よりなる。理事会、世界銀行の業務、世界銀行の主なプログラム、各地域の展望、その他の世界銀行グループの活動、世界銀行の財務とつづき、巻末の大半に国際復興開発銀行の財務書類、IBRR/IDA付表を付す。解題は1995年版による。　　　　　　　　　　　　　　　　　2413

◆ 保険

【辞典・事典】

保険辞典　改訂新版　保険研究所編　保険研究所　1978.3　1085p 22cm　12000円
生命保険、損害保険、社会保険、保険数理など幅広い分野の用語を解説した本格的保険辞典。日本語で書かれた最大詳細な辞典で、巻頭に和文の事項索引と人名索引がある。巻末には保険関連年表を付す。保険用語以外にも保険関連の人名（経営者、学者など）も収録。初版は1962年。増補改訂版は1971年に刊行されている。　　　　　　　　　　　　　　　　　　2414

保険用語辞典　2版　広海孝一，塙善多編　日本経済新聞社　1997.7　224p 18cm　（日経文庫）　4-532-01346-

1 900円
生命保険、損害保険の専門用語辞典。1996年4月施行の保険業法改定を反映した内容となっているコンパクトな辞典。実務家・学生・一般と幅広い利用者を想定し、比較的平易な解説である。　　　　　　　　　　2415

保険用語辞典　第2版　東京海上火災保険株式会社，明治生命保険相互会社編　東洋経済新報社　1992.9　222p 20cm　4-492-01049-1　2300円
生命保険、損害保険、社会保険に関する重要語1200を精選、その重要度によって解説文の分量のウエイト付けが行われている。保険の実務家によって編集された辞典。用語の選択やその解説は実用的な内容になっている。保険を学ぶ大学生、保険や年金の実務家向き。巻頭に事項索引がある。　　　　　　　　　　　2416

保険用語小辞典　赤堀勝彦，吉光隆編著　経済法令研究会　1994.5　263p 18cm　（小辞典シリーズ）　4-7668-1287-5　1800円
生命保険、損害保険の専門用語辞典。「生命保険編」「損害保険編」「共通用語編」の3部で構成。用語の説明は、日常実務に必要な知識の「要約」と詳しい「解説」からなる「ダブルステップシステム」が特徴。巻頭に和文の五十音順索引があり、各用語ごとに生命保険用語、損害保険用語、共通用語であることを示すマークを付す。巻末には参考文献を掲載。　　2417

英独仏和保険用語辞典　第3版　保険研究所出版部編　保険研究所　1991.12　614p 19cm　監修：木村栄一
英語、ドイツ語、フランス語、日本語による保険に関する4か国語辞典。1977年の初版以来、版を重ねるごとに内容を改訂、充実が進む。英語についての類書はあるが、ドイツ語、フランス語部分については、有効である。　　　　　　　　　　　　　　　　　　2418

【年鑑】

保険年鑑　明治39年－　生命保険協会，日本損害保険協会編　大蔵財務協会　1906－　年刊　26-30cm　監修：大蔵省銀行局
生命保険事業、損害保険事業、一部の共済事業に関する主要統計を収録した年鑑。わが国で営業する外国保険事業者に関する統計も含まれている。体系順配列で英文見出しを併記。創刊後約1世紀の歴史を重ねる。編者は農商務省商工局、同商務局、商工省保険部、大蔵省監理局を経て1951年刊より現在の編者となる。付録として、国民所得と生命保険契約高比較表や生命保険会社、損害保険会社、船主相互組合などの概要を収録する。解題は平成8年度版による。　　　　　2419

❖❖ 生命保険

生命保険に関する図書目録　1986　生命保険文化センター　1986.3　60p 21cm
1985年12月現在で市販中の生命保険に関する書籍・雑誌を中心に約640点を収録した図書目録（一部非売品、品切れ・絶版分を含む）。生命保険、保険一般、参考図書（年金医療保障関係、財形制度・企業福祉関係、高齢化・老人福祉関係、資料・統計など10分野に分類）に大別して配列し、編著者名・タイトル・判型・頁数・定価・出版社を記載。生命保険、保険一般の図書には簡単な内容説明も付す。巻末に五十音順の書名索引がある。1977、1980年版もある。　　　　2420

生命保険会社役職員名簿　昭和27年度版－　保険毎日新聞社　1952－　年刊　21cm　付：関係機関名簿
わが国の生命保険会社32社（外資系会社を含む）の住所、役員の氏名、本社・営業店の幹部職員の所属・肩書・氏名などを会社別に収録した名簿。住所は本社のほか本部・事務センター・支社などの主要機構の所在地、電話番号を記載。一部の会社は個人の住所も付記。巻末に生命保険協会、生命保険文化センター、生保リサーチセンターなど生命保険業界と関係の強い主要機関の名簿および生命保険会社・損害保険会社一覧表がある。近年は年1回刊行されている。解題は平成7年度版による。　　　　　　　　　　　　　　2421

生命保険用語英和辞典　新版　大阪　生命保険文化研究所　1993.8　562p 22cm
生命保険、医療保険、年金に関する英和用語辞典。収録語数は約1万語。付録に諸団体、官庁、会議などの名称とその内容を解説。1979年初版発行以来2回の改訂を重ね、欧米の新しい保険用語を反映する。　2422

ほけんがいど　1960年版－　保険文化協会資料調査部編　保険文化協会　1960－　年刊　18cm
生命保険会社、損害保険会社および各関連諸団体の概要説明書。生命保険会社（団体）に関する記載が約80％を占める。生命保険会社の沿革、経営者、決算、機構図などのほか、社員総代や評議員の名簿が収録されている。ほかに、これら名簿を備えた概要書がないので便利。解題は1997年版による。　　　　2423

生命保険戦後統計　自昭和22年度決算至昭和51年度決算　保険研究所編集部編　保険研究所　1977.11　407p 27cm 4500円
1947年度から1976年度まで戦後30年間にわたるわが国の生命保険会社20社の主要事業概況を網羅的かつ体系的に収録した統計書。3部からなる。「会社概況」で

各社ごとの沿革・特色、当面の経営目標、経営規模の現況などを紹介。「総合統計」と「各社統計」では全社総合および各社別の事業成績一覧表、貸借対照表、損益計算書などの統計表を収録。ほかに全社契約高の推移などを示す若干のグラフを巻頭に、簡易生命保険・農協共済の主要事業概況および戦後生命保険事業の歩み（年表）などを巻末にそれぞれ付す。　2424

◆◆◆生命保険経営

保険医学用語集　第2版　日本保険医学会編　日本保険医学会　1992.3　108p 22cm 4-9900160-2-5 非売品
生命保険医学に関する学問上・実務上の基本用語約350語を選定し簡潔に解説した専門事典。見出し語は五十音順に配列し英文を併記。同義語または類語は並列して記載。巻末に保険関係の辞典その他の参考文献を付す。初版は1972年刊。　2425

◆◆◆簡易保険

簡易保険統計年報　平成7年度　郵政省簡易保険局編　郵政省　1996　30cm
簡易保険事業の統計を、概況、統計図表、統計表、事業年表、参考資料に区分して収録。大正8年度－昭和23年度までは『簡易保険局統計年報』、昭和24－62年度は『郵政統計年報　保険年金編』、昭和63－平成2年度は『郵政行政統計年報　保険年金編』、平成3－6年度は『郵政行政統計年報　簡易保険編』と改題を重ねていたが、平成7年度で終刊となり、以降はインターネットで提供。解題は平成7年度版による。　2426

◆◆◆損害保険

損害保険会社役職員名簿　〔1948年秋季版－?〕　保険毎日新聞社　21cm　付・関係機関名簿
損害保険会社および関連機関（団体など）の課長以上の役職員名簿。日本で営業している外国保険会社を含んでいる。役職名、氏名、自宅住所を記載する方式を採っているが、自宅住所を表示しない会社もある。巻末に日本損害保険協会などの関連機関の名簿を収録。解題は平成9年度版による。　2427

財政

◆財政一般

【書誌】

財政・租税に関する10年間の雑誌文献目録　昭和50年－昭和59年　日外アソシエーツ編　日外アソシエーツ　1987.10　287p 27cm　発売：紀伊国屋書店　4-8169-0360-7　11000円
『雑誌記事索引(人文・社会編)累積索引版』☞0139 第5－6期をもとに財政、租税に関する文献目録として再編成したもの。1975年から1984年までに国内で発表された雑誌文献8468件を収録する。構成は主題別の大項目の下に、キーワード方式による見出し語で細分している。巻末に五十音順の事項索引を付す。1974年以前については『財政・経済政策に関する27年間の雑誌文献目録　昭和23年－49年』に収録。　2428

【便覧】

財政統計　昭和37年度－　大蔵省主計局調査課編　大蔵省印刷局　1962－　年刊　26cm
内国税の申告、処理、納税およびこれらに関連する計数を収録したもの。予算決算および純計、予算および決算の分類、財政投融資、租税、国債、地方財政、国民経済計算による政府支出、国民総支出（総生産）などに関する統計を通じて日本の経済活動の現状を表す。巻頭に、財政制度、国民経済と財政、一般会計予算の分類、財政投融資についての解説がある。なお、これ以前の時期の統計として、1926年以降1945年までの累年統計と、1946年から1948年分を収録した『財政経済統計年報　昭和23年』（大蔵省理財局編、大蔵財務協会、1948）や『財政経済要覧　統計篇　1951年』（大蔵省編、大蔵財務協会、1950）および『財政経済統計要覧　昭和27年－44年度』（大蔵省編、大蔵財務協会、1952－1969　昭和27年から昭和36年版までは年

2回、昭和38年版からは年刊で刊行）がある。　*2429*

図説日本の財政　昭和30年度版－　東洋経済新報社
　1955－　年刊　19cm
日本財政の役割や仕組み、明治からの財政をめぐる議論とあゆみ、諸外国の財政制度を、図表をまじえて簡明に解説した便覧。財政についての基本問題、財政の仕組み、当該年度の予算、日本財政のあゆみ、欧米諸国の財政の5部からなり、図表や統計を豊富に用いて具体的に記述。巻頭に資料、グラフ、統計の目次がつく。大蔵省大臣官房調査企画課などの勤務者が一般向けに平易に執筆したもの。解題は平成9年度版による。　*2430*

日本財政要覧　第4版　林健久，今井勝人編　東京大学出版会　1994.2　146p　26cm　4-13-042046-1　2678円
財政学の講義を補完するために基本的な資料を体系的に編集した要覧。「財政機構・グラフ」「法令・資料」「統計」「外国財政」の4部からなる。大蔵省、自治省、経済企画庁、日本銀行などが作成した統計書など多くの文献が使われ、出所は本文に注記されている。初版は1977年刊。1983年、1987年と改訂を重ね、第4版は新訂版として刊行された。　*2431*

◆財政史

昭和財政史　昭和27－48年度　第1－20巻　大蔵省財政史室編　東洋経済新報社　1990－2000　20冊　22cm
1952－1973年度の詳細な財政史。全20巻の予定で叙述巻（1－12巻）と資料巻（13－20巻）からなる。叙述巻は総説、財政、予算、特別会計・政府関係機関・国有財産、租税、国債、財政投融資、金融、国際金融・対外関係事項で構成され、注が豊富に記載されている。資料巻は叙述巻と対になるよう編集され、出所が明記されている。各巻に『刊行だより』の別冊がつく。索引は最終巻。『明治財政史』☞*2433*『明治大正財政史』『昭和財政史〔昭和元年から終戦まで〕』『昭和財政史 終戦から講和まで』の続編。原資料の正確な記述であり、学術研究に役立つよう財政学の専門家が執筆している。　*2432*

明治財政史　第1－15巻　明治財政史編纂会編纂　吉川弘文館　1971－1972　15冊　25cm
1868年－1902年までの詳細な財政史。財政機関、会計法規、予算決算、国庫出納、租税、葉煙草専売、国債、準備金、預金、恩賞諸録、罹災救助、通貨、銀行の各編からなる。第15巻は凡例、総目録、索引、付録（日露戦争ニ於ケル本邦ノ財政ほか）。英文書名『松方伯財政事歴』。原本は1905－1906年に丸善から刊行。本文は旧かな、旧漢字。本書の続編に『明治大正財政史』『昭和財政史〔昭和元年から終戦まで〕』『昭和財政史 終戦から講和まで』『昭和財政史 昭和27－48年度』☞*2432*があり、類書に『明治前期財政経済史料集成』（大内兵衛ほか、明治文献資料刊行会、1962－1964）、『明治大正財政詳覧』（東洋経済新報社、1975）がある。　*2433*

要約戦後財政金融政策史　大蔵省大臣官房調査企画課編　財経詳報社　1978.8　250p　27cm　2300円
1956年4月から1978年までの経済動向と財政金融政策について網羅的、コンパクトにまとめた便覧。年表形式で、経済動向を示す時系列データ、海外・国内情勢、経済動向等、財政金融政策等の展開、政府等、財界等および学者・評論家等の見解を並列表示。主要な政策論議をつかめるよう配慮している。巻末には経歴を付した五十音順の人名索引があり、本書中の学界、経済界などの人物の経済判断や政策提言などを人名から検索できる。　*2434*

◆予算決算

決算と会計検査　大蔵省・自治省・会計検査院　資料編　昭和44－60年版　大蔵財政調査会　1968－1984　年刊　22cm
各省庁の決算報告による国の決算状況、自治省の都道府県、都市町村別決算状況調による地方自治体の決算状況、会計検査院報告書などの概要を収録。このほか、国の決算については、『会計検査のあらまし』（昭和55年版－　会計検査院、年刊）、地方財政の決算については、『地方財政白書』別名『地方財政の状況』（昭和28年版－　）に概要が収録されている。なお『会計検査のあらまし』は、『会計検査院年報』（昭和23年版－28年版）、『予算は正しく使われたか』（昭和29年版－32年版）、『国の決算と検査』（昭和33年版－52年版）、『昭和○○年度の決算と検査』（昭和51年度－昭和54年度）と改題されている。　*2435*

国の予算　昭和24年度－　同友書房　1949－　年刊　26cm　編者：財政調査会
国会に審議資料として提出される予算書の内容を体系的に整理した予算の解説兼記録資料。総説（当該年度の予算の背景、編成経緯、概要）、一般会計歳出、一般会計歳入、特別会計、政府関係機関、財政投融資、当該年度暫定予算、前年度補正予算で構成される。巻

末付録に予算編成経過等、財政・国民経済統計を収録。大蔵省主計局有志職員が一般向けに平易に解説したもの。解題は1996年度版による。　　　　　　　　　　*2436*

✦✦✦ 補助金

補助金総覧 昭和58年度－　財政調査会編　日本電算企画　1983－　年刊　26cm
補助金などについて全般的、系統的に知ることができるよう表形式にまとめた便覧。全体を一般会計、特別会計、政府関係機関に大別し、その中を補助金、負担金、交付金、補給金、委託費、援助金、国際分担金等の７つに分ける。表は所管ごとの前年度・当該年度の予算額、補助額、補助率と交付対象、摘要などの項目からなる。解説はない。巻末に法令および通達と所管別（中は事項の五十音順）の索引が付く。『補助金便覧』（1965－1982、年刊）を改題継承したもの。国の諸機関や補助事業の執行にあたる地方公共団体などでの利用および補助金などについての調査研究にも活用できる。解題は平成９年度版による。　　　　　　*2437*

✦ 租税

【書誌】

租税資料目録 第１集－　国税庁税務大学校租税資料室編　国税庁税務大学校租税資料室　1978－　不定期刊　26cm
税務大学校租税資料室に保管されている文書、図書、図録、器具類およびコレクションを収録した目録。配列は税務大学校図書分類順による。２編に区分され、「近世資料編」には1872年以前の、「近代資料編」には1873年以降の、文書、図書、用具などを収録。租税に関する貴重な資料の散逸を防ぐために1968年６月に開設された租税資料室が、1978刊の第１集から不定期に発行しているもの。第７集には「岩田（周作）文書」、第８集には小山武寄贈の「地巻の館」コレクションを収録。索引はない。　　　　　　　　　　　*2438*

【辞典・事典】

税法用語辞典 新訂版　足立正喜編　大蔵財務協会　1995.12　686p　22cm　監修：沖津武晴　4-7547-0285-9　3000円
租税法、税務会計、税務行政に用いられる一般的、基本的な用語と日常の税務に必要な用語を網羅的に収録した辞典。収録語数2313語。配列は五十音順で、項目の末尾には参照条文や関連用語を表示。用語の解説では、現行租税制度の概要、沿革、学説や裁判例などについても触れていて、税の実務家から一般納税者にも利用できる。執筆は税務大学校研究部。巻頭に五十音順の索引が付く。類書に『税法用語事典』（金子宏編著、税務経理協会、1995）がある。　　　　　　*2439*

税務百科大辞典 金子宏〔ほか〕編集　ぎょうせい　1980－1981　５冊　27cm　全33000円
国税・地方税の双方に必要な項目を広く収録した百科辞典。収録項目約3700、索引項目約１万。所得税、法人税、相続・贈与税、住民税、事業税、固定資産税などを中心に、国税通則法、国税徴収法、国税犯則取締法についても多数の項目を収録する。説明文中にカッコで根拠法令を示し、関連用語の参照もある。第１－４巻が本編で、第５巻は1980年税制改正に伴う追加項目、補正項目のほか、付録として「税制改正の実態を知るための情報」など４項目を収録。各巻頭に各巻の項目一覧、５巻巻末には総索引を付す。別冊付録に「1981－1983年度の新語補遺・税法改正早わかり」を収録。　　　　　　　　　　　　　　　　*2440*

税務用語辞典 ５訂　桜井四郎，大野敏男，市塚宰一郎責任編集　経済法令研究会　1996.11　428p　20cm　（銀行実務用語シリーズ）　付属資料：30p　4-7668-1367-7　3600円
基本的用語や通常用いられる用語約1000語を解説。税法区分に準じて、基本的用語編、所得税用語編、法人税用語編、相続税・地価税用語編、地方税・消費税用語編に分け、見出し語の五十音順に配列。解説は、意義、説明参照条文、関連用語からなり、見出し語にはよみがなを付す。巻頭に五十音順の用語索引がある。平成８年度税制改革などに基づき、４訂（1995）に追加・加筆・修正したもの。初版1985年刊。別冊の付録は各版とも最新の非課税所得・所得控除税率等一覧を収める。　　　　　　　　　　　　　　　　*2441*

税務用語事典 新版　新井隆一監修　日本税理士会連合会編　ぎょうせい　1997.6　1096p　22cm　4-324-05006-6　8000円
税務担当者および一般納税者向けに、税務用語、租税制度、税務の実際を理解できるように解説した「税の百科事典」。収録語数は約2500。税法基本用語、所得税用語、法人税用語、相続税・贈与税用語、消費税用語、その他諸税用語、徴収用語、地方税用語の８編を項目別に編集し、計算例、典拠法令、判例の引用と注意点、関連語を付記する。巻頭に、細目次を配し、巻末には五十音順用語索引がある。『実用税務用語事典』（1965年刊）を全面改訂した初版（1970年刊）から７

度目の改訂。　　　　　　　　　　　　　　　　　2442

【便覧】

海外税制ガイドブック　第3版　クーパース・アンド・ライブランド・グローバル・タックス・ネットワーク〔編著〕　中央監査法人国際本部, 中央クーパース・アンド・ライブランド国際税務事務所監訳　中央経済社　1997.10　818p　22cm　『International tax summaries,1997』の抄訳　4-502-75611-3　10000円
海外38か国の税制の概要を解説。国名のアルファベット順に配列し、その中は、法人所得税、個人所得税、非居住者に対する所得税、その他の主な税金、課税所得の計算、関連事項などに区分、税額の計算例を多く収録し実務者向けに構成。初版は1991年で、この3版は原則として1996年7月現在の各国税制に拠って記述している。なお租税の申告を行う際の実務手引書として主要12か国の法人用個人用の申告書を掲げて記述方法や申告方法を説明した『海外税務ハンドブック　4訂版』(監査法人トーマツ編、税務研究会出版局、1995)がある。　　　　　　　　　　　　　　　　　2443

国際税務要覧　小沢進, 矢内一好共著　財経詳報社　1991.4　519,5p　21cm　4-88177-106-X　4500円
国際課税の用語を体系的に解説し、世界157か国の租税制度を概観した要覧。用語は実務面から重要と思われるものを選択し、大半に、関連する法令、通達などの参照や関連用語への案内を付す。各国の税制紹介では、租税一般、税務行政等、法人税、個人所得税などに項目を固定して各国相互比較ができる。巻末に和文の五十音順事項索引がある。海外進出先の税制に関する情報源として活用できる。　　　　　　　　2444

産業税制ハンドブック　昭和62年度版－　通商産業調査会編　通商産業調査会　1987－　年刊　21cm　監修：通商産業省企業行動課
日本の産業にかかわる税制について表形式で体系的にまとめた便覧。現行の租税体系、法人税の基本的仕組み、各年度の税制改正における通商産業省関係項目、国税、地方税、参考資料で構成され、原則として1頁に項目(法条など)、対象、仕組みが並列されている。法人税、所得税などや道府県民税、市町村民税、事業税など各税の項目は国税、地方税のもとに並べられている。解説、索引はない。『産業関連税制の概要』を改題継承したもの。解題は平成9年度版による。
　　　　　　　　　　　　　　　　　　　　　　2445

事務年報　第12回(昭和37年度)－　国税庁　1964－　年刊　31cm
国税庁の業務報告書。構成は、総説、税務行政の現況、税務行政の組織の3部。税務署発足100年目にあたる第46回(1996年度分)には「税務行政100年のあゆみ」が収録されている。第1回(昭和24年度)から第11回(昭和36年度)までの書名は『国税庁事業年報書』。
　　　　　　　　　　　　　　　　　　　　　　2446

税金ガイド　英和対照　昭和59年版－　五味雄治著　財経詳報社　1984－　年刊　23cm　英文書名：『Guide to Japanese taxes』
日本の税制全般について、最新の法令・通達をもとに、税の種類別に簡易で実務的な解説を加えたもの。見開きの左頁に英文を、右頁に対応する日本文を収める。巻末に英語のアルファベット順用語索引と、日本語の五十音順用語索引を付す。解題は平成9年版による。
　　　　　　　　　　　　　　　　　　　　　　2447

税法便覧　昭和37年版－　大蔵省主税局税制第三課編　税務研究会出版局　1962－　年刊　22cm
国税・地方税の全税目の基本的事項を体系的にまとめた実務的便覧。国税の部、地方税の部の2部からなる。総目次のほか、税目によっては細目次がある。項目、内容、備考の三段組で、備考欄に関連する法令・通達等、関連項目への参照がある。巻頭には当該年度の税制改正の概要、わが国の租税体系の簡略な解説があり、巻末に事項索引を付す。一般納税者、税務関係者が税法を理解する手引書。解題は1997年度版による。
　　　　　　　　　　　　　　　　　　　　　　2448

【統計】

国税庁統計年報書　第73回(昭和22年度版)－　国税庁　1949－　年刊　26cm
国税庁主管の内国税の申告・処理、納税およびこれらに関する計数を、国税局別、都道府県別に収録したもの。『主税局第1回年報告』として創刊され、1949年から『国税庁第73回統計年報書』と改題。なお、『国税庁統計年報書　第100回記念号』(1976年刊)には、租税制度および税務機構の変遷と国税に関する主要な統計表の累計を、1868－1948年(国税庁発足前)と1949年以降(国税庁発足後)に区分して収録。　2449

◆◆租税史

大日本租税志　京都　思文閣　1971　3冊　23cm　編修：野中準〔等〕　17000円
古代から1880年までの租税関係史料を編年体で記述した租税史。前篇：土地制度、中篇：地租諸税、後篇・雑篇：調庸、夫役などの3冊からなり、各篇とも田制総録、屯田、口分田などの小項目に分かれている。引

用は『古事記』『日本書記』などに及び、本文に出典を明記。1881年に大蔵卿松方正義の命で税務参考資料として編纂され、1882－1885年に30冊の和装本で刊行、1926－1927年に3冊本として合本復刻されたものの複製版。本文は旧かな、旧漢字。
2450

◆公債、国債

国債統計年報 明治40年度－　大蔵省理財局　1909－　年刊　26cm
国債・借入金など政府の債務、および政府の保証が付されている政府関係機関の債務の統計。昭和16年度版（1941年刊）で刊行を中断、昭和24年度版（1949年刊）に、昭和17年度から昭和24年度までの累計を収録。
2451

図説日本の公共債 平成7年度版　乾文男編　財経詳報社　1995.7　248p 19cm　4-88177-369-0　1800円
国債、政府保証債、地方債などの総称である公共債についての入門書。国民経済と公共債、国債、政府関係機関債、地方債、政府短期証券、外債、わが国の公共債市場の歩みの7編に、法令編（抜萃）と参考資料がつく。図版も多い。巻末に五十音順事項索引がある。1976年初版から改訂を重ね、最近の金融環境の変化などを取り込んでいる。関連業務に携わる人や公共債に関心を持つ人に役立つ。
2452

◆専売

専売統計年報 第1－33回(昭和24－56年度) 日本専売公社　1951－1982　年刊　26cm
たばこと塩の生産、製造、収納、販売、輸出入、専売取締法の違反者など、日本専売公社の事業に関する統計を収録。同公社の民営化により廃刊。戦前期の専売統計については、大蔵省専売局が『専売局年報告』または『専売局年報』の書名で、明治31年度（第1回）－昭和16年度（第44回）を刊行。戦後『専売局第45回年報』（昭和23年度）として1950年に刊行され、本書に引き継がれた。
2453

◆地方財政

地方財政統計年報 昭和31年度－　自治省　1958－　年刊　26cm
地方財政の決算を中心に、都道府県市町村その他の各地方公共団体種類別の決算収支状況、歳入歳出の内訳別状況の統計などを収録。創刊時には、『地方財政概要』明治24年度至明治33年度（内務省地方局、1903）の書名で刊行、その後、編集機関が地方財政委員会事務局、地方自治庁財政部、自治庁と変遷して昭和30年度版まで刊行。複製版の『地方財政概要』明治24年度－昭和31年度と『地方財政統計年報』昭和31年度－昭和39年度（クレス出版、1991－1996、全19冊）も刊行されている。なお、各地方公共団体別の決算状況を収録した統計資料として『都道府県決算状況調』（昭和34年度－）『市町村別財政状況調』（昭和45年度－）がある。
2454

地方財政要覧 〔昭和36年版〕－　自治省財政課編　地方財務協会　1961－　年刊　26cm
地方財政の現状と推移、地方財政計画の内容を明らかにするために、関連する統計・資料を体系的に集成した要覧。国の財政と地方財政（比較、国の財政、地方財政計画と決算）、地方財政（歳入、歳出、地方公営企業、特殊問題）、参考資料（経済関係、行政施設等）の3部からなる。大半を占める地方財政の部では、歳入、歳出などの内訳別に、関連統計、各種措置状況、指定基準、算定基礎・基準数値など多様な資料を収録。解説はない。昭和36－42年版は隔年刊。解題は平成8年12月版による。
2455

地方税ハンドブック 昭和46年版－　自治省税務局主幹共編　ぎょうせい　1971－　年刊　21cm
地方税の制度全般について、規則や税率などの概要を表形式でまとめた便覧。コンパクトながら記述は詳しい。当該年度の改正点の「改正早わかりガイド」、地方税総則、個人の道府県民税など税別の通則や税率の並列表記からなる。関連する法条の記載がある。索引はない。地方税務職員や実務担当者向き。解題は1995年版による。
2456

地方税用語辞典　自治省税務局編　ぎょうせい　1986.2　448p 22cm　4-324-00079-4　3000円
地方税関係の現行法令における実務用語、常識用語、地方税制一般の基礎的用語を厳選収録した辞典。用語の配列は表音式五十音順。地方税を中心とした制度および運用の両面にわたる概念や用語を体系的に網羅、整理し、用語に関連する法令、判例、通達などの参照

もある。巻頭に分野別の索引を付す。『地方税財政用語辞典・税務篇』(帝国地方行政学会、1969)を制度改正などに即して全面的に書き改めたもの。自治省税務局の勤務者が執筆。　　　　　　　　　　2457

統計

統計学辞典　竹内啓〔ほか〕編　東洋経済新報社　1989.12
　1185p 27cm　4-492-01038-6　20600円
統計学の概念、法則、学説、制度、歴史などを平易に叙述し、統計学の諸手法の説明と、その理論的背景について詳しく解説。項目は体系的分類である。付録に確率分布、標本分布など、また参考文献では本文で引用された資料について記載。最後に記事項目の邦文索引と欧文索引がある。統計分野を理論統計、官庁統計、応用統計の3つに大別、統計学のすべての分野の基本的な事項を網羅している。1951年の『統計学辞典』、1962年の『現代統計学大辞典』を継承し、全面的に改訂。　　　　　　　　　　　　　　　　　2458

統計小事典　日本統計協会編　日本統計協会　1992.11
　338p 22cm　監修：総務庁統計研修所　4-8223-1391-3　2500円
統計用語、解説、資料、数値表から構成され、統計についての基本的な事柄がまとめられている。付録に単位換算表、略語、ギリシャ文字がついている。この事典は、1958年総理府統計職員養成所で編集された。その後版を重ね手頃な便覧として利用されてきたが、統計データを扱う環境の大きな変化に対応するため内容を充実して改編。　　　　　　　　　　　　2459

統計六法　全国統計協会連合会　不定期刊　22cm　監修：総務庁統計局統計基準部統計企画課　昭和59年版までの出版者：新日本法規出版
統計法、統計報告調整法、統計法施行令等基本法令、指定統計調査にかかわる調査規則、調査票様式、統計分類などを収録。巻末に国の統計機構一覧、分野別指定統計一覧、年次別指定統計一覧がある。解題は1994年版による。　　　　　　　　　　　　　　2460

◆統計ガイド－中央官庁

統計ガイドブック　溝口敏行〔ほか〕編　日本経営協会　1989.3　317p 19cm　監修：総務庁統計局統計基準部　4-8186-5021-8　3500円
ビジネスマン、学生、主婦など統計利用者一般の利便に供するため、指定統計、承認統計、届出統計、業務統計などから主要統計を整理・編集。国民経済計算、経済変動・物価、社会政治基盤、経済社会基盤、家計の活動、企業活動、財政・金融、国際経済関係など各統計（調査）、総覧、年鑑などの解説が簡潔にまとめられハンディタイプになっている。統計の所在源情報が掲載され、付録として統計作成機関別刊行物、統計の索引（キーワードと略語）、五十音順索引がついている。　　　　　　　　　　　　　　　　2461

統計基準年報　昭和44年度－　総務庁統計局統計基準部編　総務庁統計局統計基準部　1971－　26cm
総務庁統計局統計基準部が所掌している統計の総合調整事務にかかわる活動実績を紹介するもの。統計行政の現状を明らかにするとともに、関係省庁、都道府県、市町村における統計活動の状況も併せて収録している。統計制度、統計調査の審査及び調整、統計審議会、統計の普及及び研修、国際協力、その他の6章からなる。索引はない。解題は1995年度版による。　　2462

統計実務基礎知識　1985－　総務庁統計局編　全国統計協会連合会　1985－　21cm　監修：総務庁統計局統計基準部
統計の基礎的実務が身につくように、統計を役割、行政、調査、結果の表示と利用の4点から解説したもの。ガイドブック編と参考書編の2分冊からなり、参考書編の巻末に索引がある。初版は1985年。毎年改訂版を刊行している。解題は1998年度版による。　　2463

統計情報インデックス　1992年版－　総務庁統計局編　日本統計協会　1992－　年刊　26cm
中央官庁、民間機関などが実施あるいは作成した統計調査、業務統計および加工統計に関する主な刊行物（約1000冊）の情報が体系的に収録され、国内主要統計が掲載されている。キーワード索引、書誌情報、統計表題、機関別、書名索引の構成。必要な統計データがどの刊行物に掲載されているか、発行機関はどこか、また収録されている統計表の内容などを詳しく調べることができる。中央官庁統計を調べるには『統計調査総覧』☞2465 と並ぶ存在である。創刊は『統計報告書名鑑　官庁編その1』1974年版（昭和49）が1975年に刊行され、その後1977－1990年『統計情報総索引』、

1992年版より現タイトルに改題。昭和60・61・1991年版は刊行されていない。解題は1998年版による。
2464

統計調査総覧 昭和49年－　総務庁統計局統計基準部編　全国統計協会連合会　1975－　年刊　26cm
国、地方公共団体、日本銀行などが過去5年間に行った統計調査の指定統計、承認統計、届出統計調査のうち総務庁が受理・整備したものを統一的な様式にまとめ編集。構成は人口、労働・賃金、農林水産、鉱工業、建設・土地、商業・サービス、運輸・通信、エネルギー、企業・経営、金融・財政、家計・物価、生活・環境、福祉・衛生、教育・文化・科学、その他の項目にわけられ、調査事項の詳細が掲載されている。索引に実施機関別、統計調査名別、統計一覧などがあり国内統計調査に必須の統計調査資料案内である。創刊は1973年（昭和44/48年）『現行統計調査総覧』で、1974年から現タイトルに改題された。解題は1997年による。
2465

統計利用ガイドブック　河島正光著　日外アソシエーツ　1977.4　518p　22cm　4800円
統計の「資料」本位の案内であること、また統計資料を使う上での最小限の予備知識の案内を目的に編集。項目は統計利用の手引き、統計利用のための参考図書、資料、外国統計の利用の手引きなどの項目に大別。巻末に記事項目の索引が付いている。統計を利用する立場から作られた資料案内である。
2466

◆統計ガイド－その他の機関

全国都市統計総覧　東洋経済新報社編　東洋経済新報社　1982.9　979p　30cm　776都市(区)・20年間の全データ付(別冊　7枚)：補遺版　60000円
経済、産業、国民生活など、わが国社会のあらゆる分野の主要な都市別統計を収録し、1960年高度成長期から20年間の都市の盛衰を統計的に総括する。収録統計は省庁などの公的機関の調査によるものを基本とし、民間機関の調査を援用。付録に全国主要企業工場一覧、全国金融機関本支店一覧、全国百貨店・スーパー店舗一覧があり、巻末に統計調査の解説を付す。
2467

総理府統計局図書館都道府県統計書目録　昭和56年3月現在　総理府統計局図書館編　総理府統計局図書館　1981.3　290p　26cm
総務庁統計図書館に明治以降1981年（昭和56）3月までに収集された都道府県統計書を府県別、年別に収録した総合目録。都道府県が統計書の刊行を始める明治元年より前に出された「県治一覧」など、統計資料と判断されるものも掲載。索引はない。
2468

地方統計資料総合目録　昭和50年－昭和54年　地方統計情報資料整備調査研究委員会編　全国統計協会連合会　1981.9　298p　26cm
1975年から1979年の地方公共団体における統計調査、加工統計などを収録した地方統計に関する総合統計目録である。統計資料の内容を検索できるように書誌編では総合統計書、加工統計書、個別統計書に分けて掲載。索引には書名、機関別、調査名別、実施機関別、調査分野別があり、最後に所蔵編が付されている。所在情報も記載されているのが特徴。
2469

統計ガイドブック　社会・経済　第2版　木下滋，土居英二，森博美編　大月書店　1998.3　405p　21cm　4-272-11090-X　3800円
経済統計学会の若手研究者が社会・経済分野の統計事典あるいは分野別統計ガイド、統計案内辞典、学習の手引き書として編集。人口、土地、労働、生活、社会保障、物価指数、環境、企業・経営、産業、財政、金融、国民経済、地域、貿易・世界経済の項目からなり、巻末にテーマ一覧、統計要約書、統計書刊行の発行所、公共の統計関係機関を掲載。調べたいと思う項目の周辺も含め、統計の体系に注目した使いやすいガイドブックである。
2470

とうけい・調査資料逐次刊行物ガイド　龍谷大学社会科学研究所編　京都　龍谷大学社会科学研究所　1994.3　138p　26cm
龍谷大学社会科学研究所が創立以来収集した、戦後の統計・調査資料6万冊のコレクションから、統計資料の探し方を目的としたガイドブック。統計総合ガイド、主題から資料を探す、資料創刊年表、書名索引、発行機関別索引の5部構成となっている。主題テーマから資料を探すことができる。複雑な形態で出版されている統計・調査資料を利用しやすくするため、頻繁に行われる書名の変更、創刊年、改題、改題年などを調査、書誌変遷を記載している。創刊年調査から資料創刊年表を作成。このガイドの特徴となっている。
2471

とうけい調査資料目録　龍谷大学社会科学研究所編　京都　龍谷大学社会科学研究所　1989-1994　2冊　31cm
戦後統計資料を重点的に収集している龍谷大学社会科学研究所の蔵書目録。複雑な形態で出版され、利用や管理がしにくい統計・調査資料を統一的に把握する工夫がなされている。特に創刊年、書名の変更と書名変更年など書誌内容の変遷が記載されているのは使いやすい。巻末に機関別と分類別のアルファベット順索引

がある。1969-1987年度（1989年刊）と1988-1992年度（1994年刊）の2冊が刊行されている。このデータをもとに1998年4月からオンライン化された。　*2472*

統計の統計　1989年版-　木本書店編集部編　木本書店　1989-　21cm
数ある統計資料の中から、重要かつ基本的と思われる統計の案内と事項索引がついている。「1996/97年版グラフで見る主要統計」からはじまり、人と国家、財政・経済、防衛、産業、労働、環境、マルチメディアなどの項目を統計表とグラフで、わかりやすく編集。出典資料を記載、資料案内として便利である。1989・1993・1996/97年版の刊行。解題は1996/97年版による。　*2473*

日本統計総索引　専門図書館協議会編　東洋経済新報社　1959.3　1483p　27cm
日本の統計書の統計表について、表側、表頭事項を再現し、統計表名によって自由に検索できるように工夫され刊行。分類表により、統計の索引書として編集。付録に統計調査名一覧と機関別統計資料一覧があり、巻頭に事項索引がある。　*2474*

◆世界の統計

欧州共同体(EC)諸国統計便覧　昭和57年　総理府統計局編　日本統計協会　1982.6　202p　26cm
EC諸国の政府統計機関および国際機関が刊行した統計年鑑、月報などから主要な統計を抜粋してコンパクトにまとめたもの。国別に主要データ数年分を収録。巻頭に出典資料一覧、巻末にEC諸国と日本との比較表がある。索引はない。　*2475*

国際連合世界統計年鑑　1952-　国際連合編　原書房　1953-　26cm　原著編集：国際連合統計局　翻訳：原書房編集部　英文併記　『Statistical yearbook』の翻訳
40以上の国際および各国の機関から収集した多様なデータを、世界および地域の概括、人口および社会統計、経済活動、国際経済関係の4部に分けて掲載。大部分は最近10年の数字を2年遅れで収録。英文に和文を併記。巻末に欧文・和文の事項索引、機関索引がある。原書は1948年から、和訳は1952年から刊行されている。日本語版は国連の公式訳ではない。解題は1994年による。　*2476*

世界国勢図会　1985-　矢野恒太記念会編　国勢社　1985-　年刊　19cm
『日本国勢図会』☞*2498*の国際統計部分を充実させ、世界の政治・経済情勢を表とグラフで分かりやすく解説したデータブックである。主要国の基礎データ、人口、労働、経済、資源、農業、工業、貿易、金融、運輸、国民生活、軍縮などのデータが掲載され出典が記載されている。巻末に事項索引と主要参考資料があり、国際統計を比較調査するとき便利である。解題は1997/98年版による。　*2477*

世界大都市比較統計年表　第1-32回　東京都総務局統計部編　東京都総務局統計部　1961-1994　26cm
世界における人口100万人以上の大都市を対象に人口、経済・産業、社会、文化などの統計を相互に比較できるように編集したもの。数値は該当する市または政府機関への紹介結果に基づく。英文を併記。創刊の1961年は人口200万人以上を、第2回の1964年は150万人以上を対象とし、第3回1965年から100万人以上となった。1962年、1963年は刊行されていない。第32回1994年をもって休刊。解題は1994年による。　*2478*

世界の統計　1994年版-　総務庁統計局編　大蔵省印刷局，日本統計協会　1994-　年刊　21cm
世界各国の人口、経済、社会、文化などの基本的な統計を簡潔に要約したもの。主として国連の諸統計を原典とする。一般向けのコンパクトな国際統計書として長い歴史をもつ。内閣統計局から戦前に出ていた『列国国勢要覧』を前身とし、1951年-1952年までは『国際統計要覧』、1953年は『世界の統計　グラフと解説』、1954-1993年までは『国際統計要覧』として刊行。1994年から内容を大幅に拡充、改訂し現タイトルに改めた。各国の実状や世界における位置づけなどの国際比較が容易にできる。フロッピーディスク版もあり。解題は1998年版による。　*2479*

世界の統計資料　国別・主題別　日本貿易振興会編　日本貿易振興会　1985.12　395,12p　28cm　4-8224-0322-X　8000円
ジェトロ資料室が1985年3月までに収集した海外の統計資料約6000種類を収録した目録。対象国は231。収録資料の大半は国際機関、各国政府、中央銀行などが発行するもので、一部に各国経済団体、調査機関、民間出版社などの統計も含まれている。国別、主題別に編成され、巻末に国・地域分類表と主題分類表を添付。　*2480*

戦後世界データハンドブック　衛藤瀋吉〔ほか著〕　世界経済情報サービス　1979.5　455p　30cm
戦後の国際社会の変化についての主要な指標を収集し、整理、分析、解析を加えて時系列データ集とした

もの。1950年代から1970年代を人口、平均寿命、国内総生産など46項目に分け、統計的に概観する。巻末の資料ならびに注で出典を示す。　　　　　　　*2481*

ヨーロッパ統計年鑑 1995－　ヨーロッパ連合編　猪口孝監訳　東洋書林　1997－　27cm　『Eurostat yearbook : a statistical eye on Europe』の翻訳
欧州連合統計局がヨーロッパ住民にかかわる各種の指標を統計年鑑として刊行。住民、国土と環境、国民所得と国民支出、諸産業、ヨーロッパ連合の5部構成で、EUおよび欧州自由貿易連合諸国、アメリカ合衆国、カナダ、日本のデータをおさめている。2年遅れで収録。巻末に、ヨーロッパ連合主要年表、用語解説、地理用語一覧、経済活動分類、標準国際貿易商品分類がある。創刊は1995年（内容1983－1993年）、（第2回）は1996年（内容1985－1995年）に刊行された。解題は1996による。　　　　　　*2482*

◆日本の統計－中央官庁

完結昭和国勢総覧 第1－4巻　東洋経済新報社編　東洋経済新報社　1991.2　4冊　31cm　4-492-97007-X　全250000円
経済、産業、政治などあらゆる分野の主要統計を収録・編纂し、昭和時代における国勢各部門の推移を計数的に総括。統計は省庁など公的機関のものを基本とし、1920年（大正9）の第1次国勢調査から収録。第1巻は国土・気象、人口・労働力、国富・国民経済計算、農林水産業・建設業、鉱工業、エネルギー、運輸・通信業、第2巻は商業・サービス業、事業所・企業経営、貿易・国際収支、財政・国有財産、通貨・金融・証券、物価、第3巻は雇用・賃金、家計・消費、教育・科学技術・文化、政治・司法・軍事、旧植民地、国民生活、国際比較統計をそれぞれ収録、いずれも巻末に個々の統計表の注記、利用資料、解説を付す。第4巻は資料解説、統計調査要覧、政治・経済年表を収録。巻末に五十音順の事項総索引、付録に行政機構変遷図、歴代内閣一覧がある。『昭和国勢総覧』（1980年刊　2冊）の改訂版。姉妹書に『明治大正国勢総覧』（1975年復刻）がある。　　　　　　　　　　*2483*

国政統計ハンドブック 昭和58－平成5年版　国立国会図書館調査立法考査局編　国立国会図書館調査立法考査局　1984－1994　11冊　18－21cm
国土・人口、国民経済計算、財政、金融、物価、農林・水産、鉱工業、建設、商業、国際収支・貿易、運輸・通信、事業所・経営、労働、家計・生活、厚生・社会保障、文教、議会・公務員・司法・災害、科学技術、資源・エネルギー、環境問題などをコンパクトに網羅。巻末に資料項目と資料一覧の索引がついている。1949年（昭和24）に創刊された『国会統計提要』と1975年（昭和50）より刊行された『地域統計提要』を1985年（昭和60）に統合したもの。二次統計のタイムラグや類書が多く出版されている事情から、平成5年版を最後に出版が中止された。解題は平成5年版による。　　　　　　　　　　　　　*2484*

大都市圏の整備 首都圏・近畿圏・中部圏　昭和59年度－　国土庁大都市整備局編　首都圏整備協会　1984－　年刊　19cm
首都圏、近畿圏、中部圏の3大都市圏について、主要統計と大都市圏整備の概要・現状を項目別にまとめたもの。各大都市圏、全国平均、大都市圏全体、大都市圏内各都道府県の相互比較が可能。付録に大都市圏以外の主要都市、外国主要都市、大都市圏整備担当部局一覧などが添付。創刊より『大都市の整備』として刊行され、1983年までは『大都市圏要覧』、1984年に現タイトルに改題された。解題は1997年による。　*2485*

統計で見る日本 1995年版－　総務庁統計局編　日本統計協会　1995－　年刊　21cm
国土、経済、社会などさまざまな分野から特に国民生活にかかわりの深い統計を、図表を用いて変化や現状をわかりやすく示したもの。必要に応じて外国との比較もある。巻末に付表として全国都道府県市区町村人口・世帯数を付す。索引はない。1982年に『ミニ統計ハンドブック』地域編として創刊され、1983年に全国編の創刊後は交互に隔年刊となった。1993・1994年は刊行されていない。解題は1997/98年版による。　*2486*

統計よもやま話の本 絵で見る暮らしのデータバンク　続　大蔵省印刷局編　大蔵省印刷局　1992.3　189p　21cm　4-17-242500-3　1100円
1988年に刊行された『統計よもやま話の本』の続編にあたる。膨大な統計や世論調査など政府刊行物として公表されたデータが、一般の人々に認知度、浸透度、利用度が十分でない実状から、老若男女を問わず幅広い層の人々が理解しやすいようにグラフ化し、さらにやさしく解説。続編は、結婚・家庭、サラリーマン、女性、お金・暮らし、世代・ライフスタイル、国際比較、自然・環境、社会・文化・世相などの項目が見直された。巻末に引用資料の一覧がついている。ユニークな統計解説である。　　　　　　*2487*

日本長期統計総覧 第1－5巻　日本統計協会編　日本統計協会　1987－1988　5冊　31cm　監修：総務庁統計局　21000－23000円

明治以来の長期時系列統計を総合的に編集刊行したもの。明治元年から現在に至る120年間の人口、経済、社会、文化などあらゆる分野の統計の中から主要項目を選び、体系的に収録。第1巻には国土・人口、第2・3・4巻には経済関係、第5巻には社会・文化関係を主として収録。統計制度、各分野の統計体系・沿革、個別の統計調査についても詳しく解説があり、わが国統計の総合的な解説書として利用できる。 2488

日本統計年鑑 第1回(1949年)- 総務庁統計局編 日本統計協会，毎日新聞社 1950- 27cm
わが国の最も包括的、基礎的な総合統計書。国土、人口、経済、社会、文化などあらゆる分野の基本的な中央官庁統計を体系的に収録。英文を併記。付録として統計の所在源を示す統計資料案内、日本長期統計総覧の対応表があり、巻末に日本語と英語の2種類の事項索引を付す。1882年（明治15）刊の『日本帝国統計年鑑』の流れをくむもので、太平洋戦争による一時中断後、（第1回）1949年（昭和24）『日本統計年鑑』として復刊、その後毎年刊行。解題は1998年による。 2489

日本の統計 1956年- 総務庁統計局編 大蔵省印刷局，日本統計協会 1956- 21cm
わが国の国土、人口、経済、社会文化の各分野にわたり特に重要な基本的統計を選び、一般の人が利用しやすい形に編成。巻頭にグラフで見る日本の統計があり、巻末には省庁等別資料一覧がある。索引はない。1956年（昭和31）から3年ごとに刊行され、1964年からは年刊となった。年版表示の変更により1972年は刊行されていない。戦前の『日本帝國統計摘要』（1887年創刊-1939年）の流れをくむもの。解題は1998年版による。 2490

離島統計年報 昭和45年版- 日本離島センター編 日本離島センター 1971- 30cm 監修：国土庁地方振興局離島振興課
わが国は6852の島嶼からなり、その離島問題の調査研究あるいは政策に役立つことを目的として刊行された。島の概要、土地、人口、産業、教育、観光、運輸、医療、財政などの項目で編集され、巻頭に図表でみる島の動き、巻末には法律指定外離島の概要が付表としてついている。1968年（昭和43）『離島振興要覧』として創刊、昭和45年版から本タイトルに改題された。解題は1997年による。 2491

Statistical handbook of Japan 1964- / Japan statistical Association.〔Tokyo〕: Statistics Bureau, Management and Coordination Agency, 1964- . 年刊; 19cm
日本の政治、経済、社会、文化を統計表と図表を使っ
て外国人に紹介するハンディな案内書。政府や民間機関の統計出版物からデータを収集、わが国の現状を簡潔に示している。巻末に主要国の経済指数の比較表を付す。解題は1996〔年版〕による。 2492

◆日本の統計－その他の機関

数字でみる日本の100年 日本国勢図会長期統計版 改訂第3版 矢野恒太記念会編 国勢社 1991.9 542p 21cm 監修：矢野一郎 4-87549-410-6 2600円
わが国の経済産業から国民生活全般にわたるさまざまな数字を収録し、簡単な解説を付したもの。社会、経済の統計をわかりやすく編集。巻末に近・現代史年表を付す。初版1981年、第2版1986年、第3版1991年の刊行。出典先が記載され、資料探しに便利。 2493

大都市比較統計年表 昭和28年- 大都市統計協議会編〔川崎〕大都市統計協議会 1955- 年刊 26cm
都市行政、都市運営の指針となるよう、市勢ならびに行政の基礎的な統計資料を相互に比較することを目的として刊行された。現在は13大都市（札幌市、仙台市、千葉市、東京都、川崎市、横浜市、名古屋市、京都市、大阪市、神戸市、広島市、北九州市、福岡市）が収録され、交代で編集を担当。戦前は昭和11年（第1回）-昭和14年（第4回）まで刊行されている。戦後1953年（昭和28）に復刊。解題は1996年による。 2494

地域統計要覧 昭和50年版- 地域振興整備公団企画調査部調査課編 ぎょうせい 1975- 年刊 22cm
地域開発関係資料を中心に、関連資料を体系的に整理することを意図し編集された。項目は地域開発、土地利用、住宅宅地開発、工業立地・用地、人口、水資源、エネルギー、環境、社会資本、産業、経済で地方単位に簡潔にまとめられている。付録に各都道府県の地勢と歴史が、参考資料に整備公団の活動概要が掲載されている。解題は1998年版による。 2495

データでみる県勢 1989/1990- 矢野恒太記念会編 国勢社 1988- 21cm
各種の統計調査データを都道府県別に集約したもの。府県のすがた、府県別統計、市の統計、町村の統計の4部構成、収録データはおおむね当該年度より2-5年前のものを収録。巻末に五十音順索引がある。1988年刊の初版（1989/90）から1994年刊の第4版までは隔年刊、その後は毎年刊行。解題は1998年版による。 2496

東京都統計年鑑　第4回(昭和27年)－　東京都総務局統計部統計調整課編　東京都統計協会　1952－　27cm
東京都の人口、経済、社会、文化など各分野の重要かつ基本的な統計資料を総合的、体系的に収録したもの。巻末に都道府県勢一覧を付す。索引はない。資料の出所が明示され詳しい資料を探すのに便利。第1回(1949年刊行)から第3回までのタイトルは『東京都統計書』。本書と同様の基本的な統計資料は各府県単位で刊行されている。解題は1996年による。　2497

日本国勢図会　年刊・国のすがた　昭和2年版－　矢野恒太記念会編　国勢社　1927－　19cm
人口、気候、経済、産業、金融、通信、国民生活、犯罪、教育などの最新データをもとに日本の社会・経済情勢を表とグラフでわかりやすく解説したデータブック。巻末に事項索引と主要参考資料があり、各種データに出典先が記載されているので、資料案内として便利である。1954年(昭和29)までほぼ2年ごとの刊行、その後は毎年刊行されている。解題は1998/99年版による。　2498

白書の白書　昭和61年版－　木本書店編集部編　木本書店　1986－　年刊　21cm
政府が発行している「白書」33冊のエッセンス、特に統計を中心として数字を重点的に収録、辞書的な感覚で編集されている。その年度の白書のテーマや内容が簡潔にまとめられ、各表・グラフには出典を表示、原本あるいは関連資料を探すのに便利である。また、必要なデータを調べたい場合には巻末に索引がついている。解題は1998年版による。　2499

民力　地域データベース・都市・エリア・都道府県　1965年版－　朝日新聞社年鑑事典編集部編　朝日新聞社　1965－　年刊　27cm
生産、消費、文化など国民のもつエネルギーである民力を地域別に比較した資料集。エリア・都市圏・市町村別主要指標、人口・世帯などの10指標で算出した民力指数、都道府県別資料集、参考資料の4部からなる。1960－1964年は『都道府県別民力測定資料集』として刊行され、1965年版から現タイトルに改題された。巻末に資料解説、マクロ指標、資料出所先一覧、都市圏・エリア別索引、項目別索引がある。解題は1998年版による。「都市圏みんりょくデータベース」としてフロッピーディスク、CD-ROMでも提供されている。　2500

Nippon; a charted survey of Japan　1936－1994/95　edited by the Tsuneta Yano Memorial Society. Tokyo: Kokusei-sha, 1936－1994.　22cm
経済、産業、社会生活などの統計案内である『日本国勢図会』☞2498の英語版。巻末に府県別データ比較表、資料の出典一覧、アルファベット順索引、年代別項目時系列データがある。創刊は1936年だが1937－1954・1960・1991/92年は休刊。以後は毎年刊行。1994/95年をもって終刊となる。解題は1994/95年による。　2501

社会

◆社会学

【書誌】

社会学・社会思想に関する10年間の雑誌文献目録　昭和50年－昭和59年　日外アソシエーツ編　日外アソシエーツ　1987.7　300p　27cm　発売：紀伊国屋書店　4-8169-0360-7　11000円
『雑誌記事索引(人文・社会編)累積索引版』☞0139　第5－6期をもとに社会学、社会思想に関する文献目録として再編成したもの。1975年から1984年までに国内で発表された雑誌文献8498件を収録する。構成は主題別の大項目の下に、キーワード方式による見出し語で細分している。巻末に五十音順の事項索引を付す。1974年以前については『社会学・社会思想に関する27年間の雑誌文献目録　昭和23年－49年』に収録。　2502

社会法・労働法・環境保全法に関する10年間の雑誌文献目録　昭和50年－昭和59年　日外アソシエーツ編　日外アソシエーツ　1987.12　309p　27cm　発売：紀伊国屋書店　4-8169-0360-7　11000円
『雑誌記事索引(人文・社会編)累積索引版』☞0139　第5－6期をもとに社会法、労働法、環境保全法に関する文献目録として再編成したもの。1975年から1984年までに国内で発表された雑誌文献8611件を収録する。構成は主題別の大項目の下に、キーワード方式による見出し語で細分している。巻末に五十音順の事項索引を付す。1974年以前については『労働法に関する27年

間の雑誌文献目録　昭和23年－49年』に収録。　*2503*

社会問題・青少年問題に関する10年間の雑誌文献目録　昭和50年－昭和59年　日外アソシエーツ編　日外アソシエーツ　1987.7　309p　27cm　発売：紀伊国屋書店　4-8169-0360-7　11000円
『雑誌記事索引(人文・社会編)累積索引版』☞*0139* 第5－6期をもとに社会問題、社会運動、児童・青少年問題に関する文献目録として再編成したもの。1975年から1984年までに国内で発表された雑誌文献1万726件を収録する。構成は主題別の大項目の下に、キーワード方式による見出し語で細分している。巻末に五十音順の事項索引を付す。1974年以前については『児童・青少年に関する27年間の雑誌文献目録　昭和23年－49年』に収録。　*2504*

社会論・文化論に関する10年間の雑誌文献目録　昭和50年－昭和59年　日外アソシエーツ編　日外アソシエーツ　1987.7　222p　27cm　発売：紀伊国屋書店　4-8169-0360-7　8200円
『雑誌記事索引(人文・社会編)累積索引版』☞*0139* 第5－6期をもとに社会論、文化論に関する文献目録として再編成したもの。1975年から1984年までに国内で発表された雑誌文献7233件を収録する。構成は主題別の大項目の下に、キーワード方式による見出し語で細分している。巻末に五十音順の事項索引を付す。1974年以前については『社会論・文化論に関する27年間の雑誌文献目録　昭和23年－49年』に収録。　*2505*

疎外文献目録　和書・洋書　馬場明男，斎藤正二，池田勝徳編　桜楓社　1974　133p　22cm　4800円
現代社会における人間疎外の問題を中心に、広く内外の単行本、雑誌論文を収録したもの。1947年から1972年までの著作年代順目録およびこれを著者別に編成した著者目録（和書文献と洋書文献）の2本立て。索引はない。　*2506*

【辞典・事典】

新しい世紀の社会学中辞典　N・アバークロンビー〔ほか著〕　丸山哲央監訳・編集　京都　ミネルヴァ書房　1996.3　464p　20cm　『The Penguin dictionary of sociology．3 rd ed.』の翻訳　4-623-02583-7　4944円
1994年刊の原著を翻訳し、日本語版として編集したもの。見出し項目は英語版と同じ用語を原著にしたがってアルファベット順に配列し、日本語の訳語を付ける。巻末に文献一覧（欧文、邦訳）、欧文索引、和文索引を付す。　*2507*

現代社会学辞典　佐藤守弘〔ほか〕編集　有信堂高文社　1984.1　759p　27cm　監修：北川隆吉　12000円
社会学研究の基礎的項目を35選び体系的に詳説した大項目主義の辞典。巻頭に精細目次、各章末に文献リスト、巻末に社会学関係主要文献年表、専門誌一覧などの関連資料、和文・欧文の事項索引と、人名索引、写真・略歴付人名索引を付す。　*2508*

社会学事典　見田宗介〔ほか〕編　弘文堂　1988.2　1231p　23cm　4-335-55037-5　13500円
現代の社会学と関連諸学の研究成果を集大成し、社会学の標準的な事典をめざして編集されたもの。基本となる大項目200語と小項目を併用し、五十音順に配列。項目末に適宜関連文献を付す。別途に、社会学の書誌として、60の主題分野に分類した179頁におよぶ文献表を編成。巻末には和文事項索引、欧文事項索引、和文人名索引、欧文人名索引、社会誌・社会史項目索引、文献表主題分野名索引がある。1994年に同社より刊行された縮刷版は、本文は同一だが文献表が省略されている。　*2509*

社会学用語辞典　全訂版　鈴木幸寿〔等〕編　学文社　1992.6　385p　20cm　4-7620-0436-7　2500円
基礎的な用語を解説した初学者向けの事典。配列は五十音順。項目末尾に番号を記し、巻末の「部門別分類」と対応する。和文索引、欧文索引を付す。参考文献はない。1972年が初版で3度目の改訂。全項目にわたり再検討し、追加、削除、リライトされた。　*2510*

新社会学辞典　D.ミッチェル編　下田直春監訳　新泉社　1987　451p　20cm　新装版　『A new dictionary of sociology』の翻訳　3000円
外来語の多い社会学、社会人類学、文化人類学などの基本語の原語を理解するのに便利な辞典。見出し語の配列は原著同様英語のアルファベット順。記述は重点項目主義により、読む辞典として編集。巻末に参考文献邦訳書索引、和文事項索引、欧文事項索引、和文人名索引を付す。　*2511*

新社会学辞典　森岡清美〔ほか〕編　有斐閣　1993.2　1726p　27cm　4-641-00258-4　20600円
社会学のみならず、心理学、文化人類学、政治学、経済学、記号論、比較行動学などの関連分野を含む約6000項目を収録した辞典。戦後の本格的大辞典として定評の高かった『社会学辞典』（福武直ほか、1958）を継承し、新しい用語を追加し充実させたもの。大中小項目併用で、五十音順に配列。各項目末に参考文献を付す。巻末に世界各国・地域における社会学の歴史と現状を紹介したアペンディクス、和文事項索引、欧文事項索引、和文人名索引、欧文人名索引がある。な

お同社からは、コンパクトにまとめられた『社会学小辞典　新版』(1997年刊)も刊行されている。　*2512*

ラルース社会学事典　R.ブードン〔ほか〕編　宮島喬〔ほか〕訳　弘文堂　1997.2　348p 20cm　『Dictionnaire de la sociologie』の翻訳　4-335-55074-X　4944円
社会学の基本となる重要概念を精選し、平易に解説したもの。本文は邦訳の五十音順で、フランス語を併記し、項目末尾に参考文献を付す。巻頭に「項目の分類と一覧」を掲げ、主題からの検索の手引きとしている。巻末に、英語・フランス語・日本語対照表、文献一覧、事項索引、人名索引を付す。学生・一般読者向け。　*2513*

◆◆社会心理・社会調査

コミュニケーション事典　鶴見俊輔, 粉川哲夫編　平凡社　1988.8　630p 22cm　4-582-12610-3　5500円
太古からの人と人とのコミュニケーションに重点を置きながら、マスコミや情報処理なども含めた総合的なコミュニケーションの事典。編成は項目の五十音順だが、必要に応じて歴史的、地域的な詳しい記述に及ぶ。巻頭の「コミュニケーションの風景」や「動詞による項目ネットワーク」などを一読しておくと理解が深まる。資料としてマスコミ小事典および付表を掲載し、巻末に索引を付す。　*2514*

社会心理学小辞典　古畑和孝編　有斐閣　1994.10　319p 20cm　(有斐閣小辞典シリーズ)　4-641-00214-2　2266円
社会心理学の専門用語を簡潔・平易に解説したハンディな小項目辞典。社会心理学の進歩や新たな動向をふまえ、心理学的社会心理学と社会学的社会心理学双方の主要な領域を収載、さらに隣接・関連領域の用語も大幅に取り入れている。事項項目約1700、人名項目約80を五十音順に配列。見出し語には英語を付ける。巻末に日本語と外国語の文献一覧、欧文索引、人名索引を付す。　*2515*

社会心理学用語辞典　改訂新版　吉森護〔ほか〕編　京都　北大路書房　1995.2　422p 19cm　監修:小川一夫　4-7628-2023-7　3811円
社会心理学の分野の用語を735の見出しを立てて解説した中項目辞典。配列は五十音順で、重要語を「解説項目」として文中にゴシックで示す。巻末に日本語索引、外国語索引、人名索引を付す。付録としてアメリカ心理学会心理学者の倫理綱領、社会心理学主要雑誌のオリジン、社会心理学主要文献出版年などを掲載。初版は1987年刊。　*2516*

社会調査ハンドブック　第3版　安田三郎, 原純輔著　有斐閣　1982.12　351p 19cm　(有斐閣双書)　2200円
社会調査の実地の参考となる便覧。社会調査法の教科書でもある。社会調査概説、調査単位、基礎的調査項目、職業および職業分類、質問文例、標本抽出、尺度作成法、計算法、数表、用語解説および索引の10章からなる。1960年の初版、1969年の新版に継ぐもの。新版まであった「社会調査文献抄」は、この版では削除された。　*2517*

社会調査ハンドブック　飽戸弘著　日本経済新聞社　1987.8　311p 20cm　4-532-08796-1　1800円
初心者から上級者までを対象に、市場調査、世論調査などの社会調査の基礎理論、方法のトレーニングができるよう編まれた入門書。社会調査とは、社会調査の設計、社会調査の科学、社会調査の実際、調査項目の実例の5部よりなる。『社会調査入門』(日経新書、1971)をハンドブックとして改訂したもの。索引はない。　*2518*

小集団研究辞典　小集団研究所編　人間の科学社　1990.3　325p 20cm　2800円
小集団に関する概念・理論・技法から346項目を選び、解説したもの。社会心理学、心理学、社会学、経営学に重点をおきながらも、隣接する諸科学の重要語も含まれる。配列は五十音順。巻末に小集団に関する国内外の文献リスト、和文の事項索引、英文事項索引、アルファベット順の人名索引を付す。　*2519*

生活者アンケート総覧　1977→1991　日本能率協会総合研究所マーケティング・データ・バンク編　日本能率協会総合研究所マーケティング・データ・バンク　1992.3　1144p 26cm　63000円
民間企業、団体、官公庁など約1200の機関による1977年から1991年の15年にわたる4000点の生活関連アンケートを収録したもの。編者が開設以来収集・蓄積したデータの集大成。4部構成で、1部の「テーマ別生活者動向/調査レポート」は、資料名・出所先、主な調査項目、注目される調査結果を記載。2部以降はインデックスで、調査対象者別インデックス、件名別インデックス、出所先リスト。なお編者が発行する『X conscious』(隔月刊、1994年に『MDM生活者情報』より改題)では毎号最新情報を載せている。　*2520*

世論調査事典　NHK放送文化研究所世論調査部編　大空社　1996.3　355p 27cm　4-7568-0214-1　20000円
世論調査の基礎から実践までを総括的に説明した書。辞典とマニュアル両方の利点を併せもつ。概説、企画・設計、サンプリング、調査方法・質問紙、実査、集計、分析・報告、データベース、調査の領域・種類、

国際比較、規範・倫理/著作権の11章からなり、各章はフローチャート、概論、各論、関連用語集からなる。巻末には付録として、全国世論調査の現況、調査関連組織・機関、参考文献一覧などを収録。日本語と英語の索引を付す。　　　　　　　　　　　　　　*2521*

世論調査年鑑 全国世論調査の現況 昭和39年版− 内閣総理大臣官房広報室編 大蔵省印刷局 1965− 年刊 27cm
国の行政機関、地方公共団体、報道機関、一般企業などがその年度内に実施した世論調査について照会し、回答をまとめたもの。対象となる世論調査は、個人を対象とする調査で調査対象者の範囲が明確なこと、意識に関する調査で対象者数が500人以上、調査事項が10以上、調査票を用いていること。内容は主要世論調査結果一覧が中心で、巻末に質問内容の項目別索引がある。『全国世論調査の現況』として発表されているものの市販版で内容は同じ。解題は平成8年版による。　　　　　　　　　　　　　　　　　　*2522*

世論調査ハンドブック 世論調査研究会編 原書房 1990.10　256p 21cm　4-562-02142-X　3800円
世論調査の入門書をかねた実務上のテキスト。「世論調査の概観」と「世論調査の設計・技法」の2部に分けて説明。付録に、世論調査年表、世論調査関係図書・刊行物目録などを掲載。索引はない。　*2523*

大衆文化事典 石川弘義〔ほか〕編 弘文堂 1991.2　1034p 27cm　4-335-55046-4　24000円
現代生活のさまざまな局面から大衆文化に関連する項目をとりあげ解説した事典。人名を含む約2500項目を五十音順に配列し、各項目の末尾に参考文献を付す。巻末には大衆文化研究に広く役立つ44のジャンルごとの文献表を掲載。索引は、和文事項索引、外国語事項索引、和文人名索引、外国語人名索引、図版頁事項人名索引と充実。1994年に縮刷版が刊行されたが文献表は省略されている。　　　　　　　　　　　*2524*

ミニコミ総目録 住民図書館編 平凡社 1992.5　786p 27cm　4-582-11802-X　9800円
住民図書館が1990−91年に実施したアンケート調査結果をもとに、4709のミニコミ紙・誌を掲載したもの。2部からなり、第1部は創刊年が特定できる2850件を、第2部は特定できない1859件を収録する。第1部は発行頻度、部数、頒価などのほか内容紹介も付すが、第2部はタイトル、発行者と住所のみ。2部とも配列は同図書館独自のミニコミ分類表による。巻末に五十音順のタイトル索引、発行者索引、都道府県・分野別索引を付す。　　　　　　　　　　　　　　　　　　*2525*

❖❖都市問題

都市社会学に関する文献総合目録 東京都市社会学研究会編 学術書出版会 啓学出版(発売) 1970 190p 26cm 2200円
明治以降1968年末までに、わが国で発表された単行本、論文、報告書、雑誌論文などの関係文献を、一般理論、都市生態学、都市とその周辺、社会集団など17の大項目に分け、これらをさらに細分した分野ごとに収録した目録。各項目ごとに簡単な解説を加えている。「総合目録」とあるが、文献の所在は示されていない。巻末に著者索引を付す。　　　　　　　　　*2526*

都市問題事典 新訂 磯村英一編修 鹿島出版会 1980.12　800p 22cm 3800円
都市問題の解決を社会問題的に扱った事典。「都市の形成」「類型」「交通」など17章からなる。各項目の末尾に参考文献を掲載。初版は1965年の刊行で、都市の変化、成長に即した、4度めの改訂。今回新たに「海外主要都市事情」を加える。巻末に、事項索引、人名索引、新訂（増補新増補）索引を付す。　　*2527*

都市問題の本全情報 45/95 日外アソシエーツ編 日外アソシエーツ 1996.7　966p 22cm 発売：紀伊国屋書店 4-8169-1382-3　35020円
1945年から1995年までの51年間に日本国内で刊行された図書の中から、都市問題に関する図書を網羅的に集め、テーマ別に配列した目録。収録点数は1万7000点。全体を都市問題全般、都市の歴史、都市のすがたなど8区分し、その中はおのおの主題を設定して中見出しとする。巻末に事項索引を付す。　　　　*2528*

都市用語辞典 チャールズ・エイブラムス著 伊藤滋監訳 鹿島出版会 1978.12　310p 22cm 『The language of cities ; a glossary of terms』の翻訳 3400円
住宅問題や都市計画のみにとどまらず、広い意味での都市問題、具体的には土地経済学、不動産問題、行政、建築、社会福祉、交通、公法と政府、人種など都市生活の多様な問題領域の用語を収録した用語辞典。英文見出し語に日本語を併記し、原典にしたがってアルファベット順配列。巻末に、和英対照項目索引、英文項目索引を付す。　　　　　　　　　　　　　　*2529*

◆同和問題

【文献案内・書誌】

近代「部落史」研究文献目録 津田潔編 三一書房 1985.7 234p 23cm 5000円
明治維新から太平洋戦争終結までの部落問題に関する史料・文献のうち、戦後から1984年までに刊行・発表されたものを対象とした目録。構成は、総記、近代「部落史」概説、「解放令」とその前後、自由民権運動と部落問題、資本主義の発展と部落問題、水平運動と融和政策・融和運動、解放運動史上の人物・歴史への証言、部落問題と教育、部落問題と文学の9編に分かれる。巻末に近代「部落史」年表、収録雑誌紀要等一覧、著編者索引を付す。
2530

部落史研究ハンドブック 小林茂, 秋定嘉和編 雄山閣出版 1989.6 404p 22cm 4-639-00873-2 4800円
部落史研究の成果を、時代、視点別に文献を紹介しながら論じた研究入門書。2部からなり、「部落研究史と解放運動史」では、古代・中世の研究状況、近世中・後期の研究状況など9編を、「部落史研究の視点」では民衆史からの視点、経済史からの視点など8編を収める。巻末に統計資料、文献解題、部落史用語、部落史関係年表などを付す。索引はない。
2531

部落史研究文献目録 京都部落史研究所編 柏書房 1982.4 417p 22cm 5800円
1868年（明治元）から1980年までに発表された被差別部落史、賤民史に関する研究論文・書籍・パンフレットなど約4200点（一部外国語文献も含む）を収録したもの。総記・古代中世・近世・近現代の時代ごとに大別し、その中は主題別に分類、同一分類内は発行年月順に配列。巻末に著者索引、文献名索引、都道府県別索引、および収録逐次刊行物一覧を付す。
2532

部落問題文献目録 〔1〕-3集 部落解放研究所編 大阪 解放出版社 1983-1994 3冊 27cm
部落解放研究所が所蔵する部落問題に関する図書、パンフレット、逐次刊行物を収める目録。第1集は1983年10月現在で1万7000点を、第2集は1988年12月現在の約6000点を収載。第3集は1993年12月末現在で約5000点。各巻とも分類目録、書名索引、著者索引からなる。分類目録は独自分類に基づき、主題別に配列。索引は五十音順。
2533

【辞典・事典・年表・年鑑】

戦後部落問題年表 改訂増補 部落問題研究所編 京都 部落問題研究所出版部 1979.4 526p 23cm （戦後部落問題の研究 第1巻） 8000円
1945年8月から1976年末に至る第二次大戦後の部落問題に関連する事項を、「組織活動」「運動」「教育・文化・研究」「政策・行政」の4欄の項目に記す年表。各項目には原則として出典を示し、巻末にその一覧を載せる。索引はない。1976年に刊行した『戦後部落問題年表・草稿上（1945-65）』を改訂増補したもの。
2534

部落解放運動50年史年表 草稿 部落解放同盟中央本部編 大阪 部落解放同盟中央出版局 1971 330p 21cm 全国水平社創立50周年記念 500円
全国水平社および部落解放同盟の機関誌や大会の議案、組織の文書などを底本に、組織として明確なことがらを中心につくられた年表。前史として明治維新前後の主要事項も収録。上段に解放運動関連を、下段に政治・社会情勢を記す。
2535

部落問題事典 部落解放研究所編 大阪 部落解放研究所 1986.9 1076p 27cm 発売：解放出版社 22000円
部落問題を理解する上で必要な事項2435項目を収録。項目は幅広く選ばれており、五十音順配列で写真や図表、参考文献を添えて解説する。巻頭の項目分類表では編成の全体像がわかる。巻末に、宣言、答申、法令、統計、593年から1985年までの年表など基礎的な資料を掲げる。五十音順の索引もある。
2536

部落解放年鑑 1970年版- 部落解放研究所編 〔大阪〕 部落解放研究所 1970- 21cm 発売：解放出版社
部落問題の現状や運動など全般の年鑑。運動団体、差別事件、実態調査、基本法闘争、同和行政、司法、部落解放共闘、反差別人権擁護活動、啓発、マスコミ、企業、宗教、教育、研究機関、文化活動、国際連帯、ひと、資料の18章からなる。資料には運動日誌、関係図書、関係機関・名簿を掲載。戦前刊行されていた『融和事業年鑑』を継承するもの。解題は1996年度版による。
2537

◆社会保障

【書誌】

介護保険問題関連文献一覧 国立国会図書館調査及び立

法考査局編　国立国会図書館　1997.9　163p　21cm　（調査資料　97－1）　東京　紀伊国屋書店（発売）　4-87582-503-X　3550円

介護保険問題に関して日本語で書かれた図書・報告書・小冊子、雑誌論文・記事などの文献目録。日本の介護保険問題と外国の介護保険問題（諸外国および国別）に分け、刊行年月日順に収録。1990年以降の文献が大部分だが、1980年代後半の文献も含む。巻末に「（年表）介護保険に関連する各種の報告、提言、見解、意見、調査等」と、著者索引を付す。　2538

社会保障に関する10年間の雑誌文献目録　昭和50年－昭和59年　日外アソシエーツ編　日外アソシエーツ　1987.7　367p　27cm　発売：紀伊国屋書店　4-8169-0360-7　13400円

『雑誌記事索引(人文・社会編)累積索引版』☞0139 第5－6期をもとに社会保障、社会保険、社会福祉などに関する文献目録として再編成したもの。1975年から1984年までに国内で発表された雑誌文献1万1555件を収録する。構成は主題別の大項目の下に、キーワード方式による見出し語で細分している。巻末に五十音順の事項索引を付す。1974年以前については『社会保障に関する27年間の雑誌文献目録　昭和23年－49年』に収録。　2539

【辞典・事典・便覧】

最新年金用語辞典　三菱信託銀行著　ダイヤモンド社　1993.9　387p　21cm　4-478-60017-1　3800円

公的年金・私的年金の制度や財政、さらに資産運用関係も網羅した総合的な年金用語辞典。見出しの配列は五十音順。重要用語には十分なスペースをあて、各見出し語には英訳が付されている。巻末に付録として、欧米主要国の年金制度の概要、FAS87（1985年に米国の財務会計基準審議会が制定した企業年金に関する会計基準）の概要を付す。　2540

社会保険・労働保険がわかる事典　読みこなし・使いこなし・自由自在　新版　高橋徹著　日本実業出版社　1994.9　317p　19cm　4-534-02212-3　1400円

社会保険・労働保険に関する基礎知識・実務知識を集大成したもの。健康保険、厚生年金保険、労災保険、雇用保険の4つの保険に大別して、1頁1項目の読み切り式にわかりやすく解説。索引はないが巻頭に詳細な目次を記す。1990年に初版を刊行し、その後の健康保険法および雇用保険法の改正にともない、最新の内容に改訂。　2541

社会保険・労働保険の事務百科　平成9年4月改訂版　社会・労働保険実務研究会編　大阪　清文社　1997.5　562p　21cm　（事務百科シリーズ）　4-433-15117-3　2400円

健康保険と厚生年金保険の社会保険と、労災保険と雇用保険の労働保険を、1冊にまとめて解説した実務担当者向けの書。巻末に政府管掌健康保険・厚生年金保険標準報酬額・保険料額表などの資料と、主要様式記載例および主要語句の五十音順索引を掲載。1973年の初版刊行以来毎年改訂版を発行。　2542

社会保障・社会福祉事典　事典刊行委員会編　労働旬報社　1989.11　864p　27cm　18000円

社会保障と社会福祉の発展を意図し、専門家から初心者まで役立つよう配慮された便覧。関連領域を体系的に整理、10編に分けて詳説する。巻末に1868年（明治元）から1989年（平成元）を対象にした社会福祉年表、五十音順の事項索引を付す。　2543

社会保障総合年表　〔正〕，続　山野光雄編著　ぎょうせい　1981－1985　2冊　27cm　7500円，10000円

紀元前から現代に至る社会保障・福祉・医療などの年表。〔正〕は紀元前から1950年までを、続は1951－1985年を収録。明治以前は日本と海外に分け、明治以降は日本をさらに「社会保険・医療制度（下巻は医療・年金・社会保障）」「社会福祉・国民生活（下巻は社会福祉）」の2項に分割する。各項末には典拠となる参照書目番号を付し、各巻末に参照書目一覧をおく。索引はない。　2544

社会保障の手引　昭和48年版－　厚生省社会局監査指導課編　全国社会福祉協議会　1973－　年刊　22cm

福祉事務所において生活保護を担当する職員などが知っておくべき社会保障に関する諸施策を簡潔にまとめ、毎年発行しているもの。老人福祉、身体障害者福祉、児童福祉など全18編に分け、解説。巻末に、社会保障の国際比較、国の予算額の推移などの資料を掲載。索引はない。解題は1996年版による。　2545

社会保障便利事典　平成9年版　法研　1997.1　350p　19cm　監修：厚生省大臣官房政策課調査室　4-87954-167-2　1500円

複雑な社会保障を、母性保護から遺族保障まで一生のサイクルに沿って整理し、保障の内容、手続きの仕方、問い合わせ先などを収録した実用的なガイドブック。県や市町村が独自に行っているものを除く。巻末に関係施設一覧を掲載。1981年に初版を刊行して以来16回めの改訂で、本書の内容は1996年10月現在。　2546

ドイツ社会保障総覧　ドイツ連邦労働社会省編　ドイツ研究会訳　ぎょうせい　1993.1　650p　26cm　『Übersicht über die Soziale Sicherheit』の翻訳　4-324-03636-

5　7500円

医療保険、年金、児童手当、生活保護、公務員恩給、障害者雇用、失業保険などドイツの社会保障について広範にとりあげ、豊富なデータを用いて平易に解説したもの。巻末に訳語一覧表を掲載。ドイツ連邦労働社会省が、国民への広報活動の一環として1990年に発行した解説書の翻訳。　　　　　　　　　　　2547

日本社会保障資料　1-3　社会保障研究所編　出光書店　1975-1988　4冊 27cm　1・2の出版者：至誠堂
戦争直後から1983年に至る約40年間の、わが国の社会保障制度に関して、占領軍、政府各省庁、関係審議会、政党、地方自治体、各種団体などが作成した基本的文書を集大成し、分類整理して収録した資料集。3編4分冊からなり、1は戦後社会保障制度の形成期である1967年までを、2は1968年から1973年まで、3は1974年から1983年までを収める。各分冊に年表を付す。索引はない。　　　　　　　　　　　　　　2548

年金用語辞典　第3版　第一生命保険相互会社編　東洋経済新報社　1989.10　219p 20cm　4-492-01042-4　2400円
年金に関する法律制度的用語、実務用語、関連用語を公的年金、私的年金を問わず網羅し、簡潔に解説した辞典。制度の違いによる意味や表現の相違も解明している。配列は五十音順で、巻末に資料として、年金制度のしくみ、税務、数理、基本統計を付し、巻頭には詳しい五十音順の事項索引をおく。1979年、1981年に次ぐ3版。　　　　　　　　　　　　　2549

年金用語の基礎知識　〔1996〕改訂新版　服部営造編著　自由国民社　1996.6　262p 21cm　4-426-22604-X　2000円
仕組みが複雑で手続きも面倒な年金制度を、用語を通じて理解することを意図した書。全体の構成は、年金の仕組み・手続きから国民年金、厚生年金、共済年金、障害年金、遺族年金とからなっており、さらに必要書式、資料（年金受給チェックポイント、年金を所管する機関、厚生年金福祉施設）を収載。巻頭に詳細目次、巻末に五十音順索引を付す。本書の姉妹図書『年金の基礎知識』と併せて利用すると理解が深まる。　2550

【年鑑・統計】

社会保障水準基礎統計　社会保障研究所編　東洋経済新報社　1973　175p 27cm　（社会保障研究所研究叢書）
1955年から1970年の間のわが国の社会保障に関する基礎的な統計を収集整理し、解説を加えた書。「社会保障費」「国民所得における移転所得」「財政・家計における社会保障費」「社会保険・恩給」「生活保護」「社会福祉」「医療」の7章からなる。各章の初めに概説が、偶数頁に統計表が、奇数頁にその解説がある。巻末に五十音順索引を付す。　　　　　　　　　2551

社会保障統計年報　昭和33年版-　総理府社会保障制度審議会事務局編　社会保険法規研究会　1959-　年刊　21cm
社会保障に関する主要な統計を総合的に収録し、あわせて社会保障関係総費用を掲載している。本文は社会保障の動向、社会保障の体系と現状、社会保障関係統計資料編の3部構成。統計資料編を人口統計、社会保障関係総費用、社会保障給付および再配分効果など15部門に分け、合計412の表をかかげている。索引はない。解題は平成8年版による。　　　　　2552

社会保障年鑑　1951年版-　健康保険組合連合会編　東洋経済新報社　1950-　年刊　22cm
わが国および欧米主要国の社会保障制度の現状と動向について情報を提供し、客観的な解説をした年鑑。「社会保障のしくみと費用」「社会保障の動き」「社会保障の現状と課題」「外国の社会保障の現状と動向」の4章からなる。各章末に関連する基本統計を掲載。巻末に資料として、社会保障主要根拠法、関係判例、社会保障年誌、主要参考文献、関係官庁および団体一覧を収録。収録期間は前々年12月から前年11月まで。解題は1997年版による。　　　　　　　　2553

◆生活・消費者問題

◆◆住宅問題

住宅関係文献目録　日本住宅協会編　日本住宅協会　1982.12　656p 27cm　15000円
日本住宅協会が1954年発足以来収集してきた住宅関係の図書・資料、雑誌記事約2万点を収録した文献目録。外国資料を含む各種調査レポート、専門雑誌記事を収録している。2部からなり、図書・資料の部は発行機関・資料形態によって区分、文献リストの部は定期刊行物、雑誌などの記事を主題により分類している。巻末に定期刊行物・雑誌等一覧表があるが、索引はない。　　　　　　　　　　　　　　　2554

住宅問題事典　住宅問題研究会，日本住宅総合センター編　東洋経済新報社　1993.9　552p 22cm　4-492-01051-3　6200円
住宅問題を体系化した解説書で3部構成。第1部は

「住宅問題をめぐる35の論点」で各章末に参考文献を掲載。第2部は、第1部で現れた住宅問題に関する基本的な用語を解説。配列は五十音順。第3部は、住宅宅地審議会の重要答申（要旨）、住宅問題関係統計データ一覧など「住宅問題基礎資料」を掲載。巻末に1部、2部の用語を中心に五十音順の索引を付す。
2555

図説日本の住宅事情 第2次改訂版 住宅政策研究会編 ぎょうせい 1996.9 258p 21cm 監修：建設省住宅局住宅政策課 4-324-04930-0 2500円
5年おきに行われる住宅統計調査、住宅需要実態調査を中心に多様なデータをとりまとめ、わが国の住宅を取り巻く状況を図表によってわかりやすく解説したもの。本書の調査は1993年に行われた。本文はテーマごとに9章からなり、巻末に参考資料として、住宅建設計画法・施行令、第7期住宅建設五箇年計画、都道府県別住宅事情一覧、住宅政策関係書リストを付す。
2556

日本の住宅 住宅統計調査の解説 平成5年 総務庁統計局編 総務庁統計局 1996.3 1冊 26cm
1948年以来5年ごとに実施されている「住宅統計調査」の第10回調査の最終報告書。第1部で調査結果の解説を行い、第2部に、膨大な調査結果のなかから主要な統計表を選んで掲載。第3部に調査の概要を付す。今回の調査は、生活水準の向上や住宅数の充足など住宅をめぐる状況を背景に、住まいの使用形態および世帯の居住形態の多様化の実態、住宅関連設備や住環境など住宅の質に関する実態、高齢者のいる世帯の住宅および居住の状況などに関する統計の充実を図っている。調査結果をコンパクトにまとめたものとして『図説日本の住宅事情』☞2556 も刊行されている。 2557

◆◆生計・生活

家計経済研究文献目録 〔1〕,2 家計経済研究所 1988-1993 2冊 26cm 各3000円
家計経済に関する調査・統計資料、単行本、雑誌、大学紀要論文の目録。〔1〕は1970-1986年に発表された2991点を、2は1987-1991年の5126点を採録。各巻とも調査統計資料と研究文献からなり、家計構造、生活設計といった項目に分けて配列。索引はない。同研究所発行の『家計経済研究』に毎号掲載している文献目録を累積したもの。
2558

家計調査資料目録 一橋大学統計資料整備センター,一橋大学経済研究所資料係編 一橋大学統計資料整備センター,一橋大学経済研究所資料係 1968 73p 25cm
1946年以降の各国およびわが国の家計調査、家計貯蓄調査の関連資料の目録。単行書、継続出版物、雑誌論文を含む。一橋大学内の図書館・研究所に所蔵するものを中心とし、国会図書館、総理府統計局、アジア経済研究所のものも調査収録し、その所蔵機関を明示。外国資料は国別、国内資料は全国、地方別に掲載。索引はない。
2559

くらしの相談ハンドブック 健康・福祉・社会保険に関するQ&A ぎょうせい 1994.3 458p 19cm 監修：厚生省大臣官房総務課 4-324-03689-6 3200円
厚生省が国民から受ける質問、相談の中から249項目を選んで、質疑応答形式でわかりやすくまとめたもの。総論編、健康編、福祉編、社会保険編の4部からなる。巻頭に総目次と細目次があり、索引はない。1974年に初版を『福祉相談ハンドブック』の書名で刊行し、5回の改訂後、福祉制度の大幅な改訂をふまえ、内容を一新し、書名も変更した。
2560

現代消費・生活経済辞典 金子泰雄,西村林編著 税務経理協会 1997.1 509p 20cm 4-419-02255-8 3500円
消費者がおかれている諸問題を簡潔に解説した小項目主義の用語辞典。消費・生活経済を核として、商業、流通、金融、経営、サービス、家政など人間生活にかかわる関連用語を幅広く選定。配列は項目の五十音順。巻末に五十音順の項目索引、アルファベット順の英文索引、五十音順の人名索引を付す。
2561

国民生活関係研究文献目録 1955年-1967年 井上敏夫編 日本図書センター 1996.6 524p 22cm （社会科学書誌書目集成 第6巻） 監修：図書館科学会 4-8205-4160-9 16480円
経済学を中心とした国民生活研究の関連図書、論文のうち、1955-1967年の間に印刷公表されたものを収録。総文献数約6100点。所得・収入、生活と消費、生活環境、消費者物価等、社会保障、国民福祉・社会開発、人口問題、その他の関連文献の8章に分類。同一分類内はおおむね発表年代順に配列。索引はない。1969年国民生活研究所より刊行されたものの複製版。
2562

国民生活時間調査 データブック 1995 NHK放送文化研究所編 日本放送出版協会 1996.2 819p 31cm 4-14-009268-8 25000円
NHKが1960年以来5年ごとに実施している定時調査の1995年の結果をまとめたデータ集。日本人の生活の実態を時間の面からとらえたもので、調査対象は10歳以上の国民2万5200人。調査方式が今回から変更されたため1990年以前の調査結果と直接比較はできない。調査を簡潔にまとめた解説書『図説日本人の生活時間』も併せて刊行される。
2563

国民生活の実態　〔1〕-2　厚生省大臣官房統計調査部
　　編　至誠堂　1973-1981　2冊　27cm
厚生省が1962年以来毎年行っている「国民生活実態調査」の結果をまとめて、国民生活の実態を明らかにしようとしたもの。1は1962-1971年、2は1972-1980年を対象とする。各巻ともはじめに調査の概要を記し、以下、経済情勢、所得、高齢者、生活意識、余暇などの諸側面から統計をもとに解説、主要な統計を付す。なお、毎年の調査は『国民生活基礎調査』（厚生省大臣官房統計情報部）として逐次刊行されている。
2564

社会生活統計指標　都道府県の指標　昭和52年12月-
　　総理府統計局編　総理府統計局　1977-　年刊　26cm
総務庁統計局が1976年から行っている社会・人口統計を整備した基礎データを体系的に加工、編成したもの。自然環境、人口・世帯、財政、学校教育、健康、医療、労働、居住環境、社会保障など国民生活全般の実態を示す指標を都道府県別にまとめている。巻末に項目索引を付す。市区町村のデータをまとめた『社会生活統計指標　市区町村の指標』も平成2年版、平成7年版が刊行。また『統計でみる県のすがた』は本書と同じ内容をコンパクトにまとめたものである。解題は1998年版による。
2565

昭和38年-50年の家計　家計調査　総理府統計局編　総
　　理府統計局　1977.3　508p　26cm
総理府の家計調査が調査地域を全国に拡大した1962年以降13年間の年平均結果を経年的にまとめたもの。長期系列報告書としては『戦後10年の家計』（1956年刊）『家計調査総合報告書』（1964年刊）に続くものである。なお家計調査の毎年の報告書は『家計調査年報』（1954年刊-）として逐次刊行されている。
2566

婦人・生活・住宅に関する10年間の雑誌文献目録　昭和
　　50-昭和59年　日外アソシエーツ編　日外アソシエー
　　ツ　1987.10　409p　27cm　発売：紀伊国屋書店　4-
　　8169-0714-9　14900円
『雑誌記事索引（人文・社会編）累積索引版』☞0139 第5-6期をもとに婦人、家庭、生活、住宅問題に関する文献目録として再編成したもの。1975年から1984年までに国内で発表された雑誌文献1万3427件を収録する。構成は主題別の大項目の下に、キーワード方式による見出し語で細分している。巻末に五十音順の事項索引を付す。1974年以前については『婦人・家庭・生活に関する27年間の雑誌文献目録　昭和23年-49年』に収録。
2567

レクリエーション事典　不昧堂出版　1971　654p　図　27cm
　　監修：日本レクリエーション協会　4500円

レクリエーション活動の多様な面を理論と実際に分けて体系的に解説した書。理論編、実際編、資料編からなる。理論編は、労働と余暇の歴史、レクリエーションの現実と未来を概観、実際編は、10章に分け、遊戯、音楽、スポーツなどの諸活動を具体的に説明する。資料編は関係法令、施設・団体名簿、関係図書を掲載。巻末に索引を付す。
2568

◆◆ 消費者問題

くらしの中の表示とマーク事典　事典刊行委員会編　教育
　　ワールド社　1983.12　249p　27cm　監修：日本消費者
　　協会　付（図1枚）14900円
商品の安全性や品質の目安となる表示やマークを集大成した体系的事典。商品マーク以外に、安全標識、危険物の表示マークなど知っておくと便利な表示も収録。239頁に及ぶ資料編には消費者団体名簿、消費生活センター一覧、主な公的検査機関一覧などの各種名簿を収める。巻末に「表示とマーク索引」を付す。
2569

産業と消費者保護　消費者保護大事典　通産資料調査会
　　1997.11　901p　27cm　監修：通商産業省産業政策
　　局　4-88528-234-9　29800円
複雑多様化する消費者問題と、消費者行政の現状を多面的に解説したもの。7編からなるが、中心は第2編「消費者保護行政の現状」で、大半が消費者保護法の解説。第7編「消費者苦情相談処理事例」は、通商産業省消費者相談室に寄せられた相談から典型事例を抽出、その処理状況を紹介。索引はないが巻頭に詳細な目次をおく。1971年に初版刊行以来6度目の改訂。
2570

**消費者対応実務事典　消費者と企業をむすぶ実務の手び
　　き**　消費者関連専門家会議編　法令総合出版　1988.11
　　383,14p　19cm　奥付の書名：企業の消費者対応実務
　　事典　4-89346-085-4　3600円
各業界における消費者問題の理解と解説に必要な事項や用語を広くとりあげ、企業がどのように消費者に対応すべきかを解説する実務的な書。「企業の消費者対応」「消費者に対する商品・サービスの提供」「消費者の保護」「消費者運動および諸団体」の4編からなる。巻末に主要企業消費者対応窓口一覧、事業者団体窓口一覧、消費者問題年表などの資料および事項索引を付す。
2571

「消費者問題」に関する文献目録　〔1〕-3　国民生活セン
　　ター情報管理部編　国民生活センター情報管理部
　　1977-1985　3冊　26cm

国民生活センターが所蔵する雑誌から消費者問題に関する論文・記事を分類別に収録、1巻のみ図書を含む。同一分類の中は年代順に配列。各巻の内容は、1巻が1965-1975年、2巻が1976-1978年、3巻が1979-1984年。それ以後は同センター発行の『蔵書目録』に引き継ぐ。索引はない。3巻の巻末に収録雑誌一覧を掲載。　*2572*

消費者問題年表　〔1〕-3　国民生活センター　1979-〔1985〕　3冊　27cm
日々発生する消費者問題、生活問題などを収録した年表。項目は、「消費者問題等」「消費者行政等」「海外」「経済・社会・その他」の4項目。1は1965年1月-1978年5月、2は1978年6月-1982年3月、3は1982年4月-1984年12月。各巻の巻末に特定のテーマによる小年表、国民生活センターの主な動きなどの参考資料を付す。　*2573*

資料消費者行政　1-4　経済企画庁消費者行政課編　大蔵省印刷局　1973-1974　4冊　21cm
消費者行政に関する各種のデータ、資料を集大成し、編集したもの。「消費者保護政策」「地方消費者行政」「消費者団体」「世界の消費者行政」の4編、4冊からなり、各編とも概説と資料、名簿などからなる。索引はない。「消費者団体」は、1972年以来行われている「消費者団体基本調査」の被調査団体を中心に、生活協同組合、生活学校および海外の諸団体を加えた名簿と基本調査の集計結果からなるもので、その改訂版として『消費者団体の概要』（大蔵省印刷局、1977-）が単独で逐次刊行されている。　*2574*

◆労働経済・労働問題

【書誌】

アジア労働関係文献目録　海外経済情報研究会　1974　189p　26cm
1945-1973年刊行のイランからニュージーランドまでのアジア地域についての労働関係欧文・中文・和文図書、雑誌論文を収めた目録。国内所在文献に限定し、図書については18の専門機関の所蔵を示す総合目録となっている。雑誌論文は主として『経済学文献季報』から抽出。欧文・和文の2部とし、それぞれ地域・国別の中を13項目に分類。索引はない。　*2575*

<女と仕事>の本　1-3　国際女性学会編　勁草書房　1985-1991　3冊　20cm　2000-2472円
女性と仕事をめぐる図書を『日本全国書誌』☞0063およびその他の官庁出版物から選択収録し、解題を付したもの。全3巻からなり、1は1945-1974年刊行の175冊、2は1975-1984年刊行の16冊、3は1985-1990年刊行の154冊を収録。配列は著者名のアルファベット順。各巻に付された解説は、女性と仕事をめぐる状況をコンパクトにまとめている。巻末に年代別文献リスト、解題書名索引、解題執筆者分担リストを付す。　*2576*

外国人労働者問題文献集成　第1集　日本労働研究機構編　日本労働研究機構　1995.3　565p　26cm
日本と外国における外国人労働者問題に関して和文で書かれた文献5944点（単行本・報告書・小冊子530点、雑誌論文・記事など5414点）を主要事項別に分類し、発行年月日順に収録したもの。1970年代の主要文献と、1980年代以降の文献を網羅的に集成。わが国における外国人労働者問題と、諸外国における外国人労働者問題の2部からなる。巻末に編著者名、執筆者名などを五十音順に配した文献索引を付す。　*2577*

戦後労働関係文献目録　労働省図書館編　労務行政研究所　1964　228p　21cm
戦後1946年から1962年9月までの主要な単行書、叢書および謄写印刷物など6050余点を収録したもの。雑誌論文は含んでいないが、小冊子や非売のものを収めている。9つの大分類の中を必要に応じて中・小・細分類などに区分している。索引はない。雑誌『労政時報』の別冊。　*2578*

中国労働問題・労働運動史文献目録　解放前　中国労働運動史研究会編　中国労働運動史研究会　1978.12　202p　26cm　制作・発売：汲古書院　2000円
中国の労働問題・運動に関する和文、中文の雑誌論文、単行本約3600件を収載したもの。和文、中文に分けた中を、それぞれ、労働問題一般、労働者状態、労働運動、労働法・その他の項目に分類して配列。巻末に著者索引を付す。　*2579*

図書資料目録　和書　日本労働協会労働図書館　1964　499p　25cm　昭和39年3月31日現在
同図書館が上記年月日現在で所蔵した約1万2000点の和文図書の所蔵目録。独自の分類により、労働問題一般、労働経済・労働条件、労使関係、労働運動、労働法、社会政策・社会保障、社会問題、社会主義を特別項目とするほか、労働組合、会社・経営団体、官庁、政党その他の団体刊行資料を含む専門コレクションとなっている。索引はない。　*2580*

文献研究日本の労働問題　増補版　労働問題文献研究会編

総合労働研究所　1971　318,12p　22cm　1500円
わが国における労働問題の研究動向を、1970年頃までの文献を中心に紹介した論文を集めたもの。方法的回顧、労働市場、賃金・労働時間、生活問題、労働組合と労使関係の各章に分け、補論で外国研究文献の紹介および古典の解題を行っている。引用文献は千数百種にのぼるが、その中から380種の重要文献を選んで主要収録文献著者索引をつけている。『季刊労働法』34－54号（1959－1964年刊）に「文献紹介」として連載した論文をもとに加筆修正した。初版は1966年刊。増補版は初版そのままに論文1編を追加したもの。
2581

労使関係・労務管理に関する27年間の雑誌文献目録　昭和23年－昭和49年　日外アソシエーツ「雑誌文献目録」編集部編　日外アソシエーツ　1983.4　330p　27cm　発売：紀伊国屋書店　4-8169-0231-7　11000円
『雑誌記事索引(人文・社会編)累積索引版』☞0139 第1－4期をもとに労使関係、労務管理に関する文献目録として再編成したもの。1948年から1974年までに国内で発表された雑誌文献約1万4000件を収録する。構成は主題別の大項目の下に、キーワード方式による見出し語で細分している。巻末に五十音順の事項索引を付す。
2582

労働運動・労働組合に関する10年間の雑誌文献目録　昭和50年－昭和59年　日外アソシエーツ編　日外アソシエーツ　1987.7　365p　27cm　発売：紀伊国屋書店　4-8169-0360-7　13400円
『雑誌記事索引(人文・社会編)累積索引版』☞0139 第5－6期をもとに労働組合、労働運動に関する文献目録として再編成したもの。1975年から1984年までに国内で発表された雑誌文献1万2404件を収録する。構成は主題別の大項目の下に、キーワード方式による見出し語で細分している。巻末に五十音順の事項索引を付す。1974年以前については『労働運動に関する27年間の雑誌文献目録　昭和23年－49年』に収録。
2583

労働関係文献索引 1972年版－　愛知県勤労会館労働図書資料室編　名古屋　愛知県勤労会館　1973－　年刊　26cm
当該年内に同資料室が受け入れた雑誌の主要記事と小冊子を収録したもの。独自作成の労働関係シソーラスによる索引語の五十音順配列。最新の1996年版は4372項目を収めており、付録の主要対象誌一覧は、176種の労働関係誌を含む。月刊『労働資料情報』掲載の「記事索引」を累積したもの。なお労働関係の文献・記事索引としては『日本労働研究雑誌』（日本労働研究機構）、『大原社会問題研究所雑誌』（法政大学大原社会問題研究所）掲載の文献目録（いずれも単行書を含む）も欠かせない。
2584

労働災害・労働条件・賃金に関する10年間の雑誌文献目録　昭和50年－昭和59年　日外アソシエーツ編　日外アソシエーツ　1987.7　263p　27cm　発売：紀伊国屋書店　4-8169-0360-7　9800円
『雑誌記事索引(人文・社会編)累積索引版』☞0139 第5－6期をもとに労働災害、労働条件、賃金に関する文献目録として再編成したもの。1975年から1984年までに国内で発表された雑誌文献7936件を収録する。構成は主題別の大項目の下に、キーワード方式による見出し語で細分している。巻末に五十音順の事項索引を付す。1974年以前については『労働災害・労働科学・労働条件に関する27年間の雑誌文献目録　昭和23年－49年』『賃金問題に関する27年間の雑誌文献目録　昭和23年－49年』に収録。
2585

〔労働省図書館〕図書目録　平成元年－平成7年　労働省図書館編　労働省図書館　1996.3　1冊　30cm
1989－1995年に同図書館が受け入れた和書の目録。配列は日本十進分類法新訂8版により、同一分類内は書名の五十音順。巻末に、1995年受け入れの、国の機関の逐次刊行物書名一覧を付す。1973－1975に発刊された『労働省図書館蔵書目録1－3』を引き継ぐ。
2586

労働政策・雇用・労使関係に関する10年間の雑誌文献目録　昭和50年－昭和59年　日外アソシエーツ編　日外アソシエーツ　1987.7　223p　27cm　発売：紀伊国屋書店　4-8169-0360-7　8400円
『雑誌記事索引(人文・社会編)累積索引版』☞0139 第5－6期をもとに労働政策、労働行政、雇用、労働力、労使関係に関する文献目録として再編成したもの。1975－1984年までに国内で発表された雑誌文献6401件を収録する。構成は主題別の大項目の下に、キーワード方式による見出し語で細分している。巻末に五十音順の事項索引を付す。1974年以前については『労働政策・雇用・労働力に関する27年間の雑誌文献目録　昭和23年－49年』に収録。
2587

労働問題に関する10年間の雑誌文献目録　昭和50年－昭和59年　日外アソシエーツ編　日外アソシエーツ　1987.7　200p　27cm　発売：紀伊国屋書店　4-8169-0360-7　7500円
『雑誌記事索引(人文・社会編)累積索引版』☞0139 第5－6期をもとに労働問題に関する文献目録として再編成したもの。1975年から1984年までに国内で発表された雑誌文献5922件を収録する。構成は主題別の大項目の下に、キーワード方式による見出し語で細分している。巻末に五十音順の事項索引を付す。1974年以前

については『労働問題に関する27年間の雑誌文献目録 昭和23年－49年』に収録。　　　　　　　　　　2588

【辞典・事典】

岩波小辞典労働運動　第2版　大河内一男編　岩波書店　1973　238p　18cm　付：主要労働組合組織系統一覧表　450円
戦後の労働組合や大衆組織の中から生み出される問題を主軸に選択した項目を小項目で解説したもの。配列は五十音順。項目範囲は、労働組合・労働運動を基幹に、賃金・時間・雇用その他の労働条件、社会保障、社会思想、一般経済学関係の用語も含む。巻末に、事項・人名の索引と主要労働組合組織系統一覧表を付す。初版は1956年刊。　　　　　　　　　　　2589

英和労働用語辞典　労働大臣官房国際労働課編　日刊労働通信社　1974　271p　22cm　監修：中原晃　2500円
労働問題、労使関係の基礎的・専門的用語の英和辞書。単なる対訳ではなく背景となる海外事情にわたる解説が加えられており、付録とともに事典、便覧の性質も備えている。付録は、機構図、労働組合リスト、法令・条約などで、いずれも英和対照。初版は1968年刊。姉妹編『和英労働用語辞典』が逐次改訂されているのに比べ、本書を最後に改訂されておらず内容的にはいささか古くなっている。　　　　　　　　　　2590

現代労働組合事典　現代労働組合事典編集委員会編　大月書店　1974　1046p　23cm　6800円
単位労働組合を対象とした、組合活動の実務的手引きのための便覧風事典。5篇よりなり、理論、組織と活動、労働者の状態と組合の要求、社会保障、法律について詳述。付録に、規約集、組合・団体一覧などの資料を付す。索引はないが、詳細な総目次がある。前身は『労働組合実務便覧』（労働調査協議会編、1958、改訂版1961）とその改訂版の『労働組合事典』（大月書店、1967、2版1971）。　　　　　　　2591

最新和英労働用語辞典　労働大臣官房国際労働課編　日刊労働通信社　1992.3　131,44p　22cm　監修：高橋柵太郎　折り込表5枚　5000円
基本的な労働用語に英語対照訳をつけた対訳辞書。語の解説はない。見出し語を五十音順配列、これに基づいて熟語・慣用語句を列記している。巻末に、日本政府、労働省、ILO、OECDの機構図を折り込み、国内外の労働組合一覧、日本の労働関係法、ILO条約・勧告名一覧を付す。巻頭に詳細な目次をおくが、索引はない。初版は『和英労働用語辞典』の書名で1974年の刊行。　　　　　　　　　　　　　　　　2592

事典日本労働組合運動史　『事典・日本労働組合運動史』編集委員会編　大月書店　1987.7　358,12p　19cm　4-272-31021-6　2000円
戦後の労働組合運動を、組織、賃金、「合理化」と雇用保障、権利、国民生活、統一戦線の6分野147項目に整理したもの。項目で引く事典ではなく、運動の大きな流れに沿った論述。巻末に索引がある。　　2593

労働行政50年の歩み　労働省大臣官房総務課編　労働新聞社　1997.9　267p　31cm　7619円
労働省設置50周年を記念して刊行された一種の資料集。写真を多数掲載し、50年の労働行政の歴史を理解しやすいよう編集。本文は、写真で見る労働行政50年、労働行政回顧録、外局・施設等機関、特殊法人など6章からなる。巻末に付属資料として労働行政年表（1945－1997年）と歴代幹部名簿を掲載。索引はない。　　　　　　　　　　　　　　　　　　　　　2594

労働事典　大河内一男，吾妻光俊編　青林書院新社　1975　651,49p　22cm　普及版　3600円
労働問題の全領域を体系的、平易に解説したもの。総論2章と各論6章で構成された「読む事典」であるが、巻末の事項・人名索引によって「引く辞典」としての役割も果たす。各種統計表・グラフを挿入。労働運動については、日本を含む主要資本主義国のほか、社会主義国であるソ連・中国の労働運動史を扱い、国際労働運動にも触れる。各論では、労働市場、賃金、労働時間と労働環境、労使関係、労務管理、生活水準と社会保障の項目を扱う。各小項目末尾には執筆者名を、各章末には参考文献を、巻末に労働運動年表を付す。　　　　　　　　　　　　　　　　　　　　　2595

労働用語辞典　第2版　塩田庄兵衛編　東洋経済新報社　1980　263p　20cm　1900円
基本用語約850項目を五十音順に収録した、学生・一般向けの入門事典。巻末の五十音順索引は1650項目を収める。　　　　　　　　　　　　　　　　　　2596

労働用語辞典　労働省編　日刊労働通信社　1997.11　5,47,852p　19cm　6000円
労働問題全般にわたり約3200語を解説する。労使関係、労働者保護、女性問題、雇用失業問題、職業能力開発、労働保険、労働統計を中心に、経済、社会、思想、社会保障、一般行政法などの用語も含める。配列は五十音順。巻頭に詳細な目次をおくが、索引はない。1955年刊の初版『労働用語辞典』以来、若干のタイトル変更を伴いながら版を重ねる。今回は『最新労働用語辞典』（1993年刊）を改訂したもの。　　　　　2597

【名簿】

海外労働研究機関ダイレクトリー 日本労働研究機構海外調査部研究交流課 1994.3 109p 30cm
海外の主な56の労働研究機関の設立主体、所在地、設立年、代表者、職員数、活動目的、研究分野、国際交流の現状、出版物などについて、日本労働研究機構がまとめたもの。アジア、アメリカ・カナダ、ヨーロッパ、国際機関の4区分の中を国別に配列している。機関名は和文、欧文のほか略称も掲載。　2598

全国主要労働組合名簿 系統表・組織表・役員名簿 昭和26年〔現在〕− 労働省労政局労働組合課〔1951〕− 年刊 21cm
全国的組織をもつ主要労働組合の組織と役員名簿を公務員の職員組合と併せて収録したもの。第1部「組織」は、系統表と組織表からなり、後者は連合、全労連など7種別に加盟組合の名称、略称、所在地、電話、結成年月日、代表者名、組合員数を記載。第2部「役員名簿」は、上記7種別に368組合の中央執行委員および会計監査までの役員の氏名、所属、担当専門部を収載。巻末に、主要使用者団体一覧、国際産業別組合一覧、略称索引などを付す。本書は官庁配布資料だが、『全国主要労働組合一覧』（労務行政研究所）のタイトルで市販されている。解題は平成9年版による。
　2599

労働界人事録 第2版 月刊労働レーダー編集部編 労働問題研究会議年鑑部 1991.11 603p 27cm 27000円
労働組合の組織の概要と役員のプロフィールを掲載した名簿。第1部の労働組合組織編では、組織に関するデータと役員名簿を掲載。配列は、全国組織、協議組織等、産業別組織および加盟単位組合の順。第2部の労働組合役員編は、役員個人のデータ（現職、経歴、住所など）を掲げる。約2500名を五十音順に配列。巻頭に産業別組織索引と単位組合索引を付す。初版は1988年の刊行で、今回全面的に改訂した。なお1998年に3版が刊行された。　2600

労働組合役員名鑑 90年代労働組合のリーダー 日刊労働通信社編 日刊労働通信社 1990.6 297p 19cm 3500円
労働運動を指導している中央労働団体、単産、企業連などの三役クラス約300名を選んで、出身地、年令、経歴、抱負、趣味、尊敬する人物などを記載。各人に人物評と顔写真を付す。付録として労働界OB名簿、全国主要労働組合系統表を収める。1970年に初版を発行し、今回は6回目の改訂。　2601

【年鑑・年報】

国際労働経済統計年鑑 1955年版− 国際労働事務局編 日本ILO協会 1956− 年刊 27cm 『Year book of labour statistics』の翻訳
180余の国、地域、領土の主な労働統計の概要を示した基本資料。表示年版の前年から10年前までをカバーする。総人口と経済活動人口、雇用、失業、労働時間、賃金、労務費用、消費者物価、労働災害、ストライキとロック・アウトの9章からなる。巻末に、参考文献、国・地域および領土の配列、各表に掲げた国および地域索引を付す。解題は1995年版による。　2602

失業対策年鑑 昭和26年度版− 労働省職業安定局編 労務行政研究所 1952− 年刊 22cm
雇用と失業全般に関する年鑑。当該年度の経済動向および雇用失業情勢、雇用対策を解説し、さらに職業紹介、職業訓練などの雇用失業対策の諸制度について述べる。付録として日雇労働者の状況に関してまとめ、巻末に関係予算・各種給付金制度の概要、関係行政組織一覧、関係年表がある。統計表索引、図表索引を掲載。なお、創刊号は終戦直後からの期間を扱っている。解題は平成7年度版による。　2603

日本労働年鑑 第1集− 法政大学大原社会問題研究所編著 労働旬報社 1920− 年刊 22cm
日本の労働運動全般を対象とした年鑑。長い実績があり、刊行中止となった戦時下の分は別巻で補っている。「労働経済と労働者生活」「経営労務と労使関係」「労働組合の組織と運動」「労働組合と政治・社会運動」「労働・社会政策」の5部に大別し、豊富な資料を用いて記述。またその年の特徴的な動向を特集形式で解説している。各章末に参考資料がある。巻末に、社会・労働運動年表、労働組合名簿、労働運動・労働問題関連サイトURL一覧などを掲載。統計図・表索引、事項索引を付す。解題は68集（1998年版）による。
　2604

労働行政要覧 昭和29年版− 労働省大臣官房総務課編 日本労働研究機構 1954− 年刊 27cm 監修：労働省
所管官庁が労働行政全般にわたって各種統計資料を駆使し、詳細に解説した報告書。総論では労働行政の背景と現状について記し、各論編は労働行政、労働基準行政、婦人行政、職業安定行政、職業能力開発行政、政策調査行政、国際労働行政、その他の各章に分けている。巻頭に労働写真年譜をおく。索引はない。解題は平成7年版による。　2605

労働市場年報 昭和23年− 労働省職業安定局 1949− 年刊 26−30cm

各種職業紹介の状況と推移、雇用保険関係統計などを表によって示すもの。はじめに用語の定義を付して利用の便を図り、各年度の概況を簡潔に記述した上で、求職、求人、就職、日雇労働、中高年齢者労働、パートタイム労働など労働市場に関する基礎的なデータを掲げる。索引はない。解題は平成8年度版による。
2606

労務年鑑 昭和38年版− 日本労務研究会編 日本労務研究会 1963− 年刊 27cm
労務管理に関する資料を網羅的に収集した中から資料的価値の高いものを選択して、最新の現勢ならびに動向をまとめたもの。経済の動向、労務政策、雇用、労働時間、人事制度、教育訓練、職場管理、賃金、安全衛生、福利厚生、労働者生活、労使関係の12部で構成。各章末に参考文献を、巻末には「労務関係日誌」を掲載する。索引はない。解題は1997年版による。 2607

【統計】

戦後労働経済史 資料篇，分析篇 労働省大臣官房労働統計調査部 1966−1968 2冊 27cm
戦後の労働経済に関する統計をまとめて動向を通覧、日本経済の成長段階における諸相を概観するもの。資料篇、分析篇（市販名：解説篇）の2分冊からなる。資料篇は1945−1964年の各種統計調査資料のうちから労働経済関連の統計を抽出、「労働経済指標」などの10章に再編して戦後20年の労働経済の動きを通覧できるようにしたもの。巻末の戦後労働統計資料目録（1945−1964年）に抽出の原典を収録する。分析篇は、総論、各論、年誌（1945年8月−1966年）に分け、各論末尾に、統計表索引、図表索引を付す。 2608

毎月勤労統計調査70年史 労働省大臣官房政策調査部 1994 244p 30cm
わが国の賃金、労働時間、雇用の動きを把握する基本的な資料となる「毎月勤労統計調査」を、過去にさかのぼってまとめたもの。1部は「調査の沿革」で、1923年に開始された本調査の今日に至る歴史を記し、末尾に参考文献を付す。2部は「調査内容等の変遷」。3部は「統計表」で、1951年以降1993年までの統計を掲載。1950年以前は1974年に発行された『毎月勤労統計調査50年史』を参照のこと。なお、「毎月勤労統計調査」は、『毎月勤労統計調査月報　全国調査』（月刊）『毎月勤労統計調査報告　地方調査』（季刊）、これらを年単位でまとめた『毎月勤労統計調査年報』（市販書名『毎月勤労統計要覧』）、および、小規模事業所を対象とした『毎月勤労統計調査特別調査報告』（年刊）が刊行されている。 2609

労働統計 日本銀行作成 日本経営史研究所編 雄松堂書店 1971 2冊 22cm 各12000円
日本銀行作成の『労働統計小報』『労働統計概説』『労働統計作成手続一般』『労働統計総覧』『日本銀行ノ労働統計ノ沿革ニ関スル記録』を原文通り収録、復刻したもの。『労働統計小報』『労働統計概説』は同行調査局が行った1922−1936年に至る労働事情の統計分析であり、日本近代労働統計史上貴重な文献である。2巻末に関係者の回顧談、座談会速記録を付す。 2610

労働統計40年史 労働大臣官房政策調査部編 労働大臣官房政策調査部 1988.3 572p 27cm
労働省創立の1947年から40年間の統計を集成したもの。「労働統計行政の変遷」「統計数字でみる40年」の2部からなる。第1部では労働統計行政を概観し、賃金、労働者福祉、労使関係などの統計調査、集計業務、総合分析業務、広報業務、図書館業務、国際協力の変遷を詳述。第2部は数字でみる40年で、主要統計26種を長期的観点から整理、収集したもの。大臣官房政策調査部歴代幹部一覧、年表などの資料を付す。 2611

労働統計年報 第1回(昭和27年)− 労働省大臣官房労働統計調査部 1953− 年刊 27cm
わが国の労働経済および労働情勢に関する統計を収録した労働問題解明のための基礎的な資料。構成は、労働経済指標、雇用および失業、賃金、福利厚生、労働時間、労働災害と安全衛生、労働者生活、社会保険、労使関係、国際労働統計の10章からなる。巻末に調査の説明を付す。英文併記。『労働統計調査年報』（昭和23−26年版）の改題続刊。同じ労働省よりハンディに労働統計をまとめた『労働統計要覧』（大蔵省印刷局、1965−）も毎年発行されている。解題は平成7年版による。 2612

【資料集】

外国人労働者問題資料集成 上，下巻 駒井洋編 明石書店 1994.4 2冊 22cm 各15450円
外国人労働者に関して1989−1993年頃に公刊された研究資料を収録する。政府関係篇、自治体・大学篇の2部に分かれ、不法残留、就労、生活に関する調査報告などの資料を掲載。 2613

過労死・過労問題に関する資料集 平成4年度 東京都労働経済局労政部労働組合課編　東京都労働経済局労政部労働組合課 1993.3 239p 26cm（労働情勢資料）
過労死に関する統計、法律、対応などの資料を集め、現状を明らかにして解決と理解の手がかりにするもの。「過労死とは何か」「過労死・過労問題の発生状況」「過労死と労災補償」「過労死・過労問題に対する労働

組合の対応」「過労死・過労問題に対する行政の対応」などの7章からなる。巻末に、取りくみ団体一覧、過労死・過労問題関係資料がある。索引はない。　2614

史料：戦後の労働市場　職業安定業務統計の証言　第1－4巻　労働省職業安定局雇用政策課編　労働省職業安定局雇用政策課　〔1979〕　4冊 26cm
公共職業安定所における、職業紹介をはじめとする主要業務の取扱状況などの職業安定業務統計を、1948年から1978年まで取りまとめたもの。巻末に、用語の定義を付す。　2615

資料労働運動史　昭和20.21年－　労働省編　労務行政研究所　1951－　年刊 27cm
毎年のわが国の労働運動の動向を、豊富な資料を用いて客観的に詳述したもの。内容は、「労働組合の争議および各種の運動」「組織問題」「主要労働組合大会」「国際連携」「労政行政」「国内政治の動向」の6編。各年1000頁を超える大冊となっている。巻末に、労働省幹部・主要労働組合・主要経営者団体・国際労働組織の名簿と労働日誌、労働統計を付す。索引はない。解題は平成5年版による。　2616

【年表】

中国労働運動史年表　1557－1949　木村郁二郎編　〔木村郁二郎〕　1978.8　451,7p 27cm 9000円
1557年のポルトガルによるマカオ占領から、1949年10月1日の中華人民共和国成立まで約400年の労働運動を中心に、関連の農民・学生・婦人・社会運動および政治、経済、文化上の重要事項を採録した年表。巻末に参考書目一覧を付す。索引はない。1966年、1967年に刊行した『中国労働運動史年表1、2』の増補改訂版。　2617

日本労働運動史年表　第1巻　青木虹二編　新生社　1968　844p 22cm 明治大正編 3500円
わが国の労働争議を収録した年表。1869－1945年までを4巻に収める計画であったが、2巻以降未刊。既刊第1巻は1926年までを対象として、縦8段に組んで、年月日、府県名、町村名、争議主体、人員、原因・要求その他、典拠、参考文献を一覧できるようにしてある。巻末に府県別会社・工場索引がある。　2618

年表・戦後労働運動史　日刊労働通信社編　日刊労働通信社　1979.7　787p 27cm　監修：労働省労政局 13000円
労働運動、労使関係を中心に、関連する国際情勢、国内政治、経済、社会の主要事件を比較並列方式で記述した年表。収録期間は1945年8月から1978年まで。国内政治では内閣の成立、国会の主要法案の成立、人事院勧告などを、経済関係では各国主要経済指標を、労働関係では主要争議、春闘妥結額・率、労働組合組織状況などを収録している。巻頭に、年代順の主要事項索引を付す。　2619

【法令・判例】

ILO条約・勧告集　第6版　労働省編　労務行政研究所　1993.2　1297p 22cm 10000円
ILO（国際労働機関）の憲章・規則、条約・勧告を分類収録したもの。憲章規則編、条約編、勧告編からなる。憲章規則編に1992年11月現在でのILO憲章および関連組織規則を収め、条約編、勧告編に1919年の第1回国際労働総会から1991年の78回総会までに採択された条約173件、勧告180件を採択番号順に収載。いずれも日本語訳のみで原文はない。付録に、国連条約である国際人権規約、女子差別撤廃条約を、資料にわが国の批准条約一覧、国際労働機関組織図、加盟国一覧を収録。巻末に、総会会期別、主題別の索引を付す。初版は1955年刊。　2620

外国労働法全書　労働省大臣官房労働統計調査部編　労務行政研究所　1956　1063,19p 19cm
英、仏、独、米、スウェーデン、カナダ、インドの7か国の主要法令の邦訳を国別に収録し、各国の労働法制に解説を施したもの。付録として、和文、欧文の参考文献一覧を付す。　2621

文献研究労働法学　労働法文献研究会編　総合労働研究所　1978.7　291p 22cm 2800円
労働法学について1977年秋頃までに刊行された研究論とモノグラフの中から、参考とすべき文献を選び、解説を付した文献研究書。『季刊労働法』81－99号（1971－1976年刊）に「文献研究日本の労働法学」として連載されたものに加筆修正し、新たに団体交渉とロックアウトの章を加えたもの。索引はない。　2622

労働基準法手続便覧　〔1991〕新版　労働省労働基準局監督課編　労働法令協会　1991.3　221p 21cm 4-89764-224-8　2300円
労働基準法に基づく届出や申請に関する実務書。労働基準法を項目別に分類し、届出手続関係の記載例を添えて、どんな場合に、誰がどこに申請するのかや、提出部数や記入の心得について具体的に解説している。1968年の初版以来、法改正を受けて改訂を重ねている。　2623

労働総覧　昭和24年版－　労働省編　労働法令協会　1948－　年刊 19cm
わが国の労働関係の諸法令を収めた六法全書様式の法

令集。2分冊で、Ⅰは労働関係、Ⅱは社会保険関係を収める。重要法令には改正沿革と参照条文を付す。類書に『労働法全書』（労務行政研究所、1952-、年刊）がある。解題は平成10年版による。　　　　　　*2624*

労働判例総覧　解説・年表・索引(昭和22-52年)　産業労働調査所　1978.9　604p 26cm　監修：片岡ほか　6500円
1947-1977年までの民事、刑事、行政に関する主要な労働判例4400件以上を選び、17項目に分けて判決日順に掲載したもの。年表と年度別判例動向の2部よりなる。年表は判決言渡日・事件名・争点・判示事項・掲載誌・判例解説・評釈を記載。巻末に言渡年月日順索引を付す。　　　　　　　　　　　　　　　*2625*

労働法実務ハンドブック　宮本光雄〔ほか〕編著　中央経済社　1994.10　686p 22cm　執筆：石嵜信憲ほか　4-502-73514-0　9200円
採用から退職までにおいて起こる労働法上の問題点について、労働問題専門の弁護士が、実務に携わる人を対象に解説したもの。第1部個別的労使関係、第2部集団的労使関係の2部で構成し、さらに求人・採用、人事権、服務規律と懲戒権などに章分けする。索引はない。　　　　　　　　　　　　　　　　　　　*2626*

労働法事典　沼田稲次郎〔ほか〕編集　労働旬報社　1979.12　xxvi,1280,19p 23cm　15000円
労働法と労働運動、個別的労働関係、集団的労働関係、失業と雇用保障の4編に分け、体系的に編まれた「読む事典」。巻末に詳細な事項索引が付されている。
　　　　　　　　　　　　　　　　　　　　　2627

◆◆賃金

体系賃金事典　大宮五郎,辻英雄共編　労務行政研究所　1966　1256p 22cm　4300円
賃金に関する問題を体系的、総合的に解説したハンドブック。賃金の基礎、水準、構造、制度、労使の賃金問題、政策・法規、統計の7部門に分け、約600の小見出しをつけて詳細に解説。付録として賃金関係文献目録（1945年以降）、付属統計表、巻頭に詳細な内容目次、巻末に事項別索引を付す。　　　　　*2628*

賃金基本調査　その構造・形態および体制　中山伊知郎編　東洋経済新報社　1956　1392p 22cm
日本の賃金の諸問題を賃金の構造、形態、体制の3部に分けた賃金ハンドブック。財団法人統計研究会賃金基本調査委員会の基礎的研究をまとめたもの。巻末に戦後賃金関係文献目録、賃金統計、賃金問題年表など

を収めている。索引はない。　　　　　　　　*2629*

賃金事典　藤本武等編著　大月書店　1966　949p 23cm
賃金理論、賃金構造、賃金形態、賃金政策、賃金闘争、最低賃金制、社会保障、退職金と福利厚生、賃金の法律問題、賃金統計の10編に分け、体系的に解説した便覧。賃金体系については36産業に分類し、現状や経過、問題点について細かに言及している。索引はなく、総目次によって検索が可能。　　　　　　　　　*2630*

賃金長期系列50年　日本の賃金50年の歩み　久米益雄編　産業労働出版協会　1988.9　657p 27cm　4-87913-211-X　12000円
賃金関連統計の長期的推移が簡単に理解できるように、可能な限り過去にさかのぼってまとめた統計表。賃金水準、賃金構造、初任給・モデル賃金、賃上げ、賃金制度、特別給与、退職金・年金、労働費用・福祉施設、物価・生計費、労働時間・休日・休暇、雇用・労働市場、労使関係など、14項目よりなる。　*2631*

賃金用語事典　産業労働調査所編　産業労働出版協会　1989.8　541p 22cm　普及版　発売：産業労働調査所　4-87913-257-8　6800円
賃金に関する基礎的用語と関連諸分野にわたる用語も収録し、平易に解説したもの。配列は五十音順。巻頭の目次は索引を兼ねる。『最新賃金辞典』（1976年刊）を引き継ぐ。　　　　　　　　　　　　　　*2632*

◆◆職業

ACCESS（アクセス）　全国公共職業安定所・職業能力開発施設所在地一覧1998　雇用問題研究会　雇用問題研究会　1997.8　338p 21cm　2039円
雇用と職業訓練にかかわる全国の行政組織および施設を網羅したもの。収録範囲は、労働本省、全国の職業安定主務課・職業能力開発主務課、公共職業安定所、公共職業能力開発施設（大学校、短期大学校ほか）などで、収録内容は所在地、管轄区域、訓練内容など。雇用促進事業団、日本障害者雇用促進協会、高齢者雇用開発協会、職業能力開発協会の各所の情報も収録されている。巻末に、公共職業安定所と職業能力開発施設の五十音順索引、および職業訓練を行う施設の訓練科目別・都道府県別の一覧を付す。　　　*2633*

近代日本職業事典　松田良一著　柏書房　1993.12　535p 22cm　4-7601-1025-9　7500円
明治から平成における「職業」を中心に、商売、営業法、資格および関連語を解説した事典。収集資料は新聞、雑誌、単行本、政府刊行物のほか、フィールドワ

ークで取材したものを含む。引用文献名、著者、刊年などは、当該項目末でなく、適宜文中に記す。巻末に明治大正期各種公務員俸給令、御雇い外国人関係資料などの付録、100余点におよぶ写真・図版リスト、五十音順索引を付す。　　　　　　　　　　　2634

職業辞典　改訂増補版　労働省職業安定局　1969　1996p　22cm
公共職業安定所での実務上の使用を主目的にしたものだが、一般にも利用可能。第1部、第2部、職業名索引からなる。第1部「職業分類」は、日本標準職業分類に準じた分類体系に分け、代表名に類似する内容の普通職業名を付記している。第2部「職業名解説」は代表名の解説。「索引」は全職業名を五十音順に配列。初版は1953年。1965年に改訂版が刊行された。　2635

職業ハンドブック　日本労働研究機構編　日本労働研究機構　1997.9　811p　30cm　監修：労働省職業安定局　4-538-33001-9　11000円
現代社会の多種多様な職業をとりあげ、概観、現状、将来展望、問合せ先などを写真をまじえて解説したもの。生産、建設、オフィス、販売、サービス、医療、教育、運輸・通信、マスコミ・デザイン、自然など、12分野に分類した300の職業をとりあげる。巻末に、職業情報関連の主要公的機関一覧、職業名の索引などを付す。1991年刊の改訂版。CD-ROM版あり。　2636

女性の職業のすべて　1998年版　女性の職業研究会編　啓明書房　1997　302p　19cm　（資格と特技シリーズ）　4-7671-0910-8
女性の職業を、仕事の内容から将来性まで幅広く紹介、解説したコンパクトなガイドブック。マスコミ、デザイン・ファッション、サービス業、技術、教育、医療保健、社会福祉、公務員、資格を生かす職業、趣味を生かす職業の10章に計178種を収載。初版は1978年刊。以後ほぼ毎年改訂発行されている。　2637

日本標準職業分類　分類項目名、説明及び内容例示　昭和61年6月改訂　全国統計協会連合会　1987.3　258p　26cm　監修：総務庁統計局統計基準部　3500円
統計調査の職業表章のため1960年に制定された標準分類表の3回目の改訂版。分類原則と職業の全体系を示し、それぞれの小分類項目に代表的職業を例示している。1970年3月改訂時には五十音順索引表が別冊刊行されたが、今回は索引はない。1997年12月改訂版が、1998年1月に刊行された。　2638

◆家族

◆◆女性問題

【書誌】

アジア女性史文献目録　谷光隆編　奈良　奈良女子大学東洋史学研究室　1984.4　221p　26cm　発売：汲古書院（東京）3000円
アジアの女性史に関する和文・中文・朝鮮文の論文、資料、記事、単行本3783件の目録。配列は『東洋学文献類目』☞*1171* の分類に準拠。巻末に主要収録雑誌等一覧、著者索引を付す。なお、日本に関するものは原則として省略。　2639

国立婦人教育会館所蔵図書目録　第1-10編　国立婦人教育会館編　嵐山町(埼玉県)　国立婦人教育会館　1982-1994　10冊　26cm
国立婦人教育会館が、設立の1977年から受け入れ整理した和洋の図書を主題別に収録したもの。第1-2編は1981年3月末現在、第3編は2年間の増加分、それ以降毎年の増加分を収録。索引はない。同館は女性および家族に関する資料の収集に力を入れており、入手しにくい資料も多く含まれている。冊子体としては10編をもって中止。データベースWINET（Women's Information Network System）を構築して、婦人関係施設、行政機関、図書館などに公開しているので、オンライン検索が可能である。　2640

女性・婦人問題の本全情報　45/94　日外アソシエーツ編　日外アソシエーツ　1996.4　1317p　22cm　発売：紀伊国屋書店　4-8169-1362-9　28000円
1945年から1994年までの50年間に国内で刊行された女性・婦人問題に関する図書2万6282点を網羅的に集め、テーマ別に配列した目録。妊娠・出産・育児・保育などの図書も多く収録している。最近の図書には内容紹介を付す。全体を女性史、伝記、人生訓、政治・法律、仕事、生活、育児・保育、教育、福祉、風俗・民俗、スポーツ、文学など15に区分し、そのもとに中見出しを立てて細分し、書名の五十音順に配列。巻頭にテーマ別見出し一覧、巻末に本文の見出し項目を含む事項索引を付す。　2641

日本女性研究基礎文献目録　内野久美子編著　学陽書房　1981.11　181p　20cm　4-313-84007-9　1500円
日本女性に関する研究書約1400点を収録したもの。単行本が中心で、雑誌論文も一部含む。翻訳書は除外。

女性学入門、婦人問題、歴史など13の大項目に分け、それぞれ解説と文献目録とからなる。文献はさらに小項目に分類し、書名の五十音順に配列。巻末に件名索引、著者索引、書名索引を付す。　　　　　2642

日本女性史研究文献目録　〔1〕-3　女性史総合研究会編　東京大学出版会　1983-1994　3冊　22cm　5000-5665円
明治以降1991年までにわが国で発表された女性史に関する研究書、研究論文を収録した書誌。3巻のみ欧米で発表された英語文献を含む。歴史的考察に限り、婦人問題や女性論は必ずしも収録していない。1巻は1868-1981年、2巻は1982-1986年、3巻は1987-1991年発表のものを収録。各巻とも文献目録と解説の2部からなり、それぞれ時代順に構成。巻末に全体の著者索引を付す。　　　　　2643

婦人教育関係雑誌記事索引集　昭和57年-昭和61年　国立婦人教育会館編　嵐山町(埼玉県)　国立婦人教育会館　1987.11　388p　26cm
同会館が所蔵する婦人および家族に関する180種の和雑誌から、婦人教育に関する研究論文、実践活動報告、調査報告、会議・シンポジウム・対談などの記録、統計、行政資料の解説および分析を内容とするものを採録したもの。1982年から1987年1月が対象で、件数は約5000件。配列は独自作成の「婦人教育シソーラス」による第一索引語のJISコード順。索引はない。なお同館のデータベースWINETを利用すると、その後蓄積されたデータも含めて、第一索引語以外の索引語、執筆者名など多方面からの検索ができる。　2644

婦人問題書誌の書誌　〔嵐山町(埼玉県)〕　国立婦人教育会館　1981　43p　26cm
1980年夏までにわが国で刊行された婦人関係の独立した書誌のほか、図書や雑誌に収録されている文献リストを含む346点を収録するもの。構成は10項目からなり、婦人問題全般、女性史、婦人運動、婦人労働、婦人・法律、婦人・家庭、婦人・生活、婦人・教育、家庭教育、婦人・社会。文献ごとに配列、収録期間、点数などを記す。索引はない。　　　　　2645

婦人問題文献目録　図書の部　1-3　国立国会図書館参考書誌部編　国立国会図書館　1980-1996　4冊　26cm
婦人問題に関する総合的な文献目録。小説、教科書、家事実用書、女子文範、家庭教育、育児書は除く。明治期編、大正期・昭和戦前期編、戦後編の3分冊として刊行。配列はまず大項目に分類し、必要に応じて中項目・小項目に分ける。同一項目の中は刊行年順。通常の書誌記述に加え、国立国会図書館の請求記号、目次などを記す。各巻に書名索引を付す。　　　　　2646

【辞典・事典】

女性生き生き事典　かしこく生きる法律案内　渥美雅子編著　東京書籍　1997.10　498p　21cm　4-487-73223-9　2900円
女性が一生の間に出会う問題を分野ごとに章立てし、現在の法律や制度をわかりやすく解説するもの。家族、働く、子どもと教育、くらし、社会保障、トラブルの6章からなる。内容は原則として1997年6月末現在。巻末に、文献案内、困ったときの相談先、五十音順の索引を付す。　　　　　2647

日本女性史事典　女性史事典編集委員会編　新人物往来社　1994.7　249p　22cm　4-404-02117-8　8800円
原始から戦後までの日本史上の女性の、人名、作品、服装、労働、信仰、習俗、芸能、伝承、性、愛、法制度、事件、運動などに関する語、地名、学術用語など1284語を解説するもの。配列は五十音順。利用対象は中学生から大人までを想定し、女性がアーチストであった時代の縄文土器からサザエさんまで幅広く収録。巻末に、女性史参考文献（著者名の五十音順）を掲載。索引はない。　　　　　2648

フェミニズム事典　リサ・タトル著　渡辺和子監訳　明石書店　1991.7　511p　20cm　『Encyclopedia of feminism』の翻訳　4500円
主にアメリカとイギリスにおいてみられる1986年までのフェミニズムに関する概念、運動、人物などを取り上げ、説明を加えたもの。見出し語は原文に従ってアルファベット順に配列、邦訳語を付す。巻頭に邦訳語からも引ける見出し語和英索引、巻末には参考文献、重要語事項別索引、書名・新聞名・作品名索引、団体名索引を付す。原書はイギリスのLongman社から1986年に刊行。　　　　　2649

婦人問題辞典　婦人問題辞典刊行委員会編　学習の友社　1980.5　313p　18cm　2000円
婦人労働、くらしといのち、子ども・保育・教育、家族・民法、文化・教養、婦人運動の6つの分野で1200語を収録、解説した読む辞典。1000字以上の項目には参考文献を掲げる。巻末に五十音順の索引を付す。　　　　　2650

【便覧・資料集】

女のネットワーキング　女のグループ全国ガイド　新版　横浜女性フォーラム編著　学陽書房　1991.11　422p　21cm　製作：女のネットワーキング・プロジェクト　4-313-84052-4　2800円
女性のグループやその活動内容を知るための情報源。

こころとからだ、結婚制度、子育て、学習、働き方、老後、女性解放、女性史、エコロジー、反核・平和、政治などテーマ別に約600のグループを収録。活動内容、連絡先、発足年などを記載している。巻末に五十音順の索引と地域別索引を付す。1987年刊行の初版を大幅に改訂した。　　　　　　　　　　　　2651

近代日本婦人問題年表　丸岡秀子，山口美代子編集　ドメス出版　1980.5　500p　22cm　（日本婦人問題資料集成　第10巻）　7500円
日本の婦人に関する総合的年表。同資料集成全巻の内容主題に合わせて項目の選定を行っている。収録年代は1868年（慶応4）から1975年。婦人問題の年表、一般情勢の2欄からなり、年表欄の全項目に典拠文献を数字で示し、巻末に一覧を掲載（820点）。詳細な事項索引、人名索引がある。　　　　　　　　　　2652

国際女性条約・資料集　国際女性法研究会編　東信堂　1993.12　337p　22cm　執筆：小寺初世子ほか　4-88713-181-X　3600円
女性差別の廃止を目的に、女性に関する国際条約・宣言・決議などを分野別に収録したもの。総合、政治、教育、労働、国籍、婚姻・家族・婦女売買、開発・発展、平和、女性の地位向上にかかわる国際諸機関、NGOの10章からなる。各章の冒頭に解説があり、解説末尾に関連国内法令や参考文献を掲載。巻末に、主な条約の当事国表を付す。　　　　　　　　　2653

女性のデータブック　性・からだから政治参加まで　第2版　井上輝子，江原由美子編　有斐閣　1995.3　307p　22cm　4-641-07576-X　3100円
女性をとりまく社会的現実と最近の変化を全体的に把握しうる資料集。第1部はデータ・ファイルとしてテーマごとに関連する統計数字やグラフを見開き2頁で扱う。第2部は戦後女性史年表（1945-1994年）で女性にまつわる諸事象を4分野に分けて記述。巻末に参考文献と図表資料出所一覧を付す。1991年刊の初版に新しいデータを加えて改訂した。　　　　　　　2654

全国組織女性団体名簿　1990年版-　市川房枝記念会出版部　1990-　隔年刊　26cm
全国的に会員を有し、継続的に活動を行っている107の団体の名簿。いわゆる女性団体ではないが、女性を多数会員とする団体、団体・労組女性部門、政党女性局、教育調査研究団体も含む。団体の性格で分類し、その中は創立順に並べ、所在地・入会資格、目的と主な活動などを記載。各団体20名まで役員名も掲載。巻末に全国の女性関係施設、五十音順の団体名索引を付す。1985年創刊の『全国組織婦人団体名簿』から1990年に現行タイトルに変更し、ほぼ1年おきに刊行。解題は1996年版による。　　　　　　　　　　2655

婦人の歩み30年　労働省婦人少年局編　労働法令協会〔1975〕　495p　26cm　国際婦人年記念　3500円
婦人の生活に関する各種の統計資料を収集分析することにより、戦後30年間の婦人の地位の変遷をたどろうとしたもの。第1部では法制上にみる婦人の地位の変化を概説し、第2部は統計資料にみる婦人の歩みとして、人口、教育、結婚と出産、家庭、就業、参加の6部に分けて解説。第3部ではその他の統計を載せ、付録として、明治以降の婦人関係年表、婦人に関する主要判決一覧などを収める。　　　　　　　2656

◆◆家・家族

家族問題文献集成　戦後家族問題研究の歩み　太田武男，加藤秀俊，井上忠司編　〔京都〕　京都大学人文科学研究所　1970　206p　26cm　非売
戦後約20年間に発表された家族問題に関する邦語文献を約5000点収録したもの。社会、心理、民俗学を中心に、歴史、経済、家政学などの関連領域も含み（法律学関係を除く）、戦後の家族問題研究史を展望できる。第1部・家族史関係、第2部・現代家族関係に分け、それぞれを7章に分類し、単行書、雑誌論文ごとに著者の五十音順に配列。索引はない。1997年に日本図書センターより復刻刊行されている。姉妹編として『家族問題文献集成　欧文編』（京都大学人文科学研究所、1972）がある。　　　　　　　　　　　2657

事典・家族　比較家族史学会編　弘文堂　1996.2　vi,1012p　27cm　4-335-55066-9　22660円
家族に関する学際的なあらゆる事象2800項目を解説した事典。日本の家族研究の展開と成果に加え、日本との比較という視点から諸外国の家族の歴史と現状にも目配りしている。五十音順配列で、各項目は、必要に応じて原語や読み、該当分野を併記し、末尾に参照項目、参考文献を付す。巻末に主要民族解説、家族に関する（外国も含む）統計・白書、和文事項索引、欧文事項索引、人名索引がある。　　　　　　2658

◆◆児童・青少年問題

子どもの権利ネットワーキング　子どもの権利に関わるグループ・団体ガイド　クレヨンハウス　1996.11　432p　21cm　制作：クレヨンハウス「子どもの権利ネットワーキング」事務局　4-906379-68-0　2800円
フリースクールや、いじめ・虐待から子どもを守るホットライン、子どもの人権オンブズマンなどさまざま

な分野で子どもの権利を保障する立場で活動している グループ、子どもたち自身が子どものために活動する グループの活動内容や連絡先をまとめ、地域別に配列 したもの。資料として公立相談機関リスト、弁護士会 の相談機関リストを掲載。巻末に、参考文献と、五十 音順索引、分類別索引、人名索引を付す。掲載内容は 1996年9月現在。 2659

子どもの人権大辞典 子どもの人権刊行委員会編 エムテ ィー出版 1997.9 40,949p 23cm 4-89614-702-2
子どもを取り巻く、学校、教育、文化、社会、生活、 心理、福祉、健康、犯罪、人権、法律、司法、人物な どあらゆる環境と出来事から重要事項約2000を抽出 し、解説を加えた辞典。配列は五十音順。資料として、 子どもの権利条約などの子どもの人権関連文書を掲 載。巻末に、総合索引、事件索引、人物索引を付す。 2660

◆◆老人問題

エイジング大事典 G.L.マドックス編 エイジング大事典 刊行委員会監訳 早稲田大学出版部 1990.12 818p 27cm 『The encyclopedia of aging』の翻訳 4-657-90935-5 18540円
エイジング（加齢）にかかわるすべての分野から489 項目を選び、解説した中項目主義の事典。アメリカ老 年学の研究者マドックスの原書を翻訳、日本向けに編 集した。配列は五十音順で、各項目末に関連項目を示 す。文中で引用・参照した文献は、巻末に129頁にお よぶ「参考文献」としてまとめて収録。和文・欧文の 事項索引と執筆者索引を付す。 2661

現代エイジング辞典 浜口晴彦〔ほか〕編 早稲田大学出版 部 1996.5 xiii,584p 22cm 4-657-96414-3 8500円
エイジングに関する用語や事柄を簡潔に解説したも の。全2122項目で、政治、経済、人口、社会、福祉、 法律、心理、生理、医療、看護、文学、倫理、宗教、 人類学、老年学などの学問分野に加え、衣食住、家族、 健康、介護、スポーツ、学習、労働、社会参加、年金 など日常生活にかかわる項目も取りあげる。高齢者の 登場する文学作品、エイジング研究の海外動向、高齢 化対策などの事業を行う公益法人・団体の連絡先や活 動も紹介。見出し語は英語併記で、各項目末に参考文 献、参照すべき語を付す。巻末に事項・人名・欧文索 引と年表のほか、関連法律の抜粋を収める。 2662

高齢化社会総合事典 エイジング総合研究センター編 ぎ ょうせい 1990.9 698p 27cm 4-324-02420-0 13000 円
高齢化社会の総合的調査を行ってきたエイジング総合 研究センターの活動をもとに編纂された事典。高齢化 に伴う社会構造の変化、変化による社会問題、その対 策、将来の展望の4章からなり、用語解説を含めて事 象を解説する。巻末に、関連する統計・答申、五十音 順の事項索引を付す。 2663

高齢者生活年表 1925-1993 福祉文化学会編 日本エデ ィタースクール出版部 1995.1 163p 26cm 4-88888-226-6 3296円
高齢者関係の法律、政策、活動など生活にかかわる動 きを新聞記事などから丹念に拾った年表。1954年まで は簡略に記載。1955年以降は1年ごとの編成。高齢者 関係の事項と社会一般の動向を2欄に分けて、その年 の社会状況と高齢者関係の出来事についてのコメント を付す。巻末にはデータ図表、用語解説、参考文献、 索引がある。 2664

高齢者問題関係図書・文献目録 内閣総理大臣官房老人 対策室編 全国社会福祉協議会 1982.4 231p 21cm 900円
高齢者問題に関する文献を一般図書（877点）と官公 庁・団体刊行資料（1753点）の2部に分けて収めた目 録。前者は主題項目別、後者は中央官庁・自治体・民 間団体ごとに収載。すべての文献に抄録を付す。一般 図書の部には書名索引、著訳者索引がある。 2665

シルバー情報ガイド 介護するとき、されるとき 全国 版 1996年版 全国消費生活相談員協会編 全国消費生 活相談員協会 1996.8 499p 21cm
要介護高齢者を対象とする商品やサービスを上手に利 用するために、利用者の立場に立ってまとめられた手 引書。資料として各種相談窓口、緊急通報システム事 業者一覧、介護機器・介護用品、ホームヘルパー派遣 事業者、入浴サービス事業者、老人保健施設一覧など 関連施設・事業者の名簿を収録。巻末に索引を付す。 初版は1992年の刊行で、今回大幅に改訂。 2666

老人問題解説事典 森幹郎著 中央法規出版 1984.7 481,18p 22cm 4-8058-0246-4 3800円
老人問題・老人福祉とそれに関連する用語382語を解 説したもの。テーマごとに13に大別し、1用語1頁の 解説を加える。資料として中央社会福祉審議会の答 申・意見、老人問題・老人福祉に関する世論調査、老 人実態調査、日本老年社会科学会会員編・著書一覧を 掲載。巻末に事項索引、欧文索引、人名索引を付す。 2667

老年学事典 一番ケ瀬康子〔ほか〕編 京都 ミネルヴァ 書房 1989.3 425p 27cm 監修：那須宗一 4-623-

01894-6　8500円

老年学の各領域における基本テーマを46編に分け、さらに中項目による171項目にわたって体系的に配列し、図版、写真を添え簡潔に解説したもの。付録として国連の「高齢者問題国際行動計画」（全訳）を掲載。巻末に索引を付す。　*2668*

◆社会病理

花街及売笑関係資料目録　〔正〕，続　藤賀咲多著　史録書房　1978-1979　2冊 22cm　限定版 4000円,6000円

遊女、遊郭、売春に関する文献目録。正編は1868年（慶応4）から1945年の、続編は1946年から1978年の間に刊行された単行書と雑誌記事を、年月順に混配。両巻とも扉に主要な資料の表紙を掲載。続編に、各編の補遺、正続あわせた書名索引、戦後風俗志年表私案（1945年8月-1958年12月）を付す。　*2669*

事件・犯罪　日本と世界の主要全事件総覧　国際・政治事件から刑事・民事事件　改訂新版　事件・犯罪編集委員会編　東村山　教育社　1993.4　1126p 18cm（Newton database）　発売：教育社出版サービス（東京）4-315-51314-8　2200円

日本と世界の暗殺、謀叛、変、乱、一揆、騒動、仇討ち、殉死、心中、自殺、暴行、誘拐、筆禍、汚職、疑獄、争議など主要事件の総覧。日本は大和時代から1992年まで、外国は古代から1992年まで計1009項目を収録。年代順に配列。各事件の発生国、発生地域、発生日時、事件種類、経過・内容を記述。巻末に歴史年表、索引、参考・引用文献を付す。1991年刊の改訂版。　*2670*

社会病理学用語辞典　新版　大橋薫〔ほか〕編　学文社　1984.4　219p 20cm　執筆：間場寿一ほか　4-7620-0162-7　1800円

社会病理現象に関する用語を学生・一般向けに平易に解説した小事典。項目数は325で、五十音順に配列。巻末に五十音順の和文索引と、アルファベット順の欧文索引を付す。初版は1973年の刊行で、時代の変化と新しい現象、用語に対応して改訂したもの。　*2671*

やくざ事典　井出英雅著　雄山閣出版　1971　374p 図 20cm　1200円

用語を中心にやくざの世界を読み物風に解説したもの。全体を、やくざの伝統としきたり、ばくちの実態といかさまの2部に分け、その中を9章53項目に分けて、歴史、暮らし、作法、ばくち、いかさまなどについて解説する。実態を示す写真を多数収録。巻末に五十音順索引を付す。類書の少ない事典。　*2672*

◆社会福祉

【書誌】

近代日本社会事業史文献目録　近代日本社会事業史文献目録編集委員会著　日本図書センター　1996.6　257p 22cm　（社会科学書誌書目集成　第7巻）　監修：図書館科学会　4-8205-4167-6　8240円

わが国における邦人による社会事業関係の文献で、明治の初めから1967年頃までに発表された約4000点の目録。著書・論文・資料に分け、配列は独自の十進分類（総記、災害、貧困、児童・母子、老人・婦人・家庭、精神・身体障害・医療、社会政策、社会問題、社会改善、関連領域）を発表年代順に記載。巻末に標題の五十音順索引を付す。原本は日本生命済生会より1971年に刊行された。　*2673*

社会事業雑誌目次総覧　第1-16巻，別巻　社会事業史文献調査会編　日本図書センター　1987-1988　17冊 22cm

戦前期の社会事業雑誌の目次部分の頁を写真製版により復刻し、雑誌別・刊行順に収録したもの。収録対象雑誌は、原則として月刊または季刊以上の目次つきの逐次刊行物で、計132タイトル。別巻に解題と社会事業雑誌所蔵目録を掲載。所蔵目録は収録誌を、全国誌編、分野・領域誌編、施設誌編、地方誌編、植民地編の5項目に分け、それぞれに全国の主要公共・大学図書館、研究機関の所蔵状況を示し、末尾に五十音順の雑誌名索引を付す。　*2674*

ボランティアに関する文献集録・解題　土志田祐子〔編著〕　東京ボランティア・センター　1991.9　105p 26cm

1945年から1990年刊行の図書、雑誌論文のうち、ボランティア活動の原理・原則に関するものを中心に、主要な学術研究、調査報告、実践報告を採録した書。書籍と雑誌記事に分け、刊行年月順に列挙。巻頭に編者による論文「ボランティア活動の本質的性格（要旨）」を掲載。索引はない。　*2675*

【辞典・事典・便覧】

お助けネットワーク便利帳　病気・障害・介護をサポートする　ネットワーク研究会編　日本法令　1997.8　257p 19cm　4-539-71561-5　1429円

病気関連の人的ネットワークと、障害者へのサポートや家事支援、介護協力をしているボランティアグループ、さらにシニア・シルバー層で活動しているグループを全国的に調査し、分野別、地域別にまとめたもの。各団体1頁で、代表者名、連絡先、活動目的と活動エリアなどを記載している。調査時点は1997年5月現在。索引はない。　　　　　　　　　　　　　　　2676

介護福祉用語辞典 改訂　中央法規出版編集部編　中央法規出版　1993.11　320p 22cm　4-8058-1090-4　2400円
介護福祉士をめざす人を対象に、要求される広範な知識を習得するために必要な用語をわかりやすく解説した用語辞典。同社が刊行した『改訂介護福祉士養成講座』の索引を中心として、約3800の項目を抽出し、1項目200字以下でコンパクトに記述。配列は五十音順。初版は1989年で、その後の行政施策の変更に即して大幅に改訂した。　　　　　　　　　　　　　　2677

現代社会福祉事典 改訂新版　仲村優一〔ほか〕編　全国社会福祉協議会　1988.12　528p 22cm　4800円
社会福祉の基礎的理解と実践に必要な知識を解説した事典。33の体系項目、約3400の事項・人名項目からなる。体系項目は、社会福祉の原理、歴史、制度、方法、分野、現代的課題の6領域に分けて詳述。巻末に和文の事項索引、人名索引、欧文索引を付す。1982年刊の改訂新版。　　　　　　　　　　　　　　　2678

現代福祉学レキシコン 小田兼三〔ほか〕編　雄山閣出版　1993.6　582p 22cm　監修：京極高宣　4-639-01172-5　6800円
社会福祉学と関連領域から基本概念691項目を抽出して系統的に詳説した中項目事典。各項目は、定義、展開、内容、現状、文献などで構成される。巻頭に分野別項目一覧、事項索引を、巻末に人名索引、欧文索引を付す。　　　　　　　　　　　　　　　　2679

社会福祉士・介護福祉士のための用語集 古川孝順, 定藤丈弘, 川村佐和子編　誠信書房　1997.6　576p 21cm　4-414-60521-0　3300円
社会福祉の領域ですでに活動している人や、これから社会福祉士や介護福祉士の資格を取得したいと希望する学生や社会人を対象とした用語集。社会福祉士、介護福祉士国家試験の全科目にわたり、重要な用語約3500語を収録して平易に解説する。近年の社会福祉の動向に対応し、遺漏のないよう収録語に配慮している。配列は五十音順。巻末に、用語に関連する施設数、人数などの参考資料を付す。索引はない。　　　　2680

社会福祉事業辞典 新版　京都　ミネルヴァ書房　1977.3　350p 18cm　監修：塚本哲〔ほか〕　4-623-01084-8　1500円
社会事業、社会福祉の専門用語と関連領域の用語を小項目で簡潔に解説したもの。40の問題別に分類し、体系的に配列して系統的に理解できるようにしてある。全項目の詳細な総目次および五十音順索引がある。参考文献はない。別に別冊付録「社会福祉制度一覧・資料集」を付す。初版は1966年刊。新たに追加増補した用語は後半部分に追補として掲載されている。　　2681

社会福祉用語辞典 改訂　中央法規出版　1994.4　646p 19cm　監修：厚生省社会・援護局, 厚生省児童家庭局　4-8058-1223-0　3800円
社会福祉関係の主要な六法を中心に、保健、医療、社会保険、就労などの分野の行政施策に関する用語から、福祉に関する一般的な用語に至るまで、幅広く抽出し、簡明な解説をした辞典。項目数は約2700。配列は五十音順。巻末に「見よ項目」も収載した索引を付す。初版は1992年刊。　　　　　　　　　　　　　2682

地域福祉事典 日本地域福祉学会編　中央法規出版　1997.12　569p 22cm　4-8058-1660-0　6000円
地域福祉の思想、理念、政策、方法、実践、海外の動向など15のテーマに分け、189の中項目を体系的に解説した読む事典。解説文末尾に参考文献を付す。日本地域福祉学会の設立10周年を記念して企画されたもの。広範多岐にわたり、多様な実践を含む地域福祉の現状を総合的に理解し、同時に21世紀に向けての研究と実践に役立つことを意図して編集。巻末に地域福祉関連年表、地域福祉関係文献・論文一覧、地域福祉活動実践事例を掲載。事項索引と人名索引を付す。
　　　　　　　　　　　　　　　　　　　　　　2683

日本社会事業大年表 社会事業研究所編　日本図書センター　1995.6　306p 22cm　（戦前期社会事業基本文献集 15）　4-8205-1880-1
神代から1932年までのわが国における社会事業関係事項を、社会事業、社会事情の2欄で構成した年表。徳川時代以前は各種史料の引用で出典を明記。明治時代以後は各種施設の創立などの記録に詳しく、とくに明治期では創立者、施設の変遷などを摘記。ただし出典は省略。索引はない。原本は刀江書院より1936年の刊行。　　　　　　　　　　　　　　　　2684

日本福祉年鑑 昭和52年版－　日本福祉年鑑編纂委員会編　講談社　1977－　隔年刊 23cm　監修：佐藤進
わが国の社会福祉の現状と問題点を解説する年鑑。福祉行財政の展望、福祉の現状と課題、諸外国の福祉の動向、福祉のドキュメント、答申・報告・文献の5編からなる。巻末に資料として、社会福祉関係重点施策

の概括、国家予算案の概要、都道府県の福祉重点施策を掲載。索引はない。1977年（立風書房）、1988年（東洋館出版）刊行後1991年より隔年刊。解題は1997-1998年版による。　　　　　　　　　　2685

必携介護福祉用語の解説　介護福祉用語研究会編　建帛社　1995.6　387p　19cm　執筆：出雲祐二ほか　4-7679-3521-0　2575円
介護福祉のための辞典。国家試験指定14科目にそって用語を分類し、各分野ごとに五十音順に配列。付表として医療保険制度の概要、略語一覧、日本介護福祉会のリスト、人体各部の名称などを掲載。巻末に引用・参考文献リストと全主要語彙を五十音順に並べた索引を付す。　　　　　　　　　　　　　　　　2686

福祉機器ガイドブック　1993年改訂版　〔神戸〕　兵庫県社会福祉事業団　1993.3　1冊(頁付なし)　30cm　共同刊行：兵庫県立総合リハビリテーションセンター
福祉機器、介護用品など在宅で使用する補助機器の代表的なもの300余を、動く、食べる、寝るなど機能別に掲載。写真、図などにより機能や選ぶ視点について解説。巻末に業者リストを付す。　　　　　　　2687

福祉制度要覧　理解と活用のための必携書　5訂版　社会資源研究会編著　川島書店　1993.12　666p　26cm　4-7610-0520-3　5500円
わが国の福祉制度を医療、障害者、高齢者、経済面の4つの枠組みで紹介したハンドブック。「医療保障」「心身障害者（児）の福祉制度」など6部で構成。1部から5部までの制度や施設は東京都のものが中心だが、6部では東京都を除く道府県の福祉制度の概要を掲載。巻末に索引を付す。初版は1976年の刊行で、以後制度的な変化に対応して改訂。　　　　　2688

【名簿】

最新全国福祉事務所便覧　全国社会福祉協議会　1996.2　152p　19×26cm　監修：厚生省社会・援護局企画課　1500円
社会福祉行政の第一線機関である福祉事務所の現況について概説するとともに、全国の福祉事務所の名称、所在地、電話番号、管轄区域および管内人口を収録したもの。掲載は都道府県別。付録として、身体障害者更生相談所、精神薄弱者更生相談所、婦人相談所、児童相談所の名称、所在地なども掲載。　　　　　2689

社会福祉法人全名簿　1993　全国社会福祉協議会　1993.6　854p　18×26cm　監修：厚生省社会・援護局企画課　6500円
全国の社会福祉協議会、社会福祉事業団、共同募金会、その他の社会福祉法人1万3801の名称、所在地、電話番号、代表者名、事業、設立年月日などを収録したもの。調査時点は1992年3月末現在。掲載は都道府県別で、その中は法人名の五十音順。巻末に索引がある。　　　　　　　　　　　　　　　　　　　2690

全国患者会障害者団体要覧　プリメド社「全国患者会障害者団体要覧」編集室編　大阪　プリメド社　1996.12　277p　21cm　4-938866-03-X　3200円
全国の患者会、障害者団体、家族の会、患者や障害者のための民間の支援団体1108の要覧。データは1996年8月現在のもの。病気や障害により分類・配列。各団体の名称、連絡先、活動内容などを記載する。巻末に、対象疾患・障害別索引、団体名索引、事務局所在の都道府県索引を付す。　　　　　　　　　　2691

全国社会福祉施設名簿　社会福祉事業振興会編　社会福祉事業振興会　1983　1021p　31cm
全国の施設を、保護施設、老人福祉施設、身体障害者更生援護施設などに分け、それぞれ都道府県別に、名称、設置主体、認可年月日、施設長名、所在地、定員などを表にまとめたもの。1981年10月現在の施設を収録。巻末に法人名簿、名簿登載施設数一覧を掲載。1966年に初版を刊行し、本版は4度目の改訂。　　2692

全国ボランティアグループ・団体ガイド　ボランティア活動研究会編　ジャニス　1995.7　302p　21cm　発売：メディアパル　4-89610-701-2　1750円
全国のボランティアグループ・団体1200を「国際協力・海外NGO」「在日外国人・帰国者支援」「自然保護・環境保全」など20のジャンルに分け、活動の目的や内容、募集人員の希望などを紹介したもの。データは1994年12月から1995年4月の取材。ボランティア活動の基礎知識、ステップ別アドバイス、コラムなどで理解を深められる。巻末に五十音順索引を付す。　　　　　　　　　　　　　　　　2693

日本社会福祉人物史　上，下　田代国次郎，菊池正治編著　相川書房　1987-1989　2冊　21cm　1800円,2200円
戦前・戦後に地方で社会福祉実践に深くかかわった人物を発掘した人名辞典。上下巻全4編で、「慈善事業から社会事業へ」「社会事業から厚生事業へ」「現代社会福祉の形成と展開」「現代社会福祉人物史」。各編で解説を加え、人物を紹介。96名を収録。人物ごとに参考文献を付す。上巻末に戦前地方社会事業史文献目録、下巻末に戦後地方社会事業史文献目録を載せる。　　　　　　　　　　　　　　　　　　　　2694

養護施設ハンドブック　全国社会福祉協議会養護施設協議会編　全国社会福祉協議会　1990.12　445p　21cm

3300円

養護施設の運営管理、特に子どもの処遇実践に役立ち、知識を深めることを意図した書。社会的養護の基本的視点と養護施設、養護施設の基本的課題、児童養護の実際、施設運営上の課題、児童養護の今後の課題の5章に、資料として「海外の児童養護」「児童養護文書等関連資料」を掲載。各章末に参考文献を付す。索引はない。1981年刊の初版の改訂版。　　　　　2695

❖❖ 老人福祉

高齢者福祉・保健リハビリテーション雑誌目次総覧 第1-7巻, 別巻　大空社　1994.12　8冊 27cm　監修：津曲裕次　4-87236-935-1

高齢者福祉・保健・リハビリテーションに関する雑誌30タイトルの目次を収録したもの。収録雑誌は一般の店頭で入手しにくい専門職団体、高齢者サークル、高齢者関係施設などの刊行によるものを選択。収録期間は1994年7月刊行分まで。別巻に解題、収録雑誌の発行年月一覧、雑誌別の著者索引、収録雑誌一覧を掲載。　　　　　2696

全国老人保健関係施設要覧　中央法規出版　1996.3　207p 26cm　監修：厚生省老人保健福祉局老人保健課　4-8058-4032-3　1600円

老人保健施設と老人訪問看護ステーション2300余の都道府県別名簿。各施設は名称、所在地、定員、電話、FAX、併設施設などを記載。都道府県・指定都市老人保健事業担当部局一覧と1994年12月に策定された「新ゴールドプラン」の概要を付す。索引はない。　2697

老人保健福祉事典　改訂　中央法規出版　1992.5　483p 19cm　監修：厚生省大臣官房老人保健福祉部　4-8058-0978-7　3500円

老人の保健、医療、福祉、社会保険、就労などの行政施策に関する用語から、老人にかかわる一般的な用語までを幅広く抽出し、簡明に説明した事典。項目は五十音順配列で、約2000。巻末に「見よ項目」も収載した五十音順の索引を付す。1991年刊の初版に、施策の拡充に沿った項目の追加、見直しを大幅に行ったもの。　　　　　　2698

❖❖ 障害者福祉

視覚障害関係図書・資料目録　昭和56年3月末現在, 追録1　日本点字図書館・資料室編　日本点字図書館・資料室　1981-1983　2冊 25cm

日本点字図書館資料室が1981年3月末現在所蔵する視覚障害関係の図書779タイトル、資料309タイトル、逐次刊行物129種を独自分類により主題別にまとめたもの。追録はその後の2年間に整理された図書261タイトル、資料131タイトル、論文・雑誌記事859件、逐次刊行物201種に及ぶ。外国語文献も含む。各巻末に書名索引（追録のみ著者索引も）を付す。　2699

障害者行政事典　障害者行政研究会編　中央法規出版　1990.3　332p 19cm　4-8058-0732-6　2500円

身体障害者福祉法、精神薄弱者福祉法、児童福祉法など障害者関係の法令、通知などに使用される用語を、五十音順に配列して解説したもの。障害者、福祉以外の保健・医療、労働、教育ほかの法令などからも障害者に関連ある用語を採っている。巻末に項目および本文中の重要語句を収録する索引を付す。　2700

障害者福祉関係図書目録　80/94　日外アソシエーツ編　日外アソシエーツ　1995.10　453p 22cm　発売：紀伊国屋書店　4-8169-1332-7　19800円

1980-1994年の間に日本国内で刊行された障害者福祉に関する図書約8000点を収録。本文は、総記、身体障害、視覚障害、聴覚・言語障害、知的障害、精神障害、重度・重複障害、難病、就職・資格試験用図書の9区分に分類。各区分内で必要に応じ細区分する。巻末に著者索引と、キーワードから引く事項索引を付す。　2701

心身障害者関係文献目録　1945-1981　国立国会図書館参考書誌部編　国立国会図書館　1982.3　308p 26cm　4-87582-015-1

1945-1981年の間に国内で発行された心身障害者関係の図書および小冊子約6000点の目録。一般図書と官公庁出版物に分け、一般図書は独自分類し、著者の五十音順に配列。官公庁出版物は刊行組織別に配列し、同一組織の中は書名の五十音順。国立国会図書館所蔵のものは請求記号を付す。索引はない。　2702

世界盲人百科事典　世界盲人百科事典編集委員会編　大阪　日本ライトハウス　1972　1006p 27cm　監修：宇山安夫, 辻村泰男, 岩橋英行

盲人（視覚障害者）の生活、医学、心理、教育、福祉、職業に大分類し、中小項目に分け詳細に解説するもの。刊行年時点における盲人に関する歴史、状況を網羅する膨大な資料の集成で、多数の参考文献が本文中に収められている。盲人問題の諸論説、アレキサンダー・メル編『盲人百科事典提要』（1990年刊）（Encyklopädisches Handbuch des Blindenwesens）の抜粋、総合盲人年表、学校・施設・団体・機関名簿、五十音順索引を付す。　　　　　2703

全国精神薄弱関係施設名簿 1967年版- 日本精神薄弱者愛護協会 1967- 年刊 19×26cm
全国約3000か所の精神薄弱児施設、精神薄弱者更生施設、精神薄弱者授産施設、精神薄弱者福祉工場などの精神薄弱関係施設の施設名、種別、定員、施設長名、住所などを収録した名簿。都道府県ごとに配列し、巻末に施設名の五十音順索引を付す。資料として、各種事業実施施設一覧、社会福祉士養成施設一覧などを掲載。解題は1997年版による。　　　　　2704

全国療育名簿 心身障害児者関係医療・福祉・教育・施設団体等一覧 〔1995〕 全国心身障害児福祉財団編 全国心身障害児福祉財団 1995.3 484p 26cm
心身障害児・者やその家族、これらの人々の療育・福祉について指導援助を担当する専門家および関係者を対象に、全国の心身障害児・者の福祉、医療、教育、就労などの各種の指導援助および処遇にあたる機関・施設を収録した名簿。官庁・団体等、相談・指導機関、入所・通所施設など分野別に7章に分け、その中は都道府県別に掲載する。索引はない。1982年刊の初版以来、本冊で4度めの改訂。　　　　　2705

◆◆児童福祉

児童福祉施設要覧 SBB総研編纂 SBB福祉総合研究所 1993.10 1101p 31cm 企画：ブック21ジャパン株式会社 38000円
全国の重症心身障害児施設を、アンケート調査に基づいて収録した要覧。まず施設を法人立・公立および国立に、次に全国を10ブロックに分け、それぞれの地域の乳児院、母子寮、養護施設、精神薄弱児・同通園施設、盲ろうあ児・肢体不自由児・虚弱児・情緒障害児施設、教護院を紹介している。巻末に施設の五十音順索引を付す。初版は『全国児童福祉施設要覧』の書名で1987年刊行。　　　　　2706

少年矯正保護用語辞典 田辺幸喜著 誠信書房 1965 202p 19cm
少年保護に従事する専門家のために、少年法などの関係法規、医学、心理学、教育学、社会学ほかの関係諸科学から少年保護にもっとも多く使用される重要語を選び、簡潔平易に解説したもの。配列は五十音順。巻頭に目次がある。付録として少年保護機関一覧表、人体の骨格解剖図などを巻末に付す。　　　　　2707

✚災害・戦災

【書誌】

原爆関係蔵書目録 原爆被災学術資料センター 1-3 広島大学原爆放射能医学研究所附属原爆被災学術資料センター資料調査室編 広島 広島大学原爆放射能医学研究所附属原爆被災学術資料センター資料調査室 1980-1990 3冊 26cm
原爆被災学術資料センター所蔵の資料を分類整理した目録。受け入れ時期別の3巻からなり、1は1974-1978年の約1600点を、2は1979-1983年の約1480点を、3は1984-1988年の約1650点を収録。出版ルートに乗らない原爆被災文献も含む。配列は、図書と逐次刊行物の区分のもとでの独自分類。各巻末に書名索引を付す。1のみタイトルは『原水爆関係資料目録』。　　2708

原爆文献を読む 原爆関係書2176冊 水田九八二郎著 中央公論社 1997.7 511p 16cm （中公文庫） 4-12-202894-9 1238円
1945年9月から1982年3月までに著者が収集した広い領域に及ぶ原爆文献の中から、すでに客観的評価を得、資料的価値が高く、しかも入手しやすい100冊を選択し、発行年月順に配列、解題したもの。解題には、その成立、構成、ほかの著述との関係なども記され、読みものとしても興味深い。巻末に、戦後1945-1995年までの50年間に発行された約2000冊の原爆関係文献一覧を編年体で掲載。1982年に講談社より発行された『原爆を読む』を改訂したもの。　　　　　2709

防災専門図書館所蔵戦災関係図書目録 全国市有物件災害共済会防災専門図書館編 全国市有物件災害共済会防災専門図書館 1979.3 79p 27cm
同図書館が所蔵する第二次世界大戦を中心にした戦争、戦災関係図書839冊の目録。1956年7月から1978年3月までに整理を終えた図書を収録。配列は独自分類順で同一分類の中は受入配架順。欧文図書も若干含む。巻末に和書、洋書別の書名索引を付す。　　　　　2710

【辞典・事典・便覧】

近代日本の災害 明治・大正・昭和の自然災害 テクノバ・災害研究プロジェクト編 テクノバ 1993.7 317p 31cm 非売品
明治以降わが国で発生した災害をまとめた書。気象災害については死者・行方不明者百人以上、地震についてはマグニチュード7以上が目安とされてはいるが、人的・物的被害の顕著な災害に関しても広く取り上げ

ており、明治・大正・昭和の人々の記憶に残るような災害はほとんど網羅されている。付録に災害総合年表、近世までの歴史的大災害を掲載。巻末には参考文献一覧と索引を付す。　2711

事故・災害 日本と世界の主要全事故・災害総覧　自然災害から人災事故　1992年版　事故・災害編集委員会編　東村山　教育社　1992.7　1025p　18cm　（Newton database）　発売：教育社出版サービス（東京）　4-315-51269-9　2000円
地震、台風、公害、交通事故など世界と日本の天災、人災を約1100件とりあげて解説したもの。日本編と外国編からなる。収録対象時期は、日本編は大和時代から1991年まで。外国編は古代から1991年まで。年代順に項目を配列。各項目の中は、発生・被災国、被災地域、被災日時、事故・災害種類、経過・内容について記述。巻末に、歴史年表、索引、参考・引用文献を付す。『戦争・事変』☞0877（1993年刊）『事件・犯罪』☞2670と3部作をなす。　2712

昭和災害史事典 1-5，総索引　日外アソシエーツ編集部編　日外アソシエーツ　1992-1995　6冊　22cm　発売：紀伊国屋書店　8000-14800円
台風・豪雨・地震・噴火・地滑りなどの天災から、火災・工場災害・各種交通機関の事故・公害・被曝などの人災まで、規模も種類もさまざまな災害を再現した年表。昭和時代の災害1万2091件を収録。概略やデータがわかる。出典は新聞、年鑑など。各巻に災害別一覧、都道府県別一覧を付す。別冊の総索引は五十音順配列。2巻の書名のみ『昭和災害史年表事典』。　2713

ハンドブック戦後補償 増補版＜ハンドブック戦後補償＞編集委員会編　梨の木舎　1994.9　270p　19cm　（シリーズ・問われる戦後補償　別冊）　監修：内海愛子ほか　4-8166-9408-0　2781円
戦後補償の要求が出ている41項目について、朝鮮、中国、東南アジアなど地域ごとにまとめ、「本文」とキーワードによって解説するもの。見開き頁に収められた「本文」では、問題の歴史的発端、戦後の経緯、日本政府に対する要求、日本政府の対応などの順に歴史的事実を詳述。キーワードは本文中の重要な用語を説明。資料として、カイロ宣言、ポツダム宣言（抄）などを掲載。巻末に索引を付す。初版は1992年の刊行で、新たに10項目を追加し、増補版とした。　2714

防災まちづくりハンドブック タウン・クラフティングA・B・C　防災まちづくり研究会編　ぎょうせい　1988.9　204p　26cm　監修：国土庁大都市圏整備局　4-324-01433-7　1900円
災害に強い生活基盤形成についての理解を深めることを目的に、生活やまちづくりの中でできる防災対策の事例を中心にまとめた書。防災まちづくりの考え方、防災まちづくりの方法、防災まちづくりの事例の3部からなる。索引はない。巻末に図表一覧を付す。　2715

教育

◆教育学・教育一般

【書誌】

教育学関係参考文献総覧　加納正巳著　帝国地方行政学会　1971　167p　27cm　1950円
明治期から1968年までに日本で出版された教育に関する参考資料およそ850点を収録する解題書誌。雑誌、紀要および研究書の一部も採録した網羅的なもので、国立国会図書館ほか5機関の所在指示もなされている。教育思想、教育史、教育政策・制度、教育内容・方法など14項目に分類され、各項目のもとに、書誌、資料集の順に列挙。巻末に書名索引がある。　2716

教育学・教育心理学に関する10年間の雑誌文献目録　昭和50年-昭和59年　日外アソシエーツ編　日外アソシエーツ　1987.6　339p　27cm　発売：紀伊国屋書店　4-8169-0360-7　12500円
『雑誌記事索引（人文・社会編）累積索引版』☞0139　第5-6期をもとに教育学、教育史、教育心理学、幼児教育、児童・生徒研究に関する文献目録として再編成したもの。1975年から1984年までに国内で発表された雑誌文献9336件を収録する。構成は主題別の大項目の下に、キーワード方式による見出し語で細分している。巻末に五十音順の事項索引を付す。1974年以前については『教育学・教育問題に関する10年間の雑誌文献目録　昭和40年-49年』『教育学・教育問題に関する17年間の雑誌文献目録　昭和23年-39年』に収録。　2717

教育関係雑誌目次集成 教育ジャーナリズム史研究会編 日本図書センター 1986-1994 101冊 27cm

明治期から敗戦の1945年までに刊行された教育関係雑誌約100誌の目次を4期に分けて集成・復刻したもの。できるだけ目次の原型を採るが、加筆修正、新たな作成や欠号もある。第1期は教育一般編。広範囲に教育問題に触れる雑誌の目次を収録。第2期は学校教育編。教科教育など、種々の学校教育活動・教師教育にかかわる雑誌を収録。第3期は人間形成と教育編。青少年や婦人のアイデンティティ形成などにかかわる雑誌を収める。第4期は国家と教育編。各教育会発行の雑誌の目次を収める。各期の最終巻はいずれも、補遺・各誌解題・執筆者索引・所蔵機関一覧となっていて便利。
2718

教育研究論文索引 1988年版- 国立教育研究所編 東京法令出版 1992- 年刊 27cm

国立教育研究所附属教育図書館が受け入れている大学、短大、高専の紀要、教育関係学協会誌、一般雑誌、教育関係雑誌など約850誌所載の論文を対象とした教育関係雑誌論文・記事索引。構成は、教育一般、教育学・教育思想、教育史・教育事情など16項目をさらに細区分し、論題の五十音順に配列。収録数は欧文論文も含めて約6700。巻末に著者索引と採録対象誌一覧がある。1964年に『教育索引』として創刊、その後1988年に標記の名称に改題され現在に至っている。解題は1996年版による。
2719

教育史に関する文献目録並に解題 改訂版 石川松太郎著 宣文堂書店出版部 1974 260,23,3p 27cm （近代日本教育資料叢書 史料篇 5） 監修：大久保利謙, 海後宗臣 5000円

明治以降日本で刊行された、日本を中心とする各国教育史に関する図書、雑誌論文約2000点を収録した書誌。1 教育史発達史・史観・方法論、2 日本教育史、3 東亜教育史、4 西洋教育史、5 論文集・紀要・雑誌、6 辞書・年表・教育史文献目録、7 補遺、8 日本における日本教育史研究の歴史（著者の論文）の8部からなる。図書については、書誌事項のほか、解題と所蔵機関を記載。巻末に、五十音順の著（編）者索引および書名索引がある。1953年刊の講談社版の改訂であるが、以後の文献の増補はなされず、約400か所の誤記、誤植の訂正がなされただけの復刻版である。
2720

教育・文化・宗教団体関係図書目録 45/93 日外アソシエーツ編 日外アソシエーツ 1994.12 88,737p 22cm 発売：紀伊国屋書店 4-8169-1270-3 25000円

幼稚園から大学、学会、協会、研究機関、福祉・文化団体など、教育、文化、社会、宗教、スポーツに関係する国内外の7300団体についての文献目録。1945-1993年に国内で刊行された単行本、各団体発行の年報・業務報告などを含む約1万4700点を収録。団体の正式名を見出し項目として、資料の刊行年順に、書名、書誌的事項、定価、日本十進分類法分類番号などを掲載。構成は、各団体を教育、文化、社会、宗教、スポーツに区分、その中を適宜小区分し、団体名の五十音順に配列。巻頭に五十音順の団体名索引を付す。
2721

教育問題に関する10年間の雑誌文献目録 昭和50年-昭和59年 日外アソシエーツ編 日外アソシエーツ 1987.6 223p 27cm 発売：紀伊国屋書店 4-8169-0360-7 8400円

『雑誌記事索引（人文・社会編）累積索引版』☞*0139* 第5-6期をもとに教育一般、教育問題に関する文献目録として再編成したもの。1975-1984年までに国内で発表された雑誌文献6659件を収録する。構成は主題別の大項目の下に、キーワード方式による見出し語で細分している。巻末に五十音順の事項索引を付す。1974年以前については『教育学・教育問題に関する10年間の雑誌文献目録 昭和40年-49年』『教育学・教育問題に関する17年間の雑誌文献目録 昭和23年-39年』に収録。
2722

教科書図書館蔵書目録 昭和60年3月現在 教科書研究センター附属教科書図書館 1986 2冊 27cm

教科書図書館所蔵の教科書と指導書の目録。「日本の教科書・教師用指導書」と「外国の教科書・教師用指導書」の2分冊からなる。前者は戦後から1985年までに国内で刊行された教科書・指導書2万7000冊を小学校、中学校、高等学校に大別（特殊学校の場合は学校の種類でも大別）、さらに教科別に分け、発行者別に分類配列。巻末に教科書発行者一覧を付す。後者は37か国の8700冊を収録。国別に大別し、さらに教育段階で区分し教科別に分類配列。いずれも索引はない。
2723

児童教育の本全情報 70/92 日外アソシエーツ編 日外アソシエーツ 1993.1 300p 22cm 発売：紀国屋書店 4-8169-1151-0 12000円

1970-1992年3月までに日本国内で刊行された児童教育に関する図書5799点を収録した書誌。専門的な文献から家庭教育の実用書までを網羅している。教育の「場」という観点から、大きく家庭、学校、社会の3つのテーマに分類、その中をさらに小さなテーマで区分し、出版年の新しい順に配列している。記載内容は書誌事項と通しの文献番号だが、内容と目次を記載したものもある。巻末に五十音順の著者索引、事項索引を付す。
2724

世界諸地域の文化と教育 邦文参考文献目録 東京学芸大学海外子女教育センター編 小金井 東京学芸大学海外子女教育センター 1982.6 75p 26cm

諸外国における文化・教育事情に関する文献を、地域・国ごとにまとめた書誌。単行本が中心だが、地域によっては雑誌論文も含む。8章からなり、各章の冒頭に地域の概観などの解説を付す。第8章「海外子女教育センターの関係文献・資料」では、同センター収集資料のうち参考文献となるものを地域ごとに分類、列挙している。索引はない。　　　　　　　　　2725

戦後教育資料総合目録 戦後教育資料収集委員会編 日本図書センター 1996.6 132,47p 22cm （社会科学書誌書目集成 第3巻） 監修：図書館科学会 4-8205-4160-9 6180円

敗戦から講和条約締結まで（1945年9月－1952年5月）に出された戦後教育改革に関する法令・規則・通達類およびそれらが制定・公表されるに至った事情を示す原資料で、国立教育研究所に収蔵された約5400点を収録した書誌。中央資料と地方資料の2部からなる。中央資料は、新教育、米国教育使節団、教員養成など11の領域に区分した後、資料の性格によりGHQ指令、統計資料、談話・録音テープなど10項目に細区分している。また、各領域の最後に国立教育研究所に所蔵する関連文献リストを付し、利用者の便宜をはかっている。索引はない。1965年刊の原本を復刻したもの。
2726

体系別・件名別教育研究情報目録 1（昭和63年度）－7（平成6年度） 東京都立教育研究所調査普及部編 東京都立教育研究所 1989－1997 年刊 7冊 26cm

東京都立教育研究所が1年間に受け入れた、教育に関する研究報告書2133部に掲載されている研究文献・報告書などの索引。同研究所の教育関係件名表に基づき、教育行財政、幼児、初・中・高等教育、学校経営・管理、教育内容・方法、教科・領域、社会教育、児童・生徒・青少年、研究・調査法、基礎研究、教育課題の件名別にまとめられている。索引はない。『体系別・件名別教育研究報告一覧』（昭和42－62年度）を引き継ぐ形で刊行された。東京都学校教育情報システム（TOMSIS）の「研究文献・報告書情報」「学習指導案情報」「教材・教具情報」データベースで検索可能。解題は平成6年度版による。　　　　　　　　2727

明治以降教育文献総合目録 付・総索引 昭和24年3月現在 国立教育研究所編 小宮山出版 1976 1冊 27cm （教育文献総合目録 第1集） 8000円

国立国会図書館支部旧上野図書館の蔵書を基本とし、東京の9機関と個人蔵書3種を加えた明治以降教育関係総合目録。同時に所在を明記している。各機関は1949年3月、個人蔵書は1948年8月現在をもって収録。ただし地方資料と教科書は除く。収録数1万4417を8項目に分類、以下細区分して書名の五十音順配列。292頁におよぶ索引あり。1950年刊の元本に1954年刊の『教育文献総合目録総索引』を合冊して復刻したもの。
2728

明治前期文部省刊行雑誌総目録 国立教育研究所 1968 205p 22cm （日本近代教育百年史編集資料 2）

文部省が1873－1883年に刊行した『文部省雑誌』『教育雑誌』『文部省教育雑誌』の、欧米の教育事情と諸論説の紹介を中心とした記事の目録。構成は3誌の解題、全245号の収録記事674件を刊行年月日順に配列した所収記事目録、文部省雑誌（単行本）所収記事目録、主要所蔵機関の所在状況一覧、および体系的配列による事項別分類索引からなる。　　　　　　　　2729

【辞典・事典】

教育学辞典 第1－5巻 城戸幡太郎〔ほか〕編 岩波書店 1936－1940 5冊 27cm

わが国の教育学辞典史上、最高水準の位置を占める古典的労作。大項目に小項目を含める。五十音順配列で、英文または独文か仏文を併記。項目末に参考文献を示す。本文は旧かな。戦前の辞典ながら「マルクス主義」に1頁をさくなど、関係諸学を包括した画期的な編集である。第4巻末に補遺と、『文部省年報』☞2754 に拠る201頁におよぶ「道府県教育史統計資料」を置く。第5巻は、体系的総項目表、事項索引、日本人を主とした東洋人名索引、西洋人名索引からなる「総索引」のほか、教育史年表（紀元前－1938年）、教育学著述年表、教育雑誌目録および正誤表を収める。1983年に復刻版が刊行された。　　　　　　　　2730

教育学事典 第1－6巻 平凡社編 平凡社 1954－1956 6冊 26cm

戦後最初の本格的大事典。約3800項目を立て、中項目を中心に大・小項目を併用。五十音順配列で、英文または独文か仏文を併記する。項目末に欧文・邦文の参考文献を示し、図版、写真も豊富。関連諸学の業績を結集した編集で、また「民主主義」に9頁を費やすなど戦後の気運もうかがえる。第6巻は、主要項目体系索引、事項索引、人名索引、欧文索引のほか、世界各国の教育体制と教育問題49項目を紹介した「世界の教育」、および詳細な日本の教育史に世界各国の重要事項を併記した「教育史年表」（紀元前－1955）とを収める。　　　　　　　　2731

教育学大事典 細谷俊夫〔ほか〕編 第一法規出版 1978.9 7冊 26－27cm 全48000円

隣接諸科学の成果と方法を取り入れた総合的な教育事典。第1-5巻は、教育の各事象・人名など約1660項目を五十音順に配列し、英文または独文か仏文を併記。項目末に参考文献・基本資料を付す。「マン・マシン・システム」を3頁にわたって詳述するなど、重点を現代に置いた編集。第5巻末には、近代以降1976年までの世界教育年表がある。第6巻は資料・索引で、答申・報告・旧法令、教育統計、教育関係団体、事項索引、人名索引を収める。7冊目として第6巻所収の索引を別刷りして刊行。　　　　　　　　　2732

新教育学大事典 細谷俊夫〔ほか〕編 第一法規出版
　1990.7　8冊 27cm　4-474-14740-5　全80000円
『教育学大事典』☞2732 以降の社会変化や研究成果を取り入れた新装改訂版。教育学の全領域にわたる事項・人名など2630項目を五十音順に配列し、英文または独文か仏文を併記。項目末に参考文献を付す。解説は詳細で、「万引き」「右きき、左きき」などの新項目に時代が反映されている。第7巻は資料編で、明治以降の日本の法令や答申・建議・報告、学習指導要領および国際的な勧告・宣言や主要国の教育法令・制度を掲載。第8巻には、明治以降の日本の教育統計のほか、日本と諸外国の教育年表（1100-1989年）と、和文事項索引、和文人名索引、欧文事項索引、欧文人名索引を収める。　　　　　　　　　　　　2733

岩波教育小辞典 五十嵐顕〔ほか〕編 岩波書店 1982.2
　308p 19cm 1500円
教育関係の用語を整理し、語義解釈だけでなく問題点を明らかにして教育学研究に貢献するよう編集された事典。教育者名も含む687項目を収録し、五十音順に配列。巻末に基本的資料として、学制序文、教育ニ関スル勅語、教育基本法、児童憲章などを掲載。五十音順和文索引と欧文索引を付す。『岩波小辞典教育』（1956年刊）、同第2版（1973年刊）を引き継ぐもの。
　　　　　　　　　　　　　　　　　　　　　2734

学校教育辞典 東洋〔ほか〕編 教育出版 1988.6　502p
　20cm　4-316-31970-1　3800円
学校教育の目的、教育史、制度・組織、内容と方法、動向、研究、人名に関する1475項目の中辞典。配列は五十音順。巻末に教育資料編として教育法規・答申、日本および世界の学校系統図、日本の学校教育の現況データを収録し、事項・人名索引を付す。　　2735

学校用語英語小事典 竹田明彦著 大修館書店 1989.6
　319p 19cm 英文校閲：ジョン・スネリング 4-469-24271-3　1850円
国際化時代を迎えた学校教育の現場で必要な英語の用語と用例を収録したハンディな実用事典。構成は、学校の設備・備品、教務、生活指導など44の項目をさらに細区分し、用語の五十音順に配列。巻末に推薦書、成績証明書などの実例を示す付録、参考文献、五十音順の和英索引がある。1998年2月改訂増補版が刊行された。　　　　　　　　　　　　　　　　　　2736

教育学用語辞典 第3版 岩内亮一〔ほか〕編 学文社
　1995.4　318p 20cm　4-7620-0587-8　2472円
事項約770項目と人名約100項目を五十音順に配列した教育学関係のハンディな用語辞典。構成は、原則として中項目中心主義で、ほかの見出し語への参照もあるが、参考文献はない。巻末に詳細な和文索引、欧文索引を付す。　　　　　　　　　　　　　　　　　　2737

教育研究事典 石山脩平〔ほか〕編 金子書房 1954
　1514,38,22p 27cm
アメリカの「モンローの教育研究事典」（『Encyclopedia of educational research』）に範をとった大項目主義の事典。主として明治以降から1951年までに発表された文献を多数紹介している。　　　　　　　　　2738

教育人名辞典 教育人名辞典刊行会編 理想社 1962
　927p 22cm 稲富栄次郎監修
内外の教育関係の人物を中心に哲学者、思想家、心理学者など約2000名を五十音順に配列した辞典。各項目は、人名（西洋人はカタカナ）、原綴、生没年、生涯、思想と史的意義、著作、和洋の参考文献からなる。刊行後30余年を経たが、類書が比較的少なく、利用価値は失なわれていない。巻末に各種の教育関係年表と和、洋、中の人名索引がある。　　　　　　　　2739

教育問題情報事典 日外アソシエーツ編 日外アソシエーツ 1993.2　452p 19cm 発売：紀伊国屋書店 4-8169-1160-X　4800円
教育問題や教育に関連する社会的事象、団体、機関など601の用語について簡明な解説に参考文献を加えたハンディな情報事典。教科書裁判、同和教育から学校5日制、エイズ教育、おたく族、女子校生校門圧死事件など広く収録。解説よりむしろ参考文献に重点がおかれ、6900点を掲載。巻末には事項索引のほか参考文献著者索引がある。　　　　　　　　　　　　2740

教育臨床辞典 岡林桂生〔ほか〕責任編集 東京法令出版 1980.4　32,593p 22cm 5000円
臨床教育を中心に、子どもの発達にかかわる領域全般の専門事典。教育学、心理学、精神医学、生理学などの基礎科学、学校教育、家庭教育、障害児教育、心理療法などの臨床教育、ならびに社会教育、職業教育、社会福祉、犯罪、刑事政策、法制度などの社会と教育に関する基礎的用語を集め、専門研究者、司法関係者

56名が共同執筆している。巻頭には全20項目に分類された領域別索引があり、巻末には事項索引と人名索引、文献・資料一覧がある。　　　　　　　　　　*2741*

現代学校教育大事典　安彦忠彦〔ほか〕編　ぎょうせい　1993　7冊　27cm　監修：奥田真丈，河野重男　全60000円
学校教育を中核とし、広く教育全般に関する項目・用語5540を五十音順に配列した、この分野を代表する専門事典。解説は小見出しを付した中項目が中心で、内容は平易。関連項目への参照のほか、各項目末尾に参考文献を付す。基本・専門教育用語、330名の人物、100冊を越える基本図書のほか、学習指導要領・指導書に登場する用語をも見出し項目としている。第7冊は第1-6冊の総索引で、和文、欧文それぞれの事項索引、人名索引である。　　　　　　　　　*2742*

現代教育学事典　青木一〔ほか〕編　労働旬報社　1988.10　876p　23cm　15000円
教育に関する基本的な6つのテーマ、「子ども・青年の発達と教育」「教育の内容と方法」「学校と教職員」「生涯学習と社会教育」「教育制度・行政・思想」「教育の歴史と人物」を基に1337項目を選定・解説する。五十音順配列。大中小項目併用。項末で関連項目を指示。巻頭に体系案内目次とも言うべき「本事典の構成・項目案内」を置く。巻末に学校制度と法、指導要領、審議会答申、民間教育関係、国際関係文書などの資料、索引がある。参考文献はない。　　　*2743*

現代教育活動事典　改訂版　石堂豊，金子孫市編　世界書院　1979.4　699p　22cm　監修：石堂豊，金子孫市　4500円
教育実践に従事する教師のために、教育学に関する指導・活動の指針または手引き書として編集した便覧。全体を、教育の意義と目的、学校行政・制度、教師、学校の管理・運営など14の領域に分け、各領域に含まれる教育活動の諸事項について、中小項目において具体的に事例に即して解説する。巻末で教育学の論文の作成法に一章を当て、和文の参考文献を章別にあげ、事項索引と人名索引を付す。初版は1969年刊。　*2744*

現代教育小事典　藤永保，森隆夫編　ぎょうせい　1980.4　357p　19cm　1500円
教育全般にわたり、読む事典としての大項目、引く事典としての小項目を併用して解説したハンディな事典。約910項目を五十音順に配列、一部の見出しに欧文を付記。互いに関連する項目には参照項目を示す。巻末に、見出しと本文中から収録した事項の和文索引と欧文索引がある。　　　　　　　　　*2745*

現代教育情報大事典　1988年版　情報産業センター　1988.3　770p　26cm　監修：民間教育振興会　発売：日教販(戸田)　4600円
1988年当時の教育情報を詳細に掲載した事典。教育心理入門編と大部な応用・データ編からなる。教育心理入門編では、赤ちゃんから大学入試、さらに生涯教育までの各段階の教育論を11項目に分けて記載。応用・データ編には、私立系列の大学・短期大学へ進める私立中・高等学校一覧、全国大学・短期大学推薦入学一覧、全国の学習塾・各種教室・おけいこ教室4500件の都道府県ごとのリスト、家庭学習用教材1600種のガイド、教育情報のつかみ方などを収載。教育用語300語を解説した項目もある。索引はない。　　*2746*

国際教育事典　西村俊一〔ほか〕編　アルク社　1991.1　800p　27cm　監修：松崎巌　4-87234-054-X　35000円
教育の国際化に的確に対応するため、国際教育、比較教育学を中心に国際法、国際関係、国際経済、地域研究など関連領域の用語を加えた1233項目を収録、解説したわが国初の専門的国際教育事典。構成は重要度、問題性などにより特大項目から小項目までの5段階に分け、五十音順に配列。項目の重要性に比例して、参考文献の数にも違いが見られる。巻末に重要法令・宣言・規約・憲章などを収めた付録、人名索引、事項索引、欧文略語索引がある。　　　　　　*2747*

新学校用語辞典　牧昌見編　ぎょうせい　1993.12　1279p　22cm　4-324-03480-X　7500円
学校教育に関する関連用語3800項目を収録・解説した用語辞典。構成は小中項目中心の五十音順配列で、関連項目への参照もある。教育改革関連用語、学習指導要領の新用語、教育相談関連用語をも含む。資料編には法令・答申・統計・関連機関一覧などを掲載。巻末に索引を付す。参考文献はない。『学校用語辞典』(1985年刊)の新版。　　　　　　　*2748*

新教育の事典　東洋〔ほか〕編　平凡社　1979.4　910p　27cm　15000円
教育を工学的、システム的な視点でとらえた専門事典。教育の歴史・哲学・制度・社会的側面などは独立項目としないため、大部だが項目数は620と比較的少ない。構成は大中小項目併用の五十音順配列。巻頭に、本書の使い方と内容の説明である「項目への案内体系」一覧を置く。巻末には和文と欧文の詳細な索引があり、参考文献が各項目を見出しとしてまとめられている。　　　　　　　　　　　*2749*

世界教育事典　増補改訂版　新井郁男〔ほか〕編集　ぎょうせい　1980.10　2冊　27cm　監修：平塚益徳　全12000円
世界各国の教育の動向と実態を把握し、世界的視野からわが国の教育を考察するための用語・人名・機関名

1446項目を収録・解説した専門事典。五十音順配列の本編と、法令・報告、教育制度・カリキュラム、統計、教育年表を収めた資料編の2分冊。本編巻末には和文・欧文の事項索引、人名索引を付す。1972年刊の初版に比べ約500頁増加の大幅な改訂をしたもの。　*2750*

総合教職事典 村上俊亮〔ほか〕編 同文書院 1966.4
　873p 19cm 2200円
教職という専門職に必要と思われる約1800の基本的事項を収録した事典。中小項目併用。五十音順に配列し、英文または独文を併記。教職者および教職志望者を対象とする。図版・表は付すが、参考文献、索引はない。　*2751*

ペスタロッチー・フレーベル事典 日本ペスタロッチー・フレーベル学会編 玉川大学出版会 1996.12
　486p 23cm 4-472-01461-0　20600円
初等教育の父ペスタロッチーと、幼児教育の父フレーベルの教育思想を人物と生涯の仕事から探ることを目的として編集された総合的事典。大中小項目併用。五十音順に配列し、独文または英・仏・伊・ラテン文を併記。海外からの寄稿もある。各項目ごとに参考文献を付すと同時に、巻末に二人の著作および研究書、研究誌、邦訳書、邦訳研究書、日本での研究書からなる22頁の関係文献リストを付す。さらに略年表、事項索引、人名索引、関連地図も置く。教育の原点を知るために有益な道案内といえる。　*2752*

【年鑑・年報】

日本教育年鑑 1978－1993年版 日本教育年鑑刊行委員会編 ぎょうせい 1978－1993 年刊 27cm 発売：日本教育新聞社
教育界全般の記録を網羅した年鑑。トピックス、年誌、学校教育、生涯学習・社会教育、教育政策・行財政、団体・思潮、世界主要国の教育活動と国際交流、資料・統計、名簿の9章で構成。巻末に五十音順の索引を付す。『日本教育年鑑1960－1973年版』（教育新聞社、1956－1972）を引き継ぐものとして、1974年から1977年までは『教育年鑑』のタイトルで、1978年からは現タイトルで刊行されたが、1993年版で休刊となった。これら以前を補うものとして1917－1956年に刊行された教育年鑑類を複製した『教育年鑑　複製版』（「教育年鑑」刊行会編、日本図書センター、1983－1984、全29巻）がある。解題は1993年版による。　*2753*

文部省年報 第1年報(明治6年度)－　文部省大臣官房企画室編 大蔵省印刷局 1875－ 年刊 27cm
文教行政を概観した年報。1873年度から刊行され、誌名・収録内容ともに数度の変遷を経て現在に至る。概説編、資料編、統計編の3部構成。概説編では文教行政全体を概観。資料編では機構、主要事業などについて詳述し、基礎的資料を収録する。統計編には、学校基本調査などの指定統計を中心に各種統計を収録。巻頭に詳細な目次があり、索引はない。解題は平成2年度版による。　*2754*

【統計】

学校基本調査報告書 昭和26年度－　文部省大臣官房調査統計企画課〔1952〕－ 年刊 26cm 指定統計第13号
教育関係の基本統計である学校基本調査をまとめたもの。調査の概要、結果の概要、統計表の3部からなる。大半を占める統計表は、学校調査を中心に、学校通信教育調査（高等学校）、不就学学齢児童生徒調査、学校施設調査、学校経費調査、卒業後の状況調査を収載。学校基本調査の結果は1950年度までは『文部省年報』に全国集計の全部を掲載していたが、1951年度から本書の形となり、「初等中等教育機関・専修学校・各種学校編」と「高等教育機関編」の2分冊で刊行。解題は平成8年度版による。　*2755*

教育における統計事典 教育統計・統計教育 岡本昭〔ほか〕編 大阪 三晃書房 1970　416p 27cm 監修者：依田新，続有恒，内田良男 3000円
統計教育と、教育のさまざまな現象を統計学的側面から解明することにより合理的解決をはかる教育統計学とを二本の柱にした記述式の事典。基礎的統計知識、技能、資料などを、指導実践も加えて体系的にまとめている。付録に、各種数表、文献一覧がある。巻末に和文と英文の事項索引を付す。　*2756*

戦後30年学校教育統計総覧 全国教育調査研究協会編集 ぎょうせい 1980.7　521p 26cm 監修：文部省大臣官房調査統計課 4500円
1948－1979年までのわが国の学校教育に関する各種の統計データを累年統計に編纂したもの。2編に分かれ、全国編は、学校・学級数、在学者数、教職員数、入学・卒業の状況、学校土地・建物面積、学校教育費、体格、疾病・異常からなり、都道府県別編は、学校数、在学者数、本務教員数、上級学校進学率、就職率、公立教育費からなる。巻頭に学校系統図があるが、解説や付録などはない。　*2757*

日本の教育統計 明治－昭和 文部省 1971 89p 26cm
明治初年から昭和45年頃までの日本の教育関連諸統計を収録した統計集。全体を「学校数・生徒数・教員数」「教育費」「保健統計」の3部に分け、22の教育基本統計を掲載。巻末に男女別人口および年令構成などの参考統計と、出典資料名算出基礎を付している。対象年

代は各統計によって異なっている。1970年刊の『教育統計資料集』（戦後の統計のみ収録）に続くものとして刊行。索引はない。　　　　　　　　　　2758

文部統計要覧　昭和31年版－　文部省大臣官房調査統計課編　大蔵省印刷局　1957－　年刊　18cm
わが国の教育、学術、文化の現状を概観するのに参考となる統計資料。文部省および文化庁作成の諸統計を中心に、ポケット版にまとめて毎年刊行。学校教育総括、幼稚園、小・中・高等学校、大学、社会教育、体育・スポーツ、諸外国、学校系統図など21編からなる。巻末に明治以来の略年表を付す。解題は平成9年版による。　　　　　　　　　　　　　　　2759

【名簿】

学校法人名簿　昭和39年度－　私学インフォメーション　1964－　隔年刊　30cm　監修：日本私学振興財団情報管理部私学情報研究会
幼稚園から大学までを設置する学校法人と、特殊学校および幼稚園を設置する民法第34条法人を収録し、都道府県ごとに配列している。各項には、法人名、理事長、事務所所在地、設置している学校名、学（校、園）長、学校所在地などを収める。巻末に、五十音順の法人名索引がある。なお、1957－1963年までは、『学校法人一覧』という書名で刊行。解題は平成8年版による。　　　　　　　　　　　　　　　2760

全国学校総覧　昭和34年版－　東京教育研究所　原書房（発売）1959－　年刊　22cm　監修：文部省大臣官房調査統計企画課
全国の大学、大学院、短大、高専、小中高校、幼稚園、盲・聾・養護学校を網羅的に収録し、また専修学校、各種学校を加えた名鑑。記載事項は学校名、所在地、電話番号、校長名、学部・学科名、教員数、在学者数など。付表に統計、教育委員会名簿などがある。索引はない。解題は1998年版による。　　　　　2761

【資料集】

宗教教育資料集　国学院大学日本文化研究所編　鈴木出版　1993.3　357p　22cm　監修：井上順孝　4-7902-9031-X　3900円
近現代日本における宗教教育の基礎資料として編集した複合的な参考図書。3部よりなる。第1は宗教系学校一覧で、大学から小学校までの宗教教育に関するアンケート調査の結果を整理したもの。五十音順に配列した学校ごとに、関係宗教、宗教教育・行事、沿革、関連学校を記載し、宗派別の学校一覧を添える。第2は年表（828－1992年）で、学校、教団、社会・行政

の三つの欄からなる。第3は参考文献一覧で、重要な文献には解題を付す。巻末に人名索引がある。　2762

◆教育社会学

新教育社会学辞典　日本教育社会学会編　東洋館出版社　1986.11　982p　22cm　4-491-00540-0　14000円
教育社会学の成果をまとめ、その発展に寄与することを目的とした専門事典。全体を事項と人名に二分する。事項項目の部は、大中小項目を併用して五十音順に配列し、項目名に欧文を併記。一部の項目には関連語への参照を与え、参考文献をあげる。説明文中の見出し語には星印を付す。人名項目の部は、故人に限定した日本人名と、カタカナで表記した外国人名を五十音順に混配し、各人に主要著作をあげる。巻末に事項索引と人名索引を付す。日本教育社会学会が創立15周年を記念して出版した『教育社会学辞典』（1967年刊）を、30周年を期に改訂したもの。　　　　　　2763

◆教育心理学

【辞典・事典】

教育心理学小辞典　三宅和夫〔ほか〕編　有斐閣　1991.9　375p　20cm　（有斐閣小辞典シリーズ）　4-641-00212-6　2400円
教育心理学の全領域と関連領域から約1550項を選んで解説した辞典。配列は五十音順で英文を併記し、小項目主義を採用しながらも、意味が正確に伝わるよう事項の字数に幅をもたせている。480を超える「を見よ」参照を含む。巻末には欧文事項索引と五十音順の外国人名索引がある。参考文献はない。　　　　2764

教育・臨床心理学中辞典　小林利宣編　京都　北大路書房　1990.12　487p　21cm　4-7628-0136-4　3600円
教育心理学に関連のある用語と人名約1400項目を五十音順に配列し、解説した辞典。中小項目併用で図表、写真も多数添える。巻頭に領域別目次、巻末には引用文献一覧と邦文事項索引、欧文・人名索引がある。『教育・臨床心理学辞典』（1980年刊）「同増補版」（1986年刊）の改訂新版にあたる。　　　　　　2765

新・教育心理学事典　金子書房　1977.6　895p　27cm　監修：依田新　20000円

教育心理学に関する約1500の大中項目を五十音順に配列した専門事典。見出し語には英、独、仏文を併記。一部の項目末尾に参考文献をあげ、関連項目への参照もある。巻頭に、領域別項目一覧を掲げ、巻末に外国人名索引、欧文索引、事項索引を付す。『教育心理学辞典』（1956年刊）を全面改訂し、旧版にあった人名録、関係図書目録などの付録類を削除した。なお、1969年刊行の『教育心理学新辞典』は旧版から派生したものだが、小項目主義の別の構想に拠っていて、本書が直接の改訂版である。　　　　　　　　　　2766

多項目教育心理学辞典　辰野千寿〔ほか〕編　教育出版
　　1986.1　509p 20cm　4-316-32610-4　4000円
学生、教師、研究者などが教育心理学の専門書を読むときに参考となることを意図した小項目・多項目主義の辞典。基本用語、新用語、隣接分野用語など6256語を解説する。定義は簡単明瞭にする一方、複数の定義があるものはすべて取り上げる。事項編と人名編の2部からなり、ともに五十音順に配列。事項編の項目名には欧文を併記。人名編は外国人名のみを収録し、カタカナ表記した姓を見出し語とし、原綴を併記する。巻末に事項・人名別の欧文索引を付す。参考文献はない。　　　　　　　　　　2767

◆◆カウンセリング

学校カウンセリング辞典　真仁田昭〔ほか〕編　金子書房
　　1995.7　339p 20cm　4-7608-2275-5　3605円
学校カウンセリング関係およびその関連領域から選択した1024項目を収録したもの。小中高校の生徒指導・教育相談担当者、各種相談機関などのカウンセラー、臨床心理士、研究者、教職教育履修学生を対象に、共通語をもとうとする意図で編まれた。配列は五十音順で、項目名に英文を併記し、一項目400字程度で解説する。取りあげた領域は、学校カウンセリングの目的・意義・運営、児童・生徒理解、学校教育、補導・福祉・関連法規、問題行動、カウンセリングの諸理論と技法など。巻頭に領域別項目一覧を、巻末に欧文索引、和文索引を置く。　　　　　　　　　　2768

学校教育相談カウンセリング事典　高野清純〔ほか〕編　教育出版　1994.1　571p 22cm　4-316-38610-7　5800円
教育相談やカウンセリングに従事する教師や専門家、同分野の志望者を対象とした専門事典。平易な叙述に高度で最新の内容を盛ることを目指す。「学校教育相談・カウンセリングの進め方」「学校教育相談・カウンセリングの研修」「学校教育相談・カウンセリングの基礎」などの11章からなる。各章内には見出し語に英文を併記した項目を五十音順に配列し、項目ごとに欄を改める。巻末に資料として、全国教育相談機関一覧、全国児童相談所一覧、大学付設相談所を添え、人名索引、事項索引、略語索引を付す。　　2769

◆◆児童心理・児童研究

現代子ども大百科　平山宗宏〔ほか〕編　中央法規出版
　　1988.5　1471p 27cm　4-8058-0517-X　22000円
現代の子どもの諸問題を、保健、医療、安全、心理、発達など15の領域から取り上げた便覧。子どもを乳児から思春期へと発達的にとらえ、子どもを取り巻く環境にも目を向けて編集。各領域を合計91の中項目、全957の小項目に分ける。小項目は1頁から6頁で、図表、挿絵、写真を多用して解説、大部分に参考文献を示す。巻末に、事項索引、人名索引、欧文索引、図表一覧を付す。　　　　　　　　　　2770

児童学事典　松村康平，浅見千鶴子編　光生館　1972
　　488p 26cm　4000円
人間科学としての児童学の立場を基調とし、新しい児童学の体系化の試みと総合的な児童理解のために、専攻の学生・研究者、保育者、関係行政担当者を読者対象にした百科全書的な事典。人間、文化、社会、研究法、思想など大きく12章からなり、各章の中を1800の中小項目に分けて解説してある。巻末に引用・参考文献（和文・欧文図書）、和文索引、欧文索引、外国人、日本人別の人名索引を付す。　　　　2771

児童心理学事典　上武正二〔等〕編　協同出版　1974.11
　　592p 22cm　7000円
児童心理学分野における理論、研究方法および現在の研究水準と主要な研究について、その概観と見通しを23章にわたって体系的に記述した研究用事典。巻頭に事項索引、巻末に外国語索引を付す。また、本文中に登場した外国文献・日本文献を図書のみ巻末に28頁にわたり掲載している。　　　　　　　　　　2772

児童心理学の進歩　vol.1 (1962年版)-　日本児童研究所編　金子書房　1962-　年刊 22cm
わが国の児童心理学、発達心理学の毎年度の研究文献を収録・紹介する。テーマごとに10章前後に分け、各領域の専門家が過去数年間の研究を一括して論評するほか、毎回「特別論文」として実証的な研究論文を掲載する。巻末に人名索引、事項索引を付す。解題は1997年版による。　　　　　　　　　　2773

児童臨床心理学事典　編集：内山喜久雄〔等〕　岩崎学術出版　1974　15,860p 27cm　15000円
児童臨床心理に関する理論的基礎から問題・症状、診

断、治療・指導まで多岐にわたる1293項目を解説した中項目主義の事典。配列は五十音順で、各項目に文献と執筆者名を記す。巻頭に領域別項目一覧を置き、付録に関係機関、関連法規、外国人名の解説を、巻末に外国人名索引、和文索引、欧文索引を付す。　2774

日本子ども資料年鑑　第1巻（1988/89）－　日本総合愛育研究所編　名古屋　KTC中央出版　1988－　隔年刊　27cm
わが国の子どもにかかわるあらゆる分野の主要な統計情報を広範囲、体系的に収録した統計資料。構成は全11章からなり、人口動態、発育、発達、栄養、保健、医療、家族、家庭、福祉、教育、保育、意識と行動など子どもに関する分野を網羅している。出典は、中央官庁資料のみならず児童、教育、福祉などにかかわる各種団体、研究機関、民間企業の統計データも含む。巻頭に事項索引を付す。解題は第5巻（1996/97）による。　2775

◆◆道徳教育

新道徳教育事典　青木孝頼〔ほか〕編　第一法規出版　1980.9　328p 27cm 4000円
道徳教育の考察と実践に必要な原理論および方法論を、体系的に提示した便覧。道徳教育の基本原理、変遷、目標と内容、計画、諸外国の道徳教育など本体に相当する15章に道徳指導内容の解説、資料の2章を加える。参考文献はわずかに挙げるのみで、巻末に事項索引を付す。1965年刊行の『道徳教育事典』（新訂版、1970）を引き継ぐ。教師のための実務書として有用である。　2776

◆◆教育評価

教育評価事典　鈴木清〔ほか〕編　第一法規出版　1975.6　320p 27cm 3500円
小中高校における教育評価の諸問題を体系的に解説した便覧。一般教職員を対象に、専門知識をもたなくても活用できるように、評価の基礎理論と適用上の具体的な指針を提示する。9章からなり、最初の3章は原理、過程、方法を、残りの章は各種の評価、記録と活用、基礎的な統計処理法を記す。参考文献は一部本文中に掲載。巻末に事項索引、現行テスト検査一覧を付す。　2777

教育評価小辞典　辰見敏夫編　協同出版　1979.6　270p 19cm　編集委員：八野正男、石田恒好　1500円
教育評価に関連して使用される言葉の辞典。本文は見出し語797を五十音順に配列。付録として統計、2030項目の和文索引、1196項目の欧文索引がある。　2778

◆教育史・教育事情

【書誌】

近代日本のアジア教育認識　明治後期教育雑誌所収中国・韓国・台湾関係記事　目録篇　近代アジア教育史研究会編　竜渓書舎　1995.7　203p 27cm　4-8447-8383-1　9270円
日清戦争から明治末年（1894－1912）までの日本の各種教育雑誌、機関誌または一般誌62誌に収録された中国、韓国、台湾の教育文化に関する論文、記事約6000件を収録した目録。各国についてそれぞれ、教育文化状況、日本人の教育活動・施策、日本（内地）への留学、その他に分類し、発行年月順に配列。索引はない。『明治後期教育雑誌にみられる中国、韓国教育文化関係記事目録』（1989年刊）に台湾関係を加え、収録誌も大幅に増やして増補改訂したもの。　2779

地方教育資料総合目録　国立教育研究所編　小宮山出版　1976　60,105p 27cm　教育文献総合目録　第2集　2000円
『明治以降教育文献総合目録』☞2728 で除かれた郷土資料などに含まれている地方特有の教育資料、各学校の沿革資料、個人の伝記などを収録し、その所在を示すもの。全国各地の公共・専門・大学図書館約150館の協力によるもので収録項目数2324。地域分類とし、五十音順の著者索引を付す。1954年国立教育研究所刊の原本を復刻したもの。　2780

日本近代教育史文献目録　1　国立教育研究所編　日本図書センター　1997.9　106p 22cm　（社会科学書誌書目集成　第37巻）　4-8205-4197-8　4000円
日本の近代教育史に関する図書、雑誌論文で、1968年5月末までに調査済みのものを収録した書誌。総記と研究書に大別し、総記は、文献目録、年表、辞書・事典、統計の計447点、研究書527点をそれぞれ収める。沿革史、地方教育史、人物史などの文献は除く。同研究所附属教育図書館と国立国会図書館所蔵の文献については略記号と分類番号を示している。索引はない。国立教育研究所から1968年刊行された原本を復刻したもの。　2781

日本近代地方教育史文献目録　地方教育史文献研究会編　第一書房　1982.7　179p 22cm 3000円

第二次世界大戦以前の、都道府県教育史、郡市区教育史に関する文献約1200点を収録した書誌。原則として1981年3月までに刊行されたものを対象とし、府県師範学校以外の個別の学校・団体などの沿革史や町村教育史は含まない。全体の構成は都道府県別で、北から南の順に配列。複数県にまたがる文献は最後にまとめる。各県の中は図書と雑誌論文に分かれ、雑誌論文は刊年順に配列。索引はない。
2782

日本における現代中国教育および「文化大革命」に関する研究文献目録 アジア経済研究所 1974.4 56p 25cm
1965年から1973年9月までに発表・発行された中国教育と文化大革命に関する雑誌論文、単行本を採録した文献目録。雑誌と単行本に大別、それぞれを現代中国教育と文化大革命論一般に分類し、発行年月順に配列する。雑誌では、現代中国教育が、教育一般、初等・中等教育、高等教育、社会教育、教科教育、教育史の6つに分けられ、文化大革命論一般が、学術・文芸、政治・思想一般、その他の3つに分類されている。索引はない。
2783

【辞典・事典・便覧・統計】

教育指標の国際比較 昭和44年版− 文部省大臣官房調査統計企画課 1969− 年刊 26cm
主要国における教育の普及、教育諸条件の整備、教育費などの状況について統計数字を指標化して比較したもの。就学前教育の在籍率、後期中等教育への進学率・在学率、高等教育への進学率・在学率など、20項目からなる。巻末に付録として、各国の学校系統図と学校統計、円貨換算率、各国別の主要基礎資料を付す。索引はない。解題は平成8年版による。
2784

国際比較教育情報総覧 文部省内海外教育事情研究会編集 中央法規出版 1980.10 325p 27cm 6000円
各国の教育制度および統計に関する基本的情報を収集、整理し比較したもの。3編構成。第1編解説編は、米・英・仏・西独・ソ連ほかの教育制度と教育の動向を解説。第2編統計編は、各国の教育機会、教育条件、教員、教育費、教育の国際交流を取り上げる。巻末に資料編を置き、各国の行政機構および外国の教育情報の捜し方を教授する。索引はない。関連書に『教育指標の国際比較』☞*2784*がある。
2785

日本近代教育史事典 日本近代教育史事典編集委員会編 平凡社 1971.12 800p 27cm 監修：海後宗臣 5500円
明治以降1965年までの教育事象を53の大項目に大別して、日本教育史を概説するもの。大項目は、各時期ごとの概説と重要事項の特設項目（小項目）の解説とからなり、読む事典と引く事典の二面を兼ね備える。各項目末尾に参考文献がある。巻末に付録として教育史関係諸表（統計・文部省機構変遷一覧など7種）および詳細な年表（1853−1965年）と事項索引・人名索引を置く。
2786

民間教育史研究事典 民間教育史料研究会〔ほか〕編 評論社 1992.6 606p 22cm 2刷 4-566-05156-0 8500円
わが国の公教育以外の教育事象について歴史的、研究史的な位置づけを行った書誌。対象年代は、おおむね明治元年以降第二次大戦終了まで。総項目520余を、語彙、単行本・教科書・論文、宣言・綱領・巻頭言・事件、雑誌・新聞・文庫、団体、人物の6章に分け、各章ごとに五十音順に配列。解説のあとに「研究」の欄をおいて文献を紹介。付録として、原資料の入手困難な11種の雑誌に対する民間教育主要雑誌目次、民間教育史年表（1868.1−1945.8）、戦後の研究文献を集大成した民間教育研究文献年表（1945.8−1973.2）がある。巻頭に詳細な総目次、巻末に事項索引を付す。初版は1975年刊。
2787

【年表】

新日本教育年記 第1−10巻 学校教育研究所 1966−1996 27cm 監修者：石川謙等
1945年以降のわが国の教育、特に教育政策・行財政に関する事項を5年分ずつ年表形式にまとめたもの。年表の項目は、教育・学術一般、教育行政・財政、政治・経済・社会・文化、海外の動向の4項目について関係事項を掲載。資料編として、当該年間の教育関係答申や法令などの諸資料を収録。索引はない。教育動向の把握や教育史の基本資料として活用できる。
2788

西洋教育史年表 和倉康悦著〔島牧村（北海道）〕〔和倉康悦〕 1982.11 143p 19×26cm 2000円
紀元前から1971年までの西洋教育史に関する年表。記載項目は政治・社会・文化、教育行政・制度・内容、教育上の人物、教育学書、日本教育史の5欄に分かれる。記載は簡略で、記述の典拠記載や索引はない。
2789

日本教育史年表 伊ケ崎暁生, 松島栄一編 三省堂 1990.6 317p 22cm 4-385-32096-9 2800円
教育を歴史的に理解するために編集した年表。教育史研究の新しい成果を取り入れている。本体は1868年以降1989年までの年表で、教育の動向を見開きの左頁に、一般事項と国際事項を右頁に記載。取り上げた事項、人物などには短い説明を付し、読む年表の性格ももたせる。付録として、日本と外国の2欄に分けた前近代教育史略年表を掲載。巻末に事項、人物を収めた索引

と参照文献を付す。　　　　　　　　　　　　2790

◆◆教育家

教育人名辞典　1-3　教育実成会編纂　日本図書センター　1989.11　6冊　27cm
明治時代から大正初期までの教育家人名辞典。教育実成会発行の『明治聖代教育家銘鑑　第1編』(1912年刊)、『大日本現代教育家銘鑑　第2輯』(1915年刊、再版で削除された12名は下巻の補遺に収録)、「同　第3輯」(1917年刊)を複製したもの。各2冊、計6冊。本文はイロハ順配列。肖像写真あり。旧かなづかい。巻頭に五十音順の索引を新たに付す。明らかな誤記・誤植は修正し、元版の目次で本文と相違している場合は、索引の場で修正している。　　　　　　　2791

図説教育人物事典　日本教育史のなかの教育者群像　唐沢富太郎編著　ぎょうせい　1984　3冊　27cm　全45000円
古代から第二次世界大戦までの間に、わが国の教育に尽くした人物978名を平易に解説した読みもの風の人名辞典。学校教育関係者に限らず、思想家、社会運動家、政治家、文学者、外国人なども広く収録する。時代・分野別に26章に分け、章節ごとに生年順に配列。人名表記、読み、生没年、出身地を示し、略歴、業績、逸話、人物評などを紹介する。また、肖像、筆跡などの写真を掲載し、視覚的理解を図る。各項目末尾に参考文献を、各巻末に解説中の人名も含む人名索引を、下巻末に全巻の見出し人名の五十音順総索引と出生都道府県別総索引を置く。　　　　　　　　2792

◆教育政策・教育制度

【書誌】

教育改革論に関する文献目録　1-2　日本教育学会教育制度研究委員会編　〔日本教育学会教育制度研究委員会〕　1986-1988　2冊　26cm
臨時教育審議会をめぐる論議を中心とした教育改革論についての単行本・雑誌論文を収録した書誌。1は1984年1月から1986年2月まで、2は1986年3月から1988年7月までに刊行されたものを収録。採録対象とした雑誌は教育関係を主とし一般誌などにもおよぶが、週刊誌は『朝日ジャーナル』と『エコノミスト』に限る。単行本と雑誌論文とに分け、単行本は刊行年順、雑誌論文は刊行年月日順で同一の月については雑誌名の五十音順に配列。『臨教審だより』などの教育改革関係雑誌は特集タイトルのみを巻末にまとめて掲載。著・編者および執筆者をアルファベット順に配列した人名索引を巻末に付す。　　　　　2793

教育政策・行政・教育法に関する10年間の雑誌文献目録　昭和50年-昭和59年　日外アソシエーツ編　日外アソシエーツ　1987.9　209p　27cm　発売：紀伊国屋書店　4-8169-0360-7　7900円
『雑誌記事索引(人文・社会編)累積索引版』☞0139　第5-6期をもとに教育政策・制度・行財政、教育法に関する文献目録として再編成したもの。1975-1984年までに国内で発表された雑誌文献7900件を収録する。構成は主題別の大項目の下に、キーワード方式による見出し語で細分している。巻末に五十音順の事項索引を付す。　　　　　　　　2794

【便覧】

私学必携　第8次改訂第2版　文部省高等教育局私学部編　第一法規出版　1996.2　1冊　19cm　4-474-00468-X　5200円
私立学校の運営にかかわる法令、通達、通知などを網羅的に集めたハンドブック。1994年7月に私立学校法施行規則の一部が改正されたのを期に第8次改訂が行われた。第2版では1995年11月までに公布された法令類を収録する。教育基本、学校教育、私立学校、学校法人会計、私学助成、私学関係の税制、日本私学振興財団、関係法令の8編からなる。索引はない。初版は1969年刊。　　　　　　　　　　　　　2795

諸外国の主要学校ハンドブック　ヨーロッパ編, ヨーロッパ編資料編, 大洋州編, 中近東・アフリカ編, 中南米編, アジア編, 北米編　外務省領事移住部　1990-1997　7冊　21cm
海外在留法人の子女が入学・編入学可能な、現地の初等・中等教育機関の案内書。国・地域ごとに国際学校、現地学校について、学校の概要、特色、入学・編入学の方法、教育費など約10-20項目のデータを収録。ヨーロッパ編では22か国の教育制度の解説、ヨーロッパ編資料編に学校一覧を収録。大洋州編では4か国、中近東・アフリカ編では30か国、中南米編では22か国、アジア編には西アジアを除く18か国2地域、北米編2か国を収録。各国の教育制度や教育事情の概説書としても利用できる。　　　　　　　　　2796

世界の教育政策と行財政　ユネスコ編　日本ユネスコ国内委員会〔訳〕編　帝国地方行政学会　1973.3　1175p　31cm
世界191の国・属領別に、教育の目的・政策・制度・行政などに関する記述・統計を収めた便覧。冒頭に概

説を置く。データが古くなった現在では、教育制度史として見るべきものとなった。1955年以来ユネスコから刊行された『World survey of education』(全5巻)の最終巻、『Educational policy, legislation and administration』(1971年刊)の邦訳。索引はない。本書のほかにこのセットものから、次の各巻が日本ユネスコ国内委員会により邦訳、刊行されている。『世界の初等教育』(民主教育協会、1961)〈原書第2巻『Primary education』〉『世界の中等教育』(民主教育協会、1963)〈原書第3巻『Secondary education』〉『世界の高等教育』(学校教育研究所、1969)〈原書第4巻『Higher education』〉。　2797

世界の大学入試　中島直忠編著　時事通信社　1986.8　xx, 691p 22cm 4-7887-8627-3　6800円
世界各国の大学入学制度(入学試験)を比較研究したもの。第Ⅰ部では、日本を含む23か国を4つの類型に分類し、6点の比較項目により比較考察。各国の学校系統図を付す。第Ⅱ部では、各国の動向と問題点をそれぞれ論述し、高等教育制度の特色と関連づけて、各国の特色をも解説している。和文と欧文の参考文献と、五十音順事項索引を巻末に収録。　2798

◆教育行政・法令

【書誌・索引】

教育法学文献目録　日本教育法学会会員著作目録　日本教育法学会出版委員会　1986.3　x,184p 26cm　非売品
日本教育法学会会員の研究業績を収録した目録。申請方式で著書、論文を収集し、物故会員のものは旧理事に限り含む。教育法総論、各国教育法制、日本教育法制史など20分野を、さらに150項目に細分。その分類も申請者の判断による。分類項目中は著者名の五十音順に配列し、さらに発行年月順。索引はない。　2799

教育関係法令目録並びに索引　昭和編　1-3　阿部彰著　風間書房　1984-1988　3冊 22cm　各38000円
1926年12月から1952年4月までの教育関係法令や通牒類を、内容概要を付記して年月日順に配列したもの。『法令全書』『官報』『文部省例規類纂』などの典拠を、各文献の所載頁を含め併記。各巻末に内容別の表題索引があり、索引目次は約60項目が立ててある。項目中は年代順配列。2巻は1、2巻通じての、3巻は1-3巻通じての累積索引。『教育関係法令目録』としては、明治編が国立教育研究所教育史料センター編刊(1968年)により、大正編が教育研究振興会(1971年)で刊行されている。　2800

【辞典・事典】

教育行政事典　相良惟一著　教育開発研究所　1980.4　339p 27cm 3800円
教育行政に関する一般事項、法令用語、条約、国際勧告、争訟事件の判決などを、すべて個人の執筆により解説する事典。五十音順に配列し、解説文中の見出し語に＊印を付す。巻頭に「を見よ」参照を多く含む索引を置くが、参考文献はない。同著者の旧著『教育法規・教育行政・法令用語実務事典』(教育開発研究所、1978)の教育行政に関する部分を詳細広範な内容に改め、法令用語を加えたもの。　2801

教育法学辞典　日本教育法学会編　学陽書房　1993.4　554p 22cm 4-313-61121-5　12000円
教育法に関する用語や概念などを学術的に解説した大項目主義の事典。専門事典であるとともに、教育法に関心をもつ一般読者の参考となることも意図する。日本教育法学会20周年の記念事業として刊行したもの。項目は五十音順配列で、項目名に欧文を併記する。解説は1頁以上の長文で適宜小見出しで区切り、多くの項目末に参考文献を記す。巻頭に領域別見出し項目目次を掲げ、巻末に和文索引と欧文索引を付す。　2802

教育法規大辞典　菱村幸彦,下村哲夫編　エムティ出版　1994.4　1031p 23cm 4-89614-426-0　10000円
教育法規に関連する事項約2500項目を収録、原則として小項目主義で平易に解説する。五十音順配列。収録分野は法規用語、教育判例のほか、学校制度、教育課程、教職員、施設、社会教育、海外教育などにわたり、教育経営辞典、教育制度辞典、学校経営辞典の性格も持つ。各項目末には関連項目を指示。大項目には参考文献を付す。巻末に見出し語および解説中の重要事項を収録した総合索引と分野別索引を置く。　2803

新教育法規基本用語辞典　下村哲夫編　明治図書出版　1982.4　305p 22cm 4-18-149006-8　2400円
難解な教育法規に関する基本用語を解説した辞典。小項目主義を基本としつつ大中項目を組み合わせる。用語を教育法制の基本原理、学校、児童・生徒、教職員など13の領域に配分し、さらにその中を体系的に配列する。適宜関連項目の参照を付与し、大項目の中は小見出しで区切り、体系順である配列を補う五十音順の索引を巻末に付す。参考文献はない。　2804

【便覧・名簿・年報】

詳解学校運営必携　第3次改訂版　学校教務研究会編　ぎ

ょうせい 1997.6 1冊 19cm 4-324-05004-X 4000円
学校運営に関連する教育法規や判例を収録した便覧。法律知識がなくとも問題解決に該当する法規などが判明するように構成。全体を、運営一般、人事運営、施設運営、教育運営、児童・生徒運営の5章に分け、章内の節ごとに解説、法令、例規、判例を収録。巻末に、法令五十音順索引、判例年月日索引、事項索引がある。1985年刊の初版以来3度めの改訂。　*2805*

詳解生徒指導必携　文部省教務研究会編　ぎょうせい　1991.9　1214p 19cm　4-324-02730-7　2800円
生徒指導に関する法律的・行政的な知識に重点を置き、関係法令、通達、行政実例、判例などを分類整理した例規集。全体を生徒指導一般、校則・懲戒、問題行動等、政治・宗教的活動、少年非行、健全育成、進路指導の7章に分け、さらに章中の節ごとに詳細な解説、法令、例規、あれば判例を収録。巻末に統計資料、法令五十音順索引、判例年月日索引、事項索引がある。　*2806*

全国自治体在日外国人教育方針・指針集成　鄭早苗〔ほか〕編　明石書店　1995.8　312p　22cm　4-7503-0728-9　6180円
全国の地方自治体の教育委員会が策定した、公立学校における在日外国人に対する教育方針・指針を集めた資料集。第1部解説編、第2部資料編、第3部付録編の3編からなる。第2部は1都2府6県の44教育委員会の資料を収録。第3部は在日韓国・朝鮮人の民族教育に対する日本政府の処遇の推移と策定順一覧表を掲載。参考文献、索引はない。　*2807*

逐条学校教育法　第3次改訂版　鈴木勲編著　学陽書房　1995.7　15,886p 22cm　4-313-07603-4　9800円
学校教育法全文の逐条解説をしたもの。巻末に掲げる参考文献を典拠としており、文部省の見解とは関係ない。各条文には沿革、参照条文が補記してあり、注解が続く。必要に応じ通達、行政実例、判決例を掲載。巻末に改正経過一覧などの付録、五十音順の事項索引を付す。1986年の第2次改訂版後の学校教育法の改正をすべて網羅して解説を加え、重要な行政通知や新しい重要判決例も補充している。初版は1980年刊。第4次改訂版が1999年に刊行された。　*2808*

文部法令要覧　昭和27年版－　ぎょうせい　1952－　年刊 22cm　監修：文部省大臣官房総務課
毎年11月1日現在における文教関係の法令を収録したもの。主として、教育行政の実務担当者が携行に便利な法令集として日常の執務に利用することを意図している。表紙見返しに編別総目次を、裏表紙見返しに五十音順の法令名索引を配す。記載内容は条文、沿革、附則、別表などで、解説はない。解題は平成10年版による。　*2809*

全国教育委員会一覧　昭和40年11月1日現在－　文教協会　1965－　年刊 26cm　監修：文部省教育助成局地方課
全国の都道府県・指定都市・中核市の各教育委員会の事務局の所在地、機構、教育委員および課（室）長以上の主要職員名、教育事務所所在地および市町村教育委員会の教育長、事務局所在地、その他関係事項を収録した名簿。各年5月1日現在の資料を原則とする。巻末に市町村名の五十音順索引を付す。解題は平成9年5月1日現在版による。　*2810*

地方教育費調査報告書　昭和58会計年度－　大蔵省印刷局　1986－　年刊 21×30cm
地方における教育費と教育行政組織の実態を明らかにし、教育政策の基礎資料を得ることを目的に文部省が毎年行う調査の報告書。地方教育費調査報告書と地方教育行政調査報告書からなり、前者は1949会計年度より刊行、後者は1953年度より前者に併載の形で刊行。索引はない。1982会計年度までの書名は『地方教育費の調査報告書』。　*2811*

◆◆教員養成

教職研修事典　市川昭午〔ほか〕編集　教育開発研究所　1983.6　499p 22cm　5500円
効果的な教職研修事業を実現するため、教職研修に関する事項について体系的に記した便覧。教職と研修、研修事業の企画と運営、研修の種類と内容、国の研修事業、地方の研修事業、諸外国における教職研修など9章からなり、特に現行の個々の研修事業を詳細に紹介する。一部の項目に参考文献を掲げ、全体に表や書式を多数掲載する。教育実践者および研究者の協力により編集。巻末に事項索引がある。　*2812*

◆学校経営

【書誌】

学校教育・学校運営・教職員に関する10年間の雑誌文献目録　昭和50年－昭和59年　日外アソシエーツ編　日外アソシエーツ　1987.6　247p 27cm　発売：紀伊国屋書店　4-8169-0360-7　9300円
『雑誌記事索引(人文・社会編)累積索引版』☞*0139* 第

5-6期をもとに学校教育、学校運営、教職員に関する文献目録として再編成したもの。1975年から1984年までに国内で発表された雑誌文献7400件を収録する。構成は主題別の大項目の下に、キーワード方式による見出し語で細分している。巻末に五十音順の事項索引を付す。1974年以前については『学校教育に関する10年間の雑誌文献目録　昭和40年－49年、昭和30年－39年』『学校教育に関する7年間の雑誌文献目録　昭和23年－29年』に収録。　　　　　　　　　　　2813

現代学校経営総合文献目録 1975－1985 永岡順，小島弘道編著　第一法規出版　1987.2　720p 27cm
1975年4月から1985年3月までに発行、発表された学校経営に関係する単行本、紀要・雑誌論文の目録。2部に分かれ、第1部は解説編で戦後40年の学校経営の実践と研究の動向を概観する。第2部は文献目録編で、学校の組織運営、教職員、教育法など11項目に分類、さらに小項目をたて、発行年月順に配列。巻末に五十音順の編・著者索引を付す。1945年1月から1975年3月までを対象とした『学校経営総合文献目録』（吉本二郎・永岡順編著、第一法規、1977）の続編。　2814

【辞典・事典・便覧】

学校事務事典　学事出版　1976.3　1273p 22cm　4250円
学校事務に関する詳細な便覧。学校事務を媒介に学校経営を能率化することで子どもの教育を受ける権利を保障するという意図のもとに編集。概論、実務、改善の3部と補論「学校事務法体系」からなる。第1部で学校事務全般を概観し、大半を占める。第2部で総務、学務、人事、財務、経理の諸部門を扱い、第3部で改善の手法を取り上げる。巻末に五十音順の事項索引を付す。雑誌『学校事務』1974年度の別冊増刊として5分冊で刊行されたもの。　　　　　　　　2815

教職実務ハンドブック　教職実務研究会編　学陽書房　1990.6　341p 21cm　監修：渡辺孝三　4-313-64065-7　2300円
小中学校の教育実務を、学年始め4月から学年末3月の順に各月7－12項目とりあげ、意義、内容、実践上の注意などを解説したハンドブック。巻頭の目次の後に置かれた五十音順細目次が事項索引の代わりになる。各項目に必要に応じて関連法規、事例、図表、統計を付すが、それぞれ典拠がなく、最新のデータを参照しにくい。『教職実務12か月』第2次改訂版（1983年刊）を増補改訂したもの。　　　　　　　　2816

現代学校経営用語辞典　高倉翔〔ほか〕編集　第一法規出版　1980.1　365p 22cm　2500円
学校経営の基本用語に関して、その乱用・誤用を正し、共通の理解を図ることを目的とした小項目主義の用語辞典。特に、国際化の時代に対応する用語、各地域で使用されている用語、学校の現場で日常的に使用されている用語を選んでいる。五十音順配列で項目間の参照が豊富。資料編としてフロー・チャートによる図解20頁を収める学校経営体系基本図表がある。巻末に五十音順索引を付すが、見出し項目のみを含み、実態は目次である。参考文献はない。　　　　　　　　2817

現代小学校経営事典　牧昌見〔ほか〕編　ぎょうせい　1996.12　789,19p 27cm　4-324-04227-6　13390円
小学校の学校経営全般にわたって体系的に解説した事典。学校経営の内容、組織と運営、学校教育目標、学年・学級経営、教職員の管理と指導などの16章からなる。現代の学校教育にかかわる多様な課題に多角的・包括的に応えることを目標としており、各解説は新学習指導要領を踏まえている。学校経営がどのような法的根拠に基づくものかを、国・地方公共団体の法規を援用して明確化している。姉妹編に『現代中学校経営事典』☞2819がある。　　2818

現代中学校経営事典　下村哲夫〔ほか〕編　ぎょうせい　1996.11　805,16p 27cm　4-324-04578-X　13390円
中学校の学校経営全般にわたって体系的に解説した事典。学校経営の内容、組織と運営、学校教育目標、学年・学級経営、教職員の管理など17章からなる。日々の学校経営や教育活動に役立つよう多くの実践例を紹介する。学校経営がどのような法的根拠に基づくものかを、国・地方公共団体の法規を援用して明確化している。姉妹編に『現代小学校経営事典』☞2818がある。　　　　　　　　　　　　　　　2819

【年報】

学校教員統計調査報告書　昭和46年度－　文部省大臣官房調査統計企画課〔編〕　文部省　〔1973〕－　3年毎刊 26cm　指定統計第62号
文部省による教員構成、教員の個人属性・職務態様・異動状況などの統計調査報告書。調査の範囲は小中高等学校、盲・聾学校、養護学校、幼稚園、大学、短期大学、高等専門学校、専修学校・各種学校などである。調査事項は1学校調査、2教員個人調査、3教員異動調査からなり、1は性別、年齢別、職名別教員数、2は教員個人の性別、年齢、職名、学歴、勤務年数、給料月額など、3は採用・転入・離職者の性別、年齢、職名、学歴・採用・転入前の職業または離職の理由などを調査内容としている。学校の教員に関する指定統計調査である『学校教員調査報告書』と『学校教員需給調査報告書』が1968年に統合されて『学校教員需給調査報告書』となり、1971年度より現書名となった。　2820

私立学校の財務状況に関する調査報告書　昭和45会計年度－　文部省大臣官房調査統計企画課　〔1975〕－　年刊　21×30cm
文部省が毎年実施している「私立学校の財務状況調査」の結果をとりまとめたもの。調査の概要、調査結果の概要、統計表、附属資料からなり、統計表は学校の収入および支出と学校法人の資産、負債、基本金および消費収支差額で構成。解題は平成7会計年度版による。
2821

◆◆学校環境・学校保健

【辞典・事典】

安全教育事典　第4刷　柏茂夫〔ほか〕編　第一法規出版　1972.3　441p　27cm　2300円
児童生徒の生命と身体の安全確保・健全育成を図り、生命の尊重を教える「安全教育」の記述式事典。26の大項目に分類し、総論、安全管理、安全指導、交通安全に体系化して解説する。総論は、安全教育の考え方・歴史・外国の実状などからあるべき姿を示唆、安全管理は安全確保の具体的な方法を示す。安全指導は、教育課程や家庭・地域での問題点を探り、交通安全は実践例を中心に指導のあり方などを検討。付録に、法令、通達・通知、事故統計、参考文献があり、巻末に五十音順索引を付す。初刷は1968年。以降刷りごとに付録の追加、削除、更新が行われている。
2822

学校安全事典　宮田丈夫，宇留野藤雄，吉田瑩一郎編　第一法規出版　1974.11　575p　37cm　4000円
幼稚園、小中高校、特殊教育諸学校の教師を主な対象に、安全教育と安全管理の基礎理論と実践指針を提供する便覧。全体を、「学校安全の意義と役割」「学校安全の評価」「学校事故と法的責任」などの14章に分けて体系的に説明する。97人の共同執筆で、図表も豊富。一部の項目には参考文献をあげ、巻末に五十音順索引を付す。
2823

学校保健大事典　江口篤寿〔ほか〕編　ぎょうせい　1996.11　896p　27cm　4-324-05021-X　13390円
学校保健に関する総合的、体系的な事典。学校保健の特質、健康診断、スポーツ医学など33の大項目と、そのもとの中小項目からなる。図表を多用し、解説は平易。各項目末に参考文献を掲げ、巻末に五十音順索引を付す。
2824

学校保健用語辞典　生涯健康教育の知識の宝庫　学校保健用語辞典編集委員会編　京都　東山書房　1993.11　447p　24cm　9500円

学校保健に関する用語を網羅的に収録し、平易に解説した辞典。項目数は約3700。配列は五十音順で、欧文表現のあるものは項目名の後に記載する。索引はない。改訂増補版が1998年6月に刊行された。
2825

【便覧・年報】

学校保健・学校安全法令必携　第3次改訂　ぎょうせい　1994.4　920p　22cm　監修：文部省体育局学校健康教育課　4-324-03965-8　3800円
学校の保健と安全にかかわる法令、通達を網羅的、分野別に収録するもの。学校保健、学校安全、学校教育、行政組織・教職員、関係法規など7章からなる。巻末に付録として、学童生徒の体格（1900年から1993年までの身長、体重、胸囲の推移）、児童生徒の主な疾病の被患率、学校保健関係職員の配置状況、交通事故死・負傷者の推移などの統計資料を置く。索引はない。
2826

学校保健統計調査報告書　昭和38年度－　文部省大臣官房調査統計企画課　〔1964〕－　年刊　26cm　指定統計第15号
児童、生徒、幼児の発育と健康状態を明らかにし、学校保健行政上の基礎資料を得ることを目的として、文部省が行う統計調査の報告書。調査対象は、指定された小学校、中学校、高等学校、幼稚園の満5歳から17歳までの児童、生徒、幼児。調査事項は、児童などの発育状態（身長、体重および座高）、児童などの健康状態（栄養状態、脊柱・胸郭、視力、色覚、聴力、眼の疾患・異常、結核など）。『生徒児童身体検査統計』として1900年に初めて作成され、以後第二次世界大戦期の中断を除いて継続、若干のタイトルの変遷を経て現在に至っている。解題は平成8年度版による。
2827

◆◆健康相談

学校健康相談・指導事典　小倉学〔ほか〕編　大修館書店　1980.7　936p　23cm　執筆：高石昌弘ほか　4-469-06227-8　5900円
保健指導や健康相談に欠かせない基本事項をもれなく収録し、基礎的理論から実際の進め方までを体系的に記述した事典。4編からなる。第1編は心身の発達と健康維持の基本的事項を、第2編は健康相談と保健指導の進め方を解説。第3編は問題領域編として、児童生徒期によくみられる症候、身体的疾病異常、脳・神経障害、心身症、精神障害、適応上の問題、性的問題に分けて、原因、症状、判断、取り扱い方を記述する。第4編は事例編で、小中高校における健康相談、教育

相談の具体例を紹介。巻末に五十音順事項索引と、付録として関係機関・施設内容一覧を置く。
2828

学校メンタルヘルス実践事典 児玉隆治，高塚雄介編 日本図書センター 1996.6 770p 27cm 監修：土居健郎 4-8205-4104-8 15450円
学校教育の現場で生じているメンタルヘルス問題に関することがらを広範囲に収録し、体系的に解説した事典。こころの問題とメンタルヘルス、からだの不調など9章からなる。各章を理論編である「総説」と実践編である「解説」に分け、問題をとらえる視点、把握の仕方、対応策などを、事例を多く収めてコンパクトにまとめている。各章中に参考文献を掲げ、巻末にメンタルヘルス関連用語、相談所・関係機関一覧、事項索引を付す。
2829

◆◆学校給食

学校給食必携 新訂 文部省体育局学校健康教育課編 ぎょうせい 1994.11 1冊 19cm 4-324-04191-1 3500円
学校給食関係諸法令、通知、主な補助金交付要綱、統計資料などを収録した便覧。基本法令、例規、資料の3編に分け、1994年8月現在の法令52件、通知・要綱76件、統計・資料28件を収録。資料編には1889年以降の年表を付す。1978年に刊行されて以来、今回が第4次刊訂版。なお第5次改訂版が1998年刊行された。
2830

◆教育課程・学習指導

【書誌】

教育課程・教育方法に関する10年間の雑誌文献目録 昭和50年-昭和59年 日外アソシエーツ編 日外アソシエーツ 1987.9 2冊 27cm 発売：紀伊国屋書店 4-8169-0360-7 各8200円
『雑誌記事索引（人文・社会編）累積索引版』☞0139 第5-6期をもとに教育課程、教育方法に関する文献目録として再編成したもの。総論、各科教育の2分冊からなり、1975年から1984年までに国内で発表された雑誌文献1万2193件を収録する。構成は主題別の大項目の下に、キーワード方式による見出し語で細分している。各巻末に五十音順の事項索引を付す。
2831

オープン・エデュケーション文献目録 渡辺茂男，小盛真紀子，阪田蓉子編 教育メディア研究所 1976 126p 22cm 背の書名：『Bibliography of open education』 2500円
アメリカおよびイギリスの幼・小・中学校におけるオープン教育に関する欧文の文献目録。6種の海外書誌類から、1967-1974年に発表された739点を採録。7項目に分類し、さらに細区分。巻末に著者索引、書名（論題名）索引、採録雑誌と単行書の出版者リスト、雑誌リストを付す。各文献の採録書誌を明記。なおオープン教育とは、1970年代から盛んになった、新しい学習空間（オープン・スペース）を活用した児童中心主義の教育。
2832

【辞典・事典】

学習指導要領用語辞典 徳山正人，奥田真丈編 帝国地方行政学会 1971.9 1015,27p 22cm 2800円
小中学校の学習指導要領に使われている主要な用語について共通の理解を得るために、その概念や指導上の取り扱いなどを解説した用語辞典。中小項目を五十音順に配列し、見出し項目の後に属する教科名の略語を付記する。巻末に教科別索引を付す。参考文献はない。
2833

環境教育事典 環境教育事典編集委員会編 労働旬報社 1992.6 676p 27cm 17000円
教育現場に登場して日の浅い環境教育が、時代の要請に応えられるように編まれた事典。3部からなる。第1部環境教育用語解説には、人名、生物名を含む約1450項目を掲載。第2部環境教育実践のすすめかたは、小・中・高等学校での環境教育の具体例、ヒントを84テーマに分けて紹介。第3部環境教育の考えかたは、基礎理論を解説。環境教育用語については、巻頭にジャンル別項目案内を設け、巻末に事典全体の索引を付す。
2834

環境教育辞典 東京学芸大学野外教育実習施設編 東京堂出版 1992.7 4-490-10318-2 4500円
環境教育に関する550項目を五十音順に配列して解説した用語辞典。重要な用語を大中項目、その他の関連用語を小項目とする。巻頭に収録項目を領域別に区分した項目一覧（分類目次）を置き、巻末に環境教育情報の集積団体・機関を付す。参考文献、索引はない。
2835

環境教育指導事典 佐島群巳〔ほか〕編 国土社 1996.9 333p 22cm 4-337-65205-1 4120円
環境教育に関する基礎的な用語や概念をとりあげ、理論的根拠を明らかにするとともに、学校、家庭、地域社会での環境教育の実践上の視点と方法を提示する便覧風事典。環境教育の目的・目標、環境教育のカリキ

ュラム、環境教育の方法・評価の３部からなり、大項目のもとに150の見出し語を置いて解説する。項目末に参考文献を、巻末に事項索引、人名索引を付す。
2836

教育課程事典 小学館 1983.12 ２冊 27cm 監修：岡津守彦 4-09-842001-5 全18000円
教育課程の全分野を詳細かつ体系的に説明した便覧。２巻からなる。第１巻は総論編で、教育課程の歴史、諸外国の教育課程、教育課程編成論を、第２巻は各論編で、教科別、幼児教育、障害児教育、職業教育、社会教育などの教育課程を扱う。各項目に参考文献をあげ、巻末に事項索引、人名索引を付す。
2837

現代授業研究大事典 吉本均責任編集 明治図書出版 1987.3 634p 27cm 4-18-276702-0 11000円
児童を対象とする授業理論の構築を課題として編集した便覧。授業研究に関する用語を、授業の歴史と理論、授業研究と教師など10章に分類して収録する。各章の冒頭には必ず総論を置き、続く若干の節に項目を配分する。各項目の長い説明文中に便宜上、小見出しを設け、文末に参照と和文文献を掲げる。目次は総数425の項目をすべて列挙。人名索引と事項索引を付す。
2838

授業改革事典 第１−３巻 東洋〔ほか〕編 第一法規出版 1982.4 ３冊 27cm
日常の教育活動そのものである授業を改革することの意義と具体的な授業実践のあり方を解説する。第１巻授業の理論、第２巻授業の設計、第３巻授業の実践の３部構成で、各巻とも10−11章を体系順に配列。各項末尾に参考文献を示す。第３巻末に人名索引、事項索引がある。
2839

授業研究大事典 広岡亮蔵責任編集 明治図書出版 1975 xxv,828p 22cm 7900円
1960年代以来「授業」と共に発展してきた「授業研究」を、実践に役立たせる目的で、関係事項を体系的に解説した事典。1032の全項目が巻頭の目次で体系的に並び、「教育の歴史・原理・社会的背景」「教育の心理的背景」「授業」「教育行政制度・社会教育」「教科教育等」の５部に分かれる。見出しには必要に応じ英文を併記し、項目末に関連項目や参考文献を付記。巻末には本文中の用語をも含む五十音順の索引を付す。 *2840*

授業研究用語辞典 横須賀薫編 教育出版 1990.11 215p 20cm 4-316-32200-1 2400円
授業の工夫や改善のために実際の授業について研究する際の手引き書、用語集。200項目の用語は、授業研究の基礎用語、子どもの変革と授業のあり方、授業の

計画、授業の展開など６部に分かれる。執筆者は、教育実践家の斎藤喜博（1911−1981）が結成した教授学研究の会にかかわった人々であるため、「斎藤教授学」の集大成ともいえる。各項目末に参考文献、巻末に五十音順の事項索引がある。
2841

新生徒指導事典 飯田芳郎〔ほか〕編 第一法規出版 1980.11 519p 27cm 5200円
学校での児童・生徒指導に関する事項を解説した便覧。総説から始まって、生徒理解、集団の理解と活動、学校カウンセリングなどの各論へと体系的に編まれ、記述も平易。各章は、理論的な解説と、実践例の紹介とからなり、章末に参考文献を示す。巻末に事項索引がある。『生徒指導事典』(1968年刊)の改訂版。
2842

◆◆学習評価

現代教育評価事典 東洋〔ほか〕編 金子書房 1988.3 645p 27cm 4-7608-2256-9 20000円
教育統計学および測定法の基礎的項目を含む教育評価に関連した概念や用語、外国人名750項目を収録、解説した事典。項目の配列は五十音順。各項目に英語表記、関連・参照項目、参考文献の記載がある。巻頭に、すべての見出し語を教育評価（理論および実践）、統計、測定、外国人名の５領域に分け、内容的に分類した「領域別目次」と、その相互連関を示す「領域連関図」を置く。巻末に和文索引、欧文索引、外国人名索引がある。
2843

◆◆特別活動

特別活動指導法事典 宇留田敬一編集 明治図書出版 1984.3 618p 27cm 4-18-896108-2 12000円
人間性豊かな児童生徒の育成のための小中学校の特別活動における指導法の理論と実践を網羅した専門事典。特別活動の目標と性格、特別活動の各内容など10部に大別、さらに項目に分けて体系的に記述。巻末に項目および関連する重要事項の五十音順索引を付す。
2844

◆◆進路指導

新進路指導事典 阿部憲司〔ほか〕編 第一法規出版 1982.9 530p 27cm 6200円
学校・家庭・社会での教育における進路指導に役立つよう編まれたハンドブック。進路指導に関する事項を、

歴史と展望、計画と方法、実践と評価、情報と資料の4部に分け、章末に参考文献を付す。資料・情報が古くなっているが、出典が明示されており、その最新版を参照することでフォローが可能。巻末に人名索引、事項索引を付す。『最新進路指導事典』(1967年刊)を改訂したもの。　2845

進路指導実務事典　全国高等学校進路指導協議会編集　実務教育出版 1987.5　372p 26cm 8000円
高校における進路指導の実践に役立つことを意図して編集された事典。高校における進路指導の意義と内容、計画と組織、実践の3部からなる。『新進路指導事典』☞2845 より、ロングホームルームにおける具体的指導事例などの実践例紹介が多く、学校現場で直接役立つ内容となっている。巻末に参考文献一覧を付す。索引はない。　2846

◆◆ 視聴覚教育

放送教育大事典　編集：全国放送教育研究会連盟, 日本放送教育学会　日本放送教育協会 1971　680p 27cm 5000円
放送教育の基本的な理論・用語をとりあげ、実践と理論の両面にわたって解説した事典。大中小項目を併用し、五十音順に配列、関連項目への参照も付す。巻頭に体系別項目索引があり、体系的な把握が可能。巻末に五十音順一般索引と欧文索引を付す。　2847

◆◆ 社会科教育・道徳指導

平和教育実践事典　広島平和教育研究所編　労働旬報社 1981.8　xx,614p 22cm 9000円
平和教育の実践に必要な戦争と平和に関する知識を290項目にまとめ、詳しく解説した便覧風事典。「戦争(原爆)体験の継承」「戦争の科学的認識」「原水爆の威力と被害」「核・軍事状況」「平和(反戦)運動」「戦後日本と国際関係」の6章に分け、体系的に配列。各項目に参考文献が、巻頭に詳細な目次が、巻末に解説文中の用語も収めた和文事項索引がある。広島県下の研究者、教員を中心に分担執筆。　2848

歴史教育学事典　尾鍋輝彦〔ほか〕編著　ぎょうせい 1980.3　910p 27cm 8000円
小中高校社会科教師のための便覧。1 歴史教育学理論、2 歴史学習指導事例、3 歴史基本的事項、4 歴史家と歴史思想、5 各国の歴史教育の現状、6 歴史教育基礎資料の6章からなる。第2章は、小中高校別に指導の実際を詳述し、人物・事項については第3章に事典風にまとめて解説してある。第4章は主要思想家27名のかなり詳細な紹介。第6章は付録に相当し、指導要領抄のほか、歴史学各分野の研究動向の紹介および歴史年表を含む。巻末に五十音順の索引がある。　2849

◆◆ 数学・理科教育

現代数学教育史年表　佐々木元太郎著　聖文社 1985.3　181p 22cm 2500円
数学教育者、数学を学ぶ大学生を主な対象とした、明治以降1982年までの数学教育に関する年表。学校制度の改善、教授要目の改訂、学習指導要領の改訂だけでなく、数学、数学教育学、教育学、心理学などの動向をつかむための内外の主要文献の刊行年、社会的背景を明らかにする事項も示す。冒頭に、9期に時代区分した61頁におよぶ概説を置く。索引はない。　2850

理科教育事典　東洋〔ほか〕編　大日本図書 1991.3　2冊 27cm　4-477-00078-2　全28000円
小中学校理科教育の各分野の内容と方法について、その構造と基本的な考え方を示すべく整理、体系的に解説した便覧。2冊からなり、自然科学編は、力と運動、電気と磁気、水溶液とイオン、動物のつくりとはたらきなど16章で、図版豊富。教育理論編は、目標、教育課程、教授・学習、評価、コンピュータの教育利用、教科経営、わが国の理科教育の歴史、諸外国の理科教育の8章。各章末に参考文献を付す。ともに巻末に索引がある。　2851

◆◆ 技術・家庭科教育

技術科教育辞典　馬場信雄〔ほか〕編集　東京書籍 1983.6　489p 22cm 6800円
中学校技術・家庭科のうち技術系列の学習指導用の事典。全体を教育、製図、木材加工、金属加工、機械、電気、栽培の7編に分け、さらに各編を中項目程度にまとめ、その項目にまつわる歴史、原理、実際の事物、指導の要点を記述。巻末に事項名の五十音順索引を付す。　2852

◆◆ 保健・体育科教育

現代学校体育大事典　新版　松田岩男, 宇土正彦編集　大修館書店 1981.5　902p 27cm　執筆：浅見高明ほか　7500円
小中高等学校の学校体育に関する事典。5編構成。用語編は専門用語345項目を解説。五十音順配列。一般

指導編は基礎的・科学的指導理論を体系的、具体的に解説。領域指導編は学習指導要領に示される全領域・種目を取り上げる。体育経営編は、施設用具、運動クラブ、運動行事、野外活動、学校保健、社会体育などの管理・運営の仕方を解説。付録として児童生徒の発育・発達の平均値、運動事故の判例、関係例規、学校体育年表を付す。巻末に索引あり。初版は1973年刊。
2853

性の指導総合事典 武田敏〔ほか〕編 ぎょうせい 1992.1 865p 27cm 監修：江口篤寿 4-324-02754-4 8000円
幼児期から高校生までの性指導の総合的な情報源。性教育の目標・内容、子どもの心身の発達と性、性の生理と社会面、性教育カリキュラムの構成と指導方法、性教育の授業研究、子どもに多い質問とその答え方、障害児の性指導、性教育の調査研究法と評価、性感染症とエイズ、海外の性教育の実情などを取り上げて解説する。性教育の教材・資料の紹介リストを収録、巻末に詳細な五十音順索引を付す。
2854

◆◆芸術教育

音楽教育用語事典 音楽之友社 1983.5 231p 27cm （小学校音楽教育講座 第10巻）4-276-02110-3 3000円
音楽教育に関する84項目を五十音順配列で解説した大項目主義事典。資料編として楽器資料と教育用音楽用語を収録。楽器資料は洋楽器、邦楽器、各国の民族楽器を図解つきで解説する。教育用音楽用語は英・伊・独語などを付した用語集。巻末に五十音順の項目索引および講座全10巻の総目次を付す。
2855

新美術教育基本用語辞典 大阪児童美術研究会編 明治図書出版 1982.3 352p 21cm 4-18-706203-3 3200円
美術教育に関する用語辞典。範囲は美術教育原理、指導計画、指導法、用具・材料、評価、作品などにおよぶ。全4章からなり、大半を占める第2章の「美術教育」の前後に、「美術教育の進歩変遷」「日本美術史」「西洋美術史」を配する。文部省の教育要領、学習指導要領、指導書の用語を中心に取り上げ、平易に説明している。目次に全項目を掲げる。参考文献はない。巻末に五十音順事項索引がある。
2856

デザイン教育大事典 鳳山社 1989.8 2冊（別冊とも）22cm 監修：高山正喜久 4-8316-0091-1 全18540円
デザイン教育について、歴史的流れ、海外の事情、年齢別の教育指導、材料、用具から研究法までを紹介した体系的記述の事典。デザイン教育の基礎、デザイン教育指導、デザイン教育の材料・用具、デザイン教育の環境、デザイン教育研究法の5部からなる。別冊の資料編に1980-1989年刊の図書、雑誌を収録した文献目録、教育機関名、および五十音順配列で解説付きの「デザイン教育用語」を掲載。
2857

日本美術教育総鑑 戦後編 日本美術教育連合編 大阪 日本文教出版 1966 493p（図版共）26cm 3800円
1945-1965年までのわが国の美術教育界の各種記録、データ類を集成したもの。制度、歴史と現状、研究、運動、出版物、映画・スライド・放送、コンクールなどのほか、団体一覧、人名録を含む18章からなる。巻頭にカラーの児童画と行事記録の写真、年表を収録。索引はない。
2858

◆◆国語教育

国語教育研究大辞典 国語教育研究所編 明治図書出版 1991 961p 27cm 普及版 4-18-397700-2 9800円
小中高校の国語教育担当者、研究者のための、代表的な国語教育研究および基礎資料辞典。国語教育の全領域から選んだ約2000項目を五十音順に配列。解説本文は小見出しをつけた中項目主義で、人物名も多く含む。項目末尾に参考文献を掲載。巻頭に見出し項目を10の領域に分け、さらに細分、分類した項目一覧を置き、巻末に、詳細な国語教育史年表、国語教育主要文献目録、小中学校国語科教科書の変遷、国語教育関係雑誌年表、索引を付す。
2859

国語教育指導用語辞典 新訂 田近洵一, 井上尚美編著 教育出版 1993.1 372p 22cm 4-316-35231-8 4800円
国語教育に関する基本用語を解説し、あわせて小中学校での指導に必要な指導内容や指導方法を示したもの。言語事項、読解・読書指導、作文指導、話しことば・書写指導、教材研究、授業組織、学力と評価、基礎理論・指導理論、関連科学、歴史的遺産といった大項目を設け、その中で見出し語について原則2頁見開きで解説をしている。項目末に参考文献、巻末に近代国語教育史年表、事項索引を付す。
2860

国語国文学資料図解大事典 上，下 全国教育図書 1962-1963 2冊 31cm 岡一男，時枝誠記監修
古代から現代までの国語・国文学の学習と教育に必要な事項を、図解・図表・一覧表などによって解説した便覧。上巻「国語・言語生活」「環境基礎」、下巻「日本文学史」「実践資料」からなり、さらに細分して項目立てする。項目によっては文章に比重をもたせ、適宜典拠、参考文献を付す。下巻末に各国の教科書、外国における日本学の研究（機関と研究員の一覧）を収めた参考資料と、上・下巻の見出し・内容項目より約3000を五十音順配列した索引がある。
2861

新教育基本語彙 阪本一郎著 学芸図書 1984.1 279p 22cm 4-7616-0085-3 3500円

国語の単語を収録し、義務教育期間にどの順序で学習させるかに関する基準を示した基本語彙集。国語科を主とする教師、親、著作家の拠りどころとなり、読みものの読みやすさや子どもの語彙能力の評価に利用される目的で編まれた。1万9271語を五十音順にかな表記で掲げ、次いで、漢字表記、学習指導要領の「学年別漢字配当表」における配当学年、品詞名、学習すべき学年段階（小学校低学年、同高学年、中学校に三分）、重要度を示す。常用漢字は太字体で区別。巻末に和文・欧文の参考文献を掲載。『教育基本語彙』（牧書店、1958）を、その後発表された常用漢字表と再三改訂された学習指導要領により改めたもの。　2862

文学教材の実践・研究文献目録 1-3 広島 渓水社 1982-1988 3冊 21cm 1400-3300円

文学作品を教材にした文学教育に関する論文の書誌。1955年から1986年に発行された雑誌（紀要を除く）、単行本から実践記録を中心に作品分析、教材研究などを抽出し収録する。古典から現代文学まで時代や作家の国籍に関係なくとりあげる。配列は作品のジャンル別に作品名の五十音順。各巻には採録文献一覧を、第1巻、3巻には人名索引（実践者・研究者）を付す。第1巻は関村亮一編と金曜会編の合冊復刻本。第4巻の刊行予告があるが未刊。　2863

✦✦ 英語教育

中学英語指導法事典 稲村松雄, 納谷友一, 鳥居次好共編 開隆堂出版 開隆館出版販売（発売）1969-1976 3冊 22cm

中学校の英語科担当教師に必要な事項を中小項目で解説した事典。指導法編、言語材料編、題材編の3巻からなる。指導法編は英語と日本語を、ほかは英語を見出し語とし、配列はいずれもアルファベット順。指導法編と言語材料編には索引がある。言語材料編は英文法事典として、題材編は使われているデータが古くなったものの英語国民の生活・文化・風物の事典として利用することができる。　2864

✦✦ 教科書

【書誌・目録】

教科書関係文献目録 1970年-1992年 中村紀久二編 学校教育研究所 1993.12 397p 27cm 発売：学校図書 4-7625-0509-9 19000円

1970年から1992年までに刊行された教科書に関する図書、図書の中に掲載された論文、パンフレット・紀要・雑誌掲載の論文記事など約7600タイトルを収録した書誌。構成は、教科書論、往来物、近代日本教科書史など10分類に大別し、さらに細分化した分類のもとに発表順に配列。『学校教育研究所年報』第14-37号（1970-1993年刊）所収の「教科書関係文献目録」を基礎として、教科書研究センター附属教科書図書館・文部省図書館所蔵の図書、論文記事などを追加したもの。巻末に、相互参照を含む詳細な事項索引がある。　2865

教科用図書目録 東書文庫所蔵 第1-3集 東京書籍株式会社附設教科書図書館東書文庫編 東京書籍 1979-1982 3冊 27cm 7000-9000円

東書文庫に収蔵する約13万冊、4万5000タイトルの教科用図書の目録。全3集からなる。第1集は、旧制中学校・女学校、師範学校、実業学校、旧制高等専門学校などの教科用書を収録。第2集は、戦前の小学校関係の教科用書を、総記、明治以前・明治初年・明治検定期・国定期および旧外地教科書、掛図の順に収録。第3集は戦後編で、学習指導要領、文部省著作教科書、小中高等学校の検定教科書および教師用指導書などを収録する。各集巻末に書名索引がある。東京書籍創立70周年記念事業の一つとして刊行された。　2866

近代日本教科書総説 海後宗臣, 仲新編 講談社 1969 2冊 23cm 各4800円

明治初頭から、戦後、検定教科書制度発足までの間に初等教育機関で使用された教科書の解説と目録。解説編と目録編の2冊からなる。同期間の主要教科書、国定教科書を復刻・集成した『日本教科書大系　近代編』（講談社、1961-1967、27冊）中の近代教科書総説および教科別総解説と総目録をまとめたもので、各編とも教科別に編成してある。目録編は6113点を年代順に収め、主なものに簡単な解題を付す。索引はない。　2867

明治以降教科書総合目録 小学校篇, 中学校篇 鳥居美和子編 小宮山書店 1967-1985 2冊 26cm （教育文献総合目録 第3集）33000円

明治初年学制発布前後から、戦後六・三制文部省著作教科書までの80年間の教科書を分類収録。1950年に上野図書館から移管された教科書約5万2000冊を含む国立教育研究所附属教育図書館の蔵書を中心に、東書文庫、国立国会図書館などの蔵書をあわせて所在を示している。小学校編、中学校編に分かれ、小学校編には7634点、中学校編には約1万6000点を収録する。小学校編には、五十音順、書名つきの詳細な著者索引があるほか、付録として教育図書館所蔵分についての「明

治年間刊行教科書年代順目録」（161頁）を付す。中学校編には索引はない。
2868

【索引】

旧制中等教育国語科教科書内容索引　田坂文穂編　教科書研究センター　1984.2　437p　27cm　7000円
1888年－1943年までに使用された中等学校国語科講読用教科書を、初版本を底本として作成。講読用のみで、漢文、文法、作文、文学史などの教科書、古典の抄本・副読本は含まない。対象とした教科書は約2000冊、収録教材は約5万6000項目。中学校、（高等）女学校の2部構成で、明治、大正、昭和期の年代順に配列。記載項目は出典名、作・著・編者名、表題、コードの順。各コードは教科書の属する時代、学校別、巻数、課を示す。索引はない。
2869

国定教科書内容索引　国定教科書内容の変遷　尋常科修身・国語・唱歌篇　国立教育研究所附属教育図書館編　柏　広池学園出版部　1966　150p　図版　27cm　1800円
1904年－1945年までの国定教科書尋常科用の内容索引。修身篇、国語篇、唱歌篇の3部からなり、題名索引、人名索引（各篇）、件名索引（国語、唱歌）、うたい出し索引（唱歌）、徳目索引、格言・詩歌集索引（修身）、和歌・俳句・詩索引（国語）の索引で構成されている。各索引とも現代かなづかいによる五十音順。巻末に、国定教科書尋常科目次一覧、国定教科書刊行一覧、暫定教科書・文部省著作教科書一覧を付す。
2870

国定読本用語総覧　1－12　国立国語研究所編　三省堂　1985－1997　12冊　27cm　（国立国語研究所国語辞典編集資料1－12）　4-385-30617-6　25000－39000円
1904年4月－1949年3月までの間に使用された文部省著作の小学校用国語教科書6種で使われたすべての用語を、用例文付きで五十音順に配列。見出し語には、漢字、品詞、人名・地名、使用度数、表記、活用形を記載し、用例文には底本の巻、頁、行、層別を示す。文献71冊、見出し語3万2008、用例57万7332を収録。各期巻末に課名一覧、挿絵一覧などの付録を付す。索引はない。CD-ROM版がある。
2871

中学校国語教科書内容索引　昭和24－61年度　国立教育研究所附属教育図書館，教科書研究センター共編　教科書研究センター　1986.3　2冊　27cm　非売品
1949年度－1986年度までに使用された中学校検定国語教科書27社610冊を対象に、その内容と所在を検索するためのツール。上下2冊からなる。題名、著者名、人名、詩、漢詩、和歌、俳句、川柳・狂歌、格言、掲載図書など、11項目からなる索引のほか、発行所一覧、検定教科書一覧、読書のてびき・読書案内一覧および目次一覧を掲載。配列は五十音順。記載項目は、出版社名、教科書番号、検定年度、使用年度、学年、頁である。『明治以降教科書総合目録　小学校編、中学校編』☞*2868*『教科書検定総覧』『国定教科書内容索引』に続くもの。
2872

【年表】

教科書年表　1871(明治4)－1995(平成7)　教科書研究センター　1996.3　28p　30cm
初等・中等学校教科書に関する主要事項を収めた年表。国定以前、国定期、戦後期、1958年以降の4期に区分し、社会・教育の動向、教育課程の基準、教科書制度、教科書・発行状況・教科書問題の4欄に分けて記載。この資料に先行して、『教科書年表　1871（明治4）－1992（平成4）』（教科書研究センター、1993）が刊行された。
2873

◆◆往来物

往来物系譜　〔正〕，続　石川謙，石川松太郎編　講談社　1970－1977　2冊　23cm　（日本教科書大系　往来編　別巻〔Ⅰ〕，Ⅱ）　各9800円
平安朝後期から明治前期にかけて発達、普及したわが国初等教科書を分野別の表にした系譜。文献資料は編者が収集。全国の大学・図書館・寺院・個人蔵書や各種目録を調査。正続2冊からなり、正編は1970年3月、続編は1974年3月までが探索期間。記載項目は書名、編集・刊行年月、撰者・編者・書者・出版者、内容、体裁、所在など。正編に古往来と語彙、消息、教訓歴史の各科を、続編に地理、産業、社会の各科と女子用を収録。教科書史・教育史などの研究者向け。書名索引はない。
2874

女子用往来刊本総目録　小泉吉永編　吉海直人校訂　大空社　1996.2　16,226p　27cm　4-7568-0117-X　10000円
江戸期・明治期の女子用往来と小倉百人一首の刊本を中心に収録し、所蔵機関・所蔵者名を付した総合目録。3050種以上の板種を記載。本文は女子用往来の部および百人一首の部からなり、各部ごとに項目を外題の五十音順に配列する。巻頭に参照文献と所蔵機関一覧が、巻末に刊行年別一覧がある。索引はない。『江戸時代女性生活研究』（『江戸時代女性生活絵図大事典　別巻』江森一郎監修、大空社、1994）所収の「女子用往来総目録」を改訂・増補したもの。
2875

◆幼児教育

遊び研究文献目録 山田敏編著 風間書房 1996.3 491p 22cm 4-7599-0982-6 18540円
「遊び」に直結するキーワードにとどまらず幅広い見地から遊び研究に関する文献を収録。主に1982年までに発行されたものを対象とする。国内文献と外国文献に二分。国内文献については著書、紀要論文、雑誌論文の3つに分類し、執筆者の五十音順、雑誌論文のみ誌名の五十音順のもとに執筆者名順に配列している。外国文献は執筆者のアルファベット順。著者の学位論文の付録として作成されたもので、巻末に学位論文の索引を掲載するが本文献目録自体の索引はない。
2876

現代保育用語辞典 岡田正章他編 フレーベル館 1997.2 587p 22cm 4-577-81130-8 8000円
保育にかかわる基本的な用語、新しい保育観・子ども観から出てくる言葉、歴史上の重要語を一般項目編に、保育に足跡を残した人物を人名編に、併せて約2000項目を採り、平易・簡潔に解説する。五十音順配列で英文を併記。巻末に資料として「外国の保育・教育」を置いて主要国の保育事情を解説。事項索引、人名索引、分野別索引を付す。
2877

乳幼児発達事典 伊藤隆二〔ほか〕編 岩崎学術出版社 1985.12 664p 27cm 監修：黒田実郎 20000円
発達心理学、小児医学、児童精神医学、保育、幼児教育、児童福祉、障害児教育の領域を中心に1517項目を採録した乳幼児事典。五十音順に配列し、英文または仏・独・ラテン語を併記する。巻頭に領域別項目一覧（12分野）を置き、体系的配慮を示す。各項目末に関連事項の指示、および参考文献あり。巻末に人名索引、和文索引、欧文索引を付す。
2878

保育学大事典 岡田正章〔ほか〕編 第一法規出版 1983.5 3冊 27cm
保育および保育関係分野のこれまでの研究、実践の成果を集大成し、体系的に記述した事典。保育の意義、保育の環境、発達、発達と保育、保育の内容、保育の計画、保育の方法と形態など保育の16分野に保育の問題と今後の課題を付した17章構成。図表、事例などを盛り込みながら解説。各項目末尾に参考文献、あるいは引用文献を示す。第3巻末に、学制、教育令、幼稚園令、児童憲章のほか宣言、答申、具申、報告などの資料、保育関係略年表、人名索引、事項索引を置く。
2879

保育技術事典 巷野悟郎〔ほか〕編集 同文書院 1980.9 502p 27cm 3600円
保育の現場で実際にすぐ役立つよう、日常当面する技術的な面から解説、必要に応じてその理論的背景をも記述する体系的事典。子どもの発達と理解、保育の計画、保育内容・指導、保育の研究、保育施設・設備、人間関係の6章構成。215項目を1項目見開き2頁で記述、項目によって末尾に参考文献を付す。巻末に付表として保育関係法規集、保育関係統計資料がある。索引はない。
2880

保育基本用語事典 岡田正章，森上史朗編 第一法規出版 1980.10 416,20p 22cm 2800円
保育の基本用語172項目を精選し、用語の明確な定義（共通理解）を行った上で、そのことが実践や研究とどのようにかかわるかを簡潔に記述した事典。関連項目を13の章に分類構成、原則として各項目を見開き2頁（重要項目は4頁）で解説する。第13章は人物25名の解説。巻末に人名索引、語句・事項索引を付す。
2881

保育のための乳幼児心理事典 森上史朗責任編集 日本らいぶらり 1980.9 462p 22cm （幼児保育事典シリーズ） 発売：紀伊国屋書店 2200円
乳幼児の発達特性や心理に関する情報を、集団保育の実践に生かせるよう体系的に記述した事典。子どものものの見方、考え方、遊び、表現など乳幼児心理学の領域を、9つのパート、201の項目に分け解説するほか、興味ある実験や研究を34のTOPICSとして紹介する。巻末に、参考文献一覧、図版リスト・図版作製参照文献、事項索引、人名索引を置く。
2882

幼児保育学辞典 松原達哉〔ほか〕編集 明治図書出版 1980.6 849p 22cm 監修：村山貞雄 9600円
幼児教育学、幼児保育学とその関連領域の用語を具体的、平易に解説する。内容は学術用語のほか人名、書名、楽曲、遊戯、施設、病気など多岐にわたる。五十音順配列で、一部の項目には欧文を併記する。図版も多い。幼児保育に関連する法規類を年代順に配列した資料集を付録とする。参考文献、索引はない。
2883

幼稚園事典 幼少年教育研究所編 鈴木出版 1994.11 623p 27cm 4-7902-7132-3 18000円
幼児教育に関するあらゆる事項を体系づけて解説した事典。思想・歴史、行政、幼児期の発達と保育、保育の内容と計画、現代社会と保育、保育の施設設備と遊具備品、管理と運営の7章に分類している。巻末に関連法規、統計資料を収めた資料編、1000項目におよぶ索引、参考文献を置く。1966年千葉出版刊の新版。
2884

◆海外教育

海外子女教育史 海外子女教育史編纂委員会編著 海外子女教育振興財団 1991.12 2冊 22cm
第二次世界大戦後の海外勤務子女の教育の歴史を体系的に記述したもの。本編と資料編の2分冊からなり、本編巻末には大戦前の海外子女教育を解説した付録と索引を付す。資料編は、関連する法令・通達、国会議事録、政党文書、答申、関係団体、文献目録、年表などを収録。　*2885*

華僑教育関係文献資料目録 杉村美紀編 小金井 東京学芸大学海外子女教育センター 1988.3 8,251p 26cm
華僑教育研究のための基礎資料として編集された総合目録。日本6、中国8、台湾11、アメリカ西海岸地域6、オーストラリア1の計32機関における調査に基づいて、和文、中文、英文の文献約1100点を収録し、併せて日本国内の図書館8館の所蔵を表示する。全体の編成は言語別でそれぞれに簡単な解説を付す。各言語の中を総論、地域別分類、関連文献に分けて著者のアルファベット順に配列。巻末付録として、韓国及び北朝鮮の僑民教育に関する文献(和文)、北アメリカの日系移民に関する文献(英文)がある。索引はない。　*2886*

◆大学

【書誌】

大学教育・大学問題に関する10年間の雑誌文献目録 昭和50年－昭和59年 日外アソシエーツ編 日外アソシエーツ 1987.6 253p 27cm 発売:紀伊国屋書店 4-8169-0360-7 9400円
『雑誌記事索引(人文・社会編)累積索引版』☞*0139* 第5－6期をもとに大学教育、大学問題、大学生に関する文献目録として再編成したもの。1975年から1984年までに国内で発表された雑誌文献7278件を収録する。構成は主題別の大項目の下に、キーワード方式による見出し語で細分している。巻末に五十音順の事項索引を付す。　*2887*

大学に関する欧文文献総合目録 1970 横尾壮英, 中山茂共編 学術書出版会 1970.3 288p 26cm
大学を中心に高等教育に関する欧文文献の所在を示した総合目録。1966－68年にかけて行われた調査に基づき、29の図書館が所蔵する約4000点の文献を収録する。所蔵館の内訳は、国立国会図書館1、公共図書館1、大学図書館22、その他5で、略号によって示されている。配列は著者のアルファベット順。索引はない。巻末に付録として「世界の主要大学年報類カタログ」を付す。　*2888*

大学問題論説記事文献目録 大学制度の創造的改革のために 早稲田大学教務部〔編〕 早稲田大学教務部 1988－1990 3冊 26cm
大学を中心とする高等教育に関する論文や記事の書誌。1987－1989の3年間に、早稲田大学教務部が収集した内外50誌から採録。配列は分類順で、巻末に五十音順の事項索引および採録雑誌一覧を付す。1965－1986年までの約1万5000件の文献を収録した『大学関係雑誌等記事文献目録』に続くもの。　*2889*

本邦大学・高等教育機関沿革史総覧 自・昭和22年至・平成2年 増補改訂 中村博男編 〔松本〕中村博男 1993.8 292p 21cm 発売:日本図書館協会(東京) 5000円
戦後の新学制転換後の1947年4月から1990年12月までに日本で刊行された大学・高等教育機関の沿革史2449タイトル、624機関を収録した目録。大学、短期大学、高専のほか、その前史である旧制高等学校、専門学校の沿革史も併載。配列は学校の種別で、その中は学校名の五十音順。巻頭に学校種別の索引があるほか、収録された沿革史の刊行年次別点数、沿革史関係目録一覧等がある。この目録収録以前の資料は『本邦大学・高等教育機関沿革史目録 明治初年－昭和22年刊行分』(早川図書、1987)に掲載。　*2890*

【名簿】

韓国大学全覧 遠藤誉,鄭仁豪編著 厚有出版 1997.7 v,360p 27cm 監修:駐日本国大韓民国大使館教育官室 15000円
韓国の高等教育機関の案内。韓国高等教育制度の解説、4年制大学185校の一覧、資料編の3編で構成。索引はない。『中国大学全覧』☞*2897*『台湾地区大学総覧』の姉妹編。　*2891*

全国大学一覧 昭和25年－ 文教協会 1950－ 年刊 26cm 監修:文部省高等教育局大学課
国公私立大学およびその関係機関の要覧。国立大学、公立大学、私立大学、放送大学、およびこれら大学の通信教育部、専攻科、別科、乗船実習科などのほか、国立大学の付属研究所、付属教育研究施設、付属学校、および共同利用機関、国公私立大学の付属病院、付属図書館の一覧を収録。巻末に大学に関する統計と五十

音順の大学名索引がある。解題は平成9年版による。
2892

全国大学院総覧 理学・医学・歯学・薬学・工学・農学・保健学・家政学系 1997 大学院総覧編集委員会編 科学新聞社 1997.2 28,951p 26cm 4-905577-02-0 20000円
国公私立の大学院のうち、理学、医学、歯学、薬学、工学、農学、保健学、家政学の各系大学院研究科全課程についての学校別一覧。国立、公立、私立に区分し、その中を所在地の都道府県別に北海道から沖縄県までの順に収録。掲載内容は、各校の特色の説明、研究科や専攻名と入学定員、募集要項、研究指導者の一覧など。索引はない。創刊は1989年。1992年に続く3度めの刊行。
2893

全国大学職員録 昭和29年版- 広潤社 1954- 年刊 22-27cm 編者：大学職員録刊行会
国公私立大学、防衛大学校などの大学校、および国立大学共同利用機関の在職者名簿。国公立大学編と私立大学編の2分冊で刊行。記載事項は学長、役職員、専任講師（一部助手を含む）以上の教員を収録。役職員については住所を付記。教員には学位、生年、最終学歴、担当学科目を記す。巻末に大学院要覧および大学名の五十音順索引があるほか、講師以上に対する五十音順人名索引を付す。1954年創刊、第2回目は1958年刊行、以後年刊である。『全国短大・高専職員録』☞*2896*の姉妹編。解題は平成9年版による。
2894

全国短期大学・高等専門学校一覧 昭和57年度- 文教協会 1982- 年刊 26cm 監修：文部省高等教育局専門教育課
全国の国公私立短期大学および高等専門学校の要覧。学科、通信教育、専攻科、別科などを掲載。巻末には短期大学および高等専門学校に関する統計と、五十音順の短期大学名索引がある。また、文部省高等教育局専門教育課から同一内容のものが『全国短期大学一覧』『高等専門学校一覧』として別々に刊行されている。解題は平成9年度版による。
2895

全国短大・高専職員録 昭和39年版- 広潤社 1963- 年刊 22-27cm 編者：大学職員録刊行会
全国の短期大学・高等専門学校の役職員および専任講師（一部助手を含む）以上の教育職員を収録。巻末に人名索引、短期大学・高等専門学校索引、学校法人索引を付す。『全国大学職員録』☞*2894*の姉妹編。解題は平成9年版による。
2896

中国大学全覧 遠藤誉編著・訳 厚友出版 1996.7 30, 1280p 27cm 監修：中華人民共和国国家教育委員会計画建設司 30000円
中国の高等教育機関の案内。全3編からなり、第1編は中国の高等教育制度の解説、第2編は高等教育機関約2200校の学制・学士号授与区分記号、学科、規模などを掲載。第3編は資料編。日本の大学が留学生を受け入れる際に必要な情報を主体とし、日本の高等教育機関とのレベルの比較が可能なように編集したもの。索引はない。国家教育委員会が承認した、すべての高等教育機関を収録した『中国高等学校大全　第2版』（国家教育委員会高等教育出版社、1994）に準拠して新情報を追加。『中国大学総覧』（1991年刊）の改訂版。なお台湾については同著者の『台湾地区大学総覧』（1997年刊）がある。
2897

【統計】

公立大学実態調査表 昭和37年度- 公立大学協会編 横浜 公立大学協会 1962- 年刊 26×37cm 出版地：変更あり
全国の公立大学に関する統計書。大学編と大学附属病院編の2つに分け、大学編には組織、経費、入学者、卒業生就職状況についてのデータのほか、文部省科学研究費の実績などを収録。大学附属病院編は、病床数、患者数、収支状況、職員数などの基本データを収録。別冊として『公立大学実態調査表　附属図書館編』を刊行。解題は平成9年度版による。
2898

◆◆博士録

日本博士学位論文索引 農学・獣医学・水産学篇, 人文科学・社会科学篇, 工学篇, 歯学・保健学・薬学篇, 理学篇 京都 日本プランニング・サービス・センター 1977-1981 5冊 27cm 歯学・保健学・薬学篇, 理学篇の発行者：松籟社 2200-8000円
1958年3月から1976年3月までに授与された、新制度における博士学位論文（医学を除く）の主題別索引。構成は各篇とも部門別で、その中を必要に応じて細分化し、日本十進分類法により配列。記載事項は、主論文名、氏名、取得大学名、種別、取得年月日などだが、取得者の連絡先を掲載している篇もある。各篇とも巻末に、相関項目索引（欧文および和文キーワード）と五十音順の著者索引を付す。なお、1976年4月から1977年3月の医学を含む全分野の目録として『日本博士学位録　昭和52年版』（松籟社、1980）がある。
2899

日本博士録 明治21年-昭和37年 日本図書センター 1985.10 9冊 27cm 教育行政研究所19561年-1964年刊の複製 全150000円

いわゆる旧制度による博士録。昭和37年集のみ新制度による博士をも収録する。配列は学位種別で、その中は授与年月日順。記載事項は、学位取得者名、主論文の題名、学位授与大学、出身校、連絡先。9巻は人名総索引で、各巻別に人名を五十音順に配列。これ以降を調べるものとして『日本博士録』昭和32-40年度（帝国地方行政会、1967、4冊）、『日本博士録』昭和44-45年度（広潤社、1973-74、2冊）がある。

2900

博士論文目録　国立国会図書館所蔵　昭和59～63年-　国立国会図書館支部上野図書館編　国立国会図書館　1989-　26cm

同館が所蔵している、日本の大学に提出された博士論文の目録。1984年以降に同館が受け入れた論文と、1983年以前に受け入れた医学系の論文の目録を冊子体にして刊行したもので、1998年10月現在、平成5-6年分まで刊行。配列は学位種類別で、その中は学位取得者名の五十音順。記載事項は、学位取得者名、そのよみがな、同館の請求記号、主論文の題名、授与大学と年月日、報告書番号。1986年以降に同館が整理した分は、オンラインで都道府県立および政令指定都市立図書館へ提供されている。なお類似のデータベースに学術情報センター作成の学位論文索引データベース（NACSIS-IR）もある。

2901

◆◆ノーベル賞

ノーベル賞受賞者業績事典　ノーベル賞人名事典編集委員会編　日外アソシエーツ　1994.7　644p　22cm　発売：紀伊国屋書店　4-8169-1245-2　8000円

ノーベル賞各部門の受賞者、受賞団体を対象とする人名辞典。収録年代は創設年の1901年から1993年まで。部門は平和賞、文学賞、物理学賞、化学賞、生理学医学賞、経済学賞（1969年-）の6部門。受賞辞退者をも収録し、本文中にその旨を記す。個人、団体の最も多く使用される姓名、日本で一般に使用される名称を見出し語として、その読みの五十音順に配列する。見出し語以下は、原綴、生没年月日、受賞部門、受賞年、国籍、肩書、経歴、業績・受賞理由、著作、参考文献の順で、経歴と業績・受賞理由が主要部分。分野別・受賞年順の受賞者一覧と事項索引を付す。類書に『ノーベル賞：受賞者総覧　1992年版』（教育社、1992）がある。

2902

◆◆学生運動

全学連各派　学生運動事典　増補改訂　'70年版　社会問題研究会編　双葉社　1969.12　448p　19cm　付：全学連関係組織図1枚　780円

1960年代の全学連各派の性格、実態、組織の全般にわたって具体的に解説した案内書。代々木系、反代々木系、民族派・右派系諸団体、その他の学生および関連団体に分類し、結成、上部政治団体、所在地、役員、拠点校、勢力、高校生組織、機関紙誌、主張、安保・大学問題に対する見解、性格、歴史などについて記述。その他、戦後の学園・学外闘争の記録、世界の学生組織についても記載。資料編として、人名録、学生運動用語、戦後市販された単行本を網羅的に収録した学生運動文献を掲載。さらに年表、戦後学生運動の系譜を表した図表を付す。1969年7月初版、同12月改訂。

2903

◆障害児教育

【書誌・抄録】

社会教育・障害者教育・家庭教育に関する10年間の雑誌文献目録　昭和50年-昭和59年　日外アソシエーツ編　日外アソシエーツ　1987.6　255p　27cm　発売：紀伊国屋書店　4-8169-0360-7　9600円

『雑誌記事索引(人文・社会編)累積索引版』☞0139　第5-6期をもとに障害者教育、家庭教育、社会教育に関する文献目録として再編成したもの。1975-1984年までに国内で発表された雑誌文献7580件を収録する。構成は主題別の大項目の下に、キーワード方式による見出し語で細分している。巻末に五十音順の事項索引を付す。

2904

特殊教育諸学校・教育研究所等における研究課題等の調査報告　昭和49年度-　国立特殊教育総合研究所編　横須賀　国立特殊教育総合研究所　1974-　年刊　26cm（特殊研D-25）

国内の特殊教育諸学校、教育研究所などで行われた研究課題などについて、年度ごとにまとめられる抄録誌。1件の研究課題ごとに、文献番号、（研究）標題、索引語、著者、著者所属、発表誌名、抄録が示されている。1984年度以降は巻末にキーワード索引を付す。創刊は1974年。

2905

わが国における心身障害教育文献集成　伊藤隆二〔ほか〕共編　風間書房　1978.4　814,2p　22cm　18800円

明治以降1975年までに刊行された障害者教育に関する文献を網羅的に集めた書誌。全体は資料形態別の編成になっており、第Ⅰ部には雑誌・論文集に掲載された

論文約6500点と学会発表論文集掲載の約2000点を、第Ⅱ部には図書約1300点を収録する。それぞれを視覚障害教育、聴覚・言語障害教育、精神薄弱教育など8部門に分類し、発行年順、同一発行年の文献は著者の五十音順に配列。また、第Ⅰ部には分野別事項索引と人名索引、第Ⅱ部には書名索引と人名索引を付す。
2906

【辞典・事典・便覧】

言語治療用ハンドブック 新訂 田口恒夫編 日本文化科学社 1996.1 276p 22cm 4-8210-6626-2 3090円
言語障害児に対する検査と治療方法の指導書。検査・練習用の単語約4000と文章約600を利用しやすいように配列し、言語障害の臨床に携わる専門家から「ことばの練習帳」として多用されている。理論編と実際編からなり、理論編は、日本語の語音と構音、声と構音の基礎的な解説。実際編は、構音と声の速さの練習帳。付録に、練習用単語集、練習に使える童謡名リスト、引用・参考文献がある。索引はない。初版は1968年刊。
2907

視覚聴覚障害事典 佐藤泰正〔ほか〕編集 岩崎学術出版社 1978.11 603p 22cm 監修:内山喜久雄 12000円
視覚障害、聴覚障害にかかわる教育、医療、福祉などの理論と実際を解説した専門事典。生理、物理、心理など基礎領域をはじめとし、障害、症状と診断、その治療、指導、教育から関連法規、人名に至るまでを網羅している。視覚編、聴覚編の2部構成で、五十音順配列の中項目見出し389項目、248項目をそれぞれ65名、72名の執筆者が署名入りで解説する。巻頭の「領域別項目一覧」と巻末の人名、和文、欧文、図表一覧の各索引によって多角的な検索が可能である。
2908

障害児教育大事典 茂木俊彦〔ほか〕編 旬報社 1997.12 xxvi,922p 27cm 4-8451-0507-1 30000円
障害者の人権保障を進める意図で最新の国際動向を反映し、編集された専門事典。学校教育中心だが、乳幼児期、成人期をも視野に入れ、歴史上の重要事項にも目配りしている。約2000の中項目を欧文を併記し五十音順に配列、項目末尾に参照項目、一部に参考文献を掲げる。巻頭の本事典の構成・項目案内は体系的な検索には便利だが、掲載頁の表示はない。巻末に解説文中の語を含む五十音順の総索引、人名索引、アルファベット順の欧文索引がある。
2909

障害児教育用語辞典 英・仏・西・露・(独)-日 改訂版 ユネスコ原著 中野善達訳編 藤沢 湘南出版社 1990.3 253p 22cm 4-88209-010-4 3500円
UNESCO発行の『Terminology of special education Rev. ed.』(1983年刊)に、日本語版独自の内容を追加した6か国語対照の用語辞典。中心となる「用語群」と「用語解説」のうち、用語群では、186の用語を予防・診断、障害、学校および諸施設などの6部門に分類して日本語を見出し語に立て、英、仏、西、露、独の表記を示す。一部にはスウェーデン語も並記。用語解説の部は、英、仏、西、露の言語別編成で、それぞれアルファベット順配列の見出し語のもとに、簡単な解説と用語群における分類を示す記号およびほかの3か国語での表記を付す。巻末に原書初版(1977)と改訂版の用語対照表(英文)があり、6年間の変化を示す資料となっている。
2910

心身障害教育と福祉の情報事典 心身障害教育・福祉研究会編 同文書院 1989.11 820p 20cm 4-8103-0015-3 5800円
心身障害教育、福祉に関する広範囲の項目を包括的、系統的に解説した事典。国内のみでなく、諸外国の最新情報をも収録している。配列は約1400の中項目見出しを五十音順、一部の項目末尾に参考文献を挙げる。巻末には全国特殊教育諸学校一覧、重症心身障害児施設一覧、海外の特殊教育関連機関リスト等を収録した60頁にのぼる付表と解説文中の語を含む和文索引、欧文索引がある。
2911

心身障害児教育・福祉・医療総合事典 大川原潔〔等〕編集 第一法規出版 1977.9 805p 22cm 5500円
障害児の教育、福祉、医療の各面を相互に関連させながら体系的に解説した便覧風の事典。第1部基礎知識、第2部実際、第3部資料の3部構成で、中心となる第2部は障害の種類別に細分されている。第3部には障害に関連のある主な疾患と医学用語を五十音順に解説したものおよび法令などを収録。索引はない。
2912

心身障害辞典 石部元雄〔ほか〕編集 福村出版 1983.6 387p 27cm 机上版 15000円
心身障害児教育を中心に心身障害に関する用語を精選、解説した用語辞典。用語は教育学、心理学、医学、福祉など、関連諸領域をも含め、約3000語を五十音順に配列する。巻末に解説文中の語を含む人名索引、事項索引、欧文索引を付す。1981年刊の普及版と同一内容。
2913

身体障害辞典 小池文英,林邦雄編集 岩崎学術出版社 1978.6 505p 22cm 監修:内山喜久雄 12000円
肢体不自由、病・虚弱などの身体障害にかかわる医療、教育、リハビリテーション、福祉について解説した専門事典。五十音順配列の中項目見出し432項目を77名の執筆者が署名入りで解説する。項目末尾に参考文献を挙げる。巻頭に領域別項目一覧、巻末に人名、和文、

欧文、図表一覧の各索引がある。　　　　　　　*2914*

知能障害事典　斉藤義夫，小林重雄編集　岩崎学術出版社　1978.3　484p 22cm　監修：内山喜久雄　12000円
知能障害関係の事項445項目を五十音順に配列した中項目主義の事典。意義、歴史、課題などの小見出しを用いて解説し、項目末に参考文献を付す。巻頭に領域別項目一覧、巻末に人名索引、和文索引、欧文索引、収録図表一覧がある。知能障害やその関連領域にかかわる福祉関係者、研究者、学生などへのハンドブック。姉妹編に『視覚聴覚障害事典』☞*2908*『身体障害事典』☞*2914*『言語障害事典』『情緒障害事典』☞*3767* がある。　　　　　　　　　　　　　　　　*2915*

特殊教育必携　第3次改訂　文部省特殊教育課特殊教育研究会編　第一法規出版　1990.7　1冊 19cm　4-474-04987-X　4500円
心身に障害を持つ児童、生徒の教育にかかわる法令、通達・通知、答申、統計資料などを収録したハンドブック。総則、学校教育、職業指導、児童福祉、統計資料の5章からなり、各章各事項ごとに簡単な解説を付す。索引はない。第2次改訂版（1987年刊）以降の最新の状況を反映している。初版は1977年刊。　*2916*

特殊教育用語辞典　新訂　大川原潔〔ほか〕編　第一法規出版 1982.1　446p 19cm　2800円
障害児教育にかかわる教育学、心理学、医学、社会福祉などの諸分野から、基本用語約1800を選んで、五十音順に配列し解説した用語辞典。人名はすべて割愛し、団体名や法令名も必要最小限しか収録していない。巻末には解説文中の語を含む事項索引、人名索引、欧文索引、障害別分類索引がある。初版は1969年刊。
　　　　　　　　　　　　　　　　　　　2917

発達障害指導事典　小出進〔ほか〕編　学習研究社 c1996.8　717p 27cm　医学項目監修：栗田広，原仁　4-05-400244-7　15000円
主として知的発達障害の教育、治療、訓練、相談、支援などの問題を総合的に解説した専門事典。自閉症や脳性まひなどは対象とするが、身体面のみの障害は含まない。約850の中項目を五十音順に配列。関連する人物、団体は巻末にまとめて掲載され、解説文中の語を含む欧文索引、五十音順索引がある。　*2918*

ハンディキャップ教育・福祉事典　1-2巻　石部元雄〔ほか〕編　福村出版 1994.9　2冊 22cm　各18000円
ハンディキャップについての正しい知見・情報を提供し、社会的自立のための支援事項を紹介する目的で編集された便覧風の専門事典。2巻からなり、第1巻「発達と教育・指導・生涯学習」では視覚、聴覚、言語、知能、運動など9の障害別に、乳児期から老年期までの各発達段階における主として教育面の課題を取り上げる。第2巻「自立と生活・福祉・文化」では医療、福祉、スポーツ、職業などとの障害とのかかわりを解説。各節末に参考文献を示し、両巻末に1、2巻共通の人名索引、事項索引を付す。　　　*2919*

保育者・教師のための障害児医学ケア相談事典　1-2　学習研究社　1991.2　2冊 26cm　監修：高松鶴吉，佐々木正美　全13000円
精神遅滞をはじめとする障害児の保育・教育実践の場で必要とされる医学知識や心得を解説した指導書。障害児保育・教育・療育の現場実践者450余名からのアンケートの回答内容を分類整理したもの。およそ半分をＱ＆Ａ形式にし、わかりやすいよう配慮。「病名別・症状別にみる医学ケア」「保育・教育活動の中の医学ケア」の2巻からなる。第2巻末に五十音順総索引がある。　　　　　　　　　　　　　*2920*

◆◆ 盲教育

図説盲教育史事典　鈴木力二編著　日本図書センター 1985.6　189p 27cm　5800円
有史以来1970年代までのわが国における視覚障害教育の歴史を、各種の貴重な史・資料に基づいて解説した専門事典。全体は、「古来の盲人および盲人制度」「わが国盲教育の成立」「点字」「盲教育の教具など」「盲教育文献」など10部からなり、著者が個人的に収集した多数の写真を掲載しているのが特徴。巻末に人名索引、事項索引がある。1960年に『日本盲教育写真史』（私家版）として刊行されたものの改訂増補再刊。
　　　　　　　　　　　　　　　　　　　2921

◆◆ 点字

最新点字表記辞典　「最新点字表記辞典」編集委員会編　日本盲人福祉研究会 1991.4　288p 22cm　発売：博文館新社　2400円
点字を速く正確に書くことを目的とした辞典。難しいとされる分かち書き、かなづかい、数字の扱いの標準的な表記方法を具体的な用例で示す。約6600の見出し語を五十音順に配列し、ひらがな表記、漢字表記、カタカナによる点字表記（マスあけを含む）を記載。点字の基本知識を習得ずみの点訳ボランティアを対象としている。索引はない。点字版がある。1998年3月に増補改訂版が刊行された。　　　　　　　*2922*

◆◆手話

日本語−手話辞典 日本手話研究所編 全国ろうあ連盟出版局 1997.6 16,2206p 22cm 4-915675-51-3 18500円

用例による日本最大の手話事典。収録語彙数約4800、五十音順配列の見出し語数8320。音声語と手話を1対1で対照する従来の手法をとらず、「名前を呼ぶ」「食事に呼ぶ（招く）」などの用例を見出し語に立てて、1語に複数の手話表現が対応することを示す。1頁に4用例を収め、1用例は2コマのイラストを用いて説明。巻末の手話イラスト名索引により、同一の手話表現を用いる語を引くことが可能。ほかに、日本語語彙索引、指文字一覧（五十音と数字の表現）を付す。
2923

四ケ国手話辞典 Hong Kong・Taiwan・Japan・Malaysia 〔1〕−2 〔大阪〕大阪YMCA 1984−1989 2冊 26cm

日本、香港、台湾、マレーシア4か国語対照の体系的手話辞典。1、2巻とも代名詞・疑問詞、家庭・親類、家庭用具、飲食など21の分野に分かれ、1頁に4段4か国、3列3語、合計12のイラストを収める。収録語彙数は第1巻が基本単語550語、第2巻が日常会話用語約360語と23の文章。第2巻末に英文の見出し語をアルファベット順に配列した1、2巻共通の索引がある。聴覚障害青少年国際キャンプのために香港中華YMCAが作成した香港、台湾、日本の対訳手話辞典『聾人手語』（1979年刊）をもとに、英語（マレーシア語と同じ）の手話を加えて編集された。
2924

◆社会教育

社会教育者事典 増補版 成田久四郎編著 日本図書センター 1989.9 592p 22cm 4-8205-5284-8 5974円

江戸末期から現代までに活躍した社会教育者120名の生涯とその業績を小評伝風にまとめた事典。収録人物を、関連性による全13群に分け、1名ずつ顔写真、参考文献を添えて解説。巻末に1868−1989年の社会教育年表と掲載人物の人名索引を付す。著者が田沢義鋪記念会の機関誌『記念会通信』に1971年から10年余にわたり連載した「かつての社会教育者群像」をまとめた初版（1983年刊）に15名を追加したもの。
2925

社会教育・生涯学習ハンドブック 新版 社会教育推進全国協議会編 エイデル研究所 1995.11 720p 20cm 4-87168-215-3 3800円

社会教育にかかわる法令、通達、統計資料などを集めた資料集。国の法令や各種審議会の答申とともに、地方自治体の条例、規則、要綱および民間の事例なども収録する。「生涯学習をきずく社会教育」「社会教育・生涯学習の制度と課題」「生涯学習時代の社会教育実践と運動」「社会教育基本統計・団体一覧・社会教育年表」の4編からなり、中心となる第2編11項目、第3編17項目では、各項目ごとに解説を付す。巻末に五十音順の総索引がある。1979年発行の初版『社会教育ハンドブック』以来4回目の改訂版にあたる。
2926

社会教育・生涯教育関係文献目録集 〔1〕−2 国立教育会館社会教育研修所編 日常出版 1990−1994 2冊 27cm 全33000円

社会教育に関する文献を網羅的に集めた書誌。国立社会教育研修所発行の『社会教育・生涯教育関係文献目録』（年刊）の累積版にあたる。第1巻には1984−1988年発行の約7000点を、第2巻には1989−1992年発行の約8000点を収録。全体の構成は発行機関別で、中心となる「単行本、雑誌・紀要等の論文・記事」の部のみ、社会教育学・社会教育論から家庭教育・その他まで9部門に分類され、単行本と論文・記事の別に刊年順に配列されている。ほかに「社会教育・生涯教育団体」「中央官庁」「国立教育会館社会教育研修所および国立の社会教育施設」「都道府県・指定都市教育委員会」「都道府県立の社会教育・生涯教育センター等」「市区町村教育委員会」それぞれの刊行資料の部があり、同研修所が所蔵する灰色文献を多く含んでいるのが特徴。索引はない。なお、1993年以降の文献は年刊版を参照。
2927

社会教育調査報告書 昭和30年度− 文部省大臣官房調査統計企画課 1956− 3年毎刊 26cm 指定統計第83号

社会教育行政上の基礎資料を得る目的で文部省が3年ごとに行う調査の報告書。調査の種類は社会教育行政調査、公民館調査、図書館調査、博物館調査、青少年教育施設調査、婦人教育施設調査、社会体育施設調査、博物館類似施設調査、民間体育施設調査、文化会館調査、生涯学習・社会教育関係法人調査、カルチャーセンター調査、生涯学習関連事業調査の13種。主な調査事項は、職員、施設、設備、事業の実施、利用、ボランティア活動状況などである。昭和30年度より刊行され、その後3−5年ごとに継続刊行されている。解題は平成8年度による。
2928

生涯学習事典 増補版 日本生涯教育学会編 東京書籍 1992.6 637p 22cm 4-487-73211-5 6500円

生涯学習を多角的に取り上げた便覧。「生涯学習関係の諸原理」「学習要求と学習行動」「生涯学習と家庭教

育・地域の教育」など18章からなる。最終章は答申、勧告などを収録した資料編。説明文は具体的事例を紹介し、定義、意義、動向、参考文献などの小見出しを立て、項目ごとに改頁する。巻頭に五十音順収録項目一覧を掲げ、巻末に事項索引、人名索引、略号索引を付す。　　　　　　　　　　　　　　　　　　2929

生涯学習・社会教育行政必携　平成2年版-　文部省内生涯学習・社会教育行政研究会編　第一法規出版　1989-　隔年刊　22cm
生涯学習・社会教育関係諸法令のほか、生涯学習・社会教育関係者の日常業務に必要な通達、通知、答申、建議、補助金、委託費交付要綱などを掲載した法令集。1962年『社会教育必携』として創刊し、昭和48年版より『社会教育行政必携』と名称を改め、平成2年版以降、表記のタイトルとなった。　　　　　　　2930

新社会教育事典　伊藤俊夫〔ほか〕編　第一法規出版　1983.12　618p　27cm　7500円
社会教育のあり方の構造的・体系的解明を試みた専門事典。理論と実践的諸課題の2部に分かれ、社会教育の歴史、諸外国の状況、社会教育の評価など15章をさらに細分。120名の執筆者が署名入りで解説する。資料として審議会答申など9編を収録。巻末に五十音順の総索引がある。　　　　　　　　　　　　　2931

◆◆青少年・婦人教育

青少年教育資料年報　1:1991(平成3年)-　国立オリンピック記念青少年総合センター〔編〕国立オリンピック記念青少年総合センター　1993-　年刊
青少年教育関係の目録。第5巻（1995年刊）では、関係省庁、青少年教育施設、学会など1156機関を対象に調査・収集した資料を中心に665件の文献を収録。収録対象にはビデオテープ、カセットテープ、16ミリフィルムを含む。配列は同センターの資料登録番号順。巻頭に五十音順配列のキーワード索引、資料名索引がある。　　　　　　　　　　　　　　　　　2932

青少年問題に関する文献集　第10巻(1978.4-1979.3)-　総理府青少年対策本部　1980-　年刊　26cm
青少年問題を主題とした文献の目録。国内で刊行された単行書と定期刊行物の掲載記事を収録。配列は家庭や社会などの各領域ごとの分類順で、各文献に要旨を付す。第27巻（1995.4-1996.3）には約1300件の文献を収録。巻頭に分類体系順のカテゴリーリスト、巻末にカテゴリー順のキーワード索引と五十音順の論文名索引を付す。『青少年問題に関する文献抄録集』（1971-1979年刊）と『青少年問題に関する文献目録』（1971-1979年刊）が合併改題し、第10巻より現誌名となる。　　　　　　　　　　　　　　　　　　2933

青少年問題用語小辞典　青少年問題研究会編　京都　同朋舎出版　1979.12　353p　19cm　1900円
青少年問題にかかわる官庁・機関の間で用語の意味の違いがあることに対処し、執務上の参考図書および現場関係者の手引書として編集された辞典。組織間で意味が不統一な用語については組織別に掲出して説明し、項目末尾に組織名を示す。付録に「各種法令による青少年の年齢区分一覧」がある。巻末に事項索引があるが、実態は見出し項目のみを並べた目次。　2934

婦人教育行政年表　文部省社会教育局　1977.11　36p　26cm
1945-1977年度までの婦人教育振興にかかわる行政事務を簡潔にまとめた年表。記載項目は、主要事務、主な作成資料、新規予算等、関連事項の4項目。巻末に、1953-1977年度までの「年次別婦人教育及び家庭教育に関する予算の推移」を収める。索引はない。　2935

風俗習慣、民俗学、民族学

◆民俗学

【書誌】

史料館所蔵民族資料図版目録　第1-5巻　文部省史料館　1967-1972　5冊　27cm
史料館で整理を終えた所蔵資料の1点ごとに形状を写真で示し、収集番号、所用地、採集者、形状、用途などを摘記したもの。資料の配列は形態別・地域別の原則に従う。5巻からなり、1-3巻は日本編（生活用具1-3）で縄、鎌、籠、笊、下駄などを収録し、巻末に呼称索引と所用地・収集地名索引を付す。4巻は日本編（商工関係用具1）で算盤、秤、菓子型などを収録し、索引はない。5巻は日本編（生活用具4）で笠、草履などを収録し、巻末に索引として所用地一覧

表がある。　　　　　　　　　　　　　　　　2936

日本民俗学文献総目録　日本民俗学会編　弘文堂　1980.5
　1467p　27cm　20000円
明治から1975年までに発表された図書、論文、調査報告、雑誌、学会レジメ、書評、書誌紹介など、新聞記事と辞典項目を除く和文文献を収録。総論、社会組織、通過儀礼、衣食住、生業、年中行事、信仰、芸能、口承文芸、民俗誌の10項目に分類している。原則として編著者の五十音順に記述され、民俗誌の項のみ地域ごとに分けての著者名順。巻頭に難読著者名一覧、柳田国男・折口信夫・中山太郎筆名一覧があり、付録として、民俗学関係定期刊行物一覧、民俗学関係著作集内容一覧がある。柳田国男と折口信夫両氏の文献に限り、当該文献が『定本柳田国男集』または『折口信夫全集』に収録されている場合、文献データ末尾にその巻数を示している。索引はない。　　　　　　　　　　2937

民俗学関係雑誌文献総覧　竹田旦編　国書刊行会　1978.12
　803,101p　27cm　18800円
民俗学関係諸雑誌241誌の目次総覧。民俗学専門誌はもとより民族学（文化人類学、社会人類学）、民具学、風俗史学、方言学など隣接諸科学の雑誌、さらに郷土研究総合誌を含む。誌名を五十音順に配列し、各巻号ごとの内容を記述。専門誌の論文・報告はすべて採録しているが、ほかの雑誌については民俗研究に参考になるものに限っている。採録期限は1976年12月刊行までだが、若干は1977年1月以降も含む。巻末に五十音順の著者索引がある。　　　　　　　　　2938

民俗学文献解題　宮田登〔ほか〕編集　名著出版　1980.2
　519,66p　22cm　5900円
明治時代から1976年までに刊行された日本民俗学の重要な著書・論文（雑誌、単行本所収）および報告書と、民俗学に影響を与えた隣接諸科学の文献を加えて収録し、そのほとんどに解説を加えている。巻末に五十音順の書名索引と著者索引を付す。　　　　　2939

柳田国男著作・研究文献目録　柳田国男研究会編　川崎　日本地名研究所　1982.5　46p　21cm　500円
柳田国男の著作と柳田国男に関する研究文献の目録。著作のほとんどを掲載する『定本柳田国男集』と『新編柳田国男集』の全巻の目次を収め、文庫本掲載分については書名と文庫名、解説者を記載している。研究文献は単行本と雑誌特集を収録。索引はない。　2940

【辞典・事典】

菅江真澄民俗語彙　稲雄次編　岩田書院　1995.5　111p
　21cm　4-900697-26-5　1957円

江戸後期の民俗学者、菅江真澄（1754-1829年）の『菅江真澄全集』第1-12巻（未来社、1971-1981）から、幕末期の東北地方で使われていた民俗語彙約500を採録し、五十音順に配列し解説したもの。見出し語はカタカナ表記で漢字の補記がある。巻末に「菅江真澄年譜（1754-1829）」を掲載。『秋田論叢』第11号（1995年刊）の再録。索引はない。
　　　　　　　　　　　　　　　　　　　　　2941

綜合日本民俗語彙　第1-5巻　民俗学研究所編　平凡社
　1955-1956　5冊　26cm　柳田国男監修
明治以降に採集報告された民俗語彙を整理し、五十音順にまとめた事典。各項目に分類部門を示し、挿し絵、写真、引用文なども収録する。全5巻からなり、第5巻は総索引で、五十音順索引と部門別索引を収め、巻末に引用文献目録（単行書・叢書・雑誌）を付す。柳田国男らの『分類民俗語彙』☞2948 の中の語彙の多くを取り入れており、調査もゆきとどいていて信頼できる。　　　　　　　　　　　　　　　　2942

日本風俗史事典　日本風俗史学会編　弘文堂　1979.2　812,
　43p　27cm　13800円
古来の有識故実から身近な風俗に至る2000余の見出し項目を総説、服装、食事と食品など23項目に分類し解説した事典。配列は五十音順。必要に応じ各項目末に参考文献を付す。付録には、干支表、方位、時刻表のほか、髪型図、住居図などの諸図表があり、巻末に五十音順索引を添える。日本人の生活文化を知る基本文献である。1994年に、本文は同じだが各種付録を省略した縮刷版が刊行された。　　　　　　2943

日本民俗語大辞典　石上堅著　桜楓社　1983.4　1432p
　27cm　4-273-00981-1　22000円
昔から伝えられ、信仰、慣行、習俗、芸能、観念などの中で育ち活躍することばを民俗語（生活伝承語）と名づけて解説した辞典。見出し語は現代かなづかいの五十音順に配列。「豊富な実例によって比較吟味・分析綜合し」てある。索引はない。　　　　　　2944

日本民俗事典　大塚民俗学会編　弘文堂　1972　862p　22cm
　4800円
民間伝承の各領域で対象とされる民俗事象を約2400項目取り上げ、五十音順に配列して解説した小項目主義の事典。各項目末尾に主要参考文献をあげる。巻頭に主題別の項目分類目次があり、巻末には項目名、事項、人名および民俗語彙を含む五十音順の各索引がある。柳田国男以降の民俗学の発展を集積したもの。1994年に縮刷版が刊行された。　　　　　　　　2945

日本民俗文化財事典　祝宮静〔ほか〕編集　第一法規出版
　1979.3　430p　27cm　監修：文化庁文化財保護部

4300円

文化財保護法にいう有形・無形の民俗文化財について写真入りで解説した大項目主義の事典。衣食住、生産・生業、交通・運輸・通信、交易、社会生活、信仰、民俗知識、民俗芸能・競技・遊戯、人生儀礼、年中行事、口頭伝承の11章に大別し、さらに細分して解説。付録に重要有形・無形民俗文化財指定基準、記録作成などの措置を構ずべき無形の民俗文化財の選択基準、重要有形・無形民俗文化財一覧、および記録作成などを構ずべき無形の民俗文化財一覧がある。巻末に五十音順索引あり。『日本民俗資料事典』(1969年刊)の改題。　　　　　　　　　　　　　　　　　　2946

風俗辞典　森末義彰，日野西資孝編　東京堂　1957　830p　19cm　坂本太郎監修

日本の原始時代から近代に至る衣食住などの風俗を中心とし、広く社会生活の諸相に関する1400項目を五十音順に配列、解説した中項目主義の事典。図版が多い。巻頭に服装、結髪、飲食、住居など18部門に分類した全項目の分類表が、巻末には五十音順の事項索引がある。付録に主要年中行事一覧(平安時代から江戸時代まで)、著名祭祀暦、重ねの色目表、物の考え方、武芸略系図がある。　　　　　　　　　　　　　　2947

分類民俗語彙　柳田国男〔等〕著　国書刊行会　1975　12冊　19cm　復刻

柳田国男を中心とするグループが民俗資料総合の手段として全国各地で民間の生活伝承をあらたに採集したり、従来の資料を分類・整理してまとめた分類語彙集のうち、12冊を復刻したもの。語彙を分類して解説し、五十音順の索引を付してある。各冊の原本は次のとおりである。

　居住習俗語彙　柳田国男　山口貞夫　民間伝承の会　1939
　禁忌習俗語彙　柳田国男　国学院大学方言研究会　1938
　婚姻習俗語彙　柳田国男　大間知篤三　民間伝承の会　1937
　歳時習俗語彙　柳田国男　民間伝承の会　1939
　産育習俗語彙　柳田国男　橋浦泰雄　愛育会　1935
　葬送習俗語彙　柳田国男　民間伝承の会　1937
　族制語彙　柳田国男　日本法理研究会　1943
　服装習俗語彙　柳田国男　民間伝承の会　1938
　分類漁村語彙　柳田国男　倉田一郎　民間伝承の会　1938
　分類山村語彙　柳田国男　倉田一郎　長野　信濃教育会　1941
　分類農村語彙　増補　柳田国男　長野　信濃教育会　1947－48　初版(1937年刊、417p)の増補版。上、下2冊

柳田国男らの分類民俗語彙集のうち、今回復刻されなかったものに次のものがある。

　分類児童語彙　上　柳田国男　東京堂　1949
　分類祭祀習俗語彙　柳田国男　角川書店　1963
　分類食物習俗語彙　柳田国男　国学院大学日本文化研究所　角川書店　1974

次の2書も柳田国男の監修によるもので同系統に属する。

　日本昔話名彙　日本放送協会　日本放送出版協会　1948
　日本伝説名彙　日本放送協会　日本放送出版協会　1950
　　　　　　　　　　　　　　　　　　　　　　　2948

民俗学辞典　63版　民俗学研究所編　東京堂　1998　714p　図版12p　表　19cm

日本民俗学の総合的概観を記すとともに、その重要な事項を網羅し説明した日本の民俗・習俗事典。中項目中心の五十音順配列。巻頭に分類項目表があり体系的検索ができるようにするとともに写真版12頁、分布図4葉を付す。巻末には五十音順事項索引がある。初版は1951年刊。なお、戦前の民俗学事典として『日本民俗学辞典』(中山太郎、昭和書房、1933－1935、2冊)がある。　　　　　　　　　　　　　　　　　　2949

民俗の事典　大間知篤三〔等〕編　岩崎美術社　1972　487，62p　19cm

日本民俗学の研究入門事典。研究範囲を20の分野に分けて各50項目をとりあげ、民俗語彙を中心とした「読む事典」の形式をとる。項目の配列は五十音順によらず、互いに関係のあるものを並べて通読できるようになっている。巻末に、1970年までに刊行された民俗学関係図書を、基本文献と地方別文献とに分けて約1300点紹介するほか、分布図3枚、国指定重要民俗芸能一覧、国指定重要民俗資料一覧、全国民俗関係学会・研究会一覧、民族関係博物館一覧、五十音順索引がある。　　　　　　　　　　　　　　　　　　　2950

【便覧】

民俗研究ハンドブック　上野和男〔ほか〕編　吉川弘文館　1978.8　307p　19cm　1500円

民俗学研究の諸分野における柳田国男の業績と、それ以降の研究成果の回顧と展望を行ったもの。4章からなり、1章は民俗学の意義と目的、2章は日本民俗学方法論、3章は民俗学研究の諸分野(村落組織など14項目を含む)、4章は民俗学の課題(民具論など5項目を含む)。著書・雑誌論文による具体的な研究成果は各項目末に参考文献として一括掲示している。巻末に五十音順の事項索引と人名索引がある。『民俗調査ハンドブック』☞2954の姉妹編。　　　　　　2951

民俗資料調査収集の手びき　文化財保護委員会事務局記
　　念物課　1965　133p　18cm

文化財保護法にいう「民俗資料」の調査、収集、保護に資するために作成された小型の簡便なハンドブック。第1章で民俗資料の定義と保護の必要性を、第2章に有形・無形の民俗資料の分類表を、第3章に調査収集の要領の解説を記載する。巻末に参考書の解題がある。索引はない。
2952

民俗調査研究の基礎資料　有精堂出版　1982.3　385p
　　19cm　（講座日本の民俗　別巻）　4500円

民俗調査に必要な各種資料を収録した資料集。3部からなる。「民俗調査要項サンプル」は、これまでの民俗調査で使われた調査項目、要領を例示。「民俗関係文献目録」は全体の約半分を占め、1979年までに刊行された日本の民俗学に関する和文の単行書、パンフレットを分野別、地域別に大別して収録する。索引はない。「民俗調査参考資料」は、仏像の種子、民家の構造図、昔話型対照表、国指定民俗文化財一覧、民俗関係博物館・資料館一覧、民俗関係団体一覧からなる。巻頭に解説「民俗調査の回顧と展望」がある。索引はない。
2953

民俗調査ハンドブック　新版　上野和男〔ほか〕編　吉川
　　弘文館　1987.7　332p　19cm　4-642-07268-3　1800
　　円

民俗調査に当たって調査地に携行し、必要な事項を参照、利用するために編集されたもの。巻末には民俗調査文献目録解題、民俗調査参考資料として変体仮名・くずし字・略体字・異体字一覧、民俗調査参考年表などがある。五十音順索引を付す。初版は1974年刊。
2954

【図録・地図】

日本民俗図録　民俗学研究所編　朝日新聞社　1955　図版
　　168p　解説148p　26cm

日本の伝統的な民俗の写真集。民俗の変遷と地方差が一目でわかるよう配列している。掲載写真は昭和初頭からのもの。図版のあとに日本の民俗についての解説と図版解説がある。巻頭に図版目次、巻末に五十音順の事項索引がある。
2955

日本民俗地図　1－10〔続刊中〕　文化庁〔編〕　文化庁
　　1969－2000　20冊（解説書とも）27cm

文化財保護委員会が1962年度から1964年度に至る3か年にわたり全国46都道府県で実施した「民俗資料緊急調査」から重要な項目を選んで分布図とその解説編を作成したもの。全10集。各集ともテーマごとに分布図と解説編の2冊からなる。解説編は巻頭25頁前後にわたる関連写真掲載のあと関連事項を都道府県、地区別に解説。全国の民俗資料の趨勢を概観できる便利な資料である。各集とも索引はない。
2956

民俗地名語彙事典　上・下　三一書房　1994　2冊　23cm
　　（日本民俗文化資料集成　第13－14巻）　民俗と地名
　　1－2　4-380-94527-8　全22680円

民俗と地名に関わる民俗語を集大成したもの。配列は地名語の五十音順。各語の末尾には引用書目名が明記されている。巻末には、引用された単行書、叢書、雑誌の一覧がある。民俗学の草分けの一人、松永美吉が50余年を費して著した労作『地形名とその周辺の語彙』（1989年刊）に増補したもの。索引はない。
2957

◆風俗史

【索引】

絵巻物による日本常民生活絵引　新版　渋沢敬三，神奈川
　　大学日本常民文化研究所編　平凡社　1984.8　6冊（別
　　冊とも）27cm　別冊（85p 26cm）：総索引　4-582-
　　48500-6　全24000円

絵巻物の中にある常民生活の絵の索引で、必要な絵をことばから検索するためのもの。平安・鎌倉時代中心に、絵巻物26巻から常民の生活を描いた絵、または、それに関係する絵を選び、各絵巻ごとに主題に分類配列して、各絵に番号・名称・解説を与え、さらに絵の各部分に番号・名称を与えている。各絵巻の前に、巻数、成立年代、筆者、内容などについての解説がある。各巻末には分類順主題索引があり、絵と絵の部分の名称から引ける。別巻として五十音順総索引がある。1964－1968年角川書店発行の新版。
2958

【辞典・事典】

江戸庶民風俗絵典　改訂新版　三谷一馬著　三崎書房　1973
　　2冊（別冊解説書共）19×27cm（別冊:26cm）　箱入　6000
　　円

文化・文政年間以降の江戸庶民の風俗を示す絵を、黄表紙、読本など当時の資料から集め、著者が模写してまとめたもの。行事、人事、住、道具、男の風俗、女の風俗、食、商売、職、旅、廓、見せ物に分けて多数を収載。巻頭目次に絵の標題を示す。「別冊解説書」では「絵典」と同じ配列で各絵図を解説し、出典を付している。巻末に「絵典出典及び参考書目録」と五十音順索引がある。1970年の初版の誤字、誤写などを訂正したもの。
2959

江戸生活事典 三田村鳶魚著 稲垣史生編 青蛙房 1959 541p 19cm

江戸時代の風俗・史実・文学研究家、三田村鳶魚（1870-1952）が著した随筆、評論、輪講の内容すべてを項目別に体系化し、事典形式にまとめたもの。江戸の主要な生活事象を、旅と飛脚、財政経済の実際、火消し制度、僧と庶民、やくざと非人、女人、風俗一般などの項目に分けて解説している。付録に出典一覧、江戸時代通貨表、江戸風俗年表、江戸生活時刻表があり、巻末に五十音順の事項索引を付す。『武家事典』（青蛙房、1958）の続編。　　　　　　　　　　　2960

沖縄文化史辞典 真栄田義見，三隅治雄，源武雄編 東京堂出版 1972　572p 図 19cm　監修：琉球政府文化財保護委員会　2000円

沖縄の生活文化に関する諸相を歴史的、民俗的に概観するために主要事項を選び解説した事典。本文は五十音順で関連事項を挿図を多用して解説。冒頭に沖縄民俗、島々の風土と歴史を総括的に解説した「沖縄文化史概説」をおく。付録は官制表、生産暦（米・麦・大豆・甘藷の播種・植付・刈入・収穫の時期を掲載）、旧暦の年中行事一覧表、まつり一覧表、指定文化財一覧表、地名総覧のほか、史料、単行本、雑誌論文を年代順に収録した41頁の文献目録および文化史年表で構成。巻頭に分類項目表、巻末に五十音順索引がある。
　　　　　　　　　　　　　　　　　　　　　2961

近世風俗事典 人物往来社 1967　935,208,21p 23cm　監修者：江馬務，西岡虎之助，浜田義一郎　9000円

江戸時代末期の天保・嘉永年間の江戸・大阪の市井風俗の見聞録・風俗史的考証研究書として価値の高い、喜多川守貞の『守貞漫稿』別名『類聚近世風俗志』を底本とし、現代語に訳して使いやすい事典形式にまとめたもの。服装、飲食、住居、調度、年中行事、交通、社会・経済、娼家、遊戯・娯楽、結髪・化粧の10部門を約2000項目に分類し、中小の見出しをつけて解説している。原著の挿図1700枚はすべて収録。巻頭の総目次と巻末の五十音順総索引によって利用の便をはかっている。巻末付録に山東京伝の『四季交加（しきのゆきかい）』ほか6点の江戸風俗絵が復刻されている。
　　　　　　　　　　　　　　　　　　　　　2962

時代風俗考証事典 林美一著 河出書房新社 1993.8　705, 33p 20cm　新装版　4-309-22252-8　4000円

主として江戸風俗について、映画やテレビなどの映像文化を対象として考証した短文をまとめ、事典としたもの。戦国時代や平安時代の風俗も一部含む。図版や写真を豊富に挿入して解説している。著者がドラマの時代考証の仕事を始めてから『放送朝日』誌に1968年5月から1975年12月にかけて連載した原稿を補筆編集。第1部は発表年代順、第2部は関連事項を39章にまとめている。巻末に約2500項目の五十音順の主要事項索引がある。元本は1977年刊。　　　　　2963

日本を知る事典 編集委員：大島建彦〔等〕社会思想社 1971　1005,51p 図16枚 27cm　4-390-60098-2　5500円

日本の伝統的な生活、慣習、ものの見方、考え方などを12章に分け、各章ごとに大項目を設定、必要に応じて中項目、小項目も設けた体系的な「読む事典」の形をとる日本に関する民俗事典。写真や図版を多数取り入れている。巻末の五十音順索引（全54頁）を引けば小項目事典としても利用できる。　　2964

歴史考証事典〔第1〕-第7集 稲垣史生著 新人物往来社 1974-1993　7冊 20cm　1500-2800円

読み物的性格の強い事典。全7集からなる。江戸時代を中心に、古代からの各時代の武家、制度、武術、庶民、風俗などを説明している。第1集以外は巻末に五十音順索引がある。『時代考証事典』の記事との重複部分もある。　　　　　　　　　　　　　　　2965

◆◆外国の風俗

アメリカ風俗・慣習・伝統事典 タッド・トレジャ著 北村弘文訳 北星堂書店 1992.3　335p 19cm　『Curious customs』の翻訳　4-590-00903-X　2300円

アメリカ人にとっては当たり前でも他国人にはそう受け取れない社会慣習や生活習慣を約300項目収録。エチケット、身振りと態度、一生の儀礼、休日、迷信などに分け、歴史や由来を説明する。巻末に五十音順の見出し索引がある。　　　　　　　　　　　2966

イギリス祭事・民俗事典 チャールズ・カイトリー著 渋谷勉訳 大修館書店 1992.10　453p 23cm　『The customs and ceremonies of Britain』の翻訳　4-469-04117-3　5665円

イギリス各地に古くから伝わる伝統的な祭りや行事を、約200項目豊富な写真や図版を添えて詳細に解説する。配列はアルファベット順。巻末に「イギリスの祝祭日と年中行事暦」「地域別年中行事一覧表」および五十音順の訳語索引がある。　　　2967

韓国の行事と儀式の仕方 任東権〔ほか〕共著 崔達俊編訳 国書刊行会 1988.12　260p 20cm　『韓国風俗誌』（ソウル　乙酉文化社）の翻訳　1800円

韓国の歳時風俗、伝承遊戯、娯楽、民間信仰、通過儀礼を容易に理解できる資料。4編からなり、いずれもおもしろく通俗的に書かれている。「歳時風俗」は、

国内の祭りや風俗を月別に掲載する。「伝承遊戯並びに娯楽」はユンノリや凧揚げなど22項目を収載。「民間信仰」は、敬神儀礼、部落祭り、巫俗、神話、民話、祖先崇拝などを記述。「通過儀礼」は、懐胎から還暦まで、冠礼、婚礼、葬礼、祭礼について解説する。索引はない。
2968

✥服飾史

【書誌】

文化女子大学図書館所蔵西洋服飾関係欧文文献解題・目録　正・続　文化女子大学図書館　1980-1990　2冊　27cm　開館30・40周年記念　非売品
1989年末までに同館が受け入れた、衣服・裁縫、手芸、染色、文様、民俗などの資料で自然科学系を除くものの目録。正編には1979年までの約1900点、続編には1980-1989年の約2700点の図書・雑誌を含む。各編とも解題、目録、索引よりなる。解題編には特色あるもの、古典的・基本的なものを、図版を添えて正編110点、続編42点掲載。目録編は主題別に分類し、刊年順に配列する。索引編は書名索引、著者索引からなる。
2969

文化女子大学図書館所蔵服飾関係邦文文献目録　文化女子大学図書館編　文化女子大学図書館　1985.3　12,501p　27cm
明治以降1983年末までの服飾関係書を中心に手芸、文様、色彩、風俗、民俗、民族、家政学関係書を含め、自然科学などを除く約7500タイトルを収載。目録・索引・事典・辞典、服装概論、服装史など13項目の分類目録。和訳書については所蔵の原書または他国語訳書を注記。『文化女子大学図書館所蔵西洋服飾関係欧文文献解題・目録』☞2969の姉妹版。
2970

【辞典・事典】

絵による服飾百科事典　ルドミラ・キバロバー，オルガ・ヘルベノバー，ミレナ・ラマロバー共著　丹野郁，原田二郎，池田孝江共訳　岩崎美術社　1971　603p(おもに図)　23cm　3800円
服飾研究者などを対象として、995点の図版を中心に西欧の服飾の歴史を解説する。3部からなり、「服飾史序章」に続く「服飾4000年史」は、古代エジプトから1960年代までを28の期間に分けて解説。「服飾の部分解説」はヘアスタイルやひげ、袖、下着、紳士服など21部門の関連用語を解説する。図版は名画や彫刻、遺品などから集めて解説を付す。巻末に「図説解説中の人名索引」と事項索引がある。いずれも五十音順配列。原書はドイツ語で、本書はその英訳本からの和訳。
2971

世界服飾文化史辞典　河鰭実英，野村久康，佐藤潔人編　東京堂出版　1973　253p　図　22cm　2500円
服飾を文化現象としてとらえる立場から、歴史的・地理的分類に基づく文化事項を大項目に、服飾用語を小項目にとって解説している。大項目では、たとえばイタリアルネサンスの服飾文化を、歴史的分類の「ルネサンス」でも地理的分類の「イタリア」でも知ることができる。小項目は服飾に関する名称の羅列ではなく、引くことで大項目の文化史的視点を把握できるようになっている。項目は概して原語主義だが、古代は慣例的にギリシャ語読みが中心。近世以後は、ほかの書物を参考にする便宜から英語読みが比較的多い。配列は五十音順。美術史上の重要作品を図版として多数取り入れている。巻末に五十音順索引がある。
2972

総合服飾史事典　丹野郁編　雄山閣出版　1980.10　460p　22cm　4000円
西洋と、日本を中心にした東洋における服飾文化の変遷過程と交流についての550項目を五十音順に配列、図版を添えて説明している。見出しは、日本のものはひらがなに漢字を、西洋のものはカタカナ読みに原綴、何語であるかを示す略語を付す。服飾関係独特の専門用語にはルビがふられて読みやすい。巻末に五十音順索引がある。
2973

日本服飾史辞典　河鰭実英編　東京堂出版　1969　318p　図版　19cm　1500円
日本の風俗、美術、文学、歴史の研究、理解に必要な服飾史関係の事典。古代から現代まで用いられた服飾の名称、沿革、用途、着装法などについて、写真、図版を豊富におりこみながら五十音順に解説する。巻末に全見出し語と、細分化された名称や用語の五十音順索引がある。付録として、女房装束重色目一覧、男女装束重袿色目一覧、有識文様集、一般文様集、結髪様式図などを収める。
2974

平安朝服飾百科辞典　あかね会編　講談社　1975　899p　図16枚　27cm　18000円
平安時代の文献・資料にあらわれた服飾関係語彙約5000項目を収集解説し、用例を網羅的に付したもの。文献・資料は文学作品、和歌のほか、漢文による日記などの記録類にわたる。採録項目は衣装、服飾、文様、色彩などの名称、称呼、状態の説明のほか、関連して用いられている表現語彙も含む。歴史的かなづかいによる五十音順配列。巻頭に32頁のカラー、単色による

参考図版があるが、本文中には図版、挿図とも用いられていない。付録に一種の分類索引である「服飾の名称項目類別一覧」および「参考書目一覧」がある。
2975

【図録】

世界服飾文化史図鑑 アルベール・ラシネ原著 アイリーン・リベイロ編 国際服飾学会訳編 原書房 1991.8 320p 34cm 日本語版監修：丹野郁 4-562-02201-9 26000円
古代から19世紀末までのさまざまな国や民族の服飾文化を地理学、歴史学、人類学的な視点からとらえたもの。古代世界、19世紀の古代文明、ビザンチン帝国から19世紀までのヨーロッパ、1880年代の伝統的衣裳の4部門から構成されている。見開きの左頁が解説、右頁がカラー図版。1888年に6冊本として刊行された19世紀フランスの服飾史家ラシネの原著を再構成、編集したもの。巻末には五十音順の事項索引がある。
2976

中国諸民族服飾図鑑 上海戯劇学院<中国民族服飾>編集委員会編 曾朋卿訳 柏書房 1991.9 340p 33cm 監訳：徐耀庭 4-7601-0651-0 18500円
中国の56の民族の服飾品の起源や特色を簡潔に紹介したもの。民族ごとに、装用人物図、細部の説明図および分解図を収録し、刺繍、錦織り、ろう染め、プリント染めなどの精緻な技術を描写。一部は日常生活のスナップ写真（すべてカラー）も掲載している。図や写真は700点以上。上海戯劇学院の人物設計、服装設計教育研究の教師たちによる長年にわたる中国民族服飾文化研究の成果である。巻末に図・写真の一覧があるが、項目から引ける索引はない。
2977

日本の服装 上 歴世服装美術研究会編 吉川弘文館 1964 図版176p(解説共) 26cm
わが国の歴史的な服装を復元して実際に着用した写真とその解説を中心とした図鑑。上巻は中世までを収めるが、近世を収録予定の下巻は未刊。男装、女装、武装に分けて掲載している。織物、下着の類も復元し、既製の模造品のほか新調品もある。付録として本文を補う図版多数が付され、巻末には用語解説をかねた五十音順索引がある。
2978

服飾史図絵 服飾史図絵編集委員会編 大阪 駸々堂出版 1969 4冊(裂集,解説共) 37cm 限定版 箱入 85000円
日本の古代から明治までの重要な服飾品、武具類の実物または絵画を収めたカラー図集。99枚の別刷版と456頁のオフセット頁をあわせ、上下2冊の図集と121頁の別冊解説書、代表的な布地8点の複製品を収めた裂集とその解説からなっている。解説書は、日本服飾史序説ほかの概説とカラー図版の解説ならびに付図を掲載。巻末にはいずれも五十音順配列の事項索引、出典索引、人名索引がある。
2979

◆髪型・化粧史

化粧史文献資料年表 村沢博人，津田紀代編 ポーラ文化研究所 1979.12 318p 27cm（化粧文化シリーズ）付（別冊 41p 18cm）：化粧史関連文献資料の手引 5000円
記紀の時代から江戸時代末までの化粧に関する事項を掲載した国内の資料250冊から化粧史関連事項を抽出して注解を付し、成立年代順に並べた年表。参考として各頁下段に社会・文化史年表を添え、対照させている。別冊付録の小冊子「化粧史関連文献資料の手引」は本文の「化粧史文献資料年表」掲載資料の解題一覧である。索引はない。
2980

西洋髪型図鑑 リチャード・コーソン著 藤田順子訳 女性モード社 1976 592p 27cm 『Fashions in hair : the first 5000 years』の翻訳 10000円
時代を古代、古代ギリシャ時代、古代ローマ時代、中世紀、15-17世紀、18-20世紀（男性と女性に分けて）に区分し、それぞれの時代の髪型とその変遷史を豊富な図入りで紹介、説明している。17世紀以降についてはカツラの、また男性については顎髭の変遷などについても触れる。索引はない。
2981

西洋のヘア・ファッション 文献解題と目録 ポーラ文化研究所編 ポーラ文化研究所 1988.10 131p 26cm （ポーラ文化研究所コレクション 1） 監修：石山彰 4-938547-13-9 1500円
ポーラ文化研究所所蔵の洋書から選んだ約700冊の分類目録。解題編と目録編からなる。解題編は目録編の中からさらに資料的価値のあるもの42冊を収め、1点につき1頁を割き、図版を添えて詳細に解説している。両編とも分類はヘア、化粧、コスチュームの3つに大別。巻頭にはカラー図版が、巻末には書名索引と著者索引がある。
2982

◆飲食史

食の名言辞典 平野雅章〔ほか〕編著 東京書籍 1994.10

659p 22cm 4-487-73221-2　9500円
古今東西の食に関する名言を蒐集し、それが言われた状況、文化史的背景、類似する名言、また現代にどのような意義をもつかなどを解説する。巻末に人名、事項、出典の各索引がある。　　　　　　　　　　2983

食文化に関する文献目録　食の文化センター準備委員会　1981-　30cm　単行本/江戸期/第5版、　単行本/明治期/第5版、　単行本/大正期/第5版、　単行本/昭和期1（1926-1965）/第4版、　単行本/昭和期2（1966-1970）/第2版、　単行本/昭和期（1926-1965）/第3版/索引、　単行本/昭和期　食品学・調理学、単行本/中国大陸　清代以前/第2版、単行本/中国大陸　現代、　単行本/食物史・食生活/第4版、　単行本/辞典・用語集、学術論文/文化人類学/第2版、　学術論文/言語学・国語学、　学術論文/民俗学/第3版、　学術論文/史学/第2版、学術論文/財団刊行物、　学術論文/生活学/第2版、学術論文/経済学、　学術論文/食文化誌1　食の科学、　学術論文/食文化誌2/AjikoNews, Foodeum, VESTA, ニューフレーバー、　学術論文/地理学、学術論文/大学紀要/食物学・調理学・公衆栄養学、学術論文/日本調理科学会/第2版、　学術論文/日本風俗史学会/第3版、　情報源/国内　非営利団体、情報源/国内　定期刊行物、　情報源/海外　定期刊行物、　統計書・調査報告書、　統計書・調査報告書/解説、　味と匂のシンポジウム　コンピュータ編集版
江戸時代から現代に至る食文化に関する図書・論文の目録。単行本、学術論文、情報源の3部に分かれる。「単行本」の部は、国内刊行の和図書を江戸期から昭和期に時代別に区分して所蔵機関を示したもの7冊、中国大陸刊行のもの2冊、食文化史編1冊、辞典・用語集編1冊の全11冊からなる。他に南アジア、西アジアなど地域別に収録した暫定版7冊も刊行されている。「学術論文」の部は、収載誌を文化人類学、民俗学など主題別に13冊に分ける。「情報源」の部は、団体一覧、定期刊行物リスト、統計書・調査報告書目録など5冊からなる。各部とも、一部分を除き各巻末に索引を付す。解題は1997年12月末現在。　　　2984

図説江戸時代食生活事典　日本風俗史学会編　雄山閣出版　1978.7　413p 21cm 4-639-00907-0　4800円
近世のあらゆる生活場面における食文化、食風俗の諸相を約500項目に分類整理して解説した事典。配列は五十音順。各項目に料理・食品関係文献などの古典から実証例を引用し、理解が深められるようにしている。一部の項目には参考文献が記され、図版も豊富。巻頭には五十音順の総索引がある。　　　　　2985

たべもの日本史総覧　新人物往来社　1993.1　486p 21cm（歴史読本特別増刊）　1500円
生活に密着した「たべもの」を歴史的視野から眺めたもの。入門編、事典編、史料編、資料編からなり、入門編は食物の文化的、歴史的役割を解説する。事典編は穀物類、野菜類、果物・菓子類、魚介類、肉類、飲料、調味料の7部に分かれ、それぞれの主要な食品の由来、歴史、文化的役割、料理などについて説明。各部の終わりには関連用語をまとめて解説した用語事典がある。史料編は『風土記』『源氏物語』など20の古典の食物を解説。資料編は日本たべもの年表、食べもの関係参考文献、飲食関係ことわざ一覧、飲食関係川柳一覧、食関係団体一覧、全国郷土料理600（都道府県別）など。巻末に五十音順総索引がある。　　2986

中国食文化事典　木村春子〔ほか〕編著　角川書店　1988.3　569,36p　27cm　監修：中山時子　4-04-040300-2　14000円
中国の食文化について文化編、実践編に分けて解説した事典。文化編は、世界における中国の食文化、中国の食文化の開花、中国人の食体系、中国の食文化の民族的特色、中国とその周辺の食文化の5部に分かれ、各テーマに関する論考50編を収録する。実践編は、調理技術、下調理、本調理、盛り付け、調理器具、素材などの用語5000項目を解説している。付録に、食に関することば、中国における味覚表現、中国食文化文献解題、中国食文化略年表、参考文献（日本語と中国語）がある。巻末索引は、食文化用語、調理法、素材、嗜好品の5項目それぞれの五十音順配列。　　　2987

日本食生活史年表　西東秋男著　楽游書房　1983.1　211p 21cm 2000円
西暦元年から1981年まで年別、月別に日本人の食生活の歴史を年表形式でまとめたもの。1868年（明治元）以降は原則として1年を1頁に収める。巻末に歴史年表、事典・辞典類、通史、個別史、食料経済・食生活全般、世界の食生活史、新聞・雑誌、社史、統計書などの資料を掲載した主要参考文献全6頁がある。索引はない。　　　　　　　　　　　　　　　2988

◆民具

図録・民具入門事典　宮本馨太郎編　柏書房　1991.2　210, 5p 22cm 4-7601-0611-1　2600円
民具の典型と基礎知識を、写真を豊富に取り入れて解説した事典。巻末には民具研究略史、国指定重要民俗文化財一覧（資料の内容、解説、指定年、所有者、所

在地を掲載)、民具収蔵・展示施設一覧、事項索引がある。『図録・民具の基礎知識』(1977年刊) の増補・改訂版。
2989

日本民具辞典 日本民具学会編　ぎょうせい　1997.5
739p 27cm 4-324-03912-7 24000円
昔の生活用品である民具について、衣食住、生産、生業、交易、娯楽、信仰など幅広い分野から項目を抽出し、図版類を多数掲載して解説する。配列は五十音順で、見出しはひらがなによる表音見出しを原則とし、漢字による本見出しを併記。巻末に125頁にわたる五十音順索引が付されている。執筆者138名、日本民具学会が長年の研究成果を結集した日本初の民具辞典である。
2990

民具研究ハンドブック 岩井宏実〔ほか〕編　雄山閣出版
1985.11 332p 19cm 4-639-00530-X 2500円
全国の博物館や資料館に収集されている民具の収集、整理、調査研究に役立つ入門書。民具の概念、分類法、分布問題、地域研究、研究各分野の課題、調査の実際・手順、実測法・撮影法、民具誌や図録のまとめ方、民具研究の基本的文献などを掲載する。巻末の付録に「民具関係民俗分布図(全国)」一覧がある。索引はない。
2991

民具調査ハンドブック 岩井宏実〔ほか〕編　雄山閣出版
1985.11 316p 19cm 4-639-00531-8 2500円
民具調査の実際と手順、まとめ方、調査の具体例・収集と整理・保存方法・展示、教育と民具など、民具の収集・調査研究の現場で役立つ問題を説明している。巻末に重要有形民俗文化財一覧、資料館・博物館一覧、民具学関係研究団体一覧、民具研究文献目録・解題、民具映像目録、参考法令利用便覧などがある。索引はない。『民具研究ハンドブック』☞2991の姉妹編。
2992

◆生業

江戸の生業(なりわい)事典 渡辺信一郎著　東京堂出版
1997.5 xi,360p 23cm 4-490-10453-7 4410円
江戸の生業を当時の川柳、雑俳、世態風俗を鮮明に描いた絵などを引用して解説する。今では忘れられているものや想像もおよばないものなどを含め、店売り、職人、門乞いほか主に工商の生業約480種を収録。配列は五十音順。巻末に万句合・柳書・雑俳書刊行年譜がある。索引はない。
2993

図録・山漁村生活史事典 秋山高志〔ほか〕編　柏書房
1991.1 235p 26cm 新装版　普及版 4-7601-0623-5
2800円
林業、鉱業、漁業などを生業とする主に近世の庶民の生活ぶりを記述した図説。山漁村の支配の仕組み、生活・経済をはじめ底辺の民衆の実態を、古典や絵巻物から取り入れた絵を豊富に掲載し、技術的側面にも触れながら生活史的観点から解説している。巻末には参考資料として山村・漁村語彙、水産動植物一覧(『水産図解』1889より採録)、五十音順の図版索引がある。旧版は1981年刊行。『図録農民生活史事典』(1979年刊)の姉妹編。
2994

日本職人辞典 鈴木棠三編　東京堂出版　1985.10 359p
19cm 3500円
中世、近世のあらゆる生業、職業人の諸相を辞典の形で紹介したもの。中世に作られた歌合わせ、近世に数多く刊行された職人尽の狂歌、俳句、戦国時代末から近世初頭に描かれた職人尽屏風、絵巻などから300余の職種を選択。項目名の五十音順に配列し、写真や挿絵を豊富に取り入れて解説している。巻末には参考文献一覧、本文に取り上げなかった職人(業)約350種を掲載した書物名を番号で示した職人(業)一覧がある。
2995

◆子どもの生活

完全図解むかしあそび大事典 豊かな情操とたくましい体をつくる 東陽出版株式会社編集部編著　東陽出版
1985.9 319p 21cm 4-88593-114-2 3800円
昔なつかしい遊びや今ではすたれてしまった遊び1000種を選び、歴史や遊び方を挿絵を付して解説した図鑑。全体を、自然界の遊び、物を使う遊び、物を使わない遊び、鬼きめ・順番きめ遊び、鬼遊び、草花遊び、生きもの遊びの7つの大項目に分け、それらを55の中項目に分類している。索引はない。『ふるさとあそびの事典』☞2997の姉妹版。
2996

ふるさとあそびの事典 東陽出版　1976.2 296p 図版24p
27cm 執筆：菅原道彦ほか
輪まわし、竹馬などの子供の遊びについて、由来、歴史、遊び方などを、地方的な特色をあげつつ、図版を付して解説する。戸外のあそび、室内のあそび、自然とあそび、行事とあそびの4編よりなる。巻頭に遊び道具をカラー写真全24頁で紹介。巻末に参考文献一覧、五十音順索引がある。
2997

野外あそび事典 藤本浩之輔著 くもん出版 1994.8 311p 19cm（くもん選書）4-87576-949-0 1800円
子供の世界に昔から伝承されてきた野外の遊びを収載、記録した事典。遊びを55項目に分類、180種以上を掲載し解説している。社団法人青少年交友協会の機関誌『野外文化』56-121号（1982年2月-1992年12月）に連載したものを加筆、修正し、イラストや写真を付している。巻末に五十音順索引がある。 *2998*

◆性生活
■医学の生理学の項をも見よ。

現代セクソロジー辞典 R.M.ゴールデンソン，K.N.アンダーソン著 早田輝洋訳 大修館書店 1991.4 424p 23cm 『The language of sex from A to Z』の翻訳 4-469-01232-7 4800円
ヒトの性に関する、解剖学、生理学、医学、人類学、社会学、精神分析、心理療法、医学、遺伝学、言語学、法律、道徳の問題などあらゆる諸問題を扱った辞典。英語見出し項目のアルファベット順配列で、約5000項目を収載する。本文の前に、和訳語から英語見出しを検索するための五十音順索引がある。 *2999*

性学事典 ウィーン性科学研究所編 高橋鉄訳 河出書房新社 1994.2 429p 20cm 4-309-24142-5 3800円
『図解性科学大辞典』（Bilder-Lexikon、1928-1931）の一巻「文化史篇」を抄訳した事典。性科学関係の用語を五十音順に配列し、解説している。多くの図版や写真を掲載している。1958年に『世界性学全集』第20巻として出版されたものの再刊。索引はない。 *3000*

◆年中行事・祭礼

【辞典・事典】

祭礼事典 都道府県別〔続刊中〕桜楓社 1991- 27cm 監修：倉林正次 4-273-02481-0 各6200円
神社祭礼を中心とする主な祭事に解説を加えたもの。都道府県別に刊行され、各地域内の神社の祭事を月日順に配列し解説している。各巻とも巻末に神社祭事暦と無形文化財一覧がある。1997年末現在、1都8県（愛知、神奈川、岐阜、佐賀、滋賀、島根、富山、奈良）が刊行された。 *3001*

日本歳事辞典 まつりと行事 儀礼文化研究所編 大学教育社 1981.2 389p 19cm 発売：桜楓社 1300円
わが国で現在行われている祭礼、法会および家庭の年中行事を中心に、歴史書、文学書にあらわれる一般的な歴史的行事を加え、その内容と由来などを解説した辞典。芸能、暦法などの項目も含む。行事名を中心とする小中項目を五十音順に配列。多数の参照が用いられた解説は平易で簡潔。付録に、記念日・忌日一覧表、分類別項目索引、月別行事索引がある。 *3002*

日本祭礼行事事典 宮尾しげを編 修道社 1968 708p 図版 22cm 2200円
事典というより祭りや行事の暦というべきもの。都道府県別に祭礼行事を集めて、日付順に地名、社寺名、行事名を記載し、ところどころに行事の簡略な説明を付す。民俗芸能を実際に見学する場合の予備知識を与えることを目的としており、見学のための心得を「はしがき」で解説している。五十音順の重要祭礼・行事索引がついているが、収録行事数に比較して項目は少ない。 *3003*

日本年中行事辞典 鈴木棠三著 角川書店 1977.12 819p 19cm（角川小辞典 16）1900円
公家社会や武家社会の故実的な年中行事、民衆の間に長年行われてきた民俗行事、民間行事、家庭行事などとその関連用語について、故事、由来、起源を中心に解説した辞典。配列は月別で、ほぼ日付順。日付は旧暦を原則とし、現行の日どりを併記している。巻末に月ごとの祭事暦と、五十音順索引を付す。著者が関係した『年中行事辞典』（西角井正慶、東京堂、1958）『図説俳句大歳時記』（角川書店、1964-1965）をもとに加筆、発展させたもの。 *3004*

日本の祭り事典 田中義広編 京都 淡交社 1991.8 293p 27cm 4-473-01186-0 4500円
日本各地で行われている行事や祭りのうち、田楽、神楽、神能、狂言など民俗芸能を伴う祭りを項目別に紹介する。はじめに都道府県別、月次順の祭り項目一覧があり、配列は月日順で、同日の行事は北から南へ地域順に並べる。項目数は約800、写真も豊富。巻末に五十音順索引がある。 *3005*

日本まつりと年中行事事典 倉林正次編 桜楓社 1983.10 566,246p 27cm 19000円
日本の四季折々の主要な行事を1300項目取り上げて解説した事典。現在行われている社寺の祭礼、法会、家庭の年中行事のほか、芸能や暦法にもおよび、わが国の年中行事として定着している若干の外国の行事なども含む。配列は五十音順。祭り、歴史、民俗、芸能、暦日、キリスト教のジャンル別項目一覧のほか、都道府県別行事・月別行事一覧があり、巻末付録として記

念日・忌日一覧、全国博物館ガイドなどがある。索引はない。　　　　　　　　　　　　　　　　　　3006

【地図】

日本祭礼地図　1-5　国土地理協会　1976-1980　5冊　27cm　各8500円

各地で行われている広義の「祭り」約4万3000件を季節別に整理して分布地図にするとともに、祭礼の名称、社寺名と所在地、催しの内容、交通の便などを府県別に解説したもの。Ⅰ春季編、Ⅱ夏季編、Ⅲ秋季編、Ⅳ冬・新春編、Ⅴ付録・索引編の全5編とも地図編と解説編からなる。旧来からの祭礼、法会だけでなく、新興の商工祭、観光祭や市町村民祭も含む。民俗行事は各編巻末に「一覧」を付すが、本文では重要なもののみ採録し、ほかの詳細は『日本民俗地図』☞2956にゆずっている。Ⅰ編末に参考文献がある。Ⅴ編にはⅠ-Ⅳ編に掲載された社寺名を神社・寺院別、都道府県別に配列した索引のほか、霊場一覧、祭礼便覧、宗教団体一覧を付す。　　　　　　　　　　3007

◆民俗芸能

日本民俗芸能事典　日本ナショナル・トラスト編　第一法規出版　1976　1005p　図　27cm　監修：文化庁　15000円

全国の主要な民俗芸能、祭礼など980件を解説したもの。芸能、祭礼を都道府県別に分けたうえで、通称にしたがって五十音順に配列する。1項目に1頁前後をあて、名称、所在地、時期、沿革・現状、行事次第、組織、場所・演目、扮装・芸態、歌詞・詞章、分布を詳述。簡単な参考文献と交通下車駅を付記。各項に単色写真1枚を配しているほか、巻頭にカラー写真がある。巻末に分類索引を付す。　　　　　　　　3008

民俗芸能辞典　仲井幸二郎〔ほか〕編　東京堂出版　1981.9　618p　19cm　5800円

日本各地の民俗芸能のほか各芸能種目名、祭事、歌謡、楽器、演者、扮装、舞台などの一般項目も含む約1000の小項目を解説した辞典。配列は見出し語の五十音順。巻頭に種目別分類項目表(一般項目、所在都道府県別)、巻末に全52頁の参考文献および各地の民俗芸能を上演月日順に一覧表にした芸能暦、解説中の重要事項を含む事項索引がある。　　　　　　　　　　　　3009

琉球芸能事典　那覇出版社編集部編　南風原町(沖縄県)　那覇出版社　1992.3　2冊(別冊とも)31cm　監修：当間一郎　別冊(163p)：琉球芸能実演家総覧　全23800円

沖縄の祭りや民俗芸能を紹介した事典。本巻と別巻からなる。本巻は沖縄の祭りと民俗芸能、琉球古典音楽、組踊、琉球舞踊、写真特集-近現代の実演家、沖縄芝居、沖縄の民謡、宮古の民謡、八重山の民謡、奄美の遊び唄、沖縄の楽器、舞踊・組踊小道具の12ジャンル別に章分けし、各章を巻頭写真特集、概説、項目編、資料編に分け、カラー写真を豊富に取り入れて説明している。別巻は1991年8月末現在琉球芸能各団体に所属し活動している人の氏名、住所、資格(教師以上)などをジャンル別、流会派別に掲載。索引はない。　　　　　　　　　　　　　　　　　　　　　　3010

◆民間信仰

英語迷信・俗信事典　I.オウピー，M.テイタム編　山形和美監訳　大修館書店　1994.8　564p　23cm　訳：荒木正純ほか　『A dictionary of superstitions』の翻訳　4-469-01241-6　10300円

主としてイギリスとアイルランドに19-20世紀まで生き続けて人々になじみ深いとされる迷信を収録。分野は占い、まじない、治療法、呪文、予兆、儀式、タブーなど多岐にわたり、五十音順の日本語項目に英語句と引用例を付す。引用例は各項の来歴や発展がわかるよう年代順に並べられ、出典も日記、手紙、地方の歴史書や語彙辞典、文学作品、民間伝承に関する出版物、雑誌、新聞など広い範囲にわたる。巻末に主要文献、引用文献一覧、アルファベット順の英語見出し索引、五十音順の書名・著者索引がある。　　　　3011

江戸文学俗信辞典　石川一郎編　東京堂出版　1989.7　409p　22cm　4-490-10255-0　3900円

江戸時代の庶民の間に行われていた予兆、卜占、禁忌、呪術、巫医、妖異、宗教、年中行事などにおける俗信を、随筆、川柳を中心とした当時の文学作品を資料として解説したもの。引用には出典を示す。800項目を五十音順に配列。6項目の分類項目表を付す。巻末に柳多留などの刊行年代表・雑俳刊行年代表がある。索引はない。　　　　　　　　　　　　　　　　　　3012

新編日本地蔵辞典　本山桂川原著　奥村寛純増訂　村田書店　1989.11　505p　22cm　7210円

全国各地に安置される約2800の地蔵尊像を俗称により五十音順に配列し、それぞれの縁起や伝承などを解説する。地蔵に関係する用語も説明しているが、石造文化財としての石地蔵調査・研究の成果はない。索引は

社会科学——風俗習慣、民俗学、民族学

全国石仏石神大事典 中山慧照著 大竹伸宜編 リッチマインド出版事業部 1990.9 1179p 27cm 29360円
日本全国の多種多様な石仏、石神を整理し、写真を添えて一体一基ごとに解説した事典。仏神に関係する石仏・石神だけでなく、記念碑、呪物、表示物、信仰的石造物などを含む。項目数は1200、写真枚数1700余。配列は五十音順。巻末付録に「石仏・石神基礎知識」「関連用語解説集」がある。索引はない。　　　3014

全国妖怪事典 千葉幹夫編 小学館 1995.10 284p 16cm （小学館ライブラリー） 4-09-460074-4 800円
文献上にあらわれた妖怪を県別に分類し、種類、出現場所、特徴、出典を記述したもの。柳田国男以来の妖怪研究の伝統をふまえた本格的、正統的な最初の妖怪事典とされる。妖怪の分類は『総合日本民俗語彙』（民俗学研究所、1955-1956）に従っている。巻末に五十音順索引がある。　　　3015

日本「鬼」総覧 新人物往来社 1995.1 431p 21cm （歴史読本特別増刊） 1800円
日本全国に古来から生きているオニに光を当て、その存在意味を歴史的・文化的にとらえる。オニの文芸、芸能、祭り、信仰、民俗、子供とのつながり、美術工芸の7部からなり、項目ごとに参考文献を掲載。巻末のオニ文献一覧は明治から1994年までの主要な単行本、論文を収録している。索引はない。　　　3016

日本俗信辞典 動・植物編 鈴木棠三著 角川書店 1982.11 620p 20cm 2800円
全国各地の民俗資料から採集したまじない、禁忌などの俗信から動植物に関するものを個々の動植物別に分類してまとめた辞典。特定の動植物について書かれた単行本からは採録していない。主題となっている動植物名を見出し語として五十音順に配列。そのもとに関連する俗信を列記して地名を付記し、一部には解説を加えている。巻頭に研究史の概観「俗信序説」のほか、動物、植物それぞれの見出し語一覧がある。参考文献、索引はない。　　　3017

民間信仰辞典 桜井徳太郎編 東京堂出版 1980.12 345p 19cm 3200円
民間信仰に関連する約650事項を選択し解説した辞典。配列は五十音順。各項目には執筆者名が記され、巻末に参考文献一覧と、掲出項目に重要語彙を加えた五十音順索引がある。　　　3018

民間信仰調査整理ハンドブック 上, 下 圭室文雄〔ほか〕編 雄山閣出版 1987 2冊 19cm 4-639-00676-4 各2800円
民間信仰研究に従事している人や関心をもつ人が地域社会で実地調査をする際に必要な事柄を記している。上下巻に分かれ、上巻「理論編」は、民間信仰の性格、とらえ方、調査研究の歴史、課題と方法などを、第1章総論、第2章民間信仰研究のありかたの各項で解説。下巻「実際編」は、民間信仰調査の実際、調査上の心構えと手順、調査の方法と基礎知識などを掲載する。巻末の付録に、調査項目と質問文例、民間信仰研究参考文献、民間信仰に関する法令、信仰資料保管博物館および相当施設一覧、日本の主要な霊山、大学付属宗教研究および関連施設一覧、民俗学関係研究諸団体・刊行物一覧などがある。　　　3019

◆伝説・民話

【書誌・蔵書目録】

全国昔話伝説関係資料蔵書目録 1986 遠野市立図書館編 遠野 遠野市立図書館 1987.3 227p 26cm 附録・岩手県昔話伝説関係目次一覧
遠野市立図書館所蔵で1986年4月から翌年3月までに整理された昔話や伝説関係資料の目録。全国の市町村教育委員会刊行の資料を多数含む。都道府県別に分類、配列され、巻末には著者索引、書名索引がある。岩手県の昔話、伝説関係資料については巻末に目次をまとめて収録。　　　3020

日本語訳中国昔話解題目録 1868年-1990年 千野明日香, 衛藤和子編 八王子 中国民話の会 1992.1 166p 26cm 製作発売：汲古書院(東京) 2000円
中国に居住する漢族と少数民族の昔話の翻訳と再話を、大人、児童、絵本の3部に分けて年代順に収録したもの。収録点数は1988点、掲載資料は単行本のみ。記述は見開きの左頁に刊行年、書名、著者名、出版社名を、右頁に所蔵機関と解説を記す。巻末にいずれも五十音順の書名・雑誌名索引および人名索引がある。　　　3021

民話・昔話全情報 45/91 日外アソシエーツ編 日外アソシエーツ 1992.6 661p 22cm 発売：紀伊国屋書店 4-8169-1135-9 19800円
1945-1991年までに国内で刊行された日本および世界各国・地域・民族の神話、民話、昔話、伝記、民謡などの口承文芸とその周辺の図書約1万点を収録したもの。地域別に分類し、さらに地方、都道府県別、地域・国別に細分。地域に分類できないものは動物、妖

怪、神話などの主題にまとめる。巻末には五十音順の書名索引（欧文はアルファベット順）がある。　*3022*

【辞典・事典】

吸血鬼の事典　マシュー・バンソン著　松田和也訳　青土社　1994.12　461p 20cm　『The vampire encyclopedia』の翻訳　4-7917-5350-X　3200円
世界各地の民間伝承に現われるものから映画、演劇、文学、医学、宗教におよぶ、吸血鬼に関する用語を広く収録する。見出し語の配列は五十音順。見出し語、文中の主要語には原綴を併記し、各事項ともかなり詳しい説明を加えている。巻末には「短篇小説集」「吸血鬼映画」「吸血鬼演劇」などの各作品リストと「推薦図書」「吸血鬼協会・組織」のリストがある。索引はない。　*3023*

神話伝説辞典　朝倉治彦〔ほか〕共編　東京堂出版　1992.10　513p 19cm　25版　4-490-10033-7　3900円
説話的な要素を含む日本の伝承文芸について解説した事典。神話、伝説、昔話、説話と歌謡、芸能、信仰などの話の内容を示し、主要な参考文献を掲げる。神話、説話などには出典を記し、原典や事物の写真も掲載。巻頭に約1200の項目を総論、神話、伝説、昔話、説話、歌謡、信仰に分類した索引があり、巻末に全項目と説明文の主要な語彙計3230の五十音順索引がある。初版は1963年刊。　*3024*

図説・世界未確認生物事典　笹間良彦著　柏書房　1996.10　177p 23cm　4-7601-1365-7　2884円
古代のギリシャ、中国から現代のアメリカまで、人類の精神史の底流に生息する正体がつかめない謎の生物を収集、解説した事典。未確認生物を水棲類、湿生両棲類、龍蛇類、鳥類、獣類、妖怪・妖精・妖霊、異形人類の7部門に分類し、図版を駆使して解説している。索引はない。　*3025*

図説・日本未確認生物事典　笹間良彦著　柏美術出版　1994.1　180p 23cm　4-906443-41-9　2800円
日本における未確認で奇怪な生物について、なぜ目撃談や遭遇談として記録に留められたり伝承されているのか、昔の人がどう受けとめ、その深層心理は何であったかを、多数の資料を引用して解説する。引用文は原文のままの採録は短いものに限り、多くは現代語または読み下し文で記す。擬人的妖怪編、魚と亀の変化、龍蛇類の変化、獣類の変化、鳥類の変化、湿性類の変化の6部門に分類し、絵や写真もところどころに挿入する。索引はない。　*3026*

「説話」大百科事典　嚴谷小波編　名著普及会　1984.4　10冊 22cm　全85000円
日本、中国、朝鮮、インドに流布した神話、伝説、口碑、寓話、比喩談などを集大成したもので、類書が少ない。項目は諸神、諸仏、社寺、帝王、竜蛇、魔性などの25部門に大別され、配列は五十音順。全10巻からなる。第10巻は索引編で、分類目録、引用書目一覧、総索引（社寺名、建築物名、外国地名、帝王名、神名、怪名などの分類による）などがある。『大語園』（平凡社、1935-1936）の改題複製。本文は旧かなづかい。　*3027*

日本架空伝承人名事典　大隅和雄〔ほか〕編　平凡社　1986.9　511,11p 22cm　4-582-12606-5　4800円
実在するか否かにかかわらず、想像力によって生み出され、または変形加工されて名が伝わってきた人物に関する事典。記紀神話に見られる神名から近世末の人物までを収載している。配列は五十音順。各項目は解説文と原典の引用部分からなる。巻末に引用の出典一覧、五十音順索引を付す。　*3028*

日本伝奇伝説大事典　乾克己〔ほか〕編　角川書店　1986.10　1022p 27cm　4-04-031300-3　9400円
日本の神話、伝説、昔話、民話、説話、歌謡、芸能、奇談、逸話の中からよく知られた事項を選んで解説したもの。原則として上代から近世末までを収録範囲としている。項目は現代かなづかいの五十音順に配列。各項目には必要に応じて参考文献を付し、巻末に五十音順の総合索引がある。　*3029*

日本伝説名彙　改版　日本放送協会編　日本放送出版協会　1971　523p 22cm　監修：柳田国男　2500円
日本各地で伝えられている伝説を、木の部、石・岩の部、水の部、塚の部、坂・峠・山の部、祠堂の部の6部門に分類したもの。伝説と、その由来、出典を記している。巻末には資料目録と五十音順索引がある。初版は1950年刊。『日本昔話名彙』☞*3032* の姉妹編。　*3030*

日本昔話事典　稲田浩二〔等〕編　弘文堂　1977.12　1169p 22cm　8800円
昔話を中心に、口承文芸、文献記録、地方別研究にわたる総合的な事典。口承文芸は神話、伝説、語り物、民謡などを含む。外国の昔話研究の概要も、日本の昔話と関連づけて多数を取り入れている。配列は五十音順。各項目に執筆者の署名入りで解説を詳述、所属分野、参考文献を付す。巻末には詳細な五十音順索引があり、付録に話型対照表、日本・外国昔話資料集目録、昔話研究組織一覧、百話クラスの語り手名簿がある。　*3031*

日本昔話名彙 改版 日本放送協会編 日本放送出版協会 1971 358p 22cm 監修：柳田国男 1800円
『日本伝説名彙』☞3030 とともに、柳田国男を中心とする民俗研究者の手になる採集記録の一つ。日本の昔話を「完形」と「派生」に大別し、同系列の昔話をまとめて収め、話ごとに標準型のあらすじと地方による変形を付している。巻末に資料目録と五十音順の事項索引とがある。初版は1948年刊。　　　　　　3032

妖怪と精霊の事典 ローズマリ・エレン・グィリー著 松田幸雄訳 青土社 1995.8 673,43p 23cm『The encyclopedia of ghosts and spirits』の翻訳 4-7917-5383-6 4800円
古くからの妖怪伝承、憑依憑霊、霊媒および霊媒活動、体外離脱体験、離魂体験、臨終幻想などの神秘体験などを解説した事典。本文は、妖怪・精霊関係の事項・研究者名約400項目を五十音順に配列し、詳しく解説している。巻末に参考文献、英和対訳項目一覧、五十音順索引がある。　　　　　　3033

妖精事典 キャサリン・ブリッグズ編著 平野敬一〔ほか〕共訳 冨山房 1992.9 618p 22cm 『A dictionary of fairies』の翻訳 4-572-00093-X 6800円
イギリス諸島の妖精に関する事典。巻頭に16の妖精の口絵を掲載している。事項の配列は訳語の五十音順。巻末には原著者の著作一覧、イギリス諸島の地図、タイプ・モチーフ索引、口絵・挿絵リスト、見出し語の原語リスト、一般索引、書名・題名索引がある。
　　　　　　3034

◆ことわざ

韓国の故事ことわざ辞典 孔泰瑢編 角川書店 1987.6 608p 20cm 4-04-031400-X 3800円
約3000の韓国語のことわざを日本語に訳し、五十音順に配列して解説する。それぞれ原句の直訳、ハングル原綴、解説、日本の類句、中国の類句で日本のそれとして使われているもの、欧米の類句（英文）を掲載。巻末に、ことわざの韓国書の出典一覧（解説付き）、日韓呼称変異の同意語例、ハングル索引（カナダ順）がある。　　　　　　3035

ことわざの泉 日・英独仏中対照諺辞典 増補版 高嶋泰二編著 北星堂書店 1986.5 420p 18cm 4-590-00649-9 2200円
日本のことわざを英語、独語、仏語に直訳し、それらと類義の英、独、仏、中国のことわざと日本語訳を掲載。配列はアルファベット順。巻末に日本語のことわざ800の中国語訳と、英語、独語、仏語のことわざの索引、およびことわざに関係した参考文献がある。巻頭に「日本語の諺索引」全21頁を付す。
　　　　　　3036

世界ことわざ大事典 柴田武〔ほか〕編 大修館書店 1995.6 1312p 27cm 4-469-01245-9 16480円
世界のことわざを10の文化圏と「世界の古典」との11の章に分け、それぞれを国や地域、民族で分類して108項目を立て、原則として日本に近いところから配列。さらに下位分類としてことわざのテーマや形式によって小見出しを立て、ことわざの日本語訳と解説を掲載している。巻末に英文目次と日本のことわざ索引、キーワード索引を付す。ことわざの数は原則として1か国100例を限度としている。電子ブック版あり。
　　　　　　3037

俚諺大成 加藤定彦，外村展子共著 武蔵村山 青裳堂書店 1989.1 672p 22cm （日本書誌学大系 59） 38000円
『世俗諺文』など近世以前のことわざ蒐集書、ならびに関係書79種から採録した、故事、道歌、童謡を含むことわざ約1万5000件余を五十音順に配列したもの。各語句に巻頭の出典一覧番号を記して引用書を示す。巻末に解説および参考文献がある。索引はない。
　　　　　　3038

◆民謡・わらべうた

郷土民謡舞踊辞典 小寺融吉著 名著刊行会 1974 489,64p 22cm 8000円
全国の民謡名、舞踊名、有名詞句、関係用語などを五十音順に配列、解説する。沖縄とアイヌ関係は含まない。巻末に府県別索引と、事項を分類した事物索引がある。『日本民謡辞典』（壬生書院、1935）を増補改題した『郷土民謡舞踊辞典』（冨山房、1941）をさらに複製したもの。なお初版も別に『日本民謡辞典』（名著刊行会、1972）として復刻刊行された。
　　　　　　3039

日本民謡大鑑 榊原帰逸著 西田書店 1985.5 2冊 27cm 全12000円
全国各地に伝わる民謡を紹介した資料。南から北へ都道府県単位で、それぞれの地方の歴史と風土を背景に、民謡と民俗舞踊を紹介する。上下2巻からなり、下巻の巻末に日本民謡・民舞・新民謡団体役員名簿が掲載されている。　　　　　　3040

わらべうた文献総覧解題 本城屋勝編 秋田 無明舎出版 1982.10 275,44p 20cm 7800円
1982年までに刊行された日本のわらべうたに関する記述を含む和文の図書、資料、古文献、雑誌を収録した書誌。書籍類と雑誌類（雑誌記事）の2編に分かれる。書籍類は図書、肉筆稿本、謄写本、パンフレットなどを7項目に大別したのち発行年順（地誌類は都道府県別）に配列。雑誌類は、雑誌記事を雑誌別に集めて誌名の五十音順に配列。巻末に書（誌）名索引（書籍は分類別五十音順、雑誌は五十音順）、著者索引がある。
3041

◆民族学・文化人類学

【書誌・目録】

アイヌ史 資料編 1-4 北海道ウタリ協会アイヌ史編集委員会編 札幌 北海道出版企画センター 1988-1991 4冊 22cm 9000-11000円
アイヌ、アイヌ史関係の図書、視聴覚資料の所蔵目録と史料集。全4冊からなる。1「図書資料所蔵目録・視聴覚資料所蔵目録」は全国の公共図書館や大学図書館が所蔵するアイヌ、アイヌ史関係の図書と視聴覚資料の所蔵状況を記した目録。2「民具等資料所蔵目録（1）」は道内60機関別に2万1245点を収録。3「近現代史料（1）」は1893年から1985年の帝国議会および国会のアイヌ関係の主要な議事録と当協会にかかわる「協会史料」を収録。4「近現代史料（2）」は1872年から1985年の新聞を対象とした「新聞記事表題目録」と「新聞記事抜粋」からなる。
3042

アイヌ文献目録 和文編 松下亘，君尹彦編著 札幌 みやま書房 1978.1 428p 27cm 8700円
全国の図書館、協会、学会や個人が所蔵するアイヌ関係文献の所蔵目録。2部からなり、第1部は明治以前の文献を1055件収録。第2部は1868年から1975年の文献8400余件を収録する。第1部は古書、記録、文書などを五十音順に配列。第2部は全頁が該当する文献と部分頁が該当するものとに大別し、前者は単行本、辞典、目録、パンフレット・リーフレットの順に、後者は単行本、道市町村史、辞典、目録、新聞、逐次刊行物の順に配列している。各資料とも所蔵の機関または個人名が記載され、巻末には第2部のための逐次刊行物索引と、文献番号列挙による38項目の内容別索引が付されている。
3043

アイヌ民族文献目録 欧文編 ノルベルト・R. アダミ編著 小坂洋右訳 札幌 サッポロ堂書店 1991.2 128p 26cm 『Bibliography of materials on the Ainu in European languages』の翻訳
1988年までのアイヌ民族関係文献のうち欧文で書かれたものを刊行年代順に掲載する。タイトル、書誌的事項、タイトルの日本語訳が記され、巻末には著者索引がある。
3044

中国文化人類学文献解題 末成道男編 東京大学出版会 1995.2 311p 27cm 4-13-056046-8 9064円
20世紀の中国に関する文化人類学的研究の基本的な文献、目録解題の集大成。1992年12月以前に出版された和文、中文、欧文の基本的な文献480点、目録120点を収録する。「研究の流れ」「文献の解題」「目録の解題」の章は漢族、少数民族に大別し、地域別、民族別に配列、記載している。「人類学的語彙英中日対照表」の章と巻末にはアルファベット順の著者索引と、少数民族別索引（55民族および台湾の10民族）がある。
3045

文化人類学研究文献要覧 1945-1974（戦後編） 佐野真編集 日外アソシエーツ 1979.6 326p 27cm （20世紀文献要覧大系 7） 発売：紀伊国屋書店 23000円
1945-1974年に発表・刊行された文化人類学関係の図書約2300件、雑誌・紀要論文約8700件、参考図書約420件を収録。第1部参考図書の案内（単行書所収記事、叢書類、雑誌記事も含む）、第2部文献目録からなる。巻末に五十音順の件名索引・著者索引、収録雑誌名一覧がある。
3046

文化人類学の本全情報 45/93 日外アソシエーツ編 日外アソシエーツ 1994.4 802p 22cm 発売：紀伊国屋書店 4-8169-1209-6 32000円
1945年から1993年までの49年間に日本国内で刊行された民族学・民俗学・社会人類学に関する図書約1万4000点を収録。全体を9分野に区分し、さらに主題別に配列。各見出しのもとでは書名の五十音順。最近の図書は、その内容や目次を掲載している。五十音順の事項索引を付す。
3047

文化人類学・民俗学に関する10年間の雑誌文献目録 昭和50年-昭和59年 日外アソシエーツ編 日外アソシエーツ 1987.7 222p 27cm 発売：紀伊国屋書店 4-8169-0360-7 8200円
『雑誌記事索引（人文・社会編）累積索引版』☞0139 第5-6期をもとに文化人類学、民俗学に関する文献目録として再編成したもの。1975年から1984年までに国内で発表された雑誌文献6843件を収録する。構成は主題別の大項目の下に、キーワード方式による見出し語で細分している。巻末に五十音順の事項索引を付す。
3048

民族学関係雑誌論文総目録　1925-1959　日本民族学協会編　誠文堂新光社　1961　199p 26cm
昭和初年以来のわが国の民族学における主要研究誌の各創刊号以降1959年頃までの掲載論文を収録し、分類別および地域別に編集したもの。掲載誌は『民族』『民俗学』『民族学研究』『日本人類学会・日本民族学協会連合大会記事』『民族研究彙報』『民族学年報』『民族研究紀要』『人類科学』の8誌。索引はない。　*3049*

【辞典・事典】

世界シンボル大事典　ジャン・シュヴァリエ, アラン・ゲールブラン共著　金光仁三郎〔ほか〕共訳　大修館書店　1996.12　1119p 23cm　『Dictionnaire des symboles　éd. rev. et augm.』の翻訳　4-469-01249-1　14420円
象徴解釈可能な世界のシンボル1200語以上を解説した事典。見出し語の配列は日本語の五十音順で、日本語、英語、フランス語の順に記し、その後に解説が付されている。解説は区分けし、記述の対象地域と分野別を示している。一部に写真や挿絵を収める。巻末に参考書目、英語索引とフランス語索引がある。　*3050*

日欧対照イメージ事典　宮田登, 深沢俊共編著　北星堂書店　1989.11　328p 19cm　4-590-00840-8　2300円
民俗学上関連の深い事項300語の、日本におけるイメージとヨーロッパにおけるイメージを解説したもの。見開きの左頁に英語の事項名でヨーロッパの、右頁に対応する日本のそれを収載。配列は英語の事項名のアルファベット順で、巻末に日本語の事項からの五十音順索引がある。　*3051*

日本社会民俗辞典　第1-4巻　日本民族学協会編　誠文堂新光社　1952-1960　4冊 27cm
日本の民俗文化を展望する目的で文化人類学的・社会学的立場から編纂した事典。全4巻からなり、大中項目の五十音順配列。項目ごとに筆者名、参照と文献を記す。分類項目表を巻頭に掲げて体系的概観の便を図っている。第4巻末に詳細な五十音順総索引がある。　*3052*

文化人類学事典　改訂　祖父江孝男〔ほか〕編著　ぎょうせい　1987.10　480p 27cm　4-324-00820-5　4800円
文化人類学の領域でわが国最初の事典の改訂版。文化人類学における狩猟、牧畜、農耕など12の主題別項目のほか、現代日本文化事典と主な学説史を含んだ計14項目に大分類し、さらに適宜に細分化し解説している。図版や写真も豊富。各章末に用語解説を掲載し、百科事典と用語辞典を兼用している。一部の項目には参考文献を付す。巻末に、本文中より約3000項目を選定した五十音順配列の事項索引と人名索引がある。付録に、語族レベルで分類した「世界の言語分布概観図」がある。初版は1977年刊。　*3053*

文化人類学事典　石川栄吉〔ほか〕編　弘文堂　1987.2　935p 27cm 折り込図5枚　4-335-56056-7　18000円
事項、研究者名、民族、部族など約2600項目を五十音順に配列して解説。各項目末に参考文献を付す。索引は和文と欧文の別建てで、事項、人名、民族・語族名など6種類。巻末に民族・部族地図、世界の言語分布概観図がある。『文化人類学事典　改訂』☞*3053* が大項目主義であるのに対し、本書は中小項目主義。1994年に縮刷版が刊行された。　*3054*

国防、軍事

【書誌】

国防・軍事に関する10年間の雑誌文献目録　昭和50年－昭和59年　日外アソシエーツ編　日外アソシエーツ　1987.4　261p 27cm　発売：紀伊国屋書店　4-8169-0360-7　9200円
『雑誌記事索引(人文・社会編)累積索引版』☞*0139* 第5-6期をもとに国防・軍事問題に関する文献目録として再編成したもの。1975年から1984年までに国内で発表された雑誌文献8288件を収録する。構成は主題別の大項目の下に、キーワード方式による見出し語で細分している。巻末に五十音順の事項索引を付す。1974年以前については『国防・軍事に関する27年間の雑誌文献目録　昭和23年－49年』に収録。　*3055*

戦史・戦記総目録　戦後刊行　陸軍篇　西村正守編　地久館出版　1987.8　325p 22cm　発売：原書房　4-562-01880-1　6800円
戦後刊行の日本陸軍関係の戦史・戦記に相当する単行書を聯隊（独立大隊を含む）単位に取りまとめた総合目録。収録タイトル数は約1200点（重出も含めれば約2000点）。歩兵、騎兵、砲兵、工兵、輜重兵、航空兵の6部からなる。記載項目は、聯隊名、聯隊通称号、終戦時の上級部隊名、編成地、最終所在地、該当文献

の書誌的事項。国立国会図書館所蔵分には同館請求記号、未所蔵分には所蔵館記号を付す。付録に、陸軍主要部隊早見表、終戦時陸軍主要部隊配備表、陸軍部隊通称号索引がある。　　　　　　　　　　　　3056

日本陸軍の本・総解説 伝記・回想録・軍事史・戦記・戦争文学の名著・全展望　陸軍史研究会編　自由国民社　1985.12　283p　21cm　4-426-40055-4　1800円
日本陸軍について書かれた伝記、回想録、軍事史、戦記、戦争文学、兵器の解説などを扱った書誌。各項目について、書誌事項、大要、解題を記す。法令・諸規則、通史、事典・年鑑類については追篇1で扱い、兵科史・部隊史・学校史については追篇2に列挙。陸軍の実態を知る文献を求める際の読書案内の役割を果たす。索引はない。姉妹編に『日本海軍の本・総解説』（1985年刊）がある。　　　　　　　　　　　3057

米議会図書館所蔵占領接収旧陸海軍資料総目録 1992年5月現在　田中宏巳編　東洋書林　1995.2　398p　27cm　発売：原書房　4-88721-082-5　18540円
米国議会図書館のThomas Jefferson BuildingにあるAsian Division, Japanese Sectionに保管されていた旧陸海軍資料約5890種、約7000点を収録したもの。大部分は図書類だが、文書類、写真、ノート類もある。配列は、陸軍、海軍、他省庁、その他に大別し、その中は書名の五十音順。本目録の通し番号が同図書館の請求番号となる。巻頭に、接収資料についての解説がある。索引はない。　　　　　　　　　　3058

【辞典・事典・用語集】

図説総覧海軍史事典　小池猪一編著　国書刊行会　1985.10　485p　27cm　監修：末国正雄　15000円
明治から1945年終戦までの日本海軍の歴史について、制度・編制などの推移に重点を置いて解説。6部構成で、第1部で海軍史を概括し、第2部−第5部でそれぞれ海軍軍制沿革史、艦隊編制沿革史、海軍教育制度沿革史、海軍各沿革史を記述。第5部では海軍陸戦隊史、海軍航空隊史などを扱う。第6部は資料編で、海軍艦艇総覧、海軍航空機総覧などを収める。索引はないが詳細な目次がこれを補っている。　　　3059

世界軍事略語辞典　森田茂，和田誠一編　国書刊行会　1991.3　352p　18cm　書名は奥付・表紙による　標題紙・背の書名：『Abbreviations & symbols』　4-336-03193-2　3500円
1990年以前の数年間に主として英語文献で使用された軍事関係の略語約8200語を収録。配列は見出しとした略語のアルファベット順。記載事項は、略語、フル・スペリング、陸軍・海軍などの指示記号、日本語訳。解説はない。巻末にカタカナによる略語五十音順索引を付す。　　　　　　　　　　　　　　　3060

大日本兵語辞典　原田政右衛門著　国書刊行会　1980.1　700p　18cm　4500円
第一次大戦から太平洋戦争にかけて使用された陸海軍の用語を収録。一般社会でも使用される言葉については軍隊用語としての説明のみを記述。配列は五十音順で、見出しは旧かなづかいだが、「セウ」「シャウ」のように最初の漢字の発音が同じものは発音どおり「ショー」の個所に収録。初版は1918年であるが、本書は1921年発行の増補改訂版の複製版。　　　3061

帝国陸海軍事典　改訂版　大浜徹也，小沢郁郎編　同成社　1995.8　414p　22cm　4-88621-129-1　7000円
帝国陸海軍の制度、組織、戦略、戦術、兵器の解説と軍隊の生活実態に関する資料からなる事典。巻末に、陸軍常備団隊配備表、陸軍団隊一覧、主要法令など15の資料、陸海軍用語の解説を収録。索引はない。初版は1984年刊。　　　　　　　　　　　　　3062

日本軍隊用語集　〔正〕，続　寺田近雄著　立風書房　1992−1995　2冊　20cm　各2200円
戦前の軍隊について、正編139、続編128の見出し語を、組織・制度、兵科・部隊、戦闘、教育、兵器、服装・装備、生活、風俗の8章に分けて解説したもの。旧軍隊用語、戦前は常識だったが現在では死語となったことばの意味を、成り立ちや歴史的背景などを中心に記述。各項目末にその用語を使用した陸海軍、民間の別と関連項目への参照を付す。巻末には見出し項目と本文中の用語を併せた、正編約800項目、続編約900項目の五十音順索引を付す。　　　　　　3063

日本陸海軍総合事典　秦郁彦編　東京大学出版会　1991.10　740p　27cm　4-13-036060-4　32960円
明治の建軍から1945年の解体までの日本陸海軍の人事を中心とした制度、組織の基礎的なデータをまとめたもの。主要陸海軍人の履歴（1791名）、主要職務の歴任者一覧（約1750職務）、主要学校卒業生一覧、諸名簿（建軍時の陸軍将校、月曜会会員など23名簿）、陸海軍用語の解説の5部からなる。索引はない。巻頭に主要参考文献がある。同出版社の『日本陸海軍の制度・組織・人事』☞3072の継承・改訂版といえるもの。　　　　　　　　　　　　　　　3064

【便覧・年鑑・年表】

防衛ハンドブック　昭和52年版−　朝雲新聞社編集総局編著　朝雲新聞社　1977−　年刊　15cm
防衛問題を中心とする年刊の便覧。日本の防衛計画、

社会科学——国防、軍事

防衛庁・自衛隊の組織・編成・人事、米軍関係などの14章からなり、問題点の解説ほか、統計、法令、条約を収録。索引はない。『日本の安全保障』1960-1975年版（朝雲新聞社）を継承したもの。解題は平成9年版による。　*3065*

防衛年鑑 昭和30年版- 防衛年鑑刊行会 1955- 年刊 22cm
日本の自衛力の現勢と各国の軍事力とを総合的に解説したもの。時事的テーマをとりあげた特集、国会防衛論議、新聞論調、世論調査結果、各国の軍事力一覧と主要装備、自衛隊の組織・予算・活動ほか、防衛関係幹部の略歴などを収載。防衛問題関係の年鑑としては他に『自衛隊年鑑』（1956年版-、防衛産業協会、1956-）、『自衛隊装備年鑑』（1967年版-、朝雲新聞社、1967-）がある。解題は1997年版による。　*3066*

ミリタリー・バランス 1979-1995 国際戦略研究所編 防衛庁防衛局調査第二課監修 メイナード出版 1980-1996　21cm
世界各国の軍事力と国防支出を量的に評価した年鑑として定評のある『The Military Balance』の日本語版。ただし1995-1996年版を最後に廃刊された。地域ごとにまとめられた国別の記述と、包括的な分析と諸表（国防支出と兵力の国際比較など）の2部構成である。解題は1995-1996年版による。　*3067*

陸海軍年表 防衛庁防衛研修所戦史部著 朝雲新聞社 1980.1　535p 22cm （戦史叢書） 付・兵語・用語の解説 5300円
支那事変勃発（1937年7月）から戦争終結（1945年8月）までの陸海軍に関する総合年表。防衛研修所戦史室（戦史部）編纂の『戦史叢書』101巻に記載された事項を基礎とし、ほかの資料からも一部補足して作成。1）軍事関係の主な国際情勢、国内情勢、政治的事項、2）戦争指導・軍事行政・人事、3）陸海軍の作戦と行動、4）主要敵国の戦争指導・作戦と行動、について年月日順に収録。各事項の末尾に典拠とした『戦史叢書』の巻数、頁数などを付す。巻末には五十音順「兵語・用語の解説」を付す。付録として主要な秘匿作戦名称、主要兵器諸元、陸海軍首脳者在職推移表、陸海軍の組織・編成関係概見表などを記載している。　*3068*

【資料集・図録】

大日本帝国陸海軍 軍装と装備 明治・大正・昭和 中田商店 1987.2　334p 27cm 製作：中田忠夫 編集：近藤三郎, 寺田近雄 発売：潮書房 5600円
日本陸海軍の軍装と装備をカラー写真で紹介した図鑑。小銃・機関銃などの兵器は、白黒写真でごくわずかを掲げる。巻末に「日本対外出兵小史」を付す。　*3069*

帝国陸軍編制総覧 近代日本軍事組織・人事資料総覧 第1-3巻 外山操, 森松俊夫編著 芙蓉書房出版 1993.11　3冊 27cm 監修：井本熊男 23000-40000円
日本陸軍の編制に関して、歴史の概略とともに、明治の創設期から1945年の終戦期までを各期ごとに、編制の推移を網羅的に収録。前編と後編からなり、前編は編制史の概略を述べ、後編で陸軍を構成する諸機関について、創設・廃止年月日、編成地、機関の長の氏名・任命年月日などを総覧。巻末に、機関名から引く体系順索引と、陸軍常備団体配備表など21の付表がある。1987年刊の初版の特装保存版。　*3070*

日本海軍史 第7-11巻 海軍歴史保存会編 海軍歴史保存会 1995.11　5冊 22cm 発売：第一法規出版
明治から終戦期までの日本海軍について、機構、人事、予算・決算、艦船・航空機・兵器の総覧から年表、主要文書、将官経験者の履歴、主要海戦の概略、施設一覧など広範に収録した資料集。第11巻末に、海軍関係図書目録と海軍関係人物図書目録を収める。索引は、第7巻第4章の末尾に艦名索引、第10巻末に第9巻-第10巻所収の将官の人名索引、第11巻末に第1巻-第4巻の通史編の人名索引をそれぞれ付す。6巻までの通史編および部門小史編の付録であるが、独立した参考図書としても有用。　*3071*

日本陸海軍の制度・組織・人事 日本近代史料研究会編 東京大学出版会 1971　435p 31cm 6000円
明治の建軍から1945年の解体までの日本陸海軍の主要軍人の履歴、軍の制度・組織の変遷資料を集大成したもの。主要陸海軍人の履歴（1222名）、陸海軍主要職務の変遷（約850職務）、主要学校卒業生一覧、その他（陸軍省の課班および主要班長など）の4章からなる。索引はない。1991年に同出版社から改訂版ともいえる『日本陸海軍総合事典』☞*3064* が出版されているが、項目や編集が異なり、現在でも有用である。　*3072*

陸海軍将官人事総覧 外山操編 芙蓉書房 1981.9　2冊 20cm 監修：上法快男 13000円,15000円
明治建軍から終戦（1945）までの陸海軍の主として少将以上の主要軍人6765名の略歴を収録した人名録。陸軍編、海軍編の2分冊からなる。陸軍編は4445人、海軍編には2320人の主要軍人を陸軍士官学校、海軍兵学校の出身期別に収録。巻末に陸・海軍大学校卒業者名簿、陸・海軍主要人事系譜、五十音順索引を付す。索引の五十音おのおのの中は出身期順に配列。なお、「陸軍編」には「増補一覧」が別刷で付されていたが、第8刷（1993年刊）では巻末に収載。　*3073*

自然科学

自然科学一般

【書誌・目録】

海外科学技術資料受入目録 1992- 国立国会図書館専門資料部編 国立国会図書館 1992- 年刊 26cm
国立国会図書館が当該年度に収集整理したテクニカル・リポート、学協会ペーパー、博士論文などの受入資料一覧。3部構成。第1部はテクニカル・リポート類：アメリカ政府研究開発リポート（AD・PB、NASA、DOEの各リポートなど）、米国を除く各国原子力機関リポート、AIAAなどの学協会ペーパー、UMI社刊行の米国博士論文、第2部はマサチューセッツ工科大学博士論文、第3部はヨーロッパ博士論文を収録。第1部はリポート記号のアルファベット順配列で国立国会図書館請求記号のみ掲載。第2部は著者名のアルファベット順配列で論文名、刊行年、頁数、請求記号を記載。第3部は国別、大学別の著者名のアルファベット順配列。論文名、刊行年、頁数、請求記号を記載。1997年版には6万3808件を収録。1961-1964年『技術文献ニュース』、1965-1991年『海外科学技術資料月報』として刊行。　　　　　　　3074

科学技術関係欧文会議録目録 国立国会図書館所蔵 第1-8巻 国立国会図書館専門資料部科学技術資料課編 国立国会図書館 1972-1997 9冊 26cm
国立国会図書館が1948-1996年末までに受入・整理した欧文の科学技術関係会議録の目録。図書形態・マイクロフィッシュ形態を合わせて約6万3400件を収録。〔第1巻〕-第4巻は本文と会議名・書名索引、シリーズ・リポート名索引、主催団体名索引、開催年月索引で構成。本文の配列はNDL分類表に従い、NDL請求記号順。但し第1巻はデューイ十進分類法に従い、各項目の中は標目のアルファベット順。第5巻以降はデータベース化により、キーワードを見出し語としてアルファベット順に配列した本文とシリーズ・リポート名索引で構成。第4巻（1982-1984）までは同館参考書誌部科学技術課編。　　　　　　　　　　　3075

JICST資料所蔵目録 科学技術振興事業団科学技術情報事業本部編 科学技術振興事業団 1983-
JICSTが収集した全資料の資料名、出版者、所蔵範囲などを網羅した所蔵目録。3年に1度改訂される。1997年版では、冊子体は逐次刊行物編のみを刊行し、会議資料、学協会ペーパー・技術リポート、公共資料および逐次刊行物をまとめたCD-ROM版を出版。出版者の名称は、1996年9月まで日本科学技術情報センター。　　　　　　　　　　　　　　　　　3076

日本科学技術関係逐次刊行物総覧 1997 国立国会図書館専門資料部編 国立国会図書館 1998.5 2冊 27cm 英文書名：Directory of Japanese scientific periodicals 英文併記 東京 紀伊國屋書店（発売） 4-87582-523-4 全29600円
1997年12月末現在国内で刊行されている科学技術関係の逐次刊行物を収録したもの。収録タイトル数は1万3938誌。収録している逐次刊行物は、定期刊行物、会議録、技術レポート、新聞・通信類、紀要類、年報、年表で、主題の範囲は自然科学、工学、医学、農学で、地理、考古学なども含む。UDCによって分類し、同一分類の中は、誌名のアルファベット順。各誌名、発行所、発行所住所、創刊年、刊行頻度などの基本的データのほか、論文要旨の有無およびその言語、雑誌の性格（原著論文誌、抄録誌、通俗科学雑誌などの区分）を記載している。索引は、ローマ字表記誌名および英語誌名のアルファベット順混配である。1962年初版。4-5年おきに増補改訂。1984年版までの書名『日本科学技術関係逐次刊行物目録』。　　　　　　3077

日本自然科学雑誌総覧 日本医学図書館協会編 学術書出版会 1969 641p 27cm 5500円
1868年（明治元）以来日本で刊行された自然科学に関する雑誌・研究報告・調査報告・資料など、逐次刊行物の形態で刊行されたものを収録。朝鮮・「満州」・中華民国などにおいて、日本語で出版された逐次刊行物も含む。第1部和文誌編と第2部欧文誌編に分かれ、両編とも誌名のアルファベット順に配列。記載事項は略名、欧文名、書誌事項、変遷などで、前者には、漢字誌名、ローマ字誌名が加わる。第3部の欧文誌名索引により和文誌名を参照できる。　　　　　　　3078

【抄録・索引】

Bunsoku 科学技術振興事業団科学技術情報事業本部編 科学技術振興事業団科学技術情報事業本部 30cm 『科学技術文献速報』の改題、1991年より現在のタイトル。1996年までの編者および出版者は日本科学技術情報センター。
世界の科学技術文献の日本語による抄録誌。対象とする資料は約1万2000誌の雑誌論文のほか、会議資料、

学会論文集、リポート、ペーパーなどと幅広い。配列はJICST科学技術分類表による分類順。主題と著者の年間索引が刊行されていたが、1995年からはCD-ROM版のみの刊行。現在はJOIS（JICST Online Information System）でも検索できる。現在の編構成および創刊年は以下のとおり。

　　物理・応用物理編　1959－（半月刊）
　　化学・化学工業編（外国編）　1958－（旬刊）
　　化学・化学工業編（国内編）　1974－（月刊）
　　金属工学・鉱山工学・地球科学編　1959－（半月刊）
　　機械・工学編　1958－（半月刊）
　　電気工学編　1958－（半月刊）
　　土木・建築工学編　1959－（月刊）
　　原子力工学編　1961－1999　以後エネルギー・原子力工学編として合併、改題。（月刊）
　　環境公害編　1975－（月刊）
　　管理・システム技術編　1963－（月刊）
　　エネルギー編　1979－1999　以後エネルギー・原子力工学編として合併、改題。（月刊）
　　ライフサイエンス編　1981－（旬刊）
　　エネルギー・原子力工学編　1999－（年6回）
3079

雑誌記事索引 科学技術編　国立国会図書館　1950－　『雑誌記事索引　自然科学編』の改題
国立国会図書館が収集した国内刊行雑誌のうち、科学技術領域の記事を採録したもので、主題分野による検索のための本編と著者・件名索引、収録誌名一覧からなる。採録の範囲は科学技術関係の論文・研究報告・資料などで、論題・著者・誌名・巻号などを掲載。抄録はない。季刊で、各巻1号に件名参照索引、4号に全収録誌名一覧が付く。発刊以来、刊行頻度・内容とも幾度かの変遷を経てきたが、26巻1号（1975年刊）より、ほぼ現在の形式となる。なお、年刊の著者索引は26巻（1975年）－32巻（1981年）まで刊行され、以降は各巻末索引のみとなっている。刊行形態は1995年（平成7）12月刊行分で冊子体を廃止しCD-ROM版として刊行（1998年度以降年6回）。CD-ROM版では遡及版と併せ、1975年以降分について、人文・社会編と統合利用ができる。1996年からは採録誌を大幅に増やし、2000年4月現在9000誌（科学・技術関係3000誌）である。
3080

【文献案内】

自然科学の名著　改訂新版　湯浅光朝編　毎日新聞社　1971
　402,12p　19cm　750円
科学の古典の持つ意味、時代別展望を述べ、さらに数学・物理学・天文学・化学・地学・生物学・医学・技術・科学思想の9部門に分け、古代から現代までの名著を紹介。巻末に豊富な参考文献・年表・人名索引を付す。
3081

世界の大発明・発見・探検・総解説　自由国民社　1982.11
　304p　21cm　1700円
原始時代における石器の発明から、コンピュータや惑星探検に至る144の発明、発見、探検を年代順にとりあげ、平易な文章で解説。巻末にこれから期待される科学技術10項目について解説。巻末に世界の大発明・発見・探検・早わかり年表、参考文献一覧および人名索引を付す。
3082

【辞典・用語集】

■「技術・工学・工業」の辞典・用語集も見よ。

インタープレス科学技術活用大辞典　インタープレス　1984.4　2冊　27cm「和英編」「英和編」に分冊刊行　4-87087-002-9　全55000円
技術文献を読んだり、翻訳したりする際に役立つように、現場で使われる工業用語が文中でどのように使われているか例文を集めたもの。例文は定評あるメーカーのマニュアルなどから採録し、各見出しについて平均5つの例文を掲載。日本語の各種助詞および英語の不定冠詞や定冠詞までを見出し語とし、コンピュータにより編纂したコンコーダンス方式の活用辞典。見出し語の数は和英編1万4800、英和編1万5200語。それぞれ五十音およびアルファベット順配列。例文中の見出し語に対応する部分を太字で示す。
3083

インタープレス日中英10万語大辞典　インタープレス，北京有色金属研究総院科学技術大辞典編集委員会編著　インタープレス　1986.7　3冊　27cm「日英中編」「中日英編」「英中日編」に分冊刊行　4-87087-012-6　全88000円
『インタープレス科学技術25万語大辞典』（英和・和英）（1983年刊）をベースに中国語を加え3か国語相互の検索を可能とした技術用語辞典。「日英中編」は五十音順、「中日英編」は拼音のアルファベット順、「英中日編」はアルファベット順配列。一般の科学技術用語のほか関連の固有名詞、略語、記号なども収録。用語解説はないがすべての用語にはIP（『工業英語』編集部で収集した用語）、学術用語、JIS用語などの典拠を示す。巻末に英中人名・地名一覧、簡体字表などを付す。1989年に新装版「パーソナル版」として「日英中編」「中日英編」のみをアイピーシーから刊行。
3084

科学技術英語表現辞典　富井篤編　オーム社　1995.11
　721p　21cm　4-274-02302-8　12360円
科学技術英文を書くときに役立つように、よく使用さ

れる表現を重点的に収載。「異・違・差」から「例外」まで、五十音順に配列した日本語表現70項目を大項目とし、その中をさらに中、小、細分類し、文脈によって多様に変わる表現を実例英文をもとに体系的に紹介。巻末に日本語索引、英語索引を付す。『科学技術和英大辞典』(1988年刊) の「第2編－表現編」を大幅に増補・改訂して1冊にまとめたもの。　3085

科学技術英和大辞典　富井篤編　オーム社　1993.11　2290p　27cm　表紙の書名：『English-Japanese science and engineering dictionary』　執筆：井上英治ほか　4-274-02252-8　55000円
科学技術関連の英文の読解、翻訳、作成に役立つように編纂された英和辞典。用語集ではない。見出し語 (英語) に対する日本語の訳語を示し、訳語に対応する英文例とその和訳を掲載している。見出し語の配列はアルファベット順。索引はない。　3086

科学技術35万語大辞典　アイピーシー　1990.11　2冊　27cm　「英和編」「和英編」に分冊刊行　4-87198-224-6　各61800円
科学技術一般の用語のほか関連する固有名詞、常用語句、略語、記号、接尾辞、連結形、動詞を収録した用語集。英和編と和英編の2分冊からなり、英和編は38万4000件、和英編は34万5000件を収録している。収録用語は大きく次の三つのグループに分けることができる。学術用語、JIS用語、IPC (アイピーシー) が収集、翻訳した用語。見出し語の配列は英和編はアルファベット順、訳語の日本語の読みを示す。和英編はひらがな表記で五十音順配列。漢字を併記し訳語を示す。　3087

科学技術政策用語英訳集　科学技術庁科学技術政策研究所第1調査研究グループ〔編〕　科学技術庁科学技術政策研究所　1991.10　77p　30cm　(科学技術政策研究所調査研究資料　調査資料15)
『日本の科学技術政策史』(科学技術政策研究所、1990) の英訳作成の過程で生まれた用語集。科学技術政策を論ずる際に頻繁に用いられる用語1024語を収録し、英訳したもの。用語は五十音順配列。必要に応じて、カッコを付し簡単な説明を加えている。巻末に英文略称索引とキーワード索引 (五十音順) および「英訳された科学技術政策用語」の索引 (アルファベット順) がある。　3088

科学技術略語小辞典　固有名詞編，一般語編，文書・図面用語編　「工業英語」編集部編　アイピーシー　1987.11　3冊　19cm　2800-3800円
英語略語にその完全な綴りと日本語訳を付した対訳用語集。収録語数は、固有名詞編5000語、一般語編1万5000語、文書・図面用語編1万語。見出し語をアルファベット順に配列し、すべての語に典拠を記載。1985年刊行の『科学技術略語大辞典』(略英和編・英略和編・和英略編の全3巻) の略英和編を分冊化したもの。　3089

科学技術略語大辞典　インタープレス版　略英和編・和英略編　インタープレス対訳センター訳編　アイピーシー　1988.10　1014,1053p　27cm　パーソナル版　4-87198-214-9　24000円
米国の工業規格ANSI Y1.1 の定めた公式技術略語に、IEEE (米国電気電子学会) の収集した現代米国工業界常用略語を加えたものを主体に編纂。略英和編 (略語見出し・アルファベット順)、和英略編 (和術語見出し・五十音順) の2部構成。見出し語数はそれぞれ4万2000。　3090

科学用語語源辞典　独－日－英　ギリシア語篇，ラテン語篇　大槻真一郎著　同学社　1979.7　2冊　22cm　背の書名：ギリシア語篇 Lexicon Greek　ラテン語篇 Lexicon Latin　3500-20000円
医学、薬学、化学、物理学、数学、地学、動植物学、解剖学など、自然科学分野でよく用いられる、独日英科学用語の語源を基礎に編纂したもので、「ギリシア語篇」「ラテン語篇」の2冊からなる。収録単語数はギリシア語篇2万、ラテン語篇は10万語に達する。本編見出し語の配列はギリシア語、ラテン語のアルファベット順だが、ギリシア語はローマ字表記による。それぞれにカナ表記を付す。各篇とも文法要説と、独語、日本語、英語の索引がある。このほかラテン語篇には、ラテン語索引と化学元素語源解説が付く。ギリシア語篇の初版は1975年だが、ラテン語篇刊行を機に姉妹篇として新版を刊行したもの。　3091

学術用語集集成　日本科学協会　1988.5　1059p　30cm　監修：大塚明郎ほか　委託先：筑波データベース研究会
25の理工学分野の『学術用語集』☞0002に収載された12万余語を集大成したもの。和英および英和の2部からなる。和英の部はローマ字表記の日本語を見出し語にアルファベット順に配列。両部ともに『学術用語集』各編名の略語を付す。　3092

最新科学技術用語辞典　藤原鎮男〔ほか〕編　三修社　1985.11　3冊　27cm　背の書名：『Dictionary of science and technology』　4-384-00030-8　全83000円
科学技術用語の主要外国語との対訳辞典。「英独和」「独英」「和英」の3分冊で刊行。英独和は4万7000語、独英は6万7000語、和英 (見出し語はローマ字表記) は4万8000語を収録。各巻とも配列はアルファベット

順。訳語の標準化を図ることを目的に、文部省『学術用語集』☞0002、日本規格協会『JIS用語』から採録、その他の訳語は、各専門領域の慣用訳を採用。各語を100の領域に分類し、〔 〕に分野名を記載。巻頭の凡例に分野一覧を付す。語義の解説はない。　*3093*

JICST科学技術用語シソーラス 1993年版　日本科学技術情報センター編　日本科学技術情報センター　1993.13冊　31cm「本編」「別冊」「主題カテゴリー別索引」に分冊刊行　4-88890-192-9　全19000円
初版（1975年刊）以来、科学技術の発展と収録文献量や新しい用語の増大に合わせて改訂を重ねてきた。1993年版では、特に医学系の新語の追加などを行った。JICST（日本科学技術情報センター）が作成し、提供する文献データベース（JOIS）および『Bunsoku』☞3079などのキーワード索引と検索に適用。本編と別冊および主題カテゴリー別索引の3部構成。　*3094*

7カ国語科学技術用語辞典　朝鮮民主主義人民共和国科学院対訳辞典編纂委員会編著　クレス出版　1989.5　9冊　27cm　25750-41200円
化学編、機械工学編、物理・数学編、金属工学編、原子力編、生物学編、鉱業編、地質・地理編、電気・電子編に分冊刊行。1967年から1970年にかけて朝鮮民主主義人民共和国の国家プロジェクトとして刊行されたものを一部日本向きにアレンジし複製刊行。全巻あわせて9800頁で10万語を収録。見出し語は英語でアルファベット順配列。対応言語は仏語、露語、独語、中国語、日本語、朝鮮語。語義の解説はない。各巻末に対応する6か国語別の索引を付す。　*3095*

総合学術用語集　藤原鎮男，藤原譲編〔横浜〕神奈川大学知識情報研究所　1987.8　640p 26cm 発売：紀伊国屋書店(東京)　4-906279-00-7　20000円
25部門からなる文部省編『学術用語集』☞0002を統合した対訳用語集。見出し語は英語で、アルファベット順に配列。約8万語を収録。邦訳のあとに航空工学から情報処理まで25部門の分野記号を付す。語義の解説はない。　*3096*

中英日自然科学用語辞典　柴垣芳太郎編　東方書店　1990.6　1071p 22cm　4-497-90296-X　12000円
数学、物理学、天文学、宇宙科学、気象学、海洋学、地震学、地質学、コンピュータ関係用語のほか自然科学者名など約3万語を収録。配列は中国語の頭文字の画数順、拼音による発音を併記。巻頭に中国語用語の画引索引と拼音索引、巻末に欧文索引・和文索引を付す。　*3097*

複合語辞典　7000語収録　小柳修爾著　アイピーシー　1988.1　250p 19cm 医学・化学・動物・植物・工業・電気・人文・社会　4-87198-112-6　2600円
合成語や複合語をつくる約670の、具体的または特定の意味を持つ欧文の"連結形"をとりあげ、意味・語源とともに、その連結形を用いた複合語7000をアルファベット順に配列した対訳用語集。付録に造語要素一覧表を付し、連結形を中心とした造語要素を網羅。『英和科学技術複合語辞典』（「工業英語別冊」3、インタープレス、1976）の新装改訂版。　*3098*

仏和理工学辞典　4訂版　日仏理工科会編　白水社　1989.11　610,87p 20cm 表紙の書名：『Dictionnaire des termes techniques et scientifiques français-japonais』　4-560-00023-9　8000円
理工学の広い範囲にわたる仏和の用語辞典。科学技術の進歩に対応し版を重ね、4訂版ではコンピュータ、ロボット、遺伝子科学分野などを取入れている。配列はアルファベット順で対訳は簡潔。3訂増補版（1982年刊）に収録した6万語の後に、別立てで増補分を付載したもの。　*3099*

マグローヒル科学技術用語大辞典　第3版　マグローヒル科学技術用語大辞典編集委員会編　日刊工業新聞社　1996.9　2071,394p 31cm　『McGraw-Hill dictionary of scientific and technical terms　5th ed.』の翻訳　4-526-03903-9　43000円
約12万語を収録。日本語版は原著の大きい改訂が行われる奇数版に対応して訳出されている。前版（1985年刊）に追加した8600語のうち3分の1をコンピュータ、情報関係、数学分野が占める。配列は見出し語の五十音順で英文名を併記。巻末に本文中の見出し語に対応する英文名の索引を付す。付録として「アメリカ慣用の計量法とメートル法」「科学技術関係の諸機関略称」「主な科学技術者とその業績」など18項目を掲載。　*3100*

理工英語小辞典　英和＝和英　大石不二夫編　三共出版　1976　293p 18cm 1500円
生物、数学、物理、化学、電気、機械、土木、建築、応用化学、情報工学など理工学全般の用語を収録した「英和」と「和英」の対訳辞典。前者はアルファベット順に6400語を配列し、学問分野の識別と日本語訳を付す。後者は、英文を書く際に必要な重要語句約1800語を読みのアルファベット順に配列し、英語訳を記載する。　*3101*

理工学ロシア語辞典　広崎宗二，黒沢勝美共著　三共出版　1984.12　601p 19cm　4-7827-0181-0　6000円
理工学全分野を対象とした簡易な露和対訳用語集。収録語数2万3000語余。『理化学ロシヤ語辞典』（斉藤秀

夫著、三共出版、1964)をもとに、数学、機械、鉄道、土木、電気、情報、冶金・金属、溶接などの分野を加え理工学辞典に拡大した。訳語の末尾に専門分野の略号を付す。収録語数を多くするため略語は省略してあるが、凡例に略語辞典の紹介がある。　　　　　　3102

両引き術語＝略語集　術語で略語が引ける・略語で術語が引ける　「工業英語」編集部編　インタープレス　1984.2　840p　19cm　(ハンディ辞典シリーズ 2)　4-87087-102-5　4100円
American National Standard (ANSI) とMilitary Standard (MIL STD) によって使用が認められている約8500の略語を収録。略語の範囲は、軍事を含む科学・技術から12か月の月名にも及び、図面や仕様書などはもちろん一般文書の作成、翻訳に十分活用できる。第1部　術語＝略語編、第2部　略語＝術語編の2部構成で、配列はアルファベット順。付録にPartial list of engineering societies and industrial associations abbreviationsほかがある。　　　　　　3103

【辞典・事典】

岩波科学百科　岩波書店編集部編　岩波書店　1989.11　1345p　27cm　4-00-080070-1　9800円
基礎から先端までの基本的な科学・技術用語約7000語を収録し平易・簡潔に解説した総合事典。配列は五十音順で、記述は小項目を中心とするが、そのうち325語を中項目として各1-2頁で解説する。テーマごとに出版された『岩波ジュニア科学講座』(全11巻、1984-1986)を統合して中高生、一般家庭向きに編集刊行。植物分類表、動物分類表などの付表と、英語索引を巻末に付す。　　　　　　3104

岩波理化学辞典　第4版　久保亮五〔ほか〕編　岩波書店　1987.10　1629p　23cm　4-00-080015-9　9500円
物理学、化学を中心に数学、天文・気象学、地質・鉱物学、生化学、工学など自然科学全般から基本的な術語や人名を収録し、解説した辞典。項目の五十音順配列。第3版(1971年)の全面改訂版で項目数では1割近く減少し、見出し語に併記する外国語も主要なもの以外は英語に限定。付録は原子量、定数、周期表など理学の基礎的な表を網羅。ほかに化合物命名法、諸外国の主な学術研究機関、さらに歴代ノーベル賞受賞者一覧を掲載。人名索引、英仏独語索引およびロシア語索引を付す。第5版が1998年に刊行された。　3105

科学賞事典　日外アソシエーツ編　日外アソシエーツ　1986.6　2冊(別冊とも)　22cm　発売：紀伊国屋書店　別冊(645p)：索引　4-8169-0550-2　25000円
日本の科学・工学分野の学術賞456賞を収録。賞名を項目として五十音順に配列し、賞の由来、主催者、選考基準、連絡先、創設以来の受賞者、受賞業績などを記述。別冊は個人受賞者名索引。追補版として『最新科学賞事典1986/1990』(1991年刊)、『最新科学賞事典1991/1996』(1997年刊)がある。追補版では前版収録各賞のその後のデータを補うとともに、未収録の賞を追加し、主催者名索引を加えている。なお、科学技術分野を含む文化賞は『最新文化賞事典』☞0229 (1996年刊) を参照のこと。　　　　　　3106

科学大辞典　国際科学振興財団編　丸善　1985.3　1680p　27cm　4-621-02957-6　28000円
研究、技術開発、ビジネス、学習、生活に実際に役立つ科学技術基本用語3万2000語を収録。配列は五十音順で見出し語には英文を併記。大学生および一般社会人に理解できるように、要所に図を挿入して平易に解説。巻末に元素の周期表、科学史年表 (16世紀から1981年) などの付録および欧文索引を付す。　3107

科学の事典　第3版　岩波書店辞典編集部編　岩波書店　1985.3　1432p　図版64p　27cm　監修：飯野徹雄ほか　4-00-080017-5　9000円
中学・高校生から社会人までを対象に、自然科学の事象や生活に不可欠な技術の中から167の大項目を選び五十音順に配列。総合的な知識が得られるよう系統だてて解説。巻頭の項目目次の後に、内容がくわしくわかる副目次、口絵目次を掲載。巻末に紀元前から1980年代までの科学の歴史を年表形式で掲載。五十音順事項索引を付す。　　　　　　3108

人名のつく現象と法則の辞典　物理・化学・数学　D.W.G.バレンタイン，D.R.ラベット著　竹山協三〔ほか〕編訳　アグネ　1980.7　278p　18cm　『A dictionary of named effects and laws in chemistry, physics and mathematics』1970の翻訳　2500円
発見者などの名前を冠した現象、法則、公式を五十音順に掲げ、簡単に解説したポケット辞典。翻訳に際し新たに177項目を加えた。付録に「人名のつく単位」、巻末にアルファベット順人名索引を付す。　　3109

単位の辞典　改訂4版　ラテイス　1981.7　615p　20cm　監修：小泉袈裟勝　発売：丸善　2800円
あらゆる単位を表音見出し (ひらがな、カタカナ) の五十音順に配列し解説。単位に似たもの、単位に準ずるものも広く収録している。前版 (1974年刊) に、メートル法以前の各国固有の単位を追加し、国際単位系の数次にわたる改訂も記載。巻末に記号・略号別索引および欧文別索引を付す。付録として、各種図記号一覧、各国通貨換算表、日本年号・西暦対照表、わが国初の算術書『塵劫記』の抜粋、名数一覧、古代の数字

および日本語の助数詞一覧などがある。　　　　3110

理工学辞典　東京理科大学理工学辞典編集委員会編　日刊工業新聞社　1996.3　1859p　27cm　4-526-03824-5　39000円
自然科学・工学全般の基本的な術語を小項目方式でわかりやすく解説。配列は見出し語の五十音順で英語を併記する。巻末に付録として「基礎物理定数表」などを付し、見出し語に対応する「英語索引」を付す。
　　　　3111

【人名事典】

科学・技術人名事典　都築洋次郎編著　北樹出版　1986.3　583p　27cm　構成・製作：科学史科学教育研究所　発売：学文社　12000円
科学・技術史上に意義ある業績を残した外国人2106名、日本人705名を収録し、それぞれカタカナ、ひらがな見出しによる五十音順に配列。日本人は、ほかの人名事典に収録されている思想家などは外し、科学技術分野に限定し収録。各項は、見出し人名かな読、原綴、生年月日・生誕地、没年月日・死没地、国籍および専攻、解説、著書からなる。巻頭に日本人、中国人、朝鮮人名もローマ字表記にしてアルファベット順に配列した欧文（人名）索引を掲載。　3112

科学者人名事典　John Daintith〔ほか編〕科学者人名事典編集委員会編　丸善　1997.3　932p　27cm　『Biographical encyclopedia of scientists 2 nd ed.』の翻訳　4-621-04317-X　24720円
太古から現在に至る世界の大科学者、約2200人の小伝を科学上の業績に重点をおいてまとめたもの。外国人は読みのカナ表記、日本人は漢字表記を見出しに五十音順に配列。氏名の原綴、生没年月日、生没国・都市名、専門分野を示した後、業績を紹介。巻末に欧文人名索引を付す。　　　　3113

現代日本科学技術者大事典　第1-5巻　日外アソシエーツ編　日外アソシエーツ　1986-1987　5冊　22cm　発売：紀伊国屋書店　4-8169-0357-7　第1-4巻（セット）96000円　第5巻　2000円
科学者、技術者、医学者、科学評論家など1986年現在活躍中の約1万3000人の人物情報および文献情報を収録した事典。人物は文献計量的手法と、受賞記録や新聞・雑誌などの記事を基に選定。見出し語の配列は人名の五十音順だが、姓・名を一単位とする。記載内容は略歴、研究歴、発明、受賞などの業績、著作事項、人物研究など。主に1977-1985年にかけて発表された雑誌論文・図書からなる詳細な著作事項は文献総数18万件に及ぶ。第5巻索引はキーワードから人名を導く

ように作成されている。特定のテーマ、分野についてどのような人がいるのか知る上で大いに有益である。CD-ROM版あり。　　　　3114

世界科学者事典　1-6，別巻　デービッド・アボット編　中村禎里監訳　原書房　1985-1987　7冊　27cm　日本語版監修：伊東俊太郎　『The biographical dictionary of scientists』の翻訳　8000-9500円
「生物学者」「化学者」「天文学者」「物理学者」「数学者」「技術者・発明家」「総索引」に分冊刊行。科学とその関連分野で著名な業績をもつ科学者の人名辞典。採録人名は紀元前から現代まで1200人。近現代に重点が置かれ伝記的記述に詳しい。原書が英国刊のためイギリス重視の傾向があり、日本人の採録は11人。配列は人名のカタカナ表記五十音順。各巻とも用語解説、欧文人名一覧、人名索引、事項索引を付す。別巻総索引は全巻総目次、各巻別欧文人名一覧、人名索引、事項索引からなる。　　　　3115

日本の研究者・技術者　先端技術で活躍している　1985・86年版　IPC技術情報室編　アイピーシー　1985.2　778p　27cm　24000円
1984年10月現在までの学会誌、講演会、新聞などの情報をもとに、約5500人を収録した人名辞典。化学、電気、機械、情報処理、建築の5分野に分け、人名の五十音順に配列。各項は人名、所属、住所、研究分野からなる。巻末に国・大学・民間などの各種研究機関の住所録を付す。　　　　3116

【便覧・データ集】

科学技術文書の作り方　氏家信久著　朝倉書店　1986.6　114p　21cm　監修：宮川松男　4-254-10051-5　2000円
若い技術者を対象に欧文に翻訳しやすい文章の書き方を解説した便覧。各種報告書および学術論文の特徴、役割、作成時の留意点を簡潔に記載。巻末に引用文献一覧および和文索引を付す。　　　　3117

科学データ　活用と検索　日本ドクメンテーション協会　丸善（発売）1974　123p　26cm　監修：小谷正雄　1500円
物理学、化学、生物学の領域における内外の主要なデータ集を紹介し、その利用と検索法を解説している。CODATAの活動、自然科学の領域におけるデータ集の利用、中性子核データの検索、赤外スペクトルの検索、Crystallographic Dataの検索、Thermophysical、Thermodynamic、Equilibrium、Transport Dataの検索、Biological Dataの検索の各項目からなる。総数にして360余りのデータ集を解説している。　3118

自然史関係大学所蔵標本総覧　大学所蔵自然史関係標本

調査会編集　日本学術振興会　1981.10　452p　26cm　3400円

文部省が1978年12月に実施した「大学所蔵標本等実態調査〈自然史関係〉」により収集された情報を整理、編集し、各大学の特色ある所蔵標本コレクション440の概要を紹介。動物、植物、人類、古生物、岩石・鉱物の各分野別に収録し、各コレクション名、数量、収集経緯、学術的価値、利用状況、代表的論文名および所属先を記載。巻末に大学別に標本所蔵点数一覧と特色あるコレクション名を付す。別に『大学所蔵標本〈自然史関係〉の実態調査報告』（文部省学術国際局情報図書館課、1980）が刊行されている。　　　　3119

理科年表　第1冊(大正14年)-　国立天文台編纂　丸善　1924-　年刊　15cm

暦、天文、気象、物理/化学、地学、生物の各部と附録で構成したデータブック。物理/化学部は、単位・元素・物性・熱・音・光・電磁気・原子・分子・原子核に、地学部は地理・電離圏・地質・鉱物・地震に、生物部は生物のかたちと系統・遺伝・免疫・環境・資源などに細分。データは、国立天文台、気象庁、海上保安庁水路部、国土地理院、郵政省通信総合研究所、宇宙開発事業団などから提供を受け編集して収録。巻末に五十音順索引を付す。机上版、普及版およびCD-ROM版もある。解題は第71冊（平成10年刊）による。　　　　3120

◆科学史

江戸時代の科学　東京科学博物館編　名著刊行会　1969　345,45p　図版17枚　22cm　博文館　昭和9年刊の複製　限定版　5000円

東京科学博物館創立一周年記念展覧会に陳列した諸資料の解説目録。機械・器物類とともに多数の図書・地図・古文書などを収録。江戸時代の日本の科学技術の状態や研究資料についての基礎的な知識を得るのに有用。総説、和算、天文暦術、本草及博物学、医学及医術、地理、鉱業と地質、銃砲、電気、印刷と写真、鉄道造船建築、雑の12章に分け、概説、略年表・学者系譜のほか個々の資料について豊富な図版入りで解説し所蔵者を記載。巻頭に内容目次と図版目次、巻末に和文五十音順索引と欧文アルファベット順索引を付す。　　　　3121

科学史技術史事典　伊東俊太郎〔ほか〕編　弘文堂　1983.3　1410p　27cm　4-335-75003-X　23000円

日本、アジア、中近東など非西欧圏諸国を含む全世界を対象とする総合的科学史技術史事典。人名と事項を見出し語に五十音順に配列。検索頻度の高い関連語には参照を指示。各項目末尾には、必要に応じ参考文献を付し、付録にメートル法以前の各国の単位、科学史技術史地図などを掲載。巻末に、和文事項索引、欧文事項索引、漢字人名索引、欧文人名索引を付す。1994年に口絵、年表などの付録部分を割愛した縮刷版を刊行。　　　　3122

科学史研究入門　中山茂，石山洋著　東京大学出版会　1987.11　352p　19cm　4-13-062113-0　2400円

科学史や技術史の研究を始める人のためのガイドブック。2部からなり、第1部では日本を含めイギリス、アメリカ、中国、韓国など10数か国の科学史研究の動向を国別に概説。第2部では科学史文献の検索方法についてのべたあと、日本科学史、数学史、技術史など各分野の基本文献を列挙し解説。巻末に本文に出てくる人名の索引がある。　　　　3123

日本科学技術史大系　第1-25巻，別巻　日本科学史学会編　第一法規出版　1964-1972　26冊　27cm　3500-4500円

幕末から昭和までの科学技術史に関する資料集成。1-5巻　通史、6巻　思想、7巻　国際、8-10巻　教育、11-15巻　理学、16-21巻　工学、22, 23巻　農学、24, 25巻　医学、に分けて約5450点という豊富な資料を収載し解説を加える。別巻に総目次、年表、総索引（事項索引、人名索引、年次索引）を収載。各巻末に年表、参考文献目録、五十音順索引を付す。　　　　3124

日本洋学人名事典　武内博編著　柏書房　1994.7　533,13, 14p　27cm　4-7601-1104-2

わが国の蘭学（洋学）の濫觴期から明治初期の近代化の確立までに活躍した人物1000名以上を五十音順に配列し、生没年、活動分野、略歴、墓所、参考文献を列挙している。そのほか、全国墓所所在一覧、主要洋学者墓碑銘があり、主要洋学者門人帳には代表的な蘭学塾の門人を列挙し、その出身地を記している。付録には洋学関係私塾・藩校等配置図、洋学関係資料所蔵機関一覧、参考文献が掲載され、巻末には活動分野別索引、出身地索引がある。　　　　3125

ネイチャー・ワークス　地球科学館　Michell Beagley著　青木薫，山口陽子監訳　京都　同朋舎出版　1994.7　350p　30cm　訳：生島緑ほか　『The way nature works』1992の翻訳　4-8104-1778-6　3980円

地球や大気の問題から進化の問題、さらに今日生きている生物種の形態や行動まで専門的で詳しい情報を、一般の人にも正しく理解できるように数百のイラスト

を使い体系的に分かりやすく解説した事典。地球科学を最初の2章、生命科学をあとの7章で扱う。それぞれの章は、一つの話題を見開き2頁で説明し、頁左下の関連項目案内により、さらに広い情報が得られる。巻末に索引（五十音順）および用語集がある。　*3126*

マクミラン世界科学史百科図鑑　1-6　バーナード・コーエン総編集　原書房　1992-1994　6冊　27cm　奥付の書名：『世界科学史百科図鑑』『Album of science』の翻訳　8000-9800円
1 古代・中世、2 15世紀-18世紀、3 19世紀、4 20世紀・物理学、5 20世紀・生物学、6 総索引の6巻からなる。図版による西洋科学発達の概説書。図版は①地図や図表など科学者が利用したり製作した視覚教材、②科学器具や研究室、研究に従事する研究者等の絵、③その時代の一般的なメディアに現れた科学や科学者の描画、の三種からなり、古代から現代まで西洋では人々は科学をどのように理解してきたかを伝えようとする資料。図版は全巻で2041枚が掲載されている。解説はほとんど付されてないが、図版の説明が詳しい。1-5巻の各巻に、参考文献、図版出典、図版と事項の五十音順索引・英語索引を付す。6巻には1-5巻の目次、総索引、日本語・英語の各巻索引を収録。原書は1978-1989年に刊行。　*3127*

洋学史事典　日蘭学会編　雄松堂出版　1984.9　787,82,35p　27cm　（日蘭学会学術叢書 第6）　4-8419-0002-0　19500円
1541-1882年頃までの蘭学および蘭学を媒介として起こった英米独仏その他の科学技術、ポルトガル、スペイン系統の科学技術や諸文化など、ヨーロッパの学問の導入と日本での展開に関連する人物、書物、事象など約3000項目について解説した事典。見出し語はひらがなと漢字表記で、五十音順配列。項目末に参考文献を収載。付録として、洋学史年表ほか、長崎奉行、来航船数、阿蘭陀通詞などの一覧など付表6点、巻末に人名索引、書名索引、事項索引を付す。　*3128*

【年表】

解説科学文化史年表　1960年増補版　湯浅光朝著　中央公論社　1960　266p 図版　26cm
解説と年表からなる総合的な科学史年表で、西洋科学文化史と日本科学文化史の2部構成。科学技術に関連のある人文・社会科学、思想史の分野からも必要事項をとり入れ、図表・写真なども多い。巻末に西洋科学史の事項索引および人名索引、日本科学史の人名索引および科学技術史関連の参考書目一覧を収載。初版1950年刊。巻末に1954年、1960年増補分を収載。
　3129

世界科学・技術史年表　都築洋次郎編著　原書房　1991.3　414p　27cm　4-562-02191-8　15000円
紀元前9世紀から1988年までの科学・技術史上の重要事項を収録した年表。紀元前9世紀から紀元後7世紀までを古代、8世紀から16世紀までを中世からルネサンス、17世紀から20世紀までは各世紀ごとに大別する。各時代区分の前に、その時代に関連する解説を掲載。年表は2頁見開きで「物理科学」「生物科学」「技術・工学」「社会文化史」の4分野に分け事項を掲載している。日本の科学・技術の項目は外国の項目の後に付す。巻末に参考文献（外国語文献と日本語文献）および人名索引（アルファベット順）がある。　*3130*

Maruzen科学年表　知の5000年史　Alexander Hellemans, Bryan Bunch〔著〕　植村美佐子〔ほか〕編訳　丸善　1993.3　580p　27cm　『The timetables of science new, updated ed.』1988の翻訳　4-621-03827-3　21630円
科学史における重要な人物と出来事に関する年表。欧米にとどまらず、日本、中国、インド、アラビアなど、世界各国から240万人におよぶ多数の人物・出来事を収録している。また103のエピソード的コラムを各所にちりばめている。科学史と技術史の両方を含み、各年ごとに見開きで、人類学、考古学、天文・宇宙、生命科学、生物学、化学、地球科学、数学、医学、物理学、物理化学、技術に分類。特に現代科学技術に詳しい。巻末に事項索引と人名索引がある。いずれも五十音順配列。一般向け。　*3131*

◆科学技術政策、科学技術行政

科学技術研究調査報告　昭和35年-　総務庁統計局編　総務庁統計局　1961-　年刊　26cm
「わが国における研究活動の状態を明らかにし、科学技術振興に必要な基礎資料を提供する」ために昭和28年から毎年実施している科学技術研究調査（指定統計第61号）の報告書。研究費などの推移、動向を把握できる。調査対象は会社、研究機関および大学などで（平成9年調査では1万6600機関）、研究費、研究関係技術者数、技術貿易額などを収録。構成は、結果の概要、統計表、調査の概要などからなる。統計表は総括、会社等、研究機関、大学等に分け、さらに項目別に集計。同時にエネルギーとライフサイエンス研究の附帯調査結果も掲載している。昭和28-34年の書名は『研究機関基本統計調査結果報告』。　*3132*

科学技術情報活動の現状と展望　総合レビュー　第1-8

巻　科学技術庁編　大蔵省印刷局　1979－1985　8冊　21cm　1200－3300円
科学技術庁が1972年度から行ってきた総合レビューの一環として科学技術情報活動をとりあげ、発展の経緯、現状、問題点、将来の展望などを総覧したもの。全8巻からなる。各章末収載の文献一覧が充実している。各巻末に用語解説を付す。第1巻　化学情報、第2巻　医学情報、第3巻　科学技術情報の機械化：情報化社会に向けて、第4巻　農学情報：研究・技術開発のための農学・農林水産技術情報、第5巻　金属情報：産業を支える鉄・非鉄技術情報、第6巻　企業と情報活動：自主技術開発時代への対応、第7巻　データベースの高度利用、第8巻　知識ベース・システム。
3133

科学技術政策史年表　日本科学者会議編　大月書店　1981.9　249p　22cm　3300円
「科学技術政策」「科学者の活動」「科学・技術・産業」「社会情勢」の4欄からなる年表。対象期間は1945年から1978年。巻末に、典拠一覧、解題、資料を付す。
3134

国の試験研究業務計画〔昭和44年度版〕－　科学技術庁研究調整局〔1969〕－　年刊　26cm
国立試験研究機関などにおける試験研究業務計画をとりまとめたもの。総合的研究開発、科学技術振興調整費による総合研究、経常研究など13種の研究に分類し、さらにその中を省庁研究機関別に研究名称を列記。おのおのの研究について、予算、研究課題および内容、研究期間、研究部署を示す。理化学研究所などの特殊法人、海洋科学技術センターなどの特別認可法人8機関についても併載。巻末に掲載機関の一覧を付す。解題は平成8年度版による。
3135

国際科学技術協力ハンドブック　1977年版－　吉田科学技術財団　1977－　19cm　監修：科学技術庁科学技術振興局国際課
わが国の国際科学技術協力の現状と仕組みを紹介したハンドブック。2国間科学技術協力、多国間科学技術協力、人材交流、最近の施策、付録の5章からなる。索引はない。付録には各国の科学技術関係行政機構図および科学技術協力協定などの全文（和・英文）を掲載している。2－3年おきに刊行。解題は1997年版による。
3136

数学

【辞典・事典】

岩波数学辞典　第3版　日本数学会編　岩波書店　1985.12　1609p　23cm　4-00-080016-7　9800円
450項目からなる中項目主義辞典。第2版（1968年刊）の旧項目を整理統合し、新項目を加え、頁数で約5割増加した。各項目を五十音順に配列し、各項目は、項目番号のほか全体を数学基礎論、数学論理学から数学史まで21部門に分類した部門別番号、本文および参考文献からなる。ほかの項目、公式、数表への参照も指示。巻頭に部門別項目表、巻末に欧字先頭和文、和文、欧文、ロシア語、人名の各種索引を付す。付録に記号表、公式、数表および肖像写真（アーベル、ガウス、カルタン、ガロア、高木貞治、ヒルベルト、ポアンカレ、リーマン）がある。
3137

学術用語集　数学編　文部省〔編〕　大日本図書　1991.12　146p　18cm　第33刷（第1刷：昭和29年）　4-477-00170-3　360円
文部省が学術用語の平明化と整理統一を目的に、使用頻度の高い基本語を集成したもの。第1部　和英の部（見出し語はローマ字表記）、第2部　英和の部、第3部　統計数学（和英・英和）の部からなる。各部ともアルファベット順配列。
3138

幾何学大辞典〔第〕1〔巻〕－第6巻，補巻1－2　岩田至康編　槙書店　1971－1993　8冊　22cm　3800－9800円
古代エジプトから現代まで古今東西における図形に関する問題を網羅して、詳細な解答、証明、注を記載し体系的に編纂したもの。第1巻　基本定理と問題〈平面〉、第2巻　基本定理と問題〈空間〉、第3巻　証明問題〈平面〉、第4巻　証明問題〈平面・空間〉、第5巻　軌跡・作図・計算問題〈平面・空間〉、第6巻　円錐曲線その他〈平面・空間〉、補巻1、2。第6巻に第1巻から第6巻までの「総索引・総目次」を付すとともに、付録として第1巻に「幾何学史年表」、第2巻に「術語辞典」、第3巻に「幾何学書解説」、第4巻に「人名辞典」などを収録。
3139

基礎仏和数学用語・用例辞典 日仏会館，日仏理工科会編 ベルナデット・ドゥニ著 白水社 1993.1 165p 20cm 『Lexique mathématique fondamental français-japonais』の翻訳 4-560-00027-1 3800円
フランスのコレージュ（中等教育前段階）で使われている数学用語の仏和辞典。見出し語の数は550で少ないが、用例と図版を豊富に取り入れ、十分な説明が与えられている。巻末には付録として論理・自然結合子および統計用語の解説があり、またフランス語索引と和文索引（五十音順、フランス語名併記）およびコレージュにおける数学のプログラムなどの参考資料がある。 *3140*

現代数理科学事典 広中平祐〔ほか〕編 大阪 大阪書籍 1991.3 1310p 27cm 発売：丸善（東京） 英文書名『Encyclopedia of mathematical science』 4-7548-4004-6 39000円
数理科学の諸分野を大項目（章）、中項目（節）、小項目（項）に分け、必要に応じてさらに細かい項目を設け解説した事典。数理物理学、数理化学、数理生物学、流体力学、数理論理学、数理心理学、数理言語学、数理経済学、計量経済学、数理統計学、医療情報学、オペレーションリサーチ、制御理論、情報理論、計算機科学、数値計算、パターン処理、基礎数理1、2の19分野からなる。各章末に参考文献がある。巻末には和洋それぞれの事項索引と人名索引を付す。 *3141*

新数学事典 改訂増補版 一松信，竹之内脩編 大阪 大阪書籍 1991.11 1089,67p 図版36p 22cm 執筆：一松信ほか 発売：丸善 4-7548-4006-2 12000円
算数から大学の一般教養課程程度までの数学の内容を第一線の学者がわかりやすく解説した事典。数学の基礎、代数学、幾何学、解析学、確率・統計、応用数学、数学特論の7篇にわけて解説している。巻頭には有名数学者の写真集が、巻末には数表や年表および事項索引（和英対照、五十音順配列）、人名索引（外国人名はかなおよび原綴名）がある。1979年11月刊の初版の誤りを訂正するとともに巻末（索引とも67頁）と口絵に増補を加えたもの。 *3142*

数学辞典 James and James〔著〕 一松信，伊藤雄二監訳 朝倉書店 1993.6 650p 22cm 4-254-11057-X 18540円
『Mathematics dictionary 5 th ed.』（Van Nostrand Reinhold, 1992）の小項目を見出し語とし、和英辞典に編成変えしたもの。中学校から大学学部レベルで扱われている事項をほとんど完全に網羅した事典。配列は五十音順で英語を併記している。付録に各種単位、数学記号の使い方、微積分公式集、ギリシャ文字一覧などがある。巻末には英語索引と英語と仏、独、ロシア、スペインの各語との対照表がある。「James-Jamesの数学事典」と称せられ、初版は1940年に刊行された。 *3143*

数学定理・公式小辞典 高橋渉編 聖文社 1992.9 600p 19cm 監修：本間竜雄 4-7922-0023-7 6500円
高校で学習する内容から物理・工学への応用まで、数学のほぼ全範囲の内容を17章97部に分類し、定義、定理、および公式を示した辞典。第1章は基礎公式で、第2章以降は幾何学から物理・工学への応用まで分野別に分けられている。付録に各章の中で用いられている数学記号の説明、定数値の表、単位換算表、数表を掲載し巻末には索引（五十音順）を付す。 *3144*

数学100の慣用語 数学地方のおもしろ方言 日本評論社 1985.9 150p 26cm 『数学セミナー』増刊 4-535-70407-4 1300円
数学の表現に使う100の用語、言い回しを五十音順に配列し、独自の定義と用例について、分野ごとに専門家が分担執筆した辞典。用語には、接頭語、接尾語一覧と用例解釈を含む。単なる語彙解説に留まらず、歴史的な成り立ち、語源について記述。巻末に五十音順索引を付す。 *3145*

世界数学者人名事典 A.I.ボロディーン，A.S.ブガーイ編 千田健吾，山崎昇訳 大竹出版 1996.11 659p 22cm 『Выдающиеся математики：биографический словарь-справочник 2. изд. перер. и доп.』1987,1994の翻訳 4-87186-037-X 8240円
古代から現代にいたる約2700人の世界の著名な数学者を収録。日本語読みによる人名の五十音順配列。索引はない。日本語版刊行にあたり、著者による原著への訂正、追加も訳出している。 *3146*

【便覧】

新数学公式集 第1-2集 А. П. Прудников〔ほか著〕 室谷義昭訳 丸善 1991-1992 2冊 22cm 監修：大槻義彦 『Интегралы и ряды』Наука, 1981-1983の翻訳 各8240円
積分と級数の公式集。2集からなり、第1集は初等関数を含む不定積分（多重積分を含む）、定積分および有限和、級数および積分を、第2集は特殊関数を含む不定積分（多重積分を含む）を扱っている。種々の科学分野の専門家が満足するよう、類書および最近の科学定期刊行物の中に発表された結果を含む。目次が非常に詳しく目次から求めたい公式が探せる。両集それぞれ巻末に「特殊関数とその性質」ほかの付録と文献一覧を収載し、両集共通の「関数および定数の索引」「数学記号索引」を付すほか第1集にのみ「関数の級

数展開の索引」「初等関数を用いた特殊関数の積分表示索引」を付す。　　　　　　　　　　　　　　3147

数学大公式集　И.С.Градштейн, И.М.Рыжик〔著〕大槻義彦訳　丸善　1983.12　1085p 22cm　『Таблицы интегралов, сумм, рядов и произведений』1971の翻訳　8600円
物理、数学の分野で利用する5000以上の公式を各種の原典より収録。ほとんどすべての公式にその出典を明記。解説はごく少ない。構成は「序」「初等関数」「初等関数の不定積分と定積分」「特殊関数の不定積分と定積分」「特殊関数」からなる。巻末に記号による特殊関数の索引を付す。　　　　　　　　　　　　3148

数学ハンドブック　I.N.ブロンシュテイン, K.A.セメンジャーエフ著　G.グロッシュ〔ほか〕編　宮本敏雄訳編　森北出版　1985.11　1224p 22cm　監修：矢野健太郎　著者の肖像あり　4-627-05080-1　9500円
『Taschenbuch der Mathematik, Neubearbeitung』（第19版および補巻、1979）を底本に、1982年刊の部分改訂（第21版）の内容も含め翻訳。旧版の内容および表現を、数学の新分野の急激な発展に即応するよう根本的に改訂。最適過程論、関数解析、オペレーションズリサーチ、計算機、情報処理などのテーマを大幅に取り入れ現代化を図った。数学者、物理学者、各専門分野の技術者、教師、学生など、幅広い読者層を対象にする方針は変わらない。また日本語訳では必要に応じて訳注も付す。巻末に独－英－日対照数学用語集と五十音順事項索引を付す。原著初版は1957年刊。
　　　　　　　　　　　　　　　　　　3149

マグロウヒル数学公式・数表ハンドブック　Murray R.Spiegel著　氏家勝巳訳　オーム社　1995.3　276p 26cm　『Theory and problems of mathematical handbook of formulas and tables』1968の翻訳　4-274-13006-1　2600円
自然科学全般に携わる人々が利用しやすいように、実用上頻度の高いと思われる2336の公式と52の数表を基礎的なものから高度なものへと配列し1冊にまとめたもの。2部に分かれ、第1部は公式の理解と応用に必須の定義・定理・グラフ・図表などを添えて数学公式を示し、第2部は初等関数の値と高等関数の数表を掲載している。巻末に特殊な記号と記法の索引および事項索引（五十音順・英語併記）がある。　　　　3150

◆数学史

日本数学史研究便覧　萩野公剛著　富士短期大学出版部　1961　162p 22cm
和算研究者のための手引書。「日本数学史の発達年表」（554-1958）と年表の各事項に関する参考文献、『明治前日本数学史』など22点の資料中に出てくる「和算家4222名の索引便覧」、県別の「現存算額目録」の3部からなる。算額などの写真48枚を掲載。　　3151

日本の数学100年史　上,下,付録1　「日本の数学100年史」編集委員会編　岩波書店　1983-1993　3冊 22cm　4800-5300円
上巻は「明治以前」「明治前期」「明治後期」「大正期」、下巻は「昭和前期」「昭和後期」の合計6章よりなる。日本人数学者の国内外における活動および研究成果や、外国人数学者の日本における活動、あるいは日本に大きな影響を与えた業績等を通史の形態で明らかにするとともに、その背景をなす社会情勢、学会の状況、主要な数学者の経歴等についても記述している。各巻末に人名索引を付す。『1945年以前の欧文論文目録』（河田敬義編、上智大学数学教室）を付録1として1993年に刊行。これは本編に含まれていない1885-1945年に発表された日本の数学者による欧文論文リストで3567編を収録。著者名のアルファベット順配列。巻末に「著者別生年・著者別寿命」などを付す。
　　　　　　　　　　　　　　　　　　3152

◆数理統計学

応用統計ハンドブック　応用統計ハンドブック編集委員会編　養賢堂　1978.8　827p 22cm　執筆：奥野忠一ほか　7500円
生物学・農学に関係の深い分野の試験研究に広く用いられている統計的・数学的諸手法をまとめたハンドブック。統計的手法の基礎から実験計画法、多変量解析法、時系列解析やオペレーションズ・リサーチ、システム・ダイナミックスなどの数学的手法を、適用例に基づいて解説。巻末に数表、参考文献、用語の五十音順索引を付す。　　　　　　　　　　　　　3153

統計・OR活用事典　森村英典〔ほか〕編　東京書籍　1984.9　485p 19cm　4800円
統計およびOR（オペレーションズ・リサーチ）用語200項目を収録。見出し語を五十音順に配列し、左頁

に語句の概念や関連ある用語を、右頁には例題による計算法や使い方を示し、見開き2頁で1項目を解説。図表を多用しわかりやすい。国の主な統計機構、主な指定統計一覧、主な経済指数一覧、資金の時間的価値の換算係数などを付す。巻末に英語および1行解説を付した和文索引および英文索引を付す。　*3154*

統計ガイドブック　池田央編　新曜社　1989.7　239p　22cm　3786円
社会科学や行動科学の研究者・実践家が研究やデータの分析に必要な公式や手法を引き出すための手引書。「基礎数学」「基礎統計」「応用統計」「多変量データ解析」の4章からなり、140項目について目的、数値例、方法などを解説。巻末に参考書、22の各種付表、五十音順事項索引を付す。　*3155*

統計学用語辞典　Maurice G. Kendall, William R. Buckland著　千葉大学統計グループ訳　丸善　1987.11　303p　22cm　『A dictionary of statistical terms 4 th ed.』Longman,1982の翻訳　4-621-03203-8　5800円
統計理論ならびに経済学、社会学、生物学などに関連する応用統計学を含む約3000語の用語辞典。配列は五十音順で、対応する英語を付す。巻末の英語索引は日本語訳を併記。　*3156*

統計工学ハンドブック　得丸英勝〔ほか〕共編　培風館　1987.7　684p　22cm　4-563-03438-X　16000円
各種分野におけるランダムデータの処理法を体系的にまとめた便覧。序章に数理基礎編として「確率・統計・確率過程」の基礎をまとめ、以下、統計解析、計測データの処理、スペクトル解析の方法を示す。実システム応用として、制御理論・シミュレーションのためのデータ処理技法、さらに実際の分野での応用例を掲載。参考文献が豊富であり、巻末に五十音順索引を付す。　*3157*

統計用語辞典　芝祐順〔ほか〕編　新曜社　1984.5　374p　22cm　3600円
統計学に関する基礎的な概念を主に、約800語を五十音順に配列し詳しく解説。解説の末尾に参考文献を挙げ、さらに巻末に文献一覧を付す。巻末の五十音順和英索引、アルファベット順英和索引は統計学の和英・英和辞典として利用できる。　*3158*

◆計算法

数値計算ハンドブック　新版　オーム社　1990.9　1153p　27cm　監修：大野豊, 磯田和男　4-274-07584-2　25750円
コンピュータによる各種数値計算のためのアルゴリズムを解説し、そのアルゴリズムを実現するFORTRAN（formular translator）プログラムを例示したもの。数値計算、統計計算の2編、全17章よりなる。巻末に和文索引・欧文索引を付す。『Fortranによる数値計算ハンドブック』（1971年刊）の改訂版。　*3159*

万能数値表　改訂増補版　マルセル・ボル著　弥永昌吉, 矢野健太郎共訳　白水社　1960　920p　22cm
対数計算になるべく頼らないで計算を行うという意図のもとに、純粋数学・物理学・化学工学・統計など広範な分野でよく利用される数表を集成したもの。算術と代数、三角法、指数、確率、複素数、単位と定数の6部に分け、グラフや立体図を数多く使っている。楕円関数・ベッセル関数などとともに、相対論によく出てくる$1/\sqrt{1-\beta^2}$などの各分野に固有の数値計算表を収めているのが特徴である。本書は複雑な計算を要する関数値などが、かなりの精度で一覧できる便利さによって、コンピュータ時代においても有用である。　*3160*

物理学

【辞典・事典】

学術用語集　物理学編　文部省, 日本物理学会〔編〕　培風館　1990.9　670p　19cm　4-563-02195-4　2240円
第1部（和英の部）、第2部（英和の部）よりなる。和英の部は用語のローマ字表記で、英和の部とともにアルファベット順配列。各用語には、それぞれ主としてどの部門かを示す分類番号（全34部門）が付いている。巻末には資料として、学術用語審査基準や、物理学の学術用語制定の経緯などを掲載。　*3161*

サイエンス物理学辞典 A.アイザクス編　永田一清監訳　サイエンス社　1994.12　329p 20cm 『A concise dictionary of physics 2 nd ed.』Oxford University Press,1990の翻訳　4-7819-0759-8　3399円
原著初版（1985年刊）は、コンサイス科学辞典（オックスフォード大学出版局、1984）の中から物理学、宇宙物理の理解に必要な天文学、物理化学および物理学に関連の深い数学用語、金属学、情報処理、エレクトロニクスなどの項目を採録したものだが、本書の底本である第2版には、原子核・素粒子物理、量子論、固体物理などの新たな項目が追加されている。さらに原著にはない、いくつかの重要項目も追加しアスタリスクを付して示している。配列は項目の五十音順で、英語を併記し、欧字項目は最後に配置している。簡潔な説明と相互参照によって項目を物理学全体の中でとらえさせようとの配慮がなされている。巻末に欧文索引を付す。　　　　　　　　　　　　　　　　3162

三省堂物理小事典 第4版　三省堂編修所編　三省堂　1994.4　408p 19cm 監修：宮島竜興　執筆：井口磯夫ほか　4-385-24016-7　1500円
物理について高校の教科書、最近5か年の大学入試問題、専門辞典、新聞・雑誌などから厳選した約3500語を採録した事典。項目を五十音順に配列し解説している。付録に物理定数表、太陽・宇宙に関する物理量、周期表などがある。索引はない。初版は1967年、第3版は1982年刊。　　　　　　　　　　　　　　　3163

日常の物理事典 近角聡信著　東京堂出版　1994.9　327p 22cm 4-490-10372-7　2800円
日常生活で出会う諸現象を物理学の目で平易に説明した事典。次の5章からなる。居間の中の物理学（台所、庭および建築の物理）、生活の中の物理0（料理、熱、音および光の物理）、遊びの物理（スポーツ、戸外・屋内、および玩具の物理）、機械の物理、自然の中の物理（地球、気象、海上および山野の物理）。巻末に分野別項目索引と総合索引（五十音順）がある。
　　　　　　　　　　　　　　　　　3164

物理学事典 ソビエト科学アカデミヤ版　小野周他編訳　明治図書出版　1982.5　769p 27cm　4-18-665003-9　36000円
ソビエト百科事典の1つとして刊行された物理学百科事典『Физический энциклопедический словарь』(1963-1966)の約5300項目の中から527項目を選び翻訳。隣接領域、応用技術、教科書に説明のある古典物理学に関する項目は省略。理工学部の学生、院生、研究者などを対象とする。日本語を見出し語とし五十音順に配列、英語、ロシア語を併記。巻頭に日本語、ロシア語、英語の目次がある。　　　　3165

物理学辞典 改訂版　物理学辞典編集委員会編　培風館　1992.5　2565p 27cm 4-563-02092-3　39000円
高校の教科書に出てくる事項から最先端の学問分野の事項まで、物理的諸現象、諸法則、研究方法、単位、人物など1万3000項目を収録し解説した辞典。元素名、化合物名、天体名などは原則として採録していない。図、表および写真をできるだけ活用して理解しやすさに配慮している。項目の配列は見出し語の五十音順で、日本語に対応する英、独、仏、ロシアの諸語を併記している。小項目を原則としているが各項目が断片的に終わらぬよう、大項目、中項目を設け、各項目の有機的な関連を図っている。付録に基礎物理定数表、物理公式集のほかノーベル賞受賞者一覧、参考文献などを収載。事項索引（英語、独語、仏語、露語の各国語別）および人名索引（アルファベット順）がある。初版は1984年刊。　　　　　　　　　　　　　　3166

物理学小辞典 J.シューリス著　中村誠太郎訳編　共立出版　1979.7　618p 19cm 『Concise dictionary of physics and related subjects』Pergamon Press,1973の翻訳　4500円
物理学とその周辺領域の用語約6000項目を選び、かな表記の五十音順に配列、漢字、英語名を併記。解説は簡潔で平易。翻訳編纂に当って若干の基礎的項目を補う。巻末に英文索引および単位記号、略字などを付す。　　　　　　　　　　　　　　　　3167

物理学大辞典 物理学大辞典編集委員会編　丸善　1989.6　1560p 27cm 4-621-03345-X　39140円
『Encyclopedia of physics』（第5版、McGraw-Hill、1982）の全編翻訳を基に加筆、補注を施した大項目および中項目辞典。原著は760の大項目と1000を超える図、グラフ、表からなるが、本書はさらに原著にない36の大項目を加えて、原著刊行後の最新の成果を盛りこんだ。各項目は日本語見出しの五十音順配列で、英文を併記。各項目ごとに参考文献を付し、巻末にそれらの代表的な邦訳書一覧、事項の和文および英文索引を付す。　　　　　　　　　　　　　　　3168

物理学大百科 Robert M.Besancon〔編〕池田光男〔ほか〕監訳　朝倉書店　1989.11　1138p 27cm 『The encyclopedia of physics 3 rd ed.』1985の翻訳　4-254-13041-4　46350円
歴史、測定、記号、単位、術語をはじめ、物理学の各主要分野から項目を選び詳しく解説した事典。342の大項目からなり、項目によってはさらに小項目に分けて多数の執筆者が分担して解説。必要に応じて参考文献を付す。配列は項目の五十音順で、巻末に和文索引、欧文索引を付す。　　　　　　　　　3169

マグロウヒル英和物理・数学用語辞典 小野周〔ほか〕監訳 森北出版 1989.12 1086p 22cm 『McGraw-Hill dictionary of physics and mathematics』1978の翻訳 4-627-15070-9 9600円
専門用語2万語以上収録。配列は小項目主義で英語名のアルファベット順。分野によって対応する日本名が異なる場合は複数を記載。原書に約50項目を追加し、解説も補足。巻末に単位系、定数表および詳細な和英索引がある。研究者のみならず、学生、図書館員、技術者など専門家以外の人も対象とするため解説は簡潔である。　　　　　　　　　　　　　　　*3170*

【便覧】

応用物理データブック 応用物理学会編 丸善 1994.9 756p 27cm 4-621-03988-1 39140円
工業物理学関係のデータ集。第1章光技術から、量子エレクトロニクス、半導体関連（第8～11章）、さらに計測技術、極端環境技術まで全14章にわたり膨大なデータを収録する。本文は図表が中心で、巻頭に詳細なキーワード一覧（和は五十音順、洋はアルファベット順配列）がある。参考文献は項目ごとに付すことが多く、おもにデータの出典を示す。『応用物理ハンドブック』☞3172の姉妹編。　　　　*3171*

応用物理ハンドブック 応用物理学会編 丸善 1990.3 834p 27cm 4-621-03431-6 28840円
応用物理学会学術講演会で論文発表が活発な分野を対象に、光学技術から極端環境技術まで14章に分類し、基礎から応用まで体系的に解説したハンドブック。各章末に文献を収載、巻末に和文索引および記号索引（英字略語）を付す。『応用物理データブック』☞3171の姉妹編。　　　　　　　　　　　　　*3172*

コンパクト物理学ハンドブック Herbert L. Anderson〔編〕小林澈郎, 広瀬立成監訳 丸善 1989.3 328p 26cm 『Physics vade mecum』の翻訳 4-621-03360-3 6800円
物理学者が手近において、必要な時必要な情報をすぐ探し出せるように、公式、数値的データ、定義、文献などを物理学の各分野ごとに章に分け掲載した便覧。章の構成は一般物理、音響学、天文・天体物理、原子衝突、原子核物理、熱物理など20章。原著は22章だが、アメリカ以外では不要と思われる2章は除いた。巻末に五十音順索引を付す。　　　　　　　　　　*3173*

投稿の手引 1993年版 日本物理学会 1993.10 113p 26cm 共同刊行：応用物理学欧文誌刊行会 1200円
日本物理学会の学術誌、『Journal of the Physical Society of Japan』および『Japanese journal of applied physics』に論文を投稿しようとする人々のための手引き書。両誌の投稿規定に沿って、執筆に当たっての心構えと原稿作成に必要な技術的な事項を具体的に解説している。付録に単位記号、数学記号、書体・ギリシャ文字・ロシア文学・線幅の種類などの見本、雑誌の略記、構成記号、JISによる欧文組みの印刷構成指定記号、Journal-投稿規定・投稿票（見本）、巻末に索引（アルファベット順）がある。　*3174*

物理学ハンドブック 第2版 戸田盛和, 宮島竜興編 朝倉書店 1992.6 630p 22cm 執筆：阿部聖仁ほか 4-254-13053-8 12360円
高校程度の物理の知識を基に、これを補足、発展させて、物理学の知識・基礎および実際的な応用例などについて詳細に解説したハンドブック。物理学の系統順に「力学」から「宇宙」まで10章にまとめている。やや高度と思われる事項や専門的事項は各章末にA、Bなどとして掲載。原則として天文学、地学および化学分野は除かれている。付録に「学者年表（紀元前532年ごろから）」「物理定数表」などを収載。巻末に事項索引（五十音順）、人名索引（五十音順）を付す。初版（1963年刊）の章末に項目を追加するとともに、「素粒子」と「宇宙」の章を追加した。　　*3175*

物理定数表 新版 飯田修一〔ほか〕共編 朝倉書店 1978.8 395p 22cm 4800円
物理学の学習、物理実験、物理的測定を行う学生、研究者、技術者などが必要とする定数を重点的にとりあげている。力学、電気、磁気、熱、光学、原子、分子、X線、結晶素粒子、原子核、放射線などの項目に分けて記載。五十音順の事項索引を付す。初版は1969年刊。　　　　　　　　　　　　　　　　　*3176*

◆流体力学

流れの可視化ハンドブック 新版 流れの可視化学会編 朝倉書店 1986.10 516,15p 27cm 4-254-20034-X 13000円
目視できない流れを観察可能にする「流れの可視化」の基礎、種類、実験方法、装置について11章にわけ詳細に解説した便覧。巻末に「わが国の煙風洞一覧」「レーザー一覧」など13種類の表を掲載し、五十音順事項索引と写真索引を付す。旧版は1977年刊。　*3177*

流体力学ハンドブック 日本流体力学会編 丸善 1987 890p 22cm 4-621-03173-2 18000円
流体力学の基礎理論から応用分野まで27章で構成。圧

縮性流体、電磁流体、地球流体、生物流体などの応用分野各章は、分野の特徴、公式と解釈をわかりやすく記述。各章末に豊富な参考文献を、巻末に公式、物理定数などを付す。用語索引は五十音順の和文とアルファベット順の欧文からなる。　　　　　　　　　　3178

◆光学

【辞典・事典】

オプトロニクス光技術用語辞典 先端科学用語から現場用語まで 小柳修爾著 オプトロニクス社 1994.1 364p 26cm 8500語収録 4-900474-49-5 7400円
光学の基本用語をはじめ、応用光学、光学技術、光学測定、TV技術、生理光学、レーザー技術、医療、写真化学、写真技術など幅広い分野から用語9600語を収録し解説した辞典。解説は簡便である。全体の配列は見出し語の日本語読みの五十音順で、読み方および対応英語を併記。巻末に「光に関する古典」、著名学者の経歴と活動の紹介、および英和索引、キーワード索引（五十音順）がある。1998年に第2版を刊行。
　　　　　　　　　　3179

学術用語集　分光学編 文部省編 日本学術振興会　丸善（発売）1974　165p 19cm 820円
分光学関係用語の標準化を意図して刊行。和英、英和の2部構成。それぞれ日本語のローマ字表記、英語見出し語のアルファベット順配列。1999年に増訂版を刊行。　　　　　　　　　　3180

色彩科学事典 日本色彩学会編 朝倉書店 1991.10　333p 22cm 4-254-10104-X 7004円
色彩に関する事項514項目を五十音順にならべ解説した事典。4項目を見開きにまとめている。色配列だけではなく、明るさについても記され、また色彩材料に関しては文化的背景についても詳細かつ簡潔に解説している。付録には日本工業規格の色に関する用語、物体色の色名、光源色-色名がある。巻頭に項目一覧、巻末に日本語事項索引と人名索引（いずれも五十音順配列）、英略語・記号索引がある。　　　　　3181

色彩の事典 川上元郎〔ほか〕編 朝倉書店 1987.12　470,5p 22cm 4-254-10053-1　12000円
色彩の持つ法則性を基礎および応用の実際面から解説した事典。「色の測定と表示」「色彩の心理・生理」「色再現」「色彩計画」の4章で構成。巻末に和文および欧文索引を付す。　　　　　　　　　3182

【便覧】

応用分光学ハンドブック 吉永弘編集 朝倉書店 1973　1038,42p 22cm 15000円
分光学の基礎から各種の応用まで系統的に解説。Ⅰ分光学概論、Ⅱ分光機器、Ⅲ分光学の応用で構成。特に、分光機器については600頁をさき、これだけまとまった書は他にない。各章末に豊富な参照文献、標準波長表と残留線表の付録および関連35社のカタログを付す。分光学専門家のほか、他の応用各分野の人々にも有用。巻末に五十音順索引を付す。　　　　3183

蛍光体ハンドブック 蛍光体同学会編 オーム社 1987.12　457p 22cm 4-274-03183-7　12000円
蛍光体の研究、技術、特質を体系的にまとめた便覧。対象は主として無機粉末蛍光体であるが、薄膜蛍光体、有機蛍光体も含む。特に、実用蛍光体としてエレクトロルミネセンス（EL）や電子管などの原理と応用技術について詳述。巻末に五十音順事項索引、化学式索引を付す。　　　　　　　　　　3184

光学薄膜ユーザーズハンドブック James D.Rancourt著 小倉繁太郎訳 日刊工業新聞社 1991.10 342p 22cm 『Optical thin films: user's handbook』McGraw Hill, 1987の翻訳 4-526-03025-2　6000円
市販品として入手できる薄膜製品の作製法や性能を記述したハンドブック。光学干渉フィルターを使用して光学系の仕様を決めたり、任意の光学系に組み込む際に必要となる実際的な情報を7章に分け掲載している。付録に薄膜光学フィルターに関連した米軍規格の抜粋などを掲載。巻末に欧文参考文献および五十音順事項索引がある。　　　　　　　　　3185

光工学ハンドブック 小瀬輝次〔ほか〕編 朝倉書店 1986.2　718,27p 22cm 4-254-21016-7　18000円
基礎理論からホログラフィーなどの応用分野、技術・機器に至るまで光学に関する知識を集大成。「光学の歴史」「基礎光学」「応用光学」「光学技術」「光学機器」の5章に分け解説。巻末に五十音順索引を付す。『光学技術ハンドブック　増補版』（1975年刊）の改題新版。　　　　　　　　　　　　3186

分光学的性質を主とした基礎物性図表 工藤恵栄著 共立出版 1972　626p 19cm 3500円
実用および研究によく用いられる純物質の物性を、図表で説明したデータブック。101の物質をほぼ五十音順にあげ、それぞれについて、結晶系、生成、熱的・電気的・機械的性質、光学的性質、分光学における用途などを掲載。光学的性質の項では、図表を用い種々の波長域における透過度、反射率、光学定数、光物性

などに重点をおく。各物質の項目末にある洋書、洋雑誌の参考文献も充実している。巻末に英文索引を付す。　*3187*

◆電磁気学・超電導

【辞典・事典】

静電気の事典　上田実編　朝倉書店　1988.4　359,8p　22cm　4-254-22019-7　9800円
静電気の工業利用から静電気の障災害まで静電気に関する用語を広範な分野から取り上げ、その英訳と詳細な解説を付す。配列は五十音順。巻末に英語索引がある。付録として、静電気についての保安法規、主要電位、電圧計一覧を収録。　*3188*

超電導を知る事典　北田正弘，樽谷良信著　アグネ承風社　1991.6　283p 18cm　4-900508-24-1　2472円
超電導に関する基本的な事項をまとめた事典。基礎編、材料編、応用編からなる。基礎編は超電導の発現機構に関連した電子の量子化、磁束の量子化、磁場中での振舞いと関連した現象について述べ、材料編では元素の超電導性、実用材料である金属系、金属間化合物系、セラミックス系、超電導特性と結晶構造との相関、線材の作り方など、応用編はエレクトロニクス分野のジョセフソン効果とその応用などについて記している。各項目ごとに参考文献を付し、巻末に事項索引（五十音順）がある。　*3189*

超電導関連用語　JIS H 7005-1991準拠　大阪科学技術センター付属ニューマテリアルセンター編　日本規格協会　1993.2　145p 19cm　（JIS用語解説シリーズ）　編集・執筆：長村光造ほか　4-542-20151-1　2000円
日本工業規格JIS H 7005-1991に規定された超電導に関する用語を五十音順に並べ、対応する英語とJISの定義を載せ、解説を付している。解説ではJISの「参考」部分に加えて、用語の意味を図表を用いて具体的に記述し、また超電導分野の学術・技術の最近の動向も掲載している。巻末に引用参考文献と英和索引（アルファベット順）がある。　*3190*

【便覧】

NMRハンドブック　Ray Freeman著　坂口潮〔ほか〕訳　共立出版　1992.3　384p 22cm　『A handbook of nuclear magnetic resonance』Longman Group UK, 1988の翻訳　4-320-04285-9　8240円

核磁気共鳴（nuclear magnetic resonance）分光法について基礎知識を有し、理解を深めようとする人々のためのハンドブック。用語辞典の形式をとり、約60の項目がアルファベット順に配列されている。巻頭に英名目次の他、日本語の収載項目一覧（五十音順）がある。巻末に事項索引（五十音順）がある。　*3191*

高温超電導データブック〔1〕-2　丸善　1988-1989　2冊 27cm　監修：〔1〕新技術開発事業団，2 新技術事業団　24000-35020円
酸化物高温超電導体関連の学会誌、会議録収載の研究論文から種々のデータを抽出し集積した資料。臨界温度、臨界電流、臨界磁界やデバイスと特性、評価・解析などの数値データおよび代表的図面で構成。第1集は1986年・1987年分、第2集は1988年分の発表論文、合わせて3613件を対象とする。各集とも発表論文にみる研究開発の全体動向や論文一覧などを収載し、各巻末に研究者名索引（アルファベット順）を付す。　*3192*

静電気ハンドブック　静電気学会編　オーム社　1981.5　978p 22cm　16000円
電子集じんや電子複写などの静電気の工学的応用に重点をおき解説するとともに、静電気の基礎科学、静電気による障災害とその対策も合わせて解説した便覧。巻末に静電気関係規格、単位・数表・物性表や五十音順事項索引（対応英語付き）を付す。　*3193*

超電導研究・開発ハンドブック　国際超電導産業技術研究センター編　オーム社　1991.7　383p 22cm　4-274-03303-1　7900円
国際超電導産業技術研究センター（ISTEC）が行なった超電導に関する調査研究を基に、関連技術を加えまとめたもの。5章からなり、1、2章は超電導の現象から日本の超電導開発の概要、主要プロジェクトを中心に記し、3章では世界各国の超電導開発の実態を詳述、4章では金属系超電導材料、酸化物超電導材料を中心に、その資源・原料およびプロセス技術、導体化技術などを述べ、5章では電力システムをはじめとするあらゆる分野への応用技術を具体的に解説している。巻末に付録として超電導用語集（英・和解説）、超電導関連団体一覧、超電導関連データベース一覧がある。索引（五十音順）を付す。　*3194*

プラズマ材料科学ハンドブック　日本学術振興会プラズマ材料科学第153委員会編　オーム社　1992.9　781p 27cm　4-274-02232-3　35000円
従来のプラズマ科学と材料プロセシング、材料科学の融合・発展をめざす「プラズマ材料科学」について解説している。基礎、熱プラズマ、プラズマによるガス

合成、膜形成、エッチング、有機材料、未来技術の7編からなる。目次は各編のはじめにあり、各章ごとに参考文献を掲載する。付録にプラズマプロセスの安全、固体表面の解析法、電子衝突断面積を付す。巻末に事項索引（五十音順）がある。　3195

◆物性物理学

【辞典・事典】

液晶辞典　日本学術振興会情報科学用有機材料第142委員会・液晶部会編　培風館　1989.12　269p 22cm　執筆：浅田忠裕ほか　4-563-03453-3　6850円
液晶の物理、化学、応用分野の術語や概念を整理し、平易な解説を加えた辞典。項目の五十音順配列で、英語を併記。物理、化学の用語、外来語のかな表記は、文部省学術用語集に拠る。重要な項目には詳細な説明を加えて、読む辞典としての機能も併せもつ。付録に「代表的な液晶同族列の相転移温度と同族列」の付表などを掲載。巻末に英名索引を付す。　3196

表面分析辞典　日本表面科学会編　共立出版　1986.12　372p 19cm　4-320-04207-7　3500円
表面分析関連の学術用語約1000語を五十音順に配列し、詳しく解説した用語辞典。見出し語はすべて英語併記、巻末に欧文索引を付す。付録資料として各種分析法のほか、非破壊分析法や、調査機関を掲載。　3197

物性科学事典　東京大学物性研究所編　東京書籍　1996.2　1194p 22cm　4-487-73251-4　18000円
物質のさまざまな性質を原子、分子レベルのミクロな立場から研究する物性科学分野の専門用語をわかりやすく解説した事典。本文は中項目の五十音順配列で英語を併記し、基礎的な事項もていねいに解説する。巻末に約9000語の項目および各項目中のキーワードからなる和文索引、英文索引を付す。付録は半導体物性定数表、磁性体物性定数表、超伝導物質物性定数表ほか。　3198

【便覧・データ集】

最新化合物半導体ハンドブック　サイエンスフォーラム　1982.7　468p 31cm　監修：生駒俊明　限定版 53000円
半導体の性質を持つ化合物（化合物半導体）に関する知識をまとめた便覧。基礎物性、結晶成長技術、デバイスプロセス技術、結晶評価技術、デバイス応用、化合物半導体集積回路、各種機器への応用の7章からなる。各節ごとに参考文献を付す。索引はない。　3199

磁性体ハンドブック　近角聡信〔等〕編集　朝倉書店　1975　1320,5p 22cm　25000円
磁性体に関する重要なデータを網羅した便覧。基礎編、物質編、物性編、応用編の4編からなる。基礎編では、磁性物理の一般論・基礎理論・基礎実験を、物質編では、金属・合金・酸化物・ハロゲン化物などの磁性体を、物性編では、磁気異方性・磁歪・磁区・磁化過程・磁気共鳴・磁気光学などを、応用編では、ソフト、ハードはもちろん、磁気録音・磁気メモリーなどを解説。比較的特殊な分野であるが、初学者にも理解できるように平易に解説している。物性値は1969年ごろまでに発表されたもの。参考文献多数を掲載するとともに、付録に、関連するJISと団体規格の一覧表、関連会社名簿、公式集、単位換算表を掲載。巻末に、五十音順事項索引、アルファベット順物質索引を付す。　3200

熱物性ハンドブック　熱物性ハンドブック編集委員会著　日本熱物性学会編　養賢堂　1990.5　625p 27cm　4-8425-9006-8　9270円
A～Dの4編からなり、A編は単位、定義などの基本事項、B編・C編はデータ、D編は熱物性値の検索や測定について述べる。特にC編では、エネルギーから医学まで全部で15の応用分野別にデータを示し、またD編には各種データベースの解説を付す。巻末に、英文索引・和文索引および熱物性値受託測定機関一覧を付す。　3201

光物性ハンドブック　塩谷繁雄〔ほか〕編集　朝倉書店　1984.3　671,18p 22cm　18000円
光物性（固体光物性）とその応用全般にわたる便覧。基礎編、物性編、応用編、測定技術編の4編に大別し、さらに体系的に細分。各項目末尾に担当執筆者名と引用文献リストを付す。付録「主要な物質の物性定数表」ほかを収載。巻末に五十音順事項索引、化学式索引および関連会社14社の主要商品紹介を付す。　3202

表面物性工学ハンドブック　小間篤〔ほか〕編　丸善　1987.7　578p 27cm　4-621-03189-9　19000円
縁から数原子層までの「極表面」を表面とみなし、その物性および応用に関する知識を集大成した便覧。基礎編では、表面物性の基礎と理論、構造、組成、原子振動、吸着・脱離などの解析と測定手法を、応用編では、表面反応と触媒、表面と結晶成長、半導体界面の電子物性ほか表面物性が重要な役割を果たす多くの反応の現状と将来展望およびマイクロアドヒージョンほ

か刊行時点での新しいテーマをトピックスとしてまとめている。各章末に詳細な文献リストがある。資料編に測定器機、物性データを収載。巻末に五十音順の事項索引を付す。
3203

表面分析図鑑 日本表面科学会編 共立出版 1994.5
163p 27cm 4-320-04322-7 7210円
表面分析方法の中から約70種を選定し、構造、形態、組成、電子状態に分類し、原理から特徴、装置構成、分析事例までを2頁見開きの表形式で解説。各項目とも図版を多用し、詳細に解説し、さらに参考文献を掲載している。付録に「表面分析引受機関一覧」、事項索引（五十音順）がある。一般学生および技術者用。
3204

微粒子ハンドブック 神保元二〔ほか〕編 朝倉書店 1991.9 472,13p 22cm 4-254-20049-8 16480円
粒子の性質、評価と測定、製法、取り扱い技術、応用および環境・生体など7章に分け、微粒子のもつ多面性と可能性を解説したハンドブック。各項目を1-3頁で解説し参考文献を付し、微粒子にあまりなじみのない人にもわかりやすく工夫してある。巻末には事項索引（五十音順）、物質索引（アルファベット順）がある。
3205

流体の熱物性値集 技術資料 日本機械学会著 日本機械学会 1983.8 547p 31cm 付(図1枚) 47000円
液体と気体の熱物性値を数値表として集大成したもの。対象物質や条件により4部に分け、第5部を解説編とする。第1部は273種の物質の基本的性質と物性値を、第2部は46種類の基礎的物質の飽和状態や広範囲の温度、圧力にわたる物性値を、第3部は水溶液や燃料などの混合物の性質を、第4部はふく射、電気的性質、拡散係数、溶解度の性質を掲載。巻末に物質名（和名、英語名）、化学式、冷媒番号による各索引と五十音順事項索引を付す。
3206

◆原子物理学

素粒子の理論と実験に関する年表及びその文献案内 1885年-1990年 改訂増補 福井勇著 海老名 福井勇 1992.2 200,24p 26cm 非売品
科学者たちの素粒子に関する探求・研究・発見の成果を次の4つの部門に分けて記述した年表。1 理論、2 宇宙線、3 加速器、4 その他（加速器以外の実験、研究所の創設、国際会議、ノーベル物理学賞受賞者など）。科学者名のもとに外国雑誌（22タイトル）掲載

の研究論文および関連事項を掲載。巻末に人名索引（アルファベット順）および参考・引用文献（国内刊行図書）一覧がある。
3207

放射線用語辞典 第4版 飯田博美編 通商産業研究社 1996.8 786p 18cm 4326円
放射線医学技術、物理学、化学、生物学、測定技術、管理技術、法令の分野から3030語を収録し、簡潔に解説した辞典。重要な核種については崩壊図式を掲載。見出し語の配列は五十音順。付録として基本底数、基本公式、元素記号表、主な放射性核種、放射性壊変系列などがある。巻末に英文索引を付す。改訂版（1984年刊）の増補改訂版。
3208

化学

【辞典・用語集】

英和・和英新化学用語辞典 新版 橋本吉郎，堀内裕治共著 三共出版 1986.6 545p 19cm 背の書名：『新化学用語辞典』 4-7827-0196-9 2800円
化学および、化学工学の術語1万5000語弱を収録した英和、和英の2部からなる対訳用語集。共にアルファベット順配列。一部に簡単な説明も記載。巻末に「化学関連語の複合語・接頭語・接尾語」を付す。1970年刊の改訂。
3209

化学・英和用語集 第2版 橋爪斌，原正編 京都 化学同人 1990.4 435p 19cm 4-7598-0209-6 1800円
初版（1987年刊）に収録した化学およびその周辺分野の用語2万7000語に基礎的用語および、生化学、分析機器関連用語を追加し約2万9500語を収録。解説はない。配列は見出し語のアルファベット順。
3210

化学語源辞典 尾藤忠旦著 三共出版 1977.2 344p 22cm 4500円
大和言葉・漢語・印欧語の総合化学語源辞典で、衣食住などの生活関連語、公害や食品添加物などの環境衛生に関する語および一般教養的な語も多く収録。見出し語の五十音順配列で英語名と語源を付し、化合物に

は、分子式を併記。　　　　　　　　　　　3211

化学用語英和辞典　造語要素から見た　岡田功編　リーベル出版　1995.2　275p　21cm　4-89798-428-9　2987円
主要な化学用語（英語）を、接頭辞、語幹、接尾辞の造語要素に分解して語源を明らかにし、いくつかの用例を添えて成り立ちを平易に解説したもの。造語要素のアルファベット順。巻末に「化学命名におけるギリシア文字の用例」「数を表す接頭辞」「10の累乗を表す接頭辞」を付す。索引はない。　　　　　3212

化学用語辞典　第3版　化学用語辞典編集委員会編　技報堂出版　1992.5　1059p　22cm　4-7655-0022-5　15450円
重要な化学用語を簡潔、平易に解説した辞典。基本的には文部省編集の『学術用語集　化学編』☞3215に準拠するが、学術用語以外の重要な物質名、慣用名、反応、操作、装置、機器あるいは測定法などの用語も広く収載。収録語数は1万6000語で日本語見出しの五十音順配列とし、読みおよび英語名を併記、巻末に英語索引がある。前版は1980年刊。　　　　3213

化学略語記号辞典　英・独・羅・日　増補版　橋本吉郎著　三共出版　1975　209p　19cm　1200円
略語、記号は、言語の別なくアルファベット順に配列し、日本語の訳語と簡単な解説、化学式などを付記する。化学以外の常用略語、物理学、農薬、医薬に関するものも含む。増補部分は公害物質、食品添加物、高分子物質などに重点をおく。付録としてギリシャ文字化学略語・記号、雑略語・記号（例えば∞など）、物理・化学記号を掲載。初版（1961年刊）の巻末に増補部分を付したもの。　　　　　　　　　　3214

学術用語集　化学編　増訂2版　文部省，日本化学会〔編〕　日本化学会　1986.3　685p　19cm　発売：南江堂　1600円
学術上の誤解や混乱を防ぐために、学術用語の標準化を目的として編集。一般の常識で分かる用語を採用。第1部「和英の部」（ローマ字表記の日本語見出し）、第2部「英和の部」、第3部「化合物名日本語表記の原則」ほか「用語選定に際しての準則」からなる。1、2部とも用語はアルファベット順に配列。約1万1000語を収録。1974年刊行の増訂版を更に改訂。　　3215

技術用語辞典　化学篇　葡英日・日英葡〔対照〕　森田時生編　日本貿易振興会　1968　100p　21cm　500円
化学関係用語約1500を収録し、前半は、ポルトガル語を見出し語として、英語および日本語の対訳を示し、後半は、日本語（ヘボン式ローマ字綴）を見出し語として、英語およびポルトガル語の対訳を掲載。収録用語の範囲は、物質名（単体・化合物）、化学構造、化学的性質、化学反応、化学分析などにおよぶ。　3216

新化学ドイツ語辞典　橋本吉郎，堀内裕治共著　三共出版　1979.2　593p　22cm　背の書名：『Deutsch-Japanisches Wörterbuch für Chemiker』　8500円
化学関係用語の独和対訳辞典。化学式、構造式も必要に応じて記してある。巻末に原子量表、主要環構造表を付す。『化学独逸語新辞典』（1967年刊）の新版。
　　　　　　　　　　　　　　　　　　3217

新・化学用語小辞典　ジョン・ディンティス編　山崎昶，平賀やよい訳　講談社　1993.11　761p　18cm　（ブルーバックス）　『A concise dictionary of chemistry new ed.』1990の翻訳　4-06-132987-1　1800円
物理化学から生化学にいたる化学に関連のある語彙3600を五十音順に配列し、日本語見出し、漢字のよみ、英語名、解説を付す。巻末に英文索引がある。　3218

中英日現代化学用語辞典　田村三郎編　東方書店　1993.5　22,549p　22cm　4-497-93378-4　18540円
化学・化学工業に関連する用語1万6500語を中国語を中心に収録。生物化学・分子生物学などの基本用語、無機・有機化合物の名称なども多数採録。配列は中国語の頭文字の字画数順で、中－英－日の順に記載し、中国語には拼音を付記。用語の説明はない。巻頭に中国語の画引と拼音索引、巻末に英語索引および日本語索引を付す。　　　　　　　　　　　　　3219

日中英化学用語辞典　山田昊編・注・訳　三洋出版貿易　1976.12　2016p　27cm　特別限定版　表紙，背の書名：『Sanyo's trilingual glossary of chemical terms』　30000円
化学および化学工業関係用語約3万を収録。英語名のアルファベット順に配列し、日本語と中国語訳を付し、さらにローマ字で発音を併記。化合物の見出し語には分子式を併記。巻末に、日本語五十音順索引と中国語索引（発音のアルファベット順）を付す。　3220

標準化学用語辞典　日本化学会編　丸善　1991.3　811p　22cm　4-621-03546-0　12360円
基礎化学用語5000、応用化学用語4200、生化学・生物工学用語1000、総語数1万200語を解説した辞典。基礎用語は少し丁寧に、専門用語は非専門家でもその概念がわかる程度に、応用化学用語については各分野の参考書を探さなくてもよいように、やや丁寧に解説している。化合物については、基礎化学の分野で広く使われる試薬、溶媒、化学工学の分野で広い用途をもつ化合物、生化学の分野で重要な化合物に限定して採録。五十音順配列で英語を併記し、巻末に日本語と文部省編『学術用語集　化学編（増訂2版）』☞3215収録語であることを付記した英和索引（アルファベット順、全125頁）がある。1993年に縮刷版が刊行されてい

る。　*3221*

【事典】

化学辞典　志田正二〔ほか〕編　森北出版　1981.3　1518p　22cm　15000円

基礎化学と応用化学に同程度のウェイトを置き、無機・有機の化合物は新物質を含め重要なものを網羅する。原子力・放射線、半導体、印写工学などの学際分野、環境・公害問題などから多くの項目を採用。約1万1000語収録。項目の配列は五十音順で英語を併記。巻末に英和対照索引を付す。1985年に普及版を刊行。
　3222

化学辞典　大木道則〔ほか〕編　東京化学同人　1994.10　1730p　22cm　4-8079-0411-6　9800円

化学の用語、概念語、物質名のほか、生命科学、材料科学、工業技術などの領域の用語も加え2万6300語を収録した辞典。特に物質に関する項目は構造式、物性データ、製法、用途などを簡明、正確に示し、物性のハンドブックとしての機能も備える。見出し語の配列は五十音順で英語を併記。付録に、ギリシア文字、倍数接頭語、アミノ酸・糖類の略語、国際単位系、主なイオンと原子団の名称などを収め、巻末に欧文索引（全119頁）および化学式索引がある。『化学大辞典』☞3224の集約版。　*3223*

化学大辞典　大木道則〔ほか〕編　東京化学同人　1989.10　2755p　23cm　表紙の書名：『Encyclopedic dictionary of chemistry』　4-8079-0323-3　39000円

基礎化学とその周辺分野の、物質名、概念語、人名などについて、簡潔にわかりやすく説明。見出し語は、国内、国外の多数の書籍や論文、抄録誌、索引誌、事典などから採録した約3万2000語に及ぶ。日常出会うと予想されるほとんどすべての物質1万1000を収録。CAS登録番号を付与し、化学物質辞典としての機能も併せもつ。配列は五十音順。巻末に欧文索引、化学式索引を付す。　*3224*

化学大辞典　第1-10　化学大辞典編集委員会編　共立出版　1960-1963　10冊　22cm　3500-4000円

わが国最大の化学の専門事典。1-9巻まで項目のかな表記五十音順配列により構成。項目には対応する英語、独語、ラテン語などを併記。化学とその関連分野の物質名、物質体系、学問体系、産業名、状態、現象、変化、法則、実験法、製造法、人名など約7万項目を解説。説明は比較的簡単であるが、図表もかなり多く、概念を得るのに便利。10巻は同位体表などの付録と英文索引、化学式（無機化合物）索引。出版は古いが、今もって有用な資料である。1963-1964年に縮刷版

(10冊) も刊行。　*3225*

カーク・オスマー化学大辞典　Martin Grayson〔ほか〕編　丸善　1988.9　1509p　27cm　監修：塩川二朗　4-621-03292-5　38000円

原書『Kirk-Othmer encyclopedia of chemical technology』（第3版、全26巻、1985）の全項目を採録し、解説部分を凝縮し、翻訳したコンサイス版だが、翻訳に際しては日米の事情の違いを考慮して削除、加筆、修正などを行うとともに、必要に応じて訳者注、訳者補遺を付した。日本語見出しの五十音順配列で英語を併記。各項目ごとに参考文献を掲載。巻末に和文索引、欧文索引を付す。　*3226*

記号・図説錬金術事典　大槻真一郎編著　同学社　1996.7　13,279p　22cm　4-8102-0045-0　4635円

錬金術記号を中心に解説した錬金術概説書。第1部 錬金術記号、第2部 主要事項・人名解説（五十音順）、付録A 化学元素の由来、付録B 化学元素名の語源（元素記号順）で構成。第1部に、英語、ドイツ語、ラテン語を付した記号術語の五十音順配列の解説があり、巻末に五十音順の事項索引、人名索引、書名索引、ラテン語索引を付す。　*3227*

三省堂化学小事典　第4版　三省堂編修所編　三省堂　1993.12　442p　19cm　監修：猿橋勝子，池田長生　執筆：池田長生ほか　4-385-24025-6　1200円

高校の教科書、最近5か年の大学入試問題、専門辞典類、新聞・雑誌などから収集した化学関係の用語、約4500項目を収録し解説している。小項目主義で、配列は見出し語の五十音順。平易な表現の中にも新しい学説や高い内容を盛込んでいる。人名の項目には生没年を併記し、外国人名については原綴を付記している。索引はない。前版は1983年刊。　*3228*

実用化学辞典　越後谷悦郎〔ほか〕監訳　朝倉書店　1986.11　1006p　22cm　『The condensed chemical dictionary. 10th ed.』rev.by Gessner G.Hawley 1981の翻訳　4-254-14029-0　23000円

見出し語は約1万語で五十音順配列。化学物質・原料については、性状値のほか、危険性や環境汚染に対する規制にもふれる。付録として、化学用語の起源、略語一覧、関連機関、商品名の解説を掲載。巻末に英文索引を付す。　*3229*

人物化学史事典　化学をひらいた人々　村上枝彦著　海游舎　1994.11　283p　22cm　4-905930-61-8　3605円

古典的な科学者から最近のノーベル賞受賞者まで379名を紹介。配列は人名の五十音順。巻末に分野別人名索引、原綴り人名索引、五十音順事項索引を付す。同

著者による『化学暦』(みすず書房、1972)の改訂版。　3230

【便覧】

化学情報 文献とデータへのアクセス　千原秀昭，時実象一著　東京化学同人　1991.11　216p　21cm　4-8079-0357-8　2200円
化学とその周辺分野の情報(文献データ)を最小限の労力で効率よく入手するためのガイドブック。入門または基礎的な解説だけでなく、最先端の技術に対応した検索法、たとえば、『Chemical abstracts』や『Beilstein』などよく使われる資料も多数とりあげ解説している。巻末に関係の用語集、オンラインデータベース一覧表、民間オンライン情報サービス提供機関、大学関係のオンライン情報サービス提供機関などの一覧および、和文索引(五十音順)、欧文索引(アルファベット順)がある。第2版を1998年1月に刊行。
　3231

化学ハンドブック　化学ハンドブック編纂委員会編　オーム社　1978.11　1307p　22cm　15000円
基礎的事項から理論、計算まで化学全般の事項を網羅し「元素の周期表」から「化学と安全」まで17章に体系化し、平易に解説した教科書的ハンドブック。巻末に付録として物理定数表、原子量表などを収載し、英語を併記した五十音順索引を付す。学生を中心に、関連分野の研究者や技術者向き。　3232

化学ハンドブック　鈴木周一〔ほか〕編　朝倉書店　1993.12　1031p　22cm　4-254-14042-8　29870円
化学の基礎知識から実社会で必要な応用化学の最先端情報まで、図表や式を多用し、分かりやすく解説した便覧。物理化学、有機化学、分析化学、地球化学、放射化学、無機化学・錯体化学、生化学、高分子化学、有機工業化学、機能性有機材料など15章で構成。巻末に事項索引(五十音順)がある。　3233

化学ハンドブック 基礎　藤田力，掛川一幸共著　聖文社　1991.3　276p　19cm　監修：須賀恭一　4-7922-1331-2　900円
化学の基礎知識項目を系統的に分け解説するとともに、化学実験に用いる基本的な器具、使用法、さらに著名な化学者の業績も紹介している。また、総合的な記事、読み物として身のまわりのトピック的な事項を中心としたコラムを随所に掲載している。付録に「主な化合物の化学式」、事項索引(五十音順)がある。
　3234

化学文献の調べ方　第4版　京都　化学同人　1995.9　253p　21cm　監修：泉美治ほか　執筆：足立吟也ほか　4-7598-0285-1　2060円
研究者のために、最新の化学文献全般について、一次文献の多様化と変貌、二次文献およびオンライン検索の最近の状況について解説したもの。特に、国際特許の改正について文献調査法の立場から解説し、ケミカルアブストラクツ、バイルシュタイン・グメリンについては章を別にし、詳述している。構成は化学文献のあらまし、原著論文、特許、抄録・索引誌、総説、参照図書など10章からなる。また演習問題も付す。付録に日本語、欧米語、中国語、ロシア語で書かれた主要雑誌一覧、巻末に日本語索引(五十音順)、英語索引(アルファベット順)、ファイル索引がある。　3235

共立化学公式　妹尾学編　共立出版　1984.12　409p　19cm　執筆：会川義寛ほか　4-320-04149-6　3800円
化学分野で用いられている基本的な公式約300を、量子化学、化学熱力学、統計力学、反応化学、構造化学、物性化学の6章に分け系統的に配列し、公式の誘導、証明あるいは意義を、2、3の応用例とともに解説した便覧。巻末に和文事項索引を付す。　3236

Chemical Abstractsの使い方とデータベース利用　笹本光雄著　地人書館　1993.10　277p　27cm　4-8052-0443-5　4635円
アメリカ化学会発行の『Chemical abstracts』(化学に関係する世界中の文献を集めて編成した世界最大の抄録誌)の利用法を4部構成で解説。1、2部は冊子体の使い方で、1部は収録範囲、主題分野別セクション、抄録作成の基準、抄録の形式、索引の種類と原則を、2部は著者名、機関名、化学物質、主題、特許それぞれからの検索の方法を解説。3、4部はデータベース(DIALOG)の検索方法と利用法を解説している。巻末に和文索引・欧文索引を付す。　3237

常用化学定数表　第3版　化学定数表編集委員会編　広川書店　1989.5　429p　19cm　執筆：赤田良信ほか　3296円
実験化学のための便覧。物理定数表から界面活性剤まで20章に分類。危険物・毒性などの特性欄を新設し、クロマトグラフィー、有機化合物命名法と構造式、分光学、界面活性剤、有機反応試薬表の章を新設するなど旧版(1966年版)を全面的に改訂した。『化学恒数表』(1931年刊)が初版。　3238

◆物理化学

元素の事典　馬淵久夫編　朝倉書店　1994.5　304p　22cm

執筆：高木仁三郎ほか 4-254-14044-4 5768円
103の元素を原子番号の順に並べ、それぞれの起源、存在、製法、性質、用途などを解説した事典。所々に「トピック」や「コラム」の項を設け、関係の深い話題を掲載している。巻頭に元素発見年表、巻末に「解説および出典」と事項索引（五十音順）がある。
3239

最新乳化技術ハンドブック 工業技術会 1986.11 446p 27cm 33000円
食品用および化粧品用乳化剤とその利用技術について、基礎、応用、最近の動向、資料の4編に分け解説した便覧。最近の動向では、食品添加物公定書改訂、食品乳化剤の規格改正、蛋白の酵素修飾による改質、バイオサーファクタント、W/O/W乳化について解説。資料編には、界面活性剤一覧、海外食品用界面活性剤を収載。
3240

電気化学便覧 第4版 電気化学協会編 丸善 1985.1 668p 27cm 4-621-02944-4 20000円
電気化学に関する基礎理論、物性値データのほか、電極材料、金属表面化学、応用電熱化学、プラズマ化学、電子材料などの応用分野まで全15章で詳述。第15章を資源・エネルギー、生産、貿易の統計にあて、巻末に和文索引を付す。第3版（1964年刊）の改訂。
3241

物理化学で用いられる量・単位・記号 イアン・ミルズほか著 朽津耕三訳 講談社 1991.12 164p 26cm 監修：日本化学会標準化専門委員会 『Quantities, units and symbols in physical chemistry』1988の翻訳 4-06-153330-4 3500円
国際純正応用化学連合（IUPAC）が編集した物理化学で用いられる量、単位、記号についての手引き書。8章からなる。国際度量衡総会（CGPM）ほかの勧告、国際単位系（SI）を中心に解説している。8章に文献を収載し、巻末に圧力やエネルギーの換算表、記号および五十音順事項索引を付す。
3242

◆実験化学・化学実験法

化学実験ハンドブック 第4版 化学実験ハンドブック編集委員会編 技報堂出版 1984.5 878p 19cm 4-7655-0013-6 5500円
実験に必要な数値や基礎事項を体系的にまとめた便覧。全体の3分の1弱を占める、I主要化合物3213点の性質表、のほかII物理化学、III分析化学、IV放射化学、V環境化学、VI生物化学、VII応用化学、VIII立体化学と化学反応、IX実験操作、X重要化学関係表の10編からなる。実験操作編は抽出、濾過、分析法など各単位操作の説明。学生、研究者向き。巻末に四桁対数表、五十音順事項索引を付す。第3版（1966年刊）を改訂。
3243

実験化学ガイドブック 日本化学会編 丸善 1996.4 931p 22cm 第5刷（第1刷：昭和59年） 4-621-04170-3 12360円
実験化学者、学生を対象とした総合的、実用的なガイドブック。主として市販品として入手可能な約2200種類の実験用試薬の解説に約4割の頁をあて、試薬購入上および取扱い上必要な参考資料も収録。実験室の設備、装置、機器、機具などの操作方法や実験材料の説明を付し、学生の学習実験に役立つよう配慮。化学・物理数値表には、標準的データのほかに、必要な場合には、多少確実性に問題のあるデータや実用単位も加えてある。化学文献とその調査法、口頭発表と論文作成についても解説。
3244

有機合成実験法ハンドブック 有機合成化学協会編 丸善 1990.3 1168p 22cm 4-621-03453-7 21630円
合成用の器具や装置の取り扱い方、秤量、原料や生成物の純度検定、反応溶媒選択の指針、生成物の分離、精製、乾燥法など、最も基本的な技術から高度な合成反応操作までを詳述。付録として、「有機合成における文献調査法」「合成実験を行なうための注意」などがある。各項目末に参考文献、巻末に用語の五十音順索引を付す。
3245

◆分析化学・化学分析

【辞典・事典】

中日英分析化学用語事典 趙貴文，岡本信子編 学校図書 1983.9 546p 19cm 4-7625-0014-3 8000円
分析化学用語の中国語－英語－日本語の対訳事典。基礎的用語から機器分析にかかわる用語まで約7500語を収録。中国語の頭文字の字画数により配列。本文の前に参考文献、画引索引を、巻末に和文索引、英文索引および中英日化学元素表を付す。
3246

分析化学辞典 分析化学辞典編集委員会編 共立出版 1971 2225p 22cm 20000円
一般化学者向けに、1万2000項目にわたる分析化学の用語を五十音順に配列し、解説した事典。分析法、分析の対象になる物質、分析機器、測定機器、分析実験

機具、分析化学者などについて簡潔に述べ、薬局方、食品添加物、食品検査、農薬公定検査、JISなどの各公定分析、NBS（アメリカ規格基準局）、ASTM（アメリカ材料試験協会）など国外の公定法、試験法との関連にも触れる。巻末に英文索引を付す。付録に赤外特性吸収波数表など各種分析法のデータを収載。
3247

分析化学用語辞典 日本分析化学会編 産業図書 1983.10 349p 22cm 4500円
文部省学術用語、JIS用語を含め4486語を収録。五十音順に配列し、対応する英語を併記。解説は簡潔。巻末に英和対照索引を付す。
3248

【便覧】

化学物質毒性試験報告 Vol.1- 厚生省生活衛生局企画課生活化学安全対策室監修 化学物質点検推進委員会 1994- 年刊 30cm
厚生省が進めている既存化学物質安全性点検事業の一環として、国内の試験機関が実施した毒性試験の報告を、各物質ごとに試験方法から試験結果までをまとめ、CAS登録番号順に掲載。OECD化学品プログラムにおける、高生産量既存化学物質の日本分担分毒性試験を含む。試験結果の要旨、試験条件などの英文も各物質ごとに掲載。巻末に化学物質名索引を付す。1997年までに収載の化学物質はのべ111、毒性試験報告は372。Vol.5（1997年刊）には26物質、81報告を収載。
3249

高速液体クロマトグラフィーハンドブック 日本分析化学会関東支部編 丸善 1985.11 770p 22cm 4-621-03019-1 11000円
高速液体およびイオンクロマトグラフィーに関する知識、技術を、「基礎編」「実技編」「データ編」に分けて解説。「データ編」には、標準物質のクロマトグラムを多数収録。付録に、液体クロマトグラフィー関係のJISほかの規格を収録。巻末に五十音順の事項索引あり。
3250

試薬ガイドブック 改訂 日本試薬連合会編 化学工業日報社 1992.10 542p 26cm 監修：通商産業省基礎産業局生物化学産業課, 通商産業省通商産業検査所化学部 4-87326-115-5 7000円
試薬について必要とされる知識を、製造・販売から品質管理、使用上の注意、関連法規まで、14章に分けて解説したガイドブック。巻末には、試薬とその規格の歴史および現状、酸素活性試験法、試験品目別解説表などの付録と日本語索引（五十音順）、英語索引（アルファベット順）がある。旧版は1982年刊。
3251

試薬便覧 上野景平, 今村寿明共著 南江堂 1983.6 436p 22cm 6500円
各種試薬を用途別に紹介した便覧。「試薬の基礎知識」「機器分析と試薬」「ライフサイエンスと試薬」「試薬の管理」の4編に分け化学記号の使用を最小限にし、わかりやすく解説。巻末に国内外の製造・販売業者一覧、和文索引を付す。
3252

分光技術ハンドブック 南茂夫, 合志陽一編 朝倉書店 1990.10 632,13p 22cm 4-254-21020-5 19570円
分光技術を物理および化学の両面から横断的に解説した便覧。応用技術に重点をおくが分光手法やその測定の基礎的事項も重視し、各種の分光手法の原理、測定機器、構成素子、測定系構成法、事例研究を実験テクニックやノウハウを折り込みながら説明している。基礎編、機器編および応用編の3編から成る。巻末に参考書ガイド、和文索引および欧文索引がある。 *3253*

分析化学ハンドブック 分析化学ハンドブック編集委員会編 朝倉書店 1992.11 1051p 22cm 4-254-14041-X 35020円
分析化学に関する既存および最新の知識体系を幅広く紹介、解説した便覧。基礎編、試料調製・分離編、機器・測定編、情報編、応用編、資料・データ編の6編に分け、各種の分析法、試料分野、情報関連技術、資料、物性値、各種データを掲載している。巻末に事項索引（五十音順）がある。
3254

分析化学便覧 ユ・ユ・ルーリエ著 青山忠明訳 和歌山日ソ通信社 1987.7 484p 26cm 『Справочник по аналитической химии. 5.изд., перераб. и доп.』1979の翻訳
各種化学分析結果の計算に用いられる基本定数表と化学分析技術者の作業に必要なほとんどすべてのデータを収録している。原子量と分子量および、これから導かれる値は1977年版のIUPACのデータに依拠している。58表からなり、付録としてその内6表の利用例を示す。巻末に五十音順の事項索引がある。
3255

分析化学便覧 改訂4版 日本分析化学会編 丸善 1991.11 1426p 27cm 4-621-03653-X 32960円
最新分析法編、無機編、有機編、試料編および付録からなる。最新分析法編は発展途上にある方法を紹介し、解説と将来の見通しなどを記し、無機編では分析法一覧を掲げ、各元素についての適用可能な方法、最適な分析法が簡便に概観出来る。有機編は元素分析、官能基の定性・定量についての概説。試料編は各試料の処理法と成分の分離法に重点をおいて記している。付録に国際単位系（SI）と換算、情報検索法などを収録している。巻末に略号一覧、五十音順の索引がある。初

版は1961年、以後10年ごとに改訂。　　　　*3256*

分析法早見総覧 12種類の公害法規別・186種全規制物質別　海外技術資料研究所専門委員会編　海外技術資料研究所 1977.9　1冊(項目別頁付) 27cm 29200円
法規ごとに異なる186種の化学物質の分析法を12種類の公害規制法別に一覧表にしたもの。1 全規制物質別（五十音順）公定分析の必要項目一覧表、2 12種類の公害法規別公定分析の必要項目一覧表、3 分析法に関する告示、省令、4 特別参考資料の4部構成。特別参考資料は各種分析（公定分析法に準ずるもの）関係文献7件の目次を収録。　　　　*3257*

◆無機化学

ACS無機・有機金属命名法 B.Peter Block〔ほか著〕中原勝儼訳　丸善 1993.5　324p 21cm 『Inorganic chemical nomenclature』1990の翻訳 4-621-03846-X　4635円
炭素原子が中心原子となる化合物、および炭素－炭素結合を含む化合物以外のすべての物質の命名法を取り扱った便覧。用語および命名法、基本原理、等原子化学種、ヘテロ原子のつくる化学種、付加命名法、多核配位錯体、酸、塩基およびそれらの誘導体など16章に分け体系的に解説。巻末には各種表・図表からなる付録、欧文の参考文献78点、五十音順の事項索引がある。原著はアメリカ化学会（ACS）刊。　　　　*3258*

金属間化合物データハンドブック 堂山昌男，矢部正也編　サイエンスフォーラム 1989.1　451p 31cm 60000円
構造用材料で強度を高めるのに大きな役割を果たす、金属間化合物の広範なデータを集録し、材料別に解説を加えた便覧。「超伝導材料Ⅰ、Ⅱ」「電子機能材料」「硬質磁性材料」「医用生体材料」「形状記憶・超弾性材料」「水素吸蔵材料」「表面改質材料」「耐熱構造材料」の9部構成で、各部は、解説、文献集、データ集からなる。索引はない。　　　　*3259*

無機化学命名法 IUPAC1990年勧告　G.J.Leigh編　山崎一雄訳・著　東京化学同人 1993.3　316p 26cm 『Nomenclature of inorganic chemistry：recommendation 1990』の翻訳 4-8079-0379-9　5200円
国際純正・応用化学連合（IUPAC）の無機化学命名法に関する1990年勧告の内、第Ⅰ部基本原理部分の日本語訳。最初の2章で無機化学命名法の歴史・機能、用法（文法）を述べ、以下、元素・原子から水素化ホウ素と関連化合物まで9章に分け解説。巻末に付表および付録（元素の同期表・3種）および欧文索引、和文索引を付す。　　　　*3260*

無機化合物・錯体辞典 中原勝儼著　講談社 1997.6　1236p 22cm 4-06-153365-7　38000円
約1万の無機化合物、金属錯体、有機酸金属塩、有機金属化合物を五十音順に配列し、製法、構造、性質などを解説。項目の化合物名は日本化学会制定の化合物命名法に従い、別名、通称、俗称は参照項目としている。巻末にアルファベット順の化学式索引と、化合物の英語名索引を付す。　　　　*3261*

◆有機化学

有機化学・生化学略語辞典 石井永，広瀬聖雄著　地人書館 1989.7　298p 19cm 3605円
有機化学、生化学分野の略語から試薬や反応のフルネームを調べるための辞典。見出し語の配列はアルファベット順で、英語の正式名、簡単な解説、構造式を記す。巻末にギリシャ文字で始まる語を掲載。フルネームから略語への索引はない。　　　　*3262*

有機化学用語事典 古賀元〔ほか〕著　朝倉書店 1990.9　448p 22cm 4-254-14037-1　7004円
有機化学に必要とされる基礎的な用語を9章に分け体系的に解説した事典。解説は大学初年次生に理解可能なように配慮し、特に重要な用語については背景についても解説している。また用語の語源および人物の略歴についても、多数の書を参照し詳述。各項目ごとに参考文献を付している。付録に常用省略基名、「Chemical Abstracts」、その他で常用される省略単語、常用化合物名・化学用語省略記号を掲載。巻末に日本語索引、外国語索引、記号索引、語源索引、人名索引を付す。　　　　*3263*

有機化合物構造式インデックス 益子洋一郎，畑一夫，竹西忠男著　丸善 1973　432,122p 22cm 4300円
有機化合物の名称からその構造を知るためのインデックス。3500種の有機化合物の構造式にIUPAC（国際純正応用化学連合）命名規則に準拠した名称、慣用名、日本語名を付した本文と、五十音順和名索引、アルファベット順英名索引からなる。本文は脂肪族、脂環式、芳香族、複素環式に大別し、厳密な構造による分類ではなく、関連ある誘導体などは、検索に便利なように編集。　　　　*3264*

有機化合物辞典 有機合成化学協会編 講談社 1985.11 1285p 22cm 4-06-139639-0 15000円

有機化合物約8000種を収録し、性状、製法、用途などについて解説した化合物辞典。日本語化合物名の五十音順配列。巻末に英語名・略語を収録した索引を付す。　　　　　　　　　　　　　　　　　3265

有機化合物事典 安藤亘編著 朝倉書店 1987.3 206p 19cm 4-254-14032-0 2900円

化学製品関係従事者だけでなく、高校生、大学生および主婦など幅広い層を対象に、日常生活に関係のある化学物質と、その周辺領域の物質約250種の性質、製法、用途などをわかりやすい用語で解説。構成は、1 由来、2 天然、生体由来化合物、3 脂肪族系、4 芳香族系、5 高分子系、6 生活の中の有機化合物、の全6章からなる。巻末に和文索引、欧文索引を付す。
　　　　　　　　　　　　　　　　　　3266

有機金属化学事典 遷移金属 有機金属化学事典編集委員会監訳 朝倉書店 1996.1 2677p 31cm 『Comprehensive organometallic chemistry』の翻訳 4-254-25232-3 288400円

原著全9冊（1982年刊）の遷移金属に関する部分の翻訳。「有機不飽和分子と遷移金属の結合」から「遷移金属化合物によって促進される窒素分子の反応」まで31章にわたり、体系的に詳しく解説。各節末に詳細な文献一覧を付す。巻末に原著刊行後の1990-1995年の有機金属化学関連の文献、五十音順の日本語索引、アルファベット順の化学式索引を付す。　　　　　3267

有機反応インデックス 亀谷哲治, 福本圭一郎編著 南江堂 1971 303p 27cm 英文書名：『The index of organic name reactions』 3500円

有機化学反応の反応名と解説を載せた事典。有機化学の分野では人名を冠した反応が多いことから、人名のアルファベット順の人名別反応と、操作や化学構造に基づく名称をまとめた操作別反応で構成。また、飽和、脂環状、芳香族などに大きく分類して、反応する物質の構造から引ける索引を目次のあとに掲載し、巻末にアルファベット順試薬名、化合物名、合成別の索引を付す。　　　　　　　　　　　　　　　　3268

天文学、宇宙科学

【書誌】

天文・宇宙の本全情報 45/92 日外アソシエーツ編 日外アソシエーツ 1993.10 417p 22cm 発売：紀伊国屋書店 4-8169-1204-5 18000円

1945年から1992年までに、国内で刊行された天文・宇宙に関する図書5500点を主題別に配列した目録。宇宙と生命、天文学、天体観測、星の世界・恒星・星座、太陽系、地球科学、宇宙工学、宇宙開発、暦法・東洋占星術、西洋占星術、UFO・宇宙人・超科学の11分野に区分し、その下に中見出し、必要に応じ小見出しを設けている。各見出しの下の配列は書名の五十音順。巻末に書名および事項名の各索引がある。いずれも五十音順配列。　　　　　　　　　　　3269

【辞典・事典】

宇宙科学用語 J.ホプキンス著 藤本真克, 加藤万里子訳 恒星社厚生閣 1983.2 262p 21cm 『Glossary of astronomy and astrophysics 2 nd ed.』1980の翻訳 3200円

従来の天文学のほか電波技術、ロケット工学など周辺分野も含めた用語辞典。用語の配列は表音式のアルファベット順で対応英語を付記し、詳しく解説。巻末に英文索引を付す。　　　　　　　　　　　　　　3270

宇宙天文大事典 ジャン＝オドゥーズほか著 五十嵐道子〔ほか〕訳 旺文社 1985.3 431p 37cm 監修：ジャン＝オドゥーズ, ギー＝イスラエル 日本語版監修：堀源一郎, 磯部琇三 『Le grand atlas de l'astronomie』の翻訳 29000円

観測結果をふまえて宇宙の本質に迫り、その全体像が描けるように編集。「太陽」「太陽系」「星と銀河」「超銀河領域」、宇宙論・宇宙の生命・天文学史・観測技術などを含む「科学とその対象」の5部構成。巻末に文献目録・執筆者紹介、用語解説および和文索引を付す。　　　　　　　　　　　　　　　　　　　3271

自然科学――天文学、宇宙科学

宇宙・天文大辞典 Sybil P.Parker編 小田稔監訳 丸善 1987.1 499p 27cm 『McGraw-Hill encyclopedia of astronomy』の翻訳 4-621-03144-9 15000円
天文学を理論、観測、実験など多くの側面から解説した事典。230の項目は五十音順に配列され、英語を併記する。400余の写真、表、図（カラー図版も含む）を掲載し、詳細に解説。1983年刊の原著をもとに、1986年末までのデータを追加し、再編集するとともに、適宜加筆してある。巻末に和文および欧文索引を付す。　*3272*

学術用語集 天文学編 増訂版 文部省，日本気象学会〔編〕日本学術振興会 1994.11 331p 19cm 発売：丸善 4-8181-9404-2 3300円
学術用語の統一を目的として作成された和英・英和の対訳語彙集で、用語の解説はない。第1部和英、第2部英和からなり、それぞれ用語のよみ、対訳語、代表的な関連分野を記す。配列はアルファベット順。第3部に星座名の学名と和名などを記載。初版（1974年刊）を大幅改訂。　*3273*

スカイ・ウオッチング事典 朝日コスモス 1995-2000 朝日新聞社 1994.8 312p 21cm 執筆：藤井旭ほか 4-02-226503-5 2200円
天体観測を双眼鏡、天体望遠鏡、カメラ、パソコンで楽しむためのコンパクトなガイドブック。スカイウオッチングの楽しみ方、各月の星座図を豊富なカラー写真や図を取り入れて説明した星空ガイド1-12月、北半球と南半球の緯度別の四季の星空を全天星座図で示す世界の星空ガイドほか、基礎知識や実技ガイドからなる。また最新の天文学ウオッチング-宇宙のなぞでは、最前線の話題をピックアップし、カラー写真とともに紹介している。資料編では日本の公開天文台および天文関係施設や世界の天文台を紹介し、天文年表（1985-1994）を収載。巻末に索引（略語はアルファベット順、事項は五十音順）を付す。　*3274*

世界の天文台 磯部琇三著 河出書房新社 1983.7 154p 19cm （アストロ・ライブラリー）980円
著者が訪問した世界の天文台の中から光の天体観測の発展を示すのに適した22の天文台と3観測所を取り上げるほか、大気圏での観測技術を紹介。　*3275*

天文・宇宙の辞典 天文・宇宙の辞典編集委員会編 恒星社厚生閣 1978.2 615,8p 27cm 折り込図1枚 12000円
『学術用語集　天文学編』☞3273の用語選定方針および表記を採用し、さらに天文学以外の関連分野である宇宙開発、物理学、測地学などの分野の用語も収録している。見出し項目は五十音順に配列され、写真、図面を豊富に使って解説している。巻末に主要略語表、星の固有名ほか諸表と、付録として「スター・マップ」（折り込図1枚）を付す。　*3276*

天文学辞典 改訂増補版 鈴木敬信著 地人書館 1991.9 830p 22cm 折り込図3枚 4-8052-0393-5 12360円
天文学関係の用語辞典。物理学に属する原子、電子、煽昴、スペクトル生成などの理論に関する用語や、星座各説、惑星や衛星面上の地名などは掲載されていない。見出し語は五十音順配列で英語名を併記。解説は平易で分かりやすい。付録に星座、惑星の軌道および物理表、主要天文定数、略語一覧、日本で見られる月食（1985-2104）および日食（1985-2100）がある。索引には、「見出し項目以外の用語索引」、欧文索引および人名索引（アルファベット順）がある。旧版（1986年刊）巻末に、補遺として35頁分を増補し、旧版に対応するそれぞれの索引を付したもの。　*3277*

天文観測辞典 新版 地人書館 1983.10 370p 22cm 監修：古畑正秋 2900円
天文観測で日常的に使われる用語を中心に約1300語を五十音順に配列し、対応する英語を併記して解説した辞典。天体観測への案内書として編集。巻末に「天文定数表」などの付録を収載。旧版は1977年刊。　*3278*

天文小辞典 ジャクリーン・ミットン著 北村正利〔ほか〕訳・監修 地人書館 1994.7 413p 20cm 『The Penguin dictionary of astronomy』1993の翻訳 4-8052-0464-8 4326円
プロの天文学者とアマチュア天文ファン向けに、天文学に固有な専門用語や名称を可能な限り集め解説を付したもの。物理学や宇宙科学の分野の用語も含む。見出し語は原著の見出し語に対応する日本語で五十音順配列。英語を併記する。巻末に参考文献、略語一覧、欧文索引、人名索引（五十音順）がある。　*3279*

日本・朝鮮・中国日食月食宝典 渡辺敏夫著 雄山閣 1994.10 553p 27cm 複製 4-639-01259-4 20000円
日食および月食の起こる条件、これらの計算法、中国・朝鮮・日本の日食記録の対照表と食状況、月食記録の対照表などを掲載している。また付録には江戸時代における交食観測、および交食と改暦を記している。1940年、東方文化京都研究所に設置された臨時東洋暦術調査会の事業の一環として企画された東洋における日食表の作成の集大成である。巻末に参考文献がある。索引はない。　*3280*

◆恒星

【事典】

星の事典 鈴木駿太郎著 恒星社厚生閣 1988.12 334p 27cm 新装版 折込図1枚 4-7699-0631-5 5800円
「北の星」「春の星」「夏の星」「秋の星」「冬の星」「南の星」「銀河系・太陽系」からなり、各星座ごとに解説を加える。星座名は日本語を主に、星の固有名はアラビヤ名を主に英米名を付記してある。巻頭には、星図および写真を多数掲載。巻末に用語解（五十音順）および和文索引、欧文索引、エンドレス星図（折り込図1枚）あり。1967年刊の新装版。 *3281*

星百科大事典 改訂版 R.バーナム Jr.著 斉田博訳 地人書館 1988.2 1392p 27cm 『Burnham's celestial handbook』1978の翻訳 4-8052-0266-1 16000円
天文学愛好家向けの解説書。観測者のための基礎知識と、星座名の五十音順に配列した88の星座について、写真、図版、表などを豊富に取り入れて丁寧に解説。巻末に文献、および和文・ギリシア字名・ローマ字名・数字名の索引のほか、「メシエ天体の索引」「星座と星図の対応表」などを付す。1983年刊行初版のデータを新しくした改訂版。 *3282*

【年鑑】

天文観測年表 1972- 天文観測年表編集委員会編著 地人書館 1972- 年刊 26cm 保存版
天体の運行を数値で記録した天体の時刻表。観測編と資料編からなる。翌年の1月から12月までの星空と天象、太陽系惑星の位置と運動、潮汐などを時刻や数値で示している。同社発行の『天文気象年鑑』（昭和42-46）を改題したもの。解題は2000年版による。 *3283*

◆◆星図・星表

星図星表めぐり その活用百科 新版 日本天文学会編 誠文堂新光社 1989.9 142p 26cm 4-416-28907-3 2000円
星図星表の包括的なカタログとしては国内外を通じて利用可能な唯一のものと銘打たれている。眼視用星図から紫外線源のカタログ、データセンタ・データベースまで、26項目にわたって解説。巻末にアルファベット順索引を付す。初版（1977年刊）の増補改訂版。 *3284*

全天恒星図2000 2000年分点 広瀬秀雄, 中野繁共著 誠文堂新光社 1984.9 71p 31cm 4-416-28403-9 2500円
6.25等以上の6362個の恒星の位置を記した標準的な星図。全天を赤経・赤緯により14図に分け、星座、星雲、星団の著名なものについて見どころを解説し、星の等級、天体の種類などを収載。星座の南中順、星座一覧表、月面の地形、月面図なども付載。星座索引および星座の南中順索引を付す。『全天恒星図 1950年分点 最新版』は1968年刊。 *3285*

標準星図2000 中野繁著 地人書館 1995.6 126p 37cm 付（1枚）：標準星図2000用スケール 4-8052-0478-8 6180円
2000年分点星図。7.5等以上の星を収めた28星図からなる。巻末に五十音順星座索引、アルファベット順星座学名一覧などを付す。 *3286*

ロバートソン星表2000 佐藤勲著 掩蔽観測グループ 1986.9 178p 26cm
掩蔽（エンペイ・星食）の研究や観測に必要な情報提供のために、1939年、アメリカ海軍天文台が発行した『ロバートソンの黄道帯星表』（ZC）をもとに、3539個の恒星のデータや、星雲・星団表、黄道帯星図などを収載。星名や重量・変光量の注釈には、ベクバル星団・星表、マクドナルド天文台の観測なども参考にしている。 *3287*

◆暦学

【事典・便覧】

現代こよみ読み解き事典 岡田芳朗, 阿久根末忠編著 柏書房 1993.3 414p 20cm 4-7601-0951-X 2800円
市販の暦の、種々の記載事項、たとえば年月日、曜日、24節気、大安、友引などの暦注を取り上げ分かりやすく解説したもの。暦の専門書ではない。内容は四季と暦、祝祭日と日本人、暦注の秘密、年中行事・祭り・記念日、世界の暦・日本の暦の5章からなる。巻末に参考文献、六曜九星表、西暦・年号対比表および索引（五十音順）がある。 *3288*

こよみ事典 川口謙二, 池田孝, 池田政弘著 東京美術 1977.12 204,8p 19cm （東京美術選書 18） 980円
日、方角、季語、行事など、民間暦に使われている用語をとりあげ、参考文献も付して平易に説明。十干・十二支・五行、六曜星、二十四節気、七十二候、二十

八宿、方位の用語と吉凶、十二直、日の用語と吉凶、雑節と行事などの大項目がある。相反する吉凶などは客観的に扱い、用語の解明、古語の理解に重点をおいている。年表、九星表の付録、五十音順索引を付す。

3289

暦と時の事典 日本の暦法と時法 内田正男著 雄山閣 1986.5 330,24p 22cm 4-639-00566-0 4000円
暦や昔の時刻法に関する用語および暦学上の人物など584項目を五十音順に配列し解説。巻末に福沢諭吉『改暦弁』などの文献5点を収載し、1500項目の五十音順索引を付す。

3290

暦の百科事典 暦の会編 新人物往来社 1986.4 509p 27cm 4-404-01339-6 9800円
6篇に分け暦の変遷、古今東西の暦、具注暦、暦注、暦をめぐる話題などを写真、図版を示しながら体系的に解説。通読する形の事典。六曜九星表、新旧暦月日対照表、現行太陽暦から太陰暦への旧暦の作り方、主題別に分類し解題を付した参考文献一覧など資料編が充実。『万有こよみ百科』（『歴史読本』臨時増刊、1973）、『日本の暦大図鑑』☞3293収載の再編集記事を含む。

3291

新こよみ便利帳 天文現象・暦計算のすべて 暦計算研究会編 恒星社厚生閣 1991.4 170p 26cm 4-7699-0700-1 2800円
暦を含め、実地天文学で扱う広範囲の情報・知識を、使いやすい数表の形に編集した基礎データ集成である。現在からおおむね西暦2050年までの暦および天文現象（太陽・月・天象・北極星・天体の位置）で構成。旧暦算出表、天体の位置の計算式など、天文現象に関心をもつ一般読者が調べやすいように編集されている。

3292

日本の暦大図鑑 日常生活の発想をかえる人類5000年の知恵 こよみ文化史 新人物往来社 1978.10 164p 30cm （図説百科 no.3） 編集所：百年社 1300円
江戸の多色刷版画大小暦、日本の古暦、世界の暦とその歴史、こよみ人物事典、暦にまつわる随想など、絵図読み物をとりまぜた暦百科。見て楽しむ図鑑。暦法5000年史年表・暦に関する参考文献（暦の会編）を収載。索引はない。

3293

◆◆ 対照表

近代陰陽暦対照表 外務省編纂 原書房 1971 214p 27cm 昭和26年刊の複製 3000円
1700年（元禄13）-1911年（明治44）の陰暦と陽暦の対照表。1年を1頁に収め、欄外に清朝暦の月次大小を注記し、巻末に1912年（大正元）-1970年（昭和45）の干支紀年対照を付す。1903年までは『三正綜覧』☞3295と重複。

3294

三正綜覧 付：陰陽暦対照表 補正新訂 内務省地理局編 鎌倉 芸林舎 1973 428,101p 22cm 明治13年刊の複製（4版） 年代対照便覧（神田茂編）4000円
孝元天皇元年-明治36年（BC214-AD1903）の東西暦対照表。毎年を4行（回教暦開始以前は3行）に分けて日本・中国・回教・西洋とし、それぞれ12月に区分して月の大小・朔の干支・食・朔の西暦月日を記載。回暦には毎月の第1日の干支を日本の干支で示し、西暦にはグレゴリウス暦採用までの年代についてローマ暦・ユリウス暦をも併記している。付録として年代対照便覧、陰陽暦対照表がある。

3295

中国標準万年暦 鮑黎明編 東洋書院 1983.11 229p 31cm 6800円
東経120度の北京標準時にのっとり編成した万年暦。1864-2043年にわたる干支暦、太陰太陽暦、九星暦を網羅。巻末に中西東三暦対照表、二千年中国・西洋暦対照表などを付す。

3296

日本陰陽暦日対照表 上，下巻 加唐興三郎編 ニットー 1993.9 2冊 27cm 10000円，17000円
『日本暦日原典』☞3301に示された445年（允恭天皇34）-1872年（明治5）の旧暦年月の朔日の西暦推算月日をもとにした、すべての旧暦年月日の干支と西暦年月日の対照表。西暦445-1100年までを上巻に、1101-1872年を下巻としている。西暦年月日との対照により、日本文学古典の読解・鑑賞や日本歴史上の諸事件などの考証、天文、気象学、農業学の検証に有益である。

3297

日本暦西暦月日対照表 野島寿三郎編 日外アソシエーツ 1987.1 291,12p 21cm 発売：紀伊国屋書店 4-8169-0620-7 3000円
グレゴリオ暦に改暦された1582年（天正10）から日本が西暦を採用した1872年（明治5）まで291年間の日本暦（旧暦）と西暦年月日の対照表。見出しは日本暦年度/干支および西暦。配列は年順で日本暦（旧）から西暦（新）を対照する。巻末に日本暦の大小月一覧、改元月日表、12か月異名表、辰刻表、干支表が付く。

3298

和洋暦換算事典 釣洋一著 新人物往来社 1992.9 416p 27cm 4-404-01936-X 13000円
1582年（天正10）から1872年（明治5）に至る291年間の日本暦と西暦の対照表。後半は西暦換算による日

本史年表。巻末に「和洋暦換算奇談」と題するコラムを設け、高校の日本史教科書などに発表された日付の誤りなどを指摘している。索引はない。　　　*3299*

◆◆暦日表

節気表　594年－1872年　桃裕行編〔桃チヨ〕1992.8
　　270p 32cm
冬至、小寒、立春、雨水などの24節気の日付を知るための表。『日本暦日原典』☞3301の数値を基に推古天皇の6世紀末から明治初年の改暦に至るまでの各年の24節気の日付を記している。著者、桃裕行の遺稿肉筆を複写したもの。索引はない。　　　*3300*

日本暦日原典　第4版　内田正男編著　雄山閣出版　1992.6
　　560p 27cm 4-639-00091-X　16500円
第1編と第2編からなり、第1編 暦日編は、暦日表で、西暦445年から1872年（明治5）に至る1428年間を1頁に3年分ずつ掲載。毎年の干支・1年間の日数と毎月の大小・朔干支、それに相当する太陽暦の日付、24節気の日時が記号や数字で示されている。第2編 暦法編は第1編の内容の解説。索引はない。第3版は1978年刊。　　　*3301*

日本暦日総覧　具注暦篇　古代前・中・後期,中世前・後期
　　本の友社　1992－1995　20冊 30cm 各期全88580円
朔と24節気のみならず毎日の吉凶（暦注）を詳細に書きこんだ具注暦をコンピュータにより復元した暦。古代前期の501年から中世後期の1500年まで5編20冊からなる。1頁に2か月を載せ、日付、干支、納音、十二直、七曜、節気、七十二候、日遊、ユリウス通日、太陽暦などを掲載。　　　*3302*

日本暦日便覧　増補版　湯浅吉美編　汲古書院　1990.2　3冊(別冊とも) 20×27cm 別冊(376p)：索引篇・増補篇　全22600円
持統天皇6年（692）から明治5年（1872）までの全日の暦日表。上 暦日表篇(持統天皇6年－正慶2年)、下 暦日表篇(建武元年－明治5年)・解説篇。『日本暦日原典』☞3301に依拠しているが、24節気の日付と干支は漢字で表示。下巻末に引用文献・参考文献あり。別冊の索引篇に月朔干支索引・二十四気日付順索引・二十四気干支別索引を、増補篇に西暦宿曜表を収録。　　　*3303*

暦日大鑑　明治改暦1873－2100年　新旧暦・干支九星六曜対照　西沢有綜編著　新人物往来社　1994.2　427p 27cm 4-404-02083-X　9785円
1873－2100年の太陽・太陰両暦の対照表。暦日篇Ⅰ：1873年（明治6）－2050年（平成62）、暦日篇Ⅱ：2051－2100年の2篇に分け、Ⅰは1年を見開き2頁の暦日表とし、七曜、干支、九星、旧暦、六曜を記載。Ⅱは各月1日の干支（九星）、節入、旧暦のみを記載。後半、全42頁は解説編で暦日表の使い方、暦日表編成についての留意事項、60干支表、時の干支表および暦年一覧表がある。索引はない。　　　*3304*

地球科学、地学

【辞典・事典】

学術用語集　地学編　文部省〔編〕日本学術振興会　1984.2
　　429p 19cm 発売：丸善 4-8181-8401-2　3510円
地球物理学諸部門の用語を除き、地質学、鉱物学、地球化学の用語を主体に約6000語を収録。和英の部は、ローマ字表記－漢字・かな表記－外国語（主として英語）。英和の部はこの逆の語順。ローマ字表記は、「ローマ字のつづり方」（昭和29年12月9日内閣告示第1号）による。第3部に、略号から引ける「国際研究協力機関・国際共同研究事業・政府間機構」一覧、「国際単位系」などを掲載。　　　*3305*

環境用語辞典　技術環境としての地球を定義する/付和英　インタープレス版　米国国防省〔編〕インタープレス対訳センター〔編訳〕アイピーシー　1994.12
　　457p 22cm 英文書名：『Glossary of environmental terms』英文併記　新装版 4-87198-230-0　5150円
科学技術の周辺事項および全般に共通する用語約2100語を収録した米国国防省による標準規格MIL-STD-1165を翻訳したもの。英語用語のアルファベット順配列で、日本語訳を併記し、定義を記載。地球の陸地表面と隣接する大洋部分、ならびに表面状態に直接影響する比較的下方の大気の環境に関する用語を対象とする。付録として原文を収載。巻末に英和索引、和英索引を付す。　　　*3306*

近代世界の災害　国会資料編纂会編　国会資料編纂会　1996.1　415p 31cm 監修：力武常次 4-906474-04-7　17000円

歴史に残る世界の地震、火山災害、環境災害から宇宙・地球規模の災害（生物の大絶滅など）まで8章に分け、多数の事例をとりあげ、その当時の状況を紹介。また自然災害のメカニズムと現象を解説するとともに防災対策などにも言及する。索引はない。1998年に姉妹編『日本の自然災害』が刊行された。
3307

災害の事典 萩原幸男編 朝倉書店 1992.11 400p 22cm 4-254-16024-0 12360円
自然災害の実態を実例に従って記述し、予知や防災などを体系的に解説した事典。地震、火山、気象、雪氷、土砂等の災害、リモートセンシングによる災害調査、地球環境変化と災害、宇宙災害の8章で構成。各章末に参考文献を付す。付録として、日本と世界の主な自然災害年表を収載。五十音順の事項索引を付す。
3308

地学事典 新版 地学団体研究会新版地学事典編集委員会編 平凡社 1996.10 1443p 22cm 付録（別冊）：付図付表・索引 22660円
地学およびその境界領域に関する広範な用語を網羅し簡潔に解説。小項目主義に徹し項目数は約2万。配列は五十音順。各項目に原則として、英・独・仏・露の4か国語を併記する。付図付表と外国語索引は別冊に収録。外国語索引は、項目と説明文中から採録した約3万4000の学名（ラテン語）、英、独、仏語、および露語索引からなる。
3309

地学辞典 第1-3巻 新版 竹内均等編 古今書院 1970-1973 3冊 22cm 2500-3800円
地球物理学、鉱物学、地質学など地学全般にわたる用語を解説した辞典。3巻に分け、1巻は地球物理学、資源工学、土木地質学、気候学、2巻は鉱物学、岩石学、鉱床学、地球化学、火山学、3巻は地質学、古生物学、地形学、土壌学で構成。各巻とも見出し用語の五十音順配列で英語併記。巻末に英文索引を付す。
3310

地図学用語辞典 日本国際地図学会地図用語専門部会編 技報堂出版 1985.7 459p 19cm 4-7655-4309-9 4000円
国際地図学協会編纂の『Multilingual dictionary of technical terms in cartography』（1973年刊）を基礎に、日本独自の用語を含め約2500語を選定。陸図と海図、一般図と主題図、また測量・調査や製図・製版など、新旧、多岐にわたる地図用語を簡潔に解説。見出し語はひらがな表記の五十音順配列で、漢字・かな表記、英語を併記。巻末に各種付表および中項目の体系別分類索引、欧文索引を付す。
3311

日英中地学用語辞典 中国・地質出版社編 東方書店日本版改編 東方書店 1994.12 858p 20cm 28000円
地質、古生物、岩石、鉱物、地球物理、地震、海洋、地理、天文に関連する約2万語の日本語を、英語、中国語と対照させた用語集。配列は日本語の五十音順。巻末に、英語索引と中国語索引（頭文字の筆画順）がある。
3312

用語辞典 資源観測解析センター編 資源観測解析センター 1989.3 185,12p 22cm
衛星、データの受信・処理解析（地質解析も含む）、探鉱およびリモートセンシング関係機関の中から同義語も含め約600項目を見出し語として選定し、五十音順に配列、英語を併記し、そのうち500項目について平易かつ詳しく解説したもの。巻末に外国語索引を付す。『資源探査のためのリモートセンシング実用シリーズ』の別冊。
3313

【便覧】

地学ハンドブック 第6版 大久保雅弘, 藤田至則編著 築地書館 1994.3 242p 19cm 4-8067-1146-2 2266円
フィールドワークの補助ツールとして便利な地学データ集。175項目を地球、地質時代、土器・石器・化石、堆積、地質構造、鉱物、水理地質、地盤など13に分類し、関連する図表類を掲載。付録として、関係学会・協会・研究機関の一覧、各種地質図を付す。索引はない。前版（新訂版）は1990年刊行。
3314

地球観測ハンドブック 友田好文〔ほか〕編 東京大学出版会 1985.5 830p 24cm 4-13-061050-3 15000円
地球上および海洋上の位置決定、時刻と時間、重力、地殻変動、地震、磁場などの観測方法や観測結果の整理法を詳述した便覧。観測器、計測器の紹介と簡易な器材については作り方の案内もある。巻末に五十音順の事項索引を付す。
3315

◆気象学

【辞典・事典】

英中日気象学用語集 『英漢气象学詞彙』増修訂小組編 農林水産技術会議事務局訳編 農林統計協会 1988.2 489p 19cm 原著第2版の翻訳 4-541-01038-0 9800円
農林業生産と気象のかかわりを中心に、気象科学関連用語約1万1000語を収録。原著初版（1965年刊）の増

補改訂版（1974年刊）を底本に、英語を見出し語とし、アルファベット順に配列、中国語を併記し、拼音と対応する日本語を記載。付録は、常用略語など12編。巻末に中国語（画数順）、日本語（五十音順）の各索引を付す。
3316

学術用語集　気象学編　増訂版　文部省，日本気象学会〔編〕日本学術振興会　1987.3　259p　19cm　発売：丸善　4-8181-8703-8　1500円
初版（1975年刊）で採用語数が少なめだった分野を中心に約1000語を加え約3100語を収録。第1部和英の部、第2部英和の部、第3部主要略語表、各分類（雲、熱帯低気圧、雪の結晶、積雪、雪崩、海氷用語）、風力階級、国際単位系からなる。配列は第1部ローマ字書きによるアルファベット順、日本語と外国語（主に英語）を併記する。第2部は外国語（主に英語）のアルファベット順、日本語、そのローマ字表記を併記する。
3317

風の事典　関口武著　原書房　1985.3　961p　22cm　4-562-01547-0　12000円
解説と事典の2部構成。第1部「解説篇」では、使用度数の多い風名、珍しい風名について解説。第2部は、漁業者を対象としたアンケート「全国の風名調査」（1980年実施）の結果をもとに、日本各地の風の地方名2036語を五十音順に配列し、それぞれの風名の使用地点と風の性質を記載した事典。
3318

風の百科　松下精工株式会社編　東洋経済新報社　1986.7　206p　19cm　（ミニ博物館）　4-492-04058-7　1100円
風にまつわるさまざまな原理、現象、エピソードなどを「風と生活」「風を科学する」など8章に分け、全部で93項目を読み物風に解説した事典。索引はない。
3319

気候学・気象学辞典　吉野正敏〔ほか〕編　二宮書店　1985.10　742p　22cm　4-8176-0064-0　12800円
気候学、気象学のほか、地球物理学、地理学、農学、林学、工学、地球化学、水文学、土壌学、植生学、民俗学などの学術用語、雑誌名、人名など3732項目を収録。項目を五十音順に配列し、英・独・仏語を併記。項目末に関連する主要な文献を挙げる。付録として、関係学協会、関連研究機関、統計資料を掲載。巻末に用語の和文および欧文索引を付す。
3320

気象用語集　英和・和英・仏和〔昭和58年〕改訂版　田島成昌編　成山堂書店　1983.7　364p　図版12枚　18cm　2500円
英文予警報、気象観測、気象通信に関する文書や書簡、英文の海事用気象雑誌類などに使用される用語を主体に一般的な用語も採録。3部構成だが英和編に力点をおく。英語の発音をひらがなで示す。和英編は、日本語から英語へ導くものであり、仏和編は仏語の知識のほとんどない人に、気象予警報解読の一助となる範囲のものに限定。巻末に国際式天気図の記号、英語放送の実例などを収録。1980年刊と同内容。初版は1969年刊。
3321

最新気象の事典　東京堂出版　1993.3　607p　23cm　監修：和達清夫　英文書名：『Encyclopedia of meteorology』　4-490-10328-X　9800円
気象学、気象技術の専門語のほかに、一般に使われる日常気象用語を含めて解説した事典。各項目は見出し語、対応する英語名、解説、執筆者名となっており、五十音順配列。付録としておもな気象災害、気象衛星打ち上げ表、地球環境をめぐる国内外の動き、気象学年表などをのせ、巻末に五十音順索引を付す。
3322

雪氷辞典　日本雪氷学会編　古今書院　1990.10　196p　20cm　4-7722-1710-X　2600円
雪氷に直接関係する用語を中心に、昔の生活に関連した雪氷用語も重点的に採用し解説した辞典。収録用語は1036項目で五十音順に配列し英語を併記。巻末に「英和項目対照表」（アルファベット順）と、氷の物性、雪結晶の分類、豪雪地帯指定地域などの利用頻度の高い図・表をまとめた付録がある。
3323

天気の事典　新井重男編　三省堂　1990.9　255p　19cm　（サンレキシカ 45）　4-385-15614-X　1200円
1 天気予報の基礎知識、2 用語編、3 資料編の3部構成。1 は予報の歴史、天気図の見方、数値予報、予報システム、全国の天気ことわざ、2 は五十音順配列の用語集、3 は気温、降水量、霜、積雪量などのデータ（国内）を収録。一般の人にもわかりやすく平易に解説。巻末に五十音順索引を付す。
3324

平凡社版気象の事典　平凡社　1986.7　528p　19cm　監修：浅井富雄ほか　4-582-11503-9　3500円
山の気象、海の気象それぞれについて多数の図表を使い概説した解説編と気象学・気候学用語約1000項目を五十音順に配列し解説した項目編で構成。山の気象の解説には付表として日本各地の22の山の四季別の風速、気温、湿度、天気日数表を収載。巻末に日本の気象観測地点や月別平年気温と平年降水量など気象数値の一覧10表と、和文および欧文索引を付す。
3325

【便覧】

NHK気象ハンドブック　改訂版　NHK放送文化研究所編　日本放送出版協会　1996.10　264,8p　21cm　4-14-

011088-0　2233円
「天気予報」「日本のお天気」「地震と火山」「地球環境と気候変動」「気象のことば集」からなる。「気象のことば集」は、天気予報で使われる基礎的なことばや表現を五十音順に配列し解説。巻末に五十音順事項索引を付す。『NHK最新気象用語ハンドブック』（1986年刊）を改訂した本書と同書名の新版（1996年3月刊）の改訂版。　*3326*

オゾン層保護ハンドブック 特定フロン・トリクロロエタンの95年末全廃へ向けて　化学工業日報社　1994.1　531p　26cm　監修：通商産業省基礎産業局オゾン層保護対策室　4-87326-144-9　8000円
フロンガスなどのオゾン層破壊物質とオゾン層破壊の因果関係を明らかにするとともに、国際的なオゾン層保護対策の経過などを詳述したハンドブック。オゾン層破壊のメカニズム、オゾン層の現状、破壊による影響、保護問題の経緯、保護対策、オゾン層保護対策産業協議会の組織と活動、1,1,1-トリクロロエタン、代替冷媒と特定フロン対策など全8章で構成。各章末に参考文献、巻末に資料編として、「オゾン層保護のためのウィーン条約」「モントリオール議定書」「特定物質の規制等によるオゾン層保護に関する法律」などの文書（和文および英文）を掲載。巻末に「成層圏オゾン層保護問題に関する年表」（1930-1993年）、略語・用語集がある。　*3327*

気象データマニュアル 理科年表読本　中村繁，北村幸房著　丸善　1987.6　204p　19cm　4-621-03186-4　1600円
『理科年表』☞*3120*、『気象年鑑』☞*3337*などから得られる気象データを使いこなすための手引書。Ⅰ気象観測解説、Ⅱ気象観測データ利用からなり、Ⅰで各種の気象観測の方法を解説し、Ⅱでは得られたデータをもとに作られた各種統計の意味、利用法を解説。巻末に付表、五十音順の簡単な事項索引を付す。　*3328*

気象ハンドブック 新版　朝倉正〔ほか〕編　朝倉書店　1995.11　773p　27cm　4-254-16111-5　28840円
気象全般について「地球環境」「大気の理論」「気象の観測と予報」「気象情報の利用」の4編34章で解説した便覧。気象技術者・専門家以外で気象の知識を必要とする人々にも理解しやすいようにわかりやすく解説。巻末付録に日本と外国の異常気象など各種の表や豪雨年表など各種年表類を収載し、和文索引、欧文索引を付す。初版は1979年刊。　*3329*

新編防雪工学ハンドブック 日本建設機械化協会編　森北出版　1988.3　527p　22cm　4-627-48081-4　6800円
雪や氷に関する基本的知識について、理工学的解説を加え、各種防雪施設の標準的設計の考え方を示し、防雪情報システム等の事例を紹介した便覧。総論、雪とその特性、雪による障害発生とその機構、気象雪氷調査、防雪計画、防雪施設、除雪・消雪施設、防雪情報システム、付録の9編で構成。付録では流雪溝、散水消雪、雪崩予防杭など12の雪害予防方法を具体的な設計例とともに紹介。各章末に参考文献、巻末には五十音順の用語索引を付す。前版は『新防雪工学ハンドブック』（1977年刊）。　*3330*

防雪技術ハンドブック D.M.グレイ，D.H.メール編　松田益義編訳　築地書館　1990.2　208p　21cm　『Handbook of snow』1981の翻訳　4-8067-1143-8　2987円
原書は雪と氷にかかわる現実の問題について、北米の第一線研究者たちが具体的に解説した入門書。本書はこのうちわが国の雪の技術に関係の深い部分のみを抽出し翻訳したもの。わが国の実状も可能な限り紹介。建築物と雪氷、鉄道と雪氷、道路と雪氷、空港と雪氷、除雪機械、加熱による融雪法、薬剤と砂による雪氷制御、地吹雪の制御、雪崩の制御の9章よりなる。巻末に和文索引を付す。　*3331*

【データ集】

10年天気図 明日の天気がひと目でわかる！　森田正光著・監修　森朗著　小学館　1996.12　479p　26cm　4-09-387206-6　2800円
1986年から1995年までの3652枚の日本の天気図10年分を、同じ日付を1頁に収載し、主要9都市の最高・最低気温と解説を付した「10年間の天気図」を中心に、天気のメカニズム、天気図の種類と見方、天気予報などについて全7章で解説。索引はない。　*3332*

地点別気候表 平年値、累年平均値、極値・順位　気象庁編　気象庁　1990.1　308p　26cm　（気象庁観測技術資料　第55号）
気象庁所管全国154の気象官署における、普通気候観測（気温、降水量、風速など）の平年値、極値・順位の各表、生物季節観測（サクラの開花、満開など）の平年値の表、気温・降水量の年変化の図を掲載。　*3333*

日本気候表 1961-1990年　その1，2　気象庁編　気象庁　1991　2冊　30cm　英文書名：『Climatic table of Japan』英文併記
国内158か所の気象官署および南極昭和基地における1961年から1990年まで30年間の観測結果から求めた気象要素の月別平年値・極値（その1）、旬別平年値・半旬別平滑平年値、日別平滑平年値（その2）を地点別に掲載したもの。気温、降水量などのほか最深積雪、

梅雨期間の降水量、桜の開花などの生物季節観測なども気象要素として含む。それぞれの巻頭に解説および付表、地点一覧表、地点配置図を掲載。　　　　3334

日本気象総覧 上，下巻 東洋経済新報社編 東洋経済新報社 1983.9 2冊 31cm 監修：高橋浩一郎 編集：内田英治ほか 外箱入 全195000円
上巻 地上観測（1951-1982）、下巻 地域観測（1967-1982）・高層観測（1956-1980）・解説。それぞれ当該期間の気象データをまとめたもの。気象データの全国順位、日射量、天候ダイヤグラム、生物季節の平均値も統計資料として採録。解説編では気象・気候の基礎知識、日本各地の気候、付録として気象災害年表、資料・文献一覧を付す。　　　　3335

【年鑑】

気象庁年報 全国気象表 昭和32年- 気象庁編 気象庁 1958- 年刊 30cm
全国の気象台、測候所（平成8年版では155か所）の地上気象観測結果を収録。観測の気象要素は、気圧、気温、蒸気圧、風速、雲量、日照時間、降水量など。表は、月別値、半旬別値、時別月平均値、時別・月別雲量区分日数と降水日数、霜と雪の初日・終日・初終間日数、24時間降水量の月最大値、降水・無降水の最大継続期間、日射・放射の8表からなり、それぞれ観測地点別の観測値を示す。昭和31年版までの書名は『中央気象台年報』。　　　　3336

気象年鑑 1967年版- 日本気象協会編 森重出版 1967- 年刊 21cm
その年の季節暦、前年の気象記録、地象・海象のほか、参考資料、災害表、気象官署一覧を掲載。付録として天気図日記の索引、季節ダイヤル・生物季節ダイヤル、台風経路・台風の概要がある。　　　　3337

◆海洋学

海洋開発技術ハンドブック 編集：通商産業省資源エネルギー庁海洋開発室，運輸省船舶局技術課 朝倉書店 1975 1193p 22cm 編集顧問：岡村健二〔等〕15000円
海洋の特殊性に適合する海洋開発技術の体系について解説した便覧。「地球と海洋の環境」「海洋開発」「海洋開発技術」「資料編」の4章からなり、関連する文献も収録。「資料編」は海洋開発の社会問題、法律制度、国際協力などについて解説し、さらに海洋開発に関する主要数値と材料のデータを掲載。巻末にアルファベット順の用語索引を付す。　　　　3338

海洋工学ハンドブック 海洋工学ハンドブック編集委員会編 コロナ社 1975 1086p 22cm 14000円
海洋工学、海洋学をはじめとして計測、通信、航法、エネルギー、海中作業技術さらにエコロジーとの関連、また将来にわたる技術開発の動向までを体系的にまとめたもの。9章で構成し、図表を豊富に取り入れるとともに、各章末に参考文献と巻末に五十音順事項索引を付す。海洋工学の技術者、研究者、学生を対象に編集。　　　　3339

海洋調査報告一覧 国内海洋調査機関の調査情報 1975年実施分- 日本海洋データセンター〔編〕 海上保安庁水路部 1984- 年刊 30cm （JODCカタログ）
国際的な統一書式で記述した各機関からの「航海概要報告」をまとめたもの。海洋データの迅速な収集と円滑な流通を図るのが目的。報告項目は、調査機関名、船名、出入港日、調査海域、調査目的、データ量などである。前年実施分を掲載。巻末に、航海概要報告書式付き記入要領、調査機関略語表などを付す。解題は1998年実施分による。　　　　3340

学術用語集 海洋学編 文部省〔編〕 日本学術振興会 1981.3 186p 18cm 発売：丸善 1870円
国際的に確立した海洋学関係学術用語、約2500語を収録。第1部和英の部、第2部英和の部および、主要な海流、海洋、海溝名などをまとめた第3部からなる。第1部は用語のローマ字表記の見出し語をアルファベット順に配列し、漢字、対応する英語を記載。第2部は英語を見出し語にアルファベット順に配列、漢字、読みを示すローマ字を記載。　　　　3341

潮汐表 1947- 海上保安庁水路部編 海上保安庁 1946- 年刊 30cm
第1巻 日本及び付近、第2巻 太平洋及びインド洋、からなる。1巻は71，2巻は53の主要な港（標準港）の毎日の高・低潮時とその潮高および1巻は20，2巻は5か所の標準地点の毎日の転流時・流速最強時との流速予報値の翌年分を収載したデータ集。その他潮汐の概値および概値を求めるための改正数、非調和定数、各地域における潮汐潮流の概況、月齢など月に関する諸表、任意時の潮高と流速を求める表、流速換算表なども収載。地名索引あり。英文併記。〔1921〕-1943は海軍省水路部から刊行。解題は1998年版による。　　　　3342

日・仏・英海洋科学用語集 海外漁業協力財団 1993.12 2,300p 26cm （海漁協(資) no.131）

日本とフランスの海洋学研究者が蓄積した専門用語を集成したもの。仏－英－日、日－英－仏の2部構成。巻末に英語索引、元素名、国際および日本の機関・組織名の仏英日、日英仏対照表を付す。
3343

◆◆水文学、地下水

水文誌関係文献目録リスト〔秋田〕日本地理学会・水の地理学作業グループ 1991.10 74p 26cm
水文誌関係文献目録70点を収録した書誌の書誌。収載目録の刊行年代は1944－1991年、収録範囲は網羅的ではないが、水文誌研究にとって有意義な情報源となり得るものは収載されている。1頁1件を表形式で解題。既刊の『水文誌関係文献目録リストNo.1－3』（1987年10月、1988年4月、1989年10月）に新たに14件を追加し1冊にまとめたもの。既刊文献目録リスト順に目録に一連番号を付して掲載。リスト内の配列は目録名の五十音順。索引はない。
3344

地下水学用語辞典 山本荘毅責任編集 古今書院 1986.9 141p 22cm 4-7722-1216-7 3500円
見出し語約1000を五十音順に配列し、英語を併記。解説は図表、図式などを多用しわかりやすい。巻末にギリシャ文字の読み方の表、単位表、関数の数値表、日本語および英語の項目索引を付す。水の専門家のみならず、関係分野の研究者や技術者、行政関係者など広い範囲を対象とする。
3345

地下水ハンドブック 地下水ハンドブック編集委員会編集 建設産業調査会 1980.3 1冊 27cm 26800円
土木工事など地下水にかかわる技術者のために地下水調査から地下水に関する技術、地下水による災害などを解説した実務参考書。総論から法規まで12編からなり、13編で地下水用語を五十音順に配列し解説、14編に付表を収載。巻末に用語索引および関連会社の資料を付す。1998年に改訂版を刊行。改訂版には用語解説および用語索引はない。
3346

◆地震学、火山

【史料】

新収日本地震史料 第1－5巻，補遺，続補遺 東京大学地震研究所編 東京大学地震研究所 1981－1994 21冊 22cm
上古から1867年までの日本の地震関係史料を収めた資料『大日本地震史料 第1－3巻』（文部省震災予防評議会編、鳴鳳社、1975 復刻版）とその続編『日本地震史料』（武者金吉編、明石書店、1995、毎日新聞社、1951の複製）で採り上げられたすべての地震の年月日と地域を再録した上で、収録年を1926年まで拡げ、その後判明した地震および新発見の史料を翻刻収録したもの。全体は年代順。史料の多い地震については別巻、補遺を設ける。各巻は地震年月日順に配列し関連地名、出典、史料の順に記載。年月日には西暦を併記。巻末に出現頻度の多い出典の五十音順リスト、所蔵者（機関）を掲載。補遺続、続補遺別巻は日本電気協会刊もあり。
3347

【辞典・事典】

学術用語集 地震学編 文部省編 日本学術振興会 丸善（発売）1974 182p 18cm 820円
学術用語の統一を目的として作成された和英・英和の対訳用語集。語義の解説はない。約2400語収録。巻末に付録として地震の大きさに関する分類、震度階の名称がある。
3348

火山の事典 下鶴大輔〔ほか〕編 朝倉書店 1995.7 590p 22cm 4-254-16023-2 18540円
地球物理学、地質学、岩石学、地球化学など広範囲にわたる火山現象の研究分野を総合的に解説した事典。13章からなり、火山の概観、マグマ、火山活動と火山帯、火山の噴火現象、噴出物と堆積物、火山体の構造と発達史、火山岩、他の惑星の火山、地熱と温泉、噴火と気候、火山観測、噴火予知を記載。各項目ごとに充実した参考文献を掲載。付録として、国内外の火山リスト、噴火の記録、噴火災害資料を収録。五十音順の事項索引を付す。
3349

地震の事典 宇津徳治〔ほか〕編 朝倉書店 1987.2 568p 22cm 4-254-16016-X 12000円
地震の原因、性質、発生源分布などのほか、その影響、観測、予知など、地震に関する広範囲な事項を体系的に解説。巻末付録の主な地震の年表には、外国は1500年以降のものを、日本国内については1884年までとそれ以降の記録を2部構成で収録。主な被害地震の震源分布図も含む。ほかに五十音順事項索引を付す。
3350

【便覧】

新編日本被害地震総覧 416－1995 増補改訂版 宇佐美竜夫著 東京大学出版会 1996.8 493p 27cm 4-13-060712-X 25750円
『日本書紀』の中の記事から1995年までに記録された

町屋、地盤などに変化、損傷のあった地震約900件を収録。総論では被害地震について総括的に解説。各論では西暦416年以降に発生した被害地震を発震順に配列し、震央地名、震源の緯度・経度、規模および深さ、被害等級、名称などを図表を用いて記述。索引はなく、目次は発震年月日順で、震央地名が添えられている。初版『資料日本被害地震総覧』(1975年刊)。『新編日本被害地震総覧』(1987年刊)に1985年から1995年12月までのデータを加えた累積版。　　　　　3351

世界の被害地震の表　古代から1989年まで　宇津徳治編　〔宇津徳治〕　1990.5　243p 26cm
紀元前約3000年から1989年まで、全部で8366件の地震のデータを年順に一覧表にまとめたもの。地震の採録基準は、国・地域、年代によって多少の違いがあるが日本の地震については、被害記録の見出せるものはすべて採録。データ項目は、出典、発生年月時分、緯度・経度・深さおよびマグニチュード、津波の記録の有無、死傷者数などである。巻末に解説、および参考文献を付す。　　　　　　　　　　　　　　　3352

日本活火山総覧　第2版　気象庁編　大蔵省印刷局　1996.4　3,500p 26cm 4-17-315150-0　2500円
日本の83の活火山についてまとめたもの。1991年刊行の第2版に、1995年12月までの火山活動(特に雲仙岳)のデータを加筆。火山を北から順に配列し、地質概要、火山活動の記録、観測の状況・結果、地図(遠望図、地形図)、付近の気象官署などを収載。付録として、気象庁や研究機関の常時観測施設一覧、臨時観測一覧表、1926-1990年の年別・火山別の噴火災害年表などを付す。索引はない。利用対象として、気象庁署や観測研究機関、防災機関の担当者を想定。前身は『日本活火山要覧』(1975年刊)。　　　　　　　　3353

日本被害津波総覧　渡辺偉夫著　東京大学出版会　1985.11　206p 27cm 4-13-061077-5　7500円
津波の現象や本質について、防災の観点からまとめた概説書と資料集の2つの性格を持つ。総論と各論の2編からなる。総論では、津波概説、発生、伝播、遡行現象および災害対策を解説。各論では、内外で発生し、日本に影響を与えた224件の津波を収録し、高さ、波高、地震などの関連データを記載。巻末に五十音順事項索引を付す。　　　　　　　　　　　　　　3354

◆◆温泉学

【書誌】

日本温泉文献目録　〔第1集〕-第3集　日本温泉科学会編　日本温泉科学会　1973-1995　3冊 21cm　発売：丸善
国内刊行の温泉に関する単行本、雑誌論文を収録。医学関係とそれ以外の分野(一般篇)に大別、一般篇は北海道から九州まで地域別・県別、諸外国の順に配列、刊年順に収録誌ごとに掲載。収録年代は〔第1集〕1921-1970 (1973年)、第2集1971-1980 (1985年)、第3集1981-1990 (1995年)。10年ごとに追録を刊行。3集あわせて1万件以上を収録。巻末に五十音順「著者索引」を付す。　　　　　　　　　　　　　　3355

【辞典・事典】

全国温泉辞典　大石真人編　東京堂出版　1981.3　465p 22cm 5800円
日本全国の温泉、鉱泉を網羅し解説を加えたダイレクトリー。配列は温泉名の五十音順。規模、交通、泉質、適応症、近くの名所、特産などを概説、巻頭に都道府県別温泉名、巻末に温泉用語解説と、温泉旅館名簿、温泉法などを付す。　　　　　　　　　　3356

【便覧】

日本温泉・鉱泉分布図及び一覧　金原啓司〔著〕　つくば　通商産業省工業技術院地質調査所　1992.6　394p 26×27cm
日本全国3865の温泉・鉱泉の分布図と一覧表。巻頭に解説、「国による温泉統計」「温泉・鉱泉に関する文献」(全国および都道府県別)などを掲載する。国土地理院20万分の1地勢図上に温泉・鉱泉の位置を記した索引図130図を北海道から沖縄の順に右頁に掲載、左頁に名称・位置・温度・湧出量・泉質・pHを掲載する。巻末に付録として温泉・鉱泉名称のアルファベット順索引および都道府県別「60℃以上の温泉一覧」「90℃以上の温泉一覧」を付す。『日本温泉・鉱泉一覧』(角清愛著、1975)を基礎資料とする。　　3357

◆地形学、地質学

【書誌】

地質調査所蔵書目録　東アジアおよび東南アジア　1945年以前のもの　岡野武雄編　〔つくば〕通商産業省工業技術院地質調査所　1995.1　174,17p 30cm
現在地質調査所が所蔵する、1945年以前に日本の機関あるいはその所属員が、日本を除く東アジア・東南アジア地域を対象に執筆した地学関係文献・資料の目録。地形図、一般地図、地質図、単行本、学術雑誌、

パンフレット、旅行案内書、要覧などのほか、未公表の内部資料からなる報告書類も含む。第1部「地域全域」のほかは中国大陸部から南洋諸島まで9地域に分け、地図、単行本・雑誌類、報告書類の順に収録。巻末に付図および「1945年以前の東アジア・東南アジア各国地質調査機関の出版物および資料（一部）」（整理済分）を掲載。索引はない。　　　　　　3358

日本地質文献目録 1986－　通商産業省工業技術院地質調査所編　谷田部町（茨城県）　通商産業省工業技術院地質調査所　1986－　年刊　26cm　付：地質図幅目録図
地質調査所地質情報センター資料情報課で収集した内外の地質学とその隣接関連分野の文献目録。採録対象資料は雑誌、単行本、学会講演要旨、地質図幅など多岐にわたる。外国資料は、著者が日本人のもの、内容が日本に関するもののみを採録。本編の配列は著者名のアルファベット順。漢字の著者名はローマ字表記により配列。巻頭に「収録資料名等一覧」「英・和資料名対照一覧」、巻末に「著者索引」（本編と同形式）「キーワード索引」などを収載。『地学文献目録（1945－1955 人名別）』『地質文献目録（1956－1960 地域別）』に続くもので1961年から年刊。1985年までの書名は『地質文献目録』。1986年以降は同所作成の地質文献データベース（GEOLIS）から出力刊行。1995年版で8908件を収録。　　　　　　3359

【辞典・事典】

図解応用地質用語集　図解応用地質用語編集委員会編　東洋書店　1985.7　501p 19cm　4-88595-046-5　3800円
自然災害、環境保全、海洋開発などの分野を中心とした地質学、地球化学、地球物理学の応用分野の用語約1000語を収録。見出し語を五十音順に配列し、対応する英語を併記。巻末に英文索引がある。　　　　　　3360

地形学辞典　町田貞〔ほか〕編集　二宮書店　1981.7　767p 22cm　12000円
地形学とその関連分野の用語および地形学者名、地形学関係学協会名、地形学関係雑誌名など4029項目を収録し、五十音順に配列、対応する英、独、仏語を併記。必要に応じてその他の欧語も付記し、詳細な解説を付した辞典。要所に図表を多数（379枚）挿入。巻末に欧文索引を付す。　　　　　　3361

日本の地形レッドデータブック　第1集　小泉武栄，青木賢人編　小金井　日本の地形レッドデータブック作成委員会　1994.2　226p 26cm　日本自然保護協会・プロナトゥーラファンド助成研究(1992・1993)　2000円
日本の自然を代表する、または学術上貴重な地形で、現在破壊が進んでいたり、破壊の恐れがある地形を北海道から九州・沖縄地方まで地域別にリストアップし、地形の性質や選定基準とともに、現在の保存状況を破壊の進度順にA－Dで示している。後半部に、リストアップされた地形について、地形図や写真を付した詳しい解説がある。ただし、北海道・東北地方ならびに九州・沖縄地方の一部は除かれる。索引はない。新装版がある。第2集は近刊の予定。　　　　　　3362

日本列島の地質　理科年表読本　コンピュータグラフィックス　日本列島の地質編集委員会編　丸善　1996.12　139p 31cm　監修：工業技術院地質調査所　付属資料(CD-ROM 1枚　12cm　袋入)　4-621-04272-6　12360円
『100万分の1日本地質図　第3版CD-ROM版』（地質調査所編、1995）をもとに日本列島の地質をコンピュータ・グラフィックスで表現し、解説を付し、さらに地質調査所から別に出版されている海底地質図、火山地質図も新たに数値化し収載してある。日本列島の科学的特徴から火山や地震災害まで6章からなる。巻末に文献やデータソースおよび五十音順事項索引を付す。多様な形でグラフィックスが利用できるように付載したCD-ROMには、画像と説明のほか、地質図を基図として、温泉や地名などをカラー表示して地質単元の属性を個別に表示するシステム（Geomap J）と、震源分布を表示して解析するシステム（Seis-Win）を組み込む。　　　　　　3363

物理探査用語辞典　物理探鉱技術協会編　川崎　物理探鉱技術協会　1979.5　419p 22cm
地震、重力、電気、磁気、放射能、リモートセンシング、ポジショニング、その他関係する10分野から1462語を選び簡潔に解説したもの。用語は表音式かなづかいにより五十音順に配列し、用語の読み、英語を併記。巻末に各種定数や図表の付録と英文索引を付す。　　　　　　3364

◆古生物学、化石、恐竜

【事典】

恐竜データブック　デヴィッド・ランバート，ダイアグラム・グループ著　岡崎淳子訳　大日本絵画　1992.8　328p 23cm　『The dinosaur data book』1990の翻訳　4-499-20592-1　3800円
現在知られているすべての恐竜について生態から化石の生成と発見・発掘、世界の博物館の紹介まで総合的

に解説した事典。「恐竜の時代」「恐竜A to Z」（名鑑）「恐竜の分類」「恐竜の生態」「世界の恐竜」「恐竜学者名鑑」「よみがえった恐竜」の7章からなる。巻末に簡単な内容紹介つきの文献一覧、「恐竜A to Z五十音項目索引」「恐竜学者名鑑五十音順索引」、五十音順総索引を付す。　　　　　　　　　　　　　　　　3365

古生物学事典　日本古生物学会編　朝倉書店　1991.1　78,410p 22cm　4-254-16232-4　9888円
古生物に関係する重要な用語のほか主要な脊椎動物化石、無脊椎動物化石、植物化石、微化石、人名なども含め約500項目を解説した事典。巻頭に日本の代表的な化石32種500点の図版がある。各項目を五十音順に配列し、英語訳を併記する。図版や表を多用して詳細に解説。巻末に、系統図、生物分類表、地質時代区分、海陸分布変遷図、化石の採集法、処理法の付録がある。和文索引、英文索引、ラテン語アルファベット順の分類群名索引がある。日本で初めて刊行された化石・古生物学事典。　　　　　　　　　　　　　3366

古生物百科事典　R.スチール，A.P.ハーベイ編　小畠郁生監訳　朝倉書店　1982.9　256p 27cm　『The encyclopaedia of prehistoric life』の翻訳　9500円
古生物全般とその関連事項についての百科事典。見出し項目は、日本語に英語を併記し、配列は五十音順。一般から専門家までを対象とし、コンパクトにわかりやすくまとめている。巻末に和文索引・英文索引を付す。　　　　　　　　　　　　　　　　　　3367

肉食恐竜事典　グレゴリー・ポール著　小畠郁生監訳　河出書房新社　1993.6　349,34p 27cm　付（4p 21cm）『Predatory dinosaurs of the world』1988の翻訳　4-309-25061-0　5800円
捕食恐竜が進化して鳥類に至るまでを詳述した便覧。2部からなり、第1部「肉食恐竜の生活と進化」では捕食恐竜の歴史や身体の仕組みから鳥類の飛翔の始まりまでを記述。第2部「捕食恐竜のカタログ」では系統進化にそって70属102種の恐竜を紹介。名称、命名者・年、異名、生息時代、分布地、大きさなどのほか、骨格・頭骨図を掲載のうえ、主に形態的特徴について解説。付録として、捕食恐竜のエネルギー代謝、個体数のデータ表と、雑誌論文を中心とした参考文献を収載。人名、恐竜名を含む五十音順の事項索引を付す。　　　　　　　　　　　　　　　　　　3368

【図鑑】

化石の写真図鑑　オールカラー世界の化石500　完璧版　シリル・ウォーカー，デビッド・ウォード著　日本ヴォーグ社　1996.1　319p 22cm　（地球自然ハンドブック）　日本語版監修：高橋啓一　『The eyewitness handbook of fossile』1992の翻訳　4-529-02660-4　2900円
軟体動物、脊椎動物、植物の3部門より成る。属名、目名、科名、通称、時代、産出地、産出頻度とともに解説を加える。巻末に用語解説、和名索引、英名索引を付す。　　　　　　　　　　　　　　　　　3369

恐竜・絶滅動物図鑑　魚類から人類まで　原色版　バリー・コックス〔ほか〕著　岡崎淳子訳　大日本絵画　1993.1　312p 30cm　総監修：小畠郁生　『Macmillan illustrated encyclopedia of dinosaurs and prehistoric animals』1988の翻訳　4-499-20537-9　12000円
恐竜を始め絶滅した脊椎動物約600を科学的検証に基づいたカラー図版で復元し収載した図鑑。魚類、両生類、爬虫類、支配的爬虫類、鳥類、哺乳類型爬虫類－獣弓類、哺乳類に分類し、名称、時代、産地、大きさを記述し、生態や形態的特徴を、系統的に近い現存する動物を例にあげながら解説。巻末に、用語解説、脊椎動物の分類表、世界の博物館リスト、項目の五十音順索引を付す。　　　　　　　　　　3370

恐竜百科　原色版　フィリップ・ウイットフィールド著　加納真士訳　大日本絵画　1993.9　95p 30cm　『Dinosaur encyclopaedia for children』1992の翻訳　4-499-20001-6　2800円
有史以前に生息した恐竜や爬虫類約125種を年代別、地域別に解説した図鑑。三畳紀、ジュラ紀（前・後期）、白亜紀（前・後期）の5時代に区分。個々の恐竜を、学術的に裏付けられた資料に基づき、カラーイラストで復元し、体型や生態的特徴を解説。恐竜の大きさを理解するために人体のシルエットを添える。巻末に恐竜名、事項の五十音順索引を付す。　　　　3371

古生態図集・海の無脊椎動物　福田芳生著　川島書店　1996.9　613p 22cm　4-7610-0596-3　8755円
約800種の絶滅した海性無脊椎動物の、著者自身による復元図1000余枚を進化系列順に配列し、生態などを解説。巻末に参考文献および五十音順の和名索引、学名索引（原綴なし）、一般事項索引がある。　　3372

古脊椎動物図鑑　鹿間時夫著　薮内正幸画　朝倉書店　1979.5　212p 27cm　5500円
専門家による科学的、組織的な古代動物の復元図鑑。骨格復元図の知られているもの、各種生体図の発表されているものを優先的に収録。また、化石人、鹿、羚羊など頭部からの体格の復元図も掲載。蛙、亀、トカゲなどの現生種と大差ないものおよび断片的化石で体格、生態の不明なものは省く。338種を収録し、日本語名、学名を併記。分類大綱により配列し、右頁は図、

左頁に解説の構成をとる。巻末に五十音順索引、アルファベット順学名索引を付す。　*3373*

図説化石の百科 343種の謎を解く　デビッド・ランバート編　長谷川善和, 真鍋真訳　平凡社　1988.11　273p　24cm　編集：天山舎　『The field guide to prehistoric life』の翻訳　4-582-12709-6　3800円
「先史時代の生物を探る鍵－化石」「植物化石」「無脊椎動物化石」「魚類化石」など10章で構成。イラスト、図表、系統樹などを用い先史時代の生物について詳細に解説。巻末に参考文献、和文事項索引、本文中の化石および学術用語の欧文・和文を対照させた学術用語一覧を付す。　*3374*

日本古生物図鑑　学生版　2版　北隆館　1986.7　574p　19cm　監修：藤山家徳ほか　4-8326-0043-5
日本で採集できる化石2616種を収録。古生代中期、後期、中生代、新生代に分け、おのおのについて巻頭に掲載の分類群ごとに配列。左頁に和名、学名、解説を、右頁に図版を掲載。本文の余白で古生物への基礎知識を提供するコメントや参考文献を紹介。巻末に標本の作り方、化石の採集・処理・鑑定、主要化石産地表、五十音順和名索引およびアルファベット順学名索引を付す。初版（1982年刊）と同内容。　*3375*

日本標準化石図譜　森下晶編　朝倉書店　1977.4　242p　27cm　執筆者：森下晶〔ほか〕　5500円
地質年代を決めたり、ある場所の地層を区分することができる標準化石の写真および解説を収録。次の5編からなる。1　化石の一般的な解説、2　分類別の化石図版、3　日本の標準化石、4　化石の産地、5　化石関係機関および博物館一覧。巻末に化石関係の参考文献とアルファベット順の事項索引を付す。　*3376*

◆岩石学、鉱物学

応用岩石事典　応用岩石事典編集委員会編　白亜書房　1986.12　347p　19cm　4-89172-126-X　3400円
岩石、土壌および関連する土木工学についての用語約1000語を収録。ひらがな（外来語はカタカナ）表記の見出し語を五十音順に配列し漢字、英語を併記し、わかりやすく解説した辞典の部と3つの付録からなる。付録Ⅰは五十音別・岩石種類別・都道府県別（産地）石材名、付録Ⅱは、主要鉱物・鉱石・工業用岩石の解説、付録Ⅲは外国語対訳集からなる。『理学・工学岩石事典』（1965年刊）の改題改訂。　*3377*

岩石と鉱物の写真図鑑　オールカラー世界の岩石と鉱物500　完璧版　クリス・ペラント著　日本ヴォーグ社　1997.4　254p　22cm　（地球自然ハンドブック）　日本語版監修：砂川一郎　『Rocks and minerals』の翻訳　4-529-02854-2　2600円
岩石と鉱物の2部からなる。鉱物の部は8グループに分類し、特徴、生成、検査、結晶系の名称と略図、比重を、岩石の部は3グループに分類、含まれる鉱物、組織、起源を記述。巻頭に、採集時の心得、用具の紹介、岩石の基礎知識を、巻末に用語解説と項目の五十音順索引を収載。　*3378*

結晶工学ハンドブック　結晶工学ハンドブック編集委員会編　共立出版　1971　142,34p　図28枚　22cm　18000円
結晶工学の各分野で実用に役立つよう、結晶物理学の基礎、結晶の育成法と処理法、結晶成長論および性質と応用について、8編に分け系統的に平易に解説。巻末に五十音順事項索引を付す。　*3379*

結晶評価技術ハンドブック　小川智哉〔ほか〕編　朝倉書店　1993.6　1096p　22cm　4-254-21022-1　41200円
半導体結晶をはじめとする、工業用材料として重要な結晶の評価方法について、X線、エッチング、光、イオンビーム、熱などによるさまざまな評価技術を解説した便覧。巻末に中性子散乱・吸収定数表と五十音順事項索引を付す。　*3380*

水中火山岩　アトラスと用語解説　山岸宏光著　札幌　北海道大学図書刊行会　1994.2　195p　28cm　英文書名：『Subaqueous volcanic rocks』　英文併記　4-8329-9491-3　8755円
主として地質時代における海底火山噴出物の形態や堆積の産状について解説した図鑑。解説、文献、図表、写真集、用語解説（五十音順）の5部構成。解説では、水中火山岩の定義および重要性、陸上火山岩を含む火砕岩の分類、水中火山岩の分類、形態と成因について簡潔に解説。全文英文併記で巻末に和文索引、英文索引を付す。　*3381*

楽しい鉱物図鑑〔1〕, 2　堀秀道著　草思社　1992-1997　2冊　22cm　3900円,3700円
〔1〕に202種のほか関連種約40種、2に148種と亜種42種、合計350種493点のカラー写真による標本を収録し、化学組成式、結晶系、硬度、内外の産地名などのデータとともに解説を付す。配列は元素鉱物、酸化鉱物などの化学的な分類基準による。それぞれの巻末に和名索引、英名索引を付す。　*3382*

宝石・貴金属大事典　近山晶著　柏書店松原　1982.9　840p　22cm　制作：学習研究社　12000円

宝石・貴金属・宝飾品、採掘・加工処理および関連する地学・化学・物理学などの主要術語および慣用語を収録。項目を五十音順に配列し、外国語（主に英語）を併記。宝石、貴金属については、化学成分、色、屈折率など諸特性を詳しく解説。巻末に宝石の採掘法図などの付録および欧文の項目索引を付す。　*3383*

生物科学、一般生物学

【辞典・事典・便覧】

岩波生物学辞典　第4版　八杉竜一〔ほか〕編集　岩波書店　1996.3　2027p 23cm　4-00-080087-6　9500円
医学、農学を含む生物諸科学に関する用語約1万3000項目を収録した辞典。項目を五十音順に配列し外国語（主に英語）を併記。付録にウイルスおよび生物分類表、細胞の構造と機能図、主要代謝経路図を付す。同義語や参照項目を含め4万語を超える和文索引のほか、欧文、ロシア語索引がある。第3版（1983年刊）以降の生物学の大きな変容に対応して改訂。　*3384*

沖縄有毒害生物大事典　原色百科　動物編　白井祥平著　那覇　新星図書出版 1982.6　856p 31cm　写真：白井祥平, 佐野芳康　38000円
沖縄諸島を中心に生息する有毒害動物、魚類をはじめとする海の生物、爬虫類、昆虫、哺乳類、寄生虫などを収録。カラー写真とともに、生物学的説明、毒の成分、被害にあったときの症状、応急手当などを記載。巻末に学名、和名、地方名、英名、項目（和文、欧文）、図表、それぞれの索引を付す。図鑑としても利用できる。　*3385*

基礎生物学ハンドブック　大沢済〔ほか〕編　岩波書店　1980.3　280p 19cm　3500円
大学教養過程の学生に水準をおいて編集された生物学全般を対象としたデータ集。資料、生態資料、野外調査法、実験法、統計的方法の5章58篇から構成され、生物学を学ぶ上で必要となる各種の基礎的データが表形式でコンパクトにまとめられている。調査法、実験法、統計方法については数式を交え簡潔に解説。巻末に五十音順索引が用意されているが、生物名、物質名は索引されていない。　*3386*

三省堂生物小事典　第4版　三省堂編修所編　三省堂　1994.2　458p 19cm　監修：猪川倫好　執筆：浅間一男ほか　4-385-24005-1　1200円
高校の教科書、専門事典類、新聞、雑誌などから約4500項目を選定し平易に解説した事典。見出し語の五十音順配列。巻末に「試薬」「植物分類表」「植物界の系統図」「生物学史年表」を付す。第3版（1982年刊）の学説やデータを入れ替え、新項目などを挿入。　*3387*

図解生物学データブック　石津純一〔ほか〕編　丸善　1986.1　916p 22cm　4-621-03040-X　14000円
生物学の基本項目を表と図をふんだんに用い簡潔に記述。形態学、遺伝学、発生学、進化学、生理化学、生理学、生態学にわたる広範な分野を8章に分け収録。引用文献、参考文献の記載は最小限にとどめる。巻末に五十音順索引を付す。　*3388*

図解生物観察事典　新訂　岡村はた〔ほか〕著　室井綽監修　地人書館　1996.10　419p 27cm　4-8052-0520-2　5600円
身近な動・植物の観察のポイントを生態において解説した事典。特に個々の動・植物の種や種とその類縁関係が理解しやすいよう構成してある。生物の和名を見出し語に五十音順に配列し、学名（ラテン語）も併記している。図を豊富に挿入するとともに、形態、生態、生育など生物の特徴的なことがらを個条書きでわかりやすく解説している。巻頭に生物に特有な用語の図解を掲載し、巻末に生物名索引、事項索引（ともに五十音順）、欧文索引を付す。初版は1993年刊。　*3389*

生物学名命名法辞典　平嶋義宏著　平凡社　1994.11　493p 22cm　4-582-10712-5　8240円
学名を語源、造語法、属名の性の決定、属名の性に一致する形容詞の種名の語尾の変化など文法的側面から平易に解説した辞典。全4章からなり、第1章は学名の基礎知識、第2章以後は、動物、植物、微生物の学名について具体的な例をあげ、語源と意味を解説している。植物、微生物に重点をおき、動物は霊長類（サルとヒト）のみを取り上げている。巻末に参考書と属名、種名、高次分類群学名、和名、人名および事項の各索引がある。　*3390*

ヘンダーソン生物学用語辞典　Eleanor Lawrence編　荒木忠雄〔ほか〕監訳　オーム社　1996.5　869p 21cm　『Henderson's dictionary of biological terms 10th ed.』1989の翻訳　4-274-02321-4　13390円

解剖学、植物学、動物学、発生学、細胞学、生理学、細菌学、古生物学、分子遺伝学などの関連分野を網羅した生命科学の学術用語辞典。原語表記のアルファベット順配列で説明は短く簡潔。巻末に、有機化合物の構造式や動・植物界の概略などの付録および英和索引、ギリシャ文字・英字索引を付す。　　3391

ライフサイエンス辞典　E.A.Martin〔編〕太田次郎訳　朝倉書店　1981.10　367p　22cm　（朝倉科学辞典シリーズ）　『A dictionary of life sciences』1978の翻訳　4800円
分子生物学、生物物理学などの新しい分野から伝統的な生物学まで広範囲な生物学関係用語を収録。項目の配列は五十音順。巻末に英語索引があり、英和辞典としても使える。　　3392

【図鑑】

沖縄海中生物図鑑　第1-10巻　那覇　新星図書出版　1987-1989　10冊　19cm　（新星図鑑シリーズ　第1-10巻）　監修：海中公園センター　3000-3090円
各類により配列は多少異なるが、かたちや色などで分類した観察図鑑。和名、学名、方言名、大きさ、生息場所、特徴を記載。すべてカラー写真。各巻とも巻末に和名索引、学名索引を付す。各種類ごとに参考文献を掲載。第1-3巻　魚、第4-5巻　貝、第6巻　海藻・海浜植物、第7-8巻　甲殻類、第9-10巻　サンゴ。　　3393

川の生物図典　植物・陸生昆虫・水生昆虫・魚類・鳥類・ヒル類・クモ類・貝類・甲殻類・両生類・は虫類・哺乳類　リバーフロント整備センター編　山海堂　1996.4　674p　27cm　監修：奥田重俊ほか　4-381-02139-8　19776円
河川工事に携わる技術者や、川の自然や生物に関心を持つ人のために、個々の生物の生態特性と河川環境との関係について、カラー写真・図・表を多くもちいて解説。収録数817種。植物、陸生昆虫、水生昆虫、魚類、鳥類、ヒル類他の6部構成。巻末に、五十音順のキーワード・用語解説索引、和名索引、アルファベット順の学名索引を付す。『川の生物　フィールド総合図鑑』（1996年刊）の姉妹編。　　3394

生物大図鑑　決定版　世界文化社　1984-1986　10冊　28cm　背の書名：『世界文化生物大図鑑』　各9500円
日本に生息する生物を、カラー写真を豊富に使用し、一般読者にもわかりやすく編集。巻末に、科名、属名、種名、別名などを五十音順に配列した索引を付す。各巻内容：1「植物1　双子葉植物」2「植物2　単子葉植物」3「鳥類」4「昆虫1　チョウ・バッタ・トンボなど」5「昆虫2　甲虫」6「動物　哺乳類・爬虫類・両生類」7「魚類」8「貝類」9「園芸植物1　単子葉植物・双子葉植物合弁花類　ラン・アヤメ・キク・ツツジなど」10「園芸植物2　双子葉植物離弁花類・裸子植物・シダ類　バラ・ブドウ・ボタン・シダ類など」。各巻単独（ソフトカバー）でも刊行されている。　　3395

◆博物学

彩色江戸博物学集成　平凡社　1994.8　501p　27cm　4-582-51504-5　18000円
18世紀から19世紀にかけて活躍した日本の博物学者29名を生誕順に並べ、それぞれの業績と彼らの描いた多数の動植物図版を解説した資料。巻末に本文掲載順参考文献（図版の出典、その所蔵機関を掲載）、江戸時代・西暦・和暦対照年表、図版提供者・協力者一覧および人名・書名・一般事項・生物名の各索引（いずれも五十音順）がある。雑誌『アニマ』に1985年5月から1987年3月まで連載した「江戸の博物図館」を母体に加筆し、新図版を大幅に追加したもの。　　3396

日本博物学史　補訂版　上野益三著　平凡社　1986.2　680,73p　23cm　4-582-51202-X　9800円
日本博物学通史、日本博物学年表、索引の3部からなる。文献に23頁、墳墓録に11頁と写真61枚、年表は明治33年（1900）までに470頁余を当てている。記載事項は博物学者の生没年、略歴、学問的活動、著述の解題、動植物の変遷・移入など。索引は人名、書名、事項の3部からなり、73頁を当て、日本語の読みや外国人名の原綴を正確に記載している。配列は五十音順である。前版1973年刊への補訂は、若干の修正および年表への補足のみ。年表と索引部分の複製本『年表日本博物学史』（八坂書房、1989）もある。研究用ではあるが参考図書としての価値は高い。初版は1948年刊（星野書店）。　　3397

◆生物地理、生物誌

日本産野生生物目録　本邦産野生動植物の種の現状　脊椎動物編，無脊椎動物篇1-2　環境庁自然保護局野生生物課編　自然環境研究センター　1993-1995　3冊　30cm　3502-4841円
『日本の絶滅のおそれのある野生生物　レッドデータ

ブック』☞3401の基礎となった日本産野生生物全種の目録。無脊椎動物編 1 （昆虫類以外の節足動物3894種）、無脊椎動物編 2 （昆虫類 3 万146種）、脊椎動物編（哺乳類、鳥類、爬虫類、両生類、汽水・淡水産魚類1199種）の全 3 冊からなる。綱、目、科、種の分類順配列で、学名および和名を記載。脊椎動物編には、各類ごとの都道府県別分布表がある。無脊椎動物編 2 のみ、科和名索引（五十音順）、科学名索引（アルファベット順）を付す。　　　　　　　　　　*3398*

日本湿地目録 特に水鳥の生息地として国際的に重要な　IWRB日本委員会編　IWRB日本委員会　1989.8　263p 26cm
日本国内の湿地のうち、水鳥の生息地として重要な75の湿地について解説したもの。このうち特に重要な24についてはその環境、植生、土地利用、鳥相、保護と開発などについて詳述。このほか日本の湿地についての総論、ラムサール条約の概説、文献リスト、特に重要な湿地の空中写真なども掲載。　　　　　　　*3399*

日本の帰化生物　鷲谷いづみ，森本信生共著　大阪　保育社　1993.12　191p 19cm （エコロジーガイド）　4-586-31202-5　2000円
帰化生物の侵入が環境に大きな影響を与えていることを、すみこむ場所、生態的特性、影響などに分け、生態学の立場から、さまざまな例をあげて解説。巻頭に用語解説、参考図書・文献、巻末に帰化植物、帰化動物のリストがある。　　　　　　　　　　　　*3400*

日本の絶滅のおそれのある野生生物　レッドデータブック　脊椎動物編,無脊椎動物篇　環境庁自然保護局野生生物課編　日本野生生物研究センター　1991　2冊　30cm 5974円,5253円
環境庁が動植物の種の絶滅を防ぐため、昭和61年度から 4 か年にわたって実施した「緊急を要する動植物の種の選定調査」をまとめたもの。「日本版レッドデータブック」と称される。脊椎動物編と無脊椎動物編にわけ、脊椎動物編は283種の哺乳類、鳥類、爬虫類、両生類、淡水魚類を、無脊椎動物編は410種の昆虫類、陸・淡水産貝類、汽水・淡水産十脚甲殻類ほかを収録。各類ごとに絶滅種、絶滅危惧種、危急種、希少種地域個体群の別に 1 頁に 1 種ずつ表形式で、和名、学名、摘要、形態の記載、近似種との区別、分布の概要、生態的特性、生息地の条件、現在の生息状況、学術的な意義と価値、参考文献を掲載している。各編巻末に各類別和名索引（五十音順）がある。　　　　　*3401*

日本の天然記念物　講談社　1995.3　1101p 31cm　監修：加藤陸奥雄ほか　4-06-180589-4　15000円
国指定の天然記念物のうち1995年 2 月 1 日現在の指定955物件（動物191、植物534、地質鉱物207、天然保護区域23）を収録。構成は、天然保護区域、植物、動物、地質・鉱物に大別の上、それぞれ地域や自生地、生息地、種などで細分。各項は指定年月日、所在地、管理者名、解説からなる。随所に関連の特別記事を掲載し、カラー図版が豊富である。巻末に天然記念物所在地図、天然記念物目録と、五十音順、都道府県別、分類別の 3 種の索引を付す。1984年刊行の『日本の天然記念物』（ 6 分冊）を改訂増補の上、構成を変更し 1 冊で刊行。　　　　　　　　　　　　　　　　*3402*

◆細胞学

細胞生物学辞典　J.M.ラキー，J.A.T.ダウ著　林正男訳　啓学出版　1994.7　345p 20cm　『The dictionary of cell biology』1989の翻訳　4-7665-0609-X　4900円
細胞生物学を中心に分子生物学、生化学、遺伝学、神経生物学、生理学、免疫学、病理学などの関連基礎用語をコンパクトに解説。裏話や用語に関するエピソードも記載されている。各項目は見出し語（英語）のアルファベット順配列で日本語訳語および説明文よりなる。巻末に日本語索引がある。　　　　　　　*3403*

細胞生物学辞典　細胞生物学辞典編集委員会編　中外医学社　1992.11　364p 19cm　執筆：秋元義弘ほか　4-498-00932-0　4944円
簡単な説明と訳語によるハンディーな細胞生物学の用語辞典。見出し語は英語でアルファベット順配列。巻末に、五十音順和文索引がある。　　　　　　*3404*

組織培養辞典　日本組織培養学会，日本植物組織培養学会共編　学会出版センター　1993.7　441p 20cm　4-7622-6736-8　6500円
動物・植物組織培養関係の用語を収録し解説。項目数は、参照項目を含め約3000項目。見出し語の五十音順に配列し、対応する外国語を併記してある。巻末に、主要培養液および培地組成リストおよび欧文索引がある。組織培養の基礎研究、応用、技術開発、教育の各分野における用語の統一をはかることを目的としている。　　　　　　　　　　　　　　　　　*3405*

分子細胞生物学辞典　村松正実〔ほか〕編　東京化学同人　1997.3　1025p 22cm　4-8079-0461-2　9870円
分子生物学、細胞生物学、その融合としての分子細胞生物学の術語や概念を五十音順に配列し、英語を付記して解説。付録として転写因子リスト、ヒト疾患遺伝子マップ、関連データベース一覧などがある。巻末に

欧文索引、略号索引を付す。　　　　　　　　　　3406

◆生化学、分子生物学

【辞典・事典】

英和生化学用語集　英和生化学用語編集委員会編　ユリシス・出版部　1994.9　655p　15cm　4-89696-004-1　1800円
生化学に関する２万2565語の英和用語集。略語も多く収録。英語見出し語をアルファベット順に配列し日本語訳を記載。解説はない。ポケット版。　　3407

英和・和英生化学用語辞典　日本生化学会編　東京化学同人　1987.10　523p　19cm　4-8079-0285-7　2500円
医・理・農・薬・歯・工など幅広い分野から、生化学の共通用語を集め、英和・和英それぞれ１万4000語を収録した対訳用語集。英和はアルファベット順、和英は五十音順配列で、英和の部は主要語に２-３行の解説を付し、小辞典としての機能も併せ持つ。形容詞・動詞なども収録している。　　　　　　　　　3408

生化学辞典　第２版　大島泰郎〔ほか〕編　東京化学同人　1990.11　1613p　22cm　監修：今堀和友，山川民夫　4-8079-0340-3　9600円
生化学および関連領域の分子生物学、細胞生物学、遺伝子工学、細胞工学、分子免疫学などの新用語に重点をおいて用語を採録し、詳細に解説した辞典。配列は見出し語の五十音順で外国語を併記。巻末に付録として生化学命名法、情報検索の手引き、国際単位系と基本物理定数、ウイルスの形態と分類、ノーベル賞受賞者一覧がある。欧文および略号索引を付す。初版は1984年刊。　　　　　　　　　　　　　　　　3409

分子生物学辞典　J.Stenesh著　中村運訳・編　京都 化学同人　1992.4　798p　19cm　『Dictionary of biochemistry and molecular biology　2nd ed.』の翻訳　4-7598-0230-4　5665円
分子生物学関係用語、約１万6000語を収録した用語辞典。英和・和英の２部からなる。化学、免疫学、遺伝学、ウイルス学、生物物理学などの領域の用語も大幅に取り入れている。また特殊な化合物や物質名も収載。用語の解説は英和の部に掲載。配列は英和の部はアルファベット順。和英の部は五十音順で英和の部掲載頁を示す。『生理・生化学用語辞典』（1975年刊）の改訂版。　　　　　　　　　　　　　　　　3410

分子生物学・免疫学キーワード辞典　永田和宏〔ほか〕編　医学書院　1994.11　514p　22cm　4-260-13638-0　7725円
医学、生物学に関心を抱く人が分子生物学、免疫学を理解するために必須と思われるキーワード約1600語を選び、その語義を簡潔に解説。見出し語の配列は五十音順で英語名を併記。図表を多用し、実験の原理、技法、装置などについても詳述。巻末に外国語索引を付す。　　　　　　　　　　　　　　　　　　　3411

【便覧】

キチン、キトサンハンドブック　キチン，キトサン研究会編　技報堂出版　1995.2　553p　22cm　4-7655-0024-1　13390円
人工皮膚、縫合糸、化粧品、整髪剤、金属吸着剤、衣料用素材、医用材料などに利用されるキチン、キトサンの総合的な性質、分離・調整法などの基本的取扱い法および応用例を記したハンドブック。基礎編、実験編、応用編の全３編18章からなる。参考文献が各章末に、巻末に和文事項索引（五十音順）がある。　3412

酵素ハンドブック　上代淑人〔ほか〕編集　朝倉書店　1982.12　874p　27cm　監修：丸尾文治，田宮信雄　28000円
収録酵素は約2200。既知の酵素を国際生化学連合酵素委員会報告に準拠して分類し、さらに同報告の補遺により訂正、追補を行う。各酵素ごとに酵素番号・各種名称・酵素が仲立ちする化学反応・測定法・所在と精製法・構造と性質・文献などを記載。巻末に各種名称（系統名・常用名・別名）から引ける欧文の酵素名索引を付す。前版は1966年刊。　　　　　　　3413

生化学データブック　1-2　日本生化学会編　東京化学同人　1979-1980　3冊（別冊とも）27cm　別冊（27×37cm）：代謝マップ　経路と調節　全56000円
生化学における実験の計画・実施に必要なデータを集めたデータブック。生体の構成物質に関するデータおよび、代謝栄養などの機能面から、体液や臓器の成分に関するデータや、遺伝、免疫、細胞生物学に関するデータを集積している。生化学研究者だけでなく、関連領域の人々にも有用である。データを使用するのに必要な解説が加えられ、さらにデータの出典を示す文献も付してある。２は別冊「代謝マップ」との２分冊になっており、２本体にはノーベル医学生理学賞・化学賞やその他の賞の受賞者一覧などの付録もある。別冊も含めそれぞれ巻末に五十音順索引がついている。　　　　　　　　　　　　　　　　　　　3414

生化学ハンドブック　井村伸正〔ほか〕編　丸善　1984.1

801p 22cm 13500円
生化学実験で必要な基本的事項がすぐに探し出せるように、物質の物性データと実験方法を2部構成で記した便覧。第1部物質編は、物質をアミノ酸、塩基、核酸など12に分類し五十音順に配列、英語名を併記し物性データを記載する。第2部各論は実験に必要な薬品、材料、分析機器などを34章に分け詳細に解説。巻末に英語索引、五十音順事項索引を付す。　　　　　　　*3415*

◆微生物学、ウィルス

【辞典・事典】

ウイルス学辞典　K.E.K.Rowson〔ほか〕著　北野忠彦訳　新潟　西村書店　1990.9　245p 22cm　『A dictionary of virology』の翻訳　4-89013-124-8　6695円
ウイルス学特有の用語を簡潔に定義するとともに特別な用法について記載した用語辞典。配列はアルファベット順、用語のあとに日本語名および簡単な解説を付す。ほかの自然科学分野と共通な用語、ウイルス学分野で独特の意味を持たない用語は除外している。巻末に和文事項索引（五十音順）がある。　　　*3416*

植物ウイルス事典　与良清〔ほか〕編集　朝倉書店　1983.8　632p 22cm　15000円
現在までに確認された日本で発生するすべての植物ウイルス（194種および海外で発生する主要な植物ウイルス33種）を中心に解説。総論、媒介生物、主要作物のウイルス病、病原ウイルスの4編からなる。巻末にウイルス和名・英名対照表、五十音順事項索引を付す。　　　　　　　　　　　　　　　　　　*3417*

微生物学辞典　日本微生物学協会編　技報堂出版　1989.8　1405p 22cm　4-7655-0020-9　15450円
ウィルス、細菌、菌類、藻類、原生動物、免疫、遺伝・分子生物など微生物学全般にわたる用語を解説。収録項目数は1万余で、五十音順に配列。巻末に動物、植物、細菌など6つの分類表と欧文索引を付す。
3418

微生物学・分子生物学辞典　Paul Singleton, Diana Sainsbury〔著〕　太田次郎監訳　朝倉書店　1997.3　1261p 22cm　『Dictionary of microbiology and molecular biology 2 nd ed.』の翻訳　4-254-17091-2　44290円
微生物および分子生物学における術語や語句に明確で最新の定義を与え、微生物学の多様な観点を包含する知識をまとめた辞典。項目名は五十音順配列で、見出し語に続いて英語を併記。巻末に英語・日本語対照索引がある。広範な相互参照によって、トピックをさまざまな方向へ広げることができるよう配慮されている。　　　　　　　　　　　　　　　　　　　　　*3419*

微生物制御用語事典　芝崎勲著　大阪　文教出版　1985.12　283p 22cm　4-938489-04-X　2500円
防菌防ばい（カビ）技術などに関して、微生物の形態、分類、構造、機能、生理、代謝、生態などに関する用語、微生物による損傷、劣化、中毒などの事項、微生物制御技術に関する用語、微生物検査、試験、規格、基準などの用語約1300語収録。配列は五十音順。英文を併記し、解説を付す。巻頭の目次が用語索引を兼ねる。　　　　　　　　　　　　　　　　　　　　　　*3420*

【便覧】

極限環境微生物ハンドブック　今中忠行,松沢洋編　サイエンスフォーラム　1991.5　467p 31cm　監修：大島泰郎　66950円
極限の環境（高温、低温、強酸性など）で生存する微生物について解説。第1章　高温微生物から、第9章その他の極限環境微生物まで、各章ごとにその生態や分離培養、生理・生化学などを記述。巻末に付属資料として「古細菌・好熱性細菌関連主要文献集」（主として1990年の文献）を付す。索引はない。　　*3421*

図解微生物学ハンドブック　石川辰夫〔ほか〕編　丸善　1990.9　711p 22cm　4-621-03524-X　10300円
理学、農学、医学、薬学、工学、生活科学、バイオテクノロジー関連分野において、微生物を研究材料として用いている研究者、学生を対象とした実用的ハンドブック。微生物概説を始めとして10の大項目のもとに、小項目を設け、図、表、写真を多く取り入れて解説している。各項目の最後に参考文献を付す。巻末に五十音順事項索引およびアルファベット順学名索引がある。　　　　　　　　　　　　　　　　　　　　　*3422*

防菌防黴ハンドブック　日本防菌防黴学会編　技報堂出版　1986.5　1263p 22cm　4-7655-0015-2　27000円
防菌防黴技術と応用、防菌防黴剤、消毒・滅菌技術、安全対策、微生物の基礎知識などをとりあげ9章に分けて詳しく解説。付録として、国内および国際的な関係法規、試験法、菌株の保存と保存機関、歴史年譜などを収録。巻末に和文索引、欧文索引を付す。　*3423*

【図鑑】

ウイルス図鑑　保坂康弘〔ほか〕編　講談社　1972.12　758p 27cm

ウィルスを宿主別に、脊椎動物、無脊椎動物、植物、細菌の各ウィルスに分類、さらに物理・化学的性状によりグループ分けし、各ウィルスごとに形態、性質、病原性、伝染様式など11項目にわたり、写真や図を多用し解説。巻末に用語解説のほか、ウィルス名、宿主名（共に宿主分類別）、感染症、事項の4索引（アルファベット順）を付す。　　　　　　　　　　*3424*

環境微生物図鑑　小島貞男〔ほか〕編　講談社　1995.12　758p　27cm　4-06-153406-8　38000円
水質汚濁から地球温暖化まで環境問題と密接なかかわりを持つ微生物について、総論と各論の2部構成で解説。総論では、環境中に出現する多様な微生物の種類とその役割および相互関係について記述し、各論では主として日本のさまざまな環境下に出現する微生物について、細菌・菌類、微細藻類、原生動物、微小後生物の4群に分類し、学名のアルファベット順に配列、図あるいは写真を付して解説する。巻末に、付録（検索表、用語解説）、アルファベット順事項索引、五十音順和名索引、アルファベット順学名索引を付す。
3425

◆遺伝学、遺伝子工学、バイオテクノロジー

【辞典・事典】

遺伝学用語辞典　第4版　R.C.King, W.D.Stansfield著　西郷薫, 佐野弓子監訳　東京化学同人　1993.11　528p　22cm　『A dictionary of genetics 4th ed.』1985の翻訳　4-8079-0393-4　7600円
遺伝学および関連領域の用語7100語を収録し解説した用語辞典。見出し語の五十音順配列で外国語を併記。巻末に付録として、分類表、身近な動植物一覧、遺伝学年表、遺伝学・細胞学・分子生物学関係の定期刊行物一覧（計452タイトル）があり、外国語索引を付す。　　　　　　　　　　　　　　　　　　　*3426*

遺伝子工学キーワードブック　わかる、新しいキーワード辞典　緒方宣邦, 野島博著　羊土社　1996.4　438p　22cm　4-89706-611-5　7725円
初心者が効率的に利用できる解説書を目指して編集された用語辞典。各項目は見出し語、欧文表記、同義語、説明文からなる。各項目ともわかりやすさを念頭にポイントごとに解説がなされ、なかでも方法に関する項目ではフローチャートや図解を多用し、平易だが詳細な解説となっている。巻末に欧文索引がある。入門書、教科書としても適した一冊。　　　　　　　*3427*

遺伝子工学小辞典　Stephen G.Oliver, John M.Ward〔著〕村松正実訳　丸善　1991.5　177p　19cm　『A dictionary of genetic engineering』の翻訳　4-621-03576-2　2884円
遺伝子工学に関連する用語を収録したハンディーな辞典。五十音順に配列された各項目は見出し語、英文表記、説明文からなり、他の見出し語への参照もある。欧文索引とともに、制限酵素一覧表、制限酵素地図とDNAサイズマーカー、遺伝子の命名法、大腸菌・枯草菌・酵母の遺伝子地図、遺伝暗号、アミノ酸略記法が付録として巻末に収録されている。　　*3428*

学術用語集　遺伝学編　増訂版　文部省, 日本遺伝学会〔著〕　丸善　1993.8　649p　19cm　4-621-03805-2　2980円
約9600語の遺伝学に関する用語を収録。「和英の部」は、用語の読み方（ローマ字表記）、用語、対応する外国語（主として英語）からなり、「英和の部」は、用語に対応する英語、用語、用語の読み方（ローマ字表記）からなる2部構成。語義の説明はない。いずれもアルファベット順配列。初版は1974年刊。　*3429*

産業用バイオテクノロジー辞典　JISに準拠した　富田房男著　講談社　1989.5　174p　21cm　監修：木下祝郎　4-06-153507-2　2900円
産業界におけるバイオテクノロジーの基礎研究から実生産に至る過程で用いられる用語および特許で権利化する際の用語を収録。関連する技術事項が体系的に理解できるように図や一覧表も採り入れ平易に解説したもの。配列は五十音順。巻末に和文および英文索引、JIS番号索引を付す。　　　　　　　　　　　　　　*3430*

植物バイオテクノロジー事典　駒嶺穆〔ほか〕編　朝倉書店　1990.1　392p　22cm　4-254-42012-9　10094円
植物バイオテクノロジー関係の術語を五十音順に配列し、英語を併記。語義のみならず、植物バイオテクノロジーの系統的な概念が把握できるように詳細に解説。巻頭に、「植物組織培養の歴史的展開」「俯瞰図（体系図）」をおく。付録として、培地の組成、プロトプラスト化の酵素、プロトプラストの培養例、組織培養で使用されている主な抗生物質、代表的な制限酵素、酵素免疫測定法、緩衝液、文献検索、植物名一覧を掲載。巻末に、和英、英和索引を付す。　*3431*

中・日・英バイオテクノロジー用語集　新関宏夫〔ほか〕編　野々市町(石川県)　石川県農業短期大学農業資源研究所　1987.3　405p　22cm
中国語の遺伝学、育種学の用語を中心に、バイオテクノロジー関連の用語を含め4900語を収録し、対応する日本語および英語を併記したもの。中国語、日本語、英語それぞれを見出し語とする3部構成で、配列は、

中国語は部首、画数順、日本語は五十音順、英語はアルファベット順。　　　3432

日経バイオ最新用語辞典　第4版　日経バイオテク編　日経BP社　1995.6　890p　22cm　4-8222-0827-3　7800円
前版(1991年版)の約2倍の4000語を収録し五十音順に配列。見出し語と、説明文中の下線を引いた重要語約1万語の和文索引、それらの欧文語・欧文略語・学名などによる欧文索引を付す。前版までの書名は『日経バイオテクノロジー最新用語辞典』。CD-ROM付もあり。　　　3433

バイオテクノロジー事典　バイオテクノロジー事典編集委員会編　シーエムシー　1986.10　1222p　22cm　監修：福井三郎, 斎藤日向　30000円
学際的な研究領域であるバイオテクノロジーを理解するための総合的な事典。概説と項目事典の二部構成。概説は、微生物の探索・育種から遺伝子操作、環境保全まで19分野に分類して概要を説明、分野ごとに本事典で取り上げた項目のチャートを付す。項目事典は、中項目方式で約1000語を収録。英文を併記し、五十音順に配列し解説を付す。各項目ごとに参照文献を収載。巻末に和文索引、欧文索引を付す。　　　3434

バイオテクノロジー用語英和小辞典　重要1000語解説　『工業英語』編集部編　アイピーシー　1987.6　144p　19cm　4-87198-101-0　2400円
バイオテクノロジー関連の専門用語の中で最も基本的で重要と思われる約1000語を、アルファベット順に配列し解説した辞典。英語見出し語に対応する日本語と語義を記載。巻末に和英索引を付す。　　　3435

バイオテクノロジー用語事典　太田次郎, 室伏きみ子共編　オーム社　1993.9　338p　22cm　4-274-02250-1　7500円
バイオテクノロジーおよびその基礎となる分子生物学の用語集。『絵ときバイオテクノロジー用語早わかり』(1984年刊)を全面的に見直し、遺伝子工学を中心にDNAやその取扱いに関するもの、ウイルス、医学用語など、多数の新用語を加えた。各項目を五十音順に配列し、簡潔に解説している。巻末にアルファベット順の外国語索引がある。　　　3436

和英・英和バイオテクノロジー用語辞典　インターグループ編　ダイヤモンドセールス編集企画　1987.9　441p　19cm　奥付の書名：『バイオテクノロジー用語辞典』　発売：ダイヤモンド社　4-478-08092-5　4500円
バイオテクノロジー関連分野の用語を集めた対訳用語集。和英、英和各8000語、計1万6000語を収録。見出し語の配列は、和英が五十音順。英和がアルファベット順。　　　3437

【便覧】

遺伝子工学ハンドブック　村松正実, 岡山博人編　羊土社　1991.3　319p　26cm　『実験医学』別冊　4-946398-66-X　6200円
遺伝子工学実験の手引書。Ⅰ遺伝子クローニング、Ⅱ遺伝子の構造と機能の解析、Ⅲベクター、の3部からなる。第Ⅰ部では、クローニングの目的、種類別の方法論と戦略、プラスミドとファージの取り扱い方、スクリーニング法などを、第Ⅱ部では、遺伝子の構造と機能の解析の方法論を、第Ⅲ部では、分子生物学研究やバイオテクノロジー開発の素材としての各種ベクターを紹介している。フローチャートや図を多用しわかりやすく解説。各章末に文献を付す。索引はない。　　　3438

癌細胞遺伝学のガイドライン　染色体核型記載の国際規約　The Standing Committee on Human Cytogenetic Nomenclature編　川島康平, 近藤誠訳　文光堂　1994.3　161p　26cm　『Guidelines for cancer cytogenetics, supplement to An International System for Human Cytogenetic Nomenclature 1991 & 1985』の翻訳　4-8306-2217-2　5665円
癌細胞遺伝学命名法のガイドライン：染色体核型記載の国際規約ISCN(1985および1991年)の翻訳。2分冊を1冊にまとめたもので新たな改定がなされているISCN(1991年)を最初に、ISCN(1985年)を次に配置し、改定内容が理解しやすいようにしてある。本文中、見出し語のほか各所に英語を併記してある。巻末の欧文索引には訳語も付されている。　　　3439

最新遺伝子操作実験実用ハンドブック　Bernard Perbal著　小林茂保監訳　ジャテック出版　1985.11　563p　21cm　(Practical technology series)　『A practical guide to molecular cloning』1984の翻訳　4-88044-037-X　6500円
遺伝子操作実験の経験のない学生や初心者のために、クローニング技術を紹介することを目的に、DNA断片のクローニングに必要な基本原理や実験操作マニュアル、さらに形質変換細胞内での挿入DNAの発現実験などを紹介。著者の研究グループが実際に行った経験に基づき、最も信頼し得るかつ操作が最も容易な実験法を選んで解説。その他の方法については文献紹介にとどめる。実験に必要な機器や設備、実験材料、安全のための手引き、汎用酵素類、クローニングベクター、制限酵素処理など全18章からなる。巻末に五十音順索引を付す。　　　3440

日経バイオ官公庁アクセス バイオ事業化を成功させる許認可・出融資取得の手続きのすべて 日経バイオテク編 日経BP社 1993.5 4冊 26cm 4-8222-0821-4 全99000円

バイオ商品やバイオの研究開発に関係する法律や規制、行政指導について、1「組換えDNA実験指針から実用化指針まで」 2「許認可取得の実際〈医薬品〉」 3「許認可取得の実際〈食品、農産物〉」 4「許認可取得の実際〈その他〉」の4分冊で解説した便覧。1では、科学技術庁から労働省まで国内各省庁および米国、欧州、OECDの指針や規制の動向について解説。2は遺伝子組換え医療から遺伝子治療まで11項目、3はバイオを利用して生産、商品化する際の手続きなどを食品・食品添加物から自主流通米の販売まで12項目、また4ではバイオ農業から化成品まで10項目をそれぞれ解説。そのほか、「立地と住民との協定」および「減税、出融資取得の実際」についても章を設けて解説している。　　　　　　　　　　　　　*3441*

バイオテクノロジーの流れ 過去から未来へ バイオインダストリー協会バイオの歴史研究会編 化学工業日報社 1996.7 385p 26cm 付・年表 監修：斎藤日向ほか 4-87326-219-4 3500円

生命の成り立ち、遺伝の仕組み、技術の展開、医療・農業・廃棄物処理分野での利用、今後の展望などについて、バイオテクノロジーに関連する重要事項を約100項目選び、歴史的流れがわかるように平易に解説。巻末に詳細な関連年表、ノーベル生理学・医学賞、化学賞受賞者一覧、事項索引、人名索引（共に五十音順）を付す。　　　　　　　　　　　　　　　*3442*

バイオ・テク便覧 1991年版 バイオインダストリー協会バイオ・テク便覧編集グループ編 通産資料調査会 1991.5 1335p 26cm 4-88528-115-6 39000円

バイオテクノロジーの技術動向や施策を解説した総合便覧。将来展望、各種産業での技術ニーズ・シーズ、政策・特許動向、優遇制度、海外におけるバイオテクノロジー取り組み動向、地方展開、関連研究などを解説した全16編からなる。第16編には参考資料が、巻末に参考文献、略語・欧文索引および事項（五十音順）索引がある。　　　　　　　　　　　　　　　*3443*

バイオ分離工学ハンドブック 遠藤勲〔ほか〕編 サイエンスフォーラム 1988.2 422p 31cm 53000円

バイオサイエンス、バイオテクノロジーにおける分離・精製の科学と技術を基礎から実用までを体系的に集大成したもの。「バイオテクノロジー分離工学」「各種分離技術」「バイオ有用物質への応用」の3部構成。索引はない。　　　　　　　　　　　　　　　　*3444*

【名簿・名鑑】

世界のバイオ企業2200社 主要企業の研究開発・事業化動向 1997/1998 医療局ニュースセンター，日経バイオテク編 日経BP社 1997.7 2冊 27cm「国内編」「海外編」に分冊刊行 付属資料：CD-ROM1枚（12cm ホルダー入）4-8222-0831-1 全68000円

国内外のバイオ関連企業の研究開発・事業化動向を掲載した名鑑。海外企業約1270社、国内企業約990社を収録。海外編は企業名のアルファベット順配列、巻頭にアルファベット順索引、分野別索引、国名別索引、世界のバイオ企業団体一覧がある。国内編は企業名の五十音順配列。巻頭に五十音順索引、分野別索引、分析レポートを付す。付属のCD-ROMには、基礎情報はもちろん、冊子体には割愛した研究開発動向の一覧データも網羅的に収載。特許情報はCD-ROMのみに掲載。初版は1983年刊の『世界のバイオ企業300』。隔年ごとに収録件数を増やし刊行。1999/2000の書名は『世界のバイオ企業 最新情報・戦略・R&D動向』（1999、1243p、79800円）。　　　*3445*

◆生態学

危険な海洋生物 21世紀の創薬資源 カラーグラフィック Bruce W.Halstead〔ほか著〕大泉康監訳 広川書店 1995.2 192p 27cm 訳：石橋正巳ほか 『A colour atlas of dangerous marine animals』の翻訳 4-567-44090-0 51500円

有毒物質を持つ危険な海洋生物を医薬資源として活用する観点から記述した図鑑。全7章からなる。1-6章は動物に危害を加える動物、有毒な無脊椎動物、有毒な脊椎動物、食中毒を起こす無脊椎動物、食中毒を起こす脊椎動物、電気を発生する動物に分類し、それぞれ特徴、分布、その他（特記すべき事）を記載。第7章は最新の治療法として、海での傷害と中毒事故に対する処置を掲載。巻末に英語参考文献、日本語索引、外国語索引を付す。　　　　　　　　　*3446*

生態学辞典 増補改訂版 沼田真編 築地書館 1983.7 519p 22cm 8500円

さまざまな環境における動・植物、微生物などの基礎的な生態学を中心に、最近の人間生態学、環境問題、あるいは境界領域に関する重要な用語7000語を収録。一般の生物学辞典、理化学辞典などにみられる用語は割愛。五十音順に配列し簡潔に解説。人名（故人）も収録。巻末に英文総索引を付す。初版（1974年刊）から一部の用語を削除し、500余項目の増補・追補を行

い刊行。　　　　　　　　　　　　　　　*3447*

生態の事典　沼田真編　東京堂出版　1993.7　384p　21cm
　新装版　4-490-10345-X　2900円
生態学全般について簡明に解説した事典。中項目主義をとり動物系・植物系・環境などの各分野から1200項目を選び、五十音順に配列。各項目解説中の小項目を加えれば全部で約5000項目が収録されている。巻末に日本および外国の参考文献を収載し、用語の五十音順索引を付す。初版は1976年刊。巻末付録折図を省略し、1976－1992年間に刊行された主な参考文献140点を追補し新装版として刊行。　　　　　　　　*3448*

日本産海洋プランクトン検索図説　千原光雄，村野正昭編　東海大学出版会　1997.1　1574p　27cm　4-486-01289-5　46350円
日本で採集記録のある約2200種を、植物プランクトン、動物プランクトンに分け体系順に掲載。学名と和名、種の特徴や分布などを記述した解説と、生態写真や検索図とで構成。巻末に、植物および動物プランクトンそれぞれの文献一覧および学名索引（アルファベット順）がある。　　　　　　　　　　　　*3449*

人間の許容限界ハンドブック　関邦博〔ほか〕編　朝倉書店　1990.6　528p　22cm　4-254-10086-8　15450円
呼吸数、聴覚、飢餓、温度など、生活環境に対する「人間の能力の限界」を示すハンドブック。生理機能の許容限界（心拍数、血圧、体重など）、心理的許容限界（視・聴覚、痛覚など）、生理心理的許容限界（寿命、疲労、居住空間など）、物理的許容限界（酸素、湿度、放射線など）の4グループに分け、全部で51項目について詳細なデータを付して解説。各項目・各章末に参考文献あり。巻末に五十音順索引あり。　*3450*

植物学

植物・植物学の本全情報　45/92　日外アソシエーツ編　日外アソシエーツ　1993.7　685p　22cm　発売：紀伊国屋書店　4-8169-1183-9　29000円
1945－1992年に日本国内で刊行された植物・植物学に関する図書を収録した書誌目録。図書館における参考調査の情報源を目的とし、児童書を含め網羅的に約1万1000冊を収載する。全体を17分野に分類し、それぞれに主題を立て中見出しとした。記述は書誌事項のほか、最近の刊行物には内容紹介と目次を併記する。巻末には五十音順の書名索引と事項索引を付す。　*3451*

【辞典】

学術用語集　植物学編　増訂版　文部省，日本植物学会〔編〕　丸善　1990.3　684p　19cm　初版：大日本図書昭和31年刊　4-621-03376-X　2781円
和英、英和で検索できる植物学の学術用語集。学術用語の標準化を図る目的で1956年に刊行された旧版の増補改訂版。特に最新の生物工学や環境科学など新しい用語をとり入れ、旧版よりも利用者層の範囲を広く想定している。和英の部、英和の部に分かれ、それぞれ用語の読み方を示すローマ字書き、用語、用語に対応する英語の3項目からなる。約1万2000項目を収録。参考として付表に、植物科名の標準和名を載せる。
　　　　　　　　　　　　　　　　　　3452

植物和名学名対照辞典　1992年版　科学書院　1992.3　684p　30cm　発売：霞ケ関出版　41200円
現在日本で自生または栽培されている植物の和名、別名、英仏独名、漢字名、学名などを対照表とした名彙集。和名からの検索が基本で、英・仏・独・漢・学名へ導く。また、別名、英名、仏名、独名、漢名、学名のおのおのから和名への検索も可能。和名をはじめ植物名を網羅的に収録している点が特徴。本版が初版。
　　　　　　　　　　　　　　　　　　3453

図説草木辞苑　柏書房　1988.1　570p　27cm　監修：木村陽二郎　4-7601-0351-1　18000円
日本の文献にみえる植物名とその関連用語を収録し、当該植物の分類や生態、同名・古名・漢名・渡来記事・用途・出典などを記す。収録範囲は古典文学作品や各種文書類にみえる植物名と近代はじめにかけて渡来した一部の植物。植物名彙本編と救荒植物編、花材植物編、植物名数編、図絵・図録編で構成。巻頭に五十音順索引、総画引難読名彙索引からなる名彙検索編、巻末に植物関係枕詞・序詞一覧、襲（かさね）の色目一覧、気節と植物を収めた参考資料編がある。依拠・参考文献は巻頭にまとめた。　　　　　　*3454*

図説草木名彙辞典　柏書房　1991.11　481p　22cm　監修：木村陽二郎　4-7601-0731-2　3800円
日本の代表的な古典や古辞書にみえる植物名と関連用語を収録し、当該植物の分類や生態、同名・古名・漢名・渡来記事・用途・出典などを記す。収録範囲は古

典文学作品や各種文書・記録・資料などにみえる国産のおもな植物と、近代までに渡来した一部の植物。名彙検索編（五十音順索引、総画引難読名彙索引）、植物名彙本編、救荒植物編、花材植物編、植物名数編で構成。『図説草木辞苑』☞3454の縮小版。
3455

動植物名よみかた辞典 日外アソシエーツ編 日外アソシエーツ 1991.8 47,961p 22cm 発売：紀伊国屋書店 4-8169-1103-0 19800円
動物と植物の名称について、名称の漢字表記の読み、動植物の簡単な説明、学名、漢字表記のJIS区点コードを示した読みかた辞典。総称、別称、古名も含め、動物1万3000件、植物1万5000件、合わせて2万8000件を収録する。動植物名の漢字第1文字の音読みの五十音順に配列。複数の読みがある場合は別読みも示す。巻頭に音訓よみガイドと総画順ガイド、巻末に動物・植物に大別した五十音順索引を付す。
3456

【事典・便覧】

花粉学事典 日本花粉学会編 朝倉書店 1994.12 454p 図版32p 22cm 4-254-17088-2 14420円
花粉学の研究分野、花粉分析、形態・分類、細胞・生理、遺伝・育種、花粉症・空中花粉から養蜂・食品などに及ぶ広い分野を網羅する用語を解説した専門事典。約3800項目を五十音順に配列。巻頭に「写真でみるパリノロジー」の図版、巻末に付録として「花粉分析関係資料」「花粉含有成分」、および引用・参考文献を付す。続いて日本語、外国語、分類群名の索引がある。
3457

最新全国植物園ガイド 日本テレビ放送網 1990.1 215p 26cm 監修：日本植物園協会 4-8203-8946-7 2200円
日本植物園協会加入のわが国を代表する109施設のくわしい紹介と、そのほか91施設の簡単なデータを掲載。109施設は「大学付属および国公私立の植物園」と「薬用植物園」の編に分け、それぞれ北から都道府県別に配列。記載項目は、利用案内事項、沿革、研究内容、見どころ、園内案内図など。事情により未紹介の会員10施設、協会未加入の81施設についても所在地などを簡単に紹介。巻頭に施設の五十音順索引、巻末に施設の主な植物名索引を付す。
3458

資源植物事典 増補改訂版7版 柴田桂太編 北隆館 1989.10 xxx,904,222p 21cm 15000円
日常必需の物資の原料となる植物を取り上げ解説した専門事典である。植物名および植物成分、植物の利用部位、植物を原料とする飲食品などの中から重要なものを見出し項目として立て、五十音順配列とし、解説を付けた。巻頭に項目表、巻末に植物和名索引、植物欧名索引、事項和名索引、事項欧名索引がある。初版は1949年刊であり、増補改訂版（1957年刊）では事項索引の完成、挿画の入れ替え、写真図版の追加、25頁分の増補訂正の追加がなされた。1989年の7版はこれと頁数など変わらず。
3459

植物ホルモンハンドブック 上・下 高橋信孝，増田芳雄共編 培風館 1994.4 2冊 22cm 執筆：飯野盛利ほか 9270円，7210円
植物ホルモン6種（ジベレリン、オーキシン、サイトカイニン、アブシジン酸、エチレン、ブラシノステロイド）のそれぞれの研究の歴史、化学、生合成と代謝、生理作用、文献を記載。また、植物ホルモンの相互作用、天然植物成長調節物質、除草剤と植物化学調節剤の項目もある。各章末にも文献が付され、多分野の研究者が総合的に参照できるように編集された、文献を中心としたハンドブックである。
3460

植物目録 自然環境保全基礎調査 環境庁自然保護局 1987 740p 26cm 4600円
植物の和名標準化のために編まれた、和名・学名対照便覧。小笠原諸島および南西諸島を含めた日本に自生するシダ植物と種子植物、約8000種すべてを収録。分類系順、学名アルファベット順、和名五十音順の3編からなる。分類系順には科名アルファベット順索引および科の和名五十音順索引を付す。
3461

植物和名の語源 深津正著 八坂書房 1989.5 342p 20cm 4-89694-584-0 2880円
植物和名の語源について著者の論考をまとめた一冊。全体の構成は3部からなる。第1部「植物和名語源私考」では植物名ごとに著者の創見をまとめた。第2部「植物和名語源論考」では紙の原料植物和名、アイヌ語に基づく植物名、母子草の語源を取りあげる。第3部「植物和名語源散歩」は比較的広く知られた植物名を76篇の随筆風に解説した。巻末に植物名索引を付す。『植物和名語源新考』（深津正著、八坂書房、1976）の続篇にあたる。
3462

図解植物観察事典 新訂 家永善文〔ほか〕共著 地人書館 1993.2 818p 22cm 4-8052-0429-X 7004円
山野草から庭木まで、植物の生態や観察のポイントなど幅広い内容を図版を交え、わかりやすく事項を解説した事典。特に教育現場に配慮している。約5000語を収録。日本生物学会で通常使用されている和名の五十音順配列で、巻末の索引からは関連項目の検索も可能。各項目は平易な個条書きからなり、学名や難読用語、雑学知識なども含む。付録として、観察方法や植物を使った遊び方も取り上げている。
3463

世界有用植物事典 堀田満〔ほか〕編 平凡社 1989.8
1499p 27cm 4-582-11505-5 24000円
人類の生活になんらかの形で利用される栽培植物および野生植物について解説。約3500項目、約8500種類の植物を収載した植物編、138項目からなる植物の利用形態について記述した事項編および索引で構成する。索引は植物欧文・現地名索引、中国植物・生薬名索引、事項索引からなる。植物編冒頭の和名目次により和名による検索を容易にした。また解説文中の見出し語は学名末尾に＊印を付し、項目として収録されている事を示した。
3464

日本草本植物総検索誌 I-III 改訂増補 杉本順一著 井上書店 1978-1982 3冊 19cm
I双子葉編（871p）、II単子葉編（630p）、IIIシダ植物編（481p）からなる。いずれも日本全土に自生する全品種および栽培・帰化品種の全科および各科属ごとの検索表を収録した。I、IIはエングラーの分類に従って配列。Iの巻末には科名・学名属名索引、和名索引、IIの巻末には文献目録、新学名、学名（属名）索引、和名索引を付す。IIIはコープランド方式で分類し、模型図750点を収め、巻頭に解説、巻末に羊歯植物図写一覧表、属名索引、和名索引がある。1965-1973年刊の同名の図書（I：382p、II：630p、III：460p）の改訂増補版。
3465

熱帯植物要覧 第3版 熱帯植物研究会編 北野至亮 1991.9 734p 19cm 執筆：岩佐俊吉ほか 初版の出版者：大日本山林会 発売：養賢堂 4-924395-03-X 4700円
世界の汎熱帯地域に自生、栽培されている種子植物、シダ植物、菌類のうち有用種3000種以上を収録。種子植物の配列は原則としてエングラーの分類に従った。本文は科名の下に種を並べ、種ごとの記述は和名、学名、性状、特質および用途など。1996年に4版が発行されたがまえがき、総頁数は3版と同じ。巻末に和名索引、画数順の漢字索引、地方名および学名索引を付す。
3466

野草大百科 北隆館 1992.6 477p 27cm 監修：山田卓三 4-8326-0264-0 15000円
身近な野草に対して平易かつ多方面から解説を加えた事典。配列は被子植物、裸子植物、シダ植物の順で、大まかな科別。野生の草本植物が主体であるが木本植物も含む約1000種を収録。各項目は生態・形状から文化史や用途に及び、学名・和名・漢名・方言名にも対応。俳句や短歌の参考にもなる。図版はカラー写真が中心で豊富。巻末に日本名索引・欧文索引を付す。
3467

【図鑑】

朝日百科世界の植物 第1-12，別巻 朝日新聞社編 朝日新聞社 1978.10 13冊 30cm 全85000円
第1巻から9巻まで種子植物、第10巻シダ植物、コケ類、藻類、菌類、第11巻植物の生態・形態、第12巻植物と人間文化、の全巻にカラー写真を用い植物をよく知り、親しむことをねらいとして編集されたもの。自然分類に基礎をおき、進化したものから次第に原始的なものへ、植物の種を主体として配列。和名のほか、別名、園芸名、方言名をとり入れた解説文が付き、植物辞典としても使用できる。別巻は総論・索引編。学名索引も付す。
3468

原色世界植物大図鑑 北隆館 1986.4 14,902p 27cm 監修：林弥栄，古里和夫 35000円
世界各地域に自生する代表的・特産的な植物2318種を採録した図鑑。全世界を13地域に分け地域ごとに植物をアルファベット順に配列。各項ごとにカラーイラストで形状を示し、解説として、分布、自生地の環境、形態的特徴などを載せる。巻頭には分類から検索できる自然系統分類表、巻末には、和名索引、学名索引、用途別索引を付す。原色牧野図鑑シリーズの第5巻にあたり、世界の植物の通覧を目的としている。
3469

原色日本植物図鑑 草本篇 I-III 北村四郎，村田源，堀勝共著 大阪 保育社 1957-1964 3冊 22cm（保育社の原色図鑑 第15-17）
I巻は合弁花類で、ほぼ自然分類に従って約300種が解説してある。巻末に標本製作法と植物の分布について述べてあり、学名、外国語名、和名の索引がある。II巻は離弁花類約600種、III巻は単子葉類約600種で、I巻にならって編集されている。
3470

原色日本植物図鑑 木本編 I・II 北村四郎，村田源共著 大阪 保育社 1971-1979 2冊 22cm（保育社の原色図鑑 49,50） 4500円，4700円
I巻は日本産樹木のうち合弁花類と離弁花類のミズキ科からマメ科まで447種を収録し、各種ごとにカラー描図、形態・分布などの解説を付す。巻末に参考文献、学名、英・仏・独名、和名の各索引がある。II巻は離弁花バラ科以降の各種と単子葉、裸子植物まで874種を収録する。
3471

原色牧野植物大図鑑 合弁花・離弁花編，離弁花・単子葉編 改訂版・新版 牧野富太郎著 小野幹雄編 北隆館 1996-1997 2冊 26cm 30000円，35000円
1982-1983年の同名の図鑑の改訂版。約5100種の日本の植物を収録。各植物の彩色図と簡潔な解説を同一頁に掲載。図の部分は『牧野日本植物図鑑』の図版を下

絵とし拡大、彩色をほどこす。解説は『牧野日本植物図鑑』をもとに平易なことばに書きかえた『牧野新日本植物図鑑』☞3473の解説を圧縮し、多少手を加えたもの。原色化されたものは従前のものに較べ図版が大きく、解説文が簡略化されている。　　　　　*3472*

牧野新日本植物図鑑 改訂増補版 牧野富太郎著 小野幹雄〔ほか〕編 北隆館 1989.7　xxx, 1453p 27cm 20000円
『牧野日本植物圖鑑』(1940年刊)、『牧野新日本植物圖鑑』(1961年刊)に続くもの。日本に自生する植物に栽培種5052種を紹介した図鑑。配列はエングラーの分類（12版）に従う。それぞれの種は精密な線画の図版と分布、形態などの記述からなる。巻末に植物の用語図解、学名解説、日本名索引、INDEX（学名索引）を付す。初版以来定評のある植物図鑑で増補改訂が加えられてきた。1961年のものでは主として記述の文語文から口語文への書き替え、1989年の本書では載録種数の増加（1200種）が主な改訂点である。著者自身の手になる線画による図版のままでの改訂は本書が最後である。　　　　　*3473*

指定植物図鑑 国立、国定公園特別地域内 環境庁自然保護局編 環境庁 1980-〔1986〕7冊 19cm 4900-12000円
国立、国定公園における種レベルでの指定植物を網羅したもの。北海道編、東北編、関東・中部（山岳）編、南関東・東海・北近畿編、中国・北四国編、南近畿・南四国・九州編、亜熱帯編からなる。各編とも巻頭に概要、指定植物一覧表を付け、本文は１頁１種で写真と指定公園、指定理由、その植物についての短い解説がある。巻末に図鑑に収録されていない指定植物の記述と和名索引がある。　　　　　*3474*

淡水指標生物図鑑 ウラディミール・スラディチェック著 鈴木実訳 北隆館 1991.8　301p 27cm『Atlas of freshwater saprobic organisms』の翻訳 4-8326-0244-6　8500円
水質を指標となる生物に基づいて診断するための図鑑。図版の大部分を、著者が1950年から1990年までの間に発表してきた一連の論文から直接引用している。構成は巻頭に水質について、腐水性生物の指標としての有効性、腐水指数、省略記号一覧表および文献を掲載し、次に本文の図版からなる。指標生物を細菌類、藍藻類、輪毛虫類、甲殻類、昆虫綱など56に分類し、147枚の図版を収める。図版見出しおよび生物名は外国語表記、見出しに日本語が併記してある。巻末に図版名を示す生物名のアルファベット順の索引がある。　　　　　*3475*

日本山野草・樹木生態図鑑 シダ類・裸子植物・被子植物（離弁花）編 浅野貞夫, 桑原義晴編 全国農村教育協会 1990.8　664p 27cm 監修：沼田真 4-88137-039-6　25000円
日本列島に生息するシダ植物、裸子植物、および被子植物の離弁花を対象とした図鑑。豊富な写真と図を用いて特徴がつかみやすい。解説は生態や分布、成形など簡潔な記載のほかに、植物の生活様式を休眠型、繁殖型（地下器官型・散布器官型）、生育型の順に記載。巻末に学名、和名索引を付す。なお続編として「被子植物（合弁花）・単子葉植物編」を刊行予定しているが1999年現在未刊。また本書は『日本原色雑草図鑑』の姉妹編でもある。　　　　　*3476*

日本水生植物図鑑 大滝末男, 石戸忠共著 北隆館 1980.7　318p 27cm 4-8326-0014-1　8000円
日本全国に分布する水生植物141種の解説と図版を収めた図鑑。日本名・中国語名と英名、形状、花期、分布などを解説。ノート欄で近似種・類似種についての相違点や用途（食用、薬用、鑑賞用など）も記述。図版は全体の形状だけでなく、花や果実の内部、花粉、茎の断面図など詳細に描かれている。付録としておもな水草の分布図、水生植物の概観を掲載。和名索引、学名索引、英名索引を付す。　　　　　*3477*

日本草本植物根系図説 清水建美著 梅林正芳図 平凡社 1995.2　262p 31cm 4-582-50614-3　15000円
植物の地下器官（根系）の形態を分類学的に研究、『原色新日本高山植物図鑑Ⅰ・Ⅱ』(保育社、1982-1983)などに発表した170種の草本植物の観察結果を改正し、新たに42種を加え、212種１変種についての知見をまとめて記載した図説で７章からなる。草木植物の根系という解説があった後に図と解説の本文に入る。本文は１頁当り１、２種が当てられ比較的大きい根系の図と形態などに関する解説がある。巻末に種の検索表、用語解説、参考文献、学名索引、和名索引を付す。　　　　　*3478*

日本の野生植物 シダ 岩槻邦男編 平凡社 1992.2　311p 図版196p 27cm 4-582-53506-2　18000円
日本に野生するすべてのシダ植物604種および34変種を、分類体系に基づいて、学名配列したカラー図鑑。科、属それぞれに検索表あり。種ごとの記載内容は形態、染色体、生殖型、二次代謝産物など。和名、英名、中国名併記。巻末に学名・英名、和名、中国名の索引を付す。写真図版の大部分はプロが撮影。　　　　　*3479*

日本の野生植物 草本　Ⅰ-Ⅲ 佐竹義輔〔ほか〕編 平凡社 1981-1982　3冊 27cm 12000-14000円
日本に自生するほとんどの野草約2800種を、分類体系に基づいて、学名配列したカラー図鑑。Ⅰ単子葉類、

Ⅱ離弁花類、Ⅲ合弁花類の３冊からなる。科、属それぞれに検索表あり。種ごとの記載内容は形態を中心に互いの類縁関係、分布など。それぞれの巻末に、general indexと和名総索引がある。　　　　　　　　　　3480

日本の野生植物　木本　Ⅰ-Ⅱ　佐竹義輔〔ほか〕編　平凡社　1989.2　2冊　27cm　各18000円
日本に野生するほとんどの樹木約1250種を、分類体系に基づいて、学名配列したカラー図鑑。Ⅰ裸子植物、被子植物〔双子葉植物（離弁花類）〕、Ⅱ被子植物〔双子葉植物（合弁花類）、単子葉植物〕の２巻からなる。科、属それぞれに検索表あり。それぞれの巻末に、general indexと和名総索引がある。写真は開花期、結実期、樹形、樹皮など、１種につき数点を収録する。　　　　　　　　　　　　　　　　　3481

日本水草図鑑　角野康郎著　文一総合出版　1994.7　179p　31cm　4-8299-3034-9　15450円
淡水産の狭義の水草（湿生植物を除く、シダ植物以上のもの）200余種を分布図と写真を付して解説した図鑑。それぞれの種に関する詳しい記載よりも、その種の同定に役立つ情報を解説。分布図は標本に基づいて作成されたもの。検索表は名称不明の水草の調査に活用できる。巻末に参考文献、学名索引、和名索引を付す。　　　　　　　　　　　　　　　　　　　3482

芽ばえとたね　原色図鑑　植物３態/芽ばえ・種子・成植物　浅野貞夫著　全国農村教育協会　1995.7　280p　31cm　4-88137-057-X　10094円
「植物の芽ばえ」の図512種と、種子850余種を選び収録。芽ばえの図、種子と成植物の写真３態を組合わせての編集を目指した。構成はⅠ草本編、Ⅱ木本編で、配列は分類系順。科名、和名、学名は環境庁自然保護局編集の『自然環境保全基礎調査のための植物目録』（1987年刊）に準拠。解説には成長期間、生息地、開花期、図については播種日時、描画日時、色の記述がある。巻末に学名索引、和名索引がある。　　3483

野草大図鑑　Outdoor graphics　北隆館　1990.4　727p　27cm　監修：高橋秀男　20000円
草本類（野草）を対象とし、日本で普通に見られる2003種を収録。主としてカラー写真で掲載した。配列は離弁花・合弁花・単子葉植物の順で『牧野新日本植物図鑑　改訂増補版』☞3473に従う。種ごとの記載には形態のほかにその植物についての話題も含む。巻末に和名索引、学名索引を付す。　　　　　　3484

◆高山植物

原色高山植物図鑑　北隆館　1988.5　2冊　19cm　監修：小野幹雄，林弥栄　コンパクト版　11,12　各4500円
『原色高山植物大図鑑』☞3486を底本としその内容を平易に解説し再編成したもの。掲載種は各巻744種でⅠ、Ⅱ巻で1488種。日本のみならず外国の高山植物も収録した。１種ごとに原色図版と簡略な解説が付く。目次および巻末の和名索引、学名索引はⅠ、Ⅱ巻共通。　　　　　　　　　　　　　　　　　　3485

原色高山植物大図鑑　北隆館　1987.3　846p　27cm　監修：小野幹雄，林弥栄　35000円
日本および外国の高山植物（山岳植物）1600種を収載。１種ごとに原色図版と生育環境写真を併載し簡明な解説を付す。巻頭に分類表と１頁の主要文献を付け、本文の配列はこれに依る。巻末に高山植物概説、和名索引、学名索引を付す。　　　　　　　　　　　3486

高山植物　奥田重俊解説　木原浩写真　東海大学出版会　1987.6　200p　19cm　（フィールド図鑑　植物5）　4-486-00955-X　2000円
森林限界以上の高山帯に生息分布する高山植物のうちから、広く分布する種、分類・形態・生態などの分野で重要と思われる280種をカラー写真で紹介。全体を崩壊地、風衝地・断崖地、雪国・湿生草原、風衝低木林に分けて構成。巻末に学名索引、和名索引がある。　　　　　　　　　　　　　　　　　　　3487

日本の高山植物　豊国秀夫編　山と渓谷社　1988.9　719p　20×21cm　（山渓カラー名鑑）　4-635-09019-1　4500円
日本の高山帯に自生する種子植物とシダ植物のすべて、山地帯・亜高山帯に自生する主な種類を収録した図鑑。記載は各種高山植物を被子植物（双子葉合弁花類・双子葉離弁花類・単子葉類）、裸子植物、しだ植物、こけ植物、地衣植物に分類、その中を各科に分け解説と写真、ワンポイント・リサーチを併せて掲載している。巻頭では植物の生育環境について解説、巻末に高山植物花旅ガイドを紹介。続いて学名索引、五十音順総合索引を付す。　　　　　　　3488

◆植物誌

植物群落レッドデータ・ブック　わが国における緊急な

保護を必要とする植物群落の現状と対策 1996 我が国における保護上重要な植物種および植物群落研究委員会植物群落分科会編・著　日本自然保護協会　1996.4　106,1344,171p　26cm　付・植物種のレッドリスト　共同刊行：世界自然保護基金日本委員会　4-900358-39-8　20000円
第1章総論、植物群落レッドデータの調査と解析、第2章植物群落レッドデータ、第3章資料からなる。単一群落、群落複合を都道府県別にリストアップし、群落の概要、分布、面積、保護対策の必要性・緊急性などを記載。和名の五十音順、評価別・学名順、都道府県別・評価学名順レッドリストを付す。　*3489*

新日本植物誌 顕花篇・シダ編　大井次三郎, 中池敏之著　至文堂　1982-1983　2冊　27cm　顕花篇の改訂：北川政夫　38000円,28000円
日本の顕花植物およびシダ植物の種や顕著な変種など分類学的に重要なものを解説。顕花篇・シダ篇からなる。各篇とも、科の特徴の説明の後に属までの検索表を付し、属の後には種までの検索表を付している。種においては学名、主要な異名、和名および植物の説明の後、大略の開花期、国内および国外の概略の産地を示してある。巻末に学名索引、和名索引を付す。『日本植物誌』として初版（1953年刊）以来シダ篇の追加（1957年）、改訂、増補を経て長く発行されていた参考図書。解題のものは著者の死後編集されたものでシダ篇は著者の変更があった。この後1992年の改訂増補版まで発行。　*3490*

日本植生便覧　改訂新版　宮脇昭〔ほか〕編　至文堂　1994.10　910p　27cm　監修：北川政夫　付（図2枚）：日本の現存植生図, 日本の潜在自然植生図　25000円
日本列島の植物群落単位、およびそれを構成している種を基本とした個々の分類群についてのデータブック。元版は1978年に刊行され、数度の改訂を経ているが、『日本植生誌　全10巻』（宮脇昭編著、至文堂、1980-1989）の最新のデータも含めて刊行。「本文」と「日本植物種名辞典」より構成。前者は植生概論、日本植生体系、植物群落総目録、日本植生図目録、後者は和名-学名の部、品種索引、学名-和名の部よりなる。　*3491*

日本の野草　春, 夏, 秋　菅原久夫著　小学館　1990　3冊　19cm　（小学館のフィールド・ガイドシリーズ 4-6）各1800円
身近な地域に生育する草本植物を、春・夏・秋の3分冊にし、写真と解説で紹介。解説は、和名の漢字表記を付し、和名、学名の由来も記入。掲載種（春は281種、夏は264種、秋は272種）がのっているチェックリストと学名と英名の付いた和名の五十音順の索引が巻末にある。花の探索時に携帯し調べるのに便利である。　*3492*

フィールドウォッチング　第1-4号, part2 5-8　田中肇〔編〕　北隆館　1990-1992　8冊　30cm　奥付・背の書名：『Field watching』　各2500円
山里や高原に生育する代表的な野草をとりあげ、野外観察データを使って詳細に解説した植物ガイドブック。収録数は各巻20-30、合計でも198種と少ない。記載内容は、分布図と1年間の生活史（花期や果実の時期）のほか、植物によって花の構造、昆虫による受粉、種子の散布などさまざま。多数の拡大写真や図版を用い各種2-8頁にわたって平易な文章で説明する。8巻に全巻の植物名の五十音順総合索引あり。各巻の書名は、1深緑の季節を歩く　2秋の野山を歩く　3早春の季節を歩く　4夏の野山を歩く　5山里の野草ウォッチング　6野原の野草ウォッチング　7高原の野草ウォッチング　8草原の野草ウォッチング。　*3493*

レッドデータブック 日本の絶滅危惧植物　日本植物分類学会編著　農村文化社　1993.5　141p　30cm　4-931205-13-5　3500円
『我が国における保護上重要な植物種の現状』を原本とし、その内容を普及し、野生植物の保護に役立つよう編集。原本にはない283点の写真を掲載し、形態的特徴や自生地の現状について簡潔に記載。巻末に原本記載、絶滅種・絶滅危惧種・危急種・現状不明種895種の和名リストを収録。リストは、科名、評価、危険性の理由、国内分布を付し、五十音順に配列。　*3494*

レッドデータプランツ 日本絶滅危機植物図鑑　維管束植物・蘚苔類・藻類・菌類・地衣類　宝島社　1994.3　24,208p　23cm　監修：岩槻邦男　執筆：加藤辰己ほか　4-7966-0748-X　2980円
日本に生育する5500種ほどの維管束植物のうち、絶滅あるいは絶滅危惧にある315種を写真と解説で紹介。日本自然保護協会、世界自然保護基金日本委員会が1989年に刊行したレッドデータブック『我が国における保護上重要な植物種の現状』を典拠とし、そこに掲載された895種の維管束植物のうち、絶滅種35種、絶滅危惧種146種、危急種134種の計315種を取り上げ、写真図版と種別解説で構成した生態写真集。巻頭に維管束植物・蘚苔類・藻類・菌類・地衣類の概説がある。巻末に日本版レッドデータブック掲載種リスト、学名索引、和名索引を付す。　*3495*

◆藻類

藻類の生活史集成 第1-3巻 堀輝三編 内田老鶴圃 1993-1994 3冊 27cm 7210-8240円
個々の藻類の生活史・生活環を、500種あまりを選び、図と解説で紹介。現時点で明らかになっている生活史を示した図と、対面頁のI参考・関連文献・資料、II本種の生活史・環に関する解説、III分布・その他の情報、IV英語による図版の簡潔な説明の2頁を単位として構成。執筆者全員が自ら得たデータをもとに、図版も自らの手で描いた。したがって、一人一人の個性があり、本書の特徴となっている。未解決な部分や断片的な状況証拠からの予想は図版中破線や？マークで示し、次世代の人々に引き継ぐ問題提示とした。巻末には学名総索引と和名索引がある。 *3496*

淡水藻類写真集 1巻-〔続刊中〕 山岸高旺, 秋山優編 内田老鶴圃 1984- 20冊 26cm
日本産はもとより広く世界各地から知られている、淡水藻類（珪藻類を除く）のおのおのの種の顕微鏡写真集。1巻に100種ずつ掲載。分類系にとらわれず、そのつどまとまったものから順次掲載。分類系の研究進展に伴い、再編集加工が可能なようにルーズ・リーフ形式である。項目内容は顕微鏡写真による藻体の全体像や特徴を示す主要部分の拡大像、ほかに電子顕微鏡写真・線書きの詳細図と解説がある。淡水藻類の種の研究・同定に役立つ資料であり、1998年末現在、第20巻まで刊行。第10巻には、1巻から10巻までの種名（欧文）の索引が巻末にある。 *3497*

◆菌類

菌類図鑑 上・下 宇田川俊一〔ほか〕著 講談社 1978 2冊 27cm 15000円, 12000円
日本産種を中心とした、微小菌類全般を網羅した、上・下2巻による図鑑。ハンドブック形式により、総論と各論に分かれ、各論では分類体系順に、名称、生育、形態、分布・生態、標本・図版、防除法、参考事項、文献などを解説。日本で培養可能な微小菌類（酵母を除く）に、本邦未発見であっても今後記録される可能性の強い菌および研究上重要な菌も加え、広く関連分野の情報も掲載。付録に処方集、用語集などもあり、各巻末に学名索引、和名索引、事項索引を付す。 *3498*

原色きのこ図鑑 2版 北隆館 1992.2 358p 19cm 監修：印東弘玄, 成田伝蔵 コンパクト版 6 4-8326-0049-4 4635円
日本ではっきり分かっているきのこのほとんど全部に当る840余種を掲載。各種ごとにカラー図版および部分名称や特色の解説がある。図版は断面図、部分図も含み記載は形態が主である。図版には毒キノコ、食用キノコのマークを付けた。巻末にきのこをもっと知りたい人のためにという解説記事、和名索引、学名索引がある。重版だが頁数、ほか初版と同じ。 *3499*

原色冬虫夏草図鑑 清水大典著 誠文堂新光社 1994.12 381p 27cm 4-416-29410-7 28000円
1983年に保育社から出版された『冬虫夏草菌図譜』をもとに、新たに発見されたものを追加し、新種候補、保留種となっていたものも含めて掲載。種ごとに和名、学名、寄主、分布が記載され、巻頭のカラー図版126頁を含め図版も豊富である。巻末に学名索引、和名索引を付す。 *3500*

原色日本新菌類図鑑 1-2 今関六也, 本郷次雄編著 大阪 保育社 1987-1989 2冊 22cm （保育社の原色図鑑 75-76） 5000円, 5700円
日本産きのこの図録。2巻で構成され、計993種につき144図版と解説。1957、1965年に刊行された『原色日本菌類図鑑 正・続』の全改訂新版ともいえる。原色図版と分類表、既知種検索表、属・種ごとの解説などで構成。分類表、既知種検索表には、図版にないものも含め、全種を網羅。解説文中には、有毒・食用の別および分布も記載。1には「きのこそして菌を学ぶ心」、2には「読者と共に日本のきのこを研究しよう」の文があり、各巻末には、学名索引、和名索引を付す。 *3501*

日本のきのこ 今関六也〔ほか〕編著 山と渓谷社 1988.11 623p 20×21cm （山渓カラー名鑑） 写真：伊沢正名ほか 4-635-09020-5 4500円
日本で自生するきのこ約5000種の内の945種を、カラー写真で（傘の内側の写真も添えて）紹介した図鑑。分類順に配列。解説は形態、自生時期、自生地、食用の可否、可の場合の料理法の順で解説。巻末に料理法、味の一覧、アルファベット順の学名索引、五十音順の和名索引がある。 *3502*

日本の毒キノコ150種 初の毒キノコカラー図鑑 小山昇平著 長野 ほおずき書籍 1992.8 216p 19cm 監修：本郷次雄 4-89341-168-3 2300円
日本からキノコ中毒を一掃したいという念願のもとに編まれた図鑑。著者自身や周囲に起こった中毒例から集めた資料をもとにまとめてある。専門家だけでなく

一般の人でもよく分かるよう簡明・正確が心がけられている。巻頭にキノコの形態と各部の名称、主な科・属の解説を掲載。本文は毒キノコを分類体系に従い4つの部門に区分、それに注意を要する種を収録し、インデックス式の大別をして毒キノコの分類や毒性の強弱などを示してある。巻末に中毒の症例、キノコ中毒の応急手当て、キノコ中毒顛末記、毒成分と医薬品開発、学名・和名索引がある。　3503

日本変形菌類図鑑　萩原博光, 山本幸憲解説　伊沢正名写真　平凡社　1995.7　163p　22cm　4-582-53521-6　3800円
日本に生息している134種8変種の変形菌（真性粘菌）をカラー写真を用いて解説。変形菌の概説、類似種との区別法、用語解説、採集方法と標本技術、分類表、和英・英和の用語対照表、アルファベット順の学名索引、五十音順の和名索引を付す。　3504

◆シダ植物

原色日本羊歯植物図鑑　田川基二著　大阪　保育社　1959　270p　図版36枚　22cm　（保育社の原色図鑑　第24）
日本に自生するシダ植物約400種の図を分類してのせ、和名・学名を示し、形態的特徴、自生地、類似種との比較の順で解説。巻末にシダ植物の学名・異名・文献を集めた詳細な「日本羊歯植物総目録」と、和名と事項を一緒にした五十音順の事項索引がある。保育社の原色図鑑シリーズの一つ。　3505

日本のシダ植物図鑑　分布・生態・分類　第1-8巻　倉田悟, 中池敏之編　東京大学出版会　1979-1997　8冊　31cm　企画：日本シダの会　9000-18000円
第1巻は日本全土に自生するシダ植物100種について、生態写真、線画、分布図を示し、解説と証拠標本の所在地すべてを採集者、採集年も含めて明記している。巻末に100種の胞子写真、和名索引と学名索引を付す。第2-6巻も第1巻と同様であるが第7巻では雑種と考えられるものを扱っている。8巻も刊行済。　3506

◆種子植物一般
■顕花植物＜一般＞はここに収める。

木の写真図鑑　オールカラー世界の高木500　完璧版　アレン・コーンビス著　マシュー・ウォード写真　浜谷稔夫訳・監修　日本ヴォーグ社　1994.12　327p　22cm　（地球自然ハンドブック）　4-529-02356-7　2900円
温帯（広義）領域を中心に自生し、しかも中部ヨーロッパでよく生育している500を超す高木種を多数のカラー写真で紹介した図鑑。巻頭に木についての概説、樹木検索表があり、本文は針葉樹類・広葉樹類の順でそれぞれのなかは科の学名のアルファベット順に配列されている。樹種ごとに成木の模式図、葉・花などのカラー写真および解説がある。巻末に用語集、和名・中国名・学名および外国語名の樹種名索引などを付す。　3507

原色日本植物種子写真図鑑　石川茂雄著　石川茂雄図鑑刊行委員会　1994.5　328p　31cm　28000円
北海道から沖縄に至る日本の各地域の植物の種子2114種（140科1005属）を集めた鮮明なカラー写真による図鑑。各頁に8点の写真を分類体系順に配列し、それぞれに和名、学名および実寸（短径と長径）を記す。解説文はない。巻末に和名索引・学名索引を付す。　3508

新編原色果物図説　養賢堂　1996.1　423p　22×31cm　監修：小崎格ほか　4-8425-9602-3　49440円
日本の代表的品種、将来性のある品種、特徴のある品種211種を採録。左頁で異名、来歴、樹性など8項目について記述し、簡単な英文の解説を付す。右頁では果物の全体および断面をカラー写真で掲載。目次が詳しいが、索引はない。　3509

世界の花　塚本洋太郎著　京都　淡交社　1990.4　93p　26cm　4-473-01138-0　2500円
著者が世界各国を回って観賞植物を調べ、一部は庭で栽培してきた体験をも加えて、約170種の代表的な花のカラー写真に簡単な解説を付した図鑑。配列は季節により春・初夏・夏・秋・冬の順。巻末に学名索引がある。著者の花のエッセイでもある。　3510

◆裸子植物

世界の針葉樹　杉本順一著　井上書店　1987.10　302p　22cm　5800円
世界の松柏類一名針葉樹の全種類を分類して、各種類の名称、形態、分布、生態およびその利用法などを解説。巻末に種類の検索表（種ごと、地域別）あり。付属篇として、発見史、日本における分布、日本と近隣諸国との分布関係、世界科属分布表、世界各地の種類、日本の分布線、垂直分布・生態分布、樹高と幹の太さ、樹形・葉形、属の外国名、属名（学名）の語源があり、

巻末に文献、学名・和名索引を付す。図版なし。

3511

邦産松柏類図説 増訂版 岩田利治，草下正夫共著 産業図書 1954 2版 247p 図版32p 26cm 1000円
総論、各論の２編に分かれ、総論は研究小史、分類学、分布、形態、林業品種、学名の解説であり、過半を占める各論は各科、属の特徴、松柏類各樹種の描図（図版86点）およびそれに対応する形態・分布・効用・園芸品種の解説からなる。巻頭に写真125点、巻末に和欧の参考文献、付録（簡易識別法、簡易検索表、結実凶年度表など）、和名・学名の各索引がある。

3512

◆被子植物

サボテン科大事典 266属とその種の解説 伊藤芳夫著 未来社 1995.1 743p 27cm 1988年刊の復刊 4-624-00020-X 49440円
属名・種名をアルファベット順に配列し、前半に写真を集め、後半で各種を解説した図鑑。モノクロ写真2200点、カラー写真1400点を収める。分類は1981年発表の伊藤分類法を大幅に改訂したものによる。巻末に五十音順の属名、種名索引を付す。

3513

タバコ属植物図鑑 日本たばこ産業株式会社編 誠文堂新光社 1994.3 293p 27cm 4-416-49410-6 20000円
現在知られているタバコ属植物を網羅し、67種を収録した。従来からのSmithの分類に従い、種ごとの記載事項は種小名の意味、分布、特性、遺伝・育種への利用などである。各種ごとに４枚のカラー写真、種子および染色体の写真、分布図、自生地生態写真数葉を付す。巻末に引用文献リスト、種名索引がある。序文、凡例、数頁の解説には英文も付されている。

3514

日本スミレ図譜 北海道・本州・四国・九州・琉球 井波一雄著 大阪 六月社 1966.6 187p 図版32p 31cm 校閲：前川文夫 5000円
日本に自生するスミレを網羅する77種について図示解説した図鑑。巻頭に日本産スミレ属種一覧表、日本産スミレ属種の総検索表、図譜の後にスミレ基本種比較一覧表、分類群形質一覧表を掲載。和名、学名索引を付す。「スミレ絵図」（森鐵吉描）32葉を付録として収載。

3515

日本タケ科植物総目録 鈴木貞雄著 学習研究社〔1978〕384p 31cm 4-050-01853-5 19000円
タケ、ササ類の分類学研究者によるタケの完全図鑑。日本産のタケ、ササ類を全網羅し、外国産でも日本でみられるものは取り入れてある。分類は著者による新分類を含む。各種類ごとに写生図、詳細な拡大図、分布図をのせ、英文解説を併記。巻末に参考文献を付す。専門家向けの図鑑。1996年に本書の増補改訂版である『日本タケ科植物図鑑』（鈴木貞雄著・発行、聚海書林発売、271p）が出版された。

3516

野草の写真図鑑 オールカラー英国と北西ヨーロッパのワイルドフラワー500 完璧版 クリストファー・グレイ＝ウィルソン著 近藤修訳 日本ヴォーグ社 1996.12 328p 22cm （地球自然ハンドブック） 日本語版監修：高橋良孝 『Wild flowers』の翻訳 4-529-02693-0 2900円
双子葉と単子葉に大別し、科のはじめに科名見出しを付け、それぞれの種については数種類の写真と共に学名、命名者、植物の概要、分布、生育場所、習性、草丈、花期を記載し、必要に応じて、近縁種も記載。１頁は２種で構成。巻頭に生活環、植物のつくり、生長形態などについての解説。巻末に英名・学名索引、日本語索引を付す。

3517

動物学

学術用語集 動物学編 増訂版 文部省，日本動物学会〔編〕丸善 1988.3 1122p 19cm 初版：大日本図書 昭和29年刊 4-621-03256-9 2900円
文部省の学術用語の制定・普及の事業に対応し、動物学の学術用語を整理統一した用語集。修士課程レベルの用語を約１万8000語収録している。和英と英和の２部構成で、用語の読み方（ローマ字）、対応する外国語を記載。

3518

動物・動物学の本全情報 45/92 日外アソシエーツ編 日外アソシエーツ 1993.7 828p 22cm 発売：紀伊国屋書店 4-8169-1182-0 29000円
1945年－1992年に国内で発行された動物および動物学に関する本を網羅的に探すための書誌。「動物全般」など14分野に区分し、その下に中見出し、小見出しを立て細分化している。最近の資料については書誌事項

のほか、内容や目次情報を収録しているものもある。巻末に書名、事項索引あり。約1万2000タイトルを収録。
3519

谷津・内田動物分類名辞典 中山書店 1972 1411p 22cm 『動物分類表』（補訂7版 谷津直秀著 内田亨補訂 丸善出版 昭和27年）を大はばに改訂したもの 監修：内田亨 執筆者：朝日奈正二郎〔等〕 18000円
すべての動物を対象としており、学名や和名からその動物の分類上の位置を知ろうとする際に、有用な辞典である。学名、一般名、解説からなり、解説には参考文献をあげている。約600語の用語解説、文献一覧、和名・欧名・人名・用語の各索引がある。
3520

【事典・便覧】

オックスフォード動物行動学事典 デイヴィド・マクファーランド編 木村武二監訳 どうぶつ社 1993.12 834p 22cm 『The Oxford companion to animal behaviour』の翻訳 4-88622-500-4 15450円
動物のさまざまな行動から動物の総体を理解しようとする動物行動学（エソロジー）を、生態学、遺伝学、生理学、心理学などの領域にも触れて解説した一般読者を対象とした手引書。項目は見出し語の五十音順配列。巻末に動物名、人名、事項索引を付す。
3521

危険な動植物 石川和男著 ぎょうせい 1986.6 220p 19cm （ぎょうせいヘルス・ライブラリー 44） 4-324-00146-4 1300円
主に日本国内に生息し、人体に危害を及ぼす動植物について、分布、形態、生態、事故例・予防、症状・処置を平易に解説。陸上、海川、家屋内、ペット、植物別に収録。巻末に参考文献、動植物名索引を付す。
3522

時間生物学ハンドブック 千葉喜彦，高橋清久編 朝倉書店 1991.10 558p 22cm 4-254-17078-5 15450円
生物の周期性を扱う時間生物学の研究を網羅したもの。1 生物リズムの基礎研究、2 生物リズムと人間の生活－医学的・心理学的研究、3 生物リズムと人間社会－社会学的研究、4 宇宙と生物リズム、5 研究法からなる。1978年刊行の『時間生物学』が、いわば前身で、特に3は新しく加わった部分である。各章末に文献、巻末に和文索引、欧文索引、生物索引を付す。
3523

図解動物観察事典 新訂 富川哲夫〔ほか〕著 地人書館 1993.4 563p 22cm 4-8052-0431-1 5356円
その動物固有の特徴をピックアップし解説した事典。動物の姿・形だけではなく、暮らし方、生き方の上で特異なことがらを個条書きでまとめている。動物の飼育・観察・実験方法が本文内随所に記載されている。1957年発行の『動物観察事典』を基本に、1982年刊行されたものの新訂版。
3524

絶滅野生動物の事典 今泉忠明著 東京堂出版 1995.9 257p 23cm 4-490-10401-4 2900円
近代（産業革命以降）から現在までに絶滅した野生動物（哺乳綱と鳥綱）を収載。全体を哺乳綱、鳥綱に分け、それぞれを動物分類表の順位で配列。巻頭に掲載動物名一覧（五十音順）、巻末に絶滅野生動物の種と亜種のリスト、動物分布区界図を付す。
3525

動物学名便覧 前島長盛編纂 名古屋 日本学術文化社 1988.4 960p 27cm 20000円
動物に関する資料、特に諸外国の文献には動物名は学名で表記されていることがある。その学名に対応する和名（俗称・通称など）をまとめた便覧。脊椎動物以外についても主要なものは原生動物にいたるまで、一部の絶滅種化石種についても記載。また表記された動物名が何に属するのかも記載。各行の最後に哺・鳥・両・くも・貝などで大方の分類も記載。配列は学名のアルファベット順。索引はない。
3526

野生動物救護ハンドブック 日本産野生動物の取り扱い 野生動物救護ハンドブック編集委員会編 文永堂出版 1996.4 326p 26cm 4-8300-3143-3 8240円
野生動物救護の意義から、実践に役立つ各動物の救護の方法までを詳しく解説した便覧。第1章野生動物救護の意義と課題、第2章野生動物救護の実際・総論、第3章野生動物救護の実際・各論、第4章野生動物救護情報データベースからなり、巻末に参考文献がある。表紙見返しに五十音順の動物名索引、巻末に用語索引およびアルファベット順の動物英名・学名索引を付す。
3527

レッドデータアニマルズ 日本絶滅危機動物図鑑 JICC出版局 1992.4 190p 23cm 監修：朝比奈正二郎ほか 4-7966-0305-0 2980円
日本における絶滅の可能性のある動物について、分布、生態、個体数減少の理由などを解説。哺乳類22種、鳥類70種、魚類35種、両生爬虫類24種、昆虫類93種の生態写真と種別解説から構成。絶滅種22種の解説あり。巻末に、日本版レッドデータブック（環境庁編、1991）掲載種リスト、用語解説、参考文献、和名索引、学名索引を付す。
3528

【図鑑】

原色検索日本海岸動物図鑑 1-2 西村三郎編著 大阪 保

育社 1992-1995 2冊 27cm 22330-26214円
日本の海岸、主として潮上帯から水深20-30m付近に生息する動物のうち、脊椎動物と貝類（有殻軟体動物）を除いたものを収録。鮮明なカラー生態写真と図版による図鑑。1巻は概説、原生動物、後生動物亜界の海綿動物など18門、2巻は後生動物亜界の節足動物など5門を収録。形態、生態、分布などについて、簡潔な解説がある。巻頭に形態、構造からの索引、各章末に参考文献、巻末に和名索引、学名索引を付す。　3529

原色動物大圖鑑 第1-4巻　内田清之助等著　北隆館　1957-1960　4冊 27cm 全15000円
世界の動物のうち、昆虫を除いた約8850種の原色図版を収めた図鑑。分布、生態などについて簡潔な解説あり。1巻脊椎動物約3000種、2巻脊椎動物魚綱・円口綱、原索動物約3000種、3巻棘皮・毛顎・前肛・軟体動物約1450種、4巻節足・環形・円形・担輪・紐形・原生動物約1440種。各巻末に和名索引、欧名索引を付す。姉妹編に『原色昆虫圖鑑』『原色植物圖鑑』がある。　3530

世界大博物図鑑 第1-5巻，別巻1-2　荒俣宏著　平凡社　1991-1994　7冊 27cm 11330-18000円
動物（人間、架空動物、絶滅種含む）に関する、名の由来、博物誌、神話・伝説、民話・伝承、ことわざ・成句、美術、文学などに関する膨大な記述と、世界的に有名な図譜から、多数の図版を収録。1巻虫類、2巻魚類、3巻両生類・爬虫類、4巻鳥類、5巻哺乳類、別巻絶滅・希少鳥類。各巻における項目は、動物の分類順に配列され、各巻末に参考文献、詳細な図版の出典リスト、和名索引、欧名索引、ラテン名索引を付す。1997年にCD-ROMハイブリット版が発行。　3531

世界の天然記念物 国際保護動物 第1-9巻，別冊 小原秀雄〔ほか〕編　講談社　1987.5　10冊 30cm 全26800円
国際自然保護連合の「種の保存委員会」編集のレッドデータブック（RDB）記載の動物のうちendangered（絶滅にひんしているもの）とvulnerable（危険な状態にあるもの）すべて、rare（希少なもの）、indeterminate（不確かなもの）、extinct（絶滅したもの）については適宜収録。哺乳類約250、鳥類約260、両生類・爬虫類約90（亜種含む）を収録。カラー写真と生態、分布、減少理由についての解説がある。別冊は用語解説、和名索引、学名索引、分類順索引、参考文献からなる。　3532

動物大百科 第1-20巻，別巻1-2　平凡社　1986-1993　22冊 29cm 2800-5400円
動物たちの生活の実態、状況の詳細を知ることのできる本格的な生態図鑑。世界12か国で出版されたものに日本の特産動物を扱う1巻を加え、各巻でも日本動物に関する話題を追補している。哺乳類6巻、鳥類3巻、その他の動物6巻と動物の行動や生態を理解する上で必要な基礎知識をまとめた4巻に日本の動物と索引の巻を加えた全20巻の構成。別巻として「恐竜」「翼竜」の2巻がある。詳しい説明に加え、エピソードなどのコラムも多く読みやすい記述となっている。　3533

動物の大世界百科 アニマルライフ　日本メール・オーダー社　1972　22冊 30cm
世界の主な動物について、形態、生態、分布、人間とのかかわりを解説。カラー写真多数収録。項目は動物と事項を五十音順配列。22巻は動物名・事項索引、人名索引、欧名索引、索引として利用できる分類表からなる。別冊付録「動物たちのふしぎなことば」には、動物のさまざまなコミュニケーションについての解説を収める。表現が平易なため読物としての通読性あり。　3534

動物発生段階図譜 石原勝敏編著　共立出版　1996.3　348p 27cm 4-320-05433-4 18540円
カイメンからヒトまで34種の動物の発生段階を発生段階図とともに記載した図譜。各動物の飼育方法や、発生の観察、研究上の留意点などについても記述する。各章中に和文・欧文の参考文献、巻末に五十音順の動物名索引、部分名索引、事項別索引を付す。　3535

日本動物大百科 第1-10巻，別巻　平凡社　1996-1998　11冊 29cm 監修：日高敏隆 3107-3800円
『動物大百科』☞3533に続くが、今回のシリーズは日本人の著者グループの手になるものである。したがって日本産のすべての動物の紹介を目指した。1巻から10巻までの本巻と11巻別巻動物分類名の総索引からなる。各巻共巻頭に類の概説があり、以下は動物分類によって配列し、総論・各論で構成。各項目の解説も詳しく、多数のカラー写真と共に書名にあるように動物についての百科事典であると言える。各巻末に和名索引、学名索引がある。　3536

◆原生動物・さんご

原生動物図鑑 講談社　1981.8　816p 27cm 監修：猪木正三　25800円
総論と各論の2部からなる。総論は原生動物の形態、細胞器官、遺伝、代謝、生理、生化学、生態、寄生虫学に関連した医学・畜産学・水産学について概説。各

論は分類体系に従って種を配列し、おのおのの種の写真または図に解説を付した図鑑形式となっている。各章末に文献、巻末に付録として、実験法、新旧分類の対照表、参考書一覧、用語解説、事項索引、和名索引、学名索引を付す。
3537

日本の造礁サンゴ類 西平守孝, J.E.N.Veron共著 海游舎 1995.2 439p 31cm 4-905930-11-1 18540円
J.E.N.Veronの著書に基づき、日本の造礁サンゴ類について概説。写真を多用し、同定の参考となる文献を示し、確認された調査地域を示す分布図を記載した。また動物としての造礁サンゴの特徴を概説し、生態学的特性を紹介した。さらに付表として、全種の分布表を示し、日本のサンゴ相の特徴を表した。巻末に、五十音順用語索引、和名索引、アルファベット順学名索引を付す。
3538

◆貝類

貝の写真図鑑 オールカラー世界の貝500 完璧版 ピーター・ダンス著 マシュー・ウォード写真 日本ヴォーグ社 1994.10 256p 22cm （地球自然ハンドブック） 日本語版監修：小川数也 『Eyewitness handbooks shells』の翻訳 4-529-02419-9 2500円
世界の海に産し、収集の対象になりやすい貝類約500種を収める。貝殻のみの鮮明なカラー写真約600点と形態、分布などについて簡潔な解説あり。巻頭に収集の仕方、分布図、生態、各部の名称などと形態による索引あり。巻末に用語解説、和名索引、欧名索引を付す。
3539

貝類 奥谷喬司解説 楚山勇写真 東海大学出版会 1987.3 237p 19cm （フィールド図鑑） 4-486-00954-1 2500円
日本の海に産する貝類のうち、潮間帯から海面下20-30mの範囲に生息するもの660種（深海性のもの49種含む）を収める。生息環境別にカラー生態写真と簡単な解説を収録。巻末に和名索引を付す。
3540

原色日本貝類図鑑 〔正〕, 続 吉良哲明, 波部忠重著 大阪 保育社 1961-1964 2冊 22cm （保育社の原色図鑑 4,25） 各3800円
正編は約6000種の日本産貝類のうち1200余種と海産有肺類の各種・後鰓類中の搭形貝類・その他を収めている。巻頭に科名分類目次・貝類部分の名称、巻末に貝類の採集・標本の製作などの解説、および学名・和名索引を付す。続編にはどこでも容易に採集できる微小貝類1465種を収録している。正編は1954年刊の増補改訂版。
3541

日本及び周辺地域産軟体動物総目録 肥後俊一, 後藤芳央編著 八尾 エル貝類出版局 1993.2 693,13,148p 27cm 付(10p)：訂正・追加(多板殻綱)
『日本列島周辺海産貝類総目録』（長崎県生物学会、1973）を全面的に改訂し、陸淡水産貝類を加えて、日本産の貝類を網羅的に収録した目録。日本産貝類9563種、北方（サハリン、オホーツク海）および南方（南シナ海、台湾）に生息する769種を収録。配列は分類体系順で、学名（命名者、年）、和名（命名者、年）、産地、分布地域を記載する。巻末に主要文献目録および綱別の五十音順和名索引、アルファベット順学名索引を付す。
3542

日本貝類方言集 民俗・分布・由来 川名興編 未来社 1988.3 321p 27cm 15000円
日本各地における貝類についての方言を収集し、各県別貝方言集と和名別方言集にまとめたもの。貝に関する民俗と貝方言の由来に関する解説も収録。巻末に和名索引、方言名索引、引用文献と著者名別引用文献番号を付す。
3543

◆甲殻類

原色甲殻類検索図鑑 武田正倫著 北隆館 1982.6 284p 22cm 4800円
主要な甲殻類730種について、検索図表により種名または属名を検索し、図説により種名を確認し必要知識を得ることができる図鑑。配列は分類体系順。検索図表では、代表的な甲殻類の基本型と外部形態の細部から種名または属名を検索できるようになっている。図説では、細密画と和名・学名、甲長または甲幅、分布とその種の特徴が記載され、食用種には印がついている。巻末に和名・学名索引がある。
3544

原色日本大型甲殻類図鑑 1-2 三宅貞祥著 大阪 保育社 1982-1983 2冊 22cm （保育社の原色図鑑 62-63） 4300-4500円
エビ、カニなど日本近海の大型甲殻類の代表種の図鑑。1巻にエビ、ヤドカリおよび口脚類（シャコ）を、2巻にカニを収録。付録として「日本産えび、やどかり、しゃこ類の分類目録」「日本産異尾類の検索」を収録。
3545

◆蛛形類

クモの学名と和名 その語源と解説 八木沼健夫〔ほか〕共著 福岡 九州大学出版会 1990.8 287p 22cm 4-87378-258-9 6180円
日本のクモ全種と有名外国種の学名と和名の解説、ならびに日本産クモ類発見命名小史からなる。学名と和名の対照、属名・種名の語源的解説の書。配列は学名のアルファベット順。発見命名小史によりクモ分類学の足跡を、付録の日本産クモ類目録により分類の現状を知ることができる。巻末に種名・和名・人名索引がある。　　　　　　　　　　　　　　　　　　　3546

原色日本クモ類図鑑 八木沼健夫著 大阪 保育社 1986.2 305p 図版32枚 22cm （保育社の原色図鑑 74）『原色日本蜘蛛類大図鑑』（昭和35年刊）の新版 4-586-30074-4 4800円
北海道から南西諸島までの日本産約1000種を収録し、最近の分類学を取り入れて配列した。604種のカラー図版と1300の眼域、触肢などの部分比較図によって同定を容易にした。各解説には生態、生活史、分布などを述べた。前文と後文には分類、系統、飼育法、研究法を記述した。巻末に参考書・文献、学会・同好会、学名索引、和名索引を付す。　　　　　　　　　3547

写真・日本クモ類大図鑑 千国安之輔著 偕成社 1989.10 308p 27cm 4-03-003200-1 28840円
著者が採集した、日本アルプス山系のクモを中心とした日本各地に分布する普通種と希産種41科540種の標本写真と解説からなる図鑑。配列は分類体系順。標本写真は全身のほか、部分写真・生態写真があり、種の検討・検索に利用できる。解説にはその種の体長、特徴、類似種との相違点、環境、生態、習性、成熟期、分布などが記載されている。巻末に和名・学名索引がある。　　　　　　　　　　　　　　　　　　　3548

日本原色植物ダニ図鑑 江原昭三編 全国農村教育協会 1993.8 298p 22cm 執筆：天野洋ほか 4-88137-051-0 13000円
主要なダニの形態と生態を詳しく解説し、ダニ対策のための種類の的確な判別に役立つ検索図鑑。全体は2部からなり、第1部は「種の解説」として日本の植物に生息するダニの主要種88種と、ダニ以外の天敵8種を原色写真と形態図により解説。第2部は「概説」として種類と見分け方、各科の概説と検索表、生態、防除法などを記載。巻末に学名・動物和名・植物和名索引がある。　　　　　　　　　　　　　　3549

◆昆虫類

家屋害虫事典 日本家屋害虫学会編 井上書院 1995.2 468p 21cm 4-7530-0091-5 5356円
木材害虫、不快害虫、庭園害虫、文化財や書籍害虫など家屋害虫全般について、その種類、生態、被害、防除方法などを平易に解説した手引書。構成は3部からなり、「害虫概論」で加害対象別の害虫の概説を行い、「主要害虫」で主要な害虫の形態と生態、防除法などを詳述し、「害虫防除」で殺虫剤や環境の改善などに触れている。巻末に和名・学名・薬剤・一般用語索引がある。　　　　　　　　　　　　　　　　　　　3550

カブトムシの百科 海野和男著 データハウス 1993.7 158p 20cm （動物百科） 4-88718-157-4 1800円
世界のカブトムシについて、大型種を中心に64種の形態を解説。本文はカブトムシ生態記、探訪記として通読できる内容である。カラー生態写真が豊富である。配列は生息地域別。一種ごとに和名・学名・体長・分布・変異・珍種度・出現期のデータが付されている。巻中に分布や分類についての解説がある。　3551

原色昆虫大図鑑 第1-3巻 北隆館 1963-1965 3冊 26cm 監修者：朝比奈正二郎, 石原保, 安松京三 各15000円
日本産昆虫について一般的な種だけでなく、多くのまれな種類も収めた大図鑑。第1巻は蝶・蛾類約2700種、第2巻は甲虫類約4200種、第3巻はその他の昆虫類約3000種である。配列は分類体系順、図版はカラーの標本写真である。それぞれの科の概説に続いて各昆虫をとりあげ、和名・学名・解説が加えられている。解説には体長・色と形・生態・分布が記載されている。各巻末に学名・和名索引がある。　　　　　3552

原色日本甲虫図鑑 1-4 森本桂, 林長閑編著 大阪 保育社 1984-1986 4冊 22cm （保育社の原色図鑑 68-71） 4000-5800円
日本産甲虫類をできるだけ多く原色で図示するとともに、検索表や併記種も加えて正確に種名の同定ができるように構成された全4巻の大図鑑。第1巻は総論として、甲虫の形態、生活、進化系統、成虫と幼虫による科の検索表などからなる。第2巻から第4巻が標本写真と種の解説からなる図鑑である。配列は分類体系順である。第1巻の巻末に項目・学名・和名索引が、第2巻以降の巻末に各巻掲載種の学名・科属名・和名索引がある。　　　　　　　　　　　　　　　3553

日本原色アブラムシ図鑑 森津孫四郎著 全国農村教育協

会 1983.5　545p　22cm　4-88137-017-0　6800円
日本に分布する代表的な240種を収録。前半は生態写真、後半は解説で、すべての和名とシノニム、生態、形態、寄生植物、寄生状態を記載。巻末に「アブラムシ和名別寄生植物和名一覧」「寄生植物和名別アブラムシ和名一覧」「寄生植物学名別アブラムシ学名一覧」と和名・学名索引とを付す。
3554

日本原色カメムシ図鑑　陸生カメムシ類　安永智秀〔ほか〕共著　全国農村教育協会　1993.12　380p　22cm　監修：友国雅章　4-88137-052-9　9300円
Ⅰ章では既知種のほぼ半数に当る353種の陸生種カメムシをカラー生態写真で紹介。種ごとの解説は和名、学名、種の特徴、分布、写真説明からなる。Ⅱ章はカメムシによる植物の被害。Ⅲ章は天敵としてのカメムシ。Ⅳ章は文献と資料。巻末にカメムシ学名索引、昆虫和名索引、植物和名索引がある。
3555

日本原色虫えい図鑑　湯川淳一，桝田長編著　全国農村教育協会　1996.6　826p　22cm　4-88137-061-8　14420円
植物の芽や茎、葉、蕾、実、根など、いろいろな部位に形成されるこぶ状の膨みや奇形である虫えいを詳細に観察し解説。前書きに続いて、1頁数葉からなる80頁の虫えいのカラー写真があり、続いてⅠ虫えい解説、Ⅱ一般解説、Ⅲ虫えいをめぐる生物の世界、Ⅳ虫えいの採集と観察、飼育、Ⅴ虫えいを形成する害虫、Ⅵ参考文献、Ⅶ付表、Ⅷ索引（学名、和名、事項）からなる。虫えいに関する図鑑であると同時にテキストブック、研究のレビューでもある。
3556

日本産カミキリ大図鑑　日本鞘翅目学会編　講談社　1984.11　565p　31cm　編集：第一出版センター　4-06-124045-5　38000円
日本のカミキリムシ科甲虫の全種約700種について分類学的検討を行い、写真で示し、種の特徴を記述した専門事典。高桑正敏著「カミキリムシ考」と図版、本文の3部からなる。配列は分類体系順。図版はカラーの標本写真である。本文には検索表がある。種についての形態的特徴の解説に力点が置かれ、日本地図による分布図が添えられている。巻末に和名・学名索引がある。
3557

日本産カミキリムシ検索図説　大林延夫〔ほか〕編　東海大学出版会　1992.3　696p　27cm　4-486-01181-3　18540円
日本国内に定着発生した記録のあるカミキリムシ898種（亜種を含む）について、種の同定を目的に編集。成虫と幼虫、蛹の図解検索と全形図、種の解説が中心の構成。多くの生態写真と細密画がある。種の解説は分類体系順で、和名・学名、原著論文、体長、色彩、形態、生態、成虫出現期、寄生植物、分布が記載されている。巻末に科・族・属名索引、種名索引、和名索引がある。
3558

日本産水生昆虫検索図説　川合禎次編　東海大学出版会　1985.10　409p　27cm　4-486-00884-7　8500円
水生昆虫全般について、識別検索図および目ごとの詳細な検索表と図版により、種の同定作業を行い、生態を知るための網羅的な専門図鑑。はじめに水生昆虫についての概説がある。本文は11目にわたって分類され、そのもとで目と科の特徴と検索表が成虫、幼虫ともに記載されている。図版は形態図が中心で、詳細な部分図が特徴である。巻末に和名・学名索引がある。
3559

日本産トンボ幼虫・成虫検索図説　石田昇三〔ほか〕著　東海大学出版会　1988.6　140p　図版72,105p　27cm　4-486-01012-4　13000円
日本国内のトンボの成虫181種14亜種と、幼虫170種を収録した検索図鑑と種ごとの特徴を解説した事典である。構成はカラー生態写真、検索図、概論の3部からなる。配列は分類体系順。検索図はすべて絵合わせ方式となっている。概論はトンボ全般の概説のほか、種ごとに成虫・幼虫の大きさと形・色、分布、生態などが解説されている。形態や色彩については、外形的特徴を類似種との識別点を中心に示す。巻末に和名・学名索引がある。
3560

日本産ハムシ類幼虫・成虫分類図説　木元新作，滝沢春雄共著　東海大学出版会　1994.7　539p　27cm　4-486-01287-9　22660円
日本産ハムシ類を成虫、幼虫とに分け、それぞれ図説、分類順の解説、英文の検索表、参考文献および引用文献からなる。87platesのカラー写真、白黒の図版があり、解説では属や種についての検索表をはさみながら科、属、種ごとに形態、分布、生活史などについて記述。巻末に成虫、幼虫別々の和名索引、学名索引がある。
3561

日本蜂類生態図鑑　生活行動で分類した有剣蜂　岩田久二雄〔ほか〕著　講談社　1982.3　162p　31cm　4-06-129074-6　14000円
生活行動で分類した有剣蜂の諸型を解説と図版で示す。概説、図版（カラー写真）、図版解説からなる。概説では膜翅目の生活の歴史の概略、広腰蜂の産卵行動など7章にわたって生活行動を解説した。この概説に従い84プレートの写真図版を載せ、さらに図版ごとに短い図版解説を付した。巻末に上科・科名索引、学名索引、和名索引がある。
3562

◆◆蝶・蛾

原色蝶類検索図鑑 猪又敏男著 北隆館 1990.3 223p 22cm 4800円

日本産蝶類全種について、検索図表により種名または科名を検索し、図説により種名を確認し必要知識を得ることができる図鑑。配列は分類体系順。検索図表では、蝶類の基本分類および外部形態の特徴の説明と部分図から種名または科名を検索できるようになっている。図説では、標本写真と和名・学名、分布、発生、食性、変異が記載されている。巻末に和名・学名索引がある。
3563

原色日本蝶類生態図鑑 1-4 福田晴夫〔ほか〕共著 大阪 保育社 1982-1984 4冊 22cm （保育社の原色図鑑 64-67） 4300-5000円

北海道から八重山諸島あるいは小笠原諸島にわたる日本全土で記録されているすべての種類について生態記録を中心に解説したもの。それぞれの巻は図版と図版解説からなり、図版では蝶の種ごとに数葉の生態写真を挙げ、解説では各科各属について概略を述べた後に各種について分布、地理的変異、周年経過、生息地、食餌食物、成虫、卵、幼虫、蛹、天敵、参考文献を記述した。巻頭には総説、用語解説、巻末には英文サマリー、分布図、参考文献、学名索引、和名索引がある。
3564

蝶の学名 その語源と解説 平嶋義宏著 福岡 九州大学出版会 1987.7 269p 22cm 4-87378-170-1 3400円

蝶類研究者・愛好者、生物学関係者、一般知識人のために蝶の学名の語源をギリシャ語・ラテン語に重点を置いて解説したもの。はじめに学名の基礎知識の解説があり、本文は属名レベルの語を見出し項目としてこれに属する種の種名の語も含めて注解している。巻末に参考書一覧、種名索引、和名索引がある。解題は初版に基づくが、1988年刊の第2版も頁数は初版と同じ。
3565

日本産蛾類生態図鑑 杉繁郎編 杉繁郎〔ほか〕著 講談社 1987.6 453p 27cm 4-06-201209-X 39000円

小笠原諸島を除く日本全土に分布する蛾の既知種をできるだけ網羅し、4451種を登載。Ⅰ解説編、Ⅱ図版・目録からなる。Ⅰは巻頭に検索表、続いて種ごとに形態分布などの解説本文があり巻末に和文索引がある。Ⅱは392プレートの写真、図版およびその解説、体系順の学名索引、参考文献、アルファベット順の学名索引からなる。
3566

日本産蛾類大図鑑 井上寛〔ほか〕著 講談社 1982.9 2冊 27cm 編集：第一出版センター 4-06-124037-4 全56000円

日本の蛾類を網羅した4451種についての解説と図鑑。第1巻解説編と第2巻図版・目録編からなる。前者は日本産蛾類の亜目から科までの検索表に続き、解説本文があり、和名索引を付す。後者には392プレート8083個体のカラーまたはモノクロ図版、図版説明、分類目録（シノニムカタログ）、参考文献、新群その他命名規約上の行為の要約（英文）、学名索引からなる。
3567

日本産蝶類大図鑑 改訂増補 藤岡知夫著 講談社 1981 3冊 37cm 全48000円

日本の蝶の地理変異を網羅的に図示し、日本の自然の変異性を記録しようとした大図鑑。解説編・図版編・資料編の3分冊からなる。解説編は日本産の蝶類8科282種について、分布、出現期、変異、食餌植物、被検標本を記載し、分布図を付す。図版編はカラーの標本写真。資料編は、標本おのおのについて雌雄の別、採取地・年月日を記載。解説編巻末に論文「日本産蝶類に見られる地理変異の総括」と「蝶の分布と地理変異から見た日本各地域の特徴」、日本産蝶類リスト、和名・学名索引などがある。1997年刊のものは、アゲハチョウ科の一部の学名を除き解題のものの復刻版。
3568

日本産蝶類文献目録 白水隆著 北隆館 1985.6 873p 27cm 13000円

1977年までに発表された日本のチョウに関する文献の書誌事項を、著者名順に配列。生物分類順の種別索引、北から南への地域別索引を付す。外国産のチョウであっても日本の雑誌に発表されたものは収録した。
3569

日本産蝶類幼虫・成虫図鑑 1 手代木求著 東海大学出版会 1990.4 108p 31cm タテハチョウ科 4-486-01097-3 18540円

日本産タテハチョウ科55種を対象とし、卵、幼虫、蛹・成虫、食草・食樹について図示および記載した。幼虫カラー図版、成虫カラー標本写真、食草・食樹カラー図版の後に、分類・種分化・形態・生態・食性の概説があって各論となる。種ごとの記述は比較的長い。巻末に参考文献、和文索引、学名索引を付す。2巻シジミチョウ科は1997年の発行。
3570

◆魚類

魚の事典 能勢幸雄〔ほか〕編 東京堂出版 1990.1 522p 22cm 監修：能勢幸雄 4-490-10245-3 5974円
魚のすべてを網羅し、解説した魚の百科事典。日本の魚介類と外国の魚類1200種余と関連事項の合計約1700項目からなる。配列は項目の五十音順。魚など動物の項目では、分類上の位置と学名が記載されている。関連項目は、環境、資源、漁業、養殖、食品、釣り、調理など幅広い範囲にわたっている。付録として分類表や漁獲量などの資料が付く。巻末に魚類名・事項・人名の和文・欧文索引がある。　　　　　　　　　3571

魚の博物事典 末広恭雄著 講談社 1989.7 606p 15cm （講談社学術文庫） 4-06-158883-4 1400円
淡水魚、海水魚、水産動物計134種を、五十音順に配列。カタカナ表記、漢字表記、学名、分類目科、魚の地方それぞれの呼び方を記載。解説は長いもの短いものいろいろである。魚の形を点描画で表示。61点のQ（質問）に対し簡潔なA（回答）を記載。巻末に五十音順索引を付す。『魚の履歴書』全2巻（講談社、1983）を一巻にまとめ、改題したもの。　　　3572

日本魚名集覧 渋沢敬三著 角川書店 1958 2冊 21cm
昭和17-19年刊の写真複製
各地慣用の魚の方言1万1868、日本の古文献に現れる参考魚名3822、メダカの方言2795を『帝大紀要日本産魚類目録』（1913年刊）の魚種番号の順にあげ、和名・学名・科名・図版・分布・注記・各地の方言の順に示している。注記は簡単であるが、方言の混用・語源・伝説など民俗学的な面にも及んでいる。第2部は資料で魚種一覧表・学名索引・和学名および魚方言索引・日本語以外の魚名索引・漢字魚名表・引用初等教科書表などである。　　　　　　　　　　　3573

日本産魚名大辞典 日本魚類学会編 三省堂 1981.4 7,834p 27cm 28000円
日本産魚類3017種類、および25未確定種について、学名・標準和名・別名・対応外国名・地方名・成長名を標準和名を見出し項目として、五十音順に配列した魚名の対照辞典。別名などの典拠は88種の参考文献による。魚種の解説および図版はない。後半は日本産魚類リストであり、分類表が示されている。巻末に和名・和名ローマ字・欧文・漢字・ロシア字索引がある。
　　　　　　　　　　　　　　　　　　3574

【図鑑】

海水魚大図鑑 決定版 小林道信他撮影 安倍肯治他文 世界文化社 1996.10 431p 27cm 4-418-96405-3 9500円
マリンアクアリウムを楽しむための図鑑。第1章マリンアクアリウムレイアウト、第2章海水魚図鑑、第3章マリンアクアリウムインテリア、第4章無脊椎動物図鑑、第5章マリンアクアリウムへの招待からなる。飼育に人気のある海水魚、エビ、サンゴなど、約750種について、カラー写真、学名、分布地域、体長、適性飼育水温、および特徴を解説。海水魚、海の無脊椎動物・海藻名の五十音順索引を付す。
　　　　　　　　　　　　　　　　　　3575

原色魚類検索図鑑 Ⅰ-Ⅲ 〔増補〕改訂版 阿部宗明, 落合明共著 北隆館 1989 3冊 22cm （原色検索図鑑 3-5） 1の著者：阿部宗明 各4800円
一般魚類愛好者、漁業従事者、販売業者、釣り愛好家、調理師などが魚の種を検索し、魚の名前や系統上の位置を知るための基礎的な図鑑。Ⅰ巻が日本近海の魚、Ⅱ巻がすずき目、Ⅲ巻がすずき目以外を収録。Ⅱ、Ⅲ巻は1963年に出版されたⅠ巻を増補したもの。J.S.Nelsonの分類体系に基づき配列。
　　　　　　　　　　　　　　　　　　3576

原色魚類大図鑑 北隆館 1987.11 1029p 27cm 監修：阿部宗明 48000円
日本産と外国産の魚類3872種を、一種ごとに原色細密画により再現し解説を付した魚類図鑑。収録されている魚種は海水魚、淡水魚、食用魚、深海魚、釣魚、観賞魚などを網羅している。配列は分類体系順。解説には和名、科・属名、学名、英名、分布、形態、生態、利用、地方名などが記載されている。図版には必要に応じ部分拡大図が添えられている。巻頭に魚類概説、用語解説があり、巻末には和名・学名索引がある。
　　　　　　　　　　　　　　　　　　3577

原色日本海魚類図鑑 津田武美著 富山 桂書房 1990.6 612p 31cm 39655円
日本海に生息する魚類を収録し、生物分類に従って配列した。見開き片面にカラー図版を3，4種載せ、もう片面に和名、学名、英・中国・朝鮮・地方名、形態、分布、生態、利用法その他諺、民話なども時には混ぜての解説を付した。巻末に学名索引、和名・地方名索引がある。
　　　　　　　　　　　　　　　　　　3578

原色日本海水魚類図鑑 Ⅰ，Ⅱ 蒲原稔治, 岡村収共著 大阪 保育社 1985.7 2冊 22cm （保育社の原色図鑑 72,73） 4500,4300円
海水魚または少くとも一定期間は海で生育する720種の魚種を収録した。種ごとにカラー図版と解説を掲載

した。解説には学名、標準和名、特徴、分布、習性、大きさ、利用の概要などを記述したが近似種との比較に重点を置いた。Ⅰの巻末に総説が、Ⅱには日本の重要魚類、魚の方言についての解説が付されている。目次および巻末の学名索引、和名・方言名索引はⅠ、Ⅱ共通である。　　　　　　　　　　　　　　　　*3579*

新さかな大図鑑　小西英人編　荒賀忠一〔ほか〕著　大阪　週刊釣りサンデー　1995.6　559p　26cm　4-87958-022-8　6700円
釣りの種類別で11章をたて、釣りの主対象魚から配列。1747点のカラー写真を掲載。科別索引、和名索引、学名索引を付す。旧版より外国産魚を増やした。旧版『さかな大図鑑』は1986年刊。　　　　　　　*3580*

淡水魚　林公義〔ほか〕著　東海大学出版会　1987.3　186p　19cm　（フィールド図鑑）　監修：川那部浩哉　4-486-00953-3　2000円
大まかな外部形態とすみ場所を中心に区分し、カラーの生態写真と分布図により、150種余の淡水魚の名前を知ることができるハンディな図鑑。配列は外部形態別で、すみ場所、回遊性、地理的分布などの区分順になっている。これらの区分はパターン化され各頁の端にインデックスのように付されているので便利。記載には和名・学名・科名、区別点、生態的事項などが書かれている。巻末に淡水魚類の分類表と和名索引がある。　　　　　　　　　　　　　　　　　　　　　*3581*

日本産魚類検索　全種の同定　中坊徹次編　東海大学出版会　1993.10　34,1474p　27cm　4-486-01250-X　25750円
日本産魚類の種の同定のための検索図集。日本列島および近海の淡水魚も含む魚類3608種、亜種や変異型も含めると334科3639種類を収録。「科の検索」「種の検索」の2部構成。各項目の記載内容は和名、大きさ、属名、学名、計数形質、生息場所、分布など。「魚類概説」「分類学的付記と文献」も収録。　　　*3582*

日本産魚類生態大図鑑　益田一，小林安雅著　東海大学出版会　1994.10　465p　27cm　4-486-01300-X　9785円
日本列島とその周辺海域の淡水魚類と海水魚類1916種、3084枚（カラー写真）を収載。配列は『日本産魚類検索』☞*3582*により、魚種ごとに写真数葉（カラーで成魚、未成魚、雌雄、体色変異、地理的変更形など）と和名、サイズ、撮影地、撮影者、学名、科名、簡単な説明で構成。巻末に参考文献、和名索引、学名索引を付す。　　　　　　　　　　　　　*3583*

日本産魚類大図鑑　益田一〔ほか〕編　東海大学出版会　1984.12　3冊　31cm「Text」「図版」「解説」に分冊刊行　4-486-05053-3　全50000円

日本列島周辺および200海里以内の日本産魚類全種を対象に、淡水、浅海、深海性魚類3200種以上を網羅したカラー写真による図鑑。図版編、解説編、英文解説のText編の3分冊からなる。『魚類図鑑　南日本の沿海魚』（1975年刊）を発展させたもの。「日本列島の魚類相」「魚類の形質と計測方法」の記事が巻末に収録されている。　　　　　　　　　　　　　　　　*3584*

日本産稚魚図鑑　沖山宗雄編　東海大学出版会　1988.3　1154p　27cm　4-486-00937-1　18000円
『日本産魚類大図鑑』☞*3584*に収録された種のうち、幼期の判明した種を分類順にまとめ、他種との識別を可能とした図鑑。各項目は、和名、学名、形態、分布に加え類似種との識別を収録。巻末に「卵と孵化仔魚の検索」を収録。　　　　　　　　　　　　　　*3585*

日本の魚　海水編，淡水編　田口哲著　小学館　1989-1990　2冊　19cm　（小学館のフィールド・ガイドシリーズ　2-3）　各1748円
海水編と淡水編の2冊からなる日本の魚の図鑑。フィールドガイドシリーズの2巻、3巻で解説も平易である。海水編には471種、淡水編には195種を収録。一人の写真家がほぼ一貫して撮影した写真を使用。記事「私のフィールド記録」を収録。　　　　　　　*3586*

日本の淡水魚　川那部浩哉，水野信彦編・監修　桜井淳史ほか写真　山と渓谷社　1989.11　719p　20×21cm　（山渓カラー名鑑）　4-635-09021-3　4900円
日本産淡水魚（汽水域に生息するものを含む）312種（18目53科145属）の生態写真図鑑。豊富なカラー写真は魚の水中での生活に力点が置かれ、また標本写真により分類・同定にも使用でき、一般向の図鑑として情報量が多い。配列は分類体系順。各魚種の解説は和名、学名、別名・地方名、全長のほか形態、分布、生活、利用について詳しく述べてある。回遊性など魚の生活型はパターン化され頁端に表示されている。参考文献なども充実している。巻末に和名・学名索引がある。　　　　　　　　　　　　　　　　　　　　　　　　*3587*

熱帯魚決定版大図鑑　小林道信ほか撮影　森文俊ほか文　世界文化社　1995.10　431p　27cm　奥付の書名：『決定版熱帯魚大図鑑』　4-418-95408-2　9500円
熱帯魚の図鑑。熱帯魚の呼び方には統一されていない部分があり、もっとも頻繁に使われ、その魚類の特徴を表しているものを標準魚名として採用し、五十音で配列。各項目には学名、寿命、適正水温、適正水質、分布、形態、飼育方法など記載。巻末に「アクアリウムへの招待」を収録。　　　　　　　　　　　*3588*

◆両生類・爬虫類

原色日本両生爬虫類図鑑 中村健児,上野俊一共著 大阪 保育社 1963 214p 図版42p 22cm (保育社の原色図鑑 30)
両生類、爬虫類の図鑑。分類体系順に配列され、形態、分布、生態などが詳しく解説されている。和名、学名の索引、用語解説あり。
3589

日本カエル図鑑 前田憲男,松井正文共著 文一総合出版 1989.12 206p 31cm 英文書名:『Frogs and toads of Japan』英文併記 4-8299-3022-5 25750円
日本産のカエル類を5科(ヒキガエル、アマガエル、アカガエル、アオガエル、ジムグリガエル)8属34種5亜種に分類し、これら39種のカエルを原寸大のカラー写真(なるべく同一ポーズ)で紹介。体型、二次性徴、卵・幼生、核型、鳴き声、生態、分類について解説。英文説明、分布図、声紋を付す。巻末に参考文献、学名、和名索引がある。1990年に改訂版、1993年に第3版が発行されたが頁数は初版と同じ。
3590

爬虫両生類飼育図鑑 カメ・トカゲ・イモリ・カエルの飼い方 千石正一著 マリン企画 1991.5 127p 27cm 4-89512-322-7 2800円
爬虫類、両生類の飼育のためのガイドブック。それぞれの種についての項目では、学名、分布などのほか、有毒性、危険性、飼育の難易度、飼育方法を解説。カメ、トカゲ、ヘビ、カエルなど各グループの飼い方も掲載されている。
3591

◆鳥類

図説日本鳥名由来辞典 菅原浩,柿沢亮三編著 柏書房 1993.3 622,26p 図版10枚 27cm 4-7601-0746-0 25000円
奈良時代から近代に至る文献から鳥名を拾い、時代による鳥名の変遷をまとめた辞典。鳥類の和名、漢名(古名)の順に配列されており、現代名(標準和名)、方言名、オランダ語名、形状、文献、江戸時代の図譜、漢字表記、異名、関連鳥名などを解説。資料編として、「江戸時代の鳥類図譜による鳥類古名の探求」「明治以後の鳥類目録」「図説中の鳥類異名」を収録。索引は現代名-古名索引、総画索引、引名彙索引がある。
3592

世界鳥類事典 京都 同朋舎出版 1996.12 442p 30cm 監修:クリストファー・M.ペリンズ 日本語版監修:山岸哲 『The illustrated encyclopedia of birds』の翻訳 4-8104-1153-2 24000円
現在生息している鳥類から約1200種を選択してカラー図版とともに掲載。図版では雌雄の別、若鳥、繁殖期の羽毛の相違、特色ある亜種などについても示し、分布域、生息地、体長、生態、保護上のカテゴリー区分(絶滅危惧種、希少種など)を記載する。巻末には全世界の鳥類の種(名)を網羅した「世界の鳥分類リスト」、および五十音順の和名、アルファベット順の学名・英名索引を付す。
3593

世界鳥類名検索辞典 白井祥平編著 原書房 1992.7 3冊 25cm 20000-25000円
学名篇、和名篇、英名篇の3分冊からなり、世界の鳥類のすべてについて「学名」から和名・英名、「和名」から学名・英名、「英名」から和名・学名を知るための辞典。6万3984の鳥名を収録。『世界動物名検索大辞典』の第1期。
3594

世界鳥類和名辞典 山階芳麿著 大学書林 1986.5 1140p 22cm 学名,英名,分布略号付 23000円
世界の鳥類の各種を分類順に配列し、和名を記載した辞典。各項目には学名、和名、英名、分布が記載され、属名、種名、英名、属和名、属種名の索引がついている。『世界の鳥の和名』シリーズ(大学書林)を分類体系に改編増補したものである。
3595

鳥類学名辞典 世界の鳥の属名・種名の解説/和名・英名/分布 内田清一郎,島崎三郎著 東京大学出版会 1987.3 1207p 23cm 4-13-061071-6 22000円
世界の鳥類の属名、種名の辞典。9021種収録し、属名と種名から引くことができる。各項目には、名前の意味、定義、原典(ギリシア・ラテン語の)、和名、分布、命名者などが記載されている。
3596

日本鳥類目録 1974(改訂第5版) 日本鳥学会編 学習研究社 1974 2冊(英文篇共)22cm 英文書名『Check-list of Japanese birds』 全8000円
日本領土(南千島含む)において知られる全鳥類490種について学名、和名、英名、分布、国内産地、生息環境、現状を短く解説。亜種626種を含む。巻末に和名索引、学名索引があるほか、補遺(10頁)を付す。4版(1958年刊)をさらに改訂したもので、この版から分類方式をWetmore方式に変更している。なお、英文編『Check-list of Japanese birds』(The Ornithological Society of Japan 1975 364,20p)がある。
3597

【図鑑】

原色日本鳥類図鑑 新訂増補版 小林桂助著 大阪 保育社 1983.5 261p 図版40枚 22cm （保育社の原色図鑑 6) 4-586-30006-X 4800円
初版の刊行は1956年であり、その後返還された小笠原諸島と沖縄以南の琉球列島の鳥類が追加されている。全523種を収録。鳥類の野外における識別に重点を置き、種ごとの記載項目は形態、生態、分布、亜種である。巻末に鳥名の和名、英名、学名の索引がある。
3598

原色日本野鳥生態図鑑 陸鳥編, 水鳥編 中村登流, 中村雅彦共著 大阪 保育社 1995 2冊 27cm 各14563円
野外観察用に生態写真を多く収録した図鑑。「陸鳥編」「水鳥編」の2巻から構成される。鳥の生活環境を区分し、主要な生息地を同じくするものをグループにまとめ解説。種の解説は生態的特徴を中心に、分布、生息地、採食生態、繁殖生態、社会的分散を中心に記載。随所に科、亜科の解説あり。巻末には英名、学名、和名の索引あり。1959年に発行された同社の同名の図鑑とは、著者、内容とも大幅に異なっている。
3599

世界のオウムとインコの図鑑 黒田長礼著 講談社 1975 282p (図共) 31cm 18000円
オウム目81属344種中326種、亜種を加え826種を収録した、世界のオウムとインコの総合図鑑。分布、特徴に加え、飼養についても記載されている。なお、生態については『世界のオウムとインコ』（黒田長礼著、日本鳥学会、1967）を参照されたい。付録に日本への輸入活鳥目録収録。
3600

世界の鳥 鳥図譜ベストコレクション ジョン・グールド〔画〕 モーリーン・ランボーン著 石原佳代子〔ほか〕訳 京都 同朋舎出版 1994.3 303p 37cm 日本語版監修：山岸哲 『Birds of the world』の翻訳 4-8104-1151-6 15000円
グールドの10巻の主要作品の中から著者ランボーンが選択、解説した図譜。各図には和名、一般名（英名）、グールドが用いた学名、現在の学名、棲息地、習性、分布などが記載されている。巻頭に「博物画の黄金時代」という解説を収録。
3601

鳥の写真図鑑 オールカラー世界の鳥800 完璧版 コリン・ハリソン, アラン・グリーンスミス著 日本ヴォーグ社 1995.5 416p 22cm （地球自然ハンドブック） 日本語版監修：山岸哲 『Birds of the world』の翻訳 4-529-02562-4 3300円
すべてカラー写真を使用した鳥類の図鑑。800種以上を収録。スズメ目と非スズメ目に大別し、系統的に配列。項目には巣や雌雄の羽色の別など識別を容易にする工夫がされている。分類のためのキーポイントなど初心者やバードウォッチャーに役立つ記事も収録。
3602

羽根図鑑 日本の野鳥 笹川昭雄著 世界文化社 1995.7 303p 27cm 4-418-95402-3 7800円
162種3000本の羽根の細密画集。一般愛鳥者やバードウォッチャーが「逆引き野鳥ガイド」として活用できる。おおむね見開き2頁に1種を納める。種ごとに生態などの解説とカラー細密画による多様な羽根の画を掲載する。巻末に目別、科別、鳥名別索引を付す。
3603

フィールドガイド日本の野鳥 増補版 高野伸二著 日本野鳥の会 1990.6 342p 19cm （野鳥ブックス 2) 4-931150-13-6 3300円
日本で見られる野鳥の野外識別用の図鑑。野鳥555種に飼鳥14種を収録。解説に鳴き声や、類似種との識別方法、図版には雌雄、飛翔図など種を識別する上で役立つ工夫がなされている。「野鳥の見分け方」の解説を収録。1982年に出版されたものの増補版。
3604

野鳥 カラー版 安部直哉著 叶内拓哉〔ほか〕撮影 家の光協会 1990.5 271p 19cm 4-259-53671-0 2600円
野鳥観察のための、カラー写真によるコンパクトな図鑑。国内で見られる224種を収録。和名、学名のほか中国名も掲載。分布、生態、特徴に加え鳴き声も記載してあり、野鳥観察の際助けになる工夫がされている。付録として、知っておきたい野鳥観察の基礎知識を収録。
3605

◆哺乳類

足跡図鑑 フィールドガイド 子安和弘著 日経サイエンス社 1993.10 178p 18cm 発売：日本経済新聞社 4-532-52024-X 1500円
足跡の形や配列、あるいは足跡以外のフィールドサインなどから野生哺乳類の種類を判別するための図鑑。日本国内の地表を主な生活場所とする野生哺乳類が対象であり、78種収録されている。足跡図と、足跡データにより構成され、足跡図から対象を探す。データのほうには分布、形態、ロコモーション（歩き方）、フィールドサインなどの記載があり、種の特定の参考となる。付録にアニマルトラッキング入門、用語解説あり。
3606

クジラ・イルカ大図鑑 アンソニー・マーティン編著 粕谷俊雄監訳 平凡社 1991.12 205p 31cm 『Whales and dolphins』の翻訳 4-582-51812-5 4800円
信頼できる最新の知見にもとづいて、クジラ・イルカ類を幅広く、しかも学生から専門家にいたるまでだれにでもわかりやすいかたちで紹介することを目標として刊行。巻末に五十音順の和名・事項索引、アルファベット順の学名索引、欧名等索引を付す。Part 1 ではクジラ・イルカ類の概略、起源、生態、能力について写真を付して解説し、Part 2 では既知の78種を取りあげ一つ一つ解説した。1種は見開き2頁で分布図および生態図数葉を添えて解説している。　3607

クジラ・イルカハンドブック シエラクラブ版 S.レザーウッド,R.リーヴズ著 吉岡基〔ほか〕訳 平凡社 1996.3 358p 20cm 『The Sierra Club handbook of whales and dolphins』の翻訳 4-582-54225-5 2500円
著者の鯨類との直接体験による観察が豊富に盛り込まれた図鑑。クジラを見に出かけ、そのクジラの種類を調べたい人には好適。「鯨類への招待」という概説があり、ヒゲクジラ類、ハクジラ類に分けて66種のクジラおよびイルカを収める。それぞれの種では学名の由来、分布域、特徴、形態、生態、分布と現状、混同しやすい種類などを記述。　3608

鯨類・鰭脚類 西脇昌治著 藪内正幸画 東京大学出版会 1965.9 439p 23cm 3000円
鯨類と鰭脚類（アシカ科・セイウチ科・アザラシ科）について図を付し解説してある。大きく鯨目と食肉目に分け、さらに科、属に分け目、亜目、科、属ごとに概説を付し各項は学名・命名者・発表年号・和名・英名・異名・特徴・形態・分布・一般習性・食性・繁殖・寿命・天敵・人間との関係・飼育・消長などを解説している。巻末に参考文献、和名索引、英名索引、学名索引がある。　3609

原色日本哺乳類図鑑 今泉吉典著 大阪 保育社 1960 196p 図版 22cm （保育社の原色図鑑 第7）
日本に野生する哺乳類の分類、分布をまとめた図鑑。家畜および鯨類は除外されている。分類順に配列され、各項目には、学名、特徴、形態、大きさ、分布が記載されている。　3610

世界哺乳類名検索辞典 白井祥平編著 原書房 1993.8 3冊 25cm 各20000円
学名篇、和名篇、英名篇の3巻で構成され、世界の哺乳類の「学名」から和名・英名、「和名」から学名・英名、「英名」から和名・学名を調べるための辞典。8296種、5万7437の名称を収録している。『世界動物名検索大辞典』の第2期にあたる。　3611

世界哺乳類和名辞典 平凡社 1988.8 980p 22cm 監修：今泉吉典 4-582-10711-7 22000円
全世界の哺乳類のリストを分類体系にしたがって1冊にまとめた辞典。『動物大百科』☞3533において初めて哺乳類全名に和名が付されたことを機に編纂された。『A world list of mammalian species』第2版（C. B. Corbet & J. H. Hill著、1986）をもとに編纂。巻末に解説「動物の分類について」を収録。　3612

日本哺乳動物図説 上巻 今泉吉典著 新思潮社 1970.11 350p 図 27cm 英文書名：『The handbook of Japanese mammals』 8000円
日本全土に野生する陸生の哺乳類（鯨目、海牛目、海棲の食肉目、野生化したイヌ・ネコ以外の家畜を除く）を対象とし分類と習性を記述。上下巻に分け、上巻は哺乳類の特徴・形態、分類、分布、生態、調査法などの章からなる緒言および食虫目、翼手目、霊長目、兎目を収める。各論では検索表に続き、種ごとの記述がありこの記述には英文の抄録がある。巻末に学名索引と和名索引を付す。下巻は未発行。　3613

医学

◆医学一般

【書誌・索引】

医学雑誌総合目録 外国雑誌編 第7版 日本医学図書館協会編 日本医学図書館協会 1987.6 2冊 31cm 全82000円
日本医学図書館協会に加盟する医科・歯科大学および類縁機関100館が1984年8月現在所蔵する医学およびその関連領域と図書館情報学関係の外国発行逐次刊行物1万6125誌の総合目録。国内で発行される欧文誌は含まない。配列は誌名のアルファベット順で、第1分

冊にはA-I、第2分冊にはJ-Zまでを収録。キリール、ギリシャ、華文、韓文誌名は、第2分冊の巻末に原綴誌名対照表を設け本文に参照表示。文部省学術情報センターのデータベースより抽出したデータを集成し、追加・修正したもの。各分冊の末尾に収録機関一覧がある。　　　　　　　　　　　　　　　*3614*

医学雑誌総合目録　国内雑誌編　第7版　日本医学図書館協会編　日本医学図書館協会　1990.3　1155,9p 31cm　69010円

日本医学図書館協会に加盟する医科、歯科大学および類縁機関102館が1988年2月現在所蔵する、医学および関連領域で国内発行された逐次刊行物の総合目録。和文誌6261誌、欧文誌416誌を混配し、誌名のアルファベット順に配列する。巻末に欧文異誌名から和文誌名への対照表および収録機関一覧がある。文部省学術情報センターのデータベースより抽出したデータを集成し、追加・修正したもの。　　　　　　　*3615*

医学中央雑誌　医学中央雑誌刊行会　1903-　月刊

わが国の最も重要な医学、歯学、薬学分野の文献索引誌。創刊より1995年までは科目別による抄録誌であったが、1996年よりキーワード配列による索引誌となった。収録対象誌は約2370誌を超え、年間集録件数は約25万件を超えた。現在は、月刊で発行され、各号とも主題索引と著者索引の2編にわかれている。主題索引は統制語とフリーキーワードによる欧文主題索引と和文主題索引とで構成されている。著者索引は著者名と文献番号からなり、主題索引の文献番号と対照することで検索できる。年間累積索引として主題索引、著者索引が発行される。解題は1998年1号による。　*3616*

医の倫理資料目録　1986年版-　東海大学医学部医の倫理委員会編　伊勢原　東海大学附属図書館伊勢原分館　1986-　21×30cm

国内外の医の倫理に関する文献目録集。洋雑誌、和雑誌、洋書、和書の4部からなり、文献の配列は洋雑誌は件名アルファベット順、和雑誌は医学中央雑誌収載文献番号順、洋・和書は図書分類記号順による。各項目の記載事項は題名、著者名、雑誌名、巻号、頁、発行年など。医学生・研究者などにとって話題性のある特定主題の文献目録集として有用である。解題は1986年版による。　　　　　　　　　　　　　　*3617*

現行医学雑誌所在目録　医・歯・薬学及関係誌　1967年度受入-　日本医学図書館協会　1967-　年刊　25-30cm

日本医学図書館協会相互貸借活動の参加館が、毎年12月現在所蔵する（翌年度新規受入予定を含む）医学、歯学、薬学および関連領域のカレント誌を知ることができる雑誌目録。外国雑誌篇、国内雑誌篇からなり、配列は誌名のアルファベット順。誌名のもとに所蔵館を参加図書館番号で示す。巻頭には、各参加図書館の住所、電話番号、FAX番号および複写料金など相互貸借活動に役立つ一覧表を掲載。巻末に誌名変更、休・廃刊誌リストがある。解題は1998年版による。　　　　　　　　　　　　　　　　　*3618*

【辞典・事典】

医科学大事典　1-50，索引，補遺　講談社　1982-1993　61冊　31cm

医学全般の百科事典。本体50巻、索引1巻、1984年から1993年までの年刊補遺10巻。本体は日本語見出し語の五十音順。見出し語の読み方をひらがなで付す。対応する英、独、仏、ラテン語と解説、筆者名。解説文の長さは数行のものから数頁のものまで多様。31cmの大版で図表、カラーを多用し出典を明示。この資料で大概の内容は把握できる。索引は日本語索引（五十音順）と欧語索引（フランス語は不採用）。補遺1は人体図解。2、3、5-10巻は分野別体系順論文式。4巻は本体と同じ五十音順。5巻は治療分野、6巻は診断・検査法分野、7巻は治療薬分野に限定するなど年によって形式が異る。大部大量であるが便利。　*3619*

医学英和大辞典　11版　加藤勝治編　南山堂　1997　2356p　25cm　4-525-01110-6　18000円

医学と関連分野の英和辞典。初版刊行以来長年使われてきたものの改訂版。用語数は前版から1万6000語削除、2万語追加して15万4000語、和訳語、解説が書き改められた。記載事項はアルファベット順英語見出し語、発音、日本語訳と解説。医学生・研究者にとって用語は網羅的、記述は簡略で使いやすい辞典。　*3620*

医学生物学大辞典　A.Manuila〔ほか編〕　メヂカルフレンド社　1983.12　6冊　29cm　『Dictionnaire français de médecine et de biologie』の翻訳　全240000円

フランス語圏の医学生物学用語の定義を明らかにする目的で編成した辞書。第1-3巻は本編で日本語見出し版。第5-6巻はフランス語見出しで日本語見出し語への参照。第4巻は本編に対するフランス語事項索引および原綴人名索引、当該辞典編集方針の詳細解説を付録として記載。全収録24万語。本編内容は日本語五十音順見出し語、対応仏語、英語、説明文、参照、類義語、文献。日仏・仏日の医学辞典として有用。　　　　　　　　　　　　　　　　　*3621*

医療実務者のための病名辞典　1-4　医学通信社　1988-1994　4冊　21cm　（医療実務双書）　3600-4530円

医療事務担当者のための疾病概要便覧である。内科、泌尿器科、眼科、耳鼻咽喉科、皮膚科、産婦人科、小

児科、外科、整形外科、脳神経外科の主な疾患について、症状、診断、治療の概要を述べている。　3622

英和・和英医薬実用英語ハンドブック　沢田邦昌〔ほか〕編　薬業時報社　1995.4　766p　19cm　4-8407-2063-0　6000円
医薬品業界の実務で日常使用される頻度の高い用語を中心に編集された用語辞典。英和篇、和英篇で構成される。重要度の高い用語についてはそれぞれに、解説、用例が日英併記の形で記述され、事典的要素も持たせてある。巻末に付録と略語索引を付す。　3623

カラー図説医学大事典　A.Domart, J.Bourneuf〔編〕　森岡恭彦〔ほか〕監訳　朝倉書店　1985.6　1150p　27cm　『Nouveau Larousse médical』の翻訳　75000円
一冊ものの医学百科事典で、家庭医学事典を意図して作られた。日本語見出し語の五十音順配列で、記載事項は見出し語、仏語用語、解説。解説は詳細であるが平易な表現で、図版、写真を多数収録して視覚的である。巻末に仏和対照索引。一般人にも医学関係者にも役立つ事典である。　3624

最新医学大辞典　第2版　後藤稠〔ほか〕編　医歯薬出版　1996.3　2333p　22cm　4-263-20825-0　12360円
日本語医学用語辞典で収録範囲は基礎医学、臨床医学、社会医学、東洋医学にわたり約5万語。小項目主義。記載事項は五十音順日本語見出し語、英語用語、日本語解説。解説は医学生にわかりやすい水準。随所に図版がある。巻末の外国語索引はアルファベット順外国語、日本語用語、掲載頁。索引項目は約6万語。医学生、医療関係者にとって医学関連用語の簡単な概念を得るのに便利。　3625

ステッドマン医学大辞典　和英索引付　改訂第4版　ステッドマン医学大辞典編集委員会編〔訳〕　メジカルビュー社　1997.4　1冊　27cm　『Stedman's medical dictionary 26th ed.』の翻訳　4-89553-171-6　14420円
原著の第26版が日本版改訂4版にあたる。収録数は10万5000語。記載事項はアルファベット順英語見出し語、発音、語源、日本語訳、日本語解説。主見出し語と副見出し語があるので副見出し語から探すための索引がある。例えばacute（副見出し語）のつく主見出し語が一覧できる。カラーを含む図版が随所にある。巻末付録は度量衡、記号、検査数値など。巻末の和英索引は本文中の日本語9万語に英語を対応させ、和英辞典としても利用できるようにした。広く医療関係者が常用できる。　3626

南山堂医学大辞典　第18版　南山堂　1998.1　2405p　27cm　4-525-01017-7　12000円

医学・薬学分野の基本的な概念を記述した辞典。1954年刊行以来、類書が少なく改訂を重ねて重用されて来た。収録数2万語は再検討の結果である。記載事項は五十音順日本語見出し語、対応する外国語用語、日本語解説。解説は長く詳細である。関連見出し語への参照がある。巻末の外国語索引は、項目名とその同義語のほか、解説文中から用語および外国人名を選んで収録し、英語、ドイツ語、フランス語、ラテン語などを、区別なくアルファベット順に配列している。　3627

バイオ＆メディカル大辞典　アイピーシー　1987.3　2冊　22cm　全56000円
医学と工業技術の接点分野を重視した用語辞典で英和編、和英編の2分冊からなる。収録語は網羅的で各分冊約14万語。構成は英和編は見出し語アルファベット順、訳語、読みがな、用語区分、和英編は見出し語五十音順、対応する漢字、訳語、用語区分が記載される。参考文献は巻頭に和文図書リストがある。学生、研究者にとって医学のみでなく周辺領域の用語が広く収録されていて便利な辞典。　3628

廣川ドーランド図説医学大辞典　常用版　第28版　ドーランド医学大辞典編集委員会編　廣川書店　1997.4　54, 3648p　23cm　『Dorland's illustrated medical dictionary 28th ed.』の翻訳　4-567-00077-3　50400円
歴史的な権威ある英語医学辞典で常用されている。収録語数が多く、原書初版は1900年の刊行。記載事項はアルファベット順英語見出し語、発音、日本語訳、日本語解説で、解説は詳しい。随所に図版があり説明をわかりやすくしている。Syndrome（症候群）、Test（検査）などのつく用語は1か所にまとめてある。付録は巻末に略語集、解剖学用語、度量衡、検査値表など。巻末に五十音順日本語用語の索引がある。　3629

分野別和英疾患名一覧　講談社　1996.4　522p　19cm　4-06-207735-3　4000円
疾患名を系統的に分類した辞典。『ICD-10』（International statistical classification of diseases and related health problem 10th Review）および『医科学大事典』☞3619より収録した1万2000語の疾患名を17の診療科別に再編成。5段階に分類し和疾患名と英疾患名を記載。重複掲載はしない。和疾患名は『ICD-10翻訳版』記載和訳語を一部改編。和文疾患名索引（ICD-10病名コード付）と英文疾患名索引を巻頭に出し、それぞれが和英辞典、英和辞典として有用。　3630

メローニ図解医学辞典　改訂第2版　I.Dox〔ほか〕著　高久史麿監訳　南江堂　1993.3　601p　29cm　『Melloni's illustrated medical dictionary 2nd ed.』の翻訳　4-524-20502-0　9500円

図解によるわかりやすさを重視した英和医学辞典。収録見出し語約2万6000語、図解2500図で毎頁の半分は図版が占める。図解により文章の解説とは違うわかりやすさを意図する。ヘルスサイエンスの学生、一般人にも役立つ。記載事項はアルファベット順英語見出し語、日本語訳語、日本語解説と図版。巻頭に図版の出典リスト、巻末に五十音順日本語による見出し語索引。なお発音は本文中でなく巻頭にまとめてある。　*3631*

【用語集】

英和医学用語大辞典 医学用語大辞典編集委員会編　日外アソシエーツ　1989.7　3冊　27cm　4-8169-0900-1　全198000円
英語医学用語約22万語を収録した英和辞典で3分冊合計で4334頁。記載事項はアルファベット順英語見出し語（ラテン語、仏語、独語で慣用されているものを含む）とその日本語訳。そのほか、用語の使用分野を「解剖」「診療」など19分類し、略語2文字で記載している。「国際疾病分類（ICD）」9版に該当するものにはそのコードの記載もある。巻末に連語参照索引で、連語の一部として使われる単語から連語を探すことができる。巻頭に参考文献リスト。用語数が多いので特殊な用語も検索できる。『和英医学用語大辞典』☞*3638*と一対をなす。　*3632*

カルテ用語辞典 第2版　大井静雄編　照林社　1995.5　415p　18cm　4-7965-2703-6
診療科別カルテ用語辞典で4800語を収録。診療科別にまとめて、その中をさらに解剖、検査、疾患、治療などに分離して用語を配列。記載事項は日本語用語、読み方、対応する英語用語、英語略語。カルテに関連した医薬品名、医薬品略号のリスト。カルテ英和用語集、カルテ略語の英和用語集なども収載。巻末に五十音順和文索引あり。研修医、臨床医、医学生にとって、カルテ用語に限定してまとめてあり実用的な辞典。　*3633*

漢字医学用語 難読用語を中心に　ミクス編集部編　ミクス　1990.4　289p　19cm　2300円
日本語固有の医学用語で読み方、意味のわかり難い漢字用語の辞典。収録数約4000語。記載事項は部首・画数順日本語用語、読み方、意味、漢字コード。巻頭に参考文献。巻末に総画数索引があり部首のわからない時に役立つ。医学生、研究者が漢字用語の誤読、誤用を避けるための手引となる。　*3634*

造語方式による医学英和辞典 宮野成二編著　広川書店　1988.6　1105p　19cm　10000円
英語医学用語の造語形を見出し語として、それを含む用語を知る辞典。1部は造語形の解説、2部は造語形辞典。造語形3000、用語4万5000を収録。記載事項はアルファベット順見出し造語形、日本語訳、語源、医学用語、訳、造語形に分解したもの。巻末索引はアルファベット順英語索引で、その用語の造語形掲載頁を示す。医学生、研究者にとって用語の構造を知ることで理解を速め応用が可能となる。巻頭に参考図書あり。　*3635*

日本医学会医学用語辞典 英和　日本医学会医学用語管理委員会編　南山堂　1991.4　1570p　22cm　4-525-01421-0　12360円
英語医学用語の統一的な使用基準を目標として編纂した辞典。用語は人文・自然科学の関連領域を広く包括して見出し語6万4000語、関連語5万3000語を収録。配列は英語見出し語（ラテン語、ドイツ語、フランス語の慣用語を含む）のアルファベット順。記載内容は見出し語、訳語（日本語）、一部はラテン語、ドイツ語用語も示す。学生、研究者にとって用語の標準的な使用基準の辞典として有用である。1975年刊行の『医学用語辞典』を継承して英和・和英の2分冊で出版された。　*3636*

日本医学会医学用語辞典 和英　日本医学会医学用語管理委員会編　南山堂　1994.1　1283p　22cm　4-525-01431-8　13000円
日本語医学用語の統一的な使用基準を目標として日本医学会が編纂した辞典。同名の辞典の英和編を基に、日本語見出し語を取上げ、同義語の選択、整理を行った。収録語数6万語、記載事項は五十音順日本語見出し語、読み方（カタカナ）、対応する英語医学用語。　*3637*

和英医学用語大辞典 医学用語大辞典編集委員会編　日外アソシエーツ　1990.2　3冊　27cm　4-8169-0915-X　全198000円
国内外63種の辞典、用語集から医学文献などで使われている日本語専門用語を約26万語収集した網羅的辞典。配列は五十音順。記載事項は見出し語とその英語訳。由来がラテン語、仏語、独語で英語として慣用されているものを含む。そのほか用語の使用分野を「解剖」「診療」など19分類し、略語2文字で記載している。「国際疾病分類（ICD）」9版に該当するものにはそのコードの記載もある。同義語、関連のある用語を「参考」として記載。多くの用語の集大成という点で出色である。姉妹編に『英和医学用語大辞典』☞*3632*がある。　*3638*

和・英・独・ラ対照カルテ用語 改訂版　金芳堂編　京都金芳堂　1990.8　613p　22cm　4-7653-0569-4　5000円

正確なカルテ記載を目的とした用語集。収録語1万4000。全24章。1-3章主訴、既往症、家族歴。4章現症。5-14章臓器別。15-20章科別。21-24章臨床検査、治療など。付録はカルテ用語以外の一般語。改訂版では第4章の充実に力を入れている。各項目は主たる見出し語をゴシックで表し、従たる語が続く。それぞれに対応する英語を記載。独語、ラテン語は必要に応じて付記され、フランス語はごく少数ながら記載あり。索引は日本語索引（五十音順）と英、独、ラテン語、フランス語を一括した外国語索引。初版は1961年。医学生、研修医、新入医局員に好評。　*3639*

【略語辞典】

医学略語辞典　長橋捷〔ほか〕編　朝倉書店　1987.11　507p
　19cm　4-254-30024-7　7800円
英語を主体とした医学略語辞典で収録数約2万語。略語アルファベット順配列で、記載事項は略語、原語完全綴、日本語訳。医学生、研究者が略語に出会って困らないように網羅的収集を意図した辞典。　*3640*

医学略語小辞典　第2版　沢木修二著　京都　金芳堂　1987.4
　450p　22cm　4-7653-0427-2　4800円
英語医学略語辞典で他の外国語も適宜収録。収録数約1万5000語で網羅的である。略語部分のアルファベット順配列で、記載事項は略語、原語完全綴、日本語訳、同一略語には解説付もある。略語多用の状況で医学生、研究者にとって略語の理解と利用の手引となる。
　3641

最新医学略語辞典　第3版　橋本信也〔ほか〕編　中央法規
　出版　1998.8　701p　19cm　4-8058-1640-6
医学の略語、記号を収録した辞典。収録8000語。略語、フルスペル、和訳、必要によって説明を付す。各略語には論文中で使用してもよいもの、大方の賛同はあるが普遍的ではないもの、使用しない方がよいもの、不明のものの4種類の区別印を付す。　*3642*

新医学略語辞典　第4版　福室憲治編　中外医学社
　1995.10　481p　19cm　4-498-00940-1　6592円
医学薬学の専門用語と医薬品名の略語約1万4000語と、それに対応する英語、ラテン語、フランス語、ドイツ語の完全綴を記載する。日本語訳もつく。学会発表や論文執筆にあたって略語の正確な使い方や意味の確認の手引として便利である。研究分野の進歩にともなって新しい用語の発生は避けられない。この辞典も1982年以来4回の改訂で対応している。　*3643*

プラクティカル医学略語辞典　第2版　後藤幸生著　南山堂
　1994.10　526p　19cm　4-525-01322-2　6180円
医学全般の簡便・独立した略語辞典。1991年初版より約1000語追加。医学一般語のほか団体名などの略語も収録。主として英語（ほかに独、仏、伊、ラテン語、ギリシャ語）の略語のアルファベット順配列。原語、日本語訳、使用される分野を記載。必要なものには短い解説文が朱色で印刷されている。付録はギリシャ文字、元素記号、抗生物質略号、略号が用いられる計算式、臨床検査項目の略語と正常値一覧表。小型ながら内容は多彩で読みやすい。第4版が最新版。　*3644*

ローガン医学略語辞典　大石実編　医学書院　1990.10
　621p　20cm　4-260-13628-3　5974円
英語略語に対応する英語医学用語と日本語医学用語を示す辞典である。『Logan's medical and scientific abbreviations』を日本向けに翻訳、編集したもの。配列は略語のアルファベット順で重要な用語に関しては日本語医学用語から英語医学用語と英語略語が引ける和英略語索引が付く。略語の収集は、辞典、医学雑誌、医学書、用語集、病院記録文書などから約2万語を選択した。略語多用の状況から各種辞典の併用が必要であり、これもその1冊。付録に医学用語に関連して使われる、ラテン語、ギリシヤ語、SI単位、度量衡などの略語。　*3645*

【用例・文例辞典】

医学英語慣用表現集　第3版　小林充尚著　文光堂　1990.10
　514p　22cm　4-8306-3925-3　6500円
医学英語論文における頻用慣用句を収録したもの。見出しとして日本語とその英語表現を太字で記載し、英文医学雑誌を材料とした例文を3-10程度挙げている。巻末に和英索引、英和索引がある。付録の「論文の項目別典型的表現集」では、論文の基本構成にしたがい、緒言、材料と方法、結果・成績、考察、要約の各項目ごとの代表的表現例を収録している。　*3646*

医学英語文例辞典　滝本保，新見嘉兵衛編著　朝倉書店
　1983.6　1383p　22cm　4-254-30014-X　28000円
日本語の名詞、代名詞、数詞、動詞、形容詞、副詞、接続詞、助詞などを見出し語とし、配列はアルファベット順。各見出し語につき例文を豊富に示している。例文は、英語を自国語とする英米人の書いた医学論文、医学専門書、理科系の学術雑誌、図書などからの引用文である。主要動物名、種々の記号、符号、略語などを付録として追加している。医学、薬学、生物学関係の論文を執筆する際に活用できる。　*3647*

医学英語文例集　増訂第2版　入内島十郎編　中外医学社
　1989.5　585p　22cm　4-498-00904-5　7828円
医学英語論文執筆時に役立つ英文文例を、医学雑誌論

文および医学単行書の中から抜粋し、4116例を収録した文例集。文例中の最も主要な単語を見出し語とし、この見出し語のアルファベット順に配列され、例文中にアンダーラインが引かれている。文例中にほかの有用な見出し語を含む場合、太字で印刷され、例文番号の参照がつく。巻末に和英索引があるので、対応する英語を確認して引くとよい。1979年に初版が発行されているが、この増訂第2版では、例文数が2000ほど増えている。　　　　　　　　　　　　　　　　　　*3648*

医学用例大辞典　独−英−和　動詞・形容詞を中心として　野田四郎著　朝日出版社　1989.10　1183p　19cm　4-255-89047-1
医学分野で使用頻度の高い独語動詞・形容詞を見出し語とした用例辞典。独語見出し語のアルファベット順配列で、記載事項は見出し語、発音、日本語訳、独語用例、対照英語訳。関連のある用例は見出し語のもとにまとめる。巻頭に和洋参考図書あり。医学生、研究者が用例によって医学独語の理解、活用を促すのに役立つ。特殊な用途の辞典として貴重である。　　*3649*

医薬英語用例辞典　大島幸助著　丸善　1996.8　449p　22cm　4-621-04221-1　6489円
医薬領域において使用頻度の高い用語を対象とし、実用文例を付した和英辞書。専門以外の実務英語を書くために役立つ一般的な動詞、形容詞、副詞などといった用語も多く選択し、関連表現と例文を豊富に紹介している。したがって、医薬品企業、医薬品関連業務に携わる諸官公庁、病院などの医療施設、薬学領域で英語文章作成を行う場合に利用できる。見出し語は約1200でひらがなの五十音順。巻末に英和索引、略語表、英米綴り対照表、参考文献がある。　　　　　　　　*3650*

独和医歯学基本語文例辞典　正古良夫，岸純一共著　文光堂　1989.3　397p　19cm　4-8306-3924-5　2800円
医歯学の基本的ドイツ用語を列挙し、同義語も並記した辞典。簡単な文例を記載し、巻末には和独索引を付す。　　　　　　　　　　　　　　　　　　　　　*3651*

日英医学表現事典　海老塚博著　愛育社　1988.7　311p　19cm　4-7500-8801-3　2800円
医学論文作成において問題となる、特有の表現形式を持つ慣用語法、慣用表現に重点をおいて編集した表現事典。巻頭にヒト骨格、腹部臓器と胸部臓器の解剖図がある。　　　　　　　　　　　　　　　　　*3652*

【各国語辞典】

医学・薬学・化学領域の独英和活用大辞典　日独英三か国対照　河辺実編著　広川書店　1982.11　1910p　27cm　50000円
医・薬・化学分野の独英和対照活用辞典。収録数は独語約15万語で網羅的。見出し語のアルファベット順配列で、記載事項は見出し語、発音、品詞、英語訳、日本語訳、随時独語例文とその日本語訳。例句・例文は約3万例収録で応用に役立つ。関連語は参照を使わず見出し語のもとに一括する。付録は巻末に独文法。巻末索引は日本語見出し語（約7万語）の五十音順で、独英を対照。医学生・研究者にとって独英和3か国語の対照、活用に役立つ辞典。　　　　　　　*3653*

医学ラテン語基本用語辞典　和田広編　同学社　1987.12　219p　18cm　（同学社基本用語辞典シリーズ）　4-8102-0015-9　1800円
医学ラテン語辞典で、ラ−日−英−独対訳。基本的なラテン語約2000語収録。ラテン語アルファベット順配列で、記載事項はラテン語見出し語、発音（カタカナ）、品詞、日本語訳、英語訳、独語訳。巻頭に日・欧語参考文献、巻末に索引、英語、独語、日本語からラテン語を引く。巻末の付録にラテン文法。医学生・研究者に最小限必要なラテン語をコンパクトにまとめたもの。　　　　　　　　　　　　　　　　　　　　　*3654*

英ラ独和和英ラ独人体の臨床用語集　ふりがな発音付　英和人体用語編集委員会編　ユリシス・出版部　1989.3　398, 91p　15cm　4-89696-001-7　2100円
外国語・日本語対照医学用語集。外国語は英語を主体にラテン語、独語を含み1万3000語、日本語1万1000語を収録。外国語用語アルファベット順配列で、記載事項は見出し語（カタカナ発音付）、対照日本語用語（ひらがな読付）。巻末索引は日本語見出し語五十音順で、対照外国語用語を示す。小型本で携帯に便利。用語のかな表記付である。　　　　　　　　　　*3655*

スペイン語・英語・日本語医学用語辞典　アルベルト・サンチェス・フアレス著　京都　金芳堂　1994.7　465p　22cm　4-7653-0743-3　7000円
スペイン語医学用語の英語・日本語訳辞典。収録数約1万語。記載事項はアルファベット順スペイン語見出し語、英語訳、日本語訳と発音。同義語も併記してある。巻末にアルファベット順英語用語索引がある。スペイン語日本語医学辞典は数少なく貴重なもの。　　　　　　　　　　　　　　　　　　　　　*3656*

中日英（日中英）医学用語辞典　中日英医学用語辞典刊行委員会編　中日英医学用語辞典刊行委員会　1986.2　1364p　22cm　40000円
医学・薬学と関連分野および中医学の用語4万5000語を収録して、中日英の部と日中英の部からなる辞典。中日英の部は中国語表音ローマ字順配列で、中国語見

出し語、日本語訳、英語訳、中医学用語には簡単な日本語解説がつく。日中英の部は中医学以外の用語3万9000語の日本語訳を見出し語にして五十音順配列で、これに中国語訳、英語訳がつく。読み方のわからない中国語の音を字画から探す索引がついていて便利である。日中医療関係者が利用できる。巻頭に用語選定のための文献リスト、中国語と日本語あり。巻末付録に中国医学研究機関、医学・薬学専門雑誌などの一覧がある。　　　　　　　　　　　　　　　　　　3657

独和医語辞典　医・歯・薬・看護　国信浩洋，宮川憲治編集執筆　南江堂　1987.3　360p　18cm　4-524-00207-3　3000円
コンパクトな独和辞典で、医、歯、薬、看護を含む。アルファベット順配列で、記載事項は見出し語、発音（カナ表記）、品詞、日本語訳、関連語。巻末付録に図版付人体用語集。ドイツ語発音・文法概要がある。学生、研究者にとってポケット版携帯用として便利な辞典。　　　　　　　　　　　　　　　　　　3658

日英独医語小辞典　第4版　藤田拓男編　南山堂　1989.5　405p　17cm　4-525-01314-1　2060円
医師、医学生、看護婦、薬剤師、臨床検査技師、栄養士などを対象とし、日常用いる臨床を主としたポケットサイズの医学用語辞典。見出し語は日本字とし、アルファベット順に配列。改訂5版が最新版。　　3659

日中英医学対照用語辞典　日中英医学対照用語辞典編集委員会編　朝倉書店　1994.9　634p　22cm　4-254-30051-4　9785円
医学用語の日－中－英、中－日－英、英－日－中の対照辞典。収録数は頻繁に使用される用語約6000語。見出し語の配列はアルファベット順で三か国語のいずれからも検索できる。記載事項は見出し語、対照二国語、日本語と中国語には発音がつく。三国の医療関係者に便利で、学術交流を助ける。　　　　　　　3660

ポケット医学ラテン語辞典　国原吉之助，酒井恒編著　南江堂　1989.4　254p　18cm　4-524-00910-8　2575円
医学ラテン語を主体に、ギリシャ語も含む約4600語の日本語訳と語幹、接頭辞、接尾辞を示す。単語の分析をすることで、合成語、派生語の理解を容易にする配慮がある。付録にラテン語文法、造語法、ラ・ギ対照表、和希・和羅小語彙集などの簡単な解説があり、単語の理解を類縁語に発展させる方法を示す。　3661

【語源】

医語語源便覧　岩月賢一著　医学図書出版　1979.3　288,47p　19cm　3800円

医学用語の語源の「読む辞書」。臨床と比較的関連の深い用語をアルファベット順に配列し、日本語訳、語根・語幹、語源を記す。関連語、姉妹語を多数列挙する。医学以外の言葉にも言及し便覧的性格になっている。他書からの短い解説文を付す。医学関連接頭語、接尾語、略語、ラテン語とギリシア語の数詞、SI単位略号の付録あり。医学用語のラテン語、ギリシア語、中世英語、フランス語など語源自習書になる。　3662

【便覧】

医学情報へのアプローチ　1992　日本医学図書館協会　1993.1　226p　26cm　4-931222-01-3　3300円
医学図書館員を対象に、医学および薬学、歯学、看護学など関連領域の主要な参考図書を系統的に解説したガイドブック。文献、人物団体、会議などテーマごとに全14章からなり、それぞれの情報の特徴、探索のポイントを解説し、参考図書を簡単な説明とともにリストしている。巻末にアルファベット順の索引がある。　　　　　　　　　　　　　　　　　　3663

ドクターのための百科ガイド　改訂5版　ミクス編　ミクス　1994.4　319p　19cm　4-89587-216-5　3000円
医療従事者のための携帯用ガイドブック。PART 1は「情報源」と題して各種医療関連団体の連絡先をリスト。PART 2は「ルール」と題して医療活動に関する法律・制度について簡潔に解説している。　3664

臨床医のための学術情報ポケットガイド　改訂第7版　ミクス編　ミクス　1997.5　257p　19cm　4-89587-217-3　2600円
臨床医が研究を進める上で必要な、研究発表、情報収集、生涯学習・研究推進のための情報をコンパクトにまとめたガイドブック。学会発表の手順から、論文執筆、校正、著作権のルールを簡潔に紹介。情報収集のノウハウ、情報源として、医学薬学系の専門図書館、書店、医学部・医科大学、医学会、医学雑誌などを簡単な説明とともにリストしている。改訂9版が最新版。　　　　　　　　　　　　　　　　　　3665

【名簿・名鑑】

医学研究者名簿　北博正，影山圭三編　医学書院　1959－　年刊　26cm
全国の大学医学部、大学歯学部、医科大学、歯科大学、付属研究施設、ならびに国公私立研究所に所属する主要な研究者約3万1000人を収載した研究者名簿。大学～研究所名簿、専門別名簿、五十音別名簿の3つから構成され、大学～研究所名簿では、各機関を種別に大別、地域順に配列し、各機関の名称とその欧文表記の

もとに、所在地、学長、施設長、所長、学部長、付属病院長、教授、助教授、講師などの個人名をローマ字表記、出身校・卒業年次とともに列挙している。専門別名簿では、主に大学医学部、医科大学の講座別に名誉教授、教授、助教授、講師の個人名を列挙。五十音別名簿は個人名とともに所属機関、卒業年次を記している。巻頭に、収録機関の一覧、および学会欧文名、学会機関誌を併記した日本医学会分科会一覧が、巻末には収録期間の五十音順索引がある。電子版として「病院名鑑」「週刊医学界新聞」などを同時収録した「医学界総合データベース」（CD-ROM）がある。解題は1997/1998年版による。　　　　　　　　　　3666

医学会スケジュール 学会・研究会・関連学会・関連団体 1992－　ミクス編　ミクス 1992－　年刊 26cm
日本国内における医学関連学会・研究会の総会、および国内外における医学関連の国際会議のスケジュールを調査に基づきまとめた年刊の学会案内。3月から翌年2月までの開催予定を開催日順で掲載している。1997年版では総会（国内学会）487、国際会議280を収録。巻末に索引があり、会議名のほか、領域、開催地域（国際会議）からも探すことができる。発行が4月のため開催前に翌年3月の予定を知ることができない。　　　　　　　　　　　　　　　　　　　　3667

医学会総覧 81年版－　ミクス 1981－　年刊 26cm
わが国における医学および医学関連の学会・研究所の所在とその概要を記載した名簿。収録数は、学会479、研究会175、関連学会・関連団体69と網羅的。項目は学会名および英文学会名、住所、設立年、会員数、会員構成、研究領域、役員、会誌、入会要件、会費。配列は学会、研究会、関連学会・団体の別に名称の五十音順。専門医・認定医制度の項目の記載がある学会もある。解題は1998-2000年版による。　　　　3668

医籍総覧 保険医療調査会編纂　医事公論社 1962－　隔年刊 27cm
個人開業を含む全国の医療機関に勤務する医師の人名録。都道府県さらに地区別に分かれ、氏名の五十音順に、勤務先、生年月日、学歴、登録番号、保険医指定医、略歴、開業年月、学位、主論文、公職、恩師、趣味、家庭などを記載している。また同地区内にある病院に関して、敷地、建坪、科名、病床、取引銀行、沿革、院長ならびに役職者、医局員、職員総数を記し、個人のあとに同じく五十音順で列挙している。索引は都道府県ごとに病院名を含む五十音順。北海道から、東北、関東・甲信越、中部・北陸地区を収録した東日本版と、近畿から中国、四国、九州地区を収録した西日本版がある。解題は第70版（1994年刊）による。　3669

関東病院名簿 1964年度版－　医事日報 1964－　年刊 26cm
関東地方の病院の、所在地、診療科目、病床数、経営体制、設立年と、院長および各科長の氏名、自宅住所、電話、最終学歴、卒業年を収録した病院名簿。1996年度版の収録数は2346病院。巻末に都県別の病院名索引がある。関東のほか、北海道・東北病院名簿、中部・四国病院名簿、九州・沖縄病院名簿が出版されている。　　　　　　　　　　　　　　　　　　　　3670

全国病院名鑑 昭和52年度版－　厚生問題研究会 1977－　3年毎刊 31cm
全国の官公私立全病院の、開設者、代表者、所在地、電話、診療科目から、特殊機能、特殊設備、付属施設、院長、副院長、各科長、従業者数、臨床数、月平均の患者数、さらに、述べ建築面積、建物の種類、創設年月日、基準看護や基準給食の有無、管轄保健所、管轄福祉事務所に至るまで、詳細なデータを収録した病院名鑑。索引はないが、目次が都道府県別の病院名索引として利用できる。巻末に付録として全国医科・歯科・薬科大学、臨床研修指定病院、医療技術者養成機関の名簿がある。解題は1998年度版による。　3671

日経メディカル医療情報ガイド 日経メディカル編　日経BP社 1985－　不定期刊 26cm　（日経メディカル books）
医療関係者団体、病院団体、医療機関、医学関連教育機関、医学会、研究会、医学医療情報機関、さらに医療を取り巻く産業や行政などを幅広く収録したダイレクトリー。各機関の名称、所在地、電話番号を掲載。巻頭に項目索引、巻末に五十音順の機関名索引がある。　　　　　　　　　　　　　　　　　　　　3672

日本医歯教育機関名鑑 裕文社 1979－　年刊 30cm
全国の医学部、歯学部のある大学を調査対象として調査方式で作成された教員名簿。大学名ごとに、所在地、電話番号、管理者、沿革の記載があり、そのもとに講座名、職名、氏名、卒業校、卒業年、所属学会、主な研究論文、研究領域の8項目の記載がある。配列は北海道から沖縄県の順で、同大学内は、学部、付属病院、学部付属施設、大学付属施設の順となっている。巻末に氏名の五十音順索引がある。　　　　　　3673

病院要覧 1952年版－　厚生省健康政策局総務課編　医学書院 1952－　3年毎刊 26cm
全国の病院約9500について、病院名、開設者、所在地、電話番号、診療科目、病床数、院長名、管轄保健所名を掲載した病院名簿。1997年版では新たに、特例老人病院と老人保健施設に関する項目を追加している。病院名簿のほかに、全国医療関係機関・施設一覧、病

院・医療施設に関する統計資料を収録。巻末に五十音順の病院名索引がある。電子版として「医学研究者名簿」「週刊医学界新聞」などを同時収録した「医学界総合データベース」（CD-ROM）がある。解題は1997年版による。
3674

ライフサイエンス医科学研究者名簿 全国国公私立研究所・薬学部・歯学部 羊土社名簿編集部編集・製作 羊土社 1994-　年刊 26cm
全国大学薬学部・薬科大学、歯学部・歯科大学および主要な国公私立の医科学関連領域の研究所に所属する研究者約7000名を掲載した名簿。同社が発行する医学研究者名簿である『医育機関名簿』の姉妹編にあたる。国公私立研究所、薬科大学・薬学部、歯科大学・歯学部の3部構成。機関ごとに和文および欧文の機関名、所在地、連絡先、責任者を記載、そのもとに所属する研究者の職種、氏名、出身校、卒業年次、研究テーマをリストしている。原則として名誉教授・客員教授・非常勤講師は除いている。巻末に和文アルファベット順の名簿索引がある。
3675

臨床研修病院ガイドブック 臨床研修研究会編 厚生省健康政策局医事課監修 日本醫事新報社 1983-　年刊 26cm
臨床研修指定病院のうち、臨床研修研究会参加病院について、研修先決定の際非常に役立つ詳細な情報を掲載したガイドブック。1998年版では、392病院について掲載。都道府県別に、各病院ごとの概要、沿革・特徴、研修プログラムの詳細、募集要項を見開きで紹介している。そのほか、巻頭に臨床研究関連資料、巻末に臨床研修病院指定申請関連書類を掲載している。
3676

◆◆ 疾病分類

疾病，傷害および死因統計分類提要 ICD-10準拠 第1-3巻 厚生省大臣官房統計情報部編 厚生統計協会 1993-1996　3冊 26cm 6180-9000円
世界保健機構（WHO）により定められた「疾病及び関連保健問題の国際統計分類第10回修正」に基づき、わが国で使用する「疾病、傷害および死因分類」（ICD-10）の解説書として編集されたもの。全3巻からなり、第1巻総論は、ICD-10の導入の経緯、国際統計分類の解説、コーディングルール、ICDの歴史的沿革、日本における死亡診断書等の様式などからなる。第2巻はICD-10の和訳で、分類番号順のリスト。第3巻は、疾病名の五十音順索引。
3677

◆◆ 医学史

人類医学年表 古今東西対照 三木栄，阿知波五郎著 京都 思文閣出版 1981.9　359,158p 27cm 23000円
医学医術の業績にあわせ医倫理、医学に影響をおよぼした宗教、哲学、思想、国々の興亡、関連学術の現出、疫病の流行、飢饉の発生、著名な「医学史」書などを収録し、医学の動向をたどれるようにした年表。人名索引と件名索引がある。
3678

西洋医学史ハンドブック ディーター・ジェッター著 山本俊一訳 朝倉書店 1996.2　458p 22cm 『Geschichte der Medizin』の翻訳 4-254-10137-6　9064円
ヨーロッパ医学史全史を年代順に17に区分。各区分ごとに時代を表現するトピックと人名を数項目とり上げて平易に解説した。これをまとめて通史を形成する形となる。区分ごとに歴史地図、年表、図版がある。巻頭に参考文献、巻末に索引。人名索引約1500項目、事項索引約380項目。医学生にとってわかり易いヨーロッパ医学史の便覧的通史である。
3679

ノーベル賞に輝く人々 ノーベル賞受賞の経緯とその諸団体　医学・生理学賞 永田豊〔ほか〕編著 春日部 藤田企画出版 1983.8　293p 27cm 4-938498-10-3　4500円
1901年から1980年までにノーベル医学・生理学賞を受賞した129名を紹介した名鑑。それぞれの受賞者について、顔写真とともに、略歴、主要業績を見開きで紹介している。巻末に、ノーベルの略歴、ノーベル賞制定までの経緯、受賞決定までの過程、関連諸団体について解説した文章と受章者一覧表がある。
3680

◆◆ 実験動物

実験動物学事典 藤原公策〔ほか〕編 朝倉書店 1989.8　507p 22cm 4-254-30020-4　13390円
実験動物学領域で使われる用語に解説を加えた事典。五十音順の見出し語に続き、外国語（主として英語）、と説明文。見出し語に別の表現がある時は、見出し語のあとにあるいは説明文中に加えている。全見出し語および別名からなる索引と外国語索引がある。巻末に付録として、マウス、ラット、ウサギの系統名および付表として、各種動物の諸生理値、ステロイドホルモン、インシュリンのアミノ酸配列がある。
3681

実験動物学用語集 日本実験動物学会用語委員会編 ソフトサイエンス社 1988.3　137p 19cm 2000円
実験動物学の分野で使用される用語の統一をはかるた

めに作成された用語集。英和の部はアルファベット順、和英の部は五十音順に用語を配列。　*3682*

◆◆東洋医学

漢方実用大事典　学習研究社　1989.5　608p 27cm 4-05-103523-9　4430円
漢方全般にわたり一般者向けに実用的に解説した事典。本文は、第1部薬膳・漢方薬酒編、第2部漢方編、第3部自然療法・民間療法編で構成される。第1-3部全体を通しての重要語をまとめた五十音順索引と第1部と第3部に出てくる薬膳や料理、薬酒で使用されている生薬を五十音順に配列した、生薬別・薬膳薬酒索引を付す。　*3683*

講談社東洋医学大事典　大塚恭男〔ほか〕編　講談社　1988.1　402p 31cm 4-06-188778-5　24000円
講談社刊『医科学大事典』☞*3619*の中の漢方、鍼灸、漢薬分野の項目を主体に、薬理、医史学などの分野からも関連ある項目を加え計1089項目について解説。配列は五十音順で、各項目に対応する英語、ドイツ語、フランス語、ラテン語、必要に応じて同義語が示されている。巻頭には体系的項目一覧、巻末には和漢薬の薬理、参考資料として東洋医学史年表、中国歴史地図、東洋医学の主要文献一覧、鍼灸教育機関一覧、索引がある。　*3684*

◆基礎医学

◆◆解剖学

解剖学辞典　中井準之助〔ほか〕編集　朝倉書店　1984.10　648p 22cm　18000円
『解剖学用語』☞*3686*の解剖学用語、組織学用語、発生学用語を中心に、それと関連の深い語を選んで収録した、解剖学を専門としない人にも手軽に調べられる解剖学辞典。日本語用語を五十音順に配し、その項目のラテン語、英語、ドイツ語表現を付し、簡潔な解説をしている。ほかの見出し語への参照もあり、項目数も多く、必要に応じて図を配し、付録として人名辞典を付けるなど、読者の便をはかっている。巻末には、ラテン語および英語索引があり、すべての見出し語を網羅している。　*3685*

解剖学用語　一般解剖学用語・組織学用語・発生学用語　改訂12版　日本解剖学会編　丸善　1987.9　381, 121p 18cm 4-621-03200-3　2400円
第11回国際解剖会議で承認され、1983年に刊行された国際組織学用語第2版および国際発生学用語第2版に準拠して改訂された組織学および発生学の解剖学用語を収録した用語集。一般解剖学用語、組織学用語、発生学用語の3つの項目に分け、さらに主題別に細分化し、用語を配している。国際解剖学用語に日本語訳を対応させており、一部、脚注を付けて説明を加えている。巻末には、一般解剖学用語索引があり、用語をアルファベット順に並べ、日本語表現も付して、頁数指示している。　*3686*

グラント解剖学図譜　第3版　グラント〔著〕James E. Anderson編著　森田茂, 楠豊和訳　医学書院　1984.11　1冊（頁付なし）30cm 『Grant's atlas of anatomy　8th ed.』の翻訳　4-260-10040-8　17000円
人体の構造を局所ごとに描いた解剖学図譜。体の部位別に10節に分け、色コードで分類。図の引き出し線に英語と日本語の名称を併記し、各図ごとに観察事項や注意事項など簡潔な解説を付している。図はカラフルで見やすく、関連図への参照があり、姉妹書である『Grant's Method of Anatomy』や『Grant's Dissector』を併用しやすいように図番号を統一するなどの工夫がある。巻末には、欧文索引と和文索引があり、最も重要な図の番号を太字で示している。医学生の実習に役立つ一冊である。　*3687*

骨学ラテン語辞典　鹿野俊一著　医歯薬出版　1995.3　18, 346p 17cm 4-263-20819-6　3090円
医学生、歯学生の骨学実習のための解剖学用語修得の辞典。骨学を学びながら、解剖学用語の理解に必要なラテン語の文法を習得し、同時にラテン語を学びながら、骨の観察を行うことができる。骨学、靭帯学、それらに関連する単語接頭辞・接尾辞からなっている。ラテン語を知らなくてもアルファベットと日本語から使えるように工夫してある。見出し語、記号、発音、アクセント、語源、語の構成、略語からなっており、巻末に文法篇の付録があり、ラテン語と英語の解剖学用語の比較表も収録。　*3688*

図解解剖学事典　第2版　Heinz Feneis〔著〕山田英智監訳　医学書院　1983.10　497p 22cm 『Anatomisches Bildwörterbuch der internationalen Nomenklatur 5. Aufl.』の翻訳　3200円
解剖学用語の理解のため、見聞きで左頁には用語と解説、右頁には図を示し、図の部位に番号を付けて用語と対応させた。欧文索引、和文索引、人名用語索引があり、頁と図の番号を示している。また、本文の用語

の分類のため、大分類から小分類へと、4種類の書体を用いている。概念の定義にとどまらず、単純明快な図解による、有用性の高いコンパクトな事典である。
3689

図説からだの事典 中野昭一，重田定義編 朝倉書店 1992.3 602p 27cm 4-254-30023-9 29870円
からだの働きの基本的な仕組み、内外からの刺激や環境の変動に対するからだの対応について解説したもの。生理機能、衛生・公衆衛生、栄養、体力と運動、症候と臨床検査、疾病の6つの章からなる。図版が多く用いられ見やすい構成となっている。巻末に索引があり単語からの検索が可能。
3690

日本解剖学文献集 日本解剖学会 1936- 27cm
1686年以降のわが国の解剖学に関する文献を網羅的に収めた目録。文献は原著に限らず、総説、解説、随筆、歴史などできる限り収め、外国の刊行物に発表したものも収録している。文献の配列は、20の部門の分類項目ごとの人名のアルファベット順で、論文番号、著者名、雑誌名、巻号頁、刊行年からなっている。人名索引の配列は、大分類がアルファベット順、細分類は五十音順となっている。日本解剖学会の編集により、書誌事項の記載は充実している。解題は第13集（1990年刊）による。
3691

❖❖ 生理学

腎臓学用語集 日本腎臓学会腎臓学用語集委員会編 南江堂 1988.10 247p 19cm 4-524-24511-1 2000円
腎臓学の用語を収載したもの。用語の統一、整理、適切な訳語設定を目的とする。欧和の部、和欧の部からなり、前者は用語のアルファベット順、後者は五十音順の配列である。付録に「略語」があり略語からの検索も可能。外国語の和訳、カタカナ表現は日本医学会医学用語委員会の「医学用語の選定、調整、整理編の原則」に従っている。
3692

新編セクソロジー辞典 石浜淳美編著 吹田 メディカ出版 1994.12 583p 22cm 4-89573-333-5 8000円
性科学に関する用語を広範囲に収録し、解説した辞典。五十音順配列で、見出しはすべて日本語に統一し、欧文表記も付す。医学領域からだけでなく人文・社会科学領域からの解説もあること、図版が多く用いられていることが特徴。一般的な読み物としての利用もできる。巻末に見出し語の和文索引、欧文索引がある。
3693

生体工学用語辞典 生体工学用語辞典編集委員会編 日本規格協会 1995.1 1028p 27cm 4-542-20125-2 21000円
生体工学用語を、日本工業規格で正確な日本語を用いて定義し、その内容を図・表を含めて解説。関連用語や類義語を含むすべての用語を五十音順に配列。各用語内の配列は、①用語、②読み方（ひらがな）、③対応英語、④定義、⑤用語を規定するJIS、TRの番号となっている。付録は国際単位系（SI）、各種量における換算表、日本人の栄養所要量と年齢別身長体重基準値、生体工学と周期表、臨床生化学検査項目と基準値などからなる。巻末に英和索引。
3694

生理学用語集 改訂第5版 日本生理学会編 南江堂 1998.8 451p 19cm 4-524-20945-X
生理学術用語を収録した用語集。用語は五十音順に配列され、それぞれローマ字による読み、英語表記を付す。解説は必要なもののみとしているが実際にはほとんどの用語に簡潔な解説がなされている。巻末に欧文索引があり英語での検索が可能。
3695

❖❖ 薬理学

医薬品相互作用 第2版 仲川義人編 大阪 医薬ジャーナル社 1998.8 1102p 26cm 4-7532-1714-0 12000円
医薬品を併用した時に生じる、相互作用に関する情報を収集・整理したもの。医薬品を次の8つに分け薬効別にまとめている。1．神経系及び感覚器官用医薬品、2．個々の器官系用医薬品、3．代謝性医薬品、4．組織細胞機能用医薬品、5．生薬及び漢方処方に基づく医薬品、6．病原生物に対する医薬品、7．治療を主目的としない医薬品、8．麻薬。本文は、薬物動態学的、薬力学的相互作用に主眼をおいて解説を施し、各種臨床データや症例も収録してあり、臨床面での応用にも配慮されている。また、文献的検索も重視し個々の薬剤についての参考文献も記載されている。巻末に、医薬品名の五十音順配列の索引を付す。
3696

医薬品相互作用ハンドブック 薬業時報社 1992.7 301p 21cm 4-8407-1850-4 2800円
同時に服用される複数医薬品の相互作用に関する情報を、海外の書籍の評価、国内文献の頻度および厚生省医薬品副作用情報などからまとめたもの。それぞれの相互作用について作用、機序、処置、医師のコメント、各種数値、文献書誌事項、評価を簡潔にまとめてあり、医療現場での実用書として役立つ。巻頭に、相互作用組み合わせ索引、薬効群一覧、巻末に、半減期一覧などの付録がある。CD-ROM版は『医薬品相互作用検索システム 平成9年4月版』。
3697

医薬品副作用用語集 1996 医薬情報研究所 1996.1 637,38p 26cm 4-8407-2195-5 14563円
WHOの国際医薬品モニター制度で使用されているART（Adverse Reaction Terminology）をもとに、わが国の副作用モニター報告、文献などから収集した国内で繁用される用語に評価検討を加え、整理収載した用語集。本文は、第1部器官分類別用語集（五十音順）、第2部五十音順用語表（収載全用語および読み替え可能用語）、第3部アルファベット順用語表（収載全用語）、器官別大分類表からなる。収録用語数は、5110で日本語と英語が併用されている。巻末に、1）医薬品副作用読み替え基準、2）前版（1993年7月発行）との相違点を付す。　　　　　　　　　　3698

逆引き薬の副作用事典 松下一成著 三一書房 1995.10 429p 19cm 4-380-95280-0 2800円
薬の副作用（症状）から、その副作用の原因がどの薬であるかを調べるための本。本文は、A－Dの4部構成。Aの副作用別・薬のコード番号表では、医薬品を副作用別に14の章に分類し、各章を適応症別に細分した上で薬剤コード番号順に配列。製薬会社名、商品名、剤形・仕様、薬品Noを記載。Bの医者の出す薬の一般名、適用、および副作用では、一般名ごとに薬品Noを付け、適用と副作用について解説。Cは、知っておきたい薬の使い方、Dは、製薬会社名一覧。　　3699

産業中毒便覧 増補版 後藤稠〔ほか〕編 医歯薬出版 1981.5 1610p 26cm 4-263-20223-6 48544円
産業現場において化学物質が人間の健康に与える影響を、労働・産業衛生の実用的見地から記述した便覧である。各章は物質の化学的分類によっており、農薬、有機溶剤などの章立ては取られていない。項目は物質名で、次の7つの小見出しのもとに記述されている。用途、物理・化学的性質、定量、致死量・中毒量、代謝、症状、参考事項である。各章末に豊富な参考文献がある。巻末に付録として、物質名ごとの許容濃度一覧表がある。また、物質名の日本語英語索引がある。
3700

常用医薬品の副作用 禁忌・慎重投与・相互作用への対応 梅田悦生著 南江堂 1996.6 935p 21cm 4-524-20939-5 5974円
常用されている医薬品887品目を、66項目の薬効ごとに分類して掲載。一般名、商品名、製薬会社名、適応症、用法・用量、警告または注意、投与禁忌、慎重投与、相互作用、過量投与、副作用発現頻度、同一品リストなどが記述されている。巻末に、和文と欧文索引を付す。　　　　　　　　　　　　　　　　3701

相互作用ガイドブック 1996年版－ メディカルアシスト編 メディカルアシスト 1996－ 年刊 21cm
医薬品添付文書の事項より、相互作用に関連があるものを抜粋し、記号・略号などを用いて簡潔にまとめたもの。本文には、日本標準商品分類（87分類）に基づき、一般名、商品名、販売元、併用禁忌、併用注意、対照薬剤、発現作用、備考が記載されている。巻末に、一般名・商品名五十音順索引を付す。解題は1997年版による。　　　　　　　　　　　　　　　　3702

中毒ハンドブック Robert H.Dreisbach〔著〕山村秀夫監訳 広川書店 1990.7 668p 18cm『Handbook of poisoning 11th ed.』の翻訳 4-567-49370-2 12360円
急性中毒の診断および治療のポイントを簡潔にまとめた便覧で、臨床医のために応急処置およびその後の治療法を解説している。農薬中毒、産業障害など6章からなる構成で、各章は、中毒の原因となりうる化学物質名、細菌名などの項目のもとに、臨床所見、予防、治療、予後を中心に解説している。項目ごとに豊富な参考文献がある。巻末に酸素補助供給装置一覧と日本語事項索引がある。　　　　　　　　　　　3703

トキシコロジー用語集 日本毒科学会編 薬業事報社 1993.8 311p 19cm 4-8407-1960-8 3000円
トキシコロジー分野で使用する、専門用語とその訳語の統一を目的として編集された和英対訳用語辞典である。用語は主に1986年Macmillan社発行の『Casarett and Doull's toxicology』第3版から選択された。2部構成で、和名用語の部は、五十音順配列の用語に、対応する欧名と簡単な解説を付し、ときに略語、同義語も付す。欧名用語の部は用語をアルファベット順に配列し、対応する和名と解説掲載頁を付す。　　3704

毒性試験ハンドブック 白須泰彦，吐山豊秋編 フジ・テクノシステム 1980.5 668p 31cm 48000円
環境を汚染する可能性のある農薬および工業化学品に対する主な毒性試験法の解説書。全体は4章からなる。第1章試験法マニュアルでは、試験の手順からデータ処理の方法、報告書作成要領まで写真を多用してわかりやすく解説している。第2章は日米の主要な試験ガイドラインの翻訳および全文の紹介、第3章は関連用語集、第4章は毒性学関連文献集である。巻末に欧文、和文索引がある。　　　　　　　　　　　　3705

メイラー医薬品の副作用大事典 第12版 M.N.G.デュークス編 秋田大学医学部訳 新潟 西村書店 1998.4 xxii, 1351p 27cm『Meyler's side effects of drugs 12th ed.』の翻訳 4-89013-250-3 45000円
医薬品の有害作用および相互反応についての総合的参考書を翻訳したものである。本文は、治療的または薬理的に関連する薬物群にまとめられたモノグラフ形式

となっている。全体で51の章からなり、各章には、1つまたはそれ以上の副作用モノグラフが提供され、参考文献が付く。各章の副作用モノグラフのなかで代表的な薬品が取り上げられ、薬品、有害作用のまとめ、器官および機能系に対する影響、過敏反応、危険性、離脱効果、次世代効果、適量、相互作用、臨床検査への干渉について記載されている。巻末に、アルファベット順による薬物名索引と副作用の症状別索引を付す。　*3706*

薬物代謝学辞典 山本郁男編著　広川書店　1995.6　572p　22cm　4-567-00210-5　9064円
薬物代謝に関する内外における初めての辞典。薬物代謝とその周辺関連用語（医薬品、薬毒物、化学物質、農薬、食品添加物、環境汚染物質、酵素系、代謝研究法、代謝反応機構、吸収、分布、排泄など）約1100語を収載。見出し語の配列は、かな書きの五十音順。巻末に各種の図表と日本語・外国語索引を付す。薬毒物が体内でどのような化学変化を受けるかを化学構造式で明示し、視覚的にも理解しやすいように考慮されている。また、薬物代謝研究に重要なかかわりをもつ歴史上の人物についても解説されている。　*3707*

薬理学用語集 日本薬理学会編　南江堂　1993.4　204p　19cm　4-524-20533-0　2800円
薬理学領域の学術用語を整理、統一して収載した用語集。2部からなり、第1部「欧和の部」は外国語見出しのアルファベット順配列、対応する日本語とよみを記載。第2部「和欧の部」は日本語見出しの五十音順配列で、よみと対応する外国語を記載する。薬品名については本文から省き、薬物一覧として巻末にまとめる。略語一覧を付す。　*3708*

臨床薬物ハンドブック 第4版　神代昭〔ほか〕編　医歯薬出版　1992.8　647p　19cm　4-263-73027-5　5200円
臨床に繁用される薬物の体内動態に関する情報を主体にしたハンドブック。480品目を収載。薬効別に分類され、配列は、一般名のアルファベット順で略号と構造式を付す。記載項目は、商品名、薬理作用、適応症、用法・用量、性状、半減期、血中濃度、吸収、分布、代謝・排泄、患者へのアドバイス。原則として1品目1頁にまとめられている。巻末に、薬品名索引（日本薬名・欧文薬名）を付す。　*3709*

◆◆病理学

アレルギー学用語集 日本アレルギー学会編　南江堂　1995.6　375p　19cm　4-524-20838-0　4800円
アレルギー学関係用語の統一的でわかりやすい用語集を作るために関連各分野の専門家によって編集された。欧和、和欧、略語、重要用語解説の4部構成である。略語の部は略語に対する正式な綴りを付す。重要用語解説の部は欧和和欧の部から選択した用語をアルファベット順に配列し、和訳と簡単な解説を付す。巻末に付録として白血球抗原CD分類表ほかがある。　*3710*

英和免疫学辞典 W.J.Herbert〔ほか編〕小松信彦訳　広川書店　1991.9　455p　19cm『Dictionary of immunology 3rd ed.』の翻訳　4-567-00121-4　9064円
免疫学領域で使用されている用語の中から1600語を選び、簡明な解説を付した辞典。本文の項目はアルファベット順に配列され、各項8-10行の解説がある。解説文中の見出し語は、ゴシック表示されているので、それをたどればかなりの量の関連知識が得られる。巻末に訳語の五十音順索引がある。同一語に複数の訳語がある場合は、免疫学領域で最適な語を学会の定訳として採用している。　*3711*

英和・和英微生物学用語集 第4版　日本細菌学会用語委員会編　菜根出版　1992.2　479p　19cm　4-7820-0086-3　5500円
微生物学、ウイルス学、免疫学、微生物遺伝学、細胞工学などの分野で頻繁に使われる用語を英語を中心に選択し、原則として、1用語1訳語を付した英和対訳用語集である。英和の部、和英の部からなる。巻末に便覧として、細菌名、真菌名、動物ウイルス命名表、寄生虫名、主要培地一覧表がある。便覧で使用されている用語は必ずしも用語集の項目となってはいない。第5版が最新版。　*3712*

癌用語事典 斉藤達雄〔ほか〕編　大阪　医薬ジャーナル社　1993.11　337p　22cm　4-7532-1435-4　6901円
癌に関する用語を日本語の五十音順に配列し、短い解説および英文訳語を加えている。解説は簡潔であり、専門家にとって十分であるとはいえないが、広く医療関係者が利用する分には要領を得ている。専門用語が多用されているため、一般人には理解が難しい。この分野をカバーするには語数の少ないのが欠点であるが、序文には近い将来の改版も示唆されている。判型はA5判であり、比較的薄いため、ハンディに持ち運ぶのにも適している。英文索引があるため、英和辞典としても利用できる。　*3713*

抗変異原・抗発がん物質とその検索法 黒田行昭編　講談社　1995.11　456p　22cm　4-06-153640-0　12000円
食品として利用される植物成分や、唾液、血液などの生体成分など、環境中に存在する抗変異原、抗発がん物質の作用機序と検出方法について解説している。2

部構成で、第1編は、さまざまな抗変異原、抗発がん物質の性質や作用について解説する。第2編では抗変異原、抗発がん物質をどのような検出系を用いて検出するか、また検出する際のポイントやコツについて、微生物、植物、昆虫、培養細胞、実験動物などの実験系を用いて紹介している。巻末に付録として主な抗変異原、抗発がん物質リストほかがある。日本語と外国語の索引がある。　　　　　　　　　　　　　*3714*

先天異常用語集　日本先天異常学会編　金原出版　1991.3
　　504p 22cm　4-307-00390-X　4000円
人体の先天異常に関する用語のうち、肉眼形態学用語を、主に英語、一部ラテン語から採用し、対応する和訳語を付けた用語集。分類編と索引編からなる。分類編では、欧文用語を形態学の分類法にならって、総括的用語と器官別、症候群、多胎奇形、胎盤・臍帯の異常に分類し、その中をさらに細分類、細々分類している場合もある。分類ごとに用語をアルファベット順に配列し、それに和訳語とその読みを付けている。索引編は、欧和編と和欧編がある。　　　*3715*

先天性奇形症候群および遺伝性疾患データブック　改訂第2版　成富研二著　診断と治療社　1995.10　1971, 119p　27cm　付属資料（CD-ROM 1枚）　4-7878-0362-X　54590円
RU-DBMS Ver.3.1は、収録疾患数4600の、先天異常に関するデータベースで、これはその和訳を冊子にしたものである。先天異常の確定診断は困難であるが、多数のデータが一定の形式で記載されているこのデータ集は、研究者にとって有益であろう。データの構成は、疾患番号、英語名、日本語名、臨床所見、遺伝形式、コメント、文献である。疾患番号はMcKusicコードまたは編者が定めたコードで、各データは疾患番号順に配列されている。巻頭に疾患名と疾患番号を対応させた日本語と英語の索引がある。　　　*3716*

微生物学用語小辞典　第2版　高橋昌巳〔ほか〕編著　医学出版社　1993.6　349p 19cm　4-87055-045-8　5400円
看護学、臨床検査学の学生を対象に、微生物学関係用語1500語を選んで五十音順に配列し、解説を付した簡便な辞典。索引は、外国語編がアルファベット順配列。日本語編は用語を微生物名、薬剤名などに分類し、その中を五十音順に配列している。巻末に付録として、微生物感染経路や、おもな細菌検査法、鑑別法などがまとめられている。　　　　　　　　　　　*3717*

滅菌・消毒ハンドブック　改訂新版　新太喜治〔ほか〕共著　吹田　メディカ出版　1993.9　270p 21cm　4-89573-069-7　3100円
医療従事者が、日常業務の中で身近に置いて知識を確認し、院内感染防止に役立てるために編集されたもの。総論として滅菌・消毒の定義、歴史など、各論としていろいろな滅菌・消毒法が簡潔に述べられている。忙しい人のためには、第12章滅菌・消毒Q＆Aがあり、より詳しく知りたい人のためには、文中の囲み記事として、ワンポイントレクチャーや引用文献リストが準備されている。巻末に事項索引がある。　　　*3718*

免疫学辞典　大沢利昭〔ほか〕編　東京化学同人　1993.11
　　616p 22cm　4-8079-0390-X　9800円
免疫学全般にわたって詳細な解説のほどこされた充実した事典である。執筆者も多く、刊行時における最新の知識を集約している。説明は必ずしも平易とはいえず、専門家向けの内容である。用語の網羅性は高く、語数も多いが、進歩発展のめざましい分野であるので、時宜を得た改訂が望まれる。　　　　　　　*3719*

免疫学用語辞典　第3版　多田富雄〔ほか〕編　大阪　最新医学社　1993.12　683p 22cm　4-914909-10-3　11000円
用語辞典とは称しているが、用語の解説は詳しく、事典として有効に利用できる。収録語数はその分いくらか少ないが、精選した結果である。すでに第3版となっているが、今後も継続的に改訂されるべき資料である。　　　　　　　　　　　　　　　　　　*3720*

◆臨床医学

◆◆診断学・臨床検査法

英和臨床検査用語集　英和臨床用語編集委員会編　ユリシス・出版部　1994.12　237p 15cm　4-89696-006-8　1800円
臨床検査業務において、頻繁に使われる医学用語および略語を選んでアルファベット順に配列し、訳語を付した簡便な用語集。学術用ではなく、臨床検査技師の日常業務用に編集されたもの。　　　　　　*3721*

英和和英集中治療用語集　日本集中治療医学会編　医学図書出版　1992.6　253p 18cm　4-87151-219-3　2000円
集中治療医学に関する、英語および日本語からの相互に参照できる用語集である。ハンディな小型版で手元に置いてすぐに利用できる作りになっている。語の意味の説明はないが、和英および英和辞典としても利用できる。日本集中治療医学会の編集したもので、他学会用語集との整合性にも配慮されている。　　*3722*

基準値・診断マニュアル 第6版 中井利昭著 中外医学
　社 1998.3 474p 19cm 4-498-01119-8 6700円
臨床検査における正常値に関する項目を一冊で充足できることを目的にしたマニュアル。17の大項目のもとに、中項目を設け全部で404の検査について1検査を1頁にまとめて記述している。各項目は検査の意義、基準値、年齢別変動、異常値を示す疾患を基本としている。巻末に五十音順索引がある。　　　3723

今日の検査指針 第2版 河合忠〔ほか〕編 医学書院
　1991.9 822p 26cm 4-260-10793-3 11845円
臨床検査に必要な知識を4つの章に分けてまとめている。症状別検査法の説明および検査項目の説明が中心であり、臨床の現場や臨床検査部門で有用なハンドブックである。約200の内科的疾患を選んでいる。説明は詳しく、必要な情報は得られる。第2版では新たに「経過観察のための検査」の章が加えられた。　3724

今日の治療指針 私はこう治療している 1959年版- 医
　学書院 1959- 年刊 27cm
治療に必要な知識を疾患別にまとめている。1959年に創刊されて以来毎年改訂され、最新の治療法を臨床医に伝えるよう考えられている。臨床の現場に置いて、必要に応じて参照する資料である。とりわけ薬物薬法には詳しく、付録も充実している。各章の冒頭には例えば「消化器疾患の動向」といった1頁のレビューも掲載されており、新しい動きについても概観できる。CD-ROM版も出版されている。　　　　3725

正常値 第3版 小酒井望,阿部正和編集 医学書院 1983.7
　419p 26cm 12000円
人体のさまざまな正常値を、その意味あいをも含めて解読的に示しているハンドブックである。説明は詳しく、医師のみならず、医学生にとっても有益な情報を提供している。巻末に付された索引は詳細とはいえず残念である。正常値は近年基準値と称される事が多い。　　　　　　　　　　　　　　　3726

正常値と異常値の間 その判定と対策 改訂4版 河合忠
　編著 中外医学社 1995.3 634p 26cm 4-498-01107-
　4 12978円
臨床検査における検査値を解説しているハンドブックである。その際生ずる誤差や変動の意味にも注目し、とりわけ境界値と呼ばれる値の読み方についても言及している、詳細な解説書である。版を重ねている点と、比較的新しい出版物である点から、利用価値は高い。
　　　　　　　　　　　　　　　　　　　　　　3727

正常値ハンドブック 改訂第3版 巽典之編著 南江堂
　1993.2 406p 19cm 4-524-23208-7 4300円

臨床検査で計測される項目の数値の正常値を示し、解説を加えたハンドブックである。小型のポケット版であり持ち運びに便利であるため、いつもそばに置いて必要な項目を参照するという使い方に適している。値が高値あるいは低値の場合の疑われる疾患も示されており、臨床医にも利用可能である。各項目には日本臨床病理学会のコードも示されており、カルテへの記述にも利用できる。　　　　　　　　　　3728

脳波・筋電図用語事典 堀浩〔ほか〕共著 大阪 永井書店
　1991.11 470p 19cm 4-8159-1467-2 6180円
脳波・筋電図およびその周辺領域の用語について解説した事典である。語数はそれほど多くはなく、本のサイズも小型だが、専門用語は集めている。英語が見出し語となっているが、日本語からの索引が付いている。一般の医学辞典には見られない用語も多数収録されており、専門家向けである。　　　　　　　3729

臨床検査医学事典 臨床検査医学事典編集委員会編 朝倉
　書店 1982.10 998p 22cm 4-254-32047-7 16000円
臨床検査を中心主題とするが、広く医療従事者を対象として編まれた医学辞典である。説明は簡潔で要を得ており、冗長ではない。各項目には執筆者名も記されている。図表も多く、看護婦や医学生でも利用できるよう配慮がなされている。英語索引の項目数も多く、英和辞典としても活用できる。　　　　　3730

臨床検査項目分類コード 第8回改訂 検査項目コード委
　員会編 日本臨床病理学会 1990.10 103p 26cm
臨床検査で必要な分析物、識別、材料、測定法をそれぞれコード化し、それらをファセット風に組み合わせて全体として10数桁のコードで表現するためのコード表である。コード化される事により、管理面とりわけコンピュータ処理をしやすくするという面で有効性をねらったものである。　　　　　　　　　　　3731

臨床検査指針 改訂第5版 日本医師会編纂 日本医師会
　出版物刊行部 1988.4 790p 22cm 4-307-05010-X
　6500円
臨床検査に必要な知識を教科書風にまとめたもの。日本医師会の編集であるが、同会は全国に医師会立の臨床検査センターを設立し、地域の病院の検査を引き受けている。本書は、それらのセンターを利用する際のガイドラインとして企画されたが、内容的には病院の臨床検査室のマニュアルとしても十分利用に耐えられるものである。付録が多いのは評価できるが、索引が量的に物足りない。　　　　　　　　　3732

臨床検査法提要 改訂第31版 金井泉原著 金井正光編著
　金原出版 1998.9 4,16,1843,56,59p 22cm 4-307-

05033-9　13500円
臨床検査における手技を網羅したハンドブック。内容は詳細で、大部ではあるが臨床検査室には必要な一冊である。父子2代にわたり改訂を重ね31版になった。記載事項については定評のある所であり、必要にして十分な情報量である。　　　　　　　　　　　*3733*

臨床検査略語集　改訂第4版　大阪　日本臨牀社　1997.1
　377p 18cm　4-931089-12-7
臨床検査に関連する略語約7600語を収録。検査項目、検査法、試薬を中心にし、疾患名、医学的処置法、薬剤名などを含む。配列はアルファベット順で、日本語訳と欧文のフルタームを併記している。1991年に刊行された第3版（初版は1980年刊）からほとんど使用されなくなった語約1300語を削除し、新たに約2500語を追加している。特に分子生物学・免疫学に関する用語を大幅に補完している。各学会用語辞典に記載の略語には＊印を付す。巻末に付録「抗菌薬とディスクの略語・略号」がある。　　　　　　　　　　　*3734*

◆◆ 対症療法・技術療法・処置

血液事業実務用語集　薬事時報社　1995.1　121p 19cm　4-8407-2080-0　1400円
血液事業を理解するために必要な用語約300に、対応する欧文を付し、解説した用語集。配列は日本語見出しの五十音順で、巻末に欧文索引がある。また、巻末に付録として単位表を付す。　　　　　　　*3735*

災害医学用語事典　和・英・仏・西語　S.W.A.Gunn〔著〕青野允〔ほか〕監訳　へるす出版　1992.9　109p 26cm　『Multilingual dictionary of disaster medicine and international relief』の翻訳　4-89269-181-X　4500円
災害医学に関する用語を集め、簡単な説明を付している辞典である。訳書であるが多国語に対応しており、英語、フランス語、スペイン語の訳語が付されている。災害医学用語、単位・度量衡、略語、アラビア語の各セクションより構成されており、中でも英語からアラビア語への参照リストが付されている点はユニークである。災害に対する医療の面での国際的協力の必要性から生まれたものである。　　　　　　　　*3736*

◆◆ 化学療法・薬物療法

治療薬ガイド　これだけは必要な治療薬の選びかた・使いかた　1988-　和田攻〔ほか〕編　文光堂　1988-　22cm
治療薬とその使用法に関する実用的なガイドブック。医薬品の各系統ごとに全体的把握、使用法、選択、適応について記述。各論では、個々の患者に適した薬の選択と使用法を解説している。巻末に、1996年12月までに保険適応となった新薬の新薬情報と物件名索引（和文・英文）、薬品名索引（和文・英文）を付す。解題は1997年版による。　　　　　　　　　　　*3737*

服薬指導ハンドブック　改訂版　兵庫県病院薬剤師会，兵庫県薬剤師会編　大阪　医薬ジャーナル社　1996.9　638p 21cm　4-7532-1584-9　5800円
1995年12月までに薬価収載された繁用の内・外用医薬品約780品目を収載し、服薬指導を行う際の基本事項を記載したハンドブック。本文は、日本標準商品分類の薬効群によって分類され、臨床症状、治療薬の分類と特徴、治療剤からなる。治療剤の項目は、一般名、商品名、服薬指導、飲み忘れまたは過量服用後の注意、警告、投与禁忌、副作用、相互作用、用法・用量、効能・効果、薬物体内動態、臨床検査値への影響などが記載されている。巻末に、商品名と一般名の五十音順配列の索引を付す。　　　　　　　　*3738*

薬剤師のための常用医薬品情報集　1994年版-　辻彰〔ほか〕編　広川書店　1994-　年刊　19cm
汎用医薬品1400品目について、物性値、体内動態パラメータ、服薬指導のほか化学構造式を記載した医薬品情報集。1997年7月末日の医薬品添付文書とインタビュー・フォームに基づいて編集してある。本文は薬効別に分類され、各章は総論につづいて、1．名称及び製剤、2．治療に関する項目、3．使用上の注意に関する項目、4．作用機序と体内動態、5．化学構造及び物性、6．医薬品（日本名と英名）インデックスから構成される。解題は1998年版による。　　　　　*3739*

◆◆ 放射線医学

医用放射線辞典　増補版　医用放射線辞典編集委員会編　共立出版　1994.3　652p 19cm　4-320-06099-7　9476円
画像診断、放射線治療、核医学にたずさわる医師・技術者のための辞典。説明は簡潔で、判型も小さく、身近に置いて日常利用するものである。この分野は進歩発展がめざましく、本書も増補版である。しかしながら、なお改訂の必要度も高く、最新の情報をアップツウデイトに保つのは難しい。　　　　　　　*3740*

核医学用語集　新版　日本アイソトープ協会編　日本アイソトープ協会　1987.3　445p 18cm　3800円
核医学関連用語の訳語の統一を目的として編集された英和和英対訳用語集。英和の部は、用語および略語をアルファベット順に配列し、原則として1用語に1訳語を付す。訳語に解説、類語を付けたものもある。和

英の部は五十音順配列。訳語の採用にあたっては、医学のほかの分野で使用される用語との整合をはかる、表記は文部省の用語集にならうなどの配慮がなされている。　　　　　　　　　　　　　　　　　　　*3741*

放射線医療用語辞典　新版　放射線医療用語辞典編集委員会編　コロナ社　1998.4　638p　19cm　6300円
放射線技師、学生を対象に編集された放射線医療関係用語辞典で、約4000語を収録する。用語解説と索引の2部構成で、用語解説の部は日本語の項目を五十音順に配列し、対応する英語と簡明な解説を付す。英和対訳索引は、アルファベット順の英語に日本語と解説掲載頁を付す。　　　　　　　　　　　　　*3742*

放射線技術学用語集　日本放射線技術学会専門委員会放射線学術用語集の改訂検討班編　京都　日本放射線技術学会出版委員会　1994.3　310p　26cm　（放射線医療技術学叢書5）　4000円
日本放射線学会専門委員が、「学術用語審議基準」によって取捨選択して決定した用語に、その意味、対応する英語を付けたもの。全体は、和英、英和、略語、付録の4部構成で、中心となる和英の部は五十音順の用語にその意味と対応する英語を付す。略語の部はアルファベット順の略語に対応する日本語を付す。付録の部はSI基本単位、SI補助単位、SI単位と併用してよい単位ほかの一覧表がある。　　　　　　　*3743*

放射線診療用語集　改訂第2版　日本医学放射線学会編　金原出版　1995.10　351p　22cm　4-307-07042-9　5150円
放射線診療および、放射線医学研究に用いられる専門用語の標準化を目的に編集された英和和英対訳用語集である。主な利用対象は、放射線科医、その他の臨床医、放射線物理学者、放射線生物学者、放射線技師、機器メーカー技術者としている。英和、和英の2篇からなり、英和篇は、アルファベット順配列の用語に、対応する訳語を付す。略語も見出し語として収録されている。約35％の用語には、簡単な説明がある。和英篇は、五十音順配列である。巻末に、元素、単位、薬品、造影剤の一覧表がある。　　　　　　　　*3744*

◆◆医療機器

医療機器ハンドブック　薬業時報社　1993－　不定期刊　26cm　3500円
医療機器を取り巻く内外の状況に対応するため、関連する事柄について最新の情報を幅広くまとめたもの。医療用具の定義、医療産業の概要、医療機器の研究開発、製造物責任制度、関係団体など14項目から構成さ

れている。索引はない。　　　　　　　　　　　　*3745*

新医療機器事典　医療機器事典編集委員会編　産業調査会事典出版センター　1997.9　1冊　27cm　4-88282-532-5　27000円
医療の全領域にわたって使用されている医療機器について解説した事典。使用目的別に分けて構成され、医療機器名の五十音順索引を巻頭に、医療機器取扱業者電話帳などの付録と資料編を巻末に付す。　　　　*3746*

人工臓器用語解説集　人工臓器用語解説集委員会編　金原出版　1991.9　199p　19cm　4-307-77071-4　4800円
『人工臓器用語集』☞3748の用語の中から日本語1003語を選択し、それに対して英語の対照語と簡潔な解説を付したもの。見出し語は五十音順に配列し、巻末に和文索引と欧文索引を付す。　　　　　　　　*3747*

人工臓器用語集　人工臓器用語委員会編　金原出版　1987.11　316p　19cm　4-307-77048-X　4000円
人工臓器関連の用語を見出し語として対訳をまとめたもの。英語2096語をアルファベット順に、日本語2368語を五十音順に配列。巻末には略語をアルファベット順に配列し英語と日本語訳を併記。対訳の後に用語の用いられる専門領域を略称で分類表示。　　　　*3748*

【名簿】

医療機器会社名簿　'82/'83－　東洋メディカル社　1981－　隔年刊　26cm
医科、薬科、ME（Medical Electronics）、検査、理化学、研究、実験、製剤、試験、設備、製薬、福祉機器など、医療関連の製造や販売にかかわる企業約4600社の名簿。都道府県別（東京都と大阪府はさらに細区分）に社名の五十音順に配列。資本金、代表者、所在地、支社、営業品目、主な取引先、関係会社、取引銀行などを記載。巻末に社名の五十音順索引を付す。解題は95/96年版による。　　　　　　　　　　*3749*

◆◆内科学

急性中毒情報ファイル　第3版　吉村正一郎〔ほか〕編著　広川書店　1996.2　738p　27cm　4-567-49294-3　18540円
中毒事故の発生頻度が高い物質、もしくは毒性の高い物資についてまとめたカード式情報提供ファイル。農薬、家庭用品、工業用薬品、医薬品、公衆衛生用薬のもとに各物質を分類し、起因物質による中毒症状を起こす量や致死量をはじめ、中毒症状や処置法を1頁で簡潔に解説している。第3版では新しく自然毒の章が増えた。巻頭には五十音順の索引があり、物質の一般

名、商品名、別名、略名のいずれからも検索できる。医師や薬剤師、看護婦、救急医療の従事者の手近に用意しておくべき重要な手引書である。　　　　3750

急性中毒処置の手引　必須220種の化学製品と自然毒情報　改訂　日本中毒情報センター編　薬業時報社　1994.5　452p 26cm　4-8407-1957-8　6700円
中毒事故を未然に防ぐことを目的に、中毒を起こしやすい化学物質についてまとめた毒情報提供マニュアル。1990年刊の初版の第2版であり、新たに自然毒による中毒の項目が加わり、収録数が170から220種に増えた。家庭用品を中心に、園芸用品、工業用品、医薬品、自然毒の5項目のもとに各物質を配列し、その毒性、症状、処置法、ポイント、参考資料が簡潔にまとめてある。巻頭には、収録表題名称を五十音順に並べた品名索引、巻末には物質の一般名を五十音順に並べた成分名索引がある。医療関係者だけでなく、一般家庭にも向く実用書である。　　　　3751

胸部疾患学用語集　改訂第3版　日本胸部疾患学会用語委員会編　日本胸部疾患学会　1996.11　243p 21cm　2000円
日本胸部疾患学会がまとめた胸部疾患に関する用語集。外国語用語日本語訳と日本語用語外国語訳の2部構成。用語の説明はない。　　　　3752

循環器学用語集　第2版　日本循環器学会用語委員会編　京都　日本循環器学会　1997.4　239p 22cm　4-931347-00-2　3000円
日本循環器学会用語委員会編集による循環器専門用語集。英和編、略語編、和英編からなり、収録語は各5631、525、5885。英和編の見出し語は主として米式綴りの英語で一部ラテン語、フランス語を含むアルファベット順。自然に用いられる和訳を優先し、旧称、古語は原則として省く。冠動脈造影における冠動脈枝の名称と番号を図示。和英編は五十音順配列とし、外国人名はカタカナ表記。　　　　3753

循環器略語解説　大阪　医薬ジャーナル　1997.10　199p 20cm　4-7532-1654-3　3400円
循環器領域における用語の略語を見出し語とし、それに対する全綴、日本語訳を記載し、略語の正しい意味を理解するために必要な最低限の解説を付した用語集。巻末に和文索引と欧文索引がある。　　　　3754

消化器集団検診用語集　日本消化器集団検診学会用語委員会編　医学書院　1997.5　191p 19cm　4-260-13640-2　2200円
消化器集団検診に関する用語を五十音順に配列し、対応する英語と解説を記載した用語集。巻末には付録として解剖略図と形態分類表があり、索引は欧和索引。　　　　3755

消化器内視鏡用語集　第2版　日本消化器内視鏡学会用語委員会編　医学書院　1997.4　219p 21cm　4-260-10906-5　3500円
内視鏡の用語として不可欠なものを採録し、内視鏡関係の論文執筆に役立つ用語集である。消化器内視鏡解剖学的用語、内視鏡所見に関する基本用語、内視鏡手技に関する基本用語を大項目として編集している。註によって、必要な場合は解説を行い参考文献を補記している。巻末に和文索引、欧文索引、世界消化器内視鏡学会（OMED）用語およびデータ処理に関する委員会による「消化器内視鏡における用語、定義および診断基準」索引がある。　　　　3756

消化器ハンドブック　房本英之〔ほか〕編　大阪　医薬ジャーナル社　1993.11　296p 19cm　4-7532-1433-8　4326円
消化器疾患を扱う際に知っておかねばならない用語900語を収録し、最新の知識習得のために、消化器病のトピックスを数編掲載しているハンドブック。用語集と解説からなり、さらに用語集は3部構成で、和語を五十音順に配列し、対応する欧語と、簡潔な解説を記載したものと、欧語をアルファベット順に配列し、対応する和語を記載したもの、アルファベット順に略語を配列し、その正式なスペルと対応する和語を記載したものからなる。解説では、図や写真を用いて最新の話題を平易に説明している。　　　　3757

消化器病学用語集　日本消化器病学会編　金原出版　1996.1　311p 22cm　4-307-10092-1　3500円
消化器病学に関する研究や、日常診療活動における標準的で適切な用語3899語を選び、その一部を解説した用語集。用語の部、解説の部、索引の部の3部構成で、用語の部では、臓器別に5つの大項目、その項目ごとに6つの中項目に分け、日本語用語を五十音順に配列し、それに対応する英語の表現を対比。解説の部では、解説を必要とする214語に対して、図解を取り入れ、平易な説明を加えている。索引の部では和文索引と欧文索引を収め、それぞれ五十音順、アルファベット順に配列。研修医の教育や、専門医の学会活動において広く活用できる。　　　　3758

症候群小辞典　沢木修二〔ほか〕編集　京都　金芳堂　1981.4　237p 22cm　4-7653-0180-X　3500円
現代医学の各分野で使われている症候群名を、使用頻度の少なくなっているものも含めて包括的に収録した辞書。見出し語は大部分英語とし、一部ドイツ語を採用。症候群名をアルファベット順に並べ、その日本語訳と、症状および成因を主体とした解説をし、一部同

音異義語と参考語を記載している。見出し語への参照もある。巻末には日本語症候群名を五十音順に並べた索引があり、英語名が引き出せるようになっている。医学生、研修医、各科の医師に役立つ一冊である。
3759

大腸疾患用語集 日本大腸肛門病学会編 金原出版 1996.10 228p 22cm 4-307-77105-2 3605円
日本大腸肛門病学会雑誌での用語の統一を計るために作成された用語集。第1部が英-和編で用語をアルファベット順に配列して対応する術語を掲載。第2部が和-英編で五十音順の和文の用語に英語などの術語を対比させている。第3部はひらがなによる逆引き編。
3760

内科学用語集 第5版 日本内科学会編 日本内科学会 1998.3 487p 22cm 4-260-13641-0 3200円
内科学分野において使用される用語およびこれと関連の深い用語を採録した内科学用語集の第5版。前版を基に、今日の内科学に照らし、用語の削除、増補、訳語の見直しを行った結果、収録見出し語約3万5000語、略語約1100語を収録している。見出し語は、英語のほかに、ラテン語、フランス語も加え、名詞からも形容詞からも引けるように工夫。英文アルファベット順に用語を配列し、対応する日本語訳を付し、一部同音異義語、略語も記載している。内科学会の会員はもとより、すべての医学界、コメディカルに役立つ一冊である。
3761

リウマチ学用語集 日本リウマチ学会編 南江堂 1993.4 207p 19cm 4-524-20532-2 3500円
リウマチ学の急速な進歩とともに増え続けている用語の統一を図るため、新しい時代の医師、研究者、医学生、コメディカルに向けて出版された上級学習用語集。見出し語を欧和、和欧、略語とし、欧和の部では、欧語の第1語をアルファベット順に配列し、その訳語とよみ方をあげ、一部ラテン語も採用している、和欧の部では、和語を五十音順に配列し、そのよみ方と対応する欧語を配列。略語の部は、アルファベット順に配列し、対応する正式なスペルを配している。対応語によって、2重3重にまたがる用語もある。語数も多く、よく整理されているが、用語の収集、採択、削除についてさらなる課題が残されており、続版に向けて検討が続く。改訂第2版が刊行された。
3762

◆◆ 神経科学・精神医学

APA精神医学用語集 アメリカ精神医学会〔著〕京都府立医科大学精神医学教室訳 医学書院 1986.9 183p 19cm 『A psychiatric glossary 5 th ed.』の翻訳 4-260-11719-X 2900円
精神医学領域で使われる言葉の定義に役立つ用語集。英文用語をアルファベット順に配列し、それに対応する日本語表現と、簡潔な解説を付けている。見出し語への参照があり、解説中に出てくる用語で見出し語になっているものをアンダーラインで示している。ほかに、一般乱用薬表、精神科常用薬表、法律用語集、神経学的欠損表、心理テスト表、研究用語集、略語表、精神医学学派表があり、巻末には、和文の索引がある。精神医学の初学者や関連学科の人達に必要不可欠な用語集である。
3763

家族療法事典 アメリカ夫婦家族療法学会編著 日本家族心理学会訳編 星和書店 1986.11 145p 19cm 『Family therapy glossary』の翻訳 4-7911-0145-6 2500円
家族療法分野の用語150項目をカナ読みの五十音順に配列し対応する英語と定義・概念を付した事典。さらに詳しい訳註があり、定義を補足している。巻末に参考文献の訳書、原著一覧と邦文の事項索引、人名索引、欧文の事項索引、人名索引がある。
3764

講談社精神医学大事典 新福尚武編 講談社 1984.11 1021p 26cm 4-06-188751-3 40000円
講談社刊『医科学大事典』☞3619(1982-1983年刊)の中の精神医学分野の項目を主体に、心身医学、神経学、健康管理、生理学、音声言語学など、基礎・臨床にかかわらず関連項目を計1030選択し、さらに、臨床心理、社会心理、精神科看護、関連法規その他からの項目を追加し、計2480項目について収録し解説している。用語には英語、ドイツ語、フランス語および必要に応じて同義語、略語などが示されている。巻末には、参考資料として、精神障害の分類、略語一覧、症候群一覧など16の資料が付いている。五十音順索引と欧文索引がある。
3765

行動療法事典 ベラック，ハーセン編 山上敏子監訳 岩崎学術出版社 1987.9 223p 22cm 『Dictionary of behavior therapy techniques』の翻訳 5000円
行動療法の全領域の技法を収録し解説した事典。見出しは英語と日本語が表記され、配列は英語のアルファベット順である。英語と日本語の目次、巻末には日本語のキーワードから検索できる索引が付いている。それぞれの技法について詳細な解説と参考文献を記載。
3766

情緒障害事典 高野清純，稲村博編集 岩崎学術出版社 1977.12 553p 22cm 4-7533-7707-5 12000円
情緒障害とその基礎、関連事項を網羅し、診断、治療、

指導のための考え方、理論、技法の提供を目指した、わが国最初の情緒障害関係の専門事典。719の日本語の項目を五十音順に配列し、項目ごとに、対応する英・独・仏・羅の表現、簡潔な解説、参考文献を記載し、一部同音異義語と関連項目を示している。巻末には和文・英文アルファベット順の人名索引と、五十音順の和文索引、相当する日本語表現を付記したアルファベット順の欧文索引がある。その他、収録図表の一覧や領域別項目一覧などがあり、使いやすさへの工夫がある。研究者、専門家だけでなく、学生など関連領域のすべての人々が活用できる。　　3767

神経学用語集　改訂第2版　日本神経学会用語委員会編　文光堂　1993.6　261p 22cm　4-8306-1521-4　3800円
臨床神経学の領域と、その関連の用語を収載した用語集。凡例、欧和編、和欧編、略語編の4部から構成。用語間での統一性、用語相互の整合性を図ることに重点を置き、その編集方針を凡例でかなりの紙面をさき具体的に示している。欧和編では、見出し語を英語を主体に、羅、ギリシア語、仏語、独語とし、アルファベット順に配列。単一化した日本語訳と一部見出し語への参照や同音異義語、簡単な註を付与。和欧編では、五十音順に配列、対応する欧語訳を記載。略語編では、アルファベット順に、正式なスペルとその日本語訳を記載。1975年刊行の初版と比べ、収録用語数は前版の1209語から欧和編8263語、和欧編7555語、略語編510語と増えた。　　3768

精神医学・行動科学辞典　英独仏ラ-和　小林司，徳田良仁編　医学書院　1993.1　860p 22cm　4-260-11771-8　19570円
精神医学、神経科学、心理学、行動科学を中軸として、関連領域の語彙約6万5000語を収録。英、独、仏、ラテン語の用語、訳語を並列的にアルファベット順に示し、日本語の語彙を簡潔に示した辞典。学会選定の訳語には記号を付け出典を明示し、英語以外の国語名、複数形、用法、人名、同意語などを見出し語の後に記号を用いて示す。収録の時代範囲が広いため、概念の変遷が分かり、古い文献を読む際にも役立つ。　　3769

精神医学事典　新版　加藤正明〔ほか〕編　弘文堂　1993.2　1151p 27cm　4-335-65080-9　24000円
人名228項目を含む約3000項目を収録し詳細な解説を加えた専門辞典。事項項目と人名項目の2部構成。各項目には見出し語、外国語訳（英、独、仏）、解説、さらに参考文献、主著が記載され、見出し語への参照もある。解説は詳細であり、参考書、人名辞典としても利用できる。付録として、精神医学領域の疾患分類であるICD-10、DSM-Ⅲ-R、検査法一覧、向精神薬一覧、精神保健法、略語一覧が掲載されている。巻末に和文、欧文の事項索引と人名索引がある。　　3770

精神科ポケット辞典　新版　飯森真喜雄〔ほか〕編　弘文堂　1997.3　432p 19cm　4-335-65098-1　3914円
臨床精神医学、精神科看護、精神保健、福祉領域の用語2322語（うち人名50）に読みがな、対応する欧文を付記して解説した辞典。配列は日本語見出しの五十音順。和文事項索引、欧文事項索引、人名索引がある。1981年に初版、1989年に補正版を刊行したものの改訂版で、新たに約550項目増えている。巻末にはWHO国際疾病分類やDSM-Ⅳ分類をはじめとし、付録を多数掲載しており、臨床に有用なポケットブックとなっている。　　3771

DSM-Ⅳ精神疾患の分類と診断の手引　American Psychiatric Association〔著〕　高橋三郎〔ほか〕訳　医学書院　1995.3　291p 19cm　『Quick reference to the diagnostic criteria from DSM-Ⅳ』の翻訳　4-260-11793-9
米国精神医学会（APA）発行の原著の全訳。DSM-Ⅳ分類、多軸評定、診断カテゴリーからなり、分類から診断カテゴリーへの参照頁が付いている。診断カテゴリーの項目ごとに簡単な説明があり、精神障害の診断基準をコンパクトにまとめたもの。巻末に一般身体疾患抜粋および投薬誘発性障害のためのICD-9-CMコード番号のリストおよび障害例からの索引がある。　　3772

メンタルヘルス解説事典　大原健士郎編　中央法規出版　1987.3　613p 22cm　4-8058-0428-9　8000円
精神医学、精神衛生の領域における主要な事項、関連法規、主要な検査などを371項目にわたり解説。参考文献のある項目については項目末に記載。精神衛生センター、大学病院、家庭裁判所の名簿を付し、巻末に用語索引と人名索引がある。　　3773

臨床精神医学辞典　第2版　西丸四方編　南山堂　1985.8　372p 22cm　4-525-38512-X　5800円
臨床精神医学、神経学の日常に使われる言葉を中心に、約2600語を選択して解説する。項目はカナ読みの五十音順に配列し、見出し語に従う外国語、語源となる外国語を表す記号をつけ、詳しい説明がついている。言葉としての用語に重点をおいた読む辞典。巻末に外国語索引がある。　　3774

◆◆小児科

講談社小児科臨床大事典　1-14，別巻，Supple.1　小林登，北川照男企画・編集　講談社　1986-1989　16冊

31cm （Encyclopedia of medical sciences）
小児科学について、関連分野を含めた網羅的な項目を詳しく解説し、五十音順に配列した専門事典。各項目は、項目名に対応する外国語（英語、独語、仏語、羅語）、同義語、略称、詳細な解説からなっている。解説文は、見出しを多く使った見やすい構成となっている。カラーの図・表・写真が豊富で、わかりやすい。第1巻の巻頭に体系的項目検索ガイドがあり、体系順に示された各項目に掲載頁が付されている。別巻には、和文と欧文の索引がある。『医科学大事典』☞3619（講談社）から選択した項目が多い。　　　3775

小児科「新用語」解説事典　阿部忠良〔ほか〕編　文光堂　1990.5　338p 21cm　4-8306-3013-2　4500円
小児科の新用語の解説事典で、1975年以後使用されはじめた用語を、欧文のアルファベット順に構成する。各項目は、欧文、和文、同義語、詳しい解説からなる。巻末に和文と欧文の索引がある。500語の新用語が明解な解説とともに集められている。　3776

小児科用語集　日本小児科学会編　金原出版　1994.5　476p 22cm　4-307-17037-7　3500円
『ネルソン小児科学』（1986年刊）に記載されている用語を中心に6731語を収録する用語集。英和篇、和英篇、略語篇で構成される。各項目は、欧文、和文からなり、略語篇には、欧文、和文の両方を記載。　3777

小児外科疾患用語集　日本小児外科学会編　金原出版　1994.6　208p 22cm　4-307-20104-3　5200円
小児外科疾患の用語集で、主として臓器別に区分した全29章ごとに、体系的に構成される。各項目は、欧文、和文、「International statistical classification of diseases and related health problem」によるコードナンバーからなる。　3778

小児外科手術用語集　日本小児外科学会用語委員会編　金原出版　1988.5　149p 21cm　4-307-20068-3　3800円
小児外科手術に関する用語集で、「International classification of procedures in medicine（ICPM）」コードによる体系で構成。各項目は、欧文、和文、ICPMコードからなり、索引はない。巻末に、各種疾患に対する術式コード例と、日本胸部外科学会手術コードに準じた血管体系コード（一部改変）の掲載がある。　3779

小児検査ハンドブック　堀誠，三河春樹編　講談社　1988.3　393p 22cm　4-06-139714-1　9800円
臨床検査のうち、小児の特殊性に基づく実際的な検査現場の問題が、入門的に述べられている便覧。参考文献が各章ごとにある。各項目は比較的細分化されており、簡潔でわかりやすい記述で、図表も豊富。巻末にアルファベット順の事項索引がある。　3780

小児神経学用語集　日本小児神経学会用語委員会編　診断と治療社　1996.1　280p 22cm　4-7878-0329-8　3811円
小児神経学領域を主体とし、関連する臨床医学や基礎研究領域の用語を収録した用語集。欧和篇、和欧篇、略語篇の3部からなる。それぞれ対応する日本語、欧文、欧文フルタームを併記している。配列は欧和篇と略語篇はアルファベット順、和欧篇は五十音順である。日本小児神経学会として初めての用語集である。　3781

新・母子保健用語集　同文書院　1992.10　199p 19cm　4-8103-0021-8　1800円
母子保健用語を婦人科医および小児科医が中心となって整理した用語集。国際保健機構（WHO）の国際疾病分類第10回修正（ICD-10）に規定された用語や定義も多く取り入れている。用語の配列は五十音順、用語によっては英語を補記している。付表として、母子保健関係図表、母子保健関係法規集、国立関係機関一覧表、母子保健関係団体および学会一覧表が付いている。　3782

◆◆外科学

英和・和英麻酔科学用語集　改訂第2版　日本麻酔学会編　克誠堂出版　1993.8　288p 18cm　4-7719-0127-9　2575円
麻酔科学の用語4700語を収録し、英文篇、和文篇からなる用語集。各項目は、用語の英文と和文で構成される。　3783

胸部外科学用語集　日本胸部外科学会編　金原出版　1993.10　152p 30cm　4-307-20098-5　7500円
胸部外科医が日常使用する疾患用語を、『International classification of procedures in medicine』に準拠して体系順に配列した用語集。欧文、ICPMコード、和文からなる欧文編と、各項目が和文、ICPMコード、欧文からなる和文編で構成される。　3784

形成外科用語集　欧和・和欧・図解　第3版　日本形成外科学会用語委員会編　日本形成外科学会　1998.12　524p 19cm
欧和編、和欧編、図解編よりなり、基本は英語の用語に和訳を付すことからなっている。用語集の名前の示す通り語の意味の説明は無い。和訳語は最も慣用されるものが選択されているが、複数ある場合には最も繁

用されるもの1ないし2語が選ばれている。日本医学会編の『医学用語辞典』☞3636に採録されている語が優先的に採用されている。英語の見出し語のもとでは、その語を含む複合語も同時に列挙されており、検索の便をはかっている。判型はハンディであり、座右に置いて簡便に使用できるほか、持ち運びにも適している。専門家向けの用語集である。　　　　3785

外科的疾患用語集　改訂第2版　日本外科学会医学用語委員会編　金原出版　1995.4　189p　22cm　4-307-20109-4　6386円
外科的疾患の用語集で、「International classification of diseases」に準拠する体系順配列。各項目は、欧文、ICDコード、和文からなる。巻末に、欧文、和文、30の章の略称からなる総索引がある。　　　　3786

講談社整形外科大事典　1-8，別巻　津山直一企画・編集　講談社　1985-1986　9冊　31cm　(Encyclopedia of medical sciences)
整形外科学について、関連分野を含めた網羅的な項目を詳しく解説し、五十音順に配列した専門事典。各項目は、項目名に対応する外国語（英語、独語、仏語、羅語）、同義語、略称、詳細な解説からなっている。解説文は、見出しを多く使った見やすい構成となっている。カラーの図・表・写真が豊富でわかりやすい。別巻には、体系的項目検索ガイド、資料、和文と欧文の索引がある。『医科学大事典』☞3619から選択した項目が多い。　　　　3787

手術用語集　改訂第2版　日本外科学会医学用語委員会編　金原出版　1991.5　115p　22cm　4-307-00388-8　4000円
臓器別に分類し、「International classification of procedures in medicine」の第5章Surgical proceduresに準拠する体系順配列の手術用語集。各項目は、英文、ICPMコード、和文からなる。小児外科学、形成外科学の用語も含む。各領域に共通した用語は第1章General terminologyにある。　　　　3788

図解リハビリテーション事典　竹内孝仁編　広川書店　1987.6　252p　22cm　4000円
リハビリテーション関係の用語を広く集め、豊富な図を添えて、簡潔に解説する用語集。各項目に、和文、かな表記、英文と解説を記載し、巻末には英文の索引がある。　　　　3789

ストーマリハビリテーション学用語集　日本ストーマリハビリテーション学会編　金原出版　1997.3　159p　22cm　4-307-70138-0　3300円
ストーマおよび関連領域、そのリハビリテーションにおいて使用される専門的言語表現について最適な理解を得ることを目的とした用語集。前半部は用語分類。後半部の用語事典は、五十音順に見出し語を配列し対応する英文用語、定義が記されている。英文索引がある。付録として用語の理解を助けるため図表がある。　　　　3790

整形外科学辞典　東博彦〔ほか〕編　南江堂　1994.8　491p　22cm　4-524-20139-4　9500円
専門医と関連領域に携わる医療関係者を対象に、専門用語の定義および概要を平易に解説する専門事典。スポーツなど新しい領域を含む一般整形外科をはじめ、リハビリテーション専門看護などの関連分野でよく使われるものを収載。和文見出し語と欧文見出し語がそれぞれ字順に配列されている。巻末に、欧文索引と略語がある。　　　　3791

整形外科学用語集　第4版　日本整形外科学会学術用語委員会編　南江堂　1994.5　22,574p　19cm　4-524-20794-5　3700円
整形外科学関係の用語を網羅的に収録する用語集で、英文を中心とする欧和の部と、和欧の部、略語の部からなる。各項目の和文には、かな表記が添えてある。5年を目途に改訂を重ねている。第5版が刊行された。　　　　3792

整形外科用語マニュアル　第2版　Carolyn Taliaferro Blauvelt, Fred R.T. Nelson著　滝川一興訳　医学書院　1997.6　533p　22cm　『A manual of orthopaedic terminology 5 th ed.』の翻訳　4-260-12576-1　6800円
整形外科および関連領域を12章の体系別に分け、そこで使われる用語を、大項目、小項目ごとにアルファベット順に配列した専門事典。各項目は、原語、日本語名（ルビ付き）、簡潔な説明からなる。巻末に、和文と欧文の索引がある。付録には、整形外科用語略語集、肢位と方向、冠名筋骨格系疾病用語のICDコードがある。　　　　3793

脊椎外科用語事典　日本脊椎外科学会編　南江堂　1995.6　148p　19cm　4-524-20647-7　3200円
脊椎外科に関する用語を、基礎医学的なものから、病態、画像診断、治療法に至るまで収録した事典。体系順配列の本編の各項目は、欧文、和文、簡単な解説、同義語、反意語、関連語からなる。巻末に、和文、欧文の索引がある。　　　　3794

手の外科学用語集　日本手の外科学会編　南江堂　1997.5　201p　19cm　4-524-21645-6　3000円
手の外科領域に関連する欧語から用語を取捨選択したもの。欧和の部と和欧の部からなる。欧和の部は欧語

の第1語をアルファベット順に配列し対応する日本語を示し、和欧の部は和語を五十音順に配列して対応する欧語を示している。指伸展機構、手掌皮線および爪については図示している。
3795

脳神経外科学用語集 日本脳神経外科学会用語委員会編　南江堂　1995.4　402p　19cm　4-524-20935-2　4500円
脳神経外科学を主体とし、関連する臨床、基礎領域も収録する用語集。欧和篇、和欧篇、略語篇で構成され、欧和篇の各項目は、欧文と和文からなるが、用法の注意などの短い注釈や漢字の読みが添えられているものもある。和欧篇の各項目は、和文と欧文からなり、略語篇は略語と欧文、和文からなる。
3796

泌尿器科用語集 改訂第2版　日本泌尿器科学会編　金原出版　1996.3　255p　18cm　4-307-43025-5　4841円
泌尿器科学関係用語7000語の用語集で、英和編、和英編、略語編からなる。各項目は、英語、日本語、略語からなり、解説はない。
3797

仏日整形外科学用語集 第2版　森崎直木編　文光堂　1991.11　268p　19cm　4-8306-3926-1　3100円
フランス語の整形外科用語、それに関連深い医学用語を収載した用語集。用語のアルファベット順に配列され、それぞれ日本語訳を付す。見出しには名詞の姓（m. f. n）、形容詞（adj）の表記がある。日本語訳の用語は主に『整形外科学用語集』☞3792（日本整形外科学会編）『解剖学用語』☞3686を採用している。
3798

麻酔科学基本用語辞典 関口弘昌編著　克誠堂出版　1994.7　146p　26cm　4-7719-0145-7　4944円
麻酔科学に関する基本用語集で、日本語で医学を学ぶ中国人向けのものから、中国語を省き、日本の医学生や麻酔科レジデント用としたもの。各項目は、和文、欧文、簡単な解説からなる。同義語、略語、関連語への参照が多い。巻末には、欧文と略語からの索引がある。
3799

麻酔学用語辞典 サンフォードL.クレイン著　島田康弘監訳　シュプリンガー・フェアラーク東京　1996.12　466p　21cm　『A glossary of anesthesia and related terminology』の翻訳　4-431-70695-X　7500円
麻酔の臨床、外科手術、集中治療関係、ペインクリニック関係、米国医療システム関係、電気工学系の用語まで幅広い用語を選択した用語辞典。麻酔科医、医学・歯学・看護学生を対象としており、学習の際にも参考となる。配列は見出し語のアルファベット順で、続いて日本語訳と解説。随所に写真や図表が挿入されているため、わかりやすい。巻末に五十音順索引がある。
3800

リハビリテーション解説事典 第2版　村地俊二〔ほか〕編　中央法規出版　1993.8　651p　22cm　4-8058-0598-6　6000円
リハビリテーション全般について、大項目254を収録し、詳細な解説と引用・参考文献を付し、便覧的な利用もできる専門事典。7つの部立ての中に、体系順に大項目を配置。各項目には、解説を補う豊富な図、統計表も必要に応じて付されている。巻末に五十音順の索引があり、事典としての利用に役立つ。
3801

◆◆婦人科・産科学

産科婦人科用語解説集 第2版　日本産科婦人科学会編　金原出版　1997.3　216,17p　22cm　4-307-30071-8　4429円
産科婦人科の日常診療、学習に必要な856語を収録した主題小辞典。『産科婦人科用語集』☞3803の改訂（第4版）にともない、1988刊の初版を全面改訂したもの。746語中655語採用。新規に201語を追加した。五十音順の用語には、ふりがな、欧文、欧文略語を併記。巻頭に7領域に分類した見出し語一覧、巻末に欧文索引あり。関連する『産科婦人科用語集』内の定義集への参照がある。
3802

産科婦人科用語集 第4版　日本産科婦人科学会編　金原出版　1995.8　1冊　22cm　4-307-30066-1　5356円
日本産科婦人科学会による、1983年刊第3版の全面改訂版。日常治療および教育、臨床研究の基礎として必要な用語3076語を収録。専門的すぎる特殊用語、一般医学用語、他科用語、合成語は除いている。五十音順の見出し語には、かなよみ、欧文（英語を重視）を併記。日本小児科学会、日本周産期学会との用語統一・調整も行われている。付録の定義集には、学会の統一見解、合意事項、新分類などが網羅されている。巻末には、冠名用語表、略語表、アルファベット順の英和・独和・仏和対訳がある。
3803

産婦人科英語基本用語集 小林充尚著　朝倉書店　1987.4　400p　19cm　4-254-30025-5　7000円
産婦人科の専門用語だけではなく、論文執筆、カルテ記入に使用する用語を含めた、英文用語集。見出し語の下の熟語、慣用句、例文も含めて、完全な対訳併記となっている。配列は日本語見出しの五十音順で、巻末に欧文からの索引がある。
3804

◆◆眼科学

眼科学辞典 丸尾敏夫〔ほか〕編 メディカル葵出版 1991.5 656p 22cm 4-943900-45-3 9785円
『眼科用語集』☞3807には解説がないため、眼科用語全般について適切な解説を付けるべく編まれた主題辞典。25分野の体系順配列の各分野内は五十音順で、欧文を併記。巻末に略語表、項目総索引、欧語索引がある。眼科専門医認定試験出題基準、医師国家試験出題基準、眼科用語集に含まれる用語について、それぞれ印を付与。　　　　　　　　　　　　　　　3805

眼科症候群辞典 大井いく子〔ほか〕編 メディカル葵出版 1984.7 239p 22cm 4-943900-03-8 4800円
眼科特有のものに限らず、眼科領域で扱われている症候群を整理し解説を加えた辞典。アルファベット順の英語見出しのもとに、同義語、概要、全身症状、眼所見、治療、予防、原因、合併症、予後、文献などが記載される。巻末に五十音順邦語索引と欧語索引がある。各項目末の参考文献は、和文、欧文、雑誌、図書を含むが3件までに限っている。　　　　　　　3806

眼科用語集 日本眼科学会編 医学書院 1988.9 191p 18cm 英文書名：『Terminology in ophthalmology』 4-260-13168-0 1800円
眼科で用いられる和文の用語に共通の基準を設けるべく、日本眼科学会用語委員会により編まれた用語集。2部からなり前半は英和編で英語見出しのアルファベット順、後半は和英編で五十音順に用語が配列併記されている。一つの概念には一つの用語が対応するという原則のもとに和文用語の統一をはかっている。また、対応する日本語の表現のない新しい欧文用語は採録されていない。漢字、かなづかいにも注意を払っている。巻末に基本的な略語表がある。第2版が刊行された。
3807

◆◆耳鼻咽喉科学

英和言語障害用語集 福田登美子, 岡村多可編著 大阪 ユアーズ 1996.4 257p 19cm 4-946521-01-1 2700円
言語障害治療学を学ぶ上で有用な用語約3000語を選択し、カタカナの発音表記と対応する日本語訳、および一部に解説を付した英和用語集。配列は英語見出しのアルファベット順である。　　　　　　　　　3808

言語障害用語辞典 風間書房 1991.6 258p 19cm 4-7599-0792-0 1900円
言語障害に関する文献読解のための小辞典。見出し語は約3200語。アルファベット順の英語見出しに日本語が併記され、数行の簡易な解説あり。同義語、解説文中語を含む欧文索引はあるが、和文索引はなく、日本語からのアプローチはできない。　　　　　3809

コミュニケーション障害辞典 David W.H.Morris著 森寿子訳 医歯薬出版 1995.6 290p 22cm 『Dictionary of communication disorders 2nd ed.』の翻訳 4-263-21253-3 5500円
言語治療とその関連分野の基本的用語1871語を収録した入門的主題辞典。アルファベット順に配列された欧文見出しには日本語を併記。解説文中の見出し語はゴシック表記。巻末に、欧文を併記した五十音順事項索引、かな読みを併記した人名索引、付録として「参考文献一覧」「話し言葉と言語の発達」「国際音声字母」がある。　　　　　　　　　　　　　　　　　　3810

耳鼻咽喉科学用語解説集 改訂第2版 日本耳鼻咽喉科学会編 金原出版 1989.5 345p 19cm 4-307-37028-7 4120円
耳鼻咽喉科学の常用専門用語のうち、定義の明確を要するもの、解説の必要なもの、新分野、関連領域の用語で正確な普及の望まれるもの2250語を収録した主題辞典。1976年刊の改訂。五十音順の見出し語には欧文を併記。用いられる専門領域を解説末尾に略称で分類表示している。巻末に、和文索引、欧文索引（索引用語は約8200語）、常用略語表がある。　　　　　　3811

◆衛生学・公衆衛生・予防学

医療・病院管理用語事典 日本病院管理学会用語委員会編 ミクス 1997.7 189p 19cm 4-89587-108-8 2800円
医療・病院管理に関連する基本的および新しい用語324語を、簡潔かつ平易に解説した用語事典。日本語見出しを五十音順に配列し、欧文を併記している。解説文中の重要語をキーワードとしてゴシック表示し、巻末に見出し語とキーワードの和文、英文索引がある。広く保健・医療・福祉・病院管理学への理解を深めることを目的としているため、読みやすいものとなっている。　　　　　　　　　　　　　　　　　　　3812

疫学辞典 John M.Last編 重松逸造〔ほか〕監訳 日本公衆衛生協会 1987.3 163p 21cm 『A dictionary of epidemiology』の翻訳 4-8192-0109-3
疫学関連用語を広範囲にわたり収録、詳細な解説を加えた用語事典。各項目の配列は五十音順。各項目は、見出し語、欧文表記、解説文からなり、見出し語への

参照もある。巻末に参考文献と欧文索引がある。IEA
（国際疫学協会）後援図書。　　　　　　　*3813*

現代労働衛生ハンドブック　増補改訂第2版　三浦豊彦
　〔ほか〕編　川崎　労働科学研究所出版部　1994.12　2冊
　（別冊とも）27cm　4-89760-881-3　全55000円
労働衛生に関する項目を、環境条件、健康障害、種々
の労働ごとの23項目に分け解説したハンドブック。旧
版は26項目だったが、削除や新項目を追加するなど、
大幅に改訂し、初版の別冊の形で出版された。記述が
詳細であるため、ハンドブックにしては大部なもので
ある。巻末には関連の諸統計がグラフや表で掲載され、
便利である。また、総索引も付いており、産業医をは
じめ、労働衛生を監督する人々にも利用できるもので
ある。　　　　　　　　　　　　　　　　　*3814*

厚生統計要覧　昭和46年版-　厚生省大臣官房統計情報
　部編　厚生省大臣官房統計情報部　1971-　年刊　18cm
厚生省の行う各種統計から人口・世帯、保健医療、社
会福祉、年金など厚生行政にかかわる主要な統計をハ
ンディにまとめたもので1971年以降毎年刊行されてい
る。典拠を記した約400の図表を掲載し、簡単な調査
には十分利用できる。巻末に付録として、厚生省組織
図、厚生統計に用いられる各種分類の一覧、主な比率
や用語の解説、厚生省統計調査一覧を掲載している。
解題は平成9年版による。　　　　　　　　　*3815*

国民医療年鑑　昭和39年版-　日本医師会編　春秋社
　1964-　年刊　22cm
わが国の医療が抱える課題、今後の展望などをテーマ
に日本医師会が編集している年鑑。テーマに関する記
事、対談記録に加え、医療関連統計の章が設けられて
おり、人口、社会保険、医療、政府財政に関する諸統
計および厚生行政に関する調査報告から、特に医療活
動に関連するものを抜き出し利用しやすいよう整理し
て掲載している。巻末に、初年度から最新年度までの
総目次と総索引がある。解題は平成9年度版による。
　　　　　　　　　　　　　　　　　　　　3816

国民衛生の動向　厚生統計協会編　厚生統計協会　1954-
　年刊　26cm
月刊誌『厚生の指標』の臨時増刊として毎年発刊され
る。国民衛生の現状と動向を広範にわたる資料と精度
の高い最新の統計データに基づきわかりやすく解説。
毎年カテゴリーを整理し、新しい事項の追加や内容の
改善を図っている。巻末に統計表をまとめ、付録とし
て使用されている統計、分類の解説と本文細項目の索
引を付す。衛生に関するわが国唯一の速報解説版。解
題は1998年版による。　　　　　　　　　　*3817*

図説日本の医療　厚生省健康政策局総務課編　ぎょうせ
　い　1989-　年刊　21cm
日本の医療を取り巻く環境、医療制度の現況、医療従
事者の置かれた状況などについてまとめたもの。各項
目について左頁は図表、右頁は解説という構成。日本
の医療についての資料を網羅的に収録し、厚生省関係
の報告書の要旨なども盛り込んでいるので、現況を理
解しやすい。　　　　　　　　　　　　　　　*3818*

総合食品事典　第6版　桜井芳人編　同文書院　1996.3
　1231,46p　20cm　4-8103-0023-4　3090円
食品学および食品関連の産業に携わる人を対象に編纂
された食品事典。収載項目は4085で、五十音順配列。
項目名をひらがなで記し、続いて相当する漢字を示す。
さらに外国語名のある場合はそれを併記している。巻
末に、付表として種々の食品規格、統計、基準、法規
を掲載し、項目名および項目名に準ずるものを加えた
索引がある。　　　　　　　　　　　　　　　*3819*

保健婦業務要覧　改訂第8版　日本看護協会編　日本看護
　協会出版会　1993.6　598p　21cm　4-8180-0366-2
　3600円
保健婦活動について、具体的に解説した要覧。総論と
して公衆衛生看護、各論として母性・小児・成人・高
齢者などの各保健指導について詳細に解説してある。
保健婦活動の在り方を再確認し、その専門性を問いな
がら公衆衛生看護の問題点を実践面から具体的にとり
あげている。各章末に参考文献、巻末に五十音順索引
を付す。初版は1948年（昭和28）刊。不定期で改訂版
が刊行される。　　　　　　　　　　　　　　*3820*

労働衛生用語辞典　第2版　労働省労働衛生課編　中央労
　働災害防止協会　1993.10　252p　19cm
労働衛生の正確な理解を目的に、容易に的確に利用で
きるようにした解説書。衛生管理者、産業医を対象と
している。本文は約900の見出し語が五十音順に並び、
労働衛生用語和英対照表と五十音順索引からなる。索
引の太字は見出し項目で、細字は文中項目。　*3821*

◆食品・栄養

市販加工食品成分表　会社別・製品別　改訂第7版　女子
　栄養大学出版部　1995.5　663p　19×26cm　4-7895-
　0407-7　4500円
市販食品につき244の製造元より提出された栄養成分
値を基礎に会社別、製品別に分類して編纂したもの。
食品100g当たりの栄養成分と一包装の量などを備考

欄に記載する。大学での研究成果の栄養成分値も記載されている。
3822

総合栄養学事典 第4版 吉川春寿，芦田淳編 同文書院 1996.3 1008p 20cm 4-8103-0024-2 3090円
栄養学および関連分野における専門用語に解説を施した事典。掲載項目は、栄養学、医学、衛生学、食品学、調理学、食料経済学、社会学など。解説は重要な項目は系統的に、関連の深い項目はまとめて解説している。見出し語はひらがなの五十音順配列で、相当する漢字を連記し、必要なものには外国語を記す。巻末には諸表のほか、栄養学年表、関係略語表、学会、研究機関、試験場、栄養・給食関係団体、雑誌・新聞・統計・年鑑などの名簿、関係法規を収載している。日本語索引と外国語索引がある。
3823

治療食指針 改訂新版 慶応義塾大学病院食養委員会編 第一出版 1990.7 160p 26cm 2266円
食事療法の日本最初のマニュアル。肥満食、高脂血症食、腎不全食、肝不全食などの29の治療食が示されている。治療用特殊食品を使用した新しい治療食の分野が展開されており、常に新しい医学の動向をとらえて治療食に反映させている。
3824

天然着色料ハンドブック 谷村顕雄〔ほか〕編集 光琳 1979.6 891p 22cm 18000円
天然着色料の安全性について10章に分けて体系的に解説した便覧。第1－4章では天然添加物の範囲および世界における規制や、利用の歴史、食品と色、色素の分類について解説。第5章では各色素について所在、成分、性状、安全性などについての詳細なデータを収載。第6－8章には分析法、安全性試験、食品への利用を、9章資料編には、天然着色料の規格、安全性、各会社別着色料自主規格データ、製造・販売メーカー一覧などを収載。各章末および各色素の解説の後に参考文献を付し、巻末に和文、欧文索引を付す。
3825

日本食品標準成分表 新規食品編 5訂 科学技術庁資源調査会編 大蔵省印刷局 1997.4 148p 30cm 4-17-311720-5 900円
4訂『日本食品標準成分表』公表以後の食生活の多様化や食品生産、流通などの変化に伴い全面改訂となり、その一環として4訂日本食品標準成分表に収載されていない食品213種の食品成分分表である。栄養成分項目は4訂より多い36項目となっている。これまで糖質と粗繊維と分けて表示していたが、炭水化物に統一されている。これまで熱量がないとされた茸類、海草類に新しく熱量が表示されている。100g当たりの重量等量で栄養成分の密度を考えている。
3826

日本人の栄養所要量 第5次改定 厚生省保健医療局健康増進栄養課 1994.3 160p 30cm
日本人の年齢別・性別・生活強度別の食事の基準量を定めたもので、病院、学校、事業所などの食事の栄養量の基礎となる。数値を算定する根拠や応用法が示されているほか、栄養に関係した用語解説があり便利である。海外の例も記載されているため比較が可能。初回からの改定栄養量が記載され、その経過がわかる。
3827

◆歯科学

【書誌・索引】

歯科学文献集 第1－10巻 日本歯科大学歯学部図書館編集 医歯薬出版 1979－1987 10冊 27cm
歯学雑誌記事の網羅的索引誌。専門領域の雑誌収録数、詳細な件名数は、既存の医学索引誌の不備を補うものであり、1978－1984年の文献の検索ツールとしてすぐれている。第1巻は、『日本歯科関係文献集』として出版され、第6巻までは1巻につき半年分の文献を収録、第7巻からは1年分の文献を索引している。本文は件名のアルファベット順配列、巻末に著者索引をアルファベット順に付す。
3828

【辞典・事典】

学術用語集 歯学編 増訂版 文部省，日本歯科医学会〔著〕日本歯科医学会 1992.11 1005p 19cm 4-89605-085-1 4100円
日本歯科医学会と文部省学術審議会により、1万6016語が収録され、学術用語として制定された。第1部の和英の部は、ローマ字書き、日本語学術用語、外国語（主に英語）を3列併記、配列はアルファベット順。第2部の英和の部は、外国語（主に英語）、日本語学術用語、ローマ字書きを併記、配列はアルファベット順。第3部は「参考」として略号表を付す。
3829

カルテ記載のための歯科用語集 和・英 第5版 東京医科歯科大学歯学部「歯科用語集」編集委員会編 医歯薬出版 1996.10 269p 16cm 4-263-45321-2 2266円
予診、口腔解剖学のほか、保存学、補綴学、口腔外科学、麻酔学、矯正学、小児歯科学、放射線学、予防歯科学の各臨床科目ごと、臨床実習時に日常使う用語を集め、見出し語の日本語に、主に英語のほかに独・羅を併記。4版（1968年刊）までは、和・英・独・羅訳語集であったが、5版より不必要な語（特にドイツ語）

を削り、治療の流れにそって、小項目をたて用語をまとめ、必要に応じて手順、説明などを記す。巻末に、和文索引、欧文索引と主な検査基準値を付す。　*3830*

歯科医学大事典　第1-6巻　歯科医学大事典編集委員会編　医歯薬出版　1987-1988　6冊　31cm
約1万2000の見出し語は、歯科臨床医学に重点がおかれ、基礎医学、隣接医学からも用語を収録、全国歯科大学より1500名の多彩な執筆者が解説する大部なもの。全6巻のうち、本文1-5巻は日本語見出し語を五十音順配列し、読みがな、米語、同義語を併記し、事項解説を記す。1巻巻頭には、見てわかる歯科医学として22の総合的テーマを図版特集している。6巻は「歯科用語総覧＝総索引」で、見出し語、解説文中の重要語、図表・写真のタイトルなど6万7500語から検索可能。五十音順の和文索引とアルファベット順欧文索引よりなる。　*3831*

歯科技工辞典　奥野善彦〔ほか〕編　医歯薬出版　1991.9　654p　19cm　4-263-43020-4　8000円
約7100の歯科技工学関連の用語を五十音順に配し、100字を基準とする簡潔な解説。関連分野を13に分類、各項目の後に付し、所属する分野や広がりを示す。読みがな、米語、同義語、類義語、反対語、参照語などを必要に応じて付す。巻末に欧文事項索引、人名索引がある。　*3832*

歯科臨床検査事典　青木英夫〔ほか〕編　クインテッセンス出版　1990.2　977p　19cm　4-87417-309-8　9800円
歯科臨床各科に必須な検査項目（全身的疾患の各種検査法を含む）および健康保険甲表に採用されている準用検査項目につき、約1000項目を見出し語とし、五十音順配列、英語を併記。146名の執筆者により、各見出し語の中を、定義、意義、目的、適応疾患、検査法、正常値、評価などの小項目に分け、図表を用いて解説し、末尾に参考文献（和洋図書・雑誌論文）を付す。巻末のアルファベット順配列の欧文索引より、本文見出し番号へ参照が可能。　*3833*

歯周病学事典　山岡昭〔ほか〕編　クインテッセンス出版　1987.5　453p　30cm　（Quintessence books）　4-87417-212-1　28000円
歯周病学用語を中心に、関連分野からも幅広く約4500語を収録。52名の執筆者による事項解説。見出し語は五十音順配列、英語を併記、解説末尾に参考文献をあげている。巻頭に目次索引として和文見出し語の五十音配列、巻末に欧文項目のアルファベット順索引を付す。　*3834*

新歯学大事典　石川梧朗〔ほか〕著　京都　永末書店　1985.10　943p　27cm　43000円
関連の医学・薬学用語を加えた、歯学用語を総括的に、専門的詳細な事項解説を記す。日本語見出し語は、五十音順配列し、ラテン語、英語、独語、仏語の順に併記。相互参照、図版ともに豊富。巻末索引は、英、独、仏、羅の4つで、それぞれのアルファベット順配列。　*3835*

新常用歯科辞典　2版　日本歯科大学「歯科用語集」編集委員会OB会編　医歯薬出版　1976　860p　22cm　8000円
重要かつ常用の歯科用語、基本的な医学用語など6000語を収録。広く歯科関係者を対象に平易な事項解説を記し、同意語、関連語、参照語への詳細な案内が特長的である。日本語見出し語は五十音順配列し、読みがな、外国語、所属する分類科目名を併記するなど初学者にわかりやすい。索引は和文見出し語の五十音順配列。図版多数。3版が刊行された。　*3836*

新編咬合学事典　保母須弥也編集　クインテッセンス　1998.2　877p　22cm　4-87417-580-5　32000円
咬合学、補綴学、生理学、解剖学、歯周病学、口腔外科学および医療器具に関する用語のうち、特に咬合に関連が深い項目を選び、五十音順配列し、英語を併記、やや長文の詳細な解説を記す。巻末には和文と欧文の文献リスト、五十音順日本語索引と英語索引がある。　*3837*

日本歯科医学会歯科用語補遺集　日本歯科医学会歯科学術用語委員会編　日本歯科医学会　1997.3　105p　19cm　2725円
『学術用語集　歯学編　増訂版』☞3829に、不足している用語、1487語を追加。体裁は増訂版と同様、第1部和英の部、第2部英和の部、第3部略語一覧表となっている。　*3838*

日本歯科用医薬品集　1995年版　日本歯科薬物療法学会編　日本歯科薬品協議会　1995.8　290,16p　26cm　4-9900136-2-X　3000円
第1章は、口腔内に直接適応する医薬品を、添付文書、再評価申請資料をもとに整理編集したもの。記載項目は、一般名の下に商品名、略名、開発の経緯及び概要、組成、効能、用法・用量、使用上の注意、薬効・薬理、臨床適用、非臨床試験、性状、取扱い上の注意など。第2章は、それ以外の歯科治療時および処方時に必要とする医薬品一覧表。それぞれ、薬効別にまとめてある。巻末には、略号のアルファベット順索引、一般名、商品名の五十音順配列による和文索引を付す。　*3839*

ハイネマン歯科英和辞典　Jenifer E.H.Fairpo,C.Gavin Fairpo編集　有坂利通訳　医歯薬出版　1992.11　528p

19cm 『Heinemann modern dictionary for dental students 2 nd ed.』の翻訳 4-263-40388-6　5500円
歯科学生向けのコンパクトな英和辞典、ごく簡単に用語解説を記す。巻末の和英索引は、五十音順の和英辞書となっている。付表として、頭頸部解剖用語表は静動脈、筋、神経について学名のほか、起始、分布領域、機能などが対照できる。付録には、世界の歯学雑誌、日本の歯学雑誌リストを付す。　*3840*

臨床歯科用語集　粟沢靖之編　金原出版　1987.3　882p 19cm 4-307-45006-X　8000円
歯科の臨床用語の4か国語訳語集。日本語9130語、英語9866語、ドイツ語1万177語、ラテン語3447語を収録。4部からなり、和対英・独・羅訳の部は五十音順配列。英和の部、独和の部、羅和の部は、それぞれアルファベット順配列。　*3841*

【名簿・名鑑】

歯学研究者名鑑　1995年版　口腔保健協会編　口腔保健協会　1996.3　585p 26cm 4-89605-118-1　13000円
大学、行政関係、臨床医などを含む研究者名簿。所属別分類の構成となっていて、Ⅰ歯科医育機関研究者の項は、歯科大学・歯学部と医科大学・医学部口腔外科・研究所に区分され、大学別・講座別に講師以上について、役職、氏名、生年月日、学位・称号、出身校、卒業年度、学位論文、研究テーマ、著書を記載。Ⅱ行政関係研究者、Ⅲ歯科臨床医研究者の項は、主な歯科雑誌への論文執筆者を対象としている。Ⅳスタディグループ一覧、Ⅴ国立及び私立の大病院の歯科関係診療科の項は、300床以上の病院を対象とする。巻末は、五十音順の人名索引を付す。　*3842*

歯科材料学事典　学建書院　1987.3　521p 22cm　監修：山根正次　8000円
歯科材料に関する用語と資料を集め、初学者が理解しやすい内容。術語編と資料編と索引からなる。術語編は、和文見出し語を五十音順に配列し、英語を併記。事項解説は、図表を多く入れ、やや長文の教科書的説明を記す。資料編は、材料に関するデータ集。巻末に、五十音順配列の和文索引、アルファベット順配列の欧文索引を付す。　*3843*

日本歯科医籍録　第24版　医学公論社　1990.4　1冊 27cm　56650円
1953年の初版より24版を重ねるが、以後は出版予定がない。厚生省の歯科医籍台帳、日本歯科医師会名簿に拠っているが、各版とも収録対象年、全収録数などは不明である。構成は、6大地方ブロックに大別し、ついで都道府県別に、さらに市区群別に細分、中を個人名、病院名の五十音順配列。索引は都道府県（開業地）別に、名前から検索できる。氏名、勤務先、生年月日、学歴、登録年月日番号、略歴などを記す。　*3844*

◆◆歯科学史

図説歯科医学の歴史　マルヴィン・E.リング著　谷津三雄〔ほか〕訳　新潟　西村書店　1991.8　319p 34cm 『Dentistry』の翻訳 4-89013-157-4　28840円
原始から20世紀まで、時代の流れに従って、世界の東西・南北の各地に資料を求めた、歯科医学の歴史研究の集大成。時間的、地理的にもこれほど広くまとまり、多種多彩で貴重な記録文書、写真を収録したものは、ほかに類を見ない。素描、版画、彩色写本、レリーフ彫刻、風刺画、肖像画器械の写真など初めて紹介されるものも多い。原始、古代近東地方、古典期世界、初期中世、イスラム世界、極東、中世後期ヨーロッパ、ルネッサンス、17世紀ヨーロッパ、18世紀ヨーロッパ、アメリカ、20世紀に区分。巻末には五十音順配列の和文索引を付す。　*3845*

◆薬学

【書誌・索引】

薬学図書館雑誌総合目録　日本薬学図書館協議会編　日本薬学図書館協議会　1974-　年刊 30cm
日本薬学図書館協議会に加盟の全国の図書館が所蔵する逐次刊行物目録。1991-1997年版までは、全国の大学の薬学関連図書館と製薬会社の図書館104館で所蔵の、外国3697種、国内2833種を収録する。収録範囲は、薬学、化学、医学、理学、工学、農学、図書館学、情報学。外国編と国内編の2部からなり、それぞれアルファベット順に誌名を配列する。変遷注記、出版地、所蔵館と所蔵年を記載。巻頭に加盟館一覧を付す。　*3846*

【辞典・事典】

医薬実務用語集　第11版　薬事日報社編著　薬事日報社　1997.2　423p 18cm 4-8408-0436-2　3296円
医薬品製造・卸業・病院・開局薬局などの業務で、日常遭遇する医学・薬学・社会保険、関係法規、経済・経営などの分野の用語約4400語を選定し解説を付した用語集。各見出し語の配列は、現代かなづかいの五十音順。巻末に、外国語索引として略名と正式名索引を

付す。第12版が刊行された。　　　　　　　　*3847*

医薬品一般名称辞典　1996　日本公定書協会編　薬事日報社　1996.4　742p　26cm　4-8408-0394-3　30000円
医薬品の一般的名称に関する辞典で、中央薬事審議会の医薬品名称調査会が定めた日本の一般名を中心に収録。編集対象とされた医薬品は1995年3月までに新医薬品として承認されたものと保険薬として薬価基準に収載されているものが中心で、総数は約2100品目。本文の配列は、一般名のアルファベット順。一般名と商品名から引ける総索引（五十音順）General index（アルファベット順）、薬効別分類索引 Therapeutic category index、CAS登録番号索引、分子式索引を付す。　　　　　　　　*3848*

医薬品識別ハンドブック　医療用　1989年版－　医薬情報研究所〔編〕　薬業時報社　1989－　年刊　26cm
医療用医薬品の本体、被包に記された記号から、その医薬品を特定できるように編集されたもの。1997年10月29日現在の薬価収載医薬品のうち、外用薬900品目を含む7100品目を収載。本文は検索記号により、数字編、アルファベット編、マーク編からなる。五十音順配列の商品名索引を付す。FD版は『医薬品識別検索ソフト鑑別名人　96年8月版Ver.2.0』。解題は1998年版による。　　　　　　　　*3849*

医薬用語事典　第5版　日本医薬品卸業連合会広報部編　薬業時報社　1995.4　296p　19cm　4-8407-1720-6　2300円
医薬品卸業の業務遂行にあたって必要な基礎的医薬用語、関連法規、制度、経済、業界慣用語など各分野の新語や時事用語を選定し解説を付した用語集。約4500語を収録。用語の配列は、表音式かなづかいに従った五十音順。巻末に、抗生物質略語集、添付文書の用語解説などを付す。　　　　　　　　*3850*

看護のための薬事典　石橋晃〔ほか〕編　中央法規出版　1993.12　511p　26cm　4-8058-1170-6　4500円
看護婦の手による薬剤に関する事典。薬の作用を21に分類しそれぞれの作用について解説を施している。さらに、おのおののグループの中でよく用いられる重要な薬剤を取り上げ、各薬剤の剤形・規格、成分、作用、効能・効果、用法・用量、禁忌、副作用、同効薬と看護上の注意点について記述している。一般名を見出し語とし、見出し語のアルファベット順配列の索引を付す。看護業務に携わりながら、必要時にすぐに役立ち利用できる知識を、薬理学理論に基づきながら、看護の立場・視点から平易にまとめてある。　　　　　　　　*3851*

規制医薬品事典　薬事法による規制医薬品の手引き　薬事研究会編　薬業時報社　1992.3　588p　22cm　4-8407-1874-1　6900円
薬事法によって取扱い、表示、販売、記載事項、広告などに規制を受ける指定医薬品、毒薬、劇薬、要指示医薬品、習慣性医薬品、広告制限医薬品についてまとめた事典。それぞれの有効成分ごとに、薬事法の規制内容、構造式、物理化学的性状、効能・用法などの応用、毒性値、副作用、規制を受けることとなった時期、該当商品リストなどについて解説が施されている。和名と英名の索引が巻頭にある。　　　　　　　　*3852*

治療薬識別事典　1997－　メディカルレビュー社　1997－　年刊　30cm
薬剤本体・包装の識別コードから、その医薬品の剤形・色、商品名・成分名、薬効・主な適応症がわかる事典。1997年9月現在、製薬会社242社から発売されている約8000品目の医薬品についての情報を掲載。商品名索引、識別コード、会社別医薬品一覧、会社ロゴマーク・コード一覧から構成される。本文の識別コードは、数字順、アルファベット順、その他からなる。解題は1998年版による。　　　　　　　　*3853*

図書館・MRのための医薬情報略語集　改訂版　鴨田一郎編　相模湖町（神奈川県）　日本薬学図書館協議会　1997.11　373p　19cm　4-9900130-3-4　4000円
薬学を中心とした図書館、情報活動に頻出する略語3250語を集め、フルネーム（原語）、分類、内容を付したハンディな略語集。略語は、薬学から人文科学まで多岐にわたり、それぞれに独自の分類を付す。日本語も含めてアルファベット順に配列。内容には日本語訳と簡単な説明が付くが、詳しい説明はおのおのの分野の専門辞典と併用すべきである。国名、米国州名、主要国通貨などは省略し、巻末の付表に収録。日本語名称から略語への索引あり。　　　　　　　　*3854*

ナースのためのくすりの事典　1993年版－　守安洋子著　へるす出版　1993－　年刊　21cm
看護婦のための医薬品に関する一般的知識、投薬のうえでの注意、投薬後の観察、服薬指導で必要と思われる知識をまとめた事典。本文は、薬効別に一般名の五十音順配列。製品名、一般名を五十音順に記載した和文索引とアルファベット順に記載した英文索引を付す。　　　　　　　　*3855*

広川薬科学大辞典　第2版　薬科学大辞典編集委員会編　広川書店　1990.5　1969p　22cm　4-567-00202-4　20600円
薬科学とその関連分野の学術用語・事項を解説した辞典。ライフサイエンスの分野に重点を置いて編集し、薬学、医学の術語から、食品、化粧品、家庭用品、農

薬、化学物質などに関する事項まで網羅的に収載する。項目数は2万3500。五十音順配列で、英、独、仏、ラテン語を併記する。解説は簡潔で、必要に応じ図や構造式を示す。付録に、抗生物質構造式表と、処方用語あり。巻末に、英、独、仏、ラテン語それぞれのアルファベット順索引があり、これらの外国語の学術用語集としても活用できる。常用版のほかに、机上版、縮刷版あり。　　　　　　　　　　　　　　　　*3856*

保険薬事典　薬効別薬価基準　薬業研究会編　薬業時報社
　　1972－　年刊　21cm
保険医療に使用される医薬品の範囲と価格を定めた『薬価基準』に収載された医薬品を、薬効別にまとめたもの。1997年7月までに告示された医薬品を収録。商品名の五十音順配列の品目索引を付す。解題は平成9年版による。　　　　　　　　　　　　　　　　*3857*

薬学大事典　第2版　日本工業技術連盟　1983.10　1325p
　　22cm　15000円
現代薬学および、関連の科学分野の用語を解説した用語辞典と、研究・学習のための広範な一覧表を収載する便覧との2つの部分からなる薬学の総合辞典。用語辞典は、小項目方式をとる。配列は五十音順で、外国語を併記。解説は大学の薬学課程で理解できる程度のもの。便覧部は、薬効別医薬品一覧表、漢方薬常用処方集、その他統計数値や製剤総則など80種におよぶ一覧図表を収載。化合物、医薬品も一覧表にまとめ便覧部に載せる。巻末には、見出し語の英語索引と、薬効別医薬品索引を付す。豊富な内容であるが、内容を一覧できる目次がない。　　　　　　　　　　*3858*

薬学用語集　日本薬学会〔編〕　丸善　1985.1　495p　19cm
　　4-621-02961-4　3400円
薬学独特の用語と、他分野の語で薬学に用いられる用語約5000語を収載、薬学用語の統一と調整をした用語集。日本薬学会の編集で、学術用語集薬学編に相当する。学術分野以外に薬事行政用語なども収載。和英の部と英和の部の2部構成で、どちらもアルファベット順に配列する。和英の部は、用語の読み方のローマ字を見出し語とし、用語、対応する英語を記載。英和の部は、用語に対応する英語を見出し語とし、用語、用語の読み方を示すローマ字を記載。巻末に、日本語による化合物命名の原則などを付す。　　　　　*3859*

薬剤識別コード事典　大阪　医薬ジャーナル社　1976－
　　年刊　26cm
医薬品のコードから薬を識別する事典。1996年12月現在の『薬価基準』に収載されている医薬品のうち、なんらかの識別コードが付されている製品9076品目を収録。薬剤識別コード表は、製薬会社名の五十音順配列で、製薬会社ごとに、薬物本体または包装材料に記された識別コード、剤形、色、商品名、成分名、薬効が記載されている。数字順索引、アルファベット順コード索引、会社ロゴマーク・そのほかによる索引、外用剤索引、商品名五十音順索引を付す。解題は平成9年改訂版による。　　　　　　　　　　　　　　*3860*

薬名検索辞典　1991　総合薬事研究所編　薬業時報社
　　1990.12　246,2063p　22cm　4-8407-1045-7　24500円
薬品の商品名、略称などさまざまな薬名から検索し、薬効、成分などについて簡単な情報を得るための辞典。薬名間の相互関係も示す。薬名は、医薬品（公定名、化学名、基準名、一般名、通称名、略名、コード番号、治験番号、生薬名、商品名）を中心に、動物薬、農薬、化粧品原料なども収載する。網羅的な薬品名辞典であり類書がない。2部構成で、和名インデックスでは五十音順配列、対応する欧名と収載ページを記載。欧名インデックスはアルファベット順配列で、簡単な医薬品の解説と薬名間の相互参照を示す。1970年に初版が刊行され、およそ10年ごとに発行されている。　　*3861*

【便覧】

医薬情報ハンドブック　改訂第2版　堀美智子著　南江堂
　　1998.5　413p　26cm　4-524-40164-4　6800円
薬に関するさまざまな情報や資料を紹介するとともに、その調査法や、情報の評価に対する考え方、情報の提供の仕方をわかりやすく解説してある。全体は3部からなり、第1部では、多様な医薬情報の考え方について、その情報源となる資料をあげて解説し、第2部では豊富な例題を用いて実際の問い合わせや依頼に対してどのような対処をしていくかを具体的に記載している。第3部では、医薬情報活動に必要な書籍やデータベースなどが一覧表形式で紹介されている。各種関連資料が付録として付く。五十音順とアルファベット順による事項索引と資料索引を巻末に付す。医薬情報に関する資料とデータベースが数多く収録されて解説が施されているため、ライフサイエンス系の図書館員にも活用できる。　　　　　　　　　　　　　*3862*

医薬品情報　その考え方と実際　堀岡正義編著　薬業時報社　1990.11　492p　22cm　4-8407-1029-5　6000円
医薬品情報の収集、評価、伝達、活用のポイントを体系的にまとめた本。本文は、医薬品と医薬品情報、医薬品情報の情報源、医薬品情報の検索と評価、薬務行政・製薬会社と医薬品情報、病院薬剤部・薬局DI業務、医薬品情報調査の実際の6つの章からなり、各章の末尾には演習問題が設けられている。和文編と欧文編それぞれの用語索引と文献索引を付す。　　*3863*

薬事ハンドブック 薬業時報社 1969- 年刊 19cm
医薬品業界とその関連業界の年間の動向を解説したハンドブック。医薬品業界の動向、製薬企業の動向、世界の医薬品産業、医薬品などの生産の現況など8項目にわたり解説を施している。付録として、用語解説、関係団体・機関名などを付す。解題は1997年版による。
3864

JAPIC資料ガイド 医薬情報を調べる人のために 1990年版- 日本医薬情報センター附属図書館編 日本医薬情報センター 1990- 年刊 26cm
財団法人日本医薬情報センター（JAPIC）附属図書館が所蔵する資料について解説したガイドブック。資料編とサービス編で構成される。資料編には、逐次刊行物、FDAを中心とする薬事規制資料、WHO刊行物、世界の医薬品集、薬局方などの図書資料を収録。各種資料の多くには簡潔な解説が施され、医薬情報とその関連情報資料の手引き書として、またレファレンス業務に役立つ。サービス編では、図書館の利用案内やJAPICの各種サービス、料金表などが記載されている。
3865

【名簿・名鑑】

医薬品企業総覧 薬業会社録 1991年版- 薬業時報社 1991- 年刊 26cm
製薬会社、医薬品卸売会社の企業データブック。データは主に、各企業のアンケート回答に基づき収録したもの。1997年版では、製薬会社485社、卸売会社124社、外国企業13社、合計622社の1997年10月末現在のデータを収録する。4編からなり、医薬品製造会社編、医薬品卸売会社編、外国企業編では、会社ごとに業績・経営、製品、新薬、営業などを記載。データ編は、売上高などのランキングと、主要医薬品製造会社開発品目一覧表を収録する。
3866

全国薬学教員名簿 平成元年4月版- 薬学教育協議会編 薬業時報社 1989- 年刊 26cm
全国の大学の薬学部で、薬学専門教育に携わる教員の名簿。平成9年8月版では、1997年8月1日現在の在籍者を収録する。各大学の教室（または担当科目）ごとに、教授、助教授、講師、助手それぞれの出身学校/卒業年次、最終学歴/卒業年次、学位の種類/学位取得年次、専門分野、主な研究領域を記載。巻末に、専門分野別人名索引、薬科大学・薬学部住所一覧、その他を付す。
3867

日本病院薬剤師会会員名簿 1971年- 編集：薬事新報社 薬事新報社 1970- 年刊 26cm
全国の病院薬剤師会に所属する薬剤師の名簿。都道府県の病院薬剤師会ごとに分けられ、各病院のもとに、氏名、連絡先、卒業大学名と卒業年度が記してある。都道府県別に五十音順配列された施設名索引と製薬会社住所録を付す。解題は1998年版による。
3868

日本薬学会会員名簿 1996年版 日本薬学会編 日本薬学会 1996.11 879p 26cm 非売品
1996年10月2日現在における名簿。氏名の五十音順配列で、氏名、会員番号、出身校・年次、勤務先・職名、現住所を記してある。正会員、薬科大学および教職員一覧、関係製薬会社一覧などから構成されている。
3869

【医薬品集】

医者からもらった薬がわかる本 1988年版- 木村繁著 法研 1988- 年刊 21cm
医師から処方されることが多い内服薬約7000品目、外用薬・漢方薬約2000品目について、その作用、副作用、服用上の注意などを解説した本。第1部製剤識別コード編、第2部薬剤名五十音索引、第3部薬の知識編、第4部がんに使われる薬からなる。付録として、用語解説と略称・メーカー名対照表を付す。解題は1998年版による。
3870

一般薬日本医薬品集 日本医薬情報センター編 薬業時報社 1978- 年刊 27cm
わが国で販売されている一般用医薬品を網羅し、その添付文書をおもな情報源として編集した医薬品集。1998-99年版では、1997年9月2日現在販売されている約1万7000品目を収載。薬効群別に分類、各薬効群内は商品名の五十音順に配列する。各薬効群に、製造（輸入）承認基準、使用上の注意を記載。各医薬品は、医薬品名、販売区分、製造（輸入）業者名、販売業者名、組成、適用、用法、包装価格などを記載する。巻頭に、薬品名の五十音順索引、会社別製品索引を持つ。会社住所録、その他の付録あり。隔年で改訂され、間に追補が発行される。姉妹版として『医療薬日本医薬品集』☞3874がある。CD-ROM版は、「日本医薬品集CD-ROM」。
3871

医薬品・医療衛生用品価格表 薬事日報社編 薬事日報社 1964?- 年刊 26cm
わが国の一般市場に流通する医薬品、医療衛生用品の価格を、メーカー、発売元の資料をもとにまとめたもの。ペット用薬も収載。医薬品等価格表、主要局方品・主薬等相場表、医療衛生用品価格表の3編からなる。それぞれ商品名、品目の五十音順に配列、小売価、卸売価などを記載。相場表では、東京および大阪周辺の相場を示す。医薬品には薬効、規成区分なども記載。

巻末にメーカーリストを付す。　　　　　　　3872

医薬品要覧 第5版 大阪府病院薬剤師会編 薬業時報社
　1992.4　2472p 27cm 4-8407-1607-2　26500円
わが国で製造・発売されている医薬品を日本標準商品分類の薬効群に従って分類し収載。第4改訂版に加え、その後1991年12月までに添付文書が入手できた新薬をすべて収載。構成は1表、2表、3表からなり医薬品の一般名を見出し語とする。1表には、分類、一般名、構造式および性状、商品名、剤形・容量、用法・用量、効能・効果、2表には、薬効・薬理と特長、使用上の注意事項、3表には、各薬効群ごとに効能・効果、副作用、薬物の体内動態、急性毒性値などを並列対比した一覧表、およびその他の便覧が記載されている。商品名および一般名の五十音順からなる和名索引とアルファベット順に配列された欧名索引がある。追補として1993年新薬収載分を付す。　　　　　　　3873

医療薬日本医薬品集 第4版〔1978〕-　日本医薬情報
　センター編 薬業時報社 1978-　年刊 27cm
わが国で使用可能な医療用医薬品を網羅し、その添付文書をおもな情報源として編集した医薬品集。1997年10月版では、1997年9月12日現在使用される約1万7500品目を収載。一般名の五十音順に配列し、製品、組成、適用、用法、注意、作用などを記載する。巻頭に薬品名の五十音順索引、アルファベット順索引、薬効分類別索引を持つ。新薬一覧、製剤識別コードなどの付録あり。毎年改訂されるほか、追補が発行される。姉妹版として『一般薬日本医薬品集』☞3871がある。CD-ROM版は、「日本医薬品集CD-ROM」。　　　3874

医療用医薬品添付文書集 1996 東京都薬剤師会 1996.7
　3冊 30cm
1996年3月末現在の東京都薬剤師会管理センターの備蓄医薬品を中心に2000種（3800品目）を収載した医療用医薬品の添付文書集で3分冊からなる。収載分野は、内用薬、外用薬、歯科用薬で、注射薬のうちインシュリン製剤、腹膜、透析用薬、ヒト成長ホルモン剤が収載されている。漢方製剤は除外。配列順序は薬効分類順に収載され、商品名の五十音順索引、一般名の五十音順索引、薬効別索引、商品名のアルファベット順索引を付す。追補版は1996年6月14日から1997年7月25日までに『薬価基準』に収載された新成分を中心に、42品目を収載。　　　　　　　　　　　3875

OTCハンドブック 基礎から応用まで 帝京大学薬学部
　医薬情報室編 学術情報流通センター 1994-　年
　刊 26cm
大衆薬（一般用医薬品）を網羅したもので、1997年1月15日時点における製薬会社400社の5972製品を収録。本文は、薬効ごとに分類された23の章と、相互作用一覧、慢性疾患（生活習慣病）患者への販売注意成文一覧、一般用医薬品についての厚生省よりの製薬関係通知一覧、収録会社および問い合わせ先一覧からなる。薬効分類の各章は、使用目的と適応、使用上の注意とその解説、薬理作用の解説とその特徴、販売時の注意事項、商品一覧表で構成される。成分索引、商品名索引（五十音順配列）、会社商品別索引、相互作用一覧索引などを付す。解題は1997-1998年版による。　3876

今日の治療薬 解説と便覧 1977年版-　南江堂 1977-
　年刊 19cm
1998年2月現在市販されている臨床医家向けの医薬品のうち、日常よく使用されている医薬品を収載。薬効別に分類され解説と便覧からなる。解説には、薬剤の選択と種類・適応、使用法、副作用などが簡潔に記載されている。便覧には、薬剤名、組成・剤型・容量、用量などが表形式にまとめられている。巻末には、和文と欧文の索引を付す。解題は1998年版による。
　　　　　　　　　　　　　　　　　　　　3877

世界の医薬品集・薬局方 医薬品情報を探す人のために
　国田初男著 日本薬学図書館協議会編 日本薬学図書館
　協議会 1990.6　187p 26cm 4-9900130-1-8　7500円
世界各地で出版されている医薬品集（類似する出版物含む）と薬局方について紹介し解説したもの。1990年1月時点での（財）日本医薬情報センター所蔵の最新刊を中心に収載。医薬品集は海外23か国62種、国内19種。薬局方は22か国32種。Ⅰ部医薬品集、Ⅱ部薬局方の2部構成をとる。それぞれ国別に分類し、書誌事項に続き内容を解説。全点に表紙と内容見本の図版を付す。巻末に書名索引、世界の医薬品集一覧がある。類書が見あたらないため改訂版の刊行が望まれる。
　　　　　　　　　　　　　　　　　　　　3878

大衆薬事典 1992/93年版-　日本大衆薬工業協会編 薬
　業時報社 1992-　隔年刊 26cm
日本大衆薬工業協会加盟会社の一般用医薬品の添付文書を要約、編集したもので、1996年3月までに生産・販売されている一般用医薬品3013品目を収載。索引として、販売名五十音順索引、販売名会社別索引、症状別索引を付す。解題は、1996/97年版による。　3879

治療薬マニュアル 1990年版-　菊池方利〔ほか〕編 医
　学書院 1990-　年刊 19cm
臨床医向けに、医薬品の添付文書情報と臨床解説とをコンパクトにまとめた医薬品集。1998年版では、1997年12月12日付の薬価基準収載までの主要薬を網羅する。薬効群別に分類し配列。大薬効群ごとに、専門医による臨床解説と治療法・処方例を解説。小薬効群で

は、一般名に続いて商品名、組成、用量・用法、作用などの添付文書情報を整理して記載する。和文索引、欧文索引、識別コード索引を付す。　*3880*

日本医薬品総覧 1994年版－　JAPAN　DRUGS編集委員会編　メディカルレビュー社　1994－　年刊　30cm
1997年5月現在、『薬価基準』に収載され医療の現場で使用されている医薬品（一部未収載品を含む）を収録。本文の配列順は、医薬品の一般名の五十音順でおおむね基本名を先にし、塩または修飾語を後に置く。構成は、有効性の欄、安全性の欄、使用上の注意、服薬指導のポイントとなっている。索引は、本文中の一般名の五十音順と表題医薬品名のアルファベット順。解題は1997年版による。　*3881*

日本抗生物質医薬品基準解説 1993　日本抗生物質学術協議会編　薬業時報社　1993.4　995p　22cm　4-8407-1342-1　18000円
わが国の抗生物質に関する製造、開発、使用などの基準となる「日本抗生物質医薬品基準」を収録、解説を付したもの。総則、製剤総則、医薬品各条、一般試験法、付表および解説からなる。医薬品各条では、1993年1月現在の収載品目551を、基準名の五十音順に配列。続けて、英名、別名、基原その他総括事項、性状、確認試験、規格、試験法、貯法、表示関係事項、特殊事項を記載する。巻末に、日本語名索引と欧名索引を付す。　*3882*

日本薬局方医薬品情報 1996　日本公定書協会編　薬業時報社　1996.3　1613p　30cm　4-8407-2181-5　34000円
『第十三改正日本薬局方』第1部に収載された医薬品を対象に、これに対応する関連情報をまとめた医薬品情報集。医薬品640品目を収載。冒頭に英名索引、薬効群別索引がある。本文は、各品目の五十音順配列で、概要、薬理作用、治療、使用上の注意、体内薬物動態などの項目について解説。巻末に商品名・局方名索引を付す。　*3883*

ピルブック 薬の事典　橘敏也著　薬業時報社　1988－　年刊　21cm
病院や調剤薬局からもらう薬が、何の薬か、どんな効き方をするのかがわかる事典。医師の処方箋にしたがって出される内服薬、外用剤のうち特に処方される頻度の高い医薬品約1万品目を収録。薬の共通の成分を示す一般名をタイトルにして、その成分を含む薬を商品名でまとめて、その薬の効き方や副作用を解説。本文は、色別の薬の名前索引（英名・和名）、薬の記号索引（数字識別記号・英字識別記号）と実物カラー写真索引、薬の作用と薬を飲むときの注意（成分別解説）からなる。CD-ROM版もある。　*3884*

薬剤師のための服薬指導ガイド　和田攻，朝長文弥編　文光堂　1996.10　985p　22cm　4-8306-0318-6　8240円
薬剤師が実践的な服薬指導を行うために、日常遭遇する機会の多い主要疾患を項目にとり、服薬指導に必要なポイントを医師と薬剤師の立場からまとめたもの。専門の医師からは、①薬を使用するのに知っておくべき疾病の内容②主な治療法と予後③薬物療法の実際として、病態に応じた典型的処方例とその解説④医師から薬剤師への要望の項目について解説がなされ、薬剤師からは、①患者に確認すべきこと②患者に説明すべきこと③患者をモニターすべきこと④薬理作用が記述されている。さらに、関連する薬剤について、商品名、用法・用量、注意事項、血中動態、代謝・排泄が一覧表にまとめられている。巻末に、和文と英文の物件索引と薬品名索引を付す。　*3885*

◆◆公定書・薬局方

日本薬局方 第13改正　条文と注釈　日本薬局方解説書編集委員会編　廣川書店　1996.4　2冊　27cm　4-567-01310-7　全35000円
1996年第13改正日本薬局方のすべての条文を収録し、医薬品各条に注釈をつけたもの。厚生省告示の薬局方と同じ構成をとる。告示から始まり、第1部は、通則、製剤総則、一般試験法、医薬品各条。第2部は、通則、生薬総則、製剤総則、一般試験法、医薬品各条。続いて、参照赤外吸収スペクトル、参考情報、付録。巻末に、日本名索引、英名索引、ラテン名索引を付す。また、毒薬、劇薬などの用量表を付すが、これは薬局方にはない。各条の注釈は、1　毒薬、劇薬、麻薬などの規制、2　本質（薬効分類および化学構造的特徴）、3　適用（適応症、用法・用量）、4　服薬指導、の4項目を記載する。条文だけでは分からない医薬品の種類、効能、用法などについて情報を示した、おもに薬剤師や医療従事者向けの参考書である。薬局方の追補にともない、追補版が発行される。　*3886*

日本薬局方外医薬品成分規格 1997　日本公定書協会　1997.6　1636p　22cm　4-8407-2199-8
日本薬局方に収載されていない成分（医薬品有効成分、医薬品添加物）のうち重要なものについての規格を定めてある。本文は、第1部医薬品有効成分と第2部医薬品製剤からなる。第1部には682品目、第2部には175品目、計857品目を収載。第1部と第2部の一般試験法ならびに各条の配列順序は、品目名の五十音順。英名索引と日本薬局方外医薬品規格原案作成要綱（1997年4月作成）を付す。　*3887*

日本薬局方外生薬規格 1989　増補版　薬事日報社　1997.7

135p 21cm 4-8408-0458-3 3000円
日本薬局方に収載されていない生薬のうち、品質規格が設定された生薬を収録した基準書。『日本薬局方外生薬規格』(1989年刊)から日本薬局方に収載された6品目を削除した77品目と1997年6月の通知「日本薬局方外生薬規格の取扱いについて」を収載して増補版としたもの。収録された医薬品について、その本質、製法、性状、品質および貯法などに関する基準を定めてある。付録として「日本薬局方外生薬規格」生薬の写真・鏡検図、日本薬局方外生薬規格収載生薬一覧表などが付く。ラテン名索引を付す。 *3888*

日本薬局方解説書 第13改正 日本薬局方解説書編集委員会編 廣川書店 1996.7 4冊 27cm 4-567-01311-5 95000円
1996年第13改正日本薬局方のすべての条文を収録し、各条文や収載の医薬品について詳細な解説をしたもの。薬局方をA-Hの8編に大別した構成を採る。A.沿革略記から製剤総則、B.一般試験法、C.第一部医薬品各条、D.生薬総則、第二部医薬品各条、E.参照赤外吸収スペクトル、F.参考情報、G.附録、H.索引。全編にわたり条文に注を付け、重要事項は解説としてまとめる。C、Dの医薬品各条の解説は、本質、名称、来歴、製法、構造、動態・代謝、薬理効果、副作用、相互作用、適用、服薬指導、製剤、配合変化、文献等などの項目をまとめ、公定書に記載されない詳細な情報を示す。Hは、日本語、英語、ラテン語の全編を通しての索引で、特に日本語索引には、別名なども網羅する。薬局方の追補にともない、追補版が発行される。 *3889*

日本薬局方技術情報 1996 日本公定書協会編 薬業時報社 1996.3 846p 30cm 4-8407-2182-3 18000円
『第十三改正日本薬局方』の通則、製剤総則、生薬総則、一般試験法および各条規格に関連する試験操作を行う上で必要と思われる技術的な参考事項とそれらに関連した解説事項の中から、提供可能な技術情報を選んでまとめたもの。本文には、総括的な部分に関する情報56項目、医薬品各条に関する技術情報359品目を収載。五十音順配列の日本名索引を付す。CD-ROM版あり。 *3890*

日本薬局方ハンドブック 1996 日本薬局方研究会編 薬事時報社 1996.3 490p 30cm 4-8407-2190-4
1996年3月13日に公示された『第十三改正日本薬局方』を対象に解説を施したハンドブック。本文は、第1章日本薬局方について、第2章関連告示・通知、第3章日本薬局と国際調和について、第4章第十三改正日本薬局方原案作成要領/追補への適用について、第5章日本薬局方と関連する基準について、第6章収載品目の変遷、第7章参考からなる。 *3891*

◆◆ 新医薬品

明日の新薬 統合版 テクノミックインフォメイションサービス編 テクノミックインフォメイションサービス 1982- (加除式) 28cm
非臨床試験から臨床試験を経て発売(薬価収載)されるまでの、世界で新薬として研究開発中の薬剤を網羅した会社別治験薬総覧。これまで国内の新薬のみを掲載していた『明日の新薬』に加え、『明日の新薬 国際版』が発行され、それを統合したもの。本巻、update、update summary、インデックスから構成される。本巻は、起源会社ごと(アルファベット順)にまとめられ4つのバインダーから構成される。Updateは、本巻の当該薬剤部分の更新を行うもので、毎月発行される。update summaryは、新規収載薬剤、ステージ変更薬剤、開発中止・中断薬剤、中央薬事審議会常任部会での承認薬剤と薬価収載薬剤の5つのリストから構成され、毎月追加される。インデックスは、薬名などから該当する薬剤の頁を検索する総合索引で、開発会社別、薬効別、英名・和名の4つのパートから構成される。収載内容は、化合物・薬剤データとして、薬剤名、起源、薬理作用、薬効、CAS Registry Number、特許、化学構造式、化学名、成分・分量、効能、用量、用法などの記載があり、開発状況データとして、主要国別/適応別、開発会社、開発ステージ、申請日、承認日などの記載があり、開発データとして、概要、非臨床試験データ、臨床試験データ、引用文献の記載がある。その他、開発・販売提携情報、市場規模予想データなどの記載もある。オンラインでも提供されている。 *3892*

最近の新薬 第1集(1950年版)- 薬事日報社編 薬事日報社 1950- 年刊 21cm
毎年わが国で許可、発売される新薬を集め、解説した医薬品集である。第48集(1997年版)では、1996年中に厚生省で許可され、発売された医療薬、一般薬560品目を収録する。民間薬、原料薬品などは除外。薬効別に分類、公定名で配列する。新医薬品は、来歴、化学式など、性状、薬効薬理、毒性、薬物動態、臨床、文献などを解説。各品目については、製品名、製造業者名、発売元、製造(輸入)承認年月日、発売年月日、組成、効能、効果、用法、使用上の注意、貯法、包装、価格、備考を解説。巻末に第46-48集の五十音順索引を付す。 *3893*

トライアルドラッグス 最新治験薬集 ミクス編 ミクス 1993- 年刊

1997年4月末現在の国内における開発ステージphase
Ⅰ～申請の治験薬を収録。治験薬一覧と治験薬総覧で
構成。治験薬一覧は、薬効別、企業別、効能追加・剤
形追加・用法用量変更品目からなり、治験番号、略号、
一般名、商品名、薬効、開発ステージ、開発メーカー、
開発オリジンを記述。治験薬総覧は、日本標準商品分
類に準拠した薬別に配列され、構造式、組成、剤形、
特長、基礎試験、臨床試験、引用文献を記載。治験番
号・略号索引と一般名索引を付す。解題は1997年版に
よる。　　　　　　　　　　　　　　　　　　3894

◆◆生薬学・和漢薬

漢方のくすりの事典 生薬・ハーブ・民間薬　鈴木洋著
医歯薬出版　1994.12　578p　22cm　4-263-73075-5
6901円
日本の漢方薬や伝統薬に配合されている和漢生薬や民
間薬のほか、中医学で常用されている生薬、欧米のハ
ーブ、歴史的な生薬、約780種類を収録。生薬名の五
十音順配列。本文では、生薬の基原とその分布、生薬
や基原植物の語源やいわれ、一般的な利用法、生薬の
主成分や薬理作用、漢方での効能や適応症、特徴、注
意点、漢方や伝統薬の処方例、民間療法などの事項を
解説。生薬名索引、事項索引、和名索引を付す。
　　　　　　　　　　　　　　　　　　　　　3895

原色中国本草図鑑　1-8　原色中国本草図鑑編集委員会
編著　京都　雄渾社　1982-1986　9冊（別冊とも）
32cm
中国生薬の基原となる多数の薬用植物と、少数の薬用
動物の色彩図5000種を収載し、各生薬について解説し
た図鑑。民間薬、民族薬、西洋薬も一部収載。生薬の
中国名称の第一字の総画数で配列し、薬の出典、基原、
形態、分布、採取加工、有効成分、薬理、性味効能と
主治用法および用量などを解説する。別冊は総索引で、
中国名索引、日本名および日本語読み索引、学名索引
を収録。中国で企画、編集された図鑑である。　3896

原色日本薬用植物図鑑　全改訂新版　木村康一，木村孟淳
共著　大阪　保育社　1981.7　345p　22cm　（保育社の原
色図鑑　39）　4500円
日本の薬用植物のカラー写真に解説を加えた図鑑であ
る。284点の写真を収載、文中に出て来るものも含め
550余種の植物を解説する。配列はエングラー方式に
従い科を分類、科の内部では、成分、薬効などの関連
でまとめて記載。形態、生薬名、成分、薬効などを解
説する。巻末には、薬用植物の栽培と生薬の生産につ
いての概説、日本の薬用植物一覧表、参考書目を付す。
学名索引、植物名索引、生薬名索引がある。初版は

1964年に刊行され1972年の改訂に続いての刊行。
　　　　　　　　　　　　　　　　　　　　　3897

原色版日本薬用植物事典　伊沢凡人著　誠文堂新光社
1980.10　331p　図版70枚　27cm　20000円
薬用植物の薬用（医療）面に重点を置き解説した事典。
461種の薬用植物を収載する。科の五十音順に配列、
科の内部では学名のアルファベット順であるが、見出
し語は和名を採る。生育地、性状、花、漢名、生薬名、
薬用部、成分、薬理作用、漢方、西洋医学、民間療法、
食用、生花、その他の各項目を解説。70種のカラー写
真も収載する。自然分類表による分類目次、薬理作用
による分類目次、和名索引、外国名索引を付す。
　　　　　　　　　　　　　　　　　　　　　3898

原色百科世界の薬用植物　マルカム・スチュアート原編
難波恒雄編著　難波洋子，鷲谷いづみ訳　エンタプラ
イズ　1988.2　2冊　31cm　『The encyclopedia of
herbs and herbalism』の翻訳　全58000円
ヨーロッパの薬草を集大成したもので、2巻からなる。
第1巻は、ハーブの歴史、料理用香辛料、香粧品料と
いった植物の利用法から植物の生理、化学、栽培法な
どについて解説。第2巻は図鑑で、420種類の植物に
ついて、個々の歴史、名称の由来、形態、分布、成分、
薬効および利用法が記載され、すべての植物をカラー
写真で紹介。参考文献一覧、かな・漢字表記と欧文表
記による植物名・薬名索引と人物名・書名索引を付
す。　　　　　　　　　　　　　　　　　　　3899

原色牧野和漢薬草大図鑑　岡田稔〔ほか〕編　北隆館
1988.10　782p　27cm　35000円
和漢薬草、外国薬草、過去に使用された薬草、民間で
伝承的に利用される薬草などを網羅し、カラー図版に
解説を付した薬草図鑑。1339種の図版を収載、解説は
文中の種を含め1400種、菌類なども含む。配列は『牧
野新日本植物圖鑑』（北隆館、1988）の自然分類に従
うが、属はアルファベット順配列。薬草の植物和名に
続き、分布、形態、薬用部分、成分、薬効と薬理、使
用法、その他を簡潔に解説する。図版は、形態図のほ
か、部分図も示す。巻末に、薬草の使用法、有毒植物
一覧表、和名索引、学名索引を付す。　　　　3900

生薬漢名学名対照辞典　1992年版　科学書院　1992.4
262p　30cm　30900円
現在日本で使用されている生薬を網羅し、a生薬の漢
名・漢字名・商品名、b生薬のラテン名、c薬効・効
能、d起源植物・動物・鉱物の漢名・漢字名、eそれ
らの科名、f和名、e学名などを記載。第1部は、植物
性生薬、動物性生薬、鉱物性生薬についての漢名・羅
名・学名対照表で配列は、生薬名の五十音順。第2部

は、漢名、羅名、和名、学名の生薬対照表。　　　*3901*

図説漢方医薬大事典　中国薬学大典　陳存仁著　講談社
　1982.5　4冊 31cm 4-06-144491-3　全120000円
全4巻からなり、有効薬物400種を26の薬効別に分類して収録。400種すべてについての彩色図版が付く。本文は見開き1頁の上段に中国語、下段に日本語で、分類、種名、薬性・薬味、臨床応用、附薬、古籍記載、科学文献、用量、禁忌の項目について記述。巻末に、ラテン名（主要種名）・生薬名対照表、生薬ラテン名・生薬名対照表、収載されている薬物の画数順による本書所載薬物索引などを付す。　　　*3902*

中国本草図録　巻1-10，別巻　蕭培根主編　真柳誠訳編
　中央公論社　1992-1993　11冊 30cm 10000-15000円
中国生薬5000種のカラー写真を収載し、簡潔な解説を付した図鑑。植物性、動物性の生薬は基原動植物の写真、鉱物製生薬は薬品形状の写真を載せる。巻1-巻6までは、植物性、動物性、鉱物性の生薬を収録。巻7-巻10までは、植物性、動物性のものを収録。植物、動物は科名で分類、鉱物は、中国の類別に分類。同科・同属は学名のアルファベット順配列、見出し語は、中国生薬名を採る。解説項目は、基原、形態、分布、採取・加工、成分、性味・効能、応用、文献および付注。別巻は総索引で、生薬漢名、基原中国名を五十音順と画引きで検索できるほか、基原学名索引、基原植物・動物の和名索引、鉱物生薬索引がある。伝統医学用語解説の付録あり。『中国本草図録』（蕭培根主編、台湾商務印書館、1988-1990）の日本語版。　　　*3903*

中薬大辞典　第1-4巻，別巻　上海科学技術出版社，小学館編　小学館 1985　5冊 30cm
『中葯大辞典』（江蘇新醫学院編、上海化學技術出版社、1977-1979）の日本語版。中薬（中国の生薬で、古典や歴史的、体系的な検討がなされたもの）5767点を収載する。中薬名の五十音順で配列し、異名、基原、調整、成分、薬理、臨床報告など19項目について、植物や薬材のさし絵を入れ詳細に解説。辞典だが、医薬品集に匹敵する内容を持つ。第5巻は総索引で、総画索引、薬用植物・動物・鉱物学名索引、薬用植物・動物和名索引、化学成分索引、薬理作用索引、病名索引を収録。さらに、中国本草書便覧、経絡および穴位図などの付録がある。　　　*3904*

天然薬物事典　奥田拓男編　広川書店　1986.4　576p　27cm 20000円
天然薬物領域を中心に、その関連領域を含めた用語・事項を解説した事典。薬用植物、漢方薬から、抗生物質、酵素、ホルモンなどの生物活性物質までを網羅、学術用語のほかに慣用語類も収載する。項目数約5000。五十音順配列で、学名、英、独、ラテン語、中国語を併記。解説は、参照を多用、また難読語はふりがなを付す。付録に、抗生物質構造式表と、抗生物質の適用表あり。巻末に、学名・英・独・ラテン語の索引と、症候別索引、効能別索引、難読語画数索引を付す。難読語画数索引は、漢方用語などを引くのに便利である。　　　*3905*

日本薬草全書　田中俊弘編　新日本法規出版　1995.2
　708p 26cm 4-7882-4788-7　9500円
主要な薬草254種類を収録。薬草名の五十音順に配列され、薬草の名前と由来（学名、和名、漢名、中国名、別名や古名・方言、英名）、生育地と分布地、形態、薬用部位と採集・保存、性味、成分、薬理作用、薬効、薬用法、漢方、食用、染色について記述されている。植物・生薬名等索引、学名索引を付す。　　　*3906*

和漢薬百科図鑑　全改訂新版　難波恒雄著　大阪　保育社
　1993-1994　2冊 27cm 18000円,16000円
和漢薬451種726点をカラー図版で示し、解説を施したもの。2巻からなり、1巻には、根、根茎、果実、種子類和漢薬233種413点を37の図版に収載し、さらに根、根茎の常用カット生薬55品目、62点を3つの図版に収載。2巻には、全草、葉、花、根皮、樹皮、茎、材、樹脂、エキス類、藻・菌類、動物、鉱物類和漢薬218種314点を39の図版に収載し、全草、皮類の常用カット品15品目15点を1つの図版に収載。それぞれの図版の番号に対応して解説が施されている。解説は、歴史、名義および基原の本草学的考証、基原、成分、薬理、薬味、薬性、薬能、用途、処方からなる。索引として、和名・漢名索引、漢字名画数索引、学名索引（植物・動物学名および生薬ラテン名）、成分名索引が付く。
　　　3907

◆看護学

【書誌・索引】

看護雑誌総合目録　第2版　看護図書館協議会　1995.10
　217p 26cm
看護図書館協議会加盟中の24館が所蔵する看護と医療、その関連領域の逐次刊行物の総合目録。本文言語により、和文編と欧文編に分けて収録。和文編は、カナ分かち書き誌名の五十音順、欧文編はアルファベット順。記載事項は、誌名、責任表示、初号・終号、誌名変遷、所蔵館略称、所蔵する巻次・年次。誌名のとり方と所蔵巻次の記載法は、学術情報センターの学術

雑誌総合目録のデータ記入法に準ずる。巻末付録として、所蔵提出した24館の相互貸借便覧（五十音順）があり、看護図書館協議会会員名簿のリストが記載されている。初版は1993年刊。　*3908*

最新看護索引 1987年版－　日本看護協会看護研修センター図書館編　日本看護協会　1989－　年刊　26cm
国内発行の看護および周辺領域の雑誌、紀要から、実践、研究、教育の内容を含む文献を収録。抄録は対象外。最新看護索引分類表で46の主題に分け、看護から周辺分野へ、概論的から各論的へと配列してある。複数の主題に及ぶものは、最も主要な主題のもとに記述。シリーズや特集も原則として一単位として扱っている。巻末には著者索引（日本人は五十音順、外国人はアルファベット順）、件名索引（外国語件名はアルファベット順、日本語件名は五十音順）が付いている。解題は1995年版による。　*3909*

生活行動援助の文献集 食事・排泄・睡眠・姿勢と体位・清潔　〔1〕－3　小玉香津子他編　日本看護協会出版会　1986－1994　3冊　26cm　2000－3500円
看護関係文献の中から、日常生活行動援助に関する文献のみを網羅的に収録。主題とする生活行動のそれぞれについて看護が把握すべき側面をとり出し、文献を分類している。内容は、食事の援助、排泄の援助、睡眠の援助、肢位と移動の援助、清潔の援助、活動の援助である。文献の配列は、分類項目ごとに、発行年・月別にまとめ、同年同月のものは、雑誌名のアルファベット順で、文献表示の末尾に研究方法を記載し、原著論文・事例報告の中で注目度の高いものは抄録を付している。　*3910*

日本看護学会研究論文総索引 〔1〕－3　日本看護協会編　日本看護協会出版会　1984－1992　3冊　26cm
『日本看護学会集録』に収載された論文を主題別に分類して収録した索引誌。論文を分科会、主題、キーワードから検索できる。論文は各分科会ごとにまとめられ、その中は特別講演、シンポジウム、研究発表の区分があり、研究発表はさらに主題に細分類されている。各項目には論文名、施設名、発表者名、開催回次、頁数が掲載されている。巻末に事項索引がありキーワードでの検索ができる。この図書は第1回（1967年刊）から第22回（1991年刊）までを対象とする3冊が出版されたがそれ以降は『最新看護索引』☞*3909*に「日本看護学会発表演題」として掲載されている。　*3911*

日本看護関係文献集 1973－　林滋子，平山朝子編　ジャパン・メディカル・サービス　1975－　27cm
看護、医学関係の雑誌類の中から看護関係の文献を選んで収録した索引誌。文献を主題ごとに分類してまとめた文献分類と事項索引の2つで構成されている。最初は1年分が2巻に分けられていたが、17巻から「文献分類」と「事項索引」の2分冊1セットの形式となった。事項索引が丁寧に作られているのが特徴で、各記事について見出し語をおよそ3－4語選定し、さらに補足語によってその内容を表している。途中12巻から16巻までがタイムラグが大きくなった関係でカットされた。　*3912*

老人看護文献集 東京都老人総合研究所看護学部門編　東京都老人総合研究所看護学部門　1981－　隔年刊　26cm
老人看護に関する文献を収載している。1957－1980年版は1981年に出版され、それ以降は2年ごとの発行。文献選択の基準は65歳以上の人を対象とした内容であることだが、老人に多い疾患については内容が老人に限らず対象としている。分類は「Ⅰ．老人看護一般」「Ⅱ．基本的看護」「Ⅲ．疾患をもつ老人の看護」「Ⅳ．地域の看護」に大きく4区分され、各分野が細目に分けられている。文献は各項目ごとに年代順に掲載されており、索引はない。分類項目の細目から参照する。　*3913*

【年表】

近代日本看護総合年表 1868年（明治元年）－1994年（平成6年）　第4版　日本看護協会出版会編　日本看護協会出版会　1995.2　127p　26cm　4-8180-0466-9　1500円
1868年（明治元）から1994年（平成6）までの近代日本の看護に関する年表である。看護、医療・保健・福祉、一般の3項目に分けて、対比させてある。事項は、月日まで記載し、年の項目の最後に〈この年〉のトピックを記載している。看護教育百年を記念して、1868年（明治元）以降の看護年表を編纂したもので、それぞれの時代における看護の足跡を政治、経済、社会、文化との関連で総合的にとらえられる。巻末にフロレンス・ナイチンゲール記章受賞者と保健文化賞看護関係受賞者の一覧がある。　*3914*

【辞典・事典】

オックスフォード・広川/ポケット看護辞典　オックスフォード看護辞典編集委員会編　広川書店　1990.2　660p　18cm　4-567-00170-2　3914円
看護婦を始め、ヘルスケアを職業とする人々が日常の業務で遭遇する用語8000語以上を収録し、解説した英和辞典。すべて外国語見出しで、つづりは英国式もしくは米国式。それぞれの語には発音ガイドを付し、簡潔な解説がなされている。看護関係の用語のほか、内科、外科、解剖学、生理学、精神医学、理学療法、薬

理学などの分野からも多数収載されている。巻末に「日英二か国語対照」（和→英）あり。1984年に刊行された『Pocket Dictionary for Nurses』の翻訳をもとに、日本向けに加工したもの。　　　　　　　　*3915*

看護・医学事典　第5版　日野原重明〔ほか〕編　医学書院　1992.3　1107p 19cm 4-260-34048-4　5665円
看護学、医学に関連する用語を収載した事典。看護に関係する理論用語、ヘルスケア領域の用語を積極的に採用しているのが特徴。各用語には英語、必要に応じて独語、ラテン語などを付している。五十音順に配列され、解説は簡潔にまとめられている。巻末に外国語索引があり原綴での検索が可能。付録として「主な市販薬一覧表」があり、市販薬物名からこの事典の項目となっている一般薬物名を検索することができる。
　　　　　　　　3916

看護英和辞典　常葉恵子〔ほか〕編　医学書院　1992.3　1335p 20cm 4-260-34050-6　5974円
看護の臨床・研究に用いられる用語を収録した辞典。看護の英語文献をこの1冊の辞典で読むことができることを目的としているため、収録密度は網羅的であるが、解説は看護専門用語に重点を置き、その他の用語の説明は簡略にとどめている。　　　　　*3917*

看護学学習辞典　学習研究社　1997.9　1093p 22cm 4-05-151968-6
看護学・医学を中心に保健・医療・福祉の分野で用いられる用語約5000語を収録。大項目・小項目を併用し、とくに重要な用語を大項目として語義の解説にとどまらず、図表を用いて詳しく解説してある。見出し語のすべて、および解説中の難読語に読みを付してあり、見出し語の五十音順に配列している。全頁2色刷りで、わかりやすい記述と見やすい構成となっている。巻末の外国語索引は、用語の欧文表記、略語のすべてと、説明文中の外国語・略語のうちの重要なものが収載されている。　　　　　　　　　　　　　*3918*

看護学大辞典　第4版　メヂカルフレンド社　1994.11　2550p 22cm 4-8392-2821-3　13592円
看護学、医学、関連諸科学の語彙を3万1000以上収録した辞典。見出しは五十音順で、各語彙には英語、必要に応じてドイツ語、ラテン語などを付している。巻末に欧文索引があり欧文からの検索が可能。付録の「看護学十進分類法」はこの辞典のすべての収録語彙を系統的・体系的に分類して配列したもので、看護学分野の領域別用語集の性格を持つ。　　*3919*

看護カルテ用語　和・英・独　看護のための医学用語集　改訂版　看護カルテ刊行会編著　京都　金芳堂　1993.11　383p 19cm 4-7653-0715-8　2800円
カルテに記載されている医学用語を、英語、ドイツ語を問わず各診療科別に対応するように編集してある。見出し語を症状、検査、診断、治療別に分類し、英語の発音にはアクセントの部位を太字で記載している。日本語の見出しの中に、英語・ドイツ語を中心に一部ラテン語も入れて分類・配列している。日常診療の現場で用いられる慣用語・略語は可能なかぎり収録。巻末の索引は、日本語と英語から引ける。EDLは、それぞれ英語・ドイツ語・ラテン語を示す。一般的に複数で使用する語はうしろに（複）が記載してある。
　　　　　　　　3920

看護研究用語事典　ベセル・アン・パワーズ，トーマス・R.ナップ著　内海滉監訳　医学書院　1994.1　179p 19cm　『A dictionary of nursing theory and research』の翻訳　4-260-34123-5　2472円
看護学の文献によく用いられる用語の定義と、その用語にまつわる論議とを手ごろな大きさにまとめた用語事典。見出しは五十音順だが、巻末の英和索引により、欧文からの検索も可能。解説の長さは用語により異なり、解説にとどまらず、掘り下げた記述もなされている。関連づけて扱われることの多い用語は、相互参照ができるようになっている。　　　　　*3921*

精神科看護用語辞典　第5版　日本精神科看護技術協会『精神科看護用語辞典』編集委員会編著　メヂカルフレンド社　1993.3　448p 22cm 4-8392-2816-7　4200円
精神科看護学・精神医学およびそれに関連深い領域の語彙を収載した辞典。五十音順に配列され、見出しは太字で書かれている。各見出し語には英語、必要に応じてドイツ語・ラテン語を付している。解説は単に言葉の意味ではなく、精神科看護学サイドからの解釈である。巻末に欧文事項索引と人名索引がある。　*3922*

臨床看護事典　疾患・症状別ケアのすべて　メヂカルフレンド社　1990.6　1507p 22cm 4-8392-2813-2　10000円
主要疾患・症候270項目を収載し、症状、診断、治療、看護について解説した事典。1項目4-5頁またはそれ以上にわたり詳細であるがいずれも看護の解説に重点が置かれている。項目の五十音順に配列され、索引は項目（見出し語）と関連語からなる事項索引である。項目ごとに改頁され、見出しの文字が大きく、また図表が多く用いられているため見やすい構成となっている。　　　　　　　　　　　　　　　　　　*3923*

和英西仏医学看護用語集　第2版　国際看護交流協会　1988.1　227p 19cm 2000円
日本へ来る医療関係者および指導する日本側の医療従

事者のための四か国語（和、英、西、仏）1490語を収録した医学看護用語集。和－英－西－仏を2頁を使って見開き記述になっており、日本語の五十音順配列で、その日本語に対応する英、西、仏が一覧できる。日本語には、ひらがなの読みを（　）で付記している。外国語の名詞の性表示は省略、各国語索引は、おのおのの語彙のアルファベット順になっている。索引編の外国語の語彙に付いている数字は、その語彙の掲出頁を示している。その語彙を検索すると、各国語彙がたどれるようになっている。
3924

【便覧】

看護過程ハンドブック Patricia W.Hickey〔著〕兼松百合子，数間恵子訳　医学書院　1991.5　186p 21cm 『Nursing process handbook』の翻訳　4-260-34035-2　1648円
看護における問題解決過程について、段階ごとに要所をおさえて丁寧に説明した手引き書である。過程に沿って解説が進められており、各章末に欧文参考文献とその邦訳のあるものを記している。巻末に五十音順索引があるので用語からの検索も可能。付録として「アセスメントの種類」と「北米看護診断学会承認の看護診断カテゴリー」が記載されている。増補版が刊行された。
3925

看護研究のための文献検索ガイド　第2版　山添美代，山崎茂明著　日本看護協会出版会　1995.3　134p 26cm　4-8180-0467-7　1900円
看護領域の文献調査の際に必要となる知識、情報をまとめたもの。「基礎編－看護文献の世界へ」「応用編－看護文献の探し方」「活用編－レポートのまとめ方」の3部からなる。基礎編、応用編で看護領域の情報源とその特徴、二次資料の使い方を詳しく説明している。二次資料については実際の頁（CD-ROMは画面）を引用して検索方法を説明しているため理解しやすい。活用編では文献考察を中心としたレポートのまとめ方、参考文献の書き方を説明している。第3版が刊行された。
3926

看護診断ハンドブック　改訂第2版　Lynda Juall Carpenito著　中木高夫訳　医学書院　1995.1　603p 21cm　『Handbook of nursing diagnosis』の翻訳　4-260-34174-X　3708円
看護診断用語を臨床的に解説した手引き書である。概念を知るためのものではなく、ナースが収集した情報により看護診断を確定または除外し、存在する共通問題を発見して看護ケアを導くために参照する。大きく2部からなり、第1部では看護診断用語を五十音順に配して定義、診断指標または危険因子、関連因子、患者目標、看護介入について解説。第2部では医学的問題を領域別に共通問題、看護診断について解説している。第4版が刊行された。
3927

技術

技術・工学・工業

科学技術要覧 昭和41年版－　科学技術庁科学技術政策局編　大蔵省印刷局　1966－　年刊　19cm
科学技術に関係する内外の基礎的統計資料など（研究費、研究者数、予算および科学技術振興のための各種制度、特許、技術交流、行政機構、研究機関など）を幅広く収録し、3章にコンパクトにまとめたもの。年度別数値の推移や主要国比較の図表が大部分を占める。平成9年度版には1996年7月決定の「科学技術基本計画」を掲載している。掲載資料には出典を明記。付属資料として、研究機関一覧、科学技術関係協力協定などを収録。英文併記。
3928

90年代技術の事典　日本を支えるキーテクノロジーのすべて　日本実業出版社　1990.10　477p　21cm　監修：牧野昇　4-534-01644-1　2400円
90年代後半の日本経済を支える「技術」について、詳細に解説した便覧。課題、巨大技術の現況、日本を支えるキーテクノロジーの紹介、スーパー・イノベーション（超・技術革新）の4部21章からなる。欄外に必要に応じて文中の用語の説明を付し、またコラム形式で1頁程度の技術用語解説がある。日本語の五十音順索引と、英語略語のアルファベット順索引を付す。
3929

先端科学技術の現状と展望　総合レビュー　第1-3巻　科学技術庁編　大蔵省印刷局　1987-1989　3冊　21cm　2000-2100円
コンピュータを中心とする先端科学技術の発展経緯、現状、問題点、将来展望を論じた総覧。各巻とも各章末に引用・参考文献、巻末に索引を付す。1巻は電気通信協会、2巻は電子情報通信学会、3巻は情報科学技術協会に委託。科学技術庁が1972年度から行ってきた総合レビュー「現状と展望シリーズ」の中の一点。
3930

日本技術人脈　民間企業の主要研究・開発機関一覧　日経産業新聞編　日本経済新聞社　1989.4　385p　20cm　4-532-03472-8　2200円
電子・情報、超電導・新素材、バイオ・医療、マクロエンジニアリングなどのハイテク分野における研究者・技術者の人脈を読み物風に紹介。人名索引はない。民間企業233社の主要研究・開発機関一覧を併載する。1986年9月から1989年1月まで『日経産業新聞』に掲載された「ハイテク人脈」を訂正、加筆したもの。
3931

日本の技術　1987年－2015年　第4回科学技術庁技術予測調査　未来工学研究所　1987.10　2冊（別冊とも）　26cm　別冊(119p)：概要　全11000円
長期的視点にたってわが国の技術発展の方向を探るため、科学技術庁科学技術政策局により2015年までの今後を展望した技術予測調査。昭和60-61年度に未来工学研究所に委託し、「わが国における技術発展の方向に関する調査」としてとりまとめたもの。1071課題について各界の専門家約3000名の回答を集約。「調査の概要」「調査結果の概要（総論）」「調査結果（各論）」の3編よりなる。本編の概要を紹介した別冊を付す。
3932

【事典】

世界科学大事典　1-21　講談社出版研究所編　講談社　1977-1987　21冊　31cm　全240000円
『McGraw-Hill encyclopedia of science and technology』（15vols. 3rd ed. 1971）の翻訳。アメリカに偏した記述内容を原著の特色を損なわない程度に改め、日本人に必要と思われる項目を追加編集したもの。項目数は7900。五十音順配列で原著の英語見出しを併記。19巻は索引。20、21巻は最新資料編で、20巻は年鑑シリーズとして刊行した1973-77年版から、21巻は1977年刊の第4版と年鑑1978-81年版から日本版に不可欠な情報を取捨選択し、さらに独自項目を追加して編集したもの。
3933

【辞典・用語集】

■科学技術関係の辞典・用語集については、「自然科学一般」の辞典・用語集をも見よ。

AOTS実用日中技術用語辞典　海外技術者研修協会編纂　スリーエーネットワーク　1989.7　480p　19cm　付・中文索引　奥付の書名：『実用日中技術用語辞典』　4-906224-49-0　2060円
外来語を含む日本語を見出しとし、親見出し語約6800語に子見出し語を含め約1万3000語を収録。各種技術用語に加え、実習現場用語も含む。配列は五十音順で、対応する中国語と用例を記す。巻末に拼音アルファベット順による中文索引を付す。中国語圏からの産業技術研修生を対象として編まれたもの。
3934

英日中工業技術大辞典 工業調査会 1994.2 3冊 27cm 日本版監修：茅誠司，有山兼孝 日中共同出版 4-7693-7027-X 全108000円

工業技術と、関連基礎諸分野の専門用語の英・日・中対訳辞典。収録数は複合語を含め21万語。全3巻からなり、第1、2巻は本編で、第3巻は索引編。本編は用語を英語のアルファベット順に配列し、対応する日本語、かな表記、中国語、拼音を記す。特殊な用語に限り、簡単な説明を付す。巻末に中国語索引（部首順）、日本語索引（五十音順）が、また、検索の一助とするため、部首検字表や日文漢字表がある。　*3935*

科学技術基本用語集 日本語－英語－アラビア語　アラビア語－英語－日本語　中東カウンセリングサービス編　中東カウンセリングサービス 1993.3　318, 335p 27cm 発売：凡人社 4-89358-218-6

数学、物理、化学、機械工学、工業化学、電気・電子工学分野から採択した基本用語5800語を収録。日本語、アラビア語両方から引ける2部構成。日本語引きの部はローマ字表記のアルファベット順配列。アラビア語引きはアラビア文字のアルファベット順配列。語義の説明はない。各部の間に英語索引を付し、日本語引き、アラビア語引き両方の頁を示す。　*3936*

カナ引き工業用語辞典 滝川立夫編　ジャパンマシニスト社 1979.10　379p 18cm 2000円

工業関係の外来語のカナ引き辞典。機械工業・機械技術用語を中心とし、現場作業の中でよく使用される外来語を収録。配列は五十音順。コンピュータ、自動車、溶接、数学などに多用されるものは、記号を付記。図や写真を加えて具体的に説明。巻末に工業用略字、略語、単位略号、元素記号などを付す。　*3937*

現代ハイテク事典 平凡社 1988.1　274p 26cm 監修：牧野昇 4-582-12904-8　2500円

ハイテクノロジー用語を総合システム、エレクトロニクス、バイオテクノロジー、先端材料の4分野30テーマに分け解説。各テーマごとの項目の配列は五十音順。巻末に五十音順の用語索引を付す。　*3938*

工業英語ハンドブック 岡地栄編著　日本自動翻訳研究所 1989.12　579p 22cm（工業英語ハンドブックシリーズ）『工業英語便覧』（日本工業新聞社1969年刊）の改題　発売：アイピーシー 4-87198-014-6　9800円

機械、金属、工業化学、化学工学、電気、電子各分野の工業英語を翻訳するためのハンドブック。理論編、英和編、和英編、索引編よりなる。英和編、和英編は、技術解説、論文、取扱説明書などのジャンルに分け、実際の技術文をセンテンスに分解し、対訳を示す。英和編（2285）、和英編（456）あわせて2741センテンスを収載。各文例末に出典を記す。非術語中心の英文索引と、基本術語を中心とする和文索引がある。　*3939*

最新先端技術用語集 改訂増補第3版　日本工業新聞社編集局編　日本工業新聞社 1988.5　312p 20cm 奥付の書名：『先端技術用語集』 4-8191-0598-1　1500円

マスメディアに登場する先端技術用語229項目をエレクトロニクス・情報、機械・メカトロニクス、新材料・化学合成、メディカル・エンジニアリング、バイオテクノロジーなど8分野に分け、写真、図を入れてわかりやすく解説した用語集。第2版（1985年刊）の収録用語を見直し、特にエレクトロニクス・情報、メカトロニクス、新材料・化学合成、バイオテクノロジー分野を重点的に加筆・訂正。巻末に五十音順索引を付す。　*3940*

最先端技術用語ベストセレクション オーム社編　オーム社 1990.11　536p 26cm 4-274-02203-X　4100円

先端技術用語260語をコンピュータ＆ネットワーク、エレクトロニクス、インテリジェントビル、メカトロニクスなど8分野に分けて収録。1語を2頁で図表を多用してわかりやすく解説。巻末に和文索引、欧文索引を付す。　*3941*

JIS工業用語大辞典 第4版　日本規格協会編　日本規格協会 1995.11　2718p 27cm 4-542-20126-0　32000円

同義語や慣用語を含むすべてのJIS用語を、最新の状態で収録。五十音順に配列し、対応する英語表記、意味（定義）、規格番号を記す。全部で7万2400語を収録。図版を添える。付図・付表編および国際単位系換算率表、略号表などを収載する付録がある。巻末に英和索引がある。前版は1991年刊。　*3942*

JIS用語辞典 日本規格協会編　日本規格協会 1992－1993　4冊 22cm 2400－3800円

JISに規定された用語規格の分野別辞典。1971年から刊行し、5年ごとのJIS規格の見直しに応じて改訂していたが、全分野を集大成した『JIS工業用語大辞典』☞*3942*の出現により、最新版は次の各編のみ刊行。「工業材料編」（1992年刊）「情報技術編」（1992年刊）「機械加工編」（1993年刊）「機械要素編」（1993年刊）。見出し語の五十音順配列。読み方、定義、対応英語、慣用語、JIS番号などを記載。巻末に英和索引を付す。　*3943*

実用英和工学術語辞典 改訂　石井義雄編　大阪　燃焼社 1992.8　523p 21cm 4-88978-851-4　6200円

工学分野の英和辞典。単語、略語、連語など約6万語を収録。配列は英語見出し語のアルファベット順、用

語の解説は1行程度の簡略なもので、必要に応じて分野を、化合物には化学式を付す。1958年に『英和術語辞典』（約4万語を収録）として刊行し、1974年に現書名に改題。
3944

先端技術キーワード辞典 成美堂出版編著 成美堂出版 1989.7 318p 19cm 4-415-07636-X 1000円
開発中の各分野を、コンピュータ、エレクトロニクス、ニューメディア、都市・交通・輸送、バイオテクノロジー、メディカル・エンジニアリング、エネルギー、新素材に8分類し、細目に分け、さらにキーワードにより解説。図版を多く取り入れている。巻末に和文、英文のキーワード索引あり。
3945

日・英・西技術用語辞典 小谷卓也，郡亜都彦編著 研究社 1990 414,17p 19cm 背・表紙の書名：『Dictionary of technical terms』 4-7674-9050-2 6400円
技術をベースとするビジネスに必要な英語に日本語、スペイン語の対応語を付した辞典。英－日－西、日－英－西、西－日－英の3部構成で、求める対応語をどの言語からも1回で検索できるようにしている。日－英－西の部も、日本語のローマ字表記を見出し語にアルファベット順配列。掲載総語数は3か国語合わせて約8万語。解説はない。巻末には英語略語表や、英語、日本語、スペイン語を付した元素記号表も収録。
3946

日・中・英エンジニアリング用語集 日本工業炉協会日中英エンジニアリング用語集作成委員会編 日本工業炉協会 1994.5 649p 22cm 4-930856-05-1 8000円
産業設備の設計、資材購入、製作、販売、組み立て、生産操業などの技術用語約2万語を収録。日本語を見出し語に五十音順に配列。英語、中国語の順に併記。語義の説明はないが、アステリスクの付いた用語は『工業炉用語辞典』☞4882に解説があることを示す。付録に日・中・英の化学元素表、国際単位系、10進接頭語、日本の法令とその規制対象との一覧表がある。
3947

日経ハイテク辞典 第3版 日経産業新聞編 日本経済新聞社 1988.10 412p 19cm 4-532-08480-6 1800円
先端産業技術・科学技術用語2800語を収録、英語を併記し、最先端技術の流れがつかめるようにわかりやすく解説。配列は五十音順、アルファベット順の二本立て。巻末に単位の記号と度量衡換算表を付す。新素材、各分野の技術革新に伴い、1985年版を改訂したもの。
3948

日中英工業用語辞典 桜井四郎，和田進編 日本工業新聞社 1973.3 549p 22cm 4500円
工業関係の技術用語約1万1000語を収録している。配列は日本語の五十音順。中国語には拼音による発音表記を付してある。中国語索引と英語索引を付す。巻末の資料編は、日中常用漢字対照表、発音参考表、度量衡換算表、中国物産単位換算表、化学元素名、中華人民共和国科学技術関係年史略表などからなる。この分野での日・中・英三か国対訳の用語集は類書がなく有用。
3949

日中技術用語ハンドブック 対英訳付 最新版 日工・テクノリサーチ「日中技術用語ハンドブック」編集委員会編 日本工業出版 1994.7 222p 19cm 4-8190-0602-9 2600円
建築、土木、機械、電気・電子、情報処理・通信・コンピュータ各分野の用語のうち頻出する5719語を収録する。分野ごとに日本語の五十音順に配列し、巻末に全分野をまとめた英訳語（アルファベット順）リストの通し番号、中国語、中国語発音記号（拼音）を記載。「国際単位系日・中・英対照表」を巻末に付す。
3950

日本・インドネシア鉱工業用語辞典 日本産業技術振興協会編 日本産業技術振興協会 1983.9 1089p 21cm 6800円
鉱工業分野における専門用語辞典。1万5500語を収録。日本語－インドネシア語およびインドネシア語－日本語の2編で構成。用語の配列はアルファベット順。各項は、対応する英語および用語が用いられる専門分野も記載。付録として数、数式および時間の読み方を付す。
3951

プラント用語辞典 インタープレス版 小谷卓也編著 アイピーシー 1989.4 2冊 22cm 新装版 「和英編」「英和編」に分冊刊行 4-87198-221-1 各10300円
プラントの設計、建設、契約に携わる技術者や営業担当者に有用な用語を収録。見出し語は英和編2万2000語、和英編3万100語で、米国で使われている語を主とする対訳辞典。巻末に、同語異綴一覧表、頻用略語表、元素記号一覧を付す。『プラント用語33000語』（1982年刊）の改訂版。
3952

ポルトガル語・技術用語辞典 編集者代表：森田時生 日本貿易振興会 1970.6 506p 19cm 2000円
科学技術全般のポルトガル語・英語・日本語、日本語・英語・ポルトガル語対訳辞典。収録語数は1万2000語。ポルトガル語見出しと日本語見出し（ローマ字表記）の2部編成。いずれも、科学、化学、機械、電気・電子、化学工学・化学工業、金属、鉱山、建築・土木、農業の9分野に分けて、アルファベット順に配列。『葡・英・日－日・英・葡　技術用語辞典〈化学

篇〉』（1968年刊）の増補版。　　　　　　　3953

【略語辞典】
■「自然科学一般」の辞典・用語集をも見よ。

英文科学技術略語大辞典　オーヴィス株式会社編　オーム社　1977.12　962,5p　19cm　背・表紙の書名：『Dictionary of acronyms in science & technology』　縮刷版　発売：オーム社書店（東京）5000円
"NASA" "LSI" などコンピュータ、計測、機械、電気、電子、通信、航空、宇宙などの科学技術分野における技術用語およびシステム名、プロジェクト名、機械名などの略語を広く収集し、アルファベット順に配列。収集数は5万語、巻末に、収集の対象となった文献および編集の際に参考とした主要参考文献などのリストを掲載している。　　　　　　　　　　3954

科学技術略語辞典　山崎昶著　丸善　1987.1　793p　19cm　4-621-03134-1　4800円
欧文略語3万語以上を収録、アルファベット順に配列し、対応する完全表記を示す略語集。医学・薬学領域のラテン語、ドイツ語に由来するものには和訳を付す。主要学術誌のCodenも収載。　　　　　　3955

現代科学技術略語辞典　加藤大典編著　丸善　1991.5　640p　19cm　英文書記：『Acronyms in modern articles』英文併記　4-621-03603-3　4635円
科学技術分野の略語約8000語を収録した辞典。アルファベット順配列で、語義、説明、コメント、用例、参照事項、国、分野の略記などを英文で記し、最後に日本語の説明がある。国と分野の略記については巻末に一覧表を付す。1995年に大幅な改訂増補版『略語大辞典』☞6523を刊行。　　　　　　　　　　　3956

JIS記号・略号大辞典　日本規格協会編　日本規格協会　1985.10　650p　27cm　4-542-20122-8　8500円
日本工業規格（JIS）に規定された1万1000の記号・略号をJISの分野別に、その中はアルファベット順に配列。各項は対応英語、当該JIS番号、意味で構成。巻末に収録JIS一覧、記号・略号総索引、記号・略号に対応する用語の総索引を付す。『JIS工業用語大辞典』☞3942の姉妹編。　　　　　　　　　3957

新技術略語辞典　改訂　青山紘一編　工業調査会　1988.9　279p　19cm　4-7693-5027-9　1500円
技術および産業にかかわる分野のアルファベット略語約2400語を選定し解説。とくに、エレクトロニクス、メカトロニクス、材料、エネルギー、バイオテクノロジー、情報・ニューメディア、管理技術などを重視し、

それらに関係する理工学全般、経済・国際用語なども収録。実用的な手引書として活用できる。前版は1985年刊。　　　　　　　　　　　　　　3958

【便覧】

記号・図記号ハンドブック　新版　片岡徳昌著　日本理工出版会　1996.2　477p　22cm　4-89019-025-2　4000円
国際規格との整合を図った最新のJIS（日本工業規格）に定められた記号・図記号とその記法・用法を、数学記号、量記号・単位記号、化学記号、国際単位系（SI）、電子、電気、制御、情報処理に関する記号・図記号など12章に分け解説した便覧。巻末に五十音順索引を付す。　　　　　　　　　　　　　　3959

工学公式ポケットブック　K.Gieck著　太田博訳　共立出版　1987.1　1冊　16cm　『Technische Formelsammlung 27.Aufl.』1981の翻訳　4-320-07115-8　2900円
約1800の工学と数学の公式および400をこえる図表を21の分野別に収録。巻末に英語併記の和文索引があり、工学用語の和英辞典として使える。原書は初版（1931年刊）以来定評ある資料。　　　　　　　3960

図解百科最新科学技術の常識　ハイテク時代を読む　松田武彦〔ほか〕編　東洋経済新報社　1985.2　610p　21cm　企画編集：風人社　4-492-80026-3　2000円
テクノロジーの各分野を、情報、エネルギー、材料、バイオ、オートメーション、システム、家庭の7章に分け、項目ごとに、左頁に図表、右頁に解説を掲載し平易に解説。巻末に五十音順の和文索引とアルファベット順の英文索引があり、本文の説明を補う用語集の役目も兼ねる。　　　　　　　　　　3961

電気・電子・情報・制御基礎工学ハンドブック　編集：菅田栄治〔ほか〕　オーム社　1974　1261p　22cm　15000円
電気工学系諸分野の基礎知識を、主にソフトウェア的な面から解説。数学編、工学基礎編、材料工学編、デバイス編、エネルギー工学編、システム工学編、情報工学編で構成。章末に練習問題、参考文献などを配した理工系大学生向けの参考書的な内容。巻末の五十音順索引には対訳英語を付記。　　　　　　3962

【年鑑】

IIP年間回顧　平成5-6年　通商産業大臣官房調査統計部編　通産統計協会　1994-1995　2冊　21cm
鉱工業生産の動向を示す年報。3章からなる。第1章は鉱工業生産の全般的動向、第2章では出荷動向と最終需要、第3章は当面の需要動向と生産動向を記載。付篇として業種動向を記す。巻末には「鉱工業指数」

「鉱工業出荷内訳」「鉱工業総供給表」の各表を付す。昭和61－平成4年は『鉱工業生産活動分析　年間回顧』、昭和53－60年は『鉱工業生産動向』、昭和52年以前は『鉱工業生産活動』の書名で出版。平成6年版以後は『生産活動からみた日本経済』。　　　3963

安全衛生年鑑 昭和60年版－　中央労働災害防止協会〔編〕中央労働災害防止協会 1985－　年刊 27cm
安全衛生行政と労働災害に関する解説と資料・図表。解説は、安全衛生行政の課題、労働災害防止対策、労働災害防止のための支援事業活動、労働災害の現況、業務上疾病の概況、主要災害（殊に死亡災害）の発生状況など。資料・図表は、業種別・起因物別労働災害（殊に死亡災害）各種統計、健康診断実施状況など。昭和29－59年版までは『産業安全年鑑』として刊行。解題は平成12年版による。　　　3964

産業用地ガイド 1997－　日本立地センター編 日本立地センター　1997－　年刊
地方公共団体、地域振興整備公団、住宅・都市整備公団、民間デベロッパーなどが造成し、公募中または公募予定の全国主要産業団地（工業団地、流通団地、業務団地など）についての情報を都道府県別に掲載した年鑑。1団地1ページで、情報内容は、所在地、総開発面積、立地条件等8項目。〔1966〕－1996年版の書名は『工場用地ガイド』。解題は1999年版による。　3965

産力 1991年版　電通総研編 ぎょうせい 1991.8　241p 26cm　監修：通商産業省立地公害局 4-324-02849-4　4500円
都道府県別の産業立地要因を、各種指標、図表を用いて解説したデータ集。主要指数、参考指数、都道府県別にみる産業データ、資料リストの4章で構成。都道府県別産業データは、工業団地の分布と主要輸送交通網を図示し、経済の沿革および産業開発の方向を要約する。人口・工業出荷額・工場立地動向の推移を簡単なグラフで示し、主要立地企業・主要プロジェクトの一覧を添える。索引はない。　　　3966

主要産業の設備投資計画 その現状と課題 昭和34年版－　通商産業省産業政策局編 大蔵省印刷局 1959－　年刊 21cm
産業構造審議会産業資金部会の民間設備投資計画に対する意見および主要業種（紙・パルプ、化学工業、石油精製業、セメント工業など）の設備投資に関する調査資料を掲載。また参考資料として、産業資金部会資料や省エネルギー設備投資調査結果などの行政資料を掲載。解題は平成12年版による。　　　3967

日本工業製品総覧 1973年版－　日本工業新聞社 1972－　年刊 27cm 英文書名：『Industrial products index of Japan』 4-8191-0414-4
工業用材料、部品、生産設備など工業製品を製作する企業案内資料。製品から生産するメーカーが、メーカーから製造する製品が一覧できる。20産業分野にわたって、約5000種の機軸製品を紹介する。産業分野ごとに、製品名（横軸）と会社名（縦軸）がマトリックスを構成する「製品分類総覧」と同目次、会社ごとに、会社名・資本金・事業または製品・本社所在地を紹介する「会社総覧・企業と製品紹介記録」と同索引からなる。主要経済・産業団体・協会一覧、主要国公立・大学試験研究機関一覧を付す。解題は2001年版による。　　　3968

日本工業年鑑 1965－1993 日本工業新聞社 1965－1994　年刊 27cm 英文書名：『Japan industrial annual』
わが国工業界の現状・動向を分析した年鑑。日本の経済、エネルギー産業、金属工業、機械工業、電気・電子機械工業、化学工業、繊維工業、窯業、建設・建材工業、食品工業、輸送業の章立てで解説。産業別索引を付す。付録として、「注目発明」選定一覧、関連団体名簿を収載。解題は1993年版による。1993年版で刊行中止。　　　3969

日本立地総覧 1992－　日本立地ニュース社編 日本立地ニュース社 1992－　年刊
わが国の工業立地の動きを総合的に把握するために、工場（研究所、物流施設）の建設を都道府県別、工業団地別、業種、テーマ別、地域別にまとめた年鑑。「工業立地の現況と展望」「立地計画の展開」「地域開発プロジェクト」「全国工業団地と立地企業」の4章構成。巻末に五十音順企業索引を付す。解題は2001年版による。　　　3970

プラント貿易年鑑 1996年版－　重化学工業通信社編集局編 重化学工業通信社 1996－　年刊 27cm 英文書名：『Plant trade year book』
わが国のプラント貿易の現状と展望等を概観した「総論」および「プラント成約動向」「プラント市場動向」を掲載。企業編は総合商社、総合エンジニアリング各社、総合重機各社、鉄鋼各社などのプラント事業戦略を紹介する。巻末には、プラント貿易の関連資料、プラント貿易の関係官庁および機関・団体の概要を収録する。書名は『日本のプラント輸出戦略』（1972－1977年版）、『プラント輸出年鑑』（1978－1995年版）。解題は2000年版による。　　　3971

【統計】

業界・品目別データ集覧 日本能率協会総合研究所マー

ケティング・データ・バンク編 日本ビジネスレポート 1988.4 4冊 26cm 各39000円
国内の各種機関が調整・発表するデータの中から、とくに経営企画、マーケティング、商品開発、新事業企画を推進する上で必要となる主要データを集成。各巻とも、データ編、資料編、出所先編、索引（和文事項索引）で構成。データ編はフローデータ、ストックデータ、予測データの3編からなる。
3972

工業統計調査産業細分類別統計表 通商産業局別・都道府県別表 平成5年- 通商産業大臣官房調査統計部編 通商産業調査会 1995- 年刊 30cm
通産省が毎年実施している工業統計調査の集計結果の中から、『工業統計表』☞3974には含まれていない産業別の詳細な数字を公表したもの。通商産業局別、都道府県別に大別のうえ、産業分類別の事業所数、従業者数、製造品出荷額、生産額など8項目を収録。1983年分から刊行。1992年までの書名は『都道府県別産業細分類別表 工業統計調査』。巻末に付録として工業統計調査規則、工業統計調査票、工業統計表公表物一覧がある。解題は平成7年版による。
3973

工業統計表 昭和14年- 通商産業大臣官房調査統計部編 大蔵省印刷局 1931- 年刊 31cm 英文書名：『Census of manufactures』
わが国製造業の実態を明らかにするため、通商産業省が製造業事業所を対象として毎年実施する工業統計調査の集計結果を公表した資料。事業所数、従業者数、製造品出荷額等を初め、基礎的なデータが把握できる。大蔵省印刷局発行の「産業編」「品目編」「企業統計編」「用地用水編」と通商産業調査会発行の「市区町村編」「工業地区編」の各編がある。「企業多角化等調査編」が一時刊行されていたが、同省の『企業活動基本調査報告書』に吸収された。明治42（1909）-昭和13（1938）年は『工場統計表』。解題は平成10年版による。1年半程度のタイムラグがあり、これを補うため『工業統計速報』（昭和23（1948）- 通商産業大臣官房調査統計部 1949- 年刊）が刊行されている。製造業事業所の概況を比較的早期に知ることができる。
3974

鉱工業指数総覧 平成2年基準 通商産業大臣官房調査統計部編 大蔵省印刷局 1993.9 544p 30cm 4-17-195665-X 9200円
平成2年を基準として、通商産業省が作成した鉱工業関連の諸指数を収録したもの。解説編と統計編で構成。生産指数、生産者出荷指数、生産者製品在庫指数と同在庫率指数、生産能力指数、稼働率指数、原材料消費指数、原材料在庫指数と同在庫率指数の9種類について業種別に原指数および季節調整済指数を収録。統計

編の前半は平成2年を基準とした昭和63年-平成4年までの指数を、後半は、昭和48年から62年の接続指数（リンク係数を乗じて便宜的に平成2年基準指数とした指数）を掲載。基準年は5年ごとで、昭和30年基準より数えて8回目の刊行となる。索引はない。年刊版は『鉱工業指数統計年報』。
3975

労働災害動向調査報告 昭和27年- 労働大臣官房政策調査部編 労働大臣官房政策調査部 1955- 年刊 26cm 労働災害動向調査甲調査・労働災害動向調査乙調査 英文書名：『Survey on industrial accidents』
主要産業における労働災害について、規模別（100人以上の事業所：甲調査、10-99人の事業所：乙調査）に半期及び年間の災害発生状況をまとめた統計。全体の構成は、調査の概要、調査結果の概要、統計表（年計、上半期、下半期）からなり、統計表は産業別に集計されている。解題は平成11年版による。
3976

【名簿・名鑑】

エンジニアリング産業会社録 1985年版- 情報企画研究所編 情報企画研究所 1985- 年刊 26cm
内外の主要なエンジニアリング企業、国内のメンテナンス企業および主要関連団体の名鑑。エンジニアリング編、メンテナンス・エンジニアリング編、資料編の3部よりなる。収録項目は、社名、所在地、資本金、設立年月日、役員名、事業内容、受注実績など。海外企業は、社名、住所、電話、主要事業内容のみ掲載。巻頭に五十音順会社索引を付す。
3977

世界の工業団地 日本貿易振興会情報サービス部編 日本貿易振興会 1994-1996 5冊 30cm 非売品
中堅・中小企業の海外直接投資の円滑な促進を目的に、各国/地域の開発公社などへのアンケート調査をもとに世界の工業団地の概要を地域ごとにまとめたもの。「中南米編」「北米編」「アジア・オセアニア編」「アジア編」「ヨーロッパ編」に分冊刊行。配列はカナ表記の国名（米国、カナダは州別）の五十音順。その中は団地名のアルファベット順。収載項目は、団地名、所在地、特色、規模、交通輸送、投資優遇措置、環境規制、問い合わせ先など。索引はない。
3978

全国工場通覧 昭和24年版- 通商産業省編 日刊工業新聞社 1949- 隔年刊 31cm
通産省の工業統計調査結果に基づいて編集した名簿。業種は、通産省の産業分類に基づき、従業者数20人以上の事業所（鉄鋼業、金属製品製造業、一般機械器具製造業、パルプ・紙加工製造業、化学工業、石油製品製造業ほかその他の製造業も含め16業種）を対象とする。工場名、所在地、製品名、資本金、従業員などの

データを記載。構成は、分類別、各都道府県別に事業所名の五十音順配列。巻末には、本文掲載全工場名の五十音順総索引がある。付録として地区別・産業別工場数、地区別・資本金別規模別工場数ほか全国国立試験研究機関一覧などがある。昭和25年版以降隔年刊。解題は1996－1997年版による。明治37－大正10年版の書名は『工場通覧』（隔年刊）。昭和6－16年版は『全国工場通覧』（商工省大臣官房統計課編、日刊工業新聞社、年刊）。戦前分については、柏書房から複製版が刊行されている。
3979

◆工業基礎学

◆◆計測工学、センサ

【辞典・事典】

学術用語集 計測工学編 増訂版 文部省，計測自動制御学会著 計測自動制御学会 1997.7 622p 19cm 東京 コロナ社(発売) 4-339-03162-3 3900円
学術用語の統一を目的として作成された和英・英和の対訳用語集。8023語を収録。語義の解説はない。第1部が和英の部、第2部が英和の部、第3部が量とその単位ほか物理定数表、換算係数表からなる。資料として関係者名簿、計測工学の学術用語制定の経緯などがある。初版（1973年刊、2439語収録）の増訂版。
3980

計測用語 日本規格協会編 日本規格協会 1993.3 129p 19cm （JIS用語解説シリーズ） JIS Z 8103-1990準拠 執筆：岩崎俊ほか 4-542-20150-3 1700円
日本工業規格の計測用語に規定された用語を解説した事典。用語を五十音順に配列し、対応英語、定義、解説を付す。計測はすべての分野に共通する基礎学問という認識に立ち、実例、図版などにより、正確な理解を目指す。計測の枠組みを理解させるため、巻頭に計測用語の体系図を付す。巻末には英和索引のほか、付録として国際単位系（SI）の解説と基礎物理定数を付す。
3981

センサを知る事典 北田正弘編著 アグネ 1985.11 254p 18cm 4-7507-0425-3 2300円
センサの基礎から応用までを、図表を豊富に用い解説。「センサのはたらき」「センサの基礎」「センサの応用」「センサの将来像」「参考文献」の5章からなる。特に第4章では、半導体センサ、セラミックセンサ、バイオセンサ、高分子センサなどを詳しく解説。本文途中に「髪の毛と湿度」「自動改札」などのセンサに関する身近な話題を挿入。巻末に五十音順索引を付す。
3982

センサ基礎用語辞典 南任靖雄著 工学図書 1994.9 194p 19cm 4-7692-0303-9 1600円
周辺技術を含めたセンサ全般に関する基礎的な用語300語余りを収録した用語辞典。日本語見出し語を五十音順に配列し英語を併記する。センサの動作原理・構造・応用などを関連周辺技術とともに解説し、最近の研究成果も紹介する。図や表を多用し、わかりやすく解説するとともに、同意語や参照すべき用語を指示する。高専・大学の低学年や企業の初級技術者などを利用対象とし、ハンドブックとしての利用も考慮している。
3983

センサ実用事典 フジ・テクノシステム 1988.2 1674, 20,148p 27cm 監修：大森豊明 4-938555-03-4 49500円
4編からなり、第1編センサ技術の基礎ではレーザセンサ、力学センサ、放射線センサなど各種センサごとに種類、特徴、用途、測定方法などを解説。第2、3編ではセンサの周辺技術とあらゆる分野への技術の適用を、第4編では各種センサ別のメーカー一覧を収録。巻末に五十音順・アルファベット順索引と、資料編としてメーカー別製品のデータを付す。
3984

センサの事典 高橋清〔ほか〕編 朝倉書店 1991.5 642p 22cm 4-254-20057-9 18540円
さまざまな分野で活用されるセンサ（感知機構）を対象に、その原理・機能・特性などについて解説した便覧。全10章からなり、配線図やグラフなどの図版を多数収録している。構成は、1 センシング機構、2 新素材、微細加工とセンサ機能、3 量子効果とセンサ機能、4 光ファイバとセンサ機能、5 レーザセンサ、6 バイオセンサ、7 センサの信号処理とインテリジェント化、8 画像センシング、9 応用技術、10 可視化技術。巻末に索引（和文、欧文の2種）がある。
3985

センサ用語辞典 センサ用語辞典編集委員会編 情報調査会 1986.8 602,7p 19cm 監修：片岡照栄 4-915537-14-5 3800円
広範な分野にわたって使用されているセンサ関連の用語約1800語を五十音順に配列し解説。見出し語には対応英語を付す。巻末に英文索引がある。
3986

リモートセンシング用語辞典 日本リモートセンシング研究会編 共立出版 1989.11 321p 22cm 執筆：赤

松幸生ほか 4-320-00867-7　6180円
リモートセンシングにかかわる用語を広範な分野から採録。見出し用語は小項目主義で五十音順配列。用語に対応する同義語、英語、略語を併記し平易に解説。巻末に付録として、地域観測用衛星一覧などの資料と、略語、英語、日本語の各索引を付す。　*3987*

【便覧】

プロセス計測制御ガイドブック　工業計器 1997/1998-　日本電気計測器工業会編　日本電気計測器工業会　1996-　隔年刊 30cm 非売品
「主として流体を取り扱う工業プロセスの変量を連続して計測・制御する」プロセス制御機器3000余点を、発信機、受信計、操作端、プロセス用監視制御システム、計装パネル、システムエンジニアリングなど機能別に紹介したもの。個別機器は約120字、システム製品とパネルについては約600字で解説している。付録に日本電気計測器工業会刊行物紹介、関連日本工業規格（JIS）一覧表を収載、巻末に会社別掲載製品系列一覧表などを付す。索引はない。解題は1997/1998年版による。1979/1980-1995/1996の書名は『工業計器ガイドブック』　*3988*

工業計測便覧　精機学会, 計測自動制御学会共編　コロナ社 1982.1　998p 22cm 20000円
工業計測への電算機の適用やパターン計測、リモートセンシングをはじめとする各種計測法について詳述し、工業各分野の現業における計測法の実際を具体的に説明した便覧。「基礎編」「共通編」「実際編」「付録」からなる。付録として、単位、標準、物理定数のほか、計量法による検定などに関する事項の要旨や計測器校正業務委託機関の詳細なリストなどを収載。巻末に五十音順索引を付す。計測担当者、管理者、研究者を対象とする。　*3989*

最新検知システム総覧　"センサ"その開発と進歩　柳田博明編　技術資料センター 1982.5　840,8p 27cm 34000円
光センサをはじめ、温度、湿度、磁気、化学、機械・力学量を検出する各センサ、各種工業用の検出スイッチ、プロセスセンサ、検知・計測・分析・制御機器など、検知システムを網羅した便覧。各センサをさらにタイプ別に分け、構成要素となる素子やシステムについて、理論と応用の両面から解説している。巻末に各種応用機器の資料を提供した会社名・製品の索引を付す。　*3990*

実用流量表　改訂増補　東京都下水道研究会編　山海堂 1979.8　707p 22cm 3500円
水に関する施設の計画、設計、管理に欠かせない円形管と矩形きょについて、マニング、クッター、ヘーゼンウィリアムスなどの公式に基づき、粗度係数や、流速係数を変えて、管径とこう配の相違による流量と流速の値を求め、数表としてまとめたもの。初版（1968年刊）の改訂増補版で、マニング公式n＝0.015、矩形きょでH＝0.5Dの断面を追加、流量特性を数表で表示するなどの改訂を加えた。一目でほしい数値が引ける、前後の数値を比較検討できるなどの理由で現在でも有用。　*3991*

新センサーハンドブック　柳田博明〔ほか〕編集　サイエンスフォーラム 1982　2冊 31cm 限定版 51000円, 45000円
センサー技術を、メーカーの研究開発とユーザーに的確な選択肢を与えるという両面から解説した便覧。「機能・応用篇」「材料データ篇」に分冊刊行。「材料データ篇」はルーズリーフ。「機能・応用篇」は、各種センサー機能を、検知機能、検知方法、検出信号などに分けて解説するとともに、センサーのシステム設計上欠かせない諸手段も併せて解説。各章末に参考文献を付す。「材料データ篇」は、センサー材料を、無機、金属・合金、有機に大別し、前半に物質ごとの諸データを、後半に解説・利用法を掲載する。索引はない。　*3992*

センサ技術ハンドブック　センサ技術ハンドブック企画・編集委員会編　日本能率協会 1983.1　480p 27cm 6400円
センサ技術全般について、シンポジウム講演論文により体系的に解説した便覧。2篇からなり、第1篇は「センサ技術シンポジウム」（日本能率協会主催、1980-　）の22の講演論文に加筆し先端的センサ技術、需要分野より見たセンサニーズ、センサシステム化技術に分け収録。第2篇は、多種多様なセンサを10項目に分類し解説。巻末に各メーカーの分野別センサ一覧を付す。　*3993*

センサハンドブック　片岡照栄〔ほか〕編　培風館 1986.5　1177p 27cm 4-563-03417-7　58000円
コンピュータの情報入力装置、信号変換装置であるセンサの基礎知識から応用技術までを詳細かつ分かりやすく解説したもの。「基礎編」「センシングデバイス」「センサ応用システム」の3編からなる。社会的ニーズの高い機械産業、ロボット、土木・建築、農業、交通、医用、資源探査などのセンサ応用システム編が充実。巻末に和文索引・欧文索引を付す。　*3994*

◆◆ 振動工学、音響工学、超音波工学

音響用語辞典 日本音響学会編 コロナ社 1988.4 720p 19cm 4-339-00548-7 7000円
音響関連分野を、「音響一般」「計測・信号処理」「音声」「騒音」「建築音響」「聴覚」「音楽音響」「オーディオ」「超音波」「電気音響」の10部門に分け各部門から用語を幅広く収集。和文見出し語を五十音順に配列、対応する外国語を併記し解説を記載。巻末に英和対訳索引を付す。　　　　　　　　　　　　　　　3995

振動工学ハンドブック 振動工学ハンドブック編集委員会編 養賢堂 1976.11 1269p 22cm 編集代表者：谷口修 12000円
土木・建築・船舶・航空機を除いた機械および構造物を対象に、振動の基礎理論、振動衝撃の測定、データ処理、振動の影響とその対策ならびに振動が特に問題となっている各論を解説。全29章。数表、図表が多く、各章の末尾に参考文献がある。大学、高専を卒業した技術者を対象としている。巻末に五十音順索引を付す。　　　　　　　　　　　　　　　3996

超音波技術便覧 新訂版 日刊工業新聞社 1978.7 1892, 33,5p 22cm 監修：実吉純一ほか 10000円
境界領域に属する超音波技術の全容を理解しやすいように教科書的に解説した便覧。基礎編、応用編、資料編からなる。資料編には音速度や音の吸収に関する数表類を多数収録。巻末に用語の和文および欧文索引を付す。改訂にあたって、本文の補訂のほか、改訂新版（1966年刊）時の増加分を追補1、その後の進歩発展内容を追補2として別立てで収録。　　　　　3997

防振制御ハンドブック フジ・テクノシステム 1993.1 1009,20p 27cm 監修：時田保夫，森村正直 4-938555-31-X 49800円
微小な世界を対象とする計測技術から、建物の地震対策、振動対策まで多方面で利用される防振技術を集大成した便覧。「基礎」「振動工学」「防振計画」「防振部材」「計測、解析」「応用」「事例研究」の7編で構成。各章末に参考文献、巻末に五十音順事項索引を付す。『精密防振ハンドブック』（1987年刊）の改訂版。
　　　　　　　　　　　　　　　　　　　　　　3998

◆◆ 工学材料、材料科学

【辞典・事典】

エコマテリアル事典 エコマテリアル研究会責任編集 サイエンスフォーラム 1996.12 668p 31cm 48000円
リサイクル可能な材料、生分解性材料、再生可能資源から作られた材料など、環境効率を最大にすることを目指したエコマテリアルの研究全般をレビューし、環境調和型製品製造の手法を整理した事典。総説 エコデザインと持続可能発展、第1篇 エコマテリアルの基盤テクノロジー、第2篇 エコマテリアルの開発実例とそのノウハウ、第3篇 エコマテリアルの評価と環境管理システムよりなる。索引はない。　　3999

機能材料辞典 北田正弘著 共立出版 1984.2 340p 18cm 4-320-07094-1 2800円
電気、磁気、光学、熱、化学、生体、原子核、機械などの広い分野にわたる機能材料約700種を選び、五十音順に配列し、対応する英語名を付して平易に解説。付録として、機能材料の考え方、分類を示す。巻末に、別名や、見出しにない材料名を含む和文索引および英文索引を付す。　　　　　　　　　　　　4000

材料大事典 材料大事典編集委員会編集 産業調査会 1984.4 1冊 27cm 29300円
市販されている鉄鋼、非鉄金属、無機、有機などの材料を中心に、開発中の新材料も含めて材料ごとに解説した事典。新材料は用途別に記載。巻末に商品を分野別に分類して解説した資料編および参加社名索引、和文索引を付す。　　　　　　　　　　　　　　　4001

材料名の事典 長崎誠三ほか編 アグネ技術センター 1995.5 1冊 22cm 発売：アグネ 4-7507-0845-3 3605円
金属材料、セラミックス、複合材料、高分子材料などの商品名および一般名約3500語を収録。材料名を見出し語に五十音順に配列、英語を併記し、性質、組成、用途、メーカーなどを記載。アルファベット、ギリシャ文字の材料名は五十音順の後に別に収載する。巻頭に英文索引を、巻末に物質名略語一覧などを付す。雑誌『金属』1993年9月臨時増刊号として刊行したものを加筆訂正のうえ増補したもの。　　　　　　4002

新素材用語事典 図・データ解説 青柳全編著 日刊工業新聞社 1986.6 262,10,11p 21cm 4-526-02033-8 2800円
新素材に関する用語を、参照を含め約1000項目を五十音順に配列し解説した事典。対応する英語を併記。解説は、他の素材との関連、応用分野、開発動向なども含み、図やデータを多用し詳細。巻末に引用文献一覧、欧文索引を付す。　　　　　　　　　　　　　　4003

図解金属材料技術用語辞典 金属材料技術研究所編 日刊工業新聞社 1988.11 597,79p 18cm 4-526-02446-5

5500円
金属材料およびそのプロセス技術に関する用語約4500語について図を多用してわかりやすく解説。配列は五十音順で英語を併記。巻末に欧文索引を付す。　4004

図解工業用ダイヤモンド用語辞典　ダイヤモンド工業協会編　日刊工業新聞社　1992.11　273,31p　18cm　4-526-03232-8　4000円
工業用ダイヤモンドに関係の深い用語・術語約1900語を選択・収録し五十音順に配列して解説。見出し語が日本語の場合にはその訳語や原語を欧文で示し、解説のあとに同意語や関連語・参照語を記すほか、図・表や写真を掲載している。同意語などには掲載頁を示して検索の便をはかり、それ自体も見出しとして採用。巻末には付録の工業用ダイヤモンドの規格（各国）と欧文索引がある。　4005

先端材料応用事典　「先端材料応用事典」編集委員会編　産業調査会事典出版センター　1990.1　1239p　27cm　27000円
材料別に機能・特性を8章に分け解説した第1編、各産業分野別にニーズへの応用を8章に分け論じた第2編、製品情報を収録した資料編からなる。写真、図表を多用しわかりやすく解説。各章末に参考文献、巻末に五十音順索引を付す。　4006

先端材料を知る事典　北田正弘, 朝倉健太郎編著　アグネ承風社　1988.11　304p　18cm　4-900508-21-7　2400円
新分野の開拓などに不可欠な材料技術を73項目に分けて解説。配列は項目の五十音順。解説末尾に参考文献、巻末に和文索引、欧文索引を付す。　4007

先端材料事典　先端材料事典編集委員会編　産業調査会　1995.10　795,173p　27cm　4-88282-525-2　38300円
材料基礎、個別材料、材料プロセス・材料設計、評価技術に大分類し、さらに章に分けて各材料の性質、機能応用などについて図表を多用して解説。巻末に各社の情報資料編、略語・和文索引を付す。　4008

先端素材事典　新技術開発センター　1986.1　864p　31cm　監修：青柳全　57000円
化学物質や金属などの素材だけではなく、製法や性質の名称も見出し語として採用し、五十音順に配列。対応する英語と、概念・素材の特性・用途・開発や生産の動向などの解説を付すとともに、関連する見出し語へ参照する。SI（国際単位系）単位、先端材料メーカー一覧などの資料および英文索引を付す。　4009

複合材料術語辞典　森田幹郎〔ほか〕編　アグネ承風社　1994.12　395p　18cm　4-900508-26-8　3605円
2つ以上の素材を組合せ、素材だけでは得られない高い比強度をもつ複合材料に関する基本的な用語約3000を収録した辞典。収録範囲は材料のほか力学・物性、成形・加工・表面処理、各種試験や検査法に及ぶ。見出し語は五十音順配列で、日本語には欧文訳語または原語の正式名称を記す。全体で160点の図・表・写真を掲載。同意語なども見出し語とし、参照する解説文のある用語を指示する。巻末には付録として、英文略語一覧表や英文事項索引がある。　4010

複合材料の事典　宮入裕夫〔ほか〕編　朝倉書店　1991.3　650p　22cm　4-254-20058-7　19570円
プラスチック系、金属系、セラミック系の3つの複合材料系について、基礎から応用に至る基本的な課題と最新技術を盛り込み、平易な文章で解説。章末に参考文献、巻末に五十音順索引を付す。　4011

【便覧】

工業材料便覧　幡野佐一著　日刊工業新聞社　1981.10　953,10p　22cm　14000円
工業プラントを構成する機器の材料について解説した便覧。材料内部の基本構造、材料の物理的性質と表面現象、材料の化学的劣化現象、金属・セラミックス・有機高分子材料、機器と材料に関する保全と防食の保証など全14章で構成。巻末に五十音順索引を付す。　4012

材料実用百科　日経BP社　1993.1　450p　29cm　（日経マテリアル&テクノロジー別冊）　4-8222-1110-X　12000円
工業製品や構造物を家電製品、OA機器、土木・建築など7分野27種類の製品群に分け、どの部位にどのような材料が使用されているか、どのような材料を採用できるかについて詳しく解説したもの。巻末に材料、機能をキーワードに五十音順に配列、そのもとに製品を種別ごとに収録し簡単な解説を付した材料別索引および機能別索引を付す。　4013

材料利用ハンドブック　中小企業事業団中小企業研究所編　日刊工業新聞社　1988.3　779,14p　22cm　監修：田中良平　4-526-02325-6　14000円
工業材料を、金属材料、無機（セラミック）材料、有機（高分子）材料といった既成の分類にはよらず、機械的機能、熱的機能、電気・磁気的機能、光学的機能、化学的機能、特殊機能、加工性の7つの機能別に分類し解説。巻末に五十音順事項索引を付す。　4014

次世代複合材料技術ハンドブック　牧広〔ほか〕編　日本規格協会　1990.7　1016p　27cm　4-542-25104-7　55000円

国の次世代産業基盤技術研究開発制度の全12プロジェクトの一つである「次世代複合材料研究開発プロジェクト」(1981年-1989年)の成果をまとめたもの。第1編　次世代複合材料の研究開発成果、第2編　次世代複合材料評価試験仕様書(SACOI)の2編よりなる。第1編は、総説のほか、樹脂系複合材料、金属系複合材料、構造設計技術、品質評価技術、データベースの構築の6章に分けて解説。巻末に付録として特許一覧表などを収載し、和文索引を付す。　*4015*

実用新素材技術便覧　実用ニューマテリアル研究会編著　通産資料調査会　1996.9　1222p　26cm　監修：田中良平　4-88528-212-8　35020円
新素材を実用化の視点からその創出技術、活用の現状、利用製品市場の動向、今後の展望など8編にわけ解説した便覧。第9編資料編では、科学技術庁の「注目発明」および新エネルギー・産業技術総合開発機構(NEDO)や新技術事業団の技術開発の概要などを解説し、参考資料として科学技術会議の答申などを収載している。索引はない。『新素材便覧　1993』(1993年刊)を引き継ぐもの。　*4016*

新材料　1981－　東レリサーチセンター調査研究部門編　東レリサーチセンター　1981－　年刊　31cm　書名は奥付・背による　標題紙等の書名：『技術の最先端を切り拓く新材料』
当該の前1年間に日本で開発された新材料および商品化されたものから新規性、進歩性のあるものを選択し論じた年鑑。1)ハイライト部　2)材料情報部　3)ニュースダイジェスト部で構成。1)は話題の素材についての調査研究リポート。1996版は「室内空間における微生物環境汚染と抗菌対策」。2)は密封材料、セラミックス・ガラス・カーボン、電気・電子材料などに分類し(1996年版は109点)、製品名、企業名、組成、仕様、製法、用途、引用文献、問い合せ先などを記載。3)は新聞を主とした情報とその要旨を集めたもの(同前690件)。1984－1989/91は英語版『New materials developed in Japan』あり。　*4017*

新素材ハンドブック　新素材ハンドブック編集委員会編　丸善　1988.1　747p　27cm　4-621-03230-5　24000円
新素材に関する総合的な参考書。新素材の範囲は金属系、セラミック系、プラスチック系、有機物系、バイオまで広範囲にわたっている。研究開発・実用化の段階により5編に分け、各編を新素材の種類により数章に分類し、その特性、機能、用途、製造法まで総合的に解説。巻末に五十音順索引を付す。　*4018*

世界鉄鋼材料規格比較対照総覧　1985年改訂増補版　海外技術資料研究所〔編〕　海外技術資料研究所　c1985　1冊　27cm　『最新世界の規格相互検索早見表　vol.6 Steel』の改題　29200円
第1部　一般構造用鋼板、第2部　ボイラおよび圧力容器用鋼板、第3部　鋼管、第4部　機械構造用炭素鋼、合金鋼、第5部　特殊用途鋼の5分野に分け、主要8か国とISO(国際標準化機構)の規格を和英対照で比較したもの。それぞれに規格番号順索引を付す。　*4019*

先端材料ハンドブック　鈴木敏正〔ほか〕編　朝倉書店　1988.11　928,4p　22cm　4-254-20039-0　25000円
超LSI、メモリ、光エレクトロニクス、センサ、バイオ、エネルギー関連、新機能材料の各分野について、基本事項を要約した便覧。各章末に多数の文献を収載。巻末に和文索引、欧文索引を付す。　*4020*

低温材料便覧　ユ・ペ・ソルンツェフ，ゲ・ア・ステパノフ著　遠藤敬一訳　和歌山　日・ソ通信社　1984.3　315p　26cm　著者の肖像あり　『Материалы в криогенной технике』1982の翻訳　18000円
低温技術で用いられる材料の組成、物理的・機械的性質、用途、価格などを紹介。各材料の試験法とこの種の試験のための冷却系のクライオスタットの構造も記述。索引なし。　*4021*

ニューマテリアルハンドブック　ニューマテリアルハンドブック編集委員会著　昭晃堂　1993.6　744p　22cm　監修：松沢剛雄，高橋清　4-7856-9044-5　27810円
工業材料を集大成し、最近の成果および21世紀へ向けての可能性を、初心者から専門家まで幅広い層を対象に解説。バイオマテリアル、オーガニックマテリアル、セラミックマテリアル、コンポジットマテリアル、セミコンダクタマテリアル、メタリックマテリアル、インテリジェントマテリアルの順に7章構成。各節末に参考文献を付し、巻末に事項の五十音順索引、略語などのアルファベット順索引を付す。　*4022*

複合材料総覧　東京テクノブレイン株式会社編　東京テクノブレイン　1988.6　344p　26cm　48000円
合成樹脂複合材料(FRP)、金属系複合材料(FRM)、セラミック系複合材料(FRC)、セメント系複合材料(FRCon.)などについて、1-4章は無機～粉体系複合用素材88種を、5-7章は強化プラスチックなどの複合材料81種をとりあげ、特性、用途などの現状と実態を多数の図表を用いて解説している。索引はない。　*4023*

複合材料ハンドブック　日本複合材料学会編　日刊工業新聞社　1989.11　1265p　22cm　4-526-02615-8　30000円
異種素材の組み合わせによる複合材料科学技術全般に

ついて、実際の設計に活用できるよう配慮しながら、体系的に解説した便覧。材料の力学、物性、成形法、設計、試験・検査、応用の各編からなる。巻末に付録として、記号・略号一覧、試験規格一覧などを収載し、和文索引を付す。
4024

【データ集】

金属材料データブック JISと主要海外規格対照 改訂4版 日本規格協会編 日本規格協会 1996.8 585p 21cm 4-542-14017-2 4120円
棒鋼、鋼管、ステンレス鋼、鋳鍛造品などの鉄鋼材料、および伸銅品、アルミニウムなどの非鉄金属材料について、JIS（日本工業規格）、ASTM（アメリカ材料試験協会規格）、BS（イギリス国家規格）、DIN（ドイツ国家規格）、ISO（国際規格）などの類似鋼種を比較・対照したデータブック。類似鋼種のグループごとに付けた索引番号順に配列し、規格名、記号、化学成分、引張試験、規格番号を記載。巻末に収録規格番号一覧表、鉄鋼記号、非鉄金属記号の見方、記号別索引を付す。初版は1983年刊。前版は1992年刊。
4025

非金属材料データブック プラスチック・FRP・ゴム・接着剤・塗料・木材及び木質材料・セラミックス 改訂2版 日本規格協会編 日本規格協会 1985.9 687p 21cm 4-542-14025-3 3900円
非金属材料7種についてのデータ集。JIS、団体規格、外国規格、および官公庁の仕様書、発表された試験データなどからデータを採取し、材料別に性質、性能データなどを表形式に掲載。各データごとに出典を付す。データの配列は材料ごとに独立しており、全体の統一はとれていない。巻末に計量単位換算率表を掲載。索引はない。前版は1983年刊。
4026

マテリアル・データベース マテリアル・データベース編集委員会編 日刊工業新聞社 1988-1989 4冊 27cm 30000-61800円
新技術の開発において適正な工業材料を選択するための指針を提供する目的で編まれたデータ集。材料別に「有機材料」「無機材料」「新素材」「金属材料」の全4冊からなる。前記3冊に収録の1万2000種は製造会社へのアンケート、各種文献データ、カタログ類から物性データを中心に抽出し、品目別に配列。商品ごとのデータが把握できる。巻末には材料名索引のほか、会社・研究機関索引もしくは商品名索引を付す。「金属材料」は規格分類により金属材料を集め、その基礎物性、工学的性質、用途特性などを数値だけでなく、特性比較グラフも交えて掲載。大部分のデータに規格番号などが付いている。巻末には国の内外で作成されている材料関連データベースの詳細なリストを付す。
4027

無機材料データ集 化学工業社 1984.7 248p 26cm （別冊化学工業 28-13） 4500円
セラミックス、金属類、非鉄金属類、稀金属類の素材の物理的性質、機械的性質、電気的性質や加工性、耐熱性、耐食性に関する数値データおよび主用途を収録。巻末に鉱物の粉末X線回折線数値表を付す。
4028

【名簿・名鑑】

材料研究者名鑑 材料研究者名鑑編集委員会編纂 材料科学技術振興財団 1993.2 918p 27cm 監修：科学技術庁研究開発局 16000円
金属材料、セラミックス材料、高分子材料、複合材料の各専門分野の研究者5800名を所属機関ごとに収載した名鑑。巻頭に「専門分野分類表」「専門分野別研究者一覧」「組織名一覧」を掲載。本文は「民間企業」「大学・高専」「官公庁・団体」に3分類し、機関名を五十音順に配列、それぞれに所属する研究者を五十音順に配列する。ただし、大学は、学部・研究所単位で収載。巻末に五十音順配列の「個人名索引」を付す。付録として主な材料関係学会・協会一覧を掲載する。
4029

◆◆非破壊試験法

新非破壊検査便覧 日本非破壊検査協会編 日刊工業新聞社 1992.10 1315,29p 22cm 4-526-03199-2 35000円
非破壊検査技術について、概論、検査法、援用技術、適用法（Ⅰ、Ⅱ）、材料特性の非破壊評価法、経年損傷の非破壊評価法、各国の非破壊検査規格、非破壊検査技量認定制度など9章にわたって解説した便覧。巻末に五十音順事項索引、欧字（略語）索引を付す。『非破壊検査便覧 新版』（1978年刊）の全面改訂版。
4030

非破壊試験用語辞典 日本非破壊検査協会編 養賢堂 1990.5 194p 22cm 4-8425-9008-4 3400円
非破壊試験の専門分野のほか、多くの関連分野も含めて1869の用語を収録した辞典。配列は五十音順で、解説のほかに、専門分野と対応する英語を併記。巻末に付録として関連JIS規格一覧などを収載し、英文索引を付す。
4031

保守検査便覧 日本非破壊検査協会編 日刊工業新聞社 1980.12 586,11p 22cm 10000円
原子炉や荷役機械などの広範囲な工業施設および工業

製品を対象とした保守非破壊検査の便覧。基本的測定法、各種構造物の保守検査、測定や記録装置、検査基準などの5章で構成。巻末に五十音順事項索引を付す。　　　　　　　　　　　　　　　　　　　　　4032

◆◆エネルギー

【書誌】

エネルギー関係インデックス　第1号-　日本開発銀行中央資料室　1981-　年刊 26cm
月刊『産業経済インデックス』に収録された雑誌記事のうち、エネルギーに関する文献1年分（1-12月号）を抽出した索引。エネルギー総論（一般、代替エネルギー、省エネルギーとエネルギー各論（石油、原子力、石炭、ガス、電力）に分類。19号までは日本開発銀行中央資料室編刊。20号から日本政策投資銀行情報センター編刊。第15号からA4判。解題は21号（2001年）による。　　　　　　　　　　　　　　　　　　　　4033

国内誌エネルギー関連記事一覧　1979年1月-1996年12月　日本エネルギー経済研究所・総合研究部資料室　1979-1997 年刊 26cm
月刊誌『エネルギー経済』に掲載された「国内誌エネルギー関連記事一覧」の前年1年分をまとめたもの。主要記事をエネルギー、石油などの項目に分類。巻末に収録対象誌リスト、著者名索引がある。以後廃刊、インターネットで提供。　　　　　　　　　　　　　4034

【辞典・事典】

エネルギー科学大事典　向坂正男〔ほか〕編集　講談社　1983.7　871p 31cm　監修：向坊隆　4-06-142669-9　32000円
『McGrow-Hill encyclopedia of energy』（2 nd ed.、McGraw-Hill、1981）をもとに、日本版として新たに3テーマ、76項目を追加したもの。エネルギー資源、燃料、原子力、自然エネルギー、電力、熱工学、環境と安全など、エネルギーに関する全分野から377項目を収録し五十音順に配列し解説。巻頭にエネルギー問題を9篇に分け、概況を論述。巻末に全項目、本文・図版・表などに出てくるエネルギー問題と科学技術の重要事項、固有名詞など約5000項目を五十音順に配列した総合索引および英文名項目索引を付す。　　4035

簡易日英新エネルギー技術用語辞典　総合索引・英語総合索引　日本産業技術振興協会編　日本産業技術振興協会　1986.7　312p 22cm 2500円
サンシャイン計画関連の用語約5220語を収録し、太陽、地熱、石炭、水素、風力、海洋、バイオマスの7分冊にまとめ、1976-1984年度に刊行した『新エネルギー技術用語集』の総合索引。語義の解説はない。日英・英日辞典の2部構成で、共に上記7分冊への参照を記す。巻末にアミノ酸一覧表などの付表を付す。　　4036

最新エネルギー用語辞典　中井多喜雄著　朝倉書店　1994.11　307p 22cm　監修：吉田邦夫　4-254-20080-3　9064円
エネルギーの諸問題・技術、新エネルギーや有効利用技術などに関する用語約1800語を五十音順に配列し、見出し語の読み、対応する英語名を付し、必要に応じ図表を挿入して解説。見出し語には同意語、参照語を含み、解説のある語を指示する。巻末に参考・引用文献のほか、欧文索引がある。　　　　　　　　　4037

図解エネルギー用語辞典　エネルギー用語辞典編集委員会編　日刊工業新聞社　1976.12　623p 18cm 3500円
エネルギー問題に関連する経済面から純粋科学の領域まで広範囲な用語を集めた辞典。五十音順配列。関連用語への参照があり、図版を多く収録している。巻末に英語索引がある。　　　　　　　　　　　　　　4038

【便覧】

コージェネレーション・ハンドブック　井上書院　1989.6　656p 22cm　監修：早川一也, 中根滋　4-7530-4854-3　15450円
エネルギー源から電力と熱を同時に供給するコージェネレーションシステムに関する便覧。総論、ハード、ソフト、実施例、応用と展望の全5章よりなる。図表が豊富で、各節末に引用文献、章末には参考文献を付す。文献は和文の図書が中心だが、雑誌、会議録、パンフレットなどもあり、欧文をも含む。目次は詳細でわかりやすいが、索引はない。コージェネレーションシステムに関する唯一の便覧である。　　　4039

太陽エネルギー利用ハンドブック　太陽エネルギー利用ハンドブック編集委員会編　日本太陽エネルギー学会　1985.3　1135,35p 22cm　日本太陽エネルギー学会設立10周年記念出版　4-89038-001-9　27500円
太陽エネルギー利用に関して、基礎、直接利用技術、間接利用技術の3編33章に分け、体系的に解説した便覧。基礎編では気象学、熱力学ほか集光集熱理論などの各種理論および諸種の材料などを、第2編では、太陽エネルギー変換のための集熱装置、動力発生、光発電などの技術および利用分野を、第3編では、温度差、海流、波浪などによる発電と風力、バイオマスを取り上げている。図表などを多用し詳細に説明。巻末に資料編として単位換算表、和文および英語略語索引を付

す。　　　　　　　　　　　　　　　　　4040

【年鑑】

資源エネルギー年鑑 1977－　通産資料調査会　1976－
　隔年刊　27cm　監修：資源エネルギー庁
資源・エネルギーに関する政策動向、需給動向・見通し、地球環境問題、国際エネルギー情勢について解説。第1部エネルギー編は総論、省エネルギー政策、石油代替エネルギー対策、石油・LPG、天然ガス、石炭、原子力、電気事業、ガス・熱供給事業、エネルギー技術開発の項目からなる。第2部資源編は、資源産業の現状と課題、世界の鉱業の現状、（我が国）鉱業政策の概要、深海底鉱業資源開発政策、鉱物資源関係法規の項目からなる。付属資料に、資源エネルギー関係団体・研究機関一覧、資源エネルギー関係年表がある。解題は1999/2000版による。　　　　　4041

省エネルギー情報ガイドブック　省エネルギー情報調査報告〔昭和54年度〕－　省エネルギーセンター編　省エネルギーセンター　〔1979〕－　年刊　26cm
省エネルギーセンターが、主要企業、調査研究機関、業界団体を対象に行った「省エネルギー情報アンケート調査」により収集した、省エネルギーに関する調査・研究、回答企業・団体が発行している定期刊行物などの情報、1年間に入手した省エネルギー関係図書・論文、および関連雑誌記事を収録したもの。関連雑誌記事（採録誌）発行所の五十音順一覧表も付す。索引はない。解題は平成9年度版による。　4042

省エネルギー総覧 1980－　通産資料調査会　1980－　不定期刊　27cm　監修：資源エネルギー庁省エネルギー石油代替エネルギー対策課
最新の省エネルギー諸施策、各分野にわたる省エネルギー関連情報などを網羅し、平易に解説。構成は、第1章　我が国を取り巻くエネルギー情勢、第2章　我が国における省エネルギーの進展、第3章　我が国の省エネルギー政策からなる。巻末に参考資料として、省エネルギー関連団体一覧などを付す。2－3年ごとに改訂。解題は1997年版（改訂8版）による。　　4043

省エネルギー便覧　日本のエネルギー有効利用を考える資料集〔昭和57度版〕－　省エネルギーセンター　1982－　年刊　19cm　監修：資源エネルギー庁省エネルギー石油代替エネルギー対策課
主として日本の省エネ状況と政策に関する最新の情報を盛り込んだ便覧。4編からなる。Ⅰ「最近のエネルギー情勢」では世界のエネルギー資源、消費、需給、地球温暖化と省エネの関係、我が国のエネルギー事情などを、Ⅱ「我が国の省エネルギーの現状と課題」では産業、民生、輸送部門別に記述。Ⅲ「我が国の省エネルギー政策の概要」では考え方、関係法、予算税制などについて、Ⅳ「その他の資料」には、関連団体一覧や簡単な用語解説も掲載。解題は1998年版による。　　　　　　　　　　　　　　　　　4044

新エネルギー便覧　平成6年度版－　通商産業省資源エネルギー庁省エネルギー石油代替エネルギー対策課編　通商産業調査会出版部　1994－　年刊　21cm　発売：官報販売所
新エネルギーの現状・課題およびわが国の政策と国際協力について解説した便覧。新エネルギー白書といった性格をもつ。全6章からなり、第1章はエネルギーに関する最近の情勢と政策課題、第2－4章は太陽光発電、風力発電、廃棄物発電など10種類の新エネルギーの現状と課題・法制度・政策、第5、6章はわが国と諸外国の新エネルギー導入の現状と課題、諸施策および国際協力。巻末に参考資料として、関係団体一覧や新エネルギー関連日英用語集がある。昭和55年版から平成4年版までの書名は『石油代替エネルギー便覧』。平成6年版以降現書名。索引はない。解題は平成8年版による。　　　　　　　　　　4045

【統計】

エネルギー生産・需給統計年報　昭和55（1980）－　通商産業大臣官房調査統計部編　通商産業調査会　1981－　年刊　27cm　英文書名：『Yearbook of petroleum coal, and coke production demand and supply』
『エネルギー統計年報』の改題。石油、コークス、石炭関係の生産動態統計および需給動態統計の結果と、主要品目の生産・輸入に関わる長期時系列推移などの関連統計等を収録する。解題は平成11年版による。平成11年版よりA4サイズ。　　　　　　　4046

エネルギー統計資料 1983－　国内編, 海外編　日本エネルギー経済研究所　1983－　年刊　26cm　共同刊行：エネルギー計量分析センター
日本および世界のエネルギー事情に関する基本的なデータを収録した最新5ヵ年の累年統計。国内編はエネルギー全般、石油、石炭、ガス、LPG、LNG、電力、エネルギー価格の項目からなる。平成9年よりインターネットでも公開（EDMCエネルギーデータバンク）。海外編は世界編（エネルギー全般、石油、天然ガス、石炭、電力）、各国編（米、カナダ、仏など）、地域編（OPEC、メジャーズ）、価格編からなる。解題は平成10年版による。1977年－1982年版までは国内編、海外編に分冊せず1冊で刊行。　　　　　　4047

総合エネルギー統計　昭和41年度版－　資源エネルギー

庁長官官房企画調査課編　通商産業研究社　1966-
　　年刊　19cm
わが国のエネルギー事情を総合的に把握する上で必要な統計を集めて編集。総合エネルギー需給バランス（固有単位表、ジュール表、簡約表）の累計統計を中心とした「総合エネルギー需給バランス」編および「海外エネルギー」編で構成。参考資料として「世界のエネルギー資源埋蔵量」「エネルギー需要見通し」「総合エネルギー年表」等を掲載。日本エネルギー経済研究所エネルギー計量分析センターが協力。解題は平成10年度版による。
　　　　　　　　　　　　　　　　　　　　4048

◆◆工業デザイン、人間工学

グラフィックシンボル辞典　Joel Arnstein著　村越愛策訳
　　丸善　1985.9　202p　22cm　『The international dictionary of graphic symbols』Kogan Page,1983の翻訳　4-621-03017-5　2200円
国際的に使用されている図記号を中心に、道路標識のような日常的なものから専門分野で使われるものまでを収載。建築やエレクトロニクスなどテーマ（英語）ごとにまとめ解説を付す。配列はテーマ名のアルファベット順。商標やロゴタイプなどは割愛。巻末に測定単位、重要な略語表記一覧を付す。
　　　　　　　　　　　　　　　　　　　　4049

図形科学ハンドブック　日本図学会編　森北出版　1980.6
　　905p　22cm　12000円
図的表現の歴史から、図形の基礎理論、計算機を用いる作図、各種製図、複写、写真など図形科学を体系的に解説した便覧。図形に関する教育や実務に携わる人を広く対象とする。巻末に五十音順事項索引を付す。
　　　　　　　　　　　　　　　　　　　　4050

製図用語　JIS Z 8114-1984準拠　日本規格協会編　日本規格協会　1993.12　247p　19cm（JIS用語解説シリーズ）編集・執筆：中込常雄ほか　4-542-20152-X　2900円
日本工業規格（JIS）の内、用語規格を具体的に理解するための解説シリーズの1つ。JIS Z 8114（製図用語）に規定してある鉱工業各分野の製図に関する用語すべてを五十音順に配列、対応英語を併記し、図を豊富に用い詳細に解説する。巻頭に図面の名称に関する用語、投影に関する用語のように大別した上で、概念同士の関係を表す「製図用語の体系」を掲載。巻末に付図および英和索引を付す。
　　　　　　　　　　　　　　　　　　　　4051

設計のための人体寸法データ集　通商産業省工業技術院生命工学工業技術研究所編　大阪　人間生活工学研究センター　1996.6　219p　26cm　執筆：河内まき子ほか　発売：日本出版サービス（東京）　4-88922-093-3　4635円
生活における安全、健康、利便、快適さのため、環境や製品などの人間工学的設計に生かす目的で、日本人青年男女各約200名、高齢者男女各50名の全身約250か所の計測結果をまとめた人体寸法データ集。計測は『設計のための人体計測マニュアル』（1994年刊）に基づく。解説編、データ編の2部構成。巻末に計測項目リストを付す。
　　　　　　　　　　　　　　　　　　　　4052

人間工学事典　人間工学用語研究会編　日刊工業新聞社　1983.11　517p　20cm　執筆：麻生勤ほか　4-526-01594-6　5500円
人間の機能的・形態的特性、産業心理学、システム工学などに関する主要語約200語を五十音順に配列し、さらに解説文中に重要語約5000語をとりあげ太字表記で英語を併記し解説。巻末に和英索引、英和索引、人名索引を付す。
　　　　　　　　　　　　　　　　　　　　4053

◆技術史、工学史

江戸さいえんす図鑑　インテグラ　1994.6　111p　29cm　発売：そしえて　4-88169-666-1　2000円
江戸時代の科学技術について豊富な図版と写真で解説した便覧。測量器、機械時計、医療器具、写真機、航海器具、天体測量器など、機器類を解説した「さいえんす図鑑」と平賀源内や伊能忠敬など科学者について解説した「江戸の科学者八人衆」の2部構成。索引はない。
　　　　　　　　　　　　　　　　　　　　4054

図説中国の科学と文明　ロバート・K.G.テンプル著　牛山輝代監訳　河出書房新社　1992.2　429p　22cm　『China：land of discovery and invention』1986の翻訳　4-309-22214-5　4900円
紀元前から中世まで、中国の科学文明史上のユニークな発明や技術を、農業から戦争まで10の分野に大別し解説。燃料としての石油と天然ガス、紙、印刷、最初の羅針盤、火薬など、98項目を取り上げ、各項目をモノクロ写真や図版を添え、古典からの引用を交えて起源や概要を記す。索引はない。
　　　　　　　　　　　　　　　　　　　　4055

◆技術情報、研究開発

科学技術情報の調べ方　物質科学・バイオサイエンス編
　　安川民男著　培風館　1995.10　279p　21cm　4-563-

02080-X 2987円
物質科学やバイオサイエンスの分野における科学・技術情報の基本的な調査法とその問題点を具体的に解説。巻末に和文索引を付す。 4056

科学技術情報ハンドブック 改訂版 日本科学技術情報センター編 日本科学技術情報センター 1992.2 463p 22cm 4-88890-182-1 5000円
科学技術情報活動の実務に関する知識をできるかぎり網羅して、コンパクトにまとめたハンドブック。情報管理の理論的・技術的な内容、情報提供サービスに関する解説にウエイトを置き、またオンライン情報検索サービスおよび内外のデータベースなどについても解説。情報概論、情報活動、情報管理、情報提供システム、情報資料の全5章からなる。巻末に和文索引および欧文索引を付す。1977年の初版刊行以来ほぼ5年ごとに改訂。前版は1986年刊。 4057

SIST ハンドブック 科学技術情報流通技術基準ハンドブック 1992年版 第3版 日本科学技術情報センター編 日本科学技術情報センター 1992.1 26cm 2500円
科学技術情報伝達標準化のために制定、順次刊行されている基準「Standards for Information of Science and Technology」を収録したもの。3部構成。第1部ではSIST制定の経緯と解説。2部に1980年制定のSIST01（抄録作成）から1990年制定のSIST12（会議予稿集の作成）までを複製し収録。3部にはSIST13（索引作成）の案を掲載。巻末に事項索引を付す。初版は1988年刊。1998年に4版を刊行。 4058

先端技術研究開発情報総覧 電気・電子・機械・材料編 T.I.S.編 T.I.S. 1986.5 606p 26cm 発売：科学新聞社 45000円
1986年前2年間の文部省科学研究費補助金による、先端技術に関する研究の一覧。新材料・新素材、先端基礎科学技術、先端応用技術、環境エネルギーの各編に分け、研究分野・研究テーマ・研究者・所属・職名を一覧にしたもの。地区別・所属別研究者索引および研究者五十音順索引、全国大学・研究機関住所一覧を付す。 4059

【年鑑】

シンクタンク年報 1975- 総合研究開発機構 1976- 年刊 26cm シンクタンクの動向・研究報告の抄録・シンクタンクガイド 英文書名：『Almanac of Think Tanks in Japan』
わが国のシンクタンクに関する情報源。2000年版では国内332機関の概要および1999年4月-2000年3月までに終了した研究成果を紹介する。機関別に機関の概要、研究成果の抄録、研究分野別のテーマ一覧、シンクタンクの動向に関する調査分析を掲載。また五十音順、地域別、専門分野別の研究機関一覧がある。同内容の『シンクタンク要覧』（1990- 3年毎刊）、世界のシンクタンクを紹介する『NIRA's world directory of think tanks』（1993-）も刊行されている。 4060

◆研究所、実験施設

公共試験研究機関課題案内 1983-1995年版 日本科学技術情報センター編 日本科学技術情報センター 1983-1995 31cm
国内の国立研究機関、公団などの研究機関、大学付属研究機関・施設および公益法人の研究機関において進行中または計画中の研究課題1万7087件について、課題名、期間、研究の概要などを収録。分野は、医学および生物を含む科学技術全領域にわたる。本文は、「JICST（日本科学技術情報センター）科学技術分類表」により配列。キーワード、研究者、機関の各索引、試験研究機関一覧を付す。1978、1980年版の書名は『公共試験研究機関案内』（隔年刊）。解題は1995年版による。以後刊行の計画はない。英文版も刊行されている。英文版書名『Current science and technology reaesrch in Japan』v.2-3 Japan Infomation Center of Science and Technology, 1983-1995は『Science and technology research in progress in Japan』v.1（1980）の改題。 4061

世界の研究所要覧 日刊工業新聞社編 にっかん書房 1980- 27cm
世界各国の科学技術関係の主要な189の研究所を収録。ヨーロッパ、南北アメリカ、アジア・中近東、オセアニアの4地域に分け、地域ごとに国名の五十音順に配列し、国ごとに各研究所の翻訳和文名称の五十音順に掲載。1研究所に1頁をあて、記載内容は、研究所名（英文・和文）、所在地、設立年および設立趣旨、組織、活動、解説からなる。前版（1989年刊）に比べ、アメリカ、特に大学の研究所が大幅に増加した。初版は1980年で、3-4年おきに刊行。索引はない。解題は1993年版による。 4062

全国研究所計画総覧 21世紀を拓く研究所計画375件の全貌 産業タイムズ社 1988.10 581p 26cm 4-915674-21-5 22000円
民間企業の研究戦略と投資計画の実態をとらえる目的で編集企画されたもの。「研究開発を取り巻く内外の主要潮流」「主要民間企業の研究投資戦略」「全国研究

所新・増設計画375件」「主要研究学園都市および研究所団地」「民間研究所名鑑」の5章からなる。巻末に会社名・研究所名索引（五十音順）を付す。　*4063*

全国試験研究機関名鑑　昭和38年版-　全国試験研究機関名鑑編集委員会編　ラテイス　1963-　隔年刊　27cm　監修：科学技術庁　発売：丸善
わが国の科学技術系研究機関の集大成。第1巻　国公立、法人関係調査研究機関、学協会など、第2巻　民間企業研究開発部門、研究開発型企業、第3巻　国公私立大学、大学院大学、付置研究所、大学共同利用機関などを収録した3巻構成。それぞれに和文索引を付す。記載データは、機関名の英文名称、所在地、代表者、研究者数、年間予算、研究組織、研究課題、刊行物など。約9500機関を収録。1995-1996年版から別冊を設け、研究開発支援機関および機関の英文名索引を収載した。なお、1997-1998年版の別冊は研究機関のURL集となっており、CD-ROM版も刊行されている。
4064

「筑波研究学園都市」研究便覧〔昭和54年度版〕-　筑波研究学園都市研究機関等連絡協議会研究者相互交流専門委員会編　〔つくば〕筑波出版会〔1979〕-　隔年刊　26cm　監修：科学技術庁　発売：チーム
筑波研究学園都市にある研究機関などで行われている研究活動情報を集めたもの。筑波研究学園都市と研究交流、分野別研究概要、研究機関等組織別概要、人名索引（五十音順）で構成。隔年刊行。平成7年度版からCD-ROM版も刊行。解題は'98/'99年版による。
4065

日本の研究所要覧　1991年版　日刊工業新聞社編　にっかん書房　1991.3　311p　27cm　35000円
研究・開発の拠点となるわが国の民間企業182社の研究機関（約340機関）を紹介。配列は企業名の五十音順。所在地、研究分野、研究者数、研究開発費、組織図、研究内容、実績を記述。巻末に46の国立研究機関を収録。1984年版と1987年版が刊行されている。『世界の研究所要覧』☞4062の姉妹編。　*4066*

◆特許、発明、工業所有権

【辞典・事典】

英和特許用語辞典　新増補1版　飯田幸郷編著　発明協会　1996.12　549p　19cm　表紙の書名：『The English-Japanese dictionary of patent terms』　4-8271-0033-0
特許、実用新案、意匠、商標および著作権など知的所有権に関する文献、論文、あるいは法律、明細書などによく現われる英語の専門用語や術語をアルファベット順に配列し、日本語訳および解説を付す。巻末に、パリ条約と特許協力条約の英和対訳および参考文献を掲載。参考文献は、特許関係説明書、商標関係解説書、意匠・著作権関係解説書に分けて簡単な説明を付す。初版は1973年刊。　*4067*

工業所有権用語辞典　新版　工業所有権用語辞典編集委員会編　日刊工業新聞社　1975　1499,69p　22cm　16000円
特許法、実用新案法、意匠法、商標法などの関連法令からの用語はもとより、実務上広く使用されている用語も収録。特許・実用新案、意匠、商標、実施契約、著作権・隣接権、不正競争・商号の6部門構成。見出し語は五十音順配列で、外国語訳のあるものは併記し、また、関連項目には参照記号を付す。初版（1968年刊）に、関係法令の改正、注目すべき内外の判例・学説をとり入れている。巻末に、和文索引と英文索引を付す。
4068

五カ国語工業所有権用語辞典　法律用語・関連用語　フランシス・J.ケイス，土井輝生著　ジャパンタイムズ　1982.9　234p　22cm　4-7890-0182-2　3800円
工業所有権に関する外国語資料を扱う人々のための用語辞典。原本は1980年オランダで出版されており、日本の実務者向けに日本語の用語と索引を付している。本文は英語を主体とし、対応する日本語、スペイン語、フランス語、ドイツ語を掲げる。巻末に日本語の五十音順索引があり、本文の番号へ参照する。法律実務に関する書誌の紹介を付す。　*4069*

特許技術用語集　特許技術用語委員会編　日刊工業新聞社　1997.4　258p　18cm　類語索引・使用例付　4-526-03999-3　2400円
特許公報および特許明細書などにおいて、発明内容、権利内容を的確に表現するため特別に使用される技術用語を中心に約1600語を採録。五十音順に配列して簡易な説明を付す。巻末に五十音順索引と、関連する用語を探す類語索引がある。　*4070*

特許明細書の作成用語集　ペーパーレス出願対応　第2版　石井重三著　日刊工業新聞社　1990.10　249p　19cm　4-526-02799-5　1500円
特許・実用新案などを出願する際の書類作成方法を、実例などの図版を多用して解説したもの。全5章からなる。部分的には専門用語の解説集的な個所もあるが、全体の構成は一般向けのハウツーものである。電子化にともなう出願方法の変化に対応して、1980年刊行の

初版を改訂したもの。索引はない。　　　　　4071

日・露・英特許・発明用語集　佐藤哲雄著　新時代社
　1987.12　37p 13×19cm　4-7874-9039-7　800円
271語を収録。配列はロシア語のアルファベット順で、頁の中央にロシア語、左側に日本語、右側に英語の形式をとる。日本語にはローマ字の読みを付す。　4072

発明発見小事典　いつ，だれが，どこで…　エドワード・デ・ボノ編　渡辺茂監訳　講談社　1979.12　298p 18cm　（ブルーバックス）　『Eureka』1974の翻訳　600円
人間社会を変える原動力になった世界の発明発見140余項目を五十音順に配列し図版を用いて解説。巻末に解説文中の用語を含む五十音順事項索引と執筆者一覧を付す。『Eureka』（1974年刊）の邦訳『発明とアイデアの歴史』（講談社）を事典風に再編成したもの。
　　　　　　　　　　　　　　　　　　　　4073

六カ国語対訳特許用語辞典　六カ国語対訳特許用語辞典刊行委員会編　パテント社　1991.11　1冊 27cm　4-89357-023-4　78000円
特許専門用語の日・英（米）・独・仏・西・露の6か国語対訳辞典。工業所有権、独禁法および著作権の分野から約4000語を収録。各国語をそれぞれ見出し語とする6編より構成。各編アルファベット順に配列。
　　　　　　　　　　　　　　　　　　　　4074

和英特許語句表現辞典　IPC(国際特許分類表)に基づく物理・電気編　part 1　インタープレス編集部編　アイピーシー　1987.3　629p 26cm　4-87087-501-2　12000円
「国際特許分類表」第3版のGセクション「物理学」とHセクション「電気」で用いられる語句約8000の日本語訳を五十音順に配列し、用例と対応する英文、およびIPC特許分類記号、サブグループ番号を付した辞典。巻頭にGおよびHセクションのクラス名一覧を日本語と英語で掲載。英文はWIPO編、日本語訳文は特許庁編。　4075

和英特許用語辞典〔新版〕　飯田幸郷編著　発明協会　1990.5　273p 19cm　表紙の書名：『The Japanese・English dictionary of patent terms』　4-8271-0141-8　3500円
特許、実用新案、意匠、商標および著作権など知的所有権に関する法令の中から、重要用語と思われるものを取出して五十音順に配列し、対応する英語を記した辞典。語義の説明はないが、工業所有権に関する専門用語あるいは術語のうち、とくに基礎的、かつ重要なものには簡単な解説を付す。『英和特許用語辞典』

☞4067は姉妹編。　　　　　　　　　　　　4076

【便覧】

IPC(国際特許分類)総覧　特許庁編　発明協会　1981.10　527p 27cm　奥付の書名：『国際特許分類総覧 IPC第3版』
国際特許分類（IPC）の全体像の把握を容易にするため、これまで刊行した『IPCハンドブック』☞4078『IPC付与の運用基準』『IPC運用例集』を1冊にまとめ、さらに「ストラスブール協定」「特許の国際分類に関する欧州条約」などの資料を付加したもの。索引はない。　4077

IPCハンドブック　改訂版　特許庁　1980.3　2冊(資料編とも) 26cm
国際特許分類（IPC）の歴史、解釈、運用、応用およびその改正法などを詳述。前版（1976年刊）以降、「特許情報に関する常設委員会（PCPI）」の設立など組織の変更があり、またわが国が国際特許分類を唯一分類として採用したことなどに対応し修正、追加を行った。巻末に五十音順事項索引を付す。別冊資料編にはIPCにかかわる協定、条約、規則などを収録。　4078

欧州特許実務ガイド　新版　久木元彰著　発明協会　1995.8　350p 21cm　4-8271-0423-9　3000円
欧州特許条約およびその施行規則の日本語版と解説。「総則および組織に関する規定」から「最終規定」まで12部で構成。巻頭に「施行規則の規則の引用箇所」「引用審決例」を、巻末に五十音順索引を付す。初版は1980年刊。　4079

特許情報管理入門　新訂版　大川晃〔ほか〕共著　発明協会　1987.11　331p 19cm　（入門シリーズ 3）　4-8271-0241-4　1900円
高度情報化社会における特許情報管理の必要性、日本を含む主要国の特許資料とその調査法などについて8章に分けて解説。巻末に参考文献および固有名詞などのアルファベット順索引を付す。前版（2版）は1981年刊。　4080

発明奨励便覧　発明を生むための環境作りから製品化まで　改訂2版　発明奨励便覧編集委員会編　発明協会　1981.11　463p 21cm　監修：科学技術庁振興局　2500円
発明が生まれる前の環境作りから、情報（情報流通サービス）、特許保護、発明の価値判断など、発明開発の流れにそって章立てし詳しく解説。「科学技術立国への始動」「発明奨励のサイクル」「資料編」の3部構成。付録として「工業所有権公報類地方閲覧所要覧」

「公立研究機関民間サービス」など13点を収録。巻末に図表索引を付す。旧版（改訂版）は1975年刊。
4081

発明総覧 1991年版 通産資料調査会 1991.5 1986p 27cm 監修：特許庁 限定版 4-88528-117-2 50000円

工業所有権制度（特許・実用新案、意匠、商標）を体系的かつ具体的に解説した事典。制度の変遷からペーパーレスシステム、電子出願制度、国際的なハーモナイゼーションの動向など最近の国内外の特許行政、出願・登録・審判の手続、特許情報と管理、活用すべき各種制度、弁理士制度などを19章にわけて解説。最終の19章付属資料には統計、手数料一覧、関連法律、審判請求書の書き方のガイドラインなど23項目を収載。巻末に見出し語と文中主要語の五十音順索引を付す。初版は1970年刊。
4082

ミドルマネジメントのための特許情報管理 新訂版 吉田文紀，深田俊男共著 発明協会 1989.4 277p 19cm 4-8271-0187-6 3100円

特許情報に関するガイドブック。特許制度・資料・分類などの基礎的事項から、収集、速報サービス、専門機関の利用法、特許情報の生かし方などの知識をまとめている。初版は1984年刊で、情報の収集と活用に重点を置いて改訂したもの。
4083

【索引・分類表】

IPC↔UPC対照表 1976年1月－1977年9月 日本特許情報センター編 日本特許情報センター 1978.1 217,199,81p 31cm 付：簡易IPC→UPC(1969) 15000円

米国特許に付与されたIPC（国際特許分類）とUPC（米国特許分類）の主分類同士を対応させた表。「IPC→UPC対照表」「UPC→IPC対照表」「簡易IPC→UPC」（1969年1月－6月のデータ）で構成。IPC→UPC、UPC→IPCの総件数はそれぞれ12万1082件。簡易IPC→UPCは3万2547件。IPC、UPC、それぞれに対応する分類の配列は、対象期間の採用頻度順。同一頻度の場合は分類順。
4084

技術用語による特許分類索引〔1996〕特許庁編 日本特許情報機構 1996.3 2047p 27cm 国際特許分類（第6版），国際特許分類（第5版）に対応 18540円

技術用語から、『国際特許分類表（IPC）』☞*4091*第6版および第5版の対応する分類項目を迅速に探し出すための手引き書。技術用語は、特許文献の調査に必要と思われる約7万2000語を見出し語とし、これにその内容を補足あるいは限定する配属語が付され、おのおのに対応する分類項目が記されている。配列は見出し語の五十音順。1975年からほぼ5年ごとに刊行。1985年までは日本特許情報センター発行。
4085

公開実用新案分類索引 昭和48年版－ 日本特許情報機構編 日本特許情報機構 1974－ 年刊 27cm 登録実用新案を含む

公開実用新案出願人索引 昭和48年版－ 日本特許情報機構編 日本特許情報機構 1974－ 年刊 27cm

『公開実用新案公報』の公開番号、発明の名称などを分類または出願人から調べる索引。『公開特許分類（出願人）索引』☞*4087*と同様の構成。昭和46年版の書名は『公開特許実用新案索引』、昭和47年版は『公開特許実用新案索引　出願人索引・分類索引』（上巻）『公開実用新案索引　出願人索引・分類索引』（下巻）として刊行。
4086

公開特許分類索引 昭和48年版－ 日本特許情報機構編 日本特許情報機構 1974－ 27cm

公開特許出願人索引 昭和48年版－ 日本特許情報機構編 日本特許情報機構 1974－ 年刊 27cm

特許は出願日から1年半後に『公開特許公報』に公開されるが、同報の公開番号、発明の名称などを分類または出願人から調べる索引。「分類索引」は国際特許分類順（昭和54年以前は日本特許分類順）配列。「出願人索引」は、出願した日本法人、日本個人、外国法人および外国個人に大別の上ひらがな、カタカナ読みの五十音順配列。昭和46年の特許法改正による公開制度の採用以後刊行され、昭和46年版は『公開特許実用新案索引』、昭和47年版は『公開特許実用新案索引』（上巻）『公開特許索引』（下巻）として刊行された。
4087

公告実用新案分類・出願人索引 昭和62年度－ 日本特許情報機構編 日本特許情報機構 1988－ 27cm

当該年間発行の『実用新案公報』の公告番号、発明の名称などを分類と出願人から検索する索引。『公告特許分類（出願人）索引』☞*4089*と同様の構成。これ以前の公告番号または特許番号を、日本特許分類（昭和23年制定）と出願人から調べるには下記の索引がある。（分類と出願人による検索）

『公告実用新案　出願人索引　分類索引』　昭和47－61年版　日本特許情報センター　1972－1987（年刊）昭和48年版－は『広告実用新案分類索引』『広告実用新案出願人索引』として分冊刊行。

『特許・実用新案公報出願者名索引』　昭和42年度後期－46年度後期　関西文献センター協議会　1968－1972（8冊）

分類索引としても使用可能

『綜合索引年鑑　実用新案編』　1962－1970年度版

特許資料センター　1969-1971（9冊）　別書名：
　実用新案総合索引年鑑
　（分類による検索）
『実用新案分類別総目録』　自明治38年7月至昭和31
　年12月　特許庁　技報堂　1959　2366p（3冊）
『実用新案分類別総目録』　昭和32年1月-38年12月
　特許庁　技報堂　1960-1964（6冊）　　　*4088*

公告特許分類索引 昭和48年版-　日本特許情報機構編
　日本特許情報機構　1974-　年刊　27cm
公告特許出願人索引 昭和48年版-　日本特許情報機構
　編　日本特許情報機構　1974-　年刊　27cm
特許権の発生した出願は『特許公報』に内容が掲載されるが、当該年間発行の『特許公報』の公告番号、発明の名称などを分類または出願人から検索する索引。「分類索引」は国際特許分類順（昭和54年以前は昭和23年制定の日本特許分類順）。「出願人索引」は出願した日本法人、日本個人、外国法人、外国個人に大別の上、ひらがな、カタカナ読みの五十音順配列。これ以前の公告番号または特許番号を、日本特許分類と出願人から調べるには下記の索引がある。
（分類と出願人による検索）
『公告特許索引』　昭和47年版　日本特許情報センター　1972
『日本特許索引』　'62年版-'71年版　日本科学技術情報センター　1962-1972（年刊）
『綜合索引年鑑　特許編』　1953-1970年度版　特許資料センター　1969-1971（18冊）　別書名：日本特許総合索引年鑑
　（分類による検索）
『特許分類別総目録』　明治18年8月-昭和31年12月
　特許庁　技報堂　1958　1044p
　特許制度開始から昭和31年までの特許を、昭和23年制定の日本特許分類に従い77万8508件を収録。
『特許分類別総目録』　昭和32年1月-33年12月　特許庁　技報堂　1960　296p
『特許分類別総目録』　昭和34年1月-昭和38年12月
　特許庁　技報堂　1961-1966（5冊）（年刊）
『日本特許年次索引』　1962-1966　日本内外パテント調査協会　1964-1970（12冊）
　（出願人による検索）
『日本特許出願人総索引』　日本科学技術情報センター　1962　993p
昭和23年1月から昭和36年12月までに公告されたものと昭和22年以前に公告されたもののうち特許番号174801以後のものを収録。
『特許公報・実用新案公報出願者名索引』昭和34年度-昭和46年度後期　関西文献センター協議会　1960-1972（17冊）　昭和41年度までの書名：『特許公報出願者名索引』　　　　　　　　　*4089*

国際特許分類(第3版)逆参照表 特許庁　1981.3　359p
　26cm
『国際特許分類表』☞*4091*には、ある分類記号に関係する他の分類記号に導くための参照が付記される。本書は付記された参照分類記号からもとの分類記号に導くための一覧表である。ある分類と密接な関係にある分類の存在および相互の関係を明らかにし、関連技術分野の把握を容易にしようとするもの。表の左の欄に参照された分類記号を、右の欄に参照を付記した分類記号を対照させている。　　　　　　　　*4090*

国際特許分類表 特許庁公報　第6版　特許庁　1994.10　9
　冊　30cm　『特許庁公報』　6（1994）-64（6873）　発売：発明協会，日本特許情報機構　各700円
1995年1月1日に発効した国際特許分類表第6版の日本語版。生活必需品、処理操作；運輸、化学；冶金、繊維；紙、固定構造物、機械工学；照明；加熱；武器；爆破、物理学、電気のA-Hの各セクションを第1巻-第8巻とし、第9巻「指針および要約」で構成。第9巻の「指針」では、配列、記号の使用法、分類の原則、規則、付与などについて説明し、「要約」には各セクションのメイングループまでのリストを掲げる。日本独自の識別番号の展開記号とファセット分類記号も掲載。　　　　　　　　　　　　*4091*

特許・実用新案分類表 JPC　改訂3版　特許庁編　発明協会　1982.2　746p　27cm　4500円
特許出願および実用新案登録出願の公開公報の分類表。「基本事項および分類の規則」「公開公報の分類付与基準」「分類表のうつりかわり」を巻頭に付す。とくに重要と思われる事項については、「分類の定義」から要約してこれを各類、各補助類の冒頭に掲載している。各補助類ごとに、対応する国際特許分類（IPC）を付し、調査の便を図っている。初版は1972年で加除式で刊行。改訂3版は1975年刊。本版は4刷。　*4092*

【年鑑】

技術開発力評価報告書 特許の5000社　平成元年度版　システムハウス・パウデット　1990.9　321p　30cm
平成元年度に公開された特許公開件数、実用新案公開件数、およびその合計件数が、それぞれ5件以上の日本の法人についてのデータ。特許公開件数順位リスト、実用新案公開件数順位リスト、公開件数総合順位リストなど、全部で8の順位リストと五十音順の出願人リストからなる。昭和60年度版『特許の3000社』、昭和61-63年度版『特許の5000社』の書名で刊行。　*4093*

特許庁年報 第1巻(昭和25年版)-49巻（平成8年版）
　特許庁　1950-1997　26cm　発売：発明協会

諸統計表を主体として工業所有権行政の施策の展開を記したもの。戦前特許局で発行していた『特許局概要』『特許、実用新案、意匠及び商標趨勢』『特許局統計年表』の3冊を整理統合したもの。以後『特許行政年次報告書』と改題。　　　　　　　　　　　　　　4094

【年表・年史】

意匠制度100年の歩み　特許庁意匠課編　特許庁　1989.2　524p 30cm
1888年の意匠条例公布以来100年の産業政策と意匠制度、産業デザインの歴史を図版を多数用いて通観。意匠主要判決リスト、旧意匠法なども付す。　　　4095

世界発明年表　西暦105-1969年　江夏弘著　通産資料調査会　1971.9　196p 27cm　2500円
科学技術の歴史的体系理解の一助として、世界の発明を集め年代順に配列したもの。記載事項は、発明、発明者、備考で、日本の発明には特許番号を記す。たとえば、1945年の原子爆弾の欄には、備考に「広島・長崎原子爆弾投下」の記載がある。海外諸国の発明とわが国のそれを対比しながら編集。弁理士会誌『パテント』1962年11月号に掲載した発明年表を中心に、その他37種の文献を参考に作成。発明、特許の仕事に携わる専門家のための資料として、また一般の教養書としても役立つ。　　　　　　　　　　　　　　　4096

【名簿・名鑑】

日本の弁理士　弁理士データフォーム　弁理士からみた公開特許実用新案情報〔第2版〕名古屋　産業情報開発　1995.1　1640p 30cm
1993年の『公開特許公報』『公開実用新案公報』をもとに特許事務所と弁理士の情報を収載。1640の特許事務所をひらがな、カタカナ、漢字（筆頭漢字の音読み）の順に五十音順に配列。1事務所に1頁をあて、住所、連絡先、特許・実用新案出願件数、出願分野件数と比率、主要出願人実績などを記載。巻頭にある「特許事務所名別目次」「弁理士名目次」（2628人）「地域別特許事務所目次」は弁理士登録番号などの情報を付加した索引。CD-ROM形態でも刊行。初版は1992年刊。　　　　　　　　　　　　　　　　　　　　4097

弁理士名簿　平成3年度-　弁理士会　1991-　年刊 26cm
弁理士会会員名簿。平成9年度版（平成9年5月31日現在）は3944名分を収録。五十音順に配列し、氏名、登録番号、事務所の名称と所在地、連絡先、自宅の住所などを記載。巻末に弁理士会の役員名簿、関連団体リストのほか、氏名の都道府県別索引を付す。　　4098

◆工業規格

ここには工業規格一般を収録する。

【分類・目録】

ISO・IEC規格目録　邦訳版　第4版　日本規格協会編　日本規格協会　1986.2　441p 21cm　『ISO catalogue 1985』『Catalogue of IEC publication, 1985』の翻訳　4-542-11035-4　4300円
国際規格であるISO（国際標準化機構）、IEC（国際電気標準会議）の目録に1985年3月31日現在の情報を加えて編集。配列はTC（技術委員会）順、その中は規格番号順。付録は、ISO、IECの概要、加盟国一覧、国内審議団体・機関一覧、略号表で構成。巻末に項目別索引としてTCを指示する用語の五十音順索引がある。　　　　　　　　　　　　　　　　　　　4099

国際規格分類 ICS　吉田茂樹訳　日本規格協会　1996.10　106p 26cm　4-542-40166-9　4120円
規格（標準）の分類、検索および購入の便を図って、ISO（国際標準化機構）が作成した分類表ICS（International Classification for Standards　3rd ed. 1996）の翻訳版。分類表および五十音順索引で構成。　　　　　　　　　　　　　　　　　　　　　4100

国内団体規格目録　1995　日本規格協会編　日本貿易振興会　1995.3　197p 30cm　非売品
団体規格の発行機関別に、規格番号・名称を記載。1995年1月末現在でJISに関係する団体規格を中心に147団体、4466規格を収録。団体名の五十音順配列。巻末に、分野別索引、団体名英文略称別索引、団体規格英文略称別索引を付す。　　　　　　　4101

JIS総目録　1949-　日本規格協会編　日本規格協会　1949-　年刊 21cm
現行JISのほか、廃止されたJISも含む総目録。収録数8161規格（1997年3月現在）。A（土木及び建築）からZ（その他）までの18部門をJIS番号順に配列し、名称、制定・改訂・確認年月日、英訳の有無、定価、国際整合規格、JISマーク指定商品、収録JISハンドブック名など、また廃止されたJISおよび切り替え先JIS番号なども漏れなく記載している。巻末には、規格名称を五十音順に配列した索引、JIS以外の規格基準、仕様書などの略称および制定機関一覧、主要海外規格一覧、ISO-IEC/TC一覧などを掲載。解題は1997年版による。1996年5月『JIS総目録　CD-ROM版』を刊行。　　　　　　　　　　　　　　　　　　　　　　4102

【事典・便覧】

IEC規格の基礎知識 日本規格協会編 日本規格協会 1996.5 134p 21cm （海外規格基礎知識シリーズ） 監修：東迎良育 執筆：伊沢明ほか 4-542-40315-7 1700円
1906年に設立された世界50か国が参加する International Electrotechnical Commission「国際電気標準会議」の歴史的背景、組織、機能、最近の動向およびその規格と出版物の入手・利用法についての解説書。付録に、用語集や「国内技術基準として採用したIEC規格」などを付す。
4103

ANSI規格の基礎知識 日本規格協会編 日本規格協会 1986.8 99p 21cm （海外規格基礎知識シリーズ） 4-542-40307-6 1000円
米国規格協会（ANSI）で制定される規格の概要、規格の作成と承認、標準化政策との関連、ANSIの活動・組織、よく利用される規格の概要、入手方法、利用上の留意点などを概説。巻末に略号表を付す。
4104

海外規格ご利用の手引 第11版 日本規格協会 1996.12 174p 26cm （海外規格調査シリーズ no.246） 非売品
内外の規格・基準・略号900項目をわかりやすく解説した便覧。アルファベット順配列。巻末付録は、日本規格協会が取扱う海外規格などの商品リストを収載。
4105

外国工業規格早見総覧 海外技術資料研究所編 海外技術資料研究所 1983 1冊 30000円
主要工業国における規格分類の対照表。ASTM（アメリカ材料試験協会）、BS（英国規格）、DIN（ドイツ国家規格）、NF（フランス国家規格）、JIS（日本工業規格）、ISO（国際標準化機構）などの規格を収録。材料規格、化学、機械、電気・電子、電気電子安全の5編に分け、英語製品名を見出し語にアルファベット順に配列し、各規格を対応させている。1－4編には規格番号索引と製品名索引を付す。内容は英文。1976年に全5巻で発行された旧版の改訂版。
4106

GOST規格の基礎知識 日本規格協会編 日本規格協会 1986.8 104p 21cm （海外規格基礎知識シリーズ） 4-542-40310-6 1100円
旧ソ連邦の国家規格であるGOST規格についての便覧。GOSTのあらまし、標準化推進機関と規格の種類、GOSTの調べ方、利用上の留意点などを概説。付録にソ連邦標準化年表、略号・用語表、GOST規格細分類項目一覧を付す。
4107

CSA規格の基礎知識 日本規格協会編 日本規格協会 1986.6 109p 21cm （海外規格基礎知識シリーズ） 4-542-40304-1 1100円
世界の代表的な安全規格であるCSA（Canadian Standards Association）規格について、概要、分類様式、規格の入手方法、製品の証明制度、日本でのCSA証明の受け方などを概説したハンドブック。付録にカナダの主要規格についての解説、略号表を付す。
4108

JISハンドブック 日本規格協会
現行規格の中から各主題に密着したものを選び、使い易い携帯版に分類し収録。次の各分冊が刊行されている。＊印は英訳版発売中または刊行予定のもの。
　FAシステム　1997　（1997、1321p）
　化学分析　1997　（1997、900p）
　紙パルプ　1997　（1997、584p）
　ガラス　1993　（1993、651p）
＊環境測定　1997　（1997、1822p）
＊機械計測　1997　（1997、753p）
＊機械要素　1997　（1997、1745p）
＊金属表面処理　1997　（1997、785p）
　金属分析　鉄鋼編　1998　（1998、1522p）
　金属分析　非鉄編　1998　（1998、1380p）
　クリーンルーム　1998　（1998、691p）
　計測標準　1998　（1998、760p）
　建築　材料編　1998　（1998、1018p）
　建築　試験・設備編　1998　（1998、1148p）
　公害関係　1991　（1991、1381p）
　光学　1997　（1997、913p）
＊工具　1997　（1997、1713p）
　工作機械　1997　（1997、1624p）
　ゴム　1997　（1997、1405p）
　コンクリート製品　土木関係　1997　（1997、1000p）
　色彩　1996　（1999、16,769p）
　自動車　1997　（1997、1876p）
　試薬　1996　（1996、1586p）
　情報処理　OSI上位層1997　（1997、1551p）
　情報処理　セキュリティ技術・データ通信・文書通信編　1997　（1997、1237p）
　情報処理　ソフトウェア編　1997　（1997、1671p）
　情報処理　ハードウェア編　1997　（1997、1925p）
　情報処理　プログラム言語編　1997　（1997、2281p）
　情報処理　用語・符号・データコード編　1997　（1997、1207p）
　図記号　1996　（1996、1236p）
　製図　1997　（1997、1036p）
　製品安全　1997　（1997、331p）

石油　1997　　（1997、1426p）
　　接着　1997　　（1997、806p）
　　セラミックス　1997　　（1997、1536p）
　　繊維　1996　　（1996、1016p）
　　耐火物　1993　　（1993、676p）
　　適合性評価　品質システム・環境マネジメントシステム　1997　　（1997、335p）
＊鉄鋼1　1997　　（1997、987p）
＊鉄鋼2　1997　　（1997、893p）
＊電気　設備工事編　1997　　（1997、1900p）
＊電気計測　1997　　（1997、1061p）
　　電子　試験方法・オプトエレクトロニクス編　1997　（1997、1738p）
　　電子　部品編　1997　　（1997、1394p）
　　土木　1997　　（1997、1563p）
＊塗料　1997　　（1997、880p）
　　生コンクリート　レデーミクスコンクリート　1996　（1996、494p）
＊ねじ　1997　　（1997、1116p）
　　熱処理　1997　　（1997、898p）
＊配管　1997　　（1997、1870p）
＊非鉄　1997　　（1997、1057p）
　　非破壊検査　1997　　（1997、919p）
　　標準化　1997　　（1997、907p）
＊品質管理　1997　　（1997、913p）
　　物流・包装　1997　　（1997、1279p）
＊プラスチック　1997　　（1997、1967p）
　　ボイラ圧力容器　構造部品編　1996　（1996、1211p）
　　ボイラ圧力容器　試験検査法規編　1996　（1996、1039p）
　　放射線（能）　1996　　（1996、1361p）
　　ポンプ　1997　　（1997、844p）
　　油圧・空気圧　1997　　（1997、947p）
＊溶接　1997　　（1997、1035p）
　　ロボット・FAシステム　1994　　（1994、1175p）
　　　　　　　　　　　　　　　　　　　　　4109

世界の安全規格・認証便覧　坂下栄二編　日本規格協会　1996.3　766p 27cm　4-542-25112-8　19570円
世界の安全規格や認証制度に関する総合的な解説と世界各国の現状についての調査結果をまとめたもの。第1編　総論、第2編　101か国の安全規格・基準、第3編　CEマーキングなど各分野の安全規格・基準、第4編　電気安全についての世界の安全規格と相互認証制度、第5編　付録は、日本の基準・認証に関する法規一覧など各種参考資料を掲載。巻末に五十音順事項索引を付す。　　　　　　　　　　　　*4110*

世界の規格事典　日本規格協会編　日本規格協会　1992.8　263p 21cm　4-542-40138-3　3800円
貿易や国際取引などで利用される国内外の規格を解説した事典。国際規格、国家規格のほか仕様書、制定機関など収録件数は約2500件。すべての項目を略号のアルファベット順に配列し、正式名称（現地語および英語で表記）、所在地、設立年などの基礎的事項を記載し解説。特に重要と思われるものについては、規格目録（カタログ）の名称とその見方および定期刊行物についてもふれる。またマークがあれば併せて収録。巻末に付録として、海外規格ライブラリー（日本規格協会）で閲覧できる規格一覧、海外規格の閲覧および入手方法、KIKAKUNETの利用、国家規格一覧を付す。索引はない。1962年『海外規格ガイドブック』を刊行、1986年『最新海外規格ガイドブック』と改題、内容を全面的に改訂し現書名となる。　　　　*4111*

TÜVの基礎知識　日本規格協会編　日本規格協会　1996.7　161p 21cm　（海外規格基礎知識シリーズ）　執筆：小野寺真作，工藤浩一　4-542-40318-1　1854円
ドイツ連邦共和国における、産業全般にわたる試験、検査、品質保証体制の中心的存在である専門家機関のTÜV（技術検査協会）について、組織、活動内容、EUや日本との関係などを解説した便覧。『TÜV－その方式と運営の基礎知識』（1988年刊）の改訂版。　*4112*

UL規格の基礎知識　改訂版　日本規格協会編　日本規格協会　1995.4　121p 21cm　（海外規格基礎知識シリーズ）　4-542-40316-5　1600円
世界の安全規格を代表するUL（Underwriters Laboratories Inc.）規格の内容、申請手続などについての解説書。巻末にUL用語集、UL規格番号順一覧表などの付録を付す。前版は1986年刊。　　　　*4113*

◆生産管理、管理工学

【辞典・事典】

エネルギー管理用語事典　エネルギー管理用語事典編集委員会編　省エネルギーセンター　1984.11　260p 19cm　4500円
工場または事業場における熱および電気エネルギーの使用に関する管理用語約1600語をJIS用語規格を基準に選定し、解説。見出し語の五十音順配列で英文を併記。巻末に英和索引を付す。　　　　　　　　　*4114*

管理技術ポケット事典　管理技術ポケット事典編集委員会編　日科技連出版社　1981.2　438p 18cm　監修：石

川馨　執筆：藤田董ほか　2200円

品質管理、IE（インダストリアル・エンジニアリング）など、管理技術の基礎的項目1500語を五十音順に収録し、実務に役立つ説明を付した事典。巻末に、略語一覧などの付録、各種付表、索引を付す。索引は説明文中の用語も含む。
4115

工場改善キーワード事典　信越化学グループ編　日刊工業新聞社　1992.10　188p　21cm　監修：西塚宏　4-526-03198-4　1800円
生産現場でのムダを顕在化させ、排除して改善する活動に関する基礎的な用語を収録・解説した事典。用語は、信越化学グループの改善活動に参加したメンバーから提供されたものを編集。五十音順配列。巻末に7頁にわたり参考文献を紹介する。また索引のかわりに、五十音順の用語一覧を付す。
4116

工場自動化事典　工場自動化事典編集委員会編　産業調査会出版部　1983.1　1冊　27cm　28800円
産業界で進行している自動化についての網羅的で体系的な便覧。執筆者は140名をこえる。本編と資料編よりなり、各編に目次がある。本編は3部よりなり、自動化技術全般と各業界への応用を詳述。項目ごとに執筆者署名と参考文献を付す。索引はない。資料編は、9分類のもとに機器のカタログを掲載、会社名索引を付す。
4117

TPM設備管理用語辞典　日本プラントメンテナンス協会編　日本プラントメンテナンス協会　1994.10　533p　19cm　発売：日本能率協会マネジメントセンター　4-88956-100-5　5150円
TPM（Total Productive Maintenance　総合生産設備管理）独自の専門用語、設備管理用語、設備固有のユニットや部品などの用語を収録した和英辞典。見出し語の配列は五十音順。それぞれの項目に経済性から計測まで分野を示すアルファベット記号を付し、詳細に解説。巻末に英和索引および参考文献（和図書）を掲載。
4118

【便覧】

安全工学便覧　改訂　安全工学協会編　コロナ社　1980.11　1315p　22cm　20000円
産業災害の原因、経過を分析し、その防止について予防対策、技術的対策に重点を置いて総合的に解説。火災、爆発、破壊、倒壊、工業中毒、職業病、労働災害、環境汚染などを含む。巻末に五十音順用語索引を付す。1973年版の改訂。
4119

官能検査ハンドブック　新版　日科技連官能検査委員会編　日科技連出版社　1973.3　920p　22cm　9000円
『工業における官能検査ハンドブック』（1962年刊）を全面的に改訂し、官能検査の基礎、理論およびその実施法のすべてを体系的に解説したもの。「官能検査概論」「計量的処理法」「実攻法」の3部よりなる。付録として数学の補足、関連付表、参考文献リストを付す。巻末に和文事項索引（五十音順）、欧文事項索引（アルファベット順）、人名索引（アルファベット順）がある。
4120

最新物流ハンドブック　ジェームズ・F.ロブソン編　旭化成工業㈱物流総部訳　日本物的流通協会　1988.9　803p　27cm　監訳：阿保栄司　『The distribution handbook』の翻訳　4-8207-0476-1　48000円
物流ないし物流に関する問題について顧客サービス、生産性、在庫管理・国際物流、組織・人材育成など概念説明から具体的・実践的な情報まで収載。メーカー・代理店・小売店など、物流チャンネルのあらゆるレベルに適用できるよう記述。五十音順およびローマ字で始まる語のアルファベット順用語索引がある。
4121

産業安全ハンドブック　中央労働災害防止協会編　中央労働災害防止協会　1981.11　906p　22cm　監修：労働省安全衛生部　9000円
労働災害防止に関する知識、技術を集大成した便覧。産業安全のための職場の組織・教育、機械設備管理技術などについて詳述した後、特定事業場の安全管理、主要な労働災害の防止対策、作業別対策など個々のケースについて解説。参考資料として、労働安全関係法令・安全に関する諸制度・関連団体機関一覧を付す。巻末に用語の五十音順索引を付す。
4122

システム技法ハンドブック　竹村伸一編著　日本理工出版会　1981.6　467p　19cm　発売：オーム社　3500円
解析技法、シミュレーション技法、予測技法、信頼性技法など、システム開発によく使用される一般的な技法を用途別に分類して解説。巻頭に五十音順目次と用途別目次を、巻末に五十音順索引を付す。
4123

実用システム機器便覧　実用システム機器便覧編集委員会編　日刊工業新聞社　1980.4　1630p　22cm　28000円
生産システムの計画・設計・建設・運転・保守・管理に必要な手法と機器を網羅した便覧。システム工学の基礎知識を解説した基礎編、機器編、応用例を示す応用編の3編よりなる。システム関係の若手技術者を念頭において編集。巻末に五十音順事項索引を付す。
4124

社内標準化便覧　第3版　社内標準化便覧編集委員会編

日本規格協会 1995.2 1550p 27cm 4-542-25110-1 22000円

社内標準化の基礎から実務までを、豊富な事例や参考文献とともに、企業の標準化担当者向けに解説したガイドブック。基礎編、技法編、実務編、資料編よりなる。第3版は国際化、環境保全、消費者問題、技術革新などを中心に大幅な見直しを行うとともに実務編を充実させている。巻末に標準化関係文献、工業標準化年表を収載し、和文索引、略語索引を付す。第2版は1989年刊。
4125

◆品質保証

ISO9001にもとづく品質監査ガイドブック 久木田育穂著 日刊工業新聞社 1992.11 155,3p 21cm 4-526-03227-1 2000円

国際品質規格ISO9000シリーズに基づいた品質監査について、規格の具体的な理解に重点をおいて解説した便覧。「国際規格の発展」「国際品質システム規格」「品質マニュアル」「品質監査」ケーススタディなど7章に分けて解説する。品質マニュアルのサンプルや品質監査の標準チェックリストも添付する。巻末に五十音順事項索引がある。
4126

ISO9000総合ハンドブック 「品質マニュアル」作成から受審まで 須藤剛一，磯崎武著 化学工業日報社 1993.5 428p 26cm 4-87326-131-7 19000円

ISO9000（品質管理・品質保証の国際規格）認定への実践書。本編と資料編の2編からなり、本編はISO9000をめぐる世界や日本の動向、ISO9000に対応した企業の文書システム、特に「品質マニュアル」の作成法、さらにISO9000認定審査への実践的対応とに分け、多くの例示や図表により解説。その他、ISO以外の国際的な取り決めへの対応を記した論文も掲載。資料編には「認定審査機関・研修機関・審査員・認証企業のリスト」「重要参考文献リスト」「品質・品質活動に関する用語・定義リスト」などがある。索引はない。
4127

信頼性ハンドブック 21世紀への技術 日本信頼性学会編 日科技連出版社 1997.4 1265p 27cm 4-8171-3039-3 36000円

信頼性、保全性、安全性、品質保証に関する基礎と最新の技術・情報を、数理、技術、管理、事例の部に分けて解説。付録として、用語の解説、関連規格、学協会・団体一覧、関連図書一覧などがある。巻末に用語の和文索引、欧文索引がある。
4128

PL対策ハンドブック 企業対応の実際 通商産業省産業政策局消費経済課編 通産資料調査会 1994.11 271p 21cm 4-88528-163-6 2060円

各企業の実務担当者が製品安全対策を点検する際に役立つことを目的に編集。体制の整備、事故の未然・再発防止対策、被害救済対策を述べた「企業に望まれる総合製品安全対策のあり方」「裁判外紛争処理及び原因究明のための体制整備について」の2章からなる。巻末に別添資料として、「製造物責任法と欧米の製造物責任制度の比較」や国会の法案審議における政府答弁の考えかたのほか、産業構造審議会の答申『事故防止及び被害救済のための総合的な製品安全対策の在り方について』の取りまとめの過程で提出された各種調査結果を付す。
4129

品質保証の国際規格 ISO規格の対訳と解説 第2版 久米均編著 日本規格協会 1995.4 413p 26cm 4-542-40205-3 14000円

品質管理・品質保証に関する国際規格ISO9000シリーズ第1次改訂版（1994年刊）および関連する国際規格の翻訳と解説。各頁の左半分に原文、右に邦訳文を収載した対訳の形をとる。構成は、品質管理および品質保証の用語規格ISO8402、ISO9000-1、9001-9003、9004-1、品質システムの監査の指針ISO10011それぞれの翻訳および「品質保証の国際規格」第2版解説からなる。ISO10011については1991年発行の増補改訂版訳をそのまま掲載。巻末に用語の和英索引および英和索引を付す。
4130

品質保証のための信頼性管理便覧 信頼性管理便覧編集委員会編 日本規格協会 1985.9 649p 27cm 4-542-50123-X 8800円

基礎数理、統計的手法、FMEAとFTA、信頼性設計、設計審査、故障解析、試験、品質管理と信頼性との関係、実際例など、品質保証に重要な役割を持つ信頼性に関する知識を13章に分けて解説したもの。付録に数表、計算図表、品質保証に関連したコンピュータ・プログラム、信頼性の用語（JIS Z 8115）がある。巻末に五十音順事項索引、アルファベット順人名索引（日本人名はローマ字表記）を付す。
4131

建設工学、土木工学

【書誌】

日本近代建築・土木・都市・住宅雑誌目次総覧 第1期 第1-7巻 第2期 第1-5巻 菊岡倶也, 藤井肇男編 柏書房 1990-1991 12冊 22cm 複製 13390-20000円
第1期は明治期より大正期前半（1920年）まで、第2期は1921年（大正10）より1945年（昭和20）8月までに刊行された主要学協会誌を選び、解題、発行一覧、所蔵機関名と所蔵巻号一覧および目次の複製で構成。本収録から除外した関連雑誌の創刊年表を付す。〔第1期〕第1巻：工学協会雑誌、工学協会報告、大日本鉄道雑誌、治水雑誌、鉄道、鉄道協会誌、帝国鉄道協会会報、第2-3巻：建築世界、第4巻：建築画報、第5巻：建築工芸叢誌、建築工芸画鑑、工学、第6巻：住宅、第7巻：関西建築協会雑誌、日本建築協会雑誌、建築と社会。〔第2期〕第1巻：建築、建築業協会月（会）報、建築評論、新住宅、建築新潮、第2巻：道路の改良、第3巻：セメント会彙報、セメント統制会誌、第4巻：土木建築雑誌、土木ニュース、第5巻：道路、都市工学、エンジニアー、建築工芸画鑑（補遺）。　*4132*

【辞典・用語集】

学術用語集 土木工学編 増訂版 文部省, 土木学会〔著〕土木学会 1991.1 931p 19cm 4-8106-0073-4 3770円
土木工学分野の学術用語約1万2000語を採録する。和英の部と英和の部の2部構成。第1部（和英の部）は、ローマ字表記の用語をアルファベット順に配列し、対応する日本語（漢字表記）と外国語を併記し、専門分野を表す番号を付す。第2部（英和の部）は、同様の形式で外国語を見出し語とするアルファベット順配列。収録語は初版（1954年刊）の約2倍。　*4133*

国土用語辞典 改訂 国土用語広報研究会編著 ぎょうせい 1992.3 390p 19cm 4-324-02988-1 3500円
国土行政分野の共通理解に必要と考えられる法律・行政・経済・技術用語808語を選定し収録、日本語、外来語、略語とも日本語表記の五十音順に配列し解説する。参照項目も指示。巻頭に索引を兼ねた目次があり、解説文中の必要事項も検索できるよう配慮されている。1983年に刊行された初版の全面改訂版で、関係法令は1991年12月1日現在の内容を記載。　*4134*

図解土木重要用語集 伊藤実, 立石義孝共著 工学出版 1981.6 219p 19cm 4-7691-0064-7 2200円
土木関連の基本的用語を測量、土質力学、応用力学など、11項目に分け、図を多くとり入れ簡潔に解説。各項目の中の用語は五十音順配列。巻末に五十音順索引（英訳付）を付す。学生や現場技術者を対象とする。　*4135*

図解土木用語辞典 第2版 土木用語辞典編集委員会編 日刊工業新聞社 1988.11 504,65p 18cm 4-526-02445-7 4000円
土木関係分野以外の人にも理解できるように、図解により分かりやすく説明した用語辞典。見出し語の五十音順配列で、約4500語を収録。巻末に日本語を併記した欧文索引を付す。　*4136*

土木英和辞典 小林康昭著 近代図書 1996.12 477p 22cm 4-7651-0323-4 9270円
土木専門用語のほか、契約、労務、材料、機械など実務に関連する用語、人名、地名、機関、構造物の名称など、約4万4000語を収録。アルファベット順配列で、用語解説はない。国際化著しい土木建設分野での仕事に携わる実務家向けの英和辞典。同著者による『土木和英辞典』☞4140がある。　*4137*

土木現場実用語辞典 井上書院 1993.9 484p 19cm 監修：藤田圭一 4-7530-4857-8 3605円
土木現場で実際に使用されている用語約5000語を収録。土質・地盤、水文・水理、構造力学など25分野に分類し、五十音順に配列し解説。見出し語は、日本語の場合はかな、欧文の場合はカタカナで表記し、漢字や欧文で正式名称を付す。理解しやすいように図表や写真を多用。現場技術者を対象としているが、表現は平易で一般の人も利用できる。巻末に解説中の重要語を含む五十音順の事項索引を付す。　*4138*

土木用語辞典 土木用語辞典編集委員会編 コロナ社 1985.9（第9刷） 1421p 19cm 監修：土木学会 共同刊行：技報堂出版 8500円
土木工学全分野にわたる用語を収録。用語解説と索引からなり、用語解説は用語のローマ字表記のアルファベット順配列で、英・独・仏の対訳を記載。索引は英和対訳、独和対訳、仏和対訳からなる。第1刷は1971

年。　　　　　　　　　　　　　　　　　　4139

土木和英辞典　増補版　小林康昭，勝見健著　近代図書　1992.5　482p　22cm　4-7651-0242-4　8570円
土木関係の用語1万8000余語を収録した和英辞典。用語編と実用編からなり、用語編は土木技術の用語のみならず、契約、調達、見積もり、労務、機械など、国際的または海外の土木事業に必要な分野の用語も収録。設計から施設と構造物まで12章に分類。各章をさらに細分類し、見出し語を五十音順に配列し、英語を記載。実用編は海外の事務所や現場の実務に利用出来るように、文書や書簡、計算や測量、規格、基準、公共団体などに関連する英語の表現、文例、様式などを収録。巻末に両編の用語を収録した五十音順索引を付す。初版（1989年刊）に索引を加え増補版として刊行。　　　　　　　　　　　　　　　　　　4140

日英中土木建築用語辞典　中国建築工業出版社編　東方書店日本版改編　東方書店　1993.11　919p　22cm　4-497-93407-1　22000円
建築および、それに関連する2万余の用語を収録。日本語を見出し語に五十音順に配列し、対応する英語と中国語（漢字）を併記した辞典。巻末に英語索引と中国語索引（配列は頭文字の筆画順）を付す。解説はない。　　　　　　　　　　　　　　　　　　4141

日中英土木対照用語辞典　日中英用語辞典編集委員会編　朝倉書店　1996.5　491p　22cm　4-254-26138-1　9785円
建設現場で頻繁に使用される用語4500を収録し、日－中－英、中－日－英、英－日－中の3部で構成。見出し語はアルファベット順に配列し、3か国語のいずれからも検索可能。　　　　　　　　　　　　　　4142

日中英土木用語集　岡井静雄編著　大阪　大阪市土木技術協会　1989.12　632p　22cm
土木および関連する用語1万3000余を収め、日本語を見出し語に、五十音順に配列し対応する中国語と英語を併記した用語集。解説はない。中国語は拼音を採用。巻末に中国語索引と英語索引を付す。　　　　　4143

【事典・便覧】

絵で見る建設図解事典　第1-11巻　斎藤幸男編　建築資料研究社　1990-1991　11冊　31cm　監修：大島久次，関竜夫　2500-4500円
建築現場で一般に用いられている材料、構法などの名称を、目で確かめられるように編集した事典。部材名称工法の呼び方は東京を標準にして統一。建築技術に携わる人や建築士の資格取得を目指す人に役立つ。仮小屋から現在の新建築技術工法までを網羅。第1巻　測量・調査・基礎工事　第2巻　鉄筋コンクリート工事　第3巻　ALC、PC工事　第4巻　木工事　第5巻　尾根・板金・左官工事　第6巻　建具・硝子工事　第7巻　塗装・内外装工事　第8巻　雑工事（家具・階段）　第9巻　給排水・空調・設備工事　第10巻　社寺・数寄屋　第11巻　庭園工事。　　4144

くらしとどぼくのガイドブック　全国の記念館・PR館・図書館　土木学会編　日刊建設工業新聞社　1992.11　278p　18cm　発売：相模書房　1600円
土木を中心に電気、電力、交通など関連のある分野のⅠ記念館・PR館、Ⅱ専門図書館を紹介する2部構成の名鑑。それぞれ全国を7地区に分け、北から約300施設を収録する。個々の館の概要のほか、略地図と写真を掲載する。記念館・資料館および専門図書館別に施設名の五十音順索引およびエネルギーや河川、ダムなどの主題分野別（キーワード）索引がある。データは1991年3月現在。　　　　　　　　　　　4145

建築・都市・住宅・土木情報アクセスブック　第2版　菊岡倶也編著　京都　学芸出版社　1995.7　237p　26cm　（建築技術選書　特装版）　4500円
それぞれ密接な関係にある、建築・都市・住宅・土木各分野の情報を捜すために、関連機関、関連図書などの情報および情報源の種類、利用、入手方法など探索事項別に20章に分け、詳細に解説した手引き書。関連のデータベースリストも掲載。巻末に事項の五十音順索引を付す。1994年刊の第1版に補訂追加したもの。　　　　　　　　　　　　　　　　　　　　　　4146

最新土木工事ハンドブック　最新土木工事ハンドブック編集委員会編　建設産業調査会　1978.6　1冊　27cm　24800円
土木工事の計画・運営のための実務参考書。基礎理論、工事計画、品質管理、安全管理、環境保全、積算などについて、解説と具体的対策を記述。巻末に各会社の資料を収録。索引はない。　　　　　　　　　4147

新編土木工学ポケットブック　オーム社　1982.9　1506p　22cm　監修：丸安隆和，八十島義之助　4-274-09981-4　19000円
土木工学の基礎理論と技術について図版を多用し丁寧に解説した便覧。「構造力学」「土質工学」「水理学」「土木計測」「リモートセンシング」「交通工学」「土木情報処理」「鋼構造」「エネルギー施設」「安全管理」「環境保全」など全29章で構成。最終章は公式・単位・数表を収載。巻末に五十音順の事項索引を付す。『土木工学ポケットブック　JR版』（1970年刊）の全面改訂版。　　　　　　　　　　　　　　　4148

土木計測便覧 京都大学土木会編 丸善 1970 774p 22cm 5000円
測量学および土木工学における計測技術を解説。「基礎編」「応用編」「土質実験および材料試験法」の3編からなる。「応用編」では交通、衛生工学、土木工学などの分野について詳細に説明。巻末に事項索引（五十音順）を付す。特に土木技術者向け。　4149

土木工学事典 久保慶三郎〔ほか〕編集 朝倉書店 1980.9 838p 22cm 13000円
広範な土木工学分野の基礎から最新技術までを各種力学、水理学、計量・計測、計画、材料、各種工学構造など18章に分け体系的に解説したもの。事典と教科書との中間の書を意図して編集。図表を多用し簡潔に解説。巻末に五十音順事項索引を付す。　4150

土木工学ハンドブック 第4版 土木学会編 技報堂出版 1989.11 2冊 27cm 4-7655-1015-8 全69010円
土木工学の全分野を体系的に解説したもの。環境デザイン、社会経済調査や経営分析、システム分析、情報処理などを大幅に取り入れている。I 土木工学の総論および基礎、構造物、II 社会基盤施設、建設プロジェクト、社会基盤システムの6部門65編の本編と各巻末の資料編よりなる。資料編には土木史年表、土木関連法規、ピクトグラフ、シソーラスなどを収録。第II巻巻末の総索引（五十音順・アルファベット順）の用語は1万2000語で英訳を付記。第3版は1974年刊。　4151

【名簿・名鑑】

建設コンサルタント要覧 昭和40年版- 建設省建設経済局建設振興課監修 建設綜合資料社編 建設綜合資料社 1965- 年刊 22cm
1964年の建設コンサルタント制度の創設以来、公共土木事業の調査・設計業務を専門的に行う建設コンサルタント会社の概要を記した名鑑。会社名の五十音順配列。平成10年版は、建設コンサルタント登録規定〔平成8年11月13日建設省告示2073号〕により平成10年1月31日現在登録の建設コンサルタント会社3062社の概要を記す。下巻末に登録部門別索引、都道府県別会社索引、業界案内を付す。　4152

建設産業団体要覧 昭和60年度版- 建設産業団体要覧刊行委員会編 清文社 1985- 年刊 26cm 監修：建設省建設経済局
建設産業団体と関係機関の組織の概要および活動状況を掲載。配列は日本標準産業分類順。項目内容は名称、住所・電話番号、許可業種、所管官庁、近年の活動成果、会員資格、発行機関誌などからなる。巻末にデータ集として建設業法別表の建設工事の種類・内容・例示および五十音順の建設産業団体略称索引を付す。解題は平成12年度版による。　4153

建設名鑑 1973年版- 日刊建設通信新聞社編 日刊建設通信新聞社 1972- 年刊 22cm
建設にかかわる組織、人事情報を網羅的に収録。13部門に分け、官庁、公社・公団、地方自治体、大学の4部門は所在地と人事を記載。コンサルタント、建設業、商社など9部門は、企業名を五十音順に配列して、所在地、資本、取締役名などを掲載。「民間総合索引」のみを付す。1995年版では約5000の組織を収録。1956-1972年版までの書名は『実用建設名鑑』。　4154

資料建設業者便覧 昭和〔58〕年版- 建設資料出版〔1982〕- 年刊 27cm
全国の建設業者（建設大臣許可）について、経営事項審査にあわせてその業態をまとめたもの。年間平均完工高が3億円（土木・建築一式工事は5億円）以上の企業6994社については都道府県別に企業名の五十音順に掲載。個人事業および3億円未満の企業8304社については巻末に業種別順位表（平均完工高・総合数値）として掲載。平成3年版までは建設調査会刊。解題は2001年版による。　4155

全国建設土木名鑑〔'86版〕- 全国建設土木調査会編 全国建設土木調査会〔1986〕- 年刊 27cm
ゼネコン（大手総合建設業者）各社ならびに関係官庁の名鑑。1996年版では41社を収録。名称、住所、資本金、建築工事の種類、大株主、取締役名とその略歴などの項目について詳細に掲載。配列は社名の五十音順。索引はない。1988年版の書名は『全国土木名鑑』。　4156

【統計】

建設業務統計年報 昭和30年〔度〕- 建設省建設経済局調査統計部 1956- 年刊 26cm
国と地方公共団体および建設省関係公団が毎年度実施した建設省所管建設事業の実績と関係施設の現況および建設事業に関連の深い港湾事業の実績を集めている。前身は『建設統計年報』昭和24-29年。解題は平成9年度版による。　4157

建設統計要覧 1970- 建設物価調査会 1970- 年刊 22cm 監修：建設省建設経済局
建設活動、国土計画、予算・決算から建設業、建設サービス業、建設労働、工事価格、建設金融など建設行政、建設産業、土木事業全般にわたる諸統計を収載した統計集。巻末に「建設統計要覧資料または統計名索

引」がある。解題は平成12年版による。　　　4158

◆土質工学、地質工学

【辞典・事典】

図解土質・基礎用語集　3版　原田静男編著　東洋書店　1983.2　238p 19cm 2000円
土質工学、基礎工学の初心者を対象に、基本的な用語を図表を多用してわかりやすく解説。見出し語の配列は五十音順で欧文名を併記。偶数頁に解説、奇数頁に図表を収載。初版は1980年刊。　　　4159

地質工学用語事典　S.H.Somerville, M.A.Paul著　畠山直隆監訳　オーム社　1986.8　12,336p 22cm　『Dictionary of geotechnics』（1983年刊）の翻訳　4-274-10043-X　3900円
地質工学のほかに土木、建築、電気、化学、物理などの用語も含めて約2000語を収録。見出し語の配列は五十音順、外国語を併記。巻末に数値の付表および英和対照索引を付す。地質工学の技術者、学生などを主な対象とする。　　　4160

土質工学標準用語集　土質工学会表記法検討委員会・標準用語集編集委員会編　土質工学会　1990.3　163p 22cm　4-88644-036-3　2600円
土質工学関係用語1427語を解説した辞典。採録用語は利用頻度の高い、土質・基礎工学およびこれに関連する専門用語。一般用語は原則として除く。見出し語の配列は五十音順。英語を併記し簡単な定義を記載。巻末に英文索引を付す。　　　4161

土質工学用語辞典　土質工学用語辞典編集委員会編　土質工学会　1985.3　654p 22cm　4-88644-003-7　8800円
土質工学関連用語約4200語を収録。22のカテゴリーに大分類し、その中を五十音順に配列、用語、読み、英語を併記。図版を多用し解説は詳しい。索引は、日・英・仏・独索引、英・日索引、仏・日索引、独・日索引よりなり充実。関係規格一覧表を付す。　　　4162

【便覧】

土質工学ハンドブック　1982年版　土質工学会土質工学ハンドブック改訂編集委員会編　土質工学会　1982.11　1505,103p 27cm　4-88644-002-9　30000円
土質工学の理論と実際を体系的にまとめた便覧。31章からなる。前半の章では土の起源、構造、土圧、支持力、動的性質、工学的分類法、岩の力学など基礎理論を説明。後半の章では、基礎、土質安定処理、擁壁、トンネル、地中構造物、フィルダム等、施行時の実際について具体的に解説。付録として単位・次元、記号・用語、諸材料の物性、分布地図、規格、土質工学略史などを掲載。巻末に五十音順事項索引を付す。総目次は表紙裏にある。初版（1965年刊）の改訂版。　　　4163

土木・建築技術者のための最新軟弱地盤ハンドブック　最新軟弱地盤ハンドブック編集委員会編　建設産業調査会　1981.9　1冊 27cm　4-87456-018-0　39000円
土木建築工事における軟弱地盤対策工法の総合ハンドブック。大規模土木工事から都市土木工事、建設基礎工事まで多様な工事についての軟弱地盤対策を2編に分けて解説。第1編 基礎編では軟弱地盤を概観し、調査法と対策工法を詳述。第2編 応用編は軟弱地盤における建設工事実施例を紹介。巻末に会社資料として機械、工法、材料別の技術カタログを付す。　4164

防水総覧　1972年版－　新樹社　1972－　年刊 26cm
防水技術の最新工法と商品および主要な業者を紹介した便覧。全5編からなり、第1編は最新防水技術の展望、第2・3編は会社別防水材・シーリング材の商品一覧、および工法・材料別の標準設計価格表。第4・5編は全国の防水業者や団体を五十音順に配列し、それぞれの概要を記載している。1997年版の収録企業は1687社。巻頭に、それぞれ五十音順配列の会社名・団体名索引、商品別索引、地域別索引がある。付録には、防水材JIS表示許可工場や防水関連研究機関・団体の名簿などを収録。　　　4165

ボーリングポケットブック　全国地質調査業協会連合会編　オーム社　1993.10　588p 22cm　4-274-10152-5　7000円
「ボーリング技術小史」「ボーリング機械・器具類」「掘進技術」「原位置試験」「試料採取と土および岩の分類」「ボーリング地質学」など全10章で構成。主に現場技術者や地質調査に従事する技術者向けに基礎から応用技術まで平易に解説した便覧。巻末に41の各種表を収載し、五十音順の事項索引を付す。『建設技術者のための新編ボーリングポケットブック』（1983年刊）の新版。　　　4166

落石対策便覧　日本道路協会編　日本道路協会　1983.7　359p 22cm　発売：丸善 3800円
道路災害上頻度の高い落石対策の手引としてまとめたもの。発生機構、点検調査法、予防・防護工事の計画・設計・工法について解説する本編と、落石の実態・衝撃力、危険度判定法、予防工事の実例などを収

録する資料編からなる。道路管理関係者、技術者に役立つ。
4167

【名簿・名鑑】

地質調査業者要覧 昭和52年版－　建設省建設経済局建設振興課監修　全国地質調査業協会連合会編　建設綜合資料社　1977－　年刊　22cm
地質調査業者登録規程により登録を受けている地質調査業者の概要を収録した要覧。1140社（平成10年1月現在）を五十音順に配列し、名称（商号）、所在地、現場管理者氏名、登録番号、資本金、主な地質調査経歴、従業員数、財務事項などを記載。巻頭に社名の五十音順の目次、巻末に都道府県別の会社索引を付す。解題は平成10年版による。
4168

◆コンクリート工学

コンクリート工学ハンドブック　改訂新版　岡田清〔ほか〕編集　朝倉書店　1981.11　1464,14p　22cm　監修：近藤泰夫ほか　26000円
学生および現場で設計・施工に従事する技術者を対象に、データを豊富に盛り込んだ便覧。「材料」「コンクリート」「コンクリート製品」「施工」「材料試験」の5編からなる。各項目とも図・表、参考文献により詳細に解説。巻末に五十音順の事項索引を付す。1965年刊行の改訂版に新材料、新技術情報を追加した新版。
4169

コンクリート骨材ハンドブック　L.ドラー＝マントアニ著　洪悦郎，鎌田英治訳　技術書院　1987.4　394,23p　22cm　『Handbook of concrete aggregates』1983の翻訳　8500円
骨材の諸特性がコンクリートの挙動に与える影響について、骨材の検査方法とコンクリート骨材に使う岩石や鉱物の特性に重点をおいて解説した便覧。骨材産出地と骨材試料に関する「記載岩石学的検査」の作業過程に従い、骨材の諸特性、アルカリ骨材反応性、各種検査・試験法など19章に分け解説。巻末に「骨材粒子と岩石粒のサイズの分類」などの付録および詳細な参考文献を付す。索引はない。
4170

コンクリート便覧　第2版　日本コンクリート工学協会編　技報堂出版　1996.2　962p　27cm　4-7655-1028-X　30900円
コンクリート工学の学問・技術を集大成。コンクリート実務全般に必要な内容を収載。第1編　コンクリート概説から、第11編　鉄筋コンクリートの概要まで詳しく解説する。巻末に関連JISおよび関連規準、略語・略号、単位換算表、および五十音順事項索引を付す。初版は1976年刊。
4171

最新コンクリート工事ハンドブック　土木・建築技術者のための　材料・工法から補修・補強まで　コンクリート工事ハンドブック編集委員会編　建設産業調査会　1996.3　1冊　27cm　4-87456-033-4　52000円
第一線の技術者を対象としたコンクリート工事に関する実務的なハンドブック。「材料」「コンクリートの製造」「型枠工・鉄筋工・PC工」「各種コンクリートの施工法」「各種構造物施工法」「補修・補強工法」「解体工法と再利用」「試験・検査」の8章で構成。巻末に五十音順の用語索引を付す。商品を材料、工法、機器・装置に3部構成した会社資料がある。『最新コンクリート材料・工法ハンドブック』（1986年刊）の新版。
4172

図解土木コンクリート用語集　図解土木コンクリート用語編集委員会編　東洋書店　1988.12　350p　19cm　4-88595-072-4　3000円
コンクリート工学の標準的な用語および各種土木建設に携わる人が使用する用語について、図・写真・表を多用して解説。見出し語を五十音順に配列し、英語を併記。巻末に英文索引を付す。
4173

【年鑑・統計】

生コンクリート統計年報　昭和46年－　通商産業大臣官房調査統計部編　通産統計協会　1972－　年刊　26cm　英文書名：『Yearbook of readymixed concrete statistics』
通産省が昭和46年1月から行っている生コンクリートの需要先別の出荷並びに原材料および従業者数についての全国生コンクリート製造事業所を対象とした調査結果を収録したもの。掲載された数値は四半期ごとに刊行される『生コンクリート統計四半期報』で公表後の修正確定値。解題は平成9年版による。
4174

生コン年鑑　昭和43年度版－　セメントジャーナル社出版部編　セメントジャーナル社　1968－　年刊　27cm
解説、統計資料、名簿の3部構成。解説では生コン産業の回顧と展望、各地区の動向、関連産業の動向、セメント産業の回顧と展望について詳述。統計資料では生コン出荷、消費、セメント販売高等、生コン業界の関連統計を収録。名簿では生コン団体、関連団体、関連業者、製造工場等を収録。名簿が本書の大半を占める。解題は平成13年版による。
4175

◆測量

図解測量用語事典 田島稔編 山海堂 1983.10 326p 22cm 3500円
測地学、写真測量学、地学などにおいて一般に広く用いられている用語約1000語を収録。五十音順に配列し、対応英語を併記。解説を左頁、図表を右頁に掲載。目次が索引を兼ねる。 4176

測量学事典 日本測量協会 1990.7 493p 27cm 14000円
理学的な測地測量から工学的な応用測量および人名、団体名も含む広範な測量関係の事項を収載し解説した事典。GPS（全地球測位衛星システム）、リモートセンシング、デジタルマッピングなど、新しい測量技術にもかなりの紙数をさいている。関連ある事項はまとめて解説する中項目主義で見出し項目は五十音順に配列。対応する英語名を併記する。図、表を多用してわかりやすい。巻末に五十音順事項索引と必要に応じて文中に設けたコラムの索引を付す。 4177

測量業者要覧 昭和55年版－ 建設綜合資料社編 建設綜合資料社 1980－ 隔年刊 22cm 監修：建設省建設経済局建設振興課
測量法に基づく建設省の測量業者登録制度に登録する全業者の一覧。平成9年版（第9版）には平成8年6月30日現在登録の1万2882社を収録。会社名の五十音順に配列し、財務内容、測量高、技術者数などを記載。巻末に都道府県別会社名索引を付す。 4178

測量用語辞典 松井啓之輔編著 共立出版 1994.7 1089p 22cm 4-320-07366-5 24720円
測量関係用語約8600語を五十音順に配列し、見出し語は、日本語はひらがなと漢字、外来語の場合はカタカナで示し、英語表記を付す。使用率の高い分野を《 》内に示す。見出し語のうち約2300語は同意語で、最も一般的な用語のみを解説し、ほかは参照すべき用語を指示する。文中に挿入できなかった図表は付録として巻末に掲載。測量学を学ぶ学生や技術者を対象。 4179

ポケット最新綜合測量表 1 木下洋三郎編著 理工図書 1982.1 324p 19cm 測量表編 3500円
平面測量の主体となる小三角測量、トラバース測量、スタジア測量、路線測量、地形測量、平板測量、水準高低測量、平板スタジア測量などの計算に使用される測量表を網羅し43表を収載。ほかに付表として、トラバース測量、三角測量、その他に関する規定表など、付録として数学、測量計算公式、度量衡を付す。1 測量表編、2 測量布設解説編の2分冊で刊行予定であったが、2は刊行されていない。 4180

◆土木設計・施工法

【辞典・事典】

図解土木施工用語集 改訂増補版 稲橋俊一〔ほか〕共著 東洋書店 1979.9 303p 19cm 2300円
建設関係工事、特に土木建築などの工事現場で用いられる専門用語や慣用的俗語を収録。項目を五十音順に配列し、左頁に解説、右頁に図表を掲載。初版（1974年）の訂正を行い、あらたに必要な用語を補遺として追加。付録に「国鉄における建造物記号法」がある。 4181

土木機材事典 土木機材事典編集委員会編集 産業調査会出版部 1979.12 1冊 27cm 24000円
土木材料、機材約1600種を、「土工・岩石」「トンネル・地中」「地盤改良」「舗装」「橋梁」「港湾施設工事」など用途別に編集して解説。最終章は、調査・測量・安全施工管理用機械の解説。解説は写真、図表を多用し、参考文献が豊富にある。巻頭に五十音順の事項索引、巻末に製造会社の紹介を兼ねた、機材、装置を収録した資料編を付す。 4182

土木工法事典 第4版 土木工法事典編集委員会編 産業調査会事典出版センター 1988.8 1冊 27cm 付（32p）：教材用検索・50音用索引目次 28800円
「施工編」「施設編」に分けそれぞれの工事ごとの工法を解説した事典。旧版に先端技術を駆使した自動化関連の施工法、探査、ジオテキスタイル、原子力関係、都市公園の施工などの新しい分野を加えた。巻末に「各社の土木工法・機材編」がある。五十音順索引を付す。旧版は『最新土木工法事典』（1983年刊）。 4183

【便覧】

最新建設基礎・地盤設計施工便覧 土木・建築技術者のための 最新建設基礎・地盤設計施工便覧編集委員会編 建設産業調査会 1987.3 1冊 27cm 4-87456-024-5 38000円
3編からなり、第1編基本編は地盤の性質と調査、第2編設計編は土木構造物や建築基礎の設計、第3編施工編は近接施工、安全衛生、公害対策を含めた各種施工法を紹介。各編とも細かく項目立てし、図表を多用

しながら平易に解説。各章の末尾に国内外の参考文献を掲載し、巻末に各企業の開発工法の資料を付す。索引はない。『土木・建築技術者のための最新基礎設計・施工ハンドブック』（1977年刊）の改訂版。 *4184*

地盤改良工法便覧 日本材料学会土質安定材料委員会編 日刊工業新聞社 1991.7 530p 27cm 4-526-02956-4 16000円
軟弱地盤対策のための各種地盤改良工法を個別に解説した便覧。総論編7章は、地盤改良工法の基礎を、各論編27章は1章を1工法に当て、おのおの、原理、計画、設計、施工、設計・施工例、留意点の順に解説している。章末に参考文献、巻末に事項索引（五十音順）および略号その他の欧文索引がある。『土質安定工法便覧』（松尾新一郎編、1972）の改訂版。 *4185*

新土木設計データブック 上,下巻 森北出版 1968-1969 2冊 27cm 編者：成瀬勝武等 各5000円
上巻は、地盤調査、土質調査、鋼構造、コンクリートなどの基礎的な項目からなり、下巻は、道路、港湾、空港、地下鉄など実際面の項目からなる。旧版に土木計画学など新たに12項目を加え、大項目37、中項目300で構成、1頁単位で簡潔に解説。計画、設計データなどはその時点での最新のものを収録。上下各巻の巻末に五十音順索引を付す。1960年の『土木設計データブック』の全面改訂版。 *4186*

土木計画便覧 米谷栄二編 丸善 1976 970p 22cm 12500円
土木計画学分野における研究、手法を体系的に解説。「序論」「総合計画」「各論」「計画手法」よりなり、個々の土木構造物から、それを取り巻く自然環境や社会環境をも内包する形で進展してきた土木計画学を、多くの図表、データを盛り込み解説。付録に関係法規、内外の事例を掲載。各章末に参考文献を、巻末に五十音順事項索引を付す。 *4187*

土木施工技術便覧 土木学会編 オーム社 1994.10 484p 27cm 4-274-10163-0 12000円
土木施工に関して、技術発展の背景や建設産業における企業経営との関係、技術の現状と将来を論じた便覧。3編9章からなり、第1編が建設産業と施工技術、第2編が施工技術と工事の実施、第3編が施工技術の変遷と将来。さらに進行中の大型プロジェクトや地下空間・海洋・宇宙・砂漠における開発構想にも言及する。図・表や写真を多用し、各章末に参考文献を掲げる。巻末に五十音順事項索引がある。利用対象は大学専門課程の学生から建設産業に従事する中堅技術者。 *4188*

◆◆建設機械

【便覧】

建設機械ハンドブック 新版 建設機械研究会編 鹿島出版会 1992.12 220p 22cm 4-306-02061-4 4326円
主として国産の建設機械を紹介したハンドブック。用途別に分類し機械ごとに、性能の大要、構造・機能の概要、用途、選定上の留意点、主要メーカーなどを写真入りで解説。付録に建設機械の運営管理の要点、安全管理の要点、作業能力の算定法、メーカー一覧表を収載。巻末に和文索引を付す。前版は1982年刊。 *4189*

【年鑑】

建設機械年鑑 1963年版- 工業時事通信社編集部建設機械編集課編 工業時事通信社 1963- 21cm
建設機械各社別の概況と企業内容についての情報を中心にまとめた資料。収録数は、メーカー、商社、建材リース・レンタル中古販売会社など111社。このほか、業界の動向（生産、輸出、輸入など）、主要機種の紹介、関連統計、掲載企業や関連企業・官公庁の住所録も掲載。1-3年ごとに改訂。解題は1996年版による。 *4190*

日本建設機械要覧 1950年版- 日本建設機械化協会編 日本建設機械化協会 1950- 27cm
良好な使用実績をもつ建設機械、補機、部品、燃料、潤滑油などの性能、要目、構造、施工能力などを収録したもの。機種を用途別に分類した18章よりなり、各章は、総説、概説、仕様一覧表および会社別記事で構成。付録として、関連のあるJIS、ISOの規格一覧表などがある。巻末に、掲載会社名簿および、五十音順事項索引を付す。解題は1998年版による。3年に1回刊行。 *4191*

◆道路工学、交通工学

【辞典・事典】

交通工学用語辞典 高速道路調査会, 交通工学研究会編 技術書院 1984.6 247p 19cm 3000円
道路および道路交通関係を含む交通工学用語1500語を収録。日本語見出し語を五十音順に配列し、英語訳および定義を記載。巻頭に和文索引、巻末に英和索引が

ある。言語辞書には掲載されない語を集め、専門的。初版は1966年刊、1972年に改訂版（新版）を刊行し、さらにその後の学術研究文献より用語を選択し改訂したもの。
4192

図解道路用語事典 鈴木道雄編 山海堂 1982.3 284p 22cm 3500円
道路関係業務で多く使用される用語800余りを平易に解説。配列は用語の五十音順。用語、対応英語、解説文は左頁に、右頁に関連写真や図表を掲載。目次が項目索引を兼ねる。
4193

道路用語辞典 第2版 日本道路協会編 丸善 1985.1 1096p 19cm 4-621-02955-X 11000円
一般的な道路用語のほか、都市計画、地域計画関連用語および法律や行政用語を採録、見出し語を五十音順に配列し、英・独・仏の対応語を併記し、簡潔に解説した用語辞典。初版（1977年刊）に1280語を加え、6620語を収録。巻末に関係法令、規格などの付録と、英・独・仏語索引を付す。
4194

【便覧・データ集】

交通工学ハンドブック 交通工学研究会編 技報堂出版 1984.1 1217p 22cm 4-7655-1026-3 22000円
交通工学の基礎、交通計画、道路の計画・設計道路付帯・付属施設、交通流の運用と管理、交通安全と環境保全、法規など7編29章にわたって、交通工学の基礎的知識を集大成した便覧。章末に参考文献を付し、巻末に五十音順事項索引を付す。1973年刊の改訂版。
4195

交通量統計索引の手引 交通資料速報 交通工学研究会交通関連資料委員会〔編〕交通工学研究会 1989.6 69p 26cm （交通統計 vol.3）
『道路交通センサス』をはじめとする公表された交通量統計資料の一覧と、その内容・方法および調査機関名などについて解説を付したもの。他に交通量の概説、公表資料の路線名・調査地点名一覧表、閲覧・問い合せ先一覧表を掲載。巻末に参考文献を付す。
4196

最新道路ハンドブック 調査・計画・設計・施工・管理のための 道路ハンドブック編集委員会編 建設産業調査会 1992.10 1冊 27cm 4-87456-030-X 48500円
道路技術の実務的な諸問題を解説したハンドブック。道路の計画、設計、建設、維持管理および道路交通運用、環境問題を含む全14編からなる。巻末に道路関係各社の技術資料を付す。1980年刊行の『道路ハンドブック』の改訂版。
4197

最新トンネル工法・機材便覧 最新トンネル工法・機材便覧編集委員会編 建設産業調査会 1988.9 1冊 27cm 4-87456-026-1 43000円
「総説」「トンネル工法」「トンネル工事用機械・設備・資材」の3編からなる。図・写真を多用し詳しく解説。項目末に参考文献を付す。巻末に五十音順用語索引、トンネル工事関連の会社資料を付す。
4198

道路交通データブック 改訂 交通工学研究会編 交通工学研究会 1988.2 670p 31cm 20000円
一般道路、街路などのデータを「交通特性」「道路設計」「交通管理」「道路交通環境」「交通需要の特性」「道路整備効果の計測」の6項目にまとめたもの。各章末に資料一覧を付す。索引はない。1976年刊の改訂版。
4199

【統計】

道路統計年報 1959年版（昭和34年度）－ 建設省道路局企画課編 建設省道路局 1959－ 年刊 30cm
道路、橋梁およびトンネルの現況と1年間の道路事業費等を調査し、その結果をまとめた統計資料集。道路整備計画の立案及び策定のための資料として利用できる。解題は平成10年度版による。
4200

◆橋梁工学

橋梁史年表 BC－1955 藤井郁夫編 海洋架橋調査会 1992.9 1278,7,232p 31cm 28000円
紀元前から1955年までに完成した国内外の橋梁の年表。橋梁を完成年順、各年の中は外国、日本国内の順、さらに種別（吊橋、アーチ橋、トラスト橋、桁橋、可動橋）順などに分類配列し、おのおの、供用開始年月日、橋名、橋長、幅員、橋形式、スパン長、架橋場所、河川名、出典資料番号などを記す。巻末に出典資料（国内外の図書）を掲載。橋名、地名、河川名、人名からなるアルファベット順の事項索引を付す。
4201

橋梁年鑑 昭和54年版－ 日本橋梁建設協会編 日本橋梁建設協会 1979－ 年刊 27cm
刊行年2年前の年度内に架設完了した鋼橋のうち、有効幅員4m以上、最大支間30m以上の橋梁について、写真・図・諸元集を掲載。道路橋、鉄道橋、新交通システム、その他の橋梁、海外橋梁の順に、それぞれを型式別に小分類し、最大支間順に配列。巻末に橋梁受注実績、発注先別道路橋受注実績などを付す。1963－1972年まで『鉄骨橋梁年鑑』として刊行され以後休刊。

昭和54年版（昭和47－52年着工分を収載）から復刊。
4202

図解橋梁用語事典 佐伯彰一編 山海堂 1986.11 355p 22cm 4-381-00763-8 4500円
橋梁に関連する約1400語を収録。英語名を併記した見出し語の五十音順配列。偶数頁に解説、奇数頁に用語や解説に関連した図や表を掲載。巻頭に見出し語の目次、巻末に英語名の索引を付す。
4203

✦鉄道工学

英和・和英鉄道科学技術用語集 鉄道総合技術研究所編 交通新聞社 1996.2 522p 19cm 4-87513-047-3 3500円
人間科学分野や浮上式鉄道に関する分野の用語も採録し、収録用語は英和編約8500語、和英編約7800語。鉄道総合技術研究所の前身日本国有鉄道鉄道技術研究所が1986年に部内用として発行した同書名版の改訂・増補版。
4204

図解鉄道保線・防災用語事典 菅原操編 山海堂 1980.9 367p 22cm 3200円
鉄道の保線と防災に携わる技術者に必要な基礎的技術用語を収録。「鉄道保線編」に約600語、「鉄道防災編」に約500語を収載した2部構成。それぞれひらがな見出し語を五十音順に配列し、左頁に解説、右頁に図表を掲載。
4205

鉄道施設用語辞典 日英独仏語対訳 鉄道施設用語調査委員会編 日本鉄道施設協会 1983.5 376p 22cm 創立30周年記念出版
日本の鉄道施設部門で多用される用語を、同義語を含め4107語を収録。日本語を見出し語に五十音順に配列し、英・独・仏語の順に掲載。巻末に英・独・仏語それぞれの索引を付す。
4206

✦河川工学

【書誌】

ダム文献集成 高橋聖門編・著〔宝塚〕〔高橋聖門〕 1996.5 22,239,73p 30cm
1950年代以降に公表されたダムに関する内外の文献を海外、国内に分けたダムのもとに収録。遺跡として残るダムやすでに機能を失ったダムも含む。海外のダムはヨーロッパ、NIS諸国、アフリカ州、アジア州、北アメリカ州、南アメリカ州、大洋州の7地域、さらに国別に分け、ダム名のアルファベット順に配列。国内ダムは建設省、水資源開発公団、農林省など管轄ごとに収載し、ダム名の五十音順に配列。海外、国内の部の目次の後にそれぞれアルファベット順、五十音順のダム名の索引を付す。
4207

水・河川・湖沼関係文献集 これから水と河川及び環境を学ぶ人のために 1882年(明治15年)－1994年(平成6年) 古賀邦雄編 高松 水文献研究会 1996.8 430p 30cm 5000円
国内刊行の水・河川および湖沼関係図書約1万冊を収録。文学、紀行文、児童書も含む。配列は刊行年順で、各年の中は35に分類した独自の分類表による。書名、著者名、発行所、定価と所在情報を記載。巻末に五十音順の書名索引がある。
4208

【辞典・事典・便覧】

❖河川名の読み方は「地名－読み方」をみよ。

英和和英砂防関係用語集 第2版 砂防関係用語編集委員会編 砂防・地すべり技術センター 1989.6 143p 22cm
コンパクトにまとめた砂防関係の日英対訳用語集。英和編、和英編の2編よりなり、配列は、英和編がアルファベット順、和英編は五十音順。今回の改訂を機に植物関係の用語などを加える。初版は1986年刊。
4209

海岸工学用語集 土木学会海岸工学委員会編 土木学会 1992.10 430p 21cm 付・和英対照, シソーラス 4-8106-0097-1 2000円
港湾・海洋工学を含む海岸工学に関する5786語を収録した用語集。和英の部、英和の部およびシソーラス（樹系図）の部からなる。和英の部は用語（日本語）の五十音順配列で、用語のひらがな読み、英語訳語、シソーラスの分類番号を、英和の部は英語用語のアルファベット順配列で、日本語訳とシソーラスの分類番号を記す。各部の最後に「生態系と海生生物に関する用語」を別立てで収録。シソーラスの部は収録された用語を波浪や海の流れなど27の分野に分け、分野ごとに樹系図を構築して用語の関連づけを図る。
4210

河川大事典 日外アソシエーツ編 日外アソシエーツ 1991.2 1068p 27cm 発売:紀伊国屋書店 4-8169-1017-4 39140円

日本国内を流れる河川のうち、一級河川および二級河川を中心とした約2万6000の河川（湖沼を含む）を収録・解説した事典。各河川の読みを見出しとし、五十音順に配列する。読みの後に漢字を表記し、一級・二級の別を記し（それ以外は表示なし）、以下、流路の所在地、水系内における河川どうしの関係、水源地、流出先、流長、流域面積などを解説。末尾に所属水系を記載。河川の名称は、通称、別称、古称からも引ける。索引はない。
4211

水工学便覧 春日屋伸昌編 森北出版 1966 1246p 図版 27cm 監修者：沼知福三郎，本間仁 10000円
土木工学、機械工学などの分野で個別に発達した水の工学を統一し、総合的にまとめて解説。基礎編、応用編、資料編の3編からなる。基礎編には、水力学・水理学・流体力学のような水の物理学的基礎理論、応用編には土木工学分野に属するもの、資料編には、水に関する設計上必要とする数値表および水文関係資料として気温・降水量・風速・積雪の記録などを収録。
4212

ダム技術用語辞典 英仏日対訳 ICOLD1978年版 国際大ダム会議編 日本大ダム会議訳 日本大ダム会議 1982.12 146,63p 30cm 付・ダムに関する語句の用語集 5000円
ダムに関する用語2478を取り上げ、地形学、気候学、ダム、材料、設計、施工、環境など12分野（項）、さらに節に分類し、英語を見出し語に対応するフランス語、日本語を記載。各語に項・節および配列順の一連番号を組み合わせた番号を付し、検索の便を図る。付録として辞典を補足するために用語集を収載、本文中の特にダム工学に関連する約400の用語について語句の定義を記載している。本編の巻頭にアルファベット順の日本語（ヘボン式読み）、英語、フランス語の索引を付す。1963年刊の翻訳第1版は仏、英のほかドイツ、スペイン、イタリア、ポルトガル語、日本語の7か国対訳集であったが、本第2版では、英、仏、日の3か国語のみとした。
4213

日本の総合河川 全国版 全国河川研究会 1985.5 297p 27cm 20000円
河川名を五十音順に配列し、水源、流れの方角、流域の地名や河川が流れ着く海・湾の名前（支流の場合は本流の河川名）、全長のキロ数を記した事典。ダムの名称、発電や灌漑などへの利用状況などの特徴も記載。巻末に河川名の県別索引を付す。1997年に内容はそのままで、表紙書名を『全国河川ハンドブック』として刊行。
4214

【年鑑・統計】

河川便覧 昭和42年版－ 国土開発調査会編 国土開発調査会 1967－ 隔年刊 22cm 監修：日本河川協会
河川関係の基礎的な資料を広く集成した便覧。人口、面積、降水量などを一般指標として表示し、続いて、河川、水資源開発、砂防、地すべり、急傾斜地・雪崩対策、海岸、海洋開発、災害復旧、水防、利水、地下水、水質、外国の各項目ごとに統計資料を収載。解題は1998年版による。
4215

全国総合河川大鑑〔1986〕－ 建設情報社編 全国河川ダム研究会 1986－ 年刊 27cm
建設省の各地方建設局、水資源開発公団、日本下水道事業団など各種事業体の事業内容と今後の展望をまとめたもの。治水施設の整備・管理、水資源開発、下水道施設の整備など、水管理にかかわる事業計画の概要および前年度のダム建設などの河川事業計画を具体的に解説。巻末に日本土木工業協会役員などの名簿を付す。解題は1999年版による。
4216

ダム年鑑 1987－ 日本ダム協会 1986－ 年刊 26cm
刊行前年の4月1日現在完成・施行中（新規着手を含む）および実施計画調査・全体実施設計中の、原則として高さ15m以上のダムを収録。ほかに湖沼開発、遊水池、河口堰、頭首工などの代表的事業を併載。付録として、難読河川名・ダム名表と全国ダム位置概念図を掲載する。巻末に五十音順ダム名索引を付す。解題は1997年版による。1960－1968年版は『ダム年鑑』、1969－1984年版は『ダム総覧』の書名で3－5年間隔で刊行。
4217

水資源便覧 昭和53年版－1996 水資源協会編 山海堂 1978－1996 22cm 監修：国土庁長官官房水資源部
水資源に関する多角的な統計資料集。降水、河川、湖沼など水資源の賦存状況から利用、開発、保全、活用など各種統計を10章に分け収載。11、12章は各種計画および年表、名簿など参考資料からなる。索引はない。解題は1996年版による。昭和53、54年版は、国土庁水資源局監修、創造書房刊。1996年版以降刊行の予定はない。
4218

◆衛生工学、都市工学、都市計画

【書誌】

都市計画文献リスト 1971年－ 日本都市計画学会情報

委員会編　日本都市計画学会情報委員会〔1971〕-　年刊　26cm
日本都市計画学会が過去1年間に収集した、関連領域を含む都市計画に関する文献リスト。採録対象資料は配列順に、学会論文集、研究論文集、学会機関誌、学位論文、一般雑誌、調査研究報告書、一般単行本。その中の配列は多少異なるものの、おおむね掲載誌名別の発行年月順。研究資料として、学会誌『都市計画』に掲載した「特集に合わせた文献リスト」を再録。巻末に調査対象誌と調査対象機関のリストを掲載。索引はない。解題は1996年版による。
4219

ライブラリー・アクア総目録 1990-　ライブラリー・アクア編　ライブラリー・アクア　1990-　隔年刊　30cm
1996年12月現在、ライブラリー・アクアが所蔵する人と水に関係する資料の目録。所蔵資料を書籍（和書9959冊、洋書355冊）、定期刊行物（国内140、海外25タイトル）、ビデオ（392本）、スクラップ、に4分類して収録。配列は独自の「AQUA書籍分類表」にもとづく。書名だけでは分かりにくいものには抄録を付す。巻末に和書、洋書の書名索引を付す。解題は1997年版による。
4220

【辞典・事典】

下水道技術用語辞典　下水道技術研究会編　山海堂　1982.10　229p　19cm　2900円
土木、建築、機械、電気、水質など下水道技術にかかわる広い範囲から選択した専門用語約1500を収録。見出し語は日本語、外国語、記号にかかわらず五十音表音式で配列。巻末に五十音順用語索引を付す。　*4221*

最新都市計画用語事典　都市計画用語研究会編著　ぎょうせい　1993.5　431p　21cm　4-324-03691-8　3300円
都市計画・建設にかかわる法律、行政関連用語および道路、公園、建築などの環境・都市整備関連用語を解説した用語集。一般利用者も活用できるよう、解説に配慮がなされている。巻末に五十音順索引、短縮語・略語一覧、参考文献一覧あり。参考文献・資料は出版時における最新の版（1992年7月現在）を採用。
4222

水道用語辞典　日本水道協会　1996.2　749p　22cm　4-930939-09-7　3900円
水道に関する法令・制度、経営、計画、水源・取水・導水、浄水、送水・配水・給水、電気・機械設備、施工、水質（化学・生物）の9分野から約4700語を収録。見出し語を五十音順に配列し、対応する英語を付記。図表や参照を含み、理解しやすいように平易な文章で解説。付録として略語一覧表、関係省庁組織図、単位換算表がある。巻末に見出し語対応の英語索引を付す。『水道用語集』（1968年刊）の改訂増補版。
4223

都市計画用語集　日本都市計画学会　1986.10　509p　22cm　3000円
和英編約9500語、英和編約3300語を収めた対訳用語集。建築・土木・造園などの工学的分野のほか、環境・経済・社会・行財政などの諸分野を含む。英和編には一部解説もある。
4224

廃棄物英和・和英用語辞典　海外廃棄物処理技術研究会編　中央法規出版　1992.9　317,36p　22cm　監修：平山直道　4-8058-0883-7　5500円
廃棄物に関する略号や化学式を含め約2万語を収録。英和編は略号、記号、化学式、正式名称を見出し語にアルファベット順に配列、日本語訳を記す。和英編は五十音順に配列し、英文の正式名称や略号、化学式を付す。日米英の環境関係の行政組織図24点をはじめ、ごみ処理や廃棄物の最終処分場、下水処理のしくみを示す図を集めた欧文併記の資料編がある。
4225

【便覧】

下水道管渠施工ハンドブック　改訂版　東京都下水道研究会編　山海堂　1983.1　729p　22cm　8800円
下水道管渠の施工に必要な知識を主体に、下水道の計画、管渠の設計について概説。材料・構造、工事着手前の準備と経過について例示するとともに設計・施工計画を作成するにあたっての計算例を付す。初版は1975年刊。
4226

産業廃棄物処理ハンドブック〔昭和59年版〕-　厚生省生活衛生局水道環境部産業廃棄物対策室編　ぎょうせい　1984-　年刊　22cm
廃棄物処理法およびその政令、省令を三段対照表により関係条項ごとに整理し、産業廃棄物の処理に当たり留意すべき各種の基準を条項別にわかりやすく図示するなど実務向けにまとめた便覧。本編、関係法令・通知・答申編、資料編の3編からなる。本編には廃棄物処理法逐条図説および処理基準など、資料編には、都道府県・政令市の産業廃棄物行政担当部局一覧や産業廃棄物処理業者名簿のほか統計類を掲載。解題は平成8年版による。
4227

実務家のための最新下水道ハンドブック　下水道ハンドブック編集委員会編　建設産業調査会　1982.7　1冊　27cm　4-87456-019-9　38000円
わが国の下水道事業の歴史、行財政、計画、施行、維持管理などに、外国の状況や関連法規を加え包括的に解説。巻末に会社資料として、施行、材料・資材、機

械・装置、測定器に分類した各種機材の紹介を付す。索引はない。　4228

廃棄物処理・リサイクル　新環境管理設備事典編集委員会編　産業調査会事典出版センター　1995.3　577p　27cm　執筆：朝比奈潔ほか　4-88282-133-8
廃棄物処理およびリサイクルについて、特に施設、設備、装置・機器類について事例を含め詳細に解説した事典。「概論」「一般廃棄物処理とリサイクル」「産業廃棄物処理とリサイクル」「リサイクル要素技術と装置」「実験研究廃棄物処理」「最終処分場施設」「放射性廃棄物処理」「資料編」の8編からなる。「資料編」は、装置、機器の主な取り扱いメーカー一覧および商品の資料。索引はない。姉妹編に、『騒音・振動防止機器』『水質汚濁防止機器』『大気汚染防止機器』があり、それぞれ書名に『事典』を付したペーパーバック版も刊行されている。前版は、『廃棄物処理・資源化ハンドブック』または同内容の『環境管理設備事典 廃棄物処理・資源リサイクル』(1986年刊)。　4229

廃棄物ハンドブック　廃棄物学会編　オーム社　1996.5　1199p　27cm　4-274-02324-9　23690円
一般・産業廃棄物の処理・処分技術や企業内における処理・再資源化の設計にも適するように、廃棄物の発生から中間処理・資源利用と最終処分までの全般にわたりハード・ソフトの両面および、最新の法律、政省令、条例に基づく解説を加えたもの。「都市ゴミ」「産業廃棄物」「特別管理廃棄物」「維持管理のための分析法」「関係法規」の全5編からなる。巻末に五十音順事項索引を付す。　4230

【名簿・名鑑】

全国産廃処分業中間処理最終処分企業名覧名鑑　1992-　日報　1991-　551p　27cm　20000円
名覧部分と名鑑部分とからなる。前者は全国都道府県(政令市を含む)から提供を受けた名簿から、各県別に県内許可業者6576社について住所、電話番号などを一覧にしたもの。後者はその内の1289社について、各社の規模、特色、方針、処理・処分施設の概要、営業品目などを記載。配列は全国を6地域に分け、その中は五十音順。名鑑の前に五十音順の社名索引がある。巻末に官庁担当部課名一覧、関係団体名簿などを付す。『全国産廃処理中間処理最終処分企業名鑑』(1987年刊)の改題。解題は1995年版による。　4231

【年鑑・統計】

下水道統計　第1号(昭和〔13〕年度版)-　日本下水道協会　〔1938〕-　年刊　26cm
毎年度国土交通省が実施する下水道に関する各種の実態調査を基に、下水道の整備や経営の状況をまとめたもの。「行政編」「財政編」「要覧」の3分冊とCD-ROM版から成り、「行政編」は、計画、普及状況、各種施設の内容等を詳細に掲載(「組織及び職員」は5年に1回掲載)。「財政編」は、建設費とその財源内訳、受益者負担金の状況、維持管理費とその財源内訳等について、「要覧」は、「行政編」及び「財政編」の内容を経年の推移を中心にとりまとめたほか、下水道の普及状況や主要資材の使用実績等を収録している。解題は平成11年度版による。　4232

下水道年鑑　1972年版-　水道産業新聞社編　大阪　水道産業新聞社　1971-　年刊　22cm
わが国の下水道事業について、行政の現況や計画を詳しく述べ、各種の統計資料を載せている。各国の現状にも触れ、最近の下水道技術や産業の動向についても多方面にわたりその内容を詳述している。下水道事業に関係する官公庁、会社、各種団体、学校の名簿を記載。名簿については索引がある。巻頭には下水道事業年表、下水道日誌を載せている。解題は2001年版による。　4233

水道統計　第48号(昭和40年度)-　厚生省生活衛生局水道環境部水道整備課編　日本水道協会　1967-　年刊　26cm
上水道協議会編『上水道統計および報告』(大正11年創刊)を引き継いだもの。厚生省が行う「全国水道施設調査」と「上水道業務統計調査」を収録した統計資料集。前者は市町村別水道普及状況、水道用水供給事業、上水道事業、簡易水道事業、専用水道の5つの調査よりなり、後者は上水道事業と水道用水供給事業の業務に関する統計である。別冊の「水質編」には水質試験の結果が各浄水場系統ごと(地下水の場合は各取水系統ごと)に集計。解題は平成10年度版による。　4234

水道年鑑　1960年版-　水道産業新聞社編　大阪　水道産業新聞社　1960-　年刊　22cm
わが国の水道事業について、その展望と計画、各種の行政面からの現況と動向、団体の活動、および各国の現状について詳述。予算と統計資料を載せ、水道技術の最近の動向およびその技術内容についても言及している。水道事業に関係する官公庁、会社、各種団体、学校などの名簿を掲載。巻頭には、「水道年譜」「水道日誌」を載せている。解題は2001年版による。　4235

都市計画年報　昭和41年-　建設省都市局都市計画課　1967-　年刊　27cm
全国都市計画適用市町村における都市計画の現況等に

ついてのデータを収録。内容は、1 概要、2 都市計画区域・市街化区域・地域地区の決定状況、3 促進区域、4 遊休土地転換利用促進地区、5 都市計画施設の状況、6 市街地開発事業、7 地区計画等、8 都市計画事業費の財源、その他となっている。解題は平成11年版による。
4236

廃棄物年鑑 1974年版－　環境産業新聞社　1974－　年刊　22cm
一般廃棄物・産業廃棄物に関する統計、中央官庁・各自治体の廃棄物所管部局名簿、業界団体名簿、全国のごみ処理施設・し尿処理施設の名簿、企業名簿など廃棄物に関する各種資料を収録。解題は2001年版による。
4237

【年表】

近代日本都市計画年表　都市計画協会編　都市計画協会　1991.11　199p 27cm　3800円
1854－1988年の都市整備を行政や技術面から検証し、都市計画法制の変遷を基準に関連事項を収録した年表。見開き頁に前半期は1－4年分を、後半期は1年分を当て、A－D欄で構成。A欄は政治・経済・社会一般、B欄は都市広域計画関係法制、機構、基準など、C欄は各都市における都市計画、都市整備（含被災、復興）状況、D欄はその他の計画関連事項を記載。都市問題を地方計画や国土計画など、総合的な観点から検討するための資料。巻末に主要参考文献を付す。索引はない。
4238

◆公害、環境工学、環境問題

【書誌・記事集成】

エコブックガイド　環境図書目録 1993　トーハン　1993.6　562p 21cm　800円
環境を主題とする書籍、雑誌、ニューメディア（ビデオ等）など1993年6月上旬発売予定のものまでを対象に4353点を収録した販売書誌。一般書、児童書、ニューメディア商品に大別し、さらに環境総論、主体別の取り組み、社会構造と環境問題など11の大分類、43の大項目、41の小項目にジャンル分けし、各項目の中は書名の五十音順に配列した目録。巻末に五十音順配列の書名索引、著者索引、キーワード索引および環境関連雑誌（定期刊行物）一覧、エイズ関連図書一覧などを収載する。1992年版に新刊書を追加して改訂したもの。以後刊行されていない。
4239

地球環境情報　新聞記事データベース 1990－　メディア・インターフェイス編　ダイヤモンド社　1990－　隔年刊　26cm
朝日、毎日、日本経済、日刊工業、流通サービス、日本工業の各新聞記事および共同通信社配信記事から過去2年分の地球環境に関する記事をテーマ別に分類し、さらに章、節、項に細分化し掲載年月日順に配列。1998年版は地球環境、エネルギーと環境、開発と生態系、環境汚染、社会環境、地球サミット5周年の6部に分類。巻頭に環境総合年表（1945－1997）および章ごとにテーマ年表を、巻末に事項索引（英数字および五十音順）を付す。初版1990年版は1987年分から収載。
4240

【辞典・事典】

今「地球」を救う本　ビジュアル版/地球環境大事典　UTAN編集部編　学習研究社　1991.2　398p 26cm　（学研ムック）　3800円
地球環境問題で重要と思われるテーマを大気汚染・異常気象、水質汚濁、生態系の破壊、エネルギー/廃棄物、食の危機、生活公害、地震・火山、地球環境の8章に分け、各章は見出し項目を五十音順に配列し、10－40行でカラーやモノクロの写真・図版を多数挿入し、理解しやすく解説。調べる事典よりも読む事典を意図し、トピックスやコラムも挿入している。巻末に「地球環境関係年表」（1980－1990年）や、「地球環境を考えるためのブックガイド」があり、全部で3000項目の事項索引（五十音順）および欧文略語索引を付す。1992年に特装版を『地球環境大事典』として刊行。ただし、巻末の年表、ブックガイド、索引はない。
4241

環境科学辞典　荒木峻〔ほか〕編　東京化学同人　1985.9　1015p 27cm　4-8079-0255-5　26000円
理・工・農・医・薬にわたる諸領域から人文・社会科学、行政および具体的事例に至るまで、人間環境に関連する6000語を図表を豊富に用いて詳しく解説。環境化学物質を多数採録。見出し語の配列は五十音順。付録に「公害関係JIS一覧」「農薬残留基準一覧」「日本および世界の土壌図・植生図・気候区分」「日本および米国の化学物質の許容濃度」「EPA水質クライテリア」「WHO飲料用水質ガイドライン」などがある。巻末に和文索引・欧文索引を付す。
4242

環境科学大事典　講談社出版研究所編　講談社　1980.5　708p 31cm　監修：佐々学　15000円
『Encyclopedia of environmental science』（McGraw-Hill、1974）の邦訳を骨子に日本の現状から重要と思われる諸項目を加筆した環境科学の事典。生物の生命

に影響を及ぼす種々の作用とすべての外部要因を大項目300余に分類し解説。巻末に、五十音順事項索引、英語項目索引、原著スタッフ・執筆陣リスト、英文和文対照表を付す。
4243

環境工学辞典 環境工学辞典編集委員会編 共立出版 1987.7 525p 19cm 4-320-07116-6 6500円
環境問題に関連するさまざまな分野の環境工学用語約4000語を収録し解説した辞典。配列は五十音順。各見出し語ごとに英訳を併記するほか、巻末に英語（英和）索引と単位表などの付録を付す。
4244

最新環境キーワード 第2版 環境庁長官官房総務課編 経済調査会 1995.4 235p 21cm 4-87437-372-0 1800円
環境関連の法律、白書、地球サミット、赤潮、ラムサール条約などについて解説したコンパクトな辞典。約100の重要語を「環境一般」「地球環境」「自然環境」「大気環境」「水環境」「土壌環境・地盤沈下」「廃棄物・リサイクル」「公害健康被害」の8章に分け、要約を載せ、見開き2ないし4頁で簡潔に分かりやすく解説。巻末にアルファベットと五十音順の索引を付す。初版は1992年刊行。
4245

地球環境の事典 三省堂 1992.9 390p 21cm 監修：宇井純ほか 4-385-15357-4 2300円
環境、自然、水循環、エコロジー、エントロピーなど基礎的用語、紙おむつ、粗大ごみなどの生活関連用語、ODA、公共財などの社会関連用語も含め約1700語を収録した環境用語事典。見出し語を五十音順に配列し、解説はおおむね簡潔だが、基礎的用語は詳細に説明している。巻頭に1992年ブラジル地球サミットの内容を紹介し、また、エイズやダイオキシン汚染など国内外の環境問題についても解説する。巻末には、参考文献と環境問題年表（1971－1992年）のほか、用語をテーマ別に分類したテーマ別索引（テーマの五十音順）がある。
4246

人間と自然の事典 半谷高久〔ほか〕編 京都 化学同人 1991.12 348p 21cm 4-7598-0215-0 3914円
人間と自然環境を取りまく諸問題を、地球と人間、変わりゆく地球、産業活動と環境、法と環境、人間の健康と環境など16のテーマに分けて論じた環境問題の事典。各章ごとに複数の小項目が設けられ、それぞれを1－2名の担当者が執筆する。巻末に付録として「環境問題に関係する年表」「関連略語」がある。巻頭部分に「キーワードと主要語句」一覧があり、索引に相当する。
4247

和英英和国際環境科学用語集 北九州国際技術協力協会 KITA環境協力センター編 日刊工業新聞社 1995.3 422p 21cm 主要用語解説付 監修：環境庁地球環境部 4-526-03672-2 4700円
環境分野における国際技術協力の現場で使用されている用語を集めたもの。公害問題から地球環境問題まで環境全般にわたる2万語を収める。和英編は和文見出しの五十音順で、見出しが外来語の場合はカタカナ表示。英文の略語や正式名称のほか、主要語には解説を付す。英和編は英文見出しのアルファベット順で、日本語訳のほかに、用語解説のある和英編の頁を示す。
4248

和英環境資源用語集 公害対策技術同友会編 公害対策技術同友会 1981.12 333p 18cm 監修：環境庁長官官房国際課 2200円
公害・環境関係および資源・エネルギー関係の日本語用語に英語の対訳を付した「用語編」と、日本語の機構、機関名に英訳を付した「日本政府機構および国際機関編」の2部からなる対訳集。巻末にそれぞれの編の英語索引を付す。
4249

【便覧】

環境化学物質要覧 環境庁環境化学物質研究会編 丸善 1988.11 576p 27cm 4-621-03316-6 13000円
環境中に放出されている318物質について、その生産量、用途、物理化学的性状、毒性、分解性、分析法、法的規則、発がん性情報などの評価を収録。配列は物質名の五十音順で別名、英語名を併記し、既存化学物質ナンバー、CAS（Chemical Abstracts Service）ナンバー、NIOSH（米国国立労働安全衛生研究所）ナンバー、分子量、性状、製法などを記載。巻末に和名索引、英名索引を付す。
4250

公害防止管理者ハンドブック 第5次改訂版 ぎょうせい 1975 702,17p 21cm 監修：東京都公害局 3000円
工場で公害防止業務に携わる人を対象に公害防止関係法令や公害防止技術について総合的に解説したハンドブック。「総論」「大気汚染」「水質汚濁」「騒音・振動」の4編で構成。総論では公害の定義、現状、公害防止管理者制度、法律的問題点などにふれ、各編とも図表を用いてわかりやすく解説。巻末に五十音順事項索引を付す。初版（1971年刊）以後毎年改訂刊行されてきたが、本版以降刊行されていない。
4251

産業公害防止ハンドブック Herbert F.Lund〔編〕産業公害防止協会訳 コロナ社 1974 719p 22cm 『Industrial pollution control handbook』1971の翻訳 12000円
大気汚染と水質汚濁公害について、その防止策「産業

公害防止の発展」「各産業における公害防止」「公害防止装置および操作」の3編全26章で解説。アメリカの出版物の翻訳のため事例的な説明はアメリカ国内が中心である。巻末に産業大気汚染防止と工業用排水用語約550語を解説した「公害関係用語集」と五十音順の用語索引を付す。　　　　　　　　　　　　4252

世界遺産データ・ブック　1995年版－　広島　シンクタンクせとうち総合研究機構　1995－　年刊　21cm
それぞれの世界遺産について、種別、登録基準、登録年、国名などプロフィールを紹介する。各年版にそれぞれ副題を付して刊行。1995年版：ユネスコの世界遺産440がひとめでわかる人類が継承すべき自然・文化探究の旅。1997年版：ユネスコの世界遺産506を通じて世界を学ぶ。1998年版：地球と人類の遺産552を分類別に学ぶ。類書として『世界遺産事典　関連用語と情報源』（1997年刊）がある。　　　　　　　4253

地球環境工学ハンドブック　コンパクト版　地球環境工学ハンドブック編集委員会編　オーム社　1993.10　1372p　27cm　4-274-02253-6　9800円
植物生態学、気象学、エネルギー工学など幅広い側面から地球環境問題を考察した便覧。内容は地球工学、地球環境問題の概論を扱った「総論編」、地球科学と資源の「基礎編」、エネルギー・資源・食料・人口・気象・災害などの「地球規模問題編」、温暖化、オゾン層破壊、酸性雨などの「地球規模環境問題・対策編」、さらに「地球システム技術編」の5編24章。第6編「データ編」は、各分野のデータ、条約・宣言・会議・報告や用語解説、および地球規模環境問題年表（1860年代－1992）からなる。巻末に和文と英文の事項索引がある。　　　　　　　　　　　　4254

地球環境ハンドブック　不破敬一郎編著　朝倉書店　1994.5　634p　22cm　4-254-16028-3　18540円
地球環境問題に関する便覧。序論の環境基本法の成立ほか、地球、資源・食糧・人類、地球の温暖化、オゾン層の破壊など全16章からなる。最後の2章には年表と国際・国内関係団体名簿や国際条約を収録する。説明には図や表を多用し、各章・節末には数点の参考文献を付す。巻末には和文事項索引、欧文索引がある。　　　　　　　　　　　　4255

データガイド地球環境　新版　本間慎編著　青木書店　1995.6　356p　21cm　4-250-95014-X　3296円
公害、戦争と環境破壊など身近な問題から地球規模まで幅広い環境問題を取り上げ、「どうなる地球の未来」「人類の環境はどこへ」「足元から進む環境破壊」「環境への模索」の4部構成で図表を用いてコンパクトに解説。資料として「環境保健クライテリア（抜粋）」、「経団連地域環境憲章」を収載。巻末に図表参照文献一覧を付す。初版は1992年。　　　　　　　　4256

微生物による環境制御・管理技術マニュアル　環境微生物と下・廃水・廃棄物処理有効利用技術の基礎と応用　微生物による環境制御・管理技術マニュアル編集委員会編　大阪　環境技術研究会　1986.10　475p　31cm　発売：理工新社　45000円
土壌から水系まで広範囲に活躍する微生物を利用した環境制御の基礎から応用、実際に至るまでを解説した便覧。「微生物の基礎」「環境微生物の動態」「微生物反応工学（化学工学的）」「微生物による環境制御・管理技術」「微生物処理および資源回収技術」「環境微生物管理（自然系の制御）」「実際編」の7部からなる。技術者・管理者による具体的な処理・生産システムの構築・問題解釈への手助けを目的とする。　　4257

ひと目でわかる地球環境データブック　地球環境データブック編集委員会編　オーム社　1993.5　460p　27cm　4-274-02244-7　8500円
地球環境に関するデータ集。11部構成で、第1－8部では基礎科学、気圏（大気・気象）、陸水圏（河川・湖沼）、海洋などのデータを掲載。第9部はデータベース編で、世界の代表的なデータベースや国内の環境関連団体を紹介する。第10部は地球環境問題年表、第11部は国際的な議論や日本の施策について記す。資料として、地球環境に関する宣言、条約、報告などを載せる。また視覚に訴えるように、図や表を工夫している。巻末に和文および欧文の事項索引がある。　　4258

【年鑑】

エコインダストリー年鑑　1996－　シーエムシー　1996－　年刊　27cm
新たなビジネスとしての60のエコインダストリー市場と17の産業別に企業の環境対応動向を調査・編集したもの。環境行政・法規制の動向、産業界の動向、エコインダストリー市場、廃棄物・リサイクル市場など、環境産業の動向を解説。解題は1999年版による。『エコビジネス年鑑』（1990－1993年）の改題。　　4259

環境アセスメント年鑑　1980年版－　小平　武蔵野書房　1979－　27cm
大規模工業地帯開発や都市計画などの開発行為を行う場合、自然環境にどのような影響を与えるかを調査した資料集。新聞の見出しにみる環境アセスメントの姿、各省庁編、国会編、地名自治体編、環境アセスメントへの提言・現地からの報告編、環境アセスメント関係の新聞記事編、環境アセスメントの文献・報告書等編の順に収録。近年は2－3年おきに刊行。解題は96・

97年版（1999年10月刊）による。　　　　　　　*4260*

環境総覧 1994－　通商産業省環境立地局監修　通産資料調査会 1993－　26cm
地球環境、産業公害、廃棄物処理、再資源化などの現状と対策を概観し、行政や企業のとりくみ、環境保全技術と業界動向など環境問題全般について体系的にまとめ、詳細に解説した資料。8部構成。付録として、環境関連年表、関連予算の概要、公害防止設備投資動向調査を掲載。1963－1989までの書名は『産業と公害』。3年に1回刊行。　　　　　　　　　　　　*4261*

環境年表 1996・1997－　オーム社編　オーム社 1995－　隔年刊 21cm
温暖化やオゾン層破壊など、地球規模の環境問題から大気汚染や水質汚濁など地域の公害まで、環境全般に関する科学的基礎事項や観測データなどの基本情報、経済・産業に関するデータなどを収録したデータ集。11部よりなる。第1部は環境科学における物理・化学の基礎データ編。第2－8部は、気圏、陸水圏・沿岸海域、海洋、地圏、生物圏、農林・水産業、人間活動圏と各圏域のデータの解説。第9部　資源とリサイクル、第10部　環境問題に対する国の取組み、第11部資料編。巻末に和文索引を付す。解題は1998・1999による。　　　　　　　　　　　　　　　　　*4262*

環境要覧 1992－　地球・人間環境フォーラム編　富士総合研究所 1992－　隔年刊 30cm 発売：古今書院
環境および関連する内外の主要な統計データを掲載した便覧。地球環境、国内環境、環境保全への各分野の行動および基礎データ、付録で構成。付録は各版テーマを設け、解説。1997－1998年版のテーマは「ドイツ環境事情」。改題前誌『GEF（地球・環境フォーラム）環境データブック'91』（1991）。1993－1994年版から隔年刊。　　　　　　　　　　　　　　　　*4263*

全国環境事情 昭和52年版－　環境庁長官官房総務課環境調査官編　ぎょうせい 1977－　年刊 21cm
全国で発生している環境問題とその取り組み等を、情報および資料を基に都道府県別に収録。平成13年版は平成11年度環境調査データを掲載。　　　　*4264*

【法令・条約集】

絶滅のおそれのある野生動植物の種の保存に関する法律　法令・通知・資料　環境庁野生生物保護行政研究会編　中央法規出版 1993.7　317p 21cm 4-8058-1119-6　2800円
絶滅のおそれのある野生動植物の種の保存に関する法律、同法施行令、施行規則および関係通知から関係審議会の答申および資料を網羅し体系的に解説した書。全4章からなる。1章では法律の概要、2章では同法律、施行令、施行規則などを掲載。3章では施行についての依命通達と施行通知などを掲載し、4章では絶滅のおそれのある野生動物の種の保護対策についての答申や、わが国で絶滅のおそれのある野生動植物の種の数（動物・植物別）などの参考資料を掲載する。索引はない。　　　　　　　　　　　　　　　　*4265*

地球環境条約集　第2版　地球環境法研究会編　中央法規出版 1995.4　609,6p 19cm 4-8058-1320-2　3800円
1994年11月頃までの地球環境に関する国際条約から、重要と思われるものおよび国際機関や国際会議が採択した諸決議・宣言・勧告・ガイドライン・行動計画などの日本語訳を収録したもの。環境問題を環境全般、自然保全、海洋環境、国際河川、南極、宇宙、軍事兵器など分野別15章に分け、章の中を「条約」「国際機構の決定及び勧告」「国際機構及び諸国の宣言」「その他」に分け収録している。各章冒頭には、国際環境法の経緯・現状・展望に関する短い解説を掲載する。1993年に初版を発行、第2版には砂漠化防止条約など新規条約を追加し、改定のあった条約を修正するなどの改訂を加えた。　　　　　　　　　　　　　　*4266*

【名簿・名鑑】

INFOTERRA国内情報源台帳　第3版－　つくば　環境庁国立環境研究所環境情報センター 1979－　26cm（国立環境研究所 ）
環境に関する情報の国際的な流通・交換を促進する目的で国連によって設立されたINFOTERRA（国際環境情報源照会システム）に登録している行政機関、試験研究機関、民間団体の名称、住所、特性、使用言語、対象地域、情報の入手方法などを収載。巻末に機関名索引、コード順用語リスト、アルファベット順用語リストを付す。初版（1976年刊）、第2版（1978年刊）の書名は『IRS国内情報源台帳』、第9版（1990年刊）までの出版者は環境庁国立公害研究所環境情報部、第12版（1994年刊）、13版（1996年刊）はフロッピーディスク、第14版（1999年刊）はCD-ROMで刊行。冊子体は年刊、電子媒体は隔年刊。　　　　　*4267*

環境NGO総覧　平成10年版　日本環境協会編　日本環境協会 1998.3　1600p 30cm 6000円
環境保全活動を行う民間の非営利団体の概要について、国際的、全国的に活動する団体から地域的な団体まで4227団体を収録した名鑑。都道府県別に五十音順配列。収録項目は、団体名、所在地、代表者、団体目的、活動目的、活動内容、活動地域など。巻末に、団体名五十音順索引と活動分野別（森林の保全緑化など

10分野）五十音順索引を付す。初版は平成7年版（1995年刊）。　4268

環境保全に関する民間団体名簿 1992-　東京都環境保全局環境管理部指導相談課編　東京都環境保全局　1992-　年刊 30cm
東京都内に事務所があり、過去1年間に環境保全活動をしてきた団体の名簿。「環境保全に関する民間団体調査」の回答をもとに掲載を希望した団体を収録。全国的組織、広域的組織、地域的組織に分類。掲載項目は、名称、連絡先、代表者、参加人員、結成年月日、活動目的、活動内容、規約・機関紙の有無など。巻頭に団体名五十音順索引がある。1997年版は312団体を登載。1972年の書名『公害に関する住民組織名簿』、1973-1979年の書名『公害に関する民間諸団体名簿』、1980-1991年の書名『公害・環境保全に関する民間団体名簿』として刊行、1992年版から現書名。　4269

◆水質汚濁、海洋汚染

日本河川水質年鑑 1972-　日本河川協会編　山海堂　1973-　年刊 27cm　監修：建設省河川局
建設省の一級河川直轄管理区間の流況、利水、水質、汚濁などの水質現況についてまとめた資料。実態編、研究・参考編、資料編からなる。実態編では全国河川の水質概況と地域別河川別の水質の現況を収録。研究・参考編には水質計測や試験方法、水質浄化などについての参考論文を収載。資料編には最新1年間の一級河川主要地点の水質測定結果を掲載。1990年は別冊『発刊20周年記念特集号』も発行。過去19回の研究・参考編の中から汎用性の高い研究成果を再編集して収録。解題は1995年版による。　4270

有害液体物質総覧 MARPOL条約/海洋汚染防止法　海洋環境法令研究会編著　成山堂書店　1988.1　280p 27cm　監修：環境庁水質保全局企画課海洋汚染・廃棄物対策室　4-425-38031-2　6800円
海洋汚染および海上災害の防止に関する法律に基づく政令に指定されている500種類以上の物質について、構造式などを示し、物質の範囲を明確にし、マルポール73/78条約との対応関係を明らかにした総覧。5章からなる。第1章　有害液体物質等の排出規制の概要、第2章　化学物質リストの解説、第3章　化学物質リスト－データシートには政令名、条約名、別名および慣用名、化学式、UN（国連）ナンバー、CAS（米国化学会登録）ナンバーなどを収載。第4章　参考資料には関係法令などを掲載。第5章に和文索引、英文名索引、化学構造別総索引を付す。　4271

◆騒音、振動

衛生工学ハンドブック 騒音・振動編　庄司光〔ほか〕編集　朝倉書店　1980.8　605,6p 22cm 14000円
騒音、振動問題を解説するために規制、工学的対策、都市計画、土地利用計画、音響学、振動学など関係ある諸分野を網羅し、学際的立場から編集したハンドブック。騒音公害、振動公害および両公害に関する法律問題の3篇で構成。巻末に騒音と振動に関する法規制の概要を付録として収録し、五十音順事項索引を付す。　4272

騒音・振動対策ハンドブック　日本音響材料協会編　技報堂出版　1982.1　905p 22cm　執筆：石井聖光ほか　16000円
騒音・振動の防止技術を体系的に解説した便覧。影響や測定についての基礎編ほか、騒音、振動の各防止対策、対策資料の4編からなる。巻末に五十音順事項索引を付す。　4273

騒音用語事典　守田栄，松浦尚，鈴木庄亮共著　オーム社　オーム社書店（発売）1976　238p 19cm 2200円
騒音に関係する音の物理・生理・心理、航空機・自動車・工場・建設などの騒音、さらに騒音振動、測定技術、防止技術などに関する用語約1700語を収録。見出し語の五十音順に配列し、対応する英語を併記、簡単な解説を加えている。付録に騒音関係の国内および国際規格、巻末に本文の見出しに対応する英語をアルファベット順に配列した英和索引を付す。　4274

◆防災科学、防災工学

災害・防災の本全情報 45/95　日外アソシエーツ編　日外アソシエーツ　1995.11　924p 22cm　発売：紀伊国屋書店　4-8169-1333-5　29500円
1945年から1995年6月までの50年間に国内で刊行された、戦争災害を除く災害・防災に関する図書1万6000点をテーマ別に配列した目録。「災害・防災全般」「自然災害」「人為的災害」に3区分し、中見出し、必要に応じ小見出しを設け、書名の五十音順に配列。巻末に五十音順の書名索引および事項索引を付す。　4275

最新建設防災ハンドブック 最新建設防災ハンドブック編集委員会編集　建設産業調査会　1983.4　1冊　27cm　4-87456-020-2　37500円

各種災害の復旧と防災に関する広範な事項について詳細に解説。「総論」「河川防災」「山地・急傾斜地防災」「海岸防災」「道路防災」「都市防災」「災害復旧行政」「災害防災法制」の8編よりなる。巻末に付録として災害年表、調査機器システムのカタログなどを付す。
4276

多国語防災用語集 日本語版　土岐憲三編　国際防災の十年国民会議　1993.3　2冊（別冊とも）21cm　付（別冊250p）：Multi-language glossary on natural disasters, English version

防災関係の日・英・仏・スペイン・中国各国語の対訳用語集。見出し語である日本語を五十音順に配列した日本語編と、英語を見出し語とした英語編からなり、対応する各国語を見開き2頁に併記する。3200語を収録。
4277

建築学

【書誌】

建築に関する10年間の雑誌文献目録 昭和50年－昭和59年　日外アソシエーツ編　日外アソシエーツ　1987.5　273p　27cm　発売：紀伊国屋書店　4-8169-0360-7　10000円

国立国会図書館監修の『雑誌記事索引（人文・社会編）累積索引版』☞0139の第5期－第6期から、建築に関する雑誌文献1万635件を採録し、テーマ別に配列。巻末に五十音順事項索引を付す。
4278

【辞典・用語集】

学術用語集 建築学編　増訂版　文部省，日本建築学会〔編〕日本建築学会　1990.4　647p　19cm　発売：丸善　4-8189-0355-8　2450円

学術用語の統一を目的として作成された和英・英和の対訳用語集。語義の解説はない。8978語を収録。巻末に資料として、関係者名簿、学術用語審査基準などがある。1955年刊（6234語）の増訂版。
4279

建築英語事典 星野和弘著　彰国社　1991.4　535p　22cm　第12刷（第1刷：1978年）4-395-10003-1　6000円

英語の建築専門用語の意味と表現、その使い方を解説した事典。本編は、企画・設計から契約までの「建築業務」と個々の「建築工事」に大別し、その流れの中で使用される用語について解説し、実務上使用頻度の高い用語について英訳および英文用例を示す。「用語解説」の部では、英単（熟）語を32の主題に分けアルファベット順に配列し、簡潔な解説を付す。巻末の索引は本編と用語解説共通のもので、アルファベット順に配列。日常、海外文献を読んだり、国際的なかかわりを必要とする実務者および学生を対象とする。
4280

建築学用語辞典 日本建築学会編　岩波書店　1993.12　970p　20cm　4-00-080079-5　4800円

建築学に関する用語約1万9000語を収録した学術用語集。日本語および外来語の見出し語をカナ読みの五十音順に配列し、欧文語訳と簡明な定義あるいは解説を付す。材料、建築史など用語が使用される部門区分を略語で示す。巻末に「付表」として、単位系、単位の換算表、定数を掲載し、また英、仏、独、オランダ、ギリシア、ラテン、アラビアおよびサンスクリット各語の欧文表記を言語の区別なくアルファベット順に配列した欧文索引を付す。
4281

建築カタカナ語・略語辞典 建築慣用語研究会編　井上書院　1991.4　316p　19cm　4-7530-0078-8　3090円

建築分野における外来語、和製英語、洋語などカタカナ書きの用語と略語、約5500語を収録した用語辞典。周辺領域の環境問題や情報関連用語なども広範囲に採録。カタカナ語の部は五十音順に配列し、対応原語と英語以外はその言語名を付す。略語の部はアルファベット順に配列し、その完全形を付す。各項目とも必要に応じて図版、表、写真などを用いて簡潔に解説。『建築現場実用語辞典』☞4283の姉妹篇。
4282

建築現場実用語辞典 建築慣用語研究会編　井上書院　1988.6　378p　19cm　執筆：藤上輝之ほか　4-7530-0077-X　3000円

建築現場で使われている用語を中心に、土木・設備の用語も含め約4000語を収録。配列は五十音順。巻末付録として建築・土木関係資格一覧、海外規格一覧がある。
4283

建築術語事典 改訂第2版　久保田時人，沢田直躬共編　オーム社　1972　314p　19cm　監修：平山嵩　1500円

改訂にあたり工法、新材料名を追加し、約5000語を収録。見出し語を五十音順に配列し、英語訳を記載。学生および建築士の受験者向けに、必要な概数や数値をつけ加えて解説。初版は1956年刊。　　　*4284*

建築用語辞典　第2版　建築用語辞典編集委員会編　技報堂出版　1995.4　1240p　22cm　4-7655-2007-2　9270円
建築分野およびそれに付随して必要と認められる用語1万6500語を収録した用語辞典。数は少ないが中国語、韓国語も含む。見出し語の日本語読みの五十音順に配列し、欧文語訳も示す。簡潔な解説を付し、建造物など文章だけでは不備なものについては適宜図版を取り入れる。付録として建築関連の難読語一覧、主要建造物総図（設計見取り図）、単位・換算表がある。巻末に欧文索引、中国語索引、韓国語索引を付す。建築に携わる専門家および学生を対象とするため、ごく基本的な用語は省略する。旧版（1965年刊）の内容を全面的に見直し、改版したもの。　　　*4285*

建築用語ポケットブック　構造編　成田春人，森井孝編，環境工学・設備編　石福昭，木村建一編　丸善　1984-1986　2冊　18cm　2900円,4800円
建築関係の専門辞典類から実務上必要な用語を選出し、簡潔な解説を加えた用語辞典。「構造編」「環境工学・設備編」に分冊刊行。各編とも約4000語を五十音順に配列し巻末に英文索引を付す。　　　*4286*

最新建築英和辞典　Cyril M.Harris編　小川守之，鈴木規生，谷田貝常夫訳　日本ビジネスレポート　1976　456p　27cm　監訳：村松貞次郎　『Dictionary of architecture and construction』の翻訳　16000円
現代の建築と施工およびその関連分野に関する用語の英和辞典。空調、廃棄物処理、防音などのほか伝統的建築材料、古典、ルネッサンス建築なども収録。絵図が各頁の3分の1を占める。　　　*4287*

最新建築・土木用語中辞典　JIS&学術用語最新版に基づく　インタープレス版　アイピーシー　1988.9　827p　22cm　4-87198-215-7　9800円
英和・和英の2部構成。文部省学術用語とJIS用語を基本とし、雑誌『工業英語』編集の過程で収集した約1万語を追加。英和編の見出し語は2万2331語、和英編は2万2033語。漢字にひらがなの読みを付し、項目末尾に出典を略語で示す。　　　*4288*

和英建築用語表現辞典　星野和弘著　彰国社　1988.2　349p　22cm　4-395-10007-4　4800円
日本の建築用語および建築で使われる表現の英語対訳集。（Ⅰ）計画設計および（Ⅱ）施工段階での用語、表現を業務の内容別あるいは工事種別、建物の部位別に五十音順に配列した用語・表現集、（Ⅲ）各種の建物を住居、教育、文化、宗教など37種類の用途別に分類し、それぞれに使用される用語を五十音順に配列、英訳および平面図などを挿入し例示した各種建物別用語からなる。巻末に（Ⅳ）和英用語索引および（Ⅴ）和英表現索引を付す。『建築英語事典』☞4280の姉妹編。　　　*4289*

【事典・便覧】

共立建築新辞典　建築新辞典編集委員会編　共立出版　1975　670p　19cm　5800円
建築用語解説、欧和対訳・索引、各種付表の3部構成。日本語の見出し語はローマ字表記でアルファベット順に配列し、英、独、仏、伊、西、羅、露など（ほとんどは英語）の対訳を付し解説は簡明。各種付表には内外の建築関係の雑誌、機関と規格の略号一覧などを記載。『共立建築辞典』（1959年初版）を底本とし、外国語を追加、分野ごとのバランスを調整し編集。　　　*4290*

建築・インテリアなるほど事典　カタカナ用語の由来がわかる　星和彦著　トーソー　1992.8　231p　19cm　（Toso books 4）　4-924618-26-8　1500円
西洋建築・インテリアの分野で使用されるカタカナ表記の用語について、おもに初心者向きに平易に解説したコンパクトな事典。用語の配列は分野別で、次の3部構成。1　建築の歴史・様式や理念・アイディアに関する用語、2　建物や構造・構法に関する用語、3　建物の外部・内部の空間や装飾・材料・家具に関する用語。各分野を2-3主題に分けた項目リスト（目次）を巻頭に付す。巻末に五十音順用語索引がある。　　　*4291*

建築学小事典　第4版　嶋本恒雄，相川三郎編　理工学社　1994.3　1冊　19cm　4-8445-3240-5　3090円
一般構造、建築材料、構造力学、建築施工、建築法規、建築史など全12章からなる建築全般について総合的に解説した事典。図表、計算式などを多用し実務に即した解説となっている。巻末に五十音順事項索引を付す。第3版は1990年刊。　　　*4292*

建築学便覧　1，2　第2版　日本建築学会編　丸善　1977-1980　2冊　22cm　25000円,15000円
初版刊行後の目覚ましい学術・技術の進歩や建築基準法の改正などにより内容を刷新。Ⅰ計画、Ⅱ構造に分冊刊行。「計画」では建築計画、環境工学、内外の建築の歴史などを、「構造」では力学、構造設計、材料などを扱う。両編とも巻末に用語の五十音順索引を付す。初版の書名は『建築百科全書』（1956年刊）。　　　*4293*

建築大辞典 第2版 彰国社編 彰国社 1993.6 2090p 27cm 特装机上版 英文書名：『Encyclopedia of architecture and building』 4-395-10016-3 51500円
建築および関連領域の都市工学、造園、インテリア、デザイン、人間工学、産業ロボットなどの用語のほかに、人名、文献名、建物名、団体名、古書約3万4500語を収録する。用語は、ひらがなおよびカタカナによる見出し語の五十音順配列で、必要に応じて英語訳を記載する。図や写真を挿入し、解説は簡潔である。巻末には付録、英和対照語彙集、難読語集（漢字画数順）、寺社仏閣建築様式図（日本、東洋、西欧）などの付図・付表がある。普及版もある。初版は1974年刊。
4294

建築単位の事典 建築単位の事典研究会編 彰国社 1992.10 460p 22cm 執筆：真鍋恒博ほか 4-395-10013-9 5665円
建築において使用する単位・指標など約200項目を収録した事典。構法、材料などの各分野別に配列する。図表を多く取り入れ、基本となる原理、使い方、代表的な数値、類似の単位・指標、指標や単位の由来などについて1項目を、2-3頁程度で解説する。巻末に付録としてSI（国際単位系）単位との換算表を付す。一般向けの教養書としても通読できるように平易に解説している。和文索引および欧文索引がある。
4295

建築の事典 沖塩荘一郎〔ほか〕編 朝倉書店 1990.6 631p 22cm 監修：内田祥哉 4-254-26614-6 18540円
建築に関係のある事項を幅広く収録した事典。現場における実践的利用を目的に編集。約2000項目を項目名の五十音順に配列。巻末に和英索引、英和索引を付す。
4296

建築百科大事典 産業調査会 1983 17冊 27cm 発売：丸善ブックメイツ 全178000円
設計、材料、機器、設備、基礎、施工、環境などに関する用語を主項目の五十音順に配列し枝項目を設け、図・表・写真を豊富に用い詳しく解説した事典。第17巻は、1-16巻の主項目の通巻索引（目次索引）と全項目の五十音順索引。
4297

【名簿・名鑑】

建築家人名事典 西洋歴史建築篇 丹下敏明著 三交社 1997.6 427p 22cm 4-87919-567-7 12000円
1899年以前に没した約800人の建築家を収載。庭園デザイナー、都市計画プランナー、彫刻家などを含む。配列は人名のアルファベット順で、日本語の表記を付し、生年と没年、略歴のほか、適宜、図や写真を入れて解説。巻末に五十音順索引を付す。
4298

建築情報源ガイドブック 1995-1996 日本建築学会編 井上書院 1995.1 303p 19cm 4-7530-1053-8 2884円
建築関係諸機関の名簿。関連機関約3500件を団体、学会、試験・研究機関、大学および図書館など11に大別し、それぞれ北から順に機関名、住所・電話番号、Fax番号、さらに機関の紹介や利用案内、刊行資料名を掲載している。そのほか建築関係の賞リストや「日本建築学会図書館の紹介」もある。巻末に機関名、建築関係用語、資料名を一括した五十音順索引がある。『建築情報源ガイドブック』（1993-1994年版）の改訂版。約600件増加。
4299

世界の建築家581人 ギャラリー・間企画・編集 TOTO出版 1996.4 630p 26cm 監修：三宅理一ほか 4-88706-129-3 2900円
1935年以降の生まれであることなど7つの選定規準を設け、各国在住のコーディネーターの協力により66の国および地域から選定した581人の建築家を、国別建築状況とともに紹介している。国別に建築家の写真、略歴、作品の図版または写真、解説で構成。巻末に日本語および英語の建築家索引を付す。
4300

全国建築関係研究者名鑑 1990-1991 全国建築関係研究者名鑑刊行委員会編 産研 1990.11 599p 26cm 監修：建設省建築研究所ほか 5000円
名簿編、資料編、索引編で構成。名簿編は、国公立、特殊・公益法人、民間企業の試験研究機関、国公私立大学、工業高専の学部、研究所など、各機関ごとに、研究者名（フリガナ付き）、所属、専門分野、機関の刊行物を記載。資料編は、世界の研究機関リストとその活動概要。索引編には五十音順配列の研究者名索引、機関名索引、研究項目キーワード別氏名索引、研究項目分類表がある。初版。
4301

全国設計事務所名簿 1975年版- 建設ジャーナル編 建設ジャーナル 1974- 年刊 26cm
国内の建築設計界全分野を網羅した名簿。約5500の企業や機関を、建築設計事務所、設備設計事務所、インテリアデザイン事務所、造園設計事務所、建設コンサルタント、主要建設会社の6分野に分け企業・機関名の五十音順に配列。建築設計事務所のみ地区別、都道府県別に細区分している。企業名、代表者名・自宅、主要取引銀行、支社、資本金、デザインポリシー、所属団体、業務内容などを記載。巻頭に各分野別の事務所名の五十音順索引を掲載。巻末に官公庁技術者、研究機関、大学研究室、建築関係団体のリストを付す。1962年（初版）-1974年版の書名は『全国設計組織名簿』（『週間建設ニュース』別冊、1990年版-『週刊建

設ジャーナル』別冊)。解題は1998年版による。類書に『設計事務所便覧』(日刊建設工業新聞社、1966-年刊)がある。
4302

【統計】

建築統計年報 昭和25年度版- 建設物価調査会 1950-年刊 26cm 監修:建設省建設経済局調査情報課 英文書名:『Annual report of building construction』

建築動態統計調査規則により昭和25年より続けられているもの。建築着工統計調査と建築物滅失統計調査に分かれ、前者は着工建築物、着工住宅および補正調査を建築主別、構造別、用途別等に分類し、47都道府県別に床面積、工事費予定額等を集計。後者は除却や災害によって消滅した建築物、住宅等についての状況を47都道府県別に集計。解題は平成12年度版による。
4303

◆日本の建築

【書誌】

木子文庫目録 東京都立中央図書館蔵 第1-3巻 東京都立中央図書館編 東京都立中央図書館 1995-1998 3冊 27cm

木子文庫は、内裏の作事方にかかわってきた大工、木子家伝来の工匠資料で、木子家関係資料、他家に伝わった造営資料、個人資料など約2万9000点にのぼるコレクションである。江戸時代から7代にわたり収集した図面、文書、写真、図書、絵図、雛形や建築研究用の資料など多種類、多形態の資料を含む。時代別に3巻に分け、図面、辞令、写真、図書のように種類別に大別したのち、年代順に配列。資料の一連番号、資料名、形状、縮尺、作成年代などを記載。各巻の巻末に資料名の五十音順索引を付す。第1巻 江戸期資料・木子清敬資料(明治宮殿を除く) 第2巻 木子清敬資料(明治宮殿) 第3巻 木子幸三郎資料。
4304

日本建築史文献目録 1987-1990 日本建築史研究会編 文化財建造物保存技術協会 1996.12 168p 27cm (文建協叢書4)

1987年から1990年までに発表された日本建築史の研究者による著作、論文、研究ノート、書評、文献目録を対象に収録。戦前から1987年頃までの文献を収録した「日本建築史の文献(正)続」(『日本建築史序説 増補第2版』太田博太郎著、彰国社、1989)に続くもの。分類は前記書誌に準拠し、論著目録から各種調査報告書まで21に分類。その中は著者名の五十音順に配列。付1-3として、「国宝・重要文化財建造物修理工事報告書目録」「日本建築学会大会学術講演梗概集目録」「日本建築学会支部研究報告集目次」がそれぞれ別立てで収録されている。巻末に付録収載の日本建築学会の「目録」「目次」を含む五十音順の著者索引がある。
4305

日本民家調査研究文献総覧 富山博〔ほか〕編 春日井 富山博 1994.1 207p 30cm

日本建築学会民家小委員会が収集した、日本民家に関する文献の目録カードをもとに刊行した書誌。収録数は1991年12月までに刊行された文献3500件。配列は北海道から沖縄まで都道府県別である。各項目には、題名・著者・発行所などの書誌(基本)的事項のほかに、50字程度の概要があり、抄録誌的な性格も備える。索引はない。
4306

【辞典・事典】

古建築辞典 武井豊治著 理工学社 1994.5 288p 22cm 4-8445-3019-4 3914円

古建築に関する約7000種の用語を解説した事典。古代から近世までの建築を対象とし、神社・寺院・殿舎などから庭園までを網羅し、用語の範囲もできるだけ広範囲に採録する。配列は五十音順で、ひらがなの見出し語の後に漢字を表記し、簡潔に解説する。解説文中にほかの見出し語があれば星印を付す。説明図・写真など約2000点を掲載する。索引はない。
4307

日本建築史主要語辞典 1,2 近藤豊著 理工学社 1992-1994 2冊 30cm 各5974円

明治期までの日本建築史に現れた、主として建築細部意匠の主要術語・用語を精選し、その成立・出典・語義と歴史的変遷について、多くの挿図、写真を駆使して解説したもの。用語は五十音順配列。主要語や理解しにくいと思われる語については数十頁にわたり、一般の人にも理解できるように平易な文章で解説する。建築関係だけでなく、歴史学、民俗学に携わる研究者、学生にとっても有用な資料であるが、全7巻刊行予定のうち1998年3月現在、第1巻(あ-い)、第2巻(う-お)が刊行済。第3巻以降の出版は未定である。
4308

日本城郭事典 新装版 秋田書店 1989.10 534p 19cm 監修:大類伸 4-253-00369-9 1950円

城郭編と用語編よりなる。城郭編では国内の600余城を選び、県別の五十音順に配列し、別名、所在地、城の種類、築城者、築城年代、遺構を記載し、写真を添

えて城の歴史、城主の実績などを記述する。用語編は約330の城郭に関する用語をとり上げ五十音順に配列し解説。巻末に城名総索引（別名も含む）を付す。初版は1970年刊。　　　　　　　　　　　　　　　*4309*

日本民家語彙解説辞典　日本建築学会民家語彙集録部会編纂　日外アソシエーツ　1993.9　850,119p　22cm　発売：紀伊国屋書店　4-8169-1196-0　9800円
明治期あるいはそれ以前から全国各地で使われていた（北海道については以降のものも含む）民家家屋に関する語彙約1万2800項目を解説。見出し語はカタカナ表記で五十音順に配列。各語に家屋の部位、敷地、材料などの内容分類および分布地域の都道府県名を表記。旧版の普及版としての刊行を機に、補充集録分673語を追録として収録し、本編への参照を指示。巻末に付録として本編・追録共通の、「都道府県別・分類別収録語彙総覧」と「標準的名称の図解」を付す。『日本民家語彙集解』（1985年刊）の普及版。　　*4310*

◆歴史的建造物

建築ガイドブック　新建築　1864-1993　新建築編集部編　新建築社　1994.8　335p　23cm　4-7869-0112-1　3200円
全国の有名建築約1000件を都道府県別に収載。建築物の写真、建物の名称、竣工年、設計者/施行会社のほか、建物の特徴と景観、設計者の紹介など簡潔な解説を付す。巻末に各建築物の所在地を示した地域図と市街図を付載するとともに、建築物の名称索引および設計者名の五十音順索引を付す。『建築ガイドブック増補版　東日本編、西日本編』（1989年刊、2冊）にその後の情報を追加し、コンパクトな1冊本で刊行。
　　　　　　　　　　　　　　　　　　　　　4311

建築map東京　ギャラリー・間編　TOTO出版　1994.12　359p　26cm　4-88706-098-X　1500円
東京都内にある現代建築で、1980年以降竣工した作品を中心に地域別に紹介したガイドブック。収録した536作品を17地域、122地点に分けて、それぞれの作品名・設計者・住所・延床面積を記し、解説や写真を付す。またエリアごとにその冒頭に所在地を示す地図（MAP）を掲げる。作品紹介のあとには、日本を代表する13人の建築家の東京圏における作品ガイドもある。また現代建築に関するコラムも本文中に挿入されている。巻頭にはMAP INDEXがあり、巻末に主要建築関連受賞一覧などの付録やエリア別、設計者別、作品別、用途別、英文設計者別の索引を付す。　*4312*

国宝・重要文化財建造物目録　平成二年三月　文化庁編　第一法規出版　1990.7　706p　22cm　附・重要伝統的建造物群保存地区目録　4-474-06160-8　10000円
文化財保護法により国宝および重要文化財に指定された建造物、ならびに重要伝統的建造物群保存地区に選定された地区を、1990年3月現在で収録したもの。記載事項は、所在地、所有者、指定年月日、名称、構造形式、修理年、内容、建立年代など。前回の刊行は『国宝・重要文化財指定建造物目録』（1978年刊）で、その新訂・増補版。巻末に重要文化財建造物の五十音順索引を付す。　　　　　　　　　　　　　　*4313*

集落町並みガイド　重要伝統的建造物群保存地区　文化庁編　第一法規出版　1990.8　130p　21cm　4-474-06163-2　1500円
文化財保護法の規定により、重要伝統的建造物群保存地区に選定された地区を、1990年3月31日現在で収録したもの。収録数は29件。巻末には参考資料として、用語の定義、重要伝統的建造物群保存地区選定基準・一覧・位置図あり。　　　　　　　　　　　　　*4314*

都道府県指定文化財建造物目録　文化財建造物保存技術協会編　文化財建造物保存技術協会　1994.3　428p　21cm　附・政令指定都市指定文化財建造物目録
都道府県条例および政令指定都市の条例により、有形文化財に指定・登録された建造物の目録。都道府県の部と政令指定都市の部に分け、それぞれの指定文化財を北から地域順に収録する。記載内容は、所在地、所有者、指定年月日、名称、構造形式、修理年とその内容、建立年代などを、わかる範囲で記載する。付録として、都道府県指定文化財建造物の種類別・時代別棟数表と、文化財担当課一覧表を巻末に付す。索引はない。　　　　　　　　　　　　　　　　　　　　*4315*

日本近代建築総覧　各地に遺る明治大正昭和の建物　新版　日本建築学会編　技報堂出版　1983.11　487p　31cm　4-7655-2003-X　9800円
江戸末期（1860年）から戦前（1945年）にかけて建造された日本各地の建築物1万3000件を北海道から九州・沖縄地区および外地の11地区に分け収録。1980年刊行の旧版に、その後発見された約1000件を加え、新訂版として刊行。各地区別に写真および概説と全リスト（名称、所在地、建築年、設計者など）を掲載。その他、収載建築件数総表、竣工年代別・構造別表（現存数）、建築種別一覧表（現存数）、設計者一覧を付す。　　　　　　　　　　　　　　　　　　　*4316*

日本塔総鑑　中西亨著　京都　同朋舎　1978.10　416,6p　31cm　15000円
全国各地に現存する日本の諸仏塔311基を県別に分類

し，塔ごとに写真を添えて解説。巻頭に「日本の塔について」の解説を，巻末の付録に「未完成の塔」「今世紀に失われた塔」「国外にある日本の塔」ほか，塔名の五十音順索引などを収載。　　　　　4317

日本名城図鑑　同一縮尺で見る城郭規模の比較　日本城郭史学会，城の会著　理工学社　1993.12　266p 27cm　監修：西ケ谷恭弘　4-8445-3017-8　3914円
第1編は日本城郭概史、第2編は城郭の見方、第3編は日本100名城からなる。第3編は北海道から九州の地域順に各城を解説し、現在の2万5千分1の地図に当時の城郭を復元した図、写真（一部明治期のものも含む）を収録し、城郭規模の比較を試みる。『復原図譜日本の城』（西ヶ谷恭弘著、理工学社、1992）の姉妹編。　　　　　4318

文化財ウォッチング建築編　寺，神社，城，庭のみどころ早わかり　図解ハンドブック　井上芳明，小野原光子共著　日本交通公社出版事業局　1987.1　110p 19cm　(Do-life guide)　4-533-00762-7　790円
日本の古建築に関する観察のポイントを寺院編、神社編、城郭編、庭園編に分け、チャート式に解説。代表的な建築物については具体的な見どころを、図を中心に見開き2頁で解説。巻末に参考文献の手引、用語索引、各建築物への交通一覧を付す。　　　　　4319

民家ウオッチング事典　吉田桂二著　東京堂出版　1987.10　160p 25cm　4-490-10229-1　1900円
著者が訪ねた日本全国の民家の絵80枚とその解説からなる画文集。前著『町並み・家並み事典』の姉妹編。説明文を順を追って読み進むと民家のつくり方に対する理解が深まるように絵を配列したもの。巻末に民家保存野外博物館リストを付す。　　　　　4320

◆アジアの建築

アジアの民家　稲作と高床の国　川島宙次著　相模書房　1989.1　231p 30cm　4-7824-8901-3　3800円
わが国の文化と民家の源流をたどるという観点から、アジア各地域の民家について解説した事典。タイ北部、中国南西部、ブータン、インドネシア、フィリピン、台湾、北海道アイヌに分け、民族のルーツ、文化、風俗、民家について図解により解説したもの。索引はない。　　　　　4321

中国近代建築総覧　天津篇　周祖奭〔ほか〕編　日本アジア近代建築史研究会　1989.6　194p 30cm　（トヨタ財団助成研究報告書 013）　共同刊行：中国近代建築史研究会(北京)　非売品
日本アジア近代建築史研究会と中国近代建築史研究会が、天津の旧租界地にある近代建築約250棟を1987年11月から1988年10月までに調査した結果報告書。4部構成。調査の一環として行われたワークショップの講義録『天津近代建築調査講習班文献集』(1988年刊)から6編を選び第1部に再録。第2部にその日本語抄訳、第3部に英語要旨を掲載。第4部が実測調査報告で、写真とともに住所、名称、用途、構造、施工年月、建築様式などを日本語で記載。配列は番号化した地名・地番順。　　　　　4322

◆建築構造、建築材料

【書誌】

木造在来構法文献目録　日本建築学会建築計画委員会構法計画小委員会在来構法研究懇談会編　日本建築学会　1982.10　198p 25cm
日本の木造在来構法に関する文献を『日本建築学会総目録』などから採録し、幅広い分野にわたり横断的にまとめた目録。構造・材料、構法・生産、集落・町並み、民家、歴史的構造物、技能教育に6分類し、その中をさらに細分し五十音順に配列。巻末に、本目録の採録対象誌以外で関連記事が掲載される雑誌・新聞リストを収録。　　　　　4323

【辞典・事典】

建築機材事典　建築機材事典編集委員会編集　産業調査会出版部　1980.2　1冊 27cm　22000円
建築材料、機械、工具約1400種を、「仮設」「基礎」「屋根」「内外装」「断熱」「防音」「防水」「防火」「解体・移転工事」など用途別に16章に分け、写真、図、表を多用して解説。最終章は各種試験・検査機器の解説。巻頭に五十音順の事項索引、巻末に機器、資材製造会社の紹介を兼ねた資料編を付す。　　　　　4324

建築材料用語事典　森脇哲男〔ほか〕共編　オーム社　1978.1　229p 19cm　2200円
建築材料の幅広い利用に着目し、設計者、施行関係者、インテリアデザイナー、建材メーカーなどの営業者、学生など広い読者向きに用語を収録。見出し語は五十音順配列で、対応する英語を付記し、適宜図解を入れながら簡明に解説。巻末に英語索引を付す。　　　　　4325

図説・木造建築事典 基礎編，実例編 木造建築研究フォラム図説木造建築事典編集委員会編 京都 学芸出版社 1995.3 2冊 27cm 20600円，18540円
基礎編は、木材、構法、性能、生産、様式の5分野で構成。245項目に細分類し、特性、種類、使い方、工法などを解説。実例編は、社寺建築、書院・数寄屋、民家、城郭・工作物、近代洋風建築、近代住宅、現代建築の7分野構成で109の事例を取りあげ、詳細図を含む図面を中心に説明を付す。両編それぞれに参考文献および五十音順事項索引を付す。　　　　4326

【便覧】

火災便覧 新版 日本火災学会編 共立出版 1984.3 1676p 22cm 4-320-07628-1 38000円
燃焼、熱と気流、統計および気象、各種火災、防火管理、消防装備、法規、資料など16編に分け解説。巻末に和文索引を付す。初版（理化書院、1955年刊）の全面改訂版。　　　　4327

建築材料実用マニュアル 建築材料実用マニュアル編集委員会編 産業調査会事典出版センター 1991.6 1188,199p 27cm 奥付の書名：『建築材料実用マニュアル事典』 4-88282-507-4 26800円
建築材料を基礎および使用部位の、躯体、屋根、天井、壁、開口・採光、床、外構、仮設さらに機能の10章に分け、材料の概要、特長、形状や寸法、種類、製法、機能や性能、使用上の注意などについて解説したもの。各解説の後に、「見積りの目安」として材料価格や工法価格、さらにメーカーなどの問合わせ先電話番号の表示がある。巻末に五十音順事項索引のほか製品情報編を付す。　　　　4328

建築材料ハンドブック 岸谷孝一編 技報堂出版 1987.11 633p 22cm 4-7655-2005-6 13000円
建築材料を体系的に理解するために、材料に共通する基本的性質を解説した便覧。1章（セメント）－15章（アスファルト・プラスチック・ゴム）は建築材料を材質により分類し、種類や特性を解説。16章（塗料）－31章（開口部材料）は工事別に材料をとりあげ、機能・工法を中心に解説。巻末に五十音順用語索引を付す。　　　　4329

構造計算便覧 第2版 水原旭〔ほか〕共編 産業図書 1977.3 1946p 22cm 13500円
建築の施工法を実用本位に詳述した便覧。基本編、応用編、図表編の3編からなる。基本、応用編を系統的に15章に分け、さらに細かく項目立てして、公式の説明を重点に図表を豊富に入れて解説。図表編は基本編、応用編と章立てを対応させ、すぐ活用できるように編集。巻末に詳細な参考文献と、五十音順の事項索引を付す。初版は1959年刊。　　　　4330

構造力学公式集 昭和61年版 土木学会構造工学委員会，構造力学公式集改訂委員会編 土木学会 1986.6 537p 27cm 13000円
土木建築構造物の設計に必要な理論と公式を「力と変形」から「振動」の13章に分け収録。各章末に参考文献を付す。巻末に数学公式ほかの資料と和文および英文事項索引を付す。初版（1974年刊）を改訂。　　　　4331

構法計画ハンドブック 内田祥哉編集 朝倉書店 1980.5 901p 22cm 18000円
現代の構法（建築物の構成）を歴史的な変遷をふまえて解説したハンドブック。構法計画の基礎、要求条件、構法計画、実例の4章からなり、材料計画、構造計画、施工計画などの観点から図表を多用して詳述。付録としてSI単位表を付す。巻頭に詳細な目次、巻末に五十音順索引を付す。　　　　4332

最新耐震・防火建築ハンドブック 実務家のための 最新耐震・防火建築ハンドブック編集委員会編 建設産業調査会 1991.12 966p 27cm 4-87456-029-6 47000円
「耐震編」と「防火編」の2編からなる。「耐震編」は耐震設計技術関係の諸問題を体系的に整理した設計実務参考書および技術の手引き書であり、12章からなる。「防火編」は新しい防火設備の設計法についての実務手引き書で5章からなる。巻末に五十音順用語索引がある。　　　　4333

実務家のための最新建築構造ハンドブック 建築構造ハンドブック編集委員会編 建設産業調査会 1978.3 1冊 27cm 34500円
構造力学から各種構造、各種構法、防火・耐火構造、構造試験および構造検査にいたるまで、建築構造の設計、施工の実際を体系的に、詳細に記述。巻末に各メーカーの建材、工法などを紹介した会社資料がある。索引はないが巻頭に詳細な目次がある。　　　　4334

新編建築材料データブック 唐橋俊夫〔ほか〕共編 オーム社 1983.6 1冊 22cm 4-274-09987-3 7500円
建築材料を仮設、地業、鉄筋、防水、屋根、左官、建具、内装、植栽、設備など21の各種工事に分類したデータ集。詳細な図を多用し、製法・性状・用途・施工・規格などを表形式で解説。建築施工に携わる実務家向き。巻末に換算表および五十音順の事項索引を付す。第4版（1973年刊）を全面改訂。新開発および改良された建築材料を追加。　　　　4335

断熱建材ハンドブック 断熱建材協議会編 養賢堂 1994.4　285p 22cm　執筆：青山正昂ほか　4-8425-9407-1　4500円
住宅建築用断熱建材の特性、およびそれらを使用した断熱構造化工法について解説したハンドブック。全8章からなる。第1章断熱、防湿の基礎、第2章断熱建材の種類と特性、第3章断熱建材の施行法と施行例、第4章断熱構造、第5章断熱構造化と防湿、第6章断熱と換気・通気、第7章建物の断熱と快適温熱環境、第8章省エネルギー法と断熱基準、および関連法規・基準を掲載。巻末に五十音順索引および付録（関連規格一覧、各種建材熱定数表など）がある。　4336

【名簿・名鑑】

建材メーカー総覧〔'90年版〕- 経済調査会 1989- 年刊 26cm　副書名：建設資材メーカー・商品データ
建設資材・製品メーカーおよび商品情報を掲載した要覧。'97年版の「メーカー情報編」では約5000企業の名称を五十音順に配列し、製造品目などを紹介。「商品情報編」では土木資材、電気設備資材など約900項目に分類し、品目別、メーカー別に約3万点の商品を掲載。商品名の五十音順索引を付す。巻末に建設資材関連団体名簿を掲載。　4337

◆建築施工

【辞典・事典】

石工実用辞典　補訂版　上治真補訂　上治実著　石文社 1991.6　213p 22cm 3200円
石工・石材業分野の製品の名称、産地、鉱物の成分、製造過程、用法、用具などの基礎用語900余を解説したもの。見出し語の配列は五十音順。巻末に石屋（石工）の符丁と項目総索引（1文字目の五十音順）を付す。初版は1982年刊。　4338

絵で見る工匠事典 第1-12巻　建築資料研究社 1991　12冊 31cm 4000-8000円
木造建築における道具や工法、図面を、大工、棟梁など建築現場の人や設計者にわかりやすく描画して網羅した資料。各巻末に五十音順索引を付す。第1巻さしがね1　棒隅木・入隅・反隅木　第2巻さしがね2　扇たるき・振隅木・ひよどり栓　第3巻さしがね3　火打栓・直角でない軒回り・多角形の軒回り・朝顔墨・入母屋・設計図の画き方・仕口及び継手・振四方転び　第4巻和風建築1　基礎・茶屋・東屋　第5巻和風建築2　住宅1　平屋建住宅・二階建住宅・玄関・和室照明・洗面所・浴室　第6巻和風建築3　住宅2　床の間・便所・階段・広縁・ぬれ縁・戸袋・その他　第7巻実用木工事1　木材・軸組と床組・小屋組と屋根　第8巻実用木工事2　造作　第9巻実用木工事3　鉄筋コンクリート造の木工事・各種工事・設備工事・その他　第10巻平家建入母屋化粧造・起り破風　第11巻二階建入母屋化粧造・起り破風、平家建入母屋化粧造・千鳥破風、平家建寄棟造　第12巻平家建入母屋二段化粧屋根、資料編、平面・立面・小屋伏図集。　4339

現代建築施工用語事典　現代建築施工用語事典編集委員会編　彰国社 1991.12　310p 21cm　執筆：阿川清二ほか　4-395-10010-4　3440円
建築施工を中心にその周辺分野も含む約200項目を法規・制度・認定、各種工事、工法、施設、環境、管理・情報処理などの全10章に分け、体系的に解説した便覧。1項目あたりの分量は1-2頁にわたり、定義、概念、特徴、性質などを記載。図や表、写真も豊富に採用し詳細な内容となっている。巻末に、各章ごとの参考文献一覧がある。解説文中の言葉を含む五十音順事項索引を付す。　4340

建築工事工法事典 3版　「建築工事工法事典」編集委員会編　産業調査会 1991.7　923p 27cm 27700円
建築工事における工法や施工技術の概要、設計および施工上の要点を各種工事ごとに全26章で体系的に解説した事典。巻頭に「キーワード検索」を設け、3300のキーワードを各章（主要工事）ごとに五十音順に配列し検索の便を図る。巻末に五十音順事項索引を付す。『建築工法事典　新版』（1983年刊）の改訂版。　4341

「図解」建築施工用語辞典　建築施工用語研究会編　井上書院 1991.10　300p 19cm 4-7530-0079-6 3090円
建築用語の中から施工用語をとりあげて図解入りで解説したハンディな用語辞典。頁の上3分の2に図、下に用語の解説を掲載。配列はかな見出し語の五十音順。外国語・外来語はカタカナを採用。解説は簡潔。　4342

図解建築大工用語集　荒井春男〔ほか〕編著　東洋書店 1995.12　270p 19cm 4-88595-182-8 2500円
建築大工が日頃使用する木造建築の基礎的用語約1100語を図解で説明。基礎・軀体・造作編、木材編、道具編、神事・方位編からなり、各編ごとに用語を五十音順に配列。巻末に全見出し語の五十音順総索引を付す。　4343

建具用語便覧　ことばの泉　全国建具組合連合会 1990.6

253p 27cm 創立35周年記念
建具に関する用語約250語を選び簡潔に解説した辞典。見出し語は五十音順配列。各語に工作、材料、部材などの分類語を付与し、必要に応じ絵入りで解説する。寸法は尺貫法で記載する。『建具製作教本』（1984－1986）の増補改訂版。　　　　　　　　　　　4344

防水工法事典　防水工法事典編集委員会編　産業調査会出版部　1981.8　1冊　27cm　4-914970-06-8　27000円
建築物に用いられる各種防水工事について、総説のほか防水工法、防水材料の2編に分け、さらに章立てし、図表を多用し、詳細に解説した便覧。資料編に工法・材料ごとの各会社商品を掲載。巻頭に五十音順事項索引を付す。　　　　　　　　　　　　　　　　4345

防水用語事典　改訂版　防水用語事典編纂委員会著　新樹社　1995.11　440p　22cm　4850円
防水技術・材料に関する用語を、単なる語義だけではなく背景まで含め解説した事典。項目を五十音順に配列、英語を付記して解説した解説編と付録1「防水関連建築現場用語」、付録2「防水関連JIS抜萃」からなる。巻頭に付録1の用語も含む五十音順索引を付す。初版は1982年刊。　　　　　　　　　　4346

【便覧】

建築施工技術ハンドブック　白山和久〔ほか〕編集　朝倉書店　1979.10　943p　22cm　折り込図6枚　20000円
建築工事の監督者、管理者、設計者を対象とし、建築施工の実務に必要な知識をまとめた便覧。「総説」「計画および管理」「仮設工事」「施工各論」（土工事、鉄筋コンクリート工事、木工事、防水工事、内装工事、断熱・耐熱工事など）「特殊工事」「建築設備」「外構・造園工事」「保全・補修工事」「解体・移転工事」「施工機械」の各章からなる。巻末に五十音順索引を付す。　　　　　　　　　　　　　　　　4347

建築内装技術ハンドブック　小原二郎〔ほか〕編集　朝倉書店　1984.3　596,6p　22cm　18000円
建築内装についての体系的な便覧。床、壁、天井、建具、住宅部品などの8章からなり、材料と施工について詳述。巻末に五十音順索引を付す。『建築内装ハンドブック』（1963年刊）を全面的に改訂したもの。
　　　　　　　　　　　　　　　　4348

最新建築防水システムハンドブック　建築防水システムハンドブック編集委員会編　建設産業調査会　1990.12　1冊　27cm　背の書名：『最新建築防水ハンドブック』　奥付の書名：『建築防水システムハンドブック』　4-87456-028-8　41000円

防水設計から防水技術、保守管理、改修まで防水全般にわたり体系的に解説した便覧。総論、防水材料と施工法、建築各部の防水システム、建築防水システムの補修と改修、防水工事標準仕様書、建築防水関係JIS抜粋の全6章からなる。巻末に「メンブレン防水層の性能評価試験方法」、五十音順用語索引を付す。『建築防水ハンドブック』（1974年刊）の改訂版。　　4349

実務家のための最新建築内外装ハンドブック　最新建築内外装ハンドブック編集委員会編　建設産業調査会　1981.1　1冊　27cm　4-87456-017-2　29500円
建築物の内外装に関する計画、各種工事、性能材、既製部材、維持、補修などについて図版を多用して解説。巻末に会社資料として材料、部材、製品別の技術カタログを付す。索引はない。　　　　　　　　4350

図鑑瓦屋根　改訂版　坪井利弘著　理工学社　1986.3　194p　27cm　4-8445-3005-4　2900円
瓦屋根の諸相を挿図900点、写真440枚によって解説する。瓦740点、文様160点、堂宮46棟を収載。5部構成で、「瓦の種類」「瓦の模様」「鬼瓦類」「堂宮屋根の実例」および屋根と瓦に関する95項目を五十音順に配列して解説した「小辞典」からなる。瓦の名称、および文様・屋根・その他に関する五十音順の索引を付す。
　　　　　　　　　　　　　　　　4351

ビル風ハンドブック　周辺気流研究委員会編　建築業協会　1979.6　2冊　30cm　「本編」「付属資料編」に分冊刊行
ビル風問題について「周辺気流研究委員会」が昭和50～53年度に行った研究活動の成果を実態調査、風洞実験、実測、理論、評価・予測・対策などに分類し集大成した便覧。付属資料編には、新聞記事一覧表、ビル風調査一覧表、裁判例、関連条例、風速計便覧、ビル風関連文献抄録集などを収録。索引はない。　4352

ビル管理ハンドブック　ビル管理ハンドブック編集委員会編　オーム社　1982.9　1049p　22cm　4-274-08520-1　14000円
ビルの経営管理、建築物とそれに付随する各種設備の保守管理、衛生、防災、警備、関係法規、諸資格など、ビル維持管理について実例を加えて解説した総合的実務書。全12章からなり、最終章は各建物ごとの実例を収載。巻末に解説文中の用語を含む五十音順の事項索引を付す。　　　　　　　　　　　　　　4353

◆各種建築

オフィス事典 オフィス事典編集委員会編 産業調査会出版部 1987.8 2冊(別冊とも) 27cm 執筆:安達和男ほか 別冊(179p):設備資材編 4-914970-78-3 28800円
オフィス(何らかのサービスを行う組織とそのための場所)の企画・設計に関連する事項を「オフィス環境論の展開」「高度情報化社会とオフィス」「オフィス環境」「オフィス建築の設計と建設」「オフィス空間の運営」の5部に分け、集大成した事典。別冊には、設計を支える設備やシステムを提供する企業一覧を収録。付録の会社名索引のほかは索引はない。　4354

研究所事典 研究所事典編集委員会編 産業調査会出版部 1985.7 1冊 27cm 33000円
ハイテクノロジーの分野である、エレクトロニクス、新素材、エネルギー、メカトロニクス、バイオテクノロジー関連の研究所を設置する際に必要な情報を体系的に解説した事典。1．研究所の計画・設計、2．研究所の建物設備と実験設備、3．研究所の計画と付加設備、4．研究室の装置・機器、5．研究開発のマネジメント、資料編で構成。研究所の施設、設備のみならず、科学技術情報の探索や研究所の運営まで幅広く解説。巻末に和文索引、欧文索引を付す。　4355

野球場大事典 沢柳政義著 大空社 1990.10 728p 31cm 4-87236-150-4 35000円
野球および野球場に関して体系的に解説した事典。全8章からなり、1、2章は野球および野球場の歴史、3-6章は野球場の建設・設備・管理、7、8章は日本をはじめとする世界の主要球場について、写真・図版を豊富にとり入れて解説。巻末に参考文献を付す。各国の野球事情や主要球場の概要は、1988年現在のデータに基づく。索引はない。　4356

◆住宅建築

キッチンスペシャリスト技術ハンドブック 日本住宅設備システム協会企画・編集 日本住宅設備システム協会 1992.8 260p 27cm 6700円
キッチン空間に関する主要な技術・法規に関する解説書。日本住宅設備システム協会認定資格キッチンスペシャリスト(KS)上級者に必要とされる専門的知識をそれぞれ人間工学、環境と空間構成、部材、水道設備システム、電気設備、ガス設備システムなど6章に分け、図表、写真などを多用しながら簡潔に解説。巻末に五十音順事項索引を付す。　4357

住宅・建築主要データ調査報告 戸建住宅編，共同住宅編〔昭和62年度〕-住宅金融公庫〔編〕住宅金融公庫 1988- 年刊 26cm
住宅金融公庫が住情報サービスの実施に必要な情報の整備を目的として行った調査結果をまとめたもの。「戸建住宅編」では、入居者、住宅の概要、設計・施工、住宅の仕様、「共同住宅編」では、事業主体、全体計画、住戸の概要、住宅の仕様に関する事項を集計表やグラフで紹介。共同住宅編の刊行は昭和63年度-平成3年度、平成10年度。　4358

住宅・建築ハンドブック〔昭和56年版〕- 日本住宅協会編 日本住宅協会 1981- 年刊 15-18cm 監修:建設省住宅局
住宅統計調査、住宅需要実態調査など、住宅問題に関する各種統計調査結果と、政府の住宅施策の概要をまとめたもの。巻末に参考として、住宅法制の概要、住宅諸制度の一覧表、組織図、住宅対策の年表などを付す。1998年版から大きさを18cmに変更。　4359

◆建築設備、設備工学、空気調節

【辞典・事典】

管工事施工管理用語集 地域開発研究所管工事施工管理技術研究会編 地域開発研究所管工事施工管理技術研究会 1995.2 472p 19cm 第6刷(初版:昭和61年) 4-906273-02-5 3400円
管工事技術者と管工事技術者試験の受験に必要な施工管理に関する基本的な専門用語2500語を収録し、平易に解説。五十音順配列で各用語に対訳英語を併記。巻末に単位換算表などの付録と英和対照索引を付す。　4360

空気調和・衛生用語集 空気調和・衛生工学会編 オーム社 1994.3 612p 19cm 4-274-10157-6 4500円
空気調和、給排水衛生に関する技術・研究用語を中心に、物理、数学、単位および関連する電気、化学、建築、機械分野の用語約9000語を収めた用語集。和英の部と英和の部で構成。解説はない。和英の部は五十音順配列で用語の読み、用語、外国語を、英和の部は外国語、邦訳語、その読みをそれぞれ並記する。『空気調和・衛生用語集』(空気調和衛生工学会、1972)と

『空気調和・衛生用語辞典』（オーム社、1990）に収録の用語を見直して採録した。　　　　　　　　　4361

建築設備実用語辞典　紀谷文樹〔ほか〕編　井上書院　1995.4　468p　19cm　4-7530-0082-6　3863円
建築設備およびこれに関連する領域の学術専門語から現場で用いられる実用語にいたる事項・用語6000を収録し、簡潔に解説した辞典。見出し語には対応する英語を併記し五十音順に配列。挿図560を収載する。団体、協会名、規格に関する用語および略語は巻末に掲載するとともに、設備機器・システム分類図などの付図・付表も収載する。『井上・建築設備辞典』（1984年刊）を基本に給排水、空調、電気関連技術用語を追加したもの。　　　　　　　　　　　　　　　4362

建築設備配管事典　建築設備配管事典編集委員会編　産業調査会出版部　1981.3　1冊　27cm　24800円
配管に関する設計、材料、機器、施工について、図版を多くとり入れ、現場技術者向けに具体的に解説したもの。「配管の設計システム」「建築設備配管材料・関連付属材料」「配管施工法」の3編からなる。資料編として、配管材料、システム機器、施工機材の紹介記事を掲載。巻頭に五十音順索引を付す。　4363

照明の事典　松浦邦男編集　朝倉書店　1981.10　386,5p　22cm　9800円
建築照明に重点をおき、設計に役立つよう建築家向けに編集した便覧。基礎編と設計編からなり、基礎編は用語の解説と必要項目についての詳細な説明、設計法、計算法を述べる。設計編では、学校、劇場、ホテル、店舗などの各種建築別に建築家と照明技術者による協同設計のプロセスを記述。巻末に五十音順の用語索引を付す。　　　　　　　　　　　　　　　　4364

和英図解建築設備用語解説　空調・衛生・電気　柳瀬駿，森新一郎共著　理工図書　1975　304,2,24p　19cm　2500円
居住性、安全性を高め環境を良くするための建築設備全般に関する用語約1100語を収録。1．空調・暖房・換気設備、2．給排水・衛生設備、3．消防・ガス設備、4．電力設備、5．照明設備、6．通信設備の6項目で構成。項目の中は用語を五十音順に配列し、対応する英語を併記して図や表を豊富に入れて解説。巻末に用語の英語索引、設備図記号解説表を付す。　4365

【便覧】

空気清浄ハンドブック　日本空気清浄協会編　オーム社　1981.10　723p　22cm　13000円
大気汚染防止のための技術や建築物内の空気環境の維持など、空気清浄に関する最新の知識を基礎、機器、応用の3編により体系的に集大成。付録に、単位、用語解説、関連規格、組換えDNA実験指針などがある。巻末に事項の五十音順とアルファベット順索引を付す。　　　　　　　　　　　　　　　　　　　4366

空気調和・衛生工学便覧　1-6　第12版　空気調和・衛生工学会編　空気調和・衛生工学会　1995.3　6冊　27cm　発売：丸善出版事業部
第1巻「基礎」「環境計画」、第2巻「汎用機器・設備および電気設備」「空調機器」、第3巻「空気調和設備設計」、第4巻「給排水衛生設備設計」「給排水衛生特殊設備」、第5巻「材料とその耐久性」「施工」「維持管理」、第6巻「総合計画」「空気調和応用」「給排水衛生設備応用」の13編で構成。各巻末に用語の五十音順索引を付す。専門家、実務家向け。1934年の第1版からほぼ6年ごとに改訂。前版は1987年刊。　4367

空調・衛生技術データブック　菱和調温工業株式会社編　森北出版　1981.10　1冊　22cm　10000円
空気調和、衛生設備技術の基準やデータを収載した建築設備技術者のための実務的な手引き書。「空気調和設備編」「衛生設備編」「共通事項編」の3編、A総則－Z資料まで24章よりなる。共通事項編に着工・検査基準および資料として、文字、単位、物性、材料規格などの一覧を収載。巻末に五十音順索引を付す。『空調技術データブック』（1974年刊）の改訂版。
　　　　　　　　　　　　　　　　　　　　4368

クリーンルームハンドブック　日本空気清浄協会編　オーム社　1989.1　658p　22cm　4-274-11971-8　14000円
クリーンルームの設計から保守・管理まで広い範囲にわたり体系的に解説。基礎、工業用クリーンルーム計画、生物用クリーンルーム計画、設備、保守管理の5編からなる。各章ごとに参考文献、巻末に和文索引・英文索引を付す。　　　　　　　　　　　　　　　4369

建築設備ハンドブック　3訂新版　井上宇市〔ほか〕編集　朝倉書店　1981.7　771,3p　27cm　28000円
改訂新版（1967年刊）に、省エネルギー、最適設計などに関する情報を新たに追加し全面改訂。「空気調和設備」「給排水・衛生設備」「電気設備」「搬送設備」の4篇で構成。グラフ、計算式、図表を多用し、多数の例題と実例を挙げて解説。設備設計者、実務者および一般建築家を対象とする。巻末に五十音順事項索引を付す。　　　　　　　　　　　　　　　　4370

実用空調技術便覧　実用空調技術便覧編纂委員会編　オーム社　オーム社書店（発売）1975　900p　22cm　11000

空調の計画、設計、施工、管理に至るデータと有用例題を中心に実用性に重きをおき、平易、簡明に解説。17章構成。資料として、単位換算表、技術資格の手引、関連法規のほか100余項の空調冷凍用語解説を収載。巻末に五十音順事項索引を付す。初学者、中堅を問わず広く空調技術者向き。　　　　　　　　　　　4371

情報化住宅設備設計実務便覧　久保田誠之，酒井靖夫編　フジ・テクノシステム　1985.10　515p　27cm　製作：ヤギ工房　28000円
「情報化住宅構築に向けて」「住戸内の監視および制御システム」「高機能情報化戸建住宅の設計と施工」「高機能情報化集合住宅の設計と施工」「HAシステムの新しい展開」「住宅部品のインテリジェンス化」「ホームバスシステムの標準化の動向」の7章で構成。資料編として「海外事例の紹介」を掲載。巻末に五十音順用語索引を付す。　　　　　　　　　　　　4372

消防関係JIS要覧　新日本法規出版　1986.6−　3冊(加除式)　22cm　監修：消防庁予防救急課・危険物規制課　11000円
消防関係の日本工業規格（JIS）を収録したもの。消防用設備等、消防用機器等、防炎部品・危険物の3分冊で構成。各項目内はJIS記号順に配列。加除式資料。第3巻の巻末に全巻のJIS部門順索引がある。　4373

新クリーンルームの運転・管理・清浄化ハンドブック　エヌ・ティー・エス企画・編　エヌ・ティー・エス　1993.10　676,11p　27cm　監修：早川一也，浅田敏勝　59740円
電子、精密機械、薬品、食品工業、病院など清浄作業環境を必要とする産業に不可欠なクリーンルームについて総合的にまとめたもの。13章からなり、1−4章ではクリーンルームの実際や維持管理を、5−6章では性能の評価方法や清浄化指針を紹介、7−12章では、作業環境管理、防災安全対策、廃棄物処理などを解説し、13章では住宅の室内空気汚染の現状と対策に言及。資料編では、家庭用、病院用の小型クリーンルームの紹介や騒音、微振動対策などを記載。「JIS B 9920−1989」や日本空気清浄協会が策定した性能評価法や清浄化指針に準拠した内容。巻末に英数および五十音順の用語索引を付す。『クリーンルームの運転・管理ハンドブック』（1987年刊）の改訂版。　4374

厨房設備施工ハンドブック　工業会技能士専門調査委員会編著　日本厨房機器工業会　1984　428p　5000円
厨房設備施工の技能検定試験基準にのっとって作成した便覧。はじめに技能検定のあらましを掲載。本編は、厨房設備施工法、厨房機器、厨房関連設備、厨房のレイアウト、関連基礎知識、製図、関連法規、安全衛生の8章で構成。機器および設備工事に使用される主な材料などの諸表を付す。索引なし。　4375

電気設備技術計算ハンドブック　第4版　電気設備技術計算ハンドブック編集委員会編　電気書院　1996.11　1冊　22cm　4-485-71606-6　23690円
「受変電設備」「電路設備」「保護システム」「電動力設備」「照明設計」の5編よりなる。設計・施工・運転に必要な技術計算を系統順、設計を進める順に、例をまじえて解説。設計のための基礎データや機器に関するデータなども掲載。巻末に五十音順索引を付す。初版（1980年刊）以来、版表示は重ねるが内容の改訂はない。　　　　　　　　　　　　　　　　　4376

防災電気設備ハンドブック　防災電気設備ハンドブック編集委員会編　東京電機大学出版局　1978.3　578p　26cm　10000円
災害の発生因・形状・拡大化などの災害そのもの、機器・設備基準・施工・試験・保守などの設備、電源および配線の建築基準法、超高層ビル・大型ビル・雑居ビルの実施例などを技術者・管理者向けに解説している。巻末に五十音順の用語索引を付し、付録に、消防用設備設置基準表を掲載している。　　　　　4377

◆建築意匠・室内装飾・インテリア

インテリア学辞典　小原二郎〔ほか〕編著　壁装材料協会　1995.3　1073,210p　27cm　発売：彰国社　4-395-51045-0　28840円
設計・施工、建築一般、工芸、材料加工技術などの分野から、インテリア関連用語約2万語を収録。かなによる項目を五十音順に配列し、漢字表記、対応する欧文を併記。適宜図版を用いて簡潔に解説。関連項目や参照項目、同義語への参照を多数含む。巻末に「数詞一覧および国際単位系に関連する資料」、漢字画順の難読語索引と欧文索引を付す。類書として同協会によるインテリアに関する体系的便覧『インテリア大事典』（1988年刊）がある。　　　　　　　　　　　　4378

インテリア基本語辞典　インテリア基本語研究会編著　彰国社　1991.10　186p　21cm　4-395-10009-0　2400円
インテリア分野の基本的な用語約1700語を収めた用語集。五十音順に配列し簡潔に解説する。イラストや図版が豊富で、視覚的にも理解しやすい。流通・販売などの用語は除く。インテリア関連の実務者およびインテリア専攻の学生を対象とする。　　　　　　4379

インテリアコーディネーターキーワード集 改訂新版 田口明, 長島恵子編 山海堂 1993.4 292p 21cm 4-381-08188-9 2800円
インテリアコーディネーター資格試験の受験者を対象に、特に試験に出題されやすい内容を中心に、キーワードを集め解説したもの。「インテリアの歴史」「人間工学とインテリア計画」「色彩」「室内環境」など全11章からなる。章ごとに5－15の見出しを立て、それぞれ関連する用語（キーワード）を、図版を多用して視覚的に解説する。巻末に用語の五十音順索引と参考文献の一覧を付す。初版は1988年刊行。　　　4380

家具・インテリア用語事典 ライフスペース社 1979.8 480p 19cm 監修：小原二郎　編集：元安良文, 倉本槻夫　執筆：伊藤一光ほか 4800円
家具用語を中心に4000項目、7500語を収録。実用的な立場から用語を採録整理し、簡潔な解説を加えたもの。業界内の常用語も含む。用語の配列は五十音順。木材の種類、木工具の種類、家具の規格・基準などの資料と巻末に五十音順索引を付す。　　　4381

実用インテリア辞典 実用インテリア辞典編集委員会編 朝倉書店 1993.6 512p 22cm 4-254-68010-4 12360円
インテリアの計画と設計、歴史、構造および材料、施工と生産、インテリアエレメント、住宅政策と関係法規などの諸分野からインテリアおよび関連分野の用語約4300語を収録。五十音順に配列し、解説を付す。図版を適宜取り入れ、また相互に関連する項目には印を付して参照するなど、わかりやすい解説と正確な内容を期する。初学者から資格取得を目指す者まで、幅広い利用者を対象。巻末に和文と欧文の参考文献を付す。索引はない。　　　4382

機械工学、機械工業

【辞典・事典】

英和・和英機械用語図解辞典 第2版 工業教育研究会編 日刊工業新聞社 1985.5 686,170p 18cm 4-526-01864-3 3800円
英文の書籍・カタログ・レポートを読むのに必要な、機械分野を中心とする工業術語を収録。広範な機械関係用語のほか関連分野の基本用語を含め約1万語を図表を豊富に用いて平易に解説。英和・和英の2部構成だが和英の部は日英対照索引で英和の部の参照頁を示す。技術者、セールスエンジニア、学生、一般産業人向き。旧版（1967年刊）を全面改訂。　　　4383

学術用語集 機械工学編 増訂版 文部省編 日本機械学会 1985.12 19cm 発売：丸善
学術用語の統一を目的に作成された対訳用語集。和英および英和の部の2部構成。和英の部はローマ字表記の日本語見出し語をアルファベット順に配列し、日本語、英語を併記。英和の部は英語、日本語、ローマ字順。語の分野を示す分類番号を付す。語義の解説はない。第3部に国際単位系を、巻末に関係者名簿などの資料を付す。前版は1975年刊。　　　4384

活用機械英和辞典 岡地栄編著 工業調査会 1971 473p 19cm 2600円
金属加工機械とその関連機器用語を中心に、術語、非術語合わせて約3000項目を収録。技術翻訳に役立つように、技術解説、カタログ、広告、取扱説明書などから例文を引用して、翻訳事例を掲載。巻末に、英単語索引と和術語および和表現索引を付す。『機械と工具』誌に1965年6月号から1969年12月号まで連載された「機械英語演習・辞書編」をベースとして加筆、訂正したもの。　　　4385

機械工学辞典 越後亮三〔ほか〕編 朝倉書店 1988.3 1160p 22cm 4-254-23045-1 28000円
技術者および理工系の学生を対象として機械工学、機械技術に関する用語約1万語を収録。『学術用語集 機械工学編 増訂版』☞4384を中心にJIS用語、慣用語などを採録。配列は五十音順で、英訳語と語義を記す。巻末に物性値表、単位換算表からなる付録と英語索引を付す。　　　4386

機械工学用語辞典 機械工学用語辞典編集委員会編 理工学社 1996.9 672p 22cm 監修：西川兼康, 高田勝 4-8445-2020-2 8755円
機械力学、機械材料、機械要素、流体工学、熱工学、燃焼学、工作など7分野から約8000語を収録。用語を五十音順に配列し、英語を併記する。必要に応じ中項目を設け、関連語句を一括して解説。解説文中アンダーラインを付した語は見出し項目として収録されていることを示す。巻末に欧文索引を付す。　　　4387

機械の事典 北郷薫〔ほか〕編集 朝倉書店 1980.9 683p

技術──機械工学、機械工業

22cm 9800円
『機械用語集』（日本機械学会編、1975）より重要語を選択し、必要と思われる用語を加え、1110語を収録。五十音順に配列し、読みと英文を併記して、図版を多用し平易に解説。巻末にSI単位表と用語の五十音順索引およびアルファベット順の英和対照表を付す。
4388

機械用語辞典 機械用語辞典編集委員会編 コロナ社 1972 997p 19cm 2600円
『学術用語集　機械工学編』（文部省編、日本機械学会、1955）を骨子として新語を追加し、必要度の高いと思われる約1万語を収録。アルファベット順に配列し、工業高校生以上の人々が容易に理解できるように解説したもの。各用語には、英語のほかに独語の同義語を配し、解説だけでは不十分なものには、簡単な図版（約600点）を収載。巻末に英和対訳と独和対訳の索引を付す。
4389

最新機械・設計用語中辞典 JIS&学術用語最新版に基づく　インタープレス版 アイピーシー 1988.2 1143p 22cm 4-87198-208-4 9800円
英和、和英の2編からなる対訳用語集。各編約2万8000語を収録。すべての語に規格や用語集からの出典を明示し、日本語にはひらがなの読みを付す。解説はない。
4390

最新機電用語辞典 ねじからマイコンまで 機電用語辞典編集委員会編 技術評論社 1982.9 521p 20cm 2400円
機械、エレクトロニクス関係の工業用語を中心に、使用頻度の高い約5600語を五十音順に配列し、解説したもの。巻末に英和対照索引を付す。
4391

図解機械用語辞典 第3版 工業教育研究会編 日刊工業新聞社 1993.11 734,113p 18cm 4-526-03431-2 4900円
実用性を重視した機械用語辞典。技能講習や生産現場で使用する用語も含め、広範囲な分野から約7500語を選択。五十音順配列の見出し語のもとに、英訳語、解説を付し、必要に応じて図表を掲載している。巻末に英語索引がある。第2版は1983年刊。
4392

図説機械用語事典 増補版 岡野修一〔ほか〕著 実教出版 1987.4 500p 22cm 4-407-04603-1 2800円
約4500項目を五十音順に配列。増補分100項目は巻末に追加。対応する英語を併記し図表を多用して平易に解説。用語は主として『学術用語集　機械工学編　増訂版』☞4384のほか、日本工業規格に準拠しているが、生産現場で使われる俗語も収録。
4393

日中英機械対照用語辞典 日中英用語辞典編集委員会編 朝倉書店 1996.3 480p 22cm 4-254-23087-7 9064円
機械産業分野の現場で使用される用語4500語を収録。「日－中－英」「中－日－英」「英－日－中」の3部構成。中国語にはローマ字読みを併記し、アルファベット順に配列。解説はない。
4394

日中機械電気工業辞典 日漢機電工業辞典編集組編 向陽社　満江社（発売）1972 2549p 19cm 索引編集：日中科学技術書刊行会 15000円
中国が諸外国の進歩的な文化を吸収する目的で編集された辞典で、重要な機械電気関連語約9万4000語を収録。日本語の五十音順配列で、それぞれの語に中国語の解説および日本語の漢字と外来語の原文を付している。付録として、日本機械加工略号および設備略号、JIS（日本工業規格）金属材料略号、日本語漢字語頭索引、日本語漢字新旧字体対照表などを掲載。巻末に、中国語索引、字頭画数検字表を付す。
4395

フランス語機械用語辞典 仏－英－和 高橋豊編 イースト・ウェスト・パブリケイションズ 1983.12 345p 19cm 背・表紙の書名：『Dictionnaire de termes mécaniques』 9800円
機械工学の工作機械分野を中心に関係の深い数学・物理・化学・電気・原子力・コンピュータ用語も含め約1万7000語を収録。フランス語のアルファベット順配列。記載は用語、品詞、英語、日本語の順。重要な用語には簡単な解説あるいは用例を付す。技術者・貿易関係者が主な対象。
4396

和・英・独機械術語大辞典 増補版 和・英・独機械術語大辞典編纂委員会編 オーム社 1984.3 1383p 22cm 背・表紙の書名：『Japanese-English-German dictionary on mechanical engineering』 4-274-08540-6 16000円
機械工学および機械工業全般にわたる用語集。本編は3万語を収録しており、「和英独の部」「英和の部」「独和の部」で構成。和英独の部は五十音順配列。英和、独和の部はアルファベット順配列。おのおのに参照あり。1973年刊の本編巻末に増補の部として、4000語を追加収録。語義の解説はない。
4397

【便覧】

活用自在機械データ便覧 岡野修一編 オーム社 1972 863p 22cm 監修：津村利光，渡辺茂 6000円
設計や現場作業に従事する機械技術者が必要な事項やデータを集め、活用しやすいように編集。「機械設計・製図」「機械材料」「機械工作・測定」「原動機」「品質管理」「自動制御」「機械のための電気の知識」

の7編で構成。255節に細分化し、各節は要点、解説、データに分けて記述。データの項目では、必要に応じて留意点、見方、利用方法、用例などの具体的事項を解説し、JIS規格番号を付す。付録として、常用対数表、三角関数表、二乗・三乗・平方根・立方根・自然対数表と主要データ索引がある。　　　　　　　4398

機械工学便覧　基礎編・応用編，エンジニアリング編　新版　日本機械学会編　日本機械学会　1989　2冊　27cm　合本版　発売：丸善

機械工学全般について、1984年以降、A「基礎編」、B「応用編」、C「エンジニアリング編（各種機械）」としてそれぞれ8分冊で刊行してきた便覧を、標記のようにABおよびC各1冊に合本刊行したもの。各編にそれぞれ和文索引、英文索引を付す。初版は1934年。
　　　　　　　4399

機械工業ハンドブック　改訂版　野口尚一，大塚誠之編　森北出版　1969　1498p　22cm　6000円

機械工業に携わる現場技術者に必要なデータや規格などを、数表・単位系、力学、設計、機械など13編に分けて、図表を多用し簡潔に解説。巻末に五十音順用語索引を付す。『機械工業便覧』（1958年刊）の改訂版。
　　　　　　　4400

機械情報産業総覧〔1984〕－　通産資料調査会　1984－　26cm　監修：通商産業省機械情報産業局

機械情報産業の実態を分析・解説した便覧。「産業機械」「情報処理」「電子機器」「電気機器」「自動車関連」「計量計測器の各産業の現状と動向」「技術開発に関わる諸制度の概要」の7編からなる。図表も含め、詳細に解説している。巻末の「主要団体一覧」は各業界の協会、組合、連合会など、約180件の住所、支部、役員、事業目的、事務局規模などを記した名簿を収録。索引はない。3－5年ごとに刊行。解題は1995年版による。
　　　　　　　4401

【名簿・名鑑】

全国機械工場名簿　昭和34年版－　通商産業大臣官房調査統計部編　通産統計協会　1959－　不定期刊　31cm

通商産業省の機械工業に関する生産動態統計調査の対象となっている機械器具製造業者の名簿。原則として従業員50名以上の工場、約9000について会社名、工場名、所在地、生産品目名および従業者規模などを収録している。内容は製品別、地域別の機械器具製造事業所名簿を主体とし、機械関係団体ならびに関係諸官庁の名簿をも併せ収録する。巻末に会社・工場別および生産品目別の各索引（いずれも五十音順）がある。1954年から1956年まで刊行された『全国機械器具工場名簿』の改題。1959年以来2－5年間隔で刊行。解題は平成6年版による。
　　　　　　　4402

【統計】

機械統計年報　昭和27年－　通商産業大臣官房調査統計部編　通商産業調査会　1953－　年刊　27cm　英文書名：『Yearbook of machinery statistics』

統計法に基づく通商産業省生産動態統計調査規則により実施されている機械器具製品に関する生産動態統計調査と統計報告調整法に基づく承認統計「金属熱処理加工統計、ねじ統計、金属プレス加工統計」の結果を収録したもの。解題は平成11年による。平11年版よりA4版。
　　　　　　　4403

機械統計要覧　1963年版－　日本機械工業連合会調査部編　日本機械工業連合会　1963－　年刊　16cm

機械工業の総合統計、生産・受注統計、貿易統計、労働統計、原材料統計、物価統計、設備投資統計からなる「国内統計」、国際統計、国別統計からなる「海外統計」、一般経済、経済協力、技術貿易、海外投資、コンピュータ・情報処理関連の統計からなる「参考資料」の3部構成、解題は2000年版による。
　　　　　　　4404

◆機械力学・材料・設計

【辞典・事典】

現場の歯車活用事典　小林正著　日本プラントメンテナンス協会　1993.3　309p　21cm　発売：日本能率協会マネジメントセンター　4-88956-077-7　2987円

産業設備の駆動システムあるいは制御システムを構成する歯車の運転管理・潤滑・保全のために、実務担当者が現場で適切に対処できるよう、歯車の基礎から運用まで13章にわけてわかりやすく解説した便覧。章末に参考文献を掲載。巻末に和文の事項索引がある。
　　　　　　　4405

潤滑用語集　解説付　日本潤滑学会編　養賢堂　1981.7　196p　22cm　2300円

潤滑関連用語1386語を五十音順に配列し、英語を併記して解説。主要な83語は、解説編として別立てにして図表を用い、より詳しく解説。巻末に、関連学・協会、度量衡、単位換算表、英語項目索引を付す。『潤滑用語解説集』（1970年刊）の改訂。
　　　　　　　4406

トライボロジー辞典　日本トライボロジー学会編　養賢堂

1995.3　338p　19cm　4-8425-9505-1　4120円
摩擦や潤滑、表面損傷などを扱う工学分野であるトライボロジーの用語集。3817語を五十音順に配列し、読み、英訳語および簡単な解説を付す。巻末に英語索引がある。初版『潤滑用語解説集』（朝倉書店、1970）。第2版『潤滑用語集・解説付』☞4406の収録語を倍に増やし、解説を簡潔にした。　*4407*

ねじ関連用語辞典　ねじの世界社　1968　367,26p　22cm　1500円
ねじに関する技術用語約2000語収録。「ねじ基本」「頭および先の形」「材料」「ねじ用機械・工具」「熱処理」「表面処理」「測定・検査・試験」「ねじ部品」「締付」「接合」「企業関連用語」の11章からなる。さらに節に細分化し、その中を用語の五十音順に配列して、図版を豊富に入れ簡潔に解説。12章に海外ねじ用材料規格などの参考資料、巻末に用語の五十音順総索引を付す。『ねじ関係用語辞典』（1963年刊）の増補改訂版。　*4408*

メカトロニクス記号集　国弘ひろし編　パワー社　1988.9　119p　19cm　4-8277-1328-6　700円
JIS規格からメカトロニクス関連の記号を選び一覧表にしたハンディな事典。各記号に、JIS規格の「記号」「図記号」「文字記号」の別をマークで付記し、名称、意味、意義などを記載。　*4409*

【便覧】

機械設計便覧　第3版　機械設計便覧編集委員会編　丸善　1992.3　1293p　27cm　4-621-03687-4　43260円
機械設計の基本の理解と実際の設計に役立つ実用的な便覧。「総論」「材料と強度」「機械構造物と強度計算」「機械要素と機構」「流れおよび熱」「加工法と製図」「定義・公式及び数値計算」の全7編27章からなる。図表を多用しわかりやすく解説する。巻末に五十音順事項索引を付す。『新版機械設計便覧』（改訂第2版、1973）の改訂版。　*4410*

機械騒音ハンドブック　日本機械学会編　産業図書　1991.10　752p　22cm　4-7828-4080-2　18540円
低騒音化の時代的要請に応えるため企画された機械の騒音発生機構と低騒音化手法に関する便覧。全体を総論、計測技術、解析技術、流体機械騒音、エンジン騒音、消音装置、各種機械騒音など全10編に大別し、さらに主題により細分。詳細な解説および図表、グラフなどを多数掲載。各章末に参考文献、巻末に関連する国内外の規格リストおよび索引（五十音順）を付す。　*4411*

機械要素JISと主要海外規格対応早見表　日本機械学会編　日本規格協会　1985.3　399p　21cm　4-542-14315-5　3600円
機械要素に関連するJIS規格と対応する国際規格（ISOとIEC）、米、英、独、仏、（旧）ソ連各国の国家規格および主要な団体規格との対照表。JIS規格番号順に配列。巻末にJISにないISO規格の分類別一覧、キーワードインデックスおよびそれぞれの海外規格とJISとの対応を示すクロスインデックスを付す。　*4412*

現代機械技術の実例機構便覧　イワン・イワノビッチ・アルトボレフスキー編著　藤川健治〔ほか〕訳　現代工学社　1985.11　2冊　31cm　『Механизмы в современной технике. 2. изд.』 1979-1981の翻訳　4-87472-115-X　全29000円
機械・測定機類の基本原理にあたる機構4371項目を上下2巻に分けて整理・体系化し、構造・機能を簡潔に説明した便覧。各項目は図と説明からなり、しくみが一目でわかるようにまとめてある。各巻末に機構名の五十音順索引を付すほか、上巻の巻頭に構造上の特質と機能上の特質から項目へ導く、機構の分類一覧表がある。技術者・設計者・発明家を主な対象とする。　*4413*

固体潤滑ハンドブック　津谷裕子編集　幸書房　1978.4　551p　22cm　監修：松永正久　9700円
宇宙開発や原子力利用などの分野で必要性が増している固体潤滑について、最新の研究成果、各方面の資料などを体系的にとりまとめた便覧。総論、固体摩擦理論、固体潤滑法、固体潤滑剤、固体潤滑法各論、試験法、固体潤滑剤の応用の7章からなる。巻末に種々の固体潤滑剤の諸性質と五十音順索引を付す。　*4414*

JISに基づく機械要素/材料・治工具ハンドブック　柴田勉編　工業調査会　1992.9　498p　19cm　4-7693-2103-1　3700円
機械設計上必要な機械要素、材料、治工具、その他のJIS規格を7冊のJISハンドブックから抜粋したもの。本文は機械要素部品系、金属材料系、治工具系の3区分とし、関係項目をまとめ、またねじ類など類似多品種は一括表示するなど実務に役立つよう体系的に編集。索引はない。　*4415*

歯車便覧　増補改訂版　歯車便覧編集委員会編　日刊工業新聞社　1969.10　1346p　22cm　5800円
歯車に関する技術上の問題全般にわたって解説している。JISに従った用語・記号の解説および、基礎、設計基礎、設計応用、工作、運転、測定検査、数表の各項からなる。巻末に五十音順索引を付す。初版は1962年刊。　*4416*

標準機械設計図表便覧 改新増補3版 小栗富士雄，小栗達男共著 共立出版 1991.12 1冊 22cm 4-320-08063-7 23000円
機械設計上必要な各種のデータ、図表、数表、規格などを収録し、実務者が活用しやすいようにまとめた便覧。内容は「数及び数の計算」「単位および単位の換算」「断面の力学的諸性質」「機械部品設計上の注意事項」「振動」「動力の伝達」「熱力学」など全24編からなる。巻末に五十音順事項索引を付す。前版（改新増補2版）は1984年刊。1998年7月に改新増補4版を刊行。
4417

ワイヤロープハンドブック ワイヤロープハンドブック編集委員会編 日刊工業新聞社 1995.3 992,16p 22cm 4-526-03673-0 25000円
機械、土木、建築、橋梁、船舶、航空機など各方面で使用されているワイヤーロープについて、機械的特性、製造法などを技術的に解説したもの。緒論、材料と製造方法、ワイヤーロープの種類・構造、強度特性、機械的特性、使用例・規則・設計、ミニチュアワイヤーロープ、損傷・管理・試験・検査、接続方法と付属品、法規と規格・規則、の10章に分け解説。巻末に五十音順事項索引、ワイヤーロープメーカー名簿を付す。『ワイヤーロープ便覧』（1967年刊）の改訂版。 4418

◆機械工作、工作機械

【辞典・事典】

アマダ最新機電用語事典ME-DIC 増補改訂〔アマダ最新〕機電用語事典編纂委員会編 伊勢原 アマダ 1986.11 813p 27cm 発売：マシニスト出版(東京) 4-943802-29-X 12000円
工作、板金、鍛圧などの金属加工機械、および関連電子機器製作において使用される用語について解説。約4000語を収録し配列は五十音順。ただし新たに収録された1000語は本編の後に「増補編」として一括記載。巻頭に増補編を含む五十音順項目一覧、巻末に欧文索引を付す。図や写真も豊富であるが、メーカーであるアマダの機械を使用する上でのノウハウ的要素が濃い。 4419

NCシステム事典 土井康弘〔ほか〕編集 朝倉書店 1983.11 597,9p 22cm 15000円
数値制御（NC）について、基礎知識とプログラミング、ソフトウェア、駆動・検出系、機械および関連技術とシステムについて総合的にまとめた便覧。資料として用語の解説、関連法規・規格を、また巻末に和文索引を付す。 4420

研削・研摩技術用語辞典 砥粒加工研究会編 工業調査会 1972 163p 21cm 日・英・独・仏・露対訳解説付 1600円
砥粒加工法に関する用語の整理・統一を目的に、重要語と思われる約500語を選定。工具、加工法、加工作業に関する諸量、加工機械の分野に分け、各語の意義を解説するとともに、対応する外国語（英語・独語・仏語・露語）を対照表的に収録。巻末に、和文、英語、独語、仏語、露語の各索引を付す。 4421

工具事典 伊藤鎮等編 誠文堂新光社 1968.9 404p 27cm 4000円
各種工具類の規格を中心に、加工方法、記号などの関連規格を抜粋して系統的に配列し、写真・図面を使用して正しい技術用語を紹介することを目的とした事典。日本語の用語に対応する外国語（英・独・仏・露）を豊富にもりこんでいる。JISのほか、ISO、ASA、BS、DIN、NF、UNI、GOSTの規格に言及している。巻末に五十音順用語索引を付す。 4422

産業工具事典 産業工具事典編集委員会編 産業調査会出版部 1982.4 1冊 27cm 24000円
切削・研削工具、そ性加工工具、切断工具、保持・取付具、作業工具、測定機器、各種工作機械、電子ビーム加工・レーザー加工など、工業用に使われる工具全般を扱った便覧。加工対象物の形状、材料、仕上面品位などから工具や加工法の最適条件が見出せるように解説した第1編と、個々の工具を取り上げて解説した第2編からなる。巻頭に和文索引、巻末に資料編として各社の各種工具・工作機械の紹介を付す。 4423

超硬工具用語集 超硬工具用語集編集委員会編著 超硬工具協会 1984.6 502p 22cm
約3000語を収録。工具材料、切削工具、耐摩耗工具、鉱山工具およびボーリング用機械・器具、機械工具関連技術、工業用材料および熱処理の6章に分類。章をさらに体系的に細分類し、用語の読み、意味、英語名を表の形で解説し、用具を図示。付録として、鉄鋼記号の分類別一覧表、加工方法記号（JIS B 0122）、超硬工具協会規格（CIS）一覧表、超硬工具協会会員会社一覧がある。巻末に和英索引・英和索引を付す。 4424

【便覧】

ジグ・取付具ハンドブック 窪田雅男，和田稲苗編 朝倉書店 1970.4 556,9p 図版 22cm 4500円

機械工作の基盤をなすジグ、取付具について解説したハンドブック。「設計通論」「設計各論」「製作・管理」の3編構成。学生および機械技術者向けの入門書。巻末に五十音順索引を付す。　　　　　　　　　　　*4425*

治工具実用便覧　杉田稔編著　新技術開発センター
　1986.10　687p　31cm　ルーズリーフ　49000円
もの作りに必要な切削工具、測定機器、作業用工具、動力工具、工作用機器、ICについて、図、仕様、使い方、価格など多面的に解説。目次のみで索引はない。　　　　　　　　　　　　　　　　　　　　*4426*

実用自動盤ハンドブック　日本工作機械自動盤協議会編　工業調査会　1968.9　490p　22cm　監修者：小林健志　1800円
各種自動盤について、種類、特長、主要諸元、伝導機構、各部の構造、使用上の問題点などを解説し、さらにアタッチメントの活用、オートローダ、切削の基礎知識、カム設計、保守までをもりこんで自動盤の一般的知識およびその活用上必要な基礎知識を集成したハンドブック。巻末にJISとMASの関係規格一覧がある。　　　　　　　　　　　　　　　　　　　　*4427*

切削加工技術便覧　増補改訂版　切削加工技術便覧編集委員会編　日刊工業新聞社　1968.2　1593,27p　22cm　4600円
広義の切削加工法を対象とする便覧で、各種の加工法についての理論と実際を平易に解説。「切削加工編」「特殊切削加工編」「砥石加工編」「砥粒加工編」「電気的・電気化学的・化学的加工編」「溶融加工編」「材料編」「応用編」「製品検査編」「管理編」「補遺編」「資料編」の12編よりなる。巻末に和文索引・欧文索引を付す。初版は1962年刊。　　　　　　　　　　　　*4428*

切削データブック　セコツールズ　AB・スウェーデン編　松岡甫篁訳　工業調査会　1978.11　305p　21cm　監修：セコツールズ　AB・スウェーデン　2000円
スウェーデンのセコ・ツールズ社の工具に対する標準データ集の翻訳。「旋削編」「フライス編」「スローアウェイ・ドリル編」の3編よりなる。各編とも、JIS規格、主要各国規格索引を記載した後、使用する工具およびチップ材種別にデータを掲載。単位時間当りの切くず除去量と所要動力も併記。索引はない。　*4429*

砥粒加工技術便覧　砥粒加工研究会編　日刊工業新聞社
　1965.6　1134p　22cm
砥粒加工に関する総括的な知識を、実際の作業に参考になるよう豊富な図表、データをもりこんで解説した便覧。各種加工、仕上、ラッピングなどの説明、製品の測定、機械の試験、工具や機械の保守管理や安全管理などについても具体的に記述。資料編として350語の砥粒加工用語集と関連規格一覧を付す。文献編では、約2300の内外文献を内容分類順で紹介。巻末に五十音順索引を付す。　　　　　　　　　　　　　　*4430*

【統計】

工作機械統計要覧　昭和41年-　日本工作機械工業会
　1967-　年刊　19cm
工作機械に関する各種統計を、1　工作機械関係指標、2　受注、3　生産・販売・在庫、4　輸出、5　輸入、6　産業構造・企業経営、7　海外統計の7章に分けて収載。各統計ごとに欄外に典拠とした統計（資料）名を付す。索引はない。昭和40年版までの書名は『工作機械統計資料要覧』。解題は平成8年版による。　*4431*

◆熱機関、熱工学

【辞典・事典】

エンジンの事典　古浜庄一〔ほか〕編　朝倉書店　1994.6
　900,7p　22cm　4-254-23073-7　28840円
各種のエンジンについて、その原理・機能・特性などを詳細に解説した便覧。全13章からなり、種類の概説から最新の開発研究まで、さまざまな側面からエンジンを取り巻く状況が把握できる。1章は概論、2章は性能、3章は燃焼・燃料および排出物、4章はガス交換、5章はトライボロジー、6章はクランク機構および弁の力学、7章は振動・騒音、8章はガソリンエンジン、9章はディーゼルエンジン、10章は主要部品、11章はガスタービン、12章は特殊エンジン、13章は測定法・試験法。巻末に和文事項索引と欧文事項索引がある。　　　　　　　　　　　　　　　　　　　　*4432*

ボイラー用語早わかり　絵とき　南雲健治著　オーム社
　1990.9　182p　21cm　4-274-08615-1　3000円
ボイラーの構造、自動制御、運転、燃料、熱・燃焼、法規などボイラーに関する基本的な重要語、約900語を収録。項目を五十音順に配列し、500枚以上の図、写真、表などを添え、術語、慣用語、同意語、略語などの参照語も紹介しながら分かりやすく解説。アルファベットで始まる用語は巻末にまとめて掲載。対象はボイラー技士試験の受験者、および日常ボイラー業務に携わる人。　　　　　　　　　　　　　　　　*4433*

ボイラの水管理用語解説　日本ボイラ協会編　共立出版
　1979.1　250p　17cm　1400円

ボイラの水管理に関する用語約470を五十音順に配列、英語を併記し、データや図表などを用い、関連事項も含め詳しく解説。用語は、日本ボイラ協会の『解説ボイラ用語集』掲載用語を中心に選定。巻頭に部門別索引、巻末に参照語を含む項目の五十音順索引を付す。
4434

冷凍空調用語事典 豊中俊之編 オーム社 1974.11 264p 19cm 2500円
冷凍と空気調和の基礎用語を収録。五十音順配列をとり、英語訳名を掲載。技術者の導入コースに適するように編集。説明は簡潔である。巻末に英和索引を付す。
4435

【便覧】

ASMEボイラ及び圧力容器基準 1995年版 section 5, 8, 9 日本規格協会訳 日本規格協会 1995-1996 4冊 26cm 『ASME boiler and pressure vessel code』の翻訳 36000-68000円
アメリカ機械工学会（ASME）が制定し、米国規格協会（ANSI）が国家規格として承認したボイラ及び圧力容器基準の翻訳。内容は次のとおり。section 5 非破壊試験、section 8 division 1 圧力容器 代替規則、section 8 division 2 圧力容器 代替規則、section 9 溶接及びろう付施行法、溶接士等の認定。
4436

低温工学ハンドブック Verein Deutscher Ingenieure著 低温工学協会・関西支部海外低温工学研究会訳 低温工学ハンドブック編集委員会編 内田老鶴圃新社 1982.9 636, 20p 27cm 監修：信貴豊一郎, 平井章 『VDI：Lehrgangshandbuch Kryotechnik 2. Aufl.』 1977の翻訳 20000円
低温工学の基礎から高度な技術まで、20章に分け詳細な解説文とデータを収録。訳者脚注によって、原著刊行後の最新の技術を補足。巻末に低温工学データ集、超電導工学データ集、および和文索引を付す。（旧）西ドイツの物理学会、工学会教育部門が共同で開催する低温工学の講習会の講義録を翻訳・編集したもの。
4437

内燃機関ハンドブック 八田桂三, 浅沼強編 朝倉書店 1960.4 1149p 図版9枚 22cm 3000円
内燃機関の構造・設計などの専門的な知識をまとめた便覧。緒論、I 容積型内燃機関、II 速度型内燃機関、III 計測および試験法よりなる。各章末・編末に参考文献、巻末に和文索引・欧文索引を付す。
4438

熱設計ハンドブック 大島耕一〔ほか〕編 朝倉書店 1992.6 663, 10p 22cm 4-254-23070-2 22660円
基礎、応用の2編構成。基礎編は特殊環境、複合環境下での熱伝達法則、宇宙用・民生用各種機器の熱設計のための熱数学モデル構築法などを解説。応用編は電子機器、宇宙機、エネルギー機器などへの応用事例を解説。巻末に五十音順事項索引を付す。
4439

ボイラー年鑑 1号（昭和38年版）- 日本ボイラ協会〔編〕日本ボイラ協会 1963- 年刊 26cm
過去1年間のボイラー技術、業界の動きをまとめたもの。6章よりなり、第1章はボイラーおよび関連技術の発達と動向、諸規格、関連する行政の解説。第2章はボイラーおよび付属装置の特徴、仕様を各社ごとに掲載。第3、4章は前年（第34回）の全日本ボイラー大会の概要と、パネルディスカッションの要旨をまとめたもの。第5章は日本ボイラ協会の活動報告、第6章は資料編で、ボイラーなど種類別・規模別設置数などの諸表よりなる。解題は平成9年版（35号）による。
4440

冷凍機械工学ハンドブック 内田秀雄編 朝倉書店 1965.1 1073, 38p 22cm
冷凍機械とその応用に関する理論の解説と関係資料を収載したハンドブック。基礎工学から、冷媒、圧縮機、熱交換器、各種の冷凍器、低温装置、補助機器などの種類、概要、設計、性能などについて解説している。冷凍機械の設計、研究、製作、管理、応用などに携わる技術者向きの専門書。資料として、単位換算、気候、法規、規格などを掲載。巻末に五十音順索引を付す。
4441

冷凍空調便覧 第1-6巻 新版第5版 日本冷凍協会冷凍空調便覧刊行委員会編 日本冷凍協会 1993.6 6冊 26cm 各13500円
冷凍および空調技術の基礎から応用までを総合的に解説した便覧。1 基礎編 2 機器編 3 空気調和編 4 冷凍応用装置編 5 食品・生物・医学編 6 環境・保安・プラント技術編の全6巻からなる。第5版（1981）以後のフロン（CFC）、HCFC-22などの生産規制を踏まえ項目を一新し、冷凍の生物、医学分野への応用について拡充し、さらに代替冷媒の熱物性データ、機器の代替冷媒への転換などの新しいデータを掲載する。各巻末に五十音順事項索引を付す。
4442

◆◆ 蒸気表

SI日本機械学会蒸気表 1980 日本機械学会編 日本機械学会 1981.2 124p 30cm 背の書名：『JSME steam tables in SI』 付（表2枚）：日本機械学会蒸気h-s線図 7000円

『蒸気表　1968年』まで、従来の蒸気表はメートル式の光学単位により作成されてきたが、世界の主要国による国際単位系（SI）の採用に伴い、わが国でも国際単位系による新たな蒸気表が必要となり編纂されたもの。国際蒸気性質協会が設定した国際補完式により算出した係数を使用。飽和表、粘性係数、熱伝導率、表面張力などを掲載。英文併記。
4443

冷媒熱物性値表　日本冷凍協会編　日本冷凍協会　1975－1989　5冊　30cm　英文書名：『Thermophysical properties of refrigerants』　3800－5000円
フロン系冷媒5種の熱物性値表を、冷媒種ごとにまとめたデータ集。「R12（フロン12）蒸気表」「R22（フロン22）蒸気表」「R114（フロン114）蒸気表」「R502（フロン502）蒸気表」「R13B1（フロン13B1）蒸気表」の5分冊。各冊とも、熱物性値表および線図、解説、引用文献で構成。英文併記。
4444

◆流体機械、流体工学

◆◆ポンプ、油圧・水圧機

【辞典・事典】

図解配管用語辞典　配管用語研究会編　日刊工業新聞社　1990.8　254,73p　18cm　4-526-02761-8　4300円
配管に関係する材料、施工法などの学術用語、法令用語、現場用語、翻訳語約2700を採録。読みの五十音順に配列し、対応する英語を併記し、簡明に解説した辞典。巻末に英和索引を付す。
4445

図解油・空圧用語辞典　油空圧用語編集委員会編　日刊工業新聞社　1971.9　278p　18cm　850円
油空圧に関する用語について、JIS制定専門用語を中心に、その関連語を含む1380語を選定、解説したもの。日本語、外来語、略号、記号、数字を問わず、日本語発音により五十音順に配列した専門小辞典。図を加えた解説がなされており、各項目には対応する英語が示してある。巻末には英文索引と、JISの油圧・空気圧表示記号の抜粋と油圧・空気圧関係規程規格一覧の付録あり。
4446

バルブ用語事典　日本バルブ工業会編　オーム社　1990.11　181p　22cm　4-274-08616-X　6000円
種々の産業プラントの配管系における流体の流れの制御や制止用、建築設備での給廃水・空調用などに不可欠かつ重要な機器であるバルブおよび関連用語を解説した事典。日本語による見出し語を五十音順に配列し、対応する英語を記し、図表も用いて簡明に解説する。巻末に英和索引を付す。
4447

【便覧】

気体機械ハンドブック　八田桂三編　朝倉書店　1969　666,10p　表10枚　22cm　5500円
送風機、圧縮機、膨張機、タービンなど、気体（圧縮性流体）を取扱う機械について、基礎原理から応用面まで7項目に分けて解説した便覧。実用に便利なデータ、写真、図面を多くとり入れている。参考文献も多数収録。巻末に五十音順事項索引を付す。
4448

水道用バルブハンドブック　1987　日本水道協会　1987.4　351p　27cm　7000円
水道施設で用いるバルブについてのデータを広く集積し、種類、特性、役割、用途などを解説。後半には技術資料として、各種の弁の詳細な仕様を収録。水道関係技術者向き。巻末に五十音順索引を付す。
4449

水力機械工学便覧　改訂版　水力機械工学便覧編集委員会編　コロナ社　1968　1034,62p　22cm　6000円
「基礎編」「応用編」「資料編」に分け、「基礎編」は流体の物理的性質、「応用編」は水力発電設備・水車・各種ポンプ・液圧機構などを数表や図表を豊富に収めて解説。各形式の水力機械の原理と設計方法について平易に説明。「資料編」では、関連分野のJISと、水力機械製造業者の製品を紹介。巻末には和文と欧文の用語索引を付す。1960年刊の前版を、機械の大型化、一般化、用途の拡大に伴い大幅に改訂。
4450

配管工学ハンドブック　1，2　S.シュワイゲラー著　川下研介，若林鉄生監訳　森北出版　1974－1976　2冊　23cm　『Rohrleitungen Theorie und Praxis』1967の翻訳　5000円，4500円
配管に関する材料、加工、溶接、配管計算および検査に関する規準事項、腐食防止などを解説。Ⅰは概論、装置、溶接、配管の計算などについて解説。Ⅱは材料、用途別の説明を加える。各巻末に用語の五十音順索引を付す。
4451

配管ハンドブック　第4版　配管工学研究会編　産業図書　1980.10　1487p　22cm　執筆：井上長治ほか　18000円
各種配管の設計便覧。解説は簡潔であり、図版や写真も多い。巻末に事項索引を付す。第3版（1972年刊）に新しい規格、データを加え、全面的に改訂。配管業務従事者を対象。
4452

パイプラインハンドブック 計画・設計および施工 改訂 猿渡良一著 山海堂 1978.8 362p 27cm 3800円
農業用パイプラインをかんがいシステムとして体系化し、総論、計画、設計、施工の4章に分けて解説した便覧。農林省の農業用パイプライン設計基準の一部改訂（昭和52年度）に伴って初版（1973年刊）を改訂。改訂点は、FW管のFRPM管への改名と規格化、一部の管の粗度計数の修正や不撓性管の外圧強度を協会規格で規定したことなどである。　　　　　　　　4453

パッキン技術便覧 第2版 岩浪繁蔵, 近森徳重編著 産業図書 1973 874p 22cm 5800円
パッキンの分類と選択、パッキン用材料、各種パッキンの特長・原理・性能・設計標準・用途、検査と保管、作動油と潤滑油などパッキンに関する実用的技術を基礎、実際、材料、作動油とシール材料、資料の5編25章に分け詳細に解説した便覧。資料編にはJIS（日本工業規格）、MIL（米軍規格・仕様書）、BS（イギリス国家規格）、DIN（ドイツ国家規格）などの関連規格表を収録。巻末に五十音順の事項索引を付す。初版（1962年刊）の改訂版。　　　　　　　　4454

バルブ設計データブック 日本バルブ工業会編 日刊工業新聞社 1969 657p 22cm 4800円
バルブに関連する設計計算のデータ、法令、寸法、規格、流体抵抗および材料などのデータを、内外の文献から広範囲に収集したデータブック。バルブ工業における設計者が手元において使えるように配慮。　4455

ポンプハンドブック Igor J.Karassik〔ほか〕編 池口稔久〔ほか〕訳 地人書館 1981.8 814p 27cm 『Pump handbook』1976の翻訳 18000円
産業用ポンプ全般に関する技術者向けの便覧。主要な形式のポンプすべてについての理論・詳細構造・性能・特性、原動機、軸継手その他のポンプ装置の各構造部分、ポンプの用途やポンプの選定・運転・保守に至るまで14章に分けて詳細に解説。巻末に各種データを収載した技術資料と五十音順の用語索引を付す。
4456

油圧技術便覧 改訂新版 油圧技術便覧編集委員会編 日刊工業新聞社 1976 1257,13p 22cm 16000円
「基礎編」「要素編」「機器編」「応用編」「参考資料編」の5編で構成。新版（1967年刊）の改訂であり、騒音と振動の項目の新設、継手・パイプ・ホース関係の標準化の傾向をとりあげ、さらに海洋開発が加えられた。巻末に事項索引を付す。　　　　　　　　4457

油圧工学ハンドブック 石原智男〔等〕編集 朝倉書店 1972 642,16p 22cm 6500円
油圧機器・装置の基礎的知識を明確に把握し、活用できるように整理・体系化したハンドブック。3編からなり、「基礎編」として油圧技術に必要な流体力学、「機器編」として油圧機器の諸特性、「回路編」として油圧の基本回路を対象にした解析・設計手法について、それぞれ詳細に解説している。付表として、「各単位換算表」「油圧表示記号」「油圧用語」「各国規格一覧表」を収録。巻末に五十音順の用語索引を付す。
4458

油空圧便覧 新版 日本油空圧学会編 オーム社 1989.2 845p 27cm 4-274-08602-X 22000円
油空圧工学の研究成果、技術情報、関係事項の総覧。「基礎編」「油空圧計測編」「油圧要素・システム編」「空気圧要素・システム編」「応用事例編」「参考資料編」の5編からなる。巻末に和文索引および欧文索引を付す。初版は1975年刊。　　　　　　　　4459

【年鑑】

油空圧工業総覧 1988年版− 重化学工業通信社編集部編 重化学工業通信社 1987− 隔年刊 27cm 英文書名：『Fluid power system & component』 監修：通商産業省機械情報局産業機械課
油空圧工業の現状に関する統計資料とその分析、関連企業の概要と企業史、ユーザーや母機メーカーの需要動向、海外動向などについて詳述。『油圧工業総覧』（1974−1986年版）の改題。解題は1996年版による。
4460

◆◆空気機械、空気工学、真空

実用真空技術総覧 実用真空技術総覧編集委員会編 産業技術サービスセンター 1990.11 1冊 27cm 48000円
電子工学、宇宙工学、エネルギー、金属、化学、食品などの分野で幅広く使用される真空技術について、その基礎から先端実用技術までをまとめた便覧。全体を真空工学の基礎と真空応用システムに大別し、前者は希薄気体の性質、真空ポンプと真空計測器、真空部品、真空材料などを、後者は薄膜製造、表面分析装置、巨大真空システム、真空限界への挑戦などの項目を設け、さらに主題により細分し、図表、写真、グラフなども含め詳細に解説する。各章末に参考文献、巻末に事項索引（五十音順）や真空技術装置の個別商品について、特徴や用途を掲載した資料編がある。　4461

真空技術ハンドブック 金持徹編 日刊工業新聞社 1990.3 826,12p 22cm 4-526-02677-8 15000円

真空の科学、真空のシステム、真空装置の管理、真空ポンプ、真空計測、真空を利用した薄膜製造装置など、装置、技術および規格などについて全9章で解説。各章末に参考文献を掲載、巻末に和文索引を付す。
4462

真空ハンドブック 日本真空技術株式会社編 オーム社 1992.11 385p 27cm 4-274-08637-2 7500円
加工技術や分析技法に使われる真空装置について、原理・仕組みから設計・運用・応用に至る物理的データ・工学的データ・商品的データを全10章に集大成したデータブック。10章末に英和の「真空・薄膜・表面に関連した工学用語訳」がある。巻末に和文および英文の各事項索引を付す。
4463

新版空気機械工学便覧 基礎編,応用編 新版空気機械工学便覧編集委員会編 コロナ社 1979-1980 2冊 22cm 7500円,10000円
「基礎編」は、空気力学の内、空気機械に関係深い基礎理論を紹介し、理論の応用について各種機械ごとに解説し、強度計算法を示す。「応用編」はファン、真空ポンプなどの各種空気機械を豊富に集め、実務に役立つよう丁寧に解説。基礎編各章末に参考文献を収載。両編とも巻末に関連するJIS用語の定義や法令解説などの付録、和文索引を付す。初版は1955年刊。
4464

◆精密機械、光学機器

【書誌】

時計の文献目録 堀田両平著 堀田両平 1971.6 252p 25cm 限定版 非売
著者の時計文献コレクション目録。日本語と外国語に大別し、単行本、定期刊行物、関係記事、カタログなどに分類し、書名の五十音順、アルファベット順に配列。コレクションの整理番号が付されている。索引はない。『時計文献蔵書目録』(1967年刊)の改訂版。
4465

【辞典・事典】

腕時計大百科 世界の腕時計編集部編 グリーンアロー出版社 1993.2 211p 26cm 4-7663-3146-X 2500円
代表的メーカー、人物、メカニズムなど、世界の腕時計に関する事項を集めた事典。配列は見出し語の五十音順。本文の半分以上を図版が占めており、目で見る腕時計の図鑑ともいえる。事典としての本文とは別に「世界の傑作腕時計」として、各社の代表的作品63点の紹介もある。これは個々のカラー写真と詳細な解説を組み合わせたカタログ的なもので、量的にも冊子全体の3分の1を占めており、重要な特集記事である。索引はない。
4466

画質評価用語 次世代画像メディア部会画質評価用語委員会編 東久留米 日本オプトメカトロニクス協会 1988.4 112p 22cm 3800円
用語集と解説の2部構成。用語集は、テレビジョン、写真、印刷、画像情報処理など種々の画像メディア分野で画質評価を行う際に用いられる用語の中から、分野によって定義が違うもの、特定の分野だけに用いられているもの、定義が混乱しているものという視点で収集した用語を収録。五十音順に配列し、対応する英語を併記、解説を付す。解説の部は、画質評価について、視覚、主観評価、濃度、画像情報処理など9分野にわたって、図表を用いて詳細に解説。巻末に和文および英文索引を付す。
4467

眼鏡用語辞典 眼鏡枠研究会編 眼鏡光学出版 1987.9 312p 15cm 監修：塩見桂三 1200円
収録語数は約3100語。レンズ、フレーム、眼鏡機器、眼生理の4編に分けて用語を解説。巻末に全編共通の索引と各編ごとの参考文献を付す。
4468

図説時計大鑑 G.H.バイリー〔ほか〕共著 大西平三訳 雄山閣出版 1980.3 419p 27cm 『Britten's old clocks and watches and their makers 8th ed.』の翻訳 12000円
世界の時計に関する歴史、技術、装飾を集大成したもの。前半に各年代の時計190点の写真と解説を掲載、後半は年代順に、クロック、ウォッチに分け、機能や技術、美術的側面を解説。原著7版に「1830年以後の発展」を追加した8版(1972年刊)の記録文書に関する部分を除く完訳。付録に五十音順の技術用語解説を収録。巻末に人名および事項索引を付す。
4469

時計百科事典 精密工業新聞社編 精密工業新聞社 1983.7 702p 22cm 12000円
水晶時計、電気時計、機械時計の3部に分けそれぞれの用語を五十音順に配列し解説した用語辞典を中心とする。時計の歴史、時計部品名称、大名時計、明治以後の生産・輸出入統計を含む時代ごとの時計産業の概観と解説、産業史年表など各種の解説記事および図版も掲載。巻末に時計関連団体名簿を付す。索引はない。
4470

【便覧】

光学技術ハンドブック 増補版 久保田広，浮田祐吉，会田軍太夫編 朝倉書店 1975 1928,13p 22cm 15000円
光学と光学機械全般を技術に重点をおいて体系的に解説した便覧。1968年刊の初版に、特に進歩の著しい画像処理技術、ホログラフィー、オプトエレクトロニクスなどを中心に増補したもの。巻末に初版、増補それぞれの五十音順索引を付す。学生および技術者を対象とする。 *4471*

精密機械設計便覧〔本編〕，資料編 精機学会 1984 2冊 31cm 17000円
精密機械の設計に関する網羅的で体系的な便覧。「精密機械設計学」「精密機械部品の設計」「精密機械要素の設計」「精密機械要素の設計事例」「精密機械および機械システムの設計」の5章よりなる。各節ごとに執筆者署名と参考文献、巻末に五十音順索引を付す。「製品分類一覧」「主要製品供給会社リスト」などを掲載した別冊の資料編がある。 *4472*

光測定ハンドブック 田幸敏治〔ほか〕編 朝倉書店 1994.11 814,4p 22cm 4-254-21025-6 25750円
レーザー、ホログラフィー、光ファイバー、衛星リモートセンシングなどの先端技術に使われている電磁波の一種である光について、光測定の基礎理論から応用技術まで6編に分け、図表や写真も添えて詳説。章末に参考文献を付し、巻末の事項索引は、略語や欧文単語も一括して五十音順に配列。光学のほか理学・工学・医学・薬学などの多領域に対応するため、『光学的測定ハンドブック』（1981年刊）を全面改訂・改題したもの。大学学部上級・第一線技術者が主な対象。 *4473*

【年鑑】

科学機器年鑑〔1992〕年版－ アールアンドディ〔編〕 名古屋 アールアンドディ〔1992〕－ 年刊 30cm
科学機器業界の動向を調査・分析したもの。1995年版以降市場分析編と個別企業編に分冊刊行。市場分析編は科学機器市場の現状、主要製品のマーケット動向、県別の科学機器市場と企業シェア、調査結果の集計分析を、個別企業編は科学機器メーカー・輸入商社（626社）の実態、科学機器卸・販売店（1021社）の実態を掲載。解題は2000年版による。 *4474*

◆運輸工学、車輌、運搬機械

【辞典・事典】

英和自動車・鉄道・船舶・航空機用語小辞典 『工業英語』編集部編 アイピーシー 1988.8 652p 19cm 4-87198-115-0 3900円
自動車用語を中心に輸送機関全般の用語3万語を収録。配列は見出し語のアルファベット順。各用語には典拠－インタープレス収集の用語、学術用語、JIS（日本工業規格）用語－を明示。語義の解説はない。『自動車（鉄道・船舶・航空）用語30000』（インタープレス、1986）の改題。内容は同じ。 *4475*

最新鉄道小事典 国鉄の車両・列車・線路 誠文堂新光社 1980.2 406p 19cm 監修：久保敏 3000円
旧国鉄の車両、設備、施設などの概要を解説した便覧。鉄道の変遷、列車と運転、信号と保安、線路や電気設備、停車場などからなる。機関車、客車、貨車、特殊車両については、歴史、種類、構造を、写真、図版を用いて紹介。巻末に五十音順の用語索引を付す。1974年刊の改訂版。 *4476*

自転車用語ハンドブック グループ木馬編 アテネ書房 1988.9 244p 21cm 表紙の書名：『自転車用語handbook』 4-87152-165-6 1800円
自転車に関する用語をメカニズム、ブランド名なども含め幅広く収録し、図版を豊富に使って解説。用語の配列は五十音順。部品サイズなどのテクニカル・データ編、団体住所などの名簿編を巻末に付す。 *4477*

昇降機用語辞典 日本昇降機安全センター編 日本昇降機安全センター 1989.10 202p 19cm 2000円
各種建築物、工作物などに設置されている縦の輸送機関である昇降機全般について、技術用語および関連する建築用語、法令用語などを幅広く収録し、図、表、写真などを多用してわかりやすく解説した辞典。見出し語には英語を併記し五十音順に配列。巻末に英語索引を付す。 *4478*

図解機関車名称事典 武井明通著 国書刊行会 1979.12 332p 16×22cm 『最新機関車名称図解』昭和11年刊の改題複製 3000円
機関車の諸部名称を194の図面で解説し、図面には寸法を記入。部品には英語名を併記。材料使用例、機関車形式図および名称索引も収載。巻末に原本に対して書かれた解題を付す。 *4479*

図解客貨車名称事典 大久保寅一編著 国書刊行会 1979.12 243p 16×22cm 『最新客貨車名称鑑』昭和14年刊の改題複製 2800円

客貨車の構造、装置、器具などを11部に大別し、106の図面を掲げ、各部名称の日本語名、英語名、発音を示す。車輛術語（抜粋）の和英一覧、客貨車形式別寸法と重量など一覧、金属材料一覧なども収録。巻末に原本に対して書かれた解題を付す。　4480

【便覧】

自転車実用便覧 第5版 自転車産業振興協会編 自転車産業振興協会 1993.8 663p 27cm

自転車の設計および生産技術に関する生産・流通・乗用上の諸事象を解説する便覧。自転車一般、部品各論・組付け、生産技術、車いす、組立の全5部からなる。それぞれの中は各部門のキーワードを見出し語として、五十音順に配列し、対応する英語を併記しわかりやすく解説する。ただし、部品各論の部は、部品名を見出し語に五十音順に配列する。巻末に五十音順事項索引を付し、付録に単位換算表、略記号表および自転車史・年表（1493-1991年）を付す。4版は1982年刊。　4481

鉄道信号ハンドブック 信号保安協会 1969 1835p 22cm 7000円

鉄道信号技術を体系的に集大成したハンドブック。鉄道信号機器（ハードウェア）の解説を第1-5編にまとめ、設計、応用技術（ソフトウェア）を他の16編に分離し、必要に応じて対照しながら利用できるよう編さんしている。基礎・関連工学、周辺技術も含めて、記述は詳細で、数表、諸データも充実。用語、電気用図記号などの付表も多い。巻末に各種数表、常数表などの付録がある。索引は別冊。　4482

【年鑑】

クレーン年鑑 昭和46年版- 日本クレーン協会編 日本クレーン協会 1971- 年刊 26cm

日本クレーン協会の活動、労働安全衛生行政の概要、クレーン等の災害発生状況、各種団体の調査研究活動、クレーン等の設備検査状況などクレーン業の活動・動向を網羅した年鑑。クレーン等の工業規格一覧や月刊誌『クレーン』総目次（年間）を収載。内容は、タイトル表示年の前年度を対象としている。　4483

【統計】

自転車統計要覧 第1版- 自転車産業振興協会 1966- 年刊 15cm

自転車及び部品の生産、輸出、輸入、販売に関する統計のほか、都道府県別保有台数、盗難、交通事故、放置自転車などの自転車関係資料を収録。解題は第35版（平成13年）による。　4484

◆自動車工学、自動車工業

【辞典・事典】

グランプリ自動車用語辞典 GP企画センター編 グランプリ出版 1992.10 395p 19cm 4-87687-126-4 2000円

自動車のごく基本的な事柄から最先端技術に至るまで広い範囲の自動車用語（3400語）を取り上げ、わかりやすく解説した辞典。見出し語の配列は外国語略語なども含むカナ読みの五十音順。英語を併記する。巻末に参考資料としてSI単位と換算、単位の接頭語・度量衡換算表および略語などの「アルファベット索引」を付す。　4485

自動車技術史の事典 樋口健治著 朝倉書店 1996.9 508,4p 27cm 4-254-23085-0 18540円

自動車の技術開発の歴史をエンジン、パワートレーン、フレームとシャシ、ボディなどの面から、図を多く用い丁寧に解説。付録に名車解説、自動車関係著名人解説、自動車博物館リスト、参考図書と文献リストなどを収載。巻末に自動車名と自動車会社名索引、人名索引、事項索引を付す。　4486

自動車技術用語辞典 写真・図解〔改訂増補〕自動車協会技術部編 金園社 1982.5 460p 19cm 1500円

日本語、外国語3200余を収録。外国語もカタカナ読みで、日本語と混みの五十音順に配列し解説。巻頭に目次を兼ねた日本語索引、巻末に外国語索引を付す。旧版（1963年刊）の各用語を再点検、一部改訂し巻末に新たに59語を増補した。　4487

自動車の最新技術事典 井口雅一〔ほか〕編 朝倉書店 1993.11 608,4p 22cm 4-254-23072-9 16480円

開発に携わる技術者の実務に役立つよう主要な自動車技術を取り上げ平易に解説した事典。「自動車の構造と性能」「エンジン」「駆動と制動」「乗り心地」「操縦性・安定性」「インテリジェントシステム」「デザインとCAD」「設計とテスト」「スポーツ、リクリエーショナルカー」「新エネルギ、新エンジンカー」の全10章からなり、図表を多用して解説。各章末に参考文献を付す。巻末に五十音順事項索引を付す。『自動車の

事典』（1978年刊）の改訂新版。　　　　　*4488*

自動車用語中辞典　自動車用語中辞典編纂委員会編　山海堂　1996.9　558p　19cm　監修：斎藤孟　4-381-10080-8　2800円
自動車関連の書籍・雑誌、カタログ、各種教科書、専門誌などから、自動車に関する各分野の技術のみならず、環境、エネルギー、交通問題など広範な分野の用語約1万5000語を選択し収録。かな（カナ）見出し語を五十音順に配列し、簡単な解説を付した辞典。巻末に「主なSI単位と従来単位の換算率表」を付す。1998年に普及版を刊行。　　　　　*4489*

図解自動車用語五か国語辞典　Cz.Blok, W.Jezewski原著『工業英語』編集部訳編　アイピーシー　1988.1　384,30p　27cm　新装版　『Ilustrowany Slownik Samochodony 6-Jezyczny』1976の翻訳　4-87198-011-1　3000円
乗用、作業用など自動車全般に関する用語を約3000語収録。（車種）分類、エンジン、シャーシ、車体、電装品、規格、一般の7部からなる。基本的には各頁の上部に構造図、下部に図示された各部の和・露・英・仏・独5か国語名称を列記。巻末総索引と、巻頭事項索引（目次）も各国語ごとに設ける。巻末にJIS用語典拠一覧を付す。原書はポーランド語主体でイタリア語を含む5か国語辞典。　　　　　*4490*

ヨンクショナリー　四輪駆動車用語事典　石川雄一，富安大輔共著　大日本絵画　1991.7　287p　21cm　（クロスカントリービークル・ブックス）　4-499-20576-X　1500円
四輪駆動車に関する用語および一般自動車（片軸駆動車）に関する用語も含む約1100項目を収録した専門事典。外国語もカタカナ読みで、日本語と混みの五十音順配列。用語の解説は簡潔だが、必要に応じて詳細な解説を付す。図や写真も豊富である。日本を代表する四輪駆動車についても言及しており、発達の歴史がわかる。五十音順索引を付す。　　　　　*4491*

【便覧】

自動車技術ハンドブック　第1-4分冊　自動車技術会編　自動車技術会　1990-1991　4冊　27cm　全36000円
自動車の構造や強度あるいは性能などの基礎分野から、安全や公害・環境など関係するあらゆる面の法規や技術までを網羅し、体系的にまとめたもの。4分冊の構成は、1 基礎・理論編、2 設計編、3 試験・評価編、4 生産・品質・整備編。写真、図、表を多用しており、自動車技術の教科書または事典としても利用可能。各分冊末に五十音順用語索引を付す。『新編自動車工学便覧』（1984年刊）の全面改訂版。　　*4492*

自動車工具便覧　整備・試験・検査用機器工具　改訂　杉浦乾著　ナツメ社　1971　589p　22cm　2800円
整備用機器工具を、修理を主とした修理用機械工具、車庫設備を主とした保守車庫機器工具、検査を主とした検査用機器工具の使用用途別に分け、豊富な図を加え、体系的に解説した便覧。付表として、度量衡換算表と、巻末に用語索引を付す。初版は1961年刊。
　　　　　4493

自動車諸元表〔1963年版〕-　自動車技術会編　自動車技術会　1963-　年刊　26cm　監修：運輸省自動車交通局
原則として、各年末現在、製作または販売されている乗用車、バス、各種トラック、原動機付自転車、トラクタ、トレーラなどの国産車両および輸入自動車それぞれについて、車名、型式、形状、年式、寸法、重量、タイヤサイズ、性能、ブレーキ、エンジン最高出力などの諸元を収載したデータ集。既刊諸元表参照車両一覧表などを巻末に付す。解題は1998年版による。
　　　　　4494

自動車用電装品ハンドブック　高久有幹著　ナツメ社　1972　334p　22cm　2200円
国産車のみならず欧米各車の自動車電装品、保安装置、試験機器からアクセサリーに至るまで、立体図を添え技術面から解説した便覧。自動車用電装品に必要な電子工学基礎の解説および、電装品の機能を部分品としてではなく電気系統として組織的に解説する。付録に、日本工業規格による自動車用電装品の名称に関する用語の抜粋を付す。索引はない。　　　　*4495*

【図鑑】

世界自動車図鑑　誕生から現在まで　アルバート・L.ルイス，ウォルター・A.マシアーノ著　徳大寺有恒訳　草思社　1980.4　649,11,17p　22cm　『Automobiles of the world』1977の翻訳　6800円
アメリカ車を中心とした自動車の通史。年代を追って14章に分けヨーロッパ車、日本車を含む900以上の自動車モデルの白黒図版とその解説を収録。特に技術的発展は余すことなく記載。巻末に五十音順の用語解説と索引を付す。　　　　　*4496*

モーターサイクル名鑑　ヒューゴ・ウィルソン著　デイブ・キング写真　遠藤知子，久保田晶子訳　世界文化社　1997.4　319p　30cm　監修：中村浩史，森木憲吾　『The encyclopedia of the motorcycle』の翻訳　4-418-97201-3　7980円
3000以上の世界のバイクブランドを紹介。車名のアル

ファベット順に配列し、機体の側面、正面の写真を掲載して、排気量、最高速度、車重、制作年、特徴を解説。国別のブランド目録、バイク用語集を掲載。巻末に五十音順の車名索引を付す。　　　　　　　　4497

【名簿・名鑑】

自動車部品・用品名鑑 1981－　自動車産業通信社 1981－
　不定期刊 27cm
自動車部品用品の製造業、輸出入商社、卸商社、地域部品商、カーショップ、タイヤショップ、ホームセンター（店舗・企業）の8業種約1万件を掲載し、会社の概要を記した名鑑。製造業、輸出入商社、卸商社は全国単位で会社名の五十音順配列、その他の業種は都道府県別に会社名の五十音順配列。巻頭に五十音順総合索引を掲載する。2－4年ごとに刊行。解題は1995年版（5訂版）による。　　　　　　　　4498

【年鑑・統計】

自動車統計年報 第1集（1973年）－　日本自動車工業会 1973－　年刊 26cm
我が国の毎年の自動車工業の発達と現状を示す。生産・出荷・国内販売・輸出・輸出入・在庫・保有・輸送に区分し、車輌別・会社別などの諸統計を収録している。解題は第28集（2000年）による。自動車の保有台数、登録台数、生産台数、輸出台数の推移をまとめたものに『自動車統計データブック』（日本自動車販売協会連合、1983－　年刊）がある。　　4499

自動車年鑑 昭和7年版－　日本自動車会議所，日刊自動車新聞社共編　日刊自動車新聞社 1932－　年刊 27cm
毎年の自動車産業界における各社、各車種の生産・販売・輸出等の動向と新しい技術開発の状況、トラック・バス・ハイヤー・タクシー等の自動車使用事業の動向と自動車に関する行政・税制についてまとめたもの。別冊のThe Listには自動車諸団体・関係機関一覧、自動車関連団体とその会員企業の住所や代表者を収録。解題は平成12年版による。　　　　4500

主要国自動車統計 第1集（1972）－　日本自動車工業会 1972－　年刊 26cm
四輪車の生産・保有・新車登録・輸出入、二輪車の生産・保有・販売・輸出入に関する主要国の統計。解題は29集（2000年）による。　　　　　　　　4501

✦航空宇宙工学

【辞典・事典】

絵でみる航空用語集　航空用語研究会編　産業図書
　1992.4　362p 21cm　4-7828-4079-9　4635円
わが国初の図解による航空用語解説事典。航空、飛行機に関する用語約500語を五十音順に配列し、その見出し語のもとに英訳語と解説を付す。解説は一般人でも理解できるように図表や写真を豊富に挿入し、詳細かつ平易に記している。巻末には和洋15点の参考文献と索引（解説文中の重要語を含む用語の五十音順配列）を付す。　　　　　　　　4502

学術用語集　航空工学編　文部省編　日本航空宇宙学会　産業図書(発売) 1973　235p 18cm 1100円
学術用語の統一を目的として作成された和英・英和の対訳用語集。語義の解説はない。第1部が和英の部、第2部が英和の部、第3部が主要略語集からなっている。約3300語を収録。『航空用語集』（日本規格協会、1954、約3000語）の増訂版。　　　　4503

航空宇宙辞典　増補版　地人書館 1995.5　776,136p 22cm
　監修：木村秀政　4-8052-0485-0　13390円
航空宇宙科学および技術の幅広い分野で実際に使用されている用語をとりあげ、主として大項目、中項目主義で解説。初版（1983年刊）には手を加えず、その後の航空宇宙科学および技術の進展を別にまとめ、増補として巻末に収録した。本編、増補ともに見出し語の五十音順配列で、英語を併記。図を多用して簡潔に解説。それぞれ巻末に航空宇宙史年表、英和索引を付す。　　　　　　　　4504

航空技術用語辞典　日本航空技術協会編　日本航空技術協会 1992.8　206p 21cm　4-930858-75-5　3900円
航空技術に関する専門用語を図や表を用いて簡潔に解説した辞典。項目名はJISに準拠し、JISと異なる用語が一般に慣用されている場合は慣用語を採用。見出し語を五十音順に配列し、後に英文略語など（アルファベット順）を掲載。　　　　　　　　4505

航空用語辞典　増補新版　鳳文書林出版販売 1983.6
　341p 21cm　4-89279-027-3　2800円
機器、航法、気象など航空工学のほか、航空法規、航空管制など、航空および航空機全般にわたる用語約2500語を収録し、平易に解説した辞典。見出し語は英語でアルファベット順配列。付録として航空法、管制方式基準、耐空性審査要領などの用語の定義および航

空機の構造図などを付す。巻頭の目次兼索引は五十音順配列で日本語・英語対照。　　　　　　　　*4506*

【年鑑】

宇宙開発ハンドブック 1969-1991　経済団体連合会宇宙開発推進会議　1969-1991　18cm　監修：科学技術庁研究開発局
国内における宇宙開発計画・体制・予算、わが国の人工衛星およびロケットの研究開発、国際協力活動の現状を解説した第1部、諸外国の宇宙開発の現状を国別に11章にわけて解説した第2部、宇宙開発における国際協力を解説した第3部からなる。また、ロケット、人工衛星、地上施設・設備、安全管理や宇宙関係法規を解説した「参考」資料および各国の宇宙関係予算や統計、宇宙開発年表、略語集などの付録を巻末に収載する。1969-1973年までは年刊、1975-1991年はほぼ隔年刊で以後廃刊。解題は1991年版による。　*4507*

航空宇宙工業年鑑 昭和50年版-　航空ニュース社編　日本航空宇宙工業会　1975-　年刊　22cm　英文書名：『The aerospace industry year book』
航空宇宙工業に関係のある国の機関、外国大使館、団体、学校などと日本航空宇宙工業会およびその会員会社の概要など航空宇宙工業関係諸資料を収録。年鑑というより便覧として有用。索引はないが、詳細な目次がある。昭和29-49年版の書名は『航空工業年鑑』。解題は平成12年版による。　　　　　　*4508*

日本航空機全集〔1954年版〕-　鳳文書林出版販売　1954-　年刊　26cm　監修：藤原洋
運輸省航空局登録の国内民間航空機のデータ一覧。用途・重量などによる耐空類別順に配列し、記載項目は型式、製造会社名、登録記号などのほか、発動機、出力などの各種性能データ。データは航空局の耐空証明検査の実測値あるいは航空局承認資料に基づく。目次の後に英文索引を付す。巻末に登録航空機一覧表、全国飛行場現況一覧表、航空関係会社要覧などを参考資料として付す。1995年版は280余機を収載。　　*4509*

旅客機年鑑 1993・1994-　月刊エアライン編集部編　イカロス出版　26cm
世界の旅客機を解説した年鑑。1995・1996年版は現用140機種掲載。各機の写真、機種名、最大座席数のほか、エンジン、全長、全幅、機体重量などのデータを掲載。航空機メーカーの属する国名を五十音順に配列し、その中をメーカーの五十音順に配列。巻頭に形状別、五十音順、アルファベット順、数字順の旅客機索引を、巻末には世界旅客機メーカーダイレクトリー、主要旅客機エンジン便覧などの資料を付す。書名は『世界の航空会社と旅客機年鑑』(1986年版-1989年版)、『世界のエアラインと旅客機年鑑』(1990・1991年版-1991・1992年版)を経て現在に至る。　*4510*

【図鑑】

世界の軍用機 ポスターブック　アゴスティーニ社編　京都　同朋舎出版　1994.11　1冊(頁付なし)　31cm　豪華版　ルーズリーフ　4-8104-2043-4　5000円
世界各国の軍用機を、詳細なイラストと解説により紹介した図鑑。収録点数は36機。巻頭序文で軍用機の役割や歴史、種類とその特徴などを述べる。軍用機1機につき1頁で名称・所属・所在地などを紹介し、約30×90cmの詳細なイラストと、機体各部の解説を加える。頁は折りたたんでルーズリーフの形式になっている。索引はない。　　　　　　　　　　*4511*

日本軍航空機総覧 新人物往来社戦史室編　新人物往来社　1994.12　253p　22cm　4-404-02153-4　3200円
大正時代から1945年までに製作された旧日本陸軍、海軍の歴代軍用機約100機について、性能や特徴を解説した図鑑。陸軍編、海軍編、航空戦の3部構成。1、2部は軍用機を製作年代順に配列し、大きさ、装備、性能、生産総数、製作経緯や理由、背景、全景写真を掲載する。3部は満州事変から太平洋戦争(沖縄特攻)にいたる14航空戦の経過を収録。参考文献、索引はない。　　　　　　　　　　　　　　　　*4512*

日本航空機大図鑑 1910年-1945年　小川利彦著　国書刊行会　1993.7　4冊(別冊とも)　31cm　別冊(138p 30cm)：解説・索引　4-336-03346-3　全88000円
1910年日本で初飛行に成功したアンリ・ファルマン式1910年型航空機から1945年終戦に至るまでの陸海軍機はもとより、国産航空機のすべてを系統的、網羅的に収録した図鑑。各機を年代順に配列し、機体のカラー三面図と型式・構造を掲載する。別冊には日本航空機史の年代ごとの解説、世界著名機比較表などの各種の表や解説のほか、「試作・制式五十音順索引」および「個有名称(通称)五十音順索引」を掲載する。　*4513*

原子力工学

■火力・原子力発電を含む

【書誌】

JAERIレポート一覧 1972年度－ 日本原子力研究所技術情報部〔編〕日本原子力研究所技術情報部 1973－ 年刊 30cm 別誌名：『List of JAERI reports』
日本原子力研究所（JAERI＝Japan Atomic Energy Research Institute）が当該年度に刊行したJAERIレポートのほかJAERI-Research、JAERI-Data/Code、JAERI-Tech、JAERI-ReviewおよびJAERI-Confの各レポートを収録した目録。レポート番号順配列で、論文名、著者、刊行年月、頁を記載。索引はない。
4514

【辞典・事典】

核拡散防止用語集 IAEA保障措置関係用語の解説 核物質管理センター企画部編 核物質管理センター 1981.11 167p 25cm 監修：科学技術庁原子力安全局保障措置課 2500円
IAEA（国際原子力機関）編集の保障措置関係用語集『IAEA safeguards glossary』の英和対訳集。「IAEA保障措置及びその目的」から、「核物質及び非核物質」「原子力施設等及び設備」「保障措置手法の設計」など9章からなる。付録として、「国際的文書及び他の基本文書」から採取した用語も加えて、全部で282項目を収録。巻末に英文索引、和文索引を付す。 *4515*

学術用語集 原子力工学編 文部省編 日本原子力学会 1993 282p 19cm 発売：コロナ社(東京) 1700円
『Atomic energy, glossary of technical terms』（United Nations, 1958）、『原子力用語辞典』（日本原子力産業会議、1956）、JIS原子力用語（案）（1961年刊）などを用語採録の基盤にした用語集。和英（ローマ字表記、アルファベット順配列）と英和の2部を主体にし、第3部に、主要略語集、用語選定のルール、ローマ字による学術用語の表し方、諸単位一覧表を掲げる。内容は1978年版と同じ。 *4516*

原子力関係者のための放射線の健康影響用語集「低線量放射線の影響と安全評価」研究専門委員会〔編〕日本原子力学会 1992.6 1冊 26cm 2000円
低線量放射線の健康への影響に関する知識の現状理解のために必要な用語を中心に、放射線防護や安全評価の用語、関連分野の重要な報告書、放射線にかかわる事故事例の用語の解説集。全13章からなり約170の用語を収録。1－11章は「放射線防護の理念と基準」から「事故評価」まで主題に分け、専門用語の定義とその説明。12章では放射線に関する規制や影響評価で重要な報告書について解説。13章では主要国での放射線の影響が社会的な関心を呼んだ11の事例を解説。各章末に参考文献を付し、巻末に略語や報告書発行機関記号などの付録を収載。 *4517*

原子力辞典 原子力辞典編集委員会編 日刊工業新聞社 1995.8 722p 22cm 監修：安成弘 4-526-03742-7 25000円
小項目方式の用語辞典。約7100項目の見出し語を五十音順に配列し、英、独、仏、露の4か国語を併記し解説。欧文略語一覧および元素表、原子力発電開発の現状などの付録を収載。巻末に英独仏語、ギリシャ語、ロシア語の3種の欧文索引を付す。 *4518*

原子力用語辞典 原子力用語辞典編集委員会編 コロナ社 1981.9 434p 19cm 4500円
『学術用語集　原子力工学編』☞4516に収録されている用語約3800語に、その後JISなどで新たに制定された用語300余を追加し、ひらがな表記で五十音順に配列、解説を付す。巻末に英和対訳の索引と原子力用語略語一覧、機関・組織名、法規・報告書などの略号を付す。 *4519*

放射線技術用語辞典 新版 放射線技術用語辞典編集委員会編 日本理工出版会 1994.12 622p 19cm 4-89019-022-8 9000円
用語編と法令編からなり、用語編は物理、化学、生物、工学、医学などの分野から約3500語を収録。ただし、人名、施設・機関などの固有名や装置の商品名などは除く。用語を五十音順に配列し、英訳語、定義、用例などを記載、必要に応じて同義語、反義語、使用分野、図表やグラフを掲載。参照も多数。法令編は放射線障害防止関係法令、告示などから用語や事項約180項目を選択、見出し語のもとに該当する法令の条項と解説を付す。巻末に参考文献と英和索引（アルファベット順）を付す。初版は1984年刊。 *4520*

【便覧】

アイソトープ便覧 改訂3版 日本アイソトープ協会編

丸善 1984.12 844p 27cm 4-621-02945-2 21000円
アイソトープの化学的特性、測定、検出などの基礎から、取扱い、工業・農学・医療分野への応用まで、34の章立てで詳細に記述した便覧。各章末に引用・参考文献を付す。付録として「おもなアイソトープのデータ」やICRP（International Commission on Radiological Protection 国際放射線防護委員会）の安全基準勧告および出版物リストを収録。五十音順事項索引を付す。初版は1962年刊。新版（1970年刊）を改訂。
4521

火力・原子力発電所設備要覧 昭和52年版- 火力原子力発電技術協会 1977- 21cm 監修：通商産業省資源エネルギー庁公益事業部発電課
稼働中の火力・原子力発電設備の諸データを全国の通産産業局ごとにまとめたもの。火力・原子力発電所の出力表、設備一覧、位置図、所在地を掲載。対象となる発電設備は事業所用のすべて、自家用は発電所出力1000KW以上、タービン・発電機、原子力発電、内燃力・ガスタービン、および地熱発電など。『火力発電所設備要覧』として1957年創刊。4-5年間隔で刊行。解題は平成7年改訂版（1995年3月31日現在）による。
4522

火力原子力発電必携 改訂第5版 火力原子力発電技術協会 1993.4 755p 15cm 監修：通商産業省資源エネルギー庁公益事業部発電課・原子力発電安全管理課 付(図1枚) 5000円
火力および原子力発電に関する最新のデータを、平易・詳細に解説した手帖型の便覧。単位、数学、材料力学など基礎的なものから、燃料、ボイラ、汽力・内燃力・ガスタービン発電所、原子力発電所、さらに環境対策や規制・基準に至るまで全27章に分けて詳細に解説する。初版は『火力発電必携』（1954年刊）として刊行され、1985年（増補改訂第4版）から現書名。索引はない。
4523

原子炉材料ハンドブック 日刊工業新聞社 1977.10 901p 22cm 監修：長谷川正義，三島良績 15000円
核燃料を含む原子炉用材料全般にわたって解説。工業材料として実際に役立つデータを中心に編集。減速材・反射材、制御材、冷却材、構造材、しゃへい材料など11編より構成。各編ごとに参考文献、巻末に用語の五十音順索引あり。付録としておもな物理定数、元素単体の結晶構造、原子半径、イオン半径、原子量や諸単位換算率などを付す。
4524

放射性同位元素等取扱者必携 改訂2版 放射線取扱者教育研究会編著 オーム社 1990.4 208p 22cm 4-274-02186-6 2472円
放射線に関する物理学、化学、生態への影響、測定機器や測定法、保健管理、法令など、基礎知識から取扱いの技術まで8章に分けて解説。巻末に付表「おもな放射性同位元素の性質と法令上の数値」、および和文索引を付す。初版は1983年刊。関連法令の改正、施行に伴う改訂版。
4525

放射性廃棄物管理ガイドブック 1994年版 日本原子力産業会議編 日本原子力産業会議 1994.7 276p 26cm 5800円
放射線廃棄物の起源、国内における管理の現状、技術対策、関連機関等について解説するとともに国内および海外の関連資料を集大成したガイドブック。放射性廃棄物管理概論、海外主要諸国・機関の情勢、参考資料の3部構成。1988年刊行の初版に、第1部は輸送と貯蔵の章を追加、第2部はベルギー、フィンランド、スペインを追加し、1、2部ともに内容を一新、第3部は1980年以前の資料を削除し、最新の文献、法令を追補している。巻末に英文索引、和文索引を付す。類書として、放射性廃棄物に関する技術開発と事業活動についてまとめた『放射性廃棄物管理-日本の技術開発と計画』（日本原子力産業会議編刊、1997、404p）がある。
4526

放射性廃棄物データブック 原子力環境整備センター 1995.12 121p 26cm
放射性廃棄物の発生、保管、処分、輸送などについて、その方法や各国の状況を図表を用いて簡潔に紹介。付録として関係法令（抄）、原子力委員会などの報告書、用語解説がある。
4527

放射線応用技術ハンドブック 石榑顕吉〔ほか〕編 朝倉書店 1990.11 680,8p 22cm 4-254-20048-X 20600円
構成は、放射線応用技術の概要、放射線応用の基礎、工業利用（放射線計測、トレーサー利用、放射線による化学反応、工業用線源など）、農学・生物学利用、臨床医学利用、新しい分野の利用（イオンビームの利用など）からなる。巻末には、付表（放射性医薬品1990年9月現在）、和文および欧文索引、製品掲載会社索引がある。
4528

【年鑑】

原子力年鑑 1957年版- 日本原子力産業会議編集 日本原子力産業会議 1957- 年刊 26cm
日本原子力産業会議の調査活動を通じて得た情報をもとに、原子力に関する当該年度の内外の情勢・動向を総合的観点から整理、編集した年鑑。本編、資料編からなる。本編は原子力発電、安全、核燃料サイクル、国際問題、各国の動向などの16項目、資料編には日本、

海外の原子力関係機関、会社名簿などを掲載するほか、原子力年表、前年度の国内外の主な動き、原子力関連略語を付す。解題は1997年版による。　4529

原子力発電便覧　1974年版-　通商産業省資源エネルギー庁公益事業部原子力発電課編　電力新報社　1974-　隔年刊　19cm
わが国の原子力発電所の計画、建設、運転などに携わる人々のためのコンパクトな便覧。「原子力発電一般」「電源立地・地域振興」「原子炉安全」「原子燃料」「放射性廃棄物」「放射線防護」「原子力設備」「原子炉運転保守・管理」「環境保全」「新型炉開発」「関係法規・国際協力」「付表・その他」の12章。巻末に略語索引、日本語索引がある。解題は1995年版による。　4530

原子力ポケットブック　昭和39年版-　日本原子力産業会議　1964-　年刊　19cm　監修：科学技術庁原子力局
原子力の研究・開発・利用のすべてに関係する内外の最新情報をとりまとめたデータブック。安全確保、原子力発電の見通しと原子力施設の立地の促進、バックエンド対策など序章ほか14章および年表で構成。解題は1997年版による。　4531

電源開発の概要　その計画と基礎資料　昭和28年度-　通商産業省資源エネルギー庁公益事業部編　奥村印刷出版部　1953-　年刊　21cm
電源開発をめぐる動き（解説）と、「電源開発基本計画」「電力供給計画」「電力設備投資」「電源地域整備」に関する基礎資料を掲載。資料編には、石炭等火力発電所、LNG火力発電所、地熱発電所、石油等火力発電所一覧や、原子力発電所の運転・建設状況等を収録する。解題は平成10年度版による。　4532

【名簿・名鑑】

放射性同位元素使用事業所等一覧〔昭和53〕-　科学技術庁原子力安全局放射線安全課編　放射線障害防止中央協議会〔1978〕-　年刊　189p　25cm　非売品
販売所（179）、廃棄事業所（11）、賃貸事務所（3）を含む放射性同位元素使用事業所計5251か所を収録。事業所名、所在地、許可（届出）番号、許可年度を記載。このほか、使用事業所には、機関分類、放射性同位元素の密封、非密封などの使用区分を、販売事業所には、販売形態による分類と販売区分を記す。使用事業所の配列は都道府県別。解題は平成10年版（書名は『放射性同位元素使用事業所一覧』）による。　4533

電気工学、電気工業、電気事業

【辞典・用語集】

IEEE電気・電子用語辞典　Frank Jay〔編〕岡村総吾監訳　丸善　1989.9　1161p　27cm　『IEEE standard dictionary of electrical and electronics terms』の翻訳　4-621-03400-6　39140円
米国電気電子学会（IEEE）が刊行した電気工学全般にわたる用語辞典3版（1984年刊）の翻訳版。見出し語を五十音順に配列し、英文を併記し詳細に解説。原書第4版への改訂のための追加項目・修正項目の翻訳も補遺として付す。巻末に、1万語におよぶ略語リスト、原典一覧および日本語を併記した英文索引を付す。　4534

英・和・アラビア語電気用語辞典　飯森嘉助, 那須宗和共編　ワセダ・プランニング・クリエート　1982.9　427,83,88p　22cm　発売：紀伊国屋書店　4-87573-100-0　15000円
工事現場で役立つ用語や電気通信領域の基礎理解と学習に役立つ項目も収録した基礎的な電気通信関係の用語集。英語項目を見出し語にアルファベット順に配列し、対応するローマ字表記の読みを付した日本語とアラビア語を掲載。巻末に日本語およびアラビア語の索引を付す。　4535

英・和・独・露電気術語大辞典　改訂3版　石橋誠一改訂編　石橋勇一原編　オーム社　1985.10　1冊　27cm　4-274-03074-1　25000円
電気工学を中心に、工学関係の基礎から応用、経済分野までを含む4か国語用語集。本文は英語（アルファベット順）を見出し語（約4200語）とし、対応する日本語、ドイツ語、ロシア語を示す。各語には属する分野を略号で表示。ドイツ語は性も表示。日本語、ドイツ語、ロシア語索引がある。付録として、日本・イギリス・アメリカ・ドイツ・ロシアで慣用の略語、単位数を掲載。CD-ROM版も刊行。初版は1964年、第2版は1977年刊。1991年にコンパクト版を刊行。　4536

学術用語集 電気工学編 増訂2版 文部省，電気学会著 電気学会 1991.7 1097p 19cm 発売：コロナ社 4-339-00581-9 4450円
電気、電子、テレビ、照明、情報処理の分野の専門用語約1万7000語を収録した用語集。第1部（和英）は、用語の読みを示すローマ字書きのアルファベット順配列。用語、対応する外国語（主として英語）、および本書独自の専門分野を示す分類番号を記す。第2部（英和）は、外国語のアルファベット順配列で、日本語、その読み方を示すローマ字、分類番号を記す。第3部は、主要国際機関・学会の略語集、量とその単位を記す。巻末に、学術用語審査基準、ローマ字による学術用語の書き表し方などを付す。初版は1957年刊。増訂版は1979年刊。　4537

最新電気・電子用語中辞典 JIS&学術用語最新版に基づく　インタープレス版 アイピーシー 1987.11 868p 22cm 企画：藤岡啓介 4-87198-207-6 7800円
『学術用語集　電気工学編　増訂版』☞4537『学術用語集　計測工学編』☞3980およびJIS規格で制定されている55規格の中の用語3万語を機械編集した対訳用語集。英和編と和英編からなり、個々の用語には、正式なふりがな、用語の出典、制定された年を付す。　4538

図説電気・電子用語事典 緒方興助〔ほか〕著 実教出版 1985.6 524p 22cm 4-407-04606-6 2800円
電気・電子・情報にかかわる基礎的な用語約3600語を五十音順に配列し、図表を多用して平易に解説した辞典。見出し語には対応する英語も併記。　4539

電気情報英和辞典 オーム社編 オーム社 1992.6 860p 21cm 4-274-03402-X 7500円
電気、電子、情報、通信、人工知能分野の基本用語から先端用語まで、略語を含め約3万7000語を収録した英和対訳用語集。各用語をアルファベット順に配列し、和訳語を記す。解説はない。電気関係の基本用語は文部省の学術用語を中心に、主要なハンドブックの英和索引より採録、電子・通信・情報・人工知能関係は、オーム社刊行の各種ハンドブック、用語辞典、書籍類の索引用語から抽出。姉妹編に『電気情報和英辞典』（916p、1991年刊）がある。　4540

電気・電子英語ハンドブック 岡地栄編 日本自動翻訳研究所 1989.12 490p 22cm （工業英語ハンドブックシリーズ）　発売：アイピーシー 4-87198-015-4 8800円
自然な英語から自然な日本語工業技術文への英和翻訳術の書。英和対訳の本文と索引からなる。本文では、雑誌やメーカーのカタログから引用した英文のセンテンスを頁の左側に、日本語の対訳を右側に付け、センテンスごとに番号をふる。内容は、技術解説、製品紹介、アイデア、製作プロジェクト、無線設備の故障修理、メーカーの印刷物の6項目。センテンスの総数は2790。巻末に英文索引、和文索引を付す。英文索引は工業の非術語、和文は工業術語を中心に作成。『電気・電子英語便覧』（日本工業新聞社、1972）の改題。　4541

電気・電子基本用語辞典 国際規格による対訳 対訳電気・電子・情報処理用語辞典編集委員会編著 日本規格協会 1987.2 281p 22cm 4-542-20201-1 5300円
IEC（国際電気標準会議）の技術用語規格（IEC Publication 50）および文字記号（IEC Handbook No. 1）から電気・電子関係の用語、文字記号を訳出したもの。用語と定義の原英文を左欄に規格番号順に並べ、右欄にその対訳を記している。巻末に和文および欧文索引を付す。　4542

電気電子用語事典 新版 茂木晃編 オーム社 1988.9 658p 22cm 4-274-03225-6 6500円
収録語数約5000。配列は見出し語の五十音順。英語を併記し、解説を加えたもの。巻末に英和索引を付す。『電気電子用語大事典』☞4544とその普及版『ニュー・コンパクト版電気電子用語事典』（1985年刊、約3000語）との間の中事典というべきもの。　4543

電気電子用語大事典 茂木晃編 オーム社 1992.8 1754p 27cm 4-274-03406-2 28000円
電気・電子分野から宇宙を含む広域通信技術、イメージ情報を交えた多種多量のデータ処理技術、生態機能の解明や人工知能の開発、それらに関連した隣接分野の用語までを広義の電気工学用語として採録。見出し語は約1万4500語。日本語、外国語、固有名、略語、記号を問わず原則として表音式の五十音順に配列し英語を併記。付録として、数、単位記号（符号）など採録できなかったものを簡単に解説。巻末に英和索引を付す。『OHM電気電子用語事典』（1982年刊）をベースに編集・内容ともに一新。　4544

電気用語辞典 新版 電気用語辞典編集委員会編 コロナ社 1982.6 1078p 19cm 5500円
『学術用語集　電気工学編　増訂版』☞4537に準拠しているが、学術用語集では廃止されたがいまだに広く使用されている語、および『学術用語集』以降の新用語を含め1万4000語を収録。見出し語の五十音順配列で、ひらがな読み、用語、部門略記号、対応英語、解説を記載。巻末に英和対訳の索引を付す。1972年刊行の改訂版を全面改訂したもの。　4545

日中英電気対照用語辞典 日中英用語辞典編集委員会編 朝倉書店 1996.3 486p 22cm 4-254-22033-2 9064円
電気産業分野の現場で使用される用語4500語を収録。日－中－英、中－日－英、英－日－中の3部構成。日本語、中国語にはローマ字読みを併記し、アルファベット順に配列。語義の解説はない。　　　　　　　　　*4546*

【事典・便覧】

記号図記号便覧 増補4訂版 片岡德昌編著 開発社 1991.3 366p 22cm 3200円
JISで定められた電子、電気、制御、情報処理に関する図記号、量記号、単位記号、国際単位系（SI）およびその使用法などを収録し、解説した便覧。1 電気用図記号、2 屋内配線用図記号、3 シーケンス制御用展開接続図、4 情報処理用流れ図・プログラム略図・システム資源図記号、6 量記号、7 国際単位系（SI）とその使い方、8 色と文字記号による定数表示と配線の色別、9 工作機械用電気機器略号と電気図記号の9部構成。ISO（国際標準化機構）・IEC（国際電気標準会議）の国際規格と合致する図記号にはISO、IECのマークを付す。巻末に和文索引、英文索引を付す。前版は1988年刊。　　　　　　　*4547*

図解電気工学事典 岩本洋編 朝倉書店 1995.7 412p 22cm 執筆：永田博義ほか 4-254-22030-8 12360円
電気工学とエレクトロニクス・情報技術にかかわる重要事項を体系的に解説。「電気数学」「電気基礎」「電気機器」「電子技術」「コンピュータ」の5章からなる。各章とも小項目を設け、一連の流れのなかで多数の図表を取り入れてわかりやすく詳細に解説している。また、電気技術関係の初歩の技術者や学生向きに例題や問題を適所に掲げ理解の一助としている。巻末に五十音順索引があり、ほとんどに対応する英語を併記。
　　　　　　　　　　　　　　　　　　　4548

図解電気の大百科 オーム社 1995.5 1171p 27cm 監修：曽根悟ほか 4-274-03452-6 19800円
日々のくらしや人のからだと電気、地球環境や社会生活と電気とのかかわりなど身近な電気の世界から、電力システムや機器、設備、電気工事に関する技術、さらに情報技術や各種応用に関する知識までを20章に分けて中・高校生にも理解できるよう、豊富な図や表、写真を使ってわかりやすく解説。欄外に、本文に用いた用語の意味を簡潔に説明する「ポイント解説」がある。巻末に引用参考文献、和文用語索引および英字略語索引がある。　　　　　　　　　　　　　　*4549*

電気工学事典 宇都宮敏男〔ほか〕編集 朝倉書店 1983.4 587p 22cm 12000円
電池、材料、物性、電磁気といった基礎的事項から、照明、電気鉄道、画像、計算機などの応用技術まで、さらに電力、通信、情報分野も含む電気工学全般から約700語を選び五十音順に配列。各項目に英語を併記し解説。巻末に解説文中の用語も含む五十音順索引を付す。　　　　　　　　　　　　　　　　　　*4550*

電気工学ハンドブック 新版 電気学会 1988.2 2174p 27cm 4-88686-011-7 38000円
エネルギーからエレクトロニクスまで、電気工学の全分野について、詳細な内容を備えた専門書。電子・情報・制御などの技術を包含し、広範な工学データベースを網羅する。基礎、機器、電力、情報・通信、応用、関連の6部門41編よりなり、巻末の和英・英和索引は、用語辞典の機能を持つ。電気学会100周年記念事業の一環として刊行。前版は1978年刊。　　　　　*4551*

電気工学ポケットブック 電気学会編 オーム社 1990.4 1456p 21cm コンパクト版 4-274-03278-7 8500円
電気・電子・通信・情報工学の発展にあわせ、電力技術を中心とした第3版にエレクトロニクス、情報通信システム、システム工学などを加え、全24編とし総合電気工学ともいえる大幅な改定を加えた。同学会編『電気工学ハンドブック』☞4551が専門家向けで詳細な記述なのに対し、その一歩手前までの知識を整理した形で提示している。巻末に対応英文を併記した和文事項索引（約5000語）を付す。1987年刊（B5）の縮小版（A5判）。　　　　　　　　　　　*4552*

電気・電子のことがわかる事典 高田陽著 西東社 1991.12 246p 21cm 4-7916-0727-9 1200円
電気・電子の基礎知識から応用技術までを体系的に、初心者向けに平易に解説する。電気用語の基礎知識、電池、磁石と摩擦、電子部品、エレクトロニクスの夜明け、半導体、電波を利用した技術、ニューメディア、AV機器、家庭電気製品、コンピュータ、社会で活躍する電気、知って得する電気の話、の全13章で構成。文中にさまざまな話題のコラムを挿入し、イラストを豊富に用いる。巻末に和文索引がある。　　*4553*

電気のしくみ小事典 電気の原理がよくわかる ウォーク編著 講談社 1993.9 323p 18cm （ブルーバックス） 監修：菊池誠 4-06-132984-7 820円
身のまわりの電気製品の原理から、応用技術、電気にかかわる歴史的な人物までを簡潔に解説した小事典。電気の基礎知識、エレクトロニクスの活躍、電気をつくる、通信する電気、家の中の電気、社会の中の電気、照らす電気、電気をつくった人々、の全8章に分けて320項目を、1項目1頁で簡潔に解説。各章のはじめに、その章に関係する年表、巻末に、索引（五十音順）、

日本語の参考文献を付す。　　　　　　　　　　4554

電気百科事典　カラー版　オーム社編　オーム社　1982.8
　1156p 27cm 4-274-02919-0　15000円
電力技術、電気工事、エレクトロニクス、コンピュータの基礎知識および応用に関する知識など電気に関する基本的知識を網羅し、19章に分け平易に解説した事典。巻末に参考文献および五十音順和文索引、略語の英文索引を付す。　　　　　　　　　　　　　4555

電力技術デスクブック　電気書院　1970　2冊（別冊共）
　27cm　監修：埴野一郎　10000円
発電、送電、変電、配電、電気諸施設の計画、設計、建設、運用および関連法規など、電力技術全般について解説した便覧。巻末に解説文中の用語を含む五十音順の和文索引およびローマ字で始まる用語の英文索引がある。別冊「電力システムの制御装置」は電力系統運用に不可欠な制御装置を図式により総合的に解説したもの。　　　　　　　　　　　　　　　4556

【年鑑】

電気事業の現状　昭和25年版－　日本電気協会電力年報委員会編　日本電気協会　1951－　年刊 21cm　監修：通商産業省資源エネルギー庁公益事業部
エネルギー情勢、電力需給、電力施設の現状と計画、火力・水力・地熱・新エネルギー発電、原子力発電、発電用燃料、電気事業の経理と電気料金、電力技術開発、電気事故防止と安全対策、電気事業と国際化など、電気事業全般にわたる現況を解説。別名『電力白書』。解題は平成11年版による。　　　　　　　　4557

電力需給の概要　昭和26年度－　通商産業省資源エネルギー庁公益事業部編　中和印刷出版部　1951－　年刊　21cm
各年度の電力需給の実績及び計画を、統計資料などを主に取りまとめ、電力需給の現状を解説したもの。電力需給計画、電力需給実績、参考（統計）の3編構成。解題は平成11年度版による。　　　　　　　　4558

電気年鑑　1953年版－　日本電気協会新聞部事業開発局編　日本電気協会新聞部　1953－　年刊 27cm　「年報編」「会社団体概要」に分冊刊行　付（別冊）：電力役職員録
「年報編」は電気業界をとりまく1年間の状況を日誌他11編に分け解説。12編に各編データ・資料を掲載。「会社団体概要」では電気関連各社のデータを会社編（業種別・会社名の五十音順）、団体編に分けて掲載。巻末に会社名の五十音順索引を付す。1953－1989年版は「年報編」「団体名鑑編」の2分冊。1990－1993年版は合体。1994年版－現在の形。解題は1999年版による。　　　　　　　　　　　　　　　　　4559

【統計】

海外電気事業統計　1959年版－　海外電力調査会編　海外電力調査会　1959－　年刊 27cm　英文書名：『Overseas electric power industry statistics』
海外主要諸国の電気事業に関する基本的な統計資料を集めたもの。84カ国を国別に収録し、主要11カ国とその他諸国73カ国で構成。発電・送変配電設備、総発電電力料、需給、消費・販売電力量、発電用燃料消費、料金、経理、開発などの諸統計を掲載。引用した資料は国連統計や各国の統計で、各国の統計のはじめに、その国の電気事業の概要と引用された資料の一覧がある。解題は1997年版による。　　　　　　4560

◆電気回路・計測・材料

【辞典・事典】

シーケンス用語事典　長谷川健介編　オーム社　1983.10
　263p 22cm 4-274-02996-4　2700円
シーケンス制御技術の基礎用語およびPC、マイコンシーケンス制御などの分野をはじめ、新しくJIS化された産業用ロボット関連用語まで約2500語を収録。用語の五十音順配列で図・写真も用い簡明な解説を付す。巻末に英和索引を付す。　　　　　　　　　4561

電気絶縁材料事典　電気絶縁材料工業会編　電気産業新聞社　1969　529p 22cm　監修者：日月紋次　2000円
電気絶縁材料に関する製品、基礎現象、規格、試験法および処理法などを網羅し、関連用語を含め、2千数百語をわかりやすく解説した事典。4編からなり、第1編が事典、第2編以下、国内商品総覧、海外商品総覧、会社録となっている。合成樹脂、プラスチックなどの新材料、重要材料については、特に詳細に解説し、性質、用途、規格の参照など、実務者にとって役立つよう編集。巻末に五十音順事項索引を付す。1961年刊の『絶縁材料要覧』を事典形式にしたもの。　　4562

【便覧】

高電圧試験ハンドブック　電気学会絶縁試験法ハンドブック改訂委員会編　電気学会　1983.3　469p 22cm　発売：オーム社　6000円
高電圧発生法、測定法、絶縁耐力、絶縁特性などの絶

縁試験法、関連規格などを5章に分け、体系的に解説した便覧。また、この分野へのコンピュータ応用、自動化、放電現象、高電圧電気環境測定などの事項についても言及している。各章末に文献を付し、巻末に五十音順事項索引を付す。付録として高電圧実験室の設計などを収載。『絶縁試験法ハンドブック』(1971年版)の改題改訂。
4563

実用電子計測器ハンドブック 実用電子計測器ハンドブック編集委員会編 東京電機大学出版局 1983.9 689p 27cm 監修:御船豪ほか 執筆:木村英章ほか 16000円
第1編「基礎編」(3章)で基本理論を解説、第2編「電子計測器編」(14章)で、62社の資料を増幅器、自動計測など14機種に分け、その概要、構成、原理、選択の目安、実際例などを記載した2編構成。巻末に参考文献および五十音順和文索引を付す。
4564

電気絶縁油ハンドブック 石油学会編 講談社 1987.3 486p 22cm 4-06-139688-9 9500円
電気絶縁油について体系的に解説した便覧。基礎、評価・管理・安全、機器への応用、油入機器の保守管理、参考資料の5編で構成。参考資料は主要用語約90語の解説と国内の絶縁油研究活動の現況。巻末に和文索引を付す。
4565

電気・電子材料ハンドブック 家田正之〔ほか〕編 朝倉書店 1987.11 1176,15p 22cm 4-254-22018-9 29000円
誘電体・絶縁材料、半導体材料、磁性体材料など従来扱われている材料の4編に、近年注目を浴びている特殊材料、機能材料の2編を加えて、電気、電子材料の知識を集大成した便覧。各材料について種類と特性を体系的に解説。特に応用部門ではフィルム、電磁波シールド材、液晶材、感光性高分子への利用について説明。機能材料の項では光・エネルギー、音、生体に関する広範な事例とセンサ材料として利用される材料および各種センサの特性、測定方法を記す。各章末に参考文献、巻末に五十音順、アルファベット順索引を付す。
4566

電子測定器ガイドブック 1987 日本電子機械工業会編 電波新聞社 1986.10 548p 28cm 4-88554-097-6 5800円
測定器の種類により18部門に分け、各部門の中は、測定器ごとの簡単な解説部分と、メーカー名、形名・品名、用途・性能、価格などのリストで構成。付録として1986年9月1日現在の日本電子機械工業会規格一覧表と、メーカー別掲載機種索引を付す。
4567

電線・ケーブルハンドブック 6訂 日立電線株式会社編 山海堂 1995.8 493p 22cm 4-381-10070-0 5800円
電力、通信用のケーブルや送電線および電子機器用電線について、付属品や接続、工事、防災製品、使用上の注意事項など、実際の作業に役立つように多数の図表、写真を交えて解説。約5年ぶりの改訂にあたり、斜陽化したものの説明は簡略化する一方、新製品、新技術を加え、単位もすべてSI単位に統一した。巻末に付録として、許容電流、関係法規と認定制度、品種分類表などを付す。5訂は1990年刊。
4568

電力ケーブル技術ハンドブック 新版 第2版 電気書院 1994.5 861p 22cm 監修:飯塚喜八郎 執筆:石橋厚彦ほか 4-485-71603-1 13000円
電力ケーブルの構造と特性、製造、管路、布設、接続、防食、振動・誘導の対策など、技術全般にわたり解説。改訂にあたり、CVケーブルに重点を置き、新技術を織込んで記述。巻末に和文索引、英文索引を付す。初版は1989年刊。
4569

部品・材料登録一覧表 第6版 電気用品部品・材料認証協議会〔編〕日本電気用品試験所 1997.1 757p 30cm
1990年8月1日発足の「電気用品部品・材料任意登録制度」の統一的運用のため、各登録事項ごとにその内容をとりまとめた一覧表。登録事項は熱可塑性プラスチックのボールプレッシャー温度限度、外郭用合成樹脂材料の水平燃焼性、印刷回路用積層板の垂直燃焼性、絶縁物の使用温度の上限値、サーモスタットなど。登録会社を五十音順に配列し、各銘柄について登録内容を記載。第5版までは各登録事項ごとの一覧表。巻末に登録番号索引がある。初版は1991年刊。毎年改訂。
4570

【名簿・名鑑】

電線工業名鑑 1989年版- EWCインフォメーション 1989- 隔年刊 26cm
日本国内と北米を中心とした海外17か国の電線メーカー計88社の名鑑。電線工業の概況、電線工業の資本・原料系列、電線メーカーの所在地・設立年・資本金・役員・従業員数・特徴などを記す。巻末に国内電線メーカー索引(五十音順)、海外電線メーカー索引(国別)、電線関連企業索引(五十音順)、公告索引を付す。解題は1995年版による。
4571

【統計】

電線統計年報 昭和24年版- 日本電線工業会 1949- 年刊 26cm
受注・出荷実績の推移、心線販売受注・出荷実績、光製品受注・出荷実績、輸出受注・出荷実績、生産実績、

労務給与状況、価格、資材の生産消費、需給実績を掲載。付録として品種分類表抜粋、日本電線工業会会員名簿、全日本電線販売業者連合会会員名簿その他がある。旧称は『電線年間統計』。解題は2001年版による。
4572

◆電気機器

IEC安全ハンドブック 基本編，機器編 International Electrotechnical Commission〔著〕日本規格協会訳 日本規格協会 1995 2冊 26cm 15000円,32000円
IEC（国際電気標準会議）が制定した電気機器の安全規格の日本語訳。家庭用電気機器、事務用機器、作業用機器、産業用機械設備の電気機器、情報処理機器、測定・制御および試験所用電気装置などの規格28件とIECガイド2件を収録している。ほとんどはEN（欧州規格）として採用されている。索引はない。 4573

絵とき電気機器マスターブック 野口昌介著 オーム社 1992.5 168p 26cm 4-274-03398-8 2200円
電気が起こるしくみからモーター、変圧器など、広い範囲の電気機器を、直流機、誘導機、変圧器、同期機、静止器の全5章にわけ、1項目1頁でイラストを多用してわかりやすく解説する。視覚に訴える初心者向きの本。巻末に索引（五十音順および英文アルファベット順）を付す。 4574

海外安全規格マニアル 日本語キーワードによる対応規格索引 木幡寛和著 新技術開発センター 1992.7 572p 31cm ルーズリーフ 39000円
規格の表題からキーワードを抽出して日本語索引とし、わが国で比較的よく使われる、安全性についての規定を多く含む代表的な海外規格を探し出すためのツール。海外規格の種類・特徴、安全規格の基礎、ICE安全規格・電気規格（国際）、ULの安全規格・電気製品規格（米）、CNSの安全規格・全般規格（台湾）、FDAの安全規格・食品医薬品規格（米）、BS・DIN・CASの主な安全規格および対応規格の日本語索引で構成。規格の配列はDIN以外は番号順。 4575

モータ技術百科 新版 坪島茂彦，中村修照共著 オーム社 1993.9 197p 21cm 4-274-03429-1 3000円
モータの使用に必要な原理、構造、特徴、特性など基本的事項を中心に、モータ応用システムに欠かせない制御、保護要素にも触れ、モータセットは比較検討しやすいようできる限り多くの種類を取り上げている。項目ごとの頁完結を原則とし、モータを取り扱う現場技術者のために、実用面に重点を置いて体系的に解説。付録に動力用モータ、制御用交流モータ、制御用直流モータの性能比較表を付す。巻末に五十音順索引がある。初版は1982年刊。 4576

◆送電・変電・配電、電気設備

【辞典・事典・便覧】

建築物等の避雷設備ガイドブック 電気設備学会建築物等の避雷設備研究委員会編 電気設備学会 1992.3 122p 26cm
雷保護施設の設計・施工に携わる人びとへの技術的な指針を示す案内書。雷雲の発生・放電などの雷現象、避雷設備の保護範囲と選定、避雷設備の設計と施工、屋内電気設備の避雷に関する諸問題などを、技術者向けに詳細に解説する。各章ごとに内外の参考文献多数を掲載。付録として、雷撃電流による鉄筋コンクリートの破壊実験、落雷による金属壁の損傷実験、関連する法規、規格などがある。索引はない。 4577

産業用電気設備ハンドブック 産業用電気設備ハンドブック編集委員会編 オーム社 1983.6 1142p 22cm 4-274-02986-7 18000円
産業用の各種電気設備、機器の選定、基準、設計、保守、法令・規格との関係や公的手続きなどについて表・図を用い、実務に役立つよう平易に解説。巻末に事項の五十音順索引を付す。 4578

自家用電気設備実務マニュアル 草野英彦編著 オーム社 1991.10 417p 21cm 執筆：川又清ほか 4-274-03346-5 5500円
自家用電気設備の計画から施工までの実務マニュアル。「受変電設備」「自家用発電設備」「無停電電源設備」「直流電源設備」「監視制御設備」「負荷設備」「施工」「関係法規と手続き」の8章構成。設備の計画、設計、施工の流れの中で予想される技術課題を体系的に抽出し、Q&A形式で解説。各章末に参考文献があり、巻末に和文索引と英文索引を付す。初級から中級技術者までを対象とする。 4579

新電気設備事典 新電気設備事典編集委員会編 産業調査会事典出版センター 1991.4 1097p 27cm 修正2刷(初刷：1989年) 4-88282-001-3 29350円
電気設備技術について、その基盤となる機器からインテリジェントビルなどのシステムまで体系的に解説する。「電気設備の考え方および基本事項」「負荷設備」

「電源・供給設備」「監視制御設備」「舞台設備」「通信・情報設備」「新情報システム」「新電気設備」「防災・防犯設備」「搬送設備」「材料・器具」「工具・保護具」「計器・測定器・試験器」の全13章。巻頭に五十音順索引を付す。巻末に資料編として、各社の電気設備機材・製品を写真入りで掲載する。『電気設備事典』（1982年刊）の改訂版。　4580

図解電気設備技術基準ハンドブック 第2版 電気技術研究会編 電気書院 1992.9 629p 26cm 4-485-70606-0 9000円
現行の電気設備技術基準について、総則から発電所・変電所・開閉所、電線路、電力保安通信設備、電気使用場所の施設、電気鉄道などに至るまで豊富なイラストを挿入して各条文を逐条的に解説。巻末に、電気設備に関する技術基準の細目を定める告示を収録。随所に、コラム風の説明がある。索引はない。初版は1983年刊。　4581

電気工事便覧 1993年版 日本電気協会 1993.11 313p 19cm 2100円
電気設備の設計、電気工事の屋内外の作業・保守点検のための技術、法令を記述した技術者向け便覧。電気設備基準、日本工業規格、業界自主規定・規格の電気技術規程、内線規程、日本電気工業会標準規格、電線技術委員会標準規格などより適宜数表・図例を抽出し、コンパクトにまとめた。索引はない。『電気工事のデータブック』（1987年刊）の改訂版。　4582

電気工事用語事典 改訂2版 斎藤英夫〔ほか〕編 オーム社 1981.11 252p 19cm 2300円
建築の電気設備に関係ある用語3300を収録し簡単な解説を加えた用語辞典。見出し語は五十音順配列。アルファベットで始まる用語は別立ての欧文編に掲載。電気設備を手がける設計家、電気工事士をめざしている人などを対象とする。初版は1966年刊。　4583

電気・土木・建築技術者のための工事用電気設備ハンドブック 日本電気技術者協会編 山海堂 1976 656p 22cm 7500円
建設業者のための工事用電気設備の管理基準を解説したもの。特に、業務の実施範囲、諸手続、諸記録などの設計施工基準を明確にしている。主な内容は、基礎理論、機器、施工法、照明、検査、保安などの9章および工事用電気設備の実例を付した10章からなる。巻末に五十音順事項索引を付す。　4584

World voltage 1968- 海外規格通信社〔編〕海外規格通信社 1968- 隔年刊 26cm 英文書名：『世界各国・都市別産業及び住宅電気供給の周波数・電圧・相数・配線数・周波数安定及びプラグ便覧』『ワールド・ボルテージ』
家庭用および商業用プラグの型式を世界の地域・国ごとに掲載した便覧。解題は1998年版による。　4585

【名簿・名鑑】

受配電システム要覧 受配電、制御システムメーカー名簿 技術と営業の実務ガイドブック 1993- 日本情報網企画株式会社出版部編 日本情報網企画 1992- 年刊 26cm 書名は奥付による 標題紙の書名：『配電・制御システム要覧』 背の書名：『受配電・制御システム要覧』
日本配電盤工業会加盟会員会社を中心に、各都道府県にある受配電・制御システムメーカーを収録した名鑑。北海道から九州まで10ブロックに分けて掲載。会社名、本社、代表者、同生年月日、出先事業所、設立年月日、大株主、事業内容、年間売上高、決算期、従業員数、取引銀行などを記載。調査は1994年7月末現在。賛助会員の関連業者も収録。付録として、関連団体名簿、通産省生産動態統計などを付す。巻末に五十音順企業リスト索引がある。解題は1997年版による。　4586

◆電灯、照明、電熱

あかりの百科 松下電器照明研究所編 東洋経済新報社 1992.3 206p 19cm （ミニ博物館） 4-492-04068-4 1300円
「あかり」について一般読者向けにまとめた便利な事典。あかりと生活史、光と色、目の働き、ランプ・照明器具、あかりの設計、暮らしのあかり・仕事のあかり、交通のあかり、街のあかり、楽しむあかり、光と生物の10章からなる。各章末には「あかり」にかかわる名句・名言をコラムとして付す。参考文献を付すが索引はない。　4587

工業電気加熱ハンドブック 日本電熱工学委員会編 電気書院 1968 557p 22cm 3000円
電熱工学に関する理論と実際面での応用について系統的に説明し、実地に応用する場合のデータを豊富に収録した解説書。電気加熱一般、熱計算、各種加熱、家庭用電熱など15章で構成。各章末に参考文献、巻末に五十音順の用語索引がある。　4588

世界電球名鑑 和英文 1990/91 日本電球工業調査会 1990 283p 26cm 8000円

電球および電球関連業務を取り扱う世界の業者を網羅した名鑑。アジア、アメリカ、ヨーロッパなど世界を8地域に分け、各国別に業者名、所在地を英文で記す。特に日本・台湾・韓国・中国については、業者名、代表者、所在地、電話番号などを和文で記した「業者一覧」を巻末に加える。索引はない。　4589

ライティングデザイン事典　照明の計画と設計手法　産業調査会　1986.11　469,131p　29cm　監修：島崎信　36000円
生活の場における照明に関して、理論的な照度の計算から明かりの歴史、照明の分類と照明器具の種類などを体系的に解説し、照明のデザインや空間づくりの手引となるように編集。後半では具体的な施設の照明と設計計画の手法について項目ごとに多くの事例を掲載。巻末には照明器具類の会社名リストおよび和文事項索引を付す。　4590

ライティングハンドブック　照明学会編　オーム社　1987.11　609p　27cm　4-274-03179-9　16000円
照明工学全般を対象とした便覧。光の性質・光と視覚などの基礎理論から光関連材料、照明器具、公共建築物・住宅・交通における照明などの応用分野まで25章に分け体系的に解説。巻末に照明関連データなどの付録と用語の和文索引（五十音順・英文併記）および欧文略語索引を付す。　4591

◆通信工学、電気通信

【辞典・事典】

■■「電気工学、電気工業、電気事業」の
辞典・用語集も見よ。

詳解電気通信術語事典　新版　電気通信術語事典編集委員会編　電気通信協会　1982.5　1009p　19cm　発売：オーム社　6500円
電気通信関係用語約1000語を通信網、交換、伝送、半導体・集積回路、材料など、16の専門分野に分類して収録。見出し語には英語を併記し、歴史や関連用語の説明も含む詳しい解説を付す。巻頭に、同義語、解説文中の主要な術語を含む五十音順索引、数字、ローマ字で始まる語の索引および巻末に英文項目索引を付す。1966年刊行の全面改訂版。　4592

情報通信英和・和英辞典　情報通信総合研究所出版部編　情報通信総合研究所　1991.11　1冊　21cm　監修：郵政省　4-915724-06-9　10800円
電気通信、コンピュータ、放送、エレクトロニクス、電力全般のテクニカル・タームから情報通信関係の法制度、法律名、国際関係まで広い分野の用語を収録した用語集。仏語、独語、ポルトガル語などの固有名詞もできるだけ収録。英和の部と和英の部からなり、前者はアルファベット順配列、後者は五十音順配列である。解説はない。資料編には、日本の電気通信法体系、電波の割り当てなどを英文併記で掲載。郵政省、各種情報通信機器メーカーなどの内部用語も収録している。巻末に関連企業・団体・研究所の名簿を収録。　4593

通信用語辞典　荒木庸夫著　工学図書　1988.3　231p　19cm　4-7692-0183-4　1500円
主として通信方式に関する用語を中心に約700語を取り上げて解説。見出し語の配列は五十音順。英語を併記。略語などについては、別途アルファベット順に配列して解説。巻末に和文および欧文索引を付す。　4594

ディジタル伝送用語集　改訂4版　電気通信協会編　電気通信協会　1997.1　403p　19cm　発売：オーム社　4-88549-507-5　2781円
ディジタル伝送分野の主要な用語1000語を解説した用語集。用語を基礎用語、ソフトウェア、光ファイバケーブル伝送方式、画像伝送方式、CS新方式、新同期網、新ノードシステムなど15分野に分類し使用例図を多用し、簡潔に解説。参考として、周波数と電波伝搬、諸外国での通信方式などを掲載。巻末に日本語索引と英語索引を付す。初級および中級技術者を対象としている。前版は1993年刊。　4595

電子情報通信英和・和英辞典　平山博，氏家理央編著　共立出版　1996.3　721p　19cm　4-320-08536-1　7725円
電気工学とその関連分野の専門用語を、特に電子工学および情報通信工学に重点を置いて約3万語を収録。英和および和英の部の2部構成。和英の部は日本語読みの五十音順配列。解説はない。『電子通信英和・和英辞典　新訂版』（1977年刊）の新版。　4596

電子通信用語辞典　電子通信学会編　コロナ社　1984.11　1055p　19cm　9500円
電子通信分野の論文執筆に必要な術語約1万2500語を収録し解説。見出し語には英訳を併記。用語は電気通信学会刊『電子通信専門用語集　No.1-16』および『学術用語集　電気工学編』『学術用語集　電気工学編増訂版』☞4537に基づいて選定。巻末に英語索引（対訳付）、国内の主な学・協会誌リストなどを付す。　4597

電波・テレコム用語辞典　第6版　電気通信振興会
　1995.5　425p　21cm　4-8076-0164-4　2600円
電波・電気通信に関する用語約2500語を解説した辞典。電気通信一般、ニューメディア、陸上、放送・CATV、航空・海上、宇宙、国際関係、工学（基礎、原理など）、郵政省所管主要法人関係の9章に用語を分け、それぞれ五十音順に配列して解説。巻頭に用語の五十音順とアルファベット順の目次を掲載、索引をかねる。初版は1958年刊。改訂第7版を1999年に刊行。
　　　　　　　　　　　　　　　　　　4598

ニューメディア用語辞典　新版　日本放送出版協会編　日本放送出版協会　1988.4　325p　20cm　執筆：泉武博ほか　4-14-011046-5　2000円
衛星・放送関連、CATV（有線テレビジョン）関連、通信・情報関連、コンピュータ関連の4章に大別し、基幹用語、副次用語、関連用語の順に解説する。収録語数約500。巻末に和文索引、アルファベット略語索引を付す。他に関連諸表、略語・略称一覧を付す。
　　　　　　　　　　　　　　　　　　4599

ネットワーク事典　Tom Sheldon著　近藤淑子〔ほか〕訳　ソフトバンク出版事業部　1996.5　963p　26cm　監修：山田勝男　『LAN TIMES encycropedia of networking』の翻訳　4-89052-984-5　9800円
コンピュータネットワーキングにかかわるあらゆる問題を、広範な関連項目とともに解説。専門用語、コンセプト、テクノロジ、標準（規格）などからなる見出し語をアルファベット順に配列し解説する。項目末に関連項目欄を設け相互参照項目を指示する。巻末に、数字、アルファベット、五十音順の詳細な事項索引を付す。
　　　　　　　　　　　　　　　　　　4600

ネットワーク・情報用語辞典　井上寿雄，沖允人著　電波新聞社　1989.10　447p　19cm　4-88554-222-7　3800円
ネットワークと情報関連用語を解説したコンパクトな辞典。「日本語見出し部」と「英字見出し部」の2部構成。配列は、前者は五十音順で対応する英語を併記、後者はアルファベット順。各項目とも読み、解説を記載、一部に見出し語への参照がある。巻末には英文索引があり、対応する日本語を併記する。付録に英語の略号集がある。情報通信に従事する技術者を対象。
　　　　　　　　　　　　　　　　　　4601

ネットワーク用語辞典　ネットワーク用語編集委員会編　日本理工出版会　1994.6　518p　19cm　4-89019-437-1　5000円
ネットワーク関連の情報通信関連用語（2050）、コンピュータ用語（1100）、略語（500）計3650語を収録したコンパクトな辞典。「通信用語」は基礎理論からLAN（ローカルエリア・ネットワーク）、ISDN（総合ディジタル通信網）、光ファイバ、マルチメディア、移動通信、通信衛星など、「コンピュータ用語」は、パソコン、ハードウェア、ソフトウェア、応用などについて幅広く解説する。和文用語は五十音順配列で対応する英語を併記、略語および欧文用語はアルファベット順配列。略語については正式名称を付して解説。技術者や国家試験（電気通信主任技術者など）受験者を対象。巻末に英和索引を付す。
　　　　　　　　　　　　　　　　　　4602

VANニューメディア用語辞典　井上寿雄，沖允人著　電波新聞社　1985.2　469p　19cm　2800円
情報伝達システムに関する学術用語、略語、俗語など約4000語を収録。説明は図表を多用して平易。配列は見出し語の表音による五十音順。各五十音順の中は、英字、数字、カタカナ、漢字の順にまとめている。用語には、解説のほか、漢字の読み（ひらがな）、対応する英語名を示している。巻末にCCITT（国際電信電話諮問委員会）勧告のリストおよび英語索引および略語一覧を付す。
　　　　　　　　　　　　　　　　　　4603

【便覧】

通信機器要覧　1989年版　リックテレコム　1989.6　461p　27cm　監修：郵政省　4-924740-58-6　28000円
各通信機器・システムについて、制度・政策、技術・標準化、個別機器市場などの商品動向をまとめた便覧。巻末に資料編として、メーカーリスト、年表などを付す。初版は1986年版。
　　　　　　　　　　　　　　　　　　4604

電気雑音対策ハンドブック　電波障害防止中央協議会編　電波障害防止中央協議会　1987.3　118p　21cm
主として電気機器から発生し、テレビ画面に影響を与える雑音について、全国の放送局の協力を得てまとめたもの。雑音源として高周波利用設備、送配電線、無線局、自動車、蛍光灯、受信機とビデオ機器、コンピュータなどを取り上げ、雑音源別に症状、雑音発生のメカニズム、探知方法、防止方法を解説する。巻頭に主な雑音源による障害の画面症状をカラー写真で示す。
　　　　　　　　　　　　　　　　　　4605

電子情報通信ハンドブック　電子情報通信学会ハンドブック委員会編　オーム社　1988.3　2冊　27cm　4-274-03200-0　全50000円
電子工学、情報工学、通信工学の全分野を網羅し、特に進歩の著しいデバイス、画像工学、人工知能、電子計算機などについての新しい成果を盛り込んだ便覧。非専門家向けの基礎的な内容が中心。『電子通信ハンドブック』（1979年刊）を改訂し、学会の名称の変更に応じて書名を改めた。文字数は前版と同一規模であ

るが、活字を大きくして2分冊とした。各章末に両分冊共通の、和文および欧文索引を付す。第2分冊巻末に、法規・条約・規格、付表・年表を付す。　*4606*

プリント回路技術便覧　第2版　プリント回路学会編　日刊工業新聞社　1993.2　1374p　22cm　4-526-03268-9　25000円

電気・電子・情報・化学・機械およびそれらの境界領域を含む広範な分野に関係するプリント回路技術を体系的に解説した便覧。プリント配線板の歴史や技術動向、種類、製造方法、設計技術、絶縁基板、製造技術、製造装置、製造用副資材、試験・検査技術・装置、実装技術・装置、環境保全などについて、技術者向けに詳細に解説。各章末には参考文献を付す。付録に、プリント配線板関係の規格一覧（JIS、BS、DIN、IEC、MIL、ULなど）、統計資料、国際単位系（SI）一覧、プリント配線板関連用語略語一覧がある。巻末に索引（五十音順、アルファベット順）を付す。初版は1987年刊。　*4607*

【年鑑】

情報メディア白書　1994年版-　電通総研編　電通総研　1993-　年刊　30cm

Ⅰ部情報メディア利用動向、Ⅱ部海外の情報メディア事情、Ⅲ部関連統計で構成。Ⅰ部では、出版、雑誌、ラジオ、衛星放送、パソコン、インターネット、通信販売、広告など32種のメディアの市場、流通、ユーザーの動向を明らかにし、Ⅱ部では米国、ヨーロッパ、アジアを対象とする。Ⅲ部は情報価格分析、ハード生産・出荷など10のテーマについてさまざまな角度からのデータを提供。各項目に1-2頁をあて、グラフや図表などビジュアルな形に編集。英文書名：『A research for information and media society』。解題は1997年版による。　*4608*

マルチメディア白書　1993-　マルチメディアコンテンツ振興協会編　マルチメディアコンテンツ振興協会　1993-　年刊　監修：通商産業省機械情報産業局

マルチメディアをとり巻く市場、国や自治体の取り組み、コンテンツやネットワークの技術面など関連するすべてにわたって、現状および動向をまとめたもの。「この1年のトピックス」「新しい動きを読む」「現状を探る」「資料編」で構成するが、年により重点の置き方、とり上げるテーマは異なる。「資料編」には年表、用語解説などを収録。索引および図表索引を付す。添付のCD-ROMには、マルチメディアグランプリの受賞作品、前年版までの白書のテキストデータなどを収録。1996年版までの出版者はマルチメディアソフト振興協会。解題は1998年版による。　*4609*

◆◆オーディオ機器

各種規格の一覧　日本磁気メディア工業会　1992.3　48p　30cm　（磁気メディア技術マニュアル no.7）　非売品

磁気メディアに関する各種規格の解説および各種規格のリストなどを収録した小冊子。各種規格の解説（国際規格、国家規格、団体規格）と、各種規格（リスト、内容説明、対応規格一覧）の全2章。1991年12月現在の規格。付属資料として、「コンピュータ用磁気テープ（一覧表）」を付す。索引はない。　*4610*

現代オーディオ用語総辞典　AV/デジタル対応　音楽之友社編　音楽之友社　1987.10　288p　19cm　（オーディオ選書）　執筆：小川洋之ほか　4-276-24113-8　2200円

音響機器関連用語を中心に、映像機器、デジタル技術に関する用語も含め、約1600語を収録した用語辞典。配列は、英略語（アルファベット順）、数字用語を冒頭におき、その後は見出し語の五十音順。説明には図や写真を取り入れ具体的に解説。巻頭に事項索引を付す。　*4611*

最新AV用語辞典　ステレオサウンド　1988.3　194p　26×13cm　『ステレオサウンド』別冊　執筆者：麻倉怜士ほか　1000円

用語を日本語表記の五十音順に配列し、解説を加えたもの。その後に略語を主とする英字用語をアルファベット順に配列。ところどころに「一口メモ」の記事を挿入。巻末に、デシベルの簡単な計算法/換算表、総索引を付す。　*4612*

図解オーディオ・ビデオ用語辞典　オーディオ・ビデオ研究会編　日刊工業新聞社　1992.5　349p　18cm　4-526-03129-1　3800円

エレクトロニクス技術をベースとし、ビジュアル（ビデオ、テレビジョン）、コンピュータ、情報通信メディアまで幅広い分野の用語2400語を解説したコンパクトで使いやすい事典。本文は五十音順配列で各項目には対応する英語名を併記し、簡潔な説明を付す。巻末には英和索引がある。　*4613*

光磁気ディスク製造技術ハンドブック　サイエンスフォーラム　1991.6　346p　31cm　監修：今村修武　54590円

光磁気ディスクの製造技術について、技術の現状に焦点を合わせ、開発レベルのものも含めて、豊富なデータに基づいて解説する。「光磁気ディスク材料とその特性」「光磁気ディスク製造技術」「光磁気ディスク評価技術とその特性」「ドライブ技術関連製造技術」の4部15章41節で構成。各項目は研究者、技術者向けに

図版や数式を用いて詳細に解説。各節末に会議録、研究資料などの専門的な参考文献がある。付属資料として、光磁気ディスク標準化の動向を収録。索引はない。　　　　　　　　　　　　　　　　　　　4614

◆◆データ通信、インターネット

【辞典・事典】

ISDN（サービス総合デジタル通信網）の基礎を知る事典　新訂　和多田作一郎著　実務教育出版　1995.1　510p　19cm　4-7889-1651-7　2800円
ISDN (Integrated service & digital network) の知識とその活用法、企業のインテリジェント化手法を解説した専門事典。ISDNの登場、原理、その使う鍵、広域・高速ネットワーク、B-ISDNのプロトコル、インテリジェント・カンパニーの構築、企業ISDN構築の方法など10章に分け119項目を解説。巻末には参考文献および用語索引（五十音順およびアルファベット順）がある。初版は1989年刊。　　　　　　4615

ISDN用語集　改訂2版　ISDN用語研究会編　電気通信協会　1994.11　194p　19cm　発売：オーム社　4-88549-504-0　2000円
ISDN（サービス総合デジタル網）用語777語を図表を多用し、平易に解説。配列は見出し語の五十音順、英文アルファベット順で、一部対応する英語を併記する。「引く」よりも「読む」ことを重視して構成。付録として、キャッチホンやクレジット通話のマーケット、専用線マーケットなど、各種の現状も掲載。巻頭に日本語索引、英文索引がある。前版（改訂版）は1991年刊。　　　　　　　　　　　　　　　　　　　　4616

OSI & ISDN絵とき用語事典　改訂増補版　オーム社　1991.5　342p　21cm　監修：小野欽司　4-274-07623-7　2900円
OSI（開放型システム間相互接続）とISDN（サービス総合デジタル通信網）に関する用語を絵入りで解説。大項目、小項目、略語の3部で構成。大項目の部は、OSIとISDNの基本概念や考え方、具体的なテーマを多数の図・表をまじえて解説。小項目の部は、大項目の部でカバーしきれなかった項目を簡潔に解説。次に大・小項目に頻繁に出てくる略語を解説する。巻末に日本語索引、英語・アルファベット索引を付す。初版は1988年刊行。　　　　　　　　　　　　　　　　　4617

データ・画像通信用語辞典　ラテイス編　ラテイス　1986.2　431p　22cm　監修：山口開生　発売：丸善　3800円
端末機器、伝送路、コンピュータのハード・ソフトなどの実際面のほか、符号理論、伝送理論などの基礎理論までデータ通信・画像通信に関する全分野の用語約4000語を収録。五十音順に配列し簡潔に解説。巻末に英文索引を付す。　　　　　　　　　　　　4618

データ通信用語の手引　改訂版　日本電信電話公社データ通信本部編　東京出版センター　1981.3　410p　19cm　4-88571-005-7　2150円
データ通信業務で日常よく使われる用語を、共通用語、ハードウェア、ソフトウェア、業務関係用語の4群に分け実際の業務に即して簡潔に解説。各事項の解説は、それぞれ1-2頁。巻末に文中の重要語の、和文索引、欧文索引を付す。初版は1974年刊。　　　4619

【便覧】

ISDN技術の国際標準　CCITT Iシリーズ勧告解説　森田茂男，菊田弘之編著　CQ出版　1992.3　254p　26cm　4-7898-3513-8　3800円
ITU（国際電気通信連合）の下部機関であるCCITT（国際電信電話諮問委員会　現在はITU-T）で1988年に標準化されたIシリーズ勧告（ブルーブック）の内容を基本にその後の研究動向、広帯域ISDN（サービス総合ディジタル網）の勧告、およびその検討状況の解説書。Iシリーズ勧告（ISDNの概要と骨格をまとめた29件の勧告）の概要、その構成／用語とISDN概説、ISDNで提供されるサービス、ISDNの網機能、ISDNユーザ・網インターフェイス・網間機能、保守原則、広帯域ISDN、の7章からなる。巻末に索引（五十音順、アルファベット順）を付す。通信技術者を対象。　　　　　　　　　　　　　　　　　　　　　4620

インターネット&ウェブ・イエローページ　1997年度版　Harley Hahn, Rick Stout著　ソフトバンク書籍編集部訳　ソフトバンク出版事業部　1997-　年刊　26cm　付属資料：CD-ROM 1枚（12cm　袋入）原タイトル：『Internet & web yellow pages』
WWWのみならず、FTP、Gopher、Mailing list、Usenet、WAISなどインターネットで利用できるすべてのサービスに関する情報を主題別に提供するインターネット「職業別電話帳」。日本語版には、日本のWWWサーバ情報、ニュースグループ一覧を追加。URLと情報の内容を掲載し、読み物としての紹介記事に力を入れている。英文索引、和文索引を付す。1997年版には本書全情報をAdobe AcrobatのPDFファイル形式で収録したCD-ROMを付す。初版1994年度版、1995年度版の書名『The internet yellow pages』。1996年度版の書名『インターネットイエローページ』。　　　　　　　　　　　　　　　　　　　　4621

インターネット・ブック ダグラス・E.カマー原著 横川典子〔ほか〕訳 トッパン 1995.7 394p 21cm 監修：村井純 『The internet book』1995の翻訳 4-8101-8593-1 3500円

コンピュータネットワークとインターネットをインターネットの概要、歴史、構造、利用法などについて技術的な視点以外から簡潔な文章でわかりやすく解説する。全27章。付録として、ネットワークグループの例、インターネットサービスの例、インターネット用語小辞典（アルファベット順配列）がある。巻末に、略語・和文索引を付す。 *4622*

インターネットユーザーズガイド 改訂版 Ed Krol著 エディックス訳 インターナショナル・トムソン・パブリッシング・ジャパン 1995.1 783p 21cm 監訳：村井純 発売：オーム社 『The whole internet user's guide & catalog 2nd ed.』1994の翻訳 4-900718-12-2 4900円

インターネットについて、初歩の知識から接続法、利用法までを説明した解説書。インターネットに関する歴史、その仕組み、用途、ファイル転送、電子メール、ネットワーク・ニュース、インデックスされたデータベースの検索、WWW、回線接続の問題点などについて幅広い層を対象に詳細に解説。付録として、インターネットへの接続方法、国際ネットワークへの接続、用語解説などを付す。巻末に用語索引（五十音順、アルファベット順）およびアルファベット順のリソース・カタログ索引がある。 *4623*

画像電子ハンドブック 新版 画像電子学会編 コロナ社 1993.3 665p 27cm 4-339-00610-6 18540円

画像電子技術の基礎から応用までの最近の動向を体系的に解説。「基礎・要素技術編」「画像通信インフラストラクチャ編」「テレマティクス編1、2」「テレマティクス周辺技術編」「画像機器・システム編」「資料編」からなり、技術者を対象に詳細に解説する。各章末に和・洋の図書や雑誌をはじめ、技術レポート、便覧などの専門的な参考文献を掲載。「資料編」には技術基準・回線品質、標準化機関と組織、テストチャート・標準画像磁気テープ、年表がある。巻末に和文索引および欧文略語索引を付す。初版は1979年刊。 *4624*

データ通信ハンドブック 電子通信学会編 オーム社 1984.10 491,69p 27cm 4-274-03046-6 8700円

電子通信学会の部門別ハンドブックの一つ。データ通信システム実現に特有な事項、応用、規格、制度面を広くカバーすることを主眼としているため、ハードウェアやオペレーティングシステム、ディジタル通信については直接関連する分野のみの記述にとどめる。データ電送、ネットワークアーキテクチャ、プロトコル、システム設計、法制などを解説した本文14章とデータ通信の規格・標準およびデータ通信システムの実例を収録した付録2章からなる。巻末に和英索引、英和索引を付す。 *4625*

LANマネージャ標準ハンドブック 日本語MS LANマネージャ共通規約 日本語MS LANマネージャ共通規約ワークショップ編著 技術評論社 1991.11 281p 26cm 4-87408-472-9 2900円

マルチベンダによる自由なLANの構築のため、マネージャであるベンダ19社が策定したもの。第1部は、マネージャの特長、主な機能を記述したLANマネージャの概要。第2部は、共通規約の目的と考え方、API共通規約、運用上の留意点、プロトコルスタック、各プロトコルスタックの規定内容、を記述。付録として、LANマネージャ用語集、NETBIOS参考資料がある。巻末に、英字（略語）索引、和文索引を付す。 *4626*

【年鑑】

インターネット白書 1996- 日本インターネット協会編 インプレス 1996- 年刊 28cm

過去1年間のインターネットの動きを概観した資料。1998年版は1部インターネット利用者動向、2部インフラストラクチャー、3部インターネットビジネス、4部インターネットと社会、5部最新技術動向、6部世界のインターネット、7部課題：これからのインターネット、8部付録：インターネット関連組織の構成。テーマ項目ごとに資料番号を付した図表を多用し、簡潔にわかりやすく解説。掲載資料についての一覧を付しているが、そのうち半分近くのデータは付録のCD-ROMにも収録。英文書名：『Internet white book』。 *4627*

◆◆無線通信、電波工学

【辞典・事典】

最新ハム用語辞典 ハム用語編纂会編 山海堂 1993.4 186p 19cm 4-381-09511-1 1800円

ハム用語をアマチュア向きに、多数のイラストを添えて、わかりやすく解説した小型の辞典。邦語の部（五十音順配列、一部対応する英文を併記）、英語の部（主として略語、アルファベット順配列）から成り、欧文・和文モールス符号、よく使われる通信略号などの解説を付す。巻末には付録として「国際呼び出し符号」「デシベル表」がある。 *4628*

電波辞典 第2版 電波用語研究会編 クリエイト・クルーズ 1995.6 327p 20cm 監修：郵政省電気通信局電波部 4-906470-12-2 2800円
無線通信・放送・衛星など電波に関する基礎用語および技術・法令などの専門用語2910語を収録した辞典。用語を五十音順に配列し、対応する英語を併記のうえ簡単な解説を付す。特に技術用語は最新の用語を、法令用語は事業者などのために細目にわたり収録。さらに有線系やコンピュータ関係についても関連基礎用語を収録。巻末に資料編として国内機関団体一覧、海外関係組織一覧などを掲載。初版は1992年刊。　4629

無線工学用語辞典 大岡茂編 近代科学社 1978.9 1冊 22cm 5500円
無線工学関係技術用語を、「電気物理」「電気回路」「電子管」「半導体」「航法無線」「電波伝搬」など14章に分けて解説。項目および解説文中の用語は、『学術用語集』☞0002に準拠しており、見出し語に英語を併記。無線通信技術者および無線従事者国家試験受験者向きに編集。巻末に和文および英文索引を付す。　4630

【便覧】

アンテナ工学ハンドブック 電子通信学会編 オーム社 1980.10 767p 22cm 12000円
アンテナの基礎、主要アンテナの解説、アンテナの測定、材料、設計、電波、法規、データなど15章に分け解説した便覧。アンテナを取り扱う技術者、設計者、研究者から学生、アマチュア無線家までを対象とする。巻末に日本語索引、英語索引を付す。　4631

アンテナ・ハンドブック 第15版 CQ出版 1994.5 399p 26cm （ダイナミック・ハムシリーズ） 4-7898-1025-9 1650円
1.9MHz用からマルチバンド用、モービル用アンテナまで、各種アンテナの制作法を図版入りで詳細に解説。また電波、アンテナの指向性と利得、電波の伝わり方など基礎理論も解説する。国内のアマチュア局の実態を知るためにハム仲間へのアンケート調査結果も掲載。付録として、インピーダンス、リアクタンスの求め方、デシベル計算法などを付す。索引はない。初版は1985年刊。　4632

衛星通信ガイドブック 富永英義〔ほか〕編 森河悠〔ほか〕著 オーム社 1989.8 244p 22cm 監修：郵政省通信政策局 4-274-03255-8 3605円
1983-1987年度に郵政省の提唱で実施された衛星利用パイロット計画の成果をとりまとめ、衛星通信導入を計画している企業や関心を持つ読者を対象に、システムを導入する際のノウハウについて編纂したもの。豊富な図表を使い、入門編で衛星通信、通信衛星の基礎知識を、基礎編で受信信号品質に影響を与える要因、衛星通信システム構成に関する基本概念を解説し、応用編では、近未来までの利用可能な衛星通信システムを紹介し、システム選択時の留意点、無線局免許取得の手続を解説。　4633

電波障害法規制便覧 増補版 リアライズ社 1985.3 801p 31cm 85000円
電波障害に関する米国（FCC）および西独（VDE、FTS）の法規制の現状と動向および法規制への技術的対応策とその事例を2編に分けて解説。対応策にはFCC（米連邦通信委員会）の不要輻射の測定方法などを含む。索引はない。　4634

光通信ハンドブック 柳井久義編集 朝倉書店 1982.9 645,28p 22cm 16000円
光通信の技術体系を総合的に把握し、集大成した便覧。光通信概論、基礎理論、発光・受光素子、光回路部品、光ファイバ・ケーブル、光ファイバ通信、光通信応用技術の7章からなる。巻末に五十音順の事項索引を付す。　4635

無線便覧 平成9年版- 電気通信振興会 1997- 26cm
海上無線通信の日常業務に必要な、船舶局、海岸局などの運営、無線設備の機能の維持管理および法令で定める諸手続きなどについて、総合的に解説したもの。参考資料として、型式検定合格機器・電気通信局認定機器一覧等を付す。1947-1978年まで鸚鵡会、1980年以降現電気通信振興会により平成3年版まで隔年で刊行されていたが、以後中断。今回再刊された。　4636

◆◆画像工学

画像処理ハンドブック 画像処理ハンドブック編集委員会編 昭晃堂 1987.6 756p 22cm 4-7856-9024-0 18000円
画像処理の基礎理論から画像入出力装置などの機器、画像の符号化やコンピュータグラフィックス、リモートセンシング、個人鑑識などさまざまな分野の応用技術について31章にわたって解説。各章末に参考文献、巻末に和文索引を付す。　4637

画像入力技術ハンドブック 木内雄二編 日刊工業新聞社 1992.3 475p 22cm 4-526-03108-9 12000円
画像入力技術のすべてをまとめたハンドブック。画像情報入力の目的から、光と色、撮像光学系、撮像の基礎、イメージセンサ、映像信号の形成と処理、カラー

テレビカメラなどの機器類、計測・処理、画像の評価まで14章に分け、豊富な図版入りで詳細に解説する。技術者向け。巻末に索引（五十音順、アルファベット順）がある。　　　　　　　　　　　　　　　4638

最新映像用語事典　ビデオからCG、マルチメディアまで映像関連用語の解説および活用法　リットーミュージック　1994.6　173p 21cm　監修：竹下彊一ほか　4-8456-0080-3　4000円
テレビ、ビデオからCG（コンピュータグラフィックス）、マルチメディアまで、映像関連用語を解説した事典。2部構成。第1部はビデオ、TV、映画、写真、フィルム、照明、オプティカル・メディアを、第2部はコンピュータグラフィックス、マルチメディアの用語を収録している。各部とも、前半は日本語で五十音順配列、後半は英語でアルファベット順配列。1部・2部の後にVTRフォーマット、テレビジョン標準方式、各国のカラーテレビジョン方式、各国の電圧・周波数などの映像関連データ、光と波長の色、度量衡換算表を付す。巻末に1部・2部の全用語の総合索引（和文、英文）がある。　　　　　　　　4639

テレビジョン・画像情報工学ハンドブック　テレビジョン学会編　オーム社　1990.11　1170p 27cm　4-274-03301-5　32000円
テレビジョンと画像処理技術を融合した内容を体系的に解説する。「光・色・視覚・画像」「画像信号の性質と伝送」「撮像と画像出力」「表示と画像出力」「画像のハードコピー技術」「画像電子回路」「ディジタル画像処理」「CG（コンピュータグラフィックス）」「画像の記録と再生」「放送方式」「番組の制作と運行」「放送網と中継回線網」「TVの送信」「TVの受信」「画像通信」「画像技術の応用」の16編からなる。各章末に規格、会議録などを含む参考文献がある。巻末には和文（英語を併記）と英文の各事項索引がある。『テレビジョン・画像工学ハンドブック』（1980年刊）の改訂版。　　　　　　　　　　　　　　　　4640

マルチメディア時代のディジタル放送技術事典　日本放送協会放送技術研究所編　丸善　1994.6　335p 21cm　4-621-03968-7　4944円
放送分野におけるデジタル化やマルチメディア化に関連する技術を、境界領域の技術も含めて解説する。1．メディアとサービス、2．国際標準規格、3．要素技術の3章構成。1章では放送メディアを中心に通信やパッケージメディアの技術とそのサービスや番組制作技術、2章では各種の標準規格の動向、第3章では情報の圧縮・誤り訂正・デジタル変調・記録・信号処理などデジタル技術の基礎と最新技術を詳細に解説。巻末に用語索引（五十音順）および略語索引を付

す。　　　　　　　　　　　　　　　　　　　4641

◆情報工学、コンピュータ

【辞典・用語集】

イメージスキャナ用語集　第2版　日本電子工業振興協会編　日本電子工業振興協会　1991.7　104p 30cm
製品のカタログ仕様について、ユーザ・メーカーの体系的かつ共通の解釈基準、表記法を明確化するための用語集。各用語を、日本語読みの五十音順に配列し、対応する英語を併記して簡潔に解説。今回新たに、イメージスキャナ装置のカタログ記載事項の一覧を付した。索引はない。1989年刊の改訂版。　　　　　4642

英・露・和情報処理用語対訳集　別所照彦，池田清子編著　現代工学社　1983.5　350p 19cm　4-87472-094-3　3300円
電子計算機、情報工学など情報処理関係の専門用語6000語を収録。関連する数学用語なども含む。本文は英語見出しで配列はアルファベット順。対応するロシア語、日本語の専門用語を併記した3か国語対訳辞書形式。ロシア語、日本語の各索引を付す。解説はない。　　　　　　　　　　　　　　　　　　　4643

英和和英情報処理用語辞典　新3版　土岐秀雄編著　日本理工出版会　1992.9　771p 17cm　表紙の書名：『New computer concise English-Japanese dictionary』　奥付の書名：『情報処理用語辞典』　4-89019-436-3　2700円
情報処理用語の小型英和・和英辞典。コンピュータ（ハード・ソフトウェア）、アプリケーション、システム、NC（数値制御）、倫理学、データ通信、経営科学、経営管理、IE（生産工学）、会計、統計、境界領域、ドキュメンテーション用語、関連現代用語など約6000語を収録。英和の部、和英の部の2部構成だが、和英の部は英和の部の日本語索引の役割。初版は1971年刊。最新のJIS（日本工業規格）に基づいて、前版（1983年刊）を全面的に改訂。　　　　　　　　　　　4644

OCR用語集　第2版　日本電子工業振興協会編　日本電子工業振興協会　1993.3　143p 30cm
OCR（光学式文字読取装置）のカタログやマニュアルの用語の統一をはかるための用語集。本文は英語（アルファベット順）、数字、日本語（五十音順）の順に配列し、英語名、用語の定義・説明、同意語を記している。巻末に索引（五十音順、英文アルファベット

順）を付す。また、帳票・文書・ハンドOCRのカタログに記載する仕様項目表がある。初版1991年刊。
4645

コンピュータ英語活用辞典 改訂増補版 三島浩著 オーム社 1990.6 611p 22cm 監修：相磯秀夫 4-274-07550-8 7500円
コンピュータ分野の英語用語・用例の和英辞典。コンピュータの文献に頻出する名詞、動詞、形容詞、副詞、略語、接頭語などを見出し語として、アルファベット順に配列し活用例を記載。巻末に日本語からも引ける詳細な用語および活用例の五十音順索引を付す。初版（1984年刊）を人工知能関係を中心に増強して改訂。1998年に新版を刊行。
4646

コンピュータ英和辞典 井口厚著 学習研究社 1984.12 671p 19cm 4-05-100999-8 3000円
コンピュータ分野の英文用語約850語を収録した英和辞典。配列は英文見出し語のアルファベット順。各項目は、見出し語のカタカナ読み、対訳、和文解説、用例、参照用語からなる。日常語とは異なった意味に使用されるコンピュータ用語の理解を助け、用法を明確にするための英文用例とその対訳を収載しているのが特徴。参照用語は、対照的な用語、類似した用語、混同されやすい用語などを対象とする。巻末に和文事項索引を付す。
4647

コンピュータ英和・和英辞典 第2版 日本ユニシス編 共立出版 1993.6 619p 19cm 4-320-02642-X 6180円
数学や論理学からデータ通信まで、幅広い分野の情報処理用語を収録したコンパクトな用語集。英和の部（アルファベット順、1万9600語、略語2300語）、和英の部（五十音順、1万9200語）からなる。情報処理関連のJIS規格で採用されている日本語を優先的に収録。巻頭にJIS、ISO、IEEEなどの参考文献を示す。初版は1978年刊。
4648

コンピューター・エンジニアリング用語34000 『工業英語』編集部編 インタープレス 1984.2 2冊 19cm （ハンディ辞典シリーズ 6,7）「英和編」「和英編」に分冊刊行 4-87087-106-8 4100円,4200円
コンピュータ関連用語3万4000語の日本語－英語対応用語集。IBM情報処理用語、JIS情報処理・集積回路・パルス技術・シーケンス制御記号の各用語に、編者の収集した用語を追加。各語に典拠を明示。
4649

コンピュータ2500語事典 パソコン・コンピュータの本を読むときの必需書 新訂増補版 河合正栄著 大阪弘文社 1992.6 358p 22cm 4-7703-1165-6 1800円
市販のコンピュータ関係の学習書などに出てくる用語を解説した事典。大型からパソコンまで、ハード、ソフトを含めて2500語を解説する。前半は日本語見出し語を五十音順に配列し、英語を併記。後半は英語見出し語のアルファベット順。プログラム言語はCOBOL、FORTRAN、BASICの3種類について、その命令語も用語として解説する。すべてを独立項目として収録してあり、用語の意味をすぐに知りたいという要求にこたえる。『コンピュータ2000語事典』（1985年刊）の新訂増補版。
4650

コンピュータ用語事典 改訂2版 伊東正安編 オーム社 1992.6 340p 19cm 執筆：市野学ほか 4-274-07710-1 2500円
旧版をもとに、人工知能、信号および画像処理技術、コンピュータ通信・ネットワーク、材料デバイスなどの分野の新しい用語も収録。五十音順配列。各項目とも英語を併記。技術者のみならず高校生をはじめ、一般の人も活用できるように学術・専門的表現をさけ、平易に解説する。巻末に欧文事項索引を付す。初版は1983年刊。
4651

最新OA用語集 OA essential 800 words 1991 日本オフィスオートメーション協会企画・編集 日本オフィスオートメーション協会 1991.3 229p 18cm 発売：日本能率協会 4-8207-8003-4 1500円
オフィス・オートメーションの分野で使用頻度の高い用語約800語を解説したコンパクトな用語集。用語の配列は日本語、外国語、略号を問わず五十音順とし、同義語、訳語は矢印で参照する語を指示している。巻末に和文索引、英語索引を付す。初版は1985年刊。
4652

最新コンピュータ辞典〔1995〕日本ナレッジインダストリ株式会社編 西東社 1995.4 574,81p 18cm 日本語・英語索引付き 4-7916-0816-X 1400円
汎用コンピュータからパソコンまで、コンピュータを活用するうえで必要な仕様書やマニュアルに出てくる用語、マスコミに頻出する用語など1293語、関連・同義語を含め2624語を収録。欧文アルファベット順（日本語を併記）および日本語五十音順（欧文を併記）配列。最初に用語の定義を、その後により詳しい解説を付す。重要な用語については、その概念や仕組みを図や写真で示す。初心者にもわかりやすい辞典。巻末に和文索引・欧文索引がある。初版は1993年刊。1998年に新版（3218語収録）刊行。
4653

最新コンピュータ用語英和対訳辞典 大場五夫著 技術評論社 1992.10 564p 20cm 4-87408-522-9 1980円
約2万9600語収録。英語見出し語のアルファベット順配列。各用語にApplication（経営管理、人工知能な

ど)、Communication（コンピュータ・ネットワーク、パソコン通信など）、General（コンピュータ全分野）、Hardware（各種装置、素子）、Programming（プログラミング、システム開発）の用途別分野を示す記号を付す。巻末に英文略語一覧を付す。MS-DOSの標準テキスト形式のフロッピーでも入手可能。　　*4654*

最新・コンピュータ用語辞典　PCW倶楽部著　日東書院　1993.8　414p 18cm　4-528-00663-4　1200円
コンピュータの基礎的用語から機能・概念、コンピュータをとりまくOA関連用語まで、広い範囲の用語を解説したコンパクトな辞典。対応する英語、簡潔な解説および関連用語を付す。巻末に英文索引がある。
4655

最新コンピューター用語の意味がわかる辞典　改訂3版　大沢光著　日本実業出版社　1995.6　494p 19cm　4-534-02049-X　1650円
1900語を収録。ISO9003、アウトソーシング、遺伝的アルゴリズム、四次元コンピュータなど、最新の内容を盛り込み、パソコンやコンピュータと直接かかわりをもたない読者にもわかるように平易に解説した縦書きの辞典。必要に応じて、技術的あるいはビジネス上の話題や関連する学会名・団体名・文献などを記した注釈がある。五十音順配列で、対応する英語、略号と解説を付す。巻末に和文索引、略語・合成語索引（アルファベット順）を付す。初版は1982年刊。前版（改訂新版）は1990年刊。　　*4656*

最新パソコン基本用語辞典　機能引き　関連用語がわかる読む辞典　データ・ビレッジ，ノマド・スタッフ著　新星出版社　1993.4　260p 19cm　4-405-06126-2　1600円
パソコンユーザーが必要とするコンピュータ関連用語を選択し解説した辞典。基本用語、PC9800シリーズで使われている用語、MS-DOS関連用語、PC9800とそれ以外の機種の比較対象用語を収録。基本用語、メモリとCPU（central processing unit）など7分野に分けて解説。巻頭に索引（和文、英文）がある。
4657

最新パソコン用語事典　1990年版−　大島邦夫〔ほか〕著　技術評論社　1990−　年刊　19cm　監修：岡本茂　4-7741-0407-8
パソコンに関する最新用語を写真や図版を多用して簡潔に解説した事典。採録分野は基礎ソフト・ハードウェア、マルチメディア、プログラミング言語、データベース、ワープロ、数理科学、ネットワーク、グラフィックス、人工知能、システム。数字、英字、かな・漢字の五十音の部の3部からなる。巻末に文字コード体系、単位の表現などの資料編および欧文索引がある。各項目には分野を示す記号を付す。毎年改訂。解題は1997/98年版による。　　*4658*

実用コンピュータ用語辞典　実用コンピュータ用語辞典編集委員会編　日刊工業新聞社　1995.2　372p 19cm　4-526-03659-5　2800円
パソコン、ワークステーションから、メインフレーム、スーパーコンピュータ、ネットワークまで、コンピュータ、情報通信分野で使われる最新用語2700語を収録。数字、英字、日本語（五十音順）の順に配列し、必要に応じ図表、写真を挿入し、解説を付す。巻末に英文索引がある。　　*4659*

情報技術用語あ・ら・かると　違いがスッキリわかった！　佐藤和彦編著　電気通信協会　1993.8　180p 19cm　発売：オーム社　4-88549-500-8　1800円
情報技術を専門としない技術者や学生のために、広い範囲にわたる情報技術用語を解説する。情報技術の全体像把握のために情報技術体系を示し、各用語をハードウェア関連、ソフトウェア関連、通信関連、情報システムアーキテクチャ関連、システムインテグレーション関連、その他に分類し、1項目見開き2頁で類似用語と比較しながら、差異や視点の違い、使用される文脈をわかりやすく解説する。索引はない。　*4660*

新マイコン用語事典　重要用語の集中解説によるマイコン入門　1994版　日本電気(株)半導体グループ編著　秋葉出版　1994.4　227p 21cm　4-87184-018-2　2300円
ソフトウェアや音声合成/認識、ローカルネットワークなどを含む最新のマイコン用語730語を解説。配列は日本語、外国語、記号、略号を問わずすべて表音式の五十音順配列。見出し語には対応する英語を付す。巻末に五十音順索引がある。技術解説事典としても使えるコンパクトな事典。初版は1979年刊。前版は1986年刊。　　*4661*

図解コンピュータ用語辞典　ソフトウェアを志す初心者用　改訂版　渡辺一郎，平原英夫著　富士書房　1993.7　640p 18cm　4-938298-05-8　2700円
コンピュータ・ソフト全般の用語1800語を豊富な図・表をまじえて解説したコンパクトな用語辞典。見出し語の配列は五十音順。欧文略語はアルファベット順。コンピュータ・ソフトの問題を解くための考え方からフローチャート、プログラム作成までを詳細にわかりやすく解説する。ASCIIコード、EBCDICコード、JISコード、漢字コード表を収載。巻末に解説文中の用語を含む英和索引を付す。初版は1986年刊。　*4662*

すぐわかる最新ワープロ・パソコン用語辞典　成美堂出版

1993.11　437p　20cm　監修：大藪多可志　4-415-08003-0　1800円

ワープロ・パソコンに関係する新しい用語に重点をおいて簡潔に解説する。本文は、数字順、五十音順に配列し、英語を併記。巻末に、欧文索引、各種用語索引（基本MS-DOS、ワープロ、アプリケーション、通信用語、トレンドの5種で五十音順）を付す。また、NIFTY-Serve、日経MIXなどの商用ネットワークガイダンスがある。
4663

日経パソコン新語辞典 1987年版－　日経パソコン編集　日経BP社　1987－　年刊　19cm　発売：日経BP出版センター　4-8222-0971-7

1987年以来、毎年新語を加えて刊行してきたパソコン用語辞典。1997年版は特にインターネット用語を充実し、約2150語を収録。巻頭に、パソコンを利用するうえで欠かせない基本用語216語を収載。本文は数字、アルファベット、五十音順に配列し、詳細に解説する。付録として、パソコン年表、パソコン関連単位一覧表、パソコン・情報処理関係機関一覧、主要パソコン通信サービス一覧などがある。巻頭に総索引の役目を兼ねる目次を、巻末に分野別索引を付す。
4664

パソコン基本用語辞典　最新情報が手にとるように分かる　森野栄一編　ぱる出版　1993.10　277p　21cm　4-89386-304-5　2800円

パソコンに関する基本用語を中心に、ビジネスマンや購入予定者に必要な知識を解説する。見出し項目は表音による五十音順配列。英語を併記し、簡潔に解説。巻頭に見出し項目・文中項目の総索引を置く。配列は、数字、アルファベット略語、五十音順。巻末に欧文索引を付す。
4665

パソコン用語図説事典　徹底理解　常用される"パソコン用語＆電子工学"の早わかり活用集　末広憲治著　山海堂　1989.3　238p　22cm　4-381-08077-7　2200円

マイコンやパソコンで常用される用語を1頁に1項目ずつ、230項目を収録。図解を中心に平易に解説したもの。用語の配列は五十音順。
4666

パソコン用語の意味がわかる辞典　日本実業出版社編　日本実業出版社　1996.11　342p　19cm　4-534-02538-6　1400円

パソコンの広告、カタログ、仕様書、マニュアル、雑誌を中心に、初心者が疑問に思う用語や、パソコンの導入・活用に必要な用語を収録。用語の読みのひらがな・カタカナ表記の五十音順配列で、写真、図を多用しわかりやすく解説している。巻末に数字、欧文見出し語（アルファベット順）および見出し語以外の重要語（五十音順）の索引を付す。1999年に新版を刊行。
4667

パソコン用語迷解辞典　松下典聖，The Foresight Inc.著　秀和システムトレーディング　1992.7　265p　21cm　4-87966-278-X　1500円

パソコン関係でよく使われる用語を国語辞典、英語辞典、用語集、一般図書、雑誌など、あらゆる文献を引用しながらユーモアあふれる文章で読み物風に解説した事典。「インターフェイス」「アクセス」「システム」「メディア」「初期化」「標準」「互換性」「サポート」「ソフトウェア」「環境」「開発」「オブジェクト」の12項からなる。巻末に参考文献（150点以上）がある。索引はない。
4668

和英コンピュータ用語大辞典　第2版　コンピュータ用語辞典編集委員会編　日外アソシエーツ　1997.1　1212p　22cm　発売：紀伊国屋書店　4-8169-1406-4　9785円

通信分野を含むコンピュータ関連分野を対象に約3万3100語を収録。見出し語は五十音順配列で、その後に英略語などをアルファベット順配列で収録。JIS規格との関連も明記され、同義語、反対語、用例、文例が豊富。初版（1989年刊）に約6000語を追加。3万598語を収録した『英和コンピュータ用語大辞典』（第2版、1996、1173p）の姉妹版。
4669

【事典・便覧】

共立総合コンピュータ辞典　第4版　日本ユニシス編　共立出版　1994.4　1354p　22cm　4-320-02691-8　29870円

情報科学について用語編と解説編に分け解説。「用語編」は情報科学の各分野の用語（英語5400語）をアルファベット順に配列し、その意味を簡潔に記す。「解説編」はコンピュータとその利用技術に関する諸問題を解説したもので、データ処理技術の基礎から応用システムまで6部からなる。付録として「情報処理の標準化」で情報科学の規格の流れを解説する。巻末に索引（和文、英文）を付す。初版は1976年刊。第3版は1990年刊。
4670

記録・記憶技術ハンドブック　記録・記憶技術ハンドブック編集委員会編　丸善　1992.8　621p　27cm　4-621-03737-4　30900円

「記録（ハードコピー）」およびその工業的類縁技術である「記憶（メモリ）」分野の技術を専門家向きに解説。情報社会と画像などを述べた「概論編」、文字・図形処理などを述べた「画像処理編」、記録方式ごとのプリンティング技術などを述べた「ハードコピー編」、光ディスク・半導体メモリなどを述べた「メモリ編」の全4編で構成。技術者・研究者を対象として詳細に解説する。各章末には、内外の参考文献を豊富

に記載。付録として、画像処理の標準化、メディアフォーマットの標準化がある。巻末に事項索引（五十音順）を付す。　　　　　　　　　　　　　　　4671

コンピュータの事典 第2版　相磯秀夫，田中英彦編　朝倉書店　1991.7　953p　22cm　4-254-20061-7　18540円
コンピュータに関連する事項を基礎から応用まで体系的に解説した事典。基礎、ハードウェア、ソフトウェア、応用の4編からなる。「基礎編」はコンピュータ産業の歴史やコンピュータの基礎理論を、「応用編」はシステム開発やパターン認識と人工知能などを扱う。主として、官公庁、公共企業体、学校および企業のコンピュータ関連部門の技術者や研究者を対象とする。各章末に多数の参考文献を掲載。巻末に和文および欧文の事項索引がある。初版は1983年刊。　4672

図解コンピュータの大百科　オーム社編　オーム社　1995.11　1130p　27cm　監修：江村潤朗　4-274-07828-0　20600円
図やイラストを駆使してコンピュータの基礎的な知識から情報技術、情報システム、情報社会の諸課題など6部構成で体系的にわかりやすく解説した事典。巻末に和文索引を付す。　　　　　　　　　　4673

DOS/V活用事典　Unizon DOS/V活用研究会編著　成美堂出版　1993.11　319p　16cm　4-415-08015-4　1200円
DOS/Vマシンについての知識と、その活用方法を解説したハンディな事典。「インストール編」と「用語解説編」からなる。DOS/Vマシン出生の秘密、DOS/Vマシンのいろいろ、その選び方、インストール方法、ソフトウェア、周辺機器を紹介し、続いて、DOS/Vマシンを理解するために必要な用語を解説する。巻頭に索引（和文、英文）を付す。　　4674

光ディスク技術ハンドブック　CD-ROMから書き換え型まで　日経マグロウヒル社　1987.9　181p　27cm　監修：光産業技術振興協会　4-8222-7052-1　18000円
光ディスクの技術全般について解説した便覧。第1-5章で、光ディスクの方式、記録材料、装置、信号記録方式などを解説し、6章に光ディスクの標準化についての資料を掲載。巻末に参考文献、五十音順の事項索引を付す。　　　　　　　　　　　　　　　　4675

マルチメディア事典　デジタル・クリエイターズ連絡協議会編　朝日新聞社　1994.8　481,1p　21cm　4-02-258568-4　5400円
コンピュータ、印刷、音楽、通信、テレビなど広範囲のマルチメディア用語を解説した事典。見出し語は五十音順配列。大きな活字で見やすい。多数の図・表・イラストを挿入して詳細に解説する。付録に、執筆参考文献、マルチメディア関連辞典・事典・辞書、マルチメディア関連図書、海外のマルチメディア関連雑誌・図書などのリストのほか、マルチメディア関連団体住所録などがある。巻末に、和文索引および英文索引を付す。　　　　　　　　　　　　　　　4676

【年鑑】

コンピュータデータブック　1994年版　日本電子工業振興協会編　電波新聞社　1994.2　123p　21×11cm　4-88554-406-8　1600円
情報処理システム全般のコンパクトな産業データブック。電子工業の推移、コンピュータ機種別市場動向、半導体の推移などのデータのほか、経済指標、生産動態調査、電子計算機納入調査など政府統計も掲載し、相互に比較、分析ができるように編集。付録に、情報処理関連団体一覧、電子計算機の地域別輸出状況、同輸入状況がある。全文英文併記。　　　4677

パソコン白書　1990年版-　日本電子工業振興協会編　コンピュータエージ社　1990-　年刊　26cm　監修：通商産業省情報産業局
パソコン市場や利用の実態、新技術、新製品の動向、今後の展望などについてまとめたもの。日本電子工業振興協会が実施している出荷統計や各種の調査データにもとづいて分析し、グラフや図を多用して解説。巻末にパソコン年表などを付す。解題は1997-1998年版による。　　　　　　　　　　　　　　　　　　4678

パーソナルコンピュータに関する調査研究報告書〔平成3年度〕-　日本電子工業振興協会編　日本電子工業振興協会　1992-　年刊　30cm
パソコン市場の5か年間の予測とともにマルチメディアパソコンに不可欠なCD-ROMの動向、家庭・個人の通信利用などについて実施した「パーソナル情報化の新展開と利用に関する調査研究」の成果をまとめたもの。1　市場5カ年予測、CD-ROM市場動向、パソコン通信実態等　2　パソコンLAN動向調査の2分冊。解題は平成7年度版による。　　　　　4679

◆自動制御工学

計測制御技術事典　計測自動制御学会編　丸善　1995.2　23,519p　27cm　4-621-04018-9　20600円
計測制御に関する事項を、ソフト、ハードの両面から解説した事典。計測制御技術を、「センサ」「信号処理/パターン処理」「計測物理/精密計測」「制御/ロボッ

ト/アクチュエータ」「計測アルゴリズム」「機器/システム」の6部門に分類し、各部門での技術動向を解説した「概説」を冒頭に、次に技術用語400項目を対応する英語、関連語を付し、詳細に解説する。各項目末尾に参考文献がある。巻頭に目次のほか和文キーワード850語（五十音順）、欧文キーワード580語（アルファベット順）を掲載。　　　　　　　　*4680*

自動制御ハンドブック　計測自動制御学会編　オーム社　1983.10　2冊　27cm「基礎編」「機器・応用編」に分冊刊行　4-274-03001-6　各17000円
自動制御の成果のうち、比較的連続性と永続性に富む基礎的・理論的な部分の「基礎編」と、機器、要素技術などの固有技術から広範な分野のシステム技術までの「機器・応用編」の2分冊で刊行。制御技術を利用する技術者・研究者などを対象とし、制御系の計画・解析・設計・開発・運用などに直接役立つ。各章末に参考文献、各編それぞれに五十音順事項索引を付す。
4681

ファジィ応用ハンドブック　九州産学官協力会議編　工業調査会　1991.7　486p　22cm　監修：山川烈　4-7693-5048-1　9800円
企業の研究者によるファジィ研究開発成果の応用事例を中心に解説したハンドブック。「基礎編」「応用事例編」「資料編」からなる。「基礎編」はファジィとは何か、ファジィ集合論などを、「応用事例編」はファジィコントローラ、全自動洗濯機、コンパクトカメラのオートフォーカス、トンネル掘削機、自動車用定速走行装置、経済動向予測モデルなどの事例を紹介。「資料編」はファジィ研究開発一覧で、開発年、開発所名、題名の表である。巻末に事項索引（五十音順、アルファベット順）がある。　　　　　　　　　　　*4682*

ロボット工学ハンドブック　日本ロボット学会編　コロナ社　1990.10　800p　27cm　4-339-03139-9　20600円
ロボット技術を基礎的・要素的事項からシステム的・応用的事項へと体系的に編集した大型便覧。各編は独立したロボット工学の一分野を構成し、必要な技術を即座に探し出せるようになっている。「基礎」「要素技術」「制御技術」「情報認識」「システム」「応用」「資料」の7編。資料編には「産業用ロボット用語と記号のJIS規格」「産業用ロボットの安全通則」「ISOにおけるロボット用語に関するテクニカルレポート」などを含む。巻末には五十音順、アルファベット順索引を付す。　　　　　　　　　　　　　　　　　　*4683*

◆電子工学、エレクトロニクス
■「電気工学、電気工業、電気事業」の辞典・用語集も見よ。

【辞典・事典】

エレクトロニクスキーワード集　1992年版　電波新聞社編　電波新聞社　1991.9　246p　21cm　4-88554-304-5　2000円
エレクトロニクス分野を中心に、関連する分野の用語も幅広く取りあげる。「通信/ニューメディア」「コンピュータ」「ホームエレクトロニクス」「電子部品/電子材料」「その他」の5つに分け、エレクトロニクス用語は詳細に、関連する用語は概略的に解説する。可能なものには英語を併記。付録には、電子工業、電子部品の生産実績、電子部品の輸出入実績など、実用的なデータを付す。巻末に事項索引（略語・日本語）がある。　　　　　　　　　　　　　　*4684*

エレクトロニクス重要用語集　最先端キーワード1000　電子材料編集部編　工業調査会　1985.10　529p　19cm　4-7693-1048-X　2800円
エレクトロニクスに関する1000語を、「材料」「デバイス」「システム」の3部門に大別し、用語が登場した背景、技術動向、将来への展望を含め図表を用いて平易に解説。見出し語の五十音順索引を付す。　*4685*

エレクトロニクス用語辞典　改訂版　手嶋昇次著　電波新聞社　1994.11　615p　19cm　4-88554-428-9　4600円
エレクトロニクスに関する基礎から応用まで、広範な分野の専門用語6600語を解説したコンパクトな辞典。エレクトロニクスに関する専門用語、すなわち、基礎的な電気理論、材料、電子回路をはじめとして、アマチュア無線、オーディオ、マイコンや、それらに関する物理・化学などの分野の専門用語を吟味選択して収録。和文は五十音順（原則として英語併記）、欧文はアルファベット順配列。1400点に及ぶ図表を挿入し、初心者から専門家まで使える。1979年初版の改訂版。
4686

最新電子材料活用辞典　日本電子材料技術協会編　工業調査会　1992.5　245p　19cm　4-7693-1095-1　3200円
エレクトロニクス分野の用語のうち、主に電子材料関係の用語1000語を解説したコンパクトな辞典。金属、セラミックス、高分子、複合、半導体、磁性、接合材料、光の各分野を主体に応用分野も含む。用語を五十音順に配列し、日本語には対応する英語を併記。用語の重要度にしたがって説明語数を変える。付表に「電子材料関連規格の略号と名称」「SI単位の換算表」がある。巻末に英文索引を付す。　　　　　　　　　　*4687*

最先端メカトロニクス用語早わかり 須賀雅夫著 オーム社 1985.11 204p 21cm 『省力と自動化』1984年12月別冊 4-274-08561-9 2900円
メカニクスとエレクトロニクスの複合分野で新聞記事に使用された話題性の高い用語約400語を収録し平易に解説した用語辞典。基礎、センサ、プロセッサ、アクチュエータの要素技術、設計システム、生産システム、応用の各章からなる。外国企業名、学会名なども含む。項目と解説中の事項を合わせた和文索引を付す。   4688

図解メカトロニクス用語辞典 日刊工業新聞社 1984.11 398,19p 18cm 監修：尾崎省太郎 執筆：井上英夫ほか 4-526-01783-3 3800円
機械工学、電子工学が合体した総合技術であるメカトロニクスの用語として、センサ、材料、光学技術、生産管理技術などの分野から2500語を収録し解説。見出し語は五十音順配列で英語名を併記し、解説を付す。巻末に「英日対照索引」および付録として、「フローチャートシンボル（JIS C 6270-1975）」「工作機械標準商品分類」などを収載。   4689

先端電子材料事典 先端電子材料事典編集委員会編 シーエムシー 1991.3 1111p 22cm 39140円
研究段階にある新しい電子材料を中心に解説した事典。内容は概説、項目説明、索引からなり、「概説」は電子材料の基礎、半導体、超電導、誘電体、磁性、光エレクトロニクス、表示・記録・記憶、センサー、デバイス製造・実装技術、分子エレクトロニクス、エネルギーなど13分野に大別し、その概要を説明。「項目説明」は、中項目方式で、欧文併記、分野記号、解説、参考文献、執筆者名を記載する。巻末に和文索引、英文索引を付す。   4690

電子材料用語辞典 小沼稔著 工学図書 1993.12 288p 19cm 4-7692-0287-3 2000円
電子材料関連用語約800語を解説したコンパクトな辞典。五十音順に配列し、対応する英語を併記し、図表を多用して丁寧に解説している。巻末に英文索引がある。技術者から学生まで広い層を利用対象としている。   4691

メカトロシステム事典 メカトロシステム事典編集委員会編 産業調査会出版部 1982.8 1冊 27cm 26000円
機械と電子が結合した技術であるメカトロニクスを総合的に解説したハンドブック。「マイコン編」「センサ編」「アクチュエータ編」「資料編」の4編で構成。「マイコン編」では集積回路や周辺端末装置などのハードウェア、ソフトウェア、オペレーティングシステムを、「センサ編」では、その特質や信号処理技術、インターフェイス技術を、「アクチュエータ編」では、電気、空気圧、油圧を動力とするアクチュエータについて、その適用例や将来展望を含めて解説。「資料編」では、関連商品を3編に分けて紹介。五十音順の社名索引がある。巻末に用語の五十音順索引を付す。「資料編」を除く3編を『メカトロシリーズ』の書名で「産業用マイコン」「産業用センサ」「産業用アクチュエータ」として1983年に分冊刊行。   4692

【便覧】

最新メカトロニクス技術百科 省力と自動化編集部編 オーム社 1988.6 250p 26cm 4-274-08594-5 3000円
基礎技術、センサ、コンピュータ、人工知能、アクチュエータ、CAD（computer aided design）技術、CAM（computer aided manufacturing）技術、ロボット、関連技術の9編に区分し、機械の電子化に関する392語を解説した事典。巻末に和文索引および欧文索引を付す。『最先端メカトロニクス用語早わかり』☞4688に、その後の技術進歩を反映し増補改訂したもの。   4693

先端デバイス材料ハンドブック 電子情報通信学会編 オーム社 1993.5 700p 27cm 4-274-03426-7 18000円
先端デバイスとその材料を系統的に記述したハンドブック。5編からなり、第1編は科学的観点から材料の性質を概観、第2編から5編までは、超高速トランジスタ、高速・高密度半導体メモリ、超高速デバイスメモリ、液晶ディスプレイ、光ファイバ・半導体レーザなど各デバイスについて、機能面から、デバイス性能と材料の性質との関係を詳細に記述する。巻末に和英索引、英和索引のほかに、物質名から特性データを検索するための「物質名索引」（アルファベット順）と、特性項目から物質のデータを検索する「特性項目索引」（分類順）がある。   4694

総合電子部品ハンドブック 日本電子機械工業会編 電波新聞社 1980.7 1214p 22cm 10000円
電子部品を能動部品、受動部品、機構部品に大別し、個々の部品について、定義、分類上の位置、種類、用途、動作原理、外観構造、特徴、製造方法、材料、歴史、将来性・開発の方向、生産額や数量を概説したもの。用語名には英語を併記。巻末に和文索引、英文索引を付す。   4695

電子材料総覧 1986年版－ 東京テクノブレイン株式会社編 東京テクノブレイン 1986－ 26cm
電子工業の各種材料について最新の実情を把握するための技術と市場に関する総合的調査資料。内容は1998/99年版は配線基盤材料、導電性材料など材料別に22章で構成。合成樹脂材料に重点をおく。1993年版

の標題は『電子材料機器部品総覧』、1998/99年版の標題は『電子工業材料総覧』というように掲載品目の内容により変更。不定期刊。
4696

薄膜作製応用ハンドブック 多賀康訓〔ほか〕編　エヌ・ティー・エス　1995.11　1187p　27cm　監修：権田俊一　4-900830-06-2　68000円
薄膜技術および評価技術、各種産業分野への応用を実務的視点から記述。巻末に著者別索引（五十音順）、事項索引（アルファベット順と五十音順）を付す。『薄膜の作製・評価とその応用技術ハンドブック』（中井康雄ほか編、フジ・テクノシステム、1984）をもとに、構成、内容を一新したもの。
4697

薄膜ハンドブック 日本学術振興会薄膜第131委員会編　オーム社　1983.12　950p　27cm　4-274-02076-2　22000円
電子素子、集積回路、光学部品などに用いられる薄膜に関する技術全般について解説した便覧。「製作法」「構造・組成とその測定法」「物性と応用」の3編で構成。具体例とデータを豊富に揃え、図を多用しわかりやすく解説。保護膜、硬化膜、プラスチック基板上の薄膜などについても詳述。各章末の参考文献が充実。単位系の統一は行わず、付録として換算表を掲載。巻末に和文索引、英文索引を付す。
4698

メカトロニクス実用便覧 メカトロニクス編集委員会編　技術調査会　1983.5　1087p　22cm　製作・販売：情報調査会　4-915537-00-5　19500円
電子工学（エレクトロニクス）によって複合・高度化された機械工学（メカニクス）の新しい技術であるメカトロニクスについて、基礎（総論、設計）から応用（個別分野のメカトロニクス、事例、製品）までを体系的に解説した便覧。巻末に五十音順索引を付す。
4699

【年鑑】

カード市場マーケティング要覧 1989年版−　富士システムリサーチ　1989−　年刊　30cm　4-938295-29-6
大型化しつつあるカード産業の現況について、材料、関連機器、データキャリア製品の最新動向や市場の実態に関するデータをまとめた年鑑。総括編、個別市場編の2部構成。2000年版の副題は、「磁気カード〜ICカードのトータルマーケット分析/アプリケーション別導入カードの現状及び方向性」。
4700

電子機器年鑑 1987−　中日社〔編〕中日社　1987−　年刊　26cm
電子機器の市場現況および将来予測について、品目ごとに解説した年鑑。電子機器全体の市場の動きと市場に影響を与える新しい技術システムを記載した第1編「電子機器産業の現況と展望」および第2編「各論」からなる。第2編は電子計算機、OA機器、家庭用電気機器、ロボット、通信機器など関連のある製品をまとめ19分野に分類し、各品目ごとに「製品動向」と「市場＆業界」に分け、技術的な動きにも言及しながら、頁単位で図表やデータによりわかりやすく解説している。1996年版の収録品目数は430。巻末に五十音順品名索引を付す。『電子部品年鑑』☞4703の姉妹編。英文書名『Annual of electronic equipments』。
4701

電子工業年鑑 1959−　電波新聞社編　電波新聞出版部　1959−　年刊　27cm　監修：経済産業省商務情報政策局
わが国電子工業の動向、内外の電子工業関連政策などを統計を用いて多角的に解説するとともに、電子機器や通信機器等の個々の装置について、概況と需給、輸出入動向を載せている。解題は2001年版による。
4702

電子部品年鑑 1995−　中日社〔編〕中日社　1995−　年刊　26cm
電子機器部品・デバイスの市場データを品目ごとに掲載した年鑑。第1編「電子部品産業の現況と展望」、第2編「デバイス編」からなる。第2編は半導体、センシングデバイス、機能部品、受動部品、機構部品、電子材料、マイクロ電池など11に分類。各品目ごとに定義、概観・構造、製品開発、用途、機能、技術、価格、将来性などについて「製品動向」、「市場＆業界動向」に分け、図表を多用して頁単位で記述。電子部品の海外での生産増傾向を受けて、世界的な動向も加味。1994年版には400品目余を収載。『電子機器年鑑』☞4701の姉妹編。1984−1994年版の書名『総合電子部品年鑑』。英文書名『Annual of electronic devices components』。
4703

【名簿・名鑑】

エレクトロニクス会社総覧 1987−1991年版　電波新聞社編　電波新聞社　1986−1991　27cm
電波新聞社が過去2、3年に独自に調査して選んだ会社の名鑑。「会社編」（社名の五十音順）は、役員、資本金、業績、生産品目、設立、主要仕入先、支社・支店、関連会社を記載。「団体名簿編」（団体名の五十音順）は、会員、設立、事業の概要、役員、事務局など。巻末に品目別会社索引（15分類）。隔年刊。1991年版で刊行停止。
4704

◆◆電子回路、集積回路

【辞典・事典】

IC用語辞典 井上寿雄著 電波新聞社 1986.7 410p 19cm 4-88554-086-0 2500円
半導体IC（集積回路）に関する用語約3000項目を、五十音順に配列し平易に解説。入門者から専門家まで広い範囲を考慮に入れた語彙と解説内容。略語も多く掲載し、必要に応じて図、表で説明。見出し語には対応英語を併記。巻末に英文索引を付す。　　　　4705

基本ASIC用語辞典 IC/LSI設計の基礎がたちまちわかる 西久保靖彦著 CQ出版 1992.8 215p 21cm （I/F essence）4-7898-3669-X 2300円
ASIC（特定用途向けICやLSI）の設計や営業に携わる人を対象に、IC設計用語に加えて、IC関連の製造プロセス、実装技術、半導体デバイス、電子工学一般やコンピュータ関連用語までを簡潔・平易に解説。トピック的な話題はコラムとして記述。五十音順配列で英文併記。略号はアルファベット順配列。巻末に、参考文献、英文索引を付す。また、国内で入手可能なLSI・CAD/CAEツール例も付す。　　　4706

最新LSI用語事典 エレクトロニクス編集部編 オーム社 1988.7 100p 26cm 4-274-03217-5 1800円
多数の集積回路群を1枚の基盤上に相互配線したLSI, large scale integration（大規模集積回路）についての用語辞典。約250項目を収録。項目の五十音順配列で英語を併記、アルファベットの略語は最後に掲載。巻頭に目次を兼ねた五十音順の索引がある。　　4707

超LSI総合事典 垂井康夫〔ほか〕編 サイエンスフォーラム 1988.3 928p 27cm 監修：西沢潤一 55000円
超LSI（超大規模集積回路）に関連する用語の解説事典。第1部は英語の略語を主とする用語のアルファベット順、第2部は日本語表記の五十音順配列。各用語に、対応する英文、略語、正式表記、同義語、関連語を付記。巻末には、用語総索引（アルファベット順および五十音順）、英文索引約4500語を付す。　4708

【便覧】

アナログIC応用ハンドブック 日本電子工業振興協会アナログIC応用技術編集委員会編 工業調査会 1976 502p 22cm 監修：黒川一夫 4500円
アナログIC（集積回路）の基礎から実際的な具体例までを解説した便覧。「基礎」「応用」「資料」の3編で構成。「基礎編」では、ICの概要、回路構成、製造技術、増幅器など、「応用編」では、計測器、増幅器、スイッチ、発振器、演算回路、各種変換器への応用などを解説している。基礎・応用編の後に、付表・付図を収載し国産アナログIC品種別性能一覧などを掲載。「資料編」ではメーカー別に機器を説明。巻末に略語のアルファベット順索引および五十音順和文索引を付す。　　　　　　　　　　　　　　4709

LSIハンドブック 電子通信学会編 オーム社 1984.11 811p 27cm 4-274-03052-0 15000円
LSI（大規模集積回路）関連の技術分野を網羅。半導体物性とシステム回路の基礎、材料、設計、製造技術、LSI各論および将来技術について6編に分け、図表を多用し詳細に解説。機器への応用に関しては、変化が激しいことなどを理由に割愛。巻末に集積回路の規格、集積回路関連年表および約3000語の和英索引、英和索引を付す。『電子通信ハンドブック』（電子通信学会、1979）に対し、技術進歩の著しい分野を補うための部門別ハンドブックの一つとして刊行。　　　4710

サイリスタ実用便覧 山村昌，西村正太郎共編 オーム社 1978.9 444p 27cm 10000円
電流制御に使われるサイリスタ装置について、製作や運用に必要な知識や情報を、「基礎」「応用」「運用」の3編に分け、詳細に解説した便覧。巻末に、電気用図記号およびシーケンス制御記号の抜粋などの付録、および五十音順の事項索引を付す。　4711

ソリッドステート回路ハンドブック ソリッドステート回路ハンドブック編集委員会編 丸善 1971 983p 22cm 7500円
半導体素子と応用回路全般についての解説。「回路の基礎」「半導体素子と部品」「機能回路と設計」「集積回路」の全4編35章構成。巻末に国際原子量表、デシベル換算図表などのほか五十音順事項索引を付す。　　　　　　　　　　　　　　　　　　　4712

ノイズ対策ハンドブック ノイズ対策研究会編 日刊工業新聞社 1994.8 804,4p 22cm 監修：伊藤健一 4-526-03572-6 14000円
各種の電子機器の誤操作・誤表示の原因となるノイズについて、その発生原因から対策までを全13章に分けて解説したハンドブック。「ノイズの発生と基本原理」「接地」「ノイズ対策部品」「電子・電源装置のノイズ対策」「ラインノイズ対策」「静電気対策」「システムとしての対策」「妨害波測定法と測定器」など。関連する規格と用語集を付す。巻末に和文および英文索引がある。　　　　　　　　　　　　　　　　4713

パルス技術便覧 パルス技術便覧編集委員会編 日刊工

業新聞社 1966 1206,26p 22cm 5200円

エレクトロニクスのあらゆる部分に共通した技術であるパルス技術に関し、基礎理論、部品、パルス回路、デジタル回路、応用面として、デジタル計測、レダ・ソナー、テレビジョン、パルス通信、電子計算機、医用電子装置について、研究者、製造技術者向きにわかりやすく解説。巻末には、電子管特性、ダイオード名称、外国規格名称、トランジスター名称の一覧表、アルファベット順索引を付す。 *4714*

【年鑑】

超LSI製造・試験装置ガイドブック〔1982年版〕-　工業調査会 1981-　年刊 26cm

超LSIの市場や研究動向について解説した便覧。「総論」「製造装置編」「試験装置編」の3部構成。巻末に半導体製造・試験装置メーカー・商社一覧表を付す。雑誌『電子材料』各年11月号の別冊として刊行。解題は2000年版による。 *4715*

◆◆ 半導体

【書誌】

A bibliography of doctoral theses on semiconductor lasers / compiled by N. Shinichi Takahashi. Yokohama : Keio University, c1994. xxvi, 175 p. : ill. ; 26 cm. Includes bibliographical references and index.

日本を含む世界28の大学に1963年から1984年までに提出された半導体関係の博士論文1173点の書誌。半導体レーザと、その利用による結晶成長と機械的・電気的装置製作技術、および電気的・光学的特性の理論と実験に関する学位論文を収録している。学位授与年別、その中は著者名のアルファベット順配列。論文タイトル、授与大学名、学位の種類、および授与日が記されている。巻末に著者索引（アルファベット順）がある。 *4716*

【辞典・便覧】

半導体製造装置用語辞典　第3版　日本半導体製造装置協会編　日刊工業新聞社 1994.11　486p 22cm 4-526-03613-7　4700円

半導体製造装置用語2100語を半導体デバイスを製造する7工程順に分類配列し、解説した辞典。項目は工程番号、用語、読み方（ローマ字表記）、意味、対応する英語を表形式で記載。半導体製造フローチャートと装置用語の構成、設計工程用語、マスク制作工程用語、ウェーハ製造工程用語、ウェーハ処理工程用語、組立工程用語、検査工程用語、設備・環境工程用語の全8章。巻末に、資料として「半導体製造装置の構成表」「国際単位系（SI）計量単位」などがあり、略語・日本語索引と英語索引を付す。初版は1987年刊。1997年に第4版を刊行。 *4717*

半導体ハンドブック　第2版　半導体ハンドブック編纂委員会編　オーム社 1977.11　1239p 22cm 発売：オーム社書店(東京) 17000円

物性、材料から各種の応用、電源まで半導体のあらゆる面について解説した便覧。各章ごとに詳しい文献を付す。第17編にデータとして半導体素子・集積回路の規格や諸表、単位を収載。巻末に五十音順事項索引を付す。初版は1963年刊。 *4718*

半導体用材料総覧　東京テクノブレイン株式会社編　東京テクノブレイン 1986.5　390p 26cm 48000円

半導体製造に使用される各種材料を用途別にまとめ、概要、特性、種類、用途、技術動向、市場動向などを総合的かつ具体的に解説。「半導体製造用プロセス・材料・装置概論」および「材料各論」の2部構成。巻末に付属資料として半導体関係の生産販売統計、輸出入統計を付す。 *4719*

【名簿・名鑑】

半導体産業会社録　1983年版-　産業タイムズ社 1983-　隔年刊 26cm

半導体産業に関連する1345社の情報を収録。「IC・半導体メーカー」「同製造装置・資材メーカー」「同商社」「施工エンジニアリング」「関係団体」の5部に分け、会社名の五十音順に配列。会社名、所在地、代表者、株主、取引銀行、事業内容、決算期、売上、支店・事業所・関係会社、取引先を紹介。序説として、半導体産業の設備投資や生産の推移、世界の地域別、製品別の半導体市場規模などのデータを解説とともに掲載。巻頭に五十音順の総合索引がある。解題は1997年度版による。 *4720*

【年鑑】

日本半導体年鑑　1984年度版-　月刊Semiconductor World編集部 編　プレスジャーナル 1984-　年刊 29cm

産業/民生用の各システム機器や半導体および関連産業の動向、関連メーカーの現況と戦略、統計、ダイレクトリーなど業界や市場動向を知るための半導体に関する幅広い情報をまとめた年鑑。アプリケーション分野の動向と展望、各種市場分析、メーカーの動向と戦

略などの6編からなり、7編に資料・統計、8編に半導体メーカー、商社、関連団体からなるダイレクトリーを掲載。解題は2001年度版による。　4721

◆◆電子装置の応用

図解・光デバイス辞典 オプトロニクス社　1996.7　332p　26cm　4-900474-57-6　25000円
光技術を応用した装置・機器類の技術解説書。基本的なデバイスを解説するワード解説、現在あるいは今後注目すべきデバイスをより詳細に解説する重点解説の2部構成。それぞれ五十音順に配列し、図表を多用しわかりやすく解説する。第3部に26のキーワードによるカテゴリー別キーワード索引を付すほか、巻頭に1、2部両方を含む日英、英日対訳目次、英文索引、和文索引を付し検索の便を図っている。　4722

電子顕微鏡学事典 橋本初次郎，小川和朗編　朝倉書店　1986.8　1032p　22cm　4-254-30022-0　23000円
広範囲かつ専門化し各分野にまたがる電子顕微鏡に関する事項を網羅し、鏡体構造機能、結像理論、試料作製、写真撮影、像解釈などの基本的事項を要領よくまとめた事典。項目名の五十音順に配列し、写真や図・表をとり入れ詳細に解説している。巻末には、略語表や外国語索引を収録している。持ち運びやすく、しかもハンドブックよりは詳細な事典である。　4723

光エレクトロニクス材料マニュアル オプトロニクス社　1986.9　564p　26cm　監修：光産業技術振興協会　4-900474-09-6　35000円
光学活性を利用したエレクトロニクス材料全般の解説書。4部からなり、第1部は「基礎編」として、半導体、高分子材料、磁性材料、アモルファス材料、薄膜などの光学的性質ないし製造技術について述べ、第2部は「応用編」として光ファイバー、スイッチ、レーザー、光ディスク・ホログラムについて解説。第3部は新材料としてセラミックス系を主体とした材料と半導体、アモルファス材料の特徴と製法、応用例について解説。第4部では新材料製造技術の動向、研究機関の現状と今後の課題を記述。索引はない。　4724

光エレクトロニクス事典 光エレクトロニクス事典編集委員会編　産業調査会事典出版センター　1992.10　798p　27cm　4-88282-516-3　28500円
光を情報やエネルギーの媒体として使用する光エレクトロニクス全般について体系的に解説する。光産業技術振興協会が毎年刊行する『光技術動向調査報告書』をもとに、最新技術を加えて編集。「光通信技術」「光応用計測技術」「光記録技術」「光入出力技術」「光演算技術」「光エネルギー技術」「光デバイス・材料技術」の7章からなる。巻末に部品、装置、システムなどの製品情報および和・洋用語索引、製品ガイド・会社名索引を付す。項目ごとに内外の参考文献がある。　4725

光技術活用ハンドブック 増補改訂版　オプトロニクス社　1989.2　653p　26cm　監修：光産業技術振興協会　4-900474-17-7　28000円
光製品および技術について各専門分野の96名の執筆者が解説した便覧。「発光素子・部品」「受光素子・部品」「複合光素子・部品」「光ファイバ・光通信」「光部品」「光ディスク・光カード」「光センシング・光機器・その他」の7部に分け、さらに項目別に章分けして記述。各章末に参考文献、巻末に和文索引を付す。初版『光部品・製品活用事典』（1986年刊）を増補改訂。　4726

レーザ応用技術ハンドブック レーザ協会編集　朝倉書店　1984.3　531,33p　22cm　14000円
現場の生産技術者にとってわかりやすいことを主眼に編集されたレーザ応用技術の解説書。レーザ発振器の種類とレーザ光の特性、レーザ加工と計測、産業界への実際の応用例とそのキーポイント、利用上の注意に力点を置いて解説。巻末に五十音順事項索引を付す。　4727

レーザ計測ハンドブック レーザ計測ハンドブック編集委員会編　丸善　1993.9　557p　27cm　4-621-03872-9　32960円
レーザ計測の基礎から学術・産業各分野における最新の計測事例までを解説したハンドブック。レーザを計測に利用する際に必要とする事項を詳述した「A編」、各種の物理・化学的な基礎量をレーザによって計測する原理と手法を述べた「B編」、画像による計測と表示をまとめた「C編」、学術および産業各分野での最新の計測事例を中心に、レーザ計測の応用をまとめた「D編」で構成。項目ごとに多くの参考文献を付す。巻末に五十音順事項索引、略号・化学記号などの索引を付す。　4728

レーザーハンドブック レーザー学会編　オーム社　1982.12　972p　27cm　4-274-02955-7　18000円
レーザーの基礎から応用まで最新の技術上の成果を取り入れて、10編に分けて体系的に解説した便覧。公式、データ、実用例を多く盛りこみ実際に活用できるよう配慮。各章末に多数の参考文献を掲載。第11編付録には、各種数表、公式集、主なレーザー関係雑誌一覧、光・量子エレクトロニクス専門用語集等を収載。巻末に対応英語を付した五十音順の日本語索引および英字索引を付す。　4729

海洋工学、船舶工学

【書誌】

船舶海洋工学主題別文献案内 1-30(2) 日本造船振興財団造船資料センター〔編〕 造船資料センター 1986-1990 29冊 26cm
造船資料センターが船舶海洋工学技術文献データベース（MATRAX）に蓄積している内外の技術文献の中から利用者の要求頻度が高い主題をテーマ別にまとめた文献目録。各号とも一部は抄録を含む。収録文献数はテーマ（号）により、100-1000件と多少がある。第1号 高速艇-SESおよびSWATH- 第2号 人工島 第3号 マリン・ライザー 第4号 テンション・レグ・プラットホーム 第5号 浮消波堤-浮人工魚礁を含む- 第6号 ハイスキュードプロペラ、CPプロペラ・CRプロペラ 第7号 滑走艇 第8号 海底パイプラインおよび海底ケーブル 第9号 海洋構造物に働く氷荷重 第10号 海洋構造物-溶接継手の疲労 第11号 固定型海洋構造物（未刊） 第12号 海洋構造物に働く波荷重（未刊） 第13号 重力型海洋構造物 第14号 コンクリート製海洋構造物 第15号 水中溶接 第16号 海洋付着生物および防汚システム 第17号 半潜水型海洋構造物 第18号 有人潜水船 第19号 無人潜水船 第20号 スラスターおよびダイナミックポジショニングシステム 第21号 船舶・海洋構造物の腐食とその対策 第22号 プロペラキャビテーションとキャビテーション騒音 第23号 水中翼船 第24号 双胴船と多胴船 第25号 プレジャーボート、ヨットおよび係留施設 第26号 高速艇・滑走艇 第27号 カーフェリーと自動車運搬船 第28号 救命機器 第29号 造船技術における電算機の利用 第30号（1）舶用プロペラ その（1） 第30号（2）舶用プロペラ その（2）
4730

タンカー関係海事文献目録 昭和60年 日本タンカー協会編 日本タンカー協会 1986.4 217p 26cm
主として1970年から1985年までに発表された、外航タンカーに関する和洋の文献（書籍・雑誌論文）を収録。マニュアル、法規、営業、油/プロダクトタンカー、液化ガスタンカー、ケミカルタンカーに分類し、日本語、英語に大別のうえ、刊行年順に配列。英語文献の一部に解題あり。
4731

【辞典・事典】

英和海事大辞典〔昭和56年〕改訂版 逆井保治編 成山堂書店 1981.7 542p 図版20枚 22cm 9800円
航海、機関、電気、海象、気象、法規、保険、運輸、荷役など、多くの関連分野から海事用語を選択し、アルファベット順に配列し解説。適当な日本訳のないものは、カタカナか意訳を掲載。付録として航海略語集、海図図式、日本沿海地点表などを巻末に付す。索引はない。改訂版（1978年刊）の再改訂。
4732

英和・和英機関用語辞典 改訂9版 升田政和編 成山堂書店 1995.10 318p 18cm 4-425-11042-0 3000円
船舶の内燃機関に関する用語を中心として英和・和英それぞれ約6000語を収録。各項は見出し語と対応する日本語または英語からなり、英語にはカタカナで発音が示されるが語義の解説はない。初版は1974年刊。3-4年ごとに改訂。改訂10版を1998年に刊行。
4733

学術用語集 船舶工学編 文部省学術奨励審議会学術用語分科審議会編 造船協会 1955 526,3p 19cm
船舶工学（造船および造機）の専門用語集。第1部和英の部は日本語を見出し語にローマ字表記のアルファベット順配列、第2部英和の部は英語見出し語のアルファベット順配列。複雑多様な学術用語を平明な用語に統一する目的のもとに刊行されたもの。巻末付録に風力、うねり、風浪の各階級の英語表現を掲載。1979年に重版刊行。
4734

機関百科事典 機関百科事典編集委員会編 海文堂出版 1972 741,15p 22cm 7500円
舶用機関に関する用語を解説した事典。見出し語を五十音順に配列し、英語を併記して解説を付す。収録用語数は約1200、約1500の図表を収録し、わかりやすい編集を試みている。巻末に機関英語用語集を兼ねた欧文索引がある。船舶機関士などの実務者のほか、商船大学、商船高専の学生を対象とする。
4735

船型百科 各種船舶の機能と概要 上,下巻 新訂 月岡角治著 成山堂書店 1992-1994 2冊 22cm 3400円,3500円
客船をはじめとして使用用途別に21種177の船舶の概要を解説。船舶の形状、海上運搬の目的、貨物の性状と貨物艙の形状、大きさ、速力、機関出力などについて図表を用い平易に記載。造船技術者、造船設計者、

造船会社の営業担当者、船舶に関係ある人を対象とする。各巻末に五十音順用語索引を付す。上巻のみ新訂版。　　　　　　　　　　　　　　　　　　　　4736

潜水技術用語集　海洋科学技術センター編　全国官報販売協同組合　1985.12　3234p 19cm 1600円
和英の部、英和の部の2部からなり、それぞれ約1500語を収録。和英の部は見出し語の五十音順配列で、読み、対応英語からなり、英和の部は見出し語のアルファベット順配列で、略語形、対応日本語からなる。いずれも語義の解説はない。　　　　　　　　4737

船舶工学用語集　和英対照・解説付　日本造船学会編　成山堂書店　1986.2　404p 22cm 4-425-11101-X 6800円
船舶、海洋工学関係の用語のほか、関連する基礎工学、航海運用・システム工学および原子力工学などの用語約1万語を採録。『学術用語集　船舶工学編』☞4734を基本に、新分野を積極的に取り込んでいる。日本語表記見出し語の五十音順配列で、対応する英語を記す。主要見出し語には簡単な説明、同義語・反対語・関連用語、使用される分野を記載。巻末に英和索引および略語一覧を付す。　　　　　　　　　　　4738

船の歴史事典　アティリオ・クカーリ，エンツォ・アンジェルッチ共著　堀元美訳　原書房　1985.11　281p 30cm『Le navi』1975の翻訳　4-562-01664-7　9800円
前史時代のボートから原子力推進船まで、船の歴史を豊富な図版を用いて解説。巻末に、「世界の海事博物館」「海事用語集」「海事史年表」などのほか五十音順の船名・事項索引および人名索引を付す。　4739

和英・英和船舶用語辞典　改訂第18版　東京商船大学船舶用語辞典編集委員会編　成山堂書店　1994.3　591p 19cm 4-425-11013-7　4800円
造船と船舶運航に関する用語約8500語に簡単な解釈を付した用語辞典。『学術用語集　船舶工学編』☞4734から約8300語を抽出し、さらに新しい用語を追加した。和英が本体で、見出し語には用語の訓令式ローマ字表記を用い、アルファベット順に配列。日本語用語、部門名略語、対応する英語名と簡潔な解説を記載。英和は索引のみで、解説はない。巻末付録として、度量衡、倍数表、船級協会一覧、ビューフォート風力階級表、電気用シンボル、記号・略号を付す。初版は1962年刊。3年ごとに改訂。1998年に改訂第19版を刊行。　4740

【便覧】

海中ロボット総覧　浦環，高川真一編著　成山堂書店　1994.2　531p 27cm 4-425-56021-3　12000円

海中ロボットに関する技術を体系的に解説した便覧。「海中ロボットとは」「海中ロボットのいろいろ」などの概説から、「頭脳」「要素技術」「設計」「オペレーション」「展望」まで全7章からなる。「超音波技術の基礎」「科学計測器の目的と限界」「海中ロボットの一覧表」など7編の付録を収載し、巻末に和文索引および欧文索引を付す。　　　　　　　　　　　　4741

海底サンプリングハンドブック　日本鉱業会編　ラテイス　1975.10　310p 22cm 発売：丸善
海洋開発の基本的技術である海底の底質サンプリング技術について、その概念、基礎理論、機器、使用技術、実施例などを解説。巻末に機器名を含む用語の五十音順索引を付す。　　　　　　　　　　　　　4742

現行海事法令集　昭和24年版－　海事法令集編集委員会編　海文堂出版　1949－　年刊　22cm 監修：運輸省
当該年1月1日現在の海事に関する諸法令集。「海運」「船舶」「安全」「造船」「船員」「職員・水先」「港湾」「海上保安」「海上交通」「海難審判」「海上公害」「その他」の全12編、収録法令385件で構成されている。総目次と法令索引とで引けるようになっている。見返しに運輸省機構略図、運輸省・関係官公署・学校一覧、地方運輸局・海運支局一覧、管区海上保安本部・保安部一覧あり。戦前刊行の『現行海事法令』(昭和17年版まで)を受継ぎ、1949年より現在の書名で継続刊行。解題は1997年版による。コンピュータ組版による全面的な組み替えを行った。　　　　　　　　　4743

JIS F規格集　船体，電気，機関　1968－　日本船舶標準協会編　日本船舶標準協会〔1968〕－　年刊 19cm
JISの規格部門F（船舶）のうち「船体」「電気」「機関」について3分冊で刊行。内容は規格全文とその解説よりなり、1995年版は平成7年10月現在の規格全文を収録。　　　　　　　　　　　　　　　　　　4744

船舶信号便覧　船舶信号研究会編　成山堂書店　1977.12　265p 22cm 監修：海上保安庁警備救難部航行安全指導課　4500円
海上交通の安全のため、船舶が行うべき、音響信号発光信号、および表示すべき燈火、形象物などを規定している法律を系統的に1冊にまとめたもの。船舶安全法、海上衝突予防法、海上交通安全法、港則法のそれぞれに基づく信号を4章にまとめている。巻末に五十音順索引を付す。　　　　　　　　　　　　　　4745

船舶電気・電子工学便覧　日本舶用機関学会編　海文堂出版　1981.7　1020p 22cm 4-303-32701-8　22000円
船舶の設備について、電気、電子工学両面から、特に電気関係の規則、規格、装備法および電気・電子の利

用と運用について詳述した便覧。総説から諸表まで19編からなる。巻末に和文索引と会社業務資料編を付す。『船舶電気工学便覧』（1970年刊）を大幅に改訂充実させたもの。　　　　　　　　　　　　　　　　　*4746*

船用機関データ便覧　船用機関研究グループ編　成山堂書店　1986.4　714p 22cm　4-425-61002-4　12000円
船舶機関士の保全業務に必要な、ボイラ、タービン、ディーゼル機関、ガスタービン、熱交換器、電気機器、プロペラ、計測制御、燃料および潤滑油、船用材料、工具など13章に分け、それぞれのデータを収録。巻末に五十音順索引を付す。　　　　　　　　　　*4747*

造船設計便覧 第4版　関西造船協会編　海文堂出版　1983.8　1036,11p 22cm 付(図4枚)　25000円
造船技術全般について系統的に解説した便覧。数学・力学・熱力学などを解説した「一般編」、比重・物性・鉄・ねじ・ボルトなどについて解説した「材料編」、船舶算法・測度・復原性などを解説した「基本計画編」、強度、船体振動などを解説した「船殻編」、船のさまざまな装置を解説した「艤装編」、気象・海象・地理などを解説した「海洋・港湾その他」の6編で構成。各編ともデータを多用し、わかりやすく解説。巻末に五十音順の事項索引がある。第3版は1976年刊。　　　　　　　　　　　　　　　　　　　　　*4748*

ロープ類の知識　鋼索・繊維索・チェン類の構造と取扱い 改訂　東京タンカー株式会社海務部編　成山堂書店　1993.8　292p 22cm　4-425-48102-X　4000円
船の係留手段としての係船索を主に、ロープ類の構造と取扱いを総合的に解説したもの。全8章で、1章は「ワイヤロープの概要」、2章は「繊維ロープの概要」、3章は「係船索の特性」、4章は「チェン類の概要」、5章は「ロープ類の劣化と廃棄」、6章は「ロープ類の取扱い」、7章は「端末加工と連結」、8章は「諸規則および規格表」。巻頭に、主な用語・略語の解説があるほか、巻末に五十音順の事項索引と和文・欧文の参考文献がある。実務者向けで、説明には図や表を豊富に用いている。係船が主題なので、ロープの結び方は取り上げていない。初版は1989年刊。　　*4749*

【図鑑・名鑑】

日本海軍艦艇総覧　新人物往来社戦史室編　新人物往来社　1994.11　252p 22cm　4-404-02146-1　3200円
明治元年の創設から太平洋戦争終結までに日本海軍で使われた、すべての戦闘用艦船を解説した事典。「戦艦」「巡洋艦」「航空母艦」「駆逐艦・潜水艦・小艦艇」の4部からなる。各艦について写真付きで解説し、履歴、諸元などを記載する。主な戦艦、重巡洋艦、航空母艦には簡単な図面を付す。索引はない。　　*4750*

聯合艦隊軍艦銘銘伝　全860余隻の栄光と悲劇　片桐大自著　光人社　1988.6　619p 20cm　4-7698-0386-9　3500円
帝国海軍建軍以来の各種軍艦の艦ごとの解説。命名の由来となった国名（古名）、山岳名、河川名、草木名、鳥名など10章に分けて収録。巻頭に軍艦の写真58枚、巻末に参考文献、五十音順艦名索引を付す。1993年に同内容の新装版を刊行。　　　　　　　　　*4751*

◆航海、航海学

英和航海用語辞典〔平成5年〕新訂版　四之宮博編　成山堂書店　1993.3　366p 18cm　4-425-11033-1　3000円
航海、船舶運用を中心に、海上気象、海洋、造船、漁船、航海計器、載貨、海運、海事法規、その他海事・海務諸般に関する用語および慣用句・熟語を集めたハンディな英和用語辞典。英語とそれに対応する日本語を収録し、解説はない。巻末付録に、英語と米語の相違、重量・容積の単位、度量衡、英文航海日誌記載例を付し、実務者、学習者の便を図る。初版は1962年。1980年の新訂版刊行に際し、コンピュータ関係、コンテナ船、巨大船等新海上輸送関係、新航海計測関係などの用語を追加した。以後2-5年間隔で刊行を続けているが、内容に大きな変化はない。1998年に『英和海洋航海用語事典』と改題して刊行。　　*4752*

海図の知識〔1996〕新訂　沓名景義，坂戸直輝著　成山堂書店　1996.7　407p 図版13枚 22cm　4-425-42323-2　9800円
海図の構成、図式、作り方、見方、航路標識、水路書誌、電子海図、将来展望まで18章に分け海図全般について解説。17章は水路用語集、18章は海上保安庁水路部の沿革年表を収載。前版（1994年刊）の各章を見直し、水路図を更新。また、海上安全情報提供システムの改正やロランC（位置測定方式）の国際協力の発足などを紹介。巻末に事項の和文索引、英文索引を付す。初版（1967年刊）以来5回目の改訂。　　　　*4753*

航海辞典　天然社辞典編集部編　天然社　1970　633,153,26p 22cm　監修：浅井栄資，横田利雄　6500円
航海一般、航海技術関係の用語を五十音順に配列し、対応する英語を併記し解説した、現場向きの実用辞典。付録として海図図式、航海技術史年表（古代から1968年まで）、関係機関名簿などがある。巻頭には国際信号旗の図、巻末には欧文索引を付す。　　　　　*4754*

航海図鑑 改訂版 航海訓練所運航技術研究会編 海文堂出版 1978.12 327p 27cm 背の書名：『The plates and diagrams for mariners』 7000円
専門用語のうち図によって示せるものを余さず収録。運用、造船、航海、機関の4項目に分けて解説。見出し用語は英語を用い日本語を併記。初版（1969年刊）以降の技術の進歩などにより改訂。巻末に英語索引を付す。航海を学ぶ者および従事者を対象。　　　　4755

航海便覧 3訂版 航海便覧編集委員会編 海文堂出版 1991.10 1064,42p 図版20枚 22cm 4-303-20010-7 20000円
航海に関する基礎知識、船舶航行に必要な専門的理論と技術的資料を系統的に解説。公式と実務的資料に重点を置き、航海者の日常業務遂行のための指導書となるよう編集。「数表・常数表・度量衡」「力学・材料力学」「電気・電子・通信・情報」「気象・海象」「船位」「海事法規」など15章からなる。各章末に参考文献、巻末に、物性、熱物性、音・光・電磁気などのデータ表の付録および和文索引、英文索引を付す。前版（新訂版）は1972年刊。　　　　4756

新訂航海ハンドブック 新訂航海ハンドブック編集委員会編 成山堂書店 1981.7 819p 図版27枚 22cm 12000円
航海士の自学・自習のための便覧を主眼に、運航技術全般を総合的に把握し、航海各分野を有機的に理解するための指針をまとめたもの。「航海」「電気」「航海計器」「操船・応急」「整備」「載貨」「航海法規」「気象・海象」「公式・数表」の9編からなり、巻末にログブックの記載例文などの付録、五十音順事項索引を付す。新訂初版（1977年刊）の改訂版。　　　　4757

電波航法用語辞典 電波航法研究会編 海文堂 1959 643p 図版 19cm 運輸省監修 1300円
電波航法の理解に必要な用語・略語を英語見出し語のアルファベット順に配列し、解説した辞典。見出し語には日本語を併記し、重要な項目は詳細に解説しているが、対訳だけの項目もある。巻末に日本語索引を付し、英和・和英辞典としても利用できる。　　　　4758

兵器、軍事工学

科学技術軍事図説辞典 露・英・独・日4カ国語対照 ロシア・ソビエト研究資料刊行会「科学技術軍事図説辞典」翻訳委員会編訳 現代ロシア語社 1980.8 518p 27cm 『Иллюстрированный военно-технический словарь』1968の翻訳 9600円
科学技術軍事を36セクション、204グループに整理し、各グループを見開き2頁に収め、左頁に図版とロシア語、右頁に英語、ドイツ語、日本語を配置。巻末にロシア語索引、日本語索引を付す。　　　　4759

軍事用語辞典 インタープレス版 『工業英語』編集部編 アイピーシー 1987.8 1021p 27cm 付表データ 監修：防衛技術協会　SDI用語集編著：森進 4-87198-204-1　16000円
従来の軍事用語に、原子力技術、エレクトロニクス技術用語も加え1万6000語を収録した英和軍事用語辞典。英文見出し語をアルファベット順に配列しカタカナ表記を併記。付編として、SDI（戦略防衛構想）用語集、和英軍事用語辞典を付し、付表として、主要ミサイル性能諸元や米国国防省組織図などを付す。　　　　4760

最新軍用銃事典 床井雅美著 並木書房 1994.7 237p 21cm 4-89063-054-6　2600円
刊行時点で世界各国が使用している軍用制式小火器を、写真入りで解説した事典。軍用目的に開発されたり、軍隊や特殊な対テロ警察などの組織が装備している小火器が中心で、1 ピストル、2 ライフル、3 スナイパー・ライフル、4 サブ・マシンガン、5 マシンガン、6 ショットガン、7 グレネード・ランチャー、の7章からなる。類似の性格を持つ銃器を近くにまとめ、各項目に1頁をあて、名称、スペック（生産国、口径、全長、重量など）を記載し、詳細に解説する。巻末に、銃器名称別索引（原生産国での制式名による数字・アルファベット・五十音順）と国別銃器索引（原生産国名の五十音順）を付す。6-7頁にピストルとライフルの各部名称あり。　　　　4761

図解古銃事典 所荘吉著 雄山閣出版 1996.2 273,9p 図版14枚 23cm 4-639-00641-1 6000円
明治以前に日本に存在した古式銃について解説した事典。鑑定のための予備知識、点火法の種類などを述べた「古銃についての基礎知識」と104種類の銃を装填方法別に分類して解説した「古銃の種類とみどころ」の2部からなる。巻末に付属品や古銃分解の手順、火縄銃の射撃とその手続などの解説も付載。写真が豊富。五十音順事項索引を付す。 4762

世界の戦車 1915-1945 ピーター・チェンバレン, クリス・エリス共著 アートボックス編 大日本絵画 1997.1 375p 22cm 『Pictorial history of tanks of the world 1915-45』(1972)の翻訳 4-499-22616-3 3914円
戦車の開発後30年間に世界中で造られたあらゆる戦車についてまとめたもの。章立ては国別で、国名のアルファベット順に配列した14か国とその他の国からなる。概要と年代順に配列した戦車の写真と解説で構成。巻末に国別の戦車名索引を付す。 4763

武器事典 市川定春著 新紀元社編集部編 新紀元社 1996.12 358p 21cm 4-88317-279-1 2500円
古代から近世に存在した世界の武器約600点を紹介。刀剣、短剣、長柄、打撃、射出、投擲、特殊、兵器に分類し、おのおのの名称の五十音順に配列。左頁に図版、長さ、重さ、年代、地域を、右頁に解説を付す。巻末に参考文献および名称と用語の五十音順索引あり。 4764

ミサイル事典 小都元著 新紀元社 1996.1 486p 21cm 4-88317-266-X 3900円
1995年前半までの情報により300種のミサイルを紹介。前半は入門書的解説、後半はデータ集。データ集の記載事項はミサイル名称、ミッション(飛行任務)、開発国名、配備国名、開発開始年、ミサイルの仕様・性能その他、説明文、ミサイルのイラストなど。巻末にミサイル用語集、ミサイル関連略語集、ミサイル命名法、アルファベット順索引、五十音順索引を付す。 4765

湾岸戦争兵器図鑑 ワールドフォトプレス編 光文社 1991.4 191p 16cm (光文社文庫) 4-334-71323-8 500円
湾岸戦争(1991年)で、多国籍軍とイラク軍が使用したと思われる航空機、艦船、ミサイルなどの兵器をコンパクトに解説した図鑑。「多国籍軍兵器」と「イラク軍兵器」の2部からなる。多国籍軍兵器には、写真、名称、諸元、性能などのほか簡単な解説があるが、イラク軍兵器は名称とイラストのみの記載。索引はない。 4766

金属工学、鉱山工学

◆鉱山工学、鉱業

学術用語集 採鉱ヤ金学編 文部省学術奨励審議会学術用語分科審議会編 日本鉱業会 1954 263p 19cm
採鉱ヤ金学の専門用語集。理学・工学に関する用語も相当数採用。第1部和英の部は日本語のローマ字表記のアルファベット順配列、第2部英和の部は英語のアルファベット順配列。複雑多様な学術用語を平明な用語に統一する目的のもとに刊行された。1962年に重版を刊行。 4767

採石ハンドブック 採石ハンドブック編集委員会編 技報堂 1976 1149p 22cm 監修:通商産業省資源エネルギー庁長官官房鉱業課 15000円
土木、建築事業などに必須の岩石資源について実務者向きに解説。岩石資源の調査にはじまり、その採掘方法や採掘に必要な機械設備などの生産面および粉じん防止、騒音防止、廃水処理などの公害対策と保安対策についても解説。実用的なデータ、図表を豊富に取り入れ、専門的な用語については専門外の読者にも容易に理解できるよう説明を付す。参考文献多数を収録し、付録に、単位換算表、数表、関連するJISおよび、関係する諸法令を掲載。巻末に五十音順事項索引を付す。 4768

資源鉱物ハンドブック 坪谷幸六等編 朝倉書店 1965 1202,35p 22cm
資源鉱物の利用と応用の根底となる鉱物の物性、地球上の産状・分布、需給状況、産出する鉱山などについて、16章に分け集大成した便覧。巻末に五十音順の鉱物・岩石・鉱石名索引と事項索引がある。 4769

世界のウラン鉱業会社一覧 1989 動力炉・核燃料開発事業団 1990.1 133p 30cm
世界における、1 ウランを生産している企業、2 ウ

ラン鉱山・粗精錬所を保有している企業、3 開発中または開発計画が発表されているウラン鉱山を保有する企業、4 ウラン埋蔵量の確認されている鉱区を保有している企業の一覧。住所、業種、沿革、事業内容、資本金、従業員数などを記載。1988-1990年発表データによる。前版（改訂版、1981年刊）掲載の会社索引、各国原子力機関リストは削除。初版は『世界の主要ウラン鉱業会社一覧』(1974年刊)。
4770

石材・石工芸大事典 鎌倉新書 1978.7 759p 図版16枚 27cm 編集：中江勁 限定版 25800円
石材産業を構造的、産業的にとらえ解説した便覧。県別に分類した石材について、沿革、特色、形態、生産高などを記述。輸入石材にも言及。石工芸については、各種の石造品（石仏、石塔）や庭園石、石組などについて歴史的に解説し、各種の代表的作品の一覧も挿入。水石、硯石の産地、五十音順の用語解説、梵字の解説なども収録。
4771

石炭鉱業ハンドブック 北海道石炭対策連絡会議事務局編 札幌 北海道石炭対策連絡会議事務局 1978.11 241p 26cm 付(別冊5枚)：補遺
石炭鉱業についての用語集、統計・資料集、機関・団体名簿からなる。用語集はエネルギー、地質などの大項目ごとにまとめ、末尾に索引を付す。統計・資料集は、エネルギー、石炭の埋蔵量、需給、労務、経理、整備に関する統計と石炭政策および諸制度についての資料を収載。団体名簿は、国会、政府機関、審議会、地方自治体、試験研究機関、団体、企業などを含み、住所・代表者名・主な業務・組織などの事項を収録。
4772

日中英鉱山用語集 狩野一憲編 ジャパン・メタル・レビュー社 1990.3 191p 19cm 4970円
鉱山関係用語の日本語、英語、中国語対照表。金属鉱物資源だけでなく、石油・天然ガス関係も含む。用語を探査、採鉱・採炭部門、運搬など分類別に配列し、日本語、対応する英語訳、中国語訳を表形式で記している。巻末に日本語索引、英語索引、中国語索引（画数順）がある。
4773

【年鑑】

鉱業便覧 昭和48年度版- 通商産業調査会 1974- 年刊 15cm 監修：資源エネルギー庁長官官房鉱業課
鉱山および精錬業に関するデータや資料を収載したハンディな便覧。5章と名簿からなる。第1章「概要」は主要鉱山の概要、主要閉山鉱山、埋蔵鉱量等、第2章「鉱種別需給」は供給・需要主要国の消費量などの統計、第3章「海外」は世界の主要鉱山・埋蔵量などの海外情報、第4章「鉱業政策」は日本の鉱物資源開発・鉱業施策などの解説、第5章「その他」には鉱業関係年表、関連法律、鉱業審議会の概要などを掲載、名簿は関係省庁・関係団体の一覧。解題は平成12年度版による。
4774

鉱山保安年報 昭和24年度（昭和25年版）- 通商産業省環境立地局編 鉱業労働災害防止協会 1951- 年刊 26cm
鉱山保安の概況、鉱山災害の状況、災害防止と対策、鉱害防止と対策、保安教育・保安運動、保安技術及び保安施設の改善、鉱山保安行政機構などの関係資料をまとめたもの。巻末に「災害統計表」があり、鉱山保安関連の統計を掲載。解題は平成8年度（平成9年版）による。
4775

【統計】

砕石統計年報 昭和55年- 通商産業大臣官房調査統計部編 通産統計協会 1981- 年刊 26cm 英文書名：『Yearbook of crushed stone statistics』
石灰石、けい石（白けい石、軟けい石、炉材けい石）、ドロマイトの砕石を行っている事業所を対象として実施した動態統計。都道府県別、用途・品種別の生産・出荷などの統計を主として、概況、労務、電力・燃料消費統計を付す。平成10年版より通商産業省生活産業局窯業室編。解題は平成11年版による。
4776

本邦鉱業の趨勢 明治39年- 通商産業大臣官房調査統計部編 通商産業調査会 1907- 年刊 27cm 英文書名：『Mining yearbook of Japan』
鉱業法の適用をうけ、金属・非金属・石炭・原油などの採取・精製等を行っている全国の事業所と企業について毎年行われる「本邦鉱業の趨勢調査」の結果と、これと関連した諸統計資料を収載した総合的な鉱業統計年鑑。昭和49年までは通商産業省生産動態統計調査、非鉄金属等・石炭等・石油製品の各需給動態統計調査による結果も含まれていたが、現在これらは『資源統計年報』☞4801『エネルギー生産・需給統計年報』☞4046として独立に発行されている。解題は平成11年版による。平成11年版よりＡ４サイズ。明治38年より昭和35年の約50年間についてまとめた『本邦鉱業の趨勢50年史 解説編・統計編・続編』（通商産業調査会、1963-64、3冊）が出版されている。
4777

◆金属工学、冶金

【辞典・事典】

英和冶金学辞典 約6万語,増補約6千語 坂井砂治編 八幡 欧文出版 1982-1987 2冊 22cm 表紙の書名：『English-Japanese metallurgical dictionary』1974 9600円,2500円

『English-Russian metallurgical dictionary』,〈Soviet encyclopaedia〉の露語部分を『学術用語集』採鉱ヤ金編☞4767、化学編☞3215、数学編☞3138、『金属工学辞典』（寺沢正男編著、地人書館、1962）、『金属熱処理用語辞典』☞4804などを用い日本語に置き換えたもの。英文の冶金文献の読者や翻訳者、通訳者を対象とする。増補約6000語は原著第2版（1985年刊）の増補部分。　4778

金属・鉄鋼技術のロシア語表現辞典 上田正雄編 川鉄テクノリサーチ 1993.9 711p 22cm 4-906469-00-0 12500円

ロシア語文献より抽出した製錬から加工、腐食防食など広範囲な金属・鉄鋼関係の表現・術語のほか、技術レポート作成の参考となる一般的表現も多く採録。第1部は約8000の日本語見出し（五十音順）に対応するロシア語（約2万の文例を含む）を収録。第2部は約9000のロシア語見出し（アルファベット順）に対応する日本語を記載し索引とした2部構成。　4779

露日や金学辞典 約4万5千語 坂井砂治その他編著 八幡 欧文出版 1979.2 567p 22cm 表紙の書名：『Русско-японский металлургический лексикон』 11000円

や金分野に関する主な術語4万5000語を収載した露日対照用語集。分野は選鉱、製銑、フェロアロイ製造、平炉および転炉製鋼、電炉製錬、造塊、耐火物、圧力加工（圧延、鍛造、型鍛造など）、金属物理、金属組織、非鉄や金、鋳造、溶接、金属の熱処理、金属の表面処理および機械加工、金属のきずおよび探傷、試験にわたる。配列はキリル文字のアルファベット順。巻末にソ連金属規格記号を付す。　4780

【便覧】

金属データブック 改訂3版 日本金属学会編 丸善 1993.3 649p 22cm 4-621-03825-7 16480円

金属学関連の研究者、技術者、学生が日常必要とする各種データ、数表、規格、図表、チャート集を収録したデータブック。データは内外のハンドブック、データブック、文献から選び、出典を明記している。「基礎的な物性」「熱力学的数値」「鉄鋼材料」「非鉄材料」「原子力材料」などの各種材料および「溶接・接合」「腐食制御と表面改質」など全13編と変態図および状態図集からなる。巻末に五十音順事項索引、アルファベット順材料・規格索引がある。『金属便覧』☞4784との併用が便利。　4781

金属の機械的性質と加工性便覧 ア・ヴェ・ボブイリョフ著 遠藤敬一訳 和歌山 日ソ通信社 1986.2 282p 26cm 『Механические и технологические свойства металлов：справочник』1980の翻訳 14000円

冶金、機械製作者用にまとめた金属の物性データ集。63の金属元素と一連の合金の機械的性質を、テスト温度、不純物含有量および加工技術との関連で示す。　4782

金属の高温物性便覧 ヴェ・イエ・ジノヴィエフ著 遠藤敬一訳 和歌山 日ソ通信社 1986.8 219p 26cm 『Кинетические свойства металлов при высоких температурах：справочник』1984の翻訳 12000円

冶金、材料学、熱工学技術者用にまとめた金属の高温物性データ集。72種の金属について、100K（ケルビン）から融点までの温度範囲における、電気および熱伝導度、熱起電力、ホール係数などの物性データをまとめたもの。　4783

金属便覧 改訂5版 日本金属学会編 丸善 1990.3 1248p 27cm 4-621-03473-1 39140円

金属に関連する材料全般について、基礎、物性、検査法などから、各種材料、各種加工法にいたるまで全18章で構成。巻末に五十音順索引を付す。『金属データブック』☞4781との併用が効果的。　4784

◆鉄鋼

ステンレス鋼便覧 第3版 ステンレス協会編 日刊工業新聞社 1995.1 11,1573p 27cm 4-526-03618-8 48000円

ステンレス鋼の製造、使用に関する理論と技術を集大成し、豊富な図版やデータを加えて体系的にまとめた便覧。全8編からなり、1編が総論、2-4編が材料の性質、5-6編が製造・加工、7編が利用と応用、8編が資料編となっている。資料編には試験・検査データ、関連するJIS（日本工業規格）や外国規格、関

連技術基準、JIS化されていない国内メーカー独自の開発鋼一覧表などがある。1973年刊行の第2版に比べ、材料の性質に関する記述の割合が増し、編として独立していた試験・検査データが資料編に吸収された。巻末に五十音順事項索引を付す。研究者、生産者、材料利用者を対象とする。　　　　　　　　　　4785

鉄鋼術語集　8カ国語(中・日・露・西・伊・仏・独・英・)対訳　中国科学院編　アグネ　1969　139p　16×22cm　700円

主として貿易関係でよく使われる金属製品、原材料、生産技術、設備などに関する術語1000余語を収録。英語を見出し語にした独・仏・伊・西・露・日・中の8か国語対訳集。英・独・仏・伊・西語、ロシア語、日本語、中国語の4種類の術語索引および中国語ローマ字発音表を付す。中国工業出版社刊同名書の復刻出版である。　　　　　　　　　　　　　　　　4786

鉄鋼便覧　1-6　第3版　日本鉄鋼協会編　丸善　1979-1982　7冊　27cm

データ類を多数収載した鉄鋼技術についての総合的、体系的な実務便覧。第1巻 基礎、第2巻 製銑・製鋼、第3巻 1圧延基礎・鋼板、第3巻 2条鋼・鋼管・圧延共通設備、第4巻 鉄鋼材料、試験・分析、第5巻 鋳造・鍛造・粉末冶金、第6巻 二次加工・表面処理・熱処理・溶接に分冊刊行。各巻末に五十音順索引を付す。初版1954年、増補改訂を1962年に刊行。
　　　　　　　　　　　　　　　　4787

特殊鋼便覧　電気製鋼研究会編　理工学社　1969　1冊　22cm　4500円

おもな特殊鋼について、その種類ごとに特性を記し、熱処理、塑性加工、溶接、破壊、欠陥、試験検査など22章にわたり解説。図、表、写真なども豊富に収載。特殊鋼に関する用語や諸数値表を付す。各項には、参考文献の紹介があり、付録として特殊鋼業界名簿がある。巻末に五十音順の事項索引を付す。大同製鋼株式会社の専門技術者が実際的なデータに基づいてまとめた便覧。　　　　　　　　　　　　　　4788

【年鑑】

鉄鋼二次製品年鑑　昭和28年版-平成7年版　鋼材倶楽部編　鉄鋼新聞社　1953-1995　年刊　22cm

毎年鋼材倶楽部が行う鉄鋼二次製品業界の動向調査と通商産業省調査統計部鉄鋼統計調査室から発表される資料を参考として編さんするもの。1部は総括、2部は各製品ごとに概況、需給の推移、技術や整備の状況等の詳細、3部は国内統計である。巻末に各団体と業界の名簿がある。解題は平成7年版による。以後廃刊。　　　　　　　　　　　　　　　　4789

鉄鋼年鑑　昭和30年度版-平成6年度版　鉄鋼新聞社編　鉄鋼新聞社　1954-1994　年刊　26cm

わが国の鉄鋼の生産、需要、貿易等、主としてその1年間の鉄鋼の経済事情を概観した年鑑。内容は生産、原料・燃料、設備、技術、労働、需給、貿易、価格、流通、特殊鋼、鋳・鍛鋼、フェロアイロ、などに区分して記述されている。巻末には毎年分を追加した「日本鉄鋼年表」があり、平成6年版には天正18年（1590年）-平成5年（1993年）を掲載。平成6年度版で刊行中止。　　　　　　　　　　　　　　4790

【統計】

鉄鋼統計年報　昭和26・27年版-　通商産業大臣官房調査統計部編　通商産業調査会　1953-　年刊　27cm　英文書名：『Year book of iron and steel statistics』

通商産業省生産動態統計調査規則により実施された、鉄鋼製品に関する統計調査の集計結果を収録したもの。数値は指定品目の生産数量、出荷数量、在庫数量、原材料消費数量および従業員数などを収録。平成11年版よりＡ4サイズ。解題は平成11年版による。　　4791

鉄鋼統計要覧〔No.1〕（1961年版）-　鉄鋼統計委員会〔編〕日本鉄鋼連盟　1961-　年刊　16cm　共同刊行：鋼材倶楽部

鉄鋼の生産・需給・原料・設備・技術・貿易・輸送・財務・経理・労働・関連産業・一般経済などに関する諸統計を掲げる。統計数値は、通産省の『鉄鋼統計月報』、国連で作成した統計、その他を用いている。付表として主要国の公定歩合鉄鋼関連の団体や会社名簿などを収録している。解題はNo.40（2000年版）による。　　　　　　　　　　　　　　　　4792

◆非鉄金属

アルミニウム技術便覧　新版　軽金属協会アルミニウム技術便覧編集委員会編　カロス出版　1996.11　1322p　22cm　4-87432-010-4　33980円

「序論」「材料技術編」「製造技術編」「加工技術編」「応用技術編」「資料編」の6編49章および索引で構成。3000点以上の図、表、写真を活用し、わかりやすく解説。資料編には一般およびアルミ合金関係技術資料を付す。巻末索引は和文、欧文、数字に分けて配列。前版は1985年刊。　　　　　　　　　　　　4793

アルミニウム鋳鍛造技術便覧　軽金属協会アルミニウム鋳鍛造技術便覧編集委員会編　カロス出版　1991.3　1410p 22cm 4-87432-911-1　37000円
アルミニウムの鋳造および鍛造に関する最新の技術情報、理論、研究成果、各種資料を可能な限り網羅的に収録した便覧。「鋳物編」「ダイカスト編」「鍛造編」の3編を47の章に分け、図、写真、表を豊富に用いて体系的に解説。各章ごとに執筆者名を記し、参考文献を掲げるほか、巻末に五十音順とアルファベット順の事項索引を付す。主にアルミニウム鋳鍛造品の生産技術者、使用技術者を対象にしているが、初学者から研究者まで広範囲に利用できる。　　　　　　　　4794

アルミニウムハンドブック　第3版　軽金属協会アルミニウムハンドブック編集委員会編　軽金属協会　1985.4　297p 31cm 3500円
従来のアルミニウム材料生産各社による各種ハンドブックを業界として統一して編集。アルミニウムの生産から三次製品の加工技術に至る広い範囲を対象とする。単なる手引書ではなく、より広い知識を得るための技術資料または、テキストとして活用できるよう、データの補足を中心に第2版（1982年刊）を改訂したもの。付録として国内アルミニウム関連団体の規格基準・仕様・指針類、アルミニウム関連JIS目録、JIS規格の抜すいなどを付す。　　　　　　　　　　4795

アルミニウム溶接用語　教育委員会編　軽金属溶接構造協会　1992.10　115p 26cm 3090円
アルミニウム溶接にかかわる用語約1000語に対応英語を付し、実務者向けに豊富な図版を交えて解説した辞典。見出し語のうちJIS（日本工業規格）溶接用語に＊印を付す。巻末の英文索引には対応する和文を併記し、さらにJIS溶接用語に＊印と対応番号を記載する。和英相互対照表、JIS用語対照表としても利用できる。『アルミニウム溶接用語辞典』（1968年刊）の全面改訂版。　　　　　　　　　　　　　　　　　4796

新金属データブック　1962/63-　金属時評・編集部編　ホーマットアド・出版事業部　1962-　不定期刊 22cm
金、銀、ナトリウム、リチウムなどのいわゆる"新金属"51種（1996年版収載）をとり上げ、原料、生産技術、性質、用途、需給状況、メーカー、価格、市場動向、規格、関税などについて解説。参考文献を付す。配列は物質名の五十音順。応用分野別の目次もある。1993年版までは年刊で累積版。1996年版には更新データのない種は収載せず、旧版の参照が必要。解題は1996年版による。　　　　　　　　　　　4797

日本の金属需給推移　昭和21年－昭和63年　金属鉱業事業団資源情報センター　1990.3　87枚 26×37cm

銅、鉛、亜鉛など非鉄金属37品目の43年間の統計資料を集約したもの。供給は期初在庫、生産、輸入を、需要は内需、輸出、期末在庫を掲載。　　　　4798

【統計】

アルミニウム圧延製品統計年報　平成8年度－　日本アルミニウム協会　1997-　年刊 18×26cm
アルミニウムおよび合金の板、円板、条、管、棒、線、はくなどの全国の工場を対象に生産高出荷量、輸出入、労務などの諸統計を収録。昭和22年度版から平成7年度版までの書名は『軽金属圧延工業統計年報』で、平成8年度版から現書名で刊行され、編集機関も軽金属圧延工業会、日本アルミニウム連盟と変遷し、平成10年度版からは日本アルミニウム協会。解題は平成11年度版による。　　　　　　　　　　　　　　4799

軽金属工業統計年報　昭和25年－　日本アルミニウム連盟　1950-　年刊 26cm 英文書名：『Light metal statistics in Japan』
軽金属の生産、出荷、輸入、原材料消費、価格等の統計を集めたもの。主としてアルミニウムの統計で、マグネシウム、チタンも少し含まれている。数値は、通商産業省、大蔵省の統計および日本アルミニウム協会による独自の調査資料、関係会社からの資料によってまとめている。参考統計として、アルミニウム需給統計、アルミニウムサッシ・ドア月間動向、世界の軽金属工業統計も収めている。昭和51年版までは軽金属協会、昭和52年版から平成9年版までは日本アルミニウム連盟、平成10年版から日本アルミニウム協会で発行。解題は平成11年版による。　　　　　　　　4800

資源統計年報　昭和50年－　通商産業大臣官房調査統計部編　通産統計協会　1976-　年刊 27cm 英文書名：『Yearbook of minerals and non-ferrous metals statistics』
金属鉱物、非金属鉱物、非鉄金属地金、非鉄金属製品および光ファイバ製品の生産動態統計、非鉄金属等需給動態統計調査の結果と、その他関連統計等を収録する。解題は平成11年版による。平成11年版よりA4サイズ。　　　　　　　　　　　　　　　　　4801

◆金属加工

【書誌】

金属加工総文献集　鈴木弘，日比野文雄編　誠文堂新光

社 1960 687p 19cm
塑性加工を主とした関連分野の論文と技術資料の目録。1921年以降1953年末までの日・米・英・独の学会誌・技術誌・研究所報告に掲載されたものを24項目に分類し年代順に配列。索引はない。　　　　　*4802*

【辞典・事典】

英独和独英和鋳物用語辞典 村井香一編 多摩 いちい書房 1997.4　125p 19cm　発売：開発社(東京) 4-7591-0100-4　5040円
工業全般および商業や芸術関係の用語も含め9300を超える語を収録。第1部は英独和、第2部は独英和、第3部は五十音順の日本語索引で構成。語義の解説はない。　　　　　*4803*

金属熱処理用語辞典 改訂版 大和久重雄著 日刊工業新聞社 1985.10　212,52p 18cm 4-526-01930-5　2800円
金属の熱処理に関する技術用語1278語を収録。見出し語を五十音順に配列し英語名を併記。用語の持つ意味のみならず、応用例、背景までを図、表、写真を用いて詳しく解説。巻末に簡単な解説を付した欧文（英和対照）索引を付す。1966年刊行の旧版を改訂。　*4804*

実用プレス用語辞典 橋本明著 工業調査会 1983.5　193p 22cm 4-7693-2038-8　2800円
プレス加工、プレス技術に関する用語約1300語を収録。五十音順に配列し、英語名を併記。図を多用し平易に解説。巻末に英文索引を付す。　　　　　*4805*

図解型技術用語辞典 型技術協会編 日刊工業新聞社 1991.11　5,303,16,27p 18cm 4-526-03038-4　4700円
型技術に関する用語1800語を定義、解説し、産業分野間での用語の統一に取り組んだ金型関係者向けの初めての用語辞典。五十音順に配列して対応英語を付し、豊富な図版で解説を補う。項目末に同意語、関連語、参照語の案内あり。巻末付録として、「金型に関する日本工業規格一覧」、SI（国際単位系）単位への換算表を付す。巻末の欧文索引は、英和対照表としても利用できる。　　　　　*4806*

図解鋳造用語辞典 日本鋳造工学会編 日刊工業新聞社 1995.11　296p 18cm 4-526-03790-7　5500円
鋳造の基礎、溶解、造形、材料、熱処理、装置、ソフト関連などの分野から、学術用語、技術用語のみ約2200語を採録。項目を五十音順に配列し、英語を併記。鋳造に関係する研究者や技術者を対象に、図版を多用して簡潔に解説する。巻末に造型・鋳造用具図集、金属の特性一覧表や、欧文索引を付す。『図解鋳物用語辞典』（第2版、1988年刊）の改訂版。　　　*4807*

鋳造・鍛造・熱処理英和術語辞典 石井義雄編 大阪 新日本鋳鍛造協会 1977.1　163p 26cm 2500円
1964年に刊行した『英和鋳物用語辞典』に鍛造と熱処理関係の用語を加え全部で約1万5000語を収録。項目のアルファベット順に配列し、日本語訳を付す。　　　　*4808*

プレス成形技術・用語ハンドブック 日本金属プレス工業協会編 日刊工業新聞社 1991.10　657p 22cm 4-526-03017-1　9000円
プレス成形技術の基本要素「解説編」、「用語編」、技術データを収載した「資料編」の3編構成。全体の大半を占める「用語編」は約2400語を収録、見出し語を発音の五十音順に配列し、図表を多用しわかりやすく解説。プレス加工、溶接、表面処理など用語の使われる分野を8分類し、各用語に分類番号を付す。用語編末に和英索引、英文索引を付す。　　　　*4809*

和・英・独・仏鉄鋼熱処理用語辞典 岸本浩編著 大阪 新日本鋳鍛造協会 1981.3　1冊 27cm 書名は背・奥付による　標題紙の書名：『Technical dictionary of heat treatment for iron & steel』　5000円
鉄鋼熱処理関係の専門用語1800語を収めた4か国語辞典。1 日－英－独－仏、2 英－日、3 独－日、4 仏－日の4部からなる。第1部は五十音順配列、他3部は1部の該当頁を指示。主要な用語にのみ簡易な説明を付す。　　　　*4810*

【便覧】

鋳物便覧 改訂4版 日本鋳物協会編 丸善 1986.1　1309p 22cm 4-621-03045-0　32000円
鋳造工学の基礎理論から現場における技術まで広範に解説。22章からなる。理論的説明は最小限にとどめ、実務的な記述やデータ、図表を主体とする。鋳造法と材質上の分類が並立していた改訂3版（1973年刊）と異なり材料別の分類を採用。巻末に数表・定数、状態図、関連規格一覧などの付録および和文索引を付す。　　　　*4811*

金型便覧 金型便覧編集委員会編 日刊工業新聞社 1972　1067,15p 22cm 9800円
プレス・鍛造・鋳造・ダイカスト・プラスチック・ガラス・ゴム・粉末冶金・窯業などに用いられるすべての金型を包含する簡潔な便覧。全体を11項目に分け、金型工業の現況を解説した総論、金型製作の概論および前記の各論の解説に加え、生産管理、生産計画、労務管理などのマネージメントも記載。最後の章に、主要JIS規格の一覧を掲載。五十音順事項索引を付す。　*4812*

新プレス加工データブック　新プレス加工データブック
　編集委員会編　日刊工業新聞社　1993.5　538p　26cm
　4-526-03316-2　9000円
　プレス加工に関する技術的データを収録したハンドブック。専門家対象。全体は「打抜き加工」「曲げ加工」「絞り加工」「冷間鍛造」「回転加工」「金型材料・被加工材」「プレス機械・周辺装置」の7編からなる。1頁1項目で、グラフ、図、数値表を中心に、専門的な解説を掲載。各項目に、和文・欧文の図書、雑誌論文などの参考文献を付す。索引はない。『プレス加工データブック』(1980年刊)の新版。
　　　　　　　　　　　　　　　　　　　4813

鍛造ハンドブック　鍛造ハンドブック編集委員会編　日刊工業新聞社　1971　559,11p　22cm　5800円
　鍛造作業全般について、実務家が必要な知識をすぐ得られるように、平易に解説した便覧。内容は総論、各種鍛造および特殊加工、金型製作、自動化など8章に分かれている。巻末に和文用語索引を付す。　4814

電気加工ハンドブック　電気加工ハンドブック編集委員会編　日刊工業新聞社　1970　522,10p　22cm　4300円
　特殊加工法のうち、電気・電子的現象を直接とり入れて加工を行う電気加工法について解説したハンドブック。放電加工、電解加工、電子ビーム加熱加工、超音波応用加工、高速噴射加工、爆発加工などについて解説し、自動車工業、計測機器、電子工業、その他各種工業の応用面についても説明。各章末に参考文献、巻末に五十音順の事項索引を付す。　4815

熱処理技術マニュアル　大和久重雄著　日本規格協会　1988.2　270p　22cm　(JIS使い方シリーズ)　4-542-30354-3　2200円
　機械部品用鉄鋼材の熱処理に関するハンドブック。機械設計技術者を対象にJIS鉄鋼材の特性を生かした、熱処理に関する技術を18章構成で解説。巻末に記号・用語解説などの付録と五十音順用語索引を付す。
　　　　　　　　　　　　　　　　　　　4816

プレス加工ハンドブック　橋本明著　日刊工業新聞社　1971　406,6p　22cm　2800円
　金属プレス加工現場の合理化に主眼点をおき、自動化、機械の選定、製品材料の選定、標準化、技術の改善、自動化装置など、単に技術を解説するだけでなく、その他の諸問題も取りあげている。巻末に五十音順事項索引を付す。　4817

プレス加工便覧　日本塑性加工学会編　丸善　1975　964p　22cm　15000円
　せん断加工、曲げ加工、成型加工、圧縮加工など、プレス加工全般にわたり6章構成で、その特性、理論、設計、作業、材料および加工機械、型について詳しく解説。データも豊富で研究者、技術者向け。巻末に付録として記号一覧、関係図書一覧と五十音順事項索引を付す。　4818

プレス成形難易ハンドブック　第2版　中川威雄監修　薄鋼板成形技術研究会編　日刊工業新聞社　1997.7　564,5p　27cm　4-526-04048-7　17000円
　自動車の車体を製造する際の薄鋼板成形について解説した便覧。主としてプレス成形の技術、施工上の問題点などを掲載。成形難易評価問題にも取り組み、成形の成否の予測をし、薄鋼板の性能を極限まで引出すことを目指している。またCAD(計算機援用設計)/CAE(計算機支援エンジニアリング)技術への対応も含む。巻末に自動車および鉄鋼関連資料と和文事項索引を付す。日本の全自動車メーカーと理化学研究所との共同研究として発足した薄鋼板成形技術研究会の30周年記念事業として刊行した1987年版に、低コスト化技術、最近のプレス成形技術などの特徴、解析手段や解析事例などの章を追加。　4819

もの作り不思議百科　注射針からアルミ箔まで　日本塑性加工学会編　コロナ社　1992.10　164p　19cm　(新コロナシリーズ18)　4-339-07668-6　1200円
　現代日本の身のまわりの工業製品の製造法をわかりやすく一般むけに説明した読みもの。生活編、新素材・新製品編の2編からなる。製品ごとに製造工程を詳しく解説している。とりあげている製品は35と少ない。巻末に五十音順の事項索引がある。　4820

【年鑑】

素形材年鑑　昭和59年版－　素形材センター　1985－年刊　27cm
　鋳造品、鍛造品、金属プレス加工品、粉末冶金製品や関連する業界についての状況と統計を、通商産業省の鉱工業生産動態統計調査、労働省所管の各種労働統計、関係諸団体の資料などを編集して掲載。構成は、国内統計、海外統計、参考統計からなり、巻末の付録には国内と海外の素形材関連団体名簿を収録。昭和41年度版－昭和58年度版の書名は『鋳物年鑑』。解題は平成11年度版による。　4821

◆溶接、接合

【辞典・事典】

ハンダ用語解説集 川口寅之輔編著　日本アルミット　1991.2　94p 15cm（クジラブックス）
ハンダに関する初歩的な用語156を五十音順に配列、英語を併記し、簡単な解説を付したポケット用語集。解説には図を加えてある。巻末に五十音順用語索引がある。
4822

溶接・材料・検査用語集 藤田春彦，神谷修編著　アイピーシー　1984.5　81p 21cm　800円
JISの溶接用語および関連する材料や試験検査において常用される語句、約600語を収録。五十音順配列の見出し語の後に、読み方、意味、対応英語を記載。
4823

溶接・接合用語活用事典 応和俊雄，浜崎正信共著　産報出版　1989.12　699p 19cm　6500円
溶接・接合分野における用語696項目を収録した用語事典。見出し語の五十音順配列で、英語を併記し、1頁1項目形式で図表を多用してていねいに解説している。『溶接用語活用事典』（1972年刊）に、時代に即した新語を大量に追加して改題したもの。巻頭に本文中の語句も含む五十音順用語索引（英語併記）、付録として単位換算表がある。
4824

溶接・接合用語事典 溶接学会編　産報出版　1991.11　173p 21cm 4-88318-442-0　2800円
溶接関係の用語860語について、図表を多用して平易に解説した辞典。用語を、一般、溶接方法、溶接材料、溶接機器、溶接設計、溶接施工、ガス溶接・熱切断・ガウジング、溶接欠陥、安全衛生、試験・検査の10分野に分類配列し、解説では関連用語の階層関係を明確にしている。溶接学会用語集や、JIS、AWS、IIW、ISO、IECなどの用語集の溶接用語に加え、最近の技術用語も採用。巻末には、五十音順事項索引（対応する英語を併記）と英和索引を付す。『溶接用語事典』（1981年刊）の改訂版。
4825

溶接の事典 蓮井淳〔ほか〕編　朝倉書店　1985.2　279p 22cm 執筆：蓮井淳ほか　6800円
溶接技術およびその関連分野における重要事項を、図表を豊富に用いて簡明に解説。用語はJIS用語により、五十音順に配列。記載は、用語、読み、英語名、解説の順。学生および技術者が主な対象。巻末に参考文献および和文索引、欧文索引を付す。
4826

【便覧】

材料別接合技術データハンドブック 堂山昌男，高井治編　サイエンスフォーラム　1992.11　4冊 30cm 23000-28000円
接合技術に関する材料別のデータブック。材料ごとの接合可能性、技法データ、強度データ、応用データと解説をのせる。全体は、第1分冊「半導体系接合」、第2分冊「セラミック系接合」、第3分冊「金属系接合」、第4分冊「有機・複合材料系接合」からなる。解説は専門家を対象としているが、当該技術の専門家以外にも十分理解できる範囲で記述してある。参考文献は各章末にまとめてある。索引はない。
4827

省力化溶接ハンドブック 山海堂　1976　819p 22cm 監修：手塚敬三，応和俊雄　7500円
溶接技術の省力化、工程改善を企図して編纂されたハンドブック。3編からなり、「技術編」では各種のアーク溶接を、「溶接機器編」では専用自動溶接機を、「実用編」では造船、橋梁、建築鉄骨、自動車、貯槽、家電工業、化学プラントなどの産業別に章立てし、省力化溶接を解説。フローチャート、諸データ、写真などを多用し説明。各章末に参考文献を掲載。索引はない。
4828

接合技術総覧 新版　新版接合技術総覧編集委員会編　産業技術サービスセンター　1994.11　1088,61,7p 27cm 4-915957-27-6　49440円
機械製品などの製造に欠かせない各種の溶接、接合技術について、作業の目的にあう接合手段が選択できるよう、研究者、技術者向けに評価法、実例を提示し、解説した便覧。2編に分かれ、第1編で接合技術の基礎を、第2編で精密機械から原子力機器まで製品別の生産技術を中心に解説。巻末資料編でメーカーごとの接合関連装置を紹介。五十音順事項索引を付す。『最新接合技術総覧』（1984年刊）を全面的に改訂。
4829

溶接規格ハンドブック JIS・ISO・WES・HPIS・LWS・NDIS　改訂第2版　日本溶接協会規格委員会編　産報出版　1983.3　997p 26cm 14000円
溶接に関連する規格を集大成したハンドブック。JIS（日本工業規格）、ISO（国際標準化機構）規格のほか、WES（日本溶接協会規格）、HPIS（日本高圧力技術協会規格）、LWS（軽金属溶接構造協会規格）、NDIS（日本非破壊検査協会規格）といった国内団体規格を収録。付録として国際単位系（SI単位）を付す。初版は1974年刊。新旧規格のさしかえと国際規格の増補を重視した改訂。
4830

溶接・接合便覧 溶接学会編　丸善　1990.9　1496p 27cm

4-621-03498-7　50470円

溶接と接合技術に関する基礎から最新技術までを体系的に記述したハンドブック。全7編からなり、Ⅰは溶接・接合の力学・設計、Ⅱは溶接・接合法および機器、Ⅲは熱加工法および熱源の新応用、Ⅳは各種材料の溶接・接合、Ⅴは施行および管理システム、Ⅵは試験・検査、Ⅶは溶接・接合技術の適用である。解説は、技術的な観点からの専門的な記述で、図版も多く収録。参考文献は、和文・欧文図書と雑誌文献を各章末に一括収録。付録には「JIS（日本工業規格）および、その他関連規格一覧表」「SI（国際単位系）単位と他の単位との換算表」を収載。巻末に五十音順の事項索引がある。専門研究者・技術者および一般技術者を対象としている。『溶接便覧』（1977年刊）の全面改訂版。
4831

【名簿・名鑑】

全国溶接銘鑑 1952年版－　産報出版 1952－　年刊 27cm
1部全国製造・販売会社紹介、2部日本溶接協会会員企業、3部関連団体会員名簿、4部全国高圧ガス溶剤組合会員名簿、5部各社カタログ集で構成。1部の大部分は関係業者への業態調査表をもとに編集。溶接材料からバルブ製造分野までの8業種に分けた製造部門に、販売部門、輸入商社、非破壊検査会社、加工・サービス会社の計12部門に大別。部門内の配列は全国範囲の企業名五十音順だが販売部門のみ地域別配列。巻末に五十音順「社名索引」と業態別「業種索引」を付す。1969年版までの出版者は熔接ニュース出版局。解題は1995年版による。
4832

◆表面処理、防食、防錆

【辞典・事典】

金属表面処理用語辞典 金属表面処理用語委員会編 日刊工業新聞社 1983.10　266,56p 18cm 4-526-01555-5　3500円
文部省化学用語、JIS用語、ISO用語の中から金属表面処理技術に関する用語を選び、さらに基礎科学用語を追加し約2100語を収録。項目は五十音順配列で英語名を併記。図、写真、表などを用いてわかりやすく解説。巻末に英和対照索引を付す。
4833

さびを防ぐ事典 防錆防食事典 さびを防ぐ事典編集委員会編 産業調査会出版部 1981.4　1冊 27cm 23000円
各業種における防錆防食管理、施工、メンテナンスの事例を示し、防錆防食技術の重要ポイント、材料データを収録した実務ハンドブック。巻頭に五十音順索引、巻末に関連会社の資料編を付す。
4834

図解めっき用語辞典 丸山清，毛利秀明著 日刊工業新聞社 1994.11　542,58p 18cm 4-526-03616-1　6200円
化学、物理、金属、電気、機械など広い関連領域を持つめっき技術を体系的に理解するため、専門用語から基礎的な学術用語、関連技術用語まで約3400語を収録した用語辞典。巻末に参考文献、欧文索引、付録として元素の原子量、単位換算表、電気化学当量などの付表がある。
4835

腐食・防食用語事典 友野理平著 オーム社　オーム社書店(発売) 1975　298p 19cm 2700円
腐食、防食の実際面に関連ある用語をとりあげ、適宜図も入れながら平易な解説を加えた用語辞典。学生や技術者が文献を読む場合の参考にするためのハンディなもので、難解な用語は除く。見出し語の五十音順配列で、対応する英語名と簡単な解説を付す。巻末に英和索引がある。
4836

溶射用語事典 日本溶射協会編 産報出版 1994.6　123p 21cm 4-88318-443-9　3000円
溶射に関する重要用語229語を9項目（一般、設備、材料、前処理、施工、後処理、試験および検査、用途、安全衛生）に分類配列し、解説した用語辞典。JIS（日本工業規格）に規定された溶射用語の理解を助けるため、初・中級者を対象に、平易に解説。略語一覧および巻末に和英索引、英和索引がある。
4837

【便覧】

金属表面技術便覧 改訂新版 金属表面技術協会編 日刊工業新聞社 1976　1342p 22cm 15000円
塗装、電気メッキ、無電解メッキ、溶融メッキ、真空メッキ、気相メッキ、陽極酸化、化成処理、ライニング、コーチング、ガス浸透、浸炭窒化、金属浸透、表面焼入などと、これら処理の前処理および、加工法であるバレル研摩、バフ研摩、化学研摩、電解研摩、電解加工などを説明している。排水、排ガス、その他廃棄物処理にもふれ全17章からなる。巻末に和文索引を付す。1963年に刊行されたものの改訂新版。
4838

最新表面処理技術総覧 最新表面処理技術総覧編集委員会編 産業技術サービスセンター 1987.12　1201, 157, 8p 27cm 38400円
多様化した表面処理技術を総覧できるよう、基礎技術から先端技術までを体系的に解説。「表面の科学」「プロセス各論」「処理効果」「資料編」の4編よりなる。

資料編では表面処理関係の機器、装置、材料などの各社の製品についての資料を収録している。巻末に五十音順事項索引あり。
4839

実用表面改質技術総覧 材料技術研究協会表面改質技術総覧編集委員会編 産業技術サービスセンター 1993.3 1069,71,6p 27cm 49600円
めっき、蒸着など外界との相互作用を高めるための物体の表面改質技術について「総論」「各種材料の表面改質」「材料表面の評価」「装置及び周辺機器」「実用例」の5編に分け解説した便覧。第6編として物性特性表を収載。巻末資料編に50社の製品一覧を掲載し、五十音順事項索引を付す。
4840

電気めっきガイド 1988 全国鍍金工業組合連合会 1988.1 81p 30cm 書名は奥付・背による 表紙の書名：『製品設計／開発のための電気めっきガイド』 監修：金属表面技術協会 編集・製作：セリタ・ピー・アール企画株式会社 折り込図1枚 非売品
製品に多様な諸特性を付与するとともに、省資源、省エネルギー、無公害を追究した電気めっきの技術を解説した書。「表面処理の種類」「使用目的手引」「素材別手引」「設計上の留意点」「電気めっきの応用例」「電気めっきの新しい展開」「電気めっき発注の手引」「電気めっきとJIS」の8章よりなる。巻末に五十音順索引を付す。
4841

電食・土壌腐食ハンドブック 新版 電気学会電食防止研究委員会編 電気学会 1977.5 460p 22cm 発売：コロナ社（東京） 8500円
埋設金属体の腐食、電気鉄道からのもれ電流、調査方法、各種防食方法、国内および外国の関連規程などを解説している。付録に、金属の物理的性質、無機絶縁材料の特性、熱強化性プラスチックスの特性などの物性値集を掲載する。巻末に、五十音順の用語索引を付す。前身は『電蝕防止操典』（1936年刊）『電蝕防止ハンドブック』（1952年刊）。1976年刊の全面改訂版。
4842

腐食防食データブック 腐食防食協会編 丸善 1995.6 569p 22cm 4-621-04038-3 13390円
腐食防食に関する公表されたデータを技術分野別にまとめたデータブック。全438項目を26の技術分野別に分け、さらに11種類の構造物別にまとめて配列している。原典のデータを図表も含めてそのままの形で収載し、諸元や出典を明記する。さらにデータの背景、適用範囲、位置付けなどの解説を加え、1項目を1頁に収める。巻末の項目名インデックスから、他分野に収録された関連データが探せる。実務者向けのデータ集であり、『防食技術便覧』☞4845の姉妹編にあたる。

防食技術ハンドブック 改訂 化学工業社 1990.3 531p 21cm （別冊化学工業 34-1） 監修：奥田聡 7500円
総論では、金属の腐食と基礎概念、防食法、腐食抑制剤、腐食試験法について述べ、各論では、鉛、グラス、カーボン、耐食れんが、ゴムなど各材料ごとのライニング技術を中心に解説。巻末に和文および欧文索引を付す。初版は1972年刊。
4844

防食技術便覧 腐食防食協会編 日刊工業新聞社 1986.11 1096,16p 22cm 4-526-02091-5 18000円
多種多様な腐食の科学および防食の工学・技術全般についてデータを中心に詳細に解説した便覧。「腐食防食の基礎」「腐食現象」「環境の腐食作用」「各種材料の耐食性」「腐食防止法」「腐食試験法」「腐食防止の実例」「最近のトピックス」の8章からなる。巻末に五十音順事項索引を付す。『金属防蝕技術便覧』（1972年刊）の改訂版。
4845

防食材料選定便覧 Franz Ritter著 長坂秀雄，緑川真知子共訳 新技術開発センター 1979.6 576p 31cm 『Kerrosionstabellen metallischer Werkstoffe』1958,『Kerrosionstabellen nichtmetallischer Werkstoffe』1956の翻訳 38000円
工業材料選定の際に参考となる防食・腐食に関するデータ集。金属篇と非金属篇に分け、それぞれに材料一覧と腐食環境を示す目次を付す。本文は材料、腐食環境の組成、腐食の程度からなる表で、材料の詳しい組成は材料一覧を参照するようになっている。金属篇には参考文献がある。
4846

めっき技術便覧 めっき技術便覧編集委員会編 日刊工業新聞社 1971 858p 22cm 5800円
電気メッキに直接関係ある電気化学の基礎部門から廃水処理まで、基礎編、技術編、工業編、関連表面処理、管理編、参考資料の6編に分け解説。基礎編では、電気化学を、技術編では、研磨、前処理、メッキ技術の諸方法を、工業編では、工場における実際を、表面処理では、メッキに関連ある電解研磨や化学研磨を、管理編では、標準化や工程管理をそれぞれ説明している。参考資料として、関連するJISの一覧表と諸物性値集を掲げる。巻末に五十音順索引を付す。『鍍金技術便覧』（1959年刊）の新版。
4847

めっき実用便覧 藤野武彦，稲垣春雄共著 工学図書 1978.3 460p 22cm 4000円
めっき工業全般について、工場技術者や材料関係者向けに簡易にまとめたもの。「めっきの基礎」「工程」

「設備」「廃水処理と公害管理」「規格」「付録」の6編に分け、写真や図表を使って要点をわかりやすく説明している。付録には関連諸表、巻末には和英めっき用語解説（五十音順）があり、索引を兼ねている。
4848

溶射ハンドブック 日本溶射協会編 新技術開発センター 1986.3 683p 22cm 各章末：参考文献 29000円
溶射の歴史、理論、技術、施工例について体系的に解説した便覧。資料の項には溶射関連JISおよび安全作業指針、公害関係法規一覧を、巻末には五十音順索引を付す。
4849

◆石油、石油工業、石油化学工業

【辞典・事典】

新石油事典 石油学会編 朝倉書店 1982.11 973,20p 22cm 22000円
石油に関する総合的な事典。石油産業の分析から、原油と天然ガスの採掘・性状、製油、石油製品、石油化学工業、石油代替燃料、機器、輸送・貯蔵、環境・防災対策に到るまで幅広く解説。最終章に石油関係の統計を収載。巻末に付表、見出し語および解説文中の重要語の五十音順索引を付す。『石油事典』（1966年刊）を全面的に改訂。
4850

世界石油用語事典 ペトロガイド 改定版 燃料油脂新聞社 1985.2 568p 27cm 折り込図7枚 15000円
石油に関する一般的用語・技術用語、経営にかかわる基本語も含め約5500語を収録。項目は五十音順配列で対応する英語を付す。解説文は平易。巻末に各種数表、石油掘削法、装置図および「石油関連会社紹介」を付す。
4851

石油・石油化学用語辞典 全訂・新版 石油・石油化学用語研究会編 石油評論社 1975 471p 19cm
原油部門、石油製品、石油化学製品の製造、販売、輸送関係を中心に、これらに関連する経済面および技術面の用語約5000語収録。見出し語を五十音順に配列し、英語を併記して解説。巻末に見出し語および説明文中の固有名詞・商品名を含む外国語索引と世界の油田分布図、世界の大油田などの図および日本の石油開発会社一覧がある。初版は1965年刊。
4852

石油用語解説集 第2版 石油学会編 幸書房 1980.4 316p 22cm 3700円
地質、探鉱、開発、石油精製、装置、潤滑油、製品・試験、触媒、石油化学、輸送・貯蔵、基礎の各分野および新たに環境、経済を加えた幅広い分野から用語を収録し、簡潔に解説。用語選定は文部省の学術用語に必ずしもとらわれず、石油業界一般に常用されているものを採用している。用語配列は五十音順。巻末に英語索引を付す。初版は1977年刊。
4853

日中英石油用語集 日中英石油用語研究会編 石油評論社 1980.6 215p 16×22cm 3500円
物理探鉱、地質学、油層工学、油井掘削、石油生産、貯蔵・輸送、石油精製、石油化学の各分野を含む、石油産業で日常使用される術語2500余を収録。日本語を見出し語に五十音順に配列、中国語と英語を併記。中国語には拼音も併記。巻末に拼音アルファベット順中国語索引、英語索引を付す。付録に中国語表記の炭化水素の名称、中国の主要油田リストなどの図表を収載する。
4854

【便覧】

ASTMによる石油製品の特性と試験法解説 George V.Dyroff〔編〕石油連盟監訳 日本規格協会 1993.3 203p 26cm 『Manual on significance of tests for petroleum products 5th ed.』1989の翻訳 4-542-40204-5 8000円
石油製品の品質を決定する基準として国際的に採用されているASTM（米国材料試験協会）の石油関係規格を、実務に適用する場合必要となる各製品の品質特性およびその試験・分析手順について詳解した手引書。ASTMと英国石油研究所（IP）の作成による。
4855

石油鉱業便覧 1983 石油技術協会 1983.6 777p 27cm 石油技術協会創立50周年記念 非売品
石油および天然ガスの開発の流れ、および種々の石油鉱業技術を集大成した便覧。「Ⅰ 石油鉱業概論」（1-3章）「Ⅱ 石油鉱業技術」（4-12章）の2編12章からなる。各章末に参考文献、巻末に本邦ガス・油田分布図、生産量、埋蔵量表などの付録と英文併記の和文事項索引を付す。
4856

石油精製技術便覧 第3版 川瀬義和〔ほか〕共編 産業図書 1981.10 841p 22cm 執筆：飯島一成ほか 12000円
製油技術者および石油関連業務に携わる人々を対象とし、基礎的な知識とともに、石油精製技術の最近の進歩、環境対策、完全防災、電算機の適用などについて解説。巻末に単位換算表、比重、粘度、水蒸気および水の性質などのデータと五十音順事項索引を付す。
4857

石油備蓄ハンドブック 石油備蓄ハンドブック編集委員会編 日本工業新聞社 1979.2 733p 22cm 15000円
「基礎編」「実務編」「技術編」「資料編」の4編よりなる。石油備蓄法が制定され、オイルショックなどの緊急時に必要な石油備蓄の概説、備蓄方式、基地、経済性などの基本的なことから、実務的、技術的な設備、施設までを網羅した石油備蓄に関するハンドブック。資料編には法令、統計類などを掲載。巻末に五十音順索引とアルファベット順索引を付す。　　　　　4858

石油類比重・容積・度量衡換算表 改訂版 本荘幸雄編 成山堂書店 1979.2 399p 27cm 3800円
巻頭に関連事項および用語の解説をおく。中心は石油類比重換算表で、測定比重、測定温度を横軸、縦軸にとり、詳細な数字を記載。石油類容積換算係数表、石油類比重相互換算表、米ガロン、バレルをリットルあるいはメートルトンあるいは英トンに換算する表その他、諸表を付す。初版（1963年刊）以来、収録データに変更はない。　　　　　4859

戦後石油産業史 石油連盟編纂 石油連盟 1985.12 462p 27cm
昭和20年から昭和60年までの日本の石油産業の変遷を体系的に解説した通史。本編は、1 戦後復興から近代へ、2 開放体制への転換と石油業法、3 二つの石油危機、4 世界石油情勢の激変と低成長経済への対応の4章で構成。付編として石油連盟関連資料、統計および年表を付す。本編中にも各種統計を多数収載。石油連盟30周年を記念して編纂。索引はない。　　　　　4860

【年鑑】

石油化学工業年鑑 1961年版- 年鑑編集委員会編 石油化学新聞社 1961- 年刊 27cm 英文書名：『Petro-chemical industry year book』
石油化学工業界の前年の動向と実情を、国の技術開発の動向、設備投資動向、石油化学企業の収益の動向、原料問題、環境政策、プラスチック廃棄物と資源化対策、海外の石油化学投資動向、生産と流通、関連業界の動向、現勢コンビナート図鑑などに区分して解説。巻末に五十音順の石油化学工業関連の会社リストと関係団体のリストを掲載。解題は2000年版による。
　　　　　4861

石油化学製品データブック 1991-1996年版 重化学工業通信社編 重化学工業通信社 1991-1996 年刊 26cm
主要石油化学製品を対象に最新の生産、輸出入、メーカー別生産能力などのデータを収録。わが国石油化学工業の各年の動向、エチレンセンターの動向および主要石油化学製品の各品目別の動向の3章からなる。

1997年版から『化学品ハンドブック』と改題。　4862

石油年鑑 1980年版- オイル・リポート社編 オイル・リポート社 1980- 年刊 27cm
内外石油事情の現況をまとめた年鑑。特集、世界の石油事情、日本の石油事情、ドキュメント、統計の5部構成。ドキュメントには石油審議会石油部会石油備蓄・緊急時対策小委員会や、同審議会開発部会基本政策小委員会の審議経過を掲載。1987年まで石油動向研究会編、総合インターナショナル社刊、1988-1992年は石油年鑑編集委員会編、日本経済評論社刊。1993・1994年以降現出版社。解題は1999・2000年版による。
　　　　　4863

日本の石油化学工業 1961年版- 重化学工業通信社石油化学課編 重化学工業通信社 1961- 年刊 22cm 英文書名：『Annual survey of petrochemical industries』
わが国の石油化学工業の現状、石油精製各社の現況と設備動向、エチレンセンターの動向、石油化学各社の現況と設備動向、外資系化学企業の事業動向、環境問題と化学各社の対応策などを解説した年鑑。巻末に各企業別の関連会社・研究所・海外進出・技術移転リストなどを掲載。解題は1999年版による。　　4864

【統計】

内外石油資料 1960-1995年版 石油連盟広報部 1961-1995 年刊 26cm
内外の石油事情に関連する各種統計や資料を掲載した年鑑。国内編と国際編の2部からなる。特集として戦後石油日誌を掲載。巻末に石油関係諸元表、各種単位換算表を収載。1995年版で刊行中止。　　4865

化学工業

【辞典・事典】

英和化学・金属用語小辞典 化学・採鉱冶金・分析・塗料・公害・エネルギー 『工業英語』編集部編 アイ

ピーシー 1988.8 471p 19cm 『化学・金属用語27000』(インタープレス1986年刊)の改題 4-87198-114-2 3600円
化学・金属関係用語2万7000語の英和対訳集。見出し語はアルファベット順配列。各用語には典拠(インタープレス収集の用語、学術用語、JIS用語など)が明示されている。
4866

化学工業技術英和20000語辞典 改訂増補版 岡田功編 オーム社 1993.3 278p 21cm 4-274-94800-5 2800円
化学工業、化学技術、化学工学、工業化学および関連分野の術語・用語約2万語に日本語訳を付した英和対訳辞典。意味のわかりにくい語や使用分野の限られた語については、ごく簡単な解説も付す。『学術用語集 化学編』☞3215や『JIS用語辞典』☞3943などの訳語には記号を付して区別し、ほかに通俗訳や慣用訳、従来用いられていた古い訳語も収録。配列はアルファベット順で、巻末に、「覚えておくと便利な文字および略号」「元素の記号と名称」「常用単位換算表」「海外規格」がある。初版は1981年刊。本改訂増補版で巻末に約800語を追補した。
4867

新版化学工業略語記号集 北里次郎著 化学工業社 1978.12 201p 26cm (別冊化学工業 22-1) 3800円
化学工業界および関連部門で広く使用されている略語、諸単位記号、物性記号を収録。配列はアルファベット順で、欧文語源、日本語名および簡単な解説を付す。語源がギリシア文字のものは別配列。主要規格記号の抜粋、主要雑誌名の略称、国際原子量表のほか、付録として諸資料を付す。旧版は1970年刊(『別冊化学工業』14-3)。
4868

ファインケミカル事典 ファインケミカル事典編集委員会編 シーエムシー 1985.6 1366p 22cm 30000円
医薬品、化粧品、写真材料などに用いられる、少量生産で付加価値の高い化学製品を、物性や機能に着目して1100項目にまとめ詳しく解説。配列は見出し語の五十音順。巻頭に分野別の概説および項目を体系的に並べたリストを掲載。巻末におのおの約6000項目の和文索引、欧文索引を付す。
4869

【便覧】

12695の化学商品 化学工業日報社 1960- 年刊 26cm
市場に流通している化学製品を第1類アンモニア・カーバイド・硫酸・化学肥料、第2類ソーダ工業薬品など全30類に体系的に分類し、おのおの特性、用途、製法などの基本的事項に加え、業者、生産量、価格、法的諸規則まで多面的に解説。巻末に商品名および別名の五十音順索引と英語名索引がある。通産省確定公示の整理番号、CAS (Chemical Abstracts Service) 番号、輸出入統計品目番号を記載しているので他資料との照合が可能。化学工業関連の研究者・技術者が体系的に整理、把握できるよう編集されている。1960年以来各年収録商品件数を書名に冠して刊行。解題は1995年版による。このほか化学薬品を解説したものとして『新化学インデックス』(化学工業日報社、1988- 年刊)がある。
4870

化学プラント建設便覧 改訂2版 玉置明善, 玉置正和編 丸善 1992.4 1445p 22cm 4-621-03715-3 23690円
化学プラントの研究開発からプロセス設計、調達、現場建設工事、試運転、プラント輸出業務、関連法令まで32章に分け詳細に解説。各章末に参考文献、巻末に外国の著名技術会社の一覧表、和文索引を付す。1972年刊の改訂版で、法令、規格、図、表などを大幅に補正。6刷。
4871

化学便覧 基礎編(改訂4版), 応用化学編(第5版) 日本化学会編 丸善 1993-1995 4冊 27cm 全73130円
「基礎編」Ⅰ・Ⅱ、「応用化学編」Ⅰ・Ⅱの4分冊からなり、基礎編は専門家のためではなく周辺研究者の利用を目的とし、やや精度は低いが役に立つデータを積極的に収録したデータ集。1 物理定数と諸単位、2 元素と単位の性質、3 化合物の性質、4 化学実験用材料など15章構成。応用化学編は、1 化学の応用、2 資源・エネルギー、3 セラミックス、4 シリコンと化合物半導体、5 電子・情報材料など16章構成。各分冊の巻末に五十音順事項索引を付す。基礎編第Ⅰ分冊巻末に「分子式による有機化合物索引」「元素と化合物の英語索引」を付し、第Ⅱ分冊巻末に付録「化学文献の略記法」「データの検索」「略記号一覧表」を収載。
4872

電池活用ハンドブック 電池の知識・電池活用デバイス・電池活用回路・充電回路・電池活用資料集 トランジスタ技術編集部編 CQ出版 1992.11 207p 26cm (ハードウェア・デザイン・シリーズ) 4-7898-3162-0 1800円
各種電池の原理および活用技術について、体系的に解説した便覧。全9章からなり、第1-8章は、電池の実用知識、応用回路、充電器などについてコラムを交え平易に解説。第9章は、電池活用資料集でデータ集となっている。巻末に五十音順と見出し語の頁順の2種類の事項索引がある。雑誌『トランジスタ技術』の同書名の別冊を単行本化したもの。
4873

電池便覧 増補版 電池便覧編集委員会編 丸善 1995.1 557p 27cm 4-621-04020-0 25750円
技術進歩の著しい電池とその関連事項について体系的

に解説した便覧。「電池の形式と分類」「一次電池」「二次電池」「燃料電池」「太陽電池」「特殊電池」「電池工業に関する資料」の全7章からなり、原理、材料、製造法、性能、規格、データなどについて、最新の技術も含め詳細に解説している。1990年刊の初版に、新たに付録として「密閉型ニッケル水素蓄電池の最近の進歩」「リチウム二次電池の最近の進歩」を増補したもの。巻末に五十音順の事項索引がある。　　　4874

内外化学品資料〔1964年度版〕−　シーエムシー〔1965〕−　年刊 6冊 28cm ルーズリーフ
主要化学品281品目に関する基本的なデータ集。A 高分子（合成樹脂（総括）ほか39品目）、B 機能性高分子（エンジニアリングプラスティックス（総括）ほか41品目）、C 有機基礎原料（化学原料ほか45品目）、D 有機中間体（エタノールほか48品目）、E 精密化学品（アスコルビン酸ほか53品目）、F 無機化学品（工業塩類ほか49品目）の全6冊からなる。内外の統計類および各種資料から集めたデータを、各品目ごとに「メーカー別商品リスト」「需給統計」「内外の需要状況」「輸出入統計」などの項目を掲載。ルーズリーフ式で各品目ごとに月間で順次頒布し、1年間で全品目を終了する。A巻の巻頭に五十音順の全巻の総合索引および各巻に品目リスト（掲載順）を付す。解題は1994年版による。　　　4875

【名簿・名鑑】

化学工業会社録 昭和24年版−　化学工業日報社 1949−　年刊 26cm
化学製品の製造業者、販売業者、情報・調査会社、倉庫・運輸業者、プラント・機器製造業者、関係団体に区分して、各機関の沿革、役員、製造品目、製作機器、生産状況、業績概要、取引関係、支店・工場、研究所、従業員数、主要株主、取引銀行、海外提携などの情報を直接当該企業にあたって調査した結果を収録。巻末の参考資料として、製造業者・販売業者・関係官庁、在日外国公館などに区分された五十音順の住所録、ISO9000認証取得会社一覧、英語社名一覧を掲載。解題は2000年版による。　　　4876

【年鑑】

化学工業年鑑 昭和23年版−　化学工業日報社編 化学工業日報社 1948−　年刊 27cm
毎年の化学工業界の活動を国際環境、技術・特許、環境・安全性、貿易について総論としてまとめ、各論で石油、高分子、ファインスペシャリティケミカルズ、無機化学などの各業界ごとに生産実績、輸出入、設備投資などを解説。巻末の資料編には、国内統計として化学工業関係の統計を掲載。索引には、化学品別索引、統計索引を付す。解題は2000年版による。　　　4877

【統計】

化学工業統計年報 昭和29年−　通商産業大臣官房調査統計部編 通商産業調査会 1954−　年刊 27cm 英文書名：『Yearbook of chemical industries statistics』
化学工業製品に関する生産動態統計調査の結果をまとめたもの。概況では化学工業全体と主要業種別の動向を解説し、統計表では、総合指数、生産・出荷・在庫統計、化粧品生産金額経済産業局別・都道府県別内訳、原材料統計、生産能力統計、労務統計などの統計を収録。巻末には収録した統計について、品目名の五十音順索引がある。解題は平成11年版による。平成11年版よりA4サイズ。　　　4878

【法令】

海外化学品規制法規集　風間良英事務所訳・編 鎌ケ谷 風間良英事務所 1995.2 976p 30cm 発行所：化学工業日報社(東京) 4-87326-176-7 35000円
化学品の製造、輸出入に携わる人のための、海外の主要な化学品規制法規の翻訳集。4部からなり、第1部は米国・カナダ、第2部はヨーロッパ、第3部はオセアニア・アジアの各地域別に集大成。第4部はUNCED（国連地球環境開発会議）で発表されたアジェンダ21「環境的に健全な有毒化学物質と有害廃棄物の管理」、OECD（経済協力開発機構）が発表した「既存化学物質点検並びに既存化学物質規則の国際的現状」を収録し、併せて化学業界の"リスポンシブルケア"を米国を中心に解説している。索引はない。　　　4879

化学品法令集 化学工業日報社 1991.11 2338p 22cm 4-87326-088-4 60000円
1991年9月30日現在の日本の化学品関係法令の中で、化学品の製造業者や流通業者が必要とする各種の法令を1冊にまとめたもの。2部からなり、第1部は法規編で、労働安全衛生、化学物質、保安・防災、輸送・貯蔵、貿易関係の順に配列。政令、告示、通達、規制内容まで含め92件を掲載し、各法律の初めに簡単な解説を掲載。第2部は関連法規の解説で、用途法と環境関係法の順に17の法律について解説。巻頭に五十音順の法令名索引があり、巻末に全法令の所管官庁の問い合わせ先を掲載。　　　4880

◆化学工学、化学機器

【辞典・事典】

化学工学辞典 改訂3版 化学工学協会編 丸善 1986.3
653p 22cm 4-621-03061-2 9500円
化学工学関係の用語辞典。特殊分離、生物化学工学、環境、エネルギー、食品化学工学など新規分野から新語約650を前版（1974年刊）に追加し、約4000語を収録。配列は五十音順でそれに対応する漢字、英語を併記。巻末に英語索引を付す。　4881

工業炉用語事典 日本工業炉協会工業炉用語事典編集委員会編 日本工業炉協会 1986.5　437p 22cm
金属産業、窯業、化学工業、電子工業などで用いられる工業炉に関する用語約3300語を五十音順に配列し解説した辞典。各項目は、見出し語、対応英語、解説からなる。巻末に英文索引を付す。　4882

プラント工学用語集 改訂 幡野佐一編 化学工業社 1979.7
242p 22cm （別冊化学工業 23-4）　3500円
化学プラントの計画、設計、建設、管理など、プラント工学関連用語の英和辞典。工業規格、関係団体、経済関係、情報処理などの用語も含み、熟語も多数収録し、必要に応じて簡略な解説を付す。巻末に日本語索引を付す。初版（1971年刊）に別立てで追補分を収載。　4883

粉体工学用語辞典 粉体工学会編 日刊工業新聞社 1981.12　528p 18cm 4000円
粉体工学に関連する術語約1100語（見出し語のみも含めると1400語）を収録し、図を用いながら平易に解説した用語辞典。見出し語は日本語、外国語の発音に従って五十音順に配列、日本語には外国語を併記。SI単位と単位換算表、平均粒子の大きさの表し方、粉体工学に関するJISなどの資料を付録として収載。巻末に英文索引を付す。　4884

【便覧】

化学計測ハンドブック 小野木重治〔等〕編 朝倉書店 1974
664,24p 22cm
プロセス物質の化学特性の計測や化学プラントに関連する化学計測量を系統的かつ集約的に把握できるように編集。「基礎」「化学計測」「応用」の3編からなる。「基礎編」では、計測に必要な機器など基本的な事項を、「化学計測編」では、熱、光、電磁波、電気などを利用した各種計測方法を、「応用編」では、ガス・石油・高分子・紙パルプ・塗料工業などへの応用（化学合成工程の制御、品質の管理など）をそれぞれ解説。付表に、各種の物性定数を掲載。五十音順の用語索引を付す。　4885

化学工学便覧 改訂5版 化学工学協会編 丸善 1988.3
1391p 22cm 4-621-03231-3 29000円
化学工業プラントの設計、運転および装置など、化学工学全般について、「基礎編」「単位操作編」「反応操作編」「プロセス編」の4編32章に分け詳細に解説。物性定数、流動、伝熱、各種化学工学的処理、各種反応のほか、本版では、熱力学、移動現象論、粉粒体特性などの基礎現象の章およびプロセス設計・制御、境界領域プロセスなどの章を新たに設けている。巻末に付録として、数理公式、装置材料表などと用語や事項の和文索引を付す。約10年ごとに改訂。改訂6版を1999年に刊行。　4886

化学装置材料耐食表〔1989年〕改訂 幡野佐一著 化学工業社 1989.3　345p 26cm （別冊化学工業 33-1）
6700円
化学装置に用いられる材料の物理的・機械的性質や耐食性に関するデータなどを表形式でまとめたもの。巻末に五十音順事項索引を付す。初版は1980年刊で4度目の改訂。前身は『装置材料耐食表』（1971年刊）。　4887

化学装置便覧 改訂2版 化学工学協会編 丸善 1989.3
1093p 27cm 4-621-03346-8 28000円
化学装置の構造と材料に関する便覧。プラント・エンジニアリングを概括する総論（化学プラント設計と装置）、A 材料（1-9章）、B 構造と設計（10-21章）、C 保全と保安（22-26章）からなる。旧版（3編18章、1970年刊）にC編を追加し全4編とした。概論から応用まで図・表を多用し詳細に解説する。ファインケミカルや、バイオインダストリーなどの新しい分野にも対応できるように、材料の諸データ、規格、基準などの更新・充実を図り実用に役立つように編集。巻末に単位換算表、材料の物理・機械的性質の各種表、構造設計データ、規格・法規などの付録を収載、五十音順の事項索引を付す。　4888

化学装置便覧 増補版 金沢 科学技術社 1992.4　379p 16cm （化学工学シリーズ 別冊）　監修：藤田重文　増補監修：早川豊彦　執筆：合葉修一ほか　発売：丸善(東京)　折り込図1枚 2800円
化学装置の設計・運転に必要な基本事項を体系的に解説した便覧。例題を豊富に含む実用的なもの。21章からなり、第1章は各種法則などの化学量論、第2章以下は流体・スラリー・粉体輸送、流量計、撹拌動力、

流動化、反応、熱交換、蒸発、晶析、乾燥、冷水、調湿、蒸留などの各種装置の説明。付録にgc（重量と質量の換算係数）の使い方、単位換算表、湿度図表、国際単位系（SI）などの図表がある。1965年改訂版に国際単位系を追加したもの。巻末に事項索引（五十音順）がある。　　　　　　　　　　　　　　　4889

乾燥装置マニュアル　日本粉体工業協会編　日刊工業新聞社　1978.5　208,4p 22cm　編集委員長：桐栄良三　2700円
乾燥の理論、乾燥器の選定・比較、付帯設備、各種乾燥器について、乾燥操作に携わる現場技術者向きに、具体的かつ平易に解説。巻末に諸表、メーカー一覧などの資料と事項の五十音順索引を付す。　　　　4890

高圧ガス技術便覧　数森敏郎編　産業図書　1961　456p 22cm
高圧ガスの理論から実際までの総合的な実用的便覧。次の3編構成。「基礎編」でガスの法則・性質、圧縮機、高圧装置、計装・伝熱、ガス輸送および充てんなど基本事項を述べ、「高圧ガス工業編」でアンモニア合成、溶解アセチレン、炭酸ガス、塩化ビニル、石油化学の各工業について解説し、「資料編」は高圧ガス取締法の抜枠を収載。巻末に五十音順事項索引を付す。　　　　　　　　　　　　　　　　　4891

工業炉ハンドブック　日本工業炉協会編　東京テクノセンター　1978.7　755,〔7〕p 27cm　15000円
産業界で使用されている各種工業炉を網羅し、設計、エンジニアリング、操業技術などについて系統的に解説。第1編総説でエネルギー、環境対策、熱の基本的取扱方法など、第2編各論では、炉の役割、機能、特性など技術内容を、第3編で炉を構成する主要機材および付帯設備について解説している。巻末に各メーカーの製造機種についての技術などの資料および五十音順事項索引を付す。　　　　　　　　　4892

CVDハンドブック　化学工学会編　朝倉書店　1991.6　800,18p 22cm　4-254-25234-X　25750円
CVDはchemical vapor deposition（化学蒸着）の略称で、気体原料から薄膜や微粒子など固体を合成する技術の総称の4部からなり、1部はCVDの定義、分類、歴史、プロセスの目標、周辺技術、基本的事項などの緒論、2部は半導体、3部はセラミックス、4部はCVD反応装置の設計である。CVD関連の情報の収集整理と体系化をめざしたもの。付表に略語表索引（事項の五十音順）、資料編（若干のCVD機器の紹介）がある。　　　　　　　　　　　　　　　　4893

水蒸気改質炉・分解炉ハンドブック　高圧ガス保安協会　1985.1　241p 26cm　（高圧ガス保安に関する情報紹介 no.96）　3500円
「総論」「装置概要と設計」「運転と保守」「炉の構成材料」「損傷事例」「寿命予測」「法規・基準・規格」からなる。付録として、巻末に使用「合金組成一覧表」や用語解説、五十音順索引を付す。同協会が行った調査結果を化学・機械技術者向けに編集。　　4894

粉体機器・装置ハンドブック　粉体機器・装置ハンドブック編集委員会編　日刊工業新聞社　1995.5　791,10p 22cm　4-526-03714-1　18000円
粉体機器・装置に関する技術的な問題点を解明し、研究者、技術者などに役立つよう体系的に解説。「粉体プラント設計とエンジニアリング」「粉体物性と特性」「粉体機器装置の選定法」「粉体プロセス制御と自動化」「粉体プロセスの安全対策」の5章からなる。。データ、資料を多く含み、機種選定、スケール・アップ、トラブル対策にも言及する。各分野の実務家の豊富な体験をもとに、平易、簡潔にまとめている。巻末に和文事項索引がある。　　　　　　　　　　　　　4895

粉体工学便覧　粉体工学会編　日刊工業新聞社　1986.2　1005,88p 22cm　4-526-01994-1　23000円
内容を7編に分け、粒子や粉粒体の特性と測定法などの基本的事項から、その諸現象と調製、単位操作、プロセスのオンライン計測、医薬品、化粧品、ニューセラミックスなど各種製造工程の実例までを図表を多用して体系的に解説。巻末に関連JIS一覧などの付録と和文索引を付す。『粉体工学ハンドブック』（1965年刊）を全面的に改訂。1998年に第2版を刊行。　　4896

分離精製技術ハンドブック　日本化学会編　丸善　1993.3　1178p 27cm　4-621-03815-X　53560円
化学、化学工学のみならず、さまざまな先端的科学技術とその産業の諸分野で重要な役割を果たしている分離精製技術の原理とその実際を体系的に解説した便覧。基礎編と応用編からなり、「基礎編」はガス吸収、蒸留、抽出、吸着・イオン交換など11項目、「応用編」はクロマトグラフィー・電気泳動、バイオサイエンス、原子力工学、新素材など9項目について、多くの図表・グラフを用いて詳細に解説。巻末に五十音順の事項索引と欧文略語索引がある。　　　　　　　4897

◆工業用水・廃水

食品工場排水処理ハンドブック　大野茂〔ほか〕著　産業用水調査会　1978.10　862p 22cm　11000円

「食品工場排水の特性」「排水処理方法の概要」「排水処理計画のたてかた」「排水処理の実際」の4章からなる。「排水処理の実際」では、と畜場、缶詰製造、ビール製造業など26の業種について、その製造工程と排水処理を詳述。巻末に五十音順索引を付す。　*4898*

排水設備ハンドブック 新版　東京都下水道局排水設備研究会編　朝倉書店　1988.9　507p　22cm　4-254-26616-2　12000円
排水設備について、概要、定義、設計施工、事務処理など総合的に解説。「公共下水道」「排水設備」「除害施設」「事務取扱い」の4編からなる。巻末に、排水設備設計標準、関係書類様式集、関係法令集、和文索引を付す。1978年刊の改訂新版。　*4899*

水処理薬品ハンドブック　栗田工業水処理薬品ハンドブック編集委員会編　栗田工業　1983.7　437p　図版10枚　27cm　非売品
水処理薬品に関して基礎から先端技術までを網羅した体系的な便覧。「総論」「ボイラ体系の水処理とその薬品」「冷却水処理とその薬品」「空気調和分野における水処理とその薬品および機器」「用・排水処理とその薬品」「紙パルププロセス薬品」「石油精製・石油化学プロセス薬品」「鉄鋼の水処理とその薬品」「その他特殊薬品」「プラントの洗浄と洗浄剤」「管理のための水質分析」の11章だて。付録として単位系など54のデータ・図表を掲載。巻末に五十音順索引を付す。　*4900*

用水廃水ハンドブック　1-4　用水廃水ハンドブック編集委員会編　産業用水調査会　1972-1984　4冊　22cm　4500-10000円
水質保全対策の技術誌『用水と廃水』(産業用水調査会、1959-)に掲載の重要論文を厳選し、体系づけ、各項目別に編集し直し収録。第1巻は1972年刊行。2巻(1973年刊)　3巻(1979年刊)　4巻(1984年刊)はそれぞれ過去5年間掲載分の論文を対象とし、その時点での最新技術、情報が得られる。各巻とも章立ての基本は共通だが掲載巻号の記載および著者索引などはない。各巻末に、資料編として各関連会社の広告集あり。　*4901*

用水廃水便覧　改訂2版　用水廃水便覧編集委員会編　丸善　1990.4　1285p　22cm　第7刷(1刷：昭和48年)　4-621-02616-X　13390円
産業用水および産業廃水についての理論と技術を解説した便覧。「総論」「処理技術」「用水廃水の管理」「資料」の4編で構成。「総論」では用・廃水の性格、水質汚濁の影響などを述べ、「処理技術」では、基礎理論、装置・操作・実施例を述べるとともに、「物質別処理技術」の項を設け、各種物質の具体的な除去法について解説する。「用水廃水の管理」では、水に関係する産業を業種別に配列、各産業における水管理の実際を解説する。「資料編」では各種試験法に関する資料や文献を紹介するほか、諸単位の換算表など諸データを収載。巻末に五十音順事項索引を付す。初版は1964年刊。　*4902*

用廃水事典　産業用水調査会編　産業用水調査会　1972　733,45p　22cm　5500円
用水、廃水はもとより、関連分野の雑誌、単行本に使用されている用語約3000語を選び収録する。五十音順配列で英語名を付し、高校卒業程度でも理解できるように平易に解説。関連する用語間の相互参照を含み、写真なども多くとり入れている。末尾に、会社別の機器カタログと和訳付きの英文索引を付す。　*4903*

◆セラミックス、窯業、セメント

【辞典・事典】

ガラスの事典　作花済夫編　朝倉書店　1985.9　539,20p　22cm　4-254-25223-4　12000円
ガラス工業に関連した事項を製品、技術、性質、環境問題、構造など、7章に分けて解説。8章には、製造会社、研究機関、研究者、国際ガラス委員会、国際ガラス会議、ガラス関連文献を収録。五十音順の事項索引を付す。　*4904*

ガラス用語集　英和/和英　対訳　ガラス用語集編集委員会編　日本セラミックス協会　1993.3　486p　19cm　『Dictionary of glass-making』1983の英日版　4-931298-05-2　8500円
基礎科学から現場技術まで広範囲なガラス用語を収録した英和・和英用語集。国際ガラス委員会(ICG)が刊行した3か国語(英・独・仏)用語集から英語のみを取り上げ、日本語訳と対照させたもの。英和および和英の部からなる。収録用語は4428語。英和の部は、英語を見出し語に、日本語訳、日本語訳のローマ字表記で、和英の部の記載は、日本語訳のローマ字表記を見出し語に英和の部と逆になる。ともにアルファベット順配列で、原著の用語番号を付す。初版は1966年刊。　*4905*

セラミックス辞典　窯業協会編　丸善　1986.1　545p　22cm　4-621-03041-8　8800円
電子技術など窯業関連の他分野の用語や基礎科学用語、生産現場の慣用語や窯業の伝統用語をも幅広く集

め約5000語を収録。項目は五十音順配列で対応する英語を併記し、詳細解説。英訳も記載。巻末に英語索引を付す。『窯業辞典』（1951年刊行、1963年改訂）の増補・改訂版。　　　　　　　　　　　　　　　　4906

陶芸・セラミック辞典　素木洋一著　技報堂出版　1982.12　1260p 22cm 25000円
日本および諸外国で定義され、広く用いられているセラミック関係の術語8000以上を収録。見出し語はひらがなで五十音順に配列、漢字、外国語、同義語、解説文よりなる。重要項目は詳細に、一般項目は簡潔に解説。巻末に同義語索引、欧文索引を付す。　　　4907

ファインセラミックス事典　ファインセラミックス事典編集委員会編　技報堂出版　1987.4　958p 22cm　4-7655-0016-0　28000円
ファインセラミックスを、酸化物、非酸化物、ガラスに分類し、各物質について、歴史、結晶構造、スペクトルデータなどの基礎項目と、高温材料、機械材料などの応用項目に分けて解説したもの。主要な項目については項目の索引（機能項索引、データ項索引、解説項索引）を巻頭に付し、巻末に物質名索引（五十音順および分子式）を付す。　　　　　　　　4908

ファインセラミックス用語集　高津学，広木守雄編　紀伊国屋書店　1994.1　379p 19cm　4-314-10061-3　4800円
ファインセラミックスに関するハンディな英和用語集。鉱物名・材料名は割愛し、英文文献に現れた主な用語を集め、邦訳を付したもの。名詞、2語以上の複合語および形容詞、略語の1部を収めアルファベット順に配列している。ファインセラミックスを学ぶ学生、初心者向け。巻末に、関連図書リストあり。　　4909

窯業の事典　浜野健也〔ほか〕編　朝倉書店　1995.9　559,4p 22cm　4-254-25237-4　18540円
セラミックス全般について、具体例をあげながら詳述した事典。1-4巻では、窯業概論、基礎科学、原料、試験・評価法を、5-13章では、陶磁器、耐火物、セメント、ほうろう、などの従来からのセラミックスの製品の歴史、性質、用途などを、14章ではより高度な性質を持つファインセラミックスについて解説。各章末に参考文献、巻末に和文および欧文索引を付す。
　　　　　　　　　　　　　　　　　　　　　　4910

【便覧】

アドバンストセラミックス便覧　日本セラミックス協会編　オーム社　1992.3　356p 27cm　4-274-02220-X　9900円
21世紀における研究開発の指針を目的に、セラミックスについて体系的に解説した便覧。Ⅰ編セラミックス基礎科学の進歩、Ⅱ編セラミックス材料・技術の進歩、からなり、Ⅰ編は反応、合成、構造、分析・解析・評価技術、Ⅱ編は原料、セメント・石こう・石灰、ガラス・ほうろう、陶磁器、高温・構造材料、電子材料、医療材料、特殊・形態材料について詳細に解説している。1991年に刊行された『21世紀へはばたくセラミックス』から研究開発部門の章を編集してまとめたもの。各章末に参考文献があり、巻末に五十音順の事項索引がある。　　　　　　　　　　　　　　　　4911

セメント・セッコウ・石灰ハンドブック　無機マテリアル学会編　技報堂出版　1995.11　750p 22cm　4-7655-0026-8　19570円
典型的な無機材料であるセメント、セッコウ、石灰、アパタイト工業の近代化と技術革新を材料科学の基礎から応用まで9章にわたって紹介、材料化学の知識への入門的性格も持つ。対象は一般の技術者、研究者、学生。巻末に単位とその記号、五十音順事項索引を付す。　　　　　　　　　　　　　　　　　　　　4912

セラミック加工ハンドブック　今中治編　日刊工業新聞社　1987.8　308,7p 22cm　執筆：石渡昭一ほか　4-526-02228-4　4200円
雑誌『工業材料』に1984年から1986年に連載した「セラミック加工技術講座」を整理・再編。基礎事項、原理別加工技術、今後の問題点など8章からなる。巻末に五十音順事項索引を付す。　　　　　　　4913

セラミック基板材料データ集　柳田博明，菱田俊一編著　サイエンスフォーラム　1985.11　259p 31cm 28000円
マイクロエレクトロニクス（IC, LSIなど）の基板材料として使用されているセラミックスのデータ集。基板材料、周辺材料の2篇に分け、それぞれ基本データ、カタログデータを収録。データはそれぞれ構成する化合物の元素記号のアルファベット順配列。　　4914

ニューガラスハンドブック　ニューガラスハンドブック編集委員会編　丸善　1991.6　594p 27cm　4-621-03602-5　23690円
ニューガラス分野を関連分野にも言及しながら鳥瞰し、研究開発のための新しい情報をもりこんで、体系的に解説したもの。「基礎編」と「応用編」からなり、「基礎編」はニューガラスの分析、評価、種類と化学組成、作製法、成形・加工を記載。「応用編」は光関連機能性ガラスから電磁気、熱、機械、化学・バイオ・医用関連別に記載する。各章末に参考文献あり。巻末に五十音順の用語解説と索引を付す。　　4915

粘土瓦ハンドブック　田中稔著　技報堂出版　1980.11　604p

22cm 12000円
粘土瓦製造の基礎技術に重点を置き、原料から焼成、品質検査、包装輸送に至るまでの全工程を解説。特に、耐凍害性の向上、冷め割れの解決、焼成技術の項目に力点を置く。巻末に現在使用されている主な屋根瓦の種類、関連JIS、五十音順索引を付す。　　　4916

粘土ハンドブック 第2版　日本粘土学会編　技報堂出版　1987.4　1354p 22cm　4-7655-0017-9　28000円
1967年刊の旧版に分析・試験編を加え3編からなる。「基礎編」は粘土の定義、粘土鉱物の性質、成因、変化などについて、「分析・試験編」は粘土鉱物分析法や粘土の状態、性質の試験法など、「応用編」は資源としての粘土、およびセラミック、化学工業、石油・地熱開発、土木・建築、農業などの分野における粘土について解説。巻末に「原子量表」「元素の周期表」などの付表と和文および欧文索引を付す。　4917

ファインセラミックスハンドブック　浜野健也編　朝倉書店　1984.2　1117,10p 22cm　25000円
ファインセラミックスの基礎および開発中の具体例についての諸データをまとめた便覧。ファインセラミックスの物理化学、製造方法、性質、性質を応用した用途別各論の4章で構成。基礎知識の概略を述べ、他の材料では得られない特定の機能を持つファインセラミックスの開発状況を、諸データ、図、写真図版を多用し詳述。巻末に用語の五十音順索引を付す。　　4918

ファインセラミックスハンドブック　通商産業省ファインセラミックス室編　オーム社　1986.7　296p 27cm　4-274-08571-6　7500円
原材・用途別需給動向、製造・塗装・複合めっき溶射・化学蒸着（CVD）・物理蒸着（PVD）・特許などの技術動向、米・英・西独・仏の国際動向について解説。資料編として、ファインセラミックス関連団体、同関連企業、主要な部材および生産企業を掲載。巻末に五十音順和文索引を付す。　　　4919

【年鑑】

セメント年鑑　昭和24年版－　セメント新聞社編集部編　セメント新聞社　1949－　年刊　31cm
解説編、現状編、統計編、企業編、名簿編、歴史編、石灰石編、生コン編、製品編、骨材・混和材編に分けて解説する。セメント工場分布図、生産・流通・経営の動向、生産・出荷・在庫などの各種統計、工場名簿、わが国のセメント産業の歴史、原料および製品に関する諸統計などを収録しているので歴史的調査から現状調査まで幅広く利用できる。解題は平成13年版による。　　　　　　　　　　　　4920

【統計】

窯業・建材統計年報　昭和58年－　通商産業大臣官房調査統計部編　通商産業調査会　1984－　年刊 26cm　英文書名：『Yearbook of ceramics and building materials statistics』
通産省生産動態統計調査規則により実施された窯業・建材製品に関する生産動態統計、商工業石油消費統計調査規則により実施された窯業・建材製品に関する石油等消費動態統計の調査結果を、製品、原材料、労務を主に編集したもの。掲載数値は『窯業・建材統計月報』および『石油消費動態統計月報』で公表後、修正を加えた確定数値。石油等消費動態統計調査結果の詳細については『石油等消費動態統計年報（製造工業）』参照。『窯業統計年報』（昭和30－57年）と『建材統計年報』（昭和30－57年）の合併したもの。解題は平成11年版による。平成11年版からA4サイズ。　4921

◆化学物質、化学薬品

【辞典・事典】

IPCSの出版物に使われている化学物質安全性用語集　IPCS国際化学物質安全性計画　世界保健機構〔編〕国立衛生試験所化学物質情報部訳　国立衛生試験所化学物質情報部〔1992〕82p 26cm　英文併記『Glossary of terms on chemical safety for use in IPCS publications』の翻訳
国際化学物質安全性計画（IPCS）が作成する環境保健クライテリアや、その他IPCSが刊行するFAO/WHO合同の食品添加物専門員会（JECFA）や、残留農薬専門家委員会（JMPR）などの出版物に使われている用語を対象に、日本語訳およびその定義を記載した用語集。用語の配列はアルファベット順。後半に原文および参考文献を付す。　　　　4922

MSDS(化学物質安全性データシート)用語集　化学工業日報社　1995.11　188p 26cm 付・化学物質安全性情報の提供について　監修：厚生省生活衛生局企画課生活化学安全対策室　4-87326-197-X　3000円
化学物質の安全性に関する用語の中でも特にMSDS(Material Safety Data Sheet)に関連する用語を、リスク、化学物質の安全性、物質の名称や性質、火災・爆発等、有害性、環境毒性、労働衛生の7つに分類。それぞれの用語に英語を併記し、平易に解説。巻末にEHC（環境保健クライテリア）、HSG（安全衛生ガイド）、およびICSC（国際化学物質安全性カード）対比

表やICSC日本語版物質リストなどを付す。巻末に日本語、英語の用語索引あり。
4923

化学物質取扱者のための安全管理用語事典 データセンター編　化学工業日報社　1994.9　366p　21cm　4-87326-164-3　2900円
情報を提供する新聞社の立場から、違った用語表現で流通している安全性用語全般について同一レベルでの理解を図るため解説を試みたもの。化学物質に関する内外の「製品安全データシート（MSDS）」の理解を主眼に、その他、わが国の製造物責任法、環境基本法、海外の化学物質規制などの環境関連用語まで幅広く収録。事件、団体名、規格、条約なども含む。配列は欧文略称も含めカタカナ読みの五十音順。英語名を併記。巻末に、文献、データベース、単位換算表など関連する内外の参考資料29種を掲載し、欧文索引を付す。
4924

【便覧】

RTECS(化学物質毒性データ総覧)利用のための手引き書　日本化学物質安全情報センター　1995.11　72p　30cm　（特集号 no.67）　4-89074-137-2
米国保健福祉省（HHS）国立労働衛生研究所（NIOSH）が編纂する『Comprehensive guide to the RTECS』の日本語版。RTECSは約13万の化学物質を収載し、その毒性について広範囲な情報を提供するデータ集。
4925

化学品取引要覧　昭和35年版－　薬品新聞社編　大阪　薬品新聞社　1960－　年刊　19cm
「商品編」と「会社編」に大別。「商品編」はさらに一般化成品、合成ゴム、農薬などに5分類の上、物質名の五十音順配列。記載は既存化学物質整理番号、CAS番号、性状、製法、メーカー名など。「会社編」は企業名の五十音順配列。資本金、従業員数、役員名、業況、主要生産・取扱品目、主要特約関係、沿革などを記述。各年2年前の月別主要化学品生産・出荷統計実績が掲載される。巻頭に商品索引、会社等索引を、巻末に関係組合、団体の概要を掲載。解題は平成10年版による。
4926

化学品別適用法規総覧　改訂版　化学工業日報社　1994.11　615p　26cm　4-87326-168-6　26000円
化学品の安全性を取り扱う主要な105の法律を取り上げ、約2万件の化学物質・関連製品から該当法規を検索するためのガイドブック。全3部よりなり、第1部「化学品別適用法規索引」では化学品名から適用法規が検索できる。第2部「適用法規名索引」は、主要な105の法律を含む758の政令・省令・告示・訓令・通達などを五十音順に配列した一覧。第3部「主要法規別化学品名一覧」は、消防法、毒物及び劇物取締法など注意を要する化学物質の多い6つの法律について、主要テーマ別に規制化学品名を五十音順に配列したもの。1992年刊の初版を環境基本法（1993年）制定などにより改訂したもの。
4927

化学薬品の混触危険ハンドブック　東京消防庁編　日刊工業新聞社　1980.2　1冊　22cm　4800円
地震による出火防止対策のために代表的な化学薬品400品目を選び、それらの薬品の組合せ約8000種について、混触発火の危険性をコンピュータにより予測し、データシートで表現。薬品名を五十音順に配列し、混触危険物質名、最大反応熱、最大危険割合、危険度のランク（A－D）などを記す。巻末に、化学名索引（和・英）を付す。
4928

危険物・毒物処理取扱いマニュアル　有害化学品　翻訳・編集：海外技術資料研究所専門委員会　海外技術資料研究所　1974　540p　27cm　29500円
主要有害化学品700余種について危険性、毒性の処理、取り扱い方法を説明した便覧。品名、化学構造式、用途、諸物性値、関係法規に準拠した貯蔵取り扱い上の注意事項、応急措置、保健予防、廃棄法などが記載されており、これらは外国文献の調査に基づく。化学品は五十音順配列で巻末に英語名索引を付す。
4929

危険物ハンドブック　ギュンター・ホンメル編　新居六郎訳　シュプリンガー・フェアラーク　東京　1991.10　4冊　26cm　『Handbuch der gefährlichen Güter』1987の翻訳　4-431-70624-0　全128000円
1頁の表裏が1枚のカードの体裁をとり、化学物質の危険度、データ、取扱い注意事項などを簡潔に記載したハンドブック。比較的大規模に輸送されている化学物質1205に通し番号を付して番号順に配列した第1巻から第3巻と、解説・付録・文献・索引編の第4巻の4冊からなる。第1巻の巻頭にカード番号順物質リストがあり、第4巻に付録として、ヨーロッパ・北米などの中毒災害情報センターリストほかがある。巻末に和文および欧文の物質名検索リスト（索引）を付す。各物質ごとの諸データや注意事項を簡潔に把握できるツールとして関係専門機関以外でも極めて有用。原書は、警察・消防など危険物災害時の防災活動に関係する機関を主な対象としてドイツで刊行されたもの。1996年に普及版（4冊セット価9万8000円）を刊行。
4930

危険物ハンドブック　第2版　ブレスリック〔著〕田村昌三監訳　丸善　1998.9　1152p　27cm　原タイトル：『Bretherick's handbook of reactive chemical hazards

5 th ed.』 4-621-04507-5 42000円
化学物質を取り扱う教育・研究機関、企業などにおける災害防止の手引き書として、また危険な化学物質の適正利用を指導する行政機関の参考資料として編纂された便覧。2章構成。第1章は個別化合物編で4767の化合物を化学式のアルファベット順に配列し、元素や化合物単独、あるいは混合時の反応危険性データを広範で最新の文献情報により詳述。第2章は化学構造や危険特性が類似した化合物をクラス・グループに分類した270項目と反応危険性のトピックス、技術あるいは事故に関するもの343項目をアルファベット順に配列し、それぞれの危険性を示す。毒性危険は除外している。付録に火災関連データ表、CAS登録番号索引などを収載。巻末に和文および欧文の個別化合物索引を付す。1994年初期までの文献情報を収録。初版は1987年刊（原著第3版の翻訳）。　4931

危険・有害物便覧 新版　第5版　中央労働災害防止協会編　中央労働災害防止協会　1988.10　912p 20cm　監修：労働省安全衛生部　4-8059-0089-X　3800円
労働安全衛生法に規定されている物質および現場で使用頻度の高い物質380品目を収録。物質名の五十音順に配列し、化学式と英語名を併記。別名、主な用途、性質、危険有毒性、災害予防の急所、応急措置、災害事例の7項目について解説。付録に法律で規定された危険・有害物名、危険・有害物適用法規一覧表、許容濃度等の勧告他、危険防止に必要な注意事項やマニュアルを収載、巻末に物質名索引を付す。前版は1985年刊。　4932

国際化学物質安全性カード(ICSC)コンパイラーズガイド　日本語版　横手規子，山本都訳　化学工業日報社　1994.12　276p 26cm　監修：国立衛生試験所化学物質情報部　4-87326-171-6　3500円
化学物質の安全性に関する情報を簡潔にまとめた国際化学物質安全性カード（ICSC）の作成マニュアル。ICSCは、標準語句を導入することにより表現の統一を図っている。この標準語句を選択するための基準を掲載したガイド。A. 凡例他、B. 標準語句英和対訳一覧（語句番号順）、C. 標準語句についての解説および指示（コンパイラーズガイド）の3部構成。計算、指数、係数などの付録および巻末に略語一覧を付す。　4933

水素保安技術ハンドブック　高圧ガス保安協会　1985.4　246p 26cm　（高圧ガス保安に関する情報紹介 no.94）3000円
水素の製造および利用過程における保安技術をまとめたもの。概説、物性、危険性、取扱法、漏えい・流出・拡散、火災と消火、爆発などについて解説。約100件の事故例や工業技術院サンシャイン計画における実験報告も収載。付録として水素保安技術に関する参考文献を付す。　4934

溶剤ポケットブック　新版　有機合成化学協会編　オーム社　1994.6　949p 27cm　4-274-11991-2　23000円
溶剤・溶媒に関する理論と応用技術について体系的にまとめ、溶剤559種の特徴や数値データを収録している専門事典。「基礎編」「環境・安全編」「データ編」「応用編」の4部からなる。巻末にデータ編に収載の溶剤559種の数値データ一覧表のほか、和文および英文の溶剤名索引および一般事項索引（五十音順）がある。データブックとしての利用価値は高い。1967年刊行の初版をデータなどを修正して全面改訂したもの。　4935

【データ集】

安衛法化学物質　増補改訂第2版　化学工業日報社　1994.1　2冊 26cm　監修：労働省安全衛生部化学物質調査課　4-87326-146-5　全75000円
有害な化学物質による職業性疾病防止のために、労働安全衛生法による有害性調査制度が1979年6月30日から施行されている。本書は制度施行以前に製造、輸入された「公表化学物質」2万298物質と以後1988年6月24日までに官報に告示された「新規公表化学物質」5434物質を上下2巻に分けて収録。それぞれA（無機化合物）-J（構造不明等化合物）の10段階に分けて収載。旧版（増補新版、1989年刊）に比べ、新規公表化学物質の低分子化合物を中心にCAS番号を大幅に付与。上巻には第1部化学物質の分類方法、第2部コード番号順「公表化学物質」一覧を、下巻には第3部官報公示順およびコード番号順「新規公表化学物質」一覧、第4部五十音順配列「公表・新規公表化学物質」および番号対照表、第5部化審法に基づく「既存化学物質名簿」収載の公表化学物質、第6部資料編（関係法令の解説）を掲載。　4936

化学品安全管理データブック　増補新版　化学工業日報社　1996.3　4冊(別冊とも) 26cm　監修：大島輝夫　別冊（328p）：総合索引　4-87326-211-9　全140000円
安全にかかわる化学物質3250品目についてのデータ集。米国労働安全衛生研究所（NIOSH）編の毒性データ集RTECSや国際化学物質安全性計画（IPCS）作成の国際化学物質安全性カード（ICSC）ほか海外民間企業の資料などからデータを採集し編さん。データ項目は物質の物理化学的な性状、危険性情報、有害性情報、適用法令など。3分冊の品目配列にルールはないが、別冊総合索引に、品目の五十音順配列の和名索引、アルファベット順配列の英語名索引、CAS番号

索引を収録し充実させている。初版は1993年刊。

4937

化学物質安全性データブック 改訂増補版 上原陽一監修 化学物質安全情報研究会編 オーム社 1997.11 1251p 27cm 4-274-11997-1 26000円

「労働安全衛生法」および「毒物及び劇物取締法」の規制対象の主要582物質の安全性データをまとめたもの。日本化学工業協会が厚生省、通商産業省、労働省の3省監修のもとに作成した「製品安全データシートの作成指針」の様式に準拠し、物質の特徴、有害性、危険時の対応、適用法令などを詳細に説明。CAS (Chemical Abstracts Service) 登録番号に基づき情報を収集・整理。配列は物質名の五十音順。巻末に化学物質と安全性にかかわる7種の参考資料を収録し、日本語索引および欧文索引を付す。1994年刊の初版に26物質を追加。

4938

化学物質セーフティデータシート(MSDS) 汚染防止対策のための 未来工学研究所 1992.10 54,1158p 26cm 49000円

諸外国の法規や企業で現在使用されているMSDS (Material Safety Data Sheet) を参考に、環境保全対策のために収集したデータ集。対象物質は米国スーパーファンド改正再授権法（SARA）記載406物質に半導体の生産、バイオテクノロジー利用生産、ファインセラミックス生産で使用される物質を加え計655物質。配列は英語表記物質名のアルファベット順。データ項目は、物理的性質、化学的性質、年間生産量、生体影響、法規類、事故事例など。スーパーファンド改正再授権法の概要など8点の付属資料を収載。巻末に物質名の五十音順索引を付す。

4939

化審法化学物質 構造別分類番号・CAS番号付与 改訂第3版 通商産業省基礎産業局化学品安全課監修 化学工業日報社 1997.3 1783p 26cm 4-87326-238-0 32000円

化審法（化学物質の審査及び製造等の規制に関する法律）に基づき1974年5月14日付けで告示された既存化学物質とその後1996年6月21日までに公示された新規告示物質計2万5000を化学構造別、置換基別に細分類し、系統的に編集しなおした名簿。「既存化学物質」「新規告示物質」「第1種・第2種特定化学物質、指定化学物質」「五十音順配列化学物質」「資料編」「対照表」の6部構成。資料編には法律の解説、改正政令、省令、告示などを収録。対照表により、掲載全品目について官報公示整理番号とCAS番号から本書の構造別分類整理番号が検索できる。『化審法既存化学物質ハンドブック』（初版、1974年刊）の改題改訂3版。

4940

化審法の既存化学物質安全性点検データ集 化学品検査協会編 日本化学物質安全・情報センター 1992 1冊 30cm 監修：通商産業省基礎産業局化学品安全課 4-89074-101-1

1973年に制定された「化学物質の審査及び製造等の規制に関する法律」（通称「化審法」）に基づき、安全性総点検を実施した既存化学物質についての試験データ集。判定の基礎となった分解度試験および濃縮度のデータを定量的に記載するほか、実験魚ヒメダカに対する急性毒性試験結果および、物理・化学的性状に関しても記載する。巻末にCAS番号索引、アルファベット順の化学物質名（英名）索引を付す。

4941

危険物データブック 第2版 東京連合防火協会編 丸善 1993.1 581p 19×27cm 監修：東京消防庁警防研究会 4-621-03790-0 9991円

危険物、毒物および劇物290品目について物性、危険性、安全な管理法などについて、米国防火協会、日本産業衛生学会などの公表データ、実測値、製造会社の提供データをもとに災害対応マニュアルとしてまとめたもの。物質名を五十音順に配列し、見開きの表にして、物質の危険性、消防活動、安全管理、物性、人体危険、貯蔵・荷姿・用途などの項目をわかりやすく要約している。巻頭に物質名の和文索引、欧文索引を付す。1988年の旧版に新たに整理・検討した50品目を追加し、関係法令などをふまえ改訂したもの。

4942

既存化学物質データ要覧 第1-2巻 翻訳・分析・編集：海外技術資料研究所専門委員会 海外技術資料研究所 1974-1975 2冊(項目別頁付) 27cm 40000円, 38400円

化学物質審査規制法にもとづいて通産省が編集した『既存化学物質名簿』（1974年刊）から、第1巻一般化学品編に約6000種、第2巻特殊化学品編に2500種の物質のデータを収載している。記載は物質名、別名、構造式、分子量・融点・沸点などの物性、用途、製造方法、危険性、有毒性、製造メーカーなど。各巻末に既存化学物質全品目の五十音順索引を付す。

4943

国際化学物質安全性カード(ICSC) 日本語版〔第1〕-第2集 ICSC国内委員会監訳 化学工業日報社 1992-1994 2冊 26cm 監修：国立衛生試験所化学物質情報部，厚生省生活衛生局生活化学安全対策室 『International chemical safety cards』の翻訳 各30000円

1、2集合わせて約1000の化学物質に関する情報を収録。物質名の五十音順配列。記載事項は、一般的物性、ヒトへの影響、災害・曝露時の症状・予防・応急処置、危険性の重要データなど。記述には国際機関が選択した簡潔で標準化された約600の標準語句を採用。各物

質にはCAS番号、RTECS番号、ICSC番号、国連番号、EC番号などを付与。日本語名、英語名、CAS番号などの索引がある。原書はIPCS（国際化学物質安全性計画）とECで共同作成。　　　　　　　　4944

毒・危険性工場廃棄物500種　分析・研究・データ　補足・編集：海外技術資料研究所専門委員会　海外技術資料研究所　1975　234p 26cm 29000円
環境汚染の根源である化学系工場廃棄物の有害度および危険度についてアメリカのTRW Systems GroupとBooz-Allen Applied Researchの調査結果をもとに編集。「工場廃棄物の有害・危険度のアセスメント」「工場廃棄物の毒性・危険性データならびに処理・無害化方法」の２部からなる。第１部では、各種化合物が水中、大気中および陸上における人体への影響度を一覧表で掲げる。第２部では、毒性データとして化合物の致死投与量、致死濃度、許容限界中央値、摂取限界値などの人体および動物・植物などへの影響と無害化処理方法を、危険性データとして引火点、発火点、爆発限界を一覧表で掲げる。　　　　　　　　4945

ファインケミカルマーケットデータ　1995　第１－２巻　シーエムシープラネット事業部　1995　２冊 30cm 発売：ジスク　各123600円
医薬、香料などの分野で、純度が高く取扱量の少ない化学製品であるファインケミカル1000品目についての、化学関連メーカーや商社向けの市場情報。内容は品目ごとに構造式、化学式、毒性、製法、用途、メーカー動向、生産量、価格、市場動向などを記載。１巻は医農薬原料・中間体、食品素材、ビタミン・アミノ酸など。２巻は樹脂原料、溶剤、化粧品原料などを収録。２巻の巻末に品目索引あり。1986年『ファインケミカル中間体データファイル』、1990年『ファインケミカル中間体』、1992年（現書名）刊行。本版には1993年、1994年の情報を収載。　　　　　　4946

有害物質データブック　ザックス〔著〕藤原鎮男監訳　丸善　1990.3　776p 27cm 『Hazardous chemicals desk reference』1987の翻訳　4-621-03451-0　20600円
約5000種の有害化学物質について、名称、CAS（Chemical Abstracts Service）登録番号、NIOSH（米国国立労働安全衛生研究所）登録番号、有害度、分子式、分子量、各種許容濃度、性状、毒性・危険性などの項目についてまとめたもの。配列は、日本語化合物名の五十音順で、巻末に欧文索引、分子式索引を付す。　　　　　　　　　　　　　　　　4947

４万２千種化学薬品毒性データ集成　調査・研究：米国国立職業安全衛生研究所　日本版編集：海外技術資料研究所専門委員会　海外技術資料研究所　1975　840p 31cm 49200円
化学薬品４万2000品目をアルファベット順に配列し毒性データを掲載した一覧。『Chemical Abstracts』の登録番号、分子量、分子式などのほか、毒性データとして、毒性定量値、投与経路、実験動物の種類、投与量、毒性症状などの諸データと、データを抽出した引用文献を掲載。化合物名、商品名、慣用名などから検索できる。日本語による用語説明を各頁の欄外に、またデータ本文の部の前後に、記載事項の解説、WLN法による分子構造の表現を収載。英語版『Registry of toxic effects of chemical substances』は、その後1980年版が刊行され、以後マイクロフィッシュの形で刊行されている。　　　　　　　　4948

◆燃焼、燃料、爆発物

■石油化学工業は金属工学、鉱山工学、石油、石油工業、石油化学工業を見よ。

【辞典・事典】

LPガス実務用語事典　金子良雄著　広済堂産報出版　1984.8　572p 19cm 4-386-16006-X　3900円
理論、法令、設備・機器、需給関係の用語約1000項目、約2000語を収録し、五十音順に配列し、詳しく解説している。巻末に和文索引あり。付録として、関連官公庁一覧および担当課連絡先、LPガス容器製造業者の符号および容器の記号一覧表、都市ガス料金の比較計算、炭素鋼鋼管のJIS規格などを収録。　4949

ガス用語英和・和英辞典　日本ガス協会　1989.10　552p 16cm 2500円
国際ガス連盟（IGU）発行『Dictionary of the gas industry』（1982年）に収録された全用語約5000語に、日本のガス事業を説明する際に必要な特有の用語および最近の技術分野用語など約7000語を追加した合計１万2000語の英和・和英対訳集。解説はない。用語はガスの生産、供給、営業、天然ガス転換、機器・設備、情報システム、財務、法律などの分野から幅広く収録。英和は米語表記のアルファベット順、和英は五十音順に配列している。IGU辞書用語番号を付す。　4950

火薬用語辞典　木村真編著　産業図書　1959　419p 18cm
火薬類およびこれに関連の深い鉱山関係用語約3000語を収録。商品名や花火、マッチ類の用語も多いが、弾薬関係は含まれていない。配列は見出し語の五十音順。説明は平易をむねとしたため、必ずしも十分でないが類書がないので有用。　　　　　　　　　　　4951

危険物用語辞典　中井多喜雄著　朝倉書店　1996.5　304p

22cm　監修：田村昌三　4-254-20087-0　9785円
消防法危険物についての法規、危険物取扱設備、危険物の化学的・物理的特性、燃焼・爆発危険性、有害危険性、安全な取扱い方法など広範な分野から収録した用語約1400に英語を併記して解説。見出し語の配列は五十音順。巻末にアルファベット順索引を付す。
4952

図解燃焼技術用語辞典　日本バーナ研究会編　日刊工業新聞社　1982.8　337,51p 18cm 4000円
燃焼の基礎理論、燃料、燃焼装置、熱設備、運転・保守管理、燃焼に伴う公害や障害、法規、歴史など広範囲にわたる関係用語約2000語を収録し解説。見出し語の五十音順配列で英語名を併記。巻末に英語索引を付す。
4953

発破用語事典　木村真著　白亜書房　1983.4　250p 19cm　監修：山口梅太郎　4-89172-211-8　2600円
発破、火薬類および爆発加工に関する用語約860語を五十音順に配列し解説。英語、独語を併記。巻末に英－和－独、独－和－英の用語対比表および用語を体系的に分類した索引を付す。索引には頁の指示はない。
4954

和英・英和燃料潤滑油用語事典　日本舶用機関学会燃料潤滑研究委員会編　成山堂書店　1994.1　387p 22cm　4-425-11131-1　6800円
最近の舶用機関の技術の進歩に応じて変化している舶用燃料、潤滑油に関連する学術用語を解説した用語事典。関連分野を第1編石油共通項目から第10編オペレーションにわたる10編に分け、各編ごとに用語を五十音順に配列して、平易に解説している。見出し語には、対応する英語を併記する。巻末に度量衡、単位などの換算表および物性表と和文索引、英文索引を付す。
4955

【便覧】

LPガス技術総覧　新版　日本LPガス協会編　技報堂出版　1981.5　938p 22cm 13000円
工業用、自動車用、化学用、都市ガス用など重要なエネルギー源となるLPガスの諸技術を解説した便覧。初版（1974年刊）のデータを更新し、品質規格や試験方法を全面的に見直すとともに、物性、燃焼特性、生産・製造、貯蔵、輸送などに加え、配管、計測と自動制御、利用システムを章立てして、豊富な図版や表を用い詳しく解説。公害の防止、環境保全の立場から、LPガスの無公害性や環境保全関連法規についても解説。巻末に物性値集、文献資料一覧、会社名簿などを収載。図表索引と五十音順の事項索引を付す。
4956

ガス安全取扱データブック　日本酸素株式会社，マチソンガスプロダクツ共編　丸善　1989.10　292p 27cm 4-621-03422-7　6180円
工業ガス、特殊材料ガス、フロンガスなど、142種類の化学物質についてのデータブック。CAS番号、国連番号、既存化学物質番号や物性データなどに加え、火災および爆発の危険性（消火方法を含む）、毒性、吸入・接触したときなどの救急処置、反応性、漏洩に対する緊急処置、貯蔵や取扱上の注意事項を記載。巻末に関係法規表および英名索引を付す。特殊ガスメーカーとして世界的に有名なマチソン社の『Material safety data sheet』を翻訳し日本語版として編集したもの。
4957

火薬ハンドブック　工業火薬協会火薬ハンドブック編集委員会編　共立出版　1987.5　391p 22cm 4-320-08853-0　9500円
Ⅰ総論、Ⅱ火薬類の製造、Ⅲ性能、Ⅳ応用、Ⅴ保安管理および関連法規からなる。巻末に和文索引を付す。『工業火薬ハンドブック』（1966年刊）の改訂版。
4958

ケミカル・液化ガス・石油ハンドブック　日本海事検定協会ケミカル専門委員会編　成山堂書店　1987.5　221p 16cm　監修：日本海事検定協会　4-425-38012-6　2800円
ケミカル製品などの数量算出法およびこれに必要な各品目の比重、容積換算係数を収録した便覧。「基本的関連データおよび諸表」「ケミカル製品の性状および諸表」「液化ガス類数量算出法および諸表」「石油類数量換算表」の4章で構成。『液体貨物容積重量計算表』（1977年刊）の改題改訂。
4959

最新燃料便覧　燃料協会編　コロナ社　1984.3　784p 22cm　16000円
各種燃料の生産から防災までを体系的にまとめた便覧。12章からなり、1章は単位および物理化学定数、2章は耐食、耐火、耐熱材料、3-5章は固体、液体、気体燃料の生産、製造方法、輸送や貯蔵法、6章は既存の燃料に代わる新たな燃料の生産技術を紹介、7-12章では燃料装置、熱経済、熱量計測、分析、試験方法、公害防止、防災について述べ、原子力と核燃料についても言及。巻末に五十音順の用語索引を付す。『実用燃料便覧』（丸善、1932）以来3回目の改訂。
4960

燃焼工学ハンドブック　日本機械学会著　日本機械学会　1995.7　313p 31cm　発売：丸善　付属資料（フロッピーディスク1枚　3.5"2HD　袋入）4-88898-074-8　25000円

燃焼工学と燃焼技術を系統的に総括した資料集。基礎編12章、応用編12章および燃料・燃焼ガスの性質・熱化学物性値、平衡定数および輸送物性値を収録した付録からなる。巻末に五十音順事項索引を付す。付属のフロッピーディスクは、平衡計算プログラムソフトである。　　　　　　　　　　　　　　　　　　*4961*

【名簿・名鑑】

クリーンズ 1994-　石油化学新聞社　1994-　隔年刊　21cm　英文書名：『全国LPガス会社データブック』，『Cleans』
LPガスの生産輸入・販売事業者・機器プラント製造業者および全国の主要関連団体・官公庁の名簿からなる。巻末に付録として業界ランキングを掲載。1994-1998年までの書名『全国LPガス会社年鑑』。解題は2000年版による。過去に『全国LPガス企業年鑑』（1958-1985年版　産報　1957-1985年）が刊行されていた。　　　　　　　　　　　　　　　　*4962*

【年鑑】

LPガス資料年報　vol.1（1965年版）-　石油化学新聞社　1965-　年刊　30cm　編集：石油化学新聞社LPガス資料年報刊行委員会　英文書名：『LP-gas annual report facts & figures』
LPガスの需要・流通・設備・利用などの各種統計資料を中心に解説したもので、経済産業省（旧通産省）・資源エネルギー庁、輸入・元売会社、商社、石油・LPガス中央団体などのデータをもとに編纂されている。解題は2001年版による。　　　　　　*4963*

全国工業ガス年鑑　1979年版-1988年版　溶接新聞社　1979-1988　年刊　26cm　監修：通商産業省立地公害局
工業ガス解説、関係法令、関係団体、工業ガス関係企業の紹介よりなる。関係法令は一年間の省令改正・通達事項など、関係団体は設立目的、事業などを紹介し、会員名簿も掲載。関係企業の紹介は、工業ガス製造、充填、販売、関係機器製造、プラントその他に大別し、その中は五十音順配列。巻頭に掲載会社索引（五十音順）、業種別索引、工業ガス販売会社地区別索引を、巻末に全国空気分離ガス生産能力一覧、統計資料などを付す。以後休刊。　　　　　　　　　　　　*4964*

【統計】

ガス事業統計年報　昭和29年-平成9年　通商産業省資源エネルギー庁公益事業部ガス事業課編　日本ガス協会　1955-1998　年刊　26cm
各年度の一般ガス事業者に関する動向を概観し、各事業者が提出した製造、供給、電力、設備投資などの統計を収録。昭和45年までは通商産業省公益事業局ガス課の編集。平成10年から『ガス事業年報』と改題。解題は平成11年『ガス事業年報』による。平成11年版よりA4サイズ。　　　　　　　　　　　　　　　　　*4965*

◆油脂・洗剤、化粧品、香料

【辞典・事典】

香りの事典　仏・英・和　改訂版　黒沢路可編　フレグランスジャーナル社　1993.5　545p　19cm　4-938344-34-3　6800円
匂いや香りを表現する言葉、香料とその原料、および製品に関する用語の解説事典。化学的な分析やデータは含まない。見出し語はフランス語でアルファベット順配列。日本語-フランス語-英語（五十音順）、英語-フランス語（アルファベット順）の2種の索引がある。ほかに香料を採取する植物精油やスパイスの一覧、製品化された世界のフレグランス名を女性用、男性用に分けた一覧表がある。いずれもアルファベット順配列。初版は1984年刊。　　　　　　　*4966*

香りの百科　日本香料協会編　朝倉書店　1989.6　507p　22cm　4-254-25229-3　13390円
植物性および動物性香料180種をとりあげ、一般的な解説、産地および製法、香気成分、用途などについて記述。配列は項目の五十音順。巻頭に用語の説明、巻末に項目別の参考文献一覧、和文索引、欧文索引、学名索引を付す。　　　　　　　　　　　　　　　　　*4967*

化粧品原料辞典　日光ケミカルズ　1991.11　591p　27cm　共同刊行：日本サーファクタント工業，東色ピグメント　非売品
現在使用されている化粧品原料約2400品目について、成分名、収載公定書類、構造、特徴、用途、性状、商品を記載したハンドブック。成分名の五十音順配列。収載公定書は、第12日本薬局方、日本薬局方外医薬品成分規格1989、追補、化粧品原料基準第2版、追補、追補Ⅱ、化粧品種別許可基準Ⅰ-Ⅳ、第5版食品添加物公定書、第2版日本汎用化粧品原料集（JCID）のほか、米国有害規制物質法（TSCA）、EC既存化学物質リスト（EINECS）、米国化粧品・香料協会・化粧品原料集（CTFA）、CAS No.など海外文献名も記載している。巻末に和名索引、英名索引を付す。　　　　　　　　　　　　　　　　　　　　　　　*4968*

香料の事典 藤巻正生〔ほか〕編集　朝倉書店　1980.8
　456,12p 22cm 7800円
香料化学の基礎から応用までを総合的に解説した便覧。「匂いの科学」「香粧品香料」「食品香料」「その他の香料」「香料の素材」「香料の分析および安定性」の6章からなる。学際的記述を強調。巻末に五十音順事項索引と付表（香料の生産、輸出・入統計など）を付す。
4969

香料博物事典 山田憲太郎著　京都　同朋舎　1979.12　559p
　23cm 付(図3枚) 6000円
現代以前の熱帯アジアに産した主要香料の特徴、発生、進化、生産、伝播などについて、博物的および歴史・地理的観点からまとめた事典。巻頭に主要項目の五十音順一覧がある。巻末に図譜82点、主要参考文献などを収録。付録としてアフリカ東海岸、アラビア、東アジアなどの古地図を付す。
4970

洗剤・洗浄の事典 奥山春彦, 皆川基編　朝倉書店　1990.11
　776,5p 22cm 4-254-25225-0 22660円
生活の場や工場・医療などで洗浄に使用される洗剤などに関する広範囲な内容を網羅し、洗剤の安全性と環境への影響、国内外の関連法規について体系的に解説した専門事典。洗剤、洗浄、洗浄機の各概論、生活と洗浄、医療・工業・その他の洗浄、洗剤の安全性と環境の全6章構成。巻末に洗剤に関する内外の関連法規を付載。事項索引（五十音順）を付す。
4971

洗剤の事典 新書版　合成洗剤研究会編　合同出版　1991.7
　181p 18cm 4-7726-0150-3 1200円
合成洗剤および洗剤流出による水環境汚染問題に関する用語、約250項目を解説した事典。合成洗剤が含有する化学物質や溶剤とその性質、毒性などを個々に項目を立てて解説している。関係法令や各種データ、水質汚染防止運動にも言及。巻末に本文解説の中の用語からも検索できる索引（五十音順）と参考文献約40点を付す。
4972

広川香粧品事典 木嶋敬二〔ほか〕編　広川書店　1992.10
　599p 27cm 監修：井上哲男　執筆：赤堀敏之ほか
　4-567-00180-X 30900円
香粧品に関連する物質および皮膚科領域における用語・術語を中心に、使用頻度の比較的多いと思われるものや、香粧品に関して心得ておくべきもの約5500語を収載、五十音順に配列し、図や構造式をまじえながら解説する。各種規格や規準に収載されているものについては見出し語の後に文献名を略号で示す。また各用語に可能な限り英語、仏語を併記し、巻末に英語索引および仏語索引を付す。付録として薬事法に規定されている化粧品の各種規準などを掲載する。
4973

油脂用語辞典 日本油化学協会編　幸書房　1987.10　254p
　22cm 4-7821-0084-1 3800円
油化学で用いる化合物名、用語など約2100を選び解説したもの。生化学、脂質の成分の用語を多く取上げ、また油脂関連産業界で使われている取引用語、製品名、工程名なども幅広く採録。化合物名は『学術用語集化学編』☞3215に準拠し、油脂の慣用語と国際純正応用化学連合（IUPAC）の名称との対応など用語の統一を図った。配列はかな表記の五十音順で、英語を併記。巻末に解説のある見出し語を指示する五十音順の用語索引、英文索引（頁指定）を付す。
4974

【便覧】

界面活性剤ハンドブック 新版　吉田時行〔ほか〕共編　工学図書　1987.10　637p 22cm 4-7692-0173-7 9000円
界面活性剤の構造・特性、泡、ぬれ、乳化、可溶化などの基礎理論、洗浄、防食、潤滑、生化学領域での活用などの応用技術についてまとめ、さらに家庭用洗浄剤工業を除く工業別各論、公害問題、分析技術にも触れた便覧。巻末に事項索引を付す。初版（1968年刊）を全面改訂。
4975

化粧品製剤実用便覧 蔓目浩吉〔ほか〕編　日光ケミカルズ　1982.5 353p 22cm 共同刊行：日本サーファクタント工業　非売品
化粧品製剤に関する原料、文献、用語、薬事法、処方などについて平易に解説。1章は概論、2章は化粧品小辞典で、専門用語を五十音順に配列し解説、3章は化粧品に関する文献集。4、5章は化粧品原料および薬事法などについて解説。6章は公定書収載化粧品原料一覧表、7-10章はNIKKOL商品についての解説。巻末に五十音順索引を付す。
4976

合成香料 化学と商品知識　印藤元一著　化学工業日報社
　1996.3 1001p 21cm 4-87326-206-2 15000円
香料会社において実際使用されているもの、または使用されている可能性のあるものの中で、香気および物理的・化学的性状の明確なもの1240種を収載し、性状、用途、製造業者、毒性などを記載した便覧。新開発のもの、これまでの文献に収載されていないものを多数含む。巻末に収載化合物の和文索引、英文索引を付す。
4977

テルペンスペクトル集成 日本香料協会編　広川書店
　1973 225p
植物精油の成分であるテルペン112種について、赤外吸収スペクトル、核磁気共鳴、質量分析で測定した結果のデータ集。スペクトルは、物質ごとに2頁を使い、アルファベット順に配列。各項目には、スペクトルチ

ャートはもちろん分子式、構造式、分子量、その他、物理定数および性状などを掲載する。　　　　　　4978

香料化学総覧 第Ⅰ-Ⅲ　奥田治著　広川書店　1967-1979　3冊　27cm　4500-12000円
有香物質に関する化学解説書。Ⅰ-1 総論、2 天然香料、Ⅱ-3 単離香料および合成香料、4 香料の応用の4部構成。各品目ごとに成分、性状、合成法、用途等について詳細に解説。ⅢはⅠ、Ⅱ刊行後、時代の推移による香料価値の変遷を考慮し、Ⅰ-2-2 植物性香料、Ⅱ-3の各香料の、重要視される品目、変遷の著しい品目について改訂を施した補遺版。各巻末に日本名索引および外国語名索引を付し（Ⅰは主要項目のみ、Ⅱが総索引）、Ⅲに、Ⅰ、Ⅱも含む日本語索引および外国語索引を付す（ただし、Ⅰ、Ⅱの索引に含まれる動・植物名などは除く）。　　　　　　4979

日米欧化粧品原料比較　日本化粧品工業連合会編　薬事日報社　1996.4　582p　30cm　4-8408-0404-4　10000円
日本の『化粧品種別許可基準　1994』成分名と米国で成分表示に用いられるINCI（International Nomenclature Cosmetics Ingredients）成分名との対応表。『化粧品種別許可基準　1994』成分名を基準にした1部（3359件）と、INCI成分名を基準にした2部（2678件）からなる。1部には英名、本質・基原、INCI成分名、IUPAC（国際純正応用化学連合）名を記載。2部は化粧品種別許可基準成分名のほか、成分コード、規格コードを記載する。巻末に参考資料として「化粧品配合成分の簡易迅速試験法」「医薬部外品配合成分の簡易迅速試験法」を付す。　　　　　　4980

日本汎用化粧品原料集　第3版　日本化粧品工業連合会編　薬事日報社　1994.6　14,641p　27cm　4-8408-0325-0　13000円
わが国で広く使用されている化粧品原料2548品目に関する情報をまとめたもの。2部構成。第1部は厚生省制定化粧品原料基準および同追補収載592品、化粧品原料基準外成分規格1993および同追補収載1721品を収録、第2部は第1部未収載の日本汎用化粧品原料集第2版（1988年刊）および日本汎用化粧品原料集XII収載235品を一括収載。各項には成分コード、日本語名、別名、英名、化学名、商品名、構造式などを記載。付録に混合植物エキス分割一覧表および取り扱い業者一覧を、巻末に和名索引、英名索引を付す。略称名『JCID』3 ed.（『Japan cosmetic ingredients dictionary』3 rd ed.）　　　　　　4981

法定色素ハンドブック　日本化粧品工業連合会編　薬事日報社　1988.11　461p　22cm　4-8408-0145-2　9500円
化粧品用法定色素83品目とレーキ顔料の規格各条と解説、一般試験法および注解、日本と欧米における色素規制の概要などの資料、の3章で構成。巻末に、日本名、日本名別名、食品添加物名、英名、FDA名、CI名、CIナンバー、CASナンバーの各索引を付し、見返しには、各色素の色調見本を収載。　　　　　　4982

油脂化学便覧　改訂3版　日本油化学協会編　丸善　1990.2　566p　27cm　4-621-03447-2　24720円
改訂2版（1971年刊）に「脂質の構造と代謝」「油脂資源・バイオテクノロジー」の2章を追加し、「油脂類の性状と組成」「物性」「試験法・分析法」「分別と反応」「界面活性剤」「利用」の全8章からなる。専門家を対象とし、図、表のデータを中心とした内容。巻末に五十音順索引を付す。　　　　　　4983

油脂・油糧ハンドブック　幸書房　1988.5　498p　22cm　監修：阿部芳郎　4-7821-0085-X　8700円
第1編：総論、第2編：植物油脂、第3編：動物油脂、からなる。実用的立場から、油脂の原料、特性、製造法などの基礎と問題点を解説。巻末に付表（世界の主要油脂の生産量など）と五十音順索引あり。雑誌『油脂』に1982年11月から1986年6月まで42回にわたって連載した「油脂の特性と応用」を加筆訂正して1冊にまとめたもの。　　　　　　4984

【年鑑・統計】

化粧品工業年報　昭和60年度-　東京化粧品工業界〔編〕　東京化粧品工業会　1985-　年刊　26cm
わが国化粧品工業の現勢を2部に分けて解説。第1部「業界の大勢」は、化粧品の出荷状況、輸出入状況など。第2部は「統計資料」を掲載。解題は平成8年版による。　　　　　　4985

全国日用品・化粧品業界名鑑　平成6年度-　大阪　石鹸新報社〔1993〕-　隔年刊　27cm
「国内の石鹸・洗剤製造業者」「日用品・雑貨製造業者」「卸業者」の3部からなる名簿。大手から中小業者まで幅広く採録している。日用品・雑貨の部は、各製品別、その他は都道府県別に配列されている。業者おのおのについて、所在地、連絡先などのほか、各社の経歴、扱う商品名、資本金、役員名、年商額などを詳しく記している。巻末に「関係諸団体」ほかの名簿を付す。索引はない。創刊は昭和24年度版。平成3年度版までは『全国石鹸洗剤・日用品雑貨・化粧品・歯磨業界名鑑』。平成4-5年度版は『全国石鹸洗剤・日用品雑貨業界名鑑』で刊行。1998年より版表示は西暦。　　　　　　4986

Cosmetics in Japan : Directory of perfumes cos-

metics toiletries and soaps 『日本の化粧品総覧』
週刊粧業編 週刊粧業 1967－　年刊 26cm
わが国で発売されている化粧品、フレグランス、トイレタリーメーカー（輸入品、訪問販売を含む）の総覧。2部構成で、第1部は化粧品産業の現況と新製品の動向および用途別分類リスト。第2部は主要約90メーカーの発売商品リスト。メーカー名の五十音順。巻末に英文のメーカー・代理店名一覧（Directory of manufacturers and distributors）を付す。　　　　　　　4987

【規格・基準】

化粧品原料基準外成分規格　1993，追補　薬事日報社　1993－1994　2冊 22cm　監修：厚生省薬務局審査課　48000円，17000円
厚生省で定めた化粧品種別許可基準の対象となる原料成分のうち、「化粧品原料基準」に収載されていない化粧品成分（1410）について定めた「化粧品原料基準外成分規格　1993（略名：粧外規）」〔平成5年10月1日　薬審第813号　厚生省薬務局審査課長通知〕を収録したもの。通則、一般試験法、化粧品原料各条（語幹の五十音順）からなり、巻末に付録（化粧品種別許可基準成分新旧対照表）と日本名索引、英名索引を付す。原料各条の記載は、日本名、英名、性状、試験法および比重、pHなどの物理的性質など。追補には、新規収載321成分、名称変更33成分、規格改正79成分が収載されている。なお1994年4月より、『化粧品種別配合成分規格』（略称：粧配規）に名称が改正され、成分数は合計1721となる。　　　　　　　　　4988

化粧品原料基準注解　第2版　日本公定書協会編　薬事日報社 1984.8　2冊 22cm 4-8408-0056-1 全35000円
厚生省が1982年に告示した化粧品原料についての解説書。Ⅰ巻は主として化粧品原料基準523品目の各条とその注解、Ⅱ巻は通則および一般試験法とその注解、付録を収録。告示されている性状、確認試験、純度試験などをそのまま掲載した上で、基原、製法など項目を広げ具体的により詳細に解説。Ⅰ巻の配列は原料名の五十音順。Ⅱ巻の付録には「化粧品の内容量について」〔昭和34薬発第546号〕ほかの通達類、「化粧品原料取扱団体一覧」を掲載。Ⅱ巻巻末に原料、試薬などの日本名索引、欧文索引を付す。追補（昭和60年告示による63品目）、追補Ⅱ（平成3年告示による22品目）の注解もそれぞれ1987年と1992年に刊行されている。
　　　　　　　　　　　　　　　　　　　　　　　　4989

化粧品種別許可基準〔第1次〕－　薬事日報社 1986－　22cm　監修：厚生省薬務局審査第二課
1985年の政府の化粧品許可手続きの簡素合理化・迅速化を目的とした種別許可基準制度の導入方針により、1986年から1991年にかけて「化粧品種別許可基準」（全35種別）が制定された。以来、対象成分の追加、種別ごとに配合しうる成分および配合量上限の見直し、種別の統合などの改正が随時行われ、充実が図られてきた。本書はこうした改正の内容を収録したもの。改正についての（通知）、別添（表）「化粧品種別許可基準」および付録「化粧品種別許可基準収載成分名（英名－日本名）対応リスト」「化粧品種別許可基準収載成分成分コード順索引」からなる。第9次（1997年）改正で種別が11種別に統合された。第11次（1999年）の種別許可基準掲載成分は、化粧品原料基準581、化粧品種別配合成分規格2000、日本薬局方84、食品添加物公定書116、政府所定編成アルコール10、法定色素規格89、香料1の計2881。　　　　　　　4990

◆塗料、塗装

顔料便覧　改訂新版　日本顔料技術協会編　誠文堂新光社　1989.3　543,31,22p 22cm 4-416-38933-7　8000円
顔料を色別に整理分類し、標準名、化学式、特性、用途などを記した顔料名一覧表をはじめとし、試験法、鑑識法、性質、用途別適性顔料などについて解説。このほか、用語集、関係刊行物、日本工業規格、ASTM（アメリカ試験材料学会）による試験の概要など、顔料に関する種々の事項をとりあげている。巻末に、和文索引・英文索引を付す。第3版（1977年刊）の改訂版。　　　　　　　　　　　　　　　　　　4991

色材の分析・試験法ハンドブック　色材協会分析部会，日本塗料検査協会試験法研究会東部会編　丸善　1986.7　583p 22cm 4-621-03101-5　16000円
多数の素材が最適の条件のもとに組み合わされ作られている色材製品の困難な定量分析を、分析法、試験法に分け解説した便覧。第1章では色材製品の素材および製品の油脂・樹脂・顔料・溶剤・塗料・印刷インキや、プラスチック・皮革など着色材の分析法を、第2章では塗料・印刷インキ・顔料の試験法を解説。巻末に和文索引を付す。　　　　　　　　　　　　　　4992

塗装技術ハンドブック　日本塗装技術協会編　日刊工業新聞社 1987.2　990,15p 22cm 4-526-02119-9　16000円
塗装にかかわる先端技術を詳述。「総論」「被塗物とその処理」「塗装材料」「塗装および関連機器・設備」「評価と欠陥対策」「被塗物各論」「塗装の安全・衛生」の7章からなる。巻末に和文索引を付す。　　　　4993

塗装ハンドブック　石塚末豊，中道敏彦編　朝倉書店

1996.11　514p　27cm　4-254-20084-6　25750円
旧版の内容を一新し、塗装技術全体を総合的に収載。「総論」と「各論」の2部構成で、「総論」では塗料、被塗物、塗装方法と設備、塗膜の診断など塗装にかかわる技術を解説。色彩設計と安全、塗装条件から衛生および環境という今日的な課題も取り上げている。「各論」では工芸塗装、汎用塗装、建築塗装、工業塗装、特殊塗装など、用途別に塗料および塗装条件の選択なども含め塗装技術を詳しく記述している。巻末に五十音順索引がある。旧版の書名は『塗装の事典』(1980年刊)。　*4994*

塗料原料便覧　改訂6版　日本塗料工業会塗料原料便覧作成委員会編　日本塗料工業会　1993.8　640p　22cm
現在一般に使用されている塗料原料を、利用目的、種類別、特定品種群別などに区分して収録し、個々の原料について、性状、用途、製造会社などのほか、安全確保のための取扱注意、有害性情報、該当法規を記載する。個別物質名は、代表的名称のほか、化学名、一般名、通称、英文名、および化学式を併記。化学物質に関する法規および規制について1章をあてている。巻末に、化学名、一般名、通称で引ける五十音順の原料名索引、塗料原料製造業者名簿、販売業者名簿、関連業者名簿、日本塗料工業会会員名簿を付す。初版は1967年。1999年に7版を刊行。　*4995*

塗料便覧　塗料便覧編集委員会編　日刊工業新聞社　1965　1174p　表　22cm
顔料、加工原料、天然および合成高分子原料、溶剤などの各種原料および各種塗料について、その定義、種類、組成、製法、性質、用途などを、各項目ごとに分けて見やすく使いやすく編集。さらに試験法、塗装法の解説や、関係規格、塗装用語などの資料も掲載し、巻末に用語索引と溶剤性状一覧表を付す。　*4996*

塗料用語辞典　色材協会編　技報堂出版　1993.1　560p　22cm　4-7655-0023-3　11330円
塗料に関する用語を、原料、塗料、塗装、機能(用途)、物性、試験、化学および周辺分野から5500項目を収録。配列は五十音順で対応する英語を付す。図・表を多用し平易に解説するとともに、参照語、同義語、関連項目へ案内する。巻末に英語索引と、塗料に関する各種データ、参考資料などをまとめた付録がある。　*4997*

【年鑑】

塗料年鑑　昭和34年版(1959)-　塗料報知新聞社　1959-　年刊　27cm
塗料・塗装業界の動向をまとめた年鑑。調査・資料編、製造業編、販売業編、塗装業編、関連資材編(原料/機器・資材/団体)の5編からなる。調査・資料編以外は各業界の名簿からなる。巻末に業界人名録、塗料商品名集を付す。解題は2001年版による。　*4998*

◆染料、染色加工

カラーケミカル事典　有機合成化学協会カラーケミカル事典編集委員会編　シーエムシー　1988.3　746p　22cm　25000円
色素化学および技術に関する事項を解説した事典。概説、項目解説、色素表からなる。項目解説は、見出し語を五十音順に配列し、英語を併記。化学式、表、グラフを多用して解説。巻末に和文索引および欧文索引を付す。『染料便覧』(丸善、1959)の改訂。　*4999*

色素ハンドブック　大河原信〔ほか〕編　講談社　1986.3　567p　22cm　執筆：大河原信ほか　4-06-139652-8　13000円
色素を化合物として調べるための便覧。色素の概説および用語解説からなる「解説編」、個々の色素の構造・性質などのデータおよび文献を収録した「各論編」からなる。用語辞典は約400語を収録、五十音順配列。データ集の各項には、色素の化合物名、構造式、分子式、分子量、吸収極大波長、融点、用途、文献を収録。巻末に化合物名索引、事項索引、分子式索引、波長別索引、用途別索引を付す。　*5000*

染色加工学用語字典　和・英・独対照　岡田晃著　日本染色加工研究会出版部　1966　384p　22cm　1800円
繊維品の染色加工に用いられている3000語を選び収録した辞典。「英・独・和」「独・英・和」「和・英・独」の3部からなる。語彙の解説はない。英、独各用語には文法的な記号、たとえば、動詞、形容詞、名詞、複数、性を付記。巻末に付録として染料冠名一覧表ほかを付す。　*5001*

染色事典　日本学術振興会染色加工第120委員会編　朝倉書店　1982.3　460,12p　22cm　8000円
色彩、染色化学、染料、浸染、捺染、仕上加工などの染色加工用語を詳細に解説した事典。配列は項目の五十音順。各項目に英語を併記し、ランクづけし、大項目(1頁)から小項目(16分の1頁)まで、解説に5段階の精疎がある。巻末に繊維性能表、関係JIS名称、年表などの付録と英文索引を付す。　*5002*

天然染料事典　増補改訂版　糠沢鬼平編　驢馬出版(製作)　1987.12　239p　19cm　1800円

Ⅰ、Ⅱ章は天然染料の原料となる植物（約140種）を藍と藍以外の天然染料に分類し、名称、分布、分類、発色などを記載。Ⅲ章は染色法、Ⅳ章は色彩の名称について解説。巻末に染料名、色彩名などの五十音順索引、参考文献を付す。初版は現代創造社刊（1984年）。
5003

日本化薬染料便覧 第4版 日本化薬株式会社染料事業部技術部編 日本化薬染料事業部技術部 1982.11 852p 26cm 英文書名：『Nippon Kayaku dyestuff handbook』英文併記 非売品
染料の品種構成の変化に伴い改訂。標記会社で製造している染料の特性一覧を主体に、商品名順に配列し、堅牢度などの染色技術データを掲載。各商品名には略号コードを付記。巻末に温度、液濃度などの換算表および略号コード・色名索引を付す。初版は1966年刊。旧版は『化薬・染料便覧』（第3版、1980年刊）。
5004

◆高分子化学、高分子化学工業

高分子辞典 新版 高分子学会高分子辞典編集委員会編 朝倉書店 1988.11 620p 27cm 4-254-25226-9 26000円
高分子関連用語を、特に化学機能性、物理機能性、バイオ関連、境界領域材料、情報・通信材料、材料化技術、新産業高分子などの領域に重点を置いて選定した約3300語を収録。見出し語を五十音順に配列し、英語を併記し詳細に解説してある。付録に、高分子の命名法や物性（値）の検索法、高分子の一般的性質などを掲載し、巻末に英文および和文索引を付す。前版は1971年刊。
5005

高分子新素材便覧 高分子学会編 丸善 1989.9 634p 27cm 4-621-03393-X 24720円
高分子新素材（機能性高分子材料、高性能高分子材料）を用途・機能別に分けて解説したもの。「高分子触媒・試薬」「電子・情報材料」「分離材料」「医・薬材料」「センサー材料」「無機高分子材料」「表面処理」「高性能材料」の各章からなる。巻末に解説文中の用語の五十音順索引を付す。
5006

高分子データハンドブック 基礎編，応用編 高分子学会編 培風館 1986.1 2冊 27cm 4-563-04187-4 全98000円
物性データ、工業データだけではなく、高分子に関するすべてのデータを収載した総合的なハンドブック。高分子の基礎知識をもつ人が対象。各章にデータの見方、解説を付す。参考文献が豊富。前身は学会誌『高分子』の特集号、『高分子データ集』（1962年刊）。
5007

高分子命名法 W.V.メタノムスキー原著 高分子学会高分子命名法委員会訳 マグロウヒル出版 1993.9 200p 26cm 『Compendium of macromolecular nomenclature』1991の翻訳 4-89501-572-6 3200円
高分子に関する術語や命名法の規則・定義に関する国際純正応用化学連合（IUPAC）・高分子命名法委員会による全勧告を日本語訳したもの。定義（1-4章）と命名法（5-9章）に大別。付録に「生体高分子に関する命名法についてのIUPAC-IUB（国際生化学連合）諸勧告の参考文献目録」、巻末に日本語索引および英語索引がある。
5008

最新高分子材料・技術総覧 新素材 最新高分子材料・技術総覧編集委員会編 テック出版 1988.12 608p 27cm 発売：産業技術サービスセンター 47500円
高分子材料を「高機能性」と「高性能」の2編に分け、高機能性高分子材料には「高機能材料」「電気・電子機能材料」「生体・医療機能材料」「物理化学機能材料」の4章を、高性能高分子材料には「高弾性率・高強度材料」「耐熱性高分子」「耐久性材料」「超精度成形材料」の4章をそれぞれ設け、各材料の製造、加工、利用、応用、開発動向などについて解説。巻末に五十音順索引を付す。
5009

Maruzen高分子大辞典 Jacqueline I.Kroschwitz〔編〕三田達監訳 丸善 1994.9 1358p 27cm 『Concise encyclopedia of polymer science engineering』1990の翻訳 4-621-03990-3 58710円
高分子に関するあらゆる重要な要素を図表などを多用し解説した事典。天然および合成高分子物質の諸性質、合成と反応、特性解析と分析の諸方法、物理的諸過程、高分子工業・加工・製品製造・試験法、接着剤、コーティング、フィルムおよび繊維、高分子の利用と天然素材の産出状況、歴史的展望、経済的側面などを記している。いくつかのキーワードで項目名をまとめた大項目見出しで、配列は五十音順。英語名を併記。翻訳の際、日本の実情やその後の発展を考慮し、加筆・修正・削除が施されている。巻末に単位換算表、略語表、和文索引および欧文索引がある。
5010

【名簿】

高分子研究者総覧 高分子学会編 講談社 1988.7 425p 27cm 4-06-153902-7 25000円
我が国の高分子学会会員（学生会員を除く）を対象に、

高分子学会による調査に回答のあった高分子研究者、技術者、関係者を収録。学校関係、官公庁・団体、企業、名誉会員、個人に分類し、人名の五十音順に配列。記載内容は、生年、出身校、職名、研究テーマなど。巻末に人名索引を付す。
5011

◆ゴム

【書誌・抄録】

ゴム製品の安全衛生に関する文献抄訳集 1〔1973〕-　日本ゴム工業会食品医療用品部会，日本ゴム協会研究部会衛生問題研究分科会編　日本ゴム協会　1973-　年刊　26cm　（技術資料）
ゴム関連製品に含まれる有害性物質や、その製造過程で発生する物質の周辺環境、人体に及ぼす悪影響などについて書かれた外国文献の抄訳を『Chemical Abstracts』（CA）『RAPRA abstracts』（RA）から引用翻訳したもの。安全衛生に関する政策、計画に類するものも含む。過去2-3年初出のものを採録。各文献の配列は刊年の古いもの順のほかは規則性はなく、巻末にキーワードによる索引を付す。1（1973年）-26（1986年）は通号表示。以後年版表示。1-5の索引が1976年に刊行されている。
5012

ゴム製品の疲労劣化文献集　日本ゴム協会　1968　368p　26cm　3000円
日本ゴム協会・ゴム工業技術委員会が行った「ゴム製品の疲労と劣化に関する研究」において収集・調査した内外の文献約2500点を収録。採録誌は外国雑誌が多く、1945-1968年に刊行された論文が主であるが、分野によってはそれ以前の論文も含む。「ゴムの疲労・変質・破壊」「繊維を含む構成物の疲労」「ゴムの老化・耐熱」「ゴムを中心としたレオロジー」の4章に分類し、各章ごとに論文を刊行年順に配列した文献題目集と項目別に細かく分類し抄録を付した抄録集からなる。抄録集は繊維関係と化学レオロジー関係については全文献、その他については重要と思われる文献を選び抄録を付し、外国文献にもタイトルの日本語訳を付し、原題の書誌事項、抄録が続く。
5013

【辞典・便覧】

ゴム工業便覧　第4版　日本ゴム協会編　日本ゴム協会　1994.1　1379,56p　27cm　36050円
ゴム科学技術全般を、図や表を豊富に使用して、専門の研究者・技術者向けに詳しく解説。ゴム材料、ゴム加工技術、配合薬品、各種ゴム製品、公害・防災など11章に分け、各章をさらに細かく項目立てして記述する。第3版（1973年刊）から約20年の間のゴム科学技術の進展に対応して改訂。各章末にはより深い知識が得られるよう、図書、雑誌、規格、特許など適宜参考文献をつける。付表として定数表や換算表を掲げる。巻末に和文事項索引を付す。
5014

ゴム・プラスチック加工機械 便覧　ラバーダイジェスト社便覧編集室編　ラバーダイジェスト社　1976.11　534p　22cm　付・制御機器・再生装置
加工機械のみならず補助装置、計測装置、再生・処理装置などを含む市販の装置をまとめたもの。搬送・計量・供給装置、加熱・冷却・乾燥・温度制御装置など装置、機器ごとに26項目に分け、各機種の概略を掲載。製造業者・輸入商社一覧および和文索引を付す。『ゴム・プラスチック配合薬品』☞*5016*（改訂版、1974年刊）の姉妹編。
5015

ゴム・プラスチック配合薬品 便覧　改訂第2版　ラバーダイジェスト社編　ラバーダイジェスト社　1993.10　711p　22cm　4-947533-63-3
ゴムやプラスチックの製品化の過程で使用される各種薬剤を用途別に紹介。おのおの、メーカー、薬品名、性状、作用の順に解説。国産品以外は、輸入品目を見出しに、メーカー、薬品名、国名、輸入代理店名を記載。巻末に付録として、製造・販売会社住所録、海外メーカー日本支社、輸入代理店一覧、および化学名索引（五十音順）、商品名索引（五十音順）がある。初版は1966年刊。改訂版1974年刊。
5016

ゴム用語辞典　日本ゴム協会編　日本ゴム協会　1978.7　374p　22cm　7000円
原料ゴム、配合剤、製造技術、機械器具、製品、試験方法などゴム工業の現場用語を中心に、基礎的な学術用語も含め、約4200語を収録。対応英語、解説文、参照がある。五十音順配列。巻末に英語索引とゴム関係機関一覧表、規格、ゴム材料の略語・略号一覧表を付す。
5017

【名簿・名鑑】

ゴム産業名鑑　1949年版-　ゴムタイムス社　1949-　隔年刊　27cm
8編構成。第1編は索引（総合索引と業種別索引）、第2編はゴム産業の展望。第3-7編が主たる内容で、製造業者、販売業者、原料関連業者、関連資材業者、団体の名鑑。第8編は人名録。解題は2001年版による。
5018

【年鑑・統計】

工業用品ゴム樹脂ハンドブック 1977年版- ポスティコーポレーション出版事業部 1976- 年刊 26cm 英文書名:『Industrial rubber goods handbook』
ゴム・樹脂産業の中でも、特に工業用品用途に的を絞り（タイヤ類、履物類は除外）業界需要動向と業界名簿からなる年鑑。「解説編」「企業編」「名簿」の3部で構成され、関連製品については、主として通産省や大蔵省、各工業会などが発表した数字により解説する。「企業編」は優良企業に絞って現況、沿革、業績などプロフィールを紹介。「名簿編」は製造業（都道府県別五十音順）、卸商（地域商業組別）、現材料製造業（五十音順）の3つに分け、巻末に関連団体名簿も掲載。解題は1998年版による。タイヤ、履物については『タイヤ年鑑』（1978-、日本自動車タイヤ協会編、タイヤ新報、1978- 年刊）、『Shoes book』（1986-、ポスティコーポレーションシューズポスト編刊、1985- 年刊、『くつ年鑑』（1978-1984）の改題）、『Shoes & bag 有力企業名鑑』（1998年版-、ぜんしん、1997- 年刊、『Shoes & bag 流通会社年鑑』（1995-1997年版）の改題）などが刊行されている。
5019

ゴム製品統計年報 昭和41年版- 通商産業大臣官房調査統計部編 通商産業調査会 1967- 年刊 26cm 英文書名:『Yearbook of rubber produbts statistics』
ゴム製品について生産、出荷および在庫の調査結果と関連統計資料を収録したもの。調査範囲は従業員5人以上の事業所が対象。昭和30-33年版は『ゴム統計年報』、34-40年は『ゴム・塩化ビニール統計年報』。解題は平成11年版による。平成11年版よりA4サイズ。
5020

ゴム年鑑 昭和36年版- ポスティコーポレーション編 ポスティコーポレーション 1961- 年刊 27cm 英文書名:『The rubber yearbook』
総説、製品、原料、機械、統計、名簿、資料の各編からなる。世界のゴム事情、日本のゴム工業、生産材製品から消費材製品まで、各種合成ゴム、合成ゴムラテックス、天然ゴム、天然ゴムラテックス、ゴム用薬品などについて生産・消費・需給の動向等を解説。労務事情、その他各種統計を掲載する。1985年版まではゴム報知新聞社発行。解題は2001年版による。
5021

◆合成樹脂、プラスチックス

【辞典・事典】

図解プラスチック用語辞典 第2版 牧広〔ほか〕著 日刊工業新聞社 1994.11 927,99p 18cm 4-526-03619-6 6800円
プラスチック関連の化学、原料、副資材、成形機、型、成形加工、製品、試験法、特性などの用語約3800語以上を収録。用語を五十音順に配列し、対応する英語を併記し、解説を掲載。繊維、接着剤、その他の高分子材料、セラミックス、木材などの材料技術の領域にも役立つ。巻末にギリシア文字、略記号、SI単位（国際単位系）と単位の換算表、英和索引がある。初版1981年刊。
5022

日中英プラスチック辞典 第3版 プラスチックス・エージ編集部編 プラスチックス・エージ 1992.4 165p 19cm 3090円
プラスチック産業に関する用語に中国語、英語を併記した用語集。用語の配列は五十音順で、おのおの、日本語の用語に対応する中国語と英語を記している。解説はない。収録語数は3800語。初版（1984年刊）、第2版（『日中英・英中日プラスチック辞典』1986年刊）に2000語を追加したもの。
5023

プラスチック大辞典 プラスチック大辞典編集委員会編 工業調査会 1994.10 1149p 23cm 4-7693-4092-3 38000円
プラスチックの材料・物性・試験法、成形機械、加工法、応用製品などの関連用語1万語以上を収録。コンピュータ、リサイクリング、バイオケミカルなど新技術分野の用語の記述は詳細である。配列は英語によるアルファベット順で、巻末に英語見出し語に対応する日本語と本文中の重要用語を五十音順に配列した索引を付す。
5024

【便覧・データ集】

エンジニアリングプラスチック便覧 鈴木技術士事務所編 新技術開発センター 1985.6 517p 31cm ルーズリーフ 49000円
工業用、機械部品用に利用可能な、強度、耐熱性などが優れているエンジニアリングプラスチック（エンプラ）を「材料編」「製品設計編」「成形・加工編」「試験規格（JIS）編」に分けて解説。実務に即した具体的な解説のほかに、各材料の諸性質データ、用途、メーカー商品名、主な市販品の物性データおよび代表的

な製品の各部品に使われた材質なども記載。索引はない。
5025

射出成形金型設計マニアル 村上宗雄編著 新技術開発センター 1988.2 344p 31cm ルーズリーフ 49000円
射出成形金型の設計、製作の標準化のためのマニアル。射出成形用樹脂、成形機、型版設計・各システムなどの関連設備、使用技術に関して実務にそってわかりやすく解説したもの。巻末に参考文献を付す。
5026

新ラミネート加工便覧 加工技術研究会編 加工技術研究会 1983.11 874p 27cm 16000円
食品包装をはじめ多くの分野に使用されているラミネートに関する網羅的で体系的な便覧。「総論」「加工技術」「材料」「加工機械」「付属装置」「加工上のトラブル解決法」「性能測定法」「環境衛生対策」「新技術動向」「廃プラ問題」（廃プラスチック処理問題）「資料・索引」の11編よりなる。巻末に和文索引を付す。旧版は1978年刊。
5027

プラスチック加工技術ハンドブック 高分子学会編 日刊工業新聞社 1995.6 1496,19p 22cm 4-526-03725-7 33000円
プラスチック成形加工技術の理論と成形プロセス、実務技術を主軸に、成形材料、加工機械、周辺機器、コンピュータ制御、試験・評価などを解説したもの。前身にあたる『プラスチック加工技術便覧』（1969年刊）に同学会編『プラスチック加工の基礎』（1982年刊）を加え、基本的な技術とともに、技術の複合化、制御技術の進歩、成形精度の向上、加工過程での化学反応など、新しい時代に対応するプラスチック加工技術を網羅して編集。単位は国際単位系（SI）に統一。巻頭にポリマー記号、SI単位およびほかの単位との換算表を、巻末に五十音順索引を付す。
5028

プラスチック成形加工データブック 日本塑性加工学会編 日刊工業新聞社 1988.3 366p 27cm 4-526-02317-5 6000円
プラスチックの種類、材料特性、各種成形加工について、材料選択と加工特性の基本的データを図と表を主体として整理、編集したもの。巻末に引用文献一覧を付す。索引はない。
5029

プラスチック成形材料「安全規格UL認定」グレード便覧 エンジニアリング樹脂特性データベース 1992年版 大阪 合成樹脂工業新聞社 1991.12 396p 27cm 7725円
『プラスチック成形材料商取引便覧』☞5042の中から、米国における安全試験規格を代表するUL（米国保険業者試験所：Underwriters Laboratories）規格を取得した材料を抽出、基本物性データのほか、UL規格特性を収載したデータ集。材料の配列は、熱硬化性樹脂と熱可塑性樹脂に大別し、各個別樹脂ごとに、メーカー名、商品名、グレード別に分類し、データを提示する。特殊樹脂については巻末に別組みで掲載。巻頭に五十音順商品名索引のほか、「プラスチック成形材料物性項目の用語解説」「プラスチック成形材料UL規格の解説」を掲載する。改訂4版（奥付による）。
5030

プラスチックデータハンドブック 伊藤公正編 工業調査会 1980.7 893p 22cm 18000円
プラスチックの特性など基礎資料に重点を置いた技術資料集。「基礎資料」「各種樹脂」「副資材」「規格と法令」および長さ、面積、容積、熱伝導率などの換算表からなる「換算」の5部構成。加工と成品物性は除く。索引はないが目次が詳細である。
5031

プラスチック読本 改訂第18版 大阪市立工業研究所プラスチック読本編集委員会，プラスチック技術協会共編 プラスチックス・エージ 1992.8 530p 26cm 折り込表8枚 4635円
プラスチック全般に関する情報を解説。「総論」「材料各論」「副資材」「成形加工法・金型及び成形用補助機械」「材料特論（高性能化と機械化）」「材料特論（応用）」「鑑別・試験法」の全7編からなる。付表は各種プラスチックの性能一覧表、主要JIS試験項目一覧表の8枚。巻末にプラスチック関連JIS規格、簡易単位換算表、五十音順事項索引を付す。初版1954年刊。前版（17版）は1991年刊。
5032

プラスチックのコーティング技術総覧 材料技術研究協会プラスチックのコーティング技術総覧編集委員会編 産業技術サービスセンター 1989.8 541,65,4p 27cm 実用版 35020円
プラスチックの基礎的な事項から、コーティングの実施における諸問題、塗装の方式、塗装処理物の評価の方式、コーティング資材と印刷方式、環境衛生について14章に分け解説したもの。第14章に塗装実例集がある。巻末に会社資料を付す。『プラスチックの塗装・印刷便覧』（1983年刊）の改訂版。
5033

プラスチックポケットブック 桜内雄二郎編著 工業調査会 1987.3 421p 18cm 4-7693-4046-X 2200円
材料や二次加工、金型試験などの特性、加工条件、応用データなど技術者の実務に必要な基礎的データをまとめたデータ集。材料、成形機械・成形法、仕上げと二次加工、金型、試験法の5章からなる。巻末にメーカー商品名一覧を付す。
5034

ポリアセタール樹脂ハンドブック 高野菊雄編 日刊工業新聞社 1992.2 632,8p 22cm 4-526-03089-9 12000円
「ポリアセタールの概要」「市場状況」「製造方法」「基礎・一般物性」「加工特性」「成形」「二次加工」「部品設計」「用途」「法規・規格」について解説している。付録として「ポリアセタール樹脂性質一覧」（物理的、力学的、熱的、電気的などの諸性質）および事項索引（五十音順）がある。 5035

ポリアミド樹脂ハンドブック 福本修編 日刊工業新聞社 1988.1 590,10p 22cm 執筆：福本修ほか 4-526-02297-7 8000円
ポリアミド樹脂の概説と歴史を最初の章で説明し、残り14章ではナイロン、アラミド、ポリイミドなど各樹脂ごとに専門的に解説。巻末に和文索引、欧文索引および略記号、商品名索引を付す。 5036

ポリウレタン樹脂ハンドブック 岩田敬治編 日刊工業新聞社 1987.9 639,8p 22cm 執筆：岩田敬治ほか 4-526-02234-9 8000円
ポリウレタンの化学的性質、合成方法、成形加工技術などを概説するほか、ポリウレタン工業製品について、その形状別に、生産技術、物性、用途などを詳述した便覧。巻末に五十音順事項索引および欧文索引を付す。 5037

ポリエステル樹脂ハンドブック 滝山栄一郎著 日刊工業新聞社 1988.6 846,7p 22cm 4-526-02365-5 12000円
ポリエステル樹脂全般を、ラジカル硬化型樹脂の推移と種類、その化学、樹脂液の性質、光・電子線による硬化、硬化樹脂の物性、ビニルエステル樹脂、複合材料、FRP（fiber-reinforced plastics：繊維強化プラスチック）の物性と成形方法、SMC（sheet molding compound）、BMC（bulk molding compound）、粒状成形材料、接着剤など17章に分けて解説。巻末に五十音順事項索引を付す。 5038

ポリカーボネート樹脂ハンドブック 本間精一編 日刊工業新聞社 1992.8 712p 22cm 4-526-03179-8 13000円
「ポリカーボネートの歴史」「生産・需要動向」「製法」「グレード」「材料の改質」「基礎特性」「物性」「成形加工法」「用途」「法規・規格」について体系的に解説。ポリカーボネートの研究開発や販売関係者のみでなく成形メーカーやユーザーの利用に役立つ応用データや文献・特許などを幅広く調査して掲載。巻末に五十音順索引を付す。 5039

【名簿・名鑑】

世界プラスチック商品名大辞典 上，下巻 商品名大辞典編集委員会編 プラスチックス・エージ 1981-1986 2冊 27cm 監修：豊島主税 25750円, 20600円
各種文献より、プラスチック関連商品名約6万件を収集し、上巻「プラスチック製品」「充てん剤・着色剤」「各種添加剤及び処理剤」「繊維及びその処理剤」、下巻「樹脂・成形材料」「塗料・被覆材・インキ」「接着剤・シール剤・注型コンパウンド」「フィルム・シート・ラミネート」「強化材料・複合材料」の9項目に分類。各項目の中は海外と日本に分け、海外のものはアルファベット順、国内のものは、アルファベット表記のものを最初に、次いで五十音順に配列。本文は、組成、用途または形態、製法などのいずれか1つ以上を記載し、製造会社名を掲載。索引はない。 5040

プラスチック産業名鑑 1988- シグマ出版 1987- 隔年刊 26cm
プラスチック産業関連の企業約2700件の情報を収載した名鑑。原料、機械、金型加工、販売、コンピューターソフト、成形加工編の6分野に分け、企業名の五十音順に配列。（成形加工編は都道府県別の五十音順）各企業の資本金、従業員、代表者、所在地、製品名、使用樹脂、保有施設、取引銀行などを記載。巻頭に企業名の五十音順総合索引と、可塑剤、着色剤、帯電防止剤などの製品別企業名の五十音順索引を掲載。巻末に関係官公庁、関係団体のリストを付す。解題は1998年版による。 5041

プラスチック成形材料商取引便覧 特性データベース 1980年版- 化学工業日報社 1979- 年刊 27cm
プラスチック成形材料を比較評価し、適正に選択する際に必要な基本データを樹脂別に大別の上、約600の商品を、メーカー別、グレード別に収録した便覧。物性項目は基礎的性質、熱的性質、機械的性質、電気的性質、成形性、標準成形条件に分けて数値を記載。巻末に商品名索引と製造（販売）業者名鑑を付す。1992年版までの出版者は合成樹脂工業新聞社。解題は1996年版による。 5042

【統計】

プラスチック製品統計年報 昭和41年- 通商産業大臣官房調査統計部編 通産統計協会 1967- 年刊 26cm 英文書名：『Yearbook of plastics products statistics』
統計法に基づいて実施されたプラスチック製品統計の調査結果をまとめたもの。『プラスチック製品統計月報』を修正した確定数値を掲載する。調査対象範囲は、

従業員40人以上の事業所である。全体を3編に分け、概況編では、一般概況および製品等の動向を、統計編では、指数、品目別の生産・出荷・在庫統計、都道府県別生産・販売統計、原材料樹脂別消費・在庫統計、労務統計を、参考資料では、原材料樹脂の生産・出荷・在庫統計、塩化ビニル管、継手、および板の生産・出荷・在庫などの諸統計数値を記載する。解題は平成11年版による。平成11年版よりA4サイズ。

5043

◆接着剤

接着大百科 Irving Skeist〔編〕 水町浩〔ほか〕監訳 朝倉書店 1993.10 570,3p 27cm 『Handbook of adhesives 3rd ed.』1990の翻訳 4-254-25235-8 25750円

接着剤や接着技術の基礎から応用に至る包括的な便覧。3部47章からなり、第1部は接着剤序説で接着剤の機能、選択法、表面処理、使用法、試験法などを、第2部は接着剤各論で、熱硬化性樹脂、熱可塑性樹脂、エラストマー、天然高分子、カップリング剤など、第3部は被着剤と接着技術で自動車工業、航空機、エレクトロニクス、木材接着、繊維、ゴムとプラスチック、建築、研磨剤、粘着剤、不織布、シーリング材などをそれぞれ解説している。また47章ではロボットによるシーリング剤および接着剤の塗布装置を紹介している。巻末に五十音順事項索引を付す。

5044

接着・粘着の事典 福沢敬司〔ほか〕編 朝倉書店 1986.2 645,9p 22cm 監修：山口章三郎 4-254-25224-2 15000円

接着剤・粘着剤・シーリング材の種類、設計・評価、製造法、応用やその工法、試験法など、理論的基礎から応用まで広い範囲を6編に分け体系的に詳細に解説した便覧。付録として、鑑別と分析、試験方法に関する規格類、安全・衛生その他の法規がある。巻末に五十音順和文索引と掲載会社索引を付す。

5045

接着ハンドブック 第2版 日本接着協会編 日刊工業新聞社 1980.11 1042,22p 22cm 14000円

「基礎編」「接着剤編」「接着技術編」に「被着体編」を加え、4編で構成。接着理論、各種接着剤の特性、機能、構造、問題点、被着体と接着剤相互の問題点などについて詳細に解説。巻末に和文索引と、機器による接着工法、試験法などを付す。初版（1971年刊）。

5046

接着便覧 1962年版- 京都 高分子刊行会 1961- 隔年刊 22cm

接着剤の現状、生産統計、企業要覧などからなる。1997年刊の20版は9編構成。1編は環境保全に適合する接着剤、2編シックハウス対策と環境安全から求められる接着剤、3編 生産統計、4編 環境保全、複合汚染の用語解説、5編 製品紹介（資料編）、6編 接着・粘着・原材料製品、接着機器一覧、7編 化学組成による各社製品分類、8編 関連団体機関要覧、9編 接着剤、粘着剤、シーリング剤、接着機器主要企業要覧。巻末索引は5、6編対応と9編に対応する2つの企業索引からなる。初版（1960年版）の書名は『接着剤便覧』。

5047

接着用語辞典 日本接着学会編 日刊工業新聞社 1991.12 320,42p 18cm 4-526-03041-4 4500円

接着に関する邦文および英文用語約2000語を収録。五十音順に配列し、対応する英語を併記して丁寧な解説を付す。巻末に「英文接着用語・索引」として、英和索引があり、英和用語集としても使える。3つの付録があり、付録Ⅰは欧文略語集、付録Ⅱは接着関連規格で、国際および米、英、カナダ、ドイツ、フランス、日本、その他各国の規格を掲載。付録Ⅲは単位換算表である。

5048

粘着ハンドブック 第2版 日本粘着テープ工業会粘着ハンドブック編集委員会編 日本粘着テープ工業会 1995.10 788p 27cm

粘着テープ・シートについて「総論」「各論」「資料」の3部で解説した便覧。「総論」では、粘着の歴史、現状と将来、材料、製造方法、試験法を、「各論」では包装用、防食・電気絶縁用、医療用など各種の粘着製品について特性や用途などを解説。「資料」には粘着用語、規格、法規、機関・メーカー一覧などを収載。巻末に五十音順事項索引を付す。初版は1985年刊。

5049

製造工業

◆事務機器、生活用品

革および革製品用語辞典 毛皮・革工芸 日本皮革技術協会編 光生館 1987.9 268p 22cm 4-332-39001-6 3800円
原料皮革から、規格、保存、関連基礎化学用語まで約1600語を収録した実用的な専門用語辞典。項目（かながき）の五十音順配列で、漢字、英語を併記。付録として、皮・皮革製品の分類や各種数表など総合的な事項36項目の図表・写真があり、巻末に日本語および英語索引を付す。　5050

事務・情報技術機器ハンドブック 1990 日本事務機械工業会 1990.10 203p 26cm 材料技術・メディア編
事務機械、情報技術機器の研究開発動向、商品開発動向についての解説書。全4章からなり第1章は事務機械周辺の材料技術動向で25項目の新材料・新技術について解説し、第2章は事務機械用材料研究開発情報で、国内と6か国の海外の近況報告を、第3章は法規制状況、第4章は付録で参考文献リストと新材料情報（トピックス）を含む。索引はない。　5051

生活用品品目別企業便覧 1993/1994－ 〔大阪〕生活産業出版 1993－ 年刊 30cm 発売：家庭日用品新聞社
生活用品を28のジャンルに大別の上、品目別に細分し、会社名の五十音順に収録した名鑑。住所、電話番号、Fax番号を掲載。巻頭に企業便覧商品索引（商品名の五十音順）を付し、巻末に生活用品関連統計データを収載。収録会社は、自社ブランド商品を製造販売している企業から独自のアンケート調査により抽出。解題は1996/1997年版による。　5052

全国事務機・コンピュータ産業名鑑 Mapping 1996年版－ インフォマートジャパン 1996－ 隔年刊 26cm
「事務機・OA機器の製造会社、販売会社、輸入総代理店」「有力事務機販売会社」「パソコンショップ」よりなる名簿。各編とも都道府県別の企業名五十音順配列。1996年版の総収録数は2097社。1および2については、資本金、従業員数、年商、取扱商品などを、3は住所と電話番号のみ掲載。索引は掲載順と企業名五十音順の2種だが、パソコンショップは含まない。〔1974〕－1995年版までは年刊で、書名は『全国事務機産業名鑑』。1998年版には「パソコンショップ」の部はない。類書に『文具・紙製品・事務機年鑑』（オフィスマガジン、1978－ 年刊）がある。　5053

ワープロ用語・技法辞典 基礎用語から関連用語まで 機種選択から作文技法まで 新版 白佐俊憲編著 札幌 富士書院 1988.6 448p 22cm 付(1枚)：校正記号表 4-938306-95-6 1900円
ワープロに関するJIS用語、JIS情報処理用語、文字や文章作成に関する基本的用語、常識語も含んだ用語辞典。用語を初版（1986年刊）の2800語から約4000語に増やし、五十音順に配列して解説。説明は平易で初心者に便利。多面的角度から利用できる、JISワープロ用語・英語対照索引、内容領域別主要項目索引など4つの索引を新たに付けた。　5054

【統計】

雑貨統計年報 昭和24年版－ 通商産業大臣官房調査統計部編 通商産業調査会 1950－ 年刊 26cm 英文書名：『Yearbook of miscellaneous goods statistics』
通産省の生産動態統計調査（指定統計11号）の結果から雑貨工業関係の統計を編集。概況（一般、業種別）のほか、生産動態統計として指数・製品統計・原材料統計・生産能力・労務統計、石油等消費動態統計および皮需給統計で構成。昭和29－40年度は『皮革統計年報』『日用品統計年報』『窯業統計年報』、昭和41－61年度は『雑貨統計年報 日用品・陶磁器等編』『雑貨統計年報 皮革編』として刊行。『窯業統計年報』（昭和30－ ）は昭和58年度から『窯業・建材統計年報』☞4921。解題は平成11年版による。平成11年版よりA4サイズ。　5055

◆木工業、木製品、家具

家具の事典 剣持仁〔ほか〕編 朝倉書店 1986.7 845,12p 22cm 4-254-68008-2 22000円
全編を「基礎編」と「実務編」に大別し、「基礎編」では家具の役割、デザインの手法、歴史など、「実務編」では家具のデザイン、材料・構造・技術、生産計

画などについて解説。付録として、美術・デザイン関連の学校リスト、関連機関リスト、JIS規格、参考図書、年表を掲載し、巻末に事項索引、人名索引を付す。
5056

家具木材加工・インテリア用語辞典 経済出版 1984.10 688p 22cm 監修：鈴木太郎 4-87624-002-7 9800円
家具の主材である木材から加工さらに建築、インテリアまで内外の家具関連用語1万5000語を五十音順に配列し、簡単に解説した「用語辞典」と「写真・図版編」の2部構成。見出し語には英語も併記。写真・図版編には各時代の特徴的な家具、木材の構造、合板、木工具、木工機械などのほか、見積と施工参考図を収載。巻末に用語の五十音順索引を付す。
5057

大工道具集 新建築社 1984.6 172p 27cm 4-7869-0051-6 8000円
古今の工具約200種を用途別にまとめ、カラーを多く含む写真を添えて、使用法などを解説したもの。巻末に、本文で使用した語句を簡潔に説明した五十音順用語集を付す。
5058

手仕事の道具百科 ダイアグラム・グループ編著 鈴木主税,吉岡晶子訳 草思社 1986.6 307p 29cm『Handtools of arts and crafts』1981の翻訳 4800円
「本をつくる」「粘土と陶器」「彫刻」「ガラス工芸」「革細工」など手仕事を18の項目に分け、美術、工芸に使用する2000以上の道具の使い方を、図、写真を多用して説明。巻末に五十音順事項索引を付す。
5059

木竹工芸の事典 柳宗理〔ほか〕編 朝倉書店 1985.1 571p 22cm 15000円
わが国の木竹工芸の現況を、「歴史」「材料」「工具と加工技術」「工芸品」の4編に分けて解説。巻末に主要木材と特徴の一覧表および五十音順事項索引を付す。
5060

木材工芸用語辞典 増補版 成田寿一郎編 理工学社 1988.4 275p 19cm 4-8445-8529-0 2200円
家具・建具関係、建築関係、手加工関係、木材樹種名、樹種以外の木工材料、加工機械関係、塗装関係、接着関係、生産管理などの分野の用語総計3640語収録。配列は五十音順で英語を併記。図を用いてわかりやすく解説している。旧版（第6版、1984年刊）に、用語約300、図版約30を追加。
5061

木材切削加工用語辞典 日本木材加工技術協会製材・機械加工部会木材切削加工用語辞典編集委員会編 文永堂出版 1993.2 185p 19cm 4-8300-4066-1 3296円
木材の切削加工に関する邦文および英文用語約1000語を集めた辞典。木材加工、製材、木工、合板などの周辺関連分野も収録。見出し語の五十音順配列で、関連する英語を記載。解説は簡潔だがていねい。用語により詳細な図版を付す。巻末に外国語索引を付す。
5062

木工機械工作便覧 成田寿一郎著 理工学社 1971 1冊（項目別頁付）19cm 2300円
木工機械の構造、機能および現場における取扱い技術を解説。図表、写真を豊富にとり入れ、初心者にもわかりやすく編集している。付録として関連するJISを29点紹介し、その明細書を掲載。巻末に五十音順の事項索引がある。
5063

【年鑑】

家具年鑑 昭和45年版－ 経済通信 1969－ 隔年刊 27cm 英文書名：『Japan furniture yearbook』
家具産業の動向を記述し、家具生産に関する直接的、間接的な規格、統計・指標、法令、名簿等を掲載している。名簿の部分に全体の半分以上の頁を割き、「家具団体・関連団体」「都道府県別家具業者名簿」「関連企業名簿」「試験研究機関」「輸入家具取扱企業名簿」などを収録している。昭和48－57年版は経済出版の発行。解題は平成12年版による。
5064

◆製紙工業

オールペーパーガイド――紙の商品事典 紙業タイムス社出版部編 紙業タイムス社 1983.12 2冊 27cm 4-915022-11-0 全15000円
現代の紙、紙製品の一般品名を、用途別に上（文化・産業）、下（生活）2編に分け解説。収録品名数は重複も含め上下あわせて1337。品名の五十音順配列。品名全索引、主用途別・品種別掲載品名一覧などの索引を各巻末に付す。
5065

紙と加工の薬品事典 紙と加工の薬品事典編集委員会編 テックタイムス 1991.2 325p 21cm 4-924813-01-X 6180円
パルプ・紙・紙加工に用いられる薬品、紙加工用材料約600語を収録。五十音順に配列、英語を併記し、概説、製法、用途、市場などについて解説。巻末に掲載品名英文名称索引、五十音順用語索引を付す。
5066

古紙ハンドブック 1992 古紙再生促進センター編 古紙再生促進センター 1992.7 177p 26cm 折り込表1

枚　非売品

古紙に関する最新データと技術を掲載した資料集で、「統計資料編」と「古紙利用編」の2部からなる。「統計資料編」では古紙の品種分類、紙・板紙、パルプ、古紙の回収、消費、流通関連の統計を載せ、「古紙利用編」では古紙処理、古紙パルプ生産に関する機械・設備や技術的なデータを収める。巻末に古紙利用編の引用文献を付す。初版（1984年刊）。改訂版（1987年刊）を全面的に見直して改訂したもの。解説や索引はない。
5067

古紙便覧　製紙科学研究所編　製紙科学研究所　1986.4　455p　22cm

古紙の処理技術、利用技術、利用法、流通関係を含む古紙に関する情報を網羅し系統的に解説した便覧。「紙・板紙編」「古紙概論」「古紙処理技術編」「古紙処理実務編」「古紙流通編」の5編および最近10年間の古紙処理関係特許公告一覧表を収載した第6編からなる。巻末に五十音順事項索引を付す。
5068

最新紙加工便覧　テックタイムス編　テックタイムス　1988.8　1247p　22cm　4-924813-00-1　20000円

「総論」「加工理論」「加工設備」「加工薬品」「製品」「試験・評価」「環境保全」の7編からなる。写真、図・表を多用し丁寧に解説。各章末に引用・参考文献、「総論」の後に「紙加工技術年表」、巻末に五十音順用語索引を付す。紙業タイムス社が刊行した『紙加工便覧』（1974年刊）、『新・紙加工便覧』（1980年刊）の2書を、理論・プロセス・製品の3つの面から見直した改訂版。
5069

図解製紙百科　G.A.Smook〔著〕倉田泰造翻訳・監修　中外産業調査会　1985.8　409,30p　27cm　『Handbook for pulp & paper technologists』1982の翻訳　9500円

原料となる木材から、各種パルプ製造、製紙工程にいたるまでを、機械などの図版を豊富に挿入しながら詳しく解説した便覧。巻末に五十音順事項索引を付す。
5070

製紙・加工・包装・印刷技術用語辞典　製紙・加工・包装・印刷技術用語辞典編集委員会編　ユニ出版　1985.4　829p　22cm　9800円

製紙と関連諸工業の技術者、研究者、経営者などを対象とした用語集。紙パルプ分野のみならず、コンピュータ、電気、機械、物理、化学など広範な分野から基礎的、事務的な用語を3万7000語収録。項目によって簡単な説明を付す。英和の部、和英の部で構成。
5071

【年鑑、統計】

紙・パルプ統計年報　昭和27年-　通商産業大臣官房調査統計部編　通産統計協会　1953-　年刊　26cm　英文書名：『Yearbook of paper and pulp statistics』

我が国鉱工業の生産活動と主要鉱工業製品の需給を明らかにするため、通商産業省が毎月実施し公表している統計の年間版の一種。1.生産動態統計、2.紙流通統計、3.石油等消費動態統計、4.参考資料の4部構成。昭和43年版までは紙パルプ連合会、44-50年版は日本製紙連合会刊。解題は平成11年版による。平成11年版からA4サイズ。類書として『紙・板紙統計年報』（日本製紙連合会紙部・板紙部、1993-　年刊）がある。
5072

紙業年鑑　昭和23年版-　紙業新聞社　1948-　隔年刊　19cm

紙・パルプ産業の現況を知るための業界年鑑。通産省発表の資料をもとにした業界動向、紙・板紙製造設備、生産能力の一覧、国内、国外の関連統計、業者名簿、関係団体の会員名簿等を載せている。解題は平成10年版による。類書に『紙業タイムス年鑑』（紙業タイムス社〔1987〕-　年刊）がある。
5073

◆繊維工業、アパレル工業

【辞典・事典・便覧】

産業用繊維材料ハンドブック　繊維学会編　日刊工業新聞社　1994.11　494p　27cm　4-526-03615-3　20000円

繊維材料の消費量の半ばを占める各種産業用途の現状と新しい動向を中心に編纂。構成は産業用繊維素材各論の素材編、主要用途の現状と新しい動向の用途編、産業用繊維素材特性データのデータブック編の3編からなる。各編の小項目末には参考文献・引用文献を付し、巻末に和文索引、英略語索引を付す。
5074

産業用繊維資材ハンドブック　日本繊維機械学会産業用繊維資材研究会編　大阪　日本繊維機械学会　1979.6　656,19p　22cm　8800円

衣料用とインテリア関係を除く産業用の繊維資材を網羅したハンドブック。3章よりなり、第1章は繊維素材の機能・性能からみた産業用途への対応について、基礎的理論を主に解説。第2章は糸、布の製造加工技術について、機能面に重点をおいて解説。第3章では、糸状物質、細幅物、広幅物、コーティング物、広範な特定目的資材の順に、概要、特性、製造法、今後の展

望などについて記述。索引はない。　　　　　　　5075

新アパレル工学事典　大阪　繊維流通研究会　1994.8
　960p　27cm　監修：石川欣造　36050円
繊維素材の衣服形態への形成と利用を扱うアパレル工学の事典。各種の素材、被服デザイン、縫製、物流などアパレル工学の広範な分野を17章にわけて解説。図や写真が多い。巻末に資料として、縫製用語（対応英語、中国語付き）、衣料サイズ、品質規則などを付す。旧版は『アパレル工学事典　改訂版』（1987年刊）。索引はない。　　　　　　　　　　　　　　　5076

新現代衣料事典　月刊「アパレルファッション」編　アパレルファッション　1981.10　411p　22cm　執筆：吉村誠一ほか　4-89673-014-3　3500円
ファッション界や衣料全般から実用的な用語を選び、風俗、生地加工、繊維と原糸、縫製工業など8部に分けて解説した事典。各部の中は用語の五十音順配列で、図を多用し簡潔に解説してある。巻頭に五十音順の用語索引を付す。初版は1970年刊。　　　　5077

図解畳技術宝典　樫村長次著　理工学社　1979.12　244,35p　27cm　8000円
畳の設計、製作法、寸法取り、特殊畳の製作法などを、豊富な写真や図により平易に解説した便覧。とくに、神社、仏閣その他で必要とする紋縁畳、亀甲畳など種々の特殊畳の製作上の急所などを重点的に解説。巻末に、畳製作技能検定試験の問題例および解説、畳に関する古文書、文献の付録がある。索引はない。
　　　　　　　　　　　　　　　　　　　　　5078

繊維便覧　第2版　繊維学会編　丸善　1994.3　885p　27cm　4-621-03940-7　36050円
全4部門からなり、第1部門は繊維基礎編（繊維材料とその製法）、第2部門は繊維製品基礎編（繊維製品の製法と機能）、第3部門は基礎編（繊維と人間）、第4部門は産業編（繊維と産業と環境）。部門の中はさらに小項目に分けて解説し、参考文献も付す。巻末に付録として、単位換算表（SI〈国際単位系〉と他の単位の換算表）、各種繊維の広角X線回折像、繊維関係JIS（日本工業規格）一覧、繊維関連資料および官公庁・団体・出版物一覧と、和文事項索引がある。なお、大きい変化のない項目は本版では再掲載していない。初版は1968/1969年刊（原料編と加工編の2分冊）。
　　　　　　　　　　　　　　　　　　　　　5079

日英中「繊維技術用語集」　杉浦行平〔ほか〕訳　繊工ニュース社編　大阪　繊工ニュース社　1986.12　337p　26cm　監修：黒川春寿　付：染色加工用語ピックアップ　2900円

約4000語を収録。配列は日本語術語のローマ字アルファベット順。中国語訳は、拼音・簡体字表記とウェード式・旧字体表記の2方式によるものを併記。日本語は使用する分野（染色、薬品、繊維など）を（染）（薬）（繊）のように明示。巻末には英語索引のほか、インドネシア語、タイ語、韓国語を加えた6か国語の染色加工用語集を付す。ほかに繊維生産量、消費量、研究開発テーマの一覧を資料欄に掲載。　　5080

防炎用語ハンドブック　日本防炎協会編　日本防炎協会　1992.9　274,6p　22cm　日本防炎協会創立30周年記念
繊維、防炎加工、薬剤、流通販売、デザインなどの産業分野および消防、建設、通産、厚生などの関連省庁、研究機関などの分野から用語1029語を収録し、五十音順に配列し解説した辞典。巻末付録に防炎防火対象物等一覧をはじめ、規格、基準、関連機関など17項目の一覧を掲載。　　　　　　　　　　　　　　　5081

【名簿・名鑑】

アパレルソーイング　東日本縫製業者総覧　1991　信用交換所東京本社　1990.6　1017p　26cm　45000円
関東、東北の各都県に新潟、山梨を加えた1都14県にある約1900のアパレル関係企業の名鑑。個表の配列は頭文字の五十音順で個表には商号、所在地、業種、扱品、年商、資本金、従業員数などを掲載。巻頭に五十音順目次、巻末に業種別目次を付す。　　　5082

アパレル総覧　品質表示者番号付　1995年版-　大阪　センイ・ジヤァナル　1995-　31cm　『全国アパレル・メーカー総覧』（1992年版）の改題
国内のアパレル関連のメーカーを中心に、卸売り業、小売業を含む周辺関連企業を「ニット生地および製品」「ニット以外の衣料品および関連品」「流通業」「小売業」「輸出及び輸入業」など業種別に、さらにそれぞれの中は地域別（都道府県またはブロック単位）に分類し、地区組合ごとに、企業名、代表者名、郵便番号、住所、電話番号、取り扱い品目、承認番号を掲載。1969年に『全国ニット総合名簿』として創刊、3-4年に1回刊行。索引はない。　　　　　　　　5083

靴下事典　1991　沢山正治著　大和高田　レッグファッション　1991.8　459p　31cm　50000円
原則として1990年12月末日現在の日本全国の靴下関係および関連産業387社を収録した名鑑。掲載基準は靴下製造業は年産3億円以上、販社および問屋は靴下取扱い高が年商5億円以上の会社。内容は、「靴下および靴下メーカーの概説」に続き、「企業別概況」を、製造業、販社および問屋業、流通最前線企業（スーパー・百貨店・通販・訪販・生協）、関連企業（靴下生

産にかかわる紡績・糸商社・ゴム糸商・設備メーカー）の順で収録、各項目内は五十音順に配列する。索引はない。 5084

繊維工業要覧 1912－　大阪狭山　紡織雑誌社〔1912〕－　年刊 22cm
繊維品製造主要会社、繊維工業関係学校、試験場、検査所の名簿およびその概要の一覧。記載内容については資本金、従業員数、取引先まで記載のあるもの、会社名、所在地、電話番号、代表者、設備のみのものがある。第2次大戦中は休刊。 5085

全国繊維企業要覧 昭和41年版－　信用交換所総合事業部編　大阪　信用交換所大阪本社 1965－　31cm「東日本篇」「西日本篇」に分冊刊行　別冊（1冊）：全国繊維企業業種別ランキング
全国の繊維業者（製造業、加工業、卸商、小売商）ならびに関連企業を資本金、年商に一定の基準を設けて選定収録。所在地、業種、取扱品目、資本金、年商、取引銀行、仕入先、販売先、沿革、系列などのデータを掲載。「東日本篇」「西日本篇」を通して14地域に分類し、各地域ごとに五十音順配列。別冊には業種別の純益ランキング、売上高ランキングと卸業者の各種組合員名簿を載せている。総索引と業種別索引がある。1997年版では約5万社を掲載。昭和45年版まで隔年刊、47年版以降年刊。 5086

全国ニット製造業者要覧 1967－　大阪　センイ・ジャーナル 1967－　27cm
全国のニット産地を10ブロックに分け、それぞれの産地の特徴や企業の現状分析と問題点を解説したニット産地概況の部と、アンケート調査にもとづく名鑑の部で構成。名鑑の部は各ブロック内をさらに府県別に分け、五十音順に配列し、企業名、所在地、経営方針、製品の特徴、生産能力、保有設備、代表者の略歴などを記載。また、紡績、糸商、機械メーカー、染色など関連企業の名鑑を別立てで掲載。1996年版（10版）では合計約1200社を収録。巻末に資料として繊維工業概要、衣料品生産実績、ニット製品需給の推移などの統計類と、県別企業名の五十音順索引を付す。3-4年ごとに刊行。 5087

【年鑑・統計】

アパレルハンドブック 1987年版－　繊維工業構造改善事業協会繊維情報センター編　繊維工業構造改善事業協会繊維情報センター 1987－　年刊 22cm
官庁、国際機関、その他諸団体で公表されているアパレル関連の統計を収録したもの。アパレル製造（繊維工業、衣服製品製造業）、流通（卸売り、小売り）、貿易（輸出、輸入）、需給、消費購買・人口、国際統計に分かれる。解題は1999年版による。 5088

近隣諸国繊維産業関連統計集 韓国・台湾・中国・香港　1985年版－　繊維工業構造改善事業協会繊維情報センター編　繊維工業構造改善事業協会繊維情報センター 1985－　年刊 26cm
標記近隣4か国についての主要経済指標、繊維産業の占める地位、生産、輸出入、消費などに関する諸統計を収録。巻末にASEAN統計、NICS、ASEAN繊維需給参考資料を付す。解題は1995年版による。 5089

繊維統計年報 昭和28年－　通商産業大臣官房調査統計部編　通産統計協会 1972－　年刊 27cm　発売：日本繊維協議会　英文書名：『Yearbook of textiles statistics』
指定統計第11号「通商産業省生産動態統計調査」の繊維工業に関する部分と第19号「繊維流通統計調査」の結果を年間ベースにまとめて報告したもの。統計データをグラフ化して繊維産業の動向を解説した部分、各種指数、製品統計、原材料統計、流通統計など実際の統計表の部分および参考統計で構成されている。月間ベースの統計資料として『繊維統計月報』がある。昭和50年版までは日本繊維協議会発行。解題は平成11年版による。平成11年版からA4サイズ。 5090

繊維ファッション年鑑 45巻（平成4年版）－　日本繊維新聞社編　日本繊維新聞社 1992－　年刊 27cm「繊維年鑑」の改題　英文書名：『Fashion annual, textile year book』
素材・加工産業としての繊維業界の年間動向を記録した資料。総論的にみた政策、生産、価格、流通、消費の問題から業種別の需給状況、海外繊維事情を統計データを示して概観。2000年版は『繊維20世紀の記録』特集。「20世紀の経済・社会と繊維事象」「世紀を超えて」「各論・業種別動向」「20世紀・企業の記録」「繊維統計」「新世界に挑む」「繊維団体の記録」からなる。巻末に業種別売上高一覧表などの資料を付す。『繊維年鑑』（昭和22－平成3年版）の改題。 5091

◆食品加工、食品工業

【辞典・事典】

果汁・果実飲料事典 朝倉書店 1978.9　523,41p 22cm
監修：日本果汁協会 7800円
果汁・果実飲料に関する理論と実際を現場技術者、研

究者を対象に解説。「総論」では果実飲料の種類とその歴史、「製造編」は総論と各論からなり製造機械、容器の材料、果汁の科学、副産物の利用、排水処理、品質管理など実務面に直結する事項を取り上げる。巻末に諸単位換算表、糖類関係表、理化学定数表、五十音順事項索引を付す。『果汁・果実飲料ハンドブック』（1967年刊）の改訂。
5092

乾燥食品事典 木村進総編集 朝倉書店 1984.3 499,11p 22cm 12000円
果実、野菜、めん類、乳製品、水産物、肉類、スナック食品など食品の乾燥全般についての技術、装置、保蔵、流通および品質評価について8章に分け詳述した便覧。付録として乾燥装置特性表、乾燥食品の生産・需給状況などの各種の表および図を掲載。巻末に和文事項索引を付す。
5093

缶びん詰・レトルト食品事典 稲垣長典総編集 朝倉書店 1984.2 593,14p 22cm 監修：日本缶詰協会 15000円
缶びん詰・レトルト食品の製造・管理技術に関する理論と実際について、「製造論」「科学」「排水処理」「品質管理」「試験・検査」「関係法律・規則」「副産物の利用」など9章に分け体系的に解説した便覧。各章末に文献を付し、巻末に五十音順事項索引を付す。
5094

簡明食辞林 第2版 小原哲二郎, 細谷憲政監修 樹村房 1997.4 1141p 20cm 4-88367-000-7 3500円
食品、栄養、調理、食品衛生など「食」に関する用語を網羅した小項目主義の辞典。1985年刊の初版の項目を見直すとともに、2497語を追加し1万2352語を収録。見出し語を五十音順に配列して、対応する外国語（英語ほか）を付し解説。巻頭に頭字語・略語リスト、巻末に本文中〈 〉で示す解説のある語や別名、言い換えなどを見出し語へ導く参照語索引がある。
5095

現代食品産業事典 第5版改訂版 日本食糧新聞社 1992.6 6冊 26cm 全20000円
1 農水産加工品編、2 乳肉油脂・菓子編、3 調味・糖類編、4 飲料・酒類編、5 缶詰・冷食・料理編、6 技術・機械資材・法規編の6分冊、全体で190の項目からなる。個々の食品、製品ごとに沿革、特長、規模、課題、将来展望など広範囲に解説したもの。1972年の初版刊行以来、5年ごとに増補改訂を重ね、4版に9項目を追加。
5096

最新冷凍食品事典 小原哲二郎〔ほか〕編 朝倉書店 1987.3 637,13p 22cm 監修：日本冷凍食品協会 4-254-43025-6 14000円
冷凍食品の生産から流通、消費、新製品開発まで体系的に解説したハンドブック。食品冷凍の科学、生産、規格・基準、検査など8章からなり、巻末に五十音順事項索引を付す。類書に『冷凍食品製造ハンドブック』（光琳、1994）がある。『冷凍食品事典』（1975年刊）の改訂版。
5097

食品工業総合事典 新版 日本食品工業学会編纂 光琳 1993.4 1467p 27cm 4-7712-9302-3 38000円
食品工業関係用語を、原料・素材の成分組成から科学的・物理的諸性質、処理加工、貯蔵、輸送などの流通面、食品分析、化学反応・変化、品質管理・評価まで広範囲に収録した小項目主義事典。総計9600項目を五十音順に配列し、対応する英語を併記、詳細に解説している。1979年の初版の全項目を見直し、新たに電子技術、バイオ技術を中心に1600項目を追加している。巻末に和文索引・欧文索引を付す。
5098

食品製造装置百科辞典 食品製造装置百科辞典編纂委員会編 化学工業社 1988.3 841p 27cm 45000円
食品工業で用いられる機械を用途別27に分類し、各分類の中は機械・装置名を項目に五十音順に配列。写真・図・表を多用して詳細に解説。資料編に各種データを掲載。巻末に関連会社録、和文索引、英文索引を付す。
5099

食品と容器の事典 缶詰技術研究会編 恒星社厚生閣 1980.6 309p 22cm 4800円
食品加工に必要な製造技術、機械・設備、容器・包装、原料、添加物、栄養・成分、品質管理、衛生管理に関する用語1624項目を収録し解説した事典。見出し語を五十音順に配列し、英語を併記。巻末に和文および欧文索引を付す。
5100

食品ビジネス用語 増補改訂版 日本食糧新聞社 1992.1 626p 18cm 2500円
食品・食生活関連分野の用語2000余語について解説した事典。用語選択の対象範囲を、食生活とライフスタイル、食品・食品加工と食品産業、食品流通と流通・小売、食品マーケティング、社会・経済および科学技術、その他、としている。本文は五十音順配列で、巻頭に分野別索引（10項目）が付いている。旧版（1983年刊）を全面的に増補改訂。
5101

食品包装用語辞典 石谷孝佑〔ほか〕編 サイエンスフォーラム 1993.7 650p 27cm 付(別冊 3冊) 48000円
包装材料、包装材料加工、包装機械、食品、食品包装設計・管理、包装社会学その他広範な領域から関連用語約3000語を選び解説した事典。見出し語を五十音順に配列、英語を併記し詳細に解説している。巻末に英文の事項索引がある。次の3冊の別冊を付す。Ⅰ「食

品包装学体系の考え方」、Ⅱ「食品包装関連略号一覧」、Ⅲ「見出し用語検索便利帳」。　　　　　　　　5102

製菓事典　渡辺長男〔ほか〕編集　朝倉書店　1981.10　734p　22cm　14000円
菓子の歴史、製菓における資格制度を述べた総論と、原材料、製菓法、装置・機械・器具、工場管理衛生、経営問題を解説した各論で構成。この分野では数少ない専門書の1つ。巻末に五十音順索引を付す。　　5103

調味料・香辛料の事典　福場博保，小林彰夫編　朝倉書店　1991.7　557,8p　22cm　4-254-43046-9　18540円
調味料・香辛料の製造・利用に関する知識を基礎から実用面まで総合的に解説した便覧。Ⅰ章 調味料 A.味の科学では、味覚生理・心理、味覚と栄養、味の相互作用、官能テストといった科学的な側面について解説。B.各論では、塩味料、甘味料、調味料、醤油などについて歴史、製法、利用法を述べる。Ⅱ章 香辛料 A.香辛料の科学では、生理作用、抗菌・抗酸化性、辛味などを科学的に分析。B.各論では、スパイス、香味野菜（ハーブ）、薬味料、くん煙料などの定義、特性、成分などについて記述。巻末に食品関連企業の協会・団体一覧と五十音順の事項索引を付す。　　5104

微生物制御実用事典　鈴木俊吉〔ほか〕編　フジ・テクノシステム　1993.12　957p　27cm　監修：石井泰造　4-938555-38-7　53000円
食品工場をはじめ、化学・薬品工場および微生物を嫌う精密品製造工場などにおける微生物制御の技術を体系的に解説したハンドブック。5編からなる。1編は微生物制御の基礎技術、2編は微生物制御のための機器とシステム、3編は工場・環境技術、4編は衛生検査技術と衛生管理技術、5編は各種工場における微生物制御実施例。各節ごとに執筆者を明記し、内外の参考・引用文献を付す。巻末に五十音順の事項索引あり。現場の専門的な技術者を対象に編集したもので、説明は具体的で図表も多い。　　　　　　　　5105

フーズバイオテクノロジー事典　フーズバイオテクノロジー事典編集委員会編　産業調査会事典出版センター　1988.6　845p　27cm　28000円
食品、醸造、食品素材としての動物・植物のそれぞれの分野におけるバイオテクノロジーの応用について6章に分け解説。第6章用語解説は五十音順配列。巻末に各社のバイオ設備・機材の紹介がある。和文索引、欧文索引のほか社名索引を付す。　　　　　　5106

【便覧】

加工食品ガイドブック　肥後温子著　柴田書店　1992.6　375p　21cm　4-388-25099-6　2500円
食品約60項目について、消費者側の情報と生産者側の情報を集め、消費者が加工食品を選択する際のガイドブックとなるもの。全3章からなり、第1章は加工食品とは、第2章は加工食品の最新情報、第3章は加工食品の商品テスト情報である。索引はない。　　5107

機能性・食品包装技術ハンドブック　サイエンスフォーラム　1989.9　373p　31cm　監修：近藤浩司，横山理雄　53000円
機能性包装材料とは何か、製品の種類と利用法、今後期待される製品などについて解説。3篇からなり、「機能性包装材料の基礎知見」「機能性包装材料の開発動向」「機能性食品包装技術の実際」で構成。索引はない。　　　　　　　　　　　　　　　　　　　5108

最新食品微生物制御システムデータ集　春田三佐夫〔ほか〕編集　サイエンスフォーラム　1983.5　731p　31cm　限定版　59000円
細菌やカビなどの食品を劣化させる微生物について、データを豊富に盛り込んで解説した便覧。第1篇 微生物制御の基礎データ、第2篇 エンジニアリングと洗浄・殺菌効果、第3篇 各種食品の微生物制御実用データ、の3篇で構成。全体を24章に分け、微生物の分類、性状、自然界での分布や作用、食品工業における微生物制御のためのシステム、レトルト、冷凍、無菌化包装食品の保蔵技術について、章または節ごとに専門家が分担執筆。実用性の高い技術資料集。索引はない。　　　　　　　　　　　　　　　　　　　5109

食品工学ポケットブック　種谷真一著　工業調査会　1994.11　327p　18cm　4-7693-4093-1　3502円
食品加工に関する工学的手法を、計算例を多用しながら具体的に分かりやすく解説した食品工学の手引書。「流体輸送」「熱移動」「濃縮」「乾燥」「殺菌」「冷却と凍結」「膜分離」「バイオプロセス」「粉体の特性とプロセス」「資料」（単位、飽和蒸気圧表、各食品の粘度）の全10編からなる。学生や食品製造業に携わる技術者、研究者のために有用な書である。索引はない。　5110

食品設備実用総覧　食品設備実用総覧編集委員会編　産業調査会出版部　1981.1　1冊　27cm　28000円
食品工場の基本的な設備、食品の各種製造装置、環境衛生管理、保蔵、輸送、販売に及ぶ諸設備についての便覧。五十音順事項索引は巻頭にあり、巻末の資料編には、食品製造装置、機器、各種設備の紹介記事を掲載。　　　　　　　　　　　　　　　　　　　　　5111

食品包装便覧　日本包装技術協会　1988.3　1950p　22cm　39000円

「基礎編」「応用編」からなり、「基礎編」では食品の変質原因と防止法、包装材料、機械、試験法などを、「応用編」では約80品目の食品包装について、実務的に解説し、今後の動向も含めて体系的に解説。各章末に参考文献、巻末に五十音順用語索引を付す。『食品包装技術便覧』(1968年刊)を大幅に改訂再編集したもの。　　　　　　　　　　　　　　　　　　5112

食料工業 藤巻正生〔ほか〕編 恒星社厚生閣 1985.9
1329p 27cm 4-7699-0547-5 32000円
農産、発酵、畜産、水産の各食品および副原料・食品添加物について、各食品ごとに種類、原料、製造法などを解説し、さらに食品保蔵技術についても解説した便覧。資料として食品業界の規格、食品衛生法などを付し、巻末に五十音順の用語索引がある。　5113

新殺菌工学実用ハンドブック サイエンスフォーラム 1991.9 477p 31cm 監修：高野光男，横山理雄 56650円
さまざまな食品や医薬品を対象に、種々の殺菌法を紹介したハンドブック。全3編からなり、それぞれ章、節、小項目に細分している。第1編は新殺菌方式の開発と実用データ、第2編は殺菌技術の改良とその実際、第3編は今後期待される新殺菌技術と応用の可能性。未確立の技術も含まれている。索引はない。類書としてHACCP（Hazard Analysis and Crisis Control Process）による衛生管理手法を用いた実用的殺菌・除菌技術を解説した『殺菌・除菌実用便覧』(1996年刊)がある。　　　　　　　　　　　　　　5114

【名簿・名鑑】

健康産業名鑑 1985年度版－ 健康産業流通新聞社 1985－ 年刊 27cm
健康増進・維持のための衣食住およびスポーツ、医療分野などを対象とする企業名鑑。「企業総覧」「業界関連団体総覧」「業界団体加入企業一覧」「官公庁総覧」よりなる。企業総覧の部は都道府県別構成でその中は企業名の五十音順。1995－96年度版の収録数は3290社。掲載項目は、所在地、設立年、主な商品、資本金、年商など。巻末付録に、企業総覧索引、薬務局マニュアルがある。1983年度版（初版）－1984年度版までは『健康食品名鑑』（潮流ジャーナル、1982－1983）として刊行。　　　　　　　　　　　　　　　　　5115

食品工業総合名鑑 1964－ 光琳 1964－ 不定期刊 27cm
1996年7月現在の全国の一般食品企業（資本金300万円以上）、流通企業（資本金500万円以上）および関連企業（特に制限なし）約2万7000社を網羅した名鑑。記載事項は、会社名、本社および支社などの所在地、設立年月日、資本金、年商、製造品目、役員、社是、特色の9項目。配列は都道府県別の五十音順で、巻頭に全社名の五十音順索引がある。巻末に業種別索引があり、企業名が不明でも製造品目から探すことができる。食品関係公的試験・研究機関、協会・団体、学会の名簿（1997年1月現在）も掲載。1964年の発刊から数えて9回目の刊行。解題は1997年版による。個別食品年鑑としては『味噌醤油年鑑』（食品産業新聞社、1959－ 年刊）などがある。　　　　　5116

全国食品会社名鑑 1981年版－ 大阪 食品新聞社出版部 1981－ 年刊 27cm「東日本編」「西日本編」に分冊刊行
製造業、小売業、レストランなど食品関係企業の都道府県・市町村別名鑑。社名・店名、取引銀行、最近の業績、概況、業態などを掲載。各編の巻頭に五十音順社名索引がある。〔1956〕－1980年版までの書名は『全国食品業者名鑑』。　　　　　　　　　5117

【年鑑】

食糧年鑑 昭和23年版－ 日本食糧新聞社 1948－ 年刊 27cm
「食品界資料・統計」「食品界総合名簿」の2分冊からなる。「食品界資料・統計」には、その年1月－12月の食品年表、新製品情報、食品業界全体を総括した解説、および各業界の品目別に現況と統計を掲載。「食品界総合名簿」には、官公庁、関連団体のほか、食品製造、食品卸、スーパー、貿易商社、機械資材など食品工業関連会社を幅広く収録した名簿を業種別に掲載。解題は1999年版による。なお、戦前期には『食料年鑑』昭和16年版（大阪 帝国飲食料新聞社）、『食料年鑑』昭和17、18年版（大阪 日本食料新聞社）が刊行されていた。　　　　　　　　　　　　　5118

図説・日本の食品工業〔1982〕－ 池田正範〔ほか〕編 光琳 1982－ 27cm
日本の食品工業界の現況と、個別業種の動向を総合的にまとめたもの。「総論」「各論」「統計資料編」の3編からなる。「総論」では食品工業の現況を述べ、食品販売の量販店、コンビニエンスストアー、外食産業、加工食品の輸出入などの状況について分析。「各論」では、150余種の個別食品について、歴史的沿革、特色、傾向を述べるとともに、需給状況、原料事情、流通形態、今後の動向など経済的データを示し、技術的側面からは、典型的な製造工程（フローシート）を解説。「統計資料編」では、人口、国民栄養、家計状況、食中毒などについて、数年－20年間の統計を掲載。『日本の食品工業』（〔1970〕－1980年版）に替わるもの。ほぼ5年おきに刊行。解題は1995年版による。　　　　　　　　　　　　　　　　　5119

糖業年鑑 昭和28年版- 貿易日日通信砂糖班編 貿易日日通信社 1952- 年刊 19cm

本文編では、世界および国内における過去1年間の砂糖の需給バランス、価格などの情勢を解説し、加えて業界関係日誌として、国内外の年間における主要事項を記している。つぎに統計資料編があり、国内・海外の糖業関係の基本統計を収録。また全国砂糖業者名鑑を付して、糖業関係団体名簿、主要精糖会社内容、全国著名砂糖業者（貿易商社・販売店）内容を掲載している。昭和28年版から44年版まで糖業新聞社が刊行。解題は平成13年版による。 5120

冷凍食品年鑑 1972年版- 冷凍食品新聞社 1972- 年刊 22cm

巻頭に冷凍食品業界の日誌を掲載し、1年間の業界の動向を記録。総説編では官庁・団体、生産・消費、販売・貿易、機器・原料について、戦略編では物流・商品開発、マーケティングなど、企業編ではメーカー・問屋などに区分して現況と展望を解説。資料編には各種の関連統計と業界や関連団体の名簿を掲載。解題は2001年版による。 5121

【統計】

砂糖統計年鑑 1957-1959, 1962- 精糖工業会編 精糖工業会 1957-1959,1962- 年刊 26cm

砂糖の需給動向と統計類をまとめた年鑑。国内編では、輸入、生産、輸出、消費、価格、諸税、甘味品などに区分して掲載。海外編では世界のみつ糖、白糖などの需給・生産・輸出入の統計を掲載。巻末に砂糖に関する法令、通達集、団体名簿を収録。1962年から毎年発行され、1973年版までは日本精糖工業会による編集・刊行。解題は2000年版による。 5122

食品産業統計年報 昭和56年版- 食品産業センター 1982- 年刊 26cm

我が国の食品産業の発展や構造変化を全体的に把握するのに役立つ累年統計記録を各種資料から収集・加工し、出典を付記する。項目により諸外国のデータも収める。収録項目は年により多少の変化があるが、主として一般経済動向と食品産業、食品工業の経済構造・経営指標、加工食品の生産、加工食品と農林水産物の貿易、食品工業と雇用・賃金・金融、人口・世帯数と食料摂取、国内農漁業、流通機構に関する項目などからなる。前身は『食品産業統計要覧』（昭和48-55年度）。改題は平成12年版による。 5123

清涼飲料関係統計資料 〔1965〕- 全国清涼飲料工業会 〔1965〕- 年刊 26cm 共同刊行：日本炭酸飲料検査協会

清涼飲料水製造、製造業に関する統計。各種飲料の生産量、生産金額、容器別生産量、品目別生産量、シェア、原料果汁、輸出入実績、海外ソフトドリンクなどの統計のほか日本の将来人口や気象表なども掲載している。解題は2000年版による。巻末に清涼飲料業界十大ニュース（1994-1999）を付す。 5124

◆◆醸造学、酒類

アルコール辞典 改訂第2版 マーク・ケラー，マイリ・マコーミック著 津久江一郎訳 診断と治療社 1987.7 530p 22cm 監修：加藤伸勝 『A dictionary of words about alcohol 2 nd ed.』(New Brunswick), N.J 1982の翻訳 4-7878-0107-4 7800円

アルコールによる精神・身体への影響、アルコール医療のほか、酒の起源、世界各地の酒なども含め、アルコールに関する用語2500語弱を収録し解説した辞典。欧文見出し語のアルファベット順配列で対応する日本語および語源を併記。巻末に和文索引、英文索引を付す。初版（1979年刊）を改訂。 5125

酵素利用ハンドブック 相沢孝亮〔ほか〕共著 地人書館 1980.6 521p 22cm 監修：小崎道雄 7500円

農産加工、食品工業、医薬品などに利用される多種の酵素を11章に分け、それぞれについて、性質、利用、活性測定法の3つの観点から解説。利用の便から、酵素番号、常用名、正式名、商品名なども示す。第12章では法的規制と規格について解説。巻末に和文索引、英文索引を付す。 5126

醸造の事典 野白喜久雄〔ほか〕編 朝倉書店 1988.11 574,6p 22cm 4-254-43028-0 14000円

わが国古来の伝統的食品を中心に、ビール、ワインをはじめとする発酵食品全般について詳しく解説した事典。総論と各論よりなり、総論では醸造の歴史、醸造物の成分、品質管理など全般的な事項について解説。各論では酒類、発酵調味料、発酵食品に分け、清酒、味噌、醤油などの製品ごとに、原料、製造法、廃水問題から業界の動向までを解説。巻末に和文索引、欧文索引を付す。 5127

新編日本酒事典 厳選美酒名酒 水沢渓編著 健友館 1993.11 435p 21cm 監修：穂積忠彦 4-7737-0303-2 3800円

3部構成で、第1部は全国420余の蔵元の特定名称の日本酒約4200種（1蔵元15銘柄以内）について、蔵元別に各銘柄の吟醸酒、純米酒などの区別、市価、原料米と精米歩合、アルコール度、日本酒度、酸度、アミノ酸度、使用酵母、熱処理の方法、保存法、特徴を記

載。各蔵元の住所、杜氏、仕込水・水質などについても記載する。第2部は、美酒・名酒の飲める本物の店、第3部は、美酒・名酒の買える酒屋を紹介。巻末に主要銘柄の名称索引を付す。巻頭には、1975年から1991年までの全国新酒鑑評会金賞受賞名簿あり。『日本酒事典』(1987年刊)を全面的に改訂したもの。　5128

全洋酒情報事典　蒸留酒　〔'90/'91〕-　時事通信社編　時事通信社　1989-　年刊　28cm
日本で手に入れることができる蒸留酒約2200のブランド名、価格、容量、アルコール度数、商品説明などを掲載。巻末に商品名および輸入代理店・メーカーの五十音順索引を付す。解題は1995/1996版による。　5129

灘の酒用語集　改訂　原昌道〔ほか〕編　神戸　灘酒研究会　1997.10　577p　19cm
灘の清酒に関する用語を解説した辞典。酒造行程順に「原料・原料処理」「製造」「設備」「製品・管理」に分類し、さらに項目別に配列し、簡潔に解説。在来法のうち現在使用されていない用語は、古語の部をもうけ一括解説。図版や写真を多数挿入。大正末から昭和初期の写真30数葉と、税法、規格などの資料も収載している。巻頭に「参考引用文献」を付し、巻末に用語の五十音順索引を付す。1979年刊初版を改訂。　5130

日本酒大事典　梁取三義著　彩光社　1979.2　557p　27cm　15000円
日本酒に関係ある用語、歴史、文献、詩歌、風俗、銘柄などを収録し、五十音順に配列して解説。巻末に1978年現在の全国酒造業者名簿、都道府県卸売酒販組合名簿、全国酒類卸商名簿を付す。　5131

【名簿・名鑑】

全国酒類製造名鑑　第23版(1985)-　醸界タイムス社出版部編集　大阪　醸界タイムス社出版部　1985-　年刊　19cm　背の書名：酒類醸造名鑑
清酒・焼酎乙類・みりん2種(国税局管内別・都道府県別)、合成清酒・焼酎甲類・原料用アルコール、ウイスキー類・スピリッツ・リキュール類・甘味果実酒・その他の雑酒、ビール・地ビール、果実酒、みりんを製造する企業名・住所等を掲載。付録は各種統計・業界団体名簿等。解題は2000年版による。『全国酒類醸造名鑑』の改題。　5132

【統計】

酒類食品統計年報　1976-　日刊経済通信社調査出版部編　日刊経済通信社　1976-　隔年刊　31cm
食料需給表、酒類・食品類の需給と変遷、原料主要農産物の需給、原料主要水産物の需給、食品の輸出入統計、食品流通、一般統計、海外統計、食品関連資材統計からなる。解題は平成12年版による。　5133

家政学、生活科学

✤家政学一般

家政学事典　日本家政学会編　朝倉書店　1990.11　982p　27cm　4-254-60006-2　25750円
家政学の全分野を網羅した専門事典。構成は、「家政学原論」「家族関係」「家庭経営」「家庭教育」「食物」「被服」「住居」「児童」の8章に分け、各章の中は、大項目、中項目、小項目に分けて解説している。巻末に五十音順事項索引がある。　5134

家政学用語辞典　日本家政学会編　朝倉書店　1993.12　447p　22cm　4-254-60009-7　12360円
家政学として不可欠な専門用語約3300語に解説を加えたもの。環境問題や高齢化社会などの境界領域の用語も積極的に取り上げ、家政学関係者が専門外の用語についても簡潔な知識が得られるように企画した。参照が豊富で、一般の人にも利用しやすい。配列は五十音順で、各項目ごとに執筆者名を付す。同編者による『家政学事典』☞5134の姉妹書。　5135

総合家庭科事典　日本家庭科教育学会編集　同文書院　1978.11　984p　20cm　3000円
家庭科関係の広範囲にわたる用語を集めて解説。小・中・高の家庭科教員、大学での家庭科教員の養成にたずさわる教官、家庭科教育や家政学関係の学生に役立つ簡便な事典。見出し語の五十音順配列。巻末に教育、経営、保育、食物、被服、住居関係の多数の表を収載。用語の五十音順索引を付す。　5136

和英英和家政学用語集　日本家政学会編　朝倉書店　1987.8　695p　19cm　4-254-60003-8　5800円

家政学の専門書および小・中・高校の家庭科の教科書から家政学関係の専門用語1万2000語を収録。和英、英和の2部からなる対訳集。和英の部は用語のローマ字表記、用語、対応する外国語（主として米語）を、英和の部は外国語、用語、ローマ字表記をそれぞれ表形式に併記。配列はともにアルファベット順。和英の部は外国語の後に家政学の各分野を示す記号を付す。巻末に「わが国独自の用語」のリストを付す。　5137

◆服飾、美容

【書誌】

服飾関連図書目録 明治元年－昭和23年 高橋晴子，大丸弘共編 日外アソシエーツ 1995.1 566p 27cm 発売：紀伊国屋書店 4-8169-1273-8 38000円
1868年（明治元）から1948年（昭和23）までに国内で刊行された日本語図書を対象に、身装・服飾関連の専門図書5687件と一般図書5291件を収録した図書目録。2部構成で、第1部は専門図書を服装専門分類表によって分類配列し、第2部は身装・服飾関連の記述が含まれる一般図書（文学作品、一般的な統計書・年鑑、教科書、児童書などは除く）を実用的な19のカテゴリーで分類配列した。書誌事項のほかに所蔵機関名（1ないし2館）、国立国会図書館の請求記号を記載し、一般図書には該当頁と主題を表すキーワードを付与した。巻末に五十音順の事項索引と書名索引（各部別）、全体の著者索引を付す。　5138

服飾文献目録 67/88，89/93 高橋晴子，大丸弘共編 日外アソシエーツ 1989－1994 2冊 27cm 発売：紀伊国屋書店 4-8169-0909-5 32000円，38000円
1967年から1993年にかけて国内で発行された衣料・服装関連分野（自然科学、工学を除く）の雑誌記事索引。学術雑誌約1300誌、商業雑誌300誌から4万8375件を収録。素材論から生産・流通関連の記事までを、独自の専門分類で体系的に配列し、記事番号、論題、著者名、掲載誌名、巻号、発行年月日、頁の順に記載。大学などの研究報告の論文には、著者による抄録を掲載する。巻末に五十音順の著者索引、事項索引（服装専門シソーラスの用語、キーワードなど）、収録誌名一覧を付す。大阪樟蔭女子大学衣料情報室発行『衣料情報レビュー』のデータを再編したもの。民博コスチュームデータベースでオンライン検索が可。　5139

【辞典・事典】

男の服飾事典 婦人画報社書籍編集部編 婦人画報社 1991.11 400p 21cm （Men's club books super edition）監修：堀洋一 4-573-30202-6 2000円
メンズ・ファッションの基本用語から最新用語まで、3140余語を体系的に収録。スーツ、スポーツジャケット、ブレザー、シャツ、ニットウェア、コート、アウターウェア、ジャンパー＆ショート・ジャック、ボトムス、ヘッドウェア、ネックウェア、フットウェア、アクセサリー、フォーマルウェアの14のジャンルとマテリアル、パターン、カラー、ルック＆スタイル、フィニッシング、アパレル・マーケットの項目に分類する。図版を多用し、専門用語の説明を補う。見出し語には英語を併記。巻頭にマテリアルおよびパターンのカラー見本を、巻末に和文・欧文の参考文献と五十音順の事項索引を付す。　5140

きもの用語事典 婦人画報社 1990.1 186p 21cm （Fujingaho books）監修：木村孝 4-573-04314-4 1500円
着物に関する基本語を解説した事典。着物の種類、糸、染織、模様、着付けなどから、現代生活上実用的な1000余語を選び、五十音順に配列して解説。説明は平易で、難解な語にはルビを付し、写真や図を多用して理解を助けている。巻頭に、東京国立博物館蔵の桃山時代から明治時代までの代表的な着物の模様と、日本の伝統的な色の見本をカラー図版で付す。　5141

実用服飾用語辞典 改訂版 山口好文編 文化出版局 1989.4 287,23p 19cm 1500円
現代の実用的な服飾用語約2500語を採録。写真とイラストを豊富に用い、小項目主義で簡潔に解説。見出し語は五十音順配列で、語源、類似語も記す。巻末付録として西洋服飾の変遷、五十音順事項索引を付す。増補版（1977年刊）を改訂。　5142

手芸百科事典 パメラ・クラバーン著 雄鶏社 1978.8 311p 29cm 『The needleworker's dictionary』1976の翻訳 6500円
刺繍に関する用語を中心に、手芸の技術、歴史、人名など約2000項目を収録。見出し語は欧文のままアルファベット順に配列し、写真、イラストを豊富に挿入して解説。巻末に、文献紹介、博物館およびコレクションリスト、イラストおよび写真出所と、項目に併記したカタカナ表記の五十音順索引を付す。　5143

新・田中千代服飾事典 田中千代著 同文書院 1991.10 1285p 22cm 4-8103-0017-X 6300円
服飾用語を中心に関連用語約2万4000語を収録した専

門辞典。約7000枚の豊富な写真、モードイラスト、図版を用いて説明し、用語の語源、歴史的推移、社会的・地理的背景にも言及する。見出し語を五十音順に配列し、グループ項目の採用によりさらに五十音順の小項目に分け、下位概念の用語を一括してまとめた。外国語のカタカナ見出し語には原綴を併記する。付録として、服装の歴史（図解）、JIS規格などがある。巻末に五十音順索引と参考文献（欧文・和文）を付す。1969年初版刊行以来、数回の増補を重ね、今回全面的に改訂改版を行った。　　　　　　　　　　　5144

新ファッションビジネス基礎用語辞典　全面改訂版　Oribe編集室企画・編集　織部企画　1990.5　988p　19cm　背・表紙の書名：『Fashion business terms』　発売：光琳社出版（京都）　4-7713-0118-2　2700円
ファッション、服飾関連の用語訳7300語を収載した事典。1 シルエット＆ライン、2 ルック＆スタイル、3 ウエア、4 服飾ディテール、5 服飾品、6 服飾素材、7 縫い方とステッチ、8 洋裁用具と付属品、9 ファッション一般、10 色彩、11 デザイナー、12 ファッションビジネスの12項目に分類し、図版を多用して丁寧に解説。見出し語には外国語を併記し、同意語、反意語、参照語への案内も多い。巻末に五十音順の索引あり。初版は1976年刊、1985年刊の増補版の全面改訂版。　　　　　　　　　　　5145

美容用語辞典　高嶺照夫編　女性モード社　1991.7　247p　22cm　3800円
ヘアデザイン、毛髪、結髪の知識をはじめ、服飾、化粧、エステティック、さらには美術、美学、心理学、広告学の用語まで3539項目を収録し五十音順に配列、イラストを豊富に用いて解説。特にヘアスタイルにはすべてイラストを付している。見出し語には外国語を併記し、関連する項目への参照もある。巻頭に和文図書の参考文献あり。別書名は、『Beayty dictionary』。
5146

◆食品、料理

イタリア料理用語辞典　町田亘，吉田政国編　白水社　1992.11　257p　20cm　4-560-00089-1　3600円
イタリア料理関係用語7000語余を収録。伊和、和伊の2部構成。伊和の部はイタリア語見出しのアルファベット順配列。発音をカタカナで、アクセント部分を太字で示し、簡潔な日本語訳を付す。和伊の部は、かな（カタカナ）見出しの五十音順配列で、日本語－イタリア語の対訳集。説明はない。巻末に「レシピを読むためのイタリア語文法」などの付録を収載。
5147

飲食事典　本山荻舟著　平凡社　1958　604p　表　27cm
飲食に関する用語をひろく集め、図版も入れて解説した事典。重要項目は歴史・品質・習性・名所・料理法などに分けて述べてあり、特に日本料理の解説は歴史的にも詳しく、史料としてもすぐれている。外国語には原語を付記してある。巻末に度量衡換算表がある。
5148

飲食小事典　青木純子著　柴田書店　1981.10　323p　18cm　1500円
飲食物およびそれに関連する事項を解説。材料、栄養、調理法のみならず、食生活の文化・風習も含め幅広く紹介。配列は事項の五十音順。外来語の項目には対応する外国（欧英）語を併記。巻末に食物中の食塩含有量、食品添加物一覧および古代から現代に至る日本食物年表、参考文献を付す。
5149

英和料理用語小辞典　岩立エミー，キャサリン・フォックス共編　トレヴィル　1995.3　102p　27cm　背の書名：『English-Japanese concise dictionary of cooking terms』　発売：リブロポート　4-8457-0882-5　2884円
英語で書かれた料理書を読むために必要な用語を集め、アルファベット順に配列し、簡単な解説とイラストを付した用語集。英語圏の料理のみならず、料理書に出てくるフランス、イタリア、中近東、アジアの国々などのレシピの用語も含まれている。巻末にチーズ、ハーブ類一覧、料理法の表現などの用語一覧を収録。
5150

健康・栄養食品事典　機能性食品・特定保健用食品　1996-1997改訂新版　漢方医薬新聞編集部企画・編集　東洋医学舎　1996.3　798p　19cm　監修：杉靖三郎　4-88580-007-2　5000円
健康・栄養食品355品目について解説した事典。「健康・栄養食品の現況」「健康食品」「健康茶・健康水・ダイエット食品」「保健食物」「栄養・機能性成分」「情報編」からなる。「情報編」には、商品情報、企業情報、製造・卸・販売企業一覧（県別に約3200社）を収録。巻末に事項索引（五十音順）を付す。旧版（1994年刊）の改訂新版。
5151

こんな食品をご存知？　東西意外食品事典　第1-3集　新谷一道編著　光琳　1984-1986　3冊　26cm　4-7712-9003-2　2000-2200円
珍しい食品、なじみのない食物など食物・食品にまつわるさまざまな来歴、逸話、意外な事実などの雑学を読み物として紹介したもの。第1集に200編、2、3

集にそれぞれ100編を収める。『光琳』とその改題誌『マイフィック』に連載したものをまとめたもの。配列に特に規則はなく連載順と思われる。各集巻末に食品・食物名の和文索引、英文索引を付す。 5152

食品大辞典 河野友美編 真珠書院 1970 946p 27cm 6800円
家政学関係の研究者から一般主婦までを対象として食べ物全体について多方面から解説した事典。食品、栄養、調理、調理器具、食品添加物、基礎的な物理・化学用語などをとりあげ、歴史的、心理的な面をも含めた豊富な内容が、やさしい文体で記述されている。付録として、消費者保護基本法をはじめとする食品関係の25の法律・規約を載せている。1968-1969年に同編者によって出版された『食品事典』(全12冊) に新内容を追加し、1冊にまとめて利用しやすくしたものである。なお、『食品事典』は1974-1975年の大幅な改訂を経て、さらに新内容を盛りこんだ『新・食品事典』☞5154として刊行された。 5153

新・食品事典 1-14 河野友美編 真珠書院 1991-1999 14冊 19cm 2400-2600円
食品の歴史、解説、調理法などすべてを網羅した食品百科事典。各巻とも総論と各論から成り、各論は食品名の五十音順配列。それぞれ、参考文献、五十音順語句索引を付す。初版は1968年。1974年に大幅改訂したが、食品をとり巻く環境の変化に応じて内容を刷新。1 穀物・豆、2 肉・乳・卵、3 魚1、4 魚2、5 野菜・藻類、6 果物・種実、7 調味料、8 漬け物、9 加工食品・冷凍食品、10 菓子、11 水・飲料、12 酒、13 料理用語、14 料理器具。 5154

新編日本食品事典 森雅央〔ほか〕編 医歯薬出版 1991.10 587p 22cm 4-263-70200-X 4100円
18食品群を総論と各論に分けて、種類・分類、成分特性、保存・加工、調理法、日本への伝来にいたるまで多角的に解説した事典。各食品群の内訳や栄養成分は「四訂日本食品標準成分表」に基づく。食品名の見出しには一般に使用される漢字のほか、英・仏・学名を併記し、魚、野菜などは地方名も記載した。巻末に事項索引 (五十音順) を付す。旧版は『日本食品事典』(1968年刊)。 5155

図説江戸料理事典 松下幸子著 柏書房 1996.4 444p 22cm 4-7601-1243-X 9800円
江戸時代の料理や料理用語を、当時の料理書にもとづき、原文を引用しながらその料理を作ることができるように解説した事典。さらに料理書やその他の文献から選んだ、料理および食生活に関する図が添えてある。配列は料理法による料理の種類ごとにまとめ、めし類、すし類などの主食的なものから副食的なもの (煮物類など)、加工食品、調味料、菓子、飲物、料理用語の順に並べ、その中は項目の五十音順である。付録として「江戸時代の諸国名物」「料理書の成立とその時代」「出典解題」を収載し、巻末に五十音順用語索引を付す。 5156

スパイス百科事典 武政三男著 三書房 1981.11 385p 27cm 28000円
38種の香辛料を英語名のアルファベット順に配列、世界各国の名称、学名、原産地、生産地、形状、品質評価、用途、特殊 (薬理) 効果、エピソードなど16項目に分け解説。巻末に和・洋の参考文献を付す。索引はない。 5157

総合調理科学事典 日本調理科学会編 光生館 1997.9 609p 22cm 4-332-05018-5 5600円
人間の食に関することがらを、食品、栄養、食品衛生、消化・吸収、栄養生理、心理、嗜好、年齢、食べ方、生活の仕方、地域、環境、歴史、その他さまざまな分野から調理とのかかわりを解説した事典。調理科学全体を「人間・環境と調理」「操作と評価」「食品素材と調理」「調理と食品成分」「食品機能と調理」に分け解説した「総論」、調理関連用語 (かな表記) を五十音順に配列し解説した「各論」、熱物性値、調理年表など各種資料を収載した「付表」で構成する。巻末に五十音順の事項索引を付す。 5158

中国食物事典 田中静一〔ほか〕編著 柴田書店 1991.7 700p 22cm 監修:洪光住 12000円
中国の食物を穀類、家畜・家禽、魚、調味料、酒、茶など28の項目に分類し、それぞれの食品について、見出し語 (中国名、拼音表記とその読み、別名、日本名、学名、科名) のもとに、来歴、地域区分、品種分類、特徴、生産量、用途などを、図表や写真を多用して解説した事典。本文末尾には、『食物成分表』(中国医学科学院衛生研究所編著、人民衛生出版社、1980) の翻訳を収録する。巻末に付録として簡体字表と日・中・英度量衡比較表、参考文献 (和文、中国文、欧文)、事項索引 (部首別、五十音順)、書名・人名索引 (部首別、アルファベット順) がある。『中国食品事典』(1970年刊) の改訂版。 5159

中国料理用語辞典 香港・台湾・中国旅行必携 井上敬勝編 日本経済新聞社 1993.3 248p 18cm 4-532-16085-5 1200円
中国料理で使われる単語を、調理法、広東・四川・北京・上海の料理メニュー、種類別材料、日本語でひく材料名などに分けわかりやすく解説している。各事項は日本語でひく材料名は五十音順、そのほかは画数順

で配列し、カタカナおよび拼音による発音を併記している。索引はない。　　　5160

日本の味探究事典　岡田哲編　東京堂出版　1996.1　365p　20cm　4-490-10410-3　3200円
食材、加工品、料理法、料理など日本の食べ物に関する約1400項目を、産地、料理法、歴史、来歴、調理科学の面から詳しく解説した事典。項目はひらがな表記で五十音順に配列し、地域的な特色のあるものについては都道府県名を、その他は全国と付している。大項目、小項目を適宜組み合わせてある。巻頭に全国および都道府県ごとに事項を配列した目次と、巻末に五十音順の料理名索引がある。　　　5161

日本料理語源集　中村幸平著　京都　光琳社出版　1990.7　807p　22cm　編集：冬草会　4-7713-0117-4　8000円
歴史上の説話、伝承、慣習、文学、詩歌、俳句、美術、芸能、工芸など幅広い分野から日本料理および食物と食にかかわることがらを採取し、語源の探求を中心に解説した事典。3900以上の項目はひらがな表記で漢字を併記し、五十音順に配列。典拠や出典などを示し、わかりやすい。項目によっては事典的解説や料理法の紹介のみで、語源に触れていないものも多い。素材には料理法と調味料の使用法、分量なども適宜示してある。料理用語は「りょうりことば」にまとめ、料理人が使う特殊な用語は項目として説明してある。巻末に五十音順用語索引を付す。　　　5162

フランス料理用語辞典　山本直文〔著〕日仏料理協会編　白水社　1995.3　332p　20cm　4-560-00030-1　3600円
食に関するフランス語とフランスで使われている外国語約5500語を収録。料理名は古典料理、ブルジョワ料理、地方料理およびフランス料理に採用された外国料理から採用している。見出し語をアルファベット順に配列し、カタカナで発音を示し、語義、用例を記載。巻末に和仏索引を付す。1962年に『仏英和料理用語辞典』として刊行し、3訂版を1980年に刊行した。本版では狭義の料理用語だけではなく、食材、調理、飲料、乳製品、食肉加工品、菓子、サービスなど食の全分野から用語を採録、増補改訂のうえ改題。　　　5163

味覚辞典　日本料理，西洋料理，洋酒　奥山益朗編　東京堂出版　1974-1984　3冊　19cm　2500-3500円
料理および洋酒についての故事来歴、逸話など、また料理については素材・食べ方・料理法について解説した辞典。配列はかな・カタカナ表記の五十音順で漢字や欧文を併記。西洋料理編には、素材名・料理名索引、洋酒編には事項索引（共に五十音順）を付す。日本料理編は1972年刊を改訂増補し1984年に普及版として刊行。索引はない。　　　5164

読む食辞苑　日本料理ことば尽くし　小林弘著　同文書院　1996.6　335p　20cm　4-8103-0027-7　2266円
日本料理にかかわる、調理場用語、作法、伝統料理、調理法、食器、食材、盛り付けなど広範な領域から基本的な用語を集め「昔と今の料理雑学」から「正月料理について」まで15のテーマに分け解説した事典を本文とし、後半に用語集「日本料理ことば尽くし」を収載した2部構成の事典。巻末に本文と用語集の見出し語を五十音順に配列した総索引を付す。　　　5165

【便覧】

食生活情報ブック　栄養指導・栄養教育に必携　ラ・ラの会編　女子栄養大学出版部　1995.6　255p　15×21cm　4-7895-0310-0　1800円
官公庁、財団法人、企業などが発表した調査や統計から、食生活に関するデータを集め、必要な情報を容易に探し出せるように編集した便覧。データを、子ども、高校生、成人、単身者、高齢者などの世代別に分け、さらに「食事と料理」「食行動・情報」「健康・病気」「食文化」などのテーマ別に整理している。巻末に世代別・テーマ別索引を付すほか、各頁の図表類に資料番号を付し、その出典を示す「掲載資料・文献一覧」を収載する。　　　5166

【図鑑】

原色食品図鑑　新版　菅原竜幸，井上四郎編　建帛社　1992.4　300p　27cm　執筆：青柳康夫ほか　4-7679-6052-5　5500円
食品の形態、特性、利用法などを調べるための図鑑。日本における食品を中心に、市場において購買可能なものはできるだけ収録してある。獣・鯨肉と加工品、魚介類と加工品など動物性食品、穀類と加工品、藻類などの植物性食品のほか、酒類と嗜好飲料、菓子類、冷凍食品などに大きく19分類し、それぞれ必要に応じ細分類したうえ、見開き2頁に原色写真と解説を掲載。解説は食品の概要、品質の鑑別、栄養特性、加工・調理など詳細でわかりやすい。1974年に初版を刊行、増補改訂を経て、今回大幅に食品の取捨選択を行った。1998年に若干の改訂を加えた新版増補版を刊行。　　　5167

食品図鑑　オールカラー版　女子栄養大学出版部　1995.3　495p　27cm　科学技術庁資源調査会編『四訂日本食品標準成分表』収載　監修：芹沢正和ほか　4-7895-5423-6　16000円
食品素材のすべてにカラー写真やイラストを付して解説した図鑑。穀類、魚介類など17の類別に配列し、それぞれの食品について、歴史、呼称、品種、特性、利

用法など総合的に解説する。下段には食品成分値を掲載。巻末に食品名索引（五十音順）を付す。　5168

マルシェ　料理材料大図鑑　講談社　1995.6　637p　26cm　監修：辻調理師専門学校　4-06-207089-8　6800円
約1600種の料理材料を野菜、果物、魚貝類、食肉類、チーズ・乳製品、パン、パスタ、香辛料、中国料理材料、調味料など21の分野に分け、材料のカラー写真に簡潔な解説を付した「料理材料銘品譜」と材料ごとに詳しい解説を記載した「料理材料解説」からなる。分野ごとに材料を五十音順に配列した分野別索引、材料全項目の五十音順索引を付す。『味公爵　世界食品大事典』（講談社、1984、全18巻）の料理材料部分をもとに、新しい材料を加え大幅に改訂したもの。　5169

◆家庭医学

家庭医学大事典　ホーム・メディカ　改訂新版　小学館・家庭医学大事典編集委員会編　小学館　1992.7　2267p　23cm　付(別冊　64p)：各種病院ガイド　4-09-304502-X　6200円
家庭で必要とされる医学知識を項目別に掲載。「応急手当」「症状からみる病気の判断」「病気の知識と治療」「養生と看護」「妊娠と出産」「日常生活の健康知識」の6部からなる。口絵頁には、病気の検査と設備、人体の組織、器官、臓器の位置、形、名称、しくみを示す図を掲載。巻末に五十音順索引を付す。初版は1987年刊。　5170

家庭医学大全科　Big doctor　改訂新版　法研　1996.9　1754,32p　27cm　総合監修：中尾喜久ほか　4-87954-151-6　7000円
医学・医療・疾病に関する情報を幅広く取り上げわかりやすく解説した事典。「からだの仕組みと働き」「症状から知るからだの異常」「病気の知識」「健康生活の基礎知識」「医療制度と最新医学の基礎知識」の各章からなる。特に「病気の知識」では2300余の個々の病気について、どのような病気か、現れ方、治療法、対応措置、予防などについてわかりやすく解説。巻末に五十音順事項索引、文中コラムで説明した項目のコラム解説一覧を付す。初版は1992年刊。　5171

家庭医学大百科　ホームドクター　主婦の友社編　主婦の友社　1993.4　1411p　22cm　付(別冊　48p)：親と子のエイズ読本　4-07-937899-8　6000円
日常生活で生じる病気をはじめとする健康上の問題について、家庭の主婦を対象に平易に解説した医学事典。「病気の知識と治療」では、おとなの病気、女性の病気、子どもの病気の3章に分け、それぞれに特有な病気の症状、原因・誘因、検査と診断、間違えやすい病気、医師へのかかり方、治療、病気の経過、生活上の注意などをわかりやすく記述。また、「健康管理の知識と療法・介護」では、食生活と栄養、薬の知識などを記述する。巻末に、五十音順の医学用語の解説と総索引を付す。『最新現代家庭医学百科』（1985年刊）の改訂版。　5172

家庭の医学　新版　堀原一〔ほか〕編　時事通信社　1996.4　1345,47p　23cm　監修：小林太刀夫　4-7887-9614-7　4500円
頭部、胸部、腹部など身体の部位ごとの病気の知識と治療法を解説した「病気の知識と治療　1」、子供・女性・高齢者を取り上げた「病気の知識と治療　2」のほか、「病気の予防と家庭での健康知識」「医学の知識」「医療保険の知識」からなる。巻頭に「応急手当」や「検査の知識と正常値」「症状による病気の見分け方」を収載。巻末に五十音順事項索引を付す。1949年初版。本書は第11次改訂版。　5173

健康生活医学事典　森岡恭彦〔ほか〕編　チクマ秀版社　1994.3　830p　22cm　監修：小泉明　4-8050-0236-0　3800円
日常生活の中で健康維持に必要な、健康の仕組みや背景を正しく理解するための「生活医学」事典。生活の医療・保健に関する厳選した318のキーワードを平易に解説する。「保健と医療の新しい課題」「早期発見、早めの手当て」「ホーム・ケア」「漢方と民間療法」「日常の健康づくり」「安全な生活環境」「日本の保健と医療の仕組み」「地球環境時代の健康を考える」の全8章からなる。巻末に五十音順の事項索引がある。チャート式目次も付す。　5174

保健同人家庭の医学　新版　保健同人社　1993.4　2244p　22cm　付(別冊　95p)　4-8327-0150-9　5800円
「救命処置と応急手当」「症状とセルフケア・医療のうけ方」「病気の知識」「健康な生活のために」の4章構成。特に家族の健康を守るガイドブックとしての視点から、家庭でできる医療や予防、生活習慣の改善、食事・栄養にも力を入れて編集している。巻頭に「医者の選び方・かかり方」を掲載。巻末に五十音順の事項索引を、別冊として、「医療施設・相談機関」のリストを付す。本書を赤本（初版、1969年刊）とし、姉妹編として1958年から版を重ねている『症状からみた家庭の医学　青本』（新版、1994年刊）がある。　5175

マイドクター　家庭医学大事典　第2版　講談社編　講談社　1996.11　2冊(別冊とも)23cm　英文書名：『My doctor』4-06-207787-6　6311円

家庭における病気の予防・治療など、家庭医学に関することがらを網羅し体系的にまとめたもの。構成は、「こんな症状こんな病気」「応急手当て」「成人の病気と予防」「病気の知識と治療」「手術・輸血・人口臓器・臓器移植・形成外科」「癌の予防・診断・治療・ペインクリニック」「子ども・赤ちゃんの病気」「妊娠・出産と病気」「リハビリテーションと家庭での看護」「東洋医学」の10章。巻頭にはカラー図版による体のしくみとはたらき、各章中には病気・症状別の食事の説明、巻末には医学用語解説、図表一覧、五十音順事項索引が付いている。別冊として、薬・検査・医療制度がわかる『家庭医療ガイド』が付いている。初版は1991年刊。

産業

産業

国土レポート 1990－　国土庁編　国土庁　1990－　年刊　21cm

わが国の国土の姿を通覧するレポートで、年次ごとに副題を付す。1996年版には「国土構造の変遷と新たな国土軸」とある。2部の構成で、第1部は国土をめぐる動向を概観し、第2部では最近の国土行政を紹介。解題は1996年版による。　　　　　　　　　　　5177

商用単位事典　篠崎晃雄著　実業之日本社　1974　290p　22cm　3800円

世の中のさまざまな単位に関する実務的な案内とともに文化史的な知識を提供している。全体を数の用語、数の表示方法、度量衡単位の解説、度量衡単位換算表、暦と時間、産業関係の単位、世界の通貨と国名の7章に分けて解説。適宜一覧表、換算表などを付している。巻末に和文索引・欧文索引および付録として「日本元号一覧表」「中国王朝一覧表」「マーク図枠の呼称」などを付す。　　　　　　　　　　　　　　　　5178

新撰産業情報総覧　日本経済研究所，日本開発銀行中央資料室共編　日外アソシエーツ　1983.5　1092,15p　27cm　4-8169-0240-6　28000円

日本で刊行された産業情報を業種ごとにまとめ、概説・入門書、年鑑・統計、専門誌・業界誌などに分けて紹介し、さらに1977－1982年3月に発表された図書・文献一覧を収録している。業種分類は独自のもので55業種。付録に収録誌名一覧、調査協力機関一覧がある。巻末索引は主題項目と著者名があり、詳細な索引で使いやすい。1977年刊行の『産業情報総覧』の新版。　　　　　　　　　　　　　　　　　5179

日本標準産業分類　平成5年10月改訂　分類項目名，説明及び内容例示　総務庁統計局統計基準部編　総務庁　1993.10　711p　26cm

各種事業所において行われる経済活動を分類するためのもの。推定統計および届出を要する統計調査などに用いられる産業分類を統一するために、1949年統計委員会事務局が制定したもの。1951年以来10回目の改訂版。1993年10月改訂が告示され、1994年4月から適用した。五十音順索引表は別冊として発行されている。　　　　　　　　　　　　　　　　　　5180

農林水産業

■対象となる動植物ついては植物学や動物学も参照のこと。

世界食料農業白書 1993年－　国際連合食糧農業機関編　国際食糧農業協会訳　国際食糧農業協会　1994－　年刊　21cm　発売：産学社　『The state of food and agriculture』の翻訳

世界の食料と農業の最近の展開について記述したFAO（国際連合食糧農業機関）の年次報告。現状と見通しについて記述した世界の概観と、それらの地域別・特定国について詳述した地域別概観、および特集章（食料安全保障；若干のマクロ経済的側面）で構成されている。今回の特集章では、食料安全保障に大きく影響を及ぼしているマクロ経済と貿易の運営にふれ、特に食料安全保障達成のための経済的環境を創出するため、金融・財政・貿易・投資および社会政策を適切に組合せ、選択するといった政府の果たすべき重要な役割がクローズアップされている。1956－1992年版までは『世界農業白書』。解題は1996年版による。　　5181

日本農業年鑑 1948年版－　日本農業年鑑刊行会編　家の光協会　1948－　年刊　26cm　1953年までの編者：農業復興会議

1953年までは農業復興会議編。毎年の農業全般の概況を豊富な図表入りでまとめ、林業・水産業にも簡単に触れている。1997年版では農業・農村・農政、農林水産業、農畜産物の流通と消費などについて解説。巻頭に目次に加えて図表目次、巻末に資料、統計、事項索引がある。別冊に農業関連住所録がある。　　5182

日本農業発達史　明治以降における　1－10，別巻上，下　改訂版　農業発達史調査会編　中央公論社　1978　12冊　22cm　4300－5800円

明治以降戦時中にいたる日本の農業技術の発達過程を、農業経済史や資本主義発達史の側面もまじえ詳細に考察。各巻3篇からなり、本篇は1－9巻をほぼ年

代順に「近代の黎明」「資本主義確立期」「第一次大戦以降」「大恐慌以降」「農学の発達」に分け体系的に記述。ほかに個別の地方史などを扱う別篇と、「現代における外国の日本農業研究文献」（9巻）などの資料を集めた資料・複刻篇がある。10巻は「日本農業発達史年表」で「総括」「社会経済と農政」「技術的諸劃期」の3篇からなる。別巻（2冊）は本篇をさらに詳しく掘り下げたもので、3部からなり、それぞれ「地方農業史の諸論考」「個別技術史」「地主制」について記す。10巻末に全巻総目次のほか、五十音順の人名、事項索引、分野別の図、表索引を付す。1978年の改訂版は1953-1959年の旧版と全く同一。　　　　　　　*5183*

農業情報化年鑑 1995-　農業情報利用研究会編　農山漁村文化協会　1995-　年刊　28cm
前身は農業情報利用研究会監修の『農業情報（各年版）』。特集編、動向編、データ編からなる。1996年の特集は農産物販売とコンピュータ、農業情報サービスの変貌、農業ソフトウェアの新段階。データ編は関連研究論文、関連図書、関連学会の年次大会報告、機関誌総目次からなる。『農業情報1989・コンピュータ農業年鑑』からの総目次も収録されている。　　*5184*

農林水産省年報　昭和52年度-　農林水産大臣官房総務課編　農林弘済会　1979-　年刊　27cm
農林水産行政のもっとも基本的な概観資料。毎年度の農林水産業の一般動向と一般行政施策および農林省の各局と外局（庁）の年間行政報告をまとめている。第1編総論と第2編各論からなる。第1編では農林水産行政の概観および予算、第2編では12の局庁ごとに所管する分野の動向と講じた施策について解説。巻末に付録として農政日誌、幹部職員名簿、農水省組織図がある。解題は平成7年度による。昭和23年版から昭和24年版までは『農林年鑑』。昭和25年版から昭和28年版までは『農林水産年鑑』。昭和29年版から昭和51年版までは『農林省年報』。　　　*5185*

【書誌・索引】

食糧・農業問題の本全情報 45/94　日外アソシエーツ編　日外アソシエーツ　1996.2　827p　22cm　発売：紀伊国屋書店　4-8169-1353-X　33000円
日本国内で刊行された食糧・農業問題に関する図書1万8500点を収録。「食糧問題」「食糧と社会」「食糧の流通」など12項目に区分し、さらにその中を主題別に分け書名の五十音順に配列。巻末に事項索引を付す。　　　　　　　　　　　　　　　　　　*5186*

大日本農会誌記事索引目録　大日本農会報告-大日本農会報-農業　大日本農会　1967　328p　27cm
社団法人大日本農会が発行している会誌の記事索引。大日本農会誌は1881年7月に『大日本農会報告』として第1号が創刊され、1892年12月発行の第134号から『大日本農会報』と改題し、さらに1933年1月発行の第626号から『農業』となって現在に至る。記事索引は創刊号から1966年12月発行の第987号までの記事を収録。明治・大正時代は農業関係誌の発刊も少なく、農林省（農商務省）関係の研究調査が掲載された唯一の機関誌の役割をしており、この時代の事情を知る有力な文献の記事索引である。明治編（第1-373号）、大正編（第374-553号）、昭和編（第554-987号）の3編に分けられ、各編末に「大日本農会刊行図書目録」が付記されている。1982年に「大日本農会誌記事索引目録昭和編Ⅱ」（第988-1158号）が出されている。　　　*5187*

日本経済統計資料総合目録　農林業編　経済資料協議会編　京都　同朋舎　1979.2　2冊　26cm　全10000円
1909-1947年の間に国内で刊行された農林統計資料と、その期間を対象とする歴史的統計書（累年統計書）を収録している。なお、この期間を通じて継続刊行された逐刊の統計資料は1909年以前に遡り、また1947年以後最新年次1971年までを収録している。収録点数は1626点、1万8518冊で、書誌編、所蔵編の2冊からなる。書誌編の巻末には書名・分類索引がある。本書は農林業の統計資料の目録として関係分野では有用である。　　*5188*

日本農学文献記事索引　1巻1号-　農林水産技術情報協会編　農林水産技術情報協会　1970-　月刊　26cm
日本国内で刊行される農林水産関係の逐次刊行物約400誌から、農学分野に関する学術的な原著論文を主に選定し、採録したもの。採録文献の書誌的事項を編集し、目録号として年12回発行し、目録号6号分の文献記事についての索引号を年2回発行している。目録号6号分と索引号を合わせて一つの巻を構成している。目録号は、主題により12分野に分け、その中は収録誌ごとに配列されている。索引号は、誌名巻号別、人名、件名索引からなる。農学関係分野では、必須の索引である。webでも提供されている。データベースファイル名はJASI。20巻3号までの編者は日本農学図書館協議会。　　　　　　　　　　　　　　　*5189*

日本農業文庫目録　第1-3巻　農林省図書館　1957-1959　3冊　26cm
戦前の農業関係中央諸団体の蔵書をまとめて作られた日本農業文庫の目録。約8万冊が網羅され、第1巻産業編、第2巻社会科学編・その他、第3巻著者名索引・補遺・洋書からなる。第3巻の巻頭には、著者名のアルファベット順の索引があり、巻末には付録とし

て日本農業文庫蔵書寄贈に関する覚書などが掲載されている。明治から昭和初年にわたるこれらの資料は今日では入手が難しいもので、貴重な文庫目録である。

5190

日本の農学関係書誌の書誌 日本農学図書館協議会編 日本農学図書館協議会 1989.5 225p 21cm 4-931250-01-7 2500円

農学関係の書誌的な二次文献を網羅的に収集した書誌の書誌。2編からなり、本編483件、簡略編259件を収録。両編とも「農林水産一般」「農業経済・経営」など11の分野に分け体系的に構成。書誌事項のほか、収録期間、収録件数、所蔵機関名を記載。さらに本編は、収録文献の種類、内容の構成などの簡略な説明を含む。巻末に「農林水産省刊行物の包括的な主要目録」など、本文の内容を補足する資料4編を付す。巻末に標題・事項、人名、団体・機関名、逐次刊行物誌名（それぞれ和文五十音順・欧文アルファベット順）および地域名の5種類の索引と「所蔵機関一覧」を掲載。 5191

農学進歩年報 第28号(1981)－第33号(1986) 日本学術会議 1981－1986 6冊 26cm

1945年から1953年までの国内の農林水産関係文献を収録した『農学進歩総報Ⅰ,Ⅱ』を始めとする。続く1954年から1980年までは『日本農学進歩年報』と称し、農学、農芸化学（1972年まで）、農業工学、畜産学、蚕糸学、林学、水産学（1974年まで）、農業経済学の部門に分けて研究動向を解説し、あわせて文献目録を収録している。『日本農学文献記事索引』が対象とする期間以前の1970年までの研究文献を検索するために最も適当な参考図書である。28号から『農学進歩年報』と改題し、複数のテーマのレビュー方式となった。33号までで終刊。 5192

農業関係雑誌目次総覧 大空社 1993.3 6冊 22cm 複製 4-87236-275-6 全70000円

この目次総覧に収集した1『家の光』、2『農務時報』、3『農村更生時報』→『村』『農政』『村と農政』（『村』と『農政』の合併誌）、4『農政研究』、5『農村文化』の農政・農業問題に関する5つの雑誌はほぼ1920年代から戦後に至るまで息長く刊行されたものである。今回の目次総覧は全6巻で複刻され書誌的な側面で研究・調査の導きが得られるだけでなく、ある程度雑誌の全体像の理解が可能となった。また、巻末に「解題」「発行年月日一覧」「著者名索引」がある。 5193

農業普及海外協力文献リスト 農業普及協力に係る国内支援委員会，国際協力事業団編〔国際協力事業団〕 1984.11 108p 26cm

開発途上国への農業普及協力に関する基本的な文献を体系的に整理し、書誌事項を記した文献目録。約1300件収録。和書が中心だが洋書も含む。図書のほかに若干の雑誌記事を含むが、巻号・頁数の記載がなく不完全。6部からなり、1部「開発途上国の概要」、第2部「経済協力・技術協力」、3部「農業普及」、4部「国別」（国際協力事業団が専門家を派遣もしくは派遣予定の地域が対象）、5部「視聴覚資料」、6部「教科書ほか」。 5194

農林水産省図書館蔵書目録 平成元年4月－平成6年3月 和書書名編，和書分類編 農林水産省図書館 1995.3 2冊 26cm

農林水産省図書館が、1989年4月から1994年3月までに収蔵した図書を累積版としてまとめた蔵書目録。本書のほかには、『農林水産図書資料月報』に最新の収蔵図書の情報を掲載しているので、併用できる。継続的発行は1970－1971年発行の『農林省図書館蔵書目録』が最初でその後3回発行されて標記のものに至る。発行年によって洋書編・著者名編があるものもある。

5195

農林水産業に関する地域分析書等の概要 平成6年度 農林水産省経済局統計情報部企画情報課編 農林統計協会 1996.3 197p 30cm

昭和47－平成5年度まで刊行された『農林水産業に関する地域分析書総覧』の改題。ただし、平成6年度をもって終刊。内容は、地方農政局統計情報事務所などで取りまとめ発刊した、農林水産業に関する地域分析書の名称および業務概要を収録したものである。農林漁業問題の解明に必要な基礎資料を提供するための地域統計情報活動の結果得られた各地の農林水産業の実態を明らかにした資料の総覧。 5196

農林水産研究文献解題 no.1－ 農林水産技術会議事務局編 農林統計協会 1973－ 21cm

農林水産業に関する主要な技術的課題をとりあげ、これに関する研究文献を体系的に整理して解説を加え、研究の進展度合あるいは今後の研究に待つべき諸点を明らかにしたもの。1973年10月発行の水稲直播編から1995年3月発行のno.21環境保全型農業技術編まで21冊が出版されており、最近の発行のものには巻末に既刊一覧が付いている。最近の5点はno.17植物バイオテクノロジー編（1991年刊）、no.18動物バイオテクノロジー編（1992年刊）、no.19食品微生物バイオテクノロジー（1993年刊）、no.20家畜ふん尿処理・利用技術（1994年刊）、no.21環境保全型農業技術（1995年刊）。

5197

農林水産省刊行文献目録 大正期・昭和戦前期 日本農業研究所編 日本農業研究所 1997.3 299p 30cm

この目録は『農林水産省百年史　別巻』に収録された『明治期農商務省刊行文献目録』に続く大正期・昭和戦前の刊行文献の目録である。また、戦後の刊行文献については『農林省刊行図書資料総覧　自昭和20年9月至昭和27年12月』があり、これに接続させるためのものとなっている。編成は各部局別に区分配列し、刊行年月順となっており逐次刊行物などの続刊物は、最初の巻号の出版年月のもとに配列してある。記載事項は書名、副書名、版巻年次、編著者、刊行年、頁数、注記または内容となっており、大正期が2156種4021点、昭和前期が6135種1万1889点を収録している。　5198

農林・水産に関する10年間の雑誌文献目録　昭和50年－昭和59年　日外アソシエーツ編　日外アソシエーツ　1987.11　3冊　27cm　発売：紀伊国屋書店　4-8169-0735-1　7000－11000円

『雑誌記事索引（人文・社会編）累積索引版』☞0139 の第5期から第6期をもとに、テーマ別の文献目録として再編成したもので、1975－1984年の間に発表された雑誌文献を収録。Ⅰ農業・農地8835件、Ⅱ農産物・経営・金融・農村8432件、Ⅲ畜産業・林業・水産業5500件の3冊からなる。本書の前に、1948－1974年の27年間の間に発表された4万1500件の雑誌文献を収録した『農林・水産に関する27年間の雑誌文献目録』全3冊が刊行されている。　5199

農林水産文献解題　23－　農林水産省図書館編　農林統計協会　1983－　年刊　21cm

主として農業経済学的な観点から、各号ごとに農林水産業に関する特定のテーマを設け動向をまとめた解題目録。各号はおおむね3部からなり、テーマ全体を包括的に論じた序論、特定の文献の内容を詳しく解説した文献解題、網羅的な文献目録（27号は約1300件収録）。1号（1955年刊）から22号（1978年刊）までは『農林文献解題』。各号のテーマは「米価」「農業協同組合」「農村建設」「農業機械」「畑作農業」「農業協同化」「農業金融」「農業関係共済」「酪農経済」「園芸経済」「農地問題」「農業統計」「農業水利」「草地利用」「林業経済」「農家人口・労働力」「生鮮食料品流通」「農林水産公害」「農業の装置化とシステム化」「食料・農業問題」「水産資源」「地力問題」「海外諸国の農業政策」「むらとむら問題」「農業教育問題」「現代日本農業論」「中山間地域問題」。　5200

農林水産図書資料月報　30巻4号－　農林水産省図書館編　農林統計協会　1979－　月刊

農林水産業に関する国内文献の最近の動向を知ることができる月刊誌。毎号8件程度の和書の書評と年に数件の洋書の紹介・書評が主な内容。巻末に過去1か月分の農林水産省図書館の収書目録（約200件）、国内の農林水産業に関する雑誌記事索引（約200件）、海外の雑誌記事案内を掲載。前2者は創刊より継続。収書目録は農林水産省内の官庁刊行物とそれ以外に分類され、省内刊行物の目録としても利用できる。雑誌記事索引は「農業」「林業」など6項目に分け体系的に配列し、書誌事項を記載。毎巻12号に1年分の内容別総目次を付す。1950年創刊で、誌名は『農林省図書月報』『農林図書資料月報』『農林水産図書資料月報』と変遷。　5201

【辞典・事典】

学術用語集　農学編　文部省，日本造園学会〔編〕日本学術振興会　1986.3　962p　19cm　発売：丸善　4-8181-8603-1　4200円

農学全般に関する基本的な学術用語を集めた用語集。1万5468語を収録。2部からなり、1部は和英、2部は英和の対訳で用語の解説はない。アルファベット順の配列（和英は日本語のローマ字表記）。学術審議会の答申に基づき、用語の標準化と各専門分野間の用語の統一を目的に作成。巻末に「学術用語審査基準」などの資料を付す。『農林水産用語対訳辞典』☞5210 に比べ洗練されていて見やすいが、各専門分野ごとの状況を知るのには不向き。　5202

最新農業小事典　増補版　農業事典編纂委員会編　農業図書　1988.11　331p　18cm　4-8219-2012-3　1500円

農業の全分野にわたり、農業高校の教科書の用語を中心にそれに関連する重要な事項および最新の用語も取り入れているが、一般的な作物名・品種名、個々の病害虫名については原則として割愛している。収録語数は約2400語。配列は見出し語の五十音順で和英農業辞典としても利用できるよう、ほとんどの事項に英語表記を付している。　5203

生物環境調節ハンドブック　新版　日本生物環境調節学会編　養賢堂　1995.4　585p　27cm　監修：杉二郎，矢吹万寿　執筆：相賀一郎ほか　4-8425-9514-0　13390円

環境調節と生物反応、生物環境調節のための計測システムや制御システム、植物や動物の生産・飼育施設としての環境調節施設などに関する広範な研究成果が、基礎から応用面までの利用範囲を配慮して、体系的かつ効率的にまとめられている。各項目末に引用文献リストを付す。巻末に五十音順索引がある。東京大学出版会1973年刊行の旧版の内容を大幅に刷新したもの。　5204

体系農業百科事典　第1－8巻　農政調査委員会編　農政調査委員会　1965－1968　8冊　26cm　2000－8500円

農業とその関連分野について作成された農業事典であ

る。第Ⅰ巻　農業理化工学、第Ⅱ巻　作物・園芸、第Ⅲ巻　畜産・養蚕、第Ⅳ巻　食品工業、第Ⅴ巻　農業経営、第Ⅵ巻　農業社会経済、第Ⅶ巻　造園、第Ⅷ巻　総索引の8巻からなり、大項目主義で体系的に解説を加えており、各項目とも独立の小論文形式で記してある。各巻末には用語解を付し、説明の不足する細目事項の解説を加えている。巻末索引と総索引は、それぞれ人名索引と事項索引からなり、人名索引は説明文中の主要人物のみに限る。事項索引は中項目、小項目、細項目、用語解説を収める。　　　　　　　　5205

農学大事典　第2次増訂改版　農学大事典編集委員会〔編〕養賢堂　1987.4　2120p　27cm　監修：野口弥吉, 川田信一郎　4-8425-0001-8　30000円
農学全般にかかわる事項を体系的に解説した事典。栽培学を中心に農業の生産基盤、環境、生産対象（作物・家畜・蚕など）とその生理・遺伝、技術、経営、研究・普及・教育などを50の大項目、約400の中項目に分け、さらに細かく区分しながら多数の写真・図表とともに詳解。内容はやや専門的。解説文中の見出し語はゴシック表示。巻末に「作物の品種特性表」「農産物の規格、成分表」「農政関連事項、制度」の3表と、五十音順の「作物索引」「事項索引」を付す。巻頭に16頁のカラー図版を掲載。初版以来技術の進展や環境の変化に応じ、「収穫」の項目を減らし「栽培」の項目を増やすなど、改訂を加えている。　5206

農業気象用語解説集　日本農業気象学会農業気象用語編集委員会編　日本農業気象学会　1986.1　327p　19cm　2900円
農業気象に関連する分野の用語のうち約2600語について解説を行ったもの。見出し語を12の大項目に分類し、大項目の中では五十音順に配列。関連語については見出し語の中で一括して解説を行っている。各用語はゴシック体で表記され、英訳語が付されている。巻末に和文索引と英文索引を付す。　　　　　5207

農業公害ハンドブック　地人書館　1974.11　348p　図24枚　22cm　監修：坂井弘　執筆：松岡義浩〔ほか〕4500円
農業が受ける害と与える害を扱っている。大気汚染、水質汚濁、土壌汚染、畜産廃棄物、農薬危被害、資料の各編からなる。障害原因、調査方法、対策などについて実際問題に対応できるように解説。学生、研究者向け手引書。巻末に和文・欧文の事項索引を付す。
　　　　　　　　　　　　　　　　　　　　　　　5208

農業用語大辞典　日本総合図書販売　1983.2　524p　27cm　発売：農林図書刊行会　27000円
日本人の遺産であり、文化である「農業ことば」を49項目に分け5000語以上を解説した用語集。これらの昔から語り継がれてきた農業に関することばや、研究者、技術者が使う専門用語は一般の国語辞典にはほとんど掲載されていない。配列は項目ごとに五十音順で、巻末に五十音順の索引がある。付録として「ソ連の農業」を付す。　　　　　　　　　　　　　　　5209

農林水産用語対訳辞典　和英/英和　農林水産用語研究会編　ぎょうせい　1992.3　635p　22cm　4-324-03204-1　8000円
農林水産技術関係、植物バイオテクノロジーの専門用語を網羅した総合専門辞典。和英の部は15の専門分野に分け、文献検索用語や通常慣用的に用いられてきた専門用語を集め、英語のみを付している。専門分野のなかは和文見出し語のローマ字表記のアルファベット順。辞典後半の英和索引の部は英文見出し語のアルファベット順に配列している。　　　　　　　　　　5210

【辞典・事典-農業統計】

農林水産省英文統計摘要　Abstract of statistics on agriculture forestry and fisheries 1961－　農林水産省統計情報部編　農林統計協会　1962－　年刊　30cm　書名、本文ともに英文
日本の農林水産業の動きを海外に紹介する目的で1961年から主要な農林水産統計調査結果を英訳して編集したものである。外国人や在日諸外国機関で日本の農林水産業を知る上での手引書となるものである。1993年版以降毎年刊行。　　　　　　　　　　　　5211

農業統計用語定義総覧　農業統計調査項目の定義の変遷過程に関する調査研究報告書　農政調査委員会　1975　559p　26cm　農林省農林経済局統計情報部の委託による
農林省から公表される指定統計、調整報告、届出統計ならびにこれらと関連する一部他省庁の主要統計の基本的統計項目、統計用語を413項目収録。9章21節に分類配列し、用語の定義について、歴史的変遷過程を明らかにし、その内容、差異、相互の関連などについて、出典に基づき詳細な解説をしている。定義で重要な項目は「関連項目表」を付し、その中で必要なものは統計を掲げている。また、解説で重要な項目も、その項目に関する統計を掲げている。　　　　5212

農業統計用語事典　農政調査委員会編集　農山漁村文化協会　1975　630p　27cm　5500円
農林省で公表される統計類の項目や用語について、その史的変遷や内容などを詳細に解説したもの。約360の見出し語があり、これらを体系的に配列している。五十音順の索引がある。　　　　　　　　　　　5213

農林水産統計用語事典 改訂 農林統計協会編 農林統計協会 1993.7 468,32p 19cm 4-541-01688-5 3000円
統計情報の利用に当っては統計調査の目的、用語の概念・定義の理解が必要となる。本書は農林水産統計で用いられる各種の専門用語についてわかりやすく解説している。全体をⅠ農業、Ⅱ林業、Ⅲ水産業、Ⅳ分類指標・指数、Ⅴ統計調査、Ⅵ農林水産関連用語に分けて、そのなかも主題により配列。巻末に主要統計資料一覧などの付録および五十音順の事項索引を付す。
5214

【統計集】
■農林水産業関連の統計集はここに集める。

農林水産省統計表 第54次(昭和52～53年)- 農林水産省経済局統計情報部編 農林統計協会 1979- 年刊 26-30cm
前身は『農商務省統計表』第1-40次（明治17-大正12年、40冊）、『農林省統計表』第1-53次（大正13-昭和51年）。54次から現書名。当年度農林水産省が公表した主要統計および他省庁から公表された経済等関連統計を収載した農林水産業に関する総合統計書である。農林水産業の構造・経済動向、食料（農畜水産物とその加工品）の生産・流通・消費の動向と需給構造、森林・林業・木材・特用林産物に関する主要統計、農業協同組合などの関係団体に関する諸調査結果を収載したものである。
5215

農業白書附属統計表 昭和41年度- 農林統計協会編 農林統計協会 1966- 年刊 21cm 監修：農林水産大臣官房調査課
農業白書作成のための裏付けとして整備された統計資料を利用しやすく整理掲載した統計書。昭和41年（1966）より毎年刊行されている。内容は、1農業経済、2食料需給と農業、食品産業、3世界の農産物貿易と国際協力、4食料品の内外価格差とその要因、5次代を担う農業生産の担い手の新たな展開、6農村社会の変化と活性化。解題は平成8年度による。　5216

農業センサス報告書 1965- 農林水産省統計情報部編 農林統計協会 1967- 10年毎刊 30cm
1965年から10年ごとに世界農林業センサスの中間年に農業に限って実施される総合統計調査の報告書で、最新版は1995年農業センサスの調査結果の報告書である。その内容は、第1巻都道府県別統計書（全47冊）、第2巻農家調査報告書-総括編-、第3巻農家調査報告書-農家分類編-、第4巻農家以外の農業事業体調査報告書、第5巻農業サービス事業体調査報告書、第6巻経営部門別農家統計報告書（第1-3集）、第7巻農家種類別統計報告書、第8巻農業構造動態統計報告書、第9巻農業総合統計報告書（第1-3集）、第10巻事後調査報告書、第11巻農村地域環境総合調査報告書、第12巻農村地域環境総合調査類型別報告書（第1-3集）。
5217

農業センサス累年統計書〔平成4年〕農林水産省経済局統計情報部編 農林統計協会 1992.12 557p 26cm（農林水産統計報告4-71）5000円
昭和25年（1950）から始まった農業センサス結果および戦前の農業基礎統計の農業構造の主要項目について、年次別、全国、農業地域別および都道府県別に編集したもの。わが国農業の長期的な変遷過程を知るための基本的統計書。農家数などは明治時代から収録されている。
5218

ポケット農林水産統計 1952年版- 農林水産省経済局統計情報部編 農林統計協会 1952- 年刊 19cm
農林水産省で作成された統計を中心に、農林水産業に関する諸統計もふくめて広範囲に収集し、農林水産業を全国的に概観できるよう簡潔に整理、編集したものである。昭和12-17年版は農林大臣官房統計課より『ポケット農林統計』として刊行され、戦後は1952年版から『ポケット農林水産統計』として毎年刊行されている。なお、類似統計としては大正14年-昭和8年までは『農林省統計摘要』、昭和9年-昭和11年までは『農林水産統計摘要』が刊行されている。また古くは農商務省総務局から明治19年-21年までの間刊行された『巻懐要覧』もある。解題は1997年版による。
5219

農林水産累年統計 農林水産省経済局統計情報部編 全国農林統計協会連合会 1980.3 47冊 27cm
1926（昭和元年）から1977（同52年）までの間の農林水産業に関する主要統計部門1430項目にわたり都道府県別に取りまとめられたものである。内容は、1農家の部（農家数・農家人口）、2農用地の部（耕地面積・耕地の拡張・耕地のかい廃面積・耕地利用率）、3農業生産資材の部（化学肥料・農業機械）、4農作物の部（農作物生産量・農作物被害・青果物出荷量）、5養蚕の部、6畜産の部、7農家経済の部、8農業生産指数及び農業所得の部、9林業の部、10水産業の部。
5220

改訂日本農業基礎統計 農政調査委員会編 農林統計協会 1977 628p 26cm 15450円
明治初年（1868）から昭和50年（1975）に至る日本農業全分野の統計を長期動態的な視点から体系的に観察しうるよう編成した累年統計書である。農林水産省の統計部門のみでなく、行政部局の業務統計、他省庁の

農業関係統計、民間団体の統計をも網羅した総合的編成。採用項目は広範囲にわたり、遡及しうる限りの年次からで、特に農産物については明治7年（1874）から掲載している。統計資料は原典主義をとったため単位も原典通りであり、利用の便を計るため巻末に換算表を付し、また統計利用上の注意事項を脚注として記載している。なお、初版は1958年に農林水産業生産性向上会議の編集で刊行されている。　　　　5221

都道府県農業基礎統計　農林統計研究会編　農林統計協会　1983.3　824p 26cm　監修：加用信文　20000円

『改訂日本農業基礎統計』☞5221 の姉妹版で、地域（都道府県別）農業に関する基本的累年統計である。明治16年（1883）より昭和55年（1980）までの農家数、耕地面積、農産物、畜産物、養蚕などを長期動態的視点で『農林水産省統計表』☞5215『府県統計表』『府県勧業年報』『日本帝国統計年鑑』などの原資料から収集し、編集した体系的累年統計書である。　5222

アジア農業基礎統計　近藤康男編著　東京大学出版会　1972　335p 26cm　4000円

中国、フィリピン、インドネシア、ベトナム、タイ、インド、ビルマ、マライの各国を対象に、戦前（主として1920-1930年代）の農業事情を示す統計書。
　　　　　　　　　　　　　　　　　　　5223

世界農業基礎統計　農政調査委員会　1962　416p　地図　27cm　加用信文監修

『日本農業基礎統計』の姉妹編。FAO（国際食糧農業機関）の生産統計、貿易統計、UN（国際連合）の統計年鑑、人口統計年鑑、ILO（国際労働機関）の労働統計年鑑などを基に世界60か国について、戦前（1934-1938年の平均）、1948-1952年平均、1953-1957年平均、1958年の4期における農業関係の諸統計を収録編集したものである。なお、利用の便を図るため付録に主要作物収穫暦や農産物単位換算表などを付している。　　　　　　　　　　　　5224

国際農林水産統計　農林水産省統計情報部　1990-　年刊　26-30cm

海外諸国の農林水産業について中期的な動向および最近の状況を概観できるように、FAO（国際連合食糧農業機関）などの統計資料を中心に、主要国の農業水産業および関連経済統計をまとめたもの。　5225

世界農林業センサス報告書　1950-　農林水産省統計情報部編　農林統計協会　1955-　10年毎刊　27cm

1950年から10年ごとに1990年まで5回実施された農業・林業の総合統計調査結果の報告書である。各回ごとに都道府県別統計書、総合統計書（農家、事業体、経営部門別、林業事業体、農業集落類型別などの分冊から構成されている）が刊行されている。1990年（1991年刊）の報告書は全15巻および別巻合計116冊からなる。第1巻都道府県別統計書第1集農業編（47冊）第2集林業編（47冊）第2巻農家調査報告書（総括編）第3巻同（農家分類編）（全3集）など。　5226

FAO農業生産年報　vol.32(1978年)-　国際連合食糧農業機関編　国際食糧農業協会訳　国際食糧農業協会　1980-　3年毎刊　28cm　『FAO production yearbook』の翻訳

世界すべての国、地域における主要農産物と農業関連の統計データを取りまとめたもの。農作物の栽培面積・収量・生産量を主体に、家畜頭数、畜産物生産量、人口、土地利用、農業機械使用量までの時系列データを収録。また食料農業生産指数も掲載されており、これまでの動向が一目で分かる。本書の統計情報は、主として各国からの質問表を通じ、あるいは公式の統計文書によってFAO（国際連合食糧農業機関）の統計部に寄せられたデータに基づいているが、公式データがない場合は、入手しえた情報を最大限に利用してFAO推定値を用いている。約3年ごと。解題は1995年版による。　　　　　　　　　　　　　　5227

農業経済累年統計　第1-6巻　農林省統計情報部，農林統計研究会編　農林統計研究会　農林統計協会（発売）　1974-1975　6冊　27cm

農業経済統計の主力をなす農家経済調査と農畜産物生産費調査の調査結果を通観する統計。1921年より1970年に至る50年間の農業経済統計の結果が全6巻に納められ、時系列の比較が容易である。第1巻農家経済調査-全国・地域別、第2巻農家経済調査-都府県別、第3巻農家経済調査史、第4巻米生産費調査、第5巻農畜産物生産費調査、第6巻農産物生産費調査史。調査方法などについての時代的な変遷をまとめた解説編を付す。　　　　　　　　　　　　　　　5228

農業集落カード　1980-　農林水産省統計情報部編　農林統計協会　1982-　5年毎刊　30cm

農業分野の国勢調査ともいうべき『農林業センサス』の調査結果の一つである農業集落カードは、農村地域の最小単位である全国約13万3000の農業集落別のセンサス結果を統合整理したものである。農業集落ごとの豊富なデータが含まれていることから、各地での農業振興計画、市町村行政、各種市場調査および社会科の教材などの資料として多方面で利用されている。情報の提供形態として、ハードコピー（集落毎）、農業集落要覧（市町村単位）、CD-ROM、フロッピーディスクおよび磁気テープの5つの形態がある。　5229

食料需給表 戦前（昭和9-13年）平均および昭和26-38年度-　農林水産省大臣官房調査課編　農林統計協会　1964-　年刊　26-30cm

食糧需給の全般的動向、供給栄養量の水準とその構成、食糧消費構造の変化などを掲載。食糧需給の長期見通しや自給率の算出など政策立案の基礎資料でもある。毎年FAO（国際連合食糧農業機関）に報告するもので、国際比較が可能である。解題は平成7年度による。
5230

食糧統計年報 平成6年版-　食糧庁　1996-　年刊　26cm

食糧庁が毎年作成する食糧関係の統計および業務上関係ある諸統計を収集編纂した基本的な統計報告書であり、昭和23年版以来毎年継続発行されている。米麦、雑穀、飼料、二次製品などの生産、価格、需給、加工、輸送、保管、経理などのほか、海外食料情勢など、食糧事情全般に及んでいる。『食糧管理統計年報』（昭46-平成5年）『食糧管理年報』（昭36-45年）の改題。解題は平成7年版による。
5231

世界各国の栄養状態　世界食料調査　第6回　国際連合食糧農業機関編　国際食糧農業協会訳　国際食糧農業協会　1996　10年毎刊　21cm　2000円

世界食料調査は、世界の食料供給量とそのすう勢および食料不足と栄養不足がどの程度まん延しているのか、その現状についての情報を提供するためにFAO（国際連合食糧農業機関）がほぼ10年ごとに行っている調査で、今回で6回目。現在の栄養不足人口約8億人（公式データ）という数字の根拠は、この調査結果に基づいており、本書はその算出手法および豊富なデータを掲載している。日本語への訳出は第3回（1964年発行）からで当時の書名は『世界食糧概観』。
5232

主要国食料需給表 1985年版-　国際連合食糧農業機関編　国際食糧農業協会訳　国際食糧農業協会　1985-　5年毎刊　21cm

主要国における主要農産物の品目別需要と供給のバランスシート。1996年版では1992-1994年の3か年平均の最新データを掲載。食料需給表とは、一国の特定期間中の食料供給パターンの全体像を示し、また各食料品目について生産量・貿易量・在庫変化で算出される供給量と飼料・種子・加工・減耗・食料で構成される利用量とを見る統計データである。1人1日当たりの供給カロリーのデータもあり、世界の食料、農業、貿易、栄養の研究には有用。
5233

農林漁業金融の統計と解説 1989年版-　農林中央金庫調査部　1989-　年刊　21-30cm　英文併記

農林中央金庫で集計している農漁協の勘定統計を中心に、農協、漁協、森組およびその金融に関する主要な統計を収録したものである。また、農林漁業関係の政策金融についても一部収録されている。さらに、系統組合金融の動向について簡単に解説されている。なお、1989年版より、『農林金融の実情』と『農林金融統計』を合体・一本化して本書として発行している。解題は1997年版による。
5234

総合農協統計表 昭和39事業年度-　農林水産省経済局農業協同組合課編　農林統計協会　1965-　年刊　26-30cm　（農協調査資料）

農業協同組合統計表のうち総合農協に関するものであり、その組織、財務、および事業について農業協同組合等一斉調査の結果をとりまとめたもの。農業協同組合の全容を把握するための基礎資料として有益である。解題は平成7事業年度版による。
5235

農村物価統計 平成6年度-　農林水産省経済局統計情報部編　農林統計協会　1996-　年刊　30cm　（農林水産統計報告）

調査の目的によると、農村の景気および物価水準の変動を測定するため、農家経済に直接関係のある物価および賃金を把握し、その結果を総合して全国的および地域的な農村物価指数などを作成する、とある。構成は、調査結果の概要、統計表（農村物価類別指数、品目別価格指数、農産物の販売価格、農業生産資材の購入価格、農業臨時雇賃金など）。付録として農村消費水準指数を付す。『農村物価賃金統計』（昭和39-平成5年度版）の改題。解題は平成7年度版による。
5236

耕地及び作付面積統計 昭和38年-　農林水産省経済局統計情報部編　農林統計協会　1964-　年刊　26-30cm　（農林水産統計報告）

農業生産の基盤である耕地の実態とその利用状況を把握することを目的として実施した耕地および作付面積調査の結果を都道府県別にとりまとめたもの。昭和38年の調査から刊行され、さらに昭和35・40-45年、昭和40・46-50年、昭和45・50-55年、昭和50・56-60年、昭和60-平成6年の累年統計が刊行されている。昭和47年版以前は『耕地及び作付面積統計表』の書名。解題は平成8年版による。
5237

作物統計 1-　農林水産省経済局統計情報部編　農林統計協会　1959-　年刊　26cm　（農林水産統計報告）

わが国の主要作物に関する基本的な統計で、農業生産の現状と動向を把握することを目的として実施された普通作物（米、麦、豆類、そば、かんしょなど）、飼料作物および工芸作物（茶、なたね、てんさい、さとうきびなど）の生産量に関する調査結果（作付面積、10a当たり収量、収穫量、被害面積など）を主体に、

その累年統計、主要関連統計についても併せて都道府県別に収録されている。調査結果の概要、気象の概要、統計表、累年統計表、関連統計表からなる。解題は平成7年版による。
5238

ポケット園芸統計 1975-　農林水産省経済局統計情報部編　農林統計協会　1975-　年刊　19-21cm　監修：農林水産省統計情報部園芸統計課
農林水産省統計情報部で実施している調査結果を主体に、他機関における主要統計を加えて園芸部門の生産・流通・消費の現状が概観できる。構成は園芸関係総合統計編、野菜編、果樹編、花き編、関連資料編の5編および付表からなっている。解題は平成8年度版による。
5239

果樹生産出荷累年統計〔平成6年〕農林水産省経済局統計情報部編　農林統計協会　1994.10　252p　26cm（農林水産統計報告6-46）　4800円
全国の果樹の栽培面積・結果樹面積および収穫量・出荷量を品目別に明治8-平成4年（1875-1992）産までを収録。都道府県別では、主要な果樹については品種別に、その他については品目別に分け、合計で49種について子細かつ正確なデータを網羅。
5240

野菜生産出荷累年統計〔1994〕農林水産省経済局統計情報部編　農林統計協会　1994.8　363p　26cm（農林水産統計報告6-43(生産-10)）　6700円
1926年（昭和元）以降、全国の作付面積、収穫量・出荷量を品目別に収録。1983年（昭58）以降は露地、施設種類別統計が加えられ、全国、都道府県別に主要野菜29品目の作付面積、収穫量、出荷量の数値を品目別、季節区分別に収録している。
5241

青果物卸売市場累年統計　農林水産省経済局統計情報部編　農林統計協会　1989.3　537p　26cm（農林水産統計報告 元-34）
青果物の需給の見通しや生産出荷など流通の円滑化と価格の安定化を図るため、農林水産省統計情報部が1964年から実施している青果物卸売市場調査結果を、1988年まで23年間分をとりまとめ編集した累年統計表である。841都市の卸売市場、青果物の品目別、卸売数量、価格などを収載している。
5242

畜産統計　家畜飼養の概況, 鶏ひなふ化羽数統計　昭和35-　農林水産省経済局統計情報部編　農林統計協会　1961-　年刊　26-30cm　（農林水産統計報告）
乳用牛、肉用牛、豚、採卵鶏の飼養戸数、頭羽数を都道府県別に収録。参考統計として、乳用牛、肉用牛、豚、採卵鶏、ブロイラー、馬、めん羊、やぎの年次別飼養戸数、頭羽数を全国数値で昭和4年（ブロイラーは昭和39年）から掲載。昭和35年（昭和36年刊）以降、昭和44年および農業センサス、世界農林業センサスの実施年を除き、毎年刊行されている。平成2年2月1日調査以降『鶏ひなふ化羽数統計』を合本。解題は平成8年2月1日調査による。
5243

ポケット畜産統計　平成8年版-　農林水産省統計情報部編　農林統計協会　1996-　年刊　21cm
農林水産省統計情報部で作成している統計調査を主体に、省内各局、各種団体で作成されている主要統計を加えて、わが国の畜産部門の生産から流通、消費、輸入などの現状が概観できる最新データ集。構成は畜産関係総合統計編、酪農編、肉用牛編、肉豚編、鶏編、その他畜産編、と畜場編、畜産加工編、資料編、畜産物等の輸出入および諸外国の畜産事情編、関連資料編からなる。解題は平成8年度版による。
5244

畜産物流通統計　平成3年-　農林水産省統計情報部編　農林統計協会　1991-　年刊　26cm
畜産物の生産量、取引数量、価格などを取りまとめたもので、食肉・鶏卵・食鳥の各流通関係の統計が主体。1963-1990年発行の『食肉流通統計』の改題であり、1966-1973年発行の『鶏卵流通統計』、1974-1990年発行の『鶏卵食鳥流通統計』を吸収合併した。解題は平成7年版による。
5245

家畜衛生統計　第1次（大正12年）-　農林水産省畜産局編　農林弘済会　1925-　年刊　26-30cm
獣疫調査所報告の一部を引継ぎ、農林省畜産局より大正14年（1925）5月に第1次が刊行された（昭和16-23年休刊）。家畜の死亡、伝染病、防疫、薬事、衛生施設、獣医事、予算決算など畜産局衛生課において集計した統計を中心に所管事項以外の関係統計表と所管事項の累年比較表とを収録した。解題は平成7年版による。
5246

林業センサス累年統計書　農林水産省経済局統計情報部編　農林統計協会　1993.3　327p　26cm（農林水産統計報告5-16(動態-2)）
わが国林業の長期的な変遷過程を地域別に明らかにすることを目的として、1960年世界農林業センサス以降4回にわたって実施してきた林業センサス結果（林業事業体調査および林業地域調査）のうち主要項目を累年的に収録したもの。
5247

林業統計要覧　1948〔年版〕-　林野弘済会　1948, 1953-　年刊　19cm　監修：林野庁
わが国の代表的な林業統計。農商務省山林局から大正6年（1917）に『林政要覧』（第1-12回、大6-昭3）として刊行され、ついで『山林要覧』（第1-13次、

昭4-19）と改題。戦後は昭和23年（1948）に『林業統計要覧』と改題、昭和24-27年は休刊したものの、1953年版（昭28）として復刊し、その後毎年刊行されている。
5248

ポケット水産統計 平成8年度版- 農林水産省統計情報部編 農林水産統計協会 1997- 年刊 20cm
農林水産省統計情報部で作成している水産業に関する主要統計調査結果に加え省内各局庁で作成されている水産業関連の統計が収載されている。内容は、漁業生産構造、漁業生産、水産物流通、漁業経済、水産物需給・消費、水産物貿易、世界の水産業、水産物の価格などである。
5249

漁業センサス結果報告書 第1次（昭和24年）- 農林水産省統計情報部編 農林統計協会 1952- 5年毎刊
農林水産省が漁業の生産構造、就業構造および漁業生産に関する主要統計を整備するため1949年の第1次漁業センサス以来5年ごとに調査を実施してきた、その調査結果報告書である。第9次の調査結果報告書（1995-1996）は第1報海面漁業の生産構造及び就業構造、第2報海面漁業の背後条件及び漁業管理組織、第3報市町村別漁業生産構造等（5分冊）以下15報までと別冊1-2、第9次漁業センサス調査結果概要からなる。
5250

水産業累年統計 第1-4巻 農林水産省〔経済局〕統計情報部, 農林統計研究会編 農林統計研究会 1978-1979 4冊 27cm 発売：農林統計協会
水産に関する各種統計調査の結果を可能な限り遠く遡って集大成を計った統計書である。明治以降100年にわたる水産統計を、農林省（農商務省）統計表を中心にして、時系列比較が可能なように全国および都道府県別の調査結果に編成している。4巻からなり、1巻は基本構造統計・漁業経済統計、2巻は生産統計・流通統計、3巻は都道府県別統計、4巻は水産統計調査史である。
5251

農業

◆農業経済

【書誌】

農業改良普及事業関係文献目録 農林水産省農蚕園芸局普及教育課 1987.1 260p 26cm
協同農業普及事業の発足以来、農林水産省、普及事業関係団体、学識経験者などが発行した、農業改良普及事業関係の文献・資料のうち、1986年3月までのもの2797冊を収録している。別表「文献目録分類表」により細分類し、さらに、印刷または発行年次順に配列している。書誌事項のほか所蔵についても記載している。普及事業関係の貴重な資料の目録である。
5252

農業経済関係文献集 第1-4 農林水産技術会議事務局調査課 1962-1964 半年刊 4冊 26cm （技術会議調査資料 第6,9,22,28 動向）
農林省農林水産技術会議事務局が1961-1963年に収集した農業経済に関する和文の単行書および雑誌論文の目録。（農業経済は個別論文まで、一般経済は単行書のみを対象）収録対象誌約400誌、収録総数約1万1000件。「農業経済」など、約18の分野に分け体系的に配列。著者名、タイトル、出版社名（掲載誌名と巻号）を記す。索引はなし。農林省農林経済局が1949-1961年に12冊刊行した同名の書をそのまま継承。前誌第9冊目以降、「農業経営問題」など、各号ごとにテーマを設け巻末に14-40頁程度の詳細かつ専門的な文献解題を付す。
5253

農業総合研究所文献叢書 第1号- 農業総合研究所編 農業総合研究所 1950- 21cm
農業経済分野の文献をテーマごとに収録した文献叢書。第1号 農村財政文献目録 大内力（1950年刊）、第2号 農業の改良・普及に関する文献資料 内山政照（1950年刊）、第3号 農村婦人問題文献目録 井出ふ

さえ・永原和子（1952年刊）、第4号　北海道農業関係文献資料目録　石関良司（1955年刊）、第5号　系統農会中央誌記事索引目録－中央農事報・帝国農会報－武田勉（1956年刊）、第6号　大日本農会報明治期間記事索引目録－大日本農事報告・大日本農会報－武田勉（1960年刊）、第7号　明治期農業関係統計書項目索引目録　藤井知江子（1962年刊）、第8号　地主名簿資料所在目録　渋谷隆一（1964年刊）、第9号　東北産業経済文献目録（昭和15－36年）　杉山茂（1964年刊）、第10号　道府県農会報等所在目録　相馬近人・大鎌邦雄（1991年刊）。
5254

農村計画・建築文献抄録集 1977年1月－1983年3月　その1，その2　日本建築学会農村計画委員会　1985－1986　2冊　30cm
この文献抄録集は1977年1月から1983年3月を収集期間として、A：建築学会、B：関連学会、C：関連一般雑誌、D：大学・研究機関紀要、E：単行本・単発報告書を対象文献としたもので「そのⅠ」と「そのⅡ」の2分冊で構成されている。そのⅠは建築学会を除く周辺学会を中心とした構成で、そのⅡはこれ以外の文献を網羅している。タイトルは原文のまま表示し、抄録内容は1　著者名、2　掲載刊行物名、3　文献体裁、4　分野別分類コード、5　調査対象地あるいは言及された事例地、6　内容の要約、が収録されている。
5255

【辞典・事典】

農業経営大事典　アグリカーナ　第1－10巻，別巻　学習研究社　1984.11　11冊　27cm　4-05-100973-4　全110000円
農業者の生活と農業経営にかかわる事項の中から10のテーマを選び、豊富な写真や図版を用い簡単にわかりやすく解説した図鑑的色彩の濃い事典。第1巻「農業者のための経営」、第2巻「農業者のための金融と税金」、第3巻「農業者のための法律」、第4巻「土づくりと肥培」（巻末に「地方増進法」、付録に用語を解説したパンフレット1枚）、第5巻「農業者の健康と医療」（巻末に参考文献）、第6巻「冠婚葬祭と衣食住」、第7巻「明るい家庭とむらづくり」、第8巻「全国優良営農事例と産地」、第9巻「原色園芸・農作物図鑑」（巻末に五十音順の事項索引）、第10巻「原色病害虫図鑑」（巻末に作物別、五十音順の事項索引2種）、別巻「資料・総索引」。別巻の資料は、農業改良普及所の一覧など。総索引は事項別五十音順配列。
5256

農業経済経営事典　農政調査委員会編　日本評論社　1970　942p　22cm　監修者：東畑精一　5000円
農業に関する事項を農業経営を中心にコンパクトにまとめ体系的に解説した事典。9章からなり、1章「農業の諸発展」、2章「農業の自然環境への対応」、3章「農業の社会環境への対応」、4章「土地・食糧・経済主体」、5章「農業技術と生産」、6章「農業経営（本論）」、7章「同（各論）」、8章「農産物流通の仕組み」、9章「農村の暮らし」。これらをさらに中項目、小項目に分けて記載。一般の農業者向け。図版は少なく、内容は簡潔だがやや難解。解説中の見出し語への参照は矢印で頁数を指示。巻末に五十音順の事項別索引を付すほか、「度量衡換算表」などの簡単な付表あり。
5257

農村計画用語集　農村計画学会編　農林統計協会　1993.7　138p　21cm　4-541-01757-1　2000円
農村計画に関連する専門的な用語を、和英編では3865語（五十音順）、英和編では4082語（アルファベット順）、略語編では45語（米英語の略語のアルファベット順）収録している。専門家向けの初めての農村計画用語集で、用語の採録に当たっては、農村計画の分野に関連する国内外の学術雑誌、書籍など広い範囲から収集し、その中から利用度の高い専門用語を精選している。対訳の用語集で用語の解説はない。
5258

農村整備用語辞典　農村開発企画委員会，農業工学研究所集落整備計画研究室編　農村開発企画委員会　1994.3　402p　22cm　（農村工学研究別冊）　発売：農林統計協会　4-541-01882-9　2500円
集落整備を中心として、それに関連する農業・農村計画、都市計画、地域計画などの用語400語を収録し、定義や解説をした。学術用語となっていない用語や事業名も積極的に取り入れ、農村整備の基礎知識として必要なものを対象とした。見出し語は五十音順で配列し、それに関連する用語は、解説の後に▶印を付して項目を記している。見出し語は英・独・仏・中国語を併記。解説には参照文献も含める。
5259

農林水産技術要覧　政策と新技術　農林開発調査会　1986.7　727p　27cm　政府関係資料　23000円
農業を中心とする産業分野の国際化や、効率化を図るための農林水産施策について、農林水産省、科学技術庁、通商産業省、文部省などから出されている政策をまとめたもの。大きく6部に分類し、その下は、編、章から構成され、図・表をまじえて主な内容、解説などの記述がある。
5260

農林水産業協力便覧　アジア・大洋州編，アフリカ編，中近東・北アフリカ編，中南米編　国際農林業協力協会編　国際農林業協力協会　1996.3　4冊　26cm
各国の一般経済事情と農業分野における経済協力に関する便覧である。各国について、Ⅰ一般事情、Ⅱ農林

水産事情、Ⅲ日本の経済技術協力について表を中心にまとめられている。巻末に出典一覧を付す。　5261

農林水産制度金融の手引　昭和56年度－　農林水産省経済局金融課編　ぎょうせい　1981－　隔年刊　19cm
農林漁業者、指導機関担当者を対象に、農林水産制度金融の役割、貸付条件などについて体系的に解説したもの。『農林漁業制度金融の手引』の流れをくむ。巻末には、参考資料として各種制度資金の年賦償還表、農林水産金融関係官公庁・団体一覧表がある。第3章は、主な制度資金の用途別索引となっている。本書は新しい制度をはじめ、各般の制度金融の改正内容を盛り込んでいる。解題は平成7年度による。　5262

◆◆ 食糧問題

食糧年鑑　1948年版－　日本食糧新聞社　1948－　年刊　27cm　別冊：名簿
食品業界を俯瞰する年鑑。副題は「食品業界ビジネスガイド」。食品界資料・統計および食品界総合名簿の2冊からなる。前者は前年の食品年表、新製品情報、業界別の動向、資料、統計および関連諸統計を収録している。後者は官庁・食品関連団体から始まる業種ごとの名簿である。解題は1996年版による。　5263

世界の食糧・農林水産物情勢と見通し　FAO商品概観　1961－　国際連合食糧農業機関編　国際食糧農業協会訳　国際食糧農業協会　1961－　年刊　21cm
FAO（国際連合食糧農業機関）刊行の『Commodity Market Review』（1995－96）の第2章（農畜林水産関係部分）を訳出したもの。飲料、かんきつ類、砂糖、バナナ、穀物、キャッサバ、畜産物、水産物、林産物についての生産・消費・貿易の現況、および中・短期見通しを詳述。解題は1995－96年版による。　5264

データブック世界の米　小田紘一郎著　全国食糧振興会企画・編集　農山漁村文化協会　1991.12　329p　22cm　（シリーズ世界の米を考える）　4-540-91087-6　2800円
米の生産と消費にわたる豊富なデータを用い、世界の米事情について解説したデータブック。第1部では1986年から1990年までの世界的な動向、第2部では1986年までの世界の米事情の背景、第3部では1986年頃までの各国の米事情と市場の動向について解説を行っている。『変わりゆく世界の米事情』（全国食糧振興会、1991）の再刊。　5265

◆◆ 農業協同組合

協同組合および農協に関する文献の目録　1972年－　〔町田〕全国農業協同組合中央会　1973－　年刊　26cm
協同組合および農協に関する和図書および和雑誌の記事を網羅的に収集し、「協同組合論」など約30の項目に分け体系的に整理し、書誌事項を記した文献目録（「雑誌記事」は頁数がないなど不完全）。項目内の配列はおおむね刊行順。1991年版は約870件収録。1987年版までは2部構成（「図書資料」と「雑誌記事」）。1988年版からは両者を統一し、巻末に「農協論」などその年の主要なトピック数件を選び、編者の私的な感想をまじえた文献解題を付す。『協同組合図書資料センター文献集』と内容は全く同じ。　5266

農協関係用語の基礎知識　米坂龍男編　全国協同出版　1985.6　352p　21cm　2400円
農協およびバイオテクノロジーなど農業技術の革新にかかわる基礎的な用語約1300語を解説したコンパクトな用語集。全体を19分野に大別し、それぞれに関する用語を五十音順に配列。「海外の協同組合」「日本の農業協同組合」「農政」「農協の環境」など。初心者向けで、解説は簡潔かつ平易。解説内の索引語（約3300語）はゴシックで記載。巻末に7分野65件の参考文献を付す。巻末の事項別索引は、和文五十音順、欧文アルファベット順の配列。　5267

農業協同組合年鑑　1950－1993年版　全国農業協同組合中央会編　全国農業協同組合中央会　1949－1992　年刊　27cm
1950－1954年版の編者は全国指導農業協同組合連合会（中央会の前身）。年間の組合の情勢・運動・現状・各種協同組合や世界の協同組合について概観している。1955－1960年版は1冊として刊行。巻頭にグラビア写真、図表数葉を載せ、次にJAをめぐる諸情勢、JAの現状などのテーマを章・節に分けて表を示しながら解説した。巻末の資料編には主要日誌、主要決議、表彰関連情報、文献解題・目録、統計を収録。解題は1993年版による。1994年から『日本農業年鑑』☞5182に統合される。　5268

◆ 肥料学

土壌肥料用語集　日本土壌肥料学会編　養賢堂　1983.4　196p　19cm　2000円
土壌、肥料、植物栄養関係とその周辺分野の用語集。

和文見出し語約3900。3部からなり、Ⅰ和英の部は五十音順でより好ましい語への参照を多く含む。Ⅱ英和の部はアルファベット順、Ⅲ土壌分類一覧（英文併記）は6種の土壌分類を収める。解説はない。Ⅲは付表文献として各種の土壌分類図・表の出典を記す。　5269

肥料年鑑　昭和25年版－　肥料協会新聞部　1950－　年刊　22cm
肥料の生産、流通、消費、品質、価格、施肥技術に関する問題を解説し、各種資料を収載した年鑑。需給、価格、流通、金融、農家経済、作物別・用途別肥料および窒素質・りん酸質など各種肥料について概説した記述編と、関係官庁団体一覧、登録肥料生産業者名簿を収載した資料編、生産、輸出入、需給、消費、流通、価格などの各種統計を集めた統計編の3部よりなる。昭和27、28、29、31、32年は休刊。解題は平成9年版による。　5270

肥料便覧　第4版　伊達昇編　農山漁村文化協会　1989.3　372p　19cm　執筆：伊達昇ほか　4-540-88087-X　2100円
日常農家で使用されている肥料を22のグループに分類し、各肥料の性質や使い方についてわかりやすく解説したもの。分類された各グループごとに総括的な解説を記し、これに続いて個別肥料の製法、成分、性質、効果、使い方、その他の注意、メーカーなどが記されている。付録には用語解説と、本書で取り上げられた肥料の製造・販売元一覧が収められている。巻末には肥料名の五十音順索引がある。　5271

肥料用語事典　改訂4版　肥料用語事典編集委員会編　肥料協会新聞部　1992.6　303,62,100p　19cm　8500円
肥料の種類、成分、分析法、製法、流通、関連法令などのほか、関連する土壌、植物などに関する用語約2500語を収集し、解説を付した事典。見出し語の配列は五十音順で、英訳語が併記されている。本文中の見出し語はゴシック表示。改訂4版では、1987年刊の改訂3版の用語を加除修正し、用語を追加するとともに、新たにアルファベット順の英語索引および資料編が追加されている。　5272

有機廃棄物資源化大事典　有機質資源化推進会議編　農山漁村文化協会　1997.3　511p　27cm　執筆：伊沢敏彦ほか　4-540-96131-4　15450円
有機廃棄物を農地・緑地の有用資源に変えるための基本と種類別の実際を詳しく解説したハンドブック兼事典。有機廃棄物堆肥化の基礎と利用、素材別・堆肥化の方法と利用、優良地域事例の3章からなる。付録として関連法や各都道府県の基準を収録。巻頭に有機廃棄物の堆肥化事例の写真、巻末に五十音順の事項索引を付す。　5273

◆土壌学

英中日土壌学用語集　中国科学院南京土壌研究所主編　農林水産技術会議事務局訳編　丸善　1979.9　555p　19cm　8500円
『英漢土壌学詞彙』（中国科学院南京土壌学研究所主編、北京　科学出版社、1975）を全訳し、英－中－日対照とした土壌学の用語集。収録語数約1万。拼音も記載。解説はない。配列は英文アルファベット順。中国語索引（字画順）および日本語索引（五十音順）が巻末にある。付録はⅠ世界土壌図凡例案（第5次案）中の語彙、Ⅱアメリカ第7次土壌分類案、Ⅲ中国における最近の土壌分類一覧表、など。Ⅰ・Ⅱは英－中－日、Ⅲは中－英－日対照。本文見出し語中の付録Ⅰ・Ⅱ収録語に＊印あり。　5274

世界土壌生態図鑑　Ph.デュショフール著　永塚鎮男，小野有五共訳　古今書院　1986.4　388p　図版23枚　23cm
『Atlas écologique des sols du monde』の翻訳　4-7722-1149-7　8000円
世界の主要な土壌について、生態的土壌分類体系に基づいて分類し、系統的かつ平易に解説。ヨーロッパ学派の分類体系に基づきつつ、FAO/Unescoの土壌単位やアメリカ学派のSoil Taxonomyにおける分類単位との対比も示す。各土壌のカラー断面写真を掲載し、断面形態や性質などの解説を記す。和訳版補遺として日本の土壌に約60頁をあてている。巻末に参考文献・補遺参考文献および五十音順索引を付す。　5275

土壌・植物栄養・環境事典　博友社　1994.1　430p　22cm　監修：松坂泰明，栗原淳　執筆：天野洋司ほか　4-8268-0146-7　4600円
『最新土壌・肥料・植物栄養事典』（増訂版、1976年刊）の後継書であるが、執筆者を一新し全面的に書き下ろしたもの。土壌・肥料・植物栄養・環境保全などの各分野について、7つの大項目（土壌の生成と分類・調査、土壌の物理・化学・生物性、土壌の生産力、植物の栄養生理、肥料の種類と性質、施肥後の原理、環境保全）を設定。それぞれを中項目・小項目に分け、また必要に応じて細項目を設けて項目ごとに解説を行っている。巻末に詳細な五十音順索引を付す。　5276

土壌物理用語事典　付データー集　土壌物理研究会編　養賢堂　1974　205p　19cm　1600円
土壌物理関係用語を集め、12の大項目に分け、その中

を体系的に見出し語を配列した事典。用語には、定義とその内容についての簡潔な説明が加えてある。巻頭に和文索引と英文索引がある。巻末に「土壌群別の物理性」「土地利用別物理性」「特殊土壌の物理性」のデータ集を付す。1987年第6版まで発行されているがまえがき、頁数は初版に同じ。
5277

◆農業工学

現代農業土木用語選 〔1〕，2 農業土木学会編　農業土木学会　1980-1986　2冊 21cm　（農業土木学会選書 4,10）　2000-2500円
『農業土木学会誌』小講座欄に掲載された用語の中から、〔1〕巻で106語、2巻で108語を選択。各用語について見開き2頁ずつ解説を行う。〔1〕巻は『農業土木標準用語事典』の収録用語をさらに詳細に解説することを目的としており、用語を五十音順に配列し、体系順の索引を付す。2巻は、広く農業土木分野で使用されている新しくかつ重要な用語を収録対象としており、用語を体系順に配列し、五十音順索引を付す。
5278

生物生産機械ハンドブック 農業機械学会編　コロナ社　1996.2　1133p 22cm　4-339-05197-7　25750円
従来の『農業機械ハンドブック　新版』（1984年刊）にバイオテクノロジー、水産および林業を加え、農業機械工学よりも生物生産、あるいは農業生産を主に構成。生物生産システムから水産機械まで17編からなり、それぞれの編では概説以下体系順に解説。章立ての見出しおよび文中の重要な語は太字で表示し、英語を付してあるものもある。カラーではないが写真、図、表も多い。各編の終わりに参考文献、巻末に五十音順の事項索引を付す。
5279

土壌に関連する農業機械の文献要録 1976-1983年版　大宮　農業機械化研究所　1985.3　327p 26cm　（土・機械系研究委員会資料 no.3）　特別研究企画　2250円
土壌の物理性や測定機器、土壌に関連する農業用車両・作業機などについての文献の抄録集。同研究所発行『耕耘整地用機械の研究に関する文献目録』（1976年刊）を引き継ぐもの。1976年から1983年までの文献を対象に、92の和文雑誌と17の欧文雑誌から収集し抄録を付与している。全体を4章に大別し、さらに各章を節・項に分け、その中では雑誌・刊行物ごとに年代順に論文を配列。巻頭では各節・項ごとの研究動向がまとめてある。1975年以前の文献については、『農業機械文献集』（松尾昌樹編・著、新農林社、1977）が

ある。
5280

農業機械年鑑 昭和37年版－　新農林社　1961－　年刊　27cm
前身は『農機具年鑑』（昭和23-36年版）。農業機械の普及、生産、流通、技術の各面の年間の動向を概観し、関係団体の動きを紹介したもの。はじめに農業動向、農業機械業界の動向などを解説し、資料として型式検査合格機・安全鑑定適合機リスト、主要年誌を挙げ、関連統計を収めた。最後に名簿を載せこれには索引を付けた。解題は1997年版による。
5281

農業土木ハンドブック 改訂5版 農業土木学会編　農業土木学会　1989.7　1424p 27cm　発売：丸善　4-88980-055-7　21000円
農業土木・農業土木事業の全体像を把握するのに適した体系的・網羅的な便覧。3編からなり、Ⅰ 総論編、Ⅱ 本編、Ⅲ 基礎編。総論編は、農業土木概説、農業土木の計画など。本編は3部からなり、1部灌漑・排水、2部農地・農村整備、3部事業の施工、の各分野を体系的に詳論。基礎編は、数学・統計、気象、測量など必要な基礎分野をまとめる。巻末索引あり。本書の初版は1931年刊。改訂第4版（1979年刊）を学会創立60周年記念事業として10年ぶりに改訂する。今次改訂では、必要な改訂・新分野の収録のほか、編分けを改め利用の便を図るとともに、学生や現場技術者の参考のため計算例や参考文献を積極的に収載する。また、従来のA5版をB5版に拡大した。
5282

農業土木ポケットブック 講談社　1986.3　672p 19cm　監修：白井清恒　4-06-139654-4　6200円
農業土木関連の一般技術者や学生、専門外の研究者向けの参考書としてまとめられた便覧。21章からなり、農業土木および関連分野について体系的に解説している。図版・図表などを多く使用しているためわかりやすい。付録として、農業土木分野に関連する37の表・グラフを付す。巻末に和文アルファベット順の事項索引がある。
5283

◆作物栽培

最新植物工学要覧 山口彦之〔ほか〕編　R&Dプランニング　1989.10　671p 31cm　68000円
植物をめぐるバイオテクノロジーの基礎から応用までを体系的に解説した便覧。植物の育種工学の現状紹介、組織培養が実用化しはじめたクローン増殖の主要作物ごとの具体的記述、組織培養による有用物質生産研究

の現状紹介、大量培養のためのスケールアップの実現、新品種種子の特許と保護の解説、に重点を置く。5部からなり、Ⅰ部育種工学、Ⅱ部種苗生産工学、Ⅲ部有用代謝物質の生産、Ⅳ部バイオ工学、Ⅴ部種子の特許と保護。索引はない。　　　　　　　　　　　5284

作物学用語集 改訂版　日本作物学会編　養賢堂　1987.4　305p　19cm　4-8425-8704-0　3200円
作物学を中心に関連分野の用語を収録した用語集。一般用語・物質名などの用語約5000、作物名約400、雑草名約150を収録。旧版は1977年刊行。本改訂版では、和英・英和の2部にまとめられている。和英の部では、和名の読みが五十音順に配列され、漢字名・学名・英名が併記されている。英和の部では、英名および学名がアルファベット順に配列され、漢字名（難読漢字の場合は漢字名と読み）が併記されている。　5285

雑草学用語集 改訂　日本雑草学会編　日本雑草学会　1991.4　234p　27cm　7210円
雑草学・雑草防除関連の用語集。和用語1603、解説255、雑草名870、除草剤（単剤）名359を収録。3編からなり、Ⅰ編は学術用語、Ⅱ編は雑草名、Ⅲ編は除草剤名。Ⅰ編は和英・英和の対照リストと用語解説。Ⅱ編は学名－和名－英名、和－学－英、英－学－和の対照リストに、異名一覧・別名一覧を付す。Ⅲ編は単剤と混合剤に分かれ、単剤は、除草剤名（原則としてISOの一般名）のアルファベット順で、一般名、商品名、試験記号、化学構造、化学名を記す。混合剤は、商品名の五十音順で、有効成分および組成を記す。Ⅲ編末に除草剤索引（英・和）あり。初版は1982年刊（用語901、解説218、雑草名736、除草剤名305を収録）。　　　　　　　　　　　　　　5286

雑草管理ハンドブック　草薙得一〔ほか〕編　朝倉書店　1994.12　597p　22cm　4-254-40005-5　18540円
合理的な雑草管理のあり方を具体的に取りまとめた便覧。Ⅰ基礎編、Ⅱ実用編1、Ⅲ実用編2からなり、基礎編では現在の雑草科学の知見を体系的に解説し、実用編では水稲作、麦作、畑作などにおける雑草の種類、生態、雑草管理の実際を具体的に記述した。付録として主要雑草一覧、除草機・防除機一覧表ほかを付す。巻末に事項索引、雑草名索引がある。　　5287

新編育種学用語集　日本育種学会編　養賢堂　1994.11　4,336p　22cm　4-8425-9425-X　3296円
育種学と関連分野のハンディな用語集。2部（英和の部・和英の部）からなり、収録語数はいずれも約1万1000。育種学特有の用語は詳細に、関連諸分野は広い範囲にわたり基礎的な専門用語を収める。植物育種は特に詳細。解説はない。『育種学用語集』(1980年初版、1988年改訂版、この間2回の追補あり）を改訂したもの。改訂版の収録語数約8600（英和・和英とも）を拡充し、巻末に主要有用動物名、主要有用植物名、主要作物病害・害虫名（いずれも英和対照）を付す。　　　　　　　　　　　　　　　　　　　5288

水耕栽培百科　全面改訂　武川満夫編　富民協会　1993.12　200p　21cm　4-8294-0146-X　2000円
水耕栽培についてロックウール栽培、NFT栽培など新技術を中心に解説した教科書的な図書。総論と各論からなり、総論では概論、培地、植物工場などについて解説。各論で個別の作物の水耕栽培の方法について記載。作物の種類は野菜・果樹ほか話題性のあるガン抑制に効果のあるとされる園芸植物やエディブルフラワーまで多い。索引はない。　　　　　5289

図解バイテクマニュアル　花・野菜・果樹の組織培養操作　古川仁朗編著　誠文堂新光社　1988.11　138p　20×23cm　4-416-48810-6　1800円
花・野菜・果樹の組織培養操作マニュアル。培地の調整、培養の実際、目的別の施設・設備と運営について図式・写真・イラストによりわかりやすく説明する。　　　　　　　　　　　　　　　　　　　5290

世界の雑草　1-3　竹松哲夫, 一前宣正著　全国農村教育協会　1987-1997　3冊　27cm　合弁花類,離弁花類,単子葉類　38000-41000円
雑草・雑草防除の専門事典。農耕地雑草を中心に世界の雑草計74科413属1193種（類似種2906種を付記）を網羅し解説する。3巻からなり、Ⅰ合弁花類、Ⅱ離弁花類、Ⅲ単子葉類（付：シダ・コケ・モ類）。各巻は科・属・種の分類配列。科ごとに概説あり。種ごとの記載は、学名、和名、各国名、語源、植物分類学上の位置、分布、分布図、年生、形態、繁殖法、生育地、農業上の重要性、類似種、引用文献。農耕地雑草の研究を世界的に取りまとめた初めての書籍であり、雑草の図版は少ないが、種ごとの引用文献多数。各巻末に学名索引・英名索引・和名索引あり。　　5291

ハイテク農業ハンドブック　植物工場を中心にして　日本植物工場学会編　東海大学出版会　1992.8　259p　21cm　4-486-01203-8　3296円
「植物工場」とは、水耕栽培、環境制御、コンピュータ利用、メカトロニクス、バイオテクノロジーなどが集約された理想のハイテク農業である。当学会は1989年の設立。各種のハイテクや、その代表的な実用化例を体系的に解説した便覧で、手軽に使える「植物工場」の実用書を目指している。13章からなり、各技術や事項を1章とし、章ごとに独立の執筆者が詳細に論述。各章末に参考文献、巻末に事項索引あり。　　5292

防風施設に関する文献リスト集 真木太一〔著〕善通寺 日本農業気象学会農業気象災害研究部会 1985.5 64p 26cm

1985年3月までに入手できた、防風施設（林・垣・網など）、風害防止対策などに関する文献を1366件収録している。国内で発行された文献に限定しているが、満州、台湾、朝鮮について、日本が関与していた時代の文献や、外国人でも日本で発行された文献は収録している。著者名のアルファベット順に配列している。

5293

✛✛病虫害

応用植物病理学用語集 濱屋悦次編著 日本植物防疫協会 1990.12 506p 19cm 英和和英 4800円

植物病理学とその拡大する関連分野のハンディな用語集。農薬・防除・生化学・分子生物学・分子遺伝学など、関連用語を広範囲に収録。植物病理学関係の英語論文の読み書きに役立つことを目指す。2部（英和の部・和英の部）からなり、一部の語にごく簡単な注釈を付す。また、対応語が複数あれば積極的に並記する。付録に日本産植物病原分類一覧表ほかあり。

5294

作物病害事典 岸国平編 全国農村教育協会 1988.8 943p 27cm 英文書名：『Plant diseases in Japan』 4-88137-033-2 28000円

作物の病害3550余種を解説した事典。7章からなり、食用作物、特用作物、牧草および芝草、野菜、草花、果樹、観賞樹木の各章とも、作物ごとに各病害を解説。収録は牧草は主要栽培種のみ、他は網羅的。各項は、病徴・病原・伝染につき記す（多くの病害にカラーの病徴写真1，2あり）。作物の病気の診断ができる事典を目指す。末尾に「不完全菌類の形態」として、Macmillan社の『Illustrated genera of imperfect fungi 3 rd ed.』（1972年刊）から抽出・転載し、病原菌の同定の助けとする。巻末に宿主名索引、病名索引（五十音順）および病原名索引（アルファベット順）。

5295

作物病害虫ハンドブック 梶原敏宏〔ほか〕共編 養賢堂 1986.3 1446p 22cm 16000円

作物病虫害に関する事典。材木と貯蔵農産物を除くほとんどの作物の主要な病害虫を網羅する。『作物病虫害ハンドブック』（河田 党〔ほか〕共著、養賢堂、1955）、『作物病虫害事典』（河田 党著作編集代表、養賢堂、1975）の特長を生かしつつ、新たな視点から編集したもの。3部からなり、I部は病害、II部は害虫、III部は農薬。各部とも総論と各論からなり、総論は体系的な概説。各論は、I部は作物ごとに病害をまとめ、病徴、病原、生態、防除法を記す。II部は作物ごとに害虫をまとめ、形態、生態・被害、防除法を記す。III部は薬剤ごとに構造式、毒性、適用、混用、製剤を記す。I・II部に写真多数。巻末に事項索引（和文、欧文）、病害虫名索引（和文、英名・学名）、農薬名索引あり。

5296

植物病理学事典 日本植物病理学会編 養賢堂 1995.3 1220p 27cm 日本植物病理学会創立80周年記念 4-8425-9515-9 28000円

植物病理学にかかわる領域を網羅し、体系的に解説した事典。同学会創立80周年記念の中心的事業として発刊された。16の大項目からなり、それぞれ体系的で詳細な解説。用語には必要に応じ英文を併記。日本産植物病原菌類、日本産植物病原細菌、日本産植物病原ウイルス、日本産植物寄生性線虫の各分類一覧や、日本産寄生植物一覧、病害防除剤名リストなど、各種の分類表・一覧リストを収録する。16章病名・病原体名一覧（p.1055-1167）は、和-英対照の用語集として活用できる（9の作物群にまとめた宿主植物別に配列）。付表に主要DNAおよびタンパク質データベース一覧ほかあり。巻末に種名・属名索引（欧文）、欧文用語索引、和文索引あり。

5297

新編植物病原菌類解説 池上八郎〔ほか〕共著 養賢堂 1996.12 475p 22cm 4-8425-9623-6 6180円

植物菌類病、菌類分類学を体系的に解説した教科書。『植物病原菌類解説 改訂増補版』（1964年刊）の全面改訂版。第1編総説、第2編実物の観察、第3編植物病原菌の分離、培養、接種および保存、第4編分類からなり、新たに付け加えられた第3編では、近年活発になっている培養株の利用までを詳しく解説。巻末には主な参考書と文献、および五十音順の邦語事項索引、アルファベット順の欧語事項索引、学名索引を付す。

5298

線虫学関連日本文献記事目録 明治12年(1879)-昭和59年(1984) 農林水産省九州農業試験場編 筑後 農林水産省九州農業試験場 1986.3 414p 26cm（九州農業試験場研究資料 第67号） 編集：皆川望ほか

植物寄生線虫を中心とする線虫および殺線虫剤に関する和洋文献を網羅的に収集した文献目録。1879年（明治12）-1984年（昭和59）までの間に発表された約6600件を、発表年ごとに著者名のアルファベット順に配列。書誌事項のほか、論文の構成や内容に関する1行程度の簡潔な解説を付す。収集対象は学術論文に限定せず講演要旨、実用記事、外国論文の抄録（明治期のみ）なども含む。巻頭言中に主要な参考文献2件を記載。巻末にアルファベット順の著者索引を付す。

5299

日本有用植物病名目録 第1-5巻 第2版 日本植物病理学会編 日本植物防疫協会 1975-1985 5冊 19cm
有用植物の病名目録。日本において自然発生が認められ、かつ公表された病害を網羅する。各巻は作物の分類順で、作物ごとに病名をまとめる（病因により分類）。病名、その読み、英名、異名、病原名（学名）、出典（初出文献）を記載。解説はない。各巻末の付録には、日本の文献に見られる病害のうち、記載不十分なもの、発生に疑問があるもの、日本での発生が未確認のものを収録する。各巻末に宿主名索引（和名・学名）、病原名索引あり。初版は1960-65年刊（全3巻）。増補改訂により、初版第3巻は、第2版の第3-5巻に分冊される。第1巻と第2巻は第3版まで刊行。合冊に向けて作業が進められている。　　　　　　5300

農林有害動物・昆虫名鑑 日本応用動物昆虫学会編 日本植物防疫協会 1987.12 379p 21cm 3300円
日本における有用植物・貯穀などを加害する主要な節足動物、線虫、鳥獣類など、2450種を収録。『農林害虫名鑑』（日本植物防疫協会、1980）を底本としている。第1部は、収録した有害動物・昆虫を系統分類的（属以下についてはアルファベット順）に配列した学名・英名・和名の一覧表。第2部では、作物別にそれを加害する有害動物・昆虫の和名を五十音順に配列し、第1部への参照番号を付している。巻末に学名・和名・英名索引がある。　　　　　　5301

輸入農産物の防虫・くん蒸ハンドブック 中北宏〔ほか〕編 サイエンスフォーラム 1995.9 353p 27cm 28000円
輸入農産物の害虫類と防除に関わる諸問題について、害虫の鑑定法、消毒実施法、プレおよびポストハーベスト農薬の使用実態と残留、法的規制などについてまとめた書。巻末に残留農薬基準資料と五十音順の索引を付す。　　　　　　5302

◆◆ 農薬

最新農薬データブック 改訂増補第3版 上杉康彦，上路雅子，腰岡政二編 ソフトサイエンス社 1997.1 6,48,12,435p 27cm 4-88171-073-7 16995円
農薬に関するデータ集。収録数は2800余。農薬名（英文）をアルファベット順に配列し、種類別分類、適用作物、化学名、分子式、物理化学性、毒性データを記載。巻頭の英名索引・和名索引により、各種の農薬名から見出し語を得る形式。解説はない。初版は1982年刊（収録数約1600）、改訂は1989年版（同約2200）。第3版では旧版のデータを再度調査し最新の情報にしている。巻末に、1989年版より削除した農薬一覧がある。　　　　　　5303

最新農薬の規制・基準値便覧 1995年版 日本植物防疫協会 1995.8 411p 30cm 平成7年6月30日現在 5000円
農薬にかかわる残留農薬基準、登録保留基準、安全使用基準、環境基準、水に関する各種基準を掲載。農薬名ごとに商品名、用途、基準値設定名、化学名、ISO名（英名）、毒性、各種基準について記載。配列は農薬名の五十音順。巻末に索引があり、ISO名、農薬名、商品名、基準値設定名から検索できる。　　　　　　5304

作物別農薬表 商品名・主成分・使用時期・メーカー名 1992年版 数賀山靖編 農山漁村文化協会 1992.3 478p 21cm 4-540-91114-7 3000円
1991年11月現在で登録された農薬をほぼすべて収録。殺菌剤、殺虫剤、殺虫殺菌混合剤、除草剤、植物生育調整剤の5つに分け、それぞれ作物別、使用対象（対象病害虫・雑草・使用目的）別に整理してある。作物・病害・害虫・雑草・生育調整などから農薬の商品名、主成分、使用時期、メーカー名を検索できる。　　　　　　5305

残留農薬基準ハンドブック 作物・水質残留の分析法 農薬登録保留基準 農薬環境保全対策研究会編 化学工業日報社 1995.3 1239p 21cm 平成2年刊の増補改訂版 4-87326-182-1 15000円
農薬の農作物などへの残留が人畜および環境に被害を及ぼすおそれがないように設定した、環境庁の水質汚濁・作物残留にかかわる登録保留基準と環境庁長官個別設定の基準値、ならびに食品衛生法による食品規格残留農薬基準適用の基準値と試験法に関する便覧。1995年1月現在の307の農薬について適用、欧文名、商品名、化学名、構造式、各基準値、試験法を掲載。農薬の五十音順配列。付録として関連法規、ゴルフ場で使用される農薬による水質汚濁の防止にかかわる暫定指導指針、公共用水域などにおける農薬の水質評価指針を付す。　　　　　　5306

実用農薬ガイドブック 改訂新版 浜島健二郎著 化学工業社 1989.3 459p 21cm 7500円
農林水産省に登録されている農薬を中心として、その商品名、化学名、構造式および剤型の一覧と殺虫剤、殺菌剤、殺虫殺菌剤、除草剤の市場別一覧を収録。また、農薬市場の現状、開発と登録、および流通について概説する。付録として農業・農薬・バイオテクノロジー関連用語（英文対照）、農薬混用適否表、換算表、農薬製造・販売会社住所録、農水省関係機関・都道府県庁・試験場・大学・関係団体住所録がある。　　　　　　5307

農薬科学用語辞典 宍戸孝〔ほか〕編 日本植物防疫協会 1994.6 374p 22cm 7500円
農薬・植物防疫および関連分野のハンディな用語集。

和文見出し語の五十音順で、読み、英文用語、用語解説を記す。用語解説は数行から十数行の簡潔なもの。巻末に英語索引あり。『農薬用語辞典』（1974年刊、改訂版1984年刊）を全面改訂したもので、旧著を骨子としながら安全性、バイオテクノロジー、関連する法律・行政用語を加えている。付録に各種図表あり（Ⅰ農薬の形態分類・規格など、Ⅱ農薬の開発から基準値の設定まで、Ⅲ各種単位、Ⅳ農薬関係機関、団体などの名称）。
5308

農薬登録保留基準ハンドブック 作物残留の分析法 農薬環境保全対策研究会編 化学工業日報社 1990.7 767p 21cm 4-87326-061-2 13000円
農薬の農作物などへの残留が人畜に被害を及ぼすおそれがないように、環境庁が設定した農薬登録保留基準に関する便覧。1990年4月現在の232品目について、官報に告示された作物残留にかかわる農薬登録保留基準および分析法を告示順に収録。農薬の欧文名、商品名、化学名、構造式、保留基準、試験法を掲載。付録として関連法規を付す。巻末に和文、欧文索引あり。
5309

農薬毒性の事典 植村振作〔ほか〕著 三省堂 1988.7 365p 21cm 4-385-35329-8 2000円
主要な農薬、日常生活で使われる殺虫剤、雑貨や衣類に含まれる殺菌剤について平易に解説した事典。専門家以外にも広く利用できる。2章からなり、1章農薬の毒性解説は、244の農薬（原体名＝成分名の五十音順）について登録および失効年月日、用途、商品名、生産、毒性、残留性、環境汚染例などを解説。2章農薬の事項解説は、農薬の名称、使用法、毒性試験、農作物への残留と環境汚染、人体への影響、農薬の登録、関係する法律などを概説する。解説文中の見出し語に＊印を付す。巻末に事項索引および農薬の名称一覧があり、原体名以外の各種の名称（一般名、ISO名、通称名、商品名など）から検索できる。
5310

農薬ハンドブック 1968年版－ 日本植物防疫協会 1967－ 隔年刊 21cm
農林水産省に登録された農薬を用途別にグループ化し、それぞれの特徴などについて解説した便覧。各農薬は、殺虫剤、殺菌剤、殺虫殺菌剤、除草剤、殺そ剤、植物成長調整剤、誘引剤、忌避剤、および展着剤・その他などのグループに大別され、さらに各グループは、有効成分の化学構造の共通する骨格を基本に小区分されている。解説では、開発した機関名と登録年次、簡単な特徴に次いで、作用特性、使用上の注意、製剤などについて記載する。巻末には、農薬成分一覧表など6件の付録と五十音順の索引がある。解題は1994年版による。
5311

農薬便覧 第8版 香月繁孝〔ほか〕著 農山漁村文化協会 1995.5 1108p 22cm 付・農薬名索引，作物別適用農薬索引 4-540-95008-8 9800円
現在市販されている有効登録の農薬の成分、特性などについて解説した便覧。殺菌剤、殺虫剤、殺虫殺菌混合剤、除草剤、植物生育調整剤の種類ごとに、各農薬の商品・主成分、性質、適用対象と使用法、毒性・魚毒性などを記述している。巻末に、農薬安全基準、用語解説ほかの付録、および五十音順の農薬名索引、作物別適用農薬索引（殺菌剤編、殺虫剤編）を付す。
5312

農薬要覧 1963－ 日本植物防疫協会編 日本植物防疫協会 1963－ 年刊 19cm 監修：農林水産省農産園芸局植物防疫課
農薬取締法に基づく農薬製造会社の報告を中心に、農薬関連の統計資料などをとりまとめた要覧。農薬の生産・出荷、農薬の流通・消費、農薬の輸出・輸入に関する統計資料と登録農薬、新農薬解説、関連資料で構成されている。記載の年度は、原則として農薬年度（平成7年度の場合は、平成6年10月から平成7年9月まで）となっている。巻末に付録として、農薬の毒性および魚毒性一覧表、特定毒物農薬の使用基準、名簿および五十音順の登録農薬索引を付す。解題は1996年版による。
5313

◆各種の作物

稲作大百科 1－5 農文協編 農山漁村文化協会 1990－1991 5冊 27cm 各9800円
稲つくりについて体系的に解説した便覧。主に稲作に携わる実務家・研究者向け。稲作技術の転換期にあたり、稲作の歴史や世界の現状、最新の知見を盛り込みつつ、稲作の基本、稲の生理・生態・生育反応、農家の実際技術などを解説。稲作実務に活用できるよう、地域・品種などさまざまな角度から詳解する。栽培技術は実際例の紹介が豊富。各章末に多数の参考文献。1－4の各巻末に、各巻の事項索引あり。
5314

薬になる植物百科 260種の採取と用い方 田中孝治著 主婦と生活社 1994.2 259p 23cm （新編ホーム園芸） 4-391-11618-9 2500円
身近な薬用植物を草、木類、野菜、豆類に大別し、そのなかでは五十音順に配列して紹介。見開き左頁には数葉の写真を、右頁には2－3種類ずつの植物についての記述を掲載。形状、名の由来、種類、類似植物、採取と用い方を記述。巻末に薬草とわが国の医薬、薬

草の採取と用い方という解説記事、症状別薬草一覧、生薬名索引、植物名索引を付す。　*5315*

煙草文献総覧　和書之部，漢書之部，洋書之部　宇賀田為吉著　たばこ総合研究センター　1977－1982　9冊　27cm
たばこに関する記述のある文献の解題書誌。学術的・史料的文献のみならず、文芸作品中の言及も広く収録。和書之部（前篇・後篇・別録）、漢書之部、洋書之部の3部からなる。和書之部の前篇は、煙草伝来から徳川末年までとして、1593年（文禄2）から1865年（慶応元）までの文献を収録。後篇は明治初め（1868年）より1975年（昭和50）まで。別録1は明治初めより1965年（昭和40）までの新聞・雑誌類。別録2は1717年（享保2）より1945年（昭和20）までの地方誌。後篇・別録1はほとんど著者の蔵書によるもの。漢書之部は明清代、洋書之部は1496（7？）年から20世紀前半の文献。いずれも書名の刊行年順に配列し、著者、文献の注解、目次やたばこに関する記述のある部分の本文の抜粋を記す（洋書之部は原文による）。たばこ産業にかかわる者に重要な資料となるほか、広く各時代の風俗・文化を知るうえで活用できる。　*5316*

茶の大事典　窪川雄介，福島敬一編著　静岡「お茶の大事典」刊行会　1991.8　656p　22cm　3900円
茶の起源、造り方、飲み方、効用、茶道、焼き物、茶書、茶関係人名、外国茶、茶にまつわる事件など、茶にかかわる多くの事柄を体系的に解説した便覧。全45章は、概説的な章のほか、茶関係書解題、茶業功労者・茶道人・煎茶人の略伝、流通関連や茶道・懐石・焼き物の各用語集を含む。製茶の歴史と製法の記述が詳しい。　*5317*

特産作物文献集録　わが国戦後における研究の系譜　農林水産技術情報協会　1988.3　85p　26cm
本書は、従来「特用作物」または「工芸作物」と称されているものに関する文献を収録している。現在では栽培されなくなっているものが多いが、時代の変化により、これら特産作物が見直されている。作物の写真に続き、各項目では作物の生態・形態的特徴、来歴および栽培の変遷などについての要約、戦後からの国内文献が記載されている。地域特産物などの貴重な文献集である。　*5318*

農作物作型別生育ステージ総覧　水陸稲，麦類，いも類，豆類，雑穀，飼料作物　農林水産省経済局統計情報部編　農林統計協会　1992.9　248p　26cm　（農林水産統計報告 4-64(生産－12)）　4-541-01641-9　4500円
農林水産省の統計に基づいて、主要作物の生育ステージを地域ごとに表にまとめたもの。作物別－作付地域－作型区分ごとに、1年間12か月の生育ステージを図示する。作付面積、単位当収量、主な品種、最高分げつ期などについても表中に記載されている。　*5319*

ハーブ大全　リチャード・メイビー著　神田シゲ，豊田正博共訳　小学館　1990.5　304p　26cm　日本語版監修：難波恒雄　『The complete new herbal』の翻訳　4-09-305511-4　6800円
ハーブの基礎知識から美容、料理、薬効、栽培法まで解説し、ハーブ図鑑と同時に、事典、実用的な便覧としても活用することができる。序章と3部6章、解説からなり、それぞれハーブの歴史と役割、ハーブの種類と知識、ハーブの使い方、ハーブの育て方、日本人とハーブについて解説する。本文では200余種、索引項目では450種のハーブが取り上げられている。巻末には参考文献、第1章ハーブ事典の冒頭には、和文の五十音順索引、巻末にはアルファベット順の英名・学名索引がある。　*5320*

ハーブの事典　北野佐久子編　東京堂出版　1988.2　224p　22cm　背の書名：『Encyclopedia of herbs』　4-490-10230-5　1900円
ヨーロッパの古典的なハーブ73種について概略、歴史、育て方、薬効などを解説。ハーブの名称の五十音順配列で、学名を付す。付録に人名・用語解説、栽培・収穫・保存法、料理別ハーブ利用法、和名一覧、花ことば、参考文献、索引を付す。　*5321*

ハーブの写真図鑑　オールカラー世界のハーブ700　完璧版　レスリー・ブレムネス著　日本ヴォーグ社　1995.10　312p　22cm　（地球自然ハンドブック）　日本語版監修：高橋良孝　『Herbs』の翻訳　4-529-02569-1　2700円
人間にとって有用な植物（ハーブ）を高木、低木、多年生草木、一年生草木と二年生草木、つる植物、その他の6章に分けて紹介した図鑑。それぞれの章のなかでは学名のアルファベット順に掲載。巻頭にハーブに関する概説があり、巻末に用語集、ラテン語学名・英語名索引とカタカナ表記の英名・和名索引がある。完璧版シリーズのひとつ。　*5322*

世界有用マメ科植物ハンドブック　ジェームズ・A.デューク著　星合和夫訳　雑豆輸入基金協会　1986.6　589p　27cm　『Handbook of legumes of world economic importance』の翻訳　20000円
世界のマメ科植物の中で経済的に重要な62属146種について、命名、用途、伝承の薬用、化学成分、分布など14項目を記述している。配列は学名のアルファベット順。各記述の後および巻末に参考文献がある。英和の学名、異名、慣用名などから引けるアルファベット

順索引を付す。　　　　　　　　　　　　　　5323

マメ科資源植物便覧　訂正第1版　湯浅浩史，前川文夫編　内田老鶴圃　1989.11　511p 27cm　監修：近藤典生　4-7536-4037-X　10300円
食糧資源として重要性が高いなど非常に多様な利用性を持つマメ科植物の事典。世界のマメ科植物400属2650種につき、種ごとに特徴・分布・利用法・利用部分などを簡潔に記す。配列は種の学名のアルファベット順。ほかに各種の名称（和名・英名・現地名・中国名など）および染色体数を記載する。図版は少ない。本書は日本科学協会の生物委託研究として昭和54年度（1979年度）より3か年実施された「マメ科植物の活用研究」に基づく。1987年に同協会より刊行の初版を増補訂正したもの。巻末にマメ科の利用概要、マメ科インゲン族の種子形態・初期形態の比較研究、マメ科分類表（ハッチンソンとアレンの各分類表の比較対照表）、種別の用途一覧表を付す。英名・現地名索引、和名索引あり。　　　　　　　　　　　5324

園芸

朝日園芸植物事典　朝日新聞社編・著　朝日新聞社　1987.9　343p 27cm　4-02-340041-6　5500円
園芸植物およびその裾野を形成する原種・野生種あわせて約6500種を収録した実用的な図鑑。植物名（和名、園芸名、学名の読みなど）の五十音順に配列し、園芸分類、特徴、用途などの簡単な解説を付す。主要1500種についてはカラー写真を掲載している。巻末には学名和名対照索引があり、主要な庭木の樹形の図版も付されている。　　　　　　　　　　　　5325

園芸学用語集　改訂　園芸学会編　養賢堂　1987.3　244p 19cm　4-8425-8702-4　2200円
園芸学の用語集。収録語数は3953。2部からなり、第1部和英の部・第2部英和の部。和文用語・読み方（ひらがな）・英文用語を記す。解説はない。1972年刊の初版を改訂。収録用語数は2144から倍近くに増えた。また、用語の表記を常用漢字、新送り仮名、現代かなづかいに改めた。　　　　　　　　　　5326

園芸学用語集　園芸作物名編　園芸学会編　養賢堂　1979.10　82p 22cm　1000円
園芸作物名のハンディな用語集。現在わが国で生産または消費されている作物を、果樹名・野菜名・花き名の3部に分けてまとめる。収録数は果樹166・野菜154・花き636。各部は科名による分類順で、和名、学名、英名、備考（別名など）を記す。解説はない。園芸学用語を収めた『園芸学用語集』⇨5326 に続き、園芸作物名をまとめたもの。巻末に作物名（和名）、学名、英名の各索引あり。　　　　　　　5327

園芸ハンドブック　生産から流通・法規まで　苫名孝，浅平端編　講談社　1987.10　722p 20cm　4-06-139711-7　6800円
栽培、経営、利用にいたるすべてを含む園芸学を、体系的に解説した便覧。園芸学専攻学生・生徒のテキスト、園芸生産者・専門家の園芸全分野にわたるハンディなハンドブックとして活用できる。5部からなり、Ⅰ果樹、Ⅱ蔬菜、Ⅲ花卉、Ⅳ園芸利用（貯蔵・流通技術、加工技術）、Ⅴ法規・経済。各章とも体系的に解説するが、Ⅰ－Ⅲの各論の章は作物ごとの解説である。巻末索引および付録（各種統計表）あり。　　5328

講談社園芸大百科事典　デスク版・フルール　講談社編　講談社　1986.2　1358p 27cm　4-06-202313-X　14000円
園芸植物と園芸知識の専門事典・図鑑。広く園芸家・植物愛好家向け。本文は園芸植物を四季ごとの分類順に解説。名称の由来、特徴、品種、栽培のポイントなどを述べる。巻末特別付録は、食べられる山野草、身近な薬草、図説園芸便利事典など、基礎知識を解説する。いずれもカラー写真を豊富に用いている。本版は、『講談社園芸大百科事典』⇨5330 をもとに編集したもの。本文はその1－8巻に当たり、項目の配列を改め、解説文の長いものは縮約する。巻末特別付録は新たな稿が多いが、もとの9－12巻を一部収録する。　5329

講談社園芸大百科事典　フルール　1－12，特別巻　講談社　1980－1981　13冊 28cm　2800－3400円
園芸植物と園芸知識の専門事典・図鑑。広く園芸家・植物愛好家向け。大きく2部に分かれ、1－8巻は植物項目巻として、園芸植物の花を早春・春・初夏・夏・秋・冬の季節ごとに分け、庭・室内・野外など場所別の分類順に解説。名称の由来、特徴、品種、栽培のポイントなどを述べる。9－12巻は園芸の基礎や栽培の技法などを巻ごとに体系的に解説する。いずれもカラー写真を豊富に用いている。特別巻は花の生活カタログ。植物項目巻について、植物名総索引が12巻末、項目索引が1－11巻の各巻末、分野別の項目索引が特別巻末にある。9－11巻末には、その巻の事項索引がある。　　　　　　　　　　　　　　　　　5330

施設園芸ハンドブック 3訂 日本施設園芸協会編 日本施設園芸協会 1994.3 582p 22cm 製作：日本農民新聞社 6000円
施設園芸全般について解説した実務書。11部からなり、テーマは施設園芸の展望、施設の種類・設計・保守管理、被覆・保温資材の種類と特性など。コンピュータ利用、植物工場など新しい技術も含む。体系的な配列で各項目は図表を交え具体的に記述。後半に資料編、製品資材一覧を置く。巻末に事項索引を付す。 5331

◆果樹園芸

果樹園芸大事典 第2次訂正追補 佐藤公一〔ほか〕編著 養賢堂 1984.1 1431p 図版10枚 27cm 18000円
果樹園芸に関し体系的・網羅的に解説した便覧。構成は2部（総論・各論）からなる。総論は22章からなり、果樹園芸の性格・現状や、栄養生理・開花と結実など総括的・原則的事項について体系的に詳論。各論は20の果樹（類）につき、概説、立地条件、経営上の特性、分類、形態と生理生態的特性、品種、栽培管理、出荷、貯蔵、加工、気象災害、病害虫とその防除、などを詳細に記載。初版は1972年刊。第2次訂正追補では10数章にわたり改訂・追補を行なっている。巻末に事項索引・種類品種索引（いずれも五十音順）あり。 5332

果樹の生育調節剤・除草剤ハンドブック 野間豊編 博友社 1994.4 159p 27cm 4-8268-0147-5 4200円
1993年7月現在農薬登録されている果樹関係の生育調節剤15種と、除草剤32種を収録し、使用方法について解説した便覧。収録は網羅的だが、製造を中止し、販売されていない農薬については収録されていない。本文は生育調節剤と除草剤の2部に分かれ、生育調節剤は1992年の出荷総数量順、除草剤は土壌処理剤、茎葉処理剤、茎葉・土壌処理剤の順に配列し、使用上の注意、農薬の特徴、目的などを記載している。各章末に参考文献、巻頭に適用作物・使用目的別登録農薬索引がある。 5333

果樹の病害虫防除 カラー版 梅谷献二〔ほか〕著 家の光協会 1995.3 238p 22cm 4-259-51723-6 3000円
「病害の特徴と生態」「害虫の被害と生態」「侵入が警戒される重要害虫」「防除法」の4部編成。病害ではミカン類、リンゴ、ナシなど、個々の果樹の病名、生態を説明し、実物のカラー写真を掲載。また害虫についても害虫名、被害、生態を説明しカラー写真を掲載。防除法ではこれらの防除対策を説明する。巻末に農薬一覧を付す。 5334

最新果樹園芸技術ハンドブック 吉田義雄〔ほか〕編 朝倉書店 1991.11 888p 22cm 4-254-41011-5 23690円
総論と各論からなり、総論では果樹園芸の現状、遺伝資源、育種、バイオテクノロジー、繁殖、栽培、病害虫、植物生長調整剤、果実生理、収穫・貯蔵、加工利用について解説し、各論ではリンゴ、ナシ、モモなど主要樹種の経営上の特性、分類、品種解説、栽培管理、収穫・出荷、病害虫防除について詳述したハンドブック。巻末に事項索引、病害虫索引あり。 5335

熱帯果樹栽培ハンドブック 国際農林業協力協会 1996.1 499p 21cm
わが国のNGO農林業協力推進事業の技術向上支援のために作成された熱帯果樹栽培の技術指導書。I総論、II各論からなる。各論はアセロラ、アボカド、インドナツメほか25種の果樹名の五十音順で、成分、立地条件、栽培管理などを解説。巻末に参考文献を付す。 5336

◆野菜園芸

蔬菜園芸の事典 斎藤隆著 朝倉書店 1991.10 324p 22cm 4-254-41013-1 5974円
野菜園芸学を体系的にわかりやすく解説した初学者向けの便覧。4部からなり、1序論、2果菜類、3葉菜類、4根菜類。1は野菜園芸学の定義と特徴、野菜園芸の発達と現況、野菜の種類と分類・作型・流通と経営につき概説。2-4は分類ごとの概説のほか、主要作物22種の来歴、種類と品種、形態的特徴、生理生態的特徴、作型、栽培管理について多くの図表を用いて詳解する。巻末索引あり。 5337

日本の野菜 新装改訂版 青葉高著 八坂書房 1993.12 311,14p 20cm 4-89694-640-5 3200円
野菜の在来品種の保護と保存の面から、また文化とのかかわり合いという面から野菜の歴史を明らかにする。2部からなり「果菜類・ネギ類」は野菜と文化とのかかわりを説明し、ナス、トマト、ネギなどを取り上げ、「葉菜類・根菜類」はツケナ、ハクサイ、ダイコンなどを取り上げ、それぞれについて起源・伝播・わが国の栽培状況、品種について説明する。77種の野菜について記述。巻末に索引あり。『日本の野菜 果菜類・ネギ類』（1982年刊）と『日本の野菜 葉菜類・根菜類』（1983年刊）を合わせた新装改訂版。 5338

熱帯野菜栽培ハンドブック 国際農林業協力協会 1993.3 78p 22cm

NGOの開発途上国への農林業分野の協力のための技術指導書であり、野菜栽培につき体系的に解説したコンパクトな便覧。総論と各論に分かれ、総論は野菜の原産地、生育過程、病虫害など8項目を概説。各論は熱帯アジアを中心に栽培される特有な野菜を含む主要野菜35種の、英名・学名、原産地・分布、適応性、栽培法、生育期間・収穫、採種につき記載。総論・各論とも、熱帯地方での栽培における記述に富む。病虫害防除の具体的問題は、『熱帯野菜作の病害』（国際農林業協力協会編刊、1991）および『熱帯野菜作の害虫』（国際農林業協力協会編刊、1992）に譲る。なお、英文版『Handbook of tropical vegetable cultivation』（1993年刊）も同協会から出版されている。　5339

野菜園芸大事典 訂正追補版　野菜園芸大事典編集委員会編　養賢堂　1985.1　1554p 27cm　監修：清水茂　20000円
野菜園芸に関し体系的・網羅的に解説した便覧。1977年刊の初版の記述内容の一部を改訂し、重要な新規事項を追補した。わが国農業における野菜の地位の重要度の増大、学術的・技術的に顕著な発展に対応する。構成は2部（総論・各論）からなる。総論は14章からなり、野菜園芸の性格・現況、育種・栽培、施設と機械、病害虫と防除、加工利用、貯蔵・流通などにつき体系的に詳論。各論は野菜の類ごとに10章からなり、各野菜につき名称、来歴、用途、形状と生態、品種、育種、作型、栽培を詳細に記載。巻末に事項索引・作物索引（いずれも五十音順）あり。付表5種あり（プラスチック資材、野菜に対する登録生育調節剤一覧、野菜に対する除草剤一覧、その他の資材、登録農薬（殺虫剤）の適用表）。　5340

野菜園芸大百科　1-15　農文協編　農山漁村文化協会　1988-1989　15冊 27cm　9000-9270円
キュウリ、トマト、イチゴなど、約110種の野菜の原産、来歴、生理・生態、露地からハウスまでの栽培の基本技術、品種の利用などについて詳しく説明。15巻には、各野菜に共通する技術として、品質、鮮度、養液栽培、施設の資材について解説し、各県の農業・園芸試験場の研究課題、バイオテクノロジーにより育成された品種を収録。各巻の巻末にその巻で取り上げた野菜の地方品種一覧、全国の主要作型と品種、索引を付す。　5341

野菜栽培技術データ集　農耕と園芸編集部編　誠文堂新光社　1992.1　126p 26cm　新装版 4-416-49213-8　2800円
構成は、品種・作型・育苗、土と肥料、農薬、栽培資材、予冷と流通からなり、野菜栽培技術のデータを簡略化した表、イラスト、マニュアルにまとめた栽培者のためのハンドブック。索引はない。　5342

野菜の病害虫防除　カラー版　岸国平, 上住泰著　家の光協会　1995.1　267p 22cm　4-259-51721-X　3000円
「病害と害虫　病徴と生態・被害と特徴」「病害の防除法」の2部編成。病害では、キュウリ、スイカ、メロンなど、個々の野菜の病名、病徴、生態を説明し、実物カラー写真を掲載。また害虫についても害虫名、被害と特徴、虫の生態・生活史を説明し実物カラー写真を掲載。防除法ではこれらの病害、害虫について防除対策を説明する。　5343

◆花卉園芸

園芸植物　1，2　世界文化社　1986.7　2冊 28cm（生物大図鑑：決定版 9,10）　各7500円
日本で見られる代表的な2000種余りの園芸植物について、カラー写真とともに解説。園芸分類ではなく自然分類を採用し、植物を科の分類順に配列しているため、野生植物の図鑑との対比が容易である。渡来時期や由来、原産地や自生地の状態、特徴や鑑賞のポイント、形状および栽培などについて解説を行う。また、園芸作業のテクニックや園芸植物の楽しみ方なども収録されている。各巻末に、1・2巻共通の五十音順索引およびアルファベット順の属名索引がある。　5344

園芸植物図譜　浅山英一著　太田洋愛，二口善雄画　平凡社　1986.3　1冊 27cm　4-582-50611-9　30000円
「園芸植物の栽培」という解説、園芸植物図譜露地編、同温室編からなる。図譜部分は各頁の縦半分をカラー図版、残りの半分を解説に当てる。植物名は一般的な呼称を用い、別称・学名も並記。植物は科ごとに集め植物分類順に配列。巻末に植物の日本名索引、学名・英名索引、Super Indexとして観葉植物とシダ、山野草、らん科の植物と蘭、実のなる草と木、に分けた索引がある。1971-1977年刊の『原色図譜園芸植物』全2巻の新装合本。　5345

園芸植物大事典　1-6 青葉高〔ほか〕編　小学館　1988-1990　6冊 31cm　総監修：塚本洋太郎　付（1枚）：植物形態チャート　13500-13900円
本巻（第1-5巻）では、日本および世界の栽培植物に関する科、属、種などの名称を五十音順に配列し、豊富なカラー写真と共に、植物学・園芸学的見地から解説を加えている。別巻（第6巻）は用語・索引編で、植物学・園芸学用語の解説、参考文献一覧などの付録、および和名・学名・英名・独名・仏名の各索引を収録している。　5346

花卉園芸の事典　阿部定夫〔ほか〕編　朝倉書店　1986.10
　808p　22cm　4-254-41006-9　18000円
通常生産・販売されている464種の花きについて、来歴、形態、品種、生態、作型、栽培、病害虫、利用などを解説。実用的分類法により、一・二年草、宿根草、球根、花木、温室植物、観葉植物、ラン、サボテン・多肉植物に分類している。各項目末に文献リストがある。巻頭には花き名目次が、巻末には付録として病害虫、園芸資材編、用語解説が付されている。本文中の語も含む花き名索引、英名索引、学名索引がある。
5347

原色温室植物図鑑　1　塚本洋太郎著　大阪　保育社　1987.9
　337p　図版72p　22cm　4-586-30077-9　4800円
世界の温室植物についてカラー写真や単色図版とともに解説を行った図鑑。見出し語として植物の学名を用い、長く栽培されてきたもののみ和名を併記する。配列は科のアルファベット順で、科の中では属、種または品種のアルファベット順になっている。第1巻ではAcanthaceaeからCompositaeまで収録。巻末に参考文献リストおよび学名・和名の五十音順索引を付す。第2巻以降は未刊。
5348

原色花卉園芸大事典　養賢堂　1984.12　863p　図版235p
　27cm　監修：塚本洋太郎　22000円
花き園芸の全般的な知識について解説するとともに、各園芸植物の品種・栽培法を解説した事典。本文は1200余種のカラー写真を収録した図版、花き園芸の各分野にわたる研究の総説をまとめた総論、約130科・600属の園芸植物を科名のアルファベット順、科の中の属、種のアルファベット順に配列した各論からなる。各章末に参考文献、付録として園芸用語、花卉園芸参考書を収める。巻末には、五十音順の事項索引、和名索引およびアルファベット順の学名索引を付す。
5349

原色茶花大事典　京都　淡交社　1988.3　869,65p　27cm　監修：塚本洋太郎　執筆：庵原遜ほか　4-473-01020-1
　18000円
茶席で実際に用いられる植物を中心に、1601項目を収録した植物事典。各項目にはカラー図版が付されており、月別に標準和名の五十音順に配列されている。各項目の記述は、標準和名、標準和名の漢字、科名、別名、解説本文、栽培法、芽出し・開花期・実・照葉の表、取合わせるにふさわしいと思われる花名と花入の記載で構成されている。解説文中の見出し語には星印を付す。巻末には茶花の生け方の心得など8件の付録と、五十音順の花名・漢名・科名索引およびアルファベット順の学名索引がある。1992年に改訂2版が発行されている。頁数は初版に同じ。
5350

新編花卉園芸ハンドブック　鶴島久男著　養賢堂　1983.11
　8,ix,795p　図版　22cm　7900円
花き園芸全般について園芸の理論と技術とを解説したハンドブック。総論と各論からなり、総論では「花卉とは」「花卉の発達」「需要と生産」以下19章にわたりさまざまな観点から概説し、各論では一年草、多年草、球根類など約200種の栽培について解説している。巻末に学名索引と総合索引（事項および植物名）索引がある。『趣味・営利花卉園芸ハンドブック』（1968年刊）の全面改訂版。
5351

花の園芸用語事典　小西国義著　川島書店　1991.3　200p
　22cm　4-7610-0445-2　2500円
花に関係のある学術用語と園芸用語とを約1000語選んで、その意味や使い方を解説した事典。見出し語は五十音順に配列、英語形を付す。巻末に用語の英和対訳一覧を付す。
5352

フラワーデータブック　1992－　日本花普及センター編
　日本花普及センター　1992－　年刊　26cm
わが国の花き（切花、鉢もの、花壇用苗もの、花木、球根、芝、地被植物）に関する生産・流通・消費・貿易に関するデータを収録。さらに、先進諸国の花き状況についても掲載するとともに、参考資料として、花きに関する国および都道府県の行政、花き関係団体一覧表を掲載している。解題は1997年版による。
5353

盆栽大事典　日本盆栽協会編　京都　同朋舎出版　1983.2
　3冊　31cm　4-8104-9067-X　全118000円
盆栽についての初めての専門事典。歴史・人物・盆栽鉢・世界各国の現状をはじめ全領域にわたり、約6100項目（うち人名500）を収録。配列は見出し語の五十音順。盆栽の樹種には特に力を入れ、培養技術に加え樹種の生理・生態も解説。41の項目を特別項目として豊富なカラー写真を収録するほか、多数の写真を用いる。解説文中の見出し語に*印あり。3巻末に、盆栽・水石史年表、国内の各種盆栽団体名簿などを付すほか、分野別索引を置く。
5354

水草大図鑑　決定版　小林道信撮影・文　世界文化社
　1995.12　303p　27cm　4-418-95409-0　7800円
アクアリウム作成のための解説書。水槽レイアウト、水草の図鑑、アクアリウム・インテリア、水草に合う熱帯魚、水草の栽培方法の5章からなる。110の水槽レイアウト実例、水草、熱帯魚などについてほぼ全頁にカラー写真を掲載して解説を行っている。巻末に水草の和名（学名併記）の五十音順索引を付す。
5355

◆造園

ゴルフ場農薬ガイド　化学工業日報社　1990.10　273,34p　21cm　4-87326-065-5　7000円
ゴルフ場で農薬を使用する際の基礎的知識や注意点を解説したもの。1 プロローグ/ゴルフ場の声、2 ゴルフ場での農薬の必要性・役割と安全性について、3 主要病害の発生生態・予察法・殺菌剤の特徴、4 主要害虫の発生消長・予察法・殺虫剤の特徴、5 主要雑草の発生生態・除草剤の特徴、6 ゴルフ場での環境問題・農薬の安全性、7 農薬を知る、の7章で構成。巻末に、芝生に適用のある登録農薬一覧ほか4件の参考資料を付す。　5356

造園学用語集　日本造園学会編　養賢堂　1979.5　134p　19cm　1500円
造園学のコンパクトな用語集。日本造園学会創立50周年事業の一環として編まれた。2部からなり、和英の部は和文アルファベット順、英和の部は英文アルファベット順。用語は厳選収録され、解説はない。付録の造園植物表は3部からなり、Ⅰ部は造園植物の和名−学名−英名、Ⅱ部は学名−和名−英名、Ⅲ部は英名−和名−学名の対照リスト。和名と英名は科（family）も記載。　5357

造園修景大事典　1−10　第2版　造園修景大事典編集委員会編　京都　同朋舎出版　1985.11　10冊（別冊とも）　31cm　企画編集：ミューアドセンター　別冊（図版45枚　箱入(44cm)）：日本有名庭園実測図集　4-8104-9068-8　全168000円
和洋古今の造園修景に関する事項、用語、人名など総計約8000項目を収録。専門家はもちろん関連技術者ならびに一般読者をも利用対象とする。五十音順に項目を配列し、写真（一部カラー）・図面・図表などを豊富に挿入して解説を加えている。第8巻に出典および参考図書資料の一覧、第9巻に五十音順索引・分野別索引、および主要庭園一覧などの参考資料を付す。別冊付録として日本有名庭園実測図集（図版45枚）がある。　5358

造園施工管理用語辞典　新版　造園施工管理用語編集委員会編　山海堂　1996.8　6,424p　19cm　4-381-01050-7　4300円
造園学原論、造園材料、造園施工ほか11分野に分け、中は五十音順に用語を配列して解説した用語辞典。解説には図版も挿入。見出し語や重要な用語などは太字で表記、「を見よ」参照もある。巻末に付録として造園樹木一覧表、総合索引として11分野全体を通じた見出し語の五十音順索引がある。　5359

造園の事典　田畑貞寿，樋渡達也著　朝倉書店　1995.2　618p　22cm　4-254-41009-3　20600円
近年、都市の造園、自然風景地の保全など、公共空間の多様な緑化計画に多大な関心が払われるようになったことを背景に、造園学全般について豊富な計画設計事例をあげて記述した実用的な事典。Ⅰ 造園の基礎、Ⅱ 造園の計画、Ⅲ 造園の設計、Ⅳ 造園の材料、Ⅴ 造園の施工、Ⅵ 造園の管理の6章からなる。各章末に参考文献のリストを掲載。巻末付録として、造園関係法規と樹木リストがある。五十音順の索引を付す。　5360

造園ハンドブック　日本造園学会編　技報堂出版　1978.11　1350p　27cm　英文書名：『Handbook of landscape architecture』　4-7655-2002-1　25000円
造園の学問・実務と、その広範多岐な関連分野を盛り込み体系的に解説した便覧。日本造園学会の創立50周年（1975年）記念事業の一環として、その研究成果をまとめたものである。6編からなり、1編は造園、2編は計画、3編は材料、4編は施工（造園工事の実施）、5編は管理、6編は法規につき、いずれも多数の図版を用いて詳細に論述する。造園に携わるすべての人々が備え、他分野にも参考になるものを目指している。　5361

日本の自然公園　国立公園協会，日本自然保護協会編　講談社　1989.6　437p　31cm　監修：環境庁自然保護局　4-06-203993-1　9800円
わが国の自然公園法により指定された自然公園（国立公園、国定公園および都道府県立自然公園）のすべてと、自然環境保全法により指定された原生自然環境保全地域・自然環境保全地域を収録。各自然公園ごとに、概説、地形・地質、植物、動物などについて解説を行っている。各自然公園の地図を付す。　5362

蚕糸業

蚕糸学文献目録　〔第1集〕−第8集　日本蚕糸学会編　日

本学術振興会　1940－1987　8冊　19－27cm　6円80銭－8300円

現在第8集まで既刊。1－3集は通し番号を付けていないが、それぞれ次の出版物を指す。1 石川金太郎編『日本蚕糸学文献集』(1940年刊) 1670－1937年を収録。2－3 全国蚕業試験場運営協議会編『蚕糸学文献目録』(1958、1963年刊) 1938－1957年、1957－1962年を収録。世界の蚕糸学に関する文献を収録の対象としているが、商業誌は除いてある。各集の配列は若干異なるが、大体において桑、蚕、製糸・絹繊維、蚕糸経済、雑の大項目に分け、その中を細項目に分け、文献を配列している。項目一覧表が巻頭に、また著者索引が巻末にある。
5363

蚕糸業に関する文献目録　第293－640号　農林水産省蚕糸試験場編　農林水産省蚕糸試験場　1956－1988　月刊　348冊　25cm

蚕糸業に関する和洋文献を、「桑」「蚕」など約6の項目に分け体系的に配列し、書誌事項を記した文献目録。収録総数約8万5700件。農林水産省蚕糸試験場が1925年（大正15）－1988年（昭和63）までに1－640号を刊行。291号までは邦文編と欧文編の2部構成だが、292号からは統一。215号からはほぼ1年に1度、著者名を項目ごとにアルファベット順に配列した索引を別冊として刊行。292号までの誌名は『蚕業に関する文献目録』。
5364

蚕糸絹年鑑　1977－1995年版　日本蚕糸新聞社　1976－1995年刊　27cm

蚕糸業をめぐる内外の諸情勢と蚕糸業各部門の施策・生糸流通・絹織物の需要など、蚕糸・絹業に関する基本的な事項を、統計数字をあげて解説している。巻末に蚕糸業関係団体名簿と統計表がある。昭和6年版が創刊。1976年版までは『蚕糸年鑑』として刊行。1995年版で終刊。
5365

日中英蚕糸学用語集　農林水産省蚕糸試験場企画連絡室編　谷田部町(茨城県)　農林水産省蚕糸試験場企画連絡室　1982.11　160,〔16〕p 21cm　（企画連絡室資料 no.8）

『蚕糸学用語辞典』（日本蚕糸学会編、同学会、1979）に準拠したハンディな用語集。和名3167語を収録。配列は和名の五十音順で、別名（和）、英名・学名、中国語・拼音を記載。解説はない。巻末に中国語索引（字画順）、英名・学名索引あり。参考資料として、1 主な絹糸虫の分類、2 中国における主要桑品種の性状、3 中国における主要家蚕品種保存目録、4 文献、5 日中英度量衡比較表、を付す。
5366

畜産業

【辞典】

新編畜産学用語集　日本畜産学会編　養賢堂　1981.11　264p 19cm　2700円

畜産学の用語集。2部（和英の部・英和の部）からなり、いずれも約9000語を収録する。解説はない。『畜産学用語集』（日本畜産学会編、養賢堂、1964年刊。小改訂を経て改訂増補版は1973年刊）の第2次増補改訂にあたる。改訂増補版での収録語数は和英・英和とも約8400であった。巻末に、英語略語表、英文でよく使用されるラテン語、家畜の年齢・状態などによる英語の呼称を付す。
5367

畜産用語辞典　改訂・増補版　日本畜産学会編　養賢堂　1985.9　432p 19cm　4500円

『畜産学用語集』（1964年刊）の中から用語を選び、解説を付した辞典。1977年刊行の旧版では約3000語を収録していたが、本改訂・増補版では、追加約800語、削除約190語、加筆・訂正約1000語など、3分の2以上が改訂されている。本文では用語を五十音順に配列し、英語と解説を付記。付録として主要な家畜の形態学的な名称（英名・和名）が図によって示され、また家畜の年齢・状態などによる英語の呼称などを付す。巻末に英名索引がある。
5368

日英中家禽用語集　鷹見銑三著　農林統計協会　1983.9　130p 19cm　4-541-00436-4　3000円

日本・中国の家禽関係の図書の中から約1000語を収集し、日本語・英語・中国語および拼音を対照させた語彙集。各用語は5編に分類され、体系順に配列されている。実務的な用語が多く、また用語のみで解説は付されていない。巻末索引として、日本語索引（五十音順）、英語索引（アルファベット順）、中国語（拼音のアルファベット順）がある。
5369

養蜂用語辞典　第9巻　国際ミツバチ研究協会〔編〕町田　玉川大学ミツバチ科学研究所　1985.10　187p 21cm　英語－フランス語－日本語　第30回国際養蜂会議記

念 3000円

英語－フランス語－日本語の対訳による養蜂関係の専門用語集。養蜂、ミツバチ科学関係の用語1036語を英語のアルファベット順に配列し、対応するフランス語、日本語（ヘボン式ローマ字表記と日本語表記）を示している。第1巻から第8巻、第10巻は、国外で刊行されたほかの言語の対訳による同内容の用語集である。巻末にアルファベット順のフランス語索引、ラテン語索引、ローマ字表記アルファベット順の日本語索引、および度量衡換算表がある。　　　　　　　5370

【事典・便覧】

新畜産ハンドブック　扇元敬司〔ほか〕編　講談社　1995.11　578p 22cm　4-06-153711-3　8800円
10章からなり、改訂版では、家畜の生体機構、家畜の福祉衛生、家畜の放牧、畜産環境などの項目を新たに追加。農業団体の調査連絡担当者、教員および学生、地方自治体の関係部局者、食品関連企業など幅広い読者を対象としている。巻末に五十音順索引がある。『畜産ハンドブック』（1984年刊）の改訂版。　　5371

新編畜産大事典　畜産大事典編集委員会著　養賢堂　1996.2　1858p 27cm　監修：田先威和夫　4-8425-9601-5　41200円
畜産全般に関する専門事典。総論および各論、特論からなる。総論ではⅠ畜産、Ⅱ生体機構以下10章に分けて概説し、各論はⅠウシ、Ⅱウマ、Ⅲヒツジ・ヤギ以下Ⅷその他の動物まで、特論ではⅠ実験動物、Ⅱ世界の畜産事情、Ⅲ統計的手法を収める。巻末に各国の飼養標準ほか5つの付表、和文索引、英文索引を付す。1964年が初版でその後2回の改訂を経て本書となる。システム農学、バイオテクノロジーなど新しい情報も含める。　　　　　　　　　　　　　　　　　　5372

新編酪農ハンドブック　広瀬可恒，鈴木省三編著　養賢堂　1990.7　812p 19cm　執筆：河野則勝ほか　4-8425-9013-0　8755円
酪農関係者および学生を対象に、繁殖、飼育、搾乳、施設、経営など、酪農全分野にわたって必要事項を解説。全体を13章に分けて詳細に主題分類し、図表・図版を用いてわかりやすくまとめている。巻末に五十音順索引がある。1971年刊行の旧版を全面的に改訂したもの。　　　　　　　　　　　　　　　　　　5373

畜産環境対策大事典　農文協編　農山漁村文化協会　1995.1　797p 27cm　4-540-94137-2　15000円
畜産技術、畜産経営におけるふん尿処理を中心とした環境対策について、研究成果と実際技術の両面からアプローチしたもの。基礎編、技術編、事例編からなる。基礎編では、環境問題の発生源の解明、およびふん尿の処理と利用の基本を解説。技術編では、各種のふん尿処理技術・システムの紹介、飼養管理面からのアプローチ、各種資材の特徴と使い方などを解説。事例編では、わが国における畜産農家や地域の環境対策について22の実例を紹介している。畜産農家、現場指導者、技術者などを利用対象とする。索引はないが目次が詳細である。　　　　　　　　　　　　　　　　　　5374

酪農施設・設備ハンドブック　ミッドウェスト・プラン・サービス乳牛小委員会〔編〕堂腰純監訳　北海道農業施設研究会編　札幌　北海道農業施設研究会　1988.1　125p 30cm　MWPS-7　訳：太田竜太郎ほか『Dairy housing and equipment handbook　4 th ed.』の翻訳　2000円
アメリカのMidwest Plan Service（MWPS）が出版した多くの農業施設関係指導書の中の1分冊。乳牛施設、後継牛収容施設、搾乳牛舎など13章に分けて多くの図面を交えて具体的に示す。14 参考文献抜粋、15 索引、訳者注解を付す。　　　　　　　　　　5375

◆家畜飼料

飼料史年表　配合飼料供給安定機構編　配合飼料供給安定機構　1982.3　106p 26cm
欧米式近代畜産の紹介導入以来、一世紀余のわが国飼料史に関する年表。1867年（慶応3）から、1980年（昭和55）までを収録。わが国飼料の歴史的過程とその発展条件の変遷などについて技術的・社会経済的背景および関連する諸施策の動きを含め記述。構成は、飼料関係・畜産等農林水産関係・一般社会関係の三つに分け一覧する形をとる。　　　　　　　　5376

飼料ハンドブック　森本宏編　日本科学飼料協会　1969　304,28,25p 19cm 1200円
飼料に関する全般的知識を事典的にまとめたもの。約1000項目のもとに1600余語が解説されている。見出し語は五十音順配列で英語も付されている。巻末に飼料標準、飼料成分表のほか、略語解、和文索引、英文索引がある。1991年に改訂5版が発行されている。　　　　5377

草地学用語集　日本草地学会編　養賢堂　1985.3　232p 19cm 2500円
1972年刊行の『草地学用語集』を基礎とし、草地学関連の広い分野にわたって用語を収録。第1編は、学術用語4200の和英・英和・略語の対訳。第2編は、植物

名840の和名－英名－学名および学名－和名－英名の対照と、飼料作物の病名80および害虫名15の和名・学名・英名の対照である。
5378

粗飼料・草地ハンドブック 養賢堂 1989.10 948p 19cm 監修：高野信雄ほか 4-8425-8920-5 9785円
飼料作物、草地農業について解説した便覧。本文は序説と6章からなり、各章では、1 飼料作物・野草の種類・育種・採種、2 草地の生態・造成・利用・管理、3 飼料作物の栽培、4 自給飼料の調整と貯蔵、5 飼料作物用機械と施設、6 粗飼料の飼料価値・給与・経済性について解説する。巻末に参考資料と五十音順の索引を付す。
5379

流通飼料便覧 1994－ 農林統計協会 1994－ 年刊 21cm 監修：農林水産省畜産局流通飼料課
1993年までは『飼料便覧』。最新データをもとに毎年最新版が発行されている。本文は統計編と法令編からなる。統計編では、飼料の需給、配合・混合飼料の生産、飼料の価格などに関する各種統計表を掲載している。法令編では、飼料の安定供給、承認工場制度、関税割当制度、飼料の安全性、その他のテーマごとに関連法令を収録する。巻末に飼料成分表、関税率表、各種名簿などを付す。
5380

◆家畜・畜産動物各論

犬の事典 AKC公認全犬種標準書 アメリカン・ケンネル・クラブ原著 ディーエイチシー出版事業部訳 ディーエイチシー 1995.6 770p 図版20枚 22cm 日本語版監修：筒井敏彦, 高田進 『The complete dog book 18th ed.』の翻訳 4-88724-038-4 15000円
1992年5月1日までにアメリカン・ケンネル・クラブ（AKC）が認可した134犬種を、AKCのグループ区分別犬種制度に従って配列し、沿革・原産地、全体的概観、各部の特徴・欠点となる項目、毛色、サイズ、歩様、減点となるもの、採点基準、気質の標準を記載している。巻末に、健康管理と訓練、アルファベット順の用語集、五十音順の犬種名索引を付す。
5381

犬種大図鑑 ブルース・フォーグル著 ペットライフ社 1996.7 312p 30cm 日本語版監修：福山英也 発売：緑書房 『The encyclopedia of the dog』の翻訳 4-938396-33-5 6500円
家庭犬約360種類のカラー図版、原産国、起源、用途、寿命、別名、体重などを基本的データとし、特徴と犬種の歴史を紹介。犬の履歴、人間との関係、解剖図、犬の言葉、育て方の基本的な事項を解説。五十音順の事項索引、犬種名索引を付す。
5382

図説・動物文化史事典 人間と家畜の歴史 J.クラットン＝ブロック著 増井久代訳 原書房 1989.8 333, 24p 21cm 『Domesticated animals』の翻訳 4-562-02066-0 3800円
家畜とされている哺乳動物を、生物学、考古学、歴史的見地から考察。主にローマ帝国時代までを扱い、家畜種別に多くの図版を用いて解説している。付録として家畜（哺乳動物）の分類法、家畜とその野生原種のラテン名、第四紀の気候変化と考古学的時代区分を収録。巻末に日欧事項索引、人名・書籍関連索引、参考文献を付す。
5383

世界家畜図鑑 日本食肉協議会編 講談社 1987.12 223p 31cm 4-06-203068-3 9800円
世界の家畜のカラー写真511点と、分布・特性・品種の来歴などの解説を収録した図鑑。馬・牛・羊・豚・鶏・家禽の6種に分類し、それぞれおおまかな地域区分ごとに紹介している。巻末付録として家畜用語解説、世界家畜地図、参考資料・文献リストを付す。また和名・英名・学名の各索引がある。
5384

世界の犬種図鑑 エーファ・マリア・クレーマー著 古谷沙梨訳 誠文堂新光社 1992.6 319p 22cm 『Der Kosmos-Hundeführer』の翻訳 4-416-79200-X 3900円
ヨーロッパ、日本、中国、アメリカ、ロシア、オーストラリアの純粋犬種400余種について、体高の低い順から、カラー写真とともに歴史、性格、飼い方などについて解説。さらに、原産国、FCI（国際畜犬連盟）登録番号およびグループ番号、体高、体重、カラーを記載している。巻頭にFCI公認犬種分類表、巻末に犬種の五十音順索引を付す。
5385

世界の猫図鑑 山崎哲写真 グロリア・スティーブンス解説 山と渓谷社 1989.3 139p 29cm 『Legacy of the cat』の翻訳 4-635-59606-0 3900円
猫の純血種37種について、写真と起源、体型、性格などのプロフィールを紹介。飼い猫の歴史、遺伝の基礎についても掲載。著者は遺伝学の講師をしており、本書には猫の遺伝に関する知見が豊富である。写真は猫や犬の作品を多く発表している写真家によるもので猫の写真集でもある。巻末に「猫を知るキーワード」を付す。
5386

肉用牛経営・牛肉経済の文献リスト 1975年－1984年 谷田部町(茨城県)農業研究センター農業計画部・経営管理部 1985.1 74p 26cm （農業経営研究資料 第3

号）編集：鵜川洋樹

肉用牛経営、牛肉経済に関する国内文献を、単行書、逐次刊行物などから、1975-1984年発行のものに限定して、1047件収録している。研究対象に基づき、総論、技術構造と経営問題、市場問題、立地問題、諸外国と日本、牛肉の輸入自由化問題、その他、雑誌の特集号に分類され、発行年月の順に配列している。経営・経済関係では文献検索の便が少ないので、本書は貴重な文献リストである。
5387

日本養豚文献集〔第1輯〕-第4集 日本養豚研究会 1975-1990 4冊 26cm 出版者の名称変更：第4集は日本養豚学会

1901年（明治34）から1988年（昭和63）までにわが国で発表された豚に関する文献を収めた文献目録。一部外国誌に発表された論文もある。雑誌論文・資料などについては部門ごとに大分類し、さらに細目に分けて発表年月順に配列している。索引はないが、細目の目次がこれを補っている。単行本については、豚のみの単行本と、豚関係の部門が独立して書かれているものに分け、それぞれ発行年月の古い順に配列している。
5388

養豚ハンドブック 丹羽太左衛門編著 養賢堂 1994.10 906p 19cm 4-8425-9423-3 11330円

養豚を学ぶ学生のテキスト、参考書として利用できるとともに、養豚技術者、研究者、普及員、生産者、行政担当者などが養豚技術のスタンダードとして利用することもできる養豚に関する専門書。解剖、畜肉生理などの基礎学を導入するとともに、最近の凍結精液、受精卵（胚）移植、最新の日本飼育標準（豚）、畜種関連の技術・規定などを収録しているのが特徴。巻末に付録および五十音順の索引を付す。
5389

✥畜産物

食肉成分表 栄養成分と調理による変化 平成4年度 日本食肉消費総合センター〔1992〕 148p 15×21cm 平成4年度食肉消費改善総合対策事業

牛・豚の品種別、鶏の部位別の生肉、調理後の肉、内臓の下処理前後の肉について、基本調理前後の栄養成分とその変化をまとめた便覧。分析試料として、国産牛4品種の牛肉6部位、米国・豪州産輸入牛肉6部位、国産豚11品種の豚肉5部位、鶏肉5部位、牛・豚の内臓7部位、鶏の内臓3部位を扱っている。全体は6編からなり、1 目で見る食肉データガイド、2 生肉の栄養成分表、3 基本調理後肉の栄養成分表、4 下処

理後内臓の栄養成分表、5 食肉のエネルギーと主な栄養素の含有量ランキング、6 分析方法と解説から構成される。
5390

食肉便覧 昭和49年版- 農林水産省畜産局食肉鶏卵課編 中央畜産会 1974- 19cm

食肉生産、流通、輸・出入、税制、企業など食肉全般にわたるデータブックで、農水省の複数の統計を基とする。Ⅰ農業関係各種指標、Ⅱ畜産関係各種指標、Ⅲ肉畜及び食肉価格の概要など。ⅨからⅫまでは制度・法令の概要。ⅩⅢに名簿を掲載。解題は平成8年版による。およそ隔年刊。
5391

食肉用語事典 新増補版 日本食肉研究会編 大阪 食肉通信社 1992.8 514p 22cm 4-87988-005-1 5000円

食肉および食肉製品に関して、生産、疾病、衛生、規格、機械、流通、輸入、法律、加工物、添加物を中心に2757項目を収録し解説を行う。配列は日本語の五十音順で、英語名も併記されている。付録として、食肉各部位の国別名称の図や日本食品標準成分表などを付す。巻末に日本語索引および英語索引がある。初版は1976年刊行。
5392

日本食肉史年表 川辺長次郎編 大阪 食肉通信社 1980.10 176p 27cm 1500円

わが国における古代から現代（1980年3月まで）にかけての食肉政策および食肉業界の動向を年表にまとめたもの。食肉関係事項、畜産関係事項、一般社会情勢の動向を併記し、それぞれに出典資料名を付している。凡例中に参考文献一覧がある。索引はない。
5393

日本食肉年鑑 1967- 大阪 食肉通信社 1967- 年刊 22cm 監修：中央畜産会ほか

食肉に関する内外の情報を収集し、日本の畜産・食肉産業の現状について解説するとともに、関連統計および名簿を掲載した年鑑。1996年版は畜産・食肉需給、食肉流通、食肉加工・調理食品、食肉販売業、1996年の焦点、関係法規類、統計、名簿からなる。1969年までは興文社刊。
5394

日本乳業年鑑 1951年版- 日本乳製品協会編 日本乳製品協会 1951- 隔年刊 15-22cm 非売品

酪農乳業関係の統計・法規を収録。1987年版より「名簿・法規編」と「資料編」の2分冊となっている。名簿は特殊法人、関係官庁、試験研究機関、製造業者など多数収録されている。解題は1997年版による。
5395

フランス食肉事典 田中千博編著 三嶺書房 1991.4 516p 20cm 4-88294-020-5 6000円

フランスの肉食関連分野の用語事典。古代、中世から現代フランスの肉食が成立するに至るまで、文献上食用に供された肉食に関する用語を収録し、その加工や調理について解説する。見出し語はカタカナ表記の五十音順配列で、各見出し語ごとに原語の国名と原語の綴りを併記。解説の冒頭には動物、鳥、食肉、副生物、加工、副原料、香辛料、製品、料理、調理、食文化の11の分類名が付記されている。巻末には、フランス語のアルファベット順配列の索引を付す。　　　5396

ラルース・チーズ辞典 ロベール・クルティーヌ著　松木脩司訳　三洋出版貿易　1979.8　263p 27cm　はり込図1枚　15000円
フランスのLibrairie Larousse社から1973年に刊行された『Dictionnaire des fromages』の翻訳。チーズの種類やチーズに関連する用語、チーズ料理などを豊富な図版を用いて解説する。本文は、フランス語の見出し語のアルファベット順配列。巻末に原著参考文献、日本語版の参考文献およびチーズ別料理名一覧を付す。　　　5397

◆獣医学

家畜衛生ハンドブック 新版　佐沢弘士, 田中享一編　養賢堂　1988.5　984p 19cm　執筆：秋山綽ほか　4-8425-8809-8　8000円
畜産関係者および学生向きに家畜衛生全般を平易に解説した実用書。家畜の管理衛生、栄養と飼料衛生など9編からなる。旧版（1974年刊）を全面改訂したもので、飼養標準および家畜繁殖（牛）の基礎知識、家畜の排泄物処理技術を新たに収載し、200頁以上増加している。付録として、関係法規抜粋・統計・その他を付す。巻末に五十音順の事項索引がある。　　　5398

家畜解剖学用語 改訂再版　日本獣医学会家畜解剖学分科会編　共栄商事　1981.4　355,97p 18cm　2200円
Nomina Anatomica Veterinaria（N.A.V.）第2版（1975年の改訂を含む）の各語と、これに対応する日本語を収録した家畜解剖学の日本語学名集。解剖学の体系にのっとり、体各部の体位を示す用語、体肢用語、一般用語、体部、骨学、靱帯学、筋学、内蔵学、脈管学、神経系、感覚器、外皮、体の部位の体系順に日本語学名とラテン語学名を記載する。巻末にはアルファベット順のラテン語学名の索引があるが、和文の索引はなく、利用には専門的知識が必要。1978年刊の改訂再版。1987年に改訂3版を刊行。　　　5399

獣医英和大辞典 長谷川篤彦編　チクサン出版社　1992.5　1758p 27cm　表紙の書名：『English-Japanese veterinary dictionary』　4-88500-611-2　39000円
獣医学の臨床領域の用語を中心に、隣接する専門諸分野をも含めた用語を収録。配列は欧文見出し語のアルファベット順で、用語の意味のほか同義語、略語、語源などを併記、一部の語には発音記号が付される。巻末に欧文副見出し語索引、略語索引がある。なお普及版として『新獣医英和辞典』（1995年刊）がある。　　　5400

獣医学大辞典 獣医学大辞典編集委員会編　チクサン出版社　1989.3　1877p 27cm　51294円
獣医学および関連分野の用語から、実用性と重要性とに基づいて約5万6000語を選び解説を行う。見出しの配列は日本語読みの五十音順で、英語のほかドイツ語、ラテン語、略語、同義語を併記。対象動物としては、主体を牛、馬、豚、めん羊、山羊、家禽、犬猫に置き、それに実験動物などを含めている。巻末に、動物別解剖図一覧、外国語索引、略語索引を付す。　　　5401

新編獣医ハンドブック 中村良一〔ほか〕編　養賢堂　1988.3　1572p 22cm　執筆：天田明男ほか　4-8425-8805-5　18000円
牛・馬・豚などの産業家畜、犬・猫などのペットおよび野生動物の飼育管理ならびに疾病の予防・治療のための知識や技術をまとめたハンドブック。内科、寄生虫病、伝染病ほか20編からなり、そのなかではさらに主題（動物・病気の種類）により細分し、体系的に解説する。解説には図表を交える。第20編は関係法規。巻末に付表、五十音順の事項索引を付す。　　　5402

動物病名辞典 波岡茂郎, 伊沢久夫編集　養賢堂　1982.11　315p 22cm　執筆：酒井保ほか　3900円
約2000の動物の病名に対して解説を行う。英語の見出し語に対して和訳と解説を付す。対象となる動物として、野生動物・毛皮獣・実験動物を含む哺乳類、鳥類、爬虫類、両生類、魚類、水生軟体動物、甲殻類、蜜蜂、蚕などが網羅されている。巻末に和英索引があり、また付録として各種動物の臨床学的正常値データが付されている。　　　5403

動物用医薬品用具要覧 1952年版－　日本動物薬事協会編　日本動物薬事協会　1952－　不定期刊　21cm
2169品目の動物用医薬品を収録したもので、他に類書がない。配列は薬効別で、そのもとでは商品名の五十音順となっている。各医薬品について、成分分量、効能効果、用法用量、使用上の注意、包装価格などを詳細に記載。巻末には参考資料として動物用医薬品の使用の規制に関する法令の一部や関連会社一覧などを付

す。索引としては、薬効別索引、品名別索引、水産用および蚕用医薬品索引、医療用具索引、主要成分別索引がある。原則は隔年刊であるが必ずしもそうでない。解題は1996年版による。 *5404*

メルク獣医マニュアル 学窓社 1995.9 1901p 22cm 監修：牧田登之，山根義久 『The Merck veterinary manual 7 th ed.』の翻訳 4-87362-061-9 20600円
獣医および獣医以外の人も対象とし、動物の疾病の予防、診断、治療などを総合的に理解するための情報源を詳細に提供。第1部では、消化器系や内分泌系など解剖学的な14の器官系により症状を配列。第2部以降は、行動、臨床検査値と検査法、薬理学などの主題別に症状を配列し、解説を行っている。略語と記号一覧、巻末索引（和文・欧文）を付す。 *5405*

林業

日本林業年鑑 第1-41巻 林野弘済会 1950-1990 年刊 28cm
この分野の代表的な年鑑。総括編、民有林業編、国有林野編、都道府県の林政編、災害編、林産業編、工業編、機械編、試験研究編に分けて概説している。巻末に資料編、名簿編、主な法律・政令・府省令、林政日誌を付す。広告の索引が目次の次にある。解題は1990年版による。1990年版で終刊。 *5406*

【書誌】

ODCによる林業・林産関係国内文献分類目録 1972-1996年版 農林水産省森林総合研究所編 林業科学技術振興所 1973-1997 年刊 27cm
森林総合研究所の図書館に収集された林業・林産業に関する国内文献のうち、研究上必要性の高いものをODC（林業のためのオックスフォード十進分類法）によって分類している。1994年版の収録文献は317誌にわたる収録対象誌に1994年1月から12月の間に発表されたもので4663件ある。巻末に著者名およびキーワードによる索引が付いている。1997年版からはFOLISとしてwebでのみ提供。 *5407*

森林の公益機能に関する文献要約集 林業科学技術振興所編 日本治山治水協会 1988.6 506p 27cm 社団法人日本治山治水協会創立50周年記念出版
森林の水土保全機能およびその他の森林の公益的機能に関する明治以降1985年までの論文約1500編を、細かい項目別に整理し、各項目について詳しい要約を記載している。各章末に合計2万6000件の原著論文をリストしている。各要約文中に論文番号を肩書きし、内容から論文を参照できるようになっている。森林の公益的機能に関する既往の研究蓄積を集大成したものとして有益である。 *5408*

熱帯林業関係文献分類目録 第1集- 〔林野庁〕森林総合研究所企画調査部 1976- 26cm
日本で発行されている林業関係の学会誌・主要公的機関誌など30誌の創刊号から1990年までの中から熱帯・亜熱帯・満州・樺太・朝鮮に関する文献880をODC（林業のためのオックスフォード十進分類法）方式によって分類収録している。第1集は1976年に刊行され、各巻によって採録対象誌が異なる。索引はない。解題は第11集による。 *5409*

【辞典】

英中日林業用語集 朱恵方編 農林水産技術会議事務局訳編 農林統計協会 1980.7 10,590p 19cm 6695円
1977年版『英漢林業語彙』第2版に日本語訳を付したものであり、林業ならびに林学の広範囲にわたる用語1万9000語を英語・中国語・日本語で対訳している用語集である。本体は英語のアルファベット順で配列し、対訳と中国語の発音表記を記載している。巻頭に主要な参考文献をあげている。索引は巻末に配し、中国語索引は漢字の画数順、日本語索引は五十音順に配列している。 *5410*

現代林業・木材産業辞典 林業・木材産業辞典編集委員会編 日本林業調査会 1988.9 248p 19cm 4-88965-002-4 2200円
林業・木材産業関係者に必要な基礎および最新用語を幅広く収録し、実務・学習に役立つようにわかりやすく解説している。収録語数は約2000語で、林業・木材産業の用語はもとより、貿易・住宅関係からバイオテクノロジー・コンピュータ関係の用語を収録している。林業・木材関係者向きである。 *5411*

森林・林業・木材辞典 森林・林業・木材辞典編集委員会編 日本林業調査会 1993.10 375p 19cm 4-88965-047-4 2500円
森林・林業・木材産業に関する基礎および最新の用語3000語を森林生態・地球環境・森林施業・林業機械・

木材全般・木材流通・住宅などの11項目に分け、各項目の中で五十音順に用語を配列しそれぞれを短く平易な文章で解説している。巻頭に参考図書を記載。また、巻頭に事項の索引および英文略語の索引を載せている。森林・林業・木材産業に関連する幅広い領域を総合的にカバーしている。
5412

緑化技術用語事典 日本緑化工学会編 山海堂 1990.4 268p 19cm 4-381-02090-1 3200円
緑化工およびそれに関連する分野の用語約1800語を五十音順に配列し、やさしく解説している。巻末には緑化工に用いられる植物の特性一覧を掲載。英和対訳形式でアルファベット順索引を付す。緑化工に関連するほとんどすべての用語を網羅している。
5413

林業検索用語集 日本林学会編 日本林学会 1990.9 518p 22cm 6000円
林業全般にわたる用語を1万4000語近く収録している。前半はカタカナで五十音順に配列し、その英語を引くようになっており、後半は英語から日本語を引くようになっている。おのおのの語句についての解説はないが、非常に専門的な用語まで、また林業に関する広い範囲をカバーしているため、林業研究者あるいは林業技術者の論文作成、外国文献調査の上で役に立つものである。
5414

【事典・便覧】

森林の百科事典 太田猛彦〔ほか〕編 丸善 1996.11 826p 22cm 4-621-04261-0 18540円
森林本来の意義や機能を問い直し、全体像を総合的にとらえる視点で編纂されたもの。「総論編」は森林とは何か、森林と文化、今日の森林問題などを記述した読む事典、「各論編」は、項目を五十音順に配列し対照英語を付し解説した用語辞典である。巻末に統計編、和英・英和の用語索引を付す。
5415

林業機械ハンドブック 改訂版 スリーエム研究会編 スリーエム研究会 1981.3 603p 22cm 監修:山脇三平 7000円
林業機械の基礎・応用両面にわたる内容を網羅している便覧。解説は図版を多く用い、詳細にかつわかりやすいように考慮されている。巻末に資料として林業機械化年表があり林業機械化の歴史が示されている。巻末に五十音順の事項索引および林業機械メーカー・販売会社一覧を付す。
5416

林業技術ハンドブック 改訂版 全国林業改良普及協会 1990.3 1022p 19cm 監修:林野庁 6200円
林業経営・林業機械・森林保護・造林・森林機能保全・特用林産・林産など林業・林産業全般にわたる技術に関する事項を体系順に詳しく解説している。引用文献は各章末に記載。1967年発行の第1版、1979年の改訂版に続く第2回目の全面改訂版である。林業関係者への普及・指導書に適している。
5417

林業実務必携 第3版 東京農工大学農学部林学科編 朝倉書店 1987.5 607p 19cm 4-254-47015-0 7200円
測量、森林土壌、林木育種、造林、林業機械、山地防災、森林経理、林業法律、木材加工など林業・林産業全般を24の分野に分けて詳細に解説した便覧。各分野での項目の説明はところどころに図版もまじえ平易であり、林業実務家のための実用解説書である。巻末に分野ごとの参考図書および五十音順の事項索引を付す。1962年の初版、1978年の第2版につぐ第3版である。
5418

林業百科事典 新版 日本林業技術協会編 丸善 1971 1168p 26cm 8500円
広く林政・林業経営・森林立地・造林・森林保護・防災・伐木運材・木材加工・林産科学・特殊林産・森林植物・造園の各分野にわたる事項を詳しく解説した中項目主義の専門事典。巻末に五十音順の和文事項の索引とアルファベット順の欧文略語および人名の索引がある。1961年発行の旧版を全面的に改訂。
5419

◆樹木

木の大百科 平井信二著 朝倉書店 1996.11 2冊 27cm 「解説編」「写真編」に分冊刊行 4-254-47024-X 全49440円
木材として利用頻度の高いものを中心に日本産56科について404の樹種などの項目で系統分類順に収載。解説編ではイラスト、名称の由来、概要、材の組織、材の性質と利用などを記載。巻末に参考文献、和名索引、学名索引、欧文名索引を付す。写真編には樹姿、樹林、組織の顕微鏡写真などモノクロ写真約4000枚を掲載。解説と写真には番号による相互関係をもたせている。
5420

原色樹木図鑑 Ⅰ,Ⅱ 2版 北隆館 1991.6 2冊 19cm 監修:林弥栄ほか コンパクト版 4,5 4635円,4500円
『原色樹木大図鑑』☞5422 を底本として、一般植物愛好家、学生、初心者を対象に日本産の樹木全種および日本で見られる外国産樹木754種(Ⅰ)788種(Ⅱ)を紹介した。配列は『牧野新日本植物図鑑』☞3473 の

自然分類法に従い、和文の由来、原産地、分布、自然環境、用途、形態などを記載した。2巻共通の目次、巻末の和名索引、学名索引がある。カラー図版は『原色樹木大図鑑』による。第3版もあるが第2版と同じ。
5421

原色樹木大図鑑 北隆館 1985.5 878p 27cm 監修：林弥栄ほか 35000円
日本産の樹木を網羅したほか、日本で見られる外国産樹木、特に日本に輸入されている木材、食用植物、観葉植物を収録。収録数は基本種1529、関連記載種2000、総数約3500種。配列は『牧野新日本植物図鑑』 3473の自然分類法に従う。樹木の解説は分布・形態・用途など全般にわたっている。また、全基本種に樹形図を載せているのが最大の特徴で、さらに、部分図も豊富にあり、専門家だけでなく一般の読者層も対象としている。巻末に和名・学名による索引および用途別に分けた樹種の索引がある。
5422

原色日本林業樹木図鑑 〔第1巻〕-第5巻 倉田悟著 地球社 1964-1976 5冊（図共）31cm 監修：林野庁 第1-2巻の編者：日本林業技術協会編集委員会 7500-13000円
日本に野生する主要樹木を第1巻から第5巻までに、352種とりあげている。各樹種の特徴、分布、用途を詳細に解説し、図版は原色で描かれ、細かい部分も正確である。解説には英文も併記されている。樹種ごとに詳しい分布図およびエッセイ（2-5巻）が添えられている。各巻末に樹種名および学名の索引があり、第5巻末には全巻の樹種名、学名の索引がついている。第1巻、第2巻は改訂版が発行され分布表が拡充された。
5423

樹木根系図説 苅住昇著 誠文堂新光社 1979.6 1121p 27cm 38000円
総論で樹木の根系の構造と機能を詳細に解説し、各論で473種の根系および栽培に関する各樹種の生理生態的特性を多くの写真、図版を用いて解説している。総論では体系的に事項を説明し、各論の配列は植物学上の分類順による。各章節末に参考文献を多く掲載している。索引は巻末に総論の事項と各論の樹種名を五十音順で、樹種の学名をアルファベット順に並べている。やや専門的で実務家および研究者向けである。
5424

樹木大図説 第1-3，索引 上原敬二著 有明書房 1959-1961 4冊 27cm 7000-13000円
日本産木本植物（樹木）の大部分と主要な外国産樹木の164科、約1600属、約1万種を網羅している。配列は植物学による科の順番になっているが、同一科内では応用面の厚薄によっている。各樹種に対し、別名、形態、分布などを詳しく記載するとともに、豊富な絵図を用いて解説している。本文は3巻で構成し、別冊として索引がある。索引は和名だけでなく、科名、英名、漢字名でも検索できるようになっていて非常に便利である。
5425

新日本樹木総検索誌 改訂増補 杉本順一著 井上書店 1978.11 577p 19cm 4500円
日本（小笠原・沖縄を除く）に自生する全樹木を収録。高木、低木のほか、つる・竹笹類を含み、自生種・変種・品種すべてを網羅。科内の属の検索、属内の種の検索に重点を置く。分類はエングラー方式による。巻末に科名（和名）、属名（学名）、和名による各索引がある。『日本樹木総検索誌 増補改訂版』（六月社、1965）の全面改訂。本誌は記述による検索誌のため、実際の検索には図鑑などと併せて使用することが望ましい。
5426

冬芽でわかる落葉樹 カラー図鑑 馬場多久男解説・写真 長野 信濃毎日新聞社 1984.5 284p 22cm 監修：亀山章 2500円
日本に自生するものだけでなく庭園、公園に植栽されている外来種も含めて419種の落葉広葉樹を、カラー写真を多く使ってわかりやすく解説している。解説編の前に2叉分枝法による詳しい検索表があり、それにしたがって解説は配列されている。解説編では冬芽に限らず樹皮、枝、葉、花、実などの特徴を解説し、それらを写真で示している。巻末に参考に供した図書を列記している。また、巻末に樹種名、科名による五十音順の索引がある。
5427

日本の巨樹・巨木林 環境庁編 大蔵省印刷局 1991 9冊 30cm 第4回自然環境保全基礎調査
胸高部での幹周り300cmを越える巨樹およびそれらが複数生育している集団（巨木林）のほとんどすべてについて調査した結果を記載。県ごとにとりまとめられており、各巨樹の個別のデータは所在地・寸法・周りの状況など詳しい。その他に市町村別一覧表、分布図、構成樹種一覧、幹周順位表、故事伝承一覧表が記載されている。付録として今回の調査の要項および実施要領が掲載されている。巨樹・巨木林のほとんどが網羅されており資料としてとても貴重である。
5428

◆林産物・木材

きのこ カラー版　見分け方食べ方　清水大典，伊沢正名著　家の光協会　1988.9　335p　19cm　4-259-53634-6　2600円
日本産きのこの中で毒タケ19種、食タケ181種をカラー写真付きで解説している。前半はきのこに関する用語説明やきのこの形態から標本の作り方まで全般的な概説。後半の部分は図鑑の形式をとり、種類別に特徴、分布、味、料理法などを詳しく記述している。また、似た仲間、注意点も詳しく記載してあり、一般向けの野生きのこの採集ガイドブックとして利用できる。巻末にきのこ名の五十音順索引がある。　5429

木材活用事典　木材活用事典編集委員会編　産業調査会事典出版センター　1994.4　738p　27cm　4-88282-522-8　28000円
木材の組織・材質から木質材料・木質構造・流通まで26項目について体系的に平易な文で図版も多く用いながら詳しく解説している。巻末に主要木材の性質、各種許容応力度などの資料編および建築用木質材料、木材加工用機械器具の情報編を載せている。各章末に参考文献、巻末に五十音順の事項索引を付す。　5430

木材工学辞典　日本材料学会木質材料部門委員会編　工業出版　1982.5　975p　22cm　発売：泰流社　4-88470-344-8
広く諸分野にわたり、木材の組成から加工・利用・製造・製品に至る用語を約1万語収録し、解説している。配列は五十音順で、各項目について詳しく解説しているが、文章は平易である。各項目には英語・独語・学名が併記され、巻末の欧文索引を参照することによって、対訳辞書としても応用できる。木材に関する用語をほぼ網羅しており、一般読者および専門家両方を対象とする。　5431

木材の事典　浅野猪久夫編　朝倉書店　1982.11　456,6p　22cm　9500円
木材科学と木材関連産業全般に関する学術的・技術的成果を集約して、わかりやすく解説した専門事典。一般読者が利用しやすいように、項目別配列によらず総合的な解説の形態をとっている。各項目について簡潔な説明を行い、より詳しく知るために各章末に参考文献を列記した。また、字順による項目配列としなかったので、巻末に細かい事項索引を付す。　5432

木材の接着・接着剤　日本木材加工技術協会編　産業調査会「木の情報センター」　1996.2　249p　22cm　執筆：井口明ほか　発売：産調出版　4-88282-137-0　3300円
木材接着の基礎から、個々の接着剤の特性、接着機器、使用上の衛生・環境、わが国の接着剤生産の状況などについて解説する。全体は、第1部木材接着の基礎、第2部木材接着、第3部木材接着の応用からなる。巻末に五十音順の用語索引を付す。　5433

水産業

解説日本近代漁業年表　戦前編，戦後編　松本巌編著　水産社　1977-1980　2冊　26-27cm　1000-1200円
戦前編では明治初年（1868）から昭和20年（1945）までの、戦後編では1945-1979年までの、わが国漁業に関係した諸事項を年表としてまとめたものである。年表のほかに参考事項、引用資料が加えられ、利用の便が計られている。年表は日本と海外に分けられ、事項の年月日の順に配列され、解説がある。事項の理解を深めるため必要と思われる記述には、注番号がつけられ、参考事項の存在が示されている。　5434

水産年鑑　昭和29年版－　水産研究会編　水産週報社出版部　1953－　年刊　22-27cm
1995年（1-12月）の水産関係の事項を収録している。巻頭に1995-1996年の水産関係の行政・国際・業界一般、生産流通と一般事項の日誌が掲げられ、本文は1部流通と貿易、2部国際関係と行政、3部漁業生産と経営、4部水産会社、5部統計、6部名簿・要覧、7部全国主要漁連・漁協一覧からなっている。解題は第43集（1997年版）による。　5435

【書誌】

アワビ文献抄録集　アワビ文献抄録作成委員会作成　水産庁開発課栽培漁業企画班，水産庁養殖研究所編　水産庁振興部開発課　1995.3　299p　30cm
アワビ類の種苗生産の技術開発、放流効果調査、餌料海藻群落、すみ場の漁場造成などの調査・研究は極めて多く、3206点の文献抄録集である。第一著者の五十音順に配列されている。各項目は著者名、出版年、文

献標題、刊行物名、文献検索用キーワード、取扱い水域、抄録、原本所蔵機関、抄録作成者名などからなっている。付録として「アワビ類の漁獲量および種苗生産・放流に関する資料」と「アワビ類関連の統計年報一覧」がある。
5436

水産学文献検索資料 日本水産学会誌事項索引 第1巻(1932)－第46巻(1980) 日本水産学会編 日本水産学会 1982.2 353p 26cm ＜付＞総説・シンポジウム記録・水産学シリーズ総目次 創立50周年記念出版 発売：恒星社厚生閣 8000円
日本水産学会誌の第1巻（1932年）から第46巻（1980年）までに掲載された報文（論文、速報および短報）6223編、総説61編、シンポジウム記録45編の事項索引と、総説、シンポジウム記録ならびに日本水産学会が編集している水産学シリーズの総目次よりなっている。事項索引は『科学技術文献速報』☞*3079* の主題索引にならい、見出し語、修飾語、巻、頁、種別の順に記載されている。増補版として事項索引47巻－56巻（1981－1990年）、水産学シリーズ総目次が発行されている。
5437

日本水産文献集成 自明治元年至昭和20年 坂本武雄編 〔函館〕日本水産文献集成刊行会 1952－1953 10冊 25cm 谷川英一監修 謄写版
明治初年（1868）より昭和20年（1945）に至る78年間の本邦において刊行された水産関係雑誌、調査報告書など約300種の内容中より水産に関する研究調査、論説を網羅した文献集である。水産学総記、水産経済学、水産物理学及び化学、海洋学及び陸水学、水産植物学、水産動物学、水産増殖、漁業、水産食品製造、水産化学工業に分冊されている。文献には、著者、論題、巻号数、頁数、発行年、雑誌名が記載されている。
5438

【辞典】

漁業露和辞典 高昭宏編 米子 たたら書房 1977.10 305p 18cm 3300円
魚類、航海、海運、造船、生物学、植物学、動物学などを含んだ漁業に関係したあらゆる用語の露和辞典である。収録数は1万語以上あり、ロシア語のアルファベット順に配列されている。ロシア語文献の正確な理解、論文翻訳のために有用である。
5439

漁業和露辞典 高昭宏編 米子 たたら書房 1978.10 212p 18cm 3500円
1977年にたたら書房から出版された同じ編者の『漁業露和辞典』☞*5439* を基本にして編纂した辞書であるが、削除・追加した用語もあり、約7000語収録されて いる。ローマ字による学術用語の書き表し方〔文部省、昭和49年1月〕に従い、配列は英文アルファベット順である。『漁業露和辞典』と異なる点はロシア語に力点を付けてあること、生物に学名を付けてあることである。
5440

魚病学辞典 江草周三責任編集 近代出版 1982.12 383p 22cm 9800円
養殖魚類の疾病学の専門語を網羅するとともに魚類学（解剖学、生理学、生化学、血液学、栄養学など）、微生物学（ウイルス学、細菌学、真菌学など）、薬理学、病理学、寄生虫学、水産養殖学、およびその他の学術部門からも、魚病学に関連が深い項目を参照を含め3000項目選び収載した辞典。事項をカタカナで表記し、五十音順に配列されている。各項目には外国語が併記されている。
5441

水産学用語辞典 日本水産学会編 恒星社厚生閣 1989.4 316p 20cm 4-7699-0649-8 3605円
漁業、資源、生物、増養殖、海洋、環境、化学、利用、加工、社会、経済、法規などの諸分野から、水産学に関連の深い用語1651語を収録した。用語は五十音順配列で、外国語表記の用語は五十音の後にアルファベット順の配列となっている。見出し語には、英語が併記されている。付録として主要水産動植物和名・学名・英名一覧がある。
5442

総合水産辞典 和英・英和 3訂版 金田禎之編 成山堂書店 1992.7 827p 19cm 4-425-11093-5 12000円
水産に関する用語を科学技術分野だけでなく、社会、経済、法律、国際関係、貿易分野などから網羅的に収集し、1万2000項目を収録した。見出し語はローマ字のアルファベット順配列で対応する英語と解説を記載。生物については学名も記載した。巻末に英和索引、学名索引を付す。
5443

和西西和漁業用語集（スペイン語） 日本水産株式会社海上勤労グループ編 成山堂書店 1991.2 318p 18cm 4-425-16061-4 3000円
海上勤務の混乗者を対象に作成された用語集である。トロール船の甲板と工場で主に採録されたスペイン語を中心に漁船一般で使用できるようにした漁業用語集である。日本語の五十音順配列である。見開きの左側が日本語、その右に日本語の意味のスペイン語のカタカナ書き、このカタカナをスペイン語にしたのが見開きの右側にあり、その右に日本語のローマ字表記が記載されている。スペイン語の索引がある。
5444

【事典類】

魚病図鑑 畑井喜司雄〔ほか〕編 緑書房 1989.5 263p 29cm ルーズリーフ 4-89531-064-7 9800円
主要養殖魚にスッポンも含めた27種類の魚介類の主な疾病182種類を収載した図鑑。疾病ごとにその特徴をカラー写真で示し、疾病の症状、原因、対策について要領よく簡潔に記載されている。2部からなり、1部では海産魚、2部では淡水魚について記載している。各部の配列は魚類別に疾病を解説している。付録に「水産用医薬品について」がある。　　　　　　　　5445

魚類解剖図鑑 落合明編 緑書房 1987.2 250p 29cm 編集：現代出版プランニング ルーズリーフ 9800円
養殖魚として、または食用魚として重要な魚類36種の解剖図鑑である。種類ごとに全形、鰓、脳、心臓、腎臓などはカラー図版、消化器官は構造が複雑なのでカラー、白黒両図版、骨格は白黒図版である。また、解説として、解剖学上の特徴のほかに、呼び名、外見の特徴、分布・生息、成熟・産卵、発育・成長、食性などの知見が記載されている。天然ものと養殖ものとで形態上に差がある場合も、相違点が記載されている。
　　　　　　　　　　　　　　　　　　　　　　　5446

新水産ハンドブック 改訂版 川島利兵衛〔ほか〕編 講談社 1988.6 735p 19cm 4-06-153701-6 5400円
漁業、水産資源、海洋環境と陸水環境、水産生物、水産増養殖、水産化学、水産食品衛生、水産冷凍、水産加工、水産法規・水産経済まで現代の水産の知識を網羅したハンドブック。巻末に付録として漁具・漁法形態図、有用水産動物の産卵期、水産動物英名一覧ほか諸データを収録し、事項索引を付す。1981年刊の同書名のハンドブックの改訂版。　　　　　　　　　5447

日本漁具・漁法図説 改訂版 金田禎之著 成山堂書店 1981 635p 27cm 9800円
日本の漁業を体系的に分類し、代表的な約460種類について漁具の構造、漁法、漁期、対象とする漁獲物、その漁法が行われている漁場に関して図説したもの。全体を底曳網、船曳網、地曳網、ごち網、まき網など11の漁法に分け、その中をさらに細分している。章ごとに短く解説を述べた後、各項目を解説。五十音順の事項索引がある。1986年に増補改訂版が発行されている。　　　　　　　　　　　　　　　　　　　　5448

◆水産増殖

図鑑海藻の生態と藻礁 徳田廣〔ほか〕編 緑書房 1991.9 198p 27cm 執筆：新井章吾ほか 4-89531-444-8 14800円
天然の海で海藻がどのような姿で生えているかを前半に、人為的に投入した藻礁にいかにして海藻が生えるかを後半に紹介した図録である。主項目として扱った海産植物は緑藻植物42種、褐藻植物72種、紅藻植物80種、海産種子植物6種の計200種、関連種も含め総数247種を収録している。「海藻の生態」と「藻礁」の2部からなり、「海藻の生態」では生態写真と生息地、大きさ、寿命などの記述があり、「藻礁」では沈設した藻礁を継時的に写真で示している。付録として「藻礁小史」「藻礁一覧表」がある。　　　　5449

日本産コンブ類図鑑 改訂普及版 川嶋昭二編著 札幌 北日本海洋センター 1993.7 206p 26cm 初版の出版者：落石漁業協同組合 4800円
日本沿岸に分布するコンブ目4科37種のうちニセツルモ科（2種）とツルモ科（1種）を除き、コンブ科とアイヌワカメ科に属する34種類に千島列島の中から5種を加え、合計39種類のコンブ類が収録された図鑑である。2部からなり、1部は種類の特徴（図版・解説）、2部は日本産コンブ類概説である。1部の解説は標準和名、学名、異名、分布、形態、生態・その他の特徴、製品・用途からなっている。　　　　　　5450

熱帯魚繁殖大鑑 東博司著 緑書房 1991.7 509p 27cm 企画：フィッシュマガジン編集部 4-89531-624-6 19800円
著者の実際の飼育や繁殖経験に基づいて、約410種の淡水性熱帯魚の飼育と繁殖について記載した図鑑。構成は2章からなり、内容は1章「繁殖にとりかかる前に」では、主に知っておきたい基礎知識や繁殖と育成のポイントなどについて、2章「魚種別繁殖の実際」では、シクリッド、カラシン、コイ、アナバス、古代魚の仲間など各種の形態、生態、繁殖に関して記載。カラー・白黒写真を多数掲載。アマチュアの飼育家向き。巻末に魚名（通称）索引、学名索引がある。
　　　　　　　　　　　　　　　　　　　　　　　5451

マリン・アクアリウム ニック・デイキン原著 井田斉監訳 緑書房 1996.5 400p 31cm 『A book of the marine aquarium』の翻訳 4-89531-643-2 6800円
アクアリウム製作の助けとなるカラー図鑑。第1-3章では海中生物の生態、製作の実際、飼育方法など基本的な知識を説明。第4章熱帯性海水魚、第5章熱帯

海洋性無脊椎動物、第6章冷水域の海水魚の3章で、300種以上の海水魚、無脊椎動物を紹介。本書では魚やその他の海洋性無脊椎動物の生物的特性から飼育環境の変動要因、魚病対策を含めた維持管理、飼育動物の特性、飼育対象魚とその生息環境の保全など幅広く記述されている。巻末に五十音順の総索引とアルファベット順の学名・英名索引を付す。写真が豊富。
5452

商業

◆商業、流通業一般

【書誌】

商業・流通・サービス業に関する27年間の雑誌文献目録 昭和23年－昭和49年 日外アソシエーツ「雑誌文献目録」編集部編 日外アソシエーツ 1983.11 243p 27cm 発売：紀伊国屋書店 4-8169-0294-5 7800円
国立国会図書館監修『雑誌記事索引（人文・社会編）累積索引版』☞0139 をもとに日外アソシエーツが再編したテーマ別シリーズのひとつ。1万100件を収録。見出しは各テーマを表す大項目、その下をキーワード形式による見出し語によって細分化。配列は五十音順、巻末に事項索引を付す。なお昭和50－59年の10年間の目録は1987年に『運輸・通信・商業・流通に関する10年間の雑誌文献目録』☞5593 に、また1981－95年については『JOINT-B』（日外アソシエーツ、月刊）に収録。
5453

【辞典・事典】

商業辞典 改訂増補版 久保村隆祐，荒川祐吉編 同文館出版 1986.4 374p 19cm 2300円
商業関連用語約1500について解説した専門事典。1982年に初版。旧版に79項目を加えて改訂増補版とした。収録対象主題は、商業およびマーケティング。用語の五十音順に配列されている。解説は短く、図版などはない。巻末に事項索引があり、和文（五十音順）と欧文（アルファベット順）の2種類からなる。内容は学習者および実務家向けで、簡潔な解説がついており、わかりやすい。1995年には同社から『最新商業辞典』（鈴木安昭、白石善章編）として最新版を刊行。ほかに『商業用語辞典』（商業界、1997）、『現代商業・流通辞典』（宇野政雄ほか編著、中央経済社、1992）などがある。
5454

【名簿・名鑑】

全国商業通覧 1979-1985年版 通商産業大臣官房調査統計部編 通商産業調査会 1979-1985 3年毎刊 30cm
通商産業省の商業統計調査の対象となった全国事業所のうち飲食店を除く従業者5人以上の卸売業、小売業の名簿。構成は「東日本編 Ⅰ、Ⅱ」「西日本編 Ⅰ、Ⅱ」からなり、それぞれ県別の中を業種別に配列。各事業所の記載事項は、商店名、所在地、主要取扱商品名、資本金、従業者規模など。1979年以降3年ごとに刊行。本書は1982年6月1日調査のものである。1985年版で終刊。解題は1985年版による。
5455

【年鑑】

商業動態統計年報 昭和52年－平成7年 通商産業大臣官房調査統計部編 通商産業調査会 1979-1996 年刊 26cm
商業活動の動向を明らかにするため統計法に基づく指定統計調査として1950年より毎月実施している調査結果を年間集計したもの。流通の現状、個人消費の大局的動向が把握できる。昭和28－52年（1978年刊）までの『百貨店販売統計年報』を吸収。卸売、小売店販売統計が中心で、大半は大型卸売、大型小売店。大局的なデータの扱いなので総括的利用に向いている。平成8年版（1997年刊）からは『商業販売統計年報』に改題。解題は平成7年版による。
5456

流通経済の手引 1974年版－ 日経流通新聞編 日本経済新聞社 1973－ 年刊 19cm
日本の流通業、サービス業の動向を解説と統計を概観する年鑑。『日経流通新聞』の1年間の記事と各種調査を編集したもの。「流通の現状」「データに見る流通」の2部からなる。前者では業種別の動向、問題点、トピックスを詳述し、後者では各社別の売上高ランキングを示す。業態によっては店舗別ランキングまで明示しており、コンパクトながら詳細。付録として「流通新語集」「流通年表」「流通関係団体名簿」を付す。解題は1996年版による。
5457

流通統計資料集 1971－　流通経済研究所資料室編　流通経済研究所 1971－　年刊 26cm
国内・外の流通市場、実態のうち、より重要な統計を選定し、時系列に採り得るデータを中心に編集。内容はⅠ流通実態編（卸・小売業、大型店、百貨店、セルフ店、チェーンストア、割賦販売、飲食店および売上高、シェア）、Ⅱ市場実態編（家計）、Ⅲ基礎データ編（国民経済計算、人口、物価、経済予測）、Ⅳ海外データ編（主要国）よりなる。より詳細は『商業統計表』（通商産業省編）などと併用するとよい。解題は1997年版による。　　　　　　　　　　　　　　　5458

◆商業事情

◆◆商店街

全国商店街名鑑 昭和50年版－　全国商店街振興組合連合会 1975－　不定期刊 26cm
全国の商店街を都道府県別の商店街連合会ごとに配し、1万2328件を収録している。各商店街については名称、代表者名、所在地、会員数を記載し、巻頭に都道府県別・連合会名の索引と、全国商店街振興組合連合会の会員名簿・役員名簿を付す。前版は1992年に刊行。解題は平成7年版による。　　　　　　　　5459

◆商業経営、商店

新店舗施設管理用語小辞典　木地節郎, 浜田恵三編　同友館 1997.1　183p 19cm 1900円
店舗に関する全般的な知識を、用語の定義や説明などの概要あるいは要点をおさえた形で紹介した小辞典。『店舗施設管理用語小辞典』（1988年刊）の改訂版。全9分野から構成され、解説文中の見出し語はゴシック表示。巻末に用語の五十音順索引を付す。　　　5460

POS・SA用語辞典　流通システム開発センター編　ビジネス社 1986.3　137p 18cm 1500円
POSシステム（販売時点情報管理システム）、SA（ストアオートメーション）関係を中心に、流通情報関連用語を収録する。Ⅰ基礎用語編、Ⅱデータ活用（流通用語）編、Ⅲ流通マーケティング編からなり、配列は五十音順。巻末に五十音順索引を付す。　5461

流通会社年鑑 1976年版－　日本経済新聞社編　日本経済新聞社 1975－　年刊 26cm
同社による「日本の小売業調査」「日本の専門店調査」などの諸調査をもとに、補足取材を実施した流通会社2299社の経営内容を収録している。百貨店、スーパー、コンビニエンスストア、生協、専門店、問屋、外食の部からなり、各社について、資本金、沿革、業績、経営指標、商品構成などを記載。索引は、五十音順のほか、業態・業種別、地域別を備え、巻末には業態別の動向を解説。解題は1997年版による。　　5462

◆セールス

◆◆販売管理

職域販売チャネル開発便覧 1993－　工業市場研究所・出版部 1993－　不定期刊 27cm（Personal marketing series）
職域販売とは、販売業者が事業所、団体などの職域にいる顧客を対象として商品やサービスを販売する形態。本書はその販路開拓のための資料。市場動向の概要とケーススタディを解説する総論編、各職域を民間企業、官公庁・役所・病院、その他と分け、斡旋窓口、販売方法、取扱商品などを掲載するリスト編から構成。リスト編の配列は都道府県別企業・団体名の五十音順。通常外からわかりにくい職域販売の実態を伺える点が注目される。巻末に企業・団体名五十音順の索引を付す。1987年『職域販売』で創刊、1990年『職域販売斡旋窓口名鑑』と改題し、1993、1994、1997年版は現題で刊行。解題は1997年版による。　　　5463

訪販業界便覧　1995年版　訪販ニュース社編　宏文出版 1995.3　578p 27cm 35000円
訪問販売業界全体の1995年の動向を解説。第1章は業界動向として、年次動向、売上高・申告所得でみる企業勢力などを詳細に解説する。第2章は、化粧品、学習教材など8業種の主力企業の動向を解説。第3章は、社名の五十音順の会社名簿で会社の事業概要を収録し、取扱商品分野別企業一覧を付す。第4章は関連資料として、全国消費生活センターや関連協会の一覧、関連法規を収録。　　　　　　　　　　　　5464

訪問販売業界名鑑　工業市場研究所・出版部 1990－　隔年刊 26cm（Personal marketing series）
訪問販売市場と関連企業1250社のガイドである。Ⅰ市場動向編、Ⅱ訪問販売関連企業リスト編、Ⅲ百貨店外

商担当リスト編、Ⅳ参考資料編より構成。Ⅰには業界動向、市場規模、業界発達史、訪問販売の各種形態、消費者問題、訪問販売法〔訪問販売等に関する法律〕全文を掲載。健全な業界発展に寄与することを目的に、消費者問題を載せているのが特徴的。Ⅱは取扱品目別の企業概要、Ⅳは関係諸団体のリスト。巻末に五十音順索引、地域別索引を付す。解題は1996年版による。
5465

◆◆通信販売

カタログ通信販売業界総覧 カタログ通信販売業市場動向&通販実施企業・商材企業リスト 1991－ 工業市場研究所・出版部 1990－ 年刊 26cm (Personal marketing series)
全国のカタログ販売業、通信販売業および関連業界企業を収録した名鑑。市場動向編、通信販売実施企業編、商材企業編、周辺業界リストの4編からなる。市場動向編は、業界発展史、市場規模、利用実態および海外動向を記述。通信販売実施企業編は都道府県別に、商材企業編は取扱商品の分野別におのおの、所在、資本金、取扱商品、商品構成、売上高、利用媒体などを記載。巻末に五十音順索引を付す。『通信販売業界名簿』より1991年版から現タイトルに改題。解題は1997年版による。
5466

カタログ販売・通信販売新規商談ガイド 全国版 アーバンプロデュース出版部 1993.7 662p 26cm 61800円
カタログ・通信販売業者の販路開拓に主眼を置いた資料で、販売実施状況、商談情報を紹介。カタログ販売・通信販売実施企業、一般企業、デパート・スーパー、マスコミ系企業、クレジット会社、住販会社、生活協同組合・団体、放送局を収録し、それぞれ（放送局を除く）の商談データ、企業概要、取引条件などを掲載。索引なし。
5467

◆卸売業、問屋

異業種宝飾品企業名鑑 1995 ボイス情報 1994.11 488p 26cm 59740円
全国で異業種業界に参入している宝飾品企業（卸・小売）1053社の実態を、企業所在地の北から南へ順に配列した名鑑。記載内容は参入業種、連絡先、業績推移、（宝飾品の）商品構成及び素材構成、仕入・販売状況、主要仕入・販売先、特色などである。索引はない。
5468

日本医薬品卸業者名簿 昭和57年度版－ 日本医薬品卸業連合会 1982－ 隔年刊 26cm 『全国卸薬業者名簿』の改題 非売品
全国の社団法人日本医薬品卸業連合会の会員から1995年11月1日現在で提出された名簿に基づいて作成されたもの。全国を12地区に大別し、各都道府県団体別に会員構成員を五十音順に配列。会員が本社に属する場合は本社のほか各支店営業所、支店営業所に属する場合はその事業所のほか本社、またその支店営業所がさらに直轄の事業所を有する場合はその事業所について、名称、代表者名、所在地、電話、FAX番号を収録。巻末に会社名の五十音順索引を付す。解題は平成8年度版による。
5469

日本の食品問屋全調査 東日本編，西日本編 1998年版－ 日本食糧新聞社〔編〕 日本食糧新聞社 1988－ 隔年刊 26cm
原則として売上高10億円以上の食品卸売業を対象に調査し掲載。調査項目は社名、住所から会社の沿革・特色にまで多岐にわたる。巻頭に「全国企業五十音別索引」「都道府県別企業索引」を付す。通称「食品問屋年報」。1988年から『食品流通年報』より分離。解題は1998年版による。
5470

宝石・貴金属市場年鑑 1979年版－ 矢野経済研究所 1979－ 年刊 26cm
小売編は全国の有力小売業者1111社を、卸・メーカー編は1151社を収録し、各社の所在、設立年月、資本金、従業員数、売上高、商品構成、主要仕入・販売先などを記載し、地域順に配列している。巻頭に企業名五十音順、地域順索引がある。市場分析編では、同市場の実態分析、消費動向、市場規模予測、素材品別の輸出入および各種ランキングのほか、欧米市場の動向も収録している。1978年に『貴金属市場年鑑』で創刊。1992、1994、1996－1999年版は3分冊刊行となる。解題は1997年版による。
5471

◆小売業

◆◆専門店

家庭用品商工名鑑 1988年版－ 大阪 家庭日用品新聞社 1987－ 年刊 30cm「生産編」「流通編」に分冊刊行
家庭用品関連企業を生産編と流通編に分けて全国的に収録。生産編では、生産業種別案内に会社概要が収録され、配列は都道府県別企業名の五十音順。業種は細

かい商品から検索できるので便利。流通編は、卸売業者、貿易商社を収録する流通業種別案内、百貨店、量販店、通販などを収録する小売業種別案内、生産・流通関係団体、特許事務所を収録する業界関係団体編、業界関係役員名簿、商工一年史より構成。業種別案内に会社概要を収録、配列も生産編と同様。生産編、流通編とも巻頭に五十音順の商工名鑑企業索引を付す。『家庭日用品商工名鑑』1968/69年版－1986年版を引きつぎ改題したもの。解題は1997年版による。　*5472*

全国メンズファッション店名鑑 1991－　東日本編，西日本編　ボイス情報株式会社企画・編　ボイス情報　1991－　3年毎刊　26cm
全国各地域の有名なメンズファッション店を1995年現在で調査し、メンズアパレルやその他関連企業の販売先開拓に資することを目的とした名鑑。北海道から関東地方1311社を収録した「東日本編」と、富山県から沖縄県1418社を収録した「西日本編」の2冊から構成。内容は社名、代表者、所在地、創業、設立、資本金など計20項目。索引はない。解題は1996年版による。
　5473

ディスカウント名鑑 ディスカウント店名簿・業界問屋名簿 1991 ディスカウント新聞取材・編集　上本経営　1991.2　340p　26cm　12000円
『ディスカウント新聞』のディスカウント店定義に従った全国のディスカウント店や問屋のうち、ディスカウント店1301店、問屋398社の名鑑・名簿。全国を12ブロックに分けて配列し、企業名、本社住所などの所在地、代表者名、創業年月日、資本金、年商などを掲載。資本金などの会社内容を公表しない会社は、会社内容欄の記載はない。巻末に、ディスカウント店および総合問屋・総合現金問屋の五十音順総合索引を付す。　*5474*

ホームセンター名鑑 1985－　HCI(日本ホームセンター研究所)編　HCI(日本ホームセンター研究所)　1985－　年刊　26cm
1996年現在の全国のホームセンター、ドラッグストア、ディスカウントストア指向店、スーパーセンター、倉庫クラブ、ホーム・エンタテイメントストアの名鑑。小売922社7300店舗、卸業/メーカー572社、関連団体8団体を収録。経営企業（または本部）を都道府県別に分け五十音順配列し、代表者、本社、資本金などの項目を掲載。付録に「ホームセンター経営統計1997年版」、企業名から引ける五十音順索引、巻頭に一目でわかる「店舗所在地マップ」を付す。『ホームセンター名簿』としては1978年に会員用として刊行したが、1985年より公開用として創刊。解題は1997年版による。　*5475*

◆◆ 大型店

大型店計画総覧 1985年度版－　産業タイムズ社　1985－　不定期刊　26cm
全国各地の百貨店、スーパー、専門店、寄り合い型の店舗および商業ビルなどの新設・増設・リモデル・リニューアルなど各社個別計画案件を網羅、集大成した総覧。全体は4部構成で第1部　大手・中堅スーパー33社の出店戦略、第2部　全国の大型店と再開発ビルの計画、第3部　全国の大型店新増設（300㎡以上1000㎡未満）一覧、第4部　大型店関連資料編。第2部、第3部で2564件に及ぶ。巻末に五十音順からなる「施設名・出店者名索引」を付す。解題は1997年度版による。　*5476*

全国市区町村別大規模小売店舗要覧 第1種大規模小売店舗一覧　昭和59年版－　通商産業省産業政策局流通産業課編　通商産業調査会出版部　1984－　不定期刊　26cm
1993年6月1日現在の、大規模小売店舗における小売業の事業活動の調整に関する法律に基づく調整を終了した全国市区町村別の第1種大規模小売店舗の一覧表。構成は全国を9つの通商産業局別に、店舗名・所在地・公示日・業態・店舗面積・小売業者数、主な小売業者、閉店時刻、休業日数など、官報に公示された内容に必要項目をつけ加えている。索引はない。解題は平成6年版による。　*5477*

◆◆ 百貨店

日本の百貨店 1967年版－　日本繊研東京　1967－　隔年刊　27×37cm　（Marketing report）
日本の百貨店の統計を各社、各支店ごとに網羅的かつ体系的に収録したもの。巻頭には小売市場、百貨店の実勢を解説している。大半は調査集計表の個表である。役員、組織、経営指標、ブランド品取扱い状況、店舗レイアウト（または構成）、関連提携会社などを一覧表にまとめている。有価証券報告書、会社年鑑などでは得られない明細に及ぶ。五十音順と販売高ランキング別の会社別目次は本文中ほどにある。解題は1997年版による。　*5478*

百貨店調査年鑑 1976年度版－　ストアーズ社　1976－　年刊　27cm
販売統計（年間商品別売上高、月別商品別売上高）、名鑑（企業概要、店舗概要、売上、従業員、主要経営指標、顧客動員、立地環境）、人事職制表（幹部職員名簿、広報窓口）のほか、業界動向、売上高ランキン

グなどを掲載し、186社367店を収録している。巻末に五十音順の店名簿索引がある。1962-1971年度版の『デパートニュース調査年鑑』、1972-1975年度版の『デパートニュース百貨店調査年鑑』の改題。解題は1997年度版による。
5479

◆◆チェーンストア

コールド・チェーン・ハンドブック 食品流通システム協会編 日刊工業新聞社 1977.10 867,12p 22cm 9500円
食品流通の近代化を進める立場から、コールド・チェーンについて体系的に解説した便覧。食品流通、経済効果、技法と設備、食品別コールド・チェーン、冷凍食品の5編からなり、最後の6編に資料として、用語一覧、統計資料、法規類、関係機関名簿を収録。巻末に和文と英文の索引を付す。
5480

コンビニエンスストア・VC名鑑 1989年版- 流通産業新聞社 1988- 年刊 26cm
全国のコンビニエンスストア（CVS）やボランタリーチェーン（コンビニエンスストアとミニスーパーを展開しているチェーン組織）の名鑑。構成は総理府統計局にならった8ブロックに分け、その中ではチェーン名の五十音順である。チェーン名内は、本部企業名・組織形態・母体関連企業・代表者ほか、計24項目を記載。巻頭に五十音順の「CVS・ミニスーパーチェーン索引」があり、巻末に「全国有力CVSチェーン地域別店舗分布状況」ほか、参考資料を付し、速報性がある。解題は1992年版による。
5481

ショッピングセンター名鑑 1976- 日本ショッピングセンター協会 1976- 3年毎刊 26cm
全国のショッピングセンターの概要を都道府県別に収録している。おのおのの所在地、開設年月日、設計事項、面積、立地の特徴、商圏人口、来店客数、年間売上高、駐車場、従業員数、ディベロッパーの概要などのほか、キーテナントの概要と、主な取扱品目を表示したテナント一覧を掲載している。巻末には五十音順の索引がある。3年ごとに改訂され、1998年版は2分冊となった。解題は1994年版による。
5482

日本スーパー発達史年表 建野堅誠著 創成社 1994.4 229p 22cm 2200円
日本のスーパーマーケットについての年表で1953年から1983年の期間を収録。生成期・成長期・成熟期に区分して、スーパー関連、流通関連、政治・経済・社会・文化の関連項目の3項目に分けて収録。巻末の「文献・資料リスト」はこの年表を作成する際に参照

した文献・資料の一覧、付録として『日本経済新聞』のスーパー関連の記事の一覧（1953-1961年）を付す。
5483

日本スーパー名鑑 1997年版 商業界 1996 2冊 26cm 全53000円
全国のセルフサービスを採用している（売場面積231㎡以上、または年商1億円以上の）スーパーマーケット、ホームセンター、ディスカウントストア、ドラッグストア、バラエティストアの店舗名鑑。店舗編、本部編の2冊からなり、店舗編は都道府県別の中でチェーン店舗、独立店舗に分け所在地、開店年月日、店舗立地、テナント面積、駐車台数、売場面積などを記載。また閉鎖・閉店店舗も記載している。本部編は、都道府県別に企業名、所在地、資本金、売上高などの業績を記載。おのおのの巻末に五十音順索引を付す。1693年創刊の『日本スーパーマーケット名鑑』の改題。
5484

日本のスーパーチェーン 1989年度- 日本繊研東京 1989- 不定期刊 27×37cm （Marketing report）
日本のスーパーチェーンの統計を各社ごとに網羅的かつ体系的に収録したもの。巻頭にはスーパー、百貨店、一般小売店のマーケットシェア、商品別シェア、ついで1995年のスーパー、生協の販売高ランキングで小売業を通覧。大半は調査集計表の各社別個表で占める。その内容データは有価証券報告書や会社年鑑などでは得られない明細に及ぶ。巻末に都道府県別名簿を付す。1964年度（出版地、大阪）が創刊、1989年から出版地東京で東京事務所の自主企画により分離。解題は1998年版による。
5485

日本の総合小型店チェーン コンビニエンス・ストア, ミニスーパー全調査年鑑 1980年版- アイテマイズ 1980- 年刊 30cm
1994年調査の全国のコンビニエンス・ストアやミニ・スーパーなど55チェーン（コンビニ2万4181店、ミニ・スーパーなど3335店）を、チェーン年度別全店売上高、チェーン店数など、独自の項目に基づいて調査した年鑑。チェーンの売上順に配列、冒頭には今回の調査結果を分析した「まとめ」があり、本文中にはチェーンの売上順とチェーン名の五十音順からなる索引を付す。解題は1995年版による。
5486

日本のフランチャイズチェーン 1974- 商業界編 商業界 1974- 年刊 30cm「商業界」別冊
全国の小売業、サービス業、菓子・飲食業の516フランチャイズチェーンの本部企業の概要を掲載した年鑑。構成は「小売業」「サービス業」「菓子・飲食業」で3大分類し、さらに「業界」ごとの業種分類、業種

内ではチェーン名の五十音順に配列。加盟店の店舗数、展開エリア、チェーンの成長性などのフランチャイズチェーン本部の事業概要や、加盟店の「収益性」と必要投資額・加盟条件、および本部のリテールサポートを、評価・修正せずに掲載。巻末にチェーン名の五十音順の索引を付す。解題は1998年版による。　　　*5487*

◆サービス産業
■金融、統計、商業、広告、マーケティング、
交通、観光事業、通信事業をもみよ。

◆◆サービス産業

サービス産業年鑑 1980-1994　通商産業省産業政策局商務・サービス産業室編集　東洋法規出版　1980-1993　隔年刊　27cm
サービス産業を13の分野に分け、それぞれにおいて、概要・実態・展望などを統計やグラフも用いて体系的に整理した年鑑。冒頭に「サービス産業の現状や問題点、さらには今後の展望等を知る上で、充実した内容を持つ文献」とある。巻末に「サービス産業団体及び企業名簿」を付す。索引はない。解題は1994年版によるが以降休刊。　　　*5488*

◆◆外食産業、飲食店

外食企業年鑑 1997年版-　外食産業新聞社編　外食産業新聞社　1996-　年刊　26cm
外食産業の関連団体、外食産業、それらを支える食材流通企業のプロフィールを詳細に収録した年鑑。収録数は外食関係団体、組合約80団体、外食企業約700社、業務用食材流通業者約200社で、関係団体は順不同だが、それ以外は五十音順配列。記載内容は、外食企業（食材卸）が本社所在地、年商、従業員数、店舗数、会社沿革など、団体は本部事務局、設立趣旨、会員（組合員）など。巻頭に当年の外食産業の動向と展望、外食産業関係のデータ、『日本外食新聞』1996年1月1日号から12月5日号分までの第1面「人物」を掲載。『外食企業名鑑』の改題。解題は1997年版による。　　　*5489*

外食産業統計資料集 1981年版-　外食産業総合調査研究センター編　外食産業総合調査研究センター　1981-　年刊　26cm
同センター独自の最新調査データおよび国の統計資料や民間企業、関係団体などが調査、公表した最新の一般経済動向、家計、外食産業とその関係団体に関する統計資料を取りまとめたもの。全15章からなり、各章内では「外食の場所」、「経営指標」などの項目別配列である。各統計には統計資料の出所がある。また、統計調査上の飲食店などの定義や、外食関連の法律と制度、関連団体一覧などの参考資料も付す。解題は1998年版による。　　　*5490*

外食産業マーケティング便覧 1982-　富士経済　1982-　年刊　30cm
全国の外食産業14業種、125業態を総合的かつ個別的に分析した便覧。記載内容は市場規模推移や今後の展望など12項目からなる「総合分析」（下巻のみ）、14業種それぞれの市場規模推移など3項目からなる「業種分析」と125業態それぞれの市場規模推移など6項目からなる「個別業態分析」である。索引はない。1995年版より年1回刊行。解題は1996年版による。　　　*5491*

日経レストラン外食用語辞典　日経レストラン編　日経BP社　1995.1　600p　22cm　発売：日経BP出版センター　4600円
外食産業向けの雑誌や単行本の中から重要と思われる経営用語、調理・食材・メニューなどの関連用語約2000語を収録し、五十音順に配列して解説を付したもの。索引は、収録用語を5分野に区分して五十音順に配列した分野別索引とアルファベット順の外国語索引を付す。巻末資料として、「外食チェーン200社売上ランキング」や「外食産業関連団体一覧表」などの外食産業に関する資料を収録。　　　*5492*

日本の外食産業　総論編,企業事例編　1971-　産経新聞メディックスマーケティング部編　産経新聞メディックスマーケティング部　1971-　年刊　30cm
日本の外食産業を通覧できる資料集。「総論編」はⅠポストリストラの外食産業、Ⅱ上場企業、Ⅲ外食No.1の企業日本マクドナルド、Ⅳ注目すべき大手外食企業、Ⅴホテル、商業、アミューズメントの三位一体型の新しい商業集積における飲食施設、Ⅵ21世紀への外食ニュートレンド、Ⅶデータ分析、Ⅷ外食企業一覧。「企業事例編」は企業事例を個表で示し、企業名の総索引と業態別索引がある。解題は1998年版による。　　　*5493*

◆◆不動産業、ビル業
■土地、税務会計、金融事情、租税、地方財政、統計、
生活・消費者問題、各種建築、家政学、農業経済をもみよ。

宅地建物取引業者名鑑　東日本版,西日本版　昭和27年版-　住宅新報社編　住宅新報社　1952-　隔年刊　30cm　付・不動産鑑定業者名簿,登記所管轄一覧
1995年1月現在、建設大臣または知事の免許を受けて

いる東日本の不動産業者約8万社の名簿。市町村別に社名の五十音順に配列、免許番号、名称、所属団体、代表者氏名、所在地、FAX番号、電話番号を記す。業務内容はなく、索引もない。宅地建物取引業・鑑定業や国土利用計画法の所管一覧、登記所の管轄一覧、関連団体名簿が便利。西暦偶数年に発行。奇数年は『宅地建物取引業者名簿』（週刊住宅新聞社）が同じ形式で刊行。解題は「東日本版」1994年版による。
5494

宅地建物取引事典 第10次改訂版 日下千章, 坂本一洋著 学陽書房 1992.4 470p 20cm 3000円
不動産業の実務に際して必要となる事項を、法律用語を中心に収録し解説した辞典。資格試験の参考書を兼ねる。約800項目を「土地・建物・設備一般」「権利関係」「法令上の制限」「税」「需給」「鑑定評価」「法規」の7編に分類し、五十音順に配列。巻頭に全編を統合した五十音順の事項索引がある。初版は1970年発行、以降10回目の改訂を重ねている。
5495

ビルメン産業年鑑 1980-　ビルメン情報センター 1980-　年刊 26cm
ビル維持管理業界の一年間の実勢をまとめた年鑑。内容は1ビルメンテナンス業界、2ビルメンとその関連19団体、3関連学会、4業界関連資料、5優良ビルメン企業名簿、6所得ランキング750社など。巻中に優良企業名簿と、所得ランキングの企業別五十音順の索引を付す。解題は1995年版による。
5496

不動産取引用語辞典 関係法令から時事用語まで 4訂版 不動産適正取引推進機構, 不動産流通近代化センター編著 建設省建設経済局不動産業課監修 住宅新報社 1997.6 364p 19cm 2190円
不動産取引を適正・円滑に行うため、法律・税制・金融などの専門用語から建築までの関連用語をコンパクトにまとめた用語辞書。必要に応じてヨミガナ、原語、図版を添え、関連語への指示もある。巻頭に五十音順索引、巻末に分野別五十音順索引を付す。一般消費者がマイホームを建設・購入する際にも参考となる。初版は1986年。
5497

◆◆警備産業

全国警備産業名鑑 1992年版 大阪 警備評論社 1991.12 280p 27cm 警備評論創刊20周年記念 6000円
1991年10月末現在の全国警備業者5555社の名鑑。構成は北海道から順に沖縄県までの地域別。内容は会社名、代表者、所在地、電話番号。この他1971年以来20年間の警備業の推移、業界創草期のリーダーたちの企業理念とその歩みを記した警備業人国誌も収録。索引はない。
5498

◆広告・PR
出版、新聞、電気通信、放送事業、映画、大衆演芸をもみよ。

【辞書・事典】

広告用語辞典 新版 日経広告研究所編 日本経済新聞社 1997.4 189p 18cm （日経文庫） 900円
最近の広告関連の図書・雑誌から抽出した3000以上の広告用語より、約1000語を選定し、解説した用語辞典。配列は五十音順。見出し語には、英語を付記。巻頭に五十音順の索引がある。巻末には主な広告関連団体のリストを掲載。1992年第2版の全面改訂。
5499

【名簿・名鑑】

広告関連研究者名鑑 平成4年版 日経広告研究所編 日経広告研究所 1992.9 316p 26cm 15000円
現代日本の広告研究者とその研究内容を紹介する名鑑。日本広告学会員、日経広告研究所客員、全国の大学で広告関連講座を担当する教師、広告関連図書の著者の中から約300名にアンケート調査し、回答のあった200余名を掲載したもの。氏名の五十音順に、生年、現職、連絡先、自宅住所、出身大学、略歴、専門分野、所属学会、今後の研究テーマ、著訳編書、大学における広告関連講座（ゼミ）を紹介。
5500

全広連名鑑 平成7年版- 全日本広告連盟 1975-　年刊 21cm 全広連関係資料・各地広告協会会員名簿・広告関係統計資料・広告関係団体一覧
全日本広告連盟（全広連）加盟の各都道府県別36の地域広告協会の役員および会員会社5631社の名簿。各会社の所在地、電話、代表者などを収録。都道府県別に配列し、その中は業種別に分類。巻頭に全広連の活動の概要、巻末に広告関係資料として、広告関係の統計、広告関係公共機関・団体所在地一覧を収録。1975年に第1巻を刊行、平成7年版は通巻第20巻。解題は平成7年版による。
5501

【年鑑】

電通広告年鑑 昭和31年版- 電通編 電通 1956-　年刊 27cm
企業のマーケティング動向、生活者の動向、広告費・広告量など、日本および海外の主要国の広告界の動向について、表、グラフを多用し解説した年鑑。前年度

の各種広告賞の入賞作品をすべて収録。巻頭には1995年の広告界の主要な動きをまとめている。巻末に名簿として、広告関連団体、新聞社、広告制作会社、PR会社、番組制作会社などの所在地、創立、代表者、役員・幹部などを掲載。図表の目次もある。解題は1996/1997年版による。　　　　　　　　　　　5502

日本PR年鑑　昭和58年版　日本パブリック・リレーションズ協会事業委員会編　日本パブリック・リレーションズ協会　1983.7　867p 27cm 25000円
わが国のパブリックリレーションズ（PR）活動の現状を「年鑑」の形で初めてまとめたもの。6部からなり、第1部は現況編としてわが国のPR活動の現況、2部は研究編としてPRの事例研究、PRの定義集、3部はイベント編で1983年－84年の国内外の主要なイベント情報。4部はメディア編で各メディアおよび記者クラブの名簿。5部は資料・データ編で広報関係の書籍一覧、官公庁・企業団体一覧、記者会見場の会場費を記載。6部の名簿編にはPR会社の概要、PR人名録、PRSJ（日本パブリックリレーションズ協会）の法人・個人会員を記載。付録として「パブリシティ企画思考表」を付す。創刊号のみでその後出版されていないが、PRの事例が豊富に掲載されている。　　5503

◆◆広告事情

広告白書　昭和63年版－　日経広告研究所編　日経広告研究所　1988－　年刊 21cm
年間の日本の広告界の動向および広告周辺環境の推移を克明に記録し、内容を分析、解説。本文中に「広告・マーケティング研究一覧」として、年間の広告関連の論文一覧、および広告関連の図書一覧を掲載。また、次年度の広告費の見通しおよび中期予測も行っている。巻末には資料編として、日本の広告費、広告出稿量など、広告にかかわる各種の統計データを収録。1977年創刊の『広研広告白書』を1988年に改題したもの。解題は平成9年版による。　　　　　5504

◆◆広告美術

日本アド・プロダクション年鑑　1966－　六耀社　1966－　年刊 31cm　背の書名：『Annual of ad productions in Japan』　責任編集：U.G.サトー
日本の広告・宣伝会社の作品の年鑑。83社の代表作品を社名順に紹介。作品はポスター、リーフレット、新聞・雑誌広告、カタログ、マーク、カレンダー、パッケージ、TVコマーシャルフィルム、エディトリアルなど多岐にわたる。各社のデータは、社名、住所、電話・Fax番号、スタッフ名、クライアント名。付録として総合デザイン、コマーシャルフォト、コマーシャルフィルム、広告音楽の各プロダクションのリストがあり、得意分野や代表的作品を紹介。解題は1996年版による。　　　　　　　　　　　　　　　5505

Tokyo Art Directors Club annual 1988－　東京アートディレクターズクラブ編集　美術出版社　1988－　年刊 31cm
ADC（アートディレクターズクラブ）賞の受賞作品のカラー図版、ノミネート作品の図版を収録。ポスター、新聞広告、雑誌広告、テレビ・コマーシャル、ブック＆エディトリアル、小型グラフィックス、パッケージ、環境空間、CI/マーク＆ロゴタイプなどの広告美術作品を紹介。英文併記。巻頭に受賞者リスト、巻末にADC会員リスト＆索引を付す。1985年までは『年鑑広告美術』、その後『Annual of advertising art in Japan』を経て現題に改題。解題は1997年版による。　　　　　　　　　　　　　　　　　5506

◆◆広告代理業

広告関連会社名鑑　アド・ガイド 宣伝会議〔1976?〕－　年刊 26－27cm　『宣伝会議』別冊
広告会社、広告制作会社およびPR会社などの広告関連会社へのアンケート回答をもとにデータを掲載した名鑑。会社の従業員数で掲載内容に段階を設けている。10名未満の会社については、連絡先と代表者名。10名以上の会社は、さらに代表者略歴、資本金、売上高、関係会社、支社・営業所、主要株主、主取引銀行などの項目について掲載。50名以上の会社には、役員、幹部社員、会社略歴の項目もある。そのほか、媒体社、広告関連の協会・団体の名簿も収録。資料編として広告会社の動向、広告賞一覧、広告会社上位10社の組織図一覧、企業グループの広告関連会社一覧も収録。巻末に会社名五十音順の総索引を付す。解題は1997/1998年版による。　　　　　　　　　5507

◆◆イベント

イベント関連企業名鑑　1995 インタークロス研究所　1995.7　499p 26cm 30000円
日本のイベント産業関連800の企業・団体の名鑑。イベントが得意な会社、イベント関連団体のほか、イベント関連学校や保険会社、警備保障会社、気象情報会社まで、イベント関連の会社を25の専門分野に分けて収録。各分野の中は、都道府県別に配列。各項目の記載内容は、社名、所在地、電話番号。「イベントが得

意な会社」の項目のみさらに、代表者、設立日、資本金、従業員数、年間売上高、得意分野、主要得意先、イベント実績を掲載。索引として巻末に社名五十音順の掲載会社一覧を付す。不定期刊行だが、1995年版以降の刊行は未定。　　　　　　　　　　　　5508

日経イベント事典 1989/90-1996年版　日経BP社　1989-
　　1996年刊　28cm　（日経イベント別冊）
一年間のイベントを通覧する年鑑形式の事典。イベントの市場規模とその動向、イベントスケジュール、全国イベント会場ガイド、関連企業ガイドの4部構成。イベントスケジュールはイベントの種類ごとに月別に、会期・名称・会場・内容などを掲載。全国イベントガイドと関連企業ガイドは、それぞれ種類ごとに北から南へ、名称・主なイベント・主要業務・主な実績などを掲載し、文中に会場名、企業名の索引を付す。『日経イベント』の別冊として刊行。姉妹編として『日経SP年鑑』（日経BP社）もある。類書として『イベント事典』（イベント研究会編、産業調査会事典出版センター）や、日本イベント産業振興協会の出版物もある。解題は1996年版による。なお、1998年に『日経BPイベント事典　1999/2000年版』として改題、2000/2001年版も続刊。　　　　　　　　　　5509

◆◆屋外広告

全国屋外広告業者名鑑 1961年版-　全日本屋外広告業
　　団体連合会　1960-　年刊　26cm
社団法人全日本屋外広告業団体連合会とそれに所属する地区連合会およびその傘下の会員団体の名簿。構成は地域別。内容は事業所名、代表者名、住所、電話（fax）番号。日広連の定款・規約や屋外広告関連資材機器メーカー・リスト、広告関係団体一覧なども収録。巻末に事業所名の五十音順索引を付す。解題は1993年版による。　　　　　　　　　　　　　　　　5510

◆◆広告コピー、CM

ACC CM年鑑 1961/62/63-　全日本シーエム放送連
　　盟編　宣伝会議　1964-　年刊　31cm
1994年の放送CMの年鑑。ACC（全日本シーエム放送連盟）主催の「'94第34回ACC全日本CMフェスティバル」入選作429本を収録。全体をテレビCM、ラジオCM、CM音楽、地域CMの4部門に分け、各部門で郵政大臣賞、最優秀CM賞、最優秀スポットCM賞、最優秀シリーズCM賞、ACC賞、優秀賞、奨励賞の作品を紹介。記載内容は写真、シナリオ、製作スタッフ、受賞のことばなど。別に技術特別賞、タレント賞、話題賞からなる特別賞も紹介。付録に94年CM界の話題と動向、94年ACCのあゆみ、社団法人全日本シーエム放送連盟会員名簿。索引なし。創刊時の編者は全日本CM協議会、出版者は三彩社、1979-98年の出版者は誠文堂新光社、1994年より現在の編者、1999年より出版者は宣伝会議となる。解題は1995年版による。
　　　　　　　　　　　　　　　　　　　　　　5511

キャッチコピー大百科 業種別　久野寧子編　ピエ・ブック
　　ス　1996.5　598p　19cm　5800円
1985年1月から1995年12月までに朝日、読売、毎日、日経などの12紙に掲載された、新聞広告のキャッチコピーを選択して収録。約6000件を13の業種別に分類し、その中を年月日順に配列。キャッチコピーを見出しとし、掲載年度・紙名、クライアント名、商品名・広告テーマ、簡単な広告内容を記載。索引はない。　　5512

TCC広告年鑑 1990年-　東京コピーライターズクラブ
　　編　誠文堂新光社　1990-　年刊　31cm
コピー（広告文案）作品の年鑑。TCC（東京コピーライターズクラブ）会員がこの年鑑のために応募した作品7037点のうち552点を掲載。巻頭に編集委員による座談会、TCCクラブ賞作品の紹介。以下全体をA（酒類・タバコ）からN（ネーミング・カタログ・パンフレット）の14部門に分け、部門ごとに部門賞とノミネート作品を紹介。各作品には媒体の種別とコピーライターほかスタッフ名を記述。付録としてTCCの会員名簿。巻末にディレクター、広告主についての和文索引。『コピー年鑑』（1963-1989年）の改題。解題は1997年版による。　　　　　　　　　　　　5513

◆マーケティング

【書誌】

ビジネス調査資料総覧 産業/商品/生活者調査の情報源
　　1992-　日本能率協会総合研究所マーケティング・
　　データ・バンク編　日本能率協会総合研究所　1992-
　　年刊　30cm
企業の調査活動に有用と思われる官公庁・団体・企業などから公表されたが、一般には入手しにくい灰色文献を中心とする統計書・資料の目録。業種・社会・経済・経営などの分野別に掲載。記載事項は、資料名、発行元、発行年月、判型など詳細。ほかに資料出所先編（約5000機関の所在地、電話番号）、調査・企画会社編（企業概要、得意業種・テーマ、実施プロジェクトなど）もあり、名簿として有用。オンラインデータ

ベースとしても、ジーサーチ、BIGLOBE、ニフティサーブなどに提供。また、最新の資料掲載の月報も刊行。『総合マーケティング資料年報』(1968年創刊)の改題。解題は1997－1998年版による。　5514

【辞典・事典】

基本マーケティング用語辞典　出牛正芳編著　白桃書房　1995.8　318p 19cm 2500円
マーケティング論における用語の定義や解釈をはじめとした説明を付した辞典。『基本マーケティング・マネジメント用語辞典』(新版、1981年刊)の改訂版である。構成は用語の五十音順配列で、解説文中の見出し語はゴシック表示。原則として欧文併記。巻末に和文索引、欧文索引を付す。　5515

詳解マーケティング辞典　徳永豊〔ほか〕編　同文舘出版　1989.10　419p 22cm　4-495-62941-7　6000円
マーケティング用語の事典。マーケティング各分野と行動科学、社会科学、計量手法の用語を収録。外国語文献約150冊から見出し語約1600を選定、欧文訳と解説を付す。巻末に用語選定に用いた文献目録。同じ編者、発行所による『マーケティング英和辞典』☞5517は姉妹事典。　5516

マーケティング英和辞典　徳永豊〔ほか〕編　同文舘出版　1989.10　422p 22cm 6000円
マーケティング分野で使われる英語の用語集。マーケティング各分野と行動科学、社会科学、計量手法の用語を収録。外国語文献150冊から、略語も含む見出し語約1万5000を選定した。解説はごく短い。同じ編者、発行所による『詳解マーケティング辞典』☞5516は姉妹事典。　5517

マーケティング用語辞典　新井喜美夫編　東洋経済新報社　1986.3　266p 20cm 1800円
コンパクトなマーケティング用語辞典。見出し語は章ごとに体系的に配置、読む辞典の性格が強い。章分けはマーケティング、社会環境・市場、消費者と消費行動、消費者調査、商品・サービス、流通・物流、販売促進・広告。各章冒頭には短い各論的解説がある。各項目は見出し語、対応する英語(一部)、解説からなる。巻末に和文と英文の索引がある。　5518

マーケティング用語辞典　2版　村田昭治編　日本経済新聞社 1987.4　202p 18cm　(日経文庫 269)　600円
新書タイプのコンパクトなマーケティング用語辞典。できるだけオーソドックスな用語をとりあげる方針で編集。項目は五十音順配列で、見出し語、英語(一部)、解説からなる。見出し語には略語も含む。巻頭に事項索引あり。1978年初版。ビジネスマン、学生、広告マン、マーケティングマン向き。　5519

【便覧】

顧客組織化成功実例集　データベースマーケティング時代の友の会・自社カード戦略　工業市場研究所・出版部 1995.3　439p 27cm　(Personal marketing series)　48000円
顧客をファンとみなし、会員として組織化・データベース化していろいろなサービスを提供し、固定を図る販売促進の手法についての便覧。マルチメディア社会の到来に合わせて、顧客とのツーウェイコミュニケーションの重要性を認識した45社の実例を分析したもの。巻末に利用上の注意を付す。『組織化要覧』(1979、1984年版)、『顧客組織化要覧』(1988年版)、『新・顧客組織化実例集』(1989年刊)、『顧客情報の戦略的活用』(1991年刊)、『会員組織名鑑』(1993年刊)を引き継ぐもの。　5520

◆◆商品

現代商品大辞典　新商品版　向坊隆〔ほか〕編　東洋経済新報社　1986.10　1005p 27cm　4-492-01036-X　25000円
1970、80年代に出現した新しい商品についての情報を体系的に記述した事典。新素材商品、情報・エレクトロニクス機器、メカトロニクス機器を主要な対象とし、ファッション(アパレル)商品、食料品、医薬品などにも触れる。巻末に欧・和文索引あり。業界誌名も記載されている商品関係団体一覧を付す。　5521

商品大辞典〔全面改訂版〕編集委員：石井頼三〔ほか〕東洋経済新報社 1976　1608p 27cm 20000円
現代の商品4万種と周辺産業の知識を体系的に記述した事典。生産財から消費財への流れに沿って商品群を21に大分類し、以下細分類して単位商品に至る。大・中分類で商品の沿革、分類、統計、展望を概説。個別商品は概説、製法、種類から生産、流通、消費までを詳述。項目末尾に製造・取扱会社名。商品名、部品、工程、製法には可能な限り外国語を、規格商品にはJIS番号を付す。付録に物資年度、特殊単位、以下各種団体のリスト、規格、品質表示マーク一覧など。図版写真が多く、和・欧文索引を付す。類例のない詳細な事典。旧版は『体系商品辞典』(1952年刊)を受け継ぐ『商品大辞典』の3訂版に当たる。さらに本書続編として『現代商品大事典　新商品版』☞5521がある。　5522

日本標準商品分類 平成2年6月改訂 総務庁統計局統計
　基準部編 全国統計協会連合会 1990.11 715p 30cm
　英文書名：『Standard commodity classification
　for Japan』英文併記 8738円
統計の作成表示の要具とするため、商品の全分野を網羅し、原則として6桁段階まで細分した、わが国の標準商品分類表。分類は10の大分類に分け、1 粗原料及びエネルギー源、2 加工基礎材及び中間製品、3 生産用設備機器及びエネルギー機器、4 輸送用機器、5 情報・通信機器、6 その他の機器、7 食料品、飲料及び製造たばこ、8 生活・文化用品、9 スクラップ及びウエイスト、0 分類不能の下に、個々の中分類に区分し、さらに各中分類は商品群の詳細に応じて3桁以上に細分。昭和25年3月に設定され、実情に即応して数度の改定をした。
　　　　　　　　　　　　　　　　　　　　5523

◆◆パッケージ、包装

全国包装産業名鑑 昭和61年度版- 日報編 日報 1986-
　隔年刊 27cm
全国の包装産業関連の企業を網羅した名鑑。巻頭に地域別会社一覧、五十音別会社一覧、業種別会社一覧、巻末に参考資料として包装関連官庁、諸組合団体一覧を付す。前回（平成4年版）のものを改訂追補し、約4000社の企業を収録。巻末に広告索引（五十音順）を付す。1999年版から『全国包装関連企業ガイド』に改題。解題は平成6年度版による。
　　　　　　　　　　　　　　　　　　　　5524

年鑑日本のパッケージデザイン 1985- 日本パッケージ
　デザイン協会編 六耀社 1985- 隔年刊 31cm 英文
　書名：『Package design in Japan』英文併記
同協会主催で隔年開催される「日本パッケージデザイン大賞」に出品し、そのうち入選作品（入賞作品含む）となった332点を収録。入賞以外の作品は食品、菓子などといった分野別に配列され、作品名と作品に携わった人名・団体名を付す。クリエーター、クライアント、製作関連会社から引ける五十音順索引がある。巻末に同協会の会員名簿を付す。隔年ごとに『Package design JPDA member's work today』（1986-）を交互に刊行。解題は1997年版による。
　　　　　　　　　　　　　　　　　　　　5525

◆◆市場調査、マーケティングリサーチ

郊外市区町村別マーケティング・マップと人口・世帯数表
　1973-1992 大阪 関西ビジネス・サービスマーケティング研究室 1973-1992 不定期刊 37cm （KBSのマーケティング情報シリーズ）「首都編」「中部編」「近畿編」に分冊刊行
各都道府県把握の町丁区分別人口・世帯表と市区町村別マーケティングマップからなる。前者は各都道府県公表のものを発行者が集成したもの。何市何区の何町何丁目というエリアマーケティングに欠くことのできないレベルのデータ集。公刊されているほかの人口統計書は市区町村レベルどまりが多い。マップ編は商圏を概観しやすく表示。ショッピングセンター一覧表、高速道路月別インターチェンジ別出入交通量も付す。解題は1990年版による。
　　　　　　　　　　　　　　　　　　　　5526

市場占有率 1992年版- 日経産業新聞著 日本経済新聞
　社 1991- 年刊 18cm
『日本経済新聞』『日経産業新聞』紙上に掲載した「百品目シェア調査」に加筆、修正し、新たに63品目の製品サービスについて書き下したもの。マルチメディア、情報・通信、エレクトロニクス、エネルギー・金属・化学、機械、自動車、食品、住宅・建設・不動産、生活・サービス・医療関係、レジャー・娯楽、輸送・サービス、流通の12章で構成。1986年創刊後1990年は『会社実力ランキング'90』、1991年は『ザ・シェア'91』を経て1992年再び元の標題に改題。解題は1998年版による。
　　　　　　　　　　　　　　　　　　　　5527

市場調査文献情報 1989 企業文献研究会編 地久館出版
　1989.7 183p 26cm 発売：原書房 6300円
食品からレジャー産業まで、市場調査に関する図書・雑誌論文で1987年3月から1989年2月頃までに刊行されたものを中心に収録。構成は53の業種別に区分し、その中は資料の五十音順に配列。各資料の発行所の住所などを「注」として、資料名が初めて掲載された頁に収録。
　　　　　　　　　　　　　　　　　　　　5528

地域戦略情報資料集 1969-1996 大阪 関西ビジネス・
　サービスマーケティング研究室 1969-1996 年刊
　26cm （KBSのマーケティング情報シリーズ）「首都編」「中部編」「近畿編」に分冊刊行
人口、所得と購買動向、建設・住宅、商業、金融、開発・計画、運輸に分け、マーケット調査に関する市区町村の統計などを載せる。巻頭特集では、流通業と関連の高い計画中の各プロジェクトや新交通網を横断的に市町村別に整理。解題は1992年版による。
　　　　　　　　　　　　　　　　　　　　5529

日本マーケットシェア事典 1972年版- 矢野経済研究所
　1972- 年刊 27cm
市場に流通している多種多様な生産物・商品・製品を産業別・品目別に分類し、過去数年間における生産・出荷・販売および企業別シェアの推移と、メーカー数、上位寡占度、ほかの主要メーカーなどをまとめている。また産業別・品目別に業界概況、輸出入高、売上高・利益高ランキングなど、統計資料を用いて説明。巻末

には、商品項目別索引を付す。解題は1997年版による。
5530

マーケティング・リサーチ用語辞典　日本マーケティング・リサーチ協会編　同友館　1995.5　162p　20cm　1800円
マーケティング・リサーチの基本的な用語を解説。巻末に付録として、マーケティング・リサーチに関する諸原則、マーケティング・リサーチ関係定期刊行物、および参考文献、和文索引（五十音順）、欧文索引（アルファベット順）を付す。
5531

◆物流、商品流通

最新・商品流通ハンドブック　日経産業消費研究所編　日本経済新聞社　1992.12　661p　22cm　48000円
主要な商品別に、市場とその需給、流通チャネルの現状について解説したハンドブック。1 食品、2 衣料品、3 身の回り品、4 日用雑貨、5 家庭用品、6 リビング用品、7 余暇関連用品に区分。1981年刊『商品流通ハンドブック』の改訂版。巻末に小売業態分析あり。
5532

流通用語辞典　田島義博編　東洋経済新報社　1980.10　193p　20cm　1600円
読む性格の強い流通用語のコンパクトな辞典。各項目は見出し語と、それに対応する英語と解説からなる。見出しには「新業態の創始者」という意味から外国の企業名も含む。付録として日本の流通問題、欧米における流通の現状と動向、主要品別流通機構図、流通統計、流通年表あり。巻末索引は企業名、略語も含み、若い実務家、経済・経営・商学系の学生が利用対象。
5533

流通用語辞典　17版　日本経済新聞社編　日本経済新聞社　1994.12　170p　18cm　（日経文庫）　750円
流通と流通産業用語を解説した新書タイプの辞典。各項目は見出し語、必要に応じて英語を併記した解説からなる。巻頭に事項索引。1970年初版以降数年に1回改訂を重ねている。ビジネスの現場で働く人、流通を学ぶ人を対象とする。
5534

◆◆食品流通

食品トレンド　1990年版－　日本食糧新聞社〔編〕日本食糧新聞社　1990－　年刊　26cm

総合編では「ライフスタイルの変化と近未来予測」「生産・消費基礎データ」「世界の中の日本の食品産業」「食品流通業界の動向と展望」「'96食品トレンド特別企画」と章立てし、グラフ・統計を用いて総合的に解説。産業編で食品産業を11の項目に分け、その中の各業種について、グラフ・統計を用いて売上高、販売推移、消費状況などを解説する。1990年に『食品流通年報』から分離。1991年には『食品newトレンド』を分離。解題は1996年版による。
5535

食品流通実勢マップ　1988－　日本食糧新聞社　1988－　隔年刊　30cm「総合編」「東日本・中日本編」「西日本編」に分冊刊行
「総合編」では、民力、商社、問屋、スーパー、CVS（コンビニエンス・ストア）、ミニスーパー、百貨店、外食に分け、食品流通関連の統計データをグラフや表にして掲載。「東日本・中日本編」「西日本編」では地域別に民力、生活圏スーパーマーケットデータ、生活圏CVSデータ、外食データ、問屋、スーパー、CVS、ミニスーパー業績一覧、スーパーランキングなどのデータを掲載する。解題は1997年版による。
5536

食品流通統計年鑑　1993年版－　流通システム研究センター　1993－　年刊　27cm
34項目にわたり、食品の供給量、関係団体、調査期間発表資料など、流通に関する統計資料を収集、整備し編纂したもの。各食品の冒頭部分にそれぞれの専門家による需給や製品動向などの解説を設ける。巻末に関係団体一覧を付す。『食品流通年鑑』の改題。解題は1997年版による。
5537

◆◆卸売市場

市場流通要覧　第4版　大成出版社　1989.9　345p　22cm　監修：農林水産省食品流通局市場課　3300円
卸売市場制度、生鮮食料品など流通にかかわる統計情報などを整理。中央および地方卸売市場についての概要を掲載。
5538

◆◆商品取引所

海外商品取引所の概要　全国商品取引所連合会　1984－　不定期刊　26cm
世界をアメリカ編、イギリス編、カナダ編、ヨーロッパ編、東南アジア編、その他の地域と6つに分け、各取引所の概要を記載。解題は1995年版による。
5539

商品取引年鑑　1970年版－　米穀新聞社　1970－　年刊　27cm
1996年1月から1997年6月までの商品取引業界の動向、1996年の出来高動向、取引員の経営収支概況、委託金・預り証拠金の推移、全商品売上高、取引所の現況、関係官庁、団体の名簿、取引員名簿からなる。解題は1997年版による。
5540

◆貿易

【書誌】

国際ビジネスのための最新海外情報ガイド　1986－　日本貿易振興会情報サービス部　1986－　不定期刊 26cm
日本貿易振興会（JETRO）の資料室が所蔵する世界各国の貿易・経済関係資料を解説した案内。第1部解題では、国際機関や各国が発行する経済・産業に関する一般的な参考図書の紹介。第2部特集では、1 貿易統計、2 関税率表、3 雑誌・新聞、4 電話帳、5 経済計画書、6 政府予算書、7 中央銀行出版物、8 工業統計、9 賃金事情、の図書リストで「世界の貿易統計入手状況一覧および主要内容」もある。解題は1995年版による。
5541

【辞典・事典】

ビジネスマンのための日英中貿易用語辞典　日中貿易用語研究会著　北京・商務印書館，東方書店編　東方書店　1986.7　556p 19cm　（日中貿易ビジネス・シリーズ）2000円
貿易用語の日本語・英語・中国語の対照辞典。本文は日本語五十音順配列で、対応する英語、中国語が示されている。収録単語数は約3万語。巻末に英語アルファベット索引、中国語字画順索引がある。付録には、各国（地区）通貨一覧、各国中央銀行一覧、計量単位名称対照表を収録。
5542

貿易・為替小辞典　吉野昌甫編　有斐閣　1983.9　391p 20cm　（有斐閣双書）　4-641-05641-2　1900円
貿易政策、制度、為替、保険の実務用語と、国際経済取引全体を理解する上で重要な用語2000項目を、1項目あたり250字程度の簡潔な文章で表した辞書。見出し語には英語も併記し、他の見出し語への参照や参考となる見出し語が示されている。巻末には和文・英文索引と、参考資料として、商業送り状や海上保険証券などの書式例、国際金融・外国貿易年表（戦後）ほかを掲載。
5543

貿易為替用語辞典　6版　東銀リサーチインターナショナル編　日本経済新聞社　1992.5　228p 18cm　（日経文庫）　750円
マスコミで使われるような今日的な貿易、為替用語を説明した辞典。1976年の初版から第5版までは東京銀行貿易投資相談所編。
5544

貿易用語辞典　第3版　上坂酉三, 朝岡良平著　東洋経済新報社　1983.2　308p 20cm 2000円
貿易論総論から契約、金融、海運、保険の実務まで幅広く基本的用語について説明した事典。本書は全訂版（1976年刊）の基本構成のまま、外国為替及び外国貿易管理法大改正による変更を加筆し、第3版として出版したものである。巻末に和文索引、英文索引がついている。
5545

和英貿易実用辞典　藤田栄一編　大阪　創元社　1982.10　896p 19cm 背の書名：『The Japanese-English dictionary of trade and business』縮刷普及版 3600円
貿易中心のビジネスおよび文通・旅行などの日常の用事で実用的な英文を書くための和英辞典。専門用語のほかに一般的な語句も収録。五十音順に配列した見出し語のもとに複数の訳語・語句・例文を収め、連語、類語、関連語も豊富で日本語特有の表現を多数収録。巻末に付録として、基本英文型、貿易通信文の基本英文型、略語一覧、記号一覧、貿易書簡の形式、封筒その他があり、実用性が高く便利。1976年初版の縮刷版。
5546

【名簿・名鑑】

全国輸出入業者総覧　製造業者・貿易商　第1-26版　日本産業振興協会　1954-1980　年刊 26cm
輸出入業を行っているメーカー、商社を、業種別にまとめた会社録。社名と営業種目については英文を併記。解題は第26版による。
5547

Standard trade index of Japan　1957/58－1995/96 / compiled by the Japan Chamber of Commerce and Industry. Tokyo; Japan Chamber of Commerce and Industry, 1957－1995. 年刊 27cm
日本の輸出入会社・製造会社を収録した英文ディレクトリー。商品の種類名、サービス業種名、ブランド名索引と、会社案内からなる。商品の種類名索引はアルファベット順配列のもと、輸出入・製造会社名をリスト化し輸出入・製造の種別を略号で記載。会社案内は名称のアルファベット順配列で、会社名、所在（tel、telex、fax）、創立年、資本金、輸出入・製造商品名などを記載。索引項目を2万1000以上、会社数7000以

上を収録。このほか、業種別広告、貿易・産業関係の各種団体のリストを掲載する。1995/1996年版以降出版を中止し、日本商工会議所のインターネットホームページで提供。解題は1995/1996年版による。　　5548

【便覧】

貿易要覧 1955－　貿易弘報社　1955－　年刊　17-18cm
貿易実務において参照が必要な税率表や法令などを網羅的に収録している便覧。解説はわずかで、数値、法律文、住所などデータが大半を占める。周辺情報として、為替相場一覧、郵便料金表、外為銀行一覧が掲載される実務便覧。1952-1954年に毎年刊行された『貿易手帳』を継承。解題は1997年版による。　5549

輸入工業製品代理店便覧　輸入工業製品代理店便覧編集委員会編　日刊工業新聞社　1978.5　542p 27cm 12000円
武器、一般家庭向け製品、タンカーなどの大型機器、プラントを除く工業製品全般について、その海外メーカーと国内代理店を示すダイレクトリー。3編からなり、第1編「製品別・海外メーカー・代理店総覧」は、機械、電気・電子、化学に大別された工業製品を498の小項目に分類、海外メーカー、国内代理店をマトリックスにまとめる。五十音順製品名索引を付す。第2編「海外メーカー別・製品・代理店総覧」は、メーカー順の製品と代理店、第3部「輸入代理店便覧」は約500社の会社録。　　5550

◆貿易行政、貿易事情

◆◆輸出入規制

安全保障貿易管理関連貨物・技術リスト及び関係法令集 改訂第2版　日本機械輸出組合輸出管理手続相談室　1992　310p 26cm　監修：通商産業省貿易局輸出課安全保障貿易管理課
「輸出貿易管理令」などで輸出が規制されている物品および技術を、理解しやすいようマトリックスにまとめたリスト。法令の文章からだけでは読みとれない細部の規定について、解釈を加えている。関連法規が全文掲載され、相互に確認ができる。1989年までの『ココム関連物資・技術リスト及び関連法令集』（日本機械輸出組合）の改題。　　5551

ココム輸出管理品目便覧 1991年版　戦略技術貿易情報センター〔1991〕285p 30cm　監修：通商産業省貿易局輸出課安全保障貿易管理室　共同刊行：日本機械輸出組合
軍事目的に利用されると危険な製品を規定したCOCOMリストは非公開であるため、代わって通商産業省や欧米の関係機関が公表した資料をもとに、輸出管理の対象となる製品を解説した。民生用では、1 先端材料、2 材料加工、3 エレクトロニクス、4 計算機、5 電気通信および情報セキュリティ、6 センサー・レーザー、7 航法及び航空電子、8 海洋技術、9 推進システム、について、輸出制限の及ぶ範囲や具体例を示している。　　5552

◆◆輸出保険

輸出保険実務用語辞典　輸出保険協会　1985.11　353p 19cm　監修：通商産業省貿易局輸出保険課　2000円
輸出保険制度に関する用語の解説書。巻末に、現行輸出保険制度一覧、ベルン・ユニオン加盟輸出保険担当機関一覧表、債務繰り延べ一覧を記載。　　5553

◆◆日本の貿易事情

インポート・ガイド　日本貿易振興会・情報サービス部　1990.3　64p 28cm　英文書名：『Trade procedure guide for export to Japan』　英文併記
わが国の輸入手続きのポイントと主要品目の輸入手続きを紹介したガイドブック。外国人向けに日本・英語併記されている。巻末に、投資の専門家人名録や関係法規一覧を掲載。　　5554

世界と日本の貿易　ジェトロ白書・貿易編 1985年－　日本貿易振興会編　日本貿易振興会　1985－　年刊 21cm　発売：官報販売所
第1部では世界貿易の現況、特に新貿易体制（WTO）やサービス貿易の動向について解説。第2部は主要70か国それぞれの地域の経済・貿易の現状を、できるだけ現地の統計をもとに示している。『海外市場白書』として2分冊で発行されていたが、1985年以降標題に改題され、「投資編」は春、「貿易編」は秋に発行。解題は1997年版による。　　5555

日ソ貿易ハンドブック　改訂版　ソ連東欧貿易会編　ソ連東欧貿易会　1990.3　422p 19cm 折り込図1枚
ロシアの産業経済、風土、政治、対日貿易の状況について、統計を示しながら解説。貿易機関の組織と役割、ロシアにおける商談、貿易手続が記載されている。巻末には、日ロ間条約、関係官庁企業一覧の資料を付す。

なお、『日ソ貿易ハンドブック』は一般用の刊行物、『日ソ貿易要覧』は同会会員用の限定配布用で、内容は全く同じ。この後継として『ビジネスガイドロシア』（ロシア東欧経済研究所編、ロシア東欧貿易会、1998）がある。
5556

日中関係企業データ 1996年版－　日本国際貿易促進協会編　日本国際貿易促進協会　1996－　年刊　26cm
『日中貿易関係企業名簿』の改題
日中貿易に関係する企業1500社の概要と、現地法人データのほか、中国関係機関・公司在日事務所、在日中国資本企業、在日合弁企業のディレクトリー。解題は1997年版による。
5557

日中貿易必携　日本国際貿易促進協会　1972－　年刊　17cm
中国の輸出入管理制度、関税制度や諸手続きについての解説書。実務家の携帯用。詳細な中国国家機関・貿易関係機関名簿を収録。解題は1998年（第28版）による。
5558

発想鉱脈輸出入図鑑　日本貿易振興会，Box編集部編　ダイヤモンド社　1990.11　327p　26×16cm　監修：天谷直弘　3000円
輸入品に依存するわが国の現状を、貿易統計からさまざまな視点でデータを切り出し、わかりやすくグラフで示し、解説した図鑑。第1部　日本と世界との貿易、第2部　貿易百科事典で構成。巻末に参考文献リストあり。国際化社会を理解する"発想鉱脈シリーズ"のうちの1巻。付録には主要国別に各国との輸出品・輸入品ベスト5を付す。
5559

◆◆外国の貿易事情

情報ファイルCIS・東欧　日本・東欧貿易要覧 1996　ロシア東欧貿易会ロシア東欧経済研究所編　ロシア東欧貿易会ロシア東欧経済研究所　1996.3　281p　30cm
東欧、中央アジア、旧ソ連の21か国について、経済状況、産業構造、市場経済化の進捗状況、マクロおよびミクロ経済政策、対日関係などを紹介した要覧。以前は『日本・東欧貿易要覧』の書名で、「ルーマニア・ブルガリア」（1993年改訂版）、「ポーランド・チェコスロバキア・ハンガリー」（1992年改訂版）、「ポーランド・ハンガリー篇」（1986年改訂版）、「東ドイツ・チェコスロバキア篇」（1985年改訂版）、「ユーゴスラビア・アルバニア」（1988年）、「東ドイツ・チェコスロバキア篇」（1985年改訂版）などが刊行されていた。
5560

大洋州貿易年鑑 1973－1981/82年版　太平洋問題研究会　1973－1982　27cm　付(折り込地図2枚)：大洋州地図
オセアニア地域の各国（オーストラリア、ニュージーランド、パプアニューギニア、フィジー、西サモア、トンガ王国、バヌアツ共和国、ソロモン諸島、ナウル共和国、キリバス、ツバル）の生活・政治・経済・産業・貿易の各情勢と対日関係を紹介した年鑑。地名索引のある地図と、17世紀以降の歴史年表、オセアニアに関する日本語文献解題を収録。1981/82年版が最終版。解題は1978/79年版による。
5561

台湾の貿易・為替・関税制度　交流協会　1993.3　171p　21cm
台湾の貿易諸制度に関する解説書。3部構成で、第1部貿易制度では、輸出入が大幅に自由化された「貿易法（1993年2月公布）」に基づく輸出入管理制度、申請手続きを解説している。貿易管理機関の章では、各部門の役割と、その部門が発行している貿易統計を示している。第2部外国為替制度では「外貨管理条例」を、第3部関税制度では、関税率、通関手続き、保税工場や輸出加工区、科学工業団地などの関税優遇処置を解説している。『台湾の貿易・関税・外貨制度』の改題。
5562

中国ビジネスハンドブック　対中取引の実務と戦略　糸賀了〔ほか〕編著　東洋経済新報社　1986.5　341p　21cm　4-492-55112-3　3800円
貿易取引、合弁会社の設立、技術移転における、対中ビジネスの留意点について、一問一答形式で著した解説書。金融、資金調達、税務、会計、合弁契約、建設プロジェクトの問題点、技術移転、保険制度、対外経済関連法について説明。
5563

中国貿易公司データ 1997年版　日本国際貿易促進協会編　日本国際貿易促進協会　1997.2　1013p　26cm　（特別資料 no.213）
中国における貿易会社1500社と、金融および物流業を営む1700社に関するディレクトリー。配列は地域別で、社名、住所には英文を併記。輸出入金額や生産高、売上高も記載。『中国貿易機関便覧』（1990年刊）の改題。
5564

中国貿易用語辞典　住田照夫編著　燎原書店　1977.5　498p　19cm　4500円
貿易用語の中日辞典。例文が多く、用語の定義を明確にするため部分的に英語が用いられている。配列は中国語発音のアルファベット順であるが、巻末に漢字の画数から引く索引、日本語索引、英語索引がある。
5565

◆関税、貿易実務

◆◆通商条約、関税

関税年報 平成9年版－　日本関税協会　1997－　年刊　25cm
わが国の貿易動向について、1政策、2行政、3外国の関税政策・行政、4貿易動向、の構成でまとめた年鑑。第5章では、貿易統計、世界の貿易動向、関税政策および行政の参考資料を掲載。本書は1961－1991年まで日本関税協会から発行されていた『貿易年鑑』の「関税政策」の部分を特化して継承し、1992－1996年までは『大蔵省関税局年報』のタイトルで、1997年には標題に改題し継続したもの。『通商白書』『経済白書』『外交青書』☞1835『世界と日本の貿易　ジェトロ白書・貿易編』☞5555などと併用すると貿易を概観できる。解題は平成9年版による。　　　5566

現行輸入制度一覧 1965－　通商産業調査会編集　通商産業調査会　1965－　年刊　26cm　副書名：商品別輸入制度・輸入税率・分類符号・統計品目番号、関税番号
関税定率法別表に従い、統計品目番号順に商品名、分類符号、輸入税率（基本税率、協定税率、暫定税率、特恵税率）、輸入割当品目（IQ）および輸入の承認・確認方法、統計品目番号（HS）、NACCS（通関情報処理システム）用品目コードを記載。巻末に、わが国関税率の適用状況表、特恵関税シーリング枠一覧表、主な免税・減税・還付制度一覧、少額輸入貨物に対する簡易税率制度、製品輸入促進税制対象品目一覧を付す。解題は1996年版による。　　　5567

実行関税率表 1962年－　日本関税協会　1962－　年刊　27cm
国際条約に基づく商品分類（HS）の番号順に品目ごとの輸入品に対してかかる関税率を示した資料。記載される項目は、基本税率、マラケシュ協定税率、特恵税率、暫定税率、HS番号、統計細分番号、NACCS（通関情報処理システム）用品目コード、品名、単位。英文併記。付表として、各国に対する関税率適用状況表、1994年ガットにより関税を撤廃された医薬品リスト、ほかがある。1947－1953年までは『輸入税表』。1954－1961年までの『実行輸入税表』を改題。発行所も丸善、大蔵財務協会と変遷。1954年のみ『The import tariff of Japan』と題した英文版も刊行。解題は1995年版による。　　　5568

東京ラウンド関係協定集　日本関税協会　1980.3　487p　26cm　英文併記　6000円
1973年から1979年にかけて審議された「多角的貿易交渉（東京ラウンド）」の結果締結された「関税及び貿易に関する一般協定のジュネーブ議定書」と、これに関連する諸協定を収録。巻末に「多角的貿易交渉」の参加国リストを付す。　　　5569

◆◆貿易経営、貿易実務

各国領事の輸出規則全解　1965－1993　横浜貿易協会編　通商産業調査会　1965－1993　不定期刊　21cm
貿易に必要な領事手続、船積手続、通関手続などの作成要領を国別に解説。対象は独立国以外、植民地、海外県、占領地域も含まれる。在日公館の執務時間、祝祭日が掲載されており、実務者にとって重要な手引書。1953年『各国領事輸出規則』で創刊、『各国領事輸出規則全解』『各国領事の査証手続』を経て標題に改題。解題は1993〔年版〕による。　　　5570

国際取引契約書式集　英和対訳　1－5　国際事業開発株式会社編　国際事業開発　1985－1992　12冊　31cm　監修：早川武夫
国際取引に関する契約書式と条項を網羅した便覧。5部構成。第1部は輸出入・代理店・販売店、第2部は技術輸出・技術輸入・国内技術取引、第3部は国際合弁事業、第4部はプラントエンジニアリング、第5部はその他の特殊契約。CD-ROM版「国際契約書システム」は翻訳ソフトがつき、書式の編集加工が可能。　　　5571

国際売買契約ハンドブック　改訂版　田中信幸〔ほか〕編　有斐閣　1994.6　374p　22cm　折り込2枚　3780円
国際売買取引にかかわる法律と実務を解説したもの。第1章、売買契約の流れや契約書の種類など、基礎的知識の解説。第2章、国際売買契約書でポイントとなる27項目をとりあげ、契約上の意義や法律との関連を説明し、契約書の書き方を具体的に示す。第3章は、国際売買契約の履行に伴う各種の標準的レターを掲載。巻末に、参考図書リストと索引を付す。初版は1986年刊。　　　5572

体系貿易為替実務事典　8訂版　貿易為替実務研究会編　新日本法規出版　1985.7　1553,41p　18cm　4800円
貿易取引、関税、外国為替の実務および、国際間の経済協力や国際収支などマクロ経済動向を解説した便覧。最終章に各国税制一覧があり、税体系、対日適用関税、課税方式などの参考データを掲載。巻末に和文・英文の事項索引あり。　　　5573

産業―商業

貿易手続総覧 〔正〕, 追補　通商産業省通商政策局, 貿易局編　通商産業調査会　1978-1979　2冊　26cm
1977年に改正された輸出入取引、貿易外経常取引、資本取引に関する通商産業省令を中心に、貿易手続についてわかりやすくQ＆A形式にまとめた解説書。『通産省公報』の連載記事に加筆。追補版で、輸出手続きの部分が修正されている。　　　　　　　　　　5574

輸出入外国為替実務事典　手続き・書式・図解・記載例　宮下忠雄著　日本実業出版社　1985.8　510p　21cm　3800円
輸出入の営業、契約、信用状、船積、保険、通関、輸送、外国為替、およびプラント輸出の実務を、手順フロー・チャートで示したり、提出書類のサンプルを多用し、視覚的理解を促すよう工夫された事典。巻末に、用語集、関係機関一覧を付す。　　　　　　5575

◆貿易品

化学工業品貿易便覧　1980　化学工業品貿易便覧編集委員会編　日本化学工業品輸出組合　1980.11　806p　26cm　共同刊行：日本化学工業品輸入協会
日本化学工業品輸出組合および日本化学工業品輸入協会が編集している『化学工業品輸出通関統計』『化学工業品輸入通関統計』のデータから1976-1979年をまとめた統計。構成は相手国ごとに品目別輸出入数量、金額が示されている。巻頭には化学工業品輸出入にかかわる企業、団体リストを掲載。　　　　　5576

機械輸出30年統計集　1952年-1981年　日本機械輸出組合　1982.8　375p　27cm
わが国の機械製品輸出の機種別、地域別、国別統計とプラント類輸出成約の統計を集成した。『大蔵省貿易統計』『通商産業省機械類輸出契約承認統計』『プラント類輸出統計』『機械統計年報』をもとに、日本機械輸出組合の機種分類により、1952年から30年間の輸出金額（ドル）をまとめている。　　　　　　5577

世界機械貿易　1966-1986年　機械振興協会経済研究所　1968-1989　26cm　（機械工業経済研究資料）
マーケット動向の把握に適切な、地域別貿易額、シェアの形にデータを加工した機械製品輸出入統計。1986年版で終刊。解題は1984年による。　　　　5578

世界主要国機械輸入統計　1966-1990　日本機械輸出組合　1966-1990　年刊　26cm
OECDの貿易統計をもとに、主要94か国が、工業輸出国13か国（米国、カナダ、スウェーデン、デンマーク、イギリス、オランダ、ベルギー、ルクセンブルグ、フランス、ドイツ、スイス、イタリア、日本）から輸入している機械製品の品目別統計。1990年版で廃刊。解題は1990年版による。　　　　　　5579

標準国際貿易商品分類　例示品目編　第1-3巻　改訂第2版　国際連合〔著〕アジア経済研究所〔訳〕アジア経済研究所　1983-1985　3冊　30cm　（統計資料シリーズ　第42-44集）　『Commodity indexes for the standard international trade classification rev. 2.』の翻訳
貿易統計に用いる商品名3万7000品目について、十進分類表形式で基本項目とその項目に属する代表的な商品リストが示されている。原書は1975年に発表された第2次改訂版で、第1巻が項目索引、第2巻がアルファベット索引となっている。和訳版は、このうち第1巻項目索引の部分を3分冊で出版したもの。　　　5580

肥料輸出入協議会年鑑　1956年版-　肥料輸出入協議会編　肥料輸出入協議会　1956-　26cm　非売品
肥料の輸入量・輸出量統計集。輸入については、加里塩と燐礦石、それぞれの商社別実績、輸入揚港別実績がわかる。1984年版の例では、1978年-1981年のデータを収録。解題は1984年版による。　　　　5581

輸出統計品目表　1976年-　〔大蔵省編〕日本関税協会　1976-　年刊　26cm　英文併記　附：統計符号表, 輸出統計品目表新旧対照表
関税定率法別表中の統計品目番号に従って品名（英文名併記）、関連ある輸出規制法令名称が示されている。巻末に貿易形態別符号表、船（機）籍符号表、統計国名符号表、港符号表、税関符号表がある。本書は『輸出入統計品目表』（1951-75年版）から標記書名と『輸入統計品目表』（1976-87年版）に分離改題したもの。解題は1997年による。　　　　　　　　5582

◆貿易統計

【年鑑】

貿易統計年鑑　1953（vol.4）-　国際連合統計局編集　原書房　1955-　年刊　30cm　翻訳監修：後藤正夫
国際連合が集計する貿易統計の翻訳版。第1巻が国別輸出入量・金額、第2巻は商品別輸出入量、金額、シェアで、前年5年分のデータを掲載。なお、長期間統計には、1960年から30年累計を収録。邦訳の発行状況

は不統一で、1956（vol. 7）、1958（vol. 9）、1960（11版）、1961（12版）刊行の後中断し、1966（vol.17）以後毎年刊行。ただし1970/71年（vol.21）、1972/73年（vol.22）は隔年刊。1974年（vol.23）からは2分冊となる。解題はVol.44（1995年刊）による。　5583

◆◆ 日本の貿易統計

外国貿易統計ハンドブック 1994　外国貿易統計問題研究会編著　大成出版社　1994.7　816p　26cm　9000円
世界の貿易動向について、商品別、地域別（米国、欧州、アジアNIES、アセアン）にデータを加工した統計集。第1部　最近の貿易動向、第2部　主要輸出品目別動向（300品目）、第3部　主要輸入品目別動向（300品目）からなる。品目は、食料、繊維、化学、非鉄・鉱物、金属、機械、雑品の7分野のもので、巻末には各国の主要輸出入品索引がある。　5584

商品生産輸出入物量累年統計表 1871年(明治4年)－1960年(昭和35年)　島野隆夫著　有恒書院　1980.1　720, 13p　31cm　18000円
農林水産物、工業製品、鉱業、製鉄など16分野510品目について、1871－1960年の90年間分の生産量、輸出入量をまとめた統計集。巻末に、日銀卸売物価指数の推移を付す。　5585

大日本外国貿易年表　大蔵省編纂　東洋書林　1990－　22cm　複製　発売：原書房
明治15年以降昭和8年までの貿易統計の複製版。毎年の輸出入通関統計を品別国別、国別品別に分けて作成されたものを年ごとに再編成したもの。『大日本外国貿易年表』（明治10－昭和3年）『日本外国貿易年表』（昭和4－35年）を原データ（原本）として使用。原本は『日本貿易年表』（昭和36－39年）『日本貿易月報』（昭和40年－）にひきつぐ。　5586

日中貿易統計　日本国際貿易促進協会　25cm　（国際貿易統計資料）
日中間の貿易や投資の動向を解説し、商品別輸出入の統計を掲載。解題は1991年・1992年による。　5587

貿易業態統計表 昭和27年－　通商産業省通商政策局編　通商産業調査会　1953－　年刊　26cm
貿易業を営む商社、メーカー約1万8000社を対象に、会社規模や営業状況について調査を行いまとめた統計。会社の事業所数や海外事務所数、従業者数、輸出入取扱高、利益などを、統計処理して表す。解題は平成6年版による。　5588

◆◆ 外国の貿易統計

OECD諸国の対中国貿易統計集 1985－1989年版　日本貿易振興会　1985－1989
OECD加盟24か国の、中国との商品別輸出入数量、金額をまとめた統計。『中国の対外貿易統計集－対OECD加盟諸国貿易統計』（1978－1984年版）の改題。中国政府の統計では、金額だけで商品の数量が公表されていないことから刊行されていたが、1989年版を最後に発行されていない。解題は1989年版による。　5589

中国対外貿易統計 中国通関統計 1983－1994/95年版　日本貿易振興会編　日本貿易振興会　1984－1994　年刊　25cm
1982年より公表されている『中国海関統計』を日本語訳したもの。相手国・地域別商品別貿易額のほか、貿易方式別輸出入や、各省・市・自治区の開発区など所在地貿易、外資系企業の輸出入、税関別輸出入が掲載されている。なお1996年には本書と『日中貿易統計表』を合併し『中国貿易統計』に改題。解題は1994/95年版による。　5590

中国の貿易統計 利用と評価　1970年－1985年　アジア経済研究所　1987.3　258p　30cm　（アジア経済研究所統計資料シリーズ　第49集）　英文書名：『Trade statistics of China』　英文併記
中国政府が社会経済統計を公表していなかった1970年代については、国連、OECDや各国の貿易統計より推計。1981年から公式発表されるようになり、1981－1983年は従来の推計値と政府発表統計値を併記、1984年以降は中国側統計を掲載した、15年分の貿易累積統計。国順に、商品別の輸出・輸入が示されている。　5591

ロシア・CIS貿易統計年鑑 1991年度－　独立国家共同体統計委員会編　ジャパン・プレス・フォト〔訳〕　ジャパン・プレス・フォト　1994－　年刊　25cm
ロシア連邦の国家統計局が公表する『ロシア連邦対外経済関係－統計集』を翻訳したもの。貿易業を営む企業・団体が提出する報告や契約書などに記載された数値から、地域別、国別貿易量、収支、主要商品別輸入量を割り出している。『ソ連貿易統計年鑑』（1967－1990年度）の改題。解題は1993年度による。　5592

運輸・交通

■商法、道路工学、鉄道工学、運輸工学、自動車工学、航空工学、船舶工学、物流をも見よ。

【書誌】

運輸・通信・商業・流通に関する10年間の雑誌文献目録 昭和50年－昭和59年 日外アソシエーツ編 日外アソシエーツ 1987.8 2冊 27cm 発売：紀伊国屋書店 4-8169-0360-7 7700円,8300円
『雑誌記事索引（人文・社会編）累積索引版』☞0139 第5-6期をもとに運輸・通信・商業・流通に関する文献目録として再編成したもの。1975-1984年に発表された雑誌文献を2分冊で刊行。Ⅰは総論・陸運6200件、Ⅱは海運・空運・通信・商業6600件を収録。構成は主題別の大項目の下に、キーワード方式による見出し語で細分している。巻末に五十音順の事項索引を付す。1974年以前については『運輸・通信に関する27年間の雑誌文献目録 上・下』と『商業・流通・サービス業に関する27年間の雑誌文献目録』☞5453 に、また1981-1995年については『JOINT-B』（日外アソシエーツ、月刊）に収録。　5593

◆交通、運搬業一般

【便覧】

最新物流ハンドブック 日通総合研究所編 白桃書房 1991.4 798p 22cm 12000円
1950年代後半以降の物流の基礎知識、管理、システム、機器および情報化の概念から実践まで具体的に解説した便覧。多数の図表や事例により事項別に説明し、独立した1編を情報源にあてて豊富な参考図書のリストおよび物流関連機関名鑑を掲載。和文索引は五十音順に事項を配列し、解説文に含まれる個所も指示し、欧文索引は略語を主体に英文アルファベット順に配列し、検索に便利。今後も見越した物流宝典として利用できる。　5594

【辞典・事典】

物流用語辞典 4版 日通総合研究所編 日本経済新聞社 1992.7 176p 18cm （日経文庫） 750円
1976年3版当時の物流関係の事業、組織、管理手段から、情報化などの事項を新しいロジスティクス（物流管理技法）の観点から改訂し、約800件を解説したもの。陸海空の国内、国際的範囲におよぶコンパクトな事典。欧文略語のフルスペルを示して解説または参照解説項目を指示し、和文項目を五十音順に配列して、見出し語の後に対応の英文を添付。　5595

【名簿・名鑑】

運輸省関係公益法人便覧 昭和45年版－ 運輸経済研究センター 1970－ 年刊 26cm 監修：運輸省運輸政策局政策課
運輸省所管の848法人（1996年10月1日現在）の概要を収録したもの。全国法人と、地方法人（地方運輸局が所管）に分けて収録。法人の掲載順序は、運輸省の所管部局の組織順。表中の項目は、法人の名称・設立許可年月日・所在地・理事総数・会員数・支部数・目的および事業・基本財産・資産の総額・年間予算・職員数などを記載。付録として、「運輸大臣の所管に属する公益法人の設立に関する規則」「運輸省所管都道府県公益法人一覧」などを収録。巻末に法人名索引がある。1969年までの『運輸大臣の主管に属する公益法人一覧表』の改題。解題は平成8年版による。　5596

【年鑑】

運輸経済統計要覧 昭和35年度－ 運輸省運輸政策局編 運輸政策研究機構運輸政策研究所（旧運輸経済研究センター） 1960－ 年刊 19cm
運輸関係の統計をまとめたハンディな統計資料集。輸送、生産、施設、事故・公害、労働、経営、エネルギー、産業連関表、外国運輸統計の見出しの下に、統計表を掲載。多くは1950年以降の通覧が可能。巻頭に主要経済指標、巻末に基本的統計指標、運輸中心の年表を収録。解題は平成8年版による。　5597

交通年鑑 昭和22年版－ 交通協力会 1947－ 年刊 26cm 編集：交通協力会
表示年版の前年1年間の交通・運輸の状況を概観したもの。総編、運輸行政編、JR編の3編からなり、「総編」は交通問題、運輸省の動向などを解説。「運輸行政編」は運輸政策、鉄道、自動車、海上交通、船舶、船員、港湾、航空の状況を解説。「JR編」はJR7社、日本テレコム、鉄道情報システム、鉄道総合技術研究所、日本国有鉄道清算事業団、JRバス5社について、

会社の概要・経営・事業内容・安全対策・技術開発などを掲載。巻末に「付編」として、各種審議会、運輸省所管局別公益法人、JR各社出資会社一覧、主要交通統計表、会社便覧（運輸関係）を収録。解題は平成9年版による。
5598

◆交通政策

◆◆交通安全

交通事故統計年報 平成4年－　警察庁交通局編 警察庁交通局 1993－　年刊 26cm
『交通事故統計年表』の改題で、平成4年版からこの書名となった。交通事故に関する統計のほか、交通取締り、運転免許、交通規制などの交通警察統計の関連統計を収録。なお、本書での「交通事故」は、道路交通法第2条第1項第1号に規定する道路において、車両などおよび列車の交通によって起こされた事故で、人の死亡または負傷を伴う人身事故ならびに物損事故を指している、と凡例にある。なお、交通事故総合分析センターから平成6年版以降が発売されている。解題は平成8年版による。
5599

◆◆貨物物流

日本物流年鑑 1975－　ぎょうせい 1975－　年刊 27cm　監修：運輸省
物的流通に関する正確な情報を集大成。3部からなり、第1部は最近の物流動向、貨物流通政策、業界の動向、企業対策、消費者物流、情報化の進展と物流、技術動向を収録。第2部は物資別に見た貨物流通の動きを基礎資材、農林水産品、機械・化学工業品、雑貨・その他と分けて解説。第3部は貨物流通便利帳として、用語集、統計資料、関係調査報告書総覧、団体総覧を収録。解題は1997年版による。
5600

◆◆都市交通、地域交通

地域交通年報 昭和63年版－　運輸経済研究センター 1988－　年刊 監修：運輸省運輸政策局
鉄道の事業形態別の乗車人員、バス輸送人員など公共交通に関するデータを都道府県、都市別に整理した年報。主要都市における通勤・通学の流動状況、地方交通の維持・改善に対する助成制度の概要など、地域交通に関する基礎的な諸資料も総合的に収集整理したもの。基礎的諸資料には、高速道路交通量、離島航路輸送人員、空港の利用状況。交通関係施設として、地下鉄、モノレール、新交通システムも記述。解題は平成7年版による。
5601

都市交通年報 昭和31年版－　運輸経済研究センター 1956－　年刊 26cm 監修：運輸省運輸政策局
大都市における都市交通の状況を、都市の特性を表す指標と併せて掲載。公共交通機関の個別路線の現況、会社別輸送力改善のポイント、各交通機関の利用者数など、都市交通の実態を分析してある。外国の地下鉄道の現況も掲載。出版者は運輸政策研究機構運輸政策研究所に名称変更（1998年現在）。解題は平成8年版による。
5602

◆交通事情、交通史

交通博物館所蔵近世交通史料目録　交通博物館 1991.3　120p 26cm
近世を中心に明治時代を含む日本の交通関係諸史料875件1318点を収録した資料目録。資料は旧国鉄中央鉄道学園図書室より交通博物館に移管されたもの。原文書から刊本、絵図類などと多岐にわたり、分類は基本的には地名・地域および作成者を基準とし、年代順に配列。一部には文書形態などによる分類もある独自分類のため、検索に際しては留意が必要。項目には、標題・発受信人・年代・形態・数量・大きさなどを記載し、簡単な説明が付き、資料内容概略を把握できる。1971年刊『日本交通史料』の全面改訂版。
5603

図でみる運輸白書 昭和62年版－　運輸政策局情報管理部編 運輸振興協会 1987－　年刊 19cm
1996年度の運輸白書の中のポイントとなる内容をとりあげ、多くの図表を使って解説したもの。構成は、第1部、第2部、資料編からなっている。「第1部・国鉄改革10年目に当たって」は、国鉄の発足から国鉄改革まで、国鉄分割・民営化後のJR各社の事業経営の状況と今後の政策課題などについて解説。「第2部・運輸の動き」は、1996年度の運輸白書の各章を図表を使って平易に解説。「資料編」は付属統計表などを収録。書名は、1986年版まで『運輸経済図説』、1987年版から『図でみる運輸白書』に改題。ほかの『交通年鑑』☞5598 などと併用もよい。解題は平成8年度による。
5604

◆海運、船舶輸送

【辞典・事典】

海運実務事典 新訂 樋口健三編 成山堂書店 1983.5 249p 19cm 4-425-11081-1 3800円
航海の技術、手続、海運業関連の海運実務上必要な専門用語、慣用語約1130語を収録。配列は五十音順で事典と和英辞典を兼ね、英語訳のほか必要に応じて定義、関連用語、参考例文、図解、様式などをあげて詳しく解説。付録として略語一覧、各種契約書・条約などフォーム例を収録。巻頭に項目一覧（和文事項索引）、巻末に欧文索引を付す。1973年初版。 5605

海運事典 改訂増補版 岩崎一生増訂 高橋正彦著 同文館出版 1984.7 553p 18cm 4800円
海運・貿易業の法律実務に必要な専門用語・事項を解説した事典。英語の見出し語をアルファベット順に配列して訳語を付記し、主として実務処理の観点から、学説・実例・法令・判例などをあげながら具体的に詳しく解説している。巻頭に事項索引（英文・和文）、法令索引、判例索引があり、多面的検索が可能。付録として巻末に海運関係の国際条約・国際法などを収録。初版は1955年、増補版1977年刊。 5606

【名簿・名鑑】

海事関連業者要覧 職員録 1987- 日本海運集会所 1986- 年刊 19cm
海運、港湾、倉庫などの海事関連業界の名簿。各業種別に分類し、各社について企業概要、船腹などの関係事項、役員名簿などを記載。1940年『海運業者要覧』で創刊、1944、1945年を除き毎年刊行していたものを1987年に改題。解題は1995年版による。 5607

日本船舶明細書 昭和4・5年度版- 日本海運集会所編 日本海運集会所 1929- 年刊 26cm
総トン数100トン以上の鉄鋼船の明細書。船名索引、船主別所有船表、日本船舶明細書、新造船計画次別一覧からなる。1929年創刊で1943-1945年を除き毎年刊行。1988年版からは『内航船舶明細書』と本書の2冊に分かれ、外航船だけを収録している。解題は1998年版による。 5608

日本船名録 明治18年版- 日本海事協会 1887- 年刊 26cm 監修：運輸省
船舶信号符字表と、総トン数20トン以上の日本船舶の名簿（1997年1月1日現在）。「船舶信号」は、船舶信号符字を収録、はじめに色刷りの国際信号旗がある。「船名録」は、船名・船舶番号・信号符字・船級・船質・総トン数・長さ・幅・深さ・進水年月・主機・船籍港・所有者などを掲載。「船名録」のはじめに船名索引がある。巻末の付録には、海運支局の名称・位置及び管轄区域表、登録船舶集計表などがある。明治18年版から逓信省で創刊され、明治34年日本海事協会に移った。解題は平成9年版による。 5609

Register of ships 1951/52-. Tokyo : Nippon Kaiji Kyokai, 1952- 年刊 ; 29cm
日本海事協会が船級を与えた船舶の一覧で、船名のアルファベット順に収載。船主、船籍港、容積、船種などの船舶の情報を12の大項目に区分して収録。巻末に正式船名一覧、船主会社一覧などを付す。内容は英文により記述。1924年創刊の『Register of Japanese vessel』を継承。解題は1996/1997年版による。 5610

【年鑑】

海運統計要覧 1970- 日本船主協会編 日本船主協会 1970- 年刊 15cm
海運に関する内外の諸統計および関連する諸統計をコンパクトにまとめた要覧。船腹、船舶の建造と消失、海上荷動と海運市況、輸送活動、コンテナ輸送、企業財務、海運対策、内航海運、港湾、船員、そのほか一般経済、関連産業の諸統計を収録。巻末に資料として、海運関係略語、用語解説、戦後海運年表、海運日誌、距離表（横浜港起点）も収録。解題は1997年版による。 5611

【年表】

近代日本海事年表 海事産業研究所『近代日本海事年表』編集委員会編 東洋経済新報社 1991.6 484p 27cm 監修：脇村義太郎，山県昌夫 25000円
幕末のペリー来航1853年から戦後のオイルショック直前の1972年までの約120年間における日本の海事（造船、海運などの海事産業とその周辺）の年表。日本、外国、一般の3区分。編集に際し、記載内容を二つ以上の文献でクロスチェックし、正確さを確認したもののみ採用したので、既刊の年表、年史よりも信頼度が高い。年表利用者はまず本書の一般の欄を参照するとよい。参考文献も豊富で、事項索引のほか人名、船名、法令からの索引も付す。 5612

◆◆港湾

港湾産業事典 北見俊郎〔ほか〕共編 成山堂 1993.7

604p 20cm 6000円

港湾は海事産業として貿易、流通業務の経済活動に対するサービスの提供事業を含む。それらに関する専門事典で、1 港湾産業理論、2 港湾労働・経済、3 港湾経済史、4 港湾物流、5 港湾施設、6 港湾産業実務からなる。巻末に欧文事項の索引を付す。　　5613

日本の港湾 1977- 日本海事広報協会 1976- 4年毎刊 30cm

物流と産業機能、レクリエーションの場としての機能ももつ港湾の概要をまとめたもの。内容は1 わが国港湾の現状と課題、2 各港47の紹介、3 マリーナ一覧、4 石油・LPG船用シーバース一覧、5 検量業一覧、6 中央省庁・関係法人一覧など。第2章47港の紹介が本書の中心をなす。各種データは『港湾統計（年報）』（運輸省編、日本港湾協会）が役立つ。解題は1989年版による。　　5614

Japan port information 1968- Tokyo : Japan Press, 1968- 27cm

全国150の主要な港の一覧。港の名前をアルファベット順に配列し、港湾図、位置、検疫、水先案内人、喫水、夜間の出入港の制限、施設などの情報を収録。巻末に修理ドックなどの関連機関の一覧を付す。解題は1993/1994による。　　5615

◆陸運

【辞典・事典】

交通用語辞典　改訂　警察大学校交通教養部編　令文社　1994.7　521p 19cm 2233円

交通問題に関心のある人々、交通警察の第一線に携っている人々のために発行された。日常生活に根ざした大量の自動車交通に関する知識をまとめたもの。1973年『交通用語ガイド』として初版が、1991年に『交通用語辞典　新訂版』に改題。巻末に標識、信号などを図示（カラー）した付録と事項索引を付す。　　5616

【年鑑】

陸運統計要覧　昭和38年版-　運輸省運輸政策局情報管理部統計課編　運輸省運輸政策局情報管理部 1963- 年刊 26cm 非売品

陸上輸送、輸送量、施設、事業者に関する統計を収録。輸送機関別に、貨物、旅客の輸送量、事業者、運賃、従業者、施設、事故、保険を掲載。外国の自動車保有台数、道路延長、地下鉄についても掲載。付録に家計に占める交通関係費、自動車関係税、有料道路の一覧、自動車損害保険料、物価指数の概要、トラックと鉄道の貨物運賃、自動車ナンバープレートの見方がある。1962年版までの『自動車統計年報』の改題。解題は平成8年版による。　　5617

◆◆道路交通

道路行政　昭和49年度版-　道路行政研究会編　全国道路利用者会議 1974- 年刊 21cm 監修：建設省道路局

道路行政について、制度、実態・計画、調査、欧米の実例などを収録。制度では4章（所管機構、建設公社、法制、財源）、行政の概要では8章（ストックの現況、整備計画、特定課題への対応、道路の機能と整備効果、道路に関する調査、道路の構造、道路審議会建議、欧米の道路行政）に分け解説。道路の所管、裏付けとなる法令、道路関連事業など具体的に記述している。解題は平成8年度版による。　　5618

◆◆自動車交通

交通統計　昭和40年版-　交通事故総合分析センター 1965- 年刊 19cm 平成4年版までの出版者：全日本交通安全協会

警察により把握、記録された道路交通事故について分析的に集計。道路交通法に関する規制、自動車運転免許保持数、道路延長、自動車保有台数、自動車走行キロなども掲載。とくに自動車事故実態把握に役立つ。解題は平成8年版による。　　5619

市区町村別自動車保有車両数 No.1-　自動車検査登録協力会編　自動車検査登録協力会 1973- 年刊 26cm 監修：運輸省自動車交通局

わが国の自動車保有車両数を把握して公表したデータ集。全国4100余の市区町村を53陸運支局別に分けた車種別保有状況。エリアマーケティング上、市区町村レベルのデータとして基礎的なものの一つ。解題は平成7年版による。　　5620

全国旅客自動車運送事業者要覧　昭和38年版-　運輸経済研究センター 1963- 不定期刊 22cm 監修：運輸省自動車交通局　発売：全国旅客自動車要覧発売室

全国の乗合バス、貸切バス、ハイヤー・タクシー（1人1車制の個人タクシーを除く）事業者の名簿。1995年現在8634事業者の運輸省令に基づく報告を収録。名称、代表者、住所、電話、資本、車両数を掲載。関連団体名簿、統計も付す。昭和37年版までは『全国旅客

自動車要覧』。解題は平成8年版による。　　　5621

◆鉄道運輸

【辞典・事典】

鉄道辞典　上巻，下巻，補遺版　日本国有鉄道　1958－
　1966　3冊　地図　27cm
鉄道を主とし、その他の交通関係項目もあわせて4456項目に豊富な図版を加えて解説した交通事典。構成は項目のかな表記五十音順配列。下巻末に見出し語と解説文中の重要語4476語を加えた五十音順索引を付す。追補を要する項目約900語を収録した補遺版を1966年に刊行。巻末に五十音順索引を付す。　　　5622

【年表】

鉄道総合年表　1972－93　池田光雅編著　中央書院　1993.8
　260p　22cm　4-924420-82-4　2800円
1972－1993年までの、鉄道を巡る多種多様な動きを総合的に記録。巻末に国鉄（JR）路線別索引、私鉄その他事業体別索引、国鉄（JR）在来線列車愛称別索引（五十音順）、テーマ別総合索引と参考文献リストを付す。　　　5623

◆◆鉄道事情

鉄道史文献目録　私鉄社史・人物史編　鉄道史学会編　鉄
　道史学会　1994.6　247p　27cm　発売：日本経済評論社
　6180円
日本の私鉄の発達史研究に際して参照が必要となる社史・事業史・人物史などの文献目録。明治から1994年2月末日までの文献（図書）の目録を収録。構成は3ブロックからなり、「第1・2ブロック」は、鉄道事業者およびバス事業者の社史・事業史、「第3ブロック」は人物史を収録。配列は、事業者・団体および人物の名称を件名として、各ブロックごとに五十音順になっている。項目は、件名、書名、著者・編者、刊行地、刊行者、刊行年、所蔵機関（第1ブロックのみ）などを記載。巻末に事業者名・人物名の索引と解題がある。　　　5624

鉄道要覧　鉄道，軌道，索道事業　平成2年度－　電気車
　研究会　1990－　年刊　30cm　監修：運輸省鉄道局
1996年3月31日現在における全国の鉄道（JRを含む）、軌道、索道事業の事業内容と路線図などを収録。各会社ごとに動力・軌間・線名・区間・キロ程・運輸開始年月日などを記載（未開業線は建設費予算額・免許年月日・竣工期限などを加えて記載）、全国運輸局別路線略図、JR7社の各社別線路図、鉄道・軌道の各社別線路図を収録。そのほか1995年度鉄道・軌道の免・特許一覧表、鉄道・軌道事業者の主な株主一覧表なども収録。巻頭に鉄道・軌道の会社名の索引がある。1976年度までは『私鉄要覧』、1989年度までは『民鉄要覧』。解題は平成8年度による。　　　5625

◆◆鉄道経営

鉄道統計年報　昭和62年度－　政府資料等普及調査会
　1989－　年刊　26cm　監修：運輸省地域交通局
日本における民営鉄道の運輸、営業キロ・走行キロ、財務、施設、資材、職員、事故について会社別に統計データを掲載。索道については運輸局別、事項別統計。付表に免・特許、運輸成績の推移、コスト算定のためのデータを掲載。『地方鉄道軌道統計年報』（昭和24－29年度）『私鉄統計年報』（昭和30－49年度）『民鉄統計年報』（昭和50－61年度）を改題してひきつぐ。解題は平成7年度版による。　　　5626

◆◆駅

駅別乗降者数総覧　東京大都市圏，京阪神圏　1995－　エ
　ース総合研究所編　エース総合研究所　1995－　年刊
　26cm
日本の大半の人口を占める東京・大阪都市圏内の駅別データを集成したもの。JRとして民営化されて以来この種のデータの公表を控えて、入手が困難となっているなかで本書は1990－1994年度の東京、京阪神圏2544駅の一日平均データを主要集客施設、路線別所得水準なども併せてまとめたもの。乗降者ランキング、巻末に五十音順駅名索引を付す。エリアマーケティングデータの一つとして利用できる。解題は1997年版による。　　　5627

国鉄全駅大事典　藤田書店　1980.4　1022p　22cm　6800円
1980年（昭和55）2月現在のデータに基づき、国鉄全駅の所在地、電話番号、開業年月日、1日平均乗車人員、駅長、職員数、駅舎の概要、接続路線、駅の施設・サービスの状況、沿革・現況、特色・名物、名所・旧跡・祭りなどについて簡潔に記述。巻末に駅長の異動一覧（1980年3月）と五十音順の駅名索引を付す。　　　5628

国鉄全駅ルーツ大辞典　村石利夫編著　竹書房　1978.6

662p 27cm 監修：池田末則 6000円
国鉄全線5153駅の駅名のルーツを主に、駅近辺の神社仏閣の祭礼、歴史、地誌、文学、名所・旧跡、天然記念物、名産品、民話・伝説などの情報を盛り込んだ、駅にまつわる雑学事典。巻末には16の主題別大項目索引と線名、駅名の五十音順索引がある。 5629

JR全線全駅 すべての路線、すべての駅が、これ1冊でわかる駅の百科事典 弘済出版社 1994.11 640p 26cm （トラベルムック） 第三セクター収録 2000円
JR旅客会社6社の全線全駅のガイドで、貨物線および貨物専用駅は除外。JR全線を11の路線ブロックに分け、各線の歴史・車窓・運転ガイドと線路図を掲げ、駅名、区間距離、接続線区名、トンネル、橋梁、JR車両基地、有名観光地、山岳名などを記述。各駅のガイドは、開業年月日、1日平均乗降人員、住所、電話、接続線区、駅の設備・サービスとして、みどりの窓口、旅行センター、駅弁、赤帽などの有無を記号で表示。最寄りの名所旧蹟なども紹介してあるが、記述は非常に簡潔。巻末に4611駅の五十音順索引がある。1997年に新版を刊行。 5630

日本国有鉄道停車場一覧 日本国有鉄道旅客局企画編集 日本交通公社出版事業局(発売) 1985.9 644p 27cm 5900円
1985年6月1日現在の国有鉄道（国鉄）の鉄道・航路の全線停車場、国有鉄道の自動車（国鉄バス）の駅員配置駅全駅、国有鉄道と連絡運輸をする鉄道・航路・自動車（連絡社線）の、連絡運輸をしている駅全駅を収録。参考として「おもな駅と話題の駅の写真」「線区・局別の営業キロ・駅数」「線路名称の変遷」「営業キロの変遷」「駅の新設・廃止・改称」などの資料と「五十音順駅名索引」および「日本国有鉄道線路図」を掲載。配列は「日本国有鉄道線路名称」「国鉄自動車路線名称」「連絡運輸規則及び連絡運輸取扱規程別表」の掲載順に従う。 5631

◆航空運輸

【名簿・名鑑】

航空宇宙人名録 日本航空新聞社 1960- 27cm
1992年8月現在の航空関連の官庁、団体、企業、および課長級以上の個人の名簿。個人の部と官庁・団体、民間企業に大別。官庁・団体は住所、電話、役職員氏名、企業は、社名、本社・支社・工場の所在地、電話、資本金、役職員氏名を記載。巻頭に五十音順の人名索引を付す。解題は1993年度版による。 5632

【年鑑】

航空宇宙年鑑 1988年版- 日本航空協会 1988- 年刊 27cm
前年1年間の航空宇宙についての動向を収録したもの。航空宇宙年誌、航空宇宙の動向、航空事故・航空記録・展示機データ、航空宇宙要覧の4部からなっている。内容は、航空輸送、航空宇宙工業などの年誌、航空輸送、宇宙開発などの動向を記載。また、航空事故統計、全国保存・展示機一覧などのデータも収録。巻末の「航空宇宙要覧」に、研究機関・学校、各種航空会社、航空関連事業などの団体名簿を掲載。昭和5年-17年版、昭和29年-1963年版までの『航空年鑑』、1964-1975年版『航空宇宙年鑑』、1976-1987年版『航空年鑑』を改題してひきつぐ。解題は1996年版による。 5633

航空統計要覧 昭和53/54年版- 日本航空統計資料部編集 日本航空協会 1979- 隔年刊 22cm
民間航空に関する、輸送、運行状況、財務、空港、航空機事故を、日本の会社に関しては、人員統計などを掲載。また各社ごとに統計データを記載。巻末に会社ランキング、名簿、関連機関、情報を付す。解題は1995/96年版による。 5634

◆観光事業
地誌・紀行、年中行事、サービス産業、諸芸・娯楽、スポーツをもみよ。

【書誌】

観光関係雑誌論文目録 日本観光協会〔1989〕 421p 26cm 日本観光協会創立25周年記念
観光専門誌（1946-1988年3月）、観光専門誌以外（1978-1988年3月）および学会誌（1978-1988年3月）計75誌に掲載された、観光の諸分野にかかわるもので資料的価値のあるものを記載。観光論、観光宣伝、接遇、イベント・コンベンション、観光基盤施設、観光施設、観光地開発、観光資源・観光対象、観光行財政という9の分類項目の下に記事を整理。巻頭に収録雑誌名一覧を付す。 5635

【辞典・事典】

観光事典 日本観光協会 1995.3 177,47p 19cm 3300円
観光はその形態、関連する分野ともに広範であり、本

書は最近使われ始めた言葉まで含めて簡潔に解説した事典。説明は全般的に簡潔で各項目ごとに関連する見出し語への参照も可能。執筆は行政、学識者、各種団体、運輸、宿泊、旅行業など関連業界の有識者がそれぞれの関係する分野を分担。専門家だけでなく、学生や行政関係者など観光業界についてよりよく知りたいと考える人にとって役立つ。　　　　　　　　5636

現代観光用語事典　日本交通公社編　日本交通公社出版事業局　1984.1　349p　19cm　2800円
現代の観光をめぐる用語を、言葉の解説だけでなく、法律や制度、組織、団体、さらには主要な調査研究に至るまで幅広く取り上げ解説した事典。必要に応じて表や統計などの資料も収録し、詳しい解説が加えられ、観光を巡るキータームとなる多くの用語を所収。行政、学識者、各種団体、運輸、宿泊、旅行業など関連業界の有識者がそれぞれの関係する分野を分担して執筆。専門家だけでなく、学生や行政関係者など観光業界についてよりよく知りたいと考える人にとって役立つ。
5637

【年鑑】

最新・全国人出データハンドブック　綜合ユニコム　1984.9　210p　28cm　『レジャー産業資料』別冊　19000円
国内の観光地などの人出やレジャー施設の利用客数をまとめた資料。1984年発刊時点での最新の人出速報と観光地、イベント、スポーツ、レクリエーション施設などの時系列統計資料からなる。自治体が発表する観光統計や、類書が市や地域といったエリアへの客数をまとめているのとは対照的に、個別施設、個別イベントなどミクロデータを各省庁、都道府県、市町村、団体などから横断的に収集した資料。これだけの多様性で各種の利用客数をまとめた資料はほかにない。本書の統計資料は『レジャー＆ライフマーケティングデータ総集』（綜合ユニコム）に引き継がれ更新されている。　　　　　　　　5638

全国観光動向　観光地入込観光客統計　昭和51年（度）－　日本観光協会編　日本観光協会　1978－　年刊　19×26cm
国内の観光関連統計のうち都道府県が発表する最新の入込統計を1冊にまとめたもの。観光入込統計を概括する資料。全体の構成は概況編と都道府県別編からなっており、概況編では全国的な入込動向と都道府県別の特徴、推移などをコンパクトにまとめ、都道府県別編では市町村や観光施設単位の統計値を収録。都道府県の観光入込統計は現状では調査方法がバラバラで横断的な比較ができない点が問題であるが、各都道府県

の入込動向を概観するための資料としては有効。解題は平成7年（度）による。　　　　　　　　5639

日本の国際観光統計　平成7年版－　国際観光振興会企画調査課編　国際観光サービスセンター　1996－　年刊　30cm
国際観光に関する統計の集成。1994年現在の、1 出入国基礎資料、2 訪日外客、3 出国日本人、4 旅行関連指標、5 国際観光交流、6 国際観光、7 1994年訪日外客、出国日本人数解説よりなる。各国別時系列と出国日本人の統計は詳細で本書の特徴。1966年創刊時は『出入国統計』、その後平成7年版（1996年刊）より標題となった。解題は平成7年版による。　　5640

余暇需要及び産業動向に関する基礎調査研究　余暇開発センター　1990－　年刊　30cm　（余暇開発センター調査研究報告書　H6余暇基礎）
自由時間、余暇活動参加、余暇消費などをマクロレベルで把握し、また余暇関連産業動向の現状と将来を理論的、実証的に調査・解説したもの。データは詳細で豊富。『レジャー白書』（余暇開発センター、年刊）の原資料になっている。1977年に創刊された『余暇需要に関する調査研究』と『余暇産業動向に関する調査研究』を1990年に一本化したもの。通商産業省刊の『特定サービス産業実態調査報告書』（通産統計協会）などと併用するとよい。本書の各業種解説の欄に「業界誌・参考資料」の項があり便利。解題は平成6年版による。　　　　　　　　5641

◆◆観光事情

マーケティング・マニュアル　訪日旅行者誘致のためのデータ集　世界24ヵ国・地域・訪日旅行マーケット　1997/1998－　国際観光振興会総務部企画調査課編著　国際観光サービスセンター　1997－　年刊　30cm
海外において、日本への外国人旅行者誘致事業を行っている国際観光振興会が、主要20数か国の旅行市場のデータをまとめた年鑑。国別の諸データが、統一されたフォーマットに収録され、図表も多く添えたデータ集。同所からは多くの国際観光、外国旅行の資料が刊行されているが、とくに1996年創刊の『JNTO白書　世界と日本の国際観光交流の動向』と併用するとよい。解題は1998/1999年版による。　　　　　　　　5642

◆◆観光施設

全国レジャーランド名鑑　産経新聞メディックス編　産経新聞社　1983－　不定期刊　26cm

レジャーランドの定義づけを行い、それに基づいて1995年2月までに独自調査したレジャーランド個別の資料集。序論は新規オープン情報、新設施設レポート、本論は総論編として464施設の個別データ集。巻末は集計、資料編で、入場者数などのランキング表、関連メーカー、企業一覧を付す。巻頭と巻末でレジャーランドのアウトラインが把握できる。解題は1996年版による。　　　　　　　　　　　　　　　　　　5643

日経テーマパーク年鑑　1995-1996　日経BP社　1995　753p 28cm （日経イベント別冊）　48000円
テーマパークの定義づけを行い、それにもとづいて1995年2-3月に独自調査したテーマパーク個別の資料集。第1章はテーマパーク中心の国内動向、第2章は海外動向、第3章は本編で、日本のテーマパーク個別の施設概要、特色、統計などを紹介。巻末に利用者数、売上高ランキングを付す。　　　　　　　5644

レジャーランド&レクパーク総覧　綜合ユニコム　1986-　年刊 30cm
日本全国のレジャーランド、テーマパーク、遊園地を中心に、動物園、博物館までに及ぶレクリエーション施設の個別詳細データを年鑑形式で刊行。第1編は1996年のトレンドと今後の展望、第2編は本編で、661施設個別の詳細データと、205施設の概要、合計866施設を収録。巻末にレジャーランド、レクリエーション施設関連メーカーのリストを付す。解題は1997年版による。　　　　　　　　　　　　　　　　　　5645

◆◆旅行業

海外旅行業便覧　週刊ウイングトラベル編集部企画編集　航空新聞社 1982-　年刊 30cm 付・人名録
1995年8月31日現在の一般旅行業者（約930社）その代理業者（約4360社）航空会社（約100社）ホテル業者（約90社）ツアーオペレーター（約160社）在日政府観光機関（約90）その他関連企業・団体を掲載。巻頭に総索引（五十音順）巻末に人名録（五十音順）を付す。解題は1996年版による。　　　　5646

全国旅行業者名簿　昭和48年度版-　全国旅行業協会　1973-　年刊 26cm
運輸大臣登録を第1種旅行業者、都道府県知事登録を第2種旅行業者・第3種旅行業者・旅行業代理業者と大別し、第1種は登録番号順、第2種以下は都道府県別にして、それぞれの登録番号順に配列。登録番号、名称または商号、所在地、電話などを記載。巻末に五十音順の索引を付す。1960-1971年刊行の『全国旅行あっ旋業者名簿』の改題。解題は1997年版による。

◆◆見本市会場

ミーティングマニュアル　大会・会議・セミナー・展示会・宴会・催事　会場施設案内 1993/94　秩父　ザ・ジャパントラベラー 1993.9　456p 26cm 18000円
都道府県、市町村別に会議、研修、展示、宴会施設を記載。各施設ごとに所在地、用途、館内施設、集会室規模、利用料金、会議、集会場付帯設備、特色を掲載。1981/82、84、88/89年版も刊行されている。　　5648

見本市・展示会・イベント・コンベンションのための施設データバンク　1995年版-　ピーオーピー「見本市展示会通信」出版企画室 1994-　隔年刊 26cm 1993年版の書名：展示会・イベント・コンベンションのための施設データバンク
第1部は展示・会議施設、第2部はホール会館と分け、それぞれ都道府県別に記載。第3部は関連資料と索引。解題は1997年版による。　　　　　　　　　　　5649

◆◆ホテル・旅館

最新ホテル用語事典　改訂　日本ホテル経営学会編著　柴田書店 1995.2　326p 19cm 2200円
ホテル産業にかかわる用語や知識を、料理、飲食、サービス、経営、観光、その他関連する幅広い分野にわたって解説した事典。執筆は宿泊関連産業の経営者クラスの人々を中心に分担。実際に現場で働くスタッフやマネージャークラスの人々が日常的に必要とする知識を幅広い分野で収録。また巻末にはホテル産業と周辺統計や関連団体の名簿、経営分析比率算出公式、参考文献などを収録。巻末に五十音順事項索引がある。1冊でさまざまな疑問に答えられるような構成となっている。実務担当者だけでなくホテル業界に関心を持つ者に役に立つ参考図書。初版は1991年。　5650

日本ホテル年鑑　1972年版-　オータパブリケイションズ 1971-　年刊 28cm
全国の各種ホテルを収録した名鑑。東日本編・西日本編の2分冊からなる。ホテルごとに所在、資本金、年間総売上げ、客室稼働率、施設内容、交通、ホテル環境・特色、加盟クレジット、室料などを記載。巻末にはホテル名の五十音索引を備え、西日本編には、主要ホテルの経営分析、全国ホテルオープン情報などを掲載。解題は1997年版による。　　　　　　　　　5651

ホテル用語事典　稲垣勉編著　トラベルジャーナル 1990.7

230p 21cm 2500円

もともと海外から輸入されてきたホテル産業には多くの外来語が付随しており、本書はこれらの言葉をはじめホテルにかかわる用語を幅広く収録し解説を加えたもの。外来語には原語を付す。索引はないが関連する見出し語の参照表記により知識を深めることができるように構成。執筆は学識者と行政、ホテル関係者が分担。実務的な語彙とともにアカデミックな用語も多く取り上げられている。　　　　　　　　　　　5652

ホテル旅館ハンドブック 昭和52年版－　レジャー産業研究所編　レジャー産業研究所　1976－　隔年刊　26cm　監修：国際観光旅館連盟、日本観光旅館連盟
ホテル旅館を中心に、旅行業、観光客動向などの統計資料や調査資料を収集、整理した上で図と表にまとめたもの。また、ホテル旅館の経営標準指標を独自に作成。巻末に旅館・ホテル観光関連年表（1945－1995年）、観光関係団体・役員名簿を付す。解題は1996/97年版による。　　　　　　　　　　　　　　　　5653

◆◆外国のホテル

世界ホテル&コンベンションディレクトリー 1985年版－　オータパブリケイションズ　1985－　年刊　28cm
ホテルと会議場の名簿。世界をアジア、オセアニア、米国、カリブ海諸島、カナダ/ラテンアメリカ、ヨーロッパ、中近東/アフリカの7つの地域に分け、日本はアジアより分離させ巻末に独立した章となす。巻頭には旅行関連機関、団体、企業リストを載せ、各章末にはホテル名索引を付す。解題は1995年版による。　　　　　　　　　　　　　　　　5654

世界ホテルガイド 宿泊情報海外版　150カ国・約4300軒収録　日本交通公社出版事業局　1994－　年刊　26cm　（JTBのmook）
世界を11の地域に分け、地域内は国または都市をアルファベット順に記載。ホテルの名称のほか、種別、政府登録、所在地、最寄り駅からの交通、特色、チェックイン・アウト、付属の施設、料金などを記載。巻頭に「地域別アルファベット順国名索引」、巻末に「アルファベット順都市名索引」を付す。基本データは1996年7月末現在。解題は1997年版による。　5655

◆◆リゾート基地

大型リゾート基地計画総覧 1987－1991年度版　産業タイムズ社　1987－1991　隔年刊　3冊　26cm
1991年現在771件の大型リゾート計画のリスト。リゾート開発の現状と課題、全国大リゾート基地整備計画、リゾート法に基づく整備構想一覧、各省庁の余暇施設整備事業の4つの章で構成。巻末に事業名、開発者名の索引を付す。1987年の総合保養地域整備法（通称リゾート法）施行が、リゾート開発ブームのきっかけとなった経緯も知ることができる。1992年以降については『リゾート整備ハンドブック』（リゾート整備研究会編、ぎょうせい、1994）がある。解題は1991年度版による。　　　　　　　　　　　　　　　　5656

通信事業

【名簿・名鑑】

郵政省関係公益法人便覧 1996年版－　通信文化振興会編　通信文化振興会　1995－　隔年刊　21cm　監修：郵政大臣官房秘書課
郵政省所管の公益法人228団体を、網羅的かつ体系的に解説した団体名鑑である。所管部局別に郵政省本省、地方郵政局、地方電気通信監理局の順で配列する。各法人名のもとに、その法人の所在地、電話番号、設立年月日、役職員数、所管部局、基本財産、会員数、設立目的、事業内容、役員名を記載。索引は五十音順に法人名を掲載。1994年版までの『郵政省所管全国公益法人名鑑』の改題。解題は1996年版による。　　5657

【年鑑】

データでみる情報化の動向 1991年度版－　郵政省郵政研究所編　ぎょうせい　1991－　年刊　26cm
1965年から現在までの情報化にかかわるデータをとりまとめたもの。情報メディアに関する基礎データでは電気通信、郵便、放送、新聞などのメディアの利用状況について、情報の産業化に関するデータでは情報関連施設、情報サービスおよび情報処理の推移と現状について、産業の情報化に関するデータではコンピュータと通信機器などの生産高およびネットワークの進展度などについて、家庭の情報化に関するデータでは情報関連支出の推移およびテレビ・ラジオの受信状況などに言及。付録として情報化データ用語解説がある。

解題は1993年版による。 *5658*

◆郵政事業

【便覧】

日本の郵政 平成4年版- 郵研社 1991- 年刊 21cm
監修：郵政省
郵政省の郵政事業および郵政行政全般について、体系的に解説した要覧。3編で構成され第1編で郵政省の組織と役割、第2編で郵政行政の概要を郵政事業部門、テレコム行政部門、大臣官房の3部門に分け詳細かつ平易に解説。郵政事業部門はさらに郵便、為替貯金、簡易保険に、テレコム行政部門は通信政策、電気通信、放送に、大臣官房は秘書・総務・企画、広報、国際、人事、財務・主計、施設、監察の項目別に解説。第3編の資料一覧は郵便、窓口取扱時間、料金表などの資料を掲載。全体に図表・統計など多数掲載し、図表目次付き。昭和24-58年度版『郵政要覧』、昭和59-平成2年度版は『郵政行政要覧』の改題。解題は平成9年版による。 *5659*

【辞典・事典】

最新郵便用語事典 郵便用語事典研究会編 ぎょうせい 1986.4 332,46,18p 19cm 4-324-00441-2 1500円
郵便業務に携わる実務家にとって必要な法令用語、実務用語、慣用語に至る1046語を収録する事典。配列は五十音順で、見出し語に対応する英語を付記。解説には図表を交え、1985年7月1日現在の関係法令名も表示。付録として巻末に郵便法、料金表、郵政史関係小年表、五十音順の見出し語索引を収録。1969年に初版として『郵便用語事典』、1982年に全面的見直しを行った『新郵便用語事典』をひきつぐもの。 *5660*

◆◆郵政行政

郵政行政統計年報 昭和62-平成6年度 郵政大臣官房財務部編 郵政省 1988-1995 年刊 30cm
郵政省所管の業務に関する統計を収録。構成は、概況、統計図表、統計表に区分して、郵便、為替貯金、簡易保険、情報通信などの各種統計を収録。そのほか、人事、財務、同省の国有財産関係の統計も収録。付録として、郵政省機構図、歴代大臣などの一覧、各種料金表を付す。年度は会計年度。第1回（昭和22年度）第2回（昭和23年度）の『通信統計年鑑』、昭和24-25年度の『郵政省統計年報』、昭和26-57年度までの『郵政統計年報総括編』、昭和57-61年度の『郵政統計年報』、昭和62-平成6年度までは標題と改題を重ね、平成7年度からはインターネットで提供。解題は平成6年度版による。 *5661*

郵便の統計 平成7年度- 郵政省郵務局編 郵政省 1997- 年刊 30cm
『郵政行政統計年報 郵便編』の改題で、平成7年度版からこの書名となった。郵便事業と電気通信受託業務に関する統計を収録。構成は、統計図表、統計表、参考資料からなる。付録として、郵便制度の沿革、計数出所目録を付す。解題は平成8年度版による。 *5662*

郵便事業 1989-1992 郵便事業研究会編 ぎょうせい 1989-1992 年刊 3冊 22cm
郵政省所轄の郵便事業の現状と施策についてわかりやすく書いた年鑑。郵便事業の現状を郵便物数、財政、販売収入などの事業実績に基づき説明し、施策については、郵便事業に関する法改正、新しい事業の推進、国際協力などの施策の展開などに関して解説。次年度の予算の編成、事業経営方針についても触れている。検索手段は目次による。図表、統計表は多い。1989、1991、1992年と刊行され、1990年の状況については『平成元年度の郵便事業』（ぎょうせい、1990）がある。解題は1992年版による。 *5663*

わかりやすい国際郵便の手引 平成8年版 第14版 国際通信文化協会編 国際通信文化協会 1996.12 273p 26cm 2400円
国際郵便を利用する人向けに作成したわかりやすい手引書。同時に国際郵便の取扱いに従事する郵便局職員のマニュアルとして活用できるものもめざしている。構成は、国際郵便の法体系、外国へ発送する郵便物、外国から到着する郵便物、日本郵便局と日本にある米国軍事郵便局との間に交換する郵便物。付録には、クリスマスメールの差出期限、国際郵便料金表などがある。1963年に郵政省から創刊、1988年に国際通信文化協会に引きつがれ現在に至る。 *5664*

◆◆郵便切手

日本切手辞典 織田三郎〔等〕編 東京堂出版 1976 336p 図 22cm 3800円
1871年3月1日発行の日本最初の切手から、1975年6月末日までに発行された、日本切手の全種類を原寸写真とともに収録。その発行目的、用途、印面に描かれた図・写真などの由来、挿話などを説明。配列は切手

の名称、人名（主として画家）および日本切手の説明上必要な項目・用語の発音式五十音順。名称のない普通切手などについては、巻末に料額から検索できるよう切手料額文字索引を付す。郵趣的事項（刷色、発行数、版式、糊、目打など）については省略。　5665

日本郵趣百科年鑑　1983-1985年版　日本郵趣百科年鑑編集委員会編　日本郵趣協会　1983-1985　3冊　21cm　発売：郵趣サービス社　1200円
毎年発行される郵便切手、カタログ以外の切手に関する必要な文献資料・情報を年単位でまとめたもの。すべての切手愛好者を対象として作成されている。日本と外国に大別。日本については全体の動向、分野別収集の動き、切手・ステーショナリーの記録、消印の記録、郵趣出版物の記録などから、外国については、主要国新発行の切手、海外郵趣出版物の記録などからなる。このほか郵趣コンビニエンスという項目があり、切手収集用語集、トピカル切手チェックリスト、郵趣団体、全国切手商ガイドなどが収められている。
　5666

◆電気通信事業
情報科学、電気工学、通信工学、情報工学をもみよ。

【辞典・事典】

電気通信和－英－西技術用語辞典　1990　日本電信電話株式会社国際部編　日本電信電話株式会社国際部　1990.2　449p　19cm
海外の電気通信業務に関する技術用語を日本語、英語、スペイン語から引けるように作られた辞典。全体としては日本語索引が中心になっているが、巻末には英語とスペイン語の索引がそれぞれ付き、各見出し語に対応する日本語の掲載頁数を記す。スペイン語を収録している点が特徴的。1978年初版を改訂した増補版。
　5667

【便覧】

情報通信ハンドブック　1987年版－　情報通信総合研究所編　情報通信総合研究所　1987－　年刊　21cm
情報通信に関わるサービス、料金などの市場動向に重点を置き、統計や図を用いてコンパクトにまとめている。国内通信サービスや国際通信サービス、海外の情報通信の動き、企業通信システム、地域情報化、CATV、情報通信関連産業、通信事業者の概要など9章に分けて具体的に図を用いて記載。統計が豊富なので比較検討をするのにも便利。解題は1995年版による。
　5668

通信サービス利用ガイドブック　サービス内容と料金比較　1989－　日経BP社　1989－　年刊　28cm　『日経コミュニケーション』別冊
国内通信サービスと国際通信および国際VANサービスに関して豊富な図表を用いて解説された便覧。国内通信サービスは電話、パケット交換、ISDNなど9項目に分けて解説され、国際通信、国際VANサービスは専用回線、ファクシミリ通信など6項目に分けられているので、項目で見たいものを探すことができる。巻末には用語解説がある。解題は1993年版による。
　5669

ビジネスマンのためのマルチメディア最新情報ハンドブック　1995年版　情報基盤協議会編　PHP研究所　1995.7　313p　18cm　1500円
マルチメディア関連の各種の情報をコンパクトにまとめたもの。関連事業、市場動向、海外の動向、地域情報化プロジェクトなどを図表や統計を用いて解説。
　5670

【年鑑】

情報通信年鑑　1989-1995年版　情報通信総合研究所　1988-1995　年刊　27cm　監修：郵政省
情報通信に関する技術動向や産業動向について網羅的に記載。豊富な図表を用いて解説。本文は14編に大別。第1編の概況、第2編政策・法制と行政、第3編電波行政、以下第一、二種電気通信事業、地域・企業内情報通信システム、放送、マルチメディア、情報通信関連産業、データベース業、海外の情報通信産業、国際協調と協力、情報通信関係労働運動、情報通信技術、巻末に別冊として資料編（政策大綱、関連企業・団体名簿、和・英文の索引）を付す。1981年『電気通信年報』で創刊、1982-84年『電気通信年鑑』、1985-88年休刊、1989年に改題し、1995年で休刊となった。その後については『情報通信統計』（郵政省監修、日本データ通信協会刊、年刊）『電気通信事業者年報』（郵政省監修、日本データ通信協会刊、年刊）『衛星通信年報』（郵政省監修、国際衛星通信協会刊、年刊）などを参照するとよい。解題は1995年版による。　5671

ワールドテレコム・ビジュアルデータ集　グラフで見る世界の通信・放送事情　新日本ITU協会編著　新日本ITU協会　1994－　年刊　30cm　監修：郵政省大臣官房国際部　発売：クリエイト・クルーズ
世界各国の電気通信や放送の状況がグラフや図で具体的に示されたデータ集。開発途上国への国際協力の理解を深めることを目的に編集。第1章は世界の国、第

2章電気通信の部では電話の数、普及率や保全状況など17項目に分けて記されている。第3章放送の部ではテレビやラジオの世界分布などをグラフで示す。第4章ODAの部では資金協力や派遣の状況を知ることができる。巻末の付属資料は国別データとなっており、各国の通信事情がひと目でわかる一覧表を付す。解題は1994年版による。　　　　　　　　　　　　5672

◆◆ 通信事業

【便覧】

KDD国際通信ユーザーズガイド　1994年版－　国際通信文化協会編　国際通信文化協会　1994－　年刊　26－30cm　監修：国際電信電話株式会社

国際電信電話（KDD）のサービスを利用者向けに解説した便覧。約60種のサービス名称、内容、料金、利用方法、問合せ先を網羅し、相手国別等料金表、同社の営業案内を付す。毎年1月現在の状況を暦年で発行。個人、法人の国際通信利用に役立つほか、国際電話からテレビの衛星中継まで幅広い国際通信の仕組みを簡潔に知る上でも便利。日本と海外を結ぶサービスが中心だが、一部、日本以外の国の間のサービスもある。1955年創刊の『国際通信サービスの手引』の改題。解題は1997年版による。　　　　　　　　　　　　5673

【白書】

OECD通信白書　1990－　谷田敏一訳　電気通信協会　1990－　隔年刊　26cm　『OECD communications outlook』の翻訳

OECD加盟諸国における電気通信の現状や政策をグローバルに分析してまとめた報告書。電気通信政策の発展状況（規制の枠組みなど）、電気通信市場の規模、ネットワークの発展状況、通信料金の国際比較、サービス品質、雇用と生産性、通信機器の貿易状況など多岐にわたる項目構成。付録のOECD質問状に対する加盟国からの回答はOECD諸国の電気通信政策や規制を理解する助けとなる資料。解題は1995年版による。　　　　　　　　　　　　5674

ニューメディア白書〔昭和59年版〕－　テレコムサービス協会編　日刊工業新聞社　1984－　年刊　18－26cm　監修：郵政省　平成5年版までの編者：日本情報通信振興協会

ニューメディアに関するサービスと情報通信分野の動向をコンパクトにまとめている。ネットワーク、移動体、放送、衛星と4章に分けてそれぞれを小項目に沿って掲載し、グラフや図表で具体的にわかるように工夫。標準化や情報通信分野の産業や政策についての記述もある。付録の年表は1993年のニューメディアの動向を知るのに便利。諸統計も付されている。解題は平成6年版による。　　　　　　　　　　　　5675

◆ 放送事業、テレビ・ラジオ放送

◆◆ 放送事業

【書誌】

放送関係雑誌目次総覧　大空社　1992.1　2冊　22－27cm　全34000円

戦時体制の調査・研究に書誌上の便宜を提供するため、重要雑誌の目次を編集・収録したもの。選択に関しては十五年戦争期に創刊されたものに限定せず、明治期や大正期から継続して発行されているものも対象とする。巻末に「解題」「発行年月日一覧」、収録誌別五十音順の「著者名索引」を付す。　　　　　　　5676

放送関係文献総目録　1－2　放送関係文献総目録研究会編　日外アソシエーツ　1983.2　2冊　27cm　発売：紀伊国屋書店　各12000円

1925年の放送開始から1979年までのわが国で刊行された図書、パンフレットと、雑誌、研究紀要などの論文・記事を選択し、約2万6000件を収録。放送関係の「国会議事録一覧」を各巻に付載。巻末に五十音順の著者索引を付す。1は放送開始から1967年6月まで、2は1967年7月から1979年末まで。　　　　　5677

【名簿・名鑑】

民間放送全職員人名簿　1961/1962年版－　日本民間放送連盟編　岩崎学術出版社　1962－　26cm

1990年10月1日付の日本民間放送連盟に加盟する会員各社の役職員を収録。解題は1993/1994年版による。
　　　　　　　　　　　　　　　　　　　　　　5678

◆◆ 放送事情

【年鑑】

NHK年鑑　1954年版－　日本放送協会放送文化研究所放送情報調査部編　日本放送出版協会　1953－　年刊　27cm

表示年版の前年度のNHK業務全般の記録、放送界の記録を総括。巻頭はその年度の年誌と概観。巻末には統計、便覧、ローマ字と五十音順の索引を付す。昭和6-16年は『ラヂオ年鑑』、昭和17-23年は『ラジオ年鑑』、昭和24-1953年は『N.H.K.ラジオ年鑑』と書名が変遷。解題は1996年版による。　5679

日本民間放送年鑑 1981- 　日本民間放送連盟編　コーケン出版　1981-　年刊　27cm
1997年度の放送、民放の1年の動きや主要データを掲載。概況編では放送界、放送行政、放送倫理、著作権、CM、経営、文字放送の動向など19項目の観点から記述されているので大まかな前年度の放送界を知ることができる。各社・関連機関編では民間放送各社をはじめとして各団体の1年の活動記録を掲載。資料・便覧編として経営・番組・広告・視聴者関連、開局順一覧、インターネットホームページ一覧などの主要データや放送関連団体、番組制作会社などの名簿を収録。巻末には関連資料や年表を添付。『日本放送年鑑』の改題。解題は1998年版による。　5680

芸術

芸術・美術

【書誌・索引】

国華索引 改訂増補版 国華社編 国華社 1992.1 488,39p 22cm 発売：朝日新聞社 9800円

わが国の現行の美術雑誌の中で最古の歴史を持つ『国華』の索引で、1981年刊の増補改訂版。第1号（1889年10月）より第1149号（1991年8月）までを収録対象とする。「図版」「論文」「雑録」の3部構成。図版索引と論文索引は、絵画、彫刻、建築、工芸（素材別、土器を含む）、書に区分の後、国別、種類別に配列。絵画図版で作者の明らかなものは、日本、中国、朝鮮・その他に分け、作者名（第1音）の五十音順に配列する。雑録部分は随想、書評、時事・報道に分け掲載順に配列。増補分の1030号（1980年1月）から1149号までは、巻末に別立てとなっている。巻末に著者別執筆号数一覧、所蔵別索引（美術館等と寺社）、特集号記事一覧、発行年月一覧表などがある。　5681

芸術・美術に関する10年間の雑誌文献目録 昭和50年－昭和59年　1－2 日外アソシエーツ編 日外アソシエーツ 1987.5　2冊　27cm　発売：紀伊国屋書店 4-8169-0360-7　7200円,13700円

1975－1984年までに国内で発表された芸術・美術に関する雑誌文献目録。国立国会図書館が受け入れた学術雑誌、大学紀要などを対象とする『雑誌記事索引　人文社会編』☞0139 第4・5期を主題別に再編成したものの一部。2分冊からなり、Ⅰは一般・理論・芸術史について5981件、Ⅱは絵画・書・彫刻・写真・工芸について1万1408件を収める。各文献は主題を表す大項目の中を、必要に応じて細分した見出し語のもとに配列。同一見出し語の中は論題の五十音順。巻末に事項索引がある。これ以降は『雑誌記事索引　人文社会編累積索引版』の第6期または『雑誌記事索引』CD-ROM版などを利用のこと。なお、これに先立つものとして、1948－1964年の17年間を扱う巻および1965－1974年の10年間を扱う巻がある。1948－1964年を扱う巻は一般・理論・芸術史と絵画・書・写真・（彫刻・工芸）の2分冊。1965－1974年を扱う巻は1冊で芸術・美術全般を収録。1948－1964年を扱う巻は彫刻・工芸と建築の2分冊。彫刻・工芸については1948－1974年の27年間は、一部の文献を除き重複収録。なお建築については、1975－1984年を扱う巻から独立した。　5682

楽しい美術本ガイド 美術出版社美術手帖編集部編 美術出版社 1994.9　158,17p 21cm 4-568-43038-0 2000円

『美術手帖』（1993年10月号）の特集「美術の本600冊」に、それ以前の同誌記事からのデータを併せまとめたもの。3部構成で、「読書家のブックリスト」はテーマ別に11人の筆者が見開き2頁で20点の本を一部カラー図版を添えて紹介。「入門者の基本型」は時代・ジャンル別に見開き1頁で7-8点を紹介。「美術本の森」は書誌事項のみ記載する。巻末に五十音順の書名索引と著者索引がある。　5683

東洋美術文献目録 定期刊行物所載古美術文献 美術研究所編纂 柏林社書店（発売） 1967.9　570,34p 27cm 昭和16年刊の複製 5000円

定期刊行物中の論文および一部美術全集の記述約3万件を収載した文献目録。収録対象は日本・中国から西アジアにいたる地域において、明治以後1935年までに発行された549種の雑誌。配列は総説、絵画、書、彫刻など9分野別。巻末に五十音順筆者索引を付す。1941年初版の付冊として刊行された「定期刊行物調査表」は、採録雑誌の確認に必須のものであったが、復刻時に省かれた。後続の書誌として『日本東洋古美術文献目録　昭和11年－40年　定期刊行物所載』☞5685 がある。　5684

日本東洋古美術文献目録 定期刊行物所載 昭和11年－40年　5版 東京国立文化財研究所美術部編 中央公論美術出版 1997.11　763p 27cm 4-8055-0343-2 35000円

1936－1965年の間に日本で発行された日本および東洋の古美術に関する定期刊行物約900種に所載の日本語文献約4万件を主題別に編成した文献目録。文献の内容が分類項目の2種以上にわたる場合は、原則としてそれぞれの項目に重出する。巻末に採録対象の定期刊行物一覧がある。初版は1969年。新たに巻末に著者索引（約700名）を付した。『東洋美術文献目録』☞5684 の後続書誌で、より幅広い採録かつ精緻な主題編成となっている。1966年以降の文献については『日本美術年鑑』☞5713 掲載の各年間の古美術文献目録を参照のこと。　5685

美学・美術史研究文献要覧 1985－1989 日外アソシエーツ編 日外アソシエーツ 1996.12　717p 27cm（20世

紀文献要覧大系 30) 監修：星山晋也 発売：紀伊国屋書店 4-8169-1400-5 43260円
1985-1989年に国内で刊行または発表された美学・美術史に関する総合的な文献目録。図書6700点、雑誌、紀要類を対象とする研究文献2万800点を収録。全体を芸術・美術一般、芸術理論、芸術史・美術史、絵画、書、写真、彫刻、工芸、建築の各主題に分け、件名、人名、作品名によって適宜細区分する。記載事項は書誌事項と該当頁。巻頭に「研究文献の利用案内」、内容目次および収録誌名一覧を付す。巻末に五十音順の事項索引と著者索引がある。1984年以前の雑誌文献については『芸術・美術に関する10年間の雑誌文献目録』☞5682を参照のこと。 　　　　　　　　　　　　　　　　5686

美術家索引 日本・東洋篇 恵光院白編 日外アソシエーツ 1991.12 100,945p 27cm 発売：紀伊国屋書店 4-8169-1115-4 69800円
日本・東洋の主として近現代の美術家および美術周辺領域の人名情報を得るための索引で、2万500人に関する3万600件の情報を収録。採録対象資料は1975-1990年刊行の美術事典、美術家辞典、資料目録類、1927-1990年刊行の美術年鑑の物故記事および主として関東近辺で1945-1990年に開催された展覧会のカタログなど。配列は日本編、東洋編に大別し、おのおの人名の読みの五十音順で、書誌事項と掲載頁を指示する。巻頭に人名目次および採録資料一覧を付す。この分野における人物情報調査のための基本資料。姉妹編に『美術家索引　西洋編』☞5688がある。 　　5687

美術家索引 西洋篇 恵光院白編 日外アソシエーツ 1992.2 126,1100p 27cm 発売：紀伊国屋書店 4-8169-1123-5 69800円
主として西洋の近・現代の美術家約1万8500人に関する人物（または作品）情報を検索するための索引。近世以前であっても、採録対象資料に登載された作家は収録する。日本では無名に近い作家や、美術の周辺領域で活躍する人物を多数含む。姓名不詳の作家は「逸名画家」の項目で最後にまとめる。採録対象資料は、1975-1990年に欧米や日本で刊行された美術・美術家事典、資料目録や、1945-1990年に開催された国内の展覧会カタログなど。見出し語は人名原綴のアルファベット順で、生（没）年、採録資料とその掲載頁を記す。巻頭に採録資料一覧と欧文の人名目次がある。カタカナ表記を付した人名については、巻末のカナ表記索引から原綴を検索できる。『美術家索引　日本・東洋篇』☞5687の続篇。 　　　　5688

美術新報 別巻総目録 東珠樹, 中島理寿, 村田真知編著 八木書店 1985.1 296p 31cm 16000円
明治中期より大正半ばにかけて発行された美術全般にわたる代表的な美術雑誌『美術新報』の総索引。逐号目録、分類目録（人物編、主題編、展覧会・美術団体編）、図版目録（絵画、彫刻、工芸、建築、その他、参考図版）からなる。巻末に『美術新報』の解説、複製版解題、年表（1894-1920年）および美術雑誌刊行表を付す。美術雑誌の内容を人物・展覧会・団体・図版・美術分野などから多岐にわたって検索でき、美術雑誌の総目次（総索引）の優れた典型を示している。美術雑誌は近年、マイクロフィルムでも復刻が盛んであり、ほかに『みづゑ』『藝術新潮』『中央美術』などの総目次（総索引）がある。 　　　　　　　5689

【辞典・事典】

最新美術・デザイン賞事典 1991-96 日外アソシエーツ編 日外アソシエーツ 1997.7 622p 22cm 紀伊國屋書店(発売) 4-8169-1440-4 16000円
国内の団体などが主催する美術デザイン分野の賞、コンクール302賞を収録。各賞を総合、絵画・版画・書、彫刻、工芸、写真、デザイン、広告、建築、マンガに区分し、それぞれ賞の五十音順に配列。各賞の最新の概要（趣旨、選考方法、締切など）と創設以来の受賞データを記載。旧版『美術・デザイン賞事典』（1990年刊）から継続して収録する179賞は、1990年4月以降の受賞者を掲載。それ以前については旧版を参照。旧版の収録に漏れた69賞および旧版刊行後に新設された54賞については、創設以来の受賞者を収録。巻末に賞名、主催者名、受賞者名の五十音順索引がある。 　　　　　　　　　　　　　　　　5690

新潮世界美術辞典 新潮社 1985.2 1647,149p 27cm 4-10-730206-7 19000円
先史から現代に至る絵画・彫刻・考古学・建築・工芸・デザイン・書・美学など、西洋・東洋・日本美術に関する人名・地名・用語など約1万7000項目を収録し、適宜図版をまじえて解説する。見出し語を五十音順に配列し、必要に応じて原語を併記。参照は星印と矢印で示す。巻末に約1200点の図版一覧、難読索引、欧文索引を付す。1970年から7年間『芸術新潮』に連載した記事をもとに、約2500項目を増補改編したもの。1995年に発売されたCD-ROM版は見出し語・キーワードから検索でき、解説文中の見出し語はリンクされている。また、アイコン（図柄）で表示された絵画や彫刻などの各項目を、時代や地域などと組み合わせて検索できる「グラフィック検索」もある。PC98にのみ対応。 　　　　　　　　　　　　　　　　5691

世界美術大事典 1-6 小学館 1988-1990 6冊 31cm 12000-12360円
西洋および日本を除く東洋の美術に関する人名・地

名・用語など約7300項目を収録し、約3000点のカラー図版を用いて解説したヴィジュアルな事典。イタリア美術について特に詳細に取り上げる。見出し語を五十音順に配列し、原綴を併記。大項目と中・小項目を併用し、解説文中の見出し語に星印を付す。第1巻巻頭に概論「芸術とは何か」、第6巻巻末に、見出し項目に併記したすべての原綴および重要な文中語句を含む欧文索引と、「絵画・彫刻・工芸」「建築・遺跡・都市」「挿絵・地図」の3部からなる和文の図版索引を付す。イタリアのファブリおよびボンピアーニ社を中心とする編集グループにより、1987年に刊行された百科事典（全28巻）のうち、「美術」に該当する3巻の日本語版。翻訳にあたり日本美術に関する項目の記述が簡略すぎたため削除した。　　　　　　　　　　　5692

世界美術大辞典 第1-4巻　村田良策〔ほか〕責任編集　河出書房　1954-1956　4冊 27cm 上野直昭監修
建築・庭園・彫刻・絵画・書道・工芸・美学など世界の美術について、適宜図版（一部カラー）をまじえ、約130名の専門家が署名入りで解説したわが国で初めての包括的な美術事典。各時代・各国の美術史は大項目で取り上げ、人名や用語は約4000の小項目で簡潔に解説するなど、大中小項目を併用。配列は見出し語の五十音順で、必要に応じて欧文を併記。解説文中の見出し語に星印を付す。各項目末に参考文献がある。第4巻は世界美術年表（BC3200-AD1955年）、東洋年号索引、美術系図および和文・欧文の人名索引、事項・用語索引（五十音順）からなる。表記に旧漢字を用いる。　　　　　　　　　　　5693

美術辞典　石井柏亭，黒田鵬心，結城素明共編　歴史図書社　1976　900p 20cm 大正3年刊の複製 11000円
古今東西の絵画、彫刻、建築、工芸、装飾、彫版、題材、美術家など美術全般について解説した辞典。5000余語、1500図版を収録する。必要に応じて見出し語に原綴を併記、「画」「彫」など9種の略字により所属部門を示す。配列はいろは順。見返しにいろは順索引を付す。人名は日本人の場合、姓を省き雅号あるいは名からの記入。本文は旧かな、旧漢字をそのまま使用している。現在では美術辞典としての価値より、大正初期の美術動向や西洋美術流入の一過程を知る手がかりとして、美術史的な価値の高い辞典。　　　　　5694

和英・英和タイトル情報辞典　映画・音楽から文学・美術まで　小学館　1997.6　1019p 19cm　4-09-510192-X　2800円
映画、テレビ番組、音楽、オペラ、バレエ、演劇、パソコン・ゲームソフト、コミック、美術、文学および出版物全般にわたる古今東西18分野から約1万4000語を抽出し、五十音順に配列した作品タイトル辞典。日本語タイトル、英題およびその他言語の原題、由来などの解説からなる。邦訳された作品について、その原題を知る上で役立つ。巻末に参考文献、見出し語の原題から引けるアルファベット順の事項索引および作品の創作者（作者、映画監督、出演者など）、創作グループから引けるアルファベット順人名索引を付す。
　　　　　　　　　　　5695

【辞典・事典－日本・東洋】

日本書画骨董大辞典　池田常太郎編　東出版　1996.6　79, 1789p 27cm　（辞典叢書 16）日本美術鑑賞会大正4年刊の複製　4-87036-024-1　39140円
書家、画家約7300人の列伝および書画、骨董関係事項を図版と共に収載した事典。3編に分かれ、「書の部」には書の歴史、書家、儒家、国学家、俳家それぞれの系図と書家列伝、「画の部」には、歴史、日本画家系図、画家列伝。「骨董の部」は、古書、古筆、金石法帖、陶磁器、漆器、刀剣など9部門に分け、それぞれ歴史、製法、列伝を収める。旧かな、旧漢字、旧文体のままである。骨董の部巻末に国宝目録、書画骨董年表、書・画の部巻頭に音引索引および書画列伝字画索引を付す。　　　　　　　　　　　5696

日本美術用語辞典　和英対照　和英対照日本美術用語辞典編集委員会編　東京美術　1990.3　793p 22cm　英文書名：『A dictionary of Japanese art terms』 4-8087-0549-4　18540円
絵画・書・彫刻・工芸・建築・庭園をはじめ、その関連領域から、日本美術を理解する上で必要な用語約4300項目選び、和文と英文による解説を施した辞典。配列は和文の五十音順。和文各項目に絵・書・彫などの分野記号を付与する。参照を多数含む。巻末に、付録として建造物や仏像などの図版、年表のほか、和文見出し語の総画数索引、ローマ字見出し語のアルファベット順索引、英文見出し語のアルファベット順索引がある。　　　　　　　　　　　5697

【辞典・事典－西洋】

岩波小辞典西洋美術　村田潔編　岩波書店　1956　228p 18cm
先史時代から現代までの西洋美術に関する用語、人名、作品名などを五十音順に配列し解説したコンパクトな辞典。見出し語に原綴を併記。解説文中の見出し語に星印を付す。巻末に見出し項目を除く本文中の重要事項への和文五十音順索引を付す。　　　　　5698

オックスフォード西洋美術事典　講談社　1989.6　1336p 27cm　監修：佐々木英也　4-06-200979-X　20000円

先史から現代までの西洋美術の各分野に関する3150の事項について、大・中項目主義で解説した一般美術愛好家向けの事典。見出し語を五十音順に配列し、原綴を併記。西洋美術の基本的事項については、大項目を立てて詳細に解説。解説文中の見出し語に星印を付す。巻末にアルファベット順に配列した「欧文和文対照表」を付し一部索引機能も兼ねるが、独立した索引はない。オックスフォード大学出版局から1970年に刊行された『The Oxford companion to art』の翻訳をもとに日本向けに加工。原著から日本、中国、朝鮮に関する項目および膨大な参考文献を削除した。翻訳にあたり、オックスフォード大学出版局から1988年に刊行された『The Oxford dictionary of art』からも必要に応じて情報を追加。さらに原著にない図版を多数挿入し、20世紀の作家や各国の主要美術館などの新しい項目を加えた。
5699

原色西洋美術事典 現代美術社編 教育出版 1971 586p 27cm 監修：嘉門安雄ほか 6500円
紀元前から現代までの西洋美術に関する項目を、カラー図版を多用して簡潔に解説した事典。事典、図説、美術史概論の3部からなる。事典の部は、小項目見出しを五十音順に配列し、原綴を併記。図説の部は、作家の肖像、テーマとバリエーション、彫刻の変遷、建築の変遷などに分けて解説。巻末に作家名の五十音順図版索引を付す。
5700

図像学事典 リーパとその系譜 水之江有一著 岩崎美術社 1991.2 494p 23cm 4-7534-1318-7 12000円
西洋美術における典型的な図像196項目を和文見出し語の五十音順に配列し、解説した事典。見出し語には英文を併記、必要に応じて132の参考図版とその解説を付す。巻末に概論「黄金の輪」、参考文献、参考図版典拠一覧、内容一覧などを付す。巻末に和文五十音順事項索引（書名を含む）、固有名詞索引および欧文アルファベット順索引がある。西洋美術におけるイコノグラフィーの基礎史料、チェーザレ・リーパの『Iconologia』（1593年刊）を、ヘルテルのドイツ語版（1758-60年）などを参照しつつ、翻案した事典。リーパ（1610年版ほか）とヘルテルから再録された図版は有益。
5701

西洋美術解読事典 絵画・彫刻における主題と象徴 ジェイムズ・ホール著 高橋達史〔ほか〕訳 河出書房新社 1988.5 425p 22cm 監修：高階秀爾『Dictionary of subjects and symbols in art』の翻訳 4-309-26091-8 3900円
古代から近代にいたる西洋美術の図像についての最も広範で基本となる事典。キリスト教、ギリシア・ローマ神話、文学作品などに典拠をもつ主題、さらに寓意（アレゴリー）や象徴（シンボル）にいたるまで網羅的に扱う。配列は見出し語の五十音順。必要に応じて見出し語に原語を併記する。解説文中の見出し語に星印を付すほか、参照を多用。巻頭に概論「絵の言葉を読む」、巻末に銘文、人名表記対照表、図版一覧、参考文献および欧文アルファベット順の事項索引を付す。日本語版刊行にあたって重要な項目に図版を補った。
5702

西洋美術事典 ルネサンス以降　絵画・彫刻 ピーター＆リンダ・マーリ著 大島清次〔ほか〕訳 美術出版社 1967.6 537p(図版共) 29cm 『Dictionary of art and artists』の翻訳 7500円
主としてルネサンス以降1960年ごろまでの西洋美術の絵画・彫刻について約1200点の図版を用い解説した事典。3部からなり、「西洋美術事典」は約1000名の美術家人名と事項、用語を欧文アルファベット順に配列し、訳語を併記、解説文中の見出し語に星印を付す。「巨匠のテクニック」は大判のカラー図版で52点の各種技法を図説。「目で見る美術史」はモノクロ作品図版1156点を美術史の流れに沿って配列する。事典の部から図版への参照あり。巻末に参考文献および和文五十音順索引を付す。普及版（1968年刊）もある。内容はイギリスに重点を置く。
5703

西洋美術辞典 訂正版 今泉篤男, 山田智三郎編 東京堂 1958 782,37p 19cm
先史から20世紀前半までの、西洋美術の各分野に関する人名、作品、事項、用語など3800項目について、図版を適宜まじえ、小項目主義で解説したハンディな辞典。見出し語を五十音順に配列し、原綴を併記。文中の見出し語に星印を付す。主要項目は、執筆者の署名入り。巻頭に建築、彫刻、絵画に分けて解説した「西洋美術史概説」、巻末に「美術地図」などの付録、欧文の人名索引および用語・事項索引を付す。1954年初版の訂正版。
5704

【人名事典】

近代日本美術事典 講談社 1989.9 414p 27cm 監修：河北倫明 執筆：三輪英夫ほか 4-06-203992-3 6800円
明治初期活動の作家から1930年生まれの画家（日本画、洋画、版画、水彩画、童画、挿画）および彫刻作家まで1252名を人名の五十音順に配列した美術家事典。必要に応じて作家肖像写真や代表作の図版を付す。記載事項は分野、生（没）年、略歴など。解説文中の見出し語に星印を付す。巻末に「関係事項」として美術団体、画塾などに関する160項目の解説とその変遷図を付す。索引はない。本書は、『日本美術年鑑』☞5713

が創刊以来収録の物故者欄の記事および東京国立文化財研究所に蓄積の日本近代美術の諸資料に基づいて執筆されたものであり、収録作家数とその記述内容の信頼度において、随一の事典である。　　　　　　　5705

現代日本アーティスト名鑑　美術出版社編集部編　美術出版社　1995.4　126p　21cm　表紙の書名：『A who's who of 360 contemporary artists in Japan』　監修：三田晴夫ほか　4-568-42015-6　2500円
現代美術全般から映像・建築・演劇・ダンス・ファッション・音楽にわたる現代日本の代表的アーティスト360人の名鑑。配列は作家名の五十音順。記載事項は作家名ローマ字、生年、出生地、学歴、作家本人の申告による活動ジャンル、作家解説。作家肖像および作品図版（一部カラー）を付す。巻末にジャンル別人名索引がある。本書は、月刊雑誌『美術手帖』1994年1月号の同名特集記事を単行本化したもの。　　5706

書画骨董人名大辞典　常石英明編著　金園社　1975　794p　図　19cm　3500円
古書・画をはじめ、歌人・俳人・茶人などの文人、陶工、金工、漆工、武人（大名・武士）、僧侶にいたるまで、日本古美術に関わる人物を広く収録し、平易に解説した人名事典。収録対象は古代から昭和中期までの約1万人。配列は人物の名号を見出しとする画数順。記載事項は分野・略歴で、人名の読みおよび出典の記載はない。必要に応じて落款・印譜を収録。巻末に諸系譜、諸国大名の禄高一覧、巻頭に音訓索引を付す。類書はない。　　　　　　　　　　　　　5707

Biographical dictionary of Japanese art. Supervising editor：Yutaka Tazawa. Tokyo：International Society for Educational Information, 1981. 825p. 22cm；9500円
日本美術史上の古代から現代までの人物の略伝、代表作などを簡明な英文で紹介・解説した事典。配列は絵画、版画、書跡、写真、グラフィック・デザイン、彫刻、茶道、建築、陶芸、刀剣、金工、染色、漆芸などのジャンル別に人名のアルファベット順。巻末に系図、用語集（Glossary）、参考文献目録、総索引を付す。　5708

【人名録】

日本美術家事典　1989年度－　オーアンドエム　1989－　年刊　27cm
現在制作活動中の日本の美術家を収めた美術年鑑。主柱となる「現代作家篇」のほか「物故作家篇」「資料篇」の3篇からなる。「現代作家篇」は作家を日本画、洋画、彫刻、工芸、書の分野ごとの五十音順に配列し、個人データ、カラー作品図版を収載。一部に肖像写真を付す。これを補う「物故作家篇」は明治以降の主要作家を扱う。「資料篇」は全国の主要美術館・博物館概要などを地域別に、全国の主要美術団体やコンクールの概要、美術関係者一覧などを五十音順に収める。巻末に現代作家篇、物故作家篇おのおのの電話帳式配列による索引を付す。全国的に紹介される機会の少ない作家をより多く収載した点と、有名無名を問わない同一レベルでの記述に特徴がある。現役作家の人名読み、生年、受賞歴、所属団体・役職、略歴、住所が参照できる点で、他の美術年鑑・事典と異なり有用。解題は1997年版による。　　　　　　　　　　　5709

美術家名鑑　昭和31年版－　美術倶楽部出版局　1956－　年刊　26cm
主として日本の現代美術を対象とする美術家名簿。日本画、洋画、彫塑、工芸、書の5分野に大別し、略歴・住所・評価価格などを記載。古美術作家・物故者の名簿および中国・韓国の著名作家一覧も収録する。巻頭に表示年版の前年（1995年11月－1996年10月）の美術界の動向を豊富なカラー図版と共に掲載するほか、各賞の受賞者一覧を付す。巻末に「記録・資料・美術館・画廊・古美術店」およびジャンル別五十音順人名索引がある。前身は『現代美術家名鑑』（1917－1928年刊）。解題は1997年版による。　　　5710

【便覧】

古美術必携　蒐集研究　白崎秀雄編　徳間書店　1974　155, 101p　21cm　2500円
日本、中国、朝鮮の古美術を鑑賞・研究するための便覧。史的意義を持つ基本的な名器・名物帳類の翻刻、古筆名葉の便覧、絵巻物・金工・茶道などに関する便覧的リストを収める。巻末に日本美術史年表（BC6000－AD1957年）、東洋陶磁史年表（BC6000－AD1867年）がある。索引はない。　　　　　　5711

全国美術界便利帳　大増補新版　総合美術研究所編　総美社　1983.10　648p　22cm　4-88187-005-X　3500円
美術家を中心に、わが国の美術界を構成する個人、団体、機関、業者および関連の分野まで含めた総合的な便覧。全体を16の主題に分け、それぞれの関連名簿のほか、必要に応じて世界の美術展、賞などの資料を付す。記載事項は名称（氏名）、所在地、電話番号。索引はない。初版は1981年刊行。広範な内容は行政や経済界にも及び、日本美術界の輪郭を示している。
　　　　　　　　　　　　　　　　　　　　　5712

【年鑑】

日本美術年鑑　昭和11年版－　美術研究所，東京国立文

化財研究所〔編〕 大蔵省印刷局 1936- 年刊 27cm
日本の美術界全般について、表示年版の前年の動向を記録した最も信頼される美術年鑑。「美術界年史」「主要美術展覧会」「美術文献目録」「物故者」の各章からなる。「主要美術展覧会」は「現代美術・西洋美術」「東洋古美術」に大別し、開催日順に配列、展評記事がある場合はその掲載紙・誌名、巻号、日付、評者名を記す。「美術文献目録」は表示年版の前年に発行された定期刊行物、主要展覧会図録および新聞所載文献などを所収する。独自分類順で索引はない。このうち東洋古美術の文献については、『東洋美術文献目録』☞5684、『日本東洋古美術文献目録』☞5685 の二度にわたって累積版を刊行。「物故者」は67名を没年月日順に配列、経歴、業績などを記し、一部に肖像写真を添える。この記事を累積し、加筆訂正して刊行したものが『近代日本美術事典』☞5705。物故者の五十音順索引はあるが、全体の索引はない。創刊は1930年発足の帝国美術院附属美術研究所が発行した昭和11年版で、継続刊行され現在に至る。本年鑑に先立つものに、画報社、中央美術社、朝日新聞社などが刊行した同書名の美術年鑑があるが、大正年間のほとんどが欠落している。本年鑑には明治43年版から昭和21年版（途中年度欠落）は、国書刊行会による復刻版がある。解題は平成8年版による。
5713

美術手帖年鑑 1980- 美術出版社 1980- 年刊 21cm
美術・デザイン関係者に役立つデータ集とガイドブックをあわせたもの。現況篇、便覧篇、名簿篇の3部からなる。「現況篇」は展覧会および公募スケジュール（1997年1月-12月）、アンケートによる美術界特記事項および受賞・物故者などの記録（1995年9月-1996年8月）。「便覧篇」は美術館・画廊、関連組織、学校、団体などの所在地、電話番号を収載。「名簿篇」は美術作家・研究者など約3000人をジャンル別に収め、住所などを記載。巻末に画廊地図および「名簿篇」に対する五十音順人名索引を付す。雑誌『美術手帖』の1月臨時増刊号として毎年発行。解題は1997年版による。
5714

美術年鑑 1957年版- 美術年鑑社 1957- 年刊 21-26cm
現代日本美術作家の名鑑と、表示年版前年の日本美術界の動向を展覧会を中心にまとめた年鑑。名鑑は日本画、洋画、彫刻、工芸、書に大別。「古美術大総覧」として、古美術作家のほか明治以降の物故作家も含む。一部に評価価格を記載。豊富なカラー作品図版と肖像写真を収める。巻末に「記録・資料」として「美術界年間の動向　1995.11-1996.10」、各賞受賞記録、美術館・ギャラリー等施設一覧、ギャラリーマップなどを付す。巻末の五十音順人名索引はジャンル別で、この中の日本画家名は、1997年版から雅号引きを、姓名引きに改める。解題は1997年版による。
5715

【図録】

世界美術大全集 西洋編　第1-28巻　小学館 1992-1997　28冊 37cm 各20000円
世界の美術を時代順・地域様式別に巻立てし、豊富なカラー図版を用い、執筆者の署名入りで解説した図録。収録対象は先史時代から現代まで、世界70余国の絵画・彫刻・工芸品・建造物など約1万4000点。各巻とも図版、解説、テーマ特集、作品解説からなる。各図版には作家名・作品名・制作年・素材・技法・寸法・所蔵（所在地）の順に作品データを記載。各巻末に資料編として参考文献のほか、巻によって地図、年表、用語解説、主要作家年表などを付す。別巻の総索引は、主な収録作品、五十音順総索引、資料索引、地図索引、著者索引を収める。1998年現在刊行中の続編である東洋編（全17巻の予定）は、従来少なかった東洋美術を概観できる資料として貴重。
5716

日本美術全集 第1-24,別巻 大河直躬〔ほか〕編 講談社 1990-1994　26冊 37cm 各7500円
古代から戦前までの日本美術を中国・朝鮮・ヨーロッパとの関係を視野に入れつつ、時代順・美術様式順（建築・彫刻・絵画・工芸の4部門）に収めた美術全集。各巻とも120-140枚のカラー図版、平均200枚のモノクロ図版、論文を主体とする本文、署名入りの図版解説、年表、英文作品図版リストからなる。別巻「資料編」として、収録論文一覧とその概要、カラー収録作品データ、「総索引」として分野別五十音順作品名索引と五十音順作者名索引を付す。刀剣、南蛮美術、在外作品、現代美術については『原色日本の美術』（全32巻、小学館、1966-1980）を、主要な日本の画家については『日本美術絵画全集』（全25巻、集英社、1976-1980）を参照のこと。
5717

中国美術全集 工芸編 1-12 京都 京都書院 1996　12冊 30cm 各30000円
中国原始時代から清朝までの工芸資料3049点を種類別・時代別に分類し、体系的に解説した図録。「陶磁」3篇、「青銅器」2篇、「染織刺繍」2篇、「漆器」「玉器」「金銀器・ガラス器・琺瑯器」「竹彫・木彫・象牙・犀角・家具」「玩具・剪紙・影絵」の12巻構成。各巻とも概説、カラー図版、図版解説（署名入り中国語原文の翻訳を一部改めたもの）からなる。巻によって巻末に分布図、一覧、参考文献などを付す。索引はない。日中共同出版の完全翻訳版。
5718

◆芸術理論・美学

美学事典 増補版 竹内敏雄編修 弘文堂 1974 604,45p 22cm 4500円
一般美学から芸術の諸分野にわたって、美学上の主要事項を署名入りで体系的に解説した広義の美学事典。前半の一般美学は、美学芸術論史と美学体系の部に、後半の諸特殊芸術学は、美術学、音楽学、文芸学、演劇学、映画学の部に分け、最後に芸術教育の部を加えた。各見出し項目に原綴を併記し、事項を詳しく解説、文中の見出し語に星印を付す。項目末尾に欧文を中心とした豊富な参考文献、巻末に、和文および欧文の事項索引と人名索引を付す。1961年刊の初版に新しい研究動向、各芸術分野の現況・新展開などを加えた増補版。
5719

美学辞典 佐々木健一著 東京大学出版会 1995.3 248,41p 22cm 4-13-080200-3 3914円
西洋近代における美学思想の基礎概念25項目について、体系的に解説した読む事典。「基礎的な諸概念」「生産」「対象」「消費と再生産」の4編からなる。各見出し項目ごとに対応する原語を併記し、その概念の定義・学説を紹介し、今日的意味について著者の意見を付して詳しく解説。本文と註の中で見出し項目への参照を矢印で示す。巻末に参照文献表および和文五十音順の人名索引と事項索引を付す。
5720

◆芸術史・美術史

近代美術のキーワード ロバート・アトキンズ著 嶋崎吉信訳 美術出版社 1995.7 196p 図版 21cm 『Artspoke』の翻訳 4-568-20153-5 3200円
ヨーロッパを中心としたモダンアートに関する事項約120項目を五十音順に配列し、図版（一部カラー）を多用して解説した事典。収録対象は美術運動、美術の形態、批評の用語、主要な出来事などで、必要に応じて項目を、人物、時代、地域、内容などに細区分する。参照は本文中のゴシックと矢印で示す。巻頭にアート・チャート（運動の期間の一覧表）、タイムライン（1848-1944年までの世界の動きと美術に関する記事）、巻末に本文中の重要語も含む約800項目の和文五十音順索引を付す。翻訳にあたって、本文を五十音配列に改めた。姉妹編に『現代美術のキーワード』☞5724がある。
5721

現代芸術事典 アール・デコから新表現主義まで 美術出版社美術手帖編集部編 美術出版社 1993.7 142,7p 21cm 4-568-42014-8 2500円
20世紀芸術のうち、主に戦後活躍した海外の芸術家（批評家も含む）、内外の芸術運動、様式、技法、専門用語など約450項目について署名入りで解説した事典。配列は五十音順。見出し語には原綴併記、文中の見出し語は記号で示す。作家の紹介では略歴のほか、研究批評的な解説も付す。カラー、モノクロ図版を多数収載。巻末に本文重要語も含む和文五十音順索引があるが、原綴からは引けない。旧版『現代美術事典 アンフォルメルからニューペインティングまで』（1984年刊）から古くなった項目を削除し、新たな項目の追加、修正を施した。
5722

現代美術事典 滝口修造等編 白揚社 1952 440p 図版20枚 22cm
絵画、彫刻、工芸、建築から舞台美術、商業美術、写真、デザイン、服飾まで広く20世紀前半の現代美術について適宜図版をまじえ署名入りで解説した美術事典。配列は五十音順。重要項目に参考文献、巻末に西洋現代美術年表（1900-1957年）、日本現代美術年表（1868-1957年）、参考文献一覧を付す。巻末に五十音順の概観索引、人名索引、用語索引がある。本書出版に前後し、神奈川県立近代美術館、国立近代美術館が開館した。瀧口修造やシュルレアリスムの画家福沢一郎、デザイナーの原弘といった編纂者、執筆者が、現代美術の普及浸透を期して刊行した歴史的な美術事典。
5723

現代美術のキーワード アート・スピーク ロバート・アトキンス著 杉山悦子〔ほか〕訳 美術出版社 1993.1 169p 図版 21cm 『Artspeak』の翻訳 4-568-20145-4 2900円
第二次大戦以後の現代美術を理解するために必要な専門用語約100項目を適宜図版（カラーを含む）をまじえ、解説する事典。収録項目数は参照見出しを除いて約100。配列は英文見出し語のアルファベット順。見出し語には原語のカナ読みを併記し、定着した日本語訳のある用語は〔　〕で補記する。大半の項目は、WHO、WHEN、WHERE、WHATに細区分して解説。文中の見出し語はゴシックで示す。巻頭にアート・チャート（運動の期間の一覧表）、タイムライン（1945-1989年までの世界の動きと美術に関する記事）を付す。巻末にカナ表記五十音順の事項索引および人名索引がある。『近代美術のキーワード』☞5721は本書の姉妹編。
5724

◆◆仏教芸術

仏教美術文献目録 1960-1969 ユネスコ東アジア文化研究センター仏教美術調査専門委員会編 中央公論美術出版 1973 302p 20cm 4500円

1960-1969年の10年間に日本で刊行された単行本（論文集・叢書を含む）・定期刊行物・展覧会カタログなどより、仏教美術関係の文献を網羅的に採録したもの。収録数は分類重複を含め4083件。東洋、日本、朝鮮、中国、中央アジアなどの主要地域に大別後、総記・建造物・彫刻・絵画・工芸・考古の順に配列。各文献の書誌事項に加えて、収録頁数、寸法、図版数・カラー図版数を記載する。巻末に調査対象とした定期刊行物一覧と五十音順の著編者索引を付す。ユネスコの仏教美術に関する研究調査のプログラムに関連して作成された。
5725

仏教美術用語集 中野玄三編著 京都 淡交社 1983.5 212,26p 19cm 4-473-00840-1 2000円

日本の仏教美術を鑑賞するにあたって基礎的な知識となる約800用語を五十音順に配列し、図版を適宜用いて平易に解説したもの。解説文中の見出し項目に星印を付す。巻末に図録、系図のほか解説文中の重要項目も含む五十音順事項索引がある。初心者向けのコンパクトなハンドブックとして有用。
5726

◆◆イコノグラフィー（図像学）

キリスト教シンボル図典 中森義宗著 東信堂 1993.11 163p 21cm （世界美術双書2別巻） 4-88713-175-5 2369円

初期キリスト教時代から近世にいたる西洋のキリスト教美術の寓意（アレゴリー）と象徴（シンボル）369項目を豊富な図版を用い、体系的に解説した事典。天地、人間、動物、植物、品物、記号、聖衣、祭具の8章からなる。見出し語に必要に応じて英文を併記する。巻頭に代表的な美術作品にみられる象徴についての解釈、項目一覧および項目索引（和文五十音順）、巻末に和文の参考文献一覧、概論「キリスト教美術におけるシンボル」を付す。
5727

キリスト教図像辞典 中森義宗訳編 近藤出版社 1970 168p 22cm 1500円

初期キリスト教時代から近世にいたる西洋のキリスト教美術の主題、寓意（アレゴリー）、象徴（シンボル）を体系的に解説した事典。キリスト教学の体系に倣い、旧約聖書、新約聖書、聖人伝、象徴の順に配列。美術作品の図版約400点を収載。巻頭にC.R.Moreyの『Christian art』（1935年刊）に基づく概説「キリスト教美術の歴史」を付す。本文はG.Fergusonの『Signs and symbols in Christian art』（1954年刊）に基づく。索引はない。
5728

キリスト教美術シンボル事典 ジェニファー・スピーク著 中山理訳 大修館書店 1997.6 288p 23cm 『The Dent dictionary of symbols in Christian art』の翻訳 4-469-01250-5 4300円

初期キリスト教時代から近世にいたる西洋のキリスト教美術の主題、寓意（アレゴリー）、象徴（シンボル）を広くとりあげ、図版を多用して解説した事典。西洋美術のほか、東方正教会の美術に関する基本的な情報も含む。配列は聖人、物、場面を示す英文見出し語のアルファベット順。解説文中の見出し語に星印を付す。巻末に聖人名表記対照表、欧文参考文献および和文五十音順項目索引がある。
5729

キリスト教美術図典 柳宗玄，中森義宗編 吉川弘文館 1990.9 484p 24cm 4-642-07227-6 8800円

初期キリスト教時代から近世にいたる西洋のキリスト教美術の主題、寓意（アレゴリー）、象徴（シンボル）を網羅的に扱った基本的な事典。総論と各論からなり、総論の配列はキリスト教学の体系に倣う。収録数は約1000項目で、見出し語に必要に応じて原文を併記する。キリスト教図像についてそれぞれ図版を掲げ、典拠、主題の要旨、伝記、図像の概要などを記載。巻頭に概論「キリスト教図像について」、巻末にキリスト教美術関連年表（BC2000-AD1649年）、欧文と和文の参考文献および図版一覧を付す。巻末に「神・説話・聖人」「宗教・寓意・比喩」の2種の和文五十音順索引がある。最初期（あるいは典型的な）作例を選んだ図版約700点も有益。
5730

西洋シンボル事典 キリスト教美術の記号とイメージ G.ハインツ＝モーア著 野村太郎，小林頼子監訳 八坂書房 1994.10 377p 22cm 訳：内田俊一ほか 『Lexikon der Symbole』の翻訳 4-89694-650-2 6695円

ヨーロッパ中世を中心に、西洋のキリスト教美術の主題、寓意（アレゴリー）、象徴（シンボル）約500項目について、図版を交え解説した事典。必要に応じて異教的古代や初期キリスト教、東方教会の美術も対象とする。配列は見出し語の五十音順。見出し語に原著のドイツ語を併記し、解説文中の見出し語に星印を付す。巻末に参考文献一覧、掲載図版一覧および独語アルファベット順項目索引を付す。邦訳にあたって原著掲載の挿絵約300点を作例図版約600点に替えた。
5731

◆◆ 日本美術史

日本美術史事典 平凡社 1987.5 1108p 図版 27cm 監修：石田尚豊ほか 4-582-12607-3 15000円
日本美術史を文化史との関連の中で捉えることを意図した執筆者の署名入り事典。事項の五十音順に配列した「事典編」と時代概説からなる。総項目数2200、索引項目約7000、写真・図版1700点。項目は、美術を広い意味に解釈し、生活文化や文学にかかわるものも含む一方で、戦後の美術に関しては限定して収録する。本文の記述は同社刊行の『大百科事典』☞0225 に基づいており、大部分共通する。参照を多用し、文中の見出し語に星印を付す。巻末に国宝一覧、博物館・美術館一覧がある。巻末の五十音順索引は図版をも対象とする。　　　　　　　　　　　　　　　5732

日本美術小事典 町田甲一，永井信一編 角川書店 1977.11 570,33p 図12枚 19cm（角川小辞典 15）1900円
古代から第二次世界大戦終結までの日本美術を通史として署名入りで概説したハンドブック。建築・庭園、彫刻、絵画、書跡、工芸の分野別名品493点を時代順に配列し、写真、所蔵者、寸法などをあげて解説する。巻頭に日本美術史概説、巻末に分野別の簡単な美術家列伝（人物解説）、用語解説のほか美術館案内、国宝目録、美術図解、美術地図、参考文献、年表（503－1945年）を付す。巻末に人名索引と事項索引（各五十音順）がある。　　　　　　　　　　5733

【年表】

原色図典日本美術史年表 増補改訂版 集英社 1989.12 xi,563p 図版 28cm 監修：太田博太郎ほか 4-08-532024-6 18000円
日本美術史上重要な作品や出来事についてカラー図版を用い解説した年表。収録期間は古代から1988年。主題は建築、彫刻、絵画、工芸、書跡など美術全般にわたる。年表の上部に図版を収載、年表は作品欄と事項欄に分ける。作品欄に国宝・重要文化財の中から年紀の明らかなものと未指定の中から重要なものを、事項欄に美術に関する記事を収録。巻末に日本美術史概説、「近・現代事項欄典拠一覧」および図版目録を付す。巻末に年表および概説を対象とする事項索引（国宝、重文、図版のあるものはそれぞれ記号で示す）と年号索引がある。本書は1986年の初版に1985－1988年までの年表を追加したもの。なお1997年に1995年までの年表を追加した増補改訂第2版を刊行した。　　5734

戦後美術年表 1945－1950 油井一人編 美術年鑑社 1995.12 308p 22cm（AA叢書 4）4-89210-125-7 3500円
1945年8月15日から1950年12月31日までの5年4か月にわたる日本美術界の動向を新聞三紙（朝日、毎日、読売）と東京国立文化財研究所による『日本美術年鑑』☞5713 を典拠にまとめた年表。対象分野は絵画、彫刻、工芸、美術行政のほか、書、デザイン、写真、いけ花などの分野。年月日順に美術動向を記録した本欄と社会の動きを記した下欄の2欄で構成する。巻末に典拠一覧および五十音順の人名索引を付す。戦後の混乱期、毎年刊行を果たせなかった『日本美術年鑑』の欠を補うものとして貴重。　　　　　　　5735

日本美術史年表 増訂版 源豊宗著 座右宝刊行会 1978.9 392p 27cm 6800円
日本美術および関連分野に関する事項を扱った年表。対象は501年から1978年。見開き2頁を10年とし、1900年までは中国の王朝・時代を併記。年表の事項記載欄は4段（現存する作品、作家、美術史的意義を有する事件、国内外の史実）からなる。明治以前の事項には、その典拠を、作品には所蔵者を記載。記載事項について、絵画、彫刻、建築、書・工芸その他、外国の事象および作品の別を記号で示す。巻末に系譜、禅林詩僧没年表、日本年号索引、中国・朝鮮年号索引、歳次・月次異名表、年表本文索引（五十音順）を付す。同書名の旧版（星野書店、1940）を1972年に根本的に改訂したものの増訂版。　　　　　　5736

Chronological table of Japanese art / edited by Shigehisa Yamasaki. Tokyo : Geishinsha, 1981.9 885p ; 20cm. 日本語書名：英文日本美術年表 13000円
仏教伝来（538年）以降1980年までの政治・社会的出来事と美術・文化史上の出来事を2欄構成で収録した年表。美術事項欄は主要美術品の作品名、作者名、所蔵者名などをすべてローマ字と和文で併記し、分野、材質、指定種別、形態などを記号・略号で表記する。巻頭に時代区分表、巻末に年号表などを付す。巻末にローマ字表記の作品索引、所蔵者一覧（所蔵者別主要作品目録）および人名索引があり、年表に採らなかった作品や人名も収録する。典拠、参考文献の記載はない。　　　　　　　　　　　　　　　　5737

◆◆ 東洋美術史

アジア・美の様式 図録アジアの建築・彫刻・工芸―その歴史展開と交流 上，下 オフィス・ド・リーブル編 石沢良昭〔ほか〕訳 連合出版 1989.10 2冊 22cm 監修：石沢良昭『La grammaire des formes et des styles』の翻訳 各2575円

日本を含むアジアの建築から工芸までの5分野にわたり、約2200枚の図版を用いて解説した事典。紀元前2000年から19世紀までの様式を対象とする。配列は15の国または地域ごとで、それぞれ時代様式などの簡単な解説、主な博物館、英仏語の参考文献および参考図版を付す。下巻末に美術用語解説がある。各巻末の図録索引（英仏語対照）は、章ごとの内容一覧と称すべきもの。1994年に新装版が刊行された。　5738

必携中国美術年表　歴史・文化　3版　山崎重久編　芸心社　1990.8　25,211p 21cm 2300円
紀元前1500年から現代までの中国美術に関するカラーの年表で携帯用。事項記載欄は、主要な政治・文化・人物などにかかわる事項と主要な美術遺品に2分し、五十音順総索引を付す。典拠や参考文献の記載はない。付録として中国年号、皇帝表、中国遺跡史跡地図（カラー）、同索引、所蔵者一覧、全国行政区画一覧、禅僧略系図、干支表を収める。初版は1983年刊。　5739

✦✦ 西洋美術史

西洋美術史小辞典　改訂新版　ジェイムズ・スミス・ピアス著　大西広〔ほか〕訳　美術出版社　1991.7　278p 22cm 『From abacus to Zeus　1987 ed.』の翻訳　4-568-42013-X　4900円
西洋美術史の基礎概念を、293の図版を用い平易に解説した初学者向けのコンパクトな事典。第1章は技法・原理・一般用語を、第2-5章はギリシャ・ローマ神話の主題、キリスト教の主題、聖人の図像、キリスト教美術の象徴など、図像における主題や記号・シンボルを解説。配列は原則として五十音順で、小項目見出しに欧文を併記するが、3章だけは主題による体系的な配列となっている。本文中の見出し語に星印を付す。巻末に五十音順用語索引、図像索引がある。初版は1978年刊。改訂新版では、写真や美術運動などの新しい技術や概念を増補し、付録として芸術家年表を加えたが、挿入図版は旧版より約40点少ない。　5740

✦ 美術品目録

国宝・重要文化財総合目録　美術工芸品編　文化庁編　第一法規出版　1980.3　1147,49p 22cm 9500円
1979年8月現在の国宝・重要文化財の美術工芸品9030件（うち国宝819件）の目録。国宝一覧と重要文化財目録の2編に大別し、おのおの所有者別（国、都道府県）に配列する。同一所有者の中は指定種別（絵画、彫刻、工芸品、書跡・典籍、古文書、考古資料、歴史資料）の順。重要文化財目録は所在地、所有者、指定種別、指定年月日、正式名称、員数と指定当時の旧所有者および国宝指定のあるものは国宝の表示と指定年月日を記載。国宝一覧ではほかに製作年代と重要文化財目録の該当頁を付記する。巻末に補遺、社寺名の難訓表などを付す。巻末に五十音順の所有者索引がある。　5741

全国美術館博物館所蔵美術品目録　絵画編，彫刻編　文化庁　〔1983〕-1984　4冊 21×30cm
昭和57年度に文化庁が実施した「国公私立の美術博物館等の所蔵する美術資料の調査」に基づき作成された目録。「絵画編」と「彫刻編」からなる。「絵画編」のうち、江戸時代以前の古美術を対象とする「分野（古美術）編」は、仏画、人物画など分野ごとの時代順に配列。これに続く明治以降の近現代美術を収録する「作者別」は日本人の作品（版画、素描、ガラス絵は除く）に限定し、作者の五十音順に配列する。「美術館・博物館別」は両者を含み、県別に300余館を収める。「彫刻編」は日本近現代美術（作者の五十音順）、日本・中国・朝鮮古美術（分類順）、その他（作者のアルファベット順）に分けて収録。記載事項はいずれも作者名、作品名、材質、寸法、製作年代、所蔵館、登録番号など。各巻とも索引はない。　5742

内国勧業博覧会美術品出品目録　東京国立文化財研究所美術部編　中央公論美術出版　1996.2　476,70p 27cm　4-8055-0305-X　18540円
1877-1903年（明治10-36）に開催の5回の内国勧業博覧会に出品された美術・工芸品を収録した目録。「内国勧業博覧会美術品出品一覧」と「褒賞授与人名表」からなる。配列はともに開催順。前者は出品作品名、住所、製作者、後者は賞位、受賞人名、受賞対象を記す。巻頭に内国勧業博覧会開催一覧、国内開催博覧会関係資料所在一覧、巻末に五十音順の出品人及び製作人姓名索引、号名索引を付す。同研究所美術部第二研究室による特別研究「日本近代美術の発達に関する明治後半期の基礎資料集成」の報告書。姉妹編に『明治期美術展覧会出品目録』☞5746、『明治期万国博覧会美術品出品目録』（1997年刊）がある。　5743

日展史資料　日展史編纂委員会企画・編集　日展　1990.3　2冊 30cm 全9000円
1907年（明治40）の文部省美術展覧会（文展）から1957年（昭和32）の日展まで、半世紀にわたる官設展の全出品作を収録した目録。本編と索引からなる。本編の配列は日本画、洋画、彫刻、工芸美術、書の分野別に展覧会の開催順、その中は出品作家名の五十音順。記載事項は作品名、出品時の在住地、出品資格および

授賞。分冊の索引は、分野別作家名の五十音順による出品歴索引。同編纂委員会による『日展史』（1980年－、年刊）の資料の一部をまとめたもの。　5744

日本学術資料総目録　1988年度版　朝日出版社　1988.4　2冊　27cm　監修：市古貞次ほか　1983年度版の出版社：Almic　「美術工芸篇」「書跡・典籍・古文書篇」に分冊刊行　4-255-88023-9　全90640円
日本国内の博物館が所蔵する美術工芸品と書跡・典籍・古文書の総合目録。美術工芸品篇13万7000（439館）、書跡・典籍・古文書篇16万3000（309館）項目を含む1983年版に、美術工芸篇1万6150（56館）、書跡・典籍・古文書篇3930（17館）の約2万項目を増補し、1983年版本文に続けて、別立てで追録する。各項目の記載事項は、作品名、国宝・重要文化財などの別、作者名、寸法、数量、略説、国名（産地）、時代、所蔵館名など。各巻とも巻末に五十音順の作者別索引および博物館別索引を付す。続刊はないが、文化財などに関する最も網羅的な公刊目録。　5745

明治期美術展覧会出品目録　東京国立文化財研究所美術部編　中央公論美術出版　1994.6　236,285p　27cm　4-8055-0288-6　18540円
明治期の主要5美術団体（鑑画会、明治美術会、日本青年絵画協会、日本絵画協会、白馬会）が1885－1910年（明治18－43）に開いた展覧会の出品目録を集成したもの。展覧会出品一覧（団体別、展覧会順）と展覧会出品作家一覧（団体別、作家名五十音順）からなる。目録データの典拠は現存の出品目録や画集あるいは当時の雑誌記事によるため、記載データが団体により異なるが、作家名、作品名、受賞位、材質などを基本とする。巻頭に収録美術展覧会名一覧を付す。索引はない。明治期美術に関する基礎資料集。同研究所美術部第二研究室による特別研究「日本近代美術の発達に関する明治後半期の基礎資料集成」の報告書であり、姉妹編に『内国勧業博覧会美術品出品目録』☞5743『明治期万国博覧会美術品出品目録』がある。　5746

◆美術館・企画展

アメリカの美術館　美術出版社編集部編　美術出版社　1987.10　255p　21cm　（美術ガイド）　写真：向田直幹, 高野育郎　執筆：木村要一ほか　4-568-43025-9　2000円
米国の主要15都市の美術館53館について、カラー図版を多用して紹介するガイド。配列は都市ごとで、美術館地図、各館の概要・コレクション・所在地・利用案内を収める。現代アメリカのアート情報、関連エッセイも収録。巻末にアーティスト索引（五十音順）を付す。　5747

世界の博物館事典　地球と人類の全遺産　鶴田総一郎編　講談社　1979.11　230p　31cm　（世界の博物館　別巻）　3000円
85か国、626の博物館ガイド。各館の特色を40名の執筆者が図版（カラーを含む）を多用し、簡潔に解説する。配列はヨーロッパ、アメリカ・オセアニア、アジア・アフリカの3地域に大別し、さらに各国別。館名および所在地は、英語圏・ヨーロッパ語圏・漢字圏以外は英語名で統一。巻末に世界文化史・世界科学史略年表、五十音順館名索引および本巻全22冊の分野別図版総索引を付す。　5748

全国美術館ガイド　〔1996〕　全国美術館会議編　美術出版社　1996.6　514p　21cm　4-568-43045-3　2800円
全国の美術館と美術系博物館、民芸、考古館、郷土館、民俗館、宝物館1530館の1995年8月現在のデータを収録したガイド。全国を北海道、東北、関東、中部、近畿、中国、四国、九州の8ブロックに分け、各県別に配列。記載事項は各館の所在地、交通案内、館の概要、開館時間、施設、事業、収蔵品情報。主要な館には地図と代表的な収蔵品1-5点の図版を付す。巻末に館名（通称）の五十音順索引がある。初版は1977年。2、3年ごとに改訂増補。本書は月刊雑誌『BT/美術手帖』1995年10月増刊号と内容が同一の改装版。　5749

日本の美術館　1-10　ぎょうせい　1986-1987　10冊　27cm　監修：嘉門安雄　編集：新集社　各3000円
日本全国の美術館と美術系博物館を収めたガイド。地域別の全10巻からなり、各巻の中は県別に配列する。記載事項は美術館概要、利用案内など。当該館学芸員による作品解説と所蔵品紹介が特色。小美術館は巻末に「美術館・博物館ガイド」として簡略にまとめる。ほかに各地域の風土と美術をめぐる小論、多数の図版（カラーを含む）を収載。索引はないが、各巻巻頭に収録館の五十音順リストがある。　5750

日本の美術館と企画展ガイド　1997/1998. 3－　淡交社美術企画部編　京都　淡交社　1997－　年刊　21cm
全国の美術館約100館のタイトル表示年度に予定されている展覧会日程と美術館案内を合わせた情報誌。配列はおおむね地域別。記載事項は、展覧会日程は会期と展覧会の概要、美術館案内は所在地、館の特色、主な収蔵品、出版物、交通、入場料、開館時間など。必要に応じて美術館や収蔵品の写真を添える。巻頭に「1997年企画展のみどころ」「注目の企画展」「1997年

度巡回展カレンダー」、巻末に「ユニークな個人美術館」「ミュージアムショップ事情」を付す。巻末に五十音順館名索引がある。『世界の美術館と企画展ガイド』は姉妹編。解題は1997/1998.3による。　5751

ヨーロッパの美術館　田辺徹文　向田直幹写真　美術出版社　1991.11　436p　21cm　4-568-43030-5　2500円
英・独・仏・伊・スペインなど西側8か国に旧ソ連、旧チェコスロバキアを加えた10か国85館のオールカラーの美術館ガイド。著名な大美術館のみならず、小規模でも重要な美術館、絵画館なども収録。所在地、開館時間などの一般的な利用案内は巻末に簡略にまとめて記載。力点は美術史家でもある著者のいかに見るかという視点によるコレクション案内記。索引はないが、巻頭に収録美術館一覧を兼ねた目次がある。1985年の初版を増補改訂し、収録数を30館増やしたもの。類書にコンパクトな美術館案内として10か国55館を収録した『ヨーロッパ美術館ガイド'95-'96年版』（書籍情報社、1995）がある。　5752

Roberts' guide to Japanese museums of art and archaeology / ed. by Laurance P. Roberts. Tokyo : Simul Press, 1987. iv, 383 p ; 〔16〕of plates : ill., maps ; 19 cm. At head of title : Revised & updated. 4-377-50737-0
日本国内の美術・歴史系博物館347館を収録した訪日外国人向けの英文ガイド。英文館名のアルファベット順に配列し、ローマ字と日本語による館名・住所表記、電話番号、各館の概要紹介、編者による評価、開館時間、入館料、交通案内などを記載する。巻頭に日本・韓国・中国の美術対照年表、祝祭日、国内鉄道図、巻末に美術・歴史用語集を付す。巻末にローマ字館名（分館名）の索引、都道府県別とコレクション別の索引がある。Kodansha Internationalより刊行された旧版（1978年刊）の改訂増補版。　5753

◆美術研究・美術教育

造形教育事典　建帛社　1991.10　693p　22cm　監修：真鍋一男，宮脇理　4-7679-7034-2　10000円
造形教育・美術教育に関する基本概念を明らかにしつつ、理論から実践の方法までを図表をまじえ、体系的に解説した事典。概説・沿革・方法・対象・内容・環境・展望の7つの枠組を設定し、個々の事項について全体の展望の中での位置づけを確認できるように、大項目25、中項目94、小項目359項で構成する。解説は執筆者の署名入り。巻末に関係資料として、造形教育に関する歴史年表（1445-1991年）、学習指導要領、標準教材品目・図画工作科年間指導計画（例）、関連図書一覧を収める。巻末に五十音順人名索引および事項索引を付す。類書として約2万項目を収めた『造形教育大辞典』（全6冊、不昧堂書店、1954-1957）がある。　5754

美術分野の文献・画像資料所蔵機関一覧　1993年3月現在　アート・ドキュメンテーション研究会調査委員会編　アート・ドキュメンテーション研究会　1995.2　145p　30cm　4-9900326-0-8　1500円
美術分野の文献・画像資料を所蔵する270機関の名鑑。都道府県別で、その中は、機関名の五十音順。英文機関名を併記する。記載事項は所在地、職員数、利用方法を含む機関の概要、文献資料、画像資料の種別保有資料数、特別コレクション、検索方法、書誌類、サービス内容、施設など。巻末に機関名索引（五十音順）、機関種別索引のほか、特別コレクション・書誌類に対する固有名索引（五十音順）を付す。アート・ドキュメンテーション研究会が1993年3月に実施した『美術分野の文献・画像資料の所蔵等のアンケート調査』の回答をもとに編集したもの。　5755

美術鑑定事典　野間清六，谷信一編　東京堂出版　1992.11　406p　19cm　新装版　4-490-10330-1　2900円
日本の美術品の真贋の鑑定に必要な知識を、図版を多用し体系的に解説した便覧。総論、絵画、浮世絵、書跡、彫刻、陶器、金工、刀剣・刀装具、漆工、染織、科学的鑑定の11章からなる。付録に款印、古今名物類聚、番付、系図、巻末に五十音順の人名索引、用語・事項索引、款印索引がある。1963年刊行の同書の新装版。　5756

◆芸術政策

美術工芸品の保存と保管　フジ・テクノシステム　1994.3　521,12p　31cm　監修：田辺三郎助，登石健三　4-938555-40-9　48000円
美術工芸品の保存管理に関する解説書。美術工芸品の材料と構造、取扱い方法、劣化原因と対策、修理、展示など9章からなる。対象は日本・東洋の古美術が中心で、必要に応じて絵画、彫刻、陶磁、金工、染織など材質別の項目を立て、西洋工芸品、出土品、油絵などにも触れる。適宜図表をまじえ、執筆者の署名入りで解説し、詳述を要する項目は巻末の資料編で補足。各章末に参考・引用文献、巻末に五十音順事項索引を付す。博物館・美術館関係の技術者や管理者向き。　5757

文化財用語辞典 改訂増補 京都府文化財保護基金編 京都 淡交社 1989.3 523p 19cm 4-473-01066-X 2500円

広範多岐の内容をもつ文化財用語を初心者、実務者向けにまとめたハンドブック。歴史、庭園、名勝、民俗芸能など17分野から選定した見出し項目約2100語を五十音順に配列し、約500点の図版をまじえて解説する。参照は文中の星印と矢印で示す。巻末に文化財関係法令解説、図版・系図を付す。巻末の五十音順総項目索引は、見出し項目のほか本文中の項目約2000語をも対象とする。初版は1976年刊（第一法規出版）。改訂にあたって、民家・西洋建築、天然記念物では動物を中心に植物・地質鉱物の各分野、考古ではその後の発掘資料の成果などを増補した。　　　　5758

我が国の文化と文化行政 文化庁 1988.6　484p 21cm

文化庁発足20周年を機に、文化行政全般について適宜カラー図版をまじえ、体系的にまとめた「文化白書」とよばれるもの。文化と文化行政、芸術の振興、国民文化活動の振興、国語施策の推進、著作権制度の整備、宗教と宗教行政、文化財の保護と活用の7章からなる。巻末に資料として文化行政組織や関連施設の変遷図、舞台公演回数、美術館・博物館所蔵作品数の統計表を付す。索引はない。　　　　5759

◆◆国宝・重要文化財

国宝〔増補改訂版〕毎日新聞社 1984.12　16冊（別冊とも）38cm 監修：文化庁

①絵画1　仏画・祖師図　②絵画2　大和絵・肖像画　③絵画3　水墨画・近世絵画・渡来画　④彫刻1　⑤彫刻2　⑥工芸品1　金工・漆工　⑦工芸品2　陶磁・染織・古神宝類・甲冑・その他　⑧工芸品3　刀剣　⑨書跡1　国書・漢籍 1　⑩書跡2　漢籍2・仏典　⑪書跡3　墨蹟・古文書・古記録・その他　⑫考古　⑬建造物1　寺院1　⑭建造物2　寺院2　⑮建造物3　神社・住宅・城郭・その他　全145000円

1984年11月現在の国宝全1033件をカラー図版で収録し、詳細な解説を付した図録。絵画3冊、彫刻2冊、工芸品3冊、書跡3冊、考古1冊、建造物3冊の全15冊および別冊の国宝便覧からなる。作品の配列はおおむね種類別。各巻はカラー図版部分と解説部分（概説、図版解説、英文図版目録）の2部構成。このうち図版解説はモノクロ図版と解説を収め、名称、作者、員数、所在地、所蔵者、材質、法量、時代を記す。別冊の国宝便覧は、「国宝総目録」、美術工芸品と建造物の「用語解説」を収め、巻末に和英の名称索引（掲載図版索引）、所有者索引を付す。国宝総目録は所蔵者の都道府県別に配列し、指定区分、正式名称、指定年月日、収録図版の巻数と図版番号を示したもの。『国宝　原色版』（1967-1969、全13冊）の増補改訂版。　5760

国宝・重要文化財大全　1-〔続刊中〕文化庁監修〔毎日新聞社〕第二図書編集部編　毎日新聞社　1997-　31cm

文化財指定制度100年を記念して、これまでに指定された国宝・重要文化財約1万2000件をすべて収録、約4万点のモノクロ図版を掲載する図録。絵画、彫刻、工芸品、書跡各2冊、考古資料、歴史資料各1冊、建造物2冊と別巻（総合目録）の全13冊よりなり、現在刊行中。各巻とも種類別の配列で、作品ごとに名称、作者、員数、所有者、品質、形状、法量、時代を記す。巻頭口絵にカラー図版、各種別ごとに概要、巻末に五十音順の名称索引（考古資料は出土地索引）、所有者索引がある。『重要文化財』全31巻（1972-1977）を増補改訂版したもの。　　　　5761

国宝全ガイド・1,034件 日本放送出版協会編　日本放送出版協会　1990.4　174p 24cm　（NHK国宝への旅 別巻）4-14-008658-0　2000円

1989年度現在の国宝（1034件）を県別、所有・保管者（374か所）別、作品の種別順に配列したガイド。カラー、モノクロ図版を適宜まじえ、名称などの作品データのほか、所在地、電話番号、交通、観覧時間などのガイド情報（1990年2月現在）を収載する。巻末に年表、用語解説、五十音順総索引を付す。　　　　5762

国宝大事典　1-5 講談社　1985-1986　5冊 28cm 各9800円

1985年現在（書跡は1986年）の国宝全1034件を見開きのカラー図版頁と解説頁の交互の体裁で収録し、署名入りで解説した事典。絵画（152件）彫刻（115件）書跡・典籍（274件）工芸・考古（250件と36件）建造物（207件）の全5冊。工芸は、金工・漆工・陶磁・染織・雑・古神宝・甲冑・刀剣に分け、その中は制作時代順に配列、その他の巻は制作時代別、種類別に配列する。掲載内容は名称、作者、所有者・都道府県、材質、員数、寸法、時代、指定年月および解説で、解説頁にモノクロ図版も収録する。各巻巻頭に、作品目次と概説、巻末に年表、用語解説、所有者別作品目録、名称別作品目録（索引）・五十音順所有者名索引を有す。　　　　5763

新指定重要文化財　解説版　1-13「重要文化財」編纂委員会編　毎日新聞社　1980-1984　13冊 27cm 文化財保護法施行30周年記念出版

①絵画1　仏画　大和絵　肖像画　②絵画2　水墨画　近世画　近代画　渡来画　③彫刻　仏像

神像・肖像　仮面・その他　④工芸品1　御正体　宝塔・舎利容器　仏具　燈籠　鑑鏡・茶湯釜・雑　⑤工芸品2　漆工　陶磁　染織　古神宝類ほか　⑥工芸品3　甲冑　刀剣・刀装具　⑦書跡・典籍・古文書1　国書　漢籍　⑧書跡・典籍・古文書2　仏典　洋本　禅僧墨蹟　⑨書跡・典籍・古文書3　古文書　古記録　古筆　金石文・額・聯類　歴史資料　⑩考古資料　先縄文・縄文時代　弥生時代　古墳時代　歴史時代　⑪建造物1　社寺　⑫建造物2　民家　⑬建造物3　城郭　書院・方丈・庫裏・茶室　橋・舟・舞台　洋風建築　石造物　各7500円

1950年の文化財保護法制定から1980年度までに新たに指定された重要文化財の美術工芸品と建造物約4200件（国宝を含む）を対象に、解説と図版を収録する。1897年（明治30）の古社寺保存法と1929年（昭和4）の国宝保存法によって指定された旧国宝の重要文化財は原則として除く。絵画2冊、彫刻1冊、工芸品3冊、書跡・典籍・古文書（含歴史資料）3冊、考古資料1冊、建造物3冊の全13冊。各巻の配列は種類別または県別。1件ごとに名称、作者、員数、所在地、所有者、法量、時代のほか、指定年月日、官報告示番号、指定歴、台帳・指定書番号、指定当時の所有者を記す。各巻末に人名解説、用語解説、五十音順の名称索引・所有者索引などを付す。　*5764*

人間国宝　認定者総覧　生いたち・栄光のプロフィール　最新版　東村山　教育社　1991.12　748p 18cm（Newton database）　発売：教育社出版サービス（東京）4-315-51233-8　1800円

重要無形文化財保持者（人間国宝）について、1955年の第一次認定から1991年の認定者まで全192人を網羅した総覧。能楽、人形浄瑠璃、歌舞伎、音楽、舞踊など16分野に大別し、記載事項は経歴、恩師・弟子・一族、会・所属、賞・叙勲、演目・作品など。巻末に人名、芸称、注記人名、注記事項の4種の索引（各五十音順）を付す。巻頭に概説と関連法規、巻末に重要無形文化財保持者の認定年度別一覧、関連機関、および主な作品（謡曲・歌舞伎・狂言・浄瑠璃・唄浄瑠璃）の一覧を付す。項目から引ける索引はないが、巻頭に詳細な目次がある。　*5765*

人間国宝事典　重要無形文化財認定者総覧　工芸技術編　最新改訂版　南邦男，柳橋眞，大滝幹夫監修　芸艸堂　1996.9　240p 27cm　4-7538-0173-X　4000円

重要無形文化財保持者（人間国宝）のうち工芸技術部門の人物と団体を収めた事典。収録数は1955年の初認定から1996年8月までの111名13団体。配列は陶芸、染織、漆芸、金工、木竹工、人形、その他の工芸、手漉和紙の分野別。各分野の歴史的概要を解説したあと、個別に生（没）年、分野、認定年、略歴などを記載、作品図版を付す。巻頭に「無形文化財の保護のあらまし」「無形文化財の指定・認定・選択の基準」、巻末に工芸技術部門の「重要無形文化財認定年度別一覧」がある。1992年刊行の初版（93名11団体を収録）の改訂版。　*5766*

民俗文化財要覧　〔1〕-2　重要無形文化財保持者会編　芸艸堂　1977-1978　2冊 22cm　監修：文化庁

文化財保護法による「重要有形民俗文化財」「重要無形民俗文化財」「記録作成等の措置を講ずべきものとして選択された無形の民俗文化財」について概要を解説したもの。巻頭にその法的基準を示し、本文で1978年8月現在の各文化財約500件を各種別、その中は各県別、さらに指定年月日順に配列し、図版をまじえて解説する。巻末にその一覧および都道府県指定・選択の無形文化財・民俗文化財の一覧を付す。索引はない。『無形文化財要覧』☞*5768*の姉妹編。同書の昭和53年版から、民俗文化財の部が独立したもの。以後の関連データについては、『無形文化財・民俗文化財・文化財保存技術指定等一覧　（昭和53年度版-）』（文化庁文化財保護部伝統文化課、1977-、年刊）を参照されたい。解題は昭和54年度版による。　*5767*

無形文化財要覧　〔昭和〕46年版-〔昭和54年度版〕　重要無形文化財保持者会編　芸艸堂　1971-1978　12冊 22cm　監修：文化庁

文化財保護法による「重要無形文化財」（各個指定・総合指定）「記録作成等の措置を講ずべきものとして選択された無形文化財」および「選定保存技術」について概要を解説したもの。巻頭に法的基準を示し、本文で1979年4月現在の当該文化財を各種別の名称ごと、その中は認定順に配列して解説、保持者の個人データを顔写真と共に紹介する。巻末にその一覧および都道府県指定・選定の無形文化財一覧を付す。索引はない。1971年創刊、当初は民俗資料も含め毎年改訂増補して刊行。1975年の法改正により、民俗資料が「民俗文化財」と改称されたのを機に、昭和52年度版は『無形文化財・民俗文化財要覧』（2分冊）と改題、53年度版から『無形文化財要覧』と『民俗文化財要覧』☞*5767*とに分離して刊行。以後の関連データについては、『無形文化財・民俗文化財・文化財保存技術指定等一覧（昭和53年度版-）』（文化庁文化財保護部伝統文化課、1977-、年刊）を参照されたい。解題は、昭和54年度版による。　*5768*

彫刻

◆仏像

図説仏像巡礼事典 新訂版 久野健編 山川出版社 1994.11 vi,428p 19cm 4-634-60420-5 2000円

日本の仏像を拝観して巡る際の参考となるようコンパクトにまとめた手引書。2部からなり、「仏像の見方」では仏像の坐法・印相・台座・天蓋・技法などについて約700点の写真・図を用い平易に解説。「仏像巡礼」では国宝、重要文化財の全仏像、都道府県指定の一部を県別に配列し、所蔵寺社名、所在地、指定の種類、尊名、材質、寸法、製作年代を示すほか、主要仏像の解説、所蔵寺社の縁起を簡略に記す。巻末に秘仏開扉一覧、日本仏像史年表（538－1794年）などの付録と、一般事項および寺社名の2種の索引（五十音順）がある。初版は1986年刊。1986－1993年に国宝・重文に指定された仏像を追加した。　5769

造像銘記集成 久野健編 東京堂出版 1985.10 100,728p 図版100p 22cm 22000円

日本における仏像や神像などの銘文のうち、重要なものを製作または修理の年代順に並べた集成。飛鳥から江戸時代までの1603点を収録。記載事項は銘文、住所、材料・像高、製作（修理）年月、制作者、編者注、図版番号など。銘文は実査のほか、大部分を調査報告書や論文などから収録し、出典を注記する。図版は巻頭の口絵（318点）、または『仏像事典』☞5773の図版を指示することによって、大部分を参照できる。『仏像事典』と比較して銘文の収録数が多く、項目の記述も詳しい。索引はないが、巻頭に総目録（本文配列と同じ年代順）がある。研究者向き。　5770

東洋仏像名宝辞典 久野健編 東京堂出版 1986.7 303p 図版80p 22cm 4-490-10213-5 6800円

アジア各地（日本を除く）の代表的な仏像および仏教遺跡のほか、仏教と関係の深いヒンドゥ教などの尊像、また浮彫や壁画などを幅広く収録し、全点につき写真図版を掲載、署名入りで解説したもの。配列は仏教の生まれたインドから始めパキスタン、アフガニスタン、中国、韓国、スリランカ、ネパール、インドネシア、カンボジア、ビルマ、タイ、ベトナムの順で、その中は所蔵者別。記載事項は解説のほか、名称、所蔵（所在）する施設（遺跡）、材質、像高、出土地、制作年代、所在地名など。巻頭に項目一覧表がある。巻末に五十音順の地名索引（欧文併記）を付す。『日本仏像名宝辞典』☞5772の姉妹編。　5771

日本仏像名宝辞典 久野健編 東京堂出版 1984.9 818p 22cm 9800円

飛鳥時代から江戸時代までの代表的な仏像、神像、肖像など800点に解説を加え、全点につき写真図版を掲載したもの。配列は都道府県別、所蔵寺社別。記載事項は名称、所蔵寺社、材質、像高、作者、制作年代、所在地および国宝・重文などの指定。巻末の国有文化財目録（210p）は、国宝、重文、都道府県指定の彫刻4700点を収録し、名称、所蔵寺社、数量、材質及び仕上、像高、作者、制作年代、所在地、指定の種類などを記す。巻末に所蔵寺院名及び管理団体名索引（五十音順）がある。姉妹編に『東洋仏像名宝辞典』☞5771がある。　5772

仏像事典 久野健編 東京堂出版 1975 603p(図共) 22cm 7800円

日本の仏像に関する用語や事項を体系的に解説した事典。「図版篇」「仏師・用語解説篇」「造像銘・図版要項篇」の3篇からなる。「図版篇」は飛鳥から江戸時代までの仏像を如来、菩薩、天、明王、羅漢などに分けたうえで、基準的作例写真940点を年代順に掲載し、尊名、材料、制作年代、所在都道府県名、所蔵寺社などを記す。「仏師・用語解説篇」は仏師の事蹟と遺品に重点を置き、人名や特殊用語を五十音順に配列して解説、特に近世の仏師を多く収録する。「造像銘・図版要項篇」は図版篇でとりあげた仏像の造像銘を同一番号のもとにあげ、所蔵者、所在地、材料・像高、制作年代、典拠または引用文献、作者名などを記す。巻末に付録として概説のほか、「主要仏・菩薩種字および梵名」「仏像各部の名称」などがある。索引はない。　5773

仏像集成 日本の仏像 1－8 学生社 1989－1997 8冊 27cm 16000－37080円

日本の仏像のうち重要なもの約4000点を約6400点の写真を用いて署名入りで解説した集成。構成は北海道・東北・関東、中部、京都、滋賀、奈良Ⅰ、奈良Ⅱ、近畿、中国・四国・九州の地方別。収録像は国宝・重文、県指定などから未指定に至るまで網羅的。肖像、神像、

狛犬なども優品にかぎり収録する。配列は各巻ごとに県別、所有者別。記載事項は尊名、所有者、材質、法量、解説、指定の種類など。各巻末にその地方の仏像概説がある。各巻末の五十音順所蔵別尊名索引は所蔵者の所在地も記す。当初はインド・中国を含む全12巻を予定していたが、編集方針の変更により全8巻となった。　　　　　　　　　　　　　　　　　　5774

◆◆石仏

石仏調査ハンドブック　石川博司〔ほか〕著　雄山閣出版　1993.8　342p 19cm 新装版 4-639-00037-5　2800円
日本の石仏を調査するための技法や基本的事項を写真・図を用い、平易かつ体系的に解説した手引書。調査に持参することを考慮し、コンパクトにまとめる。4部からなり、第1部は調査法を、第2部と第3部は石仏の特徴や民間信仰、塔などを扱い、ともに口絵写真201点への参照を指示する。第4部は用語、主要石造物所在一覧、石仏関係参考文献など9種の関連資料を収める。巻末に五十音順の索引がある。初版（1981年刊）の誤植のみを訂正した新装版。　　　5775

日本石造美術辞典　川勝政太郎著　東京堂出版　1978.8　46,369p 22cm 4800円
飛鳥から江戸時代までの主に仏教関係の石造物を、石造美術と総称して体系的に解説したもの。2編からなり、「遺品編」は全国の主要な約1000の石造物を名称の五十音順に配列、名称の読み、所在地、国宝・重文など指定の種類、制作年代、物高、石質、銘文、解説を記載する。「用語編」は約800項目を収録、説明を加える。2編とも写真は選択的に付す。索引はないが、巻頭に石造物を25種に分け、さらに年代順に配した分類目次がある。巻頭に「日本石造美術の概観」、巻末に、石造美術各種、梵字一斑（種子・真言）、異体文字一斑、難読字一覧表などを付す。　　　　5776

日本石仏事典　第2版　庚申懇話会編　雄山閣出版 1995.2　32,433p 22cm 新装版 4-639-00194-0　4800円
石塔、石仏、石神などの石造物全般を署名入りで体系的に解説した事典。「像容の部」「信仰の部」「形態の部」の3部からなる。「像容の部」は石造物を如来、菩薩、明王、天など像容別に分け、さらに約90種類に細分し、特徴と信仰について解説、具体例を写真とともに挙げる。「信仰の部」は念仏塔、日待塔などを約100種類に細分、「形態の部」は層塔、板碑、灯籠など約20種類に分類して、ともに同様の解説を付す。巻末に付録として、石仏関係参考文献目録（約500点）、巻頭に本文の重要語も含む五十音順総索引がある。初版は1975年刊。第2版（1980年刊）では、約70か所の改訂のほか、47項目（写真54点）を新たに追加し、「補遺」とした。補遺部分の索引は別立てとなっている。本書は第2版の新装版。　　　　　　　　　5777

日本石仏図典　日本石仏協会編纂　国書刊行会　1986.8　512,24p 27cm 18000円
信仰にかかわる石造物のさまざまな種別の類型1200点を写真で網羅的に収録し、署名入りの解説を付した図典。配列は見出しの五十音順。記載事項は読み、所在地、年代など。解説は小項目主義を基準とし、重要な項目には概説を付す。他項目への参照は解説末尾のほか、本文下欄に指示する。巻頭に「石仏の名称」「石仏の分類」、巻末に「中世卒都婆の偈文・経文・仏文の出典解明」「紀銘用語解説」「日本石仏関係主要文献」（約600点）「仏像・石塔の部分名称」など9種の付録がある。巻末に見出し項目1200に文中重要語1200を加えた五十音順総索引および形態別索引（1200項目）を付す。続編としてローカルな情報の収集に努めた『続日本石仏図典』があり、685項目、写真約740点を収録。正編同様、2種の索引、「石造文化財関係の文献目録」（約3300点）など4種の付録がある。入門書・手引書としても利用できる。　　　　　　　　　　5778

絵画

【書誌・索引】

画集・画文集全情報　45/90　日外アソシエーツ編　日外アソシエーツ　1991.11　34,532p 22cm 発売：紀伊国屋書店　4-8169-1109-X　19800円
1945年－1990年に国内で刊行された画集、画文集の目録。絵画や版画などの展覧会目録、絵巻、図会などを含む鑑賞を主目的とする作品集約8000点を収録。配列は画家名あるいは主題（モチーフ）の五十音順。巻末の書名索引（五十音順）では、画家名と主題の双方に記述がある事項は画家名の収録頁を記載。巻頭に五十音順の画家名一覧および見出し一覧を付す。収録調査の対象に偏りがあり、網羅的収録には至っていないが、類書がないため、有用。画集採録の個々の作品を検索するには『日本美術作品レファレンス事典』☞5780

を参照のこと。続編として、写真集も収録対象に含めた『画集写真集全情報　91/96』が刊行される予定。
5779

日本美術作品レファレンス事典　絵画篇　近現代，絵画篇　浮世絵　日外アソシエーツ編　日外アソシエーツ　1992-1993　2冊 27cm　発売：紀伊国屋書店　79000円，98000円
日本で1945年から1991年に発行された美術全集について、収載作品を作品名の五十音順に配列したもの。「絵画篇　近現代」は60種の美術全集を対象に、明治以降制作の絵画作品約1万7000点（図版数約2万5000、作家数1530）を、「絵画篇　浮世絵」は56種の美術全集を対象に1万3500点（図版約2万2000、作家数約700）の作品データと所在データを収める。作品データは作品名、作者名、制作年、技法、材質など。所在データは全集の収載巻・頁などで、図版そのものはない。巻頭に採録美術全集一覧、巻末に五十音順作者別索引を付す。今後ジャンル別時代別にシリーズとして続刊予定。簡易版として『近代の絵画　美術全集作品ガイド』（1993年刊）、『浮世絵　美術全集作品ガイド』（1993年刊）がある。
5780

【辞典・事典】

絵でみるシンボル辞典　水之江有一編著　研究社出版　1986.8　384p 27cm　4-327-37709-0　5500円
19世紀後半の寓意画を分類し、さまざまな概念がどのような画像として表されるかを通覧できるようにした事典。収録数は約200項目。時間、空間、学芸、人間の営み、人間の本質、思考と情念、文字と観念の7章からなる。見出し語に原則として英仏独文を併記。巻末に神話人物名対照表、参考文献のほか、本文の重要語も含む和文五十音順索引と英文アルファベット順索引を付す。M.Gerlachの『Allegorie und Emblem』（1882年刊）をもとにしている。
5781

動物シンボル事典　ジャン＝ポール・クレベール著　竹内信夫ほか訳　大修館書店　1989.10　410p 23cm　『Dictionnaire du symbolisme animal』の翻訳　4-469-01228-9　4800円
古代から近世にいたる西洋の文化史にあらわれた動物の象徴性（シンボリズム）について図版を多用し、解説した事典。収録項目数は参照を含め約380。配列は動物名を見出し語とする五十音順。必要に応じて見出し語に仏語と英語の原語を併記する。解説文中の見出し語に星印を付す。巻末に参考文献一覧、掲載図版所蔵および出典一覧、アルファベット順の仏語索引と英語索引がある。読む事典としての性格が強い。
5782

◆**日本画**

日本絵画史図典　福武書店　1987.10　453p 31cm　監修：山根有三　4-8288-1164-8　24000円
先史時代から近代までの日本の絵画の歴史をカラー図版を多用し、時代を追って解説した事典。時代・分野ごとの概説と主要項目の解説および各時代の代表作を含むカラー図版で構成する。必要に応じて特集頁や注を設ける。巻末に図版目録、五十音順作品索引（画題も含む）、人名索引、事項索引がある。
5783

日本絵画史年紀資料集成　10世紀-14世紀　東京国立文化財研究所美術部・情報資料部編　中央公論美術出版　1984.5　324p 図版42枚 22cm　8500円
わが国の10世紀から14世紀までの絵画関係作品のうち、制作年代が明記されるものの賛文、奥書、銘記などの年紀資料をテキストと写真で収める。収録件数は、絵画作品268件と絵画的表現や画家名の記載のある建造物2件、彫刻30件、工芸・考古部門24件の計324件。配列は年代順。西暦年、作品名称などに続き銘記類を原文のまま掲載し、所在地、所蔵者、員数、形状、材質、法量、指定年月日などの作品データを記す。写真はまとめて巻末に収録。索引はないが、巻頭に詳細な目次がある。作品の鑑識、制作年代の決定などの基礎となる史料集。
5784

日本画論大観　上，中巻　坂崎坦編　アルス　1927-1929　2冊 23cm
江戸時代までの日本の画論、画譜64編（上巻31編、中巻33編）の全文を翻刻し、解題を加えた画論史の基礎資料。索引はない。下巻は刊行されず、収録予定であった代表的画論4編および画論史を加え『日本画の精神』（東京堂、1942）として刊行。なお、『日本画の精神』（復刻版、ぺリカン社、1996）は、原本を大幅に改訂したもので、画論史、代表的な画論72編の解題、日本画論著作年表で構成（画論原文は省略）、巻末に書家索引がある。
5785

本朝画史　狩野永納編　笠井昌昭他訳注　京都　同朋舎出版　1985.6　547,19p 22cm　4-8104-0443-9　13000円
江戸前期に狩野永納が撰したわが国初の本格的画論・画史書『本朝画史』に厳密な校訂訳註を加えた日本絵画史の基本的資料。収録対象は古代から1678年まで。画原、画官、画所、画考、画運、画式、画題についての概説と483人の画伝からなる。巻末に諸家の印影を集めた「本朝画印」、解題、異体字表、年表および五十音順画家人名索引を付す。
5786

【人名事典】

古画備考 増訂 朝岡興禎著 太田謹補 京都 思文閣 1970 4冊 22cm 弘文館明治37－38年刊の複製 20000円
日本古代から江戸末期にわたる古画について、真跡・落款などを模写し、関係記事を併せた分類体の画家事典で、1845年に起筆。列伝のほか、流派系図、画題を含む。『絵仏師の時代』史料編（ －1395年）、『本朝画史』☞5786（ －1678年）とともに、史料の出典を示した日本絵画史研究の基本資料。1678年までは前述2書が本書刊行後に校訂しているのでそちらを参照されたい。首巻は他巻の索引となる「目録」および号から引ける「索引」（画引）からなる。この画数索引を五十音順に編集し直したものに『古画備考五十音別索引』（辻惟雄、中島純司編、浦和、1966、208p、謄写）がある。 5787

大日本書画名家大鑑 第一書房 1975 4冊 22cm 全65000円
わが国の古美術人名に関し、書家・画家・文人たちの経歴や落款・印譜を収めた事典。3編からなり、「伝記編」（上下2冊）は古代から昭和初期までの約2万人を作家の名号の画数順に配列、書・画の別と略歴を記す。「落款印譜編」は約6800人を収録。第1巻に約240頁、第4巻に約230頁の通史的記述がある。索引は、「伝記編」上・下とも巻頭に総画索引、いろは順音訓索引のほか「索引編」（第4巻）に姓氏索引、別称索引、落款印譜索引などがある。1934年同刊行会刊の複刻で、旧かな、旧漢字、旧文体のままである。 5788

日本画家辞典 沢田章編 大学堂書店 思文閣（発売）1970 2冊 図版 22cm 紀元社昭和2年刊の複製 全15000円
わが国で古代から昭和初期に活動した美術家について、略歴と落款を調べるための事典。2編からなり、「人名編」は約1万人を名号の五十音順に配列し、略歴を記載する。必要に応じて図版を挿入、項目末尾に出典を記す。巻頭に諸派系譜を付す。索引はない。「落款編」は人名編中の画家の主な落款・印譜を原寸大で収載したもの。配列は画家の名号を見出し語とする五十音順。巻頭に偽印譜および別号からも引ける五十音順索引がある。共に旧かな、旧漢字、旧文体のままである。 5789

評伝日本書画名家辞典 小林雲山編著 柏書房 1981.5 926,30p 23cm 『古今日本書画名家全伝』（二松堂昭和6年刊）の改題複製 15000円
わが国の古美術のうち、古代から大正時代末までの書画人を中心に、高僧、志士、歌人、国学者、俳諧師、茶人など約2600人を収載した人物事典。配列は時代別、分野別。巻頭に出典、巻末に美術史的概説、系図、落款・印譜を付す。復刻にあたり、書画名家にすべて通し番号を付し、新たに巻末の五十音順人名索引、号索引を編み、本文を検索可能にした。初刊時のままの旧かな、旧漢字、旧文体である。 5790

【図録】

花鳥画の世界 1－11 学習研究社 1981－1983 11冊 37cm 各14800円
やまと絵や正倉院宝物の花鳥表現から日本近代画まで、日本の花鳥画をカラー図版で収録し、署名入り解説と動植物の専門家による同定を付した図録。時代別9冊に「中国」「総論」の巻を加え、全11冊の構成。各巻はおおむね画系別の配列で、カラー図版、本文、作品解説、植物・動物名一覧と和英の図版目録からなる。植物・動物名一覧はモノクロ挿図（カラーと同図）中に参照番号を付し、描かれている動植物の名称（植物名は和名と漢名）、学名、分布を記載する。最終巻の植物・動物名索引は10巻までの動植物名を植物、鳥、昆虫、哺乳類、魚、その他に分けて五十音順に配列し、収録巻数と図版番号、作品名、作者名を示す。 5791

◆◆絵巻

角川絵巻物総覧 宮次男〔ほか〕編 角川書店 1995.4 578p 27cm 監修：梅津次郎 4-04-851107-6 22000円
原則として平安時代から安土桃山時代までのやまと絵様式の絵巻物を網羅的に収録し解説した事典。本編（絵巻作品解説）と資料編からなる。本編は宗教、文学、記録・世相の3系統に大別し、さらに経説、縁起・霊験、高僧伝、物語・説話・合戦、御伽草子、歌仙・歌合、戯画・風刺、記録ほかの8分野に分け、分野ごとに作品名の五十音順に配列する。絵巻は原則として所蔵別に1件として立項し、約520件を収録。見出し（名称、読み、巻数）、所蔵、指定、時代、品質、段構成、法量などの記載後、主題、内容、解説、参考文献の項に分けて詳述する。巻頭口絵にカラー図版約20点、解説文中にモノクロ図版を掲載する。巻頭に概説、資料編として巻末に用語解説、絵巻年表（903－1607年）、絵巻目録（五十音順本編索引）、画家・詞書筆者名索引を付す。絵巻物研究の近年の成果を反映した基本的資料。 5792

日本絵巻大成 1－26，別巻 小松茂美編 中央公論社 1977－1979 27冊 35cm 8800－25000円
44種の絵巻物の絵と詞書全編をカラー図版で収録し、解説・釈文を加えた図録。各巻とも図版、図版解説、

詞書釈文からなる。図版部分は絵巻の図版を連続して掲載し、図版下欄に適宜場面の説明を付す。詞書・釈文部分は、対照表、釈文のみ、あるいは底本も含めた対照表など巻により多様。各巻末に料紙寸法表、参考文献を付す。索引はない。絵巻物研究の基礎的資料。25種の絵巻を収めた続編20冊（1981-1984）、9種の絵巻を収めた続々編（伝記・縁起編）8冊（1993-1995）がある。同出版社による『日本の絵巻』（1987-1988、20冊）、『続日本の絵巻』（1990-1993、27冊）は一般向けの姉妹編。類書として『新修日本絵巻物全集』（角川書店、1975-1981、32冊）がある。
5793

◆◆浮世絵

【書誌・索引】

浮世絵文献目録 針ケ谷鐘吉〔ほか〕共編 味燈書屋 1972 2冊（別冊附録共）31cm 別冊附録：浮世絵の流通・蒐集・研究・発表の歴史（樋口弘編） 限定版 24000円
1878-1972年までに刊行された浮世絵関係の単行書、雑誌、展覧会目録、入札目録など約1400点を収めた文献目録。1972年3月までの10年分は、鈴木重三が『日本浮世絵協会会報』『浮世絵芸術』に発表したものを底本原稿とする。配列は刊行年代順。記載事項は標題、巻数、編著者名、刊行月、刊行者名、判型など。巻頭にカラー、モノクロの図版、巻末に日本語以外の文献書誌を発行年順に列記する。巻末に五十音順書名索引を付す。1962年刊行の同書の増補改訂版。
5794

海外浮世絵所在索引 国際日本文化研究センター海外日本美術調査プロジェクト編 京都 国際日本文化研究センター 1996.3 350p 26cm （日文研叢書 11 海外日本美術調査プロジェクト報告）
海外に点在する浮世絵の所在情報を収録した総合索引。ロシア、チェコ、ハンガリー、ポーランド、イギリス、アメリカ、フランス、ドイツ併せて53機関の美術館・博物館が所蔵する浮世絵1万5264点を収録。本文の項目は作者、通番、作品名、分類（版画と肉筆絵画の別）、掲載書・図版略号、所蔵略号などからなる。配列は作者名の五十音順。巻頭に五十音順作者索引がある。英語版『Index of Ukiyo-e in Western collections』と、参照番号で相互に対応している。
5795

【事典・便覧】

浮世絵鑑賞事典 高橋克彦著 日本出版センター 1977.7 238p（図共）21cm 監修：安達版画研究所 発売：創樹社（東京）2000円
浮世絵に関することがらを簡潔かつ要領よくまとめた事典。3部からなり、「浮世絵の鑑賞」は傑作と評価の高い35点をカラー図版を用い解説する。「主要浮世絵師伝及図版」は1631年（寛永8）から1889年（明治22）までに活躍した主要な浮世絵師59人を生年順に配列、生没年、画号、略伝を記し、モノクロ図版を用いて解説する。「浮世絵師の知識」は版画の技法、彫、摺、判型の解説、改印の変遷、浮世絵師略系図、参考文献目録を収載する。巻末に「浮世絵小事典」として五十音順事項・人名索引を付す。
5796

浮世絵事典 定本 上，中，下巻 第2版 吉田暎二著 画文堂 1990.10 3冊 27cm 各25000円
絵師、作品、画題・画材・技法、書誌から関連文化、時代世相、収集、研究、売買まで、浮世絵全般の関係語彙を網羅的に収集し、五十音順に配列した専門事典。解説は客観的で、編者の見解・評価も加えてある。各項目に10種類の項目分類略号を付すほか、必要に応じて参考・引用文献を記す。巻頭カラー図版のほか、モノクロ図版多数。索引はない。初版（1965-1971年刊）を部分的に補訂した1974年刊行の定本と、内容は同一の第2版。
5797

浮世絵の基礎知識 吉田漱著 雄山閣出版 1987.7 206p 図版52枚 26cm 新装版 4-639-00659-4 5800円
浮世絵の歴史と概観、展開、価値、製作と技法についての入門的解説と「浮世絵便覧」からなる。対象は室町から明治以降、清方・深水までで、銅版画・石版画関係も浮世絵との相関を考えて収める。カラー図版6点、モノクロ図版125点を収載。便覧は約400人の主要絵師略伝のほか、絵師の系譜、主要版元一覧、銅版・石版印刷発行元、用語解説、主要文献目録を収める。巻末に「浮世絵鑑賞と収集の実際」、浮世絵・銅版画・石版画略年表（1596-1987年）を付す。巻頭に人名・用語・歴史などの類別を示した五十音順項目総索引がある。1974年刊行の初版に若干の加除訂正を加えた。
5798

原色浮世絵大百科事典 第1-11巻 日本浮世絵協会原色浮世絵大百科事典編集委員会編 大修館書店 1980-1982 11冊 38cm 企画編集：銀河社 8500-9500円
浮世絵を理解するための基礎資料として編さんされた初めての本格的百科事典。豊富なカラー図版を用い、約200名の専門家が一部署名入りで分担執筆する。第1巻は概説と典拠を明示した年表（1596-1980年）、第2巻は約570名の浮世絵師についてカラー作品図版を添えて解説し、その他の浮世絵師約1200名の略歴を掲載する。第3巻から11巻の各巻はテーマ別の構成となっているが、いずれも図版目録を有し、参考文献や出典の記載などていねいな作りとなっている。巻によ

っては索引を付す。第11巻に、全巻に対する図版総目録および五十音順の事項・人名・欧文3種の総索引がある。
5799

新撰浮世絵年表 漆山天童著 奎光書院 1934 244p 図版 20cm
浮世絵師の祖、岩佐又兵衛在世時の1596年（慶長元）から1867年（慶応3）まで、約270年間の浮世絵に関する史実や出版物を記録した年表。一年ごとに配列し、代表的浮世絵師の当時の年齢を記す。巻末に絵師名、書名、事項、元号から引ける五十音順索引を付す。典拠の記載、参考文献はない。芸苑叢書第1期所収「浮世絵年表」を改版したもの。
5800

【人名事典】

浮世繪師傳 井上和雄編 渡辺版画店 1931.9 10,266p 25cm 活字、和装、袋綴本
室町時代から現代に至る絵師1000余名の伝記を集大成したもの。配列は雅号の五十音順。記載事項は生没年、画系、作画期、略伝、画歴。旧かな、旧漢字、旧文体のままである。巻頭に筆彩色紅繪、初期紅摺繪、春信・歌麿・廣重などカラー・モノクロ併せて71点の図版を収載。巻末に追録を付す。索引はない。500冊限定発行。
5801

浮世絵人名辞典 2版 清水澄編 美術倶楽部鑑定部 1978.7 235p 図版92p 22cm 8000円
江戸時代から昭和までの浮世絵師と版画家約1600人を集めた人名事典。巻頭にカラー27点、モノクロ57点の作品図版を収める。配列は雅号の五十音順、記載内容は、読みおよび略伝。巻頭に楢崎宗重の「浮世絵・版画小史」「印譜と落款」、巻末に「浮世絵の手引」（用語集）、浮世絵の流派と系譜、人名年代一覧表、浮世絵師有名作家価格表などを付す。巻末に画数順難訓索引と雅号の頭字を五十音順に配した人名索引がある。初版（1954年刊）のイロハ順配列を五十音順に改め、増補改訂を行ったもの。
5802

総校日本浮世絵類考 由良哲次編 画文堂 1979.8 395p 22cm 4800円
浮世絵師1515人の略伝、師系、作風、代表作などを記した人名事典。斎藤月岑稿本を底本とし、龍田舎秋錦『新増補浮世絵類考』を併せたもの。日本最古の写本、神宮本（近藤正斎、1802年）をはじめ、現存する異本、類本、刊本類60余種を校合。本文は通番号、絵師名、各写本・刊行本の掲載内容を表示。巻頭に神宮本の全頁影印、巻末に浮世絵類考成立史および諸本の解説がある。巻頭に五十音順絵師名総索引を付す。
5803

◆東洋画

東洋画題綜覧 金井紫雲編 国書刊行会 1997.5 1冊 23cm 芸艸堂昭和16年－18年刊（第1冊－第18冊）の合本複製 4-336-03944-5 32000円
中国、日本など東洋の絵画の作品名や主題について、各種文献を引用し、出典を明記して解説した事典。約3600項目を見出し語の五十音順に配列する。旧かな、旧漢字、旧文体のままである。巻頭に図版（一部カラー）、巻末に字音索引および字画索引を付す。古画の研究や画題解読はもとより、学芸員、鑑定家には必須の事典。本書に近い現代的な参考図書として『日本美術作品レファレンス事典』☞5780（浮世絵篇、近現代篇）がある。
5804

◆◆韓国・朝鮮画

韓国絵画史 安輝濬著 藤本幸夫, 吉田宏志訳 吉川弘文館 1987.3 283,18p 図版75枚 22cm 4-642-07219-5 4800円
先史時代から李朝末期までの韓国絵画の歴史について適宜図版（一部カラー）を交え、時代を追って解説したこの分野の基本資料。巻末に用語解説、「韓国絵画史関係参考文献目録」、約800名収載の歴代画家略譜を付す。巻末に人名、号名、作品名、事項の4種の索引がある。原本は『韓国絵画史』（ソウル、一志社、1983）。日本語版刊行にあたって、索引などを五十音順配列に改めた。
5805

朝鮮古書画総覧 李英介著 京都 思文閣 1971 469p 図38枚 27cm 23000円
古代から李朝時代までの画家・書家約2000名を収載した事典。配列は画家の生没年順。作家名の漢字見出しにローマ字表記を添え、書画の別、生没年をあげて解説する。本文の説明にはおのおの出典を示す。巻末に李朝官階表、朝鮮世系表、現代韓国書画家一覧、絵画小史、参考図書一覧のほか、別号からも引ける人名画数索引がある。類書がなく、簡潔な通史・便覧としても有用。
5806

◆◆中国画

【書誌】

中国画学書解題 原田尾山著 京都 臨川書店 1975 475, 7p 22cm 『支那画学書解題』（大塚巧芸社昭和13年

刊）の複製 6500円

中国美術について研究のやや進んだ人のための、画学書の文献解題集。中国の南斎時代から民国初期時代までの主要図書300種類を時代順に収載する。記載事項は撰者の略歴、図書の編成、内容説明など。巻頭に目次（書名一覧）、巻末に分類目録、撰者名の画数索引、書名の五十音順索引がある。旧かな、旧漢字、旧文体ではあるが、類書がなく、文献研究のための必携書といえる。
5807

【目録】

海外所在中国絵画目録　ヨーロッパ編，アメリカ・カナダ編，東アジア編　改訂増補版　東京大学東洋文化研究所東アジア美術研究室編　東京大学東洋文化研究所附属東洋学文献センター刊行委員会　1992－1997　4冊　26cm（東洋学文献センター叢刊　別輯　17－19, 21）

東京大学東洋文化研究所東アジア美術研究部門を中心とした調査に基づく海外所在中国絵画コレクションの目録。収録対象は原則として18世紀初期以前。1975－1992年にわたる2度の調査結果として、「アメリカ・カナダ編」（本文編と索引編の2分冊）は56か所3044点、「ヨーロッパ編」は30か所1237点、「東アジア編」は46か所1658点の作品を収録する。掲載内容は、登録番号、作者名、作品名、時代、形質、法量、所蔵者登録番号、原板種別一覧で、配列は所蔵機関ごとの整理順。各編ごとに主題別索引（画題により9部門に分類）、作者別索引（筆画順）を付す。中国絵画史研究のための基本的資料。初版は第1次調査の結果のみを収めたもので、「アメリカ・カナダ編」（別輯2，1977年刊）と「東南アジア・ヨーロッパ編」（別輯3，1981年刊）。姉妹編に『日本所在中国絵画目録』☞5810 および収集写真図版を掲載した『中国絵画総合図録』☞5809 がある。
5808

中国絵画総合図録　第1－5巻　鈴木敬編　東京大学出版会　1982－1983　5冊　31cm　各22000円

東京大学東洋文化研究所東アジア美術史考古学部門（当時）の鈴木敬氏を中心に実施した中国絵画調査（第1次）の収集写真資料に基づく中国絵画（原則として18世紀初期以前）の図版目録。「アメリカ・カナダ篇」「東南アジア・ヨーロッパ篇」「日本篇」（博物館、寺院・個人の2分冊）「総索引」の5冊よりなる。収録機関と作品数は東南アジア20か所513点、ヨーロッパ22か所763点、アメリカ・カナダ38か所1854点。日本の件数は博物館29か所1243点、寺院182か所472点、個人蒐集72か所1758点。本編は図版部分と目録部分（所蔵機関別作品目録）に分け、所蔵機関ごとの整理順に収載。このうち目録部分は『海外所在中国絵画目録』☞5808 の初版と『日本所在中国絵画目録』☞5810 の目録・索引部分に改訂を施したもの。各巻末に英文目次と日英両文による「調査及び資料整理の概要」がある。第5巻総索引は和英の主題別索引（画題により9部門に分類）と作者別索引（五十音順および筆画順、英文はアルファベット順）、英文所蔵機関別目録を収める。続編の刊行が予定されている。
5809

日本所在中国絵画目録　寺院編，博物館編，個人蒐集編　東京大学東洋文化研究所東アジア部門美術研究分野編　東京大学東洋文化研究所附属東洋学文献センター　1982－1983　3冊　26cm（東洋学文献センター叢刊　別輯　4,6,7）

東京大学東洋文化研究所東アジア部門美術研究分野が長期にわたって網羅的に集積した日本所在中国絵画（原則として18世紀初期以前）の写真資料目録（所蔵者別作品目録）。収録機関と作品数は寺院編182か所590点、博物館編29か所1243点、個人蒐集編72か所1918点。配列は所蔵機関ごとの整理順。掲載内容は整理番号、作者名、作品名、時代、形質、法量、所蔵者登録番号、原板種別一覧。巻末に主題別索引（画題により9部門に分類）および作者別索引（筆画順）を付す。姉妹編に『海外所在中国絵画目録』☞5808 と収集写真図版を掲載した『中国絵画総合図録』☞5809 がある。
5810

【事典】

中国絵画史事典　王伯敏著　遠藤光一訳　雄山閣出版　1996.8　84,571p　22cm　4-639-01385-X　18540円

現代中国の著名な美術史家による古代から清時代までの中国絵画の通史および画家を調べるための事典。各時代の概説、様式、作品、美術家、画論・美術書などについて図版を多用し、時代を追って解説する。巻頭にカラー図版のほか、日本語読み五十音順の人名索引（中国読みをカタカナで補記する）および事項索引（作品名を含む）がある。入門者から中級者向けの読む事典。
5811

【人名事典】

支那書画人名辞書　大西林五郎編纂　第一書房　1975　549p　22cm　7000円

古代から清代の中国美術のうち、書画領域の作家を収載した事典。配列は姓の頭文字の画数順。見出し項目約1万人について、書家・画家の別、時代（王朝名）、簡単な解説を付す。典拠資料は示されていない。巻頭に字画索引とイロハ索引がある。1919年に和装本4巻で刊行されたものを全1巻で復刻。旧かな、旧漢字、旧文体のままである。
5812

宋元明清書画名賢詳伝　山本悌二郎，紀成虎一共著　京都　思文閣　1973　4冊　22cm　全28000円
宋元明清の各時代における中国古美術書画家の詳細な経歴をまとめた事典。主文約2700頁、約560人を収載する。配列は作家名を見出し語とする時代順、生年順。各人にまつわる史実、逸事、遺聞、書談、画談、詩話、文話などを集め、出典を明記し詳説する。各巻巻頭に巻ごとの人名目次、第1巻の巻頭に、全4巻の人名目次、字画索引、同いろは索引がある。1927年に16巻で刊行された初版を、全4巻にまとめて復刻したもので、旧かな、旧漢字、旧文体のままである。画家の評伝集の性格もあわせ持つ。　　　　　　　　　　　5813

中国文人書画家名鑑　山田利明〔ほか〕著　世界聖典刊行協会　1981.10　1冊　26cm　索引編纂：世界聖典刊行協会　4-88110-052-1　37000円
主として中国の文人書画家を現代日本語で簡潔に紹介した人名事典。収録対象は六朝から清時代までで、職業画家は別とする。見出し項目数は約1万4500。配列は雅号（姓名）の頭字の画数順。時代と主な経歴などを記載する。巻末に中国年代表および別号からも引ける画数索引を付す。類書がなく有用。入門者、研究者、学芸員、鑑定家など広範囲の利用者を対象とする。
5814

◆洋画

近代絵画事典　紀伊国屋書店　1960.10　339p　図版　22cm　滝口修造監修　江原順等訳　1850円
印象主義から第二次世界大戦までの近代西洋絵画について署名入りで解説したハンディな事典。配列は原綴のアルファベット順。フランスで活躍した画家を中心に、美術運動、画派、人物、事項など約240項目を収録。画家については略歴のほか、背景、思想にも触れる。カラー図版を多数配し、おのおのに画家名、作品名、制作年、所蔵館を記す。巻末に和文五十音順の索引がある。フランス版発行と同年に刊行。　　　　5815

西洋絵画作品名辞典　木村三郎〔ほか〕編　三省堂　1994.5　1078p　22cm　監修：黒江光彦　4-385-15247-9　9800円
13世紀から20世紀に至る西洋の画家630人について、国籍、生没年、プロフィールとともに作品数、代表作、作品総目録およびそれに準じる資料、作品の基本データ（作品名、原題、制作年、素材・寸法、所蔵者）、作品コメントなどを紹介したもの。配列は人名をカナ化した見出し語の五十音順で原綴を併記する。作品名はカタログ・レゾネや定評のある研究書を典拠とする。巻末に「主題解説」「絵画の流れ」および参考文献、日本の美術館所蔵主要作品などを付す。巻末に欧文画家索引と和文主題別索引（五十音順）がある。作品名の原題からは検索できない。西洋画家の主要作品の目録ともいえる。　　　　　　　　　　　5816

世界ナイーブ美術百科事典　オト・ビハリ＝メリン，ネボイシャ＝バト・トマシェヴィッチ編　恒文社　1994.6　735p　30cm　執筆：オト・ビハリ＝メリンほか『World encyclopedia of naive art』の翻訳　4-7704-0794-7　69000円
世界のナイーブ派と目される芸術家約800人について、肖像写真と豊富なカラー図版を用いてその生涯と作品を解説した初めての人名事典。人名のアルファベット順に配列し、カタカナ表記を併記。25人の執筆者の署名入り。ほかに「ナイーブ・アートの百年」「各国のナイーブ・アートの歴史」と題する解説を含む。巻末に、参考文献および「主なナイーブ・アートの展覧会、美術館、ギャラリー」「図版リスト」「ナイーブ・アーティスト国別リスト」を付す。　　　5817

20世紀物故洋画家事典　岩瀬行雄，油井一人編　美術年鑑社　1997.3　334p　22cm（AA叢書5）4-89210-129-X　5400円
1900年以後に没した国内の洋画家、版画家を対象とした物故作家の事典。社会的に著名な作家に留まることなく、可能な限り多くの作家を収録する。配列は作家名の五十音順。記載事項は生没年、略歴、享年、没後の主要な遺作展、画集など。巻末に典拠文献一覧を付す。索引はない。　　　　　　　　　　　　　　　5818

◆絵画材料・技法

絵具の事典　ホルベイン工業技術部編　中央公論美術出版　1996.12　277p　22cm　4-8055-0317-3　3914円
現代の絵具材料の化学的な特性を、体系的に解説した実用的な事典。絵具を油絵具・水彩絵具・アクリル絵具・棒状固形絵具・液状絵具（インク）に分類し、それぞれの歴史や定義、製造工程などを概説。また色相別の絵具の各論では、個々の絵具の化学組成や、毒性や耐光性、使用上の注意点などを具体的に解説する。索引はないが、巻頭に細目次がある。各種の絵具ごとにカラーチャートを付す。巻末に参考文献がある。
5819

絵画鑑識事典　クヌート・ニコラウス著　黒江信子訳　美

術出版社　1988.4　225p　21cm　監修：黒江光彦　『DuMont's Bild-Lexikon zur Gemäldebestimmung』の翻訳　4-568-42012-1　2800円

絵画の制作年代、状態、オリジナリティなど、真贋の鑑定や絵画の調査に必要な知識を小項目主義で簡潔に解説した専門家向けの実用的な事典。配列は各種技法・材料・様式などの用語の訳語を見出し語とする五十音順。解説文中の見出し語は星印・矢印を付す。豊富な写真図版（カラーを含む）を用いて、絵画の構造をわかりやすく図説。巻末に参考文献がある。索引はない。
5820

絵画技術全書　クルト・ヴェールテ著　佐藤一郎〔ほか〕共訳　美術出版社　1993.4　632p　22cm　監修：佐藤一郎　『Werkstoffe und Techniken der Malerei』原著第6版の翻訳　4-568-30046-0　8800円

西洋絵画の各種技術や材料について、基礎から化学分野の最新情報まで盛り込んで、包括的に解説した学術的な専門事典。「絵画技術の基礎」「木板画の材料と技術」「壁画の材料と技術」の3章に分け適宜図版をまじえて体系的に解説。巻末に参考文献、絵画材料購入先一覧、顔料の日独英仏伊羅の対照名および化学組成・化学式表を付す。巻末に細目次および五十音順の事項索引、人名索引がある。原書は、1967年の初版以来、著者の没後も改訂を重ねており、類書の『絵画技術体系』（マックス・デルナー著、美術出版社、1980）と共に国際的に評価が高い。
5821

絵画材料事典　ラザフォード・J.ゲッテンス，ジョルジュ・L.スタウト著　森田恒之訳　美術出版社　1973.7　379p　22cm　『Painting materials : a short encyclopaedia』の翻訳　2800円

絵画の材料や各種技法を適宜図版をまじえて解説した事典。「展色剤・接着剤その他」「顔料・染料・体質」「希釈剤・溶剤」「支持体」「道具・備品」の5編からなり、その中の配列は英文見出し語のアルファベット順。見出し語に訳語を併記する。巻末に科学用語解説、文献目録、カナ表記から原綴を引ける人名一覧表および和文五十音順項目索引を付す。1936年から1941年にかけて雑誌『Technical studies in the field of the fine arts』で発表した記事を再編成し、事典形式にまとめたもの。日本語版刊行にあたって、訳者により邦文文献目録が追加された。
5822

◆漫画

【目録】

Comic catalog 1985 –　福家編　福家書店　1985 –　隔年刊　21cm

日本でタイトル表示年版前年の9月までに発行されたコミックス、イラスト集、漫画家のエッセイ・読み物などを収録した目録。約1万2600タイトル、漫画家約3500人、出版社160社を収録。著作者別五十音順、その中は書名の五十音順に出版者、シリーズ名、巻数、定価など（発行年はない）を記載する。巻末に書名の五十音順索引および出版社一覧表を付す。個々の作品名からは検索できない。解題は1997〔年版〕による。
5823

日本漫画資料館所蔵目録　大正・昭和篇　日本諷刺画史学会編　習志野　美術同人社　1994.4　24p　26cm　限定版2800円

同資料館が所蔵する大正・昭和期の漫画（図書・雑誌）の目録。1912 – 1962年までに発行された漫画雑誌と1912 – 1954年に発行された漫画本を収める。配列は雑誌の部、図書の部別の発行年順。雑誌は誌名・所蔵巻号・発行月日・出版社を、図書は書名・著者・出版社・発行月日を記載する。巻末に追加資料を付す。索引はない。なお、これ以後の情報は雑誌『諷刺画研究』（日本諷刺画史学会）に収載。
5824

【事典・便覧】

日本漫画家名鑑500　1945 – 1992　「日本漫画家名鑑500」編集委員会編　アクア・プランニング　1992.12　1069p　21cm

1991年夏から全国で開催されているまんが大博覧会に協力した527名の日本の漫画家の名鑑。網羅的ではなく、評価が確定していない作家も含まれる。五十音順配列で、1名につき見開き2頁にペンネーム・個人データ・自画像・代表作のカット・エピソード・代表作品名などを収録。巻頭に戦後日本漫画小史、巻末に原作者編・物故者編、戦後漫画史年表、漫画賞史などがある。索引がないため、作品からは検索できない。
5825

日本まんが賞事典・まんが人物事典　日本まんが賞事典刊行委員会編　京都　るいべ社　1980.6　270p　21cm　2500円

日本における戦前から現在までのまんが賞と、まんがにかかわる人物の名鑑を合わせた事典。4章からなり、

第1章は歴史的概説。第2章は既成作家向きの賞、第3章は新人向きの賞を扱い、それぞれ受賞者・受賞作品を記載する。第4章はまんが家・まんが原作者など750余名を五十音順に配列した人名事典。巻末に新人まんが賞募集一覧、まんが賞関係出版社住所録、参考文献を付す。索引がなく、作品名からの検索はできない。
5826

「日本」漫画の事典 全国のマンガファンに贈る 清水勲著 三省堂 1985.6 254p 19cm (Sun lexica 24) 4-385-15586-0 950円
まんが資料館を主宰する著者が、漫画史、美術史、社会史の中で紹介されてきた代表的戯画・諷刺画作品を取り出し、現代人が知っておくべき知識を項目としてまとめた事典。序章で日本漫画を概観したあと、古代・中世、江戸、明治、大正、昭和戦前、昭和20-30年代、昭和40-50年代の7章に分け適宜図を交えて解説する。資料編として、「漫画関係書一覧」「定期刊行物の歴史」などがある。巻末に五十音順事項索引を付す。日本漫画を史的にふりかえるものとして類書がなく有用。引用・参考文献も多い。
5827

漫画家・アニメ作家人名事典 日外アソシエーツ編集部編 日外アソシエーツ 1997.4 497p 22cm 発売：紀伊国屋書店 4-8169-1423-4 8500円
戦後、日本の新聞・雑誌に作品を掲載した漫画家・漫画原作者と、劇場公開・テレビ放映されたアニメ作品の作家1890人の人名事典。通り名の五十音順配列で、プロフィール、コミック作品、アニメ作品の情報、一部にカットを添える。巻末に主要雑誌連絡先一覧を付す。作品名からの索引はできないが、作品一覧は網羅性が高い。
5828

✥図案・文様

原始文様図鑑 岡登貞治編 東京堂出版 1971.1 308p 図 22cm 2200円
世界各地に残された原始時代の文様1310図を収録。植物、動物、人物、幾何、雑（怪物文様・器物建造物文様）の5種類に分け、それぞれに簡潔な解説を付す。図版の典拠、索引はない。
5829

視覚言語辞典 ヴィジュアル・ランゲージ フィリップ・トンプソン、ピーター・ダベンポート著 マール社 1985.1 vi,289p 23cm 『The dictionary of visual language』の翻訳 4-8373-0707-8 2200円
現代欧米を中心に、ポスターや広告などで表現された事物を著名なグラフィックデザイナーやイラストレーターの作品を紹介しながら解説した図像検索の事典。1200項目の見出し語と1700以上の作品図版を収録し、項目末尾に国名、制作年、作者を記載。英文見出し語のアルファベット順に配列し訳語を併記する。参照はゴシックと矢印で示す。巻末の英語項目索引（アルファベット順）は、本編の項目名を再録したもの。ほかに原綴を知るための日本語項目索引（五十音順）と作者人名索引（五十音順）がある。グラフィックデザインの制作に際して、イメージを抽出する場合に役立つ。
5830

シンボルの原典 H.ドレイファス編 八木酉訳 グラフィック社 1973 292p 29cm 『Symbol source book』の翻訳 4000円
欧米を中心に世界各地の生活、産業、学問などの諸場面で用いられているサインやマークなどの記号を集成した図版集。農業、建築、天文学、生物学、ビジネスなど26部門に分類した本編と、記号の形態から本編を検索できる索引「グラフィック・フォーム」、色と形からイメージを連想する「色彩」の3部からなる。巻末に欧文の参考文献およびマークの名称、意味などの事項の和文五十音順索引がある。グラフィック・デザイン協会国際協議会（ICOGRADA）などの公式協力を得て行われた国際的なプロジェクトの日本語版。
5831

世界文様事典 西上ハルオ著 大阪 創元社 1994.10 302p 26cm 4-422-73024-X 3600円
古今東西の美術工芸品に描かれた植物、動物、器物、幾何学文様など83項目に関するさまざまなイラストを集めた事典。ペン画で書きおこした図版を多用し、起源や文化的背景などについて平易に解説する。巻末に参考文献（和書）を付す。索引はない。
5832

日本の意匠 第1-16巻 京都 京都書院 1983-1987 16冊 30×30cm 背の書名：『Japanese design in art』編集・制作：紫紅社 各12000円
日本の浮世絵を含む絵画作品や工芸品を、描かれている動植物・器物などのデザインや源氏物語・伊勢物語などの主題別に集大成した図録。全16冊で全体の構成は順不同。各巻は時代別、分野別に配列したカラー図版、本文、図版解説からなる。図版解説は、文様の掲載部分を含む名称、指定、作者、時代、寸法、所蔵者名（公的機関のみ）を記載、モノクロ図版（全図）と短い解説を収載する。巻頭に作品目次、巻末に図版一覧を付す。最終巻巻末に全16冊の分野別五十音順収録作品総索引がある。絵画を含めた美術作品の主題による検索に役立つ。『続・日本の意匠　文様の歳時記』（1994-1995年刊）は春、夏、秋各3冊、冬、吉祥、

年中行事各1冊の全12冊。カラー図版と本文からなり、図版解説はない。巻末にモノクロ図版に作品データを付した図版一覧および英文図版一覧があるが、総索引はない。
5833

日本の意匠事典 岩崎治子著 岩崎美術社 1984.5 291,17p 27cm 8800円
先史時代から江戸時代までの日本の伝統的な文様の中から主要な意匠を選択し、豊富な図版を用いて体系的に解説した事典。幾何学、植物、動物、天体・山水、器物、文学、正倉院御物の7章からなる。図版には名称、時代、所蔵者を記載する。巻頭にカラー口絵、巻末に付録として小袖、有職文様、名物裂、歌舞伎役者、悟絵などの意匠の解説、図版目次がある。巻末に和文五十音順の事項索引がある。
5834

日本文様事典 上條耿之介著 雄山閣出版 1981.12 414p 22cm 4-639-00123-1 4800円
日本古来の文様について、その歴史がたどれるように関連の史料・学説を紹介・引用しながら解説した事典。2部構成で、第1部は日本文様の通史、第2部は五十音順配列の事典。巻頭カラー図版のほか、本文挿入図版数は約280。巻末に総項目数約1400の総索引（五十音順）がある。
5835

万国図案大辞典 大隅為三編著 第一書房 1976.7 7冊 図 37cm 立案者：和田三造 図案蒐集執筆担当者：和田三造〔ほか〕 昭和3-5年刊の複製 各12000円
世界の伝統的な装飾文様を美術工芸品の中から集め、図版を多用して形態別に体系化した事典。全巻、図版と図版解説からなる。図版解説は1点ごとに名称、時代、種類、国などを示す。第7巻巻末に概論と巻ごとの形態別索引がある。美術工芸品の図鑑としても活用できる。
5836

文様の事典 岡登貞治編 東京堂出版 1989.9 362p 21cm 新装普及版 4-490-10262-3 2000円
日本の原始から現代までの文様を集め、多数の図版を挿入してその名称・沿革・用途ならびに制作技術などについて解説した事典。文様の名称および関連事項を見出し語とし、五十音順に配列。参考文献、典拠の記載はない。巻末に見出し語以外の本文中の文様名・作品・人名・事項をとりあげた五十音順索引がある。1968年刊行の初版から巻頭カラー図版を削除した新装普及版。
5837

書、書道

【事典・便覧】

集大成現代墨場必携 宇山栖霞編著 徳山 全日本書道院 1993.8 3冊 22cm 上：漢字墨場必携 中：仮名墨場必携, 近代墨場必携 下：教育墨場必携
漢詩、俳句・和歌・古文から近代詩・童謡唱歌・格言まで、古今の名言、佳句を選び集成した3200頁におよぶ総合墨場必携。漢字、かな、近代詩文は原則として旧漢字で示し、釈文のみ新漢字を使用。上中巻巻末に、作者、題名別索引と最初の語句別索引を付し、中巻巻末に俳句篇索引、和歌篇索引、下巻巻末に難読索引を付す。下巻巻末に付録として、和漢書道史年表（古代-1990年）および朝鮮書道史年表（古代-1948年）、文房四宝などがある。
5838

書道基本用語詞典 春名好重〔ほか〕編著 中教出版 1991.10 984,117p 22cm 4-483-00145-0 10000円
書道のさまざまな分野（人名・作品名から、文房四宝、教育用語、書論、批評用語まで）の基本的な用語1139語を図版・図表約450点を用いて署名入りで簡潔に解説した事典。大項目、重点解説主義の立場から、必要に応じて、エピソード、伝説、故事来歴などを交え、時代背景への理解を助ける。解説文中の見出し語に星印を付す。巻末に日中書道史年表（BC1500年頃-1989年）のほか、本文にとりあげた作品を所蔵する博物館・美術館・寺社などの一覧を付す。巻末に本文中の重要語も含む五十音順総索引がある。
5839

書道辞典 飯島春敬編 東京堂出版 1975 971p 図24枚 27cm
日本・中国（朝鮮）の古代から現代までの書道全般に関する事項を五十音順に配列し、署名入りで解説した事典。収録対象は書道の歴史の全領域から広く歴史学・国文学・古文書学・書誌学・美術史などの隣接領域に及ぶ。項目数は約7600、挿図・写真は約2200点。資料・作品などのうち、所蔵者が判明しているものは主に公共機関を記載する。巻末に「日中書道対照年表」「現代書作家系統図」などを付す。巻末の索引は本文

の見出し項目をそのまま並べたもの。　　　5840

書道百科事典　阿保直彦編　木耳社　1991.10　1028p
　22cm　4-8393-2542-1　12000円
書写・書道に関する常識的かつ実用的な知識を図を適宜まじえ、署名入りで体系的に解説した事典。「書法」「実用書式」「文字関係資料」「文房四宝」「書の理論」「書道史関係」（年表、書人略伝、書跡研究用語散録など）、「書写・書道教育」、その他の資料関係（書道団体一覧など）の8つの分野ごとに主要な内容を項目として掲げる。各項目は本文と脚注からなり、脚注でやや専門的な解説や参考文献などを示す。巻末に五十音順索引を付す。　　　5841

書道名言辞典　宇野雪村〔ほか〕編著　東京書籍　1990.10
　783p　22cm　4-487-73168-2　7800円
日本と中国の詩文集、印譜などから書道および関連領域に関する名言を選択し、署名入りで解説した事典。出典は、中国は秦漢から現代までの248種、日本は奈良から江戸までの28種。収録された名言は約1000。全体を7編（書とはなにか、書の心、書法、書体、書人と作品、篆刻、文房）に大別、さらにテーマ別に細分類して時代順に配列。各名言に解釈、出典、原文・語釈、解説を付す。解説は名言の生まれた時代・社会状況などをふまえたもので、文化史的背景や現代の書道における意義などを理解できる「読む事典」と言える。巻末に人名索引（解説中の人名を含む）、事項索引のほか、「術語解説」「出典解説」などの付録がある。
　　　5842

綜合書道大辞典　第1-14巻,〔別巻1-4〕　飯島春敬編
　東京堂出版　1982.4　18冊　37cm
日本・中国・朝鮮の古代から現代に至る書道全般および隣接諸分野の事項について、5千数百の図版を用い、署名入りで解説した18冊からなる大部な事典。本編14冊と別巻4冊からなる。本編は五十音順配列の用語辞典で、1975年刊行『書道辞典』☞5840の不備を補い、判型を拡大して、分冊にしたもの。収録対象は用語・人名・作品・著録・印章・用具・団体など。必要に応じ小見出しを設け、書家の作品は人名の小見出しのもとに集める。14巻に概説のほか、現代書作家系統図、日中書道対照年表（BC4000-AD1960年）、古筆手鑑調査一覧などの参考資料と、13巻までの内容を対象とする五十音順総索引を収録。年表の典拠、全体の参考文献はない。別巻は「新・中国の書道史」「新・日本の書道史」「日中文房四宝の美」「書道寶典」の4冊。
　　　5843

中国書道辞典　中西慶爾編　木耳社　1981.1　1140,51p
　22cm　17000円

古代から中華人民共和国成立までにいたる中国書道の知識を提供する辞典。主要書作品の解説・評価1884項目、書道関係著録の解題1926項目、書家・印人・金石学者および文字学者の評伝1827項目、文房具など物品名の紹介209項目、書道用語の解明546項目、合計6392項目を収録。配列は項目の音読の五十音順。解説文中の見出し語に星印を付す。巻頭に中国書道史概説、巻末に中国書道史略年表（BC1550年頃-AD1949年）、法帖彙刻帖目録、中国地名一覧表を付す。巻末に字号室号索引（画数順）および字画索引がある。　　　5844

二玄社版日本書道辞典　小松茂美編　二玄社　1987.12
　507,45p　図版16枚　22cm　4-544-01226-0　4300円
古代から現代に至る日本書道史の全領域を署名入りで解説した辞典。約2600の日本書道関係項目を五十音順に配列。巻頭にカラー図版218点をほぼ時代順の配列で別丁として収録するほか、本文中に挿図約250点を配す。巻末に立項項目すべてと、解説文中にあらわれる主要語（星印を付す）を対象とする索引および日本書流系図、古筆鑑定家系図、古筆切一覧、日本書道史年表（57-1976年）、図版目録を付す。　　　5845

よくわかる書の常識　書道ジャーナル研究所編　京都　同朋
　舎出版　1993.4　331p　22cm　4-8104-1103-6　5000円
書道の初心者が知らなければならない、または知っていると便利な基礎知識を選択し、図版を多用して解説した便覧。「理論」「表現」「鑑賞」の3部からなる。巻末に資料篇として「中国書道史年表」「書道関係史跡地図」「書道関係施設」「書道基本図書」（約180点収載）などを付す。索引はない。　　　5846

【年鑑】

年鑑・書道　1980-　萱原書房　1979-　年刊　27cm　出
　版者に変更あり
全国書道人名鑑と便覧からなる現代日本書道界の年鑑。表示年版の前年9月現在のデータによる。名鑑は有力な書道人約1万7000名を県別五十音順に収録し、経歴のほか揮毫料も記載、五十音順総索引を付す。便覧は「書道団体一覧」「近・現代書道物故名家便覧」「歴代受賞作家一覧」「全国競書雑誌一覧」や中国・台湾・韓国の書家一覧など。別冊の『書道美術新聞』縮刷版（1994年より添付）は1996年4月-1997年3月分を収録。巻末に展覧会索引と作品写真掲載作家索引がある。解題は1998〔年版〕による。　　　5847

【図録】

書道全集　第1-26巻,別巻1-2　平凡社　1954-1968　28
　冊　30-31cm

中国と日本の書跡・印譜を集成し、解説を付した資料集。書跡を国別、時代順に配列した本巻26冊（補遺1冊を含む）と中国・日本の印譜を収めた別巻2冊で構成する。収録範囲は、中国は殷代後期の紀元前1400年頃から清代末期の20世紀初頭まで、日本はおおむね5世紀から大正時代までで、中国篇が15冊、日本篇が11冊の分冊となっている。本巻各冊の内容は、収録対象期間の書道史および該当期の書道関係の事項に関する研究論文、図版、図版解説、書人小伝、年表、小伝目録、挿図目録、図版目録で、収録点数は、図版約3000点、挿図1500点余。別巻の内容構成は本巻と同様で、図版229点、挿図37点を収録する。別巻2の巻末に印章研究資料一覧および全集全体（本巻・別巻の全28冊）の総索引を付す。　　　　　　　　　　5848

中国書道全集　第1-8巻，別巻　平凡社　1986-1989　9冊　31cm　各6800円
中国の書跡などに解説を加え集成した資料集。書跡を時代順に配列した本巻8冊および別巻1冊で構成する。本巻は『書道全集』☞5848 の続編的な性格を持ち、新紹介、新発見の書法資料を中心に編集して『書道全集』と重複するものの多くは省略している。収録範囲は殷代から清代まで。本巻各冊の内容は、収録対象期間の中国書道史概説、図版、該当期の書道関係の事項に関する研究論文、図版解説、挿図目録、図版目録で、収録点数は、図版約700点、挿図300点余。別巻は殷周から漢魏に至る古印に関する論文、文房四宝に関する文献の翻訳を収め、本巻8冊から選定した書人小伝、書人小伝簡目および別巻の挿図目録、図版目録を付す。別巻巻末に本巻収録図版の総目録がある。
5849

◆書体

くずし字解読辞典　児玉幸多編　東京堂出版　1993.2　353, 61p　22cm　新装版　机上版　4-490-10332-8　3500円
行草体の漢字を起筆の仕方によって分類・配列し、その楷書体を検索できるようにした字典。漢字・かな・熟語あわせて2万以上の用例を収録する。付録として「扁旁くずし基準」などがある。見返しに「字例によるくずし字検索一覧」、巻末に音訓索引を付す。大学の史学科で古文書解読を行う際役立たせることを主眼としたもの。1978年に近藤出版社から刊行されたものの新装版で、内容は同一。　　　　　　　　5850

くずし字用例辞典　児玉幸多編　東京堂出版　1993.6　1305,63p　22cm　机上版　新装版　4-490-10344-1　13000円
歴史上の著名な古文書などに書かれているくずし字の用例を毛筆模写によって示した字典。「漢字編」と「かな編」からなる。「漢字編」は見出し字6406字を部首別画数順に配列し、行から草までの各字のくずし方、見出し字を頭字とするくずし字の用例と読み、見出し字を含む古文書用語などを記載する。「かな編」は五十音順配列で、322字のもとに諸体および用例句とその読みを付す。巻末に「扁旁冠脚のくずし方」および漢字音訓索引がある。同編者の『くずし字解読辞典』☞5850 の独自配列による検索の不便を補うもの。1980年刊行の初版と内容は同一。　　　　　　　5851

現代書道字典　常用漢字・人名漢字・ひらがな・カタカナ　阿保直彦編著　木耳社　1989.10　1141p　22cm　4-8393-2503-0　4950円
社会生活を営む上で最低限必要な文字を正しく書くための字典。かご字により、字型を整えるポイント、用筆・運筆の要領を簡明に示す。常用漢字1945字、人名漢字166字、ひらがな48字、カタカナ48字の計2207字を収録。配列は常用漢字が収録音訓の五十音順、人名漢字が部首順。見出し字は毛筆文字で、枠外に明朝体、ゴシック体、教科書体を示す。記載事項は総画数、音・訓、意味、熟語例、字源、古典例、筆順など。巻末に音訓索引、総画索引を付す。　　　　　　　　5852

現代毛筆三体事典　続木湖山編書　教育出版　1971　471p　図　31cm　6400円
毛筆三体に関する総合的事典。「基本編」「技法編」「資料編」の3部で構成する。「技法編」は漢字とかなに分け、漢字については当用漢字と人名用漢字1942字の楷・行・草の三体を掲げ各体の文字構成上の主要部分を分解解説し、かなについては四体（変体がな、行書的かな、楷書的かな、かたかな）の書法上の要点を解説する。「基本編」には用筆などの解説、「資料編」には書道史や書道用語、現代日本の書家・篆刻家の名簿などを収める。「技法編」の漢字は、巻頭・巻末の索引で検索できる。　　　　　　　　　　　5853

五体字鑑　松田舒編　柏書房　1980.3　877p　27cm　15000円
古代から清に至る中国および日本の諸碑・諸帖・名蹟から、篆・隷・楷・行・草の5書体を集めた字典。配列は『康熙字典』の部首順。各文字に出典を示す。1911年に刊行された12分冊の原著を利用者の便を考慮して再編集し、新たに収載主要書人一覧（巻頭）、音訓索引（巻末）、部首索引（見返し）を付したもの。　　　　　　　　　　　　　　　　5854

五体字書　前田黙鳳編　マール社　1988.11　1121p　20cm　4-8373-0495-8　3500円

篆隷楷行草の書体字書。各体総数 7 万6198字、見出し字6377字を収める。主として唐以前の書体で編成し、一部宋以後の書体を使用。配列は部首画数順。巻頭に部首索引を兼ねた目次、巻末に見出し字の音訓索引がある。1904年刊行の『五體字書』を復刻し、見出し字を付加するとともに、新たに仮名類纂と索引を付したもの。諸体の大きさを揃え、比較選択時の実用的配慮が見られる。
5855

五体字類 改訂第 2 版 高田竹山監修 西東書房 1996 619,20,35,20p 20cm 4-88098-001-3 3605円
楷・行・草書を主、篆・隷書を従として、名跡から日常の便に供することを目的に集字した漢字五体の字典。ほかに仮名変体も収める。収録数は、見出し字4934字、各書体の文字 4 万6915字（うち仮名は1472字）。配列は部首別画数順。各字には出典を付す。見返しに部首索引、巻末に六義解と音訓索引がある。1916年初版、1991年第64版の改訂第 2 版。
5856

常用六体字典 飯島太千雄編 ぎょうせい 1993.4 716p 22cm 4-324-03107-X 8000円
常用漢字、人名漢字、および日常よく使われるその他の漢字総計2500字について 6 種の書体を示した字典。六体とは、楷・行・草・隷・篆書体および標準教育字体（国語科書写手本の標準書体）の 6 種。各書体とも現代の専門家の手になるもので、即手本として使用できる。配列は部首別画数順（同画数内は音の五十音順）。巻末に書体の変遷と各書体についての解説がある。見返しに部首索引、巻末に総画索引および音訓索引を付す。
5857

書体字典 赤井清美編 東京堂出版 1974 1930,77,12p 22cm 8500円
真跡・金石碑刻を中心に17万字を図版で収録した字典。慣用文字の旧字体を見出し字とし、『康熙字典』の部首順に配列する。「篆書」「隷書」「楷書」「行・草書」の 4 欄で構成。書体は800余点の資料から複製し、各字に巻末の出典目録に対応した番号を指示する。巻末に音訓索引を付す。
5858

書体大百科字典 飯島太千雄編 雄山閣出版 1996.4 939p 27cm 4-639-01355-8 28000円
従来の書体字典の楷・行・草・篆・隷の書体の分類法や、通行書体、公用書体といった概念にとらわれずに、雑体書あるいは造形書体と称すべき書体を中心に編成した字典。収録範囲は、中国の殷・周の金文から明の孫技秀『百体千字文』までと、日本の奈良時代の鳥毛篆書屏風から江戸時代の『集古十種』の扁額集（松平定信編、寛政12年）まで。収載した出典・書目は682点で、収録字母は2500字、収録字数 2 万5000字である。

配列は『康熙字典』の順（部首別画数順）。見出しは旧字表記で、常用漢字の新字は傍注してある。巻頭に収載出典一覧、巻末に解説、総画索引、音訓索引、見返しに部首索引がある。
5859

書道大字典 伏見冲敬編 角川書店 1974 2冊 27cm 全42000円
最古の文字資料である甲骨文・金文や歴代の碑誌・法帖・墨跡から篆・隷・楷・行・草の 5 書体を集めた初めての字典。異体字も含め網羅的に収集し、特に中国最古の字書『説文』所載の9350余字はすべて採録する。見出し字は『康熙字典』に従って配列し、各字に出典を記載。巻頭に収載碑帖書人目録、巻末に説文解字建首などを付す。前見返しに部首索引、巻末に総画索引、音訓索引のほか、同じ旁の文字を集めた応用索引がある。
5860

仏教難字大字典 有賀要延編 国書刊行会 1986.2 773p 27cm 28800円
仏教に関する古典籍（漢籍などを含む）中の難字とされる字体から正字を検索するための字典。見出し字（『康熙字典』準拠の正字体）を部首別画数順に配列し、そのもとに併載文字（難字および古字書中の俗字など）を収録。収録数は見出し字4294、併載文字 1 万5441の計 1 万9735字。難字典（本篇）、難字総画索引のほか、仏教省文草体、かな文字一覧、名僧筆蹟集の 5 部からなる。仏省文草体は特に写本に見られる独特の用字体。仏書閲読の参考になる。巻末に付録として法隆寺伝来細字法華経の研究などがある。
5861

◆◆篆書

五体篆書字典 甲骨・金文・古鉨文・小篆・印篆 小林石寿編 木耳社 1983.11 713,116p 22cm 12000円
甲骨文、金文、古鉨文、小篆、印篆の五体の主要な字形を系統的に編成した字形字典。収録字数9722。見出し字は『大系漢字明解』に若干の加除補訂を行い、楷書体を常用、正字、俗字、通字の 4 欄に分割したもの。配列はほぼ部首別だが、部首索引はない。巻末に総画索引、音読索引、常用漢字字音索引を付す。実用のための古文字字形字典。
5862

◆◆隷書

隷書大字典 伏見冲敬編 角川書店 1989.3 854p 27cm 4-04-022500-7 20000円
中国の漢、魏、晋時代の隷書のうち、現在見られる主要なものを網羅的に収めた字典。漢代の石刻資料を中

心に木簡・帛書、魏・晋の碑・墓誌の主要な隷書を図版で収録し、出典を示す。見出しは、正字をかかげる。配列は部首別画数順で、おおむね『康熙字典』の配列に従う。清代の網羅的な隷書字典『隷弁』所載の隷書のうち、現在見ることのできないものを各字例の末尾に付載し、網羅性を高めている。巻頭に収載資料目録がある。見返しに部首索引、巻末に総画索引および音訓索引を付す。 *5863*

❖❖ 金石・木簡

金石大字典 汪仁寿原輯 マール社 1991.11 2060p 22cm
　求古斎書局(上海)1926年刊の複製 4-8373-1250-0
　8000円
殷周から清に至る器物、碑刻、印章および金石関連の諸書などから採録した総数5万に上る金石文字の字典。部首別画数順に配列した見出し字のもとに、さまざまな金石文字をおおむね時代順に収録。原則として最初の1字は『説文解字篆韻譜』の引用で、標準的な篆書体を示す。各字に原器名、出典を記載。見返しに部首索引、巻末に音訓索引と検字表（総画数順配列）がある。文字は書法に通じた編者の模写によるもの。 *5864*

木簡字典 佐野光一編 雄山閣出版 1985.8 878p 27cm
　4-639-00500-8 30000円
前漢の武帝末年より後漢までの木簡に書かれた文字を集めた字典。各字は1907年から1981年までに発表された木簡資料から収録し、原簡の出典とそれが収められた図版の頁数および原簡番号を付す。配列は『康熙字典』（部首別画数順）によるが、各字の下は前漢末の典型である最も整った形、篆書のなごりをとどめたやや古い形、速書きのもの、簡略化された草書の順に配列。巻頭に収載資料目録、巻末に居延漢簡簡号譜、総画索引、音訓索引があり、見返しに部首索引がある。 *5865*

❖❖ 草書・行書

行草大字典 赤井清美編 東京堂出版 1982.7 2冊 27cm
　全45000円
漢代の木簡から清朝末の呉昌碩までの行書・草書約20万字を収めた字典。見出し字は正字のほか俗字・略字をも対象とする。配列は『康熙字典』の部首順で、各部首内は画数順。書体例は図版で収録し、出典を付す。各巻末に出典目録および部首別索引、音訓索引を付すほか、下巻末に中国簡体字表などの付録、略字索引がある。 *5866*

芸術草書大字典 藤原楚水編 三省堂 1974 1604p 27cm
　付：表1枚
古今の草書のうち芸術的価値を有すると思われるものから書跡を集めた字典。書額、扁幅などを揮毫する際に最も多く使用される詩歌常用の文字を中心に収録。配列は部首別画数順で、同字の下は時代順、書家別に配列。各字には書家名を付す。巻頭に歴代書家氏名一覧（漢から清まで、朝鮮、日本）を付し、巻末に音訓索引、見返しに部首索引付表として草書索引がある。 *5867*

章草大字典 北川博邦編 雄山閣出版 1994.6 588p 27cm
　4-639-01238-1 25000円
章草の書跡を集字した字典。中国の漢から清までと日本の江戸時代の主要な章草の書跡を対象とするが、章草の書跡で流伝しているものは多くはないので、偽跡と目されているものも収録する。ただし、漢代の竹木簡に見られる草書は除く。配列は『康熙字典』の順（部首別画数順）に従い、その下は中国の書者、日本の書者それぞれの生没年順。各字の出典の表示は書者名のみで、おおむね伝称に従う。収載資料の文字の大きさは、皇象の『急就章』を標準とし、これより大きいものは縮小してある。巻頭に収載資料目録と収載資料簡説、見返しに部首索引、巻末に総画索引、音訓索引を付す。 *5868*

草字苑 若尾俊平，服部大超編著 柏書房 1976 488,
　866p 27cm 15000円
くずし字を解読するための字典。「文字篇」と「検索篇」からなる。「文字篇」は、当用漢字、人名漢字、わが国の文献・書作品ならびに中国の主要な書作品の読解に必要な漢字、使用頻度の多い国字3859字を見出し字とし、おおよそ『康熙字典』にしたがって部首別画数順（同画数の場合は五十音順）に配列する。見出し字ごとに行書・草書体約2万4000字を例示。見返しに筆順索引があるほか、巻頭に部首索引、巻末に音訓索引、かな索引がある。「検索篇」はくずし字から見出し字を求めるもので、1字を34のパターンに分解し、さらにくずし字を構成する部分の筆の運びの方向により数字化し、それらの記号によって検索する。「文字篇」の参考資料として異字・異体字一覧、国字一覧、年号一覧、干支順位および干支算出法を付す。 *5869*

❖❖ 仮名

かな墨場辞典 和歌編〔正〕・続，俳句編 飯島春敬編 東
　京堂出版 1976-1996 3冊 22cm 3605-3800円
古典より現代に至る和歌・俳句の中から書として揮毫するにふさわしい歌や句を選出し、出典・歌意・作者

略伝（正編のみ）などを付したもの。「和歌編」（正・続）と「俳句編」に分かれる。収録数は「和歌編」の正編約3000首、続編約2600首、「俳句編」は約2500句。配列は、「和歌編」は春・夏・秋・冬・賀・恋・雑の7部門に、「俳句編」は新年・春・秋・冬・無季の5部門に分け、初句の五十音順。各巻末に初句索引のほか、正編に三夕、六歌仙などの歌を収めた組み物索引がある。
5870

かな名跡大字典 筒井茂徳編 角川書店 1981.10 637p 27cm
かなの名跡を集めた字典。11世紀中頃から12世紀初めまでの名跡を中心に、8世紀の万葉仮名から鎌倉時代までの書跡を収録。配列は五十音順で、各音の中では採録字数の多い字源順、その下はおおむね時代順。原字は原則として原寸大、特に大きいものは縮小して収録し、各字に出典を付す。巻頭に収載資料目録、巻末に比較的よく使われる語彙で連綿を用いた用例を収録した連綿字典、主要収載資料略解があり、見返しにかな字母索引がある。『日本名跡大字典』☞5879 とのセットで『日本書道大字典』を構成する。
5871

かな連綿字典 第1－11巻 佐野栄輝編 雄山閣出版 1990－1992 11冊 20cm 監修：竹田悦堂 各4000円
平安時代の代表的な古筆を連綿の様相や変体がなの用法が一目でわかるよう語句に分解して収録した字典。同一あるいは類似書風の古筆を巻ごとにまとめ10巻に集成。連綿の用例を語句の五十音順に収録し、釈文と出典を付す。各巻に収載資料の簡潔な解説と語句索引がある。第11巻は総索引およびかな書道の特色と学び方。索引は見出し語句のほか、中に含まれる語句からも検索できる。名筆の書風を修得し、創作への道を開くための字典である。
5872

◆◆古筆

古筆学大成 第1－30巻 小松茂美著 講談社 1989－1993 30冊 31cm
古筆を系統的に分類整理し、豊富な図版と詳細な解説を付して集大成した資料集。全30巻からなり、資料編（図版・解説25巻、釈文3巻）と論文編（2巻）で構成する。収録資料は10世紀初頭から14世紀初頭までの和様の名筆を中心に、室町時代のものや漢籍・仏書なども対象とする。収録点数は古筆資料約7870点、図版約1万枚。収録図版は各切を、古今和歌集などの項目ごとの書写年代順に配列し、通し番号、図版番号、釈文番号を記載、可能な限り原寸大で収録し、伝承筆者名は通行のものを用いる。釈文は、各切ごとに釈文の通し番号、図版収録巻数、図版番号を付す。釈文各巻の巻末に、収録資料の所蔵所載一覧（社寺・公共機関に限る）を付す。第28巻の巻末に第1巻から第25巻までの総索引、第30巻の巻末に補遺図版および論文編の索引がある。
5873

古筆切提要 複製手鑑索引 伊井春樹，高田信敬編 京都 淡交社 1984.1 437p 22cm 4-473-00851-7 7500円
複製影印された手鑑類の集成。1650年（慶安3）から1982年（昭和57）までに刊行された手鑑類を、書道雑誌・名品図録掲載のものに至るまで幅広く収録。筆者別に人名の頭字の通行音五十音順（同音の場合は画数順）に配列した伝称筆者別古筆切総覧、どの部分が現在古筆切になっているかを作品別にまとめた書目索引、名物切的な特殊名称を五十音順に配列した切名索引の3部よりなる。巻末に安政5年版『新撰古筆名葉集』の影印と同書の伝称筆者名索引、および古筆家系図を付す。
5874

古筆大辞典 春名好重編著 京都 淡交社 1979.11 1258, 60p 27cm 15000円
飛鳥時代から室町時代末までの古筆に関する項目を網羅的に収録し、詳細に解説した事典。配列は五十音順。古筆そのもののほか、古筆の筆者、鑑賞上必要な料紙表装ならびに鑑定に関する事項の3つの観点から選定した3000余項目と、図版を1100余点収録する。解説の精粗は古筆としての重要性によるが、鑑賞の手引きともなるよう字形の特徴なども詳しい。巻末に五十音順の古筆筆者名索引と内容分類索引がある。後者は古今集などの歌集名からも検索可能。同じ編著者による『古筆辞典』（1950、1969年刊）の内容を抜本的に検討し刊行したもの。『古筆辞典』（1985年刊）は本書の簡略版。
5875

◆◆書跡・名跡

王羲之大字典 飯島太千雄編 東京美術 1980.11 770,9p 27cm 19500円
王羲之の書跡を収めた字典。王羲之の尺牘314帖から約2万5000字を選び、字母数1863字を正音を基準とした音順（同音の中では画数順）に配列、各字の出典を付す。精拓を選んで収録し、欠損など問題のある字は記号で示す。書跡は原則として原寸で収録。各頁の肩に正字・当用漢字・異体字を記載する。字典部分に続いて王羲之研究論文でもある「解題」を収める。口絵に収録したすべての墨跡本・単帖・法帖の一部を精印。巻末に収録書目一覧と部首索引、音訓索引がある。
5876

顔真卿大字典 飯島太千雄編 東京美術 1985.3 1455p 31cm

顔真卿の書跡57点から2万余字を選び、部首別画数順に配列、各字の出典を付した字典。顔真卿の書の真相を明らかにするために、真を離れていると思われる書跡名は記号で示す。収録書跡のうち5点は原寸で、他は縮小して収録。字典部分に続いて「試論－顔書の実像」と題する論考を付し、この論考の推論を助けるため巻頭に64点の図版を配す。巻頭に部首索引と図版目録、巻末に音訓索引がある。 5877

空海大字林 飯島太千雄編 講談社 1983.3 2冊(解説とも)27cm 4-06-142674-5 全39800円

空海の書跡を収めた字典。空海の真跡と迫真性の高い模本から選別した約4万字の文字を、字母数3206字のもとに部首別画数順（同画数の場合は五十音順）に配列し、各字の出典を付す。空海の書の再現のために、原本を直接撮影し特殊製版技術を用いて印刷するほか、見出し字は通常の正字表記ではなく、空海の字体が当用漢字や通行の俗字をあらわしている場合にはそれを採用する。各字は原則として原寸で収録。巻末に部首索引、総画索引、音訓索引がある。別冊の解説は総論、解題篇、研究篇で構成する空海の書跡の研究書。 5878

日本名跡大字典 北川博邦編 角川書店 1981.10 1457p 27cm

日本上代の名跡を集めた字典。三筆三跡を中心に、聖徳太子の法華義疏から南北朝の尊圓法親王までを収録範囲とする。採録資料はほぼ肉筆に限り、古写本・古記録など約300種を収録。配列は『康熙字典』の順（部首別画数順）に従い、その下はおおむね時代順。原字は原則として原寸大、特に大きいものは縮小して収録し、各字に出典を付す。巻頭に収載資料目録、巻末に主要収載資料略解、音訓索引、総画索引があり、見返しに部首索引がある。『かな名跡大字典』☞5871とのセットで『日本書道大字典』を構成する。 5879

◆書道史・書家

近代日本の書 現代書の源流をたずねて 改訂版 芸術新聞社編 芸術新聞社 1984.4 275p 29cm 3800円

近代日本の書人68名、印人20名の代表的作品を一部カラー図版を交えて掲載し、現代書家、印人による解説を付した入門書。明治以降の書道史を年表、図表を組み合わせて概説する。書家、印人の生没年や略伝、肖像が豊富で、人名鑑的使用も可能。巻末に名筆を所蔵する全国の美術館、記念館を紹介するガイドマップがある。索引はない。1981年『墨』の臨時増刊号を増補改訂したもの。 5880

現代書家事典 有光次郎〔ほか〕編 日本書道新聞社 1990.6 617p 27cm 4-938376-06-7 18000円

現代日本国内において活躍中の代表的な書家を収録した人名事典。氏名にはすべてふりがなをつけ、五十音順を原則として配列する。記載事項は生年月日、本名、住所、電話のほか、役職、分野、師匠、各書道展賞、経歴など。書家近影集（575名収載）、作品撰集、昭和書道史年表（1915－1990年）、書道団体一覧、書道家の系譜、主要競書誌を付す。索引はない。 5881

中国書道史事典 比田井南谷著 雄山閣出版 1987.9 345p 22cm 4-639-00673-X 5800円

中国上古から清代までの書道芸術の歴史について、芸術性に重点を置き時代別に解説した事典。記載内容は各時代の一般史（政治史および文化史）、書道史、主要な書家と作品の順で、図版を多用し、平易に解説する。巻頭に図版目次、巻末に中国書道史年表（BC3000－AD1949年）および事項索引、人名索引を付す。 5882

明治・大正・昭和書道史年表 近藤高史編 木耳社 1985.3 301p 19cm 4-8393-1402-0 2300円

1868年（慶応4）から1984年（昭和59）3月までの書道史に関する事項を年月別に簡潔に記載した年表。内容は日本の書道界、書家の動静を中心とし、主な出版物、書道教育のほか、社会史と関連づけるため各年の末尾に海外動向、世相、トピックスを付す。巻末の書道出版年表は1869年（明治2）から1982年（昭和57）までの関連の図書・雑誌・新聞を発行年順に収録し、書誌事項を記載したもの。索引、典拠の記載はない。 5883

◆材料及び技法

硯の辞典 藤木正次編 武蔵野 秋山書店 1984.8 230p 19cm （秋山叢書） 1800円

硯に関する1014項目を「硯材」「文献」「人名」「用語」「用具」「地名」の6部門に分け、図版165点を用いて簡潔に解説したハンディな事典。収録範囲は、上古から近代まで、地域は中国を中心に、日本・朝鮮・台湾に及ぶ。配列は見出し語の五十音順。巻末に概論「硯について」を付す。索引はないが、巻頭に分類ごとの五十音順に配列した分類項目表がある。解説はルビが多く平易で一般向け。 5884

文房古玩事典　宇野雪村著　柏書房　1980.7　218p　27cm
　7800円
古代から現代に至る日本・中国・朝鮮の文房四宝その他の諸具600点について解説した事典。大きく硯、墨、筆、紙、石印材、文房諸具に分け、それぞれ基本事項を体系的に掲げて解説。巻頭の48頁にわたるカラー図版のほか、写真図版を多数掲載する。巻末に参考資料として、中国文房用品産地図、著録解題、日中書道史年譜がある。画数順の事項索引を付す。『必携文房古玩事典』（1983年刊）は、判型をひとまわり小さくした普及版。
　　　　　　　　　　　　　　　　　　　　　　5885

版画

【事典・便覧】

日本版画便覧　鈴木重三著　講談社　1962　155p　30cm　日本版画美術全集　別巻
日本の伝統版画について、適宜図を交え、広く多角的に解説した便覧。「版画の種類と形式」「日本版画関係用語解説」「版画制作画家名録」「版元についての一資料（版元一覧）」「関東彫師・摺師名録及び諸派系図」「日本版画年表（610－1961年）」「版画参考書目」の7部からなる。配列は各部ごとの五十音順または年代順。巻末に「日本の銅版画」と題した江戸時代の銅版画についての解説がある。索引はない。
　　　　　　　　　　　　　　　　　　　　　　5886

版画家名覧　明治末・大正・昭和　樋口良一編　山田書店版画部　1985.3　107p　22cm
明治後期から現代にいたる日本の版画家および版画を創作した画家・挿絵画家1890名を収めた人名事典。氏名の五十音順に配し、氏名の読み、生（没）年、出身地、技法、略歴を紹介する。巻末に主要作家団体の解説および雅号からの五十音順索引を付す。
　　　　　　　　　　　　　　　　　　　　　　5887

版画事典　小野忠重編　ダヴィッド社　1971　325p（おもに図）27cm　1900円
古今東西の版画図版（部分図を含む）を「人物」「十二支」などのテーマにより分類した図鑑的資料。各版画に画題、作家、版種・技法、制作年などの出典を示す。ほかに蔵書票、カレンダーなどの応用作品も収録。巻末に版画用語の解説、人名と事項の五十音順索引がある。
　　　　　　　　　　　　　　　　　　　　　　5888

版画事典　室伏哲郎著　東京書籍　1985.9　1003p　23cm
　11000円
版画に関することがらを網羅的に集めた事典。「事項篇」「作家篇」および美術館・画廊・工房・版画展を紹介する特集頁からなる。「事項篇」は版種・技法・用語・歴史など1400項目を五十音順に配列し解説、本文中の見出し語に星印を付す。「作家篇」は国内外の主要作家約1000名を日本人、外国人の別に五十音順に配列、個人データとともに解説を記載、日本人作家については肖像写真を添える。3300余点の写真（一部カラー）・図版を収載。巻末に参考文献と和文五十音順の人名索引を付す。
　　　　　　　　　　　　　　　　　　　　　　5889

版画の技法と表現　改訂版　町田市立国際版画美術館編　町田　町田市立国際版画美術館　1991.3　187p　18cm
版画の基本的な技法について、「凸版」「凹版（直刻法）」「凹版（腐蝕法）」「平版」「その他」に大別、さらに24の小項目に分類し、解説した入門書。各技法別に、制作過程、用具、表現効果、起源と歴史について説明する。巻末に文献案内を付す。索引はない。初版は1988年刊。
　　　　　　　　　　　　　　　　　　　　　　5890

【図録】

世界版画大系　1－10, 別冊　編集：ジャン・アデマール, 坂本満, 吉川逸治　筑摩書房　1972－1974　11冊　41－42cm　背の書名：『Gravure d´Occident』　監修：パリ国立図書館　限定版
パリ国立図書館版画部の収蔵品の中から選定した14世紀から現代までの西洋版画の代表的な作品3100点を収めた全10巻からなる図録集成。時代順に配した各巻は、それぞれ概説、各作品の解題、作者解説、最小限の参考文献からなる。解説は原則として左頁にフランス語、右頁にその日本語訳を併記する。作品解題の表記は作者名、作品題名を見出しとし、以下、制作年、技法、寸法、カタログ番号の順に記載。各巻末に収録図版一覧、作者別図版索引を付す。別冊は文献目録、作者別図版総索引などを収める。本書は日本で企画され、フランスでも出版された。『世界版画』（全16巻）は、本書を再編集した廉価版。
　　　　　　　　　　　　　　　　　　　　　　5891

印章・篆刻・印譜

漢印文字彙編　佐野栄輝，蘘毛政雄共編　雄山閣出版　1982.8　856p 27cm　監修：関正人　4-639-00176-2　28000円

篆刻の基本である漢印文字を引きやすく分類編集した篆刻大字典。『繆篆分韻五巻補五巻』『選集漢印分韻二巻』など中国の繆篆の字典6書を合冊して改編したもの。収録範囲は漢印を主とし秦印・魏印などに及ぶ。見出し字3071字、小見出し字605字、印篆の総字数4万6000字余りを収録。配列は康熙字典の順（部首別画数順）。『繆篆分韻』の注記のみやや縮小し、ほかは原書より原寸で影印。巻末に漢印文字彙編備考、漢印文字徴附録、原書序跋、漢印文字徴引用諸家譜集目録、繆篆概説、総画索引、音訓索引がある。また見返しに部首索引がある。　5892

古典文字字典　〔正〕，続　師村妙石編　東方書店　1990-1994　2冊 27cm　〔正〕の監修：青山杉雨　19000-20000円

殷代から秦代までの甲骨文字・金文・古璽文などの古典文字の字典。『古籀彙編』に規範をとり、『甲骨文編』『金文編』など中国の古文字書8書を合冊して改編したもの。各書の本編から説文に見ることのできる字のみを収録し、見出し字3130字、重文5万3682字を収める。配列は康熙字典の順（部首別画数順）。原字の特に大きいものは縮小し、字の大きさを揃えている。巻末に新旧字体対照表、総画索引、音訓索引があり、見返しに部首索引がある。続編は漢・魏・晋の金文・印象文字などの古典文字を収める。　5893

清人篆隷字彙　第2版　北川博邦編　雄山閣出版　1985.6　1472p 27cm　4-639-00344-7　30000円

清初から清末民国初までの篆・隷書の名家221人の書跡を集めた字典。『説文解字』の正字約1万字を見出し字として部首別画数順に配列し、そのもとに清人の篆隷の書跡を時代順に収録。直ちに揮毫の用に立ちしかも正確を期すという目的から、『説文解字』と『隷書偏傍』（清の顧藹吉編）を、注を含め併せて収録。見返しに部首索引、巻末に総画索引と音訓索引がある。初版は1979年刊行、再版にあたって収載書人年表を一部補訂した。『標準清人篆隷字典』（1987年刊）は、本書を精選改編し、新たな資料を追補したもの。　5894

大日本名家全書　熊本　青潮社　1977.11　634,5,18p 図 27cm　監修：井上辰雄　限定版 9500円

古昔から明治までの人物1987名について、その略伝および印章・落款・花押・書跡類8900余点を収めたもの。「儒家、国風家」「画家」「書之部」の3部からなり、それぞれ増補がある。各部は師弟、一家、流派などによる分類配列で、この順の目次が巻末にある。巻頭に、五十音順索引を付す。1861年に江戸の書肆須原屋茂兵衛が出版した『万宝書画全書』全7冊を底本として、1903年に東京好古社が改訂増補して発行した同書名の全7巻本を1巻に集成、復刻したもの。印章を豊富に収録した点が特色。　5895

中国書画家落款辞典　呉玉樸編　東京堂出版　1993.9　669,16p 27cm　4-490-10349-2　15000円

唐から現代までの中国書家・画家・篆刻家および収蔵家のうち、主要な1200余名の用いた落款印と花押を約1300点収集し、朱色原寸大印影に略伝を添えた印譜辞典。姓名の五十音順（同一読みは画数順）に配列する。略伝に典拠はない。収集した印譜は姓名印・字号印・遊印・鑑賞印・収蔵印など。巻末に主要別称索引（画数順）を付す。　5896

篆刻字典　上巻，下巻 増訂版　師村妙石編　東方書店　1989.9　2冊 27cm　監修：青山杉雨　全30000円

清代以降の篆刻家30名の刻印文字を分類配列した字典。収録印数1万5850、見出し字1万752、総字数6万4101字。見出し字は康熙字典の字順、次に説文、篆文、或體、古文等、刻印文字を印人の生卒の順に配列する。各文字を印人名のもとに、拡大縮小し、文字の大きさをそろえて掲載。下巻巻末に新旧字体対照表のほか、本文に収録した見出し字の総画索引、五十音順音訓索引、見返しに部首索引がある。1986年初版に2014印を加えた増訂版。範囲を清朝以降に限定し、篆書體の造形の多様性比較に重点を置く。　5897

日本書画落款印譜集成　杉原夷山編著　柏書房　1981.6　1113,13p 23cm　複製 15000円

昭和初期までの画家、書家、僧、文人などの原寸印譜集。本文編と増補編からなる。本文編は杉原子幸編『日本書画落款印譜』（全5巻、松山堂、1915）で、明治初期までの書家画家の号の画数順に配列、画引索引を付したもの。増補編は荒木矩編『大日本書画名家大鑑』（全4巻、同刊行会、1934）、沢田章『日本画家大辞典』（全2巻、啓成社、1913）の「落款印譜編」を書家、画家以外の文人などを含め抽出し、姓名を見出

しにし、没年順に配列。巻頭に本文編、増補編を統合した「人名索引」、巻末に「号索引」がある。落款、印譜の基本資料。　　　　　　　　　　　　　5898

必携篆書印譜字典　蓑毛政雄編　柏美術出版　1993.7
　527,62p 20cm 4-906443-24-9 4500円
見出し字約3600字、印譜約2万3000点を収録した最大規模の篆書・印譜字典。見出し字は常用漢字、人名漢字、中国文献に多く用いられる固有名詞類、国字などから採用し、康熙字典の部首別画数順に配列、代表的音訓、小篆、印篆を示す。見出し字ごとに金文、甲骨文の代表的字形や中国近代印人60家の作品から朱色の印影と釈文を配し、刻者名は巻頭の「収載印人目録」へ番号で参照させる。見返しに部首索引、巻末に音引索引（五十音順）と難読画引索引を付す。音引索引は、見出し字と印影の中の文字からも検索可能。『篆書印譜大字典』（柏書房、1988）の普及版として改訂、縮刷刊行された。該当する見出し字に印影全体を示し、印譜と篆書字典の機能を併合した点が特徴。　5899

必携落款字典　落款字典編集委員会編　柏書房　1982.12
　489,34p 20cm 3000円
近世を中心に平安時代から昭和初期までの書家・画家と、僧・学者・文学者・茶人・工芸家・武士などの落款を収録し、人名の五十音順に配列した字典。落款はすべて約3分の2に縮小して収録。人物の略歴を付し、印章の篆字には読みを示す。巻末に、常用漢字表に対応する主要な篆字一覧および本文印章の五十音順篆字索引がある。『日本書画落款印譜』（全5巻、杉原子幸編、松山堂、1915）などから抽出して編集したもの。　　　　　　　　　　　　　　　　　　　5900

標準篆刻篆書字典　牛窪梧十編　二玄社　1987.2 304p
　22cm 2500円
小篆、印篆、金文、古鉢4体につき、編者の手写により最も典型的字形を示した字典。国字を含む3327字を収録。見出し字に一般的な音訓を付し、康熙字典に準拠して配列する。見返しに部首索引、巻末に総画索引、音訓索引を付す。篆刻初学者のための入門字書。同じ編者、出版社による『逆字篆刻字典』（1990年刊）は、この字例を左右反転して逆字にしたもの。　5901

名家印譜大集成　常石英明編著　金園社　1986.11 19,564p
　22cm 4-321-34501-4 8500円
江戸時代を中心に鎌倉から現代までのさまざまな階層の人物約1400名の印章を収録した印譜。配列は、近世以前の人物は代表的な号の五十音順、明治以降は没年順。人名のもとに略伝と印影を収録し、一部印文を付す。印影は原則として原寸大。既存の印譜からの引用も含め、多い人物で30点近くを収録する。巻頭に「印

章の由来と歴史」および五十音順目次がある。目次は索引を兼ねるが号の初字の五十音順に配列されており、個々の人名からの検索はできない。古美術鑑定など実用を目的とする印譜である。　　　　　5902

遊印鑑賞大字典　高畑常信編著　柏美術出版　1992.11
　333p 27cm 発売：柏書房 4-7601-0828-9 16000円
中国および日本の遊印作品1000点余を原寸大で掲載し、解説を付した印譜。収録の時代は中国は明から現代まで、日本は江戸から現代まで。内容により「自然」「仏道」「政治」「人生」など12のテーマに分類、同一テーマ内は字句の文字数順に配列。各作品に、解説のほか印文の読み下し、白文、刻者と時代を記載。解説は簡潔で、作品と言葉を同時に鑑賞するのに役立つ。巻末に収載印人（篆刻者）目録、主要篆字一覧、字数別音引索引がある。　　　　　　　　　　　　5903

写真

【書誌・索引】

演芸画報総索引　人物編，作品編，一般編　国立劇場芸能調査室編　平凡社　1974－1977　3冊 22cm
近代日本演劇・芸能史資料の宝庫といわれる雑誌『演藝画報』（1907.1－1943.10、全440冊）のすべての記事を対象とする分類記事索引。収録対象は歌舞伎を中心に、新派・新国劇などの商業演劇、新劇、邦楽、舞踊、人形浄瑠璃、落語、講談、映画、大道芸など。3編からなり、「人物編」は俳優などの人名を、活動ジャンル別に9分類に収め、さらに五十音順に配列し、各人物に関連した記事を年月順に収録する。「作品編」は作品別総合、参考事項（解説、考証、研究など）、脚本、戯曲評論の別に作品名の五十音順に配列し、巻末に作品名索引を付す。「一般編」は前2編に収録されないすべての記事を20分類し、各細目ごとに年月順に収録したもので、巻末に全3冊の執筆者名総索引と人物編の人名索引がある。各編とも2分野以上にわたる記事は重出するほか、表題から内容がわからない記事には仮題を付している。　　　　　　　5904

国立国会図書館所蔵写真帳・写真集の内容細目総覧 明治・大正編 村上清子 国立国会図書館専門資料部 1987.11 436p 21cm (『参考書誌研究』第33号)
国立国会図書館所蔵の明治・大正期に刊行された和漢書のうち、写真図版を中心とした図書672点についての内容細目総覧。地域編と事項編からなる。地域編は世界各国、日本全国、各都道府県別、世界の各地域別。事項編は軍事・戦争、人物、建築・建設、災害など13に大別し、各項目の中は書名の五十音順、または年代順配列。記載内容は書誌事項、国会図書館請求記号、内容細目。内容細目は主に目次から収載するほか、目次のないものについても丁寧に拾う。巻末に書名索引を付す。収載写真を個々に分類した細目別索引の作成が待たれる。
5905

写真集全情報 45/90 日外アソシエーツ編 日外アソシエーツ 1991.11 893p 22cm 発売：紀伊国屋書店 4-8169-1110-3 25000円
1945-1990年に日本で刊行された、写真集、写真に関する図書、撮影マニュアルなどに関する図書を網羅的に集めた目録。一部写真資料のある図書を含め約1万5000点を収録。写真総論、写真家作品集、人物写真など14の大項目の中に中見出しを設け、各見出し内は書名の五十音順配列。各項目には書誌事項、一部に内容、目次を挙げる。巻頭に目次（中見出し一覧）、巻末に書名五十音順索引を付す。続編として『画集写真集全情報 91/96』を刊行予定。
5906

【事典・便覧】

カラー写真技術事典 二村隆夫編著 写真工業出版社 1993.1 377p 26cm 4-87956-030-8
カラー写真の初出（1850年代）より1992年2月までの情報に基づき、カラー写真・映画の各種プロセスやカラー感光材料・処理について図表を多用し、解説した事典。配列は五十音順で、各見出し語に原語を併記する。記載内容は、各システム・製品の導入・発売年・性能などで、一部に参考文献を付す。巻末にカラー写真技術年表など10種の付録、欧文索引、全体の参考文献がある。各社の商品事典としても活用できる。
5907

Kodak写真大百科事典 1-10巻 講談社編 講談社 1981-1982 10冊 28cm 各3500円
写真の見方、撮影の仕方を中心に、周辺技術、写真の歴史、理論など1000項目について多数の図版を用いて解説した写真の百科事典。配列は項目の五十音順。54のテーマについては特別編集項目として詳細な解説を付す。第10巻巻末にカメラクラブ・現像所・貸スタジオ・フォトギャラリー・写真関係教育機関・内外フォトコンテスト・フィルムエージェンシーの一覧および目的別索引、事項索引、写真家索引を付す。アマチュアカメラマンの撮影技法指導が中心で、ジャーナリズム・芸術写真の視点に乏しい。
5908

写真技術便覧 新版 写真技術便覧編集委員会編 コロナ社 1987.1 926p 22cm 20000円
写真技術全般について、基礎から応用まで図表を交え体系的に解説した便覧。52名の執筆者による分担執筆。2部からなり、「写真技術の基礎」では、カメラ、露光、感光材料、銀塩感光材料の処理、非銀塩感光材料の処理、カラー写真を扱い、「写真技術の応用」では、赤外線写真、映画、製版とフォトファブリケーションなど写真技術を応用した周辺技術について扱う。各章末に参考文献、巻末に五十音順索引を付す。技術者の入門書として有用である。1956年初版、1966年改訂版の全面改訂版。
5909

写真の事典 有賀長敏〔ほか〕編集 朝倉書店 1983.5 620p 22cm 9800円
写真科学、撮影技術、写真芸術など、写真の基礎知識について、図を適宜交え、署名入りで総合的・体系的に解説した事典。「写真の流れ」「写真技術の概要」「写真撮影技術」「撮影後の処理技術」「感光材料の取扱い方法」「カラー写真技術」「写真の芸術性」「応用写真技術」の8章からなる。各章末に内外の参考文献、巻末に和文事項索引を付す。記述は大学初年級レベルでわかりやすい。
5910

写真用語事典 改訂版 上野千鶴子〔ほか〕共著 日本カメラ社 1997.6 573,41p 19cm 4-8179-0009-1 4400円
現在一般的に使用される写真関係の用語について、適宜図表を交え、平易かつ体系的に解説した実用事典。解説項目数は1955、その他索引項目931、計2886の用語を収録する。「カメラ」「レンズ」「アクセサリー」「感光材料」「撮影技術」「暗室・仕上げ用品」「単位・その他」「団体・ギャラリー」の8部からなる。各見出し語に原語または英訳名を併記。巻末に索引を付す。『カメラ事典』（初版、ぺりかん社、1977）を全面的に改訂し改題した『写真用語事典』（1991年刊）の改訂版。今回の改訂にあたって、APS、デジタルカメラ関係の新語を収録した。
5911

写真用語辞典 日本写真学会写真用語委員会編 写真工業出版社 1988.6 486p 22cm 4-87956-008-1 6300円
写真科学・写真技術・写真芸術・画像関係の術語・用語について図を適宜交え、意味や各語の関連・表記などを簡潔かつ平易に説明した辞典。一般用語、物理用語、化学用語でもよく用いられるものは選択して収録

し、写真関連の視点から解説する。配列は見出し語の五十音順。各見出し語に英語を併記する。巻末に英語索引を付す。1976年刊行の初版を大幅に増補改訂し、収録語数約1.5倍となった。　　　　　　　　　5912

【年表】

日本写真史年表　1778-1975.9　日本写真協会編　講談社　1976.7　319p(図共)　27cm　監修：金丸重嶺等　編集：亀井武，愛宕通英，小沢健志　7900円
写真史一般（関係人物の生没・事件）、新製品、写真出版物、社会の各欄で構成し、日本の写真史をたどることのできる年表。収録期間は1778-1975年9月で、明治期以前は詳細に、戦後は選択的に収録する。各項目の典拠は明示されていないが、巻頭に参照文献がある。新製品欄にはカメラ、部品、付属品、写真用感材などについて雑誌記事などからメーカー、品名、簡単な説明、価格などを載せており、史料的価値が高い。巻頭に、カラー、モノクロの写真476点を付す。索引はない。　　　　　　　　　　　　　　　　5913

【年報】

日本写真年報　1958年版-　日本写真協会　1958-　年刊　26cm　背の書名：『Japan photo almanac』
表示年版の前年のわが国写真界の年間展望、代表的受賞写真を中心に、関連の名簿などを収録する年鑑。写真機工業など各業界の動向には各種統計を含む。写真関係団体の動向には、国内の主要な写真関係の美術館についても収録する。各写真賞はカラー・モノクロに大別し、1頁2-3点ずつ配する。ほかに「新製品情報・業界ニュース」（年表）、「写真関係図書」（1996年1-12月発行）、写真賞一覧、写真雑誌・業界誌など一覧、写真関係教育機関や美術館・博物館・ギャラリーなど、関係団体・個人の名簿を付す。解題は1997年版による。　　　　　　　　　　　　　　　　5914

印刷

【辞典・事典】

印刷事典　増補版　日本印刷学会編　印刷局朝陽会　1987.6　425,14,47p　22cm　発売：印刷学会出版部　4-87085-125-3　10000円
印刷および関連する技術・産業・歴史などの広い分野で用いられる事項・術語・用語4129項目について、図などを適宜用いて解説した事典。新技術に力点を置く。巻末に「書体見本」「記号類」「ギリシア文字」「欧文略語表」「印刷校正記号」と、英文の文献を読む際に便利な日本語対訳を付けた英文索引を付す。日本印刷学会の編集になる『英和印刷＝書誌百科辞典』（1938年刊）から数えて第3版に相当する『印刷事典』（新版、1974年刊）の増補版。約1000語を収録する1998年増補版を刊行予定である。　　　　　　5915

印刷用語の基礎知識200　垣生真一編　印刷学会出版部　1982.11　226p　19cm　1500円
基本的な印刷用語200を11の分野（企画・デザイン、タイポグラフィ、色彩、写真、製版写真、製版、印刷機械、製本・加工、印刷材料、印刷物、エレクトロニクス）に分け、1語を1頁で解説した用語集。配列は用語の五十音順。用語の名称は『印刷事典　新版』に準拠する。イラストや図版を多用しており、印刷技術を利用するデザイン、写真関係の学生や社会人向き。見出し語に英語（一部ドイツ語）を併記し、解説文中の見出し語には星印を付す。巻末に解説文中の重要語句をも対象とする索引がある。　　　　　　　　5916

広告印刷企画用語辞典　松本一朗編著　日本理工出版会　1986.11　444p　19cm　4-89019-901-2　3800円
印刷全般・広告・OA・歴史的用語・最新用語・関連用語など印刷広告全般にわたる約1800の用語をまとめたコンパクトな辞典。印刷物の発注者側の理解を深めることにより、製作の意図を受注者側に正しく伝え、より良い印刷が実現できることを目的とする。巻頭の「印刷画像再現システム」は、通常のカラー印刷の過程で発生する諸問題を概括したもの。本文は見出し語

の五十音順に配列し、可能な限り原語を併記する。多数の写真、グラフ、行程表、図版、一覧表などを用いた平易な説明で参考書としても利用できる。索引はない。
5917

図解印刷技術用語辞典 第2版 大日本印刷株式会社編 日刊工業新聞社 1996.11 394,4,49p 18cm 4-526-03919-5 4120円
印刷の情報加工技術やニューメディア関連、エレクトロニクス部品などの約3000語の技術用語を五十音順に配列し、解説した辞典。印刷技術の進歩にともない、1987年の旧版に新たに350語を追加し、既載の用語も最新の解釈に従って修正を加える。しかし旧版にはあった、本文中の図表の典拠一覧である「参考文献」と5つの付録がすべて削除されているので、必要に応じて旧版を参照する必要がある。巻末に欧文の画像処理関係略語265語をアルファベット順にあげ、その正式名称を付す。索引は日本語の見出し語に対応した欧文を、アルファベット順に配列する。
5918

日英中印刷・出版・情報用語辞典 丁一編著 印刷出版研究所 1989.6 475p 19cm 4-87086-152-6 9000円
印刷関連用語を基礎として、日米で1976年以降に出版された印刷、出版、ニューメディア、情報処理などに関する各種の書籍を参考に編集した用語辞典。見出し語約1万5000を五十音順に配列し、英語(またはほかの外国語)、中国語の順に記す。巻末に英語と中国語の索引を付し、それぞれアルファベット順、画数順に配列する。同著者による英文の略語を見出し語とした『日英中 印刷・出版・情報略語集』(印刷出版研究所、1989)は、見開きの2頁で3か国語の訳が一覧できる。
5919

日英独実用印刷会話・用語集 改訂版 相原次郎〔ほか〕著 印刷出版研究所 1982.5 394,37p 16cm
印刷の技術書やカタログを読むための用語集と、海外工場見学の際に役立つ会話篇からなる。用語集は2000語を選んで3篇に分け、Ⅰは「日英独」で五十音順、Ⅱの「英日」とⅢの「独日」はアルファベット順配列。会話篇は「会社訪問」など8つの状況下での会話の例文を示す。巻末に「日英独一般会話」「主要国通貨一覧表」「印刷関連略語集」などを付す。索引はない。1972年の初版より判型をひと回り大きくし、新しい技術に対応するように会話篇を改め、付録を充実させた。
5920

日中英印刷関連用語解説 丁一編著 印刷出版研究所 1988.9 323p 22cm 4-87086-147-X 3800円
使用頻度の高い印刷関連用語を厳選し、日中英の3か国語で対照した用語集。意味および用法を日本語と中国語で解説し、誤用しやすい用語を指摘する。配列は体系順で「凸版・平版・凹版・孔版」「印刷機」「写真製版」「カラースキャナ」「感光材料」など13章からなる。解説は読み物的で、的確さに欠ける部分があるが、印刷関連用語を通訳する初心者のための手引書となろう。巻末に日中英の3か国語それぞれの索引があり、用語辞典としても使えるが、その場合は、同著者による『日英中印刷・出版・情報用語辞典』☞*5919*の方が使い勝手がよい。
5921

プリプレス用語1000語 CTS・DTP・CEPS 改訂増補 沢田善彦著 印刷出版研究所 1994 404p 19cm 4-87086-166-6 913円
印刷関連、画像処理関連のプリプレス分野の用語のうち、最小限必要なものを五十音順に配列し、写真や図を使って初心者向けに広く浅く平易に解説する用語集。見出し語に英語を併記し、解説文中の見出し語には星印を付す。巻末に英文索引および参考文献がある。1992年の旧版の収録用語を見直し、使用頻度の低くなった用語を削り、新用語およそ100語を加えた。
5922

【便覧】

印刷工学便覧 日本印刷学会編 技報堂出版 1983.5 1353p 22cm 4-7655-4001-4 22000円
印刷工学の理論と技術を図表などを適宜用い、署名入りで体系的に解説した便覧。4部からなる。Ⅰ「理論篇」では印刷工学を構成する基礎的科学を、Ⅱ「基礎篇」では現代の製版・印刷技術における基本、装置、材料、技術を、Ⅲ「応用篇」では現代印刷技術の多彩な側面を、Ⅳ「資料篇」では文字、関連規格・法規、数表・換算表、関連機関名簿、印刷史略年表を収録。巻頭に詳細な目次、各章あるいは節の最後に参考文献、巻末に和文事項索引を付す。
5923

絵でみる欧文組版百科 ディジタル時代の組版ルール フランク・J.ロマーノ著 藤野薫訳 大阪 大阪府軽印刷業協同組合 1988.3 194p 28cm 発売:日本軽印刷工業会(東京) 『The typEncyclopedia』の翻訳 5000円
欧文組版の基本用語107語を原語のアルファベット順に配列し、解説したもの。巻末に書体デザイン名と各製造会社が使用する商用書体名との関連を示す「書体名対照表」と、一般的な書体名をアルファベット順にそれぞれの書体で打った「見本」を付す。巻末に英文、和文の索引を付し、本文や表中の用語を引けるよう配慮する。日本語版発行に際し、『印刷事典』☞*5915*に準拠して用語の統一を図ろうとしているが、記述は専門用語が多く一般向きとは言えない。類書の『欧文組版入門』(ジェイムズ・クレイグ著、組版工学研究会監訳、朗文堂、1989)は、タイポグラフィとデザイン

制作という両面から写植をとらえようとしたもので、実際の組見本やコンピュータ画面などを用いた平易な解説が特長。
5924

組字典 写真植字の書体標本　福岡　デイブレイク出版事業部　1993.11　833p　30cm　4-924925-00-4　25000円
写真植字書体の組み見本。日本の写植書体メーカーである写研、モリサワ、リョービ3社の約300書体を体系的に配列、同じスタイルで印字し、3社の同系統の書体を見開きで対比できるよう構成する。解説文はない。巻頭に掲載書体一覧、コード表および書体名の五十音順索引を付す。現在流通している写植書体で通常使用されている書体のほとんどを収録しており、デザイナーなどが写植書体を実際に選ぶ時の便になるだけでなく、写真植字書体の集大成的な標本ともいえる。
5925

グラビア技術総覧　加工技術研究会　1994.7　727p　27cm　30000円
主要メーカーのグラビア印刷機、周辺機器・装置の開発・設計の基本思想、特徴などを192名の著者が写真、図版を多用し体系的に詳述する専門家向けの解説書。グラビア印刷を広義にとらえ、その周辺をも包含し、「総論」「グラビア製版」「グラビア印刷機」「関連機器・装置」「基材の物性と印刷加工適性」「グラビアインキ」「印刷作業」「応用技術」の8編で構成する。巻末に「グラビア印刷作業の実際とその留意点」「各種機器メーカー一覧」および五十音順事項索引を付す。
5926

ユーザーのための写植ガイドブック　大西哲彦著　印刷学会出版部　1989.7　84p　26cm　4-87085-135-0　1800円
写真植字の原理・基本から具体的な指定の方法とその仕上がりや最新の技術など、発注に必要な知識を体系的にまとめた便覧。「知っておきたい写植のA to Z」「編集と印刷の知識」「レイアウト指定の実際」の3章に分け、図版を多用してわかりやすく解説する。巻末に五十音順の「写植と本づくりの用語」を付す。索引はない。これから写植について学ぶ人、仕事で印刷や写植にかかわる人、オペレーターやオペレーターをめざす人に向けて書かれたもので、発注者側と受注者側の共通認識を得て、すぐれた印刷物を作成することを目指す。
5927

【年表】

日本印刷技術史年表　1945-1980　日本印刷技術史年表編纂委員会著　印刷図書館　1984.3　177p　30cm　共同刊行：日本印刷文化財保存会　発売：印刷学会出版部　4-87085-112-1　3000円

1945年から1980年までの、主として印刷雑誌から集めた千数百の関連項目を、「原稿作成・デザイン・出版」「文字組版」「写真製版」「凸版」「平版」「凹版・グラビア」「特印・製本・加工」「教育・資材その他」の8つの分野別に収録した年表。記載事項には典拠を明示する。索引はない。
5928

【年鑑】

日本印刷年鑑　第1回(1957年版)-　日本印刷新聞社　1957-　年刊　30-31cm
「印刷・関連業界篇」「技術篇」「統計・資料篇」の3篇に分け、数十名の執筆者が各節を分担して、業界の展望や概況、技術の進歩や動向などを解説した年鑑。各社の特色を生かした作品を、詳細なデータを付して多数収録する。巻頭で、過去1年間(1995年6月-1996年5月)の印刷年史を「業界一般」「人事・褒章」「技術・資料」の3つに分けて概説する。解題は1997年版による。
5929

工芸

◆工芸一般

工芸デザイン技法事典　山田厚志〔ほか〕著　鳳山社　1992.5　173p　26cm　監修：太田儀八ほか　『生活の造形』(1984)の改題　4-8316-0097-0　3300円
紙や木、土、石、ガラス、金属、糸などの素材とそれらを加工するための道具の扱い方について、素材別に9章68ユニットの構成で解説した工芸技法の事典。11名の執筆者による章ごとの総説と写真図版を多用した見開き2頁を1ユニットとするアドバイス(手順)からなる。巻末に、都道府県別・素材別の「全国工芸地図」、用語解説、道具・素材の入手方法、参考引用文献がある。索引はない。
5930

工芸百科大図鑑　国府田範造編著　村田書店　1977.12　3

冊 27cm 校閲：五姓田芳柳 昭和11-13年刊の複製 全33000円
日本を中心に古今東西の工芸品など約6000点のデザインを収録した事典。建築・石像物・家具・調度・照明具・食器・服装・模様など22種類に大別し、その中は原則として年代順に構成。各項目は、編著者の模写図と名称・用法などの解説からなる。下巻末に、見出しの五十音順索引を付す。　　　　　　　　　　5931

◆伝統工芸

全国伝統的工芸品総覧 昭和58年度版 伝統的工芸品産業振興協会 1983.10 331p 26cm
日本各地の伝統的工芸品（昔ながらの技術・技法がそのままに現在製造されている工芸品）を1123品目掲載。「県別一覧表」「業種別一覧表」「都・府・県指定伝統的工芸品一覧」の3編からなる。「県別一覧表」は、織物・金工品・漆器など17業種について、工芸品名、製造地、製品名、企業数、従事者数、年生産額、生産者組合・団体等、沿革・特徴を記載。「業種別一覧表」（都道府県別）を用いて、「県別一覧表」の各工芸品を参照できる。巻頭に「伝統的工芸品産業の概要」、巻末に全国の伝統的工芸品の展示場案内を付す。数年ごとに新訂版を刊行。製造者の名簿である『伝統工芸士名簿』（日本伝統工芸士会、1996）を併用するとよい。　　　　　　　　　　5932

伝統工芸技法大事典 原色図解 東陽出版 1976-1977 2冊 32cm 執筆：斎藤磐〔ほか〕 各5300円
日本の伝統工芸（日本刺繍、組み紐、革工芸、木工芸、漆工芸、竹工芸、彫金、七宝、陶芸、籐工芸など）の技法について多数の図版を用い、平易に解説した事典。配列は分野別。記載内容は、各工芸の歴史や素材、道具など。巻頭に工芸作品のカラー図版、各巻末に五十音順事項索引を付す。　　　　　　　　　　5933

伝統的工芸品技術事典 伝統的工芸品産業振興協会編 グラフィック社 1980.1 349p 22cm 監修：岡田譲 4500円
わが国において現在生産されている伝統的工芸品557点について、その技術・技法に重点を置き、沿革・製品・特徴などを解説した事典。配列は都道府県別で、その中は五十音順。巻頭カラー図版のほか、モノクロ図版を適宜掲載する。巻頭に概要、巻末に「用語解説」「主要生産組合・団体等名簿」、参考文献、材料別索引を付す。　　　　　　　　　　5934

民芸図鑑 第1-3巻 日本民芸協会編 宝文館 1960-1963 3冊 27cm 英文書名：『Illustrated cyclopedia of folk-crafts』 監修：柳宗悦 編集担当：田中豊太郎 英文解説あり
日本民芸館が所蔵する幕末までの日本の民芸品135点を収録した図譜。「民衆の生活に必要な工芸品」という「民芸」の言葉の定義に基づき、民芸運動の主導者達および関係機関が協力して、「民芸美」を体現している作品を厳選。ほかに柳宗悦の簡潔な「民芸」論を掲載する。第2-3巻は、その補遺および諸外国の民芸品を中心に紹介したもの。各巻末に作品データと解説を付す。索引はない。　　　　　　　　　　5935

【人名事典】

現代名工・職人人名事典 日外アソシエーツ編 日外アソシエーツ 1990.4 396p 22cm 発売：紀伊国屋書店 4-8169-0920-6 7000円
近・現代日本の著名な工芸家・職人約3500名を収載した人名事典。収録対象は陶芸・竹工芸・染色工芸・漆工芸・金属工芸・木工芸・ガラス工芸などの工芸家、宮大工・刀匠・人形師・楽器製作者・仮面作家や産業分野の技能工、大工・左官・鍛冶・建具師・指物師などの職人まで多岐にわたる。現在活躍中の人物を中心に物故者、外国人も含む。配列は人名の五十音順。記載事項は職業・肩書、専攻分野、生（没）年月日、屋号、受賞歴、資格、所属団体など。現在活躍中の人物については、連絡先も付す。各項目末尾に調査年月を記載する。巻頭に五十音順人名目次がある。　　　　　　　　　　5936

伝統工芸士名鑑 全国伝統工芸士会編集委員会編 京都 ふたば書房 1986.8 960p 27cm 監修：伝統的工芸品産業振興協会 4-89320-108-5 22000円
日本の伝統的工芸品の製造者・担い手として現在活躍中の伝統工芸士2539名および物故者189名を収録した名鑑。14の業種に大別し、その中を工芸品、工芸材料・用品ごとにまとめる。各工芸品について沿革・特徴、産地、製品、製造工程などを概説し、認定順に工芸士の略歴、連絡先、事業所名を顔写真と共に紹介。巻末に関連法規全文、年度別認定数などの付録のほか、五十音順人名索引がある。類書として、『伝統工芸士名簿』（日本伝統工芸士会、1996）およびその続編がある。　　　　　　　　　　5937

◆陶磁工芸

原色陶器大辞典 加藤唐九郎編 京都 淡交社 1972

1037,6p 27cm 10000円
陶芸技術、陶芸史、陶磁器鑑賞の3つの分野の観点から選択した約9100項目を五十音順に配列し、約870点のカラー図版を交えて解説した事典。日本の陶器を主に、中国、朝鮮、中近東およびヨーロッパも含む。『陶器大辞典』（全6巻、陶器全集刊行会編、富山房、1935-1936）を基礎に増補改訂した1巻本の1937年版を底本とする。
5938

世界陶磁全集 1-22，別巻　座右宝刊行会編　小学館　1975-1987　23冊 31cm　おもに図　7800-9800円
世界の陶磁のうち、名品を地域別に巻立てし、カラー写真に学術的解説を加えた図解全集。日本篇9冊、中国篇6冊、南海篇、朝鮮篇3冊、世界篇3冊からなる。各巻に原色図版、本文、図版解説のほか、主要文献目録、年表、英文本文目次、英文図版目録がある。別巻は基本用語解説および図版を対象とした全巻総索引を収める。
5939

陶芸辞典　室伏哲郎著　日本美術出版　1991.12　1003p　23cm　4-9383-7609-1　20000円
日本を主とした現代陶芸辞典。事項篇、作家篇、美術館・画廊・陶芸教室篇の3篇からなる。「事項篇」は技法・用語・歴史などを五十音順に配列し、簡潔に解説する。「作家篇」は日本と海外（国別）に大別し、作家の経歴を顔写真、作品図版と共に紹介する。ほかに特集として「現代日本の陶芸最前線」のカラー図版など。索引はない。
5940

陶磁器染付文様事典　三杉隆敏，榊原昭二編著　柏書房　1989.4　237p 31cm　4-7601-0478-X　10094円
トルコのトプカピ・サライ宮殿博物館およびイラン・パキスタン博物館所蔵のアルデビル・シュライン・コレクション中の中国陶磁器の染付文様を解説したもの。主として14世紀から16世紀の作品を対象に、約60点のカラー図版を基本文様、花、果実・きのこなど10項目に区分し、おのおのに陶磁器名、時代、解説を付す。索引はない。
5941

やきもの事典　第2版　平凡社　1991.8　411p　22cm　4-582-12901-3　6311円
陶磁用語、窯名、人名など約5000項目を五十音順に配列し、カラー図版920点を添え解説した事典。人名は原則として物故者を対象。窯名は開窯が明治以前のものに限り収録する。参照は矢印で示す。巻末に各焼き物の編年図表、年記銘陶磁年表、国宝・重要文化財目録、陶磁文献目録などを付す。索引はない。類書に項目数約1800の『やきもの辞典』（光芸出版、1976）がある。
5942

やきもの大百科　第1-3巻　ぎょうせい　1990　3冊　31cm　監修：井上靖，吉田光邦　付（別冊　15p）：総索引　各11000円
「東日本編」「西日本編」「九州・沖縄編」の3巻からなるカラー図版を主とした読本的な窯里別の陶磁器事典。「陶磁器鑑賞・窯里探訪」は地域、県、里別に収載し、歴史・民俗・技法の基礎知識、特集記事は、時代順あるいはテーマ別に3巻に分載する。各巻末に五十音順索引、別冊に総索引（五十音順）がある。
5943

【人名事典】

現代陶芸家名鑑　講談社　1985.8　202p 37cm　（現代日本の陶芸　別巻）　編集：第一出版センター　4-06-180336-0　12000円
明治から1985年までの著名な陶芸家約1300名の名鑑。人名の五十音順に配列し、陶歴に肖像写真、カラーの作品図版を添える。巻末に「窯場総覧」「近・現代陶磁史年表」（1868-1985年）のほか、地域別人名索引を付す。
5944

最新現代陶芸作家事典　光芸出版編集部編　光芸出版　1987.9　638p 22cm　4-7694-0078-0　4078円
現代日本の陶芸作家約2500名の五十音順配列による人名事典。人名、略歴、陶芸歴、価格、作家の顔写真のほか、必要に応じて落款、作品写真を掲載。巻頭に「現代陶芸カラー図鑑」、巻末に物故作家事典、都道府県別総合索引を付す。初版は1977年刊行の『現代陶芸作家事典』。以来数度にわたり増補改訂版を発行。今回の改訂にあたって、約900名を増補した。
5945

◆◆ 七宝焼

七宝事典　制作と鑑賞　本村宗睦著　木耳社　1988.12　351p 27cm　4-8393-5465-0　12000円
七宝に関する概要、歴史、芸術性、道具・材料、技術・工程、技法、作品例とその鑑賞法などについて、体系的に説明・紹介した事典。モノクロ写真図版748点のほか、カラー写真、図表など多数。巻末に五十音順用語解説と、図・表および事項の2種の索引を付す。
5946

◆ 漆工芸

うるし工芸辞典　光芸出版編集部編　光芸出版　1978.5

183p 27cm 4-7694-0006-3 3500円
漆工芸の技法・用語・材料・人名などについて、重要な項目1200を五十音順に配列し、解説した事典。文中の見出し語に星印を付す。巻頭カラー図版のほか、挿入モノクロ図版は約500点。原典の典拠、索引はない。 5947

◆染織

【書誌】

日本染織文献総覧 後藤捷一著 京都 染織と生活社 1980.4 301,108p 27cm 発売：田中直染料店 15000円

室町期から明治前期に刊行された日本の染織関係の文献および漢籍の翻刻書522件について、原則として刊行年順に配列し解題。各項は、書誌データ、著者伝、内容解説、参考文献からなり、必要に応じて書影を掲載する。明治中期以降大正末期までの染織関係書一覧を付載し、さらに一枚刷、染織見本帳、錦絵149件についても略解。巻頭にカラー図版、巻末に、書名・人名・事項の3種の詳細な索引を付す。本書収載文献は、編者所蔵の「凌霄文庫」を軸とし、未見書は含まない。 5948

【辞典・事典】

きもの文様事典 本吉春三郎著 婦人画報社 1979.12 302p 18cm 900円

古代から現代までの日本のきものの文様について解説した事典。文様名の五十音順に配列した「きものの文様・解説」、色名の五十音順配列の「きものの色・解説」、体系的配列の「家紋について・解説」の3部構成。巻頭カラー図版のほか、多数の図版を収載。巻頭に概論を付す。索引はない。 5949

草木染染料植物図鑑 〔正〕，続，続・続 山崎青樹著 美術出版社 1985-1996 3冊 21cm 英文書名：『The illustrated book of dye plants』 序文のみ英文併記 2800-2900円

草木染の材料となる植物120種について解説した図鑑。植物の和名の五十音順に配列し、学名、英名、別名、古名、生薬名などを併記する。各項目は植物自体の解説、引用文の紹介、染色技法の解説からなり、植物のカラー写真および筆者の写生に基づく挿図と、草木染の色見本を付す。「続篇」は身近にある草木および沖縄の染料植物120種を、「続・続篇」は補遺として113種を収録する。正、続篇ともに巻末に「日本名・染材料名索引」（和文五十音順）と「植物・学名索引」（欧文アルファベット順）があるほか、続・続篇の巻末に正・続篇をあわせた総合索引がある。 5950

草木染日本色名事典 山崎青樹著 美術出版社 1989.7 234p 21cm 英文書名：『Dye plants color book』 4-568-30040-1 2900円

古代から明治までの代表的な文学作品の中から色名を選び出し、室町・江戸時代の染色に関する文献を参考にしながら当時の手法で再現した草木染による色名432種を解説。配列は色名に重点をおいて、紫、赤、赤茶、茶色、黄茶、黄、緑、青茶、青、鼠、黒の順。記載事項は色名、時代、引用文。必要に応じて著者が写生した色名の草木または染材料の植物の挿図を収載する。巻頭のカラー色見本は、本文中の番号から参照できる。巻末に色名と関係が深い装束の色目についての解説および五十音順色名索引を付す。 5951

草木染の事典 山崎青樹著 東京堂出版 1981.3 13,277p 22cm 3500円

古代から受け継がれてきた植物染料による染織である草木染に関する色名、事項1138項目について筆者の写生による植物図を交え解説した事典。配列は五十音順。各項目中に引用文を、典拠を明記して多数収載する。巻頭に草木染96色のカラー口絵を付す。索引はない。なお、先駆的な書として「草木染」の命名者である著者の父・山崎斌による『日本草木染譜』（染織と生活社、1986、記念復刻版）がある。 5952

原色染織大辞典 京都 淡交社 1977.6 1213p 27cm 監修：板倉寿郎〔ほか〕 15000円

日本を中心に、世界の代表的な染織の歴史・文化・技術・産業などに関する用語・事項・人名を小項目主義で解説した事典。日本については飛鳥以降、世界については古代オリエント以降、現代までを対象とする。関連の服飾史・風俗史・家政学・被服学・化学史・技術史・意匠学・人類学・美術史などの分野をも含め選定した約1万4000語を五十音順に配列、見出し語に必要に応じて原綴を併記する。参照は星印と矢印で示す。解説文の補助として、約1300のカラー図版を掲載。巻末に、国宝染織・重要無形文化財・無形文化財一覧、染織関係分布図を付す。索引はない。 5953

図解染織技術事典 田中清香，土肥悦子共著 理工学社 1990.4 1冊 22cm 監修：柚木沙弥郎 4-8445-8548-7 4326円

染織の制作に必要な用語、用具・材料の名称とその使用法、各種染織・染織技法とその作業工程および日本全国に分布する伝統的な染織品について解説・紹介し

た事典。繊維、糸、染料と染色用具、織り物用具、染め、織りの6編からなる。巻末に参考文献、主要染織材料店一覧および五十音順事項索引を付す。写真・図表を多用し、染織を目指す者の技術的な手引き書となっている。
5954

染織事典 日本の伝統染織のすべて 中江克己編 泰流社 1987.11 430p 図版16枚 22cm 4-88470-613-7 8000円
日本の伝統染織に関する用語約3000語を五十音順に配列し、解説した事典。機械化による染織に関する用語は原則として採録しない。代表的な染織品はカラー図版、その他関連の植物・技法・作品についてはモノクロ図版を適宜挿入する。参照は矢印と星印で示す。索引はない。『日本の染織』全23巻（泰流社、1975-1979）をもとに編集した1981年刊行初版の新装版。
5955

◆紙工芸

紙工芸技法大事典 原色図解 東陽出版 1976-1978 2冊 31cm
折り紙や切り絵、紙の染色など、主として日本のさまざまな紙工芸の技法を多数の図版を用いて平易に解説した事典。上巻は「折る紙工芸」「切る紙工芸」「張る紙工芸」「染める紙工芸」「紙人形」、下巻は「紙の花」「宗教・行事と紙工芸」「あそびと紙工芸」「生活の中の紙工芸」「紙の造形」で構成する。各巻頭にカラー写真による紙工芸作品一覧、各巻末に五十音順事項索引を付す。同社出版の『伝統工芸技法大事典』☞5933の姉妹編というべきもので、紙工芸だけを別に集大成した。
5956

◆金工芸

◆◆刀剣

刀剣銘字大鑑 原拓・土屋押形 第1-10巻 本間薫山, 石井昌国編著 雄山閣出版 1981-1983 10冊 31cm 各20000円
本阿弥長根と共に江戸末期刀剣鑑識第一とされた土屋温直（ -1852年）が拓写した古今の5627刀中、3421刀の刀剣銘の写真に銘文と解説を加えた刀剣銘の大辞典。配列は銘の頭字の五十音順・字画順で、同銘の中は旧国名順、時代別。各巻頭に五十音順「年号西暦対照表」、終巻に「日本刀工年表」を付す。各巻に五十音順・国別・時代順「刀工銘索引」、終巻に「刀工銘総索引」を収める。1997年刊行の復刻版がある。
5957

刀装小道具講座 別巻 用語解説・資料編 若山泡沫著 雄山閣出版 1974 299p(図共) 27cm 監修：佐藤寒山 5500円
刀装小道具関係の用語を、彫金技術、鐔の形状、地金・地面、目貫、その他に分け、正真作の図版を挿入して体系的に解説した「用語解説」と主な図柄を主題別に解説した「図柄解説」の2部からなる。巻末に参考資料として、国宝・重要文化財・重要美術品年表、徳川家系図、家紋、刀装・小道具略年表（701-1877年）を収める。索引はない。
5958

日本刀大百科事典 福永酔剣著 雄山閣出版 1993.11 5冊 27cm 4-639-01202-0 全50000円
日本刀に関する用語約1万3000語、図版約1000点を収録した全5巻からなる用語辞典。配列は五十音順で、解説にはそれぞれ典拠を示す。第5巻末に補遺編および典拠となる3558点の参考文献を収める。本文に補遺編への参照を含む。索引はない。
5959

日本刀銘鑑 第3版 石井昌国編著 雄山閣出版 1981.6 1684p 20cm 校閲：本間薫山 4-639-00076-6 25000円
刀剣銘および刀剣に関する基本的参考図書。江戸初期の『古今銘尽』などの刀剣書をもとに、銘尽、銘鑑、押形、系譜、伝記を網羅的に収集。刀工名を五十音順に配列し、古刀、新刀、新々刀の区別を含め、典拠を示して解説する。巻頭に画数総索引と刀工銘索引（五十音順）、巻末に刀工主要系図、刀工分布図、新旧国別地名一覧、日本刀工年表、称号一覧などを収める。初版は1975年刊。本書は第2版（1976年刊）に収載刀工147工を追加したもの。
5960

【年表】

近世刀剣年表 川口陟著 南人社 1935.10 554p 21cm
徳川時代（1596-1868年）の刀剣に関する記事、制度や刀剣の年記銘を網羅的に収集し、編年体でまとめたもの。巻頭に年号順目次、巻末に、「刀工の部」「金工の部」「本阿弥家一覧表」「その他人名」「据物斬諸家一覧表」「図書の部」「名物刀一覧表」「制令の部」別に総索引（一部を除きいろは順）がある。『古刀史年表』☞5962との併用が必要。記事、制度についての典拠は記載していない。
5961

古刀史年表 加島進編 雄山閣出版 1984 1124p 31cm
『図説古刀史』の下巻
奈良時代（752年）から関ヶ原の合戦（1600年）までの紀年銘のある現存の古刀を対象とする年表。畿内、東海道、東山道など8つの地域別に分類し、国宝、重要文化財、重要美術品の区別を記す。博物館、美術館、社寺、研究所のみ所蔵者名も記載。見返しに「五畿七道と国別一覧」、巻末に「著名刀工一覧」「無年紀名刀工一覧」のほか、五十音順刀工名索引がある。『近世刀剣年表』☞5961 と併せることで、有銘作品の作刀年が判明する。
5962

日本装剣金工年表 加島進著 新人物往来社 1997.10 125p 22cm 4-404-02536-X 2400円
室町時代応永ごろを起源とする装剣金工について、1394年（応永元）より1989年までの作家の生没年を収めた「装剣金工年表」、「装剣金工系図」および「装剣金工名品選」の3部からなる。年表は「金工関係」と「文化・一般史」の2欄構成で、記載事項の典拠はない。全体の参考文献、索引はない。
5963

【人名録】

金工銘鑑 小窪健一，益本千一郎著 刀剣春秋新聞社 1974 6,657,12p 19cm
鎌倉時代から昭和初期までの金工の銘鑑。配列は銘の親字（例：真田は真＝しんの部）の五十音順。鐔および小道具の銘の部分の写真を実物の約1．5倍に拡大して収録。各工人の経歴・作風・号などのほか、名人から良工までの5段階評価を加える。巻末に流派の系図を付す。巻頭に親字の五十音順索引、巻末に各号索引がある。『刀装金工事典』☞5966 との併用を勧める。
5964

刀工総覧 川口陟著 飯田一雄校訂 刀剣春秋新聞社 1977 930p 16cm
刀工銘約1万3900を五十音順に配列し、その銘を持つ刀工の通称名、住国、活躍年代、新刀・古刀の別を記載する。巻頭に写真図版、巻末に刀工受領名集、刀工別号名集を付す。巻頭に頭字五十音順索引と難訓索引がある。1918年の初版以来改訂を重ね、本書は第25版。1971年および1977年の増補改訂部分が、巻末に別立てとなっている。
5965

刀装金工事典 若山猛編著 雄山閣出版 1984.9 770p 22cm 4-639-00379-X 12000円
刀装用具の彫金工を収録し、これに簡潔な解説を加えた人名録。収録金工数は9800余工。号の頭字の五十音順に配列。現代金工、他職を除き5段階に評価。巻末に門流家系、号銘総覧、大名一覧、国名・郡名、年号表などを付す。索引はないが、巻頭に人名の頭字の目次（五十音順）がある。同著者・出版社による『金工事典』（1972年刊）に修正加筆したもの。
5966

❖❖❖鐔・小道具

鐔鑑賞事典 若山泡沫編集代表 雄山閣出版 1977.1 2冊 27cm 監修：佐藤寒山 全18000円
わが国の古今の鐔から名鐔を網羅的に収録し、原寸写真と引用文献を明示して解説を付した鑑賞辞典。同一鐔に対する複数の解説文献を比較検討できる。収録数は金工約150名、図柄解説約200件（うち金工図柄約150件）。分類・配列の方法は刀剣界の慣習に従う。上巻巻頭に五十音順金工名索引および金工・図柄解説索引、下巻巻末に主要文献目録がある。なお、鐔の解説や年表、詳細な流派名については『鐔大鑑』（川口陟著、刀剣春秋社、1935）を参照のこと。
5967

鐔・小道具画題事典 新版 沼田鎌次著 雄山閣出版 1974 2冊 23cm 各15000円
刀剣の鐔・小道具に刻まれた画題の由来を解説した事典。「日本の故事」（166項目）、「中国の故事」（94項目）、「風物・事物・動物」（234項目）の3編からなる。配列は編ごとに画題の五十音順。全点に鐔・小道具の写真を配し、名称、作者名、画題の意味を記す。下巻末に五十音順索引がある。初版（1967−1971年刊）全3巻を増補、2分冊に改編し、索引を一本化したもの。
5968

❖❖甲冑

甲冑鑑定必携 第2版 笹間良彦著 雄山閣出版 1992.1 472p 20cm 4-639-00503-2 5000円
甲冑鑑定のための入門書。甲冑の字義、時代様式の解説、形式と名称、鑑定学、製作方法、記録方法、手入れと補修、伝説、著名甲冑師銘鑑などを、適宜図版を用いて体系的に扱う。付録に「国宝、重要文化財、重要美術品指定甲冑一覧」「甲冑に関する古書、文献」がある。索引はない。1985年刊行の初版を増補改訂した新装版。
5969

甲冑師銘鑑 笹間良彦著 刀剣春秋新聞社 1975 347p 19cm 4000円
古今の在銘の甲冑師の名鑑約720を五十音順に配列し、活躍した年代、住国を示して、簡略な解説を付した名鑑。写真図版を多数収録。大部分に出典を明記する。巻末に補遺および甲冑師伝、系図、年代早見表を収める。巻頭に五十音順人名索引を付す。
5970

図録日本の甲冑武具事典　笹間良彦著　柏書房　1981.1
　519p 27cm 背の書名：『日本の甲冑武具事典』9800
　円
文化史の観点から武器・武具について体系的に解説した事典。写真・図版を多用し、鑑賞面に重点を置く。巻末に「甲冑師・刀鍛冶の歴史」、参考文献および五十音順名所解説索引を収める。1997年刊行新装版がある。　　　　　　　　　　　　　　　　　　　5971

◆◆骨董品

新全国骨董の旅　光芸出版編集部編　光芸出版　1993.7
　383p 22cm 4-7694-0100-0 2800円
全国の骨董店約1600軒を収録した実用的ガイドブック。全国を地域ごと11ブロックに分け、都道府県別に編集。記載項目は店名、代表者、所在地、電話番号、営業時間・定休日、主要扱い品名、店の特色など。地図や写真図版を適宜添える。各都道府県の項目末に、「業者市場」「骨董まつり・青空蚤の市」などの記載がある。索引はない。1974年初版『骨董の旅』の増補改訂版。　　　　　　　　　　　　　　　　　　5972

体験的骨董用語録　中島誠之助著　里文出版　1982.10
　273p 20cm 2000円
陶器や絵画などの美術・工芸品を対象とする骨董関係の用語610余語を収録。配列は見出し語の五十音順。適宜写真図版を交え、必要に応じて諺などを用い平易に解説する。巻末に五十音順の事項索引を付す。美術工芸雑誌『目の眼』（1978年－　）に掲載した記事をまとめたもの。本文は主観的に叙述。　　　　5973

◆デザイン、装飾美術

【名鑑】

デザイン情報源 '94　日経BP社　1993.11　481p 26cm
　（にっけいでざいん別冊）　4-8222-1506-7
デザイン関連の協会・団体の会員名簿を中心に、自治体や教育機関、賞・コンペなどの情報を収めた名鑑。内外のデザイン雑誌も紹介する。巻頭にデザイン業界関連図、巻末に個人、企業、協会・団体・機関（国内、海外）、自治体、教育機関などの分野別五十音順索引を付す。　　　　　　　　　　　　　　　　　5974

日本のデザイン会社1000社　日経BP社　1997.12　555p
　28cm　（日経デザイン別冊）　4-8222-1518-0 1500
円
現代日本のデザイン事務所を経営的観点からとらえた会社名鑑。配列は地区別五十音順で、1004社を収録する。記載事項は代表者、所在地、電話番号、従業員数、業務内容のほか、原則として代表作の写真を添える。巻頭に「デザイン事務所実態調査 '97」、巻末にデザイン関連団体一覧を付す。巻頭に五十音順総合索引がある。雑誌『日経デザイン』1997年11月号の特集記事を増補改訂し、同誌別冊として刊行したもの。　5975

Design offices in Japan 1991　日本産業デザイン振興
　会編　日本産業デザイン振興会　1991.5　232p 31cm
　本文は日本語　監修：中小企業事業団　付(5枚)：
　掲載事項変更リスト　4-931281-02-8　6000円
全国のデザイン関連の事業所852件を収録した名鑑。工業デザイン、インテリアデザイン、グラフィックデザイン、クラフトデザイン、テキスタイルデザイン、パッケージデザインに大別し、その中はおおむね事業所名の五十音順に配列する。記載内容は所在地、電話・fax番号のほかに事業所概要、代表者略歴、所属団体など。代表作品の写真図版も添える。巻末に事業所名、代表者名の五十音順索引を付す。　　　5976

◆◆デザイン一般

【書誌・索引】

デザイン関係雑誌記事索引 1983－1986　専門学校桑沢デ
　ザイン研究所図書室編　桑沢デザイン研究所図書室
　1988　502p 26cm
デザインに関する3頁以上の記事1万8714件を収録した記事索引。収録対象は桑沢デザイン研究所図書室所蔵のデザイン関係和雑誌のうち、1983年から1986年までの4年間に発行されたもの。配列は独自分類による。記載項目は記事名、著者名、誌名、発行年月、〔開始〕頁、備考（作家名など）。巻末に著者および作家名などから引ける索引を付す。単年版として「1983」「1984」「1985」の各冊もある。索引などの配列がJISコードに拠るため、やや使いづらい面がある。記事の内容が複数の主題を持つものについては必要に応じてそれぞれに分出する。　　　　　　　　　　　5977

【事典・便覧】

現代デザイン事典　H・Bデザイン研究会編　鳳山社
　1967.11　490p 19cm 2300円
用語解説にとどまらず、多くの関連分野との結びつきや基礎的な教養から具体的な用例までも含め、中項目主義で解説した執筆者の署名入り事典。収録数は人名

なども含め2224語。配列は五十音順。各項目は対応外国語表記、デザイン分野の種類を示す略号、解説で構成し、適宜図版を添える。巻末に見出し語を除く重要小項目の和文五十音順索引と参考資料（校正記号表・書体見本など）を付す。　　　　　　　　　　　5978

現代デザイン事典 1997年版　伊東順二，柏木博編　平凡社　1997.3　275p 25cm　監修：勝井三雄ほか　4-582-12915-3　3193円
デザインに関する広範囲な基礎知識と最新情報を把握できることを目指した年鑑形式の専門事典。グラフィックデザイン、インダストリアルデザイン、ファッションデザインなど29の分野ごとに約30項目を選定、カラー図版を多用し、署名入りで解説する。巻頭に特集記事、巻末に資料として、表示年版の前年のデザイン賞、展覧会の記録のほか、主なデザイン賞一覧、関連団体一覧、20世紀に活躍したデザイナー人名事典（物故者）、デザイン学校案内がある。巻末に五十音順事項索引を付す。初版は1986年。以来毎年若干の修正を加えて刊行、数年に一度増補改訂を行う。　　　5979

デザイン小辞典　新版　福井晃一編集　ダヴィッド社　1978.3　319p 19cm　880円
19世紀後半から1977年の時点までのデザイン用語を中心に、関連する美術・建築・工芸分野の用語も含め解説した辞典。配列は見出し語（欧文併記）の五十音順。解説文中の見出し語に星印を付す。図版を適宜挿入、索引はない。1955年初版に全面的な改変を行った旧版（1968年刊）をさらに増補改訂したもの。初版には欧文索引、旧版には和文項目一覧があったが、いずれも削除された。　　　　　　　　　　　　　　　5980

デザインの事典　広田長治郎〔ほか〕編　朝倉書店　1988.4　439p 22cm　4-254-68005-8　9400円
現代デザインの対象や方法論をはじめ、生活学などの関連領域の中から約200のキーワードを選択し、デザイン界で活躍する専門家による署名入りの解説を施した事典。配列はキーワードを見出し語とする五十音順で、見出し語に英文を併記する。各キーワードは原則として見開き2頁の解説に図表・写真を添え、一般の読者にも理解しやすいよう工夫する。索引はないが、巻頭にキーワードを一覧できる目次がある。　　5981

モダン・デザインのすべてA to Z　キャサリン・マクダーモット著　木下哲夫訳　スカイドア　1996.11　295p 19cm　『Essential design』の翻訳　4-915879-33-X　2427円
欧米の近代・現代デザイン史に登場するスタイル、人物、思想を中心に、デザイン界に影響を与えた社会、文化的背景を含めて解説した事典。配列は英文見出し語（訳文併記）のアルファベット順。文中の見出し語に下線を付す。項目末尾に必要に応じて参考文献を記載。巻頭に序論、巻末に参考文献がある。日本語版刊行にあたって、写真図版を挿入、巻末に和文五十音順索引を置いた。　　　　　　　　　　　　　　5982

【年表】

近代デザイン年譜　天童木工五十年史　天童　天童木工　1993.6　241p 35cm　編集・製作：小倉一夫編集事務所
天童木工家具建具組合結成より50年の1990年を記念し、近代から現代まで100年（1890-1990年）にわたる日本および世界のデザイン動向・デザイン思潮を把握することを目的に作成。主として建築と家具を中心に、関連領域として工芸・工業デザインなどの事項も必要に応じて記載する。各年について原則として見開き2頁で、世界のデザイン、日本のデザイン、山形・天童木工史、世相、資料・備考の5項目を設定し、さらに関連作品の図版を付す編年構成。巻頭に概説「デザイン百年」と図表「近代デザインの潮流」を収載。記載事項の出典は示されていないが、巻末に参考文献がある。この分野の年譜は数少ないので、改訂版および市販での刊行が待たれる。　　　　　　　5983

【人名事典】

デザイナー人名事典　日外アソシエーツ編　日外アソシエーツ　1996.4　614p 22cm　発売：紀伊国屋書店　4-8169-1363-7　16800円
現代日本で活躍する広範囲な分野のデザイナー3623人を収録した人名事典。物故者、在日外国人を含む。配列は手工芸、服飾、商業、工業・製品、生活空間、美術空間・公共空間など7分野ごとに氏名の五十音順。記載内容は、肩書、専攻分野、国籍、生（没）年月日、代表作、学歴、興味テーマ、業績、住所など。各項目末尾に調査年月を記す。巻頭に専門分野名目次、専門分野別人名目次を付す。巻末に五十音順人名索引がある。　　　　　　　　　　　　　　　　　　5984

◆◆装飾美術

近代装飾事典　スチュアート・デュラント著　藤田治彦訳　岩崎美術社　1991.6　351p 29cm　『Ornament』の翻訳　4-7534-1317-9　15450円
近代以降西洋で用いられた装飾様式をテーマ別に豊富な図版（カラーを含む）を用いて体系的に解説した事典。テキスタイル図案から建築装飾まで広い範囲を対象とする。「大自然と装飾」「幾何学的装飾」など12章

からなり、大項目主義で詳細に解説。巻末に参考文献、「デザイナー小事典」、五十音順の人名索引と事項索引を付す。
5985

西洋装飾文様事典 城一夫著 朝倉書店 1993.11 527p 22cm 4-254-68009-0 14420円
古代から現代までの西洋の染織や陶磁器などの工芸品、グラフィックデザインや絵画などの作品から装飾文様を集め解説した事典。配列は模様のモチーフである事物や様式名、作家名、技法など1800項目を見出し語（英文併記）とした五十音順。豊富な図版には作品名、作者（国、制作年）、所蔵館などの出典を記載。本文中の参照は矢印で、見出し語は星印で示す。巻末に和洋の参考文献がある。索引はない。
5986

装飾のスタイル アレクサンダー・シュペルツ著 毛利登編訳 東京美術 1969 649p 22cm 4-8087-0066-2 2400円
世界各国の19世紀までの装飾について、その様式、用途を約3900の図版により概説した図集。図版の出典を本書全体を通じて明らかにした点と、古代・中世・近代に大別、さらに各国別、装飾様式別に細分した配列が特徴。巻末に参考文献（欧文）を付す。索引はない。1904年刊のドイツ語版の英訳『The Styles of ornament』（1906年刊）を底版とした編訳書。なお、類書の『装飾のハンドブック』（東京美術、1966）は同じ編訳者が1883年刊のドイツ語版『Ornamentale Formenlehre』の英訳『Handbook of ornament』を底本としたもの。
5987

✠✠色彩及び配色

色の手帖 色見本と文献例とでつづる色名ガイド 尚学図書編 小学館 1986.7 221,25p 22cm 4-09-504001-7 1950円
日本の伝統的な色名と今日一般に使われる色名、合計358色を選び、色見本と用例により解説した事典。配列は赤、茶、黄、緑、青、紫、灰・白・黒の7系統の分類別。巻頭に「色名目次」、巻末に「主要引用文献一覧」「名の由来による分類一覧」および「五十音順色名資料一覧」（索引）を付す。姉妹編として英語色名240点を収録し、6か国語を対照させた『国際版色の手帖』（1988年刊）がある。
5988

カラーアトラス5510 城一夫編著 京都 光村推古書院 1986.11 2冊 35cm 書名は奥付による 標題紙等の書名：『Color atlas 5510』 付（別冊 1冊 2×22cm）：純色カラースワッチ61 付（色比較用マスク3枚 袋入）4-8381-0088-4 全37000円
世界各国で慣用的に用いられる色名から実際の色を確認できるようにした初の網羅的事典。「Color chart book」と「世界慣用色名色域辞典」に分冊刊行。前者は61の色相で構成、修正マンセル体系に準拠した基本色とそれに準じて展開した5510色を含む。後者では、色の歴史、色相の意味と文化について論述、英・日・仏・中各言語による色名をそれぞれ解説し、各国の呼び名が同一でも該当する色が同一でない場合はカラーチャートに対応した相違表を掲載する。巻末に主要参考文献を付す。カラーチャートの巻末に英日仏中の色名索引がある。
5989

色名事典 日本色彩研究所編 日本色研事業 1979.6 66,71p 31cm 10000円
日本および欧米で使われる色名380色を、色見本を添えて解説したルーズリーフ式の事典。「色彩概論」および「色名事典」の2編からなる。第1編末尾に五十音順色彩用語索引、参考文献、系統色名一覧、固有色名一覧（和名五十音順・英仏名アルファベット順）などがある。この2種類の色名一覧にJIS記号の記載があり、デザイナーなどの色彩関係者が色指定を行うことを容易にしている。第2編は色票を色系別に配列、色名のもとに簡略な解説を付したもの。第1編の和洋の色名から引ける「固有色名一覧」に色票番号の記載があり、第2編の索引の役割を果たしている。第3版にあたる『新色名事典』が1992年に刊行された。
5990

色名綜覧 限定版 天野節編著 錦光出版 1980.6 349p 22cm 6800円
日本の古代から現代までの1826の色名を収録。各色相ごとに分類し、五十音順に配列。複合的色名を含め色相、明度、彩度上で、各色名に該当する色の範囲をグラフで図示。巻頭の色名五十音順一覧は、その索引として利用できる。巻末に付録として、外来語の色名、中国の色名、および色に関するJIS規格（抄）がある。本書には、対応の色票が収載されていないため、マンセル体系の標準色票（JIS標準色票）などを併用されたい。
5991

色名大辞典 日本色彩研究所編 東京創元社 1954.12 2冊 27cm 和田三造監修 色票の部は色票200枚はり込 解説の部145p 全3500円
色彩を見分けその呼称をただすのに役立つ体系的な事典。日本古来の色名を中心に、200点を収録。色票の部と解説の部の2部からなる。「色票の部」は、おおむね色相番号順、同一色相内は明度順に配列する。「解説の部」は、色名の五十音順に配列し、巻末に参考文献、難音訓一覧、色彩の基礎知識、英仏独色名対照表のほか、「色票の部」を参照できる色名一覧表と

類似色色名一覧表を付す。　　　　　　　　　　*5992*

日本色彩事典　武井邦彦著　笠間書院　1973　189p(図共)　22cm　1300円
日本古来から使われてきた色彩名から現代までの慣用色彩名、外来語の色彩名などを抽出し、解説を加えた辞典。外来語には原綴を併記する。巻頭の192色の色見本は本文から参照できる。巻末に、色彩に関する日本工業規格などを付す。巻末の五十音順用語索引は、本文でなく付録の用語を対象としたもの。　　　*5993*

日本色彩大鑑　松本宗久著　河出書房新社　1993.11　6冊　27×37cm　外箱入(29×40cm)　帙入(60cm)　4-309-90217-0　全695250円
日本の古代、平安、江戸3期の色を、儀礼、四季、花、匂いなどの168項目に分け、おのおの、系統の色見本1395点（染色した布地を貼付）で構成した5巻セット。別巻はその解説で、巻末に色名の五十音順索引を付す。日本の色彩について、日本の美意識が具現化したものという観点から構成・提示している点に特徴がある。
　　　　　　　　　　　　　　　　　　　　　5994

日本伝統色　色名解説・総合　日本流行色協会日本伝統色研究委員会編　日本流行色協会　1969.6　219p　27cm　編集責任者：山崎幸雄　限定版　非売
日本の伝統色名および明治以降に海外から入ってきた色名計1118を五十音順に配列、歴史・特徴・染料・染色法などを解説する。巻頭に色名の名称成立の根拠に基づく分類による色名索引、巻末に「日本伝統色の測定値・マンセル値」「襲（かさね）の色目」などの関連資料、参考文献を付す。『日本の伝統色』という総合書名を冠した既刊の『色と色名集』20冊、『配色集』20冊および『色と色名集・配色集レポート』4冊を連関づけ、そこに収載された400の色見本への参照機能を有する。　　　　　　　　　　　　　　　　*5995*

日本の伝統色　色の小辞典　日本色彩研究所編　福田邦夫著　読売新聞社　1987.5　119p　21cm　4-643-87033-8　2000円
日本古来の伝統色名約150を収録。赤、橙・茶などの基本色名ごとに分類し、その中は類似の系統色名ごとに配列。各項は、関連色名、色名の解説、引用文の紹介で、色見本および関連のカラー写真を適宜収載する。巻末に色名の五十音順索引を付す。姉妹編に『ヨーロッパの伝統色　色の小辞典』（1988年刊）がある。
　　　　　　　　　　　　　　　　　　　　　5996

◆◆インテリア・デザイン

インテリア・家具辞典　Martin M.Pegler〔著〕　岡安裕司〔ほか〕訳　丸善　1990.6　453p　22cm　監訳：光藤俊夫　『The dictionary of interior design』の翻訳　4-621-03487-1　7416円
主として中世から現代までの欧米のインテリアデザインや家具について網羅的に収録した翻訳辞典。約4500の項目を原語（主に英語）のアルファベット順に配列し、日本語訳を併記、適宜図版を添えて解説する。巻末に和文五十音順事項索引がある。インテリアデザイナー、インテリアコーディネーター、建築家、家具メーカーなどの関係者向き。　　　　　　　　*5997*

インテリアデザイン事典　第2版　インテリアデザイン事典編集委員会編　理工学社　1989.4　1冊　22cm　監修：豊口克平　4-8445-8220-8　4017円
現代日本のインテリアデザインについて技術を中心に解説した事典。「欧米・日本の歴史」「計画」「製図」「構造と仕上げ」「材料」「施工と加工」の6章からなり、その中は体系的に配列する。解説は詳細かつ平易で図版（一部カラー）を多用。巻末に和文・欧文の参考文献および五十音順の用語索引、人名索引（いずれも欧文併記）を付す。インテリアデザインを学ぶ学生、関連産業の人向け。1972年刊行の初版に最近の研究や産業上の成果を加筆、関連法規の改正・増補を施したもの。　　　　　　　　　　　　　　　　　*5998*

インテリアデザイン辞典　インテリアデザイン辞典編集委員会編　朝倉書店　1981.5　412p　22cm　監修：清家清　6800円
インテリアデザインの目標や内容、領域を示すと同時に、歴史、構造、材料、施工などの関連用語約4000項目を豊富な写真・図を交えて解説した専門辞典。配列は見出し語の五十音順で、アルファベット略語もカナ読みする。見出し語に必要に応じて原綴を添える。参照は星印と矢印で示す。巻末に著名な建築家・デザイナー約150名を五十音順に収めた「人名編」および参考文献を付す。索引はない。インテリアデザインを学ぶ学生や関連産業従事者向け。　　　　　*5999*

◆◆展示

図説ディスプレイ用語事典　みせ・みせもの・つくりもの・かざりもの百科　松本次郎，小浜昭造，北健一責任編集　日本ディスプレイ学園編　グラフィック社　1976.2　318p(図共)　31cm　18000円
ディスプレイに関する用語について、今日的なものだ

けでなく、時代・分野を超えて関連語も含め多面的に収録した事典。約1800語を五十音順に配列し、豊富な図版を用いて解説する。巻末に、「みせ・みせもの・つくりもの・かざりもの年表」「ディスプレイ歳時記」、国内・外の博覧会開催年表、参考文献などの資料および付帯用語を含めた約2300語の事項索引を付す。商品陳列という範疇だけでなく、広くディスプレイとは何かを考えるうえでの一つの試み・提起となっている。
6000

ディスプレイ&インテリアビジネス情報源ハンドブック　1988-89　丹青総合研究所企画・編集　丹青社　1987.11　717p　21cm　6500円
現代日本のディスプレイやインテリアデザインなどに関する情報を扱った便覧。基礎データ情報、調査・研究機関、ディスプレイ関連企業、機器材、団体、デザイナー、刊行物など9編からなる。各項目は名称または氏名、所在地、電話番号を記載。巻末に参考文献およびディスプレイ会社やメーカーなどの社名から引ける五十音順索引がある。1985年刊行の初版の判型をひとまわり大きくした改訂版。
6001

展示学事典　日本展示学会「展示学事典」編集委員会編　ぎょうせい　1996.1　315p　27cm　日本展示学会創立10周年記念出版　4-324-03881-3　10000円
展示の基本概念から展示計画、資材、評価法まで、図版・写真を多用して多角的に解説したハンドブック。執筆者の署名入り。各項目末尾に参考文献を付す。巻末に関連法規、資料および五十音順事項索引がある。
6002

◆人形、玩具

【書誌】

郷土玩具文献解題　〔正〕，続　川口栄三著　郷土玩具研究会　1966-1976　2冊　19cm　限定版　続の出版者：木牛庵文庫
郷土玩具・人形に関する文献の収集家として知られる著者所蔵文献（図書、雑誌など）の解題書誌。〔正〕編には明治以降1966年までに刊行された約700点を、続編には1965年から1976年までに刊行された約200点を収める。配列はともに発行年月順。各文献に簡潔な解題を付す。〔正〕編の巻末に「追補」、続編の巻末に「補遺」がある。各巻末に五十音順書名索引がある。
6003

【事典・便覧】

おもちゃ博物館　実録図鑑　商報社東京本社　1972　410p（おもに図）31cm　創刊25周年記念出版　10000円
主として昭和時代の日本の玩具について、絵や写真図版（一部カラー）を用いて歴史的に解説した図鑑。古代から昭和時代戦前戦中期および昭和時代戦後期（1945-1971年）の2部からなり、別立てで「戦後のブーム商品とベストセラーおもちゃ」「双六のいろいろ」を扱う。巻末に五十音順の事項索引を付す。
6004

郷土玩具辞典　斎藤良輔編　東京堂出版　1971　382p　図　22cm　3300円
日本の郷土玩具について、人形、玩具、人名、団体名、文献などの諸事項を、図を適宜交え、歴史的な視点でできるだけ広範囲に解説した辞典。配列は項目の五十音順で、参照を多用する。巻頭に都道府県別分類目次と通論「日本の郷土玩具　その歩みと系譜」、巻末に参考文献と五十音順事項索引を付す。江戸時代にまでさかのぼり、原資料について詳細に調査解説したもの。1997年刊の新装普及版がある。
6005

こけし事典　改訂版　土橋慶三，西田峯吉編著　岩崎美術社　1983.4　129,9p　図版31枚　27cm　監修：菅野新一　折り込図1枚
日本の伝統こけしについて、歴史、民俗、系統分類、材料、製作法、産地、同好会などを署名入りで体系的に解説した事典。伝統こけしの名品、現存工人の作品を口絵写真で紹介するほか、本文にも豊富に写真を掲載。巻末にこけしと木地屋関係の参考文献（付解題）、こけし工人の系図・略歴の各一覧、和文の事項、人名、地名各索引を付す。1968年の初版を改訂増補したもので、主に名簿・文献・索引類を改訂。解説は全体的に詳細かつ平易。
6006

こけし辞典　鹿間時夫，中屋惣舜編　東京堂出版　1971.9　570p　図　22cm　4500円
日本の伝統こけし工人を中心に、関連事項を五十音順に配列し、署名入りで解説した事典。こけし工人は網羅的に収録し、人物・作品・伝統などの解説とともに作品の写真を掲載する。巻末に関係主要文献、こけし工人家系図などを付す。見出し語への参照は豊富だが、索引はない。
6007

世界の玩具事典　多田信作，多田千尋著　岩崎美術社　1989.5　299p　27cm　9970円
各国の玩具約900種を分類し、全点に写真を添えて簡潔に解説した事典。「素材編」「生活編」の2編からなる。「素材編」は木・布・プラスティック・紙・自然

物・土・金属・ゴム・セルロイドに、「生活編」は民俗・生活・小物・人形・教育に大別し、それぞれの中は地域別に分類する。巻末に和文・欧文の参考文献と収載玩具名の分類・各国別一覧、「世界の玩具文化史考」を付す。索引はない。　　　　　　　　　6008

全国郷土玩具ガイド　1-4　畑野栄三著　婦女界出版社　1992-1993　4冊　19cm　各2000円
日本の郷土玩具を、伝統玩具以外の新しいものや廃絶したものも含め、都道府県別に収録したもの。各県ごとに概観した後、代表的な玩具の写真と解説を付し、郷土玩具を見ることのできる県内の施設を紹介する。ほとんど全点に写真を掲載し、カラー写真も多い。全4巻のうち、1巻が「北海道・東北・信越・北陸」、2巻が「関東・東海」、3巻が「近畿・中国」、4巻が「四国・九州」を扱う。各巻の末尾に巻ごとの玩具名五十音順索引、1巻末および4巻末の解説文中に参考文献がある。　　　　　　　　　　　　　6009

凧大百科　日本の凧・世界の凧　比毛一朗著　美術出版社　1997.12　601p　27cm　4-568-14060-9　15000円
日本と世界の凧を図版（カラーを含む）を多用して解説する百科事典。5部8章からなり、第1部は日本の凧の歴史、第2部は日本の凧（県別）、第3部は世界の凧（国別）、第4部は世界の凧の歴史、第5部は日本の凧の会を扱う。1000点を超す凧の写真と800余点の参考図版を収載。巻末に章別参考文献、凧の図書（1962年以降）のほか、付表として「日本全国の凧分布と生産者表」などがある。巻末に五十音順索引を付す。　　　　　　　　　　　　　　　　　　6010

日本郷土玩具事典　西沢笛畝著　岩崎美術社　1965.7　212p(おもに図版)　27cm
日本各地で古くから見られる郷土玩具に関する事典。各県別に分け、個々の玩具について写真を配し、歴史的な解説を加える。県によって採録点数が数点から数十点とばらつきがある。巻末に五十音順の玩具名索引のほか、「全国郷土玩具一覧」など。　　　6011

日本人形玩具辞典　斎藤良輔編　東京堂出版　1968　549p　図版　19cm　1800円
わが国の人形・玩具類全般について図版を多用し、事物、歴史などの関連事項を五十音順に配列して解説した事典。巻頭に総括的な日本の人形、玩具の変遷を記し、付録として、玩具の与え方、人形・玩具文献目録、全国郷土玩具（現存）一覧表、そのほか関連団体名簿を収録する。掲載の文献目録は、単行本について平安朝末期から1967年まで、雑誌類は明治以降を収録対象として網羅的に挙げる。巻末に五十音順の作品・人名・事項索引を付す。1997年刊の新装普及版がある。

6012

音楽

【書誌・索引】

音楽・演劇・芸能に関する10年間の雑誌文献目録　昭和50年-昭和59年　日外アソシエーツ編　日外アソシエーツ　1987　3冊　27cm　発売：紀伊国屋書店　4-8169-0360-7　8200-9400円
1975-1984年までに発表された芸術一般および音楽・演劇・芸能などに関する雑誌文献目録。国立国会図書館が受け入れた学術雑誌、大学紀要などを対象とする『雑誌記事索引　人文社会編　累積索引版』☞*0139* 第4・5期を主題別に再編成したものの一部。3分冊からなり、Ⅰは音楽・舞踊・芸能について6756件、Ⅱは演劇について8586件、Ⅲは映画、囲碁・将棋、茶道などについて7828件を収める。各文献は主題を表す大項目の中を、必要に応じて細分した見出し語のもとに配列。記載内容は論題、著者名、誌名、巻号、発行年月、頁。巻末に事項索引を付す。これ以降は『雑誌記事索引　人文社会編　累積索引版』の第6期または『雑誌記事索引』CD-ROM版などを利用のこと。なおこれに先立つものとして、1948-1964年の17年間を扱う巻と1965-1974年の10年間を扱う巻がある。本巻では新たに「諸芸・娯楽」の項目を追加した。　　6013

音楽関係新聞記事索引　1971-1974　国立音楽大学附属図書館逐次刊行物資料部編　立川　国立音楽大学附属図書館逐次刊行物資料部　1977.10　183p　26cm
1971年1月から1974年12月までの、朝日、毎日、読売、東京新聞の4紙に掲載されたクラシック、ポピュラー、邦楽、舞踊、歌舞伎、能・狂言、文楽に関係する記事の索引。分類項目は、演奏会評、人と団体、評論・随想、内外の音楽事情、その他。索引は、人名・団体名索引および曲名索引（分野別）の2種。本文は、記事、コラム名、著者、紙名、掲載日、朝夕刊の別を原則とし、適宜記事にジャンルや会場名などの注を付す。刊行計画を立てていたが1974年、NHKより同様の索引が刊行されたため、それ以前を補う部分のみ刊行し、

作業を中止した。　　　　　　　　　　　　*6014*

音楽関係新聞記事索引 1974-1987年 日本放送協会資料部編 日本放送協会資料部 1975-1988　14冊 26cm
クラシック、ポピュラー、邦楽のほか、バレエ、舞踊、能・狂言まで広く音楽関係の新聞記事を対象とした索引。採録紙は1977年版までが朝日、毎日、読売、日本経済、東京、報知の6紙で、1978年版以降は報知を除く5紙。「ことばによる索引」と「種類別記事一覧」からなる。「ことばによる索引」は、記事中に含まれる固有名詞や主題の特徴を表す語のほか、編者が必要と判断した統制語も含めた五十音順。「種類別記事一覧」の項目は、分類索引の役割を果たしている。各新聞社の記事データベース化が実現した1987年版の時点で刊行を中止した。　　　　　　　　　　*6015*

音楽の基礎資料 図書館における音楽書，楽譜，録音資料選定のために 岸本宏子，佐藤みどり著 アカデミア・ミュージック 1985.12　241p 21cm（音楽図書館叢書1）4-87017-019-1　3000円
蔵書数5万冊程度までの公共図書館が音楽資料のコレクションを揃える際に購入すべき基本的な資料をリストアップしたもの。収録点数は、音楽図書が746点（906冊）、楽譜と録音資料がそれぞれ約600曲。いずれも主題グループごとに区分し、その主題グループがNDC、DDCなどではどの分類項目にあたるかを分類番号で示す。巻末に参考資料として、音楽図書館研究グループ編音楽図書・楽譜分類表（1973年）、DDC（デューイ十進分類法）音楽部門用改訂版（1980年）の日本語訳、音楽資料を扱う専門店のほか、和文人名索引、書名・作品名索引、欧文の著者索引、作曲者・作品名索引がある。著者は音楽学の学位を持ち、公正に選定しているが、刊行後十数年経つことから、図書については別の資料によって補う必要がある。　*6016*

音楽文化資料展覧会目録 解説つき 国立国会図書館編 国立国会図書館 1950　225p 図版 表 19cm
1950年11月、国立国会図書館で開催された「音楽文化資料展覧会」の目録。この展覧会は、奈良時代から1950年までのわが国で演奏されたあらゆるジャンルの音楽を現存する資料によって総合した画期的なものであり、この展覧会の構想を上回る規模と内容の音楽資料展は以後行われていない。展示された817点の資料は、国宝級の貴重資料が数多い。本目録では時代ごとに分類し、それぞれの成立年・大きさなどのデータと、解説および所蔵者を記す。巻末に付録として柳田国男「民謡分類案」、町田嘉章「邦楽芸能略系図」、「浄瑠璃大系図」がある。宮内庁をはじめ各種の所蔵機関が保存する貴重な楽器、写本、絵画、文献などが、音楽文化という視点から総合されており、1950年の時点で、これらの資料の所在が確認できるものとして極めて重要な意味を持つ。　　　　　　　　　　　　*6017*

音楽文献目録 21(1993)- 音楽文献目録委員会 1993-　年刊 26cm
1967年に発足したRILM（音楽文献目録委員会）の国内委員会が編集する年刊の抄録誌。日本国内で発表された図書、雑誌、楽譜などの音楽関係文献のうち、『RILM Abstracts』（国際委員会より年2回発行される抄録誌）の選定基準に沿って表示年版の6月末までに選ばれたものを分類収録し、必要に応じて著者による抄録を付す。標目はカナ表記で原綴を注記。配列はRILM国際センター文献分類表の日本の音楽に関する部分を展開した分類表により、同一項目内は標目の五十音順。巻末に和文総索引および欧文人名索引がある。1967-1973年までを収録範囲とする第1号『日本音楽文献要旨目録』、第2-20号『音楽文献要旨目録』（年刊）を改題したもの。解題は25号（1997年刊）による。　　　　　　　　　　　　　　　　*6018*

楽譜・音楽図書 1992 国内版 ミュージック・トレード社 1992.4　309p 25cm 2060円
国内の126の音楽出版社により1991年までに刊行され、1992年の時点で入手可能なものの販売目録。「楽譜の部」と音楽関係の書籍・雑誌を収録する「音楽図書の部」からなる。「楽譜の部」は「鍵盤楽器」「弦楽器」「管楽器」「打楽器」など16の分野に分け、その中をさらに細分化、「音楽図書の部」は「辞典・図鑑・年鑑」「通論・楽典」「定期刊行物」など22の分野に分けた上で、原則として作曲者・著者を見出しとした五十音順に配列する。各項目の記載事項は曲名・書名、内容、初版年月（図書のみ）、判型、頁数、出版社、定価。巻頭に「楽譜音楽図書出版社一覧」がある。索引はない。国内の出版楽譜の唯一の目録として貴重な存在であったが、1992年版をもって廃刊。　　　*6019*

洋楽の本 明治期以降刊行書目 小川昂編 民主音楽協会民音音楽資料館 1977.2　37,543p 27cm 10000円
明治・大正期から1975年までに日本国内で刊行された西洋音楽に関する図書を網羅的に収録する書誌。7620点の図書を、参照を多用し「音楽図書・楽器分類表」により分類する。ただし、児童図書と叢書は本文分類目録とは別にそれぞれまとめる。記述は書誌事項のほか、必要に応じて目次、簡単な内容紹介を注記する。巻頭に「図表・数字で見た洋楽の本」と、著者のカナ表記から原綴へと導く著者原綴表、巻末にアルファベット順著者索引と書名索引がある。本書は、『本邦洋楽関係文献目録』（小川昂編、音楽之友社、1952）の改訂第4版にあたる。ほかに1976-1985年と1974年以前の追加分を収めた『追補第1巻』（1987年刊）、さら

に1986-1990年は毎年、1991年以降は隔年発行の追補版がある。　*6020*

【目録】

蘆原英了コレクション目録　国立国会図書館所蔵　第1-4巻　国立国会図書館収集整理部編　国立国会図書館　1982-1995　8冊　27cm
バレエ、シャンソンなどの批評家・研究家として知られる故蘆原英了が収集した資料の所蔵目録。洋書約4700、楽譜約8000、レコード約5万3000タイトルを、全4巻8分冊に収録する。蘆原英了コレクション分類表にしたがい、書名あるいは標題のアルファベット順に配列。第1巻は洋書編で、「舞踊」と「シャンソン・演劇・サーカス」の2分冊。第2巻は楽譜編。第3、4巻はレコード編。うち第3巻は4分冊からなる「シャンソン」、第4巻は「器楽その他」である。楽譜編の巻末、およびレコード編「シャンソン」の第4分冊に、それぞれの邦訳標題一覧がある。各巻末にアルファベット順の人名索引（洋書編は著者、楽譜編は作曲・作詞者、「シャンソン」は歌手、「器楽その他」は作曲者・歌手など）、洋書編に書名索引を付す。　*6021*

音楽関係逐次刊行物所在目録　1992年版　音楽関係逐次刊行物所在目録1992年版編集委員会編　立川　音楽図書館協議会　1993　14,226p　26cm
音楽図書館協議会加盟館・目録協力館33館が所蔵する音楽関係逐次刊行物の総合目録。和文編、欧文編の2編からなり、和文編は1992年5月まで、欧文編は1991年5月までのデータを収録。配列は和文編、欧文編ともにタイトルのアルファベット順。書誌事項、所蔵館および所蔵年次を記す。1979年版の巻末付録「音楽関係和雑誌創刊年順表」は削除された。　*6022*

楽譜目録　東京文化会館音楽資料室編　東京文化会館音楽資料室　1987-1989　2冊　26cm　（東京文化会館音楽資料室資料目録6,8）
東京文化会館音楽資料室が所蔵する楽譜の目録。「個人全集・音楽叢書篇」と「総譜・劇音楽篇」の2冊からなる。「個人全集・音楽叢書篇」は、1961年4月から1987年3月までに収集した約3030点を収録。個人全集は作曲家の、音楽叢書は書名のそれぞれアルファベット順に配列する。巻末に主要参考文献がある。索引はない。「総譜・劇音楽篇」は1961年4月から1988年3月までに収集した約4420点を収録。作曲家名のアルファベット順に配列し、その中は曲名のアルファベット順。巻末に五十音順とアルファベット順の作曲者名索引および日本語曲名索引、欧文曲名索引を付す。この後の刊行予定についての記述はない。　*6023*

作曲家全集・楽譜叢書所在目録　増補改訂版　作曲家全集・楽譜叢書所在目録編集委員会編　立川　音楽図書館協議会　1983.4　2冊　26cm　発売：アカデミア・ミュージック　12500円,2000円
音楽図書館協議会加盟館・目録提供25館が所蔵する作曲家の個人全集、選集、叢書として刊行された楽譜（ポピュラー音楽、民族音楽は除く）の総合目録。「本篇」と「索引篇」の2篇からなる。1982年2月までのデータを収録。「本篇」は、作曲者名を見出し（標目）とする個人全集、選集篇と書名を見出し（標目）とする叢書篇に分かれ、それぞれアルファベット順に配列。各タイトルに一連番号を与え、書誌事項、参考文献への参照、所蔵館を記載する。付録として、巻末に収録タイトルおよび各巻内容一覧がある。「索引篇」は本篇付録の各巻内容一覧のうち、叢書篇を作曲家名（または曲集名）のアルファベット順に配列し、一連番号と巻号表示を示す。初版（1975年刊）を大幅に増補改訂したもの。　*6024*

図書目録　和書篇　昭和36年4月-昭和59年3月　東京文化会館音楽資料室編　東京文化会館音楽資料室　1985.9　523p　26cm　（東京文化会館音楽資料室資料目録4）
東京文化会館音楽資料室が所蔵する音楽関係和図書の目録。表示期間に収集した約1万1000冊を収める。配列は、この目録のために取り決められた分類項目順。記載事項は書誌事項と請求記号、必要に応じて内容細目。巻末に著者索引と書名索引を付す。　*6025*

日本の作曲家の作品楽譜所蔵目録　青木陽子編　立川　国立音楽大学附属図書館　1991.8　555p　27cm　（Bibliography and index series 12）
国立音楽大学附属図書館が所蔵する邦人作曲家の楽譜目録。明治以降1985年までに出版された3102点を収録。作曲者目録と曲集目録に大別し、おのおの見出し語のアルファベット順に配列する。記載事項は作曲者名あるいは曲集名、作詞者その他の人名、曲名、出版社名、出版年、演奏手段など。巻末に、分類、曲名、欧文タイトル、シリーズ名の各索引がある。　*6026*

【辞典・事典】

音楽英和事典　リットーミュージック　1997.7　287p　21cm　『Pocket music dictionary』の翻訳　4-8456-0246-6　2200円
さまざまなジャンルの音楽用語約2200語を取り上げ、英語と日本語の対訳形式で解説した事典。配列はアルファベット順で、1頁の左半分に英語の原文を、右半分に日本語の訳語を配する。記述は簡潔で、適宜図版や譜例を挿入。参照を多用する。巻末に強弱記号、表

情記号などの各種記号一覧とスケール一覧を付す。翻訳に際して、原書の明らかな誤りを正し、五十音順の日本語索引を追加した。
6027

音楽大事典 1-6 平凡社 1981-1983 6冊 27cm 5000-7000円

古今東西の音楽に関する事項約6800項目を署名入りで詳しく解説した事典。図表、譜例を適宜交え、芸術音楽、民俗音楽、大衆音楽の全分野にわたる人名・曲種・理論・用語・楽器・演奏などを網羅的に取り上げる。配列は見出し語の五十音順で、必要に応じて欧文を併記する。大項目の一部に和欧の参考文献がある。第6巻は索引編で、解説中の用語も含む和文事項索引、欧文項目索引を収める。『音楽大事典』(1954-1957年刊)全12巻、『音楽大事典』改訂版(1959-1960年刊)全5巻に次ぐ最新版。
6028

音楽テーマ事典 第1-3巻 音楽之友社 1983 3冊 27cm 4500-6500円

中世・ルネサンスから現代に至るクラシック音楽の名曲の主題、楽想、主な経過句などの譜例2万3650を収録し、音名、階名などから検索できるように索引を付したわが国で初めての事典。第1巻(交響曲・管弦楽曲・協奏曲)、第2巻(室内楽曲・独奏曲)、第3巻(歌劇・声楽曲)からなる。各巻とも2部に分かれ、第1部はジャンル別で生年順に配列した作曲者の下に、作曲年順に譜例を配する。第2部は音名、階名、訳題(五十音順)、原題(アルファベット順)の各索引。
6029

音楽用語・楽器名由来事典 遠藤三郎著 日音 1992.2 127p 21cm 発売:シンコー・ミュージック 4-401-61378-3 1200円

学校教育で用いられる基本的な音楽用語や楽器の名称などの事項を、その語源・歴史などに触れながら平易に解説した事典。「楽譜・発想・奏法関連用語」「楽曲関連用語」「楽器名」「演奏形態・ポピュラー音楽関連・その他」の体系的配列。巻頭に和文五十音順索引がある。『音楽用語・楽器名由来物語』(1987年刊)の7章157項目にポピュラー音楽や日本音楽関係の用語を若干加え、4章214項目に改編増補、判型をひとまわり大きくしたもの。音楽教師や音楽を勉強する人向き。
6030

カタカナ引き音楽辞典 遠藤三郎著 春秋社 1993.12 318p 18cm 4-393-93009-6 2678円

クラシックを中心に、ポピュラー、民族音楽などの音楽用語約3200語について簡便な解説を施した辞典。見出し語がすべてカタカナ読み、カタカナ語であることが特色で、配列は五十音順。すべての項目に原綴を併記し、適宜、図版や譜例、原義、用例、曲例を付す。参照を多用し、関連項目、同義語を見出し語に導く。巻末に音名表(日英独仏伊語)、略語表および欧文索引を付す。クラシック音楽の愛好者と初・中級学習者を対象に編まれた実用的な辞典。
6031

クラシック音楽事典 改訂 塚谷晃弘〔ほか〕編 雄山閣出版 1993.7 488p 22cm 4-639-00635-7 6000円

現代音楽に重点をおいた読む事典。肖像や挿図を適宜配す。「現代音楽以前」「現代音楽への過渡期」「現代音楽」「20世紀の作曲家」「現代音楽のメディア」など9章で構成。巻頭に作曲家・演奏家・曲名・事項の4種の和文五十音順索引、巻末に参考文献一覧を付す。同出版社による『クラシック・ポピュラー音楽事典』(1975年刊)のクラシック編に、「日本の演奏団体」「世界の演奏団体」「世界の音楽コンクール」「世界のレコード会社とレーベル」その他を増補し、1987年に現書名で刊行、さらに、用語の統一や人物の没年の補記などの改訂を行ったもの。
6032

最新音楽用語事典 改訂新版 リットーミュージック 1993.3 350p 21cm 4-8456-0053-6 2800円

昨今のポピュラー音楽界の変動やテクノロジーの進歩を踏まえ、音楽制作上使用頻度が高いと思われる関連用語を図版・譜例を適宜交えて解説した小項目主義の事典。初版(1987年刊行)には「楽典からAV用語まで」という副題が付いていた。配列は五十音順で、参照を多用。見出し語に外国語表記などを併記する。アルファベットによる表記・略称は、最後にまとめる。「巻末資料編」として「コントロール・チェンジ一覧表」など9種の付録がある。改訂にあたって、初版の巻末にあった欧文索引は省かれた。
6033

新編学生の音楽事典 音楽之友社 1978.10 371p 27cm 2800円

西洋音楽、日本音楽、民族音楽、ポピュラー音楽など全領域にわたる事項・人名・曲名について、学生向けに解説した音楽事典。配列は見出し語の五十音順。大項目主義に基づき、図版や譜例を多用し平易に解説。文中の見出し語に星印を付す。巻末に付録として、発想標語・速度標語・略語、「音楽史年表」「作曲家年表」「さまざまな楽器の音域」「参考書」のほか、事項・人名・曲名の3種の五十音順索引がある。『学生の音楽事典』(1957年刊)を時代の流れに合わせ、全面改訂したもの。
6034

図解音楽事典 カラー U.ミヒェルス編 白水社 1989.11 665p 20cm 日本語版監修:角倉一朗 4-560-03686-1 5700円

西洋音楽の楽器・理論・形式や歴史について、見開き

2頁にカラー図版と解説を配した新しい形の事典。「理論篇」と「歴史篇」の2部からなり、人名約2000、事項約5500を収録する。「理論篇」は音楽学、音響学、楽器学、音楽理論、曲種と形式など8項目を体系的に解説、「歴史篇」は先史時代から現代の電子音楽やロックにいたる西洋音楽の発展を年代順に記述する。巻末に「文献と出典」（一覧）と人名・題名・地名・事項索引および欧文索引を付す。Deutscher Taschenbuch社から1977-1985年に刊行された『DTV-Atlas』叢書第1・2巻の日本語版。　　　　　　　　　　6035

独仏伊英による音楽用語辞典　速度・発想・奏法/用語　改訂版　遠藤三郎編　シンコー・ミュージック　1992.5　198p 19cm 4-401-61330-9　1200円
楽譜に表示される音楽用語のうち、わが国で一般的に利用され、かつ比較的使用頻度が高いものを選び、それぞれのドイツ語、フランス語、イタリア語、英語の表記に従ってアルファベット順に配置し、原語に近い読みとその日本語訳あるいは意味を付した実用音楽用語辞典。巻末に、約290名の主要な外国人作曲家をアルファベット順に並べ、人名の綴り、カタカナ表記、生国、生没年を記した「外国人作曲家一覧」がある。初版（日音、1987）の改訂版。　　　　　　　6036

ニューグローヴ世界音楽大事典　1-21，別巻1-2　講談社　1994-1996　23冊 31cm　監修：柴田南雄ほか　発売：文献社
イギリスのマクミラン社が1980年に刊行した『The new Grove dictionary of music and musicians』を翻訳改訂したもの。翻訳版刊行にあたって、英語版刊行後の新情報と日本に関する情報を補足した。全23巻からなり、第1-20巻は人名・事項約2万3600項目を五十音順に配列。第21巻は索引巻で、和文索引、欧文索引、音楽用語一覧（西洋芸術音楽を除く）で構成する。別巻1は英語版の本文から書誌・史料に関する19項目を抽出し、再構成したもの。別巻2は、全巻にわたる参考文献。原著は英語圏で学術的評価が高く、最高権威を持つ署名入り音楽大百科事典。原著のオペラ、楽器学、ポピュラー音楽などは、独立した事典としても刊行されている。　　　　　　　　　　　　　6037

標準音楽辞典　新訂　音楽之友社　1991.10　2冊 27cm 4-276-00002-5　各16000円
邦楽を含む用語・人名・曲名約1万4000項目を収録した小項目主義の音楽辞典。五十音順に配列した仮名見出しのもとに、必要に応じて一般表記と外国語の原綴を表示し、255名の執筆者が一部署名入りで解説する。巻頭のカラー図版をはじめ解説文中に多数の写真、図、表を挿入。主要な作曲家の項目末尾に作品の一覧表を付す。下巻巻末に解説文中の語を含む詳細な欧文索引と難訓索引がある。1966年刊行の初版を全面的に改訂したもの。　　　　　　　　　　　　　6038

ポピュラー&クラシック実用音楽用語辞典　鶴原勇夫，織田英子共著　成美堂出版　1996.10　191p 22cm（Seibido music series）4-415-05084-0　1000円
ポピュラーやクラシックの世界で用いられている実用的な音楽用語（人名、楽曲名、楽器名は除く）約1400項目を選び、譜例、図版を多用して簡潔に解説した辞典。配列は五十音順で、日本語見出しには英語訳（必要に応じてほかの言語）を、外国語見出しには原綴を併記する。特に「音程」「カデンツ」など28項目については囲み項目を設け、関連用語も併せて理解できるよう配慮する。解説文中の見出し語はゴシックで表示。索引はない。　　　　　　　　　　　　　　　6039

ラルース世界音楽事典　遠山一行，海老沢敏編　福武書店　1989.11　2冊 27cm　『Larousse de la musique』の翻訳　4-8288-1600-3　全38000円
1982年刊の原著はあらゆる時代と地域の音楽に関する情報について約8000項目を署名入りで記載した事典。多くの楽曲を独立項目とし、また、現代の音楽や作曲家の記述に力を入れている。日本語版はこれに若干の補筆・修正を行い、日本関係の項目を追加した。配列は五十音順で、見出し語の後に必要に応じ外国語表記、人物の生没年などを記載する。解説文中の見出し語に星印を付す。下巻末に「日本参考文献」「原書参考文献」と和文、欧文の索引がある。同じ出版社による1989年刊行の『ラルース世界音楽作品事典』と『ラルース世界音楽人名事典』は、原著からそれぞれ音楽作品、人名を同様の編集方針で抜き出したもの。　　6040

【人名事典】

演奏家大事典　音楽鑑賞教育振興会　1982.7　2冊 27cm　監修：村田武雄　全30000円
20世紀に活躍した世界の演奏家について解説した事典。1830年代から1960年代生まれの演奏家1万840名（邦楽は現代作品の演奏家のみ）を収録。配列は姓のアルファベット順で、A-L、M-Zの2巻に分かれる。人名の原綴・日本語表記、生没年月日、国籍、略歴、受賞歴などを記す。上巻巻頭に主要参考文献、下巻巻末に人名のカナ表記による五十音順索引がある。
6041

音楽家人名辞典　新訂　日外アソシエーツ編　日外アソシエーツ　1996.10　709p 22cm　発売：紀伊国屋書店　4-8169-1388-2　13390円
日本の音楽界で現在活躍中の音楽家4300人を専門分野別に収録した人名事典。1990年以降の6年間に、主に

クラシック音楽演奏家として活躍した洋楽・邦楽関係者を中心に、物故者・在日外国人をも対象とする。配列は、指揮、鍵盤楽器、弦楽器など9分野別の五十音順。記載事項は職業、肩書、専攻分野、生年月日、出身などで、項目の末尾に調査年月を記す。巻頭に専門分野別人名目次、巻末に五十音順人名索引を付す。1991年刊行の初版は、明治から現代にいたる約4300名を対象とする五十音順。本書はこのうち1700名を入れ替え、前版に収録された人物のデータを更新したもの。　*6042*

音楽家等伝記辞典　古代ギリシャよりバロック時代への道　依田心一編〔横浜〕依田心一　1995.3　612p　31cm　非売品
作曲家、演奏家、楽器製作者、劇作家など、音楽史に関係のある人物を広く収録した人名事典。古代ギリシャからバロック末期の1750年までに生まれた人に焦点を当て、4200余名を収録。配列は人名のアルファベット順で原綴、カナヨミ、生没年、略歴を記述する。巻末に欧文アルファベット順人名索引がある。　*6043*

クラシック作曲家辞典　中河原理監修　フェニックス企画編　東京堂出版　1992.7　318p　20cm　2980円
クラシック音楽の作曲家約360人について生涯、楽歴、作風、代表作品を執筆者の署名入りで解説した読む事典。中世から現代まで、ヨーロッパ、アメリカ、日本（43人）の作曲家を収録する。配列は作曲家名の五十音順。見出し語には必要に応じて原綴を併記する。記述は、生涯を追いながら代表作品についてもその中で触れる。索引はない。　*6044*

新音楽辞典　人名　音楽之友社　1982.10　762p　20cm　4-276-00014-9　3200円
クラシックを中心に、ジャズ、ポピュラーから邦楽まで広く世界の音楽家を収録した人名事典。団体名、機関名も含む。項目数は約2800（そのうち日本関係は約450項目）。配列は五十音順で、見出し語に必要に応じて原綴を併記する。記載項目は生没年地、国籍、肩書、（作曲家の場合は主要作品）および解説。一部に肖像も添える。巻末に欧米人名・団体名を対象とする欧文索引がある。『音楽辞典　人名篇』（1955年刊）をもとに、時代の変遷や諸研究の進展を加味し、内容を一新したもの。姉妹編として、音楽用語約5500項目を収録した『新音楽辞典　楽語』（音楽之友社、1977）がある。　*6045*

新・外国音楽家の呼び方　〔個人・団体編〕，作曲家編，追補版　日本放送協会編　日本放送出版協会　1978-1984　3冊　26cm　2800-3800円
外国人演奏家4500人、外国演奏団体1500、外国人作曲家4000人について、その呼び方を収録したもの。1978年に個人・団体編、1981年に作曲家編、さらに1984年に個人と作曲家に対して追補版（収録数3000）を刊行。各種音楽史資料、レコード、楽譜、各国音楽祭資料などから抽出した人名をアルファベット順に配列する。作曲家編の記載事項は氏名・名称、国籍、演奏種別、生没年、カナ表記による呼び方。付録として、団体編冒頭に「外国演奏団体名用語一覧」、作曲家編、追補版巻末に「名まえの呼び方」がある。各巻末に姓のカナ表記から原綴に導くための索引（五十音順）を付す。　*6046*

名演奏家事典　音楽之友社編　音楽之友社　1982.3　3冊　22cm　4-276-00131-5　各2800円
西洋音楽の名演奏家について署名入りで解説した人名事典。第2次世界大戦前に活躍した演奏家からごく最近の有力演奏家まで約2000人と演奏団体を収録し、日本語表記の五十音順に配列する。見出し語は日本語表記で必要に応じて原綴を併記、続けてジャンル―演奏楽器・声部の別、生年月日、生誕地、経歴・特徴のほか、代表的なレコードを挙げてレーベル名を付す。下巻末に編集の進行段階で輩出した有力新人の演奏家を中心とする補遺およびジャンル別和文索引、欧文索引がある。　*6047*

【便覧・データ集】

音楽・芸能賞事典　日外アソシエーツ編　日外アソシエーツ　1990.5　1024p　22cm　発売：紀伊國屋書店　4-8169-0923-0　17700円
1990年3月現在日本国内で行われている、あるいはかつて行われていた音楽と芸能に関する301の賞・コンクールに関する事典。配列は全体を総合、クラシック音楽、ポピュラー音楽、映画・映像、演劇、舞踊、演芸の7部門に大別し、その中は賞名の五十音順。記載事項は賞の主旨、主催者、選考委員名、選考方法、選考基準、締切・発表時期、賞・賞金、連絡先、受賞者の一覧など。巻末に、五十音別賞名索引、主催者別賞名索引、受賞者名索引がある。続編の90/95年版（1996年刊）では、データの追補と新たに創設された91の賞を加えた362の賞を扱う。　*6048*

新編日本の交響楽団定期演奏会記録　1927-1981，追補　1982-1991　小川昂編　民主音楽協会音楽資料館　1983-1992　2冊　23-26cm　財団法人民主音楽協会創立20周年記念出版　14000円,23690円
日本の22の交響楽団の創立から1981年までの定期演奏会記録を編年体にまとめたもの。第1部の演奏会記録は各オーケストラごとに、公演回数、演奏会日、会場、指揮者、共演者の情報を記載。第2部から第5部は作

曲者（外国・日本）、指揮者、共演者の人名のアルファベット順による演奏記録で、第１部への索引として使用することもできる。巻末に「海外オーケストラの日本公演記録」を付す。『日本の交響楽団定期公演記録　1927-1971』（小川昂編、カワイ楽譜、1972）の改訂増補版。追補版は、22の交響楽団（本編と一部異なる）の1982-1991年の記録をまとめたもの。　6049

世界の音楽コンクール　1927年から1970年まで　成澤玲子編　音楽之友社　1971　358p　図　肖像　22cm　2000円
国際的な音楽コンクール約40をジャンル別に分類し、原語名、事務局所在地、特色、参加規定、最近の課題曲、歴代受賞者などを示した便覧。ほかに約20のコンクールについての簡単な紹介がある。概説書として通読にたえるものだが、コンクールをめざす音楽家のための情報としては、やや古くなった面もある。巻末にアルファベット順配列の外国人・日本人受賞者索引を付す。　6050

データ・音楽・にっぽん　増井敬二編著　民主音楽協会民音音楽資料館　1980.2　227p　27cm　5000円
わが国における音楽社会の現状と発展に関する統計資料を洋楽に重点を置き集成したもの。「楽器の生産と輸出入」「音楽の普及とレコード」「日本人の音楽活動」「ラジオ・テレビと音楽嗜好」「参考データ」の５編からなり、155の統計資料を出典を明示し、解説する。数字図表によって明治から1970年末までの変化を表す試み。巻末に、明治初期の新聞、『法令全書』などから日本の洋楽に関する記録をピックアップした付録がある。索引はない。　6051

レコードマップ　1988-　学陽書房編集部, 本の出版社編　学陽書房　1988-　年刊　18-21cm
日本全国の中古・輸入・専門・総合・通信販売の各レコード店と音楽資料館の情報を1997年５月以降の調査に基づいて掲載したガイドブック。配列は地域別または五十音順。掲載店舗すべてに地図を付す。巻末に店舗名索引と取り扱い商品による分類索引がある。1986年、『東京レコードマップ』と題し東京都内と横浜中心部の情報を収録したガイドとして出版された後、翌年より収録対象を全国に拡げた。1988年以降、現書名。解題は1998〔年版〕による。　6052

【年鑑】

演奏年鑑　音楽資料　1981(昭和55年度)-　日本演奏連盟　1981-　年刊　21cm　文化庁助成
国内のクラシック音楽の演奏活動に関する表示年版の前年（１月-12月）の記録。音楽界展望、演奏会記録（東京・関東はジャンル別、その他は県別）、叙勲・受賞・コンクール、演奏会記録統計表、機関団体、演奏団体、音楽家人名録、会場・ホールなどを収録。演奏会記録は開催月日順に、演奏会名、会場、演奏者を収める。人名録は、ジャンル、住所、生年月日、学歴、師事者、勤務先、受賞記録、著作など。『音楽資料』（1975-1980、年刊）を改題したもの。解題は1997〔年版〕による。　6053

音楽年鑑　昭和24年版-　音楽之友社　1949-　年刊　27cm
日本の洋楽・邦楽界の動向を記録した楽界総論、関係人名簿、関係団体一覧からなる年鑑。表示年版の前年を対象とする。楽界総論では音楽界を分野別に解説し、演奏会記録、コンクールと叙勲・受賞者を収める。音楽関係人名簿は洋楽、洋舞、邦楽、邦舞、物故者ごとに五十音順配列、住所、略歴などを記載する。巻末に参考資料として主要音楽・舞踊関係定期刊行物一覧、音楽著作物使用料規定を付す。なお本年鑑とその前身にあたる『音楽便覧』を含む1908年（明治41）-1942年（昭和17）の復刻版が『近代日本音楽年鑑』☞6055として刊行された。解題は1997年版による。　6054

近代日本音楽年鑑　1-19巻　大空社　1997　19冊　22cm
監修：松下鈞
1942年までに『日本音楽年鑑』『音楽年鑑』『音楽便覧』『内外音楽年鑑』『音楽舞踊年鑑』などの名称で刊行された"音楽年鑑"24冊を全19巻にまとめて復刻したもの。いわゆる"音楽年鑑"は、1908年に初めて刊行され、1920年から現在まで連綿と続く出版物であり、タイトルや出版社が異なっても、基本的には表示年版の前年度の音楽界を記録し、その活動を概観する記事と音楽関係の個人・団体などの住所録を中心として構成されている。刊行年から数十年を隔てて復刻された本年鑑は、往時の音楽界を客観的に記録した歴史的資料としての価値がある。ある年の楽壇のさまざまなジャンルの動きがわかるだけでなく、年ごとにデータを追って行くことで音楽界の流れを浮かび上がらせるという点でも、洋楽史研究の資料として貴重である。
　6055

◆**作品**

クラシック音楽作品名辞典　改訂版　井上和男編著　三省堂　1996.12　1238p　19cm　表紙の書名：『A dictionary of composers and their works in classical music』4-385-13547-9　4500円
9世紀から現代に至るクラシック音楽の作曲家（日本

人を除く）1240人の作品4万3900曲をとりあげ、そのすべてに原綴と日本語訳を付した辞典。日本国内において作品が鑑賞される頻度の高い作曲家または音楽的意味のある作品を対象とする。配列は作曲者のカナ表記の五十音順。作曲者名、国籍、生没年、略歴を記載した後、作品ジャンルごとに作品名、作品番号、作曲年などを記す。巻末に音楽用語解説、作曲者の人名索引、作品名索引を付す。初版（1981年刊）の改訂にあたって、基本方針は変えず、新たに作曲者87名を追加し58名を削除した。　　　　　　　　　　　　6056

新・外国楽曲の呼び方　日本放送協会編　日本放送出版協会　1962　477p　27cm
外国のクラシック音楽作品の邦訳曲名を示す辞典。放送あるいはレコード発売されている約1万4000曲目、約750人の作品を収録する。配列は作曲者名のアルファベット順で、作曲者ごとに各作品の原題と訳題、楽曲の種類や演奏手段、作品番号、俗称などを記す。ただし、原語が英・独・仏・伊・西・葡・羅以外の場合は、原則として英語形を採用し、必要に応じて注記を付す。巻末にアルファベット順の原語索引と五十音順人名索引がある。『外国楽曲の呼び方』（1953年刊）を改訂増補したもの。　　　　　　　　　　　　6057

日本の作曲家の作品　1980-　日本作曲家協議会編　サントリー音楽財団　1981-　隔年刊　21cm　背の書名：『Works by Japanese composers』　英文併記
邦人作曲家によるクラシック音楽の作品目録。表示年の2年間に発表された作品を、作曲者名のアルファベット順に配列する。記載事項は作品名、演奏楽器、演奏時間、初演地、出版情報。巻末に「日本作曲家協議会出版作品」などがある。解題は1995/1996年版による。　　　　　　　　　　　　　　　　　　　6058

洋楽索引　作曲者と原題と訳題を引き出すための〔上〕，下巻　小川昂編　民音音楽資料館　1975-1981　2冊　27cm　7500-10000円
クラシックに属する外国楽曲のうち、固有タイトルを持つものを集め、作曲者、原題、訳題を相互に検索できるようにした索引。『新・外国楽曲の呼び方』☞6057、音楽会プログラム、レコードを主な典拠とし、作曲者3076、原題2万4916、訳題2万7381を収める。2巻からなり、下巻は上巻の補遺。いずれの巻も、第1部は作曲者名をアルファベット順に配列し、原題、原曲データ（楽曲形式、演奏形態など）、訳題を記載。第2部原題索引（アルファベット順）、第3部訳題索引（五十音順）がある。　　　　　　　　6059

◆◆◆名曲解説

最新名曲解説全集　第1-24巻，補巻第1-3巻，別巻　音楽之友社編　音楽之友社　1979-1982　28冊　22cm　監修：海老沢敏ほか
　　1-3巻　交響曲、4-7巻　管弦楽曲、8-10巻　協奏曲、11-13巻　室内楽曲、14-17巻　独奏曲、18-20巻　歌劇、21-24巻　声楽曲、補巻1　交響曲・管弦楽曲・協奏曲、補巻2　室内楽曲・独奏曲、補巻3　歌劇・声楽曲　各2500円
中世から現代までの西洋音楽の名曲を精選してジャンル別に集大成し、全28巻に収めた全集。収録作品は464人の計4849作品で、邦人作曲家55人、107作品を含み、1959-1964年刊の旧版『名曲解説全集』（全18巻）より4-5割増加した。構成はジャンルごとに概説したあと作品を作曲家の生年順に配列。個々の作品については概説（作曲の経過、初演、出版、演奏時間、楽器編成）および豊富な譜例を用いた署名入りの詳細な解説からなる。別巻は総索引で原題別（アルファベット順）、訳題別（五十音順）、作曲家別（アルファベット順）に収録作品の巻および頁に導く。　　6060

名曲鑑賞辞典　中河原理編　東京堂出版　1981.4　387p　19cm　2800円
18世紀から19世紀後半まで（ヴィヴァルディからワーグナーまで）の、いわゆる名曲を鑑賞するための手引きとして、作品の背景や魅力を解説したもの。西洋クラシック音楽の作曲家56人による約200曲について、6人が署名入りで執筆する。配列は作曲家の姓名の五十音順。作曲家のカナ表記、原綴、国籍、生没年と略伝のあと、交響曲、管弦楽曲、協奏曲、独奏曲、声楽曲・歌劇の順で「概説」「成立と初演」「鑑賞」の3項目について解説する。巻頭に「収録曲目一覧」（目次）と「概説　クラシック音楽入門」、巻末にヘンデルからバルトークまでの作品年表がある。譜例、索引はない。　　　　　　　　　　　　　　　　　　　6061

名曲事典　ピアノ・オルガン編　千蔵八郎著　音楽之友社　1971　1070p　図　27cm　3800円
16世紀後半から20世紀前半に生まれた西洋音楽の作曲家173人（日本人53人を含む）の、ピアノとオルガンのための独奏曲、連弾、2台用の楽曲などからいわゆる名曲を選び、おのおの譜例付きで解説を施した事典。配列は作曲家の生年順で、作曲家について簡潔に説明したあと、作曲年代順またはジャンル別に名曲の解説を行う。作曲家には肖像を付す。巻末に収録楽曲以外の主要楽曲を、作曲家別に和文と欧文で列挙する。オーケストラ作品については、姉妹編として『名曲事典』（属啓成著、音楽之友社、1969）がある。発表会

などの選曲にも役立つ。　　　　　　　　　　*6062*

名曲大事典　クラシック　作曲家1400人の作品　縮刷版　音楽之友社　1992.3　1938p　23cm　4-276-00125-0　2400円

中世から現代（1939年生まれまで）のクラシック音楽の作曲家1400人の作品を音楽史の流れに即して並べ、解説を施して1冊にまとめた事典。配列は作曲者の生年順。記載事項は作曲家の原綴、生没年、生国や各作品の原綴、作曲年、作曲地、演奏時間、楽章構成、声部構成、解説など。雑誌『音楽の友』の付録「作品小辞典」として1981-1983年に全7冊で刊行されたものを増補改訂した別冊保存版（1985年刊）を縮刷版として刊行したもの。巻頭に詳細な作曲者名の五十音順目次と、巻末に収録作曲家の原綴索引および選択的な和文曲名索引がある。　　　　　　　　　　*6063*

◆レコード・CD目録

オリコンCD＆レコードインデックス　1988/1989-1994/1995　オリコン　1987-1994　年刊　12冊　26cm

現在わが国で発売されているクラシックを除くすべてのCD、レコードを3分冊で収録したもの。1994年3月号までの「月刊新譜情報」のデータをもとに、「アーチスト編」「ジャンル編」「CM編」「カラオケ編」「曲目編」に分け、検索の便をはかる。「アーチスト編」はアーチスト名の五十音順配列で、レコード番号、タイトル、発売年月、収録曲目名を示す。「曲目編」はシングルのほか、アルバムの収録曲も含めた五十音順配列。前身の『コンフィデンスレコードインデックス』から数回のタイトル変遷がある。解題は1994/1995年版による。　　　　　　　　　　*6064*

作曲家別クラシックCD&LD総目録　1991年版-　音楽之友社　1991-　年刊　26cm

表示年版の1月現在制作発売されているクラシックのCD（コンパクト・ディスク）とLD（レーザー・ディスク）を作曲者別に分類収録した目録。「作曲家編」と「オムニバス編」からなる。作曲家編の配列は作曲家名のアルファベット順で、その中は作品のジャンルごとのタイトルの五十音順または作品番号順。記載事項は生（没）年、国名、作品名、作曲年、演奏者名、録音年、レーベル略号、CD番号、発売年月など。1枚のCDやLDに複数の作曲家の複数の曲が収録されているものについては「オムニバス編」で扱い、楽曲のジャンルごとにグループ化して配列する。巻末に「LPレコード（一覧）」「作曲家名和文・欧文対照表」

「発売会社一覧」がある。『作曲家別クラシック・レコード総目録』を改題したもの。この目録を補う新盤情報は月刊の『レコード芸術』誌上に掲載されるので、あわせて利用するとよい。解題は1997年版による。　　　　　　　　　　*6065*

ポピュラーCD総カタログ　1995年版-　音楽出版社　1994-　年刊　26cm　（CDジャーナル別冊）

現在入手できるジャズ・ロック、ポピュラー音楽、映画、アニメ音楽などのCD（カラオケ用・自主制作盤は除く）約7万2000タイトルを収録した販売カタログ。1996年10月発売の新譜まで含む。ジャズ・フュージョン、ロック&ポップス、イージー・リスニング、映画&アニメ音楽、日本のロック&ポップス、その他（民族音楽、民謡、落語など）に項目分けし、それぞれアルバムタイトルの五十音順に配列。記載項目はタイトル、曲目、演奏者、メーカー、発売元レーベル、CD番号、価格、発売日など。巻末に五十音順人名索引（外国人名はファースト・ネームから）を付す。『ポピュラー・レコード総カタログ』を改題したもの。電子メディアとして個人向けの電子ブックと業務用のCD-ROMのHY-SFYがある。解題は1997年版による。　　　　　　　　　　*6066*

レコード目録　第1-6集　東京文化会館音楽資料室編　東京文化会館音楽資料室　1967-1991　6冊　26cm　（東京文化会館音楽資料室資料目録）

東京文化会館音楽資料室が所蔵するLPレコードの目録。第1集から第5集は洋楽について約3万1000枚を、第6集は邦楽について約2540枚を収める。配列は、洋楽は原則として作曲者別のアルファベット順で、音楽史・器楽・声楽・その他のコレクションは別立てとなっている。邦楽は分類別、曲名の五十音順に配列。ともに、作曲者名、曲名、演奏者などのほか、請求記号を示す。巻末に洋楽は作曲者索引（カナ読みの五十音順）、邦楽は題名索引（五十音順）を付す。第2集（昭和41年4月-昭和44年3月）の収録範囲は、昭和45年3月までの誤植。　　　　　　　　　　*6067*

◆音楽史

音楽史大図鑑　属啓成著　音楽之友社　1970　620p　31cm　4600円

音楽史に関する風景や絵画、音楽家、楽器などを、古代から現代まで著者自ら撮影、収集した写真をもとにまとめた図鑑。カラー版口絵21枚を含む約1500枚の写真で構成し、時代順に掲げて簡潔な説明を付す。巻末

に和文五十音順と欧文アルファベット順の総合索引（人名・地名・事項）がある。本書は1957年刊の『新編音楽歴史図鑑』を全面的に改訂したもの。具体的なイメージを持って作曲家の足跡や時代背景が理解できると同時に、楽しみながら利用できる図鑑である。
6068

日本の洋楽百年史 秋山竜英編著 第一法規出版 1966 602p 27cm 監修者：井上武士 3000円
日本における洋楽の教育、楽界の動向、公演記録などを、新聞・雑誌の記事、演奏会プログラム、文書などから出典を明記し、再構成したもの。1872-1945年までを明治、大正、昭和の3編に分け、それぞれに概説を付す。資料は年代順に、年月日、出典名、巻号、記事を記載。ほかに「戦後の洋楽」（概説）と年表（1865-1965年）がある。巻末に事項・人名・演奏会プログラムなどの各索引を付す。史実に基づく本書は、日本の洋楽史を具体的に捕らえる手がかりとなる。
6069

明治期日本人と音楽 日本近代音楽館「新聞記事にみる日本の洋楽」プロジェクトの調査に基づく 日本近代洋楽史研究会編著 立川 国立音楽大学附属図書館 1995.4 2冊 31cm 共同刊行：大空社 4-87236-998-X 全30000円
『東京日日新聞』（現・毎日新聞）に掲載された、1872年（明治5）から明治期末までの洋楽に関する全記事およそ8000件を集めたもの。「東京日日新聞全音楽記事内容」篇と「東京日日新聞音楽関係記事集成」篇からなる。前者は記事の内容を1行に要約し、日付順に配列、記事の大小、重要度や主題を記号で表す。後者は、それらの記事から約2200を選択し、原文の複製を収録したもの。前者の巻末に記事の注解と人名索引、後者の巻末に収録記事の日付順内容細目がある。
6070

【年表】

音楽史年表 入野義郎,柴田南雄著 東京創元社 1954 530p 13×19cm
欧米19か国の西暦元年から1954年までを対象とした音楽年表。4期（1600年以前、1601-1750、1751-1900、1900年以降）に分け、各期に音楽の動向や歴史の概説を記す。年表は音楽家・作品・事項・一般の4欄を設け、約1400名の音楽家および音楽関係事項を収録。東洋および日本に関する事項は一般史的事項の末尾に列記する。巻末に五十音順の人名・作品名索引がある。比較的「1900年以降」が詳しく、近代日本における西洋音楽の歴史も取り入れており、今なお有用である。典拠の記載はないが、巻末に主要参考文献がある。

西洋音楽史年表 改訂版 アルノルト・シェーリング編 ハンス・ヨアヒム・モーザー補 皆川達夫訳補 音楽之友社 1983 238p 27cm 3800円
紀元前3500年から1969年までの西洋を中心とした音楽史年表。古代、中世、近代の3期に大別し、一般史と対照させて記述する。記載内容は音楽史上の事象や様式の動向、作曲家、演奏家をはじめとする音楽関係の人物の動き、作品の初演の年や場所、あるいは作品や理論書の出版など。原著の初版は1914年だが、1935-1962年をモーザー（Moser）が、1962-1969年の事項を訳者が加筆。東洋および日本関係の事項も訳者が補足して、より総合的な年表に近づけている。巻末に和文索引がある。初版（1971年刊）の誤りや不統一を大幅に改めたもの。典拠の記載はないが、巻末に主要参考文献がある。
6072

西洋音楽史年表 J.マッキノン〔ほか〕編 上尾信也〔ほか〕監訳 音楽之友社 1997.4 346p 22cm（西洋の音楽と社会 12） 4-276-11242-7 3689円
古代（紀元前970年）から現代（1996年）までの西洋音楽史年表。古代・中世、ルネサンス、初期バロックなど編者の異なる8つの章を年代順に配列し、各章ごとに「音楽と音楽家」「政治・戦争・統治者」「文学・思想・宗教」「科学・技術・発見」「美術・彫刻・建築」の欄を設けて記述する。本書は、Man & musicシリーズ（Granada Group and the Macmillan, 1990-93）全8巻を『西洋の音楽と社会』（音楽之友社、1996-1997）全12巻として翻訳・出版する際に、原著の各巻末にある年表を第12巻として1冊にまとめたものである。巻末の和文五十音順索引は、日本語版出版にあたって新たに作成された。典拠資料や参考文献の記載はない。
6073

◆音楽家

バッハ作品総目録 角倉一朗著 白水社 1997.12 1354p 22cm（バッハ叢書 別巻2） 4-560-03769-8 45000円
バッハの全作品の目録。現在知られている1242曲のほか、本人の作であることが疑わしいものや他人の作であることが判明したものも加えて、総数1519曲を収める。配列はジャンル別（その中は作品番号順）。作品番号はBWV番号（シュミーダーの目録の番号）を採用するが、独自の工夫も試み、BC番号（シュルツ/ヴォルフの目録の番号）も併記。各曲ごとに編成、成立

年代、原典資料などの基礎データのほか、楽譜や文献の情報も記載。曲名と楽章表題をすべて日本語に訳し、文献欄は日本語文献を挙げる。曲頭の楽譜はない。巻末に作品年表、カンタータの用途別一覧および歌詞索引・人名索引（欧文、アルファベット順）を付す。全12巻に及ぶ白水社『バッハ叢書』の別巻2（最終巻）として刊行。　　　　　　　　　　　　　　　*6074*

ベートーヴェン大事典　バリー・クーパー原著監修　平野昭, 西原稔, 横原千史訳　平凡社　1997.12　341p　27cm　『The Beethoven compendium : A guide to Beethoven's life and music』の翻訳　4-582-10922-5　7500円
作曲家ベートーヴェンの人間像と音楽の概要に関する総合事典。全体を音楽的背景、人間像、信念と思想、音楽作品、作品の受容などの10章に分け、代表的な研究から最新研究までを取り込み、署名入りで体系的に解説する。音楽愛好家の利用を考えた簡潔明快な記述が特長。第7章「音楽作品」では、ジャンル別に解説を行い、各曲の詳細なデータ（譜例はない）を記載。巻末に関連年表、家系図、関係人名事典、主要参考文献リストおよび作品名索引（作品番号順）、関連人名索引（五十音順）を付す。姉妹編として『モーツァルト大事典』（平凡社、1996）がある。　　*6075*

モーツァルト事典　全作品解説事典　東京書籍　1991.11　771p　22cm　監修：海老沢敏, 吉田泰輔　4-487-73202-6　5500円
モーツァルトの全作品について、編曲、断片・習作、疑義ある作品、さらにモーツァルトの作品として親しまれてきた偽作も含めて解説する。本編と資料編からなる。本編は、各作品をジャンルごとの作曲年代順に配列。作曲（年・地）、出版、編成、演奏時間などの基本データに加え、成立史、様式・構造の分析、意義・評価についてもふれる。資料編として、人名索引を兼ねた関連人名事典、「研究文献案内」「年譜と作品表」、作品索引（ケッヒェル番号順）がある。「全作品解説事典シリーズ」の1巻。ほかに『バッハ事典』『ブルックナー/マーラー事典』がある。　　*6076*

山田耕筰作品資料目録　遠山音楽財団付属図書館編　遠山音楽財団付属図書館　1984.11　24,680p　26cm　山田耕筰の肖像あり　4-924362-01-8　18000円
遠山音楽財団付属図書館（現・日本近代音楽館）所蔵の「山田耕筰文庫」に収蔵されている、およそ1万点の山田耕筰の自筆譜、手稿譜、印刷譜と楽譜帳、レコード、テープ、著書、公演資料などに関する詳細な目録。収載作品数は約1600曲、資料件数は約7100点。声楽曲（697曲、3730点）、器楽曲（155曲、508点）、舞台楽・付随音楽（41曲、409点）、団体歌（496曲、

1723点）、編曲作品（202曲、718点）の5部からなる。配列はジャンル別作品名の五十音順で、作品ごとに手稿譜、歌詞原稿、印刷譜・版下、レコード・テープの順に記載する。資料に関する記述はできるだけ主観を排した記述に徹しており、今後のわが国の歴史的音楽資料の目録記述法としての雛形となるものである。付録として、「楽譜帳」「山田耕筰の作品全集・選集・曲集」「編集・校閲楽譜」「著書」のほか、巻末に作詞者一覧、歌いだし一覧、未確認作品一覧、作品名索引がある。　　　　　　　　　　　　　　　　*6077*

◆楽器

上野学園所蔵楽器目録　ヨーロッパ17-19世紀　〔1〕, 2　上野学園大学楽器研究室著　上野学園　1980-1990　2冊　19×26cm　上野学園創立75周年記念
上野学園が所蔵する楽器コレクションのうち、17世紀から19世紀のヨーロッパで使われた古楽器（ヴィオラ・ダ・ガンバなど24点の擦弦楽器とリュートなど18の撥弦楽器、11台のハープ、2台のハープシコード、8本の木管楽器、18本の弓）の目録。それぞれの楽器の記述は、同大学楽器研究室の音楽学者によるもので、製作者、製作年などに関すること、銘に関すること、材質・形状などの観察記録と計測データなどを日本語と英語で記述する。各楽器の全体と、必要に応じて細部を撮影した写真がある。第2巻は、その後収蔵された弦楽器および弓、管楽器、フォルテピアノなど25点を扱う。解説は前巻よりも詳細で、先行文献への参照指示がある。各巻とも巻末に楽器製作者略歴、目録で使用した楽器の部位に関する日欧用語対照表がある。
　　　　　　　　　　　　　　　　　　　　6078

図解世界楽器大事典　黒沢隆朝著　雄山閣出版　1994.12　21,443,45p　22cm　新装版　4-639-00351-X　5800円
世界各国の千数百点の楽器について、図版を多用し、神話・伝説・エピソードを随所に挿入して読み物風に解説した事典。配列はザックス（C.Sachs）の楽器分類法に準拠する。巻末に和文・欧文の人名・事項・引用書名の索引がある。著者の黒沢隆朝は東洋音楽研究の先達のひとりで、彼自身アジア諸国を現地踏査した結果が盛り込まれている。　　　　　　*6079*

東京芸術大学音楽学部小泉文夫記念資料室所蔵楽器目録
東京芸術大学音楽学部小泉文夫記念資料室編　芸術研究振興財団　1987　210p　24×24cm　英文書名：『Catalog of the musical instrument collection of the Koizumi Fumio memorial archives faculty of

music,Tokyo Geijutsu Daigaku』英文併記　企画：東京芸術大学百周年記念事業実行委員会
世界の民族楽器643点からなる楽器コレクション目録。配列は体鳴楽器、膜鳴楽器、弦鳴楽器、気鳴楽器など小泉文夫記念室独自の分類法による。各項目の記載内容は、楽器名、地域名・民族名、材質および大きさのほか、奏法・用法などの日英両語の解説で、写真を付す。巻末に日欧語による参考文献表、楽器名索引、地域別索引がある。近年の民族音楽学と世界音楽のブームのきっかけを与えた著名な民族音楽学者故・小泉文夫により収集されたもの。
6080

The Collection of musical instruments / 〔edited by〕 Kunitachi College of Music, Gakkigaku Shiryôkan ; 〔editors, Gunji Sumi ... et al.〕. Rev. and enl. ed. Tachikawa : Kunitachi College of Music Gakkigaku Shiryôkan, c1996. 2 v. : all ill. (some col.) ; 27 cm. Introductory materials and table of contents also in Japanese.
民族楽器に強いことで知られる国立音楽大学楽器資料館（現・楽器学資料館）が所蔵する各種の楽器約1580点を、全点写真付きで楽器から音が生成される過程の振動体の形状（立体、空洞の立体、棒、板、弦、膜）によって体系化したグループに分類配列した目録。2巻は音具を扱う。両巻とも楽器ごとに登録番号、体系番号、名称、地域、製作者、年代などを記載するほか、写真の一部に60センチの物差しを写し込み、楽器の大きさの目安としている。楽器の名称の項目には『Musical instruments:A comprehensive dictionary』と『The new Grove dictionary of musical instruments』の項目への参照を記す。巻末に楽器名と地名のアルファベット順欧文索引がある。
6081

◆◆ピアノ

楽器の事典ピアノ　改訂　東京音楽社　1990.1　557p　26cm　4-88564-151-9　7000円
ピアノの発達史から演奏法とその歴史にいたるまで、14の章を設けて体系的に解説した専門事典。ブランドの系譜やアジアを含む世界21か国のピアノの紹介、日本のピアノ製作のあゆみ、ピアノの種類と構造・機能など、項目ごとに多数の図版を用いて詳細な説明を付す。初版は1982年刊で、本書は1988年刊行（新装普及版）の改訂版。巻末に付録として、ピアノ発達史年表（1650-1989年）がある。調律師などの技術者、演奏家にも有用。
6082

ピアノ音楽史事典　千蔵八郎著　春秋社　1996.4　674p　20cm　4-393-93010-X　4944円
ピアノ音楽史の概要をたどるための読む事典。序章、終章を含む全11章で構成する。序章で全体を概観した後、9章までおおよそ時代順にその概要と主な作曲家・作品について解説する。ただし、もともとピアノ用でなかったバロック期の作品は、初期ピアノ作品の後（第2章）で扱う。巻末に和文人名索引および作品名索引を付す。
6083

ピアノ名曲辞典　ドレミ楽譜出版社　1988.7　494p　31cm　折り込み図1枚　4-8108-0489-5　10000円
クラシックのピアノ曲約450曲を、作曲家別に収録した楽譜集。配列は作曲者名のカタカナ表記による五十音順。楽譜を通常の4分の1に縮小して収載し、作曲者や楽曲に関する解説を付す。付録として「西洋音楽の流れ」「音楽の形式について」「ピアノの歴史」（概説）「楽語小辞典」および年表がある。巻末に曲名および曲集名の五十音順索引とアルファベット順索引、さらに作曲者名の欧文索引がある。ピアノ指導者、学習者あるいは愛好家のための実用的な資料。
6084

ピアノ・レパートリー事典　高橋淳編著　春秋社　1988.6　438p　20cm　英文書名：『Dictionary of repertoire for pianists』4-393-93004-5　3200円
クラシックのピアノ作品のうち出版された楽譜に即して、欧米の作曲家147名と邦人作曲家121名の作品、および複数の作曲家の曲集を作曲者の五十音順に収録した作品便覧。記載内容は、日本語による作品名・作品番号、原題・作曲年代、難易度、出版社名・出版番号および簡略な解説文。主要作曲家には略歴を記載し、入手可能な関係図書を列記する。巻末に国別の「欧米出版社一覧」と「外国の主要な出版社」（概説）および作曲者索引（原語アルファベット順）と作品名索引（日本語索引と欧字索引）がある。ピアノ指導者の教材選びや演奏会のプログラム編成の参考に役立つ事典。
6085

◆◆ギター

ギター事典　1-2　小倉俊著　音楽之友社　1970-1974　2冊　27cm　1600円,3400円
ギターについて、巻頭図版ほか300枚以上の写真を用いて体系的に解説した事典。「歴史と人名」「演奏と記譜法」の2巻からなる。第1巻ではギターおよびギター音楽を史的に概説し、その中でリュートなどの関連楽器についても触れる。人名については、楽器製作者、演奏家、作曲家などを取り上げる。第2巻では奏法やそれに応じた記譜法の知識を提供。また、ギターの構造については、両巻ともにそれぞれの見地から扱う。第2巻末に参考文献を付す。第1巻末に和文人名索引、

第2巻末に和文の事項および人名索引があり、人名の多くに欧文表記を併記する。　　　　　　　　6086

◆◆打楽器

打楽器事典 新版 網代景介, 岡田知之共著 音楽之友社 1994.8　vi,426p 24cm 4-276-00161-7　6800円
現存する打楽器のうち、歴史的意義のあるもの、民族的特色のあるもの、今日一般に使われているもの、特定の楽曲に用いられた特殊なものを取り上げ、豊富な写真などを用いて解説した事典。項目数は1220、打楽器の付属品や奏法に関する用語も収録する。配列はかな見出しの五十音順で、必要に応じて漢字や外国語の表記、楽器分類を併記する。解説文中の見出し語には星印を付す。巻末に付録として「参考資料」「鍵盤打楽器音域表」「主要楽器名対照表」「打楽器用語対訳表」、欧文および和文の事項索引がある。初版は1981年。新版刊行にあたって項目を加除し、和文索引を追加した。　　　　　　　　　　　　　　　　6087

◆◆電子オルガン

エレクトーン事典 ヤマハ音楽振興会編 ヤマハ音楽振興会 1996.4　227p 26cm 2400円
エレクトーン（電子オルガン）を使って、作曲・編曲・演奏する際に必要十分な知識を、図を適宜用いて体系的に解説した初めての事典。「エレクトーンの基礎知識（歴史・奏法）」「エレクトーンの演奏・編曲のための楽器学」「音楽の理論と歴史」「音響関連」の4部からなる。全体を通して平易な説明で実用的。また音響機器としての観点から、音響関連用語、ホールでのレジストレーションの留意事項を解説する。巻末に五十音順とアルファベット順の事項・人名索引および題名索引（クラシックのみ）を付す。　　6088

◆器楽合奏

◆◆管弦楽

日本の管弦楽作品表 1912-1992 楢崎洋子編著 日本交響楽振興財団 1994.10　375p 26cm 発売：紀伊国屋書店 4-9900303-0-3　9800円
日本の作曲家による管弦楽作品を通史的に、また作曲者別に示す作品表。収録対象は、1992年12月までに演奏会、放送、楽譜出版、レコードのいずれかによって公表された、原則として15人編成以上の日本のオーケストラ作品。2部からなり、「初演年順作品表」は初演年月日順に、「作曲者別作品表」は作曲者名のローマ字表記のアルファベット順に配列されている。両作品表とも、記載項目は作曲者名、作品名、編成、演奏時間、初演、楽譜・音盤など。凡例に主要参考資料一覧があり、まえがきでその他の参考資料について言及している。　　　　　　　　　　　　　　6089

◆◆吹奏楽

バンド・ミュージック・インデックス 552 秋山紀夫著 佼成出版社 1988.7　638p 22cm 4-333-01334-8 4800円
吹奏楽のオリジナル、アレンジの曲で、よく演奏され親しまれている作品および歴史的に重要な作品552曲を取り上げ解説したもの。配列は作曲者名のアルファベット順で、その中は曲名のアルファベット順。記載内容はタイトル、日本語タイトル、作曲者名、出版者（出版年代）・レコード番号・指揮者・演奏団体・演奏時間、曲目解説にスコアの第1頁を付す。巻末に邦題、原題から引ける曲目索引がある。同じ著者・出版社による姉妹編『行進曲インデックス218』（1984年刊）とともに、有用かつ実用的なガイドブック。　　6090

名曲とレコード/人名事典 新版 音楽之友社編 音楽之友社 1984.3　284p 27cm 吹奏楽講座 第8巻 4-276-02608-3　3500円
吹奏楽の名曲解説、人名事典およびレコード情報を集成したもの。名曲解説は、約370曲を「マーチ」「オリジナル」「日本の作品」「アンサンブル」に分類し、多数の譜例を交えて署名入りで解説する。記載事項は各曲の出版、難易度、演奏時間など。人名事典は外国人のみ約400人をアルファベット順配列で収録。レコード情報は国内盤26点、外国盤は国別に計約100点を収録。『最新吹奏楽講座』（1969-1970年刊）の改訂新版（全8巻）の最終巻であり、第1-7巻の資料としても役立つ実用的な書である。索引はない。　6091

◆軽音楽

◆◆ジャズ

ジャズの事典 河野隆次著 大阪 創元社 1957　513,90p

図版 18cm

ジャズ音楽について、その歴史・用語・作品・音楽家などの知識を広く把握するための事典。8編（ジャズとは何か、ジャズの歴史、スター・プレーヤー、作詞・作曲家と代表作品、スタンダード・ナンバー、ジャズ・レコードガイド、ジャズの用語、ジャズの楽器）からなる。配列は、人名についてはカナ表記による五十音順で原綴併記。作品の記載事項は、タイトル（原題併記）、作曲・作詞家名、曲目解説。巻末に「ジャズの文献」および「レコード会社一覧」がある。索引はアルファベット順人名索引と、英文・和文の曲名索引の2種。
6092

新・世界ジャズ人名辞典 スイングジャーナル社 1988.5 534p 26cm （スイングジャーナル1988.5 臨増）
監修：油井正一

世界各国の著名なジャズ演奏家（海外2300名、国内600名）を中心に、グループ、プロデューサーなどを含む約3000名を収録した人名事典。ジャンルごとに姓またはグループ名のアルファベット順に配列。記載事項は、生年月日、出生地、経歴などで、一部に写真も掲載。付録として、「年度別海外ジャズメン来日一覧」など。巻末に海外のジャズ演奏家のカナ表記による五十音順人名索引がある。雑誌『スイングジャーナル』の別冊臨時増刊号として1971年に刊行された『世界ジャズ人名辞典』の1976年版、1981年版に次ぐ改訂版。
6093

◆◆ポピュラー

ポピュラー音楽人名事典 日外アソシエーツ編 日外アソシエーツ 1994.7 61,682p 22cm 発売：紀伊国屋書店 4-8169-1223-1 19800円

日本のポピュラー音楽各分野の歌手、作詞家、作曲家、評論家など4153人を収録した人名事典。配列は、一般的に最も多く使用されている通称を見出し語とする五十音順で、別名・グループ名などからの参照を適宜用いる。各項目の記載事項は、職業、肩書、専攻分野、国籍、生（没）年月日、出生（出身）地、本名・旧姓（名）・別名、興味テーマ、受賞名、経歴、所属団体名、趣味、家族、連絡先など。巻頭に活動分野を補記した五十音順人名目次がある。
6094

ポピュラー・スター事典 岡部迪子編 水星社 音楽之友社（発売）1976 355p 22cm 英文書名：『Who's who in popular music』 3800円

ポピュラー音楽分野における世界の主な歌手・演奏家・作曲家800余名を署名入りで解説した人名事典。ロック、ソウルなど12のジャンルに分け、姓またはグループ名の五十音順に配列し、経歴・主要楽曲・写真などを記載する。巻末に人名・グループ名のアルファベット順索引がある。執筆者がそれぞれ得意なジャンルを受け持ち、レコードの紹介や執筆者の感想を含んだ解説をしている点が特長。わかりやすく通読性のある事典。
6095

◆◆ロック

ロック・アーティスト辞典 新興楽譜出版社 1972 455p 22cm 背の書名：『Rock encyclopedia, edition artistgraphy』 1500円

ロック音楽のアーティスト、約400名を収録した人名事典。ただし、日本のロック音楽のアーティストは含まない。アーティスト名あるいはグループ名のアルファベット順配列（外国人はファースト・ネームから）。記載項目は、人名、国籍、デビュー年（グループは結成年）、グループの場合は各メンバー名と担当楽器、経歴、主要レコード（LP/シングル）。巻末にカタカナ表記による五十音順索引を付す。『ロック名曲辞典』☞6097 を併用すると、ロック音楽の全体像が把握できる。
6096

ロック名曲辞典 新興楽譜出版社 1972 393p 図 22cm 背の書名：『Rock encyclopedia, edition songgraphy』 1500円

日本で知られているロックの名曲およびヒット曲を約1000曲収録した曲名便覧。原題名をアルファベット順に配列し、作詞・作曲者、オリジナル・ヒット年およびアーティスト、カバー・バージョン、解説をわかりやすく記載。巻末に邦訳題名の五十音順索引がある。先に出版された『ロック・アーティスト辞典』☞6096 で取り上げたアーティストに重点を置き選曲している。併用すれば、ロック音楽の事典として幅広く活用できる。
6097

◆宗教音楽

声明関係資料年表 岩田宗一編 京都 平楽寺書店 1974 201p 22cm 3800円

仏教各宗派の声明本・口伝書・法則集・法会記録・楽理書・研究書などを584年から1973年までの範囲でまとめた年表。「声明本・研究書・参考資料」と「法会（要）等声明史関連事項」の2欄を設け、前欄では約1900の資料について資料名・撰者等・書写者・出拠を、後欄では関与した人物・法要の場所・名称・出典

を約1300件記載。巻末に五十音順に配列した付録「引用文献および略記解」と「資料索引」がある。この年表は、内題に「仏教音楽主流の記録と歴史」という副題があるとおり、声明演奏史のみならず日本における仏教音楽の貴重な参考文献集である。　　　　*6098*

日本の教会音楽(讃美歌・聖歌)関係資料目録　手代木俊一，フェリス女学院短期大学音楽科研究図書室編　横浜　フェリス女学院短期大学　1989.3　95p 26cm　付(図1枚)

明治初期より1988年10月までに日本で刊行された讃美歌・聖歌集およびその歴史・解説・研究・関連書1107点を網羅的に収録した目録。単行書、讃美歌・聖歌集、逐次刊行物の3つに大別し、おのおの書名のアルファベット順に配列。書誌事項、注記、解題を記す。巻末に日本の主要な讃美歌・聖歌集の年表と著訳編者索引（アルファベット順）がある。追補分は『讃美歌・聖歌と日本の近代』（手代木俊一、音楽之友社、1999年刊行予定）の巻末に収録される。　　　　*6099*

◆オペラ

オックスフォードオペラ大事典　ジョン・ウォラック，ユアン・ウエスト編著　大崎滋生，西原稔監訳　平凡社　1996.3　861p 27cm　『The Oxford dictionary of opera』の翻訳　4-582-12521-2　22000円

オペラに関して、人物や作品などあらゆる事項を五十音順に配列し、解説した事典。人物については、作曲家、台本作家、歌手、指揮者、演出家などのオペラ活動に主眼をおいた略歴、作品については、成立史や筋書きなどを記す。さらに、アリア名、登場人物名、音楽用語も見出し項目に含む。見出し語には原綴を併記し、本文中の見出し語に星印を付す。一般向け事典として読みやすく簡潔な記述が特徴。巻末に資料編として参考文献、和文五十音順索引と作品名・人名・アリアから引ける3種の欧文索引を付す。　　　　*6100*

オペラ鑑賞辞典　中河原理編　東京堂出版　1990.7　425p 20cm　4-490-10271-2　2900円

世界の主なオペラを、作曲家の五十音順に配列し、わかりやすく解説した便覧。欧米人75人と日本人作曲家7人の作品、計158曲を収録する。記載事項は作曲者の略歴、作品概説、成立と初演、鑑賞。人名や曲名の原綴の表記がなく、索引もないため、訳題が不明な場合は利用し難いが、オペラ鑑賞の手引きとしては十分活用できる。　　　　*6101*

オペラ辞典　浅香淳編　音楽之友社　1993.11　686p 20cm　4-276-00050-5　4500円

オペラにかかわる作曲家、声楽家、指揮者、演出家、台本作家、劇場支配人、パトロンから、劇場、音楽祭、登場人物、用語、概念の叙述に至るまで、3300余りの項目を収録した専門事典。配列は項目の五十音順。カタカナ表記の見出し語に原綴を併記する。主要作曲家の項目には主要作品表を付す。巻末に欧文索引がある。収録範囲が広く内容も詳細で、専門家はもちろんオペラ愛好家にとっても座右の書となりうる事典である。　　　　*6102*

オペラ名曲百科　上，下　永竹由幸著　音楽之友社　1984-1989　2冊 22cm　上巻：初版（1980年刊）の増補版　4950円,5600円

1970年代前半までのオペラの名曲440曲について解説した鑑賞のための事典。上下2巻からなり、上巻はイタリア、フランス、スペイン、ブラジル、下巻はドイツ、オーストリア、ロシア、チェコスロバキア、ハンガリー、ポーランド、イギリス、アメリカ、日本の作品を収録。国ごとに分け、作曲家の生年順に分類した上で作品の初演年順に配列。タイトル、原作者・原作名、台本作家、作曲者、初演データ、演奏時間、台本内容の時代・場所、登場人物、解説、筋書を記す。下巻巻末に欧文曲名索引、作曲家別曲名索引を付す。上巻のみ初版に18作品を追加した。　　　　*6103*

歌劇大事典　増補版　大田黒元雄著　音楽之友社　1974　822p 図版 22cm

歌劇に関する事項を網羅的に収めた専門事典。収録対象は、作品・作曲家・歌手・指揮者・台本作者・興行者・楽語・有名なアリア・題材になった戯曲や小説とその作者など広範囲にわたる。配列は原語を見出しとするアルファベット順。巻頭に劇場・作曲家・歌手などの写真、巻末に日本語索引を付す。1962年刊行の初版に「歌手16人」「邦人作曲の歌劇」「死亡者名簿」の項目を追加した増補版。批判的な記述を避け、事実に即して客観的に説明する。　　　　*6104*

日本のオペラ年鑑　1995-　オペラ団体協議会編　オペラ団体協議会　1997-　年刊 26cm

日本国内で行われたオペラ公演の記録と団体名簿をあわせたオペラに関する初の年鑑。「1995年のオペラ全般の展望」「主要オペラ団体、劇場の活動」「地方オペラの展望と課題」「助成金交付状況一覧（1987-1995年）」など14章からなる。巻末に受賞・表彰、コンクール（国内・外国）などの記録を付す。オペラ、オペレッタを対象としており、ミュージカルなど、ポピュラーの音楽劇は含まない。解題は1995年版による。　　　　*6105*

◆声楽

◆◆声楽・合唱

合唱事典 新訂 音楽之友社 1983.7 635p 27cm 4-276-00150-1 4200円
楽典や音楽史などの理論から練習法や合唱団運営などの実践まで、合唱音楽について譜例・図版を交えて包括的かつ体系的に解説した事典。51項目を理論編、実技編、運営編の3編に分類して記述する。内容が基礎から応用へ展開した形をとっており、合唱を志す人にとってきわめて実用的な事典である。巻末に付録として年表、用語解説を収める。初版は1967年刊。新訂にあたり本文に若干の加筆を施し、参考文献と合唱レコードリストを削除した。巻末に立項項目のほか本文中の重要語を対象とする和文索引がある。
6106

曲名でひける合唱曲集総合辞典 ミュージックランド編 ミュージックランド 1993.5 861p 26cm 15244円
1992年12月現在日本で出版されている合唱曲の楽譜を網羅的に集めた国内唯一の辞典。「曲集別収録曲目一覧」「曲目別索引」「作曲家別索引」からなる。「曲集別収録曲目一覧」は、ジャンル別に曲集名の五十音順配列、記載事項は作詞・作曲・編曲者名、出版社名、定価、判型、頁数、演奏時間、グレード表示、収録曲目名、演奏形態など。「曲目別索引」は、曲集名、収録曲名のいずれからも引ける。付録として、巻末に「国内オリジナル曲CD索引」、NHK・全日本の歴代コンクール課題曲一覧などを付す。1994年度追加版、1994年度の情報を累積した1996年度追加版がある。
6107

声楽・合唱辞典 辻荘一，清水脩，山本金雄監修 カワイ楽譜 1970 366p 19cm 950円
日本音楽を含む声楽・合唱に関する音楽辞典。用語のほかに、関連する作曲家や作品を収録。小項目主義の辞典だが「発音」の項目には重点を置き、詳しく解説する。巻末に「現代日本の声楽・合唱主要作品と作曲家」（一覧）「ラテン語の読み方と発音表記」「日本民謡地図」および和文曲名索引と欧文事項索引を付す。
6108

声楽曲鑑賞辞典 中河原理編 東京堂出版 1993.9 485p 20cm 4-490-10347-6 3800円
中世から現代までの声楽曲の便覧。グレゴリオ聖歌以降、現在までの欧米の作曲家120人と日本の作曲家18人の作品、世界の民謡、黒人霊歌、クリスマス・ソングなど約560曲を収録。作曲家を五十音順に配列し、略歴と個々の作品についての概説、成立と初演・出版、編成・演奏時間などを記述する。曲名に原綴表記がなく、曲名索引がない点が惜しまれる。
6109

◆◆民謡・フォーク

日本民謡大観 日本放送協会編 日本放送出版協会 1952-1993 14冊 26-27cm 第1巻の初版（昭和19年刊）は日本放送協会事務局編
全国各地の民謡を、NHKのネットワークによる録音および町田嘉声その他の収集になる録音から採譜集成し、解説を加えたもの。各巻とも都道府県ごとに概説した後、個々の民謡を田植え唄、酒造り唄などのジャンル順に配列。各民謡には採譜した音形と歌詞、解説のほか、採譜地名、インフォマント（伝承者）などのデータを記す。各巻末に楽譜、歌詞、解説の総合索引を付す。1941年から全国くまなく調査した、わが国の伝承民俗音楽文化の集大成として極めて貴重な資料。関東編、東北編、中部編、近畿編、中国編、四国編、九州編、北海道編の第1期全8巻9冊刊行の後、「沖縄奄美」（1989-1993年刊、全4巻）、また、別冊として第1期の総索引が1984年に刊行された。
6110

日本民謡大事典 浅野建二編 雄山閣出版 1983.6 31, 547,58p 図版20枚 27cm 4-639-00240-8 18000円
全国各地で唄い踊られているいわゆる「民謡」とそれに付帯した民俗芸能に関する語彙、曲目、人名、書名、類型歌詞などから2437項目を選んで、五十音順に配列し、それぞれに一部署名入りで学術的な解説を施した事典。解説文中の見出し語に星印を付す。巻頭に収載した民謡などを対象とする「分類別曲目一覧」（都道府県名を付記）および都道府県別の曲目一覧（分類名を付記）、巻末に「唄いだし索引」および「総索引」があり、掲載項目番号に導く。
6111

フォーク辞典 新興楽譜出版社 1972 403p(図共) 22cm 背の書名：『Folk encyclopedia artist & songgraphy』 1500円
伝統的英米フォーク・ソングからモダン・フォークまでの作曲家・演奏家の人名辞典（アーティスト編）と作品の詳しい解説事典（名曲編）からなる事典。「アーティスト編」は約150名を原綴のアルファベット順に配列。記載項目は人名・グループ名、国籍、デビュー年（グループは結成年）、グループの場合は各メンバー名と担当楽器、経歴、主要レコード。「名曲編」は約500曲を収録し、原題、作詞・作曲家名、オリジナル・ヒット年月日、カバー・バージョンを記載項目とする。巻末にアーティスト索引（ファースト・ネー

ムからの五十音順）および曲名索引（邦題の五十音順）を付す。　　　　　　　　　　　　　　　　　　　　*6112*

◆◆国歌

君が代関係文献目録　佐藤徹夫編　立川　国立音楽大学附属図書館　1992.2　241p　26cm　（Bibliography and index series 14）　付(42p)：君が代関係文献目録・補遺および追加

「君が代」あるいは「国歌」をテーマに、初出1880年から1990年末までの関係文献1995件を収録した書誌。配列は文献の掲載日・発行日順。記載項目は資料番号、タイトル、著者、収載情報のほか、注記事項として再録・転載情報など。巻末に、資料別索引、発言者など人名索引（いずれも五十音順）がある。『君が代史料集成』（繁下和雄・佐藤徹夫編、大空社、1991、全5巻）の内、第2巻の異版。付録は1991年までの追加データなどを収めたもの。　　　　　　　　　　　*6113*

◆◆学校唱歌・童謡

唱歌教材目録　明治編　〔立川〕〔国立音楽大学音楽研究所〕〔1981〕　p61-218　26cm　『音楽研究所年報第4集』抜刷

明治期に出版されたわが国の唱歌本（教育用歌曲集）の概要および所在を集大成したもの。原書、あるいは現在見られる版を確認の上、収録（公刊されなかった本、讃美歌、俗曲などは含まない）。配列は初版の発行年順。書誌事項のほか楽譜形態、所蔵図書館を示す。巻末に「未確認唱歌教材一覧」および書名と副書名双方から検索できる索引（五十音順）がある。続編　音楽研究所年報第5集別冊『唱歌索引　明治編1』☞6115によって個々の唱歌の検索が可能である。　　　　　　　　　　　　　　　　　　　　*6114*

唱歌索引　明治編　1　曲名・歌詞索引　国立音楽大学音楽研究所編　立川　国立音楽大学音楽研究所　1985.3　629p　26cm　音楽研究所年報　第5集〔昭和58年度〕別冊〔3〕

国立音楽大学音楽研究所年報第4集『唱歌教材目録　明治編』☞6114所収の唱歌本に収められた唱歌の索引。収録数は約1万5000曲で、「実際に教育等に用いられた」という視点から選択されたもの（理論書中の譜例や讃美歌などは除く）。五十音順の曲名索引と歌詞（うたいだし）索引からなる。曲名索引では旋律番号と歌詞番号を示し、歌詞索引では、さらに作詞者、作曲者、出典などの情報を追加、出典の番号から前記目録の唱歌本へ導く。巻末に前記目録の追録・訂正表を付す。本来は、前記目録と併用すべきものであるが、単体でも個々の唱歌の検索に利用できる、質量ともに充実した索引である。　　　　　　　　　　　*6115*

童謡唱歌名曲全集　別冊　上笙一郎〔ほか〕解説　名著出版　1989.2　183p　27cm

『童謡唱歌名曲全集』（京文社、1931-1932、全8巻・続篇1冊）の復刻版の別冊解説。総解説、総目次、収録曲1385篇に対する曲名索引、歌い出し索引、人名索引（いずれも五十音順）を収録。人名索引には署名入りの簡単な人名解説を付す。　　　　　　*6116*

◆◆シャンソン・流行歌

オリコンチャート・ブック　LP編，アーティスト編　オリジナルコンフィデンス　1988,1997　2冊　27,31cm　（Oricon books）　3800,6500円

過去のオリコン・チャート・データをまとめ、LP盤・シングル盤の売り上げ動向を示し、日本の流行歌史を見渡すことのできるデータ集。「LP編」と「アーティスト編」の2冊からなる。「LP編」は1970-1989年の20年間を調査期間とし、約2100人のアーティストと9200ヒット作品、「アーティスト編」は1968-1997年の30年間にわたる約3300人、1万5000ヒット作品のリストなどを収載する。配列はともにアーティスト名の五十音順。記載項目はタイトル、発売元、オリコンチャート最高位、登場週数、売上枚数など。「LP編」には音楽関係トピックスを中心とする年表も含まれる。「LP編」のみ巻頭に和文五十音順人名索引（外国人名はファースト・ネームから）がある。「アーティスト編」は1990年刊行旧版にその後のリストを追補した改訂版。姉妹編として「アルバムチャート編」を刊行予定。　　　　　　　　　　　　　　　　　　*6117*

オリコン年鑑　1980-　オリジナルコンフィデンス　1980-　年刊　27cm

日本の音楽産業、ポピュラー音楽関係の人名・団体名簿と表示年版の前年の詳細なデータ集からなる年鑑。人名・団体名簿は、18編（新人歌手総カタログ、アーティスト・ファイル、ファンクラブ一覧、作詞・作曲・編曲家一覧、レコード会社一覧など）で構成される。データ集は1年間のヒットチャートをアーティスト別、作曲家別などさまざまな角度から分析したもの。1971年創刊の『コンフィデンス年鑑』を改題したもので、1989年からは、データ集が別冊となった。現在では、オリコンのホームページがwebサイト上にあり、多様な検索も可能である。解題は1997年版による。　　　　　　　　　　　　　　　　　　　　*6118*

シャンソンのアーティストたち　薮内久著　大阪　松本工房　1993.11　726p　23cm　4-944055-02-1　9800円
レコードに登場したフランスの200人の歌手たちを選び、評伝、主要レコードや代表的な作品の解説を付したシャンソン・アーティスト人名事典。配列は人名の原綴のアルファベット順。各頁の上端にそれぞれ2枚のモノクロ写真のほか、62頁にも及ぶカラーグラビアの頁があり、レコードのジャケット、楽譜、ポスター、プログラム、文献などから抜粋した写真図版が豊富。巻末に参考文献と、人名索引および曲名索引（いずれもアルファベット順欧文索引と五十音順和文索引）がある。　6119

昭和流行歌総覧　戦前・戦中編　福田俊二，加藤正義編　柘植書房　1994.4　713p　27cm　4-8068-0337-5　18000円
1928年（昭和3）から1945年（昭和20）にレコード発売された流行歌、約2万曲の総覧。『日本流行歌年表』☞6121 を基に、レコード会社の目録、宣伝チラシ、SPレコード、流行歌集などから収集。レコード番号不明の曲は除く。配列は発売年順。曲名、歌手、作詞家、作曲家、レコード番号などを各年ごと、レコード会社別に記載。曲名、人名、いずれも現代かなづかい、新漢字を用いる。巻末に付録として「その他レーベル、レコード会社」があり、本編に収載しなかったその他のレコード会社のデータを収録する。索引はない。　6120

日本流行歌年表　福田俊二編　宇都宮　彩工社　1968　395p　22cm　1500円
1928年（昭和3）から1965年（昭和40）に発売された主要な流行歌を年度ごとに掲載したもの。各年度内はレコード会社別に、曲名、吹込者（歌手）、作詞者、作曲者、レコード番号を記載する。ヒット曲はゴシックで表示。各年度ごとに簡略な一般年表を付し、流行歌の生まれた社会的背景などを理解しやすくしている。巻末に五十音順曲名索引がある。　6121

ビートルズ事典　改訂増補版　香月利一編著　立風書房　1988.7　250,28p　30cm　製作：イッセイ　4-651-82011-5　2900円
ビートルズを愛好する著者の手による、ビートルズに関する雑多な記録の集成である。1962年に結成され1970年に解散したビートルズの活動期と解散後の年代記、コンサート・ツアー、使用楽器、フィルモグラフィー、ディスコグラフィー、関連出版物、全作品のデータと歌詞、メンバーのプロフィールなどを注釈つきで掲載し、豊富な写真や図版を添える。索引はない。1974年刊初版の改訂にあたって、1974年以降に発売されたLPなどを収録、レコード番号などを修正した。読むビートルズ・データブックといえる。　6122

ミュージック・データ・ブック　1955-95年ビルボード年間チャート完全収録　FM「fan」編集部編　共同通信社　1996.7　288p　26cm　監修：東ひさゆき　4-7641-0367-2　3300円
アメリカの音楽業界誌『ビルボード』（Billboard）に収載された流行歌のヒットチャート40年分をまとめて収録したデータ集。代表的な通算記録や解説のほか、グラミー賞・アカデミー賞の受賞作品リスト、「クリスマス・ソング・リスト」「ロック＆ポップス・アーティスト・カレンダー」など。索引はない。　6123

◆◆映画音楽

映画音楽　改訂第3版　青木啓，日野康一著　誠文堂新光社　1979.8　475p　20cm　1800円
音楽が話題になった映画について、豊富な図版とともに、その内容と音楽を1作品1頁で解説したもの。1934年から1975年までのアメリカ・ヨーロッパ映画295本を「栄光のアカデミー賞」「スタンダード・ヒット」など7分類して収録する。巻末に付録として「アカデミー賞音楽部門受賞候補リスト1934-1975」「参考文献」「映画音楽ディスコグラフィー」などがある。巻末の索引は、主題歌索引（アルファベット順、訳題つき）と映画索引（五十音順、原題つき）の2種類。初版（1969年刊）に収録した作品は260本であったが版を重ねるごとに最新のヒット曲を追加。なお、付録のうち、初版にあった「世界の映画音楽家」は改訂にあたって省かれた。　6124

世界映画音楽事典'78　キネマ旬報社　1978.10　274,39p　26cm　（キネマ旬報増刊）　2400円
1927-1978年までの映画（日本映画は除く）から、音楽の面で重要な作品981本を選び解説を加えた事典。配列は日本公開時の題名の五十音順で、日本題名、原題名、製作国、製作会社、製作国の公開年、日本公開年、製作者、監督、音楽監督、『キネマ旬報』紹介号数、解説を記載する。解説は、音楽に重点をおく。巻末に映画音楽作曲家名鑑、アカデミー賞音楽部門受賞一覧、グラミー賞受賞一覧を付す。　6125

フィルム・ミュージック　世界映画音楽事典　岡俊雄著　〔東村山〕教育社　1988.6　604p　19cm　4-315-50695-8　2800円
映画音楽の歴史と作品を解説した事典。「映画音楽の歴史」「映画音楽・音楽映画名作100選」「101人の映画音楽家」（約60人の追補あり）「サウンドトラックのクラシック音楽」「テーマ別音楽映画」「アカデミー音楽

賞一覧」の6章からなる。名作100選は、タイトル（原綴併記）、監督・音楽担当・出演者名、音楽を中心にした内容解説を映画の一場面とともに記載。巻末に映画のタイトル索引、曲名の邦題・原題から引ける索引がある。
6126

◆邦楽

【書誌】

竹内道敬寄託文庫目録 その1-〔続刊中〕竹内道敬〔ほか〕編 立川 国立音楽大学附属図書館 1989- 27cm （Bibliography and index series）
国立音楽大学附属図書館が竹内道敬氏から寄託を受けた江戸時代の主に三味線音楽に関する所蔵目録。現在までに（その1）宮古路節の部、（その2）豊後節の部、（その3）江戸長唄の部、（その4）芝居番付の部、（その5）錦絵図録の部、（その6）義太夫の部、（その7）古曲の部、（その8）追加篇（1）宮古路・豊後節の部、（その9）追加篇（2）摺物などの部、の9集が刊行され、全10集の予定で続刊中。図版は「宮古路節の部」だけが本文に組み込まれているが、その他は別頁立てで、絵入り正本、絵本番付など。「錦絵図録」は出語り図のみカラー、その他はモノクロ。追加篇（2）は掲載資料の約8割の図版を含む。「芝居番付の部」と「錦絵図録の部」では音曲に関する項目が加わる。構成や項目、索引の種類は扱われている主題によって異なる。各目録とも若手の研究者による最新の研究成果が反映されており、文学、歌舞伎、近世邦楽関係者必須の資料といえる。全10集で約1万600点の資料を収載する予定。
6127

日本音楽資料室展観目録 昭和50年-63年 福島和夫著 上野学園日本音楽資料室 1990.3 12冊（合本1冊） 27cm 限定版
上野学園日本音楽資料室所蔵資料を中心とした貴重資料の解題付展観目録の12回分を合冊したもの。第1回は雅楽資料展、以下日本の歌謡資料、能楽資料展（下掛系統の謡本）、声明資料展、日本音楽資料展、河東節資料展、声明資料展声明集、日本の楽譜展、声明資料展講式、中世の音楽資料、楽歳堂旧蔵の楽書、琴楽資料展。第1回は書誌事項のみ、第2回以降は詳細な解題を付す。第4回（声明資料展）および第7回（声明資料展声明集）以降には翻刻を数点含む。第8回（日本の楽譜展）には英文解題を付す。日本音楽資料に関する文献学的研究の端緒となった重要な目録。
6128

日本古典音楽文献解題 岸辺成雄博士古稀記念出版委員会編 講談社 1987.9 560p 22cm 4-06-201389-4
日本の古典音楽に関する約2000の基本的単行本、レコード解説書を署名入りで解題したもの。ただし、民俗音楽（民謡・民俗芸能の音楽）、地域音楽（沖縄音楽・アイヌ音楽・盲僧琵琶・吉備楽など）、外来音楽（キリシタン音楽・琴楽・明清楽など）は除き、現代の刊行・制作物は1984年7月までに発行・発売のものに限る。配列は書名の五十音順。本文中の見出し語に星印を付す。記載は書誌事項、解題に加え、必要に応じて所在や翻刻情報も含む。巻末に各分野の研究の手引と岸辺成雄博士年譜・業績目録を付す。巻末に分類別項目索引がある。日本音楽についての初のまとまった解題書であるが、雑誌論文に関しては『音楽文献目録』☞6018を見る必要がある。
6129

【辞典・事典】

江戸音曲事典 小野武雄編著 展望社 1979.10 389p 20cm （江戸風俗図誌 第7巻） 3500円
江戸時代の音曲（豊後系浄瑠璃、長唄、義太夫、俗謡、箏・琴、琵琶、尺八から歌舞伎、遊芸、舞踊、雑芸まで）について、さまざまな文献から引用した一口事典。図版は巻頭のほか、本文中に適宜配す。全体の構成の統一性に欠け、見出しに使用されている言葉には定義上の問題が若干あるが、コンパクトにまとめてある。索引はない。
6130

日本音楽大事典 平凡社 1989.3 1034,112,46p 27cm 監修：平野健次ほか 折り込図2枚 4-582-10911-X 22000円
日本音楽とそれに関連するアジアその他の関係項目について図版を適宜配し、体系的に解説した総合事典。約5000の項目を129名の執筆者が署名入りで詳述する。事項編、人名編、曲名編の3部からなり、事項編は体系的配列、人名編、曲名編はそれぞれ五十音順配列。巻末に付録として、楽器分類表、点字記譜法、系図、曲目表がある。巻末の総合索引は、立項項目を太字で、解説中の重要語句を細字で示し、図表や譜例へも導く。『邦楽百科辞典』☞6133と比較して、大項目主義で読む事典となっており、併用するとよい。
6131

邦楽曲名事典 平凡社 1994.6 256,51p 27cm 監修：平野健次ほか 4-582-10912-8 6800円
『日本音楽大事典』☞6131の曲名編を独立させたハンディな曲名事典（民謡は含まない）。曲名、読み方、曲種、作曲の由来と曲の特徴などを署名入りで詳しく解説する。索引は各楽曲の異称・別称を含めた曲名索引と、作曲者などの人名索引が混配。難読曲名のための漢字画数索引を新たに付加したが、本文への改訂は

ほとんどない。『邦楽舞踊事典』☞6134 と比較して収録数は多く、解説は客観的で相互参照も詳しい。

6132

邦楽百科辞典 雅楽から民謡まで 音楽之友社 1984.11 1076p 27cm 監修：吉川英史 4-276-00090-4 15000円

古代から現代までのすべての日本音楽に関する人名、曲名、書名、用語など約5300項目を一部署名入りで解説した事典。小項目主義をとり、全項目の五十音順配列。適宜写真、譜例、図版などを配す。付録、索引はない。『日本音楽大事典』☞6131 では除外された書名を含む。初学者向きだが、上記資料と併用すべき。

6133

邦楽舞踊辞典 渥美清太郎編 冨山房 1956 1冊 18cm

日本舞踊と邦楽各曲の現行曲を解説したもの。三味線音楽（長唄、常磐津、富本、新内、清元、一中、河東、荻江、蘭八、端唄、うた沢、小唄、地唄）のほかに箏曲、尺八、謡曲、民謡を含む。雅楽、声明、琵琶は含まない。見出し語はローマ字表記のアルファベット順。記述は曲名、曲種、本名題、曲の内容と特色、作詞作曲者、初演データなど。巻頭に五十音順索引がある。1938年、冨山房百科文庫第16として刊行されたものの増補版で、増補部分は別立てとなっている。解説は時として冗舌、著者の価値判断は入るが、『邦楽曲名事典』☞6132 に未収録の分野も含む点で有用。 *6134*

【年表】

近世邦楽年表 東京音楽学校編 鳳出版 1974 3冊 27cm 六合館明治45年－昭和2年刊の複製 10000－15000円

日本音楽学研究の基礎資料である番付・正本・年鑑・年代記の類に基づいて編さんした江戸時代における邦楽上演年表。第1巻は常磐津・富本・清元之部で、その他の豊後系浄瑠璃も含む。第2巻は江戸長唄付大薩摩浄瑠璃之部。第3巻は義太夫節之部。収録は第1巻が1716年（享保元）－1867年（慶応3）、第2巻が1704年（宝永元）－1867年、第3巻が1677年（延宝5）－1867年。義太夫は三都、その他は江戸の興行による。記載事項は日付、外題、演奏者、作曲者、役者、作者など。梗概、作者や演奏者の小伝、先行曲との関係も多少含む。各巻末に引用資料（一覧）および人名と外題を含む索引がある。第3巻義太夫節之部の不備は『義太夫年表 近世篇』☞6143 で補えるが、第1巻と第2巻はいまだに三味線音楽研究者にとっての必須の資料。 *6135*

正本による近世邦楽年表（稿） 享保から慶応まで 国立音楽大学音楽研究所著 国立音楽大学音楽研究所 1995 366p 26cm （国立音楽大学音楽研究所年報 第11集 別冊）

1716年（享保元）から1867年（慶応3）までの江戸三座で使われた音曲（常磐津、富本、清元、その他の豊後節、長唄、義太夫）の年表。配列は座ごとの年代順で、記載事項は年度、月日、旧版『近世邦楽年表』の月日、座、曲名、親名題、演奏者、作者、別称、別ヨミ、出典、備考。巻末に曲名索引がある。旧版と配列、コンセプトが違っているため併用した方がよい。なお、初演時の正本所在目録を同機関から出版準備中である。 *6136*

◆◆邦楽器

図説日本の楽器 小島美子〔ほか〕編 東京書籍 1992.10 230p 32cm 監修：吉川英史 4-487-75319-8 13000円

日本の伝統楽器を、楽器学の分類法によらず日本古来の分類法に従って、弾きもの、吹きもの、打ちものなどに大まかに区分し、さらにそれを楽器によって細分して紹介した第1部の楽器図鑑と、同じ楽器群を歴史的、構造的、文献的に概観する第2部とからなる。第1部はそれぞれの楽器に多くのカラー写真を用いて楽器の構造や演奏法などを示すと同時に、詳細な説明を加え、主要な楽器については制作過程をカラー写真で示す。第2部は歴史的な観点に限定せず、アジア全域を視野に入れ、民族音楽的に紹介する。巻末に「伝明楽器」（図録）、図版目録、事項索引がある。 *6137*

日本の楽器 日本楽器事典 田辺尚雄著 創思社出版 1964 381p（図版共）22cm

日本の楽器についての総合的な研究書。序説「楽器とはなにか、楽器の種類、日本楽器の区分」のほか、5編（現在使用されている古典邦楽器、明治以後旧楽器を改変したもの及び新工夫の邦楽器、近代に全く滅びた古楽器、特殊の目的にのみ使用する楽器、楽器付属品）からなる。各楽器は使用目的、構造、奏法、歴史など項目別に記載。多くの図版を含む。巻末に付録として、合奏の形式についての簡単な解説がある。巻末の索引を用いれば楽器事典として利用できる。再版は、柏出版より1972年に刊行。 *6138*

◆◆雅楽

雅楽鑑賞 新訂版 押田良久著 文憲堂七星社 1975.5 306p 図 27cm 3800円

一般読者向けの簡便な雅楽入門概説書。雅楽の歴史、

楽律・楽理、楽器、曲名、曲種、演奏形態、神楽歌などの歌い物、楽曲解説、関係人名・略伝、演奏団体楽書、雅楽年中行事など32編に分けて解説。図版が豊富。説明は時に冗長だが、「国宝と重要文化財」「博物館収蔵品目録」の各編は、『雅楽事典』☞6140が出版された今日においても有用である。巻末に雅楽年表（453－1969年）と事項索引がある。　　　　　　6139

雅楽事典 音楽之友社 1989.6　349p 27cm　監修：小野亮哉　執筆：東儀信太郎ほか 4-276-00080-7　7210円
雅楽についての初めての一般読者向き小項目主義の事典。約1800項目を譜例、図、写真を交え、8章（雅楽一般、楽器・奏法・舞具・装束、管弦曲・舞楽曲、歌曲、舞名目、人名・家系名、文献・雅楽演奏団体）に分けて解説する。必要に応じて『楽家録』『教訓抄』『続教訓抄』への参照の指示がある。巻頭に「雅楽概説」、巻末に解説文中の用語を含む五十音順索引と難読語彙検索のための漢字音読索引を付す。『雅楽（管弦・舞楽）用語集覧』（「国立劇場雅楽公演解説書」昭和47年2月－昭和50年10月）に増補・加筆したもの。
　　　　　　6140

◆◆謡曲

古今謡曲解題 丸岡桂著　西野春雄補訂　国分寺　古今謡曲解題刊行会 1984.2　1冊 22cm 15000円
謡曲2585曲を掲出・考証し、完曲について832曲を内容・主題により11に体系的に分類し解説した専門事典。各曲は人物・所・時・梗概・作者・上演記録などを簡潔に解題し、本文の所在や異同を示す。巻末に「観世流謡本出版年譜」「丸岡氏猿楽文庫蔵書目録」を付す。旧版『古今謡曲解題』（丸岡桂著、観世流改訂本刊行会、1919）に「異名と思はるゝ曲」以下別記諸曲に新見を加え、完曲の存在を確認した2500余曲の「古今謡曲一覧」を付す。頭注も含めた五十音順曲名索引を新たに作成、巻末に配する。異名同曲、同名異曲の多い謡曲について多数の所収書目を取り上げた、謡曲基礎研究の先駆的書。旧かな、旧漢字、旧文体のままである。　　　　　　6141

能 現行謡曲解題（全） 松田存著 錦正社 1984.11　245p 17cm 1800円
能の解釈と鑑賞のための謡曲解題書。現行曲245曲を収録する。配列は曲名の五十音順。記載内容は流儀、役別・装束附、曲の進行に沿った要約と簡略な説明。1曲1頁を原則とする構成と平易な解説により、ハンディな鑑賞の手引書としても利用できる。　　　　　　6142

【年表】

義太夫年表 近世篇　第1－5，別巻 祐田善雄稿 義太夫年表近世篇刊行会編纂 八木書店 1979－1990　8冊 27cm 全132893円
義太夫節の太夫達によって1677年（延宝5）から1868年（慶応4）までに興行された人形芝居および素浄瑠璃に関する全5巻6分冊、別巻2冊の年表。3巻4分冊は番付の翻刻を中心に、詳細な注記、各興行および著名な太夫・三味線弾きなどの襲改名、没年、考証の基になった資料などで構成、4、5巻は2300枚余の番付の影印篇。別巻は補訂篇（本篇と影印）と索引篇の2分冊。索引は外題索引、人名索引、外題別興行一覧、正本所在目録、浄瑠璃絵尽所在目録、番付写真提供者総覧からなり、この巻の付録には難読外題読み方一覧のほか新出番付の影印も数葉掲載。『近世邦楽年表 義太夫之部』を改訂したものだが、数倍に及ぶ情報量、綿密な調査は江戸時代の義太夫研究にとっての欠くことのできない基礎資料。　　　　　　6143

義太夫年表 明治篇，大正篇 義太夫年表編纂会編 大阪義太夫年表刊行会 1956－1970　2冊 26－27cm 「大正篇」は文楽協会編
番付を中心に整理した明治・大正時代の人形浄瑠璃公演記録。配列は共に座ごとの年代順。「明治篇」は各番付を活字翻刻し、注や備考を加え、番付の影印や大道具帳などの図版を添えたもの。巻頭に人形浄瑠璃芝居の変遷、巻末に太夫・三味線弾・人形遣略伝を収める。凡例中に「引用資料」（一覧）がある。巻末に人名索引および芸題名索引を付す。「大正篇」は、上段に各番付の活字翻刻と注など、下段に興行批評、舞台写真、巡業記録、研究会などの記録を収載したもの。巻頭に人形浄瑠璃芝居の変遷、巻末に各座の番付写真、顔付写真、近松座身振浄瑠璃活字翻刻、新京極第二文楽座活字翻刻がある。巻末に人名一覧、芸題名（曲名）一覧および、記事一覧からなる索引を付す。『義太夫年表　近世篇』☞6143と合わせて利用するとよい。
　　　　　　6144

◆◆長唄、小唄

小唄鑑賞 改訂増補第3版 木村菊太郎著 演劇出版社 1994.3　661p 22cm 8000円
明治・大正時代に作られた396曲の小唄曲目解説事典。明治期と大正期に大別し、その中の前半を総論、後半を曲目解説にあてる。総論では、社会情勢と芸能界の状況、小唄の歴史を扱う。曲目解説は季、出典、解釈と鑑賞、註からなる。巻末に参考文献、巻頭に五十音順初句索引、巻末に分類別・年代順索引がある。本文

中の明治大正期の小唄作詞・作曲者列伝の索引は、巻頭目次にある。同じ著者による『江戸小唄』(1983年刊)、『芝居小唄』(1979年刊)（共に改訂増補版）を併用するとよい。
6145

長唄年表 中川清一編　鎌倉　中川清一　1965　344p 26cm
付：近世邦楽年表(東京音楽学校編)補遺　監修者：杵屋栄蔵　校閲者：杵屋栄二　限定版　謄写版　非売品
1868年（明治元）から1964年（昭和39）までの新作長唄作曲年表。記載事項は上演月日と場所、曲名、作詞者、作曲者、備考（出演者・その他）、その頃の世相。付録として『近世邦楽年表』☞6135 の長唄部分の補遺238曲と歌舞伎俳優、邦楽人、文人、画人の生没年一覧を記した「反魂香」がある。巻末に曲名索引あり。
6146

長唄名曲要説　浅川玉兎著　日本音楽社　1976　468p 19cm
主な長唄100曲を年代順に配列した曲目解説事典。曲名のもとに年代、作詞および作曲者、特徴、調子、演奏時間、概説、歌詞評釈、曲節の研究を記す。巻頭に曲目の五十音順目次、巻末に術語解説、また、別冊付録として、歌詞を収めた『長唄名曲百選』がある。初版は1956年刊。同じ著者による『続長唄名曲要説』(1960年刊)、『長唄名曲要説補遺』(1979年刊)と併用するとよい。その総数226曲で、正続補遺3冊の曲名総索引が『長唄名曲要説補遺』にある。
6147

邦楽詞章名詞索引　長唄・清元・常磐津　長崎由利子編　若草書房　1996.3　476p 22cm　4-948755-03-6　15000円
長唄、清元、常磐津の中で上演頻度の高い約200曲を取り上げ、各詞章の名詞から元歌へ行きつけるようにしたもの。配列は、現代かなづかいの五十音順。対象収録曲は『歌謡音曲集』『日本名著全集江戸文芸之部二八』『日本音曲集』『日本舞踊曲集覧』☞6151『日本舞踊全集』(全8巻)。近世邦楽詞章の内容や修辞法の研究、あるいは近世後期戯作（黄表紙、洒落本、合巻など）や古川柳、錦絵に記された音曲の本歌を知る上での画期的な索引。
6148

舞踊、バレエ

ダンス・ハンドブック　ダンスマガジン編集部編集・製作　新書館　1991.11　205p 21cm　4-403-23017-2　1200円
舞踊史上の代表的な舞踊家、振付家の経歴や業績、代表作などを、図版を多用して概観する名鑑。「ロマンティック・バレエ」「クラシック・バレエ」「バレエ・リュス」「モダン・バレエ」「モダンダンス」「ポスト・モダンダンス」「コンテンポラリー・ダンス」の7章からなる。各章で関係する人物を署名入りで解説。各章の冒頭部にそれぞれのダンスの概略史を載せる。参考文献は各項目の末尾に記載。巻末に五十音順配列の人名索引、バレエ用語解説、海外バレエ団リストを付す。類書がなく有用だが、東洋人への言及が乏しい点が惜しまれる。
6149

舞踊年鑑　1－　全日本舞踊連合・舞踊年鑑編集委員会編　全日本舞踊連合　1977－　年刊　21-27cm　非売品
主として日本国内での1年間の舞踊界の活動を記録した年鑑。1976年8月の全日本舞踊連合の結成に伴い、日本舞踊協会、日本バレエ協会、現代舞踊協会からそれぞれ発行していた年鑑類を一冊に統合したもの。日本舞踊、バレエ、現代舞踊、児童舞踊（1992年より舞踏が加わる）について、舞台写真・舞踊界の概況・舞踊公演記録・舞踊家名鑑・舞踊界の内外の各編に関係する事項を詳細に記録する。1990年より、地区別舞踊公演数の分析・舞踊団体の概況調査が項目に加わる。日本の舞踊界全体を見渡した信頼できる年鑑。解題は21「平成8年の記録」による。
6150

◆日本舞踊

日本舞踊曲集覧　第3版　森治市朗編　邦楽社　1985　〔604〕p 22cm　4-8336-0163-X　5000円
日本舞踊曲772曲の詞章（歌詞）を集成したもの。長唄、清元、常磐津から小唄、俗曲まで、13に分類し、

その中は曲名の五十音順配列。歌詞に頭注を付け、解題、大道具、小道具、衣装、かつら、所要時間を記載。歌詞は現代かなづかいによる。初版（1965年刊）および改訂第2版（1984年刊）は創思社より出版。本書は第3版とあるが、巻末の「万年暦」を削除した以外、内容は初版と変わらない。　　　　　　　　　　*6151*

日本舞踊辞典　郡司正勝編　東京堂出版　1977.7　518p　22cm　5500円
歌舞伎舞踊を中心に、神楽、舞楽、能、民俗舞踊など日本舞踊全般に関して適宜図版を交え、解説した辞典。配列は五十音順で、舞踊名、作品名、人名、流派名、技法用語など中小項目約1500を取り上げる。曲名は、現行曲に重点を置く。巻末に付録として、技法用語一覧、舞踊参考書目一覧、舞踊年表（古代－1975年）、および図版「舞踊の装束」、「舞踊の小道具に用いられる楽器」がある。巻末に、人名・流派、曲名、一般事項の3種類の索引（五十音順配列）を付す。　　*6152*

日本舞踊辞典　長谷川正晴編　日本舞踊社　1995.11　676p　22cm　13000円
日本舞踊に関する事項・人名などあらゆることがらを小項目主義で解説した辞典。約4500項目を、五十音順に配列する。簡潔な記載で参照も多数。適宜図版を交える。巻末に付録として、1706年（宝永3）から1986年（昭和61）までの「演目年表」がある。巻末の索引は、全項目を舞踊、演目、技法、衣装、照明など10分野に分類、必要に応じてさらに細分化し、その中でおのおの五十音順配列したもの。　　　　　*6153*

日本舞踊総覧　日本舞踊協会編　日本週報社　1952　443p（図版18枚, 表共）26cm
日本舞踊全般に関する総合的な事典・便覧。史料、解説、日本舞踊家名鑑、便覧の4部で構成する。舞踊の歴史、流派や曲目、音楽、鳴物、舞台装置、衣装などの解説は署名入りで詳細。図版も多数。便覧は、日本舞踊以外の舞踊家、舞踊関係者、洋楽を含む音楽家、関係施設・団体の名鑑、および参考図書一覧からなる。索引はない。　　　　　　　　　　　　　　*6154*

◆バレエ

バレエ音楽百科　小倉重夫〔編〕　音楽之友社　1997.9　446p　21cm　英文書名：『A dictionary of ballet music』　4-276-25031-5
古今のバレエ作品とその音楽に重点を置き、バレエ愛好家の鑑賞の助けとなることを目的とした事典。オペラの中のバレエについても多く取り上げる。配列は原綴を併記した和文見出し語の五十音順。収録数は約2000項目で、バレエ音楽の作曲家310人、バレエの名曲850点、バレエ関係人名320人、バレエに関する基礎用語140項目など。記載事項はバレエ作品については、作品名、振り付け師、作曲家などのほか、初演記録と物語の解説。作曲家については、経歴と主要作品。解説文中の見出し語に星印を付す。巻末にアルファベット順の欧文人名索引および原題から引ける作品名索引がある。　　　　　　　　　　　　　　　　*6155*

バレエ全作品集　ウォルター・テリー著　大津俊克訳　ブックマン社　1979.12　280p　23cm　監修：服部智恵子　発売：朝日出版社　『Ballet guide』の翻訳　3200円
バレエの古典の名作から現代の作品まで、約400作品を写真入りで解説・紹介した作品事典。配列は邦題の五十音順で、見出し語に英文を併記する。作品ごとに振付・音楽・台本・舞台・装置・衣裳などの担当者名、初演団体、初演場所・年月を記載。舞踊史上で重要な作品は詳細に物語を掲載する。巻頭に作品名の五十音順目次、巻末に「基礎用語解説」を付す。原著にあったバレエ小史、初演以後の上演バレエ団などの記述は割愛し、その分写真を補った。原著の刊行以後の新作の記載はないが、内容の詳細さ、収録作品数の多さの点で類書がない。　　　　　　　　　　　　*6156*

バレエ用語辞典　新版　川路明編著　東京堂出版　1988.6　209p　22cm　企画：日本バレエ協会　4-490-10239-9　2900円
バレエ用語の整理・体系づけを意図して編纂した実践的な用語辞典。収録数は約1540語。見出し語は日本語で、原綴を併記する。本文は、舞台の方向・足の位置・体の方向・足の方向など15章からなり、それぞれ体系的に用語を配列。巻頭に「主要項目別目次」、巻末に五十音順索引と欧文アルファベット順索引がある。1980年刊行の初版に約540語を追加した。高校生以上、3年以上のバレエ経験者を対象とする。　　*6157*

◆フラメンコ

新フラメンコ百科　パセオ　1993.12　282p　26cm　4-938673-07-X　2900円
フラメンコの舞踊・音楽について概略を知るための、事項解説、資料集、用語事典をかねた便覧。「フラメンコ略史」「フラメンコ形式解説」「フラメンコ小事典」「フラメンコソフト情報（CD、ビデオ、教則本、楽譜集）」「全国フラメンコ教室ガイド」「日本人アルティ

スタ名鑑」など10章からなり、関係事項を体系的に解説する。記載内容は初心者向けで簡潔かつ実践的。巻頭にスペイン人アーティストの舞台写真を掲載する。索引はない。　　　　　　　　　　　　　　　　　6158

演劇

【書誌】

アジア芸能研究文献目録　市川雅，蘇英哲，宮尾慈良共編　早稲田大学演劇学会　1984　337p 21cm　（早稲田大学100周年記念「演劇学」特別号）
日本の伝統芸能のルーツをアジア全域の民族の芸能文化に求めようとする早稲田大学演劇研究室アジア芸能研究会による『アジア芸能図説』編集刊行の予備段階として行われた文献調査をまとめたもの。構成はアジアを東、東南、南、西の4地域に分け、それぞれ国別に芸能関係の文献を総記、戯曲、演劇・舞踊、人形劇に分け、さらにそれぞれを単行本、論文とし、日本語、中国語、欧文の順番に記載する。このほか、巻頭に「アジア総記」、巻末に「付・環太平洋」がある。アジア芸能を研究する際の基本文献。昭和10年代から昭和50年代の資料はよく拾われているが、アジア芸能研究はむしろそれ以降に活発化したこともあるので注意が必要である。　　　　　　　　　　　　　　　　　6159

今日に繋がる「芸」の世界　古典芸能・大衆芸能図書目録　地方・小出版流通センター編　地方・小出版流通センター　1982.10　95p 21cm　300円
1961年以降に出版された古典芸能・大衆芸能関係の図書・雑誌1727点を収めた書誌。歌舞伎373点、能・狂言237点、文楽・義太夫61点、邦楽と舞踊150点、落語465点、その他大衆芸能441点を、それぞれ分野別に書名の五十音順に配す。巻末に出版社リストを付す。索引はない。　　　　　　　　　　　　　　　　　6160

映画・音楽・芸能の本全情報 1945－94　日外アソシエーツ編　日外アソシエーツ　1997.9　1050p 22cm　東京　紀伊國屋書店（発売）4-8169-1452-8　32000円
1945－1994年の50年間に日本で出版された、映画、演劇、ダンス・舞踊、音楽、演芸などに関する図書を網羅的に集めた目録。政府刊行物、私家版を含む2万2776点を収録。各大項目の中に中・小見出しを設け、各見出し内は書名の五十音順配列。各項目には書誌事項、一部に内容も挙げる。巻末に見出し項目やその中に含まれているテーマなどの五十音順事項索引を付す。小項目となる人名の選択基準が不明確だが、特定主題について検索するのに簡便である。　　　6161

近世演劇研究文献目録　近松の会編　八木書店　1984.11　271,26p 22cm　2800円
1951－1982年までに発表された近世の演劇およびその周辺分野に関する単行本および雑誌論文を、年表形式で配列した書誌。記載事項は書名、著者名、出版者または誌名、巻号。近松研究を主体とする第1部は1951年2月以降1964年8月まで、近世演劇全般を対象とする第2部は1964年9月以降1982年までを収録。巻末に、古浄瑠璃正本集など10種類の全集内容一覧、国立劇場上演資料集一覧、雑誌「演劇界」特集記事一覧、雑誌「歌舞伎」細目、学校関係雑誌機関名一覧がある。巻末に五十音順の執筆者・編著者索引を付す。第1部は原道生「昭和26年以降近世演劇研究文献年表」を増補改訂したもの。　　　　　　　　　　　　　　　6162

日本演劇研究書目解題　河竹繁俊博士喜寿記念出版刊行会編　平凡社　1966　353p 22cm　3000円
1965年12月末までに成立ないし出版された単行本および叢書のうち、日本演劇研究の参考資料となるもの約1600点を選び、解題した書誌。配列は書名の五十音順。書誌事項のほか、写本には翻刻書名を付記する。巻末に河竹繁俊博士年譜・著作目録を付載。巻末に書名索引、人名索引、分類目録（索引）がある。　　6163

日本演劇書目解題　藤野義雄著　演劇出版社　1983.7　330,11,19p 22cm　4000円
明治以降1981年までに出版された日本演劇およびそれに関連する単行本、全集叢書類の中から、基本的なもの、または重要と思われるもの約2300点を収めた解題書誌。明治以前の刊本・写本のうち、復刻本として市販されているものも収録する。配列は書名の五十音順で、書誌事項に簡潔な解題を付す。巻末に分類索引、出版社一覧がある。続編の『日本演劇新刊書目解題』（御園座演劇図書館編、演劇出版社、1985）は、1982年以降に出版された図書約300点を刊行年順に配列し、巻末に五十音順書名索引と出版社一覧を付したもの。続編のみ、一部に表紙の写真図版を掲載。　　6164

日本古典演劇・近世文献目録 1994年版－　園田学園女子大学近松研究所編　大阪　和泉書院　1995－　年刊　675p 23cm　近松研究所紀要別冊

古代から近世に至る日本古典演劇芸能全般および近世文芸に関する図書・雑誌文献のうち、タイトル表示年の１年間に発行されたものを網羅的に収録する年次文献目録（1995年版は5991点を収録）。演劇芸能（古代、中世、近世）・近世文学・近世一般・一般の分野別に、著編者別・発行月日順に配列。1989-1994年版の補遺を付す。巻末に翻刻作品一覧、複製作品一覧、収録誌一覧のほか、キーワード索引（五十音順）がある。1989-1993年版まで雑誌『近松研究所紀要』に収載、1994年版より単行本化された。解題は1995年版による。休刊となった『早稲田演劇年報』の内容を部分的に受け継ぐ形で発刊されたもの。　　　　　　　　　6165

ビデオソフト総カタログ 1992年版- 音楽出版社 1991- 年刊 26cm （『別冊CDジャーナル』）
現在入手できるビデオを網羅的に収録した販売カタログ。収録対象は表示年版前年の10月末日現在までに発売されたもので、1997年版は４万2000タイトルを収録。配列は7分野（洋楽ポピュラー、邦楽ポピュラー、クラシック、外国映画＆TV、国内映画＆TV、アニメーション、その他）別にタイトルの五十音順。記載項目は、収録曲目、収録時間、価格、メディアの種類、発売番号で、映画の場合は制作年度、国名、監督・制作者、出演者も記載。巻末に、五十音順タイトル索引および分野別人名索引（外国人名はファースト・ネームから）を付す。電子メディアとして個人向けの電子ブックと業務用のCD-ROMのHY-SFYがある。解題は1997年版による。　　　　　　　　　　　6166

【事典・便覧】

裏方用語事典 ポケット版 裏方用語事典編集委員会編著 金羊社 1995.3 287p 19cm 発売：星雲社 4-7952-9905-6　3500円
劇場・スタジオに関する裏方の仕事で使われる必須の用語約1300語を適宜図を交えて簡潔に解説したハンディな事典。採録対象は古典的な用語から最新技術用語まで。「公演・演出」「劇場・舞台」「照明」「音響」の４分野ごとの五十音順。巻頭図版も分野ごとで、本文用語解説の相互参照がある。巻頭に和文五十音順索引を付す。　　　　　　　　　　　　　　6167

演技小事典 映画・テレビ・舞台 芸術教育研究所編集 名古屋 黎明書房 1980.5 181p 18cm （指導者の手帖 57）　執筆：久保清志，岩村久雄 780円
初歩の演技者が知っておくべき映画・テレビ・舞台関係の基本的な用語と人名、演技に関して実際に現場で使われている用語を選び、わかりやすく簡潔に解説した小事典。収録見出し語数845、見出し語のよみの五十音順配列。本文中の見出し語に星印を付す。巻末に、

見出し語を除く解説文中の人名・事項を対象に抽出した簡単な索引がある。　　　　　　　　　　　　6168

演劇映画テレビ舞踊オペラ百科 平凡社 1983.2 517p 19cm 監修：倉橋健，竹内敏晴 2600円
古典芸能から前衛・アマチュア演劇まで舞台とスタジオの全芸術を総合的な視野でとらえたコンパクトな演劇事典。『国民百科事典』（新版、平凡社、1976-1979、全17巻）の演劇関係の項目をもとにして新たな項目を追加、約2600項目に再構成した。配列は見出し語の五十音順。各項目に執筆者名を明示する。巻末に「人形浄瑠璃・歌舞伎・舞踊劇名題一覧」「全国主要民俗芸能一覧」（山路興造編）を付す。索引はない。　6169

演劇映画放送舞踊オペラ辞典 飯島正等編 白水社 1955 1070p（付録共）19cm
劇場舞台とスタジオで演じられる芸能に関する人物（俳優・作家・演出家など）、作品、用語を一部署名入りで解説した事典。過去よりも現在、国内よりも海外に力点を置く。本文と年表からなり、配列は見出し語の五十音順。本文中の見出し語に星印を付す。年表（原千代海作成）は、1954年までの演劇事項および関係事項を扱い、年順の中は国別に記載。索引は、人名、作品（名）、事項、文献の４種。巻末に主要研究書・雑誌目録がある。　　　　　　　　　　　　　6170

演劇外題要覧 日本放送協会編 日本放送出版協会 1971 544p 22cm 昭和12年刊の複製 2800円
歌舞伎および浄瑠璃の外題のうち、放送または上演される機会の多いものと難読のもの約3000を収録し、正しい読みかたを示す。３段に分けて、上段に歴史的かなづかいによるふりがなをつけた外題、中段にその発音とアクセント、下段に備考として作者・略称・別名題・替名題・別訓・浄瑠璃音曲名・初演年代・幕・場・段などを記す。配列は中段にかかげた発音の五十音順。巻末に通略称索引、外題頭字総画索引を付す。復刊にあたって、アクセント、備考欄の通称、初演年月の一部を訂正した。　　　　　　　　　　　6171

演劇百科大事典 第1-6巻 早稲田大学演劇博物館編 平凡社 1986 6冊 27cm 新装版
古くは雅楽・舞楽・能楽・能狂言から近世の人形浄瑠璃・歌舞伎、近代・現代における新派・新劇・軽演劇・大衆劇・民俗芸能まで、日本演劇に重点を置き、内外古今にわたり約１万4000項目を集め、執筆者の署名入りで解説した百科事典。配列は見出し項目の五十音順。舞台写真や肖像写真、図版を適宜添え、項目末尾に参考文献を掲げる。第6巻に付録として世界演劇年表（古代-1982年）、芸能系譜（1962年5月現在）、参考文献（1962年3月現在）などを収めるほか、本文

中の重要語も含む詳細な五十音順索引、難訓索引（画数順）、外国語索引（アルファベット順）がある。初版（1960-1962年刊）の付録の年表を増補し、立項した人名のうち1960年3月から1982年12月までの「物故者一覧」を新たにつけ加えるなどして新装復刊したもの。芸能に携わる専門家のみならず、一般文化人向けとしても定評ある演劇百科。　　　　　　　　　　*6172*

上方演芸辞典　前田勇編　東京堂出版　1966　723p 19cm
　2000円

江戸時代初期から昭和10年代末に至る上方の演芸の辞典。上方の落語、講談、万歳（漫才）、地歌、俗曲、流行唄、舞踊、雑劇、雑芸、見世物などについて解説する。配列は項目の五十音順。地歌などの歌詞には出典を明記。巻末の索引は、見出し語のほか、解説中の言葉も含み、分野がわかるよう略語を補記する。なお、演芸界に用いられるフチョー（符牒）と称する隠語は、著者が編集した『上方語源辞典』『近世上方語辞典』に収録し、本書には採録していない。　　　　　*6173*

芸能文化史辞典　中世篇　渡辺昭五編　名著出版　1991.1
　402p 22cm　4-626-01393-7　9800円

中世日本芸能に関して、大衆芸能、風俗文化に留意して、史的立場から署名入りで記述した辞典。配列は見出し語の五十音順。各項目に、総論、古代芸能、中世芸能、民俗、社寺信仰など11分野の略記号を付し、必要に応じて図版、参考文献を添える。巻末に事項、人名などから引ける五十音順索引がある。本篇に続く他篇の刊行予定は立っていない。　　　　　　*6174*

芸能名言辞典　諏訪春雄編著　東京書籍　1995.9　703p
　22cm　4-487-73186-0　9500円

世阿弥以降現代までの歌舞伎、文楽、人形浄瑠璃、能、狂言、日本舞踊、邦楽、民謡の各分野における名人約200人の芸談691話を収録したもの。配列は「芸・演技」「修業・稽古」「師と弟子」「名人」「心」など10編に大別した中を歌舞伎、能・狂言など芸能別に細分。記載事項は名言を見出しに、発言者、語句・解釈、解説、出典のほか、現在各分野で活躍する約100人の執筆者の署名入り随想文を加えて構成する。巻末に執筆者一覧を付す。巻頭に詳細目次、巻末に五十音順の発言者索引および出典索引がある。類書の『芸道名言辞典』（河竹繁俊編、河竹登志夫補注、東京堂出版、1969）とは、収録分野が若干異なる。　　　　　　　*6175*

西洋演劇用語辞典　テリー・ホジソン著　鈴木竜一〔ほか〕訳　研究社出版　1996.4　546p 22cm　『The Batsford dictionary of drama』の翻訳　4-327-46127-X　5500円

演劇人および演劇評論家が実際の演劇活用を行う際に使用する用語を定義するために作成した辞書。対象となる用語は実際の上演、批評、理論に関するもの。日本語訳の見出し語約1300項目について、原語、説明、一部に参考文献指示番号を指示する。文中の見出し語に星印を付す。配列は見出し語の五十音順。巻末に人名・作品名索引、原語から和文見出し語へ導く「見出し語欧文和文対照表」、参考文献がある。索引は、作者の記載がある作品は作者名のもとに集め重出していないので注意が必要。また参考文献は、原著に各項目ごとに表示されていたものを巻末に集め番号を付したもので、邦訳がある場合は補記する。　　　*6176*

戦後新作戯曲事典　名舞台三十二葉　大木豊著　青蛙房
　1960　263p 図版 20cm

戦後15年間に東京・大阪・京都・神戸・名古屋で上演された、新劇をのぞく歌舞伎・新派・新国劇・軽演劇・ミュージカル・レビューなどの新作戯曲を収録。前半は名作・代表作87篇について作者・脚本家・幕数・初演・劇場名・詳細な梗概・配役・解説などを記載。23名の作家紹介を付す。後半は721篇の新作戯曲総目録を収める。前半、後半とも配列は作品名の五十音順。巻頭に概説および名作代表作目録、巻末に作家別の五十音順作品索引を付す。　　　　　*6177*

日本演劇辞典　渥美清太郎著　展望社　1980.2　687p 20cm
　（江戸風俗図誌　第8巻）　3800円

歌舞伎を中心に、文楽、新派、新劇、先行演劇、舞踊、邦楽に関する事項と人名、約2800項目を解説した辞典。ただし、個々の作品は含まない。また能楽については歌舞伎、舞踊に関係ある部分のみ取り上げる。配列は五十音順。項目によっては末尾に参考文献を付す。出版界初の演劇辞典として、1944年に新大衆社より出版されたものの復刻。復刻にあたり、目次を兼ねた索引（五十音順）を追加した。表記は旧漢字だが比較的読みやすい。　　　　　　　　　　　　　　　*6178*

プロ音響データブック　改訂新版　日本音響家協会編　リットーミュージック　1995.12　236p 21cm　4-8456-0101-X　2800円

演劇、映画、音楽の分野で活躍する舞台効果・音響専門家のための便覧。2部からなる。第1部は「用語集」で、音響に関連する電気工学、物理学、音楽、心理学、生理学、法律など各分野の用語を五十音順に配列して解説する。第2部は「データ集」で、電気、電気音響、建築、舞台、楽器など関連する多様な数値データや図表、記号を集める。索引はない。初版は1986年、『サウンド＆レコーディング・マガジン』別冊として刊行。　　　　　　　　　　　　　　　　　　　　*6179*

【人名事典】

芸能・タレント人名事典 日外アソシエーツ編 日外アソシエーツ 1990.4 659p 22cm 発売：紀伊国屋書店 4-8169-0918-4 6400円
明治以降現代までの芸能人5500名を収録した人名事典。音楽（洋楽を除く）・演劇・映画・舞踊・寄席演芸・古典芸能などの分野で最近活躍している人物を中心に、物故者や在日外国人をも含め、五十音順に配列する。記載事項は活動分野・テーマ、職業・肩書、生（没）年月日、出身地、本名・別名、経歴などで、項目末尾に調査年月を付す。巻頭の人名目次（五十音順）には本名・別名からの参照はない。　　　　　　　　　6180

テレビ・タレント人名事典 第3版 日外アソシエーツ編 日外アソシエーツ 1997.7 1132p 21cm 紀伊國屋書店(発売) 4-8169-1441-2 6600円
日本のテレビ、ラジオ、映画、演劇、演芸、音楽（クラシック・純邦楽を除く）などの分野で、現在活躍する芸能人、タレントを収録。配列は人名の五十音順。記載事項は活動分野、テーマ、職業、生（没）年月日、出身地、賞、連絡先など。巻末に「グループ名・別名参照ガイド」がある。初版では1986年以前の物故者を除き、現在活躍中の5900人、第2版は1989年以前の物故者を除き7000人を収録。この第3版は1994年以前の物故者を収録対象から除き、現在活躍中の人物を中心に8000人を収録する。類書に明治から現代までを対象とする『芸能・タレント人名事典』☞6180がある。電子ブックの『EBテレビ・タレント13000』はこの4冊をまとめたもの。　　　　　　　　　6181

日本芸能人名事典 倉田喜弘, 藤波隆之編 三省堂 1995.7 1040,55p 22cm 4-385-15447-3 9800円
日本の古代から現代までのさまざまなジャンルの芸能にたずさわった人物、来日外国人、海外で活躍した日本人、約7500人を収録。これまで顧みられることの少なかった漫才、コント、軽業、サーカス、沖縄の芸能なども含む。配列は人名の五十音順。各項目は生没年、出身地、略歴、代表的演目、著書などを、物故者は詳しく、現存者は簡単に記載。巻末に用語解説、文化勲章・文化功労者・人間国宝一覧および五十音順人名索引を付す。　　　　　　　　　6182

【名簿・名鑑】

芸能界紳士録 芸能手帳 1969年度版- 連合通信社編 連合通信社 1968- 年刊 18cm 出版者変更あり
映画会社、放送局、レコード会社、各製作会社、芸能関係各社などの会社とその役員の名鑑。芸能プロダクション、劇団、映画・映像・演劇評論家、音楽評論家、芸能記者などの名簿も含む。ジャンルごとの配列で、団体の所在地、電話番号などの後に役員の連絡先を列挙する。個人の名簿は電話帳式配列。索引はない。『芸能手帳』として1961年度版から発行、1965年度版から『タレント名簿録』☞6185 と『芸能手帳』に分離した後、『芸能手帳』が現タイトルへ変更。解題は1998年度版による。　　　　　　　　　6183

出演者名簿 昭和36年版- 著作権情報センター編 著作権情報センター 1961- 年刊 13×19cm 出版者の名称変更あり
ラジオ、テレビ、映画、演劇、音楽、CM、舞踊、能楽、歌舞伎、講談、落語、浪曲、漫才、司会などの各界における出演者約1万8000名、ならびに関係団体約2700を、個人、漫才・コント、グループ、団体の4部に分け、それぞれ五十音順に配列した名鑑。出演者ごとに姓名、専門種別、電話、連絡先、所属団体、生年月日を記載し、読みにくい姓名にはふりがなを付す。巻頭に「物故者一覧」（1996年7月-1997年）がある。解題は1998年版による。　　　　　　　　　6184

タレント名簿録 芸能手帳 1965年度版- 連合通信社編 連合通信社 1964- 年刊 18cm
現在活躍中の俳優・タレント、落語家、歌手・演奏家および楽団・合唱団・舞踊団・司会・レポーター、後援会・ファンクラブや芸能関係各社などの連絡先を収録する名鑑。個人名は電話帳式配列で芸名（所属）、住所、電話番号、本名、生年月日、血液型、出身地などを、団体名は五十音順配列で、住所と電話番号のみを記載。索引はない。1961年版より発行されていた『芸能手帳』から派生したもの。解題は1997年発行のVol.32（1997-1998〔年版〕）による。　　　　　　　　　6185

ぴあMAPホール劇場スタジアム 首都圏版 ぴあ 1997.9 300p 29cm 1320円
首都圏のホール、劇場、スタジアムなどを選択的に収録し、詳細なマップとともに紹介する実用的なガイド。「ホール・劇場」「伝統芸能」「ライブハウス」「スタジアム・サーキット」の4部からなる。記載事項は1997年7月現在の各施設の概要、特色、客席数、主な付帯設備、使用料金、所在地、連絡先、施設周辺の地図、客席図、施設の平面図、ときに断面図など。巻末に700施設を分野別五十音順に一覧できる総合インデックス、エンタテインメント関連団体600件の電話番号一覧を付す。このほかに「関西版」「東海版」がある。CD-ROM版あり。　　　　　　　　　6186

Theater Japan：a who's who guide to theater and dance in Japan. 2nd ed. Tokyo： Japan Foundation, 1993. 463 p.：ill.； 30 cm. Edited

and produced by Pia Institute for Arts--T.p. verso.
日本の現代演劇、舞台芸術を海外に紹介するために英文で作成された名鑑。国際交流基金の助成を受けて海外で活動している劇団を中心に、代表的な賞を受賞した劇団などを加え、また劇作家、舞台芸術家などの個人、代表的な製作団体、興行団体などを選びアンケート調査と取材で情報を収集したもの。配列は劇団、劇作家などの個人、製作団体などに分けそれぞれのアルファベット順。収録数は、初版（1989年刊）は87団体、90名、18団体を収め、それぞれプロフィール、コメント、活動歴、受賞歴、出版物、連絡先を記載。本書では、これらに舞踊団体30、劇団9、個人2を加えた。初版に収録された団体・個人についての改訂は、以後の活動歴・受賞歴の追加、連絡先の変更のみ。　　6187

【データ集】

芸術祭三十年史　資料編　文化庁文化部芸術課編　文化庁　1976.3　2冊22cm
芸術祭30年間の記録を、上巻は第1回（1946年）から第20回（1965年）まで、下巻は第30回（1975年）までの2巻に収めたもの。芸術祭主催公演、協賛公演、参加公演（作品）の各公演記録、芸術祭賞受賞者一覧（受賞理由を添える）を部門別、年代順に配列する。下巻末に芸術祭開催要項、執行委員名簿などを付す。芸術祭の対象部門は、演劇、音楽、舞踊、能楽、大衆芸能、映画、ラジオ、テレビ、レコードの9部門あり、芸術祭賞には脚本部門が追加される。戦後日本の音楽活動、文化活動を知る上での貴重な資料の一つ。
6188

テレビドラマ全史　1953－1994　東京ニュース通信社　1994.5　784p 30cm　（Tokyo news mook 通巻1号）
1953年（昭和28）テレビ本放送開始以降、1994年までの全ドラマを収録することを原則として作成されたデータ集。（1994年は一部のみ）。子供向けSF・特撮・ヒーローものは最小限収録。構成は、テレビドラマ前史、テレビドラマ全史、大河ドラマ通史、連続テレビ小説通史、海外テレビドラマ通史、ローカル局制作ドラマ特集、長寿ドラマ41年史、ジャンル別ドラマの系譜、向田邦子賞ドラマ総ガイドなど。ドラマに関する記載事項は、タイトル、放送局名、放送日、時間（回数）、スタッフ・キャストなど。巻末にデータ表を対象とする五十音順総合インデックスがある。　6189

【年鑑・年報・白書】

演劇年鑑　1966年版－　日本演劇協会　1966－　年刊 21cm　監修：日本演劇協会
日本の演劇界全般（歌舞伎、現代演劇、商業演劇、ミュージカル、放送劇、地方演劇）に関する表示年版の前年の概況と資料を収めた年鑑。概況は分野別に記述し、資料は主要劇場上演記録、現代演劇上演記録、児童演劇の動向、演劇賞・各賞受賞者、雑誌掲載戯曲、演劇関係新刊書などからなる。巻末に公演団体概況・公演活動状況（1996年1月－12月）がある。本年鑑は標記年版以前に、同書名で1925年版、昭和18年版、昭和22年版、昭和23－24年版が発行されている。解題は1997年版による。　6190

演劇年報　1966－1989年版　早稲田大学坪内博士記念演劇博物館編　早稲田大学出版部　1966－1989 年刊 24冊 22cm　出版者に変更あり
外国劇、現代劇、歌舞伎、文楽、能楽に関する国内の動向と資料を収めた年鑑。動向は劇界の概況を批評的に記したもので、年版によって座談会や対談の形式をとる。資料は物故者年譜（人名録）、上演記録、雑誌掲載演劇関係論文・評論目録、演劇関係書目録からなる。いずれも表示年版の前年に上演・発表・刊行されたものを対象とする。　6191

芸能白書　1997－　芸能文化情報センター編　日本芸能実演家団体協議会　1997－　年刊 30cm　発売：丸善出版事業部
音楽、芸能、舞踊、演劇など59の実演家団体の連合体である芸団協（日本芸能実演家団体協議会）の芸能文化情報センターが、全国の芸能実演団体や実演家の網羅的把握を目指した調査の結果と、芸能に関連する公開データをもとにまとめた初の"芸能白書"。各ジャンルの実演家の数、公演の回数、養成システム、国や自治体、民間の芸能活動への支援の状況、劇場、ホールなどの施設に関するさまざまなデータを114の表、196のグラフと7つの図で視覚的に示し、それを概観する解説を署名入りで付す。巻末に「グラフ・図・表一覧」「参考資料一覧」がある。解題は1997〔年版〕による。　6192

◆演劇史

演劇年表　藤田洋著　桜楓社　1992.6　3冊（別冊とも）22cm　別冊(193p)：索引編 4-273-02591-4　全120000円
1964年（昭和39）11月16日から1989年（平成元）1月31日までの間に上演された主な演劇の記録。著者が雑誌『芸能』に連載した「演劇年表」をまとめたもの。月ごとに焦点、商業演劇、新劇、中京・関西で構成。商業演劇、中京・関西は劇場別の記載で、新劇は劇団

別に上演期日、演目、配役などを記す。一部に寸評と署名入り新聞評を付す。別冊に演目索引および芸名索引を収める。題名は本外題・通称・呼称があり、統一されていないので関連の題名からも引く必要がある。また、芸名は歌舞伎に限られる。　　　　　6193

歌舞伎・新派・新国劇上演年表 第5版 小宮麒一編 小宮麒一 1994.5　94,10p 30cm 5000円
1910年（大正元）から1993年（平成5）に東京の主な劇場で上演された演目を時系列で一覧できるようにしたもの。年代順劇場別に配列し、年月・劇場名・演目・出演俳優を記載。巻末に「三代五年初春興行演役一覧」を付す。索引はない。　　　　　6194

総合芸能史年表 芸能史研究会編 三一書房 1978.12　696p 27cm （日本庶民文化史料集成　別巻）23000円
先史時代から明治末年までを対象とする初めての日本芸能史年表。『大日本史料』『史料綜覧』『徳川実紀』『続史愚抄』などを基礎資料として、古代・中世篇、近世篇、近代篇の別に芸能関係記事を年代順に収録。各記事ごとに典拠を記す。江戸時代については各年末に『国書総目録』より芸能関係の出版一覧を掲載。付録として、寛永元年（1624）から天保5年（1834）までの江戸芝居年代記である関根只誠編『戯場年表』を付す。索引はない。　　　　　6195

日本演劇図録 河竹繁俊著 朝日新聞社 1956　137p 図版 152p 原色図版 26cm
日本の舞台芸術の総合図録。古図・錦絵類や舞台面・劇場建築・扮装・肖像・演劇器材などの写真約400点を、古代から1950年頃まで時代別に収め、各時代の重要事項を掲載図と併せて平易に解説する。巻末に日本演劇略年表（古代－1953年）、図版解説、英文解説などを付す。巻頭図版と解説文の相互参照や索引はない。日本の演劇全体を扱う図録として初めてのもの。　　　　　6196

明治時代上方芸界資料 岸本一郎編 国立劇場調査養成部芸能調査室 1977.11　126p 21cm （歌舞伎資料選書1）
明治時代の上方芸能界の記事を当時の新聞・雑誌などから抜粋し、年代順に配列したもの。収録は1876年（明治9）から1912年（明治45）まで。上段に見出し、下段に日付、出典、記事で構成。記事の内容は、俳優や芸人の近況から各劇場の活動に至るまで多岐にわたる。索引はないが、巻頭の目次で見出しが一覧できる。　　　　　6197

◆能楽

【書誌】

鴻山文庫蔵能楽資料解題 謡本 上（第1部）野上記念法政大学能楽研究所編 野上記念法政大学能楽研究所 1990.3　406p 図版8p 22cm
法政大学が謡本発行書肆わんや書店主江島伊兵衛氏から寄贈を受け、野上記念法政大学能楽研究所が管理している鴻山文庫の目録を兼ねた解題集。室町中期写本から昭和期版本までの所蔵全謡本を写本・版本の別、番謡本・部分謡、普通謡本・番外謡本、流儀の別などを基準に6章32節に分類、その中は年代順。書誌的説明、内容・系統について詳細な解題を加える。各節ごとに概説を置く。「中冊」を1998年度中に刊行予定。索引は続冊に付載予定。『鴻山文庫の研究　謡本の部』（表章著、わんや書店、1965）の第1章から4章の要約に第5章新収追加本と第6章昭和期の謡本を増補改訂したもの。　　　　　6198

蔵書目録 附・解題 野上記念法政大学能楽研究所 1954.8　116p 図版 表 22cm
能楽関係文献のすぐれた蔵書をもつ法政大学能楽研究所の1954年4月末現在の蔵書目録。江戸期以前の古写本、古版本、古写本の影写本、明治以降刊行の整版謡本、狂言本については書誌と詳細な解題を付し、活字本には書誌のみ記す。「謡本上懸り写本之部」「謡本下懸り写本之部」「謡本版本之部」「乱曲・小謡・替謡之部」「註釈書之部」など10部に分類し、その中は年代順に配列。巻頭に主な写本の図版がある。「狂言曲名一覧表」「間狂言曲名一覧表」「謡本（写本之部）曲名一覧表」を付す。索引はない。　　　　　6199

【事典・便覧】

能楽鑑賞事典 丸岡明著 河出書房新社 1961.9　475p 図版 19cm
能楽の解釈と鑑賞のために必要な事項と曲目を網羅的に収めた事典。3章からなり、「能の解説」は舞台、演者、音楽、舞、道具などを扱う。「能の鑑賞」は五流の現行曲255曲を五十音順に配列、各曲名、作者、曲柄、時、所、役、装束附を記載し、鑑賞、小書、備考の各欄で舞台進行や演者の動きなどを詳細に解説する。「能の歴史・他」はその他の基本的事項を図版を用い明らかにする。第2章末に曲目一覧、巻末に五十音順索引を付す。　　　　　6200

能楽ハンドブック 小林保治編 三省堂 1993.6　285p

能の事典　21cm　監修：戸井田道三　4-385-15814-2　1500円
能の鑑賞に必要な基礎知識について、図版をまじえ体系的に解説した便覧。「曲目編」（作者、種類、解説）「事項・用語編」（役の種類と演者、能面、扮装と装束など）「資料編」（歴史年表、関連書目、能名所地図一覧など）の3編からなる。巻頭に「能への招待」、巻末に五十音順総索引がある。旧版『能の事典』（1984年刊）を改訂、巻末に「能・狂言の歴史」を補い、判型を一回り大きくして改題したもの。　6201

能楽謡曲大辞典　2版　正田章次郎, 雨谷幹一編著　中村信阿弥補訂　吉川弘文館　1931.5　2冊（附図共）23cm
能楽および謡曲に関する用語・語句の詳細な解説辞典。術語部、解説部、別冊附図の図画部の3部からなる。「術語部」は観世流を基礎として、伝来の写本・口伝による芸術用語を曲名や実例を挙げて解説する。「解説部」は謡曲中の難解な語句について引用などを用い、詳しく解釈する。「図画部」は能面・能装束・小道具・作り物の彩色図典。このうち、能面は東京帝室博物館（現・東京国立博物館）と喜多家所蔵の面を主として描く。巻末に「能面と能装束の概要」（中村信阿弥著）を付し、図画部の解題とする。旧かな、旧漢字、旧文体のままである。　6202

能・狂言事典　西野春雄, 羽田昶編　平凡社　1987.6　505p　22cm　4-582-12608-1　5200円
能狂言に関する事柄について適宜図表を交え、署名入りで体系的に解説する事典。「曲名篇」「事項篇」「人名篇」の3篇からなる。「曲名篇」は能の現行曲すべてと番外曲の代表的なもの290曲、狂言の代表曲など約170番について、流派、人物、鑑賞などを記載。「事項篇」は歴史・史料・役、技法・演出、舞台・道具類を扱う。「人名篇」は物故者と現代人名の2部構成。いずれも五十音順配列を原則とする。巻頭に概論、巻末に付表として名数一覧、賞、舞台一覧のほか「能・狂言参考図書目録」「能・狂言史年表」（603-1986年）など。巻末に本文の重要語や図表も対象とする詳細な五十音順索引がある。　6203

能謡語彙　観世流改訂本刊行会著　丸岡出版社謡曲界発行所　1931.9　332p　19cm
能狂言の専門用語約1900語を解説した辞典。曲名、小書、型、謡、囃子、能面、能装束、作り物、舞台、小道類などに関する語を五十音順に配列。謡曲曲目は各流の現行曲による。能狂言の曲名、小書などには略称で流名を示す。流名に現在は観世流に復帰している梅若流（能）と明治期の廃絶した鷺流（狂言）が含まれており、歴史的研究に役立つ。旧かな、旧漢字、旧文体のままである。　6204

能謡図説　佐成謙太郎著　明治書院　1948　348p　図版62枚　22cm
能楽・謡曲について、豊富なカラー図版を用いて総覧する通読性のある事典。「能楽画譜」「能楽総説」「謡曲細説」の3部からなる。「能楽画譜」は能舞台全景、能狂言の面・装束、作り物など道具類を図版により系統的に収載する。「能楽総説」は能楽全般を詳細に解説、術語略解および能楽現行曲一覧を付す。「謡曲細説」は謡曲文構成要素の研究などを収める。索引はない。本書の内容は同著者・出版社による『謡曲大観』首巻（1931年刊）と同じ。旧かな、旧漢字、旧文体のままである。　6205

◆狂言

狂言辞典　語彙編, 事項編, 資料編　古川久〔ほか〕編　東京堂出版　1963-1985　3冊　22cm
狂言研究のための必須辞典。「語彙篇」は狂言詞章として特色のある約1万語を解説し、用例および出典を挙げたもの。巻末に概説、曲目所在一覧のほか、固有名詞・和歌などの項目ごとの索引がある。「事項篇」は鑑賞・研究に必要な事項を解説し、分類別索引を付したもの。2篇とも配列は五十音順。「資料篇」は明治以降1979年末までの文献目録（単行本・雑誌論文）に現行本狂言・現行間狂言・風流・小舞謡・語・新作狂言・名寄所在本狂言の一覧や、曲目所在一覧（続）、狂言諸家系譜などを付したもの。巻頭に図版（面・装束・道具類）がある。索引はない。　6206

狂言総覧　内容・構想・演出　安藤常次郎〔ほか〕著　能楽書林　1973　470,20p　図　22cm　4500円
和泉・大蔵両流の現行曲の中から上演頻度の高い150番を選び、各曲に装束および道具付け・内容・構想・演出などを簡潔に記し、図版を適宜交えて紹介。配列は現行和泉流の分類法に従い、脇・大名・聟・太郎冠者・出家・女・鬼・山伏・座頭・雑の順。巻頭に概説、巻末に狂言演出用語解説（五十音順）、狂言曲目一覧表、参考文献書目がある。巻末に五十音順事項索引を付す。狂言の舞台鑑賞ガイドまたは入門書として編集されたもの。　6207

狂言ハンドブック　油谷光雄編　三省堂　1995.11　265p　21cm　監修：小林責　4-385-41030-5　1700円
狂言の鑑賞と入門のためのハンディな手引書。図版を適宜交えて平易に解説する。「狂言への招待」「狂言師の現在」「狂言全曲案内」など5部からなる。第5部は「もっと知りたい人へ」と題した用語・資料編で、

年表（1052－1983年）、関係書一覧などを収める。巻末の人名・書名・事項の索引は本文重要語も対象とする。　　　　　　　　　　　　　　　　　　　　*6208*

◆歌舞伎

【書誌】

歌舞伎絵尽し年表　須山章信, 土田衛編　桜楓社　1988.2　789p 22cm　付(別冊)：補注　4-273-02236-2　24000円
1719年（享保4）から1868年（慶応4）までの歌舞伎の上方の絵尽くしと江戸の絵本番付のすべて、およびそれに類するものの年代順目録。上方編と江戸編からなり、記載内容は日付・劇場・外題・座本・図書館・文庫などの所在・該当の興行および『歌舞伎年表』☞*6227*の巻数と頁数。巻末に五十音順および頭字総画順の2種の外題索引を付す。　　　*6209*

歌舞伎台帳所在目録及び書誌調査　〔堺〕〔歌舞伎台帳研究会〕　1981.12　499p 26cm
古歌舞伎台帳の集成翻刻のための予備調査報告書で、所在目録と書誌調査の2部からなる。対象とした台帳は1867年（慶応3）以前に上演されたもの。所在目録は約1120の外題・初演・台帳の所蔵機関・幕数または場割の数を記載、外題の読みの五十音順に配列する。書誌調査は、各幕ごとの丁数と役人替名のある場合は役者名を記載、翻刻すべき台帳選定のための調査箋であり記述に精粗がある。なお、台帳の集成翻刻は『歌舞伎台帳集成』全45巻（歌舞伎台帳研究会、勉誠社、1983－）として刊行中。　　　　　　　　*6210*

【事典・便覧】

歌舞伎鑑賞辞典　水落潔著　東京堂出版　1993.9　264p 21cm　4-490-10352-2　2600円
現代演じられている歌舞伎の約400のレパートリーのうち、代表的な230の歌舞伎狂言の作者・成立・あらすじ・みどころを写真入りで簡潔に紹介。配列は外題の読みの五十音順。巻頭に本名題、通称および幕ごとの別称を採録した「項目一覧（目次）」、巻末に、歌舞伎のあゆみ、人名解説、用語解説がある。初心者を対象に、作品のあらすじを中心として歌舞伎の概略をコンパクトに収録したもの。　　　　　　　　　　*6211*

歌舞伎細見　飯塚友一郎著　第一書房　1926　1247p 23cm
歌舞伎・狂言の戯曲を内容別に11のジャンルに分け、さらに275の系統に分類し、適宜図を配して解説したもの。分類方法は歌舞伎の背景となる"世界"に基づく。各項目に主要上演作品の梗概や配役などを上演年順に記載し、末尾に参考文献を付す。巻末に外題・外題の略称・主要場名・登場人物名などのいろは順索引がある。1919年刊『歌舞伎狂言細見』の増補改訂版。　　　　　　　　　　　　　　　　　　　*6212*

歌舞伎事典　服部幸雄〔ほか〕編　平凡社　1983.11　459, 19p 27cm　折り込み図1枚　5800円
歌舞伎に関する人名、作品、関連用語などを五十音順に配列した事典。1497項目について図を適宜交え、署名入りで詳しく解説する。巻頭に歌舞伎全体を概観した「総説」、巻末に「付録之部」として、現代歌舞伎俳優名鑑、歌舞伎俳優の研究会一覧、台帳所収一覧、参考文献一覧（翻刻、欧文文献を含む）、下座音楽一覧がある。巻末に「総説」および本文解説中の用語を含む詳細な五十音順事項索引を付す。　　*6213*

歌舞伎事典　山本二郎, 菊池明, 林京平著　実業之日本社　1972　562p(図共) 20cm　2000円
作品・俳優・脚本・劇場など10部門を設け、関連項目をそれぞれ五十音順に配列し、図を適宜交えて解説した事典。ジャンル別に章を分けて読んでいくうちに歌舞伎のさまざまな約束や用語が会得できるようになっている。巻末に付録として、名ぜりふ集、芝居略語、略年表、主要狂言名題一覧、狂言通称俗称一覧、家の芸一覧、俳優系譜がある。巻末に五十音順の総索引を付す。　　　　　　　　　　　　　　　　　　*6214*

歌舞伎・浄瑠璃外題事典　野島寿三郎編　日外アソシエーツ　1991.7　834,134p 22cm　発売：紀伊国屋書店　4-8169-1102-2　19800円
歌舞伎狂言の外題のほか、長唄・常磐津・清元節などの浄瑠璃音曲の外題を見出しとし、これに別訓・別題・通称・略称・作者・脚色者・作曲者などを簡略に記述し、典拠資料を示したもの。梗概のついているものもある。約1万4000件の外題を収録し、配列は五十音順。別訓および別題（場を含む）については参照で指示する。巻末に通称（略称を含む）から本文の見出し、掲載頁を検索できる「通称ガイド」および人名索引を付す。人名索引は『歌舞伎人名事典』☞*6220*に未収載の作者名を多く含むが、整理・同定作業が十分ではないことに留意する必要がある。　　　　*6215*

歌舞伎・浄瑠璃外題よみかた辞典　野島寿三郎編　日外アソシエーツ　1990.6　431,40p 22cm　発売：紀伊国屋書店　4-8169-0924-9　9700円
歌舞伎狂言・長唄、浄瑠璃の外題（別名題・替名題、通称・略称を含む）1万5400件を収録、読みがな・作者・初演などを示す。読みは原則として上演当時のも

のを採用し、現代かなづかいのひらがなに統一。外題の漢字はなるべく新字体を使い、配列は記号、かな文字、漢字の順とし、かな文字は五十音順、漢字は総画数・部首順。巻頭に目次（画数索引）、巻末に音読索引を付す。　　　　　　　　　　　　　　　　6216

歌舞伎名作事典　金沢康隆著　青蛙房　1959　388p　図版　20cm
現行歌舞伎狂言のうち古典から準古典に属する400種を選び、成立・梗概・鑑賞のしかたについて詳しく解説した事典。見出し語の外題は通称・略称を用い、配列は五十音順。解説は鑑賞の際の手引きとすることを原則に、調査研究にも役立つよう配慮する。鑑賞の項は日本特有の精神生活に基づく点を指摘。各項目の末尾に入手容易な翻刻本を示す。巻頭に演出別の舞台写真32葉、巻末に代表的な60数名の歌舞伎作者列伝、戯曲名題索引がある。　　　　　　　　　　　　6217

舞踊名作事典　新装改訂版　演劇出版社　1993.10　191p　26cm　4-900256-13-7　3000円
歌舞伎舞踊の代表曲から珍しい曲まで230番について、その作詞・作曲・初演などの成立、梗概、みどころを豊富な写真を用い、一部署名入りで詳しく解説したもの。配列は五十音順。巻末に舞踊用語辞典、舞踊の歴史と流派、小道具、しきたりなど日本舞踊の基礎知識と、日本舞踊に関する参考文献を付す。初版は雑誌『演劇界』の別冊として1986年2月に発行。本書は1991年発行改訂2版の新装改訂版。いずれも同じ230曲を収録。誤植などの訂正と写真の入れ替えのほかに、大幅な訂正はない。　　　　　　　　　　　　6218

【人名事典】

歌舞伎を支える技術者名鑑　日本俳優協会　1988.5　392p　21cm
現在の歌舞伎の舞台を支えている大道具、小道具、衣装、鬘、床山、照明、舞台監督、狂言作者などの名鑑。分野別に解説を付し、劇場あるいは所属会社ごとに個人データを列記。巻末に付録として参考文献（単行本および主要演劇専門誌の記事）、住所録がある。巻末に五十音順の人名索引を付す。歌舞伎の舞台に携わる役者・技術者・演奏家のうち、技術者についてのあらゆる部門を網羅的に記載してその全貌を明らかにした資料。姉妹編として『歌舞伎に携わる演奏家名鑑』☞6221がある。　　　　　　　　　　　　6219

歌舞伎人名事典　野島寿三郎編　日外アソシエーツ　1988.9　143,690,86p　22cm　発売：紀伊国屋書店　4-8169-0813-7　16000円
歌舞伎の発祥から今日まで400年の歴史の中で活躍した役者、作者、座本、座主、評論家などさまざまな人物約3800名の略歴、略伝を典拠資料を示して収載した人名事典。判明している限りの最終の芸名・筆名を見出し語とし、姓名の五十音順に配列する。略歴の記載事項は、職名、本名、生（没）年、享年、出生地、活動期、別名、屋号、紋所。巻頭に幼名・初名・前名・俳名からの参照も含む五十音順の収載人名一覧、巻末に付録として墓所等所在一覧、近世歌舞伎雑記、関連年表、系図、歌舞伎資料所在目録がある。　　6220

歌舞伎に携わる演奏家名鑑　日本俳優協会「演奏家名鑑」編集部編　日本俳優協会　1993.9　424p　21cm
現在舞台に出演している歌舞伎音楽の演奏家の名鑑。歌舞伎囃子（長唄・鳴物を含む）、竹本、清元、常磐津、新内、河東、三曲の各ジャンルごとに概説したあと、名鑑として演奏家個人のデータを顔写真付きで列記。巻末に参考資料一覧（図書・雑誌およびレコード・CD・ビデオを含む）、伝統歌舞伎保存会会員（邦楽関係）一覧、住所録および五十音順の芸名索引を付す。『歌舞伎を支える技術者名鑑』☞6219の姉妹編にあたる。歌舞伎音楽の演奏家の確保と育成の問題について考えるための基礎的資料として作成された。
　　　　　　　　　　　　　　　　6221

歌舞伎俳優名跡便覧　第1次修訂版　国立劇場芸能調査室　1972　241p　25cm
歌舞伎では襲名の習慣があるため、ある資料に登場する俳優が何世の人であるか、その前後の芸名は何かを確かめるのは容易でない。本書では俳優名の見出しのもとに、各世について、その名跡を名乗っていた時期・前名・後名・生没年・備考の5段に分けて一覧できるように示す。著名な380余の名跡について初世から現在までを収録。配列は原則として姓名の五十音順。巻末に『演劇百科大事典』☞6172収載の「歌舞伎俳優系譜」の補訂版を付す。五十音順の芸名・俳名索引がある。　　　　　　　　　　　　　　6222

【図録】

歌舞伎図説　図録篇・解説篇　守随憲治，秋葉芳美共撰　笠間書院　1977.7　772p　31cm　万葉閣昭和6年刊の複製　（『守随憲治著作集』別巻）　18000円
江戸時代の歌舞伎に関する図録。図録篇と解説篇からなる。「図録篇」は屏風、掛軸、版画、演劇書などのモノクロ写真709点を収録。胎生期（慶長－寛文）、発達期（延宝－享保）、完成期（元文－天明）、爛熟期（寛政－慶応）の4期に分け、各期とも劇場図（外部・内部）、番付、狂言本・根本、せりふづくし、浄瑠璃・長唄正本、役者評判記、歌舞伎版画の順に配列する。「解説篇」は各期の概説と写真1点ごとの解説

からなる。巻末に人名・書名・事項から引ける五十音順索引を付す。原本は図録篇と解説篇の2分冊。
6223

歌舞伎定式舞台図集 田中良著 講談社 1979.8 227p 24×33cm 箱入 19800円
歌舞伎の形式の決まっている舞台を図版によって具体的かつ系統的に解説したもの。彩色写生図153図とその舞台写真、および舞台錦絵19図を収録。巻頭の総説で歌舞伎舞台の様式と変遷、定式装置の機構、上演準備などを解説し、年表を付す。巻末に舞台図分類目録がある。1958年大日本雄弁会講談社発行（限定版）の復刻普及版で、各図に対応した舞台写真を新たに加えた。目次を旧版のまま掲載したため、普及版の実際の頁とずれがある。
6224

歌舞伎の衣裳 婦人画報社編 婦人画報社 1974 323p(図共) 38cm 監修：国立劇場 箱入 6000円
歌舞伎の定型的な衣装約130点のカラー写真を収録、それぞれ地質、色目、模様、形態などを明示する豪華大型本。図版のほかに、文様・色名一覧（カラー）、俳優の家紋一覧、衣装関係用語解説などがある。巻末に用語・人名などの五十音順索引を付す。
6225

❖❖歌舞伎史

江戸歌舞伎法令集成年表 吉田節子編 おうふう 1997.7 174p 27cm 4-273-02951-0 28000円
徳川幕府が歌舞伎を対象に発布した法令とそれにかかわりのある芸能、また特に関連のある事項を対照できる年表。収録範囲は1600年（慶長5）から1868年（明治元）。年月日順に配列し、西暦、年号、歌舞伎・芸能に関する法令、演劇・芸能に関する特記事項、一般などを記載する。巻末に出典一覧がある。同著者・出版社による『江戸歌舞伎法令集成』『続江戸歌舞伎法令集成』（1989-1997年刊）と一体を成し、これらの巻末にある索引から法令名と年月日を検索することができる。法令を中心とした江戸期の歌舞伎の歴史が一覧できる資料である。
6226

歌舞伎年表 第1-8巻 伊原敏郎著 河竹繁俊，吉田暎二編集校訂 岩波書店 1956-1963 8冊 22cm
1559年（永禄2）から1907年（明治40）までの江戸（東京）、京都・大阪・名古屋その他の歌舞伎関係事項のもっとも詳細な編年年表。上演記録を中心として、あらすじ、劇界記事ほか、各種文献から引用した多くの資料を呈示する。上下2段に分け、上段に江戸（東京）、下段に京阪その他の事項を年ごとに記載。最終巻巻末に外題、人名、火災（天災）、演劇関係書名、劇場名など、12種の総索引（五十音順）を付す。旧かな、旧漢字、旧文体のままである。
6227

近代歌舞伎年表 大阪篇 第1-9巻，京都篇 第1巻-〔続刊中〕 国立劇場近代歌舞伎年表編纂室編 八木書店 1986- 27cm
歌舞伎を中心とした明治以降の演劇・芸能に関する総合的な年表。全国の約3000の劇場を対象とした資料収集調査と上演年表の作成が計画され、大阪篇全9巻が既刊。大阪篇は、1868年（明治元）以降1947年（昭和22）までに大阪市内各劇場で上演された歌舞伎約3500、歌舞伎以外の演劇約5200の興行記録、劇界記事を収録。記載の典拠は各種番付、筋書、新聞、雑誌、単行本などを明記。役割番付は克明に翻刻し、法令・物故俳優・人事・事件など別界記事は年月順に配列、文化史としても有効な資料である。歌舞伎以外の演劇の記述については要点のみにとどめる。大阪篇の最終巻巻末に、五十音順の演目名索引および「大阪市劇場史略図」を付す。ほぼ年1巻のペースで、現在は京都篇を刊行中。
6228

続続歌舞伎年代記 乾 田村成義編 鳳出版 1976.11 1008p 肖像 23cm 背の書名：『歌舞伎年代記　続続編』 15000円
歌舞伎を中心に新派、大劇場を利用した興行も含め、江戸・東京における劇界の事項を網羅的に記述したもの。収録期間は1859-1903年（安政6-明治36）。年代順に毎月開場した各座の外題・役割などを記載するほか、著者の批評を記す。索引はない。当初2巻の予定だったが坤の巻の原稿は関東大震災で焼失したとされる。1922年版（市村座）の複製で、旧かな、旧漢字、旧文体のままである。
6229

続々歌舞伎年代記 坤の巻 利倉幸一編著 演劇出版社 1979.12 507p 31cm 8500円
歌舞伎をはじめとして新派、社会劇など主要な劇場で上演されたものの上演記録。収録期間は1904-1912年7月末（明治37-45）までで、東京を中心に横浜・大阪・京都・名古屋などを含む劇場で上演されたものを年月順に配し、初日・劇場・演目などの記録と代表的な批評を記す。索引はない。田村成義編『続続歌舞伎年代記　乾の巻』☞6229 に続く坤の巻に充当するものという意図で作成された。
6230

花江都歌舞妓年代記 立川談洲楼焉馬撰著 鳳出版 1976.11 700,8,20p 23cm 背の書名：『歌舞伎年代記』 10000円
通称『歌舞伎年代記』。江戸各座の興行記録を年代順に記述したもの。収録期間は1624-1804年（寛永元-文化元）。興行記録・役割を中心に、あらすじ、役者

の伝記、せりふ、ざれ歌など各種の資料を加える。随所に勝川春亭の挿画を挿入。巻末にいろは順の狂言外題索引がある。1811－1815年に11冊で刊行された木版本を翻刻した1926年版（歌舞伎座出版部）の複製。旧かな、旧漢字、旧文体のままである。　6231

花江都歌舞妓年代記　続編　石塚豊芥子編　鳳出版　1976.11　758p　23cm　背の書名：『歌舞伎年代記　続編』　10000円

通称『続歌舞伎年代記』。焉馬編『花江都歌舞妓年代記』☞6231 の続編として作成された。収録期間は1805－1858年（文化2－安政5）。江戸各座の興行記録・役割の詳細な記述が中心で、役者伝、せりふなどを加える。索引はない。文久年間に成立した写本を翻刻した1925年版（広谷図書刊行会）の複製。旧かな、旧漢字、旧文体のままである。　6232

◆新劇

新劇年代記　戦前編，戦中編，戦後編　倉林誠一郎著　白水社　1966－1972　3冊　22cm　1200－4500円

1924年（大正13）から1954年（昭和29）までの新劇の公演を中心に、新劇にかかわるできごと、上演批評などを時系列でまとめたもの。随所に著者の解説がある。上演記録は、上演期日、上演団体、劇名、幕数、作者名、演出者名、配役（役者名）、上演場所、批評などで、できるかぎり入場料、入場者数を記載する。各巻末に作品名から引ける上演戯曲索引がある。　6233

明治大正新劇史資料　田中栄三著　演劇出版社　1964　256p(図版 解説共)　26cm

1905年（明治38）から大正末までの新劇に関する写真、資料を収録し、年代順に配列したもの。写真集、概説「明治大正の新劇運動」、資料年表からなり、写真集と資料年表を対照できる。公演記録の記載事項は日時、場所（劇場など）、作品、原作者、出演者など。資料は著者が収集した公演のパンフレットを転記したものと思われるが、書誌事項などの記載がない。巻頭の目次（劇団別）が索引の役割を果たしている。　6234

◆ミュージカル

ブロードウェイ・ミュージカル事典　増補再版　芝邦夫著　劇書房　1991.7　487p　22cm　発売：構想社　7500円

1900年から1990年までに上演された代表的なブロードウェイ・ミュージカルについての事典。「人名事典」「作品事典」「トニー賞一覧」「作品年表」からなる。「人名事典」は、ミュージカルのスタッフを解説したもの。「作品事典」の記載事項は作品名、原題、初演年月日・劇場名、出演者、物語、解説など。巻末の英語題名、日本語題名、日本語人名、分野別人名の4種の索引は、見出し語や初演年月日を導くための参照となるもので、記載頁は示さない。初版（1984年刊行）に加筆修正したものだが、「コレクション」（文献、レコード、その他）の部分を削除しているので、参考文献などの情報については旧版を参照する必要がある。　6235

◆児童演劇

日本の児童演劇の歩み　児童劇・人形劇・学校劇80年の年表　日本児童演劇協会編　日本児童演劇協会　1984.3　203p　26cm

1903－1982年までの児童演劇界の動向と主要公演記録とからなる年表。年代順に配列し、「児童演劇・人形劇」「学校演劇」「関連出版物」「一般社会」の4欄で構成する。典拠の記載、索引はない。『日本児童演劇の歩み　児童劇・人形劇・学校劇・70年の年表』（1973年刊）をもとに補筆訂正し、10年分の情報を追加したもの。この後の情報は『年鑑・日本の児童青少年演劇』☞6237で補うとよい。　6236

年鑑・日本の児童青少年演劇　1988　日本児童演劇協会編　日本児童演劇協会　1989　不定期刊　192p　26cm

日本の学校演劇、児童演劇運動の推移を写真図版を用いて記録した年鑑。「児童青少年演劇劇団の活動」「学校演劇の活動」など5部からなる。第5部「年表・日本の児童演劇の歩み」は1983－1987年を対象としており、同協会による『日本の児童演劇の歩み』☞6236 を補う役割を果たす。『年鑑・日本の児童演劇』（1981－1983年刊）を改題したもの。　6237

◆人形劇

日本人形劇年鑑　日本の人形劇　1974年版－　日本ウニマ　1974－　隔年刊　21cm

現代日本人形劇の専門・アマチュア劇団について、表示年版の前年度の活動を中心に紹介する年鑑。前半は

写真で構成する「人形劇グラフィティ」で、和文と英文の掲載団体一覧（通称順）を付す。後半は各年版ごとの特集記事と、受賞、物故者、専門劇団観客動員数、会員連名（名簿）などの「ウニマのページ」からなる。巻頭に劇団通称の五十音順目次を付す。創刊より毎年刊行、1993-1994年版より隔年刊。解題は1993-1994年版による。　　　　　　　　　　　　　　　6238

◆人形浄瑠璃

図説文楽人形　宮尾しげを著　中林出版　1967　472p　22cm　2300円

文楽で使われる各種の人形の、かしら・手・足・かつらと、それらが用いられる芝居、特徴、操作法などを豊富な図入りで体系的に説明した解説書。小道具についても同様の解説を付す。ほかに、楽屋のしきたりを紹介した「楽屋図譜」がある。巻頭に詳細な目次、巻末に外題、かしら、手と足、かつら、楽屋図譜、小道具それぞれの五十音順索引がある。　　　　6239

増補浄瑠璃大系図　上, 中, 下, 別巻　四代目竹本長門太夫著　法月敏彦校訂　国立劇場調査養成部芸能調査室編　日本芸術文化振興会　1993-1996　4冊　21cm　（演芸資料選書6）

江戸初期から明治初年に至るおよそ300年間に、人形浄瑠璃文楽に従事した作者、太夫、三味線弾き、人形遣いの師弟関係を系譜の形式に整理し、3分冊に収めた人物事典。太夫、三味線などの各系図ごとに人名・師弟関係、主な人物については略伝を記載する。下巻に諸本の解題、別巻に浄瑠璃雑誌版異同一覧、碑文・没年・法名一覧、および五十音順の人名索引を収める。国立国会図書館蔵写本を底本とし、音曲双書版などの諸本により校訂。　　　　　　　　　　　　6240

◆映画

【書誌】

事典映画の図書　辻恭平著　凱風社　1989.12　526p　27cm　13390円

1897-1985年までに日本国内で刊行された、映画関係和洋図書およびそれに準ずるもの約5000点を収録した書誌。著者が独自に考案した分類法により配列し、それぞれ書誌事項、内容（目次など）、取材源（所蔵機関・個人名）を記載する。巻末に「本文にない図書130」ほか4種の付録および書名索引、シリーズ名索引、著者索引がある。著者が原本を確認・点検したものだけを収録しており、書誌事項の信頼性が高い。特に取材源を明示している点が、資料探索者にとって有用である。現時点で映画関係図書書誌では、最良のもの。　　　　　　　　　　　　　　　　　　　6241

日本映画書誌　山口竹美著　映画評論社　1937　346p　図版　23cm

日本初の本格的な映画文献書誌。1896-1937年前半までに刊行された和図書738書誌を収録する。明治、大正、昭和および補遺の4部構成で、配列は出版年順。記載内容は書誌事項と目次。各編の最初に代表的図書の図版を収録する。巻末に「創刊号雑誌目録」および五十音順書名索引、人名索引を付す。著者が現物を確認・点検したものだけを収録しており、書誌事項の信頼性は高い。今日、採録図書の中にもはや現物を確認できないものも多く、映画史研究上、極めて貴重な図書。『近代映画・演劇・音楽書誌』（ゆまに書房、1992）の第1巻として復刻された。　　　　　　6242

日本映画文献史　今村三四夫著　鏡浦書房　1967　287p(図版共)　22cm　1000円

1897年から1966年までに刊行された映画関係和文献の書誌。「書誌編」「雑誌編」「通信編」の3編からなる。「書誌編」は図書約1200書誌を収録した分類目録で、簡易な書誌事項と重要図書には解説を付す。「雑誌編」と「通信編」は、創刊年による年代順配列で、簡易な書誌事項と解説を記載する。3編とも、冒頭におのおのの刊行史を付す。巻末に和文アルファベット順の書名索引がある。本書は戦後初の本格的な映画文献書誌であるが、書誌事項の記述が簡略である点、現物を未確認の図書まで収録対象とした点について、研究者の批判もある。『事典映画の図書』☞6241がある現在は、類書の少ない「雑誌編」と「通信編」が有用である。

　　　　　　　　　　　　　　　　　　　6243

【事典・便覧】

アカデミー・アワード　アカデミー賞のすべて　キネマ旬報社編　キネマ旬報社　1995.5　510p　21cm　監修：筈見有弘　4-87376-127-1　3800円

第1回（1927-1928年）から第67回（1994年）までのアカデミー賞の記録を年順に収めた事典。各回は「解説」と「データ」の項からなり、「データ」は受賞作品・受賞者だけでなく候補（ノミネート）作品も含む。巻頭に「アカデミー賞67回主要部門受賞早見表」、巻末に「オスカー雑学事典」「オスカー名士録」「アカデミー賞規約」、および和文五十音順の人名と作品名の

索引を付す。　　　　　　　　　　　　　　　　6244

新映画事典　浅沼圭司〔ほか〕編集　美術出版社　1980.9
　520p　22cm　執筆：秋山邦晴ほか　4900円
従来の辞典形式にとらわれず、映画および映像をめぐる諸問題を提起し、全体として映画について考えることを意図して編纂、論文集的な色彩の強い専門事典。全体を「映画理論」「映画の歴史と作家」など13章に分け、関係する項目について署名入りで詳細に解説。巻末に主要作家略歴、用語解説、参考文献を付す。巻末に五十音順配列で原綴を併記した映画題名索引・人名索引がある。『現代映画事典』（1967年刊）、『現代映画事典　改訂版』（1973年刊）をその後の映画事情に照らして新たに編纂し直したもの。映画史・映画理論などについて概略を知るのに適している。　　　6245

戦後キネマ旬報ベスト・テン全史　1946－1996　4版　キネマ旬報社　1997.2　377p　26cm　（『キネマ旬報』別冊）
毎年『キネマ旬報』誌上で選出する内外映画ベスト10作品の戦後の記録集。1946年から1996年まで年順に日本・外国映画別のベスト10リスト、選考採点表、解説、個人賞、文化映画などの各種ベスト10、映画界10大ニュースなどを記載。巻末に「戦前キネマ旬報ベスト・テン一覧」および映画作品名から引ける五十音順索引を付す。類書に『日本映画オールタイム・ベストテン』『世界映画オールタイム・ベストテン』（キネマ旬報社、1995）、映画史上ベスト200シリーズ（キネマ旬報社、1982－1984、全3冊）がある。　　　　　　6246

ぴあシネマクラブ　〔1987〕－　ぴあ　1987－　年刊　26cm
日本国内の劇場・ビデオ・テレビで見られる映画のガイドブックで、作品事典的な色彩も持つ。「洋画編」と「邦画編」に分かれ、収録作品数はそれぞれ約9350本と約5900本。配列は日本語タイトルの五十音順。収録対象は、編集時点でレンタル・市販されているビデオソフトが存在する、映画配給会社の上映権が存続しており上映の可能性がある、テレビ各局で放映が予定されている、または映画史上重要な作品のいずれかである。記述内容は作品タイトル、スタッフ・キャスト表示、主要映画祭受賞記録、製作年・国、作品解説、上映時間、ビデオソフト情報など。各編の巻末に各種映画賞受賞データ、「原題別インデックス」（洋画のみ）「監督別インデックス」「カメラマン別インデックス」などがある。解題は1997/1998年版による。CD-ROM版がある。　　　　　　　　　　　　　　6247

【年表】

年表・映画100年史　谷川義雄編　風涛社　1993.5　250p
　26cm　4-89219-113-2　4500円
映画が発明されてからの約100年（1891－1991年）をまとめた映画史年表。見開き2頁ごとに、その年の日本と外国の映画状況、主要作品などを政治・社会の動きとともに記す。典拠の記載はない。巻末に、映画題名索引、各種コンクール入賞作品映画題名索引、キネマ旬報文化映画ベスト10題名索引、人物（主要）索引を付す。著者が記録映画作家出身のため、記録映画関係の記述が比較的詳しい。　　　　　　　　6248

【人名事典】

映画・ビデオ・テレビ外国俳優大事典　映画の誕生から最新の俳優まで　芳賀書店　1993.5　1117p　27cm　監修：筈見有弘　4-8261-0709-9　36000円
19世紀末から現代までの外国映画に出演経験のある映画俳優および非職業俳優1万2554人を、全員の顔写真付きで紹介する人名事典。ビデオや衛星・有線テレビなどの普及により、外国映画を見る機会の増えた現代に対応することを意図して編纂された。配列は姓の原綴のアルファベット順。見出し人名は日本語カナ表記に原綴を併記する。各項目には人名、生没年、略歴、主な役どころ、受賞歴などを簡潔に記す。巻末の補遺によって最新の人物を補う。巻末に、用語解説、別名索引、中国名から英語綴りを導く索引を付す。記述は簡略で、経歴や出演作品の調査には不向き。　　6249

映像メディア作家人名事典　日外アソシエーツ編　日外アソシエーツ　1991.11　51,655p　22cm　発売：紀伊国屋書店　4-8169-1111-1　15450円
明治から現代までの映像メディア関係者約3400人を収めた人名事典。主に映画・テレビ・アニメーションなどの制作、監督、撮影、美術、シナリオなどの分野で現在活躍中の日本人を収録対象としているが、一部物故者、在日外国人作家を含む。配列は姓名の五十音順。見出し語は本名・別名などのうち、一般的通称として最も多く使用されているものを採用。記載事項は職業、専攻分野、生年月日、出身地、別名、学歴・経歴など。索引はないが、巻頭に人名目次がある。　　　　6250

外国映画監督・スタッフ全集　キネマ旬報社　1989.5　422p
　26cm　5000円
外国の映画監督および製作関係者約1600人を収録し、その経歴や業績を解説執筆者の署名入りで記した人名事典。監督編とスタッフ編からなる。見出し人名は姓名のアルファベット順に配列。ただし中国人・韓国人の映画監督は別にまとめる。記載事項は生年月日、出生地、略歴、受賞歴、出演作品など。顔写真も多数添える。巻頭に主要参考文献、巻末にファースト・ネームからの五十音順人名索引を付す。『世界映画人名事

典・監督（外国）編』（1975年刊）の増補改訂版。

6251

外国映画人名事典 女優篇，男優篇 キネマ旬報社編 キネマ旬報社 1995-1997 2冊 22cm 監修：北島明弘 9800円, 12000円

映画草創期から現在までの映画に出演したことのある俳優を収録し、その経歴と業績を解説執筆者の署名入りで記した人名事典。「女優篇」「男優篇」の2部からなる。配列は国籍を問わず、姓のアルファベット順。物故者は星印を付す。記載事項は生（没）年月日、出生地、略歴、出演作品。原則として顔写真を付す。巻頭に参考文献、巻末にカナ表記人名のファースト・ネームから引く五十音順人名索引がある。同出版社による『世界映画人名事典・男女優編』（1974年刊）および『外国映画俳優全集・女優編』（1987年刊）、『同・男優編』（1988年刊）をもとに編纂。前回収録者に1980年代半ば以降にデビューした俳優と1970年代に引退した俳優を加えた。「監督編」の刊行予定はない。姉妹編として『日本映画人名事典』☞*6254* がある。

6252

声優事典 第2版 キネマ旬報社 1996.3 689p 21cm 4-87376-160-3 2500円

1995年12月調査時点で声優として活動している、または活動経験がある人の略歴・出演作品を調べるための人名事典。「男性篇」「女性篇」「データ篇」からなる。「男性篇」「女性篇」は声優の芸名の五十音順に配列する。記載事項は本名、よみがな、生年月日、所属プロダクション、出身地、出演作品リストなどで、一部に顔写真を付す。「データ篇」はアニメーションリスト、CDデータ、所属プロダクションインデックス、全国アニメショップ一覧で構成する。初版（1994年刊）の倍近い1785名を収録する。声優関係で1000名以上を収録する人名事典はほかに類例がない。

6253

日本映画人名事典 女優篇，男優篇，監督篇 キネマ旬報社編 キネマ旬報社 1995-1997 5冊 22cm 9800-11400円

日本映画草創期（1899年頃）から現在までに活躍した人物の経歴と業績を執筆者の署名入りで記した人名事典。「女優篇」「男優篇」「監督篇」の3部からなる。配列は芸名・監督名を見出し語とする五十音順。収録数はそれぞれ2035名、1952名、1385名。物故者は星印を付す。記載事項は本名、生（没）年月日、出生地、略歴、出演作品。原則として顔写真を掲載。「女優篇」および「男優篇」の上巻巻頭に主要参考文献、下巻巻末に生年月日一覧、出身地別一覧を付す。同出版社による『日本映画俳優全集　女優篇』（1980年刊）、『同　男優篇』（1979年刊）、『日本映画・テレビ監督全集』（1988年刊）の増補改訂版。姉妹編として『外国映画人名事典』☞*6252* がある。

6254

◆◆作品

アメリカ映画作品全集 キネマ旬報社 1972.4 402p 26cm （『キネマ旬報』増刊）

終戦（1945年）以降1971年末までに日本で劇場公開したアメリカ映画作品の記録。日本公開題名の五十音順配列で、原題、製作・配給会社、製作年と日本公開年、作品解説（署名入り）および『キネマ旬報』誌上での作品紹介号数などを記載する。索引はない。なお、本書と同様の構成で、ヨーロッパを中心とする世界の映画作品および戦前公開の著名作品282本を収録する『ヨーロッパ映画作品全集』（1972年刊）がある。いずれも1972年以降の作品については、同社刊行の『世界映画作品・記録全集』（1975-1989、隔年刊）とそれに続く『映画・ビデオイヤーブック』☞*6256* を参照のこと。

6255

映画・ビデオイヤーブック 1990年版- キネマ旬報社 1990- 年刊 26cm

表示年版前年の1-12月に日本国内で封切られた映画全作品、映画賞を受賞した作品・個人、映画祭・特集上映で上映された映画、ビデオ化された作品をできる限り記録した年鑑形式のデータ集。記載内容は「外国映画」「日本映画」の封切表と邦文タイトルの五十音順作品紹介、映画界総括、業界決算、「ビデオ・CD・書籍発売リスト」「データ」など。巻末に「外国映画原題索引」を付す。『世界映画作品・記録全集』（隔年刊）を改題したもの。『キネマ旬報』の増刊号として発行。解題は1997〔年版〕による。

6256

日本映画作品全集 キネマ旬報社 1973.11 290, 128p 26cm （『キネマ旬報』増刊）

終戦（1945年）以降1972年末までに劇場公開した日本映画のうち主要作品1893本を選択し、戦前の主要作品454本を加えて署名入りで解説した作品記録。配列は題名の五十音順で、公開年、製作および配給会社、解説および上映時間を記載する。巻末に付録として「1945-1972　日本映画総覧」がある。1973年以降の作品については、同社刊行の『世界映画作品・記録全集』（1975-1989、隔年刊）とそれを改題した『映画・ビデオイヤーブック』☞*6256* を参照のこと。

6257

日本映画作品大鑑 第1-7巻 キネマ旬報社 1960-1961 7冊 26cm （『キネマ旬報』別冊）

日本映画史上初めての本格的な作品記録。1896年から

1945年終戦時までに日本で劇場公開した国内外の映画約3万3500作品を収録。日本・外国映画別の構成で、配列は年ごとの劇場封切順。日本映画は映画題名、製作会社と撮影所、原作、監督、脚本、撮影、主な出演者、封切日と封切映画館、巻数、分類と『キネマ旬報』における紹介・批評号数を記載。外国映画は原題と製作年も記載する。索引がないことと、誤植がやや多いことが難点だが、現在まで戦前の映画記録で本書を超える刊行はない。なお、本書を基礎資料として、配列を五十音順にした『日本映画作品辞典・戦前篇』（科学書院、1996、全5巻）、『舶来キネマ作品辞典』（科学書院、1997、全4巻）がある。　　6258

【目録】

映倫審査・作品リスト 映倫管理委員会 1989.3　542p　30cm　『映倫30年史』の別冊　非売品

1957年の映倫管理委員会（略称＝映倫）の改組以降、1988年3月までに映倫の審査を受けた内外映画約2万6700作品のリスト。日本映画と外国映画に大別し、その中はおのおのの長編と中・短編に分けた4部構成で、配列は映倫番号順。記載は映倫番号、映画題名、製作および配給会社（外国映画は製作国も記載）、受審年月日および各種指定の5項目。戦後の映画史研究上、貴重な1冊。なお『映倫30年史』の本史は未刊。
　　6259

推薦映画総目録 1954年5月－1980年4月 優秀映画鑑賞会編 優秀映画鑑賞会 1980.11　78,4p 26cm 1000円

優秀映画鑑賞会が1954年の創設以来1980年4月までに「優秀映画」として推薦した映画約2130作品の目録。日本映画と外国映画の2部からなる。配列は映画題名（外国映画は日本公開題名）の五十音順で、監督名、撮影者、主な出演者、製作会社および公開年を記載。収録作品は劇映画のほか、教育、文化、記録、アニメーション映画も含み、この方面の研究者に有用。巻末に歴代推薦委員一覧を付す。　　6260

戦前日本映画総目録 日本映画研究会編〔大阪〕日本映画研究会 1994.8　136p 26cm

1931年から終戦時までに製作・公開された日本劇映画約5500作品を収録した目録。構成は各年ごとの撮影所別で、配列は劇場公開順。題名以下、巻数、種別、分類を記載する。巻末に1924年度から1939年度までの「優秀映画詮衡録」（現在の「キネマ旬報ベスト10」に類するもの）を付す。索引はない。1945年9月に映画公社・制作局がGHQに提出した『日本劇映畫作品目録』の復刻で、占領史の研究にも一助となる貴重な資料。ほかに戦前の映画目録として、井上光旺調査『日本映画興隆期の作品目録』（私家版、1987年刊）がある。　　6261

東京国立近代美術館フィルムセンター所蔵映画目録 日本劇映画 東京国立近代美術館フィルムセンター編 東京国立近代美術館 1986.8　461p 27cm

東京国立近代美術館フィルムセンター所蔵の約7000本の映画の中から、アニメーション・人形劇映画を除く日本劇映画1161本について解説した所蔵目録。『東京国立近代美術館フィルムセンター所蔵映画目録Ⅰ』（1976年刊）の増補改訂版。配列は1921年から1985年までの作品の公開年月日順。記載事項は封切時の正式題名・製作会社・配給機関・出演者、映画雑誌の記事索引など。巻末付録の「日本劇映画作品目録Ⅰ」は1976年から1980年までに公開の新作日本劇映画を封切月日順に記載したもの。巻末に五十音順の題名別索引と監督別索引がある。　　6262

日本劇映画作品目録〔昭和31年〕－ 日本映画製作者連盟 1957－　年刊 18×25cm

表示年版の1－12月に日本映画製作者連盟に加盟している製作者（会社）が製作し劇場公開した日本劇映画の目録。収録対象に成人映画も含むが、映倫審査を受審しない作品は除外する。配列は製作者別の封切月日順。作品題名以下、封切日、種別、スタッフ、キャスト、使用フィルム、メートル数、映倫審査番号などを記載。巻末に「平成7年度配給会社および種別本数」「受賞作品一覧」を付す。1945－1955年分は合冊で日本映画連合会から刊行され、その後連盟から年刊で刊行。解題は平成7年版による。　　6263

日本公開アメリカ映画総目録 1908－1941 上，下 畑暉男〔ほか〕編著 横浜 映画史研究会 1978－1979　2冊 19×26cm 発売：キネマ旬報社（東京）　限定版

1908－1941年（日米開戦）までに日本で公開したアメリカ映画の目録で、約9200作品を収録。上巻は日本公開題の五十音順配列で、製作年と日本公開年、監督、『日本映画作品大鑑』☞6258の収録頁および原題コードを記載。下巻は原題のアルファベット順の配列で上巻への索引コードを記載する。下巻巻末に「アメリカ映画会社の変遷　1895－1941」などの付録がある。『日本映画作品大鑑』☞6258と併用するとよい。　　6264

【索引】

日本映画索引 細谷勝雄編 創栄出版（製作）1993.5　556p 26cm 4-88250-338-7　10000円

終戦（1945年8月）から1991年末までに劇場公開した日本映画の索引。収録対象は劇映画のほか、記録映画と16ミリ映画を含むが、アニメーションと日活以外の成人映画は除く。配列は題名の五十音順。題名以下、製

作と配給会社、公開年、監督および主な出演者を記載する。旧版は、同編者による1987年刊行の私家版。近年、戦後の日本映画のリストで1冊にまとまったものはほかになく、貴重である。『キネマ旬報』作品紹介号数の記載がない点が惜しまれる。　　　　　　　6265

FILM INDEX 外国映画　1（1945－1993）　翔ブラザース　1994.3　369p 30cm 9800円
1945年から1993年末までに日本で劇場公開した外国映画を網羅的に収録し、検索の便をはかったもの。収録点数は1万473作品。外国語篇と日本語篇の2部構成。「外国語篇」は原題のアルファベット順。日本公開題、製作年と日本公開年が検索できる。「日本語篇」は日本公開題の五十音順配列で、原題、製作国、製作年、日本公開年、監督、『キネマ旬報』誌上における掲載号数が検索できる。1995年末までを対象とした増補版がある。　　　　　　　　　　　　　　6266

【年鑑】

映画年鑑　1950年版－　時事映画通信社　1949－　年刊　22cm
主として日本映画産業に関する表示年版の前々年7月から前年6月までの動静を記録した年鑑。統計編、記録編、作品編、名簿編（物故者を含む）の4編からなる。巻頭に「映画業界人の顔」、映画界重要日誌、巻末に和文五十音順の作品索引がある。別冊付録「映画館名簿」は全国映画館の所在、設備などを都道府県別に記載。1947年『映画芸能年鑑』として創刊、1950年より現書名。途中2年（1971－1972年）の休刊があるものの、継続性のある唯一の年鑑である。なお、戦前に同書名の年鑑があり、日本図書センターより復刻版が刊行されたが、本書との継続性は乏しい。解題は1998年版による。　　　　　　　　　　　6267

ユニ映像年鑑　1980年版－　ユニ通信社　1980－　年刊　21cm
主として教育、産業、短編映画（映像）などの分野を取り扱ったもので、現在まで継続する唯一の年鑑。記録編、利用編、資料編、製作編、名簿編の5編で構成。製作編に表示年版の前々年度の作品録を製作会社別、題名の五十音順に収め、題名以下、フィルム・ビデオの種別、時間、製作、脚本、撮影および解説を簡潔に記載する。巻末に和文五十音順の事項索引がある。1963年『ユニ通信』として創刊。類書として『PR映画年鑑』『産業文化年鑑』『映像情報年鑑』『映像年鑑』があったが、現在に継続せず終刊した。解題は1998年版による。　　　　　　　　　　　　　　　　6268

◆大衆演芸

◆◆演芸一般

【書誌】

演芸レコード発売目録　倉田喜弘著　国立劇場芸能調査室編　国立劇場　1990.3　514p 26cm　（演芸資料選書4）
1909年（明治42）から1945年（昭和20）までに日本国内で製作・発売された演芸レコードの目録。10編（落語、万歳・漫才、漫劇、漫談・漫芸、音曲・雑曲、声色・物真似、太神楽・あほだら経、講談、浪花節、バラエティ）からなり、各分野ごとに、発売年月、演題、吹込者、作・脚色、レコード会社名、レコード番号・出典を示す。配列は、レコード会社の設立年順ないし発売年月順。データは現物との照合はせず、主にレコード会社の各種資料に基づく。　　　　　　6269

◆◆寄席

◆◆◆講談

講談関係文献目録　明治・大正編　吉沢英明編　上尾　吉沢英明　1976　133p 21cm
編者が収集した明治・大正時代刊行の講談速記本および同時代の講談に関する参考文献を収めた文献目録。5部からなる。第1部は新聞・雑誌に掲載された速記を明治編、大正編に大別し、誌紙ごとに配列。第2部は単行速記本を明治編、大正編に分け、それぞれ書名の五十音順に配列し、内容細目を付す。両部とも演者名、速記者名を記す。第3部は明治時代に刊行された読物実録本を書名の五十音順に配列。第4部は番付など一枚刷の資料を収録。第5部は参考文献として1955年までに刊行された図書、雑誌記事を順不同に収め、一部抜粋記事、解説を付す。索引はない。　　6270

◆◆◆落語

■「日本文学」の落語をも見よ。

江戸芸能・落語地名辞典　上，下　北村一夫著　六興出版　1985　2冊 22cm 4700－5200円
古典落語、人情噺を中心に江戸小咄、講談、浄瑠璃、小唄、俗曲、狂歌、川柳などに現れた東京都区部の江戸・明治期の地名1500余について、図版を適宜挿入し解説した辞典。俗称、橋名、坂名、寺社、大名・旗本家、妓楼、料亭、店舗名なども含む。上下2巻からな

り、上巻はあ－さ行、下巻はた－わ行を収録。各項目は現在の所在地、簡単な解説のほか、関係する演題とその引用文を、出典を明記して紹介。上巻に「23区別収録地名表」、下巻に人名索引を付す。
6271

現代上方落語便利事典 相羽秋夫著 少年社 1987.7 437p 19cm 発売：雪渓書房 4500円
1955－1985年6月30日までに演じられた上方落語を演題の五十音順に収録した事典。各項目は演目名とそのひらがな表記、古典・改作・新作の別（創作は新作に含む）のあと、あらすじ、季節、場所と時間、登場人物、解説など。さらに、類似作品や東京落語との相違に触れるものもある。所載の出版物（録音物も含む）がある場合は明示。また、新作落語の場合、解説は作（口演）者、初演の時期なども記載する。索引はないが、巻頭の五十音順目次で収載項目を一覧できる。
6272

現代落語事典 新版 古典芸能研究会編 光風社出版 1988.6 266,26p 19cm （光風社選書）4-87519-012-3 1500円
現代落語について「寄席芸能編」「噺家代々編」「落語演題編」の3部構成で解説したコンパクトな事典。各部とも項目の五十音順に配列。「寄席芸能編」は楽屋符丁、楽屋ことば、習慣、噺家の身分、服装、演出、寄席囃子の出典、寄席・有名落語会の歴史的概要、色もの、寄席芸など全般的な事柄を扱う。「噺家代々編」は大看板の初代から現代の本名、生没年、経歴、芸名の変遷、得意種など。「落語演題編」は東京（江戸）落語を中心とした約400題の聴きどころ、さげ、得意とする噺家名などを解説する。巻末に項目索引がある。1977年刊の初版を改訂、加筆したもの。
6273

古典落語用語辞典 北村一夫著 柏書房 1991.1 282p 22cm 4-7601-0621-9 3300円
古典落語、人情噺の中に現れる江戸から明治・大正の風俗語約1800語を五十音順に配列した辞典。各用語には落語にかかわる簡単な解説、演題とその言葉の使われている章句の一節を付す。巻頭に見出し項目の五十音順目次（索引）がある。古典落語の用語辞典だが、江戸庶民の風俗について調べるのにも有効である。『落語古典語典』（1982年刊）の改題。
6274

ライブラリー落語事典 東京編 保田武宏著 弘文出版 1982.11 579p 19cm 4-87520-022-6 3500円
昭和期に発行された古典落語の速記本、レコード（LP）、カセット・テープの一覧を演題の五十音順に配列した、目録的役割を持つ事典。速記本は、1927－1981年12月発行の単行本を、レコード、カセット・テープは1981年12月までに発売のものを収録。収録範囲は東京落語に限る（上方編の刊行予定はない）。各項目には演題の簡単なあらすじ、解説を付す。該当する速記本は、レコード、カセット・テープがない場合は現在高座にかけられているものでも収録しない。演題の事典としては『増補落語事典』（東大落語会編、青蛙房、1994）との併用がよい。明治大正期の口演速記を扱っているものには『口述速記明治大正落語集成』（暉峻康隆、興津要、榎本滋民編、講談社、1980－1981）がある。
6275

落語家事典 古今東西 諸芸懇話会, 大阪芸能懇話会編 平凡社 1989.4 458p 22cm 4-582-12612-X 4800円
始祖（近世）から現在までの主要な噺家を体系順に収録、一部署名入りで解説した落語家事典。「本項目」「現役落語家名鑑」「索引小事典」の3部構成で、それぞれ「江戸・東京編」と「上方編」に大別する。「本項目」は近世から現代に至る主要な噺家（物故者）327名について、落語家名・かな見出しのあと、本名・生没・享年・記事本文、一部に肖像も添えて時代順に配列する。現在活躍中の噺家については、1989年1月7日現在の475名を「現役落語家名鑑」として収録、各落語団体あるいは流派、一門ごとに配列する。さらに全体の索引の役割をも果たす「索引小事典」では、「本項目」「現役落語家名鑑」未収録の噺家も含めた延べ3000余の芸名を五十音順に配列、未収録の噺家には簡単な解説を付す。
6276

落語ハンドブック 山本進編 三省堂 1996.8 257p 21cm 監修：三遊亭円楽 4-385-41033-X 1700円
落語の歴史や構成から背景、演題、噺家、用語まで体系的に解説した便覧。5部（落語への招待、落語のバックグラウンド、名作の鑑賞、噺家編、もっと知りたい人へ）からなる。第4部は噺家の系統や現代の落語家一覧、名人列伝など。第5部は資料編として用語解説や年表、関係書一覧、寄席・落語会一覧を付す。巻末の総索引は見出しの五十音順。落語全体を広く浅く扱うので、鑑賞の入門書となる。
6277

◆◆ 浪曲

日本浪曲大全集 芝清之編 浪曲編集部 1989.4 314p 31cm 12000円
浪曲に関する便覧。浪曲の歴史、現役東西浪曲家名鑑（89名収録、全員顔写真入り）、墓誌録（物故者45名、顔写真入り）、各派別全系図、東西浪曲番付表、有名浪曲家台本集、浪曲用語・隠語集、浪曲年表（1819－1988年）などからなる。巻頭にカラー写真を多数添える。索引はない。
6278

浪曲事典　安斎竹夫著　日本情報センター　1975　224,37p　22cm　1300円
浪曲全般について体系的に解説した事典。浪曲の歴史、現代浪曲家名鑑、各流派系図、過去に活躍した浪曲家の小伝、名作抄、年表（1624（寛永元）-1974年）、主な録音資料を示した「各社レコード・テープ一覧」の7部からなる。索引はない。　*6279*

◆◆奇術

緒方奇術文庫書目解題　国立劇場演芸資料館所蔵　日本芸術文化振興会国立劇場資料課編　紀伊国屋書店　1992.3　162p　26cm　4-314-10068-0
医学博士・故緒方知三郎氏が収集した、江戸中期から昭和期にかけて刊行された奇術に関する図書、番付、ポスターなど267点に解題を施した目録。「和奇術書」「海外奇術書」「番付・ポスター・その他」に大別し、その中は原則として刊行年順に配列。適宜写真図版を添える。巻末に演芸資料館所蔵奇術等関係書一覧表および山本慶一「緒方奇術文庫について　日本奇術文献概説」を付す。索引はない。ハードカバー版（1992年9月発行）もある。　*6280*

体育・スポーツ

【書誌】

健康・体力つくり関係文献目録集　〔1〕-2　総理府国民体力つくり事業協議会　1973-1986　2冊　26cm　2の書名：体力つくり関係文献目録集　2の出版者：総務庁青少年対策本部
日本の健康・体力つくり運動に関する施策・推進の基礎資料として、関連文献（図書・雑誌論文）約3300点を13の主題に分類、配列した目録。〔Ⅰ〕は1950-1971年まで（1950年以前のものも若干含む）、Ⅱは1972-1984年刊行のものを収録。『体力つくりに関する文献抄録集』☞6288 と併用するとよい。索引はない。〔Ⅰ〕の別冊付録として「生理学的効果」「女子」の項目で省略された書誌を補うための『健康・体力つくり関係文献〈追加〉目録集』、続編として抄録集を合わせた『体力つくりに関する文献目録集（Ⅲ）（1985-1989年）』（総務庁青少年対策本部、1991）がある。　*6281*

女子体育関係文献目録　〔国立〕　藤村学園東京女子体育大学女子体育研究所　〔1972-1976〕　2冊　25cm
2分冊のうち第1冊は『教育時論』全号（1885年4月-1935年1月）、第2冊は『大日本教育会雑誌』とその改題誌『教育公報』『帝国教育』『大日本教育』（1883年11月-1945年1月）の雑誌記事索引。それぞれ女子体育関係の記事のみを抽出し、体育全般・保健衛生・女子教育・幼児教育・音楽教育の5分野に主題分類し、さらに細分した上で発行年月日順に配列する。『東京女子体育大学女子体育研究所研究報告』第1号-第2号として刊行されたもの。　*6282*

スポーツの本全情報　45/91　日外アソシエーツ編　日外アソシエーツ　1992.6　1389p　22cm　発売：紀伊国屋書店　4-8169-1132-4　23800円
1945年から1991年までの47年間に、日本国内で刊行された体育・スポーツ関係の図書1万9000点の書誌情報を収録する。全体を17分野に大別したあと、競技名など823の見出し語に細分し、そのもとに書名の五十音順に配列する。記載内容は書誌事項のほか、刊行年が比較的新しい図書の一部に内容、目次紹介の項目を追加。巻末に書名索引を付す。　*6283*

全国大学紀要類体育学論文索引目録　1974年　日本体育大学図書館編　日本体育大学情報センター　1974.3　462p　27cm　付（別冊　2冊　26cm）：著者索引, 正誤表
大学紀要約200点から体育学関係の論文を抽出し、主題および競技種目ごとに配列した文献目録。収録対象は1972-1973年までに発行されたもの。同一項目内の配列は執筆者名の五十音順で、タイトルや内容に複数の主題や競技種目を含む論文は、それぞれの箇所に重出する。巻頭に「紀要類　誌名・略記名一覧」（収録大学紀要タイトルの一覧）、別冊として著者索引がある。この分野の大学紀要だけを集めた専門的な二次資料はほかに類例がない。　*6284*

体育学研究文献分類目録　第1-2巻　谷村辰巳編　不昧堂出版　1970-1975　2冊　27cm　各6000円
体育学に関する研究文献を収録した目録。配列は体育原理、体育史、体育社会学など独自分類法による20の大項目別で、そのあとは年代順。第1巻は第1回から第20回まで（1950-1969年）の日本体育学会で発表された6972研究を収め、第2巻は大学紀要など154の研究発表機関誌に1972年までに発表された論文5874（重出を含む）を収録。巻末に発表者名索引がある。

体育・スポーツ書解題 木下秀明編著 能勢修一，木村吉次共著 不昧堂出版 1981.1 832p 27cm 18000円

近代日本における体育・スポーツ、保健、レクリエーションに関する解題書誌。収録対象は1868年（明治元）から1965年（昭和40）まで（一部の新聞・雑誌は1975年頃まで）に刊行された図書および新聞・雑誌。図書解題、新聞・雑誌解題に分け、それぞれ書名、紙・誌名の五十音順に配列。書誌事項と所蔵館あるいは典拠目録の表示（略号）、100字以内の解題のほか、稀覯書には表紙の写真も添える。巻末に分類索引、人名索引、団体名索引がある。このうち分類索引（対象は図書のみ）は書名、著者名、発行年を記載した190頁に及ぶもので、これだけで独立して利用できる。『体育書解題』（野口岩三郎、不昧堂書店、1953）を基礎とする。　6286

体育・スポーツに関する10年間の雑誌文献目録 昭和50年－昭和59年 日外アソシエーツ編 日外アソシエーツ 1987.6 220p 27cm 発売：紀伊国屋書店 4-8169-0360-7 8300円

1975－1984年までに発表された体育・スポーツに関する雑誌文献6184件を収めた目録。国立国会図書館が受け入れた学術雑誌、大学紀要などを対象とする『雑誌記事索引 人文・社会編 累積索引版』☞0139 第4・5期を主題別に再編成したものの一部。各文献は、主題を表す大項目を必要に応じて細分した見出し語のもとに配列。同一見出し語の中は、論題の五十音順配列。各文献の記載内容は論題、著者名、雑誌名、巻号、発行年月、頁。巻末に事項索引を付す。これ以降は『雑誌記事索引 人文・社会編 累積索引版』第6期または『雑誌記事索引』CD-ROM版などを利用のこと。なお、これに先立つものとして、1948－1974年の27年間の文献7000件を収めた巻がある。　6287

体力つくりに関する文献抄録集 〔Ⅰ〕－Ⅱ 総理府国民体力つくり事業協議会 1973－1986 2冊 26cm Ⅱの出版者：総務庁青少年対策本部

日本の体力つくりに関する単行書および雑誌論文の抄録集。〔Ⅰ〕は1950年以前と1950年代から1971年まで、Ⅱは1972年から1984年刊行のものを収録する。配列は、総論、指導・方法論、測定・評価論、生理学の効果などの『健康・体力つくり関係文献目録集』☞6281 と共通の13分類で、文献番号も共通。同書から選択した文献について、書誌事項と抄録を記載する。収録文献の年代はやや古いが、この分野の抄録集はほかに代わるものがなく、貴重な二次資料である。索引はない。続編として抄録集を合わせた『体力つくりに関する文献目録集（Ⅲ）（1985年－1989年）』（総務庁青少年対策本部、1991）がある。　6288

日本体育図書館協議会雑誌目録 和文編 1988年，外国雑誌編 1985年 日本体育図書館協議会雑誌目録編集委員会編 日本体育図書館協議会 1985－1988 2冊 26cm

日本体育図書館協議会加盟14館の雑誌総合目録。中心主題の体育・スポーツ、舞踊・ダンス、レクリエーション、保健・衛生、および関連主題の心理学、社会学、教育、医学などの分野を収める。和文編と国内刊行欧文誌を含む外国雑誌編の分冊刊行。和文編のみ第2版（1988年）が刊行されている。収録数は和文編が1988誌、外国雑誌編が1102誌。一部例外的に年報、モノグラフ・シリーズも収める。配列はタイトルのアルファベット順。記載内容は書誌データと所蔵館データよりなる。巻末に主題索引と団体名索引があるほか、外国雑誌編には創刊年索引と主要変遷誌マップを付す。　6289

保健・体育学関係研究誌文献目録 1970－1984年 高野卓哉〔ほか〕編 日本教育新聞社出版局 1985.11 534p 26cm 監修：日本教育情報学会 4-930821-52-5 6000円

岐阜大学の保健体育関係文献データベース約2万件から学会誌関係については1977－1984年まで、大学研究紀要は1970－1984年までを再構成したもの。7研究誌と約70大学の研究紀要から収録し、これらの論文を体育原理、体育史、体育社会学、体育心理学、運動生理学など12専門領域に分類、年代の新しい順に配列する。索引はない。なお、1976年以前については、『文科系文献目録』（日本学術会議、1977－1979）および谷村辰巳著『体育学研究文献分類目録』☞6285 がある。　6290

民和文庫蔵書目録 体育・武道篇 平成9年1月1日現在 中村民雄編 民和文庫 1997.2 244p 22cm「昭和63年9月1日現在」までの書名・出版者：民和スポーツ文庫蔵書目録・民和スポーツ文庫 製作：島津書房 4-88218-064-2 非売品

専門家向けの定評ある個人文庫である同文庫が所蔵する図書・雑誌のうち、体育・スポーツ・武道・「武芸伝書」に属するものを収めた目録。体育・スポーツ篇と武道・武芸伝書篇からなる。配列は日本十進分類法（新訂7版）による分類順。巻末に「鈴鹿文庫（大日本武徳会旧蔵）伝書目録」を付す。索引はない。『民和スポーツ文庫蔵書目録 体育・スポーツ篇 昭和59年3月1日現在』（1984年刊）と『同 昭和63年9月1日現在』（1988年刊）の改訂版。　6291

【辞典・事典】

アメリカンスポーツ語辞典　ティム・コンシダイン著　雄松堂出版　1987.1　538p　22cm　監修：稲垣安二　『The language of sport』の翻訳　4-8419-0014-4　4000円
アメリカの人気スポーツ9種に関する用語約5000項目を収録したコンパクトな辞典。配列は9種のスポーツ別の五十音順。見出し語に英語を併記。解説、各スポーツの歴史、語源、エピソードなどを記す。索引はない。1982年刊行原著の日本語版で、原著にはない訂正が加えられている。　　　　　　　　　　　　　　　*6292*

健康運動指導者必携キーワード　横須賀　医道の日本社　1991.5　296p　26cm　監修：郡司篤晃　4-7529-3029-3　5200円
健康づくりを推進する指導者の共通理解を深めるために不可欠な234語を収録し、署名入りで解説した用語集。配列は見出し語の五十音順で、対応する英語を併記する。各用語の記載内容は、定義、解説の2項目からなり、1用語につき1頁を使い、図表を多く取り入れて詳しく解説する。本文中のゴシック体で表したキーワードについて、欄外で簡単に説明を加える。巻末に和文五十音順事項索引を付す。　　　　　*6293*

現代スポーツ百科事典　大修館書店　1970　954p　27cm　監修：日本体育協会　8000円
スポーツに関する常識から各競技の概要、科学的分析、施設にいたるまで、スポーツに関する情報を署名入りで網羅的に解説した包括的事典。「総説編」「競技編」「科学編」「施設編」の4編からなる。原則として小項目主義で、適宜写真や図表をまじえる。競技編では94競技を五十音順に配列し、それぞれの歴史、競技概要、用語について記載する。科学編では、スポーツ医学、スポーツ科学、スポーツ栄養学などをとりあげ、各章末に参考文献を記す。施設編では国内外の各種施設について概説する。付録として1780－1970年までの国内外のスポーツ史年表、記録、関係法令などを収録。巻末に人名および事項索引を付す。　　　　　　　*6294*

最新スポーツ大事典　岸野雄三〔ほか〕編　大修館書店　1987.6　2冊(別冊とも)　31cm　監修：日本体育協　4-469-06203-0　25000円
スポーツ全般について、歴史的観点に基づき大・中項目主義で詳説した事典。各種競技とスポーツに関する事項約400項目を五十音順に配列し、記名した240名の執筆者が「概要」「発展史」の2部構成で解説。写真やイラストを多数配する。巻頭に五十音順と分野別の目次、巻末に本文中の重要語も含めた五十音順の索引がある。別冊の「資料編」には、各種記録と詳細なスポーツ史年表（古代－1986年）、日本語と外国語のスポーツ史文献一覧を収める。　　　　　　　　　*6295*

最新スポーツ大辞典　湯村久治他編著　国書刊行会　1985.10　836p　22cm　9500円
わが国で使用されている外来スポーツ用語の辞典。英、仏、独などの各国語に由来する7000余語を欧文のアルファベット順に配列し、競技内容と語本来の意味との連関を重視し解説する。記載事項は発音（発音記号、カタカナ表記）、語義、必要に応じて語の変遷、種目名、語源など。巻末にカタカナ表記発音索引（五十音順、原語併記）、ひらがな表記訳語索引（五十音順、定訳と原語併記）、種目別原語索引（34種目、アルファベット順、カタカナ表記発音併記）の3種からなる280頁に及ぶ索引があるが、巻末の補遺部分は対象としていない。　　　　　　　　　　　　　　*6296*

新修体育大辞典　編集者代表：今村嘉雄，宮畑虎彦　不昧堂出版　1976　1907p　27cm　38000円
体育・スポーツに関する用語を幅広く収録した権威ある辞典。体育学とその関連科学、保健・医学、各スポーツの技術・ルール、レクリエーション用語のほか、行政、法規、人名、地名、文献、団体、施設、競技会などに関する約2万5000項目を五十音順に配列。巻末の和文索引（五十音順）は289頁に及ぶ詳細なもので、見出し語、解説文中の主要語句、表、写真、図版などを対象とする。1950年刊行の初版『体育大辞典』の第4版にあたる。　　　　　　　　　　　　　　*6297*

スポーツ科学事典　P.レーティッヒ編　池上晴夫〔ほか訳〕　ほるぷ出版　1982.1　416p　22cm　（ほるぷ体育スポーツ科学選書　13）　日本語版監修：岸野雄三　原発行：プレスギムナスチカ　『Sportwissenschaftliches Lexikon　4 Aufl.』の翻訳
スポーツ科学の専門領域の主要語約1500項目の署名入り事項解説と参考文献を収めた初めての定評ある専門研究者向け総合事典。和文見出し語を五十音順に配列し、欧文を併記する。各項目の内容は語義・定義、簡潔な説明、必要に応じて注記、同義語・類義語、主要文献など。解説文中の見出し語に星印を付す。巻末に参考書目および和文・欧文の事項索引を付す。原著は1960年前後からドイツ語使用諸国を中心に展開された「専門用語論」(terminologie)の成果を踏まえてミュンヘン・オリンピックの年（1972年）に刊行され、国際的に高い評価を受けた。類書に『スポーツ科学辞典　日独英仏対照』☞*6299*がある。　　*6298*

スポーツ科学辞典　日独英仏対照　エリッヒ・バイヤー編　朝岡正雄監訳　大修館書店　1993.4　582p　22cm　表紙の書名：『Dictionary of sport sience』　『Wärterbuch der Sportwissenschaft』の翻訳　4-469-06206-

5　4635円

スポーツ科学の専門用語の国際比較を目的に編纂された初の本格的な辞典。ドイツで刊行された原書の日本語版で、五十音順に配列した日本語見出しのもと、対応するドイツ語、英語、フランス語を掲げ、ドイツ語の本文を邦訳した解説文をおく。収録語数はスポーツ心理学、バイオメカニクス、スポーツ社会学、スポーツ医学などの分野から915語。項末に注や備考、同義語・類義語を記載するほか、ドイツ語執筆者104名と日本語訳者9名の記名がある。巻末の参考文献は原書に付されたもの。巻頭に日本語索引を兼ねた目次、巻末に日本語訳付きの独・英・仏語の各索引がある。定評ある類書『スポーツ科学事典』☞6298 から見出し語の取捨選択がなされている。
6299

スポーツ基本用語辞典 田口知弘編 同学社 1988.3　387p 18cm　(同学社基本用語辞典シリーズ) 背・表紙の書名：『Sportelementarer Wortschatz』　4-8102-0016-7　2000円

ドイツ語見出しのハンディなスポーツ用語集。陸上、体操など24種目とスポーツ一般から約4000の基本語を採録し、種目別のアルファベット順に配列。カナ発音、名詞の性別と複数形、日本語訳、対応する英語の順に記載する。巻末に英語と日本語の種目別索引がある。
6300

スポーツ大百科 スポーツ大百科刊行会 1982.6　789p 31cm 監修：日本体育協会　発売：都道府県体育協会連絡協議会(横浜) 20000円

スポーツに関するさまざまな情報を収載した包括的な事典。「総集編」「競技編」「記録編」「用具編」「スポーツ人名録」の全5編からなる。巻末に1927-1981年までの「昭和スポーツ年表」を付す。索引はない。
6301

スポーツ・データバンク小事典 スポーツ・データバンク委員会編 ぎょうせい 1988.5　210p 19cm 監修：日本体育協会 4-324-01289-X　1300円

コンピュータおよびコンピュータに関するスポーツ用語、統計用語400余語を収録し、適宜図を交えて解説したコンパクトな用語辞典。五十音順に配列し、見出し語に英語を併記する。巻末に資料として関連団体の組織図などを付す。巻末の五十音順事項索引は原綴を併記するが、原綴からは引けない。
6302

スポーツ用語 ビッグスポーツ・主要100スポーツ用語総覧　ルール・ゲーム進行・戦術から最新用語　最新版　角山修司編 東村山 教育社 1992.11　1114p 18cm (Newton database)　発売：教育社出版サービス(東京) 4-315-51267-2　2500円

日本において現在行われている主なスポーツについて、その概要を用語解説を中心にまとめたもの。スポーツ全般、七大スポーツ、競技スポーツ、レジャースポーツ、スポーツサブ知識の5部からなる。日本で人気の高い相撲、野球、ゴルフ、サッカー、マラソン、競馬、F1の7種のスポーツについては、概説、用語解説、起源・歴史、動向、主な記録を、競技スポーツ46種目については概説と用語解説を、レジャースポーツ54種目については概説のみを記載する。スポーツサブ知識では、スポーツ医学、スポーツ科学、スポーツ栄養学をとりあげる。巻末に五十音順の「スポーツ用語」索引と「主要スポーツ協会・団体一覧」などを付す。
6303

スポーツ用語事典 ぎょうせい 1975　901p 22cm 監修：日本体育協会 4800円

スポーツ用語について、図版を適宜配し簡潔に解説した小項目主義の辞典。約5000語を「一般共通項目用語」「競技種目用語」「スポーツ施設関係用語」「スポーツ科学用語」「トレーニング用語」の5つに大別し、おのおのの冒頭に執筆担当者を記載する。このうちの中心となる競技種目用語は、91の競技ごとの五十音順に配列。スポーツ科学用語は6つの細分野ごとの五十音順、ほかの用語は五十音順に配列する。巻末に和文五十音順総索引がある。競技者からスポーツ愛好者までを対象とする。
6304

スポーツ用語辞典 改訂新版　浅田隆夫編　成美堂出版 1988.9　590p 22cm 監修：大石三四郎 4-415-03115-3　6800円

用語解説を中心に概要、勝敗、歴史、競技会などのアウトラインを示した辞典。冒頭の「一般用語」「オリンピック」のほか、国内で行われているほとんどすべてのスポーツや一部のレクリエーションなど80競技を種目名の五十音順に配列し、図版を適宜交えて解説する。索引はない。広く中学・高校の生徒から一般社会人までを対象とする。初版(1979年刊)のスポーツ種目を一部入れ替え、判型をひとまわり大きくして刊行したもの。
6305

体育科学事典 猪飼道夫等編 第一法規出版 1970　711p 27cm　4200円

体育に関する事項について、適宜図表を交え、署名入りで総合的・体系的に解説した事典。13章からなり、体育の科学的研究との関連から身体、体育・スポーツ、トレーニングの科学的基礎まで、さらにその応用として、学校体育、社会体育、公衆衛生、健康管理と疾病予防、スポーツ事故、特殊体育、体力測定と評価について詳細に記載する。巻末に各種数値データおよび和文五十音順の事項索引を付す。
6306

体育・スポーツ用語英英事典　鶴見明徳編著　遊戯社　1993.3　516p　27cm　4-89659-623-4
体育・スポーツ・健康関連分野における英語の用語・術語を英語で解説する専門家向けの事典。原典約50点からの豊富な用例が特色。配列は見出し語のアルファベット順。記載項目は語源、発祥、定義、説明、例、出典など。巻頭に原典の一覧表がある。索引はない。
6307

大図説スポーツ百科　小学館，表現研究所日本語版編集　小学館　1977.11　319p(図共)　30cm　日本語版監修：窪田登　5800円
世界中で行われているスポーツ全般を、陸上競技、格闘競技、コート球技など13の章に大別し、その中を全166種目に分けて概説する。各種目について競技場、用具、服装、審判、用語、ルールなどの概要をカラーイラストを豊富に用いてわかりやすく記述する。巻末に競技名・用具・施設・ルールなどから引ける事項索引を付す。イギリスで刊行された『Rules of the Game』(1974年刊)の日本語版。
6308

日中スポーツ語辞典　中国吉林師範大学体育系主編　ベースボール・マガジン社　1981.6　72,686p　19cm　日中同時刊行　4-583-02017-1　3800円
日本のスポーツ語を中国語訳した用語集。わが国の各種スポーツ・体育関係書から語彙を収集し、5万余のスポーツ語を抽出する。配列は見出し語の五十音順。必要に応じて欧文原語を併記し、種目名を略号で示す。巻末に組み合わせや連続技の技名を中心とする体操常用術語集などを付す。巻頭に字画順に検索するための日本語漢字検字表と、巻末に158頁に及ぶ43種目別の用語索引がある。
6309

ニュースポーツ事典　北川勇人著　遊戯社　1991.6　662p　22cm　監修：日本レクリエーション協会　4-89659-621-8　6800円
楽しむことを第一の目的としたニュースポーツ種目を集成した事典。ターゲット、ゴルフ、ウォールゲームなど12分野に分類し、さらに細分された96種目の概要、用具、競技方法、ルール、用語、歴史などについて、写真や図を適宜添え、初心者にもわかりやすく解説する。巻頭にニュースポーツ概論、巻末に関連団体一覧、参考文献のほか五十音順種目索引がある。7分野80種目を扱った『レクリエーションスポーツ種目全書』(北川勇人著、遊戯社、1984)を全面改訂し、新たに索引を付したもの。
6310

ニュースポーツ百科　新訂版　清水良隆，紺野晃編　大修館書店　1997.7　261p　24cm　4-469-26373-7　3200円
学校体育と生涯スポーツに対応したスポーツのうち、日本ではあまり普及していないニュースポーツの種目を紹介した案内書。主なスポーツ37種目とその他の19種目を収録する。それぞれに概要（生い立ちと発展、現況、競技の特性）、方法（施設・用具・服装、競技の進め方、審判の方法）、基本技能と練習方法について、25名の執筆者が図表やイラストを多用してわかりやすく説明する。巻末に関係団体一覧を付す。索引はない。初版は1995年刊。
6311

【便覧】

体育・スポーツ事故責任安全対策質疑応答集　体育・スポーツ事故研究会編集　ぎょうせい　1980.9　1冊（加除式）　22cm
体育・スポーツ事故に関する判例集。事故の発生から結果までの経緯が明らかなスポーツ判例をとりあげ、それぞれの事故の状況、質疑・応答、安全対策上の留意点、裁判例を収載する。1-10章は各スポーツ種目、運動会、学校開放、体育・スポーツ施設、体罰・暴行による事故の判例の解説を、11章は基本的な法律知識を収録。執筆は体育・スポーツ事故研究会の弁護士、体育の専門家による。事故の防止対策や方法を具体的に解説した安全対策上の留意点の記載が本書の特色である。巻末に事項別索引および判決年月日別索引がある。
6312

体育・スポーツ指導実務必携　昭和47年版－　ぎょうせい　1972－　年刊　19cm　監修：文部省体育局
学校体育、社会体育への理解およびスポーツ指導者、行政担当者の執務のためのハンディな参考書。法令・例規編、団体規程等編、統計・資料編の3編からなる。1997年3月1日現在における体育・スポーツ関係法令54件、通知・要綱など80件のほか、関係団体規程、文部省による各調査結果、審議会答申、関係法人・団体一覧、当該年度の文部省体育局予算、体育・スポーツ関係年表（1945-1996年）などを収録する。昭和50年版までは帝国地方行政学会の発行。解題は平成9年版による。
6313

体育スポーツ総覧　文部省体育局体育課内法令研究会編　ぎょうせい　1964－　7冊（加除式）　22cm　監修：文部省体育局体育課
体育行政に携わる実務者や体育指導者が、体育・スポーツに関する正確な知識を有し、効率的な運用を行うことを目的として編まれた便覧。法令編、例規編、統計・資料編、ルール編、判例編からなる。「法令編」は、体育・スポーツ、教育などに関する法令全般、「例規編」は、体育・スポーツに関する指導要領、通知・通達類など。「統計・資料編」は、統計、調査報告、審議会答申など。「ルール編」は、各競目の競技

規則および世界記録、日本記録。「判例編」は、1915年以後の民事・刑事のスポーツ判例について、現代に重点を置き、網羅的・体系的に収録する。巻末に裁判年月日別索引を付す。
6314

保健体育行事事典 佐藤友久〔ほか〕編著 道和書院 1972.11 474p 図 22cm 3800円
近代的体育行事、日本古来の体育的行事および保健関係の行事をできるだけ多くとりあげ、来歴、現況などのアウトラインを体系的に解説した専門事典。総論編と行事編の2編からなる。「総論編」は西欧のスポーツ史、日本の行事史を概観。「行事編」は近代的体育行事（種目別、同種目内の行事は五十音順）、日本古来の体育的行事、保健行事（ともに五十音順）に大別して解説する。巻末に主要参考・引用文献と五十音順の事項索引を付す。
6315

みんなのスポーツ事例集成 社会体育・体力つくりの実践 みんなのスポーツ事例研究会編集 ぎょうせい 1979- 1冊（加除式） 27cm
社会体育、体力つくり、身体レクリエーションなどの「みんなのスポーツ（sport for all）」活動の実践事例集。序章で「みんなのスポーツ」の考え方、特徴、現状を展望した後、行政の施策、スポーツクラブ、プログラム、指導者、施設、職域のそれぞれの実践例を図表を適宜交え、6章に分けて報告。各事例について、特徴、背景、概要、評価と問題点を列記する。最終章は資料編。索引はない。刊行後、年2回程度追録が発行されている。
6316

【人名事典】

スポーツ人名事典 増補改訂版 日外アソシエーツ編 日外アソシエーツ 1995.7 626p 22cm 発売：紀伊国屋書店 4-8169-1316-5 8300円
1980年以降に日本で活躍した選手、コーチ、監督、評論家、キャスターなどのスポーツ関係者（在日外国人を含む）5300人を収録して解説した人名事典。配列は人名の五十音順で、種目、専攻分野、生年月日、出生地、本名、学歴、経歴など17項目について記載する。調査年月は人物により異なるため、各人物の記載事項の最後に記述する。巻頭に種目を補記した人名を五十音順に配列した索引「人名目次」を付す。1990年に刊行された初版の増補改訂版。旧版が明治以降のスポーツ関係者を収録しているのに対し、本書では収録対象を1980年以降に限定しているため、必要に応じて旧版を参照する。
6317

体育人名辞典 東京体育科学研究会編 逍遙書院 1970.3 304p 22cm （新体育学講座 第54巻） 竹内虎士，大石三四郎編 1300円
古今東西のスポーツ、体育界で活躍した人物の略歴・業績をまとめた人名事典。収録対象は体育の研究・教育・普及に業績のあった人物や各種スポーツ選手・コーチ・スポーツ関係者など広い範囲にわたる。配列は姓名の五十音順。ただし、外国人は姓名の順にとらわれず通名をカタカナで表記し、原綴を併記する。記載事項は、人名、生（没）年、職業など7項目。索引はない。
6318

【名鑑】

スポーツ団体名鑑 綜合ユニコム 1986.4 413p 30cm 4-88150-002-3 31000円
国内のスポーツ団体の名鑑。体育協会、ゴルフ、テニス・ラケットなどの主な20項目のもとにおのおのの団体名を体系的に配列。各団体について、所在地、設立・代表者、役員、会員数、活動内容・実績、機関紙（誌）などを記載する。巻末にニュースポーツ解説、スポーツ関連企業一覧、加盟会員名簿、競技場・コート規格一覧などを付す。索引はない。
6319

全国スポーツ施設名鑑 '93 スポーツビジネス研究所 1993 655p 28cm
全国の会員制民間スポーツ施設の名鑑。1992年8月末現在営業中、改装中の約5600の施設をフィットネスクラブ、スイミングクラブ・スクール、テニスクラブ・スクール、ゴルフ練習場に分け、それぞれ都道府県ごとに配列する。記載項目は施設名、住所、電話番号、経営企業名、運営企業名、立地、設立・改装年月日、会員数、延床面積、施設内容、料金など。巻末に上記の種別による4種類の五十音順索引がある。
6320

【年鑑】

日本アマチュアスポーツ年鑑 1969年版- 日本体育協会編 ベースボール・マガジン社 1969- 年刊 31cm
英文書名：『The complete and official record of Japan amateur sports』
アマチュアスポーツ53種目について、各競技種目ごとに表示年版の前年度の内外の動向と競技記録を紹介したもの。主として、国内における一般、大学、高校、中学の全日本クラスの競技会の記録を収める。配列は競技名の五十音順。巻頭カラー写真を含め、図版が豊富。巻頭に日本体育協会事業報告がある。巻末にアトランタ・オリンピック大会、第51回国民体育大会〈夏・秋・冬季〉、第18回冬季ユニバーシアード韓国大会の各記録を付す。解題は1997〔年版〕による。
6321

プロスポーツ年鑑 1994-　日本プロスポーツ協会　1994-　年刊　27cm　出版者変更あり
プロスポーツ界の情報を横断的に収集整理した初めての年鑑。「シーズン総括」「プロスポーツ団体の概要」「プロスポーツ界の現状」の3章からなり、それぞれ表示年版の前年の情報を記載する。「シーズン総括」は、各スポーツごとにシーズン総括、シーズン記録、歴代記録、選手名簿を収載。巻末に日本プロスポーツ協会の概要、団体名簿などを付す。索引はない。解題は1997〔年版〕による。　　　　　　　　　　　　　6322

【データ集】

健康体力評価・基準値事典　日丸哲也〔ほか〕編著　ぎょうせい　1991.12　431p　27cm　4-324-02964-4　12000円
全国的な規模で健康・体力値を調査した結果を、先行調査・研究の資料をもとにまとめたもの。値の標準化と基準化を図り、健康・体力づくりに役立てるための基礎資料。「体力」「形態」「健康」の3部構成で、155項目を体系的に解説する。各項目の記載内容は、意義、測定方法、評価・診断。図表にはすべて典拠文献を明記。巻末に文献一覧がある。索引はない。　　6323

スポーツ記録　オリンピックをはじめ全記録総覧　栄光と挑戦の記録　1992年版　東村山　教育社　1992.6　1212p　18cm　(Newton database)　発売：教育社出版サービス(東京)　4-315-51264-8　2000円
国内外で行われた主なスポーツ大会の記録を、コンパクトに収録したデータ集。2部からなり、第1部では1868年から1992年までの近代スポーツ史を中心に記述し、第2部では、オリンピックをはじめとする8つの大会記録および世界・日本記録変遷一覧、人気スポーツ記録を競技ごとに収録する。1992年4月20日までのデータに基づいて、各競技の記録を種別、開催年順に配列する。巻末に競技名の五十音順索引と主要スポーツ団体一覧を付す。『スポーツ記録　最新版』(1990年刊)に「アジア競技大会記録」ほか1編を補足し、データの更新を行ったもの。　　　　　　　　　　6324

体力・運動能力調査報告書　昭和39年度-　文部省体育局　1965-　年刊　26cm
文部省体育局が当該年度に実施した体力測定の調査結果をまとめたもの。統計数値表のほか、体力・運動能力の年齢別推移、運動・スポーツの実施状況別体力・運動能力の比較、生活諸条件と体力・運動能力との相関関係などの考察を加える。巻頭に「調査の概要」「調査結果の概要」、巻末に「参考資料」がある。解題は平成7年度版による。　　　　　　　　　　　6325

日本人の体力標準値　第4版　東京都立大学体育学研究室編　不昧堂出版　1989.9　412p　27cm　4-8293-0237-2　12000円
日本人の一生にわたる各身体部位の形態計測および体力・運動測定による標準値を年齢ごとにまとめたデータ集。身長・体重・体表面積をはじめとする形態や、筋力・瞬発力・敏捷性・平衡性・柔軟性・心肺持久性などを測定する体力テストのもとに、その方法と133の体力指数を図表を用いて示す。乳幼児の計測値については、別章を設ける。巻末に文献資料（一覧）を付す。初版は1970年刊。本版ではできるだけ新しい資料を中心とし、原則として過去5年間に発表された資料を採択した。生涯におよぶ体力標準値を1冊にまとめた資料はほかに例がない。　　　　　　　　6326

我が国の体育・スポーツ施設　体育・スポーツ施設現況調査報告　〔平成5年〕　文部省体育局　1993.3　138p　30cm
日本全国すべての学校・公共の体育・スポーツ施設の現在数や開放状況などに関する調査報告書。この調査は1975年以来5年ごとに実施されており、今回で第4回目。「調査の概要」「調査結果の概要」「統計数値表」の3編からなり、巻末に「参考資料」として調査票および過去3回の調査結果の一部などを付す。索引はない。　　　　　　　　　　　　　　　　　　　6327

【ルール】

図解スポーツルール大事典　3訂版　綿井永寿監修　東陽出版　1997.6　419p　30cm　4-88593-180-0　9800円
主なスポーツ35種目について、施設、用具、規則、審判法、技術などを、すべて図版を用い署名入りで体系的に解説した事典。索引はない。初版は1965年刊。1986年改訂新版の改訂にあたって、ホッケー、自転車の項目を削除し、空手道、新体操を追加した。　6328

スポーツ審判ハンドブック　3訂　佐々木吉蔵〔ほか〕編著　大修館書店　1982.2　857p　23cm　執筆：砂田孝士ほか　4800円
スポーツ指導者や関係者の競技に関する共通理解を深めるために、29名の執筆者が競技規則や審判法について図版を適宜交え総合的にまとめた便覧。審判に関する基本的事項および各種目に共通する一般事項を扱う「スポーツ審判概論」と28種の主な競技を扱う「スポーツ審判の技術とルール」の2編からなる。索引はない。初版(1971年刊)に3種目を追加した新版(1977年刊)に、その後の競技規則の改正を盛り込んで三訂したもの。　　　　　　　　　　　　　　　6329

スポーツルール審判問答集　ぎょうせい　1987-　1冊（加除式）　22cm　監修：日本体育協会

スポーツを行ううえで生じるさまざまな疑問を一般読者が解決できるよう、各種競技の専門家が全867項目について図表を交えて体系的に解説した問答集。一般共通項目のほか、陸上競技からゲートボールまで35種目を収録。『体育スポーツ総覧』☞6314（ルール篇）の実務応用編として編集された。　　　　　　6330

全国身体障害者スポーツ大会競技規則集　日本身体障害者スポーツ協会編　日本身体障害者スポーツ協会　1996.11　108p 19cm　平成9年4月1日より実施　折り込み図2枚

全国身体障害者スポーツ大会のための競技規則集。総則と各競技（陸上競技・水泳・アーチェリー・卓球・車椅子バスケットボール・グランドソフトボール・バレーボール）に分かれる。各競技規則は日本体育協会加盟各競技団体の競技規則を基盤としているため、あわせて活用することが望ましい。本書の解説書として『全国身体障害者スポーツ大会競技規則の解説』（1997年4月1日より実施分）が同じ出版者から同時刊行されている。　　　　　　　　　　　　　　　6331

要約図解スポーツ・ルール　図解コーチ　成美堂出版　1997.5　253p 16cm　監修：多和健雄　580円

主なスポーツ19種目の公式ルールの条文を要約し、図解を加えてわかりやすく解説したハンディなルールブック。スポーツ種目の選択は、高等学校学習指導要領体育科の学習内容に拠り、陸上競技、水上競技、体操競技、バスケットボール、バレーボール、テニス、サッカー、ラグビー、野球、柔道、剣道など。ほぼ毎年の改訂で最新ルールに対応。索引はない。　　6332

◆スポーツ医学

スポーツ医学事典　David F. Tver, Howard F. Hunt〔著〕黒田善雄，中嶋寛之監訳　南江堂　1992.8　319p 21cm　訳：池上晴夫〔ほか〕『Encyclopedic dictionary of sports medicine』の翻訳　4-524-22566-8　3800円

運動・スポーツに伴う外傷を中心に、スポーツ医学関係の用語を解説した事典。本文と用語解説の2部からなる。本文では、630の和文見出し語に英文を併記して五十音順に配列し、外傷の性質と症状について記載。用語解説では、運動と健康に関する約560の用語を五十音順に配列し、用語の定義について2-3行程度で簡潔に解説する。巻末に見出し語の「英和対照索引」を付す。　　　　　　　　　　　　　　　　6333

スポーツトレーナーマニュアル　武藤芳照〔ほか〕編　南江堂　1996.4　500p 19cm　執筆：武藤芳照ほか　4-524-20277-3　4635円

スポーツトレーナーの役割、知識、技術を実践的な立場からまとめたマニュアル。「スポーツトレーナーとは」「スポーツトレーナーのための基礎知識」「コンディショニングと外傷・障害のケア」など10部に大別し、図を適宜配して署名入りで概説する。第11部としてテーピングやアイシングの用品、公認アスレティックトレーナー制度などの付録を添える。巻末に和文と欧文の事項索引がある。　　　　　　　　　　6334

トレーニング用語辞典　Essential 2000 words for best training　森永製菓株式会社健康事業部，ウイダー・リサーチ・インスティチュート企画　比佐仁編　森永製菓　1991.3　440p 22cm　監修：栗山節郎〔ほか〕5000円

トレーニングの専門用語とこれに関連する医学、解剖学、運動生理学、栄養学各分野の用語、約2000語について、出典を明記した表・グラフを多用し、簡潔に解説した用語辞典。配列は五十音順で、アルファベットの略語もカナ読みして混配する。見出し語には英語（一部ラテン語）を併記し、専門分野を示す略号を付す。巻末に人体解剖図などの付録がある。巻末の欧文アルファベット順事項索引は、専門分野の略号と訳語の記載があるため、訳語辞典としても利用できる。　　　　　　　　　　　　　　　　　　　　6335

フィットネス用語辞典　改訂版　小沢治夫，富原正二，沢井史穂著　日本エアロビックフィットネス協会　1993.3　244p 19cm　2000円

スポーツ医学、運動生理学、トレーニングを中心に、フィジカルフィットネスに関する専門用語を収めたコンパクトな辞典。配列は五十音順で、見出し語に原綴を併記する。本文中に適宜図表を挿入するほか、巻末に「参考資料」として図表をまとめる。巻末に欧文事項索引がある。1988年刊行初版の全面改訂版。スポーツインストラクターなどの運動指導者向き。　6336

ヘルス・フィットネス用語事典　野川春夫，池田克紀，萩裕美子編　サイエンティスト社　1996.9　237p 21cm　4-914903-33-4　2136円

社会体育指導者のための専門用語654語に、図を適宜交えて解説したコンパクトな辞典。収録対象分野は保健体育、フィットネス、スポーツ、レクリエーション、地域健康管理など。配列は見出し語の五十音順。見出し語に対応する欧文を必要に応じて併記する。巻頭に五十音順索引を兼ねた目次、巻末に欧文事項索引（アルファベット順）および和文分野別項目一覧がある。約400語を収録した『フィットネス・トレーナー小事典』（1989年刊）を基に、スポーツ経営学、スポーツ行政、行動心理学の領域を加えたもの。　　6337

◆スポーツ史

近代スポーツの歴史　年表式　大谷要三著　ぎょうせい　1990.3　282p 21cm　4-324-02179-1　2000円
近代スポーツ史の読む年表。1716年から1988年までの日本と世界のスポーツ活動について、ニュース性を考慮して項目を選択。配列は年順で、上段に年表、下段に読み物風解説の構成を採る。明治より前は簡略な記述。索引や典拠となる参考文献はない。　6338

近代体育スポーツ年表　新版　岸野雄三〔ほか〕編　大修館書店　1986.4　349p 26cm　執筆：阿部生雄ほか　4-469-26116-5　2600円
近代の体育・スポーツに関する広範な事項を収録した年表。1800-1972年を扱った初版（1973年刊）を改訂し、判型をひとまわり大きくして1973-1984年分を増補したもの。年代順に配列し、月日、簡潔な記述、典拠文献を記載する。1852年までは簡略な記述。1853年以降は「社会一般」「社会の体育・スポーツ」「学校の体育・スポーツ」「外国の体育・スポーツ」の4欄で構成。巻末に典拠文献一覧と「日本の部」「外国の部」それぞれの詳細な索引があるが、増補分の索引は別立てとなっているので注意が必要である。　6339

体育史資料年表　今村嘉雄編　不昧堂書店　1963　574,108p 22cm
紀元前38年から1959年までの日本体育史の基礎的な年表。わが国古今の代表的文献から、広く体育に関する史実を網羅的に採録。西暦、年号、月日、体育関係資料、一般・西洋体育関係資料などの欄からなる。明治前の史実には典拠を明記。適宜写真や図版を添える。巻末付録として、明治前の引用資料一覧、70語を収めた用語略解、武芸流派一覧表などがある。　6340

◆オリンピック

オリンピック事典　日本オリンピック・アカデミー編　プレスギムナスチカ　1981.10　820p 図版14枚 27cm　書名は背・奥付による　標題紙の書名：『Encyclopedia of the olympic games』　監修：日本オリンピック委員会　10000円
オリンピックに関する基本事項の解説と関係資料を網羅的に収録した総合事典。「本編」「資料編」の2編からなる。「本編」は古代から近代までのオリンピック大会に関する重要事項約320項目を五十音順に配し、概要と歴史を解説。「資料編」は「規則・規定・組織」「オリンピック年表」（古代篇・近代篇）「記録」「文献目録」の4部からなる。巻頭に和文事項索引がある。　6341

近代オリンピック100年の歩み　ベースボール・マガジン社　1994.7　461p 30cm　企画・監修：日本オリンピック委員会　4-583-03135-1　20000円
近代オリンピック復興100周年を記念して出版されたオリンピックの歴史についての総合的な解説書。「古代オリンピックのあらまし」「近代オリンピックへの道」など4部からなる。第1回からの夏季・冬季各大会の概要を開催順に解説、競技種目別による過去の全大会の競技成績・日本人選手成績をも収める。巻頭カラー図版をはじめ、図版を多数掲載。巻末に「歴代オリンピック参加日本選手団名簿」などの付録と参考文献（一覧）がある。　6342

冬季オリンピック四カ国語辞典　日・ロ・英・独　本多英男編　不昧堂出版　1996.1　452p 21cm　4-8293-0316-6　5000円
冬季オリンピック競技で使用するスポーツ用語のうち、日本語・ロシア語・英語・ドイツ語を収めた用語辞典。「一般用語」「スキー競技とバイアスロン」「リュージュとボブスレー」「スピード・スケート」「フィギュア・スケート」「アイス・ホッケー」「カーリング」「スノーボード」の8章からなる。配列は和文見出し語の五十音順で、欧文を併記、発音をカナ表記で付す。巻末に欧文・和文の参考文献がある。『Русско-Английский Спортивный Словарь-Разговорник（露－英スポーツ辞典及び会話集）』（русский язык, 1983）を原本として翻訳し、新しく採用された種目、ならびにドイツ語を追加して編集したもの。　6343

◆体操・遊戯

つどいと仲間づくりの体育あそび・ゲーム事典　三宅邦夫著　名古屋　黎明書房　1986.7　321p 27cm　4-654-07508-9　4500円
子どものために創作された遊びを集成した事典。小学校や幼稚園の教師、保育園の保母、子ども会などの指導者を対象に、身体運動を伴う623の遊びについて、写真やイラストを添えて簡明に紹介する。ボールを使ったゲーム、指遊びなど23の類型別に配列し、それぞれの遊びには用意するもの、遊び方、ねらい、適年齢、適人数を掲げる。巻末に足腰を鍛える、集中力を養う、協調性を育てるなどの「ねらい別さくいん」を付す。

『三宅邦夫の創作あそび集成』（三宅邦夫、黎明書房、1979）を増補改訂したもの。　　　　　　　6344

遊戯大事典　中島海編　不昧堂出版　1957　755,72p　22cm
遊戯と称せられるものの中で、比較的体育運動と関係のある競技約2500を収録し解説した事典。小学生を対象とした遊戯が大半を占める。競技名を五十音順に配し、おのおのの競技の別名、種類を記す。各競技は42の種類、9の適用学年のいずれかに分類し、それぞれに出典を記す。巻末に、参考文献および適用学年別と種類別の競技名索引を付す。　　　　　　　　6345

◆陸上競技

陸上競技ルールブック　'75-　日本陸上競技連盟編　あい出版　1975-　年刊　19cm
日本陸上競技連盟競技規則を中心に、国際陸上競技連盟憲章、公認競技場・道路コースなどを収録したルールブック。ほかに当該年1月1日現在の世界記録・日本記録も収める。巻頭に日本陸上競技連盟の寄付行為や加盟団体名簿、巻末に付録として役員住所録がある。索引はない。1974年までの『陸上競技規則』を改題したもの。同連盟の要覧的性格を併せ持つ。解題は1997年版による。　　　　　　　　6346

◆球技

ボールゲーム指導事典　バスケットボール・サッカー・バレーボール・ハンドボール　G.シュテーラー〔ほか〕著　唐木国彦監訳　大修館書店　1993.10　419p　27cm　訳：長谷川裕〔ほか〕『Sportspiele』の翻訳　4-469-06207-3　5665円
ボールゲームの理論的基礎と実技の専門知識を、図を交えて体系的に解説した事典。全8章で構成し、第1-4章では、ボールゲームの社会的意義と歴史、ボールゲームにおける諸能力の構造と心理調整、基礎訓練の内容と方法、試合など、ボールゲームに共通する基礎を扱う。第5-8章では、バスケットボール、サッカー、バレーボール、ハンドボールの4競技の特性、戦術、訓練方法などについて詳述する。索引はないが、巻頭に詳細な目次がある。原著に一部修正を加え、翻訳したもの。　　　　　　　　　　6347

◆◆ラグビー

日本ラグビー　公式戦主要記録　1977-　ベースボール・マガジン社　1977-　年刊　30cm　英文書名：『The complete and official records of Japan Rugby Football Union』
日本ラグビー界全般の表示年版の前年度の動向と公式戦の記録をまとめたもの。「日本代表・国際交流」「社会人」「大学」「高校」「主要大会・試合」「主要戦績」の6章からなる。巻頭に「'96年度日本ラグビー回顧」のほかカラー写真を収める。巻末に各クラス別の主要戦績を過去にさかのぼって掲載。解題は1997〔年版〕による。　　　　　　　　　　6348

◆◆野球

オフィシャル・ベースボール・ガイド　プロ野球公式記録集　1963-　日本野球機構編　共同通信社　1963-　年刊　19cm　編者・出版者に変更あり
プロ野球に関する表示年版の前年の記録を収めた年鑑。セ・パ両リーグのペナント・レース、日本シリーズ、オールスター・ゲームにおけるチームおよび個人の各種成績、イースタン・ウエスタン両リーグの成績をそれぞれ一覧形式で掲載する。ほかに各種累年記録、巻頭に「1996年プロ野球界の出来事」など、巻末に「各球団変遷図」などがある。解題は1997年版による。　　　　　　　　　　6349

プロ野球人名事典　1997　森岡浩編著　日外アソシエーツ　1997.5　580p　21cm　東京　紀伊國屋書店（発売）　4-8169-1426-9　2800円
日本のプロ野球リーグ戦が発足した1936年から1997年3月31日現在までに活躍したプロ野球選手、監督、コーチ、スコアラー、スカウト、審判など5172人を収録して解説する。配列は人名の五十音順。個々の人物について出身、球団、ポジション、経歴、通算記録、タイトルのほか、一部に参考図書を記載する。巻末に、生涯記録上位者、タイトル獲得者、出身高校別選手、出身大学別選手それぞれの一覧を付す。1992年刊の増補改訂第3版を改訂した1995年版にさらに改訂を重ね、1997年版としたもの。記載事項のうち「図書」の項目は今回新たに追加されたもので、選手の伝記など、参考となる主な図書を収める。　　　　　　　　　6350

野球の英語活用辞典　水庭進編　南雲堂　1988.3　509p　22cm　4-523-00035-2　7000円
野球用語の英語表現について約1270語を収録し、例文を豊富にとりあげて用例をまとめた辞典。英文見出し

語をアルファベット順に配列し、そのもとに発音、語義、例文を記載する。英米で綴りや発音の異なるものについては、アメリカ式を先に表示。例文中の見出し語は斜体活字で示す。巻末に欧文の事項索引と和文アルファベット順配列の「野球の英語」和英便覧を付す。
6351

野球年鑑 昭和21年～昭和27年－　東京六大学野球連盟　1953－　年刊　21cm　非売品
東京六大学野球の当該年度の試合記録をまとめたもの。春秋のリーグ戦全試合の公式記録および全日本大学野球選手権大会など関係大会の試合記録に評を付して収録する。巻末に各大学の部員および就職者の名簿、年表（1873－1996年）がある。索引はない。創刊は「昭和21年－昭和27年」版（1953年刊）で、以後毎年刊行。戦前に昭和12年度分のみ刊行されており、戦後の創刊は、東京六大学野球連盟にとっては復刊に当たる。解題は平成8年度版による。
6352

◆◆ゴルフ

ゴルフ用語事典 技術の向上とルールに精通するために　4版　川畑信義著　土屋書店　1989.8　221p　21cm　1500円
ゴルフに関する用語約670語を、規則、用具・器具、技術、設計、ゴルファー、その他の6分野に分類した初めての用語辞典。配列は和文見出し語の五十音順。必要に応じて対応する英語を併記し、分類略号を付して解説する。巻末に日本ゴルフ協会制定の「ゴルフ規則」（1988年）を付す。巻頭に五十音順索引がある。初版は1974年刊。
6353

ザエンサイクロペディアオブゴルフ　マルコム・キャンベル著　塩谷紘訳　新星出版社　1994.12　336p　30cm　監修：岩田禎夫　写真：ブライアン・D.モーガン『The encyclopedia of golf rev. ed.』の翻訳　4-405-08120-4　12000円
ゴルフに関するさまざまな事項を、カラー図版を多用して平易に解説した事典。ゴルフの歴史、世界の主要な50のゴルフコースの紹介、ゴルフ界に貢献した100人の列伝、主要大会の記録などからなる。巻末に用語解説および事項と人名（ファースト・ネームから）の五十音順索引がある。
6354

全国ゴルフ場ガイド　1964年版－　ゴルフダイジェスト社　1964－　年刊　21cm
全国のゴルフ場2217コースを紹介する案内書。東日本版「北海道・東北編」「関東・甲信越・静岡編」（2分冊）と西日本版「中部・北陸・静岡長野・近畿編」「中国・四国・九州編」（2分冊）の計4分冊。配列は県別にゴルフ場名の五十音順。記載事項はコースの概況、予約・施設・料金・交通・付近の地図などのビジター案内、会員権など。付録として各分冊に「広域エリアマップ」を別添する。各冊の巻頭に五十音順の全国ゴルフ場索引と、収録地区の地区別索引がある。解題は1997年版による。
6355

日本ゴルフ年鑑　1986－1991　共同通信社　1986－1991　年刊　6冊　27cm　監修：日本ゴルフ協会　英文書名：『Japan official golf annual』
日本ゴルフ界の表示年版の前年の動向を、記録を中心にまとめた年鑑。「記録」「トッププレーヤー」「ゴルフ資料館」「ゴルフ関連団体全国主要ゴルフコース」の4章からなる。「記録」はJGA（日本ゴルフ協会）主催選手権競技など各種競技記録、部門別ランキング、内外歴代記録を収める。「トッププレーヤー」は往年の名プレーヤーも含め、顔写真付きで紹介する。「ゴルフ資料館」は日本ゴルフ史年表、統計、用語解説などを収載。巻末にJGAゴルフ規則を付す。解題は1991年版による。
6356

◆冬季競技

◆◆スキー

スキー年鑑　第1号(1934)－　全日本スキー連盟　1934－　年刊　26cm　英文書名：『Ski yearbook』
同連盟の競技本部、教育本部、総務本部、各種委員会のタイトル表示年の報告をまとめたもの。国外のワールドカップ（ノルディック・アルペン・フリースタイル・スノーボード）、世界選手権大会、ユニバーシアード大会、アジアの大会から、国内の各種選手権大会・競技会・大会の報告、公式記録などからなる。巻末に全日本スキー連盟年表、加盟団体名簿などがある。解題は第64号（1997年刊）による。
6357

◆水上競技

◆◆ヨット

世界ヨット百科　ピーター・ジョンソン著　大儀見薫監

訳　京都　同朋舎出版　1993.2　375p　27cm『The encyclopedia of yachting』の翻訳　4-8104-1106-0　12000円

世界のヨッティングに関するさまざまな情報を、豊富なイラスト・地図などを用いて体系的に詳述した事典。全10章からなり、起源、クルージング、オフショア・レース、アメリカズ・カップ、インショア・レース、オリンピック大会、小型ヨット、設計・建造・艤装、世界のセイリング水域の9章に、日本語版用として第10章「日本のセイリング」を補完する。巻末にヨット名、人名、その他事項から引ける和文五十音順索引を付す。（日本のヨット名および日本人名は含まない。）
6358

ヨット百科　新版　「舵」編集部編　舵社　1986.3　319p　21cm　監修：能崎知文　イラスト：国方成一　発売：天然社　2000円

ヨットに関する全般的な知識をコンパクトにまとめた便覧。「ヨットを始める前の予備知識」「ヨットの力学」「ロープワーク」「セーリングの基本」など13章の中をさらに細分して体系的に解説する。巻頭のカラー図版のほか、イラスト、写真を多用。巻末に小型船舶の法定備品一覧表、国際信号書（抜粋）などの各種資料を付す。索引はない。初版の刊行年は不明。確認できる最も古い版（1951年刊）より、版を重ねる。
6359

◆戸外レクリエーション

◆◆登山

岳人事典　岳人編集部編　東京新聞出版局　1983.7　461p　22cm　4-8083-0148-2　5000円

人名と専門用語に主体をおき、一部執筆者の署名入りで解説した山の事典。本文4編と資料編からなる。「概説」は山に関する科学や芸術など25の主題を大項目主義で記述する。「日本人名」「外国人名」は登山家のみでなく、山に関係する芸術家など広範囲の人物を収録。「技術・用具・一般用語」は技術・用具用語と一般用語に分けて解説。上記3編とも配列は見出し語の五十音順。資料編は日本山名表、外国山名表、日本登山史年表抄（651-1982年）、山域別概略図を収める。巻末に欧文の外国人名索引はあるが、全体の索引はない。
6360

近代日本登山史年表　1868-1967　日本山書の会　1968　240p　21cm　限定版

1868年（明治元）から1967年（昭和42）の100年間を対象とする日本の近代登山に関する年表。上欄に登山の記録、中欄にその典拠とした文献・資料、下欄に関連記事を配す。記録は『岳人』200号付録の山崎安治編「日本登山史年表」を基に、その他の既刊山岳文献を調査、取捨選択するとともに不足を補ったもの。巻末に雑誌『山書研究』創刊号から9号までの主要目次紹介がある。索引はない。
6361

世界山岳百科事典　山と渓谷社　1971　766,253p　図32枚　地図2枚（袋入）27cm　3800円

登山に関する知識を集大成した定評ある小項目主義の事典。海外と日本の山名・地名、登山史に関連する人名・図書・団体、登山用語、山に関する広範な事項（動物・植物・地形・地質・気象・医学などの自然科学、芸術、スキー、民俗、信仰など）約8000項目を署名入りで解説する。配列は見出し語の五十音順。必要に応じて見出し語に原綴を併記する。各頁に写真や図表を豊富に添えるほか、64頁に及ぶカラー図版を挿入。巻頭に登山、山の科学や芸術に関する概説、巻末に各種登山史年表、近代日本と海外の主要山岳書一覧、海外山岳団体一覧、日本と海外の主要山岳高度表など。巻末に地名、人名、登山技術、用具装備など27種の分野別索引がある。
6362

山岳年鑑　'86-'95　山と渓谷社編　山と渓谷社　1986-1996　年刊　10冊　26cm

表示年版の前年の世界の登山記録をまとめた年鑑。巻頭に「動向と展望」「話題」「人」「追悼」「遭難」。次に世界の山々の登山記録を山域別に16ブロックに分けて配列。ほかに「クライミング・コンペ」（各種関連記録）、国内外で刊行された山岳図書一覧、登はん用具、登山隊連絡先一覧など。巻末に「山名・地名索引」がある。雑誌『岩と雪』の「chronicle」欄掲載登山記録をまとめたもので、1985年までは同雑誌の臨時増刊号として刊行。1986年版より書籍として発売。解題は1995年版による。
6363

◆◆サイクリング

サイクリング事典　第5版　鳥山新一著　ぺりかん社　1981.5　436,14p　19cm　1500円

サイクリングおよびサイクリング用自転車の基礎知識と実際を4部に分けて体系的に配列し、見出しを立てて解説したコンパクトな専門事典。写真・イラストを適宜添える。巻末に各都道府県サイクリング協会所在地などの付録と五十音順の事項索引がある。初版は1971年刊。
6364

◆釣り

世界つり大観 日本編 ベースボール・マガジン社編 ベースボール・マガジン社 1980.5 560p 31cm
日本における釣りの対象魚、食用魚、観賞魚を項目として、その他関係用語を交え五十音順に配列した専門事典。18名が署名入りで分担執筆する。各項目は、魚類学的記述と釣り方の解説からなる。標準和名のカナ表記を見出し語に、学名、英名、地方名を併記。写真・イラスト（一部カラー）が豊富。巻末に江戸時代以降の釣り文献を時代ごとに紹介した「日本釣り文化小史」を収録。巻末に魚名索引、釣り方索引、釣り場索引、写真索引（すべて和文五十音順）を付す。姉妹編の海外編は『McClane's new standard fishing encyclopedia and international angling guide』（1974年刊）の翻訳。釣り関連用語をアルファベット順に配列し、和文五十音順索引を付す。　6365

釣りと魚大百科 第1-4巻 ぎょうせい 1987 4冊 31cm
監修: 高崎武雄ほか 各6500円
国内の釣り対象魚約150種について、豊富な写真を用いて平易に解説した専門事典。釣り場別の4巻からなり、各巻は魚名の五十音順に配列。見出しは原則として標準和名のカタカナ表記で、必要に応じて別名、学名を添える。解説は魚類学的記述に加えて、釣りに関する事柄、文化史的事項まで広く扱う。各巻末に「釣り用語集」などの付録、五十音順索引（別名を含む）を配し、第4巻末に五十音順総索引を収める。学名からは検索できない。　6366

釣りの英語活用辞典 水庭進編 南雲堂 1986.4 409p 22cm 5000円
釣りとその周辺の英単語1004語について、その発音と語義を記し例文3404を収録した用例辞典。配列は英文見出し語のアルファベット順。巻末に釣りの対象魚和英便覧、釣り用具和英名称および和文と英文のアルファベット順事項索引を付す。この和文索引は訳語辞典として利用できる。　6367

◆相撲

大相撲の事典 沢田一矢編 東京堂出版 1995.9 244p 20cm 4-490-10386-7 2500円
大相撲の人名や事項について、イラストや写真を多用して平易に解説した事典。世界各地の相撲や相撲の歴史にかかわる項目も収録する。配列は見出し語の五十音順。ことばの語源や隠語については異説も含めて言及する。巻末に「優勝力士・三賞受賞力士一覧」を付す。索引はない。同書名の類書（三省堂、1985）が起源と歴史など資料に重点を置いた構成であるのに比べ、本書は読物的興味を加えた簡潔な説明に徹している。　6368

大相撲力士名鑑 平成5年上期版- 水野尚文，京須利敏編著 共同通信社 1992- 年刊 21cm
歴代幕内全力士を全身写真入りで紹介する名鑑。698名を収録する力士名鑑と24名を収録する歴代行司名鑑からなる。力士名鑑は明治、大正、昭和（戦前・戦後）、平成の各編ごとに入幕順に配列、本名・生年月日・出身地などの略歴とプロフィール、最高位・幕内在位場所数・成績などのデータを記載する。巻末に歴代横綱一覧、優勝・三賞力士一覧を付すほか、幕内全力士名索引（五十音順）がある。前身は『明治・大正・昭和全幕内力士名鑑』（波多野亮ほか編、有峰書店新社、1985）。創刊時は年2回刊、平成7年版より年刊。解題は平成10年版による。　6369

古今大相撲力士事典 景山忠弘，小池謙一編著 国書刊行会 1989.10 456p 27cm 12000円
江戸時代から昭和までの幕内力士の人名事典。本文篇と付録篇からなる。「本文篇」は1757-1988年の幕内力士を四股名の五十音順に配列、大半は顔写真または肖像入りで、出身地、本名、生（没）年月日、所属部屋、最高位、幕内成績、得意手などを簡潔に紹介する。「付録篇」は歴代横綱一覧、優勝力士・三賞力士一覧、用語辞典、年表（642-1988年）、参考文献など。索引はない。江戸勧進相撲や大正期以前の上方相撲の力士を紹介し、それ以後とともに1冊にまとめた類書はほかにない。　6370

日本相撲大鑑 窪寺紘一著 新人物往来社 1992.7 462p 22cm 4-404-01928-9 5000円
日本相撲協会によって興行される大相撲を、図版・写真を多用し、本文篇と資料編の2部構成で平易に解説した事典。「本文編」は、全6章（世界の相撲、日本相撲史、大相撲の組織、力士、大相撲本場所、相撲と芸術）の各章の中を134項目に分けて体系的に解説する。「資料編」全5章は、1992年5月1日現在までのデータに基づき、相撲史年表、43の相撲部屋案内、古今力士人国記、七十七の決まり手、一覧表（横綱・優勝力士・三賞受賞力士）、記録を収める。巻末に人名索引と事項索引を付す。　6371

◆レスリング

◆◆プロレス

日本プロレス全史 ベースボール・マガジン社編・著 ベースボール・マガジン社 1995.4 717p 31cm 4-583-03204-8 10000円
日本プロレスの歴史を写真を多用して年代順にまとめた資料。黎明期の1854-1994年まで、各年ごとにプロレス史（月日、出来事）、関連写真、社会世相史を配す。巻末に来日外国人完全リストと参考文献を付す。索引はない。本書をもとにした『日本プロレス全史 CD-ROM版』（日本コロムビア）がある。
6372

プロレス全書 東京スポーツ新聞社出版部編 東京スポーツ新聞社 1995.3 539p 27cm 4-8084-0099-5 9000円
古代から現在までのプロレスに関する事柄を網羅的に集め、豊富な写真を用いて解説した専門事典。3部からなり、第1部は国内外のプロレス事情、第2部は技の解説と過去・現在の日本人・外国人選手名鑑（肖像写真入り）、第3部は歴史・記録、入門・観戦ガイドのほか、約600点を収録する「プロレス書籍全目録」（1954-1994年）、年表（1951-1994年）など。技の解説、選手名鑑には個別に索引が付されているが、全体の索引はない。
6373

◆ボクシング

日本ボクシング年鑑 1968年度版- ボクシング・マガジン編集部編 ベースボール・マガジン社 1969- 年刊 31cm
表示年版の前年のボクシング界の動きと各種記録からなる年鑑。カラー写真で構成する前年の回顧に続き、ボクシング百科全書、歴代記録、「数字で見る1996年日本リング」などのデータ・ライブラリー、顔写真付きの個人データと戦績を紹介する「現役チャンピオン・オールレコード」のほか、「1996年出場全選手レコード」「全国プロボクシングジム一覧」などを収める。解題は1997年版による。
6374

◆競馬

競馬英語用語集 1989年版 日本中央競馬会・国際室編 日本中央競馬会・国際室 1990.2 466p 18cm 非売品
競馬に関する英語約4000語を集めたコンパクトな用語集。英文見出し語のアルファベット順に配列し、訳語と必要に応じて解説、用例、イラストを付す。巻末に参考資料として馬体各部の名称、生産牧場（の名称）を収録。索引はない。約5000語を収録した『競馬英語辞典』（1978年刊）の改訂増補版。競馬と直接関係がないと考えられる用語を削除し、新しい用語を収録するよう努めたものだが、旧版にあった「和英の部」も削除されている。
6375

競馬百科 日本中央競馬会編 みんと 1976.9 476p（図共）31cm
古今東西の競馬および競走馬について、写真、イラスト、図表を適宜用いて体系的に解説した専門事典。「馬の起源と歴史」「レース」「競走馬」など10章からなる。資料編として競馬施設および統計資料を収めるほか、巻末に豊富な内外の参考文献がある。巻頭に総目次、巻末に詳細な五十音順の事項索引を付す。
6376

【年鑑】

競馬年鑑 1976- サラブレッド血統センター 1977- 年刊 26cm 英文書名：『The Japanese recing annual』
国内外の競馬界におけるタイトル表示年1年間の動向を血統に重きを置いてまとめたもの。国内については中央競馬重賞レースおよび全国公営競馬主要レース成績、高額賞金収得馬順位など。国外は外国主要レース成績、歴代高額賞金収得馬などを収録。巻頭にカラー写真による年度各部門代表馬などの写真と血統を、巻末に日本の種牡馬録・補充版（年度版）を付す。巻末に「種牡馬成績索引」「父母系三代までの索引」がある。『種牡馬年鑑』（1974-1976、年刊）を改題したもの。解題は1996年版による。
6377

中央競馬年鑑 昭和31年- 日本中央競馬会 1957- 年刊 22cm 編集・制作：中央競馬ピーアール・センター
タイトル表示年1年間のレースの結果を中心に、競馬界の動向をまとめた年鑑。総説編、統計編、資料編の3編からなる。「総説編」は、当該年度の出走馬、調教師、騎手、馬主、種牡馬、生産者の各成績、「統計編」は競馬開催概況、番組、投票および入場人員など。

「資料編」は「日本の競馬小史」のほか、年表（701－1996年）や各種累年記録などを収録する。巻頭に1年の主なできごとを記録した中央競馬年誌、巻末に付録として、中央競馬会本部、付属機関、競馬場および場外馬券発売所所在地の一覧表がある。解題は平成8年〔版〕による。　　　　　　　　　　　　　　　　6378

◆モータースポーツ

モータースポーツ用語辞典 3訂版 オートテクニック編集部編　山海堂　1988.1　300p 22cm　執筆：川崎康夫ほか　4-381-07579-X　1600円
自動車を使うスポーツに関する用語約1520語を、写真・イラストを多用して解説したコンパクトな用語辞典。メカニズム、ドライビング、ラリー、資料の4編からなる。各編の中は原則として五十音順配列。資料編は「イベント＆コース」「オーガナイザー略号」「マシン＆コンストラクター」「人物」で構成。巻末に五十音順事項索引（人名を含む）がある。初版（1976年刊）は約960語を収録。　　　　　　　　　　6379

◆武道

【書誌】

近世武道文献目録　入江康平編　第一書房　1989.2　600, 24p 22cm　15000円
全国の主要国公私立図書館・各大学図書館・文庫などの蔵書目録や各地方自治体の調査報告書から採録した、近世に刊行された武道関係資料2万5000点の文献目録。配列は書名の五十音順。データ項目は、書名とその読み、分類、巻冊等、角書、編著者等、成立年月、写本・刊本の別、授与者氏名、所蔵先（典拠目録）など。調査期日は1988年4月。必要に応じて近世以前、以後のものも採録する。巻頭に、採録対象とした蔵書目録の一覧、巻末付録として編者の論文「武道の特性に関する文化論的一考察」を併載。索引はない。
　　　　　　　　　　　　　　　　　　　　　　6380

【辞典・事典】

図説日本武道辞典　笹間良彦著　柏書房　1982.11　773,52p 27cm　18000円
スポーツ武道と古武道とを総称した「日本武道」およ び武器・武具・合戦・兵法など「武事」全般にわたる用語約5200項目を解説した辞典。配列は見出し語の五十音順。項目末尾に剣・柔などの24種の系統的分類を略記する。明治期以前より現代につながる武芸流派、武道精神の神髄である極意に解説の力点を置く。基礎史料からの豊富な引用と著者による約800点の図版が特色。巻末に「武道関係文献一覧」「武道基本形図集」「現代武道試合・審判規則集」を付す。索引はない。日本武道館刊行の雑誌『武道』への創刊以来十数年にわたる連載をまとめたもの。　　　　　　　　　　6381

日常語の中の武道ことば語源辞典　加藤寛,西村諒編　東京堂出版　1995.7　300p 19cm　4-490-10393-X　2500円
武道に由来する日常語を集めて、その原義、転義を署名入りで解説した辞典。諸武道・戦陣・武器武具の用語を取りあげ、見出し語の五十音順に配列。武道から出たものではないが、現代の武道でも用いられる「千秋楽」「阿吽の呼吸」などの語句も採録。付録「武道故事・ことわざ」編には、日常的に用いられにくいものを別に収める。索引はない。　　　　　　　6382

武芸流派大事典　増補大改訂版　綿谷雪,山田忠史編　東京コピイ出版部　1978.12　970p 22cm　発売：高山本店　12000円
日本にかつて存在した武芸の流派を五十音順に配列し、解説した包括的な事典。各流派が用いる名称をそのまま標目として選び、武技の分類を補記。主要な流派には系統図を付す。巻末に人名索引がある。初版は、1963年刊。本書は新人物往来社より1969年刊行の増補版をさらに改訂増補したもの。　　　　　　　　　6383

武道　二木謙一〔ほか〕編　東京堂出版　1994.4　306,6p 20cm（日本史小百科）　4-490-20231-8　2500円
武道に関する事柄100項目について、適宜図を交え、平易に解説した便覧。全体を4章（武道のおこり、武道の発達、広まる武道、現代に生きる武道文化）に分け、23名の執筆者が署名入りで総合的かつ体系的に記述。巻末の参考文献のほか、本文中で武芸書に言及、さらに「主要武道研究書一覧」を付す。ほかに「代表的流派の分流分派図」「武道の教え百首」「現代に生きる武道言葉」など。巻末に人名・事項・書名から引ける索引がある。　　　　　　　　　　　　　　　6384

【年鑑】

日本武道年鑑　第1号(昭和53年度版)-　日本武道館編　日本武道館　1978-　年刊 26cm
前年度の日本武道界全般の主なできごとや動き、競技大会の記録などをまとめた年鑑。武道界の歩み、前年度大会成績、武道団体の本部役員・地方組織、高段者

一覧からなる。配列は柔道、剣道、弓道、相撲、空手道、合気道、少林寺拳法、なぎなた、銃剣道の各種目および学会、協会、連盟などの団体ごと。巻頭図版のほか、写真図版を適宜添える。巻頭に武道憲章を付す。解題は19号（平成8年版）による。　　　　　　6385

◆柔道、空手

空手道名鑑　第2版　創造　1979.5　625p 27cm　監修：空手道名鑑編集委員会　編集：WUKO資料室　10000円
空手道の人名録。全頁の約半分を占める各流有段者名簿は各流派の有段者4000余名について、氏名、生年月日、住所、流派名、師範名、得意形・技、公認試合記録、段位などを記載。ほかに各流物故者名簿、各流海外指導員名簿、国際空手人（外国の代表的空手人）名簿および付録として関係団体役員名簿、各種公式試合の記録、近代空手道関係全系譜、空手道関係年譜（BC3500 - AD1979年）などを収録。巻末に参考文献および人名索引がある。1977年初版収載の概史、規約（和英両文）、試合規定、審判規定（英文）は省かれた。　　　　　　　　　　　　　　　　　　6386

柔道名鑑　工藤雷介編　柔道名鑑刊行会　1990.2　734p　27cm　発売：五月書房　4-7727-0111-7　49440円
講道館柔道三段以上の有段者の経歴を掲載した名鑑。配列は段位ごとの五十音順で肖像写真入り。記載事項は段数・氏名・現住所・出身地・生年月日・経歴など。本編のほか、「柔の形」「講道館護身術」「五教の技」などの写真入りの形の解説、規則・規定などの組織、各種大会記録で構成。巻末付録として年表（1868 - 1985年）がある。索引はない。旧版（1965年刊）を25年ぶりに改訂し、『柔道名鑑』第2号として刊行。　　　　　　　　　　　　　　　　　　6387

◆剣道

剣道事典　技術と文化の歴史　中村民雄著　島津書房　1994.9　429,13p 22cm　4-88218-051-0　7800円
武道としての剣道の「技の体系と技術」の成り立ちに関する技術史的研究を目指した専門家向けの事典。著者個人所蔵の文庫資料を基に、図版を交え体系的に解説する。技術史事項、文化史事項、技術用語他（155項目）、人物（93名）の4編からなる。巻末に、「参考文献並に剣道関係書一覧」「大日本武徳会関係書一覧」

および事項索引、人物索引を付す。　　　　　6388

剣道図書目録　附・所蔵図書館一覧　全日本剣道連盟　1975　136p 25cm　監修：全日本剣道連盟資料委員会
剣道に関する図書を対象とする、全国149の所蔵館の総合目録。「明治以後」と「明治以前」に大別、明治以後1972年までに刊行された711点は、「明治」「大正」「昭和（戦前）」「昭和（戦後）」の4部ごとの刊年順に配列、書誌事項および所蔵館名（国立国会図書館、国立研究機関の附属図書館、公共図書館、国・公・私立大学図書館など）を記す。明治以前刊行の図書648点は所蔵館ごとに配列、書名・著作者・年代を記載する。巻末に所蔵館一覧を付す。索引はない。　　6389

全国諸藩剣豪人名事典　間島勲著　新人物往来社　1996.3　393p 22cm　4-404-02318-9　13000円
主として江戸時代に、江戸および諸国（藩）で活躍した剣術家813名を取り上げ中・小項目主義で解説した人名事典。従来の類書による名声や評価にかかわらず、著者が一流の剣術家であったと判断した人物をできる限り収録する。配列は人名の五十音順。生没年、流派、名・号・別名等、略伝を記す。巻末に主要参考文献がある。　　　　　　　　　　　　　　　　　　6390

◆弓道

弓道書総覧　入江康平編　木立出版　1985.12　150p 27cm　（弓道必携シリーズ）　4200円
明治期以降の刊行物を対象とする弓道に関する文献目録。「重要文献写真編」「文献目録編」「主要文献解題編」（100点収録）「参考文献編」の4部からなる。中心となる「文献目録編」は、5部（明治の部、大正の部、昭和の部、その他各種、学術研究論文）の中をそれぞれ発行年順に配列。「参考文献編」には、『国書総目録』☞0183 などを参考に作成した「近代以前の部」、雑誌『日本弓道』『弓道』内容別記事一覧を収録する。巻末に主な所蔵先一覧および書名索引、著編者索引がある。　　　　　　　　　　　　　　　　　　6391

現代弓道講座　第7巻　年表用語編　宇野要三郎監修　雄山閣出版　1970.4　328p 図版 23cm　1500円
日本の弓道文化を総合した『現代弓道講座』全7巻の1巻として、年表と用語解説を収めたもの。「日本弓道史年表」は縄文時代から1969年末を対象とし、弓道、社会の2欄からなる。弓道関係の事項については引用史料名を示して典拠を明らかにする。「現代弓道用語」では、約300項目を解説する。索引はない。　6392

◆馬術

国際馬事辞典 日－英－仏－独 Z.バラノフスキー著 荒木雄豪編訳 恒星社厚生閣 1995.2 51,241p 22cm 『The international horseman's dictionary』の翻訳 4-7699-0796-6 4326円
英仏独の馬事用語対照辞典に日本語訳を付したもの。「馬」「馬と騎手」「施設と馬具」の3部からなる。収録語数はそれぞれ656、530、291語。各部とも体系的分類により配列、各項目内の細目には一連番号を付与し、検索の便をはかる。図版を多数掲載。巻末の4か国語おのおのの索引は図版も対象とする。　6393

◆射撃

銃砲年鑑 1973－ 全日本狩猟倶楽部 1973－ 年刊 30cm 英文書名:『Shooters Japan』 出版者の変更あり
猟銃空気銃および狩猟や射撃競技に用いる関連資材器具衣料品など、入手可能な商品を輸入品も含めて収録する。前半のカタログでは収録商品すべてに図版と共に、仕様、価格、取扱店を掲載。後半は関係論文、銃の選び方などの参考記事を収める。巻末に全国主要射撃場一覧、全国有名銃砲店一覧を付す。解題は1996/1997年版による。　6394

諸芸・娯楽

◆レクリエーション

遊びの大事典 増田靖弘〔ほか〕編 東京書籍 1989.6 2冊(別冊とも)27cm 監修:日本レクリエーション協会 4-487-73146-1 全20600円
古代から現代に至るすべての遊びを体系的に整理し、集大成した総合事典。豊富に写真図版を配し解説する。本編と別冊(実技編)の2冊からなる。本編は「総説」で「遊び観」について概説したあと、遊びを6分類(競う、演じる、賭ける、感じる、作る、おもちゃ)し、遊びの基本的構造と特性、わが国の伝承的な遊び、近代以降の遊び、諸外国の遊びなどについて詳述する。実技編は、遊びの形態、対象年齢、特徴など簡潔に解説する「指導とプログラム」および具体例をイラストで示した「代表的な遊び」からなる。本編・実技編とも、図版はそれぞれ出典を明記し、引用文献は巻末に掲げる。各巻末に事項と遊び種目を五十音順配列した索引がある。　6395

現代レクリエーション百科 江橋慎四郎,金田智成,松原五一編著 ぎょうせい 1977.7 573p 27cm 4500円
国内外の現代のレクリエーションに関する事柄をできるだけ幅広くとりあげ、写真、イラストを適宜用いて体系的に解説した執筆者の署名入り専門事典。理論編、実際編、資料編の3編からなる。「理論編」はレクリエーションの指導実践に関連する用語をとりあげる。「実際編」は多数の活動をスポーツ、ゲーム、野外活動など13に分類したうえで個々の活動方法について解説する。「資料編」は関係法令、施設・団体一覧。各編の項目末尾に必要に応じて参考文献を掲げる。巻末に五十音順の事項索引を付す。見出し語に併記された原語から引ける索引はない。　6396

レジャー・レクリエーション基礎文献解題集 第1集 レジャー・レクリエーション研究所編 日本レクリエーション協会 1991 118p 26cm 4-931180-27-2 2000円
レジャー・レクリエーション分野の文献解題。余暇・遊び論に関する図書を中心に100選の形で収録。「余暇論・レジャー論」「遊びの哲学・遊びの周辺」「余暇と労働・仕事と遊び」「娯楽論」など7章に分け、研究者・実践家にとっての必読文献を署名入りで解題する。巻頭に7章全体に対する解説がある。索引はない。第2集以降の刊行予定はない。　6397

◆茶道

【辞典・事典】

角川茶道大事典 林屋辰三郎〔ほか〕編 角川書店 1990.5 2冊 27cm 4-04-022600-3 全36000円
茶道文化を歴史・宗教・芸能・美術工芸などの諸方面

から専門的にとらえ、香道・煎茶・飲食などの関連領域まで収録した事典。約1万2000項目を執筆者160余名により署名入りで解説する「本編」と、「資料・索引編」の2冊からなる。「本編」は、見出し語の五十音順に配列し、各項目の末尾に参考文献、関連項目を記す。本文中の見出し語は記号で示す。「資料・索引編」は、3部（図録茶の歴史、名物裂総覧、茶湯総覧）からなり、カラー図版300点に簡潔な解説を付す。「資料・索引編」の巻末に、見出し語の頭字の画数から検索できる本編本文索引および図版索引がある。　6398

原色茶道大辞典　京都　淡交社　1975　975,44p 27cm 監修：井口海仙，末宗広，永島福太郎　15000円
茶道を広く文化史、美術工芸、生活文化の総合文化体系としてとらえる立場から選定した9000余項目について詳述した事典。解説は小項目主義、配列は見出し語の五十音順。美術品などの写真挿図約1300はすべて原色版。ほかにイラスト、花押、写真図版、建築平面図など約540点を配す。参考付録として「六家元世譜」「大徳寺住持略系譜」がある。巻末の人物索引は、人物の姓名およびその通称名、官職名、法名、雅称、諡号のすべてを収めるが、収載頁は示さない。　6399

実用茶道用語辞典　淡交社編集局編　京都　淡交社　1993.11　411p 19cm　4-473-01303-0　2500円
茶道の世界で使われる主要な用語約3000項目を簡潔に解説した辞典。点前用語、茶道具鑑賞用語、茶室・茶庭用語などから選定し、見出し語の五十音順に配列。解説文中の見出し語に星印を付す。イラスト図版約300点を収載。巻末に付録として、六家元世譜、茶室茶庭詳細図、茶道具細部名称図、京の茶の湯マップがある。索引はない。　6400

煎茶の用語集　主婦の友社編　主婦の友社　1988.12　270p 20cm　（茶の湯案内シリーズ 13）　4-07-924951-9　2500円
煎茶および煎茶道の基本用語を平易に解説した用語集。人名、書名、煎茶道具の名称、道具名品の種類、主要焼き物産地名、盛り物の雅題名、四季の菓子名、点前用語などを項目として選定し、見出し語の五十音順に配列。解説文中の見出し語に星印を付す。索引はない。　6401

茶道辞典　京都　淡交社　1979.9　851p 22cm 監修：井口海仙，永島福太郎　4500円
総合文化としての茶道に関する約8500項目について図版を適宜挿入し、解説した小項目主義の辞典。配列は見出し語の五十音順。本文中に参照を多数含む。巻末に付録として、茶道系譜など。索引はない。『原色茶道大辞典』☞6399を一般の読者を対象としてより平易な内容に再編纂し、小型化したもの。　6402

茶道美術鑑賞辞典　池田巌ほか著　京都　淡交社　1980.3　781,19p 27cm　15000円
茶道を構成する各種の道具を鑑賞の立場から解明するため、名器を中心に広範囲にわたり1265項目を選定し詳しく解説した事典。茶碗、茶入、棗、花入、水指、香合、釜、茶杓、裂地、絵画、古筆切、墨蹟、雑の13部門に大別し、その中を見出し語の五十音順に配列。各項目にカラー図版1444点を添載、鑑賞の助けとして付属物、伝来、寸法、所蔵を付記。巻末に「鑑賞用語解説」、また付録として、茶道系譜、六家元世譜、大徳寺住持略系譜、名所図・形状一覧図、形物香合番付と事項索引がある。　6403

茶道名言辞典　桑田忠親編　東京堂出版　1981.1　159p 19cm　1800円
茶道に関する名言警句307項目を40名の人物別に集め簡潔に解説した事典。配列は陸羽から岡倉天心までの人物の年代順。各人物の略伝を記載し、名言警句を挙げ、それぞれについて解説、その要点を示して出典を明らかにしたもの。大名の書状・覚書からの引用や日記による代表的な名物茶道具の拝見記など茶道関係以外の一般文献史料からも引用している点が特色。巻頭の人名目次（五十音順）と分類目次は索引の役割を果たす。分類目次は茶の心、作法、茶会・会席料理、茶室・茶庭、茶道具、花・香・茶・水の6項目に大別している。　6404

茶道名数事典　京都　淡交社　1985.3　216,47p 19cm 監修：小田栄一，森谷尅久　4-473-00893-2　2800円
茶道およびこれに関係深い諸芸能（花道、香道、能楽、書道）、美術工芸、宗教、料理などから、日常多用される名数を選定し平易に解説した事典。小項目主義により1274項目を収録、見出し語は名数に含む数字により分類され、その中を五十音順に配列。解説文中の見出し語に星印を付す。挿図150余点を収載。巻末の名数語総索引、茶道用語索引、人名索引は、解説文中の語も対象とする。　6405

茶の湯用語集　久田宗也編　主婦の友社　1986.4　263p 19cm　（茶の湯案内シリーズ 12）　4-07-921183-X　2000円
表千家流を中心とした茶道の用語約1000語を選定し、一般向けに簡潔に解説した用語集。配列は見出し語の五十音順。解説文中の見出し語に星印を付す。索引はない。　6406

【便覧】

茶道歳事記 カラー版 佐々木三味著 京都 淡交社 1985.11 343,13p 27cm 4-473-00921-1 7800円
古今の茶の湯の風物行事を体系的に解説した歳事記。新暦の12か月に「雑」を加えて13に大別し、各月の内容を茶趣、行事、茶花、菓子、懐石、食味、季語、名数の8部および「忌辰」に分け、詳説する。巻末に、西暦・和暦対照年表など18種類の付録がある。淡交新社1960年刊の初版を再編集し、判型を大きくして多数のカラー図版を挿入したもの。旧版巻末の人名、事物の索引に代わって、本書では5種類（茶趣と行事、茶花、菓子、食味、季語）に分類した五十音順事項索引を付す。　　　　　　　　　　　　　　　　6407

茶道入門ハンドブック 田中仙翁著 三省堂 1993.7 262p 21cm 『茶道入門事典』(1986年刊)の改題 4-385-15816-9 1500円
茶道に関する基本的な事項を平易に解説した便覧。茶道入門、茶室と露地、茶の道具、茶道の歴史、茶道史の人物の各章からなり、それぞれの中を小項目主義をとり解説する。必要に応じて写真図版や挿図を付す。巻末に事項索引がある。　　　　　　　　　6408

茶道美術手帳 村井康彦〔ほか〕編 京都 淡交社 1987.8 415p 16cm 4-473-01006-6 1500円
茶の湯を構成する諸要素を総合的かつコンパクトにまとめ解説した便覧。茶道史年表（710-1987年）、茶道六家元の系譜、禅僧系譜、古筆切便覧、工芸篇、茶書便覧、茶道系譜、茶の湯の旅の8部からなる。付録に利休百首などがある。索引はない。　　　　　6409

◆◆茶道史、茶人

茶道史年表 桑田忠親著 東京堂出版 1973 181p 22cm 1800円
729年（天平元）から1971年（昭和46）までの茶道史の年表。3欄からなり、上欄に日本史の時代、年号、西暦年号を挙げ、中欄に茶道に関する重要事項を年代順に配列し簡潔に解説、下欄に一般の歴史事項を挙げ対照させている。巻末に、茶道関係事項を対象とした人名索引と事項索引がある。各記述事項の典拠は示されていない。　　　　　　　　　　　　　　　　6410

茶道人物辞典 原田伴彦編 柏書房 1991.1 290,22p 22cm 新装版 4-7601-0620-0 4944円
茶道および茶道に直接関わる人物約2500人について簡潔に解説した事典。茶匠、茶人を中心に、茶道の振興・育成関係者、国宝・重文・重美・大名物・名物類の所蔵者、墨跡・絵画・道具類・建築・作庭・立華の関係者、茶道具類の工匠、中国の禅僧・画人・学者・文人などを広く収録。配列は通り名の五十音順。記載事項は生没年、経歴、名、別名、通称、法名、号などからなり、入手し得る限りの花押・印譜を付す。巻末に号索引のほか、茶道流派系譜など13項目にわたる参考資料を付す。1981年初版の新装版。類書に1500余人を収録した『茶道人名辞典』（桑田忠親編、東京堂、1982）がある。　　　　　　　　　　　　　6411

利休大事典 熊倉功夫〔ほか〕編 京都 淡交社 1989.10 831p 27cm 監修：千宗佐ほか 4-473-01110-0 18000円
千利休に関するあらゆる事柄、約800項目について、カラー図版を用いて体系的に解説した総合事典。9章（時代、生涯、茶友、茶事、茶具、茶室、書状、伝書、遺響）からなり、それぞれの中は小項目主義をとる。解説文中の見出し語に星印を付す。巻末に付録として、「千利休研究のあゆみ〈参考文献解題〉」、千利休年表（1522-1591年）、主要参考文献などがある。巻末に図書目録および、立項項目のほか本文中の重要事項も含む五十音順事項索引がある。　　　　　　　　　6412

◆◆茶碗、茶器

図解茶道具事典 雄山閣編 雄山閣出版 1996.1 539p 22cm 4-639-01328-0 4000円
名物茶器、茶人、用語など茶道具に関連する事項を収録した事典。約3300項目を見出し語の五十音順に配列し、器物の写真や挿図約450点を用いて解説したもの。別名は本文中で見出し語へ導かれる。巻末に付録として、「茶道宗匠花押一覧」「楽家代々と印譜」「型物香合番付」がある。巻末に全項目を30の器種・用語に分類し、その中を五十音順に配列した索引がある。初版は1978年刊。　　　　　　　　　　　　　6413

茶の湯茶碗の事典 光芸出版編 光芸出版 1976 244p(図共) 22cm 2300円
日本、朝鮮、中国その他の国で作られた茶碗を収録した事典。茶碗名を見出し語として五十音順に配列し、国名、時代、由来、評価、作風を1項目1枚以上の写真を添えて解説する。巻末に付録として「茶碗の用語豆事典」などがある。巻頭に茶碗を国別（日本・朝鮮・中国・その他）に分け五十音順に配した国別索引を付す。　　　　　　　　　　　　　　　　6414

茶之湯道具寸法図会 〔正〕，続，続々，拾遺 啓草社編集部編 京都 啓草社 1974-1986 4冊 22cm 1700-5000円

茶道各流派の道具について、図版を用い寸法や特徴などを解説する。〔正〕編は棚物、続編は茶席の道具、点茶の道具、炭道具、水屋道具、七事用品など、続々編は床の間の道具、花道具、掛物を扱い、さらに拾遺編がある。各巻末に道具名の五十音順索引を付す。続拾遺として懐石編の刊行が予定されている。　6415

◆◆ 茶室、茶庭

茶室茶庭事典　重森三玲著　誠文堂新光社　1973　721p(図共)　27cm　9000円
茶室、茶庭に関する4660項目を網羅的に選定し、写真・図版を交えて詳しく解説した事典。配列は見出し語の五十音順。参考文献からの引用など、出典を明記する。巻末に「付表・索引」として、茶家系譜、茶人系図、年表、日本年号索引、参考文献および参考資料、主要項目索引がある。　6416

茶室のみかた図典　前久夫著　東京美術　1981.10　199,12p　19cm　（東京美術選書 28）　4-8087-0029-8　1200円
茶室全般に関する入門書的な図典。全体を7部門（茶席、構造、窓・建具、露地、灯具・手水鉢、名席、茶匠）に大別し、平易に解説する。配列は各部門別の五十音順。適宜図版を配するが、本文と挿図が別頁に掲載される場合があるので、必要に応じて巻末の用語索引を利用する。　6417

◆◆ 茶懐石

茶懐石事典　辻嘉一著　柴田書店　1981.10　443p　27cm　12000円
茶懐石に関連する用語約1700語について、正確な考証のもとに由来、構成、器、調理などを写真図版を多用して解説した事典。「茶懐石心得」と「調理編」の2部からなる。「茶懐石心得」は茶懐石の約束、手引、向付などを詳しく解説し、巻頭にカラー写真で茶事の献立例を付す。「調理編」は料理材料、献立、調理法を見出し語として、五十音順に配列する。巻末の索引は、調理編で収載した料理を炉、風炉に大別し、それぞれ向付、汁などに9分類し、その中は五十音順。　6418

◆ 花道

【書誌】

いけばな古今書籍一覧　小林鷺洲著　大日本華道会　1924　102,25p　図版　23cm　活版
生花に関する古典籍および1868年（明治元）から1922年（大正11）頃までに刊行された図書の目録。著者が個人の蔵書や各地の図書館を調査して編成したもの。配列は資料の発行年順で、発行年が不明のものは書名の五十音順。巻末に五十音順書名索引を付す。　6419

華道文献目録　池坊短期大学図書館　池坊短期大学華道文献目録編集委員会編著　〔京都〕　池坊学園　1997.3　76p　26cm
同館所蔵の華道関係文献のうち、1996年度までに受け入れたものを収録する。「前近代」「近代以降」の2部からなり、その中は書名の五十音順配列。巻末に五十音順著者索引を付す。旧版（1957年刊）の目録が全国142館の総合目録であるのに対し、本書は単館の所蔵目録である。　6420

【事典・便覧】

いけばな花材辞典　逸見旺潮編　東京堂出版　1990.3　438p　19cm　新装普及版　4-490-10267-4　2000円
花道家が古来、花材として用いているもの750種を収録した事典。花名を見出し語として五十音順に配列、写真・図を多様して解説し、生け合わせ、水揚げについても簡潔に説明。巻末に「植物術語の解説と図解」および五十音順事項索引がある。初版は1971年刊。　6421

いけばな花材大事典　作例詳説　主婦の友社編　主婦の友社　1977.5　671p(図共)　28cm　11000円
いけばな花材として常用される植物332種（別名、品種名を含めると約900種）を収録したもの。配列は見出し語の五十音順。花材ごとに「植物誌」「いけばな」の二側面から植物学的知識、文化史、花材の生かし方、いけばな作法を平易に解説し、カラー写真・図譜約2100枚を配する。巻末に付録として「花の年表」「植物名難訓一覧」など。巻頭に花材の生態・形態上の特性にしたがって分類した「検索目次」、巻末に五十音順の植物名索引、学名（ラテン名）索引がある。類書に花材を四季別に配列した『四季別いけばな花材総事典』（講談社、1987）があるが、作例は少ない。　6422

いけばな辞典　大井ミノブ編　東京堂出版　1990.3　434p

19cm 新装普及版 4-490-10268-2 2000円
いけばな全般にわたる用語を収録した辞典。約1200項目を五十音順に配列し、図を適宜挿入して署名入りで解説する。解説文中の見出し語に星印を付す。巻頭に「いけばなの歴史」、巻末に付録として「仙伝書」「池坊専応口伝」「現代いけばな諸流一覧」および事項索引がある。
6423

いけばな総合大事典 主婦の友社編 主婦の友社 1980.7 780p 27cm 18000円
いけばなの流派・団体、人物、花書、花材・植物用語、技法・様式、花器・道具、歴史・文化・美術などに関する用語約3000項目について、署名入りで詳しく解説した事典。配列は見出し語の五十音順。本文中に挿図800点、巻頭にカラー図版300点を付載。巻末に分類索引（8分類）、および見出し語と口絵・本文中の主な用語を収めた「総索引」がある。
6424

いけばなハンドブック 東京美術 1985.5 301p 19cm 監修：細川護貞 4-8087-0278-9 2000円
初学者がいけばなの歴史的・文化的背景を中心としたアウトラインを理解するための便覧。11節（いけばな小史、いけばなと植物、いけばなの様式、いけばなの基礎技術、花器、いけばなの道具、形と色彩、床の間と床飾り、いけばな史料、いけばなの流派、いけばな小辞典）からなり、写真・図版を多用して平易に解説する。「いけばな史料」の中にいけばな古書目録（1476-1867年）を含む。巻末の「いけばな小辞典」の項目が五十音順索引の役割をも果たしている。
6425

三省堂いけばな草花辞典 瀬川弥太郎編 木下章画 三省堂 1997.9 663,31p 19cm 4-385-15832-0 3200円
いけばなに素材として用いられる植物のうち、その頻度の高いもの412種を取り上げ、カラー図版を用いて解説した事典。配列は、見出し語の五十音順。記載項目は、別名、科名、英名または学名、解説、伝承、花材。付録として、巻頭に「植物用語解説」「植物用語図解」、巻末に「国花一覧」「都道府県の花・鳥・木」などがある。巻末に引用文献一覧（簡潔な解題付き）および別名など本文中の植物名すべてを対象とする五十音順総索引を付す。
6426

四季花事典 春-夏，秋-冬・周年 芦田一馬〔ほか〕編 小学館 1992 2冊 27cm（花材百科 1, 2）各9800円
いけばなやフラワーデザインに使用される花材1800種をカラー写真で紹介した事典。配列は花材名（科名・学名・英名を併記）を見出し語とした五十音順で、植物生態と作例の写真を用い、植物としての特徴・花材の特性を解説する。各巻末に付録として「花を飾るた

めの基礎知識」「ドライフラワー」など。各巻末に花の形から名前と収載頁がわかる「写真で見る本巻収録の花材一覧」があるほか、第2巻末に全巻を通じた花材名の総索引がある。
6427

伝花事典 湯川制編 東京堂出版 1976 297p 22cm 3200円
ほぼ全流派にわたる行事に関する伝花を中心に、それに関連のある形式、花きについて約600項目を選定し詳しく解説した事典。配列は見出し語の五十音順。各項目につき、別名その他について解説する。様式別、伝書別に伝花の記事について出典を明記し、古文献からの引用文を併記している点が特色である。巻末に付録として、参考文献、1日の時刻新旧対照図表、1年の季節新旧比較図表などがある。巻頭の分類項目表は索引の役割を果たす。
6428

フラワーデザイン花材事典 マミフラワーデザインスクール編 講談社 1989.11 307p 26cm 監修：マミ川崎 4-06-204015-8 5900円
フラワーデザインに多く使われる約700種類の花材を収録したもの。入門者向けの知識やデータおよび花材事典からなる。「50音順花材事典」は、「よく使われる花材」と「知っていると便利な花材」に大別し、それぞれの中を花材名の五十音順に配列する。記述は学名、別名、植物解説、デザインの方法などで、作例を1-3点の写真で紹介する。巻末に別名を含む花材名の五十音順索引がある。
6429

【年表】

刊本花道書年表 岡田幸三編 京都 思文閣 1973 55p 21cm 1000円
明治・大正年間の後刷本を含む江戸時代の刊本花道書を年代順に掲載した年表。書名・刊年をはじめ、編著者、板元、書肆、所蔵者、文庫・図書館名、後刷本、類本の存在を記載する。刊年不明の花道書は年表の末尾に収録。巻末に「刊本花道書研究参考文献」を付す。索引はない。
6430

◆囲碁

囲碁年鑑 1961年版- 日本棋院 1961- 年刊 21-26cm
碁界の1年間の動向を記録した年鑑。表示版の前年度に行われた主要棋戦の棋譜および囲碁に関する事項を広く収録する。プロ棋戦、国際棋戦、アマ棋戦、碁

界記録集、日本棋院支部名簿、棋士名鑑からなる。各棋戦の棋譜に参考図と簡単な解説を付す。主なタイトル戦には観戦記を掲載。索引はないので、目次の棋戦名から探す。『棋道』臨時増刊号として刊行。解題は1997年版による。
6431

囲碁百科辞典 改訂増補版 金園社 1983.12 649p 22cm
囲碁に関する諸分野の知識を集大成した事典。囲碁用語・術語、俗語、著名局、ルールなど9編の辞典と囲碁年表（BC2640頃－AD1983年）および古典引用章句からなる。配列は各編ごとに見出し語の五十音順または年代順。付録として、棋家系譜などがある。『綜合囲碁講座』の別巻として刊行された初版（1965年刊）の重要事項、人名辞典、図書辞典、囲碁年表について増補し、各章末に追加したもの。索引はないが、各章の初めに簡略目次がある。
6432

現代囲碁史概説・現代囲碁史年表 林裕著 講談社 1984.9 267,11p 23cm 現代囲碁大系 別巻 講談社出版研究所編 4-06-144998-2 3300円
昭和を中心とした碁界の歴史を記録したもの。年表が大部分で、それに近世から昭和に至る囲碁史概説が加わる。現代囲碁史年表は、1924年（大正13）－1984年（昭和59）4月までの碁界の出来事を詳細に記述する。人物、対局、昇段、関連出版物、海外および日本棋院の活動など広範な事項を収録。典拠資料の記載はない。巻末に「年表」のみを対象とする主要人名索引と主要事項索引がある。
6433

◆将棋

将棋年鑑 1968年版－ 日本将棋連盟 1968－ 年刊 22－26cm
将棋界の一年間の動向を記録した年鑑。表示年版の前年度に行われた主な棋戦約500局の棋譜をはじめ、各種記録などを収録する。「プロ棋戦」「アマ棋戦等」「棋士名鑑・記録等」の3部からなり、掲載の棋譜には重要指手の簡単な解説と局面図を付す。巻頭に棋戦名、対局日、対局者、勝敗を一覧できる棋譜索引がある。解題は平成9年版による。CD-ROM版も刊行予定。
6434

言語

言語

◆書誌

外国語・外国語教育に関する10年間の雑誌文献目録 昭和50年－昭和59年 日外アソシエーツ編 日外アソシエーツ 1987.7 198p 27cm 発売：紀伊国屋書店 4-8169-0360-7 7300円
『雑誌記事索引（人文・社会編）累積索引版』☞0139をもとに、外国語・外国語教育に関する文献目録として再編集したもの。雑誌論文5396件を収録。外国語一般、中国語、英語、フランス語、ドイツ語、外国語教育の大項目を設け、その下をキーワード方式（件名）による見出し語を用いて細分している。記事の配列は論題の読みの五十音順。巻末に事項索引を付す。『外国語・外国語教育に関する27年間の雑誌文献目録』に続くもの。昭和23－49年間の雑誌論文約8600件を収録。記事の配列は著者名の読みの五十音順。　*6435*

「外国語」の本全情報 45/94 日外アソシエーツ編 日外アソシエーツ 1995.7 974p 22cm 発売：紀伊国屋書店 4-8169-1314-9 32000円
1945－1994年に国内で刊行された、日本語以外の言語に関する図書を集めた総目録。収録数は1万8000点。配列は地理的・系統的分類による16の言語（群）別。言語名を見出しとし、必要に応じて用途・テーマ別に細分見出しを立て、書名の五十音順に図書を紹介する。書名・著者名・出版者などの基本情報のほか、最近の図書には内容紹介や目次を付す。巻末に見出し項目に取り上げた言語名・テーマを五十音順に配列した事項索引がある。　*6436*

◆辞典・事典

記号学小辞典 脇阪豊〔ほか〕編著 同学社 1992.11 267p 18cm 4-8102-0056-6 2884円
記号学に関する用語を解説した辞典。日本語を見出し語に五十音順に配列し、対応するドイツ語と英語を併記、研究史的に必要な場合にはフランス語も補記する。小辞典だが解説は詳細で、他の見出し語への参照も指示する。項目末の関連文献は、巻末に「引用文献」としてまとめ、著者名のアルファベット順に配列し、書誌事項を掲載。解説文中の事項・人名による索引を、ドイツ語と日本語および英語と日本語の2種の対照表として巻末に収録。　*6437*

言語学大辞典 第1－6巻 亀井孝〔ほか〕編著 三省堂 1988－1996 6冊 27cm 4-385-15215-2 38000－49000円
世界言語編（1－5巻）および術語編（6巻）の2部構成。世界言語編は、約3500言語について言語名のカタカナ表記五十音順の見出しのもとに、原綴り、名称、系統、分類、分布、人口、音韻、形態、統語方言、語彙、語史、研究史、作品について詳細に解説し、代表的辞書と参考文献をあげる。日本および東アジアについては特に詳しい。第5巻に言語名索引として和文索引、欧文索引、漢字索引を収録。術語編は19世紀以後の術語、主要学派、地域別研究史などの約1500項目を収録し、術語の日本語訳あるいは原語音訳の五十音順見出しのもとに、原綴り、分野、詳細な解説を示す。巻末に参考文献および和文索引、欧文索引がある。両編とも分布図などの図表、見出し語への参照がある。世界文学編と世界言語地図編の刊行が予定されている。　*6438*

言語学百科事典 デイヴィッド・クリスタル著 風間喜代三，長谷川欣佑監訳 大修館書店 1992.4 688p 27cm 『The Cambridge encyclopedia of language』の翻訳 4-469-01202-5 15450円
言語の使用、構造、機能などの各領域について、古代以来の学説に触れながら、現代言語学の研究成果と課題を体系的に解説する。「言語に関する一般的な考え方」「言語の構造」「幼児の言語習得」など11部65章からなる。各部ごとの冒頭に研究概況を示し、章ごとの各論が続く。関連事項をまとめたコラムもあり、写真・図表が豊富である。人名索引、事項索引、言語名索引を付す。　*6439*

現代言語学辞典 田中春美〔ほか〕編 成美堂 1988.2 930p 23cm 執筆：樋口時弘ほか 4-7919-6501-9 12000円
古代から現代までの言語研究諸分野の用語を解説する

事典。原則として英語によるアルファベット順の見出し語のもとに、対応する日本語用語、分野、定義・解説、英語および日本語の用例などを簡潔に記載する。巻末に用語・人名・作品名などを収録する欧文索引のほか、欧文参考文献、日本語参考文献、邦訳文献の一覧などを付す。言語学研究者や専攻の学生向きである。
6440

世界の文字の図典 世界の文字研究会編 吉川弘文館 1993.8 605p 27cm 4-642-08515-7 17500円
古今東西のあらゆる文字体系を歴史的・系統的に解説する図典。文字発生の経緯から古代文字、アラビア文字、アルファベット、インド系文字、漢字、数字や記号などについて、その起源・変遷と読み方・運用・文例、類縁文字との関係、他民族文字への影響まで簡潔に記述する。地図や表・図版が豊富に使われ、図版目次が付き平易な文体とともに理解しやすい。巻末に世界主要言語分類表、参考文献、文字・字体名索引や漢字音訓索引が付く。
6441

レトリカ 比喩表現事典 第2版 榛谷泰明編 白水社 1994.1 465,85p 20cm 4-560-04917-3 3900円
古今東西の文芸作品から抽出した比喩表現約4000事例を見出し語（五十音順）のもとに収録し、引用文（比喩表現はゴシック体で表示）と引用文献を記載したもの。索引は巻末に「事例索引」「人名索引」がある。「事例索引」は本編と同じ配列だが、見出しごとに比喩表現が一覧できる。
6442

日本語

◆書誌

言語学・日本語学研究者著作目録一覧 国立国語研究所図書館 1995.3 28,3p 30cm 付・学位取得者論文一覧 編集：大塚通子
言語学・国語学分野の研究者、日本人307人と外国人17人の著作目録一覧。明治以降1994年までに日本の図書や雑誌に掲載されたものを対象とする。日本人、外国人別にそれぞれ人名の五十音順、アルファベット順に配列し、生没年と研究分野を付記し、著作目録名と掲載文献名および書誌事項を収載。付録の「学位取得者論文一覧」には、本文に収録した人物で日本の大学で博士号を取得した102人を取り上げ、人名の五十音順に配列し、論文名、授与大学名、授与年を掲載。
6443

国語学研究文献索引 国語学会，国立国語研究所編 秀英出版 1994-1996 2冊 22cm 4-7847-0407-8 9800円,18500円
1945年以後、国内で発表された国語学関係の論文を分野別に収録する書誌。音韻篇と国語史篇からなる。『国語年鑑』の「雑誌論文一覧」所収の1953-1984年発表の論文を中心に、1952年発表までの雑誌所収論文や、1945-1984年にかけての講座・論文集所収論文を収録する。音韻篇は音韻・音声関係とアクセント・イントネーション関係をそれぞれ史的研究・現代語研究に分けた4分類の構成で、論文4137点を収録する。国語史篇は総記、資料・学史、表記史、文法史、文体史の5分類の構成で、論文1万776点を収録する。各論文につき、文献番号、著者名、論文名、雑誌名または講座・論文集名、巻号、発行年月、頁数、キーワードなどを記載する。各巻末に著者別索引、キーワード索引、論文収録著書一覧がある。
6444

国語・国語教育・言語学に関する10年間の雑誌文献目録 昭和50年-昭和59年 日外アソシエーツ編 日外アソシエーツ 1987.6 315p 27cm 発売：紀伊国屋書店 4-8169-0360-7 11800円
『雑誌記事索引（人文・社会編）累積索引版』☞*0139* をもとに、国語・国語教育・言語学に関する文献目録として再編集したもの。雑誌論文約1万4000件を収録。主題別の大項目を設け、その下をキーワード方式（件名）による見出し語を用いて細分している。記事の配列は著者名の読みの五十音順。巻末に事項索引を付す。『国語・言語学に関する27年間の雑誌文献目録』に続くもの。昭和23-49年間の雑誌論文約1万1000件を収録。
6445

国語国文学資料索引総覧 国立国語研究所図書館編 笠間書院 1995.12 262p 22cm（笠間索引叢刊 109）付, 日本語学・言語学研究者著作目録一覧 4-305-20109-7 6800円
古代から現代にいたる国語国文学関係の総索引類を収録したもの。収録点数は、資料2512件、索引5527件。俳句・和歌・小説などのほか、謡曲・経典・論語・聖書なども収録。配列は、資料名（作者名・作品名混配）

の五十音順。資料名のもとに各索引の標題と書誌的事項を簡略に示す。
6446

「日本語」の本全情報 45/92 日外アソシエーツ編 日外アソシエーツ 1993.1 820p 22cm 発売：紀伊国屋書店 4-8169-1162-6 24800円
1945－1992年前半までの48年間に日本国内で刊行された、日本語・日本語教育・国語生活に関する図書の網羅的な総目録。約1万3000点の図書を13の主題に分け、書名の五十音順に配列。各項目には書名のほか、著者名・出版事項・対照事項・注記・内容・目次などを記す。欧文書名のものは、和文書名の後にアルファベット順に配列。巻末に書名索引（和文・欧文）がある。
6447

◆国語学

国語学研究事典 佐藤喜代治編 明治書院 1977.11 1007p 27cm 付：図1枚 13000円
国語学の全領域を大観し、研究の概況を展望することを目的とする専門事典。事項編と資料編からなる。事項編は理論・一般、国語史、現代語・方言の3部23章からなり、国語学の術語・事項540項目を収録する。各部の中は分野別各章に分かれ、各項目は見出し語のもとに意味、研究史、課題、参考文献を記載する。資料編は上代、中古、中世、近世、近代、中国辞書の6部42章からなり、主要な文献および人名707項目を収録する。各部の中は資料種別各章に分かれ、文献項目は読み方、巻数、別名、著者、成立、諸本、解説、参考文献などを、人名項目は読み方、本名、別名、生没年、経歴、業績、解説などを記載する。巻頭に五十音順項目一覧、巻末に人名、書名、語彙、事項の各索引がある。
6448

国語学大辞典 国語学会編 東京堂出版 1980.9 1253p 27cm 19000円
国語学の諸分野および隣接諸科学の約1600項目を解説する専門事典。『国語学辞典』（国語学会編、東京堂、1965）の改訂版。中項目主義を原則とするが、人名、書名などの小項目もある。見出しの現代かなづかい五十音順に配列され、難解な項目には読みがなを付す。解説の形式は項目の内容により異なるが、長文の解説には適宜小見出しを配し、各項目末に参照項目および参考文献を添える。巻末に口絵として『仮名遣及仮名字体沿革史料』などのカラー写真、「国語年表」「国語学関係参考文献一覧」、事項名・書名・人名をまとめた索引、欧文索引がある。
6449

国語史辞典 林巨樹，池上秋彦編 東京堂出版 1979.9 395,50p 19cm 3500円
日本語の音声・音韻、語彙、文法、文字、言語生活の歴史的変化と国語史研究上の成果に関する事項、書名、人名を解説する専門事典。五十音順の見出し語のもとに、ひらがな表記の読みと詳細な解説、参考文献を記載する。事項項目の解説には古典などからの用例、書名項目の解説には、引用による用例が多い。巻末に事項・書名・人名をまとめた五十音順索引がある。
6450

言葉に関する問答集 総集編 文化庁編 大蔵省印刷局 1995.3 799p 22cm 4-17-196000-2 3800円
『言葉に関する問答集 全20集』（文化庁、1975－1994）をまとめたもの。4章645項目からなる。「漢語・漢字に関連する問題」「仮名遣い・送り仮名・その他の表記に関連する問題」「敬語・その他の問題」は、日常生活における具体的な言葉の使い方、書き方、読み方などの問題について一問一答形式で的確に解説。「よい文章を書くために」には、文章の整え方・用語の選び方・適切な表記の仕方の3編を収録。巻末に参考資料と総索引がある。
6451

日本語解釈活用事典 渡辺富美雄〔ほか〕編著 ぎょうせい 1993.7 640,11p 21cm 4-324-03707-8 3200円
日本語の発音・発生、文字、表記、語彙・語句、文章の構成、文法的な内容、敬語、方言と共通語、話し方、日本語の特質など、日本語の内容に関する事柄を23分野に分類整理し解説を加えた事典。約560項目の話題が疑問形で掲げられ、それに対応する形で解答を記すという構成がとられている。日本語が生まれ、活用されてきた文化・歴史・生活などに触れ、さらに適宜イラストが配され、言葉の理解に役立つよう編集されている。
6452

日本語教育ハンドブック 日本語教育学会編 大修館書店 1990.3 619p 22cm 4-469-01229-7 4940円
外国人むけ日本語教育について、理論と実践方法を体系的に解説した便覧。具体的な実地教授上の問題点、指導上の留意点に重点をおいた内容で、日本語教師を対象としている。「外国語教育としての日本語教育」「教授法」「コミュニケーション」「音声」「文字・表記」「語彙」「文法」などの8章からなる。参考文献は巻末に著者名五十音順にまとめてあり、引用文献の出典も本文中随所にある。巻末付録として、「日本語教育の関係機関」「日本語教員検定制度について」「活用表（動詞、形容詞、文末）」「日本史年表」と、五十音順の事項索引、語句索引がつく。
6453

日本語百科大事典 金田一春彦〔ほか〕編 大修館書店

1988.5　1505p　27cm　4-469-01218-1　16000円
日本語に関する情報を網羅した百科事典。7部22章の構成で、日本語の成り立ちや仕組み、ことばの意味、名付け、敬語、ことば遊び、方言、マスコミの言語、ことばの機械処理、さらに日本語教育・国語政策などについても記述。文章は平易・明解に心がけ、図版などを最大限に活用。参考文献は巻末にあり、各章末ごとに和文と欧文に分けて列挙。また、本文の記述を補う資料を巻末に収める。事項、語句、人名・書名の各索引は五十音順配列。　　　　　　　　　　　　6454

◆音声・音韻・文字

当て字の辞典　日常漢字の訓よみ辞典　東京堂出版編集部編　東京堂出版　1991.6　235p　20cm　4-490-10291-7　1800円
日常的に使う漢字であるが、当用漢字表にはない読み方、あるいは通常とは異なる読み方をすることばを漢字の五十音順に掲げた辞典。読みと簡単な意味、用例と、反対語・対照語があれば示す。難読語を中心に、浅慕（あさはか）、茶化す（ちゃかす）などの当て字、紐育（ニューヨーク）など外国語の当て字、五月雨（さみだれ）などの熟字訓、主な人名・地名の難読固有名詞、1870漢字延べ7900字を収録。漢字の音引きとし、語句の2字目3字目からも引ける。巻末に音順索引、部首索引あり。『難訓辞典』☞6524『難読語辞典』（1989年刊）を当用漢字中心にした実用辞典である。
6455

音訓引き難読語辞典　日外アソシエーツ辞書編集部編　日外アソシエーツ　1993.7　57,478p　19cm　発売：紀伊国屋書店　4-8169-1184-7　3800円
現代語および古語の熟語より、熟字訓も含めて漢和字典では引けない、あるいは読み誤りやすい和語・漢語を収録した難読熟語辞典。人名・地名・書名などの固有名語や外来語の宛て字は除く。難読のため国語辞典では調べがたい、またはワープロに入力しがたい熟語を検索することを主眼としている。1万4000熟語を収録する。熟語頭字2987字を見出し語として、その総画数順、さらに部首別に細分し、難読熟語とその読み、簡潔な意味を付す。巻頭に頭字の一般的な音・訓読みから引ける五十音順索引、巻末に見出し語頭字の目次を掲載。　　　　　　　　　　　　6456

楷行草筆順・字体字典　江守賢治編　三省堂　1992.9　713,17p　19cm　4-385-15038-9　2000円
日常よく使われる漢字2533字、および旧字体・異体字や特殊な漢字2902字の筆順・字体を収録した字典。漢字の三体といわれてきた楷書・行書・草書のすべての筆順を示す。第1章は、筆順と字体・書体などの知識、第2章以下では楷・行・草（三体）筆順一覧があり、行書・草書のほとんどの形を見ることができる構成。巻末に冠婚葬祭、封筒・はがきの表書き、ひらがな・カタカナ、ローマ字の筆順、画数引き漢字索引がある。
6457

漢字異体字典　日外アソシエーツ編集部編　日外アソシエーツ　1994.7　417p　19cm　発売：紀伊国屋書店　4-8169-1249-5　3980円
異体関係にある漢字群のなかで、一般的によく使われる漢字、文字の成り立ちから見て正字と見なされる漢字を親字として4827字収録。その下に異体字を集めて総文字数は1万6600字。『康熙字典』による部首画数順で、音や訓から親字を検索できる「音訓ガイド」が巻頭にある。また異体字からも総画索引で親字に行きつくことができる。親字見出し、部首画数、JISコード（新JIS、16進コード、区点）、カタカナで音読み、ひらがなで訓読みを付す。さらに旧字、本字、古字、俗語、誤字、略語等の異体字を配する。
6458

漢字書き順字典　新版　藤原宏編　第一法規出版　1990.3　570p　19cm　4-474-07095-X　1500円
日常普通に使用する漢字を対象として書く順（筆順）を示した字典。常用漢字表〔1981年10月1日内閣訓示・告示〕による1945字の漢字に、人名用漢字284字を加えた2229字を収録。その字体、音訓、筆順、用例などを示している。小学校学年別の配当漢字、その他の漢字、人名用漢字で構成。筆順の原則、部首の名称・画数、小中高別音順配当表、漢字字体新旧対照、学年別漢字配当表、当用漢字字体について、の解説を付す。巻末に音順総索引あり。初版は1979年3月刊。
6459

国字手帖　補完版　菅原義三編〔音更町(北海道)〕〔菅原義三〕1989.10　171p　19cm
様々な国語・漢和辞典、古文献など（巻頭に典拠一覧あり）から国字のみを取り出し、一覧できるようにした辞典。部首順配列で、巻頭に部首索引を付す。それぞれの国字に、読みと出典、簡単な解説を施す。本書は、『小学国字考』（菅原義三、1978年）以来、数度の改訂・補完を経て、書名を改めて刊行されたものである。
6460

国字の字典　菅原義三編　東京堂出版　1993.7　195p　19cm　付・増補，索引　監修：飛田良文　4-490-10279-8　1700円
漢字の渡来以降、それにならってわが国で独自に作成

された文字である国字を集成し、解説を加えた字典。国字の出典は、各辞典・研究書類から古典作品にまでわたり、巻頭に「主要出典一覧」がある。国字のみを対象とした字典としては類書がなく、研究も未発達の分野である事から、貴重な参考資料である。　*6461*

◆語源

歴史から生まれた日本語語源詮索辞典 現代に生きる古代語・中世語　武光誠著　創拓社　1993.2　408,7p 18cm　4-87138-149-8　2000円
日本の古代、中世の事象にちなみ、現代でも使用されることば約250語を五十音順に配列し、意味・由来・変遷・出典・用例などに関する解説を付した語源辞典。見出し語に関連する図版や解説中の用語・出典・人名の簡単な説明を各頁に付す。巻末に見出し語及び解説中の主要語の索引がある。　*6462*

◆国語辞典

岩波国語辞典 第5版　西尾実〔ほか〕編　岩波書店　1994.11　1295,53p 19cm　4-00-080040-X　2400円
明治時代後半から用いられている現代日本語を中心として、約6万2000語を収録する辞書。外来語、文語、雅語、成句、接頭語、接尾語、漢字母なども含む。現代かなづかいによる五十音順見出しのもとに、和語の歴史的かなづかい、表記形、品詞、語義説明、分野、対義語、出典などを記載する。語義は現代語で常用されるものを優先して配列し、意味の分類を構造的に示すために語義番号に3段階の階層づけを行っている。索引はない。初版は1963年。　*6463*

学研国語大辞典 第2版　金田一春彦, 池田弥三郎編　学習研究社　1988.4　2269p 27cm 机上版　4-05-101903-9　11000円
現代語を中心とし、現代でも使われる古語、外来語、新語など約10万2000語を収録した国語辞典。類語との意味の違いがわかるように解説し、明治時代から現代に至る文学作品や新聞などの用例・出典を示す。約600点の挿し絵を付す。付録には現代日本語概説、活用表、表記の基準、時刻方位、計量単位、年中行事のほか、用例として取り上げた散文作品の「作者・作品一覧」などがある。　*6464*

角川国語大辞典　時枝誠記, 吉田精一編　角川書店　1982.12　2421p 23cm　5200円
日常生活での使用と国語学習に役立てるために、現代語を中心にして古典語・各種専門分野の用語・地名人名などの百科的事項も広範に収録する国語辞典。15万5000語が五十音順に配列され、意味・用法・例文を平易に解説する。日常生活で多用される約4万語には標準アクセントを示して「音声表現」にも配慮している。『角川国語中辞典』(1973年刊)の伸展版である。　*6465*

広辞苑　第5版　新村出編　岩波書店　1998.11　2988p 23cm　4-00-080121-0　6500円
国語辞典であるとともに、学術用語・百科全般にわたる事項・用語を含む、いわゆる「ことば」と「ことがら」の中辞典。約23万語の語義は簡明であるが語源・語誌の解説にも留意している。日常基本のことばを中心に新たに約1万語を増補し、新語・新義語にも力を注いで現代語としての用例を豊富に収録している。見出し語の配列は、現代かなづかいの五十音順。図版、挿図は新規および描き直したもの800図を加え2700全図となり、視覚による理解にも配慮した。巻末に「漢字・難読語一覧」「西暦・和暦対照表」など10の付録がある。従来版は国語辞典と古語辞典の性格を具備していたが、今回の改訂により更に新語辞典的性格をも兼ね備えた小百科になった。　*6466*

講談社カラー版日本語大辞典　第2版　講談社　1995.7　2542p 27cm　監修：梅棹忠夫〔ほか〕付属資料(CD-ROM 1枚　8cm ホルダー入)　付(31p 19cm)　4-06-125002-7　12800円
現代語を中心とした言葉の解釈のほか、ことがらの解説にも力をそそいで事典的性格を加味した国語辞典。17万5000余語を収録する。見出し語の五十音順に配列され、解説は簡潔、平明で、故事・ことわざ・慣用句も豊富(8800語)。ものの数え方(助数詞)も採録している。ワープロ時代に即応して、JIS第2水準まですべて収録し、JISコードを付与。6000点を超えるフルカラーの写真・図解を使う。巻末に「アルファベット略語集」「色名辞典」など34の資料を付す。　*6467*

辞林21　三省堂編修所編　三省堂　1993.11　2222,230,2p 25cm　監修：松村明〔ほか〕机上版　4-385-14027-8　8500円
現代人に欠かせない現代語・新語・外来語・最新の専門用語などを収めた現代国語・百科辞典。内外の地名・人名をはじめとする固有名詞も多数収録。五十音順配列の横3段組み。かな見出しのあとに標準的な書き表し方を示し、外来語には原綴と原語名を示す。解説は簡潔・平明。650の図版あり。JIS漢字が本文中の

漢字欄にあり、音訓による検索が可能。巻末に「アルファベット略語辞典」「生活情報事典」「部首別JIS漢字字典」を付す。
6468

新選国語辞典 第7版 金田一京助〔ほか〕編 小学館 1994.1 1427p 17cm 4-09-501405-9 2300円
小型ながら、約8万3千語を収録する国語辞典。初版は1959年。1987年に刊行された第6版に、重要な新語を中心とする約1500語を増補した。一般的な現代語のほかに、中学校・高校の国語科学習に必要な基本的古語や、日本のおもな文学作品名・作家名、特殊な歴史的事件、国名などの固有名詞、おもな慣用句・ことわざ等を収め、通常の現代国語辞典の性格とともに、中学生から大学生までの学習用国語辞典の性格も併せ持つ。
6469

新潮国語辞典 現代語・古語 第2版 山田俊雄〔ほか〕編修 新潮社 1995.11 2328,116p 20cm 4-10-730212-1 5000円
現代語辞典と古語辞典を兼ねる国語辞典。古語から現代語まで、約14万語を五十音順で収録。見出しは、和語と漢語・外来語を、ひらがなとカタカナで区別する。語釈は、平明簡潔。用例はできるだけ古いものから採り、出典を示す。巻末に「現代仮名遣い」「常用漢字音順表」など15の付録を付す。1965年初版の大幅な改訂版だが、語彙が約1万増え、形容動詞を立てるなどの相違点のほかは、編集方針・体裁などに大きな変化はない。
6470

新明解国語辞典 第4版 金田一京助〔ほか〕編 三省堂 1991.9 1431p 22cm 机上版 4-385-13155-4 4500円
高校生から一般社会人を対象とし、収載語数は親見出し約6万語、子見出し8000語、そのほか漢字の造語・外国地名などを含め合計7万3000語。記述は、漢字表記、意味、用例などのほか、各語のかぞえ方単位も示す。各語の標準的アクセントを語の拍数字で表示する。巻頭に漢字索引、巻末に「外国地名一覧」「文法関係諸表」などを付す。
6471

大辞林 第2版 松村明編 三省堂 1995.11 1冊 25cm 4-385-13900-8 7300円
今日の国語生活をふまえて現代語の解説に重点をおきながら、古語やあらゆる分野の語を収めた総合的な国語辞典。各種専門領域の用語や人名・地名などの固有名詞をも含め約22万語を五十音順に配列する。用例・用法を重視して、現代語には作例を、古語には古典からの引用例を掲げる。解説の助けとして約1650の図版・図表を付す。付録として巻末に、「常用漢字音訓一覧」「人名用漢字」「西暦・年号対照表」など11種の一覧表がある。
6472

デイリーコンサイス国語辞典 第2版 佐竹秀雄,三省堂編修所編 三省堂 1995.4 855p 16cm 4-385-14102-9 1600円
携帯性・機能性を重視した横組みの国語辞典。1991年初版刊行後、一般的に使用されるようになった新語を重視し、特に生活語彙に関する語を優先して増補収録している。解説は簡潔。巻末に「アルファベットの略号・記号一覧」を付す。
6473

日本国語大辞典 第1-20巻 日本大辞典刊行会編 小学館 1972-1976 21冊（別冊共）30cm
日本語の意味・用法などを、『大日本国語辞典』（冨山房、1939）を中心とする先行国語辞典類、各時代および仏教・外来語・漢籍・法律などの文献から採録した辞書。用例が200万をこえる百科事典的辞典である。五十音順のかな見出しのもとに、歴史的かなづかい、漢字表記、品詞、語義解釈、出典・例文、方言、語源説明、発音、掲載古辞書の略称などを記す。見出し語を含む慣用句・ことわざが、小見出し項目として続く。方言は近代の方言集約1000点から約4万語を収録している。風俗・服飾・文様・紋所などの項目には図版を添える。別冊付録に主要出典・方言資料・アクセント史資料などの一覧を収録する。
6474

◆漢和辞典

岩波新漢語辞典 山口明穂,竹田晃編 岩波書店 1994.1 1313p 19cm 4-00-080080-9 2400円
日本語の中で用いられる漢字および漢語を、現在使われているものを主体として収録した辞典。親字約1万300字、熟語約3万6000字を収録。固有名詞は原則として省く。部首で大分類し、その後画数順、音読みの五十音順に配列。項目は見出し・旧字体・音訓・字義・熟語など。適宜、例文・解字などを付す。巻末に漢語概説、常用漢字筆順表、人名漢字一覧、部首通称一覧、中国簡体字一覧などの付録、巻頭に音訓索引と総画索引がある。『岩波漢語辞典』（1987年刊）の大幅な増補版。JIS漢字を中心に収録字数を増やし、JISコード番号（区点・16進法）を補う。
6475

角川新字源 改訂版 小川環樹〔ほか〕編 角川書店 1994.11 1342p 18cm 4-04-010804-3 2300円
漢字本来の意義と用法を重視した漢和辞典。見出し漢字である親字が約1万字、熟語は6万余語が収録されている。配列は部首の画数順で、部首解説・部首別一覧の後、親字が並ぶ。記載内容は異体字・ヨミ・なりたち・意味・検索見出し・熟語。検索見出しは、部首

や画数が判別しにくい文字について、誤りやすい個所に見出しをつけたもので親切な工夫である。巻頭に音訓索引、総画索引。巻末には漢字のなりたち、中国簡体字表、国字・国訓一覧など22種の付録がある。
6476

角川大字源 尾崎雄二郎〔ほか〕編 角川書店 1992.2 157,2221p 27cm 4-04-012800-1 23000円
日本以外に中国の文学・哲学・言語研究者の利用をも考慮した漢和辞書。親字1万、熟語約10万語を収録。『康熙字典』の部首による配列。親字見出しには、常用漢字の種別、字音の種別、反切、現代中国音を示す。また、字義の成り立ちを、それぞれ出典や用例により明記。解字は漢字の構造を分類し形・音・義にそって解説する。古訓欄を設けて訓の発生や変遷を示す。熟語は、音読による五十音順。難読語と逆熟語（親字が下につく）も明記する。音訓索引、総画索引、部首索引がある。本文・索引ともに、常用漢字は色刷り。付録には、漢字に関する解説文や国字一覧、中国文化史年表などを収める。
6477

漢字の読み方辞典 東京堂出版 1992.9 333p 20cm 監修：遠藤鎮雄 4-490-10320-4 1900円
漢字の多様な読み方を示した辞典。日常生活に必要十分な4300字を収録。漢字の音読みによる五十音順配列。例えば「愛娘」は「あい」で引けば「まなむすめ」という読み方がわかる。漢和辞典と国語辞典を一つに再編することを意図されている。当て字、熟字訓、地名・人名、寺社名、外来語などの特殊な読み方までも収録。巻末に音訓索引、部首索引を付す。
6478

講談社新大字典 上田万年〔ほか〕編著 講談社 1993.3 3055p 27cm 特装版 4-06-123140-5 23000円
1冊本としては最大級の漢和辞典。収録字数約2万1000字、収録語数約11万語。親字に対する字義・字源などの解説に続き、熟語とその解説、用例、逆熟語などを示す。解説は簡潔平明。巻末に「JIS補助漢字一覧」「中国簡化字一覧」など7つの付録を付す。「音訓索引」「総画索引」「部首索引」があり使いやすい。初版は栄田猛猪がほぼ独力で編纂したもので、1917年刊。数度の増補改訂を経て、全面改訂。親字には常用漢字新字体や異体字4000字を収録。解説も文語表現を口語に改めるなどの改訂を加えている。
6479

新選漢和辞典 第6版 小林信明編 小学館 1995.1 1307,109p 17cm 付(64p)：JIS第一水準・第二水準漢字コード表 4-09-501455-5 2300円
親字1万1350字、熟語約6万4500を収録した漢和中辞典。初版は1963年、改訂新版（第2版）が1966年、新版（第3版）が1974年、常用新版（第4版）が1982年、第5版が1987年に刊行された。本版では現代中国の新字体約600字と基本語彙約4000語を増補・採録した。親字の配列は、『康熙字典』に従い、部首順・画数順。巻頭に五十音順の音訓索引があり、巻末付録に部首索引、総画索引のほか、中国年号索引、中国新旧字体対照表などがある。別冊付録として、JIS漢字6355字を選び、日本語ワードプロセッサーやパーソナルコンピュータでの漢字検索用に編集した「JIS第一水準第二水準漢字コード表」を付す。
6480

新明解漢和辞典 第4版 長沢規矩也〔ほか〕編 三省堂 1990.12 1283,144p 18cm 4-385-13700-5 2300円
高校・大学生から一般社会人向けの漢和辞典。収録漢字（親字）を見たままの感じによって推測される部首に所属させている。字義に基づく部首配列ではなく字体を尊重した。各部首内では画数順に、同一画数内ではその漢字の字音の五十音順に配列される。4版では、新たに「現代中国語音」（拼音をローマ字で表記）、筆順表記（教育漢字1006字）、「JISコード」を加えた。巻末の付録に、「同訓異義」、「人名漢字読み方一覧表」などが付されるほか、重要な故事36語句や語法説明が囲み記事的に本文中に配される。索引は、表見返しに部首索引、巻頭に総画索引、巻末に音訓索引がある。
6481

大漢語林 鎌田正，米山寅太郎著 大修館書店 1992.6 94,1805p 27cm 4-469-03154-2 22000円
漢籍に用いられる主要な文字、一般社会生活における常用漢字を中心に親字1万4000字を収載した漢和辞典。語例・用例を多用し、常用漢字表で認められた音訓の漢字は色刷りにして目立たせている。「JIS漢字」はすべて収録。「中国学芸年表」「年号表（中国・日本対照）」「中国歴史地図」など13件の巻末付録と、囲み記事（中国文化を理解する上で重要な項目約30）が、中国小百科的な性格も持たせている。表見返しに「部首索引」、巻頭に五十音順の「音訓索引」、巻末に「総画索引」を付すほか、付録中に「故事成語名言分類索引」がある。また別冊として、『大漢語林語彙総覧』☞*6483*があり、五十音順の「語彙総覧」と「四角号碼索引」が収録されている。
6482

大漢語林語彙総覧 鎌田正，米山寅太郎著 大修館書店 1993.2 390p 27cm 4-469-03155-0 2000円
『大漢語林』☞*6482*に収録されている語彙・語句をその親字を検索することなく容易に引くことができるよう作成されたもの。新字体、現代かなづかいによる五十音順配列。その語彙を掲載する『大漢語林』のページ数と、一般、人名・地名、書名、動物名、植物名の6部門の語彙分類を示す。語彙の読みからと、「頭文字音訓表」による検索法が用意されている。また親字

検索用の画引きによる四角号碼索引を付す。　*6483*

大漢和辞典　巻1-12，索引，語彙索引　修訂第2版　鎌田正，米山寅太郎修訂　諸橋轍次著　大修館書店　1989-1990　14冊　27cm　4-469-03138-0　各12360円
正字、略字、俗字、国字などを含む親字約5万、熟語約50万を収録した最大級の漢和辞典。親字は『殿版康熙字典』を中心に説文、玉篇他古代から現代に至る中国歴代の辞書類から採録。語彙は経史子集にわたる古典を中心に、古今の辞書、現代中国語などあらゆる資料を参考に採取し、成語、故事熟語、地名・人名、官職、動植物名などをはじめ学術用語、仏教語、邦語、現代中国語に及ぶ。親字には、篆文、字音符号とウェード式の発音記号、字義、名乗の訓と解字を添え、文字と熟語の解説には、用例と出典を示し、必要に応じて挿絵を掲載する。配列は部首順で、各巻頭にその巻に所載する文字の部首順検字表と総画順検字表がある。第13巻索引は、収録した全親字の総画索引、字音索引、字訓索引、四角号碼索引からなり、付録に補遺、当用漢字表、中国簡化文字表などを収載。初版以来の本文、索引全13巻に、東洋学術研究所の編集になる別巻「語彙索引」および「補巻」が追加され全15巻となった。「語彙索引」は辞書本体に掲載した地名・人名を含む語彙が現代かなづかいの五十音順に配列され、収録個所が直接検索できる。また、第1版（1955-1960年刊）、縮写版（1966-1968年刊）、修訂版（1984-1986年刊）にも使用が可能である。なお国字、JIS漢字などを含む約800の親字と、我が国の文化形成の母体となった漢籍の古典を中心に、日中両国の詩文集類から約3万3000の語彙を採録し、増補語彙の頭文字索引、増補親字の総画索引、字音索引、増補語彙索引を付した「補巻」を2000年に刊行。　*6484*

大修館新漢和辞典　改訂第2版　諸橋轍次〔ほか〕著　大修館書店　1988.4　1130,106p　17cm　4-469-03117-8　1900円
親字総数約9000、異体字も含め約9200字収録。親字の配列は部首順。音訓のほかに拼音による現代中国語音を付記する。解説末尾に日本語の難読姓氏・地名の読みを示す。収録熟語総数約5万5000、親字が下にくる逆引き熟語も列挙する。巻末に「同訓異義」「漢文について」「中国歴代王朝表」「中国年代表」など22種の付録のほか、総画索引、四角号碼索引、故事成語索引を付す。1963年刊行の『新漢和辞典』以来改訂を繰り返し、全面改訂を加えた5訂（1980年刊）以降は本書名。改訂版との相違は、付録の内容・構成の変更および別冊だった四角号碼索引が本体に取り入れられ、故事成語索引が付加された。　*6485*

広漢和辞典　上巻，中巻，下巻，索引　諸橋轍次〔ほか〕著　大修館書店　1981-1982　4冊　27cm　14000円
本辞典は、諸橋轍次著『大漢和辞典』☞6484 を基本とし、更に簡にして要を得ることにより、一般社会人の日常利用できることを目的として編纂された。親字は、漢籍に用いられる文字、一般社会生活の常用字を中心として2万余語を収録。熟語は『大漢和辞典』から精選したほか、格言・故事成語・漢詩文の名句・人名書名などの百科項目も豊富に採録し総数約12万語となっている。親字の配列は、部首順に、同部首内では画数順に、同画数内では起筆法（第一筆の形による）にしたがっている。字義は簡潔であるが用例は豊富。漢籍からの引用には、全て返り点・送りがなが施されて読解の便が図られている。索引に「総画」「字音」「字訓」「中国語音」「四角号碼」「熟語五十音」の索引と、「常用漢字表」「字体対照表」などの7つの資料が付く。　*6486*

◆故事成語・慣用句辞典

◆◆成語

漢文名言辞典　鎌田正，米山寅太郎著　大修館書店　1995.9　811,93p　22cm　4-469-03207-7　6592円
漢文の名言名句2338句について解説した辞典。語句の内容により「自然の観照」「人生の諸相」などの4編に大別し、さらに主題により細分して配列。語句の書下し文を見出し項目とし、原文、解釈と転義、類句・関連語、解説、出典およびその原文、原文中の難解語句の語釈などを記す。巻末に見出し語句および類句・関連語から引ける五十音順の総合索引、見出し語句中の主要な語や句から引ける五十音順の主要語句索引、見出し語句の発言者・作者およびそこに登場する主要な人物などの五十音順人名索引を付す。『故事成語名言大辞典』☞6497 のコンパクト版にあたる。姉妹編として『漢詩名句辞典』☞6977 がある。　*6487*

慣用句の辞典　倉持保男，阪田雪子編　三省堂　1994.7　344p　18cm　（三省堂実用）　新装版　4-385-14226-2　1300円
日常の言語生活で使用頻度の高い慣用句を約3500項目収録、その用語を解説した辞典。漢字仮名まじりの見出し語を五十音順に配列。語釈の後に用例、類句を示し、用例の後に見出しの句に対応する自動詞形または他動詞形、反意の句を示す。既刊の『必携　慣用句辞典』（1982年刊）を改題し、新装版として刊行したもの。　*6488*

慣用表現辞典 日本語の言い回し 奥山益朗編 東京堂出版 1994.5 280p 20cm 4-490-10370-0 2500円
慣用句・言い回しとその意味・解説、用例を示した辞典。日常生活で使用頻度が高い句などを五十音順に配列。国語的解説だけでなく幅広い参考を加え、用例は明治時代以後の文学作品から採取した。必要に応じて類語表現、反対表現などの参照見出し語も示す。
6489

成語大辞苑 故事ことわざ名言名句 主婦と生活社編 主婦と生活社 1995.9 1468p 27cm 監修：西岡弘ほか 執筆：阿部方行ほか 4-391-11756-8 6800円
「ことわざ・慣用句」「故事」「名言名句」「漢字熟語」のジャンルから、日常生活で多用される語句を選び、五十音順に配列した成語事典。各項目は、発言者（あるいは出典）、意味、解説、使用例などからなり、適宜イラストや写真を掲載する。巻末に付録として「出典解説」「歴史年表」「英語表記一覧」を、索引として「人名別名言索引」「使用例索引」「収録語総索引」を付し、多方面からの活用を容易にしている。
6490

成語林 故事ことわざ慣用句 旺文社編 旺文社 1993.9 138,1301,127p 20cm 監修：尾上兼英 中型版 4-01-077852-0 5000円
中学生・高校生から一般社会人を対象とした成語事典。現代生活で使われる成語を幅広く収録しており、別冊『世界の名言・名句』(128p) 採録分も含めて、見出し語句は約1万7000項目（五十音順配列）となっている。各項目は、意味、解説、用例・用法、語源（または出典）を短く平易に説明しているが、多用されたり、中学・高校の教科書に掲載されている故事成語は、原文・読み方・訳を付してより深い理解のために配慮されている。巻末に「出典解説」「英語のことわざ」「語中キーワード索引」を付す。
6491

四字熟語・成句辞典 竹田晃著 講談社 1990.1 669p 22cm 4-06-123262-2 3000円
四字熟語・成句約4500語を見出しとして五十音順に配列した辞典。読み、意味の解説、出典、用例、補注、類語・対語などを記載する。現代人が応用しやすい用例が多く、日本古典からも採録している。巻頭に、感情の表現・人間関係などの内容別の「話す・書くための四字熟語・成句ガイド」、巻末に難読語読み方手引および音訓総索引がある。
6492

四字熟語の辞典 三省堂編修所編 三省堂 1994.7 289,22p 18cm （三省堂実用）新装版 4-385-14225-4 1300円
日常生活でよく使われる四字熟語1400項目を収録した小辞典。五十音順配列。出典があるものは明示し、意味、類語、反意語、参考（意味、背景）、用例を示す。故事に則る語は原文、書き下しと詳しい解説を付す。巻末に出典略解（書名・人名）。見出し語と類語を五十音順に配した項目索引あり。元版は1991年7月刊。
6493

「四字熟語」博覧辞典 改訂新版 真藤建志郎著 日本実業出版社 1994.3 838p 19cm 付・三字熟語二百集録 4-534-02140-2 3800円
古くから日本語として定着し、現在も多用される常用語を中心に、日本と中国の主な古典の読解に必要な四字熟語を約3500項目収録、その用語を解説した辞典。見出し語は日本語として一般化した語順または漢文表記を採用。配列は語義を15分類し、その中を任意の列挙方式とした。語義の解釈は主要な故事成語・名言の場合には、その語源由来の歴史的背景を含め詳細に記述。巻末付録として、「三字熟語」二百集録、「出典」解説、「主要人物」小事典など7種を収載。巻末索引として、見出し語の総索引と本文解説中の関連語による名言索引を付す。1986年刊の改訂新版。
6494

例解慣用句辞典 言いたい内容から逆引きできる 創拓社 1992.11 625p 18cm 監修：井上宗雄 4-87138-145-5 2300円
日常生活でよく用いられる慣用句、故事・ことわざ、連語約3700語を収録する。全体を感覚・感情、からだ・性格・態度、行為・動作・行動、状態・程度・価値、社会・文化・生活の5部に大別し、それぞれの中で「愛情」「あきれる」などの五十音順のキーワードのもとに、類似の意味や関連の深い慣用句を集める。各句に意味の解説、用例を付し、必要に応じ語源などの補足説明、出典、類句・対句を添える。巻頭に五十音順キーワード一覧、巻末に五十音順慣用句索引、句末の言葉から引ける慣用句索引がある。
6495

◆◆ことわざ

故事ことわざ辞典 鈴木棠三, 広田栄太郎編 東京堂 1956 983p 19cm
現代社会において使用頻度の高いことわざを中心に、日常生活になじみの深い故事成句を約2400項目収録、その用語を解説した辞典。見出し語は漢字表記を採用し、読みがなを付し、五十音順に配列。出典、類句、反句などをわかりやすく簡潔に解説。用例は近世、近代、現代を中心に日本文学作品から幅広く採用。巻末索引として、ことわざに含まれるキーワードとして具体的なもので分類した「もの索引」と、抽象的な事項で分類した「事項索引」および文献案内を付す。
6496

故事成語名言大辞典　鎌田正，米山寅太郎著　大修館書店　1988.10　1335,116p　27cm　4-469-03205-0　9800円
中国古典を主とし、漢訳仏典・日本古典中にある、よく使用される故事成語・名言類6400語句を選択収録した。平明な解説に徹している。見出し語句は第1字漢字の読みの五十音順（いわゆる電話帳方式）で配列され、語句の解釈、転義、類句・関連句、典拠原文の説明と続く。巻末に、「総合索引」と「主要人名・書名索引」を付す。　6497

故事名言・由来・ことわざ総解説　知的生活のための言葉の実用事典　改訂新版　三浦一郎他著　自由国民社　1992.1　1冊　21cm　4-426-15105-8　2500円
『現代用語の基礎知識』☞6521の姉妹編にあたり、故事成句・名言・ことわざなどの実用事典。ジャンル別中項目を約30とりあげ、その中に関係深い成句などを1734件解説している。このほか各国別（14か国）ことわざを760余収録しており、合計2500の成句・ことわざから成る。巻頭にやや詳しい目次と語句索引がある。　6498

新編故事ことわざ辞典　鈴木棠三編　創拓社　1992.8　1639p　22cm　4-87138-144-7　8000円
故事・ことわざ・格言の意味を解読する辞書。日本の近世以前の物語・詩文に用いられた故事や日本各地のことわざが中心だが、中国・西洋や聖書などからも採録している。故事・ことわざを見出し語として五十音順に配列し、意味やたとえの解説と出典および用例、類句を付す。巻末に喜怒哀楽に関することわざを集めた「ことわざ会話表現」、生活・人体・天気などに関することわざを集めた「ことわざ生活表現」の2種の索引がある。『故事ことわざ辞典』☞6496『続故事ことわざ辞典』（東京堂、1958）を増補改訂したもの。　6499

◆◆俚諺

俚諺辞典　熊代彦太郎〔編〕大空社　1990.6　1冊　22cm　金港堂書籍明治39年刊の複製　4-87236-134-2　14000円
明治時代までに伝わる古来からの言い伝え、ことわざなどを日常の会話などから7500余を採取、五十音順に配列し解説した辞典。本編（6500余）、補遺（1000余）の部に分かれている。収録数や範囲、構成が大規模な『諺語大辞典』（藤井乙男著、日本図書センター、1979、明治43年刊の複製）の刊行後忘れさられていたが、日常の会話から採取された用例に基づくと思われる著者独自の解釈が、現実に通用していた生きたことわざの資料として再評価された。　6500

俚言集覧　自筆稿本版　第1-11巻　太田全斎編　クレス出版　1992-1993　11冊　22cm　監修：ことわざ研究会　複製　4-906330-70-3
国立国会図書館古典籍資料室所蔵の『俚言集覧』（26冊）および刈谷市立中央図書館村上文庫所蔵の『移山伊呂波集』（1冊）を70％に縮小した影印復刻本。江戸時代の代表的な国語辞書で、石川雅望編『雅言集覧』、谷川士清編『和訓栞』と並ぶ三大辞書の1つ。雅語・古語も含むが俚諺・俗語を主として収め、配列は五十音横列順（歴史的かなづかいによるアカサタナ順）という特殊なもの。先に編んだ『諺苑』（1797年（寛政9）自序）を元にしたと言われる。活字本の『増補俚言集覧』（3冊、井上頼圀・近藤瓶城増補、皇典講究所印刷部、1899年（明治32）-1900年（明治33））には収録されなかった項目なども見ることができる。　6501

◆類語辞典

逆引き同類語辞典　浜西正人編　東京堂出版　1993.9　663p　20cm　4-490-10350-6　3900円
合成語、熟語を語末語でまとめて配列した類語辞典。表現のための言葉選びを主な用途とする。語末語約5500語を親見出しとして五十音順に配列し、その語の付く語約4万5000語を子見出しとして、五十音順に配列。各項目には、親見出しの語意、用例を列挙する。親見出しの別の読み方には参照がつく。索引はない。　6502

反対語対照語辞典　北原保雄，東郷吉男編　東京堂出版　1989.4　464p　20cm　4-490-10243-7　2300円
現在一般に使用されている国語の反対語、対照語もしくは対応語を、単語・連語にわたって広く収録。配列は見出し語の五十音順。各頁を2段に分け、左欄に見出し語と語釈・同義語・類義語・用例などの簡単な解説、右欄にその反対語を記載。　6503

◆古語辞典

岩波古語辞典　補訂版　大野晋〔ほか〕編　岩波書店　1990.2　1534p　19cm　4-00-080073-6　2500円
上代から近世に至る、日本の古典にあらわれる主要な語彙約4万3000語を収録。動詞の項目では、連用形を見出し語にしている。配列は歴史的かなづかいによる

五十音順。記載内容は、仮名および漢字表記、読み方の表記、品詞および活用の表示、語義解説、用例および出典。1974年刊の初版の補訂版。新項目500を追加、用例を新たな適切なものに差し換え、語源説を修訂している。巻末付録として基本助動詞・助詞解説、活用表、官職制度の概観、内裏・大内裏図、日本の時刻制度、紋所、万葉がな・歴史的かなづかい要覧、年号表を掲載。　　　　　　　　　　　　　　　　*6504*

江戸語大辞典　前田勇編　講談社　1974　1078p 27cm　13000円

江戸市民の日常語としての「江戸語」約3万語を、江戸語が成立した近世後半、宝暦時代以後の草双紙、読本、洒落本などの資料約1000冊から採録した辞書。現代かなづかいの五十音順による見出しのもとに、歴史的かなづかい（見出しと異なる場合のみ）、漢字見出し、近世上方語との比較、当時の意味・用法の解説、出典、用例文などを記載する。索引はない。巻末に採録した出典の一覧を示す。同じ著者による『近世上方語辞典』☞6545と併用すれば近世国語の代表的な方言を概観できる。縮刷文庫版の『江戸語の辞典』（改題、1979年刊）もある。　　　　　　　　　　*6505*

旺文社古語辞典　改訂新版　松村明〔ほか〕編　旺文社　1988.10　2冊（別冊とも）18cm　別冊(96p)：古語学習の要点と「百人一首」の手引き　4-01-077531-9　2000円

上代から近世までの主要古典の中から約4万3000語を収録した古語辞典。古典の理解に必要な固有名詞、教科書・大学入試問題に多く出る著名な和歌、俳句も見出し語とする。学習上の重要度により見出し語は3段階で表示。配列は五十音順。重要部分は枠囲みの欄を設けて解説する。付録として巻頭にカラー図版、巻末に国語・国文法用語解説など各種資料多数を付す。1960年初版の改訂新版。高校生の古典学習用、大学入試準備用を意図して編集された。　　*6506*

角川古語大辞典　第1巻-〔続刊中〕　中村幸彦〔ほか〕編　角川書店　1982-　4冊 31cm

上代から近世末以前の文献に用いられている語を広く採録。配列は、語の歴史的かなづかいによる五十音順。記載内容は、かな表記、読み方（現代語に相当する発音）、漢字表記、文法機能、語釈および用例。語の解説にあたっては、その語の文学的、時代的、生活的意味を明らかにするよう、できる限り典拠を示し、原典に即した確実な用例を示している。図版も多数収録されている。1998年現在、第5巻（「ひ」から）以降は未刊である。索引はない。　　　　　　　　*6507*

現代語から古語が引ける古語類語辞典　芹生公男著　三省堂　1995.4　580,270p 19cm　4-385-14041-3　2800円

五十音順に配列した現代語を見出し項目とし、対応する複数の古語（類語）を列記する。どちらも、かな表記に漢字を付記する。「本文」編に先立ち、巻頭に「基本語」の部を設け、言葉がわからなくても日常的な事象を、分野別に探し出せる工夫がある。全部で約5万1000語を収録し、現代語に対応する古語を手軽に調べ、類語と用法を比較することができるので、短歌や俳句の実作者には便利である。その反面、解説や年代・出典・用例などの記載がないため、実際に使用する際は注意を要する。総索引は五十音順に配列した古語を項目とし、対応する本文項目（現代語）か頁を指示する。　　　　　　　　　　　　　　*6508*

語源辞典東雅　新井白石著　名著普及会　1983.10　496,12p 22cm　国書刊行会明治39年刊の複製　14000円

『新井白石全集第四巻』（国書刊行会、明治39年4月刊行）のうち、『東雅』及び『東音譜』『同文通考』のみをリプリントした語源辞典。この三部作は新井白石の高い研究水準を示す代表的な著作である。配列は五十音順。各語句について、新井白石の斬新な理論に基づいた具体的な語源的解釈が付されている。『東雅』については、有名な「総論」の他に本文が記載されている点が貴重な資料であるといえる。近世国語学を研究する者にとって非常に貴重で有用な内容となっている。　　　　　　　　　　　　　　　*6509*

字訓　白川静著　平凡社　1987.5　826,136p 27cm　4-582-12802-5　17000円

記紀・万葉などにみられる上代語と、その表記として用いられている漢字との間の語義と字義との対応関係を検証する目的で編集された辞典。主に奈良期までの基本的語彙1821語を選択し、上代かなづかいによるひらがなで標出、見出し語とし、五十音順に配列。見出し語のもとにその漢字表記、語彙解説（活用、語形・語義、語源、系列語・複合語・同義語・類義語など）、用例、訓釈（古い用例の訓み方）、字訓（表記漢字の字源・字義）を掲載。巻末に「和語索引」（見出し語および解説中の関連語約5650語の五十音順）「漢字索引」「関連漢字索引」（表記漢字など約4230字の字音五十音順）「万葉索引」（本文中に引用された万葉集初句の五十音順）を付す。普及版（1995年刊）もある。　　　　　　　　　　　　　　　　　*6510*

小学館古語大辞典　コンパクト版　中田祝夫〔ほか〕編　小学館　1994.1　1936p 23cm　4-09-501231-5　6800円

手ごろな分量と使いやすさを考慮した本格的な古語辞典。上代から近世までの語彙の中から5万5000余語を厳選し収録。項目は単語のほかに、接頭語、接尾語、連語、慣用句なども広く含め五十音順配列。語義を解

説し、文法事項など諸種の事項を注記・補説する。図版多数あり。語誌欄、参考文献欄の掲載を特色とする。巻末に日本の古辞書、公家官制、武家職制、日本の度量衡、主要出典一覧、参考文献一覧などを付す。1983年刊の初版のコンパクト版。専門家向けであるが、古典文学愛好家・一般社会人にも利用できる。　6511

新明解古語辞典 第3版　金田一春彦，三省堂編修所編　三省堂　1995.1　1393p 図版31p 19cm 監修：金田一京助　4-385-13304-2　2700円
高校生の古典学習から一般者の日常使用を意図した古語辞典。慣用句・ことわざ・枕詞を含めた古語4万5000語を歴史的かなづかいの五十音順で配列し、語義・用例・典拠などを平易に記述する。教科書に頻出する和歌・歌謡・俳句などを初句を見出しとしてその全形を掲げ全釈をほどこした「名歌名句全釈」を、五十音項目ごとに配置する。巻末に「古典語解釈のしおり」「平安貴族の生活」「日本文化史年表」など17付録を添える。　6512

福武古語辞典　井上宗雄，中村幸弘編　多摩 ベネッセコーポレーション　1994.10　2冊(別冊とも) 19cm 新装版　別冊(112p)：名歌名句鑑賞事典　2400円
上代から近世までの主要な文献から約3万7000語を収録した（古語）「辞典」と、「古典読解のための文学用語辞典」の2部構成。「辞典」では、歴史的かなづかい表記のかな見出し語、カタカナ表記の外来語を五十音順に配列し簡潔に解説。見出し語は古典学習上の重要度に応じ、3段階に表示、最重要語約250語は語源・語史など特に詳細に解説する。文学用語辞典は、古典読解のための歴史的・社会的・文化的背景をなす約4000語を収録。漢字表記で五十音順配列。巻末に付録「古典のことばと生活」を収載、古典文法や「生活と制度の歴史」を解説し、年表などを付す。別冊「名歌名句鑑賞辞典」は、上代から近世までの和歌・歌謡847首を取り上げ、解釈と解説を付したもの。巻末に初句、作者索引を付す。　6513

✦外来語辞典

宛字外来語辞典　宛字外来語辞典編集委員会編　柏書房　1991.2　310,70p 22cm 新装版　3600円
外来語宛字の読みを検索するための辞書。幕末－明治期を中心にしてキリシタン渡来から昭和10年代間における人名、地名などの固有名詞の宛字や外来原語に対応して創出された造語・訳語など、8102語を収録。「一般件名・人名」と「一般外国地名」に二分し、各見出し単語の第一字（首字）の総画数順に配列する。見出し語の下に、読み、語源・原語の種類、国籍、別表記、解説・引用、生没年、関連熟語などを記載。索引は巻頭に首字の総画数順索引、巻末に見出し語および別表記の読みの五十音順索引を付す。付録として、千島・樺太関係地名、日本の旧国名、地方名、「延喜式」の諸国物産、「本草和名」「世界国尽」などの表記例などがある。　6514

カナで引く「外国語」辞典　三省堂編修所編　三省堂　1988.3　502p 19cm　4-385-10582-0　1500円
欧米、アジア、アフリカ諸国、およびアイヌ語、エスペラントを含む29言語を対象とした外来語辞典。収録された外来語単語は約2万7610語。見出し語は、それぞれの外国語単語の発音に即して、カタカナで表記し、五十音順に配列。付録に、対象とした各言語についての解説を記すとともに、対照語彙表も付す。巻末に、子音をも表わせる新しいカナ表記についての解説がある。　6515

基本外来語辞典　石綿敏雄編　東京堂出版　1990.9　1026p 20cm　4-490-10272-0　2980円
収録対象を現代の基本的な外来語とした辞典。見出し語はカタカナで、五十音順配列。人名・地名は原則として収録せず、近世・近代期の語も主要なもののみ収録。意味だけでなく原語・使用分野・使用普及時期なども示し、用法・語源なども適宜簡潔に解説。巻頭に主要参考文献、巻末にアルファベットの略語（英字・ロシア字）を収録。本文中に、言語別にみた外来語、各言語の特徴、綴り・発音などのかこみ記事がある。『外来語辞典』（東京堂、1966年初版）がもとになっているが、全面的に書き改め、分量も約2倍になっている。収録時期の点で『角川外来語辞典』（第2版、1977年刊）との併用が効果的。　6516

コンサイスカタカナ語辞典　三省堂編修所編　三省堂　1994.9　1325,13p 19cm　4-385-13477-4　2800円
現代国語中に用いられるカタカナ語4万3000語と、アルファベット略語7000語に百科的な解説を付した辞典。日本語として定着していなくても、会話や文章に使用される外国語を積極的に収録する。配列は五十音順。アルファベット略語は巻末に一括。主要参考文献の記載あり。付録として外来語の表記、度量衡換算表、温度換算表を巻末に付す。『コンサイス外来語辞典』（1972年初版、1987年4版）の改題改訂版。別に『大きな活字のコンサイスカタカナ語辞典』もある。　6517

デイリーコンサイスカタカナ語辞典　三省堂編修所編　三省堂　1995.9　759p 16cm　『デイリーコンサイス外

来語辞典』（昭和62年刊）の改訂増補　4-385-13660-2　1800円
未知のカタカナ語に出会った時、手がかりが得られるようにアルファベットの略号を含め約3万3400語を収録。固有名詞は、人名・地名を除き、組織・機関名、会社名、民族・人種、商品名、施設名などを採録の対象とする。簡単な和英辞典としても利用できる。
6518

日本語になった外国語辞典 第3版　飯田隆昭，山本慧一共編　集英社　1994.3　1192p 19cm　監修：川本茂雄　4-08-400263-1　2500円
日本語として使われている外来語・カタカナ語を日常語から専門用語まで網羅するとともに、今後使われるようになると予想される使用頻度の高い外国語をも収録し、語義・原語を簡潔に記述。一般項目約3万6000、人名・地名・作品名など約2000、巻末に重要略語として約4000語を収録。1983年初版を発行し、改訂を加えて現在第3版。
6519

◆新語辞典

イミダス 情報・知識 1987-　集英社　1987-　26cm
全分野の最新情報・知識を網羅的に集積、「経済・産業」「日本政治・国際関係」「社会生活・健康」など6つの大項目を独自の小項目に区分し、分野全体の関連の中で体系的に理解できるよう解説した時事用語集。巻頭にその年のトピカルな事項についての特集を置き、巻末に、五十音順項目索引、アルファベット略語索引、分野別小見出し索引を付す。1987年版から刊行を開始し、毎年その年の新語を取り入れた新版を刊行。毎年実用的な別冊付録がある。解題は1997年版による。
6520

現代用語の基礎知識 1948年版-　自由国民社　1948-　26cm
現代人の常識・知識として必要な用語を網羅的に収集した時事用語解説集。経済・経営、風俗・流行、情報・産業など10の大項目を150の小項目に分類、執筆者が分担して体系的に解説した読む辞典。巻頭に五十音順索引、アルファベット順略語索引、複合語検索のためのマルチ・キーワード索引がある。毎年度のトピカルな特集記事を巻頭に置き、特色のある別冊付録を付す。1948年、雑誌『自由国民』（時局時報社）の第14号（特別号）として出発し、以降毎年改訂版を発行している。最近では電子ブック版、CD-ROM版も発行し、オンライン検索サービスも行っている。解題は1997年版による。
6521

知恵蔵 朝日現代用語 1990-　朝日新聞社　1990-　26cm
1990年版から刊行を始めた大部な時事用語・新語集。国際関係、政治、社会、経済など10の大項目を143分野に細分し、年度版として毎年の変化を取り入れやさしく体系的に解説。項目に関連する、朝日新聞の重要記事への参照がある。巻末に、五十音順総索引、アルファベット索引、外来語・略語辞典を付す。また、毎年内容の異なる実用的な別冊付録があり、本体の電子ブック版も刊行されている。解題は1997年版による。
6522

◆略語

略語大辞典　加藤大典編著　丸善　1995.11　1408p 22cm　4-621-04107-X　15450円
欧文の略語約3万点を収録・解説した辞典。見出し語（略語）をアルファベット順に配列し、そのもとに正規の綴り、語の説明、用例、関連の略語、使用分野などを英文で記し、日本語による説明も付す。『現代科学技術略語辞典』☞3956 の人文・社会分野も含めた大幅な増補改訂版。
6523

◆難読語

難訓辞典　中山泰昌編　東京堂　1956　579p 19cm
難訓語のことばはもとより、呉音・唐音・宋音で読まれるものなど、すべて漢字の音・訓のみでは読み下しが難しいもの、さらに一般に読み誤り易いものを収録し解説した辞典。見出し語は画数順で、同画数中では同一文字を一か所にまとめて配列。第一部は「一般語」、第2部は「姓氏・地名」として構成される。付録の「名数録」は、名数順に配列。貝原益軒の『漢和名数』『読史備要』中の「名数一覧」に通じるものであるが、手がかりとなることばを多少加えて採録したもの。
6524

◆隠語

隠語辞典　楳垣実編　東京堂　1974　19cm

スリ・詐欺師・泥棒等の犯罪者、さらに花柳界、芸能界、学生など特定の集団や組織だけに通用する言葉を対象とする。約1万7000語を集め、見出しの下に漢字表記・品詞・語釈・参考事項・用例・出典・参照・使用社会の類別・年代を示している。巻末に隠語概説・数の符牒一覧・隠語研究文献解題・収録語彙の社会集団別索引と分類別同義語索引がある。解題は23版による。　6525

江戸秘語事典　中野栄三著　慶友社　1993.6　583p 20cm　4-87449-085-9　5800円
普通の辞書ではわからない、風俗関係の特殊語彙を収録し、簡単な解説を付したもの。江戸風俗を中心とし、現代の性語などは収録していない。配列は五十音順で、読み・種別・語義・用例・出典を記す。川柳句や小咄なども多く付記され、文献的史的考証を重視している。類書が乏しいため、有用である。解題は同じ内容の雄山閣版（1961年刊）による。　6526

◆語彙

消えた日本語辞典　奥山益朗編　東京堂出版　1995　2冊　20cm　4-490-10342-5　各2300円
現在はあまり使われなくなった日本語を集めて解説した辞典。正・続の2冊からなり、正編は明治・大正・昭和の三代で使われていた言葉を、続編は戦中・戦後に使われていた言葉を対象とする。2冊合わせて約1700語を収録し、差別用語なども含む。語句の五十音順に配列し、品詞、語句の解説、時代背景、語句の引用例とその出典などを記す。読んで楽しむ辞典としての要素が強い。索引はない。　6527

逆引き広辞苑　岩波書店辞典編集部編　岩波書店　1992.11　1149p 23cm　4-00-080107-4　3800円
『広辞苑』☞6466　第4版収録項目のうち慣用句項目を除くすべての見出し約21万語を、見出し仮名を下から読んだ場合の五十音順に配列し、表記形を添えた辞書。原典に表記形のない項目については、品詞・分野・意味などの注記がある。重要な語末要素約6000語については、『広辞苑』の全項目からその字句を語末とする語を集め一覧表示した囲み記事を、逆引き見出し項目に続く位置に配置してある。各見出し語の意味や用法などの解説はなく、言葉それ自体を見つけ出す役割を意図している。　6528

逆引き熟語林　日外アソシエーツ辞書編集部編　日外アソシエーツ　1992.4　1252,86p 22cm　発売：紀伊国屋書店　4-8169-1126-X　6480円
一般の国語辞典とは異なり、各熟語を末尾の要素によって分類し、末尾の要素からの「逆引き」を可能にした熟語辞典。現代語としての熟語を中心に、古語としての熟語、および各分野の専門用語や百科万般にわたる事項・用語などの日本語の熟語14万2000語を収録。配列は見出し語に付与したかなの五十音順。各項目には必要に応じて「をも見よ参照」「を見よ参照」を付す。語義の解説はない。巻末には熟語単位で引いた方が便利な1万3000語に、本文中の見出し1万語を加えた索引がある。　6529

同音同訓異字辞典　活用自在　阿久根末忠著　柏書房　1994.9　632p 19cm　4-7601-1050-X　2200円
日常的に使用するのに迷いそうな同音同訓異字語を約1万4000項目収録、その用語の語義と用例を解説した辞典。見出し語はひらがなの五十音順に配列、同音類義語、異字同訓語の漢字表記は一つの見出しで全体をくくる形で表わす。それぞれに意味と用例、またその項目によっては、類語、反対語および表記法や読み方などに関する注記を示す。具体的に意味を把握するため、用例を多く記載し、適宜慣用句や中国故事成語を採用。巻末付録として、同音の漢字による書きかえ、「異字同訓」の漢字の用法、法令用語改善の実施要領を収載。巻末索引として同音異訓総索引を付す。　6530

日本語逆引き辞典　北原保雄編　大修館書店　1990.11　691p 19cm　4-469-02104-0　4940円
現代の日本語約7万1000語を、末尾からの五十音順に配列したもの。和語・漢語はひらがなのあとに漢字表記を、外来語はカタカナのあとに原綴と原語名（英語は略）を示す。末尾の語構成が同じものは、囲みで一覧できるようにしている。数少ない日本語の逆引き辞典であり、言葉遊びや同類語を検索する表現辞典としても利用できる。　6531

◆文法

日本語基本文法辞典　Seiichi Makino, Michio Tsutsui〔著〕Tokyo：The Japan Times, 1992.10　634p 19cm　4-7890-0454-6　2890円
英語を理解する日本語初学者のための、語句から引ける日本語基本文法辞典。配列は日本語の語句のアルファベット順。各項目は、品詞・対応する英語のあとに、例文・文法・文例・注・関連表現が続く。解説は英語。巻頭に文法用語一覧・日本語文法の特徴、巻末に文法

索引・英語索引・日本語索引を付す。　　　　6532

◆用例・表現

岩波現代用字辞典　新版　岩波書店辞典編集部編　岩波書店　1993.1　714p 19cm　4-00-080078-7　1240円
日常よく使われることばの漢字による表記法と、その送りがなの付け方を示した用語用字辞典。約3万6000語収録。初版（1981年6月刊）、第2版（1989年2月刊）に次ぐ第3版に当たる。全項目に用例つきの慣用表現や対義語を掲げ、大きな活字を用いている。常用漢字一覧、人名用漢字一覧、送りがなの付け方、現代仮名遣い、横書き形式の手紙、拡張新字体、JIS漢字コード表などの付録がある。1999年11月第4版刊行。
　　　　　　　　　　　　　　　　　　　　6533

外国人のための基本語用例辞典　第3版　文化庁〔編〕大蔵省印刷局　1990.10　22,1123,188p 22cm　4-17-151302-2　5000円
日本語を学習する初級者の外国人のために、日本語の中で特に基本的な約4500語について解説した国語辞典。ひらがな表記の見出し語を五十音順に配列し、対応する漢字、品詞名、活用形、意味、用例、関連語などを示す。巻末付録に日本語文法、語の構成法などの解説がある。見出し語及び関連語の索引が巻末にある。1970年に初版、1975年に第2版が刊行されている。
　　　　　　　　　　　　　　　　　　　　6534

角川新版用字用語辞典　吉川泰雄，武田友宏編　角川書店　1992.7　474,80p 22cm　4-04-013000-6　2700円
日本語を正しく表記するために必要な用字・用語約3万語を収録し、その用法を示した辞典。五十音順に配列された見出し語のもとに表記、用法、場合によっては見出し語の意味、類語、補説事項などを示す。『角川用字用語辞典』（1981年刊）の大幅な改訂新版。巻末に「現代仮名遣い」「送り仮名の付け方」「常用漢字の字体について」「外来語の表記」「画数引き漢字表」（JISコード併記）を付す。
　　　　　　　　　　　　　　　　　　　　6535

感覚表現辞典　中村明編　東京堂出版　1995.4　437p 20cm　4-490-10379-4　3200円
視覚・聴覚など人間の感覚に関するさまざまな表現例を、主として文学作品から採録したもの。漱石・芥川から筒井康隆・俵万智にいたる文学作品を中心に、110余名、413の作品から4642例を収録。配列は光影・色彩・音声・味覚など13の領域に大分類し、各分野をさらに細区分。用例の中核部であるトピックをゴシックで、その描写に当る箇所を波線で示す。巻末に感覚系統ごとにまとめた「系統別感覚描写一覧」（表現索引）を付す。
　　　　　　　　　　　　　　　　　　　　6536

現代国語用例辞典　15万例文・成句　林史典，霜岡昭夫編　東村山　教育社　1992.2　1262p 22cm　発売：教育社出版サービス(東京)　4-315-51230-3　3950円
日本語の基本単語約1万7500を見出しとして、その用例に重点を置いた辞典。小中高校の全教科の教科書と近代日本文学の主要作品の語彙の中から、用例が必要と思われる単語を選択し五十音順に配列。漢字表記、意味、文例の順に記載する。巻末に、「同訓の漢字の使い分け」「比喩表現用例」（比喩形式の列記）を付す。
　　　　　　　　　　　　　　　　　　　　6537

公用文作成の手引き　日本加除出版出版部編　日本加除出版　1991.6　326p 21cm　（レジストラー・ブックス70）　4-8178-1001-7　2800円
国の行政機関や地方公共団体、また一般社会において、公用文を作成するにあたっての基準となる最新の資料を網羅した手引き。「文部省用字用語例」や「文部省公用文送り仮名用例集」を巻頭に配し、用語の索出を容易にしている。また、現代かなづかい、送りがな、漢字等の項目に分け、各基準とされた内閣告示・訓令、申合せ・通知等を収録。さらに、「役所言葉言い換え集」、「市町村公文規程（案）」も掲載している。巻末には、付録として法令用語解説、常用漢字・人名用漢字一覧表を付す。
　　　　　　　　　　　　　　　　　　　　6538

公用文の書き表し方の基準　資料集　増補版　文化庁文化部国語課編　第一法規出版　1991.10　350p 26cm　4-474-07109-3　1500円
公用文を書き表す際に、参考にすべき各種の基準を体系的に解説したもの。「外来語の表記」〔平成3年6月28日付告示〕の実施を機会に、1986年発行の改訂版を増補改訂。「現代仮名遣い」〔昭和61年7月1日〕「常用漢字表」〔昭和56年10月1日〕「送り仮名の付け方」〔昭和48年6月18日、昭和56年10月1日一部改正〕「ローマ字のつづり方」〔昭和29年12月9日〕などの内閣告示・訓令のほか、公用文に関する諸通知、法令に関する諸通知、文部省語例集などを収録する。　6539

同音同訓漢字用例辞典　大隈秀夫編著　ぎょうせい　1992.11　475p 19cm　4-324-02437-5　2000円
現代日本の社会生活上、よく使われる同音語・同訓語の中から特に使い方を誤りやすい638組（1433語）を選び、それぞれの語に語釈と用例を施した辞典。親見出しをひらがなで五十音順に配列し、その下に同音語・同訓語の漢字表記と語釈、用例がまとめてある。巻末に、誤りやすい慣用句・熟語集、当て字・熟字訓

用例集、類語・言い換え語集、常用漢字・送りがな用例集を付し、簡単ではあるが、類語あるいは漢和辞典の機能も合わせ持つ辞典となっている。
6540

比喩表現辞典　中村明著　角川書店　1995.7　478p 20cm
　4-04-061102-0　2800円
明治から現代にいたる日本の文学作品に現れた比喩の分類辞典。漱石・鷗外から吉本ばなな・向田邦子にいたる272名、835の作品から、8201点を収録する。配列は自然、植物、動物など12の領域に大分類し、さらに細区分された分野の中を語句単位に分け用例を示す。巻末にキーワード索引を付す。旧版（1977年刊）の大幅な改訂版。巻頭2論文を省略したほか、用例のうち不適当なものを削り、新たに2000例を補充している。
6541

◆方言

江戸語辞典　大久保忠国，木下和子編　東京堂出版　1991.9　1238p 22cm　4-490-10297-6　18000円
江戸時代の文学作品から採取した江戸庶民の日常語を中心に約1万3000語を収録。出典は文学関係の諸本、脚本、音曲、歌謡など約1000冊と幅広い。見出しは現代かなづかいの五十音順とし、漢字表記、歴史的かなづかい、語義、用法の解説、用例、用例の出典、出典の刊年号を記載する。主要参考文献を巻頭の凡例で列挙している。
6542

江戸ことば・東京ことば辞典　松村明〔著〕講談社　1993.7　474p 15cm　（講談社学術文庫）　4-06-159084-7　1100円
近世の江戸で使われたことばは江戸が東京へ変化するとともに変遷を遂げたが、その多くは今日でも日常ことばとしても使われている。おてんば、やじ、おせち、よそいき、など822語を選んで、起源・意味・用法・出典も短く解説。巻末に語彙索引と出典索引を付す。最初朝日新聞に連載、『ことば紳士録』（朝日新聞社、1971年）、『江戸ことば・東京ことば』（教育出版社、1980年）の再編改題。
6543

京ことば辞典　井之口有一，堀井令以知編　東京堂出版　1994.2　328p 22cm 4-490-10305-0　3800円
京都旧市内の方言や御所ことば、職業集団語などの「京ことば」を網羅的に収録。五十音順に配列し、アクセント、訳語、例文など解説を付した方言辞典。民俗・年中行事など京都関係の事項も必要に応じて収録している。索引は「共通語引き主要京ことば索引」があり、本編と連動しないが比較するのに便利。巻末付録に京のわらべ唄、京の言い伝え、アクセント付地名の読み、京ことばについての解説、京ことば文献解説がある。
6544

近世上方語辞典　前田勇編　東京堂　1964　1213p 22cm
近世上方（京阪）の文芸書その他から京阪市民の日常語と思われるものを中心に収集し、当時の語義とその参考となる用例をあげ、出典引用文を付した辞書。配列は五十音順。原則として、注解は現代かなづかい、出典引用文は歴史的かなづかいで表記されている。近世文芸の研究にも有用である。
6545

現代日本語方言大辞典　第1-8，補巻　平山輝男〔ほか〕編著　明治書院　1992-1994　9冊 27cm　4-625-52137-8　各35000円
日本の方言学上重要な72地点の臨地調査により、現代日本語方言の実態を明らかにしたもの。第1巻巻頭の総論編は「現代日本語方言について」「各地方言の解説」「全国方言基礎語彙調査項目（分野別一覧と項目索引）」を収める。第1-6巻に収められた本文編は、約2300の見出し項目のもとに現地の話者が述べた「方言基礎語彙」を地名順に列挙する。収録語数約20万語。見出し項目には、対応する英語と中国語を示す。各語には音韻的カナ表記、IPA（国際音声記号）による音声表記とアクセント記号に続き、意味・用法を示す。索引は、第7巻「方言形五十音順索引」、第8巻「地方別方言形五十音順索引」、補巻「方言形逆引索引」の3巻からなる。第3-7巻巻頭に「方言に関する歴史的文献の解説」あり。
6546

日本方言大辞典　尚学図書編　小学館　1989.3　3冊 26cm　監修：徳川宗賢 4-09-508201-1　全98000円
近世から現代にいたる日本全国の方言を収録・解説した辞典。配列は見出し語の五十音順。各項目は、見出し、漢字、品詞、訳釈、使用地域名、例文、出典番号、文献例、補助注記の順に記載。『日本言語地図』（国立国語研究所編、1966-1974）に基づいて作成された方言地図178枚も収録。巻頭の「原資料および出典番号一覧」「雑誌所収論文一覧」「文献例出典一覧」は網羅的なもので、方言研究文献目録としても利用できる。巻末には、諸方言の具体的な姿を知る手がかりとして「方言音韻総覧」を付す。別巻索引は、標準語から方言を検索できるようにしたもので、一般語編、動物編、植物編、民俗語彙編などに区分し、それぞれ五十音順配列となっている。
6547

標準語引東北地方方言辞典　森下喜一著　桜楓社　1987.5　494p 22cm　4-273-02183-8　8000円
標準語を見出し語として、対応する東北6県の方言を

示す逆引き方言辞書。『青森県方言集』(菅沼貴一編、国書刊行会、1935)などの主として明治以後の東北地方の方言集・方言辞書19種から方言語彙を選び、著者が直接採録した方言も加える。五十音順・ひらがな表記の標準語見出し語約1万語のもとに、見出しの漢字形、品詞の略称、東北6県各県別のカタカナ表記の方言と地域、方言用例を示す。方言の表記は、各辞典ごとに不統一だったものを、国際音声字母に対応する形を巻頭に示し、統一的に表記する。索引はない。
6548

北海道方言辞典 増補改訂版 石垣福雄著 札幌 北海道新聞社 1991.7 466p 20cm 4-89363-602-2 3600円
北海道方言を広く採録し、五十音順に配列した辞典。項目見出しの下に品詞分類、意味、用法、分布、語の新古・消長、用例などの解説と、関連語、古語などを示す。辞典の部と別に「北海道方言の概説」を設け、方言の成立、地域差、音韻、アクセント、文法、語彙、研究史を解説する。初版は1983年刊。
6549

琉球方言辞典 中松竹雄著 南風原町(沖縄県) 那覇出版社 1987.4 424p 27cm 8000円
奄美諸島、琉球列島の24地点における琉球方言を収録した語彙集。『琉球大学教育学部紀要』に1976-1986年に掲載したものを再編成し、沖縄本島、与論島、宮古島などの調査地点別からなる10篇の論文を収録する。各論文中に『基礎語彙調査票』に必要項目を加え、人体・衣食住・道具などの意味領域別に配列した457項目の語彙と、国際音声字母表記による方言形を記載する。巻末の「標準語索引」から調査語彙の番号が検索でき、各論文中で語彙番号から対応する方言形を調べることができる。
6550

中国語

◆書誌

中国語音韻研究文献目録 説文会編 汲古書院 1987.6 188p 22cm 監修:頼惟勤 4500円
1957年末現在の中国語・日本語・欧文文献を収録。頼惟勤編『中國語音韻研究文献目録稿』を増補改訂したもの。総記、方言、文献・資料、音韻史、其他の5部に分類し、さらに細目を設けて列挙している。索引はない。
6551

中国語書誌 六角恒広著 不二出版 1994.8 250p 21cm 2500円
明治初年から昭和20年までの近代日本における中国語教育のなかで使用された教科書・辞書など156点を収録。年代順に27章にわけ、時代や教育の面の概説のもとに各書の書影と解説を付す。中国語教育の歴史を知るための「一種の考古学的資料」ともいえる。巻末に書名索引あり。雑誌『東方』96(1989年3月)-168(1991年1月)の連載に加筆したもの。
6552

◆音韻、文字

漢字語源辞典 藤堂明保著 学灯社 1990.7 914p 22cm 46版(初版:1965年) 9270円
漢語を223項約3600字を収録した辞書。各漢語の音変・字形・基本義を詳しく解説。本編では上古韻部など11部にわけ各部の中で舌音、歯音、牙音・喉音、唇音の順に並んでいる。索引は総画順、その画数の中で五十音順配列。この本は著者が1963年、学位論文『上古漢語の単語家族の研究』を平易に改め『漢字の語源研究』として出版した本を基に500字追加、訂正したもの。
6553

漢字字源辞典 山田勝美，進藤英幸著 角川書店 1995.7 466p 20cm 4-04-060102-5 2800円

教育用漢字1006字について、それぞれの字源と語源を、字形・字音・字義の変遷を明らかにすることにより、わかりやすく解説した辞典。親字の配列は、音読みの五十音順。各親字の下に、画数・旧字および旧字の画数・音訓の読み・古代文字を示した後、解説を、字形・字音・字義に分けて記述している。巻頭に、音訓索引、総画索引を付す。『漢字の語源』（山田勝美著、角川書店、1976）の増補改訂版。一般の、漢字に特に深い関心を持つ、教育関係者、書道家、篆刻家、マスコミ関係者などを対象にしている。
6554

甲骨金文辞典 上，下，別巻 水上静夫編著 雄山閣出版 1995.7 3冊 22cm 4-639-01288-8

甲骨文字、金文などの中国古体漢字のうち『説文解字』の篆文に同定された2828字について、現存する全書体と解字を示す辞書。各右頁に解字欄として、楷書体の親字を『康熙字典』の部首ごとに画数順に配列し、配列番号、対応する当用漢字、部首、画数、音訓、解説、字形、字音、家族語、字義、参考などを記載する。左頁には、右頁の親字に対応する全書体の図版を、各文字の配列番号順のもとに、甲骨・金文・古文などの発生順に並べて示す。上・下各巻の巻頭に「部首索引」「古体漢字部首索引」があるほか、別巻に「家族語『説文通訓定聲』聲目表」「音訓索引」「同字形異釈字索引」がある。
6555

字統 白川静著 平凡社 1994.3 1013p 22cm 普及版 4-582-12811-4 6800円

常用漢字、人名用漢字および『説文解字』などの古典に用いられ研究上重要な文字について、構造・意味・音を字形学に基いて解説する辞書。字音の五十音順に配列した親字6838字を見出しとし、親字の旧字体、字音、初義の字訓、甲骨・金文などの文字資料、六書法（象形・会意・形声など）による字の成り立ち、古典からの用例による各文字の初源の形と意味、系列などの詳細な解説を示す。関連する故事ことわざも紹介する。巻頭に字音索引、巻末に部首索引、字訓索引がある。初版は1984年の刊行。同じ著者による『字訓』『字通』とともに文字学研究の三部作をなすものである。
6556

◆辞典・事典

基礎中国語辞典 50音引き 北浦藤郎〔ほか〕編著 講談社 1991.3 1118p 19cm 4-06-123271-1 3400円

親字見出しは日本語字音（日本語の音読み）の五十音順配列。親字5000、見出し語約2万3000を収録した中国語辞典。部首索引、総画索引、アルファベット索引（中国式ローマ字表記＝拼音のアルファベット順）を巻頭に付す。拼音の知識がなくても容易に親字が検索できる便利な辞典。
6557

逆引き中国語辞典 上野恵司，相原茂共編 日外アソシエーツ 1993.6 703p 19cm 『新しい排列方式による現代中国語辞典』（1982年刊）の補訂 発売：紀伊国屋書店 4-8169-1177-4 5900円

中国語末尾の音節の意味に着目し、逆配列にすることによって語彙の体系的把握を図った辞典、語彙集。収録語数は3万語。今日の中国で共通語として使われるものは網羅されている。配列は表音ローマ字順に従い、同音同声調の語は『新鉢字典』の配列順となっている。個々の語に簡単な意味、品詞、また必要に応じて例文、類義語、口語・文語・方言などの区別が与えられている。部首索引もあるため語の下部にくる音ばかりでなく、字からの検索も可能。巻末付録に、接中辞「不」「得」、ABB型形容詞一覧および簡体字表を付す。
6558

中国語図解辞典 輿水優〔ほか〕編著 大修館書店 1992.12 691p 23cm 4-469-03206-9 6800円

中国語学習者が、中国人の生活や文化に根差した中国語の理解ができるよう、絵図によって語彙の説明をした辞典。見出し項目約1万3300語、同意語・関連語と合わせて約1万6000語を収録。日常生活で目にふれる事物に重点を置き、衣食住から始めて動植物・色名に至るまで308項目に分類。右側に図版、左側に見出し語・発音・日本語訳を示す。巻末に「中国語索引」「日本語索引」を付す。
6559

日本語を学ぶ人の辞典 にほんごの会企業組合編 新潮社 1995.3 1103p 20cm 英語・中国語訳つき 監修：阪田雪子 4-10-730211-3 4000円

日本語を母語としない人が日本語を学習するための辞典。和語、漢語、外来語の中から日本語学習者に必要な日本語の語彙約1万1000語を収録。見出しの配列は五十音順。各項目は漢字表記、アクセント、意味の説明、中国語・英語の訳、用例を収める。日本での生活に役立つ情報（駅と車内、入管、病院などで必要なことば）や、区別の難しい表現について27の囲み記事で解説している。巻末に、かなの使い方、指示語のまとめ、活用することばや、中国簡体字・繁体字対照表などを付す。
6560

例解中国語熟語辞典 王永全，小玉新次郎編著 東方書店 1992.8 329p 19cm 監修：伊地智善継 4-497-92352-

5　4500円
現代中国語における常用の成語または熟語について、その意味と例文を示した辞典。収録数3859項目。配列は、中国語拼音のアルファベット順。各項目の内容は、中国語・拼音・語の意味・中国語および日本語の例文。巻頭に、拼音アルファベット順の語彙索引および見出し語の画数索引を、巻末に五十音順の日中対照索引を付す。中国語と日本語で、同形でありながら、意味・ニュアンスの異なるものについて特に留意し、例文により説明している。　　　　　　　　　　　　*6561*

中国語大辞典　大東文化大学中国語大辞典編纂室編　角川書店　1994.3　2冊　27cm　4-04-013100-2　全52000円
普通語語彙のほか、方言、専門用語、新語、成語などまでを収めた、日本人のための現代中国語辞典。親字1万5000語のもとに、約26万語の語彙を収録。配列は、親字、語彙とも拼音アルファベット順。虚詞（機能語）の扱いは、とくに平易・詳細。用例も多く、読む辞典としての性格もあり。巻頭に、親文字の発音がわからない場合に使う部首索引がある。巻末に、度量衡一覧表、中国の親族呼称など9つの付録を付す。　*6562*

◆◆中日辞典

中日辞典　商務印書館，小学館共同編集　小学館　1992.1　2022,78p　19cm　4-09-515601-5　7000円
現代中国語の文章・会話を理解する上で必要な漢字約1万3000字と見出し語約8万5000語を収録し、日本語の説明を付した辞典。発音のアルファベット順に配列され、発音・漢字・語釈・用例・用法などがコンパクトに記載。必要に応じて別に囲み記事を設け、詳しい解説がなされている。索引は巻末に部首索引、総画索引、音訓索引がある。巻末付録には中国の主要な人名、地名、文芸作品、映画の小事典や年表などの資料が収録されており、中国情報事典としても利用できる。日中共同出版の日本版。姉妹編に『日中辞典』（小学館、1987）がある。　　　　　　　　　　　　　*6563*

岩波中国語辞典　簡体字版　倉石武四郎著　岩波書店　1990.12　922p　19cm　4-00-080075-2　3200円
北京語を中心とする現代中国語の対日辞書。拼音（中国語のローマ字表記）で一綴りとなる語を見出し語としてアルファベット順に配列し、対応する漢字形、品詞の略称、日本語訳語、説明、例文を示す。1963年刊の初版は当時中国で定められていた簡体字517字を採用していたが、本書ではその後の中国の簡体字増加にあわせ、初版の繁体字をすべて簡体字に改めた。巻末に意味による索引（品詞順意味領域別索引）および漢字による索引（部首別画数順索引）があり、いずれも簡体字から拼音が検索できる。　*6564*

◆◆日中辞典

岩波日中辞典　倉石武四郎，折敷瀬興編　岩波書店　1983.2　1250p　19cm　4300円
日本人向けに編集された日本語中国語辞典。配列は日本語単語読みの五十音順。その見出し語のもとに、「日本語漢字」「中国語訳」「用例や複合語」（熟語）を示す。中国語訳および用例、複合語には拼音表記と中国語漢字表記を並べて掲載。豊富な用例、文例により日中間の意味、用法の差異を明確化し、日本の慣習や発想法などが的確に中国語化することに努めた。巻末に世界の主要地名、同人名表および日中漢字字体対照表（いずれも日本語の五十音順）を付す。　*6565*

◆故事成語

漢詩漢文名言辞典　鈴木修次編著　東京書籍　1985.10　877p　22cm　4-487-73145-3　6800円
中国と日本の漢籍（中国は古代から明代まで、日本は明治時代まで）約100点から名句・名言を取り上げて解説。主題別の構成になっており、人間関係、人生の理、人生の種々相、人生の哀楽、政治の世界、学問と修養、言語と芸術、自然の描写、時間の推移の9編に大別、さらにその中を各主題で細分している。肖像や拓本などの図版あり。付録として出典解説、関連年表、中国文学史地図がある。巻末に見出し項目と解説でふれた名言・名句を加えた五十音順配列の索引を付す。　　　　　　　　　　　　*6566*

中国故事成語大辞典　和泉新，佐藤保編　東京堂出版　1992.9　1366p　23cm　4-490-10322-0　12800円
古代から現代に至るまで広く用いられている中国の故事成語と謡諺を網羅的に採録したもの。中国で編集された故事成語集の類から7500項目を収録。原則としてすべて原典にあたって出自を確認している。配列は見出し語の五十音順。意味・出典・用例を記すほか、約1000項目の類句・対句などを掲げる。巻末の総画索引により、見出し語・類句・対句のほか、説明文中の引用語句も検索できる。　　　　　　　　　　　　*6567*

中国成語辞典　牛島徳次編　東方書店　1994.11　754p　22cm　4-497-94432-8　12000円
現代の中国で使用される主要な成語約8500語を収録したもの。配列は第一字めの発音による拼音アルファベ

ット順。見出しには、中国語の漢字表記、発音とともに、日本の漢字表記と読みを示す。語の解釈や転義に続き、現代中国語の用例を掲げ、古典や故事などに見られるものは典拠を示す。索引は巻頭に、中国語音による索引、巻末に中国の字体による総画索引と日本語の音訓による索引を付す。　6568

◆語彙

現代中国語常用略語辞典　王曙光編著　白帝社　1991.3　359p 19cm　監修：上野恵司　4-89174-147-3　2900円
現代中国で常用されている略語4592語を収録。拼音によるアルファベット順配列で、拼音、原語、原語の拼音、日本語訳、用例を記載する。巻末に原語からの逆引索引がある。付録として「中国略図」「各省・直轄市・自治区の略称・別称及び人口」「行政区画図」「中国人民解放軍系統図」などがある。あとがきが「略語の世界」と題する略語作成法の解説になっている。
　6569

中国語擬音語辞典　野口宗親編著　東方書店　1995.5　150p 20cm　4-497-95443-9　2000円
現代中国の共通語で一般に使用されている擬音語約400語を収録。各見出し項目に該当する日本語擬音語を挙げるとともに例文にも日本語訳を付す。配列は拼音アルファベット順。例文は1920年代以降の文学作品などを中心に採用、その出典を明記する。巻頭「中国語擬音語概説」には参考文献として中国語擬音語関係文献目録をふくむ。巻末に中日対照擬音語語彙表を付す。語彙索引と漢字総画索引が巻頭にある。　6570

中国語軽声辞典　香坂順一編著　光生館　1989.10　158p 19cm　4-332-80015-X　2369円
中国語共通語の軽声の辞典。拼音アルファベット順による見出し配列。各項目は、見出しの漢字表記・品詞名・意味・例文となっている。巻頭に軽声についての解説があり、「軽声に関する資料」も紹介している。また軽声語尾"子"を持つ単語は別立てとなっており、巻末に付録として収録されている。　6571

中国語略語辞典　那須雅之編著　東方書店　1991.10　423p 19cm　4-497-91321-X　3900円
新聞・雑誌・日常会話の中に頻出する略語を、中国語の造語能力の観点から親文字方式で整理した辞典。見出し項目約9000語を収録。配列は親字の拼音順。用例が豊富で、囲み記事や図版も適宜収録。巻頭に「拼音音節索引」「筆画索引」を付す。凡例中の「本辞典に

おける略語」と付録の「略語の構成について（1）（2）」により略語に関する筆者の見解を示す。　6572

日本語・中国語慣用語法辞典　見開き対照式　劉暁民著　日本実業出版社　1995.4　445,24p 21cm　4-534-02307-3　3800円
日常会話・ビジネス会話・経済関係の著作によく使われる626の慣用語法を、豊富な文例とともに示した日中対照辞典。配列は、日本語の五十音順。見開き頁の左側に日本語と例文、右側にそれに対応する中国語を示す。見出し語には発音を示し、類義語への参照あり。随所に囲み記事による日中用語比較があり役に立つ。巻末に、中国語索引を付す。　6573

日本語・中国語意味対照辞典　増補新装版　飛田良文，呂玉新著　南雲堂　1994.11　159p 19cm　4-523-31038-6　2000円
日本語と中国語で意味や語感の違う漢語99をとりあげ、違いを解説した辞典。漢字見出し語に日本語のかな表記と中国語の発音を付し、日本語読みの五十音順に配列。1語に1頁をあて、意味の異なる点を例文によって解説し、日本語の意味と日本語にない中国だけの意味に分けて解説している。見出し語の下には、解説文中の簡化文字と日本漢字を対照して示す。ところどころに、「豆知識」として、中国の文化・生活・習慣などを解説するコラムを設けている。　6574

例解中国語慣用語辞典　王永全，小玉新次郎編著　東方書店　1994.6　214p 19cm　監修：伊地智善継　4-497-94428-X　3200円
中国人の社会や日常生活でよく使われる慣用語のうち、3文字の慣用語のみを収録。項目数は2242。拼音アルファベット順の配列のもとに豊富な例文を収める。巻頭には語彙索引と画数索引、巻末には日本語の表現・慣用語から引ける五十音順配列の日中対照索引を付す。『例解中国語熟語辞典』☞6561の姉妹編。
　6575

◆文法・語法

中国語常用動詞例解辞典　荒屋勧〔ほか〕編　日外アソシエーツ　1995.2　910p 19cm　発売：紀伊国屋書店　4-8169-1280-0　5900円
学習用の中国語辞典。現代中国語の常用動詞約2000語について、それぞれの動詞に対する語の結びつきを、主語・目的語・補語・連用修飾語などに分け、日常使用する例文により用法を明らかにする。配列は拼音ア

ルファベット順で、巻末に日本語の索引を付す。6576

◆方言

現代広東語辞典 中嶋幹起著 大学書林 1994.5 801p 22cm 4-475-00128-5 28840円
広東語口語の辞典。単語と用例については香港で通用している標準的な形式を採録。見出し項目数は約1万8000語。見出しはイエール式ローマ字表記法によるアルファベット順配列。本文の漢字表記は繁体字による。巻頭に「粤語の研究史」、巻末に索引として「部首筆画順漢字発音表」「表音ローマ字順漢字発音表」「日本漢字による発音対照表」「広東語方言字索引」を付す。6577

アジアの諸言語

◆朝鮮語・韓国語

朝鮮語辞典 小学館，韓国・金星出版社共編 小学館 1993.1 2065p 19cm 4-09-515701-1 8000円
朝鮮語を学ぶ日本語話者に配慮し、ハングルの字母順に多数の変化形見出し語を採用。最重要語約1350を大見出しとし、基本語約3500に印を付す。成句・用例も記す。すべての見出し語に国際音声記号を付し、すべての活用・接続を番号で分類表記する。類義語等を囲みで解説。付録に、発音解説、親族呼称、年表、用言活用表、日本語索引（5000語）、漢字音訓索引など。6578

朝鮮語大辞典 大阪外国語大学朝鮮語研究室編 角川書店 1986.2 2冊 27cm 4-04-012200-3 全38000円
現代朝鮮語のほか、李朝時代の語、標準語、方言、また、人名・地名、歴史、制度、動植物や各分野の専門用語など約21万語を収録。上下2巻。朝鮮文字表記の見出しのもとにカタカナと音声記号による発音を示す。基本的な語義・訳語のほか、語学的な解説、文化的な背景なども記述。付録に「発音」「用言の活用」「漢字索引」あり。補巻には朝鮮民主主義人民共和国に行われる言語を理解するに最低必要限度の語彙で「本巻」未収のものを収録。「紀年対照表」と「朝鮮語音のマッキューン・ライシャワー方式によるローマ字転写表」を付す。6579

◆◆韓日・朝日辞典

韓日辞典 新訂 安田吉実，孫洛範共編 三修社(発売) 1994.6 2131p 19cm 書名は奥付による 標題紙等の書名：民衆「エッセンス」韓日辞典 発行所：民衆書林(ソウル) 付(1冊)：ハングル表 4-384-00064-2 4900円
新語、新しい複合語、外来語を多く取り入れた中型の韓国語と日本語の対訳辞典。見出し語の配列はハングル字母順。漢字を併記。発音をローマ字で表記している。別冊付録に「ハングル表」「ハングルの構成と辞書の引き方」「見出し語の配列とハングルの発音」を収載。まえがきと凡例はハングル。韓国人が日本語を学ぶことを目的に韓国で編纂刊行されたものを日本でも刊行。韓国での初版刊行は1988年、新訂は1992年。収録語数の記載はない。6580

コスモス朝和辞典 第2版 菅野裕臣〔ほか〕編 白水社 1991.11 1053p 19cm 4-560-00097-2 3800円
日常よく使われる単語を収録した朝鮮語・日本語の対訳辞典。日本および韓国で行われた朝鮮語の単語頻度調査、9種の著名な基礎語彙集・学習書などに現われた単語のうち4種以上に共通な単語を基礎に、学習者に最低限必要な文化的語彙および韓国の1989年改訂正書法で認められた標準語形を収録。見出し語は1万余で総収録語数は約1万8000、重要語845は大きな活字で表示してある。配列はハングル字母順。発音はローマ字による発音記号とカタカナで示し、用例はハングルと日本語で示す。巻末に「和朝語彙集」（五十音順）、「文字・発音概説」を付す。別売のカセットテープには、重要語の見出しと和訳、例文（朝鮮語のみ）を収録。初版は1988年刊。6581

Newコンパクト韓日日韓小辞典 民瑞辞書編纂会編 三修社 1994.12 621,707,79p 16cm 総革装 4-384-00286-6 6200円
『NEWコンパクト韓日小辞典』と『NEWコンパクト日韓小辞典』を合本したハンディーな辞典。韓日の部は、日常用語、外来語、新語などに配慮して編集し、

解説には日本語のほかに英語が記載されている。配列はハングル字母順。日韓の部は、見出し語はかな表記の日本語で漢字を併記し五十音順配列。日韓の部の巻末に当用漢字表を付す。まえがきや凡例はハングル。収録語数の記載はない。　　　　　　　　　　6582

ハングル基本単語活用辞典　変則活用と同音異義の調べ方　油谷幸利著　日本放送出版協会　1994.2　239p　19cm　4-14-035040-7　2000円
変則活用形から原形とその意味を調べるための辞典。約2000語収録。日本語母語話者を対象。見出し語は初心者にとって原形に戻すことが困難な変則活用の語形や他の語と紛れやすい活用形を収めた。同形異語の網羅的採録を図る。巻頭に詳細な記号解説、練習問題、辞書の引き方がある。　　　　　　　　　　6583

◆◆日韓・日朝辞典

新日韓辞典　例解　日本三省堂版　改訂版　林四郎〔ほか〕編著　金貞淑編訳　三省堂(発売)　1993.12　1102,39p　19cm　『例解新国語辞典』(第3版1991年刷)の編訳　発行所：民衆書林(ソウル)　4-385-60103-8　5000円
国語辞典を基に韓国語の訳を付け編集した日韓の対訳辞書。序文、凡例などは韓国語で書かれた韓国の辞書。配列は日本語の読みの五十音順。見出し語のもとの記載は漢字、発音記号、品詞、対応韓国語、さらに日本語語例・句例・文例とその対応韓国語。二色刷りの図を示してあるものもある。68の古語と61の事項については枠で囲んだ解説記事が挿入されている。巻末に季節、時候の挨拶、文学作品年表、用言の活用表、品詞解説などさまざまな短い解説が付されている。漢字の画数順索引、囲み記事の索引がある。　　　　6584

日韓辞典　改訂新版　安田吉実,孫洛範編著　三修社(発売)　1994.6　2490p　19cm　書名は奥付による　標題紙等の書名：民衆「エッセンス」日韓辞典　発行所：民衆書林(ソウル)　4-384-00063-4　4900円
古語、俗語、方言、略語を含め日常生活でよく用いられる語彙および用例を多く収録し、日本語学習用として編集した日本語－韓国語辞典。見出し語はひらがなで五十音順に配列、漢字表記、ローマ字表記の発音を併記する。1973年に初版、1984年に改訂版、1994年に改訂新版を刊行。辞書本体は改訂新版の重版で、巻末の「付録」に現代かなづかいと歴史的かなづかいの比較表、人名用漢字別表などを追加し新版として刊行したもの。　　　　　　　　　　　　　　　　　6585

日韓辞典　平成新編　日本語教学研究所編　国書刊行会　1992.12　1269p　18cm　監修：金宇烈　4-336-03420-6　3500円
日本語による解説はなく、韓国語話者向け。五十音順かな見出しに日本語を併記し、韓国語義はすべてハングル表記。熟語・慣用句等も記す。現代語に重点。類義語や混同しやすい語については、本文中に囲みで例文と解説を記載。付録に活用表、ローマ字表記法、常用漢字表、人名用漢字、日本の難読地名など。日韓同時出版。　　　　　　　　　　6586

日朝小辞典　宋枝学,孫晋澄編　大学書林　1994.7　618p　15cm　背・表紙の書名はハングル　第27版(第1版：昭和41年)　4-475-00042-4　4120円
見出し語約2万6000、収録語彙約5万5000。朝鮮語義はすべてハングル表記。派生語・成句等も記す。使用頻度の高い2000語に印を付す。付録に、当用漢字索引表、活用語の活用表、日本および南北朝鮮の主要地名表など。日朝両言語による解説があり、朝鮮語話者の利用にも配慮されている。デスク版も同時発売。　　　　　　　　　　6587

◆アイヌ語

アイヌ語絵入り辞典　知里高央,横山孝雄共著　蝸牛社　1994.7　174p　20cm　4-87661-235-8　1600円
アイヌの日常語と思われるものを収録し、アイヌ語を通じてアイヌ民族の生き方やものの考え方に触れることを目的とした辞典。配列は、アイヌ語対訳日本語が和文アルファベット順、日本語対訳アイヌ語が五十音順となっている。アイヌ語にはカタカナで発音が表記され、随所に主語の単複や所有表現に対応した語の変化・関連語が付されている。内容とは直接関連がないものもあるが、所々にイラストが描かれている。　　　　　　　　　　6588

アイヌ語会話イラスト辞典　知里むつみ,横山孝雄著　蝸牛社　1988.9　210p　19cm　4-87661-106-8　1300円
アイヌ語の日常会話集にアイヌ語語彙集を付した簡略な日本語アイヌ語辞典。会話は挨拶、数などの場面別に19章に分かれ、日本語文と対応するローマ字表記のアイヌ語文にカタカナの読みを添える。語彙集は日本語単語約1700語に対応するアイヌ語単語を示す。全頁に内容に関連したイラストがある。アイヌ語関連のコラム11点を含む。解説・索引は無い。　6589

萱野茂のアイヌ語辞典　萱野茂著　三省堂　1996.7　597p　22cm　4-385-17050-9　10000円
約8000語収録のアイヌ語－日本語辞典。見出し語はカ

タカナにローマ字を併記し、五十音順の配列。必要に応じて語源や用例を記載し、イラストも豊富。著者は母語としてアイヌ語を使っていたアイヌ人。アイヌのなぞなぞ、ことわざを付す。日本語からアイヌ語の見出しを知ることができる「日本語索引」がある。
6590

◆ビルマ語

ビルマ語辞典 2版 原田正春, 大野徹共編 大阪 日本ビルマ文化協会 1990.3 641p 22cm 10000円
『ビルマ語基本語彙』（大阪外国語大学ビルマ語研究室編 2冊、1966-67）を底本とし、既存の辞典、新聞・雑誌などを参考に、約2万語を収録。ビルマ語の見出し語に、発音・品詞・語義を記し、文例を付す。
6591

ミャンマー語小辞典 戸部実之著 泰流社 1993.8 215p 21cm 4-8121-0044-5 15000円
『ビルマ語辞典』☞6591 をもとに、比較言語の基本資料となるよう3000語を選んで収録した単語集。見出し語を万国音標文字で記し、品詞・日本語訳を付すが用例はない。巻末に「音韻対応の法則」がある。
6592

◆タイ語

タイ語辞典 松山納著 大学書林 1994.10 1291p 22cm 4-475-00130-7 41200円
見出し語2万、総収録語数3万5000。タイ語アルファベット順に配列し、発音、位相（古語、方言、詩語などの区別）、品詞、語義、外来語源を簡潔に記載。口語、文語、古語、詩語、方言、俗語・卑語など幅広く収録し、熟語および慣用句・諺を重視。巻末付録として、タイ語の「略語表」「タイ国県郡一覧」がある。
6593

◆ベトナム語

越日日越合本辞典 竹内与之助編 大学書林 1994.2 857, 465p 17cm 4-475-00067-X 12360円
日常に使用される語から小説、古典まですべての文章に現れる語を極力集め、言い替えのできる語にはそれを加え、できるだけ多くの文例を収録、と序文にある。前半856ページが越日、後半465ページが日越。見出し語数はそれぞれ2万5000語、1万語余り。配列は越日はアルファベット順、日越は五十音順。解説は長くなく各見出し語1-2行。越日のうち漢越語には漢字も付記されている。日越の末尾では3ページを諺に当てている。1990年第1版発行。
6594

◆カンボジア語

カンボジア語辞典 坂本恭章著 大学書林 1988.11 542p 22cm 20000円
普通に用いられる単語のほか、固有名詞・略語およびサンスクリット・パーリ語からの借用語を収録した、カンボジア語－日本語辞書。見出し語総数1万1700語。配列はクメール語の文字順。クメール文字によるカンボジア語の見出しの下に、発音、語源、品詞、単語の意味と用例を記載。クメール語の表記はプノンペンにあるInstitut Buddhiqueが1967-1968年に刊行した『Dictionnaire Cambodgien』に準拠している。
6595

日本語・カンボジア語辞典 峰岸真琴, ペン・セタリン編著 めこん 1991.10 411p 22cm 3000円
カンボジア人の日本語学習に必要な基本語約7000語を収録。日本語の五十音順見出しのもとに、日本語のかなおよび漢字表記と、それに対応するクメール文字によるカンボジア語を示す。用例は日本語およびカンボジア語併記なので、日本人のカンボジア語作文にも使える。
6596

モン語辞典 坂本恭章著 東京外国語大学アジア・アフリカ言語文化研究所 1994.2 1219p 27cm （アジア・アフリカ言語文化叢書 29）
現代モン語の対日辞書。モン語はビルマ南部、タイで使用される言語。1971年から1973年の間にタイ人の話者から採録したモン語約1万語を収録する。モン文字の音順による見出し語のもとに、国際音声字母による発音表記、訳語、用例を記載する。モン語に多いサンスクリット語やパーリ語からの外来語には原語名を略称で示す。動植物名には、タイ語および和名、学名を添える。索引はない。
6597

◆インドネシア語

インドネシア語辞典 末永晃著 大学書林 1991.5 791p 22cm 28840円
1972年の統一スペルを採用し、見出し語には人名など常識的な固有名詞を含む約2万6000語、派生語約1万7000語をアルファベット順に収録。見出し語は語根のみで、接頭辞・接尾辞は省略している。同出版者の『現代インドネシア語辞典』(1977年刊、457p)の増補改訂版。別にポケット版(1992年刊、791p、18cm)がある。
6598

日本語－インドネシア語辞典 松浦健二著 京都 京都産業大学出版会 1994.2 1225p 27cm 発売：丸善(東京) 4-905726-29-8 28840円
単語総数約4万。カレントな語彙、擬音語、擬態語などの語が豊富に収録されている。配列は日本語のローマ字表記によるアルファベット順。各見出しの下に、単語とその用例が日本語のローマ字表記、漢字・仮名表記、インドネシア語のローマ字表記であらわされている。用例総数約8万。基礎語には特に豊富な用例が取り入れられている。
6599

◆フィリピン語

日本語－フィリピン語実用辞典 市川恭治編 日本地域社会研究所 1994.3 245p 21cm 4-89022-737-7 3800円
約7000語の日本語とフィリピン語(タガログ語)を収録。日常的に使われていることばが中心。巻末にフィリピン語のアルファベット、発音、数字、「文章を作る」などの解説がある。
6600

比日辞典 小井関一義編 近代文芸社 1995.9 588p 20cm 4-7733-3721-4 3000円
日常生活に必要なフィリピン語(タガログ語)約4400語収録。見出し語のタガログ語とそのカタカナの読み、日本語を対比させる。さらに日本語のローマ字表記と英訳を付ける。用例はタガログ、日本語、ローマ字表記で示す。顔、体、内臓は図でも示し、形容詞一覧、動詞変化表を付す。
6601

フィリピン語辞典 日本語－フィリピン語－英語 フィリピン語－日本語－英語 永田英男編 泰流社 1992.2 509p 21cm 4-88470-897-0 8000円
フィリピン語(タガログ語)、日本語、英語の対訳辞書。1部は日本語－フィリピン語(タガログ語)－英語、2部はフィリピン語(タガログ語)－日本語－英語から成る。一般の人が必要とする現代語を中心に収録。1部は、ひらがな表記の日本語を見出し語に五十音順に配列、漢字を併記し発音をローマ字で表記。フィリピン(タガログ)語はカタカナとローマ字で記載し、英語を併記する。2部はローマ字表記のタガログ語を見出し語にアルファベット順に配列し、対応する日本語(ひらがな・漢字・ローマ字)、英語の順に掲載。1部の終わりに「日常用語」「数字」「月(暦)」を付す。
6602

◆ハワイ語

ハワイ語－日本語辞典 Mary Kawena Pukui〔ほか著〕西沢佑訳 千倉書房 1990.5 225,11p 22cm 4-8051-0615-8 5000円
『The pocket Hawaiian dictionary with a concise Hawaiian grammar』(1975年刊)のハワイ語－英語対訳辞書の翻訳。アクセント符号を付したローマ字表記、アルファベット順のハワイ語約6000語と訳語を示す。一部の語は対応する古代ポリネシア語を示す。外来語のもとの言語、専門用語の分野名を表示する。図版、索引は無い。巻末にハワイ語、ハワイ文化に関する参考文献がある。
6603

◆アルタイ語

アルタイ語源辞典 戸部実之著 泰流社 1994.7 99p 22cm 4-8121-0074-7 10000円
アルタイ語系諸言語のうちトルコ語(古代・13世紀以前)の単語、約2400語を収録。トルコ語を見出し語に、トルコ語のアルファベット順に配列し、対応する英語と日本語を記載。序言に「日本語系統論の基本的資料の一つとして編集」とあるように、日本語とトルコ語の関係を検証しようとするもの。かすかなつながりがあると思われるものには下線が付されている。巻末に11種の参考文献の一覧がある。
6604

◆満州語

満洲語文語辞典 福田昆之編 横浜 FLL 1987.10 931p 22cm 15000円
先行する『満和辞典』(羽田亨編、京都帝国大学満蒙調査会、1937)などの辞典や、『択繙聊斎志異』等の文献により最大語彙の収録を目ざした満和辞典。配列は、原則としてメンドルフ翻字法によるアルファベット順。各項目は、品詞、語意に続き豊富な用例をあげ、出典文献名を略語で示す。　　　　6605

◆モンゴル語

現代モンゴル語辞典 改訂増補版 小沢重男著 大学書林 1994.11 959p 22cm 4-475-00129-3 30900円
モンゴル民族の公用語として1941年以降使用されているキリル文字による現代モンゴル語とその文語形を併記した辞典。見出し語約2万5000語、派生語、熟語・句、用例など含め総計約5万語・句・文を収録。ローマ字転写による「蒙古語文語・現代モンゴル語対照索引」と、約6000語の日本語・モンゴル語対照語彙集を付す。　　　　6606

◆トルコ語

トルコ語辞典 改訂増補版 竹内和夫著 大学書林 1996.10 812p 22cm 4-475-00134-X 30900円
現代トルコ語の対日辞書。トルコ文字アルファベットの字順による見出し語訳2万2500語のもとに、品詞、日本語訳語、用例、文法注記、反意語などを記載。外来語には原語を略称で表示し、動植物名にはカタカナ表記の和名のほかラテン語学名も添える。熟語・慣用句・ことわざ計約1万6000を各関連見出し語の用例の後に表示する。1987年刊の初版を改訂し、収録語を約6400語増やし最新の正書法を採用した。トルコの辞書から収録した図版を含む。索引はない。　　　　6607

◆ウイグル語

ウイグル語辞典 飯沼英三著 穂高書店 1992.5 590p 22cm (アジアの語学書シリーズ 4) 4-938672-16-2 6180円
現代ウイグル語の対日辞書。ウイグル語は中華人民共和国新疆ウイグル自治区に住むウイグル族が使用する言語であり本来アラビア文字で表記する。この辞書では、見出し語をローマ字で表記し、『維漢辞典』(新疆人民出版社、1982)のアルファベット順に配列する。収録は約1万6000語で、対応するアラビア文字、日本語語義、用例、成句を記載する。索引はない。　　6608

現代ウィグル語辞典 ウィグル語－日本語 小松格著 泰流社 1993.5 526p 21cm 4-8121-0030-5 14000円
中国・新疆ウィグル自治区に住むウィグル族(約650万人)の言語ウィグル語の日本で最初の辞典。新疆人民出版社から1982年に出版された『維漢辞典』の漢(中国語)の部分を日本語に訳したもの。ローマ字表記の見出し語に、『現代維吾尔文学語言正字詞典』(新疆ウィグル自治区民族語言文字工作委員会編、1985)から模写したアラビア語を付す。語義は簡潔。用例はない。　　　　6609

◆ウズベク語

英語で引く日本語－ウズベク語辞典 小松格著 泰流社 1993.5 184p 21cm 4-8121-0026-7 9800円
アルファベット順の英語見出し語に日本語訳語、キリル文字表記のウズベク語を付した辞書。旧ソ連邦・ウズベク共和国の学校教科書『English-Uzbek dictionary』(1977年刊)をもとに日本語訳語を補って作成したもの。たとえば人称代名詞ではtheyのみ収録するなど、英語見出し語は限られている。文法的説明、発音表記、索引はない。　　　　6610

◆アラビア語

最新日ア辞典 川崎寅雄著 八王子 アラブ言語文化研究会 1975 260p 27cm 4600円
日本語－アラビア語の対訳辞書として日本最初のもの。日本語見出し語約6000語を五十音順に配列し、ア

ラビア文字表記のアラビア語訳語を記載する。見出し語には熟語、成句を含み、人称代名詞などの文法的重要項目は格ごとの変化形をあげるなど、語義や文法的説明は全くないながら、工夫した構成となっている。索引はない。　　　　　　　　　　　　　　　*6611*

◆シンハラ語

シンハラ語辞典　野口忠司著　大学書林　1992.11　780p　22cm　4-475-00125-0　28840円
スリランカの大多数を占めるシンハラ人が使うシンハラ語の日本で最初の本格的な辞典。日常生活に必要な常用語のほか、新聞・雑誌・教科書から約1万2000語を収録する。配列はシンハラ語の字母配列順。見出し語は太字で活字を大きくしてあり見やすい。発音・品詞などとともに一部反意語・類似語も示す。　　*6612*

◆サンスクリット

梵字事典　中村瑞隆〔ほか〕編著　雄山閣　1977.4　443,49p　27cm
梵字悉曇の諸分野を「歴史編」「悉曇種子編」「真言陀羅尼編」「日本語化した梵語」、の4つの観点から解説した事典。「日本語化した梵語」は、日本人に親しまれ、日常よく使われる梵語の辞典（約470語収録）となっており、梵語・梵漢併挙語・梵漢合成語の五十音順に配列されている。巻末に五十音順の索引を付す。1977年刊の新装版。　　　　　　　　　　　　*6613*

◆ペルシア語

ペルシア語辞典　黒柳恒男著　大学書林　1988.1　1091p　22cm　30000円
現在イランの国語である近世（近代）ペルシア語と日本語の対比辞典。ペルシア語の見出し語約3万5000語収録。ペルシア語字母の順。現代語中心だが俗語、古語も収めている。　　　　　　　　　　　　　　*6614*

英語

◆年表

英語史総合年表　英語史・英語学史・英米文学史・外面史　寺沢芳雄,川崎潔編著　研究社　1993.1　808p　25cm　4-7674-9065-0　10000円
紀元前58年から20世紀末（1991年）までの英語の発達を、英語史・英語学史・英米文学史・外面史の4分野にまとめた年表。各分野の主要なできごと、事項、作品を原則として見開き頁左右の4欄に、年代を追って記述する。英語史は、英語の発達上で重要なできごと・変化を例文・出典を添えて示す。英語学史は、英語研究上重要な著作とその書誌事項、研究史上の事件などを示す。英米文学史は主要な作品、事項、日本における研究などをあげ、外面史は英米・ヨーロッパ・アジア・日本の歴史上のできごとを示す。英語史、英語学史を中心に、図版・写真を収録する。巻末に英語史索引、英語学史索引がある。　　　　　　*6615*

◆年鑑

英語年鑑　英語年鑑編集部編　研究社出版　1960-　19cm
わが国の英語学・英文学界の1年間の活動記録を年度単位にまとめたもの。各界の回顧と展望、英学日誌、個人研究業績一覧、研究団体一覧、全国大学・短大・高専英語教官構成一覧、人名録、「個人研究業績」内容別項目索引の7部で構成される。解題は1997年版による。　　　　　　　　　　　　　　　　　　　　　*6616*

◆語源

アメリカ英語背景辞典 渋谷彰久著 小学館 1995.1 433p 19cm 監修：堀内克明 4-09-510191-1 2000円
アメリカの新聞・雑誌を読む際に必要なアメリカ英語の背景にある常識を、700の見出し語のもとに800以上の用例とともに解説した辞典。配列は歴史・社会・政治家・音楽等27の主題に分け、その中を原則として年代順。各項目は、見出し語の日本語訳に続き、背景の解説と用例及びその和訳。巻頭に項目和英索引、巻末に英語索引あり。図版も多く読んで楽しめる辞典。
6617

スタンダード英語語源辞典 下宮忠雄〔ほか〕編 大修館書店 1989.5 648p 19cm 4-469-04145-9 5150円
基本英単語7000語（うち固有名詞500語）を収録した語源辞典。見出しのアルファベット順に配列し、発音記号（米音・英音）、品詞、語義、語源を記載する。言語学に関係したトピックをコラムにしたり、巻末付録に「英語の語源」「印欧祖語からゲルマン語へ」「英語の歴史」「ラテン語・ギリシア語ミニマム」があり、英語史の入門書ともなる。巻末に参考文献一覧がつく。
6618

◆辞典・事典

アメリカ日常語辞典 講談社版 田崎清忠編著 講談社 1994.2 475p 22cm 4-06-123291-6 3800円
現代アメリカの日常生活に密着した語彙を収録し、訳語と平易な説明を付した英和辞典・事典。地名・人名・会社名・略語も採録。アルファベット順に配列され、語義・用法・用例・解説を記載。図版も豊富。発音記号は難しい語にのみ付く。巻末に語句索引があり、図版も検索可能。アメリカ情報事典としても利用できる。
6619

イメージ・シンボル事典 アト・ド・フリース著 山下主一郎〔ほか〕共訳 大修館書店 1984.11 755p 23cm 『Dictionary of symbols and imagery』の翻訳 4-469-01206-8 8000円
ヨーロッパにおける神話、聖書、イコン、錬金術、民間伝承、紋章、文字、宗教などさまざまな分野の言葉や物事に内包されるイメージやシンボルを網羅した、欧米では基本的な事典。項目はアルファベット順に配列され、原語と日本語訳、解説および随所に図版や絵も付される。巻末に五十音順の訳語索引と14点の参考文献がある。
6620

英語逆引辞典 改訂版 郡司利男編著 開文社出版 1987.3 539p 19cm 4-87571-803-9 2400円
英語の単語を覚えることに主眼をおいた辞典。語尾をアルファベット順に配列することで英単語の接尾辞が自然に集まって韻を含む。発音や意味などにも類似性が表れる覚えやすい構成となっている。見出し語は1万3410語。過去10年間の日本の大学入試問題を考慮し選択され、基本となる語5400語には＊印が付く。英語のつづりと発音の規則性についての考察、逆配列不規則動詞変化表、そして接頭辞便覧により接頭辞の意味と例についての説明も付す。
6621

英語図詳大辞典 レジナルド・ブラゴニア・ジュニア，デビッド・フィッシャー編 堀内克明，国広哲弥日本版編集 小学館 1985.3 946p 23cm 4-09-510081-8 4800円
米国のHammond社から1981年に刊行された『What's what：a visual glossary of the physical world』を翻訳した部分名称図解辞典。事物の性質、用途に応じて14に大分類した後、小分類・見出し語の順に体系的に配列。英語名に訳語を加え、解説と注記を付す。日本語版には、原著刊行後の事物を補ったほか100点以上の新しい図版、写真を追加。図版は2色刷。巻頭に見出し語索引、巻末に3万語の詳細な英和総索引（アルファベット順）、日本語索引（五十音順）を付す。
6622

英語派生語活用辞典 研究社出版 1989.6 890p 19cm 監修：伊藤健三，羽鳥博愛 4-327-46115-6 5850円
英語の基本的語彙とその派生語についての辞典。語基数980語、派生語4421語を収録し基本語のアルファベット順に配列している。発音記号、品詞表示、語義（頻出度・利用度が高いものを2ないし3）、例文（原則として2例文）を記載。巻末には、「接頭辞・接尾辞」の解説と、本辞典で取り扱われたすべての語の見出し語索引（アルファベット順）を付す。
6623

英語発音引スペル辞典 矢島英夫編 泰流社 1990.3 430p 20cm 4-88470-723-0 6000円
英単語を発音で引いて、綴りと意味を確認する辞典。見出し項目を、発音記号によって配列している。2部で構成される。第1部は、母音を除いた子音のみの発音形の下に、正しい綴りの単語を示す。第2部は、母音を含む、完全な発音形により、その綴りと正確な発音記号、品詞と意味を示す。日本人が聞き取りにくい発音は、見出し項目を統合するなど、日本人が引きやすいような工夫がなされている。
6624

英語略語辞典 第3版 広永周三郎編 研究社出版 1993.9 439p 18cm 4-327-46123-7 2600円
現代の新聞雑誌などに登場する英語の略語約1万2000を収録し、そのもとの英語（フルスペル）と日本語訳を付けた辞典。略語に似た記号も採録。見出し語は原則として大文字を使用し、ピリオド、斜線はなるべく避けた。アルファベット順配列。初版1984年刊、増補改訂第2版1987年刊。
6625

トレンド日米表現辞典 ジャンル別 岩津圭介執筆 松本道弘編 小学館 1990.1 184,967p 19cm 『最新日米表現辞典』(1984年刊)の増補・改訂 4-09-505062-4 2500円
今日の事象を英語で表現するための辞典。新聞・雑誌・日常会話中の現代用語・新語・専門語を収録。分野別に配列し、大項目40・中項目155に分類。関連語はまとめて配列。見出し語は日本語。訳語（英語）、解説、用例（日本文と英訳）を記載。巻頭に「和英総索引」、巻末に「英和総索引」を付す。全分野にわたり見直し、約300語を追加。図表も新データに基づいて改版している。
6626

リーダーズ・プラス 研究社 1994.6 2855p 24cm 監修：松田徳一郎 4-7674-1440-7 23000円
『リーダーズ・プラス』(1984年12月刊行。同年刊行の『リーダーズ英和辞典』を補完するもので固有名詞を中心に約8000語を収録）の改訂版。前版に比べて商品名や生物学、医学、情報学関連の語を大幅に強化し、補遺版から脱して英和辞典としては百科事典的色彩を強めた。約19万語をアルファベット順に収録している。
6627

ワーズ・ワード 絵でひく英和大図鑑 ジャン＝クロード・コルベイユ，アリアン・アーシャンボウ著 京都 同朋舎出版 1993.12 895p 29cm 英文書名：『Word's word』 英文併記 総監修：長崎玄弥 『Word's word』の翻訳 4-8104-1722-0 4900円
日常生活全般の事象について、カラーイラストに各部位の英語、日本語の単語を詳細に記載した図鑑。28テーマ別に600項目約3500点のイラストに、2万5000語の単語を収録。巻末に単語の索引（和・英）を付す。イラストはアメリカ・カナダの形状による。英語・米語の区別もあり。
6628

❖❖ 英和辞典

岩波英和大辞典 中島文雄編 岩波書店 1970 2124p 23cm 3200円
ことばの辞典として11万余の語彙を収録し、語義・成句・発音・語源などに重点をおき、基本動詞や機能語などを詳しく説明した現代語中心の辞書。語義は用例を多く収録することで正確を期し、関連する慣用句や常套句、型の決まった挨拶の文句、諺や警句の成句も収録している。説明は簡略。巻末付録に、略語・記号・クリスチャンネーム・地名・人名などを収録。挿絵なし。発音は、英音はJones式、米音は別の記号を用いる。巻頭に主要参考文献、および英語の歴史、語源などの解説がある。
6629

オックスフォード・カラー英和大辞典 1-8 福武書店 1982 8冊 30cm 4-8288-1043-9 各4300円
『The new Oxford illustrated dictionary』をもとに、日本人向けに大幅に加筆修正した英和辞典。約7万語を収録し、うち5000語には中学・高校の学習基本単語の表示がある。一般語句のほか、固有名詞、略語、接頭辞・接尾辞などを見出し語としてアルファベット順に配列する。各見出し語のもとに、国際音声字母による発音表記、品詞、語形変化、用法、語義説明、用例、成句、派生語・複合語、語源などを記載する。語義説明では、原則として日本語訳語の直後に英語の同義語を示し、英英辞典の要素も残す。対象のカラー写真やカラー図版4000点を配し、視覚的説明が豊富である。索引は第8巻末の「図版和英索引」「部分名称英語索引」のみである。
6630

オックスフォード・ドゥーデン図解英和辞典 オックスフォード大学出版局 1983.2 864p 23cm 発売：福武書店 4-8288-1067-6 6500円
英語・日本語併記の2万8000項目を384場面に分類し、同一ページまたは見開きページに収録した図解辞典。英和や和英辞典では得にくい固有名詞を簡単に検索できる。巻末に、図解番号に導く五十音順和文索引と、アルファベット順英文索引を付す。
6631

研究社新英和大辞典 第5版 小稲義男〔ほか〕編 研究社 1980.11 2477p 27cm 10000円
歴史のある英和辞典の大改訂版。見出し語は9万語あまり増やし23万語余。専門語・固有名詞を補強し、さらに語義・重要動詞・機能語・成句も増強している。見出し語・綴り・発音などで英米の差がある場合には米式を優先するが双方を示す。発音は国際音声記号（IPA）を用いる。語源は各種の辞典に当たり妥当な説を取る。語の理解を助けるために必要な挿絵・図解・表を採用。巻頭に発音解説・語源解説、巻末に外国語慣用表現約800を英訳とともに収録。初版は1927年刊。
6632

口語英語大辞典 英和・和英 朝日出版社 1994.11 2479p 24cm 4-255-94035-5 18000円

既刊5冊の英語辞典を1冊に合本・再編集したもの。3部からなり、第1部アメリカ口語編は1983年刊『アメリカ口語辞典』、第2部米英俗語編は1981年刊『米英俗語辞典』、第3部和英口語編は1992年刊『最新日米口語辞典』☞6634、1986年刊『会話作文英語表現辞典・新訂版』、1982年刊『最新和英口語辞典』☞6666を典拠とする。第1部は使用頻度の高い口語表現約4000項目をキーワードのアルファベット順に配列し、発音記号、スピーチレベル、意味、用例を記載。第2部は俗語約1万語をアルファベット順に配列し、発音記号、品詞、英米語の別、くだけの程度、語義、用例を記載。第3部は基本語句・表現、難訳口語約8800語を五十音順に配列、標準的な例文、会話例、用法の解説も記載。実用的な内容だが、原典の編集が古いものもあるのが難点。　　　　　　　　　　　　　　　6633

最新日米口語辞典　エドワード・G.サイデンステッカー, 松本道弘共編　朝日出版社　1982.3　1191p 19cm　3600円
現代日本語で使用頻度の高い表現の、アメリカ英語への翻訳を示す辞書。五十音順の日本語見出し語約4000語に、対応するアメリカ英語訳、詳細な解説、各見出し語数点ずつの豊富な例文を記載する。日本語見出し語にローマ字表記を添え、発音のわかりにくい英単語には国際音声字母による表記を示す。アメリカ英語を学習する日本人向けに作成された。初版は1977年の刊行。巻末に日本語索引、英語索引がある。　　　6634

熟語本位英和中辞典　新増補版　豊田実増補　斎藤秀三郎著　岩波書店　1993.9　1786p 19cm　4-00-080006-X　4500円
熟語、成句を主に収録する英和辞典。配列は、英単語のアルファベット順。各見出し語の下に、発音、単語の意味、熟語・成句、用例を記載。原著者斎藤秀三郎の英文法研究の成果を集大成した辞典として、評価の高いものである。原著初版は1933年刊。豊田実によって2度の増補が加えられた。増補新版（1714頁）は、1936年の刊行。新増補版（増補分72頁を、巻末にまとめて収録）は、1952年の刊行。増補新版から新増補版の間に9刷刊行され、新増補版以降も刷りを重ねている。　　　　　　　　　　　　　　　　　　　　6635

小学館ランダムハウス英和大辞典　第2版　小学館ランダムハウス英和大辞典第2版編集委員会編　小学館　1994.1　3185p 27cm　4-09-510101-6　14800円
米国で刊行された『Random House dictionary of English language, unabridged』第2版（1987年刊）の翻訳に、ほかの英語圏の用例など改良を加え編集した現代英語を中心とした辞典。収録語数34万5000語、用例17万5000。発音は国際音声記号（IPA）を用いて示す。原書に不足しているイギリス英語を全面的に補充し、さらにほかの英語圏の用例も収録。追加補充は英米の各種の辞典約70点と独自の調査による。文学・映画などのタイトル、科学・金融・医学などの用語も多数収録し、語源欄にも改良を加えている。英語に関する最後の拠り所を目指している。挿絵あり。特装版もある。原書の初版は1966年刊。　　　　6636

ふりがな英和辞典　研究社辞書編集部編　研究社　1991　980p 19cm　4-7674-1172-6　2000円
日本語学習者のための辞典。一般語、固有名詞、略語、商標名、外来語など4万9000語を収録。見出し語は英語のアルファベット順に配列し、語義を記載。本文中の漢字にはすべてふりがなを付す。　　　6637

◆◆和英辞典

研究社新和英大辞典　第4版　編集主幹：増田綱　研究社　1974　2110p 26cm　7500円
現代日本の日常語を、新語や専門語なども含めて収録した和英辞典。見出し語は約8万で、ヘボン式ローマ字で表記しアルファベット順に配列。合成語・句16万、例文5万を収録。各項目の記載内容は、品詞・訳語・用例などで、本文は語義によって分類し配列。全見出し語に東京語の現代標準アクセントを示す。外国人の日本語研究者の便に方言・俗語・文語などの別も示す。挿絵なし。巻末に、世界主要人名・地名、東アジア史関係要語、日英米の政府機関一覧、世界の名作（著作・音楽・美術・建築）、漢字中国音表記法などの付録がある。　　　　　　　　　　　　　　　6638

小学館プログレッシブ和英中辞典　第2版　近藤いね子, 高野フミ編　小学館　1993.1　2007p 19cm　3300円
現代における日常的な表現に用いられる基本語、合成語、慣用句、主要な地名・人名など約7万2000語を収録。かな見出し、五十音順に配列し、相当する漢字と英語形を示す。用例も豊富。必要に応じて挿し絵を付す。世界の地名・人名、神話の神々、英文手紙・履歴書の書き方、生活のなかの数の表現など多岐にわたる付録がある。初版は1986年1月刊。　　6639

新クラウン和英辞典　第6版　猪狩博, 竹前文夫改訂　山田和男編　三省堂　1995.1　1343p 18cm　4-385-10389-5　2700円
項目数約4万語の初心者にも使いやすいことを目指した中型辞典。初版1961年刊、第5版1986年刊を引き継ぐ。新語、カタカナ語を新たに追加し、日本独自の風物・風俗語も収録。重要語約3000は朱字を用いて強調している。英文を書く上で最小限度の約束事である大

文字使用法などの句読法15項目、買い物や図書館・病院などでの会話基本表現36項目をイラストや罫囲み記事として解説している。付録（1）は動詞7語、前置詞5語の慣用語法表、（2）には手紙の書き方、アメリカ州名、世界の国、度量衡換算、記号の読み方、数・数詞の読み方と不規則動詞表を、表紙裏には世界主要地名の一覧を付す。　　　　　　　　　　　　6640

◆故事熟語・慣用語辞典

英語ことわざ辞典　大塚高信，高瀬省三共編　三省堂　1995.6　1110p 19cm 新装版 4-385-10642-8　3200円
英語の諺とそれに類した慣用表現を中心に収録。ラテン語などの原語のままで用いられるものも若干含む。個々の諺について、訳文、意味、用法の解説、起源、出典、国籍、異形表現、英語文献の初出の時期を記し、必要に応じて語句の注や、類似の日本の諺が与えられている。巻末に英語と日本語の索引がある。英語索引は見出し語のほか、異形表現も含まれる。また、日本語索引によって「和英ことわざ辞典」としての利用もできる。　　　　　　　　　　　　　　　　6641

オックスフォード現代イディオム活用辞典　ジェニファー・ザイドル，W.マクモーディー著　堀内克明訳注　オックスフォード大学出版局　1985.12　538p 19cm　4-7552-0019-9　3500円
現代の日常生活で使われる英語イディオムの意味と用法を、英語による言い換えや句源を示すことによってわかりやすく解説した辞典。主として、イディオム中に含まれる品詞別の構成をとっているが、使用状況別解説や諺などは章を別にたててある。巻末に、縮約形及び省略形の一覧、英文アルファベット順の索引を付す。本書は、イギリスのOxford University Press社から1978年に刊行された『English idioms and how to use them』4 th ed.を翻訳、日本向けに加工したものである。　　　　　　　　　　　　　　　　6642

研究社－ロングマンイディオム英和辞典　東信行，諏訪部仁訳編　研究社　1989　868p 22cm　4-7674-3250-2　5600円
イギリスのLongman社から1971年に刊行された『Longman dictionary of English idioms』の翻訳をもとに日本向けに加工したもの。現在、一般的に使われているイディオムのうち隠喩的な表現を中心に約1万5000句を収録。イディオム中の主要語を親見出し語とし、そのアルファベット順に配列してある。句動詞やありふれたものは収録されていない。各項目は、アクセント・品詞・用法・句義・句源などを記載。巻末に単語索引を付す。　　　　　　　　　　　　　　6643

新編英和活用大辞典　市川繁治郎〔ほか〕編　研究社　1995.7　2782p 27cm　4-7674-1035-5　16480円
ある語が習慣的にどのような語と結びついて用いられるか（連語）を、多くの用例によって示した辞典。用例の総数約38万件。英単語（名詞・動詞・形容詞）のアルファベット順に配列。各見出し語に結びつく語を品詞別に、あるいは結びつく形別に分類し、おのおのの用例を提示している。『新英和活用大辞典』増補版（勝又銓吉郎編、研究社、1958）を、特に用例を中心に、時代に合わせて増補改訂したもの。　　　　　　　　　　　　　　6644

日英故事ことわざ辞典　常名鉾二郎編　北星堂書店　1994.5　16,541p 20cm　監修：池田弥三郎，ドナルド・キーン　3400円
日本のことわざと、それに同様あるいは類似した英語のことわざ約3000を収録。日本語のことわざを見出しとしてローマ字読みを付し、アルファベット順に配列。英語訳とその解説、対応する英語のことわざとその日本語訳を記載。さらに類似のことわざがあれば見出し語とページ数で指示している。英語のことわざに出典の記載もある。英語の単語から検索できる索引あり。朝日イブニングニュース社刊（1982年刊）の再刊。　　　　　　　　　　　　　　6645

和英イディオム辞典　青木誠三郎著　大修館書店　1992.8　1230p 20cm　4-469-04114-9　7210円
慣用的な日本語の言い回しに対応する英語とその用例を、欧米で広く読まれている実用書などから採録した辞典。和文の見出し語を、ローマ字音によるアルファベット順に配列し、見出し語に対応する英語語句とその用例を提示している。巻末に和文および英文の語句索引を付す。　　　　　　　　　　　　　　　　6646

和英熟語慣用句辞典　Charles Corwin〔編〕Tokyo : Kodansha International, 1994. 302p 19cm　4-7700-1843-6　2500円
「生きた」英語の使い方を知り、また相手の心を捉える適切な表現を即座に引用できることを目的とした和英慣用語辞典。配列はカテゴリーの和文アルファベット順。収録される1万語は、日常生活を中心にあらゆる人間的行為の分野から選択された222のカテゴリーに分類され、口語表現、イディオム表現、ことわざ表現及び類義語、派生語が付されている。随所に聖書の引用が見られる。巻末に付録として「List of medical terms」が付されている。　　　　　　　　6647

◆類語辞典

英語類義語辞典 斎藤祐蔵著 大修館書店 1980.4 727p 20cm 3900円
英語の中の類義語を収録した辞典。見出し語（英語）のアルファベット順。さらに、各見出し語のもとに類義語をアルファベット順に配列。見出し語の解説、類義語（英語）、その解説、用例（英文と日本文）を記載。巻末に見出し語および類義語の索引を付す。
6648

◆時事英語辞典

コンサイス時事英語辞典 磯部薫編 三省堂 1993.6 975p 19cm 4-385-10648-7 3500円
『三省堂ニューズ英語辞典』（1986年刊）の全面改訂版。時事英語小百科事典を兼ねるという編集方針を受け継ぎ、新語を追加し、約4万語をアルファベット順配列にして収録。本文中に地図、表、グラフなどを含み、付録も分野別単語表、外国の商標名など充実している。
6649

◆俗語辞典

アメリカ俗語・慣用語・日常語事典 D.キクチ著 北星堂書店 1994.6 338p 19cm 4-590-00956-0 2800円
米語の俗語的表現の中で、特によく使われ、米国で生活する時に知っていると便利な語句845句を選び、解説した辞典。配列は、英語語句のアルファベット順。各見出し語の下に、その日本語訳および品詞を示し、その語がどのような場面で、どのように使われるか、使う際に注意すべき事柄、使ってはいけない場合などを解説、例文を示す。巻末に見出し語の和文索引を付す。
6650

◆語彙

英語適語適用辞典 ウィリアム・C.パクソン著 小西康夫訳編 北星堂書店 1993.9 411p 19cm 4-590-00930-7 2900円
アメリカのBobbe Siegel Literary Agencyから1990年に刊行された『The new American dictionary of confusing words』を日本向けに翻訳・編集しなおした語意辞典。配列は、単語のアルファベット順。同義語・同音異綴語など混同しやすい単語の定義やその語法を同一ページに明示することにより、英語学習者のみならず、英語の専門家にとっても役立つ内容となっている。
6651

英語類語用法辞典 丸井晃二朗著 大修館書店 1992.7 423p 22cm 監修：河上道生 4-469-04115-7 4635円
類語関係にある語句をとりあげ、その用法とニュアンスの違いを解説した辞典。類語の範囲には、シノニム（同義語、同意語、類義語）だけでなく、同音異義語、異形同音異義語も含まれている。見出し項目数541。語彙項目数1330。見出し項目として、類義関係にある英語語句を並べて、アルファベット順に配列し、見出し語とした各語の品詞と語義、類語間の語義分析と用法の説明、類義関係の具体的な用例を記述する。巻末に、英文の語句索引を付す。
6652

BBI英和連語活用辞典 秋元実治〔ほか〕編 丸善 1993.2 728p 22cm 監修：寺沢芳雄 4-621-03792-7 7000円
連語の構造を理論的に分析し、文法的連語と語彙的連語に大別、名詞・形容詞・動詞を主とする語彙約1万2000、連語約7万を選んで、その用法、文体のレベル、英米の差を明記、今日最も一般的な連語表現を記述した辞典。アルファベット順に配列した英単語（名詞・形容詞・動詞）を見出し語として、その連語を例句または例文で提示している。巻末に、日本語の五十音順索引を付す。アムステルダムのJohn Benjamin B. V.社から1986年に刊行された『The BBI combinatory dictionary』（Morton Bensonほか編）を原本とする日本語版。
6653

ロングマン英語正誤辞典 J.B.ヒートン，N.D.タートン著 奥田隆一〔ほか〕訳 金星堂 1991.5 389p 19cm 『Longman dictionary of common errors』の翻訳 4-7647-0878-7 3000円
英語学習者の用法の誤りを正すことを目的として編纂された原著（1987年刊）を日本向けに加工した辞典。基本単語を見出し語としてアルファベット順に配列し、その語を用いた文例を正誤ともに併記することで、その違いが一目見てわかるようになっている。簡単な解説付き。本書は、包括的文法書ではなく、実際の英作文に役立つよう、実用的な面を選択、重視した点に特徴がある。主にイギリス英語を対象としているが、必要に応じてアメリカ英語も収録している。
6654

和英擬態語・擬音語分類用法辞典 アンドルー・C.チャン著 大修館書店 1990.12 554p 20cm 4-469-04113-0 4840円
日本語学習者のために作られた、日本語の擬態語・擬音語の辞典。語の使われる状況により「人と仕事」「からだの諸相」「感情の諸相」「心の諸相」「ことば」などの12項目からなる。見出し語は日本語。英語の解説、日本語の範例とその英訳を記載。巻末に「見出語索引」と「英語索引」を付す。
6655

◆文法・語法

英語基本形容詞・副詞辞典 小西友七編 研究社出版 1989.4 2255p 22cm 4-327-46116-4 14420円
現代英語の基本的な形容詞・副詞が、どのような条件のもとに、どのような構文で用いられるか、その制約や用法を解説した辞典。基本となる英単語308項目をアルファベット順に配列。各項目の中は、概説・構文・NB・関連事項に分けて詳細に解説。概説では、基本的意味、派生的な意味の移り変わり、歴史的事実などついて、構文では、その概略・特徴・用例などについて、NBでは、各語義の語法上の特徴、文法上の制約、誤りやすい表現、文化的背景などの注意事項について、関連事項では修飾関係、類語との関係などについて述べている。巻末に英文の語句索引を付す。
6656

英語基本動詞辞典 小西友七編 研究社出版 1980.9 1862p 22cm 9800円
主として現代アメリカ英語より、基本動詞388語を収録し、「語の文法」(それぞれの語がもつ統語論上、意味論上の個別的言語事実)を記述したもの。語句はアルファベット順に配列し、概説、構文、関連事項について詳しく記載している。巻末に語句索引を付す。
6657

英語語法活用大辞典 渡辺登士編著 大修館書店 1987.4 533p 22cm 4-469-04204-8 4000円
『英語語法大事典』『続・英語語法大事典』『英語語法大事典 第3集』、および『英語語法事典』『続・英語語法事典』『英語語法事典 第3集』の改編・圧縮版。語句・術語のアルファベット順に配列。簡単な解説と詳細を知るために元の版への参照頁を記載。巻末に「日英語対照一覧」を付す。
6658

英語動詞句活用辞典 多田幸蔵著 大修館書店 1982.7 1074p 22cm 6800円
現代英語の動詞句のうち、動詞＋副詞（adverbial particle）の形のものを収録。各句グループは副詞のアルファベット順、同じグループの中は動詞のアルファベット順に配列。各句グループの初めに、そのグループの全体の概要説明を付す。見出し語（英語）、語義、用例（英文と日本語訳文）を記載。用例は主として20世紀の作家作品からとる。巻末に「引用作品一覧」「動詞句索引」を付す。
6659

研究社現代英米語用法事典 安藤貞雄，山田政美編著 研究社 1995.2 577p 21cm 4-7674-3029-1 4300円
英米語を使いこなす上で起こりやすい、単語の用法に関する疑問に答えることを目的とした語法辞典。配列は単語のアルファベット順で、類語が比較のため並記されている。各項目は重要語の型、単語の用法、文法、類語の使い分け、句読点の使用法、方言や俗語の区別、風物、新しい用法、用例などを必要に応じて解説しており、文法辞典、類語事典、重要語用例辞典、スタイル事典、風物事典としても利用できる。巻末に参考文献を付す。
6660

研究社－ロングマン句動詞英和辞典 東信行，諏訪部仁訳編 研究社 1994.1 1046p 22cm 4-7674-3255-3 7200円
英語の句動詞と関連語句約1万2000を収録した専門辞書。句動詞の定義を広くとらえ、動詞＋形容詞の結合したタイプの語句までを含めた点で、類書に比較して包括的で実用的である。動詞結合のタイプをコード化した文型コードや派生語、類義・反意などの関連語も豊富に掲載している。原書はイギリスのLongman社から1983年に刊行された『Longman dictionary of phrasal verbs』。1989年に刊行された『研究社－ロングマンイディオム英和辞典』☞*6643*と対になる。
6661

現代英文法辞典 荒木一雄，安井稔編 三省堂 1992.7 1867p 27cm 4-385-15166-0 25000円
英語の文法にかかわる1350項目を、英文見出し語のアルファベット順に配列し、解説した辞典。解説は、現時点での英文法研究の成果を集大成した詳細なものである。巻末に、「日英対照術語表」（項目見出しの日英対照表）、英文の件名索引、語句索引、人名索引および記号索引を付す。
6662

和製英語正誤事典 松本安弘，松本アイリン共著 北星堂書店 1988.6 256p 19cm 1800円
英語本来の意味、発音、用法を無視したカタカナ英語、和製英語約670語を収録した辞典。見出し語を五十音順に配列、誤りを解説し、正しい英語の意味・用法・発音を示す。用例は日常生活、ビジネス、スポーツと

あらゆる分野から採録されている。索引はない。
6663

◆文章・文体

公用英文マニュアル 関正命著　講談社出版サービスセンター(製作) 1989.3　265p　20cm　4-87601-186-9　1600円
日本の民間団体が各種機関や個人に宛てて英語の通信文を作成する際に、形式面・言語面において注意すべき事項を、実例とともに示したマニュアル。第1部総説で、作成の基本姿勢とポイントを述べ、第2部で基本的ルールを、書簡・電報・カードそれぞれについて示す。第3部では書簡・電報の実例を就任・感謝・弔慰等テーマごとにあげる。巻末に、国名一覧と注意すべきスペリング一覧を付す。
6664

◆会話・表現

英語数量表現辞典 富井篤編　三省堂 1995.3　678p　19cm　4-385-11005-0　4500円
英文作成、和文翻訳のための英語数量表現について技術文を例文に用い体系的に解説した辞典。3編からなる。「概説編」は、数と量の違い、基数詞、序数詞、比較、倍率、分数、比、単位、準単位、単数と複数について説明。「基礎編」は、数と量に関する表現の基本パターンと数量語句を修飾ないし限定する表現を扱う。「応用編」は圧力、温度、長さなど物理量79種を五十音順に配列。巻末に和文、欧文索引がある。『英語の決め手、数量表現』(インタープレス社、1986)を母体に大幅な増補・改訂を加えたもの。
6665

最新和英口語辞典 マーク・ジュエル，羽鳥博愛編　朝日出版社 1992.10　1051p　19cm　4-255-92036-2　3600円
日常生活を舞台として、日本人が英語を用いて外国人とよりよいコミュニケーションを図るための道具としてつくられた。日本人が日常よく使う口語表現を2254の見出し項目に分類し、その項目を用いた会話を約1万1700の対話形式で取り上げ、さらに、その意味・ニュアンスにできる限り沿った英語対話を併せて収録した新しいタイプの和英辞典。配列は見出し語の五十音順。巻末に付録として「日本の事象」「カタカナ言葉」「不規則動詞変化表」を付す。
6666

しぐさの英語表現辞典 小林祐子著　研究社 1991　753p　20cm　4-7674-3220-0　4300円
身振り、表情に関する英語表現を、身体各部位名の下に分類し、解説した辞典。ankle, arm, backなど、身体各部位名のアルファベット順に配列した見出し項目の下に、まず、一般的解説（その身体部位が示す範囲、その動きを表す描写法、非言語コミュニケーションにおける特徴的なはたらきなど）をイラスト付きで記述し、次いで、その身体的部位を含む英語表現を表す語句、その日本語訳、用例、身振りに関する説明、日英の比較などを記述している。巻末に英文の語句索引を付す。
6667

日英対照感情表現辞典 稗島一郎編　東京堂出版 1995.1　258p　20cm　4-490-10378-6　2200円
日本語の感情表現を英語で適切に表現するにはいかにすべきかを、約300の感情表現ごとに、例文ごとに解説した辞典。配列は、喜びの表現、愛の表現等8つの表現ごとに五十音順。各項目には類似の表現を集め、それぞれに対する英語訳と例文に続き簡単な解説を付す。巻末に、英語表現索引あり。
6668

ホームステイ英会話辞典 学習研究社 1994.7　672p　18cm　監修：羽鳥博愛　執筆：永田博人ほか　4-05-300041-6　1800円
海外でのホームステイに役立つ日常会話を収録した日英対訳集。単語約2400語と例文3200文を収録。日本語を見出し語に五十音順に配列し、英訳語・文を付す。写真やイラストも収録。「キーフレーズ」には、さまざまな状況に合わせて表現できるように言い換えの語句を示す。巻末資料に「ホームステイをするための心構え」や「手紙・メモの書き方」がある。『トラベル英会話辞典』(改訂新版、1998、768p)の姉妹編。
6669

和英翻訳表現辞典 英語らしく訳すための　ジャパンタイムズ編　ジャパンタイムズ 1988.1　534p　19cm　4-7890-0398-1　2800円
コンテクストの中でとらえて翻訳する以外にない語句や、ひとひねりしないと英語として通用しない表現を収録した辞典。語句や日本文のニュアンスをいかに英語で表現するか、数多く例示。見出し語は日本語。五十音順に配列し、その英訳と例文（日本文と英文）を記載している。
6670

◆オーストラリア英語

オーストラリア英語辞典 森本勉編 大修館書店 1994.6
　337p 20cm 4-469-04136-X 3100円
オーストラリアだけで通用する語句や頻繁に使われる語句、オーストラリアと関連の深い語句、オーストラリアが発生地の語句などを収録した辞典。発音記号、語義・解説を記載し、語句によっては、その背景や事情を詳しく説明する。巻末に「オーストラリア参考書目」を付す。
6671

オーストラリア・ニュージーランド英語辞典 沢田敬也編著 横浜 オセアニア出版社 1987.10 303p 19cm 3200円
オーストラリアおよびニュージーランドで使用されている、あるいは使用された語句の辞典。英米で使用されている一般的な語句は除外している。見出し語は英語のアルファベット順に配列。スピーチレベル（その語句の使用される地域、使用のされ方など）と解説を記載。アボリジニー語・マオリ語については、神話・伝説を読むのに十分な語彙を収録。巻末に「発音について」を掲載。
6672

ヨーロッパ系の諸言語

◆ドイツ語

ドイツ言語学辞典 川島淳夫〔ほか〕編 紀伊国屋書店 1994.5 1527p 27cm 4-314-00570-X 58000円
ドイツにおける言語研究および日本を含む世界のドイツ語研究の成果を収めた辞典。言語学とその関連諸領域の術語約3000語を収録。ドイツ語の見出しに続き、分野表示、訳語、本文記事、必要に応じて文献を示す。縦横に関連項目への参照指示がある。巻末に詳細な文献目録と索引を付す。
6673

ドイツ語類語辞典 第2版 中条宗助編著 三修社 1995.2
　923p 20cm 4-384-00066-9 9500円
ドイツ語の類語を群としてまとめ、そのうちの一語のアルファベット順に配列し、訳語・各見出し語（発音）・品詞・英語訳・語義・例文を記した辞書。巻末に各語から引ける索引を付す。初版は1982年刊行。
6674

◆◆独和辞典

郁文堂独和辞典 第2版 富山芳正〔ほか〕編 郁文堂 1993.2 1828p 20cm 4-261-07188-6 4300円
約11万3000の見出し語を採録した中型の独和辞典。現代標準ドイツ語が中心だが、必要に応じて方言・古語・俗語も収録している。各項目は見出し語のもと、発音・語源・品詞・訳語・用例が記載され、文法的説明も多い。付録は巻頭に発音解説、巻末には分綴法、諸品詞の変化、ドイツの政治機構など10種以上ある。
6675

新現代独和辞典 ロベルト・シンチンゲル〔ほか〕編 三修社 1994.2 1723p 20cm 4-384-00031-6 6200円
1987年刊『独和広辞典』の改訂版。見出し語は11万語で東西ドイツの統一にともなう地名の変更や新しい州名、新語や専門用語を増補し、350頁以上にわたり改定が加えられた。見出し語の配列はアルファベット順。巻末の文法、分綴法などの付録のほか、別冊付録としてドイツ語の語尾変化を説明した「変化語尾がわかる－独和辞典を引く前に」を付す。この大改定を期に1972年に刊行された『現代独和辞典』は絶版とされた。1997年版はCD-ROM添付。
6676

独和広辞典 ロベルト・シンチンゲル〔ほか〕編 三修社 1986.12 1723p 25cm 4-384-00016-2 18000円
『現代独和辞典』（シンチンゲル等編、三修社、1977）を引き継ぎ、見出し語数約11万語を収録したドイツ語辞書。基本語のほかに合成語、技術経済関係の術語・地名・人名を含み、慣用句も多数収録している。旧版刊行後の時代変化に対応するため、1万語以上を追加し、絵記号や各種符号も多用し、見やすい表示に努めている。付録に文法、分綴法、句読法、修辞法、韻律法、年表、動詞変化表がある。
6677

独和大辞典 第2版 国松孝二〔ほか〕編 小学館 1998.1
　853p 23cm 4-09-515002-5 23000円
20年の歳月をかけて編まれた最大規模の独和辞典。近現代ドイツ語に重点をおき、その語義・語法から語形までを記述する。収録の見出し語・用例数は最高を誇り、百科事典などの要素を加味することで、専門語の

充実度も高くなっている。ブロックハウス社からの約3000点の図版収録で、内容的にあつみを増した。巻末には字母一覧、記号の読み方、ドイツ語の歴史と現況、ドイツ語圏年表などの付録がつく。この第2版は1985年の初版刊行から十数年間のドイツの著しい変化を踏まえ、約1万の新しい見出し語を付加した改訂増補版。 *6678*

◆◆ 和独辞典

郁文堂和独辞典 第2版 富山芳正〔ほか〕編 郁文堂 1983 634p 18cm 4-261-07063-4 2800円
現代の最も標準的なドイツ語を用いて日本語を表現することに留意した和独辞典。かな見出し約3万語を五十音順に配列し、漢字表記・ドイツ語訳・例語・句例を記載。情報量よりも使いやすさを重視し、独和辞典との併用を前提としている。巻末付録に世界主要地名、世界主要人名、手紙の書き方、文型一覧、文法一覧、主要強変化・不規則変化動詞表がある。 *6679*

現代和独辞典 ロベルト・シンチンゲル〔ほか〕共編 三修社 1994.2 1497p 17cm 4-384-00032-4 6800円
見出し語数約7万9000語、用例数6万4000を収録する中辞典。現代の言語生活に適応できるように新語、俗語、外来語、専門用語等を積極的に採録するとともに日本固有の語彙も採録する。日本語の見出しはローマ字表記でアルファベット順に配列。巻末付録に、世界主要人名および地名、文法、修辞法、分綴法、年表などを収載。『現代独和辞典』の姉妹編。デスク判もある。新装版として刊行されたが、内容的には1980年刊と変わらない。 *6680*

◆ オランダ語

講談社オランダ語辞典 講談社 1994.11 1072p 20cm 監修：P.G.J.ファン・ステルケンブルグほか 4-06-154801-8 6000円
戦後初の本格的なオランダ語－日本語辞書。オランダのElsevier社から1993年に刊行された蘭英辞典『Kramers Nederlands-Engels Woordenboek』37版をもとに、原本にない略語、オランダ・ベルギー関連の地名などを追加し、約5万2000語を収録。発音記号、品詞、日本語の語義、用例のほか、原本の英語の語義をそのまま残している。随所に、日本人に親しみのない事項について文化的背景の説明を加えたコラムを付す。巻末付録として、「オランダ語の沿革史」「文字・発音・文法」「不規則動詞変化表」がある。 *6681*

◆ デンマーク語

デンマーク語辞典 古城健志，松下正三編著 大学書林 1993.11 1004p 22cm 4-475-00127-7 35020円
日常頻繁に使用される単語を網羅した、日本で最初の本格的なデンマーク語辞典。収録語数約5万語。語の選択はPolitiken社の『Nudansk Ordbog』(13版)を基準とするが、固有名詞などを省く一方、名詞・形容詞・動詞の不規則変化形などを示して初心者の便を計る。各項目は見出し語、語尾変化、品詞、語義の順に記載。発音はなく、用例もほとんどないが、巻末に主要接頭語・主要接尾語・主要略語・不規則動詞変化表を付す。 *6682*

◆ スウェーデン語

スウェーデン語辞典 尾崎義〔ほか〕著 大学書林 1990.9 624p 22cm 23690円
現代スウェーデン語の文献・作品を読む際に必要な約4万3000語を収録した本格的なスウェーデン語辞典。アルファベット順配列の見出し語に続き、発音、語形、品詞、例文、成句を示す。全見出し語に発音を付けるとともに、名詞・動詞などの不規則な変化形を見出し語にあげるなど、初学者の便をはかる。巻末に「動詞類型別活用表」「不規則動詞活用表」を付す。 *6683*

◆ フランス語

◆◆ 仏和辞典

クラウン仏和辞典 第4版 天羽均〔ほか〕編 三省堂 1995.1 1754p 19cm 4-385-11938-4 5000円
現代フランス語を学ぶ社会人・学生に使いやすくを基本方針とした仏和辞典。新語・新義語を積極的に収録する。重要語4400語は大活字で示し、発音のカナ表記も併記される。本文の例文・例句の活用を意図した巻末の「和仏インデックス」(51頁)が索引機能を高めている。巻末付録として、各種の動詞活用表のほか、

フランス文化の理解をたすける意図で「フランスの教育制度」「軍隊の階級」なども付す。　6684

現代フランス語辞典　中条屋進〔ほか〕編　白水社　1993.3　1759p　19cm　監修：山田〔ジャク〕，宮原信　4-560-00028-X　3600円
約3万5000語を収録。日本人編者と日本語に堪能なフランス人編者との共同作業によった。現代の日常フランス語の意味と用法の解説を主眼とした。基本語彙約4000語を含む約1万語は項目見出しの色刷り、注意すべき発音の語約2万語には仮名による発音記号を併記、重要多義語は囲み記事、などの工夫がなされている。野菜、からだ、パソコンなど32項目についてのイラストあり。巻末には和仏語彙集を付す。1993年の初版に約12語を補遺。略称「ル・ディコ」　6685

小学館プログレッシブ仏和辞典　大賀正喜〔ほか〕編　小学館　1993.1　1615p　19cm　4-09-515221-4　3500円
フランス語学習者のために、現在用いられているフランス語の語彙を選択し、その用法をわかり易く示した仏和辞典。各見出し語に発音、動詞の活用形、品詞、語義、用例、成句、類義語・反義語・関連語等を示す。重要語彙を色分けするほか、随所に語彙の比較や語法の解説があり使い易い。巻末に行為別会話表現、文法解説、動詞活用表、和仏索引等を付す。　6686

小学館ロベール仏和大辞典　小学館ロベール仏和大辞典編集委員会編　小学館　1988.12　2597p　27cm　4-09-515201-X　28000円
現代社会のあらゆる分野におけるフランス語利用者の要望に応えることを目ざして編集された仏和辞典。一般語6万、専門語4万、固有名詞、略語など総計12万語を収録。重要な合成語を見出しに立てるなど即座の利用に便をはかるとともに、現時点における利用を重視して新語・新語義・新略語を積極的に採用。使用が稀な語彙は収録せず。また連語関係を重視し、表現モデル欄を設ける。巻末に詳細な主要参考文献と動詞活用表を付す。　6687

新コンサイス仏和辞典　川本茂雄，内田和博共編　三省堂　1993.3　1396,100p　19cm　4-385-12104-4　4500円
フランス語と日本語の感覚の違い（文の連なり、音と意味のかさなりやずれ）も明らかにしようと意図した仏和辞典。見出し語7万3000をアルファベット順に配列。国際音標文字で発音を示し、語義、用例、成句と続く。学生から一般社会人を利用対象とする。巻末に詳細な「動詞の活用」を付す。　6688

◆◆和仏辞典

コンコルド和仏辞典　高塚洋太郎〔ほか〕共編　白水社　1990.10　1491p　19cm　4-560-00024-7　4800円
フランス語の初心者の学習にも配慮した和仏辞典。見出し語はかな見出しにし、検索の便をはかるため小見出しを採用。現在一般的に用いられている表現を中心に新語が取り入れられている。訳語を2つ以上並記するときには、必要に応じて意味や文体上の区別を示す。訳語には、実際に文中でどのような語と結合するかを示すため、用例が添えられている。付録として、フランス語をよりよく使う、旅行する・生活する、実務にたずさわる、日本について語るなどの解説記事があるほか、固有名詞表、動詞活用表がある。学習者だけでなく、実務者・旅行者にも配慮がなされている。　6689

コンサイス和仏辞典　第2版　重信常喜〔ほか〕編　三省堂　1995.2　1172p　19cm　4-385-12155-9　4600円
会話的要素の高い現代文を中心に、用例を多く採録した和仏辞典。見出し語はひらがな・カタカナ混配の五十音順で、その漢字、対応する仏語、語義、用法の順で記述。巻末付録として、「手紙の書き方」「電話のかけ方」などを付し、日常使用の便に配慮している。　6690

◆◆ことわざ

フランス語ことわざ用法辞典　調佳智雄，ジャン-マリ・ルールム著　大学書林　1995.7　375p　19cm　4-475-01586-3　4944円
現代フランスでよく使われることわざ150を選び、用例つきで解説したもの。配列は初語のアルファベット順。日本語による読物的な解説のあとに、フランス語による用法とその訳、語句の説明を付す。巻末にフランス語の諺索引と日本語の諺索引あり。ユーモラスなイラストつきで、読んで楽しめることわざ辞典。　6691

フランスことわざ名言辞典　渡辺高明，田中貞夫共編　白水社　1995.4　280p　18cm　4-560-00031-X　2800円
フランスでよく知られたことわざ約1200をフランス語文で示し、文中のキーワードのアルファベット順に配列、類義の日本のことわざ、フランス語の逐語訳、比喩的な意味を示す。同義のことわざ、出典・由来を添える。巻末に主題別索引、日本のことわざ索引、作者別名言索引を付す。　6692

◆◆会話・表現

映画にみるフランス口語表現辞典 窪川英水著 大修館書店 1994.12 464p 22cm 4-469-05177-2 5562円
フランス映画のシナリオから採録した会話とその日本語訳を併記した辞典。第Ⅰ部は口語の発音と表記、口語文法、語のレベル・位相、対話のレトリックの4章として、口語表現を体系的に説明している。第Ⅱ部は慣用的な言い回しの用語をアルファベット順に配列。付録として「主要フランス映画作品」(監督別、作品別、年代別)リスト、「映画の台詞の翻訳」。巻末に参考文献と語句索引、人名(監督)索引を付す。 6693

◆スペイン語

研究社新スペイン語辞典 カルロス・ルビオ, 上田博人編 研究社 1992.6 1814p 20cm 4-7674-9055-3 5000円
現代のスペイン、ラテンアメリカで使われている約3万7000語を主見出し語として収録。ほかに副見出し語9800、成句の見出し語6600を収める。動詞の活用形、形容詞の変化形も見出し語として採録。重要語には発音をカタカナ表記で付す。各項目の説明には写真・挿図を多く用いている。巻末に「日本語索引」、文字と発音の解説、動詞の活用・解説、規則動詞と不規則動詞の活用表を付す。初学者向きの辞典。 6694

西和中辞典 桑名一博〔ほか〕編 小学館 1990.1 2079p 19cm 4-09-515501-9 5800円
ラルース社の『Dicctionario espanol-inglés english-spanish』を底本として、現代生活に関連のある専門用語、新語、俗語などを積極的に取り入れ約7万語を収録。また、中南米や北米ヒスパニックの語義にも留意して編集した辞典。基本重要語(約4000語)には星印をつけ、最重要語(2000語)は太字の大見出しにしている。巻末に関連記事・専門用語集・図版の索引、主要参考文献、スペイン語の歴史と現状、単語の変化表などを付す。 6695

和西辞典 宮城昇〔ほか〕編 白水社 1988.1 1239p 17cm 監修:エンリケ・コントレラス 4-560-00074-3 5000円
見出し語約3万2500。五十音順かな見出しに日本語を併記。派生語・成句等も記す。経済・科学技術関係の専門用語に重点。文法事項のまとめ等63項目を本文中に囲みで記載。付録に国名、地名、人名(世界要人、神話・聖書)、作品名(著作、美術、音楽)、年表、手紙その他の書き方、動詞活用表、不規則動詞索引。 6696

◆ポルトガル語

邦訳日葡辞書索引 森田武編 岩波書店 1989.10 305p 27cm 4-00-080071-X 5400円
『邦訳日葡辞書』(土井忠生、森田武、長南実編訳、岩波書店、1980)の見出し語に対する日本語索引。『邦訳日葡辞書』の見出し語はイエズス会式ローマ字表記で、現行の表記法とは異なり、また一部で特異な配列が採用されているなどそのままでは使いにくいため、新たに五十音順の日本語索引を編纂。見出し語総索引、特殊語索引、出典別索引の3部構成で、原本の見出し語を現代かなづかいのひらがなで表記し五十音順に配列、原本の該当頁を指示する。 6697

ポルトガル語ことわざ用法辞典 英語・スペイン語対照 富野幹雄, クララ・M.マルヤマ共著 大学書林 1990.9 340p 19cm 4944円
日常生活でよく使われることわざ200をとりあげ、解説の中で、対応する日本語・スペイン語・英語のことわざをあげ、会話形式の例文により実際の用法を示す。巻末に、ポルトガル語・英語・スペイン語混配のアルファベット順「欧文ことわざ索引」、五十音順の「日本語ことわざ索引」がある。 6698

ローマ字ポ和辞典 改訂新版 坂根茂, 日向ノエミア著 サンパウロ カーザ・オノ商会 1991.1 842p 19cm 発売:柏書房(東京) 4-7601-0670-7 5800円
現代ポルトガル語と日本語の対訳辞書。ブラジル人およびポルトガル語を話す人々が日本語を学ぶ場合を想定して作られた。ブラジルで日常的に使われる語約1万6000語(派生語も含む)をアルファベット順に配列した見出し語のもとに、品詞の略称、ローマ字表記の日本語訳語、かな漢字表記の日本語訳語、用例などを記載する。凡例や巻末の補足説明はすべてポルトガル語による。索引はない。同じ著者による『ローマ字和ポ辞典』☞6700と対をなす辞書である。 6699

ローマ字和ポ辞典 日向ノエミア著 柏書房 1992.3 611p 19cm 4-7601-0794-0 5200円
在日ブラジル人と日本人との日常会話に役立つことを目的とした辞典で、約9000語を収録。見出し語はヘボン式ローマ字で日本語表記を付し、対応するポルトガル語および話し言葉を中心とした例文を付す。ポルト

ガル語にはカタカナのルビを付す。巻末付録として、「日本語文法概要」「ポルトガル語の発音」「ポルトガル語文法概要」がある。
6700

◆イタリア語

現代伊和熟語大辞典 改訂普及版 武田正実著 日外アソシエーツ 1993.8 626,187p 19cm 発売：紀伊国屋書店 4-8169-1199-5 5800円
狭義の熟語のほか、成句・連語・その他の慣用表現いっさいを含む日本で最初の本格的な伊和熟語辞典。収録語数5469、例文は1万6000以上。各項目は見出し語句に続き、使用範囲・分野、語義、直訳・原意、例文・訳文のほか類義表現、反意表現などもあげる。巻末に「キーワード索引」「動詞活用表」を付す。1982年の初版に数十か所の改訂を加えて判型をコンパクトにしたもの。
6701

小学館和伊中辞典 西川一郎編 小学館 1994.1 1717p 19cm 4-09-515451-9 7000円
日本人のみならずイタリアの日本語学習者も視野に入れて作られた和伊中辞典。和伊辞典ではあるが伊和辞典と百科事典的要素もある。収録語数は一般語・基本語・固有名詞などを含めて約4万語。各項目は見出し語、語義と訳語、用例、慣用表現、アクセントと発音、付加情報、日本情報欄などからなる。図版あり。巻末に「イタリアの地名とその形容詞」「年表」「動詞変化表」を付す。
6702

◆ルーマニア語

ルーマニア語辞典 大阪 日本ルーマニア文化委員会 1976.11 370p 22cm 非売品
1935年に『日羅辞典』（ルーマニア言語文化研究会）として刊行され、1973年には『ルーマニア語辞典』として再刊されたものの縮刷版。内容的な変化はない。この間にルーマニア語に生じた語彙、正綴法、発音の変化について巻頭でふれる。各語の訳にはローマ字綴りと日本語が併記されている。発音、綴りの変化などに関する記述はない。
6703

◆ロシア語

岩波ロシア語辞典 和久利誓一〔ほか〕編 岩波書店 1992.6 2293p 19cm 4-00-080077-9 7800円
現代ロシア語の必要にして十分な語彙約13万語を収録した辞典。語義・語法を簡潔に示すほか、新語・新語義や口語・俗語を積極的に採録し、複合語・成句・名句・諺・比喩表現なども豊富。常用基本語として約6000語を選定し、よりていねいに用例をあげ、語法注記、同意語、反意語、類語解説を加えるなど詳細に記述。初学者には学習辞典として活用できる。巻末に発音要覧、ロシア語における姓の変化、ロシア史略年表などを収録する。
6704

研究社露和辞典 東郷正延〔ほか〕編 研究社 1988.9 2763p 26cm 4-7674-9030-8 25000円
初学者から実務家・専門家までを視野に入れた本格的な露和辞典。収録語数約26万語。重要語（約7500語）には十分なスペースをさき豊富な実例をあげて詳述。類義語欄を設けるとともに、同義語・反義語を示す。また文法的な説明を適宜与えて文法辞典的な性格をもたせると同時に、人名・地名・専門語を多数収録して百科事典的な要素も盛り込む。巻末に「発音解説」「主要参考文献」を付す。
6705

博友社ロシア語辞典 改訂新版 木村彰一〔ほか〕編 博友社 1995.2 1532p 20cm 4-8268-0148-3 6000円
1975年の初版に3000語を追加し、現代語中心に約5万3000語を収録した学習用中型露和辞典。初歩・中級の学習者に必要な基本的な情報を網羅し、見出し語に対する発音（IPAの発音記号）、語形変化、品詞、語義、用例、文語・口語などの注記、熟語・ことわざを記す。巻末に日本語からの検索のための「和露索引」（8600項目）、付録として「固有名詞」「略語略字」「変化表」がある。
6706

◆ブルガリア語

ブルガリア語辞典 松永緑弥著 大学書林 1995.4 22,719p 22cm 4-475-00131-5 25750円
同じ著者による『ブルガリア語基礎語彙』（1987年刊）、『ブルガリア語常用6000語』（1990年刊）の延長線上にある辞典。各項目は見出し語のあとに活用形、品詞、外来語の国名、専門語・用途指示、語義の順。発音や用例はない。巻頭に参考文献とブルガリア語小文法を

付す。　　　　　　　　　　　　　　　　*6707*

◆チェコ語

チェコ語＝日本語辞典　小林正成，桑原文子共編　京都　京都産業大学出版会　1995.3　11,748p 19cm　発売：丸善(東京)　4-905726-30-1　5000円
主として学生の学習のための便宜を念頭において編集されたチェコ語の辞典。収録語数約2万語。各項目は見出し語のあとに品詞と語形変化、語義の順。発音は例外的な発音をするもののみ示す。用例は多くない。巻頭に参考文献、巻末に「発音と語形変化」を付す。
6708

◆ギリシア語

現代ギリシア語辞典　川原拓雄著　リーベル出版　1992.9　273p 22cm　4-89798-000-3　13390円
日本で最初の本格的な現代ギリシア語辞典。約1万3500語を収録。正書法は1982年施行のモノトニコ・システムに準拠し、収録語は民衆語を主体とするが、基本語については異綴りおよび純正語も見出し語として収録する。見出し語には変化形を示すとともに、必要に応じて語源も示す。また訳語には同意語や反意語を挙げ、多くの文例も示す。付録として「現代ギリシア語の発音の概要」「名詞・動詞の変化表」を収める。
6709

ギリシャ語辞典　古川晴風編著　大学書林　1989.9　1316p 22cm　46350円
日本で最初の本格的な古代ギリシャ語辞典。日本の学習者に必要と思われる語彙を網羅する。初学者を対象とし見出し語に配慮。語法に関する記述も多い。見出し語に続き品詞を指示し、名詞・形容詞・動詞にはそれぞれ性別や変化形などを示す。語義は簡潔。一部の語彙に方言や語源の指示がある。巻末に「暦法および度量衡について」「名詞・形容詞・代名詞・数詞の変化表」「動詞の変化表」を付す。
6710

◆ラテン語

和羅小辞典　木下文夫著　国際語学社　1994.5　218p 19cm　4-905572-85-1　3500円
ラテン語作文の初学者を対象としたコンパクトな辞典で、1992年自費出版したものの増補改訂版。見出し語はひらがなの五十音順配列で、漢字表記・性・対応のラテン語・派生語・用例など簡潔に記す。巻末に、数詞、間投詞、地名の一覧を付す。
6711

その他の諸語

◆アルバニア語

アルバニア語小辞典　戸部実之著　泰流社　1994.6　93p 22cm　4-8121-0071-2　12000円
英語－アルバニア語辞典をもとに重要語2289語を取り出した単語集。英語を見出しとし、対応する日本語、アルバニア語を単純に列記する。
6712

◆フィンランド語

実用フィンランド語小辞典　久保義光著　泰流社　1990.8　1冊 21cm　4-88470-736-2　9000円
約3000語のフィンランド語を収録した、フィンランド語・日本語・英語の3か国語辞典。3部からなり、第1部「フィンランド語－日本語－英語」、第2部「日本語－フィンランド語－英語」、第3部「英語－フィンランド語」で、フィンランド語見出しには、名詞・形容詞の格変化、動詞の人称語尾変化等を記し、対応する日本語・英語を併記する。日本語にはローマ字表記を付し、第2部はローマ字アルファベット順配列。

巻末付録として、「フィンランド語文法要旨」がある。
6713

◆エジプト語

エジプト語辞典 エジプト語―英語―日本語　英語―日本語―エジプト語　戸部実之著　泰流社　1994.6　318p　21cm　4-8121-0076-3　18000円
初学者を対象とした古代エジプト語の辞典で、比較言語の素材となることをも目的とした単語集。『An Egyptian hieroglyphic dictionary』(E.A. Wallis Budge, ed. New York, Dover Publications, 1978) 収載の2万8000語から人名・地名などを除外し、日常語約2000語を採録。「エジプト語－英語－日本語」「英語－日本語－エジプト語」の2部からなり、それぞれ対応する語を列記。エジプト語は象形文字の音価をローマ字表記したものを採用している。
6714

◆スワヒリ語

スワヒリ語辞典 第1-6集　守野庸雄，中島久編　東京外国語大学アジア・アフリカ言語文化研究所　1991-1997　6冊　27cm　（アジア・アフリカ基礎語彙集）
全6集から成るスワヒリ語辞典。第1集はA－C、第2集はD－J、第3集はK－L、第4集はM、第5集はN－S、第6集は「補遺」を含めたT－Zで始まる語彙を収録したもの。331点の資料中からmasamiati、manenomagumu、sherehe等の項目の下にあった語彙を中心として、それらの資料の中に見られるその他の語彙の定義・解説および熟語・成句やことわざなども収録。出典別に整理されている。日本語による解説はなく、スワヒリ語義はすべて英文表記。見出しは、名詞は単数・複数別々、動詞は語幹を見出しにし、その他の品詞には記号を付す。出典は、見出し語の下に示す。それぞれの見出し語には、語釈・解説が付されている。
6715

◆ハウサ語

ハウサ語小辞典 松下周二著　大学書林　1988.12　514p　18cm　7000円

西アフリカで話されているハウサ語の辞書。『Malam Mamman Kano. Dare Dubu da Daya』(5 vols. Gaskiya Corporation, 1924) および『Alhaji Abubakar Immam. Magana Jari Ce』(3 vols. Nothern Nigerian Publishing Co., 1937) を基に出現頻度により6000語を選択。同著者の『ハウサ語基礎1500語』(大学書林、1980) をもとに語彙と例文を増補、見出し語に対し、品詞・変化形・語義・例文を記す。巻頭に「ハウサ語の発音」「辞書中の品詞とその用法」などの解説を付す。
6716

◆イヌイト語

イヌイト語辞典 エスキモーの言語　戸部実之著　泰流社　1989.6　184p　22cm　4-88470-686-2　8240円
エスキモーの言語の単語集。『English-Eskimo and Eskimo-English vocabularies』(Ensign Roger Wells, comp. Government Printing Office, 1980) を底本に、初学者用に重要語を選び日本語の語義を付したもの。3部構成で、第1部「アラスカ・シベリアの北極エスキモー」、第2部「語彙集（エスキモー語－日本語）」、第3部「語彙集（英語－エスキモー語）」で、第2部には1140語のエスキモー語を収録し、対応する英語と日本語を記載している。補遺として、シベリア・エスキモー語の単語集を付す（英語－エスキモー語、エスキモー語－英語）。
6717

◆キリワ語

キリワ語小辞典 キリワ語－英語－日本語　英語－日本語－キリワ語　戸部実之著　泰流社　1994.5　150p　26cm　4-8121-0073-9　15000円
キリワ語（メキシコのバハ・キャリフォニア・ノルテ州の一地域で話されている言語）・英語・日本語の語彙集。第1部「キリワ語－英語－日本語」、第2部「英語－日本語－キリワ語」からなり、第1部はキリワ語600語を収録し品詞・用法などを略語で指示し、対応の英語・日本語を併記する。第2部は3248語を収録。キリワ語はすべてローマ字表記。巻末に、「世界主要言語の音韻分析　子音中心」を付す。
6718

◆ナワ語

ナワ(ナウワ)語辞典 戸部実之著 泰流社 1994.7 99p 26cm 4-8121-0080-1 14000円
ナワ語（メキシコ先住民アステカ族の言語で、現在約100万人以上の人々により話されている）の語彙集。主な単語2358語を収録しナワ語発音のアルファベット順に配列、品詞を示し、対応の英語、日本語を並記。巻末に「世界主要語の音韻分析　母音中心」を付す。
6719

◆マヤ語

マヤ語辞典 戸部実之著 泰流社 1990.11 200p 22cm 4-88470-737-0 9800円
マヤ語（中米インディオの言語の一つ）、スペイン語、日本語3か国語の単語集。3部構成で、第1部は「基本文法」、第2部は「語彙集（マヤ語－スペイン語－日本語）」で1800語を収録、第3部は「語彙集（スペイン語－日本語－マヤ語）」で日常の重要語2203語を収録。語彙集は対応する単語を並記するのみで、第3部では対応のマヤ語が明らかでない場合空白になっている。マヤ語は、ローマ字化音表記による。
6720

◆エスペラント語

エスペラント常用6000語 後藤斉編 大学書林 1993.7 399p 16cm 4-475-01194-9 4944円
学習の進度チェックを目的とした語彙集。エスペラント・アカデミー選定の基礎語根を中心に、その他の語根、派生語、合成語を追加し約6900語を収録、現代において必要度の高い語のほとんどをカバー。見出し語は、語根が区別できるよう明示し、品詞・訳語を簡単に記す。アカデミー選定語根には、その重要度のランクも表示している。
6721

新選エス和辞典 改訂第16版 岡本好次原著 貫名美隆, 宮本正男共編 日本エスペラント学会 1989.1 399p 16cm 1400円
1926年初版を刊行したハンディな現代エスペラント語－日本語辞典の全面改訂版。公用語は網羅的に収録し、主要な辞典に採録されている語根のほとんどすべて、専門語、詩語、重要な固有名詞、動植物名等幅広く収録。エスペラント見出しに必要に応じて語根を明示し、品詞・語義・派生語・合成語などを記す。巻末に「エスペラント文法のしおり」などの付録がある。
6722

文学

文学一般・世界文学

◆書誌

比較文学研究文献要覧 1945-1980 日本近代文学と西洋文学 富田仁編 日外アソシエーツ 1984.12 411p 27cm （20世紀文献要覧大系 16） 発売：紀伊国屋書店 4-8169-0431-X 24000円
日本近代文学と西洋文学とのかかわりについて考察した研究論文や図書の目録。1945年から1980年までに日本国内で発表された約6500件を収録する。総論と作家論（日本人・西洋人）に大別、各見出しのもと図書、雑誌、書誌の別に刊行年月順に配列する。「近代日本における比較文学研究のあゆみについて」「日本比較文学年表」「文献目録」の3部からなる。巻頭に作家論の索引となる人名目次、巻末に著者索引がある。
6723

翻訳小説全情報 45/92 日外アソシエーツ編 日外アソシエーツ 1994.1 1516p 22cm 発売：紀伊国屋書店 4-8169-1214-2 39800円
1945年から1992年3月までに、国内で刊行された図書の中から、日本語に翻訳された小説・戯曲を網羅的に集めた総目録。著者名の五十音順に約6800名配列され、さらに書名の五十音順に配列している。約3万3000点収録されているが、児童書は含まない。中国・朝鮮人は現地読み（カナ）とし、日本語読みからは現地読みへ参照あり。記載内容は通常の目録に準じている。各種の書誌から採録しているため、内容細目の記載に精粗が見られる。索引は、人名の原綴と書名からなるが、内容細目にある書名は検索できない。
6724

明治・大正・昭和翻訳文学目録 国立国会図書館編 風間書房 1959 779p 26cm
明治元年から昭和30年までに邦訳刊行された欧米文学作品（小説・戯曲・詩・評論・随筆・紀行・日記・書簡）の目録。ペルシャ・インド等の作品若干にも及んでいるが中国や朝鮮のものは全く除いている。大正元年から昭和30年までの第1部と、明治元年から45年までの第2部とに分ける。第1部は原著者をカナ表記で見出しとして五十音順配列し、その邦訳書のすべての版の訳書名・訳者・出版社・刊年・原書名等を示している。著者名には原綴・生没年・国籍を付記している。第2部には翻案・聖書・訳注書も収め、単行書のほか新聞雑誌類に掲載されたものも含めて刊年順に配列。巻末に第1部についての原綴による著者索引がある。
6725

◆索引

作品名から引ける世界文学個人全集案内 日外アソシエーツ編 日外アソシエーツ 1992.2 23,891p 22cm 発売：紀伊国屋書店 4-8169-1120-0 12360円
1986年9月までに翻訳刊行された世界文学における個人全集の作品名索引。191名の個人全集394種のべ約2800冊の内容項目約4万9000件の作品名を五十音順に配列。作品名は、詩・短編集など小品の各篇、評論・論文などの章題名を含み、一点ずつ独立した作品名として扱う。書簡類は本篇とは区別し書簡篇として収録。同一作品であっても、訳者あるいは全集により表記が異なるものは、統合せず原本通りとしている。すべてではないが作品名の後に原綴を示す。
6726

作品名から引ける世界文学全集案内 日外アソシエーツ編 日外アソシエーツ 1992.2 775p 22cm 発売：紀伊国屋書店 4-8169-1121-9 14800円
1985年までに翻訳刊行された世界文学全集、各国文学全集の作品名索引。世界文学全集79種、各国文学全集87種、3094冊の内容項目から解説などの書誌的事項と日本人の作品を除いた約4万500件の作品名を五十音順に配列。作品名、包括作品名、原綴、作家名・編者名、訳者名、全集名、巻数、出版者略称、刊行年、収載頁を記載。収録全集一覧は名称の五十音順、出版者別五十音順があり全集名、出版者、刊行年を記載。「世界文学綜覧シリーズ」の普及版。
6727

作家名から引ける世界文学全集案内 日外アソシエーツ編 日外アソシエーツ 1992.3 775p 22cm 発売：紀伊国屋書店 4-8169-1124-3 14800円
1985年までに翻訳刊行された世界文学全集、各国文学全集の作家名索引。世界文学全集79種、各国文学全集87種、3094冊に収録された作家（日本人を除く）約4200名を五十音順に配列。作家名見出しのもとに作品約3万7000件の作品名、包括作品名、訳者名、全集名、

巻数、出版者略称、刊行年、収載頁を記載。作家名はそれぞれの収録図書の翻訳名を採用し、「をも見よ」参照を用いる。「作家名目次」「作家名原綴索引」「収録全集一覧」（五十音順・出版者五十音順）あり。「世界文学綜覧シリーズ」の普及版。　6728

シナリオ文献　増補改訂版　谷川義雄編　矢口書店　1984.11　96,38p　26cm　1500円
映画専門の雑誌や書籍に収録されたシナリオの書誌。1946年から1979年2月までの発行雑誌、書籍を対象とした『シナリオ文献　戦後篇　1979年版』（1979年刊）に1984年10月までの文献を追加し、新しく「戦前映画雑誌シナリオ掲載号」を付載した増補改訂版。雑誌は、各誌名のもとに号、月、収録記事（シナリオ、特集論文、研究、座談会など）を刊行年順に配列。巻末にシナリオ題名の五十音順索引を付す。　6729

世界文学個人全集・内容綜覧，作品名綜覧　日外アソシエーツ編　日外アソシエーツ　1987　5冊　22cm　（世界文学綜覧シリーズ　4-5）　発売：紀伊国屋書店　4-8169-1643-6　全117000円
「内容綜覧」は明治以降1986年までに国内で翻訳刊行された主要な191名の文学個人全集394種約2800冊の内容細目の一覧。作家名を見出しとして、全集の書誌事項と各巻の内容と解説・年譜・参考文献等も記載。作家名の五十音順配列。「作品総覧」は394全集収録の5万4000点の作品名索引。作品名のほかに書簡、解説・年譜参考文献についても掲載全集を調べることができる。作品名原綴索引が下巻巻末にあり、欧文の他キリル文字からも検索できる。　6730

世界文学全集・内容綜覧，作家名綜覧，作品名総覧　日外アソシエーツ編　日外アソシエーツ　1986　6冊　22cm　（世界文学綜覧シリーズ　1-3）　発売：紀伊国屋書店　4-8169-0356-9　全145000円
「内容綜覧」は1926年から1948年までに刊行された世界文学全集166種の内容細目の一覧。第Ⅰ部は世界各国にまたがる、79種2624冊を収録した世界文学編。第1回配本の刊年順に配列。第Ⅱ部は特定地域・国に属する87種470冊を収録し、地域順に配列した各国文学篇。全集名の見出しのもとに各巻の内容細目を列挙してある。巻頭に出版社別と全集別の五十音順目次がある。「作家名綜覧」は166全集4万6000点の作品を作家ごとに検索できる索引。上巻西洋人篇は約2700名の五十音順配列で、巻末に作家名の原綴索引（欧文及びキリル文字のアルファベット順）を付す。下巻東洋人篇（漢字圏）は約1600名の漢字日本語読みで、姓名一単位の五十音順配列となっている。「作品名綜覧」は166全集に収載の作品訳4万1200件を、作品名ごとにまとめ、その収録先を指示した索引。一点ごとに独立した作品として、同一の原作であっても訳者・全集により表記の異なるものは統一せず原本通りとした。作品名読みの五十音順配列。　6731

◆目録

東京都立中央図書館蔵合集収載翻訳文学索引　1945-1975　東京都立中央図書館編　東京都立中央図書館　1977.3　436p　26cm
都立中央図書館所蔵（1976年6月末現在）の翻訳文学関係の全集・選集類に収録されている作品の目録。1945年から1975年に刊行された約230種の合集から、詩・戯曲・小説を中心に、2400人の著者の翻訳作品約1万点を収録する。五十音順に配列した著者のもとに、作品名の五十音順に配列。合集一覧、著者別作品目録、著者名索引（欧文）、作品名索引（欧文）、作品名索引（和文）からなる。　6732

◆辞典・事典

欧米文芸登場人物事典　Cl.アジザ〔ほか著〕中村栄子編訳　大修館書店　1986.7　537p　23cm　『Dictionnaire des figures et des personnages』の翻訳　4-469-01213-0　4800円
欧米の神話、伝説、文学、劇画の主要な登場人物を解説する事典。見出し語は、神話・伝説は文学作品の主要人物、文学作品はほかの作品に再登場する、または典型としての価値が大きいことを基準に選定。欧字綴り、作品名、著者名、作品上の性格・役柄、関係人物を五十音順で記載する。記述が評論形式なので、解説は通読を要する。絵画、彫刻、映画のシーンなど、豊富な図版を配する。巻末に著者名リストと「書名」「事項」「登場人物詳細索引」がある。　6733

古典・聖書・文学基礎知識事典　A.H.ラス〔ほか〕著　松島正一他訳　北星堂書店　1992.7　440p　19cm　『The facts on file dictionary of classical, biblical and literary allusion』の翻訳　3300円
ギリシア・ローマ・北欧神話、聖書、文学作品などから、西欧の書物で引喩としてよく使用される語句を収録し、その原意・出所・関連性などを解説したもの。一般項目編と聖書引用句編からなる。それぞれ五十音順に配列し、外国語を併記。解説文中の見出し語は*印を付与してある。巻末に「一般項目見出し語索引」

と「聖書引用句見出し語索引」を付す。　　　　　　6734

集英社世界文学大事典 1-6　『世界文学大事典』編集委員会編　集英社　1996-1998　6冊　27cm　4-08-143001-2　18000円
文学者名を見出し項目とする6巻から成る文学事典。1巻から4巻は人名（作者不詳作品は作品名）1万2570項目を五十音順に収録、5巻は事項（文芸用語、文学事象、流派、団体、新聞・雑誌など3200項目）、6巻は総索引として、和文人名、欧文人名、書名、作品名、事項、新聞・雑誌などの分野別の5索引が収録されている。本文中の本人の創作による書名、作品名には原綴が併記される。世界文学の百科的解説を人名のもとにまとめているので、6巻：総索引の使い方が重要になる。　　　　　　　　　　　　　　　6735

新潮世界文学辞典　増補改訂　江川卓〔ほか〕編　新潮社　1990.4　1918p 22cm　4-10-730209-1　8000円
日本以外の古今東西の文学を網羅した文学事典。1966年刊の『新潮世界文学小辞典』の改題増補改訂版。ヨーロッパ以外を大幅増補し、SF・ミステリー分野を新たに加えた。第1部は事典編で、和文人名、作家不詳作品名を見出しとし、五十音順に配列。原綴（ラテン文字またはキリル文字）、生没年、国名、作品の分野、評伝、執筆者を記載。主要作家は代表的作品の解説も付す。解説中の見出し語への参照もある。第2部は各国文学史。巻末に付録として、各国文学史年表、主要文学ジャンル・流派・思潮の解説、世界の文学賞の由来と性格、主要作品登場人物案内、明治以降翻訳個人全集一覧を付し、世界文学便覧としても活用できる。索引は人名、書名、事項、新聞・雑誌名。CD-ROM版として『新潮日本文学辞典』と併せた『新潮文学倶楽部』☞6784がある。　　　　6736

世界幻想作家事典　荒俣宏著　国書刊行会　1979.9　419p 図版16枚 22cm　8000円
ロマン派・デカダン派・シュルレアリスムなど16世紀後半から1970年代までの幻想の美学にかかわる欧米の作家・美術家・思想家・出版家など約700名を収録し、略歴・主要作品・翻訳書誌を読みもの風に記述した事典。ふりがなを付した原綴による人名をアルファベット順に配列し、略歴と主要作品名（原綴）を記す。作品名には原作発表年・翻訳書誌を示す。怪奇小説、SF、ファンタジーなどの幻想文学、研究書、神秘学に関する著作、幻想的絵画・挿画の作品や作家を、既存の評価にとらわれずに選び収録。作品の詳細な紹介や評価、比較文学的論述などを読みものとして通読することを目的とした。巻末に解説中の人名も含めた五十音順の和文人名索引を付す。　　　6737

世界日本キリスト教文学事典　遠藤祐〔ほか〕責任編集　教文館　1994.3　772p 22cm　4-7642-4016-5　7210円
日本人の視点からキリスト教、文学、キリスト教と文学との関係などについての項目を選択して編纂された事典。収録した国は約30か国、人名項目は1200、事項180で、配列は五十音順。人名項目の解説文中に、キリスト教的見地から見て重要な作品の解説がある。各項末に、雑誌論文を含む参考文献を付す。巻末に人名索引と作品名索引がある。　　　　　　6738

世界文学にみる架空地名大事典　アルベルト・マンゲル&ジアンニ・グアダルーピ著　高橋康也監訳　講談社　1984.3　550,20p 20cm　『The dictionary of imaginary places』の翻訳　4-06-200135-7　3900円
欧米の作品を中心に、文学、演劇、映画、音楽の舞台となった架空地名を解説した事典。収録数は原典の約3分の1で、古代から現代までが対象だが、宇宙空間、実在の地名は含まない。配列は地名の五十音順で、見出しの原綴、解説、出典（作家名、作品名、発表年）を記載。挿絵からの引用、地図などの図版も豊富。巻末に作家名、出典書名それぞれの和文五十音順索引が付く。解説が作品の内容にまで及び、詳しいので幻想文学事典としても楽しめる。　　　　　　6739

比較文学辞典　松田穣編　東京堂出版　1978.1　340p 22cm　3800円
日本と外国の文学上の影響関係を明解に記述した辞典。日本近代の文学者・翻訳者（205名）についての外国文学からの影響や、外国の文学者（141名）とその作品が日本でどのように紹介されたかを主題に、関連する文芸事項（95項目）をも収録している。人名と事項名は五十音順で配列され、人名項目は、簡潔な評伝・日本での紹介・作品の翻訳・文学上の影響・参考文献などからなる。ただ、目次としての項目一覧表があるのみで、用語・事項索引はない。　　　　　　6740

文学要語辞典　改訂増補版　福原麟太郎, 吉田正俊編　研究社出版　1978.5　318p 18cm　背の書名：『A dictionary of literary terms』　1900円
英米文学を主とした西洋文学の研究書・参考書に出てくる文学術語を、原綴見出しのアルファベット順に配列し、訳語を付して解説した。1960年初版を増補改訂したもの。　　　　　　　　　　　　　　　6741

ラルース世界文学事典　角川書店　1983.6　547p 23cm　監修：河盛好蔵　4-04-021100-6
古代から現代までの世界文学を、地域・時代の文学状況ごとに体系的に解説することで、個々の作品の文学的位置や意味をとらえやすくした事典。22章からなり、口承文学、古代オリエントの文学など、大項目主義の

「読む事典」であるが、総索引、人名、書名、事項の各索引が巻頭にあり、検索も容易。『ラルース』の日本語版『角川世界名事典ラルース』☞0226 の「文学」編をベースに新しく編纂したもの。　6742

◆人名事典

架空人名辞典 欧米編，日本編 教育社歴史言語研究室編 〔東村山〕教育社 1986－1989 2冊 19cm 発売：教育社出版サービス(東京) 4-315-50888-8 2900-3500円
文学・神話・聖書の主要登場人物を五十音順に配列し、解説した。「欧米編」が古代から近代までの403作品から約1600人、「日本編」が古代から近現代までの約330作品から約1800人を採録した。各項目には性別、出身、職業、異名、作品名（発表年）、作者（生没年）、作品中の関係人物、解説を記載。人物描写の解説は詳しく、ほかの登場人物への参照もある。巻末に五十音順の作家別索引（作品名、発表年、登場人物名を付す）があり、「欧米編」には国別著作者一覧が付く。　6743

最新海外作家事典 日外アソシエーツ編 日外アソシエーツ 1985-1994 2冊 22cm 発売：紀伊国屋書店 4-8169-1255-X 12000円,19000円
欧米、アジア、アフリカ、中南米などで活躍中の小説家、詩人、劇作家、脚本家などの略歴と邦訳作品を記載した人名事典。初版は約1700人を収録し、新訂版は初版刊行後に邦訳された作家を中心に約1900人を収録。2冊を合わせると、最近20年分の邦訳作品ガイドとしても使える。索引は巻頭に五十音順人名目次、巻末に英文アルファベット順作家名原綴索引がある。新訂版には五十音順の書名索引が付き便利になったが、内容書名からの検索はできない。　6744

児童文学研究

◆書誌

児童文学関係文献目録 宮城県図書館所蔵雑誌所収 1 宮城県図書館編 仙台 宮城県図書館 1990.3 337p 26cm 昭和63年12月31日現在
宮城県図書館所蔵雑誌のうち児童文学関係専門誌を除く3200種の雑誌・紀要類から3901論文を抽出し収録。児童文学、日本児童文学、外国児童文学、伝承文芸、児童文化、子どもと読書、出版、書誌の8区分の中を五十音順に配列。文献番号のもとに論文名、著者名、誌名、巻号、発行年月、頁、注記を記載。巻末に事項索引、著者索引、作品名索引と収録雑誌一覧を付す。　6745

戦後児童文学研究書案内 小河内芳子編 日本図書館協会 1981.2 238p 18cm （選定双書） 1200円
戦後から1979年にいたるまでの約30年間に、日本で発行された児童文学研究書をジャンル別に収録し、書誌事項と簡単な説明を付したもの。解説と分野別目録の2編からなり、解説は大項目主義。分野別目録は図書を見出しにした小項目主義で483点を収録。索引は巻末に書名、事項、人名がある。「類縁機関案内」は蔵書の内容まで詳しく紹介している。　6746

◆索引

児童文学個人全集・内容綜覧，作品名綜覧 日外アソシエーツ編 日外アソシエーツ 1994-1995 3冊 22cm （現代日本文学綜覧シリーズ 14-15） 発売：紀伊国屋書店 4-8169-0146-9 80000円
1945-1993年までに刊行された日本児童文学全集のうち115名の個人全集173種、1316冊の内容細目3万3千

点を収録した索引。配列は作家名の姓、名をそれぞれ一単位とした五十音順。「内容総覧」全1巻と作品名索引に相当する「作品名総覧」全2巻で構成されている。「作品名総覧」第2巻巻末には、各作家・作品に関する解説、解題、年譜、参考文献、関連資料を作家ごとにまとめ、作家編として付す。　　　　　　6747

児童文学全集・内容綜覧作品名綜覧，作家名綜覧 日外アソシエーツ編 日外アソシエーツ 1995.7 2冊 22cm （現代日本文学綜覧シリーズ 16-17） 発売：紀伊国屋書店 4-8169-0146-9 50000円
1945-1994年に刊行された49種の日本児童文学全集の内容細目と作品名、作家名の索引。細目編では、約2万1000点の作品と約5000点の解説類を収録し、全集名の五十音順に配列する。記載事項は各全集の冒頭に出版者、総巻数、刊行期間、注記を記し、各巻ごとに刊年、注記、作品名、著者名、掲載開始頁を記す。「作品名総覧」「作家名総覧」がそれぞれ索引として機能し、作品名または作家名の五十音順に配列。作品名または作家名、全集名、巻次、出版者、刊行、掲載開始頁を記載。ただし、解説・年譜類は、索引の収録対象ではない。　　　　　　　　　　　　　　6748

◆辞典・事典

現代日本児童文学作家事典 日本児童文学者協会編 教育出版センター 1991.10 367p 22cm 保存版 4-7632-2405-0 6800円
日本の創作児童文学の分野で活躍中の作家について、経歴、作品リスト、作風、現住所・電話番号を記述。原則として作品集を2冊以上刊行している作家を収録する。配列は、氏名の五十音順。巻末に、明治以降の主要物故作家一覧、主要研究・評論家・翻訳家一覧、主要劇作家一覧、日本児童文学者協会・支部機関誌一覧、主要児童文学一覧を付す。『日本児童文学』33巻12号（通巻396号、1987年12月）の保存版。　6749

児童文学事典 日本児童文学学会編 東京書籍 1988.4 965,148p 20cm 9800円
日本と海外の児童文学事象2404項目を選択収録し、五十音順に配列した事典。見出しが人名の場合は原綴、国名、略歴、代表作などを記載し、事項の場合は概要を記載。巻末に「人名索引」「書名索引」「雑誌名索引」がある。付録の「世界児童文学史」は国、地域ごとの詳細なもの。「児童文学研究文献」内の海外児童文学文献は、主要な語圏および国での児童文学の全体像がつかめる未訳文献である。　　　　　　　6750

日本児童文学大事典 大阪国際児童文学館編 大日本図書 1993.10 3冊 27cm 4-477-00376-5 全108000円
日本の児童文学およびその関連する分野のあらゆる人物・事項について収録した専門事典。第1巻人名あ-と、第2巻人名な-わ・事項・逐次刊行物、第3巻叢書・児童文学賞・巻末資料一覧・索引。項目数は人名2810、事項419、逐次刊行物439、叢書216、文学賞134。配列は見出し語の五十音順。参考文献は必要に応じ各項目ごとに図書・雑誌を明示。索引は人名・書名・事項名・逐次刊行物・叢書名すべてを五十音順に配列。人名については頻度の高いペンネームや別名からも引ける。　　　　　　　　　　　　　　　　　6751

日本児童文学名著事典 瀬沼茂樹〔ほか〕編 ほるぷ出版 1983.11 324p 22cm 3800円
日本児童文学の名著を複刻刊行した『名著複刻・日本児童文学館』（ほるぷ出版刊）の解説・解題69篇を補訂し1冊にまとめたもの。童話・少年少女小説、童謡、児童劇などの代表的作品を、明治編・大正編・昭和戦前編の3部に分けて収録し、「近代児童文学の展望」を加え4部構成とする。各解説・解題末尾に初版本の書誌（発行年月日、定価、装丁、発行者など）を付す。巻頭に収録作品の初版本の表紙写真、挿絵図版あり。巻末に略年表を付す。　　　　　　　　　　6752

◆年表

解題戦後日本童謡年表 藤田圭雄著 東京書籍 1977.8 331p 22cm 3200円
1945-1975年まで、戦後30年間の童謡の新作品、新刊書、人事、事項などを年代順に収録したもの。時おり解説が付く。下段に資料欄を設け、発表された作品の例示、本や雑誌の写真を紹介。巻末に事項索引と人名索引を付す。　　　　　　　　　　　　　6753

日本児童文学史年表 1-2 鳥越信編 明治書院 1975-1977 2冊 22cm （講座日本児童文学 別巻 1-2） 各4800円
1868-1945年8月15日までに刊行発表された日本の児童文学作品およびその関連事象を網羅した年表。各年を一区画とし、月別・ジャンル別（童話・小説、童謡・詩、戯曲・対話、翻訳、評論・随筆、事項）の表形式。作品は単行本、新聞・雑誌の順に発行日付、作者名、書名または作品名、発行所または発表誌・紙名を記載。事項欄には雑誌の創・廃刊、作家の死没、作家の動静、関連団体の動向、劇や映画の上演、主要作家の児童文学以外の出版・執筆活動を記載。索引はな

い。　　　　　　　　　　　　　　　　　6754

◆英米児童文学

英米児童文学年表・翻訳年表　清水真砂子，八木田宜子共編　研究社出版　1972　199p 22cm 1200円
英米児童文学史年表（一部に他地域を含む）と、明治以降の英米および諸外国の児童文学作品の主要邦訳作品年表を併記したもの。1971年刊『英米児童文学史』の続編。「文学史年表」は、紀元3世紀－1969年を収録し作家名、作品名、邦訳があるものは邦訳書出版年を記載。世界の社会的主要事件も併記。「邦訳年表」は、1868年（明治元）－1969年（昭和44）を収録。作品名、原作者名、邦訳者名、出版者名を記載。日本の社会的主要事件、日本児童文学界の動向を併記。1868年以降は、「文学史年表」と「邦訳年表」が見開き頁となっており、見やすい。索引がないので検索は困難。　　　　　　　　　　　　　　　　　6755

ジャンル・テーマ別英米児童文学　吉田新一編著　中教出版　1987.11　501p 20cm 4-483-00038-1　2200円
誕生から現在にいたるまでの英語圏の児童文学をジャンル・テーマ別に取り上げ、歴史・主要作家・作品など概要と固有の問題を解説した基本的研究書。7章からなり、英米中心に展開するが、6章はカナダとオーストラリアの児童文学について言及している。索引は巻末に五十音順人名索引がある。見出しはカタカナだが原綴と生没年が併記してある。基本文献解題、児童文学に関する各賞も収録。『英米児童文学』（中教出版社、1977）の姉妹編。　　　　　　　　6756

日本文学

◆日本文学一般

◆◆書誌

近世文芸家資料綜覧　森銑三〔ほか〕編　東京堂出版　1973　200p 22cm
江戸時代の文芸家（文学と学問の著作者）に関する研究書の書誌。収録は、明治から1972年までのもので、人名の五十音順配列である。記載は人名（ヨミ）、人名辞典事項、研究書名、著編者、叢書名（雑誌名）、刊年の順で、写本などには所蔵者を付す。巻末に付録として、国学者研究文献一覧などの参考文献、系図（国学者系図など）がある。近世文芸家の参考文献書目として、コンパクトにまとまっている。　　6757

国文学研究書目解題　市古貞次編　東京大学出版会　1982.2　739p 23cm 8000円
明治以降から1980年に至る数万点の国文学研究書の中から約2400点を精選し、解題したもの。全体を国文学一般、上代、中古、中世、近世、近代の各セクションに分かち、セクション内は和歌、物語、日記などのジャンルごとに研究書を配列して解題・評価。記載事項は書名、著者名、解説、出版者・年。巻末に五十音順の書名索引を付す。　　　　　　　　　　　6758

国文学複製翻刻書目総覧〔正〕，続　市古貞次，大曽根章介編　日本古典文学会　1982－1989　2冊 23cm　続の出版者：貴重本刊行会　続の監修：日本古典文学会　4-88915-064-1　13000円，10300円
国初から慶応4年までに日本人が著編撰訳した国文学および国文学に関連ある書籍のうち、戦後、複製・翻刻されたものの文献目録。「正編」は昭和20年8月から昭和55年12月までに刊行されたものを、「続編」は昭和56年1月から昭和61年12月までに刊行されたもの

を収録する。配列は書名の五十音順で、複製、翻刻、謄写版の別、書誌事項を記載。正続とも巻末に、収載叢書全集一覧、収載雑誌紀要一覧を付す。また正編の巻末に、復刊叢書全集新旧巻数表示対照表がある。索引はない。　　　　　　　　　　　　　　　　　　　*6759*

日本文学に関する10年間の雑誌文献目録 昭和50年－昭和59年　日外アソシエーツ編　日外アソシエーツ　1987.3　5冊　27cm　発売：紀伊国屋書店　4-8169-0360-7　7000－10400円
『雑誌記事索引（人文・社会編）累積索引版』☞*0139* をもとに、日本文学に関する文献目録として再編集したもの。Ⅰ古代－近世、約1万700件、Ⅱ現代日本文学（一般・総論）約8900件、Ⅲ現代日本文学（小説・作家論）約8300件、Ⅳ現代日本文学（戯曲・詩・児童文学）約7400件、Ⅴ現代日本文学（短歌・俳句）約8900件を収録。各編とも主題別の大項目を設け、その下をキーワード方式（件名）による見出し語を用いて細分している。記事の配列は論題の読みの五十音順。巻末に事項索引を付す。昭和23－39年を対象とした『日本文学に関する17年間の雑誌文献目録』に続くもの。Ⅰ日本文学一般・古代－近世、約1万4500件、Ⅱ現代日本文学（一般・小説）約1万2000件、Ⅲ現代日本文学（戯曲・詩・短歌・他）約1万2000件を収録。　　　　　　　　　　　　　　　　　　　*6760*

日本近代文学の書誌 明治編　日本文学研究資料刊行会編　有精堂出版　1982.6　314p　22cm　（日本文学研究資料叢書）　2800円
「明治初期戯作年表」（石川巌撰、1887）を原本のまま収録し、あわせて明治期の新聞・雑誌の細目を収めた書。雑誌では『我楽多文庫』の筆写本と活字非売本目録、『文章世界』と『詩人』の総目録を収録。新聞に関しては朝日・毎日・読売の3紙を明治期から昭和40年代まで調べた「新聞小説の年表」、高浜虚子が編集した時期の国民新聞掲載「国民文学」抄、東京二六新聞「時代文芸」抄を収録。巻末に日本近代文学の書誌研究参考文献を付すほかに解説文中でも多数の参考文献を紹介。　　　　　　　　　　　　　　　　　*6761*

日本の作家　日外アソシエーツ編　日外アソシエーツ　1993.11　385p　21cm　（読書案内・伝記編）　発売：紀伊国屋書店　4-8169-1207-X　5000円
記紀歌謡の歌人から近現代文学までの日本の著名作家の伝記のうち、1975－1993年6月に刊行された図書を、被伝者の五十音順に配列した図書目録。392人の伝記、評伝、自伝4529点を収録。被伝者名の読み、生没年、伝記の書誌事項を記載する。一部の書誌事項には目次、内容の記載がある。巻末に掲載書の著者索引が付され、執筆者の研究テーマ・傾向を知ることもできる。

日本の小説全情報　27/90, 91/93　日外アソシエーツ編　日外アソシエーツ　1991－1994　3冊　22cm　発売：紀伊国屋書店　4-8169-1266-5
昭和期以降に日本で図書として刊行された小説、戯曲を網羅的に収録し、著者の五十音順に配列した書誌。翻訳書、児童文学、明治以前の作家による作品は含まない。「27/90」「91/93」を合わせると収録数は約10万点になる。昭和戦前期の図書は散逸が激しく網羅しきれていない可能性があるものの、全作品を一覧できる資料として有用である。索引は巻頭に五十音順人名目次がある。「91/93」からは巻末に書名索引が付いたが、内容書名からの検索はできない。　　　　　　　　*6763*

日本文学研究文献要覧　日外アソシエーツ編　日外アソシエーツ　1976－1996　8冊　27cm　（20世紀文献要覧大系 21）　発売：紀伊国屋書店　4-8169-1232-0
日本文学に関する図書や雑誌・紀要類に収録されている研究文献の網羅的な目録である。文献の発表年代別に「1965－1974」「1975－1984」「1985－1989」の3種類が刊行されていて、それぞれ「古典文学」（または「古代－近世編」）と「現代日本文学」の2編で構成される。各巻の巻頭には「研究文献の利用案内」として、基本図書、参考図書、書誌・索引類の解説がある。必要に応じて、件名索引、著者索引、作品索引、事項索引を付す。各巻末には収録誌名一覧がある。　　　*6764*

文学・日本文学（一般・総論）に関する10年間の雑誌文献目録　昭和50年－昭和59年　日外アソシエーツ編　日外アソシエーツ　1987.3　243p　27cm　発売：紀伊国屋書店　4-8169-0360-7　7900円
『雑誌記事索引（人文・社会編）累積索引版』☞*0139* をもとに、文学および日本文学に関する文献目録として再編集したもの。雑誌論文8519件を収録。文学一般、比較文学、日本文学一般の大項目を設け、その下をキーワード方式（件名）による見出し語を用いて細分している。記事の配列は論題の読みの五十音順。巻末に事項索引を付す。　　　　　　　　　　　　　　　*6765*

文学賞受賞作品図書目録　日外アソシエーツ編　日外アソシエーツ　1994.10　526p　22cm　発売：紀伊国屋書店　4-8169-1258-4　9800円
明治以来現在にいたるまでに日本の主要文学賞（100余賞）を受賞した3414作品（2565作家）を収録し、その収載図書を記載した書誌。作家名の五十音順に配列され、受賞作品名・受賞データ（賞名・回次など）・受賞作品収載図書を記す。巻末に「作品名索引」と「賞別作品名索引」、巻頭に作家名目次がある。姉妹編の『最新文学賞事典』☞*6802* が賞の情報中心である

のに対し、本書では受賞作品の検索に主眼を置く。
6766

明治文学書目 村上浜吉著 国書刊行会 1988.5 1冊 22cm 村上文庫昭和12年刊の複製 9800円
大正末期から13年間に村上浜吉が蒐集した村上文庫蔵書約3万冊の書誌。明治期の文学書を中心に、政治・社会・経済・教育書なども含む。明治天皇に関する書（年代順）、明治文学総記書誌（年代順）、著者別書誌（雅号および本名の五十音順）、和歌・新体詩書目（年代順）、叢書および合集書目（書名の五十音順）からなる。付録として雑誌年表（創刊年順）がある。代表的作品の表紙写真、五十音順の著者の号名索引を付す。なお、集書そのものは戦後アメリカに渡りカリフォルニア大学にある。
6767

◆◆索引

個人全集・作品名綜覧 1-4, 第Ⅱ期1-3 日外アソシエーツ編 日外アソシエーツ 1985-1994 7冊 22cm（現代日本文学綜覧シリーズ） 発売：紀伊国屋書店 4-8169-0146-9
『個人全集・内容綜覧』☞6769 に収録された520名の個人全集557点、のべ5500冊の内容細目24万点の作品名の収載先を示した。第Ⅱ期は『個人全集・内容綜覧 第Ⅱ期』収載の作品名8万3000件の収載先を示したもの。各項目は、個々の作品名、収載全集名、収載巻、始頁からなる。作家及び作品に関する解説・解題、年譜、参考文献等は巻末に作家毎にまとめてある。『全集/個人全集・作品名綜覧 第Ⅲ期』につづく。
6768

個人全集・内容綜覧 1-5, 第Ⅱ期1-2 日外アソシエーツ編 日外アソシエーツ 1984-1985 7冊 22cm（現代日本文学綜覧シリーズ） 発売：紀伊国屋書店 4-8169-0146-9
日本近代文学において活躍した文学者及び文学に関連性のある思想家520名の1983年刊までの個人全集557点のべ5500冊の内容細目を収録した。第Ⅱ期は1984年から1992年までに刊行された193名224点1800冊を収録。全集名の五十音順に、全集名、出版社、巻数、刊行期間の見出しのもとに、各巻表示、出版年月日、内容細目を記載している。この内容細目（作品名）から収載元の全集名を探すには『個人全集・作品名綜覧』☞6768がある。『全集/個人全集・内容綜覧 第Ⅲ期』につづく。
6769

作品名から引ける日本文学作家・小説家個人全集案内 日外アソシエーツ編 日外アソシエーツ 1992.1 15, 1027p 22cm 発売：紀伊国屋書店 4-8169-1116-2 12000円
日本近代文学の作家、小説家の個人全集の作品名索引。1984年10月までに発行された340名の個人全集372種のべ4014冊の内容項目約10万4000件の作品名を五十音順に配列。作品名、収載全集名、収載巻、始頁を記載。収録全集一覧は作家名五十音順で、全集名、総巻数、発行所、刊行期間を記載。「現代日本文学綜覧シリーズ」の普及版。
6770

作品名から引ける日本文学全集案内 日外アソシエーツ編集 日外アソシエーツ 1984.2 838p 22cm 発売：紀伊国屋書店 4-8169-0313-5 8000円
1925-1981年に刊行された主要な日本文学全集の作品名索引。104種の文学全集の作品名約4万3000点を五十音順に配列。作品名、作家名、収載全集名、巻数、出版社、刊行年を記載。収録全集一覧は刊行年順で、全集名、出版社、総巻数、刊行年を記載。「現代日本文学綜覧シリーズ」の普及版。
6771

作品名から引ける日本文学評論・思想家個人全集案内 日外アソシエーツ編 日外アソシエーツ 1992.2 10, 748p 22cm 発売：紀伊国屋書店 4-8169-1119-7 9991円
日本近代文学の文芸評論家および文学に関連性のある思想家の個人全集の作品名索引。1984年10月までに発行された127名の個人全集137種のべ1403冊の内容項目約7万4000件の作品名を五十音順に配列。作品名、収載全集名、収載巻、始頁を記載。収録全集一覧は作家名五十音順で、全集名、総巻数、発行所、刊行期間を記載。「現代日本文学綜覧シリーズ」の普及版。
6772

作家名から引ける日本文学全集案内 日外アソシエーツ編 日外アソシエーツ 1984.9 1041p 22cm 発売：紀伊国屋書店 4-8169-0414-X 9800円
1925-1981年に刊行された主要な日本文学全集の作家名索引。104種の文学全集に収録された作家約3500名を五十音順に配列。作家名見出しのもとに作品約4万3000点の作品名、収載全集名、巻数、出版社、刊行年を記載。作家名はそれぞれの作品の執筆名を採用し、「をも見よ」参照を用いる。「作家名目次」あり。収録全集一覧は刊行年順で、全集名、出版社、総巻数、刊行年を記載。「現代日本文学綜覧シリーズ」の普及版。
6773

全集・作品名綜覧〔第Ⅰ期〕, 第Ⅱ期 日外アソシエーツ編集 日外アソシエーツ 1982-1993 3冊 22cm（現代日本文学綜覧シリーズ 3,11） 発売：紀伊国屋書店 4-8169-0146-9 各20000円
国内で刊行された主要な文学全集のうち、日本近代文学に関する文学全集中の作品名から収録文学全集を探

すことができるツールである。1期2冊、2期1冊の計3冊からなり、1925－1992年までに刊行された132種の文学全集中の作品を対象に、作品名の読みの五十音順に配列してある。作品名からどの文学全集に収録されているかを探すツールとして大いに有効である。同シリーズの『全集・内容綜覧』☞6776 の作品名索引といった性格をもつ。　　　　　　　　　6774

全集・作家名綜覧〔第1期〕，第2期　日外アソシエーツ編　日外アソシエーツ　1982－1993　3冊　22cm（現代日本文学綜覧シリーズ 2, 10）　発売：紀伊国屋書店　4-8169-0146-9　20000－25000円
多種多様な文学全集の中から特定の作品を捜し出すための「現代日本文学綜覧シリーズ」のうち、作家名からアプローチするためのツール。第1期（上・下2冊）は1926－1981年に刊行された主要全集の収載作家約3500名、第2期は同様に1982－1989年の間、作家数約3400名を収載。単行本タイトルにない作品を捜す際の必需品である。また、五十音順に配列された作家名の各項目末尾に、年譜、解説、作家論の収載巻がまとめて記載されているのが使える。日本近代文学に関する基本的な参考図書のひとつといえる。　　　6775

全集・内容綜覧〔第1期〕，第2期　日外アソシエーツ編集　日外アソシエーツ　1982－1993　3冊　22cm（現代日本文学綜覧シリーズ 1,9）　発売：紀伊国屋書店　4-8169-0146-9　15000－20000円
1925－1992年に国内で刊行された主要な文学全集のうち、日本近代文学に関する文学全集の内容目次を収録したもの。1期上・下、2期の3冊からなる。1期は1925－1981年までの104種3200冊、2期は1982－1992年までの28種438冊の計132種3638冊を収録。配列は期で異なり、1期は発行年代順（第1回の配本）、2期は全集名の読みの五十音順。記載内容は、全集名、出版社、巻数、刊行年月の見出しのもとに、各巻書名、各巻の刊行年月日、内容細目である。ある全集にはどんな作品が収録されているのかを調べるのに便利なツールであり、同シリーズの『全集・作家名綜覧』☞6775『全集・作品名綜覧』☞6776 を併用するとさらに有効である。　　　　　　　　　　6776

日本古代文学地名索引　加納重文編　志賀町(滋賀県)　加納重文　1985.1　227p　27cm　制作：ビクトリー社　6000円
上代より南北朝ころまでのほぼ全ての日本文学作品（約400）に登場する日本国内の地名の総索引。京内、西国、坂東、陸奥など国内の10地域と不詳地名の11項目の中を、地名の五十音順に配列し、調査文献の略語、巻数、頁数を記す。巻頭には調査文献一覧を、巻末には地名索引を付す。　　　　　　　　　　6777

日本人物文献索引　文学80/90　日外アソシエーツ編　日外アソシエーツ　1994.7　964p　27cm　発売：紀伊国屋書店　4-8169-1251-7　49800円
1980－1990年末に国内で刊行された図書・雑誌に掲載された、古典作者から現代までの日本文学に関する1644人についての和文の人物文献約5万1000件を収録した索引。見出し人名は五十音順に配列。『人物文献目録』☞1261 などの目録のうち、利用の多い日本文学の分野について、『人物文献目録』☞1261 のデータを累積すると同時に、新たなデータを収録して累積索引とした。　　　　　　　　　　6778

◆◆目録

東京都近代文学博物館所蔵資料目録〔第1集〕，第2集　東京都近代文学博物館編　東京都近代文学博物館　1989－1997　2冊　26cm
東京都近代文学博物館所蔵の図書、原稿、書簡、葉書、色紙、短冊、詩幅、歌幅、句幅、書幅、書、画、遺品の目録。著者名の五十音順に配列する。第1集は1987年末日現在の所蔵資料を収録。巻末に文学全集および川柳関係資料からなる磯部鈴波文庫、冨士野茂三郎文庫の目録を付す。第2集は1987年4月1日から1994年3月末日までに収集した資料を収録。巻末に朝日文庫、俳句文庫、現代長篇小説全集、新聞復刻の目録を付す。調査研究図書および雑誌は収録されていない。　　　　　　　　　　6779

日本近代文学館所蔵主要雑誌目録　1990年版　日本近代文学館編　日本近代文学館　1989.12　126p　26cm　1989年9月現在
日本近代文学館で所蔵する雑誌1万5950種のうち、利用頻度が高いか希少で利用価値の高い2650種の目録。誌名の五十音配列で、発行者と所蔵巻号を記載している。1981年（昭和56）発行の増補版である。　6780

◆◆年鑑

国文学年鑑　昭和52年－　国文学研究資料館編　国文学研究資料館　1979－　22cm　『国文学研究文献目録』の改題　製作：至文堂
当該年度の1月－12月に国内で発表された国文学関係研究文献の目録と、学界消息、単行本目録のほか、索引および一覧（いずれも五十音順）を収める。論文目録と単行本目録は国文学一般、上代・中古・中世・近世・近代の時代区分と、国語教育のジャンル別に構成。索引は執筆者索引。一覧は収載雑誌紀要一覧、単行本発行所一覧、単行本書名一覧、翻刻複製作品一覧があ

る。巻末に前年度版補訂（正誤表）を付す。　　6781

文芸年鑑　昭和4年版-　日本文芸家協会編　新潮社
　1929-　22cm　昭和7-10年版の出版社は改造社、昭
　和11-15年版の出版社は第一書房、昭和18-23年版
　の出版社は桃蹊書房　4-10-750009-8
表示年版の前年の主要事項を、概観、資料、便覧に分
けて収録。「概観」では日本における文学全般と海外
文学を分野ごとに記録し、演劇、映画、マンガ、メデ
ィアにも及んでいる。「資料」は文芸・総合雑誌、大
衆・読み物雑誌、演劇誌ほか、女性雑誌、児童文学雑
誌、週刊誌、書評誌、主要新聞を対象とした雑誌新聞
掲載作品目録で、通信社扱いの連載小説一覧も付す。
この文芸作品のリストは他に類例がなく、有用である。
他に国文学雑誌展望、文学賞受賞作品一覧もある。
「便覧」では文化各界と著作権継承者の名簿、文化団
体、出版社、雑誌などの一覧がある。年版によって見
出し項目や収録対象雑誌など多少の変動がある。解題
は1997年版による。　　6782

❖❖❖ 辞典・事典

時代別日本文学史事典　有精堂編集部編　有精堂出版
　1987-1997　6冊　22cm　現代編と近世編の出版：東
　京堂出版　4-640-32533-9　8034円
日本文学研究において、個々の作品・作家研究を全体
的に俯瞰し、有機的な関連性の中でとらえることが重
要と考え作成された大項目主義の事典。通常の日本文
学史の配列に従い論文として読むことができる事典の
機能を合わせもつ。本文中の見出し語に星印を付し、
脚注語として解説している。脚注語には本文でふれら
れなかった作品、書名、人名、参考文献も含んでいる。
各巻末には事項索引、書名索引または総合索引などが
付されている。　　6783

新潮日本文学辞典　磯田光一〔ほか〕編　新潮社　1988.1
　1756p　22cm　『新潮日本文学小辞典』（昭和43年刊）
　の改題増補改訂版　4-10-730208-3　6500円
古典から現代にいたる日本文学の人名・事象など2627
項目を収録し、略歴・代表作・全集・概要などを記載
したコンパクトな文学辞典。巻末の索引にはデータが
付記され、単独で利用することもできる。「人名」「書
名作品名」「新聞雑誌」「事項」の4種あるが、創・終
刊などを付記した「新聞雑誌索引」がめずらしい。
　　6784

日本古典文学大辞典　第1-6巻　日本古典文学大辞典編
　集委員会編　岩波書店　1983-1985　2冊　27cm　各
　13000円

岩波書店が創業70年記念事業として企画した日本古典
文学の画期的な大辞典。日本古典文学の理解と研究に
資することを意図して、国文学全般ならびに国語学、
および関連諸学に及ぶ最新の研究成果を集成編纂した
もの。近世末までを対象とするが、明治期に及ぶもの
もある。事項、人物、作品、編著などの項目約1万
3000を収録する。各項目には構想、梗概、内容、特色、
作風、諸本、翻刻などについて記載され、解説中の見
出し語には星印を付す。また項目末に参考文献を紹介。
五十音順の詳細な総索引、難音訓一覧、仮名字体総覧
を第6巻巻末に付す。専門的諸項目を割愛して4000項
目に絞り込み、一冊本とした簡約版（1986年刊）もあ
る。　　6785

❖❖❖ 上代・中古

上代文学研究事典　小野寛, 桜井満編　おうふう　1996.5
　676p　19cm　4-273-02919-7　3900円
国初から平安遷都（794年）までの、いわゆる上代文
学に関する研究事典。日本文学黎明期の重要事項約
450項（散文関係200、韻文関係250）を五十音順に配
列し、平易を心がけた解説を加える。各項目の最後に
「研究史・展望」と「基本文献」がやや詳しく付され
ており、これが研究事典の性格を持たせている。索引
はないが、巻頭の詳細な「項目一覧」が検索の便を高
めている。　　6786

平安朝文学事典　岡一男編　東京堂出版　1972.5　558p　図
　22cm　4800円
平安時代から今日までの平安朝文学についての享受・
批評・研究をまとめ、体系的に解説した事典。第1部
は漢文学・歌謡・説話などジャンル別に7章に分け解
説、第2部は言語学・解釈学・宗教思想など9章に分
け平安朝文学を多角的に叙述する。必要に応じて章末
に参考文献を掲げる。付録に平安時代文学史年表、平
安時代古記録一覧、平安京概略図、大内裏図、内裏図、
平安時代文学地図がある。目次および巻末の事項索
引・人名索引により、本文を検索できる。　　6787

❖❖❖ 近世

近世文学研究事典　岡本勝, 雲英末雄編　桜楓社　1986.4
　414p　図版16p　19cm　4-273-02095-5　2800円
近世文学を仮名草子、浮世草子、読本など12のジャン
ルに大別、書名、人名、事項の249項目について解説
し、研究の手引きとなるようにまとめた事典。各項目
は、概要、研究史・展望、参考文献の順に記載。大項
目主義をとり、各項目の解説文中で扱った項目は、巻
末の書名索引、人名索引、事項索引で検索でき、近世
文学に興味をもつ一般読書人の手近なガイドブックと

して利用できる。　　　　　　　　　　　　　　　*6788*

近世物之本江戸作者部類　滝沢馬琴著　木村三四吾編　八木書店　1988.5　226,232p　23cm　8000円
天理図書館蔵西荘文庫本『近世物之本江戸作者部類』を複製し、解題・校勘記・索引などを付したもの。享保以来天保までの近世江戸戯作文学の各分野を部類し、それぞれの主要作者をほぼ年代順に挙げて評伝し、その作風を論評する。巻第1として、赤本作者部105名、洒落本作者部14名、中本作者部12名、巻第2として、読本作者部上8名を収録する。当初全編の構成として、巻第3に読本作者部下、浄瑠璃作者部、巻第4に付録として近世浮世画江戸画工部などを予定していたが未稿で終わっている。書名之部、人名・件名之部からなる索引を付す。　　　　　　　　　　　　　*6789*

❖❖❖ 近代・現代

近代文学研究叢書　第1巻-　昭和女子大学近代文学研究室編　昭和女子大学　1968-　19cm
明治以後没した、内外の文学者（文学に関連性のある思想家も含む）の伝記と業績を没年順にとりあげた叢書。収録人数は第72巻までで375名。著作に重点をおいた人物には著作年表、著作外の活動をした人物には年譜を付した。図書、雑誌、新聞などから採録した、その人物に関する文献をあげた資料年表は詳細である。1997年4月で72巻（1952年に没したものまで収録）。続刊中。　　　　　　　　　　　　　　　　*6790*

現代女性文学辞典　村松定孝，渡辺澄子編　東京堂出版　1990.10　483p　19cm　付・現代女性文学略年表　4-490-10284-4　2900円
清水紫琴、田村俊子から俵万智や吉本ばななまで、明治から昭和に活躍する女性の小説家、詩人、歌人、俳人、シナリオライターなど約380人を収録し、作家の履歴と代表作の梗概や特質、文学的位置づけまでを解説した辞典。巻頭に「現代女性作家の歩み」、巻末に「現代女性文学略年表」（1868-1988年）と「人名索引」がある。　　　　　　　　　　　　　　　　　*6791*

現代文学研究事典　大久保典夫，高橋春雄編　東京堂出版　1983.7　410p　22cm　4800円
1920年代以降の日本文学研究についての事典。2部からなり、I部は現代作家（137名）の五十音順の人名項目、II部は主題項目（34項）。I部、II部とも各作家・各項目ごとに、概要、評価・研究史の展望、今後の研究課題、参考文献を示す。　　　　　　*6792*

作品別・近代文学研究事典　国文学編集部編　学燈社　1990.4　225p　21cm　『国文学』第32巻9号改装版　4-312-10029-2　1550円
明治以降現在にいたるまでの日本文学87作家の代表作133作品について、個々の作品の研究・批評史を展望し研究課題と指針を示した作品別研究案内。作品別・年代順配列としたことで、作品を作者から自由にし、時代の中の存在としての意味をとらえやすくしている。　　　　　　　　　　　　　　　　　　　*6793*

東京記録文学事典　明治元年-昭和二〇年　槌田満文編　柏書房　1994.5　518,17p　22cm　4-7601-0919-6　6800円
明治以降1945年までに書かれた東京の記録文学約300編を編年体で解説。年ごとの冒頭にその年の概説と年表を付し、続いて作品解説と引用文を置く。巻末には人名、作品名、地名などから採録した「総合索引」がある。解説と引用文の通読により、東京の変遷が実感的にたどれる。　　　　　　　　　　　　　　*6794*

日本近代文学大事典　第1-6巻　日本近代文学館編　講談社　1977-1978　6冊　27cm
日本近代文学に関する総合的な事典。第1-3巻「人名」は、文学および関連領域で活躍した人びとを取り上げ、略歴のほか主要作品を詳しく解説。第4巻「事項」は、文学上の諸相を解説。第5巻「新聞・雑誌」は、文芸雑誌のほか総合誌・新聞も収録し解説を付す。第6巻は人名、書名、事項、新聞雑誌名に分かれた索引のほか、叢書・文学全集・合著集総覧、発売禁止主要書目解題、主要文学賞一覧などを掲載している。肖像・筆跡・作品や雑誌の写真などを豊富に使っている。1984年に第1-3巻（人名）を1冊にまとめた机上版を発行した。新たに、文学案内・便覧・近代文学略年表などを加えている。　　　　　　　*6795*

日本近代文学名著事典　日本近代文学館編　日本近代文学館　1982.5　603p　図版14枚　22cm　共同刊行：ほるぷ出版　6800円
日本近代文学の名著を初版により複刻刊行した『名著複刻全集　近代文学館』（日本近代文学館編）の作品解題164点を改稿、補訂して1冊にまとめたもの。明治から1946年までの作品を初版本の刊行年順に配列。作品解題は比較的詳しい。解題末尾に初版本の刊行年月日、発行所（発行人）、定価、造本体裁を記載。巻末に、年表、作家別索引、作品別索引を付す。収録作品初版本表紙写真がある。　　　　　　　　*6796*

日本現代文学大事典　三好行雄〔ほか〕編　明治書院　1994.6　2冊　27cm　「作品篇」「人名・事項篇」に分冊刊行　4-625-40063-5　全26000円
明治から昭和にわたる近・現代の日本文学の作品・作家について解説した事典。作品3394点、作家2384名、

事項411項目を収録。見出しは現代かなづかいによる五十音順配列。「作品篇」は「人名・事項篇」に収められた人々の代表作・問題作の解説である。2分冊の構成ながら作品論を中心に据えており、「作品篇」は「人名・事項篇」の約3倍の分量となっている。「作品篇」巻末の付録は「作中人物索引」（五十音順）をはじめとして「小説の主な映画化一覧」「小説の主な演劇化一覧」「海外における翻訳一覧」といずれも参考調査に有益。　　　　　　　　　　　　　　　6797

無頼文学辞典　久保田芳太郎〔ほか〕編　東京堂出版　1980.10　317p 19cm 2900円
　無頼文学に関する初の事典。近現代の日本文学を対象に、作家、作品、関係文学者、関係人物、雑誌、関係事項・語句を収録。見出しの五十音順に配列し、読み方、解説、参考文献、執筆者名を記載する。関連見出し語への参照がある。巻頭に分類項目表があり、項目ごとに五十音順配列なので、索引としても使える。　　　　　　　　　　　　　　　　　　6798

文学作品書き出し事典　日外アソシエーツ編集部編　日外アソシエーツ　1994.7　746p 22cm　発売：紀伊国屋書店　4-8169-1246-0　18000円
　明治以降に日本で発表された小説2195点の書き出し部分を集めて発表年月順に配列したもの。期間は1872-1983年（明治4-昭和58）で、選択基準は、昭和時代刊行の文学全集に2回以上掲載、または講談社刊『日本近代文学大辞典』☞6795 に内容紹介付で掲載のもの。各項目は作品の成立年月を見出しに、本文（第1段落または、200字以内）、作家名、作品名、初出紙誌名、発表号、書き下ろし書名、出版社名を記載。索引は巻末に、書名、作家名、初語を配する。　6799

明治・大正・昭和作家研究大事典　作家研究大事典編纂会編　桜楓社　1992.9　〔13〕,619p 27cm　監修：重松泰雄　4-273-02594-9　19000円
　明治から昭和にかけて活躍した小説家・評論家・詩人・歌人・俳人・童話作家など260名について、従来の研究の概略と参考文献を示した事典。人名の五十音順に配列され、作家概要（年譜・全集）、研究史の展望、研究の現状と指針、参考文献要覧（参考文献所載書誌、その他）からなる。今後の研究の案内・指針となるよう編集され、研究者にとって便利な事典である。1983年刊『近代作家研究事典』（収載作家数約140名）の全面改訂版。一般向けには『日本の作家　読書案内・伝記編』☞6762 の方がよい。　　　　　　　　6800

❖❖❖ 作品名

日本文学作品名よみかた辞典　日外アソシエーツ編　日外アソシエーツ　1988.11　444p 22cm　発売：紀伊国屋書店　4-8169-0819-6　9800円
　古代から現代にいたるまでの難読日本文学作品と一部関連諸学の作品約1万件を収録した、漢字から作品名のよみを調べるための辞典。作品名の冒頭漢字の音よみ五十音順に配列され、見出し作品名、よみ表記、成立年代、ジャンル、作者名を記載。冒頭漢字の索引として「音訓よみガイド」がある。巻末には五十音順作品名一覧を付し、よみから漢字を調べることもできる。朗読テープ・点字資料作成や電子メディアによる資料検索など利用法は多い。　　　　　　　　　6801

❖❖❖ 文学賞

最新文学賞事典 89/93　日外アソシエーツ編　日外アソシエーツ　1994.1　340p 22cm　発売：紀伊国屋書店　4-8169-1218-5　9980円
　明治以降から1993年10月までの、日本国内の文学賞を網羅的に収録。各賞の解説、主催者、選考委員、選考方法、選考基準、締切、発表時期、賞・賞金・連絡先、そして受賞者・受賞作品・業績について記載されている。巻末には、五十音別賞名索引、主催者別賞名索引、受賞者名索引があり利用し易い。また、地方自治体などで新設された文学賞やすでに廃止となっている文学賞も含まれているため、日本の文学賞の全体像を知ることができる。旧版は『文学賞事典』（広田広三郎編、1981）『新版文学賞事典』（1985年刊）『最新文学賞事典』（1989年刊）。さらに『最新文学賞事典　94/98』が1999年に刊行。　　　　　　　　6802

❖❖❖ 文学碑・遺跡

文学遺跡辞典　散文編，詩歌編　竹下数馬編　東京堂出版　1971　2冊 19cm
　わが国の古典にゆかりのある文学遺跡について作品を付して解説したもの。「詩歌編」「散文編」の2冊から成り、各々上代から近世に至る地名、歌枕をとりあげている。見出し語のもとにその所在県・市（町）の各交通、地名と文学との関係や、歌碑、詩碑、記念館などを記し、読者がその地を訪れるときの手引書ともなるように配慮している。本文は地名のよみの五十音順配列であるが、巻頭の都府県別分類目次により地域別に検索ができる。「詩歌編」の巻末には古典文学碑一覧、文学地図、人名索引、「散文編」には文学地図、作品名索引を付す。　　　　　　　　　　　　6803

文学碑辞典　朝倉治彦，井門寛編　東京堂出版　1977.9

244p 19cm 2000円
全国各地に建立されている和歌、俳句、詩などの文学碑を作者ごとにまとめて解説した辞典。上代から現代に至る著名な物故者の文学碑で、建立の由来のはっきりしたものを収録の対象とする。作者略伝、碑文、所在地、建立年、建立の由来の順で記載、作者名の五十音順に配列する。巻末に、県別に文学碑を探せる「文学碑県別分類表」がある。 *6804*

❖❖❖ 植物

古典植物辞典 松田修著 講談社 1980.11 349p 19cm 1800円
日本の古典に現れている植物を考証した辞典。植物文化史の観点から、上代民族と植物のかかわり合いを視点として編集されている。2部構成で、Ⅰ部は古事記、日本書紀、風土記、万葉集、古今和歌集、源氏物語、枕草子に出てくる全植物を五十音順に配列。各項目は、出典、漢字表記、用例（原文引用）、現在の植物名、解説と考証からなり、図版も多い。Ⅱ部は上記の各古典と植物との関連を記す。巻末に五十音順の植物名索引を付す。 *6805*

古本分類事典 日本近代文学編 三好章介編 有精堂出版 1991.11 352p 19cm 4-640-31028-5 2800円
明治以降に発行された文芸物を中心とした古書価事典。約6千冊を書名篇（単行本）と全集篇に分け、作品名、著者・出版社、刊年、現状態、参考価格を記載した。参考価格は『日本古書通信』昭和63年分、平成元年分ほかから転記したもの。巻末に著者別書名索引がある。 *6806*

❖❖ 地名辞典

東京文学地名辞典 槌田満文編 東京堂出版 1978.2 405p 22cm 4900円
小説、詩歌、戯曲、随筆、日記、回想録などの文学作品の中に描かれている東京の地名について解説した辞典。配列は地名の五十音順。明治・大正時代の東京を中心に、地名、町名、俚俗名、坂名、橋名をはじめ、社寺、公園、建築物、施設などの呼称を収録する。各項目の解説の後に、文学作品からの引用文を収載。巻末に地名索引がある。 *6807*

❖❖ 人名事典

近代作家エピソード辞典 村松定孝編 東京堂出版 1991.7 210p 20cm 4-490-10290-9 1900円
近代日本文学作家100人のエピソード集。作家名の五十音順に配列し、名前の読み方、生没年、略歴、エピソードを記載する。エピソードは、編者が作家自身から取材したものと記録、遺族の言葉などから収録したものからなる。一部、評論家・国文学者を含む。索引・付録はない。 *6808*

現代作家辞典 新版 大久保典夫，吉田煕生編 東京堂出版 1982.7 559p 19cm 3500円
現代日本文学作家の辞典。戦後の活躍を重点に記載し、近代文学史上著名であっても戦後活躍していない人は省略している。収録人名722名。人名項目の後に〔作品項目〕があるがこれの索引はない。見出しの人名のもとに、読み、生没年月日、出身地、略歴、主要作品、作風、参考文献を記載している。旧版は1973年8月刊行。収録人名526名。 *6809*

古典文学作中人物事典 国文学編集部編 学燈社 1990.1 200p 21cm 『国文学 解釈と教材の研究』第34巻9号改装版 4-312-10026-8 1550円
日本の古典文学の作中人物を紹介する事典。架空の人物が主だが実在の人物もとりあげる。脇役や重要人物も収録。収録対象は古代－近世文学作品で、古代前期約35名、同後期170名、中世170名、近世180名、計555名をとりあげる。各項目は人名、登場個所、著者、行動のあらましと簡単な人物評からなる。解説分量は短い。索引として作品成立年代順に収載作中人物一覧がある。 *6810*

作家・小説家人名事典 日外アソシエーツ編 日外アソシエーツ 1990.12 61,649p 21cm 発売：紀伊国屋書店 4-8169-1011-5 5800円
明治以降現代までの、ミステリー、剣豪小説、劇作、シナリオ、絵本を除く児童文学など、幅広い分野から、主にフィクションを執筆する作家・小説家を中心にして編まれた人名事典。収録は、明治の文豪から新進のティーンズ作家までの約5000人。巻頭の索引は作家名の五十音順配列。本文の構成も同配列で、活動分野、職業、生没年月日、本名、経歴など5－15項目について簡潔に記す。 *6811*

作家のペンネーム辞典 佐川章著 創拓社 1990.11 509p 18cm 4-87138-110-2 1600円
江戸時代から現代までの作家のペンネームの由来やエピソードについてまとめ、人名の五十音順に配列した辞典。俳人、戯作者、狂歌師、小説家、詩人、歌人、評論家、思想家、画家、劇作家、随筆家など文芸全般の領域で活躍している人物235人を収録する。江戸時代の作家については、「ペンネーム博物館」（巻末）にまとめて記載。巻末に文学忌歳時記、主要参考文献を

付す。索引はないが、目次が本文と「ペンネーム博物館」の総合索引になっている。
6812

文学忌歳時記 佐川章著 創林社 1982.10 216p 20cm 1200円
近代文学者の忌日を暦形式で月日順に配列し、死とその周辺について簡潔にまとめたもの。小説家、詩人、評論家、俳人、歌人、劇作家、随筆家など260余人の文学者を収録する。記載内容は、死因、死亡時刻、死の様子、略歴、代表作、埋葬場所などである。巻末に、文人主要埋葬墓地一覧、主要文学忌案内、文人関係資料一覧、文人死因ベスト5を付す。人名索引がある。
6813

◆◆ 名簿・名鑑

戯曲・小説近世作家大観 鈴木行三編著 名著普及会 1984.5 666p 24cm 監修：松下大三郎, 武田祐吉 中文館書店昭和8年刊の複製 12000円
近世戯曲・小説の作家に関する研究論文や研究書を網羅的に収集し、原文のまま収録したもの。作家ごとに伝記と著作（作品研究）に大別し、作家の没年順に配列する。一部、項目末に著述目録を付す。索引はない。
6814

作家の墓 文学散歩 上巻（明治・大正篇）, 下巻（昭和篇） 中川八郎編著・写真 一穂社 1992 2冊 22cm 4-900482-07-2 2370-2880円
日本の文学者の墓200墓について、上巻に明治・大正、下巻に昭和を収録。文学者の略歴、墓所の所在、墓相、墓碑の寸法および写真を掲載している。小説家、評論家、詩人、歌人、俳人の順に、それぞれを文学史の流れにそって配列。索引はない。下巻の巻末に、文学者700名の墓所の所在地を出身県別にまとめた「近代日本文学者墓所総覧」を示す。
6815

◆◆ 年表

昭和文学年表 第1-9巻 浦西和彦, 青山毅編 明治書院 1995-1996 9冊 22cm 監修：谷沢永一 4-625-53119-5 4500-5500円
昭和期の小説（戯曲・シナリオを含む）・評論・随筆に関して詳細・正確にまとめられた年表。採集項目はすべて実物を確認している。10年分を1巻としてまとめ、第1-3巻は1か月3頁、4-6巻は1か月4頁の単位で発表年月日順に収録。本表は小説；評論・随筆；新聞；単行書の4段で構成され、単行書以外は初出誌のタイトル・巻号・頁数（連載の場合は掲載の最終月日）が明記されている。別巻として作品名索引2巻、人名索引1巻がある。
6816

新聞小説史年表 高木健夫編 国書刊行会 1987.5 389p 27cm 12000円
1875年（明治8）から1955年（昭和30）までに掲載された新聞小説を91紙にわたり調査した年表。作品名、著者名、挿絵画家名、連載年月日を示し、同時期の新聞・雑誌の創刊・廃刊・改題、人物、事件、風俗なども併記して年表形式にまとめた書。ほかに『万朝報』懸賞短篇小説年表も収録。索引はない。
6817

日本近代文学年表 小田切進編 小学館 1993.12 506p 23cm 4-09-362041-5 3900円
1868年（明治元）から1989年（昭和64・平成元）までの近代文学史上重要と思われる作品・事項を年代順に収録。上段に小説・戯曲、中段に詩歌・評論・随筆を収め、作品名・作者名・掲載紙誌名を記載。下段に社会・文学事項を収める。各年の末尾では、文学史上の重要事項を取り上げて解説し、主な文学者の生没を記す。1935年（昭和10）以降には主要な文学賞とその受賞者も記載。巻末に「文学史事項解説目次」と「作品名さくいん」を付す。
6818

日本文学大年表 上代－平成六年 増補版 市古貞次編 おうふう 1995.4 531p 27cm 付（1冊 21cm）：大江健三郎著作一覧・年譜 4-273-02843-3 24000円
初版（1986年刊）に1986年から1994年（昭和61－平成6）までの事項を加えた増補版。年表と索引よりなる。年表篇は上代から1994年（平成6年）に至るまでの歴史を文学を中心とした観点から年表化。項目として文学、人物、一般事項などの項目別に欄を分けている。索引篇は人名索引と作品名索引で構成。索引の配列は現代かなづかいによる五十音順である。
6819

◆◆ 便覧

国語国文学手帖 尚学図書言語研究所編 小学館 1990.5 297p 26cm 4-09-504501-9 1450円
上代から近現代までの国文学に関する基本事項を図版、年表を使って解説したもの。人名、書名、事項による五十音順総合索引を付した「文学図録」「文学年表」「文学地図」「国語表現」の4編と、日本古典文学の代表的作品107点に歌舞伎・浄瑠璃の名文、小倉百人一首を加えた「古典文学書き出し文100選」からなる。裏表紙見返しに時代順年号一覧、年号索引を付す。もとは学校向け資料集であるため解説は平易かつ簡略。国文学便覧として一般向けにも利用できる。
6820

新・古典文学研究必携 市古貞次編 学燈社 1992.8 264p 22cm 『別冊国文学』改装版 4-312-00530-3 2000円

古代前期から近世までの日本古典文学の研究領域を、主要作品・作家・ジャンルなどの90余項に項目立てし、各項目ごとに、解題、研究史の展望、研究テーマ、研究の指針の4項に分けて解説を加えている。簡便な体裁であるが、研究史（特に戦後）は詳細に整理されており、その到達点を踏まえつつ、今後論考が可能なテーマや研究の新しい視角、残された問題などを示す。各項目ごとに、適切な研究入門書や研究文献目録も紹介。索引はない。　6821

◆詩歌

◆◆書誌・索引

作品名から引ける日本文学詩歌・俳人個人全集案内 日外アソシエーツ編 日外アソシエーツ 1992.2 9,835p 22cm 発売：紀伊国屋書店 4-8169-1118-9 12360円

1984年10月までに発行された日本近代文学の詩人・歌人・俳人112名の個人全集115種を対象に、作品名から収載箇所を検索できるようにしたコンパクトな索引。作品名の五十音順に配列され、収載全集名・収載巻・始頁を記す。「現代日本文学綜覧シリーズ」の『個人全集・作品名綜覧』☞6768 が広範囲・網羅的に収録しているのに対し、ジャンルを限定することで1巻にまとめた。巻頭に収録全集一覧を付す。　6822

詩歌全集・内容総覧，作品名綜覧，作家名綜覧 青山毅編 日外アソシエーツ 1988.4 6冊 22cm （現代日本文学綜覧シリーズ 6-8）発売：紀伊国屋書店 4-8169-0146-9

日本近代詩歌の全集。1929年（昭和4）刊『日本詩人全集』から1984年（昭和59）完結の『現代の詩人』に至る全35種426冊を第Ⅰ部詩全集、第Ⅱ部詩歌全集、第Ⅲ部俳句全集の3部に分け、それぞれ刊年順に内容細目を収録。全集名見出し以下、各巻数見出し、内容細目で構成。五十音順の出版社別目次を付す。「作家名綜覧」「詩歌全集・作品名綜覧」はこの本を元にした、作家名、作品名から検索するためのツールである。収録の作家約2000名を見出し項目（現代かなづかいによる五十音順配列）として、各々の作品名、解説、年譜、参考文献をまとめ、収載の全集名を指示。「作品名綜覧」は、また内容項目約9万1000点の作品名（詩集名、歌集名を含む）を現代かなづかいの五十音順に配列し、見出し以下に収載先を示している。第2期1999-2000年刊。　6823

日本の詩歌全情報 27/90，91/95 日外アソシエーツ編 日外アソシエーツ 1992-1996 2冊 22cm 発売：紀伊国屋書店 4-8169-1125-1 35900円，18540円

日本国内で刊行された明治以降の作家の詩集・歌集・句集などを、著者の五十音順に配列した総目録。正編の「27/90」は、1927年から1990年までに刊行された2万3000人の作家の作品集約4万点を収録する。索引はないが巻頭の人名目次で検索できる。続編である「91/95」は、1991年から1995年までに刊行された6400人の作家の個人作品集7825点と選集・合集625点を収録する。巻末に書名索引を付す。　6824

◆◆和歌

◆◆◆索引

新編国歌大観 第1-10巻 「新編国歌大観」編集委員会編 角川書店 1983-1992 20冊 27cm 4-04-021102-2

旧『国歌大観』（1951-1958年刊）に大幅な増補を行ったもので、全10巻は各巻ごとに歌集と索引の2冊からなる。第1巻：勅撰集編、第2巻：私撰集編1、第3巻：私家集編1、第4巻：私家集編2、定数歌編、第5巻：歌合編、歌学書・物語・日記等収録歌編、第6巻：私撰集編2、第7-9巻：私家集編3-5、第10巻：定数歌編2、歌合編2、補遺編という構成。索引は和歌、歌謡、漢詩句の本文を各句に分けどこからも引ける全句索引であるが、全巻にわたる総索引はなく、やや使いづらい。CD-ROM版もある。　6825

日本名歌集成 秋山虔〔ほか〕編 学燈社 1988.11 607p 27cm 4-312-00010-7 18000円

記紀歌謡から現代短歌に至る日本の和歌より、上代363、中古550、中世350、近世194、近代550、計2007首の名歌を精選。文学史上の区分に従い、上代・中古・中世・近世・近代の時代順に構成される。作者の配列は上代-近世までは活動順、近代については生年順である。一首ごとに歌意と鑑賞を付す。巻末付録は索引の「収集歌人解題・索引」Ⅰ・Ⅱ（Ⅰは上代-近世、Ⅱは近代）、「掲出歌索引」と「収集歌書解題」がある。　6826

物語和歌総覧 索引編 久曽神昇，樋口芳麻呂，藤井隆共編 風間書房 1976 511,5p 27cm 24000円

『物語和歌総覧　本文編』に採録したすべての和歌の

全句索引。見出し句の表記は、歴史的かなづかい、ひらがな、濁音は清音に統一。物語名略称と歌番号で「本文編」へ導く。巻末に「本文編」の補遺を収録。「索引編」はこの補遺部分も含む。
6827

◆◆◆辞典・事典

歌語例歌事典 鳥居正博編著 聖文社 1988.6 892p 22cm
監修：加藤克巳，桜井満 4-7922-1260-X 8500円
和歌の中のキーワード（歌語）2691語を8分野94セクションに分類し、簡単な用語解説と、古代から現代まで1万3897首の用例（例歌）を掲げた事典。見出し語のもとに類語も集め、例歌の頭部に小見出しとして掲げる。例歌の配列は、小見出しにかかわらず時代順。巻末に付録と索引を付す。付録は「主要枕ことば」（401語）「古歌の慣用連語」（207語）で解説・例歌（計1037首）付き。索引は「歌語索引」と「歌枕・地名索引」の2種でいずれも五十音順。
6828

現代名歌鑑賞事典 本林勝夫，岩城之徳編 桜楓社 1987.3 373p 20cm 4-273-02136-6 2800円
明治から現代にいたるまでの名歌、特に中学・高校の教科書に採録されている歌を中心に556首を収録し、解説を付した解釈と鑑賞のための事典。作者の五十音順に配列され、本歌・収載歌集・通解・作歌事情がコンパクトに解説されている。巻末の「初句索引」のほか、巻頭の目次も作者名と収録歌が出ており簡単な検索に使える。巻末に作家解題を付す。
6829

短歌文法辞典 新版 宮城謙一，碓田のぼる編 飯塚書店 1985.2 315p 20cm 2500円
短歌の創作と鑑賞に必要な文語文法と歌語についてやさしく解説し、豊富な引例歌をあげた辞典。見出し語886語、引例歌2840首を収録。10品詞に接頭語・接尾語・枕詞・連語の4語を加えた14の大項目からなる。それぞれ初めに各品詞と語の文法上の性質・種類・用法を説明し、続いて見出し語を五十音順に配列する。短歌実作者を利用対象としている。見出し語と引例歌中の見出し語は太字表示。巻末に文語活用表、文語助詞一覧表、見出し語索引（五十音順）を付す。1959年刊の増補改訂版。A5判で大きい活字の特装本もある。
6830

短歌用語辞典 新版 司代隆三編著 飯塚書店編集部編 飯塚書店 1993.10 489p 20cm 4-7522-1007-X 3800円
短歌創作のための用語辞典。1981年刊の新版。見出し語は近現代の短歌から採取し、使用頻度の高い用語、短歌特有の語、難解な語を収録。配列は口語表記の五十音順で、文語表記、品詞、活用形、語義、引例歌、作者を記載する。巻末付録として、文語活用表、助詞

一覧表がつく。旧版と比較すると、用語の項目・引例歌を大幅に増加した反面、巻末の「術語編」を割愛している。
6831

通解名歌辞典 武田祐吉，土田知雄著 創拓社 1990.12 1061p 19cm 4-87138-114-5 4000円
万葉集から近代短歌にいたるまでの名歌や、古来から人口に膾炙された和歌4110首を収録し、通解と平易な説明を付した鑑賞と解釈のための辞典。初句の五十音順に配列され、本歌・通解・作者・原典がコンパクトに解説されている。時には作歌事情や詞句の解釈も付く。巻末の和歌全句索引は本書収録の全ての和歌を、初句から第五句までのどの句からでも検索でき便利である。ほかに人名索引がある。主要歌書解題、主要歌人略伝、和歌史年表、歌人系譜、和歌史概説も収録されており、通読性のある和歌鑑賞事典としても利用できる。
6832

日本秀歌秀句の辞典 小学館辞典編集部編 小学館 1995.3 1208p 22cm 4-09-501151-3 7000円
日本の古代から現代に至る和歌（連歌・短歌）、俳句、近現代詩に若干の歌謡、漢詩などから約6千首を採録した辞典。「和歌・俳句編」と「詩編」に大別し、和歌・俳句編は自然・風土、四季など10の事項に分類し各首（句）の作者、出典をあげ解説を付す。詩編は作者、代表作、出典と解説を記載。巻末に五十音順索引（和歌・俳句上二句、詩冒頭の一行）、季語、地名、作者別（古典）、語彙索引など多様な索引を付し、多方面からの検索を可能にしている。
6833

日本歌語事典 佐佐木幸綱〔ほか〕編 大修館書店 1994.7 1194p 27cm 4-469-01239-4 18540円
記紀・万葉から現代までの短歌に用いられた語句約1万3000を見出し語として例歌約3万首を収録。配列は冒頭の漢字の読みによる配列（いわゆる電話帳方式）。巻末に五十音順の「歌語索引」「歌語逆引き索引」「収録歌人生年一覧（近世以降）」を付す。俳句の歳時記に相当する。現代人向けの手ごろな、短歌実作・研究に活用できる歌語事典である。
6834

枕詞辞典 阿部万蔵，阿部猛編 高科書店 1989.1 350p 22cm 4800円
従来の諸説を集大成した福井久蔵『枕詞の研究と釈義』を始めとする先行の諸論稿を踏まえ、古事記・日本書紀・万葉から中世歌集に見られる枕詞を、広範かつ網羅的に1078語収録する。各語の歴史的かなづかいによるひらがな表記五十音順配列。項目記述中には、かかり方・実例（引用歌には国歌大観番号付）・語義・既往の諸説・参考文献を列挙。巻末の「逆引歌ことば索引」は、特定の語にかかる枕詞には何があるかを調べ

る索引であり、使い勝手がよい。　*6835*

和歌植物表現辞典　平田喜信，身崎寿著　東京堂出版　1994.7　438p 20cm　4-490-10371-9　3800円
古典和歌に現れた植物に関する歌語約280項を解説し、歴史的かなづかい五十音順に配列した辞典。記述は、植物解説（該当植物の生態など）、歌語解説（上代から中世にかけての表現上の変遷）古典和歌にあらわれる用例をあげる。さらに、明治以後現代に至る該当する植物を扱った代表的な現代短歌の順である。巻末に付録として、主要用語・出典解説、万葉集和歌植物索引、八代集和歌植物索引、植物名索引がある。　*6836*

和歌大辞典　犬養廉〔ほか〕編　明治書院 1986.3　1201p 27cm　24000円
上代から近世までの古典和歌に関する諸事項を網羅的に収集し解説した総合的な和歌の辞典。人名、作品、和歌に関する用語の約1万項目を収録する。配列は項目の五十音順。各項目末に参考文献がある。巻末に、「年表」（記紀時代－江戸時代）と「叢書収録歌書一覧」を付す。索引はない。『和歌文学大辞典』☞6839を継承するが、新企画のもとに編纂された。　*6837*

和歌文学辞典　有吉保編　桜楓社　1982.5　862p 20cm　3400円
上代から近世にいたる人物・作品・和歌用語など和歌に関する2800項目を収録。各項目のもとに現代かなづかいによるよみをひらがなで付し、五十音順に配列。人物は、出自・生没年・閲歴・和歌事跡について、作品は種類・編著者・内容・伝本について、事項は用語の種類・定義・用例について解説。巻末に、年表、人名索引、書名索引、一般事項索引、年号索引を付す。一般読者向けの和歌辞典である。　*6838*

和歌文学大辞典　伊藤嘉夫等編　明治書院 1962　2冊（帙入付録共）22cm　窪田空穂等監修　帙入付録：歌人系統図（表10枚）
上代から昭和30年代後半までの和歌文学に関する事項、用語、人名、文献など約4500項目を解説した詳細な事典。各項文中や項末に多数の文献も紹介。見出しは現代かなづかいによる五十音順配列。巻末には五十音順の総合索引と、第一漢字の画数から引ける難読索引があるほか、歌碑目録、文献目録、複製本目録、図書館・文庫の一覧、勅撰作者部類、万葉集作者部類、和歌史年表が付く。　*6839*

和漢詩歌作家辞典　森忠重著　みづほ出版 1972　952p 図 19cm　3500円
日中の漢詩、和歌、俳句作家（学者や政治家も含む）の辞典。人名の五十音順に配列し、各人名のもとに、よみ、生没年、時代区分、代表作、作風を示す作例、著作が記されている。日本の現代漢詩作家は別立になっている。巻頭に「歴代詩歌作家肖像集」、項目索引として本文見出しに対応する人名一覧を巻末に「日中対照文化・文学史年表」を付す。　*6840*

◆◆◆ 人名事典

戦後歌人名鑑　増補改訂版　十月会編　短歌新聞社 1993.7　437p 22cm　4-8039-0704-8　7000円
戦後短歌の歌壇で活躍した歌人の名鑑。結社別に歌人を選定し、本人に原稿執筆を依頼している。人名の五十音順配列で、略歴、戦後刊行の全歌集、主要著書、代表歌などを記載し、顔写真を付す。1985年刊の新訂版で、1385名を収録している。収録数が多いとはいえないが、本人に確認をとっている点で信頼できる。　*6841*

和歌俳諧人名辞書　中野荘次編　京都　臨川書店 1986.8　357,63p 22cm　奥付の書名(誤植)：和歌俳諸人名辞書　4-653-01405-1　8500円
和歌、俳句、漢詩等57種の短冊集の人名を掲げ、登載書（大冊の場合は丁数、巻数、頁数、短冊番号も）、経歴を記した人名辞典である。登載人物は6800人にのぼる。姓の第一字によってまとめ、五十音順に配列。巻頭に収載短冊影譜解題、巻末に名号索引を付す。　*6842*

◆◆◆ 年表

和歌文学年表　増補新版　阿部正路著　桜楓社 1978　189p 20cm　1000円
神武以前から1975年（昭和50）にいたるまでの和歌・短歌年表。項目は和歌文学史上の時代、皇紀、西暦、年号、天皇、和歌・歌集・歌書等、歌人生没、関係事項。大正以降は歌壇事項が加わる。索引はない。1965年（昭和40）以降は割愛が激しいため、『短歌年鑑』（角川書店）連載の年表で補足する必要がある。　*6843*

◆◆ 万葉集

◆◆◆ 索引

新撰万葉集総索引　杜鳳剛編　大阪　和泉書院 1995.4　291p 27cm　（索引叢書 35）　監修：増田繁夫　『新撰万葉集』(寛文7年刊)の複製を含む　4-87088-712-6　13390円
本文編と索引編で構成。本文編の底本は寛文7年版本の影印を使用し、元禄9年版本の下巻序文を付す。索

引編は「和歌語彙索引」「和歌用字索引」「漢詩一字索引」よりなる。索引の漢字は新字体に、仮名は歴史的かなづかいに統一。配列は「和歌語彙索引」は五十音順、「和歌用字索引」と「漢詩一字索引」については『最新JIS漢字辞典』（講談社、1990）に従っている。索引の項目は用例、歌番号または詩番号（いずれも本文に便宜的に付与）、句番号（歌または詩の何句目かを示す）の順で構成されている。　　　　　6844

万葉集歌句漢字総索引　日吉盛幸編　桜楓社　1992.4　2冊
　27cm　4-273-02585-X　全38000円
『西本願寺本万葉集』（主婦の友社、1984）を底本とし、原文を改訂したのちの歌句を一単位とした漢字一字索引。漢字字母の配列はJIS-C6226　1983（『JISハンドブック情報処理』（日本規格協会、1984））の部首番号に準拠。本文の項目は、漢字原文、仮名訓読、巻、部、旧番（旧『国歌大観』歌番号）、新番（『新編国歌大観』☞6825　歌番号）、句番（旧番歌中の何句目かを示す）、参考の順。巻末に校異一覧、巻別字母集計表を付す。索引は各巻末の字音索引と、下巻巻末の部首索引、字音索引がある。　　　　　6845

万葉集各句索引　高田昇著　桜楓社　1992.11　620p　27cm
　4-273-02606-6　48000円
桜楓社版『万葉集』（西本願寺本、鶴久・森山隆編、1977補訂版）を底本とする各句索引。五十音順に配列した見出し句のもとに、巻数、歌番号（旧『国歌大観』番号）、句番号（見出し句がその歌の何番目にあたるか）、部立て（雑歌、相聞歌、問答歌などの別）、歌種（短歌、長歌、旋頭歌などの別）、作者名を付す。　　　　　6846

万葉集総索引　正宗敦夫編　平凡社　1994.11　2冊　22cm
　第7刷(第1刷：1974年)　4-582-35200-6　全28000円
単語篇と漢字篇の2冊からなる。単語篇は五十音順、漢字篇は康熙字典による配列。漢字篇は巻末に「総画索引」「部首索引」「字音索引」を付す。『万葉集大成』（平凡社、1931）に収録されたものの復刻。　　　　　6847

万葉集表記別類句索引　日吉盛幸編　笠間書院　1992.4
　640p　27cm　（笠間索引叢刊 102）　9785円
『西本願寺本万葉集』（主婦の友社、1984）を底本とし、改訂を加えて漢字原文を表記別に分類した各句索引。見出し項目は、第1分類として作品の各句の仮名訓読を五十音順に類句として配列し、以下第2分類は漢字原文を同類表記別に表記し、第3分類は作者などを同類別に参考の項目として、各々JISによるコード順に配列。項目は句数、類句、表記、巻、部、『新編国歌大観』☞6825による新旧の歌番号、句番（歌の何句目かを示す）、参考となっている。付録として巻末に校異一覧、万葉集類句頻度巻別集計表を付す。　　6848

◆◆◆辞典・事典

万葉集歌人事典　大久間喜一郎〔ほか〕編　雄山閣出版
　1992.1　486p　20cm　新装版　4-639-00136-3　5000円
万葉集の歌人と万葉集内に登場する人名、神名、伝承上の人物など702項目を収録し、その略伝と歌風について解説した事典。人名の五十音順に配列され、表記、系譜、閲歴、歌風、影響、歌数（または所在）、参考文献（主な歌人のみ）を記載。掲載人物の関連するすべての歌について、該当の巻・『国歌大観』歌番号表示があり便利。また巻別概説、官位相当表、系図、年表を付す。索引は人名のみであるが、別の名称からも検索できる。系譜・閲歴に異説があるものは、主な諸説を挙げるなど、研究の基礎となる事典である。ただし年表以外、西暦併記でないのが不便。　　　　　6849

万葉集歌人集成　中西進〔ほか〕著　講談社　1990.10
　949,27p　19cm　4-06-204657-1　3600円
『西本願寺本万葉集』（主婦の友社、1984）を底本として作者（歌人）別に集成。歌人名の現代かなづかいによる五十音順配列。各歌人と作中人物の人名を見出しとし、系譜・閲歴の解説、出所個所、作品の歌数、作品の歌番号（旧『国歌大観』番号）で構成。巻末に歌番号の索引を付す。　　　　　6850

万葉集辞典　尾崎暢殃〔ほか〕編　武蔵野書院　1993.5
　682p　22cm　4-8386-0375-4　9000円
万葉集の語彙や成句を手ばやく検索し理解するための辞典。万葉集中の作品、題詞、左註、前行文、書翰文、後文などの単語や連語（句）の五十音順配列。語・句や固有名詞、動植物名については、解説のほかに用例とその所属する巻数と『国歌大観』の歌番号を付す。名の判明している作者については、すべての作品の『国歌大観』番号も記されている。　　　　　6851

万葉集事典　4版　伊藤博〔ほか〕編　有精堂出版　1991.3
　624p　19cm　『万葉集講座』別巻　4-640-30267-3
　4800円
これまでの万葉集研究の成果を総合的にまとめ、鑑賞と研究に必要な事項を網羅したハンドブック。「各巻概要」「万葉集作者別研究史」「万葉集諸本の系統」「万葉集人名索引」「万葉集年表」「万葉集作者系図」「万葉集地名索引」「万葉集動植物索引」「万葉集枕詞一覧」「上代仮名遣」「音韻」「語法」「用字法」「万葉集研究書目録」「万葉集研究年表」の15項目で構成する。各項目中の万葉歌には『国歌大観』の番号を表示。万葉集研究書目録は、1868年から1973年までに刊行された図書を収録する。巻末に、万葉地図、古代位階変

遷表、古代官位相当表、官制表、『万葉集講座』所収歌索引を付す。　　　　　　　　　　　　　　　6852

万葉集枕詞辞典　朴炳植著　小学館　1990.4　359p　22cm　4-09-387050-0　4300円
万葉集の枕詞477を古代朝鮮語の立場から再解釈した辞典。ヤマト言葉＝古代慶尚北道方言説に関し、前段でヤマト言葉の特徴、音韻変化の法則一覧、基礎単位言語について説明している。辞典部分は項目の五十音順配列。巻末資料として「万葉歌人の出自　歌の表記が語る歌人の方言」がある。　　　　　　　6853

万葉植物事典　万葉植物を読む　山田卓三，中嶋信太郎著　北隆館　1995.11　591p　19cm　4-8326-0374-4　3800円
万葉集に詠まれた植物を収録し、作られた場所と歌の意味や意図の両面から環境考古学的に考察を加えた事典。万葉集の植物名を五十音順に配列し、万葉表記・歌・作者名・歌番号・解説を記す。1種の植物に対し1-20歌ほどを取り上げ、詳細に解説している。植物画・風俗画などの図版あり。口絵に植物の写真を多数掲載。付録として植物別分類万葉歌番号一覧、巻末に植物名索引を付す。　　　　　　　　　　　6854

万葉の歌ことば辞典　稲岡耕二，橋本達雄編　有斐閣　1982.11　376p　20cm　（有斐閣選書R 9）　4-641-02294-1　2500円
万葉集のことばから、約660項目を取り上げた辞典。見出しの配列は歴史的かなづかいによる五十音順。項目は重要度に応じて大項目から小項目へと5つのランクを設けて解説。引用歌には、旧『国歌大観』による歌番号を付している。原文引用の底本は不明。　6855

❖❖歌集・家集

和泉式部集総索引　清水文雄編　笠間書院　1993.11　1143p　22cm　（笠間索引叢刊 105）　4-305-20105-4　38000円
『校定本和泉式部集　正・続』（清水文雄、笠間書院、1981）の和歌および詞書に用いられている語句の索引。和歌と詞書に用いられた全語句を単語に分解して、歴史的かなづかいにより五十音順に配列し、その単語の用いられている和歌を歌番号とともに示す。「和歌自立語索引」「詞書自立語索引」「和歌助動詞索引」「和歌助詞索引」「詞書助動詞索引」「詞書助詞索引」の6篇で構成する。　　　　　　　　　　　　　　6856

小倉百人一首総索引　長江稔編　本の出版社　1985.11　104p　15cm　（わんずをぅん文庫）　520円
小倉百人一首の全歌を掲載し、「歌語索引」「作者名索引」「上・下句索引」から検索する。著者が高校教師在任中に授業内容のひとつとして始めたもので、簡単でわかりやすい。配列は五十音順。　　　　6857

玉葉集総索引　滝沢貞夫編　明治書院　1988.3　509p　22cm　4-625-40056-2　9800円
『玉葉和歌集』に用いられている全ての語を検索するために編まれた索引。底本には宮内庁書陵部蔵の室町時代書写の『玉葉集』を全文翻刻したものを使用。玉葉和歌集本文と、3種の索引（「歌語索引」「詞書左注索引」「人名索引」）からなる4部構成で、五十音順配列の各索引から底本および『新編国歌大観』☞6825の歌番号に導かれる。　　　　　　　　　　　6858

近世出版百人一首書目集成　湯沢賢之助編　新典社　1994.5　348p　22cm　（新典社叢書 18）　4-7879-3018-4　11500円
中世末から近世に出版ないし筆写された1720余の百人一首を、書名の五十音順に配列した書誌。百人一首の名称をうたっていなくても内容に百人一首を含むものや内容的にその取り扱いをしているものも収録する。採録文献一覧と近世出版百人一首刊行略年表（1406-1867年）を付す。巻末に、「編著者・書者・画師他」「出版書肆等」の2種類の索引がある。　　6859

西行関係研究文献目録　西沢美仁編　貴重本刊行会　1990.5　339p　22cm　監修：日本古典文学会　4-88915-067-6　8000円
昭和に刊行された西行に関する研究文献の網羅的な目録。この目録での西行は、実在から仮定や物語の登場人物までを含む。配列は著者名の五十音順で、同一著者中は発表順。すべての文献について初出と再録・再刊を記す。巻末に人名、地名、明治以前成立の書名、歌枕などの「事項索引」と、上三句の歴史的かなづかいの五十音順「和歌索引」を付す。　　　6860

西行和歌引用評釈索引　福田秀一編　武蔵野書院　1993.7　191p　27cm　4-8386-0139-5　9800円
1973年以後に刊行された西行の研究書15冊で引用・評釈された西行の和歌の索引。採録の対象は、西行の評伝類やその和歌を抄出・評釈したものに限る。西行の歌の大半ないし家集の全体に注を施したものや、索引の完備したものは除かれている。和歌の五十音順配列で、表形式をとり、上段に和歌の初二句とその所収歌集を掲げ、下段に該当歌が諸書の何頁に見えるかを表示する。索引はない。　　　　　　　　　　　6861

詞花集総索引　滝沢貞夫編　明治書院　1972　204p　22cm　2800円

底本は高松宮蔵伝為忠筆本。底本にない5首を異本所収歌として本文に付す。索引は「歌語索引」「詞書索引」「人名索引」から成る。本文はかなづかいも含め、底本をそのまま翻刻し、和歌には通し番号を付す。各索引の見出しは歴史的かなづかいによるひらがな表記の五十音順配列。
6862

詞花和歌集総索引 西端幸雄編 大阪 和泉書院 1989.2 145p 22cm（索引叢書19）4-87088-326-0 3500円
『詞花和歌集』の全語彙（和歌語彙と詞書語彙）を検索するための索引で、「語彙索引」と「作者名索引」からなる。「語彙索引」は単語、複合語、接辞などの見出し語を五十音順に配列し、充当する漢字、文法的性格（品詞、活用など）、歌番号を記載。「作者名索引」も五十音順。底本は『詞花和歌集』（松野陽一校注、和泉書院、1988）による。巻末に「和歌各句索引」と『新注八代集』から『新編国歌大観』☞6825 への歌番号対照表を付す。
6863

続古今集総索引 滝沢貞夫編 明治書院 1984.11 483p 22cm 8800円
底本は静嘉堂文庫蔵伝為重筆本。本文は底本に濁点を加えて翻刻したもの。底本にない7首を本文の巻末に異本歌として追録。構成は本文と「歌語索引」「仮名序詞書左注索引」「人名索引」からなる。各索引の見出しは歴史的かなづかいによるひらがな表記の五十音順配列。
6864

続後拾遺集総索引 滝沢貞夫編 明治書院 1991.1 328p 22cm 4-625-40059-7 9200円
底本は宮内庁書綾部蔵本。本文は底本に濁点を加えて翻刻したもの。底本にない1首を異本歌として本文の巻末に補う。構成は本文と「歌語索引」「詞書左注索引」「人名索引」からなる。各索引の見出しは歴史的かなづかいによるひらがな表記の五十音順配列。
6865

続後撰集総索引 滝沢貞夫編 明治書院 1983.11 351p 22cm 6800円
底本は宮内庁書綾部蔵本。本文は底本に濁点を加えて翻刻したもの。底本にない10首を本文の巻末に補う。構成は本文と「歌語索引」「詞書左注索引」「人名索引」からなる。各索引の見出しは歴史的かなづかいによるひらがな表記の五十音順配列。
6866

続拾遺集総索引 滝沢貞夫編 明治書院 1985.11 368p 22cm 7800円
底本は宮内庁書綾部蔵本。底本にない4首を異本歌として本文巻末に補う。本文と「歌語索引」「詞書左注索引」「人名索引」よりなる。本文は底本のかなづかいに濁点を加えて翻刻したもの。各索引の見出しは歴史的かなづかいによるひらがな表記の五十音順配列。
6867

続千載集総索引 滝沢貞夫編 明治書院 1990.3 359p 22cm 4-625-40058-9 9200円
宮内庁書綾部蔵本を底本とし、3首の異本歌を巻末に補う。本文は底本に濁点を加えて翻刻したもの。構成は本文と「歌語索引」「詞書左注索引」「人名索引」からなる。本文の和歌には通し番号を付す。各索引の見出しは歴史的かなづかいによるひらがな表記の五十音順配列。
6868

新後撰集総索引 滝沢貞夫編 明治書院 1986.10 368p 22cm 7800円
底本は国立公文書館内閣文庫蔵本。本文は底本に濁点を加えて翻刻したもの。底本にない3首の歌を本文の巻末に補う。構成は本文と「歌語索引」「詞書左注索引」「人名索引」からなる。各索引の見出しは歴史的かなづかいによるひらがな表記の五十音順配列。
6869

新千載集総索引 滝沢貞夫編 明治書院 1993.6 441p 22cm 4-625-40062-7 12000円
『新千載和歌集』に用いられたすべての語を検索することを目的とした索引。今治市河野美術館蔵本を翻刻した本文篇（歴史的かなづかい表記）と歌語索引（2366首と詞書中の和歌の用語を対象）、詞書左注索引、人名索引（作者名のほか、仮名序、詞書、左注中の人名を対象）とから成る。索引は五十音順。
6870

新勅撰集総索引 滝沢貞夫編 明治書院 1982.10 359p 22cm 6800円
底本は冷泉家旧蔵伝為家筆定家自筆識語穂久邇文庫蔵本。『日本古典文学影印叢刊13』（貴重書刊行会、1980）より翻刻したものを本文とする。本文には底本にない8首の切出歌を巻末に補う。本文と「歌語索引」「仮名序詞書左注索引」「人名索引」より構成。各索引の見出しは歴史的かなづかいによるひらがな表記の五十音順配列。
6871

菟玖波集総索引 山根清隆編 風間書房 1983.5 277p 22cm 4-7599-0586-3 7000円
広島大学所蔵本『菟玖波集』に用いられている全ての語彙（作者名などは除く）を検索するために編まれた索引。連歌の部、漢詩の部、仮名序・詞書・左注の部の3部から構成され、各索引の見出し語は歴史的かなづかいによるひらがな表記の五十音順で、参考となる漢字または品詞、見出し語を含む複合形、句番を記載。
6872

風雅集総索引 滝沢貞夫編 明治書院 1991.7 383p 22cm
　4-625-40060-0　9800円
『風雅和歌集』に用いられているすべての語を検索することを目的とした索引。宮内庁書陵部蔵本を翻刻した本文篇と、歌語索引（2213首と異本歌4首。詞書中の和歌の用語を対象とした索引）、仮名序詞書左注索引、人名索引（作者名のほか、仮名序、詞書、左注中の全ての人名を対象）とから成る。　6873

◆◆狂歌

狂歌鑑賞辞典 鈴木棠三著 角川書店 1984.8 576p 19cm
　（角川小辞典 36）　2000円
中世から近世までの狂歌集から1700余首を収録し、解説を付した鑑賞と解釈のための辞典。標題歌を現代かなづかいの五十音順に配列し、出典、作者、解説を記載。巻末に、上句・下句とも約10字から引ける現代かなづかいの五十音順の「歌句索引」がある。「出典書略解題」「引用狂歌作者略伝」も付されており、狂歌鑑賞のための手引、通読性のある狂歌集としても利用できる。　6874

狂歌大観 第1-3巻 狂歌大観刊行会編 明治書院
　1983-1985　3冊 27cm 22000-28000円
中世から近世前半期にいたる狂歌の資料を翻刻集成、2万2884首を収める。全3巻で構成され、第1巻本篇は慶長年間から元文年間にいたる狂歌を版本を中心に集成、ほぼ年代順に配列。第2巻参考篇は中世から近世初期にかけての記録・軍記・笑話・歌集・地誌などに含まれる落首、狂歌を抜抄。本篇挿絵集・影印集、狂歌絵本集の図録篇を付す。第3巻索引篇は本篇、参考篇に収載した全句の各句索引と、50書目の作者名および詞書中の人名索引からなる。　6875

◆◆俳諧

◆◆◆辞典・事典

現代俳句大辞典 安住敦〔ほか〕編集 明治書院 1980.9
　637p 22cm 8800円
明治以降の近代・現代俳句に関係ある項目約3000について、五十音順に配列し、解説した事典。人名（句集）・書名・誌名・事項（用語を含む）・季語の5種類の項目を収録する。解説文中の見出し語は＊印で表示。巻末に「現代俳句年表」（1869-1980年）と、人名索引、書名索引、誌名索引、事項索引、季語索引を付す。古俳句に重点を置く『俳諧大辞典』（伊地知鐵男ほか編、明治書院、1957）との併用によって俳諧・俳句の仔細が網羅される。　6876

俳句辞典 近世，近代 増補版 松尾靖秋，松井利彦編 桜楓社 1982.5　2冊 20cm
俳諧、俳句に関連する事項をよみの五十音順に配列して解説。「近世編」は、近世の俳諧、連歌、川柳、雑俳に関する人名、俳書・連歌書・川柳雑俳書、俳文、書簡、流派、用語、季語、研究書等約1600項目を収録。巻末に連歌俳諧年表、書名索引、人名索引、季語索引、雑索引を付す。1977年刊の旧版に1980年までに発表された研究書・論文・全集等を増補し、巻末に一括して収録。本文の項目で巻末に増補のあるものは本文項目の頭に＊印を付す。「近代編」は、明治・大正・昭和の俳句に関する人名、句集、俳論書、俳句随筆、俳誌用語など2722項目を収録。巻頭に近代俳句概観、巻末に近代俳句年表、書名索引、人名索引、事項索引を付す。1977年刊の旧版に人名を中心に222項目を増補したもの。　6877

俳句用語辞典 飯塚書店編集部編 飯塚書店 1991.6
　507p 20cm 監修：石原八束，金子兜太 4-7522-2009-1　3800円
俳句実作者を対象とした用語辞典。近世から現代俳句までの使用頻度の高い用語、俳句特有の語、難解な語などを選択して、語彙を解説、品詞および活用形を記し、正しい用語の使用法を解説と引用句で明示する。見出し語は現代かなづかいによる五十音順配列。　6878

俳文学大辞典 尾形仂〔ほか〕編 角川書店 1996.3 1184p
　27cm 監修：加藤楸邨ほか 4-04-022700-X 18000円
連歌、俳諧、雑俳、川柳、近現代俳句に関する人物・書目・雑誌・用語・事項など約1万3000項目収録。項目の配列は現代仮名遣いによる読みの五十音順。付録には叢書目録、俳誌一覧、主要俳句賞一覧、俳文学年表を、索引に人物索引、書目・雑誌索引、用語事項索引、難読項目索引を収めた。　6879

評解名句辞典 麻生磯次，小高敏郎著 創拓社 1990.12
　592p 19cm 4-87138-113-7　3000円
古典俳句と近代の名句辞典。江戸以前では、句の五十音順配列とし、1551句について季語、出典、評解を記載する。近代俳句は、俳人の五十音順に略伝、句集、句風、主要句を1083句収録している。1955年刊の再刊で、収録句は変わっていない。付録として、作者解説（江戸以前）、俳書解題、俳諧史がある。索引は、「初句索引」「二句索引」「人名索引」「俳書索引」「季語索引」があり、旧版と比して充実しており、検索に便利になった。評釈は簡単だが、コンパクトで利用しやすい。　6880

例解俳句作法辞典 水原秋桜子著 創拓社 1990.10 490p 20cm 4-87138-111-0 2800円

季題以外の俳句の題材、特に生活面に属するものをとりあげ、その題材の性質や扱い方を例句をあげて解説する。題材は心、人、日用品など10に大別し、その中をさらに6～20項目に分けている。付録に「作句問答」「題詠別句一覧」を収める。索引はない。　　　6881

◆◆◆ 索引

俳句大観 麻生磯次〔等〕編 明治書院 1971 643p 図 27cm 4800円

古典から昭和20年代までの有名な俳句、2843句（挿入句を加えると約4000句）を収録した評釈事典。配列は、年代を11区分し、作者別に俳句を並べ、季語・出典・年代・難解語の語釈・評釈（400字程度）を記載した。付録として、「俳人略伝」「俳書解題」「俳諧史」がある。索引は、俳句の五十音順。学生用の俳句参考書として利用しやすい。類書もあるが、収録句数が多く、評釈がわかりやすい。　　　6882

◆◆◆ 歳時記

季語季題よみかた辞典 日外アソシエーツ編 日外アソシエーツ 1994.7 45,779p 22cm 発売：紀伊国屋書店 4-8169-1250-9 19800円

2万700語の季語・季題を収録し、読み、意味、分類（時候・天文・地理・人事・宗教・動物・植物）、季節を解説した辞典。配列は頭文字の総画数順、同字の中は第2文字目の画数順とし、各項目の解説は辞書形式で短い。巻末に「季語季題五十音順索引」と「画数順頭字一覧」がある。　　　6883

現代俳句歳時記 新訂 石田波郷，志摩芳次郎共編 主婦と生活社 1988.6 1214p 22cm 8800円

俳句季題事典。配列は四季別の内を事項別とし、項目内容は、季題の解説と例句。例句は出典がないが、採録方針の上からも近・現代の句が多い。巻末に「俳人略伝」、「俳諧用語解説」があり、「季題音訓索引」（五十音順）も付されている。1963年（昭和38）刊の新訂版。作句のための例句事典として使える。　　　6884

現代俳句歳時記辞典 北辰堂 1993.11 373p 20cm 監修：復本一郎 執筆：上田日差子ほか 4-89287-171-0 3500円

従来の歳時記では四季別に配列されていた季語を、初心者向けに五十音順にし、解説と例句を示した歳時記辞典。約2000語の季語を収録。「春塵（しゅんじん）」と「春埃（はるほこり）」など同義の季語も別々の語としてとらえ、それぞれ例句を掲出している。巻末に「季語・季感ずれ一覧表」および、「四季別季語索引」を付す。　　　6885

難解季語辞典 関森勝夫著 東京堂書店 1982.2 325p 19cm 監修：中村俊定 4500円

古典俳諧の季語辞典。江戸時代に詠まれた歳時記のうち、難解な事項や動植物名を解説する。引用文献についての解題、本文、「歳時記等一覧（江戸時代）」「俳人等忌日表」「季語異名一覧」からなる。本文は五十音順配列で、巻末に画数索引を付す。語の解説は短いが、例句をできるだけ付してあり、古典俳諧理解のためのコンパクトな辞典である。現代の歳時記に未収録の季語が多く、類書は少ないので、研究者には貴重であろう。　　　6886

日本大歳時記 カラー図説 講談社編 講談社 1983.11 1675p 26cm 監修：水原秋桜子ほか 座右版 付（表1枚）：難読季語の読み早わかり便覧 4-06-128646-3 12000円

季語を分類して関連季語、解説、例句を付した作句・鑑賞のための辞典。時には名句鑑賞も付く。構成は春・夏・秋・冬・新年の各季に分かれ、その中を時候・天文・地理・生活・行事・動物・植物の部類別に配列。同一系統のものは一か所にまとめてある。巻頭に五十音順季語総目次（総索引）があり季語からの検索も容易である。多色刷りでカラー写真や図版も多く、通読性のある生活文化事典としても利用できる。　　　6887

◆◆◆ 年表

明治大正俳句史年表大事典 大塚毅編著 世界文庫 1971 1048,310,148p 図 22cm 7800円

明治、大正期俳句研究の集成。中心になるのは、上巻第2部の「俳人史」と第3部「俳書」、第5部「関係資料文献」である。ともに1868年（明治元）から1926年（昭和元）まで年代順に配列され、略伝、解題を記載した。俳句界主要各派一覧、俳家系譜、明治以降俳句の変遷概観なども収録されている。史伝関係参考資料目録（昭和の雑誌掲載評論を含む）、慶応以前俳諧略年表（1852年-1867年）が付記されている。年表形式のため巻末の人名、書名、事項別索引が重要である。資料文献の項目では、主要一般書、雑誌の刊行も記載するなど、俳界全般だけでなく周辺の動勢も関連づけている。　　　6888

◆◆◆ 名簿・名鑑

現代俳句結社要覧 大野雑草子編 東京四季出版 1991.1 353p 27cm 4-87621-375-5 12000円

俳句結社および、結社誌の要覧。結社の概観、会員数、結社誌の紹介（写真あり）、結社小史、代表作家作品を記載している。月刊誌発行社を中心として約350社を収録する。類書として『俳句文学誌事典』☞6890があるが、収録結社が半数近く異なる。五十音順配列で、1頁1社としているので見やすい。索引はない。
6889

俳句文学誌事典 新訂第3版 文芸出版社 1993.4 623p 27cm 16000円
俳句誌（俳句結社）の事典。約450社に原稿依頼し、返送された300社については、主張・誌史・主宰者略歴・同人の主要作品などが紹介されている。残りの150社は、所在地・誌史・主宰者略歴の簡略紹介。1992年1月現在で誌名の五十音順配列。1965年初版発行の第3版にあたる。付録として第2版（1980年刊）の本文あり。索引は、第3版の本原稿分・簡略分を通しての五十音順だが、第2版の方が記載項目が多く、結社の変遷もあるので、両版通しの索引が望まれた。
6890

❖❖❖ 俳人

一茶事典 松尾靖秋〔ほか〕編 おうふう 1995.5 744p 27cm 4-273-02842-5 19000円
網羅的な一茶研究資料が少ない現時点においては、一茶事典の決定版と言える資料。年譜・作品・作風解説（作品掲載の部分は初句の五十音順）のほか、4章の参考編（「関連事項解説」「研究文献目録」）が充実している。事項・人名・地名に分かれた巻末の索引も使いやすい。5章に英・仏・独・露・中ほかの各国語に翻訳された一茶の俳句作品が多数収録されている。先行諸研究をよく生かし、年譜の考証も丁寧である。
6891

総合芭蕉事典 尾形仂〔ほか〕編集 雄山閣 1982.6 24, 670p 20cm 監修：栗山理一 4-639-00164-9 6800円
松尾芭蕉の俳諧に関係のある用語・人名・書名について、網羅的に収集し解説したもの。総説と各説からなり、総説は芭蕉の人と作品、伝統と周辺を体系順に解説。各説は用語編、人名編、書名編（俳書・俳文）を五十音順に1078項目収録。索引はないが、見出し語への参照あり。巻末に「芭蕉（受信）書簡一覧」「芭蕉遺語録」「明治以前注釈書一覧」「出典・典拠一覧」「注釈書・研究書解題」「主要文献所在一覧」「研究史年表」「歌枕一覧」「紀行足跡図」「年譜」を付す。芭蕉研究の書誌・便覧として便利だが、『芭蕉事典』（春秋社、1978）と併用すべきもの。
6892

芭蕉紀行総索引 上,下 弥吉菅一,檀上正孝編 明治書院 1970-1977 2冊 22cm 2800円,5800円
上下2冊に芭蕉紀行文の全作品を収め、上巻に『野ざらし紀行』『鹿島詣』『笈の小文』『更科紀行』の4作品、下巻は『おくのほそ道』を収録。各巻収録した作品の本文と索引からなる。索引は各作品に用いられたすべての単語を網羅した語彙索引。見出し語は歴史的かなづかいによる五十音順配列。各巻巻末に付録として「品詞別異り語数・延べ語数一覧表」「諸本系統図」「諸本解説」がある。
6893

蕪村事典 松尾靖秋〔ほか〕編 桜楓社 1990.8 634p 27cm 4-273-02318-0
蕪村に関するできうる限りの情報提供を意図した事典。年譜、評釈一覧、参考篇の3部からなる。年譜考証は蕪村の出生から年代順にこれまでの論考をおおむね網羅し、索引（五十音順）を付す。評釈一覧は蕪村の発句、連句、和詩について、江戸時代から現代までの約90点の評釈を五十音順に並べたもので雑誌論文を含む。参考篇内には『古典俳文学大系12　蕪村集』（集英社、1972）の目次、人名索引・解説、地名索引・解説や、64頁にわたる研究文献目録などを含む。巻末に「Buson in English」（蕪村句英訳）索引を付す。
6894

❖❖❖ 連句

連句辞典 東明雅〔ほか〕編 東京堂出版 1986.6 314p 19cm 4-490-10212-7 3500円
主に近代以降の連句の研究・鑑賞・実作のための総合的な参考書。用語篇と人名篇からなる連句辞典のほか、近代連句入門手引き、概説・略史を付して初心者への手引きとしている。連句辞典（五十音順配列）は、用語篇324語、人名篇には近代以降物故した54名を収録。巻末に文献資料を付す。用語・人名・重要事項から引ける五十音順索引あり。付録は「歌仙季題配置表」「蕉風俳諧変化表」。
6895

❖❖ 川柳

江戸川柳辞典 浜田義一郎編 東京堂出版 1991.6 635p 19cm 13版（初版：昭和43年） 4-490-10042-6 4900円
江戸川柳の用語辞典。主題や用語を項目とした五十音順配列で、項目の後に川柳、語釈、鑑賞、類句を記載している。江戸川柳の読解、観賞を目的にしており、項目数は多いとは言えないが、川柳の句数は類句を合わせると多い。巻末に、川柳概説、川柳史年表、参考文献紹介と初代柄井川柳歿後の川柳界を知るための「燕斎叶の手記」を翻刻して載せている。索引として、句頭索引、語句索引がある。1968年の初版以来、内容

に変化はみられないが、川柳の鑑賞辞典としてコンパクトで、川柳史研究にも役立つ。　6896

新編川柳大辞典　粕谷宏紀編　東京堂出版　1995.9　836, 76p　27cm　執筆：粕谷宏紀ほか　4-490-10376-X　19000円
江戸川柳に詠まれている語句の辞典。原書は大曲駒村編の1939年（昭和14）私家版の『川柳辞彙』。その後『川柳大辞典』（高橋書店、1962）として改題複刻したものに、今回は項目も新たに加え、現代かなづかいにした。旧版にはなかった例句の出典も明示した。江戸言語文学の理解に大変役立つ。巻末に江戸川柳主要文献と例句の検索もできる主要語句索引を付す。　6897

川柳総合事典　尾藤三柳編　雄山閣出版　1984.6　577p　22cm　4-639-00368-4　5800円
近代川柳（新川柳）に関する人名・事象約1000項目を収録し解説を付した事典。江戸川柳に対し資料に乏しい新川柳初の総合事典である。五十音順に配列され、見出し語が作家名の場合は別名・略歴・作品・解説、その他は概要を記す。巻末に「人名索引」「事項索引」（書名も含む）「吟社名索引」「誌名索引」「初句から引ける近代句索引」と「古句・狂句索引」がある。巻頭に新川柳概史、「新川柳」の史的概念を記し、巻末には主要川柳誌一覧、主要マスコミ川柳一覧、賞一覧、年表なども付す。　6898

◆◆ 雑俳

雑俳語辞典　続　鈴木勝忠著　東京堂出版，明治書院　1982　533p　22cm　9800円
近世および明治期の雑俳書の語彙と例句を集録した辞書。『雑俳語辞典〔正〕』（東京堂出版、1968）に収めた前句付・笠付・折句・高点付句集に万句合および明治雑俳書などを加えて資料範囲を広げ、若干の補正を加えた。見出し語と用例に付した印により、前書の収録語あるいは前書の補正項であることを示す。表音式による五十音順配列で、各見出しのもとに漢字・歴史的かなづかい、語義（略解）、特殊な用法を中心とした用例を載せる。語彙の方言的性格を明らかにし、語源や当時の解釈の推定に役立つほか、近世百科辞典、句集的性格なども含む。索引はない。　6899

◆◆ 近現代詩

日本歌謡辞典　須藤豊彦編　桜楓社　1985.1　2冊(別冊とも)　27cm　監修：臼田甚五郎　19000円
歌謡に関する諸事項（書物、人物、曲目、一般事項）を、五十音順に1651項目解説したもの。収録範囲は上代から1945年までだが、近現代の項目立てに相当の遺漏があり惜しまれる。重要な項目末には参考文献を付す。文中に見出し語への参照、文尾に関連項目への参照、巻末に人名・書名・曲名索引、分類別項目を付し検索が容易である。また巻末に「曲目検索便覧」「歌謡書目内容一覧」「日本歌謡史年表」、別冊に『全国大学短大高専校歌集』（約430校、地区別目次、歌詞、楽譜付）などがあり、用途の広い辞典である。なお人物の年齢は、かぞえ年なので注意を要する。　6900

日本近代詩作品年表　明治篇，大正篇，昭和篇　三浦仁編　武蔵野　秋山書店　1984-1986　3冊　23cm　12000-27700円
1874年（明治7）3月から1955年（昭和30）末までの、近代詩人の業績（詩・小説や短歌関係の業績、評論、随筆など）を年月順に配列し、その中を雑誌名の五十音順に収録したもの。明治篇（1874年3月-1912年）、大正篇（1913-1926年）、昭和篇（1927-1955年）の3巻からなる。各巻末に「執筆者総索引」「事項索引」を付す。　6901

日本現代詩辞典　分銅惇作〔ほか〕編　桜楓社　1986.2　672p　27cm　4-273-02072-6　19000円
明治から現代まで、詩の創作・翻訳・評論に携わった人物、詩に関係の深い雑誌および文芸用語などを解説した辞典。「人名」には詩人のほかに評論家・翻訳家も含む。「雑誌」は詩誌を中心に、詩に関連の深い文芸雑誌・詩歌雑誌および少数の短歌雑誌・研究誌を含む。「文芸用語」は、詩史上の主義・主張を表すことば、および詩の表現技法に関することばに限定。巻末に、「日本現代詩年表」（明治元-昭和50年）、本文中で人・雑誌について言及したすべての詩集などの「現代詩書一覧」を付す。　6902

◆ 戯曲

◆◆ 書誌

日本戯曲総目録　1880-1980　加藤衛編　横浜　横浜演劇研究所　1985.12　2冊(別巻とも)　22cm　別巻(211p　21cm)：人名索引　25000円
1880-1980年に国内で刊行された雑誌・単行本に掲載された戯曲1万6016点（日本の作品1万3138点、外国の作品32か国2878点）を収録。「日本の戯曲」「外国の戯曲」の2篇に分け、戯曲名の五十音順に配列。『日

本戯曲総目録　上、下』(日本アマチュア演劇連盟、1971-1972)『同 (Ⅲ)』(全日本アマチュア演劇協議会、1977) に1975年以降刊行分および訂正、補遺を加え、1冊にまとめたもの。別巻の人名索引も、日本篇・外国篇に分け、五十音順配列。　　　　　　*6903*

◆◆辞典・事典

総合日本戯曲事典　河竹繁俊編　平凡社　1964　634p 図版　27cm

能楽、狂言、歌舞伎、新劇、現代劇、ラジオドラマ、テレビドラマなどの代表的な作品約2500を網羅し、その成立や解説を記した事典。作品名の五十音順配列の中は、表記、作者名、初演年月、演者、参考などを記述。巻頭にはカラーを含む図版約150あり。巻末には別名題、通称、主な登場人物などの索引を付す。　　　　　　*6904*

近松名作事典　藤野義雄著　桜楓社　1988.5　590p 22cm　4-273-02233-8　8800円

近松作品全般の理解と鑑賞のために、一般読者に向けて書かれた事典。すべての世話物 (24編)、傑作として定評のある時代物 (22編)、名作として知られる歌舞伎 (4編)、計50編を収める。特に世話物については詳説されており、作品の背景、文学的評価、梗概のほか、舞台写真も多い。巻頭に「近松の生涯と作劇」として伝記的事項解説 (28頁) がある。巻末に「近松略年譜」、人名・書名・事項の各索引あり。　*6905*

南北名作事典　藤野義雄著　桜楓社　1993.6　899p 22cm　4-273-02578-7　24000円

4世鶴屋南北の全作品中、名作として定評のある42編の内容を解説し批評を加えた事典。初演年月順に収録した作品の、配役・解説・各場面ごとの内容を記載。重要な部分、特色あるところは現代表記による原文を付す。現在も繰り返し上演されて演出様式が定まっている作品は、型や演技についても解説している。巻頭に56頁からなる「南北の生涯と作劇」を収録。巻末に鶴屋南北年譜、五十音順の人名索引、書名・事項索引を付す。一般読者の鑑賞用と研究導入として使える。　　　　　　*6906*

琉球戯曲辞典　伊波普猷著　宜野湾 榕樹社　1992.11　288p 20cm　郷土研究社昭和13年刊の複製　発売：緑林堂書店　3900円

琉球戯曲で使われる言葉のうち、難解な琉球語507語を選んで意味・用語を解説した辞典。琉球戯曲の組踊詞章の解釈に役立つ。巻末に「伊波普猷著作目録」を付す。　　　　　　*6907*

◆小説・物語

日本短篇物語集事典　小林保治〔ほか〕編　東京美術　1984.10　494,4p 19cm　日本の説話別巻『説話文学必携』(昭和51年刊) の改題改訂新装版　4-8087-0248-7　2800円

説話文学研究のための総合的ハンドブック。「短篇物語集書目解題」「短篇物語集研究書目解題」「昔話研究の手引」「説話文学原典所在一覧」からなる。書目解題では、書名、成立・作者、内容、研究の現状と課題および参考文献を記載し、作品108篇を解説。研究書目解題では、内容・特色・研究史上の価値について114点を解説。巻末に短篇物語集書目年代順索引を付す。参考文献は大幅に増補、研究書目解題と昔話研究の手引は新たに組み直されている。　*6908*

◆◆年表

改訂日本小説書目年表　山崎麓編集　書誌研究会改訂　ゆまに書房　1977.10　858p 22cm　(書誌書目シリーズ 6)　3800円

平安時代から徳川時代までの小説を時代順に配列し、書名、冊数、著者、年号を記載したもの。ときおり解説が付く。巻末に「小説家人名辞書」と索引を付す。1929年刊の改訂。各種の年表や目録と対照、現物校合し、原本の誤りと思われる記事について頭注がある。見出し項目の増補はない。　　　　　　*6909*

◆◆古代

◆◆◆古事記

古事記音訓索引　瀬間正之編　おうふう　1993.9　333p 27cm 4-273-02693-7　18000円

底本は『古事記』新訂版 (桜楓社、1986) により、「漢字形態素索引」「音仮名索引」「漢字総画索引」「序文逐字索引」の4索引で構成する。前2種は五十音順配列。「漢字総画索引」は「漢字形態素索引」と「音仮名索引」のすべての漢字を『大漢和辞典』☞*6484*に準拠して総画・部首順に配列。「漢字形態素索引」に含まれる外来の固有語・熟字訓を有する六朝口語などの後項、中項からの逆引きも可能である。「序文逐字索引」は序文の漢字を一字ごとに総画・部首順に配列。巻末に序文索引目次がある。　　*6910*

古事記事典　尾畑喜一郎編　桜楓社　1989.3　438p 22cm

4-273-02258-3　3800円

古事記を読み解く上で必要と思われる事項・語句について、網羅的に簡潔に解説したもの。概説、関連事項解説・語句解説、図版の4部からなる。概説は、成立、構成、諸本、研究史などについて体系別に解説。関連事項解説・語句解説（神名・人名・氏族・動植物・地名など）は、各事項ごとに五十音順に解説している。図版は、社寺、宮都・行宮・離宮、陵墓、官職、古事記・日本書紀訓注の一覧、神人名系譜、年表、地理案内からなる。巻末に主な注釈書・研究書一覧を付す。索引はないが、一般向けとしては使いやすく、情報が豊富な事典である。　*6911*

◆◆◆ 源氏物語

源氏物語研究文献目録　今井卓爾〔ほか〕編　勉誠社　1993.1　481p 20cm　4-585-02021-7　4800円

1962-1990年までに日本国内で発表された源氏物語に関する研究書や研究論文の文献目録。『源氏物語講座』（勉誠社、1991-1993）の第10巻目として刊行。単行書と研究論文に大別、研究書、入門書、影印・翻刻など、各々8項目に分類し、出版年順に配列。巻末に、出版年順に配列した雑誌特集を収録する。索引はない。　*6912*

源氏物語事典　秋山虔編　学燈社　1989.10　402p 22cm　『別冊国文学』改装版　3000円

源氏物語を読む際に役立つ情報を1冊にまとめた入門書的事典。10の事典を集めた構成になっており、「源氏物語巻々事典」「年中行事事典」「生活事典」「歳時事典」「要語事典」「表現・発想事典」「作中人物事典」「紫式部事典」「古注釈書事典」「注釈・研究書事典」と続く。各事典ごとに記載内容は異なるが、巻頭の「巻々事典」では五十四帖各巻の梗概と論評を記載。索引は「注釈書事典」を除いた事典共通の項目索引がある。巻末に源氏物語の古写本、海外の源氏物語、源氏物語年譜・系図を付す。　*6913*

源氏物語事典　増補版　三谷栄一編　有精堂出版　1992.10　696,132p 19cm　4-640-30259-2　9800円

源氏物語を読解・研究するためのハンドブックで、14章からなる。内容は「各巻梗概」「各巻系図」「作中人物索引」「文芸関係索引」「官職索引」「地名索引」「紫式部系譜」「注釈書・研究書解題」「研究史年表」など。底本に『日本古典文学大系』（岩波書店、1958）を用い、平易で客観的な叙述で編集されている。初版は『源氏物語講座　別巻』（有精堂出版、1973）として刊行された。増補版では注釈書・研究書解題と研究史年表に1972年以降の研究成果が100頁以上加筆されている。　*6914*

◆◆◆ 説話

説話文学辞典　長野嘗一編　東京堂出版　1969　508p 19cm　1500円

古代から中世までの、文字で記録された説話文学の事典。口承説話は除外されている。内容は、説話文学概説、本文である五十音順に配列された630余項目の事項事典、説話文学研究文献総覧（志村有弘編）で構成されている。収載項目は、各種説話集、その著作者、説話文学の上に活躍が目立つ人物や頻出する山川・地名・社寺・事物など。各事項の解説には出典や関連項目の案内、参考文献などがあり、説話文学の概略・諸事項を知るのに役立つ。巻末に人名・書名・一般事項からなる五十音順の総索引がある。　*6915*

日本説話文学索引　増補改訂　境田四郎，和田克司編　平林治徳，石山徹郎，境田四郎編　大阪　清文堂出版　1974　1156p 22cm　初版：日本出版社昭和18年刊（同複製版：清文堂出版昭和39年刊）17000円

平安から鎌倉末期までの説話集、および古事記などの説話を多く含む計47作品を索引化したもの。説話中の固有名、歌、事項、また大項目概念項目を見出しとして、五十音順配列で1万5000、収録4万項目からなる。記載は、説話の冒頭部分、底本の頁付けである。今回の改訂では『日本古典文学大系』（岩波書店、1964-1969）との対照を増補した。見出し項目は、表音かなづかいで和語は歴史的かなづかいである。説話文学については『説話文学必携』☞*6908*があるが、数少ない参考図書のひとつである。　*6916*

上代説話事典　大久間喜一郎，乾克己編　雄山閣出版　1993.5　549p 20cm　4-639-01163-6　5800円

記紀・風土記などの上代説話について詳述した事典。個々の説話については、原典内容の忠実な叙述および後世の変遷経過、雑誌論文も含めた参考文献を収録。次いで一般項目として説話類型ごとの解説と参考文献を収める。付録の「話型一覧対照表」や「説話対照神統譜」「説話関連皇統譜」も見やすい。人名・神名を含む「事項索引」「文献名索引」「引用和歌・歌謡索引」（初句の五十音順）と巻末の索引が充実しており、上代文学全般の調査にも活用できる。　*6917*

平安末期物語人物事典　鈴木弘道編　大阪　和泉書院　1984.9　238p 19cm　（和泉選書 11）　4-87088-123-3　3800円

『狭衣物語』『浜松中納言物語』『寝覚物語』『とりかへばや物語』の登場人物354名を収録。物語を読解、研究する上で登場人物を把握しやすいように簡潔に解説したコンパクトな事典。登場人物を各物語の系図に付した番号順に配列し、出自・呼称・テキストの該当個

所（巻次・頁）を付した登場場面を記載。巻末に物語の梗概、現代かなづかいの五十音順の人名索引を付す。　　　　　　　　　　　　　　　　　　　　　*6918*

◆◆中世

軍記物研究文献総目録　軍記物談話会編　軍記物談話会　1987.10　256,43p 22cm　軍記物談話会発足25周年記念　非売品
1960年から1985年までに刊行された文献を収録し、体系的に配列。9項目からなり、「軍記一般・語り物」「初期軍記」「保元物語・平治物語」「平家物語」「承久記」「太平記」「曽我物語」「義経記」「後期軍記」である。各項目はテキスト、単行本、論文に分類され、発表年月順に配列。付録として「軍記物語研究文献目録稿（昭和34年以前）　山下宏明編」を収録。巻末に著者索引を付す。　　　　　　　　　　　　　　　*6919*

平家物語研究事典　市古貞次編　明治書院　1978.3　1070p 22cm　12000円
『平家物語』についてのすべての事項（一般語彙を除く）を解説した事典。同じ編者の姉妹編『平家物語辞典』（明治書院、1973）では、固有名詞を除く語彙を解説しているので、こちらは神名・人名・地名など固有名詞を始め、作者・諸本・成立・語り・後代の影響・研究まで、網羅的な事項に解説を加える。巻末に諸本記事対照表、年表、系図、地図および4種（人名・神仏名、地名・殿舎名、書名・作品名、事項）の索引を付す。　　　　　　　　　　　　　　　　　*6920*

◆◆近世

浮世草子考証年表　宝永以降　長谷川強著　武蔵村山　青裳堂書店　1984.12　235p 22cm　（日本書誌学大系42）　9600円
1704年（宝永元）以降の全浮世草子を刊行年順に配列し、考証を加えた年表を本文とする書誌。標出書名は拠った所を注記し、原本に振りがなのあるものは原本通りにかなを付す。書型、冊数、作者などを記した後、解説部で書誌的注記、考証を加えている。巻末に書名、作者・画者・序跋者名、書肆名、雑の詳細な索引を付す。本書は、『浮世草子の研究』（桜楓社、1969）巻末付録の「浮世草子年表」を訂補し、序跋・刊記載録など詳細を期したもの。　　　　　　　　　　*6921*

西鶴地名辞典　田中宏明著　国書刊行会　1986.1　257p 22cm　5800円
西鶴文学（散文）に現れた地名、地所名、地縁名を収録。見出し語は現代かなづかいの五十音順に配列。原典表記、歴史的表記、旧国郡名の地名、考証・解説を記載し巻末に「西鶴浮世草子略年譜」を掲載。　*6922*

読本研究文献目録　広島　渓水社　1993.10　325p 22cm　監修：横山邦治　編集：青木稔弥ほか　7210円
江戸時代の読本にかかわる9本の研究文献目録の合集。「読本一般に関する」「前期読本」「建部綾足」「上田秋成」「後期読本」「山東京伝読本」「曲亭馬琴」「曲亭馬琴テキスト目録　明治編」「実録体小説関係」からなり、文献収録範囲は、およそ明治から1990年末まで。配列は年代順、記載内容は執筆者名、論文名、掲載雑誌名または書名、発行年月、図書への収録状況など。索引はない。　　　　　　　　　　　　*6923*

黄表紙解題〔正〕, 続　森銑三著　中央公論社　1972-1974　2冊　図　20cm　1600円,2800円
江戸時代中期の黄表紙から約250点を選び、書誌事項や内容（絵・筋）を解説した解題書。正編には1775年（安永4）-1784年（天明4）の130篇を、続編には1785年（天明5）-1796年（寛政8）の121篇を載せる。正続両編とも作者別に配列され、最後に作者未詳の作品が置かれている。各作品には一丁ずつ挿図が付されている。巻末に書名索引（歴史的かなづかいによる五十音順）あり。　　　　　　　　　　　　　*6924*

黄表紙総覧　棚橋正博著　武蔵村山　青裳堂書店　1986-1994　4冊 22cm　（日本書誌学大系48-1-4）　26780-39140円
1775年（安永4）から1806年（文化3）までに刊行された黄表紙を年代順に配列。巻・冊・丁数、作者・画工、版元など、書誌的解説を施し、異版についても紹介する。本体は3冊に分かれ、前篇は1788年（天明8）まで、中篇は1789年（寛政元）から1800年（寛政12）まで、後篇は1801年（享和元）から後を収める。約2500点を収録し、現存する黄表紙のほとんど全てを網羅している。索引篇は、書名、柱題、人名、雑記（題材、研究書、研究者名その他）からなる。　　　　　　　*6925*

◆◆講談・落語

■「大衆演芸」の落語をも見よ

落語事典　増補　東大落語会編　青蛙房　1994.9　611p 20cm　昭和48年刊の改訂　4-7905-0576-6　4635円
落語の題名を見出し語に五十音順に配列し、その梗概と解説を記した事典。初版（1969年刊）収録約1260編に、別立てにした「補遺」約400編を追加し一冊にした増補版（1973年刊）の装丁を一新し、時代とともにそぐわなくなった表現を変更するなど可能な範囲で改訂を

加えた。巻頭目次は本編、補遺および別名も込みで五十音順に配列、索引の役割も果たす。明治以後の新作落語は主として古典化されたもの以外は省略。題名の下に速記本の略号を記し、巻頭に速記本一覧を付す。 *6926*

◆随筆

日本随筆辞典 東京書籍 1986.10 337p 27cm 監修：朝倉治彦 4-487-73166-6 9800円
江戸期を中心とした未刊・既刊を問わない各分野、各地方の随筆約2400点を解題したもの。随筆の歴史的流れをたどる上で必要と思われる随筆は中世のものも収録。近世を内容とする随筆は、明治以降成稿・刊行のものも収録。書名に現代かなづかいのよみをひらがなで付し五十音順に配列。分類、別称、著編者名、巻冊数、成立年代、さし絵の有無、内容説明、著者略伝を記載。特定の分野に重点を置いた随筆は、地誌・風俗・医学などの分類を付す。各項目末尾に、写本・板本・自筆本の所在や翻刻を記載。著者別書名索引がある。 *6927*

徒然草事典 三谷栄一編 有精堂出版 1990.10 282p 19cm 『徒然草講座』別巻 新装版 4-640-30275-4 2800円
『徒然草』の解釈・鑑賞や研究に役立つように、『徒然草』に関する事項を総合的にまとめたハンドブック。「徒然草項目索引」（一般事項、動植物、人名など7索引）「徒然草関係年表」「徒然草関係人物系図」「兼好歌集」「徒然草研究書誌年表」「注釈書・研究書解題」「徒然草諸本章段対照表」「徒然草語法索引」「『徒然草講座』所収章段索引」の9項目からなる。各索引の頁数は、西尾実校注の岩波文庫『徒然草』の頁数に対応する。研究書誌年表は、1976年までに刊行された研究書、注釈書、写本、翻刻書を年代順に収録。注釈書・研究書解題では、主要な注釈書、研究書を書名の五十音順に配列し解説する。 *6928*

◆ルポルタージュ

ノンフィクション・ルポルタージュ図書目録 日外アソシエーツ編 日外アソシエーツ 1993-1996 5冊 22cm 発売：紀伊国屋書店 4-8169-1241-X 24000-29800円
記録や手記、体験記、回想録、伝記などのノンフィクション、ルポルタージュという幅広い分野の図書を、体系的にその内容で分類、整理した図書目録。第1-3期の計5冊からなり、第1期は1986-1992年に刊行された約1万3200点の図書を、社会・事件編と文化・生活編の2分冊に収録。第2期は1945-1985年の約2万9100点を同じく2分冊に、第3期は1993-1995年の8366点を1冊に収録する。各期とも30-33の分野を設け、さらに小見出しテーマ（五十音順配列）で細分化している。体系的構成なので、各テーマの関連資料を把握しやすい。巻末に著者索引と事項索引が付く。 *6929*

◆落首

落首辞典 鈴木棠三編 東京堂出版 1982.9 363p 19cm 3500円
中世・近世を中心とする落首を五十音順に配列し、注釈を加え、その歌の詠まれた時代的背景や事件の経緯を解説した辞典。平将門の乱（940）から江戸城明け渡し（1868）までの落首を収録する。近世の落首については、『江戸時代落書類聚　全3巻』（東京堂出版、1984-1985）に収録を譲り、大幅に割愛、中世の落首の網羅的採録を目指す。巻末に、落首概説、落首年譜、人物索引を付す。 *6930*

◆漢文学、漢詩文

漢詩入門韻引辞典 改訂新版 飯田利行著 柏書房 1994.5 312p 22cm 4-906443-54-0 3500円
漢詩の入門書と韻字で平仄をつけた詩題を四季別にして引くことができる韻引字書を合せ持つ辞典。詩話篇と詩語篇からなる。詩話篇は、漢詩の話、漢詩の形態、漢詩作法からなり、漢詩に対する基本的な心得を記す。また詩語篇は、春、夏、秋、冬、雑、虚字連語にわかれ、それぞれの語に平仄をつけ、漢詩実作の手引きとなっている。漢語篇に掲げていない韻字を容易に検索するために「常用韻字表」「両韻表」が付く。漢字の知識を欠く人のためには、音表記と字形表記の新旧対照表と、巻末に平聲韻・平字および仄字索引がある。1991年発行の改訂新版。 *6931*

日本漢文学大事典 近藤春雄著 明治書院 1985.3 894p 27cm 20000円
わが国の漢学・漢文学に関する人名、書名、事項、詩

文、比較文学について解説した事典。収録項目数は約6300。見出し語は現代かなづかいによる五十音順配列。項目末に参考文献の紹介がある。付録として「日本漢文学年表」「江戸時代漢学者生没年表」などを収載。巻末に人名、書名、事項、漢詩文、比較文学関係の索引を付す。『中国学芸大事典』☞1194 の姉妹篇で、中国人名・書名については解説を同書にゆずる。　6932

平安朝漢文学総合索引 平安朝漢文学研究会編 吉川弘文館 1987.6　338p 23cm 4-642-08500-9　7800円
平安朝初期から鎌倉初期までに成立した日本漢文学作品に見える語彙のうち、「日本人名」「外国人・神仏名」「官職名」「地名」「建造物名」「書篇名」「詩題」「年紀」の8部門について、各別個に作製した索引。年紀索引を除き、それぞれ語彙の五十音順配列。年紀索引は年代順配列。索引作成の対象は、『凌雲集』『文華秀麗集』『経国集』の勅撰三詩集をはじめとする40の漢文学作品。巻末に、官職唐名一覧を付す。　6933

◆作家研究

芥川龍之介事典 菊地弘〔ほか〕編著 明治書院 1985.12　786p 22cm 8800円
芥川龍之介の、作品、関係した人物、場所、雑誌・新聞・書物、文芸思潮・芥川用語など、芥川に関連する1120項目について解説。現代かなづかいによる五十音順配列。巻末に付録として、年譜、著書目録、主要文献目録、系図、地図を付し、書名、作品名、章名、人名、語句事項に分類された索引もある。　6934

泉鏡花事典 村松定孝編著 有精堂出版 1982.3　378p 19cm 4500円
泉鏡花の小説・戯曲の読解、鑑賞および鏡花研究のための専門事典。構成は、泉鏡花小伝、鏡花小説・戯曲解題、鏡花作品中の特殊語彙、鏡花文学批評史考、鏡花著作年表、鏡花研究参考文献一覧の6部からなる。巻末には、「小説・戯曲作品索引」があり、作品解題の検索が容易。小説・戯曲解題のすべての作品名にルビがあり、また特殊語彙集は、鏡花作品に多い難読単語を五十音順に配列したもので、この事典の特色ともなっている。　6935

井伏鱒二文学書誌 改訂増補版 永田書房 1985.5　433, 50p 23cm 限定版 8000円
1984年までに刊行された井伏鱒二の著書、および井伏鱒二が参加した同人雑誌4誌を刊行年代順に配列した書誌。井伏鱒二自身の私蔵本をもとにして、表紙の写真、書誌事項、目次、収録作品、著者の執筆する序文や後記などを収録する。巻末に、年譜（1898-1984年）と作品・書名索引を付す。1972年に刊行された初版の改訂増補版である。書誌学的な文学書目ではなく、見て楽しい品格のある書目を目指す。　6936

大江健三郎文学事典 篠原茂著 スタジオVIC 1984.8　310p 20cm 2200円
1984年4月までに発表された、大江健三郎の作品を小説、評論・エッセイに分け発表順に並べ、初出誌・紙、発表年月日、枚数を記し、作品ごとに冒頭部分の引用文、梗概、解説を付した。コンパクトに大江文学の全容を知ることが出来る。巻末に参考文献と著者による「大江健三郎の文学」を付す。索引はない。改訂版は1998年9月刊行。　6937

織田作之助文芸事典 浦西和彦編 大阪 和泉書院 1992.7　290p 20cm（和泉事典シリーズ 2） 4-87088-558-1　5150円
織田作之助の著作、対談、鼎談、座談会を見出し項目に取り上げ、五十音順に配列した事典。各項目では織田の全著作の種類（評論、短篇小説など）、初出、梗概、収録、本文異同、研究史、草稿、上演などについて記述。巻末に織田作之助作品目録を付す。　6938

折口信夫 石内徹編 日外アソシエーツ 1988.10　425, 4p 22cm （人物書誌大系 20） 発売：紀伊国屋書店 4-8169-0128-0　13200円
折口信夫の著作目録および研究文献目録。著作目録は『折口信夫書誌』（慶応義塾大学国文学研究会編、慶応大学、1983）を参照して作成した。研究文献目録は、編者が1986年に刊行したものを補正している。ともに収録は、1988年7月までで、単行本、雑誌などの項目ごとに年代順に配列している。記載内容は、出版事項、印刷関係事項、装丁・目次など詳細である。稀覯図書、雑誌、講義ノートまで丹念に調査した網羅的な書誌となっている。巻末には、著書・主宰誌名索引がある。　6939

折口信夫事典 西村亨編 大修館書店 1988.7　746p,図 23cm 4-469-01219-X　6200円
折口信夫によって独特の意味づけをされ、学説の中核となっている用語＝「折口名彙」の解説を主軸として、著作解題、研究文献目録、評伝、年譜を配した事典。巻末に「折口名彙索引」「事項索引」「研究文献目録著者索引」を付す。増補版は1998年6月刊。　6940

開高健書誌 浦西和彦編 大阪 和泉書院 1990.10　530p 22cm （近代文学書誌大系 1） 4-87088-440-2　15450円

可能な限り完璧を期した開高健の詳細な書誌。単行書・雑誌・新聞・PR誌・全集月報など幅広い発表媒体から、内容のいかんを問わず網羅的に収載されている。全著書について、カバー・帯・函を含めて徹底した現物確認主義をとった。巻頭に開高のポートレート、巻末に参考文献目録（内容詳細あり）・開高健年譜・著書索引がある。
6941

川端康成戦後作品研究史・文献目録 林武志編　教育出版センター　1984.12　351p 22cm（資料叢書 10）6800円
川端康成研究史文献総覧、翻訳目録、海外の研究文献目録の3種類からなる川端康成関係文献目録。川端康成研究史文献総覧は、1983年11月30日までに刊行された川端康成およびその作品を論じた研究文献の網羅的な目録である。専門単行書・雑誌特集・一般書など刊行形態で区分し、発行年月日順に配列する。翻訳目録は、海外で翻訳された川端康成の作品を年代順に配列し、書誌事項と言語の種類を記載する。海外の研究文献目録は、未邦訳の単行本を年代順にリストアップする。
6942

書誌小林秀雄 吉田熈生，堀内達夫編著　図書新聞社　1967　363p 19cm（図書新聞双書 4）950円
小林秀雄の作品文献年表（年譜・参考文献と対応）と書誌の2部からなる。1966年（昭和41）までの調査で、書誌も年代順配列。著訳書（一部収録書）以外に、他著書への序跋文、他者編による小林秀雄研究書を分けて収録している。戦後で署名のある推薦文一覧表もある。書誌は再刊なども収録し、参考として序跋からの引用があり、解説も記載されている。索引は、人名・文献著書（年表に対応）、作品・翻訳・著訳書、座談会・対談の3種ある。
6943

年譜斎藤茂吉伝 新訂版　藤岡武雄著　沖積舎　1982.3　356p 20cm 初版：図書新聞社昭和42年刊　2500円
斎藤茂吉の年譜とその補足説明を、生涯を11の節目に分けて解説。多くの関係者の話や証言、それを裏付ける新しい資料を採用し、詳細な年譜となっている。巻頭と解説文中に写真を多数収録している。年譜は生没の1882年（明治15）－1953年（昭和28）に加え、『斎藤茂吉全集』の刊行された1976年までにおよぶ。巻末に、斎藤茂吉の人と文学を理解する上で必要と思われる人物を解説した「茂吉人物事典」がある。
6944

佐多稲子 小林裕子編　日外アソシエーツ　1994.6　249p 22cm（人物書誌大系 28）発売：紀伊国屋書店　佐多稲子の肖像あり　4-8169-0128-0　15800円
佐多稲子の著作目録および参考文献目録。初出目録、著作目録、参考文献目録からなり、初出目録に座談・談話が一項目としてまとまる。著作目録には翻訳された文献も収録され、網羅的な著作目録である。1919－1993年までの収録。記載は、発行年月日順に、ジャンル、書誌事項が主だが、雑誌、新聞などの細かい記事まで収録されているので詳細な書誌となっている。巻末に年譜を付す。
6945

島崎藤村事典 新訂版　伊東一夫編　明治書院　1982.4　800p 22cm 7800円
島崎藤村の著作と作者に関する事柄について、詳細に項目を立てて解説したもの。「事典」「藤村語彙」「付録」の3部からなる。「事典」では、著作の書誌的解説・内容・作品評価などを解説し、さらに関連する人名、書名・作品名、地名、動植物名、食物名、色彩語なども収録。見出しの五十音順配列。作中人物に言及したところに特徴があり、一般から研究者まで広く利用できる。巻末に、年譜、藤村全集目録、参考文献（図書・雑誌・新聞）、系図、地図・索引を付す。索引は事項別、解説文中に参照見出しあり。初版は1972年、改訂版は1976年。
6946

高村光太郎 北川太一編　日外アソシエーツ　1984.5　335p 22cm（人物書誌大系 8）発売：紀伊国屋書店　4-8169-0128-0　8500円
高村光太郎の著作書誌。文筆作品だけでなく造型芸術の作品目録でもある。収録は原則として生前のもので、再録は含まない。光太郎には智恵子の存在が不可欠として、高村智恵子の著作（造型作品）書誌も併掲されている。編者は『高村光太郎年譜』（私家版、1954年刊）も作成しているので、収録は網羅的である。ただし、書は含まない。記載項目は出版事項、形態の特徴と、単行書の場合は目次、序文やあとがき（抄録）が記載されている。巻末に年譜、作品名索引があり、詩や短歌は、最初の語句から検索することが可能。
6947

太宰治 山内祥史編　日外アソシエーツ　1983.7　253p 22cm（人物書誌大系 7）保存版　発売：紀伊国屋書店　4-8169-0128-0　5400円
1925年の第1作から1983年4月にわたる太宰治の著作・発言など605点と、参考文献3331点の書誌事項を網羅的に収録した個人書誌。2部からなり、著作目録は初出一覧、著書、全集作品集で構成、参考文献目録は資料形態で分けて、それぞれ年代順に配列している。詳細は年譜も付し、太宰治研究の基礎資料である。索引はない。『太宰治全作品研究事典』☞*6949* との併用も考えられる。
6948

太宰治全作品研究事典 神谷忠孝，安藤宏編　勉誠社　1995.11　313, 10p 22cm 4-585-06003-0　3914円

太宰治の全小説について初出、収載全集、成立事情、同時代評、梗概、作品評価、研究展望などを記した作品研究のための事典。配列は作品名の五十音順。各項目ごとに参考文献を示す。索引は「作品名索引」「成立事情欄人名索引」「執筆資料欄著者名索引」「同時代評欄筆者名索引」がある。巻末に「収録作品発表順位一覧」「年譜」を付す。　　　　　　　　　　*6949*

立原正秋小説事典 武田勝彦，田中康子編著　早稲田大学出版部　1993.9　413p　22cm　4-657-93418-X　6800円
立原正秋の全小説を対象とする鑑賞事典。4章からなり、鑑賞編で個々の作品の概要を示し、初出と収録先（最初の発行書名、文庫、全集）を示す。文庫の場合は解説者名を記載。ほかに登場人物、舞台となった地名、作品に出てくる引用文言・書物の章をおき、解説と関連する作品名を記載。各章ごと五十音順に配列。巻末に参照文献を付す。年譜がなく、作品成立の前後関係を一覧できないが、作品リストとしても利用できる。　　　　　　　　　　　　　　　　　*6950*

檀一雄 石川弘編　日外アソシエーツ　1982.5　76p　22cm（人物書誌大系 2）　保存版　発売：紀伊国屋書店　檀一雄の肖像あり　4-8169-0128-0　2500円
壇一雄の著作目録および参考文献目録。1937-1982年3月までの収録で、著作782点、参考文献171点を収録している。巻頭の年譜は詳細である。解説はほとんどないが、著者の作品が収められた重刊書を含む全ての刊行書籍を目録化した。索引はない。『壇一雄年譜・著作目録』（私家版、1972年2月刊）の増補版。　*6951*

壺井栄 鷺只雄編　日外アソシエーツ　1992.10　287p　22cm　（人物書誌大系 26）　発売：紀伊国屋書店　4-8169-0128-0　14800円
「著作目録」「参考文献目録」「年譜」「索引」の4部構成からなる壺井栄の詳細な書誌。1992年3月1日までに初出を確認できた作品および座談会、序文などを年月日順に配列した初出目録を含む著作目録、新聞・雑誌記事を含む参考文献目録、年譜をいずれも新たな調査により作成。巻末に初出目録索引（作品名の五十音順）と参考文献人名索引（執筆者名の五十音順）がある。　　　　　　　　　　　　　　　　　　　　*6952*

坪内逍遥事典 逍遥協会編　平凡社　1986.5　573p　27cm　4-582-11602-7　18000円
坪内逍遥の生涯・業績を網羅的にまとめたもの。「事典編」と「資料編」からなり、「事典編」は、事項・人名・地名を五十音順に配列し、解説には参考文献が付記されている。主要な項目には図版も付す。「資料編」は、年譜（系図付）・著作年表（1985年12月刊行まで。序跋文、緒言を含む）・上演年表（逍遥作品を翻案した作品も含む）、参考文献（1986年2月刊行まで。単行本、雑誌特集、単行本所収論文、雑誌・新聞掲載論文、雑の各項目に分類）からなり、いずれも詳しい。巻末に、事典編の人物、事項索引がある。　　　　　　　　　　　　　　　　　　　　　*6953*

逍遥書誌 修訂　滝田貞治著　国書刊行会　1976　451,53p　図　肖像　22cm　昭和12年刊の複製に修訂したもの　4500円
文学、演劇、教育など多分野に業績を残した坪内逍遥の著作に関する書誌。著作には、作品、監修、序跋、題辞などかかわったものすべてを含む。わが国個人全訳の最初である『沙翁全集』および改訂版、『逍遥選集』の3つの合集については、独自に各巻の内容を記載している。年譜、単行本年代記、編纂教科書などからなり、配列は発行年代順である。参考文献には、追悼記事も収録している。年譜、著作目録については、『坪内逍遥事典』☞6953 が新しい調査で詳しい。巻末に、単行書名、作品名、論究随筆からの索引を付す。　　　　　　　　　　　　　　　　　　　　*6954*

土岐善麿 冷水茂太編　日外アソシエーツ　1983.7　77p　22cm　（人物書誌大系 5）　保存版　発売：紀伊国屋書店　土岐善麿の肖像あり　4-8169-0128-0　3200円
著作目録、参考文献目録、年譜からなる書誌。著作目録は単行本、新聞・雑誌に分類し、収録期間は1910（明治40）年2月-1981年8月の251点を収録。参考文献目録は主要単行本、新聞・雑誌掲載に分類。収録期間は1913年6月-1981年2月の643点を収める。年譜は『土岐善麿歌集』（光風社書店1971年刊）に収録の年譜に増補・改訂を加えたもの。　　　*6955*

荷風書誌 山田朝一著　出版ニュース社　1985.11　526p　27cm　4-7852-0021-9　9500円
著者の永井荷風コレクションを基礎とした詳細な個人書誌。巻頭にカラー図版、本文にモノクロ図版を多用。初出篇、単行本篇、序文および識語篇、欧文翻訳篇など8篇の中を刊年順に作品を配列。各作品項目の中では、書誌事項のほかに造本（カバー、函、活字など）についても記述。巻末に人名索引と書名索引（欧文も含む）あり。折り込み付録として、「荷風著作活動推移年表」と「永井荷風書価一覧」を付す。　*6956*

漱石研究年表 増補改訂　荒正人著　集英社　1984.6　907p　23cm　監修：小田切秀雄　4-08-772486-7　6800円
夏目漱石の生涯に関する事項を年月日順に整理し、関連事項や注釈を加えた年表。漱石誕生の1867年（慶応3）から死去の翌年の1917年（大正6）までを扱う。上下2段に分け、上段に年表、下段に注釈や図版など

を載せる。日を単位とした詳細綿密な年表であり、年表形式による一種の伝記としても利用できる。『漱石文学全集』（集英社、1970－73）の別巻として1974年に刊行された初版の、大幅な増補改訂版である。
6957

樋口一葉事典 岩見照代〔ほか〕編　おうふう　1996.11　525p 22cm 4-273-03191-4　4900円
樋口一葉の作品・人・時代について広く明らかにすることを目的とした事典。作品篇（作品事典と作中人物事典）、項目篇（項目事典）、資料篇（年譜・主要参考文献目録一覧・現在資料所在案内など11件）の三部構成。作品篇（29件）と項目篇（484項目）が「一葉事典」となっており、それに加えて、作品事典各項目の「研究史および研究動向」と資料篇全体が、研究事典としての性格も持たせている。巻末に人名索引と事項索引を付す。
6958

定本三島由紀夫書誌 島崎博，三島瑤子共編　薔薇十字社　1972 図80p 495p 22cm 5000円
三島由紀夫を研究するために必要な著書目録、作品目録、上演目録、関係記事・参考文献目録、三島由紀夫蔵書目録の5部構成からなる書誌。各部とも1971年（昭和46）11月25日までに刊行されたものを年代順に配列。巻頭の図録には著書目録所掲の全単行本の書影および上演目録所掲の主要舞台・映画写真を収録。巻末に、初刊単行本・主要作品・初演戯曲を中心とした年譜を付す。
6959

三島由紀夫研究年表 安藤武著　西田書店　1988.4　377p 22cm 4-88866-072-7　2800円
三島由紀夫の著作物を発表年代順に整理し、その行間に、三島の日記類からの抜粋や、三島に関する追想文、評論、対談、研究書からの引用文などを書き加えた年表。祖父、瀬川健三生誕の1861年から三島没後の1988年までを対象とし、月日単位に詳細に記述する。巻末に「三島由紀夫色紙等の肉筆類」と「引用文献・参考文献」を付す。
6960

資料三島由紀夫 増補改訂　福島鋳郎著　朝文社　1992.11　307p 20cm 4-88695-077-9　2900円
三島由紀夫の衝撃的な死に至るまでの軌跡を、彼の生いたちから「楯の会」へと続く流れでたどり、三島事件後の波紋までをルポルタージュとしてまとめたもの。後半には、事件関係資料として、命令書や檄、「三島由紀夫研究会」公開講座、事件判決要旨、事件関係文献目録を収録し、巻末には引用参照文献一覧を付す。初版『資料総集・三島由紀夫』（1975年刊）から4回目の加筆訂正版。
6961

宮沢賢治語彙辞典 原子朗編著　東京書籍　1989.10　945, 123p 20cm 4-487-73150-X　9800円
宮沢賢治の作品、創作ノート、書簡に用いられた語彙の辞典。難解な専門用語、独特の意味を持つ語、賢治の造語、方言、欧文を収録している。『校本宮沢賢治全集』（筑摩書房）を底本にしている。配列は旧かなづかいの五十音順で、記載事項は、語彙の分類、語釈、賢治作品の引用からなる。作品理解に必要な人名、地名も項目として採用している。付録として年譜、関連地図、参考文献がある。巻頭に難読項目索引、巻末に索引がある。『新宮沢賢治語彙集事典』が1999年7月刊行。
6962

宮沢賢治年譜 堀尾青史編　筑摩書房　1991.2　325p 22cm 4-480-82287-9　4940円
宮沢賢治の「家系」と「年譜」の2部構成。「年譜」は賢治の生年（1896年）から没年（1933年）までで、賢治に関係した事項を月日によって追い、家族関係事項、花巻・岩手関係事項、一般社会事項、文学・学術事項を併記。巻末の参考文献は主要なもののみで、書誌事項は簡略。『校本宮沢賢治全集14』（筑摩書房、1977）に収録された年譜に訂正・加除を行い単行本にしたもの。
6963

宮本輝書誌 二瓶浩明編　大阪　和泉書院　1992.7　358p 22cm （近代文学書誌大系 2) 4-87088-553-0　9270円
宮本輝の1976年1月から1990年12月までの全著作物に関する書誌。単行本（文庫本を含む）47点の書誌的事項と、初出の著作年表に分かれる。そのほか、映画・演劇化作品の調査、参考文献目録、年譜がある。新聞連載小説の調査（複数地方紙への掲載年月日）表や単行本の帯の惹句（コピー）を記載するなど、現代作家の特色ある書誌である。索引は著作年表への検索に限られる。
6964

武者小路実篤 渡辺貫二編　日外アソシエーツ　1984.4　200p 22cm （人物書誌大系 9）発売：紀伊国屋書店　4-8169-0128-0　6800円
武者小路実篤の年譜・著作目録・参考文献目録からなる書誌。年譜は分量も多く詳細だが、実篤の作品『或る男』『一の男』からの引用が多い。著作目録は、著書、個人全集、文学全集、文庫に分けて発行年代順配列。作品発表（初出）一覧がある。参考文献は、単行本と雑誌の特集号に分けて年代順。収録期間は1908年（明治41）から1982年（昭和57）までで、著作数619点、参考文献154点である。索引はない。
6965

室生犀星書目集成 室生朝子，星野晃一編　明治書院　1986.11　573p 22cm （近代文学資料 2）序跋付

9800円

室生犀星の著作目録。142点の単行本（再版、別版は含まない）と3種類の全集・作品集の詳細な目録である。単行本は生前（1962年8月まで）と後年（1982年6月まで）に分け、配列は発行年代順。再版、別版は初版の後に収録。記載事項は、書誌的事項のほかに、造本、補記、前付、後付、内容（初出も）となっている。索引は五十音順で、初版の単行本（初出の全集）を検索できる。資料として大量な序文・跋文を付す。 *6966*

室生犀星文学年譜 室生朝子〔ほか〕編 明治書院 1982.10 440p 22cm 8800円

室生犀星の作品の書誌。作品年表を中心に、補足的な参考資料と年譜を付す。第1編作品年表は全体の4分の3を占め、初出を明らかにしえた作品のすべてを年表に採録した。著作ごとに作品名、種類、初出誌紙名、巻号、頁・面、収録単行本名、全集収録状況を記述。第2編は作品年表への参考資料で、主として初出未詳作品を収録単行本別に記載し、第1編を補足。第3編年譜は主に1918・1919年頃の創作主体形成期までを詳述している。索引はない。 *6967*

山本周五郎 木村久迩典編 日外アソシエーツ 1987.1 151p 22cm （人物書誌大系 17） 発売：紀伊国屋書店 4-8169-0128-0 5800円

「年譜」「著作目録」「参考文献目録」の3部構成からなる小説家・山本周五郎の個人書誌。年譜は、伝記的事項を始めに、執筆作品、刊行著作、作品の映画化・舞台化などの項目ごと月日順に記述。著作目録は、著作（単行本・全集各冊別に書誌事項と収録作品を記載）と作品（発表年別リスト）の2部構成。参考文献目録は、単行本、雑誌、新聞、月報・その他の4部構成。それぞれ発表年順。個々の作品名から年譜・著作目録・参考文献目録へ導く索引はない。 *6968*

中国文学

◆中国文学一般

◆◆書誌

現代中国文学研究文献目録 1908-1945 増補版 飯田吉郎編 汲古書院 1991.2 176p 図版32p 27cm 初版：中国文化研究会1959年刊 6000円

日本における現代中国文学に関する研究文献目録。1908年5月-1945年7月の期間に日本の新聞、雑誌、図書に発表された文献3425点を収録。配列は発行年月日順。本文の項目は発表年月日、題目、著訳者、掲載誌（紙）、発行所と備考。備考には題目に現れない単行本の細目ほか、内容に関する注記などを記述する。巻頭に雑誌の表紙写真など図版32頁を収める。五十音順配列の著訳者索引を巻末に付す。 *6969*

中国文学研究文献要覧 1945-1977(戦後編) 吉田誠夫〔ほか〕編集 日外アソシエーツ 1979.10 450p 27cm （20世紀文献要覧大系 9） 監修：石川梅次郎 発売：紀伊国屋書店 30000円

1945-1977年までに国内で発表された中国文学の研究文献（図書、雑誌、紀要論文）1万2074点と、中文の基本図書・工具書約250点を中心に編集した文献目録。構成は3部からなり、第1部は参考文献（和文、中文、英文）の紹介、第2部は1945年8月から1977年12月の期間に発表された研究文献の目録、第3部は事項索引、人名索引、作品名・書名索引、著者索引よりなる。おのおのの索引の配列は読み（表音式）の五十音順。巻末に収録誌名一覧をあげる。 *6970*

中国文学語学文献案内 第4次修訂本 中国文学語学文献案内編集委員会編 中国文学語学文献案内編集委員会 1994.12 80p 19cm （中国文学研究特刊叢書 1） 750円

中国文学・語学関係の文献案内。収録は日本語版・中国語版が中心で、1993年までに日本で販売された文献から選ばれている。配列は書名の五十音順だが中国語の文献は日本語よみ、その他の言語の文献は題名を適当な日本語に翻訳し並べている。「中国書籍専門店一覧」あり。　　　　　　　　　　　　　　6971

日本における中国文学研究文献目録　現代/当代〔1〕-3集　阿部幸夫，佐々木郁子編　日野　辺鼓社　1981-1985　3冊　15×21cm　発売：早川図書(東京)　1000-1800円
わが国で逐次刊行物と書籍・単行本に発表された研究文献を発表年月順に収録。第1集：1977-1980年、第2集：1981-1983年6月および補遺（1978-1980年）、第3集：1983-1985年7月および補遺（1977-1982年）まで刊行。各冊とも2部構成となっており、第1部逐次刊行物（雑誌記事・論文その他）、第2部書籍・単行本からなる。第1部は標題、種別（書誌、作品紹介、翻訳、批評など）、掲載誌・紙、掲載年月、備考、第2部は書名、編著訳者名、発行年月、発行所名、備考を記載。索引はない。　　　　　　　　　　　6972

✦✦ 辞典・事典

中国文学専門家事典　日外アソシエーツ編集部編　日外アソシエーツ　1980.10　288p　27cm　発売：紀伊国屋書店　4-8169-0029-2　13000円
戦後から1977年までに中国文学に関する研究文献を発表した専門家555人を収録。五十音順に配列した人名のもとに人物情報と文献を記載した事典。人物情報は略歴、専攻・活動分野、最近興味をもっているテーマ、現住所、別名または本名など。収録文献は『中国文学研究文献要覧　1945-1977　戦後編』☞6970を主な典拠とし、1945年8月から1977年12月までにわが国で刊行・発表された図書、論文・記事、書誌、校注などを、時代・ジャンルなどの見出しのもとに配列。原則として創作およびその翻訳、書評、監修物、教科書は除く。人名の五十音順配列による目次がある。　6973

中国名言鑑賞辞典　宇野直人〔ほか〕共著　ぎょうせい　1988.10　370p　19cm　監修：松浦友久　4-324-01363-2　2000円
『論語』『詩経』『唐詩選』などの中国古典や日本の漢詩文から、わが国の言語生活に重要な役割を果たしている名言・名句を精選し、五十音順に配列した解釈と鑑賞のためのコンパクトな辞典。付録に「人名・書名解説」「中国古典詩（漢詩）の種類ときまり」「漢文学史年表」をつけ、テーマ別索引を付す。　6974

老舎事典　中山時子編　大修館書店　1988.12　704p　図版24p　22cm　4-469-01223-8　8400円
老舎とその作品に関する総合的な事典。2部で構成され、前編では老舎の作品の背景となった解放前の北京の状況を、街、人々、庶民生活、風俗習慣、社会の5章に分けて詳しく解説。後編は老舎と作品に関する資料であり、諸外国における老舎作品の翻訳、「年譜・著作年表」「老舎作品語句解釈」などを収録。巻末に五十音順索引を付す。本書は世界初の老舎事典。　　　　　　　　　　　　　　　　　6975

◆ 詩歌、韻文、詩文

✦✦ 書誌

詩経研究文献目録　村山吉広，江口尚純共編　汲古書院　1992.10　278p　26cm　4-7629-1134-8　5000円
邦文篇と中文篇からなり、邦文は国内刊行の、中文は中国・台湾・香港で刊行された単行本と雑誌の収載論文を収録。邦文は1868-1990年、中文は1900-1990年までに発表された単行本と論文を対象とし、収録数は邦文763点、中文篇4743点。各篇とも総論、基本問題、国風、大小雅、三頌、言語的研究、文化史的研究、素材論、解釈学史的研究、比較詩経学、その他の11に区分し、その中を項目に分けて配列する。　　6976

✦✦ 辞典・事典

漢詩名句辞典　鎌田正，米山寅太郎著　大修館書店　1980.6　731,71p　22cm　5800円
和漢の代表的漢詩920首から1109の名句を精選。主題別に自然の鑑賞、人生の諸相、社会への燃焼、雑詠の4編に大別し、さらに各編をいくつかの項目に分けて解説し、原句・出典をあげる。巻末に「漢詩について」「作者解説」「出典解説」「漢詩参考年表」「中国歴史地図」を付す。索引は「詩句索引」「作者別詩題索引」「語句索引」がある。いずれも1字目の漢字の読みの五十音順による配列。　　　　　　　　　　6977

中国文学歳時記　別巻　黒川洋一〔ほか〕編　京都　同朋舎出版　1989.7　177,69p　22cm　4-8104-0664-4　2575円
『中国文学歳時記』（全6巻）の別巻。季節の文章、歳時資料解説、詩人小伝（五十音順）、季語聚花からなる。季語聚花は1-6巻に収録された中国古典詩とその解説文中の季語を見出しとし、四季に分けて五十音

順に配列した索引。　　　　　　　　　　　　*6978*

唐詩解釈辞典　校注　松浦友久編著　大修館書店　1987.11
　838p　22cm　4-469-03202-6　8600円
基本的な唐詩160首を収録。底本は『全唐詩』(中華書局、1960)。唐詩概説を巻頭に収載する。見出し語は作者名の姓の第一字の五十音順(同音の場合は筆画順)で、その中を作品の詩題(訓読)の五十音順に配列。各作品は原詩、訓読、テキスト、校語、詩型・韻字、語釈、通釈について記述。付録として「詩人小伝」「テキスト解題」「唐詩年表」などを巻末に収める。詩題索引(詩題の訓読の五十音順配列)あり。　　　*6979*

唐詩鑑賞辞典　前野直彬編　東京堂出版　1970　600p　図版
　19cm　1800円
唐代の詩約200首を選んで解釈と鑑賞を加えた、小型だが詳細な事典。巻頭に唐詩鑑賞概説(歴史と形式を論じる)を置く。鑑賞部分は詩題の訓読の五十音順配列で、詩の本文(ルビ付き)、語釈、通釈、鑑賞、所収、詩形、韻字など詳細に記している。付録は作家小伝(ここに中・和の参考文献を紹介)、唐詩総集、唐人別集、韻字・韻目一覧表、唐代の官制、唐詩関係地図、唐代詩人年表、折込地図(唐地理志府州図)と豊富で有用。索引は巻末に「重要語句」「人名」「地名」「助字・詩題画引」の4つ。　　　　　*6980*

◆小説、物語

◆◆書誌

中国通俗小説書目　増補　大塚秀高編著　汲古書院　1987.5
　265,19p　22cm　5500円
1984年刊(初稿)の増補改訂。孫楷第編『中国通俗小説書目』(1933年初版、1957、1982年改訂)を元にして著録の時間的下限や構成などを改めた目録。構成は大きく4つの巻に分かれ「小説短篇」「小説長篇」「講史」「その他」からなり、中をさらに細分している。巻頭に目録作成の際に利用した参考文献(中文、英文、和文の目録と論文・著述)を掲載する。巻末に拼音アルファベット順配列の書名索引と、書名の頭文字総画索引あり。　　　　　　　　　　　　*6981*

◆◆辞典・事典

中国小説小事典　内山知也, 佐藤一郎編著　高文堂出版社　1990.3　161p　19cm　(中国文化全書 7)　4-7707-0316-3　2600円
中国の古典・現代小説に関連する452項目について解説した、小型で携帯に便利な小事典。見出し語はすべてひらがなで表記し、五十音順に配列。人名項目のうち、近・現代のものには中国音を付す。巻頭に中国小説概説がある。巻末に付された索引は、人名・作品・事項の3部からなり、それぞれ五十音順に配列。表記は漢字による。索引は見出し語だけでなく、その他本文中の重要事項を含む。　　　　　*6982*

三国志人物事典　渡辺精一著　講談社　1989.8　966p　20cm
　4-06-202202-8　3500円
中国の小説『三国志演義』の登場人物約1000人に関する事典。見出しは人物名の五十音順配列。歴史書の『三国志』などとの主要な異同、毛宗崗本(乾隆17年刊本、全120回)中の登場個所が記されている。付録に「主要家系図」「故事・成語・戦闘」「出師の表」「後出師の表」を収める。巻末に「難読漢字一覧」を付す。　　　　　　　　　　　　　　　*6983*

英米文学

◆英米文学一般

◆◆書誌

英米文学研究文献要覧　安藤勝編　日外アソシエーツ
　1987-1996　4冊　27cm　(20世紀文献要覧大系)　発売:紀伊国屋書店　4-8169-1019-0　28000-49800円
国内で発表された英米文学の研究文献(単行書および図書・雑誌掲載論文)の目録。『外国文学研究要覧 1965-1974　1 英米文学編』(日外アソシエーツ、1977)を『英米文学研究文献要覧』と改題継承し、『同1975-1984』(1987年刊)『同1985-1989』(1991年刊)『同1945-1964』(1994年刊)『同1990-1994』

（1996年刊）の4冊を刊行。戦後50年分の約9万点の文献を収録する。目録は英米文学一般と作家・作品論に大別、前者は件名により、後者は作家名のアルファベット順に配列。巻末に作家名（和文）、作品名・書名（邦題・原題）、著者名の3種の索引および収録誌名一覧を付す。　　　　　　　　　　　　　　6984

英米文学に関する17年間の雑誌文献目録 昭和23年－昭和39年 日外アソシエーツ「雑誌文献目録」編集部編 日外アソシエーツ　1983.7　202,9p 27cm 発売：紀伊国屋書店　4-8169-0256-2　7200円

国立国会図書館監修『雑誌記事索引（人文・社会編）累積索引版』☞0139 の第Ⅲ期および第Ⅳ期をもとに編集した雑誌文献目録。1948年から1964年までに日本で発表された雑誌論文約8000件を、昭和23年－29年と昭和30年－39年にわけて収録。イギリス文学、アメリカ文学、文学史などジャンル別に分類した「英米文学一般」とカタカナ表記の作家名を五十音順に配列し、さらに作品ごとに分類した「作家論・作品論」の2部構成。論文の配列は編著者名・編集団体名の五十音順。巻末に五十音順「事項索引」のほか、作家名の原綴からカタカナ表記が参照できる「作家名欧文参照」を付す。　　　　　　　　　　　　　　6985

英米文学翻訳書目 笠原勝朗著　沖積舎　1991.3　466p 22cm 参考書目：p456　付：各作家研究書　4-8060-3018-X

イギリス、アメリカの主要作家（イギリス248人、アメリカ165人）の作品の、明治初期から1990年までの翻訳書誌。作品の範囲は、小説・詩集・戯曲・随筆・評論・日記・紀行文と幅広い。構成はイギリスとアメリカで二分し、それぞれ作家のカタカナ表記五十音順を見出しとして、その中を翻訳書名の五十音順で配列する。そのデータは、翻訳者、シリーズ名と番号、出版社、刊行年であり、作家ごとに研究書のリストが項目末に併掲されている。巻末にイギリス・アメリカごとの作家名索引を付すが、原題あるいは邦訳書名からの索引はない。　　　　　　　　　　　　　　6986

黒人文学書誌 木内徹編　鷹書房弓プレス　1994.6　362p 22cm　4-8034-0396-1　6800円

1927－1993年までの66年間に日本で発表されたアメリカ黒人（アフリカ系アメリカ人）の文学に関する文献、翻訳作品1781点を収録。図書、雑誌・紀要論文、新聞記事、書評を年代順に文献番号を付して配列。各文献に短い解説・要約をつける。巻末に、著（訳・編）者名、書籍・雑誌・紀要・新聞名、アメリカ黒人作家・作品、登場人物名、関連事項のアルファベット順索引があり、翻訳書誌としても利用できる。　　　　6987

戦後英米作家研究図書 書誌と所在 志保田務〔等〕編集 天理　日本図書館研究会　1977.5　268p 19cm 付・雑誌紀要所載英米作家書誌　発売：日本アソシエーツ（天理）2800円

戦後から1975年までに発行された、英米作家・作品を研究した和文主体の単行本の所在目録。配列は、作家名邦訳五十音順、書誌事項および48図書館の所蔵を掲載。巻頭に邦訳作家名索引（五十音順、目次）、巻末に1976年発行分の補遺と、著者索引（日本人名に「よみ」付き）と書名索引、原綴の作家名索引（アルファベット順）、および雑誌紀要所載英米作家書誌一覧を付す。　　　　　　　　　　　　　　6988

明治・大正・昭和邦訳アメリカ文学書目 福田なをみ編 原書房　1968　239p 27cm 監修者：細入藤太郎 表紙には『A bibliography of translations, American literary works into Japanese, 1868-1967』とあり 2000円

1868年（明治元）から1967年（昭和42）の100年間に邦訳されたアメリカ人著者による文学作品を収録。『明治・大正・昭和翻訳文学目録』☞6725（1955年までの邦訳を収録）のアメリカ文学部分に1956-67年を追補したもの。配列は著者本名の英文アルファベット順とし、筆名分は本名のもとに併記される。同一著者の作品は原題のアルファベット順、同一作品の複数邦訳は刊年順に並ぶ。詩などの小品は訳書名のみ、個人全集などは各項末に記載。児童書は古典として定評ある作品のみ収録。「原題名索引」と「訳者及び訳書名索引」を付す。　　　　　　　　　　　　　　6989

◆◆辞典・事典

アメリカ文学研究資料事典 アメリカ研究図書解題 常松正雄〔ほか〕編　南雲堂　1994.6　1288p 22cm　4-523-31034-3　25000円

アメリカ文学について、一般から学生・研究者まで、研究を進める上で有用な参考文献などを体系的に整理し、収録した資料事典。2部構成で、第1部は、『A field guide to the study of American literature』(Harold H. Kolb, Jr., Univ. Press of Virginia, 1976)の完訳と一部増補改訂の原稿からなり、第2部は、日本で出版された研究資料として、文献目録、辞典・年表、文学史、評論、叢書全集、主要作家別研究書、アメリカ研究関係基本図書などからなる。巻末には、和文人名・書名（五十音順）、英文人名・書名（アルファベット順）の索引を付す。　　　　6990

アメリカ文学作家作品事典 D.L.Kirkpatrick〔編〕本の友社　1991.12　869p 27cm 監修：岩元巌, 酒本雅之

『Reference guide to American literature　2 nd ed.』の翻訳　4-938429-53-5　22660円

アメリカの作家約360名の略歴とその代表作115編について解説したもの。冒頭にアメリカ文学史概観を付し、作家の五十音順に配列される。各作家ごとに略伝、書誌、作家論、作品論からなる。略伝は、生年月日、生誕地、教育、兵役、結婚、職歴、受賞歴（学位）、歿年月日（生存者は居住地）について記載。書誌は全集、個々の作品、批評・研究書などが英文献で示される。巻末に「邦訳書目一覧」、索引（和文の作品名、英文の作家・作品名）がある。短編が不完全だが邦訳書探しのほか、アメリカ文学研究に便利な事典である。

6991

イギリス・ロマン主義事典　松島正一編著　北星堂書店　1995.7　680p 19cm　4-590-00985-4　6500円

イギリス・ロマン主義文学（18世紀末から19世紀前半）関連のキーワード300項目の事典。各項目を見開き2頁、約1500字で解説する。個々の作家についての項目はない。見出し語は五十音順に配列し、英文を併記。全項目に図版がある。書誌および参考文献の記述はないが、引用文献については可能な限り本文中に記す。巻末に各国のロマン主義、イギリス・ロマン派詩人略伝、ロマン主義時代の主要雑誌、索引を付す。索引は人名見出しの五十音順配列で、作品をその著者のあとに表示している。

6992

英語名句事典　外山滋比古〔ほか〕編　大修館書店　1984.6　599p 23cm　4-469-04240-4　5500円

本邦初の英語名句事典。A：シェイクスピア、B：諸家、C：聖書、D：ことわざ、E：マザーグースの5項目に分類し、AとBは作品名のアルファベット順、Cは欽定訳聖書での配列順、DおよびEは引用句のアルファベット順に配列。巻頭にテーマ索引、見出し索引、キーワード索引を付す。類義の句への参照もある。掲載句数よりも丁寧な解説を目指した。

6993

英米文学辞典　鈴木幸夫編　東京堂出版　1978.12　477p 19cm　3500円

中世アングロ・サクスン文学から現代の英米文学までの人名・作品・事象を、特に近・現代文学に重点を置いて収録した辞典。五十音順に配列され、事実の記述のみに留めた小項目から評論的解説を加えた大・中項目まで、必要に応じた記載内容である。巻末に英文アルファベット順の人名索引、作品索引、事項索引があり原語から引くことができる。作品項目は重要なものに限定した収録のため、『世界文学鑑賞辞典　イギリス・アメリカ編』（東京堂、1962）『現代英米文学鑑賞辞典』☞6997との併用も考えられる。

6994

英米文学名句名言辞典　鈴木幸夫編　東京堂出版　1986.1　283p 19cm　2900円

18世紀から現代にわたる英米文学作品中の名句名言276句（節）を作者ごとに収録し、詳細な評釈を付した解釈と鑑賞のための辞典。作者の五十音順に配列され、作者略歴・名句名言（邦訳・原文）・出典（邦題・原題）・解説を記載。時には作者肖像も付く。署名入り。索引はないが作者ごとに名句名言を一覧できる目次がある。コンパクトながら作者の文学的・思想的背景にまで言及し、作家研究にも利用できる。

6995

研究社英米文学辞典　第3版　西川正身，平井正穂編　研究社出版　1985.2　1655p 25cm　4-327-14001-5　20000円

英米文学者・文学作品はもとより、作中人物名、文学用語、文学史関係から欧米一般文化まで広く収録する。古典から現代まで、またカナダ・オーストラリアをはじめ広く英語圏の文学を範囲に入れ、約1万6000項目を収録。英語見出し語のアルファベット順に配列され、その記載は文学者であれば、姓の発音記号、生没年、出身国、略歴、作風、代表作などにおよぶ。解説中の見出し語には星印を付す。巻末に英米文学年表がつく。文学者の肖像などの図版あり。第2版（1961）の増補改訂版。

6996

現代英米文学鑑賞辞典　鈴木幸夫編　東京堂出版　1976　338p 19cm　2800円

『世界文学鑑賞辞典　イギリス・アメリカ編』（東京堂、1962）刊行以後の作家および未収録の作家155人の代表作200編に鑑賞を付けた辞典。作家名の五十音順に配列、代表作の紹介を含む簡単な伝記的事項と、主な作品の梗概（小説のみ）および作品解説を付す。巻末に収録作品の邦訳書名索引がある。

6997

事典英文学の背景　田園・自然　三谷康之著　凱風社　1994.2　428p 22cm　4-7736-1803-5　8300円

英文学をより理解するため、日本にはないイギリスの田園や自然を表す用語を写真と用語説明、文学作品からの文例で解説した事典。「住宅・教会・橋」編（1991年刊）、「城郭・武具・騎士」編（1992年刊）の続編。2部構成。第1部Visual keyは、写真や挿絵から用語を検索できる。第2部A back ground to English literatureは、用語説明と文例。大見出し語のもとに類語をアルファベット順に配列し、第1部への参照番号も付す。巻末に引用作家と作品のリスト、説明文中に取り上げた単語も含めた索引がある。

6998

◆◆人名事典

アメリカ女性作家小事典 前田絢子，勝方恵子著 雄松堂出版 1993.8 259p 19cm 4-8419-0131-0 3200円
1612-1948年生まれのアメリカ合衆国の女性作家115人を生年順に配列した人名事典。姓名（原綴）を見出しとし、本名、生没年月日、姓名のカタカナ表記、2-3行の一口人物紹介、人物解説、ジャンル別に分けた主作品リストを付す。見出し語への参照は、解説文中の人名に星印を付す。索引は巻末に人名の五十音順とアルファベット順の2種類。アメリカの女性作家だけの事典としては初出。
6999

20世紀イギリス文学作家総覧 1-4 青山富士夫編 北星堂書店 1979-1984 5冊 23cm 4-590-00529-8 3000-18000円
19世紀末から1960年代（第4巻のみ1970年代）までのイギリスの作家2395人について、略伝と文献（主要作品、翻訳、テキスト、伝記、書誌、研究書）を載せた人名事典。1「小説」、2「劇」、3「詩」、4-1「エッセイ・評論」、4-2「伝記・自叙伝他・総索引」の5冊からなる。配列は年代順の中を生年・作家名のアルファベット順とする。各巻とも巻末に当該の文学ジャンルに関する参考文献、および作家の人名索引を付す。4巻-2には全巻を通じて本文に出てくる人名・書名・地名・事項を収録した総合索引がある。
7000

◆◆地名辞典

イギリス文学地名事典 定松正〔ほか〕編 研究社出版 1992.8 528p 22cm 4-327-46119-9 4800円
イギリス文学上重要な地名を解説した辞典。全体を2部構成とし、第1部はロンドンを除く地名、第2部はロンドンの地名を収録。見出し語の配列は、原綴のアルファベット順。各土地の所在、歴史、文学にかかわる事件について解説。写真、図版、地図を多数掲載。文学者の生家・墓碑の写真などもあり。巻末に「イギリス地名の理解のために」で地名語源の主要語幹の簡単な案内を付す。索引として巻末に五十音順の地名索引、人名索引がある。
7001

◆◆動植物

◆◆◆辞典・事典

英文学のための動物植物事典 ピーター・ミルワード著 中山理訳 大修館書店 1990.7 568p 19cm 『An encyclopedia of fauna and flora』の翻訳 4-469-01230-0 4120円
英米文学に現れる動植物の事典。詩、聖書、シェイクスピアほかの作品・小説からの実例を引用し、動植物名の字義的レベル、隠喩的レベル、宗教的レベルなどを重層的に解説している。項目はアルファベット順配列で、動植物名が現れる作品個所の引用は原文と和訳を併記。解説はかなり詳しい。参考文献として引用作家・作品名の一覧あり。巻末に五十音順索引。
7002

英米文学植物民俗誌 加藤憲市著 冨山房 1976 675,37p 22cm 4500円
植物にまつわる神話・伝承・土俗信仰・迷信・占い・花ことば・薬効・香り・色などについて、文学作品を引用しつつ解説している。200以上の植物を英名のアルファベット順で配列。巻頭には参考書目（英文のみ）あり。巻末にはgeneral index（植物名、人名、祝祭日名など）と和名植物索引を付し、各植物の異名や俗称も多数収録。英語国民の自然観や民俗性を知り、英米文学をより深く味わうための手引き書といえる。
7003

◆文学史

◆◆年表

英米文学作家作品年表 小倉多加志〔ほか〕共編 南雲堂 1983.1 291p 22cm 机上版 2500円
中世から現代にいたる英米文学の主要な作家と作品を年代順に収録。1964年刊の改訂新版（1982年刊）の机上版。British authorsとAmerican authorsからなり、生年順に配列した作家名のもとに、出版年または上演年順に作品名を記載。作品の末尾に、詩・小説・戯曲・エッセイを示す略語を付す。作家、作品名は原綴。巻末にアルファベット順の作家名の索引がある。
7004

最新アメリカ文学史年表　翻訳書・研究書列記 笠原勝朗著 こびあん書房 1995.7 236p 22cm 4-87558-359-1 3700円
植民地時代から1995年までのアメリカ文学の作家を生年順に配列し、主要作品とその翻訳書・研究書を収録した書誌。巻末に欧文の作家名索引を付す。『年表英米文学史』☞7009 に、それ以降の新たな情報を加え、

研究書に関する情報も増補した。 7005

最新イギリス文学史年表 翻訳書・研究書列記 笠原勝朗著 こびあん書房 1995.6 344p 22cm 4-87558-358-3 4200円
中世から1995年までのイギリス文学の作家を生年順に配列し、主要作品とその翻訳書、研究書を収録した書誌。巻末に欧文の作家名索引を付す。『年表英米文学史』☞7009 に、それ以降の新たな情報を加え、研究書に関する情報も増補した。 7006

年表アメリカ文学史 荒竹出版編集部編 荒竹出版 1988.6 26,230p 19cm 付・アメリカ文学小史 宮本陽吉著 4-87043-040-1 2000円
『年表英米文学史』☞7009 を母胎として、「アメリカ文学小史」（宮本陽吉著）「主要作家小伝」などを加え新たに編集したもの。アメリカの植民地時代から1980年代にいたるまでの主要作品を、生年順に配列した各作家のもとに収録。翻訳書名も併記。巻末に作家名索引と参考書目を付す。各頁左欄に主要作家の小伝、日米の歴史的・文化的事項、作家顔写真などを示す。 7007

年表イギリス文学史 荒竹出版編集部編 荒竹出版 1989.2 294p 19cm 付・イギリス文学小史 橋口稔著 4-87043-047-9 2500円
『年表英米文学史』☞7009 を母胎として、「イギリス文学小史」（橋口稔著）「主要作家小伝」などを加え新たに編集したもの。アングロ・サクソンの時代から1980年代にいたるまでの主要作品を、生年順に配列した各作家のもとに収録。翻訳書名も併記。巻末に作家名索引と参考書目を付す。各頁左欄に主要作家の小伝、日英の関連史実、作家肖像図版などを示す。 7008

年表英米文学史 翻訳書併記 増補第2版 編集：笠原勝朗 荒竹出版 1986.4 394p 19cm 監修：成田成寿 表紙の書名：『Annals of English & American literature』 2500円
中世から現代までの英米主要作家の主な作品と翻訳書を年表の形で収録。作家の生年順に配列し、作品は作家ごとに発行年順、翻訳書は作品ごとに記載。各頁左側に、世界および日本の重要な歴史的・文学的事項、作家の伝記的事項を記載。中世、ルネサンス、17-20世紀の各世紀ごとに、時代背景・文学主潮をまとめた別刷がはさみ込まれ、簡潔な文学小史としても利用できる。巻頭に作家索引（アルファベット順）を付す。この本を母胎に『年表アメリカ文学史』☞7007 および『年表イギリス文学史』☞7008 が、また翻訳書以外に研究書も加えた『最新アメリカ文学史年表』☞7005 および『最新イギリス文学史年表』☞7006 が発行されている。 7009

◆◆便覧

アメリカ文学研究必携 増補版 福田陸太郎〔ほか〕編著 中教出版 1985.6 417p 20cm 4-483-00005-5 2000円
17世紀から1970年代までのアメリカ文学研究用の便覧。主要作家74人とその時代背景、文学運動に関する解説、注目すべき研究テーマ、テキスト、文献解題をコンパクトに収録している。時代順、文学運動ごとに章立てし、おおむね作家の生年順に配列。代表的な作家には多くの頁を割く。巻末に主要文学史・辞典一覧（主に洋書）、出版社・発行所一覧、作家・事項索引が付く。収録文献は図書のみだが、利用対象が英米文学科の学部学生なので、解説・解題ともに平易である。 7010

18-19世紀英米文学ハンドブック 作家作品資料事典 増補版 朱牟田夏雄，長谷川正平，斎藤光責任編集 南雲堂 1977.1 847p 肖像 20cm 8500円
当該世紀に活躍した代表的英米作家約80名をまずイギリス、アメリカの国別に分け、おのおの年代順に作家または作家群の略伝、問題点、作品、批評を紹介。各国の章のはじめに文学概観、終わりに手引として辞典類、文学通史、全般的な研究、小説、演劇、詩などに関する書誌、批評、研究書（日本語の研究書も含む）をあげて解説。巻末に人名、作品名、雑誌名、特定用語の英文索引あり。初版1966年刊の増補版。主として作品および批評の項について巻末に補遺を付す。『20世紀英米文学ハンドブック』（上田勤ほか編、1966）の姉妹編である。 7011

◆詩歌

マザー・グース事典 渡辺茂編著 北星堂書店 1986.3 239p 19cm 4-590-00745-2 1600円
英語圏の伝承童謡「マザー・グース」に関連する事項を一般向けに解説した事典。主な唄の登場人物・事項・タイトル、唄のタイプ、過去の著名な選集や選者、研究者などを項目とし、日本語訳見出し（英文併記）の五十音順に配列。関連する唄を引用（邦訳および原詩）し、適宜イラストを交えて解説。巻末に解題付き参考文献一覧と、本文中に引用した唄の原詩初行索引（英文）および見出し語を含む事項索引（和文）を付

◆戯曲

日本シェイクスピア総覧〔1〕，2　佐々木隆編　エルピス　1995.4　2冊　22cm　4-900394-14-9　12800円
シェイクスピアが日本にどのように受け入れられ、これまでにどのように研究されてきたかを書誌的にまとめたもの。単なるシェイクスピア書誌ではなく、広い視野からとらえ、内容的には書誌と上演史に大別できる。構成はIシェイクスピア研究編、IIシェイクスピア・テキスト訳注編、IIIシェイクスピア物語・小説・翻案編、IVシェイクスピア物語・小説・訳注編、Vシェイクスピア翻訳編、VIシェイクスピア劇上演年表編、VII映像のシェイクスピア。人名索引、書名索引を付す。正編は天保11年（1840年）から1988年まで、続編はそれを追補（1989-1993年）する。　7013

◆小説・物語

◆◆書誌

日本における英国小説研究書誌　昭和57年-昭和60年　宮崎芳三〔ほか〕編　風間書房　1987.12　538p　22cm　4-7599-0689-4　18000円
1982-1985年の日本人による英国小説に関する研究の網羅的な書誌。各年ごとに小説一般・18世紀およびそれ以前・19世紀・20世紀に四分し、その時代の小説一般と作家別に分けて掲載され、重要文献には書誌的事項のほかに解題も付す。巻末に執筆者索引（和文アルファベット順）、収録4年分の項目別総目次、掲載誌一覧がある。本書は、昭和43-47年、48-52年、53-56年に続くシリーズ4作目の最終巻である。　7014

◆◆辞典・事典

英米小説原題邦題事典　日外アソシエーツ編　日外アソシエーツ　1996.4　880p　22cm　発売：紀伊国屋書店　4-8169-1357-2　9800円
戦後日本で翻訳刊行された英米作家約5000名の小説・戯曲に関する翻訳書誌。原題1万5000とその翻訳書2万冊を収録する。見出しは作家名カタカナ表記の五十音順で配列し、その中は作品原題のアルファベット順とする。記述データは、邦題名・訳者名・出版社・出版年・シリーズ名のほか、映画化された作品の題名、監督名なども併載される。巻末に五十音順の邦題索引を付す。　7015

◆作家研究

エミリ・ディキンソン―日本におけるエミリ・ディキンソン書誌　大本剛士編　専修大学出版局　1986.4　245p　22cm　背の書名：『Emily Dickinson in Japan：a bibliography 1927-1985』　4-88125-035-3　4200円
日本で出版された、エミリ・ディキンソンに関する網羅的な文献目録。3部8章構成。1部は書誌、2部は詩集と書簡集の一覧、3部は評伝・研究書・論文など。各章とも著者・編者・訳者のアルファベット順に配列。和文で書かれたものでもすべてローマ字化または英訳した同一内容を併記。巻末に英文アルファベット順の著者索引がある。　7016

日本におけるスタインベック文献書誌　中山喜代市編　吹田　関西大学出版部　1992.11　350p　22cm　4-87354-151-4　6000円
1939年以降日本で出版されたスタインベック（John Ernest Steinbeck）の作品、および研究文献を体系的に収録したもの。3部からなり、第1部は一次文献、第2部は二次文献（1）で研究書・研究論文、第3部は二次文献（2）で書誌、書評、雑誌記事などの書誌事項を記載。付録として、1）第2部二次文献（1）作品別分類、2）スタインベック書誌・参照文献を付す。巻末に「作品別索引」「著者・編者別索引」「主題別索引」を付す。　7017

日本におけるヘンリー・ミラー書誌　ヘンリー・ミラー研究会編　北星堂書店　1986.5　88p　22cm　4-590-00744-4　1700円
わが国で出版された、ヘンリー・ミラー（Henry Miller）の作品の翻訳および参考文献を収録したもの。2部からなり、1部は「ヘンリー・ミラー邦訳目録」、2部は「ヘンリー・ミラー参考文献目録」である。書誌事項と簡単な解説を記載。「訳者・解説者名索引」と「執筆者名索引」を付す。　7018

日本におけるロバート・バーンズ書誌　難波利夫編著　荒竹出版　1977.5　196p　22cm　3500円
明治期から昭和期にかけてのバーンズ（Robert Burns）に関する文献、作品の翻訳書を年代順に配列し、書誌

事項を記載したもの。新聞や雑誌に掲載された文献や講演も含む。付録として「詩篇（訳詩）」がある。巻末には「人名」と「書名・論文名」、2種類の索引を付す。　　　　　　　　　　　　　　　　　　　　　7019

日本におけるワーズワス文献　原田俊孝編　桐原書店　1990.1　264p 22cm　4-342-65340-0　3399円
1871-1981年までの、日本におけるワーズワス（William Wordsworth）に関する文献を網羅。年代順に収録し、各年の中は執筆者のアルファベット順に配列し書誌事項を記載したもの。巻末に豊富で詳細な索引を付す。「日本人名」「外国人名」のほか、ワーズワスの作品は「作品名索引」「初行索引」に分かれ、書名は「和書名索引」「洋書名索引」に分かれる。「雑誌・新聞名」もある。それぞれアルファベット順配列。　　　　　　　　　　　　　　　　　　　　　7020

ブロンテ姉妹　飯島朋子編　日外アソシエーツ　1994.10　252p 22cm（人物書誌大系 29）　発売：紀伊国屋書店　ブロンテ姉妹の肖像あり　4-8169-0128-0　13800円
日本で刊行・発表されたブロンテ三姉妹の著作の翻訳・注釈書と、ブロンテ三姉妹とその著作についての研究図書、論文、書評などを収録した書誌。著作と研究図書は国内で所在が確認できた洋書についても収録。「ブロンテ家年譜」「著作目録」「参考文献目録」「リスト」の4編からなる。「著作目録」と「参考文献目録」は各項目の中を発行年順に配列。「リスト」は掲載誌一覧、採録場所一覧、参考書誌一覧、映画・ビデオ一覧、Brontë Glossaryからなる。巻末に五十音順とアルファベット順の執筆者索引を付す。『ブロンテ三姉妹書誌　1990年版』（大島朋子編・刊）を増補改訂し、改題したもの。　　　　　　　　　　　　　7021

ドイツ文学

◆書誌・索引

ドイツ文学研究文献要覧　1945-1977(戦後編)　森本浩介編集　日外アソシエーツ　1979.5　415p 27cm（20世紀文献要覧大系 4）　発売：紀伊国屋書店　26000円
1945年8月から1977年12月までの32年間に、わが国で発表されたドイツ文学の研究文献（図書、雑誌論文）約1万1700点と、基本欧文図書300点を収録した文献目録。第1部研究文献の利用案内、第2部文献目録、第3部索引（事項、作家名、作品名・書名－邦題名・原題名、著者名）から構成されている。巻末に収録誌名一覧を付す。　　　　　　　　　　　　　7022

フランス文学

◆書誌・索引

フランス文学案内　代表的作家の主要作品・文学史年表・翻訳文献等の立体的便覧　増補新版　篠沢秀夫著　朝日出版社　1996.5　544p 22cm　4-255-96010-0　5200円
フランス文学全般の便覧。序章、文学とは何か、フラ

ンス文学とは。第1部、作家解説Ⅰ。15世紀から現代までの重要な作家51名について、作家の生涯と主要作品の内容解説。肖像入り。第2部、作家解説Ⅱでは、さらに226名をとりあげる。第3部は重要作品64篇の解説。第4部フランス史表覧。第5部重要事項解説。翻訳文献・参考書案内を付す。巻末に索引あり。初版は1980年7月刊。
7023

フランス文学研究文献要覧 1945-1978(戦後編) 第1-5巻 杉捷夫〔ほか〕編集 日外アソシエーツ 1981.1 5冊 27cm （20世紀文献要覧大系 11） 発売：紀伊国屋書店 4-8169-0041-1 18000円
1945-1978年の間に、フランス文学に関し、国内・国外を問わず日本人によって発表された研究文献4万5000件を採録。研究文献を中心にエッセー、紹介記事、近況ニュースも含み、文学周辺分野の哲学、思想、宗教、日仏関係の文献も対象としている。第1巻総記（フランス文学一般）、第2-4巻作家・作品、第5巻索引。第5巻は第次、作家名、作品名・書名、著者の索引と収録法名一覧。1979年以降は『フランス語フランス文学研究文献要覧』☞7025 に引き継がれている。
7024

フランス語フランス文学研究文献要覧 1991- 日本フランス語フランス文学会編 日外アソシエーツ 1995- 27cm （20世紀文献要覧大系） 発売：紀伊国屋書店 4-8169-1275-4
フランス文学・語学（語学教育含む）に関し、国内・国外を問わず日本人によって発表された研究文献（著者、翻訳、研究論文を中心に、エッセー、書評、紹介記事、近況ニュースも含む）を、図書、雑誌、紀要、新聞から採録した。周辺分野の哲学、言語学、思想、宗教、比較文学、仏学史などの文献も採録。各巻末に作品名・書名索引-邦題名-原題名）、著者名索引、収録誌名一覧が付されている。収録数1979-1980年6385、1981-1982年5283、1983-1984年4463、1985-1986年4225、1987-1988年3600、1989-1990年13535、1991年7315、1992年6419件と網羅的な書誌である。続刊中。
7025

◆辞典・事典

フランス語フランス文学専門家事典 日外アソシエーツ編 日外アソシエーツ 1985.8 339p 27cm （専門家人物事典シリーズ） 発売：紀伊国屋書店 4-8169-0336-4 21000円
1970年1月-1984年12月までの15年間に日本で発表されたフランス語およびフランス文学に関する主要文献（図書は1945年-1969年の主要書を含む）をもとに、主な研究者・専門家727名を選び、姓・名それぞれを一単位として人名の五十音順に配列した事典。各項目には本人調査を基本とした職業・専攻・活動分野・著作事項・最近興味のあるテーマなどを収録。研究者の人名事典としてはユニークだが、事項や件名索引がないため関連文献調査には不向き。
7026

フランス文学辞典 新庄嘉章，根津憲三編 東京堂出版 1972 641p 19cm 2500円
フランス中世から20世紀までの、フランス文学史上の人名、作品、事項を解説した辞典。配列は五十音順。作品は邦訳名で引ける。小項目の辞典のため索引はないが、巻頭に全項目の分類目次がある。巻末に、中世-20世紀を世紀別に分けて解説した「フランス文学小史」と「フランス文学年表」(842-1960年)を付す。一般読者向けである。
7027

フランス文学辞典 日本フランス語フランス文学会編 白水社 1974 1051p 地図 27cm 20000円
中世から現代までのフランス文学についての総合的な辞典。作家・作品・作中人物・事項など3000の項目を見出し語とし、五十音順に配列。解説は簡潔で初学者向き。巻末に、373-1973年までのフランス文学年表、人名・書名・事項からなる和文索引と欧文索引、フランス全図およびパリ市街の地図を付す。なお1974年の刊行につき、記述は1970年頃までの研究による解説である。
7028

フランス名句辞典 田辺保編 大修館書店 1991.4 650p 23cm 4-469-05164-0 6000円
中世以降20世紀までのフランス語による名句を時代順に配列。ギリシア・ローマ神話、聖書に登場する句も取り上げ、項目数は1026。巻末に「テーマ索引」「人名索引」「キーワード索引」を付すが、通読性のある辞典でもある。
7029

◆作家研究

日本におけるバルザック書誌 原政夫著 駿河台出版社 1969 209p 図版 22cm 1800円
明治以降にわが国で刊行された、バルザック(Honoré de Balzac)の作品の翻訳書や日本語文献を体系的に収録した書誌。4部からなり、1部はバルザックの邦訳目録、2部は邦語参考文献目録で、それぞれに解説を付す。3部は作品の翻刻対訳一覧、4部は作

品の本邦初訳一覧である。巻末に1部のための「Index alphabétique de titres」と「訳者名索引」、2部のための「著者・執筆者名索引」と「訳者・編者名索引」を付す。　　　　　　　　　　　　　　7030

ロシア文学

20世紀ロシヤ文学年譜 第1巻-第2巻　ソヴェート文学研究会訳・編　東宣出版　1973　2冊 22cm 1901年-1904年　監修：黒田辰男　1500円
ソ連科学アカデミイ、A.M.ゴーリキイ名称世界文学研究所共同著作『19世紀末-20世紀初めのロシヤ文学 1901年から1907年』（ナウカ、モスクワ、1971）に収められた「文学事件の年譜」の編訳。芸術の諸ジャンルを含めてロシア文学における主要な現象と事実を、多くの雑誌、新聞、文集などからの記事の引用により、年月日順に詳細に記述。第1巻1901-1904年、第2巻1905-1907年。凡例に引用文献一覧があり、第2巻目次の後に第2巻の主な登場作家一覧がある。また各年末に「1年間の文学の総括」がある。索引はない。
7031

ロシア文学案内　中村喜和, 灰谷慶三, 島田陽著　朝日出版社　1977.10　400p 22cm　（世界文学シリーズ）2800円
17世紀から現代にわたるロシア文学の世界を、19世紀の作家・作品を中心に紹介したもの。本文は「ロシア文学とは」「作家解説Ⅰ・Ⅱ」「重要作品」「ロシア文学史と文学史年表」「重要事項」からなる。作家解説はⅠ、Ⅱ併せて187人を取り上げそれぞれ生年順に配列。重要作品は64作品を取り上げ、内容を紹介し解説する。重要事項は、ロシア文学理解に役立つ用語・事項の解説。「翻訳文献」「主要研究文献」を収載し、巻末に「欧文」（ロシア語）、「和文」それぞれの作品、人名、事項・新聞・雑誌名などの索引を付す。　　7032

ギリシア文学

ホメーロス辞典　松田壮六編著　国書刊行会　1994.1　153p 22cm 4-336-03568-7　3800円
「イーリアス」「オデュッセイア」に登場する全固有名詞（神々、英雄、戦士、美女、怪物、都市、河川、島など）を簡単に解説し、最初の出典を示した。固有名詞にちなむ形容詞、形容語句なども収録。見出し項目はカタカナ表記、ギリシア文字のローマ字転写、ギリシア文字の順に記載し、五十音順配列。　　　7033

書名索引

指示は文献番号である。
イタリックは解題中にあることを示す。

あ

IIP　年間回顧	3963
IRS国内情報源台帳	*4267*
IEC安全ハンドブック	4573
IEC規格の基礎知識	4103
ISDN技術の国際標準	4620
ISDN（サービス総合デジタル通信網）の基礎を知る事典	4615
ISDN用語集	4616
ILO条約・勧告集	2620
IC用語辞典	4705
アイスランド地名小辞典	1649
アイソトープ便覧	4521
IEEE電気・電子用語辞典	4534
アイヌ語絵入り辞典	6588
アイヌ語会話イラスト辞典	6589
アイヌ語辞典〔萱野茂の〕	6590
アイヌ史	3042
アイヌ文献目録	3043
アイヌ民族文献目録	3044
IPC運用例集	*4077*
IPCSの出版物に使われている化学物質安全性用語集	4922
IPC（国際特許分類）総覧	4077
IPCハンドブック	*4077*, 4078
IPC付与の運用基準	*4077*
IPC⇔UPC対照表	4084
アカデミー・アワード	6244
あかりの百科	4587
ACCESS（アクセス）　全国公共職業安定所・職業能力開発施設所在地一覧	2633
芥川龍之介事典	6934
悪魔学大全	776
悪魔の事典	386, *387*
アグリカーナ〔農業経営大事典〕	5256
赤穂義士事典	1059
朝日園芸植物事典	5325
朝日現代人物事典	*1294*
朝日新聞記事総覧	275
朝日新聞にみる大東亜共栄圏記事索引	1133
朝日新聞100年の重要紙面	1114
朝日選挙大観	1757
朝日＝タイムズ世界考古学地図	866
朝日＝タイムズ世界歴史地図	881
朝日日本歴史人物事典	1291, *1294*
朝日年鑑	249
朝日百科世界の植物	3468
アジア・アフリカ関係図書目録	1165
アジア・アフリカ史に関する37年間の雑誌文献目録	1166
アジア・オセアニア各国要覧〔最新〕	1580
アジア・オセアニア日本企業便覧	2203
アジア企業進出ガイド	2409
アジア経済	2131
アジア経済・金融用語事典〔最新〕	2130
アジア経済年報	*2129*
アジア芸能研究文献目録	6159
アジア芸能図説	*6159*
アジア諸国要覧	*1579*
アジア太平洋経済社会年報	2129
アジア太平洋統計年鑑	2128
アジア・中東動向年報	*1686*
アジア動向年報	1686
アジアにおけるキリスト教比較年表	778
アジアNIES総覧	2132
アジア農業基礎統計	5223
アジアの100社	2241
アジアの民家	4321
アジアハンドブック	1578
アジア・美の様式　図録アジアの建築・彫刻・工芸	5738
アジア要覧	1579
アジア歴史研究入門	1167
アジア歴史事典	1174, *1178*, *1180*
アジア歴史地図	*1174*, 1178
アジア労働関係文献目録	2575
アジア女性史文献目録	2639
足跡図鑑	3606
味公爵　世界食品大事典	*5169*
蘆原英了コレクション目録	6021
明日の新薬	3892
吾妻鏡人名索引	1026
吾妻鏡総索引	*1027*
吾妻鏡地名索引	1027
ASMEボイラ及び圧力容器基準	4436
ASEAN欧文法律文献目録	2017
アセアン日系企業ダイレクトリー	2204
遊び研究文献目録	2876
遊びの大事典	6395

新しい経営力指標	2308
新しい世紀の社会学中辞典	2507
新しい世界の通貨	2338
新しい排列方式による現代中国語辞典	6558
宛字外来語辞典	6514
当て字の辞典 日常漢字の訓よみ事典	6455
アド・ガイド〔広告関連会社名鑑〕	5507
アドバンストセラミックス便覧	4911
アトラスジャパン	1555
あなたは、この本を知っていますか！	90
アナリストガイド	2381
アナログIC応用ハンドブック	4709
アパレル工学事典〔新〕	5076
アパレルソーイング 東日本縫製業者総覧	5082
アパレル総覧	5083
アパレルハンドブック	5088
アフリカを知る事典	1651
アフリカ便覧	1652
アマダ最新機電用語事典ME-DIC	4419
アメリカ・ウェスタン辞典	1653
アメリカ映画作品全集	6255
アメリカ英語背景辞典	6617
アメリカを知る事典	1654
アメリカ合衆国要覧〔最新〕	1711
アメリカ関係図書目録	1254
アメリカ研究入門	1255
アメリカ研究邦語文献目録	1256
アメリカ史研究入門	1257
アメリカ州別文化事典	1655
アメリカ商事法辞典	2038
アメリカ女性作家小事典	6999
アメリカ人名事典	1336
アメリカ生活事典	1710
アメリカ俗語・慣用語・日常語事典	6650
アメリカ大衆文化を知るための雑学情報百科〔スーパートリビア事典〕	1658
アメリカ地名語源辞典	1656
アメリカ中小企業白書	2233
アメリカ日常語辞典	6619
アメリカの美術館	5747
アメリカ犯罪学事典〔現代〕	2039
アメリカハンディ辞典	1657
アメリカ風俗・慣習・伝統事典	2966
アメリカ文学研究資料事典	6990
アメリカ文学研究必携	7010
アメリカ文学作家作品事典	6991
アメリカ文学史年表〔最新〕	7005, 7009
アメリカ法の調べ方〔入門〕	2014
アメリカ・ヨーロッパ関係図書目録	1226, 1254
アメリカンスポーツ語辞典	6292
アラスカ総覧	1659
新たな戦争	889
アラビア語商業経済用語集	2067
アルコール辞典	5125
アルタイ語源辞典	6604
RTECS（化学物質毒性データ総覧）利用のための手引き書	4925
アルバニア語小辞典	6712
アルミニウム圧延製品統計年報	4799
アルミニウム技術便覧	4793
アルミニウム鋳鍛造技術便覧	4794
アルミニウムハンドブック	4795
アルミニウム溶接用語	4796
アレルギー学用語集	3710
アワビ文献抄録集	5436
安衛法化学物質	4936
ANSI規格の基礎知識	4104
安全衛生年鑑	3964
安全教育事典	2822
安全工学便覧	4119
安全保障貿易管理関連貨物・技術リスト及び関係法令集	5551
アンテナ工学ハンドブック	4631
アンテナ・ハンドブック	4632
安保闘争文献目録	1845

い

医育機関名簿	3675
イエス伝邦文文献目録	779
医科学大事典	3619
医学英語慣用表現集	3646
医学英語文例辞典	3647
医学英語文例集	3648
医学英和大辞典	3620
医学看護用語集〔和英西仏〕	3924
医学研究者名簿	3666
医学雑誌総合目録	3614
医学雑誌総合目録（国内雑誌編）	3615
医学情報へのアプローチ	3663
医学生物学大辞典	3621
医学大辞典〔最新〕	3625
医学中央雑誌	3616
医学・薬学・化学領域の独英和活用大辞典	3653
医学用語辞典	3636
医学用語大辞典〔英和〕	3632, 3638
医学用語大辞典〔和英〕	3632, 3638
医学用例大辞典	3649
医学ラテン語基本用語辞典	3654
医学略語辞典	3640
医学略語辞典〔最新〕	3642
医学略語辞典〔新〕	3643
医学略語小辞典	3641
医学会スケジュール	3667
医学会総覧	3668
維漢辞典	6608, 6609
生きている世界名文句	414
異業種宝飾品企業名鑑	5468
イギリス祭事・民俗事典	2967
イギリス史研究入門	1236

書名	ページ
イギリス生活事典	1705
イギリス政府・議会文書の調べ方	1751
イギリスの法律格言	2048
イギリス文学史年表〔最新〕	7006, *7009*
イギリス文学地名事典	7001
イギリス歴史地図	1237
イギリス歴史地名辞典	1640
イギリス・ロマン主義事典	6992
育種学用語集〔新編〕	5288
郁文堂独和辞典	6675
郁文堂和独辞典	6679
いけばな花材辞典	6421
いけばな花材大事典	6422
いけばな古今書籍一覧	6419
いけばな辞典	6423
いけばな総合大事典	6424
いけばなハンドブック	6425
医語語源便覧	3662
囲碁史概説・現代囲碁史年表〔現代〕	6433
囲碁年鑑	6431
囲碁百科辞典	6432
石工実用辞典	4338
EC1992年ハンドブック	2153
医者からもらった薬がわかる本	3870
意匠制度100年の歩み	4095
維新後大年表	1098
維新史研究資料索引	1081
維新史料	*1097*
維新史料綱要	1082
泉鏡花事典	6935
和泉式部集総索引	6856
イスラーム辞典	1219
イスラム事典	1220
イスラム小事典〔現代〕	477
医籍総覧	3669
ISO・IEC規格目録	4099
ISO9001にもとづく品質監査ガイドブック	4126
ISO9000総合ハンドブック	4127
イタリア学文献目録	1245, *1247*
イタリア関係図書目録	*1245, 1247*
イタリア近現代史文献目録	*1246*
イタリア近現代史洋書総合目録	1246
イタリア料理用語辞典	5147
12695の化学商品	4870
一万分一朝鮮地形図集成	1593
一茶事典	6891
一般薬日本医薬品集	3871, *3874*
一遍辞典	706
イディオム英和辞典〔研究社－ロングマン〕	6643, *6661*
イディオム辞典〔和英〕	6646
遺伝学用語辞典	3426
遺伝子工学キーワードブック	3427
遺伝子工学小辞典	3428
遺伝子工学ハンドブック	3438
遺伝子操作実験実用ハンドブック〔最新〕	3440
稲作大百科	5314
イヌイット語辞典	6717
犬の事典	5381
井上・建築設備辞典	*4362*
医の倫理資料目録	3617
EBテレビ・タレント13000	*6181*
井伏鱒二文学書誌	6936
イベント関連企業名鑑	5508
イベント事典〔日経〕	5509
今「地球」を救う本	4241
今日に繋がる「芸」の世界	6160
イミダス	6520
移民研究基本図書リスト	2171
イメージ・シンボル事典	6620
イメージスキャナ用語集	4642
鋳物年鑑	*4821*
鋳物便覧	4811
鋳物用語辞典〔英和〕	*4808*
鋳物用語辞典〔図解〕	*4807*
医薬英語用例辞典	3650
医薬実務用語集	3847
医薬実用英語ハンドブック〔英和・和英〕	3623
医薬情報ハンドブック	3862
医薬品一般名称辞典	3848
医薬品・医療衛生用品価格表	3872
医薬品企業総覧	3866
医薬品識別検索ソフト鑑別名人	*3849*
医薬品識別ハンドブック	3849
医薬品情報	3863
医薬品相互作用	3696
医薬品相互作用検索システム	*3697*
医薬品相互作用ハンドブック	3697
医薬品副作用用語集	3698
医薬品要覧	3873
医薬用語事典	3850
Year's book 全点案内	68
医用放射線辞典	3740
医療機器会社名簿	3749
医療機器事典〔新〕	3746
医療機器ハンドブック	3745
医療実務者のための病名辞典	3622
医療・病院管理用語事典	3812
医療薬日本医薬品集	*3871*, 3874
医療用医薬品添付文書集	3875
衣料事典〔新現代〕	5077
衣料情報レビュー	*5139*
色と色名集	5995
色の小辞典〔日本の伝統色〕	*5995*, 5996
色の小辞典〔ヨーロッパの伝統色〕	*5996*
色の手帖	5988
岩波英和大辞典	6629
岩波科学百科	3104
岩波漢語辞典	*6475*
岩波教育小辞典	2734
岩波経済学小辞典	2096

いき〜いわ 963

書名	ページ
岩波現代用字辞典	6533
岩波＝ケンブリッジ世界人名辞典	1313
岩波国語辞典	6463
岩波古語辞典	6504
岩波コンパクト六法	1911
岩波小辞典教育	*2734*
岩波小辞典国際問題	*1735*
岩波小辞典心理学	*355*
岩波小辞典政治	1735
岩波小辞典西洋美術	5698
岩波小辞典哲学	*282*
岩波小辞典法律	1892
岩波小辞典労働運動	2589
岩波情報科学辞典	1
岩波新漢語辞典	6475
岩波心理学小辞典	355
岩波数学辞典	3137
岩波生物学辞典	3384
岩波西洋人名辞典	*1272*, 1332
岩波中国語辞典	6564
岩波哲学・思想事典	*282*
岩波哲学小辞典	282
岩波電子日本総合年表	1099
岩波日中辞典	6565
岩波判例基本六法	1911, 1922
岩波判例コンパクト	*1922*
岩波仏教辞典	536
岩波理化学辞典	3105
岩波ロシア語辞典	6704
隠語辞典	6525
印刷技術用語辞典〔図解〕	5918
印刷工学便覧	5923
印刷事典	5915
印刷＝書誌百科辞典〔英和〕	*5915*
印刷用語の基礎知識200	5916
飲食事典	5148
飲食小事典	5149
インターネット&ウェブ・イエローページ	*4621*
インターネットイエローページ	*4621*
インターネット白書	4627
インターネット・ブック	4622
インターネットユーザーズガイド	4623
インタープレス科学技術活用大辞典	3083
インタープレス科学技術25万語大辞典	*3084*
インタープレス日中英10万語大辞典	3084
インテリア・家具辞典	5997
インテリア学辞典	4378
インテリア基本語辞典	4379
インテリアコーディネーターキーワード集	4380
インテリア辞典〔実用〕	*4382*
インテリア大事典	*4378*
インテリアデザイン事典	5998
インテリアデザイン辞典	5999
インド学大事典	1215
インドシナ情報事典	1700
インド神話伝説辞典	462
インドネシア語辞典	6598
インドネシア語辞典〔現代〕	6598
インドネシアの事典	1626
インドネシア百科	1627
印度仏教固有名詞辞典	565, *586*, *589*
インド仏教人名辞典	*586*, *589*
インド文献史	1215
INFOTERRA国内情報源台帳	4267
インポート・ガイド	5554

う

書名	ページ
ウイグル語辞典	6608
ウィグル語辞典〔現代〕	6609
ウイルス学辞典	3416
ウイルス図鑑	3424
上野学園所蔵楽器目録	6078
魚の事典	3571
魚の博物事典	3572
浮世絵鑑賞事典	5796
浮世絵事典	5797
浮世繪師傳	5801
浮世絵人名辞典	5802
浮世絵大百科事典〔原色〕	5799
浮世絵年表〔新撰〕	5800
浮世絵の基礎知識	5798
浮世絵　美術全集作品ガイド	*5780*
浮世絵文献目録	5794
浮世絵類考〔新増補〕	5803
浮世草子考証年表	6921
薄膜の作製・評価とその応用技術ハンドブック	*4697*
宇宙開発ハンドブック	4507
宇宙科学用語	3270
宇宙・天文大辞典	3272
宇宙天文大事典	3271
宇宙法資料集〔解説〕	2008
腕時計大百科	4466
海を越えた日本人名事典	1341
右翼・活動と団体	1729
右翼事典	*1730*
右翼・民族派事典	*1730*
右翼民族派・総覧	1730
裏方用語事典	6167
うるし工芸辞典	5947
運勢大事典	394
運輸大臣の主管に属する公益法人一覧表	*5596*
運輸経済図説	*5604*
運輸経済統計要覧	5597
運輸省関係公益法人便覧	5596
運輸・通信・商業・流通に関する10年間の雑誌文献目録	*5453*, 5593
運輸・通信に関する27年間の雑誌文献目録	*5593*
運輸部門を中心とした平成2年産業連関表	2107

え

影印・北京版西蔵大蔵経総目録・索引	621
AV用語辞典〔最新〕	4612
英米文学翻訳書目	6986
ASTMによる石油製品の特性と試験法解説	4855
ALA図書館情報学辞典	25
AOTS実用日中技術用語辞典	3934
映画音楽	6124
映画・音楽・芸能の本全情報	6161
映画芸能年鑑	6267
映画事典〔新〕	6245
映画にみるフランス口語表現辞典	6693
映画年鑑	6267
映画・ビデオイヤーブック	6255, 6256, 6257
映画・ビデオ・テレビ外国俳優大事典	6249
英漢対照中国人名辞典	1325
英漢土壌学詞彙	5274
英漢林業語彙	5410
営業報告書目録	2236
営業報告書目録集成	2236
営業報告書目録　戦前之部	2236
英語基本形容詞・副詞辞典	6656
英語基本動詞辞典	6657
英語逆引辞典	6621
英国を知る辞典	1639
英語ことわざ辞典	6641
英語語法活用大辞典	6658
英語史総合年表	6615
英語数量表現辞典	6665
英語図詳大辞典	6622
英語適語適用辞典	6651
英語で引く日本語－ウズベク語辞典	6610
英語動詞句活用辞典	6659
英語年鑑	6616
英語派生語活用辞典	6623
英語発音引スペル辞典	6624
英語名句事典	6993
英語迷信・俗信事典	3011
英語略語辞典	6625
英語類義語辞典	6648
英語類語用法辞典	6652
叡山文庫文書絵図目録	676
ACS無機・有機金属命名法	3258
ACC CM年鑑	5511
エイジング辞典〔現代〕	2662
エイジング大事典	2661
衛生工学ハンドブック	4272
衛星通信ガイドブック	4633
衛星通信年報	5671
映像情報年鑑	6268
映像年鑑	6268
映像メディア作家人名事典	6250
映像用語事典〔最新〕	4639
英中日気象学用語集	3316
英中日土壌学用語集	5274
英中日林業用語集	5410
英独仏和保険用語辞典	2418
英独和独英和鋳物用語辞典	4803
英日中工業技術大辞典	3935
APA精神医学用語集	3763
英文科学技術略語大辞典	3954
英文学のための動物植物事典	7002
英文日本大事典〔カラーペディア〕	1485
英文日本大百科事典：Kodansha Encyclopedia of Japan	1484
英文仏教文献目録	535
英文法辞典〔現代〕	6662
英米語用法事典〔研究社現代〕	6660
英米児童文学年表・翻訳年表	6755
英米商事法辞典	2030
英米小説原題邦題事典	7015
英米文学鑑賞辞典〔現代〕	6994, 6997
英米文学研究文献要覧	6984
英米文学作家作品年表	7004
英米文学辞典	6994
英米文学辞典〔研究社〕	6996
英米文学植物民俗誌	7003
英米文学に関する17年間の雑誌文献目録	6985
英米文学名句名言辞典	6995
英米法諺	2049
英米法研究文献目録	2019
英米法辞典	2027, 2028
英米法（邦語）文献目録	2019
英米法律用語活用集	2029
英ラ独和和英ラ独人体の臨床用語集	3655
映倫審査・作品リスト	6259
英・露・和情報処理用語対訳集	4643
英・和・アラビア語電気用語辞典	4535
英和医学用語大辞典	3632, 3638
英和鋳物用語辞典	4808
英和印刷＝書誌百科辞典	5915
英和会計経理用語辞典	2312
英和会計用語辞典	2322
英和海事大辞典	4732
英和海洋航海用語事典	4752
英和科学技術複合語辞典	3098
英和化学・金属用語小辞典	4866
英和活用大辞典〔新編〕	6644
英和金融用語辞典	2354
英和経営経理辞典	2187, 2188
英和経済用語辞典	2063
英和言語障害用語集	3808
英和航海用語辞典	4752
英和工学術語辞典〔実用〕	3944
英和コンピュータ用語大辞典	4669
英和自動車・鉄道・船舶・航空機用語小辞典	4475
英和術語辞典	3944
英和生化学用語集	3407

英和大辞典〔岩波〕	6629	江戸語の辞典	*6505*
英和大辞典〔研究社新〕	6632	江戸歌舞伎法令集成年表	6226
英和大辞典〔小学館ランダムハウス〕	6636	江戸芸能・落語地名辞典	6271
英和多国籍企業辞典	2262	江戸語辞典	6542
英・和・独・露電気術語大辞典	4536	江戸語大辞典	6505
英和特許用語辞典	4067, *4076*	江戸ことば・東京ことば辞典	6543
英和免疫学辞典	3711	江戸さいえんす図鑑	4054
英和冶金学辞典	4778	江戸市井人物事典	1372
英和料理用語小辞典	5150	江戸時代食生活事典〔図説〕	2985
英和臨床検査用語集	3721	江戸時代書林出版書籍目録集成	72
英和労働用語辞典	2590	江戸時代の科学	3121
英和・和英医薬実用英語ハンドブック	3623	江戸時代奉行職事典	1927
英和・和英機械用語図解辞典	4383	江戸時代役職事典	1060, *1927*
英和・和英機関用語辞典	4733	江戸時代用語考証事典	1061
英和和英金融・証券・保険用語辞典	2355	江戸城下武家屋敷名鑑	*1577*
英和/和英金融・証券用語辞典	2356	江戸城下変遷絵図集	1577
英和和英経営経理辞典	2187	江戸諸藩要覧	1062
英和和英経済用語辞典	2063	江戸庶民風俗絵典	2959
英和和英砂防関係用語集	4209	江戸図総目録	1570
英和和英集中治療用語集	3722	江戸図の歴史	1571
英和和英情報処理用語辞典	4644	江戸生活事典	1065, 2960
英和・和英新化学用語辞典	3209	江戸川柳辞典	6896
英和・和英生化学用語辞典	3408	江戸東京学事典	1574
英和・和英鉄道科学技術用語集	4204	江戸東京市井人物事典	*1372*
英和・和英微生物学用語集	3712	江戸東京年表	1154
英和和英法律・会計・税務用語辞典	2321	江戸・東京札所事典	664
英和・和英麻酔科学用語集	3783	江戸の司法・警察事典〔図説〕	*1928*
エカフェ統計年鑑	*2128*	江戸の生業（なりわい）事典	2993
疫学辞典	3813	江戸幕臣人名事典	1358
液晶辞典	3196	江戸幕藩大名家事典	1063
液体貨物容積重量計算表	*4959*	江戸幕府旧蔵蘭書総合目録	1076
駅別乗降者数総覧	5627	江戸幕府代官史料	1934
エクステルカード	*2244*	江戸幕府旗本人名事典	1359
エコインダストリー年鑑	4259	江戸幕府役職集成	1077
エコビジネス年鑑	*4259*	江戸万物事典　絵で知る江戸時代	1064
エコブックガイド　環境図書目録	4239	江戸秘語事典	6526
エコマテリアル事典	3999	江戸文学俗信辞典	3012
エジプト	1709	江戸文人辞典	305
エジプト語辞典	6714	江戸編年事典	1065
エジプト神話シンボル事典	467	江戸町奉行所事典〔図説〕	1928
エジプトの神々事典〔図説〕	468	江戸料理事典〔図説〕	5156
SI日本機械学会蒸気表	4443	絵とき電気機器マスターブック	4574
SNA産業連関表	2107	絵ときバイオテクノロジー用語早わかり	*3436*
SP年鑑〔日経〕	*5509*	淮南子索引	339
エスペラント常用6000語	6721	絵による服飾百科事典	2971
エス和辞典〔新選〕	6722	NHK気象ハンドブック	3326
越日日越合本辞典	6594	NHK年鑑	5679
絵でひく英和大図鑑〔ワーズ・ワード〕	6628	NHKふるさとデータブック	1486
絵でみる欧文組版百科	5924	NHK最新気象用語ハンドブック	*3326*
絵で見る建設図解事典	4144	NMRハンドブック	3191
絵でみる航空用語集	4502	NGOダイレクトリー	2161
絵で見る工匠事典	4339	NGO・団体名鑑	2162
絵でみるシンボル辞典	5781	NCシステム事典	4420
江戸音曲事典	6130	エネルギー科学大事典	4035
江戸学事典	1158	エネルギー関係インデックス	4033

エネルギー管理用語事典	4114
エネルギー技術用語集〔新〕	4036
エネルギー生産・需給統計年報	4046, 4777
エネルギー統計資料	4047
エネルギー統計年報	4046
エネルギー便覧〔新〕	4045
エネルギー用語辞典〔最新〕	4037
エネルギー用語辞典〔図解〕	4038
絵具の事典	5819
FAO農業生産年報	5227
絵巻物総覧〔角川〕	5792
絵巻物による日本常民生活絵引	2958
エミリ・ディキンソン―日本における エミリ・ディキンソン書誌	7016
MSDS（化学物質安全性データシート）用語集	4923
エリアーデ世界宗教事典	446
LSIハンドブック	4710
LSI用語事典〔最新〕	4707
LPガス技術総覧	4956
LPガス実務用語事典	4949
LPガス資料年報	4963
エレクトロニクス会社総覧	4704
エレクトロニクスキーワード集	4684
エレクトロニクス重要用語集	4685
エレクトロニクス用語辞典	4686
エレクトーン事典	6088
演技小事典	6168
園芸学用語集	5327
園芸学用語集（改訂）	5326
演芸画報総索引	5904
園芸植物	5344
園芸植物〔原色図譜〕	5345
園芸植物図譜	5345
園芸植物大事典	5346
園芸大百科事典〔講談社〕 フルール	5330
園芸大百科事典〔講談社〕 デスク版・フルール	5329
園芸ハンドブック	5328
演芸レコード発売目録	6269
演劇映画テレビ舞踊オペラ百科	6169
演劇映画放送舞踊オペラ辞典	6170
演劇外題要覧	6171
演劇年鑑	6190
演劇年表	6193
演劇年報	6191
演劇百科大事典	6172
エンジニアリング産業会社録	3977
エンジニアリングプラスチック便覧	5025
エンジンの事典	4432
演奏家大事典	6041
演奏年鑑　音楽資料	6053

お

OECD諸国の対中国貿易統計集	5589
OECD通信白書	5674
王羲之大字典	5876
欧州共同体（EC）諸国統計便覧	2475
欧州特許実務ガイド	4079
黄檗文化人名辞典	719
欧文組版入門	5924
旺文社古語辞典	6506
欧米文芸登場人物事典	6733
応用岩石事典	3377
応用植物病理学用語集	5294
応用地質用語集〔図解〕	3360
応用統計ハンドブック	3153
応用物理データブック	3171
応用物理ハンドブック	3172
応用分光学ハンドブック	3183
往来物系譜	2874
OA用語集〔最新〕	4652
OSI & ISDN絵とき用語事典	4617
大江健三郎文学事典	6937
大型店計画総覧	5476
大型リゾート基地計画総覧	5656
大蔵省関税局年報	5566
大蔵省国際金融局年報	2405
大蔵省証券局年報	2376
大蔵省貿易統計	5577
大倉山文化科学図書館図書目録	426
大阪関係地図目録	1573
大阪府立国際児童文学館財産目録	176
大阪府立図書館増加図書目録	199
大阪府立図書館蔵書目録	199
大阪府立中之島図書館・大阪府立夕陽丘図書館 増加図書書名累積索引	200
大阪府立中之島図書館増加図書書名累積索引	200
大阪府立中之島図書館増加図書目録	199
大阪府立中之島・夕陽丘図書館増加図書目録	199, 200
大阪府立夕陽丘図書館増加図書書名累積索引	200
大阪府立夕陽丘図書館増加図書目録	199
大相撲の事典	6368
大相撲力士名鑑	6369
大月経済学辞典	2095
大宅壮一文庫雑誌記事索引総目録	137
緒方奇術文庫書目解題	6280
オカルトの事典	386, 387
沖縄海中生物図鑑	3393
沖縄文化史辞典	2961
沖縄有毒害生物大事典	3385
小倉百人一首総索引	6857
OCR用語集	4645
オーストラリア英語辞典	6671
オーストラリア・ニュージーランド英語辞典	6672
オセアニアを知る事典	1662
オセアニア現代事典	1713
オセアニア総覧	1664
オゾン層保護ハンドブック	3327
織田作之助文芸事典	6938
お助けネットワーク便利帳	2676

書名	ページ
小田原市立図書館報徳集書解説目録	409
オックスフォードオペラ大事典	6100
オックスフォード・カラー英和大辞典	6630
オックスフォード現代イディオム活用辞典	6642
オックスフォード西洋美術事典	5699
オックスフォード・ドゥーデン図解英和辞典	6631
オックスフォード動物行動学事典	3521
オックスフォード・広川/ポケット看護辞典	3915
オーディオ・ビデオ用語辞典〔図解〕	4613
オーディオ用語総辞典〔現代〕	4611
ODCによる林業・林産関係国内文献分類目録	5407
OTCハンドブック	3876
男の服飾事典	5140
オフィシャル・ベースボール・ガイド	6349
オフィス事典	4354
オプトロニクス光技術用語辞典	3179
オープン・エデュケーション文献目録	2832
オペラ鑑賞辞典	6101
オペラ辞典	6102
オペラ名曲百科	6103
OHM電気電子用語事典	4544
おもちゃ博物館	6004
オランダ語辞典〔講談社〕	6681
折口信夫（人物書誌大系）	6939
折口信夫事典	6940
オリコンCD＆レコードインデックス	6064
オリコンチャート・ブック	6117
オリコン年鑑	6118
オリンピック事典	6341
オールペーパーガイド—紙の商品事典	5065
卸売物価・工業製品生産者物価指数年報	2341
卸売物価・工業製品生産者物価・製造業部門 別物価指数年報	2341
卸売物価指数年報	2341
卸売物価指数　明治20年－昭和37年	2343
音楽英和事典	6027
音楽・演劇・芸能に関する10年間の雑誌文献目録	6013
音楽家人名辞典	6042
音楽家等伝記辞典	6043
音楽関係新聞記事索引（国立音楽大学）	6014
音楽関係新聞記事索引（日本放送協会）	6015
音楽関係逐次刊行物所在目録	6022
音楽教育用語事典	2855
音楽・芸能賞事典	6048
音楽史大図鑑	6068
音楽辞典〔新〕	6045
音楽事典〔図解〕	6035
音楽辞典〔標準〕	6038
音楽史年表	6071
音楽資料	6053
音楽大事典	6028
音楽テーマ事典	6029
音楽年鑑	6054, 6055
音楽の基礎資料	6016
音楽便覧	6054, 6055
音楽舞踊年鑑	6055
音楽文化資料展覧会目録	6017
音楽文献目録	6018
音楽文献要旨目録	6018
音楽用語・楽器名由来事典	6030
音楽用語事典〔最新〕	6033
音楽歴史図鑑〔新編〕	6068
音響用語辞典	3995
音訓引き難読語辞典	6456
温室植物図鑑〔原色〕	5348
温知会講演速記録	1097
女のネットワーキング　女のグループ全国ガイド	2651

か

書名	ページ
会員組織名鑑	5520
会員名簿（日本経営士会）	2214
海運業者要覧	5607
海運実務事典	5605
海運事典	5606
海運統計要覧	5611
海外安全規格マニアル	4575
海外移住統計	2173
海外浮世絵所在索引	5795
海外会計実務ハンドブック	2325
海外科学技術資料受入目録	3074
海外科学技術資料月報	3074
海外化学品規制法規集	4879
海外活動ハンドブック	1819
海外規格ガイドブック〔最新〕	4111
海外規格ご利用の手引	4105
海外経済協力関係団体のしおり	2159
海外経済協力便覧	2157
海外経済指標の読み方	2106
海外交流史事典	1850
海外作家事典〔最新〕	6744
海外市場白書	5555
海外子女教育史	2885
海外商工会議所名簿	2090
海外商品取引所の概要	5539
海外情報源ハンドブック	2127
海外所在中国絵画目録	5808, 5809, 5810
海外進出企業総覧	2406
海外税制ガイドブック	2408, 2443
海外税務ハンドブック	2443
海外駐在員の給与のきめ方実例集	2298
海外駐在員の賃金・賞与	2298
海外電気事業統計	4560
海外投資ガイドブック	2408
海外投資実務ハンドブック	2407
海外投資統計総覧	2411
海外における邦人および日系人団体一覧表	2170
海外日本研究機関要覧	946
海外旅行業便覧	5646
海外労働研究機関ダイレクトリー	2598

書名	ページ
絵画鑑識事典	5820
絵画技術全書	5821
絵画技術体系	*5821*
絵画材料事典	5822
海岸工学用語集	4210
楷行草筆順・字体字典	6457
会議録総索引	*1753, 1754*
海軍史事典〔図説総覧〕	3059
会計・会計学に関する10年間の雑誌文献目録	2313
会計学辞典（第3版）	2317
会計学辞典（第5版 同文館出版）	2319
会計学大辞典	2315
会計学文献目録	2314
会計学用語辞典〔最新〕	2318
会計経理用語辞典〔英和〕	2312
会計検査院年報	*2435*
会計検査のあらまし	*2435*
会計税務便覧	2323
会計全書	2324
会計用語辞典〔英和〕	2322
会計用語辞典〔新〕	2316
外交史料館所蔵外務省記録総目録	1839
外交青書	1855, 5566
開高健書誌	6941
外国映画監督・スタッフ全集	6251
外国映画人名事典	6252, *6254*
外国音楽家の呼び方〔新〕	6046
外国会社年鑑	2239
外国会社ハンドブック	*2239*
外国楽曲の呼び方〔新〕	6057
外国企業および企業者・経営者史総合目録	2237
外国経済統計	*2080*
外国経済統計年報	2080
外国刑事法文献集成	2021
外国工業規格早見総覧	4106
外国公務員制度文献目録	1780
外国語・外国語教育に関する10年間の雑誌文献目録	6435
外国語本全情報	6436
外国雑誌記事索引	*2020*
外国人のための基本語用例辞典	6534
外国人の見た日本	901
外国新聞に見る日本	1115
外国人名録〔現代〕	1314
外国人労働者問題資料集成	2613
外国人労働者問題文献集成	2577
外国地図目録	1470
外国文学研究要覧	*6984*
外国貿易統計ハンドブック	5584
外国法の調べ方	2013
外国労働法全書	2621
介護福祉士養成講座〔改訂〕	*2677*
介護福祉用語辞典	2677
介護福祉用語の解説〔必携〕	2686
介護保険問題関連文献一覧	2538
海事関連業者要覧	5607
外資系企業総覧	2238
海事大辞典〔英和〕	4732
会社規定全書	2288
会社規程総覧	*2290*
会社行事運営事典	2300
会社銀行八十年史	*2224*
会社財務カルテ	2303
会社四季報	*2056*
会社史総合目録	2247
会社実力ランキング'90	*5527*
会社人事組織図	2286
会社人名ファイル〔日経〕	2212
会社人名録〔日経〕	*2212*
会社総鑑　未上場会社版	2192
会社組織図要覧'89	*2286*
会社取引相関図	2200
会社年鑑　上場会社版	2191
会社別海外進出企業	*2406*
外食企業年鑑	5489
外食企業名鑑	*5489*
外食産業統計資料集	5490
外食産業マーケティング便覧	5491
海水魚大図鑑	3575
海図の知識	4753
解説宇宙法資料集	2008
解説科学文化史年表	3129
解説条約集	2005
解説世界憲法集	1941
解説日本近代漁業年表	5434
解説ボイラ用語集	*4434*
解題戦後日本童謡年表	6753
外為年鑑	2412
海中ロボット総覧	4741
海底サンプリングハンドブック	4742
改訂日本小説書目年表	6909
改訂日本農業基礎統計	5221
貝の写真図鑑	3539
開発援助情報源ダイレクトリー	2155
開発経済学	2147
解剖学事典〔図解〕	3689
解剖学辞典	3685
解剖学用語	3686
戒名・法名・神号・洗礼名大事典	642
界面活性剤ハンドブック	4975
海洋開発技術ハンドブック	3338
海洋航海用語事典〔英和〕	*4752*
海洋工学ハンドブック	3339
海洋調査報告一覧	3340
外来語辞典〔コンサイス〕	*6517*
外来語辞典〔デイリーコンサイス〕	*6518*
貝類	3540
改暦弁	*3290*
カウンセラーのための104冊	381, *383*
カウンセリング事典	*384*

カウンセリング辞典	384
カウンセリング＜心理療法＞文献小事典	382
花押かがみ	970
家屋害虫事典	3550
香りの事典	4966
香りの百科	4967
花街及売笑関係資料目録	2669
化学インデックス〔新〕	*4870*
化学・英和用語集	3210
雅楽（管弦・舞楽）用語集覧	*6140*
雅楽鑑賞	6139
科学機器年鑑	4474
科学技術英語表現辞典	3085
科学技術英和大辞典	3086
科学技術関係欧文会議録目録	3075
科学技術基本用語集	3936
科学技術軍事図説辞典	4759
科学技術研究調査報告	3132
科学技術35万語大辞典	3087
科学技術情報活動の現状と展望	3133
科学技術情報の調べ方	4056
科学技術情報ハンドブック	4057
科学・技術人名事典	3112
科学技術政策史年表	3134
科学技術政策用語英訳集	3088
科学技術庁30年のあゆみ	1797
科学技術複合語辞典〔英和〕	*3098*
科学技術文献速報	3079, 5437
科学技術文書の作り方	3117
科学技術用語辞典〔最新〕	3093
科学技術要覧	3928
科学技術略語辞典	3955
科学技術略語辞典〔現代〕	3956, *6523*
科学技術略語大辞典	3089
科学技術略語大辞典 インタープレス版	3090
科学技術略語大辞典〔英文〕	3954
科学技術和英大辞典	*3085*
科学基礎論文献目録	277
科学技術情報流通技術基準ハンドブック〔SISTハンドブック〕	4058
化学・金属用語小辞典〔英和〕	4866
化学・金属用語27000	*4866*
化学計測ハンドブック	4885
化学工学辞典	4881
化学工学便覧	4886
化学恒数表	*3238*
化学工業会社録	4876
化学工業技術英和20000語辞典	4867
化学工業統計年報	4878
化学工業年鑑	4877
化学工業品貿易便覧	5576
化学工業品輸出通関統計	*5576*
化学工業品輸入通関統計	*5576*
化学工業略語記号集〔新版〕	4868
化学公式〔共立〕	3236
化学語源辞典	3211
化学暦	*3230*
科学史技術史事典	3122
科学史研究入門	3123
化学実験ハンドブック	3243
雅楽事典	*6139*, 6140
化学辞典〔実用〕	3229
化学辞典（東京化学同人）	3223
化学辞典（森北出版）	3222
科学者人名事典	3113
科学賞事典	3106
化学情報	3231
化学装置材料耐食表	4887
化学装置便覧（科学技術社）	4889
化学装置便覧（丸善）	4888
科学大辞典	3107
化学大辞典（共立出版）	3225
化学大辞典（東京化学同人）	3224
科学データ	3118
科学哲学文献目録	278
化学独逸語新辞典	*3217*
化学ドイツ語辞典〔新〕	3217
科学の事典	3108
化学ハンドブック（朝倉書店）	3233
化学ハンドブック（オーム社）	3232
化学ハンドブック（聖文社）	3234
科学百科〔岩波〕	3104
化学品安全管理データブック	4937
化学品取引要覧	4926
化学品ハンドブック	*4862*
化学品別適用法規総覧	4927
化学品法令集	4880
化学物質安全性データシート〔MSDS〕用語集	4923
化学物質安全性データブック	4938
化学物質セーフティデータシート（MSDS）	4939
化学物質毒性試験報告	3249
化学物質取扱者のための安全管理用語事典	4924
化学プラント建設便覧	4871
科学文化史年表〔解説〕	3129
化学文献の調べ方	3235
化学便覧	4872
化学薬品の混触危険ハンドブック	4928
化学用語英和辞典	3212
科学用語語源辞典	3091
化学用語辞典〔標準〕	3221
化学用語辞典〔英和/和英新〕	3209
化学用語辞典（技法堂出版）	3213
化学用語小辞典〔新〕	3218
化学略語記号辞典	3214
花卉園芸大事典〔原色〕	5349
花卉園芸の事典	5347
花卉園芸ハンドブック〔新編〕	5351
柿沢篤太郎山岳図書コレクション目録	1482
下級裁判所民事裁判例集索引	1951
華僑教育関係文献資料目録	2886

核医学用語集	3741
家具・インテリア用語事典	4381
架空人名辞典	6743
カーク・オスマー化学大辞典	3226
核拡散防止用語集　IAEA保障措置関係用語の解説	4515
学習指導要領用語辞典	2833
各種規格の一覧	4610
学術雑誌総合目録　欧文編	124
学術雑誌総合目録　和文編	125
学術用語集	2
学術用語集 遺伝学編	3429
学術用語集 海洋学編	3341
学術用語集 化学編	3215
学術用語集 機械工学編	4384
学術用語集 気象学編	3317
学術用語集 キリスト教学編	771
学術用語集 計測工学編	3980
学術用語集 原子力工学編	4516
学術用語集 建築学編	4279
学術用語集 航空工学編	4503
学術用語集 採鉱冶金学編	4767
学術用語集 歯学編	3829, *3838*
学術用語集 植物学編	3452
学術用語集 心理学編	356
学術用語集 数学編	3138
学術用語集 船舶工学編	4734
学術用語集 地学編	3305
学術用語集 地震学編	3348
学術用語集 地理学編	1433
学術用語集 電気工学編	4537
学術用語集 天文学編	3273
学術用語集 動物学編	3518
学術用語集 図書館学編	21
学術用語集 土木工学編	4133
学術用語集 農学編	5202
学術用語集 物理学編	3161
学術用語集 分光学編	3180
学術用語集 論理学編	300
学術用語集集成	3092
岳人事典	6360
学生運動事典〔全学連各派〕	2903
学生の音楽事典〔新編〕	6034
各庁職員抄録	*1801*
家具年鑑	5064
家具の事典	5056
楽譜・音楽図書	6019
楽譜目録	6023
革命運動事典〔現代〕	*1770*
家具木材加工・インテリア用語辞典	5057
家計経済研究文献目録	2558
家計調査資料目録	2559
家計調査総合報告書	*2566*
家計調査年報	*2566*
歌劇大事典	6104
加工食品ガイドブック	5107
化合物半導体ハンドブック〔最新〕	3199
歌語例歌事典	6828
火災便覧	4327
火山の事典	3349
貸金業白書	2400
画質評価用語	4467
果汁・果実飲料事典	5092
果汁・果実飲料ハンドブック	*5092*
画集・画文集全情報	5779
画集写真集全情報	5779, *5906*
果樹園芸技術ハンドブック〔最新〕	5335
果樹園芸大事典	5332
果樹生産出荷累年統計	5240
果樹の生育調節剤・除草剤ハンドブック	5333
果樹の病害虫防除	5334
華人・華僑関係文献目録	2175
化審法化学物質	4940
化審法既存化学物質ハンドブック	*4940*
化審法の既存化学物質安全性点検データ集	4941
ガス安全取扱データブック	4957
ガス事業統計年報	4965
ガス事業年報	*4965*
霞ケ関データ・ハンドブック	1782
ガス用語英和・和英辞典	4950
家政学事典	5134, *5135*
家政学用語辞典	5135
家政学用語集〔和英英和〕	5137
化石の写真図鑑	3369
化石の百科〔図説〕	3374
風の事典	3318
風の百科	3319
河川大事典	4211
河川便覧	4215
河川名よみかた辞典	1522
画像処理ハンドブック	4637
画像電子ハンドブック	4624
家蔵日本地誌目録	1483
画像入力技術ハンドブック	4638
家族法判例・文献集成	*1954*, 1955
家族法文献集成	*1955*
家族（法）文献目録	1954
家族問題文献集成	2657
家族療法事典	3764
カタカナ語辞典〔コンサイス〕	6517
カタカナ語辞典〔デイリーコンサイス〕	6518
カタカナ引き音楽辞典	6031
型技術用語辞典〔図解〕	4806
カタログ通信販売業界総覧	5466
カタログ販売・通信販売新規商談ガイド	5467
家畜衛生統計	5246
家畜衛生ハンドブック	5398
家畜解剖学用語	5399
花鳥画の世界	5791
学会年報・研究報告論文総覧	138

書名	ページ
楽家録	*6140*
楽器の事典ピアノ	6082
学研国語大辞典	6464
学研新世紀百科辞典	225
学校安全事典	2823
学校カウンセリング辞典	2768
学校基本調査報告書	2755
学校給食必携	2830
学校教育・学校運営・教職員に関する10年間の雑誌文献目録	2813
学校教育研究所年報	*2865*
学校教育辞典	2735
学校教育相談カウンセリング事典	2769
学校教育大事典〔現代〕	2742
学校教育に関する10年間の雑誌文献目録	*2813*
学校教員需給調査報告書	2820
学校教員調査報告書	2820
学校教員統計調査報告書	2820
学校経営総合文献目録〔現代〕	*2814*
学校経営用語辞典〔現代〕	2817
学校健康相談・指導事典	2828
学校事務事典（第一法規出版）	2815
学校体育大事典〔現代〕（ぎょうせい）	2853
学校図書館基本図書目録	177
学校図書館実務・資料図解大事典	39
学校図書館事典	40
学校図書館事典〔現代〕	41
学校法人一覧	2760
学校法人名簿	2760
学校保健・学校安全法令必携	2826
学校保健大事典	2824
学校保健統計調査報告書	2827
学校保健用語辞典	2825
学校メンタルヘルス実践事典	2829
学校用語英語小事典	2736
学校用語辞典〔新〕	2748
各国領事の査証手続	*5570*
各国領事の輸出規則全解	*5570*
各国領事輸出規則	*5570*
各国領事輸出規則全解	*5570*
合唱事典	6106
甲冑鑑定必携	5969
甲冑師銘鑑	5970
活用機械英和辞典	4385
活用自在機械データ便覧	4398
活用大辞典〔新英和〕	6644
家庭医学大事典〔マイドクター〕	5176
家庭医学大事典　ホーム・メディカ	5170
家庭医学大全科	5171
家庭医学大百科	5172
家庭医療ガイド	5176
家庭日用品商工名鑑	5472
家庭の医学	5173
家庭の医学〔保健同人〕	5176
家庭法律大事典〔現代〕	1883
家庭用品商工名鑑	5472
華道文献目録	6420
角川絵巻物総覧	5792
角川国語大辞典	6465
角川国語中辞典	*6465*
角川古語大辞典	6507
角川新字源	6476
角川新版日本史辞典	932
角川新版用字用語辞典	6535
角川世界名事典ラルース	226, *6742*
角川大字源	6477
角川茶道大事典	6398
角川日本史辞典	*932*
角川日本地名大辞典	1502, *1508*, *1529*
角川用字用語辞典	6535
カード市場マーケティング要覧	4700
カトリック事典〔現代〕	853
カトリック小事典	*853*
カトリック新教会法典	856
カトリック大事典〔新〕	854
カトリック大辞典	850, *851*
門脇文庫目録	*799*
かな解読字典	*980*
金型便覧	4812
カナダ関係邦語文献目録	1253
カナで引く「外国語」辞典	6515
カナ引き工業用語辞典	3937
かな墨場辞典	5870
かな名跡大字典	5871, *5879*
かな連綿字典	5872
荷風書誌	6956
株界20年	*2382*
株価10年	*2382*
株価20年	*2382*
株価総覧	2382
歌舞伎絵尽し年表	6209
歌舞伎を支える技術者名鑑	6219, *6221*
歌舞伎鑑賞辞典	6211
歌舞伎狂言細見	*6212*
歌舞伎細見	6212
歌舞伎事典（実業之日本社）	6214
歌舞伎事典（平凡社）	6213
歌舞伎・浄瑠璃外題事典	6215
歌舞伎・浄瑠璃外題よみかた辞典	6216
歌舞伎・新派・新国劇上演年表	6194
歌舞伎人名事典	6220
歌舞伎図説	6223
歌舞伎台帳集成	*6210*
歌舞伎台帳所在目録及び書誌調査	6210
歌舞伎定式舞台図集	6224
歌舞伎に携わる演奏家名鑑	*6219*, 6221
歌舞伎年代記	6229, 6230, *6231*, *6232*
歌舞伎年表	6227
歌舞伎の衣裳	6225
歌舞伎俳優名跡便覧	6222

書名	ページ
歌舞伎名作事典	6217
株式足取30年鑑	*2383*
株式会社の法律実務	1967
株式実務事典	*2373*
株式相場総覧	*2382*
カブトムシの百科	3551
花粉学事典	3457
貨幣年表	*2333*
鎌倉遺文無年号文書目録	1028
鎌倉事典	1159
鎌倉廃寺事典	638
鎌倉武家事典	1033
鎌倉・室町人名事典	1034, *1038*
紙・板紙統計年報	*5072*
紙加工便覧〔最新〕	5069
上方演芸辞典	6173
上方語源辞典	*6173*
上方落語便利事典〔現代〕	6272
紙工芸技法大事典	5956
紙と加工の薬品事典	5066
紙の商品事典〔オールペーパーガイド〕	5065
紙・パルプ統計年報	5072
カメラ事典	*5911*
家紋大図鑑	1407
家紋・旗本八万騎	1408
化薬・染料便覧	*5004*
火薬ハンドブック	4958
火薬用語辞典	4951
萱野茂のアイヌ語辞典	6590
歌謡音曲集	*6148*
カラーアトラス5510	5989
カラーケミカル事典	4999
カラー写真技術事典	5907
カラー図説医学大事典	3624
ガラスの事典	4904
ガラス用語集	4905
からだの事典〔図説〕	3690
空手道名鑑	6386
カラー版聖書大事典	810
樺太5万分の1地図	1636
カラーペディア 英文日本大事典	1485
火力・原子力発電所設備要覧	4522
火力原子力発電必携	4523
火力発電所設備要覧	*4522*
火力発電必携	*4523*
カルチャーグラム102〔世界文化情報事典〕	1446
カルテ記載のための歯科用語集	3830
カルテ用語辞典	3633
過労死・過労問題に関する資料集	2614
革および革製品用語辞典	5050
川の生物図典	3394
川の生物 フィールド総合図鑑	*3394*
川端康成戦後作品研究史・文献目録	6942
変わりゆく世界の米事情	*5265*
簡易東西哲学思想辞典	283
簡易日英新エネルギー技術用語辞典	4036
簡易保険局統計年報	*2426*
簡易保険統計年報	2426
漢印文字彙編	5892
官員録	*1801*
官員録・職員録目録	1779
寛永諸家系図伝	1390
巻懐要覧	*5219*
眼科学辞典	3805
漢学者伝記及著述集覧	309
漢学者伝記索引	310
感覚・知覚心理学ハンドブック〔新編〕	365
感覚表現辞典	6536
眼科症候群辞典	3806
眼科用語集	3805, 3807
環境アセスメント年鑑	4260
環境NGO総覧	4268
環境科学辞典	4242
環境科学大事典	4243
環境化学物質要覧	4250
環境管理設備事典　廃棄物処理・資源リサイクル	4229
環境教育事典	2834
環境教育辞典	2835
環境教育指導事典	2836
環境キーワード〔最新〕	4245
環境工学辞典	4244
環境資源用語集〔和英〕	4249
環境総覧	4261
環境図書目録〔エコブックガイド〕	4239
環境年表	4262
環境微生物図鑑	3425
環境保全に関する民間団体名簿	4269
環境用語辞典	3306
眼鏡用語辞典	4468
環境要覧	4263
完結昭和国勢総覧	2483
看護・医学事典	3916
看護英和辞典	3917
看護学学習辞典	3918
看護学大辞典	3919
看護過程ハンドブック	3925
看護カルテ用語	3920
観光関係雑誌論文目録	5635
観光事典	5636
観光用語事典〔現代〕	5637
管工事施工管理用語集	4360
韓国絵画史	5805
韓国・北朝鮮地図解題事典	1590
韓国・北朝鮮要覧	1583
韓国基本地図〔最新〕	1592
韓国経済統計要覧	2135
韓国主要法令集	*2040*
韓国人名辞典	*1740*
韓国人名録〔現代〕	1322
韓国生活事典	1690

書名	ページ
韓国政治エリート研究資料	1740
韓国姓名字典	1286
韓国大学全覧	2891
韓国大鑑	1689
韓国・朝鮮人名仮名表記字典	1287
韓国・朝鮮地名便覧	1585
韓国における日本研究	890
韓国の行事と儀式の仕方	2968
韓国の故事ことわざ辞典	3035
韓国風俗誌	2968
韓国仏教撰述文献総覧	527
韓国仏書解題辞典	527
韓国六法	2040
監獄統計年報	1976
看護研究のための文献検索ガイド	3926
看護研究用語事典	3921
看護索引〔最新〕	3909, 3911
看護雑誌総合目録	3908
漢語辞典〔岩波新〕	6475
看護診断ハンドブック	3927
看護のための薬事典	3851
癌細胞遺伝学のガイドライン	3439
漢字医学用語	3634
漢字異体字典	6458
漢字書き順字典	6459
漢詩漢文名言辞典	6566
漢字語源辞典	6553
漢字字源辞典	6554
漢詩入門韻引辞典	6931
漢字の読み方辞典	6478
漢詩名句辞典	6487, 6977
顔真卿大字典	5877
寛政重修諸家譜	1362, 1391, 1410
寛政重修諸家譜家紋〔新訂〕	1410
関税年報	5566
漢籍解題	86
岩石と鉱物の写真図鑑	3378
完全図解むかしあそび大事典	2996
乾燥食品事典	5093
乾燥装置マニュアル	4890
漢代研究文献目録	1197
官庁刊行図書目録	100
官庁資料要覧	101
関東学院大学図書館神学館分室所蔵図書目録	758
関東近世史研究文献目録	1145
関東近世史研究論文目録	1145
関東大震災に関する資料所在目録	1090
関東病院名簿	3670
広東語辞典〔現代〕	6577
漢日欧対照世界人名辞典	1278, 1462
漢日欧対照世界地名辞典	1462
韓日辞典	6580
環日本海経済交流に関する文献目録	2133
環日本海交流事典	2134
官能検査ハンドブック	4120
観音経事典	626
缶びん詰・レトルト食品事典	5094
漢文学者総覧	308, 311
漢文大蔵経典籍品題名索引	609
漢文名言辞典	6487
官報	1129, 1905
漢方医薬大事典〔図説〕	3902
漢方実用大事典	3683
官報総索引	1777
漢方のくすりの事典	3895
官報目次総覧	1777
カンボジア語辞典	6595
刊本花道書年表	6430
簡明食辞林	5095
漢訳漢名西洋人名字典	1289
慣用句辞典〔例解〕	6495
慣用句辞典〔必携〕	6488
慣用句の辞典	6488
癌用語事典	3713
慣用表現辞典　日本語の言い回し	6489
管理技術ポケット事典	4115
顔料便覧	4991
官令沿革表	1904
漢和辞典〔大修館新〕	6485
漢和辞典〔新選〕	6480

き

書名	ページ
消えた日本語辞典	6527
機械技術の実例機構便覧〔現代〕	4413
機械工学辞典	4386
機械工学便覧	4399
機械工学用語辞典	4387
機械工業ハンドブック	4400
機械工業便覧	4400
機械情報産業総覧	4401
機械設計図表便覧〔標準〕	4417
機械設計便覧	4410
機械・設計用語中辞典〔最新〕	4390
機械騒音ハンドブック	4411
機械統計年報	4403, 5577
機械統計要覧	4404
機械の事典	4388
機械輸出30年統計集	5577
機械用語事典〔図説〕	4393
機械用語辞典	4389
機械用語辞典〔図解〕	4392
機械用語集	4388
機械用語図解辞典〔英和・和英〕	4383
機械要素JISと主要海外規格対応早見表	4412
幾何学大辞典	3139
機関車名称事典〔図解〕	4479
機関車名称図解〔最新〕	4479
機関百科事典	4735
機関用語辞典〔英和・和英〕	4733

書名	ページ
企業活動基本調査報告書	3974
企業・経営に関する10年間の雑誌文献目録	2181
企業・経済団体関係図書目録	2246
企業系列10000社	2260
企業系列総覧	2256
企業倒産調査年報	2235
企業と助成　中小企業便覧	2232
企業内生活研究所総覧	2285
企業の実力	2201
企業別記事索引	2182
企業別雑誌記事索引	2182
戯曲・小説近世作家大観	6814
貴金属市場年鑑	5471
危険な海洋生物	3446
危険な動植物	3522
危険物データブック	4942
危険物・毒物処理取扱いマニュアル	4929
危険物ハンドブック（シュプリンガー）	4930
危険物ハンドブック（丸善）	4931
危険物用語辞典	4952
危険・有害物便覧	4932
紀行・案内記全情報	1442
気候学・気象学辞典	3320
記号学小辞典	6437
記号・図記号ハンドブック	3959
記号図記号便覧	4547
記号・図説錬金術事典	3227
記号の事典	227
季語季題よみかた辞典	6883
木子文庫目録	4304
技術開発力評価報告書	4093
技術科教育辞典	2852
技術協力年報	2154
技術の最先端を切り拓く新材料	4017
技術文献ニュース	3074
技術用語辞典	3216
技術用語辞典〔実用日中〕	3934
技術用語による特許分類索引	4085
技術略語辞典〔新〕	3958
基準値・診断マニュアル	3723
気象庁年報　全国気象表	3336
気象データマニュアル	3328
気象年鑑	3337
戯場年表	6195
気象の事典〔最新〕	3322
気象ハンドブック	3329
気象用語集	3321
規制医薬品事典	3852
基礎生物学ハンドブック	3386
基礎中国語辞典	6557
基礎仏和数学用語・用例辞典	3140
既存化学物質データ要覧	4943
既存化学物質名簿	4943
気体機械ハンドブック	4448
擬態語・擬音語分類用法辞典〔和英〕	6655
北韓法令集	2041
ギター事典	6086
北朝鮮地名辞典〔現代〕	1586
北朝鮮（朝鮮民主主義人民共和国）人名辞典	1321
義太夫年表　近世篇	614, 6135, 6144
義太夫年表　明治篇、大正篇	6144
キチン、キトサンハンドブック	3412
キッチンスペシャリスト技術ハンドブック	4357
キッテル新約聖書神学辞典	837
機電用語辞典〔最新〕	4391
ギネスブック　世界記録事典	228
機能材料辞典	4000
機能性・食品包装技術ハンドブック	5108
きのこ	5429
きのこ図鑑〔原色〕	3499
木の写真図鑑	3507
木の大百科	5420
黄表紙解題	6924
黄表紙総覧	6925
基本ASIC用語辞典	4706
基本会計税務用語辞典	2320
基本外来語辞典	6516
基本件名標目表	35
基本証券分析用語辞典	2371
基本条約・資料集	2002
基本判例	1917
基本簿記用語辞典	2326
基本マーケティング・マネジメント用語辞典	5515
基本マーケティング用語辞典	5515
君が代関係文献目録	6113
君が代史料集成	6113
きもの文様事典	5949
きもの用語事典	5141
客貨車名称鑑〔最新〕	4480
客貨車名称事典〔図解〕	4480
逆字篆刻字典	5901
逆引き薬の副作用事典	3699
逆引き広辞苑	6528
逆引き熟語林	6529
逆引き中国語辞典	6558
逆引き同類語辞典	6502
逆引仏教語辞典	566
キャッチコピー大百科	5512
旧外地関係資料目録	2174
吸血鬼の事典	3023
嬉遊笑覧	235
旧植民地関係機関刊行総合目録	2142
舊新約聖書	814
旧制中等教育国語科教科書内容索引	2869
急性中毒情報ファイル	3750
急性中毒処置の手引	3751
旧ソ連・東欧資料目録	2146
旧高旧領取調帳	1078
弓道講座〔現代〕	6392
弓道書総覧	6391

書名	ページ
旧法令集	1914
旧満州経済統計資料	2086
旧満州五万分の一地図集成	1616
旧約新約聖書大事典	800
旧約聖書語句事典	83, 835, 842
旧約聖書神学事典	832
旧約聖書人名事典	833
旧約聖書続編語句事典　新共同訳	831
旧約聖書ヘブル語大辞典	834
旧約聖書略解	807
教育改革論に関する文献目録	2793
教育学関係参考文献総覧	2716
教育学・教育心理学に関する10年間の雑誌文献目録	2717
教育学・教育問題に関する17年間の雑誌文献目録	2717, 2722
教育学・教育問題に関する10年間の雑誌文献目録	2717, 2722
教育学辞典	2730
教育学事典〔現代〕	2743
教育学事典（平凡社）	2731
教育学大事典	2732, 2733
教育学大事典〔新〕	2733
教育学用語辞典	2737
教育活動事典〔現代〕	2744
教育課程・教育方法に関する10年間の雑誌文献目録	2831
教育課程事典	2837
教育関係雑誌目次集成	2718
教育関係法令目録	2800
教育関係法令目録並びに索引	2800
教育基本語彙〔新〕	2862
教育行政事典	2801
教育研究事典	2738
教育研究論文索引	2719
教育研修情報ガイド	2299
教育研修情報ガイドブック	2299
教育索引	2719
教育史に関する文献目録並に解題	2720
教育指標の国際比較	2784, 2785
教育社会学辞典〔新〕	2763
教育小事典〔現代〕	2745
教育小辞典〔岩波〕	2734
教育情報大事典〔現代〕	2746
教育人物事典〔図説〕	2792
教育人名辞典（日本図書センター）	2791
教育人名辞典（理想社）	2739
教育心理学事典〔新〕	2766
教育心理学辞典	2766
教育心理学小辞典	2764
教育心理学新辞典	2766
教育政策・行政・教育法に関する10年間の雑誌文献目録	2794
教育統計資料集	2758
教育における統計事典	2756
教育年鑑	2753
教育の事典〔新〕	2749
教育評価事典	2777
教育評価事典〔現代〕	2843
教育評価小辞典	2778
教育・文化・宗教団体関係図書目録	2721
教育文献総合目録総索引	2728
教育法学辞典	2802
教育法学文献目録	2799
教育法規基本用語辞典〔新〕	2804
教育法規・教育行政・法令用語実務事典	2801
教育法規大辞典	2803
教育問題情報事典	2740
教育問題に関する10年間の雑誌文献目録	2722
教育臨床辞典	2741
教育・臨床心理学辞典	2765
教育・臨床心理学中辞典	2765
業界・品目別データ集覧	3972
狂歌鑑賞辞典	6874
教科書関係文献目録	2865
教科書検定総覧	2872
教科書図書館蔵書目録	2723
教科書年表	2873
狂歌大観	6875
教科用図書目録	2866
行基事典	674
教訓例話辞典	411
行刑統計年報	1976
狂言辞典	6206
狂言総覧	6207
狂言ハンドブック	6208
京ことば辞典	6544
共産主義事典	1720
共産主義事典〔現代〕	1721
業種別海外進出企業	2406
業種別貸出審査事典	2395
教職研修事典	2812
教職実務12か月	2816
教職実務ハンドブック	2816
行政機関組織図	1788
行政機関等ガイドブック	1787
行政機構図	1789
行政・行政法に関する27年間の雑誌文献目録	1775, 1945
行政・地方自治・警察に関する10年間の雑誌文献目録	1776, 1807
矯正統計年報	1976
行政百科大辞典	1781
行政法辞典	1947
行政法に関する10年間の雑誌文献目録	1775, 1945
行草大字典	5866
協調会文庫目録	1718
経典ガイドブック	604
協同組合および農協に関する文献の目録	5266
協同組合間提携及び産地直結に関する文献の目録	2265
協同組合事典	2266
協同組合図書資料センター文献集	5266

書名	ページ
郷土玩具辞典	6005
郷土玩具文献解題	6003
郷土史辞典	1160
京都事典	1161
郷土資料目録総覧	1146
京都図総目録	1572
京都大事典	1575
郷土民謡舞踊辞典	3039
胸部外科学用語集	3784
胸部疾患学用語集	3752
享保以後江戸出版書目	7, 75
享保以後大阪出版書籍目録	74, 75
享保以後板元別書籍目録	75
興味をもったあなたのための宗教オールガイド	440
共立化学公式	3236
共立建築新辞典	4290
共立総合コンピュータ辞典	4670
恐竜・絶滅動物図鑑	3370
恐竜データブック	3365
恐竜百科	3371
橋梁史年表	4201
橋梁年鑑	4202
橋梁用語事典〔図解〕	4203
漁業センサス結果報告書	5250
漁業露和辞典	5439
漁業和露辞典	5440
極限環境微生物ハンドブック	3421
極東国際軍事裁判記録	1993
曲名でひける合唱曲集総合辞典	6107
玉葉索引	1029
玉葉事項索引	1030
玉葉集総索引	6858
魚病学辞典	5441
魚病図鑑	5445
魚類解剖図鑑	5446
魚類検索図鑑〔原色〕	3576
魚類図鑑 南日本の沿海魚	3584
魚類大図鑑〔原色〕	3577
儀礼索引	325
ギリシア語辞典〔現代〕	6709
ギリシア語新約聖書釈義事典	838
ギリシア・ローマ神話辞典（岩波書店）	465
ギリシア・ローマ神話事典（大修館書店）	463
ギリシア・ローマ神話図詳事典	464
ギリシア・ローマ神話文化事典〔図説〕	466
ギリシア・ローマ歴史地図	1234
キリシタン史文献解題	791
切支丹典籍叢考	792
ギリシヤ語逆引辞典〔新約〕	839
ギリシャ語辞典	6710
ギリシャ語辞典〔新約〕	839, 840
キリスト教を知る事典	762
キリスト教関係逐次刊行物目録	759
キリスト教教育辞典	848
キリスト教辞典〔新〕（いのちのことば社）	766
キリスト教辞典〔新〕（誠信書店）	767
キリスト教神学事典	773
キリスト教神学辞典	772, 857
キリスト教シンボル図典	5727
キリスト教人名辞典	769
キリスト教図像辞典	5728
キリスト教組織神学事典	774
キリスト教大事典	763
キリスト教図書目録	760
キリスト教年鑑	789
基督教年鑑	789
キリスト教の事典	770
キリスト教ハンドブック	770
キリスト教美術シンボル事典	5729
キリスト教美術図典	5730
キリスト教百科事典	851
キリスト教用語辞典	764, 851
キリスト教用語辞典〔現代〕	765
キリスト教用語独和小辞典	852
キリスト教倫理辞典	857
キリスト教礼拝辞典	847
キリスト教例話事典	846
キリワ語小辞典	6718
記録・記憶技術ハンドブック	4671
記録・日本の人口	2166
銀行局金融年報	2362
銀行局現行通達集	2362
金工事典	5966
銀行週報	2139
金工銘鑑	5964
銀行用語辞典	2390
禁書目録	69, 76
近世演劇研究文献目録	6162
近世上方語辞典	6173, 6505, 6545
近世漢学者著述大成	312
近世漢学者伝記著作大事典	312
近世京都出版資料	76
近世・近代史料目録総覧	897
近世古文書解読字典	971
近世事件史年表	1056
近世史ハンドブック	1079
近世出版百人一首書目集成	6859
近世史用語事典	1066
近世庶民史料所在目録	1049
近世書林板元総覧	50
近世人名辞典	1292
近世人名録集成	1293
近世生活史年表	1057
近世地方史研究入門	1142
近世刀剣年表	5961, 5962
近世風俗事典	2962
近世武道文献目録	6380
近世文学研究事典	6788
近世文芸家資料綜覧	6757
近世邦楽年表	6135, 6146

近世邦楽年表義太夫之部	6143
近世物之本江戸作者部類	6789
金石大字典	5864
金属加工総文献集	4802
金属間化合物データハンドブック	3259
金属工学辞典	4778
金属材料技術用語辞典〔図解〕	4004
金属材料データブック	4025
金属データブック	4781, 4784
金属データブック〔新〕	4797
金属・鉄鋼技術のロシア語表現辞典	4779
金属熱処理用語辞典	4778, 4804
金属の機械的性質と加工性便覧	4782
金属の高温物性便覧	4783
金属便覧	4781, 4784
金属表面技術便覧	4838
金属表面処理用語辞典	4833
金属防蝕技術便覧	4845
近代陰陽暦対照表	3294
近代映画・演劇・音楽書誌	6242
近代オリンピック100年の歩み	6342
近代絵画事典	5815
近代歌舞伎年表	6228
近代国際経済要覧	2083
近代作家エピソード辞典	6808
近代作家研究事典	6800
近代雑誌目次文庫	152, 156
近代人物号筆名辞典	1343
近代スポーツの歴史	6338
近代世界の災害	3307
近代戦争史図書目録	869
近代装飾事典	5985
近代体育スポーツ年表	6339
近代中国関係文献目録	1208
近代中国研究案内	1204
近代中国研究入門	1205
近代中国人名辞典	1326
近代中国都市地図集成	1612
近代中国・日中関係図書目録	1209
近代デザイン年譜	5983
近代日蓮宗年表	751
近代日中関係史研究入門	1841
近代日中関係史研究論文目録	1843
近代日中関係史文献目録	1842
近代日本音楽年鑑	6054, 6055
近代日本海事年表	5612
近代日本看護総合年表	3914
近代日本教科書総説	2867
近代日本軍事組織・人事資料総覧〔帝国陸軍編制総覧〕	3070
近代日本経済史要覧	2121
近代日本経済人伝記資料目録	1258
近代日本研究入門	1091
近代日本思想史	315
近代日本思想史の基礎知識	316
近代日本社会運動史人物大事典	1727
近代日本社会事業史文献目録	2673
近代日本職業事典	2634
近代日本政治関係人物文献目録	1731
近代日本政党機関誌記事総覧	1764
近代日本政党党報集成	1764
近代日本総合年表	1099
近代日本哲学思想家辞典	318
近代日本登山史年表	6361
近代日本都市計画年表	4238
近代日本のアジア教育認識	2779
近代日本の災害	2711
近代日本の書	5880
近代日本美術事典	5705, 5713
近代日本婦人問題年表	2652
近代日本法律司法年表	1931
近代日本名著解題	87
近代の絵画　美術全集作品ガイド	5780
近代美術のキーワード	5721, 5724
近代「部落史」研究文献目録	2530
近代文学研究叢書	6790
金融機関の投融資	2360
金融・経済用語辞典	2350
金融実務辞典	2353
金融辞典	2351
金融・証券・保険用語辞典〔英和和英〕	2355
金融・証券用語辞典〔英和/和英〕	2356
金融証券用語辞典	2349
金融情報システム白書	2361
金融年報	2362
金融年報〔日経〕	2363
金融法務辞典	2387
金融用語辞典〔英和〕（ジャパンタイムズ）	2354
金融用語辞典（東洋経済新報社）	2352
金融用語辞典〔和英〕（経済法令研究会）	2358
金融用語辞典〔和英〕（ジャパン・タイムズ）	2357
近隣諸国繊維産業関連統計集	5089
菌類図鑑	3498

く

空海関係図書目録	695
空海辞典	696
空海大字林	5878
空気機械工学便覧〔新版〕	4464
空気清浄ハンドブック	4366
空気調和・衛生工学便覧	4367
空気調和・衛生用語辞典	4361
空気調和・衛生用語集	4361
空調・衛生技術データブック	4368
空調技術データブック	4368
空調技術便覧〔実用〕	4371
公卿辞典	1355
公卿諸家系図　諸家知譜拙記	1387
公卿人名大事典	1356

草木染染料植物図鑑	5950
草木染日本色名事典	5951
草木染の事典	5952
90年代の技術の事典	3929
クジラ・イルカ大図鑑	3607
クジラ・イルカハンドブック	3608
鯨類・鰭脚類	3609
くずし字解読辞典	5850
くずし字典	*971*
くずし字用例辞典	5851
薬になる植物百科	5315
果物図説〔新編原色〕	3509
靴下事典	5084
くつ年鑑	*5019*
句動詞英和辞典〔研究社－ロングマン〕	6661
国の刊行物	102
国の決算と検査	*2435*
国の試験研究業務計画	3135
国の予算	2436
国別経済技術協力事業実績	2160
組字典　写真植字の書体標本	5925
クモの学名と和名	3546
クラウン仏和辞典	6684
クラシック音楽作品名辞典	6056
クラシック音楽事典	6032
クラシック作曲家辞典	6044
クラシック・ポピュラー音楽事典	*6032*
くらしとどぼくのガイドブック　全国の記念館・PR館・図書館	4145
暮しに生かす仏教成語辞典	559
暮らしに生きる仏教語辞典	549
くらしの相談ハンドブック	2560
暮しのための法律	1884
くらしの中の表示とマーク事典	2569
くらしの中の仏教語	*549*
暮らしのなかの仏教語小辞典	550
グラビア技術総覧	5926
グラフィックシンボル辞典	4049
Grand Atlas 東南アジア・南太平洋	1581
グラント解剖学図譜	3687
グランド現代百科事典	210
グランド新世界大地図	1474
グランド世界大地図	*1474*
Grand Universe 講談社大百科事典	211
グランプリ自動車用語辞典	4485
クリーンズ	4962
クリーンルームの運転・管理・清浄化ハンドブック〔新〕	4374
クリーンルームハンドブック	4369
クレーン年鑑	4483
クロニック世界全史	883
軍記物研究文献総目録	6919
郡区町村一覧	*1493*
軍縮条約・資料集	1869
軍事用語辞典	4760
群書系図部集	1380
群書索引	236, *237*
群書類従〔新校〕	109
郡名異同一覧	*1493*
軍用銃事典〔最新〕	4761

け

経営英和辞典〔新〕	2186
経営学辞典〔現代〕	2219
経営学大辞典	2216
経営学用語辞典〔最新〕	2215
経営管理学事典	2279
経営管理研究実務文献要覧	2273
経営キーワード事典	2185
経営経理辞典〔英和〕	*2187*, 2188
経営経理辞典〔英和和英〕	2187
経営行動科学辞典〔新〕	2217
経営実務大百科	2278
経営指標〔日経〕　全国上場会社版	2311
経営指標〔日経〕　店頭・未上場会社版	2310
経営指標ハンドブック	2309
経営士名簿	2214
経営診断事典〔現代〕	2307
経営用語辞典	2184
経営力指標〔新しい〕	*2308*
景気を読む統計指標	2344
軽金属圧延工業統計年報	*4799*
軽金属工業統計年報	4800
蛍光体ハンドブック	3184
経済英語英和活用辞典	2064
経済英語和英活用辞典	2065
経済学基本用語辞典	2099
経済学辞典	2097
経済学史・統計学・人口に関する10年間の雑誌文献目録	2108
経済学小辞典〔岩波〕	2096
経済学大辞典	2098
経済学に関する10年間の雑誌文献目録	2093
経済学文献解題 1955	*1668*
経済学文献季報	*1668, 2575*
経済学文献大鑑	*2094*
経済学文献年報	2094
経済学用語辞典	2101
経済関係二次資料利用の手引き	2054
経済協力ハンドブック	2158
経済協力用語辞典	2156
経済研究	*2136*
経済産業誌記事索引　80/84　Joint累積版	2051
経済・産業情報利用の手引き	2092
経済産業法・社会法に関する27年間の雑誌文献目録	*2148*
経済産業法に関する10年間の雑誌文献目録	2148
経済産業用語和英辞典	2056
経済思想の事典	2109

経済史に関する10年間の雑誌文献目録	2115
経済史年鑑	*2116*
経済誌年鑑	*2116*
経済史年表〔現代〕	2117
経済指標のかんどころ	2105
経済指標の見方・使い方	2104
経済史文献	*2116*
経済史文献解題	2116, *2118*
経済新語辞典	2062
経済データ	2076
経済統計年鑑	2073
経済統計年報	2072
英和経済ビジネス用語辞典〔最新〕	2058
経済文献解題	2053
経済分析のためのデータ解説	2103
経済変動観測資料年報	2346
経済変動指標総覧	2345
経済・貿易の動向と見通し	2141
経済法律文献目録	1666, *2094*
経済問題に関する10年間の雑誌文献目録	2055
経済用語辞典	2059
経済用語辞典〔英和和英〕	2063
経済用語辞典〔和英〕	*2357*
経済用語の基礎知識	2061
経済用語和英辞典〔新〕	2066
経済要覧	2074
刑事裁判例総索引	1970
刑事綜計表	*1989*
刑事訴訟法・民事訴訟法に関する10年間の雑誌文献目録	1979
刑事統計年報	*1989*
刑事統計要旨	*1989*
掲示文書伝道大事典	667
芸術祭三十年史	6188
芸術事典〔現代〕 アール・デコから新表現主義まで	5722
芸術草書大字典	5867
芸術・美術に関する10年間の雑誌文献目録	5682
系図纂要	1381
系図綜覧	1382
系図文献資料総覧	1383
形成外科用語集	3785
計測制御技術事典	4680
計測用語	3981
慶長以来書賈集覧	71
KDD国際通信ユーザーズガイド	5673
芸道名言辞典	*6175*
芸能界紳士録 芸能手帳	6183
芸能・タレント人名事典	6180, *6181*
芸能手帳	*6183, 6185*
芸能白書	6192
芸能文化史辞典	6174
芸能名言辞典	6175
競馬英語辞典	*6375*
競馬英語用語集	6375
競馬年鑑	6377
競馬百科	6376
京阪神市街地図集	1562
刑法事典	1971
契約全書〔新版〕	1961
鶏卵食鳥流通統計	*5245*
鶏卵流通統計	5245
外科的疾患用語集	3786
化粧史文献資料年表	2980
化粧品原料基準外成分規格	4988
化粧品原料基準注解	4989
化粧品原料辞典	4968
化粧品工業年報	4985
化粧品種別許可基準	*4980*, 4990
化粧品種別配合成分規格	*4988*
化粧品製剤実用便覧	4976
下水道管渠施工ハンドブック	4226
下水道技術用語辞典	4221
下水道統計	4232
下水道年鑑	4233
血液事業実務用語集	3735
決済統計年報	2396
決算と会計検査	2435
結晶工学ハンドブック	3379
結晶評価技術ハンドブック	3380
決定版熱帯魚大図鑑	3588
Chemical Abstractsの使い方とデータベース利用	3237
ケミカル・液化ガス・石油ハンドブック	4959
ゲリヒツザール	*2021*
研究機関基本統計調査結果報告	*3132*
研究社英米文学辞典	6996
研究社現代英米語用法事典	6660
研究社新英和大辞典	6632
研究社新スペイン語辞典	6694
研究社新和英大辞典	6638
研究史邪馬台国	*982*
研究社露和辞典	6705
研究社－ロングマンイディオム英和辞典	6643, *6661*
研究社－ロングマン句動詞英和辞典	6661
研究所事典	4355
研究所要覧	*258*
元型と象徴の事典	433
現行医学雑誌所在目録	3618
健康運動指導者必携キーワード	6293
健康・栄養食品事典	5151
現行海事法令	*4743*
現行海事法令集	4743
現行韓国六法	2040
健康産業名鑑	5115
元号事典	923
健康食品名鑑	*5115*
健康生活医学事典	5174
健康・体力つくり関係文献目録集	6281, *6288*
健康体力評価・基準値事典	6323
現行中華人民共和国六法	2042

書名	ページ
現行統計調査総覧	2465
現行日本法規	1908, *1913*
現行法規総覧	*1908*
現行輸入制度一覧	5567
現行謡曲解題〔能〕	6142
言語学辞典〔現代〕	6440
言語学大辞典	6438
言語学・日本語学研究者著作目録一覧	6443
言語学百科事典	6439
言語障害事典	*2915*
言語障害用語辞典	3809
言語障害用語集〔英和〕	3808
言語治療用ハンドブック	2907
建材統計年報	*4921*
建材メーカー総覧	4337
研削・研摩技術用語辞典	4421
検察統計年報	1989
源氏物語研究文献目録	6912
源氏物語事典（学燈社）	6913
源氏物語事典（有精堂出版）	6914
原始文様図鑑	5829
犬種大図鑑	5382
現象学事典	349
原色浮世絵大百科事典	5799
原色温室植物図鑑	5348
原色花卉園芸大事典	5349
原色きのこ図鑑	3499
原色魚類検索図鑑	3576
原色魚類大図鑑	3577
原色検索日本海岸動物図鑑	3529
原色現代新百科事典	212
原色甲殻類検索図鑑	3544
原色高山植物図鑑	3485
原色高山植物大図鑑	*3485*, 3486
原色昆虫圖鑑	*3530*
原色昆虫大図鑑	3552
原色茶道大辞典	6399, *6402*
原色樹木図鑑	5421
原色樹木大図鑑	5422
原色食品図鑑	5167
原色植物圖鑑	*3530*
原色新日本高山植物図鑑	3478
原色図典日本美術史年表	5734
原色図譜園芸植物	*5345*
原色西洋美術事典	5700
原色世界植物大図鑑	3469
原色染織大辞典	5953
原色茶花大事典	5350
原色中国本草図鑑	3896
原色蝶類検索図鑑	3563
原色陶器大辞典	5938
原色冬虫夏草図鑑	3500
原色動物大圖鑑	3530
原色日本大型甲殻類図鑑	3545
原色日本海魚類図鑑	3578
原色日本海水魚類図鑑	3579
原色日本貝類図鑑	3541
原色日本菌類図鑑	*3501*
原色日本クモ類図鑑	3547
原色日本蜘蛛類大図鑑	*3547*
原色日本甲虫図鑑	3553
原色日本羊歯植物図鑑	3505
原色日本植物種子写真図鑑	3508
原色日本植物図鑑 木本篇	3471
原色日本植物図鑑 草本篇	3470
原色日本新菌類図鑑	3501
原色日本鳥類図鑑	3598
原色日本蝶類生態図鑑	3564
原色日本の美術	*5717*
原色日本哺乳類図鑑	3610
原色日本薬用植物図鑑	3897
原色日本野鳥生態図鑑	3599
原色日本両生爬虫類図鑑	3589
原色日本林業樹木図鑑	5423
原色版日本薬用植物事典	3898
原色百科世界の薬用植物	3899
原色牧野植物大図鑑	3472
原色牧野和漢薬草大図鑑	3900
原子力関係者のための放射線の健康影響用語集	4517
原子力辞典	4518
原子力年鑑	4529
原子力発電便覧	4530
原子力ポケットブック	4531
原子力用語辞典	4519
原子炉材料ハンドブック	4524
原水爆関係資料目録	*2708*
原生動物図鑑	3537
建設機械年鑑	4190
建設機械ハンドブック	4189
建設技術者のための新編ボーリングポケットブック	*4166*
建設基礎・地盤設計施工便覧〔最新〕	4184
建設業務統計年報	4157
建設コンサルタント要覧	4152
建設産業団体要覧	4153
建設統計年報	4157
建設統計要覧	4158
建設防災ハンドブック〔最新〕	4276
建設名鑑	4154
元素の事典	3239
現代アメリカ犯罪学事典	2039
現代囲碁史概説・現代囲碁史年表	6433
現代イスラム小事典	477
現代伊和熟語大辞典	6701
現代インドネシア語辞典	*6598*
現代ウィグル語辞典	6609
現代映画事典	*6245*
現代エイジング辞典	2662
現代英文法辞典	6662
現代英米文学鑑賞辞典	6994, 6997

けんこ〜けんたい　981

書名	ページ
現代オーディオ用語総辞典	4611
現代外国人名録	1314
現代科学技術略語辞典	3956, *6523*
現代革命運動事典	*1770*
現代学校教育大事典	2742
現代学校経営総合文献目録	2814
現代学校経営用語辞典	2817
現代学校体育大事典	2853
現代学校図書館事典	41
現代家庭医学百科〔最新〕	*5172*
現代家庭法律大事典	1883
現代カトリック事典	853
現代上方落語便利事典	6272
現代観光用語事典	5637
現代韓国人名録	1322
現代広東語辞典	6577
現代機械技術の実例機構便覧	4413
現代北朝鮮地名辞典	1586
現代弓道講座	6392
現代教育学事典	2743
現代教育活動事典	2744
現代教育小事典	2745
現代教育情報大事典	2746
現代教育評価事典	2843
現代共産主義事典	1721
現代ギリシア語辞典	6709
現代キリスト教用語辞典	765
現代経営学辞典	2219
現代経営診断事典	2307
現代経済史年表	2117
現代芸術事典　アール・デコから新表現主義まで	5722
現代言語学辞典	6440
現代建築施工用語事典	4340
現代語から古語が引ける古語類語辞典	6508
現代国語用例辞典	6537
現代国際政治の基本文書	2007
現代子ども大百科	2770
現代こよみ読み解き事典	3288
現代作家辞典	6809
元代史研究文献目録	1200
現代社会学辞典	2508
現代社会福祉事典	2678
現代授業研究大事典	2838
現代出版業大鑑	*53*
現代出版文化人総覧	*53*
現代小学校経営事典	2818, *2819*
現代商業・流通辞典	5454
現代証券事典	2370
現代消費・生活経済辞典	2561
現代商品大事典　新商品版	*5522*
現代商品大辞典	5521
現代書家事典	5881
現代食品産業事典	5096
現代女性文学辞典	6791
現代書道字典	5852
現代新百科事典	212
現代人物事典	1315
現代人名情報事典	1316
現代数学教育史年表	2850
現代数理科学事典	3141
現代スポーツ百科事典	6294
現代政治学事典	1737
現代政治学小辞典	1736
現代セクソロジー辞典	2999
現代禅林香語宝鑑	732
現代中学校経営事典	*2818*, 2819
現代中国外交研究文献目録	1846
現代中国研究案内	1206
現代中国語辞典〔新しい排列方式による〕	*6558*
現代中国語常用略語辞典	6569
現代中国人物別称総覧	1327
現代中国人名辞典	1328
現代中国地名辞典	1603
現代中国文学研究文献目録	6969
現代デザイン事典（平凡社）	5979
現代デザイン事典（鳳山社）	5978
現代哲学事典	284
現代ドイツ公法学人名辞典	2045
現代統計学大辞典	*2458*
現代陶芸家名鑑	5944
現代陶芸作家事典〔最新〕	5945
現代読書指導事典	42
現代独和辞典	*6676, 6677*, 6680
現代図書総合目録	*83*
現代日本朝日人物事典	*1291*, 1294
現代日本アーティスト名鑑	5706
現代日本科学技術者大事典	3114
現代日本語方言大辞典	6546
現代日本執筆者大事典	*1348*
現代日本児童文学作家事典	6749
現代日本女性人名録	1363
現代日本人名録	1295
現代日本政治史年表・解説	1747
現代日本地名よみかた大辞典	1523
現代農業土木用語選	5278
現代俳句結社要覧	6889
現代俳句歳時記	6884
現代俳句歳時記辞典	6885
現代俳句大辞典	6876
現代ハイテク事典	3938
現代ビジネス英語大辞典	*2277*
現代ビジネス用語	2276
現代美術家名鑑	*5710*
現代美術事典（白楊社）	5723
現代美術事典（美術出版社）	5722
現代美術のキーワード	*5721*, 5724
現代評論家人名事典	1352
現代風俗史年表	1100
現代福祉学レキシコン	2679
現代仏教情報大事典	567

書名	ページ
現代物故者事典	1375, 1376
現代フランス語辞典	6685
現代文学研究事典	6792
現代保育用語辞典	2877
現代法辞典	1887
現代翻訳者事典	1346
現代マスコミ人物事典	1353
現代マルクス＝レーニン主義事典	1722
現代名歌鑑賞事典	6829
現代名工・職人人名事典	5936
現代毛筆三体事典	5853
現代モンゴル語辞典	6606
現代用語の基礎知識	1886, 2061, 6521
現代用字辞典〔岩波〕	6533
現代落語事典	6273
現代林業・木材産業辞典	5411
現代レクリエーション百科	6396
現代労働衛生ハンドブック	3814
現代労働組合事典	2591
現代和独辞典	6680
建築・インテリアなるほど事典	4291
建築英語事典	4280, 4289
建築英和辞典〔最新〕	4287
建築ガイドブック	4311
建築学小事典	4292
建築学便覧	4293
建築学用語辞典	4281
建築家人名事典	4298
建築カタカナ語・略語辞典	4282
建築機材事典	4324
建築現場実用語辞典	4282, 4283
建築工事工法事典	4341
建築工法事典 新版	4341
建築材料実用マニュアル	4328
建築材料データブック〔新編〕	4335
建築材料ハンドブック	4329
建築材料用語事典	4325
建築辞典〔共立〕	4290
建築術語事典	4284
建築情報源ガイドブック	4299
建築新辞典〔共立〕	4290
建築施工技術ハンドブック	4347
建築施工用語辞典〔図解〕	4342
建築施工用語事典〔現代〕	4340
建築設備実用語辞典	4362
建築設備辞典〔井上〕	4362
建築設備配管事典	4363
建築設備ハンドブック	4370
建築設備用語解説〔和英図解〕	4365
建築大工用語集〔図解〕	4343
建築大辞典	4294
建築単位の事典	4295
建築統計年報	4303
建築・都市・住宅・土木情報アクセスブック	4146
建築・土木用語中辞典〔最新〕	4288
建築内装技術ハンドブック	4348
建築内装ハンドブック	4348
建築に関する10年間の雑誌文献目録	4278
建築の事典	4296
建築百科全書	4293
建築百科大事典	4297
建築物等の避雷設備ガイドブック	4577
建築防水システムハンドブック〔最新〕	4349
建築防水ハンドブック	4349
建築map東京	4312
建築用語辞典	4285
建築用語表現辞典〔和英〕	4289
建築用語ポケットブック	4286
検知システム総覧〔最新〕	3990
原典日本憲法資料集	1940
剣道事典	6388
剣道図書目録	6389
原爆を読む	2709
原爆関係蔵書目録	2708
原爆文献を読む	2709
現場の歯車活用事典	4405
県別史跡・文化財一覧	1537
憲法関係判例評釈文献目録	1937
憲法小辞典	1938
憲法に関する10年間の雑誌文献目録	1936
県民経済計算年報	2113
県民経済計算報告	2114
県民・市町村民所得統計	2113
県民所得統計	2113
県民所得統計年報	2113
県令集覧	1934

こ

書名	ページ
御維新以来京都新刻書目便覧	78
高圧ガス技術便覧	4891
耕耘整地用機械の研究に関する文献目録	5280
高温超電導データブック	3192
公害・環境保全に関する民間団体名簿	4269
郊外市区町村別マーケティング・マップと人口・世帯数表	5526
公開実用新案公報	4086, 4088
公開実用新案索引	4086, 4087
公開実用新案出願人索引	4086
公開実用新案分類索引	4086
航海辞典	4754
航海図鑑	4755
公開特許公報	4087
公開特許索引	4087
公開特許実用新案索引	4086, 4087
公開特許出願人索引	4087
公開特許分類（出願人）索引	4086
公開特許分類索引	4087
公害に関する住民組織名簿	4269
公害に関する民間諸団体名簿	4269

書名	ページ
航海ハンドブック〔新訂〕	4757
航海便覧	4756
公害防止管理者ハンドブック	4251
航海用語辞典〔英和〕	4752
光学技術ハンドブック	3186, 4471
工学公式ポケットブック	3960
工学術語辞典〔実用英和〕	3944
光学的測定ハンドブック	4473
光学薄膜ユーザーズハンドブック	3185
甲殻類検索図鑑〔原色〕	3544
広漢和辞典	6486
公企業・建設・鉱業に関する27年間の雑誌文献目録	2267
工業英語ハンドブック	3939
工業英語便覧	3939
工業火薬ハンドブック	4958
工業計器ガイドブック	3988
工業計測便覧	3989
工業材料便覧	4012
公共試験研究機関案内	4061
公共試験研究機関課題案内	4061
公共施設状況調	1824
工業所有権用語辞典	4068
工業・製造業・建設業に関する10年間の雑誌文献目録	2267
工業電気加熱ハンドブック	4588
工業統計速報	3974
工業統計調査〔都道府県別産業細分類別表〕	3973
工業統計調査産業細分類別統計表	3973
工業統計表	3973, 3974
工業における官能検査ハンドブック	4120
鉱業便覧	4774
工業用ダイヤモンド用語辞典〔図解〕	4005
工業用品ゴム樹脂ハンドブック	5019
工業炉ハンドブック	4892
工業炉用語事典	3947, 4882
航空宇宙工業年鑑	4508
航空宇宙辞典	4504
航空宇宙人名録	5632
航空宇宙年鑑	5633
航空技術用語辞典	4505
航空工業年鑑	4508
航空統計要覧	5634
航空年鑑	5633
航空用語辞典	4506
航空用語集	4503
工具事典	4422
工芸デザイン技法事典	5930
工芸百科大図鑑	5931
考古遺跡遺物地名表	963
咬合学事典〔新編〕	3837
鉱工業指数総覧	3975
鉱工業指数統計年報	3975
鉱工業生産活動	3963
鉱工業生産活動分析	3963
鉱工業生産動向	3963
口語英語大辞典〔英和 和英〕	6633
考古学調査研究ハンドブックス	863
広告印刷企画用語辞典	5917
広告関連会社名鑑 アド・ガイド	5507
広告関連研究者名鑑	5500
公告実用新案分類・出願人索引	4088
公告特許索引	4089
広告特許出願人索引	4089
公告特許分類（出願人）索引	4089
公告特許分類索引	4089
広告白書	5504
広告用語辞典	5499
口語辞典〔最新日米〕	6634
口語辞典〔最新和英〕	6666
甲骨文編	5893
考古図書目録	864
考古文献小録	864
工作機械統計資料要覧	4431
工作機械統計要覧	4431
高山植物	3487
高山植物図鑑〔原色〕	3485
高山植物大図鑑〔原色〕	3485, 3486
鴻山文庫蔵能楽資料解題	6198
鴻山文庫の研究　謡本の部	6198
鉱山保安年報	4775
広辞苑	6466, 6528
講師・講演専門家1100人データブック	2283
講師・専門家情報ガイド	2283
皇室関係用語集	1397
皇室辞典	1400
皇室事典（冨山房）	1399
皇室事典（明玄書房）	1398
皇室の百科事典	1401
孔子伝邦文文献目録	331
孔子・孟子に関する文献目録	332
公社債年鑑	2380
口述速記明治大正落語集成	6275
考証江戸事典	1069
工場改善キーワード事典	4116
工場自動化事典	4117
考証戦国武家事典	1035
工場通覧	3979
工場統計表	3974
工場用地ガイド	3965
行進曲インデックス218	6090
合成香料	4977
厚生省五十年史	1795
厚生統計要覧	3815
公正取引委員会審決集総合索引	2264
構造計算便覧	4330
構造力学公式集	4331
高速液体クロマトグラフィーハンドブック	3250
酵素ハンドブック	3413
酵素利用ハンドブック	5126

書名	ページ
小唄鑑賞	6145
講談関係文献目録	6270
講談社園芸大百科事典　デスク版・フルール	5329
講談社園芸大百科事典　フルール	5330
Kodansha Encyclopedia of Japan	1484, *1485*
講談社オランダ語辞典	6681
講談社カラー版日本語大辞典	6467
講談社小児科臨床大事典	3775
講談社新大字典	6479
講談社整形外科大事典	3787
講談社精神医学大事典	3765
講談社東洋医学大事典	3684
耕地及び作付面積統計	5237
交通工学ハンドブック	4195
交通工学用語辞典	4192
交通事故統計年報	5599
交通統計	5619
交通年鑑	5598
交通博物館所蔵近世交通史料目録	5603
交通用語ガイド	*5616*
交通用語辞典	5616
交通量統計索引の手引	4196
校訂明治史料顕要職務補任録	*1128*
高電圧試験ハンドブック	4563
高等専門学校一覧	*2895*
行動療法事典	3766
広研広告白書	*5504*
甲南大学所蔵社史・経済団体史目録	2255
広文庫	*236*, 237
高分子研究者総覧	5011
高分子材料・技術総覧〔最新〕	5009
高分子辞典	5005
高分子新素材便覧	5006
高分子データ集	*5007*
高分子データハンドブック	5007
高分子命名法	5008
公文類聚索引	*1925*
公文類聚目録	1925
号・別名辞典	1344
抗変異原・抗発がん物質とその検索法	3714
構法計画ハンドブック	4332
公用英文マニュアル	6664
公用文作成の手引き	6538
公用文の書き表し方の基準	6539
高麗大蔵経	*603*, 622
公立大学実態調査表	2898
小売物価統計調査10年報	2342
小売物価統計調査年報	*2342*
香料化学総覧	4979
香料の事典	4969
香料博物事典	4970
紅・緑・藍綬褒章名鑑	1803, *1804*
高齢化社会総合事典	2663
高齢者生活年表	2664
高齢者福祉・保健リハビリテーション雑誌目次総覧	2696
高齢者問題関係図書・文献目録	2665
港湾産業事典	5613
港湾統計（年報）	*5614*
子会社・関連会社総覧　系列の研究	2263
顧客情報の戦略的活用	*5520*
顧客組織化実例集〔新〕	*5520*
顧客組織化要覧	*5520*
五カ国語工業所有権用語辞典	4069
5カ国語世界地名・人名表記辞典	1461
古画備考	5787
古画備考五十音別索引	*5787*
顧客組織化成功実例集	5520
五経索引	324
古今日本書画名家全伝	5790
古今銘尽	*5960*
国学院大学図書館収蔵神道書籍解説目録	484
国学者伝記集成	307, *308*
国学人名大辞書	*1266*
国語学研究事典	6448
国語学研究文献索引	6444
国語学辞典	*6449*
国語学大辞典	6449
国語教育研究大辞典	2859
国語教育指導用語辞典	2860
国語・国語教育・言語学に関する10年間の雑誌文献目録	6445
国語国文学資料索引総覧	6446
国語国文学資料図解大事典	2861
国語国文学手帖	6820
国語史辞典	6450
国語辞典〔新潮〕	6470
国語辞典〔岩波〕	6463
国語辞典〔新選〕	6469
国語大辞典〔学研〕	6464
国語大辞典〔角川〕	6465
国語中辞典〔角川〕	*6465*
国語のなかの仏教語辞典	554
国語用例辞典〔現代〕	6537
国際科学技術協力ハンドブック	3136
国際化学物質安全性カード（ICSC）	4944
国際化学物質安全性カード（ICSC）コンパイラーズガイド	4933
国際環境科学用語集〔和英英和〕	4248
国際関係情報事典〔最新〕	1847
国際関係に関する10年間の雑誌文献目録	1838
国際関係法辞典	1994
国際規格分類	4100
国際機関総覧	1995
国際企業通信ハンドブック	2284
国際教育事典	2747
国際協力・交流　NGO・団体名鑑	*1995*
国際協力事業団所蔵国別収集地図目録	1471
国際協力事業団年報	2154
国際金融年報	2405

国際金融用語辞典	2404	国勢総覧	2197
国際経済貿易・国際収支に関する17年間の雑誌文献目録	2149	国税庁事業年報書	2446
		国税庁第73回統計年報書	2449
国際経済・貿易・国際投資に関する10年間の雑誌文献目録	2149	国税庁統計年報書	2449
		国政統計ハンドブック	2484
国際十進分類法	36	国体神祇辞典	502
国際情報大事典 PASPO	1445	国定教科書内容索引	2870, 2872
国際条約集	2001	国定読本用語総覧	2871
国際女性条約・資料集	2653	国鉄全駅大事典	5628
国際人権条約・宣言集	2006	国鉄全駅ルーツ大辞典	5629
国際人事典	1296	国土用語辞典	4134
国際政治経済辞典	1848	国土利用計画（全国計画）	2176
国際政治の基本文書〔現代〕	2007	国土レポート	5177
国際政治ハンドブック	1853	国内海外出張赴任滞在便覧	2297
国際税務ガイドブック	2328	国内誌エネルギー関連記事一覧	4034
国際税務要覧	2444	国内団体規格目録	4101
国際通信サービスの手引	5673	国文学研究書目解題	6758
国債統計年報	2451	国文学研究文献目録	6781
国際統計要覧	2479	国文学年鑑	6781
国際特許分類総覧 IPC	4077	国文学複製翻刻書目総覧	6759
国際特許分類逆参照表	4090	国宝	5760
国際特許分類表	4085, 4090, 4091	国防・軍事に関する10年間の雑誌文献目録	3055
国際取引契約書式集	5571	国宝・重要文化財建造物目録	4313
国際年報	1854	国宝・重要文化財指定建造物目録	4313
国際農林水産統計	5225	国宝・重要文化財総合目録	5741
国際売買契約ハンドブック	5572	国宝・重要文化財大全	5761
国際馬事辞典	6393	国宝全ガイド・1034件	5762
国際版色の手帖	5988	国宝大事典	5763
国際比較教育情報総覧	2785	国民医療年鑑	3816
国際ビジネスのための最新海外情報ガイド	5541	国民衛生の動向	3817
国際貿易商品分類〔標準〕	5580	国民過去帳	1378
国際貿易導報	2139	国民経済計算の体系	2111
国際法辞典	1994	国民経済計算報告	2112
国際法に関する10年間の雑誌文献目録	1990	国民生活関係研究文献目録	2562
国際法判例集	1994	国民生活基礎調査	2564
国際問題〔岩波小辞典〕	1735	国民生活時間調査　データブック	2563
国際連合刊行資料利用の手引き	1991	国民生活の実態	2564
国際連合世界人口予測　1950-2050	2165	国民の経済白書	2125
国際連合世界統計年鑑	2476	国民百科事典	213, 6169
国際連合の基礎知識	1997	国民法律百科大辞典	1882
国際連盟・国際連合刊行資料目録	1992	国立国会図書館韓国・朝鮮著者名典拠録	1273
国際労働経済統計年鑑	2602	国立国会図書館漢籍目録	194
国史肖像集成	1367	国立国会図書館蔵中国地方志綜録稿	1595
国史大系〔新訂増補〕	898	国立国会図書館件名標目表	37
国史大系書目解題	898	国立国会図書館支部上野図書館和漢書書名目録・分類目録	195
国史大辞典	933, 969		
国史地名辞典	1507	国立国会図書館所蔵欧州共同体刊行資料目録	2152
国字手帖	6460	国立国会図書館所蔵貴重書解題	91
国史の研究　総説	895	国立国会図書館所蔵国内逐次刊行物総目次・総索引一覧	155
国字の字典	6461		
国史文献解説	899	国立国会図書館所蔵国内逐次刊行物目録	126, 155
國書解題	88	国立国会図書館所蔵児童図書目録	178
国書人名辞典	1347	国立国会図書館所蔵写真帳・写真集の内容細目総覧	5905
国書総目録	183, 6195		
黒人文学書誌	6987	国立国会図書館所蔵主題別図書目録	188

書名	ページ
国立国会図書館所蔵全集月報・付録類目録	97
国立国会図書館所蔵地図目録	1545
国立国会図書館所蔵地図目録　外国地図の部	1472
国立国会図書館所蔵地図目録　台湾・朝鮮半島の部	1591
国立国会図書館所蔵中国語・朝鮮語雑誌目録	129
国立国会図書館所蔵朝鮮関係地図資料目録	1591
国立国会図書館所蔵図書館関係洋図書目録	16
国立国会図書館所蔵和雑誌目録	126
国立国会図書館所蔵明治期刊行図書目録	187
国立国会図書館所蔵洋図書目録	189, 190
国立国会図書館蔵書目録	186
国立国会図書館蔵書目録　明治期	187
国立国会図書館蔵書目録　洋書篇	188
国立国会図書館蔵書目録（洋書篇）	189
国立国会図書館著者名典拠録	1274
国立国会図書館特別資料室所蔵移民関係資料目録	2169
国立国会図書館分類表	910
国立国会図書館目録・書誌の使い方	17
国立婦人教育会館所蔵図書目録	2640
国立民族学博物館映像音響資料目録	158
国連要語事典	1852
こけし事典	6006
こけし辞典	6007
御家人分限帳	1360
語源辞典東雅	6509
古建築辞典	4307
古語辞典〔岩波〕	6504
古語大辞典〔角川〕	6507
古語大辞典〔小学館〕	6511
ココム関連物資・技術リスト及び関連法令集	5551
ココム輸出管理品目便覧	5552
心に響く名言辞典	412
こころの相談室ガイドブック	385
こころの問題事典	357
古今大相撲力士事典	6370
古今謡曲解題	6141
コージェネレーション・ハンドブック	4039
古事記音訓索引	6910
古事記研究文献目録	1016
古事記事典	6911
古事記総索引	1017
故事ことわざ辞典	6496, 6499
故事ことわざ辞典〔新編〕	6499
故事熟語大辞典	413
古寺巡礼辞典	665
故事成語大辞典〔増修〕	416
故事成語名言大辞典	6487, 6497
故実叢書	964
古紙ハンドブック	5067
古紙便覧	5068
故事名言・由来・ことわざ総解説	6498
古寺名刹大辞典	639
御趣意中板行御赦免書目	76
五十音引僧綱補任僧歴綜覧	590
古銃事典〔図解〕	4762
古事類苑	238
個人全集・作品名綜覧	6768, 6769, 6822
個人全集・内容綜覧	6768, 6769
GOST規格の基礎知識	4107
Cosmetics in Japan:Directory of perfumes cosmetics toiletries and soaps　日本の化粧品総覧	4987
古生態図集・海の無脊椎動物	3372
古生物学事典	3366
古生物百科事典	3367
古脊椎動物図鑑	3373
古銭語事典	2334
古代ギリシア人名事典	1337, 1338
古代豪族系図集覧	1393
五体字鑑	5854
五体字書	5855
固体潤滑ハンドブック	4414
五体字類	5856
古代地名語源辞典	1528
五体篆書字典	5862
古代ローマ人名事典	1337, 1338
Kodak写真大百科事典	5908
古籍彙編	5893
国会会議録総索引	1753, 1754
国会会議録用語集	1756
国会会議録用語資料集	1756
国会議員要覧	1738
国会事典	1755
国会統計提要	2484
国会便覧	1738
骨学ラテン語辞典	3688
国華索引	5681
国歌大観〔新編〕	6825
国旗総覧	1414
骨董の旅	5972
古典植物辞典	6805
古典・聖書・文学基礎知識事典	6734
古典籍総合目録　国書総目録続編	184
古典にみる仏教語解説辞典	555
古典文学研究必携〔新〕	6821
古典文学作中人物事典	6810
古典文字字典	5893
古典落語用語辞典	6274
古刀史〔図説〕	5962
古刀史年表	5961, 5962
言葉に関する問答集	6451
子ども大百科〔現代〕	2770
子どもの権利ネットワーキング　子どもの権利に関わるグループ・団体ガイド	2659
子どもの人権大辞典	2660
子どもの本と読書の事典	43
ことわざの泉	3036
古美術必携	5711
古筆学大成	5873
古筆切提要	5874

こくり〜こひ　987

書名	ページ
古筆辞典	5875
古筆大辞典	5875
古筆名葉集〔新撰〕	5874
コピー年鑑	5513
古墳辞典	997
古墳文化基礎資料〔日本横穴地名表〕	1001
5万分1地形図	1489, 1551
5万分1地形図作成・所蔵目録	1546
COMIC CATALOG	5823
コミュニケーション事典	2514
コミュニケーション障害辞典	3810
コミンテルン人名事典	1726
ゴム・塩化ビニール統計年報	5020
ゴム工業便覧	5014
ゴム産業名鑑	5018
ゴム製品統計年報	5020
ゴム製品の安全衛生に関する文献抄訳集	5012
ゴム製品の疲労劣化文献集	5013
ゴム統計年報	5020
ゴム年鑑	5021
ゴム・プラスチック加工機械	5015
ゴム・プラスチック配合薬品	5015, 5016
ゴム用語辞典	5017
古文書解読字典〔新編〕	973
古文書古記録難訓用例大辞典	972
古文書字叢	973
古文書時代鑑	971, 974
古文書大字典	975
古文書入門ハンドブック	976
古文書判読字典	975
古文書文例大字典	977
古文書用語辞典	978
古文書用字用語大辞典	978
こよみ事典	3289
暦と時の事典　日本の暦法と時法	3290
暦の百科事典	3291
こよみ便利帳〔新〕	3292
こよみ読み解き事典〔現代〕	3288
ゴールドアトラス	1475
コールド・チェーン・ハンドブック	5480
ゴルフ場農薬ガイド	5356
ゴルフ用語事典	6353
コンクリート工学ハンドブック	4169
コンクリート工事ハンドブック〔最新〕	4172
コンクリート骨材ハンドブック	4170
コンクリート材料・工法ハンドブック〔最新〕	4172
コンクリート便覧	4171
コンコルダンス　口語訳聖書　聖書語句索引	814
コンコルダンス　聖書語句索引	813
コンコルド和仏辞典	6689
コンサイス外国山名辞典	1455
コンサイス外国人名事典	1317
コンサイス外国地名事典	1456
コンサイス外来語辞典	6517
コンサイスカタカナ語辞典	6517
コンサイス時事英語辞典	6649
コンサイス人名辞典　外国編	1317
コンサイス人名辞典　日本編	1297
コンサイス地名辞典　外国編	1456
コンサイス地名辞典　日本編	1517
コンサイス20世紀思想事典	285
コンサイス日本山名辞典	1455, 1517
コンサイス日本人名事典	1297
コンサイス日本地名事典	1503
コンサイス仏教辞典	537
コンサイス仏和辞典〔新〕	6688
コンサイス和仏辞典	6690
紺綬褒章名鑑	1803, 1804
昆虫圖鑑〔原色〕	3530
昆虫大図鑑〔原色〕	3552
こんな食品をご存知？　東西意外食品事典	5152
今日に繋がる「芸」の世界	6160
今日の検査指針	3724
今日の治療指針	3725
今日の治療薬	3877
コンパクト世界地名語源辞典	1465
コンパクト物理学ハンドブック	3173
コンパクト六法〔岩波〕	1911
コンビニエンスストア・VC名鑑	5481
コンピュータ英語活用辞典	4646
コンピュータ英和辞典	4647
コンピュータ英和・和英辞典	4648
コンピューター・エンジニアリング用語 34000	4649
コンピュータ辞典〔最新〕	4653
コンピュータソフトウェア事典	3
コンピュータデータブック	4677
コンピュータ2000語事典	4650
コンピュータ2500語事典	4650
コンピュータ農業年鑑	5184
コンピュータの事典	4672
コンピュータの大百科〔図解〕	4673
コンピュータ白書	10
コンピュータ用語英和対訳辞典〔最新〕	4654
コンピュータ用語事典	4651
コンピュータ用語辞典〔最新〕	4655
コンピュータ用語辞典〔実用〕	4659
コンピュータ用語辞典〔図解〕	4662
コンピュータ用語大辞典〔英和〕	4669
コンピュータ用語大辞典〔和英〕	4669
コンピューター用語の意味がわかる辞典〔最新〕	4656
コンフィデンス年鑑	6118
コンフィデンスレコードインデックス	6064

さ

書名	ページ
サイエンス物理学辞典	3162
災害医学用語事典	3736
財界家系譜大観	1394
災害の事典	3308
災害・防災の本全情報	4275

書名	ページ
西鶴地名辞典	6922
在華日本企業総覧	2205
西行関係研究文献目録	6860
西行和歌引用評釈索引	6861
最近の企業経営分析	2305
最近の参考図書	162, 167
最近の新薬	3893
サイクリング事典	6364
最高裁全裁判官	1984
最高裁判所行政事件判例評釈索引	1946
最高裁判所図書館邦文法律雑誌記事索引	1876
最高裁判所判例解説索引	1952
最高裁判所判例解説民事編	1952
最高裁判所判例集民事編	1952
彩色江戸博物学集成	3396
最新アジア・オセアニア各国要覧	1580
最新アジア経済・金融用語事典	2130
最新アメリカ合衆国要覧	1711
最新アメリカ文学史年表	7005, 7009
最新医学大辞典	3625
最新医学略語辞典	3642
最新イギリス文学史年表	7006, 7009
最新遺伝子操作実験実用ハンドブック	3440
最新AV用語辞典	4612
最新映像用語事典	4639
最新英和経済ビジネス用語辞典	2058
最新エネルギー用語辞典	4037
最新LSI用語事典	4707
最新OA用語集	4652
最新音楽用語事典	6033
最新海外規格ガイドブック	4111
最新海外作家事典	6744
最新会計学用語辞典	2318
最新科学技術用語辞典	3093
最新科学賞事典	3106
最新化合物半導体ハンドブック	3199
最新果樹園芸技術ハンドブック	5335
最新紙加工便覧	5069
最新環境キーワード	4245
最新韓国基本地図	1592
最新看護索引	3909, 3911
最新機械・設計用語中辞典	4390
最新機関車名称図解	4479
最新気象の事典	3322
最新機電用語辞典	4391
最新客貨車名称鑑	4480
最新軍用銃事典	4761
最新経営学用語辞典	2215
最新建設基礎・地盤設計施工便覧	4184
最新建設防災ハンドブック	4276
最新現代家庭医学百科	5172
最新現代陶芸作家事典	5945
最新建築英和辞典	4287
最新建築・土木用語中辞典	4288
最新建築防水システムハンドブック	4349
最新建築防水ハンドブック	4349
最新検知システム総覧	3990
最新高分子材料・技術総覧	5009
最新国際関係情報事典	1847
最新コンクリート工事ハンドブック	4172
最新コンクリート材料・工法ハンドブック	4172
最新コンピュータ辞典	4653
最新コンピュータ用語英和対訳辞典	4654
最新・コンピュータ用語辞典	4655
最新コンピューター用語の意味がわかる辞典	4656
最新商業辞典	5454
最新・商品流通ハンドブック	5532
最新昭和史事典	1107
最新食品微生物制御システムデータ集	5109
最新植物工学要覧	5284
最新進路指導事典	2845
最新吹奏楽講座	6091
最新スポーツ大事典	6295
最新スポーツ大辞典	6296
最新世界各国要覧	1448
最新世界現勢	1449
最新世界の規格相互検索早見表 Steel	4019
最新接合技術総覧	4829
最新全国植物園ガイド	3458
最新・全国人出データハンドブック	5638
最新全国福祉事務所便覧	2689
最新先端技術用語集	3940
最新ソ連極東総覧	1635
最新耐震・防火建築ハンドブック	4333
最新地方公社総覧	2270
最新中国地名事典	1604
最新朝鮮民主主義人民共和国地名辞典	1587
最新著者名よみかた辞典	1280
最新地理学辞典	1436
最新地理小辞典	1437
最新賃金辞典	2632
最新鉄道小事典	4476
最新電気・電子用語中辞典	4538
最新電子材料活用辞典	4687
最新点字表記辞典	2922
最新道路ハンドブック	4197
最新都市計画用語事典	4222
最新土壌・肥料・植物栄養事典	5276
最新図書館学事典	22
最新土木工事ハンドブック	4147
最新土木工法事典	4183
最新トンネル工法・機材便覧	4198
最新日ア辞典	6611
最新日米口語辞典	6634
最新日米表現辞典	6626
最新乳化技術ハンドブック	3240
最新年金用語辞典	2540
最新燃料便覧	4960
最新農業小事典	5203
最新農薬データブック	5303

最新農薬の規制・基準値便覧	5304
最新パソコン基本用語辞典	4657
最新パソコン用語事典	4658
最新ハム用語辞典	4628
最新ビジネスタレント事典	2283
最新美術・デザイン賞事典	5690
最新表面処理技術総覧	4839
最新物流ハンドブック（日本物的流通協会）	4121
最新物流ハンドブック（白桃書房）	5594
最新文学賞事典	6802
最新文化賞事典	229, *3106*
最新法令難語辞典	*1899*
最新ホテル用語事典	5650
最新名曲解説全集	6060
最新メカトロニクス技術百科	4693
最新郵便用語事典	5660
最新夢辞典	370
最新ヨーロッパ各国要覧	1637
最新冷凍食品事典	5097
最新労働用語辞典	*2597*
最新和英口語辞典	6666
最新和英労働用語辞典	2592
財政経済統計年報	*2429*
財政経済統計要覧	*2429*
財政経済要覧 統計篇 1951年	*2429*
財政・租税に関する10年間の雑誌文献目録	2428
財政統計	2429
砕石統計年報	4776
採石ハンドブック	4768
最先端技術用語ベストセレクション	3941
最先端メカトロニクス用語早わかり	4688, *4693*
財団法人大阪国際児童文学館蔵書・情報目録	*176*
最澄辞典	680
在日外資系企業ファイル〔日経〕	2240
在日朝鮮人史年表	1774
裁判キーワード	1980
裁判所百年史	1982
裁判所法施行後における民事裁判例総索引	*1951*
裁判所法施行後における民事裁判例評釈索引	*1951*
細胞生物学辞典（啓学出版）	3403
細胞生物学辞典（中外医学社）	3404
催眠技法の事典	374
財務用語辞典	2304
サイリスタ実用便覧	4711
在留外国人統計	2012
材料研究者名鑑	4029
材料実用百科	4013
材料大事典	4001
材料別接合技術データハンドブック	4827
材料名の事典	4002
材料利用ハンドブック	4014
祭礼事典	3001
サウンド＆レコーディング・マガジン	*6179*
ザエンサイクロペディアオブゴルフ	6354
さかな大図鑑〔新〕	3580
魚の履歴書	*3572*
索引史料綜覧	*917*, 1002
作品別・近代文学研究事典	6793
作品名から引ける世界文学個人全集案内	6726
作品名から引ける世界文学全集案内	6727
作品名から引ける日本文学作家・小説家個人全集案内	6770
作品名から引ける日本文学詩歌・俳人個人全集案内	6822
作品名から引ける日本文学全集案内	6771
作品名から引ける日本文学評論・思想家個人全集案内	6772
作物病虫害事典	*5296*
作物病虫害ハンドブック	*5296*
作物学用語集	5285
作物統計	5238
作物病害事典	*5295*
作物病害虫ハンドブック	*5296*
作物別農薬表	5305
酒類食品統計年報	5133
ザ・シェア'91	*5527*
佐多稲子（人物書誌大系）	6945
作家辞典〔現代〕	6809
作家・小説家人名事典	6811
雑貨統計年報	5055
作家の墓 文学散歩	6815
作家のペンネーム辞典	6812
作家名から引ける世界文学全集案内	6728
作家名から引ける日本文学全集案内	6773
作曲家全集・楽譜叢書所在目録	6024
作曲家別クラシックCD&LD総目録	6065
作曲家別クラシック・レコード総目録	*6065*
殺菌工学実用ハンドブック〔新〕	5114
殺菌・除菌実用便覧	5114
雑誌記事索引 科学技術編	3080
雑誌記事索引 人文・社会編 累積索引版	139
雑誌索引 戦前雑誌記事索引	141
雑誌新聞総かたろぐ	115
雑誌年鑑	116
〔雑誌文献目録シリーズ〕	142
雑草学用語集	5286
雑草管理ハンドブック	5287
雑俳語辞典	6899
砂糖統計年鑑	5122
ザ・ニューオフィシャルガイド・ジャパン	1490
さびを防ぐ事典 防錆防食事典	4834
サービス産業年鑑	5488
砂防関係用語集〔英和和英〕	4209
サボテン科大事典	3513
サミット関連資料集	2151
左翼団体事典	*1728*
The World 世界各国経済情報ファイル	2084
山岳関係図書目録	1443
山岳年鑑	6363
産科婦人科用語解説集	3802

産科婦人科用語集	3803
参議院名鑑	1762
参議院要覧	1760
産業安全年鑑	3964
産業安全ハンドブック	4122
産業いちばん鑑	2202
産業関連税制の概要	2445
産業経済インデックス	4033
産業・経済関係団体英文名一覧	2089
産業公害防止ハンドブック	4252
産業工具事典	4423
産業情報総覧〔新撰〕	5179
産業税制ハンドブック	2445
産業中毒便覧	3700
産業と公害	4261
産業と消費者保護　消費者保護大事典	2570
蚕業に関する文献目録	5364
産業廃棄物処理ハンドブック	4227
産業文化年鑑	6268
産業別財務データハンドブック	2309
産業用繊維材料ハンドブック	5074
産業用繊維資材ハンドブック	5075
産業用地ガイド	3965
産業用電気設備ハンドブック	4578
産業用バイオテクノロジー辞典	3430
産業連関表	2107
産業論・鉱業・エネルギー産業に関する10年間の雑誌文献目録	2267
山漁村生活史事典〔図録〕	2994
サンケイ（産経）会社年鑑	2193
サンケイデータブック　会社編	2193
三康文化研究所付属三康図書館蔵書目録	204
三国志研究要覧	1198
三国志人物事典	6983
蚕糸学文献目録	5363
蚕糸学用語辞典	5366
蚕糸学用語集〔日中英〕	5366
蚕糸業に関する文献目録	5364
蚕糸絹年鑑	5365
蚕糸年鑑	5365
山書研究	6361
サンスクリット密教文献目録	681
三正綜覧	3295
三省堂いけばな草花辞典	6426
三省堂化学小事典	3228
三省堂生物小事典	3387
三省堂世界歴史地図	882
三省堂ニュース英語辞典	6649
三省堂物理小事典	3163
三百藩家臣人名事典	1067
三百藩藩主人名事典	1068
産婦人科英語基本用語集	3804
残留農薬基準ハンドブック	5306
産力	3966
山林要覧	5248

し

詩歌全集・内容総覧作品名綜覧作家名綜覧	6823
CVDハンドブック	4893
JR全線全駅	5630
JNTO白書　世界と日本の国際観光交流の動向	5642
自衛隊装備年鑑	3066
自衛隊年鑑	3066
G.H.Q.東京占領地図	1139
JAERIレポート一覧	4514
CSA規格の基礎知識	4108
ジェトロ貿易市場シリーズ	2143
シェルブック〔世界最初事典〕	241
歯科医学大事典	3831
歯科医学の歴史〔図説〕	3845
歯科学文献集	3828
歯科技工辞典	3832
歯学研究者名鑑	3842
視覚言語辞典	5830
視覚障害関係図書・資料目録	2699
歯学大事典〔新〕	3835
視覚聴覚障害事典	2908, 2915
私学必携	2795
歯科材料学事典	3843
歯科辞典〔新常用〕	3836
詞花集総索引	6862
自家用電気設備実務マニュアル	4579
歯科臨床検査事典	3833
詞花和歌集総索引	6863
時間生物学ハンドブック	3523
史記研究書目解題	1188
色彩科学事典	3181
色彩の事典	3182
色材の分析・試験法ハンドブック	4992
色素ハンドブック	5000
式内社調査報告	523
四季花事典	6427
四季別いけばな花材総事典	6422
色名解説〔日本伝統色〕	5995
色名事典	5990
色名綜覧	5991
色名大辞典	5992
詩経研究文献目録	6976
事業所名鑑	2199
紙業タイムス年鑑	5073
紙業年鑑	5073
しぐさの英語表現辞典	6667
JICST科学技術用語シソーラス	3094
JICST資料所蔵目録	3076
市区町村別自動車保有車両数	5620
ジグ・取付具ハンドブック	4425
字訓	6510, 6556
地下家傳	1384, 1386
資源エネルギー年鑑	4041

書名	ページ
資源鉱物ハンドブック	4769
資源植物事典	3459
シーケンス用語事典	4561
資源探査のためのリモートセンシング実用シリーズ	3313
資源統計年報	4777, 4801
事件・犯罪	2670, 2712
事件・犯罪大事典	1973
治工具実用便覧	4426
事故・災害	2712
資産および施設の状況調	1824
時事英語辞典〔コンサイス〕	6649
地質文献目録	3359
事実文編	1298
時事年鑑	250
時衆年表	707
歯周病学事典	3834
市場占有率	5527
市場調査文献情報	5528
市場流通要覧	5538
辞書解題辞典	161
四書索引	330
辞書・事典全情報	162
地震の事典	3350
JIS F規格集	4744
JIS記号・略号大辞典	3957
JIS工業用語大辞典	3942, 3957
JIS総目録	4102
JIS総目録　CD-ROM版	4102
JIS都道府県・市区町村コードによる全国町・字ファイル	1523
JISに基づく機械要素/材料・治工具ハンドブック	4415
JISハンドブック	4109
JIS用語	3093
JIS用語辞典	3943
システム監査用語辞典	2302
システム機器便覧〔実用〕	4124
システム技法ハンドブック	4123
SISTハンドブック　科学技術情報流通技術基準ハンドブック	4058
磁性体ハンドブック	3200
史籍解題辞典	900
史籍年表	915
史跡名勝天然記念物指定目録	1538
次世代複合材料技術ハンドブック	4015
施設園芸ハンドブック	5331
自然科学の名著	3081
自然環境保全基礎調査のための植物目録	3483
自然史関係大学所蔵標本総覧	3119
自然地名集	1518
自然地理用語からみた世界の地理名称	1464
時代考証事典	1035, 1069, 2965
時代風俗考証事典	2963
時代別日本文学史事典	6783
史談会速記録	1083, 1097
7カ国語科学技術用語辞典	3095
70年代にのぞむ左翼団体	1728
自治体行政法事典	1816
自治体政策事典	1815
自治用語辞典	1813
自治用語小辞典	1811
市町村大字読方名彙・日本地図帖地名索引	1524
市町村区分全国寺院大鑑	632
市町村区分による全国寺院大鑑	632
市町村別財政状況調	2454
市町村別日本国勢総覧	1487
市町村名語源辞典	1529
市町村名変遷辞典	1828
失業対策年鑑	2603
実験化学ガイドブック	3244
実験動物学事典	3681
実験動物学用語集	3682
実行関税率表	5568
実行輸入税表	5568
知っておきたい証券統計	2367
疾病傷害および死因統計分類提要	3677
七宝事典	5946
実務家のための最新下水道ハンドブック	4228
実務家のための最新建築構造ハンドブック	4334
実務家のための最新建築内外装ハンドブック	4350
実務賃金便覧	2296
実用インテリア辞典	4382
実用英和工学術語辞典	3944
実用化学辞典	3229
実用空調技術便覧	4371
実用建設名鑑	4154
実用コンピュータ用語辞典	4659
実用システム機器便覧	4124
実用自動盤ハンドブック	4427
実用新案公報	4088
実用新案分類別総目録	4088
実用真空技術総覧	4461
実用新素材技術便覧	4016
実用税務用語事典	2442
実用茶道用語辞典	6400
実用帝国地名辞典	1514
実用電子計測器ハンドブック	4564
実用日中技術用語辞典	3934
実用燃料便覧	4960
実用農薬ガイドブック	5307
実用表面改質技術総覧	4840
実用フィンランド語小辞典	6713
実用服飾用語辞典	5142
実用プレス用語辞典	4805
実用流量表	3991
実例心理学事典	358
指定重要文化財〔新〕	5764
指定植物図鑑	3474
私鉄統計年報	5626
私鉄要覧	5625

事典映画の図書	6241
事典英文学の背景	6998
事典外国人の見た日本	901
事典・家族	2658
事典近代日本の先駆者	1299
事典現代のフランス	1642
辞典・事典総合目録	163
自転車実用便覧	4481
自転車統計要覧	4484
自転車用語ハンドブック	4477
事典昭和戦後期の日本	1748
事典昭和戦前期の日本	*1748*
事典シンボルと公式制度	1409
事典東南アジア	1619
事典日本労働組合運動史	2593
辞典の辞典	164
字統	6556
児童学事典	2771
児童教育の本全情報	2724
児童劇・人形劇・学校劇・70年の年表〔日本児童演劇の歩み〕	6236
自動車技術史の事典	4486
自動車技術ハンドブック	4492
自動車技術用語辞典	4487
自動車工学便覧〔新編〕	*4492*
自動車工具便覧	4493
自動車諸元表	4494
自動車・鉄道・船舶・航空機用語小辞典〔英和〕	4475
自動車（鉄道・船舶・航空）用語30000	*4475*
自動車統計データブック	4499
自動車統計年報	4499, *5617*
自動車年鑑	4500
自動車の最新技術事典	4488
自動車の事典	*4488*
自動車部品・用品名鑑	4498
自動車用語五か国語辞典〔図解〕	4490
自動車用語中辞典	4489
自動車用電装品ハンドブック	4495
児童心理学事典	2772
児童心理学の進歩	2773
自動制御ハンドブック	4681
自動盤ハンドブック〔実用〕	4427
児童福祉施設要覧	2706
児童文学関係文献目録	6745
児童文学個人全集・内容綜覧作品名綜覧	6747
児童文学事典	6750
児童文学全集・内容綜覧作品名綜覧作家名綜覧	6748
児童臨床心理学事典	2774
支那画学書解題	*5807*
支那書画人名辞書	5812
支那人名辞書	1329
支那地名辞典	*1601*
支那地名集成	1600, *1602*
支那仏道年譜	*582*
支那法制大辞典〔増訂〕	*2023*

シナリオ文献	6729
芝居小唄	*6145*
地盤改良工法便覧	4185
市販加工食品成分表	3822
耳鼻咽喉科学用語解説集	3811
事物起源辞典	240
司法一覧	*1794*
司法・裁判・刑法に関する10年間の雑誌文献目録	1978
司法省監獄局統計年報	*1976*
司法統計年報	*1986*, 1987
島崎藤村事典	6946
Shimadas 島の情報ガイド	1491
事務・情報技術機器ハンドブック	5051
事務年報	2446
誌名変遷マップ	117
社会運動・思想関係資料案内	1715
社会科学関係書誌の書誌	1670
社会科学基本用語辞典	*1676*
社会科学系研究者著作目録の索引	1669
社会科学辞典〔新編〕	1677
社会科学小辞典	1676
社会科学総合辞典	1678
社会科学大事典	1675
社会科学大辞典	1674
社会科学文献解説	1668
社会科学論文総覧	1667
社会学事典（弘文堂）	2509
社会学辞典〔現代〕	2508
社会学辞典〔新〕（新泉社）	2511
社会学辞典〔新〕（有斐閣）	2512
社会学辞典（有斐閣）	*2512*
社会学・社会思想に関する10年間の雑誌文献目録	2502
社会学小辞典	*2512*
社会学中辞典〔新しい世紀の〕	2507
社会学用語辞典	2510
社会科資料集成　日本史編	*957*
社会教育行政必携	2930
社会教育事典〔新〕	2931
社会教育者事典	2925
社会教育・生涯学習ハンドブック	2926
社会教育・生涯教育関係文献目録集	2927
社会教育・障害者教育・家庭教育に関する10年間の雑誌文献目録	2904
社会教育調査報告書	2928
社会教育ハンドブック	*2926*
社会教育必携	*2930*
社会経済文献年報	2094
社会事業雑誌目次総覧	2674
社会思想事典	1719
社会心理学小辞典	2515
社会心理学用語辞典	2516
社会生活統計指標	2565
社会調査入門	2518
社会調査ハンドブック（有斐閣）	2517
社会調査ハンドブック（日本経済新聞社）	2518

して～しや ———— 993

書名	ページ
社会病理学用語辞典	2671
社会福祉士・介護福祉士のための用語集	2680
社会福祉事業辞典	2681
社会福祉事典〔現代〕	2678
社会福祉法人全名簿	2690
社会福祉法制史年表	*1933*
社会福祉用語辞典	2682
社会法・労働法・環境保全法に関する10年間の雑誌文献目録	2503
社会保険・労働保険がわかる事典	2541
社会保険・労働保険の事務百科	2542
社会保障・社会福祉事典	2543
社会保障水準基礎統計	2551
社会保障総合年表	2544
社会保障統計年報	2552
社会保障に関する10年間の雑誌文献目録	2539
社会保障年鑑	2553
社会保障の手引	2545
社会保障便利事典	2546
社会問題・青少年問題に関する10年間の雑誌文献目録	2504
社会・労働運動大年表	1724
社会論・文化論に関する10年間の雑誌文献目録	2505
釈迦伝文献目録	587
試薬ガイドブック	3251
試薬便覧	3252
社史実業家伝記目録	*1258*
社史・団体史目録	2253
社史・伝記目録	2250
社史についての文献一覧	2248
射出成形金型設計マニアル	5026
写真技術便覧	5909
写真集全情報	5906
写真・日本クモ類大図鑑	3548
写真の事典	5910
写真用語事典	5911
写真用語辞典	5912
ジャズの事典	6092
社内規程百科	2291
社内標準化便覧	4125
JAPIC資料ガイド	3865
Japonica時事百科	214
社名・マーク事典	2234
シャンソンのアーティストたち	6119
ジャンル・テーマ別英米児童文学	6756
獣医英和大辞典	5400
獣医学大辞典	5401
獣医ハンドブック〔新編〕	5402
集英社世界文学大事典	6735
週刊誌記事索引	143
衆議院会議録総索引	*1753*, 1754
衆議院名鑑	1761
衆議院要覧	1759
宗教ガイドブック〔新〕	482
宗教学辞典	430
宗教学ハンドブック	431
宗教教育資料集	2762
宗教教団・人物事典〔新〕	*480*, 481
宗教研究・調査ハンドブック〔新〕	483
宗教辞典	427
宗教事典〔新〕（弘文堂）	*480*, 481
宗教辞典〔新〕（東京堂出版）	479
宗教哲学名著解説	423
宗教に関する10年間の雑誌文献目録	424
宗教年鑑	441, 469, 632, 670, 671
宗教年報	*441*
宗教の本全情報	425
宗教ハンドブック	429
宗教便覧	*441*
宗教要覧	*441*
十三経索引	326
集大成現代墨場必携	5838
住宅関係文献目録	2554
住宅・建築主要データ調査報告	4358
住宅・建築ハンドブック	4359
住宅問題事典	2555
集中治療用語集〔英和和英〕	3722
修訂論語年譜	333
柔道名鑑	6387
十二支の話題事典	395
10年天気図	3332
18-19世紀英米文学ハンドブック	7011
銃砲年鑑	6394
住民運動に関する主な文献目録稿	*1809*
住民運動に関する文献目録	1809
自由民権運動研究文献目録	1092
自由民権年表	1101
集落町並みガイド	4314
周礼引得	*326*
周礼索引	326
周礼逐次索引	*326*
儒海　儒者名鑑	313
授業改革事典	2839
授業研究大事典	2840
授業研究大事典〔現代〕	2838
授業研究用語辞典	2841
熟語慣用句辞典〔和英〕	6647
熟語大辞典〔現代伊和〕	6701
熟語本位英和中辞典	6635
手芸百科事典	5143
修験道辞典	697
朱子語類『口語語彙』索引	340
朱子文集固有名詞索引	341
儒者名鑑〔儒海〕	313
手術用語集	3788
主税局第1回年報	*2449*
主題書誌索引	56, 59
出演者名簿	6184
出張・海外勤務ハンドブック	2292, *2297*
出入国管理統計概要	*2011*

書名	ページ
出入国管理統計年報	2011
出入国統計	*5640*
出版関係文献要覧	51
出版業大鑑〔現代〕	*53*
出版事典	52
出版年鑑（出版ニュース社）	60
出版年鑑（文泉堂出版）	84
出版文化人総覧〔現代〕	*53*
出版文化人名辞典	53
首都圏広域市街地図集	1563
首都圏地価分布図総覧	2179
ジュニア科学講座〔岩波〕	*3104*
受配電システム要覧	4586
受配電・制御システム要覧	4586
種牡馬年鑑	*6377*
趣味・営利花卉園芸ハンドブック	*5351*
樹木根系図説	5424
樹木図鑑〔原色〕	5421
樹木大図鑑〔原色〕	5422
樹木大図説	5425
主要各種団体名鑑	*255*
主要企業の系譜図	2226
主要旧法令	1913
主要金融機関別投融資分析	2360
主要国行政機構ハンドブック	1798
主要国際機関の概要	1996
主要国自動車統計	4501
主要国食料需給表	5233
主要国米英仏独中ソ日行政機構ハンドブック	1798
主要産業経営指標便覧	2309
主要産業の設備投資計画	3967
主要条約集	2003
潤滑用語集・解説付	4406, *4407*
循環器学用語集	3753
循環器略語解説	3754
巡礼・参拝用語辞典	666
JOINT-A	*2181*
JOINT-B	*5453, 5593*
省エネルギー情報ガイドブック	4042
省エネルギー総覧	4043
省エネルギー便覧	4044
荘園史用語辞典	*1025*
荘園志料	1022, *1023, 1025*
荘園分布図	1023
生涯学習事典	2929
生涯学習・社会教育行政必携	2930
詳解学校運営必携	2805
障害児教育大事典	2909
障害児教育用語辞典	2910
障害者行政事典	2700
障害者福祉関係図書目録	2701
詳解生徒指導必携	2806
詳解電気通信術語事典	4592
詳解マーケティング辞典	5516
消化器集団検診用語集	3755
消化器内視鏡用語集	3756
消化器ハンドブック	3757
消化器病学用語集	3758
唱歌教材目録	6114
小学館古語大辞典	6511
小学館プログレッシブ仏和辞典	6686
小学館プログレッシブ和英中辞典	6639
小学館ランダムハウス英和大辞典	6636
小学館ロベール仏和大辞典	6687
小学館和伊中辞典	6702
唱歌索引	*6114*, 6115
小学校経営事典〔現代〕	2818
将棋年鑑	6434
蒸気表〔SI日本機械学会〕	*4443*
蒸気表　1968年	*4443*
商業辞典	5454
商業統計表	*5458*
商業動態統計年報	5456
商業販売統計年報	*5456*
商業用語辞典	*5454*
商業・流通・サービス業に関する27年間の雑誌文献目録	5453, *5593*
商業・流通辞典〔現代〕	*5454*
商君書索引	335
証券アナリスト・ジャーナル	*2371*
証券関係主要雑誌記事索引	*2365*
証券関係主要雑誌論文記事索引	*2365*
証券関係文献目録	2365
証券関係文献目録・証券年表	2365, 2378
証券局現行通達集	*2376*
証券実務事典　株式編	2373
証券実務事典　債権・投資信託編	*2379*
証券実務用語辞典	2372
証券事典〔現代〕	2370
証券人名録	2385
証券統計年報	*2377*
証券投資信託年報	2403
証券取引百科	2379
証券年表	*2365*, 2378
証券年報	*2376*
証券ハンドブック	2368
証券用語辞典	2369
昇降機用語辞典	4478
症候群小辞典	3759
商工経済団体名簿	2087
商工団体名簿	*2087*
詳細・戦後日米関係年表	*1866*
小辞典教育〔岩波〕	*2734*
商事法に関する10年間の雑誌文献目録	1962
小集団研究辞典	2519
症状からみた家庭の医学	*5175*
上水道統計および報告	*4234*
正倉院文書索引	1003
肖像選集	1368
章草大字典	5868

しゆ〜しよう ── 995

書名	番号
醸造の事典	5127
上代説話事典	6917
上代文学研究事典	6786
上智大学吉利支丹文庫	793
情緒障害事典	2915, 3767
浄土宗戒名大字典	699
浄土宗辞典〔新〕	703
浄土宗大辞典	700
浄土宗大年表	704
浄土宗仏家人名事典	701
浄土宗名句辞典	702
浄土真宗名句辞典	708
小児科「新用語」解説事典	3776
小児科用語集	3777
小児科臨床大事典〔講談社〕	3775
小児外科疾患用語集	3778
小児外科手術用語集	3779
小児検査ハンドブック	3780
小児神経学用語集	3781
少年矯正統計年報	1976
少年矯正保護用語辞典	2707
消費者金融白書	2397
消費者信用統計	2398
消費者対応実務事典	2571
消費者団体の概要	2574
消費者物価指数接続指数総覧	2342
消費者問題年表	2573
消費・生活経済辞典〔現代〕	2561
商品生産輸出入物量累年統計表	5585
商品大事典〔現代〕	5522
商品大辞典	5522
商品大辞典〔現代〕	5521
商品取引年鑑	5540
商品流通ハンドブック〔最新〕	5532
情報科学辞典〔岩波〕	1
情報化住宅設備設計実務便覧	4372
情報化白書	10
消防関係JIS要覧	4373
情報技術用語あ・ら・かると	4660
正法眼蔵随聞記語彙総索引	739
正法眼蔵要語索引	740
正法眼蔵用語辞典	741
情報公開ハンドブック	1827
情報サービス企業台帳　情報処理サービス企業等台帳総覧	11
情報サービス産業白書	12
消防実務辞典〔和英〕	1785
商法小辞典	1965
情報処理ハンドブック　新版	4
情報処理用語辞典〔英和和英〕	4644
情報世界地図	1476
消防設備用語辞典	1786
情報通信英和・和英辞典	4593
情報通信統計	5671
情報通信年鑑	5671
情報通信ハンドブック	5668
情報の歴史	884
情報ファイルCIS・東欧	5560
情報メディア白書	4608
消防用語事典	1784
消防用語集〔和英〕	1785
正本による近世邦楽年表（稿）	6136
声明関係資料年表	6098
声明辞典	655
照明の事典	4364
縄文期貝塚関係文献目録	984
縄文時代研究事典	989
生薬漢名学名対照辞典	3901
条約集（大蔵省印刷局）	2000
条約集〔解説〕（三省堂）	2005
条約便覧　多数国間条約	1999
条約便覧　二国間条約	1999
常用医薬品の副作用	3701
常用化学定数表	3238
逍遙書誌	6954
商用単位事典	5178
常用六体字典	5857
省力化溶接ハンドブック	4828
小六法	1910, 1921
昭和家庭史年表	1108
昭和期人物年表	1102
昭和現存天台書籍綜合目録	673, 677
昭和国勢総覧	2483
昭和国勢総覧〔完結〕	2483
昭和災害史事典	2713
昭和災害史年表事典	2713
昭和財政史　昭和27－48年度	2432, 2433
昭和財政史　終戦から講和まで	2432, 2433
昭和財政史〔昭和元年から終戦まで〕	2432, 2433
昭和38年－50年の家計	2566
昭和史事典〔最新〕	1107
昭和史の事典	1109
昭和書籍雑誌新聞発禁年表	118
昭和書籍総目録	82, 83
昭和前期日本都市地図集成	1566
昭和ニュース事典	1116
昭和○○年度の決算と検査	2435
昭和物故人名録	1376
昭和文学年表	6816
昭和・平成家庭史年表	1108
昭和法宝総目録	597
昭和流行歌総覧	6120
諸外国の主要学校ハンドブック	2796
書画骨董人名大辞典	5707
書家事典〔現代〕	5881
諸家知譜拙記	1387
職域販売	5463
職域販売斡旋窓口名鑑	5463
職域販売チャネル開発便覧	5463
職員録	1801

職業辞典	2635	食物成分表	5159
職業ハンドブック	2636	食糧管理統計年報	*5231*
職業別・等級別職能要件書	*2295*	食糧管理年報	*5231*
続古今集総索引	6864	食料工業	5113
続後拾遺集総索引	6865	食料需給表	5230
続後撰集総索引	6866	食糧統計年報	5231
続拾遺集総索引	6867	食料年鑑	*5118*
食生活情報ブック	5166	食糧年鑑	5118, 5263
続千載集総索引	6868	食糧・農業問題の本全情報	5186
食肉成分表	5390	諸家傳	1384
食肉便覧	5391	諸祭神名辞典	*503*
食肉用語事典	5392	書誌小林秀雄	6943
食肉流通統計	*5245*	諸子集成〔新編〕	343
続日本紀総索引	1018	女子体育関係文献目録	6282
食の名言辞典	2983	書誌年鑑	*56, 57, 59*
食品newトレンド	*5535*	女子用往来刊本総目録	2875
食品工学ポケットブック	5110	諸神・神名祭神辞典	503
食品工業総合事典	5098	女性生き生き事典	2647
食品工業総合名鑑	5116	女性の職業のすべて	2637
食品工場排水処理ハンドブック	4898	女性のデータブック	2654
食品産業事典〔現代〕	5096	女性・婦人問題の本全情報	2641
食品産業統計年報	5123	女性文学辞典〔現代〕	6791
食品産業統計要覧	*5123*	書籍年鑑	84
食品事典〔新〕	*5153*, 5154	所蔵社誌・団体誌（経営者伝記）目録	2249
食品図鑑	5168	所蔵社史目録	2254
食品図鑑〔原色〕	5167	書体字典	5858
食品製造装置百科辞典	5099	書体大百科字典	5859
食品設備実用総覧	5111	ショッピングセンター名鑑	5482
食品大辞典	5153	書道基本用語詞典	5839
食品と容器の事典	5100	書道字典〔現代〕	5852
食品トレンド	5535	書道辞典	5840
食品ビジネス用語	5101	書道全集	5848, *5849*
食品微生物制御システムデータ集〔最新〕	5109	書道大字典	5860
食品包装技術便覧	*5112*	書道百科事典	5841
食品包装便覧	5112	書道名言辞典	5842
食品包装用語辞典	5102	書評年報	150
食品流通実勢マップ	5536	書物関係雑誌細目集覧	44
食品流通統計年鑑	5537	書物誌展望	45
食品流通年鑑	*5537*	シリーズ大東亜戦争下の記録	1134
食品流通年報	5470, *5535*	私立学校の財務状況に関する調査報告書	2821
植物ウイルス事典	3417	私立大学・短期大学紀要類論文題目索引	144
植物観察事典〔図解〕	3463	資料御雇外国人	1084
植物群落レッドデータ・ブック	3489	史料館収蔵史料総覧	902
植物工学要覧〔最新〕	5284	史料館所蔵史料目録	903
植物・植物学の本全情報	3451	史料館所蔵民族資料図版目録	2936
植物圖鑑〔原色〕	*3530*	史料館所蔵目録一覧	*897*
植物バイオテクノロジー事典	3431	資料建設業者便覧	4155
植物病原菌類解説〔新編〕	5298	資料公職追放	2010
植物病理学事典	5297	飼料史年表	5376
植物ホルモンハンドブック	3460	資料消費者行政	2574
植物目録	3461	史料：戦後の労働市場	2615
植物和名学名対照辞典	3453	史料綜覧	904, *1002*
植物和名語源新考	*3462*	史料日本近現代史	1117
植物和名の語源	3462	資料日本被害地震総覧	*3351*
食文化に関する文献目録	2984	資料・日本歴史図録	960, *1080*

しょく～しり　997

書名	番号
飼料ハンドブック	5377
飼料便覧	*5380*
資料三島由紀夫	6961
史料明治百年	1118
資料労働運動史	2616
辞林21	6468
シルクロード往来人物辞典	1320
シルクロード事典	1175
シルクロードハンドブック	*1176*
シルクロード百科〔新〕	1176
シルバー情報ガイド	2666
新アパレル工学事典	5076
新医学略語辞典	3643
新医療機器事典	3746
新映画事典	6245
新英和活用大辞典	6644
新エネルギー技術用語集	*4036*
新エネルギー便覧	4045
新音楽辞典	6045
辛亥革命文献目録〔新編〕	1210
新会計用語辞典	2316
新・外国音楽家の呼び方	6046
新・外国楽曲の呼び方	6057
新改訳聖書ハンディー・コンコルダンス	815
新化学インデックス	*4870*
新化学ドイツ語辞典	3217
新化学用語辞典	3209
新・化学用語小辞典	3218
神学事典	775
新学校用語辞典	2748
新カトリック大事典	854
シンガポール生活事典	1702
新・紙加工便覧	*5069*
秦漢思想研究文献目録	320
新漢和辞典〔大修館〕	6485
審議会総覧	1790
神祇史年表	510
新技術略語辞典	3958
神祇に関する制度・作法事典	509
新教育学大事典	2733
新教育基本語彙	2862
新教育社会学辞典	2763
新・教育心理学事典	2766
新教育の事典	2749
新教育法規基本用語辞典	2804
新共同訳旧約聖書続編語句事典	835, *842*
新共同訳聖書コンコルダンス	816
新共同訳聖書コンコルダンス　聖書語句索引	817
新共同訳聖書辞典	801
新・キリスト教辞典	767
新キリスト教辞典	766
新金属データブック	4797
真空技術総覧〔実用〕	4461
真空技術ハンドブック	4462
真空ハンドブック	4463
神宮文庫所蔵垂加神道橘家神道関係書目録	485
シンクタンク年報	4060
シンクタンク要覧	*4060*
新クラウン和英辞典	6640
新クリーンルームの運転・管理・清浄化ハンドブック	4374
新経営英和辞典	2186
新・経営行動科学辞典	2217
神経学用語集	3768
新経済用語和英辞典	2066
新劇年代記	6233
新現代衣料事典	5077
新現代独和辞典	6676
新現代日本執筆者大事典	1348
人口学用語辞典	2164
人口関係文献集	2166
新校群書類従索引	109
人口事典	2163
人工臓器用語解説集	3747
人工臓器用語集	3748
人工知能大辞典	5
人口問題・統計・住宅に関する27年間の雑誌文献目録	2167
新・顧客組織化実例集	*5520*
真誥索引	472
新後撰集総索引	6869
新・古典文学研究必携	6821
新こよみ便利帳	3292
新コンサイス仏和辞典	6688
真言事典	687
真言宗小事典	688
真言宗年表	694
真言密教霊雲寺派関係文献解題	682
人材開発プログラム情報源	2293
新材料	4017
新さかな大図鑑	3580
新殺菌工学実用ハンドブック	5114
新纂禅籍目録	718
新纂大日本続蔵経　索引部	617
新纂大日本続蔵経　目録部	616
新纂仏像図鑑	658
新歯学大事典	3835
新色名事典	5990
新字源〔角川〕	6476
人事興信録	1300
人事・賃金制度新設計マニュアル	2295
新指定重要文化財	5764
新社会学辞典（有斐閣）	2512
新社会学辞典（新泉社）	2511
新社会教育事典	2931
新釈禅林用語辞典	720
神社古図集	524
神社祭祀関係法令規程類纂	522
神社祭神辞典	*503*
神社・寺院名よみかた辞典	514

998 ─── しり〜しんし

書名	頁
神社実務提要	520
神社辞典	512
神社名鑑	515, *519*
新獣医英和辞典	*5400*
新収外国雑誌・高額図書リスト	1881
新宗教ガイドブック	482
新宗教教団・人物事典	*480*, 481
新宗教研究・調査ハンドブック	483
新宗教事典	480, *481*
新宗教辞典	479
真宗辞典	709
真宗小事典	710
真宗新辞典	711
真宗僧名辞典	712
新修体育大辞典	6297
真宗大辞典	713
新修日本絵巻物全集	*5793*
新収日本地震史料	3347
真宗年表	715
真宗用語英訳グロッサリー	714
新収洋書総合目録〔Union catalog of foreign books〕	185, *189*
新浄土宗辞典	703
新常用歯科辞典	3836
新・食品事典	*5153*, 5154
新シルクロード百科	1176
紳士録	*1128*
心身障害教育と福祉の情報事典	2911
心身障害児教育・福祉・医療総合事典	2912
心身障害辞典	2913
心身障害者関係文献目録	2702
清人篆隷字彙	5894
新・心霊科学事典	388
新進路指導事典	2845, *2846*
新水産ハンドブック	5447
新数学公式集	3147
新数学事典	3142
新世紀大辞典	225
世紀大辞典〔新〕	225
新世紀百科辞典〔学研〕	225
新聖書語句辞典	818
新聖書辞典	802
新聖書大辞典	803, *816*
新聖書地図	820
新生徒指導事典	2842
新・世界ジャズ人名辞典	6093
新世界地図	*1474*
新石油事典	4850
新摂関家伝	1388
新撰浮世絵年表	5800
新選エス和辞典	6722
新選漢和辞典	6480
新撰組事典	*1070*
新選組大事典	1070
新選国語辞典	6469
新全国骨董の旅	5972
新撰古筆名葉集	*5874*
新千載集総索引	6870
新センサーハンドブック	3992
新撰産業情報総覧	5179
新撰大人名辞典	*1310*
新撰仏教辞典	*551*
新撰万葉集総索引	6844
腎臓学用語集	3692
新増補浮世絵類考	5803
新素材技術便覧〔実用〕	4016
新素材ハンドブック	4018
新素材便覧	*4016*
新素材用語事典	4003
新大字典〔講談社〕	6479
身体障害事典	*2915*
身体障害辞典	2914
信託用語集	2402
新・田中千代服飾事典	5144
新畜産ハンドブック	5371
新地名表記の手引	1440
新・中東ハンドブック	1704
新潮国語辞典	6470
新潮世界美術辞典	5691
新潮世界文学辞典	6736
新潮世界文学小辞典	*6736*
新朝鮮史入門	1181
新潮日本人名辞典	1301
新潮日本文学辞典	6784
新潮日本文学小辞典	*6784*
新勅撰集総索引	6871
新訂寛政重修諸家譜家紋	1410
新訂航海ハンドブック	4757
新訂増補国史大系	*898*
新哲学年表	297
新電気設備事典	4580
神典索引	511
新店舗施設管理用語小辞典	5460
新東京都地図要覧	1564
振動工学ハンドブック	3996
神道事典	496
神道辞典	495
神道小事典	497
神道書籍目録	484, 486, *490*
神道人名辞典	516
神道大辞典	498
新道徳教育事典	2776
神道文献	487
神道文献概説	488
神道分類総目録	489
神道要語集	499
神道論文総目録	490
新土木設計データブック	4186
新日韓辞典	6584
新日本教育年記	2788

書名	ページ
新日本樹木総検索誌	5426
新日本植物誌	3490
新日本地名索引	1499
新日本分県地図　全国地名総覧	1559
新値段の明治・大正・昭和風俗史	*2339*
シンハラ語辞典	6612
新版化学工業略語記号集	4868
新版機械設計便覧	*4410*
新版空気機械工学便覧	4464
新版契約全書	1961
新版世界人名辞典	1318
新判例体系	*1912*, 1917
神秘オカルト小事典	389
新ビジネス英語大辞典	2277
新ビジネス18万語大辞典	2280
新美術教育基本用語辞典	2856
新非破壊検査便覧	4030
百科事典〔現代新〕	212
新ファッションビジネス基礎用語辞典	5145
人物逸話辞典	1373
人物化学史事典	3230
人物記念館事典	261
新・仏教辞典	538
人物交流索引	1102, *1103*
人物事典〔現代〕	1315
人物書誌索引	*56*, *59*, 1259
人物文献索引	1260
人物文献目録	1261, *6778*
人物レファレンス事典	1269
人物レファレンス事典　古代・中世・近世編	1270
新フラメンコ百科	6158
新プレス加工データブック	4813
新聞切抜・写真分類表	*1105*
新聞雑誌記事カタログ	145
人文社会全集講座内容綜覧	110
新聞社説索引集	151
新聞集成昭和史の証言	1119
新聞集成昭和編年史	1120
新聞集成大正編年史	1121
新聞集成明治編年史	1122
新聞集録大正史	1123
新聞小説史年表	6817
新聞人名辞典	264
新聞総覧	268, *272*
人文地理学辞典	1438
新聞目録	130
新編育種学用語集	5288
新編英和活用大辞典	6644
新編音楽歴史図鑑	*6068*
新編花卉園芸ハンドブック	5351
新編学生の音楽事典	6034
新編感覚・知覚心理学ハンドブック	365
新編原色果物図説	3509
新編建築材料データブック	4335
新編咬合学事典	3837
新編故事ことわざ辞典	6499
新編国歌大観	6825
新編古文書解読字典	*973*
新編自動車工学便覧	*4492*
新編社会科学辞典	1677
新編獣医ハンドブック	5402
新編植物病原菌類解説	5298
新編辛亥革命文献目録	1210
新編姓氏家系辞書	1419
新編西洋史辞典	1227
新編世界哲学小辞典	*283*
新編セクソロジー辞典	3693
新編川柳大辞典	6897
新編畜産学用語集	5367
新編畜産大事典	5372
新編帝国図書館和古書目録	193, *195*
新編東洋学論集内容総覧	1168
新編東洋史辞典	1177
新編土木工学ポケットブック	4148
新編日本史辞典	934
新編日本地蔵辞典	3013
新編日本酒事典	5128
新編日本食品事典	5155
新編日本の交響楽団定期演奏会記録	6049
新編日本被害地震総覧	3351
新編防雪工学ハンドブック	3330
新編明代史研究文献目録	1203
新編酪農ハンドブック	5373
新法学辞典	1889
新法律学辞典	1888
新・法令用字用語必携	1901
新簿記用語辞典	*2326*
新・母子保健用語集	3782
シンボルの原典	5831
新マイコン用語事典	4661
新明解漢和辞典	6481
新明解国語辞典	6471
新明解古語辞典	6512
人名仮名表記字典	1288
人名情報事典〔現代〕	1316
神名の語源辞典	504
人名のつく現象と法則の辞典	3109
新約ギリシャ語辞典	*839*, 840
新約ギリシヤ語逆引辞典	839
新約聖書ギリシア語辞典	841
新約聖書語句事典新共同訳	842
新約聖書辞典	*843*
新約聖書小辞典	843
新約聖書神学事典	844
新約聖書人名事典	845
新約聖書略解	*807*
新郵便用語事典	*5660*
信頼性ハンドブック	4128
新ラミネート加工便覧	5027
親鸞辞典	717

書名	ページ
親鸞聖人書誌	716
心理学〔岩波小辞典〕	*355*
心理学関係研究誌文献目録	351
心理学事典　新版（ミネルヴァ書房）	361
心理学辞典（教育出版）	359
心理学辞典（平凡社）	360
心理学・社会心理学に関する10年間の雑誌文献目録	352
心理学小辞典	362
心理学小辞典〔岩波〕	355
心理学の本全情報	353
心理技術事典	404
心理臨床家のための119冊	383
心理臨床大事典	375
森林の公益機能に関する文献要約集	5408
森林の百科事典	5415
新倫理学事典	405
新倫理辞典	406
森林・林業・木材辞典	5412
人類医学年表	3678
心霊科学事典〔新〕	388
心霊研究辞典	390
進路指導実務事典	2846
進路指導事典〔新〕	2845, *2846*
神話・伝承事典	458
神話伝説辞典	3024

す

書名	ページ
水工学便覧	4212
水耕栽培百科	5289
水産学文献検索資料	5437
水産学用語辞典	5442
水産業累年統計	5251
水産図解	*2994*
水産年鑑	5435
水産ハンドブック〔新〕	5447
水質汚濁防止機器	*4229*
水蒸気改質炉・分解炉ハンドブック	4894
推薦映画総目録	6260
吹奏楽講座〔最新〕	*6091*
水素保安技術ハンドブック	4934
水中火山岩　アトラスと用語解説	3381
水道統計	4234
水道年鑑	4235
水道用語辞典	4223
水道用語集	*4223*
水道用バルブハンドブック	4449
水文誌関係文献目録リスト	3344
水力機械工学便覧	4450
スウェーデン関係日本語文献目録	1248
スウェーデン語辞典	6683
スウェーデンハンドブック	1708
数学教育史年表〔現代〕	2850
数学公式集〔新〕	3147

書名	ページ
数学事典〔新〕（大阪書籍）	3142
数学辞典（朝倉書店）	3143
数学辞典〔岩波〕	3137
数学大公式集	3148
数学定理・公式小辞典	3144
数学ハンドブック	3149
数学100の慣用語	3145
数字でみる日本の100年　日本国勢図会長期統計版	2493
数値計算ハンドブック	3159
数の話題事典	245
数理科学事典〔現代〕	3141
数理情報科学事典	6
図解鋳物用語辞典	*4807*
図解印刷技術用語辞典	5918
スカイ・ウオッチング事典　朝日コスモス	3274
図解エネルギー用語辞典	4038
図解応用地質用語集	3360
図解オーディオ・ビデオ用語辞典	4613
図解音楽事典	6035
図解解剖学事典	3689
図解型技術用語辞典	4806
図解機械用語辞典	4392
図解機関車名称事典	4479
図解客貨車名称事典	4480
図解橋梁用語事典	4203
図解金属材料技術用語辞典	4004
図解建築施工用語辞典	4342
図解建築大工用語集	4343
図解工業用ダイヤモンド用語辞典	4005
図解古銃事典	4762
図解コンピュータの大百科	4673
図解コンピュータ用語辞典	4662
図解性科学大辞典	*3000*
図解自動車用語五か国語辞典	4490
図解植物観察事典	3463
図解スポーツルール大事典	6328
図解製紙百科	5070
図解生物学データブック	3388
図解生物観察事典	3389
図解世界楽器大事典	6079
図解染織技術事典	5954
図解測量用語事典	4176
図解畳技術宝典	5078
図解茶道具事典	6413
図解鋳造用語辞典	4807
図解鉄道保線・防災用語事典	4205
図解電気工学事典	4548
図解電気設備技術基準ハンドブック	4581
図解電気の大百科	4549
図解動物観察事典	3524
図解道路用語事典	4193
図解土質・基礎用語集	4159
図解土木コンクリート用語集	4173
図解土木重要用語集	4135

書名	ページ
図解土木施工用語集	4181
図解土木用語辞典	4136
図解による法律用語辞典	1886
図解燃焼技術用語辞典	4953
図解配管用語辞典	4445
図解バイテクマニュアル	5290
図解・光デバイス辞典	4722
図解微生物学ハンドブック	3422
図解百科最新科学技術の常識	3961
図解プラスチック用語辞典	5022
図解メカトロニクス用語辞典	4689
図解めっき用語辞典	4835
図解油・空圧用語辞典	4446
図解リハビリテーション事典	3789
菅江真澄民俗語彙	2941
図鑑海藻の生態と藻礁	5449
図鑑瓦屋根	4351
図鑑日本の監獄史	1974
スキー年鑑	6357
すぐわかる最新ワープロ・パソコン用語辞典	4663
図形科学ハンドブック	4050
硯の辞典	5884
図説古刀史	*5962*
図説エジプトの神々事典	468
図説江戸時代食生活事典	2985
図説江戸の司法・警察事典	*1928*
図説・江戸町奉行所事典	1928
図説江戸料理事典	5156
図説化石の百科	3374
図説からだの事典	3690
図説漢方医薬大事典　中国薬学大典	3902
図説機械用語事典	4393
図説教育人物事典	2792
図説ギリシア・ローマ神話文化事典	466
図説歯科医学の歴史	3845
図説・世界古代遺跡地図	867, *868*
図説世界の宗教大事典	447
図説・世界未確認生物事典	3025
図説世界霊界伝承事典	391
図説戦国合戦総覧	1047
図説・占星術事典	400
図説草木辞苑	3454, *3455*
図説草木名彙辞典	3455
図説総覧海軍史事典	3059
図説中国の科学と文明	4055
図説中世城郭事典	1036
図説ディスプレイ用語事典	6000
図説電気・電子用語事典	4539
図説・動物文化史事典	5383
図説時計大鑑	4469
図説西日本古墳総覧	990
図説日本貨幣史	2332
図説日本人の生活時間	*2563*
図説日本鳥名由来辞典	3592
図説日本の医療	3818
図説日本の楽器	6137
図説日本の公共債	2452
図説日本の財政	2430
図説日本の住宅事情	2556, *2557*
図説日本の証券市場	2374, *2375*
図説・日本の食品工業	5119
図説日本武道辞典	6381
図説・日本未確認生物事典	3026
図説俳句大歳時記	*3004*
図説仏教語大辞典	539
図説仏像巡礼事典	5769
図説文楽人形	6239
図説盲教育史事典	2921
図説・木造建築事典	4326
図像学事典	5701
スタンダード英語語源辞典	6618
ステッドマン医学大辞典	3626
図でみる運輸白書	5604
ステンレス鋼便覧	4785
ストーマリハビリテーション学用語集	3790
スパイス百科事典	5157
スーパートリビア事典　アメリカ大衆文化を知るための雑学情報百科	1658
スピーチ引用名言辞書	*422*
スペインを読む事典	1645
スペイン研究日本語文献目録	*1244*
スペイン語・英語・日本語医学用語辞典	3656
スペイン語辞典〔研究社新〕	6694
スペイン・中南米関係文献目録	1244
スペイン・ポルトガルを知る事典	1644
スポーツ医学事典	6333
スポーツ科学事典	6298, *6299*
スポーツ科学辞典　日独英仏対照	6299
スポーツ基本用語辞典	6300
スポーツ記録　オリンピックをはじめ全記録総覧	6324
スポーツ審判ハンドブック	6329
スポーツ人名事典	6317
スポーツ大事典〔最新〕	6295
スポーツ大辞典〔最新〕	6296
スポーツ大百科	6301
スポーツ団体名鑑	6319
スポーツ・データバンク小事典	6302
スポーツトレーナーマニュアル	6334
スポーツの本全情報	6283
スポーツ百科事典〔現代〕	6294
スポーツ用語	6303
スポーツ用語事典	6304
スポーツ用語辞典	6305
スポーツルール審判問答集	6330
スポーツルール大事典〔図解〕	6328
図名索引	1547
図名便覧	1548
スラブ・東欧研究者名簿	1647
図録アジアの建築・彫刻・工芸〔アジア・美の様式〕	5738

書名	ページ
図録・山漁村生活史事典	2994
図録・石器入門事典	991
図録石器の基礎知識	*991*
図録・都市生活史事典	1071
図録日本の甲冑武具事典	5971
図録日本の貨幣	*2336*
図録農民生活史事典	*2994*
図録・民具入門事典	2989
図録・民具の基礎知識	*2989*
スワヒリ語辞典	6715

せ

書名	ページ
西欧の議会	1758
生化学辞典	3409
性科学大辞典〔図解〕	3000
生化学データブック	3414
生化学ハンドブック	3415
生化学用語辞典〔英和・和英〕	3408
生化学用語集〔英和〕	3407
声楽・合唱辞典	6108
性学事典	3000
性格心理学ハンドブック	366
製菓事典	5103
声楽曲鑑賞辞典	6109
生活行動援助の文献集	3910
生活者アンケート総覧	2520
生活の造形	*5930*
生活用品品目別企業便覧	5052
静嘉堂文庫漢籍分類目録	205
静嘉堂文庫国書分類目録	*205*
青果物卸売市場累年統計	5242
税金ガイド　英和対照	2447
整形外科学辞典	3791
整形外科学用語集	3792, *3798*
整形外科大事典〔講談社〕	3787
整形外科用語マニュアル	3793
成語大辞苑	6490
成語林	6491
政治〔岩波小辞典〕	1735
政治学事典	1734, *1736*, *1737*
政治学事典〔現代〕	1737
政治学小辞典〔現代〕	1736
政治学に関する10年間の雑誌文献目録	1732
姓氏家系辞書〔新編〕	1419
姓氏家系大辞典	*1419*, 1420
製紙・加工・包装・印刷技術用語辞典	5071
政治資金全書	*1765*
政治・社会問題に関する17年間の雑誌文献目録	*1733*
政治・政治問題に関する10年間の雑誌文献目録	1733
政治団体名鑑	1765
政治団体名簿	1766
政治ハンドブック	1738
製紙百科〔図解〕	5070
政治法律ロシア語辞典	1749
姓氏明鑑	1421
聖者の事典	855
正常値	3726
正常値と異常値の間	3727
正常値ハンドブック	3728
青少年教育資料年報	2932
青少年問題に関する文献集	2933
青少年問題用語小辞典	2934
聖書考古学大事典	821
聖書語句索引〔コンコルダンス〕	813
聖書語句索引〔コンコルダンス　口語訳聖書〕	814
聖書語句索引〔新共同訳聖書コンコルダンス〕	817
聖書語句辞典〔新〕	818
聖書語句大辞典	819
聖書コンコルダンス〔新共同訳〕	816
聖書コンコルダンス〔新共同訳〕聖書語句索引	817
聖書思想事典	804
聖書事典（日本基督教団出版部）	807
聖書辞典（いのちのことば社）	806
聖書辞典（新教出版社）	805
聖書辞典〔新〕（いのちのことば社）	802
聖書辞典〔新共同訳〕（キリスト教新聞社）	801
聖書小事典	808
聖書象徴事典	809
聖書植物図鑑	827
聖書大事典　カラー版	810
聖書大辞典〔新〕	803, *816*
聖書地図〔新〕	820
聖書動物事典	828
聖書年表・聖書地図	822
聖書の植物	829
聖書の世界　聖書の地理と歴史にまつわる物語	823
聖書の世界　総解説	794
聖書の動物事典	830
聖書の歴史地図	824
聖書ハンディー・コンコルダンス〔新改訳〕	815
聖書ハンドブック	795
聖書文化辞典	811
聖書目録	796
聖書理解和英小辞典	812
聖書歴史地図（新教出版社）	825
聖書歴史地図（原書房）	826
精神医学・行動科学辞典	3769
精神医学事典	3770
精神医学大事典〔講談社〕	3765
精神科看護用語辞典	3922
精神科ポケット辞典	3771
誠信心理学辞典	363
精神分析学辞典（育文社）	376
精神分析学辞典（河出書房新社）	377
精神分析事典	378
精神分析用語辞典	379
星図星表めぐり	3284
標準星図2000	3286
製図用語	4051

すろ〜せい　1003

書名	頁
精選銀行取引手続書式大事典	2391
精選中国地名辞典	*1597*, 1605
生態学辞典	3447
生体工学用語辞典	3694
生態の事典	3448
静電気の事典	3188
静電気ハンドブック	3193
生徒児童身体検査統計	*2827*
生徒指導事典〔新〕	2842
性の指導総合事典	2854
製品設計/開発のための電気めっきガイド	*4841*
政府刊行物等総合目録	103
生物学辞典〔岩波〕	3384
生物学データブック〔図解〕	3388
生物学名命名法辞典	3390
生物環境調節ハンドブック	5204
生物観察事典〔図解〕	3389
生物生産機械ハンドブック	5279
生物大図鑑	3395
政府定期刊行物目次総覧	1778
税法便覧	2448
税法用語事典	*2439*
税法用語辞典	2439
精密機械設計便覧	4472
精密防振ハンドブック	*3998*
税務・会計用語辞典	2329
税務重要計算ハンドブック	2330
税務百科大辞典	2440
税務便利事典	2327
税務用語事典	2442
税務用語辞典	2441
生命保険会社役職員名簿	2421
生命保険戦後統計	2424
生命保険に関する図書目録	2420
生命保険用語英和辞典	2422
声優事典	6253
西洋医学史ハンドブック	3679
西洋演劇用語辞典	6176
西洋音楽史年表	6073
西洋音楽史年表 改訂版	6072
西洋絵画作品名辞典	5816
西洋髪型図鑑	2981
西洋騎士道事典	1228
西洋教育史年表	2789
西洋近現代史研究入門	1223
西洋古代史研究入門	1235
西洋史研究入門	1224
西洋史辞典〔新編〕	1227
西洋思想史辞典	345
西洋思想大事典	346
西洋史図書目録	1225
西洋史料集成	1232
西洋人の描いた日本地図	1541
西洋人物レファレンス事典	1271, 1272
西洋シンボル事典 キリスト教美術の記号とイメージ	5731
西洋人名辞典〔岩波〕	*1272*, 1332
西洋人名・著者名典拠録	1275
西洋人名よみかた辞典	1290
西洋装飾文様事典	5986
西洋の音楽と社会	*6073*
西洋のヘア・ファッション	2982
西洋の紋章	*1411*
西洋美術〔岩波小辞典〕	5698
西洋美術解読事典	5702
西洋美術史小辞典	5740
西洋美術辞典	5704
西洋美術事典	5703
西洋美術事典〔原色〕	5700
西洋紋章大図鑑	1411
生理学用語集	3695
生理・生化学用語辞典	*3410*
清涼飲料関係統計資料	5124
西和中辞典	6695
世界遺産事典	*4253*
世界遺産データ・ブック	4253
世界映画オールタイム・ベストテン	*6246*
世界映画音楽事典'78	6125
世界映画作品・記録全集	*6255, 6256, 6257*
世界映画人名事典・監督（外国）編	*6251*
世界映画人名事典・男女優編	*6252*
世界科学・技術史年表	3130
世界科学史百科図鑑	3127
世界科学者事典	3115
世界科学大事典	3933
世界家畜図鑑	5384
世界楽器大事典〔図解〕	6079
世界各国経済情報ファイル〔The World〕	2084
世界各国・都市別産業及び住宅電気供給の周波数・相数・電圧・配線数・周波数安定及びプラグ便覧	4585
世界各国の栄養状態　世界食料調査	5232
世界各国要覧〔最新〕	1448
世界貨幣大事典	2337
世界観光データバンク	1450
世界機械貿易	5578
世界企業ダイレクトリー　アジア編	2243
世界企業ダイレクトリー　欧州編	2244
世界企業ダイレクトリー　北米編	2245
世界教育事典	2750
世界キリスト教百科事典	768
世界記録事典〔ギネスブック〕	228
世界銀行年次報告	2413
世界軍事略語辞典	3060
世界経済・社会統計	*2082*
世界経済データ・ベース	2081
世界経済統計	2082
世界原色百科事典	215
世界現勢〔最新〕	1449
世界幻想作家事典	6737
世界憲法集	1942
世界憲法集〔解説〕	1941

書名	ページ
世界考古学事典	865
世界考古学地図	868
世界皇帝人名辞典	1404
世界国勢図会	2477
世界古代遺跡地図〔図説〕	867, *868*
世界ことわざ大事典	3037
世界コンピュータ年鑑	13
世界最初事典　シェルブック	241
世界差別問題事典	1771
世界山岳地図集成	1632
世界山岳百科事典	6362
世界史事典	874
世界史人物生没年表	885
世界史・西洋史に関する37年間の雑誌文献目録	870
世界思想教養辞典	286
世界史大年表	886
世界CD-ROM総覧	14
世界自動車図鑑	4496
世界史年表（岩波書店）	887
世界史年表（河出書房新社）	888
世界ジャズ人名辞典〔新〕	6093
世界宗教事典（青土社）	449
世界宗教事典（教文館）	450
世界宗教事典（講談社）	451
世界宗教辞典	448
世界宗教・神秘思想百科	452
世界「宗教」総覧	454
世界宗教大事典	453
世界主要国機械輸入統計	5579
世界食品大事典〔味公爵〕	*5169*
世界植物大図鑑〔原色〕	3469
世界食糧概観	*5232*
世界食料農業白書	5181
世界諸国の憲法集	1943
世界諸国の制度・組織・人事	1750, *1800*
世界諸地域の文化と教育	2725
世界人権ハンドブック	1768
世界人口長期推計	2165
世界神秘学事典	299
世界シンボル辞典	434
世界シンボル大事典	3050
世界人名辞典〔岩波＝ケンブリッジ〕	1313
世界人名辞典〔新版〕	1318
世界人名・地名表記辞典	1279
世界神話辞典	459
世界数学者人名事典	3146
世界性学全集	*3000*
世界政治ハンドブック	1746
世界石油用語事典	4851
世界占術大事典	396
世界全地図	1477
世界大地図館　ライブアトラス	1478
世界大地図帳　テクノアトラス	1479, *1608*, *1622*, *1638*
世界大都市比較統計年表	2478
世界大博物図鑑	3531
世界大百科事典	216, *1660*, *1662*
世界探検家事典	1453
世界地図〔新〕	*1474*
世界地図情報事典	1468
世界地名語源辞典	1465
世界地名辞典　西洋編	1457
世界地名辞典　東洋編	1458
世界地名辞典　日本・東洋編	*1458*
世界地名人名辞典	1462
世界地名大事典	1459
世界地名大辞典	1454
世界地名の語源	1466
世界鳥類事典	3593
世界鳥類名検索辞典	3594
世界鳥類和名辞典	3595
世界つり大観	6365
世界帝王系図集	1405
世界哲学小辞典〔新編〕	*283*
世界鉄鋼材料規格比較対照総覧	4019
世界伝記大事典	1319
世界電球名鑑	4589
世界陶磁全集	5939
世界動物名検索大辞典	3594, *3611*
世界土壌生態図鑑	5275
世界とその国々	1451
世界と日本の貿易　ジェトロ白書・貿易編	5555, *5566*
世界ナイーブ美術百科事典	5817
世界日本キリスト教文学事典	6738
世界年鑑	251
世界の安全規格・認証便覧	4110
世界の医薬品集・薬局方	3878
世界農業基礎統計	5224
世界農業白書	*5181*
世界のウラン鉱業会社一覧	4770
世界農林業センサス報告書	5226
世界のエアラインと旅客機年鑑	*4510*
世界のオウムとインコ	*3600*
世界のオウムとインコの図鑑	3600
世界の音楽コンクール	6050
世界の玩具事典	6008
世界の規格事典	4111
世界の規格相互検索早見表〔最新〕	4019
世界の企業の経営分析	2306
世界の教育政策と行財政	2797
世界の国ハンドブック	1452
世界の軍用機	4511
世界の研究所要覧	4062, *4066*
世界の犬種図鑑	5385
世界の建築家581人	4300
世界の憲法集	1944
世界の工業団地	3978
世界の航空会社と旅客機年鑑	*4510*
世界の高等教育	*2797*
世界の国旗	1415
世界の国旗・国歌総覧	*1414*, 1416

書名	頁
世界の雑草	5291
世界のしくみ全系列地図	1862
世界の資源と環境	2180
世界の市町村名称	*1464*
世界の宗教大事典〔図説〕	447
世界の宗教と経典　総解説	455
世界の主要ウラン鉱業会社一覧	*4770*
世界の食糧・農林水産物情勢と見通し	5264
世界の初等教育	*2797*
世界の新聞雑誌ガイド	119
世界の針葉樹	3511
世界の神話	460
世界の神話伝説	461
世界の戦車	4763
世界の戦争・革命・反乱	871
世界の大学入試	2798
世界の大都市	1831
世界の大発明・発見・探検　総解説	3082
世界の地名・その由来	1467
世界の地名ハンドブック	1460
世界の中等教育	*2797*
世界の通貨〔新しい〕	2338
世界のテロ・ゲリラ	1769
世界の天然記念物	3532
世界の天文台	3275
世界の統計	2479
世界の統計資料	2480
世界の鳥	3601
世界の鳥の和名	*3595*
世界の日本人観　総解説	1681
世界の日本人観・日本学　総解説	*1681*
世界の猫図鑑	5386
世界のバイオ企業　最新情報・戦略・R&D動向	*3445*
世界のバイオ企業300	*3445*
世界のバイオ企業2200社	3445
世界の博物館事典	5748
世界の花	3510
世界の被害地震の表	3352
世界の美術館と企画展ガイド	*5751*
世界の平和博物館	1860
世界のみた日本	905
世界の名言・名句	*6491*
世界の名文句引用事典	414
世界の文字の図典	6441
世界の薬用植物〔原色百科〕	3899
世界発明年表	4096
世界版画大系	5891
世界ビギニング・データブック	242
世界美術辞典〔新潮〕	5691
世界美術大事典	5692
世界美術大辞典	5693
世界美術大全集	5716
世界服飾文化史辞典	2972
世界服飾文化史図鑑	2976
世界プラスチック商品名大辞典	5040
世界文学鑑賞辞典　イギリス・アメリカ編	6994, *6997*
世界文学個人全集・内容綜覧作品名綜覧	6730
世界文学事典〔ラルース〕	6742
世界文学辞典〔新潮〕	6736
世界文学小辞典〔新潮〕	*6736*
世界文学全集・内容綜覧作家名綜覧作品名総覧	6731
世界文学大事典〔集英社〕	6735
世界文学にみる架空地名大事典	6739
世界文化情報事典　カルチャーグラム102	1446
世界文化生物大図鑑	3395
世界紛争地図	1863
世界ホテル&コンベンションディレクトリー	5654
世界ホテルガイド	5655
世界哺乳類名検索辞典	3611
世界哺乳類和名辞典	3612
世界未確認生物事典〔図説〕	3025
世界民族問題事典	1772
世界名言事典	415
世界名事典ラルース〔角川〕	226, *6742*
世界名著大事典	174
世界盲人百科事典	2703
世界文様事典	5832
世界有用植物事典	3464
世界有用マメ科植物ハンドブック	5323
世界ヨット百科	6358
世界霊界伝承事典〔図説〕	391
世界歴史事典	875, 959, 1180, *1232*
世界歴史大事典	876
世界歴史地図〔三省堂〕	882
世界歴史の基礎知識	872
世界歴代王朝王名総覧	1406
石材・石工芸大事典	4771
石炭鉱業ハンドブック	4772
脊椎外科用語事典	3794
石仏偈頌辞典	637
石仏調査ハンドブック	5775
石油化学工業年鑑	4861
石油化学製品データブック	4862
石油鉱業便覧	4856
石油事典〔新〕	4850
石油消費動態統計月報	*4921*
石油精製技術便覧	4857
石油・石油化学用語辞典	4852
石油代替エネルギー便覧	4045
石油等消費動態統計年報（製造工業）	*4921*
石油年鑑	4863
石油備蓄ハンドブック	4858
石油用語解説集	4853
石油類比重・容積・度量衡換算表	4859
セクソロジー辞典〔現代〕	2999
セクソロジー辞典〔新編〕	3693
世俗諺文	*3038*
絶縁材料要覧	*4562*
絶縁試験法ハンドブック	*4563*
石器入門事典〔図録〕	991

書名	ページ
石器の基礎知識〔図録〕	991
節気表	3300
設計事務所便覧	4302
設計のための人体計測マニュアル	4052
設計のための人体寸法データ集	4052
接合技術総覧	4829
切削加工技術便覧	4428
切削データブック	4429
接続産業関連表	2107
接着剤便覧	5047
接着大百科	5044
接着・粘着の事典	5045
接着ハンドブック	5046
接着便覧	5047
接着用語辞典	5048
雪氷辞典	3323
説文解字篆韻譜	5864
絶滅のおそれのある野生動植物の種の保存に関する法律	4265
絶滅野生動物の事典	3525
説文解字	5894, 6555, 6556
説話大百科事典	3027
説話文学辞典	6915
説話文学必携	6908
セメント・セッコウ・石灰ハンドブック	4912
セメント年鑑	4920
セラミック加工ハンドブック	4913
セラミック基板材料データ集	4914
セラミックス辞典	4906
全アジア情報ファイル	1688
繊維工業要覧	5085
繊維統計年報	5090
繊維20世紀の記録	5091
繊維ファッション年鑑	5091
繊維年鑑	5091
繊維便覧	5079
禅学辞典	721
禅学大辞典	722
全学連各派　学生運動事典	2903
1945年以前の欧文論文目録	3152
選挙・議会・政党に関する10年間の雑誌文献目録	1752
選挙・議会に関する27年間の雑誌文献目録	1752
選挙大観	1757
船型百科	4736
先賢名家別号別称辞典	1345
全広連名鑑	5501
戦後英米作家研究図書	6988
戦後革命運動事典	1770
戦後歌人名鑑	6841
戦後キネマ旬報ベスト・テン全史	6246
戦後教育資料総合目録	2726
全国アパレル・メーカー総覧	5083
全国LPガス会社データブック	4962
全国LPガス会社年鑑	4962
全国LPガス企業年鑑	4962
全国屋外広告業者名鑑	5510
全国卸薬業者名簿	5469
全国温泉辞典	3356
全国学協会総覧	256
全国各種団体名鑑	255
全国学術研究団体総覧	256
全国河川ハンドブック	4214
全国学校総覧	2761
戦国合戦総覧〔図説〕	1047
全国環境事情	4264
全国観光データバンク	1488
全国観光動向	5639
全国患者会障害者団体要覧	2691
全国機械器具工場名簿	4402
全国機械工場名簿	4402
全国気象表〔気象庁年報〕	3336
全国教育委員会一覧	2810
全国郷土玩具ガイド	6009
全国銀行職員録	2393
全国警備産業名鑑	5498
全国研究機関総覧	257
全国研究所計画総覧	4063
全国建設土木名鑑	4156
全国建築関係研究者名鑑	4301
全国公益法人名鑑	1959
全国工業ガス年鑑	4964
全国公共職業安定所・職業能力開発施設所在地一覧〔ACCESS（アクセス）〕	2633
全国公共図書館逐次刊行物総合目録	127
全国工場通覧	3979
全国骨董の旅〔新〕	5972
全国古墳編年集成	992
全国ゴルフ場ガイド	6355
全国酒類製造名鑑	5132
全国産廃処分業中間処理最終処分企業名覧名鑑	4231
全国寺院名鑑	633
全国市区町村別大規模小売店舗要覧	5477
全国試験研究機関名鑑	4064
戦国史事典	1037
全国史跡総覧	1539
全国自治体在日外国人教育方針・指針集成	2807
全国市町村史刊行総覧	1147
全国市町村変遷一覧	1829
全国市町村名変遷総覧	1830
全国市町村要覧	1822
全国児童福祉施設要覧	2706
全国事務機・コンピュータ産業名鑑	5053
全国事務機産業名鑑	5053
全国社会福祉施設名簿	2692
全国主要神職名簿	517
全国主要労働組合一覧	2599
全国主要労働組合名簿	2599
全国酒類醸造名鑑	5132
全国商業通覧	5455
全国証券人事要覧	2385

せつ〜せんこ　1007

全国商工会議所名簿	2091
全国上場会社日経経営指標	*2311*
全国商店街名鑑	5459
全国食品会社名鑑	5117
全国食品業者名鑑	*5117*
全国植物園ガイド〔最新〕	3458
全国書籍商総覧	*53*
全国諸藩剣豪人名事典	6390
全国神社大要覧	518
全国神社仏閣ご利益小事典	513
全国神社名鑒	519
全国身体障害者スポーツ大会競技規則集	6331
全国新聞ガイド	269
戦国人名事典	1038
全国スポーツ施設名鑑	6320
全国精神薄弱関係施設名簿	2704
全国石仏石神大事典	3014
全国設計事務所名簿	4302
全国設計組織名簿	*4302*
全国石鹸洗剤・日用品雑貨業界名鑑	*4986*
全国世論調査の現況	*2522*
全国繊維企業要覧	5086
全国総合河川大鑑	4216
全国組織女性団体名簿	2655
全国組織婦人団体名簿	*2655*
全国大学一覧	2892
全国大学院総覧	2893
全国大学紀要類体育学論文索引目録	6284
全国大学職員録	*2894, 2896*
全国大学短大高専校歌集	*6900*
戦国大名家臣団事典	1039
戦国大名系譜人名事典	1040
全国短期大学一覧	*2895*
全国短期大学紀要論文索引	146
全国短期大学・高等専門学校一覧	2895
全国短大・高専職員録	*2894,* 2896
全国地方史誌関係図書目録	1148
全国地方史誌文献案内	1149
全国地名索引	*1499*
全国地名総索引	*1501*
全国地名総覧〔新日本分県地図〕	1559
全国地名読みがな辞典	1525
全国伝統的工芸品総覧	5932
全国特殊コレクション要覧	26
全国都市統計総覧	2467
全国図書館案内	27
全国都道府県議会議員名鑑	1835
全国都道府県市区町村別面積調	1489
全国土木名鑑	*4156*
全国日用品・化粧品業界名鑑	4986
全国ニット製造業者要覧	5087
全国ニット総合名簿	*5083*
全国美術界便利帳	5712
全国美術館ガイド	5749
全国美術館博物館所蔵美術品目録	5742
全国人出データハンドブック〔最新〕	5638
全国病院名鑑	3671
全国福祉事務所便覧〔最新〕	2689
全国複製新聞所蔵一覧	128
戦国武家事典	*1035*
戦国武士事典	1041
全国弁護士大観	1985
全国包装関連企業ガイド	*5524*
全国包装産業名鑑	5524
全国ボランティアグループ・団体ガイド	2693
全国昔話伝説関係資料蔵書目録	3020
全国メンズファッション店名鑑	5473
全国薬学教員名簿	3867
全国輸出入業者総覧	5547
全国妖怪事典	3015
全国溶接銘鑑	4832
全国療育名簿	2705
全国旅客自動車運送事業者要覧	5621
全国旅客自動車要覧	*5621*
全国旅行あっ旋業者名簿	*5647*
全国旅行業者名簿	5647
全国レジャーランド名鑑	5643
全国老人保健関係施設要覧	2697
禅語グロッサリー〔和英〕	731
戦後雑誌目次総覧　政治・経済・社会	153
戦後30年学校教育統計総覧	2757
戦後史資料集	*1126*
戦後史大事典	1110
禅語辞典	723
戦後児童文学研究書案内	6746
戦後10年の家計	*2566*
戦後新作戯曲事典	6177
戦後世界データハンドブック	2481
戦後石油産業史	4860
戦後占領下法令集	1916
戦後日米関係年表	1866
戦後日本における朝鮮史文献目録	1182
戦後美術年表	5735
戦後部落問題年表	2534
戦後法学文献総目録	1874
戦後労働関係文献目録	2578
戦後労働経済史	2608
洗剤・洗浄の事典	4971
洗剤の事典	4972
全裁判官経歴総覧	1983
センサを知る事典	3982
センサ技術ハンドブック	3993
センサ基礎用語辞典	3983
センサ実用事典	3984
センサの事典	3985
センサハンドブック	3994
センサーハンドブック〔新〕	3992
センサ用語辞典	3986
戦時下の言論	*1134*
戦時下の出版	*1134*

戦時・軍事法令集	1915
戦時国策スローガン・全記録〔帝国ニッポン標語集〕	408
戦史・戦記総目録	3056
全集・合集収載翻訳図書目録	105
全集/個人全集・作品名綜覧	*6768*
全集/個人全集・内容綜覧	*6769*
全集・作品名綜覧	*6776*, 6774
全集・作家名綜覧	*6775*, *6776*
禅宗辞典	724
全集総合目録	98
全集・叢書細目総覧	111
全集・叢書総目録	112
全集叢書総覧	99
全集・内容綜覧	*6774*, 6776
禅宗編年史	728
染色加工学用語字典	5001
染織技術事典〔図解〕	5954
染織事典	5955
染色事典	5002
染織大辞典〔原色〕	5953
潜水技術用語集	4737
占星術事典〔図説〕	400
禅籍目録〔新纂〕	718
戦前期日本官僚制の制度・組織・人事	*1750*, 1800
戦前日本映画総目録	6261
戦争・事変	877, *2712*
先端科学技術の現状と展望	3930
先端技術キーワード辞典	3945
先端技術研究開発情報総覧	4059
先端技術用語集〔最新〕	3940
先端材料応用事典	4006
先端材料を知る事典	4007
先端材料事典	4008
先端材料ハンドブック	4020
先端素材事典	4009
先端デバイス材料ハンドブック	4694
先端電子材料事典	4690
煎茶の用語集	6401
線虫学関連日本文献記事目録	5299
全調査・出張旅費	*2297*
選定図書総目録	175
先天異常用語集	3715
全天恒星図2000	3285
先天性奇形症候群および遺伝性疾患データブック	3716
仙道語・技法辞典	473
全日本出版物総目録	61, *64*
専売局年報	*2453*
専売局年報告	*2453*
専売統計年報	2453
船舶海洋工学主題別文献案内	4730
船舶工学用語集	4738
船舶信号便覧	4745
船舶電気工学便覧	*4746*
船舶電気・電子工学便覧	4746

船舶用語辞典〔和英・英和〕	4740
専門情報機関総覧	29
専門新聞要覧	270
船用機関データ便覧	4747
全洋酒情報事典	5129
川柳総合事典	6898
川柳大辞典〔新編〕	6897
占領軍検閲雑誌目録・解題	120
染料便覧	*4999*
禅林香語宝鑑〔現代〕	732
禅林名句辞典	733
禅林用語辞典〔新釈〕	720
禅録慣用語俗語要典	725

そ

贈位諸賢伝	1354
造園学用語集	5357
造園修景大事典	5358
造園施工管理用語辞典	5359
造園の事典	5360
造園ハンドブック	5361
騒音・振動対策ハンドブック	4273
騒音・振動防止機器	*4229*
騒音用語事典	4274
葬儀大事典	643
造形教育事典	5754
造形教育大辞典	*5754*
宋元官箴総合索引	2015
宋元明清書画名賢詳伝	5813
総合アメリカ年表	1685
総合栄養学事典	3823
総合エネルギー統計	4048
総合学術用語集	3096
総合家庭科事典	5136
総合教職事典	2751
総合経営力指標	2308
総合芸能史年表	6195
総合国史研究要覧	947
総合国史文献解題	906
綜合国史論文要目	907
総合コンピュータ辞典〔共立〕	4670
綜合索引年鑑　実用新案編	*4088*
綜合索引年鑑　特許編	*4089*
総合誌記事索引	147
綜合春秋左氏傳索引	328
総合食品事典	3819
綜合書道大辞典	5843
総合水産辞典	5443
総合地方史大年表	1155
総合調理科学事典	5158
総合電子部品年鑑	4703
総合電子部品ハンドブック	4695
総校日本浮世絵類考	5803
総合日本戯曲事典	6904

書名	ページ
綜合日本民俗語彙	2942, *3015*
総合農協統計表	5235
総合芭蕉事典	6892
総合服飾史事典	2973
総合仏教大辞典	574
総合文庫目録	95
総合マーケティング資料年報	*5514*
相互作用ガイドブック	3702
造語方式による医学英和辞典	3635
草字苑	5869
荘子郭象注索引	336
増修故事成語大辞典	416
装飾のスタイル	5987
装飾のハンドブック	*5987*
蔵書目録　宗教　大倉精神文化研究所	426
蔵書目録 野上記念法政大学能楽研究所	6199
宋人伝記索引	1267
漱石研究年表	6957
造船設計便覧	4748
造像銘記集成	5770
宋代研究文献提要	1201
宋代研究文献目録	*1201*
宋代史年表	1202
相談業務ハンドブック	2392
草地学用語集	5378
装置材料耐食表	*4887*
増訂支那法制大辞典	*2023*
増訂武江年表	1156
曹洞宗関係文献目録	735
曹洞宗人名辞典	737
曹洞宗全書 改題・索引	736
曹洞宗全書 年表	738
曹洞宗大年表	*738*
増補浄瑠璃大系図	6240
増補落語事典	6275
増補和英法律語辞典	1903
草木辞苑〔図説〕	3454, *3455*
草木名彙辞典〔図説〕	3455
総理府統計局図書館都道府県統計書目録	2468
藻類の生活史集成	3496
疎外文献目録	2506
続江戸歌舞伎法令集成	*6226*
続教訓抄	*6140*
続故事ことわざ辞典	6499
続史愚抄	*6195*
続続歌舞伎年代記 乾	6229
続々歌舞伎年代記 坤の巻	6230
続長唄名曲要説	6147
続日本石仏図典	5778
続・日本の意匠　文様の歳時記	5833
続日本の絵巻	5793
続日本歴史地理ハンドブック〔地形図に歴史を読む〕	*1494*
測量学事典	4177
測量業者要覧	4178
測量用語事典〔図解〕	4176
測量用語辞典	4179
素形材年鑑	4821
蔬菜園芸の事典	5337
組織化要覧	*5520*
組織培養辞典	3405
粗飼料・草地ハンドブック	5379
租税資料目録	2438
祖堂集索引	726
ソビエト史研究入門	1249
ソリッドステート回路ハンドブック	4712
素粒子の理論と実験に関する年表及びその文献案内	3207
ソ連外交年表	1868
ソ連極東総覧〔最新〕	1635
ソ連・東欧海外ビジネスガイド	*2145*
ソ連・東欧研究者名簿	*1647*
ソ連・東欧―その新しい素顔	2145
ソ連・東欧における日本研究	*891*
ソ連における日本研究	891
ソ連貿易統計年鑑	*5592*
損害保険会社役職員名簿	2427
尊経閣文庫漢籍分類目録	206

た

書名	ページ
体育科学事典	6306
体育学研究文献分類目録	6285, *6290*
体育史資料年表	6340
体育書解題	*6286*
体育人名辞典	6318
体育・スポーツ事故責任安全対策質疑応答集	6312
体育・スポーツ指導実務必携	6313
体育・スポーツ書解題	6286
体育スポーツ総覧	6314, *6330*
体育・スポーツに関する10年間の雑誌文献目録	6287
体育・スポーツ用語英英事典	6307
体育大辞典	6297
体育大辞典〔新修〕	6297
大英図書館所蔵和漢書総目録	196
大英博物館古代エジプト百科事典	1252
大英博物館所蔵漢籍目録	198
大英博物館所蔵和書目録	197
対OECD加盟諸国貿易統計〔中国の対外貿易統計集〕	*5589*
対外交渉史文献目録　近世篇	1050
大学関係雑誌等記事文献目録	*2889*
大学教育・大学問題に関する10年間の雑誌文献目録	2887
大学研究所要覧	258
大学所蔵標本〈自然史関係〉の実態調査報告	*3119*
大学・短期大学紀要類論文題目索引	144, 1966
大学に関する欧文文献総合目録	2888
大学問題論説記事文献目録	2889
大語園	*3027*

書名	ページ
大漢語林	6482, *6483*
大漢語林語彙総覧	6482, 6483
大韓民国地名便覧	1588
大漢和辞典	6484
大気汚染防止機器	*4229*
大工道具集	5058
大系漢字明解	*5862*
体系経済学辞典	2100
体系・戸籍用語事典	1958
体系商品辞典	*5522*
体系商法事典	1964
体系賃金事典	2628
体系農業百科事典	5205
体系別・件名別教育研究情報目録	2727
体系別・件名別教育研究報告一覧	2727
体系貿易為替実務事典	5573
体系民法事典	1956
体験的アジア・ハンドブック	1699
体験的骨董用語録	5973
タイ語辞典	6593
大字源〔角川〕	6477
大事典desk	230
大修館新漢和辞典	6485
大衆文化事典	2524
大衆薬事典	3879
大正過去帳	*1376*, 1377
大正期人物年表	*1102*, 1103
大正-昭和25年期における日伊交流	1247
大正書籍総目録	81, 82, 83
大正新脩大蔵経	597
大正新脩大蔵経索引	620
大正新脩大蔵経目録	619
大正人物逸話辞典	*1373*
太上洞淵神呪経語彙索引	474
大正ニュース事典	*1116*, 1124
大正農民騒擾史料・年表	1104
大辞林	6472
耐震・防火建築ハンドブック〔最新〕	4333
大人名事典	1302, *1309*, *1310*
大人名辞典〔新撰〕	*1310*
大図説スポーツ百科	6308
大図典view	*230*, 231
大蔵経関係研究文献目録	610
大蔵経索引	611
大腸疾患用語集	3760
大東亜資料総覧	*1135*
大東亜戦争下の記録〔シリーズ〕	1134
大東亜戦争書誌	1134
大東急記念文庫貴重書解題	92
大都市圏の整備	2485
大都市圏要覧	2485
大都市の整備	2485
大都市比較統計年表	2494
タイトル情報辞典〔和英・英和〕	5695
第二次世界大戦事典	878
第2次大戦事典	879
対日投資ハンドブック	2410
大日本維新史料	*1082*
大日本外国貿易年表	5586
大日本現代教育家銘鑑	*2791*
大日本校訂大蔵経目録	612
大日本古文書	*909*, *1003*
大日本寺院総覧	634
大日本地震史料 第1-3巻	*3347*
大日本書画名家大鑑	*5788*, *5898*
大日本女性人名辞書	1364
大日本神名辞書	505
大日本人名辞書	219, *1269*, 1303
大日本続蔵経	603, 609, *618*, *619*, 727
大日本続蔵経〔新纂〕索引部	617
大日本続蔵経〔新纂〕目録部	616
大日本租税志	2450
大日本地名辞書	*1507*, 1508, *1515*, *1529*
大日本帝国陸海軍	3069
大日本読史地図	961
大日本農会誌記事索引目録	5187
大日本百科事典	217, *223*
大日本仏教全書 解題	541, 598, 603, 605, *619*
大日本仏教全書 目録・索引・新旧対照表	598
大日本分県地図併地名総覧	*1559*, 1560
大日本兵語辞典	3061
大日本名家全書	5895
タイの事典	1623
大百科事典	216, *5732*
大武鑑	1361
太平洋諸島百科事典	1663
太平洋戦史文献解題	1135
太平洋戦争図書目録	*869*, 1136
タイヤ年鑑	*5019*
ダイヤモンド会社業務規定集	2289
ダイヤモンド会社職員録 全上場会社版	2210
ダイヤモンド会社職員録 非上場会社版	2211
ダイヤモンド会社要覧（全上場会社版 1965-1995年版）	2190
ダイヤモンド会社要覧（全上場会社版 昭和25-1991年版）	2189
ダイヤモンド上場会社組織図要覧	2287
ダイヤモンド全上場会社組織図要覧	2287
週刊ダイヤモンド日本の会社ベスト8万1626社	2208
太陽エネルギー利用ハンドブック	4040
大洋州貿易年鑑	5561
体力・運動能力調査報告書	6325
体力つくりに関する文献抄録集	*6281*, 6288
台湾	1697
台湾銀行季刊	*2136*
台湾五万分の一地図集成	1618
台湾地区大学総覧	*2891*, *2897*
台湾の貿易・為替・関税制度	5562
台湾の貿易・関税・外貨制度	*5562*
タウン誌全国カタログ	121

たいか～たうん　1011

書名	ページ
打楽器事典	6087
高村光太郎（人物書誌大系）	6947
宅地建物取引業者名鑑	5494
宅地建物取引事典	5495
竹内道敬寄託文庫目録	6127
多項目教育心理学辞典	2767
多国語防災用語集	4277
多国籍企業辞典〔英和〕	2262
多国籍企業に関する文献目録	2261
凧大百科	6010
太宰治（人物書誌大系）	6948
太宰治全作品研究事典	6948, 6949
太政官日誌	*1129*
多数国間条約集	2004
畳技術宝典〔図解〕	5078
立原正秋小説事典	6950
建具製作教本	*4344*
建具用語便覧	4344
田中啓爾文庫目録	1432
田中千代服飾事典〔新〕	5144
楽しい鉱物図鑑	3382
楽しい美術本ガイド	5683
タバコ属植物図鑑	3514
煙草文献総覧	5316
Tabidas JTBの旅行情報源最新版	1492
たべもの日本史総覧	2986
ダム技術用語辞典	4213
ダム総覧	*4217*
ダム年鑑	4217
ダム文献集成	4207
タレント名簿録　芸能手帳	*6183*, 6185
単位の辞典	3110
タンカー関係海事文献目録	4731
檀一雄（人物書誌大系）	6951
断家譜	1391, *1410*
短歌文法辞典	6830
短歌用語辞典	6831
淡水魚	3581
淡水指標生物図鑑	3475
淡水藻類写真集	3497
ダンス・ハンドブック	6149
鍛造ハンドブック	4814
断熱建材ハンドブック	4336

ち

書名	ページ
地域間産業連関表	*2107*
地域経済総覧	2078
地域経済要覧	2126
地域交通年報	5601
地域戦略情報資料集	5529
地域調査ハンドブック	1441
地域統計提要	*2484*
地域統計要覧	2495
地域福祉事典	2683

書名	ページ
チェコ語＝日本語辞典	6708
知恵蔵	6522
地学事典	3309
地学辞典	3310
地学ハンドブック	3314
地学文献目録	*3359*
地下水学用語辞典	3345
地下水ハンドブック	3346
地価ハンドブック	2178
近松名作事典	6905
地球環境工学ハンドブック	4254
地球環境情報	4240
地球環境条約集	4266
地球環境大事典	*4241*
地球環境の事典	4246
地球環境ハンドブック	4255
地球観測ハンドブック	3315
畜産学用語集〔新編〕	5367
畜産環境対策大事典	5374
畜産大事典〔新編〕	5372
畜産統計	5243
畜産ハンドブック〔新〕	5371
畜産物流通統計	5245
畜産用語辞典	5368
逐条学校教育法	2808
地形学辞典	3361
地形図に歴史を読む　続日本歴史地理ハンドブック	*1494*
地形名とその周辺の語彙	*2957*
智山学匠著書目録	683
地質工学用語事典	4160
地質調査業者要覧	4168
地質調査所蔵書目録　東アジアおよび東南アジア	3358
地誌目録	*1493*
地図学用語辞典	3311
地図関係文献目録	1469
地図で知る中国・東アジア	1608
地図で知る東南・南アジア	1622
地図で知るヨーロッパ	1638
地図でたどる日本史	962
秩父事件文献総覧	1093
地中海事典	1229
地中海小事典	*1229*
地点別気候表	3333
知日家人名辞典	1333
知能障害事典	2915
チベット研究文献目録	1213
西蔵撰述仏典目録	623
西蔵大蔵経総目録	623, 624
地方沿革略譜	1085, *1128*
地方議会議員大事典	1836
地方議会用語辞典	1817
地方教育資料総合目録	2780
地方教育費調査報告書	2811
地方教育費の調査報告書	*2811*

書名	ページ
地方行政区画便覧	1493
地方公営企業年鑑	2268
地方公社総覧〔最新〕	2270
地方財政概要	2454
地方財政統計年報	2454
地方財政の状況	2435
地方財政白書	2435
地方財政要覧	2455
地方史研究の現状	1143
地方史研究必携	1142, 1163
地方史事典	1162
地方自治辞典	1812
地方自治・地方行政に関する27年間の雑誌文献目録	1776, 1807
地方自治年鑑	1820
地方自治の現代用語	1814
地方自治百科大事典	1810
地方自治便覧	1823
地方自治用語辞典	1811
地方史の研究と編集	1144
地方史文献総合目録	1150
地方税財政用語辞典・税務篇	2457
地方税ハンドブック	2456
地方税用語辞典	2457
地方鉄道軌道統計年報	5626
地方統計資料総合目録	2469
地名関係文献解題事典	1496, 1528
地名語源辞典	1530
地名索引	1493, 1500
地名の語源	1531
地名表記の手引〔新〕	1440
地名用語語源辞典	1497
茶懐石事典	6418
茶室茶庭事典	6416
茶室のみかた図典	6417
茶道具事典〔図解〕	6413
茶道歳事記	6407
茶道辞典	6402
茶道史年表	6410
茶道人物辞典	6411
茶道人名辞典	6411
茶道大事典〔角川〕	6398
茶道大辞典〔原色〕	6399, 6402
茶道入門事典	6408
茶道入門ハンドブック	6408
茶道美術鑑賞辞典	6403
茶道美術手帳	6409
茶道名言辞典	6404
茶道名数事典	6405
茶道用語辞典〔実用〕	6400
茶の大事典	5317
茶の湯茶碗の事典	6414
茶之湯道具寸法図会	6415
茶の湯用語集	6406
茶花大事典〔原色〕	5350
中英日現代化学用語辞典	3219
中英日自然科学用語辞典	3097
中央気象台年報	3336
中央競馬年鑑	6378
中外経済周刊	2139
中学英語指導法事典	2864
中華人民共和国・全資料	1691
中華人民共和国組織別要人名簿	1743
中華人民共和国・朝鮮民主主義人民共和国職官歴任表	1805
中華人民共和国法規彙編	2043
中学校経営事典〔現代〕	2819
中学校国語教科書内容索引	2872
中国市場調査データ集	1693
中国海関統計	5590
中国絵画史事典	5811
中国絵画総合図録	5808, 5809, 5810
中国外交研究文献目録〔現代〕	1846
中国画学書解題	5807
中国学芸大事典	1194, 6932
中国基本法令集	2043
中国共産党最新資料集	1767
中国近現代論争年表	1211
中国近代建築総覧	4322
中国経営関係文献目録	2183
中国経営・経済関係文献目録	2137
中国経済改革関係文献目録	2138
中国経済関係雑誌記事総目録	2139
中国経済関係主要記事・論文索引	2140
中国経済・産業データハンドブック	2085
中国研究案内〔現代〕	1206
中国研究ハンドブック	1207
中国研究文献案内	1189
中国高僧伝索引	588
中国高等学校大全	2897
中国語音韻研究文献目録	6551
中国語慣用語辞典〔例解〕	6575
中国語擬音語辞典	6570
中国国勢地図	1609
中国語軽声辞典	6571
中国故事成語大辞典	6567
中国語辞典〔岩波〕	6564
中国語熟語辞典〔例解〕	6561, 6575
中国語常用動詞例解辞典	6576
中国語常用略語辞典〔現代〕	6569
中国語書誌	6552
中国語図解辞典	6559
中国語大辞典	6562
中国語・朝鮮語雑誌新聞目録	129
中国古典名言事典	417
中国語略語辞典	6572
中国災害史年表	1195
中国最高指導者who's who	1742
中国史研究入門	1190
中国史人名辞典	1330

書名	ページ
中国史籍解題辞典	1196
中国思想辞典	322
中国思想・宗教・文化関係論文目録	321
中国小説小事典	6982
中国情報源	1694
中国情報人物事典	*1742*, 1744
中国情報ハンドブック	1695
中国書画家落款辞典	5896
中国食品事典	*5159*
中国食文化事典	2987
中国食物事典	5159
中国書道史事典	5882
中国書道辞典	5844
中国書道全集	5849
中国諸民族服飾図鑑	2977
中国人の日本研究史	892
中国人物別称総覧〔現代〕	1327
中国人民都市生活図鑑	*1693*
中国人名辞書	*1329*
中国人名事典	1331
中国人名辞典〔現代〕	1328
中国随筆索引	107
中国随筆雑著索引	*107*
中国政経用語辞典	1679
中国成語辞典	6568
中国正史研究文献目録	1191
中国姓氏事典	1426
中国禅宗人名索引	727
中国宗譜の研究	1395
中国組織別人名簿	1743
中国対外貿易統計	5590
中国大学全覧	*2891*, 2897
中国大学総覧	*2897*
中国大地図	1610
中国大陸五万分の一地図集成	1613
中国大陸省別地図	1611
中国大陸二万五千分の一地図集成	1614
中国・台湾経済関係雑誌記事目録	2136
中国地方志総合目録	1595
中国地名事典〔最新〕	1604
中国地名辞典（国書刊行会）	1601
中国地名辞典（原書房）	1600
中国地名辞典〔現代〕	1603
中国通俗小説書目	6981
中国典籍研究	*1170*
中国における日本研究	893
中国年鑑	*1692*
中国農民起義文献目録	1192
中国の科学と文明〔図説〕	4055
中国の対外貿易統計集　対OECD加盟諸国貿易統計	*5589*
中国の貿易統計	5591
中国ビジネスハンドブック	5563
中国美術全集	5718
中国美術年表〔必携〕	5739
中国百科	1692
中国標準万年暦	3296
中国仏教史辞典	580
中国仏道年譜	582
中国文学研究文献目録〔現代〕	6969
中国文学研究文献要覧	6970
中国文学語学文献案内	6971
中国文学歳時記	6978
中国文学専門家事典	6973
中国文化人類学文献解題	3045
中国文化大革命事典	1212
中国分省地図	1615
中国文人書画家名鑑	5814
中国貿易機関便覧	*5564*
中国貿易公司データ	5564
中国貿易統計	*5590*
中国貿易用語辞典	5565
中国法制大辞典	2023
中国本草図鑑〔原色〕	3896
中国本草図録	3903
中国本土地図目録	1607
中国名訓辞典	323
中国名言鑑賞辞典	6974
中国名勝旧跡事典	1606
中国名勝詞典	*1606*
中国名数辞典	246
中国薬学大典〔図説漢方医薬大事典〕	3902
中国料理用語辞典	5160
中国歴史地名辞典	1597
中國歴史地名大辞典	1599
中国歴代皇帝文献目録	1193
中国歴代職官辞典	2024
中国労働運動史年表	2617
中国労働問題・労働運動史文献目録	2579
中小企業関係文献索引	2227
中小企業教書	*2233*
中小企業経営者大事典	2213
中小企業支援育成便覧	*2232*
中小企業施策総覧	2230
中小企業施策のあらまし	*2230*
中小企業と競争に関する年次報告	*2233*
中小企業の経営指標	2231
中小企業の法律・施策用語小辞典	2228
中世史ハンドブック	1048
中世城郭事典〔図説〕	1036
中世史用語事典	1042
鋳造・鍛造・熱処理英和術語辞典	4808
鋳造用語辞典〔図解〕	4807
中東ハンドブック〔新〕	1704
中東要覧	1633
中毒ハンドブック	3703
中南米諸国便覧	1712
中南米における日本研究	894
中日英（日中英）医学用語辞典	3657
中・日・英バイオテクノロジー用語集	3432

中日英分析化学用語事典	3246
中・日・欧対照世界地名辞典	1463
中日辞典	6563
厨房設備施工ハンドブック	4375
中薬大辞典	3904
中薬大辞典	3904
TÜVの基礎知識	4112
超LSI製造・試験装置ガイドブック	4715
超LSI総合事典	4708
超音波技術便覧	3997
長期経済統計	2071
超硬工具用語集	4424
超自然・超心理学の本全情報	392
潮汐表	3342
朝鮮を知る事典	1582
朝鮮近代外交史年表	1867
朝鮮近代史の手引	*1185*
朝鮮研究文献誌	1183
朝鮮研究文献目録	*1182*, 1184
朝鮮現代史の手引	1185
朝鮮語辞典	6578
朝鮮古書画総覧	5806
朝鮮語大辞典	6579
朝鮮史入門〔新〕	1181
朝鮮社会運動史事典	1723
朝鮮人の日本人観・総解説	1682
朝鮮人物事典	1323
朝鮮人名辞書	1324
朝鮮全道府郡面里洞名称一覧	1589
朝鮮図書解題	89
朝鮮の姓	1425
朝鮮半島近現代史年表・主要文書	1186
朝鮮半島五万分の一地図集成	1594
朝鮮民主主義人民共和国主要法令集	2041
朝鮮民主主義人民共和国組織別人名簿	1741
朝鮮民主主義人民共和国地名辞典〔最新〕	1587
朝鮮要覧	1584
超電導を知る事典	3189
超電導関連用語	3190
超電導研究・開発ハンドブック	3194
蝶の学名	3565
調味料・香辛料の事典	5104
鳥類学名辞典	3596
蝶類検索図鑑〔原色〕	3563
勅撰集総索引〔新〕	6871
著作権事典	48
著作権者名簿	1349
著作権台帳	1350
著作権法ハンドブック	49
著者名よみかた辞典〔最新〕	1280
地理学関係文献目録総覧	1427
地理学研究のための文献と解題	1428
地理学辞典	1439
地理学辞典〔最新〕	1436
地理学文献目録	1429

地理小辞典〔最新〕	1437
地理・人文地理学・紀行に関する10年間の雑誌文献目録	1431
地理・人文地理学に関する27年間の雑誌文献目録	1430
地理用語集	1434
地理用語の基礎知識	1435
治療食指針	3824
治療薬ガイド	3737
治療薬識別事典	3853
治療薬マニュアル	3880
賃上げ・賃金管理・労使交渉のための実務賃金統計便覧	*2296*
賃金基本調査	2629
賃金事典	2630
賃金辞典〔最新〕	*2632*
賃金長期系列50年 日本の賃金50年の歩み	2631
賃金問題に関する27年間の雑誌文献目録	*2585*
賃金用語事典	2632

つ

通解名歌辞典	6832
通貨・金融・証券・保険に関する10年間の雑誌文献目録	2347
通産省公報	*5574*
通産統計ハンドブック	2070
通商産業省関係公益法人便覧	2271
通商産業省機械類輸出契約承認統計	*5577*
通商産業統計要覧	*2070*
通商統計要覧	*2070*
通商白書	*5566*
通信機器要覧	4604
通信サービス利用ガイドブック	5669
通信全覧総目録・解説	1051
通信販売業界名簿	*5466*
通信用語辞典	4594
筑波研究学園都市研究便覧	4065
菟玖波集総索引	6872
つどいと仲間づくりの体育あそび・ゲーム事典	6344
鐔鑑賞事典	5967
鐔・小道具画題事典	5968
鐔大鑑	*5967*
壺井栄（人物書誌大系）	6952
坪内逍遥事典	*6954*, 6953
釣りと魚大百科	6366
釣りの英語活用辞典	6367
徒然草講座	*6928*
徒然草事典	6928

て

TRC人名典拠録	1276
DSM-Ⅳ精神疾患の分類と診断の手引	3772
低温工学ハンドブック	4437
低温材料便覧	4021

ちゅうに〜てい ── 1015

書名	頁
帝国銀行会社年鑑	2194
帝国地名辞典	1515
帝国地名辞典〔実用〕	1514
帝国データバンク会社年鑑	2194
帝国図書館和漢図書書名目録	191, 193
帝国図書館和漢図書分類目録	192
帝国図書館和古書目録〔新編〕	193, 195
帝国ニッポン標語集　戦時国策スローガン・全記録	408
帝国陸海軍事典	3062
帝国陸軍編制総覧　近代日本軍事組織・人事資料総覧	3070
TCC広告年鑑	5513
ディジタル伝送用語集	4595
逓信統計年鑑	5661
ディスカウント名鑑	5474
ディスターヴェーク英米制度・習慣事典	1238
ディスプレイ＆インテリアビジネス情報源ハンドブック	6001
ディスプレイ用語事典〔図説〕	6000
TPM設備管理用語辞典	4118
定本禅林句集索引	723, 734
定本三島由紀夫書誌	6959
デイリーコンサイス外来語辞典	6518
デイリーコンサイスカタカナ語辞典	6518
デイリーコンサイス国語辞典	6473
手形交換統計年報	2396
手形法・小切手法小辞典	1968
デザイナー人名事典	5984
デザイン関係雑誌記事索引	5977
デザイン教育大事典	2857
デザイン事典〔現代〕（平凡社）	5979
デザイン事典〔現代〕（鳳山社）	5978
デザイン小辞典	5980
デザイン情報源	5974
デザインの事典	5981
手仕事の道具百科	5059
データ＆DATA	2275
データ of data ビジネスデータ活用事典	2275
データ・音楽・にっぽん	6051
データガイド地球環境	4256
データ・画像通信用語辞典	4618
データ世界経済	2083
データ通信ハンドブック	4625
データ通信用語の手引	4619
データでみる県勢	2496
データでみる小企業20年の歩み	2229
データでみる情報化の動向	5658
データパル　最新情報・用語事典	232
データブック世界の米	5265
データベース台帳総覧	15
データベース標準用語事典	7
哲学〔岩波小辞典〕	282
哲学がわかる事典	293
哲学基本事典	294
哲学研究入門	295
哲学字彙訳語総索引	287
哲学・思想コーパス事典	288
哲学・思想事典〔岩波〕	282
哲学・思想に関する10年間の雑誌文献目録	279
哲学事典	289
哲学事典〔現代〕	284
哲学辞典（青木書店）	301
哲学辞典（岩崎書店）	302
哲学小辞典〔岩波〕	282
哲学中辞典	290
哲学年表	298
哲学年表〔新〕	297
哲学の名著	280
哲学名詞解釈	303
哲学名著解題（協同出版）	347
哲学名著解題（春秋社）	281
哲学用語辞典	291
哲学・論理用語辞典	292
鉄鋼術語集	4786
鉄鋼統計月報	4792
鉄鋼統計年報	4791
鉄鋼統計要覧	4792
鉄鋼二次製品年鑑	4789
鉄鋼年鑑	4790
鉄鋼便覧	4787
鉄骨橋梁年鑑	4202
鉄道科学技術用語集〔英和・和英〕	4204
鉄道施設用語辞典	4206
鉄道辞典	5622
鉄道史文献目録	5624
鉄道小事典〔最新〕	4476
鉄道信号ハンドブック	4482
鉄道総合年表	5623
鉄道統計年報	5626
鉄道保線・防災用語事典〔図解〕	4205
鉄道要覧	5625
手の外科学用語集	3795
デパートニューズ調査年鑑	5479
デパートニューズ百貨店調査年鑑	5479
テーマパーク年鑑〔日経〕	5644
テルペンスペクトル集成	4978
テレビジョン・画像工学ハンドブック	4640
テレビジョン・画像情報工学ハンドブック	4640
テレビ・タレント人名事典	6181
テレビドラマ全史	6189
伝花事典	6428
電気化学便覧	3241
電気加工ハンドブック	4815
電気工学事典	4550
電気工学事典〔図解〕	4548
電気工学ハンドブック	4551
電気工学ポケットブック	4552
電気工事のデータブック	4582
電気工事便覧	4582

書名	ページ
電気工事用語事典	4583
電気雑音対策ハンドブック	4605
電気事業の現状	4557
電気情報英和辞典	4540
電気情報和英辞典	*4540*
電気絶縁材料事典	4562
電気絶縁油ハンドブック	4565
電気設備技術基準ハンドブック〔図解〕	4581
電気設備技術計算ハンドブック	4376
電気設備事典〔新〕	4580
電気通信事業者年報	*5671*
電気通信年鑑	*5671*
電気通信年報	*5671*
電気通信和－英－西技術用語辞典	5667
電気・電子英語ハンドブック	4541
電気・電子英語便覧	*4541*
電気・電子基本用語辞典	4542
電気・電子材料ハンドブック	4566
電気・電子・情報・制御基礎工学ハンドブック	3962
電気・電子のことがわかる事典	4553
電気・電子用語事典〔図説〕	4539
電気電子用語事典	4543
電気電子用語大事典	*4543*, 4544
電気・電子用語中辞典〔最新〕	4538
電気・土木・建築技術者のための工事用電気設備ハンドブック	4584
電気年鑑	4559
電気のしくみ小事典	4554
天気の事典	3324
電気の大百科〔図解〕	4549
電気百科事典	4555
伝記・評伝執筆者事典	1351
伝記・評伝全情報 西洋編	1262
伝記・評伝全情報 日本・東洋編	1263
電気めっきガイド	4841
電気用語辞典	4545
電源開発の概要	4532
篆刻字典	5897
篆刻篆書字典〔標準〕	5901
展示学事典	6002
電子機器年鑑	4701, *4703*
電子計算機ハンドブック	4
電子計測器ハンドブック〔実用〕	4564
電子顕微鏡学事典	4723
電子工業材料総覧	*4696*
電子工業年鑑	4702
電子材料活用辞典〔最新〕	4687
電子材料機器部品総覧	*4696*
電子材料総覧	4696
電子材料用語辞典	4691
電子情報通信英和・和英辞典	4596
電子情報通信ハンドブック	4606
電子測定器ガイドブック	4567
電子通信英和・和英辞典	*4596*
電子通信専門用語集	*4597*
電子通信ハンドブック	*4606*
電子通信用語辞典	4597
点字図書・録音図書全国総合目録	159, *160*
点字図書・録音図書全国総合目録索引	*159*
電子日本総合年表〔岩波〕	1099
天使の事典	777
点字表記辞典〔最新〕	2922
電子ブック　データベース昭和史	1099
店周650業種融資渉外ガイド	2394
篆書印譜大字典	*5899*
篆書印譜字典〔必携〕	5899
電食・土壌腐食ハンドブック	4842
電線・ケーブルハンドブック	4568
電線工業名鑑	4571
電線統計年報	4572
電線年間統計	*4572*
天台学辞典	678
電池活用ハンドブック	4873
電池便覧	4874
電通広告年鑑	5502
伝統工芸技法大事典	5933
伝統工芸士名鑑	5937
伝統工芸士名簿	5932, 5937
伝統的工芸品技術事典	5934
天然染料事典	5003
天然着色料ハンドブック	3825
天然薬物事典	3905
電波航法用語辞典	4758
電波辞典	4629
電波障害法規制便覧	4634
電波・テレコム用語辞典	4598
天部の仏像事典	659
店舗施設管理用語小辞典〔新〕	5460
デンマーク語辞典	6682
電蝕防止操典	*4842*
電蝕防止ハンドブック	*4842*
天文・宇宙の辞典	3276
天文・宇宙の本全情報	3269
天文学辞典	3277
天文観測辞典	3278
天文観測年表	3283
天文気象年鑑	*3283*
天文小辞典	3279
天理図書館稀書目録	93, *493*
電力技術デスクブック	4556
電力ケーブル技術ハンドブック	4569
電力需給の概要	4558
電力白書	*4557*

と

書名	ページ
ドイツ金融法辞典	2389
ドイツ言語学辞典	6673
ドイツ現代史総合文献目録	1239
ドイツ公法学人名辞典〔現代〕	2045

てん〜とい　　1017

書名	ページ
ドイツ語類語辞典	6674
ドイツ史研究入門	1240
ドイツ社会保障総覧	2547
ドイツ政治経済法制辞典	2033
ドイツ全刑法学雑誌	*2021*
ドイツの法律格言	2050
ドイツハンドブック	1641
ドイツ文学研究文献要覧	7022
ドイツ法学者事典	2044
ドイツ法律用語辞典	2031
統一商法典	*2038*
東欧を知る事典	1646
東欧関係邦語文献目録	*1250*
同音同訓異字辞典	6530
同音同訓漢字用例辞典	6540
東音譜	*6509*
東雅	*6509*
同方会報告	*1097*
冬芽でわかる落葉樹	5427
冬季オリンピック四カ国語辞典	6343
登記・訟務・人権統計年報	1988
陶器大辞典〔原色〕	5938
登記統計年報	*1988*
登記統計要旨	*1988*
Tokyo Art Directors Club annual	5506
東京記録文学事典	6794
東京芸術大学音楽学部小泉文夫記念資料室所蔵楽器目録	6080
東京国立近代美術館フィルムセンター所蔵映画目録	6262
登記用語事典	1957
東京裁判ハンドブック	1998
道教事典	470
東京女子体育大学女子体育研究所研究報告	6282
東京書籍出版営業者組合書籍総目録	*80, 83*
東京書籍商組合員図書総目録	*80, 83*
東京書籍商組合図書総目録	83
東京大学社会科学研究所所蔵マイクロ資料目録（稿）	1673
東京大学社会情報研究所附属情報メディア研究資料センター所蔵新聞目録	130
東京帝国大学神道研究室旧蔵書目録および解説	491
道教典籍目録・索引	475
東京都議会歴代議員略歴集録	1837
東京都近代文学博物館所蔵資料目録	6779
東京都区別地図大鑑	*1564*
東京都地図地名総覧	1564
東京都地図要覧〔新〕	1564
東京都統計書	*2497*
東京都統計年鑑	2497
東京都立中央図書館蔵合集収載翻訳文学索引	6732
東京都立中央図書館増加図書目録	*201*
東京都立中央図書館蔵書誌目録	58
東京都立中央図書館蔵書目録	201
東京都立中央図書館蔵地方史誌関係図書目録	1151
東京都立中央図書館蔵朝鮮語図書目録	202
東京都立中央図書館蔵東京関係図書目録	*1151*
東京都立中央図書館逐次刊行物総目次・総索引一覧	156
東京都立中央図書館逐次刊行物目録　年鑑・年報	132
東京都立中央図書館逐次刊行物目録　新聞・雑誌	131
東京都立中央図書館中国語図書目録	203
東京都立中央図書館・日比谷図書館新聞・雑誌目録	133
東京都立日比谷図書館児童図書目録	179
東京都立日比谷図書館蔵書目録	*201*
東京に関する文献目録	1808
糖業年鑑	5120
道教の大事典	471
東京百年史	1157
東京文学地名辞典	6807
東京ラウンド関係協定集	5569
東京レコードマップ	*6052*
統計・OR活用事典	3154
統計ガイドブック（大月書店）	2470
統計ガイドブック（新曜社）	3155
統計ガイドブック（日本経営協会）	2461
統計学辞典	2458
統計学大辞典〔現代〕	*2458*
統計学用語辞典	3156
陶芸家名鑑〔現代〕	5944
統計基準年報	2462
統計工学ハンドブック	3157
陶芸作家事典〔現代〕	*5945*
統計実務基礎知識	2463
陶芸辞典	5940
統計小事典	2459
統計情報インデックス	2464
統計情報総索引	*2464*
統計資料マイクロ・フィルム目録	2069
陶芸・セラミック辞典	4907
とうけい・調査資料逐次刊行物ガイド	2471
とうけい調査資料目録	2472
統計調査総覧	*2464*, 2465
統計でみる県のすがた	*2565*
統計で見る日本	2486
統計の統計	2473
統計報告書名鑑　官庁編その1	*2464*
統計用語辞典	3158
統計要覧	2075
統計よもやま話の本　絵で見る暮らしのデータバンク	2487
統計利用ガイドブック	2466
統計六法	2460
道元辞典	742
道元小事典	743
刀剣銘字大鑑	5957
刀工総覧	5965
投稿の手引	3174
東西意外食品事典〔こんな食品をご存知？〕	5152

東西交渉史研究文献目録	1169
東西名言辞典	418
唐詩解釈辞典	6979
唐詩鑑賞辞典	6980
陶磁器染付文様事典	5941
東史年表	1187
東寺百合文書目録	908
堂上家系譜大成	1389
東商信用録	2195
東証統計年報	2377
東証要覧	2384
動植物名よみかた辞典	3456
頭書増補訓蒙図彙大成	1064
島嶼大事典	1519
同姓異読み人名辞典	1281
刀装金工事典	5964, 5966
刀装小道具講座	5958
東大寺辞典	675
東大寺の歴史	675
東大寺文書目録	909
銅鐸関係資料集成	993
冬虫夏草菌図譜	3500
冬虫夏草図鑑〔原色〕	3500
東天紅　明治新聞雑誌文庫所蔵目録	134
道徳教育事典〔新〕	2776
東南アジアを知る事典	1620
東南アジア邦文資料目録 1946-1983	1214
東南アジア要覧	1621
動物学名便覧	3526
動物観察事典〔図解〕	3524
動物シンボル事典	5782
動物大圖鑑〔原色〕	3530
動物大百科	3533, 3536, 3612
動物・動物学の本全情報	3519
動物の大世界百科	3534
動物発生段階図譜	3535
動物病名辞典	5403
動物文化史事典〔図説〕	5383
動物分類表	3520
動物用医薬品用具要覧	5404
同文通考	6509
東方年表	1179
東北経済参考資料集	2086
東北地方方言辞典〔標準語引〕	6548
東北六県アイヌ語地名辞典	1532
同名異人事典	1304
同盟時事年鑑	250
東洋医学大事典〔講談社〕	3684
東洋会社年鑑	2242
東洋学研究文献類目	1171
東洋学著作目録類総覧	1170
東洋学文献センター叢刊	1184
東洋学文献類目	1171, 1192
東洋学論集内容総覧〔新編〕	1168
東洋画題綜覧	5804
東洋経済役員四季報	2221
東洋史研究文献類目	1171
東洋史辞典〔新編〕	1177
東洋史図書目録	1172
童謡唱歌名曲全集	6116
東洋史料集成	1174, 1180
東洋人物レファレンス事典	1271
東洋の歴史　13　人名事典	1330
東洋美術文献目録	5684, 5685
東洋仏教人名事典	589
東洋仏像名宝辞典	5771, 5772
東洋文庫漢籍叢書分類目録	207
道路行政	5618
道路交通センサス	4196
道路交通データブック	4199
道路統計年報	4200
道路ハンドブック〔最新〕	4197
道路用語事典〔図解〕	4193
道路用語辞典	4194
トキシコロジー用語集	3704
土岐善麿（人物書誌大系）	6955
徳川時代出版者出版物集覧	50, 77
徳川実紀索引	1052
徳川諸家系譜	1392
毒・危険性工場廃棄物500種	4945
特産作物文献集録	5318
読史総覧	947, 948, 953
読史備要	948, 949, 951, 953, 6524
読史方輿紀要索引中国歴代地名要覧	1598
特殊教育諸学校・教育研究所等における研究課題等の調査報告	2905
特殊教育必携	2916
特殊教育用語辞典	2917
特殊鋼便覧	4788
特殊法人総覧	2269
読書指導事典〔現代〕	42
毒性試験ハンドブック	3705
ドクターのための百科ガイド	3664
特定サービス産業実態調査報告書	5641
独仏伊英による音楽用語辞典	6036
特別活動指導法事典	2844
特別刑法文献目録	1969
独和医語辞典	3658
独和医歯学基本語文例辞典	3651
独和広辞典	6676, 6677
独和辞典〔現代〕	6676, 6677, 6680
独和辞典〔新現代〕	6676
独和大辞典	6678
独和法律用語辞典	2034
時計大鑑〔図説〕	4469
時計の文献目録	4465
時計百科事典	4470
時計文献蔵書目録	4465
都市銀行融資系列と相互銀行の関係	2360
都市銀行融資系列と地方銀行の関係	2360

書名	ページ
都市計画年報	4236
都市計画文献リスト	4219
都市計画用語事典〔最新〕	4222
都市計画用語集	4224
都市交通年報	5602
都市社会学に関する文献総合目録	2526
都市生活史事典〔図録〕	1071
都市宣言に関する調査結果	1826
土質安定工法便覧	*4185*
土質・基礎用語集〔図解〕	4159
土質工学ハンドブック	4163
土質工学標準用語集	4161
土質工学用語辞典	4162
都市の旗と紋章	1417
都市問題事典	2527
都市問題の本全情報	2528
都市用語辞典	2529
土壌・植物栄養・環境事典	5276
土壌に関連する農業機械の文献要録	5280
土壌・肥料・植物栄養事典〔最新〕	*5276*
土壌肥料用語集	5269
土壌物理用語事典	5277
図書館・MRのための医薬情報略語集	3854
図書館学事典〔最新〕	22
図書館学・書誌学辞典	23
図書館学文献目録	18
図書館関係専門家事典	28
図書館建築関係文献目録	19
図書館情報学研究文献要覧	*18*, 20
図書館情報学ハンドブック	30
図書館年鑑	33
図書館ハンドブック	31
図書館法規基準総覧	32
図書館用語集	24
図書・雑誌・ジャーナリズムに関する27年間の雑誌文献目録	265
図書資料目録	2580
図書総合目録〔現代〕	*83*
図書総目録	81, *82*
図書目録	6025
図書寮典籍解題	94
DOS/V活用事典	4674
塗装技術ハンドブック	4993
塗装の事典	*4994*
塗装ハンドブック	4994
土地問題事典	2177
特許技術用語集	4070
特許行政年次報告書	4094
特許局概要	4094
特許局統計年表	4094
特許公報	4089
特許公報・実用新案公報出願者名索引	*4089*
特許公報出願者名索引	4089
特許語句表現辞典〔和英〕	4075
特許、実用新案、意匠及び商標趨勢	4094
特許・実用新案公報出願者名索引	*4088*
特許・実用新案分類表	4092
特許情報管理入門	4080
特許庁年報	4094
特許の5000社	*4093*
特許の3000社	*4093*
特許分類別総目録	4089
特許明細書の作成用語集	4071
特許用語辞典〔英和〕	4067, *4076*
特許用語辞典〔和英〕	4076
都道府県別産業細分類別表　工業統計調査	3973
都道府県別民力測定資料集	*2500*
都道府県決算状況調	*2454*
都道府県指定文化財建造物目録	4315
都道府県農業基礎統計	5222
都道府県別経済統計	2079
都道府県名と国名の起源	1533
土木英和辞典	4137
土木機材事典	4182
土木計画便覧	4187
土木計測便覧	4149
土木・建築技術者のための最新基礎設計・施工ハンドブック	*4184*
土木・建築技術者のための最新軟弱地盤ハンドブック	4164
土木現場実用語辞典	4138
土木工学事典	4150
土木工学ハンドブック	4151
土木工学ポケットブック〔新編〕	4148
土木工事ハンドブック〔最新〕	4147
土木工法事典	4183
土木コンクリート用語集〔図解〕	4173
土木重要用語集〔図解〕	4135
土木施工技術便覧	4188
土木施工用語集〔図解〕	4181
土木設計データブック〔新〕	*4186*
土木用語辞典	4139
土木用語辞典〔図解〕	4136
土木和英辞典	*4137*, 4140
トライアルドラッグス	3894
トライボロジー辞典	4407
鳥の写真図鑑	3602
鶏ひなふ化羽数統計	*5243*
ドリーム・ブック　「夢」のシンボル辞典	401
砥粒加工技術便覧	4430
塗料原料便覧	4995
塗料年鑑	4998
塗料便覧	4996
塗料用語辞典	4997
トルコ語辞典	6607
吐魯番・敦煌出土漢文文書研究文献目録	1199
トレーニング用語辞典	6335
トレンド日米表現辞典	6626
敦煌道経	476
トンネル工法・機材便覧〔最新〕	4198

な

書名	ページ
内外音楽年鑑	6055
内外化学品資料	4875
内外社会運動史年譜	1725
内外石油資料	4865
内科学用語集	3761
内閣制度百年史	1791
内閣百年の歩み	1792
内閣文庫漢籍分類目録	208
内閣文庫国書分類目録	209
内閣文庫蔵諸侯年表	1362
内閣文庫未刊史料細目	1053
内閣法制局史	1793
内閣法制局の回想 創設百年記念	1793
内閣法制局百年史	1793
内航船舶明細書	5608
内国勧業博覧会美術品出品目録	5743, 5746
内燃機関ハンドブック	4438
内務省地理局編纂善本叢書	1493, 1500
長唄年表	6146
長唄名曲百選	6147
長唄名曲要説	6147
流れの可視化ハンドブック	3177
ナースのためのくすりの事典	3855
灘の酒用語集	5130
ナチス第三帝国事典	1241
名乗辞典	1282
名前から引く人名辞典	1305
名前の読み方辞典	1283
生コンクリート統計年報	4174
生コン年鑑	4175
奈良朝典籍所載仏書解説索引	599
ナワ（ナウワ）語辞典	6719
難解季語辞典	6886
難訓辞典	6455, 6524
南山堂医学大辞典	3627
南伝大蔵経総索引	625
難読稀姓辞典	1422
難読地名辞典	1526
南部新一文庫目録児童図書の部	176
南北朝編年史	1032
南北名作事典	6906

に

書名	ページ
肉食恐竜事典	3368
肉用牛経営・牛肉経済の文献リスト	5387
二玄社版日本書道辞典	5845
二国間条約集（改訂版）	2004
20世紀イギリス文学作家総覧	7000
20世紀英米文学ハンドブック	7011
20世紀西洋人名事典	1334
20世紀全記録	883
20世紀年表	889
20世紀物故洋画家事典	5818
20世紀ロシヤ文学年譜	7031
西ドイツ刑法学	2046
西ドイツ生活事典	1706
西日本古墳総覧〔図説〕	990
21世紀へはばたくセラミックス	4911
20万分1地勢図	1517, 1518
日ア辞典〔最新〕	6611
日英医学表現事典	3652
日英中 印刷・出版・情報略語集	5919
日英国際産業連関表	2107
日英故事ことわざ辞典	6645
日・英・西技術用語辞典	3946
日英禅語辞典	730
日英対照感情表現辞典	6668
日英中印刷・出版・情報用語辞典	5919
日英中家禽用語集	5369
日英中経済・貿易用語大辞典	2057
日英中「繊維技術用語集」	5080
日英中地学用語辞典	3312
日英中土木建築用語辞典	4141
日英独医語小辞典	3659
日英独実用印刷会話・用語集	5920
日英仏教語辞典	557
日英仏教辞典	558
日英米地方自治用語辞典	1818
ニーチェ事典	350
日欧交渉史文献目録	1050
日欧対照イメージ事典	3051
日常漢字の訓よみ事典〔当て字の辞典〕	6455
日常語の中の武道ことば語源辞典	6382
日常の物理事典	3164
日中英医学対照用語辞典	3660
日・中・英エンジニアリング用語集	3947
日中英機械対照用語辞典	4394
日中英電気対照用語辞典	4546
日中英土木対照用語辞典	4142
日中英プラスチック辞典	5023
日独国際産業連関表	2107
日・仏・英海洋科学用語集	3343
日佛国際産業連関表	2107
日米欧化粧品原料比較	4980
日米関係基礎文献目録	1844
日米経済ハンドブック	2150
日米口語辞典〔最新〕	6634
日米国際産業連関表	2107
日米表現辞典〔最新〕	6626
日米文化交渉史	1125
日用品統計年報	5055
日蓮辞典	752
日蓮宗寺院大鑑	749
日蓮宗事典	745
日蓮宗宗学章疏目録	744
日蓮宗小事典 まずこの一冊	746

ない〜にち ── 1021

書名	ページ
日蓮宗年表	750
日蓮聖人遺文索引	753
日蓮聖人遺文辞典	754
日蓮聖人大事典	755
日蓮聖人・日蓮教団史研究雑誌論集目録	756
日・露・英特許・発明用語集	4072
日韓辞典（国書刊行会）	6586
日韓辞典（三修社）	6585
日韓辞典〔新〕	6584
日経イベント	5509
日経イベント事典	5509
日経SP年鑑	5509
日経会社人名ファイル	2212
日経会社人名録	2212
日経金融年報	2363
日経経営指標　店頭・未上場会社版	2310
日経経営指標　全国上場会社版	2311
日経在日外資系企業ファイル	2240
日経テーマパーク年鑑	5644
日経バイオ官公庁アクセス	3441
日経バイオ最新用語辞典	3433
日経バイオテクノロジー最新用語辞典	3433
日経ハイテク辞典	3948
日経パソコン新語辞典	4664
日経BPイベント事典	5509
日経メディカル医療情報ガイド	3672
日経レストラン外食用語辞典	5492
日ソ基本文書・資料集	1865
日ソ貿易ハンドブック	5556
日ソ貿易要覧	5556
日中英印刷関連用語解説	5921
日中英・英中日プラスチック辞典	5023
日中英化学用語辞典	3220
日中英工業用語辞典	3949
日中英鉱山用語集	4773
日中英蚕糸学用語集	5366
日中英石油用語集	4854
日中英土木用語集	4143
日中関係企業データ	5557
日中機械電気工業辞典	4395
日中技術用語ハンドブック	3950
日中合弁企業契約書と定款の書き方・作り方	2042
日中辞典	6563
日中辞典〔岩波〕	6565
日中スポーツ語辞典	6309
日中・日朝関係研究文献目録	982
日中貿易関係企業名簿	5557
日中貿易統計	5587
日中貿易統計表	5590
日中貿易必携	5558
日朝小辞典	6587
日展史資料	5744
二宮尊徳研究文献目録	410
日本朝日人物事典〔現代〕	1291
日本アジア関係史研究文献目録	983
日本アーティスト名鑑〔現代〕	5706
日本アド・プロダクション年鑑	5505
日本アマチュアスポーツ年鑑	6321
日本医学会医学用語辞典　英和	3636
日本医学会医学用語辞典　和英	3637
日本医歯教育機関名鑑	3673
日本逸話大事典	1374
日本医薬品卸業者名簿	5469
日本医薬品総覧	3881
日本印刷技術史年表	5928
日本印刷年鑑	5929
日本・インドネシア鉱工業用語辞典	3951
日本陰陽暦日対照表	3297
日本浮世絵類考〔総校〕	5803
日本映画オールタイム・ベストテン	6246
日本映画興隆期の作品目録	6261
日本映画索引	6265
日本映画作品辞典・戦前篇	6258
日本映画作品全集	6257
日本映画作品大鑑	6258, 6264
日本映画書誌	6242
日本映画人名事典	6252, 6254
日本映画・テレビ監督全集	6254
日本映画俳優全集　女優篇	6254
日本映画文献史	6243
日本絵巻大成	5793
日本絵巻物全集〔新修〕	5793
日本演劇研究書目解題	6163
日本演劇辞典	6178
日本演劇書目解題	6164
日本演劇新刊書目解題	6164
日本演劇図録	6196
日本大型甲殻類図鑑〔原色〕	3545
日本を知る事典	2964
日本鬼総覧	3016
日本及び周辺地域産軟体動物総目録	3542
日本音楽資料室展観目録	6128
日本音楽大事典	6131
日本音楽年鑑	6055
日本音楽文献要旨目録	6018
日本音曲集	6148
日本温泉・鉱泉一覧	3357
日本温泉・鉱泉分布図及び一覧	3357
日本温泉文献目録	3355
日本絵画史図典	5783
日本絵画史年紀資料集成	5784
日本海岸動物図鑑〔原色検索〕	3529
日本海魚類図鑑〔原色〕	3578
日本海軍艦艇総覧	4750
日本海軍史	3071
日本海軍の本・総解説	3057
日本外交史辞典	1849
日本外交史ハンドブック	1856
日本外交主要文書・年表	1864
日本外交年表並主要文書1840-1945	1864

日本外交ハンドブック	1857
日本外交文書	1840
日本外国貿易年表	*5586*
日本会社史総覧	*2247*
日本会社録	2196
日本海水魚類図鑑〔原色〕	3579
日本怪僧奇僧事典	591
日本解剖学文献集	3691
日本貝類図鑑〔原色〕	3541
日本貝類方言集	3543
日本カエル図鑑	3590
日本科学技術関係逐次刊行物総覧	3077
日本科学技術関係逐次刊行物目録	*3077*
日本科学技術史大系	3124
日本科学技術者大事典〔現代〕	3114
日本画家辞典	5789
日本画家大辞典	*5898*
日本架空伝承人名事典	3028
日本学術資料総目録	5745
日本歌語事典	6834
日本河川水質年鑑	4270
日本活火山総覧	3353
日本活火山要覧	*3353*
日本カトリック関係資料総合目録	849
日本カトリック関係図書・新聞・雑誌目録（稿）	*849*
日本画の精神	*5785*
日本貨幣史〔図説〕	2332
日本貨幣図鑑	2336
日本貨幣年表	2333
日本家紋総鑑	1412
日本化薬染料便覧	5004
日本歌謡辞典	6900
日本画論大観	5785
日本漢学年表	314
日本関係欧文図書目録	910
日本関係海外史料目録	911
日本看護学会研究論文総索引	3911
日本看護関係文献集	3912
日本漢文学大事典	6932
日本戯曲総目録	6903
日本気候表	3334
日本記者年鑑	*272*
日本技術人脈	3931
日本気象総覧	3335
日本切手辞典	5665
日本教育史年表	2790
日本教育年鑑	2753
日本教育年記〔新〕	2788
日本郷土玩具事典	6011
日本漁具・漁法図説	5448
日本魚名集覧	3573
日本基督教史関係和漢書目録	781
日本キリスト教史年表	782
日本キリスト教総覧	790
日本基督教団年鑑	858
日本キリスト教文献目録	783, *785*, *786*
日本キリスト教歴史大事典	*782*, 787
日本近現代史辞典	1111
日本近現代史文献解題	*912*, 1094, *1095*
日本近現代史料解説	*1094*, 1095
日本銀行ノ労働統計ノ沿革ニ関スル記録	*2610*
日本近世史研究事典	1072
日本近世史図書目録	1054
日本近代教育史事典	2786
日本近代教育史文献目録	2781
日本近代漁業年表〔解説〕	5434
日本近代建築総覧	4316
日本近代建築・土木・都市・住宅雑誌目次総覧	4132
日本近代詩作品年表	6901
日本近代史辞典	*1111*
日本近代思想大系	317
日本近代史図書目録	1096
日本近代地方教育史文献目録	2782
日本近代都市変遷地図集成	1567
日本近代文学館所蔵主要雑誌目録	6780
日本近代文学大事典	6795
日本近代文学年表	6818
日本近代文学の書誌	6761
日本近代文学名著事典	6796
日本金融機関史文献目録	2348
日本金融史資料	2386
日本金融年表	2364
日本金融名鑑	2359
日本菌類図鑑〔原色〕	*3501*
日本空襲の全容 米軍資料	1137
日本草木染譜	*5952*
日本クモ類図鑑〔原色〕	3547
日本蜘蛛類大図鑑〔原色〕	*3547*
日本軍航空機総覧	4512
日本軍隊用語集	3063
日本経営史年表	2225
日本経済を中心とする国際比較統計	2077
日本経済キーワード	2119
日本経済雑誌の源流	2068
日本経済史	2118
日本経済事典	2124
日本経済指標（季刊）	*2346*
日本経済統計資料総合目録 財政・金融・経営・商業・貿易・運輸	2122
日本経済統計資料総合目録 農林業編	5188
日本芸能人名事典	6182
日本刑罰史年表	1932
日本系譜総覧	1385
日本劇映画作品目録	*6261*, 6263
日本研究のための参考図書	165
日本研究文献解題	912
日本原色アブラムシ図鑑	3554
日本原色カメムシ図鑑	3555
日本原色雑草図鑑	*3476*
日本原色植物ダニ図鑑	*3549*

書名	頁
日本原色虫えい図鑑	3556
日本建設機械要覧	4191
日本現存明代地方志伝記索引稿	1268
日本現代詩辞典	6902
日本現代文学大事典	6797
日本建築学会総目録	*4323*
日本建築史主要語辞典	4308
日本建築史序説	*4305*
日本建築史文献目録	4305
日本憲法年表	1939
日本件名図書目録	62, *66*
日本語－インドネシア語辞典	6599
日本公開アメリカ映画総目録	6264
日本工業製品総覧	3968
日本工業年鑑	3969
日本航空機全集	4509
日本航空機大図鑑	4513
日本考古学史辞典	994
日本考古学史年表	988
日本考古学文献総覧	985, 988
日本考古学用語辞典	995, 998
日本高山植物図鑑〔原色新〕	*3478*
日本抗生物質医薬品基準解説	3882
日本甲虫図鑑〔原色〕	3553
日本交通史料	*5603*
日本語を学ぶ人の辞典	6560
日本語解釈活用事典	6452
日本語・カンボジア語辞典	6596
日本語基本文法辞典	6532
日本語逆引き辞典	6531
日本語教育ハンドブック	6453
日本国憲法史年表	1939
日本国語大辞典	6474
日本国・国会全議員名鑑	1739
日本国勢図会	2477, 2498, *2501*
日本国勢地図	1549
日本国有鉄道停車場一覧	5631
日本古写経現存目録	600
日本語－手話辞典	2923
日本古鐘銘拓本目録	986
日本古生物図鑑	3375
日本古代遺跡事典	996
日本古代官職辞典	1926
日本古代史研究事典	1007
日本古代史事典（朝倉書店）	1008
日本古代史事典（大和書房）	1009
日本古代氏族事典	1010
日本古代氏族人名辞典	1011
日本語大辞園〔講談社カラー版〕	6467
日本古代史年表	1012
日本古代人名辞典	1306
日本古代・中世史図書目録	1004
日本古代文学地名索引	6777
日本語・中国語意味対照辞典	6574
日本語・中国語慣用語法辞典	6573
日本古典演劇・近世文献目録	6165
日本古典音楽文献解題	6129
日本古典全集	99, 1386
日本古典文学大辞典	6785
日本子ども資料年鑑	2775
日本語になった外国語辞典	6519
日本語による朝鮮研究文献目録稿本	*1184*
日本語の本全情報	6447
日本語百科大事典	6454
日本語－フィリピン語実用辞典	6600
日本古墳大辞典	997
日本古墳文化資料綜覧	998
日本語方言大辞典〔現代〕	6546
日本語訳中国昔話解題目録	3021
日本ゴルフ年鑑	6356
日本歳事辞典　まつりと行事	3002
日本財政要覧	2431
日本祭礼行事事典	3003
日本祭礼地図	3007
日本雑誌総目次要覧	157
日本雑誌総覧	122
日本左伝研究著述年表並分類目録	329
日本産海洋プランクトン検索図説	3449
日本山岳ルーツ大辞典	1534
日本産カミキリ大図鑑	3557
日本産カミキリムシ検索図説	3558
日本産蛾類生態図鑑	3566
日本産蛾類大図鑑	3567
日本産魚名大辞典	3574
日本産魚類検索	3582, *3583*
日本産魚類生態大図鑑	3583
日本産魚類大図鑑	3584, *3585*
日本産コンブ類図鑑	5450
日本蚕糸学文献集	*5363*
日本産水生昆虫検索図説	3559
日本産稚魚図鑑	3585
日本産蝶類大図鑑	3568
日本産蝶類文献目録	3569
日本産蝶類幼虫・成虫図鑑	3570
日本産トンボ幼虫・成虫検索図説	3560
日本産ハムシ類幼虫・成虫分類図説	3561
日本産野生生物目録	3398
日本山野草・樹木生態図鑑	3476
日本寺院総覧	640
日本寺院名鑑	635
日本シェイクスピア総覧	7013
日本歯科医学会歯科用語補遺集	3838
日本歯科医籍録	3844
日本歯科関係文献集	*3828*
日本史学入門	895
日本歯科用医薬品集	3839
日本史関係雑誌文献総覧	913, *1083*
日本色彩事典	5993
日本色彩大鑑	5994
日本史研究事典	935

日本史研究書総覧	914
日本史歳時記三六六日	950
日本史辞典〔角川新版〕	*932*
日本史辞典〔新編〕	934
日本史小辞典	*945*
日本辞書辞典	166
日本史史料	958
日本史資料	957
日本史資料総覧	951
日本地震史料	*3347*
日本詩人全集	6823
日本史人名辞典	1307
日本史跡事典（秋田書店）	952, 1540
日本史籍年表	915
日本自然科学雑誌総覧	3078
日本自然地名辞典	*1505*, 1520
日本史総合辞典	936
日本地蔵辞典〔新編〕	3013
日本思想史文献解題	306
日本思想大系	536
日本史総覧	953
日本史大事典	937
日本羊歯植物図鑑〔原色〕	3505
日本史通史図書目録	916
日本十進分類法	36
日本湿地目録	3399
日本執筆者大事典〔新現代〕	1348
日本児童演劇の歩み　児童劇・人形劇・学校劇・70年の年表	6236
日本児童文学作家事典〔現代〕	6749
日本児童文学史年表	6754
日本児童文学大事典	6751
日本児童文学名著事典	6752
日本史図書目録	*916*
日本史に関する10年間の雑誌文献目録	917
日本史年表（岩波書店）	925
日本史年表（河出書房新社）	924
日本史文献年鑑	918
日本史分類年表	926
日本紙幣在外銀行軍票図鑑	2335
日本資本主義発達史講座	*1716*
日本社会運動史研究史論	1714
日本社会経済史用語辞典	938
日本社会事彙	218
日本社会事業大年表	2684
日本社会主義文献	*1716*, 1717
日本社会主義文献解説	1716
日本社会福祉人物史	2694
日本社会福祉法制史年表	1933
日本社会保障資料	2548
日本社会民俗辞典	3052
日本写経綜鑒	601
日本社史総合目録	2251
日本社寺大観	636
日本写真史年表	5913
日本写真年報	5914
日本秀歌秀句の辞典	6833
日本宗教史研究入門	*435*, 442
日本宗教史研究文献目録	435
日本宗教事典（講談社）	438
日本宗教事典（弘文堂）	437
日本宗教辞典	436
日本宗教史年表	445
日本「宗教」総覧	443
日本宗教大鑑	444
日本宗教ポケット辞典	439
日本儒学年表	*314*
日本儒教概説	*310*
日本酒事典〔新編〕	5128
日本酒大事典	5131
日本出版年鑑	84
日本出版百年史年表	54
日本樹木総検索誌〔新〕	5426
日本主要地図集成	1542
日本荘園絵図集成	1024
日本荘園大辞典	1025
日本紹介事典〔和英〕	944
日本城郭事典	4309
日本証券関係文献目録	2366
日本証券史資料	*2378*
日本商工経済団体名簿	*2087*
日本史用語大事典	939
日本史用語大辞典	940
日本小説書目年表〔改訂〕	6909
日本肖像畫圖録	1369
日本書画骨董大辞典	5696
日本書画落款印譜	*5898*, *5900*
日本書画落款印譜集成	5898
日本書紀総索引	1019
日本食生活史年表	2988
日本植生誌	*3491*
日本植生便覧	3491
日本食肉史年表	5393
日本食肉年鑑	5394
日本職人辞典	2995
日本食品事典〔新編〕	5155
日本食品標準成分表	3826, *5168*
日本植物誌〔新〕	3490
日本植物種子写真図鑑〔原色〕	3508
日本植物図鑑〔原色〕草本篇	3470
日本植物図鑑〔原色〕木本篇	3471
日本所在中国絵画目録	5808, *5809*, 5810
日本書誌学用語辞典	46
日本書誌の書誌	*56*, 59
日本女性研究基礎文献目録	2642
日本女性史研究文献目録	2643
日本女性史事典	2648
日本女性肖像大事典	1370
日本女性人名辞典	1365, *1370*
日本女性人名録〔現代〕	1363

にほんし〜にほんしょ　1025

書名	頁
日本書籍総目録	85
日本書籍分類総目録	70
日本書道大字典	*5871, 5879*
日本書目大成	69
日本史料集成	*875,* 959
日本神祇由来事典	506
日本新菌類図鑑〔原色〕	3501
日本神社総覧	*500, 521*
日本紳士録	1308
日本神道総覧	*500, 521*
日本人の栄養所要量	3827
日本人の生活時間〔図説〕	*2563*
日本人の生活文化事典	941
日本人の体力標準値	6326
日本人漂流記文献目録	1444
日本人物文献索引	6778
日本人物文献目録	1264
日本新聞雑誌便覧	271
日本新聞年鑑（日本新聞協会）	*264, 273*
日本新聞年鑑（日本図書センター復刻）	272
日本神名辞典	507
日本人名辞典	*1307,* 1309
日本人名辞典〔新潮〕	1301
日本人名情報索引	1265
日本人名大事典	1310
日本人名録〔現代〕	1295
日本神話事典	456
日本神話・伝説総覧	457
日本水産文献集成	5438
日本水生植物図鑑	3477
日本随筆索引	108
日本随筆辞典	6927
日本数学史研究便覧	3151
日本スーパー発達史年表	5483
日本スーパーマーケット名鑑	*5484*
日本スーパー名鑑	5484
日本スミレ図譜	3515
日本相撲大鑑	6371
日本姓氏事典	1423
日本政治史年表・解説〔現代〕	1747
日本姓氏大辞典	1424
日本聖書協会聖書図書館日本語聖書蔵書目録	797
日本姓名よみふり辞典	1284
日本石造美術辞典	5776
日本石仏事典	5777
日本石仏図典	5778
日本説話文学索引	6916
日本戦国史漢和辞典	1043
日本戦国史国語辞典	1044
日本全国書誌	*61,* 63, 64, *186*
日本全国書誌書名・著者名索引	65
日本戦後史資料	1126
日本戦史	*1043*
日本全史	*883*
日本禅宗年表	729
日本染織文献総覧	5948
日本船舶明細書	5608
日本船名録	5609
日本専門新聞協会要覧	*270*
日本占領及び管理重要文書集	*2009*
日本占領研究事典	1140
日本占領重要文書	2009
日本占領文献目録	1141
日本装剣金工年表	5963
日本叢書索引	113
日本草本植物根系図説	3478
日本草本植物総検索誌	3465
日本俗信辞典	3017
日本体育図書館協議会雑誌目録	6289
日本大歳時記	6887
日本大蔵経 解題	614
日本大蔵経 目録・索引	613
日本大蔵経仏書解題	615
日本大地図帳	1550
日本大百科事典〔英文〕	1484
日本大百科全書	219
日本タケ科植物図鑑	*3516*
日本タケ科植物総目録	3516
日本団体名鑑	259
日本短篇物語集事典	6908
日本地質文献目録	3359
日本地図史	1543
日本地図帖地名索引	*1524*
日本地図地名事典	1504
日本地方史誌目録・索引	1152
日本地方史誌目録総覧	1153
日本地名基礎辞典	1498
日本地名語源事典	*1535*
日本地名索引〔新〕	1499
日本地名事典	1535
日本地名辞典 市町村編	1505, *1520*
日本地名資料集成	*1502*
日本地名総覧	*1502*
日本地名大事典（朝倉書店）	1506
日本地名大辞典（日本図書センター）	1516
日本地名大辞典〔角川〕	1502, *1508, 1529*
日本地名よみかた大辞典〔現代〕	1523
日本地名ルーツ辞典	1536
日本・中国管子関係論文文献総目索引	337
日本中世史研究事典	1045
日本長期統計総覧	2488
日本・朝鮮・中国日食月食宝典	3280
日本鳥名由来辞典〔図説〕	3592
日本鳥類図鑑〔原色〕	3598
日本蝶類生態図鑑〔原色〕	3564
日本鳥類目録	3597
日本著者名・人名典拠録	1277
日本著者名総目録	*62, 66*
日本帝國統計摘要	*2490*
日本帝国統計年鑑	2489, *5222*

書名	ページ
日本伝奇伝説大事典	3029
日本伝説名彙	3030, *3032*
日本天台宗年表	679
日本伝統色 色名解説	5995
日本・東欧貿易要覧〔情報ファイル CIS・東欧〕	5560
日本統計総索引	2474
日本統計年鑑	2489
日本島嶼一覧	*1521*, 1551
日本塔総鑑	4317
日本刀大百科事典	5959
日本動物大百科	3536
日本刀銘鑑	5960
日本東洋古美術文献目録	5685
日本土器事典	999
日本都市戦災地図	1138
日本都市地図全集	1565
日本都市地図要覧	*1565*
日本都市年鑑	1821
日本と中国「どこが違うか」事典	1696
日本特許索引	*4089*
日本特許出願人総索引	*4089*
日本特許年次索引	*4089*
日本における英国小説研究書誌	7014
日本における現代中国教育および「文化大革命」に関する研究文献目録	2783
日本における新約文献	836
日本におけるスタインベック文献書誌	7017
日本における中央アジア関係研究文献目録	1173
日本における中国文学研究文献目録	6972
日本における中東・イスラーム研究文献目録	1221
日本におけるバルザック書誌	7030
日本におけるヘンリー・ミラー書誌	7018
日本における歴史学の発達と現状	860
日本におけるロバート・バーンズ書誌	7019
日本におけるワーズワス文献	7020
日本二カ国語アトラス	1556
日本乳業年鑑	5395
日本人形玩具辞典	6012
日本人形劇年鑑 日本の人形劇	6238
日本年鑑類総目録	*123*
日本年鑑類総覧	123
日本年中行事辞典	3004
日本の味探究事典	5161
日本の安全保障	*3065*
日本の意匠	5833
日本の意匠事典	5834
日本の遺跡出土木製品総覧	1000
日本の移民研究	2172
日本の医療〔図説〕	3818
日本の魚	3586
日本農学進歩年報	5192
日本農学文献記事索引	5189
日本農業基礎統計〔改訂〕	5221
日本農業年鑑	5182, *5268*
日本農業発達史	5183
日本農業文庫目録	5190
日本の絵巻	*5793*
日本のオペラ年鑑	6105
日本の会社100年史	2224
日本の会社ベスト10000社最新決定版	*2208*
日本の外食産業	5493
日本の科学技術政策史	*3088*
日本の楽器 日本楽器事典	6138
日本の楽器〔図説〕	6137
日本の甲冑武具事典〔図録〕	5971
日本の貨幣〔図録〕	2336
日本の神々	508
日本の管弦楽作品表	6089
日本の帰化生物	3400
日本の企業グループ	2257
日本の企業財団	2272
日本の企業集団	2259
日本の技術	3932
日本のきのこ	3502
日本の教育統計	2758
日本の教会音楽(讃美歌・聖歌)関係資料目録	6099
日本の巨樹・巨木林	5428
日本の金属需給推移	4798
日本の化粧品総覧	4987
日本の研究者・技術者	3116
日本の研究所要覧	4066
日本の交響楽団定期演奏会記録〔新編〕	6049
日本の公共債〔図説〕	2452
日本の高山植物	3488
日本の港湾	5614
日本の国際観光統計	5640
日本の国際姉妹都市一覧	*1859*
日本の古文書	979
日本の暦大図鑑	*3291*, 3293
日本の財政〔図説〕	2430
日本の作家	6762, *6800*
日本の作曲家の作品	6058
日本の作曲家の作品楽譜所蔵目録	6026
日本の参考図書 解説総覧	167
日本の詩歌全情報	6824
日本の自然公園	5362
日本の自然災害	*3307*
日本の思想家名言事典	304
日本のシダ植物図鑑	3506
日本の児童演劇の歩み	6236, *6237*
日本の児童図書賞	180
日本の姉妹自治体一覧	1859
日本の島事典	1521
日本の住宅	2557
日本の住宅事情〔図説〕	2556, *2557*
日本の出版社	55
日本の証券市場〔図説〕	2374, *2375*
日本の小説全情報	6763
日本の消費者信用統計	2398
日本の将来推計人口	*2168*

日本の食品工業〔図説〕	5119
日本の食品問屋全調査	5470
日本の女性	1366
日本の助成型財団要覧	1680
日本の数学100年史	3152
日本のスーパーチェーン	5485
日本の石油化学工業	4864
日本の絶滅のおそれのある野生生物	3398, 3401
日本の戦後まるごとデータ博物館	1687
日本の染織	*5955*
日本の総合河川	4214
日本の総合小型店チェーン	5486
日本の造礁サンゴ類	3538
日本の組織図事典	954
日本の淡水魚	3587
日本の地形レッドデータブック	3362
日本の賃金50年の歩み〔賃金長期系列50年〕	2631
日本のデザイン会社1000社	5975
日本の伝統色　色の小辞典	*5995*, 5996
日本の天然記念物	3402
日本の統計	2490
日本の毒キノコ150種	3503
日本の図書館	34
日本の内閣	1783
日本の農学関係書誌の書誌	5191
日本の博物館総覧	262
日本の美術〔原色〕	*5717*
日本の美術館	5750
日本の美術館と企画展ガイド	5751
日本の百貨店	5478
日本の服装	2978
日本の仏教を知る事典	571
日本の仏教全宗派	670
日本のフランチャイズチェーン	5487
日本のプラント輸出戦略	*3971*
日本のブレーンマップ 専門家事典	2282
日本の弁理士	4097
日本の祭り事典	3005
日本の苗字	*1424*
日本の野菜	5338
日本の野生植物 木本	3481
日本の野生植物 草木	3480
日本の野生植物 シダ	3479
日本の野草	3492
日本の郵政	5659
日本の洋楽百年史	6069
日本の歴代市長	1833
日本の歴代知事	1832
日本の歴代町村長	1834
日本博士学位録	*2899*
日本博士学位論文索引	2899
日本白書総覧	104
日本博士録	2900
日本博物学史	3397
日本蜂類生態図鑑	3562
日本版画便覧	5886
日本半導体年鑑	4721
日本汎用化粧品原料集	4981
日本PR年鑑	5503
日本被害地震総覧〔新編〕	3351
日本被害津波総覧	3354
日本美術絵画全集	*5717*
日本美術家事典	5709
日本美術教育総鑑	2858
日本美術作品レファレンス事典	5779, 5780, *5804*
日本美術史事典	5732
日本美術史年表	5736
日本美術史年表〔原色図典〕	5734
日本美術小事典	5733
日本美術全集	5717
日本美術年鑑	5705, 5713, *5735*
日本美術用語辞典	5697
日本百科大事典	221
日本百科大辞典	220
日本病院薬剤師会会員名簿	3868
日本標準化石図譜	3376
日本標準産業分類	5180
日本標準商品分類	5523
日本標準職業分類	2638
日本風俗史事典	2943
日本福祉年鑑	2685
日本服飾史辞典	2974
日本仏家人名辞書	592
日本仏教基礎講座	*644*
日本仏教語辞典	556
日本仏教史辞典	581
日本仏教宗派事典	671
日本仏教人名辞典（新人物往来社）	594
日本仏教人名辞典（法蔵館）	593
日本仏教全集叢書資料総覧	602
日本「仏教」総覧	572
日本仏教典籍大事典	528
日本仏像名宝辞典	*5771*, 5772
日本物流年鑑	5600
日本武道辞典〔図説〕	6381
日本武道年鑑	6385
日本舞踊曲集覧	*6148*, 6151
日本舞踊辞典（東京堂出版）	6152
日本舞踊辞典（日本舞踊社）	6153
日本舞踊全集	*6148*
日本舞踊総覧	6154
日本プロレス全史	6372
日本プロレス全史　CD-ROM版	*6372*
日本文学研究文献要覧	6764
日本文学作品名よみかた辞典	6801
日本文学辞典〔新潮〕	6784
文学倶楽部〔新潮〕	*6736*
日本文学小辞典〔新潮〕	*6784*
日本文学大年表	6819
日本文学に関する10年間の雑誌文献目録	6760

書名	ページ
日本文化辞典〔和英〕	*944*
日本文化総合年表	927, *1099*
日本分県地図〔新〕 全国地名総覧	1559
日本分県地図地名総覧	*1525*, 1561
日本変形菌類図鑑	3504
日本貿易月報	*5586*
日本貿易年表	*5586*
日本方言大辞典	6547
日本法史年表	1930
日本法制史書目解題	1924
日本放送年鑑	*5680*
日本法令索引　旧法令編	1907
日本法令索引　現行法令編	1906
日本ボクシング年鑑	6374
日本ホテル年鑑	5651
日本哺乳動物図説	3613
日本哺乳類図鑑〔原色〕	3610
日本マーケットシェア事典	5530
日本マスコミ総覧	274
日本マックス・ヴェーバー書誌	*1671*, 1672
日本まつりと年中行事事典	3006
日本漫画家名鑑500	5825
日本まんが賞事典・まんが人物事典	5826
日本漫画資料館所蔵目録	5824
日本漫画の事典	5827
日本未確認生物事典〔図説〕	3026
日本水草図鑑	3482
日本民家語彙解説辞典	4310
日本民家語彙集解	*4310*
日本民家調査研究文献総覧	4306
日本民間放送年鑑	5680
日本民具辞典	2990
日本民事判例要旨総覧	1953
日本民俗学辞典	*2949*
日本民俗学文献総目録	2937
日本民俗芸能事典	3008
日本民俗語大辞典	2944
日本民俗事典	2945
日本民俗資料事典	*2946*
日本民俗図録	2955
日本民俗地図	2956
日本民俗文化財事典	2946
日本民謡辞典	*3039*
日本民謡大観	6110
日本民謡大鑑	3040
日本民謡大事典	6111
日本昔話事典	3031
日本昔話名彙	*3030*, 3032
日本名歌集成	6826
日本名家肖像事典	1371
日本名言辞典	419
日本名利大事典	641
日本名城図鑑	4318
日本名跡大字典	*5871*, 5879
日本名僧辞典	595
日本盲教育写真史	*2921*
日本目録規則	38
日本紋章学	1413
日本文様事典	5835
日本薬学会会員名簿	3869
日本薬草全書	3906
日本薬用植物事典〔原色版〕	3898
日本薬用植物図鑑〔原色〕	3897
日本野鳥生態図鑑〔原色〕	3599
日本薬局方	3886
日本薬局方医薬品情報	3883
日本薬局方外医薬品成分規格	3887
日本薬局方外生薬規格	3888
日本薬局方解説書	3889
日本薬局方技術情報	3890
日本薬局方ハンドブック	3891
日本郵趣百科年鑑	5666
日本有用植物病名目録	5300
日本洋学人名事典	3125
日本養豚文献集	5388
日本横穴地名表　古墳文化基礎資料	1001
日本ラグビー	6348
日本陸海軍総合事典	3064, *3072*
日本陸海軍の制度・組織・人事	*1750*, *1800*, *3064*, 3072
日本陸軍の本・総解説	3057
日本立地総覧	3970
日本離島地図帳	1551
日本流行歌年表	6121
日本霊異記研究文献目録	628
日本両生爬虫類図鑑〔原色〕	3589
日本料理語源集	5162
日本林業樹木図鑑〔原色〕	5423
日本林業年鑑	5406
日本歴史学界の回顧と展望	860, *861*
日本歴史古記録総覧	919
日本歴史人名辞典	1311
日本歴史大辞典	*923*, *942*
日本歴史地図　原始・古代編	963
日本歴史地名事典	1510
日本歴史地名辞典	1509
日本歴史地名総索引	1501
日本歴史地名大系	*1508*, 1511
日本歴史地理辞典	1507
日本歴史地理ハンドブック	1494
日本歴史地理ハンドブック〔地形図に歴史を読む　続〕	*1494*
日本歴史地理用語辞典	1495
日本暦日原典	3301
日本暦日総覧　具注暦篇	3302
日本暦日便覧	3303
日本歴史年表史	928
日本暦西暦月日対照表	3298
日本列島周辺海産貝類総目録	*3542*
日本列島大地図館　テクノアトラス	1552
日本列島地図帖　地球観測衛星ランドサット	1553

書名	番号
日本列島二万五千分の一地図集成	1557
日本列島の地質	3363
日本浪曲大全集	6278
日本労働運動史年表	2618
日本労働年鑑	2604
2万5千分1地形図	1489
乳化技術ハンドブック〔最新〕	3240
NEWコンパクト韓日小辞典	6582
NEWコンパクト日韓小辞典	6582
入門アメリカ法の調べ方	2014
乳幼児発達事典	2878
ニューガラスハンドブック	4915
ニューグローヴ世界音楽大事典	6037
Newコンパクト韓日日韓小辞典	6582
ニュー・コンパクト版電気電子用語事典	4543
ニューズ英語辞典〔三省堂〕	6649
ニュースポーツ事典	6310
ニュースポーツ百科	6311
ニュートンアトラス日本列島	1554
ニュートンワールドアトラス	1480
ニューマテリアルハンドブック	4022
ニューメディア白書	5675
ニューメディア用語辞典	4599
人間工学事典	4053
人間国宝	5765
人間国宝事典　重要無形文化財認定者総覧	5766
人間と自然の事典	4247
人間の許容限界ハンドブック	3450
人間理解のための心理学辞典	364
認知科学ハンドブック	8

ね

書名	番号
ネイチャー・ワークス	3126
ねじ関連用語辞典	4408
値段史年表	2340
値段の明治・大正・昭和風俗史	2339
熱処理技術マニュアル	4816
熱設計ハンドブック	4439
熱帯果樹栽培ハンドブック	5336
熱帯魚決定版大図鑑	3588
熱帯魚繁殖大鑑	5451
熱帯植物要覧	3466
熱帯野菜栽培ハンドブック	5339
熱帯野菜作の害虫	5339
熱帯野菜作の病害	5339
熱帯林業関係文献分類目録	5409
ネットワーク事典	4600
ネットワーク・情報用語辞典	4601
ネットワーク用語辞典	4602
熱物性ハンドブック	3201
ネパール研究ガイド	1218
ネルソン小児科学	3777
年刊企業・団体情報事典	260
年鑑広告美術	5506

書名	番号
年刊雑誌記事索引　Joint累積版	2052
年刊参考図書解説目録	168
年鑑・書道	5847
年刊人物文献目録	1261
年刊全アラブ要覧	1634
年鑑・日本の児童演劇	6237
年鑑・日本の児童青少年演劇	6236, 6237
年鑑日本のパッケージデザイン	5525
年鑑・白書全情報	169
年金の基礎知識	2550
年金用語辞典	2549
年金用語辞典〔最新〕	2540
年金用語の基礎知識	2550
年号読方考証稿	929
年中行事辞典	3004
燃焼技術用語辞典〔図解〕	4953
燃焼工学ハンドブック	4961
粘着ハンドブック	5049
粘土瓦ハンドブック	4916
粘土ハンドブック	4917
年表アメリカ文学史	7007, 7009
年表イギリス文学史	7008, 7009
年表・映画100年史	6248
年表英米文学史	7005, 7006, 7007, 7008, 7009
年表昭和の事件・事故史	1105
年表・戦後労働運動史	2619
年表で見る日本経済の足どり	2120
年表日本博物学史	3397
年表日本歴史	930
年譜斎藤茂吉伝	6944
年報系列の研究	2258
燃料潤滑油用語事典〔和英・英和〕	4955
燃料便覧〔実用〕	4960
燃料便覧〔最新〕	4960

の

書名	番号
ノイズ対策ハンドブック	4713
能　現行謡曲解題	6142
能楽鑑賞事典	6200
農学進歩総報	5192
農学進歩年報	5192
農学大事典	5206
能楽ハンドブック	6201
能楽謡曲大辞典	6202
農機具年鑑	5281
農業改良普及事業関係文献目録	5252
農業関係雑誌目次総覧	5193
農協関係用語の基礎知識	5267
農業機械年鑑	5281
農業機械ハンドブック　新版	5279
農業機械文献集	5280
農業気象用語解説集	5207
農業協同組合年鑑	5268
農業経営大事典　アグリカーナ	5256

書名	ページ
農業経済関係文献集	5253
農業経済経営事典	5257
農業経済累年統計	5228
能・狂言事典	6203
農業公害ハンドブック	5208
農業集落カード	5229
農業小事典〔最新〕	5203
農業情報	5184
農業情報化年鑑	5184
農業センサス報告書	5217
農業センサス累年統計書	5218
農業総合研究所文献叢書	5254
農業統計用語事典	5213
農業統計用語定義総覧	5212
農業土木学会誌	5278
農業土木ハンドブック	5282
農業土木標準用語事典	5278
農業土木ポケットブック	5283
農業土木用語選〔現代〕	5278
農業白書附属統計表	5216
農業普及海外協力文献リスト	5194
農業用語大辞典	5209
農作物作型別生育ステージ総覧	5319
農商務省統計表	5215
脳神経外科学用語集	3796
農村計画・建築文献抄録集	5255
農村計画用語集	5258
農村整備用語辞典	5259
農村物価賃金統計	5236
農村物価統計	5236
能の事典	6201
脳波・筋電図用語事典	3729
納本週報	63, 64
農民生活史事典〔図録〕	2994
農薬ガイドブック〔実用〕	5307
農薬科学用語辞典	5308
農薬データブック〔最新〕	5303
農薬登録保留基準ハンドブック	5309
農薬毒性の事典	5310
農薬の規制・基準値便覧〔最新〕	5304
農薬ハンドブック	5311
農薬便覧	5312
農薬用語辞典	5308
農薬要覧	5313
能謡語彙	6204
能謡図説	6205
農林害名鑑	5301
農林業センサス	5229
農林漁業金融の統計と解説	5234
農林漁業制度金融の手引	5262
農林金融統計	5234
農林金融の実情	5234
農林省刊行図書資料総覧	5198
農林省統計摘要	5219
農林省統計表	5215
農林省図書館蔵書目録	5195
農林省図書月報	5201
農林省年報	5185
農林水産技術要覧	5260
農林水産業協力便覧	5261
農林水産業に関する地域分析書総覧	5196
農林水産業に関する地域分析書等の概要	5196
農林水産研究文献解題	5197
農林水産省英文統計摘要	5211
農林水産省刊行文献目録	5198
農林水産省統計表	5215
農林水産省図書館蔵書目録	5195
農林水産省年報	5185
農林水産省百年史	1796
農林水産省百年史 別巻	5198
農林水産制度金融の手引	5262
農林水産統計摘要	5219
農林水産統計用語事典	5214
農林水産図書資料月報	5195, 5201
農林・水産に関する10年間の雑誌文献目録	5199
農林水産年鑑	5185
農林水産文献解題	5200
農林水産用語対訳辞典	5210
農林水産累年統計	5220
農林図書資料月報	5201
農林年鑑	5185
農林文献解題	5200
農林有害動物・昆虫名鑑	5301
ノーベル賞受賞者業績事典	2902
ノーベル賞：受賞者総覧	2902
ノーベル賞に輝く人々	3680
祝詞辞典	525
ノンフィクション・ルポルタージュ図書目録	6929

は

書名	ページ
バイオ&メディカル大辞典	3628
バイオ官公庁アクセス〔日経〕	3441
バイオ最新用語辞典〔日経〕	3433
バイオテクノロジー最新用語辞典〔日経〕	3433
バイオテクノロジー事典	3434
バイオテクノロジーの流れ	3442
バイオテクノロジー用語英和小辞典	3435
バイオテクノロジー用語事典	3436
バイオテクノロジー用語辞典〔和英・英和〕	3437
バイオ・テク便覧	3443
バイオ分離工学ハンドブック	3444
俳諧大辞典	6876
配管工学ハンドブック	4451
配管ハンドブック	4452
配管用語辞典〔図解〕	4445
廃棄物英和・和英用語辞典	4225
廃棄物処理・資源化ハンドブック	4229
廃棄物処理・リサイクル	4229
廃棄物年鑑	4237

書名	番号
廃棄物ハンドブック	4230
俳句結社要覧〔現代〕	6889
俳句歳時記〔現代〕	6884
俳句歳時記辞典〔現代〕	6885
俳句作法辞典〔例解〕	6881
俳句辞典	6877
俳句大観	6882
俳句大歳時記〔図説〕	*3004*
俳句大辞典〔現代〕	6876
俳句文学誌事典	*6889*, 6890
俳句用語辞典	6878
配色集	*5995*
排水設備ハンドブック	4899
ハイテク事典〔現代〕	3938
ハイテク辞典〔日経〕	3948
ハイテク農業ハンドブック	5292
バイテクマニュアル〔図解〕	5290
配電・制御システム要覧	4586
ハイネマン歯科英和辞典	3840
パイプラインハンドブック	4453
俳文学大辞典	6879
ハウサ語小辞典	6716
パキスタン入門	1216
白書の白書	2499
博士論文目録	2901
幕府祚胤伝	*1392*
博物館・情報検索事典	263
薄膜作製応用ハンドブック	4697
薄膜ハンドブック	4698
幕末以降市町村名変遷系統図総覧	*1829*
幕末以降全国市町村名検索辞典	*1829*
幕末維新三百藩総覧	1086
幕末維新人名事典	1312
幕末公家集成	1357
幕末風俗故事物語	*1088*
幕末明治海外渡航者総覧	1342
幕末・明治期における日伊交流	*1247*
幕末明治研究雑誌目次集覧	*1083*, 1097
幕末明治風俗逸話事典	1088
博友社ロシア語辞典	6706
舶来キネマ作品辞典	6258
舶来事物起原事典	243
歯車便覧	4416
芭蕉紀行総索引	6893
芭蕉事典〔総合〕	6892
PASPO〔国際情報大事典〕	1445
パソコン基本用語辞典	4665
パソコン基本用語辞典〔最新〕	4657
パソコン新語辞典〔日経〕	4664
パソコン白書	4678
パソコン用語事典〔最新〕	4658
パソコン用語図説事典	4666
パソコン用語の意味がわかる辞典	4667
パソコン用語迷解辞典	4668
パーソナルコンピュータに関する調査研究報告書	4679

書名	番号
旗指物	1418
爬虫両生類飼育図鑑	3591
パッキン技術便覧	4454
発想鉱脈輸出入図鑑	5559
発達障害指導事典	2918
発達心理学辞典	368
発達心理学用語辞典	369
発展途上国法令資料目録	2018
発展途上地域地図目録	1473
発展途上地域日本語文献目録	1683
バッハ作品総目録	6074
バッハ事典	*6076*
バッハ叢書	*6074*
発破用語事典	4954
発明奨励便覧	4081
発明総覧	4082
発明とアイデアの歴史	*4073*
発明発見小事典	4073
パート・アルバイト全集	2294
花江都歌舞妓年代記	6231
花江都歌舞妓年代記（続編）	6232
花の園芸用語事典	5352
羽根図鑑	3603
ハーブ大全	5320
ハーブの事典	5321
ハーブの写真図鑑	5322
ハム用語辞典〔最新〕	4628
パルス技術便覧	4714
バルブ設計データブック	4455
バルブ用語事典	4447
バレエ音楽百科	6155
バレエ全作品集	6156
バレエ用語辞典	6157
ハワイ語－日本語辞典	6603
版画家名覧	5887
版画事典（ダヴィッド社）	5888
版画事典（東京書籍）	5889
版画の技法と表現	5890
ハングル基本単語活用辞典	6583
板行御赦免書目	*76*
万国図案大辞典	5836
犯罪	1975
犯罪学辞典	1972
藩史事典	1073
藩史総覧	1074
藩史大事典	1075
反対語対照語辞典	6503
ハンダ用語解説集	4822
ハンディキャップ教育・福祉事典	2919
半導体産業会社録	4720
半導体製造装置用語辞典	4717
半導体ハンドブック	4718
半導体用材料総覧	4719
ハンドブック戦後補償	2714
バンド・ミュージック・インデックス552	6090

書名	番号
VANニューメディア用語辞典	4603
万能数値表	3160
万有こよみ百科	*3291*
万有百科大事典	222
判例基本六法〔岩波〕	*1911, 1922*
判例コンパクト〔岩波〕	*1922*
判例辞典	1920
判例総覧	*1917*
判例体系	1917
判例体系〔新〕	*1912, 1917*
判例評釈インデックス	1918
判例民事六法全書	1960
判例六法	1921

ひ

ぴあシネマクラブ	6247
ピアノ音楽史事典	6083
ピアノ名曲辞典	6084
ピアノ・レパートリー事典	6085
ぴあMAPホール劇場スタジアム	6186
PR映画年鑑	*6268*
PL対策ハンドブック	4129
美学事典	5719
美学辞典	5720
皮革統計年報	*5055*
美学・美術史研究文献要覧	5686
比較文学研究文献要覧	6723
比較文学辞典	6740
東アラブ近現代史研究	1222
光エレクトロニクス材料マニュアル	4724
光エレクトロニクス事典	4725
光技術活用ハンドブック	4726
光技術動向調査報告書	*4725*
光工学ハンドブック	3186
光磁気ディスク製造技術ハンドブック	4614
光測定ハンドブック	4473
光通信ハンドブック	4635
光ディスク技術ハンドブック	4675
光デバイス辞典〔図解〕	4722
光物性ハンドブック	3202
光部品・製品活用事典	*4726*
非金属材料データブック	4026
樋口一葉事典	6958
美国家譜学会中国族譜目録	*1396*
ビジネス英語大辞典〔現代〕	2277
ビジネス英語大辞典〔新〕	2277
ビジネスガイド　ベトナム	2143
ビジネスガイド　ロシア	5556
ビジネス誌記事索引	148
ビジネス18万語大辞典〔新〕	2280
ビジネス情報源	*2274*
ビジネス情報大事典	2274
ビジネスタレント事典〔最新〕	2283
ビジネス調査資料総覧	5514
ビジネスデータ活用事典〔データ of data〕	2275
ビジネスマンのための日英中貿易用語辞典	5542
ビジネスマンのためのマルチメディア最新情報ハンドブック	5670
ビジネス用語〔現代〕	2276
美術家索引　西洋篇	5688
美術家索引　日本・東洋篇	5687
美術家名鑑	5710
美術鑑定事典	5756
美術教育基本用語辞典〔新〕	2856
美術工芸品の保存と保管	5757
美術辞典	5694
美術事典〔現代〕（白楊社）	5723
美術事典〔現代〕（美術出版社）	5722
美術新報　別巻総目録	5689
美術全集作品ガイド〔近代の絵画〕	*5780*
美術・デザイン賞事典〔最新〕	5690
美術手帖年鑑	5714
美術年鑑	5715
美術のキーワード〔現代〕	*5721*, 5724
美術分野の文献・画像資料所蔵機関一覧	5755
微生物学辞典	3418
微生物学ハンドブック〔図解〕	3422
微生物学・分子生物学辞典	3419
微生物学用語集〔英和・和英〕	3712
微生物学用語小辞典	3717
微生物制御実用事典	5105
微生物制御用語事典	3420
微生物による環境制御・管理技術マニュアル	4257
必携介護福祉用語の解説	2686
必携慣用句辞典	*6488*
必携中国美術年表	5739
必携篆書印譜字典	5899
必携文房古玩事典	*5885*
必携法令難語辞典	1899
必携落款字典	5900
ビデオソフト総カタログ	6166
ひと目でわかる地球環境データブック	4258
一目でわかる日本の許認可制度のすべて	1948
ヒトラーを読む3000冊	1242
ビートルズ事典	6122
比日辞典	6601
泌尿器科用語集	3797
非破壊検査便覧〔新〕	4030
非破壊試験用語辞典	4031
BBI英和連語活用辞典	6653
ヒマラヤ地名索引	1631
ヒマラヤ文献目録	1217
ヒマラヤ名峰事典	1630
百体千字文	*5859*
百姓一揆研究文献総目録	1055
百姓一揆総合年表	1058
百姓一揆の年次的研究	*1058*
100万分の1日本地質図	*3363*
百科最新科学技術の常識〔図解〕	3961

書名	番号
百貨店調査年鑑	5479
百貨店販売統計年報	5456
百官履歴	1929
白虎通索引	342
繆篆分韻	5892
比喩表現辞典	6541
ピュリツァー賞　受賞者総覧	266
病院要覧	3674
評解名句辞典	6880
標準音楽辞典	6038
標準化学用語辞典	3221
標準機械設計図表便覧	4417
標準清人篆隷字典	5894
標準国際貿易商品分類	5580
標準語引東北地方方言辞典	6548
標準地名集	1518, 1551
標準篆刻篆書字典	5901
評伝日本書画名家辞典	5790
表面改質技術総覧〔実用〕	4840
表面処理技術総覧〔最新〕	4839
表面物性工学ハンドブック	3203
表面分析辞典	3197
表面分析図鑑	3204
美容用語辞典	5146
評論家人名事典〔現代〕	1352
微粒子ハンドブック	3205
肥料年鑑	5270
肥料便覧	5271
肥料輸出入協議会年鑑	5581
肥料用語事典	5272
ビル風ハンドブック	4352
ビル管理ハンドブック	4353
ピルブック	3884
ビルマ語辞典	6591, 6592
ビルメン産業年鑑	5496
広川香粧品事典	4973
廣川ドーランド図説医学大辞典	3629
広川薬科学大辞典	3856
ヒロシマ事典	1858
品質保証の国際規格	4130
品質保証のための信頼性管理便覧	4131

ふ

ファインケミカル事典	4869
ファインケミカル中間体	4946
ファインケミカル中間体データファイル	4946
ファインケミカルマーケットデータ	4946
ファインセラミックス事典	4908
ファインセラミックスハンドブック（朝倉書店）	4918
ファインセラミックスハンドブック（オーム社）	4919
ファインセラミックス用語集	4909
ファジィ応用ハンドブック	4682
ファシリティマネジメント・ガイドブック	2301
ブアーズ・レジスター	2245
ファッションビジネス基礎用語辞典〔新〕	5145
フィットネス・トレーナー小事典	6337
フィットネス用語辞典	6336
フィリピン語辞典	6602
フィリピンの事典	1628
フィールドウォッチング	3493
フィールドガイド日本の野鳥	3604
FILM INDEX	6266
フィルム・ミュージック　世界映画音楽事典	6126
フィンランド語小辞典〔実用〕	6713
風雅集総索引	6873
諷刺画研究	5824
風俗辞典	2947
風俗史年表〔現代〕	1100
葡・英・日－日・英・葡　技術用語辞典〈化学篇〉	3953
フェミニズム事典	2649
フォーク辞典	6112
Fortranによる数値計算ハンドブック	3159
武器事典	4764
布教新辞典	668
布教名言大辞典	669
復元江戸生活図鑑	1080
復原図譜日本の城	4318
複合語辞典	3098
複合材料術語辞典	4010
複合材料総覧	4023
複合材料の事典	4011
複合材料ハンドブック	4024
福祉学レキシコン〔現代〕	2679
福祉機器ガイドブック	2687
福祉制度要覧	2688
福祉相談ハンドブック	2560
服飾関連図書目録	5138
服飾史図絵	2979
服飾文献目録	5139
服飾用語辞典〔実用〕	5142
服装と故実　有識故実図解	968
福武古語辞典	6513
服薬指導ハンドブック	3738
武芸流派大事典	6383
武家事典	2960
武家戦陣資料事典	1046
武江年表	1156
武士時代	1097
腐食防食データブック	4843
腐食・防食用語事典	4836
婦人教育関係雑誌記事索引集	2644
婦人教育行政年表	2935
婦人参政関係資料集	1763
婦人・生活・住宅に関する10年間の雑誌文献目録	2567
婦人の歩み30年	2656
婦人問題辞典	2650
婦人問題書誌の書誌	2645
婦人問題文献目録	2646

書名	頁
フーズバイオテクノロジー事典	5106
Who's who in the Old Testament	833
Who's who in the New Testament	845
扶桑略記人名総索引	1005
蕪村事典	6894
仏英和料理用語辞典	*5163*
物価指数年報	2341
物価年報	*2341*
仏教いわく・因縁故事来歴辞典	560
仏教・インド思想辞典	575
仏教を彩る女神図典	657
仏教音楽辞典	656
仏教学関係雑誌文献総覧	529
仏教学関係雑誌論文分類目録	530
仏教学辞典	*574*, 576
仏教学論集総覧	531
仏教語入門	550
仏教関係雑誌所在目録	532
仏教行事儀礼書式大事典	644
仏教経典総論	*533*
仏教経典の世界・総解説	606
仏教儀礼辞典	645
仏教慶弔文例事典	646
仏教故事名言辞典	561
仏教語大辞典	*539*, 540
仏教語大辞典〔図説〕	539
仏教ことわざ事典（新人物往来社）	563
仏教ことわざ辞典（溪水社）	562
仏教古文書字典	577
仏教語読み方辞典	568
仏教365日大事典	573
仏教思想辞典	578
仏教辞典	537, 541, *558*, *569*
仏教辞典〔岩波〕	536
仏教辞典〔コンサイス〕	537
仏教辞典〔新〕	538
仏教辞典〔新撰〕	*551*
仏教史年表	583
仏教宗派辞典	672
仏教情報大事典〔現代〕	567
仏教植物辞典	569
仏教人物辞典	596
仏教葬祭大事典	*644*, 647
仏教叢書（七種）総索引	603
仏教大学図書館所蔵和漢書中浄土宗学関係書籍目録稿	698
仏教大辞彙	542
仏教大事典	543
仏教大辞典	544, *569*, 653
仏教大年表	*584*, *679*
仏教難字大字典	5861
仏教日常辞典	551
仏教日用小辞典	552
仏教年表	585
仏教美術文献目録	5725
仏教美術用語集	5726
仏教比喩例話辞典	629
仏教文化事典	570
仏教文献目録〔英文〕	535
仏教法具図鑑	652
仏教法話大事典	630
仏教民俗辞典	579
仏教名言辞典	564
仏教用語事典	545
仏教例話大百科	631
仏教論文総目録	*530*
仏具辞典	653
仏具大辞典	654
Book Page　本の年鑑	67
物故者事典〔現代〕	1375, *1376*
仏事儀式全書	648
仏事大鑑	649
仏書解説大辞典	533, *541*, *599*, *617*, *673*
物性科学事典	3198
仏像事典	5773
仏像集成	5774
仏像巡礼事典〔図説〕	5769
仏像図鑑〔新纂〕	*658*
仏像図典	660
仏像仏典解説事典	607
仏像見わけ方事典	661
仏典解題事典	608
仏日整形外科学用語集	3798
物理化学で用いられる量・単位・記号	3242
物理学事典	3165
物理学辞典	3166
物理学小辞典	3167
物理学大辞典	3168
物理学大百科	3169
物理学ハンドブック	3175
物理探査用語辞典	3364
物理定数表	3176
物流ハンドブック〔最新〕（日本物的流通協会）	4121
物流ハンドブック〔最新〕（白桃書房）	5594
物流用語辞典	5595
仏和辞典〔小学館プログレッシブ〕	6686
仏和大辞典〔小学館ローベル〕	6687
仏和法律辞書	2036
佛和法律新辞書	*2036*
仏和理工学辞典	3099
仏和・和仏自治用語辞典	1819
武道	6384
不動産税務百科	2331
不動産取引用語辞典	5497
風土記の研究並びに漢字索引	1513
船の歴史事典	4739
部品・材料登録一覧表	4570
舞踊年鑑	6150
舞踊名作事典	6218
無頼文学辞典	6798

書名	ページ
部落解放運動50年史年表	2535
部落解放年鑑	2537
部落史研究ハンドブック	2531
部落史研究文献目録	2532
部落史用語辞典	943
プラクティカル医学略語辞典	3644
部落問題事典	2536
部落問題文献目録	2533
ブラジルにおける日本研究	894
プラスチック加工技術ハンドブック	5028
プラスチック加工技術便覧	5028
プラスチック加工の基礎	5028
プラスチック産業名鑑	5041
プラスチック成形加工データブック	5029
プラスチック成形材料「安全規格UL認定」グレード便覧	5030
プラスチック成形材料商取引便覧	5030, 5042
プラスチック製品統計年報	5043
プラスチック大辞典	5024
プラスチックデータハンドブック	5031
プラスチック読本	5032
プラスチックのコーティング技術総覧	5033
プラスチックの塗装・印刷便覧	5033
プラスチックポケットブック	5034
プラスチック用語辞典〔図解〕	5022
プラズマ材料科学ハンドブック	3195
フラメンコ百科〔新〕	6158
フラワーデザイン花材事典	6429
フラワーデータブック	5353
フランス革命事典	1243
フランス語機械用語辞典	4396
フランス語ことわざ用法辞典	6691
フランス語辞典〔現代〕	6685
フランスことわざ名言辞典	6692
フランス語フランス文学研究文献要覧	7024, 7025
フランス語フランス文学専門家事典	7026
フランス食肉事典	5396
フランス生活事典	1707
フランスの地方行財政のあらまし	1819
フランス文学案内	7023
フランス文学研究文献要覧	7024
フランス文学辞典（東京堂出版）	7027
フランス文学辞典（白水社）	7028
フランス法律用語辞典	2035, 2036
フランス名句辞典	7029
フランス料理用語辞典	5163
プラント工学用語集	4883
プラント貿易年鑑	3971
プラント輸出年鑑	3971
プラント用語33000語	3952
プラント用語辞典	3952
プラント類輸出統計	5577
ふりがな英和辞典	6637
ブリタニカ国際大百科事典	223, 252
ブリタニカ国際地図	1481
ブリタニカ国際年鑑	223, 252
プリプレス用語1000語	5922
プリント回路技術便覧	4607
ブルガリア語辞典	6707
ブルガリア要覧	1650
ふるさとあそびの事典	2996, 2997
ブルックナー/マーラー事典	6076
古本分類事典	6806
古本用語事典	47
プレス加工データブック〔新〕	4813
プレス加工ハンドブック	4817
プレス加工便覧	4818
プレス成形技術・用語ハンドブック	4809
プレス成形難易ハンドブック	4819
プレス用語辞典〔実用〕	4805
プロ音響データブック	6179
プログレッシブ仏和辞典〔小学館〕	6686
プログレッシブ和英中辞典〔小学館〕	6639
プロスポーツ年鑑	6322
プロセス計測制御ガイドブック	3988
ブロードウェイ・ミュージカル事典	6235
プロ野球人名事典	6350
プロレス全書	6373
ブロンテ姉妹	7021
文学遺跡辞典	6803
文学忌歳時記	6813
文学教材の実践・研究文献目録	2863
文学研究事典〔現代〕	6792
文学作品書き出し事典	6799
文学賞事典〔最新〕	6802
文学賞受賞作品図書目録	6766
文学・日本文学（一般・総論）に関する10年間の雑誌文献目録	6765
文学碑辞典	6804
文学要語辞典	6741
文科系文献目録　イタリア学篇	1245, 1247
文科系文献目録　体育学篇	6290
文化財ウォッチング建築編　寺神社城庭のみどころ早わかり	4319
文化財用語辞典	5758
文化賞事典〔最新〕	229, 3106
文化女子大学図書館所蔵西洋服飾関係欧文文献解題・目録	2969, 2970
文化女子大学図書館所蔵服飾関係邦文文献目録	2970
文化人名録	1350
文化人類学研究文献要覧	3046
文化人類学事典（ぎょうせい）	3053
文化人類学事典（弘文堂）	3054
文化人類学の本全情報	3047
文化人類学・民俗学に関する10年間の雑誌文献目録	3048
文具・紙製品・事務機年鑑	5053
文芸年鑑	156, 6782
文献研究日本の労働問題	2581
文献研究労働法学	2622

書名	番号
文献商法学	1963
分光学的性質を主とした基礎物性図表	3187
分光技術ハンドブック	3253
分冊六法全書	1912
分子細胞生物学辞典	3406
分子生物学辞典	3410
分子生物学・免疫学キーワード辞典	3411
分析化学辞典	3247
分析化学ハンドブック	3254
分析化学便覧（日ソ通信社）	3255
分析化学便覧（丸善）	3256
分析化学用語辞典	3248
分析法早見総覧	3257
Bunsoku	3079, *3094*
粉体機器・装置ハンドブック	4895
粉体工学ハンドブック	*4896*
粉体工学便覧	4896
粉体工学用語辞典	4884
文房古玩事典	5885
分野別和英疾患名一覧	3630
文楽人形〔図説〕	6239
分離精製技術ハンドブック	4897
分類民俗語彙	*2942*, 2948

へ

平安時代史事典	1013
平安人名辞典	1014
平安朝漢文学総合索引	6933
平安朝漢文日記索引	1006
平安朝服飾百科辞典	2975
平安朝文学事典	6787
平安末期物語人物事典	6918
ベイカー神学事典	775
米議会図書館所蔵占領接収旧陸海軍資料総目録	3058
平家物語研究事典	6920
平家物語辞典	*6920*
米国・カナダ・メキシコ日本企業便覧	2207
平成元年度の郵便事業	*5663*
平成の皇室事典	1402
平成・万年暦 明治30年より平成55年迄の暦	397
平凡社大百科事典	225, *453*, *1629*, *1644*
平凡社版気象の事典	3325
平凡社百科年鑑	*225*
平凡社百科便覧 統計・資料	*225*
平和教育実践事典	2848
平和事典	1851
平和博物館・戦争資料館ガイドブック	1861
北京版西蔵大蔵経	*621*
ヘーゲル事典	348
Basic英米法辞典	2028
ベーシック条約集	2002
ペスタロッチー・フレーベル事典	2752
ベートーヴェン大事典	6075
ベトナム	2143
ベトナム情報事典	1701
ペルシア語辞典	6614
ヘルス・フィットネス用語事典	6337
ヘンダーソン生物学用語辞典	3391
編年百姓一揆史料集成	*1058*
変容する世界都市連合の活動	*1819*
便覧図鑑年表全情報	170
弁理士名簿	4098
便利な文庫の総目録	96

ほ

保育学大事典	2879
保育技術事典	2880
保育基本用語事典	2881
保育者・教師のための障害児医学ケア相談事典	2920
保育のための乳幼児心理事典	2882
保育用語辞典〔現代〕	2877
ボイラー年鑑	4440
ボイラの水管理用語解説	4434
ボイラ用語集〔解説〕	*4434*
ボイラー用語早わかり	4433
防衛年鑑	3066
防衛ハンドブック	3065
貿易・為替小辞典	5543
貿易為替用語辞典	5544
貿易業態統計表	5588
貿易実用辞典〔和英〕	5546
貿易手帳	*5549*
貿易手続総覧	5574
貿易統計年鑑	5583
貿易年鑑	*5566*
貿易用語辞典	5545
貿易要覧	5549
防炎用語ハンドブック	5081
法学ガイダンス	1872
邦楽曲名事典	6132
邦楽詞章名詞索引	6148
法学辞典〔新〕	1889
邦楽百科辞典	6133
邦楽舞踊事典	*6132*
邦楽舞踊辞典	6134
法学文献総目録	1873, *1874*
法学文献の調べ方	1870, *1871*
法学用語小辞典	1891
法学ラテン語綱要	*2026*
法規分類大全	*1129*
防菌防黴ハンドブック	3423
法言索引	343
邦語文献を対象とする参考調査便覧	171
防災専門図書館所蔵戦災関係図書目録	2710
防災電気設備ハンドブック	4377
防災まちづくりハンドブック	2715
邦産松柏類図説	3512
放射性同位元素使用事業所等一覧	4533

ふん〜ほう ———— 1037

書名	番号
放射性同位元素等取扱者必携	4525
放射性廃棄物管理ガイドブック	4526
放射性廃棄物管理－日本の技術開発と計画	*4526*
放射性廃棄物データブック	4527
放射線医療用語辞典	3742
放射線応用技術ハンドブック	4528
放射線技術学用語集	3743
放射線技術用語辞典	4520
放射線診療用語集	3744
放射線用語辞典	3208
防食技術ハンドブック	4844
防食技術便覧	*4843*, 4845
防食材料選定便覧	4846
法人所得10000社ランキング	*2209*
法人所得番付日本の会社82000	2209
防振制御ハンドブック	3998
防水工法事典	4345
防水総覧	4165
防水用語事典	4346
法政・経済・社会論文総覧	1665, *1667*, *2094*
法制史研究	*1923*
法制執務事典	1900
法制史文献目録	1923
防錆防食事典〔さびを防ぐ事典〕	4834
宝石・貴金属市場年鑑	5471
宝石・貴金属大事典	3383
防雪技術ハンドブック	3331
防雪工学ハンドブック〔新編〕	3330
放送関係雑誌目次総覧	5676
放送関係文献総目録	5677
放送教育大事典	2847
法定色素ハンドブック	4982
法廷用語解説	1981
法然辞典	705
訪販業界便覧	5464
防風施設に関する文献リスト集	5293
邦文心理学文献目録稿	354
邦文法律関係記念論文集総合目録	1879
邦文法律雑誌総合目録	1880
法・法学年表〔日本〕	1930
法名戒名揮毫宝典	650
法名・戒名大字典	651
法務一覧	*1794*
法務年鑑	1794
法務用語辞典	2388
訪問販売業界名鑑	5465
邦訳日葡辞書索引	6697
法律英語のカギ	*1966*
法律英語の事典	1966
法律・会計・税務用語辞典〔英和和英〕	2321
法律学辞典〔新〕	1888
法律学小辞典	1893
法律学・法制史に関する10年間の雑誌文献目録	1877
法律語辞典〔和英〕	1903
法律関係雑誌記事索引	1875
法律基本用語辞典	2032
法律辞書〔仏和〕	2036
法律図書館ユーザーズマニュアル	*1870*, 1871
法律判例文献情報	1878
法律文献の引用法	2022
法律用語辞典〔図解による〕	1886
法律用語の基礎知識	1885
法律ラテン語格言辞典	*2026*, 2047
法律ラテン語辞典	*2025*, *2026*
法律類語難語辞典	1894
法令解釈事典	1896
法令索引	*1906*
法令全書	*1905*
法令全書総目録	1905
法令等略称集	*1756*, 1902
法令難語辞典〔必携〕	1899
法令用語辞典	1897
法令用字用語必携〔新〕	1901
法令類似用語辞典	1898
簿記用語辞典〔新〕	*2326*
木竹工芸の事典	5060
ポケット医学ラテン語辞典	3661
ポケット園芸統計	5239
ポケット会計全書	*2324*
ポケット会社要覧	2189
ポケット最新綜合測量表	4180
ポケット水産統計	5249
ポケット畜産統計	5244
ポケット農林水産統計	5219
ポケット農林統計	*5219*
保険医学用語集	2425
ほけんがいど	2423
保険辞典	2414
保健・体育学関係研究誌文献目録	6290
保健体育行事事典	6315
保健同人家庭の医学	5175
保険年鑑	2419
保健婦業務要覧	3820
保険薬事典	3857
保険用語辞典（東洋経済新報社）	2416
保険用語辞典（日本経済新聞社）	2415
保険用語小辞典	2417
保護統計年報	1977
星の事典	3281
星百科大事典	3282
母子保健用語集〔新〕	3782
保守検査便覧	4032
補助金総覧	2437
補助金便覧	*2437*
戊辰以来新刻書目一覧	*78*
戊辰以来新刻書目便覧	*78*
POS・SA用語辞典	5461
墓地墓石大事典	*644*
北海道関係地図・図類目録	1569
北海道方言辞典	6549

書名	ページ
法華三部経章句索引	627
法華辞典	747
ホテル用語事典	5652
ホテル用語事典〔最新〕	5650
ホテル旅館ハンドブック	5653
ポピュラー&クラシック実用音楽用語辞典	6039
ポピュラー音楽人名事典	6094
ポピュラーCD総カタログ	6066
ポピュラー・スター事典	6095
ポピュラー・レコード総カタログ	6066
ホームステイ英会話辞典	6669
ホームセンター名鑑	5475
ホームセンター名簿	5475
ホーム・メディカ〔家庭医学大事典〕	5170
ホメーロス辞典	7033
ボランティアに関する文献集録・解題	2675
ポリアセタール樹脂ハンドブック	5035
ポリアミド樹脂ハンドブック	5036
ポリウレタン樹脂ハンドブック	5037
ポリエステル樹脂ハンドブック	5038
ポリカーボネート樹脂ハンドブック	5039
ボーリングポケットブック	4166
ボールゲーム指導事典	6347
ポルトガル語・技術用語辞典	3953
ポルトガル語ことわざ用法辞典	6698
ポ和（英仏独日5か国語）ビジネス語辞典	2281
本を選ぶほん	181
本化聖典大辞林	757
盆栽大事典	5354
梵字事典	6613
本朝画史	5786
本朝通鑑	923
本の年鑑〔Book Page〕	67
ポンプハンドブック	4456
本邦アダム・スミス文献	2110
本邦会社史総合目録	2088
本邦経済団体史総合目録	2088
本邦経済統計	2072
本邦鉱業の趨勢	4777
本邦鉱業の趨勢50年史　解説編・統計編・続編	4777
本邦主要企業系譜図集	2226
本邦書誌ノ書誌	59
本邦信託文献総目録	2401
本邦大学・高等教育機関沿革史総覧	2890
本邦著述家著作目録索引稿	1669
本邦洋楽関係文献目録	6020
本・ほん：小学校・中学校・公共図書館：図書選定資料：カラー版目録	181
本・ほん：図書館のためのカラーカタログ：教科別編集	181
本名を正しくよぶための人名仮名表記字典	1288
翻訳者事典〔現代〕	1346
翻訳小説全情報	6724
翻訳図書目録	106
翻訳表現辞典〔和英〕	6670

ま

書名	ページ
毎月勤労統計調査月報　全国調査	2609
毎月勤労統計調査50年史	2609
毎月勤労統計調査70年史	2609
毎月勤労統計調査特別調査報告	2609
毎月勤労統計調査年報	2609
毎月勤労統計調査報告　地方調査	2609
毎月勤労統計要覧	2609
マイコン用語事典〔新〕	4661
マイドクター　家庭医学大事典	5176
毎日ニュース事典	276
毎日年鑑	253
マイペディア	233
前田護郎文庫目録	761
牧野植物大図鑑〔原色〕	3472
牧野新日本植物図鑑	3473, 3900
牧野新日本植物図鑑　改訂増補版	3472, 3473, 3484, 5421, 5422
牧野日本植物図鑑	3472, 3473
牧野和漢薬草大図鑑〔原色〕	3900
マクミラン世界科学史百科図鑑	3127
枕詞辞典	6835
マグロウヒル英和物理・数学用語辞典	3170
マグロウヒル数学公式・数表ハンドブック	3150
マグローヒル科学技術用語大辞典	3100
マクロ・ミクロ経済学辞典	2102
マーケティング英和辞典	5517
マーケティング辞典〔詳解〕	5516
マーケティング・マニュアル	5642
マーケティング用語辞典（東洋経済新報社）	5518
マーケティング用語辞典（日本経済新聞社）	5519
マーケティング用語辞典〔基本〕	5515
マーケティング・リサーチ用語辞典	5531
マザー・グース事典	7012
魔女と魔術の事典	393
麻酔科学基本用語辞典	3799
麻酔科学用語集〔英和・和英〕	3783
麻酔学用語辞典	3800
マスコミ人物辞典〔現代〕	1353
マスコミ文献集大成	267
町並み・家並み事典	4320
松方伯財政事歴	2433
マックス・ウェーバー宗教社会学関係文献目録	432
マックス・ヴェーバーの思想像	1672
マックス・ウェーバー文献目録	1671
祭り文献総目録	526
マテリアル・データベース	4027
マメ科資源植物便覧	5324
マヤ語辞典	6720
マリン・アクアリウム	5452
マルクス主義哲学辞典	303
マルクス＝レーニン主義事典〔現代〕	1722
マルシェ　料理材料大図鑑	5169

ほつ～まる　1039

書名	ページ
丸善エンサイクロペディア大百科	234
Maruzen科学年表	3131
Maruzen高分子大辞典	5010
マルチメディアを読むキーワード辞典	9
マルチメディア時代のディジタル放送技術事典	4641
マルチメディア事典（朝日新聞社）	4676
マルチメディア事典（産業調査会）	9
マルチメディア白書	4609
マレーシア百科・200項目	1625
漫画家・アニメ作家人名事典	5828
満州関係経済統計文献目録	2142
満洲國地名大辭典	*1602*
満洲語文語辞典	6605
満洲地名大辞典	1602
満洲分省地図	1617
万宝書画全書	*5895*
曼荼羅図典	662
曼荼羅の鑑賞基礎知識	663
万年暦鑑	*398*
万年暦	398
万葉集歌句漢字総索引	6845
万葉集各句索引	6846
万葉集歌人事典	6849
万葉集歌人集成	6850
万葉集事典	6852
万葉集辞典	6851
万葉集総索引	6847
万葉集総索引〔新撰〕	6844
万葉集表記別類句索引	6848
万葉集枕詞辞典	6853
万葉植物事典	6854
万葉の歌ことば辞典	6855

み

書名	ページ
味覚辞典	5164
御巫家図書目録	492
ミサイル事典	4765
三島由紀夫研究年表	6960
水・河川・湖沼関係文献集	4208
水草大図鑑	5355
水資源便覧	4218
水処理薬品ハンドブック	4900
味噌醤油年鑑	*5116*
密教関係雑誌論文目録	684
密教関係文献目録	685
密教辞典	689
密教小辞典	690
密教書籍目録	686
密教大辞典	691
密教仏像図典　インドと日本のほとけたち	692
密教名句辞典	693
ミーティングマニュアル	5648
ミドルマネジメントのための特許情報管理	4083
南アジアを知る事典	1629
南アジア関係逐次刊行物総合目録	135
ミニコミ総目録	2525
ミニ統計ハンドブック	*2486*
見本市・展示会・イベント・コンベンションのための施設データバンク	5649
三宅邦夫の創作あそび集成	*6344*
宮沢賢治語彙辞典	6962
宮沢賢治年譜	6963
宮本輝書誌	6964
ミャンマー語小辞典	6592
ミャンマー情報事典	1624
ミュージック・データ・ブック	6123
未来年表	931
ミリオーネ全世界事典	1447
ミリタリー・バランス	3067
民家ウオッチング事典	4320
民間教育史研究事典	2787
民間信仰辞典	3018
民間信仰調査整理ハンドブック	3019
民間放送全職員人名簿	5678
民具研究ハンドブック	2991
民具調査ハンドブック	2992
民具入門事典〔図録〕	2989
民具の基礎知識〔図録〕	*2989*
民芸図鑑	5935
民事・刑事綜計集	*1986*
明史刑法志索引	2016
民事裁判例索引	1951
民事裁判例総索引	*1951*
民事判例索引集	1950
民事法に関する10年間の雑誌文献目録	1949
民俗学関係雑誌文献総覧	2938
民族学関係雑誌論文総目録	3049
民俗学辞典	2949
民俗学文献解題	2939
民俗芸能辞典	3009
民俗研究ハンドブック	2951
民俗資料調査収集の手びき	2952
民族世界地図	1773
民俗地名語彙事典	2957
民俗調査研究の基礎資料	2953
民俗調査ハンドブック	*2951*, 2954
民俗の事典	2950
民俗文化財要覧	5767, *5768*
明代史研究文献目録〔新編〕	1203
民鉄統計年報	*5626*
民鉄要覧	*5625*
みんなのスポーツ事例集成	6316
民法事典	*1956*
民力	2500
民和スポーツ文庫蔵書目録　体育・スポーツ篇	*6291*
民和文庫蔵書目録	6291
民話・昔話全情報	3022

む

書名	ページ
無機化学命名法	3260
無機化合物・錯体辞典	3261
無機材料データ集	4028
無形文化財・民俗文化財・文化財保存技術指定等一覧	5767, 5768
無形文化財・民俗文化財要覧	5768
無形文化財要覧	5767, 5768
武者小路実篤	6965
無線工学用語辞典	4630
無線便覧	4636
室生犀星書目集成	6966
室生犀星文学年譜	6967

め

書名	ページ
名演奏家事典	6047
明解漢和辞典〔新〕	6481
明解国語辞典〔新〕	6471
明解古語辞典〔新〕	6512
明解仏教辞典	546
名家印譜大集成	5902
名歌鑑賞事典〔現代〕	6829
名家談叢	1097
名家伝記資料集成	308, 1266
名曲解説全集〔最新〕	6060
名曲鑑賞辞典	6061
名曲事典	6062
名曲大事典	6063
名曲とレコード／人名事典	6091
明月記人名索引	1031
名言名句活用新辞典	420
名言・名句新辞典 知恵のキーワード	421
名工・職人人名事典〔現代〕	5936
明治以降卸売物価指数統計	2343
明治以降教育文献総合目録	2728
明治以降教科書総合目録	2868, 2872
明治以降裁判統計要覧	1986
明治以降日本人の中国旅行記	1596
明治以降本邦地図目録	1544
明治維新史研究講座	1087
明治維新人名辞典	1089
明治過去帳	1377, 1378
明治期キリスト教文献目録	784
明治期日本人と音楽	6070
明治期農商務省刊行文献目録	5198
明治期万国博覧会美術品出品目録	5743, 5746
明治期美術展覧会出品目録	5743, 5746
明治後期教育雑誌にみられる中国、韓国教育文化関係記事目録	2779
明治財政史	2432, 2433
明治雑誌目次総覧	154
明治時代上方芸界資料	6197
明治時代法律書解題	319
明治事物起源	244
明治史要	1127
明治初期官員録・職員録集成	1799
明治初期三都新刻書目	78
明治初期歴史文献資料集	1128
明治書籍総目録	80, 81, 83
明治職官沿革表	1935
明治人物逸話辞典	1373
明治新聞雑誌文庫所蔵新聞目録	136
明治世相編年辞典	1112
明治前期学術雑誌論文記事総覧	149
明治前期警視庁・大阪府・京都府警察統計	1806
明治前期財政経済史料集成	2433
明治前期思想史文献	319
明治前期書目集成	79, 83
明治前期日本経済統計解題書誌	2123
明治前期文部省刊行雑誌総目録	2729
明治前日本数学史	3151
明治・大正家庭史年表 1868-1925	1108
明治大正国勢総覧	2483
明治大正財政史	2432, 2433
明治大正財政詳覧	2433
明治・大正・昭和作家研究大事典	6800
明治大正昭和三代詔勅集	1129
明治・大正・昭和書道史年表	5883
明治・大正・昭和神道書籍目録	486
明治・大正・昭和前期雑誌記事索引集成	140
明治・大正・昭和全幕内力士名鑑	6369
明治・大正・昭和大事件史	1130
明治・大正・昭和日蓮門下仏家人名辞典	748
明治・大正・昭和邦訳アメリカ文学書目	6989
明治・大正・昭和翻訳文学目録	6725, 6989
明治大正新劇史資料	6234
明治大正日本国勢沿革資料総覧	1825
明治大正日本五万分の一地図集成	1558
明治・大正日本都市地図集成	1568
明治大正俳句史年表大事典	6888
明治ニュース事典	1124, 1131
明治年間朝鮮研究文献誌	1183
明治農民騒擾の年次的研究	1106
明治乃聖書	798
明治聖代教育家銘鑑 第1編	2791
明治風俗故事物語	1088
明治仏教史編纂所蔵目録	534
明治文学書目	6767
明治文化研究	1097
明治宝鑑	1132
名人忌辰録	1379
名数事典	247
名数数詞辞典	248
瞑想と精神世界事典	428
名簿情報源 日本のダイレクトリー	172
名簿・名鑑全情報	173
メイラー医薬品の副作用大事典	3706

書名	頁
命理・遁甲万年暦	399
メカトロシステム事典	4692
メカトロシリーズ	*4692*
メカトロニクス記号集	4409
メカトロニクス技術百科〔最新〕	4693
メカトロニクス実用便覧	4699
メカトロニクス用語辞典〔図解〕	4689
メセナ白書	2220
鍍金技術便覧	*4847*
めっき技術便覧	4847
めっき実用便覧	4848
めっき用語辞典〔図解〕	4835
滅菌・消毒ハンドブック	3718
メディカル医療情報ガイド〔日経〕	3672
芽ばえとたね	3483
メルク獣医マニュアル	5405
メローニ図解医学辞典	3631
免疫学辞典	3719
免疫学辞典〔英和〕	3711
免疫学用語辞典	3720
メンタルヘルス解説事典	3773

も

書名	頁
盲教育史事典〔図説〕	2921
盲人百科事典提要	2703
毛筆三体事典〔現代〕	5853
木材活用事典	5430
木材工学辞典	5431
木材工芸用語辞典	5061
木材切削加工用語辞典	5062
木材の事典	5432
木材の接着・接着剤	5433
木造建築事典〔図説〕	4326
木造在来構法文献目録	4323
モータ技術百科	4576
モーターサイクル名鑑	4497
モータースポーツ用語辞典	6379
モダン・デザインのすべてA to Z	5982
望月仏教大辞典	547, 569, 584, 653
モーツァルト事典	6076
モーツァルト大事典	*6075*
木簡字典	5865
木工機械工作便覧	5063
もっと知りたいインド	1703
もっと知りたい台湾	1698
物語和歌総覧	6827
もの作り不思議百科	4820
模範実例会社規程総覧	2290
模範佛和大辞典	*2036*
模範六法	1919
模範六法全書	*1919*
モン語辞典	6597
モンゴル語辞典〔現代〕	6606
問題地名集	1527

書名	頁
文部省年報	2730, *2754, 2755*
文部省例規類纂	*2800*
文部大臣所轄教団一覧	469
文部統計要覧	2759
文部法令要覧	2809
文様の事典	5837

や

書名	頁
野外あそび事典	2998
野外文化	*2998*
やきもの事典	5942
やきもの辞典	*5942*
やきもの大百科	5943
野球場大事典	4356
野球年鑑	6352
野球の英語活用辞典	6351
冶金学辞典〔英和〕	4778
役員の定年・慶弔金・保険・交際費・退任後の処遇	2222
役員の報酬・賞与・年収	2223
薬学大事典	3858
薬学図書館雑誌総合目録	3846
薬学用語集	3859
薬剤識別コード事典	3860
薬剤師のための常用医薬品情報集	3739
薬剤師のための服薬指導ガイド	3885
やくざ事典	2672
薬事ハンドブック	3864
薬物代謝学辞典	3707
薬名検索辞典	3861
薬理学用語集	3708
野菜園芸大事典	5340
野菜園芸大百科	5341
野菜栽培技術データ集	5342
野菜生産出荷累年統計	5241
野菜の病害虫防除	5343
野生動物救護ハンドブック	3527
野草大図鑑	3484
野草大百科	3467
野草の写真図鑑	3517
野鳥	3605
谷津・内田動物分類名辞典	3520
薬価基準	*3857, 3860, 3875, 3881*
柳田国男著作・研究文献目録	2940
邪馬台国研究事典	1015
邪馬台国研究総覧	*982*
山田耕筰作品資料目録	6077
大和地名大辞典	1576
山梨英和短期大学門脇文庫目録	799
山本周五郎（人物書誌大系）	6968

ゆ

書名	頁
油圧技術便覧	4457
油圧工学ハンドブック	4458

書名	番号
油圧工業総覧	4460
遊印鑑賞大字典	5903
有害液体物質総覧	4271
有害物質データブック	4947
有価証券報告書提出会社名簿	2198
有機化学・生化学略語辞典	3262
有機化学用語事典	3263
有機化合物構造式インデックス	3264
有機化合物事典	3266
有機化合物辞典	3265
有機金属化学事典	3267
有機合成実験法ハンドブック	3245
遊戯大事典	6345
有機廃棄物資源化大事典	5273
有機反応インデックス	3268
郵政行政統計年報	5661
郵政行政統計年報　為替貯金編	2399
郵政行政統計年報　簡易保険編	2426
郵政行政統計年報　保険年金編	2426
郵政行政統計年報　郵便編	5662
郵政行政要覧	5659
郵政省関係公益法人便覧	5657
郵政省所管全国公益法人名鑑	5657
郵政省統計年報	5661
郵政統計年報	2399, 5661
郵政統計年報　総括編	5661
郵政統計年報　保険年金編	2426
郵政要覧	5659
有職故実	965
有職故実辞典	966
有識故実図解〔服装と故実〕	968
有職故実図鑑	967
有識故実図典　服装と故実	968
有職故実大辞典	969
有斐閣経済辞典	2060
有斐閣法律用語辞典	1890
郵便事業	5663
郵便の統計	5662
郵便用語事典〔最新〕	5660
融和事業年鑑	2537
UL規格の基礎知識	4113
油空圧工業総覧	4460
油空圧便覧	4459
油・空圧用語辞典〔図解〕	4446
ユーザーのための写植ガイドブック	5927
油脂化学便覧	4983
輸出統計品目表	5582
輸出入外国為替実務事典	5575
輸出入統計品目表	5582
輸出保険実務用語辞典	5553
油脂・油糧ハンドブック	4984
油脂用語辞典	4974
ユタ系図協会中国族譜目録	1396
ユダヤ教小辞典	859
ユニ映像年鑑	6268
ユニ通信	6268
輸入工業製品代理店便覧	5550
輸入税表	5568
輸入統計品目表	5582
輸入農産物の防虫・くん蒸ハンドブック	5302
夢を知るための109冊	371
夢事典　現在・過去・未来を占う夢分析（白揚社）	373
夢事典（自由都市社）	372
夢辞典〔最新〕	370
夢の事典（飛鳥新社）	402
夢の事典（東京新聞出版局）	403
夢のシンボル辞典〔ドリーム・ブック〕	401

よ

よい絵本	182
妖怪と精霊の事典	3033
洋楽索引	6059
洋学史事典	3128
洋楽の本	6020
窯業・建材統計月報	4921
窯業・建材統計年報	4921, 5055
窯業辞典	4906
窯業統計年報	4921, 5055
窯業の事典	4910
謡曲大観	6205
養護施設ハンドブック	2695
用語辞典	3313
揚子法言	343
溶剤ポケットブック	4935
幼児保育学辞典	2883
溶射ハンドブック	4849
溶射用語事典	4837
用字用語辞典〔角川新版〕	6535
用水と廃水	4901
用水廃水ハンドブック	4901
用水廃水便覧	4902
妖精事典	3034
溶接規格ハンドブック	4830
溶接・材料・検査用語集	4823
溶接・接合便覧	4831
溶接・接合用語活用事典	4824
溶接・接合用語事典	4825
溶接の事典	4826
溶接便覧	4831
溶接用語活用事典	4824
溶接用語事典	4825
幼稚園事典	2884
養豚ハンドブック	5389
用廃水事典	4903
養蜂用語辞典	5370
要約図解スポーツ・ルール	6332
要約戦後財政金融政策史	2434
用例かな大字典	980
余暇産業動向に関する調査研究	5641

書名	ページ
余暇需要及び産業動向に関する基礎調査研究	5641
余暇需要に関する調査研究	5641
翼賛選挙大観	1757
よくわかる書の常識	5846
予算は正しく使われたか	2435
四字熟語・成句辞典	6492
四字熟語の辞典	6493
四字熟語博覧辞典	6494
吉田文庫神道書目録	493
ヨット百科	6359
読売政治年鑑	254
読売ニュース総覧	276
読売年鑑	254
読本研究文献目録	6923
読む事典フランス	1643
読む食辞苑　日本料理ことば尽くし	5165
ヨーロッパ映画作品全集	6255
ヨーロッパ各国要覧〔最新〕	1637
ヨーロッパ関係図書目録	1226
ヨーロッパ中世社会史事典	1230
ヨーロッパ統計年鑑	2482
ヨーロッパにおける日本研究	896
ヨーロッパ日本企業便覧	2206
ヨーロッパの伝統色　色の小辞典	5996
ヨーロッパの美術館	5752
ヨーロッパ美術館ガイド	5752
ヨーロッパ歴史地図	1233
世論調査事典	2521
世論調査年鑑	2522
世論調査ハンドブック	2523
四ケ国手話辞典	2924
ヨンクショナリー	4491
4万2千種化学薬品毒性データ集成	4948

ら

書名	ページ
ライティングデザイン事典	4590
ライティングハンドブック	4591
来日西洋人名事典	1335
来日メソジスト宣教師事典	788
ライフサイエンス医科学研究者名簿	3675
ライフサイエンス辞典	3392
ライブラリー・アクア総目録	4220
ライブラリー落語事典	6275
落語家事典	6276
落語古典語典	6274
落語事典	6926
落語事典〔現代〕	6273
落語事典〔増補〕	6275
落語ハンドブック	6277
落首辞典	6930
落石対策便覧	4167
酪農施設・設備ハンドブック	5375
酪農ハンドブック〔新編〕	5373
ラジオ年鑑	5679

書名	ページ
落款花押大辞典	981
落款字典〔必携〕	5900
ラテン・アメリカを知る事典	1660
ラテン・アメリカ事典	1661
ラテンアメリカ地域日本語文献目録	1684
ラテンアメリカ法律雑誌記事目録	2020
ラミネート加工便覧〔新〕	5027
ラルース社会学事典	2513
ラルース世界音楽作品事典	6040
ラルース世界音楽事典	6040
ラルース世界音楽人名事典	6040
ラルース世界ことわざ名言辞典	422
ラルース世界文学事典	6742
ラルース・チーズ辞典	5397
LANマネージャ標準ハンドブック	4626

り

書名	ページ
リウマチ学用語集	3762
理化学辞典〔岩波〕	3105
理化学ロシヤ語辞典	3102
理科教育事典	2851
理学・工学岩石事典	3377
理科年表	3120
利休大事典	6412
陸運統計要覧	5617
陸海軍将官人事総覧	3073
陸海軍年表	3068
陸上競技規則	6346
陸上競技ルールブック	6346
俚諺辞典	6500
俚言集覧	6501
俚諺大成	3038
理工英語小辞典	3101
理工学辞典	3111
理工学ロシア語辞典	3102
リゾート整備ハンドブック	5656
リーダーズ・プラス	6627
六国史索引	1020
六國史神祇索引	501
律宗文献目録	673
立正大学図書館田中啓爾文庫目録	1432
立体哲学	296
立命館大学所蔵社史・団体史目録	2252
離島振興要覧	2491
離島統計年報	2491
リハビリテーション解説事典	3801
リハビリテーション事典〔図解〕	3789
リモートセンシング用語辞典	3987
略語大辞典	3956, 6523
柳営婦女伝系	1392
琉球戯曲辞典	6907
琉球芸能事典	3010
琉球考古学文献総目録・解題	987
琉球方言辞典	6550

書名	番号
琉球歴史便覧	1164
流体の熱物性値集	3206
流体力学ハンドブック	3178
流通会社年鑑	5462
流通経済の手引	5457
流通飼料便覧	5380
流通統計資料集	5458
流通用語辞典（東洋経済新報社）	5533
流通用語辞典（日本経済新聞社）	5534
流量表〔実用〕	3991
両引き術語＝略語集	3103
陵墓要覧	*998*, *1403*
料理材料大図鑑〔マルシェ〕	5169
料理用語小辞典〔英和〕	5150
旅客機年鑑	4510
緑化技術用語事典	5413
林業機械ハンドブック	5416
林業技術ハンドブック	5417
林業検索用語集	5414
林業実務必携	5418
林業センサス累年統計書	5247
林業統計要覧	5248
林業百科事典	5419
林業・木材産業辞典〔現代〕	5411
林業用語集〔英中日〕	5410
臨床医のための学術情報ポケットガイド	3665
臨床看護事典	3923
臨床検査医学事典	3730
臨床検査項目分類コード	3731
臨床検査指針	3732
臨床検査法提要	3733
臨床検査用語集〔英和〕	3721
臨床検査略語集	3734
臨床研修病院ガイドブック	3676
臨床歯科用語集	3841
臨床心理用語事典	380
臨床精神医学辞典	3774
臨床薬物ハンドブック	3709
林政要覧	*5248*
倫理学事典〔新〕	405
倫理思想辞典	407
倫理辞典〔新〕	406

る

類聚近世風俗志	*2962*
類聚国史索引	1021
類聚雑要抄	*1013*
ルターと宗教改革事典	780
ルネサンス百科事典	1231
ルーマニア語辞典	6703

れ

例解慣用句辞典	6495
例解中国語慣用語辞典	6575
例解中国語熟語辞典	6561, *6575*
例解俳句作法辞典	6881
礼学関係文献目録	327
隷書大字典	5863
隷書偏傍	*5894*
冷凍機械工学ハンドブック	4441
冷凍空調便覧	4442
冷凍空調用語事典	4435
冷凍食品事典〔最新〕	5097
冷凍食品製造ハンドブック	*5097*
冷凍食品年鑑	5121
冷媒熱物性値表	4444
例文仏教語大辞典	548
隷弁	*5863*
歴史学・考古学に関する10年間の雑誌文献目録	862
歴史学事典	880
歴史から生まれた日本語語源詮索辞典	6462
歴史教育学事典	2849
歴史考証事典	2965
歴史資料保存機関総覧	955
歴史人名よみかた辞典	1285
暦日大鑑	3304
歴史の名著	873
歴代内閣総覧	1802
歴代内閣総理大臣演説集	1745
れきはくデータベース	*1078*
レクリエーション事典	2568
レクリエーションスポーツ種目全書	*6310*
レクリエーション百科〔現代〕	6396
レコードマップ	6052
レコード目録	6067
レーザ応用技術ハンドブック	4727
レーザ計測ハンドブック	4728
レーザーハンドブック	4729
レジャー＆ライフマーケティングデータ総集	*5638*
レジャー産業資料	5638
レジャー白書	*5641*
レジャーランド＆レクパーク総覧	5645
レジャー・レクリエーション基礎文献解題集	6397
レストラン外食用語辞典〔日経〕	5492
列国国勢要覧	*2479*
列女伝索引	344
レッドデータアニマルズ　日本絶滅危機動物図鑑	3528
レッドデータブック　日本の絶滅危惧動物	3494
レッドデータプランツ　日本絶滅危機植物図鑑	3495
レトリカ　比喩表現事典	6442
錬金術事典〔記号・図説〕	3227
連句辞典	6895
連結・関係会社総覧	*2257*
連結子会社総覧	2263
聯合艦隊軍艦銘銘伝	4751
聯合年鑑	*1740*

ろ

書名	番号
浪曲事典	6279
労使関係・労務管理に関する27年間の雑誌文献目録	2582
老子想爾注索引	338
老舎事典	6975
老人看護文献集	3913
聾人手語	*2924*
老人保健福祉事典	2698
老人問題解説事典	2667
労働運動〔岩波小辞典〕	2589
労働運動市民運動法律事典	1895
労働運動・労働組合に関する10年間の雑誌文献目録	2583
労働衛生ハンドブック〔現代〕	3814
労働衛生用語辞典	3821
労働界人事録	2600
労働関係文献索引	2584
労働基準法手続便覧	2623
労働行政50年の歩み	2594
労働行政要覧	2605
労働組合実務便覧	*2591*
労働組合事典〔現代〕	*2591*
労働組合役員名鑑	2601
労働災害動向調査報告	3976
労働災害・労働条件・賃金に関する10年間の雑誌文献目録	2585
労働市場年報	2606
労働事典	2595
労働省図書館蔵書目録	2586
労働政策・雇用・労使関係に関する10年間の雑誌文献目録	2587
労働政策・雇用・労働力に関する27年間の雑誌文献目録	*2587*
労働総覧	2624
労働統計	2610
労働統計概説	*2610*
労働統計小報	*2610*
労働統計作成手続一般	*2610*
労働統計40年史	2611
労働統計総覧	*2610*
労働統計調査年報	2612
労働統計年報	2612
労働統計要覧	2612
労働判例総覧	2625
労働法実務ハンドブック	2626
労働法事典	2627
労働法全書	*2624*
労働問題に関する10年間の雑誌文献目録	2588
労働用語辞典（東洋経済新報社）	2596
労働用語辞典（日刊労働通信社）	2597
労働用語辞典〔英和〕	2590
労働用語辞典〔最新〕	*2597*
労働用語辞典〔最新和英〕	2592
労働用語辞典〔和英〕	*2590*
老年学事典	2668
労務年鑑	2607
ローガン医学略語辞典	3645
録音図書全国総合目録	160
ロシア極東経済総覧	2144
ロシア語辞典〔岩波〕	6704
ロシア・CIS貿易統計年鑑	5592
ロシア・ソビエト姓名辞典	1339
ロシア・ソ連を知る事典	1648
ロシア・ソ連・東欧史関係文献目録	1250
ロシア地域（旧ソ連）人名辞典	1340
ロシア文学案内	7032
ロシア歴史地図	1251
ロシア連邦対外経済関係−統計集	*5592*
六カ国語対訳特許用語辞典	4074
ロック・アーティスト辞典	6096
ロック名曲辞典	*6096*, 6097
六法全書	1909, *1910*, *1921*
六法全書〔分冊〕	1912
露日や金学辞典	4780
ロバートソン星表2000	3287
ロバートソンの黄道帯星表	*3287*
ロープ類の知識	4749
ロボット工学ハンドブック	4683
ローマ私法概説	*2026*
ローマ字ボ和辞典	6699
ローマ字和ボ辞典	6700
ローマ法ラテン語用語辞典	2026
ロールシャッハ本邦文献抄録集	367
露和辞典〔研究社〕	6705
ロングマン英語正誤辞典	6654
論語と孔子の事典	334
論文集内容細目総覧	114

わ

書名	番号
和伊中辞典〔小学館〕	6702
ワイヤロープハンドブック	4418
ワイヤーロープ便覧	*4418*
和英医学用語大辞典	*3632*, 3638
和英イディオム辞典	6646
和英英和家政学用語集	5137
和英英和国際環境科学用語集	4248
和英・英和船舶用語辞典	4740
和英・英和タイトル情報辞典	5695
和英・英和燃料潤滑油用語事典	4955
和英・英和バイオテクノロジー用語辞典	3437
和英環境資源用語集	4249
和英擬態語・擬音語分類用法辞典	6655
和英・金融用語辞典	2357
和英金融用語辞典	2358
和英・経済用語辞典	*2357*
和英建築用語表現辞典	4289
和英コンピュータ用語大辞典	4669
和英辞典〔新クラウン〕	6640

書名	ページ
和英熟語慣用句辞典	6647
和英消防実務辞典	1785
和英消防用語集	*1785*
和英図解建築設備用語解説	4365
和英西仏医学看護用語集	3924
和英禅語グロッサリー	731
和英大辞典〔研究社新〕	6638
和・英・独機械術語大辞典	4397
和・英・独・仏鉄鋼熱処理用語辞典	4810
和・英・独・ラ対照カルテ用語	3639
和英特許句表現辞典	4075
和英特許用語辞典	4076
和英・日本紹介事典	944
和英・日本文化辞典	*944*
和英貿易実用辞典	5546
和英法律語辞典〔増補〕	1903
和英翻訳表現辞典	6670
和英労働用語辞典	*2590*, 2592
わが外交の近況	*1855*
和学者総覧	308
我が国企業の海外事業活動	2411
わが国企業の経営分析	2305
わが国における心身障害教育文献集成	2906
わが国におけるソ連・東欧研究の動向	*1647*
我が国における保護上重要な植物種の現状	*3494*, 3495
我が国の体育・スポーツ施設	6327
我が国の文化と文化行政	5759
和歌植物表現辞典	6836
和歌大辞典	6837
和歌俳諧人名辞書	6842
和歌文学辞典	6838
和歌文学大辞典	*6837*, 6839
和歌文学年表	6843
わかりやすい国際郵便の手引	5664
わかりやすい仏教用語辞典	553
和漢三才図会	239
和漢詩歌作家辞典	6840
和漢名著解題選	*1081*
和漢薬百科図鑑	3907
ワーズ・ワード 絵でひく英和大図鑑	6628
和製英語正誤事典	6663
和西辞典	6696
和西西和漁業用語集(スペイン語)	5444
早稲田演劇年報	*6165*
和独辞典〔現代〕	6680
ワープロ用語・技法辞典	5054
和名類聚抄郡郷里駅名考証	1512
和名類聚抄郷名考證	*1512*
和名類聚抄地名索引	*1493*
和洋暦換算事典	3299
和羅小辞典	6711
わらべうた文献総覧解題	3041
ワールドテレコム・ビジュアルデータ集 グラフで見る世界の通信・放送事情	5672
ワールド・ボルテージ	4585
湾岸戦争兵器図鑑	4766

書名	ページ
100万分1日本地質図	*3363*
10年天気図	*3332*
12695の化学商品	4870
18-19世紀英米文学ハンドブック	7011
1945年以前の欧文論文目録	*3152*
1990-91 Directory	2204
19世紀末-20世紀初めのロシヤ文学	*7031*
20世紀イギリス文学作家総覧	7000
20世紀ロシヤ文学年譜	7031
20世紀英米文学ハンドブック	*7011*
20世紀西洋人名事典	1334
20世紀全記録	*883*
20世紀年表	889
20世紀物故洋画家事典	5818
20万分1地勢図	*1517*, *1518*
21世紀へはばたくセラミックス	*4911*
2万5千分1地形図	*1489*
4万2千種化学薬品毒性データ集成	4948
5カ国語世界地名・人名表記辞典	1461
5万分1地形図	*1489*, *1551*
5万分1地形図作成・所蔵目録	1546
70年代にのぞむ左翼団体	1728
7カ国語科学技術用語辞典	3095
90年代技術の事典	3929
ACC CM年鑑	5511
ACCESS(アクセス)	2633
ACS無機・有機金属命名法	3258
ALA図書館情報学辞典	25
ANSI規格の基礎知識	4104
AOTS実用日中技術用語辞典	3934
APA精神医学用語集	3763
ASEAN欧文法律文献目録	2017
ASMEボイラ及び圧力容器基準	4436
ASTMによる石油製品の特性と試験法解説	4855
AV用語辞典〔最新〕	4612
Basic英米法辞典	2028
BBI英和連語活用辞典	6653
Book Page 本の年鑑	67
Bunsoku	3079, *3094*
Chemical Abstractsの使い方とデータベース利用	3237
COMIC CATALOG	5823
CSA規格の基礎知識	4108
CVDハンドブック	4893
DOS/V活用事典	4674
DSM-IV精神疾患の分類と診断の手引	3772
EBテレビ・タレント13000	*6181*
EC1992年ハンドブック	2153
FAO農業統計年報	5227
FILM INDEX	6266
Fortranによる数値計算ハンドブック	*3159*
G.H.Q.東京占領地図	1139

書名	頁
GOST規格の基礎知識	4107
Grand Atolas東南アジア・南太平洋	1581
Grand Universe講談社大百科事典	212
IC用語辞典	4705
IEC安全ハンドブック	4573
IEC規格の基礎知識	4103
IEEE電気・電子用語辞典	4534
IIP 年間回顧	3963
ILO条約・勧告集	2620
INFOTERRA国内情報源台帳	4267
IPC（国際特許分類）総覧	4077
IPC↔16UPC対照表	4084
IPCSの出版物に使われている化学物質安全性用語集	4922
IPCハンドブック	4077, 4078
IPC運用例集	4077
IPC付与の運用基準	4077
IRS国内情報源台帳	4267
ISDN（サービス総合デジタル通信網）の基礎を知る事典	4615
ISDN技術の国際標準	4620
ISDN用語集	4616
ISO・IEC規格目録	4099
ISO9000総合ハンドブック	4127
ISO9001にもとづく品質監査ガイドブック	4126
JAERIレポート一覧	4514
JAPIC資料ガイド	3865
Japonica時事百科	215
JICST科学技術用語シソーラス	3094
JICST資料所蔵目録	3076
JIS F規格集	4744
JIS記号・略号大辞典	3957
JIS工業用語大辞典	3942, 3943, 3957
JIS総目録	4102
JIS総目録 CD-ROM版	4102
JIS都道府県・市区町村コードによる全国町・字ファイル	1523
JISに基づく機械要素/材料・治工具ハンドブック	4415
JISハンドブック	4109
JIS用語	3093
JIS用語辞典	3943, 4867
JNTO白書　世界と日本の国際観光交流の動向	5642
JOINT-A	2181
JOINT-B	5453, 5593
JR全線全駅	5630
KDD国際通信ユーザーズガイド	5673
Kodak写真大百科事典	5908
LANマネージャ標準ハンドブック	4626
LPガス技術総覧	4956
LPガス実務用語事典	4949
LPガス資料年報	4963
LSIハンドブック	4710
LSI用語事典〔最新〕	4707
Maruzen科学年表	3131
Maruzen高分子大辞典	5010
MDM生活者情報	2520
METLICS-KIDS on CD-ROM	179
METLICS on CD-ROM	201
MSDS（化学物質安全性データシート）用語集	4923
NCシステム事典	4420
Newtonアトラス日本列島	1554
NEWコンパクト韓日小辞典	6582
Newコンパクト韓日日韓小辞典	6582
NEWコンパクト日韓小辞典	6582
NGOダイレクトリー	2161
NGO・団体名鑑	2162
NHK気象ハンドブック	3326
NHK最新気象用語ハンドブック	3326
NHK年鑑	5679
NHKふるさとデータブック	1486
NMRハンドブック	3191
OA用語集〔最新〕	4652
OCR用語集	4645
ODCによる林業・林産関係国内文献分類目録	5407
OECD諸国の対中国貿易統計集	5589
OECD通信白書	5674
OHM電気電子用語事典	4544
OSI & ISDN絵とき用語事典	4617
OTCハンドブック	3876
PASPO〔国際情報大事典〕	1445
PL対策ハンドブック	4129
POS・SA用語辞典	5461
PR映画年鑑	6268
RTECS（化学物質毒性データ総覧）利用のための手引き書	4925
Shimadas	1491
SISTハンドブック科学技術情報流通技術基準ハンドブック	4058
SI日本機械学会蒸気表	4443
SNA産業連関表　平成2年基準改訂	2107
SP年鑑〔日経〕	5509
Tabidas	1492
TCC広告年鑑	5513
The World 世界各国情報ファイル	2084
TPM設備管理用語辞典	4118
TRC人名典拠録	1276
TüVの基礎知識	4112
UL規格の基礎知識	4113
VANニューメディア用語辞典	4603
World voltage	4585
Year's books全点案内　年版新刊案内	68

A

書名	頁
Abbreviations & symbols	3060
The aerospace industry year book	4508
The ALA glossary of library and information science	25

Album of science	3127
Alhaji Abubakar Immam Magana Jari Ce	6716
Allegorie und Emblem	5781
American given names	1336
Anatomisches Bildwörterbuch der internationalen Nomenklatur	3689
Annals of English & American literature	7009
Annals of the Japan Association for Philosophy of Science	277
Annual of advertising art in Japan	5506
Annual of Electronic Devices Components	4703
Annual of Electronic Equipments	4701
Archaelogical atlas of the world	868
Artspeak	5724
Artspoke	5721
Asia input-output	2107
ASME boiler and pressure vessel code	4436
Atlas Carta le-Toledot Bayit Sheniha-Mishna ve-ha-Talmud	826
Atlas Carta le-Toledot ha-Miqra	826
Atlas e cologique des sols du monde	5275
Atlas Japan in English & Japanese	1555
Atlas of ancient archaeology	867
Atlas of Bible history	824
Atlas of classical history	1234
Atlas of European history	1233
Atlas of freshwater saprobic organisms	3475
Atlas of Russian history	1251
An atlas of world affairs	1863
Atomic Energy Glossary of Technical Terms	4516
Automobiles of the world	4496

B

Baker's Dictionary of Theology	775
Ballet guide	6156
Basic facts about the United Nations	1997
The Batsford dictionary of drama	6176
The BBI combinatory dictionary	6653
Beasts in the Bible	830
Beauty dictionary	5146
The Beethoven Compendium : A Guide to Beethoven's Life and Music	6075
Beilstein	3231
Bibliography of Central Asian studies in Japan 1879-March 1987	1173
A bibliography of Christianity in Japan : Protestantism in English sources 1859-1959	785
A bibliography of doctoral theses on semiconductor lasers	4716
Bibliography of Islamic and Middle Eastern studies in Japan	1221
Bibliography of materials on the Ainu in European languages	3044
Bibliography of open education	2832
A bibliography of Shinto in Western languages from the oldest times till 1952	494
A Bibliography of Translations American literary works into Japanese 1868-1967	6989
Bibliography on Buddhism	535
A bibliography on foreign and comparative law	2020
Bibliotheca Biblica ; a catalogue of Bibles in the university Library	796
Biblisch-historisches Handworterbuch	800
Biographical dictionary of Japanese art	5708
A biographical dictionary of Methodist Missionaries to Japan:1873-1993	788
The biographical dictionary of scientists	3115
Biographical dictionary of the Comintern	1726
Biographical encyclopedia of scientists	3113
Birds of the world 3601	3602
A book of the marine aquarium	5452
Books on Japan in English	920
Bretherick's handbook of reactive chemical hazards	4931
Britain-USA now : a survey in key words	1238
The British Museum dictionary of ancient Egypt	1252
Britten's old clocks and watches and their makers	4469
Burnham's celestial handbook	3282

C

The Cambridge biographical encyclopedia	1313
The Cambridge encyclopedia of language	6439
Casarett and Doull's Toxicology	3704
Catalog of materials on Japan in western languages in the National Diet Library	901
Catalog of the musical instrument collection of the Koizumi Fumio memorial archivesfaculty of music Tokyo Geijutsu Daigaku	6080
Catalogue of books in English on Japan	921
Catalogue of Chinese printed books manuscripts and drawings in the library of the British Museum	198
Catalogue of IEC publication	4099
Catalogue of Japanese printed books and manuscripts in the library of the British Museum	197
A catalogue of the Buddhist tantric manuscripts in Nepal	681
A catalogue of the Tohoku University collection of Tibetan works on Buddhism	623
Check-list of Japanese birds	3597
Chemical Abstracts	3231, 3237, 4948
CHINA3	1171
China directory	1743
China : land of discovery and invention	4055
China market data book	1693
Chinese genealogies at the Genealogical Society of Utah	1396

Christian Art	5728
Christianity in Japan	783, 785
Christianity in Japan : A bibliography of Japanese and Chinese sources Part 1	786
The chronicle of 20th century	889
Chronological table of Japanese art	5737
City Map Central Tokyo	1139
CLAIR REPORT	1819
A classified bibliography of Ming stuies in Japan with Korean's Ming studies	1203
Cleans	4962
Climatic table of Japan	3334
Codex iuris canonici	856
The Collection of musical instruments	6081
Color atlas	5510, 5989
A colour atlas of dangerous marine animals	3446
Comic catalog	5823
Commodity indexes for the standard international trade classification	5580
Commodity Market Review	5264
Comparative Chronology of Protestantism in Asia	778
Compendium of macromolecular nomenclature	5008
The complete and official record of Japan amateur sports	6321
The complete and official records of Japan Rugby Football Union	6348
The complete dog book	5381
The complete new herbal	5320
The complete unabridged super trivia encyclopedia	1658
Comprehensive guide to the RTECS	4925
Comprehensive organometallic chemistry	3267
A concise dictionary of chemistry	3218
Concise dictionary of modern Japanese history	1113
A concise dictionary of physics	3162
Concise dictionary of physics and related subjects	3167
Concise encyclopedia of polymer science engineering	5010
The condensed chemical dictionary	3229
Consus of manufactures	3974
Contemporary international relations-basic documents	2007
Cosmetics in Japan	4987
A critical dictionary of psychoanalysis	377
Culturgram	1446
Curious customs	2966
Current legal information	1878
Current science and technology reaesrch in Japan	4061
The customs and ceremonies of Britain	2967

D

Dairy housing and equipment handbook	5375
The Dent dictionary of symbols in Christian art	5729
Dentistry	3845
Design offices in Japan	5976
Deutsche Juristen aus fünf Jahrhunderten	2044
Deutsch-Japanisches Rechtswörterbuch	2031
Deutsch-Japanisches Wörterbuch für Chemiker	3217
Dicctionario espanol-inglés english-spanish	6695
Dicionário de têrmos comerciais (en 4 línguas)	2281
A dictionary for dreamers	373
Dictionary of architecture and construction	4287
Dictionary of art and artists	5703
A dictionary of ballet music	6155
Dictionary of behavior therapy techniques	3766
The dictionary of beliefs	450
Dictionary of biochemistry and molecular biology	3410
Dictionary of Britain	1639
The dictionary of cell biology	3403
A dictionary of chivalry	1228
Dictionary of communication disorders	3810
A dictionary of composers and their works in classical music	6056
Dictionary of demons	386
A dictionary of English place-names	1640
A dictionary of epidemiology	3813
A dictionary of fairies	3034
A dictionary of genetic engineering	3428
A dictionary of genetics	3426
Dictionary of geotechnics	4160
A dictionary of ghosts	391
The dictionary of imaginary places	6739
Dictionary of immunology	3711
The dictionary of interior design	5997
A dictionary of Japanese Buddhist terms	557
Dictionary of key words in psychology	358
A dictionary of life sciences	3392
A dictionary of literary terms	6741
Dictionary of microbiology and molecular biology	3419
A dictionary of named effects and laws in chemistry physics and mathematics	3109
A dictionary of nursing theory and research	3921
Dictionary of race and ethnic relations	1771
Dictionary of repertoire for pianists	6085
Dictionary of sport sience	6299
A dictionary of statistical terms	3156
Dictionary of subjects and symbols in art	5702
A dictionary of superstitions	3011
Dictionary of symbols and imagery	6620
Dictionary of the Gas Industry	4950
Dictionary of the history of ideas	346
The dictionary of the occult	389
A dictionary of the Second World War	878
A dictionary of the Third Reich	1241
A dictionary of virology	3416
The Dictionary of Visual Language	5830

A dictionary of words about alcohol — 5125
A dictionary of world mythology — 459
Dictionnaire Cambodgien — 6595
Dictionnaire critique de la Révolution française — 1243
Dictionnaire culturel de la Bible — 811
Dictionnaire culturel de la mythologie greco-romaine — 466
Dictionnaire de la psychanalyse — 378
Dictionnaire de la sociologie — 2513
Dictionnaire des figures et des personnages — 6733
Dictionnaire des fromages — 5397
Dictionnaire des proverbes sentences et maximes — 422
Dictionnaire des religions — 446
Dictionnaire des symboles éd rev et augm — 3050
Dictionnaire de termes mécaniques — 4396
Dictionnaire du symbolisme animal — 5782
Dictionnaire français de médecine et de biologie — 3621
Dictionnaire historique du Japon — 945
The dinosaur data book — 3365
Dinosaur encyclopaedia for children — 3371
Directory of Japanese-Affiliated Companies in Asia — 2204
Directory of Japanese corporations in Asia and Oceania — 2203
Directory of Japanese corporations in Europe — 2206
Directory of Japanese corporations in the U S Canada and Mexico — 2207
Directory of Japan specialists and Japanese studies institutions in the United States and Canada — 956
The distribution handbook — 4121
Domesticated animals — 5383
Dorland's illustrated medical dictionary — 3629
The dream book — 401
Dream dictionary — 370, 402
DTV-Atlas — 6035
DuMont's Bild-Lexikon zur Gemäldebestimmung — 5820
Dye plants color book — 5951
Dynasties of the world — 1406

E

Economic and industrial organizations — 2087
Educational policy legislation and administration — 2797
An Egyptian Hieroglyphic dictionary — 6714
Emily Dickinson in Japan : a bibliography 1927-1985 — 7016
Encyclopaedia Britanica — 224
The encyclopaedia of prehistoric life — 3367
Encyclopaedia of Psychic Science — 388
The encyclopedia of aging — 2661
Encyclopedia of archaeological excavations in the holyland — 821
An encyclopedia of archetypal symbolism — 433
Encyclopedia of architecture and building — 4294
Encyclopedia of artificial intelligence — 5

An encyclopedia of Bible animals — 828
Encyclopedia of educational research — 2738
Encyclopedia of Environmental Science — 4243
An encyclopedia of fauna and flora — 7002
Encyclopedia of feminism — 2649
The encyclopedia of ghosts and spirits — 3033
The encyclopedia of golf — 6354
Encyclopedia of herbs — 5321
The encyclopedia of herbs and herbalism — 3899
Encyclopedia of Physics — 3168
The encyclopedia of physics — 3169
Encyclopedia of politics — 1737
The encyclopedia of the dog — 5382
The encyclopedia of the motorcycle — 4497
Encyclopedia of the occult — 387
Encyclopedia of the olympic games — 6341
The encyclopedia of the Renaissance — 1231
The encyclopedia of witchcraft & demonology — 776
The encyclopedia of witches and witchcraft — 393
Encyclopedia of world biography — 1319
Encyclopedia of world history — 876
The encyclopedia of yachting — 6358
Encyclopedic dictionary of chemistry — 3224
Encyclopedic dictionary of sports medicine — 6333
English-Eskimo and Eskimo-English vocabularies — 6717
English idioms and how to use them — 6642
English-Japanese metallurgical dictionary — 4778
English-Japanese veterinary dictionary — 5400
English-Russian Metallurgical Dictionary — 4778
English-Uzbek dictionary — 6610
Essential design — 5982
Eureka — 4073
Eurostat yearbook : a statistical eye on Europe — 2482
Exegetisches Wörterbuch zum Neuen Testament — 838
Explorers and discoverers of the world — 1453
The eyewitness handbook of fossile — 3369
Eyewitness Handbooks Shells — 3539

F

The facts on file dictionary of classical biblical and literary allusion — 6734
Family therapy glossary — 3764
FAO production yearbook — 5227
Fashion business terms — 5145
Fashions in hair : the first 5000 years — 2981
The field guide to prehistoric life — 3374
The first of everything — 242
Fluid power system & component — 4460
Folk encyclopedia artist & songgraphy — 6112
Foresight — 1773
From abacus to Zeus — 5740

G

Der Gerichtssaal	2021
Geschichte der Medizin	3679
A glossary of anesthesia and related terminology	3800
Glossary of astronomy and astrophysics	3270
A Glossary of Shin Buddhist Terms	714
Glossary of terms on chemical safety for use in IPCS publications	4922
A glossary of Zen terms	731
Gods and mortals in classical mythology	463
La grammaire des formes et des styles	5738
Grand atlas	1581
Le grand atlas de íastronomie	3271
Le grand atlas des religions	447
Le Grand dictionnaire de la psychologie	378
Grant's atlas of anatomy 8th ed	3687
Grant's Dissector	3687
Grant's Method of Anatomy	3687
Gravure d' Occident	5891
Das grosse Buch der Wappenkunst	1411
Guidelines for cancer cytogenetics supplement to An International System for Human Cytogenetic Nomenclature 1991 & 1985	3439
A guide to reference books for Japanese studies	165
The Guinness book of records	228

H

Halley's Bible handbook	795
Handbook for pulp & paper technologists	5070
Handbook of adhesives	5044
A Handbook of christian theology	772
Handbook of concrete aggregates	4170
The Handbook of Japanese Mammals	3613
Handbook of legumes of world economic importance	5323
A handbook of nuclear magnetic resonance	3191
Handbook of nursing diagnosis	3927
Handbook of Ornament	5987
Handbook of poisoning	3703
Handbook of snow	3331
Handbook of Tropical Vegetable Cultivation	5339
Handbuch der gefährlichen Güter	4930
Handtools of arts and crafts	5059
Hazardous chemicals desk reference	4947
Heinemann modern dictionary for dental students	3840
Henderson's dictionary of biological terms	3391
Herbs	5322
Higher education	2797
Hiroshima handbook	1858
Histoire de l'humanité	882
Historia universal	876
Historical atlas of Britain	1237
Hundred-year statistics of wholesale price indexes in Japan	2343

I

IAEA safeguards glossary	4515
ICD-10	3630
Iconologia	5701
IEEE standard dictionary of electrical and electronics terms	4534
A field guide to the study of American literature	6990
The illustrated book of dye plants	5950
Illustrated cyclopedia of folk-crafts	5935
Illustrated dictionary & concordance of the Bible	810
An illustrated encyclopaedia of traditional symbols	434
The illustrated encyclopedia of birds	3593
Illustrated Genera of Imperfect Fungi	5295
Ilustrowany Slownik Samochodony 6-Jezyczny	4490
The import tariff of Japan	5568
L' Inde classique : manuel des études indiennes	1215
The Index of organic name reactions	3268
Index of ukiyo-e in Western collections	5795
Industrial products index of Japan	3968
Industrial pollution control handbook	4252
Inorganic chemical nomenclature	3258
Input-output table for Japan	2107
International chemical safety cards	4944
International Classification of Procedures in Medicine	3784
The international dictionary of graphic symbols	4049
The international horseman's dictionary	6393
International input-output Indonesia-Japan	2107
International input-output Korea-Japan	2107
International input-output Philippines-Japan	2107
International input-output Thailand-Japan	2107
International tax summaries 1997	2443
Internet & Web yellow pages	4621
The Internet book	4622
Internet white book	4627
The Internet yellow pages	4621
An introductory bibliography for Japanese studies	922
ISO catalogue 1985	4099

J

Japan : an illustrated encyclopedia	1485
Japan Cosmetic Ingredients Dictionary	4981
Japanese design in art	5833
A Japanese-English dictionary of legal terms with supplement	1903
The Japanese-English dictionary of trade and business	5546

Japanese journal of applied physics	3174
The Japanese recing annual	6377
Japanese studies in Europe	896
Japan official golf annual	6356
Japan photo almanac	5914
Japan port information	5615
JCID	4981
Journal of the Physical Society of Japan	3174
JSME steam tables in SI	4443

K

The Kenkyusha dictionary of the American old West	1653
Kerrosionstabellen metallischer Werkstoffe	4846
Kerrosionstabellen nichtmetallischer Werkstoffe	4846
Kirk-Othmer Encyclopedia of Chemical Technology	3226
Know your angels	777
Kodansha Encyclopedia of Japan	1485
Korea : fact and fancy	1867
Der Kosmos-Hundeführer	5385
Kramers Nederlands-Engels Woordenboek	6681

L

The language of cities ; a glossary of terms	2529
The language of sex from A to Z	2999
The language of sport	6292
LAN TIMES encyclopedia of networking	4600
Larousse de la musique	6040
Legacy of the cat	5386
Legal research in a nutshell	2014
Lexicon des katholischen Lebens	851
Lexikon der Astrologie	400
Lexikon der Götter und Symbole der alten Ägypter	467
Lexikon der Symbole	5731
Lexikon der Traumsymbole	372
Lexique de termes juridiques	2035
Local government international affiliation directory	1859
Logan's Medical and Scientific Abbreviations	3645
Longman dictionary of common errors	6654
Longman dictionary of English idioms	6643
Longman dictionary of phrasal verbs	6661

M

The Macmillan Bible atlas	826
Macmillan illustrated encyclopedia of dinosaurs and prehistoric animals	3370
Les maîtres spirituels	452
Major cities of the world	1831
Malam Mamman Kano Dare Dubu da Daya	6716
A manual of orthopaedic terminology	3793
Manual on significance of tests for petroleum products	4855
Material Safety Data Sheet	4957
Mathematics Dictionary	3143
McClane's new standard fishing encyclopedia and international angling guide	6365
McGraw-Hill dictionary of physics and mathematics	3170
McGraw-Hill dictionary of scientific and technical terms	3100
McGraw-Hill encyclopedia of astronomy	3272
McGraw-Hill Encyclopedia of Science and Technology	3933
McGrow-Hill Encyclopedia of Energy	4035
Melloni's illustrated medical dictionary	3631
The Merck veterinary manual	5405
Meyler's side effects of drugs	3706
Il Milione Enciclopedia di tutti Paesi del Mondo	1447
The Military Balance	3067
Modern Catholic dictionary	853
Multilingual demographic dictionary	2164
Multilingual dictionary of disaster medicine and international relief	3736
Multilingual Dictionary of Technical Terms in Cartography	3311
Multinational enterprise	2262
Musical Instruments:A Comprehensive Dictionary	6081
Myths of the world	460

N

National Diet Library foreign books catalog	189
Le navi	4739
The needleworker's dictionary	5143
Nétèr dieux d'Égypte	468
The New American dictionary of confusing words	6651
The new atlas of the Bible	820
New computer concise English-Japanese dictionary	4644
The New dictionary of Christianity	767
A new dictionary of Christian theology	773
A new dictionary of sociology	2511
The New Grove Dictionary of Musical Instruments	6081
The New Grove Dictionary of Music and Musicians	6037
The new joy of knowledge encyclopedia	234
New materials developed in Japan	4017
Japan:The new official guide Japan	1490
The New Oxford Illustrated Dictionary	6630
The new religions of Japan; a bibliography of Western-language materials	478

Nippon; a charted survey of Japan —— 2501
NIRA's World Directory of Think Tanks —— 4060
Nomenclature of inorganic chemistry : recommendation 1990 —— 3260
North Korea directory —— 1741
Nouveau Larousse médical —— 3624
Nudansk Ordbog —— 6682
Nursing process handbook —— 3925

O

OECD communications outlook —— 5674
Optical thin films: user's handbook —— 3185
Ornament —— 5985
Ornamentale Formenlehre —— 5987
Overseas electric power industry statistics —— 4560
Overseas Japanese studies institutions —— 946
The Oxford companion to animal behaviour —— 3521
The Oxford Companion to Art —— 5699
The Oxford Dictionary of Art —— 5699
The Oxford dictionary of opera —— 6100

P

Package design in Japan —— 5525
Package design JPDA member's work today —— 5525
Painting materials : a short encyclopaedia —— 5822
Past worlds : The Times atlas of archaeology —— 866
The Penguin dictionary of astronomy —— 3279
The Penguin dictionary of religions —— 449
The Penguin dictionary of sociology —— 2507
Petite Encyclopédie Larousse —— 226
Petrochemical industry year book —— 4861
Physics vade mecum —— 3173
Pictorial history of tanks of the world 1915-45 —— 4763
Places for Peace —— 1860
Plant trade year book —— 3971
Plant diseases in Japan —— 5295
Plants of the Bible —— 829
Pocket Dictionary for Nurses —— 3915
The pocket dictionary of the Bible —— 812
The pocket Hawaiian dictionary with a concise Hawaiian grammar —— 6603
Pocket music dictionary —— 6027
A practical guide to molecular cloning —— 3440
Predatory dinosaurs of the world —— 3368
Primary education —— 2797
A psychiatric glossary —— 3763
Pump handbook —— 4456

Q-R

Quantities units and symbols in physical chemistry —— 3242
Quick reference to the diagnostic criteria from DSM-IV —— 3772
Random House Dictionary of English Language Unabridged —— 6636
RAPRA abstracts —— 5012
Rechtswissenschaft Elementarer Wortschatz —— 2032
Reference guide to American literature —— 6991
Register of Japanese vessel —— 5610
Register of ships —— 5610
Registry of Toxic Effects of Chemical Substances —— 4948
A Research for Information and Media Society —— 4608
Resume 20th air force missions —— 1137
RILM Abstracts —— 6018
Roberts' guide to Japanese museums of art and archaeology —— 5753
Rock encyclopedia edition songgraphy —— 6097
Rock Encyclopedia editon artistgraphy —— 6096
Rocks and minerals —— 3378
Rohrleitungen Theorie und Praxis —— 4451
Rules of the Game —— 6308

S

Saints —— 855
A Sanskrit-English Dictionary —— 687
Sanyo's trilingual glossary of chemical terms —— 3220
Schweizerische Zeitschrift für Strafrecht —— 2021
Science and Technology research in progress in Japan —— 4061
Secondary education —— 2797
Securities market in Japan —— 2374, 2375
Setting up enterprises in Japan —— 2410
The Shell book of firsts —— 241
Shoes book —— 5019
Shooters Japan —— 6394
The Sierra Club handbook of whales and dolphins —— 3608
Signs and Symbols in Christian Art —— 5728
Ski yearbook —— 6357
La société médiévale —— 1230
Sport・elementarer Wortschatz —— 6300
Sportspiele —— 6347
Sportwissenschaftliches Lexikon —— 6298
Standard trade index of Japan —— 5548
The state of food and agriculture —— 5181
Statistical handbook of Japan —— 2492
Statistical yearbook —— 2476
Statistical Yearbook for Asia and the Pacific —— 2128
Stedman's medical dictionary —— 3626
A student's dictionary of psychology —— 364
The Styles of ornament —— 5987
Subaqueous volcanic rocks —— 3381
Summary of XXI bomcom missions —— 1137
Supplementary catalogue of Chinese books and manuscripts in the British Museum —— 198
Survey on Industrial Accidents —— 3976

Symbol source book —— 5831
System of National Accounts 1993 —— 2111

T

Taschenbuch der Mathematik Neubearbeitung —— 3149
Technical studies in the field of the fine arts —— 5822
Technische Formelsammlung —— 3960
Terminology in ophthalmology —— 3807
Terminology of special education —— 2910
Theater Japan : a who's who guide to theater and dance in Japan —— 6187
Theologisches Wörterbuch zum Neuen Testament —— 837
Theory and problems of mathematical handbook of formulas and tables —— 3150
Thermophysical properties of refrigerants —— 4444
The Times atlas of the Bible —— 825
The Times concise atlas of the world —— 1477
The timetables of science —— 3131
Tokyo Art Directors Club annual —— 5506
Trade procedure guide for export to Japan —— 5554
The typEncyclopedia —— 5924

U

Übersicht über die Soziale Sicherheit —— 2547
A Uniform system of citation —— 2022
Union catalog of foreign books ; acquired by 53 libraries in Japan —— 185
United Nations Economic and social survey of Asia and the Pacific —— 2129
The United States and China —— 1189

V

The vampire encyclopedia —— 3023
VDI : Lehrgangshandbuch Kryotechnik —— 4437
Vocabulaire de la psychanalyse —— 379
Vocabulaire de Théologie biblique —— 804
The vocabulary of philosophy mental moral and metaphisical with quotations and references; for the use of students —— 287

W

The way nature works —— 3126
Werkstoffe und Techniken der Malerei —— 5821
Whales and dolphins —— 3607
What's what : a visual glossary of the physical world —— 6622
The whole Internet user's guide & catalog —— 4623
Who's who in popular music —— 6095
Who's who in the New Testament —— 845
Who's who in the Old Testament —— 833
Who was in the Greek world —— 1337
Who was who in the Roman World —— 1338
Wild flowers —— 3517
The woman's encyclopedia of myths and secrets —— 458
Word's word —— 6628
Works by Japanese composers —— 6058
The world almanac book of World War Ⅱ —— 879
World Bank:report —— 2413
World Christian encyclopedia —— 768
World encyclopedia of naive art —— 5817
World human rights guide —— 1768
A World List of Mammalian Species —— 3612
World mapping today —— 1468
World population projections —— 2165
World resources —— 2180
World survey of education —— 2797
World Tables —— 2082
World voltage —— 4585
Wörterbuch biblischer Bilder und Symbole —— 809
Wörterbuch der Sportwissenschaft —— 6299

X-Z

X conscious —— 2520
Yearbook of ceramics and building materials statistics —— 4921
Year book of labour statistics —— 2602
Zeitschrift für die gesamte Strafrechtswissenschaft —— 2021
The zen buddhist dictionary —— 730

•••••

Выдающиеся математики : биографический словарь-справочник 2 изд переридоп —— 4783
Иллюстрированный военно-технический словарь —— 4759
Интегралы и ряды —— 3147
Материалы в криогенной технике —— 4021
Механизмы в современной технике —— 4413
Механические и технологические свойства металлов : справочник —— 4782
Русско-Английский Спортивный Словарь-Разговорник —— 6343
Русско-японский металлургический лексикон —— 4780
Справочник по аналитической химии —— 3255
Таблицы интегралов суммрядов ипроизведений —— 3148
Физический энциклопедический словарь —— 3165

事項索引

先頭の文献番号のみを示した。

あ

ISDN	4615
ILO	2620
IC	4705
アイスランド	1649
アイソトープ	4521
アイヌ	3042
アイヌ語	1532, 6588
アカデミー賞	6244
あかり	4587
悪魔	386, 776
赤穂義士	1059
朝日新聞	1114
アジア	1165, 1578
アジア－経済	2128
アジア－諸言語	6578
アジア－政治・経済・文化事情	1699
アジア－地図	1581
アジア－地理、地誌、紀行	1578
アジア－歴史	1166, 1213
アジア－教育	2779
足跡	3606
吾妻鏡	1026
ASEAN	2017
遊び	2876, 6395
アダム・スミス	2110
圧力容器	4436
アーティスト	5706
宛字	6514
当て字	6455
アドバンストセラミックス	4911
アド・プロダクション	5505
アトラス	1475
アナログIC	4709
アニメ作家	5828
アパレル工業	5074
アブラムシ	3554
アフリカ	1165
アフリカ－地理、地誌、紀行	1651, 1705
アフリカ－歴史	1166, 1252
アマチュアスポーツ	6321
アメリカ－慣習	2966
アメリカ人名事典	1336
アメリカ－政治・経済・文化事情	1710
アメリカ－地理、地誌、紀行	1653
アメリカ－伝統	2966
アメリカ－風俗	2966
アメリカ－歴史	1253
アメリカ映画	6255
アメリカ女性作家	6999
アメリカ犯罪学	2039
アメリカ文学史	7005
アメリカ法	2014, 2037
アメリカンスポーツ	6292
アラスカ	1659
アラビア語	6611
アラブ－地理、地誌、紀行	1633
アルコール	5125
アルタイ語	6604
アルバイト	2294
アルバニア語	6712
アルミニウム	4793
アレルギー学	3710
アワビ	5436
安全衛生	3964
安全規格	4110, 4575
安全教育	2822
安全工学	4119
安全認証	4110
安全保障貿易管理	5551
アンテナ工学	4631
安保闘争	1845

い

家	2657
イエス伝	779
医科学	3619
医科学研究者	3675
医学	3614
医学－用語	3640, 3662
医学研究者	3666
医学雑誌	3614
医学史	3678
医学会	3667
イギリス	1236
イギリス－祭事	2967
イギリス－政治・経済・文化事情	1705
イギリス－地名	1640
イギリス－地理、地誌、紀行	1639
イギリス－民俗	2967
イギリス－歴史	1236
イギリス議会文書	1751
イギリス政府	1751
イギリス文学作家	7000
イギリス文学史	7006
イギリス文学地名	7001
イギリス・ロマン主義	6992
育種学	5288
いけばな	6419
囲碁	6431
イコノグラフィー	5727
EC	2152
石神	3014
医歯教育機関	3673
石工	4338
意匠	4095, 5833
異常値	3727
維新史	1081
イスラーム	1219, 1221
イスラム教	477
遺跡	1000
医籍	3669
異体字	6458
イタリア－歴史	1245
イタリア語	6701
イタリア料理	5147
一茶	6891
一般生物学	3384
一遍	706
逸話	1372
イディオム	6642
遺伝学	3426
遺伝子工学	3426
遺伝子操作	3440
稲作	5314
犬	5381
イヌイット語	6717
医の倫理	3617
イベント	5508
移民	2169
イメージ	3051, 6620
イメージスキャナ	4642
鋳物	4803
医薬	3623
医薬品	3696, 3848, 5469
医薬品－副作用	3706
医薬品企業	3866
衣料	5077
医療	3812
医療機器	3745
医療情報	3672
イルカ	3607
色	5988
インコ	3600

あ〜い ——— 1057

事項索引

隠語 — 6525	英会話 — 6669	江戸-事典 — 1574
印刷 — 5915	映画音楽 — 6124	江戸-人名事典 — 1358
印刷工学 — 5923	映画監督 — 6251	江戸-生活 — 1080, 2960
印章 — 5892	映画人名 — 6252	江戸-年表 — 1154
飲食 — 5148	営業報告書 — 2236	江戸-役職 — 1060
飲食史 — 2983	英語 — 6615	江戸-用語 — 1061
飲食店 — 5489	英語-ことわざ — 6641	江戸学 — 1158
インターネット — 4615	英語-正誤法 — 6654	江戸語 — 6505, 6542
インテリア — 4291, 4378, 5057	英語教育 — 2864	江戸時代-科学 — 4054
インテリアデザイン — 5997	英語指導法 — 2864	江戸図 — 1570
インテリアビジネス — 6001	英語名句 — 6993	江戸幕府 — 1934
インド — 1215	叡山文庫 — 676	江戸秘語 — 6526
インド-神話 — 462	ASIC — 4706	江戸料理 — 5156
インド-政治・経済・文化事情 — 1703	エイジング — 2661	NHK — 5679
インドシナ-政治・経済・文化事情 — 1700	衛生学 — 3812	NMR — 3191
インドネシア-鉱工業 — 3951	衛生工学 — 4219	NGO — 2154
インドネシア-地理、地誌、紀行 — 1626	衛星通信 — 4633	NGO-環境 — 4268
インドネシア語 — 6598	映像資料 — 158	NCシステム — 4420
因縁 — 560	映像用語 — 4639	エネルギー — 4033
印譜 — 5892	AV用語 — 4612	エネルギー管理 — 4114
インフレ — 2344	英文 — 6664	絵具 — 5819
韻文（中国文学） — 6976	英文法 — 6662	絵本 — 182
陰陽暦 — 3294	英米作家 — 6988	絵巻 — 5792

う

ウイグル語 — 6608	英米児童文学 — 6755	LSI — 4707
ウィルス — 3416	英米習慣 — 1238	LPガス — 4949
ウェーバー, マックス — 1671	英米商事法 — 2030	エレクトロニクス — 4684
魚 — 3571	英米制度 — 1238	エレクトーン — 6088
浮世絵 — 5794	英米文学 — 6984	演技 — 6168
浮世草子 — 6921	英米文学-戯曲 — 7013	縁起 — 638
ウズベク語 — 6610	英米文学-作家研究 — 7016	園芸 — 5239, 5325
宇宙 — 5632	英米文学-詩歌 — 7012	演芸 — 6269
宇宙開発 — 4507	英米文学-文学史 — 7004	園芸学 — 5326
宇宙科学 — 3269	英米文学-物語・小説 — 7014	園芸植物 — 5325, 5344
宇宙工学 — 4502	英米文学作家 — 7004	演劇 — 6013, 6159
宇宙法 — 2008	英米文学史 — 7009	演劇史 — 6193
腕時計 — 4466	英米法 — 2019, 2027	エンジニアリング — 3947
右翼 — 1729	栄養 — 3822, 5232	エンジン — 4432
ウラン鉱 — 4770	栄養食品 — 5151	演奏家 — 6041
漆工芸 — 5947	栄養所要量 — 3827	
運勢 — 394	英和辞典 — 6629	お
運搬機械 — 4475	駅 — 5627	
運搬業 — 5594	液化ガス — 4959	OR — 3154
運輸 — 5593	疫学 — 3813	王羲之 — 5876
運輸経済統計 — 5597	液晶 — 3196	王室 — 1404
運輸工学 — 4475	易占 — 394	欧州共同体 — 2152
	液体クロマトグラフィー — 3250	王朝王名 — 1406
え	エコインダストリー — 4259	黄檗文化 — 719
	エコブック — 4239	オウム — 3600
映画 — 6241	エコマテリアル — 3999	応用心理学 — 404
	エジプト-歴史 — 1252	応用統計 — 3153
	エジプト-神話 — 467	応用物理 — 3171
	エジプト-政治・経済・文化事情 — 1709	応用分光学 — 3183
	エジプト語 — 6714	往来物 — 2874
	エスペラント語 — 6721	OA用語 — 4652
		OSI — 4617

1058 ―――― い〜お

大字読方	1524	
大型店	5476	
大阪－地図	1573	
オカルト	387	
沖縄文化史	2961	
屋外広告	5510	
OCR	4645	
オーストラリア英語	6671	
オセアニア	1580, 1705	
オセアニア－事典	1662, 1713	
オセアニア－政治・経済・文化事情	1713	
オセアニア－地理、地誌、紀行	1662	
オゾン層	3327	
オーディオ機器	4610	
鬼	3016	
オフィス	4354	
オプトロニクス	3179	
オープン・エデュケーション	2832	
オペラ	6100	
おもちゃ	6004	
御雇外国人	1084	
オランダ語	6681	
オリンピック	6341	
卸売業	5468	
卸売市場	5538	
卸売物価	2343	
音韻（中国語）	6553	
音韻（日本語）	6455	
音楽	6013	
音楽家	6074	
音楽教育	2855	
音楽史	6068	
音響	6179	
音響工学	3995	
音響資料	158	
音曲	6130	
温室植物	5348	
音声	6455	
温泉学	3355	

か

蛾	3563
海運	5605
絵画	5779
海外移住	2173
海外教育	2885
海外勤務	2292
海外交流	1850
海外子女	2885
海外税制	2443
海外駐在員	2298
海外投資	2406
海外渡航	1341
絵画技法	5819
絵画材料	5819
絵画史	5783
海岸工学	4210
海岸動物	3529
会議録	1753
海軍艦艇	4750
海軍史	3059
会計学	2312
会計検査	2435
外交問題	1838
外国会社	2237
外国為替	2412
外国経済事情	2127
外国経済指標	2106
外国刑事法	2021
外国語	6435
外国語教育	6435
外国新聞	1115
外国人労働者	2577
外国法	2013
外国労働	2621
介護福祉	2677
介護保険	2538
海事	4732
外資	2237
外資導入	2406
海事法令	4743
会社	2234
会社関係団体	2214
会社規程	2290
会社行事	2300
会社史	2247
会社職員録	2210
会社年鑑	2189
外食産業	5489
海図	4753
海水魚	3575
貝塚	984
海藻	5449
外装	4350
解題書誌	86
海中生物	3393
海中ロボット	4741
海底	4742
家庭科教育	2852
開発援助	2155
開発経済学	2147
解剖学	3685
戒名	642
外務省	1839
界面活性剤	4975
海洋汚染	4270
海洋開発	3338
海洋科学	3343
海洋学	3338
海洋工学	3339, 4730
海洋生物	3446
海洋調査	3340
海洋プランクトン	3449
外来語辞典	6514
貝類	3539
会話（英語）	6665
カウンセリング	381, 2768
カエル	3590
花押	970
家屋害虫	3550
香り	4966
化学	3209
雅楽	6139
科学－江戸時代	4054
科学－人名	3112
化学機器	4881
科学機器	4474
科学技術	3074
科学技術－文書	3117
科学技術－略語	3954
科学技術行政	3132
科学技術協力	3136
科学技術史	3124
科学技術者	3114
科学技術政策	3132
科学技術庁	1797
科学基礎論	277
化学計測	4885
化学工学	4881
化学工業	4866
化学公式	3236
化学史	3230
科学史	3121
化学実験法	3243
科学者	3113
科学賞	3106
化学商品	4870
化学装置	4888
化学定数	3238
科学データ	3118
科学哲学	278
化学物質	4922
化学物質－安全性	4922
化学物質－毒性試験	3249
化学プラント	4871
化学文献	3235
化学分析	3246
化学薬品	4922
化学療法	3737
花卉園芸	5344
書き順	6459

お～かき ——— 1059

項目	ページ
華僑	2175
華僑教育	2886
家禽	5369
家具	4381, 5056, 5997
核医学	3741
学位論文	2899
架空人名	6743
架空地名	6739
架空伝承人名	3028
核拡散防止	4515
学協会	255
格言	412
学習指導	2831
学習指導要領	2833
学習評価	2843
学術用語	2, 3096
学生運動	2903
楽譜	6019
革命	871
革命運動	1770
家計	2558
歌劇	6104
歌語	6828
加工食品	3822
化合物半導体	3199
過去帳	1377
火災	4327
花材	6421
火山	3347
火山岩	3381
家史	1380
貸金業	2400
貸出審査	2395
果実飲料	5092
画質評価	4467
家集	6856
歌集	6856
画集	5779
果汁飲料	5092
果樹園芸	5332
果樹生産	5240
歌人	6841
華人	2175
ガス	4950
風	3318
家政学	5134
化石	3365
河川	4208
河川工学	4207
河川水質	4270
河川生物	3394
河川名	1522
画像工学	4618, 4624, 4637
家族	2657
家族法	1955
家族療法	3764
カタカナ語	6517
型技術	4806
カタログ販売	5467
家畜	5381
家畜衛生	5246, 5398
家畜解剖学	5399
家畜飼料	5376
花鳥画	5791
活火山	3353
楽器	6078
楽器名	6030
学校－名簿	2760
学校安全	2823
学校運営	2805, 2813
学校環境	2822
学校基本調査	2755
学校給食	2830
学校教育法	2808
学校経営	2813
学校事務	2815
学校唱歌	6114
学校体育	2853
学校図書館	39
学校図書館基本図書	177
学校保健	2822
各国経済統計	2085
合唱	6106
合戦	1047
甲冑	5969
家庭医学	5170
家庭科	5136
家庭史	1108
家庭用品	5472
家傳	1384
花道	6419
カトリック教会	849
かな	980
仮名	5870
金型	4812
カナダ－歴史	1253
金貸業	2400
家譜	1391
株価	2381
歌舞伎	6194, 6209
歌舞伎史	6226
株式	2381
株式会社	1967
カブトムシ	3551
株主総会	2236
花粉	3457
画文集	5779
貨幣	2332
鎌倉	1159
鎌倉遺文	1028
鎌倉人名	1034
鎌倉廃寺	638
鎌倉武家	1033
紙	5066
紙加工	5069
髪型	2980
上方演芸	6173
上方語	6545
カミキリ	3557
紙工芸	5956
カメムシ	3555
貨物物流	5600
家紋	1407
火薬	4951
化薬染料	5004
歌謡	6900
カラーケミカル	4999
ガラス	4904
からだ	3690
空手	6386
伽藍	637
火力発電	4514
カルテ	3633
過労死	2614
過労問題	2614
為替	2386, 5543
革製品	5050
川の生物	3394
瓦	4351
簡易保険	2426
官員録	1779
眼科学	3805
感覚	365
漢学	309
感覚表現	6536
眼鏡	4468
環境アセスメント	4260
環境NGO	4268
環境科学	4242
環境化学物質	4250
環境管理	4257
環境教育	2834
環境工学	4239
環境資源	4249
環境制御	4257
環境対策	5374
環境微生物	3425
環境問題	4239
環境用語	3306
玩具	6003
管弦楽	6089
漢語	6475
観光	1450
管工事	4360
観光事業	5635

項目	ページ
観光事情	5642
観光施設	5643
看護学	3908
看護過程	3925
韓国－儀式	2968
韓国－行事	2968
韓国－経済	2135
韓国－政治・経済・文化事情	1689
韓国画	5805
韓国語	6578
監獄	1974
韓国人名	1322
韓国六法	2040
癌細胞遺伝学	3439
漢詩	6977
漢字	3634, 6478
管子	337
漢詩文	6931
漢詩名言	6566
患者会	2691
感情表現	6668
官職	1926
顔真卿	5877
缶詰食品	5094
関税	5566
漢籍	86, 198
岩石学	3377
乾燥食品	5093
乾燥装置	4890
漢代	1197
官庁刊行図書	100
官庁資料	101
鑑定	5756
関東近世史	1145
関東大震災	1091
広東語	6577
韓日辞典	6580
環日本海経済交流	2133
官能検査	4120
観音経	626
漢文学	6931
漢文学者	311
漢文名言	6566
官報	1777
漢方	3683, 3895
漢方医薬	3902
カンボジア語	6595
慣用句辞典	6487
慣用語	6573
癌用語	3713
慣用語辞典－英語	6641
慣用表現	6489
管理技術	4115
管理工学	4114

項目	ページ
官僚	1800
顔料	4991
官令	1904
漢和辞典	6475

き

項目	ページ
木	3507, 5420
議員	1835
記憶技術	4671
擬音語	6570, 6655
議会	1751
機械工学	4383
機械工業	4383
機械工作	4419
機械工場	4402
機械材料	4405
機械情報産業	4401
機械設計	4405
機械騒音	4411
機械電気工業	4395
機械統計	4403
機械要素	4412
機械力学	4405
幾何学	3139
規格	4099
器楽合奏	6089
企画展	5747
帰化生物	3400
機関	4733
機関車	4479
鰭脚類	3609
企業	2227
企業グループ	2256
企業形態	2227
企業系列	2256
企業研究開発	2284
企業財団	2272
企業進出	2409
企業通信	2284
企業内教育	2299
企業文化	2220
企業ランキング	2208
戯曲	6177
戯曲（英米文学）	7013
戯曲（日本文学）	6903
貴金属	3383
貴金属市場	5471
危険物	4929, 4952
季語	6883
記号	227, 3957, 4547
紀行－アジア	1578
紀行－アフリカ	1651
紀行－オセアニア	1662
紀行－南北アメリカ	1653

項目	ページ
紀行－日本	1482
紀行－ヨーロッパ	1637
気候学	3320
記号学	6437
気候表	3333
儀式（仏教）	642
騎士道	1228
奇術	6280
技術	3928
技術－人名	3112
技術開発力	4093
技術科教育	2852
技術史	3122, 4054
技術情報	4056
技術用語	3950
技術略語	3958
技術療法	3735
基準値	3723
気象学	3316
気象庁	3336
稀書目録	91
忌辰録	1379
基礎医学	3685
ギター	6086
季題	6883
気体機械	4448
擬態語	6655
義太夫	6143
北ヨーロッパ－歴史	1248
貴重書解題	91
キチン	3412
キッチン	4357
切手	5665
機電用語	4391
キトサン	3412
絹	5365
機能材料	4000
きのこ	3499, 5429
黄表紙	6924
君が代	6113
きもの	5141, 5949
客貨車	4480
キャッチコピー	5512
旧外地	2174
球技	6347
吸血鬼	3023
急性中毒	3750
弓道	6391
旧法令	1913
旧約聖書	831
旧陸海軍	3058
教育	2716
教育（キリスト教）	848
教育委員会	2810
教育家	2791

かん〜き ——— 1061

項目	ページ
教育学	2716
教育課程	2831
教育行政	2799
教育研修	2299
教育史	2720, 2779
教育事情	2779
教育指標	2784
教育社会学	2763
教育人名	2739, 2791
教育心理学	2717, 2764
教育政策	2793
教育制度	2793
教育団体	2721
教育統計	2758
教育評価	2777, 2843
教育法	2794
教育法学	2799
教育法令	2799
教員統計	2820
教員養成	2812
狂歌	6874
教会音楽	6099
教科書	2723, 2865
行基	674
教義（キリスト教）	771, 856
教訓	411
狂言	6203, 6206
京ことば	6544
共産主義	1720
行書（書道）	5866
教職研修	2812
教職実務	2816
行政	1775
行政機構	1789
矯正統計	1976
行政法	1945
矯正保護	2707
教団	469
経典	455, 472
経典（仏教）	597, 626
京都	1161
京都－地図	1572
協同組合	2265
郷土玩具	6003
郷土史	1160
郷土資料	1146
胸部外科	3784
胸部疾患学	3752
業務規定	2286
恐竜	3365
橋梁工学	4201
橋梁史	4201
紀要論文索引	146
漁業	5434
漁業センサス	5250
漁具	5448
極東－経済	2144
極東－地理、地誌、紀行	1635
極東国際軍事裁判	1993
玉葉	1029
巨樹	5428
許認可制度	1948
魚病学	5441
漁法	5448
巨木林	5428
許容限界	3450
魚類	3571
魚類解剖	5446
ギリシア	1234
ギリシア－神話	463
ギリシア語	6709
ギリシア文学	7033
キリシタン	791
キリスト教	758
キリスト教学	771
キリスト教教育	848
キリスト教史	778
キリスト教神学	772
キリスト教迫害史	778
キリスト教文学	6738
キリスト教礼拝	847
キリスト教例話	846
キリワ語	6718
記録技術	4671
記録文学	6794
金言	412
銀行	2386
銀行員	2393
銀行貸付	2394
銀行業務	2390
金工芸	5957
銀行経営	2390
近世作家	6814
近世庶民史料	1049
近世文学	6788
金石	5864
金属加工	4802
金属間化合物	3259
金属工学	4778
金属材料	4004
金属材料－データ	4025
金属命名法	3258
近代建築	4316
近代作家	6808
近代詩	6900
近代思想	339
近代戦争史	869
近代日本経済人	1258
近代日本の先駆者	1299
近代文学	6790
筋電図	3729
金融	2347
金融史	2386
金融事情	2386
金融法令	2387
菌類	3498
勤労統計	2609

く

項目	ページ
空圧	4446
空海	695, 5878
空気衛生	4361
空気機械	4461
空気工学	4461
空気清浄	4366
空気調節	4360
空気調和	4361
空襲	1137
空調	4368
公卿	1355
公家	1355, 1386
草木染	5950
クジラ	3607
くずし字	5850
薬	3851
薬の副作用	3699
果物	3509
靴下	5084
国の刊行物	102
クモ	3546
暮し	1884, 2560
クラシック	6032
グラフィックシンボル	4049
クリーンルーム	4369
クレーン	4483
軍艦	4751
軍記物	6919
軍航空機	4512
郡郷里駅名	1512
軍事	3055
軍事工学	4759
軍事法令	1915
軍縮	1869
群書類従	109
軍隊	3063
軍用機	4511

け

項目	ページ
経営	2181
経営学	2215
経営管理	2273
経営計画	2284
経営史	2224

項目	ページ
経営士	2214
経営事情	2224
経営実務	2278
経営指標	2309
経営者	2215, 2220
経営者団体	2051
経営診断	2305
経営組織	2286
経営分析	2305
軽音楽	6092
景気	2332
景気変動	2344
軽金属	4800
蛍光体	3184
経済	2051
経済－アジア	2128
経済－外国	2127
経済－韓国	2135
経済－極東	2144
経済－中国	2136
経済－日本	2118
経済－ベトナム	2143
経済－ロシア	2145
経済学	2093, 2110
経済学史	2108
経済協力	2154
経済研究方法	2092
経済雑誌	2068
経済産業法	2148
経済産業用語	2056
経済史	2115
経済事情	1681, 2115
経済思想	2109
経済指標	2103
経済政策	2147
経済団体	2087
経済データ	2069
経済統計	2069
経済統計学	2103
経済統合	2152
経済分析	2103
経済法	2148
経済用語	2057
警察統計	1806
計算法	3159
刑事裁判	1970
刑事訴訟法	1979
刑事法	1969
刑事法－外国	2021
芸術	5681
芸術教育	2855
芸術史	5721
芸術政策	5757
芸術理論	5719
経書	324
系図	1380
軽声	6571
形成外科	3785
計測工学	3980
計測制御技術	4680
芸能	6013, 6159
芸能界	6183
競馬	6375
刑罰	1932
警備産業	5498
系譜	1380
刑法	1969, 1978
契約	1961
形容詞	6656
外科学	3783
外科的疾患	3786
華厳宗	675
化粧史	2980
化粧品	4966
下水道技術	4221
外題	6171
血液事業	3735
決済統計	2396
結社	6889
結晶工学	3379
結晶評価技術	3380
月食	3280
ケーブル	4568
Chemical Abstracts	3237
ゲーム	6344
ゲリラ	1769
研究開発	4056
研究機関	204, 257
研究者	3116
研究所	4061, 4355
元型	433
言語	6435
元号	923
健康影響	4517
健康産業	5115
健康食品	5151
健康生活	5174
健康相談	2828
健康つくり	6281
言語学	6438
言語障害	3808
言語治療	2907
建材メーカー	4337
研削	4421
検査指針	3724
検察	1989
原子物理学	3207
源氏物語	6912
現象学	349
現象と法則	3109
原子力工学	4514
原子力発電	4514
原子炉	4524
県勢	2496
原生動物	3537
建設機械	4189
建設業者	4155
建設業務統計	4157
建設工学	4132
建設コンサルタント	4152
建設産業団体	4153
元素	3239
幻想作家	6737
現代作家	6809
元代史	1200
現代詩	6900
現代文学	6792
建築－アジア	4321
建築－日本	4304
建築意匠	4378
建築家	4298
建築学	4278
建築機材	4324
建築構造	4323
建築材料	4323
建築史	4305
建築施工	4338
建築設備	4360
建築単位	4295
建築統計	4303
検知システム	3990
剣道	6388
原爆	2708
憲法	1936
研摩	4421
県民経済	2113
件名図書目録	62
件名標目	35
件名標目表	37

こ

項目	ページ
語彙（英語）	6651
語彙（中国語）	6569
語彙（日本語）	6527
号	1344
高圧ガス技術	4891
公益財団	2271
公益事業	2271
公益法人	1959, 2271
公害	4239
航海	4752
航海学	4752
公開特許	4087
公害防止管理者	4251

け〜こ　1063

工学	3928
光学	3179
光学機器	4465
光学技術	4471
工学公式	3960
工学史	4054
光学薄膜	3185
甲殻類	3544
公企業	2267
工業	3928
鉱業	4767
工業英語	3939
交響楽団	6049
工業ガス	4964
工業規格	4099
工業基礎学	3980
工業計測	3989
公共債	2452
工業材料	3999
公共施設	1824
工業所有権	4067
工業団地	3978
工業デザイン	4049
工業統計	3973
公共図書館	199
工業廃水	4898
工業用水	4898
工業用ダイヤモンド	4005
工業炉	4892
工具	4422
航空運輸	5632
航空機	4475, 4509
航空工学	4502
航空人名	5632
航空統計	5634
工芸	5930
工芸デザイン	5930
口語	6666
咬合学	3837
鉱工業-インドネシア	3151
考古学	862, 863, 984
広告	5499
広告コピー	5511
広告事情	5504
公告実用新案	4088
広告代理業	5507
広告美術	5505
甲骨金文	6555
公債	2451
工作機械	4419
鉱山工学	4767
高山植物	3485
孔子	331
公式	3144
皇室	1397

公社	2270
公社債	2379
公衆衛生	3812
工匠	4339
工場	3979
工場改善	4116
工場自動化	4117
香粧品	4973
公職追放	2010
香辛料	5104
恒星	3281
合成樹脂	5022
厚生省	1795
恒星図	3285
厚生統計	3815
公正取引	2264
抗生物質	3882
鉱泉	3357
酵素	3413
構造計算	4330
構造力学	4331
豪族	1393
酵素利用	5126
小唄	6145
公団	2267
講談（演芸）	6270
講談（文学）	6926
耕地	5237
甲虫	3553
交通	5594, 5616
交通安全	5599
交通工学	4192
交通史	5603
交通事故	5599
交通事情	5603
交通政策	5599
交通統計	5619
交通量統計	4196
皇帝	1193, 1404
公定書	3886
高電圧試験	4563
行動科学	3769
高等教育	2890
行動療法	3766
抗発がん物質	3714
号筆名	1343
鉱物学	3377
高分子化学	5005
高分子化学工業	5005
構法計画	4332
公務員	1780
公用文	6538
高麗大蔵経	622
小売業	5472
小売物価	2342

香料	4966
高齢化社会	2663
高齢者	2664
高齢者福祉	2696
港湾	5613
子会社	2263
戸外レクリエーション	6360
顧客	5520
古記録	916
国学	307
国語	6445
国語学	6444, 6448
国語教育	2859, 6445
国語史	6450
国語辞典	6463
国債	2451
国際関係	1838
国際規格	4100
国際機関	1995
国際協力事業団	2154
国際金融	2404
国際経済	2147, 2149
国際経済会議	2151
国際情報	1445
国際政治	2007
国際通信	5673
国際投資	2149
国際取引契約	5571
国際法	1990
国際問題	1838
国際郵便	5664
国際連合	1991
国際連盟	1992
国字	6460
国書	183
黒人文学	6987
国勢総覧	2197
国勢地図	1549
国税庁	2449
国政統計	2484
国定教科書	2870
国土	4134, 5177
国土利用計画	2176
国文学	6781
国宝	4313, 5741, 5760
国防	3055
国民衛生	3817
国民経済	2111
国民所得	2111
国民生活	2562
国立図書館	186
国連	1852
こけし	6006
御家人	1360
語源（英語）	6617

語源（地名）	1464, 1528
語源（日本語）	6462
古建築	4307
古語辞典	6504
ココム	5552
こころの相談	385
こころの問題	357
古紙	5067
故事	560
古事記（日本史）	1016
古事記（文学）	6910
故事ことわざ	6645
故事熟語	413
故事熟語辞典－英語	6641
故事熟語辞典－中国語	6566
故事熟語辞典－日本語	6487
故事成語	416, 6497, 6566
故事成語辞典	6487
故事名言	561
古寺名刹	638
古写経	600
古銃	4762
古鐘	986
湖沼	4208
個人全集	6768
古生態	3372
古生物学	3365
戸籍	1958
古脊椎動物	3373
コージェネレーション	4039
古銭	2334
古代遺跡	867
古代エジプト	1252
古代ギリシア－人名	1337
固体潤滑	4414
古代ローマ－人名	1338
国歌	1416, 6113
国会	1755
国会議員	1739
骨学	3688
国家神道	522
国家と個人	1768
国旗	1414
骨董品	5972
古典音楽	6129
古典植物	6805
古典籍	184
古典文学作中人物	6810
小道具（刀剣）	5967
言葉	6451
子ども	2770, 2996
子どもの権利	2659
ことわざ	562, 6496
ことわざ（日本語）	6496
ことわざ（フランス語）	6691

ことわざ（民俗）	3035
ことわざ名言	422
古美術	5711
古筆	5873
古墳	990
語法（英語）	6656
語法（中国語）	6576
古本	47, 6806
コミュニケーション	2514
コミュニケーション障害	3810
コミンテルン	1726
ゴム	5012
米	5265
古文書	970
こよみ	3288
娯楽	6395
コールド・チェーン	5480
ゴルフ	6353
ゴルフ場	5356, 6355
コレクション	26
コンクリート工学	4169
コンコルダンス	813
昆虫類	3550
コンビニエンスストア	5481
コンピュータ	13, 4642
コンピューター・エンジニアリング	4649
コンピュータ産業	5053
昆布	5450

さ

災害	2708, 3307, 4275
財界	1394
災害医学	3736
在外会社年鑑	2203
西鶴	6922
産業	5177
サイクリング	6364
債券	2379
採鉱	4767
最高裁判所	1946
祭祀	522, 525
歳事	3002
歳時記	6883
祭神	503
財政	2428
財政史	2432
採石	4768
砕石	4776
最澄	680
在日外国人教育	2807
在日朝鮮人	1774
裁判	1978
裁判官	1983

裁判所	1982
細胞生物学	3403
細胞学	3403
催眠術	374
財務	2303
財務会計	2312
財務管理	2303
サイリスタ	4711
在留外国人	2012
材料科学	3999
材料研究者	4029
祭礼	3001
魚	3580
作中人物	6810
作品（映画）	6255
作品（音楽）	6056
作品名（日本文学）	6801
作物	5238, 5314
作物学	5285
作物栽培	5284
作物病害虫	5296
酒	5130
作家	6811
雑貨	5055
作家研究（英米文学）	7016
作家研究（日本文学）	6934
作家研究（フランス文学）	7030
殺菌工学	5114
雑誌	116
雑誌記事索引	137
雑誌新聞	115
雑誌文献目録	142
雑誌目次	152
雑草	5291
雑草学	5286
雑草管理	5287
雑俳	6899
砂糖	5122
茶道	6398
茶道史	6410
さび	4834
サービス業	5453
サービス産業	5488
差別問題	1771
砂防	4209
サボテン科	3513
サミット	2151
左翼	1728
産科学	3802
山岳	1443, 1534, 6362
山岳図書	1482
参議院	1760
産業安全	4122
産業経済	2051
産業公害防止	4252

こけ～さ　1065

産業税制	2445	シーケンス	4561	事典	162
産業中毒	3700	事故	2712	辞典－英語	6619
産業分類	5180	事故史	1105	辞典－言語	6437
産業用地	3965	仕事	2576	辞典－中国語	6557
産業連関表	2107	寺誌	638	辞典－朝鮮語・韓国語	6580
山漁村生活史	2994	時事英語	6649	辞典－ドイツ語	6673
さんご	3537	時衆	707	辞典－日本語	6463
参考調査	171	歯周病	3834	辞典－フランス語	6684
参考図書目録	161	四書	330	自転車	4477
三国志	1198, 6983	辞書	162	児童演劇	6236
蚕糸業	5363	市場	5538	児童教育	2724
サンスクリット	6613	市場調査	5526	児童研究	2770
山名	1455	CD-ROM	14	自動車	4475
山野草	3476	地震学	3347	自動車－工具	4493
残留農薬	5306	JIS	4102	自動車－諸元表	4494
		システム監査	2302	自動車－保有車両数	5620
し		システム機器	4124	自動車工学	4485
		システム技法	4123	自動車工業	4485
詩歌（中国文学）	6976	SIST	4058	自動車交通	5619
詩歌（日本文学）	6822	市井人物	1372	児童書目録	176
詩歌（英米文学）	7012	磁性体	3200	児童心理	2770
詩歌個人全集	6822	史籍	900	自動制御工学	4680
詩歌全集	6823	史跡	1537	児童図書	178
寺院	632	史跡名勝天然記念物	1538	自動盤	4427
死因統計	3677	施設園芸	5331	児童福祉	2706
寺院名	514	自然	4247	児童文学研究	6745
シェイクスピア	7013	自然科学	3074	児童文学全集	6747
G.H.Q.	1139	自然公園	5362	児童問題	2659
CM	5511	自然史	3119	シナリオ	6729
歯科学	3828	自然地形	1517	地盤改良工法	4185
歯科学史	3845	自然地名	1518	耳鼻咽喉科学	3808
歯科技工	3832	思想	277	指標生物	3475
歯学研究者	3842	地蔵	3013	事物起源	240
視覚言語	5830	氏族	1010	詩文（中国文学）	6976
視覚障害	2699	字体	6457	紙幣	2335
視覚聴覚障害	2908	シダ植物	3505	司法	1978
歯科材料学	3843	市長	1833	島	1521
時間生物学	3523	視聴覚教育	2847	姉妹自治体	1859
史記	1188	市町村	1822	事務管理	2300
色彩	5988	市町村史	1147	事務機器	5050
色材	4992	失業	2603	誌名変遷マップ	117
色彩科学	3181	実験化学	3243	釈迦	586
色素	4982, 5000	実験施設	4061	社会	1681, 2502
式内社	523	実験動物	3681	社会運動	1715
色名	5990	十進分類法	36	社会運動史	1714
詩経	6976	実存主義	349	社会科学一般	1665
事業所	2199	湿地	3399	社会科教育	2848
治具	4425	室内装飾	4378	社会学	2502
資源	2180	執筆者	1348	社会教育	2904, 2925
事件	1973, 2670	疾病分類	3677	社会経済史	938
資源エネルギー	4041	七宝焼	5946	社会事業	2684
試験研究機関	4061	実用新案	4086	社会事業史	2673
資源鉱物	4769	指定植物	3474	社会思想	1714, 2502
事件史	1056, 1105	指定文化財建造物	4315	社会心理	2514
資源植物	3459	CD目録	6064	社会調査	2514

社会病理	2669	十二支	395	商業事情	5459
社会福祉	2543, 2673	銃砲	6394	商業動態統計	5456
社会福祉士	2680	住民運動	1809	商君書	335
社会福祉施設	2692	自由民権	1101	証券	2349, 2365
社会福祉法	1933	自由民権運動	1092	証券業	2385
社会法	2503	重要文化財	5741, 5760	証券市場	2365
社会保険	2541	重要文化財建造物	4313	証券取引所	2384
社会保障	2538	集落	4314	商工会議所	2090
社会問題	2504	儒学	309	昇降機	4478
社会倫理	408	授業	2838	症候群	3759
社会論	2505	熟語	6492	商事法	1962
写経	601	手芸	5143	小宗教	478
試薬	3251	蛛形類	3546	小集団	2519
射撃	6394	修験道	697	小説（英米文学）	7014
社史	2246	種子植物	3507	小説（中国文学）	6981
社寺	636	主題書誌	56	小説（日本文学－近世）	6922
射出成形金型	5026	出張	2292	小説（日本文学－古代）	6910
写植	5927	出入国管理	2011	小説（日本文学－中世）	6919
写真	5904	出版	50	小説家	6811
写真技術	5909	出版－江戸	73	肖像	1367
写真集	5906	出版－大阪	74	正倉院	1003
写真帳	5905	出版－京都	76	醸造学	5125
ジャズ	6092	出版記録	69	上代文学	6786
社説	151	出版社	55	象徴	433
社説索引	151	出版者	77	詔勅集	1129
社則	2286	出版年鑑	60	情緒障害	3767
社内規程	2291	出版物	61	商店	5460
ジャーナリズム	264	受配電システム	4586	商店街	5459
社名	2234	樹木	3476, 5420	消毒	3718
車輌	4475	酒類	5125	浄土宗	698
シャンソン	6117	手話	2923	浄土真宗	708
銃	4761	潤滑	4406	小児科	3775
獣医	5400	潤滑油	4955	小児科用語集	3777
獣医学	5398	循環器学	3753	小児外科	3778
習慣	2936	春秋	328	小児検査	3780
週刊誌	143	巡礼	664	小児神経学	3781
衆議院	1759	書	5838	松柏類	3512
宗教	423	省エネルギー	4042	消費経済	2561
宗教－世界	446	荘園	1022	消費者行政	2574
宗教－日本	435	生涯学習	2926	消費者金融	2397
宗教音楽	6098	生涯教育	2927	消費者保護	2570
宗教改革	780	障害児医学	2920	消費者問題	2569
宗教学	430	障害児教育	2904	商品	5521
宗教教育	2762	障害者行政	2700	商品取引所	5539
宗教行政	469	障害者団体	2691	商品流通	5532
宗教思想	430	障害者福祉	2699	商法	1964
宗教社会学	432	消化器	3755	消防	1784, 4373
宗教政策	469	城郭	1036, 4309	情報化	10, 5658
宗教団体	2721	将官人事	3073	情報科学	1
宗教法令	469	将棋	6434	商法学	1963
集積回路	4705	小企業	2229	情報機関	29
住宅建築	4357	蒸気表	4443	情報技術機器	5051
住宅問題	2554	商業	5453, 5593	正法眼蔵	740
集中治療	3722	商業経営	5460	正法眼蔵随聞記	739
柔道	6386	商業経済用語	2067	情報公開	1827

しや～しょ 1067

項目	番号	項目	番号	項目	番号
情報工学	4642	諸侯	1362	人口統計	2165
情報サービス	11	書誌	17, 56	人口問題	2166
情報処理	4, 4643	書誌学	23, 44	信仰録	846
情報通信	4593, 5668	女子体育	6282	新語辞典	6520
情報メディア	4608	書誌の書誌	56	真言	687
声明（宗教）	655, 6098	女性－人名	1363	真言宗	681
常民生活	2958	助成型財団	1680	人材開発	2293
訟務	1988	女性史	2639	人事	1750, 2286
照明	4364, 4587	女性職業	2637	人事管理	2292
縄文時代	989	女性団体	2655	神社	512
条約	1999	女性問題	2639	神社縁起	523
生薬学	3895	書跡	5876	神社誌	523
商用単位	5178	書籍総目録	70	神社と国家	522
浄瑠璃外題	6215	除草剤	5333	真宗	708
書家	5880	所蔵目録	124	進出企業	2406
書画骨董	5696	書体	5850	神職	512
職員録	1779	処置	3735	紳士録	1308
職業	2633	ショッピングセンター	5482	心身障害教育	2906
職業分類	2638	書道	5838	心身障害者－文献目録	2702
植生	3491	書道史	5880	人生訓	411
食生活	2985, 5166	書評	150	新選組	1070
食肉	5390	書評索引	150	腎臓学	3692
続日本紀	1018	庶民	2959	新素材	4003
職人	2995, 5936	書目	69	人体寸法データ	4052
食品	3819	書物	44	信託	2401
食品（医学）	3822	書林出版	72	診断学	3721
食品（家政学）	5147	書林板元	50	神典	511
食品加工	5092	私立学校	2821	振動	4272
食品工業	5092	史料	902	神道	484
食品問屋	5470	シルクロード	1175, 1320	振動工学	3995
食品微生物	5109	シルバー	2666	神道史	501
食品包装	5102	新医薬品	3892	シンハラ語	6612
食品流通	5535	新エネルギー	4045	神秘学	299
植物（日本文学）	6805	辛亥革命	1210	神秘思想	452
植物ウイルス	3417	神学	775	神秘主義	299
植物栄養	5276	シンガポール－政治・経済・文化事情	1702	人物記念館	261
植物園	3458	新刊	68	人物文献	1258
植物学	3451	秦漢思想	320	新聞	264
植物群落	3489	神祇	501	新聞記事索引	275
植物工学	5284	審議会	1790	人文地理学	1431
植物誌	3489	新規事業	2227	シンボル	433, 1409, 3050, 5727, 5781, 5831, 6620
植物ダニ	3549	新教（キリスト教）	857	神名	503
植物バイオテクノロジー	3431	新金属	4797	人名事典	1291, 1337
植物病原菌類	5298	真空	4461	人名事典－アメリカ	1336
植物病名	5300	シンクタンク	4060	人名事典－逸話	1372
植物病理学	5294	神経科学	3763	人名事典－英米文学	6999
植物ホルモン	3460	新劇	6233	人名事典－海外渡航	1341
植物和名	3462	人権	1768, 1988	人名事典－科学技術	3112
食文化	2984	箴言	412	人名事典－歌人・俳人	6841
植民地政策	2174	人権条約	2006	人名事典－公家	1355
食料	5181	人口	2108, 2163	人名事典－肖像	1367
食糧	5118	新興宗教	478	人名事典－女性	1363
食糧問題	5263	人工臓器	3747	人名事典－西洋	1332
諸芸	6395	人工知能	5	人名事典－世界	1313
書賈	71				

項目	ページ
人名事典-世界文学	6743
人名事典-贈位	1354
人名事典-中国	1325
人名事典-朝鮮	1321
人名事典-著述	1346
人名事典-東洋	1320
人名事典-日本	1291
人名事典-日本文学	6808
人名事典-武家	1358
人名事典-マスコミ	1352
人名事典-名称	1343
人名の読み書き	1278
人名表記	1279, 1461
人名録	1293
新約聖書	836
針葉樹	3511
信用調査	2395
信頼性	4128
親鸞	716
心理学	351
心理技術	404
心理療法	381
心理臨床	375
森林	5408
心霊研究	386
進路指導	2845
神話	456
神話-インド	462
神話-エジプト	467
神話-ギリシア・ローマ	463
神話-世界	458
神話-日本	456
神話学	456

す

項目	ページ
図案	5829
水圧機	4445
推計人口	2168
水工学	4212
水耕栽培	5289
水産	5249
水産学	5437
水産業	5434
水産増殖	5449
水質汚濁	4270
水蒸気改質炉	4894
水上競技	6358
水生昆虫	3559
水生植物	3477
水素	4934
吹奏楽	6090
水道	4223
随筆	6927
随筆-索引	107

項目	ページ
睡眠	370
水文学	3344
水力機械工学	4450
数	245
スウェーデン-政治・経済・文化事情	1708
スウェーデン-歴史	1248
スウェーデン語	6683
数学	3137
数学科教育	2850
数学公式	3147
数学史	3151
数学者	3146
数値計算	3159
数値表	3160
数表	3150
数理科学	3141
数理情報	6
数理統計学	3153
数量表現	6665
スカイ・ウオッチング	3274
菅江真澄	2941
図鑑	170
スキー	6357
図記号	3959, 4547
図形科学	4050
図像学	5701, 5727
ステンレス鋼	4785
スパイス	5157
スペイン-地理、地誌、紀行	1644
スペイン-歴史	1244
スペイン語	6694
スポーツ	6281
スポーツ医学	6333
スポーツ史	6338
スポーツ事故	6312
スポーツ審判	6329
スポーツ人名	6317
スポーツルール	6328
スミレ	3515
図名索引	1547
相撲	6368
スラブ	1647
スワヒリ語	6715

せ

項目	ページ
生育調節剤	5333
生化学	3262, 3407
性格	366
性学	3000
声楽	6106
生活	2558
生活科学	5134
生活経済	2561

項目	ページ
生活研究所	2285
生活行動援助	3910
生活史	1057
生活者アンケート	2520
生活文化	941
生活問題	2554
生活用品	5050
青果物卸売	5242
生協	2265
税金	2447
生計	2558
整形外科	3787
成語	6487, 6568
生産管理	4114
姓氏	1419
政治	1731
政治学	1731
政治結社	1764
製紙工業	5065
政治史	1746
政治事情	1681
政治団体	1765
聖者	776
聖書	794
聖書-歴史	820
正常値	3726
青少年教育	2932
青少年図書	176
青少年問題	2659, 2933
聖書考古学	820
聖書語句	818
聖書植物	827
聖書地図	820
聖書動物	828
精神医学	3763
精神科看護	3922
精神疾患	3772
精神薄弱関係施設	2704
精神分析	375
星図	3284
製図	4051
性生活	2999
製造業	5050
生態学	3446
生体工学	3694
静電気	3188
制度	1750
政党	1752, 1764
政党機関誌	1764
生徒指導	2806, 2842
性の指導	2854
星表	3284
政府刊行物	103
政府出版物目録	100
生物科学	3384

しん〜せ 1069

生物学名命名法	3390	設計事務所	4302	占星術	400
生物環境調節	5204	石膏	4912	禅籍	718
生物誌	3398	石工	4338	戦争	871
生物生産機械	5279	接合	4822	船体	4744
生物地理	3398	切削加工	4428	先端技術	3940
政府定期刊行物	1778	接着	5044, 5433	先端材料	4006
税法	2439	接着剤	5044	先端素材	4009
精密機械	4465	設備管理	4118	先端デバイス材料	4694
税務	2440	設備工学	4360	先端電子材料	4690
税務会計	2327	設備投資計画	3967	煎茶	6401
生命保険	2420	雪氷	3323	線虫学	5299
生命保険経営	2425	絶滅	4265	選定図書目録	161, 174
声優	6253	絶滅動物	3370	先天異常	3715
西洋-人名事典	1332	絶滅野生動物	3525	専売	2453
西洋-人名の読み書き	1289	説話	3027	船舶	4475
西洋絵画	5816	説話（仏教）	628	船舶工学	4730
西洋史	870, 1223	説話（文学）	6915	船舶輸送	5605
西洋思想	346	セメント	4904	船名録	5609
西洋哲学	345	セラミックス	4904	専門店	5472
西洋美術	5698	セールス	5463	専門図書館	204
西洋美術史	5740	繊維工業	5074	川柳	6896
生理学	3692	禅学	721	占領	2009
清涼飲料	5124	全学連	2903	染料	4999
精霊	3033	戦記	3056	占領下法令	1916
西暦	3298	選挙	1752	占領期（日本）	1139
世界-宗教	446	禅語	723	禅林名句	732
世界-人名事典	1313	戦後教育	2726	禅林用語	720
世界-神話	458	戦国合戦	1047		
世界-地図	1468	戦国史	1037	**そ**	
世界-地名	1454	全国書誌	60		
世界-地理、地誌、紀行	1442	戦国人名	1038	宋	1201
世界-通貨	2337	戦国大名	1040	贈位	1354
世界-統計	2475	戦国大名家臣団	1039	造園	5356
世界-歴史	869	全国販売書誌	85	造園学	5357
世界-歴史地図	881	戦国武家	1035	造園修景	5358
世界遺産	4253	戦国武士	1041	造園施工管理	5359
世界銀行	2413	戦後史	1110	騒音	4272
世界経済統計	2080	戦後補償	2714	葬儀	643
世界史	869	センサ	3980	造形教育	5754
世界史-年表	887	戦災	2708	宋元官箴	2015
世界文学	6723	洗剤	4966	僧綱補任	590
世界文学全集	6726	戦災地図	1138	総合目録	183
石工芸	4771	戦史	3056	草書（書道）	5866
石材	4771	戦時法令	1915	僧職	632
石炭鉱業	4772	戦車	4763	装飾美術	5985
脊椎外科	3794	禅宗	718	叢書索引	109
石仏	637, 3014, 5775	全集月報	97	叢書総覧	99
石油	4850	全集講座内容	110	蔵書目録	183
石油化学工業	4850	全集・叢書細目	111	宋人伝記	1267
石油工業	4850	全集目録	97	造船	4748
セクソロジー	2999, 3693	占術	396	相談業務	2392
摂関	1388	洗浄	4971	草地学	5378
石器	991	染織	5948	送電	4577
節気	3300	染色加工	4999	曹洞宗	735
説教集	846	潜水	4737	相法	394

事項索引

草本植物	3465	
草本植物根系	3478	
総務	2300	
草木	3454	
藻類	3496	
疎外	2506	
俗語辞典	6650	
俗信	3011	
測量	4176	
素形材	4821	
蔬菜	5337	
組織	1750	
組織図	954	
組織培養	3405	
粗飼料	5379	
租税	2428, 2438	
租税史	2450	
ソフトウェア	3	
ソリッドステート回路	4712	
素粒子	3207	
ソ連－外交	1868	
ソ連－人名	1339	
ソ連－地理、地誌、紀行	1648	
ソ連－歴史	1248	
損害保険	2427	

た

タイ－地理、地誌、紀行	1623
体育	6281
体育あそび	6344
体育科教育	2853
体育学	6284
体育史	6340
体育事故	6312
対外関係（日本史）	982
対外交渉史	1050
大学	2887
大学研究所	258
大学入試	2798
大韓民国	1588
大規模小売店	5477
大工	4343
大工道具	5058
タイ語	6593
大事件史	1130
大衆演芸	6269
大衆文化	2524
大衆薬	3879
対照語	6503
大正新脩大蔵経	619
対症療法	3735
耐震建築	4333
体操	6344
大蔵経	609

大蔵経－日本以外	621
大腸疾患	3760
大東亜共栄圏	1133
大東亜戦争	1134
第二次世界大戦	878
対日投資	2410
大日本続蔵経	616
太平洋諸島	1663
太平洋戦争	1133
ダイヤモンド－工業用	4005
太陽エネルギー	4040
体力つくり	6281
体力評価基準	6323
体力標準値	6326
台湾－政治・経済・文化事情	1697
台湾経済	2136
タウン誌	121
打楽器	6087
宅地建物取引	5495
タケ科植物	3516
凧	6010
多国籍企業	2261
畳	5078
建具	4344
たね	3483
タバコ（植物）	3514
煙草（農業）	5316
たべもの	2986
ダム	4207
タレント	6180
単位	3110
タンカー	4731
短歌	6830
短期大学	2895
探検	3082
探検家	1453
ダンス	6149
淡水魚	3581
鍛造	4808
団体	255
団体規格	4101
団体史	2246
断熱建材	4336

ち

地域経済統計	2078
地域交通	5601
地域資料目録	90
地域戦略	5529
地域調査	1441
地域統計	2495
地域福祉	2683
チェコ語	6708

チェーンストア	5480
地価	2176
知覚	365
地学	3305
地下水	3344
近松	6905
地球科学	3305
地球環境	4240
地球観測	3315
稚魚	3585
畜産	5243
畜産学	5367
畜産業	5367
畜産動物	5381
畜産物	5390
逐次刊行物	115, 155
地形学	3358
地形図	1557
地形レッドデータ	3362
智山学	683
知事	1832
地誌－アジア	1578
地誌－アフリカ	1651
地誌－アメリカ	1653
地誌－アラブ	1634
地誌－イギリス	1639
地誌－インドネシア	1626
地誌－オセアニア	1662
地誌－極東	1635
地誌－スペイン	1644
地誌－世界	1442
地誌－ソ連	1648
地誌－タイ	1623
地誌－中国	1595
地誌－中東	1633
地誌－朝鮮	1582
地誌－ドイツ	1641
地誌－東南アジア	1619
地誌－日本	1427, 1482
地誌－東ヨーロッパ	1646
地誌－ヒマラヤ	1630
地誌－フィリピン	1628
地誌－フランス	1642
地誌－ブルガリア	1650
地誌－ポルトガル	1644
地誌－マレーシア	1625
地誌－南アジア	1629
地誌－ミャンマー	1624
地誌－ヨーロッパ	1637
地誌－ラテン・アメリカ	1660
地誌－ロシア	1648
地質学	3358
地質工学	4159
チーズ	5397
地図－アジア	1581

そ～ちす　　1071

項目	ページ
地図－極東	1636
地図－世界	1468
地図－中国	1607
地図－朝鮮	1590
地図－東南アジア	1622
地図－日本	1541
地図－ヒマラヤ	1632
地図－ヨーロッパ	1638
地図学	3311
地図史	1543
地図情報	1468
秩父事件	1093
地中海	1229
知日家	1333
知能障害	2915
チベット研究	1213
西蔵撰述仏典	623
西蔵大蔵経	621
地方沿革	1085
地方議会	1817
地方教育	2780
地方教育費	2811
地方財政	2454
地方史（日本）	1142
地方史誌	1148
地方自治	1807
地方税	2456
地方統計	2469
地名－アイスランド	1649
地名－イギリス	1640
地名－世界	1454
地名－中国	1597
地名－朝鮮	1585
地名－日本	1499
地名－ヒマラヤ	1631
地名研究	1496
地名語源	1465, 1528
地名表記	1279, 1440
地名よみかた	1523
地名ルーツ	1536
茶	5317
茶懐石	6418
茶器	6413
茶室	6416
茶人	6410
茶道	6398
茶道具	6413
茶道史	6410
茶庭	6416
茶の湯	6406
茶花	5350
茶碗	6413
虫えい	3556
中央アジア	1173
中国－外交	1846
中国－学芸	1194
中国－教育	2783
中国－経営	2183
中国－経済	2136
中国－系譜	1395
中国－災害史	1195
中国－史籍	1196
中国－人名事典	1325
中国－政治・経済・文化事情	1691
中国－宗譜	1395
中国－族譜	1396
中国－地図	1607
中国－地名	1597
中国－地理、地誌、紀行	1595
中国－歴史	1188
中国－労働問題	2579
中国画	5807
中国科学	4055
中国共産党	1767
中国語	6551
中国故事成語	6567
中国語図書	203
中国思想	320
中国食物	5159
中国書道	5844
中国禅宗	727
中国哲学	320
中国文学	6969
中国文学－詩歌	6976
中国文学－物語・小説	6981
中国文明	4055
中国法	2023
中国本草	3896
中国名言	6974
中国料理	5160
中小企業	2213, 2227
中世思想	339
鋳造	4807
中東－政治・経済・文化事情	1704
中東－地理、地誌、紀行	1633
中東研究	1221
中毒	3703
中南米－政治・経済・文化事情	1712
中南米－文献目録	1244
中日辞典	6563
厨房設備	4375
蝶	3563
超LSI	4708
超音波工学	3995
長期統計	2488
超硬工具	4424
彫刻	5769
超自然	392
超心理学	386
潮汐表	3342
朝鮮－人名事典	1321
朝鮮－地図	1590
朝鮮－地名	1585
朝鮮－地理、地誌、紀行	1582
朝鮮－歴史	1181
朝鮮画	5805
朝鮮語	6578
朝鮮語図書	202
朝鮮社会運動史	1723
朝鮮民主主義人民共和国	1321, 1586, 1741
朝鮮民主主義人民共和国－法令	2041
町村長	1834
超電導	3188
朝日辞典	6580
調味料	5104
調理科学	5158
鳥類	3592
著作権	48
著作権者	1349
著作権法	49
著者名よみかた	1280
著述	1346
地理－アジア	1578
地理－アフリカ	1651
地理－アメリカ	1653
地理－アラブ	1634
地理－イギリス	1639
地理－インドネシア	1626
地理－オセアニア	1662
地理－極東	1635
地理－スペイン	1644
地理－世界	1442
地理－ソ連	1648
地理－タイ	1623
地理－中国	1595
地理－中東	1633
地理－朝鮮	1582
地理－ドイツ	1641
地理－東南アジア	1619
地理－日本	1427, 1482
地理－東ヨーロッパ	1646
地理－ヒマラヤ	1630
地理－フィリピン	1628
地理－フランス	1642
地理－ブルガリア	1650
地理－ポルトガル	1644
地理－マレーシア	1625
地理－南アジア	1629
地理－ミャンマー	1624
地理－ヨーロッパ	1637

地理－ラテン・アメリカ	1660	
地理－ロシア	1648	
地理学	1427	
地理用語	1434	
治療指針	3725	
治療食	3824	
治療薬	3737, 3853	
賃金	2628	
賃金管理	2295	

つ

通貨－世界	2337
通貨－日本	2332
通産統計	2070
通商条約	5566
通信	5593
通信機器	4604
通信工学	4592
通信サービス	5669
通信事業	5673
通信全覧	1051
通信販売	5466
津波	3354
鐔	5967
釣り	6365
徒然草	6928

て

帝王	1405
低温工学	4437
低温材料	4021
ディジタル伝送	4595
ディジタル放送技術	4641
ディスカウント	5474
定理	3144
手形交換	2396
手形法	1968
デザイナー	5984
デザイン	5974
デザイン教育	2857
デザイン賞	5690
手仕事	5059
データ通信	4615
データベース	7
哲学	277
鉄鋼	4779, 4785
鉄鋼材料	4019
鉄道	4475
鉄道運輸	5622
鉄道経営	5626
鉄道工学	4204
鉄道事情	5624
鉄道信号	4482

鉄道統計	5626
テーマパーク	5644
テルペンスペクトル	4978
テレコム	4598
テレビジョン	4640
テレビタレント	6181
テレビドラマ	6189
テレビ放送	5676
テロ	1769
伝花	6428
天気	3324
伝記	1258
電気回路	4561
電気化学	3241
電気加工	4815
電気加熱	4588
電気機器	4573
電気計測	4561
電気工学	4534
電気工業	4534
電気工事	4582
電気材料	4561
電気雑音	4605
電気事業	4534
伝記執筆者	1351
天気図	3332
電気絶縁材料	4562
電気絶縁油	4565
電気設備	4577
電気設備技術	4376
電気通信	4592
電気通信事業	5667
伝奇伝説	3029
電球	4589
典拠録	1273
電源開発	4532
篆刻	5892
天使	776
展示	6000
点字	2922
電子オルガン	6088
展示会	5649
電子回路	4705
電磁気学	3188
電子機器	4701
電子顕微鏡	4723
電子工学	4684
電子材料	4687
電子情報通信	4596
電子装置の応用	4722
点字図書	159
電子部品	4695
篆書（書道）	5862
電食	4842
典籍	94

伝説	3020
電線	4568
天台宗	676
天台宗年表	679
電池	4873
電灯	4587
伝道（仏教）	667
伝統工芸	5932
伝統色	5996
電熱	4587
天然記念物	3402, 3532
天然染料	5003
天然着色料	3825
電波	4598
電波工学	4628
電波航法	4758
電波障害－法規制	4634
店舗	5460
デンマーク語	6682
天文学	3269
天文観測	3278
天文台	3275
電力	4558

と

ドイツ－政治経済	2033
ドイツ－地理、地誌、紀行	1641
ドイツ－法律	2031, 2389
ドイツ－歴史	1239
ドイツ語	6673
ドイツ文学	7022
塔	4317
東欧	1646
東欧－歴史	1248
同音同訓異字	6530
登記	1957
陶器	5938
冬季競技	6357
糖業	5120
道教	470
東京－記録文学	6794
東京－事典	1574
東京ことば	6543
東京裁判	1998
東京書籍商	83
東京百年	1157
東京ラウンド	5569
道具	5059
陶芸	4907
統計	2458
統計－世界	2475
統計－日本－中央官庁	2483
統計－日本－その他の機関	2493
統計ガイド－中央官庁	2461

ちり～と ———— 1073

項目	ページ
統計ガイド－その他の機関	2467
統計学	2108
統計工学	3157
統計情報	2464
統計利用	2466
刀剣	5957
道元	739
刀工	5965
東西交渉史	1169
倒産	2234
唐詩	6979
動詞	6657
陶磁工芸	5938
島嶼	1519
堂上家	1389
登場人物	6733
動植物（英米文学）	7002
動植物（聖書）	827
動植物名よみかた	3456
同姓異読み	1281
道蔵	472
東大寺	675
銅鐸	993
冬虫夏草	3500
道徳	405
道徳教育	2776
道徳指導	2848
東南アジア	1214
東南アジア－地理、地誌、紀行	1619
動物学	3518
動物学名	3526
動物行動学	3521
動物発生段階	3535
動物病名	5403
動物文化史	5383
動物分類名	3520
動物用医薬品	5404
東方	1179
同名異人	1304
童謡	6114, 6753
東洋	1165
東洋－人名事典	1320
東洋－人名の読み書き	1286
東洋医学	3683
東洋画	5804
東洋学	1168
東洋古美術	5685
東洋史	1165
東洋思想	304
東洋美術	5684
東洋美術史	5738
同類語	6502
道路行政	5618
道路工学	4192
道路交通	5618
道路用語	4193
同和問題	2530
時	3290
土器	999
トキシコロジー	3704
徳川実紀	1052
毒キノコ	3503
特産作物	5318
読史	948
特殊教育	2905
特殊鋼	4788
特殊法人	2269
特種目録	95
読書	39
読書指導	42
毒性	4925
毒性試験	3705
毒性データ	4948
独占禁止	2264
特別活動	2844
読本	2871, 6923
独和辞典	6675
時計	4465
登山	6360
都市	1821, 2529
都市計画	4219
都市工学	4219
都市交通	5601
都市社会学	2526
都市図	1562
都市生活史	1071
土質工学	4159
都市統計	2467
都市問題	2526
図書	44
土壌学	5274
土壌肥料	5269
土壌物理	5277
図書館	16
図書館－法規	32
図書館－用語	24
図書館学	16
図書館建築	19
図書館情報学	20
DOS/V	4674
塗装	4991
土地	2176
特許	4067
特許分類	4077
土木機材	4182
土木計測	4149
土木工学	4132
土木施工法	4181
土木設計	4181
トライボロジー	4407
取付具	4425
ドリーム	401
砥粒加工	4430
塗料	4991
トルコ語	6607
トレーニング	6335
トンネル工法	4198
トンボ	3560
問屋	5468

な

項目	ページ
内科学	3750
内閣	1783
内閣総理大臣	1745
内装	4348
内燃機関	4438
長唄	6145
流れ	3177
ナチス第三帝国	1241
名乗	1282
名前	1283
生業	2993
ナワ語	6719
軟弱地盤	4164
軟体動物	3542
南伝大蔵経	625
難読稀姓	1422
難読語	6456, 6524
難読地名	1526
南北	6906
南北朝	1032

に

項目	ページ
20世紀	889
西ドイツ－政治・経済・文化事情	1706
日伊交流	1247
ニーチェ	350
日常語	6650
日米関係	1844
日米経済	2150
日米文化交渉史	1125
日用品	4986
日蓮	752
日蓮宗	744
日韓辞典	6584
日系人団体	2170
日食	3280
日中関係	982, 1209
日中関係史	1842
日中辞典	6565
日朝関係	982

項目	ページ
日朝辞典	6584
日展	5744
ニット製造	5087
二宮尊徳	409
日本－経済事情	2118
日本－経済統計	2077
日本－人名事典	1291
日本－神話	456
日本－地図	1541
日本－地名	1499
日本－地理、地誌、紀行	1427
日本－歴史	890
日本－歴史地図	963
日本アジア関係	983
日本映画	6257
日本画	5783
日本関係海外史料	911
日本企業	2203
日本キリスト教史	781
日本研究	165, 890, 946
日本語	6443
日本語学	6443
日本史	890
日本史－古代	1002
日本史－中世	1026
日本史－近世	1049
日本史－近代	1090
日本史－現代	1090
日本史学	895
日本史籍	915
日本思想	304
日本社会主義	1716
日本酒	5128
日本紹介	944
日本書紀	1019
日本人観	1681
日本人名	1341
日本人名情報	1265
日本大蔵経	612
日本刀	5959
日本美術史	5732
日本舞踊	6151
日本文学	6757
日本文学－戯曲	6903
日本文学－作家研究	6934
日本文学－詩歌	6822
日本文学－物語・小説－古代	6910
日本文学－物語・小説－中世	6919
日本文学－物語・小説－近世	6922
日本文学－上代	6786
日本文学－中古	6786
日本文学－近世	6788
日本文学－近代	6790
日本文学－現代	6790
日本文学史	6783
日本文学全集	6768
日本霊異記	628
日本料理	5162
日本暦	3298
乳化技術	3240
乳業	5395
乳幼児心理	2882
乳幼児発達	2878
ニューガラス	4915
ニュージーランド英語	6672
ニュース	276
ニューマテリアル	4022
ニューメディア	4599, 5675
人形	6003
人形劇	6238
人形浄瑠璃	6239
人間	3450, 4247
人間工学	4049
人間国宝	5765
認識論	299
認知科学	8

ね

項目	ページ
ネイチャー	3126
猫	5386
ねじ	4408
値段	2339
熱機関	4432
熱工学	4432
熱処理	4804
熱設計	4439
熱帯果樹	5336
熱帯魚	3588, 5451
熱帯植物	3466
熱帯野菜	5339
熱帯林業	5409
ネットワーク	4600
熱物性	3201
ネパール	1218
年鑑	123, 169, 249
年金	2540
年号	929
燃焼	4949
粘着	5045
年中行事	3001
粘土	4917
粘土瓦	4916
年表	170
燃料	4949

の

項目	ページ
ノイズ対策	4713
能楽	6142, 6198
農学	5189
農業	5182, 5252
農業機械	5280
農業気象	5207
農業協同組合	5266
農業経済	5252
農業公害	5208
農業工学	5278
農業集落	5229
農業センサス	5217
農業土木	5282
脳神経外科学	3796
農村計画	5255
農村物価	5236
脳波	3729
農民起義	1192
農民騒擾	1104
農薬	5303
農薬毒性	5310
農林水産業	5181
農林水産省	1796, 5185
ノーベル賞	2902, 3680
祝詞	525
ノンフィクション	6929

は

項目	ページ
バイオ企業	3445
バイオテクノロジー	3426
バイオ分離工学	3444
俳諧	6876
俳諧人	6842
配管	4445
配管工学	4451
廃棄物	4225
俳句	6876
俳句作法	6881
俳句史	6888
売笑	2669
配色	5988
俳人	6891
排水処理	4898
ハイテク	3938
ハイテク農業	5292
配電	4577
パイプライン	4453
俳文学	6879
俳優	6249
ハウサ語	6716
墓	6815

に～は ── 1075

事項索引

パキスタン	1216
白書	169
博士録	2899
爆発物	4949
幕藩大名家	1063
博物学	3396
博物館	261
薄膜	4698
薄膜作製	4697
歯車	4405
馬術	6393
芭蕉	6892
パソコン	4657
パーソナリティ	366
旗	1414
旗指物	1418
旗本	1359, 1408
爬虫類	3589
蜂類	3562
パッキン技術	4454
パッケージ	5524
発見	3082, 4073
発達障害	2918
発達心理学	368
発展途上国－法令	2018
発展途上地域	1683
バッハ	6074
発破	4954
発明	3082, 4067
パートタイマー	2294
花	3510, 5352, 6427
花街	2669
羽根	3603
ハーブ	5320
ハム	4628
ハムシ	3561
パルス技術	4714
バルブ	4447, 5072
バレエ	6115
ハワイ語	6603
版画	5886
ハングル	6583
犯罪	1975, 2670
犯罪学	1972
藩史	1073
ハンダ	4822
反対語	6503
ハンディキャップ教育	2919
半導体	4716
販売管理	5463
板元	75
反乱	871
判例	1917

ひ

ピアノ	6082
PR	5499
PL対策	4129
被害地震	3351
美学	5719
美学史	5686
比較宗教	469
比較文学	6723
東アラブ	1222
東ヨーロッパ－地理、地誌、紀行	1646
東ヨーロッパ－歴史	1248
光エレクトロニクス	4724
光技術	4726
光工学	3186
光磁気ディスク	4614
光測定	4473
光通信	4635
光ディスク	4675
光デバイス	4722
光物性	3202
非金属材料	4026
被子植物	3513
ビジネス	2273
ビジネスタレント	2283
ビジネス調査	5514
ビジネス用語	2058
美術	5681
美術家	5687
美術館	5747
美術教育	2856, 5754
美術研究	5754
美術史	5686, 5721
美術賞	5690
美術品目録	5741
微生物学	3416, 3712
微生物制御	5105
筆順	6457
ビデオソフト	6166
非鉄金属	4793
非図書資料	158
人出	5638
ヒトラー	1242
ビートルズ	6122
泌尿器科	3797
非破壊試験法	4030
ヒマラヤ－地理	1630
ヒマラヤ－文献目録	1217
百姓一揆	1055
百科事典	210
百貨店	5478
比喩表現	6541

ピュリツァー賞	266
美容	5138
病院	3670, 3812
病害虫	5334
病害虫防除	5343
表現（日本語）	6533
表現（フランス語）	6693
標語	408
表示	2569
標準化	4125
病虫害	5294
評伝	1262
評伝執筆者	1351
病名	3622
表面処理	4833
表面物性工学	3203
表面分析	3197
病理学	3710
漂流記	1444
評論家	1352
避雷設備	4577
微粒子	3205
肥料学	5269
ピル	3884
ビル風	4352
ビル管理	4353
ビル業	5494
ビルマ語	6591
ヒロシマ	1858
品質監査	4126
品質保証	4126
びん詰食品	5094

ふ

ファインケミカル	4869
ファインセラミックス	4908
ファジィ	4682
ファシリティマネジメント	2301
ファッション	5091
ファッションビジネス	5145
フィットネス	6336
フィリピン－地理	1628
フィリピン語	6600
フィルムミュージック	6126
フィンランド語	6713
風俗	1088, 2936
風俗－外国	2966
風俗史	2943, 2958
フェミニズム	2649
フォーク（音楽）	6110
武鑑	1361
武器	4764
布教（キリスト教）	848
布教（仏教）	667

奉行職	1927	仏具	652	ブレーン	2282	
武具	5971	物故者	1375	プロスポーツ	6322	
複合語	3098	仏事	642	プロセス計測制御	3988	
複合材料	4010	仏事儀式	648	プロテスタント	857	
副詞	6656	仏書	527, 599	ブロードウェイ	6235	
福祉機器	2687	物性科学	3198	プロ野球	6350	
福祉施設	2706	物性物理学	3196	プロレス	6372	
福祉事務所	2689	仏像	607, 658	文化行政	5759	
福祉制度	2688	仏像（彫刻）	5769	文学	6723	
福祉法人	2690	仏弟子	586	文学－地名	6777, 6807	
服飾	5138	仏典	607	文学－年表	6816	
服飾史	2969	仏塔	637	文学遺跡	6803	
服飾文化史	2972	物理化学	3239	文学忌	6813	
服薬指導	3738, 3885	物理学	3161	文学教材	2863	
武家	1358, 1390	物理探査	3364	文学個人全集	6726	
武家－系譜・家史	1390	物理定数	3176	文学作品書き出し	6799	
武家－人名事典	1358	物流	4121, 5532, 5594	文学作品名よみかた	6801	
武家戦陣	1046	仏和辞典	6684	文学賞	6766, 6802	
武江年表	1156	武道	6380	文学全集	6774	
腐食	4843	不動産業	5494	文学碑	6803	
婦人	2567	不動産税務	2331	文化財	1537, 5758	
婦人科	3802	風土記	1513	文化事情	1681	
婦人教育	2644, 2932	赴任	2297	文化賞	229	
婦人参政	1763	船	4739	文化情報	1446	
婦人問題	2641	舞踊	6134, 6149	文化人類学	3042	
フーズバイオテクノロジー	5106	無頼文学	6798	文化大革命	1212	
扶桑略記	1005	部落解放	2535	文化団体	2721	
蕪村	6894	部落史	943, 2530	文芸	6782	
札所	664	部落問題	2533	分県図	1559	
仏会	642	プラスチックス	5022	分光学	3180	
物価	2339	プラズマ材料科学	3195	分光技術	3253	
物価－日本	2339	フラメンコ	6158	文庫目録	95	
仏閣	513	フラワー	5353	分子細胞生物	3406	
物価指数	2341	フラワーデザイン	6429	分子生物学	3407	
物価統計	2341	フランス－政治・経済・文化事情	1707	文章（英語）	6664	
仏教	527	フランス－地理、地誌、紀行	1642	文人	305	
仏教－行事	644			分析化学	3246	
仏教－儀礼	645	フランス－法律	2035	紛争	1863	
仏教－慶弔文	646	フランス－歴史	1243	文体（英語）	6664	
仏教－植物	569	フランス革命	1243	粉体機器	4895	
仏教－人名	592	フランス語	6684	粉体工学	4884	
仏教－葬祭	647	フランス文学	7023	文法（英語）	6656	
仏教－叢書	603	フランス文学－作家研究	7030	文法（中国語）	6576	
仏教－比喩例話	629	フランス料理	5163	文法（日本語）	6532	
仏教音楽	656	フランチャイズ	5487	文房古玩	5885	
仏教学	574	プラント	3952	文楽	6239	
仏教芸術	5725	プラント工学	4883	分離精製	4897	
仏教史	580	プラント貿易	3971	分類法	35	
仏教思想	574	プリント回路	4607			
仏教宗派	671	ブルガリア－地理	1650			
仏教哲学	574	ブルガリア語	6707	ヘア・ファッション	2982	
仏教美術	657	ふるさとあそび	2997	平安時代史	1013	
仏教文化	570	ふるさとデータ	1486	平安人名	1014	
仏教法話	630	プレス	4805	平安朝文学	6787	
仏教民俗	579					

事項索引

ふ～へ 1077

兵器	4759	
平家物語	6920	
兵語	3061	
平和	1851	
平和教育	2848	
ヘーゲル	348	
ペスタロッチー	2752	
別号	1345	
別称	1345	
別名	1344	
ベトナム－経済	2143	
ベトナム－政治・経済・文化事情	1701	
ベトナム語	6594	
ベートーヴェン	6075	
ペーパー	5065	
ペルシア語	6614	
変形菌類	3504	
弁護士	1985	
変電	4577	
ペンネーム	6812	
便覧	170	
弁理士	4097	

ほ

保育	2877
ボイラー	4433
防衛	3065
貿易	2149, 5541
貿易為替	5544
貿易行政	5551
貿易経営	5570
貿易事情	5551
貿易事情－外国	5560
貿易事情－日本	5554
貿易実務	5570
貿易商品分類	5580
貿易統計	5583
貿易統計－外国	5589
貿易統計－日本	5584
貿易品	5576
貿易用語	2057
防炎	5081
法家	335
邦楽	6127
法学者	2044
法学文献	1870
防火建築	4333
邦楽器	6137
法規	1908
防菌	3423
方言（中国語）	6577
方言（日本語）	6542
防災	2710

防災科学	4275
防災工学	4275
防災電気設備	4377
放射性同位元素	4525
放射性廃棄物	4527
放射性廃棄物管理	4526
放射線	3208, 4517
放射線医学	3740
放射線応用技術	4528
放射線技術	4520
放射線技術学	3743
褒章	1803
防食	4833
宝飾品	5468
防振制御	3998
防水	4165, 4345
法政	1665
防錆	4833
法制史	1923
宝石	3383
宝石市場	5471
防雪	3331
防雪工学	3330
包装	5071, 5524
放送教育	2847
放送事業	5676
放送事情	5679
法廷	1981
法然	705
防黴	3423
訪販業	5464
防風	5293
法名	642
法務	1794
訪問販売	5465
法律	1870
法律格言	2048
法令	1896
法話	628
簿記	2326
北欧－歴史	1248
ボクシング	6374
木竹工芸	5060
保険	2414
保健－教育	2853
保健体育行事	6315
保健婦	3820
保険薬	3857
保護統計	1977
菩薩	658
星	3281
母子保健	3782
補助金	2437
POS	5461
法華	747

法華三部経	627
ホテル	5650
ホテル－外国	5654
哺乳類	3606
ポピュラー音楽	6039, 6094
ホームセンター	5475
ホメーロス	7033
ボランティア	2675, 2693
ポリアセタール樹脂	5035
ポリアミド樹脂	5036
ポリウレタン樹脂	5037
ポリカーボネート樹脂	5039
ボーリング	4166
ボールゲーム	6347
ポルトガル－地理	1644
ポルトガル－歴史	1244
ポルトガル語	3953, 6697
本	181
盆栽	5354
梵字	6613
梵鐘	637
ポンプ	4445
翻訳者	1346
翻訳書	6986
翻訳小説	6724
翻訳図書目録	105
翻訳表現	6670
翻訳文学	6725, 6732

ま

マイコン	4661
マーク	2234, 2569
枕詞	6835
マーケティング	5514
マーケティングリサーチ	5526
マザー・グース	7012
魔術	393
魔女	393
麻酔科学	3783
マスコミ	274, 1352
マスコミ人物	1353
マスコミ文献	267
町並み	4314
祭り	526, 3005
マメ科植物	5323
マヤ語	6720
マルクス主義哲学	301
マルクス＝レーニン主義	1722
マルチメディア	9, 4609, 5670
マレーシア－地理	1625
漫画	5823
満洲	2142
満洲－地名	1602
満州語	6605

曼荼羅	658	
万年暦	397, 3296	
万葉集	6844	
万葉植物	6854	

み

味覚	5164
未確認生物	3025
ミサイル	4765
水	4208
水草	3482, 5355
水資源	4218
水処理	4900
密教	681
ミーティング	5648
南アジア	135
南アジア－地理	1629
ミニコミ	2525
見本市会場	5648
ミャンマー－地理	1624
ミャンマー語	6592
ミュージカル	6235
名跡	6222
未来	931
明	1203
民家	4306
民間教育	2787
民間信仰	3011
民間放送	5678
民具	2989
民芸	5935
明史刑法志	2016
民事判例	1950
民事法	1949
民族	1768
民俗学	2936
民族学	3042
民俗芸能	3008
民俗語	2944
民族資料	2936
民俗地図	2956
民俗調査	2954
民俗文化財	2946, 5767
明代地方志	1268
民法	1949
民謡（音楽）	6110
民謡（民俗）	3039
民力	2500
民話	3020

む

むかしあそび	2996
昔話	3020

無機化学	3258
無機化合物	3261
無機材料	4028
無形文化財	5768
無線通信	4628
室町人名	1034

め

名歌	6826
名家伝記	1266
名鑑	173
名曲解説	6060
名句	420, 6880
明月記	1031
名言	412, 6487
名工	5936
明治維新	1081
明治職官	1935
明治世相	1112
名城	4318
名称（人名事典）	1343
迷信	3011
名数	245
名僧	595
瞑想	428
名僧伝	586
名著	174, 3081
名著解題	87
名簿	173
命名法	3260, 3390
名文句	414
命理	399
メカトロニクス	4409, 4688
眼鏡	4468
メセナ	2220
メソジスト宣教師	788
めっき	4835
滅菌	3718
芽ばえ	3483
免疫学	3411, 3711
メンズファッション店	5473
メンタルヘルス	2829, 3773

も

盲教育	2921
孟子	331
盲人	2703
木工業	5056
木材	5411, 5429
木材工学	5431
目次内容一覧	152
目次目録	155
木製品	5056

木造建築	4326
木造在来構法	4323
目録	115
目録規則	38
目録法	35
文字（中国語）	6553
文字（日本語）	6455
モータ技術	4576
モーターサイクル	4497
モータースポーツ	6379
モーツァルト	6076
木簡	5864
木工機械	5063
物語（英米文学）	7014
物語（中国文学）	6981
物語（日本文学－近世）	6922
物語（日本文学－古代）	6910
物語（日本文学－中世）	6919
モン語	6597
モンゴル語	6606
文字	6441
紋章	1407
文部省	2754
文部省刊行雑誌	2729
文部統計	2759
文部法令	2809
文様	5829, 5949

や

野外あそび	2998
やきもの	5942
野球	6349
野球場	4356
冶金	4767, 4778
役員	2222, 2236
薬学	3846
やくざ	2672
薬剤師	3868
薬物	3709
薬物代謝学	3707
薬物療法	3737
薬用植物	3897
薬理学	3696
野菜園芸	5337
野菜生産	5241
野生植物	3479
野生生物	3398
野生動物救護	3527
野草	3467, 3492, 3517
野鳥	3599
薬局方	3878, 3886
柳田国男	2940
邪馬台国	1015
山田耕筰	6077

ま〜や　1079

事項索引

項目	ページ
大和－地名	1576
山伏	697

ゆ

項目	ページ
油圧	4446, 4459
油圧機	4445
油圧工学	4458
遊印	5903
有害液体物質	4271
有害昆虫	5301
有害生物	3385
有害動物	5301
有害物	4932
有害物質	4947
遊戯	6344
有機化学	3262
有機化合物	3264
有機金属化学	3267
有機合成実験法	3245
有機廃棄物資源化	5273
有機反応	3268
郵趣	5666
郵政行政	5661
郵政事業	5659
有職故実	964
有毒生物	3385
郵便	5660
郵便切手	5665
郵便貯金	2399
有用植物	3464, 5300
油脂	4966
輸出統計品目	5582
輸出入規制	5551
輸出入業者	5547
輸出保険	5553
ユダヤ教	859
輸入制度	5567
夢	370, 402
夢占い	400
油糧	4984

よ

項目	ページ
洋画	5815
妖怪	3015
洋学	3125
洋楽	6020
容器	5100
窯業	4904
謡曲	6141, 6202
養護施設	2695
溶剤	4935
用字	6533
幼児教育	2876
溶射	4837
洋書	185, 190
用水	4901
妖精	3034
溶接	4822
幼稚園	2884
養豚	5388
用廃水	4903
養蜂	5370
用例	6533
洋暦	3299
横穴	1001
予算決算	2435
四字熟語	6493
寄席	6270
ヨット	6358
予防学	3812
読み方（人名）	1278
読み方（地名）	1522
ヨーロッパ法	2031
ヨーロッパ－地図	1638
ヨーロッパ－地理、地誌、紀行	1637
ヨーロッパ－歴史	1234, 1637
世論調査	2521
ヨンクショナリー	4491

ら

項目	ページ
ライティング	4590
来日西洋人	1335
ライフサイエンス	3392, 3675
落語（演芸）	6271
落語（文学）	6926
落首	6930
落石対策	4167
酪農	5373
酪農施設	5375
ラグビー	6348
落葉樹	5427
ラジオ放送	5676
裸子植物	3511
落款	981, 5896
ラテンアメリカ	1684
ラテンアメリカ－地理	1660
ラテンアメリカ－法律	2020
ラテン語	6711
ラミネート	5027
蘭書	1076
LANマネージャ	4626

り

項目	ページ
リウマチ学	3762
理科	3120
理化学	3105
理科教育	2850
利休	6412
陸運	5616
陸運統計	5617
陸海軍	3062
陸軍	3057
陸上競技	6346
俚諺	3038, 6500
理工学	3099
リサイクル	4229
リゾート基地	5656
六国史	1018
律宗	673
立地	3970
離島	1551
離島統計	2491
リハビリテーション	3789
リモートセンシング	3987
略語	6523, 6569, 6625
略語－科学技術	3954
略号	3957
琉球戯曲	6907
琉球芸能	3010
琉球考古学	987
琉球方言	6550
琉球歴史	1164
流行歌	6117
流体－熱物性	3206
流体機械	4445
流体工学	4445
流体力学	3177
流通	5533, 5593
流通業	5453
流通経済	5457
流量表	3991
療育	2705
両生類	3589
陵墓	1403
料理	5147
旅客機	4510
旅館	5650
旅行業	5646
緑化技術	5413
林業	5406
林業機械	5416
林業センサス	5247
林産	5407
林産物	5429
臨床医学	3721
臨床看護	3923
臨床検査法	3721
臨床研修病院	3676
臨床心理学	375
倫理学	405

る

類義語	6648
類語辞典	6502, 6648
類語用法	6652
類聚国史	1021
類書	235
ルネサンス	1231
ルポルタージュ	6929
ルーマニア語	6703

れ

霊界伝承	391
隷書（書道）	5863
冷凍機械	4441
冷凍空調	4435
冷凍食品	5097
冷媒	4444
礼拝	847
礼類	325
暦学	3288
歴史－アジア	1213
歴史－アメリカ	1254
歴史－イギリス	1236
歴史－イタリア	1245
歴史－エジプト	1252
歴史－カナダ	1253
歴史－スペイン	1244
歴史－中国	1188
歴史－朝鮮	1181
歴史－ドイツ	1239
歴史－東欧・北欧	1248
歴史－フランス	1243
歴史－ヨーロッパ	1234
歴史学	860
歴史教育	2849
歴史人物	1291
歴史地名	1509
歴史地理	1493
暦日表	3300
歴史的建造物	4311
レクパーク	5645
レクリエーション	2568, 6395
レコード	6052
レコード目録	6064
レーザ	4727
レジャー	6397
レジャーランド	5643
レストラン	5492
レスリング	6372
列女伝	344
レッドデータ	3494
レトルト食品	5094
錬金術	3227
連句	6895

ろ

浪曲	6278
労使関係	2582
老舎	6975
老人看護	3913
老人福祉	2696
老人保健	2697
老人問題	2661
老荘	335
労働運動	1724, 1895, 2583
労働衛生	3814
労働基準法	2623
労働行政	2594
労働組合	2593
労働経済	2575
労働経済史	2608
労働災害	2585, 3976
労働政策	2587
労働統計	2610
労働判例	2625
労働法学	2622
労働保険	2542
労働問題	2575
老年学	2668
録音図書	159
ロシア－経済	2145
ロシア－人名	1339
ロシア－地理、地誌、紀行	1648
ロシア－歴史	1248
ロシア語	6704
ロシア文学	7031
ロック音楽	6096
ロープ	4749
ロボット工学	4683
ローマ	1234
ローマ－神話	463
ローマカトリック教	849
ローマ法	2025
ロールシャッハ	367
論語	331
論宗	674
論文記事索引	137
論文集索引	114
論理	292
論理学	300

わ

ワイヤロープ	4418
和英辞典	6638
和歌	6825
和歌－植物	6836
和学	307
和漢書	191
和漢薬	3895
和古書	193
和書	197
和独辞典	6679
和仏辞典	6689
ワープロ	4663
わらべうた	3039
和暦	3299
湾岸戦争	4766

20世紀	889
ASEAN	2017
ASIC	4706
AV用語	4612
CD目録	6064
CD-ROM	14
Chemical Abstracts	3237
CM	5511
DOS/V	4674
EC	2152
G.H.Q.	1139
IC	4705
ILO	2620
ISDN	4615
JIS	4102
LANマネージャ	4626
LPガス	4949
LSI	4707
NCシステム	4420
NGO	2154
NGO－環境	4268
NHK	5679
NMR	3191
OA用語	4652
OCR	4645
OR	3154
OSI	4617
PL対策	4129
POS	5461
PR	5499
SIST	4058

る～わ　1081

視覚障害その他の理由で活字のままでこの本を利用できない人のために，営利を目的とする場合を除き「録音図書」「点字図書」「拡大写本」等の製作をすることを1部に限り認めます。その際は著作権者，または，日本図書館協会までご連絡ください。

日本の参考図書　第4版

2002年9月1日　第1刷発行Ⓒ

定価：本体25,000円（税別）

編集　日本図書館協会日本の参考図書編集委員会
発行　社団法人　日本図書館協会
　　　〒104-0033　東京都中央区新川1-11-14
　　　tel 03-3523-0811（代表）　fax 03-3523-0841
　　　http://www.jla.or.jp
印刷　船舶印刷株式会社
装丁　渡辺美知子

JLA200221
Printed in Japan

本文の用紙は中性紙を使用しています。
ISBN4-8204-0213-7